RÉPERTOIRE

GÉNÉRAL ET RAISONNÉ

DE L'ENREGISTREMENT

LA LOI CIVILE ET LA LOI DE L'ENREGISTREMENT COMPARÉES
— DOCTRINE ET JURISPRUDENCE —

NOUVEAU TRAITÉ EN FORME DE DICTIONNAIRE

DES

DROITS D'ENREGISTREMENT, DE TRANSCRIPTION, DE TIMBRE, DE GREFFE, D'HYPOTHÈQUES

ET DES CONTRAVENTIONS DONT LA RÉPRESSION EST CONFIÉE A L'ADMINISTRATION DE L'ENREGISTREMENT

III

RÉPERTOIRE

GÉNÉRAL ET RAISONNÉ

DE L'ENREGISTREMENT

LA LOI CIVILE ET LA LOI DE L'ENREGISTREMENT COMPARÉES
— DOCTRINE ET JURISPRUDENCE —

NOUVEAU TRAITÉ EN FORME DE DICTIONNAIRE

DES

DROITS D'ENREGISTREMENT, DE TRANSCRIPTION, DE TIMBRE, DE GREFFE, D'HYPOTHÈQUES

ET DES CONTRAVENTIONS DONT LA RÉPRESSION EST CONFIÉE A L'ADMINISTRATION DE L'ENREGISTREMENT

Par M.-D. GARNIER

Conseiller-Maitre à la Cour des Comptes, ancien Député au Corps législatif,
Ancien Employé supérieur de l'Enregistrement et des Domaines

SIXIÈME ÉDITION REVUE, CORRIGÉE, AUGMENTÉE

MISE AU COURANT DE LA JURISPRUDENCE

Jusqu'au 1er Août 1878

Tome Troisième
EFFETS - LYCÉE

PARIS

DELAMOTTE FILS ET Cie, ÉDITEURS-ADMINISTRATEURS

53, QUAI DES GRANDS-AUGUSTINS

1878

Imp. Tolmer et Cie, rue du Four-Saint-Germain, 43.

RÉPERTOIRE GÉNÉRAL

ET RAISONNÉ

DE

L'ENREGISTREMENT

NOUVEAU TRAITÉ

EN FORME DE DICTIONNAIRE

DES DROITS DE L'ENREGISTREMENT, DE TRANSCRIPTION, DE TIMBRE, DE GREFFE, ETC.

EFFETS NÉGOCIABLES ET NON NÉGOCIABLES.

DIVISION

SOMMAIRE

CHAPITRE PREMIER. — CONSIDÉRATIONS PRÉLIMINAIRES

[7164-7169]

7164. Définition. — Le caractère distinctif des *effets de commerce* consiste en ce qu'ils sont tous des obligations *négociables* ou transmissibles par voie *d'endossement* ou par simple tradition.

7165. Observation. — Sous la dénomination générale d'*effets de commerce*, nous comprenons les divers actes usités dans le commerce pour faciliter le mouvement du numéraire, dont ils font en quelque sorte fonction, soit par la simplicité du mode de leur transmission, soit par les garanties spéciales destinées à assurer le payement des valeurs qu'ils représentent.

7166. Diverses espèces. — Les plus importants et les plus usuels de ces actes sont la lettre de change et le billet à ordre, les seuls dont le C. com. se soit spécialement occupé. Il y a en outre, le warrant créé par la loi du 28 mai 1858, le chèque régi par celles des 14 juin 1865 et 19 mai 1874, le mandat, le billet de change, le billet à domicile, le billet au porteur, la délégation, les lettres de crédit, et dont nous nous occuperons séparément.

7167. Contrat de change. — Il ne faut pas confondre le change avec la lettre de change. Le change est le contrat primitif dont la lettre de change suppose nécessairement l'existence ; la lettre de change est l'instrument à l'aide duquel ce contrat est réalisé.

7168. Diverses espèces de change. — Autrefois, on distinguait quatre sortes de change :

1° Le *Cambium minutum seu manuale*, qui était en usage en Grèce et à Rome, et qui n'était que l'échange d'une monnaie contre une autre monnaie. C'est ce change auquel se livrent encore aujourd'hui les changeurs ;

2° Le change particulier à la place de Lyon, et qui n'était toléré qu'entre les marchands trafiquant des foires de Lyon. Il consistait dans un intérêt de deniers que l'on percevait dans cette ville, d'une foire à la foire suivante. Le taux de l'intérêt, fixé d'abord à 10 livres pour 100 par an, ou 2 et demi pour 100 par foire, ne tarda pas à dégénérer en usure. C'est pourquoi il fut expressément défendu, par une ordonnance de Philippe le Bel, de 1311, art. 9, à toutes personnes autres que les marchands trafiquants ès foires de Lyon ;

3° Le change sec, adultérin ou impur. C'était celui qui était payé à des créanciers qui, par l'entremise de courtiers de change, prêtaient à d'énormes intérêts à des débiteurs dont ils ne se faisaient pas connaître. Le courtier seul avait connaissance du nom du créancier ; la place de ce nom restait et devait rester en blanc. Clairac, p. 6 et 7, nous apprend que de son temps il était considéré comme l'une des plaies de l'époque. Il n'était presque plus connu en 1673 (Nicolaï de *Passeribus* p. 367 nᵒˢ 13 et suiv.) ;

4° Le change par lequel une personne s'obligeait par lettre à payer dans un autre lieu une somme équivalente à celle qu'elle recevait. C'était le *cambium locale, mercantile, trajectitium* (Dalloz vᵒ *Effet de commerce* nᵒ 30). — C'est de ce dernier change dont nous avons à nous occuper dans cet article.

7169. Objet du contrat de change. — La matière du contrat de change ne peut être qu'une somme à payer, en une monnaie quelconque ; le but est de faire trouver cette somme dans un lieu déterminé autre que celui où se fait la convention. Le change a été introduit pour les besoins du commerce et pour éviter le transport des monnaies d'un lieu où l'on se trouve au lieu où l'on veut faire un payement.

Ainsi, à Paris, par exemple, des habitants sont créanciers de sommes qui leur sont dues par des habitants de Marseille ; et à l'inverse, des habitants de Marseille ont à recevoir des sommes qui leur sont dues par des habitants de Paris. Comme ceux-ci ne sont pas les mêmes qui sont débiteurs envers ceux-là, il faudrait, si le contrat de change n'existait pas, pour arriver à l'exécution de leurs engagements respectifs, que les débiteurs de Paris fissent transporter à Marseille les fonds qu'ils sont tenus d'y envoyer, et réciproquement, opérations qui seraient excessivement coûteuses et dont la lenteur paralyserait entièrement les transactions entre ces deux villes.

On conçoit dès lors l'avantage immense qu'il y a pour les négociants, et même pour les simples particuliers, à obtenir par une fiction le résultat auquel les conduirait l'exécution matérielle de leurs engagements. Cette fiction consiste en ce que les débiteurs de Paris, pour en revenir à notre exemple, au lieu de faire voyager à grands frais les sommes qu'ils sont tenus de faire payer à Marseille, feront remettre à leurs créanciers dans cette ville l'argent que Marseille devrait elle-même envoyer à Paris. Il s'établira ainsi comme une sorte de compensation entre la généralité des dettes et des créances des deux villes, de telle sorte qu'en réalité, on n'effectue jamais que le transport des espèces dont la dette la plus forte dépasse la plus faible. Ainsi, en supposant que Paris ait 100,000 francs à faire remettre à Marseille, qui, de son côté, est tenue de faire toucher 90,000 francs à Paris, cette dernière ville devra effectuer le transport réel de 10,000 francs seulement, les autres 90,000 francs étant payés par la créance qu'elle avait sur Marseille.

CHAPITRE II. — DE LA LETTRE DE CHANGE ET DU BILLET A ORDRE

[7170 - 7233]

7170. Règles communes. — Les lettres de change et les billets à ordre sont soumis, soit au point de vue commercial, soit au point de vue de l'enregistrement et du timbre, à des règles communes que nous allons d'abord exposer, sauf à faire ressortir ensuite les caractères distinctifs de ces deux espèces d'actes.

7171. Effet ne vaut que comme simple promesse. — Disons d'abord que, lorsque la lettre de change ou le billet à ordre sont dépourvus de quelques-unes des formalités prescrites par le C. com., et qui sont comme la condition extrinsèque de leur existence en qualité d'effets de commerce, ils rentrent dans la classe des obligations ordinaires et constituent un engagement civil ou commercial, suivant la cause ou la qualité des parties. Ceci a de l'importance au point de vue de l'enregistrement, car l'acte peut alors perdre tout droit aux bénéfices que la loi spéciale accorde aux effets de commerce.

7172. De la lettre de change. — La lettre de change est un acte par lequel une personne s'oblige à faire payer à une autre ou à celle qui exerce ses droits dans un lieu déterminé une certaine somme dont elle a reçu la valeur.

1. SON ORIGINE. — Il est difficile de préciser l'époque à laquelle la lettre de change vint prêter son puissant secours aux transactions commerciales. Le premier monument de notre législation qui en fasse mention est l'édit de Louis XI, du mois de mars 1462, relatif à la tenue des foires de Lyon. Mais il est certain que l'usage en est beaucoup plus ancien; car, dans les civilisations peu avancées, la coutume précède toujours la loi; l'édit suppose même cet usage, qu'il ne fait que sanctionner. Mais c'est par l'ordonnance du mois de mars 1673, tit. 5, 6, 7 et 12, que la lettre de change fut définitivement organisée. Cette ordonnance prescrivit l'acceptation pure et simple et par écrit des lettres de change, abrogeant l'usage de les accepter verbalement ou conditionnellement. Elle autorisa le payement par intervention en cas de protêt. Les lettres protestées devaient être payées ou protestées dans les dix jours après celui de l'échéance.

2. DÉNOMINATION DES PARTIES. — Celui qui fournit la lettre de change s'appelle *souscripteur* ou *tireur.* Celui sur qui elle est fournie s'appelle *tiré,* et *accepteur* lorsque la lettre de change lui a été présentée et qu'il l'a revêtue de son acceptation. On nomme *preneur* ou *bénéficiaire* celui au profit duquel la lettre est tirée; s'il a fourni la valeur, il est *donneur de valeur.* L'endosseur est celui qui transmet la lettre de change à un tiers par un endos, ou acte mis ordinairement sur le dos de l'effet, et qui, au moyen de certaines formalités, opère une cession de titre; de là lui est aussi venu le nom de *cédant. Le porteur* est le possesseur actuel de l'effet.

7173. Du billet à ordre. — Le billet à ordre est un effet souscrit par une personne à l'ordre d'une autre personne et contenant promesse de lui payer une certaine somme à une époque déterminée.

Le billet à ordre n'est pas par lui-même, comme la lettre de change, un acte de commerce; mais il contracte cette qualité lorsqu'il est souscrit par un négociant ou pour une opération commerciale.

Quand le billet à ordre est souscrit par un commerçant ou quand il a pour cause un achat de denrées ou de marchandises pour les revendre, il jouit des privilèges attachés à la lettre de change, et en même temps il est soumis presque aux mêmes règles, ainsi que nous le verrons plus bas.

SECTION PREMIÈRE. — TIMBRE DES EFFETS DE COMMERCE

[7174-7201]

7174. Quotité du droit. — 1° *Loi du 13 brumaire an 7.* — Les effets de commerce sont passibles d'un droit de timbre gradué à raison des sommes. L'art. 8 L. 13 brumaire an 7 l'avait fixé à 50 centimes pour 1,000 francs inclusivement et sans fraction, à quelque somme que pussent monter les effets;

2° *Loi du 28 avril 1816.* — Ce droit avait été augmenté de deux cinquièmes par l'art. 64 L. 28 avril 1816;

3° *Loi du 8 juin 1824.* — Toutefois, l'une et l'autre de ces lois, en n'admettant aucune fraction au-dessous de 1,000 francs, avaient l'inconvénient d'assujettir les billets des sommes les plus modiques aux mêmes droits que les effets de 1,000 francs. Cette rigueur de la loi fut adoucie par l'art. 8 L. 16 juin 1824, qui réduisit à 35 centimes le droit de timbre proportionnel pour les effets, billets et obligations de 500 francs et au-dessous;

4° *Loi du 24 mai 1834.* — La loi du 24 mai 1834 l'avait réduit de nouveau de 35 centimes à 25 centimes pour les billets de 500 francs et de 70 centimes à 50 centimes pour les billets de 1,000 francs;

5° *Loi du 20 juillet 1837.* — La loi du 20 juillet 1837 avait fait des coupons de 300 francs et fixé le droit à 15 centimes, au lieu de 25 centimes pour les billets de 300 francs et au-dessous;

6° *Loi du 5 juin 1850.* — D'après l'art. 1er L. 5 juin 1850, le droit de timbre proportionnel sur les lettres de change, billets à ordre ou au porteur, mandats, retraites et tous autres effets négociables ou de commerce, est fixé ainsi qu'il suit :

« A 5 centimes pour les effets de 100 francs et au-dessous; — à 10 centimes pour ceux au-dessus de 100 francs jusqu'à 200 francs; — à 15 centimes pour ceux au-dessus de 200 francs jusqu'à 300 francs; — à 20 centimes pour ceux au-dessus de 300 francs jusqu'à 400 francs; — à 25 centimes pour ceux au-dessus de 400 francs jusqu'à 500 francs; — à 50 centimes pour ceux au-dessus de 500 francs jusqu'à 1,000 francs; — à 1 franc pour ceux au-dessus de 1,000 francs jusqu'à 2,000 francs; — à 1 fr. 50 cent. pour ceux au-dessus de 2,000 francs jusqu'à 3,000 francs; — à 2 francs pour ceux au-dessus de 3,000 francs jusqu'à 4,000 francs; — et ainsi de suite, en suivant la même progression et sans fraction. »

Le principe de la loi ancienne est resté intact. C'est toujours un droit proportionnel qui est perçu, et ce droit est établi suivant les anciennes proportions. Mais il a été créé des coupons de 100 et 200 francs qui n'existaient pas, et par là le contribuable est affranchi de la charge qui pesait sur lui de payer pour 100 francs et au-dessous autant que pour 300 francs;

7° *Loi du 23 août 1871.* — La loi du 23 août 1871, art. 2, a doublé le tarif des effets de commerce;

8° *Loi du 19 février 1874.* — Ce tarif ainsi augmenté a encore été surtaxé de moitié par l'art. 2 L. 19 février 1874. — Cet article dispose, en outre, que le droit de timbre des effets négociables ou de commerce au-dessus de 500 francs jusqu'à 4,000 francs sera gradué 100 francs en 100 francs, sans fraction;

9° *Tarif actuel.* — Voici d'après ces modifications, le tarif actuel des effets de commerce.

Effets de 100 francs et au-dessous		0 fr.	15 cent.
— 100	à 200 francs	0 —	30 —
— 200	— 300	0 —	45 —
— 300	— 400	0 —	60 —
— 400	— 500	0 —	75 —
— 500	— 600	0 —	90 —
— 600	— 700	1 —	05 —
— 700	— 800	1 —	20 —
— 800	— 900	1 —	35 —
— 900	— 1000	1 —	50 —
— 1000	— 2000	3 —	00 —
— 2000	— 3000	4 —	50 —

et ainsi de suite en suivant la même progression. (1)

7175. Effets non négociables. — Les lois des 23 août 1871 et 19 février 1874 n'ayant surtaxé que le tarif des effets de commerce, on a pensé que l'ancien droit était applicable aux effets non négociables. Mais cette opinion n'a pas prévalu.

Les billets non négociables sont mis, pour l'application de la loi de 1850, sur la même ligne que les effets de commerce proprement dits (2152 I. G.). Il est donc naturel que l'augmentation édictée pour ces effets leur soit applicable. — V. 7359.

(1) Proposition de réduire le tarif à 1 pour 1000 (Buoget de 1878, 4850 et 4888 R. P.).

7176. Mode de timbrage. — 1. PAPIER DE DÉBITE. — En principe les effets doivent être écrits sur du papier débité par l'Administration.

2. TIMBRE EXTRAORDINAIRE. — Toutefois, d'après l'art. 1ᵉʳ L. 13 brumaire an 7, les parties au lieu de se servir de ce papier, ont la faculté de présenter au timbrage les formules ou vignettes en blanc dont elles veulent faire usage. Les droits de timbre sont perçus d'après les quotités et le tarif ci-dessus indiqué au bureau du timbre extraordinaire; l'application du timbre se fait exclusivement à l'atelier général à Paris. Il n'entre pas dans le cadre de notre ouvrage d'examiner les mesures prises à cet égard.

Nous ferons seulement observer que le timbrage à l'extraordinaire ne peut être requis qu'autant que les coupons n'excèdent pas la dimension fixée par la loi du 13 brumaire an 7, c'est-à-dire moitié de la demi-feuille de petit papier (Déc. 4 juill. 1836).

3. TIMBRE MOBILE. — Les effets de commerce, même ceux créés en France, peuvent aussi être timbrés par l'apposition de timbres mobiles (L. 27 juill. 1870 art. 6). L'exécution de cette loi, retardée par les événements politiques vient seulement de commencer (Déc. du 18 juin 1874, 2485 I. G.). Tout ce qui concerne ce mode de timbrage se trouve développé au mot *Timbre.*

7177. Effets supérieurs à 20,000 francs. — Visa pour timbre. — Il n'a pas été créé de coupons pour les sommes supérieures à 20,000 francs et ils ne peuvent pas être frappés du timbre à l'atelier général.

Les papiers non encore employés et destinés à ces effets sont visés pour timbre au droit de 1 franc (1 fr. 50 cent.) par 1,000 francs et sans fraction, conformément à l'art. 11 L. 13 brumaire an 7 (Déc. 27 juill. 1850, 8995 C.).

1. EFFETS INFÉRIEURS A 20,000 FRANCS. — La faculté du visa n'existe pas pour les effets de sommes inférieures ou égales à 20,000 francs; ils doivent être écrits sur du papier à vignettes timbré à l'extraordinaire, soit sur du papier de la débite, ou revêtu de timbres mobiles; le visa n'est permis que pour constater le payement des droits proportionnels de timbre pour lesquels la loi n'a pas créé d'empreinte (Sol. 13 août 1867). — V. *Timbres mobiles* n° 17291.

7178. Faculté accordée au bénéficiaire d'un effet non timbré. — « Souvent il arrive, disait le rapporteur de la loi du 5 juin 1850, que le bénéficiaire reçoit le billet non timbré ou non revêtu du timbre proportionnel, par condescendance pour le souscripteur, parce qu'il a des ménagements à garder avec lui, ou parce qu'il est dans l'impossibilité d'obtenir un billet timbré. Faudra-t-il, dans ce cas, faire tomber irrévocablement sur lui les conséquences du défaut de timbre? n'est-il pas plus juste et plus utile en même temps, au point de vue de l'acquittement régulier de l'impôt, de lui accorder le droit, dans un délai déterminé, de régulariser sa position, c'est-à-dire de faire viser pour timbre le billet? »

7179. Visa pour timbre. — Dans cette vue, l'art. 2 dispose que le « bénéficiaire est tenu de faire viser pour timbre un tel billet *dans les quinze jours de sa date*, ou avant l'échéance, si cet effet a moins de quinze jours de date, et dans tous les cas avant toute négociation, et que ce visa sera soumis à un droit de 15 centimes pour 100 francs ou fraction de 100 francs, qui s'ajoutera au montant de l'effet, nonobstant toute stipulation contraire. » —On a pensé que cette addition à la dette ne serait pas susceptible, à raison de son peu d'importance, d'altérer la confiance que le recouvrement de la créance peut inspirer, et, en même temps, que la prévision des difficultés de la négociation postérieure serait, pour le bénéficiaire ou premier endosseur, un motif presque toujours déterminant de faire viser pour timbre l'effet non visé.

Les termes de l'art. 2 précité établissent que le visa à 15 centimes pour 100 francs ne peut être requis que par le bénéficiaire ou porteur de l'effet ; mais que le souscripteur n'est pas admissible à user de cette faculté. D'autre part, l'acceptation d'une lettre de change ne produit aucune transmission : elle a pour résultat de lier le tiré comme s'il avait lui-même souscrit l'effet. Il suit de là que ni le souscripteur, ni l'accepteur d'un effet ne sauraient invoquer les dispositions de l'art. 2 de la loi du 5 juin 1850, mais que le bénéficiaire ou porteur d'un effet accepté, mais non négocié, peut profiter de ses dispositions. (Sol. 16 déc. 1862).

Nous ferons seulement observer que le timbrage à l'extraordinaire ne peut être requis qu'autant que les coupons n'excèdent pas la dimension fixée par la loi du 13 brumaire an 7, c'est-à-dire moitié de la demi-feuille de petit papier (Déc. 4 juill. 1836).

L'art. 2 de la loi du 5 juin 1850 est d'ailleurs applicable aux billets et obligations non négociables assujettis au timbre proportionnel par l'art. 6 L. 6 prairial an 7 (Déc. 26 mai 1859, 2152 I. G.).

Le droit de timbre dû pour le visa qui précède a été surtaxé par les art. 2 L. 23 août 1871 et 2 de celle du 19 février 1874. Il est actuellement de 45 centimes.

7180. Effet négocié à l'étranger. — En prescrivant le visa avant toute négociation, le législateur a voulu parler d'une négociation faite en France. Ainsi, si un effet souscrit en France au profit d'un étranger qui l'a endossé hors du territoire est présenté au visa dans les quinze jours de sa date, il semble qu'aucune amende n'est encourue (17656-2 J.E).

7181. Échéance. — Au mot *date* (si cet effet a moins de quinze jours *de date*) il faut substituer celui d'*échéance* ; car il est certain que si l'effet était échu avant quinze jours de sa date, le porteur serait tenu de le faire viser pour timbre avant l'*échéance* (15023-3 J. E.).

7182. Jour férié. — Si l'effet négociable a moins de quinze jours d'échéance, et que le dernier jour soit un jour férié, cet effet doit être, sous peine d'amende, présenté au visa pour timbre la veille du jour férié, *c'est-à-dire le jour où il est payable* (Art. 134, 161 et 162 C. com., 15093 J. E.).

Mais si l'effet n'est pas arrivé *à échéance* et que le dernier jour du délai accordé par l'art. 2 L. 5 juin 1850 soit un jour férié, le visa peut être, sans amende, donné le lendemain du jour férié (15093 J. E. ; Sol. 22 mai 1853).

7183. Point de départ du délai. — Pour l'application de l'art. 2 L. 5 juin 1850, le délai, comme en matière d'enregistrement, ne court qu'à partir du lendemain de la date de l'effet (15093 J. E., Sol. 22 mars 1853).

7184. Timbre insuffisant. — La faculté de faire viser l'effet de commerce non timbré au droit de 15 centimes (maintenant 45 cent.) par 100 francs s'applique aussi au cas où l'effet est rédigé sur papier insuffisant (Dél. 22, 30 août 1851, D. m. f. 9 mai 1868).

Seulement pour pouvoir profiter de cet avantage, il faut évidemment que le billet soit présenté au visa dans les quinze jours de sa date et avant son échéance. S'il en était autrement il y aurait contravention, l'amende et les droits ordinaires de timbre seraient exigibles.

7185. Supplément de timbre. — Nous avions émis dans nos éditions précédentes, l'avis que, quand un effet est souscrit sur un timbre inférieur à celui qui devait être employé (dans l'espèce, un effet de 1,100 francs sur un timbre de 1,000 francs), le droit de 15 centimes (45 cent.) pour 100 francs est dû sur la somme exprimée dans l'effet, en comptant pour 100 francs toute fraction de 100 francs, mais qu'on doit imputer sur le montant de ce droit celui qui a été acquitté pour le timbre inférieur et n'exiger que la différence.

Cette opinion a été adoptée dans les termes suivants par une I. G. du 9 août 1869 n° 2390-3 : « Il est manifeste que l'on ne pourrait se borner à percevoir le droit sur la somme pour laquelle le droit de timbre n'a pas été acquitté par le souscripteur, car on arriverait par ce moyen à créer des quotités de droit inférieures à celles que l'art. 1ᵉʳ a fixées. Ainsi, un effet de 600 francs, écrit sur un coupon de 25 centimes et visé pour supplément de 100 francs moyennant 15 centimes, acquitterait en totalité 40 centimes de timbre, au lieu de 50 centimes, prix du coupon qui aurait dû être employé ; et un effet de 1,100 francs, rédigé sur un coupon de 50 centimes, payerait 65 centimes au lieu de 1 franc. Inconciliable avec les dispositions de l'art. 1ᵉʳ, ce mode de procéder serait, en outre, contraire aux intentions du législateur, qui a entendu subordonner la régularisation des effets, dans le cas de l'art. 2, au payement d'un impôt supérieur à celui qui résulte de l'art. 1ᵉʳ. On ne serait pas mieux fondé à percevoir le triple du droit qui n'a pas été acquitté avant la rédaction du billet, et, par exemple, à viser moyennant 75 centimes l'effet de 600 francs écrit sur un coupon de 25 centimes, car l'art. 2 ne dit pas que le visa aura lieu au triple droit, mais bien qu'il sera soumis à un droit spécial de 15 centimes par 100 francs ou fraction de 100 francs. Pour rester dans les termes de la loi, il est indispensable de calculer le droit de 15 centimes pour 100 sur le montant *total* de l'effet, sauf imputation du prix du timbre employé. Ce mode d'opérer a été consacré en matière de postes par l'art. 1ᵉʳ L. 20 mai 1854 (Bull. 175 n° 1446), relatif à la taxe des lettres revêtues de timbres insuffisants » (3082 R. P. — *Conf.*: Dél. 30 août 1851, 15323 J. E., 14578 J. N., D, N, t. 2 p. 501 n° 147).

7186. Effet du visa pour timbre en temps utile. — Le porteur qui fait viser pour timbre, au droit de 15 centimes pour 100 (45 cent.) dans les quinze jours de sa date, ou avant l'échéance s'il a moins de quinze jours de date, l'effet qu'il a reçu sur papier libre, libère, par ce payement du *triple droit* de timbre, le souscripteur qui avait contrevenu à l'art. 1er même loi (15623 J. E.).

1. TIMBRE INSUFFISANT. — Il en est de même, *à fortiori*, si la convention consistant dans l'emploi d'un timbre inférieur à celui qui devait être employé, le porteur a fait viser l'effet, dans les délais de l'art. 2, en acquittant 15 centimes pour 100 (45 cent.) de la somme qui excède celle pour laquelle le timbre était suffisant (15028-6 J. E.).

7187. Effet antérieur à la loi de 1850. — Les dispositions de la loi de 1850 n'ayant dû être appliquées qu'aux effets souscrits à partir du 1er octobre 1850, il a fallu régler le sort des effets souscrits en contravention avant cette époque. La loi y a pourvu par une disposition transitoire. L'art. 12 est ainsi conçu :

« Jusqu'au 1er octobre 1850, et vingt-quatre heures au moins avant l'échéance, le porteur de tout effet de commerce assujetti au timbre aura la faculté de le faire timbrer à l'extraordinaire ou viser pour timbre, sans amende. — Il ne sera dû que le droit fixé par la loi ancienne. L'avance de ce droit sera faite par le porteur, sauf son recours contre les divers obligés. — Toute contravention sera passible d'une amende de 6 pour 100 contre le porteur, outre les amendes prononcées par les lois anciennes contre le souscripteur, l'accepteur et le premier endosseur. — Les effets assujettis au timbre et échus antérieurement à la promulgation de la présente loi seront admis, jusqu'au 1er août inclusivement, au visa pour timbre sans amende, et au droit fixé par la loi ancienne. »

Quoi qu'il en soit de cette disposition transitoire, il est certain que l'effet de commerce souscrit sur papier non timbré, échu avant la promulgation de la loi du 5 juin 1850, est régi par les lois antérieures. En conséquence, le porteur ou bénéficiaire, qui a négligé de faire viser pour timbre cet effet de commerce avant le 1er octobre 1850, n'est point passible de l'amende prononcée contre le bénéficiaire, personnellement, par l'art. 4 L. 5 juin 1850, et n'est pas tenu de faire l'avance du droit de timbre et des amendes dus par le souscripteur et par le premier endosseur. C'est ce qu'a jugé le tribunal de la Seine, le 18 février 1852 (524 Bull. 2e part.).

7188. Contravention. — C'est dans son art. 4 que la loi de 1850 a placé la sanction de ces dispositions relativement au timbre des effets de commerce. Cet article punit d'une amende toute contravention aux nouvelles dispositions. Le législateur n'a fait en cela que suivre la voie déjà ouverte, et il reproduit d'ailleurs les dispositions équitables de l'art. 12 L. 16 juin 1824. Cet art. 4 est ainsi conçu :

« En cas de contravention aux articles précédents, le souscripteur, l'accepteur, le bénéficiaire ou premier endosseur de l'effet non timbré, seront passibles chacun d'une amende de 6 pour 100.

Si la contravention ne consiste que dans l'emploi d'un timbre inférieur à celui qui devait être employé, l'amende ne portera que sur la somme pour laquelle le droit de timbre n'aura pas été payé. »

7189. Timbre de dimension. — Avant d'examiner le mode de liquidation des droits et amendes de timbre en cas de contravention, nous devons d'abord faire connaître que l'usage du timbre de dimension pour la rédaction d'un effet de commerce ne constitue pas une contravention. D'après l'art. 12 L. 16 juin 1824, les effets, billets ou obligations écrits sur papier portant le timbre de dimension, ne sont assujettis à aucune amende, si ce n'est dans le cas d'insuffisance du prix du timbre et dans la proportion fixée. Les lois des 24 mai 1834 et 5 juin 1850 n'ont pas abrogé cette disposition.

1. FRACTION DE FEUILLE. — L'Administration a de plus reconnu, le 11 novembre 1848 (13550 J. N.), qu'un effet de commerce peut sans contravention à la loi du timbre être écrit sur une feuille de papier au timbre de dimension, réduite à la proportion du coupon au timbre proportionnel. Une Sol. conforme a été rendue le 9 mars 1850.

7190. Intérêts. — Un billet à ordre de 2,000 francs, souscrit le 25 août 1849 et payable le 1er mars 1850, avec intérêts à 5 pour 100 par an, a pu sans contravention être souscrit sur timbre de 1,000 à 2,000 francs, car, bien que sa valeur commerciale soit de 2,051 fr. 40 cent. au 1er mars, il n'était réellement que de 2,000 francs au moment de sa souscription (14913-1 J. E.).

7191. Amendes. — 1. QUOTITÉ. — La contravention aux lois du timbre des effets de commerce est punie d'une amende de 6 pour 100 (art. 4 L. 5 juin 1850).

2. PLURALITÉ. — En cas de contravention, le souscripteur, l'accepteur, le bénéficiaire ou premier endosseur de l'effet non timbré ou non visé pour timbre seront passibles chacun de l'amende de 6 pour 100 (art. 4 L. 5 juin 1850). Pour les effets antérieurs au 1er octobre 1850 et qui n'ont pas été visés pour timbre dans les délais, la loi de 1850 édicte une quatrième amende contre le porteur (15037-3 J. E.).

L'accepteur n'est considéré comme tel que quand il a revêtu l'effet de son acceptation (Sol. 8 sept. 1856, 7 avr. 1865, 22 mars 1866, 8 janv. 1875.).

3. QUE DOIT-ON ENTENDRE PAR BÉNÉFICIAIRE ? — L'effet de commerce non accepté et non endossé est, d'après la loi de 1850, passible, quand il n'est pas timbré, de deux amendes, une due par le souscripteur, la seconde exigible du bénéficiaire. Par bénéficiaire il faut entendre l'individu au profit de qui l'effet a été créé, sans qu'il y ait lieu de rechercher si la propriété du billet lui a été transmise effectivement par la remise du titre, car la détention de l'effet n'est pas de nature à influer sur la qualité du bénéficiaire. Il résulte de là que les deux amendes sont dues sans que l'Administration soit obligée de rapporter la preuve que l'effet était réellement

aux mains du bénéficiaire : le porteur du titre auquel les deux amendes sont réclamées exciperait vainement de sa qualité de souscripteur pour les faire réduire à une seule (16517-3 J. E.). — S'il y a plusieurs endosseurs, le premier seul est en contravention.

4. MODE DE LIQUIDATION. — Les amendes de 6 pour 100 doivent être calculées sur le montant de l'effet non timbré. Ainsi, un billet de 100 francs donnera naissance à trois amendes de 6 francs, soit 18 francs, s'il y a lieu à la pluralité.

Si la contravention ne consiste que dans l'emploi d'un timbre inférieur à celui qui devait être employé, l'amende ne portera que sur la somme pour laquelle le droit de timbre n'aura pas été payé, soit par exemple, un billet de 600 francs rédigé sur du papier à 75 centimes les droits de timbres ayant été payés jusqu'à concurrence de 500 francs, les amendes ne seront dues que sur l'excédant ou 100 francs.

5. SOUSCRIPTEUR. — ENDOSSEUR. — Quand le souscripteur de l'effet l'endosse lui-même au profit d'un tiers, il ne représente pas deux personnes; il reste souscripteur et une seule amende est due par lui. La seconde est encourue par le second endosseur (Sol. 4 déc. 1855, 18 janv. 1875, 27 déc. 1876).

Ainsi, une traite à l'ordre du tireur non acceptée ni endossée, n'est passible que d'une amende (Sol. 27 juin 1866).

Cette même traite endossée est passible de deux amendes (Sol. 12 janv. 1865).

6. SOMMES RONDES. — Lorsqu'il s'agit de l'amende à percevoir sur un effet en contravention à la loi du timbre, la règle des sommes rondes doit être laissée de côté, il faut liquider le droit sur les sommes telles qu'elles se présentent; c'est ce qui avait été déjà établi par les lois du 16 juin 1824 art. 12 et 24 mai 1834 art. 19 et ce que la loi du 5 juin 1850 art. 4, a pleinement confirmé.

7. MINIMUM. — Nous devons seulement faire remarquer que les lois des 16 juin 1824 et 24 mai 1834 voulaient que, dans aucun cas, l'amende ne pût être au-dessous de 5 francs. Cette disposition a été implicitement abrogée par la loi de 1850, qui ne fixe nulle part un minimum à l'amende (I. G. 1865; Sol. 10 août 1859. 15339 J. E.).

7192. Déchéance des avantages accordés aux effets de commerce; — A côté de l'amende infligée par l'art. 4, le législateur de 1850 en a établi une autre : il frappe la convention elle-même, ce qu'il rattache au défaut de timbre la déchéance de certains avantages résultant spécialement de la forme des effets de commerce. Cette pénalité paraît empruntée, dans une certaine mesure, à la loi anglaise, qui admet la nullité du titre non timbré. Aux termes de l'art. 5, « le porteur d'une lettre de change non timbrée, ou non visée pour timbre, conformément aux art. 1ᵉʳ, 2 et 3, n'aura d'action, en cas de non-acceptation, que contre le tireur; en cas d'acceptation, il aura seulement action contre l'accepteur et le tireur, si ce dernier ne justifie pas qu'il y

avait provision à l'échéance. — Le porteur de tout autre effet sujet au timbre et non timbré, ou non visé pour timbre, conformément aux mêmes articles, n'aura d'action que contre le souscripteur. — Toutes stipulations contraires seront nulles. »

7193. Solidarité. — Recours du porteur. — D'après l'art. 6 de la loi du 5 juin 1850, « les contrevenants seront soumis solidairement au payement du droit de timbre et des amendes prononcées par l'art. 4. Le porteur fera l'avance de ce droit et de ces amendes, sauf son recours contre ceux qui en seront passibles. Ce recours s'exercera devant la juridiction compétente pour connaître de l'action en remboursement de l'effet. »

D'après cet article, les droits et amendes de timbre exigibles sur les effets de commerce sur papier non timbré ou non frappé du timbre prescrit peuvent être poursuivis contre le souscripteur, le bénéficiaire, le premier endosseur, l'accepteur et le porteur.

1. HÉRITIERS. — PROCÈS-VERBAL NON NOTIFIÉ. — La solidarité prononcée par l'art. 75 L. 28 avril 1816, contre les prêteurs et les emprunteurs, pour le payement des droits et amendes de timbre à l'égard des obligations ou billets non timbrés, s'applique à leurs héritiers et ayants cause.

En vertu de cette solidarité, le payement des droits et amendes de timbre d'un billet peut être poursuivi contre le prêteur, quoique le procès-verbal rapporté contre l'emprunteur ne lui ait pas été notifié dans les formes et délais déterminés par les art. 31 et 32 L. 13 brumaire an 7.

« Attendu, porte un arrêt de cass. du 9 mars 1852, que la réclamation de la Régie de l'enregistrement a été dirigée contre Chaumorot, qui a été poursuivi comme porteur du titre objet de la contravention, comme héritier du créancier constitué par ce titre, et en vertu de l'art 75 L. 28 avril 1816 qui déclare solidaires pour le payement des droits de timbre et des amendes les prêteurs et les emprunteurs, et conséquemment leurs héritiers et ayants cause » (14658 J. N., S. 53-1-207, 1929-6 I. G., 15405 J. E.).

7194. Encaissement. — Il est interdit à toutes personnes, à toutes sociétés, à tous établissements publics d'encaisser ou de faire encaisser, pour leur compte ou pour le compte d'autrui, même sans leur acquit, des effets de commerce non timbrés ou non visés pour timbre, sous peine d'une amende de 6 pour 100 du montant des effets encaissés (art. 7 L. 5 juin 1850).

Cette amende est indépendante de celles prononcées par l'art. 4 (V. 7191) contre le souscripteur, l'accepteur et le premier endosseur, à moins que celui qui fait l'encaissement ne soit lui-même souscripteur, accepteur ou premier endosseur. Dans ce cas, en effet, bien que l'encaissement ait réellement commis une double contravention, il ne semble pas qu'une double amende soit exigible contre lui (15035-8 J. E.); on appliquerait le principe que de deux peines encourues par le même contrevenant pour un même fait, la plus forte emporte la plus faible. Dans l'espèce, les deux peines se confondent.

L'encaissement est la *perception* du montant de l'effet (Sol. 9 juin 1855, 21 déc. 1867, 15 mai 1872, 18 janv. 1875, 16 fév. 1876).

7195. Droits de timbre. — Bien que l'art. 4 de la loi du 5 juin 1850 ne se préoccupe que de l'amende exigible au cas où l'effet serait souscrit sur papier libre ou frappé d'un timbre insuffisant, et garde le silence sur l'exigibilité des droits de timbre en même temps que celle de l'amende, il n'en faut pas moins conclure que ces droits sont exigibles en vertu de ce principe que l'impôt est dû avant toute peine (15324 J. E.).

7196. Quotité des droits de timbre. — Si l'effet de commerce est en contravention aux lois du timbre, les droits exigibles sont dus, non pas à 45 cent. pour 100 francs, mais à 15 cent. pour 100, d'après le tarif édicté par les art. 1ᵉʳ L. 5 juin 1850, 2 L. 23 août 1871 et 2 L. 19 fév. 1874. — La perception à 45 cent. par 100 francs est exclusivement réservée au cas de présentation dans les délais déterminés des effets non timbrés ; dans les autres cas, la règle reprend son empire et le droit dû est celui de 15, 30, 45 centimes, suivant l'importance du billet (Sol. 26 juin 1855, 3 juin 1856, 30 déc. 1864, 12 oct. 1867).

7197. Timbre insuffisant. — Lorsque l'effet de commerce est en contravention à la loi du timbre pour avoir été rédigé sur papier insuffisant, il n'y a lieu d'exiger les droits que déduction faite de l'impôt déjà payé, ainsi que nous l'avons précédemment expliqué à l'occasion du visa à 45 centimes. Ainsi, si un billet de 1,000 francs a été souscrit sur du papier à 75 centimes, sur la taxe exigible de 1 fr. 50 cent., il faut imputer le droit payé 75 centimes, et il n'y a lieu qu'à un payement complémentaire de 75 centimes.

7198. Effet souscrit sur papier de dimension. — Quand un effet est souscrit sur timbre de dimension, le prix du timbre est accepté pour sa valeur entière pour la liquidation du droit. Ainsi, si on écrit un effet de 2,000 francs sur une feuille de 1 fr. 80, il ne sera dû pour complément de droit de timbre que 1 fr. 20, formant la différence entre le prix de la feuille employée (1 fr. 80) et le prix du coupon qui aurait dû l'être (3 fr.).

Mais l'administration a admis, après bien des hésitations, que, pour le calcul de l'amende, la feuille n'est comptée que comme l'équivalent du coupon de la débite à 1 fr. 50, ce qui rend l'amende exigible sur 1,000 francs (Saint-Girons, 10 janv. 1848, 14412 J. E.; Sol. 29 mars 1862, 22 mars 1866; — V. en sens contraire : Sol. 16 oct. 1835, 11461 J. N., 13267-7 J. E.; 2 janv. 1851, 12086-1 et 15094-5 J. E.; D. N. t. 7 p. 484 nᵒ 275).

7199. Effets négociables de l'étranger. — L'art. 3 L. 5 juin 1850 avait reproduit les dispositions de l'art. 20 L. 24 mai 1834, en ce qui concerne les effets de commerce souscrits à l'étranger. Cet art. 3 est ainsi conçu : « Les

effets venant soit de l'étranger, soit des îles ou des colonies dans lesquelles le timbre n'aurait pas encore été établi, et payables en France, seront, qu'ils puissent à être négociés, acceptés ou acquittés, soumis au timbre ou au visa pour timbre, et le droit sera payé d'après la quotité fixée par l'art. 1ᵉʳ. »

Mais cette disposition a été modifiée par l'art. 2 L. 23 août 1871 qui a soumis aux mêmes droits que les effets souscrits en France les effets tirés de l'étranger sur l'étranger, négociés, endossés, acceptés et acquittés en France (2413 I. G.).

Ce tarif ayant depuis lors paru trop élevé, l'art. 3 L. 20 décembre 1872 l'a réduit en ces termes :

« Les effets spécifiés dans l'art. 1ᵉʳ L. 5 juin 1850, tirés de l'étranger sur l'étranger et circulant en France, ne seront plus assujettis qu'à un droit de timbre proportionnel fixé à 50 centimes par 2,000 francs ou fraction de 2,000 francs [1]. Ces effets peuvent être valablement timbrés au moyen des timbres mobiles en usage en France. Les timbres seront employés à raison de leur quotité seulement, et non des sommes qu'ils indiquent. »

L'effet créé à l'étranger entre deux Français est considéré comme un effet tiré de l'étranger (Sol. 16 nov. 1858).

1. ACCEPTATION. — La disposition de l'art. 3 L. 20 décembre 1872 n'est applicable qu'aux effets de l'étranger sur l'étranger qui, endossés en France, conservent leur caractère international.

Si la traite tirée de l'étranger sur l'étranger était acceptée en France, elle deviendrait par cette acceptation un effet français; elle serait, par conséquent, soumise au droit de timbre ordinaire (Séance du 18 déc. 1872, *Journal officiel* du 19, 2459 I. G.).

L'acceptation à l'étranger n'est passible d'aucune amende (Sol. 20 déc. 1865).

2. COLONIES. — Les lois du 23 août 1871, 20 décembre 1872 et 19 février 1874 ne s'étendent pas non plus aux effets souscrits dans les colonies où le timbre est établi. On peut donc en conclure qu'ils continuent à ne pas devoir le droit de timbre en France lorsqu'ils ne sont qu'en transit en France (*V. Contra, Journ. off.* 20 oct. 1871).

3. AMENDES. — Les effets tirés de l'étranger sont assujettis aux mêmes amendes que les effets tirés de France à l'exception de l'amende contre le souscripteur étranger qui n'est jamais due (Sol. 27 sept. 1863).

7200. Effets publics. — Les effets publics étrangers sont soumis à une législation spéciale que nous faisons connaître au mot *Étranger*.

7201. Traduction. — Langue étrangère. — Visa pour timbre. — Lorsqu'un effet en langue étrangère est présenté au visa pour timbre, il n'est pas nécessaire d'y joindre une traduction. Il suffit que le porteur consigne sur l'effet une déclaration certifiée et signée par lui, indiquant le montant de la somme portée sur l'effet (D. m. f. 11 nov. 1831, 10189 J. E., D. m. f. 7 mars 1833, 1425 § 1ᵉʳ I. G.).

---

1. On remarquera que ce tarif constitue une aggravation d'impôt pour tous les effets inférieurs à 2,000 francs.

SECTION 2. — ENREGISTREMENT DES EFFETS DE COMMERCE

[7202-7233]

ARTICLE PREMIER. — LETTRE DE CHANGE

[7202-7218]

7202. Tarif. — 1, CONTROLE. — Les lettres de change avaient été exemptées du contrôle par l'édit du 29 septembre 1722, et de l'enregistrement par la loi du 5-19 décembre 1790. La loi du 22 frimaire an 7 a maintenu cette exemption.

2. LOI DU 22 FRIMAIRE AN 7. — Les lettres de change tirées de place en place, celles venant de l'étranger ou des colonies françaises, les endossements et acquits de ces effets, sont exempts de la formalité de l'enregistrement (art. 70 § 3 n° 15).

3. LOI DU 28 AVRIL 1816. — La loi du 28 avril 1816 est venue restreindre l'exemption par son art. 50 ainsi conçu :

« Sont soumises au droit de 25 centimes par 100 francs les *lettres de change* tirées de place en place, et celles venant de l'étranger ou des colonies françaises, *lorsqu'elles sont protestées* faute de payement. Elles peuvent n'être présentées à l'enregistrement qu'avec l'assignation ; dans le cas de *protêt faute d'acceptation*, les lettres de change doivent être enregistrées seulement *avant que la demande en remboursement* ou en cautionnement puisse être formée contre les endosseurs ou le tireur. »

4. LOI DU 28 FÉVRIER 1872. — Enfin la faveur accordée aux lettres de change a été retirée par l'art 10 L. 28 février 1872, ainsi conçu :

« Sont soumis au droit proportionnel de 50 centimes par 100 francs les lettres de change et tous autres effets négociables, lesquels pourront n'être présentés à l'enregistrement qu'avec les protêts qui en auraient été faits. Les dispositions de l'art. 50 L. 28 avril 1816 concernant les lettres de change sont abrogées. Il n'est rien innové en ce qui concerne les warrants. »

Cette disposition a été justifiée par la commission de budget dans les termes suivants :

« Les actes sous seing privé doivent être enregistrés toutes les fois qu'il en est fait usage dans un acte public ou en justice. C'est d'après ce principe que les billets à ordre et autres effets négociables sont soumis à la formalité de l'enregistrement lorsqu'ils sont protestés. Seules, les lettres de change échappent à cette obligation ; elles peuvent n'être enregistrées qu'avec l'assignation à comparaître en justice, et le droit, qui est de 50 centimes par 100 francs pour le billet à ordre, est de 25 centimes seulement pour la lettre de change (art. 50 L. 28 avr. 1816). La lettre de change est certainement un des agents de circulation les plus précieux; mais, dans les circonstances actuelles, les privilèges de l'impôt doivent céder devant des considérations malheureuses plus puissantes, et votre commission vous propose, en conséquence, d'assimiler la lettre de change, au point de vue de la quotité et de l'exigibilité du droit, à tous les autres effets négociables. »

L'I. G. du 29 février 1872 ajoute, en transmettant la loi :

« L'art. 50 L. 28 avril 1816 n'avait soumis les lettres de change qu'au droit proportionnel de 25 centimes, tandis que les autres effets négociables supportaient le droit de 50 centimes par 100. De plus, la lettre de change pouvait n'être enregistrée qu'avec l'assignation qui suit le protêt. L'art. 10 de la loi nouvelle met fin à ce régime par l'abrogation expresse de la loi de 1816. Il fait rentrer les lettres de change dans le droit commun des effets négociables. A l'avenir, les lettres de change seront soumises au droit proportionnel de 50 centimes pour 100 et elles seront enregistrées avec les protêts, sans distinction entre les protêts faute d'acceptation et ceux faute de payement, distinction qui avait créé au profit des lettres de change tirées de l'étranger une immunité préjudiciable aux intérêts du Trésor [1] » (2433 chap. 5 I. G., 3406 p. 242 R. P.).

5. ACCEPTATION. — Un député avait demandé que les lettres de change ne fussent tout au moins sujettes à l'enregistrement au droit de 50 centimes pour 100, que quand elles seraient acceptées. Sans cette acceptation, disait-il, la lettre n'est pas un titre égal au billet à ordre. Mais cette distinction n'a pas été accueillie (3406 p. 229 R. P. — V. 2433 chap. 5 I. G.).

7203. Protêt. — Le protêt oblige donc aujourd'hui à l'enregistrement de la lettre de change. Cette lettre est mise sur le même pied à cet égard que le billet à ordre [2].

7204. Lettre de change venant de l'étranger. — Il n'y a pas besoin d'ajouter que les dispositions de la loi du 28 février 1872 s'appliquent aux lettres de change

---

1. « Les anciens privilèges, dit le rapporteur, n'ont plus de raison d'être. Quelle différence y a-t-il entre une lettre de change et un autre effet négociable ? Tous les effets qui interviennent pour régler la liquidation de opérations des commerçants entre eux sont des effets négociables : ils prennent le caractère de lettres de change quand ils sont payables sur une autre place. Je ne vois pas pourquoi, lorsque l'effet est tiré de Paris payable sur Paris, il serait traité d'une manière moins favorable que lorsqu'il est tiré de Paris et payable à Orléans, par exemple, Nous voulons, nous, que ces lettres de change soient assimilées aux effets négociables qui payent 50 centimes, et que l'enregistrement soit exigible au moment de l'enregistrement du protêt, comme pour les effets négociables. Cela est parfaitement juste » (3406 p. 129 R. P.).

2. Il avait été reconnu, sous l'empire de la loi du 28 août 1826 que, quoiqu'une lettre de change ait été soumise à l'enregistrement en même temps que le protêt, tandis qu'elle n'était sujette à la formalité que lors de la demande du remboursement ou du cautionnement, les droits ne peuvent être restitués. Si l'enregistrement a été requis mal à propos, les parties ne peuvent s'en prendre qu'à elles-mêmes, ou à l'huissier (Dél. 25 fév. 1819, 6544 J. E., D. N. t. 7 p. 478 n° 231).

venant de l'étranger comme aux lettres de change tirées en France. C'est même principalement pour les atteindre qu'on a voté l'art. 10 de la loi [1].

7205. Caractères de la lettre de change. — Les éléments caractéristiques de cet acte sont indiqués en ces termes par l'art. 110 C. com. :

« La lettre de change est tirée d'un lieu sur un autre. — Elle est datée. — Elle énonce : la somme à payer, — le nom de celui qui doit payer, — l'époque et le lieu où le payement doit s'effectuer, — la valeur fournie en espèces, en marchandises, en compte, ou de toute autre manière — Elle est à l'ordre d'un tiers, ou à l'ordre du tireur lui-même. — Si elle est par 1re, 2e, 3e, 4e, etc., elle l'exprime. »

Les interprètes de la loi commerciale reconnaissent généralement que tous ces éléments sont essentiels et que l'omission d'un seul d'entre eux opère nullité du titre, en tant que lettre de change (Demante n° 505). L'effet tombe alors, s'il est négociable, dans la classe des billets à ordre ou mandats, et s'il n'est pas négociable, il devient une simple promesse ou une obligation ordinaire de sommes.

En droit fiscal, il n'y a plus d'intérêt aujourd'hui à savoir si l'effet est une lettre de change ou un billet à ordre, puisque ces deux actes sont assujettis au même tarif. Il importe seulement de distinguer l'effet négociable de la promesse pure et simple, parce que celle-ci est soumise au droit de 1 pour 100, alors que les effets négociables ne sont tarifés qu'au droit de 50 centimes pour 100.

7206. Long terme. — Il n'est pas possible d'indiquer *a priori* à quels caractères on reconnaîtra qu'une lettre de change n'est point un effet négociable et dissimule une obligation civile. C'est là une appréciation que l'Administration a le droit de faire (Lille 14 juill. 1858, 1050 R. P.) et qui dépend des circonstances.

Ainsi, il a été reconnu que la stipulation d'un long terme n'est pas interdite d'une manière expresse en matière de change : elle ne suffirait pas pour autoriser la perception d'un droit supérieur et elle ne pourrait être tout au plus que le point de départ de recherches tendant à établir, par une réunion de circonstances de fait, que les parties ont déguisé une obligation civile sous la forme d'une lettre de change (Dél. 22 sept. 1857, 2111 § 1er I. G., 16279 J. N., 945 R. P.).

7207. Stipulations d'intérêts. — Une stipulation d'intérêts ajoutée à la lettre de change ne suffirait pas pour lui faire perdre le bénéfice du taux de 50 centimes. Cette clause n'enlève à l'effet ni un caractère négociable, ni même sa nature de lettre de change. « Le titre 8 C. com. ne la prohibe pas : l'art. 110 dit que la lettre de change doit énoncer la somme à payer, mais elle est suffisamment indiquée quand elle peut être déterminée au vu du titre; l'art. 184 fixe les intérêts à partir du protêt, mais ce n'est qu'une disposition de faveur qui supplée comme l'art. 1153 C. C. et qui ne fait pas obstacle aux conventions des parties » (Dél. 22 sept. 1857, 2111 § 1er I. G., 16279 J. N., 945 R. P.).

Les mêmes considérations sont applicables au billet à ordre (Déc. belge 9 déc. 1858, n° 8149 J. E. belge). — V. 7223.

7208. Ordre. — La lettre de change doit être à l'ordre d'un tiers, sans quoi elle ne serait pas négociable (Nouguier t. 1er p. 101). Le mot *à ordre* n'est pas une expression sacramentelle qui ne puisse être remplacée par un équivalent; il faut cependant que cet équivalent annonce l'intention de transmettre la propriété. Par exemple, ces mots : à un tel *ou à sa disposition* seraient cet équivalent. Mais ceux-ci : à un tel *ou en sa faveur* n'autoriseraient pas la personne à négocier la lettre par voie d'endossement (Pardessus *Droit com.* n° 339, Nouguier t. 1er n° 102, Dalloz *loc. cit.* n° 107).

C'est ce qui a été jugé spécialement pour un billet à ordre. La cour de Douai a décidé, le 24 octobre 1809, que ces mots *en sa faveur*, ou dans un billet suivant imm. diatement ceux-ci : *je payerai à un tel*, ne sont pas équivalents des mots *ou à son ordre*; d'où la conséquence qu'un pareil billet ne vaut que comme simple promesse.

On a cependant considéré comme lettre de change la traite tirée à l'ordre du tireur, datée du lieu où elle doit être payée, mais endossée par le tireur dans un autre lieu (Sol. belge 15 oct. 1877, 13426 J. E. belge).

7209. Supplément de droit. — Si, après l'enregistrement de la lettre comme effet de commerce, il était constaté par un jugement qu'elle constitue une simple promesse sujette au droit de 1 pour 100, le complément de droit deviendrait exigible (8049 J. E.).

§ 1er. — *Duplicatas.*

[7210-7218]

7210. Objets des duplicatas. — Le dernier paragraphe de l'art. 110 C. com. rappelle l'usage où l'on est dans le commerce de tirer une lettre de change par première, deuxième, troisième, etc., c'est-à-dire, d'en souscrire plusieurs exemplaires afin de faciliter la négociation et de la rendre plus prompte. La faculté de créer des duplicatas a deux motifs : le premier, en cas de perte de l'un des exemplaires; le second, pour faciliter la négociation pendant que l'un des exemplaires est à l'acceptation. Les divers exemplaires doivent être entièrement semblables, à l'exception de l'indication *première*, *seconde*, *troisième*, suivant le numéro.

7211. Mention du nombre des exemplaires tirés. — Il est important de ne jamais omettre de mentionner sur chaque exemplaire s'il est *première*, *deuxième*, ou *troisième*, et que le payement de l'un d'eux annulera les autres, ainsi que le veut l'art. 147 C. com. A défaut de cette

---

1. C'est surtout pour les lettres de change étrangères, tirées de l'étranger sur Paris ou sur une autre place française, que la disposition proposée a un intérêt financier sérieux. Quand ces lettres de change ne sont pas payées, on fait constater le non-payement par un protêt; elles retournent à l'étranger, et alors elles ne payent pas les droits proportionnels d'enregistrement (M. Mathieu Bodet, rapporteur, 3406 p. 229 R. P.).

Toutes les lettres de change venant de l'étranger échappent à l'impôt, et, d'après nous, elles doivent y être absolument soumises comme les autres effets négociables (*Idem*).

indication, le tireur serait responsable des suites d'un double payement accompli de bonne foi par le tiré. Celui-ci n'étant pas averti que l'un des exemplaires est double des autres, pourrait acquitter tout exemplaire comme un titre original ; mais s'il est prévenu et qu'il paye une seconde fois, nonobstant l'avertissement, il est en faute et ne peut recourir contre le tireur (Dalloz v° *Effets de commerce* n° 114).

7212. Timbre. — Les duplicatas des lettres de change étaient assujettis au timbre par la loi du 13 brumaire an 7, art. 14. — La loi du 1er mai 1822 avait modifié sur ce point celle de l'an 7 ; son art. 6 était ainsi conçu : « Les lettres de change tirées par deuxième, troisième ou quatrième, pourront, quoique étant écrites sur papier non timbré, être enregistrées, dans le cas de protêt, sans qu'il y ait lieu au droit de timbre et à l'amende, pourvu que *la première, écrite sur papier au timbre proportionnel*, soit représentée conjointement au receveur de l'enregistrement » (1039 I. G.). — La loi du 5 juin 1850 a confirmé cette disposition dans son art. 10 : « L'exemption du timbre, porte cet article, accordée par l'art. 6 L. 1er mai 1822 aux duplicatas des lettres de change, est maintenue. Toutefois, si la première, timbrée ou visée pour timbre, n'est pas jointe à celle mise en circulation et destinée à recevoir les endossements, le timbre ou le visa pour timbre devra toujours être apposé sur cette dernière, sous les peines prescrites par la présente loi. » — Sans que les droits et amendes puissent être restitués ultérieurement (D. m. f. 1er déc. 1832, 10527 I. G. ; 24 janv. 1834, 10868 J. E. ; Sol. 14 fév. 1863, 4 mai 1865, 11 mars 1873).

Si donc la première lettre de change timbrée ou visée pour timbre n'est pas jointe au duplicata mis en circulation et destiné à recevoir les endossements, le porteur doit, aux termes de l'art. 10 L. 5 juin 1850, faire viser pour timbre ce duplicata dans les quinze jours de sa date, ou avant l'échéance si la lettre de change a moins de quinze jours de date, sous peine des amendes déterminées par l'art. 4 de la loi (15035-9 J. E.).

7213. Circulation distincte. — Il avait paru que la disposition de la loi du 1er mai 1822 s'appliquait au cas où, après avoir tiré une lettre de change sur papier timbré, le tireur en faisait un duplicata sur papier libre qu'il faisait circuler en même temps que la première, et quoique chacune d'elles eût été suivie d'acceptation, d'indication de *besoin* et d'endossements différents. Mais il a été reconnu que la faveur introduite dans la législation par la loi de 1822 ne peut être invoquée qu'autant que la traite tirée sous la désignation de duplicata, copie, deuxième, troisième, etc., est identique à la première, et que, d'après les art. 147 et suiv. C. com., elle n'a d'autre objet que de remplacer celle-ci ; mais que si la première et le duplicata circulent séparément, il y a, en réalité, négociation de deux effets distincts dont chacun doit être écrit sur papier timbré (D. m. f. 1er déc. 1832, 10327 J. E.). La disposition de la loi du 5 juin 1850, que nous venons de reproduire, sanctionne ce principe.

Il en résulte que le tiré ne peut placer son acceptation sur un double non timbré sans l'avoir fait lui-même timbrer (Sol. 7 avr. 1875 et 13 avr. 1876).

7214. Lettre de change tirée à l'étranger. — Si une lettre de change tirée de l'étranger par première et seconde est présentée au visa pour timbre en France, alors que la seconde a été négociée en France, les amendes sont encourues sur la seconde qui a été négociée, quand même la première présentée au timbre en même temps ne l'aurait pas été : il fallait que cette dernière eût été visée pour timbre en France avant toute négociation de la seconde (Dél. 8 oct. 1833, 10765 J. E., D. N. t. 7 p. 483 n° 271).

7215. Obligation du receveur. — Les receveurs ne doivent jamais omettre de faire mention, dans leur enregistrement et dans la relation, que la production de la première leur a été faite ainsi que la loi l'ordonne (1039 I. G.).

7216. Copie. — Il ne faut pas confondre la copie avec le duplicata. La copie ne remplace le duplicata qu'autant qu'elle contient toutes les signatures originales. Elle est ordinairement créée par un endosseur qui la remet à son cessionnaire avec l'original, afin que celui-ci puisse négocier la copie pendant qu'il envoie l'original à l'acceptation (Pardessus n° 342).

Lorsque le porteur d'une lettre de change, tirée par seconde, troisième ou quatrième, en fait une copie pour la négocier comme il aurait négocié les *duplicatas*, cette copie, quoique écrite sur papier libre, peut, en cas de protêt, être enregistrée sans être assujettie au droit de timbre et à l'amende, pourvu que la première, revêtue du timbre prescrit, soit représentée en même temps au receveur (Dél. 25 mai 1825, 8086 J. E.).

7217. Endossement. — Les divers endossements qui se trouveraient, les uns sur l'original, les autres sur un duplicata ou sur une copie, ne forment qu'un seul et même titre et produisent le même effet que s'ils étaient tous réunis sur une même pièce (Vincens *Législ. comm.* t. 2 liv. 6 n° 19).

7218. Représentation de la première. — Toutes les fois que la première lettre de change revêtue du timbre prescrit est représentée au receveur en même temps que le duplicata destiné à recevoir les endossements, aucune amende n'est exigible sur le duplicata écrit sur papier libre, quel que soit le nombre de ses endossements (14297-4 J. E.).

ARTICLE 2. — BILLET A ORDRE

[7219-7223]

7219. Tarif. — Le tarif de 1722 exemptait du droit de contrôle les billets à ordre entre gens d'affaires, marchands et négociants. La loi du 19 décembre 1790 les a assujettis au droit d'enregistrement de 5 sols par 100 livres, et celle du 22 frimaire an 7 art. 69 § 2 n° 6, a porté ce droit à 50 centimes pour 100 francs.

La disposition de la loi de frimaire est ainsi conçue . « Sont assujettis au droit de 50 centimes pour 100 francs, les billets à ordre, les cessions d'actions et coupons d'actions mobilières des compagnies et sociétés d'actionnaires, et tous autres effets négociables de particuliers ou de compagnies, à l'exception des lettres de change tirées de place en place. »

L'art. 10 L. 28 février 1872 a confirmé ce tarif dans les termes suivants : « Sont soumis au droit proportionnel de 50 centimes par 100 francs, les lettres de change et tous autres effets négociables, lesquels pourront n'être présentés à l'enregistrement qu'avec les protêts qui en auraient été faits. »

7220. Caractère du billet à ordre. — Aux termes de l'art. 188 C. com., le billet à ordre doit, comme la lettre de change, énoncer : 1° la date ; — 2° la somme à payer ; — 3° le nom de celui à l'ordre de qui il est souscrit ; — 4° l'époque du payement ; — 5° la valeur fournie en espèces, marchandises en compte ou de toute autre manière. — L'art. 187 complète ces énonciations : « Toutes les dispositions relatives aux lettres de change, porte cet article, et concernant l'échéance, l'endossement, la solidarité, l'aval, le payement, le payement par intervention, le protêt, les devoirs et les droits du porteur, le rechange ou les intérêts, sont applicables au billet à ordre, sans préjudice des dispositions relatives aux cas prévus par les art. 636, 637 et 638 C. com. »

7221. Différence entre la lettre de change et le billet à ordre. — Le billet à ordre diffère surtout de la lettre de change, en ce qu'il ne contient pas remise de place en place. C'est-à-dire qu'il est payable au lieu où il a été souscrit, tandis que la lettre de change est payable dans un lieu différent (Nouguier des Lettres de change p. 474).

Il en diffère également, en ce qu'il est payable par celui-là même qui le souscrit, et non par une troisième personne, savoir, le tiré ou l'accepteur (Devilleneuve et Massé n° 2). — Ainsi cet effet conçu en ces termes : « Pézenas, 1er décembre 1851. A trente jours de date, je payerai à M. Pralder, ou à son ordre, la somme de 200 francs, valeur en marchandises. Bon pour 200 francs. Signé Sara. A mon domicile, à Béziers... » est un billet à ordre ou à domicile. La lettre de change peut bien être tirée à l'ordre du tireur lui-même, mais il faut qu'il y ait un tiré. Ici, en supposant qu'il y ait remise réelle de place en place, il n'y a pas de tiré, celui qui doit payer est le tireur lui-même (15385 J. E.). — Ainsi encore un effet de commerce tiré d'un lieu, à l'ordre du tireur, sur un autre lieu et endossé par lui dans ce dernier lieu, est un billet à ordre passible de 50 centimes pour 100 et non une lettre de change (Seine 7 mars 1830, 15039 J. E.).

Il suit de là : 1° qu'il n'y a lieu ni à acceptation ni à provision pour les billets à ordre, puisqu'ils doivent être payés par les souscripteurs (Favard v° Billet à ordre § 4, Nouguier p. 493) ;

2° Que les dispositions relatives au rechange pour les lettres de change, ne peuvent s'appliquer aux billets à ordre qu'autant que la négociation emporte remise d'un lieu sur un autre, puisque ce n'est que dans ce cas qu'il peut y avoir justice dans la demande du rechange et matière pour l'établir (Pardessus n° 480). — Mais alors le billet n'est plus précisément à ordre, il est à domicile (V. 7300).

A part ces différences, le billet à ordre est soumis aux mêmes formes que la lettre de change ; il se transmet de la même manière ; il jouit des mêmes privilèges, et suit en général les mêmes règles.

7222. Obligation à ordre. — Une obligation sous seing privé à l'ordre du créancier est passible du même droit que les billets à ordre tout à fait caractérisés (13164-4 J. E.).

7223. Obligation civile. — Un billet à ordre qui manque des conditions essentielles pour sa validité comme effet négociable, devient une simple promesse passible du droit de 1 franc pour 100.

1. VALEUR FOURNIE. — On s'est demandé, à cet égard, si le défaut d'énonciation de la valeur fournie empêchait l'application du tarif de 50 centimes pour 100. La négative a été admise. Il a été considéré qu'à la vérité le billet stipulé à ordre, et qui n'énonce point la valeur fournie, est réputé simple promesse, mais en ce sens seulement que, quoique portant des signatures de négociants, il n'est point un acte commercial, et se trouve privé des prérogatives accordées par la loi aux actes de cette nature, relativement à la contrainte par corps et à la juridiction consulaire ; que l'irrégularité résultant du défaut d'énonciation de la valeur fournie n'altère point le caractère négociable du billet, n'empêche point qu'en vertu de la clause à ordre qui y est insérée, il ne soit transmissible par voie d'endossement, ainsi qu'il a été décidé, notamment, par un arrêt de la cour d'appel de Rouen du 19 juillet 1826 ; que, par conséquent, il doit être admis pour billet à ordre quant à la perception du droit d'enregistrement, et assujetti seulement au droit de 50 centimes par 100 francs ; que, par suite, le transport par endossement de la somme portée au billet est exempt de l'enregistrement (Sol. 17 juill. 1838, 1377 § 1er I. G., Champ. t. 6 n° 103. — V. cependant Dalloz v° Effets de com. n° 181).

2. INTÉRÊTS. — Une stipulation d'intérêts émise dans le billet ne suffirait pas, non plus, pour lui faire perdre le bénéfice du tarif de 50 centimes pour 100 (Déc. belge 9 déc. 1858, 8449 J. E. belge). — V. supra n° 7207.

3. ORDRE. — Le billet doit être à l'ordre d'un tiers sans quoi il ne serait pas négociable, mais les mots à ordre peuvent être remplacés par des équivalents. — V. supra n° 7208

3. SUPPLÉMENT DE DROIT. — Mais s'il était constaté après l'enregistrement du billet qu'il a le caractère d'une obligation civile assujettie au droit de 1 pour 100 un supplément de droit deviendrait exigible (V. 5049 J. E.).

ARTICLE 3. — DISPOSITIONS COMMUNES

[7224-7228]

7224. Délai. — L'art. 69 § 2 n° 6 L. 22 frimaire an 7 porte : « Les effets négociables de cette nature (billet à ordre et tous autres effets négociables de particuliers ou de compagnies) pourront n'être présentés à l'enregistrement qu'avec les protêts qui en auront été faits, à l'exception des lettres de change tirées de place en place. »

L'art. 10 L. 28 février 1872 ajoute : « Les lettres de change et tous autres effets négociables pourront n'être présentés à l'enregistrement qu'avec les protêts qui en auraient été faits. »

Si le payement de l'effet était poursuivi sans protêt, l'effet devrait être enregistré *avant* l'assignation (518 § 1er, 648, 1187 § 1er I. G.), conformément à l'art. 42 L. 22 frimaire an 7. Nous avons épuisé (V. *Acte en conséquence*) tout ce qu'il y a à dire au sujet de l'application de l'art. 42 en matière d'effet négociable, nous ne pouvons qu'y renvoyer le lecteur.

Faisons seulement remarquer que si l'exploit d'assignation contenait en même temps protêt, il suffirait que l'effet fût enregistré en même temps que l'exploit. Il ne serait plus nécessaire de le faire enregistrer *avant*, comme dans le cas d'assignation sans protêt. L'Administration avait décidé le contraire, le 28 avril 1819 (6381 J. E.), mais la C. cass. a fait prévaloir notre principe, le 19 décembre 1834 (Dict. Champ. et Rig., V. *Billet à ordre* n° 10).

7225. Prorogation à la suite du titre. — On ne peut écrire une prorogation de délai sur la même feuille que l'obligation à laquelle elle a trait. Mais un principe différent a prévalu en matière commerciale.

Il a été décidé par une Sol. 13 octobre 1848 (14581 J. E.), que la prorogation consentie par le porteur d'une lettre de change, et l'acceptation de cette prorogation par le tireur, peuvent être constatées sur le coupon consacré à la rédaction de cette traite. Cette décision, conforme à une précédente Dél. 6 octobre 1815 (5248 J. E.), est contraire à une décision ministérielle du 11 août 1831 (10198 J. E.), et à l'opinion exprimée 4888 et 13868-1 J. E.); mais elle est maintenant admise sans contestation (Sol. 21 mai 1852, 3 avr. 1864, 9 oct. 1865, 7 fév. 1877). — V. *Acte écrit à la suite d'un autre.*

7226. Enonciation de la valeur fournie à la suite de l'effet. — D'après le même principe, la mention mise à la suite de l'effet (une lettre de change) et qui a pour but de faire connaître la véritable valeur fournie et de l'essence du contrat commercial, elle ne donne donc ouverture à aucune amende de timbre (Sol. 28 fév. 1864, (12674 C., 18008 J. N., 17811 J. E., 1947 R. P.).

7227. Valeur fournie. — De ce que l'indication de la valeur fournie est un élément de l'effet négociable et fait partie du contrat commercial, on en conclut qu'il est impossible de se fonder sur les énonciations qu'elle renferme, au sujet de la nature de cette valeur, pour soustraire l'effet au tarif qu'il lui est propre et l'assujettir à un droit plus élevé.

Il a été rendu plusieurs solutions sur ce point.

1. VALEURS MOBILIÈRES. — Ainsi, de ce que le billet à ordre ou la lettre de change est causé pour prix de valeurs mobilières, on ne pourrait appliquer le tarif de 2 pour 100 comme vente de meubles (Demande 499-1; Sol. 14 oct. 1831, 3466 Roll., D. N. t. 7, 480, n° 237, Champ. t. 6 n° 103; Sol. 17 et 27 janv. 1873)

2. VALEURS IMMOBILIÈRES. — Décidé dans le même sens que le billet à ordre causé *valeur pour un terrain*

acheté n'est passible que du droit de 50 centimes pour 100. Quoiqu'un tel écrit puisse être considéré comme un acte synallagmatique par le concours de l'acquéreur qui a souscrit le billet et par celui du vendeur qui l'a endossé, il ne constitue pas néanmoins une vente parfaite, puisque l'objet vendu n'y est pas indiqué (Cass. 1er avr. 1811, D. N. t. 2 503 n° 163; Sol. 11 juin 1830).

3. REMPLACEMENT MILITAIRE. — Décidé encore que le seul droit de 50 centimes pour 100 est exigible sur un billet causé en remboursement du prix d'un remplacement militaire (Sol. 24 oct. 1843, Champ. et Rig. t. 6 n° 106).

4. BONS OFFICES. — DONATION. — On peut valablement tirer une lettre de change ou un billet à ordre dont on reconnaît avoir reçu la valeur en bons offices, ou valeur reçue en dot et support de mariage (Pardessus n° 340).

Un billet à ordre causé de cette façon, valeur en bons offices, ne saurait être passible du droit de donation. Le tarif ordinaire de 50 centimes pour 100 est seul applicable (Cass. 13 vent. an 13, 2405 J. E.).

5. MENTION AU DOS. — Il en serait encore ainsi, quoique l'indication de la valeur fournie fût placée dans une mention inscrite au dos de l'effet. On a reconnu, à cet égard que si la lettre de change était causée valeur en numéraire et si la mention au dos expliquait que l'obligation représente le prix de marchandises fournies, le droit de vente mobilière ne serait pas dû ; les motifs ci-dessus exposés ne permettent pas d'attribuer le caractère de disposition indépendante à la déclaration dont il s'agit (Sol. 28 fév. 1864, 12674 C., 18008 J. N., 17811 J. E., 1947 R. P.).

7228. Retour sans frais. — Il arrive souvent que le tireur insère dans la lettre que le porteur fera le *retour sans frais.* Le porteur de lettres de change sur lesquelles la mention sans frais a été apposée, est dispensé tant du protêt et de la citation qui doit être donnée aux endosseurs dans la quinzaine, que de l'obligation de prévenir, dans le même délai, du non-payement de ces lettres; il n'est considéré, en cas de non-payement, que comme mandataire ordinaire du cédant, envers lequel il est responsable seulement des fautes de sa gestion (Pardessus t. 2 n° 425).

1. TIMBRE. — NULLITÉ. — Comme corollaire de la déchéance de certains avantages résultant de la forme des effets de commerce, déchéance que le législateur a infligée aux effets non timbrés, l'art. 8 L. 5 juin 1830 porte que « toute mention ou convention de retour sans frais, soit sur le titre, soit en dehors du titre, est nulle, si elle est relative à des effets non timbrés ou non visés pour timbre. »

ARTICLE 4. — ACTE NOTARIÉ

[7229-7233]

7229. Faculté d'employer la forme notariée.
— On a mis en question de savoir si une lettre de change

peut être passée devant notaire ; mais ce doute ne pouvait se soutenir.

« Il y a lettre de change, dit Merlin, *Répert.* v° *Lettre de change* § 2, toutes les fois qu'il y a un titre qui contient : 1° la preuve de la numération de l'argent dans un lieu ; — 2° la preuve de la promesse faite par celui qui l'a reçu d'en rendre l'équivalent dans un autre lieu ; — 3° la date, etc. Qu'importe que ce titre soit passé devant notaire ! Il y a des actes dont la loi exige la passation devant notaire, tels que ceux qui portent donation entre-vifs ; mais il n'y en a point que la loi frappe de nullité sous prétexte qu'ayant pu être faits sous seing privé, ils l'ont été devant notaire. L'authenticité d'un acte ne peut jamais être un vice : c'est une garantie de plus de la vérité de l'acte même. » — Telle est aussi l'opinion des autres auteurs (Pardessus t. 2 n° 330, Nouguier t. 1er p. 72, Dalloz *loc. cit.* n° 38), et cette opinion a été consacrée par la jurisprudence (Cass. 30 juill. 1828, 10 fév. 1834, 28 janv. 1835).

De même que la lettre de change, le billet à ordre peut être créé par acte notarié, cette forme ne mettant aucun obstacle à l'accomplissement des formalités que la loi a tracées.

7230. Délai pour l'enregistrement. — Lettre de change.

— Dans quel délai doivent être enregistrées les lettres de change passées devant notaire ? La question consiste à savoir si, sous l'empire de la loi du 22 frimaire an 7, qui exemptait la lettre de change d'une manière absolue, le notaire pouvait, nonobstant les art. 20, 26, 29 et 33 combinés de cette loi, qui fixent un délai déterminé pour l'enregistrement de tous les actes de notaire, se dispenser de faire enregistrer la lettre de change qu'il aurait reçue ; et, depuis la loi de 1816, s'il pouvait, en cas de payement, sans assignation, se dispenser de faire enregistrer la lettre de change ; ensuite, si, en cas de non-payement, il pouvait attendre jusqu'à l'assignation pour présenter la lettre de change à la formalité. Or, l'Administration a toujours soutenu qu'une pareille lettre de change devait être enregistrée dans le délai fixé pour les actes notariés (D. m, f. 22 nov. 1808, 5 juin 1810, 19 mars 1819, 13 juin 1832, 10364 J. E.). — V. le numéro suivant.

7231. Délai. — Billet à ordre.

— Elle a étendu cette solution au billet à ordre, en décidant, le 12 avril 1832 (10286 J. E.), qu'il ne suffirait pas qu'il fût présenté à l'enregistrement en même temps que le protêt, parce que l'art. 69 L. 22 frimaire an 7 n'est relatif qu'aux billets à ordre sous seing privé.

Cette doctrine, contestée par Champ. et Rig n° 3909 et t. 6 n° 97, et par un certain nombre de tribunaux (Auch 24 mars 1830 ; — Lectoure 19 juill. 1833 ; — Libourne 2 août 1834, 3474 et 4168 Roll), mais appuyée par Dalloz n° 3619, a été complétement adoptée par la Cour suprême.

Plusieurs arrêts successifs ont décidé que les lettres de change ou billets créés par acte notarié doivent être enregistrés dans les délais prescrits pour les actes notariés par la loi du 22 frimaire an 7, et que les dispositions introduites, soit dans cette loi, soit dans celle du 28 avril 1816, en faveur des lettres de change ou des billets à ordre spécialement, sont relatives uniquement à ceux qui sont souscrits sous seing privé

(Cass. 10 fév. 1834 10854 J. E., 1458 § 3. I. G., S. 34-1-87 ; — Cass. 28 janv. 1835, 11137 J. E., 1490-5 I. G., S. 35-1-527 ; — 29 juin 1835, 11260 J. E., 1498-4 I. G., S. 35-1-527).

L'arrêt du 29 juin 1835 porte : « Attendu que les dispositions exceptionnelles de l'art. 69 L. 22 frimaire an 7, pour ce qui concerne les effets négociables, rentrent dans celles de l'art. 23 de la même loi, desquelles il résulte qu'une obligation qui aurait été exemptée de l'enregistrement, tant qu'il n'en aurait pas été fait un usage public, devient passible du droit fixe ou proportionnel, suivant sa nature, dès qu'elle est convertie en un acte passé devant notaire, lesquels sont tenus de la faire enregistrer dans le délai déterminé par l'art. 20 de la susdite loi qui, par cet article, a fixé à dix ou quinze jours, selon la résidence, le délai dans lequel les actes des notaires doivent être enregistrés, n'y ayant d'exceptions que pour les testaments (art. 21) ; — Attendu que, si les particuliers qui font des effets négociables veulent profiter du bénéfice de l'exemption accordée par l'art. 69 de la susdite loi à ces sortes d'effets, il faut qu'ils les fassent sous signatures privées, parce qu'ils sont censés ne point ignorer la loi, et qu'ils sont avertis par elle, que, s'ils font ces effets par actes passés devant notaires, ces officiers publics seront tenus de les faire enregistrer dans les délais fixés par l'art. 20, sous peine d'amende ; et que, par aucune disposition explicite de la même loi, ni d'aucune autre, la nécessité de cette présentation à la formalité de l'enregistrement n'est subordonnée à l'existence d'un protêt préalablement fait desdits effets ; — Attendu, enfin, que ces particuliers ne peuvent se plaindre des conséquences du choix qu'ils ont fait volontairement de la forme d'un acte notarié, au lieu de celle de l'acte sous seing privé, sous laquelle ils eussent aussi valablement contracté la même obligation. »

7232. Quotité du droit.

— D'un arrêt de la Cour de cassation du 5 pluviôse an 11 (1479 J. E., 4367 J. N., D. N. t. 7 480 n° 238), il résulte « qu'une obligation passée devant notaire ne peut être assimilée, sous aucun rapport, à un billet à ordre qui, par sa qualité d'écriture privée, ne peut produire, en faveur du créancier, aucun droit d'hypothèque ni d'exécution ; que la faculté, exprimée au profit du créancier, de pouvoir transmettre l'effet d'une pareille obligation par le simple endossement, ne peut la dénaturer au point de la faire sortir de la classe des obligations civiles ordinaires, et n'a évidemment pour objet que d'en rendre le transport plus facile, sans qu'elle cesse de jouir des avantages accordés par la loi aux actes passés devant notaires. »

Néanmoins, le ministre des finances a décidé, le 6 pluviôse an 11, que les billets à ordre, quoique *passés devant notaires*, ne donnent ouverture qu'au droit de 50 centimes pour 100, lorsqu'ils ne contiennent ni déclaration d'hypothèque, ni aucunes conditions autres que celles qui sont de l'essence des effets de commerce. — Deux autres décisions semblables ont été rendues depuis à la date du 4 février 1836 (5492 J. E., Dalloz n° 3632), fondées sur ce que l'art. 69 § 2 n° 6 L. 22 frimaire an 7, fixe à 50 centimes par 100 francs le droit d'enregistrement de tous les effets négociables soumis à la formalité de l'enregistrement, sans distinction de ceux passés devant notaires ou sous seing privé, et sur ce que l'application des droits d'enregistrement aux actes qui y sont soumis doit uniquement résulter de leur nature et des effets qu'ils doivent produire, quelle que soit leur forme.

1. LETTRE DE CHANGE. — Ce que nous venons de dire s'applique également à la lettre de change : la circonstance qu'elle est rédigée devant notaire ne lui fait pas perdre le bénéfice de son tarif propre, qui est actuellement celui de 50 centimes pour 100.

2. EFFET NÉGOCIABLE EN GÉNÉRAL. — Il en est ainsi du billet négociable en général. Plusieurs actes, sans présenter les caractères de la lettre de change ou du billet à ordre, n'en sont pas moins des effets négociables. Ces actes, lorsqu'ils sont rédigés en la forme notariée, sont passibles du droit de 50 centimes pour 100, qu'une décision ministérielle du 10 mai 1808 (386 n° 8 I. G.) a déclaré applicable à tous les effets négociables autres que la lettre de change.— C'est ainsi qu'un acte notarié ainsi conçu : « Le 29 septembre 1826, vous payerez, à l'ordre de M. M..., la somme de 800 francs, *avec intérêt* qui a pris cours le 29 septembre dernier, valeur reçue comptant dudit M. M..., etc. ; a aussi été présent ledit N., qui a accepté la présente lettre de change, et a promis la payer à son échéance, sauf son recours contre le tireur, si celui-ci ne lui fait pas les fonds, » a été reconnu passible du droit de 50 centimes pour 100 (7999 J. E., Dalloz n° 3633), parce que, s'il est vrai qu'un tel acte n'est point une lettre de change, puisqu'on y stipule des intérêts, ni un billet à ordre, puisque ce n'est pas le souscripteur qui s'oblige à payer, n'en est pas moins un effet négociable régi, pour la perception, par l'art. 69 § 2 n° 6 L. 22 frimaire an 7, qui comprend *tous effets négociables de particuliers et de compagnies* : il est par conséquent sujet au droit de 50 centimes pour 100 francs.

7233. Timbre. — Quoiqu'un effet de commerce soit passé devant notaire, il doit être sur du papier au timbre proportionnel : c'est la conséquence de ce que nous avons dit dans le numéro précédent. Il en serait de même quoique l'acte renferme une affectation hypothécaire ou un cautionnement (Sol. 10 oct. 1857, 4 mai 1859, 3 janv. 1860). Cependant il faut remarquer, avec une décision ministérielle du 6 pluviôse an 11 (5492 J. E.), que ceci ne s'applique qu'aux billets à ordre délivrés en brevet; quant aux minutes qui resteraient déposées dans l'étude du notaire, elles pourraient être écrites sur du papier au timbre de dimension.

1. EXPÉDITION. — S'il est délivré une expédition de l'effet négociable rédigé en minute sur timbre de dimension, cette expédition ne peut être rédigée que sur timbre proportionnel (D. m. f. 6 pluv. an 11, D. N. t. 2 p. 503 n° 158 et t. 12 p. 632 n° 116).

2. BILLET SIMPLE. — De ce que le notaire peut rédiger sur du papier au timbre proportionnel les billets à ordre, lettres de change et effets négociables, il résulte implicitement qu'il le peut également pour les billets simples, puisque ceux-ci ne sont assujettis, comme nous le verrons, qu'aux mêmes droits de timbre (16541 J. N.).

3. AMENDE. — Quelle est la pénalité applicable à la rédaction par acte notarié d'un effet négociable en contraven-

tion au timbre? Cette question ne comporte pas, en l'état de la législation, de solution satisfaisante. D'une part, il n'est pas juridique d'exiger du notaire l'amende de 20 francs établie par l'art. 26 L. 13 brumaire an 7, puisque cette peine n'est édictée que pour le défaut d'emploi de timbre de dimension. D'un autre côté, on ne peut pas appliquer aux parties les amendes édictées par l'art. 4 L. 5 juin 1850, puisque la contravention n'est pas leur fait et que les peines sont personnelles. Nous croyons que cette hypothèse n'a pas été prévue par la loi et qu'en droit strict aucune amende ne serait due, parce que les pénalités ne s'étendent pas par analogie et que le redevable bénéficie alors du silence du législateur. Mais si nous devions nous écarter de ce principe pour raisonner par *à simili*, c'est à la première disposition de la loi que nous nous rattacherions. Nous inclinerions plus volontiers à exiger du notaire l'amende de 20 francs que de faire payer aux parties les amendes proportionnelles. Mais, dans tous les cas, ces deux sortes de peines ne sauraient être cumulées. La pratique est loin d'être uniforme; mais nous croyons savoir qu'en général on se borne à exiger, avec le supplément du droit de timbre, l'amende de 20 francs du notaire, en invoquant par analogie la loi de brumaire. Plusieurs solutions ont décidé que le notaire est passible de l'amende de 6 pour 100 à la charge du souscripteur (Sol. 6 juill. 1875, 31 janv. et 26 juill. 1876); mais elles ne sont certainement pas fondées.

CHAPITRE III. — DE LA PROVISION

[7234-7238]

7234. Définition. — On appelle *provision* la remise faite, à celui sur qui la lettre de change est tirée, des fonds destinés à en effectuer le payement.

Conséquemment, elle peut être faite par toute personne même absolument étrangère au contrat.

7235. Par qui doit-elle être faite. — La provision doit être faite à l'égard de l'accepteur, par celui pour le compte duquel l'acceptation a été donnée, c'est-à-dire par le tireur; ou, quand la lettre est tirée pour le compte d'un tiers, par ce tiers lui-même, et, dans ce dernier cas, l'accepteur avertit que celui pour compte de ce tiers que le mandat qui lui est donné n'a pas d'action directe contre le tireur.

Au contraire, à l'égard du preneur et de tous ses cessionnaires, c'est le tireur seul qui doit faire la provision, parce que c'est avec lui seul qu'est intervenu le contrat de change, et c'est à lui que la valeur de la lettre a été donnée. L'expression, insérée dans la lettre, qu'elle est pour compte de N..., ne s'adresse qu'à celui sur qui la lettre est tirée; elle est et demeure étrangère au preneur. Tel est le sens véritable du titre dans le droit et la coutume du commerce. Mais comme le texte de l'art. 115 du Code il résultait quelque doute sur cette obligation personnelle du tireur envers le preneur et les endosseurs successifs seulement, mais non envers l'accepteur, il a été levé par une loi interprétative du 19 mars 1817 art. 1er.

Conformément à ces principes, on a jugé que le porteur d'une lettre de change tirée par ordre et pour le compte d'un tiers n'a point d'action directe, en vertu du contrat de change, contre ce tiers donneur d'ordre : il ne peut agir contre lui que du chef du tireur, et, par conséquent, sauf à subir les exceptions que le donneur d'ordre aurait à faire valoir contre ce dernier (Cass. 1821, 4108 J. N.).

7236. Échéance. — Il y a provision si, à l'échéance de la lettre de change, celui sur qui elle est fournie est redevable au tireur, ou à celui pour compte de qui elle est tirée, d'une somme au moins égale au montant de la lettre de change (C. com. 116).

7237. Garantie de celui qui est nanti des fonds. — Quiconque, tireur ou endosseur, a entre les mains les fonds destinés au payement de la lettre de change, est tenu de garantir ce payement, sans pouvoir opposer aucune des déchéances pour défaut de diligence en temps utile, déchéances qui ont pour but de mettre à l'abri celui qui doit comme garant et non comme débiteur principal : or, on devient de fait débiteur principal dès qu'on est nanti des fonds destinés au payement de la dette (C. com. 117, 171). En vertu de ce principe, les endosseurs sont libérés en cas de protêt tardif, lors même qu'il n'y a pas provision, et c'est le tireur seul qui, ayant reçu la valeur de la lettre, continue d'être obligé envers le porteur (*Ibid.* 117).

7238. Faillite du tireur. — La provision faite entre les mains du tiré n'est irrévocablement affectée au payement de l'effet que s'il y a eu acceptation par le tiré. — Si le tireur tombe en faillite avant l'échéance et avant l'acceptation, la provision, au lieu d'appartenir exclusivement au porteur de la traite, doit être comprise dans l'actif de sa faillite (J. Toulouse 17 avr. 1821 ;—Paris 4 fév. 1822 ; 16 juin 1828 ;— V. Cass. 24 janv. 1860, S. 60-1-789 ; — Fremery chap. 21 et Boulay-Paty, Horson *Quest.* 64ᵉ et suiv. *des Faillites* t. 2 p. 31).

Jugé, au contraire, que le porteur a droit à la provision, dès l'instant de la transmission de la lettre de change (J. Rennes 6 fév. 1822 ; — Paris 31 déc. 1827 et 19 mai 1830 ; Cass. 23 nov. 1830, 3 fév. 7 déc. 1835 ; — Limoges 15 fév. 1839, P. 2 1839 p. 227 ; — Bordeaux 30 juin 1840, P. 2 1840 p. 287 ; — Toulouse 24 déc. 1841 P. 2 1842 p. 468 ; Dupuis de la Serra chap. 3 n° 13, Favard. *Rép.* v° *Lettre de change* sect. 2 § 2 n° 4, Vincens t. 2 p. 362, Nouguier t. 1ᵉʳ p. 200 et suiv. et Pardessus t. 2 n° 392).

La jurisprudence, comme on le voit, se décide généralement en faveur du porteur, et cela devait être : la propriété de la provision est transférée au porteur, il en a payé le prix en livrant les fonds au tireur. En vertu de quelle loi les créanciers lui contesteraient-ils ce droit de propriété ? C'est un privilège, dit-on, et, en matière de privilège, il faut être sévère et ne les reconnaître que lorsque la loi les a proclamés, surtout en présence de créanciers dont tous les droits doivent d'autant plus être respectés que leur situation est malheureuse. Ce raisonnement est une erreur : il n'y a pas de privilège en faveur du porteur ; c'est, on le répète, un simple droit de propriété, droit fondé sur tous les principes de la vente et du transport.

CHAPITRE IV. — DE L'ACCEPTATION

[7239-7255]

SECTION PREMIÈRE. — PRINCIPES CIVILS

[7239-7248]

7239. Obligation du tireur. — Le tireur ne s'engage pas seulement à faire payer la lettre de change, il s'oblige aussi à la faire *accepter*. Ce double engagement paraît présenter quelque chose de contradictoire ; car, dès que le tireur s'est obligé à faire payer, il s'est implicitement engagé à faire accepter. Mais la loi a voulu donner toute sécurité au porteur, en contraignant le tireur à faire le plus tôt possible la provision afin de décider le tiré à l'acceptation. On conçoit, en effet, que le tireur, ayant intérêt à ce que la lettre ne fasse pas retour faute d'acceptation, se met de suite en mesure de nantir le tiré de valeurs suffisantes

7240. Obligation des endosseurs. — L'ordonnance de 1673 n'obligeait nullement les endosseurs d'une lettre de change à procurer l'acceptation au porteur, ou du moins elle ne donnait à ce dernier aucun recours contre eux en cas de refus d'acceptation : ce recours n'était autorisé que contre le tireur ; encore même était-il admis par la jurisprudence plutôt que par les termes de l'ordonnance, suivant ce qu'enseignent Jouss. note 4 sur l'art. 2 titre 5 et Pothier n° 70. Le nouveau C. com. s'est montré plus sévère ; il déclare (art. 118 et 120) que « le tireur et les endosseurs sont garants solidaires de l'acceptation que, sur la notification du protêt, faute d'acceptation, les endosseurs et le tireur sont respectivement tenus de donner caution pour assurer le payement de la lettre de change à son échéance, ou en effectuer le remboursement avec les frais de protêt et de rechange. »

7241. Obligations du porteur. — Le porteur d'une lettre de change a le droit d'en requérir l'acceptation ; ce droit est en général facultatif, il ne devient obligatoire que dans deux cas :

Premièrement, lorsqu'il s'agit d'une lettre de change à un temps de vue, parce que c'est alors la date de l'acceptation qui fixe l'échéance de la lettre de change. La présentation à l'acceptation doit être faite dans certains délais, sous peine de perdre le recours en garantie contre les endosseurs et même contre le tireur qui prouve que la provision était faite.

Le second cas est celui dans lequel le porteur est tenu de requérir l'acceptation se présente lorsque son cédant lui en a fait une obligation. On conçoit qu'il importe à tous ceux dont la signature figure sur un effet d'être assurés qu'à l'échéance le tiré ne refusera pas le payement.

7242. Obligation du tiré. — Le tiré n'est point obligé d'accepter la lettre de change fournie sur lui ; son refus ne donne aucun droit au porteur d'agir contre lui. Mais il doit accepter ou refuser à présentation, ou au plus tard dans les vingt-quatre heures de la remise du titre. Ce délai lui est accordé afin qu'il réfléchisse sur le parti qu'il doit prendre. Il peut, pendant ce temps, recevoir du tireur la lettre d'avis s'il ne l'a point encore reçue, ou, si la traite annonce qu'il est prié de la payer sans autre avis, il examine s'il a des fonds appartenant au tireur. Après vingt-quatre heures, il doit rendre la traite acceptée ou non.

7243. Forme de l'acceptation. — D'après l'art. 122 C. com., l'acceptation d'une lettre de change doit être signée. L'acceptation est exprimée par le mot *accepté*. — Elle est datée, si la lettre est à un ou plusieurs jours ou mois de vue ; et, dans ce dernier cas, le défaut de date de l'acceptation rend la lettre exigible au terme et exprimé, à compter de sa date.

7244. Acceptation pure et simple. — L'acceptation doit être pure et simple ; le porteur est donc en droit de refuser un engagement dont le tiré ferait dépendre l'exécution de conditions, de circonstances ou d'obligations corrélatives qui ne seraient point insérées dans la lettre (Pardessus nº 370).

7245. Acceptation conditionnelle. — Toutefois, si l'acceptation conditionnelle peut être prise pour un refus et donner lieu à un protêt faute d'acceptation, il ne s'ensuit nullement que cette acceptation puisse être séparée de la condition qui y a été apposée pour en induire une acceptation pure et simple (C. Paris 31 mars 1838). — Cependant l'intérêt du commerce a fait admettre ces acceptations restreintes, non pas en ce sens que le porteur doive s'en contenter, mais en ce sens qu'il ne peut refuser celle que le tiré donne pour quelque cause que ce soit. Toutefois, pour être obligatoire, il faut toujours que cette acceptation restreinte soit écrite et signée (Pardessus nº 375).

7246. Effets de l'acceptation. — L'effet de l'acceptation est d'obliger l'accepteur à payer le montant de la traite sans pouvoir se faire restituer son engagement, même du consentement du tireur, et encore bien que celui-ci eût failli à son insu avant cet engagement (art. 21 C. com.).

Quant aux effets que produit l'acceptation entre le tireur et l'accepteur, ils dépendent de la position dans laquelle ils se trouvent entre eux (Pardessus nº 379).

Si le tiré refuse d'accepter ou s'il n'accepte qu'une partie, le porteur peut faire constater ce refus par un protêt. Il le doit même dans le cas où l'acceptation serait nécessaire.

Après avoir rempli cette formalité, le porteur peut recourir contre le tireur et les endosseurs de l'effet, soit collectivement soit individuellement. Quand il y a protêt, faute d'acceptation du tiré, toute personne étrangère à la lettre peut l'accepter par intervention, soit pour l'un des signataires, soit pour tous (126 C. com.).

7247. Refus d'acceptation. — Le refus d'acceptation se constate par un protêt faute d'accepter (C. com., art. 119). Le porteur n'est obligé à le faire dresser que dans le cas où la loi ou la convention lui fait un devoir de présenter la lettre de change à l'acceptation (Bruxelles 4 déc. 1815). Dans ces cas, le protêt doit être fait, soit dans les délais de l'art. 160, lorsqu'il s'agit des effets à un temps de vue, soit sans aucun retard, s'il s'agit d'un mandat imposé par le cédant au cessionnaire. Ce protêt à peu près a la même forme que celui qui constate le refus de payement. Il n'est pas nécessaire que ce soit le propriétaire même qui fasse protester. Tout individu porteur, même par un endos en blanc, a ce droit, s'il a été chargé de faire présenter la traite à l'acceptation ; l'intermédiaire fait aussi protester au nom de son correspondant.

7248. Acceptation par intervention. — Il arrive souvent que le tiré refuse d'accepter la lettre de change fournie sur lui, mais qu'un ami de ceux qui doivent garantir l'acceptation se présente pour accepter ; c'est ce que l'on appelle accepter par intervention. L'intervenant agit comme gérant d'affaires et non en qualité de mandataire, ainsi que l'explique très-bien Pothier (ch. 4 art. 5): « Lorsque celui sur qui la lettre est tirée refuse de l'accepter, et qu'une autre personne l'accepte pour faire honneur au tireur ou à quelqu'un des endosseurs, ce n'est point un contrat de mandat qui intervient entre cette personne et le tireur ou l'endosseur à qui elle a déclaré qu'elle voulait faire honneur, qui ne l'en avait point chargé et qui n'a aucune connaissance du service que cette personne lui rend ; mais c'est le quasi-contrat, *negotiorum gestorum*, qui produit les obligations qui en naissent. » Cette intervention ne peut avoir lieu qu'après le protêt portant refus d'accepter par le tiré (C. com., 126); jusque-là rien ne constate que le dernier ne veuille pas faire honneur à la signature du tireur. Rien ne s'oppose à ce que le même acte contienne, à la suite du protêt, la mention de l'intervention ; c'est ainsi que cela se pratique. L'huissier, avant de clore son protêt, déclare qu'un tel est intervenu, lequel a offert, etc. L'intervenant doit signer son intervention; la simple déclaration de l'officier ministériel serait insuffisante.

SECTION 2. — TIMBRE ET ENREGISTREMENT

[7249-7255]

7249. Acceptation sur la lettre de change. — L'acceptation constitue l'un des éléments du contrat de change et, comme tel, ne donne pas ouverture à un droit distinct d'enregistrement (V. *Acceptation*). Par la même raison et au même titre que les endossements, elle peut sans contravention être écrite, datée et signée à la suite de la lettre de change.

7250. Indication de la valeur fournie. — De ce que l'acceptation ferait connaître la nature de la valeur fournie, des objets mobiliers par exemple, il n'en faudrait pas conclure que le droit de vente à 2 pour 100 est dû : l'acceptation comme élément constitutif du contrat doit participer à l'exception établie par l'art. 70 § 3 n° 15 L. 22 frimaire an 7). — V. 7227.

7251. Acceptation conditionnelle. — L'acceptation qui n'est pas pure et simple reste néanmoins soumise aux règles que nous venons d'indiquer. Si les restrictions ne sont pas agréées par le tireur, cette acceptation conditionnelle n'est qu'un refus (V. ci-dessus). Si le tireur s'en contente, le contrat ne se forme que dans le sens restreint de l'acceptation ; dans l'un et l'autre cas, la réponse du tiré se lie essentiellement à la validité du titre et doit, pour la perception, être assimilée à une acceptation pure et simple.

7252. Acceptation par acte distinct. — 1. ENREGISTREMENT. — De ce que l'acceptation forme l'un des éléments constitutifs du contrat, il s'ensuit qu'elle ne peut, lors même qu'elle ferait l'objet d'un acte séparé, donner naissance à un droit différent de celui perçu sur la convention.

2. TIMBRE. — Si la lettre de change a été rédigée sur papier timbré, il nous semble que l'acte distinct d'acceptation, ne formant avec elle qu'un seul titre, peut être rédigé sur papier libre, comme les duplicata et les endossements.

7253. Acceptation dans le protêt. — Le fait que l'acceptation s'est seulement produite, lors du protêt, par la réponse du tiré, ne change pas la nature du contrat commercial : la jurisprudence, porte une Déc. belge du 24 décembre 1850, n'a que la valeur d'une simple acceptation qui, comme un élément de la lettre de change, doit participer à l'exception établie par la loi du 22 frimaire » (7764 J. E. belge).

7254. Engagement de payer dans un délai déterminé. — Ce qui a été dit de l'acceptation sur la lettre de change, s'applique à celle qui intervient en réponse au protêt : si elle est faite sous certaines conditions, notamment sous la réserve d'un terme pour le payement, cette restriction ne changeant pas la nature du titre, il n'est pas dû d'autre droit que s'il s'agissait d'une acceptation pure et simple (Déc. belge 24 déc. 1850 n° 7704 J. E. belge).

7255. Indication de la valeur fournie. — Nous pensons donc que l'acceptation, qui intervient dans le protêt, ne produit, à l'égard de la convention, d'autres effets que celle apposée sur le titre. Il en résulte que si le tiré, qui accepte lors du protêt, fait connaître la nature de la valeur fournie, il ne faut pas considérer cette déclaration comme la reconnaissance d'une vente passible du droit proportionnel. Le contraire a été décidé par l'administration belge le 19 février 1859 (n° 8232 J. E. belge), mais cette décision n'est pas de nature à invalider les principes que nous avons exposés ci-dessus.

CHAPITRE V. — DE L'ÉCHÉANCE

[7256-7260]

7256. Définition. — L'échéance d'une lettre de change ou d'un billet à ordre est l'époque où le payement doit en être exigé. Cette échéance, qui ne peut être conditionnelle, est certaine ou incertaine.

7257. Échéance certaine. — L'échéance d'une traite est certaine, non-seulement quand elle est déterminée par le tireur ou par le souscripteur, mais encore dans les effets tirés ou souscrits à un ou plusieurs jours, à un ou plusieurs mois, à une ou plusieurs usances de date. C'est alors le jour de la date de la traite qui fixe invariablement le point de départ de l'échéance, et ce jour ne dépend plus d'aucun événement.

La computation des jours, pour les effets à un ou plusieurs jours, se calcule à partir du jour qui suit celui de la date. Ainsi, la lettre tirée le 1er janvier à quinze jours de date écherra le 16 du même mois. La computation pour les effets tirés à un ou plusieurs mois de date se fait conformément au calendrier grégorien, c'est-à-dire d'un quantième correspondant, sans aucune distinction entre les mois plus longs et ceux plus courts. Par exemple, une lettre de change tirée le 28, du 29, du 30, du 31 janvier à un mois, sera exigible le 28 février, si l'année n'est pas bissextile, parce que le mois de février n'a point d'autre quantième correspondant. Celles du 28 ou du 29 février à un mois seront exigibles les 28 ou 29 mars, parce que ces quantièmes correspondants se rencontrent dans le mois de mars. Une lettre du 31 mars à un mois sera payable le 30 avril, et au contraire celle du 30 avril à un mois le sera le 30 mai et non le 31.

7258. Échéance incertaine. — L'échéance est incertaine lorsque l'effet est souscrit payable à vue : il doit alors être payé à sa présentation (130 C. com.).

7259. Échéance différée. — Les stipulations qui interviennent entre le tireur et les endosseurs et le tiré portant changement dans l'époque de l'échéance ne novent pas le contrat commercial, à moins d'intention contraire formellement exprimée ; il n'y a qu'une acceptation restreinte à laquelle il faut appliquer les règles exposées au chapitre précédent.

7260. Prorogation. — Acceptation. — La prorogation consentie par le porteur au profit du tiré et acceptée par le tireur n'emporte pas novation et ne donne dès lors ouverture, ainsi que l'acceptation, qu'au droit fixe (Dél. 17 oct. 1848, 14381 J. E.). — Cependant la cour de Paris a jugé que la prorogation volontaire consentie avec remise des intérêts moratoires par le tiers porteur d'un billet à ordre, opère novation dans la créance et fait perdre tout recours contre l'endosseur (4 août 1851, 11458 J. N.).

CHAPITRE VI. — DE L'ENDOSSEMENT

[7261-7278]

7261. Mode de transmission. — Les lettres de change et les billets à ordre sont, ainsi qu'on l'a vu plus haut, une espèce de monnaie pour la circulation de laquelle le législateur a accordé de très-grandes facilités, en exigeant toutefois certaines précautions qui en garantissent la transmission. Pour atteindre ce double but, les cessions de ces sortes d'effets s'opèrent par une inscription mise ordinairement au dos du titre, et que, pour cette raison, on appelle *endossement.*

7262. Exemption de droit. — L'art. 70 § 3 n° 15 L. 22 frimaire avait formellement exempté de la formalité les endossements et acquits de lettres de change aussi bien que les lettres de change elles-mêmes, ainsi que les endossements et acquits de billets à ordre et autres effets négociables. La loi du 28 avril 1816, n'ayant, plus tard, soumis au droit de 25 centimes pour 100 que les lettres de change tirées de place en place et celles venant de l'étranger ou des colonies françaises, lorsqu'elles sont protestées faute de payement, il s'ensuit que l'exemption subsiste pour le surplus, c'est-à-dire en ce qui concerne les endossements. Cela est admis par l'Administration, qui décide, en effet, que l'exemption de la formalité, accordée aux endossements et acquits de lettres de change, soit qu'ils résultent de la mention de payement insérée dans les protêts, soit qu'ils aient été mis sur les lettres de change elles-mêmes, subsiste, même après la loi du 28 avril 1816 (D. m. 28 sept. 1821). — Cette décision s'étend aux endossements et acquits de tous effets négociables.

7263. Effet négociable. — Toute espèce de créance, même non commerciale et entre non commerçants, peut être l'objet d'un billet à ordre transmissible par voie d'endossement (Cass. 5 pluv. an 2).

7264. Effet non négociable. — Mais la clause *à l'ordre* est de rigueur, et ne peut être ni remplacée ni supposée. La transmission par voie d'endossement, étant en dehors des règles du droit commun, doit être restreinte aux actes que la loi en a déclarés susceptibles. Or, la loi déclare transmissibles par cette voie les seuls effets de commerce (136 C. com.). Cependant, lorsqu'il s'agit d'une simple reconnaissance ou obligation nominative, il n'y a pas nullité du transport fait en forme d'endossement; mais le transfert ne pourrait être opposé au tiers, s'il n'avait pas été légalement notifié au débiteur, et il ne produirait ses effets qu'entre le cédant

et le cessionnaire ou ses ayants cause (Dalloz v° *Effets de commerce* n° 372).

1. DROIT DE TRANSPORT. — Dès lors, au point de vue de l'enregistrement, un pareil endossement serait passible du droit ordinaire de transport de créance (D. m. f. 31 août 1815, 648 I. G.)

7265. Effet négociable ne valant que comme simple promesse. — Du moment que la clause *à l'ordre* s'y trouve, la lettre de change ou le billet à ordre, lors même que leur irrégularité les ferait considérer comme simples promesses, n'en seraient pas moins transmissibles par voie d'endossement; ils ne perdraient que la qualité d'actes commerciaux (C. Rouen 19 juill. 1826, 6360 J. N.).

1. ENREGISTREMENT. — Mais, dans ce cas, l'endossement doit-il être considéré comme exempt d'enregistrement, conformément à ce que nous avons dit n° 7262. La question est délicate. Cependant, la considération qui nous paraît décisive en faveur de l'affirmative, c'est que l'effet n'étant passible que du droit proportionnel déterminé pas sa nature primitive d'effet de commerce, l'endossement ne peut pas être considéré autrement que comme endossement ordinaire exempté de la formalité par l'art. 70 § 3 n° 15 L. 22 frimaire an 7. Une Dél. 17 juill. 1838 (11215 J. E., 1577 § 1er I. G.) a pleinement adopté ce principe (*Contrà* 15519-3 J. E.).

7266. Obligation notariée. — Lorsqu'une obligation notariée a été stipulée payable à ordre, la transmission qui en est faite par le créancier au profit d'un tiers, par la voie de l'endossement, n'est qu'une cession et délégation civile. En conséquence, elle ne peut avoir pour effet que d'opérer le transport de la créance entre le cédant et le cessionnaire; et à l'égard des tiers, le cessionnaire ne peut être saisi que par la signification du transport faite au débiteur (Lyon 26 août 1818, 22 mars 1830, 7596 J. N.;—Lyon 22 mars 1833, 10419 J. E.; — Limoges 27 nov. 1845, 14099 J. E.).

Dès lors, cet endossement devait être assujetti au droit de cession de créance (Cass. 5 pluv. an 11) : « Vu, porte cet arrêt, la disposition de l'art. 69 § 3 n° 3 L. 22 frimaire an 7;—Attendu, 1° qu'une obligation passée devant notaires ne peut être assimilée, sous aucun rapport, à un billet à ordre, qui, par sa qualité d'écriture privée, ne peut produire, en faveur du créancier, aucun droit d'hypothèque ni d'exécution; — 2° que la faculté stipulée au profit du créancier de pouvoir transmettre l'effet d'une pareille obligation par le simple endossement ne peut la dénaturer au point de la faire sortir de la classe des obligations civiles ordinaires, et n'a évidemment pour objet que d'en rendre le transport plus facile, sans qu'elle cesse de jouir des avantages accordés par la loi aux actes passés par devant notaires; d'où il suit que l'endossement d'une pareille obligation est un véritable transport, cession et délégation de la créance pour laquelle elle a été contractée » (S. 3-2-274, 1479 J. E.; — *Conf.* : Châlon-sur-Saône 12 juin 1856, 15857 J. N., 727 R. P.).

1. EXPÉDITION. — Bien que la grosse d'une obligation

notariée soit revêtue d'un endossement à ordre, elle n'est pas assujettie au timbre proportionnel (11916-3 J. E.).

7267. Diverses sortes d'endossement. — On distingue plusieurs sortes d'endossement : l'endossement *régulier*, l'endossement *irrégulier*. Ces mots, régulier et irrégulier, ne sont pas dans la loi, mais ils sont consacrés par l'usage (Vincens t. 2 ch. 1er no 11, Pardessus t. 2 no 353).

7268. Endossement régulier. — L'endossement régulier transmet la propriété de l'effet; il est dispensé des formalités établies en droit civil pour le transport des créances. Mais le C. com. le soumet à certaines formes. Les énonciations qu'il doit contenir sont : 1° la date ; — 2° la valeur fournie ; — 3° le nom de celui à l'ordre de qui il est passé (137 C. com.).

1. DATE. — La formalité de la date est aussi importante dans l'endossement que dans le corps de l'effet. Elle peut servir à constater si l'endossement est postérieur à la faillite, à la mort du cédant ; en un mot, si le cédant et le cessionnaire étaient l'un et l'autre en état de contracter à l'époque indiquée. La fidélité de la date est garantie autant que possible par la disposition rigoureuse de l'art. 139 C. com. portant : « Il est défendu d'antidater les ordres, à peine de faux. » — Il ne faut pas cependant entendre cet article avec une extrême rigueur ; car il rendrait l'usage des effets de commerce très-dangereux pour les opérations commerciales.

Il a été jugé : 1° qu'un endossement non daté ne vaut que comme procuration (Cass. 29 mars 1813) ; — 2° que l'endossement revêtu d'une date évidemment fausse, par exemple si, à l'époque indiquée, l'endosseur était dans un pays éloigné, hors de France, ne vaut que comme procuration, et que la fausseté de la date de l'endossement peut se prouver par des actes et des faits, sans qu'il soit besoin de s'inscrire en faux (Colmar 18 janv. 1823) ; — 3° qu'un endossement non daté ne vaut que comme procuration, bien qu'il exprime la valeur fournie ; en conséquence, le porteur saisi par cet endossement irrégulier peut être déclaré non recevable à demander le payement au tireur, si son endosseur désavoue le mandat en prétendant n'avoir pas fourni la valeur à ce même tireur (Colmar 13 juin 1810).

Les mots *ut ultrà*, *ut suprà*, que l'on met quelquefois dans l'endossement pour tenir lieu de date, sont insuffisants (Cass. 14 nov. 1821).

2. VALEUR FOURNIE. — L'endossement doit exprimer la valeur fournie par celui au profit de qui l'endossement est fait ; car, quoique la loi ne répète pas les prescriptions contenues en l'art. 110 C. com., il faut s'y reporter pour voir par quelles énonciations on peut satisfaire à ce qu'elle exige. Ainsi, un endossement ne doit pas seulement porter *valeur reçue*, il doit encore exprimer en quoi la valeur a été fournie, à moins que l'effet ne soit purement civil (Cass. 12 juin 1810 ; — Bruxelles 19 juin 1812 ; — Pau 18 juill. 1837 ; — Cass. 9 nov. 1830). — Cependant la valeur reçue en compte ou valeur reçue comptant serait suffisante (Cass. 14 flor. an 9, 13 nov. 1821).

3. NOM DU CESSIONNAIRE. — Le nom de celui auquel le titre est cédé est indispensable pour faire connaître le véritable propriétaire. L'absence du nom ne peut se suppléer par aucunes preuves extrinsèques. Aux yeux des tiers, l'endos serait irrégulier et ne vaudrait que comme simple procuration.

7269. Effet de l'endossement régulier. — L'endossement régulier produit les effets du contrat de change mêlés quelquefois à ceux d'un transport. L'endosseur devient tireur à l'égard de celui au profit duquel il endosse, sauf une différence établie par l'art. 170 C. com. (Delvincourt t. 2 p. 116).

Ainsi, l'endosseur est garant de la vérité de la créance qu'il transfère (1693 C. C.).

De plus, il est garant solidaire, avec les autres signataires de la traite, du payement de la somme qu'elle donne droit de toucher (14 C. com.).

Ce droit de toucher est dévolu au preneur au moment même de l'endossement, sans qu'une signification doive être faite au débiteur, sans que celui-ci puisse opposer aucune exception qui pouvait l'être auparavant à l'auteur de l'endossement et sans que les créanciers de celui-ci puissent empêcher le payement dû (Pardessus no 347 ; — Paris 12 mai 1806).

L'hypothèque que renferme le billet à ordre est transmise par l'endossement de la même manière que le billet lui-même (Merlin *Répert.* vo *Aval* no 3 et *Quest. de droit* vo *Hypoth.* § 18, Troplong *des Hypoth.* no 906, Duvergier *de la Vente* t. 2 no 212 ; — Cass. 5 niv. an 13, 24 fév. 1838, 11 juill. 1839 ; — Rouen 4 juin 1830).

En cas de protêt, le tiers porteur qui a obtenu un jugement tant contre le tireur que contre l'endosseur a seul droit de se prévaloir de l'hypothèque dont il s'agit, dans l'ordre ouvert sur le prix des biens hypothéqués, à l'exclusion de l'endosseur ou de ses créanciers. Vainement ces derniers prétendraient que, pour pouvoir produire effet à leur égard, le transport de l'hypothèque devait être notifié conformément à l'art. 1690 C. C. (même Arr. 11 juill. 1839).

Tous les endossements qui figurent sur une traite produisent les mêmes recours, actions et effets que le premier.

7270. Endossement irrégulier. — On appelle endossement irrégulier celui qui manque de l'une ou de plusieurs des conditions exigées pour la régularité des endossements, soit de la date, soit de l'énonciation de la valeur fournie, soit de l'indication du nom de celui à l'ordre de qui il est passé. Tel serait, par exemple, l'endossement en blanc.

7271. Effets de l'endossement irrégulier. — Nous avons déjà dit que, toutes les fois qu'un endossement ne réunit pas les conditions établies, il est irrégulier. L'effet d'un pareil endossement est de ne pas opérer le transport, il ne vaut que comme simple procuration (138 C. com.) On a soutenu que l'endos même irrégulier suffit à transmettre la propriété du titre, à titre de donation, soit qu'il ait été causé valeur en don ou pour donation, soit qu'il ait été fait en blanc (Cass. 25 janv. 1832, D. 32-1-393 ; 9 mars 1837, D. 37-

4-714; — Cass. 24 août 1837, D. 37-1-866; 3 août 1841, D. 41-1-621; — Bordeaux 7 avr. 1851, D. 51-2-486, Aubry et Rau 5-64, Massé et Vergé 2 70, Vazeille 931 § 8, Troplong 3-1058). Mais ce résultat paraît exagéré, Sans doute la donation peut être faite sous la forme d'un contrat à titre onéreux, mais c'est à la condition que ce contrat lui-même soit régulier. Or, pour transmettre la propriété d'un effet négociable, il faut un endos régulier : un endossement irrégulier n'est qu'une procuration non translative de propriété et ne pouvant valoir comme donation (Pau 10 mars 1840, D. 42-2-82 ; — Rouen 10 déc. 1840, D. 41-2-118; — Douai 5 déc. 1845, D. 47-2-44, Merlin 9 v° Doute, Coin-Delisle 938 § 29, Bayle sur Grenier t. 2 n° 180, Saintespès 109, Demolombe 20-109 ; — Paris 19 mars 1858, S. 58-2-428. — V. aussi Cass. 17 déc. 1856, S. 57-1-440).

Seulement, la règle que l'endossement irrégulier n'opère pas le transport n'est applicable que dans les rapports du porteur de l'effet vis-à-vis des tiers; mais, vis-à-vis de son endosseur direct, le porteur peut toujours établir la sincérité de l'opération et démontrer qu'il a fourni les fonds (Cass. 7 août 1867, S. 67-1-384; 12 janv. 1869, S. 69-1-73),

Le porteur d'une lettre de change ou d'un billet à ordre en vertu d'un endossement en blanc peut, s'il en a fourni les fonds, se transmettre à lui-même la propriété de l'effet en remplissant le blanc à son profit (Cass. 10 juill. 1861, S. 62-1-531; 21 déc. 1864, S. 65-1-45; — Metz 5 août 1869, S. 70-2 120; — Cass. 20 mai 1865, S. 65-1-258).

7272. Enregistrement de l'endossement irrégulier. — De ce que l'endossement irrégulier ne vaut que comme simple procuration et qu'il n'opère pas transport, on avait tiré la conséquence (4017 J. E.) que l'exemption de droits prononcée par la loi ne pouvait lui être applicable et qu'il devait être assujetti au droit fixé par les procurations. Mais la question de savoir si un endossement est ou non régulier, parce qu'il exprime ou non *la valeur reçue*, ne peut être résolue par les préposés de l'Enregistrement. Il suffit qu'il y ait endossement d'un effet négociable pour qu'ils ne doivent rien percevoir (D. m. j. et f. 10 et 18 mai 1813, 4519 J. E.). — C'est ce qui a été reconnu spécialement pour les endossements en blanc (13504-4 J. E.).

7273. Endossement après échéance. — Ç'a été une grande question que de savoir si un effet de commerce peut être valablement endossé après son échéance. Il a été jugé :

1° Que les lettres de change et les billets à ordre sont transmissibles par voie d'endossement, même après échéance et protêt; et qu'un pareil endossement transfère la propriété au porteur, tout aussi bien que s'il eut eu lieu avant l'échéance (Pardessus n° 351; — Cass. 28 nov. 1821, 4079 J. N.; 3 avr. 1826, 5958 J. N.; 26 janv. 1833 ; — Cass. 25 juill. 1855, 410 R. P.; — Cass. 18 août 1856, S. 57-1-886; — Contrà Paris 4 janv. 1817);

2° Que l'endossement ainsi fait après l'échéance confère au tiers-porteur de bonne foi les mêmes droits que celui fait avant l'échéance ; tellement que le tireur ne peut opposer à ce tiers-porteur les exceptions particulières qu'il pourrait

opposer à son cédant (Bruxelles 14 nov. 1848; 25 mai 1849; — Cass. 28 janv. 1834 ; — Contrà Pardessus n° 352; — Paris 24 juill. 1809; — Limoges 13 juill. 1820; — Bruxelles 2 mai 1832);

3° Que le tiers porteur pouvait, dans ce cas, exercer la contrainte par corps (Paris 6 avr. 1809; 31 août 1831);

4° Enfin, que le débiteur souscripteur du billet ne peut se refuser au payement entre les mains du tiers-porteur (Paris 7 juill. 1813).

Toutefois, l'on décide que le porteur d'un effet endossé après son échéance n'est pas tenu de remplir dans les délais légaux les diverses formalités imposées au porteur d'une traite en cas de non payement. En effet, l'observation de ces délais est impossible en cas d'endossement après l'échéance (Pardessus n° 351; — Cass. 11 juill. 1820).

7274. Rature de l'endossement. — L'endossement, quoique inscrit sur la lettre de change, peut être rayé tant que l'auteur de cette négociation ne s'en est pas dessaisi. Une erreur ou une négociation projetée, mais rompue, peut en être la cause. La ressource de se faire rembourser la lettre par celui à qui on l'avait cédée et qu'on nomme *contre-passation*, n'est rien moins que sûre, puisque cette contre-passation, à moins qu'on eût soin d'y insérer que celui qui la souscrit ne sera tenu d'aucune garantie, soumettrait aux obligations des endosseurs purs et simples celui qui la ferait, quoiqu'il n'eût pas été propriétaire de la lettre (Pardessus n° 349).

7275. Cession par voie ordinaire. — On a vu que l'endos est la voie ordinaire de transport des effets de commerce. Mais on comprend que le législateur, en introduisant ce mode particulier et facile, en faveur des effets négociables, n'a pas entendu les priver du bénéfice de la loi commune et que la propriété peut en être transmise par les voies ordinaires de cession des droits incorporels (Riom 1er juill. 1846, D. p. 47-2-47; — Cass. 15 déc. 1868, S. 60-1-205, Nouguier t. 1er p. 480). — Ici, aucun doute ne pourra s'élever au sujet de l'enregistrement : le droit ordinaire de transport de créance sera exigible.

7276. Endossement sur le titre. — L'endossement a lieu d'ordinaire au moyen d'une mention apposée sur le titre lui-même et signée de l'endosseur : il n'est pas nécessaire que l'endosseur écrive lui-même l'endossement. Il suffit qu'il y appose sa signature; il n'y a pas même besoin de la faire précéder d'une approbation de sa main (Pardessus n° 346).

7277. Endossement sur feuille distincte. — Pour produire ses effets, l'endossement doit être mis sur le titre même (ordinairement au dos), et ne peut être mis sur feuille séparée, à tel point que si le nombre des endos absorbe le papier dans son entier, on y ajoute une autre, sous le nom d'*allonge*, pour recevoir les négociations ultérieures. Cette allonge fait corps avec le titre même (Pardessus n° 342).

1. TIMBRE. — Cette allonge peut être en papier non timbré (Dél. 17 oct. 1837, 12355 J. E., 10422 J. N.). Cette décision est motivée sur ce que le droit de timbre établi pour les effets de commerce est gradué en raison des sommes portées dans ces effets, *sans égard à la dimension du papier*, ainsi que l'énonce expressément l'art. 2 L. 13 brumaire an 7; et que, d'un autre côté, les endossements doivent être écrits sur les effets de commerce.

2. ENREGISTREMENT. — Il est indifférent, pour la perception, que l'endossement soit apposé sur le titre lui-même ou sur une feuille ajoutée; mais si un acte distinct était dressé, encore bien qu'il fût qualifié endossement, il n'aurait aucun caractère commercial et ne pourrait profiter de l'exemption de droit; ce serait un transport produisant des effets civils et passible du tarif des cessions de créances.

7278. Endossement par acte notarié. — De ce que l'endos doit figurer sur le titre même, il s'ensuit qu'il ne peut guère être qu'un acte sous seing privé. Rien ne s'opposé cependant à ce qu'il soit donné par acte notarié (Nouguier t. 1er p. 284, Roll. de Vill. vo *Endossement* no 8, Dalloz vo *Effet de commerce* no 367).

1. DÉLAI. — La Cour suprême a décidé, nonobstant la jurisprudence contraire de plusieurs tribunaux (Vendôme 27 juin 1840, 11594 J. N., 6050 C.; — Nevers 16 fév. 1846, 12646 J. N., 7.23 C.; — Montélimart 7 août 1847, 14368-2 J. E., 13122 J. N., 7985 C.), que l'exemption de l'enregistrement, accordée par l'art. 70 L. 22 frimaire an 7 à l'endossement des effets négociables ne s'applique qu'aux endossements sous seing privé. Ceux faits devant notaire sont sujets à l'enregistrement, dans les délais ordinaires, comme le sont tous les actes des notaires, lorsqu'une exception clairement exprimée ne les a pas dispensés de l'accomplissement de ce devoir (Cass. 13 juill. 1847) : « Attendu, porte cet arrêt, en droit, que les actes des notaires, quels qu'en soient l'objet et les qualifications, doivent être soumis à la formalité de l'enregistrement dans les délais prescrits par la loi et sous les peines qu'elle détermine contre le notaire rédacteur en cas de contravention; — Attendu, en effet, que les dispositions qu'elle renferme sur la nécessité de cet enregistrement sont générales et absolues; qu'elles embrassent dès lors tous les actes reçus par le ministère des notaires, à moins qu'une exception clairement exprimée ne les dispense de l'accomplissement de ce devoir; — Attendu que l'art. 70 § 3 no 15 L. 22 frimaire an 7, en exemptant de l'enregistrement les endossements et acquits de billets à ordre, n'a pas créé une exception à la règle qui impose aux notaires l'obligation de faire enregistrer leurs actes dans un délai particulier; que l'exemption qu'il consacre, applicable seulement à des endossements par acte sous seing privé, n'a rien de commun avec les devoirs des officiers publics dans l'exercice de leurs fonctions; — Attendu que le notaire qui rédige, en sa qualité, l'endossement d'un billet à ordre, et qui atteste par là, sous le sceau de son autorité, la transmission qui en est opérée devant lui, fait nécessairement un acte de son ministère, pour lequel il est tenu en conséquence de remplir toutes les conditions exigées par la loi en pareil cas » (14292 J. E., 13088 J. N., 1796-9 I. G., S. 47-1-717; — *Contrà* D. N, t. 5 p. 389 no 39, 13088 J. N.).

2. QUOTITÉ DU DROIT. — Le droit exigible sur l'endossement notarié ne peut être évidemment le droit de cession à 1 pour 100, puisque l'endossement se trouve affranchi du droit proportionnel. Il n'est dû que 3 francs fixe comme acte innomé (15437-1 J. E., 9597 J. N.).

3. RÉPERTOIRE. — De l'obligation de faire enregistrer les endossements notariés d'effets négociables découle la nécessité de les inscrire au répertoire (D. N. t. 11 p. 165 no 47).

4. ACTE DISTINCT. — Ce que nous avons dit de l'endossement sous seing privé, rédigé sur une feuille distincte de l'effet de commerce, s'applique à l'endossement notarié; cet endos ne produira des effets commerciaux que s'il fait corps avec la traite, soit parce qu'il a été rédigé sur l'effet lui-même, soit parce que la feuille sur laquelle il est écrit a été annexée à la lettre de change. Si l'endossement notarié était séparé de la traite, il vaudrait bien comme transport; mais le bénéfice spécial établi pour l'endossement ..sc..t sur la lettre n'y serait pas attaché. Il faudrait le signifier au débiteur, d'après les règles du droit commun (Montgaloy *Analyse* C. com. t. 1er p. 228).

Il résulte de là qu'un endossement de cette nature devrait, comme cession de créance, être assujetti au droit de 1 pou 100.

CHAPITRE VII. — DE LA SOLIDARITÉ

[7279-7282]

7279. Principe. — Tous ceux qui ont signé, accepté ou endossé une lettre de change, sont tenus à la garantie solidaire envers le porteur (140 C. com.).

7280. Porteur. — Les expressions *envers le porteur* doivent être entendues en ce sens qu'elles s'appliquent non-seulement au porteur actuel, mais à tous ceux qui le deviennent par la négociation ou par le remboursement (Nouguier t. 1er p. 308 no 1er).

7281. Femme non marchande. — La femme non marchande publique qui souscrit un billet à ordre, conjointement avec son mari, commerçant, est tenue solidairement au payement de ce billet (C. C. Riom 22 nov. 1809; — Paris 8 fév. 1820).

7282. Tireurs et endosseurs. — Les tireurs et endosseurs, tous cobligés solidaires, sont valablement assignés en la personne de l'un d'eux et devant le juge du domicile de l'assigné; mais les endosseurs ainsi assignés dans la personne de l'un d'eux ne peuvent, sur cette demande, exercer les garanties contre le cédant (C. Nîmes 20 mess an 14).

CHAPITRE VIII. — DE L'AVAL

[7283]

7283. Renvoi. — Le payement d'une lettre de change, indépendamment de l'acceptation et de l'endossement, peut être garanti par un aval (141 C. com.). — Nous avons donné sur l'aval, aux nᵒˢ 2447 et suiv., tous les développements que comporte cet ouvrage ; nous n'y reviendrons pas.

CHAPITRE IX. — DU PAYEMENT

[7284-7288]

7284. Principe. — En matière commerciale, comme en matière civile, le payement, pour être valable, doit être fait au créancier ou à celui qui a pouvoir de recevoir pour lui (1239 C. C.). — Pour pouvoir exiger le payement d'une lettre de change, il faut qu'elle soit payable par le texte, par ordre ou par transport au profit du porteur, et que ce dernier ait la procuration de celui qui a droit à la lettre de change (Dupuy *Lettres de change* p. 91 nᵒ 3).

7285. Preuve de payement. — Le payement est fait par le tiré, qui retire la lettre de change acquittée ; l'acquit est pour lui la preuve certaine de la libération. Cependant, si la lettre de change lui avait été remise sans acquit, le tiré n'en serait pas moins libéré, à moins que l'on ne prouvât qu'il est détenteur frauduleux de la lettre (Nouguier t. 1er p. 329).

7286. Extinction des obligations en général. — Bien que le C. com. ne se soit occupé que du payement et de la prescription, les diverses causes d'extinction des obligations prévues par le C. C., telles que la *novation*, la *remise volontaire*, la *compensation*, la *confusion*, s'appliquent en général aux engagements résultant des lettres de change et des billets à ordre.

7287. Du payement par intervention. — Il est permis à un tiers, étranger à la négociation de la lettre de change, d'intervenir par honneur pour la signature de l'un des obligés au titre et de désintéresser le porteur: c'est ce que l'on appelle le payement par intervention (Nouguier t. 1er p. 343).

La condition essentielle du payement par intervention est que la lettre de change ait été protestée : sans cela, le payement ne ferait point acquérir la subrogation aux droits du porteur (Pardessus t. 2 nᵒ 405).

Le payement par intervention d'un billet à ordre, ne donne

lieu qu'au droit fixe (L. 22 frim. an 7 art. 68 § 1er nᵒ 30, 4057 J. E.).

7288. Acquits. — Avant la loi du 28 février 1872, qui a assujetti la lettre de change à l'enregistrement avec le protêt, il avait été décidé que, quoique l'*acquit* ou le payement de lettres de change fût constaté dans les protêts, le droit d'enregistrement de la lettre de change n'était pas exigible (D. m. f. 28 sept. 1821, 7058 J. E.).

1. ACTE NOTARIÉ. — S'il est donné par acte notarié, l'acte est passible du droit fixe de 3 francs. — V. 7278-2.

2. CAUTION. — Nous croyons que le même droit serait seul exigible sur l'acte notarié par lequel le propriétaire d'une lettre de change perdue fournirait une caution, conformément aux art. 151 et 152 C. com., pour en obtenir le payement. En effet, l'art. 68 § 2 nᵒ 8 L. 22 frimaire an 7, a établi une règle spéciale de perception en matière de cautionnement et de garantie, à savoir : que le droit applicable à ce cautionnement ou à cette garantie ne peut excéder celui de la disposition principale. La disposition principale de l'acte, le payement de la lettre de change, ne donnant ouverture qu'au droit fixe de 3 francs, le cautionnement fourni par un tiers, dans l'intérêt de celui qui reçoit le payement, ne peut être soumis à un droit supérieur. La jurisprudence d'après laquelle l'affectation hypothécaire donnée en garantie du payement de l'effet autorise la perception du droit de 1 pour 100 n'est pas applicable (V. *Affectation*); car il ne s'agit pas d'une hypothèque consentie pour assurer le payement de lettres de change à échoir, mais d'une hypothèque consentie en conséquence et à cause du payement, pour assurer le remboursement auquel il pourrait y avoir lieu, si les titres perdus venaient à être présentés par un tiers qui justifierait en être le légitime propriétaire. La garantie donnée s'appliquant ainsi non à une obligation actuelle, mais à une obligation tout à fait éventuelle, non-seulement il n'y a plus les mêmes raisons de décider; mais il résulte, au contraire, formellement, de la nature de cette garantie qu'elle n'est sujette qu'à un simple droit fixe d'enregistrement (J. du not. 25 oct. 1865 nᵒ 2013).

3. TIMBRE. — Les acquits inscrits sur les effets de commerce sont exempts du droit de timbre de 10 centimes créé par l'art. 18 L. 23 août 1871 pour les quittances, reçus, décharges et autres titres libératoires (art. 20 L. 24 août 1871). — V. *Quittance*.

CHAPITRE X. — DES DROITS ET DES DEVOIRS DU PORTEUR

[7289]

7289. — Le législateur attribue aux effets de commerce de très-grands avantages. Le tiers-porteur de semblables effets est entouré de beaucoup de garanties qui ne se rencontrent pas, au moins sans stipulation spéciale, dans le droit commun. Mais, d'un autre côté, ce porteur est soumis à des devoirs rigoureux, dont l'inaccomplissement entraîne contre lui des conséquences très-graves, une déchéance absolue dans certains cas. — Nous n'avons pas à nous occuper ici de ces obligations, elles sont tracées par les art. 160 à 172 du code de commerce.

On appelle *tiers-porteur* celui qui a reçu l'effet en vertu d'un endossement régulier.

Une des principales obligations du porteur de la lettre de change, c'est d'en exiger le payement le jour de l'échéance ; néanmoins, on peut attendre le lendemain pour se libérer (Vincens t. 2 p. 283 n° 6). Si le porteur ne s'est présenté que le lendemain de l'échéance, il doit, en cas de refus, faire protester le jour même.

CHAPITRE XI. — DES PROTÊTS

[7290]

7290. — Le protêt est l'acte extrajudiciaire au moyen duquel le porteur, après avoir mis le tireur en demeure d'accepter ou de payer, fait constater le refus d'acceptation ou de payement, et proteste de son intention de poursuivre, contre les débiteurs, son remboursement avec frais, dépens et dommages-intérêts (Nouguier t. 1er p. 414).

Nous renvoyons au mot *Protêt* tout ce que nous avons à dire à ce sujet.

CHAPITRE XII. — DU RECHANGE

[7291-7294]

7291. Caractère. — Pour ne pas laisser en suspens les opérations commerciales, et, en même temps, pour favoriser la circulation si utile des lettres de change, il ne suffisait pas de donner au porteur non payé, des actions en garantie plus ou moins longues à exercer, il fallait encore lui offrir le moyen de se procurer immédiatement la somme dont il a besoin et sur le lieu même où il avait espéré la recevoir : c'est là l'objet de la *retraite*. On appelle ainsi une nouvelle lettre de change fournie en faveur d'un donneur de valeurs, sur l'un des endosseurs ou le tireur de la première. Si, pour obtenir les fonds du preneur, le tireur du nouveau titre a été obligé de payer une certaine somme ou droit de change, parce qu'à cette époque le change était favorable au preneur, ce droit payé est ce qu'on nomme *rechange*.

7292. Timbre. — La loi du 5 juin 1850 a statué sur tous les effets négociables. Ainsi, elle embrasse les retraites qui, d'ailleurs, y sont expressément mentionnées. Par là se trouve abrogé le décret du gouvernement provisoire du 24 mars 1848, qui avait modifié provisoirement les art. 178 et 179 C. com., suspendu l'exécution des art. 180, 181 et 186, et soumis la retraite à un droit fixe de 35 centimes. — La

retraite est maintenant assujettie aux droits de timbre déterminés par l'art. 1er L. 5 juin 1850 et les lois subséquentes.

7293. Enregistrement. — Le droit proportionnel de 25 centimes (50 cent.) pour 100 est seul exigible sur les retraites, sans distinction entre celles qui contiennent et celles qui ne contiennent pas le bordereau détaillé des sommes à rembourser tenant lieu du compte de retour (Sol. 26 mars 1838).

7294. Compte de retour. — La retraite est accompagnée d'un compte de retour (180 C. com.). Nous n'avons rien à ajouter ici à ce que nous avons dit sur le compte de retour. — V. *Compte de retour*.

CHAPITRE XIII. — DE LA PRESCRIPTION

[7295-7299]

7295. Règle. — Toutes les actions relatives aux lettres de change, et à ceux des billets à ordre qui sont souscrits par des négociants, marchands ou banquiers, ou pour faits de commerce se prescrivent par cinq ans, à compter du jour du protêt, ou de la dernière poursuite juridique, s'il n'y a eu condamnation, ou si la dette n'a été reconnue par acte séparé. Néanmoins, les prétendus débiteurs seront tenus, s'ils en sont requis, d'affirmer, sous serment, qu'ils ne sont plus redevables ; et leurs veuves, héritiers ou ayants cause, qu'ils estiment de bonne foi, qu'il n'est plus rien dû (189 C. com.).

7296. Actions relatives aux effets de commerce. — La prescription quinquennale s'applique à toutes actions relatives aux effets de commerce, sans nulle distinction des causes pour lesquelles ils auraient été souscrits. (Cass. 15 déc. 1829).

7297. Simple promesse. — Toutefois, elle n'est pas applicable aux billets à ordre causés simplement valeur reçue (Aix 1er mars 1839 P. ; Pardessus *Droit comm.* t. 2 n° 482).

7298. Point de départ. — La prescription de cinq ans, établie pour les lettres de change et les billets à ordre, court du lendemain de leur échéance, lorsqu'il n'y a eu ni protêt ni poursuites en justice (Cass. 1er juill. 1845, 12559 J.N.; — Aix 5 juin 1852, S. 53-2-193 ; — Cass. 16 nov. 1853, S. 54-1-771). Si, avant l'expiration de cinq ans, la prescription est interrompue par un protêt ou par des poursuites judiciaires, elle recommence son cours de cinq ans, soit du jour du protêt, soit de celui de la dernière poursuite (Cass., 31 juill. 1816 et 13 avr. 1818). — La prescription de cinq ans ne commence à courir, contre une lettre de change payable à vue, que du jour du protêt qui en constate la présentation (P. Nîmes 5 juill. 1619.).

7299. Enregistrement d'un billet à ordre prescrit. — Bien qu'un billet à ordre, souscrit par un commerçant, ait été présenté à l'enregistrement après cinq ans de sa date, c'est-à-dire alors que son action s'est trouvée prescrite en vertu de l'art. 189 C. com., il doit être enregistré au droit de 50 centimes pour 100, attendu que la loi, en tarifant cette nature d'acte, n'a fait aucune distinction entre les anciens et les nouveaux (10972 J. E., Sol. 5 juin 1816, 5451 J. E.).

CHAPITRE XIV. — BILLET A DOMICILE

[7300- 7306]

7300. — Définition. — On appelle *billet à domicile* celui dans lequel le souscripteur désigne comme lieu de payement un autre domicile que le sien.

7301. Le Code n'a pas prohibé ce billet. — On avait voulu conclure du silence du Code que ce billet était prohibé, et l'on se fondait sur cette circonstance qu'un projet d'article, dans lequel il était mentionné, fut supprimé à la suite d'une discussion devant le Corps législatif : « mais, avait dit l'archichancelier dans cette discussion, les billets à domicile ne peuvent avoir que les effets des billets à ordre : *on ne supprime pas*, puisqu'on prétend qu'ils sont en usage dans le commerce » (*V.* Locré *Lég. comm.* t. 28 part. 2 p. 111.) Ces observations firent qu'on ne mentionna pas les billets à domicile dans le Code, mais elles en consacrèrent l'usage. Aussi sont-ils restés ce qu'ils étaient par le passé, un des instruments les plus usités et les plus utiles du crédit public.

7302. Nature du billet à domicile. — Le silence du Code a produit un inconvénient grave, celui de laisser se perpétuer les incertitudes qui, dans l'ancienne législation, avaient toujours plané sur le véritable caractère du billet à domicile. Cependant, il est incontestable que ce billet diffère, sous des rapports fondamentaux, de la lettre de change. Ainsi, dans le billet à domicile, et à la différence de la lettre de change, le souscripteur reste débiteur direct de l'effet; l'absence d'un tiré et, par suite, le défaut de concours de trois personnes, fait que le billet à domicile manque d'une des conditions essentielles de la lettre de change. La doctrine et la jurisprudence sont d'accord sur ce point (Vincens t. 2 n° 369,Pardessus n° 481, Nouguier t. 1er n° 534, Dalloz 2e édit. V. *Effets de commerce* n° 900 ; — Cass. 1er sept. 1807 ; — C. Paris 21 fév. 1828 ; — Limoges 20 juill. 1837 ; — Lyon 12 janv. 1838).

Mais le billet à domicile doit-il être confondu avec le billet à ordre dont il se distingue cependant, d'une manière caractéristique, par la remise de place en place qui y est contenue? Doit-il, au contraire, par suite de cette remise, qui le rapproche de la lettre de change, dont il diffère néanmoins sous le rapport que nous avons indiqué, doit-il être considéré comme un engagement *sui generis*, de nature essentiellement commerciale, quelle que soit la qualité de celui qui le souscrit et la clause pour laquelle il a été souscrit? C'est là une question des plus controversées.

Un arrêt de cass. 28 août 1854 (251 R. P.) refuse ce caractère au billet à domicile : « Attendu que le billet à domicile ne constitue pas, par lui-même, un acte de commerce, et que la remise de place en place, dont parle l'art. 632 C. com., doit, d'après le rapprochement de cet article de l'art. 637 et de l'art. 3 L. 27 avril 1832, pour être un acte de commerce et entraîner la contrainte par corps, présenter le caractère d'une opération de commerce, de change ou de banque. »

Cet arrêt est d'ailleurs conforme à un précédent arrêt rendu par la chambre des requêtes le 10 juillet 1851, S. 51-1-497, et il confirme le système admis par arrêt des cours de Bruxelles 19 avril 1825 ; — Colmar 14 janvier 1827 ; — Bordeaux 5 mai 1835 ; — Grenoble 3 février 1836 ; — Colmar 13 janvier 1838 ; — Paris 9 janvier 1839 ; — Nancy 6 mars 1840 ; 5 avril 1845 ; — Bourges 5 avril 1848 ; — Riom 19 juin 1849 ; — Orléans 7 mai 1858 ; — Bordeaux 28 août 1851, S. 52-2-109 ; 22 janvier 1852, S. 52-2-234 ; — Pau 28 mai 1859, S. 60-2-93, P. 60-829 ; — Metz 7 janvier 1857, S. 57-2-496. — *V.* Cass. 20 novembre 1856, S. 57-1-238, P. 57-665.

7303. Tarif. — Si l'on fait à l'enregistrement l'application de la doctrine de l'arrêt du 28 août 1854, doctrine que nous croyons exacte (251 R. P.), il faut reconnaître que le billet à domicile est passible du droit de 50 centimes pour 100, déterminé pour les billets à ordre par l'art. 69 § 2 n° 6 L. 22 frimaire an 7 (Sol. 21 oct. 1866, 2517 R. P.).

7304. Délai. — Le billet à domicile doit être présenté à l'enregistrement en même temps que le protêt, comme cela est réglé, pour les billets à ordre, par les art. 69 § 2 n° 6 L. 22 frimaire an 7 et 10 de celle du 28 février 1872.

7305. Lettre de change. — Autrefois le tribunal de Bordeaux avait jugé, le 28 février 1844, et l'Administration avait reconnu, le 6 septembre 1844 (6988 C.), qu'un billet à domicile tiré d'un lieu sur un autre, par le souscripteur sur lui-même, et ainsi conçu : « Limoges, le 5 février 1840, B. p. 103 francs. — Au cinq octobre prochain je payerai, à l'ordre de M. Lafourcade, la somme de cent cinq francs, valeur reçue comptant. — Signé : Guérin. — A mon domicile, chez M. Guérin, lieutenant de gendarmerie à Auch, » pouvait n'être enregistré qu'au moment de l'assignation. Le motif de cette décision a été qu'un pareil billet constituait une véritable lettre de change.

Depuis l'assimilation de la lettre de change au billet à ordre (L. 28 fév. 1872, art. 10), cette difficulté ne peut plus se produire.

7306. Timbre. — Les règles en matière de timbre qui gouvernent le billet à domicile sont celles établies aux n°ˢ 7174 et suiv. pour les effets négociables en général.

CHAPITRE XV. — DU MANDAT

[7307-7316]

7307. Caractères.—Le mandat est un acte par lequel une personne donne l'ordre à un tiers de payer à une autre personne, ou à son ordre, une certaine somme. Les mandats sont d'un grand usage dans le commerce; on les désigne aussi quelquefois sous les noms d'assignations et rescriptions. Ces actes ont plus ou moins d'analogie avec les lettres de change, parfois même on ne peut les en distinguer que par le nom qui leur a été donné par le souscripteur; il importe donc, pour éviter toute confusion, de désigner avec soin l'espèce d'engagement que le souscripteur entend contracter. La négligence, en ce point, pourrait être très-préjudiciable : par exemple, un acte renfermerait toutes les conditions voulues pour la lettre de change, sans cependant en contenir la qualification, les tiers porteurs pourraient le considérer comme tel, et, par suite, les tribunaux accueillir leur prétention, quoique le souscripteur eût peut-être eu l'intention de ne faire qu'un mandat.

7308. Distinction entre le mandat et la lettre de change. — Véritables lettres de change, quant à la forme, les mandats de change diffèrent de cette espèce d'effet; 1° en ce qu'ils ne sont pas sujets à l'acceptation; — 2° en ce que, en cas de non-payement à l'échéance, le porteur ne peut pas recourir contre tous les endosseurs, mais seulement contre son cédant immédiat auquel il a fourni la valeur. Ils en diffèrent encore quant à la durée de l'action, laquelle n'est prescriptible que par trente et non par cinq ans, comme le sont les actions résultant des lettres de change et des billets à ordre. Quelques personnes, peu instruites sur la portée des lois fiscales, pensent qu'il suffit d'écrire une lettre de change sur papier non timbré pour en faire un mandat non acceptable. C'est là une erreur. Si l'absence de timbre met obstacle à ce que le porteur requière acceptation et fasse protester en cas de refus, c'est parce qu'il serait obligé de faire l'avance de l'amende; mais cela ne l'empêche pas, en avançant cette amende, de requérir acceptation et de protester pour défaut d'acceptation.

7309. Enregistrement. — La loi du 22 frimaire an 7 a assujetti le mandat au droit de 1 franc pour 100. Elle le considère comme une obligation, et le classe parmi les billets et les promesses de payer. — C'est sous le même rapport qu'il a été décidé (2533, 3533 J. E.) que le droit de 1 franc pour 100 est dû lors même que le mandat n'est pas accepté par le débiteur, parce qu'il forme titre pour la personne à laquelle il est délivré, et que le montant doit en être payé, à défaut de

celle sur qui il est tiré, par le souscripteur qui a reçu les fonds.

Si le mandat était négociable et rentrait dans la classe des effets de commerce, c'est le droit de 50 centimes pour 100 qui serait exigible (L. 28 févr. 1872 art. 10).

7310. Timbre. — La loi du 13 brumaire an 7 assujettit au droit de timbre, en raison des sommes et valeurs, les *mandats* comme tous les effets négociables, et celle du 6 prairial suivant, qui veut que les billets et obligations soient également assujettis au timbre proportionnel, désigne spécialement, art. 6, les mandats à terme ou de place en place (Circ. 1580). — Les lois des 5 juin 1850 art. 1ᵉʳ et 19 février 1874 art. 4 les ont nominativement désignés; ils se trouvent donc régis par les règles que nous avons fait connaître n°ˢ 7174 et suiv.

7311. Mandats sur le Trésor tirés par les trésoriers-payeurs. — Les mandats tirés par les trésoriers-payeurs généraux sur la caisse centrale sont soumis au droit de timbre exigé par la loi du 5 juin 1850 et les lois subséquentes pour les lettres de change et billets à ordre, et sont frappés, ainsi que leur souche, de l'empreinte : « Timbre en compte courant avec le Trésor. » La perception est faite au moyen d'un débit donné aux comptables à la fin de chaque trimestre dans leur compte courant (Inst. des finances du 20 juin 1859 n°ˢ 741 à 747, D. m. f. 25 juill. 1850, 14987-4 J. E.).

La faculté qui avait été accordée aux receveurs généraux, avant la promulgation de la loi du 5 juin 1850, d'escompter des effets non timbrés, leur a été retirée (D. m. f. 25 juill. 1850, 14987-4 J. E.).

1. SERVICES PUBLICS. — Il y a exception, quant au droit de timbre, à l'égard des mandats émis pour le service de la Caisse des dépôts et consignations, pour la réalisation des cautionnements des Receveurs particuliers et des Trésoriers-payeurs généraux, pour la transmission des fonds en Afrique et aux armées, et enfin pour divers services publics et de bienfaisance déterminés par l'Administration (Inst. des finances du 20 juin 1859 n°ˢ 741 à 747); — spécialement pour le remboursement d'emprunts communaux relatifs au casernement (D. m. f. 5 sept. 1876).

2. RESCRIPTIONS. — Les rescriptions de la caisse de service sur les trésoriers généraux, et *vice versâ*, sont également exemptes de timbre. Il en était de même de celles des banquiers du Trésor (D. m. f. 1ᵉʳ brum. an 11, 1303 J. E.).

7312. Mandats sur le Trésor à l'ordre du Trésorier des colonies. — Les traites que le caissier payeur central du Trésor tire sur lui-même à l'ordre du Trésorier des colonies et qui sont destinées à payer les dépenses des services coloniaux, ainsi que les traites que les trésoriers des colonies ou tous autres comptables ayant qualité à cet effet tirent à leur ordre sur le caissier central et qui sont émises en remboursement d'avances faites au service maritime, sont dispensées du timbre comme effets publics (D. m. f. 8 déc. 1858).

1. CHANCELLERIES CONSULAIRES.—Les traites des chancelleries consulaires, tirées de l'étranger sur le Trésor central pour le compte des fonds communs des chancelleries consulaires, servant de moyen de transmissions de sommes affectées à un service public, sont également exemptes du timbre. Elles doivent être émargées de cette mention : « Non sujet au timbre. Fonds communs des chancelleries consulaires » (D. m. f. 2 juin 1862, 1677 R. P.).

7313. Mandats sur les trésoriers-payeurs.

— 1. ORDRE DES CAISSIERS DU TRÉSOR. — Les mandats émis sur les trésoriers-payeurs généraux ne devant avoir que le service pour objet sont exempts du timbre et doivent être revêtus par les comptables qui les tirent d'une empreinte portant les mots : « Service public, non sujet au timbre. » Cette empreinte est apposée également sur la souche (Inst. des finances du 20 juin 1859 nᵒˢ 741 à 747).

2. ORDRE D'UN AUTRE TRÉSORIER GÉNÉRAL. — Toutefois, l'exemption du timbre ne s'étend pas aux mandats que dans plusieurs circonstances la direction du mouvement général des fonds autorise spécialement les trésoriers-payeurs généraux à délivrer sur leurs collègues pour réaliser des ressources nécessaires au service. Le trésorier-payeur général qui émet ces mandats doit les soumettre au timbre et mentionner le payement du droit sur les avis d'émission par le mot « Timbre » inscrit en regard du montant de chaque mandat (1859 loc. cit.).

3. ORDRE D'UN RECEVEUR PARTICULIER. — Enfin, les mandats tirés par les receveurs particuliers sur les trésoriers-payeurs généraux doivent être également frappés de l'empreinte : « Timbre en compte courant avec le Trésor. » Lorsqu'il est justifié que ces derniers mandats ont été émis pour un service public, l'exemption du droit est accordée par exception (1859 loc. cit.).

7314. Mandats sur les comptables. — Les

mandats tirés pour le service public, soit par les trésoriers-payeurs généraux sur les receveurs particuliers, soit par les receveurs particuliers sur les comptables de leur arrondissement, sont, quand ils n'ont pas pour résultat de suppléer à des envois de fonds, frappé de l'empreinte : « Service public non sujet au timbre. »
Les mandats tirés dans les mêmes conditions et n'ayant pas le service public pour objet sont sujets au timbre et doivent porter l'empreinte : « Timbre courant avec le Trésor public » (1859 loc. cit. I. des fin.).
Il en est ainsi, notamment des mandats adressés aux receveurs particuliers pour payement de droits d'enregistrement (Sol. 25 janv. 1864).

7315. Mandats de virement entre receveurs

particuliers. — Sont exemptés du timbre les mandats de virement au moyen desquels un receveur particulier transmet à son collègue les sommes versées par un receveur de l'Enregistrement d'un autre arrondissement que le sien, mais qu'il est autorisé à recevoir, en raison de circonstances majeures (D. m. f. 31 juill. 1862, 1671 R. P.).

7316. — Mandats tirés par les trésoriers

généraux sur les particuliers. — L'exemption ne pourrait s'appliquer aux mandats tirés sur des particuliers. Il a même été décidé, le 15 floréal an 11, que les traites, rescriptions et mandats tirés par l'agence des receveurs généraux, au profit de particuliers, étaient assujettis au timbre, parce qu'étrangers à la comptabilité et au service du Trésor, ces mandats n'avaient pour objet qu'une opération particulière de banque (137 I. G.).
Il en est de même des reconnaissances de dépôts de fonds par les particuliers (D. m. f. 19 avr. 1861, Sol. 31 oct. 1863). — V. Quittances.

CHAPITRE XVI. — BILLET AU PORTEUR

[7317-7320]

7317. Origine. — Autrefois on souscrivait des billets

portant promesse de payer une certaine somme à une personne dont on laissait le nom en blanc. Il arrivait souvent que ces billets circulaient ainsi sans nom de propriétaire, et que celui qui en était porteur les faisait toucher sous un nom autre que le sien, ou les transmettait à d'autres, sans qu'il y eût aucune trace qu'ils eussent passé en ses mains. Le parlement de Paris, par des arrêts de règlement des 7 juin 1611 et 26 mars 1624, défendit ces sortes d'effets, qui ne servaient qu'à couvrir des usures et des fraudes. Pour les remplacer, on imagina les billets au porteur, c'est-à-dire qui sont payables à celui qui s'en trouve possesseur à l'échéance. L'usage en fut défendu également, et par les mêmes motifs que les billets en blanc, par l'édit de mai 1716; mais il fut rétabli par l'édit du 21 janvier 1721, qui rendit les souscripteurs justiciables du tribunal de commerce et contraignables par corps, s'ils étaient négociants et marchands; et que les billets énonçaient une valeur reçue comptant ou en marchandises.

1. LOI ACTUELLE. — Le Code garde le silence sur ces sortes d'effets. Les billets en blanc ne sont point usités; on en voit cependant encore quelques-uns, mais à ordre : c'est ordinairement un emprunteur gêné qui les dépose entre les mains de son prêteur pour lui servir de garantie. Ils ne sont propres qu'à engendrer des procès; les tribunaux les ont même annulés quelquefois, en se fondant sur ce que la loi exige, pour la validité d'une obligation, la désignation de la personne envers qui elle est contractée (Rennes 27 mars 1843). Les billets au porteur sont également en bien petit nombre. Ils n'émanent que de gens qui cherchent à se créer des ressources auprès des prêteurs sur gages ou à gros intérêts. Du reste, quelle que soit leur cause, ils ne sont pas interdits par le Code.

7318. Propriété du billet. — Si les billets au por-

teur ont, dans certains cas, l'avantage de la monnaie, ils en ont aussi l'inconvénient. On ne peut en avoir le payement dès qu'on les a perdus. Quiconque les présente en touche le montant : « De pareils effets sont réputés être la propriété de celui qui en a la possession, à moins que celui qui les revendique ne justifie qu'ils lui ont été volés, ou qu'il les a perdus et qu'ils ont été trouvés par le possesseur » (Cass. 2 niv. an 12, S. vol. 4 p. 225.).

7319. Enregistrement.—La loi du 19 décembre 1790 ne tarifait pas nommément les billets au porteur, et une décision, rappelée dans la circulaire de l'Administration, n° 141, voulait qu'ils fussent sujets au droit de 15 sous par 100 livres, comme les obligations. — La loi du 22 frimaire an 7 ne les désigne pas non plus; mais, comme elle assujettit, ainsi que les art. 10 L. 28 février 1872 et 4 L. 19 février 1874 qui les confirment, au droit de 50 centimes pour 100 francs tous les *effets négociables* de particuliers et de compagnies, et que les billets au porteur sont de cette nature, ils doivent être soumis à ce droit (D. m. f. 10 mai 1808, I. G. 8, 2826 J. E.).

7320. Timbre. — L'art. 14 L. 13 brumaire an 7 soumet les billets au porteur au timbre proportionnel. Ils sont aujourd'hui régis par les règles que nous avons fait connaître n° 7174 et suiv.

CHAPITRE XVII. — DU BILLET DE CHANGE

[7321-7324]

7321. Définition. — « Le billet de change, dit Jousse (Comm. sur l'ordonnance de 1673 tit. 5 art. 27), est l'engagement que contracte, soit le preneur d'une lettre de change, lorsqu'il la reçoit sans en fournir la valeur immédiatement, de compter cette valeur à une époque déterminée, soit celui qui recevrait une somme d'argent pour fournir une lettre de change, de la délivrer au preneur, également dans un temps fixé. » — Ainsi, lorsqu'un négociant ou toute autre personne a besoin d'argent dans une autre ville, et qu'il voudrait avoir des lettres de change pour recevoir de l'argent dans cet endroit, il s'adresse à un banquier ou négociant qui lui fournit ces lettres au moyen de quoi celui à qui les lettres de change sont fournies ou promises fait à l'autre un billet de pareille somme payable dans le temps qu'ils conviennent ; ce billet porte la valeur reçue en lettres de change, ou contient l'obligation d'en fournir. — Ces billets de change étaient autrefois très-usités et considérés comme utiles au commerce ; aujourd'hui, ils sont presque entièrement tombés en désuétude.

7322. Nature du billet de change. — Le Code de commerce garde le silence sur les billets de change. Locré nous apprend cependant, sur l'art. 181 C. com., qu'en disant que les billets à ordre peuvent être causés valeur reçue en espèces, marchandises ou de toute autre manière, le législateur avait en vue les billets de change. D'après le tribun Duveyrier, le silence du Code n'indique point la volonté d'exclure les billets de change, mais il n'a d'autre effet que de ranger ces sortes de billets dans la classe des promesses et billets ordinaires, dont la force et les effets sont déterminés par la forme dans laquelle ils sont rédigés. « Ainsi, ajoute Locré, le billet de change sera billet à ordre s'il est à ordre; s'il n'est pas à ordre il sera billet ordinaire. »

« Cette explication est insuffisante, dit Dalloz (V. *Billet de change* n° 939) : il en résulte bien que les billets de change ne sont pas proscrits; et pourquoi l'auraient-ils été ? Mais on ne dit pas quelle est la nature de ces billets ; s'ils sont, par essence, actes de commerce entre toutes personnes, ou bien s'ils ne le deviennent qu'autant qu'ils sont faits entre commerçants; et, par suite, s'ils sont, dans tous les cas, soumis à la juridiction consulaire, et s'ils entraînent la contrainte par corps. Sur toutes ces questions, le silence du Code peut faire naître des doutes; cependant, quoique la juridiction consulaire soit exceptionnelle, que la contrainte par corps soit un moyen d'exécution rigoureux, nous adoptons sur tous ces points le système de l'ordonnance de 1673. Il s'agit, en effet, de lettres de change, par conséquent de remises d'argent d'un lieu sur un autre; les billets qui constatent ces opérations participent nécessairement de leur nature : ils sont le complément des lettres de change même. S'ils sont actes de commerce, les actions qu'ils engendrent sont prescriptibles par cinq ans, comme sous l'ordonnance et suiv. l'art. 189 C. com. Faisons remarquer, toutefois, que, d'après Nouguier t. 1ᵉʳ p. 540, le billet de change doit être régi par les dispositions relatives au billet à ordre. »

7323. Enregistrement. — La conséquence de ce que nous avons dit au n° 7322 se déduirait naturellement en ce qui concerne l'enregistrement de cette sorte de billet, si l'espèce venait à se présenter.

Si le billet était souscrit pour fournir ou accepter des lettres de change entre négociants, il faudrait l'assimiler aux *lettres de change*, mais qu'il s'agisse d'une lettre de change ou d'un billet à ordre, le droit est toujours de 50 pour 100.

Si le billet était donné à un particulier non négociant pour argent reçu, il faudrait l'assimiler à un billet ou obligation ordinaire, et percevoir le droit d'après les règles établies aux n°ˢ 7354 et suiv.

7324. Timbre. — Aucune difficulté ne peut s'élever quant au timbre. Le billet de change doit, comme tous les effets de commerce et les obligations, être écrit sur papier au timbre proportionnel. — V. 7174 et suiv.

CHAPITRE XVIII. — DES DIVERSES ESPÈCES DE BILLETS

[7325-7339]

SECTION PREMIÈRE. — BILLET A VOLONTÉ. — BILLET A VUE

[7325-7327]

7325. — On appelait billet à volonté, sous l'ordonnance de 1673, celui qui était payable à la volonté du porteur.

Cette espèce de billet a fait place à ce qu'on appelle le billet à vue (Nouguier t. 1er p. 531) qui n'en diffère qu'en ce que, au lieu d'être prescriptible par trente ans comme le billet à volonté, il est soumis à la déchéance si le propriétaire ne l'a pas présenté dans les six mois de sa date.

7326. Enregistrement. — Un tel billet constituant un effet de commerce (lettre de change ou billet à ordre) est assujetti au droit de 50 centimes pour 100 (L. 28 fév. 1872 art. 10).

7327. Timbre. — Aucune difficulté ne peut s'élever quant au timbre. Le billet à volonté ou le billet à vue doit, comme tous les effets négociables ou non négociables, être écrit sur papier au timbre proportionnel.

SECTION 2. — BILLET DE MARCHANDISES

[7328-7330]

7328. Définition. — On appelle billet en marchandises le billet par lequel une personne s'engage à livrer des marchandises en quantité convenue pour un prix qu'elle reçoit au moment de son engagement. Quoique d'un usage fort rare, ces billets sont souscrits quelquefois par un propriétaire qui a besoin de se procurer des fonds avant d'avoir perçu sa récolte : « Dans ce cas, dit Nouguier p. 530, l'obligation est une simple promesse. » — Mais presque toujours ces billets ont une cause commerciale, de la part du débiteur qui, payant en marchandises, est présumé faire de leur trafic son occupation habituelle. Le code des Deux-Siciles, pays où ces sortes d'obligations sont usitées, règle la forme des billets en marchandises. Le code prussien les interdit formellement.

7329. Enregistrement. — Le billet de marchandises, lorsqu'il est négociable, est sujet au droit de 50 centimes pour 100. S'il constitue une simple obligation causée pour marchandises, il est passible du droit de 1 pour 100 comme une promesse ordinaire. — V. 7227-1.

7330. Timbre. — Les règles générales en matière de timbre sont applicables au billet de marchandises, c'est-à-dire que, comme tout effet de commerce ou toute obligation simple, il est assujetti au timbre proportionnel.

SECTION 3. — LETTRE DE CRÉDIT

[7331-7338]

7331. Définition. — Quand une personne veut entreprendre un voyage et éviter les risques d'un déplacement de fonds, elle s'adresse à un banquier qui lui fournit sur un de ses correspondants un mandat commercial par lequel il charge ce correspondant de tenir à la disposition du voyageur une somme dont le maximum est ordinairement limité. Cette limitation n'est cependant pas de rigueur. On appelle ces mandats des lettres de crédit.

7332. Obligations de celui qui fournit les lettres de crédit. — Il a été jugé, avec raison, que la délivrance d'une lettre de crédit par les membres d'un conseil communal les oblige personnellement, alors même que la délivrance de cette lettre n'a été précédée d'aucune délibération (Liége 20 juin 1839). — Cette solution est conforme à la doctrine émise par Pardessus t. 2 n° 585, d'après laquelle celui qui donne une lettre de crédit s'oblige à rembourser directement les sommes avancées, à moins qu'il ne résulte de l'intention des parties qu'elles ont voulu faire un simple acte de cautionnement, auquel cas le donneur de la lettre n'est tenu que comme caution. Il a été jugé même que, lorsqu'l'auteur d'une lettre de crédit n'en limite pas les effets, la lettre produit contre lui tous ceux d'un engagement commercial (Bourges 9 avr. 1824, aff. Imbert. V. n° 519).

7333. Recours du bailleur de fonds. — Pour que le bailleur de fonds puisse recourir contre l'auteur de la lettre et lui réclamer les fonds qu'il a fournis au crédité, il faut qu'il ait agi dans les limites du mandat et n'en ait pas dépassé les conditions. Mais, bien que le donneur de la lettre de crédit ait autorisé les avances *moyennant reçus* du crédité, il suffit, pour donner lieu au recours du bailleur de fonds, qu'il ait fait ces avances sur les lettres de change tirées par le crédité, alors même qu'il n'aurait pas retiré de quittance (Bordeaux 30 nov. 1830). Dans l'espèce de cet arrêt, les reçus n'étaient exigés que pour justifier les prêts : or, cette justification résultait aussi bien des traites tirées par le crédité et acquittées par le bailleur de fonds que d'un simple reçu. — Le même arrêt a décidé que celui qui s'oblige par une lettre de crédit est tenu de plein droit des intérêts comme du capital. — Enfin, d'après le même arrêt, si, après avoir touché le montant d'une lettre de crédit, le porteur compte différentes sommes au payeur qui était *antérieurement* son créancier personnel, on doit imputer ce versement sur la créance antérieure, alors même qu'à l'époque du versement il y avait compte à établir entre le porteur de la lettre de crédit et le payeur.

7334. Stipulations diverses. — Quoique, en général, l'auteur d'une lettre de crédit la fournisse par pure obligeance, il arrive assez souvent que le bénéficiaire paye une rétribution à celui qui la donne ; mais le contrat ne change pas de nature pour cela, dit très-bien Pardessus, *loc. cit.* Remarquons pourtant, avec ce jurisconsulte, qu'en une telle hypothèse l'auteur de la lettre ne pourrait pas, comme lorsqu'il s'est obligé gratuitement, exiger, au bout de dix ans, que le débiteur cautionné lui procurât sa libération. La raison en est qu'une telle clause enlèverait, au contrat intervenu entre le bénéficiaire et le donneur de la lettre, le caractère de gratuité en vue duquel l'art. 2032 C. C. a autorisé la caution à se faire décharger après dix ans, dans certains cas. Quelquefois l'auteur de la lettre de crédit stipule une hypothèque à prendre sur les biens du crédité pour le montant de la lettre. Rien ne s'oppose à ce qu'une inscription éventuelle soit prise en vertu d'un pareil contrat, pourvu qu'il soit en forme authentique.

7335. Ouverture de crédit. — Nous ne nous occupons pas ici du contrat appelé *ouverture de crédit*, par lequel un négociant promet de fournir toutes les sommes dont une personne peut avoir besoin, jusqu'à concurrence d'un chiffre ordinairement fixé à l'avance. Tout ce qui se rapporte à cet espèce de contrat a été dit v° *Crédit*.

7336. Enregistrement. — Si la lettre de crédit ne consiste qu'en une simple lettre ou invitation de fournir de l'argent si le porteur en demande, elle n'est passible que du simple droit fixe, comme acte innommé. — Si elle présente les caractères d'un effet de commerce ou d'un billet simple, les règles de perception sont celles applicables à ces sortes de titres.

7337. Timbre. — Les mêmes distinctions doivent être faites en ce qui concerne le timbre. Dans le premier cas, la lettre ne devient assujetie au timbre qu'autant qu'on veut en faire usage en justice ou dans un acte, et c'est le timbre de dimension qui doit être appliqué. — Dans la seconde hypothèse, le papier sur lequel elle est écrite doit être frappé du timbre proportionnel. Il en est spécialement question, à ce point de vue, au n° 7357.

7338. Délégation. — La lettre de crédit se confond souvent avec la délégation. Un député avait proposé, au cours de la discussion de la loi du 23 août 1871, d'ajouter à l'art. 18 de cette loi une disposition qui soumettrait expressément au timbre « les délégations sur maisons de banque, soit que ces délégations viennent de l'étranger, soit qu'elles viennent de l'intérieur. » Il disait à cet égard : « On m'a demandé si j'entendais par délégation les lettres de crédit ; en aucune façon. Il serait, je crois, absolument impossible de frapper les lettres de crédit ; mais il y a une forme toute particulière que l'on donne à ces lettres de crédit, et, en employant cette forme, on les rend endossables. J'ai pris à cet égard auprès de maisons considérables des renseignements complets ; voici ce que l'une d'elles m'a répondu : « Les délégations sont des valeurs qui nous viennent surtout de l'étranger, et, en particulier de l'Allemagne, mais il en est aussi qui viennent de France ; ces valeurs s'endossent. » Si ces valeurs sont endossables, ce sont des ordres de payement, rentrant par conséquent dans la catégorie de tous les ordres de payement, et qui doivent être frappés d'un timbre ; et la maison dont je parle en France pour des sommes considérables. La maison dont je parle, et qui définit ainsi les délégations, en reçoit, me dit-elle, pour des sommes très-considérables venant d'Allemagne. J'attire sur ce point l'attention de M. le ministre des finances » (3360 R. P.).

Cette disposition n'a pas été adoptée. Mais il n'en résulte pas que les mandats de l'espèce ne soient pas pour cela soumis au timbre. Il n'a pas paru opportun d'insérer dans l'art. 18 L. 23 août 1871 des dispositions étrangères à son objet spécial, qui était restreint au timbre des quittances. Le rejet de la proposition n'a pas une autre portée. Mais il est bien certain que si les délégations dont il s'agit rentraient par leur forme ou leurs effets dans la catégorie des lettres de change ou des effets négociables, elles seraient assujetties au droit applicable à ces sortes d'effets. Il n'y avait pas besoin pour l'établir d'un article de loi particulier.

1. DÉLÉGATIONS NON NÉGOCIABLES. — Mais la question était plus délicate au sujet des délégations qui ne sont pas négociables. La loi du 19 février 1874 est intervenue pour faire lever toute difficulté sur ce point. — Nous présentons au n° 7359 le commentaire de ses dispositions.

SECTION 4. — DU BILLET D'HONNEUR

[7339]

7339. Définition. — Le billet d'honneur était autrefois l'acte par lequel un gentilhomme ou officier militaire s'engageait sur son honneur à payer une somme à une époque déterminée. — A défaut de remplir son engagement au temps fixé, le souscripteur était passible d'un mois d'emprisonnement ou plus, suivant les circonstances, sans préjudice des condamnations prononcées par le tribunal compétent. Ces billets ne sont plus connus aujourd'hui, les obligations souscrites par des militaires étant assimilées à celles des autres citoyens.

CHAPITRE XIX. — DES CHÈQUES

[7340-7347]

7340. Définition. — Le chèque est défini par l'art. 1er L. 14 juin 1865 (2312 I. G.) : « L'écrit qui, sous la forme d'un mandat de payement, sert au tireur à effectuer le retrait à son profit ou au profit d'un tiers, de tout ou partie de fonds portés au crédit de son compte chez le tiré et disponibles. »

Le chèque est un instrument de libération et non pas un instrument de crédit comme la lettre de change.

Il n'est un effet de commerce que quand il a été souscrit entre négociants pour affaires de commerce (Rivière, p. 483; L. 14 juin 1865, art. 4).

Il ne nove pas la dette du tireur envers le bénéficiaire, puisque celui-ci le reçoit comme un moyen de libération.

Il ne peut pas être tiré sur celui qui le souscrit, lors même que le tireur aurait deux maisons de commerce, et que le chèque serait tiré de l'une sur l'autre.

Mais le chèque peut être employé au retrait de fonds déposés chez les trésoriers généraux comme chez les banquiers (Sol. 17 déc. 1867, 2709 R. P.).

SECTION PREMIÈRE. — TIMBRE

[7341-7346]

7341. Tarif. — 1. LOI DU 14 JUIN 1865. — Les chèques avaient été exemptés de tout droit de timbre pendant dix ans par l'art. 7 L. 14 juin 1865. — « Cette exemption, porte l'I. G. nº 2312 n'est prononcée qu'en faveur du chèque libellé sous forme de mandat de payement ; les reçus ou récépissés qui, jusqu'au jour de la loi, ont tenu lieu de chèques, restent assujettis au timbre. Il suffit au surplus que l'effet revête les caractères extérieurs du chèque pour que les agents s'abstiennent de percevoir les droits de timbre ; il n'en pourrait être autrement que si un acte ou un jugement avait légalement constaté que l'effet a emprunté la forme d'un chèque sans être véritablement un chèque. »

2. LOI DU 23 AOUT 1871. — L'art. 18 L. 23 août 1871 a abrogé l'art. 7 L. 14 juin 1865 et décidé que les chèques dont elle s'occupait seraient désormais sujets à un droit de timbre de 10 centimes.

Elle a ajouté que les chèques ne pourraient être remis à celui qui doit en faire usage sans qu'ils aient été préalablement revêtus de l'empreinte du timbre à l'extraordinaire.

Mais les acquits inscrits sur les chèques ont été dispensés de ce droit de timbre de 10 centimes (art. 20).

3. LOI DU 19 FÉVRIER 1874. — Cette tarification de faveur a engendré des abus : « Dans la pratique, on a fait du chèque un usage que la loi n'avait pas prévu : on en a fait un moyen de frauder les lois sur l'effet fiscal. Pour éviter le payement des droits proportionnels applicables aux effets de commerce, les contribuables, dans un grand nombre de cas, remplacent les lettres de change par les chèques. La conférence des banquiers a loyalement signalé l'existence de fraudes nombreuses pratiquées au moyen des chèques, et elle a pris l'initiative des mesures destinées à prévenir autant que possible ces fraudes. Le conseil supérieur du commerce et de l'industrie a constaté également les fréquentes violations de la loi fiscale et le préjudice qui en résulte pour le Trésor public. Il a demandé unanimement la réforme de la loi du 14 juin 1865 » (*Rapport de la Commission du budget*, 3783 R. P.).

Pour prévenir ces abus, le Gouvernement avait proposé d'assujettir tous les chèques de place à place au même droit que les lettres de change, en laissant ceux sur la même place jouir du bénéfice du droit fixe de 10 centimes. La Commission du budget avait proposé de soumettre les chèques de place à place à un droit proportionnel réduit. Mais ces propositions n'ont pas été adoptées. L'art. 8 L. 19 février 1874 porte : « Les chèques de place à place sont assujettis à un droit de timbre fixe de 20 centimes. Les chèques sur place continueront à être timbrés à 10 centimes. Sont applicables aux chèques de place à place non timbrés, conformément au présent article, les dispositions pénales des art. 4, 5, 6, 7 et 8 L. 5 juin 1850. Le droit de timbre additionnel peut être acquitté au moyen d'un timbre mobile de 10 centimes. »

Projet de loi. — L'expérience ayant démontré que le taux réduit des chèques de place à place donnait lieu à des fraudes considérables consistant à dissimuler des lettres de change sous la forme de chèques, le Gouvernement songe aujourd'hui à proposer de nouveau de les assujettir au même droit que les lettres de change. Voici le projet de loi qu'il a présenté à cet effet dans le budget général de 1878.

« Sont soumis au droit de timbre proportionnel établi pour les effets négociables les chèques de place à place et ceux souscrits en France et payables hors de France et réciproquement. Sont applicables aux chèques de place à place non timbrés conformément au présent article les dispositions pénales établies par la loi du 5 juin 1850 pour les lettres de change. — Sont abrogées les dispositions de l'art. 6 de la loi du 19 février 1874 relatives à la date des chèques de place à place et à l'amende édictée à défaut de provision préalable, ainsi que celles des art. 7, 8 et 9 de la même loi, en ce qu'elles concernent exclusivement les chèques de place à place. »

Ce projet a été momentanément ajourné (R. P. 4888).

4. PÉNALITÉS POUR DÉFAUT DE TIMBRE. — Le chèque sur place non timbré restant soumis aux dispositions de la loi du 23 août 1871 (L. 19 fév. 1874 art. 8), c'est l'amende de 50 francs établie par l'art. 22 L. 23 août 1871 qui est exigible pour défaut de timbre.

Les chèques de place à place sont néanmoins assujettis par l'art. 8 L. 19 février 1874 aux prescriptions des art. 4, 5, 6, 7 et 8 L. 5 juin 1850.

Droit de timbre. — Le chèque de place à place régulier, timbré seulement à 10 centimes, n'est passible, indépendamment des amendes de 6 pour 100, que d'un supplément de droit de 10 centimes et non d'un droit de timbre proportionnel (Sol. 17 mars 1875).

Si le timbre mobile additionnel de 10 centimes, apposé avec une vignette timbrée à l'extraordinaire à 10 centimes et destinée à la rédaction d'un chèque de place à place, est irrégulièrement oblitéré, le timbre seul est sans valeur, il est dû un second droit de timbre de 20 centimes, mais déduction faite du droit de timbre à l'extraordinaire (Sol. 16 oct. 1875).

Timbre insuffisant. — D'après l'art. 4 de la loi du 5 juin 1850, si la contravention ne consiste que dans l'emploi d'un timbre inférieur à celui qui devait être employé, l'amende n'est calculée que sur la somme pour laquelle le droit de timbre n'a pas été payé. On a émis l'avis que cette disposition ne s'applique pas au chèque de place à place, parce que ce chèque, étant soumis à un droit fixe de 10 centimes, le timbre de 10 centimes qui aurait été employé ne peut couvrir aucune partie de la somme inscrite sur ce titre. Cette opinion est exacte lorsqu'il s'agit des amendes encourues pour l'émission d'un chèque de place à place sur un droit du chèque sur place. Mais s'il s'agit d'un chèque ayant les caractères de l'effet de commerce sujet au droit proportionnel, il y a lieu de suivre la règle générale indiquée *suprà* nº 7198 pour les effets de commerce écrits sur du papier timbré de dimension.

7342. Régime actuel du chèque. — Afin d'assurer l'exécution des dispositions précédentes, le législateur de 1874 a jugé nécessaire d'édicter, en ce qui concerne la forme et les conditions du chèque, une série de formalités destinées à prévenir les abus qui s'étaient introduits dans la pratique et qui consistaient à faire servir le chèque aux usages de la lettre de change.

Ces dispositions, combinées avec celle de la loi du 14 juin 1865 qui n'ont pas été abrogées, forment aujourd'hui le régime du chèque. Elles sont indiquées dans les numéros suivants. Lorsque l'écrit présenté sous la forme de chèque ne remplit pas les conditions présentes il devient un effet de commerce ou un mandat ordinaire, il est donc passible du droit de timbre proportionnel, indépendamment des amendes édictées par la loi du 19 février 1874.

1. FORME. — « Le chèque est signé par le tireur et porte la date du jour où il est tiré.

« Il ne peut être tiré qu'à vue.

« Il peut être souscrit au porteur ou au profit d'une personne dénommée.

« Il peut être souscrit à ordre et transmis même par voie d'endossement en blanc » (art. 1ᵉʳ L. 14 juin 1865).

« Le chèque indique le lieu d'où il est émis. La date du jour où il est tiré est inscrite en toutes lettres et de la main de celui qui a écrit le chèque.

« Le chèque même au porteur est acquitté par celui qui le touche : l'acquit est daté.

« Toutes stipulations entre le tireur, le bénéficiaire ou le tiré, ayant pour objet de rendre le chèque payable autrement qu'à vue et à première réquisition, sont nulles de plein droit » (art. 5 L. 19 fév. 1874).

Acte notarié. — Le chèque peut être rédigé par acte notarié (Rivière, p. 474).

Bon approuvé. — Il peut être écrit de la main d'un tiers sans qu'il soit besoin de l'approuver (Rivière, p. 474);

Procuration. — Ou émaner du mandataire du tireur.

Besoin. — On peut indiquer sur le chèque la personne qui est chargée de le payer en cas de refus du tiré (Sol. 28 mars 1866; Nouguier, *des Chèques*, n° 104).

Sans frais. — Le chèque peut contenir la mention du retour sans frais (Duvergier, 1874, p. 47).

Aval. — Il peut être revêtu d'un aval.

Date millésime. — La disposition de la loi du 19 février 1874 sur l'obligation de dater le chèque en toutes lettres ne s'applique pas au millésime, qui peut être inscrit en chiffres (2480-4 note I. G.). « Le millésime de l'année, a dit le rapporteur de la commission, pourra être écrit en chiffres. »

Cette faculté n'ayant été accordée que pour la désignation de l'année, il paraît nécessaire d'écrire les mois en toutes lettres.

Ecriture de la date. — Il est incontestable, dit M. Duvergier, que la date du chèque peut être de la main de l'employé qui a écrit le corps du chèque. Il n'est pas nécessaire qu'elle soit de la main du chef de la maison qui signe le chèque. Mais si la date était de la main du chef de la maison signataire du chèque, certainement on n'aurait aucun reproche à lui faire (1874, p. 46).

Chèque de place à place ou sur place. — Les dispositions précédentes s'appliquent à tous les chèques, aux chèques sur place et aux chèques de place à place (Duvergier, 1874, p. 46).

2. ÉMISSION ET PAYEMENT. — Le chèque ne peut être tiré que sur un tiers ayant provision préalable ; il est payable à présentation (L. 14 juin 1865 art. 2).

Le chèque peut être tiré d'un lieu sur un autre, ou même sur la même place (*Idem* art. 3).

L'émission d'un chèque, même lorsqu'il est tiré d'un lieu sur un autre, ne constitue pas par sa nature un acte de commerce. Toutefois, les dispositions du code de commerce relatives à la garantie solidaire du tireur et des endosseurs, au protêt et à l'exercice de l'action en garantie, en matière de lettre de change, sont applicables aux chèques (*Idem* art. 4).

Le porteur d'un chèque doit en réclamer le payement dans le délai de cinq jours, y compris le jour de la date, si le chèque est tiré de la place sur laquelle il est payable, et dans le délai de huit jours, y compris le jour de la date, s'il est tiré d'un autre lieu. Le porteur d'un chèque qui n'en réclame pas le payement dans les délais ci-dessus perd son recours contre les endosseurs ; il perd aussi son recours contre le tireur si la provision a péri par le fait du tiré, après lesdits délais (*Idem* art. 5).

Le chèque présenté après son échéance ne devient donc pas caduc et le tiré nanti de la provision doit le payer. Il doit, de plus, supporter les conséquences de son refus de payement mal fondé et rembourser l'amende perçue lors du protêt qui a fait considérer le chèque comme émis sans provision (Roanne, 24 déc. 1874, *le Droit*, 3 mars 1875). — V. 7344 § 4.

3. DATE. — Le tireur qui émet un chèque sans date ou non daté en toutes lettres, s'il s'agit d'un chèque de place à place ; celui qui revêt un chèque d'une fausse date est passible d'une amende de 6 pour 100 de la somme pour laquelle le chèque est tiré, sans que cette amende puisse être inférieure à 100 francs (L. 19 fév. 1874 art. 6, 2480 I. G.).

L'Instruction n° 2312 a prescrit aux receveurs, sous l'empire de la loi de 1865, de percevoir, indépendamment des droits de timbre fixés par l'art. 1ᵉʳ de la loi du 5 juin 1850, une amende de 6 pour 100 sur les écrits non timbrés, libellés sous forme de mandats de payement, payables à vue mais non datés, qui seraient présentés volontairement à la formalité, protestés ou annexés à un acte public. Cette disposition continue à être appliquée depuis la loi du 19 février 1874.

Fausse date. — La fausseté de la date peut résulter de ce que le chèque est créé à une date postérieure à celle de l'envoi, ou porte un endossement d'une date antérieure à sa création.

Le premier endosseur et le porteur ne sont pas passibles d'amende si le chèque porte une date fausse, mais antérieure à celle de l'endossement ou de la présentation du chèque au payement. Ils n'ont pas coopéré à la contravention (Sol. 24 janv., 3 fév. et 5 avr. 1877).

Chèque sur place. — Il n'y a pas d'amende dans le fait de dater en chiffres un chèque sur place et de le payer (Sol. 8 août 1877, 4760 R. P.).

Le contraire a été d'abord admis par une Solution du 9 septembre 1876, dont la doctrine est aujourd'hui abandonnée.

4. SUPPOSITION DE LIEU. — La même amende de 6 pour 100 au minimum de 100 francs est due par celui qui revêt un chèque d'une fausse énonciation du lieu d'où il est tiré (L. 19 fév. 1874 art. 6, 2480 I. G.). — La supposition de lieu peut être prouvée par présomptions (Sol. 7 avr. 1875, 19793 J. E.).

Le premier endosseur et le porteur du chèque revêtu d'une fausse énonciation du lieu d'où il est tiré ne sont pas passibles d'amende, parce qu'ils n'ont pas participé à la contravention (Sol. 24 janv., 3 fév. et 5 avr. 1877).

En matière civile, la supposition de lieu peut être établie par les présomptions (Cass. 20 juin 1820; V. Dalloz, *Effets de commerce,* no 132). Il en est de même pour l'application de la loi du 19 février 1874 en matière fiscale (Sol. 7 avr. 1875).

Le chèque doit, pour être considéré comme tel, indiquer le lieu de la souscription. Cette énonciation est aussi nécessaire que celle de la date et, si elle fait défaut, le chèque devient également un effet de commerce ordinaire.

5. PREMIER ENDOSSEUR OU PORTEUR. — La même amende (6 pour 100 au minimun de 100 francs) est due personnellement et sans recours par le premier endosseur ou le porteur d'un chèque sans date ou non daté en toutes lettres, s'il est tiré de place à place, ou portant une date postérieure à l'époque à laquelle il est endossé ou présenté (L. 19 fév. 1874 art. 6, 2480 I. G.).

6. PAYEUR. — Cette amende est due, en outre, par celui qui paye ou reçoit en compensation un chèque sans date ou irrégulièrement daté ou, présenté au payement avant la date d'émission (L. 19 fév. 1874 art. 6, 2480 I. G.).

De plus, celui qui paye un chèque sans exiger qu'il soit acquitté est passible personnellement, et sans recours, d'une amende de cinquante francs (L. 19 fév. 1874 art. 7).

Mais le chèque non acquitté n'est pas réputé un effet de commerce, et le droit de timbre proportionnel ne devient pas exigible.

L'acquit doit être daté à peine de l'amende de 50 francs (Duvergier 1874, p. 47 ; Sol. 23 août 1875).

Si le tiré qui a payé le chèque sans exiger l'acquit est passible, pour une autre cause, de l'amende proportionnelle de 6 pour 100, cette amende se confond avec l'amende fixe de 50 francs relative au défaut d'acquit. Il ne paraît pas possible de cumuler les deux pénalités.

7. SOLIDARITÉ. — Les amendes établies par les art. 5, 6 et 7 L. 19 fév. 1874, sont personnelles. Les contrevenants ne sont pas solidaires (2480 I. G.).

Toutes les amendes relatives au chèque nous paraissent avoir le caractère évident d'amendes de timbre, puisque toutes sont des pénalités destinées à assurer l'exacte application du

tarif, aussi bien celles qui concernent la date et le défaut d'acquit que les autres. Ces amendes tombent donc sous l'empire de l'art. 78 de la loi du 28 avril 1816 et peuvent être réclamées aux héritiers.

On peut également les réclamer à l'huissier qui signifie le protêt d'un chèque donnant lieu à ces amendes; car la loi du 19 février 1874 n'a pas abrogé la disposition générale de l'art. 23 de la loi du 24 mai 1834. L'huissier exercera son recours contre chaque contrevenant individuellement.

8. ÉCHÉANCE. — Le chèque, pour conserver son caractère, doit être à vue. S'il porte une échéance il devient un effet négociable ou un mandat ordinaire.

On assimile au chèque à échéance celui qui est accompagné d'une mention qu'il ne doit être présenté à l'encaissement qu'après un certain délai. « Certains chèques, a dit le rapporteur de la commission du budget, sont payables à vue, en apparence du moins, mais au moyen d'une fiche volante qui leur est annexée, on leur donne une échéance. La commission a cherché à faire cesser ces abus regrettables. Le moyen le plus efficace lui a paru consister dans l'addition aux prescriptions de la loi du 14 juin 1865, de dispositions ayant pour objet d'assurer la sincérité de la date à laquelle le chèque est tiré, l'exactitude de la désignation du lieu d'où il est émis » (3783 R. P.). — **V. § 14** *infrà.*

9. PROVISION. — Celui qui émet un chèque sans provision préalable et disponible est passible de l'amende de 6 pour 100 au minimum de 100 francs, sans préjudice des peines correctionnelles, s'il y a lieu (L. 19 fév. 1874, art. 6, 2480 I. G.).

Mais cette amende n'est due que par celui qui émet le chèque. Les tiers porteurs et le tiré ont été hors d'état de reconnaître l'irrégularité du prétendu chèque (Sol. 10 juin 1872, 18 mars 1873).

L'amende encourue pour défaut de provision ne peut pas non plus être réclamée au payeur du chèque (Sol. 10 déc. 1877).

10. DISPONIBILITÉ DE LA PROVISION. — En quoi consiste la disponibilité de la provision ? Il avait été répondu à cette question, dans les termes suivants, par le rapporteur de la commission du budget, lors de la discussion de la loi du 14 juin 1865 : « Le chèque ne peut être tiré que sur des fonds disponibles, art. 2 déclare que le chèque doit être exclusivement tiré sur un tiers ayant provision préalable. Évidemment la disponibilité des fonds ne peut s'entendre que de fonds dont on peut disposer à la suite du consentement du tiré. On a attribué à la commission cette opinion que, par cela seul qu'une créance serait exigible, on aurait le droit d'en réclamer le payement en tirant un chèque. La commission se doit à elle-même de repousser une pareille prétention, qu'elle n'a jamais eue, qu'elle n'a jamais pu avoir. A ses yeux, une créance exigible constitue une dette et non cette provision préalable qui est le caractère essentiel du chèque (*Rapport supplémentaire de la commission* au Corps législatif, sur le projet de la loi du 14 juin 1865 no 34).

Le rapport présenté lors de la loi du 19 février 1874, ajoute: « La loi exige, dans tous les cas, que la provision soit disponible, afin de trancher définitivement tous les doutes qui auraient pu surgir sur les mots : *provision préalable,* employés par l'art. 6 L. 14 juin 1865. On s'est cru autorisé à donner à ces mots une interprétation tellement large, qu'on a tiré des chèques pour prix de marchandises livrées, alors que le chèque, d'après la définition qui en est donnée par la loi, ne peut servir qu'à opérer le retrait de fonds et non le recouvrement de créances » (3783 R. P.).

Cette interprétation a été reproduite dans les termes suivants par l'I. G. 2480 § 4 : « D'après la définition contenue dans l'art. 1er L. 14 juin 1865, le chèque ne peut légalement servir qu'à opérer le retrait de fonds portés au crédit du tireur et disponibles. Cependant il a été constaté que, dans la pratique, cet écrit est souvent employé, soit pour le recouvrement du prix de marchandises, ou dans d'autres circonstances qui ne rentrent nullement dans les prévisions de la loi. »

Malgré ces articles, il faut reconnaître que la question est délicate.

On conçoit bien que, quand le prix d'une vente de marchandises n'est pas encore échu, il n'y ait pas là cette disponibilité absolue dont parle la loi. En matière civile, il a été reconnu que, dans ce cas, l'écrit n'est pas un chèque, mais un effet de commerce ordinaire (Seine 18. janv. 1873, *le Droit* 2 fév. 1873). Il en serait nécessairement de même en matière fiscale, et c'est ce qui a été décidé par le tribunal de Mâcon le 19 avril 1876 (4390 R. P.).

Mais, lorsque le prix est échu et qu'il est tenu à la disposition du vendeur, il est difficile de soutenir que ce vendeur n'a pas le droit de tirer un chèque sur l'acquéreur pour en opérer le recouvrement (4390 R. P.). Ainsi que le dit Nouguier, dans son excellente monographie sur les chèques : « il y a provision, non-seulement par suite d'un dépôt de fonds disponibles; mais encore à raison d'une opération de change ou d'escompte, d'une vente, à la condition qu'il soit intervenu entre les deux parties une convention expresse ou tacite établissant la disponibilité des fonds. »—(Nouguier, *Des Chèques*, p. 189). V. le § 13 *infrà*.

« La disponibilité, porte une Solution du 22 décembre 1874, qui constitue le principal caractère de la provision, s'entend de fonds dont on peut disposer à la suite du consentement du tiré. Dès qu'il est intervenu entre le vendeur et l'acheteur un règlement de compte qui a déterminé le montant du débit de ce dernier, et qui l'a mis à la disposition du créancier, ce prix de vente perd son caractère de créance exigible et devient une provision. Il ne s'agit plus, en effet, de l'exécution du contrat de vente, mais de la réalisation d'un payement, et la condition à laquelle est subordonné l'émission du chèque se trouve remplie. »

L'Administration l'a ainsi décidé plusieurs fois (Sol. 6 mai 1874, 28 nov. 1874).

C'est également l'avis de Rivière, p. 473 et suiv., et de Duvergier 1865, p. 217.

Provision retirée. — « L'amende de 6 pour 100, dit M. Duvergier, n'est prononcée que pour l'émission du chèque sans provision : elle ne l'est pas pour le cas où la provision est retirée. Le texte est formel et d'ailleurs on ne pourrait pas assimiler les deux cas. Le chèque émis sans provision n'est pas un chèque : il doit être soumis au timbre, mais le retrait de la provision ne fait pas que le chèque, au moment où il a été émis et qui doit être seul pris en considération, ne fut pas un chèque véritable exempt du timbre » (1865, p. 336).

Cette observation ne nous paraît pas exacte en présence du texte de l'art. 6 de la loi du 19 février 1874, d'après lequel la provision doit être faite préalablement et être *disponible*. Lorsque la provision est retirée avant le payement du chèque,

elle n'est plus disponible et les conditions imposées par la loi font défaut. L'amende nous paraît donc encourue.

11. PROVISION NON EXIGIBLE. — La provision non échue n'est pas disponible. Ainsi, il a été jugé que, si le chèque émis en représentation du prix de marchandises est tiré avant que ce prix soit devenu exigible et disponible d'après les conventions des parties, il n'y a pas lieu à l'application de la loi du 14 juin 1865, attendu que l'exigibilité et la disponibilité futures de ce prix ne constituent pas une provision disponible dans le sens de cette loi. L'effet est une lettre de change (Seine 18 janv. 1873, — *Le Droit* 2 fév. 1873). L'amende de 6 pour 100 serait donc due, au minimum de 100 francs, par celui qui l'a émis (L. 19 fév. 1874 art. 6).

Émission avant avis. — Les personnes ayant un compte courant au Crédit foncier ne peuvent retirer plus de 20,000 francs à la fois sans avoir prévenu quarante-huit heures à l'avance le Crédit foncier qui fait alors passer dans la disponibilité la somme réclamée. L'écrit rédigé pour retirer plus de 20,000 francs du Crédit foncier, n'est donc un chèque qu'autant que l'avis prescrit a été donné et que le chèque n'est émis qu'après cet avis, parce qu'alors seulement il y a provision disponible. Dans le cas contraire, l'écrit est un effet soumis au timbre proportionnel (Sol. 7 juill. 1873; 10 déc. 1873).

Cette solution s'étend à toutes les institutions de crédit qui imposent la même obligation.

12. ERREUR. — Si c'est par suite d'une erreur dans la désignation de la résidence du tiré, et non d'un défaut de provision, que le chèque tiré sous forme de mandat n'a pas été acquitté, et si, d'un autre côté, il n'est intervenu aucun acte ou jugement constatant que l'écrit, malgré sa qualification et son caractère apparent, n'est pas un véritable chèque, il n'y a pas à réclamer d'amende quand le droit de timbre exigible pour le chèque a été payé (Sol. 24 fév. 1873).

13. PREUVE DU DÉFAUT DE PROVISION. — Le projet d'art. 6 L. 19 fév. 1874 se terminait par une disposition d'après laquelle l'enregistrement d'un protêt de chèque, motivé sur le défaut de provision, suffisait pour justifier la perception de l'amende. C'est ce qui avait été reconnu sous l'empire de la loi du 14 juin 1865 (Sol. 29 sept. et 29 nov. 1872). — Il avait été spécialement décidé, sous l'empire de cette loi, « que si sur présentation d'un chèque, le tiré refuse de l'acquitter en disant qu'il ne doit rien au tireur, de ce refus et de sa cause il résulte que le tiré n'avait point provision préalable du tireur, et que ce dernier n'a fait que déguiser, sous la forme du chèque, un effet de crédit » (Boulogne 11 juin 1874, 3868 R. P.). Cette disposition du projet de la loi du 19 fév. 1874 a été supprimée et il en résulte que le protêt du chèque ne suffit pas pour établir le défaut de provision, à moins qu'il ne renferme des énonciations précises sur le point. L'Administration l'a ainsi reconnu par une Solution du 11 février 1875.

Ainsi, il a été décidé qu'on ne saurait induire un défaut de provision de la simple déclaration faite à l'huissier du propriétaire de la maison où demeure le tiré, que celui-ci ne lui a laissé ni fonds, ni ordre, ni provision pour payer (Sol. 26 avr. 1873).

Lorsqu'un chèque tiré, valeur ou marchandises, est protesté, l'Administration admet que le receveur est autorisé à considérer le chèque comme émis sans provision et à perce-

voir l'amende de 6 pour 100 contre ce tireur, outre le droit de timbre. Mais si les parties justifient qu'il y avait un règlement du prix et que ce prix était disponible, l'amende et le droit sont restitués (Sol. 16 nov. 1875, 15 juill. 1876 et 24 janv. 1877). — V. 7342-10.

D'après l'I. G. 2312, le défaut de provision peut être établi par un acte ou par un jugement. Les documents de la juridiction criminelle ont la même force probante que ceux de la juridiction civile. Ainsi l'aveu fait dans un interrogatoire qu'un écrit intitulé chèque a été tiré sans provision, autorise l'Administration à poursuivre l'application de la loi fiscale (Sol. 25 août 1873).

On a fait résulter également la preuve du défaut de provision de l'aveu contenu dans une pétition tendant à obtenir la restitution à titre de remise des amendes perçues lors de l'enregistrement du protêt (Sol. 14 avr. 1875 et 23 août 1876). Mais le défaut de provision ne saurait résulter de l'examen des livres du tiré (Sol. 27 janv. 1877); ni de la déclaration du tiré qu'il n'a reçu aucune marchandise (Sol. déc. 1874. — *Contrà* Sol. 29 nov. 1872).

Bonne foi. — Il n'y a pas à considérer la bonne foi du tireur. Bien que ce dernier ait pu croire que son crédit était suffisant pour payer le chèque, dès qu'en fait les fonds n'existent pas, la contravention existe. En matière fiscale, les infractions ne sont pas excusées par la bonne foi.

14. AVIS PRÉALABLE. — L'émission d'un chèque doit être précédée d'une convention par laquelle le tireur et le tiré établissent la disponibilité de la provision. Mais il arrive maintes fois que tout en autorisant le créancier à se rembourser par voie de chèque, le débiteur lui impose l'obligation de le prévenir quelque temps avant que le chèque ne soit présenté. C'est ce que plusieurs grands établissements financiers, notamment le Crédit foncier de France, exigent de leurs clients, lorsque les fonds dont ceux-ci veulent opérer le retrait excédent un certain chiffre. Quand donc le chèque se réfère à un avis antérieur, cela ne prouve pas d'une manière certaine qu'il n'existe pas de provision disponible (Sol. 10 déc. 1873).

15. QUAND IL Y A DIFFÉRENCE DE PLACES. — La question de savoir quand un chèque est tiré de place à place ou sur la même place est, en général, facile à résoudre. Cependant il peut se présenter quelques situations embarrassantes. Elles s'étaient déjà produites sous l'empire de la législation qui avait établi un tarif différent pour l'enregistrement des effets de commerce ordinaires et des lettres de change qui opéraient une remise de place en place.

Les décisions qui ont été rendues à cette époque pour caractériser la différence de place peuvent offrir actuellement de l'intérêt en ce qui concerne l'application du tarif différentiel de timbre.

Distance. — Ainsi, on s'était demandé quelle distance il faut qu'il y ait entre le lieu où une lettre de change est tirée et celui où elle est payable? peut-on tirer d'un village sur une ville voisine? d'un hameau sur un autre? d'une ville sur un faubourg? Il est des cas où la faculté de tirer d'un lieu sur un autre lieu très-rapproché favorisera la simulation ; mais il en est d'autres où, à la plus petite distance, les be-

soins du commerce exigent la création de lettres de change. Aussi la plupart des auteurs enseignent-ils qu'on ne doit pas tenir compte des distances (Merlin *Rép.* V. *Lettre de change* § 2 n° 2, Pardessus n° 332, Nouguier t. 78, Locré *Esprit du Code de commerce* p. 16 et 17, Dalloz V. *Effet de commerce* n° 49).

Ainsi, il a été jugé que deux communes distinctes, telles que Paris et la Villette, ont pu être considérées, quelle que soit leur proximité, comme des places de commerce distinctes l'une de l'autre, sans que l'arrêt qui le décide ainsi tombe sous la censure de la C. cass. (Cass. 6 mars 1833, Dalloz *loc. cit.*). De même, il est satisfait à la condition de la remise d'un lieu sur un autre, lorsque la lettre de change est tirée d'un bourg sur une ville distante d'un myriamètre (Bruxelles 24 sept. 1819, P. Nouguier t. 1er p. 81).

Banlieue. — Mais n'est pas réputée tirée d'un lieu sur un autre, la lettre tirée sur un individu domicilié dans la même commune que le tireur, encore bien que l'un habite l'intérieur de la ville, et que l'autre habite un château de la banlieue (Bordeaux 23 avr. 1830, P., Nouguier t. 1er p. 80).

Changement de lieu. — Autrefois, quand une traite tirée d'un individu sur un autre individu domicilié dans la même ville était indiquée par l'acceptation de celui-ci payable dans une autre place, il n'y avait pas pour cela remise de place en place et application du tarif réduit des lettres de change. Le droit d'enregistrement était réglé d'après les énonciations seules de la lettre (Sol. 27 avr. 1832, 1410-7 I. G. — V. cependant D. m. f. 10 mai 1832, 7737 J. N.).

Si un chèque était ainsi accepté avant l'échéance par le tiré qui indique une autre place comme lieu de payement, il semble que cet écrit devient par le fait de son acceptation un chèque de place en place, et qu'il doit acquitter le tarif de 20 centimes.

Le défaut de payement du droit complémentaire expose l'accepteur, le porteur, le premier endosseur et celui qui paye, aux amendes prononcées par la loi du 5 juin 1850 pour les effets non timbrés.

Pour l'application du droit d'enregistrement il avait été reconnu que quand une traite a été tirée d'un lieu sur un autre, à l'ordre du tireur, mais indiquée par lui payable par l'accepteur dans le lieu même de la confection de cette traite, elle ne pourrait, malgré l'acceptation du tiré, être considérée comme une véritable lettre de change (Bruxelles 21 juill. 1819). « Le caractère essentiel d'une lettre de change, porte un jugement de Lille du 16 juillet 1838, est la remise effectuée de place en place, c'est-à-dire que la lettre de change doit, lors de sa confection seulement, si elle indique un bénéficiaire, et en outre, lors de l'endossement, si elle est à l'ordre du tireur, être formellement stipulée payable dans un autre lieu que celui d'où elle a été tirée et endossée » (1050 R. P.).

Il n'est pas douteux que, dans cette hypothèse, le droit de 20 centimes serait dû au moment de la rédaction du chèque.

Il en est de même, quand le chèque, par suite de conventions postérieures entre le tiré et le tireur est payable sur la place où il a été émis. Ces conventions postérieures ne peuvent pas faire que le chèque n'ait pas été d'abord tiré d'une place sur une autre place, et cela suffit à justifier le droit de 20 centimes.

16. TRANSMISSION. — Le chèque au porteur se transmet de la main à la main. Le chèque à ordre circule au moyen de l'endossement. Le chèque au profit d'une personne déterminée n'est transmissible qu'en se conformant aux règles générales des art. 1690 et 1691 C. C. (Seine, 14 fév. 1870, 3204 R. P. ; — Rivière, p. 475 et suiv.).

17. IMPUTATION DU DROIT DE TIMBRE. — Lorsque l'écrit n'est pas un chèque mais un effet de commerce sujet au droit proportionnel, ce droit proportionnel est dû intégralement sans imputation du droit de 10 cent. ou de 20 cent. payé pour le prétendu chèque (Sol. 6 mars 1874, 19530 J. E.).

7343. Chèques venant de l'étranger. — Sous l'empire de la loi du 14 juin 1865, les chèques tirés de France sur l'étranger ou les colonies, et réciproquement, étaient assimilés aux lettres de change et passibles des mêmes droits de timbre (Nouguier, *des Chèques*, p. 104). Le contraire avait été cependant décidé, mais à tort, par le tribunal de Lyon, le 13 juillet 1874.

L'art. 9 L. 19 février 1874 porte que toutes les dispositions législatives relatives aux chèques tirés de France, sont applicables aux chèques tirés hors de France et payables en France (*Conf. :* Lyon 13 juill. 1874, 19567 J. E.).

Il ajoute :

1° Que si le chèque tiré hors de France n'a pas été timbré, le bénéficiaire, le premier endosseur, le porteur ou le tiré sont tenus, sous peine de l'amende de 6 pour 100, de le faire timbrer aux droits fixés par l'art. 8, avant tout usage en France ; et, dans ce cas, le timbrage a lieu au moyen de l'apposition et de l'oblitération de deux timbres mobiles pour quittances ;

2° Que si le chèque tiré hors de France n'est souscrit conformément aux prescriptions de l'art. 1er L. 24 juin 1865 et de l'art. 5 de la loi du 19 février 1874, il est assujetti aux droits de timbre des effets de commerce. Le bénéficiaire, le premier endosseur, le porteur ou le tiré sont alors tenus de le faire timbrer, avant tout usage en France, sous peine d'une amende de 6 pour 100, et le timbrage a lieu au moyen de l'apposition et de l'oblitération de timbres mobiles proportionnels, dans les conditions déterminées par le Décret du 19 février 1874.

Quant aux chèques créés et payables à l'étranger et circulant en France, ils sont sujets aux droits proportionnels établis par l'art. 3 L. 20 décembre 1872 (2459 I. G. ; Duvergier 1874, p. 49).

Les chèques réguliers en la forme tirés de l'étranger et payables en France, non timbrés au droit fixe, ne sont pas assimilés par la loi du 19 février 1874 aux effets de commerce ordinaires. Le droit fixe de 20 centimes devient donc seul exigible, indépendamment des amendes de 6 pour 100, sans minimum (Sol. 11 août 1865).

1. SOLIDARITÉ. — Toutes les parties sont solidaires pour le payement des droits et des amendes établis par l'art. 9 L. 19 février 1874 (L. 19 fév. 1874 art. 9, 2480 I. G.). — Cette solidarité n'existe pas pour les chèques tirés en France — V. 7342.

7344. Caractères distinctifs du chèque. — 1° LETTRE DE CHANGE. — Ce qui précède indique de quelle utilité il est de distinguer le chèque proprement dit des écrits qui en empruntent la forme ; c'est là une question d'appréciation difficile, variant selon les termes de chaque affaire. On ne peut qu'indiquer ici, pour aider à la résoudre, les caractères distinctifs du chèque.

Le chèque ne peut être tiré que sur un tiers ayant provision préalable et disponible (art. 2 L. 14 juin 1865). Il peut être tiré d'un lieu sur un autre ou sur la même place (art. 3). Son émission même, lorsqu'il est tiré d'un lieu sur un autre, ne constitue pas par sa nature un acte de commerce (art. 4). Il est payable à présentation (art. 2) et le payement doit être réclamé dans le délai de 5 ou 8 jours, y compris le jour de la date selon qu'il est tiré de la place sur laquelle il est payable ou d'une autre lieu, sous peine, pour le porteur, de perdre son recours contre les endosseurs et contre le tireur lui-même, si la provision a péri par le fait du tiré après lesdits délais (art. 6). L'existence d'une provision préalable au moment même de la création du chèque, la faculté de tirer d'un lieu sur la même place, le privilège de ne ne pas être par sa nature un acte de commerce sont autant de signes et de circonstances juridiques qui servent à caractériser le chèque et à le séparer de la lettre de change à vue.

Par exemple, 1° un effet tiré à échéance indéterminée, revêtu de l'acceptation du tiré et payable à jour fixe, ne constitue pas un chèque, bien qu'il n'y ait pas remise de place en place, mais un mandat à ordre ordinaire (Seine 26 avr. 1869, 2920 R. P. ; — C. Paris 11 avr. 1870, 3204 R. P., S. 70-2-293), sujet au timbre proportionnel ordinaire (Sol. 11 janv. 1876);

2° On ne peut pas non plus attribuer le caractère du chèque, mais celui d'un simple mandat, au reçu d'une somme à toucher chez un banquier, portant une date antérieure à l'échéance indiquée (Seine 14 fév. 1870, 3204 R. P.);

3° Décidé de même, que l'écrit sous forme de récépissé remis à un tiers pour toucher des fonds disponibles au crédit du signataire ne constitue pas un chèque. Ce n'est qu'un mandat de payement qui ne transfère pas au porteur, comme le ferait un chèque, la propriété de la somme dont il est destiné à procurer l'encaissement (Nantes 6 juill. 1867, S. 67-2-360); — Nouguier, *des Chèques* n° 27, Alauzet Id. 3 et 14, Michaux-Bellaire, *Revue de droit comm.*, t. 1er p. 3, 1864); le récépissé est soumis au timbre proportionnel ordinaire (Sol. 19 avr. 1866 et 18 août 1870).

4° L'écrit sous forme de récépissé remis à un tiers pour toucher à jour fixe le montant de ce récépissé chez un négociant, débiteur du remettant, n'offre les caractères ni d'un chèque proprement dit ni d'un billet au porteur. Il constitue uniquement un mandat donné à l'effet de toucher une somme appartenant au mandant (Cass. 14 mai 1872, S. 72-1-232);

5° L'écrit émis au profit d'un tiers ou ordre, avec cette mention, *suivant avis du...*, ne constitue pas un chèque, bien qu'en portant le nom, mais un mandat à ordre passible du droit de timbre proportionnel (Béthune 11 juin 1874).

2 . REÇUS DE SOMMES DÉPOSÉES EN COMPTE COU-
RANT. — Les reçus de sommes déposées en compte courant
dans les banques de dépôt, avec faculté de les retirer à volonté, ne sont ni des obligations ni des chèques, mais des
récépissés de sommes, et peuvent n'être timbrés qu'à 10 centimes (Sol. 14 avr. 1873).

3. RECONNAISSANCES DES TRÉSORIERS GÉNÉRAUX. —
D'après l'art. 1er L. 14 juin 1865 « le chèque est l'écrit qui,
sous la forme d'un mandat de payement, sert au tireur à
effectuer le retrait, à son profit ou au profit d'un tiers, de
fonds portés à son crédit et disponibles... » Par conséquent,
les reconnaissances de dépôts de fonds que les trésoriers-
payeurs généraux délivrent à leurs déposants ne peuvent, à
aucun point de vue, être considérées comme des chèques et
doivent rester soumises au timbre de dimension (applicable
à tous les récépissés de même nature délivrés par ces comptables), conformément à la circulaire qui leur a été adressée
le 19 avril 1861. Quant au retrait des fonds déposés et disponibles, il peut certainement avoir lieu au moyen de chèques;
mais tout écrit relatif à ce retrait qui ne satisferait pas aux
conditions exigées par la loi du 14 juin 1865 ne saurait jouir
de l'exemption du timbre qu'elle a prononcée et devrait
être assujetti à cet impôt (Sol. 17 déc. 1867, 2799 R. P.).

4. MANDAT VALEUR EN MARCHANDISES. — On ne saurait reconnaître les caractères extérieurs du chèque au mandat causé valeur en marchandises, qui, quoique souscrit le
3 octobre et payable à vue, a été négocié par des tiers jusqu'au
13 du même mois, sans égard à la perte de recours que l'art.
5 inflige au porteur d'un chèque dont le payement n'est pas
réclamé dans les 5 ou les 8 jours de sa date (Sol. 31 déc.
1866). — V. 7342-2.

5. ACTE OU JUGEMENT CONSTATANT QUE L'ÉCRIT
N'EST PAS UN CHÈQUE. — Lorsqu'un acte ou un jugement
constate légalement que le prétendu chèque est un effet de
commerce, les receveurs doivent réclamer le droit de timbre
proportionnel et les amendes exigibles (I. G. 2312).

7345. Mode de timbrage. — Les chèques doivent
être, en principe, timbrés au moyen de l'apposition du timbre
extraordinaire. On peut, dans certains cas, se servir de timbres
mobiles. — V. *Timbre.*

7346. Contraventions. — Les agents de l'Administration doivent se conformer, pour la constatation des contraventions et le recouvrement des sommes exigibles, aux dispositions des art. 31 et 32 L. 13 brumaire an 7 et 76 L. 28 avril
1816 (2480 I. G.).

7347. Tarif. — Le droit d'enregistrement exigible sur
les chèques est celui de 50 cent. pour 100 fr. établi par l'art. 69
§ 2 n° 6 de la loi du 22 frim. an 7 pour les effets négociables
en général (I. G. 2312; — Sol. 6 avr. 1868, 2798 R. P.; —
V. L. 28 fév. 1872, art. 10).

Si le chèque n'était pas négociable, il devrait être soumis
au droit de 1 pour 100. Ses endossements auraient, de plus,

le caractère de cessions ordinaires sujettes au même tarif de
1 pour 100. L'aval dont il serait revêtu donnerait lieu, pour
le même motif, au droit de cautionnement.

Délai. — Le chèque négociable n'est sujet à l'enregistrement qu'en cas de protêt. Mais il doit être présenté à la formalité avec cet acte. L'huissier contreviendrait à la loi s'il
dénonçait le protêt d'un chèque non enregistré (Sol. 6 avr.
1868, 2798 R. P.).

Le chèque non négociable ne peut être, avant son enregistrement, ni protesté ni mentionné dans un acte public.

Chèque irrégulier. — L'amende n'est pas due pour la
signification du protêt d'un chèque timbré au droit fixe, mais
irrégulier dans sa forme ou émis sans provision (Sol.
28 mars 1866).

CHAPITRE XX. — DES WARRANTS

[7348-7353]

7348. Définition. — Le warrant est un bulletin de gage
annexé au récépissé des marchandises déposées dans les magasins généraux établis en vertu du décret du 21 mars 1848
(art. 2 L. 28 mai 1858).

7349. Nature. — L'exposé des motifs de la loi de 1858
explique en ces termes la nature et le rôle tant du récépissé
que du warrant : « La marchandise déposée donne lieu à la
création de deux titres, l'un sous le nom de récépissé, l'autre
sous le nom de bulletin de gage ; le premier particulièrement
destiné à servir d'instrument de vente et à transférer la propriété de la marchandise, l'autre devant servir d'instrument
de crédit et comme son nom l'indique placer la marchandise
à titre de gage entre les mains du prêteur. — Le déposant veut-
il emprunter sur sa marchandise ? Il détache le bulletin de
gage (warrant) et le transfère par endossement au prêteur.
L'endossement du bulletin seul, et séparé du récépissé, vaut
nantissement et confère au prêteur tous les droits du
créancier gagiste sur le gage : ce gage suit le bulletin en
quelques mains qu'il passe par l'effet des endossements successives dont il est l'objet. — Le déposant veut-il vendre? Si sa
marchandise n'est grevée d'aucun engagement, il a entre les
mains les deux titres ; il les transfère tous deux à l'acheteur,
et par cet endossement, la propriété de la marchandise passe
purement et simplement de la tête du vendeur sur celle de
l'acquéreur : si la marchandise est engagée, il transfère à
l'acheteur le récépissé qu'il a conservé, et l'acheteur devient
encore propriétaire de la marchandise, mais au même titre
que le vendeur ; c'est-à-dire à charge de payer au porteur du
bulletin le montant de la créance garantie par l'endossement
du bulletin. »

D'après l'art. 3 de la loi du 31 août 1870, les magasins
généraux peuvent prêter sur nantissement des marchandises
à eux déposées, ou négocier les warrants qui les représentent.

7350. Effets du warrant. — A défaut de payement
à l'échéance, le porteur du warrant peut, huit jours après le
protêt, et sans aucune formalité de justice, faire procéder à la
vente publique aux enchères et en gros de la marchandise
engagée dans les formes et par les officiers publics indiqués.

Dans le cas où le souscripteur primitif du warrant l'a remboursé, il peut faire procéder à la vente de la marchandise contre le porteur du récépissé 8 jours après l'échéance et sans qu'il soit besoin d'aucune mise en demeure (art. 7 L. 28 mai 1868). Le porteur du warrant est payé de sa créance sur le prix, directement et sans formalité de justice, par privilège et préférence à tous créanciers (art. 8 de la même loi). Il n'a de recours contre l'emprunteur et les endosseurs qu'après avoir exercé ses droits sur la marchandise et en cas d'insuffisance (art. 9 de la même loi).

7351. — Endossement. — L'endossement du récépissé et du warrant transférés ensemble ou séparément doit être daté. — L'endossement du warrant séparé du récépissé doit en outre énoncer le montant intégral en capital et intérêts de la créance garantie, la date de son échéance et les nom, profession et domicile du créancier. Le premier cessionnaire du warrant doit immédiatement faire transcrire l'endossement sur les registres du magasin avec les énonciations dont il est accompagné. Il est fait mention de cette transcription sur le warrant (art. 5).

7352. Timbre. — Le droit de timbre est dû pour le récépissé et pour le warrant; mais dans des conditions distinctes en raison de la différence du caractère des deux titres.

Le récépissé entre les mains du déposant est un certificat de propriété, s'il est transmis il vaut habituellement vente. A ce double point de vue il rentre dans la classe des actes assujettis au timbre de dimension (V. I. G. 2149 § 1).

Le bulletin de gage ou warrant, tant qu'il n'est pas transmis séparément du récépissé, n'a aucun rôle qui l'assujettisse au timbre; mais sa négociation au profit de celui qui reçoit la marchandise en gage en forme un véritable effet de commerce assujetti au droit proportionnel créé par la loi du 5 juin 1850; — et assis sur la somme portée à l'endossement (Sol. 12 déc. 1874).

1. TIMBRE DE DIMENSION DES RÉCÉPISSÉS. — L'exposé des motifs de la loi porte que le « timbre de dimension doit être apposé sur le récépissé au moment de sa création, ce qui, dans la pratique, aura lieu en timbrant d'avance les récépissés sur les registres à souche des magasins. »

On doit timbrer de la même manière les récépissés des consignations faites soit par le porteur du récépissé ordinaire pour se libérer du montant du warrant, soit par le courtier qui a vendu les marchandises déposées (I. G. 2149 § 1).

Le timbre de dimension est également applicable au bordereau de liquidation des dettes et frais délivré par le magasin général en exécution de l'art. 17 du décret du 12 mars 1859 (I. G. 2149 § 1).

2. TIMBRE PROPORTIONNEL DES WARRANTS. — Le timbre proportionnel auquel sont assujettis les warrants ne peut être appliqué d'avance. Il a été énoncé, lors de la discussion de la loi (*Exposé des motifs*), qu'il serait remplacé par un visa pour timbre donné au moment du premier endossement. Au visa pour timbre ont été substitués des timbres mobiles, sur la création et l'emploi desquels nous nous expliquons au mot *Timbres*.

3. AMENDES. — Le warrant devient effet de commerce par l'endos; l'endosseur doit l'amende établie pour le souscripteur, et le second endosseur celle créée pour l'endosseur ordinaire (Sol. 18 août 1864). La Compagnie encourt une amende égale au droit de timbre en mentionnant sur ses registres le warrant non timbré (L. 28 août 1858, art. 13) ou timbré au moyen d'un timbre irrégulièrement oblitéré (Sol. 18 août 1864).

7353. Enregistrement. — La distinction entre le récépissé et le warrant entraîne des résultats différents pour la perception des droits d'enregistrement. L'exposé des motifs de la loi du 28 mai 1858, les fait connaître de la manière suivante.

1. RÉCÉPISSÉ. — TITRE. — « Lorsque le récépissé reste entre les mains du déposant en tant que certificat de propriété, il ne donne ouverture, d'après les principes généraux de l'enregistrement, qu'au droit fixe. » — L'art. 13 L. 28 mai 1858 porte que le seul droit dû est celui de 1 franc. Ce droit, atteint par la surtaxe générale des droits fixes, est aujourd'hui de 1 fr. 50 cent. (L. 28 fév. 1872, art. 4).

Le récépissé spécial délivré au porteur du récépissé ordinaire (V. 7352 § 1 *in fine*) est sujet au droit de quittance; celui délivré au courtier est passible du droit de 2 fr. (3 fr.) (I. G. 2149-1).

2. RÉCÉPISSÉ. — ENDOSSEMENT. — « Lorsque le récépissé est transféré et qu'il opère transmission de la propriété, régulièrement il devrait donner lieu à un droit proportionnel de 2 pour 100; mais cette perception n'était point conciliable avec l'esprit du projet de loi, qui est de favoriser ces sortes d'opérations, et l'on a pensé qu'il n'y avait pas lieu de rien changer au droit d'enregistrement actuel, qui est de 1 franc seulement » (Exposé des motifs).

Ainsi entendu, l'art. 13 L. 28 mai 1858, portant : « Les récépissés ne donnent lieu, pour l'enregistrement, qu'à un droit fixe de 1 franc » implique que la perception unique à faire est celle de 1 franc (actuellement 1 fr. 50 cent.), et que le payement de ce droit affranchit de l'impôt les endossements du récépissé qui transfèrent en même temps la propriété des marchandises.

Ces dispositions ont été maintenues par l'art. 10 L. 28 février 1872, qui a assimilé pour l'enregistrement les lettres de change aux billets à ordre (2433 I. G.).

3. WARRANTS. — « Les bulletins de gage devront nécessairement, porter aussi l'exposé des motifs de la loi, être assujettis au droit de 50 centimes par 100 francs, établi par l'art. 69 § 2 nº 6 L. 22 frimaire an 7 pour les billets à ordre et les effets négociables ou de commerce. »

Les endos des warrants sont exempts de l'enregistrement (I. G. 2149 § 1).

4. BORDEREAU DE LIQUIDATION. — Le bordereau de liquidation des dettes et frais délivrés par le magasin général est sujet, en cas d'enregistrement, au droit de 3 francs.

CHAPITRE XXI. — DES ÉCRITS NON NÉGOCIABLES

[7354 - 7382 bis]

7354. Observations. — Nous nous sommes occupés dans les chapitres qui précèdent des écrits négociables.

Il existe encore une grande variété de titres qui sont des instruments de payement sans être transmissibles par la voie commerciale des effets négociables. Ce sont notamment les billets simples, les délégations, lettres de crédit, virements, reçus, etc.

SECTION PREMIÈRE. — DU BILLET SIMPLE

[7354 bis 7382-bis]

7354 bis. Définition. — Le simple billet est la promesse que fait une personne de payer à une autre une telle somme qu'elle reconnaît lui devoir.

7355. Endossement. — Le billet simple diffère de l'effet négociable en ce qu'il n'est pas susceptible d'être *négocié* par endossement; mais il ne faut pas conclure de là qu'il ne soit pas transmissible par cette voie. L'endossement suffit parfaitement pour transporter la propriété de l'effet au cessionnaire, dans ses rapports avec son cédant; seulement, par rapport aux tiers, parmi lesquels il faut ranger le souscripteur du billet, l'endossement est inefficace jusqu'à ce qu'il ait été notifié comme un transport ordinaire, conformément à l'article 1690 C. C. — *V.* 7379 et suiv.

7356. Forme. — Cet acte ne diffère de l'obligation que par la forme; il est essentiellement unilatéral et doit être écrit en entier de la main du souscripteur, ou du moins il faut, qu'outre la signature, il ait écrit de sa main un bon et approuvé, portant en toutes lettres la somme ou la quantité de la chose (1326 C. C).

La loi apporte une exception à cette règle pour les marchands, artisans, laboureurs, vignerons, gens de journée et de service. — Pour les artisans, laboureurs, etc., qui souvent ne savent signer que leur nom, l'exception était indispensable, puisque déclarer *non probant* l'acte qu'ils n'auraient pas écrit ou revêtu d'un bon, c'eût été les contraindre à recourir à un notaire pour les actes de la moindre importance. — Pour ce qui est des négociants, l'exception a pour cause la multiplicité des billets de ce genre qu'ils ont à souscrire, ce qui a fait craindre que la règle, qui est pour d'autres une sage précaution, ne devînt pour eux une entrave à la marche de leurs affaires.

ARTICLE PREMIER. — TIMBRE

[7357-7371]

7357. Obligations commerciales. — Dalloz dit, au n° 6209 de son *Traité des droits d'enregistrement*, que la loi du 1 juin 1850 ne s'est pas occupée des *obligations commerciales*. Et il cite à l'appui de cette assertion les paroles suivantes du rapporteur : « Nous ferons remarquer à la commission n'a dû traiter que la question relative au timbre des *effets de commerce*, mais il reste au gouvernement à por-

ter son attention sur le timbre des *obligations civiles*... etc. » Mais ces paroles conduisent à la conclusion contraire. Il en résulte évidemment que la loi du 5 juin 1850 s'applique à toutes les *obligations commerciales*, qu'elles soient négociables ou non.

7358. Effet commercial non négociable. — Ce ne sont pas, en effet, les seuls billets négociables que la loi répute *effets de commerce*. L'art. 632 C. com. s'en explique formellement. Sont actes de commerce « toutes les obligations entre négociants, marchands et banquiers. » Ainsi, il faut reconnaître que le mot *billet* dont se sert l'art. 638 C. com., comprend en général tout engagement sous seing privé souscrit par un commerçant, sans distinguer s'il est ou non transmissible par voie d'endossement. Il suffit qu'un non commerçant ait apposé sa signature sur un semblable billet d'une nature commerciale, pour être justiciable du tribunal de commerce (Bruxelles 2 juill. 1834).

7359. Effet ni commercial ni négociable. — Mais la loi de 1850 concerne-t-elle les billets et obligations qui ne sont ni commerciaux ni négociables?

L'Administration a d'abord, soutenu que les effets, bien que soumis au timbre proportionnel, ne tombaient pas sous l'application des prescriptions de la loi relative aux effets de commerce (1854 et 1865 I. G.); mais cette interprétation a été abandonnée. L'art. 6 de la loi du 6 prairial an 7 porte : « A compter de la publication de la présente, les billets et obligations non négociables et les mandats à terme ou de place en place ne pourront être faites que sur du papier du timbre proportionnel, comme il en est usé pour les billets à ordre, lettres de change et autres effets négociables et sous la même peine. » Cet article a assimilé pour l'avenir les billets et obligations non négociables et l'assimilation, n'ayant pas été abrogée d'une manière formelle par la loi de 1850, doit continuer à subsister selon le vœu du législateur de l'an 7 (D. m. f. 26 mai 1859, 2152 I. G., 1205 R. P.). — *V.* 7145.

Cette disposition a été reproduite et confirmée en ces termes par l'art. 4 L. 19 février 1874 : « Sont soumis au droit de timbre proportionnel fixé pour les effets négociables ou de commerce, les billets, obligations, délégations et tous mandats non négociables quelle que soit d'ailleurs leur forme ou leur dénomination servant à prouver une remise de fonds de place à place. »

Les termes de la loi sont tellement généraux et ils s'appliquent d'une manière si absolue aux billets, obligations ou autres actes *non négociables*, qu'on ne comprend pas que la question ait encore paru douteuse depuis sa promulgation.

7360. Quotité du timbre. — Il résulte de là que les billets simples, commerciaux ou non, négociables ou non, sont assujettis au payement du droit de timbre d'après le tarif de la loi de 1850, modifié par l'art. 2 L. 23 août 1871 et par l'art. 3 L. 19 février 1874.

7361. Visa pour timbre. — La conséquence de l'assimilation que nous venons d'indiquer est que le cessionnaire du billet simple, non négociable a, comme le premier endosseur d'un effet négociable la faculté de le faire viser pour timbre, sans amende et au droit de 45 cent. par 100 francs, dans les quinze jours de sa date, ou avant l'échéance si le billet a moins de quinze jours de date.

7362. Amendes. — Avant la loi du 19 février 1874, l'assimilation du billet simple aux effets de commerce ne s'étendait pas aux amendes de timbre, attendu qu'en matière de pénalité tout est de droit étroit. — Comme d'après l'art. 19 L. 24 mai 1834, indépendamment de l'amende de 6 pour 100 due par le souscripteur d'un billet non timbré, c'est seulement au cessionnaire qu'une seconde amende de même quotité peut être réclamée, rien n'autorisait à faire une semblable demande au bénéficiaire. C'est ce qui a été décidé par un jugement de Castelnaudary, du 23 août 1861 (17465 J. N., 326 R. N., 1616 R. P.) et par un jugement de Mirecourt du 14 février 1862 (17337 J. N., 12302 C., 326 R. N.) que l'I. G. n° 2220, a prescrit de suivre comme règle de perception.

La loi du 19 février 1874 a comblé cette lacune. Aux termes de son art. 4 : « En cas de contravention au timbre, le souscripteur, le bénéficiaire et le porteur sont passibles chacun de l'amende de 6 pour 100 édictée par l'art. 4 L. 5 juin 1850; sont également applicables, en cas de contravention, les dispositions pénales des art. 6 et 7 L. 5 juin 1850. »

L'I. G. n° 2480, qui notifie la loi du 19 février 1874, ajoute : « Pour donner aux diverses dispositions de la loi la sanction nécessaire, le dernier paragraphe de l'art. 4 exprime que, dans le cas de contravention, le souscripteur, le bénéficiaire ou le porteur, sont passibles chacun de l'amende de 6 pour 100, édictée par l'art. 4 L. 5 juin 1850, relatif aux effets de commerce non timbrés, et ce, avec solidarité pour le payement tant des amendes que des droits de timbre, conformément à l'art. 6 de la même loi. En outre, l'amende spéciale de 6 pour 100 établie par l'art. 7 de cette loi est applicable à toute personne qui encaisserait ou payerait, même sans son acquit, les mandats ou autres titres non revêtus du timbre prescrit. »

Bien que le contraire ait été soutenu et même admis quelquefois par l'Administration, nous tenons pour certain que les dispositions précédentes s'appliquent aux billets simples ordinaires.

1. AMENDE DUE PAR LE CESSIONNAIRE. — Qu'est-ce que le premier cessionnaire? La loi a voulu frapper d'amendes distinctes les deux premières parties qui coopèrent soit à la lettre de change, soit au billet à ordre, soit à l'obligation non négociable, les deux personnes qui ont concouru les premières à la contravention. Le premier cessionnaire est a ses yeux, pour l'obligation non négociable, ce que le premier endosseur est pour le billet à ordre, c'est-à-dire celui au profit duquel l'obligation a été consentie et qui l'a transmise à un tiers. Par premier cessionnaire, il faut donc entendre celui qui cède l'obligation en non celui qui accepte la cession (11301 J. N., D. N. t. 2 p. 499 n° 124).

2. CESSIONNAIRE PAR ACTE NOTARIÉ. — Si la cession a lieu par acte notarié et que le billet cédé soit présenté au visa et à l'enregistrement avec l'acte de cession, le cessionnaire encourt-il une amende? Le J. N. n° 11301 et le D. N. t. 2 p. 498 n° 123, se prononcent pour la négative, et il semble, en effet, que, par suite de la faculté accordée au notaire par l'art. 13 L. 16 juin 1824 de présenter les actes non timbrés à la formalité en même temps que les actes où ils sont relatés, le billet est censé avoir été timbré avant la cession.

3. SOLIDARITÉ. — Les prêteurs et les emprunteurs, leurs héritiers et ayants cause sont solidaires pour le payement des droits et amendes (L. 28 avr. 1816, art. 75; — 24 mai 1834, art. 19, 21 et 25; — Cass. 9 mars 1852, I. G. 1929-6).

7363. Caractère unilatéral du billet simple. — Pour tomber sous l'application des règles que nous venons d'indiquer, le billet doit être unilatéral, car c'est là effectivement son caractère essentiel.

7364. Forme synallagmatique. — Le caractère de l'acte doit être apprécié abstraction faite de la forme dont il a plu aux parties de le revêtir : il ne suffirait pas pour échapper au timbre proportionnel, que les actes aient l'apparence d'écrits synallagmatiques, il faut qu'ils possèdent réellement ce caractère, c'est-à-dire suivant l'art. 2102 C. C., qu'ils contiennent des dispositions d'après lesquelles les contractants sont obligés réciproquement les uns envers les autres.

1. DOUBLE MINUTE. — Ainsi, une reconnaissance de dette, quoique faite en double minute et signée des deux parties, n'en est pas moins un acte unilatéral, aux termes de l'art. 1103 C. C., s'il n'y a engagement que de la part de l'obligé, et elle tombe sous l'application des art. 6 L. 6 prairial an 7 et 4 L. 19 février 1874 (D. m. f. 29 nov. 1832, 10512 J. E.).

7365. Lettre missive. — Par la même raison, la reconnaissance d'une somme est sujette au timbre proportionnel quoique faite sous la forme d'une lettre missive, lorsqu'il résulte du contexte de cette pièce qu'elle n'est point un écrit de correspondance privée, mais une véritable reconnaissance délivrée pour faire titre au créancier (D. m. f. 28 juill. 1847, D. N. t. 2 p. 496 n° 109).

Il en est autrement de la lettre par laquelle une personne prie son banquier de verser une somme à un tiers à une époque fixe (Sol. 5 mai 1876, 4553 R. P.).

7366. Nature de l'acte. — De ce qui précède il résulte qu'il faut consulter, pour savoir si l'écrit constitue un billet passible du timbre proportionnel, non la forme mais la nature de l'acte. Ainsi, si je reconnais vous devoir une somme que je m'oblige à vous payer à une époque déterminée, ce billet qui a eu en vue l'art. 1326 C. C. devra être écrit sur timbre proportionnel.

Dans ce sens, le tribunal d'Arras a jugé, le 12 mai 1846 (14125-7 J. E.), que les obligations de sommes non négociables faites sous seing privé, doivent être écrites sur papier au timbre proportionnel.

Décidé encore qu'une obligation de sommes, non négociable, sous seing privé, ne peut, sans contravention, être écrite sur une feuille frappée d'un timbre de dimension inférieure au timbre proportionnel fixé à raison de la somme (Saint-Girons 10 janv. 1848, 14412 J. E.).

1. HYPOTHÈQUE. — DÉPÔT. — La circonstance que le billet portant reconnaissance de somme contiendrait consentement à hypothèque et pouvoir de déposer l'obligation en l'étude d'un notaire n'en changerait pas le caractère et le laisserait sujet au timbre proportionnel (Dél. 2 pluv. an 13, 1930 J. E., D. N. t. 2 p. 496 n° 106. — V. I. G. 657).

2. RECOUVREMENT FACULTATIF. — Peu importerait également qu'il fût exprimé que le prêteur pourrait redemander la somme en avertissant le débiteur un mois d'avance (Cass. 1er mai 1809 et 31 août 1813, 3280, 5405 J. E.).

3. DÉLÉGATION. — La reconnaissance sous seing privé d'une somme due et la délégation consentie en payement de cette somme est passible du droit de timbre proportionnel ; la délégation ne peut changer la nature de la reconnaissance, qui constitue une véritable obligation (9780 J. E., D. m. f. 13 mai 1830, 3170 Roll.).

4. INTÉRÊTS. — La stipulation d'intérêts est un accessoire de la dette et ne change pas la nature de l'écrit, elle ne fait pas obstacle à l'obligation par le souscripteur de se servir de timbre proportionnel (Cass. 31 août 1813, 5045 J. E., 648 I. G.; D. m. f. 28 juill. 1847, D. N. t. 2 p. 496 n° 109). Nous avons vu d'ailleurs que le billet à ordre ne cesse pas de tomber sous l'application des lois fiscales relatives aux effets de commerce, parce que des intérêts auraient été stipulés.

5. PROROGATION. — INTÉRÊTS REÇUS D'AVANCE. — De même, l'obligation sous seing privé faite en double original, consentie pour une somme qu'on dit être exigible, mais dont le créancier proroge le terme et reçoit les intérêts de trois mois d'avance, est assujettie au timbre proportionnel. — Il en est de même quoique le remboursement doive être déterminé par un versement ultérieur (Marseille, 30 mars 1852).

6. CONDITION. — On l'a décidé ainsi pour les billets renfermant une obligation conditionnelle. Le droit de timbre ne peut être soumis à une condition suspensive ; il doit être payé d'avance, et il suffit que la formule qui a servi à la rédaction de l'acte puisse devenir une obligation ferme (18770 J. E.).

7367. Acte synallagmatique. — Mais toute application de la loi s'arrête du moment que l'acte renferme des conventions synallagmatiques et rentre dans la définition de l'art. 1102 C. C., qui répute synallagmatique l'acte par lequel les contractants s'obligent réciproquement les uns envers les autres.

1. ARRÊTÉ DE COMPTE. — Un arrêté de compte portant balance de recettes et de dépenses ne doit donc, sous aucun rapport, être rangé dans la classe des obligations dont parle l'art. 6 L. prairial an 7 et ne donne lieu qu'au timbre de dimension (D. m. f. 371 § 1er I. G., Sol. 31 août 1813, 3943 Roll., D. N. t. 2 p. 496 n° 111 ; — Dinan 4 déc. 1857). Mais pour qu'il en soit ainsi, il faut que l'écrit présente en réalité un compte, c'est-à-dire qu'il ait été fait des recettes et des dépenses par le rendant compte. Nous pensons contrairement à un jugement de Tarascon du 9 février 1843 (D. N. t. 2 p. 497 n° 114), que l'acte qui relate divers payements faits pour le compte du souscripteur et se termine par la reconnaissance d'une somme formant le total ne constitue pas un arrêté de compte et est passible du timbre proportionnel : « L'acte, porte une décision belge du 9 décembre 1862, a pour unique objet de créer un titre pour exiger le remboursement de diverses sommes prêtées successivement, soit en les versant entre les mains du souscripteur, soit en les payant en son nom à des tiers : telle étant la substance de l'acte, celui-ci est soumis au timbre proportionnel, selon les termes et l'esprit de la loi du 6 prairial an 7 » (9316 J. E. belge).

Il faut, au surplus, rechercher la nature de l'écrit dans les circonstances particulières à chaque espèce. — C'est pourquoi l'administration belge a pu décider, le 10 juillet 1858, qu'on

devait rédiger sur papier timbré proportionnel l'acte unilatéral par lequel un pupille se référait à des écrits antérieurs, d'après lesquels il était constaté que le tuteur avait fait plus de dépenses que de recettes, et reconnaissait devoir la différence (8042 J. E. belge).

2. CAUTIONNEMENT. — La loi de prairial an 7 n'est pas non plus applicable à l'obligation faite en triple, contenant des obligations réciproques, telles qu'un cautionnement et les conditions de son exécution (D. m. f. 30 août 1827, 1191 Roll.).

3. CONTRE-LETTRE. — La contre-lettre par laquelle l'acquéreur d'un immeuble s'oblige à payer un supplément de prix, bien que non acceptée ni signée par le vendeur, n'est point un billet ou une obligation, elle n'est sujette qu'au timbre de dimension (Dél. 11 mars 1842, D. N. t. 2 p. 497 n° 115).

4. DÉPÔT. — Ce qui caractérise le dépôt, c'est de conserver et de rendre identiquement l'objet déposé; or, bien que le tarif du droit d'enregistrement, établi sur le dépôt chez les particuliers, soit le résultat d'une présomption de fraude, si cependant l'acte ne présente que les caractères propres au dépôt, le timbre de dimension est le seul applicable. Mais si l'acte ne renferme pas réellement un contrat de dépôt, si les sommes ne doivent pas être rendues identiquement dans les mêmes espèces, si des termes de remboursement sont fixés, si les actes de ces prétendus dépôts ne sont, en un mot que des obligations déguisées, ils doivent être, à peine d'amende, écrits sur papier au timbre proportionnel (A. Cons. d'Ét. 29 mars 1808, 377 I. G., 3894 J. E.).

5. BANQUE DE FRANCE. — Les récépissés de dépôts volontaires, faits à la Banque de France, sont sujets au timbre, attendu qu'ils font titre aux particuliers. Mais on ne peut les assimiler à des billets, même non négociables, et ils ne sont passibles que du droit de timbre de dimension, comme toutes les reconnaissances de dépôt qui ne sont point le résultat d'un prêt. — V. Banque de France et Récépissé.

6. FACTURE ACCEPTÉE. — Un mémoire de fournisseur souscrit de la reconnaissance du débiteur n'est pas assujetti au timbre proportionnel, attendu qu'un pareil acte constitue plutôt une vente ou marché aux termes de l'art. 109 C. com., qui porte que les ventes et marchés peuvent être constatés par une facture acceptée, sans qu'une obligation unilatérale (D. m. f. 4 avr. 1831, 10035 J. E., 1381 § 9 I. G., 7507 J. N.). Mais si l'acceptation du mémoire était souscrite en forme de billet ou de lettre de change, le timbre proportionnel deviendrait de rigueur, attendu qu'à l'acceptation qui forme le contrat synallagmatique serait ajouté une disposition unilatérale (Idem). — V. Facture.

Ainsi il a été décidé que les factures de commerce portant l'acquit du bénéficiaire et la signature du débiteur, précédée ou non des mots « accepté » ou « visé », doivent être considérées comme des effets de commerce, et, comme tels, soumises au timbre proportionnel, sous peine de contravention à la loi du 5 juin 1850 sur le timbre (D. m. f. 15 mars 1873, 3587 R. P.).

Conséquemment, et en exécution de cette décision, la Banque de France a informé ses correspondants qu'à l'avenir elle repoussera des bordereaux présentés à l'encaissement toute facture commerciale qui ne serait pas revêtue du timbre proportionnel.

7. PRÊT SUR DÉPÔT. — Les actes de prêt sur dépôt de marchandises ou de valeurs sont des contrats synallagmatiques qui lient réciproquement l'emprunteur à cause de la dette et le prêteur à cause du dépôt : ils peuvent donc être rédigés sur le timbre de dimension (Dél. 10 mai 1831, 7505; — Sol. belge 22 mars 1877, 4836 R. P.).

8. PROROGATION. — QUITTANCE. — L'acte portant reconnaissance de plusieurs sommes antérieurement exigibles, prorogation de délai pour le payement de la somme totale et quittance par le créancier d'une partie des intérêts à échoir, ayant le caractère synallagmatique, peut être écrit sur du papier au timbre de dimension (Dél. 25 oct. 1836, 9474 J. N., 10001 I. E., 1381 § 11 I. G.).

9. MARCHÉ. — VENTE. — L Administration a décidé que la loi de prairial an 7 s'applique aux simples billets et promesses de payer, et non aux marchés, transmissions, ventes, cessions et autres actes synallagmatiques, qui continuent de n'être sujets qu'au timbre de dimension, quoique ces actes contiennent des obligations ou promesses de payer (Sol. 27 mess. an 7, 202 J. E.).

Il faudrait cependant bien se garder de ne voir qu'un acte sujet au timbre de dimension dans l'obligation qui serait souscrite par un individu au profit d'un autre d'une somme de... pour le prix ou restant du prix de marchandises que celui-ci a livrées. Quel que soit le motif du billet ou de l'obligation, le billet est assujetti au timbre proportionnel, du moment qu'il ne présente qu'un engagement unilatéral (Sol. 29 mess. an 7, D, no 6272.).

7368. Acte notarié. — Dans le langage de la jurisprudence, on nomme *billet* l'écrit sous seing privé par lequel une personne s'engage à payer à une autre, dans un temps déterminé, une somme d'argent ou une chose appréciable à prix d'argent. L'usage est de donner à de semblables actes, lorsqu'ils sont passés devant notaires, le nom *d'obligations*. Or, la loi du 6 prairial an 7 a eu en vue le billet sous seing privé et non l'obligation notariée. Si les deux expressions *billet* et *obligation* sont employées simultanément par elle, c'est que dans la pensée du législateur le mot obligation est synonyme de billet. Or, on n'a jamais appelé un acte notarié un billet. D'ailleurs, l'usage, qui est le meilleur interprète de la loi, ne laisse pas un instant douter que les obligations notariées ne doivent être écrites sur du timbre de dimension.

7369. Récépissé de somme. — Des reçus ou récépissés de sommes ou créances avec cette clause : « dont nous lui ferons compte, ou valeur de telle date, » doivent être écrits sur du papier au timbre proportionnel, parce que ce sont de véritables obligations (Cass. 14 mars 1813, 4581 J. E., D. N. t. 2 p. 196 no 107).

7370. Acte à la suite. — Les transports, cessions ou endossements peuvent, sans contravention aux lois sur le

timbre, être écrits sur de simples billets ou promesses de payer, faits sur du papier de la quotité prescrite, puisque les billets simples acquittent le droit de timbre de la même manière que les effets négociables (D. m. f. 31 août 1813, 648 I. G., D. m. f. 31 août 1818, D. N. t. 2 p. 498 no 120).

7371. Acte ancien. — Les billets faits sur papier non timbré, avant la loi du 1er avril 1791, ne sont soumis qu'au timbre de dimension, avant de pouvoir être produits en justice, parce que la loi du 6 prairial an 7 n'a disposé que pour l'avenir (Sol. 5 niv. an 8, 331 J. E.).

ARTICLE 2. — ENREGISTREMENT

[7372-7381 *bis*]

7372. Tarif. — L'art. 69 § 7 no 3 L. 22 frimaire an 7 tarife au droit de 1 franc pour 100 les contrats, transactions, billets, mandats, promesses de payer, etc. Ce droit, réduit à 50 centimes pour 100 par l'art. 9 L. 7 août 1850, a été rétabli par l'art. 15 L. 3 mai 1855.

Ce tarif est celui qui doit régir les billets qui nous occupent.

7373. Liquidation. — Le droit se liquide sur la somme exprimée dans l'acte (L. 22 frim. an 7 art. 14 no 2). — Sans égard aux intérêts courus depuis la souscription (Dél. 23 nov. 1828).

7374. Différence de quotité entre le bon et le corps de l'acte. — Sur quelle base faut-il établir le droit lorsqu'il y a désaccord, sur la quotité, entre le bon et le corps de l'acte? On a enseigné que, dans ce cas, le créancier doit passer au pied de l'acte déclaration de la somme pour laquelle il prétend en faire usage, et que l'on doit asseoir la perception sur la somme déclarée.

Cette opinion ne peut être suivie, et la solution de la question se trouve dans la loi civile qui prend soin de fixer le chiffre véritable de l'obligation, chiffre sur lequel le droit devient exigible sans que l'on ait besoin d'avoir recours à l'art. 16 L. 22 frimaire an 7. La dette ne se trouve prouvée, d'après l'art. 1327 C. C., que jusqu'à concurrence de la quotité pour laquelle les deux indications sont d'accord, c'est-à-dire pour la plus faible des deux quotités. C'est donc sur cette plus faible quotité que le droit devra être perçu (Champ. et Rig. no 866, Dalloz no 1127; — Sol. 3 mars 1858, 6 déc. 1862).

Mais, bien entendu, si l'on voyait, peu importe comment, que cette quotité plus faible est erronée et que la plus forte est exacte, on s'arrêterait à celle-ci; c'est seulement dans le doute que l'on suit l'indication de la plus faible; mais alors on la suit toujours (Marcadé sur l'art. 1327).

7375. Valeur reçue. — Marchandises. — On a décidé que, si le billet est souscrit pour valeur de marchandises ou de comestibles, on doit percevoir le droit de 2 francs pour 100 (L. 22 frim. an 7 art. 69 § 3 no 3 et § 5 no 1er, D. m. f. 6 sept. 1816, 766 I. G., D. N. t. 2 p. 499 no 132). — Cette solution ne nous paraît pas justifiée. Le droit de 2 pour

100 ne peut être perçu que sur un acte qui constate la vente entre les parties, qui lui sert de titre et qui renferme, dès lors, la preuve du consentement du vendeur. Nous développons ce principe au mot *Obligation*. En dehors de là, il n'y a qu'une reconnaissance passible du droit de 1 pour 100 (V. I. G. 2033 § 6 ; — Sol 20 mai 1868, 2705 R. P.).

7376. Mention de la valeur reçue. — On ne peut exiger que les parties fassent connaître la nature de la valeur reçue d'un billet simple ou reconnaissance. Dès que la somme a été déterminée, le vœu de la loi est rempli et l'art. 16 L. 22 frimaire an 7 est sans application (14945-4 J. E.).

7377. Mention d'à-compte. — Lorsqu'il se trouve sur un billet la mention de payements déjà effectués, le droit se perçoit sur le montant de l'obligation en entier, et il n'y a pas lieu de déduire les à-compte payés ; rigoureusement, le droit de quittance, sur ces à-compte, serait en outre exigible, lorsque la quittance est dans le contexte de l'obligation ; mais il a été décidé qu'il n'est dû qu'autant que les parties requièrent l'enregistrement de cette quittance (Sol. 29 prair. an 7, 172 J. E., D. N. t. 2 p. 499 n° 133).

Une telle décision est évidemment impossible à justifier au point de vue des principes.

7378. Intérêts. — Les intérêts n'étant que l'effet de l'obligation et les fruits civils qui en résultent, il n'y a pas lieu de les joindre au montant du billet, encore que ce billet ne soit soumis à la formalité qu'à l'époque de son échéance et même postérieurement (Dél. 23 nov. 1828).

7379. Endossement. — Le billet simple n'est pas susceptible d'être négocié par endossement, mais il peut être cédé et transporté par cette voie. L'art. 70 § 3 L. 22 frimaire an 7 affranchit de la formalité les endossements des billets à ordre et effets négociables ; mais, comme toute disposition qui, en matière d'impôt, crée une situation privilégiée, cette exemption doit être rigoureusement restreinte dans ses termes : elle laisse dans le droit commun les transports par endossement du billet simple qui ne saurait être rangé dans la catégorie des effets négociables.

7380. Endossement portant cession de l'obligation. — Il en résulte que, si l'endossement transfère la propriété de titre, le droit proportionnel de transmission sera exigible, à 1 pour 100, s'il s'agit d'une cession à prix d'argent (D. m. f. 1er août 1813, 648 J. E.), à 2 pour 100 si l'endossement causé valeur en marchandises est le prix d'une fourniture d'objets mobiliers (Déc. belge 27 sept. 1866, n° 10376 J. E. belge) et peut servir de titre au contrat de vente.

7381. Endossement contenant seulement mandat. — Mais, pour que le droit proportionnel de cession soit exigible, il faut que l'endossement constitue le titre de la cession de la propriété du billet ; si des termes employés ou

ne pouvait induire qu'une autorisation d'encaisser la somme due, le seul droit exigible serait celui de 3 francs pour pouvoir.

1. VALEUR EN RECOUVREMENT. — Il en est ainsi de l'endossement causé « valeur en recouvrement. » Ces expressions n'emportent pas cession du titre et ne constituent qu'un mandat passible du droit fixe (Déc. belge 27 sept. 1866, n° 10376 J. E. belge).

2. « PAYEZ AU PORTEUR. » — De même un endossement ainsi conçu : « Payez intérêt et capital au porteur » n'a été considéré que comme une autorisation de toucher. Le tribunal de la Seine a décidé, le 9 mars 1861 (17291 J. E., 11962 C., 17082 J. N.), que le défaut d'indication de la valeur fournie n'avait pas pour résultat de rendre l'endossement nul, mais faisait qu'au lieu d'une cession il renfermait une simple procuration.

7381 bis. Protêt. — Du principe que le billet n'est pas négociable de sa nature, il résulte que le payement n'en est pas poursuivi par voie de protêt. Toutefois, s'il était poursuivi par cette voie, au lieu de celle de l'assignation qui lui est plus particulièrement propre, ce billet pourrait, comme le billet à ordre, n'être enregistré qu'avec le protêt (D. m. f. 1er août 1813, 648 J. E. — *Conf.* : Sol. 23 juill. 1867).

SECTION 2. — AUTRES ÉCRITS NON NÉGOCIABLES

[7382-7382 bis]

7382. Observations. — Indépendamment du billet simple dont nous venons de nous occuper et qui constitue l'écrit non négociable le plus fréquent, il existe encore une certaine variété de titres servant plus ou moins directement à opérer soit des remises de fonds, soit des payements.

7382 bis. Timbre. — Ces titres, qui se rapprochent plus ou moins des billets ou mandats, étaient-ils sujets au timbre ?

L'article 6 L. 6 prairial an 7 a assujetti au timbre proportionnel « les billets et obligations non négociables, et les *mandats* à terme ou *de place en place.* »

Malgré la généralité de ce texte, on a soutenu qu'il n'était pas applicable, en principe, à tous les titres non négociables créés pour procurer une remise de fonds de place en place, et que les écrits non désignés nominativement dans l'énumération ci-dessus échappaient légalement à l'impôt du timbre proportionnel.

Afin de faire cesser cette interprétation, le Gouvernement a proposé en 1874 de les déclarer assujettis au timbre par une disposition expresse. Le projet de loi portait qu'à l'avenir le droit de timbre proportionnel s'appliquerait aux « mandats, délégations et tous autres écrits non négociables, quelle que soit d'ailleurs leur dénomination, servant à procurer une remise de fonds ou de valeurs, de place à place. » — La commission du budget a accueilli la proposition dans les mêmes termes.

Mais le projet d'article a soulevé de très-vives critiques.

Valeurs. — On s'est ému d'abord du mot « valeurs » employé par la loi et on a craint que l'Administration fît abus de cette expression trop générale pour atteindre non-seulement les remises de fonds, mais celles des effets de commerce ou des titres de la même nature. La commission a expliqué qu'en parlant des valeurs elle avait voulu éviter qu'on vînt soutenir que le mot « fonds » veut dire l'argent et que cela ne comprend pas les billets de banque. Mais, cette explication fournie, elle n'a pas insisté et le mot « valeurs » a été rayé.

Tous écrits. — On s'est plaint ensuite de ce que l'article assujettissait au droit *tous les écrits* non négociables sans exception. On a fait remarquer qu'avec une pareille formule il n'est pas une pièce qui pût échapper au timbre si l'Administration le voulait, et si éloignée que cette pièce fût du billet ou de la lettre de change. On s'est préoccupé surtout du sort des écrits employés pour constater les simples virements de fonds entre banquiers, écrits qui tombaient directement sous le coup de l'expression générale du projet de loi.

Reçus de fonds et de lettres chargées. — La commission n'avait pas eu la pensée d'aller jusque-là ; elle crut satisfaire tout le monde en insérant dans l'article une exception ainsi conçue :

« Les reçus de lettres chargées, les reçus de fonds confiés à des tiers pour la transmission de place à place, ces écrits autorisant le versement sur une autre place, quand ces reçus ou écrits ne sont ni remis au bénéficiaire, ni présentés au détenteur des fonds, ne sont pas comptés dans la nomenclature des écrits sujets au timbre. »

Cette rédaction n'était pas heureuse. Au lieu d'éclairer la loi, elle l'obscurcissait. On comprenait bien, en effet, que le timbre ne fût pas dû pour les reçus de lettres chargées ou pour les reçus de fonds remis à des tiers pour des transports d'argent d'une place à l'autre. Mais qu'est-ce que la commission voulait dire en exceptant les écrits autorisant le virement de fonds d'une place à l'autre, quand les écrits ne sont remis ni au bénéficiaire ni au détenteur des fonds ? Personne n'a donné d'explication satisfaisante. Autant qu'on a pu le comprendre, au milieu des développements confus de la commission, il s'agissait des lettres qu'un négociant ou un particulier écrit à son banquier pour le prier de faire payer dans sa ville une dette à la charge de l'auteur de la lettre. Dans tous les cas, il était très-dangereux de formuler cette exception dans la loi. C'était autoriser l'Administration à s'en prévaloir pour exclure nominativement tous les autres écrits, les lettres de crédit, les virements, les factures acquittées.

Le mieux était de supprimer l'addition et de remplacer les mots « autres écrits » par une formule d'une précision plus juridique. C'est ce que la commission a fait sur le renvoi de l'Assemblée. Elle a modifié sa première rédaction de la manière suivante :

« Sont soumis au timbre proportionnel : les billets, obligations et tous *mandats* non négociables, quelle que soit d'ailleurs leur forme ou leur dénomination servant à procurer une remise de fonds de place en place, »

Le mot *mandat* qui a remplacé dans cette rédaction le mot *écrits* est le terme employé dans la loi du 6 prairial an 7. Le sens en est défini par l'usage et il est moins à craindre qu'on en abuse pour l'étendre à des cas que le législateur n'aurait pas prévus.

Cette rectification a satisfait la majorité. La loi a été votée avec le texte que nous venons de reproduire.

1. DÉLÉGATIONS. — La disposition précédente s'applique nominativement aux délégations. « Dans la pratique, porte l'I. G. 2480, les banquiers étrangers règlent ordinairement leurs comptes avec les banquiers de France, au moyen de titres appelés *délégations*, consistant dans une invitation de payer adressée à un correspondant et remise au tiers qui doit recevoir les fonds. Bien que des délégations de cette nature présentent les caractères essentiels de la lettre de change, puisqu'elles supposent un tireur, un tiré et un bénéficiaire ou porteur, il était d'usage de les rédiger et de les encaisser sans payement du droit de timbre. »

Quand le titre est négociable, nul doute qu'il soit passible du même droit que les effets de commerce. — *V.* 7338. — Mais il y avait plus de difficultés à l'égard des titres de l'espèce qui ne sont pas négociables.

C'est pour faire cesser ces controverses que l'art. 4 L. 19 février 1874 a soumis au timbre « les *délégations* et tous mandats non négociables, quelles que soient d'ailleurs leur forme et leur dénomination, servant à procurer une remise de fonds de place en place. »

2. LETTRE DE CRÉDIT. — D'après la discussion de la loi du 19 février 1874, l'art. 4 n'a pas été fait pour les écrits qui ne jouent pas le rôle d'une obligation ou qui ne constatent pas réellement une remise de fonds de place en place.

De ce nombre sont en première ligne les lettres de crédit que les voyageurs emportent avec eux et sur le vu desquelles ils peuvent toucher de l'argent dans les différentes villes où ils s'arrêtent. Le rapporteur de la commission du budget l'a déclaré en ces termes :

« La lettre de crédit, a-t-il dit, n'est que l'instrument avec lequel on va se faire payer, et qu'on laisse entre les mains de la personne qui fait le payement comme quittance. Quand on voyage, le banquier qui vous donne la lettre de crédit écrit à ses correspondants des villes dans lesquelles doit passer le bénéficiaire de la lettre de crédit qu'il pourra payer au porteur jusqu'à concurrence d'une certaine somme, mais cette lettre de crédit reste dans le portefeuille du bénéficiaire ; elle lui sert à constater son identité, mais elle ne sert pas comme instrument de payement ; il la conserve entre ses mains. Par conséquent, par la raison que je viens de donner, la lettre de crédit n'est pas susceptible d'être timbrée » (*Séance du 11 fév.* 1874).

Cette question est cependant controversable. Comme la lettre de crédit est remise au bénéficiaire et que le banquier à qui elle est adressée peut, à défaut d'autre avis de son correspondant, compter sur sa présentation les sommes demandées par le bénéficiaire, on peut soutenir, malgré les déclarations du rapporteur, qu'elle doit être assujettie au timbre proportionnel, attendu qu'elle constitue l'instrument du déplacement des fonds.

3. FACTURES ACQUITTÉES. — Il y a plus de difficultés

au sujet des factures acquittées. Si un négociant d'Orléans, qui doit 2,000 francs à Paris, remet à son créancier une facture acquittée sur un client de Paris, il peut bien sembler que la facture devient alors un instrument de payement et qu'elle opère remise de fonds de place en place. Néanmoins, ces factures ont toujours été affranchies du timbre proportionnel, et l'intention du législateur a été de leur maintenir cette immunité. « Les factures de place à place, a-t-on dit au nom de la Commission du budget, ne sont pas comprises dans les termes de la loi et soyez convaincus que le ministre des finances n'abusera jamais de la disposition de la loi » (*Séance du* 11 *fév.* 1874).

4. REÇUS. — La même question s'élève, au sujet des reçus que le créancier envoie à son débiteur pour provoquer le payement. Ces reçus sont le plus souvent remis à des tiers et entrent en compte comme valeurs. Mais, dès qu'ils ne sont revêtus d'aucune cession et ne portent pas la preuve d'une remise de fonds, ils ne prennent pas le caractère d'un instrument de payement et demeurent des quittances assujetties à la loi du 23 août 1871. — V. Sol., 11 août 1874, 3966 R. P.

5. VIREMENTS. — Les virements rentrent encore dans la catégorie des actes dispensés de l'impôt. C'est même spécialement pour eux qu'on avait proposé d'introduire dans la loi une exception qu'a été jugée inutile. — On sait ce que c'est qu'un virement. Un négociant de Bordeaux veut faire payer une somme à Paris. Au lieu d'envoyer son argent, il écrit à un correspondant de Paris de faire un virement au profit de son créancier. « Dans cette opération, dit encore la commission du budget, il n'y a pas d'effet, pas d'instrument qui soit mis en circulation. Evidemment il n'y pas là matière imposable, il n'y pas lieu de payer un droit de timbre. » Du moment que le titre n'est pas remis à un bénéficiaire ou à quelqu'un qui le représente pour se faire payer de la personne qui est débitrice de l'argent, il n'y a donc pas de timbre à exiger. Cette situation se présente fréquemment.

Voici, par exemple, un homme qui a des fonds à Paris, chez son notaire, et qui doit soit à des fournisseurs, soit à son agent de change, soit à toute autre personne. Il écrira au notaire : « Faites payer telle ou telle dette et portez-en le montant à mon compte. » Ces lettres seront-elles considérées comme des mandats? La négative est évidente. Elle a été posée comme allant de soi par l'un des membres de la commission du budget, et elle ne saurait, en effet, donner lieu à une contestation.

Il en est de même, à plus forte raison, des ordres de payement de cette nature donnés par le télégraphe.

6. MANDATS CONCERNANT LES PAYS ÉTRANGERS. — La loi du 19 février 1874 déclare, art. 4, que la disposition qui soumet au timbre proportionnel des effets de commerce « les billets, obligations, délégations et tous mandats non négociables, quelle que soit d'ailleurs leur forme ou leur dénomination, servant à procurer une remise de fonds de place à place, » est applicable « aux écrits spécifiés ci-dessus, souscrits en France et payable hors de France, et réciproquement. » Les mêmes pénalités leur sont également applicables.

7. PÉNALITÉS. L'art. 4 L. 19 février 1874 porte : « En cas de contravention, le souscripteur, le bénéficiaire ou le por-

teur, sont passibles chacun de l'amende de 6 pour 100 édictée par l'art. 4 L. 5 juin 1850. Sont également applicables, en cas de contravention, les dispositions pénales des art. 6 et 7 de ladite loi du 5 juin 1850. — V. 7362.

CHAPITRE XXII. — DES ACTIONS ET OBLIGATIONS NÉGOCIABLES DES COMPAGNIES ET DES ÉTABLISSEMENTS PUBLICS

[7383-7401]

7383. Action. — Nous avons épuisé, au mot *Société*, tout ce qu'il y a à dire, au point de vue où nous sommes placé, sur les actions dans les compagnies ou sociétés. Nous n'avons donc rien à ajouter ici, et, si nous les rappelons, c'est uniquement parce que les lois existantes établissent entre les actions dans les sociétés et les billets de commerce des points de similitude qu'on ne saurait méconnaître. Comme l'effet de commerce, l'action représente un capital, et ce capital est destiné à circuler, sous la forme d'une action au porteur, à ordre ou nominative, comme le capital commercial circule sous la forme d'une lettre de change. Comme l'effet de commerce, elle se transmet sous une forme autre que celles des obligations ordinaires (V. *Rapport sur la loi du 5 juin* 1850). — Aussi, partant d'un point de vue qui avait été négligé jusqu'alors, le législateur de 1850 a introduit dans le système de l'impôt qui frappait les actions dans les sociétés des modifications tout à fait radicales.

7384. Distinction entre l'action et l'obligation. — Il ne faut pas confondre les *actions* dans les sociétés ou compagnies, dont nous avons parlé au n° 7383, avec les *obligations* que ces compagnies émettent dans certains cas pour se procurer les fonds dont elles ont besoin. Ces obligations sont les titres d'emprunts faits à des tiers étrangers à la société. Ce sont de véritables billets ou obligations, soit nominatives, soit au porteur, dont le capital est déterminé, et qui obligent la société qui les a émises à rembourser le montant intégral, aux époques et aux conditions stipulées dans l'acte portant émission de l'emprunt. Cette distinction entre les actions proprement dites et les obligations des compagnies ou sociétés d'actionnaires est importante pour l'appréciation des difficultés auxquelles la perception des droits sur ces actes peut donner lieu. — V. *Abonnement, Droit de transmission, Société*.

SECTION PREMIÈRE. — TIMBRE

[7385-7399]

7385. Cessions régies par l'art. 1690 C. C. — Comme c'est sur la facilité et les avantages de la négociation et sur une assimilation complète entre le billet à ordre et l'obligation que la loi du 5 juin 1850 a fondé la proportionnalité dans le nouvel impôt du timbre pour l'obligation, ses dispositions ne s'appliquent nullement à celles dont la cession n'est parfaite, à l'égard des tiers, qu'au moyen de la signification de la cession au débiteur, ou qu'après son acceptation donnée par acte authentique, ainsi que l'exige l'art. 1690 C. C. C'est ce que porte expressément l'art. 27 L. 5 juin 1850. — V. *Cession de créance.*

7386. Dispositions anciennes. — Les art. 8 et 14 L. 13 brumaire an 7 assujettissaient les obligations au droit de timbre de 50 centimes par 1,000 francs, sous peine d'une amende du vingtième de la somme exprimée (amende portée à 6 pour 100 par l'art. 19 L. 24 mai 1834).

L'art. 30 L. 5 juin 1850 a, par une disposition transitoire, accordé un délai de six mois, à partir de sa promulgation, pour faire timbrer à l'extraordinaire, sans amende, ou viser pour timbre, au droit fixé par les lois existantes, les titres d'obligations souscrits antérieurement au 1ᵉʳ janvier 1851.

7387. Quotité du droit. — Les titres d'obligations souscrits, à compter du 1ᵉʳ janvier 1851, par les départements, communes, établissements publics et compagnies, dont la cession n'est pas soumise aux dispositions de l'art. 1690 C. C., sont assujettis au timbre proportionnel de 1 pour 100 du montant du titre (L. 4 juin 1850 art. 27).

1. INTÉRÊTS. — Cette disposition s'applique non-seulement aux obligations souscrites pour le remboursement du capital, mais encore à celles qui ont pour objet le payement des intérêts (D. m. f. 24 mars 1854, 2003 § 7 I. G.).

7388. Avance des droits. — L'avance du droit de timbre, dont nous venons de parler, doit être faite par les départements, communes, établissements publics et compagnies (L. 5 juin 1850, art. 27).

7389. Recouvrement de l'avance. — Département. — Mémoire. — Les dépenses départementales devant être justifiées par la production de mémoires timbrés, les receveurs qui ont à recouvrer des droits de timbre dus par un département pour l'émission d'obligations négociables sont tenus de fournir un mémoire timbré; mais le prix du papier timbré employé à la rédaction de ce mémoire est à la charge du département et doit être remboursé par la caisse départementale au receveur du timbre qui en a fait l'avance (Dél. 27 mars 1851).

7390. Fraction de somme. — La perception du droit suit les sommes et valeurs, de vingt francs en vingt francs inclusivement et sans fraction (L. 5 juin 1850, art. 27).

7391. Communication. — Les titres sont tirés d'un registre à souche ; — le dépositaire du registre est tenu de le communiquer aux préposés de l'Enregistrement, selon le mode prescrit par l'art. 54 L. 22 frimaire an 7, et sous les peines y énoncées (art. 28).

7392. Amende. — Toute contravention à l'art. 27 et au premier paragraphe de l'art. 28 est passible, contre les départements, communes, établissements publics et sociétés, d'une amende de 10 pour 100 du montant du titre.

7393. Abonnement. — Aux termes de l'art. 31, les départements, communes, établissements publics et compagnies peuvent s'affranchir des obligations imposées par les art. 27 et 30, en contractant avec l'État un abonnement pour toute la durée des titres. Le droit est annuel. Le payement du droit est fait à la fin de chaque trimestre au bureau d'enregistrement du lieu où les départements, communes, établissements publics et compagnies auront le siége de leur administration.

Nous avons fait connaître les règles à suivre en matière d'abonnement au mot *Abonnement.*

7394. Dispositions communes aux actions et aux obligations. — Enfin, par son art. 32, la loi du 5 juin 1850 rend communes aux actions et aux obligations les dispositions des art. 15, 19, 23 et 25 de cette même loi.

Ces dispositions ont été développées sous les mots *Abonnement, Société,* et nous y renvoyons le lecteur.

7395. Mont-de-piété. — Si l'ordonnance qui autorise l'établissement d'un mont-de-piété porte que tous les actes relatifs à son administration seront exempts des droits de timbre et d'enregistrement, les obligations souscrites par cet établissement ne sont pas soumises au timbre en vertu de la loi du 5 juin 1850, d'après les dispositions combinées des art. 25 et 32 de cette loi (Dél. 17 fév. 1851).

7396. Obligations à prime. — Certaines obligations sont souscrites avec promesse d'une prime payable, soit éventuellement pour quelques obligations désignées par le sort, soit d'une manière certaine pour toutes les obligations, lors de l'échéance dont l'époque se détermine aussi par le sort. Dans le premier cas, le droit de timbre n'est dû que sur le capital ou le montant du titre, l'allocation d'une prime étant aléatoire; dans le second, le droit est dû sur la somme à rembourser, y compris la prime, puisque l'obligation est actuelle et que le terme seul est aléatoire. Pour quelques compagnies, les titres sont distincts, l'un pour le capital, l'autre pour la prime; chacun de ces titres doit être timbré. — V. *Abonnement.*

7397. Obligations non négociables. — Les lois anciennes sur le timbre continuent de régir les obligations non négociables des compagnies ; la loi du 5 juin 1850 ne concerne pas ces obligations.

7398. Billets à ordre. — Quant aux billets à ordre souscrits par les sociétés pour leurs besoins, ils diffèrent complétement des titres d'obligations proprement dits et restent soumis au droit de timbre ordinaire. « La C. cass. l'a ainsi décidé par un arrêt du 17 août 1869 conçu en ces termes : « Attendu qu'il résulte de la discussion de la loi que l'intention du législateur a été de n'atteindre du droit le plus élevé, celui de 1 pour 100, que les titres cotés à la Bourse ou susceptibles de l'être, c'est-à-dire les obligations émises en représentation d'emprunts d'une somme déterminée, offertes au public par fractions égales et ordinairement remboursables à long terme ou amortissables par voie de tirage au sort ; attendu que les billets à ordre ou au porteur de trois mois à cinq ans de date et portant intérêt remis à ses clients par la Société générale, conformément à ses statuts, appartiennent évidemment à la première classe et non à la deuxième ; qu'ils n'affectent jamais le caractère d'une valeur publique, susceptible d'être cotée à la Bourse, mais conservent le caractère d'obligations purement privées, de même nature que tous autres effets à ordre ou au porteur; que vainement la Régie tente de leur contester le caractère d'effets de commerce, puisqu'ils sont précisément émis par la Société, comme moyen de favoriser le développement du commerce et de l'industrie, et sont de sa part une véritable opération de banque » (Cass. 17 août 1869, 3027 R. P., S. 69, 479 et 480, P. 69-1232 et 1235, 19810 J. N., 2567 R. P.; — *Conf.*: Seine 10 avr. 1869, 2939 R. P.).

7399. Décimes. — Le principal de ces droits de timbre payés soit au comptant, soit par abonnement, est assujetti aux décimes. — V. *Décimes.*

SECTION 2. — ENREGISTREMENT

[7400-7401]

7400. Tarif. — Comme titre d'un prêt fait aux compagnies, les obligations qu'elles émettent étaient assujetties par la loi du 22 frimaire an 7 au droit de 50 centimes ou de 1 franc par 100 francs, selon que ces obligations étaient ou non négociables.

7401. Exemption. — Mais l'art. 32 L. 5 juin 1850 portant que les dispositions de l'art. 15, qui exempte les cessions d'actions de l'enregistrement, sont applicables aux titres d'obligations des compagnies, il en résultait que ces titres étaient affranchis de toute formalité d'enregistrement, au moyen du payement du droit de timbre de 1 pour 100 établi par l'art. 27 de la même loi. Les seules obligations des compagnies qui restaient assujetties à l'enregistrement étaient celles qui avaient été émises avant le 1er janvier 1851 et les titres des obligations non négociables, auxquels la loi du 5 juin 1850 n'est pas applicable.

1. LOI DU 23 JUIN 1857. — Les dispositions précédentes ont été modifiées par la loi du 23 juin 1857, qui a soumis les cessions des obligations des sociétés à un droit de transmission différent, selon que les titres se transmettent ou non sans une déclaration sur les registres de la société.

La loi du 16 septembre 1871 a appliqué les mêmes droits à la transmission des obligations des départements, des communes, des établissements publics et de la société du Crédit foncier.

Cette importante matière est traitée au mot *Droit de transmission.*

CHAPITRE XXIII. — QUESTIONS DIVERSES

[7402-7417]

7402. Autorisation. — L'autorisation d'ester donnée par le mari dans le billet souscrit solidairement par sa femme ne donne pas ouverture à un droit particulier. — V. 2442-2.

Mais le droit de timbre est dû sur un effet souscrit par la femme non autorisée, parce que l'Administration n'est pas juge de la validité des actes (Cass. 12 fév. 1815, 5105 J. E).

7403. Bons de délégation. — Les titres au porteur qualifiés bons de délégation pour lesquels un entrepreneur de travaux publics mandate sur la caisse de la ville des sommes à payer avec intérêts en à-compte de la subvention par elle promise, constituent des effets négociables soumis au timbre établi par les art. 1er et 4 L. 5 juin 1850 (Seine 5 août 1871, 3486 R. P.; — Seine 7 août 1869, 3014 R. P.).

7404. Bureau. — 1. LETTRE DE CHANGE. — Les lettres de change, comme tous autres effets négociables, sont enregistrées aux bureaux où le sont les actes sous seing privé, sauf le cas où elles sont rédigées par acte notarié (739 I. G.). — Il en est de même de tous les effets négociables (même I. G., 4943, 6593 J. E.).

7405. Cautionnement. — 1. DROIT DE TIMBRE. — Le cautionnement ne peut être considéré comme un endossement ou une cession. Dès lors le cautionnement écrit à la suite d'un billet simple sur papier libre donne ouverture à l'amende de 5 fr. (50 fr.) pour contravention à l'art. 12 L. 13 brumaire an 7 (Dél. 16 juin 1846, 12754 J. N.).

2. DROIT D'ENREGISTREMENT. — En raisonnant d'après ce principe que le cautionnement d'une lettre de change par une personne étrangère à cette lettre de change ne peut pas être assimilé à l'endossement, il en résulte que le droit proportionnel est exigible ; seulement, comme le droit de cautionnement ne saurait, en principe, excéder celui de l'obligation principale, le cautionnement d'une lettre de change donnait autrefois ouverture au droit de 25 cent. pour 100 (4433 J. E., Dél. 28 mai 1833, D. N. t. 7 p. 480 n° 242). — Depuis que le tarif des lettres de change a été porté à 50 cent. pour 100 (L. 28 fév. 1872 art. 10), ce droit est de 50 cent. pour 100.

3. PORTEUR. — Le cautionnement avec affectation d'hy-

pothèque fourni par le porteur de lettres de change, lorsqu'il les passe à l'ordre d'un tiers, n'est qu'une sorte d'endossement qui ne forme point une obligation nouvelle. Le Code oblige même l'endosseur à fournir caution à défaut d'acceptation ; et, dans l'espèce, on anticipe seulement sur l'époque où ce cautionnement pouvait devenir obligatoire (1204 § 1er I. G., 8482 J. E.).

4. TIREUR. — La même règle s'applique encore au cas où le tireur lui-même affecte des biens ou cède des créances en garantie, soit à l'endosseur, soit à l'avaliste, pour le cas où ces derniers payeraient l'effet. On ne se cautionne pas soi-même (Dél. 10 avr. 1822, 26 juill. 1823, 7811 J. E.; — Conf. : D. N. t. 7 p. 480 n° 243).

7406. Cession de privilége et hypothèque. — Le droit proportionnel est dû sur l'acte de subrogation de privilége et hypothèque consenti par l'endosseur d'un billet à ordre enregistré, au profit du porteur de ce billet, pour en assurer le remboursement (D. m. f. 8 vent. an 12). Cette décision est motivée sur ce qu'il importe peu que le billet ait été enregistré, relativement à la perception à laquelle l'acte de subrogation donne lieu, dès que cet acte est le transport d'une *créance* privilégiée et hypothécaire (211 I. G.).

7407. Communication. — Le receveur peut exiger la représentation d'un billet à ordre dont l'existence résulte des termes d'un exploit, pour s'assurer qu'il est sur papier du timbre prescrit. En effet, l'art. 25 n° 2 L. 13 brumaire an 7, ayant défendu aux receveurs d'enregistrer des protêts sans se faire représenter les effets protestés, leur a nécessairement donné le droit d'exiger cette représentation (Cass. 18 janv. 1825, 8028 J. E., 1166 § 13 I. G., D. N. t. 2 p. 504 n° 171, 5229 J, N., S. 25-1-248).

Il en est de même d'un billet donné en payement du prix d'une vente d'immeubles, dès que le contrat porte qu'il est resté déposé en l'étude du notaire, après avoir été paraphé par lui (Dél. 24 mars 1824, 7761 J. E.). — V. *Communication.*

7408. Contributions indirectes. — Les billets à ordre ou obligations, que les préposés des contributions indirectes fournissent pour assurer le recouvrement de leurs recettes ne sont soumis au timbre et à l'enregistrement que dans le cas où il en est fait usage en justice ; mais ceux qu'ils donnent pour le montant d'un débet reconnu, ainsi que les cautionnements qu'ils fournissent pour le même objet, sont sujets au timbre et à l'enregistrement, dans tous les cas où le sont des actes de cette nature faits par des particuliers (D. m. f. 18 juill. 1814, 4976 J. E.).

Les traites souscrites par les fabricants débiteurs de droits envers la Régie ne sont timbrées qu'après leur souscription. Les receveurs de la Régie remettent le montant des droits à la fin de chaque mois, en faisant timbrer ces actes (D. m. f. 25 niv. an 13, I. G. 275; 21 avr. et 25 mai 1807, I. G. 327).

Les traites souscrites pour le payement du droit sur le sel ne sont assujettis qu'au droit fixe d'enregistrement de 1 franc (D. m. f. 17 déc. 1814, 5068 J. E.).

7408 bis. Date. — C'est la date des actes et non pas celle de leur présentation à la formalité qui règle l'exigibilité des droits de timbre et des amendes (Sol. 15 mai 1858, 12 janv. 1860, 16 juill. 1861, .., déc. 1874). — V. 5842.

7409. Décharge. — La décharge à 1 endosseur d'une lettre de change n'est passible que du droit fixe. — V. *Décharge.*

7410. Délégation. — Lorsque, dans un contrat, la délégation du prix est faite au payement de lettres de change enregistrées, aucun droit proportionnel n'est exigible, à moins qu'il n'y eût novation dans la dette. — V. *Délégation.*

7411. Dépôt. — L'acte notarié qui constate le dépôt et la reconnaissance d'un billet à ordre protesté est passible du droit de 1 fr. 50 cent. pour 100 comme opérant novation. — C'est ce qui résulte d'un arrêt de cass. 14 nov. 1849 (8111 Fess.) et d'un jugement rendu, le 6 juillet 1850, par le tribunal d'Évreux, devant lequel les parties avaient été renvoyées par cet arrêt (8232. Fess.).

7412. Don manuel. — Les effets négociables ne peuvent faire l'objet d'un don manuel. — V, 6453.

7413. Imprimeurs. — Le droit de 50 cent. pour 100 fr. est dû sur les billets à ordre souscrits par les imprimeurs au profit de la direction de l'imprimerie et de la librairie, pour le droit qui lui a été attribué à raison d'*un cent par feuille* des ouvrages dits de *labeur* n'appartenant à aucun auteur vivant ni à ses héritiers (4468 J.E.).

7414. Offres réelles. — Les offres réelles en *billets à ordre* n'obligent pas à faire enregistrer préalablement ces billets (7149 J. E).

7415. Prêts à l'industrie. — Les billets souscrits à l'ordre du directeur comptable des caisses centrales du Trésor au moment de la réalisation des prêts faits à l'industrie en vertu de la loi du 1er août 1860, sont, en cas de protêt, enregistrés en débet moyennant le droit fixe minimum, sauf recouvrement ultérieur avec le principal et les intérêts de la dette (D. m. f. 6 nov. 1862).

7416. Transport en garantie. — Le transport en garantie de billets de commerce en circulation d'une somme à prendre sur une personne désignée, consenti par acte sous seing privé, ne peut être assujetti au timbre proportionnel (13961-8 J. E.).

7417. Traites. — Bois de l'État. — Timbre. — Les papiers destinés aux traites des adjudicataires des coupes de bois peuvent être préparés à l'avance en formules et timbrés après leur rédaction. — V. 3148.

‡ 1. ENREGISTREMENT. — Une décision du ministre des finances du 1er juin 1813 (640 I. G.) porte:

« Que les traites souscrites en la forme de billets à ordre, par les adjudicataires des coupes de bois impériaux ne doivent être soumises, dans le cas de protêt, qu'au droit fixe de 1 franc (*aujourd'hui 3 fr.*), comme se rattachant à des adjudications sur le montant desquelles le droit proportionnel d'enregistrement a été acquitté dans le temps. »

« Cette décision, dit M. Demante (n° 500 en note), déclarait *exemptes de la formalité* les traites souscrites en la forme de *lettres de change*. C'était conséquent à l'état du tarif, antérieur à la loi de 1816. Aujourd'hui, l'exemption ayant cessé pour les lettres de change, si l'on veut appliquer raisonnablement la décision, il faut percevoir le droit fixe pour les lettres de change comme pour les billets à ordre. Si l'on veut révoquer cette décision, il faut le faire franchement et revenir au *summum jus*. Mais soumettre les lettres de change au droit proportionnel, et les billets à ordre au droit fixe, comme n l'a enseigné (art. 11336 J. E.), c'est bouleverser toute l'économie des lois fiscales. »

EFFET PUBLIC.

7418. Définition. — Expression générale qui comprend les rentes sur l'Etat et les bons ou billets par lui émis en cas d'emprunt et dont la négociation se fait à la Bourse.

7419. Timbre. — Tous ces effets sont exempts de la formalité du timbre (L. 13 brum. an 7 art. 16).

En ce qui concerne les mandats des trésoriers généraux et autres. — *V.* 7311 et suiv.

7420. Enregistrement. — L'art. 70 § 3 n° 3 L. 22 frimaire an 7 avait exempté de tout droit « les inscriptions sur le grand-livre de la dette publique, leurs transferts et mutations, les quittances des intérêts qui en sont payés, et tous les effets de la dette publique inscrits ou à inscrire définitivement. »

La loi du 18 mai 1850, art. 7, a modifié cet état de choses en assujettissant aux droits établis pour les successions et donations *les mutations par décès et les transmissions entre-vifs à titre gratuit* des rentes inscrites sur le grand-livre de la dette publique. Cette nouvelle règle sera amplement développée aux mots *Rente* et *Succession*.

7421. Fonds publics étrangers. — Les fonds publics étrangers sont actuellement soumis au timbre et au droit de mutation en France : nous avons traité cette matière au mot *Étranger*.

EFFET RÉTROACTIF.

DIVISION

CHAPITRE PREMIER. — DISPOSITIONS GÉNÉRALES

[7422-7439]

7422. Définition. — L'effet rétroactif est l'effet d'une loi qui soumet le passé à son empire.

7423. Principe de la loi civile. — L'art. 2 C. C. est ainsi conçu : « La loi ne dispose que pour l'avenir; elle n'a point d'effet rétroactif. »

7424. Considération générale. — « Cette disposition, dit Demolombe t. 1er n° 37, est facile à expliquer et à justifier en thèse générale. — La rétroactivité des lois, en effet, serait tout à la fois illogique dans son principe et désastreuse dans ses résultats; *illogique*, puisque la loi ne saurait être obligatoire avant d'être connue (art. 1er C. C.), puisqu'il n'est pas raisonnablement possible de décréter des commandements, des défenses ou des permissions pour des actes passés, pour des faits accomplis; *désastreuse* surtout, puisque la société serait ainsi livrée à l'instabilité la plus déplorable, au plus effrayant arbitraire, puisque les intérêts les plus précieux et les plus sacrés des citoyens et des familles ne reposeraient plus sur aucune base, sur aucune garantie. »

Cette vérité est incontestable.

Mais, lorsqu'on descend de ces considérations générales à l'examen plus positif et plus approfondi de ce principe, on ne tarde pas à reconnaître qu'il n'en est pas peut-être qui présente plus de difficultés; aussi le passage d'une législation à une autre ne se fait-il presque jamais sans un conflit, sans un choc, qui ébranle plus ou moins beaucoup d'intérêts et de positions; et les *questions transitoires* sont-elles au nombre des plus délicates.

7425. Faits appartenant à la loi ancienne ou à la loi nouvelle. — Si le fait antérieur à la loi nouvelle était complétement fini et ne devait plus produire d'effets ultérieurs, il est clair que cette loi nouvelle n'y saurait trouver aucun sujet d'application.

Pareillement, si le fait n'était pas encore commencé sous la loi ancienne, il est clair encore que cette loi ancienne n'y pourrait pas non plus être appliquée. La limite alors, entre le passé et l'avenir, serait facile à marquer. Mais les faits ne sont pas toujours aussi nets, aussi bien tranchés. — Voici au contraire ce qui peut arriver : Un fait est né sous la loi ancienne, mais des conséquences de cette loi se produisent et se développent sous la loi nouvelle.

Quelle loi réglera ces conséquences? La loi ancienne, parce qu'elles dérivent d'un fait qui s'est passé sous son empire? Ou la loi nouvelle, parce qu'elles s'ouvrent ou se réalisent depuis sa promulgation?

« Si vous dites, enseigne Demolombe, que la loi nouvelle réglera les effets, tous les effets, même les plus directs, les plus nécessaires d'un fait antérieur, vous faites évidemment de la rétroactivité! Si vous dites que la loi ancienne réglera les effets, tous les effets, même les plus indirects, les plus éloignés d'un fait ancien, vous énervez la loi nouvelle; vous paralysez, si je puis dire ainsi, le pouvoir législatif lui-même! Il faut donc distinguer, et voilà précisément l'œuvre difficile; il faut discerner, démêler, dans le même fait, les conséquences dont les unes appartiennent à la loi ancienne, et les autres à la loi nouvelle. »

7426. Difficultés en matière fiscale. — Les fermiers généraux avaient établi, en règle générale de perception, qu'*un tarif fait loi du jour de sa promulgation.* On a voulu établir cette règle de l'ancien droit en principe sans la justifier autrement que par l'autorité. L'Administration elle-même a cherché quelquefois à la faire prévaloir. On lit dans son I. G. nº 1362 : « A partir de la promulgation de cette loi (L. 18 avr. 1831) et conformément au principe établi par l'art. 1er L. 27 ventôse an 9, les actes et legs dont il s'agit seront soumis, *quelle que soit la date des actes et mutations,* aux mêmes droits proportionnels d'enregistrement et de transcription que les acquisitions, donations et legs qui ont lieu au profit des particuliers. »

Cette tendance à repousser en matière d'impôt le principe de non-rétroactivité posé par l'art. 2 C. C. s'explique par les différentes manières dont les lois fiscales qui se sont succédé depuis 1790 ont elles-mêmes entendu la règle, et par les variations que présente à cet égard la jurisprudence. Quoi qu'il en soit, on peut établir qu'aujourd'hui le principe de la non-rétroactivité régit la loi fiscale de la même manière qu'il domine la loi civile, et doit recevoir, à l'occasion de la première, toute l'application dont il est susceptible à propos de la seconde. — Cependant, comme cette proposition n'est pas d'une application générale, nous allons rapidement résumer les dispositions législatives et les documents de jurisprudence desquels nous la faisons découler.

7427. Loi du 5 décembre 1790. — La loi de 1790 avait respecté les *droits acquis,* et elle n'avait soumis à son tarif que les actes ou mutations antérieurs à sa promulgation auxquels la loi nouvelle appliquait des droits moindres que l'ancienne.

7428. Loi du 14 thermidor an 4. — Une loi du 14 thermidor an 4 porta la première atteinte à ce principe. Le législateur de cette époque, en même temps qu'il élevait la quotité des droits de mutation, l'appliquait à tous les actes translatifs de propriété d'immeubles, *quelle que fût leur date.*

7429. Loi du 22 frimaire an 7. — La loi du 22 frimaire an 7, plus complète que la loi de 1790, rétablit le principe de non-rétroactivité par son art. 73, ainsi conçu :

« Toutes les lois rendues sur les droits d'enregistrement, et toutes dispositions d'autres lois y relatives, sont et demeurent abrogées pour l'avenir. *Elles continueront d'être exécutées à l'égard des actes faits et des mutations par décès effectuées avant la publication de la présente.* Les affaires actuellement en instance seront suivies d'après les lois en vertu desquelles elles ont été intentées. La présente sera exécutée à compter du jour de sa publication. »

7430. Loi du 27 ventôse an 9. — On aurait pu croire que, les temps étant devenus plus calmes et le besoin d'argent se faisant moins sentir, le principe de non-rétroactivité proclamé par la loi de l'an 7 serait à tout jamais maintenu. Cependant, la loi du 27 ventôse an 9 l'écarta d'une manière complète : « A compter du jour de la promulgation de la présente, porte l'art. 1er de cette loi, les droits d'enregistrement seront liquidés suivant les fixations établies par la loi du 22 frimaire an 7, et celles postérieures, *quelle que soit la date ou l'époque des actes et mutations à enregistrer,* sans les modifications et changements portés dans cette même loi. »

7431. Loi du 28 avril 1816. — La loi de 1816 a en partie atténué l'effet de la loi de l'an 9. Elle a rétabli la non-rétroactivité *quant aux mutations.* Elle porte, art. 59 : « Les droits de mutation établis par la présente loi ne seront perçus que sur les *mutations* qui surviendront après sa publication... Quant *aux actes,* l'art. 1er L. 27 ventôse an 9 continuera d'être exécuté. »

7432. Loi du 16 juin 1824. — Cette loi a introduit le principe de rétroactivité, mais un genre de rétroactivité dont personne assurément n'a été tenté de se plaindre. Elle a soumis à la réduction des nouveaux tarifs qu'elle édictait tous les actes, et à la réduction des amendes toutes les contraventions antérieures à sa promulgation. Toutes les dispositions des art. 1er à 14 L. 16 juin 1824 sont applicables aux perceptions qui restaient à faire et aux amendes encore dues au moment de sa publication (art. 15 de cette loi). Ainsi, les baux, les échanges, les démissions et autres actes pour lesquels les droits ont été réduits par ladite loi, n'ont donné lieu, quelle que soit leur date, qu'aux quotités qu'elle fixe, et le recouvrement des amendes non encore payées n'a été poursuivi que pour la somme à laquelle chacune d'elles se trouve réduite, même lorsqu'il s'agissait d'amendes ou de doubles droits dus en vertu de jugements (1136 I. G.).

7433. Loi du 21 avril 1832. — C'est dans un esprit complet de non-rétroactivité qu'a été conçue la loi du

24 avril 1832. En effet, par son art. 33, elle veut que les droits des donations et successions entre collatéraux ne soient perçus, suivant les nouvelles quotités, que sur les mutations qui auront lieu à compter de sa promulgation.

7434. Loi du 24 mai 1834. — Telle a été aussi la pensée dans laquelle a été rédigée la loi du 24 mai 1834. Les nouvelles quotités d'amendes établies par cette loi sur les effets de commerce non timbrés ne sont applicables qu'à ceux de ces effets qui seraient postérieurs au 31 décembre 1834 (art. 22).

7435. Lois diverses. — Toutes les lois postérieures à 1834 ont admis le principe de non-rétroactivité en statuant, savoir :

Les lois des 18 juillet 1836, 25 juin 1841, 19 juillet 1845, 3 juillet 1846, que les modifications qu'elles apportent n'auront lieu qu'à partir de leur promulgation;

La loi du 18 mai 1850, en déclarant formellement, par son art. 9, que « les actes et mutations ayant date certaine restent régis par les lois antérieures. »

Il en a été de même : 1° De la loi du 5 mai 1855 qui a rétabli, *à partir du 1ᵉʳ mai 1855*, le tarif de certains droits;

2° De celle du 14 juillet 1855 qui soumet le principal des impôts de toute nature au décime, *à dater de la promulgation;*

3° De la loi du 23 juin 1857 qui crée un droit de transmission sur les titres des sociétés, *à partir du 1ᵉʳ juillet 1857;*

4° De la loi du 2 juillet 1862 qui a établi un nouveau décime, *à partir du 1ᵉʳ juillet 1862*, et modifié, *à partir du 15 du même mois*, le prix des papiers timbrés;

5° De la loi du 13 mai 1863 qui soumet au timbre, *à compter du 1ᵉʳ juillet suivant*, les titres de rentes étrangères;

6° De la loi du 8 juin 1864 qui réduit de moitié, *à compter du 1ᵉʳ juillet 1864*, le second décime de la loi du 2 juillet 1862, *à partir du 1ᵉʳ janvier 1865*, le droit de timbre de certains actes;

7° De celle du 18 juillet 1866 qui supprime le demi-décime sur certains actes et modifie le tarif du timbre des affiches, *à compter du 1ᵉʳ janvier 1867;*

8° De la loi du 27 juillet 1870 qui modifie, *à partir de sa promulgation*, le tarif des échanges;

9° De la loi du 16 septembre 1871 et de celle du 30 mars 1872 qui ont changé le taux du droit de transmission;

10° De la loi du 30 mars 1872 qui a élevé le droit de timbre des récépissés de chemin de fer, *à partir du 8 avril 1872;*

11° De la loi du 25 mai 1872 qui a fixé, *pour l'avenir*, le droit de timbre des effets publics étrangers.

Si la même formule n'est pas insérée dans les autres lois, le principe de non-rétroactivité n'en résulte pas moins clairement de l'ensemble de leurs dispositions.

Quand le législateur a voulu déroger à ce principe de rétroactivité, il ne l'a fait qu'en termes formels et dans des circonstances particulières. C'est ainsi qu'il a décidé, par l'art. 24 L. 11 juin 1859, que le bénéfice accordé à l'enregistrement des actes de commerce serait appliqué aux marchés et traités sur lesquels des demandes en justice avaient été formées avant la promulgation de la loi.

7436. Règle générale. — De ce qui précède, il résulte que toutes les lois d'impôts qui portent l'empreinte d'un caractère général ont admis le principe de non-rétroactivité, alors que, parmi les lois spéciales qui l'ont repoussé, les unes ne l'ont fait « qu'afin de mettre fin à quelque procès qui pouvait encore s'élever, et dont l'issue était douteuse, attendu l'incertitude des dates et les efforts de la fraude » (Exposé des motifs de la loi du 27 ventôse an 9); — les autres, comme les lois de 1824 et de 1859, ont eu pour but unique de diminuer les droits, ce qui explique l'application des nouveaux tarifs aux conventions antérieures.

7437. Jurisprudence. — La question de rétroactivité a été soumise à la jurisprudence au sujet de l'art. 17 L. 18 avril 1831, qui avait abrogé les exceptions existantes en faveur des acquisitions et legs faits par les établissements publics. L'Administration ayant pensé que cet article avait un effet rétroactif, en ce sens que toutes les perceptions à faire devaient être régies par le tarif existant (1328 I. G.), la C. cass., par cinq arrêts du 4 février 1834, décida : « 1° que les lois des 22 frimaire an 7, 27 ventôse an 9 et autres spéciales en matière d'enregistrement ne sont applicables qu'aux cas qu'elles ont prévus et ne contiennent pas de dérogation expresse au principe absolu de la non-rétroactivité des lois, consacré par l'art. 2 C. C.; — 2° que la liquidation du droit de mutation, de même que celle de tous autres impôts, doit être faite conformément à la loi vivante à l'époque où le droit s'est ouvert et a été acquis au fisc » (1454 I. G., S. 34-1-97).

Il faut ajouter, avec un arrêt du 31 mai 1836 (S. 36-1-484, 11538 J. E.), que les lois de finances peuvent avoir cependant une application rétroactive quand une disposition expresse l'a ordonné. — En effet, ainsi que le fait remarquer Dalloz, n° 442, il en est des matières fiscales comme des matières ordinaires : la loi dispose pour l'avenir seulement, toutes les fois que le législateur ne juge pas à propos de lui assigner, par dérogation à la règle, un effet rétroactif.

V. pour les développements de cette jurisprudence le n° 5842.

7438. Loi interprétative. — « La loi interprétative, dit M. Demolombe, s'incorpore avec la loi interprétée; elle ne fait avec elle qu'une seule et même loi, plus intelligible seulement et plus claire, et, par conséquent, elle doit être appliquée aux faits même antérieurs, sans qu'il y ait en cela aucune rétroactivité » (t. 1ᵉʳ p. 141). — C'est aussi ce qui résulte de la jurisprudence de la Cour de cassation (Arr. des 22 mars 1806, ch. réun., 29 nov. 1842, 23 déc. 1845 et 29 août 1865, Dalloz vº *Loi* et 1865-1-333).

« Les règles d'une telle recherche ne sont tracées nulle part.

On voulait en établir lors de la préparation du Code Civil. Mais Portalis répondit au conseil d'État « qu'il serait difficile de déterminer en thèse ce qu'on doit entendre par une loi purement interprétative, et qu'il serait sage de laisser les choses dans les termes du droit commun. » Son conseil fut écouté. Aussi est-ce dans l'examen du texte de chaque loi et dans l'appréciation réfléchie des circonstances au milieu desquelles elle s'est produite qu'il faut chercher la solution.

Une difficulté de l'espèce s'est présentée au sujet de l'application du droit de timbre d'abonnement. Nous l'avons examinée au n° 61.

7439. Lois d'exécution. — Le principe de la non-rétroactivité des lois ne s'applique qu'au fond du droit. Les lois d'instruction et de procédure sont obligatoires à dater de leur promulgation (Cass. 23 mars 1868, S. 68-1-228).

Il en est de même des lois qui modifient ou qui créent des moyens de répression (*V.* cass. 16 août 1875, 4214 R. P. ; — Seine 4 mars 1876, 4326 R. P.).

CHAPITRE II. — DROIT D'ACTE
ET DROIT DE MUTATION

[7440-7448]

7440. Observation. — Il est essentiel, pour l'application de la rétroactivité, en matière fiscale, de ne pas confondre les droits d'acte avec les droits de mutation. Ces droits ne sont pas acquis au Trésor de la même façon et ils ne tombent pas, dès lors, à la même époque, sous l'application des tarifs nouveaux.

La différence qui existe entre ces deux droits a été déjà signalée au n° 340. Nous y ajoutons quelques remarques.

7441. Droit de mutation. — L'Administration avait d'abord méconnu la différence qui existe entre le droit de mutation proprement dit qui est celui d'une transmission assujettie à l'enregistrement, dans un délai déterminé et le droit d'acte qui est perçu lors de l'enregistrement d'un acte présenté volontairement à la formalité.

Elle soutenait, au sujet de la loi du 28 avril 1816, que les actes d'une date antérieure à cette loi étaient, comme les mutations, atteints par les nouveaux tarifs.

C'était une erreur que la Cour de cassation a repoussée.

Le 2 février 1815, le sieur Cerf se rend acquéreur de plusieurs immeubles, par un acte sous seing privé qu'il ne présente à l'enregistrement que postérieurement à la loi du 28 avril 1816. L'Administration réclame le double droit pour défaut d'enregistrement dans les trois mois de la date de l'acte. Elle croit en même temps devoir appliquer le tarif de la loi existante, par le motif que la disposition du deuxième paragraphe de l'art. 59 L. 1816 s'applique à tous les actes, quel que soit leur objet.

Mais, le 13 janvier 1818, arrêt ainsi conçu :

« Attendu que, d'après l'art. 1er L. 27 ventôse an 9, c'est la loi existante lors du payement des droits d'enregistrement qui sert de base à leur liquidation et à leur perception ;

que ce principe a été néanmoins modifié par l'art. 59 L. 28 avril 1816, qui contient deux dispositions bien distinctes ; que, d'après la première de ces dispositions, les droits de mutation établis par cette loi ne doivent être perçus que sur les mutations postérieures à sa publication ; que, d'après la même disposition, les lois antérieures s'appliquent aux mutations effectuées jusqu'à ladite publication ; que, d'après la seconde disposition de cet article, on doit continuer d'exécuter, à l'égard des actes, l'art. 1er L. 27 ventôse an 9 ; attendu que la première partie dudit art. 59 énonce généralement tous les droits de mutation dont il est fait mention dans cette loi, qui en élève la quotité, et ne fait aucune distinction entre les droits de mutation dus par décès et ceux dus par suite d'aliénation d'immeubles ; que, par conséquent, la seconde disposition, en ordonnant, à l'égard des actes, l'exécution de l'art. 1er L. 27 ventôse an 9, n'a compris que les actes ordinaires, et non les actes de vente, puisque ces derniers actes étaient déjà compris dans la première partie de l'article comme donnant lieu aux droits de mutation établis par la nouvelle loi ; qu'en le décidant ainsi le tribunal civil de Strasbourg a fait une juste application de la première partie dudit art. 59 et n'a violé, par conséquent, ni la seconde partie de cet article, ni l'article de la loi du 27 ventôse an 9 » (D. 7-24, 6199 J.E.).

Cette interprétation des termes *droit de mutation* a été adoptée par l'Administration, qui, d'après une D. m. 30 mai 1818, a ordonné de se conformer à l'arrêt sustranscrit (843 I. G.).

Elle résulte encore d'une manière péremptoire d'un arrêt de cass. du 24 janvier 1854, interprétant, en ces termes, l'art. 9 L. 18 mai 1850 :

« S'il est question dans cette disposition des actes en même temps que des mutations, la loi suppose évidemment qu'il importera peu que l'acte énonciatif lui soit postérieur, dès que la mutation emprunte à sa date antérieure, *légalement établie*, la franchise du droit que la loi précédente lui assurait et que la loi nouvelle déclare vouloir lui maintenir » (S. 54-1-271, 2010-3 I. G., 15786 J. E.).

7442. Droit d'acte. — Ainsi, il faut entendre par droit d'acte, dans le sens de la loi du 28 avril 1816, tout droit fixe ou proportionnel établi sur autre chose que la transmission entre-vifs de biens immeubles ou de biens meubles assimilés aux immeubles (fonds de commerce, navires) ou une mutation par décès de toute espèce de biens.

Donc, toutes les fois qu'un *acte* donnant ouverture à un pareil droit sera présenté à la formalité, il devra, *quelle que soit sa date*, être assujetti au tarif en vigueur au moment de sa présentation. — *V.* au surplus n° 340-1.

7443. Droit de mutation. — Mais, en matière de mutation, il faut d'abord distinguer la mutation éventuelle de la mutation actuelle. — *V.* également n° 340-1.

7444. Mutation éventuelle. — Ce n'est qu'au moment où la transmission s'opère que devient exigible le droit ; la date est ici indifférente. Ainsi, quelle qu'ait été la loi en vigueur au moment où a été faite une donation éventuelle, cette loi reste sans application, si, au moment où la mutation s'opère, une nouvelle loi a établi un nouveau tarif c'est ce tarif qui domine la réalisation de la donation. — V. *Contrat de mariage.*

7445. Mutation par décès. — A l'égard de la mutation par décès, il faut d'abord admettre comme hors de toute contestation que c'est à l'instant de l'ouverture de la succession qu'il faut se reporter pour l'application du droit. La date du titre qui a ouvert l'expectative au nouveau possesseur, tel qu'un testament, ne peut être prise en considération. C'est le décès qui réalise la mutation et qui confère un droit acquis au Trésor. — V. 5852.

7446. Acte entre-vifs. — S'il s'agit d'un acte entre-vifs, l'application de la rétroactivité dépend de la nature des droits auxquels cet acte donne ouverture.

Ces droits se divisent en deux catégories.

Les uns deviennent exigibles indépendamment de la présentation d'un acte à la formalité de l'enregistrement. Ce sont, d'une part, les droits dus pour les mutations entre-vifs d'immeubles ou de valeurs assimilées aux immeubles. Ce sont, d'autre part, tous les actes dont la loi a rendu l'enregistrement obligatoire dans un délai déterminé (L. 22 frim. an 7, art. 20, 21, 22).

Pour ces impôts, la créance du Trésor résulte du fait de la mutation ou de la rédaction de l'acte. Elle prend naissance à cette époque et elle constitue dès lors à son profit un droit acquis dont l'existence est désormais certaine. Le délai plus ou moins long que la loi accorde au débiteur n'est qu'un terme de payement qui ne suspend pas l'obligation mais en retarde seulement l'exécution : « Il ne change rien au droit qui est acquis au Trésor et qui ne peut être modifié par aucune convention des parties contractantes » (872 I. G.).

La seconde catégorie des droits se compose de tous ceux qui se rapportent à des actes dont l'enregistrement n'est pas obligatoire dans un délai déterminé. Ils sont désignés par l'art. 23 de la loi du 22 frimaire an 7. Ce n'est pas le fait de la rédaction de ces actes qui donne ouverture à la créance du Trésor, puisque cette créance peut ne jamais exister si les parties ne présentent pas l'acte à l'enregistrement ou n'en font pas un usage qui en nécessite l'enregistrement. Ce qui donne ouverture au droit, c'est uniquement le fait de la présentation à la formalité ou de l'usage qui y est assimilé. Tant que ces événements ne se sont pas produits, le droit du Trésor ne repose que sur une expectative.

L'impôt des actes assujettis à l'enregistrement dans un délai déterminé, constituant un droit immédiatement acquis au Trésor, est soumis à la loi vivante à la date de l'acte.

Au contraire, l'impôt applicable aux actes non soumis à l'enregistrement dans un délai déterminé n'étant ouvert et acquis qu'au jour de l'enregistrement ou de l'usage, c'est le tarif en vigueur à cette date qui doit gouverner la perception.

7448. Renvoi. — Ces questions ont été, au surplus, plus particulièrement développées au mot *Décime*, à cause de la fréquence de leur application à cette nature de droit. — V. 5842.

CHAPITRE III. — EXEMPTION DE DROIT
SUPPLÉMENT DE DROIT.
— DISPOSITIONS PÉNALES.

[7449-7451]

7449. Acte exempt de droit. — Sous la loi de 1790, il avait été jugé (Cass. 21 déc. 1791) que l'exemption de tous droits, tels que centième denier, insinuation, etc., portés par lettres patentes pour les première et deuxième ventes de certains immeubles, avait conservé son effet après la publication de la loi des 5-19 décembre 1790, établissant de nouveaux droits. Il devrait en être de même aujourd'hui à l'égard des *actes* qui pourraient être exempts de droits en vertu d'une disposition antérieure et que régirait la disposition de l'art. 59 L. 28 avril 1816.

7450. Supplément de droit. — Par identité de raison, la rétroactivité ne saurait être étendue à l'excédant d'un droit déjà liquidé avant la publication de la loi nouvelle, ni aux dispositions pénales contenues dans cette loi.

La C. cass. a jugé dans ce sens que la loi du 27 ventôse an 9, qui renvoie à celle du 22 frimaire an 7 pour la liquidation et la perception des droits d'enregistrement, quelle que soit la date ou l'époque des actes ou mutation, n'est pas applicable à l'excédant d'un droit de mutation, lorsque la déclaration en a été faite et la quotité liquidée avant la publication de cette loi (Cass. 10 janv. 1809) : « Attendu, porte cet arrêt, que la quotité du droit était liquidée avant la publication de la loi du 27 ventôse an 9, puisque la Régie avait pris pour base de la somme demandée par la contrainte, le partage du 27 germinal an 6 ; qu'ainsi le jugement attaqué n'est pas contrevenu à cette loi en ordonnant la perception de l'excédant de droit dû. »

Elle a décidé également que la subvention de guerre d'un décime par franc établie par la loi du 6 prairial an 7 ne peut s'appliquer à des droits d'enregistrement dont la condamnation et la liquidation ont été prononcées antérieurement à cette loi, alors que la perception du principal aurait lieu sous son empire (Cass. 18 niv. an 12).

7451. Disposition pénale. — D'une autre part, la

loi du **27** ventôse an 9, en portant que la liquidation des droits d'enregistrement aurait lieu, même pour les actes antérieurs, suivant la disposition de la loi du 22 frimaire an 7, ne s'entend pas des dispositions pénales : spécialement, un acte sous seing privé translatif de droits immobiliers n'a pu, par l'effet de cette loi, donner lieu au double droit pour n'avoir pas été enregistré dans les délais, alors que cet acte avait été passé sous l'empire de la loi de 1790 et de celle de l'an 6, d'après lesquelles de tels actes ne donnaient lieu à cette peine qu'autant qu'ils étaient produits en justice ou énoncés dans un acte authentique (Cass. 26 mess. an 13).

Décidé, de même, que, si l'acte antérieur à la loi de l'an 6 n'a été ni présenté à l'enregistrement, ni énoncé dans un acte authentique, il ne peut rendre exigible le double droit après l'expiration du délai, encore que la mutation résulte de l'inscription du nom du nouveau possesseur aux rôles de la contribution foncière et de divers baux passés par lui, ces faits n'ayant été admis comme établissant suffisamment la mutation immobilière que depuis la loi de l'an 6 art. 33 (Cass. 24 nov. 1808).

ÉLECTIONS.

7452. — Nomination faite par une réunion de personnes agissant dans l'ordre légal.

7453. Acte judiciaire. — Tous les actes judiciaires en matière électorale sont dispensés de timbre et doivent être enregistrés *gratis*, et les extraits de naissance nécessaires pour établir l'âge des électeurs peuvent être délivrés sur papier libre (**L. 15 mars 1849, art. 13, 13686 J. N., 1833 I. G.).

7454. Exploits. — Tous les exploits relatifs aux inscriptions sur les listes électorales doivent être enregistrés *gratis*, quelle que soit l'autorité devant laquelle ils ont pour objet d'introduire l'instance (Dél. 27 mars 1829, 9280 J. E.).

7455. Extrait. — État civil. — Les extraits de naissance nécessaires pour établir l'âge des électeurs pour l'exercice du droit d'élection sont exempts de timbre, mais il faut qu'il soit fait mention de cette destination (Dél. 10 mars 1848, 14439-4 J. E.).

7456. Réclamations. — Les réclamations devant le conseil d'État et les conseils de préfecture en matière d'élections des membres des conseils généraux, conseils d'arrondissement et conseils municipaux sont exemptes du timbre (A. Cons. d'Ét. 10 janv. 1861, 1459 R. P., 17279 J. E. ; — 25 avr. et 18 mai 1861, 17410 J. E.).

7457. Pourvoi. — Le pourvoi au conseil d'État par un conseiller municipal contre l'arrêté du préfet qui l'a déclaré démissionnaire pour refus de serment et contre la décision conforme du conseil de préfecture doit être considéré comme intenté en matière électorale, en sorte que la requête est dispensée du timbre et de l'enregistrement, conformément à l'art. 45 § 5 L. 5 mai 1855, qui veut que les pourvois de l'espèce soient jugés sans frais (A. Cons. d'Ét. 6 août 1866, S. 67-2-271).

7457 bis. Acte civil. — La dispense ne s'applique pas aux actes civils et notamment à une procuration donnée pour suivre une instance électorale (Sol. 13 janv. 1875). — V. I. G. 1150-3.

7458. Affiches. — Les affiches électorales sont soumises au timbre ou en sont dispensées suivant les distinctions qui ont été indiquées au mot *Affiche*, n° 1898 § 2.

7458 bis. Chambres de commerce. — Depuis la promulgation de la loi du 17 juillet 1877, les recours ou pourvois relatifs aux élections des chambres de commerce sont exempts des droits de timbre et d'enregistrement (Sol. 9 fév. 1878).

7459. Tribunaux de commerce. — Les actes judiciaires auxquels peuvent donner lieu les instances, soit devant le tribunal civil, soit devant la C. cass. pour la rectification de la liste des électeurs d'un tribunal de commerce, sont exempts de la formalité du timbre et doivent être enregistrés gratis (Déc. 28 août 1848, 14550-3 J. E., 13646 J. N., 1829 I. G.).

7459 bis. Sénat. — La réquisition de payement et la quittance de l'indemnité émanées des électeurs sénatoriaux sont dispensées du timbre (D. m. f. 19 janv. 1876, 4495 § 19 R. P., I. G. 2540).

EMANCIPATION.

7460. — Acte qui affranchit le mineur de la puissance paternelle et le met hors de l'autorité de son tuteur.

7461. Droit romain. — Dans le droit romain, le père pouvait émanciper ses enfants, même dans le plus bas âge. Cet acte ne mettait fin qu'à la puissance paternelle et n'empêchait pas les enfants de demeurer sous la tutelle du père jusqu'à la puberté, fixée à douze ans pour les filles, à quatorze ans pour les garçons. Encore avaient-ils besoin, à cet âge, de la surveillance d'un curateur.

7462. Ancienne législation française. — Ces lois, suivies en France dans les pays de droit écrit et adoptées par plusieurs coutumes, furent abrogées par l'édit de 1662. La tutelle dès lors dura jusqu'à vingt-cinq ans, sauf aux mineurs à se faire émanciper à dix-sept ans. Il leur fallait à cet effet des lettres du prince, qu'on appelait *lettres d'émancipation* ou *lettres de bénéfice d'âge*. L'émancipation ne les dispensait pas d'avoir un curateur (Denisart v° *Émancipation*).

7463. Législation actuelle. — Aujourd'hui l'émancipation est tacite ou expresse.

7464. Émancipation tacite. — L'émancipation tacite est celle qui s'opère de plein droit par le mariage (476 C. C.)
La fille qui, avec la dispense légale, se marie avant l'âge de quinze ans, est émancipée de plein droit par ce mariage; et elle ne retomberait pas sous la tutelle de ses parents lors même qu'elle deviendrait veuve avant d'avoir atteint cet âge, requis pour l'émancipation. Ses parents l'ont jugée capable de se marier, d'avoir elle-même des enfants sous sa puissance, à plus forte raison, de pourvoir à l'administration de ses biens. Cette capacité ne l'abandonne pas après la dissolution du mariage (Cass. 20 fév. 1821, 3837 J. N.).

7465. Émancipation expresse. — L'émancipation expresse s'opère par la volonté du père, de la mère ou du conseil de famille (477 C. C.). Elle a lieu soit par la déclaration du père ou de la mère devant le juge de paix (*Idem*), soit par la déclaration du conseil de famille, sous la présidence du juge de paix qui prononce que le mineur est émancipé (478 C. C.).

7466. Émancipation en matière commerciale. — Il y a une émancipation particulière pour *fait de commerce*. L'ancienne jurisprudence, pour réputer majeur le mineur commerçant, n'exigeait pas même qu'il fût émancipé. Il suffisait qu'il eût exercé un commerce public au su et vu de sa famille. Le Code civil a voulu que nul mineur ne pût se livrer au commerce, s'il n'était émancipé (art. 487). Le code de commerce (art. 2) est allé plus loin, en exigeant en outre l'âge de dix-huit ans et une autorisation spéciale revêtue de formalités solennelles.

7467. Enfant ayant ses père et mère. — Le mineur peut être émancipé par son père, ou, à défaut du père, par sa mère, lorsqu'il a quinze ans révolus (477 C. C.).

7468. Enfant sans père ni mère. — Le mineur resté sans père ni mère peut aussi, mais seulement à l'âge de dix-huit ans accomplis, être émancipé, si le conseil de famille l'en juge capable (478 C. C.).

7469. Enfant naturel. — L'enfant naturel reconnu peut, comme l'enfant légitime, être émancipé par son père ou sa mère. S'il n'a pas été reconnu, ou si ses père et mère sont morts, l'émancipation à dix-huit ans peut être prononcée par un conseil de famille, qui alors est composé d'amis (Duranton n° 657; — C. Limoges 2 janv. 1821, 3885 J. N.).

7470. Enfant assisté. — L'enfant admis dans un hospice peut être émancipé à quinze ans par le membre de la commission administrative qui a été désignée par son tuteur, et qui seul comparaît à cet effet devant le juge de paix (L. 15 pluv. an 13, art. 4).

7471. Forme. — L'émancipation s'opère par la seule déclaration du père ou de la mère, reçue par le juge de paix, assisté de son greffier (n° 7465). — Un père ne pourrait le faire par *testament*, ou, du moins, pour que dans ce cas l'émancipation devienne valable, le testament devrait être présenté par le conseil de famille au juge de paix; et l'on devrait délibérer dans la forme ordinaire sur le maintien de l'émancipation.

7472. Effet de l'émancipation quant à la personne. — L'effet de l'émancipation relativement à la personne du mineur est de faire cesser la tutelle et même les droits de la puissance paternelle, à l'exception du consentement des père et mère au mariage de leurs enfants.

7473. Effet quant aux biens. — Quant aux biens, les effets de l'émancipation sont : 1° de donner au mineur le droit d'exiger le compte de tutelle, de toucher ses revenus, de passer des baux dont la durée n'excède pas neuf ans, et de faire, en un mot, pour ce qui concerne ses immeubles, tous les actes de pure administration, sans pouvoir être restitué, excepté dans le cas où le majeur le serait lui-même; — 2° de lui donner également le droit de disposer de ses meubles : cependant il ne peut recevoir ses capitaux mobiliers qu'avec l'assistance de son curateur, qui doit même le surveiller le remploi; — 3° de l'autoriser à ester en jugement : cependant, s'il s'agit d'une action immobilière, il doit, soit pour l'intenter, soit pour y défendre, être assisté de son curateur.
Pour tous les autres actes, tels qu'emprunts, aliénations d'immeubles, acceptation de succession, etc., et en un mot pour tout ce qui excède les bornes d'une simple administration, il est assujetti aux mêmes formalités que le mineur non émancipé.

7474. Tarif. — L'art. 68 § 4 n° 2 L. 22 frimaire an 7 avait tarifé à 5 francs les actes d'émancipation. Ce droit a été porté à 10 francs par l'art. 5 L. 19 juillet 1845 et à 15 francs par l'art. 4 L. 28 février 1872.
Le même droit est exigible pour les actes d'émancipation des enfants admis dans les hospices (Arg. L. 25 pluv. an 13, 2320 J. E., D. m. f. 8 fév. 1836).

7575. Pluralité. — L'art. 68 § 4 n° 2 L. 22 frimaire n 7, après avoir tarifé l'acte d'émancipation, ajoute : « Le droit est dû pour chaque émancipé. » — Cela s'explique très-bien, puisqu'il y a autant d'émancipations que de mineurs émancipés par le même acte, et que l'émancipation de l'un est absolument indépendante de l'émancipation de l'autre.

7476. Curateur. — L'Administration a décidé, les 1er mars 1862 et 18 mai 1869, que, lorsqu'un avis de parents porte émancipation d'un mineur et nomination d'un curateur, il faut percevoir le droit fixe de 5 francs (15 fr.) pour l'émancipation et pour chaque émancipé (art. 68 § 4 n° 2 p. 3 L. 22 frim. an 7), et un droit fixe de 2 francs (6 fr.), pour la nomination du curateur, parce que cette nomination n'est pas prescrite par la loi (2040 et 3005 R. P.).

Mais nous croyons cette solution mal fondée.

L'intervention du curateur actuel est impérieusement prescrite pour certains actes, tels que la réception du compte de tutelle et les aliénations (480, 482 C. C.). Il est, dans ces affaires, l'auxiliaire obligé de l'enfant, et son assistance forme le complément de sa capacité civile. A cet égard, le curateur actuel remplace de tous points l'ancien curateur *aux causes* dont la désignation était forcée et accompagnait toujours les lettres d'émancipation. Sa nomination est une nécessité de la mesure, une conséquence à laquelle ni le père, ni l'enfant, ni l'assemblée de famille, ni même la justice ne sauraient se soustraire : elle est unie à l'émancipation comme l'effet à la cause. Le projet de loi avait même décidé que, dès le moment de l'émancipation, la curatelle appartiendrait de plein droit à l'ancien tuteur, sans qu'il fût besoin d'une désignation expresse (Locré t. 7 p. 146 et 227). On n'a modifié cet article que pour alléger la charge de la tutelle en laissant à l'assemblée de famille le choix d'un nouveau conseil. Mais il fut toujours bien entendu que le curateur actuel était, comme l'ancien curateur aux causes, le complément nécessaire de l'émancipation (Merlin v° *Curateur* § 1er n° 5).

Il suit de là que la déclaration d'émancipation et la nomination du curateur forment les deux parties d'une opération unique que le défaut de l'un de ces éléments laisserait incomplète (Demolombe t. 8 p. 191); conséquemment il est impossible de les considérer, dans le même acte, comme deux dispositions indépendantes passibles chacune d'un droit particulier.

L'Administration l'a reconnu par une instruction qui n'a point été rapportée : « Des actes d'émancipation, a-t-elle dit 31 août 1809, contiennent nomination d'un curateur aux causes et en outre nomination d'un curateur spécial. La nomination du curateur aux causes est une conséquence indispensable de l'émancipation et ne doit pas, quand elle est faite par le même acte, produire de droit particulier. Mais la nomination d'un curateur spécial, n'étant pas prescrite par la loi et ne tenant qu'à des circonstances ou à la volonté des parties, le droit fixe est exigible, indépendamment de celui de l'émancipation » (449 I. G.). — Cette doctrine a toujours été depuis lors suivie en pratique : on ne trouverait pas un seul auteur qui ne l'ait approuvée (Masson-Delongpré *Code annoté* n° 2558, Rolland *Dict.* v° *Emancip.* n° 2, Fessard *eod.* v° n° 4, *Rép. gén. du Palais* v° *Enregist.* 1615, Dalloz v° *Enregist.* 371, D. N. t. 2 p. 152 n° 21).

Il n'importe que le curateur soit nommé par le conseil de famille, tandis que l'émancipation émane du père. Nous convenons bien que plusieurs personnes coopèrent à l'opération; mais nous soutenons précisément que c'est la réunion de ces différents rôles qui constitue seule l'acte tarifé au droit de 15 francs. — On sait, du reste, que l'exigibilité des perceptions particulières ne se fonde plus aujourd'hui sur le nombre des personnes figurant au contrat, mais bien sur les dispositions de ce contrat (art. 11 L. 22 frim. an 7). Or, c'est la loi elle-même qui a divisé entre le père et le conseil de famille les divers pouvoirs nécessaires à l'émancipation. A l'un elle a remis le soin d'apprécier la maturité d'esprit du pupille, à l'autre elle a confié le choix du curateur. Mais chacun d'eux n'est qu'un instrument de la loi, et même un instrument tellement réglé, que, si le père voulait désigner le curateur, sa nomination serait radicalement nulle (Caen 27 juin 1812, S. *Chron.* à la date, Dalloz t. 12, 782; — Limoges 2 janv. 1821, *Répertoire du Palais* v° *Emanc.* 77). Donc, quand le père et la famille se concertent pour faire une émancipation, on ne peut pas dire que l'acte contienne deux dispositions séparées dans le sens de la loi fiscale.

S'il en était autrement, c'est-à-dire si la pluralité des droits se motivait sur la nature différente des deux consentements, pourquoi ne la point appliquer quand l'émancipation émane de l'assemblée de famille ? En vain dit-on que le procès-verbal constitue alors, dans son ensemble, un seul avis de parents soumis par conséquent à un seul droit. Car les avis de parents sont très-bien passibles de la pluralité quand ils contiennent des dispositions indépendantes. Si l'I. G. n° 1166 § 4, sur laquelle on s'appuie, a décidé le contraire dans plusieurs cas, c'est en se fondant sur ce que les délibérations litigieuses, malgré la multiplicité de leurs objets, n'avaient cependant qu'un but unique pour le mineur.

Enfin, on opposerait mal à propos la pratique établie dans l'ancien droit. A la vérité, sous la législation du centième denier, le droit d'insinuation était dû à la fois pour l'émancipation et pour la nomination des curateurs. Bosquet rapporte un arrêt du conseil du roi, en date du 3 février 1760, qui l'a ainsi catégoriquement décidé (*Dict. des Dom.* v° *Curat.*). Mais cela avait lieu parce que les avis de parents étaient toujours distincts alors des lettres d'émancipation et que chacun de ces actes était rédigé séparément. Il en serait encore de même aujourd'hui si la déclaration d'émancipation et la nomination du curateur formaient l'objet d'actes particuliers.

Le procès-verbal portant émancipation d'un mineur par le conseil de famille et nomination d'un curateur n'est passible que du droit de 15 francs (Sol. 15 sept. 1871).

1. TUTEUR ET CURATEUR. — Deux droits seraient d'ailleurs incontestablement exigibles, si la délibération contenait la nomination d'un tuteur à un mineur et celle d'un curateur à un mineur précédemment émancipé, car il y a deux dispositions indépendantes (11844-1 J. E.).

2. DEUX MINEURS. — La pluralité est également applicable à l'avis de parents constatant la nomination d'un curateur à deux mineurs émancipés. « En effet, chaque émancipé ayant des intérêts distincts, il y a en réalité, dans l'acte, autant de dispositions indépendantes et ne dérivant pas nécessairement les unes des autres, qu'il y a d'intérêts divers engagés » (Sol. belge 6 avr. 1871, 11525 J. E. belge). — Une Solution contraire a été cependant rendue, par l'Administration française, le 29 octobre 1873.

7477. Autorisation de faire le commerce.
— Le droit fixe de 3 francs serait dû sur l'autorisation de faire le commerce donnée dans l'acte au mineur émancipé. Ce serait évidemment une disposition indépendante (D. N. t. 5 p. 360 n° 56).

7478. Révocation d'émancipation. — L'émancipation peut être retirée au mineur, *dans les mêmes formes que celles qui ont eu lieu pour la lui conférer*, si les engagements qu'il a contractés ont été réduits pour excès, conformément à l'art. 485 C. C. — Une pareille révocation donnerait ouverture au droit de 3 francs (L. 28 avr. 1816, art. 43 n° 21 et L. 28 fév. 1872, art. 4, D. N. t. 5 p. 360 n° 56), à moins qu'elle n'eût lieu dans une délibération de conseil de famille, auquel cas le droit exigible sur l'ensemble de l'acte serait le droit de 6 francs déterminé par l'art. 5 L. 19 juillet 1845 et l'art. 4 L. 28 février 1872.

EMPLOI DE DENIERS.

7479. — Action d'employer une somme, soit à un placement à terme, soit à une acquisition, soit tout autrement quand on y est obligé par la loi ou par une convention.

7480. Remploi. — Nous ne parlerons pas ici du remploi, qui, quoique véritable emploi, s'entend plus particulièrement du remplacement des biens des époux. Il en sera traité au mot *Remploi.*

7481. Des cas où l'emploi doit ou peut avoir lieu. — La loi prescrit l'emploi des deniers dans certains cas :

1° De la part des tuteurs (455, 456, 510 C. C.) ;
2° De la part des envoyés en possession provisoire des biens d'un absent (126 C. C.) ;
3° De la part des usufruitiers (602 et suiv. C. C.) ;
4° De la part des successeurs irréguliers, c'est-à-dire des enfants naturels et du conjoint survivant (767 C. C.) ;
5° De la part du tuteur à une substitution (1065 et suiv. C. C.) ;
6° De la part du mari, pour le placement de la dot ou du propre de la femme (1553 C. C.).

En outre, la convention d'emploi de deniers est d'un usage fréquent dans le notariat, lorsqu'il s'agit d'assurer un capital, une jouissance, ou même de procurer des garanties aux parties contractantes ou à des tiers.

7482. Exemption de droit. — Les déclarations d'emploi de deniers sont considérées comme parties essentielles et dépendantes des actes qui les contiennent ; elles ne donnent ouverture à aucun droit particulier d'enregistrement (Sol. 15 juin 1830, 10431 J. E.).
Cette décision est facile à justifier.

La clause d'emploi proprement dite a son principe dans l'art. 1553 C. C., ainsi conçu :

« L'immeuble acquis des deniers dotaux n'est pas dotal, si la condition de l'emploi n'a été stipulée dans le contrat de mariage. Il en est de même de l'immeuble donné en payement de la dot constituée en argent. »

Or, l'emploi des deniers dotaux, stipulé par le contrat de mariage, ne rend l'immeuble dotal que lorsque l'achat a été approuvé et consenti par la femme.

Cette question, à la vérité, divise les auteurs. Merlin *Répert.* v° *Dot* § 10, Toullier t. 12 n° 364 , Tessier t. 1er p. 221 et 222, note 389, Pont et Rodière t. 2 n° 424, enseignent que l'acceptation de la femme n'est pas nécessaire quand le contrat de mariage ne l'exige pas nommément. L'opinion contraire est soutenue par des jurisconsultes non moins recommandables, notamment par Benoît t. 1er p. 132, Dalloz v° *Contrat de mariage* n° 4023, Duranton t. 15 n°s 429 et 430, Zachariæ t. 3 p. 576, Benech. *de l'Emploi* n°s 41 et suiv., Troplong *du Contrat de mariage*, n° 3198, Marcadé sur l'art. 1553 n° 3.

Cette dernière opinion, conforme à l'ancien droit (V. Roussilhe *de la Dot* t. 1er n° 185 , Despeisses *de la Dot*. sect. 3 n°s 11 et 82, Chabrol *sur Auvergne* 2291) est celle qui nous semble devoir être adoptée. En effet, on sait que, sous le régime de la communauté, le consentement de la femme est nécessaire pour parfaire le remploi en sa faveur (1435 C. C.) ; or, il n'y a pas de raison pour qu'en matière dotale il en soit autrement. La femme a intérêt sous le régime dotal, comme sous le régime de la communauté, à ce que son argent soit colloqué à sa convenance et en vue de son utilité. La rendre propriétaire malgré elle, ce serait un abus de la puissance maritale. Le mari est, sans doute, chargé de faire emploi, mais l'acceptation ou la non-acceptation de la femme fournit le moyen d'apprécier la manière dont il opère cet emploi, elle est le véritable contrôle du mandat du mari.

Si donc l'emploi (1553 C. C.) doit être accepté par la femme, comme doit l'être le remploi (1435 C. C.), nous ne voyons pas la différence que l'on ferait entre ces deux clauses. Dans un cas comme dans l'autre, la disposition n'est pas plus dépendante qu'indépendante du contrat d'acquisition. Si la déclaration du *remploi*, accepté par la femme, forme une disposition indépendante, par le motif que l'acceptation seule parfait le remploi, il doit en être de même de la déclaration d'*emploi*.

La dispense d'un droit particulier sur la déclaration d'emploi est la conséquence du principe d'après lequel les déclarations de remplois sont considérées comme des dispositions dépendantes affranchies de toute perception. Pendant longtemps l'Administration a refusé d'admettre cette doctrine à l'égard des remplois, et alors, ainsi que nous le faisions remarquer dans nos éditions antérieures, il était illogique de ne pas percevoir un droit semblable sur la déclaration d'emploi. Mais, aujourd'hui que la déclaration de remploi est dispensée d'un droit particulier, toute antinomie a disparu. — V. *Remploi.*

7483. Déclaration par acte séparé. — Si la déclaration d'emploi est faite par un acte séparé et spécial, elle doit être assujettie au droit fixe de 3 francs, en vertu de l'art. 43 n° 9 L. 28 avril 1816 et de l'art. 4 L. 28 février 1872.

EMPREINTE DU TIMBRE.

7484. Définition. — Signe imprimé sur le papier, au moyen duquel se fait la perception de l'impôt du timbre.

7485. Défense de les couvrir d'écriture. — Les empreintes du timbre ne peuvent être couvertes d'écritures, ni altérées, sous peine d'amende (L. 13 brum. an 7, art. 21 et 38). C'est ce qui sera plus amplement développé au mot *Timbre*.

EMPRUNT.

7486. — Engagement par lequel on s'oblige à rendre la somme ou la chose qui est prêtée.

7487. Renvoi. — Les emprunts contractés par les sociétés, les cessionnaires et les établissements publics, donnent lieu à des questions nombreuses qui sont traitées dans les différentes parties de cet ouvrage, notamment aux mots *Actes administratifs*, *Abonnement*, *Droit de transmission*, *Impôt direct*, *Obligation* et *Société*.

7488. Caisse des dépôts et consignations. — Il a été reconnu que de ce qu'une ville devient l'obligée de la caisse des dépôts et consignations, le caractère de l'obligation n'est pas changé ; cette obligation reste la même, qu'elle soit contractée vis-à-vis la caisse de service des communes ou envers un particulier.

Dans l'un comme dans l'autre cas, les intérêts respectifs sont entièrement privés, et l'acte qui contient l'obligation ou emprunt donne ouverture au droit de 1 franc pour 100 (Sol. 28 juill. 1842).

Ces sortes d'emprunts sont soumis à des règles spéciales que l'on trouvera sous les mots que nous venons d'indiquer au numéro précédent.

7489. Haïti. — Annuité. — Les annuités de l'emprunt d'Haïti, étant officiellement cotées à la Bourse, sont assujetties en France au droit de mutation par décès, et doivent être évaluées d'après le dernier cours antérieur au décès (Sol. 7 fév. 1849, 14708-11 J. E., 13624 J. N.).

ENCAISSEMENT.

7490. Définition. — C'est la réception du montant d'une créance, et plus spécialement d'un effet de commerce.

7491. Libération du débiteur. — Suivant le langage de la banque, les effets de commerce ne sont reçus entre négociants que *sauf encaissement*. — D'où il suit que celui qui les donne en payement d'une dette n'est libéré que lorsqu'ils sont acquittés, et ne peut dire qu'en les livrant il s'est opéré en sa faveur novation de la dette (Cass. 6 nov. 1823). — V. *Ann. comm.* t. 1er p. 26. — V. *Novation*.

7492. Timbre. — D'après l'art. 7 L. 5 juin 1850, il est interdit à toutes personnes, à toutes sociétés, à tous établissements publics, d'encaisser ou de faire encaisser, pour leur compte ou pour le compte d'autrui, même sans leur acquit, des effets de commerce non timbrés ou non visés pour timbre, sous peine d'une amende de 6 pour 100 du montant des effets encaissés.

D'après l'art. 7 L. 19 février 1874, celui qui paye un chèque non acquitté est passible personnellement et sans recours d'une amende de 50 francs. — V. *Effet négociable*.

ENCHÈRE.

7493. Définition. — C'est l'offre qu'on fait au-dessus de quelqu'un pour une chose qui se vend ou s'afferme en justice ou devant un officier public, au plus offrant.

7494. Dénominations diverses. — Sans s'écarter de cette acception, l'on appelle *mise aux enchères* l'action de faire vendre de nouveau, en justice, des biens aliénés par un débiteur, en employant la voie de la surenchère.

Le même mot *enchère* s'emploie aussi pour désigner le cahier des charges d'une vente *judiciaire*, et c'est dans ce sens qu'on emploie les expressions de *cahier d'enchère* ; mais elles semblent réservées particulièrement pour les ventes qui ont lieu devant le tribunal.

Les procès-verbaux tendant à adjudication *volontaire* d'immeubles, et contenant la désignation des immeubles à vendre, l'établissement de propriété, les charges et conditions, enfin tous les renseignements nécessaires pour arriver à l'adjudication, se nomment *procès-verbaux d'enchères*.

7495. Mode de procéder aux adjudications. — 1. ENCHÈRES. — Le mode d'adjuger qui est généralement employé est celui des *enchères* qui augmentent la mise à prix. On y procède le plus ordinairement à l'extinction des feux, en usant des bougies de la durée d'une minute au moins. On le pratique ainsi dans les tribunaux ; et ce mode, qui forme d'ailleurs une sorte d'appareil, a l'avantage de mettre les notaires à l'abri de tout soupçon de partialité. L'adjudication a lieu dans ce cas au profit de celui qui a fait la dernière enchère avant l'extinction d'un feu, lorsque depuis il a été allumé un ou plusieurs autres feux, qui se sont éteints sans enchère. Le cahier des charges doit régler le nombre des feux.

2. CRIÉE. — Quelquefois on adjuge *à la criée*, dans les ventes de meubles, par exemple.

3. RABAIS. — Un autre mode d'adjuger est celui qui a lieu *au rabais*. Dans ce cas, le montant de l'estimation est doublé. Chaque rabais annoncé par le crieur est de 25 ou de 50 francs, selon l'importance des biens à vendre, et la mise à prix est diminuée progressivement jusqu'à ce qu'un adjudicataire se présente et prononce les mots : *Je prends* (810 I. G.).

4. SOUMISSION. — L'adjudication sur soumission est un mode particulier d'adjudication *au rabais*. Elle consiste à remettre seulement, de la part des concurrents, des soumissions contenant l'offre de prendre le marché à une somme qu'ils fixent. En ce cas, il n'y a ni feux ni criée. Les soumissions sont ouvertes ou lues publiquement, selon qu'elles étaient ou non cachetées, au jour indiqué, et le marché est adjugé à celui qui a fait l'offre la plus avantageuse. Ce mode est généralement employé pour les adjudications d'entreprises ou de fournitures.

7496. Tarif. — ENCHÈRES VOLONTAIRES. — Les enchères sur des objets mis ou à mettre en vente, ou sur des marchés à passer, n'opèrent aucun droit particulier lorsqu'elles sont énoncées dans le contexte du procès-verbal d'adjudication ; mais, si elles sont faites par actes séparés de l'adjudication, elles sont sujettes au droit fixe de 1 franc (L. 22 frim. an 7, art. 68 § 1er n° 43). — Ce droit a été élevé à 2 francs par la disposition générale de l'art. 8 L. 18 mai 1850, et à 3 francs par l'art. 4 L. 28 février 1872.

2. ENCHÈRES EN JUSTICE. — Les enchères faites en justice, tarifées au droit de 2 francs par l'art. 68 § 2 n° 6 L. 22 frimaire an 7 ont été assujetties au droit fixe de 3 francs par l'art. 44 n° 10 L. 28 avril 1816 et au droit de 4 fr. 50 cent. par l'art. 4 L. 28 février 1872.

7497. Pluralité. — Quel que soit le nombre des enchères contenues dans un procès-verbal, il n'est dû qu'un seul droit, par application des art. 11 et 68 § 1er n° 43 L. 22 frimaire an 7 (3635 J. E.).

7498. Acte en conséquence. — Lorsqu'il est dressé un procès-verbal d'enchères, ce procès-verbal doit être enregistré avant de procéder à l'adjudication, conformément à l'art. 41 L. 22 frimaire an 7 (Sol. 16 nov. 1839, 3426 J. E.) ;

— à moins que ce ne soit un officier public qui procède à la vente, auquel cas il peut présenter en même temps les deux actes à la formalité (art. 56 L. 28 avr. 1816.) — **V. Acte en conséquence.**

7499. Vacations. — Les procès-verbaux de réception d'enchères et d'adjudication, faits en plusieurs jours, doivent se clore après chaque vacation, et chaque vacation s'enregistre dans le délai ordinaire des actes notariés (Sol. 2 vent. an 7, Déc. 10 brum. an 14, Dél. 16 nov. 1809, 515, 3426 J. E., 296 I. G.).

7500. Autorité administrative. — Les procès-verbaux d'enchères par actes séparés, rédigés par les maires et autres autorités administratives, étaient autrefois sujets à l'enregistrement (3635, 3988, 4072 J. E., Déc. 9 fév. 1813, 4561 J. E.) ; — à moins qu'ils ne fissent que constater qu'il ne s'était point présenté d'enchérisseurs (5272 J. E.). — Mais ils ont été exemptés de la formalité par l'art. 78 L. 15 mai 1818, qui n'y assujettit que les adjudications, marchés, etc., et en exclut nécessairement un procès-verbal de *simple enchère* qui ne forme pas l'adjudication (Dél. 2 juill. 1823, 7492 J. E.).

ENDOSSEMENT.

7501. — C'est un acte mis au dos d'une lettre de change ou de tout autre effet négociable par la voie de l'ordre, au moyen duquel le propriétaire en transmet la propriété, ou donne seulement le pouvoir d'en recevoir le montant ou d'en faire la négociation pour son compte personnel.

Nous avons traité de l'endossement au mot *Effet de commerce*. Nous n'avons rien à ajouter ici.

ENFANT.

DIVISION

SOMMAIRE

TITRE PREMIER. — DISPOSITIONS GÉNÉRALES

[7502-7514]

7502. Définition. — *Enfant* est un mot par lequel on désigne l'homme dans un âge peu avancé.

Ce mot se dit aussi de l'individu considéré dans ses rapports avec ses père et mère. C'est à ce point de vue que nous l'envisageons ici.

7503. Descendants. Le mot enfant s'applique aux *petits-enfants*, aux descendants à quelque degré qu'ils soient. C'est la règle généralement admise, mais elle peut être modifiée suivant les circonstances et l'intention présumée des disposants (Merlin *Quest. de droit* § 1ᵉʳ; C. Poitiers 10 août 1858, 1148 R. P.; — Metz 6 avr. 1870, S. 70-2-285, Demolombe *Donat.* t. 2 n° 75).

Cette règle est tellement vraie, que dans les art. 1040 et 1042 C. C. le législateur a cru nécessaire d'ajouter les termes au *premier degré seulement,* pour exclure les petits-enfants.

7504. Enfant qui n'est pas encore né. — L'état de l'enfant qui est dans le sein de sa mère ne peut être déterminé que par la naissance. Jusque-là, l'enfant n'est autre chose qu'une portion de sa mère, une partie de ses entrailles (L. 2 § 1ᵉʳ D. de *Inspiciendo ventre,* etc.).

7505. Intérêts de l'enfant. — Mais la présomption qu'il naîtra vivant (et viable), fait que quand il est question de ses intérêts, on le regarde comme s'il était né : *qui in utero est, pro jam nato habetur, quoties de commodis ejus agitur.* C'est dans ce sens que les lois disent que l'enfant qui est dans le sein de sa mère lorsque son père vient à mourir, doit être regardé comme né (L. 153 D. *de Verb. sign.*). La loi veille à ses intérêts comme s'il était déjà né. Ainsi, elle veut que l'on nomme non un tuteur à la personne de l'enfant mais un curateur au ventre. Ainsi encore, elle lui conserve les successions qui peuvent lui échoir avant sa naissance (725 C. C.).

7506. Présomption de conception. — Mais comment saura-t-on si l'enfant qui naît après l'ouverture d'une succession était ou non conçu à l'époque de cette ouverture ?

La difficulté vient de ce que les art. 312, 314, 315 C. C., qui fixent le minimum et le maximum de la durée légale de la grossesse, n'ont eu pour but que de déterminer l'état de l'enfant et de décider une question de légitimité, en sorte que l'on pourrait supposer que, hors de cette hypothèse, la présomption légale n'existe plus pour les autres cas où il peut y avoir lieu de préciser l'époque de la conception ; comme, par exemple dans le cas de l'art. 725, lorsqu'il s'agit de savoir si l'enfant était ou n'était pas encore conçu à l'époque de l'ouverture d'une succession.

Un arrêt rendu par la cour d'appel de Grenoble, le 20 janvier 1853 (32 R. P.), a tranché la difficulté en décidant que la présomption déterminée par les art. 312 à 315 C. C. s'applique à la capacité de succéder, aussi bien qu'à la légitimité ; et c'est aussi la doctrine qui a triomphé devant la cour de Poitiers, le 24 juillet 1865.

Cependant les auteurs sont divisés sur la question.

Les uns, se fondant sur les motifs invoqués par les cours de Grenoble et de Poitiers, soutiennent que les art. 312 à 315 ne s'appliquent qu'à la légitimité (Zachariæ § 592 nº 2, Toullier t. 4 nº 93, Duranton t. 6 nº 72, Vazeille *des Successions*, sur l'art. 725, Delvincourt t. 2 p. 411 nº 4).

Les autres, au contraire (Chabot *des Successions*, sur l'art. 725 nº 7, Coin-Delisle *Donations* art. 906 nº 7, Marcadé art. 725 nº 2, Demolombe t. 5 nº 100), veulent que la règle de l'art. 312 C. C. s'applique en matière de succession et que l'aptitude d'un enfant à succéder, comme ayant été conçu lors de l'ouverture, soit légalement présumée quand elle sera la conséquence de la légitimité présumée de cet enfant. — Mais lorsqu'il n'y aura aucun rapport entre la question de capacité de succéder à la légitimité, il leur paraît impossible d'invoquer les présomptions de l'art. 312. « Ce sera en ce cas, dit Demolombe, *loc. cit.*, une question de fait, pour laquelle les magistrats sans doute pourront s'aider, par voie d'analogie, des présomptions admises par la loi pour le cas de légitimité, mais qu'ils devront décider toujours d'après les circonstances, d'après l'état et la conformation de l'enfant, etc. »

Quoi qu'il en soit, la jurisprudence doit être regardée comme fixée dans le sens des arrêts de Grenoble et de Poitiers, qui sont d'ailleurs conformes à plusieurs autres arrêts rendus par des cours d'appel et par la Cour suprême (Paris 10 juill. 1819,

S. 1891-2-213 ; — Cass. 8 fév. 1821, S. 1821-1-404 ; — Orléans 16 mars 1832 ; — Cass. 28 nov. 1833, D. 1835-1-35).

7507. Viabilité. — L'enfant qui n'est pas né viable ne peut ni succéder ni recueillir les libéralités faites en sa faveur soit par donation, soit par testament (725, 906 C. C.). Mais quand un enfant sera-t-il réputé viable ? Cette question a toujours embarrassé les jurisconsultes et les gens de l'art. Nous n'avons pas à l'examiner ici, car elle est uniquement dans le domaine des juges.

Quoi qu'il en soit, Chabot sur l'art. 725 C. C. enseigne qu'on ne doit pas considérer quelle a été la durée de la vie de l'enfant pour décider qu'il a joui de sa capacité de succéder depuis le moment de sa conception ; qu'il suffit qu'il soit né, c'est-à-dire qu'il ait vécu après qu'il a été sorti du sein de sa mère et lors même qu'il serait décédé immédiatement après sa naissance, pour qu'il ait eu la capacité non-seulement de recueillir, mais encore de transmettre les successions qui lui sont échues depuis le moment de sa conception jusqu'à celui de sa mort. Cependant, il faut, pour que ces conditions s'accomplissent, que l'enfant soit né viable, car peu importerait qu'il eût vécu peu ou quelques instants après sa naissance, si d'ailleurs il était impossible qu'il restât vivant.

Dans une espèce où un enfant avait vécu quatre heures, l'Administration a décidé que cet enfant avait hérité et transmis sa succession, bien qu'un certificat de médecin eût constaté que l'enfant n'était pas né viable (Dél. 7 janv. 1831, 9884 J. E.).

Dans une autre espèce, au contraire, où l'enfant, d'après un certificat du médecin, était né avant le cent quatre-vingtième jour de sa conception, une Sol. 24 novembre 1829 a reconnu qu'il y avait eu erreur de fait (886 § 30 I. G.) dans la déclaration de la succession de cet enfant, ce qui rendait les droits payés restituables (9467 J. E., 1306 § 10 I. G.).

7508. Enfants jumeaux. — Lorsque deux ou plusieurs enfants viennent au monde d'un seul accouchement, c'est celui qui a vu le jour le premier qui est l'aîné (Nouv. Denisart vº *Aînesse*).

7509. Enfant abandonné. — Les enfants abandonnés sont particulièrement ceux qui, nés de pères ou de mères inconnus, et d'abord élevés par eux, ou par d'autres personnes à leur décharge, en sont délaissés sans qu'on sache ce que les pères et mères sont devenus, ou sans qu'on puisse recourir à eux (Déc. 19 janv. 1811).

7510. Enfant exposé. — Les enfants exposés sont ceux qui ont été exposés et délaissés en un lieu quelconque, solitaire ou non (349 et 352 C. pén.).

7511. Enfant trouvé. — Enfin, les enfants *trouvés*, que l'on nomme aussi les *enfants assistés*, sont ceux qui, nés de pères et de mères inconnus, ont été trouvés exposés dans un lieu quelconque, ou portés dans les hospices destinés à les recevoir (Déc. 19 janv. 1811).

7512. Biens des enfants admis dans les hospices. — Si les enfants admis dans les hospices ont des biens, le receveur de l'hospice remplira à cet égard les mêmes fonctions que pour les biens des hospices. En cas d'émancipation, il remplira celle de curateur (L. 15 pluv. an 13, art. 5).

Les capitaux qui appartiendront ou écherront aux enfants admis dans les hospices seront placés dans les Monts-de-piété; dans les communes où il n'y aura pas de Mont-de-piété, ces capitaux seront placés à la caisse d'amortissement, pourvu que chaque somme ne soit pas au-dessous de 150 francs; auquel cas il en sera disposé selon que le règlera la commission administrative (*Ibid.* art. 6).

Les revenus des biens et capitaux appartenant aux enfants admis dans les hospices seront perçus, jusqu'à leur sortie desdits hospices, à titre d'indemnité des frais de leur nourriture et entretien (**L. 15 pluv. an 13 art. 7**).

7513. Succession. — Si l'enfant décède avant sa sortie de l'hospice, son émancipation ou sa majorité, ses biens appartiendront en propriété à l'hospice, lequel en pourra être envoyé en possession, à la diligence du receveur, et sur les conclusions du ministère public. — V. *Déshérence et Succession.*

7514. Héritiers. — S'il se présente ensuite des héritiers, ils ne pourront répéter les fruits que du jour de la demande (L. 15 pluviôse an 13, art. 8).

Les héritiers qui se présenteront pour recueillir la succession d'un enfant décédé avant sa sortie de l'hospice, son émancipation ou sa majorité, seront tenus d'indemniser l'hospice des aliments fournis et des dépenses faites à l'enfant décédé, pendant le temps qu'il sera resté à la charge de l'administration, sauf à faire entrer en compensation, jusqu'à due concurrence, les revenus perçus par l'hospice (*Ibid.* art. 9).

TITRE II. — DES ENFANTS LÉGITIMES

[7515-7529]

7515. Définition. — On appelle légitimes, les enfants conçus ou fictivement réputés conçus dans le mariage, valable ou putatif, de leurs père et mère.

7516. Diverses espèces d'enfants légitimes. — Il y a trois espèces d'enfants légitimes : 1° l'enfant légitime proprement dit: c'est celui dont les père et mère étaient mariés ensemble au moment de sa conception ; — 2° l'enfant légitime improprement dit, ou tacitement légitimé: c'est celui dont les père et mère se sont mariés dans l'intervalle entre sa conception et sa naissance ; — 3° l'enfant formel-

lement légitime : c'est celui dont les père et mère ne se sont mariés qu'après sa naissance.

CHAPITRE PREMIER. — DES ENFANTS LÉGITIMES PROPREMENT DITS

[7517-7519]

7517. Présomption de légitimité. — Puisque c'est la conception en mariage qui donne à l'enfant la qualité de légitime, il faut, lorsqu'une femme mariée accouche, rechercher quels sont et l'époque et l'auteur de la conception de l'enfant. Or, chacun de ces deux points restant couvert d'un voile impénétrable, c'est par des présomptions que la loi a dû procéder pour les déterminer.

L'enfant a pour lui la présomption de filiation légitime, lorsqu'il est né au plus tôt le cent quatre-vingtième jour après celui de la célébration du mariage, ou, ce qui revient au même, cent soixante-dix-huit jours pleins, auxquels on ajoute celui du mariage et celui de la naissance, ce qui fait cent quatre-vingt (Duranton t. 3 n° 32, Marcadé sur l'art. 312; — *Contrà* Toullier t. 2 n° 792, Valette sur Proudhon t. 2 p. 86, Demolombe t. 5 n° 19).

L'enfant né au plus tard le trois centième jour, à partir du jour de la dissolution du mariage, c'est-à-dire le trois centième jour après le jour de la dissolution du mariage, *ce jour non compris* (Duranton t. 3 n° 44, Marcadé sur l'art. 315, Demolombe t. 5 n° 19), est présumé légitime.

Le délai se compte *de die ad diem*, c'est-à-dire par durée de vingt-quatre heures, de minuit à minuit, et non de *momento ad momentum* (Cass. 8 fév. 1869, S. 69-1-294).

7518. Désaveu de maternité. — L'enfant né d'une femme mariée, dans les limites ci-dessus déterminées, a pour lui la présomption de légitimité, et présumé le fils du mari de cette femme; en supposant d'ailleurs qu'il puisse être au besoin prouvé par l'enfant que cette femme est sa mère. Néanmoins, alors le mari peut, dans les cas suivants, mais dans ces cas seulement, désavouer l'enfant, c'est-à-dire lui contester la qualité d'enfant légitime : 1° s'il peut prouver que, soit pour cause d'éloignement, soit par suite d'un accident, il lui a été physiquement impossible de cohabiter avec sa femme dans l'intervalle du cent huitième au trois centième jour avant la naissance de l'enfant ; — 2° si la naissance de l'enfant lui a été cachée, et s'il peut prouver qu'il n'est pas le père de l'enfant, et que cette paternité appartient à un autre (312-313 C. C.).

1. ACTE DE NAISSANCE. — La preuve de la filiation légitime s'établit, lorsque d'ailleurs il est prouvé que le père et la mère sont mariés, par l'acte de naissance dûment inscrit sur les registres de l'état civil (319 C. C.), lors même que cet acte, indiquant le nom de la mère, n'indiquerait pas en même temps le nom du père, ou lors même que, dans cet acte, l'enfant serait désigné comme né d'un père inconnu ou d'un autre que le mari de la femme, pourvu toutefois que

l'identité de l'enfant soit reconnue ou puisse être prouvée. L'acte de naissance prouve la filiation légitime, même dans le cas où l'enfant n'a pas la possession d'état pour lui, ou l'a même contre lui (320 C. C.), ainsi que dans tous les cas où la teneur de l'acte a été ultérieurement révoquée par une déclaration de la mère ou par un désaveu irrégulier du père. Réciproquement, l'enfant ne peut invoquer contre l'acte de naissance une possession d'état qui le contredit (Zachariæ § 162).

2. POSSESSION D'ÉTAT. — Quand l'enfant n'a pas d'acte de naissance à présenter, soit parce qu'il ignore où cet acte se trouve, soit parce que l'acte a été mis hors d'état de servir, soit enfin parce qu'il n'en a pas été dressé; ou bien encore, quand l'acte est présenté, mais qu'il n'indique pas de filiation, alors l'enfant peut établir cette filiation en prouvant simplement qu'il est en possession de l'état d'enfant légitime des deux époux, c'est-à-dire que, pour être légalement tenu pour légitime, il suffit de constater un ensemble de faits desquels il résulte qu'il a été traité comme tel par les époux, et qu'il a publiquement joui de ce titre dans la famille et dans la société (320, 321 C. C.). — V. 7570.

Si l'acte de mariage des père et mère n'est pas représenté, l'enfant doit établir qu'ils avaient la possession d'état d'époux c'est-à-dire qu'ils ont vécu publiquement comme mari et femme (Cass. 10 juin 1867, S. 67-1-345; 18 mars 1868, S. 68-1-265; — Lyon 28 mai 1869, S. 70-2-14).

3. PREUVE TESTIMONIALE. — Quand l'enfant ne peut établir sa filiation ni par titre ni par possession d'état, la loi lui permet de le faire par témoins. Ceci s'applique à quatre cas : 1° quand l'enfant est sans titre (c'est-à-dire s'il n'a pas d'acte de naissance ou si l'acte n'indique pas de filiation) et aussi sans possession; — 2° quand il a un titre contraire à sa prétention, et pas de possession; — 3° quand il n'a pas de titre et une possession contraire à sa prétention ; — 4° enfin, quand il a un titre et une possession contraires tous deux à sa prétention, et contraires aussi l'un à l'autre.

C'est à lui alors, d'établir directement que la femme mariée qu'il dit sa mère est vraiment accouchée d'un enfant, et qu'il est bien cet enfant. Une fois que sa maternité est ainsi établie par cette preuve de l'accouchement de la femme et de l'identité de l'enfant, la paternité en découle de plein droit et sans aucune preuve nouvelle (Marcadé sur l'art. 323).

7519. Preuve de filiation. — L'enfant qui réclame ou à qui l'on conteste l'état de légitimité a trois moyens, subsidiaires l'un à l'autre, d'établir sa filiation : 1° l'acte de naissance; — 2° la possession d'état; — 3° la preuve testimoniale. — V. 7524.

CHAPITRE II. — DES ENFANTS LÉGITIMES
IMPROPREMENT DITS

[7520-7524]

7520. Règles. — L'enfant dont la conception a lieu hors du mariage, mais dont le père et la mère se marient pendant la grossesse de celle-ci, se trouve par là tacitement légitimé. Comme cet enfant devient ainsi légitime dès le sein même de sa mère et naît avec cette qualité, le système des dispositions qui le concernent embrasse tout l'ensemble des règles relatives aux enfants légitimes proprement dits et quelques règles relatives aux enfants légitimés, dont nous parlerons ci-après.

Ainsi, dans la légitimation tacite comme dans la légitimation formelle : 1° l'effet se produit de plein droit; — 2° il faut que la conception n'ait été ni adultérine ni incestueuse ; — 3° l'enfant ne peut jamais réclamer, à titre de légitime, les droits ouverts avant la célébration.

7521. Différence entre l'enfant légitime proprement dit, et l'enfant légitime improprement dit. — Ces deux dernières règles amènent des différences importantes entre l'enfant tacitement légitimé et l'enfant vraiment légitime. Ainsi : 1° tandis que l'enfant adultérin ou incestueux en fait serait pleinement légitime en droit, si le mariage putatif de ses père et mère a précédé sa conception, ce même enfant né serait ni légitime par le mariage putatif non valable que ses père et mère contracteraient avant sa naissance, mais après sa conception ; — 2° tandis que l'enfant légitime recueille tous les droits ouverts depuis sa conception, l'enfant tacitement légitimé perd tous ceux ouverts avant le mariage quoique postérieurement à sa conception (Cass. 11 mars 1811 ; — C. Paris 21 déc. 1812, Marcadé sur les art. 314 et 331). — V. 7527.

7522. Paternité. — Mais il n'est pas nécessaire, dans la légitimation tacite, qu'une connaissance formelle de la filiation soit légalement acquise au moment de la célébration du mariage. La loi, lors de la naissance dans le mariage, et à côté de la maternité qui est certaine, tire elle-même par présomption, et avec effet rétroactif au jour du mariage, la connaissance de la paternité du mari. En conséquence, celui qui épouse une femme enceinte est, jusqu'à désaveu, le père de l'enfant qu'elle porte (*Idem* art. 314).

7523. Désaveu. — Mais ici le désaveu résulte d'une simple dénégation de la paternité du mari. Toutefois, ce désaveu devient impossible dans deux cas : 1° quand il est prouvé que le mari a eu connaissance de la grossesse avant le mariage ; — 2° quand il a avoué sa paternité formellement ou tacitement, par exemple en venant signer l'acte de naissance, en nommant un tuteur à l'enfant dans la prévoyance d'une mort prochaine, etc. Le désaveu est encore impossible, comme dans le cas de conception en mariage, quand l'enfant n'est pas né viable (*Ibid.*).

7524. Filiation. — Sauf la modification résultant de l'extrême facilité du désaveu, la filiation de l'enfant dont il s'agit ici suit, en cas de contestation, toutes les règles établies pour l'enfant légitime proprement dit. Ainsi, par exemple, elle se prouve par l'un des trois moyens de l'acte de naissance, de la possession d'état et de la preuve testimoniale. En un mot, à part les différences dont l'indication a été faite n° 7521, il faut appliquer à l'enfant tacitement légitimé tout ce qui a été dit dans le paragraphe précédent, pour l'enfant rigoureusement légitime.

CHAPITRE III. — DES ENFANTS LÉGITIMÉS.

[7525-7529]

7525. Légitimation. — La légitimation est une fiction qui fait réputer conçu dans le mariage de ses père et mère, et par conséquent légitime, l'enfant né avant ce mariage. Elle s'opère de plein droit, à l'insu ou même contre le gré, soit des parents, soit de l'enfant, par l'effet du mariage valable ou putatif des père et mère, quand même l'un des deux ou chacun d'eux, dans l'intervalle de la naissance à ce mariage, aurait contracté mariage avec une autre personne. Mais elle n'a lieu que sous ces deux conditions : 1° que dès avant le mariage, ou au plus tard au moment même de la célébration, l'enfant soit reconnu légalement, et par l'un des deux moyens qui seront indiqués ci-après, pour l'enfant des deux époux ; — 2° que la conception de cet enfant n'a été ni adultérine ni incestueuse, comme on le verra au n° 7535 (Marcadé sur l'art. 334).

7526. Décès de l'enfant à légitimer. — Après le décès d'un enfant naturel qui a laissé des descendants légitimes (légitimes *lato sensu*), sa légitimation s'opère au profit de ceux-ci, sous les mêmes conditions (art. 332).

7527. Successions ouvertes avant la légitimation. — L'effet de la légitimation, avons-nous dit n° 7525, est de faire regarder l'enfant comme conçu dans le mariage. Ce n'est pas la célébration du mariage qui remonte fictivement au jour de sa conception ; c'est sa conception et sa naissance qui descendent fictivement au jour de la célébration. En conséquence, il n'est légalement légitime que pour le temps postérieur à cette célébration ; en sorte qu'il ne pourrait réclamer, à ce titre, aucun droit ouvert avant ce moment, et qu'il serait légalement plus jeune que ses frères et sœurs légitimes nés du mariage intermédiaire de l'un de ces auteurs (art. 333). — *V.* 7521.

7528. Preuve pour arriver à la légitimation. — En cas de contestation, l'enfant dont il s'agit, pour établir sa légitimité, n'aurait à prouver qu'une chose, savoir : qu'au moment de la célébration du mariage (que l'on suppose toujours constant), il était également connu pour l'enfant naturel de chacun des deux époux. Les règles relatives à cette preuve et à la contestation qui pourrait en être faite ne sont pas de notre domaine. — *V.* cependant n°° 7565 et suiv.

7529. Adoption par mariage. — Lorsqu'une femme, ayant un enfant naturel, se marie, et que, dans le contrat de mariage, les futurs époux déclarent adopter cet enfant et vouloir qu'il ait les mêmes droits que ceux qui naîtraient de leur union, ce genre d'adoption ne peut équivaloir à une légitimation par mariage et produire les mêmes effets (C. Metz 19 janv. 1826).

TITRE III. — DES ENFANTS NATURELS

[7530-7672]

7530. Définition. — L'enfant naturel est celui qui est né hors mariage.

7531. Diverses sortes d'enfants naturels. — Les enfants naturels se divisent en deux classes : la première comprend les enfants naturels proprement dits, c'est-à-dire ceux qui sont nés d'individus capables de s'unir par mariage au moment de la conception desdits enfants ; la seconde comprend les enfants adultérins ou incestueux.

CHAPITRE PREMIER. — ENFANTS ADULTÉRINS OU INCESTUEUX

[7532-7540]

7532. Enfant adultérin. — On appelle ainsi l'enfant né du commerce illicite d'une femme mariée avec un autre homme que le sien, ou d'un homme marié avec une autre femme que la sienne.

7533. Enfant incestueux. — C'est celui qui a reçu le jour d'un commerce illicite de deux personnes entre lesquelles le mariage est prohibé par la loi, pour cause de parenté ou alliance.

7534. Dispositions communes. — Les enfants adultérins et les enfants incestueux sont assimilés les uns aux autres pour toutes les prohibitions prononcées contre eux par la loi. Donc, tout ce que nous allons dire des enfants adultérins s'appliquera aux enfants incestueux.

7535. Sévérité du législateur.

— Fruits malheureux de la violation de la loi conjugale, les enfants adultérins ont toujours été marqués du sceau de la réprobation. La sainteté du mariage, le respect des mœurs, l'intérêt des familles, ont été les motifs de la juste sévérité du législateur. Aussi, d'après le C. C., les enfants adultérins ne peuvent être reconnus comme enfants naturels (335) ; ils sont exclus du bénéfice de la légitimation par mariage subséquent (331) ; la recherche soit de la paternité, soit de la maternité, leur est interdite (342) ; ils n'ont à espérer aucune espèce de droit héréditaire (762) ; ils sont incapables de rien recevoir de leurs père et mère par donation ou testament (762) ; ils ne peuvent recevoir que des aliments.

7536. Reconnaissance volontaire.

— La reconnaissance *volontaire* d'un enfant adultérin est absolument interdite (C. C. 335). C'est l'aveu *d'un crime*, disait-on au conseil d'État, que les mœurs défendent de révéler

Une telle reconnaissance suffira-t-elle au moins pour donner à l'enfant l'action en aliments? Non. Elle est entièrement nulle. Elle n'existe pas aux yeux de la loi. L'intention de ne laisser subsister aucune trace de crime a été manifestée, à plusieurs reprises, au conseil d'État. Donner des aliments à l'enfant, ce serait encourager des reconnaissances que la morale proscrit. Il y a bien, à la vérité, obligation *naturelle* de nourrir ses enfants ; mais pour que cette obligation soit la source d'une action judiciaire, il ne faut pas qu'elle repose sur une cause *illicite*; or, telle est la clause *contraire aux bonnes mœurs et à l'ordre public* (1133 C. C. ; — C. Paris 13 août 1812; — Cass. 28 juin 1815; 6 avr. 1820, 2180, 2535 J. N.; 15 juill. 1846, D. 46-1-342, et 1er mai 1861, 1534 R. P., D. 61-1-241, Chabot t. 2 p. 276 à 313, Duranton t. 6 n° 330 et t. 3 nos 193 à 269, Malleville t. 2 p. 243; — *Contra* Merlin *Rép.* v° *Filiation* n° 21, Toullier t. 2 n° 967, Siméon *Exposé des motifs* sur les art. 762, 763 C. C.). L'art. 335, objectent ces derniers auteurs, n'a pour objet, en prohibant la reconnaissance, que d'écarter l'adultérin des successions irrégulières, pour le distinguer du bâtard simple.

Par le même motif, un enfant ne peut être privé de recueillir la succession de son père, ni les legs qu'il lui a faits, sous le prétexte qu'il est enfant adultérin, lors même que la reconnaissance de paternité qu'il rapporterait renfermerait l'aveu de l'adultérinité. La jurisprudence est fixée à cet égard (Cass. 14 mai 1810, 14 mai 1811, 28 juin 1815, 17 déc. 1816, 1er avr. 1818, 11 nov. 1810 et 9 mars 1824). L'espèce de ce dernier arrêt était cependant bien peu favorable pour l'enfant : indépendamment de la reconnaissance du père, renfermée dans l'acte de l'état civil, l'époque présumée de la conception de l'enfant venait établir l'adultérinité (743, 1703, 2139, 2369, 3449 et 4663 J. N.). La même solution s'applique aux dispositions entre-vifs (Grenoble 6 fév. 1845, 46-2-344 D. P. ; — Cass. 19 avr. 1847, D. 47-1-128; — Besançon 20 fév. 1844, D. 45-4-277; — Lyon 22 janv. 1856, D. 56-2-256).

7537. Reconnaissance forcée.

— La loi jette sur les filiations adultérines ou incestueuses un voile qu'elle défend de lever et qui ne permet de les connaître légalement que quand le voile se trouve déchiré par la force même des choses Toute reconnaissance volontaire de la part des auteurs, toute action de la part des enfants et de tous autres, sont sévèrement prohibées quand elles ont pour objet la révélation d'un adultère ou d'un inceste. La filiation adultérine ne peut être établie que dans trois cas : 1° s'il y a désaveu de paternité, selon l'art. 312 C. C.; — 2° s'il y a enlèvement suivi de grossesse (*Ibid.* 340); — 3° si le mariage est nul pour bigamie, et qu'il n'y ait bonne foi de la part ni de l'un ni de l'autre des époux. C'est pour ces diverses hypothèses que la loi a accordé à l'enfant adultérin l'action en aliments (3535 J. N.; — Cass. 31 juill. 1860, S. 60-1-833, Demolombe t. 5 n° 581).

1. DROIT HÉRÉDITAIRE. — L'enfant adultérin ou incestueux n'est pas héritier, car évidemment l'art. 756, quoiqu'il ne soit pas rappelé dans l'art. 762, ne lui est pas plus applicable que les art. 757 et 758. A la différence de l'enfant naturel, il n'a aucun droit héréditaire ; il n'est même pas un successeur irrégulier et l'État lui serait préféré (Nîmes 13 juill. 1824, S. 1825-2-318, Chabot art. 762 n° 2, Malpel n° 173, Poujol art. 765 n° 4, Bedel de *l'Adultère* n° 102, Zachariæ, Aubry et Rau t. 4 n° 97, Demolombe t. 14 n° 124). — Il n'est que créancier d'une dette d'aliments et son droit offre tous les caractères d'une créance (Merlin *Quest.* v° *Réserv.* § 1er, Malpel 172, Demante t. 3 n° 82 bis, Demolombe *loc. cit.*).

7538. Succession.

— A qui passe la succession de l'enfant adultérin ? A ses descendants et, à leur défaut, au conjoint survivant ou à l'État. Si l'enfant ne succède pas à ses père et mère, il y a plus de raison encore pour que ceux-ci, les seuls coupables, ne succèdent pas à l'enfant. La successibilité, d'ailleurs, est généralement réciproque (Chabot t. 2 p. 333, Malpel n° 173, Bedel n° 104, Poujol art. 765 n° 4, Marcadé art. 766 n° 4, Zachariæ, Aubry et Rau t. 4 p. 95, Demolombe t. 5 n° 595 et t. 14 n° 137).

Il est également reconnu que les frères et sœurs d'un enfant adultérin ne peuvent lui succéder en aucun cas et pour aucune espèce de biens (Chabot art. 765 n° 7, Malpel n° 173, Poujol art. 765 n° 4, Zachariæ, Aubry et Rau t. 4 p. 97, Massé et Vergé t. 2 p. 283, Demolombe t. 14 n° 138. — *V.* cependant Duranton t. 6 n° 339).

L'enfant adultérin étant toujours étranger, le legs qui lui est fait est sujet au droit de 9 0/0 (Sol. 29 mai 1876, 19769 J. E., 4488 R. P.; — Périgueux, 8 mars 1873). — Il a été cependant admis quelquefois que si la reconnaissance résulte d'un jugement, le droit de 1 pour 100 est seul dû (Sol. 29 août 1871).

7539. Adultérin.

— L'enfant adultérin ne peut être adopté, mais on doit respecter les adoptions antérieures au Code.

7540. Légitimation.

— Les enfants nés d'un commerce incestueux entre personnes pouvant contracter mariage avec l'autorisation du chef de l'État (tels que beaux-frères et belles-sœurs) sont légitimés par le mariage ultérieur de leur père et mère (Cass. 22 janv. 1867, S. 67-1-49; — Paris 20 juill. 1867, S. 67-2-312; — Aix 22 août 1867, S. 68-2-278; — Cass. 27 janv. 1874, S. 74-1-108. — *Contra* C. Colmar 13 mars 1866, S. 66-2-199;—Douai 1er juill. 1864, S. 64-2-182)

CHAPITRE II. — ENFANTS NATURELS

[7541 - 7575]

7541. Définition. — On appelle enfants naturels proprement dits les enfants issus de deux personnes qui, au
moment de la conception, n'étaient ni mariées, soit entre
elles, soit avec d'autres, ni parents ou alliées entre elles au
degré prohibé pour le mariage.

7542. Filiation. — La loi permet d'établir juridiquement la filiation de ces enfants, et elle donne deux moyens
de le faire : 1° la reconnaissance volontaire des auteurs ; —
2° la déclaration judiciaire intervenue sur la preuve faite en
justice.

SECTION PREMIÈRE. — RECONNAISSANCE VOLONTAIRE

[7543 - 7564]

7543. Acte de mariage. — La reconnaissance de
l'enfant naturel par l'acte de célébration du mariage de ses
père et mère le légitime (art. 331 et suiv. C. C.).

7544. Acte authentique. — La reconnaissance d'un
enfant naturel doit être faite par un acte authentique, lorsqu'elle ne l'a pas été dans son acte de naissance (334 C. C.).

7545. La reconnaissance est personnelle. —
La reconnaissance, étant l'aveu d'un fait personnel et devant
être toute volontaire, ne peut être passée que par l'auteur
lui-même ou son mandataire spécial, en sorte que chacun des
auteurs reste entièrement indépendant des déclarations que
l'autre pourrait faire. Ainsi, l'indication que le père ferait de
la mère sans procuration de celle-ci serait insignifiante, et
l'allégation faite par la mère que tel homme est le père resterait également sans effet (Marcadé sur l'art. 336).

7546. Tarif. — Le tarif des reconnaissances des enfants
naturels présente deux nuances tout à fait caractérisées.

1. LÉGITIMATION. — La première se rapporte à la reconnaissance qui emporte légitimation de l'enfant naturel, c'est
celle qui a lieu dans l'acte de célébration de mariage (7543).
Elle est soumise au droit de 3 francs par l'art. 43 n° 22
L. 28 avril 1816, et par l'art. 4 L. 28 février 1872.

2. RECONNAISSANCE N'EMPORTANT PAS LÉGITIMA-
TION. — La seconde est la reconnaissance pure et simple

qui ne fait que donner à l'enfant son état d'enfant naturel
d'un tel ou d'une telle, mais le laisse en dehors de la légitimité. Cette reconnaissance est celle qui a lieu par tout
autre acte que celui de la célébration du mariage des père
et mère. Elle est tarifée au droit fixe de 7 fr. 50 cent. par
l'art. 45 n° 7 L. 28 avril 1816 et l'art. 4 L. 28 février 1872.

Dans ce sens, une D. m. f. 16 avril 1840 et une Sol.
15 avril 1843 ont reconnu que la loi n'établit aucune différence entre les reconnaissances faites à l'état civil ou par
devant notaire ; le droit de 5 francs (7 fr. 50 cent.) est dû dans
l'un comme dans l'autre cas, et il n'y a d'exception que pour
celui où les reconnaissances ont lieu par acte de célébration
de mariage.

1. INDIGENTS. — Les actes de reconnaissance d'enfants
naturels appartenant à des indigents sont visés pour timbre
et enregistrés gratis (L. 10 déc. 1850, art. 4).

7547. Contrat de mariage. — Décidé également
qu'il n'y a que les reconnaissances faites par acte de célébration qui, emportant légitimation de l'enfant naturel, soient
passibles du droit fixe de 3 francs ; toutes les autres, même
celles par contrat de mariage, donnent ouverture au droit de
7 fr. 50 cent. (11761, 11553-3 J. E.).

Ce dernier tarif a été appliqué notamment à une reconnaissance d'enfant naturel faite par un acte de l'état civil
autre que celui de la célébration du mariage (Sol. 25 nov.
1850).

**7548. Droit de 7 fr. 50 cent. non exclusif
de celui de 3 francs.** — L'existence d'un acte de
reconnaissance hors célébration qui aurait déjà subi le
droit de 7 fr. 50 cent. ne ferait pas obstacle à ce que le
droit de 3 francs fût perçu sur l'acte de célébration du
mariage qui emporterait légitimation de l'enfant naturel. En
effet, il est nécessaire, pour que la légitimation ait lieu, qu'au
moment du mariage l'enfant soit connu légalement pour appartenir aux deux personnes qui se marient. Il faut donc
qu'il existe à son profit, vis-à-vis de chacun des deux futurs
époux, ou un acte authentique de reconnaissance volontaire
(334 C. C.), ou une déclaration judiciaire de paternité ou de
maternité (340, 341 C. C.), ou enfin une reconnaissance
passée au moment même du mariage et constatée dans l'acte
de célébration. Sous cette condition, le mariage légitime l'enfant et le légitime de plein droit ; mais cette condition est
indispensable, et la reconnaissance volontaire ou forcée, intervenue seulement après la célébration, serait sans effet
quant à la légitimation (Marcadé sur l'art. 331).

Dès lors, la loi de 1816, en tarifant au droit de 2 francs
(3 fr.) la reconnaissance faite par l'acte de célébration,
suppose nécessairement qu'une reconnaissance antérieure a
pu exister. Il a donc été dans la pensée du législateur que la
perception du droit de 5 francs (7 fr. 50 cent.) n'est pas
exclusive de celle de 2 francs (3 fr.). — Une Sol. 14 janvier
1864 a décidé, en ce sens, que, si l'acte de reconnaissance
formelle et celui de légitimation sont présentés en même
temps à la formalité, les deux droits de 5 francs (7 fr. 50 cent.)
et de 2 francs (3 fr.) sont exigibles.

Néanmoins, comme nous venons de le dire, si la reconnaissance n'avait eu lieu qu'au moment même du mariage et n'était
constatée que dans l'acte de célébration, il ne serait pas dû
deux droits, l'un de 7 fr. 50 cent. et l'autre de 3 francs ; mais

seulement celui de 3 francs déterminé par l'art. 43 n° 22 L. 28 avril 1816.

Dans le cas inverse, c'est-à-dire si l'on présentait à l'enregistrement l'expédition d'un acte de reconnaissance portant qu'en marge de l'acte sur le registre il est écrit que l'enfant a été ultérieurement légitimé par le mariage, c'est le droit fixe de 7 fr. 50 cent., et non celui de 3 francs, qu'il faudrait percevoir. L'acte à enregistrer est une reconnaissance, non une légitimation; la mention de celle-ci est purement d'ordre : c'est le rappel d'un acte ultérieur pour lequel il existe un titre particulier (17664 J. E.).

7549. Pluralité. — La reconnaissance de plusieurs enfants naturels par les père et mère ne constitue qu'une disposition et n'opère qu'un droit (D. m. f. 5 août 1816 et 17 déc. 1819, 6625 J. E.). Celle de plusieurs enfants naturels par la même personne, dans le même acte notarié, ne donne également lieu qu'à un seul droit (Dél. 8 fév. 1826, 1407 Roll., D. N. t. 10 p. 577 nᵒˢ 129 et 130).

A plus forte raison, la reconnaissance d'un seul enfant naturel par des père et mère non mariés ne donne lieu qu'à un seul droit (Sol. 6 nov. 1856).

7550. Expédition. — Les reconnaissances, faites par actes de célébration de mariage ou autrement, doivent être enregistrées sur l'expédition. Les actes de l'espèce, antérieurs à la promulgation de la loi du 28 avril 1816, dont les expéditions auraient été délivrées postérieurement, sont soumis aux mêmes règles de perception (D. m. f. 5 août 1816, 5517 J. E.).

Il en est de même des reconnaissances faites dans les actes de naissance des enfants naturels par l'officier de l'état civil : seulement le droit est de 7 fr. 50 cent., comme s'il avait lieu par devant notaire (12847 J. E.).

Le droit d'enregistrement, à raison de reconnaissances d'enfants naturels faites devant l'officier de l'état civil, n'est perçu que sur la première expédition et sera délivré de chaque acte de reconnaissance; mais l'officier de l'état civil doit, sous sa responsabilité personnelle, faire mention, en marge de la *minute* de l'acte, de la formalité qui a été donnée à la première expédition; il doit aussi rappeler cette mention dans toutes les expéditions subséquentes qu'il est requis de délivrer; le droit d'enregistrement serait exigible sur les expéditions des actes de l'espèce, si elles étaient dépourvues de la mention de la formalité (D. m. f. 8 juin 1821, 6977, 12364 J. E., Demante n° 62, D. N. t. 10 p. 577 n° 133).

7551. Acte en conséquence. — Ces reconnaissances ne peuvent être mentionnées en marge des actes de naissance, sans avoir été préalablement enregistrées, qu'autant qu'elles ont été faites devant l'officier de l'état civil qui a reçu les actes de naissance auxquels elles s'appliquent; le droit d'enregistrement doit être perçu sur les expéditions d'acte de naissance faisant mention de reconnaissances d'enfants naturels, qui ne relateraient pas l'enregistrement de ces reconnaissances (D. m. f. 22 janv. 1819, 6276 J. E., 2840 J. N.).

7552. Débiteur du droit. — C'est sur la partie, et, à défaut d'elle seulement, sur l'officier de l'état civil, que doit se recouvrer le droit exigible sur la première expédition d'un acte de reconnaissance portant reconnaissance d'enfant naturel, non enregistrée avant d'avoir été délivrée (14923-2 J. E.).

7553. Délai. — Dans l'état actuel de la législation, les reconnaissances d'enfant naturel, faites par actes de l'état civil, sont-elles assujetties à l'enregistrement dans un délai déterminé ?

L'art. 20 L. 22 frimaire an 7 fixe à vingt jours le délai accordé pour l'enregistrement des actes des administrations municipales assujettis à cette formalité. Mais, comme l'art. 70 (même loi) en exemptait expressément les actes de naissance et de mariage, la disposition de l'art. 20 ne leur était pas applicable. Depuis cette époque, les art. 43 et 45 L. 28 avril 1816 ont abrogé l'exemption, lorsque ces actes contiennent reconnaissance d'enfant naturel, mais sans déterminer dans quel délai l'enregistrement doit avoir lieu : on peut douter, dès lors, que ces articles aient rendu applicable à ces actes la règle générale posée dans l'art. 20 L. 22 frimaire an 7. La décision portant que l'enregistrement aura lieu sur la première expédition vient à l'appui de cette opinion, car l'acte peut être expédié plus de vingt jours après sa date.

Il semble, par conséquent, qu'on doit s'en tenir à la décision du 5 août 1816 (V. 7550) et admettre que l'enregistrement des reconnaissances d'enfants naturels, par acte de naissance ou de célébration de mariage, ne doit avoir lieu que lors de la délivrance d'une première expédition et que les officiers de l'état civil sont tenus de faire mention de la date de l'enregistrement en marge de la minute de l'acte (12631-3, 12828-2 J. E.). — *Comp.* L. 15 mai 1818 art. 80.

7554. — Présomption de reconnaissance. — Exigibilité du droit. — Nous avons dit, au n° 7542, que la loi, permettant d'établir juridiquement la filiation des enfants naturels, donne deux moyens de le faire : 1° la reconnaissance volontaire des auteurs, dont nous nous occupons ici; — 2° la déclaration judiciaire intervenue sur la preuve faite en justice, dont nous parlerons dans le chapitre suivant.

Il résulte de là qu'une reconnaissance plus ou moins explicite qui résulterait d'un acte quelconque pourra bien être invoquée pour établir la filiation de l'enfant, mais elle ne peut donner ouverture au droit fixe de 7 fr. 50 cent. comme reconnaissance. Il faut, pour que le droit soit exigible, que la reconnaissance soit exprimée positivement, qu'elle soit l'objet spécial soit d'un acte, soit d'une disposition d'un acte, et qu'elle ne puisse donner matière à contestation.

C'est ce qui a été reconnu par une Sol. 22 juillet 1868, à propos d'un contrat portant la clause suivante : « Furent présents Jean Bouquet, fils majeur et naturel à Marie Bouquet, celle-ci ménagère..., aussi à ce présente et assistant sondit fils, d'une part. » Une déclaration de cette nature, quoique susceptible, dans certains cas, de produire les effets de la reconnaissance elle-même, n'est jamais qu'une simple énonciation, insuffisante pour justifier la perception d'un droit particulier. Ce droit n'est exigible que lorsque la reconnaissance est exprimée positivement et qu'elle est l'objet de l'acte ou d'une disposition de l'acte » (2891 R. P.).

Cela posé, indiquons quelques cas où la reconnaissance de l'enfant naturel a pu résulter suffisamment de certains actes et conférer ainsi l'état d'enfant naturel reconnu.

7555. Procuration. — Une procuration notariée, à l'effet de reconnaître un enfant naturel, vaut-elle comme reconnaissance, quand elle énonce positivement le fait de la paternité ? L'affirmative a été adoptée par des arrêts de Rennes du 13 juin 1817 (S. 5-2-293) ; — d'Angers du 16 avril 1822 (S. 7-2-54) ; — d'Aix du 30 mai 1866 (D. 66-2-201 ; — de Grenoble du 10 avril 1869 (S. 69-2-240) ;— de Paris du 22 juin 1872 (S. 72-2-191) ; et par un arrêt de cass. du 12 février 1868 (S. 68-1-165). — Mais la négative résulte d'un arrêt de Bourges du 6 juin 1860, motivé sur ce que la reconnaissance participe de la révocabilité de la procuration (S. 61-2-81).

7556. — Qualité prise et non contredite. — Un enfant naturel est authentiquement reconnu, lorsque, dans son contrat de mariage, il a pris la qualité de fils ou de fille d'un tel et que l'individu désigné comme père a approuvé et signé le contrat (C. Riom 29 juill. 1809, S. 10-2-266).

Il est, en effet, de jurisprudence, que la reconnaissance n'est soumise à aucune condition de temps ni de forme, elle peut résulter de simples faits, pourvu qu'ils ne laissent aucun doute sur l'intention de celui qui reconnaît (Cass. 26 mars 1866, S. 66-1-143; 30 nov. 1868, S. 69-1-66; Toullier t. 2 n° 927, Duvergier t. 2 n° 959, Duranton t. 3 n° 245, Taulier t. 1er p. 427. Demante t. 2 n° 646, Aubry et Rau 3e édit. t. 4 § 568 *bis* p. 680 n° 122. — V. Demolombe n° 384, Marcadé art. 336).

7557. Acte de naissance. — Celui qui, assistant à la rédaction de l'acte de naissance d'un enfant naturel, signe cet acte de naissance, en prenant la qualité de père, est censé par cela seul reconnaître l'enfant, encore que, dans l'acte, la qualité de père ne lui soit point attribuée (C. Colmar 24 mars 1813, S. 14-2-2).

Il en est de même, quoiqu'il n'ait pas signé l'acte de naissance, s'il est constaté qu'il y a été présent et qu'il a fait la déclaration de paternité (C. Angers 27 déc. 1854, S. 55-2-10, Demolombe t. 1er n° 285).

7558. Testament. — La qualification de son enfant naturel, donnée par un testateur dans son testament public, à une personne en faveur de laquelle il fait un legs, peut former au profit de l'enfant une reconnaissance valable (C. Bastia, 17 août 1829, S. 29-2-279). — V. 7563 et 7570-5.

1. RÉVOCATION. — La reconnaissance faite dans un testament authentique survit à la révocation du testament (Aubry et Rau 3e édit. t. 4 § 568 *quater* p, 690).

7559. Traité. — Lorsque deux personnes traitent ensemble, par acte notarié, dans les qualités respectives de père et d'enfant naturel, ce traité assure à la personne qui le signe comme enfant naturel tout l'effet d'une reconnaissance authentique (C. Bruxelles 17 juin 1807, S. 7-2-325 ; — Douai 22 juill. 1836, S. 57-2-33).

7560. Acte non enregistré. — L'art. 9 L. 5 et 19 décembre 1790, d'après lequel tout acte public dégénérait en acte sous seing privé, s'il n'était enregistré dans les délais, n'empêchait pas que l'enfant naturel reconnu par devant notaire n'ait un titre authentique de reconnaissance, dans le sens de l'art. 334, encore que cet acte ne soit pas enregistré (C. Bruxelles 12 janv. 1808, S. 10-2-343).

La loi du 19 décembre 1790 a été abrogée par la loi du 22 frimaire an 7.

7561. Aveu judiciaire. — Un aveu judiciaire de la paternité équivaut à une reconnaissance authentique dans le sens de l'art. 334 C. C. (C. Colmar 24 mars 1813, S. 14-2-1).

7562. Jugement. — La reconnaissance de maternité résultant d'un jugement a le même effet que la reconnaissance *volontaire* de la mère et donne ouverture, non-seulement au droit de simples aliments, mais aussi aux droits successifs accordés par les art. 756 et suiv. C. C. (C. Paris 27 juin 1812, S. 12-2-408).

7563. Acte sous seing privé. — Un acte sous seing privé contenant aveu de paternité n'est pas devenu, par la remise dans un dépôt public, un acte authentique de reconnaissance (C. Paris 18 juill. 1810, S. 11-2-12).

Il ne devient pas non plus authentique par son insertion, soit dans l'acte de naissance que reçoit l'officier public, soit dans un testament olographe (C. Limoges 27 août 1811, S. 12-2-237).

La reconnaissance d'un enfant naturel faite dans des écrits sous seing privé, spécialement dans une correspondance, est nulle et ne peut par elle-même servir de titre à réclamer des aliments au nom de l'enfant (C. Montpellier 7 déc. 1843, 11944 J. N. ; — C. Aix 14 juill. 1855, 519 R. P.).

1. SIGNATURE VÉRIFIÉE. — Cependant, si la signature de l'acte sous seing privé est reconnue ou vérifiée en justice, le sous seing vaut comme titre authentique de reconnaissance (Cass. 16 nov. 1808, S. 7-1-110 ; — *Contrà* C. Amiens 9 niv. an 12, S. 7-2-937).

2. ANNEXE. — Une lettre par laquelle un père avoue son enfant naturel est une reconnaissance authentique, lorsqu'elle est annexée au registre de l'état civil (C. Bruxelles 11 juill. 1808, S. 9-2-202).

La reconnaissance faite devant l'officier de l'état civil par un tiers, au nom du père, en vertu d'un mandat contenu dans une lettre, est nulle, bien que la lettre ait été déposée et annexée à l'acte (C. Riom 26 fév. 1817, S. 18-2-25).

3. VALIDITÉ COMME TESTAMENT. — L'acte sous seing privé par lequel on reconnaît un enfant naturel est nul comme

reconnaissance, mais il vaut comme *testament*, lorsqu'il contient d'ailleurs les formalités requises et qu'il énonce clairement l'intention du testateur d'attribuer une part dans sa succession à l'enfant naturel. Par exemple, si le testateur a dit : Je donne à mon enfant naturel la part qui lui revient, conformément à l'art. 757 C. C. (C. Rouen 20 juin 1817, S. 17-2-423).

4. RECONNAISSANCE PAR RAPPORT A LA MÈRE. — La disposition de l'art. 334, qui ne regarde comme valable la reconnaissance d'un enfant naturel qu'autant qu'elle est faite par acte authentique, ne peut être rigoureusement appliquée à la mère. En conséquence, la mère que le père, sans pouvoir, a désignée dans l'acte de naissance, et qui, soit dans un exploit, soit dans un acte de naissance, a pris la qualité de mère de l'enfant naturel, sans déclarer qu'elle entend le reconnaître, a fait néanmoins une reconnaissance valable et suffisante, dans le sens de l'art. 334 (Cass. 22 juin 1813, S. 13-1-281; — V. Colmar 8 mars 1864, D. 64-2-85; — et Metz 21 juin 1853, D. 56-2-193; — Cass. 1er juin 1853, D. 53-1-177; — 19 nov. 1856, D. 56-1-412).

La femme qui, déjà indiquée dans l'acte de naissance d'un enfant naturel, comme *mère* de cet enfant, réclame et obtient l'envoi en possession des biens de l'enfant absent, en le qualifiant *son fils*, a par là même fait la reconnaissance authentique de sa maternité (C. Nîmes 11 juill. 1827, S. 28-2-56).

Aux termes de l'art. 336 (portant que « la reconnaissance du père, sans l'indication et l'aveu de la mère, n'a d'effet qu'à l'égard du père »), lorsque le père a reconnu l'enfant et indiqué la mère, l'aveu de la mère, exigé en plus par la loi, peut être suffisant, quoi qu'il ne soit pas formel; il peut résulter de ce que la mère a comparu personnellement, du vivant de l'enfant, dans l'inventaire auquel il a été procédé après le décès du père, et qu'elle y a fait divers dires et réclamations qui confirment l'indication de maternité contenue dans l'acte de naissance (Cass. 26 avr. 1824, S. 24-1-317; — V. également Bordeaux 11 mars 1853, D. 54-2-260; — Cass. 7 janv. 1852, D. 52-1-75; 13 avr. 1864, D. 64-1-249). — V. 7570.

5. TESTAMENT OLOGRAPHE. — La reconnaissance d'enfant naturel faite par testament olographe n'est pas valable (Cass. 7 mai 1833, 10640 J. E.; — Alger 4 juin 1837, S. 57-2-409; — Aix 7 juin 1860, S. 60-2-402; — Cass. 18 mars 1862, S. 62-1-222; — Bordeaux 30 avr. 1861, S. 61-2-359; — Paris 11 août 1866, D. 66-2-168; — Agen 27 nov. 1866, D. 66-2-235, S. 67-2-138; — Sol. 28 juin 1878).

7564. Reconnaissance après le décès de l'enfant naturel. — Le point de savoir si une telle reconnaissance est valable et quels en sont les effets a donné lieu à des systèmes divers.

Dans une première opinion, la reconnaissance est nulle, à la seule exception du cas prévu par l'art. 332, c'est-à-dire de celui où elle a pour but de conférer la légitimation aux descendants de l'enfant reconnu (Seine, 24 janv 1835, D. 35-2-107; Delvincourt t. 1er p, 391).

Une autre opinion étend cette exception à tous les cas où l'enfant naturel aura laissé des descendants, encore que l'au-

teur de la reconnaissance n'aurait pas la volonté ou le pouvoir de les légitimer, car elle profite alors à ses descendants, que l'art. 759 appelle à la succession de leur père (V. Loiseau p. 444, Marcadé sur l'art. 334 n° 2, Richefort t. 2 n° 265, Rieff *des Actes de l'état civil* n° 151).

Un troisième système tient, en principe, la reconnaissance pour valable; mais, préoccupé de cette idée, qu'elle ne doit pas avoir lieu dans un esprit de spéculation, il refuse à celui qui l'a faite toute vocation héréditaire, à moins que les circonstances ne justifient la tardiveté de la reconnaissance (Paris 25 mai 1835, D. 35-2-107; — Pau 9 juill. 1844, D. 45-2-37, Vazeille sur l'art. 765 n° 2, Duranton t. 2 n° 265, Zachariæ t. 4 p. 66 note 17). Aubry et Rau, sur Zachariæ, *loc. cit.*, réservent cependant cette vocation héréditaire à la mère qui établit sa maternité, conformément à l'art. 341, et c'est dans le même esprit que Belost-Jolimont, sur Chabot, art. 765 n° 2 ne dépouille de tout effet juridique que la reconnaissance émanée du père.

Enfin, un dernier système, plus simple et à notre avis plus exact, enseigne, d'une part, que la reconnaissance est valable, et, d'autre part, qu'elle produit les avantages qui y sont attachés par la loi. Cette opinion, qui ne distingue pas si l'enfant a laissé ou non des descendants, s'il s'agit du père ou de la mère, et qui, après s'être prononcée pour la validité de la reconnaissance, lui accorde tous ses effets, nous paraît plus conforme à la loi, qui ne défend nulle part de reconnaître un enfant après son décès. Sans doute elle peut favoriser des calculs intéressés, mais l'art. 339 C. C. fournit le remède, en permettant de contester la reconnaissance d'un enfant naturel. Ce dernier système, particulièrement défendu par Demolombe t. 5 n° 416 *in fine*, paraît devoir être confirmé par la jurisprudence (Douai 23 janv. 1819, D. A. 8, 649; — Cass. 22 juin 1813, D. A. 8, 649; 7 janv. 1852, 15387 J. E., 14399 J. N.; — Douai 24 juill. 1852, 15577-1 J. E.; — Caen 24 mai 1858, S. 58-2-535; — C. Paris 6 mai 1876, 4803 R. P.; — *Contra* Douai 26 avr. 1852, 15557-3 J. E.).

C'est celui qui est actuellement suivi par l'Administration (Sol. 23 oct. 1872).

SECTION 2. — RECONNAISSANCE FORCÉE

[7565-7573]

ARTICLE PREMIER. — RECHERCHE DE LA PATERNITÉ

[7565-7567]

7565. Cette recherche est interdite en principe. — En général, et aux yeux de la loi, les enfants naturels n'ont pas de père, tant qu'ils n'ont pas été reconnus par lui. La présomption de paternité, résultant du mariage, ne peut avoir lieu à l'égard de ces enfants. Ce n'est pas non plus la déclaration de la mère ou les poursuites qu'elle exercerait, au nom de l'enfant, qui pourraient faire arriver à la constatation de la paternité. La maxime *creditur virgini parturienti* qui, dans l'ancienne jurisprudence, était devenue la source de tant de procès scandaleux, est aujourd'hui bien loin de nous.

La reconnaissance du père doit être volontaire, elle doit être consignée dans un acte authentique. Ainsi, la simple désignation, dans l'acte de naissance d'un enfant naturel, d'un individu comme père de cet enfant, est sans effet à son égard. Les officiers de l'état civil doivent d'ailleurs s'interdire de telles énonciations. Telle est la règle : La recherche de la paternité est interdite (340 C. C. — V. Cass. 7 nov. 1855, 532 R. P.).

Il est interdit également d'invoquer contre l'enfant et de chercher à prouver contre lui une filiation qui le rattacherait à tel ou tel père (Toullier t. 2 n° 939, Merlin Quest. v° Maternité, Grenier des Donat. t. 1er n° 230, Duranton t. 3 nos 107 et 233, Richefort t. 2 n° 310, Bonnier n° 142, Marcadé sur l'art. 340, Demolombe n° 485 bis; — Cass. 27 mai 1862, D. 62-1-208). — V. 7571.

7566. Cas où cette recherche est permise. — La recherche judiciaire de la paternité n'est permise que contre l'homme qui, à une époque coïncidant avec celle de la conception, s'est rendu coupable d'enlèvement ou de viol vis-à-vis de la mère. Sa paternité, déjà probable par ces circonstances, peut s'établir par tous les moyens de preuve; le prétendu père, de son côté, peut combattre cette allégation, par tous les moyens également. Du reste, ce n'est pas par la présomption légale, indiquée pour la légitimité, mais par le témoignage des gens de l'art. et d'après les circonstances, qu'on déterminerait ici l'époque de la conception (340 C. C.).

7567. Reconnaissance antérieure au Code civil. — L'enfant naturel, dont le père est mort sous le Code civil, ne peut se prévaloir, pour exercer des droits dans la succession, de déclarations ou reconnaissances de paternité obtenues sous l'ancien droit, mais contraires aux dispositions de ce Code (Cass. 10 fév. 1851, 14554 J. N.).

ARTICLE 2. — RECHERCHE DE LA MATERNITÉ

[7568-7573]

7568. Cette recherche est permise. — La recherche de la maternité est autorisée toujours et absolument, excepté dans le cas où la paternité se trouvant dès à présent certaine et constatée, cette recherche de maternité conduirait à une filiation adultérine ou incestueuse. Hormis ce seul cas, la mère peut toujours être recherchée judiciairement.

7569. Commencement de preuve. — L'enfant qui dirige l'action en recherche de maternité contre une femme déterminée doit prouver que cette femme est accouchée et qu'il est identiquement le même que l'enfant dont elle est accouchée; Il n'est admis à prouver par témoins l'une ou l'autre de ces assertions qu'autant qu'il peut produire un commencement de preuve par écrit, à l'appui de l'une ou de l'autre. Quant au point de savoir au moyen de quels actes

l'une ou l'autre assertion peut être prouvée, quels actes cons' tituent un commencement de preuve par écrit, ce sont là des questions qui doivent être décidées suivant les règles concernant la preuve en général, eu égard d'ailleurs à la nature de chaque cas particulier (art. 341 § 2 et 3).

1. DÉCLARATION DE GROSSESSE. — Un arrêt de la C. cass. a décidé qu'une déclaration de grossesse faite devant le greffier de justice de paix par la mère constitue, par son rapprochement de l'acte de naissance, un commencement de preuve par écrit (Cass. 1er déc. 1869, S. 70-1-101).

7570. Possession d'état. — C'est un point controversé depuis longtemps que celui de savoir si la possession d'état peut faire preuve de la filiation naturelle, comme elle fait preuve de la filiation légitime. La C. cass., appelée à se prononcer sur cette question (17 fév. 1851, 15253 J. E.; 16 déc. 1861, S. 62-1-253; 12 fév. 1868, S. 68-1-163), a adopté la négative, même alors que cette possession d'état est conforme à l'acte de naissance. En faveur de cette doctrine, on cite les autorités suivantes (C. Bourges 2 mai 1837, 12127 J. E.; 4 janv. 1839, D. 38-2-41, 39-2-220; — Lyon 20 avr. 1853, S. 53-2-498; — Metz 21 juin 1853, S. 56-2-449; — Pau 28 juin 1853, S. 55-2-673; — Paris 17 juill. 1858, S. 58-2-534; — Caen 1er mars 1860, S. 61-2-85; — Orléans 10 mai 1860, S. 61-2-89, 1457 R. P.; — Rouen 23 juill. 1862, S. 63-2-64; — Nîmes 7 nov. 1864, S. 65-2-15; — Douai 14 déc. 1864, S. 65-2-167; — Caen 8 mars 1866, S. 66-2-348; — Grenoble 10 avr. 1869, S. 69-2-40, — Toullier t. 2 n° 970, Loiseau des Enfants naturels p. 454, 525, Zachariæ t. 4 § 569, Coulon Quest. de droit t. 3 p. 584, Marcadé sur les art. 341 et 342 n° 6, Rev. crit. de Jurispr. 1851 p. 150).

Mais l'opinion contraire est consacrée par plusieurs arrêts et par un certain nombre d'auteurs (C. Paris 27 juin 1812; — Rouen 20 mai 1829; — Bastia 17 déc. 1834; — Lyon 31 déc. 1835; — Paris 17 juill. 1841; — Rouen 19 déc. 1844, — Paris 26 juill. 1849 et 10 mai 1851; — Aix 30 mai 1866, S. 67-2-72, Locré t. 4 p. 421, Delvincourt t. 1er p. 349, Duranton t. 3 p. 238, Richefort t. 2 n° 337 bis, Bonnier des Preuves n° 144, Demolombe t. 5 n° 480, Valette sur Proudhon t. 2 p. 144 et 150).

La première solution a incontestablement en sa faveur la lettre même de la loi. — Trois articles tracent les modes de constatation ou de preuve de la filiation naturelle : l'art. 334, où il est dit : « La reconnaissance d'un enfant naturel sera faite par un acte authentique, lorsqu'elle ne l'aura pas été dans son acte de naissance; » — l'art. 340 qui porte : « La recherche de la paternité est interdite; dans le cas d'enlèvement, lorsque l'époque de cet enlèvement se rapportera à celle de la conception, le ravisseur pourra être, sur la demande des parties intéressées, déclaré père de l'enfant; » — et l'art. 341, conçu en ces termes : « La recherche de la maternité est admise; l'enfant qui réclamera sa mère sera tenu de prouver qu'il est identiquement le même que l'enfant dont elle est accouchée; il ne sera reçu à faire cette preuve par témoins que lorsqu'il aura déjà un commencement de preuve par écrit. » — Ainsi, suivant ces trois articles textuellement appliqués, la filiation naturelle est établie par un acte de reconnaissance, et, à défaut de reconnaissance, elle peut être prouvée en justice, à l'égard du père, dans un cas particulier; à l'égard de la mère, toujours, mais à la charge de produire un commencement de preuve par écrit. Il n'est nulle part question de la possession d'état, dont la loi ne s'occupe que quand il s'agit de filiation légitime (320, 321 C. C.). — Si donc les art. 334, 340 et 341 organisent, d'une manière complète, les moyens d'établir la filiation naturelle, il paraît impossible d'en faire sortir l'admissibilité de la possession d'état.

1. DÉSIGNATION DE LA MÈRE DANS L'ACTE DE NAISSANCE ÉMANANT DU PÈRE. — Quoi qu'il en soit, la C. cass. a décidé, le 7 janvier 1852 (14549 J. N.), que la désignation de la mère par le père, dans l'acte de naissance, vaut reconnaissance à son égard quand, depuis, elle a traité l'enfant comme sien. Cette conduite démontre que le père a agi de l'aveu de la mère; il y a une sorte de ratification de l'indication émanée du père, ratification que les termes généraux de l'art. 336 C. C. placent sur la même ligne qu'une reconnaissance par la mère (Conf.: Toulouse 6 fév. 1855, 372 R. P.).

C'est pourquoi il a été reconnu que l'indication de la mère dans l'acte de naissance, jointe à la possession d'état, rend l'enfant naturel habile à succéder à sa mère, bien qu'il n'y ait ni acte authentique de reconnaissance avant le décès ni reconnaissance judiciaire (Dél. 1er mai 1855 et 5 juin 1857, Sol. 2 mars 1858).

Dans ce cas, l'enfant peut être légitimé par le mariage subséquent de ses père et mère, et alors il a droit aux mêmes portions que ses frères et sœurs légitimés dans le partage.

Mais on controverse vivement la question de savoir si, en l'absence de toute possession d'état, l'acte de naissance de l'enfant naturel attaché dans les formes légales fait preuve de l'accouchement de la femme désignée comme mère, quoique cette femme n'ait point concouru à cet acte. Nous ne pouvons pas entrer ici dans les détails de cette controverse, qui est loin d'être terminée. Les principes qui peuvent, quant à présent, être dégagés de l'ensemble de la jurisprudence sont ceux-ci:

1° La reconnaissance de l'enfant par le père, avec indication de la mère, suffit pour que l'enfant soit légitimé par le mariage subséquent des père et mère, alors même que l'acte de célébration sera muet sur cet enfant, si, avant son mariage, la mère lui avait donné des soins et l'avait toujours traité comme sien;

2° Cette reconnaissance, faite dans les mêmes conditions, autorise la mère à reconnaître l'enfant après son décès et la rend apte à recueillir sa succession;

3° L'effet de cette reconnaissance, vis-à-vis de la mère dans tous les autres cas, est au moins fort douteux, car la C. cass. n'a pas eu encore à s'expliquer à cet égard;

4° L'indication de la mère dans l'acte de naissance dressé sur la déclaration des personnes qui ont assisté à l'accouchement ne peut jamais équivaloir à une reconnaissance de la maternité, et l'enfant qui recherche la maternité est tenu de se conformer aux prescriptions de l'art. 341 C. C.

Les arrêts les plus récents rendus sur la question sont les suivants (C. Paris 4 fév. 1867, S. 67-2-97; — Dijon 27 fév. 1873, n° 2723 J. N.; — Caen 26 mars 1866; 30 nov. 1868, S. 69-1-5; 1er déc. 1869, S. 70-1-101; 3 avr. 1872).

7571. Recherche contre l'enfant naturel. — La recherche de la maternité, permise à l'enfant, n'est pas autorisée contre lui dans le but de faire réduire les libéralités à lui faites (Duranton t. 3 n° 242, Merlin Rép. v° Maternité n° 5, Richefort t. 2 n° 33, Marcadé sur l'art. 344 n° 8, Demolombe t. 5 n° 527, Massé et Vergé t. 1er p. 331, § 170; — C. Amiens 26 juill. 1821; — Paris 29 juill. 1844; — Colmar 4 mai 1844, S. 23-1-394, 44-2-263; — Orléans 8 fév. 1855, 520 R. P.; — Caen 1er mars 1860, S. 61-2-185). — V. 7565.

7572. Recherche par l'enfant légitime contre la mère. — L'enfant légitime ne peut, après la mort d'un individu qu'il prétend être son père naturel, et pour établir ses droits dans la succession de ce dernier, être admis à la recherche de la maternité, et imputer par là à sa mère une maternité naturelle qu'elle n'a pas reconnue (C. Paris 16 déc. 1833, S. 34-2-184; — Amiens 25 janv. 1838, S. 38-2-457; — Cass. 20 nov. 1843, 11866 J. N.).

7573. Successeurs réguliers ou irréguliers. — Demolombe enseigne (t. 5 n° 325) que l'action en réclamation d'état d'enfant naturel est transmissible héréditairement, qu'elle se trouve dans le patrimoine et qu'elle appartient d'ailleurs à quiconque recueille tout ou partie de l'universalité héréditaire, soit qu'il s'agisse des héritiers légitimes, soit même qu'il n'y ait que des successeurs irréguliers. Telle est aussi l'opinion de Richefort n° 337, et Marcadé sur l'art. 344 n° 4. — Cependant la cour de Paris a jugé, le 13 mars 1837 (9582 J. N.), que la recherche de la maternité est un droit exclusivement attaché à la personne de l'enfant et cette opinion a été adoptée par la C. cass. par des arrêts du 29 juillet 1861 (S. 61-1-700) et du 10 août 1864 (S. 64-1-505).

SECTION 3. — IRRÉVOCABILITÉ ET CONTESTATION DE LA RECONNAISSANCE

[7574-7575]

7574. Irrévocabilité. — Les parents d'un enfant naturel qui ont volontairement reconnu cet enfant pour légitime ne sont plus recevables ensuite à lui contester cette qualité. Vainement dirait-on que l'état des citoyens est une matière d'ordre public, qui est réglée par la loi seule et qui ne peut dépendre des conventions ou acquiescements (Cass. 13 avr. 1820, S. 21-1-8; 18 avr. 1820, S. 22-1-224; — C. Bordeaux 20 mars 1830, S. 30-2-208; — Cass. 27 déc. 1831, S. 32-1-617; 28 nov. 1849, S. 50-1-81; — C. Paris 22 janv. 1853, 487 R. P.; Demolombe t. 5 n° 427, Demante t. 2 n° 67 bis. — Contrà Paris 23 juill. 1853, S. 54-2-329; — Lyon 13 mars 1856, S. 56-2-586, Aubry et Rau t. 4 § 56bis Lié note 22, Marcadé Dissert. P. 1853-2-81).

7575. Contestation de la reconnaissance. — L'enfant naturel est recevable à contester la reconnaissance de paternité faite en sa faveur (Nîmes 2 mai 1837, S. 37-2-317; Toullier t. 2 n° 964, Durantont 3 n° 260, Loiseau p. 516, Proudhon t. 2 p. 119, Richefort t. 2 n° 300, Marcadé t. 2 p. 740, Zachariæ § 568 *ter* note 20).

Un acte de reconnaissance d'un enfant naturel, quand il est contesté par l'enfant, n'établit sur la paternité qu'une simple présomption qui peut être détruite par d'autres présomptions de même nature. En ce cas, la preuve de la paternité ou de la non-paternité ne doit pas être mise à la charge exclusive de l'une ou de l'autre partie, les juges doivent se déterminer d'après les circonstances de la cause (Rouen 15 mars 1826, S. 28-2-43, Richefort *loc. cit.*).

Pour être recevable à contester la reconnaissance d'un enfant naturel faite dans l'acte de naissance de cet enfant, et être admis à la preuve de faits contraires à la filiation qui y est énoncée, il n'est pas nécessaire d'avoir un commencement de preuve par écrit; ici est inapplicable la disposition de l'art. 323 C. C. (Paris 21 déc. 1839, S. 40-2-448, Richefort t. 2 n° 299).

La question de légitimité jugée au profit d'un enfant naturel, contre son père, peut être mise en question par le fils légitime. Celui-ci peut se pourvoir par tierce opposition (Cass. 9 mai 1821, S. 21-1-249).

A cet égard, on peut poser en règle que la reconnaissance produit tous ses effets jusqu'à ce qu'elle soit sérieusement contestée. « La loi, dit Demolombe, qui l'a autorisée, a dû vouloir y attacher quelque effet, elle a dû vouloir qu'une présomption de vérité, non pas absolue sans doute, mais qu'une présomption simple et toujours contestable s'élevât en faveur de la reconnaissance. Et voilà, en effet, ce qui résulte: 1° de cela même que la loi autorise la reconnaissance; — 2° de ce qu'elle permet à tous de la *contester*, expression qui, dans l'art. 339, pourrait bien exprimer l'idée qu'une simple dénégation est insuffisante et que la justice doit être appelée à apprécier le mérite de cette contestation d'état » (*de la Paternité* n° 440. — *V.* Cass. 8 déc. 1829, S. 30-1-4, Marcadé art. 339).

CHAPITRE III.—EFFETS DE LA RECONNAISSANCE

[7576-7657]

SECTION PREMIÈRE. — DISPOSITIONS GÉNÉRALES

[7576-7586]

7576. Nom. — L'enfant naturel qui a été reconnu par son père a le droit de porter son nom: autrement, il ne peut porter que le nom de sa mère (Toullier t. 2 n° 973).

7577. Parenté. — La reconnaissance d'un enfant naturel est, par la force des choses, purement personnelle; elle ne peut rattacher cet enfant qu'à la personne qui l'a reconnu. Ainsi, ce n'est que vis-à-vis des père et mère qui les ont reconnus que les enfants naturels peuvent réclamer un droit successif après le décès de l'auteur. C'est ce que l'art. 757

C. C. déclare positivement en disant que la loi ne leur accorde aucun droit sur les biens des parents de leur père ou mère (Demolombe t. 5 n° 544 et t. 14 n° 18; Cass. 16 avr. 1834, S. 35-1-67; — Grenoble 13 janv. 1840, S. 40-2-216). Cependant, l'enfant naturel peut former une famille légitime par le mariage. En ce cas, il est lui-même le parent légitime de ses enfants ou de leurs descendants.

7578. La reconnaissance volontaire et la reconnaissance forcée produisent le même effet. — L'art. 756 C. C. n'accorde aux enfants naturels des droits sur les biens de leurs père et mère décédés que lorsqu'ils ont été reconnus. Ainsi, les enfants naturels non reconnus ne peuvent rien réclamer sur les successions de leurs père et mère, parce qu'à défaut de reconnaissance, leurs père et mère sont incertains et inconnus aux yeux de la loi.

Mais il n'est pas besoin d'une reconnaissance volontaire, la reconnaissance judiciaire de paternité et de maternité produit les mêmes effets: il y a également reconnaissance, seulement elle est forcée, au lieu d'être libre (Chabot sur l'art. 756 n° 3, Delvincourt t. 1er p. 90 note 4, Duranton t. 3 n° 255, Valette t. 2 p. 161, Demante t. 3 n° 74 *bis*, Ducourray, Bonnier et Ronstaing t. 2 n° 508, Demolombe t. 13 n° 13 *bis*; — Paris 27 juin 1812, S. 12-2-418; — Rouen 17 mars 1813, S. 13-2-230; — Caen 7 avr. 1832; — *Contrà* Merlin *Rép.* v° *Succ.* sect. 2 § 2 art. 1er, et *Quest.* v° *Maternité* § 291, La Thémis t. 5 p. 229).

7579. La reconnaissance doit être légale. — Il ne suffit pas d'ailleurs, pour que l'enfant naturel puisse réclamer les droits conférés par l'art. 756, qu'il ait été reconnu; il faut encore qu'il ait été reconnu légalement, c'est-à-dire que la reconnaissance ait été faite, ainsi que le prescrit l'art. 334, par un acte authentique, lorsqu'elle ne l'a pas été dans l'acte même de naissance de l'enfant (*V.* à cet égard n° 7556 et suiv.).

7580. Reconnaissance pendant le mariage. — 1. ENFANT DE L'UN DES ÉPOUX. — Il est un cas où l'enfant naturel, quoique légalement reconnu, ne peut cependant réclamer les droits conférés par l'art. 756 C. C. Ce cas est celui prévu par l'art. 337, dont voici les termes: « La reconnaissance faite pendant le mariage, par l'un des époux, au profit d'un enfant naturel qu'il aurait eu, avant son mariage, d'un autre que de son époux, ne pourra nuire ni à celui-ci, ni aux enfants nés de ce mariage. Néanmoins, elle produira son effet après la dissolution de ce mariage, s'il n'en reste pas d'enfants. »

Il est juste que l'un des époux ne puisse nuire ni à son conjoint, ni à leurs enfants communs, en reconnaissant, pendant le mariage, un enfant naturel qu'il aurait eu auparavant d'un autre que de son époux. « Il ne peut dépendre de l'un des époux, disait Bigot de Préameneu, de changer, après son mariage, le sort de sa famille légitime, en appelant des enfants naturels qui demanderaient une part dans les biens; ce serait violer la foi sous laquelle le mariage aurait été contracté. » Ainsi, lorsqu'un enfant naturel a été reconnu, dans le cas prévu par l'art. 337, il ne peut réclamer ni au préjudice des enfants légitimes (Cass. 24 nov. 1830, 10308 J. E.), ni même au préjudice de l'époux survivant, les droits qui lui auraient été conférés par les art. 756 et 757, s'il avait été reconnu avant le mariage.

2. RECONNAISSANCE FORCÉE. — La règle serait la même alors que l'enfant naturel n'aurait pas été reconnu par l'un des époux, mais aurait fait déclarer contre cet époux, pendant le mariage, la paternité ou la maternité, suivant les art. 340 et 341. Des auteurs enseignent le contraire (Toullier t. 2 n° 958, Duranton t. 3 n° 255, Zachariæ t. 4 p. 65, Valette sur Proudhon t. 2 p. 145, Chabot sur l'art. 756 n° 7-3) ; mais la raison qui nous semble décisive, c'est que l'époux qui voudrait faire acquérir à son enfant naturel tous les droits que lui confère la loi arriverait à son but en se faisant reconnaître *judiciairement* comme l'auteur, au lieu de le reconnaître *volontairement* comme son enfant (Delvincourt t. 1ᵉʳ p. 90 note 11, Loiseau p. 437, Demolombe t. 5 n° 466, Marcadé sur l'art. 337 n° 7 ; Cass. 17 fév. 1851, S. 51-1-161-167 ; — Douai 14 déc. 1864, S. 65-2-167 ; — Cass. 16 déc. 1861, S. 62-1-420 ; — Lyon 17 mars 1863, S. 63-2-205 ; — *Contrà* Seine 26 avr. 1859, S. 60-2-218).

3. ENFANT DES DEUX ÉPOUX. — Cependant, l'art. 337 ne s'oppose pas à ce que les époux reconnaissent, pendant le mariage, l'enfant naturel qui serait issu *l'un de l'autre*, avant qu'ils fussent mariés. L'enfant qui aurait été ainsi reconnu légalement aura tous ses droits déterminés par les art. 756, 757 C. C.

4. HÉRITIERS COLLATÉRAUX. — L'art. 337 C. C., après avoir dit que la reconnaissance faite pendant le mariage par l'un des époux ne peut nuire, ni à l'autre époux, ni aux enfants nés de ce mariage, ajoute que néanmoins elle produira son effet après la dissolution de ce mariage, s'il n'en reste pas d'enfant. Il résulte, de cette exception, que si le père ou la mère qui a reconnu ne laisse pas d'enfant ou de descendants, l'enfant naturel pourra, à l'égard de tous autres parents légitimes, soit en ligne descendante, soit en ligne collatérale, réclamer tous les droits énoncés dans les art. 756 et 757 C. C.

5. ENFANTS D'UN AUTRE MARIAGE. — Lorsque le père ou la mère, qui a reconnu un enfant naturel, laisse en mourant plusieurs enfants légitimes, dont les uns sont issus d'un mariage antérieur, et les autres d'un mariage postérieur à celui pendant lequel la reconnaissance a été faite, les enfants qui sont issus du premier et du troisième mariage ne peuvent opposer la disposition de l'art. 337 C. C. En effet, à leur égard, la reconnaissance a eu lieu, dans le premier cas, après sa dissolution, et dans le second cas, avant sa célébration. Ce n'est donc pas le cas de l'art. 337, qui ne prévoit que les reconnaissances faites pendant le mariage (Chabot sur l'art. 756, Duranton t. 3 n° 251, Loiseau p. 436, Zachariæ t. 4 p. 463, Demolombe t. 5 n° 470).

6. RECONNAISSANCE APRÈS DISSOLUTION. — Lorsque la reconnaissance de l'enfant naturel a été faite, non pendant le mariage du père ou de la mère qui a reconnu, mais après sa dissolution, la reconnaissance produit tous ses effets alors même qu'il resterait des enfants nés du mariage. Ici, en effet, comme dans le cas précédent, l'art. 337, qui ne

repousse que les reconnaissances faites pendant le mariage, n'est plus applicable (Toullier t. 2 n° 959, Proudhon t. 1ᵉʳ p. 147, Duranton t. 3 n° 254, Marcadé sur l'art. 337 n° 4, Zachariæ t. 4 p. 65, Ducaurroy t. 1ᵉʳ n° 491, Chabot sur l'art. 756, Demolombe t. 5 n° 461; C. Paris 6 janv. 1808, 17 juill. 1841; 23 janv. 1860, S. 60-2-118; — *Contrà* Lyon 17 mars 1863, S. 63-2-105).

7581. Nature du droit de l'enfant naturel.

— Les droits accordés à l'enfant naturel ne consistent pas en une simple créance à exercer sur les biens du père ou de la mère qui l'a reconnu; ils consistent dans une portion même de ces biens, et la quotité de cette portion est déterminée, pour tous les cas, par la loi elle-même. Le droit de l'enfant naturel est un droit de propriété sur la portion des biens qui lui est conférée: c'est un droit réel, qui lui donne une action réelle, le *jus in re*. Cependant, ces droits ne sont pas des droits héréditaires; car l'art. 756 dit, d'une manière générale, et pour tous les cas, que les enfants naturels ne sont point l'héritier c'est-à-dire héritiers légitimes (Merlin *Rép.* v° *Bâtard* sect. 2 § 4, Delvincourt t. 2 p. 21 note 4, Toullier t. 2 n°ˢ 248, 249, Duranton t. 6 n° 269, Chabot art. 756 n° 10, Demante t. 3 n° 74 *bis*, Malpel n° 161, Pougol art. 756 n° 6, Marcadé art. 756 n° 1ᵉʳ, Zachariæ, Aubry et Rau t. 4 p. 514, Massé et Vergé t. 2 p. 435, Demolombe t. 14 n° 27; — Cass. 20 mai 1806, S. 1806-2-623; — Amiens 26 nov. 1811, S. 1812-2-401; — Paris 22 mai 1813, S. 1813-2-323; — Cass. 25 août 1813, S. 1816-1-13; — Poitiers 10 avr. 1832, S. 1832-2-379; — Toulouse 15 mars 1834, S. 34-2-538; — Cass. 16 juin 1847, S. 47-1-660; — Paris 30 juin 1851, S. 52-2-360; — *Contrà* Bordeaux 21 mars 1856, S. 57-2-173; — Grenoble 20 déc. 1858).

Ainsi, l'enfant naturel jouit du droit d'accroissement (Favart *Rép.* v° *Succ.* sect. 4 § 1ᵉʳ n° 11, Chabot art. 757 n° 6, Demante t. 3 n° 76, Demolombe t. 14 n° 30). — Il peut exiger le rapport des héritiers légitimes, puisque c'est seulement aux créanciers et aux légataires que ce rapport n'est pas dû (Demolombe t. 14 n° 31; — Orléans 7 janv. 1860, S. 60-2-225 ; — *Contrà* Toullier t. 2 n° 258, Loiseau *des Enf. nat.* p. 695).

Par contre, l'enfant naturel doit contribuer, en proportion de sa part, au payement des legs particuliers; car, s'il a le tiers ou le quart des biens, il est juste qu'il ait le tiers ou le quart des charges (Demolombe t. 14 n° 34; — Paris 11 fév. 1836, S. 36-2-406; Massé et Vergé t. 2 p. 277), — ou même au payement des legs à titre universel, pourvu que sa réserve ne soit pas entamée (Cass. 15 nov. 1859, S. 59-1-881).

L'enfant naturel aurait les mêmes droits qu'un héritier ordinaire à l'encontre des tiers acquéreurs auxquels les immeubles de la succession auraient été transmis par un héritier légitime ou par tout autre (Merlin *Rép.* v° *Bâtard* sect. 2 § 4, Delvincourt t. 2 p. 21 note 4, Poujol art. 756, 757 n° 10, Chabot art. 756 n°ˢ 13 et 14, Duvergier et Toullier t. 2 n° 283 note A, Taulier t. 3 p. 172, Demante t. 3 n° 174 *bis*, Demolombe t. 14 n° 40; — Paris 12 avr. 1823, S. 24-2-49; — *Contrà* Toullier t. 2 n°ˢ 283, 289; — Poitiers 10 avr. 1832, S. 32-2-379).

7582. Propriété du jour de la mort de l'auteur. — Quoique l'enfant naturel ne soit pas héritier, quoiqu'il ne soit pas saisi par la loi des droits qui lui sont accordés, et qu'il soit tenu de demander la délivrance ou l'envoi en possession, on ne peut pas conclure qu'il n'en devienne propriétaire qu'après qu'il en a demandé ou obtenu soit la délivrance, soit l'envoi en possession. Suivant le Code civil le légataire particulier et même le légataire à titre universel ne sont pas héritiers ; ils sont tenus de demander la délivrance, et cependant ils ont, à compter du décès du testateur, un droit réel et acquis sur les biens qui leur ont été légués, et ce droit est transmissible à leurs héritiers ou ayants cause. Il en est de même des droits de l'enfant naturel.

De là Marcadé (sur l'art. 756 n° 1ᵉʳ ter) conclut avec raison que si, avant leur demande en possession, les immeubles de la succession étaient aliénés par les héritiers qui n'en étaient propriétaires que pour partie, les enfants naturels pourraient, dans le délai de la prescription, revendiquer contre les tiers acquéreurs la part à eux appartenant de ces immeubles (*Contrà* Merlin *Rép.* v° *Bâtard* sect. 2, Chabot sur l'art. 756 n° 13, Malpel n° 21).

7583. Envoi en possession. — Nous venons de dire que l'enfant naturel est tenu de demander l'envoi en possession. L'art. 724 C. C. dit, en effet, que l'enfant naturel est tenu de se faire envoyer en possession par justice ; mais il faut entendre par là que l'intervention de la justice est nécessaire lorsque l'enfant naturel est appelé à toute la succession, vu le défaut d'héritiers légitimes ; que si cet enfant est appelé seulement à une fraction de la succession et concourt avec un héritier légitime qui prend le reste, comme alors cet héritier est saisi de la succession entière, c'est à lui et non à la justice que l'enfant naturel demande la délivrance et sa mise en possession de la part qui lui appartient. (Nancy 22 janv. 1838, Dalloz v° *Succ.* n° 123, Demolombe t. 1ᵉʳ n°ˢ 121 et 129, t. 14 n° 200).

1. FRUITS. — Il a été décidé que l'enfant naturel n'a droit aux fruits que du jour de la délivrance, attendu que jusqu'à cette époque les héritiers sont possesseurs de bonne foi (Cass. 22 mars 1841, D. 41-1-183 ; — Bordeaux 27 juill. 1854, D. 55-2-187 ; 21 mars 1856, S. 57-2-173). Mais cette jurisprudence n'est pas acceptée par tout le monde et plusieurs auteurs soutiennent que les successeurs irréguliers, une fois envoyés en possession, ont droit aux fruits des biens de la succession, à compter du jour de son ouverture, d'après la maxime : *fructus augent hæreditatem* (Cass. 7 juin 1837, S. 37-1-582 ; — Paris 13 avr. 1848, S. 48-2-213 ; — Agen 27 août 1856, S. 56-2-522, Demolombe t. 13 n° 160 bis, Nicias Gaillard *Rev. crit.* 1852 p. 359, Delvincourt t. 2 p. 48, Pigeau t. 2 p. 638, Zachariæ, Aubry et Rau t. 4 p. 516).

7584. Dettes de la succession. — Nous verrons au mot *Succession* que l'héritier est tenu d'acquitter toutes les dettes et charges de la succession, alors même qu'elles dépasseraient la valeur totale des biens : l'héritier étant le représentant absolu, le continuateur, pour ainsi dire, de la personne du défunt, est soumis à toutes les obligations qui frappaient sur celui-ci, à l'exception seulement de celles qui

sont rigoureusement exclusives à l'individu. L'enfant naturel, au contraire, ne représente pas, ne continue pas la personne du défunt ; c'est seulement parce qu'il prend ses biens, et en vertu du principe qu'il n'y a de biens que dettes déduites, que l'obligation d'acquitter les charges lui est imposée. Mais, puisqu'il est soumis aux dettes qu'en tant qu'elles frappent sur les biens et qu'elles en doivent être déduites, il n'est donc tenu d'acquitter ces dettes que jusqu'à concurrence de la valeur des biens.

7585. Retrait successoral. — D'après l'art. 841 C. C., toute personne, même parente du défunt, qui n'est pas son successible, et à laquelle un cohéritier aura cédé son droit à la succession, peut être écartée du partage, soit par tous les cohéritiers, soit par un seul, en lui remboursant le prix de la cession.

Le but auquel tend cet article fait suffisamment connaître que l'action en retrait appartient à tous ceux qui doivent concourir au partage, c'est-à-dire à tous les successeurs généraux du défunt.

Ainsi cette action appartient à l'enfant naturel, comme à tous ceux qui, soit par une donation, soit par un testament, soit par une disposition particulière de la loi, sont appelés à recueillir une *quote-part* de la succession ; car, en admettant même que l'enfant naturel ne soit pas *cohéritier*, on ne peut nier qu'il soit cosuccessible, et cela suffit parfaitement pour l'application de l'art. 841 C. C. (Toullier t. 2 n° 441, Chabot n° 6, Merlin *Rép.* v° *Droits successifs* n° 9, Duranton t. 6 n° 190, Zachariæ t. 2 § 359, Malpel n° 227, Benoît n° 7, Poujol n° 2, Marcadé sur l'art. 841, Demolombe t. 14 n° 41 ; — Cass. 8 juin 1826, 15 mars 1831, S. 26-1-309, 31-1-183 ; — *Contrà* Loiseau *Enfants naturels* n° 713, Richefort t. 3 n° 243).

7586. Usufruit légal. — Une question encore controversée aujourd'hui, c'est celle de savoir si les père et mère de l'enfant naturel reconnu ont l'usufruit légal sur ses biens. Proudhon, *de l'Usufruit* n° 124, se prononce pour la négative, et cette opinion a été adoptée par presque tous les auteurs et les arrêts (Toullier t. 2 n° 375, Delvincourt t. 2 p. 250 notes, Duranton t. 3 n° 360, Roll. de Vill. v° *Enfant naturel* n° 56 ; — Pau 13 fév. 1822 ; — Caen 27 août 1828 ; — *Contrà* Loiseau *des Enfants naturels* p. 545, Favard *Rép.* v° *Enfant naturel* § 2 ; — Limoges 2 janv. 1821).

Si, en effet, l'art. 383 C. C. accorde aux père et mère quelques-uns des effets de la puissance paternelle sur leurs enfants naturels légalement reconnus, il les restreint positivement à ce qui concerne le droit de correction d'où il faut conclure qu'il en exclut le droit d'usufruit légal. D'un autre côté, ce droit d'usufruit étant un don de la loi positive ne peut exister que là où la loi l'établit expressément, et elle ne le donne qu'à l'égard des enfants du mariage : il s'ensuit donc qu'il n'existe pas envers les enfants naturels.

SECTION 2. — DROITS DE L'ENFANT NATUREL SUR LES BIENS DE SES PÈRE ET MÈRE

[7587-7644]

ARTICLE PREMIER. — ÉTABLISSEMENT DE CES DROITS

[7587-7602]

7587. Quotité de ces droits. — D'après l'art. 757 C. C., « le droit de l'enfant naturel sur les biens de ses père et mère décédés est réglé ainsi qu'il suit : Si le père ou la mère a laissé des descendants légitimes, ce droit est d'un tiers de la portion héréditaire que l'enfant naturel aurait eue s'il eût été légitime ; il est de la moitié, lorsque les père ou mère ne laissent pas de descendants, mais bien des ascendants, ou des frères ou sœurs ; il est des trois quarts, lorsque les père ou mère ne laissent ni descendants, ni ascendants, ni frères, ni sœurs. »

L'article parle des père et mère *décédés.* Cela ne veut pas dire que la reconnaissance ne puisse être constatée après le décès, ni que l'enfant naturel n'ait droit qu'aux biens existants réellement dans la succession au décès, et non pas, par exemple, aux biens donnés entre-vifs sujets à rapport ou légués.

Le mot *décédé* signifie simplement que c'est après le décès des père et mère que l'enfant naturel pourra exercer ses droits (Demolombe t. 14 n° 16 *bis*). — V. 7603.

7588. Objet de cette disposition. — L'objet principal de l'art. 757 C. C. est que l'enfant naturel ne puisse jamais réclamer, au préjudice de la famille légitime, la totalité de la succession du père, ou de la mère, qui l'a reconnu, et qu'une portion de l'hérédité demeure toujours réservée aux parents légitimes, dans quelque ligne et à quelque degré qu'ils se trouvent, pourvu qu'ils soient à l'un des degrés successibles (Demolombe t. 14 n° 49).

7589. Aïeul. — De ce que nous avons dit au n° 7577, sur la parenté des enfants naturels, il résulte que les limites apposées aux libéralités qui peuvent être faites à l'enfant naturel par son père ou par sa mère n'ont pas d'application à ses aïeuls ou aïeules ; l'enfant naturel peut recevoir de ces derniers de la même manière qu'il pourrait recevoir d'étrangers, sauf la présomption d'interposition, dans le cas où le père naturel est vivant (Vazeille sur l'art. 756, Loiseau *des Enfants naturels* n°s 663 et 700 ; — Cass. 13 avr. 1840, 12601 J. E.).

7590. Rapport. — De ce que les droits de l'enfant naturel sont toujours une quotité de ceux qu'il aurait s'il

était légitime, il en résulte qu'il peut réclamer, pour leur fixation, les mêmes rapports, de la part des enfants légitimes, qui pourraient être exigés par l'un de ces derniers (Grenier t. 2 n° 673).

Tout ce que nous avons à dire au mot *Rapport* s'applique parfaitement ici.

7591. Portion en nature. — Il résulte encore que les héritiers du père naturel ne peuvent désintéresser l'enfant naturel en lui donnant une somme d'argent représentant le montant des droits qui lui sont réservés par l'art. 757 C. C. L'enfant naturel a le droit d'exiger sa part *en nature* (C. Poitiers 10 avr. 1832, 10545 J. E.; — Paris 22 mai 1813, S. 13-2-323, Zachariæ, Aubry et Rau t. 4 p. 514, Massé et Vergé t. 2 p. 435, Flouet de Conflans art. 757 n° 8, Belost-Jolimont art. 757 n° 4, Demante t. 3 n° 74 *bis*, Fenet t. 2 p. 133, 134 et t. 12 p. 27, 28 et 29, Demolombe t. 14 n° 36).

L'enfant naturel, si minime que soit sa part, a donc droit de provoquer le partage, et non pas, comme le veut Toullier, d'intenter une simple demande en délivrance (t. 2 n° 281). En effet, l'action *familiæ erciscundæ* appartient à quiconque recueille à titre successif une portion indivise de l'hérédité (art. 815, 835 C.C.), et, s'il est vrai que les enfants naturels doivent demander la délivrance de leur portion, il n'est pas moins certain que cette portion doit être déterminée contre eux et les héritiers au moyen du partage et du tirage au sort (Delvincourt t. 2 p. 61, 62, Loiseau n°s 708 et suiv., Malpel n° 161, Poujol art. 756 n° 6, Demante t. 3 n° 74 *bis*, Duvergier sur Toullier t. 2 n° 282 note A, Taulier t. 3 p. 171, 172, Zachariæ, Aubry et Rau t. 4 p. 517, Dutroc *du Partage* n° 254, Massé et Vergé t. 2 p. 437, Demolombe t. 14 n° 38; — Nancy 22 janv. 1838, P. t. 2 1843 p. 326; — Grenoble 18 juin 1839 et Cass. 22 avr. 1840, P. t. 2 1840 p. 461; — Paris 30 juin 1851, S. 52-2-360).

7592. Concours avec des enfants ou petits-enfants légitimes. — L'enfant naturel, en présence des descendants, a le tiers de ce qu'il aurait eu s'il avait été légitime. Ainsi, s'il n'existe avec l'enfant naturel qu'un seul enfant légitime, l'enfant naturel, qui aurait eu moitié s'il avait été légitime aussi, aura donc le tiers de la moitié, c'est-à-dire un sixième ; et s'il y a deux enfants légitimes, ou un nombre quelconque de descendants venant à la représentation de deux enfants, l'enfant naturel, qui aurait eu alors un tiers, aura le tiers du tiers, c'est-à-dire un neuvième.

7593. Concours avec des descendants au deuxième degré venant de leur chef. — Que si le défunt, au lieu de laisser des enfants du premier degré, ou, ce qui revient au même, des petits-enfants venant par représentation de ceux-ci, comme dans le numéro précédent, ne laissait que des petits-enfants venant de leur chef, le résultat serait différent. Ainsi, le défunt laisse un enfant naturel et un enfant légitime qui est déclaré indigne ou qui renonce, et qui a lui-même deux enfants ; il est incontestable que ces deux enfants, petits-enfants du défunt, lesquels ne peuvent pas représenter leur père, pourront très-bien succéder de leur chef; mais ils ne réduiront pas alors l'enfant naturel à un sixième de la succession, comme s'ils venaient par représentation. En effet, ne venant que de leur chef au second degré, l'enfant naturel est en droit de leur dire: Si j'étais légitime, je vous exclurais et prendrais la succession entière; donc il me faut le tiers de cette succession (Marcadé sur l'art. 757 n° 1ᵉʳ, Malpel n° 159 al. 7, Vazeille n° 2, Demante t. 3 n° 74 bis, Duvergier et Toullier t. 2 n° 252, Zachariæ, Aubry et Rau t. 4 p. 207; Massé et Vergé t. 2 p. 273, Gros n° 46, 47, Dalloz v° Succ. 279, Demolombe t. 14 n° 66; — Contrà Chabot n° 5, Duranton t. 6 n° 274 et Taulier t. 3 p. 173).

7594. Concours avec des ascendants ou des collatéraux. — Cette position ne peut présenter aucune difficulté et ne donne lieu à aucun calcul pour la fixation de la moitié ou des trois quarts auxquels cet enfant a droit; c'est toujours et nécessairement la moitié ou les trois quarts de la succession. En effet, si cet enfant naturel avait été légitime, il aurait eu, en face d'ascendants ou de collatéraux, la succession entière; donc la moitié ou les trois quarts de ce qu'il aurait eu, c'est toujours la moitié ou les trois quarts de toute la succession (Marcadé sur l'art. 757 n° 1ᵉʳ et Demolombe t. 14 n° 73).

Il aurait le quart de la succession s'il concourait avec le père et avec un légataire universel (Sol. 20 nov. 1875); — et les trois quarts de la moitié s'il concourait avec le conjoint survivant et avec ses collatéraux (Sol. 2 fév. 1874).

7595. Concours avec un frère exclu par un légataire universel. — La part héréditaire de l'enfant naturel dans la succession de son père se détermine d'après l'état de la famille légitime au moment du décès. Si donc le père laisse des frères ou sœurs, cette part ne peut excéder la moitié de la succession, bien que les frères ou sœurs soient exclus par l'institution d'un légataire universel (Cass. 7 fév. 1865, S. 65-1-105; — Lyon 21 janv. 1869, S. 69-2-206; — Paris 6 août 1872, S. 72-2-311; — Toullier t. 4 n° 266, Grenier Donat. et Test. t. 4 p. 332, Marcadé art. 916-1, Demolombe Succ. t. 2 n° 537, Troplong Donat. et Succ. t. 2 n° 775, Aubry et Rau 3ᵉ édit. t. 5 § 696 p. 580).

Si l'enfant naturel est en concours avec un frère et avec un légataire universel, il a droit au quart de la succession (Sol. 21 avr. 1875 et 2 fév. 1876).

7596. Concours avec des neveux légitimes. — Mais est-ce à la moitié, ou bien est-ce aux trois quarts que l'enfant a droit quand il concourt avec des neveux ou nièces légitimes du défunt? La question est controversée.

D'une part on dit: La succession des enfants naturels a des règles à part, écrites dans le chap. 4, ayant pour titre: des Successions irrégulières; et, par conséquent, on ne peut pas, pour cette succession irrégulière, invoquer les règles ordinaires que pose, pour les successions régulières, le chap. 3 C. C. Or, l'art. 757 C. C. donne à l'enfant naturel les trois quarts quand son père ne laisse ni descendants légitimes, ni ascendants, ni frères ou sœurs; donc, des neveux ou nièces ne font pas obstacle à ce droit aux trois quarts (Grenier Donat. t. 2 p. 608, Favard Man. p. 360, Malpel n° 159, Vazeille n° 6, Richefort t. 3 n° 37, Belost-Jolimont t. 1ᵉʳ p. 350, Cadrès n°ˢ 193, 194, Loiseau p. 108, Massé et Vergé t. 2 n° 275, Troplong Donat. t. 2 n° 776; — Cass. 20 fév. 1823, 4389 J. N.; — Cass. 28 mars 1833, 10797 J. E.; — Rouen 14 juill. 1840, 10928 J. N.; — Toulouse 29 avr. 1845, S. 1833-

1-284, 1840-2-254, 1846-2-49; — C. Paris 20 avr. 1833, 15002 J. N., S. 53-2-30; — Cass. 31 août 1847, S. 47-1-785; — Paris 28 juin 1860, D. 62-2-67; — Cass. 13 janv. 1862, D. 62-1-142; — Paris 14 juill. 1871, S. 72-2-141; — Cass. 4 janv. 1875, 4160 R. P.). — L'Administration s'est rangée à cette opinion dans deux solutions des 1ᵉʳ juillet 1873 et 27 juillet 1876.

D'autre part, on enseigne que l'enfant n'a droit qu'à la moitié, et c'est ce système qui paraît préférable, car l'art. 757 disant que l'enfant naturel n'aura droit qu'à moitié en présence des frères ou sœurs, il faut en conclure qu'il doit en être de même à l'égard des descendants d'eux; car, puisque c'est un principe général que les descendants de frères ou sœurs ont les mêmes droits que ces frères et sœurs eux-mêmes, il aurait fallu, pour les écarter ici, non pas que la loi les passât sous silence, mais qu'elle les repoussât expressément : or, une exception ne se présume pas. Cette pensée résulte très-clairement des travaux préparatoires du Code (Fenet t. 12 p. 27, 29, 150, Merlin Rép. v° Représentation sect. 4 § 7, Malleville art. 757, Chabot ibid. n° 9, Marcadé ibid. n° 2, Delvincourt, Duranton t. 6 n° 288, Pont Rev. de législ. 1846 t. 1ᵉʳ p. 103, Zachariæ t. 4 § 603, Toullier et Duvergier t. 2 n° 254, Thémis t. 7 p. 113, Demante t. 3 n° 75 bis, Ducauroy, Bonnier et Ronstaing t. 3 n° 514, Poujol art. 757 n° 25, Pont, S. 1847-1-785, Cotelle C. C. t. 1ᵉʳ n° 269, Dalloz v° Succ. n°ˢ 281, 282, Demolombe t. 14 n° 75; — C. Paris 4 avr. 1810, S. 1810-2-239; — Rennes 26 juill. 1843, S. 44-2-342). — V. 7620.

7597. Manière de compter lorsqu'il y a plusieurs enfants naturels. — Lorsqu'il y a plusieurs enfants naturels, il ne faut pas donner à chacun en particulier telle fraction de ce qu'il aurait eu s'il avait été légitime, mais bien donner à tous en masse telle fraction de ce qu'ils auraient eu si tous avaient été légitimes. Tous les autres systèmes conduiraient à des résultats impossibles, ainsi que le démontre Marcadé sur l'art. 757 n° 3. Ce système est d'ailleurs adopté par la généralité des auteurs (Chabot sur l'art. 757 n° 3, Delvincourt t. 2, Toullier t. 4 n° 252, Loiseau p. 624, Duranton t. 4 p. 275, Zachariæ t. 4 p. 208, Merlin Quest. v° Réserve § 1ᵉʳ et 2, Demante t. 3 n° 75 bis, Ducauroy t. 2 n° 511, 513, Malpel n° 161, Taulier t. 3 p. 173, Aubry et Rau t. 6 p. 208, Massé et Vergé t. 2 p. 272, Demolombe t. 14 n° 67).

Ainsi, supposons deux enfants naturels, un enfant légitime et 36,000 francs. Si on donne aux deux enfants naturels le tiers de ce qu'ils auraient eu s'ils avaient été légitimes tous deux, on dira: Ces deux enfants étant supposés légitimes, il y aurait trois enfants légitimes dont chacun aurait 12,000 francs; c'est donc le tiers de 12,000 francs, ou 4,000 francs, qu'il faut donner à chaque enfant naturel, et l'enfant légitime aura 28,000 francs.

Si, au contraire, on donne à chaque enfant naturel le tiers de ce qu'il aurait eu, lui, s'il avait été légitime, on conçoit que la part sera plus forte. En effet, si lui seul avait été légitime, il y aurait eu deux enfants légitimes et un enfant naturel; or, un enfant légitime concourant avec un autre enfant légitime et un enfant naturel a plus que s'il concourait avec deux enfants légitimes.

Au reste, on peut aisément reconnaître quelle est la portion qui appartient à chaque enfant naturel, en multipliant par trois le nombre des enfants naturels et celui des enfants légitimes. Dans le total ainsi obtenu la part de chaque enfant naturel consistera en une unité. Ainsi, dans l'exemple que nous venons de donner, le nombre des enfants étant de trois, on obtient neuf par l'opération indiquée. La part de chaque enfant naturel est donc d'un *neuvième*, ou soit 4,000 francs, chiffre que nous avons obtenu par l'autre opération. Ainsi encore, en supposant trois enfants légitimes et trois enfants naturels, en multipliant les deux nombres par *trois*, on obtient *dix-huit*, et, en effet, chacun des enfants naturels n'a droit qu'à une dix-huitième portion des biens, qui forme le tiers de la sixième portion qu'il aurait eue, s'il avait été légitime.

7598. Accroissement. — Enfant naturel renonçant ou indigne. — Lorsque le défunt a laissé deux enfants naturels légalement reconnus, et que l'un de ces enfants est déclaré indigne de recueillir le droit qui lui avait été déféré par l'art. 757, ou qu'il y renonce, la portion qu'aurait eue cet enfant *accroît-elle* à l'autre enfant et ne profite-t-elle qu'à lui seul? Suivant l'art. 786 C. C., la part du renonçant accroît à *ses cohéritiers*; il en est de même quant à la part de l'indigne : or, les deux enfants naturels ne sont pas cohéritiers, puisque, aux termes de la loi, ils ne sont pas héritiers; il ne peut donc y avoir entre eux d'accroissement. — V. *Accroissement*.

Mais, par la même raison, la part de l'enfant naturel qui a renoncé, ou qui a été déclaré indigne, ne peut accroître aux parents légitimes, puisque les parents légitimes ne sont pas les cohéritiers des enfants naturels. Ce n'est donc pas par droit d'accroissement que la part qu'aurait eue l'enfant naturel qui a été déclaré indigne, ou qui a renoncé, peut être déférée, soit aux autres enfants, soit aux parents légitimes (Sol. 24 mars 1835, 1400 § 6 I. G.).

L'enfant naturel qui a été déclaré indigne, ou qui a renoncé, doit être considéré comme n'ayant jamais existé. La part qu'il aurait eue sans l'indignité ou la renonciation reste confondue dans la succession, et la succession est divisée suivant les règles que nous avons développées dans les numéros précédents (Chabot sur l'art. 757 n° 12).

« Quant à la part des renonçants ou des indignes, dit Demolombe, il est évident qu'elle accroît aux autres enfants naturels, puisque, lors même qu'il n'y en aurait eu qu'un au décès, il aurait eu seul la moitié ou les trois quarts » (t. 14 n° 77). — V. 7582.

7599. Concours avec des ascendants dans une ligne et des collatéraux dans l'autre. — Lorsque, dans la ligne paternelle et dans la ligne maternelle du défunt, il y a des parents de divers ordres et de diverses classes, un ascendant, par exemple, dans une ligne, et dans l'autre un collatéral qui ne soit pas frère ou sœur du défunt, ou descendant d'un frère ou d'une sœur, quelle sera la part de l'enfant naturel? Aux termes des art. 733 et 753, la succession légitime se divise d'abord par moitié entre l'ascendant et le collatéral, et, comme l'enfant naturel doit s'adresser à ces deux héritiers pour obtenir la délivrance de son droit, il résulte clairement de l'art. 757 que l'enfant naturel ne pourra demander à l'ascendant que la moitié de la part que cet ascendant a recueillie dans la succession, mais

qu'il pourra demander les trois quarts de la portion recueillie par le collatéral.

Ainsi, en supposant que la succession s'élève à 8,000 francs, l'enfant naturel prendra 2,000 francs sur les 4,000 francs recueillis par l'ascendant, et 3,000 francs sur les quatre autres recueillis par le collatéral (Chabot sur l'art. 757 n° 13, *ibid.* n° 4, Toullier t. 4 n° 256, Delvincourt t. 2, Vazeille n° 8, Poujol n° 26, Marcadé art. 757 n° 26, Massé et Vergé t. 2 n° 275, Dalloz *Success.* n° 285; — Paris 30 pluv. an 13 S. col. nouv. 2-1128; — Amiens 23 mars 1854, S. 54-2-289).

Ce système rencontre cependant des contradicteurs. D'après l'art. 757 C. C., dit-on, le droit de l'enfant naturel est de moitié quand son père ou sa mère laisse des ascendants. Or, on suppose que le père ou la mère a laissé des ascendants; la loi ne dit pas que ce doit être dans chaque ligne. Ensuite, la division de l'hérédité en deux parts ne concerne que la succession régulière et l'art. 757 ne fait qu'une division de la succession totale. On arrive d'ailleurs à ce résultat singulier que le bâtard a moitié s'il existe un ascendant paternel et cinq huitièmes s'il a un cousin maternel, et, tandis que la loi établit l'égalité entre les ascendants et les collatéraux qui prennent chacun moitié, on détruit ici cette égalité, puisque l'ascendant aura le quart et les collatéraux le tiers des biens. Enfin, on fait remarquer qu'il devient très-embarrassant pour ne pas dire impossible, d'exécuter la disposition qui accorde à l'ascendant l'usufruit du tiers des biens des collatéraux (Demolombe t. 14 n° 76, Favard v° *Success.* sect. 4 § 1er n° 5, Duranton t. 6 n° 287, Taulier t. 3 p. 175, Zachariæ, Aubry et Rau t. 4 p. 212, Belost-Jolimont et Chabot art. 757 n° 3, Gros n° 57; — Bordeaux 5 mai 1856).

En tous cas, la portion revenant à la famille se partage selon les règles ordinaires et il ne faut pas, comme Gros, (n°s 51, 54), traiter les droits successifs de l'enfant naturel de même que des libéralités que le défunt aurait faites et prélevées sur son disponible (Demolombe t. 14 n° 79, Duranton t. 6 n° 286, Demante t. 3 n° 75, Blondeau *Sép. du patr.* n°s 534, 535).

7600. Absence de parents au degré successible. — Lorsque le père ou la mère, qui a reconnu, ne laisse pas de parents légitimes, ou que ceux qui existent ne se trouvent pas à l'un des degrés successibles, il est tout naturel que la succession soit déférée à l'enfant naturel, plutôt que d'être abandonnée à l'État.

Il est aussi dans l'ordre des affections du défunt, comme dans le vœu de la nature, qu'elle appartienne à l'enfant plutôt qu'au conjoint survivant. C'est donc avec raison qu'il a été statué, par l'art. 758 C. C., que si le père ou la mère, qui a reconnu un enfant naturel, ne laisse pas, en mourant, de parents légitimes à l'un des degrés successibles, cet enfant a droit à la totalité des biens qui se trouvent dans la succession *ab intestat*.

7601. Indignité ou renonciation des parents. — Il en est de même lorsque les parents légitimes qui existent n'ont pas les qualités requises pour succéder, ou qu'ils sont déclarés indignes, ou qu'ils renoncent à la succession. Dans tous les cas, il n'y a pas accroissement au profit de l'enfant naturel, mais les indignes ou les renonçants sont considérés, par rapport à la succession, comme s'ils n'existaient pas réellement (1490 § 6 I. G., Delvincourt t. 2 p. 21 note 8, Toullier et Duvergier t. 2 n° 155, Duranton t. 6 n° 285, Chabot art. 757 n° 11, Poujol art. 757 n° 22, Marcadé art. 757 n° 4, Loiseau p. 653, Demante t. 3 n° 75 *bis*, Zachariæ, Aubry et Rau t. 4 p. 213, Massé et Vergé t. 2 p. 273, Pont S. 47-1-785, Demolombe t. 19 n° 160 et t. 14 n° 54; — *Contrà* Malpel n° 161, Belost-Jolimont et Chabot t. 1er p. 554; — Arg. de Nancy du 25 août 1831, S. 31-1-343; — Cass. 15 mars 1847, S. 47-1-178; 31 août 1847, S. 47-1-785).

7602. Parents successibles dans une seule ligne. — Lorsqu'il n'y a de parents légitimes successibles que dans une seule des lignes paternelle et maternelle, la part de l'autre ligne doit-elle appartenir à l'enfant naturel, en vertu de l'art. 758?

La réponse à cette question se trouve dans l'art. 755, qui dispose qu'à défaut de parents successibles dans une ligne les parents de l'autre ligne succèdent pour le tout. Ici la division de la succession en deux disparaît, il n'y a plus qu'une succession unique, offerte aux parents de l'autre ligne, et, conséquemment, l'enfant naturel ne peut avoir que la quotité des biens déterminée par l'art. 757, suivant la qualité des parents qui se trouvent héritiers (Marcadé sur l'art. 758).

ARTICLE 2. — DE LA RÉSERVE DE L'ENFANT NATUREL. — QUOTITÉ DISPONIBLE

[7603-7627]

7603. Droit de réserve. — De ce que la loi refuse à l'enfant naturel la qualité d'héritier, Chabot a conclu, sur l'art. 756, qu'il n'avait pas le droit de réserve ; mais tous les auteurs, sans exception, ont rejeté l'idée de Chabot.

Cependant, quelques jurisconsultes (Malleville sur l'art. 756, Delvincourt t. 2 p. 47) se sont rapprochés du système de Chabot, en disant que l'enfant naturel ne pouvait prendre sa réserve que sur les biens légués et non sur les biens qui avaient été donnés entre-vifs. Mais ce système transactionnel a été repoussé par la généralité des auteurs (Levasseur n° 65, Grenier t. 2 n°s 658 à 664, Toullier t. 4 n° 263, Duranton t. 6 n° 315, Merlin *Quest.* v° *Réserve*, Roll. de Vill. v° *Quotité disponible* n° 53, Marcadé sur l'art. 914 n° 3, Troplong t. 2 n° 931, Vernet *Quot. disp.* p. 508, 510, 514, Zachariæ, Aubry et Rau t. 6 p. 587, 590, Demolombe t. 19 n° 164). — Leur opinion a été consacrée par la jurisprudence (Cass. 26 juin 1839, 14 août 1811, 26 nov. 1811, 27 avr. 1830, 28 juin 1831; — Toulouse 15 mars 1834; S. 31-1-279, 34-2-537).

Une distinction qui est admise par la généralité des auteurs, c'est de refuser à l'enfant naturel le droit de réserve sur les biens donnés avant sa reconnaissance (Chabot art. 756

n° 20, Merlin *Rép.* v° *Réserve* sect. 4, 9, Grenier t. 2 n° 665, Toullier t. 4 n° 263, Loiseau p. 698, Poujol art. 756 n° 14, Richefort t. 2 n° 438, Favard *Rép.* v° *Succ.* n° 2, Troplong t. 2 n°s 771, 772; — Nancy 27 janv. 1844, S. 44-2-534).

— Mais, puisque l'enfant légitime peut faire réduire les donations antérieures à sa naissance et à sa conception aussi bien que les autres et que l'enfant naturel a droit à une fraction de ce qu'il aurait eu s'il eût été légitime, il est évident que la date de la reconnaissance de l'enfant naturel est insignifiante, puisque, en raisonnant de cette façon, l'enfant légitime ne saurait non plus avoir aucun droit avant sa conception (Roll. de Vill. v° *Quotité disponible* n° 54, Duranton t. 6 n° 313, Marcadé sur l'art. 914 n° 3, Belost-Jolimont art. 756 n° 1er, Vazeille t. 1er p. 93, Malpel n° 1627, Aubry et Rau t. 5 p. 591, Vernet p. 515, Demolombe t. 19 n° 166 ; — Cass. 16 juin 1847, 13126 J. N., 14347-3 J. E., S. 47-1-660).

Une fois qu'on a reconnu à l'enfant naturel un droit de réserve, l'analogie conduit à en fixer la quotité à raison de la qualité des parents légitimes avec lesquels il se trouve en concours, de la même manière que la loi a fixé, dans les mêmes circonstances, la quotité de son droit à la succession totale. Nous avons, dans les n°s 7587 et suiv., déterminé le droit de l'enfant naturel dans la succession totale; nous chercherons dans le paragraphe suivant quelle est sa réserve dans les diverses hypothèses qui peuvent se présenter.

7604. Renonciation. — Réduction. — Nullité. — Les parents, dans l'intérêt desquels les restrictions ont été portées, peuvent renoncer à s'en prévaloir (Cass. 15 juin 1838 et 16 août 1841; — Rennes 26 juin 1843; — Toulouse 7 février 1844, Dalloz v° *Succ.* 329 et *Donat.* 449; — Cass. 28 nov. 1849, S. 50-1-81, 9 mai 1855, S. 56-1-743, Demolombe t. 14 n° 83). — Ils ne peuvent demander que la réduction et non la nullité des libéralités excessives (Lebrun liv. 1er ch. 2 sect. 1re n° 7, Demante *Thémis* t. 7 p. 149 et 150, Toullier t. 5 n° 71, Troplong *Don. et Test.* t. 2 n° 632, Loiseau p. 700, Demolombe t. 14 n° 83; — Rouen 10 mars 1851, S. 51-2-211).

§ 1er. — *Concours d'enfants naturels et légitimes.*

[7605-7613]

7605. Observation. — Dans ce concours, la réserve de l'enfant naturel sera du *tiers* de ce qu'elle serait s'il était légitime; et, pour la trouver, on admettra momentanément l'enfant naturel au nombre des enfants légitimes; on cherchera ce qu'il aurait eu en cette qualité, et on lui en donnera le tiers (Cass. 29 juin 1809, Toullier, Grenier et Duranton *loc. cit.*, Demolombe t. 19 n° 153).

7606. Un enfant légitime, un enfant naturel et un légataire universel. — Ainsi, en supposant un enfant légitime et un enfant naturel en concours avec un légataire universel, l'enfant naturel aura 1/9me de la succession, tiers du tiers qu'il aurait eu s'il eût été légitime.

Cette réserve prélevée, il reste 8/9mes, dont l'enfant légitime aura la moitié, et le légataire universel l'autre moitié. Si la succession se compose de 36,000 francs, dettes déduites, l'enfant naturel aura donc 4,000 francs, l'enfant légitime 16,000 francs, et le légataire universel pareille somme.

Demolombe critique ce système parce qu'il attribue 16,000 francs à l'enfant légitime, alors qu'il aurait eu seulement 12,000 francs s'il s'était trouvé en concours avec un autre enfant légitime, au lieu de l'être avec un enfant naturel. Voici, selon lui, la règle à appliquer:

«L'enfant naturel devant être, pour le calcul de la quotité disponible et de la réserve, considéré fictivement comme s'il était légitime, il s'ensuit que sa réserve doit nuire, dans la mesure réduite de sa quotité, à tous ceux-là et rien qu'à ceux-là auxquels sa réserve aurait nui dans une plus forte mesure, s'il avait été légitime.

« Ainsi, s'il n'existe qu'un ou deux enfants légitimes, la réserve de l'enfant naturel doit être prise proportionnellement sur la réserve des enfants légitimes et sur la quotité disponible. S'il existe trois enfants légitimes, ou un plus grand nombre, la réserve de l'enfant naturel doit être prise exclusivement sur la réserve des enfants légitimes » (t. 19 n° 171).

7607. Idem. — Donataire entre-vifs. — On procéderait de la même manière si, au lieu d'un légataire universel, il y avait un donataire entre-vifs. Supposons que le défunt, qui laisse un enfant légitime et un enfant naturel, ait fait donation de 36,000 francs entre-vifs, et qu'il se trouve à son décès 6,000 francs, dettes déduites. L'enfant naturel prend pour réserve 4,000 francs, tiers de 12,000 francs qu'il aurait eus étant légitime. Il reste 32,000 francs qui se partagent entre l'enfant légitime et le donataire ; en sorte que la donation subira un retranchement de 14,000 francs (Grenier n° 673).

7608. Deux enfants légitimes, un enfant naturel, un légataire universel. — Si l'on suppose deux enfants légitimes, un enfant naturel et un légataire universel, la masse à partager étant toujours de 36,000 francs, la réserve de l'enfant naturel sera de 3,000 francs, tiers des 9,000 francs qu'il aurait eus s'il eût été légitime. Il reste 33,000 francs, sur lesquels chacun des enfants légitimes prendra 11,000 francs, et le légataire universel prendra aussi 11,000 francs (Grenier n° 672, Toullier et Duranton loc. cit.).

7609. Moins de trois enfants légitimes. — Nombre des enfants naturels illimité. — Dans les deux cas ci-dessus, après avoir retranché de la masse la réserve de l'enfant naturel, on a divisé le restant d'après les règles ordinaires entre les héritiers légitimes et le légataire universel, de sorte que chacun de ceux-ci a contribué pour une égale portion, comme l'équité l'exige, à la réserve de l'enfant naturel (Duranton t. 6 n° 315, Toullier loc. cit., Merlin loc. cit).

Ce mode de procéder s'étend, ainsi qu'on peut le voir par le tableau dont nous allons bientôt parler, à tous les cas dans lesquels il n'y a pas plus de deux enfants légitimes, quel que soit d'ailleurs le nombre des enfants naturels.

Si, par exemple, il existe un enfant légitime et deux enfants naturels, la réserve de chacun de ceux-ci est de 1/12me tiers de 1/4me qu'il aurait en étant légitime. Il reste 10/12me à partager entre l'enfant légitime et le légataire universel. En supposant toujours une succession de 36,000 francs, chacun des enfants naturels aura donc 3,000 francs. Il restera 30,000 francs que l'enfant légitime et le légataire universel partageront par moitié (Toullier loc. cit.).

Si, avec deux enfants légitimes, il y a quatre enfants naturels, chacun de ceux-ci a pour réserve 1/24me tiers des 3/24mes qu'il aurait eus en les supposant légitimes ; ils prennent donc ensemble 4/24mes ou 12/72mes et il reste 60/72mes dont deux tiers appartiennent aux enfants légitimes conjointement, et le dernier tiers au légataire universel. La masse de la succession étant toujours de 36,000 francs, les quatre enfants naturels prennent ensemble 6,000 francs, les deux enfants légitimes 20,000 francs et le légataire universel 10,000 francs.

7610. Plus de deux enfants légitimes avec les enfants naturels. — Mais, dans tous les autres cas, on ne doit plus opérer de la même manière. La portion disponible devant s'élever au quart et ne pouvant être moindre (913 C. C.), on doit d'abord la prélever sur la masse, et le reliquat se partage ensuite entre les enfants légitimes et les enfants naturels, selon les règles tracées par l'art. 757 (Grenier n° 672, Toullier loc. cit. et Duranton t. 6 n° 316, Marcadé art. 916, Demante t. 6 n° 47).

Ainsi, en supposant deux enfants naturels, quatre enfants légitimes, et une succession de 24,000 francs :

1° Le légataire universel prendra un quart, ou . . . . 6,000 francs.

2° Chacun des enfants naturels, qui aurait eu 3,000 francs étant légitime, en aura 1/3me c'est-à-dire 1,000 francs, ensemble 2,000

3° Les quatre enfants légitimes auront ensemble 16,000 francs (chacun 4,000 francs) ci. 16,000

Total. . . . . 24,000 francs.

7611. Tableau pour plusieurs cas. — Pour ne pas multiplier les exemples, nous renvoyons au tableau suivant, dans lequel nous avons consigné les résultats du calcul de la réserve et de la quotité disponible, d'après les principes exposés jusqu'ici, pour tous les cas du concours d'enfants naturels avec des enfants légitimes, depuis un jusqu'à huit.

TABLEAU DE LA PORTION DISPONIBLE ET DE LA RÉSERVE, DANS LE CAS DU CONCOURS D'ENFANTS LÉGITIMES ET D'ENFANTS NATURELS

NOMBRE des ENFANTS nat.	NOMBRE des ENFANTS lég.	RÉSERVE des ENFANTS natur.	RÉSERVE des ENFANTS légitim.	PORTION DISPONIBLE	NOMBRE des ENFANTS nat.	NOMBRE des ENFANTS lég.	RÉSERVE des ENFANTS natur.	RÉSERVE des ENFANTS légitim.	PORTION DISPONIBLE
1	1	1/9	4/9	4/9	5	1	5/24 = 10/48	19/48	19/48
	2	1/12 = 3/36	22/36	11/36		2	5/28 = 15/84	44/84	25/84
	3	1/16	11/16	4/16 = 1/4		3	5/32	19/32	8/32 = 1/4
	4	1/20	14/20	5/20 = 1/4		4	5/36	22/36	9/36 = 1/4
	5	1/24	17/24	6/24 = 1/4		5	5/40	25/40	10/40 = 1/4
	6	1/28	20/28	7/28 = 1/4		6	5/44	28/44	11/44 = 1/4
	7	1/32	23/32	8/32 = 1/4		7	5/48	31/48	12/48 = 1/4
	8	1/36	26/36	9/36 = 1/4		8	5/52	34/52	13/52 = 1/4
2	1	2/12	5/12	5/12	6	1	6/28	11/28	11/28
	2	2/16 = 3/24	14/24	7/24		2	6/32 = 9/48	26/48	13/48
	3	2/20	13/20	5/20 = 1/4		3	6/36	21/36	9/36 = 1/4
	4	2/24	16/24	6/24 = 1/4		4	6/40	24/40	10/40 = 1/4
	5	2/28	19/28	7/28 = 1/4		5	6/44	27/44	11/44 = 1/4
	6	2/32	22/32	8/32 = 1/4		6	6/48	30/48	12/48 = 1/4
	7	2/36	25/36	9/36 = 1/4		7	6/52	33/52	13/52 = 1/4
	8	2/40	28/40	10/40 = 1/4		8	6/56	36/56	14/56 = 1/4
3	1	3/16 = 6/32	13/32	13/32	7	1	7/32 = 14/64	28/64	28/64
	2	3/20 = 9/60	34/60	17/60		2	7/36 = 21/108	58/108	29/108
	3	3/24	15/24	6/24 = 1/4		3	7/40	23/40	10/40 = 1/4
	4	3/28	18/28	7/28 = 1/4		4	7/44	26/44	11/44 = 1/4
	5	3/32	21/32	8/32 = 1/4		5	7/48	29/48	12/48 = 1/4
	6	3/36	24/36	9/36 = 1/4		6	7/52	32/52	13/52 = 1/4
	7	3/40	27/40	10/40 = 1/4		7	7/56	35/56	14/56 = 1/4
	8	3/44	30/44	11/44 = 1/4		8	7/60	38/60	15/60 = 1/4
4	1	4/20	8/20	8/20	8	1	8/36	14/36	14/36
	2	4/24 = 6/36	20/36	10/36		2	8/40 = 12/60	32/60	16/60
	3	4/28	17/28	7/28 = 1/4		3	8/44	25/44	11/44 = 1/4
	4	4/32	20/32	8/32 = 1/4		4	8/48	28/48	12/48 = 1/4
	5	4/36	23/36	9/36 = 1/4		5	8/52	31/52	13/52 = 1/4
	6	4/40	26/40	10/40 = 1/4		6	8/56	34/56	14/56 = 1/4
	7	4/44	29/44	11/44 = 1/4		7	8/60	37/60	15/60 = 1/4
	8	4/48	32/48	12/48 = 1/4		8	8/64	40/64	16/64 = 1/4

7612. Règle. — En examinant ce tableau et en exceptant le cas unique du concours d'un seul enfant naturel avec un seul enfant légitime, on reconnaît que la réserve de l'enfant naturel décroît d'une manière régulière à mesure que le nombre total des enfants augmente, et l'on en tire une règle facile à retenir, pour trouver la réserve de l'enfant naturel, dans tous les cas où le nombre total des enfants s'élève au-dessus de deux. Cette règle peut s'exprimer de la manière suivante :

Toutes les fois qu'il y a plus de deux enfants, légitimes et naturels, la réserve de chacun de ceux-ci est toujours une fraction qui a pour NUMÉRATEUR *l'unité* et pour DÉNOMINATEUR *le produit du nombre total des enfants, naturels et légitimes, multiplié par le nombre constant 4.*

7613. Application de la règle. — D'après cette règle, la réserve de chaque enfant naturel, s'il y en a trois avec quatre enfants légitimes, sera de 1/28me, le dénominateur 28 étant le produit de 7, nombre total des enfants, par le nombre constant 4. C'est en effet ce que donne le tableau, puisque les trois enfants naturels ont ensemble 3/28mes.

On peut appliquer la règle que nous donnons à toutes les hypothèses renfermées dans le tableau et l'on trouvera toujours les résultats qu'il présente ; mais, comme elle est générale, elle s'étend aussi aux cas qu'il ne comprend pas.

Ainsi, en supposant neuf enfants naturels et un enfant légitime, la réserve de chacun des premiers sera de 1/40me, et leur réserve totale de 9/40mes. Si la masse de la succession se compose de 40,000 francs on trouvera donc :

Pour le légataire universel.	10,000	francs.
Pour les neuf enfants naturels. . . .	9,000	
Et pour l'enfant légitime.	21,000	
Total.	40,000	

S'il y avait, au contraire, un seul enfant naturel et neuf enfants légitimes,

Le premier aurait 1/40me, ou.	1,000	francs.
Les neuf enfants légitimes ensemble 29/40mes ou.	29,000	
Et le légataire universel toujours 1/4 ou	10,000	
Total.	40,000	francs.

§ 2. — *Concours d'enfants naturels avec des ascendants des frères et sœurs ou des descendants des frères et sœurs du défunt.*

[7614-7620]

7614. Observation. — La réserve de l'enfant naturel, en concours avec des ascendants, ou des frères et sœurs du défunt, sera de *moitié* de celle qu'il aurait eue s'il eût été légitime (Toullier t. 4 n°s 266 et 267, Grenier 669, Duranton t. 6 n° 318).

Dans ce cas, comme dans celui du n° 7606 et autres cas semblables, la réserve de l'enfant naturel doit être une charge commune de la portion disponible et de la réserve des ascendants (Toullier n° 266).

7615. Le père, la mère et un enfant naturel. — Supposons donc toujours une succession de 36,000 francs ; le défunt, qui a fait un legs universel, a laissé son père et sa mère et un enfant naturel.

Si l'enfant eût été légitime, il aurait eu 18,000 francs ; il n'en aura que moitié ou 9,000 francs. Les père et mère auront ensemble une réserve de 13,500 francs, moitié des 27,000 francs restant, et le légataire universel prendra l'autre moitié. Si l'un des deux seulement existe, sa réserve sera de 6,750 francs ; celle de l'enfant naturel, toujours de 9,000 francs, et la portion du légataire universel sera de 20,250 francs (Grenier et Toullier loc. cit., Duranton t. 6 n° 319).

Le tribunal de Montbrison a fixé dans ce cas la réserve de l'ascendant au quart de la succession (Jugem. 27 juill. 1876, 4522 R. P.). Mais il nous semble que c'est une erreur ; car il faut commencer, avant de déterminer la réserve, par opérer la distraction de la part de l'enfant naturel qui est une fraction de la part de l'enfant légitime.

7616. Deux enfants naturels. — S'il y a deux enfants naturels, chacun aura 6,000 francs, moitié de ce qu'il aurait eu s'il eût été légitime. La réserve des père et mère sera de 12,000 francs, ou de 6,000 francs pour chacun ; et le légataire universel prendra 12,000 francs (Grenier loc. cit., Duranton n° 320).

7617. Nombre illimité d'enfants naturels. — Quel que soit le nombre des enfants naturels, ils ne peuvent avoir, d'après les art. 757 et 908 combinés, au delà de la moitié des biens, et cela n'arrivera jamais par la manière dont nous calculons la réserve. Supposons qu'il y en ait six : ils auront 13,500 francs, moitié des 3/4 ; et les père et mère auront ensemble moitié des 22,500 francs restant (Duranton t. 6 n° 321).

7618. Ascendant d'un degré supérieur. — Si, à défaut des père et mère, de frères ou sœurs, et de descendants de frères ou sœurs, des ascendants de degrés supérieurs se trouvaient appelés à la succession, il faudrait suivre la même marche qu'à l'égard des père et mère. Il y a parité de motifs (Grenier et Toullier loc. cit.).

7619. Frères et sœurs. — L'opération est la même lorsque, au lieu d'ascendants, il n'y a que des frères et sœurs. Si, dans la même hypothèse d'une succession de 36,000 francs, il n'y a qu'un enfant naturel, sa réserve sera de 9,000 francs, moitié de ce qu'il aurait eu étant légitime, et le surplus appartiendra au légataire universel. Sont-ils six, ils auront ensemble 13,500 francs, moitié des trois quarts de l'hérédité (Levasseur n° 91, Grenier n° 667, Toullier loc. cit., Duranton n° 322).

Il faut observer que l'enfant naturel ne pourrait prétendre que sa réserve doit se calculer comme si les frères et sœurs légitimes n'existaient pas, sous le prétexte qu'en opposant leur existence le légataire excipe du droit d'autrui ; car le testateur lui a transféré tout ce que ses frères et sœurs auraient recueilli (14440 J. E., — Seine 8 juin 1842, 13010 J. E. ; 21 avr. 1860, 16842 J. N., 17126 J. E., 11171 C. ; —

Cass. 15 mars et 31 août 1847, 14254, 14396 J. E. ; — C. Montpellier 24 mars 1843, 12972 J. N. ; — Nancy 25 août 1831, 10485 J. N. ; — Paris 16 juill. 1839, S. 39-2-359 ; — Cass. 11 mai 1840, S. 40-1-680 ; — Toulouse 29 avr. 1845, S. 46-2-49 ; — Amiens 23 mars 1854, S. 54-2-289 ; — Grenoble 30 déc. 1838 et Cass. 13 ja nv. 1862, P. 1862-557 ; — Lyon 23 mars 1855, P. 1857-514 ; — Cass. 7 fév. 1865, 2349 R. P., Duranton t. 6 n° 322, Malpel n° 161, Merlin Quest. v° Réserve, Toullier t. 2 n° 266, Zachariæ, Aubry et Rau t. 5 p. 182, Marcadé art. 916, Gros Enfant naturel n° 86, Belost-Jolimont sur Chabot art. 756, Troplong des Donations et Testaments t. 2 n°s 634 et 767, Demolombe t. 14 n° 55, Grenier des Donations n° 677, Vazeille t. 1er art. 761 n° 3).

V. cependant en sens contraire : Paris 16 juin 1838, D. 1838-2-187 ; — Cass. 14 mars 1837, D. 37-1-277 ; — Toulouse 8 juin 1839, S. 39-2-258 ; — Bordeaux 26 juin 1861, P. 1862-552, Loiseau p. 674, Lavasseur n° 62, Pont, P. 47-1-785, Massé et Vergé t. 2 § 369 p. 273 note 8).

7620. Descendants des frères et sœurs. — La présence de descendants de frères et de sœurs a-t-elle, comme la présence de ceux-ci, l'effet de réduire à moitié la réserve de l'enfant naturel ?

L'opinion contraire à la réduction à moitié se fonde sur ce que l'art. 742 C. C., qui admet la représentation en faveur des descendants de frères et sœurs, régit uniquement les successions régulières et n'est point applicable à la succession irrégulière, où l'enfant naturel ne vient pas à titre d'héritier. On décide, en conséquence, que, dans le cas dont il s'agit, les enfants de frères et sœurs doivent être assimilés aux autres collatéraux (Grenier t. 2 n° 668, Duranton t. 6 n° 324 ; — Riom 28 juill. 1809, aff. Mosat ; — Rouen 17 mars 1813, aff. Boulanger ; — Cass. 6 avr. 1813, aff. Pigeaux, et 20 fév. 1823, aff. Despiard ; — Agen 16 avr. 1822, aff. David).

Dans le sens contraire, on objecte qu'il s'agit de succession régulière, lorsque les descendants du frère ou de la sœur sont appelés à la succession de leur oncle ou de leur tante, dans laquelle un enfant naturel réclame des droits. D'ailleurs, il n'est pas vrai que la représentation ne soit pas admise en succession irrégulière quand il s'agit d'enfants naturels, les art. 759 et 766 en font foi. On décide donc que l'enfant naturel lorsqu'il se trouve en concours avec des neveux du défunt, ne peut réclamer que la moitié de la réserve qu'il aurait eue s'il eût été légitime (Chabot sur l'art. 757, Delvincourt t. 2 p. 50, Toullier t. 4 n° 254, Merlin Rép. v° Représentation sect. 4 § 7, Thémis t. 7 p. 113 ; — Pau 10 avr. 1818).

§ 3. — Concours de l'enfant naturel avec des collatéraux autres que les frères et sœurs et les descendants des frères et sœurs

[7621-7625]

7621. Quotité. — Dans ce concours, la quotité héréditaire de l'enfant naturel serait des trois quarts ; sa réserve sera des trois quarts de celle qu'il aurait eue s'il eût été légitime (Grenier n° 667, Toullier t. 4 n° 264, Duranton t. 6 n°ˢ 318 et 324).

7622. Un enfant naturel. — S'il n'y a qu'un enfant naturel, il aura donc trois quarts de la moitié qu'il aurait eue étant légitime, ou trois huitièmes de la succession. En la supposant de 48,000 francs, l'enfant naturel aura 18,000 francs, et le surplus sera disponible (Levasseur n° 90, Duranton loc. cit.).

7623. Deux enfants légitimes et deux enfants naturels. — Deux enfants légitimes auraient eu chacun un tiers; deux enfants naturels auront chacun trois quarts de un tiers, ou trois douzièmes, ce qui revient à un quart; de sorte qu'ils absorbent ensemble la moitié de l'hérédité, et l'autre moitié formera le disponible (Toullier loc. cit.).

7624. Enfants naturels au-dessus de deux. — Si les enfants naturels sont au nombre de trois ou en plus grand nombre, ils auront ensemble 3/4 des 3/4 qu'ils auraient eus étant légitimes, c'est-à-dire 9/16, qu'ils partageront entre eux, quel que soit leur nombre. La succession étant toujours de 48,000 francs, ils auront 27,000 francs à partager, et il restera 7/16 ou 21,000 francs disponibles (Levasseur, Grenier et Toullier loc. cit., Duranton n° 325).

7625. Donation entre-vifs au profit de l'enfant naturel. — Les enfants naturels peuvent recevoir, par donation entre-vifs, jusqu'à concurrence de leurs droits successifs. Ainsi, lorsqu'un testateur, qui laisse un enfant naturel et des collatéraux, a institué l'enfant naturel son légataire universel, les legs particuliers qu'il a faits en même temps doivent être prélevés sur le quart dévolu aux parents légitimes. Les art. 757 et 908 C. C. n'y font point obstacle, puisque la portion de l'enfant naturel n'est pas plus élevée que celle permise par la loi (Cass. 29 nov. 1823).

§ 4. — *Cas où il n'existe pas de parents au degré successible.*

[7626-7627]

7626. Un seul enfant naturel. — Il résulte des art. 758 et 761 que, si le défunt ne laisse pas de parents au degré successible, la réserve d'un seul enfant naturel est de la moitié de la succession, c'est-à-dire de la même quotité que s'il eût été légitime (Levasseur n° 89, Duranton t. 6 n° 326, Demolombe t. 19 n° 159); alors même que le défunt aurait institué un légataire universel (C. Lyon 21 janv. 1869, Sol. 69-2-296, Marcadé art. 914 n° 3 et 916 n° 1ᵉʳ, Demolombe *Succession* t. 2 n°ˢ 34 *bis* et 121, *Donation* t. 2 n° 167).

T. III.

7627. Plusieurs enfants naturels. — Mais s'ils sont deux ou un plus grand nombre, ils pourront être réduits tous ensemble à la même quotité (Duranton loc. cit.).

ARTICLE 3. — BIENS REÇUS ENTRE-VIFS.

IMPUTATION

[7628-7641]

7628. Imputation des biens reçus entre-vifs. — D'après l'art. 760 C. C., l'enfant naturel ou ses descendants sont tenus d'imputer, sur ce qu'ils ont le droit de prétendre, tout ce qu'ils ont reçu du père ou de la mère, dont la succession est ouverte, et qui serait sujet à rapport d'après les règles établies à la sect. 2 du chap. 4 de ce code.

Suivant l'art. 908 C. C., les enfants naturels ne peuvent rien recevoir, par donation entre-vifs ou par testament, soit directement, soit indirectement, au delà de ce qui leur est accordé au titre *des Successions.* De cette disposition il résulte : 1° que l'enfant naturel ne peut avoir de biens qui lui est attribuée par l'art. 757 et conserver, en outre, ce qu'il a reçu, directement ou indirectement, de celui des père et mère dans la succession duquel il exerce ses droits; — 2° que, s'il a reçu plus que la quotité déterminée par l'art. 757, il est tenu de restituer l'excédant.

Cette portion doit se calculer sur les biens composant la succession des père et mère, et l'on ne saurait y réunir les biens donnés entre-vifs à des étrangers, puisqu'ils sont irrévocablement sortis du patrimoine du disposant. On décide même que les père et mère ne pourraient déclarer qu'ils entendent que ces biens seront réunis fictivement à la masse pour le calcul des droits de l'enfant naturel (Orléans 7 janv. 1860, Sol. 60-2-225; — Cass. 15 nov. 1859, S. 59-1-881. — V. cependant Gilbert, S. 59-1-883.

7629. Différence entre l'imputation et le rapport. — L'imputation est gouvernée par les mêmes règles que le rapport en tant qu'il s'agit de savoir quels avantages sont ou ne sont pas imputables. L'art. 760 C. C. le décide formellement. Elle n'est pas certainement soumise aux mêmes règles en ce que l'enfant naturel ne peut pas, comme l'héritier légitime, en être dispensé par son auteur ou s'y soustraire en renonçant; d'où il suit qu'il devrait imputer les choses reçues par personnes interposées ou sous la forme du contrat à titre onéreux (Paris 19 juill. 1806, Dalloz vᵒ *Succ.* n° 343; 5 juin 1838, P. t. 2 1843 p. 440; 4 mai 1840, P. 1840 p. 699).

Mais l'imputation diffère-t-elle du rapport dans ses procédés et dans ses résultats ?

L'imputation, dit-on, diffère du rapport en ce qu'elle n'entraîne pas la résolution de la donation et que l'objet continue à appartenir au donataire *ut ex tunc.* Les uns en concluent que l'objet donné étant tout à fait en dehors de la succession ne doit pas même être réuni à la masse pour calculer la part de l'enfant naturel (Chabot art. 760 n° 2, Poujol art. 760

11

n° 1er). Mais cette conséquence radicale est généralement repoussée (Aubry et Rau t. 4 p. 518, Massé et Vergé t. 2 p. 438, Vazeille art. 760 n° 5, Belost-Jolimont sur Chabot art. 760 n° 5, Marcadé art. 760 n° 2, Ducauroy t. 2 n° 521, Toullier t. 3 p. 188-189, Demolombe t. 14 n° 97).

Il y a encore divergence sur le point de savoir si les fruits des choses données sont dus par l'enfant naturel (*Nég.* Pau 14 juill. 1827, S. 27-2-73; — Cass. 11 janv. 1831, D. 31-1-100, Flouest de Conflans art. 760 — *Aff.* Aubry et Rau t. 4 n° 519, Massé et Vergé t. 2 n° 438, Dalloz v° *Succ.* n° 339).

Ou si l'imputation devrait avoir lieu pour les immeubles donnés comme pour les meubles, d'après leur valeur au moment de la donation (*Aff.* Chabot art. 760 n° 2, Marcadé *loc. cit.*, Ducauroy t. 2 n° 520, *Nég.* Aubry et Rau t. 4 n° 519, Massé et Vergé t. 2 n° 638, Dalloz v° *Succ.* n° 339, Troplong *Donat.* t. 2 n° 974; — Cass. 14 déc. 1830, D. 31-1-33).

Quant à Demolombe, il croit qu'il n'y a pas de différence entre l'imputation et le rapport. Selon lui, le législateur n'a pas voulu soumettre l'imputation à d'autres règles que le rapport, puisque la portion héréditaire de l'enfant naturel se calcule sur les mêmes bases que celle de l'enfant légitime. Il lui semble qu'en renvoyant, pour l'imputation, au titre *des Rapports*, l'art. 760 indique clairement cette pensée d'assimilation; et, quant à l'objection tirée de la qualité d'héritier, il y répond que l'enfant naturel la possède, puisqu'il a, de l'aveu de tous, le droit d'exiger le rapport des enfants légitimes. Il conclut donc qu'il n'y a pas de différence entre l'imputation et le rapport, et que l'enfant naturel doit toujours rendre, *in individuo*, les objets dont il est détenteur (*des Successions* v° n° 96). — Malgré l'autorité du savant professeur, nous croyons qu'il est difficile d'admettre que, dans la pensée de la loi, les mots *imputation* et *rapport* soient complètement synonymes. Ils éveillent des idées distinctes, et le premier suppose précisément la conservation de l'objet donné, car on ne peut imputer une somme sur un bien que si on reste propriétaire du bien. Nous persistons donc à croire avec la majorité des auteurs et comme nous en avons émis l'avis dans nos éditions antérieures que l'enfant naturel n'est point tenu de remettre à la succession de son père les choses qu'il en a reçues par avancement d'hoirie (*V.* not. l'art. 1974 R. P.). Il les conserve par conséquent en vertu de la donation originaire.

Ainsi, supposons que le défunt ait donné en 1850, à son enfant légitime et à son enfant naturel, chacun une maison valant 50,000 francs et qu'au jour de l'ouverture de la succession les deux maisons aient augmenté de 10,000 francs; dans ce cas l'enfant légitime devra rapporter la maison en nature ou subir sur sa part une déduction de 60,000 francs; l'enfant naturel, au contraire, n'aura à prendre en moins sur ce que lui attribue l'art. 757 que 50,000 francs, valeur de la maison au jour où il l'a reçue. Ici la position de l'enfant naturel est plus favorable que celle de l'enfant légitime; mais il en serait autrement si, au lieu d'augmenter, la valeur des maisons avait diminué de 10,000 francs, car la même opération devrait être faite.

Une circonstance qui rendrait la position de l'enfant naturel encore plus défavorable que dans l'hypothèse de diminution de la maison donnée, ce serait celle où cette maison serait venue à périr avant la mort du donateur. L'enfant naturel ne devrait pas moins imputer la valeur qu'elle avait quand il l'a

reçue, tandis que l'enfant légitime, dans le même cas, ne serait tenu d'aucune obligation (855 C. C.).

7630. Les biens à imputer font partie de la masse de la succession. — « Mais, dit Marcadé sur l'art. 760, il faudrait bien se garder d'induire des principes qui viennent d'être indiqués l'idée fausse qu'en tire Chabot (n° 2) et Poujol (n° 1er). « Les biens donnés à l'enfant naturel, disent-ils, sont sortis irrévocablement du patrimoine du père et n'y doivent pas rentrer; donc on ne peut pas les compter dans la masse sur laquelle la part de cet enfant doit se calculer. Ainsi, soit un enfant légitime, un enfant naturel qui a reçu 1,200 francs, et une somme de 12,000 francs laissée par le défunt pour tous biens : l'enfant naturel, disent ces auteurs, n'aura droit à un sixième que sur les 12,000 francs; sa part sera donc de 2,000 francs, et, comme il a déjà reçu 1,200 francs, il n'en aura plus que 800 à recevoir. » C'est là une erreur; car, l'enfant étant débiteur vis-à-vis de la succession d'une somme de 1,200 francs, cette succession comprend donc véritablement 13,200 francs, et son sixième calculé sur cette somme, étant de 2,300 francs, c'est encore 1,000 francs qui doivent lui revenir.

En exagérant encore la doctrine de Chabot et de Poujol, on a décidé que l'enfant naturel qui a reçu de l'auteur commun au delà de ce qui peut lui revenir est complètement étranger à la succession et doit être exclu du partage. L'enfant naturel, dit-on, obligé d'imputer sur sa part les sommes et valeurs qu'il a reçues, ne peut donc réclamer dans le partage que la différence entre le montant des imputations et la quotité à laquelle il a droit; d'où la conséquence également nécessaire que si les imputations égalent ou excèdent cette quotité, il n'a rien à réclamer, et, par suite, n'est point fondé à provoquer par voie d'action en partage la réalisation des valeurs héréditaires (C. Montpellier 24 fév. 1873, S. 74-2-65). Mais cette interprétation a été généralement repoussée. Elle méconnaît le principe d'après lequel le droit de l'enfant naturel est un véritable droit héréditaire, moins étendu sans doute, mais de même nature absolument que le droit des enfants légitimes, lui donnant comme à eux, par conséquent, accès au partage.

7631. Des choses qui sont à imputer. — L'art. 760 C. C. doit servir à expliquer la disposition de l'art. 908 et empêcher qu'elle ne soit prise dans un sens trop général. Ainsi, aux termes de cet art. 760, l'enfant naturel ou ses descendants ne sont tenus d'imputer que ce qui serait sujet à rapport d'après les règles établies à la sect. 2 du chap. 6 du titre *des Successions*. Si donc l'affranchissement de l'obligation de rapporter vient de circonstances qui ne permettent pas de regarder, comme constituant une libéralité, les avantages qu'a pu obtenir l'enfant, il est clair qu'alors l'obligation d'imputer n'existe pas plus que l'obligation de rapporter. C'est ce qui aurait lieu dans le cas des art. 852, 853, 854 C. C. (mêmes auteurs).

7632. Imputation par les descendants. — Non-seulement l'enfant naturel, mais encore les descendants qui viennent à sa place sont tenus d'imputer tout ce qui a été reçu par le père ou par la mère, dont la succession est ouverte. C'est le vœu formel de l'art. 760 C. C., et ses descendants sont tenus d'imputer, non-seulement ce qui avait été donné à cet enfant, mais encore ce qui leur a été donné à eux-mêmes par l'auteur de la succession dans laquelle ils viennent exercer leurs droits (Chabot et Marcadé sur l'art. 760, Zachariæ, Aubry et Rau t. 4 n° 217, Demolombe t. 14 n° 117).

7633. Dispense d'imputation. — Suivant l'art. 843 C. C., les libéralités que les père et mère font à leurs enfants légitimes peuvent être dispensées du rapport. L'enfant naturel ne peut jamais être dispensé de l'imputation dont nous avons parlé dans le numéro précédent. Cette dispense est en effet repoussée par l'art. 908 C. C., qui veut que les enfants naturels ne puissent rien recevoir au delà de ce qui leur est accordé au titre des *Successions* (Marcadé et Chabot sur l'art. 760).

7634. Stipulation sur la succession des père et mère. — Suivant l'art. 1430 C. C. on ne peut faire aucune stipulation sur une succession non ouverte, même sous le consentement de celui de la succession duquel il s'agit. Il n'en est pas ainsi à l'égard des enfants naturels. Le législateur a voulu que, pour la tranquillité et le repos des familles légitimes, les père et mère d'un enfant naturel eussent la faculté de prendre avec lui des arrangements et de faire des stipulations sur leurs futures successions. Mais l'enfant naturel ne pourrait renoncer à réclamer le supplément, pour parfaire la moitié de ce qui devrait lui revenir si la portion qu'il a reçue était inférieure à cette moitié (Bruxelles 18 fév. 1813, S. 1813-2-225, Poujol art. 761 n° 7, Marcadé art. 761 n° 3, Zachariæ, Aubry et Rau t. 4 p. 216, Massé et Vergé t. 2 p. 270, Demolombe t. 14 n° 114).

7635. Réduction de la portion de l'enfant naturel. — La loi a même voulu que, par ces arrangements, par ces stipulations, la portion de l'enfant naturel pût être réduite à une portion des droits déterminés par les art. 757 et 758 C. C. C'est ce qui a fait l'objet de l'art. 761 C. C. Mais, aux termes de cet article, cette réduction ne peut avoir lieu que sous les trois conditions qui font l'objet des trois numéros suivants :

7636. Consentement de l'enfant à recevoir du vivant de son père. — Il faut d'abord que l'enfant naturel ait volontairement *reçu*, du vivant de son père ou de sa mère, ce qui lui est attribué pour ses droits dans la succession future. Ainsi cette attribution ne peut se faire que par une donation entre-vifs, et cette donation ne peut s'accomplir que par l'acceptation de l'enfant (Chabot art. 761 n° 3, Grenier t. 2 n° 674, Vazeille n° 761, Malleville art. 761 n° 7, Malpel n° 163, Poujol n°s 3 et 9, Demante *Programme* t. 2 n° 80, Zachariæ t. 4 p. 315, Marcadé art. 761 n° 2, Merlin *Rép.* v° *Réserve* sect. 4 n° 18, Delvincourt t. 2. p. 22 n° 3, Favard v° *Succ.* § 1er, Richefort t. 3 n° 423, Aubry et Rau t. 4 n° 215, Duvergier sur Toullier t. 2 n° 262 note A, Ducauroy

t. 2 n° 524, Demolombe t. 14 n° 105). — Cependant on a soutenu que le consentement de l'enfant était inutile, parce qu'on l'a ainsi déclaré lors de la discussion de l'article (Fenet t. 12 p. 194 et 231) et que les expressions de l'art. 761 C. C. supposent l'exercice d'une faculté souveraine et unilatérale (Toullier t. 2 n° 262, Duranton t. 6 n° 304, Belost-Jolimont sur Chabot art. 761 n° 2, Taulier t. 3 p. 191 et 192, Rodière *Revue de législat.* t. 3 p. 468, Pont *Revue de législat.* t. 4. p. 88 et S. 1847-1-787, Dalloz *Succ.* n° 326 ; — Douai 27 fév. 1834, D. 34-2-177 ; — Cass. 21 avr. 1835, D. 35-1-225, 11268 J. E. ; — Toulouse 29 avr. 1843, S. 46-2-49 ; — Cass 31 août 1847, S. 47-1-785, 14396 J. E. ; — Metz 27 janv. 1853, S. 54-2-721 ; — Pau 12 mai 1856, D. 57-2-130).

1. RÉSERVE D'USUFRUIT. — Toutefois, la condition prescrite par l'art. 761 C. C. que l'enfant naturel ait reçu du vivant de son père ou de sa mère ne peut être étendue ; de manière que, si le père s'est réservé la jouissance, pendant sa vie, des choses qu'il a données entre-vifs, ou s'il a stipulé que la somme par lui donnée entre-vifs ne sera payable qu'à une époque déterminée, la réduction ne doit pas avoir lieu (Duranton t. 6 n° 306, Duvergier n° 262, Poujol art. 761 n° 4, Aubry et Rau t. 4 n° 217, Massé et Vergé t. 2 p. 278, Toullier t. 4 n° 262, Demolombe t. 14 n° 110 ; — *Contrà* Vazeille art. 761 n° 8, Chabot art. 761 n° 3, Taulier t. 3 p. 191 ; — Nancy 22 janv. 1838, Dalloz v° *Succ.* n° 321).

2. TESTAMENT. — En outre, de ce que l'enfant doit être loti du vivant de ses père et mère, on en conclut que la réduction ne pourrait avoir lieu ni par testament (Pau 24 mai 1806, Dalloz v° *Succ.* 321 ; — Rennes 21 juill. 1860, P. 60 p. 1084) ; — ni par une donation de biens à venir (Paris 2 janv. 1819 ; — Nancy 22 janv. 1838, Dalloz v° *Succ.* n° 321 ; — Toullier t. 4 n° 262, Duranton t. 6 n° 306, Grenier *Don.* t. 2 n° 674, Chabot art. 761 n° 4, Malpel n° 163, Poujol art. 761 n° 8, Favard v° *Succ.* sect. 4 § 1er n° 16, R. P., Aubry et Rau t. 4 p. 217, Massé et Vergé t. 2 p. 278, Demolombe t. 14 n° 109).

7637. Intention de réduire exprimée. — Il faut, en second lieu, que le père ou la mère qui a fait le don ait déclaré expressément que son intention était de réduire son enfant naturel à la portion qui lui a été assignée. Lors donc qu'un père ou une mère fait purement et simplement, et sans parler de réduction, un don entre-vifs à son enfant naturel, ce don ne doit être considéré que comme un avancement d'hoirie ; il est bien sujet à imputation, suivant l'art. 760, mais il ne s'opère pas de réduction, suivant l'art. 761 C. C. (Chabot sur l'art. 761 n° 6).

7638. La réduction ne peut excéder la moitié. — La troisième condition, c'est que la réduction ne s'élève pas au-dessus de la moitié de ce qui devrait revenir à l'enfant naturel, et cette réduction ne peut être cumulée avec celle qui pourrait résulter des dispositions faites par le père jusqu'à concurrence de la quotité disponible. En conséquence, la moitié qui doit être donnée à l'enfant est calculée sur la quotité disponible et sur la quotité indisponible. Cette disposition du Code trouve son explication dans la prévoyance de la loi. Elle a supposé que les père et mère pourraient

abuser trop souvent de leur ascendant sur leurs enfants naturels, ou des besoins qu'éprouveraient ces enfants pour les
faire consentir aux plus grands sacrifices. Elle n'a autorisé la
réduction que jusqu'à moitié des droits déterminés par les
art. 755 et 758 C. C. (Duranton t. 6 n° 301, Vazeille *Succ.* sur
l'art. 761 n° 6, Marcadé *Id.* n° 1ᵉʳ, Duvergier sur Toullier
op. cit. note A, Taulier t. 3 p. 193, Belost-Jolimont sur Chabot *op. cit.,* observation première, Demolombe *Succ.* t. 2
n° 111, Massé et Vergé sur Zachariæ t. 2 § 369 p. 279 note
27, Aubry et Rau, d'après Zachariæ t. 5 § 686 note 10).

Le contraire est cependant enseigné par plusieurs auteurs,
et des arrêts ont aussi jugé que la réduction de l'art. 913
C. C. atteint l'enfant naturel comme l'enfant légitime, et doit
même être cumulée avec la réduction spéciale de l'art. 761
C. C., de telle sorte que la moitié à laquelle a droit l'enfant
naturel en vertu de ce dernier article peut être calculée sur la
réserve fixée par l'art. 913 (Toulouse 29 avr. 1845, S. 46-2-
50; — Cass. 31 août 1847, S. 47-1-785; — Paris 17 janv.
1865, 2304 R. P., Toullier t. 4 n° 262, Grenier t. 2 n° 674,
Chabot *Succ.* art. 761 n° 1ᵉʳ, Richefort *État des fam.* t. 3
n° 420, Demante *C. analyt.* t. 3 n° 80 *bis*-2).

7639. Absence d'héritiers légitimes. — L'enfant naturel, en cas de réduction, n'en recueillerait pas
moins toute la succession si son père mourait sans avoir
disposé de sa succession et sans laisser de parents successibles. Ainsi la clause de réduction serait sans effet pour le
Trésor comme pour le conjoint (Marcadé sur l'art. 761
n° 11, Vazeille *eod.* n° 42).

7640. A qui profite la réduction. — Enfin,
comme le fait observer Duranton t. 6 n° 307, la réduction
imposée par le père à un enfant naturel ne profite qu'aux enfants légitimes; elle ne profite pas aux autres enfants naturels (Taulier t. 3 n° 194, Demante t. 3 n° 80 *bis*, Demolombe
t. 14 n° 118).

Il faut décider aussi qu'elle ne profiterait pas au conjoint
survivant et à l'État, car si les enfants naturels, qui leur sont
cependant préférés, ne peuvent pas en profiter, ils doivent, à
plus forte raison, en être écartés (Demolombe t. 14 n° 119,
Vazeille art. 761 n° 12, Taulier t. 3 p. 194, Marcadé art. 761
n° 4, Ducaurroy t. 2 n° 527, Massé et Vergé t. 2 p. 283. —
V. cependant Aubry et Rau t. 4 p. 207, Belost-Jolimont art.
761, Demante t. 3 n° 80, Delvincourt t. 2 p. 22 note 4).

7641. Survenance d'enfant légitime. — Si la
donation faite à l'enfant naturel, légalement reconnu, à titre
de constitution de dot, par son contrat de mariage, excède la
part qui est fixée par les art. 755 et 758 C. C., les biens donnés sont sujets à rapport et à réduction, conformément aux
art. 760 et 908 C. C.; mais, dans aucun cas, elle n'est révocable par survenance d'enfant légitime (C. Paris 29 déc.
1845, 11859 J. N.; — Cass. 10 juill. 1844, 12042 J. N.).

ARTICLE 4. — PRÉDÉCÈS DE L'ENFANT NATUREL

[7642-7644]

7642. Descendants. — L'art. 759 C. C. veut qu'en
cas de prédécès de l'enfant naturel, ses enfants ou descendants
puissent réclamer les droits fixés par les art. 757 et 758.

**7643. Descendants légitimes ou naturels de
l'enfant naturel.** — Ce n'est pas à tous les descendants
de l'enfant naturel qu'est accordé ce droit de les représenter;
c'est seulement à ses descendants légitimes. En effet, l'art. 756
C. C. établit positivement, en règle générale, que les enfants
naturels sont exclus de toutes successions autres que celles
des père et mère qui les ont reconnus; or, l'art. 759 n'ayant
pas dérogé expressément à cette règle, elle doit être suivie,
même pour le cas prévu par cet article (Chabot snr l'art. 759
n° 1ᵉʳ, Marcadé *Ibid.*, Toullier t. 4 n° 259, Loiseau p. 645,
Vazeille n° 1ᵉʳ, Poujol n° 2, Taulier t. 3 p. 187, Zachariæ,
Aubry et Rau t. 4 p. 213, Massé et Vergé t. 2 p. 277, Ducaurroy t. 2 n° 518, Demante t. 3 n° 78 *bis*, Malpel n° 296,
Dalloz v° *Succ.* n° 346; — *Contrà* Malleville sur l'art. 759,
Favard v° *Succ.* sect. 4, Delvincourt t. 2, Duranton t. 6
n° 295).

7644. Représentation. — Mais ce n'est pas de leur
chef, *jure proprio,* que les enfants ou descendants de l'enfant
naturel prédécédé peuvent réclamer des droits dans les successions du père ou de la mère qui avait reconnu cet enfant;
car ils ne tiennent personnellement, par aucun lien civil, à ces
père et mère. Comme l'art. 756 n'accorde à l'enfant naturel
aucun droit sur les biens des parents du père ou de la mère
qui l'a reconnu, parce qu'il n'existe entre ces parents et
l'enfant naturel aucune parenté civile, aucun lien de famille,
par la même raison les descendants de l'enfant naturel prédécédé ne peuvent, *jure proprio,* réclamer aucun droit sur les
biens des ascendants de cet enfant, parce qu'ils ne sont pas
parents légitimes de ces ascendants. C'est donc par représentation de l'enfant naturel prédécédé, et non pas de leur chef,
que les descendants légitimes de cet enfant sont appelés, par
l'art. 759, à réclamer les droits fixés par les articles précédents; c'est donc seulement *en cas de prédécès de l'enfant
naturel* que les descendants légitimes peuvent venir à la succession de leur aïeul (Marcadé sur l'art. 759 n° 2, Toullier
t. 2 n° 259 Chabot art. 759 n°ˢ 1ᵉʳ et 2, Duranton t. 6 n° 294,
Vazeille art. 759, Poujol *loc. cit.* n° 2, Dalloz v° *Succ.* n° 347).

La doctrine contraire a cependant de nombreux partisans;
elle s'appuie sur les raisons suivantes. Les mots *en cas de prédécès* ont un sens énonciatif et non pas restrictif. En second
lieu, c'est un principe que, en matière de représentation, le
représentant est lui-même personnellement l'héritier du *de
cujus,* et qu'il doit être, en conséquence, habile à lui succéder.
Lors même donc que l'art. 759 C. C. ne les appellerait que par
représentation, il leur reconnaît implicitement l'habileté suf-

sante pour succéder *ex proprio capite*. Enfin, il est bien difficile de croire que l'État soit préféré aux descendants emolombe t. 14 n° 86, Belost-Jolimont sur Chabot art. 759 bis. 3; Duvergier sur Toullier t. 2 n° 259 note 1re ; Zachariæ, ubry et Rau t. 4 p. 214, Massé et Vergé t. 2 p. 278, Taulier . 3 p. 187, Ducaurroy t. 2 n° 59, Demante t. 3 n° 78).

1. PETITS-ENFANTS, ETC. — Ce n'est pas seulement en aveur des enfants, mais en faveur de tous les descendants ´gitimes de l'enfant naturel prédécédé, que la représentation été admise; car ce n'est pas seulement aux enfants, mais ux enfants *ou descendants* de l'enfant naturel, que l'art. 759 accorde les droits que l'enfant naturel aurait recueillis, s'il ût été vivant.

Ainsi, l'art. 759 a établi la représentation en successions rrégulières, en faveur des enfants et descendants des enfants naturels reconnus, comme l'art. 740 l'a établie en successions égitimes, en faveur des enfants et descendants des enfants égitimes.

2. ENFANT NATUREL RENONÇANT OU INDIGNE. — Il ésulte de là que, lorsque l'enfant naturel a survécu à père qui l'a reconnu et qu'il renonce à la succession, ou qu'il est léclaré indigne, ses enfants et descendants ne peuvent jouir lu bénéfice de la disposition de l'art. 759; car, aux termes de 'art. 744, on ne représente pas les personnes vivantes (Chaot sur l'art. 759 n° 4, Marcadé *Ibid.* — *Contrà* Vazeille 1° 2).

SECTION 5. — SUCCESSION DE L'ENFANT NATUREL

[7645-7657]

7645. Père ou mère. — Les père et mère d'un enfant naturel lui donnent, en le reconnaissant légalement, les droits sur leurs successions. Il est juste que, par réciprosité, ils aient des droits sur la succession de cet enfant. En le reconnaissant, ils ont rempli les devoirs de la paternité et de a maternité : il est juste qu'ils en recueillent également les vantages, et voilà pourquoi l'art. 765 C. C. attribue la succession de l'enfant naturel décédé sans postérité au père ou à la mère qui l'a reconnu.

Ainsi, il a été jugé que les personnes habiles à succéder à un enfant naturel sont celles appelées par les art. 765 et 366 C. C., qui excluent les collatéraux (Cass. 6 avr. 1868, 3. 68-1-342, Merlin *Rép.* v° *Effet rétroactif* sect. 3 § 6 n° 1er, Demolombe *Succ.* t. 1er n° 4).

7646. Postérité. — Mais il est clair que ces père et mère ne sont pas les successeurs les plus favorables, et que les enfants et les descendants légitimes du défunt doivent passer avant eux ; aussi l'art. 765 n'appelle-t-il les père et mère qu'autant que le défunt serait mort *sans postérité*.

7647. Enfants naturels du défunt. — Mais ces mots *sans postérité* s'appliquent-ils aux descendants natu-

rels de l'enfant naturel décédé, comme à ses descendants légitimes, en sorte que, s'il a laissé lui-même des enfants naturels reconnus, son père ni sa mère n'ait rien à prétendre dans sa succession ? La réponse à cette question est dans les art. 757 et 758 C. C. En effet, comme la bâtardise du défunt l'empêche d'avoir aucun héritier légitime (puisqu'un enfant naturel ne peut avoir d'autres parents légitimes que des descendants), il s'ensuit que ces enfants naturels recueilleraient toute la succession, aux termes de l'art. 758, qui appelle l'enfant naturel à la totalité des biens, quand son parent ne laisse aucun parent légitime au degré successible (Delvincourt t. 2 p. 23 note 6, Toullier t. 1er, Duvergier t. 2 n° 269, Chabot art. 765 n° 3, Poujol art. 765 n° 1er, Malpel n° 164, Loiseau p. 630, Taulier t. 3 p. 197, Demante t. 3 n° 84, Ducaurroy t. 2 n° 533, Zachariæ, Aubry et Rau t. 4 p. 219, Massé et Vergé t. 2 p. 280, Demolombe t. 14 n° 143 ; — *Contrà* Pigeau t. 2 p. 639 , Duranton t. 6 n° 336. — *V.* Bordeaux 6 déc. 1851, S. 52-2-35).

7648. Règle générale. — En un mot, la succession laissée par un enfant naturel se règle, *en tous points*, comme celle d'une personne légitime, *lorsqu'elle passe à des descendants.* Et cela doit être : car, la circonstance que le défunt était enfant naturel ne change rien à la qualité de ses descendants ; or, pour fixer les droits des successeurs, c'est la qualité de ces successeurs, et non celle du défunt, qu'il faut considérer.

Ce qui concerne les héritiers des enfants légitimes, ou descendants légitimes d'eux, est expliqué dans l'art. 754 C. C.; ce qui concerne les enfants naturels, se trouve dans les art. 757 et 758 C. C. ; tous autres descendants sont repoussés par l'art. 756 C. C.

7649. Père et mère légalement connus. — Il faut remarquer que, à défaut de postérité, la succession de l'enfant naturel arrive à ses père et mère, non-seulement quand ils l'ont reconnu, mais encore lorsqu'ils sont *légalement connus;* car, nous avons vu, au n° 7578, que la reconnaissance forcée, c'est-à-dire la déclaration judiciaire de maternité ou de paternité, dans le cas où elle est permise, produit les mêmes effets qu'une reconnaissance volontaire (Chabot 765 n° 2, Vazeille sur l'art. 761 n° 1er, Marcadé *eod.* n° 2).

Si l'un des deux est prédécédé, renonçant ou indigne, sa part revient tout entière à l'autre et ne passe pas aux collatéraux (Zachariæ, Aubry et Rau t. 4 p. 220, Ducaurroy t. 2 n° 534, Demolombe t. 14 n° 146).

7650. Retour légal. — C'est une question très-controversée que celle de savoir si la réversion légale qui a lieu, ainsi que nous le verrons au mot *Retour*, au profit des ascendants donateurs, a également lieu pour les père et mère de l'enfant naturel reconnu. L'affirmative repose sur les considérations suivantes : L'ascendant succède, dit l'art. 747 C. C., or, le père naturel est un ascendant, donc il succède au fils ; il est son héritier et cela suffit pour autoriser le retour légal. L'enfant légitime du père ou de la mère, qui a reconnu le bâtard, exercerait le retour légal (art. 766 C. C.). Il est impossible que le père ait des droits moindres. Enfin, il serait douloureux pour le père naturel de voir son bien passer à une étrangère, la mère naturelle, et on découragerait les donateurs (Duranton t. 6 n° 221, Chabot art. 747 n° 4, Poujol art. 841 n° 10, Marcadé art. 747 n° 128, Vazeille art. 747 n° 12, Benoît *de la Dot* t. 2 n° 89, Taulier t. 3 p. 153).

Pour la négative, on objecte que l'art. 747, par la place qu'il occupe, se restreint aux ascendants légitimes d'autant plus qu'il emploie les mots : d'ascendants, d'enfants et de descendants. Cambacérès avait demandé l'extension du retour légal aux successions irrégulières, mais sa proposition a été rejetée parce que le père et la mère naturels étaient appelés à la succession de tous les biens (Fenet t. 12 p. 32). D'un autre côté, le prétendu retour de l'art. 766 ne s'exerce que quand les père et mère du bâtard sont morts (Dijon 1er août 1818, S. éd. nouv. 5-2-109 ; — Rouen 4 août 1820, S. 21-2-313 ; — Paris 27 nov. 1845, S. 46-2-196). On en conclut que le père naturel n'a pas le droit de retour à l'encontre de la mère ni réciproquement, parce que les successions irrégulières, reposant sur des dispositions positives et arbitraires et non sur des principes naturels d'équité et de morale, on ne saurait y introduire cette prérogative accordée aux ascendants légitimes (Malpel n° 166, Demante t. 3 n° 85 *bis*, Ducaurroy t. 2 § 36, Aubry et Rau t. 4 p. 227, Massé et Vergé t. 2 p. 287, Demolombe t. 13 n° 496).

1. AIEUL NATUREL OU LÉGITIME. — En tout cas il n'y aurait pas lieu au retour légal pour l'aïeul naturel qui aurait donné à l'enfant légitime de son fils naturel reconnu, ni pour l'aïeul légitime qui aurait donné à l'enfant naturel reconnu de son fils légitime. La raison en est que la reconnaissance ne produit le lien légal de parenté qu'entre celui qui reconnaît et celui qui est reconnu : ici, le donateur n'est pas *légalement* un ascendant de l'enfant (Marcadé, sur l'art. 747, n° 2, Chabot art. 747 n° 5, Toullier t. 3 p. 154, Poujol art. 841 n° 10, Demolombe t. 13 n° 497; — Cass. 5 mars 1849, S. 49-1-331).

2. HÉRITIERS DU DONATEUR. — Marcadé fait encore remarquer que c'est par l'ascendant donateur personnellement et non pas par ses héritiers ou légataires que peut être demandé le retour légal. Mais, bien entendu, si l'ascendant, après avoir survécu à son descendant, mourait lui-même sans avoir exercé son droit, ce droit étant tombé dans son patrimoine dès la mort du donataire et faisant partie de la succession de celui-ci pourraient l'exercer. — V. *Retour légal*.

3. ENFANT NATUREL DU DÉFUNT. — Nous avons dit (v° *Adoption*) que l'existence d'un enfant adoptif du donataire faisait obstacle au droit de retour que l'art. 747 du C. C. accorde au donateur, en cas de prédécès du donataire sans postérité.

Mais l'existence d'un enfant naturel reconnu par le donataire n'oppose pas le même obstacle : le mot *postérité* de l'art. 746 devant s'entendre exclusivement des enfants et descendants légitimes. L'enfant naturel est, en effet, aux yeux de la loi, un étranger pour l'ascendant du donataire ; il n'existe entre cet enfant et l'ascendant aucune parenté civile ; ils ne succèdent pas l'un à l'autre ; aucun rapport n'est établi entre

eux et rien ne doit faire présumer que l'ascendant ait eu l'intention de se dépouiller en faveur d'un enfant naturel qu'aurait son fils.

On peut ajouter que la disposition de l'art. 747 a été insérée au titre *des Successions légitimes* ; qu'elle n'a pas été répétée au titre *des Successions irrégulières*; qu'ainsi elle ne doit s'appliquer qu'à la postérité légitime du donataire, et non pas à la postérité naturelle.

Cette interprétation résulte de l'ensemble des dispositions du C. C. Aussi est-ce dans ce sens qu'a été rendu un arrêt de cassation du 9 août 1854, rapporté dans l'art. 204 R. P., et la Cour s'est, en cela, conformée à la doctrine qu'elle avait professée dans un précédent arrêt du 3 juillet 1832 (P. 32-1-295. — *Conf.* : Legentil *Dissert. jurid.* p. 42 et 88, Pont *Revue critique* 1852 V. 12, Massé et Vergé t. 2 p. 326, Demolombe t. 13. n° 510).

Cependant beaucoup d'auteurs ont résolu la question dans le sens contraire (Delvincourt, t. 2, p. 40; Chabot *des Success.* art. 747, n° 14, Toullier t. 4 n° 240, Duranton t. 6 n° 219, Favard *Rép.* v° *Success.* sect. 3 § 2 n° 8, Malpel n° 134, Vazeille art. 747 n° 17, Richefort t. 3 n° 383, Marcadé sur l'art. 747 n° 3, Poujol *eod.* n° 12, Belost-Jolimont, obs. 2, De Conflans art. 747 n° 6, Taulier t. 3 p. 154 155, Demante t. 3 n° 55 *bis*, Zachariæ, Aubry et Rau t. 4 p. 224, Rodière 56 p. 224).

Leurs motifs sont, en résumé, que la loi confère à l'enfant naturel légalement reconnu des droits sur les biens de ses père ou mère décédés ; que cet enfant peut, aux termes des art. 756 et 757 C. C., exercer ses droits sur tous les biens qui composent la succession de l'auteur de la reconnaissance quelles que soient leur origine et leur nature ; et qu'en conséquence il peut les exercer sur les biens qui avaient été donnés par l'ascendant, et qui font partie de la succession du donataire.

Ils ajoutent que la reconnaissance faite par un père ou une mère est au moins un legs sur sa succession ; et qu'ainsi l'enfant naturel, en ne le considérant que comme un légataire, empêche jusqu'à concurrence de ses droits, la réversion au profit de l'ascendant donateur, parce que l'ascendant, qui ne vient que comme héritier, est tenu, en cette qualité, d'acquitter les legs et de supporter toutes les charges de la succession.

Ils font remarquer enfin que l'ascendant a su ou dû savoir qu'il serait privé de la réversion, jusqu'à concurrence des droits qui appartiendraient à l'enfant naturel que le donataire aurait légalement reconnu ; que, si telle n'était pas son intention, il avait le droit de se réserver expressément la réversion, pour le cas où le donataire ne laisserait pas de descendants légitimes ; et que, s'il n'a pas fait cette réserve, il s'est exposé volontairement à souffrir le retranchement des droits qui seraient conférés à un enfant naturel du donataire.

Mais, dans le cas où l'enfant donataire a laissé à la fois un enfant légitime et un enfant naturel, celui-ci ne peut exercer sur la succession totale, y compris les biens donnés, les droits que l'art. 757 lui confère. Car alors, la succession particulière de l'ascendant ne s'ouvre pas en présence d'une postérité légitime et tous les biens sans distinction forment une seule masse. C'est l'application de la maxime : *Non ex novam injure ut quod quis ex personâ suâ non habet ex personâ alterius habeat* (Pothier *Succ.* ch. 2 sect. 2 art. 3 § 1er, Demolombe t. 13 n° 512).

7651. Réserve légale des père et mère. — Les père et mère de l'enfant naturel ont-ils droit à une réserve sur ses biens? C'est une question des plus délicates et des plus controversées.

Si l'enfant naturel, dit-on d'une part, doit avoir une réserve sur les biens de ses père et mère, la réciprocité n'exige-t-elle pas que les père et mère aient également une réserve sur les biens de leur enfant naturel? N'est-il pas certain que la succession de l'enfant naturel n'a été déférée par l'art. 765, aux père et mère qui l'ont reconnu, que par réciprocité de ce que l'art. 756 avait accordé à l'enfant naturel reconnu des droits sur les successions de ses père et mère? La réciprocité ne devrait-elle donc pas être la même sur tous les points? L'enfant naturel mérite-t-il plus de faveur que ses père et mère sous le rapport de la réserve? En succession régulière, la réserve n'est-elle pas accordée aux père et mère du défunt, comme elle est accordée à ses enfants? Pourquoi donc en serait-il autrement en succession irrégulière? (Merlin *Rép.* vº *Réserve*, Grenier nº 676, Vazeille sur l'art. 765 nº 5, Loiseau p. 693, Poujol p. 328, Merville *Rev. de droit français* 1848 t. 5 p. 41, Taulier t. 4 p. 190, Mourlon *Rép. écrites* t. 2 p. 252, Zachariæ, Massé et Vergé t. 3 p. 174, De Conflans art. 765, Roll. de Vill. vº *Part disp.* nº 52, Troplong t. 2 nº 817).

En vain, dit-on dans l'opinion qui refuse aux père et mère naturels le droit de réserve, on veut appuyer le principe contraire sur le principe de réciprocité, puisque ce prétendu principe, qui n'est écrit nulle part, est précisément le point en litige, la question étant de savoir s'il doit y avoir ici réciprocité. — La pensée de punir la filiation illégitime, chez ceux qui en sont les auteurs, plus sévèrement que chez les enfants, était si bien celle du législateur, qu'après avoir admis, comme allant de soi, le droit de succession des enfants naturels envers les père et mère, il a beaucoup hésité pour admettre le droit de succession des père et mère envers leurs enfants. L'art. 765 C. C., qui organise ce droit, n'a été adopté qu'après une vive contradiction au sein du conseil. Le consul Cambacérès, Regnaud, Bigot-Préameneu, dirent qu'il était bien suffisant d'accorder aux père et mère le droit de reprendre les biens donnés par eux; qu'un enfant naturel ne devait pas avoir d'autres successeurs que ses descendants; que, dans tous les cas, ce serait sa femme qu'il faudrait préférer (Fenet t. 12 p. 32-33). Or, si le simple droit de succession n'a été accordé aux père et mère qu'après vive opposition, comment dire qu'on a entendu leur attribuer, sans difficulté, comme une chose toute naturelle et qu'on n'avait pas même besoin d'exprimer, le droit de successeur réservataire et avec la même étendue qu'aux ascendants légitimes eux-mêmes? (V. dans ce sens Chabot sur l'art. 765 nº 5, Malpel nº 167, Dalloz *Succession* chap. 4, Marcadé sur l'art. 915, Delvincourt t. 2 nº 9 vº 23, Aubry et Rau t. 5 p. 548, Demante t. 4 nºˢ 51 et 15 *bis*, Demolombe t. 19 nº 184).

La jurisprudence a été elle-même longtemps divisée sur cette difficulté.

Ainsi, le droit à la réserve a été consacré au profit des père et mère naturels par les arrêts suivants : Bordeaux 24 avril 1834 et 20 mars 1837, D. 36-2-21, 38-2-21; — Paris 14 mars 1845; — C. cass. 3 mars 1846, S. 46-1-213 ; — Pau 27 février 1856 et 29 novembre 1860, S. 64-2-196, 1482 N. P. — Mais il leur avait été refusé par d'autres cours (Nîmes 11 juill. 1827, S. 28-2-55; — Douai 5 déc. 1840, S. 41-2-125; — Paris

18 déc. 1859, S. 59-2-663 ; — Bordeaux 4 fév. 1863, S. 63-2-159).

C'est cette dernière opinion qui a triomphé définitivement devant la C. cass. (Cass. 26 déc. 1860, S. 61-1-321, 1473 R. P., 17004 J. N.; 29 janv. 1862, S. 62-1-534 et [Aud. solen. des chambres réunies] 12 déc. 1863, 2185 R. P., D. 65-1-457, S. 66-1-73, 2347-4 I. G.; — Bourges 18 déc. 1871, S. 72-2-198).

7652. Prédécès de père et mère. — Lorsque l'enfant naturel ne laisse ni descendants, ni père ou mère qui l'ont reconnu, l'art. 766 C. C. divise sa succession en deux parts : celle des biens ordinaires et celle des biens venus de ses auteurs; l'une passe aux frères naturels du défunt, l'autre à ses frères légitimes.

7653. Frères ou sœurs légitimes de l'enfant naturel. — Par ces mots : *frères ou sœurs légitimes*, qui ne sont pas employés d'une manière très-exacte, puisque, ainsi qu'on l'a vu, l'enfant naturel n'a ni frères ni sœurs légitimes, la loi entend les enfants légitimes, soit du père soit de la mère qui a reconnu l'enfant naturel de la succession duquel il s'agit. Ainsi, d'après l'art. 766 C.C., tous les biens provenant au défunt de l'ascendant prédécédé retournent, à son défaut, à ses enfants légitimes, et ils y retournent non-seulement s'ils s'y retrouvent en nature dans la succession, mais encore les enfants légitimes ont droit aux actions en reprise de ces biens, s'il en existe, ou à leur prix s'ils ont été aliénés et que le prix en soit encore dû.

Il s'agit d'ailleurs de tous les biens qui auraient pu être donnés à l'enfant naturel, de quelque manière que ce fût, même par des libéralités déguisées (Grenoble 12 janv. 1840, S. 40-2-216, Demolombe t. 14 nº 157, Duvergier t. 2 nº 269).

1. DROITS DE MUTATION PAR DÉCÈS. — Il est essentiel de noter ici que ce retour est un droit successif (Chabot sur l'art. 766 nº 3, Demolombe t. 14 nº 152), comme l'est le retour légal dont nous avons parlé au nº 7650, en sorte que les enfants légitimes qui l'exercent doivent payer les droits de mutation par décès.

En outre, comme ils succèdent exclusivement aux choses qui proviennent de l'auteur commun, on peut se demander s'ils ne viennent pas comme héritiers en ligne directe de celui-ci plutôt que comme successeurs en ligne collatérale de leur frère naturel. Mais cette opinion ne peut être admise. « Les biens dont il s'agit, enseigne M. Demante, ils les recueillent seulement s'ils se retrouvent en nature (art. 766 C. C.), et conséquemment aussi sous l'affectation des charges et hypothèques procédant de leur frère. Bien plus, quoique successeurs *in re certa*, ils viennent cependant comme les héritiers et autres successeurs universels, à charge de contribuer aux dettes. Il faut donc appliquer le tarif de la ligne collatérale, relatif aux frères et sœurs, neveux et nièces » (6 fr. 50 cent. pour 100). (nº 762). — V. *Adoption.*

2. DÉCÈS D'UN SEUL DES PÈRE ET MÈRE. — Pour que le droit de retour en faveur des frères et sœurs légitimes de l'enfant naturel puisse être exercé, il n'est pas

nécessaire que le père et la mère de l'enfant naturel soient décédés *tous les deux* avant lui ; il suffit du prédécès du donateur (Chabot sur l'art. 766 n° 4, Malpel n° 164, Duranton t. 6 n° 338, Vazeille n° 2, Marcadé sur l'art. 766 n° 2, Loiseau, Dalloz 1846-2-182, Richefort t. 3 p. 22, Pont *Revue de législ.* 1846-2-94, Dalloz, v° *Succ.* 366, Massé et Vergé t. 2 p. 282).

L'opinion contraire se fonde sur ce que, d'après le texte, ce n'est qu'en cas de prédécès des père et mère que l'art. 766 attribue la succession aux frères et sœurs, d'où l'on conclut que, si l'un d'eux survit, l'article ne s'applique pas. Elle invoque en outre les travaux préparatoires de la loi (Locré t. 10 p. 93 ; — Dijon 1er août 1818, S. 5-2-409 ; — Riom 4 août 1820, S. 21-2-313 ; — Paris 27 nov. 1845, S. 46-2-196 ; — Zachariæ, Aubry et Rau t. 4 p. 227, Demante t. 3 n° 85, Demolombe t. 14 n° 153).

3. DESCENDANTS DES FRÈRES ET SŒURS. — Le droit de retour en faveur des frères et sœurs légitimes doit-il être étendu à leurs descendants ? Les auteurs se prononcent pour l'affirmative (Chabot sur l'art. 766 n° 5, Toullier t. 4 n° 269, Delvincourt t. 2 p. 67, Duranton t. 6 n° 357, Vazeille sur l'art. 766 n° 3, Poujol *eod.* n° 3, Marcadé *eod.* n° 2, Taulier t. 3 n° 201, Zachariæ, Aubry et Rau t. 4 p. 226, Demolombe t. 14 n° 156 ; — *Contrà* Grenier t. 2 n° 677, Malpel n° 164, Richefort t. 3 n° 456, Ducaurroy t. 2 n° 537, Demante t. 3 n° 537, Massé et Vergé t. 2 p. 281 ; — Cass. 1er juin 1853, 15008 J. N., 15684 J. E., P. 46-1-455).

4. ENFANTS LÉGITIMES D'UN SEUL DES AUTEURS. — Si l'enfant naturel n'avait reçu que de son père, le droit de reprendre n'appartiendrait qu'aux enfants légitimes du père, et, de même, si l'enfant naturel n'avait reçu que de sa mère, les enfants légitimes de la mère auraient seuls droit de reprendre ce qu'elle aurait donné (Chabot sur l'art. 766 n° 7).

5. FRÈRE LÉGATAIRE EN CONCOURS AVEC DES ENFANTS NATURELS. — La légataire universelle, sœur du défunt en concours avec deux enfants naturels du testateur, a droit au deux tiers et non pas seulement à la moitié de la succession ; dès lors, le droit proportionnel, dû pour la cession de ces droits successifs faite aux enfants naturels, doit être liquidé sur le prix exprimé et sur les deux tiers des dettes de la succession, malgré l'interprétation contraire des parties (Cherbourg 7 mars 1871).

7654. Frères et sœurs naturels de l'enfant naturel. — Tous les biens que les frères ou sœurs légitimes, ou leurs descendants, ne reprennent pas, comme venant de l'auteur commun, passent aux frères et sœurs naturels ou à leurs descendants (766 C. C.).

Cela doit s'entendre des frères et sœurs nés hors mariage et non légitimés, et non des frères et sœurs légitimes de l'enfant naturel, quoiqu'ils soient également ses frères et sœurs naturels aussi bien que les autres enfants nés hors mariage.

Cette règle peut paraître anormale au premier abord ; car, du moment que la loi voulait bien admettre la simple parenté naturelle comme donnant le droit de succession entre frères et sœurs, il semble qu'elle aurait dû l'accorder aux frères et sœurs enfants légitimes, qui sont également des frères et sœurs naturels. Mais, en y réfléchissant, on trouve la règle parfaitement juste.

En effet, si l'art. 766 veut que les frères et sœurs légitimes de l'enfant naturel prennent dans sa succession tous les biens qu'il avait reçus de leurs père et mère communs, c'est afin que ces biens retournent à la famille légitime qui en avait été privée par suite d'un acte que la morale réprouve. Mais le législateur, qui a flétri la naissance de l'enfant naturel, n'a pu vouloir que la famille légitime tirât un bénéfice quelconque de cette naissance, et c'est ce qui arriverait si on lui attribuait les biens de l'enfant naturel venus d'une autre source ; et d'ailleurs les frères et sœurs légitimes, en reprenant les biens que leur frère naturel avait reçus des père et mère communs, n'obtiennent-ils pas tout ce que la justice exigeait en leur faveur ? Comment seraient-ils fondés à se plaindre d'être exclus du surplus de la succession, puisque leur frère naturel n'est pas de leur famille et ne pourrait en aucun cas être appelé à leur succéder à eux-mêmes ?

Le droit s'ouvre seulement, bien entendu, au profit des descendants *légitimes* des frères et sœurs naturels ; car autrement on arriverait à ce résultat impossible que l'enfant naturel du bâtard, qui ne peut pas succéder au père de son père (son aïeul naturel), succéderait néanmoins au frère de son père (son oncle naturel) (Duvergier t. 2 n° 269, Demante t. 3 n° 86, Marcadé art. 766 n° 3, Zachariæ, Aubry et Rau t. 4 p. 220, Massé et Vergé t. 2 p. 281, Demolombe t. 14 n° 162).

Faut-il diviser la succession en deux parts égales dont l'une irait aux consanguins et l'autre aux utérins avec droit aux germains de prendre part dans les deux ? On l'a soutenu en se fondant sur ce que cette division est logique, et on invoque pour cela les travaux préparatoires de la loi (Delvincourt t. 2 p. 23 note 9, Toullier t. 2 n° 269, Chabot art. 766 n° 7, Taulier t. 3 p. 202, Marcadé art. 766 n° 4, Vazeille art. 765 n° 5, Loiseau p. 637, Zachariæ, Aubry et Rau t. 4 p. 221, Massé et Vergé t. 2 p. 381, Dalloz v° *Succ.* 359-360). Mais on a répondu, et avec raison selon nous, que le texte ne distingue pas entre tous les frères, que le système de la *fente* ayant eu pour but de prévenir les inconvénients de la suppression de la règle *paterna paternis materna maternis*, demeure nécessairement sans application dans la succession régulières (Ducauroy t. 2 n° 540, Demante t. 3 n° 86 *bis*, Demolombe t. 14 n° 164).

Le droit de successibilité n'appartient aux frères naturels qu'autant que le lien de parenté entre les deux frères est établi par des reconnaissances volontaires ou par des déclarations judiciaires de paternité ou de maternité légalement prononcées. Il ne peut être suppléé à ces reconnaissances par une possession d'état même conforme à l'acte de naissance (Cass. 3 avr. 1872, S. 72-1-126).

7655. État. — La conséquence de ce que nous venons de dire est que, si l'enfant naturel décède sans postérité, sans conjoint survivant, ne laissant que des frères et sœurs légitimes, l'État succède, à l'exclusion des frères et sœurs légitimes, à tout ce qui serait revenu à ses frères et sœurs naturels ou à leurs descendants, s'ils eussent existé. Cela est non-seulement logique d'après ce que nous avons dit dans le précédent numéro, c'est encore naturel. L'État représente la société, c'est-à-dire la grande famille qui recueille l'enfant naturel, il est juste qu'il exclue la famille légitime de la succession de cet enfant que la loi repousse du sein de cette famille (Grenoble 13 janv. 1840, D. 40-2-216; — Colmar 18 janv. 1850, S. 51-2-161; — Saint-Pol 23 juin 1833, Locré t. 10 p. 96, Demolombe t. 5 n° 544 et t. 14 n° 163, Toullier t. 2 n° 269, Taulier t. 3 n° 201, Poujol art. 766 n° 6, Vazeille n° 7, Marcadé art. 766 n° 3, Zachariæ, Aubry et Rau t. 4 p. 221, Massé et Vergé t. 2 p. 232, Dalloz *Succ.* 364).

7656. Enfants légitimes de l'enfant naturel décédé. — Il existe une parenté légalement reconnue entre les père et mère naturels et les enfants légitimes de leur enfant, et la preuve en est que ces enfants sont appelés à succéder au père ou à la mère naturels de leur auteur, c'est-à-dire à leur aïeul naturel. La réciprocité conduirait donc à accorder à ces aïeuls le droit de succéder à leurs petits-enfants, d'autant plus qu'il y a aussi entre eux dette alimentaire et que bien souvent la succession de l'enfant se compose de libéralités provenant de l'aïeul (S. 47-2-569). Mais le droit de successibilité a été écarté par d'autres raisons. La succession légitime ne peut être déférée que par la loi et ici elle ne l'est pas. En effet, les ascendants dont il s'agit ici ne sont pas des ascendants légitimes du défunt, puisqu'il y a entre eux une filiation naturelle (Demante t. 3 n° 85 *bis*, Massé et Vergé t. 2 p. 281, Demolombe t. 5 n° 552 t. 13 n° 497 et t. 14 n° 149; — Nevers 7 janv. 1838, S. 39-2-289; — Caen 9 juin 1847, S. 47-2-570, 14426-7 J. E., 13683 J. N.; — Cass. 5 mars 1849, S. 49-1-331, 14721 J. E.).

7657. Quotité du droit d'enregistrement. — L'influence de cette situation sur l'exigibilité de l'impôt est évidente. Quand il s'agit d'une transmission opérée de l'ascendant au fils légitime de l'enfant naturel, comme ce fils est un successible en ligne directe, il n'y a aucune raison pour ne pas lui appliquer le tarif de la ligne directe. Il a donc pu être décidé que la donation par une femme à la fille légitime de sa fille naturelle reconnue ne donnait ouverture qu'au droit fixé pour la ligne directe (Dél. 17 juin 1834, D. N. t. 5 p. 80 n° 488, Sol. 27 sept. 1843, 13346, 17449 J. E.); et qu'il en est de même du legs fait dans des conditions semblables (Sol. 16 juill. 1847, 1796 n° 15 I. G.).

On trouverait difficilement une raison pour décider autrement quand la mutation a lieu de l'enfant légitime du bâtard au profit du père ou de la mère de ce dernier. A la vérité l'ascendant ne succède pas, mais on ne peut nier la parenté directe qui existe entre eux, et le tarif que l'on applique d'après la parenté quand l'ascendant donne au petit-fils, ne saurait être différent quand le petit-fils donne à l'ascendant. Nous reviendrons tout à l'heure du reste sur le droit de succession.

Quant à la transmission qui s'opérerait soit entre-vifs, soit par décès entre le père légitime et le bâtard de son fils ou réciproquement, il semble que l'on devrait la soumettre au tarif des étrangers, parce que la loi ne reconnaît pas cette parenté naturelle. L'art. 756 C. C. est positif sur ce point. Une solution conforme a été rendue en matière de succession le 30 septembre 1873 pour un legs fait par le père à l'enfant naturel de son fils légitime.

T. III.

CHAPITRE IV. — QUOTITÉ DES DROITS D'ENREGISTREMENT. — QUESTIONS DIVERSES

[7658-7672]

7658. Droit en ligne directe. — On a vu que, d'après l'art. 756 C. C., les enfants naturels ne sont point héritiers; cependant, ils ne peuvent être considérés ni comme des collatéraux, ni comme des étrangers, puisque, en définitive, ils sont réservataires, ainsi que nous l'avons dit n° 7603 : aussi le ministre des finances a-t-il décidé, le 7 messidor an 12 (239 I. G.), qu'ils ne doivent payer que le droit d'enregistrement en ligne directe, et cette décision a été depuis confirmée dans l'I. G. 1796 §§ 15 et 16.

7659. Application de l'art. 53 L. 28 avril 1816. — Cet article porte : « Lorsque les enfants naturels seront appelés à la succession, à défaut de parents au degré considérés, ils seront considérés, quant à la quotité des droits, comme personnes non parentes. »

« Cette disposition, dit Demolombe, semble avoir méconnu la véritable nature du droit de l'enfant naturel dans la succession de ses père et mère. Car le droit des enfants naturels a toujours le même caractère, soit qu'ils concourent avec des héritiers, soit qu'à défaut de parents au degré successible ils recueillent la totalité des biens : le droit varie dans son étendue, mais non pas dans sa nature. Aussi, la loi de 1816 a-t-elle donné lieu à des solutions bizarres » (t. 14 n° 46). — V. 7581.

Ce que l'on peut dire de mieux pour expliquer la loi, c'est qu'elle a voulu que les successeurs dont il s'agit subissent un tarif supérieur à celui des collatéraux qui les auraient exclus (l'un en partie, l'autre en totalité) des biens du défunt (Demante n° 653).

A cet égard, deux questions se sont présentées : 1° L'enfant naturel appelé par la loi, à recueillir la *totalité* des biens, lorsque ses père et mère ne laissent pas de parents au degré successible, doit-il payer les droits de mutation par décès au taux fixé entre personnes non parentes sur *la totalité des biens* ou seulement sur la portion excédant la quote-part que l'enfant aurait recueillie s'il eût été en concours avec des parents au degré successible?

2° Ce droit est-il dû lorsque l'enfant naturel est institué légataire universel de son père ou de sa mère?

7660. Enfant naturel recueillant la succession à défaut de successibles. — La première question a été décidée affirmativement dans une espèce où l'enfant naturel ne s'était prévalu que de l'art. 758 C. C. pour recueillir toute la succession de son père et n'avait nullement fait mention d'un testament par lequel celui-ci l'avait institué son légataire universel (Cass. ch. civ. 12 avr. 1847).

« Attendu, porte cet arrêt, qu'il est constaté par le juge-

12

ment attaqué que c'est en vertu du droit ouvert par l'art. 758 C. C. que le demandeur a recueilli les biens compris dans l'hoirie paternelle, et non en vertu du testament de son père, dont il n'a pas même fait mention dans sa déclaration en ce qui le concerne; attendu qu'aux termes de l'art. 758 C. C. l'enfant naturel appelé à recueillir la totalité des biens ne l'est qu'à un seul titre, et par l'unique raison que son père ou sa mère n'a laissé aucun parent au degré successible, et que l'art. 53 L. 28 avril 1816 n'établit qu'une seule espèce de droits dans ce cas » (13006 J. N., 14246 J. E., 1796 § 16 I. G. S. 47-1-369; — Conf.: Lyon 19 fév. 1845, 12315 J. N., 13728-5 J. E.).

La même doctrine avait été adoptée dans des espèces où l'enfant naturel n'avait rien recueilli, en vertu de l'art. 758 C. C., qu'une portion de la succession (la moitié, les trois quarts), le surplus ayant été légué à un tiers (Seine 22 mars 1848, 13354 J. N., 14480-5 J. E.; — Montpellier 12 août 1850, 15040 J. E.).

On a néanmoins continué à soutenir que l'enfant naturel, appelé à toute la succession en vertu de l'art. 758, ne doit supporter le droit entre personnes non parentes que sur un quart de la succession, le surplus leur étant attribué par l'art. 755 C. C., dans le cas même d'existence de parents au degré successible, autres que les descendants, ascendants, frères ou sœurs (8334, 12565, 13006 J. N.).

Il faudrait également décider que le droit est dû en ligne directe quand il existe des parents au degré successible, bien que l'enfant naturel vienne en concours avec des étrangers par suite d'un testament qui évince les parents (Sol. 24 mars 1854). D'une part, en effet, le testament ne détruit pas la vocation héréditaire des parents, et, de l'autre, ce n'est pas en vertu de cet acte que se présente l'enfant naturel.

7661. Enfant naturel institué légataire universel. — Quant à la deuxième question, l'Administration, par une Sol. 16 juillet 1847 (13324 J. N., 1796 § 15 I. G.), dans une espèce où une mère avait légué l'usufruit de ses biens à sa fille naturelle et la nue-propriété à l'enfant de celle-ci, a reconnu que le droit établi pour les successions en ligne directe est exigible sur la totalité des droits recueillis par les deux légataires universels, attendu que le dernier alinéa de l'art. 53 L. 28 avril 1816 n'est applicable qu'aux enfants naturels qui recueillent la succession par la force de la loi, à défaut d'héritiers au degré successible, et non à ceux qui y sont appelés par la volonté du testateur.

La Cour de cassation a confirmé cette interprétation par un arrêt du 5 avril 1852, ainsi conçu :

« Attendu que la disposition de la loi du 28 avril est une exception à la loi générale du 22 frimaire an 7 sur l'enregistrement; qu'à ce titre elle doit être restreinte au cas qu'elle a spécialement prévu, et dans les termes dans lesquels elle l'a textuellement fixé et limité; que ces termes, lorsque l'époux survivant ou les enfants naturels sont appelés à la succession, qui assimilent et placent sur la même ligne les enfants naturels et l'époux survivant, lequel, d'après un paragraphe précédent du même article, est soumis à un droit moins élevé lorsque la mutation en sa faveur a lieu par donation ou testament, ont trait exclusivement au droit de succession créé et établi par la loi, sans l'intervention de la volonté de l'homme; qu'ils ne comprennent pas, et que, bien loin de là, ils excluent la transmission de la succession résul-

tant de la volonté du père ou de la mère, et du testament par lequel ils ont fait à leur enfant naturel le legs universel de tous leurs biens : mode de disposition dont l'art. 902 et l'art. 908 C. C., en le restreignant, quant au fond, à ce qui est accordé aux enfants naturels au titre des successions, reconnaissent que les père et mère de ceux-ci peuvent user en leur faveur » (14629 J. N., 15438 J. E., 1946 § 2 I. G., S. 52-1-262; — Conf. : Melun 27 août 1852, 14759 J. N.).

A fortiori le droit doit-il être perçu comme en ligne directe, si la mère de l'enfant naturel qui laisse des cousins-germains lui lègue toute la quotité disponible ; car, outre que l'enfant recueille la succession en vertu d'une disposition testamentaire, il ne la recueille pas à défaut d'héritiers au degré successible (15217 J. E.).

On a fait valoir, à l'appui de l'opinion contraire, que le testament est sans valeur en présence de l'art. 908 C. C. et ne peut attribuer à l'enfant naturel d'autres droits que ceux que lui accorde l'art. 757 si l'art. 758 ne lui attribuait le bénéfice du défaut de parents au degré successible. On invoque également le principe d'une répartition égale de l'impôt (15438 J. E.; — Seine et Versailles 10 et 17 janv. 1850, 15040 J. E., 14009 J. N.; — Meaux et Seine 7 mars et 17 mai 1838, 9971, 12001 J. N., 12068 J. E.). Mais cette interprétation est abandonnée.

1. LIGNE COLLATÉRALE. — On a pensé que les mêmes principes s'appliquent à l'enfant naturel institué légataire universel par des frères et sœurs légitimes de son père ou de sa mère. Cet enfant, bien qu'il ne fût pas appelé par la loi à recueillir la succession de l'oncle ou de la tante qui l'a institué pour son légataire universel, n'en était pas moins parent en ligne collatérale. Il doit donc payer les droits de mutation par décès comme neveu et non comme étranger (J. du not. 21 mars 1874 n° 2715. — Contrà Belfort, 20 janv. 1875, 4444 R. P., Champ. t. 4 n° 3318.).

7662. Enfant naturel excluant les parents naturels. — L'art. 758 C. C., d'après lequel l'enfant naturel a droit à la totalité des biens lorsque ses père et mère ne laissent pas de parents au degré successible, a entendu, par ces dernières expressions, parler de parents légitimes, parce qu'il n'y a que ces derniers, d'après la loi, qui soient aptes à succéder. Ainsi, toutes les fois que l'enfant naturel est décédé laissant un enfant naturel, celui-ci doit exclure tous les parents naturels de son auteur, et les droits de mutation par décès doivent être payés au taux fixé entre étrangers, aux termes de l'art. 53 L. 28 avril 1816. — C'est ce qui a été reconnu dans deux espèces où un enfant naturel avait recueilli la succession de sa mère, enfant naturelle elle-même, décédée laissant sa mère et des frères et sœurs naturels (Seine 12 juin 1850, 14172 J. N., 14974 J. E.; — Guéret 17 oct. 1851, 14518 J. N., 15314 J. E.). — V. 7647.

7663. Succession de l'enfant naturel. — La disposition de l'art. 53 L. 28 avril 1816 d'après laquelle, « lorsque l'époux survivant ou les enfants naturels sont appelés à la succession, à défaut de parents au degré successible ils sont considérés, quant à la quotité des droits, comme personnes non parentes, » ne s'applique pas à la succession de l'enfant naturel lui-même dont la dévolution est régie par l'art. 766 en faveur de ses frères et sœurs, soit légitimes, soit naturels ou de leurs descendants. Ceux-ci recueillent la succession, non à défaut de parents au degré successible, mais, au contraire, comme parents de l'enfant naturel, puisque la loi les qualifie expressément de frères et sœurs, et que le mariage est interdit par l'art. 162 C. C., entre les frères et sœurs naturels, de même qu'entre les frères et sœurs légitimes. — La succession dont il s'agit reste donc, quant à la quotité du droit de mutation, dans la règle commune de la loi fiscale qui ne distingue point, pour les successions échues aux frères et sœurs, entre la parenté naturelle et la parenté légitime; le droit est dû au taux de 6 fr. 50 cent. pour 100, conformément à l'art. 33 L. 21 avril 1832 et à l'art. 10 de celle du 18 mai 1850.

1. LEGS UNIVERSEL. — Il en est de même dans l'hypothèse inverse, quand le frère naturel recueille la succession de son frère légitime, à titre de légataire universel. Si le frère naturel institué légataire universel de son frère légitime n'est pas son successible d'après la loi, il est du moins son parent (art. 162 et 766 C. C.); or, la loi fiscale ne soumet au droit de 9 pour 100 que les transmissions par décès entre personnes non parentes (L. 22 frim. an 7 art. 69). C'est le même principe qui s'applique à l'enfant naturel relativement à la succession de son père. Cet enfant n'est pas non plus un successible pour la totalité des biens de son père, et cependant, d'après les arrêts de la C. cass., s'il est institué légataire universel, il ne doit acquitter le droit de mutation en ligne directe sur la totalité des biens. Le frère naturel institué légataire universel de son frère légitime est son parent légalement reconnu; il ne doit donc le droit qu'au taux de 6 et demi pour 100, établi pour les mutations par décès entre frères et sœurs.

2. PÈRE ET MÈRE. — Lorsque la succession est échue en vertu de l'art. 765 C. C. à l'ascendant qui a reconnu l'enfant, le droit de 1 pour 100 est dû (Sol. 19 juin 1874).

7664. Partage anticipé. — Bien que l'enfant naturel reconnu ne soit pas héritier, cependant, comme il a droit à une réserve, sa participation à un acte de donation avec partage fait conformément aux art. 1075 et 1076 C. C. suffit, si l'acte est passé entre un enfant unique et un enfant naturel, pour donner à cet acte le caractère de partage anticipé, et, si l'enfant naturel reçoit plus que sa réserve avec payement d'une soulte, le droit de 4 pour 100 est exigible sur cette soulte.

De même, lorsque, dans un partage fait par des ascendants entre tous leurs enfants, une part est assignée à un enfant naturel, l'acte reste passible, sur le tout, des droits réduits par l'art. 3 L. 13 juin 1822 (11187-7 J. E.).

7665. Enfant reconnu pendant le mariage. — Si des héritiers légitimes, dans le partage des biens de leur auteur, font une part égale à une sœur naturelle, reconnue seulement après le mariage et née antérieurement au mariage de leurs père et mère, le droit de donation entre étrangers est exigible, alors même qu'il n'y aurait pas acceptation formelle (Montmédy 25 mars 1832, 15543 J. E.).

7666. Donation. — Partage. — Si dans un partage fait sans soulte, entre l'enfant légitime et l'enfant naturel,

celui-ci reçoit plus que sa réserve, le droit de donation est exigible sur tout ce qui excède cette réserve (14369-2 J. E.).

7667. Réduction des droits de l'enfant naturel. — En se fondant sur la jurisprudence de la C. cass. que nous avons fait connaître au n° 7636, le tribunal de Douai a jugé, le 19 décembre 1835 (11422-2 J. E.), que l'acte par lequel le père ou la mère de l'enfant naturel lui fait donation d'immeubles pour opérer la réduction autorisée par l'art. 761 C. C. est passible du droit de 4 pour 100, alors même que la donation *ne serait point acceptée*.

7668. Transaction. — Consentement des héritiers. — Décidé, dans le même ordre d'idées, que l'enfant naturel qui recueille dans la succession de son père, du consentement des héritiers ou légataires, des valeurs supérieures à celles auxquelles il a droit, doit, pour cet excédant, le droit au taux fixé pour les mutations entre personnes non parentes (Meaux 7 mars 1838; — Seine 17 mai 1838, 12001, 12068 J. E.).

Un tel acte serait, à notre avis, passible du droit de donation. — V. 7666.

7669. Délai. — Envoi en possession. — Pour l'enfant naturel qui recueille la succession à défaut de parents, le délai pour le payement du droit de succession ne court que du jour du jugement d'envoi en possession (Dél. 13 oct. 1829).

1. PRISE DE POSSESSION. — Mais, s'il faisait acte de prise de possession, il est incontestable qu'il devrait les droits de mutation dès les six mois de cette prise de possession. Il y a même raison de décider pour lui que pour les héritiers de l'absent. — V. Absence.

7670. Justification d'acte d'enfant naturel. — Toutes les fois qu'une partie est déclarée enfant naturel du donateur dans un acte de donation, il ne peut appartenir à l'Administration de contester cette qualité pour percevoir un droit autre que celui en ligne directe (11054 J. E.).

7672. Solidarité. — Les enfants naturels, ainsi que les légataires, ne sont pas solidaires avec les héritiers légitimes pour fournir la déclaration et payer les droits de mutation, puisque, aux termes de l'art. 32 L. 22 frimaire an 7, la solidarité à cet égard n'est établie qu'entre cohéritiers et que les enfants naturels ne sont pas héritiers.

ENGAGEMENT VOLONTAIRE.

7673. — On nomme ainsi l'engagement de servir l'État dans les armées de terre et de mer.

7674. Age où l'on peut s'engager. — D'après l'art. 374 C. C., « l'enfant ne peut quitter la maison paternelle sans la permission de son père, si ce n'est *pour enrôlement volontaire*, après l'âge de *dix-huit ans* révolus. »

La disposition de cet article a été modifiée par les lois actuellement en vigueur des 21 mars 1832 (art. 32) et 27 juillet 1872 (art. 46). L'engagé dans l'armée de mer doit avoir seize ans accomplis, et celui dans l'armée de terre, dix-huit ans. Si l'engagé a moins de vingt ans, il doit justifier du consentement de ses père, mère ou tuteur. Ce dernier doit être autorisé par le conseil de famille.

7675. Enregistrement. — L'art. 70 § 3 n° 3 L. 22 frimaire an 7 exempte de l'enregistrement les engagements pour le service de terre ou de mer, ainsi que les rôles d'équipage, et les engagements de matelots et gens de mer de la marine marchande, et les armements en course.

7676. Timbre. — Les engagements, enrôlements, et autres pièces ou écritures concernant les gens de guerre, tant pour le service de terre que pour le service de mer, sont exemptés du timbre par l'art. 16 L. 13 brumaire an 7.

7677. Avis de parents. — Les avis de parents relatifs aux engagements volontaires des mineurs de moins de vingt ans doivent être visés pour timbre et enregistrés gratis. — V. 838.

7678. Certificats. — Expéditions. — D'après une D. m. f. 6 août 1818 (851 I. G.), les certificats produits pour les enrôlements volontaires, et les expéditions des actes de l'état civil nécessaires à l'engagé, peuvent être délivrés sur papier non timbré, à la charge par les officiers publics et les maires de faire mention de la destination sur chaque expédition ou certificat. — V. *Certificat*.

7679. Marine marchande. — L'art. 70 § 3 n° 3 de la loi du 22 frimaire an 7 exempte nommément de l'enregistrement les engagements relatifs à la marine marchande. Mais ces engagés n'étant pas des gens de guerre dans le sens de l'art. 16 de la loi du 16 brumaire an 7, les actes d'engagement ne sont pas affranchis du timbre.

ENGAGISTE.

7680. Définition. — C'est celui auquel un immeuble a été cédé à titre d'engagement. On donne particulièrement le nom d'*engagistes* à ceux auxquels des portions du domaine de l'État avaient été aliénées et dont le rachat pouvait avoir lieu. — V. 6418.

ENGRAIS.

7681. — Ce mot se dit des fumiers, des marnes, des boues, etc., qu'on met sur une terre pour l'engraisser, l'amender, la rendre meilleure et plus féconde.

7682. Nature des engrais. — Les engrais destinés à l'amélioration d'un fonds sont immeubles par nature, d'après l'art. 524 C. C.; mais il en est autrement de l'engrais destiné à être vendu : il est par cela seul meuble, qu'il soit dans l'écurie ou qu'il ait été sorti et mis en tas. « Les pailles et engrais qui seraient l'objet d'un commerce seraient toujours meubles, » dit Marcadé sur l'art. 524 n° 4.

ENQUÊTE.

7683. — C'est la preuve par témoins des faits avancés par une partie et déniés par l'autre.

7684. Preuve testimoniale. — D'après les art. 1343 à 1345 C. C., la preuve testimoniale n'est jamais admise pour un intérêt supérieur à 150 francs, et, d'après l'art. 1341, même au-dessous de ce chiffre, elle n'est jamais admissible contre ni outre le contenu aux actes.

La crainte de la subornation de témoins, d'une part, et, d'un autre côté, le désir d'empêcher la multiplicité des procès, tel est le double motif qui a fait admettre les règles que nous venons d'indiquer.

Toutefois, ces règles reçoivent exception dans trois cas : 1° quand il existe un commencement de preuve par écrit (1347 C. C.); — 2° quand il a été impossible au réclamant de se procurer une preuve écrite (1348); — 3° enfin, quand il s'agit des matières commerciales.

7685. Forme. — Le mode de proposer et d'ordonner l'enquête, le délai dans lequel l'enquête doit être commencée et terminée, les formalités de l'assignation aux témoins et à la partie, le mode de procéder à l'audition des témoins et de fournir des reproches entre eux, le jugement sur les reproches, enfin, les effets de la nullité de l'enquête ou d'une disposition sont réglés par le C. proc. liv. 1er 1re part. tit. 12.

7686. Tarif. — Les procès-verbaux d'enquête sont assujettis aux mêmes droits fixes que les actes émanant des tribunaux auxquels appartiennent les juges devant lesquels ils sont faits, savoir :

1° Devant les justices de paix, 1 fr. 50 cent. (art. 68 § 1er n° 46 L. 22 frim. an 7, art. 4 L. 28 fév. 1872);

2° Au criminel, correctionnel et en simple police, soit *entre parties*, soit sur la poursuite du ministère public, lorsqu'il y a *partie civile*, 1 fr. 50 cent. (art. 68 § 1er n° 48 L. 22 frim. an 7, art. 4 L. 28 fév. 1872). — V. 7690;

3° Devant le tribunal de première instance et de commerce, 4 fr. 50 cent. (L. 22 frim. an 7, art. 68 § 2 n° 7 ; 28 avr. 1816, art. 44 n° 10; 28 fév. 1872 art. 4) ;

4° Devant les cours d'appel 7 fr. 50 cent. (L. 28 avr. 1816, art. 49 n° 2, L. 28 fév. 1872, art. 4).

7687. Droits de greffe. — Les procès-verbaux d'enquête passés par les juges des tribunaux civils ou de commerce sont en outre passibles :

D'un droit de rédaction de 1 fr. 25 cent. sur l'ensemble du procès-verbal, indépendamment du droit de 50 centimes pour chaque déposition (L. 21 vent. an 7 n° 5, Déc. 12 juill. 1808, art. 1er).

1. COMMERCE. — Les enquêtes en matière de commerce, faites en vertu de jugements rendus en premier ressort et dont il a été dressé procès-verbal séparé, conformément à l'art. 411 C. proc., sont passibles des droits de greffe déterminés par l'art. 5 L. 21 ventôse an 7. Il en serait de même dans ce cas, quoique l'enquête eût eu lieu à l'audience devant le tribunal de commerce, ou devant un juge commis. — V. 12536-5 J. E.

2. EXPÉDITIONS. — Les expéditions des enquêtes sont passibles du droit de greffe de 1 franc par rôle (L. 21 vent. an 7, art. 9).

7688. Pluralité. — Le droit fixe d'enregistrement et le droit de greffe ne sont pas exigibles sur chacune des vacations ou séances dont se compose un procès-verbal d'enquête ; il ne doit être perçu qu'un seul droit d'enregistrement et de greffe sur l'ensemble d'un procès-verbal de cette nature (D. m. f. 22 juill. 1825, 1180 § 7 I. G.).

1. ENQUÊTE ET CONTRE-ENQUÊTE. — Lorsqu'une enquête et contre-enquête sont constatées par un même procès-verbal, il n'est dû qu'un seul droit (14448-4 J. E., Sol. belge 22 sept. 1863, 2045 R. P.).

7689. Réquisition au juge. — L'ouverture des procès-verbaux d'enquête contenant la mention de la réquisition adressée aux juges et de son ordonnance n'est point un acte séparé de ces procès-verbaux et n'est passible d'aucun droit particulier (Dél. 24 juill. 1819, 6457 J. E.).

7690. Ministère public. — En *matière criminelle* ou correctionnelle, les procès-verbaux d'enquête ou *d'information*, à la requête du ministère public seul, et *sans partie civile*, sont classés parmi les actes que le n° 9 § 3 de l'art. 70

L. 22 frimaire an 7 exempte de l'enregistrement (D. m. f. 25 oct. 1822, 7317 J. E.).

Ces règles doivent s'appliquer aux matières de *simple police*. Ainsi, les notes tenues par les greffiers des tribunaux de police, de la déposition des témoins, sont exemptes de la formalité, s'il n'y a point de partie civile, et enregistrées comme procès-verbal d'enquête, dans le cas contraire.

Les enquêtes faites à la requête du ministère public dans certains cas prévus sont enregistrées gratis (L. 25 mars 1817, art. 75, 768 I. G.). — V. *Acte judiciaire.*

7691. Délai. — Les procès-verbaux d'enquêtes rédigés par acte distinct du jugement doivent aussi, comme actes judiciaires, être enregistrés dans le délai de vingt jours, de même que le jugement dont ils sont un élément, ou avec ce jugement si celui-ci est présenté à la formalité dans ce délai (436 § 7 et 34 I. G.) ; mais ce délai ne commence à courir que du jour où le procès-verbal a été régulièrement et définitivement clos, selon les formes prescrites par le C. proc. (D. 22 juill. 1825, 1180 § 7 I. G.).

7692. Dépôt. — Il doit être dressé acte de dépôt des procès-verbaux d'enquête. — V. 6266.

7693. Répertoire. — L'enquête faite par un juge de paix, délégué par le tribunal, doit être portée sur le répertoire du greffier de la justice de paix (D. m. f. 24 mai 1826, 8453 J. E.).

7694. Scellés. — Enquêtes. — L'espèce d'enquête que le juge de paix, qui appose les scellés au domicile d'une personne absente, fait pour s'assurer des causes de l'absence et dont il insère le résultat dans le procès-verbal d'apposition des scellés, ne donne pas ouverture à un droit particulier (4283 J. E.).

7695. Jugement. — Disposition indépendante. — Le code de procédure civile contient les dispositions suivantes :

Enquête. — « Dans les causes sujettes à l'appel, le greffier dressera procès-verbal de l'audition des témoins, etc.; lecture de ce procès-verbal sera faite à chaque témoin, pour la partie qui le concerne ; il signera sa déposition, ou mention sera faite qu'il ne sait ou ne peut signer ; le procès-verbal sera, en outre, signé par le juge et le greffier. Il sera procédé immédiatement au jugement, ou au plus tard à la première audience » (art. 39). — « Dans les causes de nature à être jugées en dernier ressort, il ne sera point dressé de procès-verbal, mais le jugement énoncera les noms, âge, profession et demeure des témoins, leur serment, etc., et le résultat des dépositions » (art. 40).

Matières sommaires. — « Lorsque le jugement ne sera pas susceptible d'appel, il ne sera point dressé procès-verbal de l'enquête ; il sera seulement fait mention, dans le jugement, des noms des témoins et du résultat de leurs dépositions » (art. 410).

« Si le jugement est susceptible d'appel, il sera dressé procès-verbal qui contiendra les serments des témoins, leur déclaration, s'ils sont parents, alliés, serviteurs ou domestiques des parties, les reproches qui auraient été formés contre eux, et le résultat de leurs dépositions » (art. 411).

« Si les témoins sont éloignés ou empêchés, le tribunal pourra commettre le tribunal ou le juge de paix de leur résidence : dans ce cas l'enquête sera rédigée par écrit : il en sera dressé procès-verbal » (art. 412).

En présence de ces dispositions, la question s'est élevée de savoir dans quelles circonstances un droit particulier pouvait être perçu sur le jugement contenant l'enquête. Voici la règle à adopter :

1. PROCÈS-VERBAL RÉDIGÉ INUTILEMENT. — Lorsque dans un jugement un procès-verbal d'enquête est dressé, signé des témoins, du juge et du greffier, un droit indépendant est exigible, encore bien que la cause, *susceptible d'être jugée en dernier ressort*, rende le procès-verbal inutile, car la perception se fait sur les actes parce qu'ils existent, et non pas parce qu'ils sont ou ne sont pas utiles (*Comp.* 11257-9, 11279-3, 11372, 11732-1 J. E., 436 § 7 et 34 I. G.).

2. JUGEMENT EN DERNIER RESSORT OU SUJET A APPEL. — Cependant, dans le cas ci-dessus, où, le jugement étant rendu en dernier ressort, le procès-verbal d'enquête était inutile, la perception ne sera plus justifiée que quand le procès-verbal est complet et distinct, tandis que dans les causes sujettes à appel le droit est exigible, encore bien que le greffier n'ait pas spécialement signé le procès-verbal d'enquête, si d'ailleurs l'enquête est signée des témoins *Comp. Idem*, Sol. 27 juill. 1852).

3. SIMPLE MENTION. — Mais, dans l'un et l'autre cas, aucun droit n'est exigible si le juge ne fait que mentionner les interrogations et le résultat de l'enquête, sans en dresser procès-verbal (*Comp. Idem*).

4. TÉMOIN REPROCHÉ. — Le reproche élevé contre un témoin par l'avoué du demandeur et la disposition par laquelle le tribunal lui donne acte de son reproche en disant qu'il sera passé outre à l'audition du témoin conformément à l'art. 284 C. proc., tous droits des parties saufs... ne peuvent être considérés comme constituant des dispositions indépendantes des autres parties du procès-verbal d'enquête. — Mais il en est autrement quand le tribunal, dans le cours de l'enquête et après la déclaration de reproche formulée par l'une des parties contre un témoin, a entendu les plaidoiries sur l'incident et ordonné ensuite qu'il serait passé outre à l'audition du témoin ; il a, par là, rejeté l'exception et vidé l'incident ; il a donc prononcé un jugement définitif qui ne peut être confondu avec les simples faits et dires constatés par le procès-verbal d'enquête (Sol. belge 18 juin 1862, 9303 J. E. belge). — V. *Expertise*.

ENREGISTREMENT.

7696. Définition. — L'enregistrement consiste dans la transcription ou dans l'analyse d'un acte ou d'une déclaration de mutation sur les registres destinés à cet effet. Cette formalité donne lieu, en principe, à la perception d'un droit au profit du Trésor.

7697. Obligation de l'enregistrement. — « La règle en la matière, règle qui tient elle-même au principe de l'égalité de l'impôt, c'est que tous les actes doivent, à moins d'une exception spéciale, être soumis à la formalité de l'enregistrement » (Cass. 28 déc. 1859, 1287 R. P., 2174-4 I. G., S. 60-1-440).

7698. Effets de l'enregistrement. — L'enregistrement a un double but : 1° constituer la perception d'un impôt dans l'intérêt de l'État ; — 2° rendre un service public aux contractants et aux tiers (*V.* Champ. et Rig. n° 25, Rodière et Pont *Cont. de mar.* 1-176). « L'enregistrement, disait Portalis dans son discours sur le projet de Code civil, offre à la fois le bien de la finance et celui des citoyens ; il assure la vérité des contrats et des actes entre particuliers » (Locré t. 1er p. 308).

1. NULLITÉ. — Mais l'enregistrement d'un acte est étranger à sa substance ; il n'en est qu'une formalité extrinsèque. Son omission ne peut donc rendre l'acte nul si ce n'est dans les cas indiqués par la loi (Cass. 16 janv. 1824, 23 fév. 1827, 27 juill. 1827) : « Considérant, portent ces arrêts, que l'enregistrement d'un acte est étranger à sa substance ; qu'il n'en est qu'une formalité extrinsèque ; que son omission ne peut donc rendre l'acte nul, si ce n'est dans le cas où la loi y aurait formellement attaché cette peine. »

7699. Foi due aux enregistrements. — On a enseigné que, si, après l'enregistrement d'un acte sous seing privé, l'Administration voulait poursuivre le recouvrement d'un supplément de droit motivé sur une perception insuffisante, il suffirait à la partie, pour paralyser l'action du Trésor, de dénier l'écriture, attendu que l'Administration n'étant plus en possession de l'acte ne peut demander la vérification de l'écriture ni prouver, par conséquent, l'existence de sa créance. C'est ce qui résulte d'un jugement de Savenay du 26 septembre 1836 dont M. Dalloz approuve la doctrine (v° *Enregistrement* n° 5191) et d'un autre jugement de Narbonne du 18 novembre 1844 (13642-2 J. E.).

Une telle opinion, si elle prévalait, ne conduirait à rien moins qu'à rendre absolument impossible toute rectification des erreurs commises lors de l'enregistrement des actes sous seing privé, puisque, à défaut de représentation du contrat, on ne saurait si c'est la perception qui est fausse ou l'enregistrement qui est inexact. Ce résultat inadmissible prouve déjà l'erreur du principe qui le produit. A la vérité, les registrés de l'enregistrement ne font en matière civile et entre parties qu'une preuve tout à fait imparfaite de la convention (Marcadé art. 1336, Boileux et Larombière art. 1336, Bonnier n° 707 *idem.*, Aubry et Rau t. 6 p. 418, Duranton t. 13 n° 255 ; — Metz 9 mars 1833 ; — Grenoble 5 juill. 1845 ; — Aix 21 fév. 1840 ; — Agen 12 juin 1854, S. 54-2-364 ; — Cass. 25 fév. 1856, S. 56-1-816 ; — Cass. 28 déc. 1858 ; S. 59-1-089 ; — 2 juin 1859, D. P. 59-1-264). — Mais il en est autrement, croyons-nous, dans les rapports du contribuable avec l'Etat. L'enregistrement est un moyen matériel d'assurer la perception ; le receveur qui l'opère ne fait autre chose que certifier qu'il a vu telle ou telle convention et dans cette convention les clauses qu'il relate. Placé comme intermédiaire entre le redevable et le Trésor pour l'accomplissement de la formalité, il a nécessairement mission d'attester les faits qui donnent naissance à l'impôt et la loi doit croire à ses certificats, tout comme elle croit aux attestations de tous les fonctionnaires préposés à un service public. L'enregistrement du receveur a si bien un caractère de véracité juridique que la loi le fait servir de point de départ à la prescription. Elle frappe l'Administration de déchéance quand elle est demeurée deux ans à compter de cet enregistrement sans poursuivre la rectification des erreurs commises à son préjudice, témoignant ainsi que l'action est ouverte dès le jour de l'enregistrement, c'est-à-dire que cet enregistrement suffirait à fonder sa réclamation. Sans cela d'ailleurs l'art. 49 L. 22 frimaire an 7 sur les répertoires serait inexécutable, car les registres de recette sont le seul moyen servant à constater les erreurs. Ou il faut effacer ce texte, ou il faut admettre que les enregistrements suffisent à établir l'existence des actes non répertoriés. Et, si on l'admet quand il s'agit d'une pénalité à imposer à un officier public, on est entraîné à reconnaître qu'il en doit être de même pour réclamer à un particulier un simple complément de perception. Or, la jurisprudence a reconnu que les registres prouvent les omissions d'actes sur les répertoires (Cass. 2 oct. 1810 ; — Rouen 28 août 1845 ; — Oléron 7 mai 1846 ; — Seine 4 fév. 1852 ; — 3 janv. 1855 ; — Cherbourg 5 mars 1856, D. N. t. 11 p. 171 n° 92 ; — Merlin v° *Enregistrement, Rép.* § 44).

Nous pouvons donc en conclure qu'ils ont le même degré de crédibilité à l'égard des forcements. C'est un point que nous avons d'ailleurs plus amplement discuté au R. P. n° 816 et qui résulte implicitement des motifs d'un arrêt de cass. du 15 juin 1813, portant : « Attendu qu'aux termes des art. 22 et 38 L. 22 frimaire an 7, le double droit est encouru du jour de l'expiration du délai fixé pour l'enregistrement des actes qui y sont soumis ; qu'aucune prescription ne peut courir contre la Régie, pour supplément de droits non perçus ou amendes, lors du premier enregistrement, que du jour où lesdits actes ont été réellement enregistrés ; que les lois ne déterminent aucun mode particulier pour en prouver la simple présentation à l'enregistrement à l'effet de faire courir la prescription contre ledit supplément ou amende ; d'où il suit qu'il n'y a pas d'autre preuve, pour constater le fait de ladite présentation, que celle qui résulte de l'enregistrement de l'acte même qui doit être soumis à cette formalité » (*Pr. chr.* 155, 4571 J. E.). — *Conf.* : Sol. 21 nov. 1877.

Mais, dès l'instant que l'enregistrement devient ainsi le titre justificatif de la perception pour les actes sous seing privé, il faut en accepter les énonciations à l'égard des restitutions comme des forcements. L'Administration ne serait

pas fondée, dès lors, à refuser un remboursement de droits sous le prétexte que l'enregistrement est peut-être inexact et que la partie doit préalablement produire l'original de l'acte enregistré (Sol. 31 janv. 1863).

7700. Certificats ou mentions des receveurs. — Les mentions émanées des agents de l'Administration dans l'exercice de leurs fonctions forment des actes authentiques relativement à ce qu'ils constatent. — Mais les extraits des transcriptions ou analyses, faites par ces préposés, ne sauraient avoir aucune authenticité quant à la sincérité des actes en eux-mêmes. Ils n'ont aucun effet pour les actes privés et peuvent seulement servir de commencement de preuve, dans certains cas, pour établir l'existence d'actes authentiques (Marcadé art. 1336, Aubry et Rau 3e édit. t. 6 p. 418, Duranton t. 13 n° 255 ; — C. Metz 9 mars 1833 ; — Aix 21 fév. 1840 et Grenoble 5 juill. 1845).

7701. L'enregistrement donne date certaine aux sous seing privé. — L'enregistrement produit des résultats différents selon les actes auxquels il s'applique. Ainsi, par rapport aux actes privés, il est l'un des moyens énoncés par l'art. 1328 C. C., pour donner date certaine contre les tiers (Laferrière *Droit administ.* 3e édit. p. 229 ; Déc. 1er oct. 1862, Bull. 1063 n° 10074 ; — V. Cass. 20 avr. 1807, B. C. 51 ; 17 fév. 1858, 1035 R. P. ; 30 juill. 1868, S. 69-1-113). — Il complète ces actes en ce sens que si, par exemple, un débiteur a promis un cautionnement utile, il doit fournir un acte de cautionnement enregistré (C. Paris 5 mai 1874, 4414 R. P.).

7702. Son effet sur les actes notariés. — Par rapport aux actes notariés, il n'a plus pour objet, comme sous la loi des 5-19 décembre 1790, d'assurer l'authenticité de l'acte et d'en constater la date, ni d'en attester l'existence et à en compléter l'authenticité (Favard v° *Acte notarié* § 1er n° 3, Roll. de Vill. *Id.* n° 11, Champ. et Rig. t. 4 n° 3811, Troplong *Hyp.* t. 2 n° 507, Teste *Encycl. du droit* v° *Act. not.* n° 34, Pont *Hyp.* 664, Gilbert *C. C. annoté* art. 1317 n° 17 ; — Cass. 6 frim. an 14, P. 5-53 ; 23 janv. 1810 ; — Bourges 17 mai 1827). — V. *Acte notarié*.

Le défaut d'enregistrement d'un acte notarié dans les délais ne prive donc nullement l'acte de son effet, sauf l'amende contre le notaire ; et spécialement, bien qu'un acte constitutif d'hypothèque n'ait pas été enregistré, l'hypothèque n'en est pas moins valable du jour même de l'acte (Troplong *Hyp.* t. 2 n° 307 ; — Toulouse 12 déc. 1835).

La C. cass. avait reconnu, autrefois, qu'un acte notarié passé aux colonies, où l'enregistrement n'a pas été établi, ne peut autoriser une inscription hypothécaire, en France, avant d'y avoir été enregistré (Cass. 7 déc. 1807).

Il existe une disposition particulière au sujet du gage. L'art. 2074 C. C. dispose que le privilège conféré au créancier gagiste n'a lieu qu'autant qu'il y a un acte public ou sous seing privé, dûment enregistré, contenant la déclaration de la somme due, ainsi que l'espèce et la nature des choses remises en gage, ou un état annexé de leur quotité, poids ou mesures. La rédaction de l'acte par écrit et son enregistrement ne sont néanmoins prescrits qu'en matière excédant 150 francs.

7703. Effet de l'enregistrement sur les actes judiciaires. — Il en est de même en matière d'actes judiciaires. Ainsi, il a été décidé : 1° qu'un jugement n'est pas nul pour avoir été rendu sur un acte non enregistré (Cass. 19 nov. 1807, 13 janv. 1810) ;

2° Et que la représentation d'un acte d'appel d'un jugement d'adjudication préparatoire, devant les juges qui ont rendu le jugement, ne peut empêcher qu'il soit passé outre à l'adjudication définitive, si cet acte d'appel n'est pas enregistré (C. Paris 13 mars 1834, S. 34-2-304).

7704. Exploits. — En ce qui concerne les effets du défaut d'enregistrement sur les exploits, la question a été épuisée au n° 8605, et nous ne pouvons qu'y renvoyer le lecteur.

7705. Preuve contraire. — L'officier public a le droit d'attendre dans le bureau que l'acte soit enregistré et d'assister à l'exécution de la formalité (V. 341). Si le préposé refusait ou négligeait d'enregistrer l'acte, le notaire devrait faire constater le refus ou la négligence; car, à défaut de cette justification légale, le tribunal ne pourrait, quelles que soient les excuses alléguées, se dispenser de condamner l'officier public au payement du double droit ou de l'amende (Opinion du J. N. 9104 et du J. E. 13445 § 1er; — Conf. : Jonzac 5 juin 1838, 10072 J. N.; — Cass. 20 mai 1807, S. 7-2-93, 2628 J. E.; 3 oct. 1810, S. 20-1-500, 3736 J. E.; — Poitiers 20 mars 1850; — Cass. 23 déc. 1835; — V. 9104, 9134 et 9414 J. N.; — Domfront 26 janv. 1846, 12592 J. N.; — Condom 7 août 1843).

Il a été cependant reconnu que, bien qu'en thèse générale on ne puisse prouver le payement fait à un receveur qu'au moyen de la quittance des droits, néanmoins, un tribunal a pu admettre le contribuable à prouver les versements faits au receveur en prenant pour base de cette preuve et comme commencement de preuve par écrit, le jugement qui a condamné le comptable comme prévaricateur (Cass. 23 flor. an 13).

Il est bien entendu que, quand la faute du receveur est légalement constatée, le contribuable n'encourt aucune amende. — V. Responsabilité.

7706. Réquisition. — Après la réquisition de la formalité et le versement à la caisse du préposé des droits inexactement liquidés par lui, on ne peut, sous prétexte d'une réquisition tacitement conditionnelle et subordonnée à la suffisance de la perception, exiger la restitution des actes non encore formalisés ni des droits alors perçus (Cass. 13 juin 1864, arrêt rapporté n° 110).

Le dépôt de l'acte sans payement du droit n'oblige pas le receveur à l'enregistrer (Cass. 21 flor. an 8). « Vu les art. 22, 23, 28 et 38 L. 22 frimaire an 7; et attendu que le jugement du tribunal civil de la Seine, du 14 fructidor an 7, est contraire aux articles cités, en ce qu'il a déchargé Ségui du double droit, par cela seul qu'il avait remis l'acte dont il s'agit au receveur, dans les trois mois, quoiqu'il n'eût pas payé le droit proportionnel et que cet acte n'eût pu ainsi être enregistré » (S. 1-2-245, 547 et 639 J. E.).

Les lois ne déterminent aucun mode particulier pour prouver la présentation d'un acte à la formalité de l'enregistrement à l'effet de faire courir la prescription contre le supplément de droit, il s'ensuit qu'il n'y a pas d'autre preuve pour constater le fait de cette présentation que celle qui résulte de l'enregistrement de l'acte même qui doit être soumis à la formalité (Cass. 15 juin 1813, arrêt rapporté n° 7699).

Dans certains cas, cependant, les parties peuvent prouver qu'elles ont présenté l'acte à la formalité un autre jour que celui où il a été enregistré. Mais cette preuve ne peut résulter que des faits suivants : 1° acte extrajudiciaire constatant dans les formes légales le jour de ce dépôt (Cass. 3 oct. 1810, S. 20-1-500, 3736 J. E.; 9 mai 1807, S. 7-2-93, 2628 J. E.; 26 avr. 1808, S. 9-1-41, 3103 J. E.); — 2° la représentation de la mention d'enregistrement (Cass. 3 mai 1825, D. 26-1-302).

7707. Temps accordé pour l'enregistrement. — La durée du temps (8 heures du matin à 4 heures du soir) consacrée à la réception et à l'enregistrement des actes est conforme aux dispositions de l'art. 11 L. 27 mai 1791, la seule qui ait réglé le temps pendant lequel les bureaux d'enregistrement devront chaque jour être ouverts au public. Après l'expiration du temps indiqué par l'affiche, le préposé peut et doit arrêter ses registres et refuser tout enregistrement. L'observation de cette règle intéresse les tiers auxquels un enregistrement pourrait porter préjudice (Cass. 28 fév. 1838, arrêt rapporté n° 5982-1).

7708. La formalité est indivisible. — La formalité de l'enregistrement est indivisible comme le sont les actes eux-mêmes ou les déclarations. C'est là un principe maintes fois consacré par la jurisprudence. « Le payement du droit, porte un arrêt de cass. du 9 novembre 1834, ne peut être morcelé, mais il doit être payé avant l'enregistrement de la quotité entière du droit, la quittance du droit entier doit être mise sur l'acte enregistré aussitôt que le droit est payé, et la quittance doit exprimer la date de l'enregistrement, le folio du registre, le numéro et la somme des droits perçus, ce qui exclut toute idée de payements partiels et de plusieurs quittances successives; enfin, un acte ne peut être enregistré pour une partie et non enregistré pour une autre » (Conf.: Cass. 7 nov. 1821, arrêt rapporté n° 547; 23 fév. 1826 et 15 juill. 1878). — V. 547 et 1469.

Bosquet faisait déjà remarquer, sous la législation du contrôle, que « le droit de contrôle est dû sur l'acte entier, car la formalité est indivisible; il n'est pas possible de la donner à une partie de l'acte et d'en excepter une autre partie » (Acte sous seing privé § 2).

1. DOUBLE ENREGISTREMENT. — La formalité ne peut donc être donnée deux fois au même acte. Il n'y a que deux exceptions à ce principe : 1° pour les testaments faits en pays étranger qui doivent être enregistrés au bureau du dernier domicile du testateur connu en France et au bureau de la situation des immeubles, sans qu'il puisse être exigé un double droit (1000 C. C.);

2° pour les procès-verbaux d'apposition, de reconnaissance et de levée de scellés et les inventaires après faillite qui ne sont passibles que d'un seul droit, lors même que, à raison de la durée des opérations, chaque procès-verbal serait présenté plusieurs fois à l'enregistrement (L. 24 mai 1834 art. 1er (1528-7 I. G.).

2. DROIT ACQUIS. — Une fois l'enregistrement accompli, le bénéfice en est acquis, la partie et le receveur ne pourraient en priver en rayant cet enregistrement (Cass. 16 déc. 1811, P. t. 9 p. 776).

7709. Vérification. — « La tenue des répertoires, leur vérification et la vérification des actes qui restent en dépôt, dans les greffes, sont principalement ordonnées dans l'intérêt des citoyens auxquels il importe que les actes qui règlent et conservent leurs droits soient revêtus des formalités prescrites pour en assurer la validité » (Cass. 4 janv. 1814, S. 14-1-135 ; — Cass. 4 déc. 1816).

7710. Droit d'acte. — **Droit de mutation.** — On a souvent divisé les droits d'enregistrement en droits d'acte et droits de mutation. Nous avons exposé cette théorie au n° 340.

Cette distinction a été appliquée notamment pour régler les effets de la rétroactivité à l'exigibilité des droits. — V. 7440 et suiv.

7711. Statut réel. — Le droit d'enregistrement est un statut réel qui ne s'applique pas en principe aux objets situés hors du territoire. On trouvera le développement de cette question aux n°s 8248 et suiv.

7712. Interprétation de la loi de l'enregistrement. — La loi de l'enregistrement se compose de deux éléments distincts, qui ont chacun leur valeur propre : 1° de règles particulières formellement écrites ; 2° de principes généraux qui ressortent de son esprit et de la place spéciale qu'elle occupe dans notre législation. Si donc on veut ne pas la fausser dans son essence, il faut savoir obéir non-seulement à ces règles particulières, mais encore à ces principes généraux. C'est ce que comprennent très-bien les interprètes du Code. Aussi n'est-ce que quand les questions d'impôt soumises à la cour suprême se trouvent en dehors et de l'application de de ces règles particulières et de l'influence de ces principes généraux, que les arrêts acquièrent, comme en matière ordinaire, le caractère de généralité qui leur donne une véritable autorité. Le caractère de généralité leur vient alors de ce que la cour suprême, n'ayant plus à s'inspirer de l'esprit de la loi spéciale, se meut en toute liberté dans le cercle de la loi commune.

7713. Principes généraux de la perception. — Il serait impossible de résumer ici sous la forme d'axiomes

généraux les règles qui gouvernent la perception des droits fixes ou proportionnels d'enregistrement. Cette matière se rattache à la législation civile par tant de points qu'elle subit presque toujours l'influence des principes du droit commun sur la nature des actes ou des contrats, sur les modalités qui les accompagnent et les effets qu'ils produisent. Elle présente cependant quelques règles qu'il est plus particulièrement utile de réunir ici très-brièvement.

7714. Nullité. — Ainsi, c'est un principe constant que la validité ou l'invalidité des actes est indifférente pour la perception des droits. Les préposés ne sont pas juges de ces questions et ils sont autorisés à établir leur perception sans se préoccuper des causes de nullité (Cass. 3 vent. an 8, S. 2-2-529, 564 J. E. ; 24 juin 1806, S. 6-2-708 ; 21 août 1811, Pr. chr. 48, 3987 J. E. ; 10 fév. 1812, S. 12-1-174, 4150 J. E. ; 9 fév. 1814, 4928 J. E. ; 17 août 1815, Code annoté n° 2487 ; 27 nov. 1815, S. 18-1-144 ; 30 avr. 1821, S. 22-1-2, 6975 J. E. ; 12 fév. 1822, S. 22-1-421, 7170 J. E. ; 31 déc. 1823, S. 24-1-234, 7657 J. E. ; 23 fév. 1824, S. 24-1-260, 7706 J. E. ; 17 août 1824, S. 25-1-325, 1150-10 I. G. ; 5 août 1828, S. 28-1-423, 1263-2 I. G., 9162 J. E. ; 21 déc. 1831, S. 32-1-181, 1562-9 I. G., 10231 J. E. ; 27 mars 1832, 10353 J. E. ; 26 avr. 1836, S. 36-1-499 ; 9 août 1836, S. 36-1-667, 1562-9 I. G., 11589 J. E. ; 13 déc. 1837, S. 38-1-173, 1562-9 I. G., 11938 J. E. ; 11 avr. 1838, S. 38-1-432, 1577-9 I. G., 12033 J. E. ; 18 fév. 1829, 9262 J. E. ; 19 nov. 1835, S. 36-1-431 ; 20 nov. 1844, S. 45-1-134, 1732-16 I. G., 13617 J. E. ; 24 déc. 1845, 13908 J. E. ; 15 avr. 1850, S. 50-1-357, 1875-3 I. G., 14940 J. E. ; 13 nov. 1849, S. 50-1-60, 1857-11 I. G., 14851 J. E. ; 8 août 1853, S. 53-1-637, 1986-8 I. G., 15728 J. E. ; 5 et 18 fév. 1854, S. 54-1-272, 2015-7 J. E., 37 R. P. ; 28 avr. 1856, S. 56-1-619, 2078-4 I. G., 16322 J. E. ; 11 déc. 1860, S. 60-1-185, 2190-6 I. G., 1455 R. P. ; 15 mai 1861, S. 61-1-888, 1490 R. P. ; 14 nov. 1865, 172 B. C., S. 66-1-123, D. 66-1-110, 2347-1 I. G. ; 5 mars 1866, S. 66-1-122, 2348-7 I. G., 2256 R. P. ; 14 mai 1866, S. 66-1-303, 2349-2 I. G., 2302 R. P. ; 20 août 1867, 166 B. C., S. 67-1-140, D. 67-1-337, 2362-1 I. G. ; 18 mars 1869, 61 B. C., S. 69-1-325, D. 69-1-247, 2389-2 I. G. ; 26 juill. 1869, S. 69-1-475, D. 69-1-476, 2393-5 I. G. ; 11 janv. 1871, 2 B. C., S. 71-1-23, D. 71-1-9, 2424-4 I. G. ; 22 août 1876, 4458 R. P. ; 27 déc. 1876, 4558 R. P. et 2 janv. 1878, 4858 R. P.).

Arrêt du 18 février 1829 : « Vu les art. 4, 15 n° 6,17 et 59 L. 22 frimaire an 7; attendu qu'il résulte du rapprochement de ces articles : 1° que le droit de mutation auquel un contrat de vente donne ouverture est dû du jour de ce contrat, sans qu'il soit permis, sous aucun prétexte, d'en différer le payement; — 2° que ce droit est dû, non-seulement sur le prix porté au contrat de vente, mais sur la valeur réelle et vénale de l'objet vendu, valeur constatée au besoin par une expertise que la loi autorise la Régie à provoquer en cas d'insuffisance présumée dans la déclaration des parties contractantes; — 3° que ces droits de mutation réglés ainsi qu'il vient d'être dit sont indépendants des événements ultérieurs, par lesquels l'acte de vente peut être rescindé, et ne cessent pas d'être exigibles, nonobstant cette rescision » (S. 29-1-238, 1282-11 I. G.).

Arrêt du 19 novembre 1835 : « Attendu qu'entre l'administration de l'Enregistrement et les redevables des droits il ne peut être question du mérite des actions qui pourraient appartenir à ces derniers pour faire annuler des actes ou en restreindre les effets; que la perception doit avoir lieu suivant la teneur des actes transmissifs de propriété ou d'usufruit » (S. 36-1-431).

Arrêt du 20 novembre 1844 : « Attendu sur le premier moyen, tiré des dispositions de l'art. 1599 C. C., portant que la vente du bien d'autrui est nulle, que ce moyen est non recevable, n'ayant pas été proposé devant les premiers juges, et qu'en tout cas il serait mal fondé, par le motif que la nullité d'un contrat, dont le receveur de l'enregistrement n'est jamais juge, ne peut être invoquée devant lui pour refuser le payement des droits que doit supporter ce contrat » (S. 45-1-134, 1732-16 I. G.).

Arrêt du 13 novembre 1849 : « Attendu que l'art. 60 de la loi de frimaire prohibe la restitution de tout droit régulièrement perçu en conformité de la loi, quels que soient les événements ultérieurs; attendu que dans la cause la perception a été régulière; que l'acte de donation présenté à l'enregistrement offrait le caractère extérieur apparent d'un acte translatif de propriété, et que, s'il renferme quelque nullité, le receveur ne pouvait ni ne devait la rechercher ni s'en rendre juge; attendu que le principe de non-restitution des droits de mutation une fois qu'ils ont été régulièrement perçus, résulte du texte de la loi, de son économie, des nécessités mêmes de la perception, et s'applique aussi bien aux actes susceptibles d'être annulés ou résolus qu'à tous autres; qu'en effet l'art. 68 nomb. 7 et 38, L. 22 frimaire an 7, ne soumet qu'au droit fixe de 1 franc les actes refaits pour cause de nullité, les ratifications pures et simples d'actes en forme : d'où l'on peut conclure que, dans la pensée de la loi, les actes nuls ou qui ont dû être soumis à une ratification postérieure n'en restent pas moins passibles des droits perçus sur eux » (S. 50-1-60, 1857-11 I. G.).

Arrêt du 18 février 1854 : « Attendu que la loi ne reconnaît pas de nullités de plein droit, que les nullités fussent-elles absolues, les actes qu'elles vicient n'en conservent pas moins tous leurs effets, tant qu'ils n'ont pas été annulés, soit sur la demande des parties intéressées, soit, dans certains cas, par les tribunaux prononçant d'office, ou sur les réquisitions des fonctionnaires investis du droit de leur dénoncer ces actes dans un intérêt général et d'ordre public; attendu que ce droit n'a pas été confié à la Régie de l'enregistrement; que, dans la sphère de ses attributions toutes spéciales, sa mission se borne au recouvrement de l'impôt qu'elle est chargée de percevoir; qu'il ne lui appartient pas, sauf le cas de fraude ou de simulation, de rechercher la valeur obligatoire des actes qui, en dehors des applications de la loi fiscale dont elle doit assurer l'exécution, ne sont pas soumis à son contrôle; attendu que la Régie a toujours repoussé, et avec raison, la prétention élevée par les contribuables de soustraire les actes, sous prétexte de leur nullité, aux perceptions qui doivent les frapper; qu'elle ne peut donc réclamer pour elle un droit justement refusé aux parties » (S. 54-1-272, 2015-7 I. G., 37 R. P.).

Arrêt du 15 mai 1861 : « Attendu que les droits d'enregistrement doivent être perçus d'après la nature des conventions arrêtées entre les parties, sans que la Régie ait à en apprécier la validité » (S. 61-1-888, 1490 R. P.).

Arrêt du 14 novembre 1865 : « Attendu que vainement le demandeur excipe de la nullité dont l'art. 1099 C. C. frapperait le contrat du 30 septembre 1861, en ce qu'il contiendrait une donation mutuelle entre époux; qu'en effet la Régie de l'enregistrement est instituée, non pour contrôler la régularité des conventions dans l'intérêt des contractants, mais pour percevoir les droits auxquels, lorsqu'elles lui sont soumises, les assujettit leur qualification légale » (172 B. C., S. 66-1-123, D. 66-1-110, 2347-1 I. G.).

Arrêt du 20 août 1867 : « Attendu que, si, en principe, les parties peuvent revêtir leurs conventions de la forme qui leur agrée, et si la perception des droits d'enregistrement doit s'établir sur la forme extrinsèque et sur les effets légaux des contrats, sans qu'il soit permis à la Régie de se prévaloir des vices dont ils seraient entachés, ni de rechercher les intentions secrètes des parties, il en est autrement lorsque la substance d'un acte aussi bien que ses conséquences nécessaires et immédiates protestent contre les qualifications que les contractants lui ont données et qui ressortent de l'économie de ses dispositions; qu'elles ont été combinées en vue de dissimuler une autre nature de contrat qu'on voulait soustraire au droit déterminé par la loi fiscale » (166 B. C., S. 67-1-407, D. 67-1-337, 2362-1 I. G.).

Arrêt du 16 mars 1869 : « Attendu que les droits applicables à une convention sont acquis au Trésor public par le seul fait de l'existence d'un acte revêtu de toutes les formes extérieures propres à constater la convention; et que la Régie de l'enregistrement n'étant pas juge de la validité de l'acte au fond, l'exigibilité du droit est indépendante des événements postérieurs par lesquels il pourrait être annulé à raison des vices ou des causes de nullité qu'il renferme » (61 B. C., S. 69-1-325, D. 69-1-247, 2389-2 I. G.).

Le développement de cette question et de la jurisprudence qui s'y rattache se trouve présenté au mot *Nullité*.

1. TIMBRE. — Ces règles ont été appliquées au droit de timbre (Cass. 27 déc. 1876 et 2 janv. 1878, 4558 et 4858 R. P.). — V. 17130.

7715. Interprétation des contrats. — L'Administration a le droit et le devoir de rechercher le véritable caractère des conventions. Ce caractère se détermine moins par les formes extérieures et les qualifications qui leur ont été données, que par les stipulations réelles des parties et la nature des choses qui en font l'objet.

Nous avons particulièrement insisté sur ce point au mot *Convention*.

7716. Simulation. — Il n'est pas permis de dissimuler un contrat pour frauder le Trésor, mais il est permis de choisir entre deux contrats celui qui donne le droit moindre; par exemple, de renoncer à une succession pour ne pas payer l'impôt de mutation par décès, ou de présenter un cautionnement sous la forme d'une obligation solidaire (Dumoulin *Cout. de Paris* art. 33, glos. 1, d'Argentré *Cout. de Bretagne* art. 77, Champ. n° 97). V. — *Convention*.

7717. Analogie. — En matière fiscale, il n'est pas permis de raisonner d'un cas prévu à un cas imprévu et de décider alors par analogie (Cass. 1er vent. an 12, 18 mars et 2 avr. 1806, 24 nov. 1808, 18 déc. 1811, 10 fév. 1812, 27 juill.

1819; 6 nov. 1822; 20 mars, 9 mai et 26 déc. 1826; 4 avr. 1827; 3 et 25 janv. 1827; 17 mars et 11 déc. 1830; 8 fév. 1837; 5 et 20 déc. 1837; 26 nov. 1850; 16 janv. 1854; 9 mars 1863; 8 nov. 1876, 4538 R. P.).

Arrêt du 10 février 1812: « Attendu qu'il n'est pas permis aux tribunaux d'étendre d'un cas à un autre, même sous prétexte d'identité, une dérogation qui n'a été prononcée par le législateur que pour un seul cas » (S. 12-1-474, 4150 J. E.).

Arrêt du 4 avril 1827: « Attendu qu'en matière d'impôt on ne peut, ni par analogie, ni par induction, étendre la loi d'un cas à un autre, que, là où la loi ne distingue pas, il n'est pas permis de distinguer, et que, spécialement, en matière d'impôt, aucune perception ne peut être faite que d'après une disposition formelle de la loi » (S. 27-1-365, 1219-2 I. G.).

Arrêt du 26 décembre 1826: « Attendu qu'il est de principe qu'en matière fiscale il n'est pas permis de raisonner d'un cas prévu à un cas imprévu, et de décider alors par analogie; car, dans les lois de finances comme dans les lois pénales, ce qui n'est pas prévu, ce qui n'est pas ordonné ou défendu, est permis et ne peut être exigé ou défendu. »

Arrêt du 11 décembre 1830: « Considérant, en droit, que la Régie de l'enregistrement ne peut exiger le payement que des droits dont la quotité est expressément fixée par la loi. »

Arrêt du 8 février 1837: « Attendu qu'en matière d'impôt il est de principe que les perceptions doivent être rigoureusement restreintes dans les limites fixées par la loi et ne peuvent être étendues par voie d'interprétation » (S. 37-1-113).

Arrêt du 26 novembre 1850: « Attendu que toute disposition fiscale doit énoncer expressément les actes auxquels elle s'applique et qu'on ne peut l'étendre à d'autres actes par une analogie qui n'est point admise en pareille matière; que, si la loi du 16 juin art. 4 ne parle expressément que des biens immeubles, sa disposition s'étend, par une analogie naturelle, aux biens meubles, lesquels restent, au surplus, compris dans la disposition générale de l'A. Cons. d'Et. du 10 brumaire an 14 » (S. 51-1-50, 1883-3 I. G.).

V. cependant Cass. 21 avril 1828 et 31 juillet 1854, *arrêt rapporté* n° 2872.

7718. Exception. — « Il est de principe, particulièrement en matière fiscale, que les exceptions sont de droit étroit et qu'il n'est pas permis de les étendre par voie d'induction ou d'analogie des cas prévus à ceux qui ne le sont pas » (Cass. 19 janv. 1869, 2859 R. P., S. 69-1-234, D. 69-1-353, 2385-1 I. G.).

Ce principe a été maintes fois appliqué par les arrêts (Cass. 5 avr. 1852; *arrêt rapporté* n° 7661; 28 nov. 1859; 20 janv. 1840; 1er déc. 1830; 6 nov. 1822; 21 avr. 1841; 20 avr. 1843; 14 fév. 1875, 4056 R. P.; 7 fév. 1877, 4591 R. P.; 8 nov. 1876, 4538 R. P.).

Arrêt du 28 novembre 1859: « Attendu, porte cet arrêt, qu'il est de la nature des exceptions de ne pas être étendues au delà des termes qui en fixent les conditions et en limitent les effets, et que cela est plus particulièrement vrai en matière fiscale, où tout est rigoureux et de droit étroit » (S. 60-1-281, 2174-5 I. G.).

Arrêt du 1er décembre 1830: « Attendu, porte cet arrêt, qu'il n'appartient pas aux tribunaux de créer des exceptions à la loi » (S. 30-1-37, 1354-1 I. G.).

Arrêt du 21 avril 1841: « Attendu, porte cet arrêt, que l'art. 60 L. 22 frimaire an 7 dispose qu'un droit d'enregistrement régulièrement perçu ne peut être sujet à restitution; que cette disposition est conçue dans les termes les plus absolus, et que, d'après son texte, elle ne peut recevoir d'autres exceptions que celles qui sont expressément prévues par la oi » (S. 41-1-431, 1661-10 I. G., 12732 J. E.).

Arrêt du 29 avril 1818: « Attendu, porte cet arrêt, que si la loi du 27 ventôse an 9 a prescrit un mode spécial de procédés entre l'administration de l'Enregistrement et les redevables pour le recouvrement des deniers publics, et si le code de procédure a laissé subsister la procédure établie par cette loi, il est de principe que les lois d'exception doivent être restreintes aux cas spéciaux pour lesquels elles ont été faites. »

1. DISTINCTION. — De même, dans l'application des lois fiscales, il n'est pas permis de distinguer là où la loi ne distingue pas (Cass. 21 flor. an 8, B. C. 69; 29 germ. an 11, B. C. 84; 11 nov. 1822; 31 déc. 1823; 4 avr. 1827; 10 déc. 1838; 24 avr. 1861, 61 B. C., S. 61-1-643, 2201-1 I. G., 1488 R. P.; 9 août 1875, 4176 R. P.). — V. *supra* n° 7717.

Quand le texte de la loi est général et absolu, son application doit avoir le même caractère (Cass. 14 janv. 1865, 2325-2 I. G., S. 65-1-193, D. 65-1-298).

7719. Pénalités. — Il en est surtout ainsi des pénalités. On ne peut pas étendre une disposition pénale d'un cas prévu à un autre qui ne l'est pas (Cass. 18 mars 1837, 869 R. P.; 26 déc. 1826, *arrêt rapporté* n° 7717).

7720. Sévérité de la loi. — « La crainte de quelques inconvénients qui pourraient résulter de la stricte exécution de la loi ne peut pas être pour les magistrats un motif de s'en écarter » (Cass. 18 déc. 1828, S. 29-1-114, 1272-8 I. G.).

« Si le droit est disproportionné à la valeur de la chose transmise, c'est au législateur à y pourvoir, et non aux tribunaux, puisque le devoir des juges est de se renfermer, en matière fiscale, dans les dispositions de la loi en vigueur » (Cass. 26 avr. 1836, S. 36-1-469, 1514 I. G.).

« La loi étant conçue en termes impératifs, il n'appartient pas aux tribunaux de créer des exceptions à la loi » (Cass. 1er déc. 1830, S. 31-1-37, 1354-1 I. G.).

« Des motifs de considération ne sauraient faire fléchir la rigueur de la loi » (Cass. 17 fév. 1806, S. 20-1-470).

« Il n'y a, dit également Domat, ni injustice ni dureté dans l'application rigoureuse du droit, car il est évident que cette rigueur est essentielle aux lois fiscales d'où elle suit et on ne pourrait apporter de tempérament à ces lois sans les anéantir » (*Lois civiles* liv. 1er sect. 2 art. 4).

7721. Exécution impossible. — Cependant la loi ne peut et ne doit être entendue que dans le seul sens qui en rend l'exécution possible : « Attendu, porte un arrêt de cass.

· du 26 messidor an 13, que l'art. 41 de la loi de frimaire, en prohibant de faire aucun acte en conséquence d'un acte non enregistré, n'a pu avoir pour objet les élections de command qui sont identiques avec l'adjudication et qui, dans le système des demandeurs, deviendraient impraticables dans le délai voulu au gré des fonctionnaires chargés par la loi de faire enregistrer les actes d'administration » — *Conf.* : Cass. 13 brum. an 14, 3 therm. an 9, *arrêt rapporté* n° 3936 et 12 nov. 1862, 150 B. C., S. 63-1-25, 1704 R. P.).

1. FRAUDE. — On assimile à l'impossibilité d'exécution le cas où la loi n'aurait aucun effet et « laisserait ouverture soit à frauder les droits d'enregistrement, soit à éluder indirectement et rendre illusoire une perception ou un affranchissement voulu par elle » (Cass. 21 frim. an 13, B. C. 30, S. 5-2-42, 14 janv. 1829, B. C. 1, S. 29-1-73, 1282-7 I. G.).

2. CONTRADICTION. — Quand l'interprétation d'un article de la loi met ces articles en contradiction avec une autre disposition, il y a lieu de la rejeter et d'expliquer les deux articles l'un par l'autre (Cass. 5 avr. 1808, B. C. 33, S. 7-2-1605).

3. IMPOSSIBILITÉ TEMPORAIRE.— Quand un obstacle temporaire s'oppose matériellement à l'exécution de la loi, il y a lieu de s'y conformer dès que l'impossiblité a disparu (Cass. 7 janv. 1839, B. C. 6).

7722. Loi générale. — On ne peut recourir à la loi générale toutes les fois que la loi spéciale est claire et précise (Cass. 3 therm. an 9, 10 août 1836, 2 août 1843 et 28 avr. 1835:

Arrêt du 10 août 1836: « Attendu que, dans la série des actes soumis au droit proportionnel, se trouvent nommément compris les actes qu'il y a lieu d'apprécier, et qu'aucune des distinctions propres à les ranger dans une exception particulière n'existe dans la loi spéciale, de la matière ; que l'on ne peut recourir à la loi générale toutes les fois que la loi spéciale est claire et précise » (S. 36-1-854, 1528-2 I. G.).

Arrêt du 2 août 1843: « Vu les art. 4 et 60 L. 22 frimaire an 7 ; attendu que cette loi est une loi spéciale à laquelle les principes du droit commun ne peuvent être opposés que dans les cas non prévus par cette loi (S. 43-1-765).

Arrêt du 28 avril 1835: Attendu que, d'après l'art. 60, ci-dessus visé, tout droit d'enregistrement régulièrement perçu ne peut être restitué, quels que soient les événements ultérieurs, sauf les cas prévus par ladite loi du 22 frimaire an 7 ; attendu qu'aucun de ces cas ne se rencontre dans l'espèce ; attendu que la loi de l'an 7 est une loi spéciale à laquelle le droit commun ne peut être appliqué » (S. 35-1-370, 1408-3 I. G.).

« Ce recours au droit commun n'est autorisé que quand il s'agit de suppléer au silence de la loi spéciale ou d'interpréter ce qu'elle offre d'obscur ou d'ambigu » (Cass. 9 mai 1838, 70 B. C.).

1. RENVOI AU DROIT COMMUN. — Tout renvoi de la loi spéciale au droit commun doit être entendu comme la loi à laquelle il se réfère (Cass. 18 juin 1862, 2239 § 5 1. G., S. 62-1-878).

2. RÈGLEMENT. — Quand une loi et un règlement rendu pour son exécution constituent un ensemble complet renfermant de lui-même sa sanction, il est défendu de rechercher leur interprétation dans des textes antérieurs qu'ils ont pour but de remplacer (Cass. 20 août 1866, B. C. 164, 2249-7 I. G., P. 66-1088).

7723. Sursis. — « Il n'est permis aux tribunaux, sous aucun prétexte, de surseoir aux poursuites intentées par la Régie pour le recouvrement des droits dont le recouvrement lui est confié » (Cass. 16 août 1843) : « Vu, porte cet arrêt, les art. 4, 28 et 59 L. 22 frimaire an 7 ; attendu que, d'après ces articles, qui forment la loi spéciale de la matière et aux dispositions desquels les lois des 7 juillet 1833 et 3 mai 1841 ne contiennent aucune dérogation, « tout ce qui « tend à suspendre le recouvrement des droits de timbre et « d'enregistrement est formellement interdit aux tribunaux, « dans tous les cas ; » qu'ainsi il ne leur est permis de surseoir, sous aucun prétexte, aux poursuites intentées par la Régie pour le recouvrement des droits dont la perception lui est confiée » (S. 43-1-823, 1710-4 I. G.).

Un tribunal ne pourrait donc pas ordonner l'exécution d'un de ses jugements sur minute et avant l'enregistrement (Sol. 8 fév. 1878).

7724. La loi est censée connue. — En matière fiscale comme en matière civile, les particuliers sont censés ne pas ignorer la loi (Cass. 10 fév. 1834) : « Attendu que, porte cet arrêt, si les particuliers qui font des effets négociables, veulent profiter du bénéfice de l'exemption accordée par l'art. 69 de la loi à ces sortes d'effets, il faut qu'ils les fassent sous signature privée, parce qu'ils sont censés ne pas ignorer la loi et qu'ils sont avertis par elle » (*Conf.* : 28 janv. 1835, S. 35-1-527, 1490-5 I. G. et 29 juin 1835, B. C. 88, S. 35-1-527, 1498-4 I. G.). — V. 7231.

7725. Exemption. — L'exemption du droit équivaut au payement : « Si le débiteur n'a rien payé à l'État pour les rentes qui faisaient partie de la succession, l'exemption dont ces rentes jouissaient d'après la loi doit avoir les mêmes effets qu'aurait eus le payement lui-même » (Cass. 14 janv. 1829, S. 29-1-73, 1282-7 I. G.).

7726. Prescription. — Il en est de même de la prescription. Elle équivaut au payement du droit (Cass. 19 avr. 1809, S. 14-1-184, 3286 J. E.; 24 juin 1828 *arrêt rapporté* n° 489, et 4 janv. 1854, S. 55-1-601, 15775 J. E.).

Arrêt du 19 avril 1809 : « Considérant que, dans l'espèce, la demande de la Régie tendait à obtenir une nouvelle évaluation des biens provenant des successions de Vandeuvielle et de Scheppers, biens dont la déclaration avait été faite en temps utile, et que la prescription établie par l'art. 61 L. 22 frimaire an 7 ne permettait pas de revenir sur l'évaluation portée dans ces déclarations ; qu'il suit de là que les héritiers Vandeuvielle et Scheppers étaient, aux yeux de la loi, pleinement libérés des droits dus pour la mutation de propriété opérée à leur profit de la totalité desdites successions ; et qu'ainsi, aux termes de l'art. 15 de la même loi, il n'était rien dû pour la réunion de l'usufruit à la propriété, opérée par la cession de la même dame leur mère, dans l'acte du 1er octobre 1806. »

Arrêt du 4 janvier 1854 : « Attendu que l'effet de la prescription est de faire considérer le droit de mutation prescrit comme s'il avait été régulièrement acquitté. »

7727. Disposition principale. — Une même disposition ne peut donner ouverture qu'à un seul droit ; et, si un acte renferme deux clauses dont l'une est l'accessoire de l'autre, c'est sur la stipulation principale que la perception doit s'établir. Ce principe a été discuté avec détails au mot *Acte contenant plusieurs dispositions.*

7728. Disposition indépendante. — Enfin, lorsque dans un acte quelconque il y a plusieurs dispositions indépendantes, ou ne dérivant pas nécessairement les unes des autres, il est dû pour chacune d'elles, et selon son espèce, un droit particulier (L. 22 frim. an 7 art. 11). — V. également *Acte contenant plusieurs dispositions.*

7729. Renvoi. — Nous ne pouvons pas entrer ici dans d'autres développements sur ces points essentiels de la législation. Le cadre que nous aurions à remplir ne nous conduirait à rien moins qu'à faire un second ouvrage dans notre ouvrage, c'est-à-dire à reprendre ici, sous forme de traité, presque tous les matériaux que nous avons distribués sous la forme de dictionnaire. Ce travail aurait certes son utilité ; mais le plan que nous avons adopté, les limites dans lesquelles nous avons dû nous circonscrire, ne nous permettent pas de l'entreprendre. C'est d'ailleurs ce qu'ont fait Champ. et Rig. et, après eux, Dalloz et Demante, avec un talent et une supériorité de vues qu'il sera donné à peu d'auteurs d'égaler.

ENROLEMENT VOLONTAIRE.

7730. — C'est l'engagement que contractent les individus qui embrassent l'état militaire. — V. 7673 et suiv.

ENSAISINEMENT.

7731. — Terme de droit féodal, qui exprimait autrefois la mise en possession de l'acquéreur d'un immeuble par le seigneur ou juge du lieu dont relevait l'héritage acquis. C'est ainsi que sur les expéditions des anciens contrats on voit cette mention : *Ensaisiné le présent contrat, et mis en possession l'acquéreur y nommé, après avoir reçu les droits* (Denisart v° *Ensaisinement*).

ENTÉRINEMENT.

7732. — C'est un jugement qui rend une chose entière, la confirme, l'approuve et en ordonne l'exécution.

7733. Lettres de grâce. — Les lettres de grâce et de commutation de peine sont entérinées ou enregistrées par les cours d'appel en audience solennelle (Déc. 6 juill. 1810 art. 20).

7734. Rapports d'experts. — En matière d'expertise, l'entérinement est synonyme d'homologation ; il s'entend du jugement qui rend exécutoire le rapport des experts. (972, 988 C. proc.).

7735. Enquête civile. — D'après l'art. 50 C. proc., lorsque la requête civile a été entérinée par raison de contrariété de jugement, le jugement qui l'entérine ordonne que le même jugement soit exécuté suivant sa forme et teneur.

7736. Enregistrement. — Les jugements d'*entérinement* sont ou *définitifs* ou de *simple formalité.* Ils sont définitifs s'ils prononcent l'admission d'une requête civile pour contrariété de jugements et ordonnant l'exécution du premier, et ils nous paraissent de simple *formalité* ou *d'instruction*, et devoir être assimilés aux jugements préparatoires sous le rapport des droits d'enregistrement, s'ils entérinent un *rapport d'experts* qui doit être suivi d'une licitation, d'un partage ou d'une vente. Il est évident que le *rapport* n'est qu'un acte préparatoire et que le jugement d'*entérinement* participe de sa nature.

V. *Jugement.*

ENTREPOT.

7737. — Dans le langage de la douane, l'entrepôt est le lieu où les commerçants déposent provisoirement des marchandises sujettes aux droits et où elles restent, sans en payer aucun, jusqu'à ce qu'elles soient livrées à la consommation ou réexportées à l'étranger. L'entreprépôt *réel* est celui dans lequel les magasins qui servent de lieu de dépôt sont sous la clef des douanes ; l'entrepôt *fictif* est celui où les marchandises restent entre les mains des commerçants, à la charge d'acquitter les droits s'ils les livrent à la consommation.

7738. Déclaration. — Les déclarations faites par les capitaines ou patrons de bâtiments, propriétaires ou consignataires de marchandises et denrées qui entrent ou sortent des entrepôts par voie de mer ou de terre, sont exemptes du timbre (4557 J. E.).

ENVOI EN POSSESSION.

7739. — Action d'autoriser quelqu'un à se mettre en possession d'une chose.

7740. Diverses espèces d'envoi en possession. — On distingue dans notre droit trois espèces d'envoi en possession : 1° celui des biens d'un absent ; — 2° celui que doivent obtenir les successeurs irréguliers, c'est-à-dire les enfants naturels, le conjoint survivant et l'Etat ; — 3° celui au profit du légataire universel par testament olographe ou mystique, lorsqu'il n'y a point d'héritiers à réserve.

7741. Jugement d'envoi en possession. —Les jugements ou arrêts portant envoi en possession définitive sont, comme ceux de maintenue en possession, passibles du droit fixe de 7 fr. 50 cent. ou de 15 francs, selon la juridiction, comme jugements ou arrêts définitifs (L. 22 frim. an 7 art. 68 § 3 n° 7, 28 avr. 1816 art. 45 n° 5 et 46 n° 2, 28 fév. 1872 art. 4). — Les jugements d'envoi en possession provisoire, notamment en matière de succession en déshérence, sont interlocutoires et sujets au droit de 4 fr. 50 cent.

1. DROIT GRADUÉ. — S'il s'agit de l'envoi en possession d'un legs, le droit gradué est exigible. — V. *Délivrance de legs.*

7742. Ordonnance. — Les simples ordonnances d'envoi en possession sont assujetties au droit fixe de 4 fr. 50 cent. (L. 28 avr. 1816 art. 44 n° 10, 28 fév. 1872 art. 4). V pour le droit gradué le mot *Délivrance de legs.*

7743. Point de départ. — Succession. — Dans certains cas, l'envoi en possession fait courir le délai pour le payement des droits de mutation par décès. — V. *Succession.*

ÉPAVES.

7744. — On appelle ainsi les choses égarées dont on ne connaît pas le propriétaire (Merlin *Rép.* v° *Epaves*).

7745. État. — Autrefois les épaves appartenaient au roi ou au seigneur haut-justicier ; mais la loi du 13 avril 1791 abolit les droit d'épaves en faveur des ci-devant seigneurs, à compter de la publication du décret du 4 août 1789.

La loi du 22 novembre 1790, sur la législation domaniale,

déclara que « tous les biens et effets, meubles ou immeubles, déclarés vacants et sans maîtres, appartiendraient à la nation. » Cette disposition a passé dans l'art. 539 C. C.

7746. Exceptions à cette règle. — Mais, de cette disposition de l'art. 539, il ne faut pas conclure que toutes les épaves indistinctement soient la propriété du domaine public, comme l'ont pensé Merlin et Favard (*Rép.* v° *Epaves*). La justice et la raison veulent qu'on laisse à l'inventeur l'espoir de profiter un jour de ce qu'il a trouvé, si personne ne le réclame après un certain délai (V. sur ce point une D. m. 3 août 1825, rapportée par S. 26-2-2, Garnier *des Eaux* t. 1er n°s 140, Duranton t. 4 n° 4 et 326). — Cette matière n'est pas réglementée d'une manière satisfaisante.

7747. Objets déposés dans les greffes. — Les objets mobiliers restés sans maître dans les greffes des tribunaux et des cours sont des *épaves* dont les préposés de l'Administration des domaines ont le droit de requérir la remise et de faire faire la vente au profit de l'Etat (L. 11 germ. an 4).

7748. Bureaux des voitures publiques. — Il en est de même des effets mobiliers restés sans maître dans les bureaux des voitures publiques, coches, douanes, etc., et qui n'ont pas été réclamés pendant l'espace de deux ans révolus, etc. (V. S. 8-2-6 et 7, Décl. 20 janv. 1699, Merlin, Toullier).

7749. Objets jetés à la mer. — Les droits sur les effets jetés à la mer, sur les objets que la mer rejette, de quelque nature qu'ils puissent être, sur les plantes et herbages qui croissent sur les rivages de la mer, sont réglés par des lois particulières (V. Ord. marine 1681 tit. 9, Toullier t. 4 n° 38, Duranton t. 4 n° 305).

ÉPICES.

7750. — C'étaient anciennement des droits ou honoraires que les juges de certains tribunaux étaient autorisés à exiger des parties pour l'examen des procès qui leur étaient soumis.

Sous le régime actuel, les juges rendent gratuitement la justice et reçoivent un traitement de l'Etat (L. 4 août 1789 art. 7 et 24 août 1790 art. 2 tit. 2); sauf toutefois les frais de voyage et de déplacement qui leur sont alloués en certains cas.

ÉPINGLES.

7751. — Présent que l'on donne à la femme du vendeur en sus du prix de la vente ou du marché conclu. Il ne faut pas confondre les épingles avec les arrhes et le denier à Dieu. — V. *Bail* et *Vente*.

ERREMENTS.

7752. On appelle ainsi les actes de procédure faits dans un procès qui n'est pas terminé.

Ainsi, lorsque le cours d'une affaire est suspendu par le changement d'état d'une des parties, que l'instance est reprise par l'une d'elles et que l'autre ne comparaît pas, il est rendu jugement qui tient la cause pour reprise et ordonne qu'il sera procédé suivant les derniers errements, c'est-à-dire suivant les derniers actes de la procédure (348 C. proc.).

Ce mot a passé dans le langage général comme synonyme de *précédents*.

ERREUR.

7753. — Opinion contraire à la vérité.

7754. Observation. — L'erreur étant de nature à exercer une influence sérieuse sur la perception des droits d'enregistrement, nous croyons devoir faire connaître en quelques mots ce qu'on entend par erreur en droit civil.

7755. De l'erreur de fait. — On peut errer ou sur *les motifs* qui déterminent le consentement, ou sur *l'objet* qui fait la matière du contrat, ou sur *la personne* avec laquelle on traite, ou sur *la nature de la convention*.

7756. De l'erreur sur les motifs. — L'erreur sur les motifs n'est point une cause de nullité (Pothier n° 20, Toullier t. 6 n° 37, Duranton n° 56). Ainsi, je reçois l'avis que ma maison de campagne est brûlée. D'après cet avis, qui est faux, j'achète de vous une maison, et je ne fais cet achat que pour remplacer ma maison de campagne que je crois incendiée. Je ne pourrai pas demander la rescision du contrat pour cause d'erreur dans le motif qui m'a déterminé, parce que mon acquisition était le seul objet de notre consentement mutuel, et que le projet de remplacer par votre maison celle que je croyais brûlée n'était qu'un objet secondaire qui vous était étranger. Ainsi, supposant qu'une succession est bonne, je l'accepte ; il n'y aura pas lieu de revenir contre cette acceptation, parce que j'ai pu être déterminé par un autre motif que celui de profiter de l'actif de la succession (Toullier t. 4 n° 351).

1. MOTIF DÉTERMINANT. — Mais, si l'erreur tombait sur le motif *déterminant*, elle rendrait l'engagement nul, à la différence des cas où elle ne tombe que sur des motifs accessoires. Ainsi, par exemple, croyant vous devoir une rente que

mon père vous a léguée, je traite avec vous pour le remboursement de cette rente, et je m'oblige à vous payer une certaine somme. Depuis, je découvre que le legs a été révoqué par un testament que j'ignorais. Il est évident, dès lors, que mon obligation n'est que le résultat de l'erreur et qu'elle est nulle (Duranton n° 57).

7757. De l'erreur sur la chose. — L'erreur sur l'objet qui fait la matière du contrat se subdivise en erreur sur la *substance* même de la chose, et erreur sur sa *qualité*.

1. SUBSTANCE. — L'erreur n'est une cause de nullité de la convention que lorsqu'elle tombe sur la *substance* même de la chose qui en est l'objet (1110 C. C.). — Ainsi, j'achète de vous une paire de flambeaux que je crois d'argent et qui ne sont que de cuivre argenté. Il y a là erreur sur la *substance* de la chose (V. L. 14 D. *de Contr. emp.*).

2. QUALITÉ. — Mais si j'achète, comme bonne, une terre labourable qui se trouve être mauvaise, l'erreur, dans ce cas, ne tombant que sur la qualité de la chose, ne vicierait point le contrat.

7758. De l'erreur sur la personne. — L'erreur sur la *personne* n'annule le contrat que lorsque la considération de cette personne a été la cause principale de la convention (1110 C. C.). — Ainsi, il existe deux peintres, l'un célèbre, l'autre médiocre. Croyant traiter avec le premier du prix d'un tableau, je traite avec le second, et je conviens avec lui d'un prix assez élevé pour qu'il ait lieu de croire que j'ai attaché au tableau qu'il me fera l'idée du talent et de la célébrité du premier ; une telle convention est nulle. Si cependant le peintre avec lequel j'ai traité était dans l'ignorance de mon erreur, je devrai le payer à titre d'experts (Pothier, Toullier t. 6 n° 50, Duranton n° 68).

1. MARIAGE. — Dans le mariage, la considération de la personne est toujours réputée la cause principale du contrat ainsi, l'erreur sur la personne annulerait le mariage ; en ce cas, il aurait été fait sans consentement (146, 180 C. C.).

2. CONTRATS DIVERS. — Il est des contrats qui, par leur seule nature, font supposer nécessairement que la considération de la personne y est entrée comme cause principale de la convention. Tels sont tous les contrats de bienfaisance, comme la donation, le prêt à usage, le prêt sans intérêt, l'acte de société en nom collectif ou en commandite, lorsque l'erreur tombe sur la personne des gérants (Pothier n° 19 Toullier t. 6, n° 51).

7759. L'erreur sur la nature de la convention. — Il n'y a nullité, pour erreur sur la *nature de la convention*, que lorsqu'on a fait une convention autre que celle qu'on avait principalement en vue. D'où il suit qu'il ne suffit pas de s'être trompé sur la dénomination du contrat, pour que le contrat soit nul. Ainsi, je vous vends ma maison, moyennant que vous me donnerez pour prix votre champ situé à tel endroit. Quoique je n'aie fait qu'un échange au lieu d'une vente que je croyais faire, la convention sera valable.

Mais, quand je vends à quelqu'un la maison dont j'ai hérité de mon père, moyennant le prix qu'il l'a achetée, et qu'il se trouve que mon père n'avait point acheté cette maison, mais qu'elle lui avait été donnée, je fais une convention nulle, parce que je n'ai point eu en vue de faire un contrat de bienfaisance, mais un contrat commutatif.

7760. De l'erreur de droit. — Il arrive aussi quelquefois que l'erreur qui tombe sur un point de droit annule la convention tout aussi bien que l'erreur de fait; c'est quand l'ignorance du droit a seule déterminé le consentement. Le Code civil ne distingue point lorsqu'il dit « qu'il n'y a point de consentement valable s'il n'a été donné que par erreur » (1109, Arg. de l'art. 2032. — V. Domat liv. 1er tit. 18 nº 14, Merlin *Rép.* vº *Choix* § 1er, Toullier t. 6 nºs 38 et suiv., Duranton *des Oblig.* nº 309).

Ainsi, par exemple, si le neveu d'un absent prend soin de ses affaires et que, ce dernier étant venu à décéder, son frère, comme héritier, ait demandé au neveu le compte de sa gestion, quoique celui-ci ait restitué à son oncle tout ce qu'il avait de la succession, faute de savoir qu'il était aussi héritier, il pourra, étant averti de son droit, demander sa part de la succession (Domat liv. 1er tit. 18, Toullier t. 6 nº 65).

1. SUBSTANCE. — L'erreur de droit, comme l'erreur de fait, lorsqu'elle tombe sur la substance de la chose qui a été l'objet de la convention, est une cause de nullité, notamment dans un partage auquel aurait été admis *sans cause* ou sans qualité, sans nul droit, l'un des copartageants (L. 4 C. de *Juris et facti ign.*, L. 36 D. *Fam. ercisc.*, Toullier t. 6 nº 61; — C. Besançon 1er mars 1827, S. 27-2-141). — L'héritier qui ratifie, par erreur de droit, un testament qui le dépouille, est aussi restituable contre sa ratification (C. Metz 28 nov. 1817, S. 19-2-142).

Toutefois, il faudrait qu'aucune autre cause n'eût pu être le fondement de la convention (Domat *loc. cit.* nº 14, Toullier t. 6 nº 67). En effet, s'il y avait une autre cause, comment prouver que la convention n'a d'autre fondement que l'erreur de droit?

2. EXCEPTION. — La règle que l'erreur de droit annule quelquefois la convention lorsqu'elle en a été le principal fondement, reçoit exception lorsqu'il s'agit de transactions. Elles ne peuvent être attaquées pour erreur de droit (2052 C. C.). — Elle reçoit aussi exception relativement à l'aveu judiciaire, qui ne peut être révoqué sous prétexte d'une erreur de droit (1356 C. C.).

7761. Calcul. — D'après une D. m. f. 23 novembre 1822 (1019 I. G.), les employés sont responsables des erreurs de calcul qu'ils commettent dans l'établissement des perceptions.

7762. Mutation secrète. — En matière de mutation secrète, l'allégation d'une erreur ne peut détruire le fait existant, qui ne cède qu'à la preuve contraire; c'est ce qui sera amplement développé au mot *Mutation.*

7762 *bis*. Restitution. — En principe, les erreurs de fait commises dans les actes ou les déclarations ne motivent pas la demande en restitution des droits perçus. Cependant, il a été fait plus d'une fois exception à la règle. — V. *Restitution.*

7763. Succession. — Les donations qui présentent le caractère d'une disposition subordonnée au décès du testateur, celles de sommes payables à la même époque, ont donné lieu à de nombreuses difficultés et à une controverse très-vive sur la question de savoir si le droit proportionnel, qui a pu être perçu au moment de la donation, doit être imputé, *par compensation*, sur le montant des droits exigibles à raison de la mutation par décès. Nous examinerons cette question au mot *Succession.*

ESCLAVAGE.

7764. — C'est l'état de l'homme qui est en servitude et sous la puissance absolue d'un maître.

7765. Principe naturel. — Tous les hommes naissant libres, l'esclavage est contraire à la nature; il n'est qu'un abus de la force. Aussi, tel est le principe qui a été constamment admis en France, à ce point que, du moment qu'un esclave met le pied sur le sol de la France, il devient libre. Cette maxime a été formellement consacrée par la loi du 28 septembre 1791. — L'art. 1780 C. C., qui ne permet d'engager ses services qu'à temps, présente les conséquences les plus frappantes de ce principe.

7766. Colonies. — Cependant, avant 1849, l'esclavage existait encore dans nos colonies. La loi du 30 avril 1849 l'a aboli.

7767. Affranchissement. — Autrefois on soumettait au droit de centième denier l'acte d'affranchissement de l'esclave, en se fondant sur ce que le maître faisait ainsi donation à son esclave de la valeur que celui-ci avait dans le commerce. Mais cette jurisprudence était critiquée par Bosquet (t. 1er p. 113) et nous pensons avec lui que si un tel acte était présenté à l'enregistrement en France, il ne serait assujetti qu'au tarif des actes innomés.

1. VENTE. — Mais si on faisait enregistrer en France un acte de vente d'esclaves situés à l'étranger, il y aurait lieu de régler la perception d'après les énonciations du contrat et de l'assujettir au droit proportionnel soit de cession mobilière si les esclaves sont une propriété mobilière, soit d'une cession

immobilière (droit gradué), si ces esclaves sont considérés comme des immeubles par destination.

ESCOMPTE.

7768. — C'est la déduction faite au profit de celui qui paye une dette à terme avant l'échéance. Elle a lieu principalement pour le payement des effets de commerce et autres valeurs en papier.

7769. Intérêt légal. — C'est d'après les principes généraux du droit que l'escompte doit être fixé au taux de l'intérêt légal. Mais l'usage local de la convention des parties établit quand, et à quel taux, le créancier doit subir l'escompte qui, ordinairement, excède l'intérêt général (Pardessus n° 100, Garnier *de l'Usure* p. 55).

7770. Usure. — L'escompte réel n'est pas soumis à la loi contre l'usure, mais il en est autrement si l'on prouve que l'escompte stipulé n'a eu pour but que de déguiser un pacte usuraire.

7771. Déduction. — La déduction se règle sur la différence de valeur existant entre les papiers en circulation et l'argent comptant; s'ils éprouvent une perte de 10 pour 100, le montant de la déduction sera égal à cette perte (Roll. de Vill. v° *Escompte* n°s 1er et 2).

ESCROQUERIE.

7772. — L'escroquerie consiste dans l'action de porter volontairement atteinte à la fortune d'autrui, soit en faisant usage de faux noms ou de fausses qualités, soit en employant des manœuvres frauduleuses pour persuader l'existence de fausses entreprises, d'un pouvoir ou d'un crédit imaginaire, ou pour faire naître l'espérance ou a crainte d'un succès, d'un accident, ou de tout autre événement chimérique (405 C. pén.).

ESTIMATION.

7773. — Si les sommes ou valeurs ne sont pas déterminées dans un acte ou un jugement donnant lieu au droit proportionnel, les parties sont tenues d'y suppléer, avant l'enregistrement, par une déclaration estimative certifiée et signée au pied de l'acte (L. 22 frim. an 7, art. 16).

Cette disposition s'applique aux ventes, baux, marchés, etc., dans lesquels il est stipulé des charges susceptibles d'être

T. III.

rajoutées au prix pour la perception du droit proportionnel (même loi art. 14, 15 et 16). — Elle s'applique également à la perception du droit gradué (L. 28 fév. 1872, art. 2).

V. *Déclaration pour la perception.*

ÉTABLISSEMENT DE PROPRIÉTÉ.

7774. — C'est l'analyse succincte et raisonnée des titres en vertu desquels une partie possède des biens qu'elle aliène, ou sur lesquels elle consent une hypothèque ou tout autre garantie.

7775. Observation. — L'établissement de propriété est toujours utile, *mais il n'est point obligatoire.* Il se fait principalement dans les actes et contrats qui emportent transmission de propriété ou d'usufruit, comme dans les ventes, les donations entre-vifs de biens présents, les transports de rentes et créances.

7776. Établissement dans l'acte. — Lorsque l'établissement de propriété est fait par l'acte contenant la désignation de l'objet transmis ou affecté, il ne peut donner ouverture à aucun droit particulier d'enregistrement; il est partie essentielle de l'acte.

7777. Annexe. — L'établissement de propriété fait par annexe, doit être considéré comme un acte innomé ou complémentaire; comme tel, il n'est passible que du droit fixe de 3 francs (LL. 22 frim. an 7, art. 68 § 1er n°s 6 et 51; 18 mai 1850, art. 8; 28 fév. 1872, art. 4).

ÉTABLISSEMENTS PUBLICS.
MINISTÈRES.

DIVISION

14

SOMMAIRE

TITRE PREMIER. — DISPOSITIONS GÉNÉRALES

[7778-7787]

7778. Définition. — Les établissements publics sont des communautés formées dans un but d'utilité matérielle ou morale, constituées, reconnues et personnifiées par la loi ou par l'autorité publique.

7779. Gens de mainmorte. — Les établissements publics comprennent, en général, ce qu'on entendait, avant la Révolution, par gens de mainmorte, c'est-à-dire, et d'après la définition de Guyot, « tous les corps et communautés, tant ecclésiastiques que laïques, qui sont perpétuels, et qui, par une subrogation de personnes, étant censés être toujours les mêmes, ne produisent aucune mutation par mort. » On sait combien étaient multipliés les gens de mainmorte ; ils se divisaient en trois catégories. On comprenait : 1° dans la première, les archevêques, évêques, abbés, prieurs, curés, chapelains et communautés régulières, les chapitres, les religieux et couvents de l'un et de l'autre sexe, les commanderies conventuelles et autres gens d'église ; — 2° dans la seconde, les gouverneurs et administrateurs d'hôpitaux,

d'hôtels-Dieu, maladreries, léproseries, aumôneries, commanderies simples, fabriques, confréries, marguilliers et autres ; — 3° dans la troisième, les communautés séculières, par exemple celles des prévôts des marchands, maires et échevins, capitouls, jurats et autres gouverneurs et officiers municipaux des villes et communautés d'habitants de bourgs et villages, les universités, colléges, boursiers, jurés de métier, communautés des marchands, etc. (Guyot *Rép.*).

En 1789, tous ces établissements furent absorbés par la nation.

7780. Diverses espèces d'établissements publics. — Mais, à mesure que les pouvoirs se formaient, on vit se constituer diverses corporations ou administrations qui, en raison de l'intérêt et des besoins sous l'empire desquels elles sont nées, ont pris le nom d'*établissements publics*. Ces établissements sont de diverses natures : on peut les diviser en plusieurs classes qui les comprennent tous.

7781. Établissements charitables. — Ainsi il y a les *établissements charitables* qui ont pour but : soit le traitement des malades dans un local particulier, tels sont les hôpitaux ; soit de fournir à certains membres de la société les moyens d'existence qui leur manquent ou les soins qu'exige leur état d'infirmité, telles sont les maisons de vieillards, d'orphelins, qui existent dans beaucoup de villes, par exemple Bicêtre, la Salpêtrière, à Paris ; soit de porter des secours à domicile, tels sont les bureaux de bienfaisance ; soit de procurer aux ouvriers, domestiques, etc., les moyens de faire fructifier leurs épargnes ou de se procurer l'argent dont ils peuvent avoir momentanément besoin, telles sont les caisses d'épargne et de prévoyance, les caisses de retraite pour la vieillesse, les monts-de-piété.

7782. Établissements religieux. — Les *établissements religieux*, comprennent les communautés religieuses de l'un ou l'autre sexe, autorisées par l'État, comme celles des *Chartreuses*, des *Dames du Sacré-Cœur* ; les chapitres de cathédrales, les séminaires, les fabriques des paroisses ou succursales et les consistoires des deux communions protestantes et du culte israélite, les évêchés, les cures et les diocèses (D. Cons. d'Ét. 13 mai 1874, 4248 R. P.).

7783. Établissements consacrés à l'instruction publique, aux lettres, etc. — A la tête de ces établissements se trouve l'Université, qui est chargée de la direction et de la surveillance des études dans toutes les parties de la France, puis viennent les lycées, les colléges communaux, les grands et petits séminaires du culte catholique et les établissements analogues des deux communions protestantes, les facultés, les écoles normales, spéciales et primaires ; puis, à côté, les académies, l'Institut, etc.

7784. Écoles militaires. — Ordres nationaux. — Ces établissements sont placés sous l'autorité immédiate du Gouvernement. Tels sont les Écoles polytechnique, militaire, de marine, les établissements de la Légion d'honneur, des Invalides.

7785. Corporations. — On pense, et la jurisprudence paraît avoir en partie sanctionné cette opinion (V. 3739), que les corporations d'avocats, de notaires, agents de change, avoués, huissiers, commissaires-priseurs, etc., forment des établissements publics, en ce qu'ils sont soumis à l'approbation et à la surveillance de l'autorité; qu'il en est de même, soit de certaines professions industrielles, dont le nombre est limité par les règlements, comme celles des imprimeurs, libraires, boulangers et bouchers dans certaines localités; soit de quelques compagnies ou sociétés financières autorisées par le Gouvernement, telles que la Banque de France, les compagnies d'assurances, la caisse hypothécaire, les salines de l'Est, etc. (Roll. de Vill. *Rép.* v° *Établissement public* n°s 28 et suiv.). — Mais, comme le fait remarquer Dalloz v° *Établissement public* n° 3, dans ces corporations diverses on voit dominer l'intérêt de ceux qui les composent plutôt que l'utilité publique. Leur caractère n'est point, ce semble, modifié par cette circonstance qu'elles sont soumises à la surveillance ou à l'approbation de l'autorité. Autrement, et comme il en a été fait la remarque, les sociétés anonymes pourraient aussi revendiquer la qualification d'établissements publics, bien qu'elles n'aient pas ce but d'utilité collective qui est de l'essence de ces derniers.

Nous avons passé en revue, au mot *Communication*, les différentes associations auxquelles on a reconnu le caractère de l'établissement public proprement dit. Nous n'y reviendrons pas ici.

7786. Autorisation légale. — Sous la législation antérieure à 1790, un établissement public, de quelque nature qu'il fût, n'avait d'existence légale qu'en vertu de lettres patentes enregistrées au Parlement (Édit d'août 1749, art. 1er). Les lois révolutionnaires déclarèrent nationaux les biens de tous les établissements, ceux des ordres monastiques, de toutes les corporations, des fabriques et hospices, et prononcèrent en même temps la suppression de tous établissements religieux et ecclésiastiques.

Plus tard, les établissements d'utilité publique se sont reconstitués peu à peu. Mais nulle prohibition générale de former un établissement public sans autorisation préalable ne se trouve dans nos lois postérieures à 1789. Cependant on lit dans un avis du conseil d'État du 17 juin 1806 que : « de pareils établissements ne peuvent être utiles et inspirer une confiance fondée, quelle que soit la pureté des intentions qui les ont fait naître, tant qu'ils ne sont pas soumis à l'examen de l'administration publique, autorisés, régularisés et surveillés par elle. » Ajoutons que le Code civil en s'occupant des dons et legs faits aux établissements, suppose que l'autorisation leur est nécessaire : d'autres lois consacrent implicitement le même principe, à l'appui duquel on peut citer un grand nombre d'ordonnances et de décrets qui ont autorisé des congrégations religieuses et hospitalières.

7787. Administration. — La gestion des intérêts des établissements publics se fait par l'intermédiaire d'administrateurs qui les représentent et qui ont le pouvoir, sous certaines limites, de passer les baux, toucher les revenus, accepter les dons, ester en justice et y défendre. Suivant la loi générale, ils ne sont pas responsables de ce qui est fait par ces administrateurs en dehors du mandat qui leur est conféré. — Les administrateurs sont comptables de leur gestion (V. les règles qui résultent des art. 515, 554, 568, 649 et suiv. et la loi du 21 juin 1848, relative à la comptabilité de la caisse des dépôts et consignations, de la Légion d'honneur, de la caisse des invalides de la marine, de celle des collèges nationaux et des bureaux de bienfaisance).

TITRE II. — DROITS D'ENREGISTREMENT

[7788-7811]

7788. Règle générale. — Les départements, les arrondissements, les communes et les établissements publics sont, relativement à l'État, comme des individus, et ils doivent supporter toutes les charges publiques auxquelles les citoyens sont assujettis. Telle est la règle générale (2361 § 2 I. G., 2883-2 R. P.). Il ne peut y avoir d'exceptions que celles qui sont expressément établies par la loi ou par des règlements. Par la même raison, les communes, etc., ne doivent pas être tenues d'acquitter des droits que ne payent pas les citoyens individuellement. Il doit y avoir parité dans l'un comme dans l'autre cas. Toutes les fois qu'il s'agit des affaires particulières de ces administrations, l'assujettissement aux frais et à l'enregistrement a lieu *comme pour celles des particuliers* (D. m. f. 17 oct. 1809, 454 I. G.).

Le législateur a cependant dérogé à ce principe, dans une large mesure, en ce qui concerne le droit d'enregistrement des actes administratifs. Il a restreint, par les art. 78 et 80 L. 15 mai 1818, l'obligation de l'enregistrement à certains actes, nommément désignés, et il en a affranchi les autres. C'est au mot *Acte administratif* qu'on trouvera le développement de ces règles. Nous nous bornerons ici à des généralités qui n'ont pas pu y trouver place, et nous nous occuperons spécialement des donations faites aux établissements publics.

CHAPITRE PREMIER. — ACTES DIVERS

[7789-7800]

7789. Acquisitions. — Suivant le Déc. 5-18 février 1791, les corps administratifs devaient être autorisés préalablement par le pouvoir législatif; d'après un avis du conseil d'État du 21 décembre 1808, relatif au remboursement des capitaux dus aux hospices, communes et autres établissements publics dont les propriétés particulières sont administrées et régies sous la surveillance du Gouvernement, les établissements peuvent acquérir sur la seule autorisation de l'Administration supérieure, accordée par ordonnance délibérée en conseil d'État. Nous avons indiqué au mot *Acte administratif* le dernier état de la jurisprudence sur cette question.

7790. — 1. TARIF. — Les communes et établissements publics ne peuvent acquérir qu'après autorisation de l'autorité supérieure. Cette disposition a fait naître la question de savoir si c'est le tarif en vigueur, au moment de l'autorisation, qui doit être perçu en pareille occurrence. La marche que l'on suit pour parvenir à l'acquisition fournit la solution.

L'acquisition est proposée par le maire; le conseil municipal ordonne une estimation; il émet son avis; on prend celui du sous-préfet, du préfet, du ministre de l'intérieur. Le comité de l'intérieur au conseil d'État propose un projet d'ordonnance et l'autorisation est accordée en pleine connaissance de cause (Favard de Langlade *Rép.* vᵉ *Commune* p. 578).

Ainsi, tout ce qui se fait avant cette autorisation n'est que provisoire, et la transmission ne s'opère qu'après qu'elle est intervenue. C'est donc le tarif en vigueur, au moment où l'autorisation est accordée, qui doit être perçu (Sol. 30 déc. 1832, 10217 J. E.). — V. *Acte administratif.*

2. PURGE. — Les communes ont été dispensées, par un décret du 14 juillet 1866, de l'accomplissement des formalités de la purge des hypothèques légales pour les acquisitions d'immeubles faites de gré à gré et dont le prix n'excède pas 500 francs. — Ce décret porte :

Art. 1ᵉʳ. Les maires des communes, autorisés à cet effet par délibérations des conseils municipaux approuvées par les préfets, peuvent se dispenser de remplir les formalités de purge des hypothèques pour les acquisitions d'immeubles faites de gré à gré et dont le prix n'excède pas 500 francs.

Art. 2. L'art. 1ᵉʳ de l'ordonnance royale du 18 avril 1842 est rapporté.

Les communes peuvent donc se libérer du prix des acquisitions amiables qui ne dépasse pas 500 francs, sans avoir besoin de produire un certificat d'inscription d'hypothèque et de procéder à la purge des hypothèques inscrites comme de celles non inscrites (A. Cons. d'Ét. 31 mars 1869).

Ces dispositions s'appliquent aux acquisitions faites en matière d'expropriation. Quand les communes deviennent propriétaires d'immeubles, en vertu de la loi du 3 mai 1841, elles ont le droit, en se soumettant aux conditions du décret du 14 juillet 1866, d'user de la faculté de ne pas faire transcrire leur contrat d'acquisition; mais, en dehors de ce cas spécial, la loi du 23 mars 1855 reprend toute sa force à leur égard, et les administrations municipales restent soumises au droit commun (même avis).

Le décret du 14 juillet 1866 n'est pas applicable aux acquisitions faites par les hospices et les autres établissements publics de bienfaisance (même avis).

7791. Aliénations. — Les établissements publics ne peuvent aliéner qu'avec une entière réserve et avec autorisation du chef de l'État; mais on n'admet pas qu'à l'instar de ce qui se pratiquait dans l'ancien droit à l'égard des corps de mainmorte, ils soient privés de la faculté d'aliéner leurs biens ou rentes. Ils peuvent, au contraire, le faire dans trois cas : 1° s'ils sont hors d'état de s'acquitter autrement de leurs dettes; — 2° si les revenus sont insuffisants pour subvenir à des dépenses nécessaires; — 3° si un autre emploi de leurs capitaux est plus avantageux; toutes circonstances qui sont dans l'appréciation de l'autorité supérieure (Dalloz vᵒ *Établiss. publ.* nᵒ 12).

7792. Bois. — 1. DROITS EN DÉBET. — La faveur du sursis au payement de tout droit, c'est-à-dire le bénéfice de la formalité en débet, est accordée, pour des motifs d'ordre divers : 1° à tous les actes, tels que procès-verbaux d'arpentage, balivage et martelage, etc., ayant trait directement aux coupes de bois, dans les bois et forêts soumis au régime forestier, qui doivent être vendues sur adjudication; — 2° à tous les actes relatifs aux délivrances en nature à faire soit aux communes et établissements publics dans leurs propres bois, soit dans les forêts de l'État aux usagers qui, par leurs titres, sont soumis à l'acquittement des vacations forestières; — 3° aux rapports d'experts relatifs aux cautionnements; — 4° aux actes relatifs à la délimitation des bois des communes; — 5° à tous les actes tendant à la répression des délits dans les bois et forêts soumis au régime forestier, jusques et y compris la signification des jugements par défaut. — V. *Bois et forêts.*

2. DROIT AU COMPTANT. — Les procès-verbaux d'adjudication et les déclarations de command sont les seuls actes dont les droits d'enregistrement doivent être payés immédiatement, soit par les adjudicataires, soit en leur nom (284, 475, 1030 § 2, 1401 § 10 I. G.).

3. BOIS NON SOUMIS AU RÉGIME FORESTIER. — Cependant, la formalité ne peut être donnée qu'au comptant à tous les actes se rapportant aux bois des communes et des établissements publics que leur peu d'importance soustrait au régime forestier.

4. RECOUVREMENT. — Le recouvrement des droits en débet est opéré après l'adjudication de chaque coupe; l'I. G. 1522 porte que ces droits seront payés par les adjudicataires aux receveurs de l'enregistrement. Les frais de vente des coupes de bois des établissements publics remboursables au Trésor consistent dans les droits de timbre et d'enregistrement en débet; le receveur des actes civils vise pour timbre les papiers destinés, tant au cahier des charges qui doit être annexé au procès-verbal d'adjudication, qu'à la minute et à l'expédition de cette adjudication. Le receveur des actes d'huissiers vise et enregistre en débet les actes qui précèdent et qui suivent l'adjudication, tels que procès-verbaux d'assiette, d'arpentage, de balivage, de martelage, de réarpentage et de récolement, ainsi que les citations aux adjudicataires. Dans l'intérêt du service, il importe que tous les éléments propres à vérifier l'exactitude de la liquidation des droits et des payements effectués par les adjudicataires soient réunis dans un seul bureau, et on a pensé que ces droits devaient être recouvrés exclusivement par le receveur des domaines et des actes d'huissiers (12577 J. E.).

Tout ce qui concerne les bois des communes et des établissements publics a été plus particulièrement examiné au mot *Bois et forêts.*

7793. Legs. — 1. AUTORISATION NON DEMANDÉE. — L'Administration n'ayant aucun moyen de contraindre un établissement public à demander l'autorisation d'accepter un legs et l'établissement public ne pouvant être forcé à payer les droits de mutation par décès que dans les six mois de la réception de l'autorisation d'accepter, il en résulte que, les héritiers naturels qui restent saisis des biens jusqu'à ce que l'acceptation des legs ait été autorisée doivent comprendre le legs dans leur déclaration de succession, sauf à l'Administration à réclamer un supplément, s'il y a lieu, au moment de l'acceptation. — *V. Succession.*

2. OUVERTURE DU DROIT DE SUCCESSION. — Nous avons rappelé au n° 7807, cinq arrêts de cassation qui ont reconnu que la disposition de la loi de 1831 ne s'appliquait qu'aux legs ouverts *postérieurement* à cette loi. La loi du 18 mai 1850 contenant, sur la rétroactivité, une disposition analogue à celle que présentait la loi de 1831, il faut reconnaître que le legs fait à un hospice étant ouvert le jour du décès du testateur, c'est la loi en vigueur au moment de cette ouverture, et non au moment de l'autorisation, qui doit être appliquée.

Fruits et intérêts. — Dans tous les cas, les fruits et intérêts de la chose léguée ne peuvent appartenir à l'établissement que du jour de la demande en délivrance (Cass. 24 mars 1852, 15419 J. E., 14668 J. N.).

3. DÉLIVRANCE AVANT AUTORISATION. — Bien que la délivrance d'un legs en argent fait à un hospice ait été effectuée avant la réception de l'autorisation d'accepter donnée par le gouvernement, les droits de mutation par décès ne peuvent être exigés avant la réception de cette autorisation, car, nonobstant ce qui a été fait, l'effet de la disposition testamentaire est resté suspendu jusqu'à cette autorisation (2413 J. E.).

4. ADHÉSION. — Les adhésions données par les héritiers ou les légataires universels à l'exécution des testaments qui contiennent des legs au profit des établissements publics et qui sont fournis à l'appui des demandes faites au Gouvernement pour autoriser ces legs, doivent être écrites sur papier timbré (14283-2 J. E.).

5. PARTIE DE LEGS PAYÉE PAR LE TESTATEUR. — La totalité du legs en argent doit être déclarée par l'établissement public, encore bien que le testateur ait déclaré à la suite de son testament qu'il remet une partie de la somme léguée parce que cette déclaration ne peut changer la nature de la disposition testamentaire et qu'on ne peut voir un don manuel dans un à-compte donné sur un legs (12413 J. E.).

7794. Pauvres. — Lorsqu'un légataire est chargé de payer une somme aux sœurs de charité d'un hospice pour être distribuée aux plus pauvres malades de l'établissement, il y a legs fait aux pauvres, sujet à acceptation de l'autorité supérieure, et délivrable non aux intermédiaires désignés, mais à la commission administrative des hospices que l'on considère comme légataire soumis à la condition de l'autori-

sation prescrite par l'art. 910 C. C. (Furgole ch. 6 sect. 1ʳᵉ n° 86, Troplong t. 2 n° 557, Zachariæ, Aubry et Rau t. 5 p. 470, Massé et Vergé t. 2 p. 35, Demolombe t. 18 n° 612 ; — Douai 11 fév. 1845, S. 45-2-273 ; — Bordeaux 26 juin 1845, 12488 J. N., 13925 J. E.; — Douai 23 juin 1846, S. 46-2-365; — Cass. 1⁰ʳ juill. 1861, S. 62-1-753 ; — Caen 13 fév. 1863, *Id.*). — V. *Legs.*

7795. Presbytère. — La donation d'une maison, faite à une commune sous condition expresse de l'affecter au logement du curé, confère à la commune la nue-propriété seulement de l'immeuble donné et au prêtre desservant un droit d'usage, qui, reposant d'une manière permanente sur la tête de ce prêtre, quel qu'il soit, constitue une affectation spéciale à l'exercice du culte et rentre dans la catégorie des biens appartenant à la fabrique. Peu importe, alors, que la fabrique n'ait pas été partie à l'acte de donation : il suffit qu'elle ait manifesté l'intention d'en profiter (C. Metz 8 mai 1866, S. 67-2-231).

7796. Services religieux. — Il est quelquefois difficile également de distinguer quand l'obligation des services religieux a le caractère d'une simple charge ou constitue un legs proprement dit. Nous examinerons cette question au mot *Succession* n° 16536.

Quel est le caractère de l'acte par lequel un particulier cède des valeurs à une fabrique à la charge de services pieux ? — V. *Acte administratif* n° 420.

7797. Succession. — Hospice. — Les successions des personnes décédées dans les hospices sans laisser d'héritier appartiennent à l'État, alors même que ces personnes ne laissent que des effets mobiliers. — V. 6332.

Lorsque les enfants admis dans les hospices décèdent avant leur sortie de l'hospice, leur émancipation ou leur majorité et qu'aucun héritier ne se présente, leur succession appartient à l'hospice. — V. 6335.

7798. Actions judiciaires. — Elles doivent être autorisées en conseil de préfecture, que les établissements publics agissent en demandant ou en défendant, à moins qu'ils n'appartiennent à l'État et ne se trouvent sous l'autorité spéciale du ministre au département duquel ils appartiennent, car alors l'autorisation du ministre suffit.

7799. Prescription. — Les établissements publics sont soumis aux mêmes prescriptions que les particuliers et peuvent également les opposer.

7800. Communication aux employés. — Le établissements publics sont tenus de communiquer aux préposés de l'enregistrement ceux de leurs actes ou registres que la loi assujettit au timbre. On trouvera au mot *Communication* le développement de cette matière.

CHAPITRE II. — DONATION

[7801-7811]

7801. Autorisation d'accepter. — Les communes, les établissements publics, les corporations ecclésiastiques ou laïques, toutes les collections d'individus formant une personne morale sont, en principe, capables de recevoir par donation ou par testament. Cependant, pour que des libéralités excessives ne leur soient pas faites au détriment des familles, les dispositions ne peuvent être valables qu'après autorisation.

« Les dispositions entre-vifs ou par testament, porte l'art. 910 C. C., au profit des hospices, des pauvres d'une commune ou d'établissements d'utilité publique, n'auront leur effet qu'autant qu'elles seront autorisées par le Gouvernement. »

7802. Autorité pouvant autoriser. — D'assez nombreuses dispositions ont réglé successivement le mode de l'autorisation à accorder en vertu de l'art. 910 C. C.

Une ordonnance royale du 2 avril 1817, rendue pour l'exécution de la loi du 2 janvier 1817, contenait les prescriptions suivantes :

« Conformément à l'art. 910 C. C., et à la loi du 2 janvier 1817, les dispositions entre-vifs ou par testaments de biens, meubles et immeubles au profit des églises, des archevêchés et des évêchés, des chapitres, des grands et des petits séminaires, des cures et des succursales, des fabriques, des pauvres, des hospices, des collèges, des communes, et en général de tous les établissements d'utilité publique et de toutes associations religieuses reconnues par la loi, ne pourront être acceptées qu'après avoir été autorisées par nous, le conseil d'État entendu, et sur l'avis préalable de nos préfets et de nos évêques, suivant les divers cas. »

Néanmoins, le législateur avait voulu abréger les formalités lorsque la chose donnée ou léguée offre peu d'importance. En conséquence, il avait été décidé que les dons et legs en argent ou objets mobiliers, n'excédant pas 300 francs en capital, pourraient être acceptés sur la simple autorisation des préfets (arrêté 4 pluv. n° 12, Déc. 12 août 1807, Ord. 10 juin 1814, Ord. 2 avr. 1817, art. 1er).

On a été plus loin : la loi du 18 juillet 1837 sur l'administration municipale porte (art. 48 § 1er) :

« Les délibérations ayant pour objet l'acceptation des dons et legs d'objets mobiliers ou de sommes d'argent, faits à la commune et aux établissements communaux, sont exécutoires en vertu d'un arrêté du préfet, lorsque leur valeur n'excède pas trois mille francs, et en vertu d'une ordonnance du roi, lorsque leur valeur est supérieure ou qu'il y a réclamation des prétendants droit à la succession. »

Le décret du 25 mars 1852 (tableau A n° 43) et celui du 13 avril 1861 (tableau A n° 49) ont étendu le pouvoir des préfets en leur permettant d'autoriser les dons et legs de toutes sortes de biens faits aux départements, communes et établissements publics quand il n'y a pas réclamation des familles.

Depuis lors, la loi du 24 juillet 1867 a investi les conseils municipaux du pouvoir de statuer sur l'acceptation ou le refus des dons et legs faits aux communes, lorsque ces dons et legs sont exempts de charges, de conditions, d'affectations immobilières, et ne donnent lieu à aucune réclamation. — Le même droit a été attribué aux conseils généraux au sujet des legs de même espèce faits aux départements (L. 18 juill. 1866, D. 66-4-108).

Quant aux libéralités connexes (c'est-à-dire faites en faveur d'établissements publics et d'établissements ecclésiastiques, dont l'acceptation peut-être autorisée, pour les uns par arrêté du préfet ou délibération de l'autorité locale compétente, et pour les autres par décret) elles continuent à être soumises à l'approbation du Gouvernement (A. Cons. d'Ét. 10 mars 1868, 2773 R. P.).

7803. Acceptation. — L'art. 910 C. C., porte que les communes et établissements publics sont capables de recevoir entre-vifs ; l'art. 937 dit, en outre, que les donations qui leur sont faites sont soumises, comme toutes autres, à la nécessité de l'acceptation. Cet article est ainsi conçu :

« Les donations au profit d'hospice, des pauvres d'une commune ou d'établissements d'utilité publique, seront acceptées par les administrateurs de ces communes ou établissements, *après y avoir été dûment autorisés.* »

Les établissements publics reconnus par la loi ont en principe la capacité de recevoir, car ils ont une existence légale. Seulement des considérations d'intérêt public et privé exigent que les dispositions faites à ces sortes de personnes morales soient soumises à la surveillance de l'État. On peut donc dire que les établissements publics et les communautés ayant une existence légale sont capables de recevoir sous la condition de l'autorisation à laquelle sont soumises les dispositions faites à leur profit (Demolombe t. 18 n° 593).

Lorsque l'autorisation a été accordée, la disposition entre-vifs ou le testament produit d'ailleurs au profit de la personne civile les mêmes effets ni plus ni moins qu'au profit de tout autre donataire ou légataire qui n'aurait pas été soumis à cette condition d'autorisation. C'est ainsi que, s'il s'agit d'une donation entre-vifs, elle n'a d'effet qu'autant qu'elle aura été acceptée avec autorisation du cédant, du donateur (art. 932 C. C., Demolombe t. 18 n° 600).

7804. Par qui l'acceptation doit-elle être faite ? — Elle doit être faite aux termes de l'ordonnance du 2 avril 1817, savoir :

1. ÉVÊQUE. — Par les évêques, lorsque les dons ou legs ont pour objet leur évêché, leur cathédrale ou leurs séminaires.

2. DOYEN DE CHAPITRE. — Par les doyens des chapitres, si les dispositions sont faites au profit des chapitres

3. DESSERVANT. — Par le curé ou desservant, lorsqu'il s'agit de legs ou dons faits à la cure ou succursale, ou pour la subsistance des ecclésiastiques employés à la desservir.

4. TRÉSORIER. — Par les trésoriers des fabriques, lorsque les donateurs ou testateurs ont disposé en faveur des fabriques ou pour l'entretien des églises et le service divin.

Aux termes d'un décret des 15 février-31 juillet 1862, l'acceptation des dons et legs faits aux fabriques des églises est autorisée par les préfets sur l'avis préalable des évêques, quand ces libéralités n'excèdent pas la valeur de 1,000 francs ; elles ne donnent lieu à aucune réclamation et ne sont grevées d'autres charges que l'acquit de fondations pieuses dans les églises paroissiales et de dispositions au profit des communes, des hospices, des pauvres et du bureau de bienfaisance.

Le trésorier de la fabrique a également qualité pour accepter une donation faite à la fabrique pour le soulagement des pauvres. Il n'est pas nécessaire que l'acceptation soit faite par le maire comme président du bureau de bienfaisance (A. Cons. d'Ét. 6 mars 1872).

Si la libéralité a été faite à un établissement ecclésiastique pour la fondation ou l'entretien d'écoles, l'acceptation a lieu, d'une part, par le représentant de l'établissement légataire (le trésorier s'il s'agit d'une fabrique) et, d'autre part, par le maire de la commune au nom de celle-ci et à l'égard du bénéfice résultant en faveur des enfants de cette commune (A. Cons. d'Ét. 24 juill. 1873).

5. SUPÉRIEUR D'ASSOCIATION RELIGIEUSE. — Par le supérieur des associations religieuses, lorsqu'il s'agit de libéralités faites au profit de ces associations.

6. CONSISTOIRE. — Par les consistoires, lorsqu'il s'agit de legs faits pour la dotation des pasteurs ou pour l'entretien des temples (Cass. 18 mai 1852, D. 52-1-137).

7. ADMINISTRATEUR D'ÉTABLISSEMENT DE BIENFAISANCE. — Par les administrateurs des hospices, bureaux de charité et de bienfaisance, lorsqu'il s'agit de libéralités en faveur des hôpitaux et autres établissements de bienfaisance.

8. ADMINISTRATEUR DE COLLÉGE. — Par les administrateurs des colléges, quand les dons ou legs ont pour objet les colléges ou des fondations de bourses pour les étudiants ou des chaires nouvelles.

9. MAIRE. — Par les maires des communes, lorsque les dons ou legs sont faits au profit de la généralité des habitants ou pour le soulagement et l'instruction des pauvres de la commune.

10. ADMINISTRATEUR D'ÉTABLISSEMENT D'UTILITÉ PUBLIQUE. — Et, enfin, par les administrateurs de tous les autres établissements d'utilité publique, légalement constitués, pour tout ce qui est donné ou légué à ces établissements (Ord. 2 avr. 1817 art. 3).

11. PRÉFET. — Les préfets sont compétents pour accepter les dons, legs et fondations en faveur des écoles de phar-

macie, au nom de ces écoles et avec l'autorisation du Gouvernement (L. 21 germ. an 11 art. 5).

7805. Nécessité de l'autorisation avant l'acceptation. — On a voulu quelquefois prétendre qu'il n'est pas nécessaire que l'autorisation précède l'acceptation. L'art. 937 C. C. ne serait-il pas positif à cet égard qu'aucun doute ne pourrait rester en présence de la discussion qui eut lieu au conseil d'Etat. Jolivet ayant réclamé contre la disposition finale de l'art. 937 en disant que « l'acceptation devait d'abord produire ses effets, sauf la confirmation du Gouvernement, » il fut répondu « qu'on ne pouvait, par aucune considération, permettre aux administrateurs d'accepter sans y être autorisés » (Fenet t. 12 n° 384), et l'article fut adopté. — C'est également ce qu'enseignent Toullier t. 5 n° 201, Duranton t. 8 n° 480.

7806. Existence légale de l'établissement. — Évidemment tout ce que nous venons de dire ne s'applique qu'aux établissements ou associations ayant une existence légale. La disposition faite au profit d'une société qui ne serait pas autorisée par le Gouvernement serait évidemment nulle, puisque le néant ne peut pas être capable de recevoir (Cass. 27 avr. 1830, S. 30-1-186 ; 5 avr. 1841, S. 41-1-875 ; 5 juill. 1842, S. 42-1-590 ; — Agen 12 août 1842, S. 43-2-33 ; — Paris 20 mai 1831, D. 51-2-321. — V. aussi Cass. 15 nov. 1847, S. 48-1-134 ; 15 déc. 1856, S. 57-1-497, D. 60-1-37 ; 3 juin 1861, D. 61-1-318 ; 12 avril 1864, S. 64-1-153 ; 14 août 1866, S. 67-1-60). — Mais rien n'empêcherait de faire la disposition au profit de telle ou telle des personnes composant l'association (Demolombe t. 18 n° 592 ; — Cass. 6 nov. 1866, S. 67-1-120) ; ou de considérer, selon les cas, la disposition comme une simple charge (Cass. 7 nov. 1859, S. 60-1-350) ; auquel cas l'établissement une fois reconnu y aurait droit (Cass. 8 avr. 1874, 4671 R. P.).

La somme léguée à un établissement non reconnu appartient à l'héritier et doit être traitée comme telle pour la déclaration de succession (Chambéry, 13 mars 1877, 4893 R. P.). — Voy. 7806 et 16530.

7807. Effet rétroactif. — L'acte d'acceptation n'a pas d'effet rétroactif. Ce principe a été consacré dans les espèces suivantes :

Une donation de somme à un établissement public, faite antérieurement à la loi du 18 mai 1850 et acceptée postérieurement à la promulgation de cette loi, donne ouverture au droit de 9 pour 100, *car la donation n'a pu produire aucun effet avant l'acceptation* (15035-3 J. E.). C'est également ce qui a été reconnu par une D. m. f. 20 janvier 1832, pour une donation antérieure à la loi du 18 avril 1831 et acceptée postérieurement à cette loi (10456 J. E.).

Quid, si la donation à l'établissement public a *été acceptée* provisoirement et *autorisée* par le Gouvernement *antérieurement* à la loi, et que l'acceptation définitive lui soit *postérieure*? La solution doit être que le droit proportionnel est exigible au taux fixé par la loi en vigueur *au moment de l'acceptation* provisoire, d'après le principe consacré par cinq arrêts de cass. du 4 février 1834 (7558, 7746, 7863, 7941, 8039, 8089 8337, 8454 J. N., 1454 I. G.), qui ont reconnu que la disposition de la loi nouvelle ne s'applique qu'aux legs *ouverts postérieurement* à sa publication.

Le même principe a été introduit dans la loi du 18 ma[i] 1850 au profit des établissements publics, et par une Dél 6 juin 1834 (8549 J. N.), qui a décidé que le droit propor tionnel d'enregistrement n'est point exigible sur l'acte d'acceptation d'une donation à un établissement public, en vertu d'une ordonnance royale, postérieure à la loi du 18 avril 1831, alors que l'acte de donation accepté *provisoirement* avant cette loi a été enregistré moyennant les quotités de droits alors en vigueur (14154 J. N.; — *Contrà* Pontoise 14 juill. 1853, 15139 J. N., 15720 J. E.).

1. LEGS. — Mais le legs fait à un établissement public ou à une commune a effet du jour même de l'ouverture de la succession et non pas seulement du jour où l'acceptation de la libéralité a été autorisée par le Gouvernement, encore bien qu'il n'y ait pas eu d'acceptation provisoire, cette acceptation n'étant pas ici nécessaire (Cass. 4 déc. 1866, S. 67-1-66).

7808. Acceptation provisoire. — 1. COMMUNES. — Le dernier paragraphe de l'art. 48 L. 18 juillet 1837, sur l'administration municipale, porte :

« Le maire peut toujours, à titre conservatoire, accepter les donations et legs en vertu de la délibération du conseil municipal. L'ordonnance du roi ou l'arrêté du préfet, qui intervient ensuite, a effet du jour de cette acceptation. »

D'après une circulaire du ministre de l'intérieur du 11 juillet 1830 [1], cette disposition, qui n'existait pas d'une manière aussi précise dans la législation antérieure, a pour objet d'empêcher la caducité des donations, dans le cas où le donateur viendrait à décéder pendant le temps qui s'écoule entre l'acceptation provisoire du maire et l'acte qui autorise la commune à accepter définitivement la libéralité. En effet, la disposition rappelée ci-dessus voulant que les actes d'autorisation aient effet du jour de l'acceptation provisoire du maire, la donation devient irrévocable dès qu'un arrêté du Gouvernement ou un arrêté préfectoral, suivant le cas, a confirmé cette acceptation, quand bien même le donateur serait décédé dans l'intervalle.

Authenticité de l'acceptation provisoire. — Notification. — Le ministre fait d'ailleurs observer que le bénéfice de la loi ne pourrait être contesté qu'autant que l'acceptation provisoire aurait eu lieu dans la forme authentique et que cette acceptation aurait été notifiée au donateur, conformément à l'art. 932 C. C.

Effets. — Il a été jugé que le maire d'une commune, en attendant l'autorisation nécessaire pour l'acceptation d'un legs fait à cette commune, a capacité pour faire tous actes tendant à conserver l'intégralité des droits dévolus à celle-ci, et spécialement pour demander la délivrance du legs. — Et les juges ne violent aucune loi en ordonnant cette délivrance à titre conservatoire et sous la condition d'une autorisation préalable (Cass. 2 mai 1864, S. 64-1-235).

L'autorisation donnée par le préfet, après l'acceptation par le maire, rétroagit d'ailleurs au jour de cette acceptation. C'est la disposition formelle de la loi de 1837 pour les communes et de la loi du 13 août 1831 pour les hospices. (*Conf.* : Montpellier 4 juin 1855, D. 56-2-26). — *V.* ci-après § 2.

2. HOSPICES. — HÔPITAUX. — BUREAU DE CHARITÉ. — Les dispositions précédentes ne s'appliquaient pas aux hospices, bureaux de bienfaisance et autres établissements charitables; mais le bénéfice leur en a été étendu par l'art. 11 L. 13 août 1851, ainsi conçu :

« Le président de la commission des hospices et hôpitaux peut toujours, à titre conservatoire, accepter, en vertu de la délibération de la commission, les dons et legs faits au profit des établissements charitables. Le décret du pouvoir exécutif ou l'arrêté du préfet qui interviendra aura effet du jour de cette acceptation » (D. 51-4-154).

En ce sens, il a été décidé que les bureaux de bienfaisance sont des établissements communaux; que, dès lors, pour eux comme pour les communes elles-mêmes, l'acceptation à titre toujours, à titre conservatoire, accepter les donations et legs, en vertu de la délibération du conseil municipal. L'ordonnance du roi ou l'arrêté du préfet, qui intervient ensuite, a effet du jour de cette acceptation. »

Cette dernière disposition, qui n'existait pas d'une manière aussi précise dans la législation antérieure, a pour objet d'empêcher la caducité des donations, dans le cas où le donateur viendrait à décéder pendant le temps qui s'écoule entre l'acceptation provisoire du maire et l'acte qui autorise la commune à accepter définitivement la libéralité.

En effet, il résultait de la combinaison des art. 910, 911, 931 et 932 C. C. que, pour qu'une donation au profit d'une commune engageât le donateur, il fallait : 1° que la commune eût été autorisée à l'accepter ; — 2° que l'acceptation fût comprise dans l'acte même de la donation ou constatée par un acte séparé et authentique ; — 3° enfin, que, lorsque l'acceptation avait lieu par acte séparé, elle fût notifiée au donateur. Or, ces formalités entraînant des délais assez longs, les communes étaient exposées à perdre le bénéfice des donations déjà consenties en leur faveur, d'abord parce que, généralement, l'acceptation provisoire du maire n'était pas rédigée dans la forme authentique et qu'alors le décès du donateur empêchait que le contrat ne pût devenir parfait ; en second lieu, parce que, dans le cas même où l'acceptation provisoire eût été insérée dans l'acte public de la donation, les héritiers du donateur pouvaient prétendre qu'elle était sans valeur, la commune pouvant être réputée incapable, tant qu'une ordonnance royale ne l'a pas autorisée à accepter.

Aujourd'hui, un semblable danger n'est plus à craindre, la disposition rappelée ci-dessus, voulant que les actes d'autorisation aient effet du jour de l'acceptation provisoire du maire, Ainsi, lorsque le maire, en vertu d'une délibération du conseil municipal, a accepté la donation, du vivant du donateur, la donation devient irrévocable dès qu'une ordonnance royale ou un arrêté préfectoral, suivant le cas, a confirmé cette acceptation, quand bien même le donateur serait décédé dans l'intervalle.

Mais, pour que le bénéfice de la loi nouvelle, sur ce point, ne puisse pas être contesté aux communes, il importe que leur acceptation provisoire ait lieu dans les formes solennelles prescrites par le C. C., c'est-à-dire que le maire accepte la donation, soit dans l'acte même qui la constitue, soit par un acte séparé, également authentique, et que, dans ce dernier cas, l'acceptation soit notifiée au donateur, conformément à l'art. 932 C. C. Si cette précaution était négligée, les communes s'exposeraient aux inconvénients que le législateur a eu l'intention de leur éviter.

Je vous invite en conséquence, monsieur le préfet, à adresser aux administrations municipales de votre département les instructions nécessaires, pour qu'à l'avenir leurs demandes en autorisation d'accepter des donations soient toujours accompagnées des actes constatant l'acceptation de ces libéralités dans les formes indiquées ci-

[1] Monsieur le préfet, d'après le dernier paragraphe de l'art. 48 L. 18 juillet 1837, sur l'administration municipale, « le maire peut

ervatoire, des donations qui leur sont faites, lorsqu'elle vient en vertu de l'art. 48 de la loi de 1837, liè complète-tle donateur, sous la condition de l'autorisation supérieure risation qui, une fois donnée, a un effet rétroactif au jour acceptation. Par suite, le donateur ne peut révoquer la nation dans l'intervalle de l'acceptation au jour de l'autori-sation (Cass. 12 nov. 1866, S. 66-1-443, D. 66-1-378 ; — Tou-louse 1er mai 1868, S. 68-2-172, S. 68-2-92, Batbie *Droit Administratif* t. 5 n° 250 ; — *Contrà* Agen 9 déc. 1862, S. 65-1-173 ; — Pau 3 avr. 1865, S. 66-1-443, Aubry et Rau 3e édit. t. 5 § 649 p. 443, Demolombe *des Donat.* t. 3 n° 201, Troplong t. 2 p. 678).

3. ENREGISTREMENT. — L'acceptation provisoire d'une donation faite à un établissement public, en attendant l'autori-sation du Gouvernement, ne peut donner ouverture au droit proportionnel, attendu que cette acceptation ne peut avoir pour effet de consommer la transmission (9387 J. N., Dél. 11 juill. 1837, 11910 J. E., 9788 J. N., D. m. f. 9 avr. 1860, 1402 R. P., 2181-1 I. G.). Cet acte étant purement adminis-tratif est exempt de timbre et d'enregistrement en vertu de la loi du 15 mai 1818 (Sol. 7 août 1877). — V. I. G. 2181-1.

Le droit de donation ne doit être perçu qu'après l'approba-tion de l'autorité.

7809. Acceptation définitive. — Lorsque l'auto-rité compétente a autorisé la commune ou l'établissement public à accepter, le droit proportionnel doit-il être perçu, alors même qu'un acte d'acceptation définitive ne serait pas intervenu ? Le tribunal de Saint-Dié s'est prononcé pour la négative, le 28 août 1836 (9403 J. N.). Cette décision était exacte avant la disposition de la loi de 1837. L'acceptation est, en effet, une formalité tellement de rigueur pour la vali-dité d'une donation, qu'on ne peut, *en principe général*, la faire résulter par induction de démarches et de pièces qui ne la contiennent pas expressément (D. N. v° *Accept.* n° 259). Mais ce que nous avons dit au numéro précédent conduit nécessairement à faire une distinction.

Si le maire ou le président de l'hospice a accepté provisoi-rement, conformément aux lois de 1837 et de 1831, l'appro-bation de l'autorité suffit à valider cette acceptation et rend inutile un nouvel acte. Dès lors, le droit de mutation peut être réclamé. C'est ce qu'a reconnu la D. m. f. 9 avril 1860 (1402 R. P., 2181 § 1er I. G.).

Mais, si aucune acceptation provisoire n'a eu lieu, l'autori-sation émanée de l'autorité supérieure ne saurait remplacer

dessus. Vous leur ferez remarquer qu'il sera plus simple et moins onéreux d'accepter dans l'acte même de la donation, et que, par ce motif, elles doivent adopter ce mode toutes les fois qu'elles pour-ront y recourir.

Je ne dois pas négliger de vous faire observer, monsieur le préfet, que les dispositions qui précèdent ne s'appliquent point aux dona-tions entre-vifs, faites aux hospices et bureaux de bienfaisance. La loi du 18 juillet 1837 n'a statué que pour les communes et établis-sements municaux administrés par le maire. Il doit donc être procédé comme par le passé, en ce qui concerne les donations entre-vifs qui peuvent être faites aux établissements charitables, c'est-à-dire que l'acceptation ne saurait régulièrement intervenir et avoir d'effet qu'après l'autorisation de l'autorité supérieure. C'est un mo tif pour donner à l'instruction de ce genre d'affaires la plus grande activité, afin d'éviter la caducité des libéralités.

l'acte qui n'a pas été fait et qu'elle permet seulement de passer. C'est lorsque l'acceptation interviendra en exécution de l'arrêté d'autorisation que le contrat de donation sera formé et que l'Administration aura un titre pour réclamer le payement de son droit. Jusque-là, la libéralité reste en projet et la doctrine du jugement de Saint-Dié est applicable.

Une Sol. 21 octobre 1868 a cependant reconnu que, bien que la donation entre-vifs faite à une fabrique d'une rente sur l'État n'ait pas été acceptée, le droit proportionnel n'en est pas moins exigible quand cette acceptation a été autorisée et que la rente a été immatriculée au nom de l'éta-blissement, par le double motif que le donataire recueillerait ainsi le bénéfice de la libéralité sans en payer l'impôt et que le Trésor n'est pas juge de la validité des actes.

Mais ces deux motifs sont également sans valeur.

Du moment que la loi exempte de l'enregistrement les donations verbales de meubles ou celles dont le titre n'est pas volontairement soumis à la formalité, l'Administration n'a pas à se plaindre du préjudice qu'elle ressent. Son reproche s'adresse à la loi.

En second lieu, si les préposés ne sont pas juges de la vali-dité des contrats, ils le sont de leur perfection apparente ; car, pour percevoir le droit de donation sur un acte, il faut bien examiner si l'écrit renferme réellement une libéralité. L'imperfection extérieure d'un contrat n'est pas la même chose que son invalidité interne. Or, il s'agit ici de l'ab-sence du consentement d'une partie, c'est-à-dire d'une cause d'imperfection. Nous n'avons pas besoin d'insister sur ce point. Lorsque les libéralités de l'espèce s'adressent à des établissements publics, l'Administration peut intervenir auprès de l'autorité supérieure pour déterminer la rédaction d'un acte d'acceptation. Mais, si ces demandes demeurent sans effet, elle n'a aucune action pour le recouvrement de l'impôt.

7810. Notification. — Mais est-il nécessaire que l'ac-ceptation soit notifiée au donateur pour que le droit propor-tionnel devienne exigible ? L'Administration paraît l'avoir décidé ainsi, par une Dél. 23 mai 1843 (11667 J. N.), de la-quelle il résulte que, lorsqu'une donation entre-vifs, faite à un hospice, a été révoquée avant que la signification de l'acceptation autorisée par le Gouvernement ait été faite au donateur, le droit fixe est seul exigible sur l'acte d'accep-tation, et si le droit proportionnel a été perçu, il est resti-tuable.

Nous avons fait voir au n° 6592 quelle devait être la véritable portée de cette décision, après avoir démontré, n°s 6590 et suiv., l'exigibilité du droit proportionnel sur l'acte d'accepta-tion même.

7811. Retour. — En cas d'extinction ou de suppres-sion de l'établissement donataire, le donateur qui a stipulé pour ces cas la clause de retour a le droit de rentrer en pos-session des biens par lui donnés sous une condition qui ne peut plus s'exécuter. Cette clause n'est que l'extension de l'art. 3 L. 24 mai 1825, qui porte qu'en cas d'extinction d'une congrégation religieuse de femmes, ses biens acquis par dona-tion ou legs feront retour aux donateurs et à leurs parents successibles.

TITRE III. — DROITS DE TIMBRE

[7812-8166]

CHAPITRE PREMIER. — COMMUNES ET ÉTABLISSEMENTS PUBLICS

[7812-7975]

SECTION PREMIÈRE. — DISPOSITIONS GÉNÉRALES

[7812-7821]

7812. Comptable. — Les recettes et les dépenses communales s'effectuent par un comptable chargé seul, et sous sa responsabilité, de poursuivre la rentrée de tous les revenus de la commune et de l'établissement public et de toutes les sommes qui lui seraient dues, ainsi que d'acquitter les dépenses ordonnancées par les maires jusqu'à concurrence des crédits régulièrement accordés (art. 62 L. 18 juill. 1837, art. 461 Ord. 31 mai 1838).

7813. Receveur municipal. — Les percepteurs remplissent les fonctions de receveur municipal des communes de leur circonscription, et, dans tous les cas de vacances d'une recette municipale, le service doit leur en être immédiatement remis.

Néanmoins, dans les communes dont le revenu excède 30,000 francs, ces fonctions sont confiées, si le conseil municipal le demande, à un receveur municipal spécial, qui est nommé par le Gouvernement, sur une liste de trois candidats présentés par le conseil municipal, et transmise au ministre par le préfet, avec son avis et celui du sous-préfet. Ce receveur, une fois nommé, continue ses fonctions, lors même que plus tard les revenus de la commune cesseraient de s'élever à 30,000 francs (L. 18 juill. 1837 art. 65, C. 30 sept. et 5 oct. 1837 nᵒˢ 283, 310, Ord. 31 mai 1838).

Plusieurs solutions ont reconnu que le receveur municipal ne peut pas être considéré comme un fonctionnaire public et devient, par conséquent, au sujet des écrits en contravention à la loi du timbre, passible de l'amende de 50 francs, prononcée contre les particuliers par l'art. 22 L. 2 juillet 1862 (Sol. 28 janv. 1864, 23 sept. 1867). Mais cette interprétation ne paraît pas justifiée. Le receveur municipal, en effet, bien que préposé à la gestion des revenus communaux, n'en est pas moins chargé de fonctions publiques, dans l'acception la plus compréhensive du mot. Or, la loi du 13 brumaire an 7 qui fixe le taux des amendes de timbre parle en général des officiers et des *fonctionnaires publics*, sans indiquer que cette expression se restreint aux agents chargés d'un service de l'État. D'un autre côté, les raisons qui ont porté le législateur soit à augmenter, soit à restreindre la peine des contraventions commises par les fonctionnaires, à cause du degré d'instruction qu'ils possèdent ou des facultés de constatation, sont applicables aux receveurs municipaux comme aux percepteurs et autres employés de l'État. Enfin, presque toujours les receveurs municipaux sont en même temps percepteurs et, pour appliquer les solutions administratives, il faudrait faire entre leurs actes une distinction condamnée par la raison.

7814. Receveur des établissements publics. — Les receveurs municipaux sont, de droit, receveurs des hospices et autres établissements de bienfaisance de leur commune, lorsque les revenus ordinaires de ces établissements ne dépassent pas le chiffre de 30,000 francs; dans le cas contraire, la recette des établissements peut être confiée à un receveur spécial. Les recettes en nature, provenant du service de l'économat, sont comptées pour leur valeur dans le chiffre des revenus ordinaires de l'établissement.

S'il existe dans la même commune un hospice et un bureau de bienfaisance, le receveur de l'hospice est, de droit, receveur de ce dernier établissement : le montant des revenus de l'hospice et celui des revenus du bureau de bienfaisance sont réunis pour déterminer si la gestion des deux établissements rentre, ou non, dans les attributions du receveur municipal, d'après la limite de 30,000 francs ci-dessus rappelée.

7815. Responsabilité. — 1. DROITS ET AMENDES DE TIMBRE. — Les receveurs des communes et des établissements de bienfaisance sont chargés par la nature de leurs fonctions de veiller à l'intérêt de leurs commettants et d'assurer la validité des payements qu'ils effectuent; dès lors, il sont responsables de l'inexécution de la loi sur le timbre, ils sont seuls passibles des droits et amendes de timbre dus à raison des pièces jointes aux comptes. C'est contre eux que les préposés de l'enregistrement doivent rapporter procès-verbal et en suivre l'effet, sans préjudice de la solidarité établie par l'art. 75 L. 28 avril 1816 (D. m. f. 24 mai 1819, 6421 J. E.).

Dans tous les cas, les receveurs ont leur recours contre les parties, mais pour les droits de timbre seulement (D. m. f. 16 fév. 1835, 11212 J. E.).

2. ÉTENDUE DE LA RESPONSABILITÉ. — Une Sol. 20 janvier 1857, dont les principes sont journellement appliqués, détermine en ces termes la portée des décisions précédentes : « La contravention résultant de ce que la copie d'un acte produite à l'appui des comptes de gestion d'un receveur municipal a été délivrée par un maire sur papier non timbré, ne doit pas être relevée contre le receveur municipal. En effet, les décisions ministérielles des 24 mai 1819 et 16 février 1835 n'ont statué, sur la responsabilité des receveurs des communes et des établissements publics, qu'en ce qui concerne les *quittances* qui leur sont délivrées et qu'ils joignent à leurs comptes de gestion. Dans ces cas, l'inexécution de la loi est leur fait, et ils en sont responsables; mais il n'en est pas de même, lorsque des contraventions ont été commises, soit dans les rôles de recouvrement, soit dans des actes administratifs passés devant un maire ou tout autre magistrat. Les fonctionnaires, en ce qui concerne les actes ou les pièces qui sont leur œuvre, peuvent seuls être recherchés afin de payement des droits et amendes, aux termes des art. 26

L. 13 brumaire an 7, 37 L. 22 frimaire de la même année et 79 de celle du 15 mai 1818. Aucune disposition de loi, ni aucune décision administrative n'autorise à en poursuivre le recouvrement contre le receveur municipal. C'est ce qui a été reconnu, dans une circonstance analogue, par une Dél. 11 juin 1852, approuvée par le directeur général, le 15 du même mois. » Le ministre des finances a rendu une décision conforme le 14 janvier 1876 (4748 R. P.). — V. 1546.

2. DROITS ET AMENDES D'ENREGISTREMENT. — Le payement des droits de timbre et d'enregistrement ne peut être réclamé qu'aux maires. Les receveurs des communes et des établissements publics n'ont aucune responsabilité à cet égard (Sol. 10 mai 1843).

7816. Registres des receveurs municipaux. — Les écritures des receveurs de communes et d'établissements de bienfaisance nécessitent l'emploi des livres ci-après, savoir :

1° Un *journal à souche* pour l'enregistrement de toutes les recettes, et pour la délivrance des quittances aux parties versantes ;

2° Des *livres de détail* dans lesquels les recettes et les dépenses relatives au service des communes et des établissements de bienfaisance sont classées par nature ; ces livres de détail ne sont point exigés pour les communes dont le budget ne se compose que d'un petit nombre d'articles de recettes et de dépenses ;

3° Un livre des comptes divers par services ;

4° Un livre récapitulatif.

Les recettes sur *contributions directes* sont enregistrées, au fur et à mesure qu'elles ont lieu, sur le *journal à souche*, et, à la fin de chaque jour, elles sont transportées au *livre récapitulatif*.

Toutes les recettes qui proviennent des revenus des communes et des établissements de bienfaisance et des produits divers sont enregistrées au journal à souche, dans deux colonnes distinctes : la première, spécialement destinée aux remboursements de frais de poursuites ; la seconde, affectée aux divers autres produits et services.

Celles de ces recettes qui concernent des services pour lesquels il n'est pas tenu de livres de détail sont constatées immédiatement au compte ouvert à chaque service sur le livre des comptes divers.

Les payements faits pour ces mêmes services sont également constatés au livre des comptes divers, au fur et à mesure qu'ils ont lieu.

Les recettes et les dépenses qui appartiennent à des services dont les opérations exigent des livres de détail sont constatées, en premier lieu, sur ces livres, par nature d'opération, et ne sont reportées qu'à la fin de la journée, au compte général de chaque service, sur le livre des comptes divers. Les sommes enregistrées sur ce dernier livre sont transportées chaque jour dans les colonnes du livre récapitulatif qui sont destinées aux produits divers (Circ. 20 juin et 17 sept. 1838, Inst. des fin. 17 juin 1840, art. 1225 I. G.).

1. TIMBRE DE CES REGISTRES. — L'art. 12 L. 13 brumaire an 7 soumet nommément au timbre les registres des receveurs des communes et des établissements de bienfaisance. En conséquence, doivent être timbrés les registres, journaux ou livres, sur lesquels ces receveurs inscrivent les recettes et dépenses des communes ou des établissements de bienfaisance; les registres purement auxiliaires, ne contenant que des reports des livres principaux, sont exempts du timbre. Le livre des comptes des recettes et dépenses diverses par année, sur lequel les percepteurs qui réunissent à leurs attributions les fonctions de receveurs municipaux, ouvrent à chaque commune un compte spécial où ils inscrivent en détail, et jour par jour, toutes les opérations appartenant à chaque service, doit être en papier timbré, mais seulement quant aux feuilles employées pour les revenus des communes ou autres services particuliers (D. m. f. 19 mai 1812, 21 mai 1819, 22 oct. 1819 et 10 janv. 1820, 582, 895, 908, 918, 941 I. G., Inst. des fin. 20 juin 1859 n° 1470).

Quant aux registres des octrois municipaux, d'abord assujettis au timbre ordinaire, ils sont aujourd'hui soumis au timbre particulier de la Régie des contributions indirectes (Déc. 25 août, 597 I. G.).

2. LIVRE A SOUCHE DES RECETTES DES COMMUNES. — Un arrêté du ministre des finances du 7 novembre 1821 porte : « A dater du 1ᵉʳ janvier 1822, il sera ouvert, par les receveurs municipaux justiciables de la cour des comptes, et par le percepteur-receveur municipal des communes rurales de chaque arrondissement de perception, un livre à souche des recettes des communes, spécialement affecté à l'enregistrement de chacune des recettes faites par ces comptables sur tous les revenus communaux, autres que ceux résultant des taxes ou impositions locales perçues en vertu de rôles quelconques, et qui, aux termes de l'I. G. 8 avril 1820, sont enregistrées au journal à souche des recettes sur contributions directes. Ce registre, n'étant qu'un livre d'ordre et ne dispensant pas les receveurs de la tenue des livres de caisse ou de comptes-journaux prescrits par les instructions précédentes, n'est point passible du droit de timbre » (1263 § 7 I. G., 2171 I. G.).

Cette décision portait que, toutes les fois que la quittance de la somme payée excéderait 10 francs, elle devrait être sur timbre.

3. REGISTRE DES QUITTANCES TIMBRÉES. — Mais une seconde décision du 4 décembre 1829 (1303 § 21 I. G.) ayant déclaré, contrairement à l'art. 12 L. 13 brumaire an 7, que la quittance détachée du registre à souche était exempte de timbre, même lorsqu'elle excéderait 10 francs, il est intervenu une circulaire ministérielle du 13 septembre 1831 qui a créé le registre des quittances timbrées sur lequel doit être reportée toute recette excédant 10 francs et duquel doit être détachée la quittance que l'employé remet à la partie versante (Circ. m. f. 15 sept. 1831, 10499 J. E., 1388 § 11 I. G.).

Visa pour timbre. — Ces quittances ne pouvaient être écrites que sur papier frappé du timbre extraordinaire ; elles ne pouvaient être visées pour timbre sans amende (14852-10 J. E.). — Elles peuvent être aujourd'hui timbrées par l'apposition de timbres mobiles. — V. *Timbres mobiles.*

4. FEUILLES AJOUTÉES. — Les feuilles ajoutées à un

registre doivent être timbrées, encore que les feuilles originaires portent l'empreinte d'un double timbre (Cass. 11 prair. an 10, Teste-Lebeau p. 412 n⁰ 52).

5. FEUILLE DE TÊTE. — La feuille de tête du registre des recettes et dépenses diverses, tenu par les percepteurs-receveurs municipaux, est affranchie du timbre; mais cette exemption ne peut s'appliquer à la feuille de tête du registre de recette des receveurs municipaux qui ne réunissent pas les fonctions de percepteurs des contributions (D. m. f. 23 oct. 1822, 7358 J. E.).

6. DETTES DES COMMUNES. — On ne doit point exiger de timbre pour les livres des dettes des communes; mais il n'en est pas de même des extraits de ces registres (D. m. f. 23 juin 1812 et 16 fév. 1813, 4556 J. E.).

7817. — Assistance publique. — Trésorier de la ville de Paris. — Les économes-receveurs des hospices généraux et spéciaux, ainsi que les comptables des autres établissements de l'assistance publique de Paris, peuvent se dispenser de faire timbrer leurs registres à souche et leurs livres de détail ; mais ils doivent tenir leur journal général en papier timbré.

En ce qui touche les quittances délivrées aux particuliers, pour constater le payement de créances ou sommes excédant 10 francs, les comptables de cette administration doivent, conformément à une décision ministérielle du 15 septembre 1831, avoir, indépendamment du journal à souche, un registre de quittances timbrées d'un nombre de feuilles proportionné à l'importance de chaque établissement.

Les livres à souche sur lesquels est enregistrée la recette des droits de place, de pesage, de jaugeage et mesurage, perçus aux marchés, ports, halles, barrières d'entrées et autres lieux publics de Paris, par les receveurs spéciaux, sont exempts de la formalité du timbre.

La même exemption est applicable aux registres sur lesquels les receveurs intermédiaires mentionnent les sommes qui leur sont versées provisoirement par les receveurs des marchés avant d'être versées définitivement à la caisse centrale du trésorier de la ville, où elles sont inscrites sur un registre timbré.

Les récépissés de ces versements sont également dispensés du timbre comme pièces d'ordre intérieur; mais les quittances délivrées aux parties pour constater leur libération, et détachées des livres à souche tenus par les receveurs des marchés et autres préposés à la recette, ne peuvent, sans contravention, être écrites sur papier non timbré, lorsqu'elles ont pour objet le payement de droits, taxes ou créances excédant 10 francs, et ces préposés devront tenir, à cet effet, un registre de quittances timbrées, en exécution de la décision précitée du 15 septembre 1831.

Les registres de recettes des droits de grande et de petite voirie, établis à la préfecture de la Seine et à la préfecture de police, sont affranchis du timbre, et il n'y a pas lieu d'exiger la formalité du timbre pour les quittances provisoires des droits de voirie, qui sont remises aux parties, pourvu qu'il leur soit délivré des expéditions régulièrement timbrées des permis, dans lesquelles il sera fait mention des droits payés.

La décision qui avait déclaré sujets au timbre les registres de recette des droits de pesage, de jaugeage, de mesurage et de place (371 § 6 I. G.) se trouve ainsi abrogée (D. m. f. et i. 20 fév. 1860, 2171 I. G., 1328 R. P.).

1. MAIRIES. — JOURNAL GÉNÉRAL. — Le journal général, tenu aux mairies pour constater les recettes et dépenses municipales, est sujet au timbre (Seine, 29 avr. 1876, 4516 R. P.; — Cass. 20 juin 1877, 4701 R. P.).

7818. Timbre des quittances délivrées par les receveurs municipaux. — Les receveurs municipaux délivrent quittance de toutes les sommes versées à leur caisse; ces quittances sont détachées d'un journal à souche et doivent être remises à la partie prenante, comme récépissé, sur papier libre et sans frais, si la recette n'excède pas 10 francs, ou si la quittance n'a pas pour objet un à-compte ou un payement pour solde sur une plus forte dette; indépendamment des quittances données aux parties versantes, les receveurs doivent émarger les payements sur les titres de recette (Inst. 17 juin 1840, 1263 § 7 I. G.).

Une D. m. f. 7 novembre 1821, art. 729, portait que les receveurs des communes et des établissements de bienfaisance sont tenus, sous leur responsabilité personnelle, de délivrer, sans frais, pour chaque somme versée à leur caisse, un bulletin de payement détaché d'un livre à souche, sauf, lorsque la somme reçue excède 10 francs, à donner en outre au débiteur et à ses frais une quittance sur timbre. Des individus, débiteurs envers les établissements publics, ayant refusé, lors du payement, de recevoir une quittance timbrée, s contenant du bulletin détaché du livre à souche, la décision du 7 novembre 1821 fut modifiée le 4 décembre 1829 (1303 § 21 I. G.), et on admit que toute quittance détachée du livre à souche des receveurs des établissements publics, même pour des sommes excédant 10 francs, était exempte du timbre, et que ces receveurs ne seraient tenus d'employer le papier timbré que lorsque la partie qui verse le demanderait.

Cet ordre de choses ne pouvait pas subsister en présence des art. 12 et 16 L. 13 brumaire an 7; aussi l'art. 730 de l'I. G. 7 juin 1840, porte-t-il que, lorsque la recette excède 10 francs, ou lorsque, étant inférieure à 10 francs, elle a pour objet soit un à-compte, soit un payement final sur une plus forte somme, la quittance doit être timbrée, et elle est alors détachée d'un livre à souche spécial.

La quotité du droit de timbre des quittances délivrées par les receveurs municipaux a été abaissée à 20 centimes par la loi du 8 juillet 1865, mais la délivrance de ces quittances est devenue obligatoire. Nous indiquerons au mot *Quittance* les règles particulières adoptées pour l'application de cette loi.

Ces dispositions n'ont pas été abrogées par la loi du 23 août 1871, sur l'assujettissement au timbre de 10 centimes de tous les reçus et quittances de sommes supérieures à 10 francs. L'art. 20 de cette loi porte, au contraire, que les quittances délivrées par les comptables de deniers publics restent soumises à la législation qui leur est spéciale. Le tarif en a été seulement élevé à 25 centimes par l'art. 2 de cette loi.

Aujourd'hui les quittances des comptables qui, jouissaient avant la loi de 1871 d'une réduction de tarif, se trouvent assujetties à un droit supérieur à celui des quittances délivrées par les particuliers. C'est une anomalie qu'on ne peut justifier.

7819. Compte annuel. — Les receveurs des communes et des établissements publics sont tenus de rendre, chaque année, un *compte de gestion* pour leurs opérations de l'année précédente (Inst. des fin. 17 juin 1840, art. 1312).

7820. Vérification et apurement des comptes. — Ce compte est soumis à la délibération du conseil municipal dans la session du mois de mai ; il présente les recettes et les dépenses de toute nature effectuées pendant la gestion sur chaque exercice ; chaque receveur n'est comptable que des actes de sa gestion personnelle ; en cas de mutation de receveurs, le compte de l'exercice est divisé suivant la durée de la gestion de chaque titulaire, et chacun d'eux rend compte séparément des faits qui le concernent (Ord. 23 avr. 1823, art. 5, 11, 13 ; 31 mai 1838, art. 474 à 476).

Il est définitivement apuré par le conseil de préfecture, pour les communes dont le revenu n'excède pas 30,000 francs, sauf recours à la cour des comptes ; les comptes des receveurs dont le revenu excède 30,000 francs, sont réglés et apurés par la cour des comptes (L. 18 juill. 1837, art. 66).

7821. Division du compte. — Ce compte, comme celui des comptables de l'État, est divisé en deux parties : la première, relative à l'exercice clos pendant l'année pour laquelle le compte est rendu ; la seconde, relative à l'exercice qui a commencé avec cette même année.

Cette dernière partie, se composant seulement des opérations partielles d'un exercice qui ne sera clos que l'année suivante, ne peut donner lieu à un règlement définitif sur l'ensemble de cet exercice.

1. TITRES DE RECETTE. — Il suit de là : 1° En ce qui touche les justifications de la recette, que les receveurs doivent conserver entre leurs mains les titres en vertu desquels ils sont autorisés à poursuivre, pendant la seconde année de l'exercice, les recouvrements restant à faire sur cet exercice ; qu'ils ne peuvent produire ces titres qu'avec le *compte final* de l'exercice, et n'ont à joindre au *compte de la première année* que les extraits des baux, actes d'adjudication et autres, dûment certifiés, et indiquant, avec la somme à recouvrer sur chaque produit, la somme perçue pendant l'année et celle qui reste à percevoir.

2. TITRES DE DÉPENSE. — 2° Et, quant à la dépense, que les pièces qu'il aurait été impossible d'établir pour le compte de la première année de l'exercice (telles que les procès-verbaux de réception de travaux non terminés), ne doivent également être produites qu'avec le *compte final*, sauf à en fournir les extraits avec le compte de la première année : telles sont les règles prescrites à ce sujet par des instructions du ministre des finances des 17 juin 1840 et 20 juin 1859.

3. TIMBRE. — Il résulte de là que les extraits ou copies de baux, adjudications, procès-verbaux de réception des travaux et autres actes qui sont produits, avec *le compte de la première année* de l'exercice, n'ont d'autre objet que l'ordre et la régularité de la comptabilité des receveurs. Ces pièces sont donc exemptes du timbre. — En conséquence, il a été décidé, le 18 avril 1840, par le ministre des finances : 1° que les titres ou extraits des titres en vertu desquels les receveurs des

communes et des établissements publics effectuent le recouvrement ou le payement d'une créance sont sujets au timbre, sauf les exceptions existantes ; — 2° que les extraits ou copies de ces pièces destinés à justifier provisoirement la recette ou la dépense du compte du receveur, en attendant le compte final auquel les pièces doivent être annexées, ne sont point passibles du timbre (1752 I. G.).

4. MINUTE AU LIEU D'EXPÉDITION. — Il y a infraction aux règles de la comptabilité communale, et non contravention au point de vue de l'impôt, dans la production que fait un receveur municipal, dans son compte, *des minutes* au lieu *des expéditions* des procès-verbaux d'adjudication en vertu desquels ils font des recouvrements (15160-3 J. E. — V. encore 13712 J. E.).

SECTION 2. — PIÈCES JUSTIFICATIVES DU COMPTE

[7822-7922]

7822. Observation. — Les comptes de gestion doivent être appuyés, ainsi qu'on l'a vu au précédent numéro, des pièces justificatives de la recette et de la dépense qui sont déterminées par les lois et règlements. Nous croyons devoir faire connaître toutes ces pièces, qui sont divisées en plusieurs tableaux dans l'Inst. des fin. 20 juin 1859, dont nous avons parlé au n° 7824-2.

Nous ferons remarquer que les pièces qui doivent être timbrées sont indiquées par l'initiale (T) ; celles qui n'ont pas cette indication ne sont pas soumises au timbre.

Nous avons dû reproduire littéralement les mentions inscrites sur l'instruction au sujet du timbre. Mais l'administration de l'Enregistrement ne se considère pas comme liée par les indications dont il s'agit, émanées de la comptabilité publique. Dans les cas douteux, la difficulté reste entière et doit être résolue par les principes généraux.

ARTICLE PREMIER. — RECEVEURS DES COMMUNES

[7823-7888]

§ 1ᵉʳ. — Recette.

[7823-7859]

7823. Centimes additionnels ordinaires, ajoutés aux contributions directes, et attribution sur la contribution des patentes. — Un extrait des rôles, certifié par le receveur des finances et visé par le maire.

7824. Permis de chasse (PORTION REVENANT AUX COMMUNES SUR LES PRODUITS DES). — Un état détaillé des droits perçus, arrêté et certifié par le maire.

Ces états ou certificats d'attribution sont exempts du timbre comme pièce d'ordre et de comptabilité (20 juin 1859, art. 1542-2 I. G.).

7825. Amendes pour divers délits. —

Pour les amendes de police rurale et municipale, un état, certifié par le préfet, des amendes dont le produit a dû être versé au receveur municipal, par le percepteur, ou la copie certifiée par le maire du mandat délivré au nom du receveur municipal, ou enfin l'avis indiquant le montant des amendes à percevoir.

Pour les amendes de police correctionnelle et de grande voirie, un extrait de l'état de distribution, certifié par le préfet.

Pour les amendes et confiscations relatives à l'octroi, le bordereau de répartition arrêté entre le maire et le préposé en chef de l'octroi.

Pour les amendes relatives au service de la garde nationale, un état, certifié par le maire, des amendes prononcées en exécution des art. 12, 72 et 73 L. 13 juin 1851.

7826. Prix de ferme (maisons, usines et biens ruraux) et de location des droits de chasse et de pêche. —

Des copies ou extraits non timbrés des baux, pour les prix de ferme dont il est compté pour la première fois, et des baux renouvelés pendant l'année, et, s'il y a lieu, la justification de la réalisation des cautionnements prévus par le cahier des charges. A l'expiration des baux, les expéditions elles-mêmes (T).

Pour les propriétés indivises entre plusieurs communes, les pièces justificatives doivent être produites par le comptable centralisateur. Quant à chacune des autres communes, il doit être produit un certificat du maire indiquant la date du titre, la somme totale à recouvrer et la part revenant à la commune.

7827. Produit de l'établissement d'eaux minérales. —

Si l'établissement est affermé, copie (T) du bail ; s'il est en régie simple, arrêté du préfet qui autorise la régie ; copie du compte du régisseur comptable, faisant ressortir le produit net revenant à la commune.

1. PHARMACIE. — État détaillé des livraisons faites avec leur évaluation, certifié par l'économe et visé par le président de la commission administrative.

7828. Rentes foncières dues par des particuliers. —

Des copies ou extraits des titres de rente dont il est compté pour la première fois.

7829. Rentes sur l'État. —

Certificat du maire indiquant la date et le montant des inscriptions nouvelles.

7830. Octroi (DROITS D'). — Produit brut. —

Si le receveur compte *pour la première fois* des droits d'octroi, il doit produire le décret qui autorise l'octroi et qui fixe le tarif. Il produit ensuite, chaque année, les pièces indiquées ci-après, savoir :

Pour l'octroi en régie simple : 1° le bordereau récapitulatif, arrêté à la fin de l'année, par le directeur des contributions indirectes, et accompagné d'un relevé *sommaire par bureau de perception*, que l'agent chargé du contrôle administratif doit former et remettre au receveur municipal pour les recettes constatées par les états que cet agent reçoit chaque mois des receveurs d'octroi ; — 2° un bordereau formé par le receveur municipal et certifié par le maire, et présentant le montant, par *bureau de perception*, des bulletins de versements faits à la caisse du comptable (Circ. 31 janv. 1828).

Pour l'octroi en régie intéressée, les mêmes pièces auxquelles sont ajoutés : 1° avec le premier compte la copie non timbrée du bail ou du traité ; — 2° à la fin de chaque année, le compte provisoire des bénéfices partagés avec le régisseur ; — 3° en fin de bail, le compte définitif de ces bénéfices, et l'expédition (T) du bail.

Pour l'octroi en ferme, avec le premier compte, une copie non timbrée du bail, et, en fin de bail, l'expédition timbrée.

Pour l'octroi perçu par abonnement avec la régie des contributions indirectes : 1° l'acte d'abonnement et la convention faite avec la régie pour les traitements fixes ou éventuels des préposés ; — 2° les bordereaux constatant les versements effectués à la caisse municipale, et le bordereau récapitulatif arrêté, à la fin de l'année, par le directeur des contributions indirectes, et arrêté contradictoirement avec le maire.

Pour les recettes accessoires, les extraits, dûment certifiés, des règlements de l'octroi, et les actes qui ont fixé ces recettes accidentelles (Circ. 12 déc. 1828).

7831. Pesage, mesurage et jaugeage (DROITS DE). — Produit brut. —

Pour les produits *dont il est compté pour la première fois*, l'arrêté du préfet, autorisant la perception des droits.

Pour les *droits perçus en vertu d'un bail à ferme*, une expédition de ce bail non timbrée pour la première année et timbrée quand elle est jointe au compte final.

Pour les *droits perçus en régie simple*, un état, divisé par mois, des produits bruts, cet état arrêté pour chaque mois.

Pour les *droits en régie intéressée* : 1° le bail ou traité non timbré avec le premier compte et timbré quand il est joint au compte final ; — 2° les bordereaux constatant les versements effectués à la caisse municipale ; — 3° le compte des bénéfices partagés avec le régisseur.

7832. Location des places dans les halles, foires, marchés et abattoirs (DROITS DE). —

Mêmes justifications qu'à l'article précédent.

1. SOUMISSIONS. — QUITTANCES. — REGISTRES. — CONGÉ. — Les soumissions faites par des marchands pour obtenir des locations de caves et celliers dans un entrepôt de vins ou autre, appartenant à une ville, doivent être écrites sur papier timbré, et, après leur acceptation, soumises à l'enregistrement dans le délai de vingt jours. — Les registres de recette, les quittances du prix des loyers et les déclarations de congé faites par les locataires, sont sujets au timbre de dimension (Sol. 6 août 1856). Les quittances sont timbrées au droit de 10 centimes (L. 23 août 1871, art. 18).

7833. Expédition des actes de l'état civil (DROITS D').—État certifié par le maire, indiquant la nature et le nombre d'actes dont il a été délivré des expéditions, ainsi que le produit des droits, ou un certificat négatif.

7834. Expéditions des actes administratifs (DROITS SUR LES). — Même justification.

7835. Coupes ordinaires de bois. — Le procès-verbal d'adjudication (T) et le bordereau récapitulatif à l'appui.

7836. Coupes de bois d'affouage. — Le rôle arrêté par le préfet (T).

7837. Produits accessoires des bois communaux. — *Prix d'objets vendus sur estimation en expertise :* Procès-verbal de délivrance signé par l'agent forestier et la partie, visé pour timbre en débet.

Objets vendus par adjudication ou concédés temporairement par bail ou autre acte en forme authentique : expédition des actes d'adjudication, baux et autres titres (ces expéditions doivent être timbrées).

Indemnités pour prorogation de délai d'exploitation ou de vidange : engagement (T) de l'adjudicataire de payer l'indemnité, et copie de l'autorisation du conservateur des forêts.

Indemnités pour réserves abattues ou endommagées : procès-verbal d'estimation dressé contradictoirement avec l'adjudicataire et approuvé par le conservateur, visé pour timbre en débet. — V. 3164, 3199.

Valeur des excédants de mesure constatés par le réarpentage : expédition des procès-verbaux d'arpentage et de réarpentage ou d'un extrait du plan d'aménagement, extrait du procès-verbal d'adjudication (visés pour timbre en débet) ; décompte dressé par le conservateur des forêts.

7838. Cotisations particulières pour le pâturage, le pavage, etc. — Pour la première fois, la décision ministérielle qui a réglé les droits de pâturage, pavage, etc.

Le rôle arrêté par le préfet (T).

7839. Stationnement sur la voie publique et sur les ports et rivières (DROITS DE). — Pour la première fois, copie certifiée des actes de l'autorité supérieure qui ont établi les droits.

Du reste, mêmes justifications que pour les droits de pesage, etc.

7840. Taxe pour travaux d'art, de salubrité, etc. — Mêmes justifications.

7841. Voirie (DROITS DE). — Pour la première fois,

copie certifiée du décret qui a déterminé les droits à percevoir.

États détaillés et certifiés des permissions accordées par le maire, et des droits qui en sont résultés.

7842. Concessions d'eau et autres dûment autorisées. — Lorsque le produit paraît pour la première fois au compte, copie certifiée du tarif des droits ; pour les concessions faites dans l'année, copie certifiée des actes ; pour les concessions faites pendant les années précédentes, état certifié par le maire.

7843. Concessions de terrains dans les cimetières. — Lorsque le produit paraît pour la première fois au compte, copie certifiée de l'arrêté du préfet qui a autorisé les concessions et en a fixé le tarif. Expéditions (T) des actes de concessions.

7844. Chemins vicinaux (PRESTATIONS POUR LES). — Copie certifiée par le maire de l'exécution du rôle des prestations ; ordonnance de dégrèvement.

7845. Subventions, abonnements et souscriptions volontaires. — *Même service.* Les ampliations, également certifiées, des actes qui ont réglé ou accepté les subventions, abonnements ou souscriptions.

7846. Taxe municipale sur les chiens. — Ampliation ou extrait certifié du décret qui a fixé le tarif de cette taxe ; copie certifiée par le maire de l'exécution du rôle de la taxe ; ordonnance de dégrèvement.

7847. Impositions locales extraordinaires de toutes natures. — Les ampliations ou extraits certifiés par le maire des lois, décrets ou arrêtés préfectoraux qui autorisent les impositions.

L'extrait des rôles, certifié par le receveur des finances et visé par le maire.

7848. Intérêts des fonds placés au Trésor public. — Ampliation des décomptes annuels, certifiée par le receveur des finances.

7849. Meubles et immeubles (PRODUIT DES VENTES DE). — Ampliation de l'arrêté du préfet qui a autorisé la vente en vertu du décret du 25 mars 1852.

Copie des procès-verbaux d'adjudication ou autres actes qui ont déterminé le prix et les conditions des ventes (T), quand elle est produite avec le compte final, et non timbrée quand il s'agit d'une justification provisoire. S'il s'agit d'un prix productif d'intérêts, décompte de la recette en capital et intérêts.

7850. Inscription de rentes sur l'État (PRODUIT DE LA VENTE D'). — Ampliation des décrets ou des arrêtés du préfet qui ont autorisé les ventes; bordereau de l'agent de change qui en établit le prix (T).

7851. Amortissement des rentes sur particuliers (PRODUIT DE L'). — Décompte, dûment arrêté, indiquant la rente annuelle, le taux, le capital et la date de l'amortissement (T).

Ampliation du décret d'autorisation, lorsque les remboursements ont été faits sous la déduction d'un cinquième du capital, en vertu de l'instruction du ministère de l'intérieur du 24 septembre 1825.

7852. Coupes extraordinaires de bois. — Copie ou date des décrets qui ont autorisé les ventes; procès-verbaux d'adjudication (T) récapitulés dans un bordereau.

7853. Legs et donations. — Ampliation des décrets ou des arrêtés du préfet qui ont autorisé l'acceptation des dons et des legs, en vertu de l'art. 48 L. 18 juillet 1837 et du décret du 25 mars 1852; extrait certifié des inventaires, partages ou actes de ventes établissant les droits de la commune, quand ce n'est pas une somme fixe qui a été léguée (T).

7854. Emprunts. — Date de la loi ou ampliation du décret d'autorisation, en vertu de l'art. 45 L. 18 juillet 1837 et du décret du 25 mars 1852; copie, certifiée par le maire, des actes qui ont réglé les conditions de l'emprunt (T), si c'est la copie qui a été délivrée à la commune pour lui servir de titre.

7855. Écoles préparatoires à l'enseignement des lettres et des sciences ou de la médecine et de la pharmacie. — État des droits perçus.

7856. Écoles primaires (RÉTRIBUTION DES ÉLÈVES DES). — Les rôles trimestriels certifiés par les instituteurs, visés par le maire et rendus exécutoires par le sous-préfet; ordonnances de dégrèvement.

7857. Collèges communaux (PRODUITS DES). — Copie certifiée du compte rendu par le principal, faisant ressortir le bénéfice de la gestion annuelle du collége; et, lorsque la rétribution payée par les élèves, est perçue au profit de la commune, états nominatifs trimestriels, portant décompte de cette rétribution.

7858. Enrôlements volontaires (PRODUITS DES). — Copie certifiée des mandats délivrés par les intendants militaires.

7859. Recettes accidentelles et imprévues (NON COMPRISES DANS LA NOMENCLATURE CI-DESSUS). — Titres qui constituent les produits, et états, dûment arrêtés, qui en déterminent le montant (T. ou non T. selon les cas).

§ 2. — Dépense.

[7860-7888]

7860. Remises du receveur municipal. — Pour la première fois, copie dûment certifiée de la décision qui a fixé le taux des remises, et relatant la délibération préalable du conseil municipal.

Décomptes des remises prélevées sur les recettes et dépenses qui en sont passibles suivant l'art. 1064 de l'instruction.

Quittances du receveur municipal.

Autrefois ces quittances n'étaient assujetties au timbre que quand le traitement annuel excédait 300 francs. Depuis la loi du 23 août 1871 (art. 18 et 20), chaque quittance, même partielle, doit être revêtue d'un timbre de 10 centimes, à moins qu'il ne s'agisse d'une somme de 10 francs et au-dessous et quand cette somme n'est pas un à-compte ou le solde d'une plus forte somme. — V. 7936.

7861. Traitements des instituteurs et des directrices de salles d'asile. — Quittances des parties prenantes (T si le traitement fixe fourni par la commune excède 300 francs).

Aujourd'hui ces quittances doivent être timbrées à 10 centimes dès qu'elles s'appliquent à un payement supérieur à 10 francs (L. 23 août 1871 art. 18 et 20). — V. 7969.

7862. Appointements, gages et salaires des agents et préposés de l'administration municipale. — La quittance ou l'état émargé des parties prenantes, énonçant leurs noms, leur grade ou leur emploi; le montant de leurs traitements, gages ou salaires, par année et par mois; les retenues pour pensions de retraites et le restant net à payer.

Ces quittances ou états d'émargement sont passibles d'un droit de timbre de 10 centimes par partie prenante, encore bien que la quittance soit inscrite sur un mandat ou un état dûment timbré. Il n'y a d'affranchies que les quittances de sommes inférieures à 10 francs, quand il ne s'agit pas d'un à-compte ou du solde d'une somme plus forte (L. 23 août 1871, art. 18 et 20).

7863. Taxation du trésorier général sur le produit des coupes extraordinaires de bois. — Extrait du décompte certifié par le préfet; quittance non timbrée du trésorier général. — Il semble que cette quittance tombe aujourd'hui sous l'application de la loi du 23 août 1871 qui soumet au droit de 10 centimes tous les acquits et reçus sans distinction qui ne rentrent pas dans les exceptions prévues à l'art. 16 L. 13 brumaire an 7.

7864. Colléges communaux. — Dépenses. — Copie dûment certifiée du compte rendu par le principal et faisant ressortir la perte annuelle du collège ; états de traitements certifiés par le principal, dûment émargés par les professeurs.

Ces états d'émargements, même quand ils sont timbrés, sont soumis à un second droit de timbre de 10 centimes par quittance de chaque partie prenante (L. 23 août 1871 art. 18 et 20).

7865. Pensions et secours. — Mandat quittancé, certificat de vie.

Si l'indigence est constatée, la quittance d'une somme supérieure à 10 francs est affranchie du timbre ; au cas contraire, elle doit être timbrée à 10 centimes (L. 23 août 1871, art. 18 et 20).

7866. Achats d'objets mobiliers, denrées, matières et marchandises. — Factures ou mémoires réglés des fournitures (T) ; copie, dûment certifiée et timbrée quand elle est produite à l'appui du compte final, du procès-verbal d'adjudication, soumissions, conventions et marchés, dans tous les cas où ces voies ont dû être employées, certificats de réception, décomptes de livraisons (T).

Si les factures sont acquittées, elles sont passibles d'un droit de timbre de 10 centimes quand la somme est supérieure à 10 francs. Il en est de même de l'acquit donné au bas du mémoire dûment timbré (Loi du 23 août 1871, art. 18 et 20).

7867. Échanges et acquisitions de propriétés immobilières, par voie d'amiable composition et de consentement volontaire, d'après les règles du droit conimun :

1° Ampliation de l'arrêté du préfet, autorisant l'acquisition ou l'échange, en vertu de l'art. 46 L. 18 juillet 1837 et du décret du 25 mars 1852 ;

2° Copie certifiée du contrat (T), lorsqu'il est produit avec le compte final ; non timbrée lorsqu'il s'agit d'une justification provisoire ;

3° Certificats du conservateur, constatant la transcription au bureau des hypothèques, ainsi que la non-existence d'inscriptions ou la radiation de celles qui existaient à l'expiration du délai de quinze jours après la transcription (T).

Et pour établir la purge des hypothèques :

1° Certificat du greffier du tribunal civil constatant le dépôt et l'affiche du contrat au greffe pendant deux mois (T) ;

2° Copie de la signification de ce dépôt au procureur de la République et aux parties désignées en l'art. 2194 C. C. (T) ;

3° Journal, ou feuilles d'annonces, dans lequel a été publiée la signification faite au procureur de la République ;

4° Certificat du conservateur constatant que, dans le délai

de deux mois, il n'a été pris aucune inscription sur les immeubles vendus (T).

Le maire, autorisé par le conseil municipal, peut se dispenser de remplir les formalités de transcription et de purge, lorsqu'il s'agit d'acquisitions d'immeubles faites de gré à gré et dont le prix n'excède pas 500 francs. — V. 7439-1. — Toutefois, il doit être produit, dans ce cas, une copie ou un extrait (T) de l'État, présentant la situation et la contenance des immeubles, les noms et prénoms des vendeurs. Il n'est pas nécessaire de produire un certificat du conservateur des hypothèques. — V. 7439-1.

7868. Acquisitions d'immeubles (*Application de la loi du 3 mai 1841 sur l'expropriation pour cause d'utilité publique*). — En cas de convention amiable : 1° extrait du décret ou de l'arrêté du préfet qui a déterminé les propriétés particulières auxquelles l'expropriation était applicable ; — 2° certificat du maire constatant que les publications et affiches prescrites par l'art. 6 L. 7 juillet 1833 ont eu lieu ; — 3° copie de l'acte de vente mentionnant les déclarations et annotations du conservateur des hypothèques et qui a opéré la transcription ; — 4° certificat du conservateur constatant qu'après l'expiration du délai de quinzaine de la transcription il n'existait aucune inscription sur les immeubles vendus ; — 5° certificat du maire délivré huit jours au moins après les publications et constatant qu'aucun tiers ne s'est fait connaître comme intéressé au règlement de l'indemnité.

En cas d'expropriation : 1° copie ou extrait du jugement d'expropriation ; 2° extrait de la feuille d'annonces, ou certificat du maire, constatant sa publication ; — 3° certificat du conservateur des hypothèques constatant qu'après la transcription du jugement il n'existait aucune inscription sur les immeubles expropriés ; 4° copie ou extrait de la décision du jury portant fixation de l'indemnité d'expropriation, si l'offre faite par l'Administration, conformément à l'art. 23 de la loi, n'a pas été acceptée.

Mêmes pièces que ci-dessus pour les cas d'expropriation ou de conventions amiables, si les acquisitions ont été faites en vertu de la loi du 21 mai 1836 sur les chemins vicinaux.

Lorsque, dans les cas prévus aux n°s 7867 et 7868 ci-dessus, il existe des inscriptions ou oppositions empêchant le payement du prix au vendeur, ce prix est versé à la caisse des dépôts, en vertu d'un arrêté du maire, qui est produit avec le récépissé (T) du préposé de ladite caisse et toutes les autres pièces.

Pour les acquisitions amiables de 500 francs et au-dessous, V. 7439-1.

7869. Constructions, reconstructions, réparations. — A l'appui du premier à-compte, décision approbative des travaux, procès-verbal d'adjudication publique (T), justification s'il y a lieu de la réalisation du cautionnement, certificat de l'architecte ou du surveillant des travaux constatant l'avancement des travaux et la somme à payer (T). — Pour les à-compte subséquents, certificat de l'architecte rappelant les à-compte versés et la somme à payer (T). — Quant au solde des travaux, décompte général et procès-verbal de réception définitive (T), cahier des charges et devis estimatif ou série de prix (T) ; dans le cas d'adjudication à prix ferme, le procès-verbal de réception seulement (T). — Lorsque, après le procès-verbal de réception définitive, les payements doivent être faits en plusieurs années, décompte de la dépense. S'il n'y a pas eu adjudication, dans les cas prévus, autorisation du préfet, marchés de gré à gré, mémoires réglés et visés, état des journées.

7870. Réparations de simple entretien et n'excédant pas 300 francs. — Soumission de l'entrepreneur acceptée par le maire, ou mémoire des réparations exécutées par économie, réglé et visé par le maire (T).

7871. Travaux en régie. — Mandat d'avances quittancés par le régisseur ; relevé des payements certifié par lui et appuyé des rôles de journées dûment quittancés (T), quand ils comprennent des sommes excédant 10 francs ; pour les fournitures, mémoires dûment visés et certifiés (T).

7872. Dépenses des octrois (Circulaires du 30 sept. 1827 et du 12 déc. 1828). — 1° Pour les *dépenses du personnel et du matériel*, les pièces indiquées ci-dessus ; en ce qui concerne les dépenses classées sous ces deux désignations ;

2° Pour les *dépenses accessoires*, les extraits, dûment certifiés, du règlement de l'octroi, déjà demandé pour les recettes accessoires, et les actes qui ont fixé lesdites dépenses ;

3° Pour les *dépenses imprévues*, les mémoires, factures, conventions et marchés, dans les cas où ces voies sont employées (T) ; les décomptes de livraisons et les quittances des parties prenantes (T) ;

4° Pour l'*indemnité d'exercice due à l'Administration des contributions indirectes*, le décompte dûment arrêté de l'indemnité ; les quittances du receveur des contributions indirectes (T) ;

5° Pour l'*ensemble des frais de perception*, la copie, dûment certifiée, de la décision ministérielle ou préfectorale, qui a fixé ces frais, en vertu de l'art. 10 de l'ordonnance royale du 9 décembre 1814 ;

6° Pour *les consignations pour saisies et amendes*, et pour les remboursements, décisions qui les autorisent et quittances des parties prenantes (T) ; pour les frais divers, pièces justificatives de ces frais ; pour *les droits fraudés*, déclaration de recette du receveur du bureau central au bas de l'état de répartition ; pour la part revenant aux saisissants ledit état (T) émargé par les parties prenantes, ou, s'il s'agit de sommes mixtes, par le receveur principal des contributions indirectes ; pour la part revenant à la commune et pour la part affectée au fond de retraite, le même état et quittance du receveur municipal. — États mensuels des consignations restituées ou réparties.

7° Pour *les consignations sur passe-debout*, relevés mensuels indiquant, d'une part, les remboursements justifiés par les quittances des parties prenantes (T), et, d'autre part, les sommes converties en perceptions définitives ; certificat de sortie des objets qui ont donné lieu aux consignations ;

8° Pour *les remises allouées aux employés par l'Administration des contributions indirectes*, état de répartition (T) émargé des parties prenantes ;

9° Pour *les produits des ventes faites dans les entrepôts*, quittances des ayants droit (T).

1. TRAITEMENT. — FRAIS D'EXERCICE. — Les quittances délivrées aux receveurs municipaux par les receveurs principaux des contributions indirectes, pour le remboursement des traitements des préposés des octrois, sont assujetties au timbre.

Il en est de même des quittances de frais d'exercice et d'impression : le timbre spécial des contributions indirectes est insuffisant (Sol. 3 mai 1841).

7873. Frais de casernement et d'occupation des lits militaires (PRÉLÈVEMENT POUR). — 1° Les extraits des décomptes dressés par les intendants militaires et les administrations locales, lesquels doivent être certifiés par le directeur des contributions indirectes ;

2° Les quittances des receveurs des contributions indirectes (T) ;

3° Ampliation du décret qui peut avoir réglé un abonnement fixe, conformément à l'art. 10 de l'ordonnance du 5 août 1818.

7874. Chemins vicinaux (DÉPENSE DES). — 1° Pour *travaux exécutés en vertu du rôle des prestations en nature*, l'extrait du rôle des prestations, signé du comptable, revêtu des émargements du surveillant des travaux, constatant la libération des prestataires et dûment certifié par le maire de la commune ; quittance à souche du comptable ;

2° Pour les *travaux payés en argent*, les mêmes justifications que pour les autres travaux de construction, réparation et entretien ;

3° Pour les indemnités relatives aux extractions de matériaux, dépôts ou enlèvements de terre, occupation temporaire de terrain ; l'arrêté préfectoral d'autorisation, le traité passé entre le maire et le propriétaire (T), l'arrêté du conseil de préfecture fixant l'indemnité.

Toutes les quittances de sommes supérieures à 10 francs sont passibles d'un droit de 10 centimes par partie prenante (L. 23 août 1871, art. 18 et 20).

7875. Contributions des biens communaux et taxe des biens de main-morte. — Avertissements et quittances à souche des percepteurs.

7876. Contribution mobilière (REMPLACEMENT DE LA). — Décret qui autorise le remplacement,

extrait de l'état de répartition des contributions et récépissés du receveur des finances.

7877. Remboursement d'emprunts. — Pour *les remboursements*, quittances des ayants droit (T), ou, s'il y a lieu, les obligations timbrées et dûment quittancées ; récépissés de la caisse des dépôts et consignations ; état présentant la situation à la fin de l'année ; — pour le payement *des intérêts*, quittances des parties prenantes (T), lorsqu'elles n'ont pas été détachées d'obligations timbrées.

Depuis la loi du 23 août 1871, ces quittances, même inscrites sur les obligations timbrées ou détachées d'elles, doivent acquitter chacune un droit de 10 centimes s'il s'agit de sommes supérieures à 10 francs (art. 18 et 20).

7878. Subvention aux hospices et autres établissements (VERSEMENT A TITRE DE). — Les quittances des receveurs ou trésoriers. — *V.* 7967.

7879. Dépenses imprévues. — Les autorisations du préfet ou du sous-préfet, conformément à l'art. 37 L. 18 juillet 1837, indépendamment des justifications d'emploi ou de payement.

7880. Cotisations municipales. — Extrait, certifié par le maire, des arrêtés du préfet qui fixent le montant des cotisations à la charge de la commune ; récépissés du receveur des finances pour le versement des cotisations.

(*Cette dépense est prélevée sur les fonds destinés au service que la cotisation concerne, et ne forme pas dès lors un article spécial au budget.*)

7881. Fonds de retraite. — *Payement de retraites ou de pensions :* Quittances des parties prenantes (T).

7882. Coupe affouagère distribuée en nature. — État nominatif certifié par le maire.

7883. Remboursement et emploi en cautionnements des dépôts de garantie pour adjudications et marchés. — Pour les dépôts *restitués*, certificat (T) du président de l'adjudication, constatant que les parties prenantes n'ont pas été déclarées adjudicataires ; décharge au verso des quittances à souche (T) du receveur municipal ou des récépissés (T) du receveur des finances.

Pour les dépôts en numéraire convertis en cautionnement, déclaration du receveur des finances.

Pour les inscriptions de rentes affectées aux cautionnements définitifs, reçu du directeur de l'enregistrement ou de l'agent judiciaire du Trésor (ces décharges ou reçus sont sujets à un timbre spécial de 10 centimes distinct du droit de timbre

des récépissés sur lesquels ils sont inscrits (L. 23 août 1871, art. 18 et 20).

Les quittances de remboursement de cautionnement versé par les entrepreneurs sont sujettes au timbre. Mais il y a exemption pour les décomptes rédigés administrativement des sommes dues en principal ou intérêts. Quant à l'acte de décharge ou certificat de quitus délivré après l'exécution des travaux pour le remboursement à l'adjudicataire du numéraire qu'il a versé ou pour la remise qui lui est faite des effets publics par lui déposés, il doit être écrit sur timbre comme constituant un véritable titre (Sol. 15 déc. 1858).

7884. Excédant de versement sur produits communaux. — Quittances des parties et des receveurs municipaux.

7885. Versement des retenues pour le service des pensions ou en vertu d'oppositions. — Récépissés des receveurs des finances.

7886. Emploi de la rétribution scolaire recouvrée pour l'institutrice. — Quittances de l'institutrice ; quittances du receveur municipal.

7887. Cotisations particulières. — Mémoires et état de fournitures et travaux (T) ; quittances des parties prenantes (T).

7888. Part des pauvres dans les concessions de sépultures. — Quittances du receveur de l'hospice.

ARTICLE 2. — RECEVEURS DES ÉTABLISSEMENTS

PUBLICS

[7889-7922]

§ 1er. — *Recette.*

[7889-7914]

7889. Loyers des maisons et terrains. — Mêmes justifications que pour les recettes de pareille nature concernant les communes.

7890. Fermage en argent des biens ruraux. — Mêmes justifications que pour les recettes de pareille nature, concernant les communes.

7891. Rentes sur l'État. — Mêmes justifications que pour les recettes de pareille nature, concernant les communes.

7892. Rentes sur particuliers. — Mêmes justifications que pour les recettes de pareille nature concernant les communes.

7893. Rentes sur les communes. — Mêmes justifications que pour les recettes de pareille nature concernant les communes.

7894. Coupes ordinaires de bois. — Le procès-verbal de l'adjudication (T), et bordereau récapitulatif à l'appui.

7895. Domaines et jardins exploités directement par l'Administration (PRODUIT DES). — Un état, dûment certifié, des produits et de leur valeur.

7896. Octroi (FONDS ALLOUÉS SUR L'). — Extrait du budget de la commune, et, s'il y a lieu, des autorisations supplémentaires.

7897. Spectacles, bals, concerts (PRODUIT DES DROITS SUR LES). — États certifiés des droits perçus en régie simple; actes d'abonnement ou de mise en ferme, quand il y a lieu (T).

7898. Pensions. — Les *ampliations* des titres de recette dûment certifiées.

7899. Journées de militaires. — Décomptes arrêtés par la commission ou l'intendant, ou certificat du président de la commission relatant les mandats émis sur la caisse du payeur.

7900. Pharmacie (PRODUIT DE LA). — Les *ampliations*, certifiées par le président de la commission administrative, des états qui constatent le recouvrement des produits.

7901. Travail de la maison (PRODUIT DU). — Mêmes justifications qu'à l'article précédent.

7902. Dons, aumônes et collectes. — L'état certifié des produits.

7903. Effets des décédés (PRODUIT DE LA VENTE DES). — Procès-verbaux d'adjudication (T). Les quittances du prix de ces effets sont sujettes au timbre, quand elles excèdent 10 francs, même lorsqu'il s'agit d'un remboursement fait par les parents des décédés (Sol. 12 mars 1859).

7904. Denrées ou grains excédant les besoins de l'établissement (PRODUIT DE LA VENTE DES). — Procès-verbaux d'adjudication (T), ou états de produits, accompagnés des mercuriales; certificat du président établissant l'origine des produits vendus.

7905. Amendes et confiscations. — Ampliations des états de distributions des amendes, arrêtés par le préfet.

7906. Service des enfants trouvés (FONDS ALLOUÉS POUR LE). — État, certifié par le préfet, des ordonnances délivrées par ce magistrat au profit de l'établissement.
La quittance des deniers pupillaires donnée par un enfant, lors de sa majorité et après la reddition de son compte de tutelle, est dispensée du timbre (Inst. des fin. 20 juin 1859 art. 1542 n° 126).

7907. Intérêts des fonds placés au Trésor. — Ampliation des décomptes d'intérêts, certifiée par le receveur des finances.

7908. Coupes extraordinaires de bois. — Copie ou date des décrets qui ont autorisé les coupes; procès-verbaux d'adjudication (T), récapitulés dans un bordereau.

7909. Legs et donations. — Ampliation des décrets ou arrêtés qui autorisent l'acceptation; extrait certifié des inventaires, partages ou actes de vente déterminant les droits de l'établissement, quand ce n'est pas une somme fixe qui a été léguée (T).

7910. Rachats de rentes. — Décompte, dûment arrêté, indiquant la rente annuelle, le taux, le capital et la date de l'amortissement (T).

7911. Remboursements de capitaux. — Ampliation des actes constitutifs des créances de l'établissement (T).

7912. Ventes de terrains ou maisons. — Ampliation des décrets qui autorisent les ventes; les actes d'adjudication des biens vendus (T).

7913. Attributions aux hospices sur les concessions dans les cimetières. — État certifié par le maire.

7914. Fermages et rentes. — *Grains, denrées et autres produits* : Mêmes justifications qu'au n° 7826.

§ 2. — *Dépense.*

[7915-7922]

7915. Remises du receveur. — Mêmes justifications que pour les remises des receveurs municipaux.

7916. Appointements, gages et salaires. — *Agents et préposés de l'hospice ou du bureau de bienfaisance* : Mêmes justifications que pour les dépenses semblables à la charge des communes.

7917. Mois de nourrices et pensions des enfants trouvés (DÉPENSES DES). — États nominatifs, appuyés des certificats de vie des enfants délivrés par le maire ou les actes de décès, avec les quittances des nourrices ou les certificats de payement délivrés par les maires. — *V.* 7957 n° 47.

7918. Achats d'objets mobiliers, denrées, matières et marchandises (DÉPENSES ORDINAIRES POUR). — Mêmes justifications qu'au n° 7866.

7919. Échanges et acquisitions de propriétés immobilières. — Mêmes justifications que pour les acquisitions et échanges effectués pour les communes, d'après les règles du droit commun.

7920. Constructions, reconstructions et réparations. — Mêmes justifications qu'au n° 7869.

7921. Réparation de simple entretien et n'excédant pas 1,000 francs. — Mêmes justifications qu'au n° 7870.

7922. Fermages ou rentes en grains et denrées (VERSEMENTS A L'ÉCONOME DES PRODUITS DES). — Les procès-verbaux d'entrée en magasin, dressés conformément à l'I. G. du 8 février 1823.

SECTION 3. — QUESTIONS DIVERSES

[7923-7975]

7923. Abonnement. — 1. OBLIGATION. — Les établissements publics peuvent acquitter le droit de timbre de leurs obligations négociables au moyen d'un abonnement. — V. *Abonnement.*

2. JOURNAL. — Lorsque le payement de l'abonnement au *Journal des Communes* est justifié par des billets ou reconnaissances négociables, ces billets sont sujets au timbre proportionnel (Sol. 27 juin 1842).

7924. Affiches. — Les affiches rédigées dans l'intérêt privé des établissements publics sont assujetties au timbre. — V. *Affiche.*

7925. Bois des communes. — Demande. — Timbre. — Les demandes des communes et des établissements publics relatives à la gestion et à la surveillance de leurs bois par l'administration des forêts sont exemptes de timbre (D. m. f. 12 juin 1850, 14964-6 J. E.).

7926. Cahier des charges. — Les cahiers des charges rédigés administrativement dans l'intérêt des communes et des établissements publics sont-ils exempts de timbre ? — V. *Cahier des charges.*

Dans tous les cas, la copie de ce cahier, qui est jointe à un procès-verbal d'adjudication ou à la minute d'un marché, devient partie intégrante de la minute du contrat, et cette minute, qui comprend aussi les conditions de contrat et le procès-verbal de sa passation, doit être écrite en entier sur papier revêtu de la formalité du timbre ; il en est de même des expéditions qui en sont délivrées (D. m. f. 28 janv. 1832, 1401 § 10 I. G.).

Les cahiers des charges dressés par des particuliers sont sujets au timbre et doivent être enregistrés avant leur approbation, sauf en ce qui concerne les marchés de travaux (2361-2 I. G., 2783 § 2 R. P.). — V. 7940.

7927. Certificats. — 1. CAPACITÉ. — Les certificats de capacité exigés de tout soumissionnaire de travaux, n'étant que des mesures d'ordre prises pour évincer les entrepreneurs incapables, sont exempts de timbre (Sol. 5 mars 1836, Dict. Fess. vᵒ *Comptabilité communale* n° 80).

2. DÉPOT DE CAUTIONNEMENT. — Il en est de même des certificats de dépôt de cautionnement, exigés par l'autorité administrative de tout soumissionnaire (*Idem*).

3. DESTRUCTION DES LOUPS. — Les certificats constatant la destruction des loups sont assujettis au timbre (Sol. 17 avr. 1840, Fess. *loc. cit.* n° 82).

4. NOURRICES. — Les certificats de vie, délivrés par les maires pour être joints à l'appui des mandats de payement des mois de nourrice ou des pensions des enfants trouvés, sont exempts de timbre. — V. *Certificat.*

5. INSTITUTEUR. — Le certificat délivré par le comité local de surveillance d'une école primaire, afin de constater que l'instituteur est resté en fonctions pendant le temps auquel s'applique le mandat de payement de son traitement, n'est pas assujetti au timbre (D. m. f. 25 sept. 1837, 11904 J. E., D. N. t. 5 p. 553 n° 361).

6. PAIN. — Les certificats constatant le prix du pain sont soumis au timbre (Sol. 4 juin 1850).

7. SAPEUR-POMPIER. — Les certificats délivrés par le capitaine des sapeurs-pompiers d'une commune, indiquant ceux des pompiers qui ont assisté aux manœuvres des pompes, et les quittances de la gratification accordée aux mêmes pompiers par la commune, à raison de ces manœuvres, ont été dispensés du timbre, comme se rattachant à la police générale (D. m. f. 27 déc. 1830, 9374 J. E.).

7928. Certificats. — Travaux. — Les certificats délivrés par des architectes ou des agents voyers pour constater soit la situation des travaux faits par des entrepreneurs, soit la réception provisoire, soit la réception définitive de ces travaux, afin que les entrepreneurs puissent recevoir des à-compte ou leur payement définitif, doivent être sur papier timbré (Sol. 19 juill. 1842, Inst. des finances 20 juin 1859 n° 631).

1. RÉGIE. — Les certificats pour payement concernant des travaux *en régie* sont exempts du timbre comme les quittances données par les régisseurs; mais les états ou mémoires de travaux ou de fournitures qui accompagnent ces certificats doivent être timbrés d'après la règle générale. Si le montant des fournitures n'excède pas 10 francs, le payement peut être fait aux régisseurs sur la production non d'une facture ou d'un mémoire, mais d'une quittance du fournisseur faite sur papier libre et contenant le détail des fournitures et travaux (Inst. des finances 20 juin 1859 n° 631).

2. CHEMINS VICINAUX. — Les formules imprimées destinées à la rédaction de certificats d'avancement ou de réception de travaux des chemins vicinaux à délivrer par les agents voyers peuvent être visées pour timbre (ou timbrées au moyen de timbres mobiles) par tous les receveurs, excepté au chef-lieu du département où ils doivent être timbrés à l'extraordinaire (D. m. f. 21 janv. 1857, 917 R. P., 2093 § 5 I. G.). — Il en est de même des formules de certificats d'architecte relatifs aux travaux de toute nature exécutés pour le compte des communes et des établissements publics (D. m. f. 19 août 1857, 917 R. P., 2106 § 8 I. G.).

7929. Choléra. — Les états, mémoires ou mandats, et généralement toutes les pièces produites par les receveurs municipaux pour justifier de l'emploi des sommes accordées à titre de secours aux indigents atteints du choléra, sont affranchis du timbre, pourvu que l'origine de la dépense y soit rappelée (D. m. f. 23 août 1832, basée sur l'art. 16 L. 13 brum. an 7, 10437 J. E.). — V. 7949

7930. Comptes. — Les comptes des receveurs des communes et des établissements de bienfaisance doivent être dressés en double expédition. L'expédition à produire à l'autorité chargée du payement est soumise aux droits de timbre (art. 1330 Inst. m. f. 17 juin 1840).

Les frais de timbre de ces comptes et des registres des communes et des établissements de bienfaisance se trouvent compris dans la nomenclature des cotisations municipales; dès lors, le recouvrement des droits et amendes doit être poursuivi contre les communes (D. m. f. 1er avr. 1843). — Cette décision abroge celle du 17 octobre 1809 transmise par l'I. G. 454 qui mettait les droits de timbre du double des comptes à la charge des comptables (V. 454, 582, 1210 § 14, 1231, 1236 § 10 I. G.).

1. QUOTITÉ DU TIMBRE. — Le double du compte peut être dressé indifféremment sur des feuilles de papier de toute dimension, y compris celle de 35 centimes (60 cent.) la demi-feuille, si ce format est suffisant; mais le vœu de la loi ne serait pas rempli, si l'on se bornait à joindre un résumé sur papier timbré au double du compte sur papier libre : il est indispensable que ce double soit revêtu du timbre dans toutes ses parties (D. m. f. 25 nov 1842).

Un préfet ayant demandé que la quotité du droit de timbre pour ces comptes, qui sont rédigés sur un modèle uniforme, fût réduite dans la proportion des revenus communaux, cette demande a été écartée par une D. m. f. 22 juin 1825 (8078 J. E.).

2. FEUILLE D'ENVELOPPE. — Si les cadres des comptes communaux sont imprimés de manière à présenter une *feuille d'enveloppe*, cette feuille, comme ne faisant point partie intégrante du compte et n'étant destinée à aucune écriture, est exempte de la formalité (D. m. f. 30 août 1826, 1204 § 10 I. G.).

Mais cette exemption ne peut être étendue à la feuille d'enveloppe qui *recevrait l'arrêté de règlement du conseil de préfecture.* Cet arrêté complète le compte présenté, et il est si vrai qu'il en fait partie intégrante qu'il ne saurait en être retranché sans lui faire perdre son caractère de compte *arrêté et définitif.* Au surplus, cette même expédition d'arrêté, considérée isolément du compte, serait encore assujettie au timbre comme étant délivrée au comptable dans son intérêt particulier (D. m. f. 1er avr. 1843).

3. DEMI-FEUILLE FINALE. — Ces cadres sont également imprimés, de manière à présenter à la fin une demi-feuille blanche. Cette demi-feuille est toujours nécessairement sur timbre, attendu qu'une fraction de feuille non employée ne peut donner lieu ni à une exemption ni à une diminution proportionnelle du droit de timbre établi en raison de la dimension (D. m. f. 30 août 1826, 1204 § 10 I. G.).

4. VISA POUR TIMBRE. — Les comptes dont il s'agit peuvent être visés pour timbre ; à cet effet, les sous-préfets ne doivent remettre ces doubles aux receveurs municipaux

qu'après l'accomplissement de cette formalité et le payement des droits (D. m. f. des 14 mai 1819 et 14 août 1825, 1180 § 9 I. G.).

5. ARRÊTÉS SUR LES COMPTES. — Des Déc. des 12 septembre 1823 (1099 I. G.), 5 octobre 1824 (1156 § 11 I. G.), 16 novembre 1825 (8192 J. E.), 17 juin 1826 (1200 § 22 I. G.), 16 novembre 1827 (8381 J. E., 1236 § 10 I. G.), ont statué que l'exemption du timbre, prononcée par l'art. 16 n° 1er L. 18 brumaire an 7, est applicable aux expéditions des arrêtés des conseils de préfecture portant règlement des comptes des receveurs des communes et des hospices, et aux extraits des arrêtés de la cour des comptes des mêmes receveurs, lorsque la notification de ces expéditions ou extraits leur est faite administrativement.

Les motifs de ces décisions ont été qu'aucune loi n'a imposé l'obligation à ces justiciables de lever expédition de ces arrêtés dont la minute est exempte du timbre, aux termes des art. 78 et 80 L. 15 mai 1818.

Expédition demandée. — Mais la raison de ces décisions cesse si les comptables demandent eux-mêmes une seconde expédition, et le droit de timbre devient alors exigible (D. m. f. 17 sept. 1832, 10436 J. E., 454 § 5 I. G., 7868 J. N.). — C'est ce qui a été spécialement reconnu à l'égard de l'arrêté des comptes des receveurs municipaux rendu par le conseil de préfecture et par la cour des comptes (D. m. f. 5 oct. 1824, 1156 § 11 I. G., D. m. f. 17 juin 1826, 1200 § 22 I. G., D. m. f. 12 sept. 1823, 1099 § 1er I. G.).—Même décision à l'égard des expéditions des arrêtés de conseil de préfecture, rendus sur les comptes des hospices (D. m. f. 16 nov. 1825, 8192 J. E., D. m. f. 16 nov. 1827, 1236 § 10 I. G.). — Même décision encore à l'égard des expéditions des arrêtés des sous-préfets, qui règlent les comptes des receveurs des communes dont les revenus n'excèdent pas 100 francs (8381 J. E.).

6. COMPTES ÉTRANGERS A LA PERCEPTION. — Les comptes de rentes et créances appartenant à des établissements de bienfaisance étrangers à la résidence des percepteurs ne sont que des comptes d'ordre intérieur affranchis du timbre (Inst. des fin. du 20 juin 1859, n° 1470).

7931. Compte ouvert. — Lorsque des particuliers, débiteurs de rentes envers des établissements de bienfaisance, demeurent hors de l'arrondissement dans lequel ces établissements sont situés, les percepteurs des contributions directes de leur résidence sont chargés d'effectuer les recouvrements pour le compte des établissements créanciers, et les recettes de cette nature, ainsi que les versements que ces percepteurs font de ces produits, pour être transmis aux établissements propriétaires, font l'objet d'un compte ouvert dans la deuxième section du livre des comptes divers (art. 1902 et 1264 de l'Inst. du 17 janv. 1840). Les feuilles destinées à ce compte ne sont pas sujettes au timbre, parce qu'il s'agit d'une opération de trésorerie et que les percepteurs n'opèrent pas comme receveurs communaux ou d'établissements de bienfaisance, mais en leur qualité de *percepteurs.*

7932. Copies de pièces. — Lorsqu'un receveur

municipal rend compte pour la première fois de sa gestion, il doit produire des copies certifiées de l'arrêté de sa nomination, du certificat d'inscription de son cautionnement et de l'acte de sa prestation de serment ; ces pièces, n'étant produites que pour l'ordre de la comptabilité et dans le but de justifier de l'accomplissement des formalités prescrites aux comptables, sont exemptes du timbre (Sol 10 mai 1843, Fess. *loc. cit.* n° 23).

7933. Coupes affouagères. — Les quittances remises en payement des coupes d'affouage, soit qu'on exige des habitants d'autres rétributions que celle des frais occasionnés par les coupes, soit qu'on perçoive en sus des frais une somme imposée pour subvenir aux dépenses de la commune, sont passibles du timbre, par la raison que, dans l'un et l'autre cas, la somme due par chaque habitant est le prix de l'avantage qui lui est accordé et constitue une créance et non un impôt (D. m. f. 30 déc. 1831, 11176 J. E., 1391 I. G.).

7934. Décision. — L'exemption du timbre a lieu pour les décisions des autorités qui déclarent des sommes dues à des communes ou établissements publics sont irrécouvrables, lorsque ces décisions ont été provoquées par ces communes et établissements ou par leurs receveurs, pour mettre leur responsabilité à couvert. Elle a lieu également pour l'approbation du payement ou de la répartition des dépenses accordées par les autorités, et pour les sommiers ou comptes ouverts qui ne forment que des renseignements d'ordre intérieur (454 art. 9 I. G.).

7935. Déclaration. — D'après l'art. 65 L. 3 frimaire an 7, les propriétaires qui veulent s'exonérer de l'impôt doivent faire une déclaration d'abandon de propriété qui est reçue sur un registre timbré tenu aux frais des communes et enregistrée dans les vingt jours de sa date ; les expéditions qui en sont délivrées ne peuvent être écrites que sur papier timbré à 1 fr. 25 cent. (1 fr. 80 cent.) et aux frais des parties (D. m. f. 18 août 1812, 4425 J. E.).

7936. Décomptes de remises. — Autrefois on assimilait à des pièces d'ordre ne faisant pas titre contre les communes ou les établissements publics au profit des receveurs, les décomptes dressés par les receveurs pour servir au mandatement de leurs remises (Dél. 30 déc. 1812, D. m. f. 4 fév. 1843, Fess. *loc. cit.* n° 94).

Aujourd'hui ces pièces tombent sous l'application des art. 18 et 20 L. 23 août 1871 qui assujettissent au timbre de 10 centimes tous les écrits, signés ou non, faisant titre libératoire et qui ont abrogé l'exemption dont profitaient les quittances de traitements. Dès lors qu'un décompte peut établir que le receveur municipal a touché ses remises, le droit est dû quand la somme reçue s'applique à une créance supérieure à 10 francs.

Ce n'est, d'ailleurs, qu'à raison des remises qu'un percepteur reçoit de *chaque* commune, dont il est le receveur municipal, que doit être appliqué le timbre sur les quittances des remises (12759-3 J. E.).

1, IMPOSITIONS COMMUNALES. — « Les frais de perception de tous centimes additionnels à recouvrer pour le compte des communes sont ajoutés, à raison de 3 centimes par franc, au montant desdites impositions, pour être recouvrés avec elles et versés dans la caisse des communes, à la charge par ces dernières d'en tenir compte aux percepteurs à titre de dépense municipale » (art. 5 de la loi des fin. du 20 juill. 1837).

Lors donc que la commune paye au percepteur la remise qui lui est due sur les centimes additionnels recouvrés, il s'agit de l'acquit d'une charge communale, même quand le comptable remplit à la fois les fonctions de percepteur et de receveur municipal. La quittance du percepteur est dès lors passible du timbre toutes les fois que la somme qui s'y trouve portée excède 10 francs. La question se trouve définitivement résolue dans ce dernier sens par une D. m. 27 juillet 1867 (*Circulaire générale de la comptabilité des finances* du 30 juill. 1867 § 10, 2361 § 6 I. G., 2534 et 2783 § 6 R. P. — V. *Contrà* Sol. 28 nov. 1855, Sollier nº 803).

En présence de la disposition précédente, plusieurs percepteurs, contre qui des amendes de contravention à l'art. 16 L. 13 brumaire an 7 ont été relevées, se sont crus fondés à prétendre que l'emploi ou l'exemption du timbre pour ces quittances devait se déterminer, non d'après le total annuel des remises touchées de ce chef, mais seulement d'après le chiffre porté sur chaque quittance partielle. Cette interprétation ne saurait être admise. La loi du 13 brumaire an 7 assujettit au timbre toutes les quittances, sauf les exceptions établies par l'art. 16, notamment en faveur de « celles pour créances et sommes non excédant 10 francs, quand il ne s'agit pas d'un à-compte ou d'une quittance finale sur une plus forte somme; » or, la décision précitée du 27 juillet 1867 n'a fait que consacrer sur un point spécial les principes généraux de la loi. Les frais de perception des centimes additionnels font chaque année l'objet d'un crédit ouvert au budget de la commune ; ils constituent donc pour l'année entière une seule créance. Par conséquent, les frais qui, pendant le cours de l'année, peuvent être payés partiellement au percepteur, doivent être considérés, non pas comme autant de créances distinctes indépendantes des frais à toucher ultérieurement, mais comme des à-compte sur la somme inscrite au budget. Il demeure, dès lors, entendu que la quittance de la remise allouée au percepteur pour le recouvrement des impositions communales doit être timbrée toutes les fois qu'elle est supérieure à 10 francs ou qu'il s'agit d'un à-compte ou d'une quittance finale sur une forte remise » (*Circul. de la comptabilité publique* du 15 nov. 1869, 3059 R. P.).

2. DÉCOMPTE DE TRAVAUX. — Le décompte général de travaux communaux que rédige un architecte et qui est indépendant du procès-verbal de réception de ces travaux, n'est pas destiné à faire titre contre la commune. Il sert seulement à fournir au maire, chargé de l'ordonnancement, des indications relatives à la dépense. Cette pièce rentre dès lors dans la catégorie des documents d'administration intérieure que le décret du 4 messidor an 13 (454 I. G.) exempte du timbre. Mais lorsque le décompte est souscrit de la ratification de l'entrepreneur, il cesse d'être une pièce d'ordre, puis-

que la ratification forme titre contre l'entrepreneur, et il doit être timbré avant que cette ratification y soit portée (Sol. 14 avr. 1870).

7937. Décret sur objet contentieux. — Les décrets du Gouvernement qui interviennent sur les recours des communes contre des arrêtés des conseils de préfecture sont censés rendus en matière contentieuse, et comme tels ils sont assujettis à l'enregistrement (Sol. 11 mars 1836, 11549-1 J. E.).

7938. Délibérations. — Les délibérations des conseils municipaux qui fixent le traitement ou la subvention due à un employé communal tel que le desservant, l'instituteur, etc., sont des actes d'administration exempts de la formalité du timbre et de l'enregistrement par l'art. 80 L. 15 mai 1818.

Il en est de même de celle qui nomme un garde champêtre ou un pâtre. — V. *Acte administratif* et *Marché*.

7939. Dépôt de sommes. — Les actes auxquels donnent lieu les dépôts de sommes effectués à la caisse des receveurs des hospices par les personnes admises dans ces établissements, sont exempts de timbre (D. m. f. 11 sept. 1849, 1889 I. G.).

7940. Devis. — Marchés de travaux. — Les devis rédigés par les particuliers dans l'intérêt des communes, des départements ou des établissements publics sont, comme ceux dressés pour les particuliers eux-mêmes, assujettis au timbre. Aussi a-t-il été décidé que ceux qui sont dressés par les architectes ou experts, et même par *les ingénieurs des ponts et chaussées*, pour les travaux à faire à des établissements appartenant aux communes ou aux départements, aux églises, aux presbytères, doivent être sujets au timbre, *après qu'ils ont été approuvés*, et soumis à l'enregistrement quand ils sont annexés au procès-verbal d'adjudication des travaux (D. m. f. 14 juill. 1820, 25 oct. 1822, 10 déc. 1825, 5 sept. 1827, 1187 § 15 I. G., 7334, 8325, 8820 J. E.).

1. VISA POUR TIMBRE. — Il avait paru depuis que l'art. 12 L. 13 brumaire an 7 assujettissant au timbre les papiers à employer pour tous les actes, écritures, extraits, copies et expéditions, soit publics, soit privés, devant ou pouvant faire titre ou être produits pour obligation, décharge, demande ou défense, les devis des travaux communaux devaient, comme ceux qui ont pour objet des travaux entrepris par des particuliers, être rédigés sur du papier timbré, et que la faculté de les écrire sur papier non timbré, sauf à les faire viser pour timbre après l'approbation, créerait une dérogation à la loi.

Mais le ministre de l'intérieur a fait remarquer que l'obligation de rédiger sur papier timbré les plans et devis concernant les chemins vicinaux occasionnerait de très-grands embarras dans le service ; que ces actes n'étaient d'ailleurs que de simples projets tant qu'ils n'avaient pas reçu l'approbation de l'autorité compétente, et qu'ils ne pouvaient, sous ce rapport, être assimilés complétement aux actes passés entre particuliers.

Sur sa demande, le ministre des finances a décidé, le 8 juin 1852, que les plans et devis relatifs aux travaux des communes et des établissements publics pourront n'être présentés au timbre extraordinaire, ou au visa pour timbre (ou révêtus de timbres mobiles), qu'après l'approbation de l'autorité compétente, sauf toutefois le payement de l'amende encourue, s'il était procédé à l'adjudication des travaux avant que les plans et devis approuvés eussent acquitté les droits dus au Trésor (1929 § 7 I. G., 14732 J. N.).

C'est ce qui résultait déjà d'une D. m. f. du 8 février 1830 (9560 J. E.), abrogée par deux D. m. f. en date des 20 juin 1846 et 3 février 1849 (14634-4 J. E.).

2. ACTES AUTRES QUE LES MARCHÉS. — Mais la décision du 8 juin 1852 est spéciale aux marchés de travaux. Il a été reconnu qu'en dehors de ces marchés les plans, cahiers des charges, procès-verbaux d'estimation, rapports et autres actes sous seing privé dressés dans l'intérêt des départements, communes et établissements publics par des ingénieurs, architectes ou simples particuliers doivent être écrits sur timbre et enregistrés avant d'être présentés à l'approbation (2361 § 2 I. G., n° 2783 § 2 R. P.). — V. *Cahier des charges.*

2. ÉTATS ESTIMATIFS. — Les états estimatifs de travaux exécutés aux biens communaux, par addition aux devis primitifs, doivent, quoique non approuvés par l'autorité supérieure, être rédigés sur papier timbré dès l'instant qu'ils sont produits à l'appui de mandats de payement à l'entrepreneur 13233 J. E.).

4. REPRÉSENTATION. — La représentation des devis de travaux ne peut être demandée par les employés de l'Administration qu'autant qu'ils font partie des pièces justificatives de dépenses énumérées sur les mandats (13473-2 J. E.).

5. TRAVAUX EN RÉGIE. — Quand il n'y a point eu de soumission souscrite ou de marché conclu par l'entrepreneur en conséquence du devis, il est impossible de soutenir que cette dernière pièce constitue, en sa faveur ou contre lui, un titre de la convention, dans le sens de l'art. 12 L. 13 brumaire an 7 (1929-7 I. G.). Il importe peu que le devis ait été revêtu de l'approbation préfectorale ; cette circonstance indique seulement que l'autorité supérieure a accepté les propositions de l'agent voyer au sujet des travaux projetés ; elle n'implique pas la preuve que le devis soit devenu, entre l'entrepreneur et l'Administration, le titre de leurs obligations respectives. La production, au soutien de sa dépense, ne lui confère pas un caractère différent : elle peut avoir eu lieu surabondamment et pour faciliter le contrôle administratif du compte du receveur municipal. Cette pièce est donc dispensée du timbre (Sol. 9 fév. 1865, 2178 R. P.).

7941. Écoles normales. — Si, d'après l'art. 35 L. 15 mars 1850 sur l'enseignement, les écoles normales primaires sont des institutions établies par le département, il est cependant pourvu à leurs dépenses au moyen de recettes spéciales détaillées à l'art. 29 Déc. 26 décembre 1855 ; ces recettes, ne se confondant pas dans les revenus du département, les écoles normales doivent être considérées comme régies, au point de vue des droits de timbre, par les mêmes principes que les établissements publics proprement dits. On a décidé, en conséquence, que sont sujets au timbre : 1° les quittances des gages de gens de service et médecins des écoles normales primaires ; — 2° les livres-journaux des recettes et dépenses de ces écoles (D. m. f. 24 fév. 1864 et 20 mars 1863, 3080 R. P.).

Les quittances à souche, délivrées aux trésoriers-payeurs généraux par les économes des lycées et les directeurs des écoles normales, pour prix de bourses payées par l'État, sont exemptes de timbre. Mais le timbre est exigible pour les bourses créées par un département ou une commune (Sol. citée p. 15 du *Mémorial des percepteurs* année 1870).

7942. Emprunt. — 1. ACTIONS. — Les coupons d'actions ou billets à ordre émis, en exécution d'une loi qui a autorisé une ville à emprunter une somme destinée à l'établissement d'un abattoir, ne peuvent être écrits que sur papier au timbre proportionnel (D. m. f. 20 oct. 1842, Fess. loc. cit. n° 96). Ils sont aujourd'hui soumis au droit de timbre spécial créé par la loi du 5 juin 1850.

2. COUPONS D'INTÉRÊTS. — L'adjudicataire d'un emprunt, fait par une ville, ayant versé à la caisse municipale plusieurs à-compte et ayant reçu en échange, jusqu'à due concurrence, des obligations de 1,000 francs signées du maire et écrites sur papier timbré, à chacune desquelles étaient annexés quarante-cinq coupons d'intérêts payables au porteur, à l'échéance on a reconnu que, ces coupons, qui n'étaient pas souscrits de la signature du créancier, ne devaient pas être sujets au timbre, parce qu'ils formaient partie intégrante des obligations principales et n'étaient qu'une sorte d'émargement destiné à constater le payement des intérêts échus (D. m. f. 5 avr. et 11 juill. 1832, Sol. 22 juill. 1842, Fess. loc. cit. n° 97). La même solution a été appliquée depuis la loi du 5 juin 1850.

3. COPIES OU EXPÉDITIONS. — Un receveur municipal a produit à l'appui de sa comptabilité des copies de diverses actions de 500 francs créées en vertu d'une ordonnance royale qui avait autorisé la ville à contracter un emprunt. L'autorité municipale a refusé la communication du traité sur soumission par lequel les souscripteurs se sont engagés à fournir l'emprunt. L'Administration a reconnu que, les décisions rapportées par les I. G. 454 § 1ᵉʳ et 1236 § 11, ayant consacré le principe que les communes sont assimilées aux particuliers lorsqu'elles agissent dans leur intérêt propre et en dehors de ce qui concerne l'exécution des lois et l'intérêt de l'État, l'exemption du timbre n'était pas applicable aux copies et expéditions d'actes administratifs délivrées au receveur municipal ; que l'art. 80 L. 15 mai 1818 est formel à cet égard. En conséquence, on a prescrit de poursuivre le recouvrement des droits de timbre et des amendes dues à raison des copies d'actions et de transfert qui avaient été délivrées au receveur municipal (Sol. 30 août 1842 ; Fess. loc. cit. n° 98).

4. VERSEMENTS. — RESTITUTION. — Les quittances, ayant pour objet la restitution de sommes versées en trop par les souscripteurs, sont exemptes de timbre comme de simples documents d'ordre intérieur (Sol. 27 mars 1859, Sollier, n° 461). Quant aux quittances des versements eux-mêmes. — V. 13385 § 46.

5. TIMBRE ET ENREGISTREMENT. — ACTES ET OBLIGATIONS. — Les actes constatant les emprunts et les titres émis sont sujets à des droits divers de timbre et d'enregistrement. Il en est question aux n°s 367 et 368, 6973 et 13385 § 46. — V. aussi pour les emprunts de Paris, de Versailles et d'autres villes, le n° 4977 du *Répertoire périodique*.

7943. État. — 1. JOURNÉES. — *Détenus.* — Les états de journées de détenus, lorsqu'ils sont dressés par l'entrepreneur du travail de ces détenus, afin de recevoir des à-compte sur son service, sont sujets au timbre (1391 I. G.).

Curage des canaux et des rivières. — Les états de journées des ouvriers employés à l'exécution des travaux entrepris d'office et par voie de régie, par l'État, conformément à la loi du 14 floréal an 11, sont soumis au timbre lorsqu'ils sont émargés de la signature des parties prenantes et que les sommes payées excèdent 10 francs (D. m. f. 16 août 1853, 2003 § 4 I. G.).

Chemins vicinaux. — Les états de salaires émargés, pour acquit, par les ouvriers employés auxiliairement aux chemins vicinaux, sont assujettis au timbre lorsqu'ils excèdent 10 francs, sauf le cas où l'indigence des ouvriers serait constatée de la manière prescrite par les règlements (D. m. f. 31 déc. 1853, 2003 § 5 I. G.).

2. PRIX D'OBJETS FOURNIS. — Les états collectifs des dépenses relatives au payement de prix d'objets fournis aux détenus dans les maisons centrales de fous et de correction sont exempts de timbre (D. m. f. 30 juin 1846, 1767 § 17 I. G.).

3. INSENSÉS. — Sont également sujets au timbre les états nominatifs des individus admis dans les maisons d'insensés et de refuge qui ne sont pas à la charge du Trésor public, dans les hospices ou autres établissements de bienfaisance, et dressés par ces institutions pour obtenir le remboursement de prix de journées de traitement, ou d'autres dépenses (1391 I. G.).

Les états de remboursement d'avances faites par les entrepreneurs de travaux et autres, lorsqu'ils y joignent un bénéfice quelconque, comme cela est autorisé pour les dépenses faites sur les sommes à valoir (1391 I. G.).

4. AMENDES D'OCTROI. — Les états de répartition des saisies et amendes en matière d'octroi, lorsque l'octroi est régi par la ville, sont sujets au timbre (Déc. 25 nov. 1839, Fess. *loc. cit.* n° 102).

5. ÉCOLES PRIMAIRES. — La loi du 3 juillet 1847 porte : « Sont exempts du timbre les états que les instituteurs primaires produisent, mois par mois, des élèves, conformément à l'art. 14 L. 18 juin 1833, les rôles de recouvrement de la rétribution scolaire, et les quittances des instituteurs » (1760 I. G. abrogeant la décision transmise par l'I. G. 1578).

6. UN SEUL DROIT DE TIMBRE. — Les états nominatifs des nourrices, émargés de l'acquit des parties prenantes, sont sujets au timbre. Autrefois il n'était dû qu'un seul droit, quel que fût le nombre d'émargements excédant 10 francs que ces états comportent. Mais, depuis la loi du 23 août 1871, chaque acquit donne lieu à un droit de timbre spécial de 10 centimes (art. 18 et 20).

Les différents acquits qui y sont portés, se rapportant à une même dépense, peuvent, sans contravention à l'art. 23, L. 13 brumaire an 7, être placés à la suite les uns des autres (D. m. f. 26 déc. 1832, 1422 § 19 I. G.).

7. CONSERVATEURS DES HYPOTHÈQUES. — Les états des salaires dus aux conservateurs des hypothèques, pour la transcription des actes de vente concernant les chemins vicinaux et les routes départementales, sont exempts de timbre (D. m. f. 8 mai 1856, 2073 § 1er I. G., 691 R. P.).

7944. Expédition. — 1. APPROBATION D'ACTE. — Une décision des ministres de l'intérieur et des finances, notifiée aux préfets par circulaire du 28 décembre 1841, a prescrit aux maires, lorsqu'ils soumettent à l'approbation des préfets un acte sujet à l'enregistrement, de joindre à la minute une copie de cet acte sur papier libre, afin que le receveur des finances, à qui cette copie est destinée, soit instruit qu'un nouveau titre vient d'être créé. Cette pièce ne peut servir de titre de recette au receveur municipal, car il doit être délivré une expédition sur papier timbré ; elle est donc exempte de timbre (Déc. 15 mars 1843, Sol. 10 mai 1843, Fess. *loc. cit.* n° 18).

2. TITRE DE DÉPENSE. — Toutes les copies et expéditions d'actes administratifs qui sont jointes aux comptes des receveurs des communes et des établissements publics sont exemptes du timbre lorsqu'elles ne sont produites, à l'appui des mandats de payement, que pour l'ordre du service et pour compléter les justifications nécessaires à la cour des comptes. Mais il est nécessaire qu'il y soit fait mention de leur destination (Sol. 12 avr. 1842). — V. 7821-3.

3. TITRE DE RECETTE. — Au contraire, les copies produites à l'appui du chapitre des recettes, ayant été les titres en vertu desquels se sont faites les perceptions, dès lors fournies par le receveur à l'appui de ses recettes ; dès lors elles sont en général sujettes au timbre (*Idem*). — V. 7821-3.

4. DÉCRETS. — Les décrets étant virtuellement exempts du timbre par l'art. 16 L. 13 brumaire an 7, les copies ou ampliations non timbrées peuvent être annexées aux comptes des receveurs des communes et des établissements de bienfaisance (D. m. f. 31 août 1821 et 6 janv. 1829).

5. SECOURS MUTUELS. — L'art. 11 Déc. 26 mars 1852, qui a fait l'objet de l'I. G. n° 1932, a exempté des droits de timbre tous les actes intéressant les sociétés de secours mutuels approuvées. Le ministre des finances a décidé, le 25 février 1854, que les expéditions des actes de naissance et de mariage des membres de ces sociétés, dont les présidents pourraient avoir besoin, dans l'intérêt des associations, doivent être visées pour timbre *gratis*, pourvu qu'elles contiennent la mention expresse de leur destination spéciale (2003 § 7 I. G.).

6. RENVOI. — Tout ce qui concerne les expéditions des actes des communes ou des établissements publics a été traité. — V. *Acte administratif* et *Expédition*.

7945. Expertise. — On doit considérer comme sujets au timbre les procès-verbaux d'expertise dans l'intérêt des communes et des établissements publics. — V. 7940.

7946. Expropriation. — L'art. 58 L. 3 mai 1841, qui a dispensé du payement des droits de timbre et d'enregistrement les actes faits en vertu de la loi sur l'*expropriation pour cause d'utilité publique*, a établi une exception et accordé une faveur quant à la *dispense* du droit, mais il n'a point dérogé aux principes généraux des lois de l'impôt *quant à la nécessité de la formalité*. Dès lors, on doit exiger que les mandats d'indemnités de terrains et généralement tous les actes passibles du timbre soient soumis à cette formalité *gratis*, lorsqu'il s'agit d'acquisitions pour cause d'utilité publique communale (Sol. 12 nov. 1842, Fess. *loc. cit.* n° 105).

7947. Facteurs aux halles. — Les registres des facteurs aux halles sont affranchis du timbre, comme étant des livres de commerce. — Les factures ou bordereaux qu'ils délivrent à leurs clients sont sujets au timbre. — Le bordereau déposé par eux à la caisse municipale, pour justifier le payement qu'ils ont à faire de l'attribution due à la ville sur le produit des ventes, est exempt du timbre comme document administratif; mais la quittance à souche, constatant le payement de cette attribution, doit être timbrée (Sol. 27 mars 1859).

Les facteurs aux halles ne sont pas tenus de communiquer leurs écritures aux préposés de l'Enregistrement (même sol., Sollier n° 519).

7948. Garde nationale. — D'après l'I. G. 1422 § 16, on devait considérer comme exempts du timbre les pièces justificatives des dépenses ordinaires et extraordinaires de la garde nationale, désignés par l'art. 81 L. 22 mars 1831. Mais il n'en était pas de même des mémoires et factures des marchands, ouvriers, etc., et de toutes les pièces autres que celles comprises dans l'article ci-après rappelé, telles, par exemple, que les quittances pour loyers, frais d'entretien, de réparation, de chauffage et d'éclairage des corps de garde, ainsi que des traitements payés aux tambours, trompettes et autres personnes salariées, employées au service de la garde nationale (Sol. 28 août 1834, 4196 Roll.).

Étaient également sujets au timbre les états de traitement des secrétaires des légions, ceux des palefreniers chargés de soigner les chevaux des officiers, les états d'indemnités payées pour déplacement (D. m. f. 12 juin 1843, Sol. 27 mars 1859).

7949. Indigent. — D'après l'art. 16 L. 13 brumaire an 7, les quittances des sommes payées aux indigents sont exemptes du timbre. Cette disposition a été appliquée, savoir:

1. ALIÉNÉS. — Aux pensions payées par les communes aux hospices pour les insensés ou aliénés indigents, ainsi que les états dressés pour le décompte de la pension (D. m. f. 18 oct. 1838, 1577 § 26 I. G.);

2. APPRENTISSAGE. — Aux payements faits pour prix d'apprentissage des enfants trouvés (D. m. f. 14 août 1838);

3. CHEMINS VICINAUX. — Aux quittances données aux receveurs municipaux par les indigents employés aux travaux des chemins vicinaux (D. m. f. 9 oct. 1835, 1513 § 12 I. G.);

4. CHOLÉRA. — Les états, mémoires ou mandats et autres pièces produites pour justifier l'emploi des secours accordés aux indigents atteints du choléra, sont affranchis du timbre, pourvu que l'origine de la dépense y soit rappelée (D. m. f. 23 août 1832, 10437 J. E.);

5. INTERMÉDIAIRES. — DISTRIBUTION DE SECOURS. — Lorsque les bureaux de bienfaisance font faire des distributions d'argent par l'intermédiaire de personnes autres que les receveurs de ces établissements, les quittances des sommes distribuées que donnent ces personnes, au lieu et place des indigents qui les ont reçues, sont exemptes du timbre, ainsi que l'état des distributions opérées (Sol. 10 mai 1843).

On a étendu la même dispense aux quittances données par des fournisseurs ou ouvriers (tels que pharmaciens, sages-femmes, infirmiers, médecins, etc.), du prix des objets délivrés ou des soins donnés aux indigents (Sol. 5 sept. 1865, 30 déc. 1865, Inst. des fin. 20 juin 1859 n° 631). — V. 7958-2;

6. DROIT DES PAUVRES. — L'exemption du timbre s'applique aux quittances du droit des pauvres sur le produit des représentations théâtrales, des concerts et des bals; à celles des recettes provenant des quêtes (D. m. f. 9 janv. 1843);

7. NOURRICES. — Est exempte de timbre l'indemnité de 50 francs accordée par l'arrêté du Gouvernement du 30 ventôse an 11 aux nourrices qui ont conservé, jusqu'à l'âge de douze ans, les enfants confiés à leurs soins (D. m. f. 8 avr. 1835, 11231 J. E.).

Il en est de même des quittances données aux hospices par les nourrices des enfants trouvés (D. m. f. 10 janv. 1834, 1447 I. G., qui abroge celle du 18 janv. 1830, 1422 § 19 I. G., v° 7957 n° 47);

8. SUBVENTIONS. — Les quittances de subventions accordées aux communes, hospices, bureaux de charité ne sont affranchies du timbre que quand les sommes ont une affectation spéciale au profit des indigents. — V. 7610.

7950. Loyer. — Quittance. — **1. CONTRIBUTIONS DIRECTES.** — Les quittances des loyers payés par l'Administration des contributions directes sont assujetties au timbre, attendu que le droit de timbre ne doit pas rester à la charge de l'État, mais qu'il doit être supporté par la partie prenante, aux termes de l'art. 29 L. 13 brumaire an 7 (D. m. f. 13 oct. 1832, 10484 J. E.).

2. DOUANES. — Même règle en ce qui concerne les loyers payés par l'administration des douanes (D. m. f. 16 mars 1842, 12962-5 J. E.).

7951. Mainlevée d'inscription. — 1. COMMUNE ET ÉTABLISSEMENT PUBLIC. — L'ordonnance du roi du 15 juillet 1840 porte : « Seront exécutoires, sur arrêté du préfet, en conseil de préfecture, toutes délibérations des conseils municipaux ayant pour objet d'autoriser les maires à donner mainlevée des hypothèques inscrites au profit des communes. » Conformément à cette disposition, les conservateurs doivent opérer la radiation des inscriptions prises dans l'intérêt des communes, sur la présentation de l'acte de mainlevée consenti par le maire, d'une expédition authentique de la délibération du conseil municipal, et de l'arrêté du préfet, en conseil de préfecture, qui autorise la mainlevée. Cette expédition est sujette au timbre, suivant l'art. 80 L. 15 mai 1818 ; et l'acte de mainlevée passé par le maire devant notaire est soumis à l'enregistrement et au timbre, suivant la décision du 18 mai 1813 (638 I. G., Déc. 26 juin 1841, 1641 I. G.).

Quant à l'expédition de l'arrêté préfectoral, il est dispensé du timbre d'après les règles que nous avons fait connaître au mot *Acte administratif* (Sol. 3 nov. 1863).

2. DÉPARTEMENT. — Les inscriptions prises au profit des départements pour sûreté de l'exécution de travaux publics peuvent être radiées en vertu d'arrêtés des préfets autorisant la radiation, et les conservateurs des hypothèques ne sont pas fondés à demander la justification d'un acte notarié portant mainlevée (Déc. 26 juin 1841, 1641 I. G.).

7952. Mandats. — Les mandats des maires et des chefs d'établissements publics, sur les receveurs communaux et de ces établissements, étant des actes d'administration intérieure, ne sont pas sujets au timbre (D. m. f. 17 oct. 1809, 454 I. G.)

1. ACQUIT. — Il avait été reconnu que le *pour acquit* mis à la suite des mandats délivrés aux particuliers pour sommes dues, soit par l'État sur la caisse du Trésor, soit par les communes et établissements publics sur leurs caisses respectives, ne donnait ouverture qu'au droit de timbre de 35 centimes, quelle que soit la dimension de la feuille sur laquelle les mandats sont écrits. Ce n'est pas, en effet, le mandat qui est soumis au timbre, mais bien la quittance apposée à la suite par la partie prenante (D. m. f. 17 mai 1825 et 24 juill. 1826 1239 § 1er I. G.).

Depuis la loi du 23 août 1871, cet acquit n'est plus passible que du timbre spécial de 10 centimes (art. 18 et 20).

2. DUPLICATA. — Mais lorsqu'aux mandats de payement sont annexés des mémoires et factures rédigés sur papier timbré et revêtus de l'acquit des marchands et fournisseurs, comme cet acquit libère soit le Trésor, soit les communes et les établissements publics, le second acquit porté sur les mandats eux-mêmes ne doit plus être considéré que comme un double emploi de pure forme, et ne donne pas ouverture

au droit de timbre (D. m. f. 21 mars 1828, 1239 § 1er I. G., Inst. des fin. 20 juin 1859 n°s 631 et 709).

On a décidé que, si le créancier d'une somme supérieure à 10 francs acquitte un mandat timbré et donne en même temps une quittance particulière sur papier libre, cette dernière pièce n'est pas sujette au timbre. Du moment que le créancier a donné son acquit sur un mandat timbré, il est aussi impossible de soumettre encore à la formalité la quittance spéciale qu'il y joint, que d'exiger le payement du droit de timbre d'un mandat acquitté pour ordre, quand la quittance est timbrée. Dans les deux cas, la pièce écrite sur papier libre est un simple document d'ordre intérieur dispensé de l'impôt (Sol. 15 oct. 1863, 29 mars 1864, 1934 § 6 R. P.).

3. VISA POUR TIMBRE. — Dans le but de faciliter autant que possible le service des administrations départementales et communales, la faculté de faire viser pour timbre leurs formules avait été accordée aux maires pour les mandats de payement qu'ils délivrent et sur lesquels la quittance devait être donnée par la partie prenante (D. m. f. 4 oct. 1831, 1398 § 5 I. G.). — Depuis la loi du 23 août 1871, sur le timbre des quittances et sur l'emploi des timbres mobiles, cette faculté est sans intérêt.

7953. Mandements des préfets. — Les états ou mandements exécutoires des préfets, délivrés pour le recouvrement des frais et honoraires dus en matière de grande voirie, d'usine, etc., doivent être timbrés au comptant avant d'être revêtus de la quittance des ayants droit, lorsque la somme due excède 10 francs. Le droit de timbre est à la charge de la partie prenante. — En outre, la quittance, délivrée au débiteur, des frais et honoraires compris dans le mandement exécutoire, doit être timbrée (art. 14475-3 J. E., D. m. f. 16 avr. 1855 et 30 juin 1856).

Le recouvrement des mandements exécutoires a été attribué aux percepteurs des contributions directes par décret du 27 mai 1854.

Sont également sujettes au timbre, les quittances données sur les mandats d'avances délivrés par les préfets sur les fonds départementaux au profit des ingénieurs chargés d'effectuer des travaux publics pour le compte des particuliers, et les pièces produites ultérieurement pour justifier la quotité des frais et leur recouvrement (D. m. f. 13 mars 1865, 2051 et 2428 R. P., 2341 § 5 I. G.).

7954. Mémoires et factures. — Les mémoires d'ouvrages ou de fournitures de marchandises qui sont joints au compte d'une commune sont sujets au timbre de dimension (D. m. f. des 8 août 1818 et 24 mai 1849, 6432 J. E. et 10 déc. 1827, 1236 § 11 I. G., 10642 J. E., conformé aux Déc. transmises par les I. G. 386 § 22, 431 § 1er, 1204 § 11, 1205 § 15, 1239 § 1er, 1391). — Et il doit en être ainsi alors même qu'ils sont joints à des mandats dont les acquits sont timbrés.

Cette règle générale s'applique spécialement aux mémoires des fournisseurs qui sont joints aux mandats à payer par les receveurs des finances pour colisations municipales (Inst. des fin. 20 juin 1859 n° 607). Il en est de même des états de frais et honoraires (*Idem* n° 624).

Les mémoires et autres pièces analogues qui seraient fournis pour les dépenses relatives aux enfants assistés sont sujets au timbre. Les quittances des sommes payées pour ces dépenses en sont au contraire affranchies (Inst. des. fin. 20 juin 1859 n° 631).

Les mémoires qui sont insérés dans le contexte même des mandats, et sans constituer d'ailleurs un acte distinct, sont exemptés du timbre. Mais il en est autrement dès que le mémoire est rédigé séparément, par exemple à la suite du mandat ou au verso de la feuille qui le renferme.

2. QUOTITÉ DU TIMBRE DU MÉMOIRE. — Les mémoires et factures sont sujets au timbre d'après la dimension du papier employé.

3. VISA POUR TIMBRE. — Aux termes d'une D. m. f. 7 janvier 1830 (1288, 1307 § 14, 1391 I. G.), les formules imprimées qui servent à la rédaction des mémoires et factures des marchands et fournisseurs, et des autres dépenses des divers ministères, peuvent être admises au timbre extraordinaire dans les chefs-lieux des départements, et au visa pour valoir timbre dans les autres localités, avant qu'il soit fait usage de ces formules. — Ces formules peuvent aussi être timbrées avec des timbres mobiles. — V. *Timbre*.

4. PHARMACIE. — Les factures de drogues fournies à la pharmacie d'un hospice par une sœur hospitalière, et annexées à la comptabilité du trésorier de cet établissement, sont assujetties au timbre (D. m. f. 1er fév. 1842).

5. FRAIS ET HONORAIRES. — Les mémoires de frais et honoraires des notaires, avoués, huissiers ou greffiers, pour rédaction d'actes sont sujets au timbre. — Sont également soumis au timbre les mémoires des honoraires de médecins, chirurgiens, sages-femmes, artistes vétérinaires, architectes, experts, etc. (1391 I. G.).

On a reconnu qu'il en doit être de même pour le mémoire des frais dus au directeur des contributions directes au sujet des réparations de matières cadastrales faites par son intermédiaire (Sol. 8 sept. 1864).

Mais les mémoires de frais de capture dus aux gendarmes par l'Administration ne sont pas sujets au timbre (Cir. compt. 10 janv. 1868, n° 119 § 5).

6. RÉSUMÉ D'ÉCONOME. — Le résumé dont un économe est dans l'usage d'accompagner les mémoires des fournisseurs est facultatif, et, comme il n'a que la valeur d'un renseignement, il est exempt du timbre (D. m. f. 19 nov. 1842). Néanmoins, il avait paru que cette exemption était subordonnée à la condition que le résumé serait accompagné de mémoires ou factures dûment timbrés et, dans le cas contraire, on l'assujettissait au timbre en tenant lieu (même décis.). Cette interprétation n'a pas prévalu. Il a été considéré que le résumé ou l'état quittance de l'économe ne pouvait pas remplacer les mémoires ou quittances des fournisseurs ; qu'il constituait seulement une pièce d'ordre intérieur dispensée du timbre (Seine 26 fév. 1845, suivi d'un acquiescement du 14 oct. 1845, Sol. 8 déc. 1864, 20 janv. 1865, Sollier n° 443).

7. AU-DESSOUS DE 10 FRANCS. — Il n'en est pas des mémoires et factures comme des quittances. Ils sont sujets au timbre même qu'ils ont pour objet une somme au-dessous de 10 francs (Sol. 5 juin 1843, D. m, f. 17 fév 1843).

Seulement, lorsque la dépense portée dans le mémoire ou la facture *n'excède* pas 10 francs, les maires et les commissions administratives peuvent dispenser les créanciers de produire un mémoire ou une facture sur timbre à l'appui du mandat; mais alors le détail des fournitures doit être énoncé dans le corps des mandats, à défaut de quoi le receveur est tenu d'exiger une facture ou un mémoire timbré (D. m. f. 20 déc. 1834, 1481 § 17 I, G.).

Si la somme excède 10 francs, les receveurs municipaux s'exposent à être blâmés par la comptabilité en acceptant des mandats non appuyés de mémoires distincts dûment timbrés ou en acceptant des mandats dans le contexte desquels se trouve ce mémoire, mais ce n'est là qu'une irrégularité sans influence sur l'application des lois du timbre et aucune amende ne peut être réclamée dès que l'acquit est timbré.

8. RECEVEUR DE L'ENREGISTREMENT. — C'est le département qui est tenu du droit du timbre du mémoire fourni par un receveur de l'enregistrement pour remboursement du timbre des obligations négociables contractées par ce département (D. m. f. 27 mars 1851, 15159-7 J. E.).

9. OBSERVATIONS. — Les dispositions relatives aux factures ne sont pas, dans leur généralité, en harmonie avec les principes qui gouvernent l'exigibilité du timbre sur les factures entre particuliers. — V. *Facture*.

7955. Polices d'assurances. — Les polices d'assurances sont soumises à un régime spécial que nous avons indiqué au mot *Assurance*.

7956. Obligations. — Les obligations négociables des établissements publics sont assujetties au droit de timbre et de transmission.

Pour le droit de timbre. — V. *Effets de commerce*.

Pour le droit de transmission. — V. *Droit de transmission* n° 1er.

Elles sont aussi, de même que les obligations non négociables, soumises à l'impôt sur le revenu. — V. *Impôt sur le revenu*.

7957. Quittance. — Assujettissement au timbre. — Les quittances pour créances de sommes excédant 10 francs, et celles de sommes inférieures à 10 francs, s'il s'agit d'un à-compte d'une quittance finale sur une dépense non exemptée du timbre, étant assujetties à cet impôt, toutes celles souscrites par les créanciers des communes et des établissements publics doivent être revêtues du timbre.

Les règles qui gouvernent l'exigibilité de ce droit sont présentées au mot *Quittance* avec le commentaire de la loi du 23 août 1871. Nous avons indiqué à cet endroit un grand nombre d'applications spéciales de cette loi. Nous faisons connaître ici quelles sont, parmi les quittances relatives à la comptabilité communale ou à la comptabilité publique, celles qui ont été reconnues assujetties au droit de timbre d'après les anciennes dispositions encore en vigueur, et celles qui en sont dispensées.

L'exigibilité du droit a été reconnue applicable, savoir :

1° A l'abonnement des journaux (D. m. f. 17 oct. 1809, 454 I. G.);

2° Aux agents de police secrète pour gratifications (Dél. 23 mai 1843, D. m. f. 17 juin suiv.);

3° A l'allumeur des réverbères (15028-1 J. E.),

4° Aux architectes pour frais et honoraires (1391 I. G.);

5° Pour arrérages de rentes constituées sur les villes et dont les titres sont au porteur, attendu que la libération de la ville s'opère uniquement par la quittance de la partie (Dél. 23 mai 1843);

6° Aux artistes vétérinaires (1391 I. G.);

7° Aux avoués pour leurs frais (même I. G.);

8° Aux balayeurs (D. m. f. 12 sept. 1822, 1099 I. G., 11671-5 § 1ᵉʳ J. E., autres Déc. 16 fév. 1835 et 31 août 1841, 11212, 11671 J. E.);
Il en est de même des quittances délivrées aux particuliers du prix de l'abonnement pour le balayage. La soumission contenant l'engagement de payer le prix de l'abonnement doit être aussi rédigée sur timbre (Sol. 25 mars 1859, Sollier n° 136);

9° Au barbier qui vient deux fois par semaine raser les malades d'un hospice (15028-2 J. E.; — Hazebrouck 2 déc. 1859, 1275 R. P., 11752 C., 17123 J. E.);

10° Aux chirurgiens (1391 I. G.);

11° Aux colléges, à raison de bourses (454 I. G., D. m. f. 31 mars 1812, 4685 J. E., D. N. t. 5 p. 554 n° 364);

12° Aux compagnies d'assurances, pour primes annuelles (1391 I. G.);

13° Aux conducteurs d'enfants trouvés, pour frais de voyage (Dél. 30 déc. 1839, 12455 J. E.);

14° Aux créanciers à différents titres, marchands, fabricants, ouvriers, fournisseurs, entrepreneurs, régisseurs, etc. (1236 § 11 I. G., 1239 et 1391);

15° Aux curés, pour indemnité de loyer ou de jardin (1132 § 16 I. G.);

16° Aux éclusiers et ouvriers auxiliaires (1391 I. G.);

17° Aux économes des hospices pour les quittances données aux receveurs de ces établissements pour remboursement des dépenses journalières non justifiées par des mémoires de fournisseurs, attendu qu'elles constatent et régularisent une opération extérieure et ne peuvent, dès lors, être classées parmi les pièces de pure administration intérieure (Dél. 20 déc. 1839, 12455 J. E.);

18° Aux écoles d'équitation, pour indemnités aux propriétaires;

19° Au sujet des enfants trouvés, aux frais de voyage payés aux conducteurs, nourrices et surveillants, honoraires de médecins qui ont visité ces enfants, parce qu'il s'agit de salaires et d'indemnités de déplacement payés à des personnes qui ne sont pas indigentes, et non de secours de première nécessité appliqués directement aux enfants trouvés (Dél. 24 déc. 1839, 12455 J. E., Dél. 23 mai 1843, D. m. f. 12 juin 1843; — Seine 26 fév. 1845, Sol. 15 déc. 1858 12 mars 1859). — V. ci-après § 47;

20° Aux entrepreneurs de travaux, pour remboursement d'avances (1391 I. G.);

21° Aux états et quittances des pensions ou portions de pensions payées par les départements ou les communes pour les personnes placées et entretenues dans les établissements généraux de bienfaisance, tels que les institutions des sourds-muets, des Quinze-Vingts et de Charenton (D. m. f. 8 mars 1842, 12962-4 J. E.);
Les quittances de pensions payées par les élèves des écoles polytechnique, d'arts et métiers, vétérinaires, d'agriculture et du prytanée de La Flèche sont assujetties au timbre (Inst. des fin. 20 juin 1859, nᵒˢ 273, 284, 289). Celles qui sont relatives aux écoles de Saint-Cyr et de Brest sont exemptes de timbre parce que les élèves de ces écoles sont considérés comme gens de guerre (Idem n° 273). — Les quittances des cotisations prélevées sur les élèves des premières écoles pour réparations diverses sont exemptes de timbre comme pièces d'ordre intérieur, tant qu'on n'en fait pas usage par acte public ou en justice (Sol. 15 déc. 1858, Sollier n° 442);

22° Aux fabricants, pour objets livrés (1391 I. G.)

23° Aux fabriques des églises, pour sommes allouées à titre de secours (1132 § 16 I. G.);

24° Aux dépenses pour les fêtes nationales et pour les dots payées à des filles pauvres lors de ces fêtes (D. m. f. 17 oct. 1809, 454 I. G.);

25° Aux fournisseurs, pour objets livrés (1391 I. G.);

26° Aux fournisseurs de matériaux pour les chemins vicinaux (1513 § 12 I. G.);

27° Aux fossoyeurs (D. m. f. 28 déc. 1839), ou aux ouvriers chargés soit d'exhumer un cadavre, soit de l'enlever (Sol. 12 mars et 24 juin 1859);

28° Aux frais de bureau de la mairie (1132 § 16 I. G., Déc. 16 fév. 1835, 11212 J. E.), même s'il s'agit d'une indemnité fixe et annuelle (Sol. 12 mars 1859). — La quittance de chaque terme est passible d'un droit distinct si elle excède 10 francs (Sol. 28 juin 1864);

29° Aux frais de bureau payés au préfet par les villes ayant plus de 40,000 habitants (Inst. des fin. 20 juin 1859 n° 631);

30° Aux garde-fontaines chargés de veiller à ce que l'eau y arrive toujours, ou à leur entretien (D. m. f. 8 déc. 1841, Sol. 19 juill. 1842, 11671-5 J. E.);

31° Aux gendarmes par des entrepreneurs de transport pour frais de translation par voie extraordinaire des accusés ou prévenus (D. m. f. 3 mars 1843, 13577-3 J. E.);

32° Aux gratifications aux auteurs de belles actions (1391 I. G.);

33° Aux greffiers, pour actes de leur ministère et mémoires de frais (même I. G.). — Notamment à leurs mémoires de frais d'extraits de jugements ou aux quittances de ces frais qui dépassent 10 francs (Inst. des fin. 20 juin 1869 n° 630);

34° Aux hommes de peine, pour enlèvement de cadavres (Sol. 24 juin 1839) ; — ainsi qu'à ceux qui ont retiré de l'eau les corps des noyés (Dél. 23 mai 1843, D. m. f. 17 juin 1843) ;

35° Aux horlogers, pour entretien et montage (1099, 1370 § 9 I. G., Déc. 16 fév. 1835, 11212, 11671 J. E.);

36° Aux huissiers, pour actes de leur ministère et mémoires de frais (1391 I. G.);

37° Aux indemnités de loyer ou de jardin aux curés, desservants, ministres protestants, instituteurs, institutrices, gardes forestiers (1132 § 16 I. G.). — Si l'indemnité inférieure à 10 francs est payée à un fonctionnaire arrivé avant la fin de l'année et représente le total de ce qui lui est dû pendant cette année, la quittance est affranchie du timbre (Sol. 16 sept. 1863);

38° Aux indemnités, gratifications, suppléments de traitement payés aux employés des mairies, agents voyers, gardes champêtres, sur les fonds locaux (Inst. des fin. 20 juin 1859, n° 631);

39° Aux indemnités payées par le Trésor public aux trésoriers des bureaux de bienfaisance, à raison de ce qu'ils sont chargés des intérêts pécuniaires des orphelins de juillet 1830 (Inst. des fin. 30 nov. 1840, p. 219);

40° Aux indemnités payées par le Trésor public pour médicaments fournis aux bureaux de bienfaisance (Sol. 12 mars 1859);

41° Aux loyers de la mairie (1132 § 16 I. G., D. m. f. 16 fév. 1835, 11212 J. E.); — lors même que le loyer serait dû à une autre commune (Sol. 12 mars 1859);

42° Aux marchands, pour fournitures (1236 § 11, 1239 I. G.);

43° Aux médecins (1391 I. G.), même lorsqu'il s'agit de visites à des enfants trouvés (Dél. 24 déc. 1839, 12455 J. E. — Autre Dél. 23 mai 1843);

44° Aux ministres protestants, pour indemnité de logement ou de jardin (1132 § 16 I.G.);

45° Aux prêtres catholiques ou protestants, pour indemnité de casuel ou prix de services religieux (Sol. 12 mars 1859, Sollier n° 221);

46° Aux notaires, pour frais et honoraires de rédaction d'actes (1391 I. G.); — ou pour sommes touchées pour le compte de la commune (Sol. 12 mars 1859);

47° Aux quittances de sommes versées au bureau des nourrices par les parents des enfants pour le payement des nourrices, pour le payement des honoraires des médecins qui ont traité les enfants, pour le payement des appointements des employés ainsi que des frais de bureau et des dépenses faites dans l'intérieur de l'établissement (Sol. 12 mars 1859, Sollier n° 203 bis);

T. III.

Mais sont exempts du timbre : le certificat d'existence de l'enfant inscrit sur le livret de la nourrice, le certificat de payement délivré par le maire à l'Administration des nourrices, les états nominatifs des enfants, les livrets de nourrices ou des parents des enfants en nourrice, et d'autres pièces d'ordre intérieur (même Sol.).

On a reconnu sujettes au timbre les quittances supérieures à 10 francs, des frais de voyage payés aux nourrices, conducteurs et surveillants des enfants assistés, parce qu'il s'agit d'indemnités de déplacement payées à des personnes non indigentes, et non de secours de première nécessité aux enfants (Dél. 24 déc. 1839, 12455 J. E.; 23 mai 1843, D. m. f. 12 juin 1843; — Seine 26 fév. 1845; Sol. 15 déc. 1858, Sol. 12 mars 1859, Sollier n°° 203 bis et 467).

De même, des quittances de sommes payées à l'hospice pour le remboursement des frais d'entretien et d'éducation d'un enfant réclamé sont aussi sujettes au timbre (Sol. 12 mars 1859, Sollier n° 467). — V. 7949 n° 7 ;

48° Aux ouvriers à la tâche ou à la journée (12990 J. E.) ; — par exemple aux cantonniers-aides ou auxiliaires dont les travaux ne sont pas permanents (Inst. 20 juin 1859, n° 631);

49° Au prix de pavage des rues, lorsqu'il s'agit de quittances de taxes locales, et même lorsque le mode de recouvrement est suivi comme en matière de contributions publiques (Sol. 11 juill. 1842, D. m. f. 5 janv. 1860, 2167 § 5 I. G., 1326 R. P.);

50° Au prix d'achat ou de réparation des pompes à incendie (Dél. 21 déc. 1830, Sol. 29 avr. 1843);

51° Aux pompiers, pour gratifications (D. m. f. 21 déc 1830, 9874 J. E.);

52° Aux primes payées dans les concours d'animaux ou dans les courses (1391 I. G.); — ou aux sommes payées, soit aux comices agricoles, soit aux sociétés d'agriculture (Inst. des fin. du 20 juin 1859 n° 631, Sol. 20 août 1864);

53° Aux personnes chargées d'allumer les réverbères, par application de la D. m. f. 12 septembre 1822 (1099 § 1er I. G.), et de celle du 16 février 1835 (11212 J. E., Sol. 19 juill. 1842);

54° Au recouvrement des rôles de répartition des taxes qui tournent au profit des communes et établissements publics (Déc. 9 fév. 1835, 11176 J. E.);

55° Au remboursement de moins de mesure et autres restitutions concernant les forêts et propriétés communales (Circ. compt. des fin. n° 31, Sol. 12 mars 1859), — sauf le cas où il s'agit d'indigents ;

56° Au remboursement d'une rente foncière par une commune à un particulier ou réciproquement (Sol. 12 mars 1859);

57° Aux sages-femmes, pour gratifications (1391 I. G.);

58° Aux sœurs de charité d'un hospice, pour indemnité de vestiaire, menues dépenses ou blanchissage (Sol. 12 mars 1859, Sollier n° 338);

59° Aux sonneurs de cloches (Déc. 16 fév. 1835, 11212 J. E.);

60° Aux secours accordés à des veuves de pompiers ou autres employés non indigents (434 I. G., 12388 J. E., Inst. des fin. 20 juin 1859, n° 631);

61° Aux sociétés d'agriculture, pour remboursements de dépenses autorisées (1391 I. G.);

62° Aux souscriptions à des associations d'utilité publique (*Idem*) ou à des œuvres de charité (D. m. f. 10 juill. 1868, 3003 R. P.);

63° Aux subventions aux fabriques, consistoires, etc. (1301 I. G.), — V. 7967;

64° Aux subventions payées aux hospices par les communes (Sol. 3 sept. 1864, 3 déc. 1864, D. m. f. 21 août 1865). — V. 7967 ;

65° Aux subventions à des chemins de petite vicinalité (Inst. m. i. 30 nov. 1840, p. 293 § 1ᵉʳ);

66° Aux subventions ou secours accordés par l'État et applicables à des dépenses de l'instruction primaire ou des chemins vicinaux, à moins que la somme ne serve à établir des ateliers de charité (Inst. des fin. 20 juin 1859, n° 845).— V. 7967 ;

67° Aux surveillants des enfants trouvés (Dél. 24 déc. 1829, 12435 J. E.);

68° Aux taxes réparties sur les habitants , lorsqu'elles tournent au profit des communes ou des établissements publics (Déc. 9 fév. 1835, 11176 J. E.), notamment aux coupes d'affouages, soit qu'on n'exige de la part des habitants d'autre rétribution que celle des frais occasionnés par la coupe, soit qu'on perçoive une taxe en sus (Inst. des fin. 20 juin 1859, n° 845);

69° Aux taxes établies sur les bestiaux conduits aux pâturages communaux (1301 I. G., Inst. des fin. 20 juin 1859, n° 845);

70° Aux visiteurs de bestiaux mis en vente dans les foires et marchés (*Idem*);

71° Aux visiteurs des fours et cheminées dans l'intérêt de la sécurité publique (*Idem*);

72° Aux quittances apposées sur les mandats de payement ayant pour objet des *remises* d'amendes. — Cela résulte des observations faites par la Cour des comptes et du règlement de comptabilité du 26 janvier 1840 , p. 377 (Circ. compt. gén. 31 déc. 1852, n° 85 § 4').

Cependant, une distinction doit être faite: lorsqu'il s'agit de restitution de droits ou d'amendes indûment perçus, la quittance de la partie prenante est exemptée du timbre; mais quand elle a pour objet des droits en sus ou amendes dont la restitution est faite à titre de remise, il y a lieu au timbre si la somme excède 10 francs.

73° Aux quittances délivrées aux receveurs municipaux par les receveurs des domaines, pour le versement dans leur caisse de la vingtième de la valeur des coupes de bois délivrées en nature aux communes, lorsqu'elles excèdent 10 francs (Sol. 14 janv. 1843, 13240-8 J. E.);

74° Aux quittances délivrées par le receveur central de l'octroi au receveur des contributions indirectes, des remises revenant aux préposés de l'octroi sur le produit brut des droits d'entrée perçus par le receveur (Instr. des fin. 20 juin 1859, n° 1464);

75° Aux quittances supérieures à 10 francs données sur mandats pour le payement des frais d'expertise en matière de contributions directes à la charge du réclamant, attendu qu'il ne s'agit pas d'une question d'impôt (D. m. f. 6 janv. 1859, 2148-6 I. G., 1166 R. P.);

76° Aux quittances de droits de magasinage délivrées par les agents des docks-entrepôts administrés pour le compte des villes, lorsque la somme quittancée est supérieure à 10 francs, parce que les droits de magasinage constituent une recette municipale, et que ceux qui les perçoivent sont des comptables de deniers publics (D. m. f. du 10 août 1868, 3003 R. P.).

7958. Quittance. — Exemption de timbre. —
Sont dispensées du timbre :

1° Les quittances des indigents, pour les secours qui leur sont accordés à ce titre, ainsi que celles des indigents employés aux travaux à exécuter sur les chemins vicinaux, à quelque somme qu'elles puissent s'élever.

Il n'est pas nécessaire que les secours soient remis directement aux indigents : l'exemption s'applique aussi aux quittances constatant les payements faits à des tiers pour secourir les indigents (Inst. des fin. du 20 juin 1859, n° 631). Ainsi, il a été décidé que l'affranchissement s'étendait aux quittances données aux médecins, sages-femmes et pharmaciens du prix de leurs soins ou fournitures à des pauvres (Sol. 5 sept. et 30 déc. 1865). — V. 7595-5.

Les quittances de secours de loyer accordés aux indigents sont dispensées du timbre, même dans le cas où elles ne sont pas délivrées par les indigents eux-mêmes, pourvu qu'il y soit fait mention de la cause du payement et que l'indigence du locataire soit justifiée (Sol. 13 avr. 1858). — V. 7950 ;

2° Les quittances des indemnités accordées pour incendie, inondation, épizootie et autres cas fortuits;

3° Les quittances, comme tous les autres actes, concernant les gens de guerre;

4° Les récépissés des sommes versées aux receveurs des finances pour le compte des communes;

5° Les quittances que les receveurs d'hospices donnent aux percepteurs qui ont recouvré des sommes pour leur compte (Inst. des fin. du 20 juin 1859, n° 1050);

6° Les quittances des maires au receveur municipal, du montant des sommes allouées annuellement pour l'entretien de la maison commune, quand il n'y a pas de mémoires d'ouvriers ou de fournisseurs (même inst. n° 1009);

7° Les quittances des sommes allouées pour réparations de chemins par des ateliers de charité, lorsqu'il n'y a ni fournisseurs ni entrepreneurs, et que l'on n'emploie que des indigents;

8° Les quittances des gratifications payées aux sapeurs-pompiers et certificats à l'appui (Inst. 20 juin 1859, n° 1009 § 8);

9° Les quittances pour le payement du dixième de l'octroi;

10° Celles qui sont données par les receveurs de l'enregistrement pour le prix du papier timbré (Inst. 20 juin 1859; n° 1009 § 10); — V. ci-après § 15;

11° Les quittances et décomptes pour les pensions d'aliénés indigents à la charge des communes (Inst. 20 juin 1859, n° 1009 § 12);

12° Les quittances de sommes payées pour le service des enfants assistés et pour le service médical gratuit (Inst. 20 juin 1859, n° 1009 § 12, D. m. f. 21 mai 1856; Sol. 12 mars 1859);

13° Les quittances de sommes payées par la caisse de l'assistance publique pour pension des enfants placés, soit dans les colonies agricoles, soit dans les maisons d'éducation du Bon-Pasteur, de Conflans, etc. Mais les états de présence des élèves, dressés pour être joints aux mandats de payement sont sujets au timbre (Sol. 15 déc. 1858, Sollier n° 465);

14° Les quittances des sommes allouées à titre de secours aux bureaux de charité ou aux sociétés de secours mutuels (Inst. 20 juin 1859, art. 1009 § 13); les états quittancés des sommes dues à des ouvriers travaillant dans un atelier de charité (Idem n° 631);

15° Celles du prix du papier timbré destiné aux registres de l'état civil, délivrées par les receveurs de l'enregistrement aux receveurs des communes (D. m. f. 28 juin 1832, qui abroge celle du 17 oct. 1819, transmise par l'I. G. 454, Inst. 20 juin 1859, n° 631), et, plus généralement, la quittance du prix de papiers timbrés fournis à la commune (Sol. 6 fév. 1863).

Ces décisions paraissent applicables dans tous les cas où les mandats de payement ont pour objet le prix de papiers timbrés ou des droits payés pour l'apposition du timbre extraordinaire et de timbres mobiles, parce qu'il s'agit alors de droits au comptant dont la quittance résulte de l'empreinte du timbre elle-même, et que, par suite, l'acquit signé par le receveur de l'enregistrement au pied du mandat, n'est en quelque sorte qu'une quittance par duplicata de pure forme administrative. Mais, quand il s'agit de droits de timbre non perçus au comptant, comme les droits d'abonnement sur les obligations négociables des départements et établissements publics, les quittances de plus de 10 francs doivent être revêtues du timbre mobile de 25 centimes (Sollier Supp. n° 50);

16° Celles délivrées aux receveurs de l'enregistrement (actuellement les percepteurs) par les receveurs des communes, du produit des amendes de simple police attribuées à ces communes (D. m. f. 23 déc. 1829, 1807 § 15 I. G.; Inst. 20 juin 1859, n° 631);

17° Les quittances pour prélèvement sur les fonds des amendes de police correctionnelle, des frais d'abonnement au Journal officiel et des subventions aux communes (Inst. 20 juin 1859, n° 631);

18° Celles données par un receveur des finances à des communes ou établissements de bienfaisance, des remises qui lui sont allouées pour le recouvrement des coupes extraordinaires de leurs bois (Dél. 8 janv. 1828, 8920 J. E.). Ces quittances étant relatives à un traitement payé au receveur des finances, seraient actuellement soumises au timbre (L. 23 août 1871, art. 18);

19° Les quittances que les percepteurs détachent de leur livre à souche pour constater le payement du prix des permis de chasse (Dél. 4 mai 1838, 12052-2 J. E.);

20° Les quittances délivrées aux receveurs des finances, aux payeurs du Trésor public, pour payement des centimes communaux ordinaires et extraordinaires; attributions sur la contribution des patentes; arrérages de rentes sur l'État; amendes de police correctionnelle; fonds versés pour travaux de charité; intérêts de fonds placés au Trésor (1391 I.G.; Inst. 20 juin 1859, n° 844); les quittances apposées sur les mandats de remboursement de fonds placés au Trésor;

21° Les quittances apposées sur les mandats délivrés aux percepteurs pour le payement de la rétribution qui leur est allouée par article du rôle de l'impôt des chiens, attendu que cet impôt doit être assimilé à une contribution directe (2071 I. G., 16899-4 J. E.).—Il en est de même, pour cette raison, des états et quittances de frais d'imprimés et de confection de matières de rôles et avertissements concernant les prestations des chemins vicinaux, la taxe des chiens et les divisions de côtes entre des fermiers (Inst. 20 juin 1859, n° 631).

(Depuis la loi du 23 août 1871, les quittances relatives à la rétribution due au percepteur sont assujetties au timbre de 10 centimes);

22° Les quittances délivrées pour le payement du montant des prestations en nature et en argent, pour réparations aux chemins communaux (D. m. f. 30 déc. 1831, 1391 I. G., 20 juin 1859, n° 844); ou pour le payement de la taxe des chiens (Idem);

23° Celles que les receveurs municipaux doivent délivrer aux instituteurs pour la retenue du vingtième sur leur traitement (D. m. f. 20 déc. 1834, 143 § 17 I. G., Inst. 20 juin 1859, n° 844);

24° Les quittances et rôles du recouvrement de la rétribution scolaire (1760 I. G., Inst. 20 juin 1859, n° 844). La même exemption a été étendue aux écoles communales de filles (L. 14 juin 1859; D. m. f. 24 déc. 1860, 2187 § 4. I. G., 1451 R. P.).

Cette immunité a cessé depuis la loi du 23 août 1871; la rétribution scolaire ayant le caractère d'un traitement;

25° Les quittances par un receveur municipal à un autre receveur municipal pour centimes sur l'instruction primaire (Sol. 6 janv. 1864); et plus généralement celle qu'un receveur municipal délivre à un autre receveur municipal pour la part d'une de ses communes dans une dépense collective (Sol. 23 déc. 1862, Sollier 315);

26° Les quittances et états des salaires dus aux conservateurs des hypothèques pour la transcription des actes de vente concernant les chemins vicinaux (Inst. 20 juin 1859, n° 631). Mais ces quittances sont aujourd'hui soumises au timbre en vertu des dispositions générales de l'art. 18 L. 23 août 1871.

27° Autrefois les quittances de traitement n'étaient assujetties au timbre que quand le traitement excédait 300 francs. Mais ces dispositions ont été modifiées par la loi du 23 août 1871.— V. *Infrà* n° 7969.

7959. Quittance. — Usage d'une quittance au-dessous de 10 francs. — L'art. 16 de la loi du 13 brumaire an 7 dispense du timbre toutes quittances pour créances de sommes non excédant 10 francs, quand il ne s'agit pas d'un à-compte ou d'une quittance finale sur une plus forte somme. Cette exemption est absolue, et l'assujettissement au timbre ne peut jamais avoir lieu, soit lors de la production en justice, soit lors de la production à l'appui d'un compte, soit pour tout autre circonstance (Circ. 2042.).

Elle s'applique aux quittances relatives à la comptabilité municipale (Déc. 12 sept. 1823, 1099 n° 1er I. G.).

7960. Quittance. — Acte écrit à la suite. — Aux termes de l'art. 23 L. du 13 brumaire an 7, les quittances relatives à la comptabilité des communes et des établissements de bienfaisance, telles que celles ayant pour objet les traitements de l'instituteur, du curé, du garde forestier; les indemnités de loyer payées à différents termes; les payements partiels du prix de l'entretien de l'horloge, de fourniture de bois, lumière, etc., etc., ne pouvaient autrefois être écrites sur la même feuille de papier timbré, lors même que le prix a été fixé par année, suivant un marché ou traité passé avec la commune ou l'établissement (Sol. 18 fév. 1831, 1370 § 9 I. G.— Inst. 17 juin 1840 art. 874).— V. 7943-6-7969-28.

Mais cette disposition a été modifiée par la loi du 23 août 1871. — V. *Acte écrit à la suite d'un autre.*

1. TERMES ÉCHUS. — CRÉANCES DISTINCTES. — Le traitement annuel des employés et fonctionnaires ne constitue point une créance unique, pour laquelle chaque payement partiel forme un à-compte. Il n'y a dette, au contraire, que pour le temps de service expiré; il existe autant de créances distinctes que de payements séparés. D'où la conséquence que chaque quittance de payement doit être timbrée (Sol. 18 fév. 1831, 9954 J. E., 1370 § 9 I. G.)

Horloge. — Il en est de même des quittances partielles du prix de l'entretien de l'horloge ou de fourniture, lors même que ce prix a été fixé par année. Chaque terme échu de ce prix formé une créance distincte, indépendante des termes à échoir et dont la quittance doit être timbrée (Sol. 18 fév. 1831, 9954 J. E., 1370 § 9 I. G.).

Indemnité de loyer. — A l'égard des quittances d'indemnités de loyer, qu'on peut assimiler aux quittances mêmes de loyers, il résulte des termes précis de l'art. 23 L. brumaire an 7 que les quittances de différents termes ne peuvent être écrites sur la même feuille (Sol. 18 fév. 1831, 9934 J. E., 1370 § 9 I. G.).

Si chaque terme de l'indemnité de loyer est inférieur à 10 francs, il peut être quittancé sur papier non timbré (Sol. 28 juin 1864).

Il en est de même pour les frais de bureau (Sol. 16 mai 1864).

V. *Acte écrit à la suite d'un autre.*

7961. — Quittance. — Duplicata. — Il est de principe que, lorsque le créancier a déjà donné son acquit sur un document timbré qui pouvait le recevoir sans contravention, la quittance particulière qu'il y joint ensuite est un simple document d'ordre intérieur dispensé de l'impôt. Il en est ainsi alors même que l'acquit et la quittance sont donnés en même temps, car cette quittance et cet acquit se confondent dans leurs effets, et il suffit, pour satisfaire à la loi de l'impôt, que l'un des documents soit timbré; mais celui qui est affranchi du timbre doit porter la mention qu'il est délivré par duplicata. Par conséquent, lorsqu'un comptable a donné quittance au débiteur sur le titre de la créance, il n'est pas tenu de délivrer à ce dernier une nouvelle quittance à souche revêtue d'un timbre mobile (Circ. compt. publ. 24 fév. 1868, 3077 R. P.).

7962. Récépissé. — 1. RECEVEUR DES FINANCES. — Les récépissés délivrés par les receveurs des finances aux receveurs des communes ou des établissements publics, des sommes versées pour leur compte, avaient été reconnus exempts de timbre (1041 I. G.).

Une circ. de la comptabilité générale, du 29 mai 1872, décide que les récépissés de l'espèce délivrés par les trésoriers-généraux pour des produits versés pour le compte des communes, sont passibles du timbre de 25 centimes mais doivent acquitter un seul droit quoiqu'ils concernent les versements faits par plusieurs communes (3354 R. P.).

2. MONT-DE-PIÉTÉ. — Les récépissés ou reconnaissances d'engagement des monts-de-piété sont exempts du timbre, lorsqu'ils ont pour objet le prêt sur gage; mais les récépissés des sommes déposées aux monts-de-piété pour le compte des fabriques, hospices et autres établissements publics, doivent être timbrés et même enregistrés avant qu'il en soit fait usage. (D. m. f. 5 nov. 1811, 4207 J. E.).

7963. Rôles. — 1. ASSUJETTISSEMENT AU TIMBRE. — Sont sujets au timbre : 1° les rôles de répartition des taxes qui tournent au profit des communes et des établissements publics et les quittances y relatives, spécialement les rôles des taxes établies sur les bestiaux conduits au pâturages communaux (1391 I. G., Inst. des fin. du 20 juin 1859 art. 845);

2° Les rôles de jouissance des eaux de fontaines ou d'abonnement pour fourniture d'eau à des habitants (Sol. 27 mars 1839);

3° Les rôles de fermages d'immeubles;

4° Les rôles d'abonnement d'octroi réparti sur les habitants (art. 2306 J. E.);

5° Les rôles de défrichement et de dépaissance (Dél. 16 fév. 1839);

6° Les rôles des taxes communales pour coupes de bois, affouages, etc. (D. m. f. 31 décembre 1844, 1732 § 17 I. G.); les rôles d'affouage peuvent être rédigés sur des formules timbrées à l'extraordinaire ou visées pour timbre (ou revêtus de timbres mobiles (D. m. f. 20 avr. 1854, 2003 § 8 I. G.);

7° Les rôles des cotisations particulières pour le pâturage, le pacage, etc. (Inst. des fin. 20 juin 1859) ;

8° Les rôles des taxes sur les riverains pour frais de délimitation forestière ;

9° Les rôles des taxes de pavage des rues et des places (D. m. f. 5 janv. 1860, 2167 § 5 I. G) ;

10° Les rôles des taxes établies pour confection de trottoirs, et, en un mot, les rôles de toutes taxes communales n'ayant pas un caractère *d'utilité publique générale*. (Même I. G.); — par exemple les rôles à taxes locales ou municipales arrêtés par le préfet de la Seine et remis au receveur municipal à fin de recouvrement (Seine 5 fév. 1870, 3164 R. P. ; — Cass. 2 juin 1875, 4109 R. P.). — V. *Acte administratif.* — V. 7453 *bis.*

2. VISA POUR TIMBRE. — Dans le but de faciliter autant que possible le service des administrations communales, le ministre des finances a décidé, le 20 avril 1854 (2003 § 8 I. G.), que les rôles communaux pour frais d'affouage pourraient être rédigés sur des formules timbrées à l'extraordinaire au chef-lieu du département ou visées pour timbre dans les autres bureaux. — Ces formules peuvent être aussi timbrées avec des timbres mobiles. — V. *Timbre.*

3. EXEMPTION DE TIMBRE. — Sont exempts du timbre :
1° les rôles des contributions directes ordinaires et extraordinaires (1391 I. G.) ;

2° Les rôles de prestations en nature et en argent pour réparations des chemins vicinaux (1391 I. G.) ;

3° Les rôles de recouvrement de la rétribution scolaire (L. 3 juill. 1846 art. 9 et L. des 15-27 mars 1850, art. 41, 1760 I. G.) ; même dans les écoles communales de filles (D. m. f. 24 déc. 1860, 2187-4 I. G., 1451 R. P.) ;

4° Les rôles de répartition de la contribution foncière d'un terrain communal entre les habitants qui jouissent de ce terrain, *sans addition de sommes au profit de la commune*, et la quittance du payement des sommes réparties (D. m. f. 8 févr. 1835, art.11176 J. E.) ;

5° Les rôles concernant le recouvrement des taxes imposées pour subvenir aux travaux de curage des canaux et rivières et à l'entretien des digues (D. m. f. 7 juin 1808, 387 § 1er I. G.) ;

6° Ceux relatifs au desséchement des marais (D. m. f. 29 oct. 1857, 2111 §5 I. G.) ;

7° Ceux concernant les taxes d'arrosage établies au profit des soumissionnaires des canaux (D. m. f. 30 oct. 1858, 2167 §5 I.G.) ;

8° Les rôles de la taxe sur les chiens (D. m, f. 19 avr. 1856, 2071 I. G., Inst. des fin. du 20 juin 1859, art. 907, 690 R. P.) ;

9° Les rôles établis pour la distribution des secours à domicile.

7964. Sociétés de secours mutuels. — Les actes et pièces concernant les sociétés de secours mutuels sont exempts du timbre. — V. *Sociétés.*

7965. Sourds-muets. — Les institutions de sourds-muets et d'aveugles doivent, dans l'état actuel de la législation sur le timbre et sous le rapport de l'acquit de cet impôt, être assimilées à de simples particuliers.

À la différence des pensions d'aliénés indigents, dont les quittances et décomptes sont exempts du timbre, comme se rapportant à un secours accordé à des indigents, sans bénéfice pour l'établissement qui les reçoit (L. 30 juin 1838, art. 26), les bourses dans les institutions de sourds-muets ou d'aveugles payées par les départements, communes ou hospices, constituent le prix de faveurs qui, accordées dans un but d'humanité et sans constatation d'indigence, profitent indirectement aux institutions dans lesquelles les élèves boursiers sont accueillis. Il y a donc lieu de considérer comme sujets au timbre : 1° les quittances à souche, délivrées par les trésoriers-payeurs généraux des départements, qui entretiennent des bourses dans les institutions nationales de *sourds-muets* ou *d'aveugles* ; — 2° les états ou certificats par lesquels les comptables de ces institutions constatent le nombre des élèves entretenus par les départements, les villes ou les établissements charitables (D. m. f. 29 déc. 1869, 2400-6 I. G., 3366 R. P.).

7966. Souscriptions. — Les souscriptions constituent le plus souvent des contrats intéressés passibles du droit à titre onéreux et soumis par conséquent au timbre. — V. *Souscriptions* 15444.

7967. Subventions. — Lorsqu'il s'agit de subventions ou de secours accordés par l'État aux hospices, communes ou établissements de bienfaisance, dans leur intérêt et sans affectation bien déterminée au profit des pauvres, les quittances doivent être soumises au timbre, alors même que les dons pourraient profiter d'une manière indirecte aux indigents, par le motif que ces établissements ou communes sont tenus, en ce qui les concerne, de payer l'impôt comme les particuliers. Cette doctrine a été consacrée, depuis la loi du 8 juillet 1863, par une décision du 21 août de la même année, reconnaissant que l'art. 4 de ladite loi, qui a réduit à 20 centimes le timbre des quittances de produits et revenus de toute nature délivrées par les comptables de deniers publics, est applicable aux quittances de subventions allouées aux communes et établissements de bienfaisance sur les fonds de l'État, du département et des cotisations municipales.

Pour être affranchies du timbre, les quittances de secours doivent donc indiquer que les secours qui en font l'objet, ont une affectation spéciale de bienfaisance, par exemple, qu'elles s'appliquent à des ateliers de charité ou à des distributions de vivres, à des fournitures, à des secours au profit des pauvres, qu'elles ont été allouées dans un but charitable bien déterminé (Circ. de la Comp. générale 26 janv. 1870, 3097 R. P. ; 14 avr. 1877, 4691 R. P.).

Ainsi sont sujettes au timbre les quittances délivrées par les receveurs municipaux ou hospitaliers, aux agents comptables du Trésor, pour subventions ou secours accordés par l'État aux communes, au sujet des chemins vicinaux, à moins que la somme ne soit affectée à établir des ateliers de charité Inst. des fin. du 20 juin 1859 art. 845).

Il en est de même des quittances de sommes accordées par l'État pour secours et encouragement aux instituteurs des écoles primaires (D. m. f. 9 oct. 1835; 11375-1 J. E., 1513 § 12 I. G., qui a abrogé la D. m. f. 30 déc. 1831 et 30 nov. 1833; 1391, 1451 § 8 I. G., Inst. 20 juin 1859; n° 845. — V. aussi Circ. comp. pub. 29 sept. 1865; 2143 R. P. et D. m. f. 21 août 1865, 2341 § 12 I. G., 2428-13 R. P.):

Et des quittances des subventions, payées directement et sans affectation spéciale au profit des indigents, aux communes; fabriques; consistoires (1391 I. G.) ; — aux bureaux de charité (1132-16 I. G.) ; — aux hospices par les communes (Sol. 3 sept. et 3 déc. 1864, D. m. f. 22 août 1865):

En ce qui concerne les subventions accordées sur les fonds de l'État ou des départements, aux communes pour acquisition, construction et réparation de maison, vente; achat et renouvellement de matériel:

Sont soumis au timbre : 1° la quittance à souche du receveur municipal; — 2° le mémoire du fournisseur visé par le maire et le préfet;

Sont exempts du timbre : 1° le certificat du maire constatant l'avancement des travaux de construction ou réparations, la date de l'achat pour les acquisitions, et la somme fournie par la commune; — 2° la copie de la décision ministérielle pour les subventions du Trésor; — 3° l'état de répartition proposé par le préfet et approuvé pour les subventions sur les fonds départementaux (1513 § 12 I. G.).

7968. Travaux. — Procès-verbal de réception.
— Les procès-verbaux de réception définitive des travaux rédigés par les agents-voyers, en présence des maires, et approuvés par l'autorité supérieure, doivent être rédigés sur papier timbré ; mais ils ne sont pas assujettis à l'enregistrement, quoique produits à l'appui des comptes (13473-2-3 J. E.).

Ces procès-verbaux sont exempts du timbre quand il s'agit de travaux faits en régie. — V. 7928-1.

Décidé, de même, que le procès-verbal de réception des travaux de la coupe affouagère, rédigé par un garde forestier à la demande de l'entrepreneur pour être joint au mandat de payement, est dispensé du timbre (Sol. 2 juin, 22 avr. 1864, Sol. 3 déc. 1863, D. m. f. 27 mars 1865, Sollier n° 233 § 25).

7969. Traitements. — Loi ancienne.
— L'art. 16 L. 13 brumaire exemptait du timbre les quittances de traitement et émoluments des fonctionnaires et employés salariés par l'État.

On avait demandé que ces dispositions fussent étendues par assimilation aux traitements des employés ou fonctionnaires des départements, communes ou établissements publics. Mais il avait été décidé que cette exemption ne pouvant être indéfiniment accordée ne profiterait aux quittances de cette dernière catégorie qu'autant que les traitements annuels n'excéderaient pas 300 francs (371 § 5 et 454 art. 2 I. G.).

L'application de cette jurisprudence avait fait naître de nombreuses difficultés sur le point de savoir quand l'allocation avait le caractère d'un traitement et quels éléments devaient entrer dans la composition de ce traitement pour la fixation du maximum de 300 francs. Bien que ces controverses aient perdu une partie de leur intérêt nous ne pouvons nous dispenser de les reproduire brièvement:

Le bénéfice des I. G. 371 § 5 et 454-2 avait été appliqué :

1. Aux agents de police (454 I. G.);

2. Aux agents voyers sur les chemins vicinaux (2025 § 8 I. G.);

3. Aux bibliothécaires (*Idem*);

4. Aux commissaires de police (*Idem* et Inst. des fin. du 20 juin 1859, n° 631) à moins qu'ils ne soient rétribués sur les fonds de l'État (*Idem*);

5. Aux commissaires voyers (*Idem*);

6. Aux commissionnaires (1132 § 16 I. G.);

7. Aux cantonniers (454, 1700, 1768 I. G.);

8. Aux chapelains (D. m. f. 16 fév. 1835; 11212 J. E.);

9. Aux concierges (454 I. G.);

10. Au crieurs de la mairie, tambour ou trompette (1132 § 16 I. G.);

11. Aux curés (454, 1079, 1577 § 25 I. G.);

12. Aux chantres (Sol. 29 fév. 1864, 28 avr. et 17 sept. 1864);

13. Aux desservants (454, 1079, 1577 § 25 I. G.);

14. Aux employés au service de la garde nationale; commissionnaires, tambours, trompettes ;

15. Aux employés des mairies (371 § 5 I. G., 1231 § 2, 11610 J. E.);

16. Aux employés des monts-de-piété (D. m. f. 20 oct. 1812);

17. Aux employés de l'octroi (1231 § 2 I. G.);

18. Aux gardes champêtres (371 § 5 454 I. G.);

19. Aux gardes forestiers (454 I. G.);

20. Aux instituteurs et institutrices, dont le traitement et le supplément de traitement payés par la commune excèdent 300 francs:

Les quittances des sommes provenant de la rétribution scolaire et de la subvention fournie par le département étaient d'ailleurs exemptes du timbre, quelle qu'en fût la quotité (1760 I. G.). Quand il y avait doute sur la part de la commune dans la dépense de l'année courante, la somme payée pour l'année précédente servait de base (Inst. 20 juin 1859, n° 1010). D'après une Sol. 16 fév. 1865, il y avait lieu de suivre, préférablement à cet égard, la règle adoptée pour les remises des percepteurs. — V. 7936.

Pour calculer le traitement de l'instituteur, il ne fallait pas déduire les centimes spéciaux du contingent de la commune (Sol. 14 mai 1864); mais la rétribution scolaire recouvrée par le percepteur ne comptait pas (Sol. 8 sept. 1863).

21. Aux messagers (1132 § 16 I. G.);

22. Aux officiers de santé pour vaccination gratuite, lorsque les indemnités sont converties en traitement annuel (454, 1132 § 16 I. G.);

23. Aux professeurs des collèges et écoles (454 I. G.);

24. Aux sages-femmes (454 I. G., 11671-5 J. E.);

25. Au secrétaire de la mairie (454, 1291 I. G.);

26. Au secrétaire des légions de la garde nationale (Dél. 23 mai 1843, Déc. 12 juin suiv.);

27. Les états de traitement des professeurs des écoles préparatoires de médecine et de pharmacie sont assujettis au timbre, parce que, bien que les Ord. des 18 mai 1820 et 13 octobre 1840 soumettent les professeurs de ces écoles à l'autorité de l'Université, il est à remarquer que c'est seulement en ce qui touche la discipline et l'enseignement, et que l'art. 10 de l'Ord. de 1840 chargeant exclusivement les villes de pourvoir aux dépenses du personnel de ces écoles, il y a assimilation avec les professeurs des colléges communaux (D. m. f. 18 oct. 1842).

28. GARDE MUNICIPALE. — GARDE NATIONALE. — Les états d'émargement pour les payements de la solde de la garde municipale, étaient exempts du timbre d'après l'exemption générale de l'art. 16 L. 13 brumaire an 7, concernant les gens de guerre (14895-6 J. E., D. m. f. 14 sept. 1832, 10451 J. E., 1422 § 16 I. G.). — Il en était de même pour la garde nationale (Idem).

29. EMPLOYÉS DU GOUVERNEMENT. — MANDATS. — Étaient affranchis du timbre les mandats que les receveurs généraux des finances délivrent sur le Trésor, pour l'envoi à faire aux agents ou préposés des postes appelés d'un département dans un autre, des sommes touchées pour leur compte pour traitements ou indemnités. — Cette exception résultait de l'art. 16 L. 13 brumaire an 7, qui dispense du timbre les quittances de traitements des employés salariés par l'État, et des dispositions de l'ordonnance royale du 10 octobre 1834, qui en affranchit également les mandats des receveurs généraux servant de moyen de transmission ou de revirement des sommes affectées au public. Ces mandats devaient être revêtus d'une empreinte spéciale indiquant l'exemption (D. 23 janv. 1847).

Semblable décision a été rendue le 5 mars 1844 à l'égard des employés des contributions directes, et la même règle était applicable à toutes les administrations de l'État qui ne font pas usage des virements de fonds sur leurs propres caisses.

30. DOUBLE TRAITEMENT POUR DEUX FONCTIONS. 1° Vicaire. — Un vicaire qui reçoit de la même commune un traitement de 300 francs en cette qualité et un traitement de 200 francs comme instituteur, ne pouvait donner quittance de ces deux traitements sur une même feuille de papier timbré sans contrevenir à la loi; mais chaque quittance isolée était exempte du droit de timbre, puisqu'elle s'appliquait à un traitement fixe qui n'excède pas 300 francs (D. m. f. 1er fév. 1843, Fess. loc. cit. n° 134).

Plus généralement, on décidait que chacun des traitements reçus par une même personne en des qualités différentes, constituait une créance distincte dont la quittance était isolément passible du droit. S'il en est autrement au sujet des remises des receveurs municipaux sur les divers produits perçus par lui, c'est qu'il agit en sa qualité unique de receveur de la commune (Sol. 3 mars 1867);

2° Garde champêtre. — Si un garde champêtre reçoit un traitement de 200 francs en cette qualité et un autre de pareille somme comme cantonnier, on ne cumulait pas ces deux traitements, qui devaient être pris isolément, pour assu-

jettir au timbre les quittances qui en étaient données (13662-5 J. E.);

3° Arpenteurs forestiers. La même règle était applicable aux rétributions des arpenteurs forestiers que l'ordonnance du 1er août 1827 assimile aux agents forestiers (D. m. f. 2 mars 1831, 9944 J. E., 1370 n° 10 I. G.);

4° Agents forestiers. — Rétribution. — Les états et quittances de rétributions allouées aux agents forestiers pour leur concours aux estimations des forêts à aliéner étaient exempts du timbre, par application de l'art. 16 L. 13 brumaire an 7 (Dél. 22 mars 1833, 10623 J. E.);

31. AGENT PAYÉ PAR DEUX COMMUNES. — Si un instituteur, un garde champêtre ou tout autre agent est rétribué par deux communes, les quittances de traitement étaient sujettes au timbre ou en étaient exemptes, selon que la part supportée par l'une ou par l'autre commune, prise isolément, excédait 300 francs par an ou était inférieure à cette somme. C'est une remarque que nous avons déjà faite au sujet des remises des percepteurs. — V. n° 7936.

Ainsi, il avait été décidé : 1° que les quittances données par les gardes forestiers communaux, du montant de leurs traitements, étaient exemptes du timbre, quand la somme annuelle payée par chaque commune n'atteint pas 300 francs. « Le traitement, porte la décision, que reçoit un agent rémunéré par diverses communes est différent comme les divers services qu'il rend. Il serait donc contraire au droit comme à l'équité de faire supporter par les communes collectivement un impôt qui ne serait dû par aucune d'elles en particulier » (Sol. 21 déc. 1863, Circ. comp. gén. des fin. 20 juin 1866, 2350 R. P.) ;

2° Que l'on ne saurait assujettir au timbre les quittances données par les cantonniers salariés par plusieurs communes, lorsqu'aucun de leurs traitements n'atteint 300 francs et, bien que réunis, ils dépassent ce chiffre (Circ. comp. gén. des fin., du 10 nov. 1866, 2425 R. P.).

32. TRAITEMENT TOUCHÉ PAR DEUX AGENTS. — Il avait été décidé que si un traitement supérieur à 300 francs a été touché par deux employés successivement, les quittances sont néanmoins sujettes au timbre, encore que chacun d'eux ait reçu moins de 300 francs (Sol. 12 juill. 1862, 16 fév. 1865).

33. TRAITEMENT PAYÉ PAR L'ÉTAT. — SUPPLÉMENT PAR LA COMMUNE. — Lorsque le traitement est payé par l'État, comme celui accordé aux curés, la quittance de ce traitement, quelle qu'en soit la quotité, était affranchie du timbre ; il suffit alors que le supplément accordé par la commune ou la fabrique n'excède pas 300 francs pour que la quittance jouisse de la même exemption, conformément à la Déc. 17 octobre 1809 (454 I. G.).

Dans l'hypothèse inverse d'un traitement payé par la commune et d'un supplément payé par l'État, il avait été reconnu que les quittances de ce supplément ne sont pas sujettes au timbre (D. m. f. 14 août 1865).

Vicaire. — Supplément. — Ainsi, les quittances des sommes payées sur les fonds du Trésor aux vicaires, à titre de secours ou de supplément de traitement, étaient exemptes de timbre, lors même que le montant de ce supplément et le traitement fait par la commune excèdent 300 francs par an (D. m. f. 23 déc. 1837, 11955-6 J. E.).

34. TRAITEMENT ET SUPPLÉMENT DE TRAITEMENT A LA COMMUNE. — Dans tous les cas, si le traitement et le supplément de traitement étaient alloués par la commune ou la fabrique, la quittance était sujette au timbre, dans le cas où ils excèderaient ensemble 300 francs par année (Déc. 10 juin 1837, 1577 § 25 I. G.).

7970. Traitements. — Loi nouvelle. — Aujourd'hui toute la législation antérieure a été modifiée. La loi du 23 août 1871 porte, art. 18 :

« A partir du 1ᵉʳ décembre 1871 sont soumis à un droit de timbre de 10 centimes les quittances ou acquits donnés au pied des factures et mémoires, les quittances pures et simples, reçus ou décharges de sommes, titres, valeurs ou objets et généralement tous les titres, de quelque nature qu'ils soient, signés ou non signés, qui emporteraient libération, reçu ou décharge. »

Art. 20. « Sont seuls exceptés du droit de timbre de 10 centimes... 3° les quittances énumérées dans l'art. 16 L. 13 brumaire an 7, *à l'exception de celles relatives aux traitements et émoluments des fonctionnaires, officiers des armées de terre et de mer et employés salariés par l'État, les départements, les communes et les établissements publics.* »

Conformément à ces dispositions, toutes les fois qu'une quittance de traitement excèdera 10 francs, elle devra acquitter le droit spécial de 10 centimes.

7971. Quittances partielles. — Il ne nous semble pas qu'il y ait à considérer pour régler l'exigibilité du timbre si le traitement annuel excède 10 francs. Ainsi que l'Administration l'a reconnu (V. 7605), le traitement annuel des fonctionnaires et employés ne constitue pas une créance unique pour laquelle chaque payement partiel forme un à-compte. Il n'y a dette, au contraire, que pour le temps de service expiré. Il existe autant de créances distinctes que de payement séparés. Chaque quittance doit donc être considérée isolément aujourd'hui pour l'application du droit de timbre.

7972. État d'émargements. — En principe, il est interdit de mettre plusieurs quittances sur la même feuille de papier timbré. Toutefois, l'état de répartition des traitements des employés des administrations municipales, qui est annexé comme pièce justificative au mandat du maire, quittancé par l'employé principal, pour la somme totale des traitements, et qui doit être timbré, conformément à la loi du 13 brumaire an 7, pouvait autrefois, sans contravention, être revêtu des acquits des différents employés, ces acquits se rapportant, alors, à une seule dépense et à un seul mandat (D. m. f. 31 déc. 1827, 1231 § 2 I. G., Inst. 17 juin 1840, art. 874, Inst. 20 juin 1859, n° 1011). — Cela ne fait plus de doute depuis la loi du 23 août 1871. — V. *Acte écrit à la suite d'un autre.*

Autrefois, il n'était dû qu'un seul droit de timbre, sui-

vant la qualité déterminée par la dimension du papier employé, quel que soit le nombre des acquits qui y figurent (D. m. f. 6 sept. 1827, 1231 § 2 I. G., D. m. f. 6 août 1857, 2106-7 I. G., 916 R. P., Inst. 20 juin 1859, n° 631, Sol. belge 12 mars 1868, 3246 R. P.).

Mais la loi du 23 août 1871 ayant assujetti chaque reçu à un droit spécial de 10 centimes, il en résulte que pour les traitements payés sur états d'émargement, il est dû un droit de 10 centimes par chaque partie prenante (Inst. 2413 § 7).

7973. Traitement. — Pension de retraite. — Fonds de retenue. — Les quittances, même lorsque les pensions excèdent 300 francs, des pensions de retraite que les villes payent à leurs employés au moyen de retenues exercées sur les traitements, dont le montant est versé à la caisse des dépôts et consignations, sont exemptes du timbre, d'après la règle générale posée par l'I. G. 1031 n° 5, relative au payement des pensions sur les fonds de retenue (14893-5 J. E.).

7974. États de la rétribution scolaire. — RÉTRIBUTION MENSUELLE. — Sont exempts de timbre les états que les instituteurs primaires produisent, mois par mois, des élèves, en vertu de l'art. 14 L. 28 juin 1833, pour le recouvrement de la rétribution scolaire (art. 9 L. 3 juill. 1846, 1760 I. G., L. 27 mars 1850, 14968 J. E.).

7975. Troncs. — Sont exempts du timbre les procès-verbaux de levée de troncs, ainsi que les quittances et autres actes constatant le versement des sommes trouvées dans ces troncs (Sol. 12 mars 1859).

CHAPITRE II. — COMPTABILITÉ DES MINISTÈRES

[7976 - 8166]

SECTION PREMIÈRE. — DISPOSITIONS COMMUNES

[7976 - 7978]

7976. Observation. — A côté de la comptabilité communale se trouve la comptabilité beaucoup plus importante des divers ministères. Le cadre de cet ouvrage ne nous permet pas d'entrer sur ce point dans des développements qui nécessiteraient un traité volumineux par chaque service. Nous nous bornerons à poser les règles générales, et à extraire de la nomenclature des nombreuses pièces justificatives celles qui sont désignées par la lettre (T) dans les règlements comme devant être timbrées. Nous renouvelons seulement ici l'observation que nous avons déjà faite au sujet de la comptabilité communale : c'est que les mentions dont il s'agit, inscrites pour la plupart en dehors de la participation officielle de l'administration de l'Enregistrement, ne constituent pas contre celle-ci un préjugé souverain.

7977. Règlement général de comptabilité publique. — Les dispositions relatives à la comptabilité publique avaient été réunies dans une ordonnance royale du 31 mai 1838 qui a longtemps formé le code de la matière et servi de base aux règlements spéciaux encore en usage dans la plupart des ministères. Les changements successifs apportés depuis 1838 aux prescriptions de cette ordonnance ayant rendu nécessaire l'établissement d'un nouveau recueil méthodique des règles de finances, ce travail a été proposé en 1862 et consacré par un décret du 31 mai de cette année. Il forme aujourd'hui le code de la comptabilité publique en remplacement de l'ordonnance de 1838.

7978. Règlements spéciaux. — Indépendamment du règlement général applicable à toutes les dépenses, chaque service a son règlement spécial dans lequel les principes communs sont développés et reçoivent une application directe aux différentes opérations dont ces services sont plus particulièrement chargés (art. 881 Déc. 31 mai 1862).

Le règlement spécial du ministère des finances a été arrêté le 26 décembre 1866 et il remplace celui du 26 janvier 1846. Ceux des autres ministères ne sont pas encore tous publiés. Voici la date de ceux qui sont en usage.

Pour le ministère des affaires étrangères, du 6 novembre 1840;
— — de l'agriculture et du commerce, du 3 décembre 1844;
— — des cultes, du 31 décembre 1841;
— — de la guerre, du 3 avril 1869;
— — de l'instruction publique, du 16 octobre 1867;
— — de l'intérieur, du 30 novembre 1840;
— — de la justice, du 28 décembre 1838;
— — de la marine et des colonies, du 14 janvier 1869;
— — des travaux publics, du 16 septembre 1843.

Le ministère de la maison de l'Empereur et des beaux-arts avait un règlement spécial du 12 décembre 1867 qui est encore applicable aujourd'hui au service des beaux-arts.

SECTION 2. — MINISTÈRE DES FINANCES
[7979-8002]

ARTICLE PREMIER. — DISPOSITIONS GÉNÉRALES
[7979]

7979. Règles communes. — Le règlement du 20 décembre 1866 renferme des dispositions générales sur la justification des dépenses de toute nature. Nous en extrayons les suivantes:

Toute pièce à produire à l'appui d'une ordonnance ou d'un mandat de payement pour justification des droits du créancier et dont la désignation est suivie de la lettre T dans la nomenclature, est assujettie au timbre de dimension (p. 101 n° 12).

1. MÉMOIRE COLLECTIF. — Quand plusieurs fournisseurs se réunissent pour présenter un mémoire collectif de leurs diverses fournitures, les acquits dont ils le revêtent ne sauraient constituer autant d'actes distincts; il n'y a qu'un mémoire acquitté par plusieurs parties prenantes et passible d'un seul droit de timbre selon la dimension (Id. n° 13). Depuis la loi du 23 août 1871, chaque acquit est passible d'un droit spécial de 10 centimes.

2. QUITTANCE SÉPARÉE. — Lorsque les titres, factures ou mémoires portant quittance sont timbrés ou que la quittance est fournie séparément par papier timbré, l'acquit donné pour ordre sur les extraits d'ordonnance ou les mandats n'entraîne pas la nécessité du timbre de ses pièces (Id. n° 14).

3. QUITTANCE AU BAS DU MÉMOIRE. — Une quittance timbrée n'est exigible que si elle est donnée isolément et ne se trouve pas au bas d'un mémoire ou autre titre déjà timbré. Dans ce cas, le droit de timbre n'est pas proportionnel à la dimension de la feuille; il est invariablement de 60 centimes (Id. n° 15). Actuellement, la quittance est sujette au droit spécial de 10 centimes dès quelle dépasse 10 francs.

4. INTERMÉDIAIRE. — Si le titulaire de l'ordonnance ou du mandat n'est qu'un intermédiaire administratif entre l'État et ses créanciers, la quittance qu'il donne en touchant les fonds, est une formalité d'ordre qui ne nécessite pas le timbre; mais il est exigé, lorsqu'il y a lieu, sur les quittances des créanciers réels que l'intermédiaire est tenu de rapporter et de produire au comptable (Id. n° 16).

5. BORDEREAU. — N'est point soumis à la formalité du timbre tout bordereau produit par un agent administratif, à l'effet soit d'obtenir le remboursement de dépenses ou d'avances, soit de justifier de l'emploi des fonds qui avaient été mis à sa disposition pour un service public (Id. n° 17.).

6. TRAITEMENTS. — Sont exemptées de la formalité du timbre, les quittances de traitements et émoluments personnels, celles des sommes payées à titre de pension, secours et actes rémunératoires, et toutes autres quittances pour créances non excédant 10 francs quand il ne s'agit pas d'un à-compte ou du solde final sur une plus forte somme (Id. p. 18). (En ce qui concerne les quitances de traitement, V. supra n° 7612).

7. POUVOIRS. — Les pouvoirs d'émarger que donnent, en cas d'éloignement de leur résidence, et par forme de lettre, conformément à l'art. 1985 C. C., les employés et préposé des administrations financières, sont dispensés du timbre (Id. n° 19.).

8. DÉPENSES N'EXCÉDANT PAS 10 FRANCS. — Pour les dépenses qui n'excèdent pas 10 francs dans leur totalité, la production des factures et mémoires de travaux ou fournitures n'est pas exigible, quand le détail des fournitures est présenté dans l'ordonnance ou le mandat. S'il s'agit d'une dépense exécutée en régie, il peut être suppléé à la facture ou au mémoire par une quittance de l'ayant droit contenant le même détail (*Id.* n° 20).

9. CRÉANCIERS ILLETTRÉS. — QUITTANCES. — Si les quittances notariées, délivrées à l'État par des créanciers illettrés sont affranchies de tous droits d'enregistrement; elles sont néanmoins assujetties au timbre, parce que le timbre n'est pas à la charge du Trésor, mais des parties (D. m. 27 avr. 1858, 2123 § 3 I. G., 1031 R. P., 13337 J. N.).

10. COPIES DE PIÈCES. — On a demandé si les copies de procès-verbal d'adjudication, de marché, de cahier des charges, devis ou soumissions qui sont soutien des ordonnances et mandats de payement, doivent être assujetties à la formalité du timbre.

Cette question a été résolue négativement. Il a été reconnu que les copies susmentionnées, produites à l'appui des ordonnances et mandats, présentent un caractère administratif et sont exemptes du timbre. Telle a été l'opinion, à cet égard, de la commission chargée de la révision des règlements des différents ministères (Circ. compt. gén. 17 mars 1870, 3121 R. P.).

Ces dispositions seront applicables à tous les ministères au fur et à mesure de la publication de leurs règlements de comptabilité.

ARTICLE 2. — JUSTIFICATIONS APPLICABLES À TOUS LES SERVICES
[7980-7990]

7980. Personnel. — TRAITEMENT, INDEMNITÉS, SECOURS, SALAIRES. — Les pièces sont exemptes du timbre. — *V.* 7612.

7981. Matériel. — § 1er. *Fournitures exécutées en vertu d'adjudications publiques ou marché de gré à gré.*

Payement unique ou intégral : Procès-verbal d'adjudication ou marché de gré à gré (T) ; cahier des charges (T) ; devis ou soumission (T) contenant l'indication des fournitures et du prix quand ces détails ne résultent pas du marché ou du cahier des charges ; facture ou mémoire (T) contenant le détail des fournitures en quantités, les prix d'unités, la date des livraisons et la somme à payer ; quittance (T) de l'ayant droit.

Payements fractionnés ; à-compte : Quittances (T) des ayants droit.

Solde : Mêmes justifications qu'en cas de payement unique ou intégral.

7982. — § 2. *Fournitures exécutées sur simple mémoire, lorsque la dépense n'excède pas 1,000 francs :* Facture ou mémoire (T) contenant le détail des fournitures ; quittance (T) de l'ayant droit.

7983. — § 3. *Travaux exécutés en vertu d'adjudications publiques ou de marchés de gré à gré.*

Payement unique ou intégral : Procès-verbal d'adjudication (T) ou marché de gré à gré (T) ; cahier des charges (T) ; facture (T) ou décompte administratif des travaux ; quittance (T) de l'ayant droit.

Payements fractionnés ; à-compte : Quittances (T) des ayants droit.

Solde : Mêmes justifications qu'en cas de payement unique ou intégral.

7984. — § 4. *Travaux exécutés sur simples mémoires, quand la dépense n'excède pas 1,000 francs :* Mémoire (T) dûment réglé ; quittance (T) de l'ayant droit.

Travaux en régie : Mémoires (T) ou factures (T) attestés par le régisseur, contenant le détail des fournitures; quittances (T) de l'ayant droit.

7985. — § 5. *Transports exécutés en vertu d'adjudications publiques ou de marchés de gré à gré.*

Payement unique ou intégral : Procès-verbal d'adjudication (T) ou marché de gré à gré (T) ; cahier des charges (T) ; facture (T) indiquant les bases de la liquidation ; pour les transports de matériel, lettre de voiture (T), acquits à caution ou justifications analogues ; quittance (T) de l'ayant droit.

Payements fractionnés ; à-compte : Quittances des ayants droit.

Solde : Mêmes justifications que pour le payement intégral.

7986. — § 6. *Transports effectués sur simple mémoire, lorsque la valeur n'excède pas 1,000 francs :* Mémoire (T) dûment réglé ; quittance (T) de l'ayant droit ; lettre de voiture (T), acquit à caution ou justification analogue.

7987. — § 7. *Nolis de bâtiments :* Charte partie (T); facture (T) ou décompte présentant les bases de la liquidation ; quittance (T) de l'ayant droit.

7988. — § 8. *Acquisitions et échanges d'immeubles.*

Immeubles appartenant à des personnes capables : Acte de vente (T) notarié ou administratif, jugement d'adjudication (T), ou tout autre titre constatant l'acquisition, transcrit et enregistré (toutes les pièces concernant les acquisitions faites pour le compte de l'État sont timbrées et enregistrées gratis); en cas de purge, certificat (T) négatif relatif aux mentions désignées par les art. 1er et 2 L. 23 mars 1855, ou, s'il y a lieu, état (T) des inscriptions, certificat (T) du conservateur constatant qu'il n'existe pas d'inscriptions prises pour la conservation du privilège spécial mentionné par l'art. 6 de cette loi, ou état (T) de ces inscriptions, certificat (T) de radiation de ces inscriptions. Les justifications pour la purge des hypothèques légales sont : certificat (T) du dépôt du contrat au greffe, exploit (T) de notification aux parties et au parquet, certificat (T) d'affiche pendant deux mois, certificat (T) de non-inscription pendant deux mois, ou, s'il y a lieu, état des inscriptions, certificat (T) de radiation de ces inscriptions; quittance (T) de l'ayant droit.

Immeubles appartenant à des mineurs interdits, absents ou incapables ou faisant partie de majorats : Jugement (T) autorisant la vente.

Immeubles appartenant à des femmes mariées : Acquits (T) de la femme et du mari, ou, à défaut de l'acquit du mari, autorisation du tribunal ; jugement (T) du tribunal autorisant la vente.

Immeubles appartenant à des départements, communes ou établissements publics : Acte de vente (T) notarié ou administratif, jugement d'adjudication (T), certificat négatif (T) des mentions et transcriptions désignées par les art. 1er et 2 L. 23 mars 1855, ou état (T) de ces inscriptions ; certificat négatif (T) des inscriptions prises pour la conservation du privilège spécial mentionné par l'art. 6 de cette loi, ou état (T) de ces inscriptions, et certificat (T) de leur radiation ; quittance (T) de l'ayant droit.

Immeubles acquis par expropriation pour cause d'utilité publique : Acte de vente amiable (T) ; certificat négatif (T) ou état (T) des inscriptions ; certificat (T) de radiation ; quittance (T) de l'ayant droit. En cas de jugement d'expropriation : Jugement d'expropriation (T) ; convention (T) contenant le règlement amiable de l'indemnité, plus les autres justifications précédentes.

7989. — § 9. *Indemnités mobilières, locatives ou industrielles* : Convention (T) dûment approuvée ; quittance (T) de l'ayant droit.

7990. — § 10. *Locations d'immeubles.* — *Premier payement* : Bail (T) dûment approuvé (les baux passés au nom de l'Administration sont enregistrés gratis) ; quittance (T) du propriétaire.

Payements subséquents : Quittance (T) du propriétaire, extrait (T) de l'acte de bail.

ARTICLE 3. — PIÈCES A PRODUIRE AUX COMPTABLES DU TRÉSOR A L'APPUI DES ORDONNANCES ET MANDATS

[7991-8002]

7991. Dette consolidée. — 1re SECTION. — CHAP. IV. — REMBOURSEMENT DE CAUTIONNEMENTS : Les pièces justificatives de la libération des titulaires emprennent notamment : certificat de non opposition du greffier du tribunal (T) ; certificat du même greffier constatant l'affiche de la cessation des fonctions pendant trois mois (T) ; certificat de *quitus* du produit des ventes dont le titulaire a été chargé (T) ; certificat de propriété enregistré et légalisé (T) ; les créanciers pour faits de charges doivent produire les certificats prescrits par l'art. 548 C. proc., et par les art. 5 et 7 L. 25 niv. an 13 (T), ainsi qu'un certificat d'affiche du jugement pendant trois mois (T) ; procuration (T) légalisée mais non sujette à l'enregistrement.

CHAP. VII. RACHAT DU PÉAGE DE L'ESCAUT : Bordereau de frais (T) quittancé.

CHAP. IX. RENTES VIAGÈRES D'ANCIENNE ORIGINE : Certificat de vie (T) ; en cas de payement aux héritiers : acte de décès du titulaire (T) ; certificat de propriété (T) ; déclaration spéciale conforme à l'art. 14 L. 15 mai 1818 et pouvant être faite sur le certificat de propriété qui est dans ce cas signé par les déclarants, elle ne doit être timbrée que quand le certificat de vie est lui-même assujetti au timbre. L'acte de décès produit à l'appui d'un décompte d'arrérages de pension militaire est exempt du timbre, mais sous la condition expresse d'exprimer l'indication de cet emploi (D. m. f. 15 janv. 1823). La même exemption a lieu pour les arrérages de pensions à titre de récompense nationale.

CHAP. X. RENTES VIAGÈRES POUR LA VIEILLESSE : Mêmes justifications que ci-dessus (les certificats de vie, ainsi que les pièces à produire par les héritiers, sont exempts de timbre et d'enregistrement).

CHAP. XI. PENSIONS DES GRANDS FONCTIONNAIRES DE L'ÉTAT : Certificat de vie (T) contenant la déclaration prescrite par l'art. 14 L. 15 mai 1818.

CHAP. XIII. PENSIONS CIVILES : Certificat de vie (T) contenant la même déclaration.

CHAP. XV. PENSIONS MILITAIRES : Le certificat de vie est exempt du timbre.

CHAP. XVI. PENSIONS ECCLÉSIASTIQUES : Certificat de vie (T).

CHAP. XVII. PENSIONS DE DONATAIRES DÉPOSSÉDÉS : Le certificat de vie est exempt du timbre.

CHAP. XIX. SECOURS AUX PENSIONNAIRES DE L'ANCIENNE LISTE CIVILE : Le certificat de vie est exempt du timbre.

7992. Administration centrale des finances. — 2e SECTION. — CHAP. XXXI. — DÉPENSES DIVERSES : *Frais de tournée des inspecteurs des finances* : Pour les frais de passage à bord des paquebots des compagnies de services maritimes ; décompte (T) dressé par l'agent de la compagnie et quittance (T) de cet agent.

Frais judiciaires et condamnations prononcées contre le Trésor public : Frais judiciaires ; état de frais (T) dûment taxé par le juge ; quittance (T) de l'ayant droit.

Honoraires : Quittance (T) de l'ayant droit.

Condamnations : Expédition (T) ou signification (T) du jugement ou de l'arrêt prononcé contre le Trésor, état des frais dûment taxé par le juge en exécution des dépens (T) ; quittance (T) de l'ayant droit.

Indemnités spéciales de réforme pour cause de suppression d'emploi : Certificat de vie (T).

7993. — 3e SECTION. — *Cour des comptes.*

7994. — 4e SECTION. — *Service de trésorerie.*

7995. Administration des contributions directes. — 5ᵉ SECTION. — CHAP. XLV. — FRAIS JUDICIAIRES ET CONDAMNATIONS PRONONCÉES CONTRE L'ADMINISTRATION : Expédition (T) du jugement; état des frais (T) dûment taxé, appuyé des quittances (T) des parties prenantes.

7996. Administration de l'enregistrement et des domaines. — 6ᵉ SECTION. — CHAP. XLVIII. — MATÉRIEL. *Entretien des bâtiments et domaines de l'État* : Honoraires des architectes; mémoire (T) dûment arrêté; quittance (T). Frais de bureau et autres de l'atelier général du timbre : prix des médicaments prescrits par les médecins et fournis par les pharmaciens agréés par l'Administration ; mémoire (T) et quittances (T) de l'ayant droit.

CHAP. XLIX. DÉPENSES DIVERSES : *Frais d'estimation d'affiches et de vente de mobilier et de domaines de l'État* : Mémoires (T) quittancés des fournisseurs.

Dépenses relatives aux épaves, déshérences, biens vacants : Bordereau des frais dressé par le receveur, appuyé de quittances (T) des ayants droit.

Frais judiciaires : État de frais dûment taxé (T) en exécution de dépens (T) quittancé par les ayants droit ; les frais occasionnés par des poursuites non suivies de jugement ou abandonnées par l'Administration, font l'objet d'états particuliers arrêtés par les directeurs. Ces états, exempts du timbre comme pièces d'ordre intérieur, ne sont pas soumis à la taxe ; extrait (T) ou signification (T) du jugement ; pour les frais relatifs aux instances devant la C. cass., état (T) certifié ou visé par l'avocat de l'Administration ; quittance (T) de l'ayant droit ; pour les honoraires dus aux jurisconsultes conseils de l'Administration ou aux architectes attachés aux contrôles des successions, quittance (T) de l'ayant droit.

Frais d'extraits d'arrêts ou de jugements : Mémoire (T) des frais, arrêté par le juge et quittancé par le greffier (ces mémoires sont exempts du timbre quand ils n'excèdent pas 10 fr.).

Frais de procédure avancés dans l'intérêt des communes et des établissements publics en matière de police simple ou correctionnelle pour délits sur leurs propriétés autres que leurs bois : Mémoire (T) ou état (T) taxé, quittancé et rendu exécutoire.

Frais de poursuites pour délits ou contraventions dans les bois de la couronne : Mémoire (T) rendu exécutoire ; quittance (T) de l'ayant droit.

7997. Administration des forêts. — 7ᵉ SECTION. — CHAP. LI. — MATÉRIEL : *Fourniture et entretien des marteaux, pinces et plaques des gardes, frais divers* : État des frais certifié par le conservateur et appuyé des quittances (T) des créanciers réels.

Travaux d'entretien et d'amélioration des forêts, frais d'impression : Mémoire (T) de l'imprimeur ; quittance (T) de l'ayant droit.

Expédition des procès-verbaux, des cahiers d'aménagement et des plans : Soumission (T) ou mémoire (T) ; quittance (T) de l'ayant droit.

Rétributions dues aux géomètres et arpenteurs : Extrait de la soumission (T) à joindre au premier mandat ; mémoire (T) de l'arpenteur ; quittance (T) de l'ayant droit.

CHAP. LII. DÉPENSES DIVERSES. *Indemnités pour rachat de droits d'usage* : Extrait (T) du jugement, en cas de contestation.

Frais des opérations de cantonnement : Mémoire (T) ou état de frais ; en cas de contestation, extrait (T) du jugement et quittance (T) de l'ayant droit.

Frais d'adjudication de diverses natures, publications, bougies, criées : Quittances (T) de l'ayant droit.

Avances recouvrables, taxes à témoin : Citation (T) suivie de la taxe et de l'acquit.

Coût des actes d'huissiers et des expéditions d'extraits de jugements : État (T) rendu exécutoire ; quittance (T) de l'ayant droit.

Honoraires des interprètes et experts : Réquisition (T) suivie de taxe ; quittance (T) de l'ayant droit.

Indemnités de déplacements : Mémoire (T) ; quittance (T) de l'ayant droit.

Frais de fourrière et de vente des animaux séquestrés : Mémoire (T) arrêté ; quittance (T) de l'ayant droit.

Frais de transport et de séquestre des bois en délit : Mémoire (T) arrêté ; quittance (T) de l'ayant droit.

Frais de transport des condamnés au lieu fixé pour leur détention : État (T) des dépenses rappelant les conditions faites avec l'entreprise ; quittance (T) de l'entrepreneur.

Dépens et dommages-intérêts auxquels l'État est condamné : Expédition (T) ou extrait (T) du jugement ou acte de signification (T) ; quittance (T) de l'ayant droit.

Suppléments d'honoraires d'avocats et frais d'impression de mémoires : État d'honoraires ou mémoires (T) portant fixation ; quittances (T) des ayants droit.

Dommages-intérêts mis à la charge de l'État, autres que ceux pour insuffisance ou privation de délivrance aux usagers, et les dépens restant dus lorsque les instances sont définitivement terminées ou abandonnées : Extrait (T) ou expédition (T) du jugement ou de l'arrêt en acte (T) de signification ; exécutoire de dépens (T) ou état de frais (T) dûment taxé ; quittances (T) des ayants droit.

Reboisement des montagnes : Quittances (T) des ayants droit.

7998. Administration des douanes et des contributions indirectes. — 8ᵉ SECTION. — CH. LIII. — REMISES AUX PRÉPOSÉS D'OCTROI RECEVEURS AUX ENTRÉES DES VILLES : Quittance à souche (T) du receveur municipal ou quittance du fermier de l'octroi suivant le mode de régie.

CHAP. LIV. FRAIS DE TRANSPORT DES POUDRES ET FRAIS ACCESSOIRES : Mémoire (T) ou facture (T) liquidé et arrêté ; quittance (T) de l'ayant droit.

Achat de poudres reprises aux débitants : Quittance (T) de l'ayant droit.

CHAP. LV. FRAIS JUDICIAIRES TOMBÉS A LA CHARGE DE L'ADMINISTRATION. 1° *Frais exposés* : état récapitulatif des frais dressé par l'agent qui en a fait l'avance ; ou, s'il y a lieu, état des frais (T) dûment taxé ; — 2° *Frais résultant de condamnations* : Expédition (T) ou extrait du jugement, ou acte de signification (T) ; état des frais (T) dûment taxé, ou exécutoire de dépens (T) ; quittances (T) des ayants droit ; — 3° *Frais judiciaires admis en reprise indéfinie* : État de frais (T) visé et arrêté par le directeur, quittance par les ayants droit (cet état n'est pas soumis au timbre s'il émane d'un préposé de l'Administration).

Primes allouées pour l'arrestation des fraudeurs : Quittances (T) des ayants droit.

Honoraires des avocats en matière de jugements : Quittance (T) de l'ayant droit.

Remboursement du prix des tabacs reversés à l'entrepôt par les titulaires et débits fermés : Quittance (T) de l'ayant droit.

Frais de transport des tabacs dans les entrepôts et frais accessoires : Mémoire ou facture (T) liquidé et arrêté ; quittance (T) de l'ayant droit.

7999. Administration des manufactures de l'État. — 9° SECTION. — CHAP. LXII. — ACHAT DE TABACS INDIGÈNES LIVRÉS PAR LES PLANTEURS : Quittance (T) des ayants droit.

Adjudications ou marchés passés pour la fourniture des tabacs exotiques : Facture (T) fournie par les vendeurs dûment liquidée et arrêtée ; quittance (T) des ayants droit.

Tabacs de bénéficiement ou qui sont extraits pour cause d'altération des cargaisons offertes en livraison par les fournisseurs : Facture (T) fournie par les vendeurs ; quittance (T) des ayants droit.

Tabacs provenant de sauvetage de mer : Quittance (T) de l'ayant droit.

Achats d'échantillons de tabacs : Facture (T) dûment liquidée et arrêtée ; quittance (T) des ayants droit.

Dépenses relatives à l'achat de tabacs par les consuls de France à l'étranger. 1° *Fret* : Connaissements (T) ; — 2° *Primes d'assurances et menus frais* : Mémoire (T) et quittance (T) de l'ayant droit.

Frais de transport de tabacs achetés à l'étranger : 1° Connaissement (T) ; quittance de l'ayant droit (T) ; — 2° *Frais d'avarie* : Quittance de l'ayant droit ; — 3° *Frais divers réglés sur mémoire* : Mémoire (T) et quittance (T) de l'ayant droit ; — 4° *Primes d'assurances* : Police (T) et quittance (T) de l'ayant droit.

8000. Administration des postes. — 10° SECTION. — CHAP. LXV. — PRIX DE LOYERS DUS AUX COM-PAGNIES DE CHEMINS DE FER POUR LOCAUX DANS LES GARES : Convention (T) à joindre au premier mandat ; quittance (T) de l'ayant droit.

Honoraires des architectes et vérificateurs des bâtiments et du mobilier : Mémoire (T) dûment arrêté ; quittance (T) de l'ayant droit.

Entretien des horloges à Paris : Copie (T) de la convention et du cahier des charges ; quittance (T) de l'ayant droit.

Chauffage et éclairage des bureaux de Paris : Mémoire ou facture (T) ; quittance (T) de l'ayant droit.

Frais de confection des timbres-poste : Mémoire (T) ; quittance (T) de l'ayant droit.

Entretien des boîtes urbaines et rurales dans les départements : Mémoire (T) et quittance (T) des ayants droit.

Chauffage et éclairage des bureaux ambulants · Quittance (T) de l'ayant droit.

Service par entreprise par terre : Quittance (T) de l'ayant droit.

Prix du transport des bureaux ambulants : Mémoire (T) arrêté en conseil d'administration ; quittance (T) des ayants droit.

Frais de transport effectués en dehors des conditions des marchés : Mémoire (T) dûment approuvé ; quittance (T) de l'ayant droit.

Indemnités aux entrepreneurs en cas de résiliation de marché ou de changement de mode d'exploitation : Quittance (T) de l'ayant droit.

Frais de convois spéciaux pour le transport des dépêches des paquebots : Mémoire (T) arrêté en conseil d'administration ; quittance (T) de l'ayant droit.

CHAP. LXVI. FRAIS MIS OU TOMBÉS A LA CHARGE DE L'ÉTAT PAR SUITE DE CONDAMNATIONS OU DE L'INSOLVABILITÉ DES PARTIES : État de frais (T) dûment taxé ou exécutoire de dépens (T) ; jugement (T) intervenu ; quittance (T) des ayants droits.

Frais relatifs à la réalisation des baux de bureaux de poste Mémoires (T) dûment vérifiés et arrêtés ; quittance (T) des ayants droit.

Honoraires des avocats et avoués employés par l'Administration : Quittance (T) des ayants droit.

CHAP. LXVII. SUBVENTIONS AUX COMPAGNIES CONCESSIONNAIRES DU TRANSPORT DES DÉPÊCHES PAR DES SERVICES MARITIMES : Extrait (T) ou copie (T) des marchés ou conventions ; quittance (T) de l'ayant droit.

8001. Remboursements et restitutions, non-valeurs, primes et escomptes. — 11° SECTION. — CHAP. LXIX. — ENREGISTREMENT. *Restitution de droits indûment perçus* : Pour les restitutions à titre de remise ; la quittance (T) de l'ayant droit.

Restitution d'amendes consignées : Quittance (T) de l'officier ministériel qui a consigné.

Restitution de revenus et de prix de vente de meubles et d'immeubles : Quittance (T) de l'ayant droit.

Restitutions aux héritiers et payements aux créanciers de successions ou déshérences : Quittance (T) de l'ayant droit.

FORÊTS. — *Remboursement à titre de dommages-intérêts aux usagers pour privation ou insuffisance de délivrance de bois, résultant de condamnations prononcées contre l'État :* Extrait (T) ou acte de signification (T) du jugement; quittance (T) de l'ayant droit.

Remboursement d'amendes perçues en matière de délits forestiers et de chasse et dont le ministre autorise la restitution : Quittance (T) de l'ayant droit.

CONTRIBUTIONS INDIRECTES. — *Restitution de droits pour cause d'exportation, objets d'or et d'argent :* Soumission des orfèvres et bijoutiers (T); quittance (T) de l'ayant droit.

Restitution du droit payé pour les bières exportées Quittance (T) de l'ayant droit.

POSTES. — *Restitutions de retenues opérées sur le salaire des entrepreneurs pour amendes ou retards :* Quittance (T) de l'ayant droit.

CHAP. LXX. RÉPARTITIONS DE PRODUITS D'AMENDE ATTRIBUÉES A DIVERS, AMENDES ENCOURUES PAR LES HUISSIERS RESTITUÉES EN PARTIE A LA BOURSE COMMUNE : Quittance (T) de la communauté des huissiers.

Répartition sur le produit des amendes et confiscations en matière de contributions indirectes (selon les divers cas) : Expédition (T) ou extrait du jugement, ou transaction approuvée ; procès-verbal de vente (T) des objets saisis ; de plus, pour les frais avancés par l'Administration; mémoire (T) taxé.

8002. Amortissement. — 3e SECTION. — CHAP. VI. — ACHATS DE RENTES POUR LA CAISSE DES RETRAITES DE LA VIEILLESSE : Bordereaux (T) de l'agent de change de la caisse, dûment quittancés par les agents vendeurs.

Achat de rente pour la caisse d'amortissement : Même justification.

SECTION 5. — MINISTÈRE DES AFFAIRES ÉTRANGÈRES

[8003-8004]

8003. Matériel de l'administration centrale. — CHAP. II. — ART. 1er. FOURNITURES GÉNÉRALES : Soumissions, procès-verbaux d'adjudications ou marchés à forfait ou de gré à gré (T) ; mémoires ou factures (T). Les autres pièces sont exemptes du timbre.

ART. 2. ENTRETIENS DES HÔTELS DU MINISTÈRE. § 1er. *Entretien des bâtiments :* Mémoires (T) quittancés. — § 2. *Constructions et grosses réparations :* Pour le jugement de solde: devis et procès-verbaux d'adjudication, et mémoires

quittancés (T). Les autres pièces sont exemptes du timbre. — § 3. *Honoraires de l'architecte :* Quittance.

ART. 3. MOBILIER. — Mémoires ou factures quittancés (T) et certificat de prise en charge.

ART. 4. HABILLEMENT DES GENS DE SERVICE. — Mémoires quittancés (T) des fournisseurs. Les autres pièces sont exemptes du timbre.

CHAP. VIII. PRÉSENTS DIPLOMATIQUES : Les pièces sont exemptes, à l'exception des factures.

8004. Dépenses des exercices clos et des exercices périmés. — CHAP. XIII ET XIV. — Mêmes justifications que pour les dépenses du service courant.

SECTION 6. — MINISTÈRE DE L'AGRICULTURE ET DU COMMERCE

[8005-8021]

8005. — Le ministère de l'agriculture et du commerce réuni au ministère des travaux publics par décret du 23 juin-2 juillet 1853, a, comme ce dernier, son règlement spécial suivi de la nomenclature des pièces justificatives de ses dépenses.

ARTICLE PREMIER. — AGRICULTURE ET COMMERCE

[8006-8021]

8006. Matériel de l'administration centrale. — CHAP. II. — ART. 1er. FOURNITURES. § 1er. *Achats de matières et effets :* Copie ou extrait (T) du cahier des charges et du procès-verbal d'adjudication ou de la soumission; mémoire (T) quittancé ; certificat de prise en charge. — § 2. *Indemnités en argent :* État nominatif émargé. — § 3. *Impressions :* Exécutées à l'Imprimerie nationale.

ART. 2. *Dépenses diverses :* Factures ou mémoires (T) quittancés. Les autres pièces exemptes.

ART. 3. 1° *Mobilier :* Idem. — 2° *Bâtiments :* Mémoires (T) quittancés; copie ou extrait (T) des marchés ou conventions; — 3° *Honoraires des architectes et vérificateurs :* État des dépenses et quittancé.

8007. Subventions aux caisses des retraites. — CHAP. III. — Les pièces sont exemptes, à l'exception des certificats de vie.

8008. Écoles vétérinaires et bergeries. — CHAP. IV. — §§ 1er à 3. *Appointements, retenues, remises et modérations sur pensions d'élèves :* Les pièces sont exemptes du timbre, à l'exception des quittances des parties, lorsqu'il y a lieu à remboursement, en cas de remise ou de modération de pensions.

§ 4. *Entretien et réparations ordinaires des bâtiments :* 1° Mémoires (T) quittancés des entrepreneurs ou fournisseurs, et états émargés des ouvriers à la journée ou à la tâche; — 2° Copie (T) ou extrait (T) des marchés ou conventions.

§ 5. *Constructions et grosses réparations :* 1° *Travaux à l'entreprise* (lors du premier à-compte) : Copie ou extrait de l'acte de cautionnement et du bordereau (T) de l'inscription hypothécaire, lorsque le cautionnement a été fourni en immeubles (lors du payement pour solde) ; expédition (T) du procès-verbal d'adjudication ou du marché ; devis (T) estimatif des dépenses ; quittance (T) de l'entrepreneur. Les autres pièces sont exemptes ; — 2° *Travaux par régie soit au compte de l'État, soit au compte d'un entrepreneur en défaut :* Mémoires (T) et facture (T) quittancés par les fournisseurs, appuyés des marchés (T), s'il en a été passé. Les autres pièces sont exemptes.

§ 6. *Mobilier, fournitures et frais divers :* Mémoires (T) quittancés ; certificats constatant l'inscription des objets mobiliers sur l'inventaire.

§ 7. *Produits consommés en nature dans les établissements :* État de liquidation de la dépense annuelle à l'appui du dernier payement ; quittance du receveur de l'enregistrement.

8009. Encouragements à l'agriculture. —

CHAP. V. — Mémoires (T) des fournisseurs ; factures (T) des éditeurs, imprimeurs, libraires et graveurs ; états (T) quittancés des menus frais (états quittancés des menus frais, s'il s'agit d'un établissement à la charge de l'État ou d'un département) et quittances (T) individuelles des encouragements ou indemnités. Les autres pièces exemptes.

8010. Haras, dépôts d'étalons, primes et encouragement. — CHAP. VI. — § 4. *Habillement :* 1° Expédition (T) de l'adjudication ou marché ; — 2° mémoires quittancés (T) des fournisseurs ; — 3° certificat de réception.

ART. 3. FOURNITURES : Comme au chap. 2 ci-dessus.

ART. 4. BATIMENTS. §§ 1ᵉʳ et 2. *Entretien, réparations et constructions :* Comme au chap. 4 § 4.

§ 3. *Honoraires :* Décompte des travaux exécutés.

§ 4. *Indemnités éventuelles :* 1° Extrait de la décision ministérielle ; — 2° quittance (T).

ART. 5. ACQUISITIONS D'IMMEUBLES. — § 1ᵉʳ. *Acquisitions d'immeubles de gré à gré :* Mêmes justifications qu'au chap. 32 § 6, Min. de l'int ; — § 2. *Intérêts :* Idem, § 8 ; — § 3. *Frais accessoires :* Idem, §§ 10 et 11.

ART. 6. INDEMNITÉS POUR OCCUPATION TEMPORAIRE OU POUR DOMMAGES : Idem, § 9.

ART. 7. LOCATION DE BATIMENTS OU TERRAINS : 1° Expéditions (T) ou copies (T) des baux ; — 2° Décisions

ministérielles approbatives des locations verbales ; — 3° quittance (T) des propriétaires.

ART. 11. OBJETS DIVERS DANS LES ÉTABLISSEMENTS : Les pièces sont exemptes, à l'exception des mémoires ou quittances des fournisseurs.

ART. 12. RÉGIE DES DOMAINES. — § 3. *Fournitures et frais de culture :* Mémoires quittancés (T), factures quittancées (T) ou quittances (T) séparées, avec certificats de prise en charge pour les objets qui en sont susceptibles. — § 4. *Produits consommés :* Comme au chap. 4 § 7 ci-dessus.

ART. 13. ENCOURAGEMENT A L'INDUSTRIE CHEVALINE : Quittances (T) des propriétaires de chevaux ; quittances (T) des trésoriers des sociétés qui font les frais de courses ; mémoires (T) quittancés des entrepreneurs, ouvriers ou autres ; mémoires (T) de dépenses diverses et états de frais (T) ou quittances (T). Les autres pièces exemptes.

ART. 14. REMONTES : Toutes les pièces exemptes, excepté l'acte de vente relatant le signalement du cheval et portant quittance.

ART. 15. OBJETS DIVERS DU SERVICE GÉNÉRAL : Mémoires quittancés (T) ; états de frais (T). Les autres pièces exemptes.

8011. Conservatoire et écoles des arts et métiers. — CHAP. VII. — §§ 1ᵉʳ à 3. *Appointements, retenues, etc.* Le reste comme au chap. 4 §§ 1ᵉʳ à 3 relatifs aux écoles vétérinaires et bergeries. — § 4. *Dépenses du matériel* Mêmes justifications qu'au chap. 4 § 6.

8012. Encouragements pour le commerce et les manufactures ; publications des brevets d'invention, travaux statistiques. — CHAP. VIII. — Mémoires et factures quittancées (T) des imprimeurs, graveurs, dessinateurs, marchands de papiers, etc.; quittances (T) de sommes allouées à titre d'encouragements sur la lettre d'avis ou le mandat (s'il s'agissait de secours, les pièces y relatives seraient exemptes) ; état nominatif (T) des subventionnés. Les autres pièces exemptes.

8013. Exposition des produits de l'industrie nationale. — CHAP. VIII bis. — Polices (T) ou quittances (T) relatives aux assurances contre l'incendie ; mémoires quittancés des frais d'arrosement ; lettres de voiture (T) portant réception des objets y énoncés ; mémoires ou factures (T) quittancés pour les fournitures et dépenses diverses ; quittance (T) motivée du prix des objets perdus ou avariés. A ces pièces à timbrer, il faut ajouter celles indiquées au § 5 du chap. 4 ci-dessus. Les autres pièces exemptes.

8014. Frais de surveillance des sociétés et agences tontinières. — CHAP. XI. — Mémoires ou factures (T) quittancés des marchands ou fournisseurs. Les autres pièces exemptes.

8015. Encouragements aux pêches maritimes. — CHAP. X. — Déclarations (T) d'armements; rôles (T) d'équipage; certificats (T) des douanes, d'embarquement et de débarquement, de jaugeage et de vérification de chargement; déclarations de retour.

8016. Service des poids et mesures. — CHAP. XI. — Mémoires ou factures (T) des fournisseurs et ouvriers; quittance (T) de loyer. Les autres pièces exemptes.

8017. Établissements thermaux. — CHAP. XII.
ART. 1er. ÉTABLISSEMENTS THERMAUX APPARTENANT A L'ÉTAT. 1° *Traitements, gages, indemnités, etc.* : États collectifs ou individuels, émargés; — 2° *Frais de service, chauffage, blanchissage, achat de linge*, etc. : Mémoires ou factures quittancés (T) constatant le service fait, la fourniture effectuée; — 3° *Entretien du matériel* : Mémoires quittancés (T); — 4° *Travaux d'amélioration de bâtiments* : V. chap. 4, §§ 4 et 5; — 5° *Acquisitions d'immeubles* : V. chap. 6 art. 5 et 6.

ART. 2. 1° *Subventions aux départements et aux communes* : Les pièces sont exemptes, y compris même les quittances extraites d'un registre à talon par le receveur général, et à souche par le receveur municipal;

2° *Subventions aux compagnies* : Copie ou extrait de la décision ministérielle; bordereau récapitulatif de la dépense et pièces (T) justificatives quittancées; quittance sur le mandat (T) du trésorier ou receveur de l'établissement subventionné.

8018. Établissements sanitaires. — CHAP. XII. — § 1er : 1° *Traitements* : États émargés; — 2° *Frais de service* : V. chap. 11 ci-dessus.

§ 2. 1° *Salaires des gardes et canotiers.* États collectifs ou quittances individuelles, et bon à payer délivré par le président semainier; — 2° *Dépenses éventuelles* : Mémoires ou factures quittancés (T).

§ 5. *Contestations* : État (T) de frais taxé; quittance sur le mandat.

§ 6. *Achats d'ouvrages, abonnements et impressions* : Mémoires (T) quittancés; certificats de réception.

§ 7. *Bâtiments* : Mêmes justifications qu'aux §§ 4 et 5 du chap. 4.

§ 8. *Acquisition d'immeubles* : V. chap. 6 §§ 5 et 6.

§ 8 bis. *Fournitures d'objets mobiliers* : Mémoires (T) quittancés, et, dans le cas d'achat de mobilier, certificat d'inscription sur l'inventaire.

§ 9. *Mesures contre les épidémies* : 1° Pour les fournitures, indemnités et frais de publication : États (T), mémoires quittancés (T) des médecins, pharmaciens ou autres agents; — 2° Pour les récompenses : Copie de la décision ministérielle et quittance sur le mandat.

§ 10. *Subventions* : Quittances à souche (T) des receveurs des établissements ou des communes.

§ 11. *Indemnités à un médecin envoyé en mission* : Extrait de la décision qui détermine le chiffre de l'allocation à forfait, ou états de ces frais lorsqu'ils sont réglés par les myriamètres ou séjours; mais si le médecin n'est pas attaché à un établissement de l'État (T).

§ 12. *Prix des médailles décernées à titre de récompenses* : 1° Facture quittancée de la monnaie des médailles; — 2° certificat de réception.

8019. Secours aux colons. — CHAP. XIV. — Certificats de vie (T) et pièces justificatives (T) du droit à l'hérédité. Les autres pièces exemptes.

8020. Secours spéciaux pour pertes résultant d'événements malheureux. — CHAP. XV. — Toutes les pièces exemptes.

8021. Exercices clos et exercices périmés. — CHAP. XVI et XVII. — Les justifications sont les mêmes que pour les services courants.

SECTION 4 *bis*. — MINISTÈRE DES TRAVAUX PUBLICS.

[8022-8035]

8022. Matériel de l'administration centrale. — CHAP. II. — *V.* Agriculture et commerce.

8023. Corps des ponts et chaussées. — **Traitements, frais de voyage, etc.** — CHAP. III. — ART. 1er : Toutes les pièces exemptes, à l'exception des mémoires quittancés ayant pour objet les leçons d'équitation.

ART. 2. *Dépenses matérielles* : *V.* Agriculture et commerce.

8024. Corps des mines. — CHAP. VI. — ART. 1er. TRAITEMENTS, ETC. — ART. 2. DÉPENSES MATÉRIELLES : Mémoires ou factures (T) quittancés et quittances (T) des fournisseurs ou entrepreneurs. Les autres pièces exemptes.

8025. Routes nationales et ponts. — CHAP. X. — ART. 1er. TRAVAUX PAR ENTREPRISE : 1° Lors du payement du premier à-compte, copie (T) ou extrait (T) du procès-verbal d'adjudication ou de la soumission; — 2° lors du payement pour solde, expédition (T) du devis, du procès-verbal d'adjudication ou de la soumission. Le devis original n'est sujet au timbre que s'il est dressé par l'entrepreneur; il en est exempt, comme pièce d'administration intérieure, s'il émane des ingénieurs (D. m. f. 4 mess. an 10, 290 n° 25 I. G.). Dans tous les cas, quittances (T) de l'entrepreneur. En cas de dépenses sur la somme à valoir, les pièces sont exemptes, à l'exception des factures, mémoires ou états quittancés.

ART. 2. TRAVAUX PAR RÉGIE. — *V.* Agriculture et commerce, ch. 4 § 5-2° : 2° *Achats d'instruments et d'objets mobiliers* : Les pièces sont exemptes, à l'exception des factures ou mémoires quittancés ; — 3° *Loyers de magasins* : Certificat de l'ingénieur en chef ; quittance (T) sur le mandat ; copie (T) ou extrait du bail ou sous-bail ; copie ou extrait de la D. m. approbative de la location ; — 4° *Salaires d'experts* : Les pièces sont exemptes, à l'exception des factures, mémoires ou états quittancés produits par les experts qui ne sont pas des agents de l'Administration ; — 5° *Secours à des cantonniers réformés, à des ouvriers blessés, etc.* ; — 6° *Indemnités pour occupations temporaires ou pour dommages.*

ART. 5. ACQUISITIONS D'IMMEUBLES (opérées conformément aux dispositions de la loi du 3 mai 1841, sur l'expropriation pour cause d'utilité publique) : Les pièces sont exemptes, à l'exception du mémoire des frais de publication, d'insertion, etc., fait pour la purge des hypothèques.

8026. Navigation intérieure. — CHAP. XI ET XII. — *Curage des rivières et canaux. États de journées* : Les états de journées d'ouvriers employés au curage des canaux et rivières non navigables, entrepris par l'autorité administrative, en vertu de la loi du 14 floréal an 11, sont soumis au timbre lorsqu'ils sont émargés de la signature des parties prenantes et que les sommes payées excèdent 10 francs (D. m. f. 16 août 1853, 2003 § 4 I. G., 15896-4 J. E.).

1. MANDAT. — Le mandat délivré au profit du conducteur des ponts et chaussées qui a été chargé de la direction des travaux de curage des canaux et rivières non navigables, entrepris par l'État, est exempt comme pièce d'ordre intérieur (D. m. f. 16 août 1853, 2003 § 4 I. G.).

8027. Ports maritimes et services divers. — CHAP. XIII. — ART. Ier. TRAVAUX ET DÉPENSES DIVERSES DANS LES PORTS MARITIMES DE COMMERCE. — ART. 2. PHARES ET FANAUX : 1° *Construction* ; — 2° *Appareils d'éclairage* : Copie ou extrait (T) de la soumission ; factures ou mémoires (T) acquittés ; quittances (T) des fournisseurs. Les autres pièces sont exemptes du timbre ; — 3° *Loyers des locaux* : Certificat de l'ingénieur ; avis (T) de l'ordonnance acquittée ; — 4° *Frais de voyage et indemnités des ingénieurs, traitements des conducteurs auxiliaires* ; — 5° *Éclairage des phares* : États récapitulatifs (T) des dépenses des entrepreneurs ; mémoires ou factures (T) quittancés des fournisseurs. Les autres pièces exemptes.

8028. Chemins de fer. — CHAP. XIV. — ART. Ier. ÉTUDES : Les pièces ne sont pas assujetties au timbre, à l'exception des factures ou mémoires.

8029. Frais généraux du service des départements. — CHAP. XVI. — *Secours, etc.* : Factures ou mémoires (T) des fournitures. Les autres pièces exemptes.

T. III.

8030. Entretien et réparations ordinaires des bâtiments et édifices publics d'intérêt général. — CHAP. XVII. — ART. Ier. TRAVAUX. 1° *Prix de règlement lors des payements d'à-compte* : État de propositions d'à-compte ; avis (T) de l'ordonnance acquittée ; — 2° lors des payements pour solde ; mémoire (T) des travaux. Les autres pièces exemptes ; — 3° *Travaux par adjudication* : Outre les pièces indiquées pour les travaux à prix de règlement, on doit produire : 1° à l'appui du premier payement : Copie ou extrait du procès-verbal d'adjudication ou de la soumission et du cahier des charges ; — 2° à l'appui du payement pour solde : Expédition du devis, procès-verbal d'adjudication ou de la soumission.

ART. 2. ENTRETIEN DES BATIMENTS DE L'ACADÉMIE DE FRANCE A ROME ; — ART. 3. HONORAIRES DES ARCHITECTES ET DES VÉRIFICATEURS ; — ART. 4. PERSONNEL CHARGÉ DE LA CONSERVATION DES ÉDIFICES PUBLICS ; — ART. 5. DÉPENSES DIVERSES : Factures ou mémoires accompagnés des pièces constatant la livraison ; avis des ordonnances acquittées.

8031. Constructions et grosses réparations d'intérêt général (bâtiments civils). — CHAP. XVIII. — ART. Ier. TRAVAUX. — *V.* le numéro précédent (art. Ier chap. 17).

ART. 2 A 6. HONORAIRES DES ARCHITECTES ET DES VÉRIFICATEURS, AGENCE DES TRAVAUX, OBJETS D'ART, FRAIS D'OPÉRATIONS ET DE VOYAGE ; — ART. 7. ACQUISITIONS D'IMMEUBLES : Si l'on opère suivant la loi du 3 mai 1841. — *V.* chap. 10 art. 5. S'il s'agit d'acquisition de gré à gré, sans déclaration préalable d'utilité publique. — *V.* min. de l'int. chap. 32 § 6.

ART. 8. FRAIS ACCESSOIRES DES ACQUISITIONS D'IMMEUBLES. — *V.* min. de l'int. chap. 32 § 11.

8032. Achèvement de divers édifices. — CHAP. XIX. — Mêmes justifications que pour les dépenses du chap. 18.

8033. Exercices clos et exercices périmés. — CHAP. XXI ET XXII. — Comme pour les dépenses de l'exercice courant.

SECTION 5. — MINISTÈRE DE LA GUERRE.

[8034-8077]

ARTICLE PREMIER. — DISPOSITIONS GÉNÉRALES

[8034-8056]

8034. Règle. — Une circulaire, en date du 21 février 1829, concertée entre le ministre de la guerre et le ministre des finances, a déterminé l'application des lois du timbre

29

aux pièces à produire pour la justification des dépenses du ministre de la guerre. Les principes posés dans cette circulaire ont été pris pour base et reproduits dans la nomenclature arrêtée le 1ᵉʳ décembre 1838. Cette circulaire, qui est jointe à l'I. G. 1273, est ainsi conçue :

8035. Exceptions. — En vertu des dispositions de l'art. 16 L. 13 brumaire an 7, sont exceptées du droit de timbre toutes les pièces justificatives et quittances relatives au payement : 1° de la solde des états-majors et des corps de troupes, des indemnités et abonnements payables comme la solde, des traitements et émoluments des fonctionaires, employés et gens de service salariés par l'État ; — 2° des frais de postes ou de missions, frais d'estafettes et de courriers, indemnités de route, frais de gîte et géôlage, indemnités représentatives de vivres, de fourrages, de logements et d'ameublements aux officiers et employés militaires, d'habillement et de petit équipement, aux gens de service ; — 3° des salaires au prix de journées des ouvriers payés directement par l'État ou par les agents comptables ; — 4° des sommes ordonnancées au profit de la dotation des invalides ou au nom du payeur de la maison du roi ; — 5° des sommes ordonnancées, à quelque titre que ce soit, au profit des conseils d'administration des corps de troupes, des écoles militaires, des parcs d'équipages et de tous autres établissements au compte de l'État ; — 6° des actes, arrêtés, décisions et délibérations des autorités civiles ou militaires, concernant le service de recrutement; des pièces qui concernent directement les gens de guerre, telles que quittances de primes d'engagements et de réengagements; du prêt et des prestations en nature; des émoluments, indemnités, frais de déplacement et de bureau; des remboursements aux préfets, sous-préfets, intendants et sous-intendants militaires; des frais d'impression relatifs aux appels, et des frais d'actes d'engagements volontaires devant les autorités municipales; — 7° des secours et indemnités accordés à titre gratuit, c'est-à-dire hors le cas où lesdites indemnités sont allouées par suite de cession d'objets ou de droits quelconques en faveur de l'État; — 8° enfin, des dépenses de toute nature qui n'excèdent pas 10 francs.

8036. Emploi d'avances. — Régie par économie. — SECT. 2. — *Justification de l'emploi des avances faites jusqu'à concurrence de 20,000 francs aux agents comptables des services régis par économie.* Les pièces à rapporter aux payeurs et aux agents des services régis par économie doivent, aux termes de l'art. 72 de l'I. G. 30 novembre 1824, sur la comptabilité des dépenses de la guerre, être accompagnées d'un bordereau. Ce bordereau n'est point assujetti au timbre, parce qu'il sert uniquement à présenter la récapitulation des dépenses, lesquelles doivent être justifiées savoir: pour les livraisons faites au comptable, par mémoires ou factures sur papier timbré et par quittances également timbrées; pour les denrées journalières du comptable, par quittances timbrées sans facture, lorsque chacun de ces achats excède 10 francs, et pour les dépenses de 10 francs et au-dessous, ainsi que pour traitements, salaires, journées d'ouvriers, etc., par des quittances ou états d'émargements non timbrés.

8037. Dépenses excédant 10 francs. — SECT. 3. — *Nomenclature spéciale des pièces passibles du timbre, à produire aux payeurs à l'appui des ordonnances ou mandats, pour le paiement des dépenses de la guerre excédant 10 francs.* — *Administration centrale :* Factures ou mémoires établis par les créanciers. Quittances concernant : 1° l'achat de denrées et de matières, les fournitures de bureau, l'entretien du mobilier ; — 2° les impressions par tout autre établissement que l'Imprimerie nationale; 3° les fournitures diverses. Quittances pour : 1° loyers de bâtiments ; — 2° abonnements aux journaux ou écrits périodiques. Les dépenses accidentelles payées par les concierges et par l'agent comptable du ministère rentrent dans le mode de justification des services régis par économie (V. 2° sect.).

8038. Subsistances militaires et chauffage. — Factures spéciales ou trimestrielles du créancier. — Quittances concernant : 1° les achats de denrées ou d'effets en vertu de marchés; — 2° les denrées laissées en magasin, en fin de gestion, par le titulaire d'un marché la ration; — 3° les fournitures à la ration en vertu de marchés; — 4° les fournitures de chauffage de troupes et de chauffage et d'éclairage des corps de garde; — 5° l'éclairage des casernes de Paris; — 6° les loyers de poêles et les dépenses diverses. — Factures du commissionnaire créancier. — Quittances pour : 1° achats de denrées ou d'effets par commission ou commande; — 2° achats de liquides sans droits préalables. — Factures établies par le créancier. — Quittances pour : 1° fournitures à la ration, au prix des mercuriales; — 2° frais de manutention ou d'exploitation. — Factures établies par le consignataire créancier. — Quittance pour frais de transports.

8039. Habillement, campement et harnachement. — Facture générale annuelle établie par le fabricant. — Quittances pour fournitures d'étoffes et d'effets d'habillement, de campement et de harnachement, soit aux corps, soit dans les magasins, par les fabricants ayant un compte courant ouvert au ministère de la guerre. Les extraits des comptes courants produits à l'appui des ordonnances d'à-compte ne sont pas assujettis au timbre, comme étant établi par les bureaux de la guerre; mais les quittances d'à-compte au-dessus de 10 francs, reçus par les fournisseurs, sont passibles du droit de timbre. — Facture établie par le fournisseur. — Quittances pour mêmes fournitures par tous autres que les fabricants désignés à l'article précédent (Les dépenses du matériel des magasins sont justifiées suivant le mode indiqué pour les services régis par économie. — (V. 2° sect.).

8040. Hôpitaux. — Décomptes trimestriels établis par le créancier ou par les commissions administratives des hospices civils. Quittances des hôpitaux en entreprise et hospices civils. Pour les hôpitaux et magasins en régie, les dépenses relatives : 1° aux fournitures de denrées, d'objets de consommation, d'effets mobiliers, de médicaments; — 2° aux réparations du mobilier, locations et réparations de bâtiments, doivent être justifiées suivant le mode indiqué pour les services régis par économie.

8041. Casernement. — Facture générale établie par l'entrepreneur pour tout l'exercice. Quittance pour : 1° dépenses diverses et accidentelles ; — 2° fournitures de couchettes en fer, etc.

8042. Recrutement. — Mémoires ou factures établis par le fournisseur. Quittances pour achat de toiles métriques et autres fournitures qui ne seraient pas susceptibles d'être classées parmi les exceptions spécifiées dans la 1ʳᵉ section.

8043. Justice militaire. — Factures ou mémoires établis par les fournisseurs. Quittances pour impression des jugements en placards ; fournitures d'objets d'ameublement, de chauffage et d'éclairage des conseils de guerre et de leurs greffes. Quittances pour locations de locaux pour la tenue des conseils de guerre et pour leurs greffes (Les dépenses des ateliers de condamnés sont régies par économie).

8044. Remonte. — Factures ou mémoires établis par les fournisseurs. Quittances pour achats de chevaux (Le remplacement périodique des chevaux du train d'artillerie et du train des équipages étant fait par voie d'abonnement avec les corps, le droit de timbre n'est pas dû sur les pièces qui en justifient ; les dépenses faites par les commandants des dépôts de remonte sont justifiées de la manière déterminée pour les services régis par économie). — Service de marche et transports. Décomptes établis par les fournisseurs. Quittances de : 1° convois militaires par terre, par la navigation maritime ou fluviale et service éventuel ; — 2° transports généraux sur le continent, du continent aux îles voisines, et vice versâ. Service éventuel. Mémoires et factures des fournisseurs. Quittances pour achat de bois de construction, fers et autres objets d'approvisionnement pour le service des équipages militaires, à l'exception, toutefois, des achats faits par les conseils d'administration des parcs.

8045. Artillerie. — Les dépenses des arsenaux, des directions, des écoles régimentaires, du dépôt central d'artillerie et de l'atelier de précision, celles des manufactures d'armes et de fonderies en régie, doivent être justifiées de la manière déterminée pour les services régis par économie (V. 2ᵉ section). Actes de vente, procès-verbaux d'adjudication ou autres titres constatant l'acquisition faite par l'État. Quittances pour achat de bâtiments et terrains. Mémoires établis par les entrepreneurs. Quittances pour : 1° construction, réparation et entretien des bâtiments ; — 2° entretien annuel des toitures ; — 3° manufactures d'armes en entreprise ; — 4° fonderies en entreprise. Factures établies par les fournisseurs. Quittances pour : 1° achats de bois de construction, fers, tôles et aciers ; — 2° confection d'ouvrages à l'entreprise ; — 3° fournitures de projectiles, d'essieux, de flasques et autres produits de forges, pour affûts, mortiers, etc.

8046. Génie. — Comptes sommaires produits par les entrepreneurs en fin d'exercice. Quittances pour travaux exécutés aux fortifications et bâtiments militaires. Actes de vente, procès-verbaux d'adjudication ou autres titres constatant l'acquisition faite par l'État. Quittances pour acquisition de bâtiments et de terrains. Sont justifiées d'après le mode déterminé par la 2ᵉ section, pour les services régis par économie, savoir : 1° les dépenses du matériel du dépôt des fortifications, du dépôt central du génie et du dépôt des plans en relief ; celles de l'arsenal du génie de Metz, et des écoles régimentaires du génie ; — 2° les dépenses des dépôts de la guerre, et celles relatives à l'établissement de la nouvelle carte de France ; — 3° les dépenses relatives au service des écoles militaires.

8047. Extraits ou expéditions de baux. — Les nomenclatures de pièces à fournir aux payeurs, annexées aux règlements des ministères de la guerre et de l'intérieur, portent que les extraits de baux produits à l'appui des mandats sont assujettis au timbre, et, par une observation en marge, ces mêmes extraits sont dispensés de cette formalité lorsqu'ils portent mention de l'enregistrement dont le droit a été perçu sur les originaux. — On a fait observer avec raison que ce mode d'application de la loi du timbre n'est nullement conforme aux principes qui régissent cet impôt. En effet, s'il s'agit d'actes sous seing privé, les originaux doivent être joints, et personne n'a qualité pour en délivrer des extraits. S'il s'agit de baux notariés, les notaires ne peuvent rédiger d'expéditions ou d'extraits que sur papier timbré. Il ne peut donc être question que d'extraits d'actes administratifs. Or, d'après l'art. 16 L. 13 brumaire an 7, les extraits, copies et expéditions qui s'expédient ou se délivrent par une administration ou un fonctionnaire public, à une autre administration ou à un autre fonctionnaire public, sont exempts du timbre, lorsqu'il y est fait mention de cette destination ; et cette loi n'exempte pas du timbre les extraits, copies ou expéditions sur lesquels on se serait borné à relater la mention de l'enregistrement dont le droit aurait été perçu sur l'original ; les exceptions en matière fiscale sont toujours de droit étroit. D'ailleurs, d'après l'art. 78 L. 15 mai 1818, les actes administratifs portant transmission de jouissance doivent être enregistrés dans les vingt jours de leur date ou leur approbation, et, d'après l'art. 44 L. 22 frimaire an 7, tous les extraits ou expéditions des actes qui doivent être enregistrés sur les minutes doivent, à peine d'amende, contenir la transcription littérale de la mention de l'enregistrement et de la quittance des droits ; un extrait ou une expédition d'acte administratif ne peut donc être dispensé du timbre par cela seul que l'on s'est conformé à une disposition de la loi sur l'enregistrement.

8048. Facture ou mémoire. — Les factures ou mémoires de fournisseurs pour le département de la guerre sont sujets au droit de timbre, suivant la dimension du papier sur lequel ils sont écrits ; mais si ces mémoires ou factures, rédigés sur papier timbré et revêtus de l'acquit des fournisseurs et marchands, sont joints à l'appui des mandats de payement, il n'est point dû de droit de timbre pour le nouvel acquit apposé sur ces mandats (D. m. f. 21 mars 1828, 1239 § 1ᵉʳ, 1273 I. G.).

8049. Armes. — Les mémoires d'entretien et de réparation des armes d'un régiment doivent être rédigés par les maîtres armuriers sur papier timbré, lors même que la portion de dépense à la charge de l'État n'excède pas 10 francs (D. m. f. 6 déc. 1850, Circ. compt. n° 83 § 2, 15069-7 J. E.).

8050. Compte de clerc à maître. — Les factures produites par les comptables de la guerre, gérant de clerc à maître, à l'appui des mandats de remboursement d'avances, sont, comme pièces d'ordre et d'administration intérieure, exemptes du droit de timbre (D. m. f. 6 sept. 1844, 13905-10 J. E.).

8051. Hôpitaux militaires. — Les factures imprimées pour le service des hôpitaux militaires doivent être admises au timbre à raison de leur dimension, déduction faite du talon, qui est exempt du timbre, comme écriture administrative (D. m. f. 15 oct. 1851, 15292-4 J. E.).

8052. Lettre de voiture. — Les lettres de voiture pour transport d'effets militaires, et pour le compte direct du Gouvernement, expédiées par les commissaires des guerres ou agents dirigeant les transports et convois militaires, autres que les entrepreneurs, sont exemptes du timbre (D. m. f. 18 fruct. an 8, Circ. n° 2042, 326 § 3 n° 2 I. G.). — Mais, lorsque le prix du transport excède 10 francs, l'acquit ou la quittance apposé au bas de la lettre de voiture est sujet au timbre (D. m. f. 3 déc. 1850, 15069-3 J. E.).

8053. Quittances. — **Fournitures et prêt.** — Les quittances pour prêt et fournitures concernant les gens de guerre, tant pour le service de terre que pour le service de mer, sont exemptes du timbre (L. 13 brum. an 7 art. 16).

8054. Frais de gîte et geôlage. — L'exemption du timbre admise en faveur des pièces justificatives des frais de gîte et de geôlage des militaires, a été maintenue par une D. m. f. 26 novembre 1839 (1615 § 14 I. G.).

8055. Mandat de payement. — Les quittances données par les comptables de la guerre sur les ordonnances ou mandats de payement, lorsque toutefois il est justifié que les quittances des créanciers réels, formant titre de libération pour l'État, sont délivrées sur papier timbré, peuvent être données sur papier libre, selon une décision dont il a été donné connaissance aux payeurs par une circulaire du 30 décembre 1845, émanée de la comptabilité générale des finances (13905-10 J. E.).

8056. Relevés numériques. — **Malades traités.** — Les relevés numériques fournis par les hospices civils à l'appui des mandats délivrés à leur profit par le ministre de la guerre pour le remboursement des journées de traitement des militaires malades ne sont soumis qu'au droit de timbre de 35 centimes (60 cent.) quelle que soit la dimension du papier (D. m. f. 14 mars 1846, 1765 I. G.).

ARTICLE 2. — JUSTIFICATIONS DIVERSES

[8057-8077]

8057. Administration centrale. — **Matériel.** — CHAP. II. — ART. 1er. FOURNITURES GÉNÉRALES : Mémoires ou factures (T) quittancés et quittances (T). Les autres pièces sont exemptes.

ART. 2. ENTRETIEN DES BATIMENTS ET HOTELS. — § 1er. *Frais de réparation et entretien* : Quittances et mémoires de l'entrepreneur (T). Les autres pièces sont exemptes.

8058. Frais généraux d'impression. — CHAP. III. — 2° *Publication du journal militaire officiel* : Quittance (T) de l'éditeur pour le montant des à-compte reçus; copie du marché; décompte des livraisons opérées; mémoire (T) trimestriel de l'éditeur pour solde du service fait.

3° *Frais de lithographie*. § 1er. *Fournitures*: Factures (T) quittancées par les fournisseurs, ou mémoires (T) quittancés par l'artiste lithographe.

8059. Gendarmerie. — CHAP. V. — § 2. *Frais d'impression* : Copies ou extraits des décisions approbatives de la dépense, factures ou mémoires (T) quittancés.

8060. Recrutement et réserve. — CHAP. VI. — 2° *Dépenses accidentelles. Frais de justice en matière de recrutement* : État de frais de justice (T) ou exécutoire de dépens (T) ; copie ou extrait de la décision portant liquidation de la dépense.

Conduite des recrues : Extrait des revues qui ont réglé les allocations.

Autres dépenses accidentelles : Mémoires (T), factures (T) ou quittances (T), certificats de réception, décomptes et toutes autres pièces constatant le service fait.

8061. Justice militaire. — CHAP. VII. — ART. 1er. FRAIS RELATIFS A LA TENUE DES SÉANCES ET AUX GREFFES DES CONSEILS DE GUERRE. § 1er. *Dépenses ordinaires* : États détaillés des dépenses appuyés des quittances (T) des créanciers directs, d'extraits de mercuriales, d'extraits (T) de baux (le timbre n'est pas exigible lorsque les extraits de baux portent mention de l'enregistrement dont le droit a été perçu sur les originaux) ou de décisions fixant le prix des locations.

§ 2. *Dépenses extraordinaires* : Copies ou extraits de la décision liquidant la dépense; mémoires ou factures (T) quittancés.

ART. 2. IMPRESSION DES TABLEAUX EN PLACARDS : Mémoires ou factures (T) des tableaux imprimés, quittancés; copie ou extrait certifié de la décision liquidant la dépense.

ART. 4. FRAIS D'ARRESTATIONS DE DÉSERTEURS, D'INSOUMIS, ETC. : Exempt. Toutefois, lorsque les capteurs ne sont ni militaires, ni agents civils, leur quittance doit être timbrée.

ART. 5. ATELIERS DE CONDAMNÉS AU BOULET OU AUX TRAVAUX PUBLICS. — § 1er. *Traitements des agents d'administration et des surveillants :* Expédition des états nominatifs émargés. — § 2. *Dépenses accidentelles :* Décompte de règlement indiquant la dépense à la charge de l'État; mémoires ou factures (T) quittancés par les fournisseurs. — § 3. *Loyer des magasins :* Extrait (T) du bail ou de la décision fixant le prix de la location; quittances (T) des propriétaires.

8062. Solde et entretien des troupes. —

CHAP. VIII. — VIVRES. — § 1er. *Achats de denrées ou d'effets en vertu d'adjudications ou de marchés de gré à gré :* Factures (T) et quittances (T) ; les autres pièces exemptes.

§ 2. *Achats par commission :* Idem.

§ 3. *Frais de transport ou d'expédition de denrées d'une place sur une autre :* Décompte du service fait; quittances (T), factures (T) et lettres de voiture (T) quittancées.

§ 4. *Fournitures à la ration dont le prix est déterminé à l'avance :* Copie ou extrait de la convention, décomptes, quittances (T), factures (T), bordereaux trimestriels de distribution.

§ 5. *Fournitures à la ration, au prix des mercuriales :* Idem.

§ 6. *Dépenses ordinaires et dépenses éventuelles se rattachant aux frais de manutention :* Décomptes, quittances (T), factures (T), extraits (T) de baux, lettres de voiture (T).

ART. 3. CHAUFFAGE ET ÉCLAIRAGE. — § 1er. *Chauffage des troupes et dépenses accessoires :* Copie ou extrait du marché, décomptes, quittances (T), factures (T), bordereaux des fournitures faites pour les dépenses diverses, états émargés, factures ou quittances (T).

§ 2. *Éclairage des bâtiments militaires de Paris et de la banlieue :* Copie ou extrait du marché, décomptes, quittances (T), factures (T), états mensuels des fournitures, procès-verbaux des pertes et dégradations par force majeure.

TRAITEMENT DES MALADES DANS LES HOPITAUX : Quittances, mémoires ou factures, relevés numériques, décomptes, extraits ou copies des baux de location et quittances (T). Les autres pièces sont exemptes.

APPROVISIONNEMENTS DE RÉSERVE DES HOPITAUX : Facture (T) du fournisseur. Toutes les autres pièces sont exemptes.

SERVICE DE MARCHE. — ART. 1er. CONVOIS MILITAIRES. Copie ou extrait du marché réglant les conditions du service, décomptes, quittances et factures (T). Les autres pièces sont exemptes.

8063. Habillement et campement. — CHAP. IX.

— ART. 1er. PERSONNEL : Quittances au pied des mandats.

ART. 2. MATÉRIEL. § 1er. *Fournitures d'étoffes et d'objets divers :* Quittances, mémoires ou factures (T). Toutes les autres pièces sont exemptes.

§ 2. *Frais de confection et achats d'objets accessoires :* Idem.

§ 3. *Frais de manutention dans l'intérieur des magasins :* États émargés pour payements d'ouvriers ; mémoires ou factures (T) quittancés.

8064. Lits militaires. — CHAP. X. — § 1er.

Achats de couchettes et châlits en fer : Copie ou extrait du marché qui a réglé les conditions du service ; décomptes, factures et quittances (T) ; procès-verbaux de prise en charge.

§ 2. *Loyer d'entretien :* Quittances et factures (T). Toutes les autres pièces sont exemptes.

§ 3. *Dépenses accessoires et accidentelles :* Décomptes, quittances et factures (T); extraits (T) de baux de location. Les autres pièces sont exemptes.

8065. Transports généraux. — CHAP. XI. —

Factures ou mémoires, connaissements et quittances (T). Les autres pièces sont exemptes.

8066. Remonte générale. — CHAP. XII. —

Factures ou mémoires et quittances (T). Les autres pièces sont exemptes.

8067. Harnachement. — CHAP. XIII. — Idem.

8068. Fourrages. — CHAP. XIV. — Idem.

8069. Dépôt de la guerre. — Matériel. —

CHAP. XVII. — Mémoires (T). Toutes les autres pièces exemptes.

8070. Matériel de l'artillerie. — CHAP. XVIII.

— ART. 1er. ARSENAUX, DIRECTIONS, ÉCOLES ET DÉPOT CENTRAL DE L'ARTILLERIE. — § 3. *Menus achats pour travaux :* Factures ou mémoires (T) quittancés.

§ 4. *Loyers de bâtiments et terrains :* Copie ou extrait (T) du bail; états quittancés (T) par les propriétaires.

§ 5. *Encaissements d'armes :* Copies ou extraits des marchés ou procès-verbaux d'adjudication; procès-verbaux de réception ou états détaillés des dépenses faites, quittances (T).

§ 6. *Mouvements intérieurs dans les places et transports sur les côtes :* Idem.

§ 7. *Constructions, réparations et entretien des batteries de côtes :* Factures (T) ou états de payement acquittés.

§ 8. *Instructions dans les écoles régimentaires :* Idem.

§ 9. *Acquisitions d'immeubles faites de gré à gré, sans qu'il y ait urgence et sans qu'il ait été au préalable rendu une ordonnance déclarant l'utilité publique. — V.* chap. 32, § 6, relatif au ministère de l'intérieur.

§ 10. *Acquisitions d'immeubles faites à l'amiable ou sur expropriation forcée en vertu de la loi du 30 mars 1831 :* Les actes assujettis à l'enregistrement doivent être visés pour timbre gratis. Les autres pièces sont exemptes.

§ 11. *Acquisitions d'immeubles faites à l'amiable ou sur expropriation pour cause d'utilité publique, par application des lois du 7 juillet 1833 et du 3 mai 1841. — V.* chap. 32, § 7, du ministère de l'intérieur.

§ 12. *Construction, réparation et entretien des bâtiments :* Quittances (T). Toutes les autres pièces exemptes.

§ 13. *Entretien annuel des toitures :* Idem.

§ 14 et 15. *Achats de bois, fers, tôles, aciers et approvisionnements divers :* Factures, mémoires et quittances (T). Toutes les autres pièces exemptes.

§ 16. *Confections d'ouvrages à l'entreprise :* Idem.

§ 17. *Entretien et réparation des armes dans les arsenaux et les directions :* Idem.

§ 18. *Indemnités aux canonniers et dépenses extraordinaires et imprévues.*

ART. 2. ARMES PORTATIVES. — § 1er. *Manufactures d'armes :* Factures et quittances (T) de l'entrepreneur. Les autres pièces exemptes.

§ 2. *Fournitures d'armes, en dehors des produits des manufactures d'armes :* Quittances du fournisseur (T). Toutes les autres pièces exemptes.

§ 3. *Entretien des armes dans les corps :* Factures, mémoires et quittances (T). Les autres pièces exemptes.

ART. 3. FONDERIES ET FORGES. — § 1er. *Fonderies en régie :* Mêmes justifications que pour les dépenses des arsenaux et directions. — *V.* art. 1er § 52.

§ 2. *Fonderies en entreprises :* Mêmes justifications que pour les dépenses des manufactures en entreprise. — *V.* art. 2 § 1er.

8071. Matériel du génie. — CHAP. XIX. ART. 1er ET 2. FORTIFICATIONS. — BÂTIMENTS MILITAIRES. — § 1er. *Acquisitions de terrains et de bâtiments :* Mêmes justifications que pour les dépenses de même nature du service de l'artillerie. — (*V.* chap. 18, art. 1er §§ 9, 10 et 11 ci-devant.

§ 2. *Construction, réparation et entretien des fortifications et autres établissements militaires :* Quittances (T) ; compte sommaire mentionnant les sommes ordonnancées à titre d'à-compte et faisant ressortir le solde à payer. Les autres quittances sont exemptes.

§ 3. *Travaux exécutés par voie de gérance :* Mémoires ou factures (T). Toutes les autres pièces, même la quittance du gérant, sont exemptes.

§ 4. *Loyers de bâtiments, magasins et champs de manœuvres.* — *V.* chap. 18 art. 1er § 4.

§ 5. *Traitements et salaires :* États émargés.

ART. 3. ÉTABLISSEMENTS DU SERVICE DU GÉNIE ET DÉPENSES ACCESSOIRES. — Mémoires ou factures arrêtés et quittancés (T). Les autres pièces sont exemptes.

8072. Écoles militaires. — CHAP. XX. — ART. 1er. ÉCOLE POLYTECHNIQUE. — § 1er. *Traitements et indemnités :* États émargés.

§ 2. *Autres dépenses :* Factures, mémoires et quittances (T). Toutes les autres pièces sont exemptes.

ART. 2. — AUTRES ÉCOLES ET GYMNASES MILITAIRES. — Idem.

8073. Invalides de la guerre. — CHAP. XXI. — Mémoires, factures et quittances (T) des fournisseurs. Les autres pièces sont exemptes.

8074. Services civils en Afrique. — CHAP. XXIII. — A l'exception de la quittance du propriétaire, lors des acquisitions d'immeubles non déclarées d'utilité publique, et de la quittance du propriétaire dépossédé lors des acquisitions d'immeubles expropriés, qui doivent être écrites sur timbre, toutes les pièces en sont exemptes.

8075. Dépenses accidentelles. — CHAP. XXIV. — Mémoires, factures ou quittances (T), et, s'il y a lieu, procès-verbaux de réception.

8076. Dépenses secrètes. — CHAP. XXV. — Quittance sur l'extrait d'ordonnance ou sur le mandat.

8077. Rappels sur exercices clos et sur exercices périmés. — CHAP. XXV ET XXVI. — Mêmes justifications que pour les dépenses analogues du service courant.

SECTION 6. — MINISTÈRE DE L'INSTRUCTION PUBLIQUE ET DES CULTES
[8078-8111]

ARTICLE PREMIER. — DISPOSITIONS GÉNÉRALES
[8078]

8078. Règle. — D'après une circulaire du ministre de l'instruction publique et des cultes, concertée avec le ministre des finances, du 25 juillet 1831, sont exemptes du timbre :

Traitements et émoluments: Toutes les pièces qui se rapportent aux traitements, allocations, appointements, indemnités du ministre, des chefs et employés de tout grade du ministère ; des pensions ou secours temporaires qui en tiennent lieu ; des traitements et indemnités de tous les membres du clergé catholique, des pasteurs protestants et des rabbins israélites; des traitements des directeurs, maîtres, surveillants et employés des lycées et de l'École normale. — Les quittances du traitement sont assujetties au timbre depuis la loi du 23 août 1871.

Sont assujettis au timbre, aux termes de la circulaire précitée :

1° *Acquisitions immobilières* : Le mandat (quittancé) du préfet, les certificats de radiation ou de non-inscription hypothécaire et le certificat du préfet constatant que toute condition particulière imposée au vendeur est remplie pour toute acquisition d'immeubles au compte de l'État ;

2° *Bourses* : Le mandat (quittancé) du préfet et l'état des élèves présents dans les séminaires soit catholiques, soit protestants, dans les lycées et à l'École normale, titulaires de bourses ou de fractions de bourses ;

3° *Dépenses matérielles* : Les mandats du préfet pour allocations accidentelles aux établissements diocésains, acquisitions de mobilier pour les archevêchés et évêchés, et réparation du mobilier existant, si les factures ou mémoires ne portent pas quittance ;

Les factures et mémoires portant quittance, et, à défaut de quittance, les lettres d'avis d'ordonnance ou mandats des préfets concernant : le chauffage, éclairage et autres dépenses du matériel des bureaux du ministère ; les achats de livres, musique et objets divers pour les maîtrises et cathédrales; les acquisitions de mobilier, ou réparations du mobilier existant, pour les archevêchés et évêchés: l'entretien des enfants de chœur et des chapitres; les souscriptions à l'*Almanach du clergé*; les achats de livres, instruments de physique, etc. et autres frais matériels des collèges et de l'École normale ;

4° *Indemnités* : Le certificat de vie portant déclaration de non-jouissance de pension ou de traitement à la charge de l'État produit pour obtenir une indemnité temporaire, à défaut de pension; le mandat (quittancé) du préfet pour indemnités à des départements ou à des communes, en raison des dépenses tombant à leur charge par suite de la rétrocession d'immeubles, pour être affectés aux établissements diocésains ;

5° *Locations* : Le mandat (quittancé) du préfet et la copie ou extrait du bail, en ce qui concerne les frais de locations pour les établissements diocésains ;

6° *Secours* : Les mandats (quittancés) du préfet pour secours aux communes, à l'effet de contribuer à l'acquisition, aux constructions ou aux réparations des églises et des presbytères, et pour secours à des établissements ecclésiastiques et aux consistoires protestants ou israélites ;

7° *Secours ou encouragements* : Les mandats (quittancés) du préfet pour dépenses fixes des lycées, pour dégrèvements accordés à des élèves, et pour secours ou encouragements à l'instruction primaire de toute nature ;

8° *Subventions* : La lettre d'avis de l'ordonnance (quittancée) des sommes allouées à des établissements de missions étrangères, pour contribuer aux frais de voyage des missionnaires.

Les ministères de l'instruction publique et des cultes ont chacun leur règlement spécial.

ARTICLE 2. — INSTRUCTION PUBLIQUE
[8079-8097]

8079. Administration centrale. — Matériel. — CHAP. II. — ART. 1er. CHAUFFAGE, ÉCLAIRAGE, FOURNITURES ET ENTRETIEN DES BUREAUX : Mémoires ou factures (T) quittancés, copie ou extrait (T) du cahier des charges et du procès-verbal d'adjudication, de la soumission ou du marché ; certificat de réception.

ART. 2. INDEMNITÉ DE FRAIS DE BUREAU : États nominatifs émargés.

ART. 3. IMPRESSIONS. — V. *suprá* : *Agriculture et commerce* chap. 2 art. 1-3.

ART. 4. MOBILIER. — V. *Idem*, chap. 2 art. 3-1°.

Art. 5. BATIMENTS. — V. *Idem*, chap. 2 art. 3-2°.

ART. 6. 1° *Contributions* ; — 2° *Frais de régie des domaines* : Mémoires (T) quittancés ; — 3° *Frais judiciaires* : État de frais (T) taxé, quittance sur la lettre d'avis.

ART. 7. DÉPENSES DIVERSES : Mémoires ou factures (T). Les autres pièces exemptes.

8080. Conseil national et inspecteurs généraux. — CHAP. III. — **Services généraux.** — CHAP. IV. — 1° *Frais de concours pour l'agrégation et frais du concours général* : Mémoires et factures (T) des fournisseurs quittancés. Les autres pièces exemptes.

8081. Administrations académiques. — CHAP. V. — ART. 2. FRAIS DE BUREAU DES RECTEURS : Mémoires ou factures (T) quittancés. Les autres pièces sont exemptes.

ART. 4. DÉPENSES DIVERSES ET IMPRÉVUES : États ou mémoires (T); quittance et certificat de réception.

8082. Instruction supérieure. — CHAP. VII. — A l'exception des mémoires ou factures quittancés, ayant pour objet les dépenses ordinaires du matériel faites par les facultés et les écoles, toutes les pièces exemptes.

8083. Dépenses de l'instruction primaire. — CHAP. IX, X ET XI. —ART. 1er. DÉPENSES ORDINAIRES DES ÉCOLES PRIMAIRES COMMUNALES.— SUPPLÉMENT DU TRAITEMENT FIXE DES INSTITUTEURS ET DES LOYERS OU INDEMNITÉS DE LOGEMENT : Quittance à souche du receveur municipal (T); certificat d'exercice délivré par les membres du comité de surveillance locale; état dressé par le préfet, et indiquant le nom de la commune, celui de l'instituteur, le montant de son traitement, le montant de la subvention.

ART. 2.DÉPENSES DES ÉCOLES NORMALES PRIMAIRES. 2° *Location du bâtiment où est placée l'École normale primaire :* Quittance du propriétaire (T), copie du bail. — 3° *Entretien des bâtiments. Achat et entretien de mobilier. Achat de livres et d'instruments. Menues dépenses.* Abonnement au journal général de l'instruction publique : Mémoires des ouvriers et fournisseurs (T); certificat de réception. — 4° *Bourses entretenues soit par les départements ou les communes, soit par 'État. Pensions des élèves libres et des maîtres admis à la table commune :* Quittance (T) ; état nominatif des élèves ou maîtres admis, extrait du marché entre le préfet et la personne chargée du service des bourses. — 5° *Acquisition, construction ou réparation extraordinaire de bâtiments :* Copie ou extrait (T) certifié de l'acte d'adjudication des travaux ou des marchés et conventions; mémoires des entrepreneurs (T) quittancés; copie de l'acte de vente; certificat d'avancement des travaux délivrés par l'architecte; procès-verbal de réception des travaux dressé par l'architecte. — 6° *Indemnités aux instituteurs qui suivent les cours de l'École normale :* État nominatif de présence. — 7° *A-compte sur le montant des bourses et pensions :* Proposition d'à-compte par la commission de surveillance.

ART. 3. DÉPENSES DES COMITÉS D'ARRONDISSEMENT ET DES COMMISSIONS D'INSTRUCTION PRIMAIRE. — IMPRESSIONS : Mémoires (T) des fournisseurs quittancés.

ART. 4. SUBVENTIONS SUR LES FONDS DE L'ÉTAT OU DES DÉPARTEMENTS AUX COMMUNES POUR ACQUISITION, CONSTRUCTION ET RÉPARATION DE MAISONS D'ÉCOLES, ACHAT ET RENOUVELLEMENT DU MATÉRIEL : Quittance à souche (T) du receveur municipal ; mémoire du fournisseur (T); certificat du maire constatant l'avancement des travaux de constructions ou réparations, la date de l'achat pour les acquisitions, et la somme fournie par la commune; copie de la décision ministérielle pour les subventions du Trésor; état de répartition proposé par le préfet et approuvé pour les subventions sur le fonds départementaux.

ART. 5. INDEMNITÉS A DES INSTITUTEURS ET INSTITUTRICES, DIRECTEURS DE SALLES D'ASILE, DE CLASSES D'ADULTES. SECOURS A D'ANCIENS INSTITUTEURS : Quittance (T) lorsque le mandat a pour objet une indemnité ; état de répartition visé par le recteur et arrêté par le préfet.

ART. 6. MÉDAILLES D'ENCOURAGEMENT : Mémoire de la dépense et certificat de réception.

ART. 7. ACHATS DE LIVRES POUR LES ÉLÈVES : INDIGENTS. Mémoire (T) du fournisseur; certificat de réception du chef de l'école.

ART. 8. DONS A LA CAISSE DE PRÉVOYANCE DES INSTITUTEURS : Extrait du budget départemental ; récépissé du receveur général.

8084. Institut. — CHAP. XII. —ART. 1er. DÉPENSES PARTICULIÈRES DES CINQ ACADÉMIES : Mémoires ou facture (T) quittancés. Les autres pièces exemptes.

ART. 2. DÉPENSES COMMUNES AUX CINQ ACADÉMIES : *Idem.*

8085. Collège de France. —CHAP. XIII. — *Idem.*

8086. Muséum d'histoire naturelle. — CHAP. XIV. — Mémoires ou factures (T) quittancés et lettres de voiture (T). Les autres pièces exemptes.

8087. Bureau des longitudes et observations. — CHAP. XV. — Mémoires ou factures (T) quittancés. Les autres pièces exemptes.

8088. Bibliothèque nationale. — CHAP. XVI ET XVII. — *Idem.*

8089. Service des bibliothèques publiques. — CHAP. XVIII. — ART. 1er. SERVICE GÉNÉRAL : *Idem.*

ART. 2. SUBVENTIONS AUX VILLES POUR FRAIS DE CATALOGUES : Quittance (T) du maire.

8090. Établissements divers. — CHAP. XIX. — ART. 1er. ACADÉMIE DE MÉDECINE. 2° *Loyers de l'hôtel :* Quittance (T) du propriétaire; copie ou extrait (T) du bail ; 3° *Matériel :* Mêmes justifications que pour le bureau des longitudes.

ART. 2. ÉCOLE DES CHARTES : Mêmes justifications qu'à l'article précédent.

ART. 3. COURS D'ARCHÉOLOGIE : *Idem.*

ART. 4. COURS DE LANGUES ORIENTALES : *Idem.*

ART. 5. COURS D'ARABE : Quittance du professeur.

ART. 6. JARDIN BOTANIQUE D'AJACCIO : A l'exception des mémoires ou factures produits pour dépenses diverses, toutes les pièces exemptes.

8091. Souscriptions. — CHAP. XX.—Facture (T) des ouvrages, livres, quittancé; certificat de dépôt et d'inscription.

8092. Encouragements et secours aux savants et hommes de lettres. — CHAP. XXI.

— ART. 1er. ENCOURAGEMENTS ET SE COURS LITTÉRAI-RES. 1° *Indemnités temporaires* : États nominatifs, quittance (T) de la partie prenante, certificat de vie (T), lorsque le titulaire de l'indemnité est représenté par un fondé de pouvoirs; — 2° *Encouragements* ; Quittance (T) de la partie prenante ; — 3° *Secours* ; Quittance de la personne secourue ; — 4° *Subvention et indemnités éventuelles* : Quittance (T) de la partie prenante; — 5° *Indemnité de traitement de l'inspecteur des bibliothèques* : Quittance sur la lettre d'avis.

ART. 2. SECOURS AUX ANCIENS FONCTIONNAIRES DE L'UNIVERSITÉ OU A LEURS VEUVES : États nominatifs et quittance de la partie prenante.

ART. 3. INDEMNITÉS VIAGÈRES AUX ARTISTES QUI AVAIENT DES LOGEMENTS A LA SORBONNE : Mêmes justification et certificat de vie (T).

8093. Recueil et publication des documents inédits de l'histoire nationale. — CHAP. XXII. — Les mémoires et factures exceptés, les pièces sont exemptes.

8094. Subventions aux fonds de retraite. — CHAP. XXIII. — Récépissé à talon du caissier de la caisse des dépôts et consignations.

8095. Exercices clos et des exercices péri-més. — CHAP. XXIV ET XXV. — Comme pour les dépenses de l'exercice courant.

8096. Lycées. — La nomenclature des pièces de dé-penses qui concernent le ministère de l'instruction publique est suivie d'une nomenclature spéciale des pièces justificatives à produire par les économes des lycées.

Chaque nature de recettes provenant du Trésor, des com-munes, des familles, des biens loués, ou des pensions ; les recettes extraordinaires, telles que le produit d'objets mobi-liers hors d'usage, d'objets récoltés, de ventes de rentes ou d'immeubles, etc., sont justifiées par des copies, extraits ou états qui ne sont point soumis au timbre.

Quant aux dépenses de nourriture, de blanchissage, d'habil-lements, de traitements, d'indemnités, gages, livres, papiers, etc., médicaments, frais d'infirmerie, réparations locatives, en-tretien de mobilier, frais de leçons d'art d'agrément au compte des familles, achat de livres, instruments de physique, rentes ou immeubles, etc., une observation générale porte que les mémoires ou factures au-dessus de 10 francs doivent être établis en papier timbré. (Cette restriction est erronée ; la distinction entre les sommes inférieures et les sommes supé-rieures à 10 francs ne concerne que les quittances.)

8097. Droits universitaires. — Les quittances délivrées pour l'acquit des droits d'examen, de diplôme, de sceaux qui se perçoivent dans les facultés des sciences, des lettres, de droit, de médecine et à l'École de pharmacie, doi-vent être sur papier timbré lorsqu'elles sont au-dessus de 10 francs (D. m. f. 6 nov. 1851, 15309-6 J. E.).

ARTICLE 3. — CULTES

[8098-8111]

8098. Matériel et dépenses diverses des bureaux des cultes. — CHAP. II. — Mémoires ou fac-tures (T), quittances des fournisseurs (T). Les autres pièces sont exemptes.

8099. Subventions aux fonds des retraites des employés des cultes. — CHAP. III. — Les pièces sont exemptes du timbre, à l'exception du certificat de vie portant déclaration de non-jouissance de pension ou de traite-ment à la charge de l'État (T).

8100. Chapitre de Saint-Denis. — CHAP. VI. — Les pièces sont exemptes, à l'exception des factures ou mé-moires (T) des fournisseurs quittancés par eux.

8101. Bourses des séminaires du culte catholique. — CHAP. VII. — 1° Quittances des tréso-riers des séminaires (T) ; — 2° États nominatifs et trimestriels des élèves.

8102. Secours à des ecclésiastiques et à d'anciennes religieuses. — CHAP. VIII. — Les pièces exemptes, à l'exception des quittances (T) des supérieurs, directeurs ou procureurs des établissements de missions.

8103. Dépenses de service intérieur des édifices diocésains. — CHAP. IX. — Quittances (T) des propriétaires, s'il s'agit de locations, factures ou mé-moires (T) quittancés par les fournisseurs, s'il s'agit d'a-chats d'ornements, d'acquisition de mobilier et de répara-tion de mobilier. Les autres pièces sont exemptes.

8104. Acquisitions, constructions et entre-tien des édifices diocésains. — CHAP. X. — ART. 1er. ACQUISITIONS DE BATIMENTS OU TERRAINS POUR LES CATHÉDRALES, ÉVÊCHÉS OU SÉMINAIRES : Certificats des préfets, en cas de conditions particulières à remplir par le vendeur, et, de plus, les pièces indiquées au chap. 32 § 6, relatif au ministère de l'intérieur.

ART 2. INDEMNITÉS A DES DÉPARTEMENTS OU A DES COMMUNES, EN RAISON DES DÉPENSES TOMBANT A LEUR CHARGE, PAR SUITE DES RÉTROCESSIONS DE BATIMENTS OU TERRAINS POUR ÊTRE AFFECTÉS AUX ÉDIFICES DIOCÉSAINS : Récépissés à talons (T) des rece-veurs généraux ou quittances à souche (T) des receveurs des communes (T) ; copies des décisions qui allouent les indemnités.

ART. 3. CONSTRUCTIONS NEUVES ET GROSSES RÉPARATIONS : Quittances (T) des entrepreneurs ; expédition de l'acte de cautionnement et du bordereau de l'inscription hypothécaire (T). Les autres pièces, fournies à chaque à-compte payé, sont exemptes du timbre. Pour solde de l'entreprise : devis des entrepreneurs (T) ; procès-verbaux de réception des travaux (T) ; métré général desdits travaux ; extrait de la décision du ministre portant règlement définitif de la dépense ; expédition (T) des marchés, des soumissions ou du procès-verbal d'adjudication qui étaient restés entre les mains de l'entrepreneur pour lui servir de titre à l'exécution des travaux.

ART. 4. TRAVAUX D'ENTRETIEN ANNUEL DES BATIMENTS, DES CATHÉDRALES, ÉVÊCHÉS ET SÉMINAIRES : 1° Mémoires ou états de journées d'attachement (T) réglés par un architecte, visés par les préfets et quittancés par les ouvriers ou fournisseurs ; — 2° en cas d'avance par un tiers, acquit donné par le tiers qui a fait l'avance.

ART. 5. HONORAIRES ET INDEMNITÉS DIVERSES : Mémoires d'honoraires (T) et quittances (T) des indemnités par les parties prenantes. Les autres pièces sont exemptes.

8105. Secours pour acquisitions ou travaux des églises et presbytères. — CHAP. XI. — Quittances à souche (T) des receveurs des communes ; copie ou extrait de la décision ministérielle ; certificats des maires constatant l'exécution ou l'achèvement des travaux.

8106. Secours annuels à divers établissements ecclésiastiques. — CHAP. XII. — Quittances (T) des directeurs des établissements.

8107. Personnel des cultes protestants. — CHAP. XIV. — 1° Bourses et demi-bourses des élèves des cultes protestants (à Strasbourg et à Montauban) : 1° Quittances (T) ; — 2° États trimestriels et nominatifs des élèves.

8108. Matériel des cultes protestants. — CHAP. XV. — 1° Secours pour acquisitions ou travaux des temples protestants : Comme pour les églises en général (V. chap. 11 ci-dessus) ; — 2° Allocation pour l'entretien des bâtiments de la Faculté de théologie protestante de Montauban : Mémoires (T) réglés par l'architecte.

8109. Frais d'administration du Directoire général de la confession d'Augsbourg. — CHAP. XVI. — Factures ou mémoires (T) quittancés par les ouvriers et fournisseurs. Les autres pièces sont exemptes.

8110. Dépenses du culte israélite. — CHAP. XVII. — 1° Frais matériels de l'école centrale rabbinique : Idem ;

— 2° Indemnités aux consistoires pour frais d'administration : Idem ; — 3° Traitements ; — 4° Secours pour acquisitions ou travaux des temples du culte israélite : V. chap. 11 ci-devant pour les églises en général.

8111. Exercices clos non périmés, et exercices périmés non frappés de déchéance. — CHAP. XVIII ET XIX. — Comme pour les services courants.

SECTION 7. — MINISTÈRE DE L'INTÉRIEUR

[8112-8156]

ARTICLE PREMIER. — DISPOSITIONS GÉNÉRALES

[8112-8125]

8112. Règle. — Les questions relatives au timbre des pièces de la comptabilité des ministères de l'intérieur et des travaux publics (le ministère des travaux publics, alors réuni au ministère de l'intérieur, a un été distrait) ; toutefois, les sociétés de prévoyance et de secours mutuels dépendent du ministère de l'intérieur) ont été résolues par une instruction concertée, le 10 septembre 1830, entre le ministre de l'intérieur et celui des finances.

Les dispositions arrêtées à ce sujet et transmises aux employés de l'enregistrement, le 20 janvier 1832 (1301 I. G.), sont divisées en deux parties distinctes : la première indique les exceptions, la seconde présente la nomenclature des pièces sujettes au timbre. — Nous allons en reproduire les dispositions, mais il ne faut pas oublier qu'elles ont été modifiées par la loi du 23 août 1871 qui a assujetti au timbre toutes les quittances de traitements qui en étaient autrefois dispensées.

8113. Exceptions. — En vertu des dispositions de l'art. 16 L. 13 brumaire an 7, sont exceptées du droit de timbre toutes pièces justificatives et quittances relatives au payement ou au remboursement :

1° Des traitements, appointements et émoluments des ministres, sous-secrétaires d'État, directeurs, chefs, commis de tous grades, expéditionnaires, officiers, sous-officiers et soldats, invalides, fonctionnaires civils et agents des écoles spéciales militaires, ouvriers des arsenaux, cardinaux, évêques, chanoines, curés, vicaires, desservants ; conseillers d'État, maîtres des requêtes, membres des cours et tribunaux, juges de paix, greffiers, commis assermentés ; agents diplomatiques et consulaires ; membres de l'Université, du conseil royal, inspecteurs, recteurs, professeurs, agrégés, régents, directeurs, administrateurs, académiciens, professeurs et employés des établissements scientifiques, littéraires ou d'utilité publique ; agents des lignes télégraphiques, des ponts et chaussées, mines, officiers de port, inspecteurs, commissaires, et généralement de tous fonctionnaires civils, militaires, administratifs ou judiciaires, et de tous les agents quelconques des services publics, salariés sur les fonds du budget de l'État ;

2° Des abonnements, frais fixes, honoraires, indemnité, droits de présence, frais de voyage, de courriers, d'estafettes, de courses, de guides, d'escortes, de tournée, de mission, et autres dépenses imprévues ou éventuelles concernant les mêmes fonctionnaires et agents;

3° Des salaires des conducteurs non embrigadés, piqueurs, cantonniers, éclusiers et ouvriers auxiliaires employés aux travaux ou services publics;

4° Des indemnités de literie ordonnancées au nom des conseils d'administration des compagnies de gendarmerie;

5° Des frais de rédaction de rôles des poids et mesures remboursés aux directeurs des contributions directes;

6° Des contributions mises à la charge de l'Administration dans les baux de location de maison ou terrains appartenant à des particuliers pour être affectés à un service public;

7° Des retenues ou subventions pour pensions de retraite ordonnancées au nom de la caisse des dépôts et consignations;

8° Des pensions d'élèves dans les écoles vétérinaires, les institutions nationales des Quinze-Vingts, des Jeunes-Aveugles et des Sourds-Muets, les écoles nationales d'arts et métiers, et l'École polytechnique;

9° Des subventions aux hôpitaux et hospices, aux bureaux de charité, aux sociétés maternelles, institutions de bienfaisance, maisons de refuge ou d'insensés; aux communes pour travaux de charité; et enfin des subventions à titre de souscription pour contribuer à des œuvres de charité;

10° Des secours aux colons et réfugiés ou autres, accordés à titre gratuit, ou pour frais de route ou autres, ainsi que ceux qui sont alloués pour perte résultant de cas fortuits;

11° Des avances faites, dans l'intérêt du service, par les agents spéciaux de l'Administration;

12° Du prix des travaux faits à la journée ou à la tâche par des ouvriers employés par régie au compte direct du Gouvernement, et lorsqu'il n'y a pas entre eux et l'Administration d'intermédiaire qui puisse en retirer un bénéfice ou profit quelconque.

8114. — Sont exceptés également du droit de timbre:

1° Les quittances des dépenses de toute nature qui n'excèdent pas 10 francs, quand il ne s'agit pas d'un à-compte ou d'une quittance finale sur une plus forte dépense non exemptée de timbre;

2° Les copies ou extraits des actes, arrêtés, décisions, délibérations des autorités et des fonctionnaires publics, des employés et agents des administrations et établissements publics, qui sont annexés aux ordonnances ou mandats de payement pour l'ordre de la comptabilité, et dans le but de compléter les justifications nécessaires aux vérifications de la cour des comptes: il y sera fait mention de cette destination, afin de motiver l'exception;

3° Les affiches que l'autorité administrative fait apposer pour annoncer des ventes, baux et adjudications pour le compte du Trésor public;

4° Les bordereaux récapitulatifs de pièces remis par les agents de l'Administration, lors même que les pièces énoncées sont assujetties au timbre;

5° Les certificats pour payement délivrés par les ingénieurs des ponts et chaussées, par les architectes ou autres agents chargés de l'exécution des dépenses publiques, et ayant seulement pour objet de constater le droit de payement;

6° Les certificats de situation d'avancement, d'achèvement ou de réception d'ouvrages, fournitures ou travaux d'art, délivrés par les préfets, administrateurs ou autres préposés à la surveillance des dépenses;

7° Les expéditions et extraits des procès-verbaux d'adjudications, marchés, soumissions, etc., délivrés par une administration publique ou un fonctionnaire public, à une autre administration publique ou fonctionnaire public, lorsqu'ils portent mention expresse de cette destination;

8° Les factures ou mémoires de l'Imprimerie nationale et de la Monnaie des médailles, lorsque ces établissements sont directement créanciers du Trésor public, et que les ordonnances et mandats sont délivrés à leur profit;

9° Les inventaires des effets mobiliers, papiers, plans et autres objets acquis avec les fonds du Trésor public, et dressés pour renseignements utiles à l'Administration, ainsi que les inventaires ou métrés que les ingénieurs et architectes dressent, dans l'intérêt de l'Administration, pour fixer la quantité et la nature des matériaux approvisionnés.

8115. Assujettissement au timbre. — Sont passibles du timbre les pièces suivantes à produire aux payeurs, à l'appui des ordonnances et mandats de payement:

1° Les actes de l'administration publique en général qui sont assujettis à l'enregistrement, ou qui se délivrent aux particuliers, et toutes les expéditions et extraits des actes, arrêtés et délibérations desdites autorités, qui sont délivrés aux particuliers; ce qui comprend:

Les actes de cautionnement, ou promesse valable de cautionnement sur la minute et sur les expéditions qui se délivrent aux entrepreneurs;

Les actes de vente et cession d'immeubles pour des services d'utilité publique; mais, comme les frais doivent être supportés par le Gouvernement, les papiers destinés aux actes seront visés pour timbre gratis; néanmoins, les expéditions autres que celles nécessaires pour les formalités hypothécaires et pour le payement, qui seraient demandées par les vendeurs, devront être sur papier timbré;

Les actes postérieurs aux décisions des maires et des conseils de préfecture, ainsi que ceux de poursuites faites devant les tribunaux, en ce qui concerne les contraventions au règlement sur le poids des voitures et la police du roulage, ainsi que les délits de grande voirie; ces actes sont du nombre de ceux pour lesquels l'art. 74 (L. 25 mars 1817) autorise le visa pour timbre en débet, lorsqu'il n'y a pas partie civile; toutefois, les expéditions délivrées aux parties doivent être écrites sur papier timbré ;

Les baux de loyers pour le casernement de la gendarmerie et le logement des autorités civiles et judiciaires ;

Les certificats de capacité délivrés aux entrepreneurs concurrents aux adjudications de travaux ou fournitures ;

Les certificats d'armement, d'embarquement et de débarquement ; ceux d'exportation ou d'importation, de jaugeage ; les rôles d'équipage et autres pièces justificatives à l'appui des primes accordées aux armateurs pour la pêche de la baleine et de la morue ;

Les certificats de vie délivrés par les maires, adjoints et autres fonctionnaires, aux pensionnaires de divers services spéciaux, ou aux colons et réfugiés ;

Les certificats de radiation et de non-inscription hypothécaire, toutes les fois que la production par les vendeurs en est jugée nécessaire ;

Les certificats de remise de chevaux et autres animaux achetés pour le service des haras, dépôts d'étalons et bergeries, et délivrés aux vendeurs par les directeurs et chefs de ces établissements ;

Les expéditions et extraits d'arrêtés des préfets et des conseils de préfecture provoqués par des communes, des établissements publics, ou par des particuliers dans leur intérêt, et lors même que leur demande aurait été rejetée : lorsque ces arrêtés ne sont pas sujets à l'enregistrement sur la minute, les expéditions à délivrer aux parties peuvent être transcrites sur le double des pétitions, lorsqu'il y a assez de blanc et qu'elles sont écrites sur du papier timbré de 1 fr. 25 cent. (1 fr. 80 cent.) ;

Les expéditions et extraits des procès-verbaux d'adjudication, marchés, soumissions, généralement quelconques, ayant pour objet des constructions, réparations, entretien, approvisionnement et fournitures, et que les payeurs doivent exiger lors des payements. La formalité du timbre est exigible également lorsque la soumission est inscrite à la suite d'un cahier de charges ou simple projet sur papier libre. Dans ce cas, ce cahier, formant titre, doit être timbré à l'extraordinaire, ou visé pour timbre.

2° Les devis d'ouvrages et entreprises, en distinguant néanmoins les devis qui sont rédigés par les ingénieurs ou architectes, relativement aux travaux dont le prix est à la charge du Trésor, de ceux qu'ils peuvent faire faire par des entrepreneurs. Les premiers sont exempts du timbre comme actes préparatoires d'administration, mais les expéditions qui en sont délivrées aux adjudicataires ou autres particuliers doivent être sur papier timbré. Les devis et rapports rédigés dans l'intérêt des communes, des établissements publics et des particuliers, sont conséquemment sujets au timbre.

3° Les détails estimatifs qui seraient établis et signés par un entrepreneur, pour être annexés à un devis remis à un ingénieur ou à un architecte du Gouvernement. Mais si le détail estimatif est indépendant du devis, il n'est considéré que comme renseignement d'administration, et est excepté de la formalité du timbre. Le simple projet de cahier des charges, non signé, est aussi dans ce dernier cas ;

4° Les états des élèves boursiers dans les séminaires protestants, dressés par les présidents des consistoires pour obtenir le payement du prix des bourses payées par le Trésor ;

5° Les états de pensions d'élèves entretenus avec les fonds du budget dans les maisons d'éducation ou autres institutions approuvées, mais non à la charge du Trésor public ;

6° Les états de journées de détenus dans les maisons centrales, les prisons, ou d'entretien d'indigents dans les dépôts de mendicité ou maisons départementales d'insensés, lorsqu'ils sont dressés par l'entrepreneur pour recevoir des à-compte sur son service ;

7° Les états nominatifs des individus admis dans les maisons d'insensés et de refuge qui ne sont pas à la charge du Trésor public, dans les hospices ou autres établissements de bienfaisance, et dressés par ces institutions pour obtenir le remboursement de prix de journées ou de traitement, ou d'autres dépenses ;

8° Les états de remboursement d'avances faites par les entrepreneurs de travaux publics et autres, lorsqu'ils y joignent un bénéfice quelconque, comme cela est autorisé pour les dépenses faites sur les sommes à valoir.

9° Les états nominatifs des gendarmes qui reçoivent les lits, lorsqu'ils sont fournis par l'entreprise des lits militaires ;

10° Les états et bordereaux de dépenses de l'entreprise des convois militaires ;

11° Le rôle des condamnés conduits aux bagnes par l'entrepreneur de ce service.

12° Les factures ou mémoires établis par les marchands, fabricants, fournisseurs, entrepreneurs et créanciers à différents titres ; il n'y a pas d'exception à ce sujet, pour les travaux par régie en économie : quelle que soit la qualité en vertu de laquelle agit l'agent ou la personne qui a fait la commande, le créancier doit lui remettre sa facture ou son mémoire sur papier timbré ;

13° Les mémoires de frais et honoraires des notaires pour rédaction d'actes ;

14° Ceux des honoraires de médecins, chirurgiens et artistes vétérinaires, lorsqu'ils ne sont pas rémunérés à l'année.

15° Les lettres d'avis du ministère et les mandats des préfets, lorsqu'ils forment quittances et ont pour objet le payement de dépenses qui ne sont pas dans les exceptions. Le droit de timbre a été fixé à 35 centimes (60 cent.), quelle que soit la dimension du papier, à moins que la quittance ne soit donnée séparément sur une feuille de papier timbré au même prix. Il a aussi été reconnu que le droit de 35 centimes (60 cent.) ne devient pas exigible dans le cas où les factures et mémoires sur papier timbré, rapportés à l'appui des mandats ou lettres d'avis d'ordonnances, sont revêtus de la quittance des marchands ou fournisseurs. Cette disposition est motivée sur ce que cette première quittance libère le Trésor, et que la seconde, portée sur les mandats, ne peut être considérée que comme un objet d'ordre et de pure forme.

16° Les procès-verbaux d'expertise de bâtiments et terrains dont la cession devient nécessaire pour les travaux publics.

Lorsque les frais sont à la charge du Trésor, les papiers seront visés pour timbre gratis.

17° Les procurations délivrées pour accepter, recevoir ou quittancer.

18° Les quittances qui ne sont pas comprises dans les exceptions, et qui excèdent 10 francs.

D'où il suit que les quittances des caissiers des théâtres nationaux, pour subventions ; des propriétaires d'immeubles, pour acquisitions, loyers ou indemnités ; des vendeurs de chevaux ou animaux destinés aux haras ou bergeries ; des propriétaires de chevaux, pour prix de courses, primes, etc. ; des armateurs, pour prix de pêche maritime ; des propriétaires des écoles d'équitation, à titre d'indemnité ; des compagnies d'assurance, etc.; des savants, gens de lettres, artistes, auxquels il est accordé des encouragements ; des individus auxquels il est accordé des gratifications pour belles actions ; des établissements ecclésiastiques, à titre de subvention ; des consistoires protestants, pour réparation de temples, au même titre ; des sociétés d'agriculture, au même titre, pour remboursement de dépenses autorisées ; des communes, au même titre, pour l'instruction primaire, les travaux d'art, réparations d'églises, etc.; des écoles secondaires de médecine, au même titre ; des associations d'intérêt public, à titre de souscription, sont assujetties au droit de timbre.

8116. Restitution de droits de timbre. — Le certificat délivré par le receveur qui a enregistré un bail pour le casernement de la gendarmerie, et constatant le montant du droit de timbre avancé par le bailleur, et que celui-ci peut se faire rembourser par les autorités compétentes est exempt du timbre, comme destiné au service de l'État (D. m. f. 6 avril 1831).

8117. Départements. — Le règlement du 30 novembre 1840 et la nomenclature des pièces à produire au payeur ne semblent établir aucune distinction entre l'État et les départements, et appliquent à la comptabilité départementale les lois et règlements sur le timbre et l'enregistrement qui régissent la comptabilité du Trésor public. Dans l'origine, les départements ne formaient qu'une division administrative de l'État ; ils ne constituaient pas, comme la commune, une individualité, une personne civile apte à devenir propriétaire ; leur budget n'était qu'un mécanisme particulier se rattachant véritablement à celui de l'État, et dont l'effet était d'empêcher que les centimes départementaux fussent détournés de leur destination.

La loi du 10 mai 1838 et les lois subséquentes sur les attributions des conseils généraux ont modifié profondément la constitution des départements : ils sont aujourd'hui aptes à posséder ; ils constituent une sorte d'individualité ; ils ont une existence civile, peuvent acquérir, recevoir des dons et legs, faire des emprunts ; ils ont enfin un budget de recettes et dépenses distinct de celui de l'État. Le budget départemental préparé par le préfet est voté annuellement par le conseil général de chaque département.

D'après les lois sur l'enregistrement (art. 18 L. 18 avr. 1831, 1362 I. G.), les actes d'acquisition et les donations et legs faits au profit des départements sont, comme les actes de même espèce faits au profit des communes, soumis aux droits proportionnels d'enregistrement et de transcription.

Aucun texte de loi ne dispense les départements de l'impôt du timbre ; tant qu'ils n'ont été qu'une circonscription administrative sans individualité, les actes pouvaient n'être assujettis au timbre que dans les circonstances où ceux de l'État s'y trouvaient soumis ; mais, depuis qu'ils ont une existence civile indépendante de l'État, leurs actes doivent être, comme ceux des communes, comme ceux des établissements publics, assujettis à la loi du timbre. Ces principes doivent s'appliquer également aux pièces de leur comptabilité spéciale.

8118. Devis. — Départements. — Les devis de travaux de bâtiments pour le compte des départements, qu'ils soient dressés par les ingénieurs des ponts et chaussées ou par des experts que dans les circonstances où ceux de l'État s'y trouvaient soumis au timbre (D. m. f. 14 juill. 1820, 25 oct. 1822 et 10 déc. 1825, 1187 § 15 I. G.).

8119. Routes départementales. — Les devis rédigés par les ingénieurs des ponts et chaussées pour travaux d'entretien ou de réparation des routes départementales doivent être considérés comme exempts du timbre, les routes départementales faisant partie du domaine public (D. m. f. 26 oct. 1831, 10281 J. E.).

Cette exemption doit s'appliquer également aux détails estimatifs ou bordereaux de prix dressés par ces ingénieurs, pour servir à la confection des devis (Idem).

8120. Emprunt départemental. — Lors des emprunts départementaux, les obligations ou les coupons d'obligations ou d'intérêts, d'après la nomenclature, sont exempts du timbre, même lorsqu'ils sont de nature à être négociés, et les payeurs sont autorisés à rembourser le capital aux porteurs de ces obligations sur la remise des titres, même non timbrés. Deux décisions du ministre des finances des 5 avril et 11 juillet 1832 portent que ces obligations sont soumises au timbre et y sont aussi assujetties par la loi du 5 juin 1850 art. 27 et suiv., 1854 I. G. La nomenclature est donc modifiée sur ce point.

8121. Quittances. — Aliénés. — Les quittances et décomptes des pensions dues par les départements pour les indigents placés dans des asiles publics ou dans des établissements d'aliénés sont exempts du timbre, par application de l'art. 16 L. 13 brumaire an 7, qui excepte du droit et de la formalité du timbre les quittances de secours payés aux indigents (D. m. f. 28 juill. 1845 et 3 janv. 1846, 1767 § 14 I. G., 13905-9 J. E.).

8122. Indigents. — La même exception s'applique aux quittances et décomptes du prix des journées dues par les départements aux dépôts de mendicité, pour les indigents conduits dans ces établissements par suite de condamnations judiciaires, ou admis par ordre des préfets (même décision).

8123. Traitements. — Agents départementaux. — Les quittances des traitements de l'archiviste et des agents départementaux, qui sont dispensés du timbre par la nomenclature, nous paraissent soumises à cet impôt, lorsque ces traitements excèdent 300 francs. — Modifié par la loi du 23 août 1871.

8124. Maison centrale. — Détenus. — Les quittances données aux administrations des maisons centrales, de force et de correction, pour prix de fournitures faites aux condamnés détenus, et payées sur le pécule de ceux-ci, ou les états collectifs de ces dépenses, émargés de l'acquit des fournisseurs, sont, comme pièce d'administration intérieure, exempts du timbre (D. m. f. 30 juin 1846, 1767 § 17 I. G., 14042-4 J. E.).

8125. Récépissé. — Les récépissés des receveurs généraux et particuliers des finances, pour prix de concessions de terrains par suite d'alignement sur les routes départementales, sont assujettis au timbre, parce qu'il ne s'agit pas d'un impôt (12172-4 J. E.).

ARTICLE 2. — JUSTIFICATIONS DIVERSES

[8126-8156]

8126. Matériel de l'administration centrale. — CHAP. II. — Comme pour le ministère de l'agriculture et du commerce.

8127. Archives. — CHAP. III. — Mémoires (T) ou factures (T) quittancés des ouvriers ou fournisseurs; quittance (T) du vendeur de titres et documents. Les autres pièces exemptes.

8128. Matériel ordinaire des lignes télégraphiques. — CHAP. VI. — Copie ou extrait (T) du marché ou soumission, lettres de voiture (T), mémoires ou factures (T). Les autres pièces exemptes.

8129. Lignes télégraphiques; service extraordinaire. — CHAP. VII. — Idem. Pour les acquisitions immobilières. — V. chap. 32 §§ 6 et 7 ci-après.

8130. Matériel des gardes nationales. — CHAP. IX. — Lettres de voiture (T), mémoires (T) de frais de transport d'armes et de frais d'impressions. Les autres pièces sont exemptes.

8131. Subventions aux caisses de retraite. — CHAP. X. — 1° Employés de l'administration centrale : Certificat de vie (T); quittance; — 2° Employés du Conservatoire de musique : Récépissé à talon du caissier de la caisse des dépôts et consignations.

8132. Établissement des Beaux-Arts. — CHAP. XI. — ART. 1er. ACADÉMIE NATIONALE DE FRANCE A ROME. 1° Dépenses à Rome : Quittance (T) du banquier de Paris pour les avances et la commission. Les autres pièces exemptes; — 2° Traitements de pensionnaires payés à Paris; — 3° Indemnités de voyage : Quittance individuelle; — 4° Emballage et transport d'ouvrages : Lettre de voiture (T); état des frais de débarquement.

ART. 2. ÉCOLE DES BEAUX-ARTS A PARIS : Mémoires (T) quittancés des dépenses et fournitures. Les autres pièces exemptes.

ART. 3. CONSERVATOIRE DE MUSIQUE ET DE DÉCLAMATION : Idem.

ART. 4. ÉCOLES DE MUSIQUE DE LILLE ET DE TOULOUSE : Idem.

ART. 5. ÉCOLES DE DESSIN : 1° Écoles de dessin : Idem; — 2° Subvention aux écoles communales : Quittance (T) à souche du receveur municipal; — 3° Collection de plâtres : Facture (T) quittancée des plâtres envoyés; certificat d'envoi; — 4° Fournitures de modèles : Mémoire et certificat de réception.

8133. Ouvrages d'art et décoration d'édifices publics. — CHAP. XII. — ART. 1er. OUVRAGES ET OBJETS D'ART. 1° Commandes : Copie ou extrait (T) du marché, s'il en a été passé; quittance (T) de l'artiste. Les autres pièces exemptes;

2° Acquisitions et moulage d'objets d'art : Mêmes justifications en y joignant les factures (T) quittancées;

3° Gravures de coins : Mêmes justifications qu'aux commandes;

4° Frappe et fourniture de médailles : Facture et certificat de remise de médailles;

5° Subventions aux communes : Certificat constatant l'état d'exécution des travaux; quittance (T) à souche du receveur municipal;

6° Souscriptions aux monuments : Quittance (T) du trésorier de l'association; certificat de la commission de souscription (T) constatant l'état d'exécution des travaux;

7° Frais d'encadrement et d'emballage : Facture quittancée (T);

8° Transport des objets d'art : Lettre de voiture (T) quittancée; certificat d'arrivée à destination.

ART. 2. 1° Achats de marbres : Copie ou extrait (T) du marché ou de la soumission; certificat de livraison; quittance (T) du vendeur;

2° Transport des marbres : Lettre de voiture (T) quittancée; quittance d'octroi (T); certificat d'arrivée; autres pièces (T), s'il est nécessaire, constatant les transports effectués.

8134. Monuments historiques. — CHAP. XIII. — 1° Acquisition de monuments. — V. chap. 32 § 7 ci-après;

— 2° *Subventions aux communes* : Certificat constatant l'état d'exécution des travaux ; quittance (T) à souche du receveur municipal.

8135. Encouragements aux beaux-arts et à l'art dramatique, et souscription à divers ouvrages. — CHAP. XIV. — Facture (T), lettres de voiture (T), quittance (T) des ayants droit. Les autres pièces sont exemptes.

8136. Indemnités ou secours aux artistes. — CHAP. XV. — Décision motivée ; quittance (T) de l'artiste ; certificat (T) de vie, si l'artiste est représenté par un mandataire.

8137. Subvention aux théâtres nationaux. — CHAP. XVI. — Extrait (T) du cahier des charges ; quittance (T) du directeur entrepreneur ; mémoires (T) quittancés pour les fournitures. Les autres pièces sont exemptes.

1. SUBVENTION A LA CAISSE DES PENSIONS DE L'OPÉRA. — CHAP. XVII. — Récépissé à talon du caissier de la caisse des dépôts et consignations.

8138. Secours aux institutions de bienfaisance. — CHAP. XVIII. — Telles que celles des Jeunes-Aveugles, des Sourds-Muets de Paris et de Bordeaux, les hospices de Charenton et des Quinze-Vingts : Quittance du trésorier.

8139. Secours généraux aux hospices, bureaux de charité, établissements de bienfaisance, etc. — CHAP. XIX. — 1° *Secours :* Quittance à souche (T) du trésorier ; copie ou extrait de la décision ;

2° *Pensions :* Extrait de la décision ; état nominatif (T) quittancé.

8140. Secours particuliers et frais de rapatriement. — CHAP. XX. — Les pièces sont exemptes, à l'exception du certificat de vie, lorsque les secourus sont représentés par un mandataire.

8141. Subventions pour travaux de ponts communaux par voie de concession de péage. — CHAP. XXI. — Copie ou extrait (T) du traité ou de l'adjudication ; décision approbative ; certificat constatant l'état des travaux ; quittance (T) du concessionnaire.

8142. Secours aux sociétés de charité maternelle. — CHAP. XXII. — Quittance du trésorier.

8143. Secours aux réfugiés politiques. — CHAP. XXIII. — La quittance produite pour fournitures de transport et frais d'hôpitaux exceptée, les pièces sont exemptes.

8144. Secours aux condamnés politiques sous la Restauration. — CHAP. XXIV. — V. 8150.

8145. Secours aux orphelins et aux combattants de juillet 1830 et de juin 1832. — CHAP. XXV. — § 1er. *Secours aux décorés :* Copie ou extrait de la décision ; quittance sur le mandat.

§ 2. *Secours aux orphelins sur renseignements :* Idem.

§ 3. *Secours sur déclaration des maires :* Quittance du trésorier du bureau de bienfaisance ; certificat du maire, exempt du timbre (L. 13 déc. 1830, art. 12).

§ 4. *Indemnités aux trésoriers des bureaux de bienfaisance :* Quittance (T).

8146. Services départementaux à la charge de l'État. — CHAP. XXVIII. — *Frais administratifs. Abonnement au Moniteur :* Facture (T) quittancée.

8147. Maisons centrales. — CHAP. XXX. — ART. 1er. DÉPENSES ORDINAIRES DES MAISONS CENTRALES DE FORCE ET DE CORRECTION. — 1° *Entretien des détenus:* Copie ou extrait (T) du marché ou adjudication ; certificat énonçant le nombre des journées de détention ; état (T) des mouvements de la population ; quittance (T) de l'entrepreneur ;

2° *Travaux d'entretien :* Mémoires quittancés (T) ;

3° *Mobilier et autres fournitures :* Mémoires quittancés (T) ; certificat d'inscription sur l'inventaire ;

4° *Translation des condamnés par l'administration des convois :* Réquisition ; état des dépenses ; quittance (T) de l'entrepreneur ;

5° *Gratifications à des particuliers pour reprises d'évadés :* Copie de la décision fixant la gratification ; quittance (T) ;

6° *Achats d'ouvrages et d'impressions :* Mémoire quittancé (T) ; certificat de prise en charge ;

7° *Indemnités d'apprentissage :* Extrait ou copie de la convention ; quittance (T) ;

8° *Autres dépenses,* telles que celles ayant pour objet les condamnés aliénés, les appointements des directeurs, employés, etc., les retenues, les translations des condamnés par la gendarmerie, les gratifications à la gendarmerie, les frais de capture et les pénitenciers.

8148. Transport de condamnés ; reprise des évadés. — CHAP. XXXI. — Copie ou extrait (T) du marché; rôle ou état des condamnés (T) transférés; quittance (T) de l'entrepreneur. Les autres pièces exemptes.

8149. Bâtiments des cours d'appel. — Travaux de construction et de réparation. — CHAP. XXXII. — § 1er. *Travaux non adjugés* : Mémoires (T) quittancés des entrepreneurs ou fournisseurs; états émargés des ouvriers à la journée ou à la tâche.

§ 2. *Travaux par entreprise.* 1° *Premier à-compte* : Copie ou extrait (T) des marchés, soumissions, cahier des charges ou procès-verbaux d'adjudication; expédition ou extrait de l'acte de cautionnement et du bordereau (T) de l'inscription hypothécaire; décompte établi par l'architecte; quittance (T) sur le mandat; — 2° *A-compte subséquent* : Décompte et quittance (T) comme ci-dessus; — 3° *Solde de l'entreprise* : Expédition (T) du procès-verbal d'adjudication ou du marché, devis (T) estimatif; procès-verbal (T) ou certificat (T) de l'architecte, constatant la réception définitive; copie du décompte général; arrêté définitif du préfet rappelant l'approbation ministérielle du règlement; quittance (T) de l'entrepreneur.

§ 3. *Travaux par régie* : V. *infrà* chap. 34, sous-chap. 9 § 3.

§ 4. *Honoraires dus aux architectes* : Décompte quittancé.

§ 5. *Indemnités éventuelles à des architectes* : Extrait de la décision ministérielle; quittance.

§ 6. *Acquisitions d'immeubles faites de gré à gré sans qu'il ait été au préalable rendu une ordonnance déclarant l'utilité publique* : Copie ou extrait de l'ordonnance royale (ou du décret); copie ou extrait (T) du contrat de vente notarié ou administratif, de l'acte de cession ou autre titre constatant l'acquisition; certificat (T) de transcription; pièces nécessaires pour constater que les formalités prescrites par l'art. 2194 C. C., pour la purge des hypothèques légales, ont été remplies, savoir: certificat de dépôt du contrat au greffe pour être affiché, exploit de notification (T) au procureur de la République et aux parties intéressées, certificat (T) d'affiches pendant deux mois, exemplaire de la feuille d'annonces judiciaires contenant l'insertion de l'exploit de notification; certificat (T) du conservateur des hypothèques, constatant qu'aucune inscription n'a été requise sur l'immeuble acquis, pendant les deux mois de l'affiche du contrat, dans l'auditoire du tribunal; quittance (T) du vendeur sur le mandat.

§ 7. *Acquisitions d'immeubles faites à l'amiable ou sur expropriation pour cause d'utilité publique* (Tous les actes faits en vertu des lois du 7 juillet 1833 et 3 mai 1841 sont enregistrés *gratis*, lorsqu'il y a lieu de recourir à cette formalité, et, dans ce cas, les actes soumis à l'enregistrement sont timbrés également *gratis*). — 1° *En cas d'acceptation des offres de l'Administration pour traiter à l'amiable avant le jugement* : Copie ou extrait de l'acte de cession amiable, relatant la transcription du contrat au bureau des hypothèques; certificat du conservateur des hypothèques, délivré après le délai de quinzaine de la transcription de l'acte de vente; quittance du vendeur; — 2° *En cas d'acceptation des offres de l'Administration après le jugement qui prononce l'expropriation* : Copie ou extrait du jugement d'expropriation, relatant la transcription; certificat

du greffier du tribunal qui a rendu le jugement, constatant qu'il n'y a pas eu de pourvoi dans les trois jours de la notification, ou copie de l'arrêt de rejet, lorsque la C. cass. a été saisie; certificat du conservateur des hypothèques, délivré après le délai de quinzaine après la transcription dudit jugement; acte d'acceptation des offres, sous forme de convention; quittance du propriétaire exproprié; — 3° *En cas de refus des offres* : Outre la copie ou l'extrait du jugement d'expropriation, les certificats du greffier et la quittance comme ci-dessus : Copie ou extrait de la décision du jury, certificat du greffier du tribunal du ressort, constatant qu'il n'y a pas eu de pourvoi dans la quinzaine de la décision du jury, ou copie de l'arrêt de rejet, lorsque la C. cass. a été saisie; arrêté du préfet, certifiant la représentation des titres qui établissent la possession.

§ 8. *Intérêts* : Décompte; extrait du contrat qui stipule les intérêts; quittance du propriétaire exproprié.

§ 9. *Indemnités pour dommages.* 1° *Dans tous les cas* : Certificat de l'architecte, procès-verbal d'expertise (timbré si les agents ne sont pas des agents administratifs); — 2° *Si l'indemnité est réglée à l'amiable* : Décision ministérielle fixant l'indemnité; convention amiable entre le préfet et le propriétaire; — 3° *Si l'indemnité est fixée par justice ou par arbitres* : Expédition (T) du jugement ou déclaration (T) des arbitres.

§ 10. *Salaires d'experts* : État (T) des journées de travail; quittance (T) sur le mandat.

§ 11. *Frais accessoires* : État (T) de frais taxé; quittance sur le mandat, arrêté du préfet, s'il a été recouru au ministère des huissiers, pour expliquer les motifs pour lesquels cette voie a été employée.

§ 12. *Inspections générales des travaux* : Mémoire quittancé de frais.

8150. Travaux des maisons centrales. — CHAP. XXXIII. — V. le numéro précédent.

8151. Dépenses départementales ordinaires. — Centimes ordinaires et fonds commun. — CHAP. XXXIV. — TRAVAUX ORDINAIRES DE BATIMENTS. — SOUS-CHAP. 1er. — Mêmes justifications qu'au chap. 32 §§ 1er, 2, 3, 4, 5.

1. CONTRIBUTIONS. — SOUS-CHAP. II. — Avertissement et quittance à souche du percepteur.

2. LOYERS DES HOTELS DE PRÉFECTURE ET DE SOUS-PRÉFECTURE. — SOUS-CHAP. III. — Quittance (T) du propriétaire; expédition ou extrait du bail (T) (l'expédition ou l'extrait est exempt du timbre s'il fait mention de l'enregistrement de l'original). — V. cependant n° 123.

3. MOBILIER DES PRÉFECTURES ET DES BUREAUX DE SOUS-PRÉFECTURES. — SOUS-CHAP. IV. — Mémoires et factures (T) quittancés d'ouvrages et fournitures. Les autres pièces exemptes. Les objets mobiliers hors de service sont

vendus par l'intermédiaire des agents du domaine. Les frais des ventes sont payés au moyen d'un mémoire timbré, quittancé et certifié par le préfet.

4. CASERNEMENT DE LA GENDARMERIE. — SOUS-CHAP. V. — 1° *Éclairage des casernes et remplacement des drapeaux* : Mémoires quittancés par les parties prenantes (T);

2° *Loyers des casernes* : Quittances (T) des propriétaires ou principaux locataires des bâtiments occupés ; copie ou extrait (T) du bail ; autorisation du ministre de la guerre pour le renouvellement des baux ; approbation du ministre de l'intérieur, lorsque le prix excède 20,000 francs ; copie de l'ordonnance (ou décret dans le cas d'une durée de bail au delà de neuf ans. — V. Déc. 25-30 mars 1852 sur la décentralisation administrative) ;

3° *Frais de baux* : État (T) de frais quittancé par les parties prenantes ;

4° *Indemnité de literie* : État nominatif émargé par les militaires qui ont droit à l'indemnité et constatant leur admission au corps, la date de leur admission, la brigade dont ils font partie et la somme revenant à chacun d'eux.

5. PRISONS DÉPARTEMENTALES. — SOUS-CHAP. VI. — § 1er. *Traitements.* — § 2. *Retenue.* — § 3. *Dépenses personnelles des détenus.* 1° *Dépenses à l'entreprise* : État (T) des fournitures et justifications indiquées au chap. 30 ; — 2° *Dépenses par régie* : État d'avances quittancé pour distribution de soupes, blanchissage, vêtement, etc., mémoire quittancé (T) du fournisseur ; — 3° *Traitement des malades dans les hospices* : État de détenus malades traités dans les hospices ou maisons d'aliénés, quittance (T) à souche du receveur.

§ 4. *Loyers des bâtiments* : Quittance (T) du propriétaire, copie ou extrait du bail (T), exempt du timbre, s'il est fait mention de l'enregistrement de l'original. — V. cependant n° 123.

§ 5. *Dépense du régime intérieur* : Mémoires (T) quittancés d'ouvriers ou entrepreneurs. Les autres pièces exemptes.

§ 6. *Frais divers* : État des individus ayant occasionné ces frais ; Mémoire quittancé (T), lorsqu'il y a des fournitures.

§ 7. *Frais de capture de prisonniers évadés* : Quittance (T) des particuliers qui ont concouru à la reprise. Les autres pièces sont exemptes du timbre.

6. COURS ET TRIBUNAUX. — SOUS-CHAP. VII. — Mémoires (T) quittancés des fournisseurs ; expédition ou extrait du bail, sujet ou non sujet au timbre, suivant la distinction du § 5 ci-dessus ; état (T) de frais des baux ; quittances (T) des bailleurs ; copie (T) des devis, marchés, soumissions ou abonnements ayant pour objet l'entretien du mobilier. Les autres pièces ne sont pas assujetties au timbre.

7. CORPS DE GARDE. — SOUS-CHAP. VIII. — Mémoires (T) quittancés de fournitures.

8. ENTRETIEN DES ROUTES DÉPARTEMENTALES ET DES OUVRAGES D'ART. — SOUS-CHAP. IX. — Dépenses imputables sur le crédit de chaque route.

T. III.

§ 1er. *Travaux non adjugés* ou exécutés par les entrepreneurs sur la somme à valoir : Certificat de l'ingénieur en chef et pièces indiquées au chap. 32 § 1er.

§ 2. *Travaux à l'entreprise.* 1° Premier payement de l'entreprise : Copie ou extrait (T) des marchés, soumissions ou procès-verbaux d'adjudication ; copie ou extrait de l'acte de cautionnement et du bordereau (T) de l'inscription hypothécaire ; certificat dressé par l'ingénieur présentant le décompte des sommes dues à l'entrepreneur ; quittance (T) sur le mandat ; — 2° A-compte subséquents : Certificat et quittance (T) comme ci-dessus ; — 3° Solde de l'entreprise : Certificat de l'ingénieur en chef ; expédition (T) du marché ou du bail ; procès-verbal (T) de réception des travaux ; bordereau des prix auxquels les travaux ont été exécutés ; copie du décompte de liquidation ; quittance (T) de l'entrepreneur.

§ 3. *Travaux par régie, soit au compte du département, soit au compte d'un entrepreneur en défaut.* 1° A l'appui du premier payement au régisseur désigné aux casernes : Copie de l'arrêté du préfet qui autorise les travaux par la voie de régie ; certificat de l'ingénieur en chef ; quittance du conducteur, piqueur ou agent de service désigné comme régisseur ; — 3° Dans tous les cas : Copies (T) des marchés réglant les fournitures ; mémoires (T) et factures (T) quittancés par les fournisseurs ; certificats (T) de réception et prise en charge ; déclaration d'emploi des matériaux livrés ; états ou rôles de journées quittancés ; — 4° A l'appui du dernier payement, outre les pièces ci-dessus détaillées : Décompte général arrêté par le préfet de la dépense faite dans le cours de l'exercice.

§ 4. *Indemnités pour cessions momentanées ou dommages, et pour extraction de matériaux.* 1° Dans tous les cas : Certificat de l'ingénieur en chef ; procès-verbal d'expertise (timbré dans le cas où les experts ne sont pas des agents de l'Administration) ; quittance (T) du propriétaire sur le mandat ; — 2° Si l'indemnité est réglée à l'amiable : Décision ministérielle qui fixe la somme à payer ; convention amiable entre le préfet et le propriétaire intéressé ; — 3° Si l'indemnité est réglée par justice ou par voie arbitrale : Expédition (T) des jugements ou déclaration des arbitres.

§ 5. *Salaires des cantonniers sédentaires* : Mandat collectif du préfet ; états nominatifs de décomptes mensuels des sommes dues aux cantonniers ; certificat de proposition de payement ; coupons individuels extraits du mandat collectif et délivrés par l'ingénieur en chef aux cantonniers.

§ 6. *Ouvriers supplémentaires* : Justifications indiquées au § 3 ou au § 5, selon le cas.

§ 7. *Indemnités de terrains.* — V. n° suivant, chap. 35, sous-chap. 17 §§ 2 et 3 (*Dépenses imputables sur l'article réservé pour dépenses diverses*).

§ 8. *Indemnités proportionnelles aux ingénieurs* : Décompte établi par l'ingénieur en chef ; quittance.

§ 9. *Traitements des conducteurs, piqueurs, préposés, etc.* : Mandats individuels ; certificat collectif dressé par l'ingénieur en chef pour chaque nature de service ; certificat collectif indiquant la date de l'approbation ministérielle, donné pour le payement des traitements ; quittances individuelles sur le mandat.

22

§ 10. *Salaires d'experts :* État (T) des journées de travail (le timbre n'est pas exigible si l'expert est un agent de l'Administration); quittance sur le mandat.

§ 11. *Loyers de magasins, terrains, etc. :* Certificat de l'ingénieur en chef; copie ou extrait (T) du bail, mais exempt, s'il est fait mention de l'enregistrement de l'original (*V.* cependant n° 123); quittance (T) du propriétaire.

§ 12. *Frais de recherches de matériaux; impressions :* Certificat de l'ingénieur en chef; mémoires (T) quittancés ou quittancés (T), selon la nature des objets.

§ 13. *Secours à des ouvriers blessés :* Certificat de l'ingénieur en chef; quittance.

§ 14. *Frais de vente de matériaux de démolition ou de rebut :* Certificat de l'ingénieur en chef; mémoire (T) quittancé de ces frais.

9. ENFANTS TROUVÉS OU ABANDONNÉS. — SOUS-CHAP. X. — § 1er. *Subventions aux hospices spéciaux.* Mandat du préfet; quittance à souche du receveur.

§ 2. *Appointements de l'inspecteur du service des Enfants-Trouvés :* Quittance mensuelle.

ALIÉNÉS. — SOUS-CHAP. XI. — § 1er. *Frais de traitement des aliénés :* Copie du traité; état trimestriel nominatif des insensés (cet état n'est pas exempt du timbre si les insensés sont placés dans un établissement particulier ou dans un hospice autre que l'établissement départemental reconnu); quittance de l'agent comptable de la maison départementale ou quittance à souche du receveur de l'hospice, ou quittance (T) du directeur de l'établissement privé.

§ 2. *Appointements de l'inspecteur du service des aliénés :* Quittance mensuelle.

§ 3. *Frais de translation des aliénés indigents :* Décompte justifiant le service fait; quittance (T) de l'entrepreneur.

§ 4. *Frais de séjour et de nourriture en route, soit dans les hospices, soit chez les particuliers :* État de journées quittancé dressé par la commission des hospices, ou même état (T) fourni par l'aubergiste ou par la personne chargée de ce service.

11. IMPRESSIONS. — SOUS-CHAP. XII. — 1° *Dans les départements :* Mémoire (T) quittancée de l'imprimeur;

2° *A Paris (V. suprà) :* Ministère de l'agriculture, chap. 2 art. 1er § 3.

12. ARCHIVES DU DÉPARTEMENT. — SOUS-CHAP. XIII. — § 1er. *Personnel.* État émargé ou quittances mensuelles.

§ 2. *Matériel.* Mémoires (T) quittancés des fournisseurs.

13. FRAIS DE TRANSLATION ET DE ROUTE. — SOUS-CHAP. XIV. — § 1er. *Frais de translation, de conduite et de route.* — V. suprà chap. 30 art. 1er-4°-8°.

§ 2. *Secours de route aux voyageurs indigents.*

§ 3 *bis. Frais de transport des mêmes :* Réquisition, décompte, quittance (T).

§ 4. *Frais de tenue des collèges électoraux :* Mémoires (T) quittancés des fournisseurs.

§ 5. *Confection des tables décennales :* Mémoire (T) quittancé.

§ 6. *Mesure contre les épidémies :* États (T) et mémoires (T) quittancés des médecins, pharmaciens, etc.

§ 7. *Primes pour destruction des animaux nuisibles :* État (T) des primes, émargé; procès-verbal ou certificat du maire (T) constatant la destruction des animaux nuisibles.

8152. Dépenses départementales facultatives. — Centimes facultatifs et fonds communs. — CHAP. XXXV.

1. TRAVAUX NEUFS DES ÉDIFICES DÉPARTEMENTAUX. — SOUS-CHAP. XVI. — § 1er. *Travaux à prix de règlement :* Mémoires (T) quittancés des entrepreneurs et ouvriers.

§ 2. *Travaux à l'entreprise.* — V. suprà chap. 32 § 2.

§ 3. *Acquisitions, échanges et dépossessions de bâtiments et de terrains.* — V. suprà chap. 32 § 6.

§ 4. *Intérêts :* Décompte; quittance (T) du propriétaire.

§ 5. *Honoraires des architectes, inspecteurs, etc. :* Décompte quittancé.

2. TRAVAUX DES ROUTES DÉPARTEMENTALES ET DES OUVRAGES D'ART QUI EN FONT PARTIE. — SOUS-CHAP. XVII. — § 1er. *Grosses réparations ou constructions.* — V. chap. 34, sous-chap. 9.

§ 2. *Acquisitions d'immeubles faites à l'amiable, ou expropriation pour cause d'utilité publique :* Certificat de l'ingénieur en chef. Pour les autres justifications : V. suprà chap. 32 § 7).

§ 3. *Indemnités de terrains expropriés, dont la valeur n'atteint pas 100 francs :* Sont provisoirement dispensées des formalités de la purge des hypothèques.

§ 4. *Indemnités pour dommages, cessions momentanées et extraction de matériaux.* — V. suprà chap. 32 § 9 et chap. 34 sous-chap. 9 § 4.

§ 5. *Intérêt.* — V. chap. 32 § 8.

§ 6. *Frais accessoires.* — V. chap. 32 § 11.

§ 7. *Travaux à l'entreprise.* — V. chap. 34 sous-chap. 9 § 2.

§ 8. *Travaux non adjugés ou par régie.* — V. chap. 32 §§ 1er et 3.

§ 9. *Payement de cantonniers et ouvriers supplémentaires.* — V. chap. 34 §§ 5 et 6.

§ 10. *Indemnités ordinaires et extraordinaires aux ingénieurs et conducteurs.*

§ 11. *Traitement des conducteurs, piqueurs, préposés, etc.* — V. chap. 34 sous-chap. 9 § 9.

§ 12. *Salaires d'experts.* — *V.* chap. 34 § 11. Quant aux conducteurs : *État de frais.*

§ 13. *Loyers de magasins,* etc. — *V.* chap. 34 sous-chap. 9 § 11.

§ 14. *Recherches de matériaux et impressions.* — *V.* chap. 34 § 12.

§ 15. *Secours à des blessés.* — *V.* chap. 34 § 13.

§ 16. *Frais de vente de matériaux.* — *V.* chap. 34 § 14.

§ 17. *Achat d'instruments :* Copie de l'autorisation de l'achat; mémoire (T) quittancé du fournisseur; certificat de l'ingénieur en chef.

§ 18. *Salaire des porte-chaînes :* État émargé des salaires et certificat de l'ingénieur en chef.

3. SUBVENTIONS AUX COMMUNES. — SOUS-CHAP. XVIII. — Les justifications ne peuvent être toutes indiquées. En règle générale, il suffit d'appuyer toute subvention à un établissement public des quittances du trésorier qui a reçu les fonds; toute dépense d'entretien et de fournitures, de mémoires et factures (T) quittancés et visés; toute allocation pour primes et encouragements de quittances (T) des parties prenantes. Les quittances (T) données par les receveurs d'établissements publics doivent toujours être détachées du registre à souche. — § 1er. *Travaux, acquisitions ou autres dépenses à la charge des communes :* Quittance (T) à souche du receveur municipal; certificat du maire constatant que les travaux ou dépenses pour lesquels les subventions ont été votées sont exécutés ou en cours d'exécution.

§ 2. *Établissement de pompes contre l'incendie :* Idem.

§ 3. *Caisse d'épargne :* Mêmes justifications, excepté que le certificat doit constater la légalité et la réalité de l'existence de la caisse.

§ 4. *Ateliers de charité :* Quittance à souche.

§ 5. *Chemins vicinaux ou agents-voyers :* Mêmes justifications qu'au sous-chap. 26 ci-après.

4. ENCOURAGEMENTS. — SOUS-CHAP. XIX. — § 1er. *Annuaires, statistiques, cartes géographiques :* Quittances (T) individuelles ou mémoires (T) quittancés d'imprimeurs ou éditeurs; certificat de prise en charge.

§ 2. *Secours à d'anciens employés de préfecture ou à leurs veuves :* Quittances individuelles; certificat (T) de vie, quand le secours est annuel.

§ 3. *Subvention à la caisse des retraites des employés de préfecture :* Récépissé à talon du receveur général.

§ 4. *Encouragements* à des sociétés d'agriculture, aux fermes-modèles, dépôts de remonte, pépinières départementales, artistes vétérinaires, encouragement à l'agriculture, à l'élève des chevaux, taureaux, béliers, pour les couvertures en tuile, les puits artésiens, la recherche des mines, le cours d'accouchement, la propagation de la vaccine, les écoles secondaires de médecine, les conseils de salubrité, les sociétés maternelles, etc. Mandats du préfet au nom des chefs d'éta-blissements, appuyés d'un bordereau renfermant les quittances (T) motivées; les mémoires timbrés, quittancés des fournisseurs, etc. Les menus frais sont remboursés au trésorier ou à la personne en tenant lieu sur état (T) quittancé et certifié (Cet état est exempt du timbre s'il s'agit d'un établissement à la charge de l'État ou du département, ou de la société maternelle). Lorsque les mandats sont au nom des personnes qui ont obtenu les encouragements ou indemnités, la quittance (T) individuelle suffit.

§ 5. *Pensions d'élèves aux écoles vétérinaires et aux écoles d'arts et métiers.*

§ 6. *Pensions d'élèves dans les autres écoles ou dans les institutions de sourds-muets, d'aveugles ou autres établissements :* État trimestriel nominatif des élèves (T); quittances à souche (T) du comptable, s'il s'agit d'un établissement public.

§ 7. *Entretien de bourses dans les collèges communaux :* Au premier payement, expédition de l'autorisation de la fondation des bourses; états nominatifs (T); quittance du comptable.

§ 8. *Pension d'élèves sages-femmes à l'hospice de la Maternité, à Paris :* Idem.

§ 9. *Subventions pour travaux à des édifices religieux.* 1° Si le mandat est au nom du receveur communal : Certificat de l'ingénieur ou de l'architecte; quittance (T) à souche du receveur municipal; — 2° si le mandat est au nom d'un agent spécial : Rôles d'attachement, mémoires (T) quittancés des fournisseurs.

§§ 10 et 11. *Secours aux malades indigents.*

§ 12. *Souscriptions pour des monuments :* Certificat de la commission de souscription (T); quittance (T) du trésorier qui reçoit les souscriptions.

§ 13. *Souscriptions pour ouvrages scientifiques, littéraires,* etc. : Mémoires (T) quittancés des imprimeurs ou éditeurs; certificat de prise en charge.

5. CULTES. — SOUS-CHAP. XX. — Les quittances (T) des trésoriers des séminaires, des fabriques ou des présidents des consistoires exceptés. Les autres pièces sont exemptes.

6. DÉPENSES DIVERSES. — SOUS-CHAP. XXII. — § 1er. *Part contributive dans la dépense de travaux exécutés par l'État.* — *V.* justifications applicables dans les nomenclatures ministérielles, selon le chapitre du budget de l'État auquel se rattache la dépense.

§ 2. *Supplément pour les enfants trouvés ou pour les aliénés.* — *V.* chap. 34 sous-chap. 10 et 11.

§ 3. *Indemnités aux hospices :* Quittance à souche du receveur (T).

§ 4. *Frais de publication des délibérations du conseil général :* Mémoires (T) quittancés.

§ 5. *Achat d'ouvrages d'administration :* Mémoires (T) quittancés; copie ou extrait de l'autorisation ministérielle; certificat d'inscription sur le catalogue.

§ 6. *Gratifications pour belles actions* : Quittances individuelles (T).

§ 7. *Insuffisance des droits d'examen et de réception par les jurys médicaux* : Mémoires (T) quittancés des fournisseurs, ou quittances (T) motivées des membres du jury.

§ 8. *Insuffisance des rétributions affectées aux frais d'inspection des pharmacies, etc.* : Copie ou extrait de la décision ministérielle; quittances motivées (T) des médecins.

§ 9. *Insuffisance des revenus de l'établissement thermal* : Mémoires (T) quittancés; factures (T) ou décomptes (T) selon la nature de la dépense.

§ 10. *Frais concernant les gardes nationales* : Mêmes justifications qu'au chap. 8 de la présente nomenclature. — V. *suprà.*

§ 11. *Frais d'illuminations des bâtiments départementaux les jours de fête publique* : Mémoires (T) quittancés des fournisseurs.

§ 12. *Dépenses diverses avec approbation ministérielle* : Justifications indiquées en la présente nomenclature, selon la nature de la dépense, et extrait ou copie de l'autorisation ministérielle.

§ 13. *Frais d'expertise et de vérification des voitures publiques* : Mémoires (T) quittancés.

8153. Dettes départementales facultatives ou extraordinaires. — SOUS-CHAP. XXIII. — Mêmes justifications qu'aux sept chapitres précédents, selon la nature de la dépense.

8154. Dépenses extraordinaires. — CHAP. XXXVI. — *Dépenses extraordinaires.*

1. IMPOSITIONS EXTRAORDINAIRES ET EMPRUNTS. — SOUS-CHAP. XXIV et XXV. — *1° Quant aux dépenses* : Les justifications sont les mêmes que celles indiquées aux chap. 34 et 35 qui précèdent ; — *2° Quant aux emprunts* : Copie ou extrait 1° du cahier des charges (T) ; — 2° du contrat d'emprunt ou du procès-verbal d'adjudication (T) ; quittance (T) sur le mandat; remises des obligations ou des coupons d'obligations, ou d'intérêts.

8155. Centimes spéciaux. — CHAP. XXXVII. — ART. 1er. DÉPENSES SUR PRODUITS SPÉCIAUX NON INDIQUÉS DANS LA LOI DU 10 MAI 1838. — SOUS-CHAP. XXXVIII. — § 1er. *Établissement thermal.* — 1° *Personnel* : États émargés et quittances individuelles; — 2° *Matériel* : Mémoires (T), factures (T) ou décomptes quittancés; copies ou extraits (T) de soumissions, certificat de réception ou autres pièces indiquées en la présente nomenclature, selon la nature de la dépense.

§ 2. *Excédant des droits d'examen, etc.* : Quittances (T), mémoires (T) quittancés ou autres pièces indiquées, etc.

§ 3. *Rétributions perçues, etc.* : Copie ou extrait de la D. m.; quittance (T) des membres du jury.

§ 4. *Portion de l'entretien de la pépinière départementale* : Quittances (T) ou mémoires quittancés (T).

§ 5. *Encouragements à l'agriculture* : Idem.

§ 6. *Bourses, secours ou souscriptions pour le cours d'accouchement* : Idem. — ART. 3 *bis.* SERVICE EXTRAORDINAIRE. — ANNIVERSAIRE DE JUILLET 1830 : Copies (T) des marchés, conventions ou soumissions; quittances (T) ou mémoires (T) des fournisseurs ou entrepreneurs. Les autres pièces sont exemptes.

8156. Exercices clos et exercices périmés. — CHAP. XXXVIII ET XXXIX. — Comme pour l'exercice courant.

SECTION 8. — MINISTÈRE DE LA JUSTICE

[8157-8161]

8157. Matériel de l'administration centrale. — CHAP. II. — Copies ou extraits (T) des soumissions, marchés ou adjudications; mémoires (T) des entrepreneurs. Les autres pièces exemptes.

8158. Matériel du conseil d'État. — CHAP. IV. — *Idem.*

8159. Frais de justice. — CHAP. XII. — 1° *Translation des prévenus ou accusés et transport des objets de conviction dans les lieux où le service des transports militaires n'est point organisé* : Taxe du juge mise au bas de la réquisition ou de l'ordre de fourniture donné par les officiers de justice ou les officiers municipaux, et portant le *vu arriver* au lieu de la destination. Certificat d'officier de santé, quand il s'agit de la translation de personnes. Quittance du voiturier sur la taxe;

2° *Translation des prévenus ou accusés par voies extraordinaires; avance aux gendarmes de la somme présumée nécessaire pour les frais de translation* : Mandat du magistrat qui a requis la translation, acquitté par les gendarmes. Mémoire certifié des dépenses faites par les gendarmes, et arrêté par un juge. Pièces justificatives des dépenses (T), s'il y a lieu, telles que quittances de directeurs des messageries, états de maître de poste, etc.;

3° *Vacations et frais de voyage et de séjour à l'occasion du transport des pièces arguées de faux ou de pièces de comparaison* : Taxe du juge mise au bas de l'ordonnance, en vertu de laquelle la remise des pièces a lieu. Certificat constatant le séjour forcé et sa durée. Quittance des parties prenantes sur la taxe;

4° *Frais d'exhumation des cadavres* : Taxe du juge mise à

la suite de la réquisition; quittance des parties prenantes sur la taxe;

5° *Indemnités aux témoins, aux médecins, chirurgiens, sages-femmes, experts et interprètes pour comparution, frais de voyage et de séjour forcé, soit en route, soit dans le lieu où ces personnes sont appelées pour déposer ou donner des explications sur leurs rapports, et* 6° *Indemnité aux jurés pour frais de voyage et de séjour forcé en route* : Taxe du juge, mise soit au bas des copies de citations ou de convocation, soit au bas des avertissements qui peuvent être donnés en matière de simple police;

7° *Translation des prévenus ou accusés dans les départements par les entrepreneurs des convois militaires, ou, à leur défaut, par des entrepreneurs particuliers* : Mémoires (T) portant réquisitoire et exécutoire, acquittés par les entrepreneurs ou leurs préposés; réquisitions ou ordres de fournitures des officiers de justice ou des officiers municipaux qui ont ordonné la translation : certificats constatant l'arrivée; certificats d'officiers de santé, attestant l'impossibilité de voyager à pied;

8° *Translation des prévenus ou accusés dans l'intérieur de Paris, par un entrepreneur particulier* : Exécutoire mensuel du premier président, délivré sur le réquisitoire du procureur général; quittance timbrée au bas de l'exécutoire; plus les mêmes pièces qu'au numéro précédent;

9° *Transport des objets pouvant servir à conviction ou à décharge, soit par les entrepreneurs des convois militaires, soit par les messageries ou voitures publiques, soit par toute autre voie plus économique* : Mémoires (T) portant réquisitoire et exécutoire, acquittés par les entrepreneurs ou leurs préposés; réquisitions des autorités qui ont ordonné le transport; certificats constatant l'arrivée;

10° *Fournitures aux prévenus ou accusés dans les lieux où il n'y a point de prison* : Mémoires portant réquisitoire et exécutoire et acquittés; quittances (T) des fournisseurs indiquant la somme payée, l'espèce, le nombre et le prix des objets fournis;

11° *Honoraires, vacations, frais de transport et de séjour des médecins, chirurgiens, sages-femmes, experts, interprètes et traducteurs* : Mémoires (T) portant réquisitoire et exécutoire, acquittés par les parties prenantes; réquisitions de procéder aux opérations et traductions; procès-verbal ou certificat constatant le nombre et la durée des vacations; état des fournitures faites, soit par les médecins ou experts, soit par des tiers. S'il s'agit de rembourser aux parties prenantes des fournitures achetées d'un tiers : Mémoire (T) du vendeur quittancé;

12° *Garde des scellés et d'objets mis en fourrière* : Mémoire (T) du gardien portant réquisitoire et exécutoire; copie de l'ordonnance de nomination du gardien; autorisation du procureur général quand il y a lieu;

13° *Droits et indemnités des greffiers* : Mémoire (T) portant réquisitoire et exécutoire, et acquitté;

14° *Expéditions d'actes d'écrou délivrées par les concierges de maisons de détention* : Mémoire (T) portant réquisitoire et exécutoire, et acquitté;

15° *Salaires d'huissiers pour leurs actes et diligences* : Mémoire (T) portant réquisitoire et exécutoire, acquitté et accompagné de mandements exprès dans les cas d'instrumentation hors du canton de la résidence des huissiers;

16° *Droits de capture aux gendarmes et agents de la force publique* : Mémoire (T) portant réquisitoire et exécutoire, dressé par les gendarmes capteurs, et acquitté par les membres du conseil d'administration; procès-verbal de capture. Les autres agents de la force publique doivent fournir un mémoire (T) payable sur leur acquit individuel et revêtu préalablement d'un réquisitoire et d'un exécutoire;

17° *Frais de voyage et de séjour des magistrats, lorsqu'ils se transportent, soit pour juger, soit pour l'instruction, ou pour tous autres cas prévus par les lois et ordonnances; indemnités aux greffiers qui accompagnent les magistrats* : Mémoire collectif (T) des magistrats et greffiers portant réquisitoire et exécutoire, dûment quittancé par tous les ayants droit; délégation, quand il y a lieu, soit du procureur général, soit du procureur de la République;

19° *Impression des arrêts, jugements et autres actes dont l'impression est ordonnée* : Mémoire (T) portant réquisitoire et exécutoire, acquitté et appuyé d'un exemplaire de chacun des objets imprimés;

20° *Frais d'exécution des arrêts criminels* : Mémoire (T) revêtu d'un mandat du préfet, quittancé par les parties et appuyé des réquisitions. Lorsqu'il y a un abonnement ou marché, un extrait en est joint au premier mémoire fourni dans l'année. Lorsque la dépense est payée en vertu d'un tarif, le préfet joint à chaque mémoire un extrait du tarif arrêté par le ministre de la justice;

21° *Gages des exécuteurs et des aides* : État visé par le procureur général ou le procureur de la République, revêtu d'un mandat du préfet, quittancé par les parties prenantes;

22° *Transport des exécuteurs et de leurs aides* : Mémoire revêtu d'un mandat du préfet, quittancé par les parties prenantes; réquisitions de l'autorité judiciaire;

23° *Secours alimentaires aux exécuteurs infirmes ou sans emploi, aux veuves des exécuteurs et aux orphelins* : Certificat de vie; extrait de l'état de répartition arrêté par le ministre;

24° *Frais d'emballage et de transport des registres, minutes et autres papiers des greffes* : Mémoire (T) revêtu d'un mandat du préfet, quittancé par l'entrepreneur; copie du marché d'après lequel les frais sont réglés;

25° *Triages et inventaires des papiers, minutes et registres des juridictions supprimées* : Mémoire (T) portant réquisitoire et exécutoire; ordre en vertu duquel le triage et l'inventaire ont eu lieu; quittance sur le mémoire;

26° *Frais d'extradition des prévenus, accusés ou condamnés* : Mémoire revêtu d'un mandat du préfet, quittance par les parties prenantes; pièces justificatives, s'il y a lieu;

27° *Indemnité de 3,000 francs par an à chacun des six huissiers attachés à la cour d'appel de Paris* : Exécutoire mensuel du premier président, délivré sur le réquisitoire du procureur général et acquitté par les parties prenantes;

28° *Indemnité de 1,200 francs à un interprète-juré attaché à la cour de Colmar* : Mandat (T) du préfet, quittancé par l'interprète ;

29° *Dépenses extraordinaires et non prévues par le décret du 18 juin 1811* : Mémoires (T) portant réquisitoire et exécutoire, dûment certifiés et acquittés par les ayants droit, auxquels doivent être jointes les réquisitions des magistrats et, s'il y a lieu, une note détaillée des fournitures ou avances ;

30° *Frais d'impressions des statistiques civile, criminelle et du conseil d'État*, — et 31° *Frais d'impressions d'états ou modèles d'états relatifs aux frais de justice* : Mémoires fournis par l'Imprimerie nationale ; quittance du caissier de cet établissement ; exemplaires de chaque objet imprimé ;

32° *Insertions au* Moniteur *des déclarations d'absence* : Mémoire (T) fourni et acquitté par le propriétaire du journal ; exemplaires du journal ;

33° *Remboursement au Trésor public des frais d'estafettes extraordinaires* : Ordres de réquisition ; *parts* qui constatent l'exécution du service ; décompte de liquidation de la dépense ;

34° *Remboursement d'avances faites par les ministères ou par la préfecture de police* : États ou mémoires dûment certifiés, accompagnés de pièces justificatives, quand il est nécessaire ; quittance des ayants droit ;

35° *Remboursement d'avances faites par les consuls, relativement à l'extradition des prévenus ou accusés* : Mémoires et pièces justificatives fournis par les consuls ou leur mandataire à Paris ; quittances ;

36° *Enfin toutes les dépenses extraordinaires, autres que celles que les magistrats font payer sur leurs mandats spéciaux* : Mandats ou ordonnances accompagnés de pièces, quand il y a lieu, quittancés par les parties prenantes et timbrés ou non, selon les cas.

8160. Pensions. — CHAP. XIII. — Récépissé à talon du receveur des dépôts et consignations, et CHAP. XIV. *Dépenses diverses* : Les pièces sont exemptes, à l'exception des quittances de l'éditeur du *Journal des Savants*.

8161. Exercices clos et exercices périmés. — CHAP. XV. — Comme pour l'exercice courant.

SECTION 9. — MINISTÈRE DE LA MARINE ET DES COLONIES

[8162-8166]

8162. Dispositions générales. — Le règlement sur la comptabilité publique, en ce qui concerne le ministère de la marine et des colonies, est suivi d'un extrait de la circulaire adressée, le 1er novembre 1829, à MM. les préfets maritimes et les administrateurs de la marine, etc. Cet extrait est ainsi conçu :

« La loi du 13 brumaire an 7 art. 16, en dispensant du timbre tous les actes administratifs qui se rapportent aux agents publics, a nécessairement affranchi de cette formalité, non-seulement les quittances, mais encore les autres pièces concernant les dépenses du personnel de la marine.

« Restent celles qui se rattachent aux dépenses du matériel. Celles-ci sont, dans tous les cas, si la dépense est payable à Paris, une ordonnance directe suivie d'une lettre d'avis, et, si elle est payable dans les ports, un mandat.

« A l'ordonnance directe ou au mandat on joint, lorsqu'il s'agit d'objets considérables, des procès-verbaux de vérification quelquefois, et toujours une expédition ou un extrait du marché, et un certificat des garde-magasins constatant la recette, et déterminant la somme à payer, et, lorsqu'il s'agit d'objets peu importants, des factures et des mémoires.

« De toutes les pièces justificatives des ordonnances et mandats, les seules qui soient passibles du timbre sont les mémoires et factures expédiés par des particuliers : elles sont soumises au timbre de dimension. Les autres pièces, c'est-à-dire les expéditions ou extraits de marchés, les procès-verbaux de vérification et les certificats de recette portant décompte, toutes pièces qui émanent de l'Administration ne comportent rien de pareil » (art. 16 même loi).

8163. Sommes excédant 10 francs. — « Mais les quittances données pour des sommes au-dessus de 10 francs par les fournisseurs, entrepreneurs et autres parties prenantes du matériel, restent, sans nulle exception, soumises au droit ; et comme ces quittances, d'après les règles du département de la marine, sont données sur la lettre d'avis ou sur le mandat, la conséquence nécessaire est que cette pièce doit toujours être préalablement timbrée ou visée pour timbre.

« Il demeure donc entendu qu'avant de délivrer les lettres d'avis à Paris et les mandats dans les ports, l'administration aura soin de porter à l'encre rouge, sur ces pièces, d'une manière ostensible, l'annotation ci-après : « A faire timbrer « par le porteur avant d'être présenté au payeur. »

Cette circulaire, qui rappelle les principes élémentaires sur le timbre, en règle l'application générale aux pièces justificatives des dépenses du ministère de la marine et des colonies. Les décisions suivantes précisent quelques applications de ces mêmes principes.

8164. Marché. — Les marchés et autres actes concernant les fournitures pour la guerre et pour la marine, faisant titre à des particuliers, sont sujets au timbre (D. m. f. 18 germ. an 10, 72 art. 9 I. G.).

Les marchés relatifs aux fournitures des objets et matières nécessaires au service de la marine peuvent être rédigés sur papier non timbré, à la condition, lors de leur enregistrement, d'être soumis au visa pour timbre au comptant (D. m. f. 9 janv. 1850, 1845 I. G., 14871-7 J. E.).

8165. Quittances. — Gratifications et secours. — Les quittances de gratifications allouées à des marins ou à des ouvriers employés sur la flotte ou dans les arsenaux maritimes, soit pour actes de dévouement envers des naufragés, soit pour travaux extraordinaires, sont affranchies du timbre. Quant aux gratifications et secours accordés à des ouvriers qui ne seraient employés ni sur la flotte ni dans les arsenaux, les quittances ne profiteraient de l'exemption du timbre qu'au cas où l'indigence de ces ouvriers serait constatée (D. m. f. 30 août 1833, 1446 § 14 I. G.).

8166. Traites pour le service de la marine. — Sont exemptes du timbre : 1° les traites que le caissier central du Trésor tire sur lui-même à l'ordre des trésoriers des colonies et destinées à payer les dépenses des services coloniaux ;

2° Les traites que les trésoriers des colonies ou tous autres comptables ayant qualité à cet effet tirent à leur ordre sur le caissier central du Trésor, en remboursement d'avances faites au service maritime ;

3° Et les traites émises à l'extérieur pour le service de la marine soit par les autorités de bord des bâtiments en cours de campagne soit dans des conditions prévues et déterminées par les consuls de France et autres agents diplomatiques (D. m. f. 8 déc. 1858 et 17 janv. 1859, 2148 § 7 I. G., 1167 R. P.).

ÉTAT.

8167. Définition. — Ce mot s'emploie dans diverses acceptions ; il signifie ici un mémoire détaillé, un dénombrement de divers objets.

8168. Timbre. — Les états, lorsqu'ils sont régulièrement dressés, étant de nature à faire titre et à être produits en justice sont assujettis au timbre par application des dispositions générales de l'art. 12 L. 13 brumaire an 7.

8169. Enregistrement. — Les simples états ne sont passibles que du droit fixe de 1 franc comme actes innomés, par application de l'art. 68 § 1er n° 51 L. 22 frimaire an 7. Ce droit a été élevé à 2 francs par la disposition générale de l'art. § L. 18 mai 1850, et à 3 francs par l'art. 4 L. 28 février 1872.

Mais, s'ils contenaient des conventions, obligations ou dispositions assujetties par leur nature au droit proportionnel, ce droit serait dû.

1. DISPOSITION DÉPENDANTE. — Lorsqu'un état est contenu dans un acte qui donne lieu au droit fixe ou proportionnel, il n'est dû aucun droit particulier, si d'ailleurs l'état forme une disposition dépendante de la convention principale.

ÉTAT.

8170. — Un État se dit d'une réunion d'individus formant un corps politique et soumis au même gouvernement.

Les actes ou les mutations concernant l'État sont soumis à des règles particulières dont nous ne pouvons pas songer à présenter ici le développement. Le lecteur en trouvera l'exposé dans le cours de cet ouvrage, sous chacun des mots dont il s'occupe. — *V.* not. *Acquisition, Acte administratif, Marché, Exploit, Succession.*

ÉTAT CIVIL.

8171. — On appelle ainsi l'état d'une personne qui détermine la position qu'elle occupe dans la société. — **V.** *Acte de l'état civil.*

ÉTAT DE DETTES.

8172. — C'est le détail, article par article, des dettes d'une personne grevée.

8173. Cas où l'état de dettes est nécessaire. — Il y a deux cas où l'on peut avoir à remettre l'état de dettes, savoir :

1. BILAN. — Celui où un commerçant dépose son bilan. — V. 3095.

2. DONATION. — Celui de donation de biens présents et à venir en faveur de mariage. — V. 5339, 5340.

8174. Tarif. — Les états de dettes, n'étant pas de nature à faire titre aux créanciers, sont assujettis qu'au droit fixe de 1 franc comme actes innomés (L. 22 frim. an 7, art. 68 § 1er n° 51, 386 § 19 I. G.). — Ce droit a été porté à 2 francs par la disposition générale de l'art. 8 L. 18 mai 1850, et à 3 francs par l'art. 4 L. 28 février 1872.

8175. État déposé. — Le principe ne change pas quoique l'état ait été déposé chez un notaire depuis la mort du débiteur. Cet état n'ayant d'autre but que de faire connaître à l'héritier les charges de la succession ne présente pour les créanciers qui y sont personnellement étrangers, aucune stipulation qui puisse servir de base à une action judiciaire (16346-2 J. E.).

8176. Disposition dépendante. — Lorsque l'état de dettes n'est pas fait par acte séparé, et qu'il est contenu dans l'acte principal, par exemple dans une donation, un partage d'ascendant, il en devient une disposition dépendante et ne donne ouverture à aucun droit particulier. — V. 8183.

ÉTAT ESTIMATIF.

8177. — Il y a plusieurs circonstances dans lesquelles on *doit* dresser un état estimatif de meubles et effets mobiliers. Dans beaucoup d'autres cas, cet état, quoique non obligatoire, est fort utile.

8178. Donation. — D'après l'art. 948 C. C., tout acte de donation d'effets mobiliers n'est valable que pour les effets dont un état estimatif signé du donateur et du donataire, ou de ceux qui acceptent pour lui, a été annexé à la minute de la donation. — V. 5338, 6630 et suiv.

8179. Vente de meubles et d'immeubles. — D'après l'art. 9 L. 22 frimaire an 7, lorsqu'un acte translatif de propriété ou d'usufruit comprend des meubles et immeubles, le droit d'enregistrement est perçu sur la totalité du prix, au taux réglé pour les immeubles, à moins qu'il ne soit stipulé un prix particulier pour les objets mobiliers, et qu'ils ne soient désignés et estimés, article par article, dans le contrat. — Dans ce cas, l'état estimatif doit être dressé, soit dans le contrat même, soit séparément, mais *par annexe.* C'est ce qui sera plus amplement développé au mot *Vente d'immeubles.*

8180. Mutation par décès. — Enfin, aux termes de l'art. 27 L. 22 frim. an 7, les héritiers, légataires ou donataires rapportent, à l'appui de leurs déclarations d'effets mobiliers, un état estimatif, article par article, par eux certifié, s'il n'existe pas d'inventaire dressé par un officier public ; cet état estimatif est déposé et annexé à la déclaration, qui est reçue et signée sur le registre du receveur de l'enregistrement.

Si cependant les héritiers, légataires ou donataires ne savent pas signer, ils sont dispensés de rapporter à l'appui de leur déclaration d'objets mobiliers l'état estimatif dont il s'agit ; mais, dans ce cas, leur déclaration doit contenir le détail des objets mobiliers, avec l'estimation pour chaque article. Le receveur atteste par sa signature la déclaration de la partie portant qu'elle ne sait pas écrire (1400 I. G.).

1. ENREGISTREMENT ET TIMBRE. — Cet état doit être sur papier timbré ; mais il est exempt d'enregistrement.

2. PROCURATION. La procuration pour passer déclaration peut-elle être mise à la suite de l'état estimatif ? — V. *Acte écrit à la suite.*

8181. Tarif. — L'état estimatif n'a été tarifé par aucune loi. Comme par sa nature il ne comporte pas obligation de sommes, il n'était passible que du droit fixe de 1 franc comme acte innomé, en vertu de l'art. 68 § 1er n° 51 L. 22 frimaire an 7 (351 I. G.), ou, dans certains cas, plus exactement comme acte de complément (L. 22 frim. an 7 art. 68 § 1er n° 6). — Ce droit a été porté à 2 francs par la disposition générale de l'art. 8 L. 18 mai 1850, et à 3 francs par l'art. 4 L. 28 février 1872. — V. 744.

8182. Timbre. — Il va sans dire que l'état estimatif pouvant être produit pour justification ou autrement, rentre dans la classe des écrits assujettis au timbre par la loi du 13 brumaire an 7 art. 12.

8183. Disposition dépendante. — Lorsque les effets mobiliers sont détaillés dans l'acte auquel ils se rapportent, ce détail ne donne ouverture à aucun droit particulier. Il fait partie intégrante de l'acte. — V. 8176.

8184. Délai pour l'enregistrement de l'état annexé. — L'état estimatif annexé à un acte de donation ou de vente notariées, etc., n'a pas besoin d'être enregistré avant la rédaction de cet acte, il suffit qu'il soit présenté à la formalité en même temps. — V. *Acte en conséquence.*

8185. Répertoire. — Bien que l'état estimatif qui accompagne une donation soit signé par le notaire rédacteur de l'acte, celui-ci n'est pas tenu de l'inscrire sur son répertoire, parce que son existence est suffisamment constatée par l'acte de donation (351 I. G., D. m. f. 24 avr. 1810, 3743, 3798 J. E.).

8186. Saisie-arrêt. — Lorsque la saisie-arrêt est formée sur des effets mobiliers, le tiers saisi est tenu de joindre à sa déclaration un état détaillé (578 C. proc.) ; cet état est sujet au droit fixe de 1 franc (3 fr.) (436 n° 36 I. G., D. m. f. 6 août 1823, 1097 I. G.). — V. 744.

8187. Vacations. — Il n'est dû qu'un seul droit fixe sur les états purs et simples de meubles, quel que soit le nombre des vacations employées à leur rédaction. Ce n'est que pour les inventaires que la loi établit la perception en raison du nombre des vacations (512 J. E., D. N. t. 5 p. 656 n° 26).

8188. Comptabilité des communes. — Les états estimatifs produits à l'appui des mandats de payement doivent être sur timbre (7940-3).

8189. Département. — Les devis et les états estimatifs rédigés par les ingénieurs des ponts et chaussées pour les travaux d'entretien ou de réparation des routes départementales sont exempts de timbre. — V. *Acte administratif.*

8190. État. — Dans quels cas les états estimatifs de travaux pour le Gouvernement sont-ils exempts de timbre et d'enregistrement? — V. 6376.

État de frais. — V. *Exécution de dépens.*

ÉTAT D'IMMEUBLES.

8191. — Il doit être dressé dans les deux cas que nous allons indiquer.

8192. Absent. — Absence. — Ceux qui ont obtenu l'envoi en possession provisoire des biens d'un absent peuvent requérir, pour leur sûreté, qu'il soit procédé, par un expert nommé par le tribunal, à la visite des immeubles, à l'effet d'en constater l'état (126 C. C.).

8193. Usufruitier. — L'usufruitier prend les choses dans l'état où elles sont; mais il ne peut entrer en jouissance qu'après avoir fait dresser, en présence du propriétaire, ou lui dûment appelé, un état des immeubles sujets à l'usufruit (601 C. C.).

8194. Tarif. — Les états purs et simples d'immeubles sont passibles du droit d'enregistrement de 1 franc fixe, comme actes innomés (L. 22 frim. an 7, art. 68 § 1er n° 51). — Ce droit a été porté à 2 francs par la disposition générale de l'art. 8 L. 18 mai 1850, et à 3 francs par l'art. 4 L. 28 février 1872.

8195. Timbre. — L'état des lieux, pouvant être produit pour justification ou autrement, rentre dans la classe des écrits assujettis au timbre par la loi du 13 brumaire an 7, art. 12.

ÉTAT D'INSCRIPTIONS.

8196. — Relevé de toutes les inscriptions qui existent sur les registres de la conservation des hypothèques, soit contre une personne, soit sur les biens qu'elle possède dans l'arrondissement hypothécaire.

8197. Par qui il doit être délivré. — Ce sont les conservateurs des hypothèques qui délivrent à tous ceux qui le requièrent copie des actes inscrits sur leurs registres et celle des inscriptions subsistantes, ou certificat qu'il

n'en existe aucune (2196 C. C.), et par conséquent les états d'inscriptions.

8198. Timbre. — Les états d'inscriptions doivent être sur papier timbré (L. 3 brum. an 7, art. 25) de toute dimension (Circ. 1769). — Toutefois, les états délivrés à la requête de l'État sur des propriétaires dépossédés pour cause d'utilité publique doivent être rédigés sur papier visé pour timbre gratis.

Il en est de même des états délivrés aux préfets des inscriptions existantes sur les comptables (Circ. 2034), et des états délivrés sur transcription des adjudications au profit de l'État par suite de saisie réelle poursuivie en son nom (202 I. G.).

1. NOMBRE DE LIGNES. — Le nombre des lignes par page des états et certificats délivrés par les conservateurs a été fixé par une D. m. f. 11 février 1865, savoir : de 25 à 30 lignes par page de petit papier, de 30 à 35 lignes par page de moyen papier, et de 35 à 40 lignes par page de grand papier (2309 I. G., 2123 § 4 R. P., 12903 C.).

8199. Enregistrement. — Les états d'inscriptions sont dispensés de l'enregistrement (D. m. f. 21 mai 1809), — même lorsqu'ils sont produits en justice ou déposés dans les études des notaires (433 I. G., D. N. t. 5 p. 671 n° 65).

ÉTAT DES LIEUX.

8200. — On nomme ainsi l'état d'une maison ou d'un appartement qui se fait entre le bailleur et le preneur, lorsque les lieux sont remis à celui-ci, c'est-à-dire avant ou au moment de son entrée en jouissance.

8201. Effet. — S'il a été fait un état des lieux entre le bailleur et le preneur, celui-ci doit rendre la chose telle qu'il l'a reçue, suivant cet état, excepté ce qui a péri ou a été dégradé par vétusté ou force majeure (1730 C. C.).

S'il n'a pas été fait d'état des lieux, le preneur est présumé les avoir reçus en bon état de réparations locatives, et doit les rendre tels, sauf la preuve contraire (*Ibid.* 1731).

8202. Tarif. — Les états des lieux purs et simples dressés par suite de baux y relatés et enregistrés, ou par suite de locations verbales, sont passibles du droit d'enregistrement de 1 franc fixe, comme actes innomés (L. 22 frim. an 7, art. 68 § 1er n° 51). — Ce droit a été porté à 2 francs par la disposition générale de l'art. 8 L. 18 mai 1850 et à 3 francs par l'art. 4 L. 28 février 1872.

8203. Timbre. — Les états des lieux pouvant faire titre et être produits en justice, sont assujettis au timbre par la disposition générale de l'art. 12 L. 13 brumaire an 7.

8204. Disposition dépendante. — Si l'état des lieux se trouvait dans le contrat même du bail, il ne donnerait pas ouverture à un droit particulier.

ÉTAT DES PERSONNES.

8205. — C'est la condition, la qualité à raison de laquelle une personne a des droits à exercer, des devoirs à remplir.

L'état des personnes consiste principalement dans les qualités qui ont rapport à la liberté, au droit de cité, à la famille.

8206. Question d'état. — Ainsi, un individu est-il libre ou esclave; est-il Français ou étranger; est-il marié ou non; enfant légitime ou bâtard, etc. : voilà ce qu'on entend habituellement par *question d'état* (Toullier t. 1er n° 179).

ÉTAT DE SITUATION.

8207. — On nomme ainsi des états que, durant la tutelle, le tuteur peut être tenu de remettre au subrogé-tuteur (1470 C. C.).

ÉTAT SOMMAIRE.

8208. — C'est le nom que la loi donne à l'état des minutes qui doit être dressé lors de la nomination d'un notaire, et dont le double doit être déposé à la chambre (L. 25 vent. an 11, art. 58).

ÉTATS DU ROYAUME.

8209. — On désignait ainsi les différents ordres de citoyens qui existaient en France avant la Révolution, savoir : le clergé, la noblesse et le peuple, connu sous le nom de *tiers-état*. Les assemblées de ces trois ordres étaient nommées *états généraux*. Plusieurs de nos provinces, comme la Bretagne, l'Artois, le Languedoc, tenaient des états particuliers, pour lesquels on convoquait les trois ordres de la province; c'étaient les *états provinciaux*. On donnait à ces provinces le nom de *pays d'état.*

ÉTRANGER.

DIVISION

SOMMAIRE

CHAPITRE PREMIER. — CONSIDÉRATIONS GÉNÉRALES

[8210-8223]

8210. Définition. — On appelle étranger tout individu qui n'appartient pas à la France, soit que, né de parents étrangers, il n'ait pas acquis la qualité de Français depuis sa naissance; soit que, né Français, ou ayant acquis cette qualité, il l'ait perdue depuis.

8211. Diverses positions de l'étranger en France. — La qualité d'étranger admet, dans le droit actuel, plusieurs nuances qu'il importe de tracer avec exactitude.

L'étranger peut être domicilié en France avec l'autorisation du Gouvernement. — Il peut y être domicilié sans autorisation. — Il peut n'avoir pas de domicile en France et s'y trouver accidentellement, soit pour échapper à des poursuites criminelles, soit pour se soustraire à celles de ses créanciers. — Il peut être momentanément en France, comme voyageur ou autrement, et s'y livrer à des opérations civiles ou commerciales, etc.

Dans ces divers cas, sa personne, ses biens et ses actes sont gouvernés par des règles spéciales qui dérivent de sa qualité bien déterminée.

8212. Droits dont jouissent les étrangers. — Les étrangers, même non autorisés à établir leur domicile en France, sont aptes à y faire tous les actes du droit des gens : par exemple, à se marier, à acheter, vendre, échanger, prendre ou donner à bail, constituer ou prendre hypothèque, faire le commerce, ester en jugement (Merlin *Répert.* v° *Étranger* § 1er).

Mais les étrangers ne jouissent en France que des droits qui leur sont expressément concédés par la loi, ou que les traités politiques conclus avec la nation à laquelle ils appartiennent leur accordent (art. 11 C. C.). — Comme exemples des droits civils conférés par la loi aux étrangers, nous citerons le droit de succéder, ceux de disposer et recevoir à titre gratuit, qui appartiennent aujourd'hui aux étrangers de la même manière

qu'aux Français, aux termes de la loi du 14 juillet 1819. — V. 8227, etc.

Un étranger peut invoquer la prescription (Troplong *de la Prescription* n° 35).

8213. Droits dont les étrangers sont privés. — Un étranger, tant qu'il n'est pas domicilié en France, c'est-à-dire tant qu'il ne s'y rattache par aucun lien, ne peut adopter ni être adopté. L'adoption est un contrat purement civil. — V. *Adoption*.

Il n'est pas admis au bénéfice de cession (903 C. proc.), car la cession est une institution de pur droit civil, et il est évident que de semblables institutions ne peuvent profiter qu'aux membres de l'État pour qui elles sont faites (Nouv. Denisart § 2 n° 1er, Roll. de Vill. v° *Cession de biens* n° 59).

8214. Domicile. — Jouissance des droits civils. — D'après l'art. 13 C. C., « l'étranger qui aura été admis par l'autorisation du Gouvernement à établir son domicile en France, y jouira de tous les droits civils tant qu'il continuera d'y résider. » Le cas de domicile autorisé expressément ou tacitement (V. Marcadé sur l'art. 17 n° 3), est le seul dans lequel l'étranger puisse jouir de tous les droits civils en France, tout en conservant sa qualité d'étranger. Alors disparaissent les prohibitions dont nous avons parlé au numéro précédent (Demolombe t. 1er n° 266).

8215. État et capacité. — L'état et la capacité des étrangers sont régis par la loi de leurs pays. — Cette règle s'applique même à l'étranger autorisé à établir son domicile en France. Comme il n'a pas acquis la qualité de Français, il doit toujours être considéré comme étranger ; son état et sa capacité ne peuvent être réglés que par la loi de son pays (Merlin *Répert.* v° *Étranger* § 1er n° 6, Demolombe *Effet des lois* n° 98 ; — Paris 20 fév. 1838, S. 61-2-305 ; — Chambéry 15 juin 1869, S. 70-2-214).

8216. Naturalisation. — Les droits civils, dont nous avons parlé au n° 8214, qu'acquiert l'étranger par l'autorisation de fixer son domicile en France, sont indépendants des droits politiques (13 C. C.). Pour qu'un étranger soit citoyen français, il faut qu'il obtienne des lettres de naturalisation. (Constitution de l'an 8, art. 3 Déc. 17 mars 1809, Ordon. 4 juin et 14 oct. 1814). Cette naturalisation obtenue, la qualité d'étranger s'efface tout à fait, on devient membre de la société française et on jouit, sans exception aucune, de tous les droits attachés à cette qualité (Foucart t. 1er p. 187, Valette *sur Proudhon* t. 1er p. 181, Demolombe t. 1er n° 174).

1. FEMME. — ENFANTS MINEURS. — Les effets de la naturalisation sont exclusivement personnels à l'étranger lui-même qui l'a obtenue. Un étranger marié et père d'enfants mineurs se fait naturaliser en France, sa femme et ses enfants ne deviendront pas Français (Demolombe t. 1er n° 175).

Femme. — En premier lieu, les textes et les principes exigent que le changement de nationalité du mari, *depuis le mariage*, soit sans influence sur la nationalité de la femme. On ne saurait admettre que la seule volonté du mari puisse la dépouiller de sa qualité d'étrangère, qui est une qualité essentiellement personnelle.

Enfants mineurs. — La solution doit être la même à l'égard des enfants mineurs. La nationalité est une qualité personnelle, une partie essentielle de l'état des enfants ; c'est la loi qui la leur confère, et elle n'attribue à aucun représentant le pouvoir de l'aliéner en leur nom. Ce n'est donc qu'à leur majorité, et par une manifestation libre et personnelle de leur volonté, qu'ils peuvent eux-mêmes l'abdiquer.

Décès du mari. — La femme étrangère, devenue Française par son mariage avec un Français, ne perd pas cette qualité et ne devient pas étrangère par le décès de son mari (Coin-Delisle sur l'art. 12, Zachariæ, Massé et Vergé t. 1er § 56, Aubry et Rau t. 1er § 73 p. 236, Alauzet *de la Qualité de Français* p. 110 ; — Paris 21 mars 1862, S. 62-2-411).

8217. Perte de la qualité de Français. — Cinq causes peuvent faire perdre la qualité de Français. Trois de ces causes sont indiquées par l'art. 17 C. C., la quatrième par l'art. 19, la cinquième par l'art. 21. Ces articles sont ainsi conçus :

« La qualité de Français se perdra : 1° par la naturalisation acquise en pays étranger ; — 2° par l'acceptation non autorisée par le chef de l'État de fonctions publiques conférées par un gouvernement étranger ; — 3° enfin par tout établissement fait en pays étranger, sans esprit de retour. Les établissements de commerce ne pourront jamais être considérés comme ayant été faits sans esprit de retour » (art. 17).

« Une femme française qui épousera un étranger suivra la condition de son mari. Si elle devient veuve, elle recouvrera la qualité de Française, pourvu qu'elle réside en France ou qu'elle y rentre avec l'autorisation du chef de l'État et en déclarant qu'elle veut s'y fixer » (art. 19).

« Le Français qui, sans autorisation du chef de l'État, prendrait du service militaire chez l'étranger, ou s'affilierait à une corporation militaire étrangère, perdra sa qualité de Français. Il ne pourra rentrer en France qu'avec la permission du chef de l'État, et recouvrer la qualité de Français qu'en remplissant les conditions imposées à l'étranger pour devenir citoyen : le tout sans préjudice des peines prononcées par la loi criminelle contre les Français qui ont porté ou porteront les armes contre leur patrie » (art. 21).

8218. Statuts réels. — Statuts personnels. — Dans notre ancien droit, sous l'empire des nombreuses coutumes qui se partageaient le territoire français, les différents *statuts*, c'est-à-dire des lois municipales qui régissaient les villes et les provinces, se trouvaient aux prises, dans leurs dispositions, soit à l'égard des personnes, soit à l'égard de leurs biens. De là, l'une des théories les plus difficiles et les plus compliquées de notre ancienne jurisprudence, la théorie des *statuts réels et personnels*. — Aujourd'hui, grâce au bienfait d'une législation uniforme, ce conflit ne peut plus s'élever qu'entre les lois françaises et les lois étrangères. Il importe donc de bien définir ici ce que l'on entend par *statuts réels et personnels*, ou, en d'autres termes, entre les *lois réelles* et les *lois personnelles*.

Sous un premier point de vue, toutes les lois, sans exception, sont personnelles. Toutes, en effet, s'adressent aux personnes, attendu qu'il est impossible, en fait comme en théorie, de commander, défendre ou permettre quoi que ce soit à des choses ; puis, les diverses lois posées par l'autorité humaine le sont toutes dans l'intérêt unique des personnes, *quorum causâ jus constitutum est*, dit Justinien au commencement du livre 1er des *Institutes*.

Mais si toutes les lois civiles sont nécessairement personnelles, quand on considère les êtres auxquels elles s'adressent et pour lesquels elles sont portées, on conçoit que, quand on les envisage sous le rapport de l'objet qu'elles veulent régler, elles peuvent se diviser et se divisent tout naturellement en deux classes, selon qu'elles s'occupent des personnes elles-mêmes exclusivement, ou au contraire des choses avec lesquelles ces personnes sont en relation. Sous ce rapport, il y a donc des *lois des choses* en face des *lois des personnes*, les *lois réelles* à côté des *lois personnelles*, cette dernière expression présentant alors une seconde signification plus restreinte que celle qu'elle avait dans l'alinéa précédent.

8219. Statuts personnels. — Les lois personnelles sont donc celles qui s'occupent tout particulièrement des personnes, et dans lesquelles le législateur a pour but principal de régler leur état et de préciser la capacité plus ou moins grande qui en est la suite. Ainsi les articles du Code civil qui déterminent à quelles conditions on est Français, par quelles causes on perd cette qualité, à quel âge et sous quel consentement de quelles personnes on peut se marier, quels enfants sont légitimes, quelle est la puissance des parents sur leurs enfants, à quel âge on est majeur, etc., etc., sont autant de statuts personnels (Marcadé sur l'art. 3 n° 3).

8220. Statuts réels. — Les lois réelles sont celles qui ont principalement en vue les biens, leur conservation entre les mains ou dans la famille de l'individu, les modes de leur transmission, etc. Ainsi, les dispositions par lesquelles le législateur nous indique quels biens doivent être regardés comme meubles, quels autres sont réputés immeubles, quels droits et obligations peuvent exister d'un héritage à un autre, à raison de leur voisinage ; par qui et d'après quelles règles sont recueillis les biens délaissés par un défunt, etc., forment des statuts réels (Marcadé sur l'art. 3 n° 3).

8221. Statut réel. — Impôt. — Le droit d'enregistrement, considéré dans son principe, est une taxe due à l'État en échange des garanties offertes à la circulation ou à la consolidation des biens. Appelé à recueillir, sous l'autorité de la loi française, une valeur dont le Gouvernement protège la possession, il est juste que l'acquéreur participe aux charges inséparables de cette garantie et contribue, dans la limite du service qu'il reçoit, au payement des frais que ce service occasionne. Voilà pourquoi les lois constitutives du droit d'enregistrement sont des statuts réels, c'est-à-dire des dispositions qui régissent les objets eux-mêmes, abstraction faite de leurs possesseurs. Il est clair, en effet, qu'en principe un bien meuble ou immeuble ne peut être frappé de l'impôt quand sa situation le soustrait à la protection nationale et que ses mutations s'accomplissent à l'étranger. Peu importe alors que le contrat soit passé en France, ou que l'acheteur soit lui-même Français, car la transmission s'effectue au delà du territoire, en dehors de l'influence des lois nationales.

8222. Statut matrimonial. — Le régime de la communauté régit le mariage célébré en France sans contrat, entre un étranger et une Française, quand les circonstances démontrent que telle a été l'intention de l'époux (C. Paris 15 déc. 1853, S. 1854-2-107; — Cass. 4 mars 1857, S. 1857-247; — Alger, 16 fév. et 1er mai 1867, S. 62-2-48; — Bordeaux, 24 mai 1877, 4804 R. P. ; — Toullier 12 n° 91; Duranton 14 n° 87; Troplong *Cont. de mar.* 33 et 34, Rodière et Pont t. 1er n° 33). — Cette volonté résulte suffisamment de ce que l'étranger, au moment de son mariage, avait en France un domicile de fait qu'il y a toujours conservé (C. Paris 15 déc. 1853 *suprà*).

Ainsi, il a pu être décidé, en matière d'enregistrement, que l'Anglais qui épouse une Française en France, sans contrat, est censé avoir adopté le régime de la communauté de biens, quand sa longue résidence en France et les actes qu'il y a passés démontrent que les époux se sont réellement considérés comme communs pour les biens situés sur le territoire français. En cas de décès de la femme, le droit de succession est donc exigible sur la moitié des valeurs acquises depuis le mariage (Boulogne 30 août 1866, 2448 R. P., 1696 Rev.).

Par contre, si un Anglais épouse une Française en France, mais fait célébrer son mariage par le consul de sa nation et dans un endroit où il n'avait qu'une résidence passagère, alors que ses intentions de conserver en Angleterre tous ses intérêts est manifeste, l'union des époux est régie par la loi anglaise et les biens acquis en France pendant le mariage sont, conformément à la loi anglaise, la propriété exclusive du mari et doivent être compris en totalité dans la déclaration de sa succession (Grasse 25 mai 1873, 3613 R. P.). — Ce jugement, déféré à la C. cass., y a été maintenu par un arrêt du 18 août 1873 :

« Attendu, porte cet arrêt, qu'en l'absence d'un contrat de mariage qui règle les conditions civiles d'un mariage entre personnes de nationalité différente, la législation sous laquelle elles sont présumées avoir eu l'intention de se placer est déterminée par le lieu où elles se proposaient de fixer leur domicile ; qu'il est déclaré, en fait, dans le jugement attaqué, qu'à l'époque de son mariage, qui a eu lieu à Nice, sans contrat, le 15 janvier 1855, avec la demoiselle Mattat, née en France, le sieur Evans, sujet anglais, n'avait en France qu'une résidence passagère ; que, loin de manifester la volonté de se soumettre à la loi française, les époux ont, au contraire, entendu que leurs intérêts civils seraient réglés par le statut matrimonial anglais ; qu'au lieu de faire consacrer leur mariage à Cannes, où ils se trouvaient, par les autorités françaises, ils sont allés s'établir à Nice, non encore réunie à la France ; qu'ils y ont résidé pendant le temps nécessaire pour acquérir le domicile spécial exigé par les lois anglaises, et qu'ils s'y sont mariés devant le consul anglais ; que cette intention de placer l'association conjugale sous l'empire de la loi anglaise a été confirmée par leurs décla-

rations expresses et réitérées, dans plusieurs actes authentiques passés peu de temps après leur mariage, qu'ils étaient domiciliés en Angleterre » (3723 R. P., 2472 I. G.). — V. égal. cass. 5 déc. 1871, 3374 R. P.

D'après le même principe, le Français qui épouse une étrangère hors de France peut, suivant les circonstances, être déclaré avoir eu l'intention d'y constituer son domicile conjugal et s'y marier sous l'empire des lois de ce pays (Cass. 11 juill. 1855, S. 1855-1-699), s'il a quitté la France sans esprit de retour (C. Bordeaux, 2 juin 1875, 4365 R. P.).

Mais, quand il s'agit d'époux étrangers tous deux et mariés hors du territoire français, c'est la loi de leur pays qui les suit en France pour gouverner leur association conjugale :

« Attendu, en fait, porte un arrêt de cass. 30 janvier 1854, qu'il est déclaré par le jugement attaqué que les époux Boyer étaient Anglais lorsqu'ils se sont mis en ménage, et qu'ils se sont mariés en Angleterre sans contrat de mariage ; — Attendu, en droit, que la femme anglaise qui se marie sans contrat n'est point commune en biens ; que sa personne est absorbée par celle de son mari, et qu'elle ne peut rien acquérir avec lui ; que cette règle du mariage des époux Boyer les a suivis en France lorsqu'ils sont venus s'y établir et qu'ils y ont fait des acquisitions ; qu'elle a la même force que si une convention formelle fût intervenue entre les époux pour gouverner leur fortune ; qu'en respectant ce principe, le jugement attaqué n'a pas violé l'art. 3 C. C., et que, puisqu'il n'y a eu de mutation au profit des enfants Boyer par le fait du décès de leur mère, il n'était dû par eux aucun droit ; d'où il suit qu'en jugeant ainsi, le tribunal de Lille n'a pas violé, mais a, au contraire, sainement appliqué les principes sur le statut personnel, rejette » (S. C. 1-268, 2010-8 I. G., 13796 J.E.).

De même, dans une espèce où il s'agissait de deux étrangers mariés à Madrid, sans contrat de mariage, le tribunal de Dax a jugé, le 30 janvier 1849 (14714 I. E.), que l'époux survivant ne doit pas comprendre, dans la déclaration de la succession de sa femme, les immeubles acquêts, si, d'après la loi du pays où il s'est marié, sa femme n'était pas commune en biens avec lui ; mais il doit fournir la preuve de ce fait sous peine d'être tenu au payement des droits tel que le règle le Code civil.

Jugé également que si un Piémontais, marié en Piémont, sans contrat de mariage, décède en Piémont, laissant en France des valeurs acquises pendant son mariage, on doit les traiter comme dépendant de la succession d'époux mariés sous le régime dotal, parce que ce régime était en Piémont le droit commun des époux mariés sans contrat (Saint-Étienne 11 mars 1863, 1788 R. P., 17750 J. E., 17837 J. N.).

De même, les époux sardes mariés sans contrat avant l'annexion restent soumis depuis cette époque au régime matrimonial de séparation de biens adopté par le code sarde ; mais on ne doit pas considérer comme une disposition de ce régime la stipulation du code sarde qui attribue au survivant le quart de la succession du prédécédé. C'est là un droit successif qui est aboli par le Code civil (Seine 4 juin 1870, 3272 R. P.).

Nul doute d'ailleurs que, quand il existe un contrat de mariage passé à l'étranger, les stipulations qu'il renferme doivent s'exécuter en France pour tout ce qui n'est pas contraire à nos lois (Cass. 12 juin 1855, 407 R. P.).

Mais l'époux survivant, marié en pays étranger, ne peut, lors de la déclaration de succession de son conjoint, exercer la reprise du prix de ses immeubles propres aliénés qu'en prouvant, par la production de son acte de mariage, que l'aliénation a eu lieu pendant le mariage, et que le prix en a été versé dans la communauté (Metz 3 juill. 1855, 16111 J. E.).

En Angleterre, le mari est propriétaire de tous les biens acquis pendant le mariage. La veuve a droit à un tiers de la succession et les enfants aux deux autres tiers.

.

CHAPITRE II. — SUCCESSION

[8224-8247]

SECTION PREMIÈRE. — CONSIDÉRATIONS GÉNÉRALES

[8224-8227]

8224. Législation ancienne. — 1. DROIT D'AUBAINE. — Autrefois, tout étranger était incapable soit de transmettre, soit de recueillir, ni par succession légitime, ni par testament, aucun bien situé en France. D'après ce principe, toutes les fois qu'un bien situé en France était laissé par un étranger (qu'il dût être recueilli par un autre étranger ou par un Français, peu importe), et toutes les fois qu'il devait être recueilli par un étranger (qu'il fût laissé par un autre étranger ou par un Français), toutes les fois, en un mot, que ce n'était pas un Français qui le laissait à un Français qui devait le recueillir, ce bien passait au Gouvernement. Une règle semblable était suivie contre les Français dans les pays étrangers : elle existait partout de nation à nation. Ce droit s'appelait *droit d'aubaine*, parce que les étrangers s'appelaient eux-mêmes *aubains* (*alibi nati*).

2. DROIT DE DÉTRACTION. — Sous Louis XVI, divers traités abolirent le droit d'aubaine, complètement vis-à-vis de quelques nations, puis, vis-à-vis de quelques autres, pour partie seulement et sous la réserve, au profit du Gouvernement, d'une certaine fraction de biens, un dixième ordinairement. Ce droit de retrancher un dixième pour le garder fut appelé *droit de détraction* (de *detrahere*).

8225. Système de l'Assemblée constituante. — Le droit d'aubaine et le droit de détraction furent entièrement abolis sous l'Assemblée constituante, par le décret du 6 août 1790, de sorte que, sous l'empire du droit intermédiaire, les étrangers furent capables de transmettre et de recueillir en France, comme les Français eux-mêmes.

8226. Système du Code civil. — L'Assemblée constituante avait fait là un acte d'humanité et de vraie philosophie qu'elle espérait, sans doute, voir imiter par les autres peuples. « Considérant, disait-elle dans le préambule du décret, que le droit d'aubaine est contraire aux principes de fraternité qui doivent lier tous les hommes, quels que soient leur pays et leur gouvernement... » L'Assemblée constituante s'était trompée dans ses prévisions ; malgré son exemple, les autres nations maintinrent toujours le droit d'aubaine.

Aussi, lors de la rédaction du C. C., le peu d'effet qu'avait produit la générosité de l'Assemblée constituante fit abandonner son système ; mais, comme on ne voulait pas non plus consacrer le système tout contraire de l'ancien droit, on prit un sage milieu entre les extrêmes, et, par une juste réciprocité, on posa en principe, dans l'art. 11, non pas seulement pour le droit de transmettre et de recueillir, mais pour tous les droits civils en général, que chaque étranger jouirait en France de ceux de ces droits qui seraient accordés aux Français dans le pays de cet étranger, d'après un traité passé avec sa nation.

D'après cet article, comme on voit, il ne suffit pas, pour qu'un étranger puisse exercer en France tel droit civil, que les Français puissent exercer ce même droit dans le pays de l'étranger en vertu des lois de ce pays ; il faut, de plus, que cette faculté soit accordée aux Français par un traité fait entre ce pays et la France. Le motif en est facile à saisir : il se pourrait, en effet, qu'un pays au sein duquel la civilisation, l'industrie, les arts, etc., seraient peu avancés, accordât, sans traités à cet égard et dans son intérêt particulier, des privilèges exorbitants aux citoyens français qu'il aurait besoin d'attirer chez lui, tandis que la France devrait se bien garder d'offrir les mêmes avantages aux citoyens de ce pays.

Les art. 726 et 912 C. C., faisant à un cas particulier l'application du principe général de l'art. 11, disent aussi qu'un étranger ne pourra recueillir en France, soit par succession, soit par donation entre-vifs ou testamentaire, que dans le cas où un Français pourrait recueillir dans le pays de cet étranger, d'après un traité.

8227. Système en vigueur actuellement. — Mais, en 1819, une loi du 14 juillet est venue proclamer de nouveau le principe consacré par l'Assemblée constituante et dire que l'étranger pourra, dans tous les cas, recevoir en France comme le Français lui-même. Cette loi est ainsi conçue :

« Art. 1er. Les art. 726 et 912 C. C. sont abrogés : en conséquence, les étrangers auront le droit de succéder, de disposer et de recevoir de la même manière que les Français dans toute l'étendue du royaume.

« Art. 2. Dans le cas de partage d'une même succession entre des cohéritiers étrangers et français, ceux-ci prélèveront, sur les biens situés en France, une portion égale à la valeur des biens situés en pays étrangers dont ils seraient exclus, à quelque titre que ce soit, en vertu des lois et coutumes locales. »

Cette loi, encore en vigueur aujourd'hui, abroge donc entièrement les art. 726 et 912 C. C., et par là même, elle abroge aussi, mais en partie seulement, l'art. 11 du même code. En partie seulement, car cet article ne se trouve désormais sans application qu'en ce qui concerne les successions et les donations entre-vifs ou testamentaires ; il reste toujours en vigueur pour tous les autres droits civils.

SECTION 2. — VALEURS IMMOBILIÈRES

[8228]

8228. Règle. — Aucune difficulté ne peut s'élever au sujet des valeurs immobilières laissées en France par l'étranger : le principe du statut réel que nous avons développé nos 8218 et 8220, gouverne incontestablement toutes ces valeurs et les assujettit au droit de mutation par décès, qui atteint indistinctement toutes les valeurs de cette nature situées en France (290 § 37 I. G.).

SECTION 3. — VALEURS MOBILIÈRES

[8229-8247]

8229. Systèmes divers. — Règle générale.
— Un étranger possède des meubles en France : par quelle loi seront-ils régis? par la loi française ou par la loi étrangère? La question est vivement controversée en droit civil et a donné lieu à plusieurs systèmes.

Le premier, invoquant l'argument *à contrario* tiré de la rédaction de l'art. 3 C. C., d'après lequel les immeubles situés en France sont régis par la loi française, soutient qu'il n'en est pas de même des meubles, parce qu'ils n'ont pas d'assiette fixe, de situation permanente, et il veut que les meubles soient régis par la loi étrangère à laquelle est soumise la personne de leur possesseur (Zachariæ t. 1er p. 56, Pothier *des Choses* § 3, Merlin Rép. vo *Loi* § 6, Chabot art. 726, Duranton t. 1er no 90, Valette sur Proudhon t. 1er p. 97 ; — C. Paris 1er fév. 1836 ; 3 fév. 1838 et 13 mars 1850, S. 36-2-173, P. 38 p. 249; 25 mai 1852, S. 52-2-289 ; 6 janv. 1862, S. 62-2-338. — V. aussi C. Pau 6 juin 1864, S. 1864-2-105 et Cass. 21 juin 1865, S. 65-1-313, ainsi que Seine 10 mars 1847, 14218 J. E.), sauf à l'égard des héritiers français auxquels on applique la loi française (C. Paris 14 juill. 1871, S. 72-2-141).

D'après une seconde opinion, il n'en serait ainsi que lorsque la loi du pays du défunt soumet à la loi française les meubles situés dans le territoire étranger et appartenant à un Français (Demolombe t. 1er no 94).

Enfin, les partisans d'un troisième système soutiennent que la loi française est applicable dans tous les cas aux meubles qui se trouvent en France (C. Riom 7 janv. 1835, Marcadé art. 3-6, Dalloz 4147).

Les mêmes difficultés ne nous ont pas paru se reproduire en matière fiscale. En effet, il est essentiel de rappeler ici le principe dont nous avons parlé au no 8221, à savoir que les lois constitutives du droit d'enregistrement sont des statuts réels (V. 8218, 8220), qui régissent les choses situées sur le territoire français, quels que soient leurs propriétaires, et, réciproquement, qui ne peuvent atteindre les objets situés hors du territoire. Les conséquences que nous avons tirées de ce principe, dans notre article *Acte passé hors du territoire*, sont les mêmes par rapport aux mutations par décès. Ainsi, il faut établir, en principe général, que les biens situés hors de

France, ou dans nos possessions d'outre-mer, où le droit d'enregistrement n'est pas établi, ne sont soumis à aucun droit de mutation par décès, lors même qu'ils sont recueillis par un Français habitant le continent. Mais, par un principe inverse, tous les biens *indistinctement*, situés à l'intérieur, sont soumis à la loi française, bien que la succession à laquelle ils appartiennent se soit ouverte à l'étranger ou dans les colonies, et même que les héritiers qui la recueillent soient des étrangers, domiciliés à l'étranger.

On peut aussi fonder l'exigibilité du droit de mutation sur cette raison particulière que l'impôt est le prix de la garantie qui protège tous les biens situés en France, quel qu'en soit le propriétaire. Ainsi que le dit très-bien M. Demante : « l'impôt, attribut de souveraineté, ne peut dépasser les limites du territoire de chaque nation. Mais, en même temps, l'impôt, étant une charge de la propriété, atteint tout possesseur, indépendamment de sa nationalité personnelle » (no 785). Voilà pourquoi, par dérogation à la maxime : *mobilia ossibus personæ inhærent*, la loi du 22 frimaire an 7 assujettit au droit proportionnel le mobilier *trouvé en France*, quel qu'en soit le propriétaire.

Il en est de même des objets incorporels. Bien que, dans certains cas ces valeurs aient juridiquement leur assiette à l'étranger, la jurisprudence a cependant constamment reconnu qu'elles doivent acquitter l'impôt en France quand on peut les considérer comme placées sous la protection des lois françaises.

Mais c'était une question éminemment délicate que celle de savoir quand une valeur sans assiette déterminée devait être considérée comme placée sous la protection de la loi française pour la perception du droit d'enregistrement. Fallait-il considérer exclusivement le domicile du débiteur? le lieu d'exécution ou de payement? le domicile du créancier? La jurisprudence, appelée à statuer sur les différentes hypothèses, ne rendait pas toujours des solutions parfaitement concordantes[1]. Le législateur a pris le parti d'intervenir

8230. Législation actuelle. — Une loi du 18 mai 1850, art. 7, a d'abord soumis aux droits de mutation par décès et de donation les fonds publics et les actions des compa-

---

1. Au sujet des emprunts étrangers ou des actions sur des compagnies étrangères, on décidait uniformément que ces valeurs échappaient au droit en France. Ainsi des actions de l'Emprunt belge, bien que cotées à la Bourse de Paris et réalisables en France et des porteurs des titres, avaient été considérées comme des valeurs étrangères, *puisque le seul débiteur est l'État qui les a souscrites*, et, comme telles, exemptées de tout droit de mutation par décès, bien que dépendant d'une succession ouverte en France (Cass. ch. civ. 2 juill. 1840, 13750 J. N., 14761 J. E., 1844 § 6 I. G. ; — Nantes 31 juill. 1848, 14553 J. E. ; — Bayonne 23 mars et 14 déc. 1847, 13633 et 13556 J. N.).

Même décision pour les ducats de rente sur le royaume de Naples et des obligations de l'Emprunt romain, également payables en France et cotées à la Bourse de Paris, avec cette circonstance que l'Emprunt romain a été contracté en France, que les intérêts en sont payables en France, et que le capital ne peut être remboursé qu'en France (Cass. ch. civ. 29 janv. 1849, 13614 J. E., 14659 J. E., 1836 § 2 I. G.).

Idem sur les titres de la rente napolitaine, dits récépissés Rothschild (Seine 29 mars 1848, 13502 J. N.).

Même règle pour des actions d'un chemin de fer napolitain en-

gnies ou sociétés d'industrie et de finance étrangères dépendant d'une succession régie par la loi française ou transmis entre-vifs à titre gratuit au profit d'un Français.

Une autre loi du 13 mai 1863, art. 11, a étendu les mêmes dispositions « aux obligations des compagnies ou sociétés d'industrie et de finance étrangères (2245 I. G.).

Enfin la loi du 23 août 1871 a complété la matière en décidant, art. 3 :

« Les dispositions de l'art. 7 L. 18 mai 1850, concernant les valeurs mobilières étrangères dépendant des successions régies par la loi française et les transmissions entre-vifs à titre gratuit de ces mêmes valeurs au profit d'un Français, sont étendues aux créances, parts d'intérêt, obligations des villes, établissements publics et généralement à toutes les valeurs mobilières étrangères, de quelque nature qu'elles soient. »

L'exposé des motifs de la loi justifie ainsi cette innovation :

« En principe, dit-il, les valeurs mobilières incorporelles n ont point, par leur nature, de situation absolue ; elles sont, pour ainsi dire, inhérentes à la personne du créancier, elles se meuvent avec lui et font partie du patrimoine de ce créancier en quelque lieu qu'il se trouve. Ces valeurs ne pourraient donc échapper aux taxes fiscales sans que le principe de l'égale répartition de l'impôt fut violé. »

En d'autres termes, on a considéré que, quand des valeurs incorporelles dues à l'étranger appartiennent à un individu qui demeure en France ou sont données à un Français, ces créances, actions ou obligations se transmettent sous la protection de la loi française et doivent par conséquent acquitter l'impôt créé pour les valeurs françaises proprement dites.

L'exigibilité du droit de mutation par décès ne dépend donc plus directement et uniquement de la situation de la créance. Le droit devra être perçu si elle dépend d'une succession régie par la loi française. La difficulté revient à savoir ce qu'on entend par une succession soumise à la loi française.

8231. Français décédé en France. — Il n'y a point de doute possible à l'égard du Français qui meurt dans sa patrie. Son hérédité s'ouvre incontestablement sous l'empire des lois françaises, et les valeurs étrangères, dont le défunt était propriétaire, doivent acquitter l'impôt.

1. PART DE SOCIÉTÉ. — Avant la loi du 23 août 1871, le droit n'atteignait, dans ces circonstances, que les actions et les fonds publics étrangers. Toutes les autres valeurs situées hors du territoire échappaient à l'impôt. Il y avait, par conséquent, à déterminer alors, pour percevoir le droit, la nationalité et de la valeur possédée par le défunt.

Il a été spécialement reconnu, à cet égard, que, quand le

contrat d'une association formée entre Français, en pays étranger, porte que le survivant des sociétaires conservera les biens sociaux, à charge de tenir compte aux héritiers de l'associé prédécédé de leur part dans ces biens, suivant la valeur du dernier inventaire, cette part, de quoi qu'elle se compose, constitue une créance française qui doit être comprise dans la déclaration de succession de l'associé prédécédé : « Attendu que le sieur Houiller fils, débiteur, étant lui-même Français et domicilié en France, et les payements devant y être faits ou réclamés, la créance constitue, à tous les titres, une valeur essentiellement française, soumise au droit de mutation par décès » (Cass. 21 mai 1873, 3648 R. P., S. 73-1-424, D. 74-1-28, P. 73-1015, 2472-6 I. G.).

8232. Étranger décédé en France. — 1. AB-SENCE DE DOMICILE. — Mais que faut-il décider à l'égard de l'étranger qui décède en France ? Si l'étranger résidait temporairement en France et sans domicile acquis, l'événement seul de sa mort ne saurait soustraire la succession aux règles de la loi étrangère. On ne pourrait évidemment astreindre ses héritiers, créanciers ou légataires, à venir plaider en France et demander aux tribunaux français l'application des lois personnelles de leur pays (Cass. 25 mars 1865, S. 1865-1-175). Les actions ou fonds publics étrangers appartenant au défunt seront donc traités comme si le décès avait eu lieu à l'étranger. — On l'a ainsi décidé, notamment, au sujet d'un Savoisien devenu momentanément Français par la réunion de la Savoie à la France en 1814, puis redevenu étranger par la séparation des deux pays et décédé à Paris où il n'avait pas acquis de domicile (Seine 8 mai 1858, 1004 R. P., 16325 J. N., 11359 C.).

C'est également ce que fait remarquer la commission du budget dans son rapport sur la loi du 23 août 1871 : « S'il s'agissait, dit-elle, d'un étranger voyageant en France qui y décéderait pendant une résidence accidentelle et passagère, sa succession ne serait pas régie par la loi française » (Conf. Sol. 13 fév. 1878).

V. Cass. 7 juill. 1874, 4079 R. P.

8233. Idem. — Domicile acquis. — Il n'en est plus ainsi quand le défunt avait un domicile en France. Ce domicile confère certains droits, mais entraîne aussi plusieurs obligations : c'est lui notamment qui détermine le lieu où s'ouvre la succession (110 C. C.). L'existence de ce domicile motiverait, dès lors, l'application de toutes les formalités de procédure auxquelles sont assujetties les successions ouvertes en France, et il n'en faut pas davantage pour que l'hérédité soit régie par la loi française dans le sens de la loi du 18 mai 1850. Nous l'avions enseigné déjà dans nos précédentes éditions et notre opinion a été confirmée depuis par la jurisprudence (Rouen 22 juin 1864, 1983 R. P.; — Seine 6 janv. 1866, 2324 R. P.; — Marseille 28 mai 1867, 1841° § 3 J. E.).

Mais il s'est élevé une grave controverse sur le point de savoir si l'étranger a acquis un domicile en France dans le sens de la loi de 1850. En droit civil, trois systèmes sont en présence [1]. En droit fiscal, l'Administration a soutenu

---

core bien que la Société ait été fondée en France et que son siège soit irrévocablement fixé à Paris (Cass. ch. civ. 31 mai 1848, 13405 J. N., 14523 J. E., 1825 § 8 I. G.).

Même règle pour des rentes d'Espagne, bien que les arrérages en soient payables en France (Dél. 2 août 1831, 10088 J. E.).

Même règle pour les rentes ou créances en général, qui sont à l'étranger, quoique dépendant d'une succession ouverte en France (Dél. 22 août 1828, 9226 J. E.).

---

1. Le premier soutient que l'étranger ne peut avoir en aucun cas de domicile en France, parce que le domicile légal se caractérise par la volonté de s'établir dans un lieu d'une manière définitive, et

que le domicile peut s'acquérir sans l'autorisation du Gouvernement, mais son opinion a été repoussée par trois arrêts de la chambre civile du 12 janvier 1869, portant : « qu'abstraction faite de quelques lois spéciales qui confèrent certains droits civils aux étrangers, et dont il ne peut s'agir en l'espèce, les étrangers, aux termes de l'art. 13 C. C., ne sont, en thèse générale, admis à l'exercice de tous les droits civils, et ne peuvent, par conséquent, acquérir un domicile en France, avec tous ses effets légaux, qu'autant qu'ils ont obtenu l'autorisation de l'Empereur d'y établir leur domicile, et qu'ils continuent d'y résider » (2834 R. P., Bull. 12, S. 69-1-138, D. 69-1-294, P. 69-311, 19475 J. N., 18773 J. E.).

La loi du 23 août 1871 a modifié cette jurisprudence en décidant, art. 4 : « Sont assujettis aux droits de mutation par décès les fonds publics, actions, obligations, parts d'intérêts, créances et généralement toutes les valeurs mobilières étrangères de quelque nature quelles soient, dépendant de la succession d'un étranger domicilié en France, avec ou sans autorisation. Il en sera de même des transmissions entre-vifs à titre gratuit ou à titre onéreux de ces mêmes valeurs lorsqu'elles s'opéreront en France. »

La question fiscale est donc législativement tranchée. Dès que le propriétaire des valeurs incorporelles étrangères avait en France un domicile de fait, ces valeurs sont passibles du droit de succession.

qu'on doit présumer à l'étranger une intention constante de retour dans son pays. Demolombe fait très-bien remarquer que ce système exagère le principe qui soumet à la perte de l'esprit de retour dans l'ancien domicile l'acquisition d'un domicile nouveau, « car le domestique qui demeure dans la maison de son maître a le même domicile que celui-ci (109 C. C.), et, certes, il est très-possible qu'il ait conservé l'esprit de retour dans son domicile antérieur pour le temps où il sera rendu à lui-même (du Domicile nº 268). — On professe, dans le second système, que l'étranger ne saurait avoir un domicile en France que quand il a obtenu du Gouvernement, selon l'art. 13 C. C., l'autorisation de s'y établir. Et on appuie ce sentiment sur ce que la loi sur le domicile s'occupe seulement des Français (Demolombe loc. cit., Duranton 1-353, Coin-Delisle art. 13 nº 11, Dalloz vº Dom. nº 22, Pardessus 6-1524, Devilleneuve et Massé Dict. du contr. com. vº Contr. par corps 98, Goujet et Merger vº Contr. par corps 273, Troplong Cont. par corps 496; — Paris 25 août 1842, S. 42-2-372 ; 5 déc. 1844, S. 44-2-617 ; 15 déc. 1855, S. 56-2-159 ; 14 juill. 1874, S. 72-2-141). — Enfin, la troisième opinion, à laquelle s'est rattaché le tribunal de Rouen, admet que l'étranger peut avoir un domicile en France dans tous les cas, et, lors même qu'il n'a pas été autorisé à s'y établir. Si l'art. 102 C. C., dit-on, ne parle que du Français, c'est, d'une part, qu'il statue sur le cas le plus général, et, d'autre part, qu'il a voulu distinguer le domicile civil du domicile politique, distinction inapplicable à l'étranger. Quant à l'art. 13 C. C., il n'a pas pour objet de décider dans quel cas l'étranger y jouira des droits civils. Par conséquent, rien ne s'oppose à ce que l'étranger ait son domicile chez nous, et par une suite nécessaire à ce qu'on en preuve, l'existence selon le mode autorisé à l'art. 105 C. C., c'est-à-dire au moyen des circonstances. Ce système est celui de Merlin t. 16 Rép. vº Domicile 13, Vazeille et Proudhon t. 1er p. 237, Richelot t. 1er p. 312, Demante Cours analytique 128 bis. — Il a été adopté par les arrêts suivants : Paris 15 mars 1831, S. 31-2-237; ch. req. 24 avr. 1827, D. 27-1-214 ; — Riom 7 avr. 1835, S. 35-2-374; — Cass. 28 avr. 1836, S. 36-1-749 ; 11 mai 1838, S. 38-1-656 ; — Paris 25 mai 1852, S. 52-2-289 ; — Metz 24 juin 1859, S. 59-2-492; — Besançon 25 juin 1860, S. 60-2-591 ; — Alger 21 mars 1860, S. 61-2-65. — V. Cass. 21 juin 1865, S. 65-1-313; 27 avr. 1868, S. 68-1-257.

Mais, ainsi que nous l'avons fait remarquer, et que le porte d'ailleurs le rapport de la commission du budget : « Il est bien entendu que l'art. 4 ne sera applicable qu'autant qu'il sera constaté que l'étranger avait en France un établissement ou une résidence qui, pour un Français, constituerait un véritable domicile. S'il s'agissait, au contraire, d'un étranger voyageant en France, qui y décéderait pendant une résidence accidentelle et passagère, sa succession ne serait pas régie par les mêmes règles. »

Le domicile de fait est caractérisé, d'après un jugement de Versailles du 26 février 1878, par une résidence habituelle.

8234. Français domicilié à l'étranger. —

Une autre hypothèse se présente à propos du Français qui décède ayant son domicile à l'étranger. Quelques auteurs ont soutenu que cette hypothèse n'était pas réalisable, parce qu'un Français ne peut avoir à l'étranger qu'une simple résidence (V. Demolombe t. 1er nº 28) ; mais la jurisprudence a adopté l'opinion contraire et décidé qu'un Français peut acquérir un domicile à l'étranger tout comme un étranger peut acquérir un domicile en France (V. Cass. req. 21 juin 1865, S. 65-1-313; 27 avr. 1868, S. 68-1-257, et les autorités citées dans la citation insérée au nº 2324 R. P.).

Dans ce cas, sa succession est-elle régie par la loi française? Nous l'avons d'abord pensé par le motif que d'après la jurisprudence les règles de la législation française sur la dévolution des hérédités s'appliquait à sa succession. Mais depuis lors, la cour de cassation a souverainement reconnu que quand un Français, sans perdre d'ailleurs sa nationalité, acquiert un domicile à l'étranger et y décède, sa succession est régie par la loi étrangère, non-seulement pour les formes de procédure de la liquidation, mais encore au sujet de la dévolution même des biens et de leur répartition entre les divers ordres d'héritiers (V. Cass. 21 juin 1865, supra).

Il en résulte que, conformément à la loi du 18 mai 1850, cette succession n'étant pas régie par la loi française, les valeurs mobilières étrangères qui en dépendent échappent en France au droit de succession. L'Administration l'a plusieurs fois reconnu depuis 1865, notamment par une solution de mai 1878.

(Conf. J. N. 2150.)

Mais si le Français décédé à l'étranger n'y avait pas acquis un domicile légal, le droit de succession serait dû (Sol. 23 nov. et 2 déc. 1876).

C'est ce qui a été spécialement jugé au sujet des valeurs mobilières laissées à l'étranger par un français qui y exerçait un commerce, mais qui n'y avait pas acquis un domicile légal (Saint-Gaudens, 6 juill. 1876). — V. 8236.

24

1. VALEURS FRANÇAISES. — Mais aucune difficulté ne se produit lorsqu'il s'agit d'une valeur ayant son assiette légale en France. Lors même qu'elle dépendrait de la succession d'un Français domicilié à l'étranger, le droit de mutation est dû.

Ainsi l'impôt a été reconnu exigible sur des créances qui dépendent de la succession d'un Français, domicilié en pays étranger et y décédé, résultant de titres souscrits en France par des Français, qui sont payables en France et sont hypothéqués sur des immeubles en France (Cass. 10 mai 1823, 7797 J. E.; 10 nov. 1823, 7639 J. E., S. 24-1-80, 1229-4 I. G., 7639 et 7797 J. E.).

L'arrêt du 10 novembre 1823 est ainsi conçu : « Vu les art. 4 et 69 § 4 L. 22 frimaire an 7; —Vu aussi l'art. 27 4° alinéa de la même loi ; —Attendu qu'aux termes des deux premiers articles toute transmission de propriété de biens meubles ou immeubles existant en France est passible d'un droit proportionnel de mutation, dont la quotité se règle suivant la nature de la transmission et celle de l'objet transmis; —Attendu que ce droit s'applique nécessairement, dans l'espèce, à la transmission, par décès, de la rente dont il s'agit, due par des Français, payable en France et même hypothéquée sur un immeuble situé en France, bien que ladite rente fasse partie d'une succession ouverte dans la colonie française de Cayenne, où le droit d'enregistrement n'est pas établi, parce que cette circonstance n'empêche pas qu'il y ait eu, en France, mutation d'un bien meuble existant en France, ce qui suffit pour l'application d'un droit réel qui frappe les biens existants sur le territoire français » (Conf. : Aurillac 31 déc. 1850, 15123 J. E.).

Il importerait même peu que le titre ait été passé à l'étranger et que le débiteur ait hypothéqué des biens situés à l'étranger, si, d'ailleurs, ce débiteur avait son domicile en France (Valenciennes 9 août 1860, 1373 R. P., 16977 J. N., 17201 J. E., 11897 C.).

Spécialement, le legs d'une somme d'argent fait à un étranger par un Français décédé au Japon mais dont la succession est régie par la loi française, doit être déclaré au bureau du domicile réel du défunt (D. m. f. 24 juin 1878).

8235. Étranger décédé à l'étranger. — Quand l'étranger décède à l'étranger ou meurt en France sans y avoir de domicile de fait, les dispositions spéciales des lois de 1850, 1863 et 1871 sont sans application. Les valeurs étrangères ne sont pas soumises aux droits en France; et on n'y peut assujettir que celles qui y ont, soit à raison du domicile du débiteur, soit à raison de l'exécution de l'engagement, une assiette légale. La règle a été posée en ces termes sur ce point, par deux arrêts de la chambre civile des 24 février 1869 et 16 décembre 1870 : « La loi a établi pour ces valeurs une situation fictive ou présumée qu'elle a fixée au domicile du créancier chaque fois que celui-ci est domicilié en France au moment de son décès, qu'elle a fixée au domicile du débiteur chaque fois que celui-ci, étant domicilié en France, le créancier aurait eu, au contraire, son domicile à l'étranger ou dans une colonie où l'impôt de l'enregistrement ne serait pas encore établi ; de telle façon que, dans toutes les hypothèses, les droits dus au Trésor public

puissent être utilement poursuivis sur des valeurs qui, étant en France, jouissant de la protection de la loi française, devraient, par réciprocité, être soumises aux perceptions ordonnées par cette même loi, en cas de mutation par décès » (2832, 3224 R. P., 2385-6 I. G., S. 69-1-40, D. 69-1-425, P. 69-313, 14700 C., 20110 J. N., 2855 Rev.).

Par application de ces principes, l'exigibilité du droit de succession a été reconnu :

1. LEGS. — Pour le legs d'une somme d'argent fait par une personne décédée en pays étranger, mais payé en France avec une somme recouvrée en France et appartenant à la succession (Oléron 20 mai 1843, 13315-4 J. E., D. N. t. 12 p. 265 n° 402) ; — ou pour le legs fait par un Suisse à un Français d'une somme que ce dernier lui devait et qui était hypothéquée en France (Seine 10 mai 1854).

2. CRÉANCES. — Pour des créances résultant d'obligations souscrites en France par des Français et hypothéquées sur des biens de France, lorsqu'elles dépendent de la succession d'un étranger ouverte hors de France (Cass. 27 juill. 1819, S. 19-1-495, 6543 J. E., 16 juin 1823, S. 23-1-342, 1229-4 I. G., 7470 J. E.; et 10 nov. 1823, arrêt rapporté 8234 § 1er, Sol. 14 août 1827; 1229-4 I. G., 7470 J. E. et 4447 J. N.; — Altkirch 5 août 1828 et A. Cons. d'Ét. 14 fév. 1829, 1282-6 I. G., 9264 J. E.; — Cass. 29 août 1837, 11880 J. E., 9761 J. N., S. 37-1-762, 4582-18 I. G.; — Aurillac 31 déc. 1850, 15123 J. E.; — Seine 3 janv. 1857, 16472 J. N., 11043 C.; — Cass. 13 juill. 1869, 3011 R. P., S. 69-1-431, P. 69-1106; 19832 J. N.).

L'arrêt du 29 août 1837 porte : « Vu les art. 4 et 69 § 4 n° 2 L. 22 frimaire an 7; Vu aussi l'art. 27, 3° alinéa de la même loi ; — Attendu que, lorsque les étrangers sont admis à succéder en France, ils sont, par cela même, passibles des mêmes charges auxquelles les Français sont assujettis, à raison des biens qu'ils y recueillent à titre d'héritiers ou de légataires ; — Attendu que l'une de ces charges est le payement des droits auxquels donne ouverture la transmission des biens par décès; — Attendu qu'on ne saurait admettre que, par le § 3 de l'art. 27, il aurait été dérogé à ces dispositions relativement aux biens meubles qui n'ont point une assiette déterminée ; qu'en effet, il résulte, tant dudit art. 27 que de l'art. 26 qui le précède, que ces articles, sainement entendus, n'ont eu pour objet que de faciliter et de régler le payement des droits de mutation, en indiquant les bureaux dans lesquels les déclarations doivent être faites ; — Attendu qu'il s'agissait, dans l'espèce, de trois créances résultant d'un Français, en vertu d'obligations souscrites en France et même hypothéquées sur des immeubles situés en France ; que des Français n'auraient pas pu recueillir ces créances dans la succession de Samuel Froëlich, sans être assujettis au payement des droits de mutation auxquels leur transmission par décès donnait ouverture. »

On l'a même décidé ainsi pour une créance hypothéquée sur des biens étrangers, mais établie par un titre souscrit en France, due par un individu et une caution domiciliés en France et dont l'exécution était attribuée à la juridiction d'un tribunal français (Cass. 20 janv. 1858: « Attendu, porte cet arrêt, que la créance de 418,033 fr. 85 cent., la succession de la dame de la Ferrière, ne saurait être considérée comme une valeur étrangère et exempte, à ce titre, du droit de mutation; qu'en effet, il est constant que l'obligation consentie au profit de cette dame, domiciliée en France, l'a été par Émilie de la Ferrière, ayant alors son domicile à Paris, qu'elle ne paraît pas avoir perdu depuis; que la dette a été cautionnée par deux individus domiciliés en France, et que, pour l'exécution de l'acte, les parties ont attribué juridiction aux tribunaux de la Seine; qu'ainsi il s'agit, d'après ces faits, d'une valeur soumise comme telle aux droits fixés par la loi française » (16249 J. N., 2148 I. G., 981 R. P., S. 58-1-309).

3. COMPTE COURANT. — Les fonds déposés en compte courant dans une maison de banque en France et dépendant d'une succession ouverte en pays étranger au profit d'étrangers, sont sujets au droit de succession, car ils constituent une valeur située en France et, conséquemment, atteinte par la loi de l'impôt (Seine 31 janv. 1863, 17743 J. N., 17652 J. E., 12446 C.).

4. ACTIONS SOCIALES. — Il en est ainsi des actions d'une société française, dépendant de la succession d'un étranger : « Attendu, porte un jugement du Havre du 21 mars 1862, que les titres ne sont que la représentation de l'actif social, et que, la société ayant son siège au Havre, les valeurs transmises à l'héritier étaient des valeurs ayant leur assiette en France. Les expressions de l'art. 4 L. 22 frimaire an 7 sont générales, et si le législateur a ajouté que les droits seraient payables au bureau du domicile, il n'a voulu parler que de bureaux français et n'a pas entendu dispenser de l'impôt les valeurs françaises, quand le défunt est domicilié à l'étranger » (Le Havre 21 mars 1862, 1622 R. P., 12217 C.).

Il en est de même spécialement des actions de la Banque de France, laissées par un étranger décédé en France, où il résidait temporairement et sans domicile acquis, et léguées à un étranger (D. m. f. 7 fév. 1834, 10847 J. E., 1458-6 I. G.).

Mais si l'étranger possédait des actions dans une société étrangère formant comme chez nous un être moral et possédant des immeubles en France, il n'y aurait aucune déclaration à souscrire, car le défunt n'était pas copropriétaire des immeubles et il ne possédait que des actions étrangères affranchies du droit en France, puisque la succession du défunt n'est pas régie par la loi française (18628 J. E.).

5. LETTRE DE CHANGE. — Si l'étranger était porteur d'une lettre de change tirée de l'étranger sur une place française, cette valeur serait passible du droit de succession. Ainsi que l'a reconnu la jurisprudence, l'impôt de succession frappant les valeurs qui ont leur assiette en France, atteint les lettres de change tirées de l'étranger sur une place française, sans distinction entre celles qui seraient tirées par des étrangers de celles qui seraient tirées par des Français. Il importe peu qu'au moment du décès ces traites ne fussent pas encore acceptées par les tirés domiciliés en France. Le tireur s'oblige en effet, vis-à-vis du preneur, à rembourser la traite au lieu sur lequel elle était tirée; et cet engagement, qui est de l'essence du contrat de change, est indépendant de la nationalité du tireur comme du fait de l'acceptation du tiré. Si même, à raison de l'absence et de l'extranéité du tireur, le porteur non payé de la traite est obligé de poursuivre ce tireur devant les tribunaux étrangers, cet acte ne dénature pas le droit certain qu'avait le porteur d'être payé en France » (Cass.

20 nov. 1858, 1125 R. P., 2142-7 I. G., 16475 J. N., 16877 J. E., 11468 C., S. 59-1-263).

Il avait été reconnu déjà antérieurement que si les traites *ont été acceptées* et sont payables *en France*, le droit de mutation est exigible (1229-4 I. G.).

8236. Meubles ordinaires. — La loi du 23 août 1871 comprend dans son énumération les fonds publics, actions, obligations, parts d'intérêt, créances et *généralement toutes les valeurs mobilières étrangères, de quelque nature qu'elles soient*. Bien que l'exposé des motifs de la loi ne vise spécialement que les valeurs incorporelles, parce que ce sont elles surtout qui avaient attiré l'attention et qui ont déterminé le législateur à intervenir, il ne paraît pas douteux cependant que le texte atteint directement les autres biens meubles et notamment les meubles meublants, même ceux ayant une situation matérielle à l'étranger. Ce résultat est sans doute peu conciliable avec le principe du statut réel de l'impôt ; mais la loi nouvelle s'est complètement séparée des anciennes règles sur ce point. Pour couper court à des abus signalés par la pratique et en se fondant sur ce que les valeurs mobilières, de quelque nature qu'elles soient, se rattachent à la personne de leur possesseur : *mobilia ossibus personæ inhærent*, elle a entendu considérer comme des valeurs françaises les valeurs mobilières situées à l'étranger, sans distinction entre les biens incorporels n'ayant aucune assiette déterminée et les biens meubles proprement dits ayant une situation effective hors du territoire. — V. 1392-1.

L'administration a adopté notre opinion par des Sol. des 19 juin 1875 (4228 R. P.); 23 juill. et 30 août 1877. — V. 8234.

Mais le contraire a été décidé par un jugement de Saint-Julien du 19 février 1878, soumis à la cour de cassation.

8237. Numéraire. — Ainsi, autrefois, il était reconnu que le droit n'est pas dû sur l'argent comptant existant en pays étranger et dépendant de la succession d'un Français décédé dans ce pays; lors même que la somme serait ensuite remise par le consul de France au ministre des affaires étrangères et déposée à la caisse des consignations. La loi de l'impôt n'atteignait alors, en effet, que les biens situés sur le territoire qu'elle régit et la somme avait sa situation en pays étranger au moment du décès (14307 J. N.).

Mais ce numéraire serait actuellement, en vertu du texte formel de l'art. 3 L. 23 août 1871, assujetti à l'impôt.

Il en serait de même, sans difficulté possible, du legs fait par un étranger à un autre étranger du numéraire existant entre les mains d'un banquier français (Cass. 16 juin 1823) : « Attendu, porte cet arrêt, qu'il est constant, dans l'espèce, que les demoiselles Zeltner (les légataires) ont été remplies en France des legs portés en leur faveur dans le testament du général Kosciusko, au moyen du payement qui leur en a été fait par le sieur Hottinger, banquier à Paris, sur les fonds appartenant au général, et dont ce banquier était resté comptable envers la succession; d'où il suit qu'en déclarant ces legs affranchis des droits de mutation par décès établis par l'art. 4 et suiv. L. 22 frimaire an 7, et en annulant la contrainte décernée par la Régie en payement de ces droits, le jugement attaqué a violé ledit art. 4, ainsi que les art. 24 et 69 de la même loi » (4447 J. N., 7470 J. E., S. 23-1-342, 1229-4 I. G.).

8238. Marchandises déposées à l'étranger. — Suivant une Sol. 26 mars 1825 (1166 § 7 I. G., 8025 J. E.), les marchandises déposées à l'étranger et dépendant d'une succession ouverte en France devaient être déclarées au bureau du domicile du défunt. Cette décision était manifestement contraire au principe d'après lequel les biens de toute nature sont soumis au droit de mutation par décès d'après leur situation locale (Avis du comité des finances du Cons. d'Ét. 11 mars 1829, 1282-6 I. G.). Or, la situation matérielle des marchandises consignées dans des villes étrangères étant en pays étranger, elles ne pouvaient être comprises dans la déclaration de succession du défunt. C'est ce qui a été reconnu par une autre Sol. 10 avril 1835 portant acquiescement à un jugement de Reims du 17 janvier précédent (1498 § 6 J. E.). — V. aussi Dél. 5 nov. 1833, 11827 J. E.

Mais cette interprétation ne conserve plus d'autorité en présence de l'art. 3 L. 22 août 1871. Les valeurs de l'espèce, bien qu'ayant leur situation matérielle à l'étranger, devraient être déclarées en France, selon la Sol. 26 mars 1825, au bureau du domicile du défunt. — V. 8236.

8240. Mobilier. — Il en est de même pour le *mobilier* laissé en France par un étranger décédé en France, où il résidait temporairement et sans domicile acquis, et légué à un étranger (D. m. f. 7 fév. 1834, 10847 J. E., 1458 § 6 I. G.).

8239. Fonds de commerce. — Il a été jugé qu'un fonds de commerce, de créances, de marchandises et autres valeurs mobilières, exploité en France par un étranger qui y est décédé, est passible du droit de mutation par décès (Saint-Étienne 7 mars 1849, 14699 J. E., D. N. t. 12 p. 265 nº 404). Cela ne peut faire l'objet d'un doute actuellement.

8241. Rente immobilisée. — La rente sur l'État étranger ne cesse pas d'être une valeur incorporelle ordinaire, bien qu'elle ait été immobilisée à l'étranger à titre de dotation, ou autrement, par une loi de ce pays. Cette immobilisation ne produit pas d'effet contre la loi française et la rente conserve son caractère mobilier. Elle tombe donc sous l'application de la loi du 18 mai 1850 (Seine 12 janv. 1861, 1468 R. P., 17063 J.N., 11947 C. ; — Cass. 28 juill. 1862, 1082 R. P., 2239-7 I. G., 17492 J. N., 17519 J. E., S. 62-1-988).' —Elle serait atteinte, dès lors, par la loi du 23 août 1871.

8242. Bureau. — Dans tous les cas qui précèdent, les biens assujettis à l'impôt doivent être déclarés au bureau dans l'arrondissement duquel ils ont leur situation. Cette situation se détermine : à l'égard des meubles meublants, par le lieu où ils sont déposés ; et, pour les créances ou autres droits incorporels, par le domicile du créancier, s'il était domicilié en France, lors de son décès ; à son défaut, par le domicile du débiteur, chaque fois que celui-ci étant domicilié en France, le créancier aurait eu son domicile à l'étranger ; enfin, s'ils ne sont domiciliés ni l'un ni l'autre en France, par le lieu ou le contrat doit être exécuté. — Quant aux meubles ordinaires

ayant une situation effective à l'étranger, ils doivent être déclarés au bureau du domicile du décédé.

1. RENTE. — Par application de ce principe, il a été décidé, le 10 mars 1853 (2003 § 3 I. G.), conformément d'ailleurs à une précédente solution du 11 mars 1829 (1282-6 I. G.), que les inscriptions de rente sur l'État, dépendant de successions d'étrangers ouvertes hors du territoire français, devaient être déclarées au bureau dans l'arrondissement duquel se trouve le Trésor public débiteur de ces rentes.

Des difficultés se sont cependant élevées au sujet de la déclaration des rentes départementales, et le tribunal de la Seine a jugé, le 14 août 1858, que ces rentes, étant comprises sur le livre collectif de la recette générale du département devaient être déclarées au chef-lieu de ce département (1071 R. P., 16824 J. E., 16395 J N., 11446 C.).

Mais cette jurisprudence n'est pas prise pour règle.

Une instruction du 14 avril 1859, nº 2148-5, a décidé que les rentes départementales continueraient à être déclarées à Paris comme les inscriptions directes, parce que le livre de chaque recette générale n'est qu'un livre auxiliaire du grand livre du Trésor (art. 175 et 176 Ord. 31 mai 1838), et que le grand livre seul est le titre fondamental des rentes inscrites au profit des créanciers de l'État (1163 R. P., 16564 J. N.).

2. ACTIONS. — CRÉANCES. — Les actions dans les compagnies financières, commerciales ou industrielles, appartenant à des étrangers qui n'ont pas de domicile ou de résidence en France, doivent être déclarées au bureau dans l'arrondissement duquel se trouve le siège des compagnies ; et les créances au bureau du domicile du débiteur. — Il en est de même si le défunt régnicole avait son domicile dans les colonies (290 § 36 I. G. ; Cass. 27 juill. 1819, S. 19-1-495, 6543 J. E. ; A. Cons. d'Ét. 11 fév. 1829, 9254 J. E.).

Ainsi, il a été décidé que, si un Français décède en France, où il avait son domicile, les créances lui appartenant, sur un débiteur domicilié en Algérie ou dans une autre colonie où l'enregistrement est établi, doivent être déclarées au bureau du domicile en France, d'après le tarif de la métropole (Cass. 24 fév. 1869, B. C. 44, 2832 R. P., 2385-6 I. G., S. 69-1-40, D. 69-1-423, P. 69-313, 14700 C., 20110 J. N., 2855 Rev., 16 déc. 1870, 3224 R. P., 2421-1 I. G., B. C. 186, S. 70-1-407, D. 71-1-86, P. 70-1045 ; — Agen 12 fév. 1870, 3224 R. P.). — V. *Succession*.

8243. Suisse. — Les biens possédés en France par des Suisses sont soumis en France au droit de succession ; le traité international du 18 juillet 1818 n'a rien changé en ce qui concerne l'impôt, et si les contestations relatives à l'hérédité d'un Suisse doivent être portées au tribunal suisse où il avait son dernier domicile, ce serait aller au-delà des termes du traité que de décider que la loi suisse régit la succession d'un Suisse décédé en France pour les biens situés en France (Seine 13 déc. 1861, 17419 J. N., 17490 J. E.).

8243 bis. Autriche. — Les dispositions de la loi du 23 août 1871 sont applicables aux successions mobilières des sujets autrichiens, malgré la convention diplomatique du 11 décembre 1866 (D. m. f. 8 juin 1876, 4395 R. P.).

8243 ter. Américains. — Les Américains sont assujettis au droit de succession. L'exemption accordée par la convention du 8 vendémiaire an 9 (*Bull. des lois*, 1809-179) a été abrogée par celle du 23 février 1853 (*Bull.* 1853-88).

8244. Agent diplomatique. — Il est des étrangers qui sont censés transporter fictivement leur pays ou leurs lois avec eux, de manière que les biens qu'ils possèdent, du moins dans leur hôtel, ne sont point régis par la loi française. Ce sont les *ambassadeurs* et autres agents qui représentent leur gouvernement. — V. *Ambassadeur*.

Par conséquent, si des fonds publics étrangers dépendaient de la succession d'un consul français décédé à l'étranger, ces valeurs devraient être déclarées en France (Sol. 4 mars 1867).

8245. Colonies. — Les colonies françaises sont soumises à un régime particulier que nous ferons connaître au mot *Succession*.

8246. Dévolution. — Meubles. — L'Administration avait pensé que dans tous les cas où une valeur mobilière quelconque dépendait de la succession d'un étranger et était passible en France du droit de succession, le droit devait être liquidé d'après les règles de dévolution admises pour les héritiers français par la loi française, et non pas d'après les attributions différentes résultant de la législation étrangère. Mais cette prétention a été repoussée par un arrêt de la chambre civile du 13 juillet 1869, ainsi conçu :

« Attendu que le droit de mutation par décès est, comme droit réel, applicable à toutes les valeurs qui ont une situation réelle ou fictive en France, quels que soient le domicile et les qualités des personnes entre lesquelles s'opère la mutation ; mais qu'il ne doit et ne peut être perçu que conformément aux droits des parties et, par suite, que la quotité en doit être fixée suivant le degré de parenté et l'ordre de succession établis par la loi qui règle la dévolution des biens entre les héritiers ; que si la créance n'a pu être recueillie en France sans subir l'impôt établi sur les mutations par décès, c'est néanmoins le règlement des droits des parties qui a dû servir de règle pour reconnaître et préciser la quotité de l'impôt devait être liquidé et perçu » (3011 R. P., S. 69-1-431, P. 69-1106, 19832 J. N. — V. Cass. 10 fév. 1869, 2896 R. P., 2385-3 I. G., *Bull.* 32, S. 69-1-230, D. 69-1-357, P. 69-544).

Il en est autrement des immeubles qui sont formellement assujettis à la loi française par l'art. 4 C. C.

8247. Liquidation du droit. — D'après l'art. 7 L. 18 mai 1850, le capital servant à la liquidation du droit d'enregistrement doit être déterminé par le cours moyen de la Bourse au jour de la transmission ; s'il s'agit de valeurs non cotées à la Bourse, le capital doit être déterminé par la déclaration estimative des parties, conformément à l'art. 14 L. 22 frimaire an 7, sauf l'application de l'art. 39 de la même loi, si l'estimation est reconnue insuffisante. — V. *Actions* et *Successions*.

CHAPITRE III. — QUESTIONS DIVERSES

[8248-8259]

8248. Actes de l'état civil. — On trouvera au mot *Acte de l'état civil* tout ce qui concerne cette partie de la législation dans ses rapports avec les étrangers.

8249. Autorisation de domicile. — D'après l'art. 17 L. 7 août 1850, « l'autorisation d'établir son domicile en France, accordée conformément à l'art. 13 C. C., donne lieu à la perception, au profit de l'État, des mêmes droits qui sont fixés pour la naturalisation. Le Gouvernement peut faire remise totale ou partielle de ces droits » (1864 I. G.).

8250. Bureau. Nous avons examiné précédemment, n° 8242, à quels bureaux devaient être déclarées les valeurs françaises dépendant de la succession d'un étranger

8251. Délai. — Les délais pour l'enregistrement des déclarations que les héritiers, donataires ou légataires, ont à passer des biens à eux échus ou transmis par décès, sont, savoir : de huit mois, à compter du jour du décès, lorsque celui dont on recueille la succession est décédé dans toute partie de l'Europe autre que la France ; d'une année, s'il est mort en Amérique, et de deux années, si c'est en Afrique ou en Asie (L. 22 frim. an 7, art. 24).

Sous peine du demi-droit en sus fixé par l'art. 39 L. 22 frimaire an 7 (D. m. f. 26 mai 1853, 2003 § 2 I. G.).

1. PRISE DE POSSESSION. — Si, avant les derniers six mois, les héritiers prennent possession des biens, il ne restera d'autre délai à courir que celui de six mois, à compter du jour de la prise de possession (*Idem*).

Procuration. — Lorsque des héritiers ont constitué un mandataire pour recueillir la succession d'un individu décédé hors de France, c'est de la date de la procuration, et non de celle de l'envoi en possession des biens, que doit courir le délai pour la déclaration de succession. On considère la procuration comme prise de possession (D. m. f. 18 août 1814, 5028 J. E.). — V. *Succession*.

8252. Naturalisation. — 1. DROIT DE SCEAU. — Les lettres de naturalisation ou de déclaration de naturalité sont soumises à un droit de sceau, lequel est fixé à 100 francs (L. 28 avr. 1816, art. 55). — Ce droit est perçu pour le compte du Trésor public (L. 29 janv. 1831, art. 14).

2. DROIT D'ENREGISTREMENT. — En outre, les mêmes lettres sont passibles d'un droit d'enregistrement de 20 pour 100 du même droit de sceau, c'est-à-dire de 20 francs (L. 28

oct. 1816, art. 55). — La recette de ces droits est faite par le receveur du sceau des titres à Paris (20 oct. 1837, n° 1544 I. G.).

3. REMISE. — Au reste, les droits de sceau et d'enregistrement pour la délivrance des lettres de naturalité peuvent être réduits à une somme moindre lorsque les impétrants ont dûment justifié qu'ils sont hors d'état de les acquitter (L. 21 avr. 1832, art. 1er ; 20 juill. 1837, art. 12).

4. DÉCIME. — Les décimes par franc du droit d'enregistrement sont exigibles (L. 6 prair. an 7, 23 août 1871). — Mais aucune disposition de la loi n'établit cet impôt de décime en ce qui concerne le droit de sceau.

5. GRATIS. — Les lettres-patentes de grande naturalisation sont délivrées gratis ; elles ne sont assujetties ni au droit de sceau ni au droit d'enregistrement (L. 28 avr. 1816, art. 55).

8253. Pays annexés. — On trouvera, sous le mot *Pays annexés*, l'explication de quelques règles particulières relatives à l'établissement des lois fiscales dans ces contrées.

8254. Poursuites. — Lorsque les droits, dus par les étrangers non résidant en France, donnent lieu à des *actes de poursuites*, ces actes doivent être signifiés au procureur de la République près le tribunal dans l'arrondissement duquel les droits sont exigibles, ou près celui de l'ouverture de la succession (Sol. 26 avr. 1827).

1. DROITS D'ENREGISTREMENT. — Quand un étranger fait diriger des *poursuites* contre un Français, les droits d'enregistrement doivent être payés comme si les actes étaient à la requête d'un Français, lors même que l'entremise du *ministère public* aurait été requise, et que ce serait par ses soins ou ses ordres que les actes auraient eu lieu (D. m. f. 3 janv. 1809).

2. RECOUVREMENT DES IMPÔTS ÉTRANGERS. — On ne peut poursuivre en France le recouvrement des impôts dus à un gouvernement étranger par un Français ou par un étranger, même en vertu d'un jugement étranger, « attendu qu'il est contraire au droit public et à l'intérêt français que les biens meubles et immeubles, situés en France, soient soumis à des impôts autres que ceux qui sont nécessaires au maintien et à la prospérité de l'État » (Seine 16 mars 1864).

8255. Prescription. — La prescription, pour réclamer les droits de mutation, par décès d'un étranger qui a laissé des biens en France, ne court pas du jour du décès de cet étranger, mais seulement de celui de l'envoi en possession de ses héritiers, attendu qu'aucun acte soumis à la formalité n'ayant mis l'Administration à même de découvrir la mutation avant le jugement d'envoi en possession, l'avis du conseil d'État du 22 août 1810, qui n'accorde que deux ans pour la demande des amendes, *auxquelles il est d'ailleurs spécial*, ne peut recevoir son application dans l'espèce (Cass. 7 mai 1833, 10606 J. E., 1437 § 11 I. G., S. 33-1-513).

8256. Quotité disponible. — Réduction. — Les biens situés en France, appartenant à des étrangers, étant régis par la loi française, les héritiers du propriétaire peuvent demander la réduction des legs relatifs à ces biens, à la quotité disponible déterminée par le Code, sans être obligés à la liquidation préalable de la succession pour les valeurs qui n'existent pas en France (Cass. 14 mars 1837, 11830 J. E.).

8257. Reprises. — Les reprises dépendant de la succession d'une femme mariée sous le régime de la communauté doivent être prélevées de préférence sur les biens situés en France, lors de la déclaration de sa succession. Les héritiers ne sont pas fondés à prétendre que, pour la perception des droits, ces reprises frappent en partie des biens situés en pays étranger (Seine 4 mars 1852, 15433 J. E., 14646 J. N.).

Cette décision n'est que l'application du principe que nous avons longuement développé n° 1407.

Dans le même ordre d'idées, il a été reconnu que, pour la perception des droits de mutation par décès applicables aux biens régis par la loi française, on ne doit avoir aucun égard aux stipulations relatives à des biens étrangers. Par conséquent, la vente d'un immeuble, situé à l'étranger, ne peut motiver une action en reprise au profit de l'époux qui en était propriétaire (Tours 26 août 1865, 2304 R. P. ; — Saint-Jean-d'Angély 27 déc. 1867, 18490 J. E., 2730 R. P. ; — Avesnes 4 déc. 1868, 2885 R. P. ; — Montargis 9 mars 1869, 2950 R. P. ; — Seine 22 fév. 1873, 3580 R. P.). — Ce résultat était contestable avant la nouvelle législation. Les biens étrangers, possédés par un conjoint, peuvent, en effet, se transformer, au cours du mariage, en valeurs françaises, ou réciproquement être reçues à ce dernier titre par la communauté. Si je possède un immeuble aux États-Unis, c'est là un bien étranger qui ne peut être pris en considération lors du partage de ma succession pour les attributions, ni pour l'exercice des reprises. Mais si je le vends, avant mon décès, à un Français qui s'oblige à m'en payer le prix, en mon domicile, en monnaie française, et qui me fournit une hypothèque sur des immeubles situés en France, on ne saurait plus douter que l'immeuble étranger se trouve remplacé dans mon patrimoine par une valeur française dont la réception donnera régulièrement naissance à une reprise à mon profit lors de la dissolution de la communauté. Aujourd'hui que la créance située à l'étranger est sujette au droit, il n'y a pas de raison de rejeter la reprise de cette créance touchée par la communauté (Sol. 22 déc. 1875).

8258. Testament. — Le testament d'un étranger, par lequel il dispose en faveur d'un étranger de biens situés en France, doit produire son effet d'après les lois françaises, quoiqu'il ait été annulé d'après les lois du pays du testateur, (Cass. 19 avr. 1841, 12888 J. E.).

Mais ce testament, quand il est fait à l'étranger, n'est pas sujet à l'enregistrement en France (Sol. 5 mai 1874). — V. 17075-4.

8259. — Transmission entre-vifs à titre gratuit. — Les dispositions de la loi du 23 août 1871 sur les valeurs mobilières dépendant d'une succession régie par la loi française ne peuvent s'étendre aux étrangers que par rapport aux droits de mutation par décès. Quant aux transmissions entre-vifs à titre gratuit de ces valeurs, elles ne sont passibles du droit proportionnel que dans le cas prévu aux art. 3 et 4 de cette même loi, c'est-à-dire quand la transmission s'opère en France.

Nous avons donné sur ce dernier point au mot *Acte passé à l'étranger* des développements auxquels nous ne pouvons que nous référer.

8259 *bis.* **Enregistrement dans les pays étrangers.** — L'impôt de l'enregistrement existe dans presque tous les États d'Europe. Mais on conçoit que la perception en est organisée sur des bases et d'après des tarifs essentiellement différents de ceux de la France.

Nous ne croyons pas inutile de donner quelques notions sommaires à cet égard :

1. ANGLETERRE. — Il n'existe pas de droits d'enregistrement sur les baux et actes de vente; ces actes sont seulement assujettis à l'impôt du timbre, qui est de un demi pour 100. Il n'est perçu de droits de mutation au profit de l'État qu'en cas de décès; ces droits sont de 1 pour 100 lorsque l'héritier est le fils du défunt; ils s'élèvent jusqu'à 10 pour 100 lorsqu'il ne lui est attaché par aucun lien de parenté.

La formalité du timbre n'est exigée pour la validité des actes qu'à l'égard des lettres de change (C. Gand, 7 déc. 1876, 4887 R. P.).

2. BELGIQUE. — En Belgique, il existe des impôts répondant aux droits d'enregistrement. La loi organique est la même qu'en France : c'est la loi du 22 frimaire an 7.

3. HOLLANDE. — En Hollande, la législation est analogue, mais il n'y a pas de droits de mutation en ligne directe, et les mutations à titre onéreux sont frappées seulement d'un droit de 4 pour 100, augmenté de 38 centimes additionnels.

4. DANEMARCK. — Dans le Danemarck, l'impôt sur les transmissions des immeubles pendant la vie de leur propriétaire est seulement de un demi pour 100. Dans le cas de transmission par décès, ce droit est de 1 pour 100 entre époux et en ligne directe, de 4 pour 100 entre collatéraux, et de 7 pour 100 entre personnes non parentes.

5. NORVÉGE. — En Norvége, l'enregistrement des actes de vente, baux, etc., donne lieu à la perception d'un droit de peu d'importance au profit du magistrat. Les ventes de propriétés foncières sont, en outre, grevée d'un droit de 2 1/2 pour 100, au profit des pauvres. Le droit de succession payé à l'État est de 4 pour 100 de la valeur de la succession.

6. PRUSSE. — En Prusse, l'impôt sur le timbre correspond à l'enregistrement français. Il est plus simple et ne grève pas autant d'actes qu'en France. Le droit pour les actes de vente est de 1 pour 100. Le droit de succession varie de 1 à 8 pour 100. Les descendants et les ascendants en sont exempts; ainsi que la femme héritant de son mari, mais seulement lorsqu'il y a des enfants. Le mari qui hérite de sa femme paye 1 pour 100. — Nous avons donné, au n° 4817 à P., d'autres détails sur l'enregistrement en Prusse.

7. SUISSE. — En Suisse, dix états confédérés perçoivent les droits de mutation sur les contrats et sur les successions à peu près sur les mêmes taux qu'en France.

8. PORTUGAL. — En Portugal, il existe un impôt d'enregistrement; le droit de mutation par décès varie de 3 à 10 pour 100; mais les actes de transmission entre ascendants, descendants et époux, en sont exempts.

9. ESPAGNE. — L'Espagne a une législation analogue, qui exempte également les successions en ligne directe ascendante et descendante.

10. ITALIE. — L'Italie a pris à la France les bases de sa législation sur l'enregistrement, mais le droit de mutation d'immeubles à titre onéreux est seulement de 2 pour 100, et celui de transmission par décès varie, suivant les dégrés ou l'absence de parents, de 20 centimes à 10 francs pour 100

11. ÉTATS-UNIS. — Aux États-Unis, un système fiscal entièrement nouveau est actuellement en vigueur. Ce système consiste dans l'obligation pour tout négociant, créancier ou vendeur, etc., d'apposer un timbre sur chaque contrat de bail, de vente, sur les factures, etc., etc.; le timbre varie de 25 centimes à 1 dollar.

12. RUSSIE. — L'enregistrement et le timbre sont établis en Russie suivant des règles qui ont été indiquées au R. P. n° 4965.

V. pour l'établissement du timbre aux colonies, *supra*, n° 1431.

CHAPITRE IV. — TITRES DES COMPAGNIES ET DES FONDS D'ÉTAT ÉTRANGERS

[8260-8277]

8260. Observations. — Le régime fiscal des titres d'actions ou d'obligations et des fonds d'État étrangers, a subi, dans ces derniers temps, notamment en matière de timbre, des modifications si nombreuses, il se trouve actuellement réglé par des dispositions si différentes, que son application offre à la pratique de véritables embarras. Nous allons résumer ici, avec le plus de méthode possible, les règles essentielles de perception des taxes actuellement exigibles sur ces valeurs.

Notre exposé comprendra successivement :

1° Les fonds d'État étrangers ;

2° Les actions et obligations des sociétés étrangères ;

Et 3° les obligations des villes étrangères.

SECTION PREMIÈRE. — FONDS D'ÉTAT ÉTRANGERS

[8261-8270]

8261. Timbre. — L'art. 6 L. 13 mai 1863 avait assujetti à un droit de 50 centimes par 100 francs ou fraction de 100 francs du montant de leur valeur nominale, les titres de rentes, emprunts et autres effets publics des gouvernements étrangers (2250 I. G.).

Ce droit de timbre avait été porté à 1 franc par 100 francs par l'art. 7 L. 8 juin 1864 (2284 I. G.).

La loi du 23 mai 1872 a fixé ce tarif, savoir :

A 75 centimes pour chaque titre de 500 francs et au-dessous ;

A 1 fr. 50 cent. pour chaque titre de 500 francs jusqu'à 1,000 francs [1] ;

A 3 francs pour chaque titre au-dessus de 1,000 francs jusqu'à 2,000 francs, et ainsi de suite à raison de 1 fr. 50 cent. par 1,000 francs ou fraction de 1,000 francs.

Ce droit n'est pas assujetti aux décimes ; il est perçu sur la valeur nominale du titre déterminé suivant les bases annuellement fixées par un décret pour la conversion des monnaies étrangères en monnaies françaises (2432 I. G.).

1. FONDS D'ÉTAT ET OBLIGATIONS DE SOCIÉTÉS. — Certains titres ont à la fois le caractère d'un fonds d'État et d'une obligation de société étrangère. Pour se fixer sur la partie dominante du titre déterminé la perception des droits de timbre et d'enregistrement, il y a lieu de consulter les circonstances du fait. On s'attache principalement à rechercher quelle est de l'État ou de la Société celui ou celle qui est directement obligé au remboursement du titre et au payement des intérêts. Cette partie est alors considérée comme faisant l'émission du titre, l'autre étant réputée sa caution. Si c'est l'État, le titre a le caractère d'un fonds public. Si c'est la société, le titre est une obligation (D. m. f. 12-18 juin 1869, Sol. 26 juin 1869).

2. FONDS PUBLICS ET OBLIGATIONS DES VILLES. — C'est également par l'appréciation des faits qu'il est possible de distinguer les fonds d'État proprement dits de certaines obligations des villes, corporations ou établissements publics étrangers. Il y a lieu d'examiner si la partie qui émet le titre exerce une souveraineté quelconque, auquel cas le titre rentre dans la catégorie des fonds d'État. Cela a lieu notamment pour les divers états fédérés des États-Unis, pour les cantons de Suisse, pour les royaumes, duchés et autres principautés dont la réunion forme l'empire d'Allemagne.

Quant aux emprunts faits par certaines listes civiles, notamment par la maison du vice-roi d'Égypte, l'Administration les a toujours considérés comme rentrant dans la catégorie des emprunts contractés par des corporations ou des établissements publics étrangers.

3. PAPIER-MONNAIE. — BONS AU PORTEUR. — Le papier-monnaie émis par un gouvernement étranger n'a pas le caractère d'un titre ou d'un effet public assujetti au timbre établi par les lois des 13 mai 1863 et 25 mai 1872. Les bons au porteur des villes étrangères et les billets des banques privées étrangères sont assimilables aux effets de commerce tirés de l'étranger et ne sont soumis au timbre que quand ils sont négociés en France (Sol. 14 juin 1877, 4762 R. P.).

8262. Enregistrement. — Les effets publics des gouvernements étrangers ne sont pas assujettis en France au droit de transmission établi par la loi du 23 juin 1857.

Lorsqu'il en est fait usage en justice ou que leur mention dans les actes publics les assujettit à la formalité de l'enregis-

trement, ou, par voie d'analogie, qu'ils sont présentés volontairement à la formalité en France, ils doivent acquitter les mêmes droits que s'ils avaient été souscrits en France (L. 28 avr.1816, art. 58). Ces titres, en quelque forme qu'ils soient rédigés, constatent, de la part du gouvernement étranger, une reconnaissance de devoir, et, selon le cas, une obligation de rembourser. Ils sont donc passibles du droit de 1 pour 100 établi pour les obligations de sommes en général par l'art. 69 § 3 L. 22 frimaire an 7 (V. I. G. 2531-11, p. 143).

8263. Énonciation ou usage. — La loi du 13 mai 1863 n'avait édicté aucune défense ni aucune pénalité pour la simple énonciation dans les actes des effets publics étrangers non timbrés. Elle ne prohibait que leur transmission. L'art. 2 L. 30 mars 1872 a comblé cette lacune. Il dispose que « nul ne peut... énoncer dans des actes de prêt, de dépôt, de nantissement, ou dans tout autre acte ou écrit, à l'exception des inventaires, des titres étrangers qui n'auraient pas été admis à la cote ou qui n'auraient pas été dûment timbrés. » — Il ajoute que « tout acte, soit public, soit sous seing privé, qui énoncera un titre de rente ou effet public d'un gouvernement étranger non coté aux bourses françaises, devra indiquer la date et le numéro du visa pour timbre apposé sur ce titre, ainsi que le montant du droit payé. » — Ces dispositions se trouvent plus spécialement expliquées dans la section suivante, relative aux titres des sociétés.

1. CONSTATATION. — AMENDES. — Chaque contravention aux dispositions précédentes peut être constatée, dans les lieux ouverts au public, par les agents qui ont qualité pour verbaliser en matière de timbre ; elle est punie d'une amende de 5 pour 100 de la valeur nominale des titres énoncés dans les actes, ou dont il aura été fait usage sans que cette amende puisse être inférieure à 50 francs. On a reconnu, à cet égard, que si les titres ont été réellement timbrés, le défaut par les parties de le déclarer ne les expose pas à l'amende de 5 pour 100 de la valeur nominale (Sol. 16 sept. 1873). Mais cette interprétation est toute de faveur. Il ne faudrait pas la prendre pour un droit.

2. SOLIDARITÉ. — Toutes les parties sont solidaires pour le recouvrement des droits et amendes.

3. OFFICIER PUBLIC. — AMENDE. — Une amende de 50 francs encourue personnellement par tout officier public ou ministériel qui aura contrevenu aux mêmes dispositions.

4. SYSTÈME DE LA LOI. — Ce système n'est, au fond, comme le fait remarquer l'Administration dans son instruction n° 2445 p. 6 (art. 3441 R. P.), que la consécration du principe général en vertu duquel il ne peut être fait usage d'aucun titre sans qu'il ait été assujetti au timbre. Mais il renferme des innovations remarquables.

5. ACTES SOUS SEING PRIVÉ. — En premier lieu, la défense d'agir en vertu d'un effet non timbré s'applique aux actes sous seing privé aussi bien qu'aux actes publics, ce qui constitue une dérogation grave aux art. 24 L. 13 brumaire an 7 et 49 L. 5 juin 1830.

Les journaux, n'étant pas des actes, ne tombent pas sous l'empire de la prohibition (Sol. 23 juin 1877).

6. BUREAU DE CHANGE. — En second lieu, les contraventions peuvent être constatées non-seulement comme cela avait lieu autrefois, par la présentation des actes à l'enregistrement ou la vérification des dépôts publics, mais par la saisie

---

1. Cette disposition doit être entendue en ce sens, que les titres au-dessus de 500 francs jusqu'à 1,000 francs sont assujettis au droit 1 fr. 50 cent.

opérée dans les lieux ouverts au public, ce qui comprend les boutiques et comptoirs de change (2445 n° 2 I. G.).

7. SOLIDARITÉ. — D'après le 4° paragraphe de l'art. 2 L. 30 mars 1872, « toutes les parties sont solidaires pour le recouvrement des droits et amendes. » Ce mot *parties* paraît s'entendre ici, non-seulement des propriétaires des titres négociés, exposés en vente ou énoncés, mais encore des intermédiaires qui ont participé à ces opérations, par exemple du changeur qui a exposé les titres en vente dans ses vitrines, de l'officier public qui les a énoncés dans un acte. Ces intermédiaires seraient donc débiteurs solidaires des droits de timbre et des amendes.

L'art. 2 ajoute même une pénalité spéciale toute personnelle aux officiers publics ou ministériels. Elle leur impose une amende de 50 francs si la contravention est commise dans un acte de leur ministère (2245 I. G.). Cette amende doit, dans tous les cas, demeurer à leur charge.

8. ÉNONCIATION OU USAGE. — Quant à la question de savoir ce qui constitue l'énonciation ou l'usage, la loi nouvelle paraît la résoudre dans un sens plus rigoureux qu'autrefois. L'art. 2 n'exclut nominativement en effet, de sa prohibition, que les inventaires, et l'on peut en conclure que cette exception est essentiellement limitative. L'Administration l'a cependant étendue, dans son I. G. 2445, aux actes sous seing privé constatant les dépôts de titres en garde et aux lettres missives énonçant les effets non timbrés. — V. n° 8272.

9. PÉNALITÉS ANCIENNES. — Les dispositions précédentes se substituent nécessairement aux pénalités ordinaires résultant de l'art. 29 L. 13 brumaire an 7 et 49 L. 5 juin 1850. Ces dernières dispositions se trouvent donc implicitement abrogées.

10. ENREGISTREMENT. — Au point de vue de l'enregistrement, l'énonciation des effets publics étrangers demeure soumise, au contraire, aux règles générales édictées par la loi du 22 frimaire an 7. Lorsque ces titres ont un caractère négociable et sont assimilables à des effets de commerce ou à des actions, il y a lieu de leur appliquer la jurisprudence d'après laquelle ces écrits peuvent être mentionnés dans des actes publics sans enregistrement. Mais si ce n'est pas le cas d'invoquer cette exception, l'officier public ou ministériel doit se conformer à l'art. 42 L. 22 frimaire an 7, à peine de l'amende ordinaire de 10 francs en principal, outre le payement du droit. Quant aux actes sous seing privé, ils continuent à jouir d'une immunité complète pour les énonciations qu'ils renferment.

11. TITRE COTÉ. — L'Administration décide (Sol. 16 sept. 1873, 24 juin 1878) que l'obligation d'énoncer le timbre des titres d'État étrangers existe, même quand ces titres sont cotés à la Bourse. Elle en donne pour raison que l'admission à la cote ne suppose pas nécessairement, comme pour les titres des sociétés étrangères, que les droits de timbre ont été acquittés. Mais cette interprétation est contestable. L'art. 2 L. 30 mars 1872 décide, dans les termes les plus généraux, que l'obligation d'indiquer le payement du droit se restreint aux titres non cotés, et il a même soin de déclarer que cette dis-

position s'étend aux effets publics étrangers. « Tout acte, dit-il, soit public, soit privé, qui énoncera des titres de rente ou effets publics d'un gouvernement étranger, ou tout autre titre étranger *non coté aux bourses françaises*, devra indiquer la date et le numéro du visa pour timbre apposé sur ce titre ainsi que le montant du droit payé. » L'injonction de la loi ne paraît s'appliquer qu'aux valeurs non cotées. Pour les autres, il n'existe aucune obligation imposée aux officiers publics. C'est ajouter à la loi que de leur appliquer la disposition édictée pour un cas différent. Le législateur a eu d'ailleurs ses motifs, pour parler seulement des titres non cotés. Quoique le payement du droit de timbre ne soit pas, de même que pour les titres des sociétés étrangères, une condition indispensable de leur admission sur le marché, cependant, comme ils ne réclament ce bénéfice que pour être négociés, et que toute négociation doit être, à peine d'amende, précédée du payement; comme, d'un autre côté, la négociation et l'admission qui la précèdent sont essentiellement publiques, qu'elles ne s'opèrent guère sans la participation du syndicat des agents de change, personnellement intéressé à l'exécution de la loi, il a pu paraître que ces formalités assuraient complétement la perception.

12. PLURALITÉ D'AMENDES. — Le notaire qui mentionne des titres de fonds d'État non timbrés ou des actions et obligations non cotées et non timbrées n'encourt qu'une seule amende (Sol. 16 sept. 1873, S. 1874-2-61).

13. TITRES NON NÉGOCIABLES. — La loi de 1872 n'est pas applicable à des actions étrangères non négociables et sujettes au timbre de dimension (Seine, 24 août 1877, acq. 9 nov. 1877).

8264. Négociation. — La loi du 13 mai 1863 prohibait la transmission des effets publics étrangers qui n'auraient pas acquitté le droit de timbre. En cas de contravention, le propriétaire du titre et l'agent de change ou tout autre officier public ayant concouru à sa transmission, étaient passibles chacun d'une amende de 10 pour 100 de la valeur nominale du titre [1].

[1]. Sous l'empire de cette législation, il a été rendu plusieurs solutions qu'il est intéressant de reproduire.

L'art. 7 L. 13 mai 1863 portait qu'aucune transmission de titres de rentes, emprunts et autres effets publics des gouvernements étrangers ne peut avoir lieu avant d'avoir acquitté le droit de timbre, à peine d'une amende de 10 pour 100 de la valeur nominale du titre contre le propriétaire de ce titre, et l'agent de change ou tout autre officier public qui aura concouru à sa transmission. Deux Sol. des 17 et 25 novembre 1863 (1857 R. P.) avaient reconnu que cette pénalité atteignait aussi bien les cessions notariées que celles opérées par les agents de change, et on avait appliqué depuis la même règle aux cessions faites sous seing privé sans le concours d'aucun officier public (Sol. 25 avr. 1867, 2587 R. P.).

Mais l'amende de 10 pour 100 était spéciale aux actes contenant les transferts des titres, et, comme la loi de 1863 gardait le silence sur le cas où il est fait usage du titre dans un acte non translatif, on avait pensé que l'art. 24 L. 13 brumaire an 7 reprenait alors son empire et exposait le notaire ou l'officier public à l'amende ordinaire si les titres n'étaient pas timbrés (D. m. f. 31 juill. 1864, 1989 R. P.). Mais on n'avait pas persisté dans cette appréciation. Le tribunal de la Seine ayant jugé, le 3 mars 1866, que la loi de 1863, introductive d'une taxe nouvelle, ne pouvait être complétée par la loi du 13 brumaire an 7, et que la mention dans un acte non-

Ces dispositions se trouvent aujourd'hui remplacées par l'art. 2 L. 30 mars 1872 (2446 I. G.).

Il est défendu de négocier sous une forme quelconque, soit par acte public, soit par acte sous seing privé, soit même au parquet de la Bourse ou ailleurs, un effet public étranger qui ne serait pas régulièrement timbré. Si la négociation s'opère par acte, il faut de plus indiquer la date et le numéro du visa pour timbre apposé sur le titre, ainsi que le montant du droit payé.

1. CONTRAVENTION. — AMENDES. — La contravention à ces dispositions peut être constatée dans tous les lieux ouverts au public, même dans les comptoirs de change. Les parties sont passibles d'une amende de 5 pour 100 de la valeur nominale des titres, avec un minimum de 50 francs en principal, outre le payement du droit de timbre. L'officier public ou ministériel qui prête son concours à la négociation encourt lui-même personnellement une amende de 50 francs.

2. ENREGISTREMENT. — En ce qui concerne l'enregistrement, les principes que nous avons rappelés ci-dessus au sujet de l'énonciation, recevront leur application. Lorsqu'à raison de leur nature les titres doivent être enregistrés avant qu'il en soit fait usage dans un acte public, le notaire ou l'officier ministériel doit se conformer à l'art. 42 L. 22 frimaire an 7. Il suffit qu'il n'y ait aucune exception formulée dans la loi pour que cette conclusion soit justifiée.

8265. Émission ou souscription. — La souscription d'une action ou d'une obligation n'est, d'après la jurisprudence de la C. cass., que le premier acte de transfert de cette valeur (Cass. 15 mai 1860, S. 60-1-908, 2239-1 I. G., 1320 R. P.; 27 mai 1862, S. 62-1-583, 2239-1 I. G., 1630 R. P.; 16 avr. 1866, S. 66-1-265, 2355-4 I. G., 2271 R. P.); dès lors les mêmes défenses et les mêmes peines devaient s'y appliquer comme la négociation.

Néanmoins, la loi du 25 mai 1872 a organisé un régime particulier pour les effets publics étrangers.

D'après l'art. 2, aucune émission ou souscription de titres de rentes ou effets publics des gouvernements étrangers ne peut être annoncée, publiée ou effectuée en France, sans qu'il ait été fait, dix jours à l'avance, au bureau de l'enregistrement de la résidence, une déclaration dont la date est mentionnée dans l'avis ou l'annonce. Les titres ou les certificats provisoires de titres souscrits ou émis en France ne pourront être remis aux souscripteurs ou preneurs sans avoir préalablement acquitté les droits de timbre.

L'art. 3 ajoute que chaque contravention aux dispositions précédentes pourra être constatée dans les formes et conditions indiquées au 3ᵉ paragraphe de l'art. 2 L. 30 mars 1872

et également punie d'une amende de 5 pour 100 de la valeur nominale des titres annoncés ou émis, sans que cette amende puisse être inférieure à 50 francs. L'amende est due personnellement et sans recours par celui qui a fait des annonces sans déclaration préalable, qui a émis ou qui a servi d'intermédiaire pour l'émission ou la souscription de titres non timbrés. La même amende est exigible à raison d'émissions ou de souscriptions faites sans déclaration préalable. Le souscripteur ou le preneur de titres non timbrés est tenu solidairement de l'amende, sauf son recours contre celui qui a ouvert la souscription ou émis les titres.

1. CAS DANS LESQUELS L'AMENDE EST DUE. — Ainsi l'amende est due dans trois cas : 1° lorsque l'émission est annoncée sans déclaration préalable; — 2° lorsque cette émission a lieu directement sans annonce; — 3° enfin, lorsque l'émission, dûment déclarée, a pour objet des titres non revêtus du timbre.

2. PLURALITÉ. — SOLIDARITÉ. — La pénalité est encourue par chacun de ceux qui ont coopéré à l'émission ou à la souscription irrégulière, soit qu'ils aient agi pour leur compte, soit qu'ils aient été de simples intermédiaires. Elle leur est personnelle.

3. DATE DE LA DÉCLARATION. — Une amende pareille est encore exigible si l'avis ou l'annonce de l'emprunt, quoique précédé de la déclaration au bureau de l'enregistrement, ne mentionne pas la date de cette déclaration.

4. TITRES PROVISOIRES. — Enfin, il ne suffit pas que les titres définitifs à remettre aux souscripteurs soient timbrés. Le 2ᵉ paragraphe de l'art. 2 L. 25 mai 1872 exige que le droit de timbre soit payé sur les titres provisoires, sauf à faire timbrer sans frais les titres définitifs correspondants. Chaque contravention à cette disposition est également passible d'une amende de 5 pour 100 de la valeur nominale du titre, au minimum de 50 francs.

5. SOUSCRIPTEURS. — Aucune pénalité personnelle n'est imposée, pour les infractions aux règles qui précèdent, aux preneurs ou aux souscripteurs des titres. L'art. 3 de la loi les rend seulement responsables de l'amende encourue par celui qui a ouvert la souscription ou émis les titres, mais il leur accorde un recours contre ce dernier pour obtenir le remboursement de leurs avances.

6. DROIT DE TIMBRE. — La loi garde le silence à l'égard du payement du droit de timbre. Pour que ceux qui ont annoncé ou ouvert la souscription, ou qui ont fait l'émission, en soient directement tenus, il aurait fallu une disposition expresse semblable à celles qui existent dans les art. 42 L. 22 frimaire an 7, 26 L. 13 brumaire an 7 et 2 de celle du 30 mars 1872. Ils n'en sont donc constitués ni débiteurs directs ni même responsables. Ce droit est naturellement alors à la charge des souscripteurs ou des preneurs de titres (V. 3441 p. 426 R. P.). Mais le payement en devra être le plus souvent compromis par la difficulté qu'éprouvera l'Administration à découvrir ou à poursuivre ces souscripteurs.

---

translatif des titres ou effets publics non timbrés, n'était passible d'aucune amende, une seconde décision ministérielle du 1ᵉʳ juin 1866 avait adhéré à la doctrine de cette décision (2364 R. P.) — V. 2284 I. G., 1972 § 3 R. P.; — Seine 27 févr. 1864, 17310 J. E.).

Dans tous les cas, aucune amende ne pouvait être réclamée s'il s'agissait d'une hypothèse dans laquelle l'officier public ne faisait pas réellement usage des actes, comme, par exemple, s'il se bornait à constater l'apport des titres dans un contrat de mariage (nᵒ 2162 J. du not.).

7. ENREGISTREMENT. — Les dispositions précédentes sont relatives aux timbre. Quant à l'enregistrement, il y a lieu d'appliquer à l'émission et à la souscription ce que nous avons dit ci-dessus de l'énonciation et l'usage des effets publics étrangers. Si l'émission ou la souscription étaient constatées dans un acte sous seing privé, il n'y aurait aucune obligation de faire enregistrer les titres émis. Mais si ces opérations résultaient d'un acte public, le notaire retomberait sous l'empire de l'art. 42 L. 22 frimaire an 7.

8266. Banquier français. — Au cours de la discussion, un député a demandé si un banquier français qui n'aurait ni mission, ni pouvoir pour émettre les titres d'un gouvernement étranger, pourrait néanmoins recevoir des souscriptions sans que cette opération donnât ouverture au droit de timbre.

Le rapporteur a répondu à cette question, au nom de la commission et du Gouvernement, ainsi qu'il suit : « Si la personne qui fait l'émission de rentes d'un gouvernement étranger fait savoir par un procédé quelconque, soit en France, soit à l'étranger, que le public pourra souscrire en France dans telle maison de banque ou dans une maison quelconque, les titres souscrits seront assujettis au droit de timbre. Mais, supposons, au contraire, l'émission d'un emprunt d'un gouvernement étranger, annoncée à l'étranger seulement, sans qu'il soit dit que les souscriptions peuvent se faire en France. Un capitaliste français apprend, par sa correspondance, l'existence de cette émission ; il n'a pas de relations dans le pays où se fait l'émission ; il ne veut pas aller lui-même faire la souscription. Il va s'adresser à son banquier en France ; il le prie de faire souscrire pour lui à cet emprunt dont l'émission a lieu à l'étranger ; il lui remet la somme nécessaire pour payer les titres à souscrire ; il le prie de la transmettre à la personne qui est chargée de l'émission et de lui faire parvenir les titres quand cette personne les lui aura adressés. Dans ce cas, le droit de timbre n'est pas dû, car il s'agit uniquement ici d'une affaire privée, et comme il n'y a eu ni publicité, ni provocation quelconque à souscrire, il n'y a pas par conséquent, dans le sens de la loi fiscale, émission ou souscription en France... Le Gouvernement et la commission entendent la loi comme je viens de l'expliquer. C'est donc dans ce sens qu'elle devra être appliquée par les tribunaux » (Mathieu Bodet, rapporteur, *Journal officiel* du 26 mai 1872, p. 3510).

Ces explications sont prises pour règle (2446 I. G.).

8267. Publicité. — La question de savoir ce qui constitue l'émission et la publicité de l'émission a donné lieu aux explications suivantes du rapporteur de la loi du 25 mai 1872.

« Que faut-il entendre par ces mots : émission faite en France? On ne conteste pas que, lorsqu'il y a réellement émission en France, le droit de timbre est dû sur les titres qui sont souscrits. Mais quand y a-t-il souscription en France ? Eh bien, j'ai dit : Ce qui caractérise cette opération, ce sont les souscriptions provoquées en France par un procédé quelconque de publicité. Je répète l'expression que rappelait tout à l'heure notre honorable collègue M. de Soubeyran, et dont

je m'étais servi samedi, dans la discussion, avec intention, pour bien préciser le sens que je lui ai donné. Il y aura émission en France lorsque les souscriptions seront provoquées par un procédé quelconque de publicité. Mais, demande-t-on, qu'est-ce que c'est qu'un procédé quelconque de publicité? Messieurs, il est impossible d'entrer dans des définitions précises, limitatives. La loi ne peut pas, ne doit pas en donner. Si l'on veut qu'elle puisse s'appliquer à tous les cas où le droit de timbre est réellement dû, d'après les principes de la loi, lorsque l'Administration de l'enregistrement voudra faire payer le timbre, la question se posera de savoir s'il y a eu, oui ou non, publicité. Ce sera une question de fait ; les tribunaux la jugeront. Si vous prétendez que le fait de l'introduction d'un journal anglais, rédigé en anglais, qui arrive dans un cercle de Paris, ne constitue pas la publicité visée par la loi, vous soutiendrez votre opinion devant les tribunaux : les tribunaux jugeront. Toute la question est donc de savoir s'il y a eu, oui ou non, publicité. Toutes les fois qu'il y aura eu publicité en France, les souscripteurs français devront acquitter le droit de timbre » (3441 R. P.).

Une circulaire adressée en vue de provoquer les souscriptions est une mesure de publicité (Sol. 24 sept. et 9 nov. 1872).

8268. Exposition en vente. — L'exposition en vente des titres de fonds d'État étrangers en contravention aux lois sur le timbre, est punie par l'art. 2 L. 30 mars 1872, qui dispose, en termes généraux, que nul ne peut négocier, exposer en vente ou énoncer dans des actes, des titres étrangers qui n'auraient pas été dûment timbrés. L'amende est, dans ce cas, de 5 pour 100 de la valeur nominale des titres, sans qu'elle puisse être inférieure à 50 francs. Cette hypothèse rentre d'ailleurs dans le cas plus général de l'énonciation ou de l'usage des titres de fonds d'État étrangers non timbrés. Les explications que nous avons données sur ce dernier point lui sont donc applicables, tant à l'égard du timbre qu'à l'égard de l'enregistrement.

8269. Titres provisoires. — Renouvellement. — L'art. 2 L. 23 mai 1872 porte que les titres ou certificats provisoires de titres souscrits ou émis en France ne pourront être remis aux souscripteurs ou preneurs sans avoir été assujettis préalablement au timbre. Cette disposition législative abroge explicitement l'interprétation donnée à la loi du 13 mai 1863 et consignée dans l'I. G. nº 2250, interprétation de laquelle il résultait que l'impôt des titres n'était pas applicable aux certificats provisoires, et que les titres définitifs seuls y étaient assujettis (2446 I. G., 3441 R. P.).

La loi dispose, en outre, que si le droit a été payé sur le certificat provisoire, le titre définitif correspondant sera timbré sans frais sur la représentation de ce certificat. Cette disposition, que le rapporteur appelle *une dérogation libérale aux principes de la matière*, a dû faire l'objet d'une mention formelle dans la loi ; « car le droit de timbre étant, par essence, un droit de consommation du papier, ne peut jamais être remboursé, ni être admis en compensation des droits de timbre exigibles sur un autre titre, fût-il de même nature » (*Exposé des motifs*).

Il suit de là, qu'en cas de renouvellement pour une cause quelconque, d'un titre de rente ou effet public d'un gouvernement étranger, un nouveau droit de timbre deviendra exigible, et qu'il n'y a pas lieu d'appliquer à ce cas les dispositions de l'art. 17 L. 5 juin 1850 qui est spécial aux actions des sociétés. D'ailleurs, il ne faut pas perdre de vue que le droit de timbre des actions, qui ont toujours une durée limitée, est de 1 pour 100, tandis que le tarif nouveau applicable aux rentes étrangères, qui sont perpétuelles, n'est que de 1 fr. 50 cent. par 1,000 francs (3441 R. P., 2446 I. G.).

On admet les nouveaux titres au timbrage jusqu'à concurrence des droits acquittés par les titres provisoires, sans exiger qu'il s'agisse de mêmes coupures ou de mêmes numéros (Sol. 21 mai, 30 nov. 1874, 11 mars et 5 mai 1875).

8270. Impôt sur le revenu.—Droit de transmission. — Les fonds d'État étrangers ne sont pas soumis à la taxe sur le revenu, ni au droit de transmission.

SECTION 2. — ACTIONS ET OBLIGATIONS DES SOCIÉTÉS

ÉTRANGÈRES

[8271-8275]

8271. Timbre et enregistrement. — L'art. 9 L. 23 juin 1857 a soumis les actions et obligations émises par les sociétés, compagnies ou entreprises étrangères, à des droits de timbre et de transmission, équivalents à ceux qui sont établis sur les valeurs françaises.

Le décret rendu, le 17 juillet 1857, pour l'exécution de cette loi, a établi entre elles certaines différences. Ainsi, pour les sociétés étrangères, le droit de timbre doit être acquitté, dans tous les cas, au moyen de l'abonnement obligatoire de 5 centimes par 100 francs du capital nominal de chaque titre (art. 11 du décret). Cet abonnement est servi pendant toute la durée de la société à l'égard des actions, et pendant toute la durée des titres à l'égard des obligations (art. 22 et 31 L. 5 juin 1850).

De même, le droit de transmission, au lieu de varier selon qu'il s'agit de titres nominatifs ou de titres au porteur, comme dans les sociétés françaises, est uniformément payé au moyen de la taxe annuelle et obligatoire établie pour les titres au porteur français (art. 10 § 4 du décret).

Aux termes de l'art. 9 L. 23 juin 1857, les actions et obligations étrangères ne pouvaient être cotées et négociées en France qu'en se soumettant à l'acquittement des droits précédents. Ces droits étaient basés sur une quotité du capital social fixé par le ministre des finances, d'après la déclaration des sociétés. Les titres ne pouvaient être admis à la cote qu'après la présentation et l'agrément par le ministre d'un représentant responsable qui devait acquitter les droits.

La quotité et le mode de liquidation des droits ont été modifiés depuis lors par diverses dispositions législatives.

1. AUGMENTATION DES DROITS. — Les droits de timbre ont été augmentés de 2 décimes par la loi du 23 août 1871, et le taux de l'abonnement se trouve actuellement porté à 6 centimes par 100 francs. Le droit de transmission, après avoir plusieurs fois varié, a été fixé en dernier lieu à 20 centimes sans décimes pour la taxe annuelle des titres au porteur (L. 29 juin 1872, 2451 I. G.).

2. BASE DE LA PERCEPTION. — Le règlement d'administration publique, rendu le 24 mai 1872 pour l'exécution de la loi du 30 mai précédent, a déterminé le mode de perception des droits de timbre et de transmission dus par les sociétés étrangères.

L'art. 1er de ce décret porte : « Le nombre des titres qui doit, en vertu de l'art. 10 Déc. 17 juillet 1857, servir de base à la perception des droits de timbre et de transmission établis par les lois ci-dessus visées sur les actions et obligations des sociétés étrangères, est fixé par le ministre des finances, sur l'avis préalable d'une commission composée ainsi qu'il suit :

Le président de la section des finances au conseil d'État, *président* ;

Le directeur général de l'enregistrement, des domaines et du timbre ;

Le directeur du mouvement général des fonds ;

Un régent de la Banque de France ;

Le syndic des agents de change de Paris.

La commission désigne son secrétaire, qui a voix consultative.

3. MINIMUM. — Le nombre des titres assujettis aux droits de timbre et de transmission ne peut être inférieur, pour les actions, à un dixième, et pour les obligations, à deux dixièmes du capital (même décret).

4. RÉVISION. — DURÉE. — Le nombre de titres fixé par le ministre des finances, conformément aux articles qui précèdent, peut être révisé tous les trois ans.

S'il n'y a pas lieu à révision, la fixation précédente sert de base pour une nouvelle période de trois ans.

S'il y a lieu à révision, elle est effectuée dans le trimestre qui précède l'échéance de la troisième année et sert de base pour une nouvelle période de trois ans (même décret).

5. COTE. — A défaut par les sociétés, compagnies, entreprises, d'acquitter les droits, les titres sont rayés de la cote. Néanmoins, le représentant établi en France, conformément à l'art. 10 Déc. 17 juillet 1857, reste responsable des droits jusqu'à l'époque à laquelle les titres ont cessé d'être cotés (même décret).

6. RELEVÉ DES SOCIÉTÉS. — Les directeurs ont transmis à l'Administration un relevé des sociétés étrangères dont le représentant responsable est constitué dans leur département, et fait connaître en même temps le nombre de leurs titres présumés circuler en France. Ce nombre servira de base à la perception du droit pendant trois ans. Après ce délai, il pourra être augmenté ou diminué en raison des oscillations de la circulation. Le Gouvernement et les compagnies ayant le droit de provoquer cette révision, les directeurs devront adresser, dans le premier trimestre de 1875, à l'Administration, un autre relevé des sociétés étrangères, indiquant si le nombre des titres de ces compagnies doit être augmenté ou diminué, ou si, au contraire, il doit rester fixé au chiffre précédemment adopté. A défaut d'une nouvelle fixation, les droits continueront à être perçus d'après les bases antérieures (2445 I. G.).

7. RENVOI. — Le développement des règles précédentes se trouve naturellement présenté dans les parties de notre ouvrage où nous nous sommes spécialement occupé de *l'abonnement* au timbre et du *droit de transmission*.

8. VALEURS NON COTÉES A LA BOURSE. — Le payement de ces diverses taxes était suffisamment assuré par les
règles précédentes pour les actions et les obligations admises à la cote dans les bourses françaises. Mais ces règles
étaient inefficaces à l'égard des autres valeurs.

Afin de les atteindre, l'art. 2 L. 30 mars 1872 a décidé
que : « nul ne peut négocier, exposer en vente ou énoncer
dans des actes de prêt, de dépôt, de nantissement, ou dans
tout autre acte ou écrit, à l'exception des inventaires, des
titres étrangers qui n'auraient pas été admis à la cote ou qui
n'auraient pas été dûment timbrés au droit de 1 pour 100 du
capital nominal. » Il ajoute que : « tout acte, soit public,
soit sous seing privé, qui énoncera un titre étranger non coté
aux bourses françaises, devra indiquer la date et le numéro
du visa pour timbre apposé sur ce titre, ainsi que le montant
du droit payé » (2445 I. G.).

Cet article comprend plusieurs situations qu'il importe
d'examiner séparément.

8272. Énonciation ou usage. — La première se
fère à l'énonciation ou à l'usage des titres dans les actes
publics ou privés. Cette disposition, dit l'I. G. 2445, n'est que
la consécration du principe général, en vertu duquel il ne peut
être fait usage d'aucun titre sans qu'il ait été assujetti au
timbre.

1. PRÊT OU NANTISSEMENT. — Le texte parle spécialement de la mention dans les actes de prêt ou de nantissement.
« Quand les titres sont énoncés dans un acte de prêt ou de
nantissement, le prêt et le nantissement contiennent l'un
et l'autre le principe d'une aliénation. Celui qui prête un titre
à quelqu'un pour qu'il en fasse ressource en autorise la
vente; celui qui le donne en nantissement, le soumet à une
aliénation éventuelle pour le cas où l'obligation garantie ne
serait pas exécutée conformément à la convention » (Rapport
de la commission, 3441 p. 419 R. P.).

2. ACTES DE DÉPÔT. — « Les mots *actes de dépôt*, rapprochés de ceux *tous autres actes ou écrits*, exigent une explication. Il arrive parfois que des étrangers résidant en France
sont porteurs de titres qu'ils déposent dans des maisons de
banque uniquement pour en assurer la conservation. Le
même fait se produit chez des Français qui, voulant se
soustraire aux risques de perte, de vol ou d'incendie, déposent également leurs titres dans des maisons spéciales qui se
chargent de leur garde moyennant un droit modique. Ces
dépôts sont constatés, soit par correspondance, soit par un
récépissé ou certificat. Il a été entendu que pour opérer
ces sortes de dépôt, ainsi que les retraits qui en sont la conséquence, il ne serait pas nécessaire que les titres étrangers
fussent préalablement timbrés, car le dépôt, dans ces conditions, ne constitue pas, à proprement parler, un usage des
titres, mais une substitution à des titres multiples, d'un titre
collectif qui n'en est que la représentation, sans novation
d'aucune sorte, sans avantage ni profit. Il est bien entendu
d'ailleurs que si, soit par correspondance, soit par endossement ou autrement, le récépissé de dépôt était négocié, prêté
ou donné en nantissement, les titres que ce récépissé représente devraient être timbrés préalablement » (2445 I. G.,
3441 R. P.).

3. DÉPÔTS NOTARIÉS. — La faveur accordée aux dépôts
dont il s'agit est-elle applicable aux actes notariés? Nous ne
l'avons pas pensé? Bien que les observations du rapporteur
et les termes de l'I. G. paraissent embrasser tous les cas,
nous croyons qu'ils se réfèrent exclusivement aux dépôts
sous seing privé. En effet, si l'on affranchit ces contrats
de la règle générale posée par l'art. 4 de la loi, c'est par le
motif qu'ils n'emportent pas l'usage réel des titres. Or, cet
usage existe essentiellement dès que les titres se trouvent décrits dans un acte authentique qui en assure l'existence et la
date. C'est pourquoi le rapporteur a ajouté que » « il y a
même des dépôts purs et simples qui donnent lieu au payement du droit de timbre et que ce sont ceux qui sont faits
par acte notarié ou en exécution d'un mandat de justice »
(art. 3441 p. 419 R. P.). — L'I. G. n° 2445 n'a pas une portée
plus grande. Elle a soin, en effet, de faire remarquer que les dépôts en garde auxquels s'applique l'exception sont constatés, soit
par correspondance, soit par un récépissé ou certificat, ce qui
exclut les dépôts résultant d'un acte notarié. Les amendes
prononcées par la loi du 30 mars 1872 et les droits de timbre
des titres seraient donc exigibles. La même solution nous
paraît applicable, pour des motifs identiques, aux actes de
retrait des titres » (3454 R. P. — *Conf.* : Sol. 22 juin 1872).

4. CORRESPONDANCE. — Il peut arriver également que
des titres étrangers soient énoncés dans des lettres ou correspondances. Les lettres sont des écritures privées qui, aux
termes de l'art. 30 L. 13 brumaire an 7, ne sont assujetties au timbre de dimension que lorsqu'elles sont produites
en justice. La disposition de l'art. 2 L. 30 mars 1872 ne s'applique donc pas aux titres énoncés dans des lettres ou
dans la correspondance, à moins que ces correspondances
ne consacrent elles-mêmes la négociation, le prêt, le nantissement ou l'usage juridique des titres (2445 I. G.; 3441
R. P.).

5. AUTRES ACTES OU ÉCRITS. — L'art. 2 L. 30 mars 1872
ne permet d'énoncer les titres non timbrés que dans les inventaires. Cette énonciation est interdite dans tous autres actes
ou écrits. Le rapporteur de la loi a dit à cet égard : « Une
observation est nécessaire ici pour éviter une interprétation
erronée. Les titres énoncés dans des actes ou écrits quelconques ne sont soumis à la formalité de l'enregistrement que
lorsque ces actes ou écrits constatent une transmission directe ou indirecte, immédiate ou future, définitive ou éventuelle. La commission du budget a compris du reste ces mots :
dépôt, acte ou écrit, avec cette distinction nécessaire. Le Gouvernement les avait entendus dans le même sens, ainsi que le
démontre l'instruction adressée par l'Administration à ses
agents » (3441 p. 419 R. P.).

Cette interprétation est plus que contestable. Elle serait un
retour à la loi de 1863 qui ne prohibait l'usage des titres que
dans les actes translatifs, alors qu'on a voulu certainement
élargir ses dispositions et que, selon l'exposé des motifs, la défense d'agir est « consécration du principe général en
vertu duquel il ne peut être fait aucun usage d'aucun titre
non timbré » (2445 I. G.). L'instruction que le rapporteur
indique ne contient rien qui puisse justifier sa distinction. Elle
exprime formellement le contraire à plusieurs endroits.

Il faut donc écarter cette opinion et s'en tenir au texte qui
étend la défense d'une manière aussi générale que possible

à tous actes ou écrits autres que les inventaires (V. 2246 p. 1er § 2 I. G.).

Il y aurait, notamment, contravention si les titres étaient énoncés en dehors des conditions indiquées par la loi dans un partage (n° 2681 J. du not.) ou testament, une délivrance de legs, un acte de notoriété, etc. ; — un acte fait pour assurer le payement des coupons des titres (Seine 8 mai 1875, 4140 R. P.).

6. TITRES ALIÉNÉS. — La défense d'énoncer dans les actes autres que les inventaires les titres étrangers non timbrés ne s'applique et ne peut s'appliquer qu'aux titres existant encore entre les mains des parties lors de l'énonciation. Elle ne s'étend pas aux titres régulièrement aliénés avant cette époque. Outre que, dans ce cas, il y a impossibilité matérielle et absolue d'exécuter la loi, l'énonciation ne porte pas à proprement dire sur les titres eux-mêmes qui ont disparu, mais sur le prix de leur aliénation. Le rappel que l'on fait de l'origine des deniers ne constitue pas cette mention ou cet usage direct de l'écrit non timbré, que la loi a voulu prohiber. De même pour les titres circulant avant la loi (Seine 8 mai 1875, 4140 R. P.).

7. RÈGLES GÉNÉRALES. — Si le titre est coté à la Bourse, aucune difficulté ne se présente, puisque les droits de timbre et de transmission se trouvent acquittés.

Si le titre n'est pas coté ou s'il a cessé d'être coté (Lyon, 13 fév. 1878), il est nécessaire qu'avant d'en faire usage on le fasse timbrer et qu'on rappelle ensuite le numéro du visa ainsi que le montant du droit acquitté. Ce droit n'est plus alors réglé au moyen de l'abonnement ordinaire de 6 centimes par 100 francs. Il s'élève à 1 franc pour 100 francs du capital nominal du titre énoncé, et les parties ne profitent pas de la disposition qui permet au ministre, dans le cas où la société acquitte ce droit sur tous ses titres, de modérer la perception en réduisant le droit à une fraction seulement du capital nominal.

Chaque contravention peut être constatée, dans tous les lieux ouverts au public, par tous les agents qui ont qualité pour verbaliser en matière de timbre. Elle est punie d'une amende de 5 pour 100 de la valeur nominale des titres qui eront négociés, exposés en vente, énoncés dans les actes, ou dont il aura été fait usage. En aucun cas, l'amende ne peut être inférieure à 50 francs.

Toutes les parties sont solidaires pour le recouvrement des droits et amendes.

Une amende de 50 francs sera encourue personnellement par tout officier public ou ministériel qui aura contrevenu aux dispositions précédentes.

Nous avons déjà indiqué l'esprit de ces dispositions à propos des fonds d'État étrangers. Nous n'y reviendrons pas.

Enregistrement. — Il en est de même à l'égard du droit d'enregistrement. Nous avons fait remarquer que si les titres énoncés acquittent le droit de transmission, ils sont dispensés de l'enregistrement quand on en fait usage, même dans un acte public, et qu'il en est ainsi encore dans le cas contraire, si les actions ou les obligations ont le caractère d'effets négociables. C'est seulement lorsque les titres ne peuvent être assimilés à ces effets et qu'ils ne sont pas, d'ailleurs, assujettis au droit de transmission, que l'officier public doit se conformer, à leur égard, à l'art. 42 L. 22 frimaire an 7. Quand les titres sont assujettis à l'enregistrement, par exemple qu'ils font l'objet d'une vente par acte notarié passé en France,

c'est le droit de 50 centimes pour 100 qui est exigible en exécution de la loi du 23 juin 1857 et des lois subséquentes.

8. TITRES NON NÉGOCIABLES. — La défense de négocier, d'exposer en vente ou d'énoncer dans les actes des titres étrangers qui n'auraient pas été timbrés, n'est point applicable aux titres dont la cession doit s'opérer conformément aux dispositions de l'article 1690 du Code civil (Seine, 24 août 1877, 4894 R. P.).

8273. Négociation. — La négociation des titres des sociétés étrangères est régie par les dispositions précédentes.

La loi du 29 juin 1872 ajoute, art. 4, que « les titres étrangers ne pourront être négociés en France qu'en se soumettant à l'acquit de la taxe sur le revenu, ainsi qu'à celle des droits de timbre et de transmission. »

L'inexécution de cette dernière disposition expose les sociétés à l'amende de 100 à 5,000 francs prononcée par la loi du 23 juin 1857 (L. 29 juin 1872, art. 5). Les sociétés qui ne consentent pas à acquitter directement les droits pour leurs titres, dans les conditions prévues par le décret réglementaire du 24 mai 1872, s'exposent, en outre, à se voir retirer le bénéfice de la cote si elles y sont admises, et elles se privent du droit de l'obtenir si elle ne l'ont pas encore. Quant aux porteurs des titres, ils auront à les faire timbrer individuellement avant de les négocier, de les énoncer dans un acte ou de les exposer en vente, selon la règle générale posée par l'art. 2 L. 30 mars 1872.

8274. Émission ou souscription. — Exposition en vente. — Ces observations s'appliquent également aux émissions, aux souscriptions ou aux expositions en vente. Bien que l'émission et la souscription n'aient pas été nominativement désignées dans le texte de l'art. 2 L. 30 mars 1872, il paraît certain, néanmoins, que ces deux opérations se trouvent comprises dans la défense générale de négociation qui y est prévue. L'émission d'un titre, en effet, constitue sa première négociation. C'est ainsi, du moins, que l'apprécie la jurisprudence (V. 8265). Par conséquent, l'émission ou la souscription d'un titre non timbré se trouve punie, comme les négociations proprement dites, par l'art. 2 L. 30 mars 1872.

Quant à l'exposition en vente, le rapporteur de la loi a justifié la disposition en disant : « La mise en vente n'implique pas nécessairement à la vérité l'aliénation effective. Mais elle manifeste l'intention d'aliéner d'une manière suffisante pour rendre exigible le payement du droit » (3441 p. 419 R. P.).

L'art. 4 L. 29 juin 1872, en disposant que les titres étrangers ne pourront être émis en France qu'en se soumettant à l'acquittement des droits, ne modifie pas les pénalités antérieures. Il y ajoute même, à l'égard de la société étrangère qui ne se soumet pas directement à l'acquit des taxes, l'amende de 100 à 5,000 francs prononcée par l'art. 10 L. 23 juin 1857, outre la radiation ou le refus de la cote. Seulement, il est bon de faire remarquer que ces pénalités resteront presque toujours inefficaces contre des sociétés qui n'ont aucun représentant en France et dont toutes les ressources sont hors du territoire.

8275. Impôt sur le revenu. — L'art. 4 L. 29 juin 1872 soumet les actions, obligations, titres d'emprunt, quelle que soit d'ailleurs leur dénomination de sociétés, compagnies, entreprises étrangères, à une taxe équivalente à celle établie sur le revenu des valeurs françaises.

L'art. 3 du règlement du 6 décembre 1872 décide que toutes les dispositions relatives aux sociétés françaises sont applicables aux valeurs étrangères énumérées dans l'art. 4 ci-dessus, et que la taxe sur le revenu pour les titres cotés à la Bourse ou émis en France est déterminée en la forme prévue au règlement d'administration publique du 24 mai 1872 (2445 I. G.). — V. *Impôt sur le revenu.*

SECTION 3. — OBLIGATIONS DES VILLES ÉTRANGÈRES

[8276-8277]

8276. Timbre et enregistrement. — Jusqu'en 1872 les obligations des villes, provinces, corporations et établissements publics étrangers avaient été affranchies de toute taxe fiscale. La loi du 30 mars 1872 a décidé, par son art. 1er, que désormais ces titres seront soumis à des droits équivalents à ceux qui sont établis sur les obligations françaises.

1. TARIF. — Ces obligations sont donc assujetties actuellement à un droit de timbre de 1 pour 100 du capital nominal, et à un droit annuel de transmission de 20 centimes par 100 francs. Seulement ce droit de timbre est acquitté quand la société le paye elle-même directement, au moyen d'un abonnement annuel de 6 centimes par 100 francs en principal, qui est servi pendant toute la durée des titres.

2. BASE DU DROIT. — Le droit de timbre et celui de transmission peuvent être assis sur une fraction seulement du capital nominal. La perception en est déterminée de la même façon que pour les sociétés étrangères, par le ministre des finances, sur l'avis d'une commission spéciale.

3. PAYEMENT DU DROIT. — En principe, c'est aux villes et corporations étrangères à se soumettre directement à l'acquit des droits exigibles sur leurs titres. L'art. 4 du décret du 24 mai 1872 leur étend, en effet, les dispositions réglementaires adoptées en 1857 pour le recouvrement des droits de timbre et de transmission dus par les sociétés françaises, et la même disposition est reproduite en termes généraux dans les art. 4 et 5 L. 29 juin 1872. Par conséquent, si les villes étrangères ne se soumettent pas à cette obligation et s'il est démontré que leurs titres sont négociés, exposés en vente ou émis en France, elles encourent personnellement l'amende de 100 francs à 5,000 francs prononcée par l'art. 20 L. 23 juin 1857.

4. ÉNONCIATION. — USAGE. — D'autres obligations et d'autres pénalités frappent spécialement les énonciations ou usage, les négociations ou les expositions en vente des obligations non timbrées.

Elles sont indiquées dans l'art. 2 L. 30 mars 1872.

Ce que nous avons dit à cet égard pour les actions ou les obligations des compagnies ou sociétés étrangères s'applique donc aux obligations des villes. Si l'on en fait usage ou si on les négocie d'une façon quelconque, il est indispensable d'acquitter le droit de timbre de 1 pour 100 du capital nominal du titre ; et lorsque ces obligations ne sont ni assujetties au droit de transmission, ni assimilables à des effets négociables, l'officier public doit, en outre, se conformer à l'art. 42 L. 22 frimaire an 7, en soumettant les titres à la formalité de l'enregistrement au droit ordinaire de 1 pour 100.

Les contraventions à ces règles seraient passibles : pour le timbre, d'une amende de 5 pour 100 de la valeur nominale de l'obligation, outre une autre amende de 50 francs personnelle à l'officier public ; et, pour l'enregistrement, de l'amende ordinaire de 10 francs.

8277. Impôt sur le revenu. — Les obligations des villes, corporations ou autres établissements publics étrangers sont assujetties à la taxe sur le revenu. La perception en est réglée d'après les bases que nous avons indiquées précédemment au sujet des titres des sociétés étrangères.

ÉTUDE.

8278. — On appelle ainsi le lieu où le notaire, l'avoué, l'huissier se livrent aux travaux de leur état, reçoivent les actes et conventions des parties et tiennent le dépôt des minutes de leurs actes.

8279. Dépôt public. — Une étude est un *dépôt public* dans le sens et d'après le terme de l'art. 254 C. pén., et sous le rapport de l'exposition du *tableau des interdits.* Ainsi, le notaire se trouve placé là sous la protection que la loi accorde à tous les fonctionnaires dans l'exercice de leurs fonctions. L'outrage qui lui serait fait dans son étude serait puni des peines portées par l'art. 224 C. pén.

V. *Affiche* et *Communication.*

ÉVICTION.

8280. — L'éviction proprement dite est l'abandon que le possesseur est juridiquement obligé de faire de tout ou partie de la chose qu'il possède, par suite d'une action réelle exercée par un tiers.

De notre définition il résulte qu'il n'y a d'éviction que celle qui se fait par autorité de justice ; toute autre dépossession n'est qu'un trouble de fait, et non une véritable éviction.

Il n'entre pas dans le cadre de cet ouvrage de traiter de l'éviction. — Elle donne lieu à une action en garantie de la part de celui qui a transmis la chose à titre onéreux. —

Quant aux donations, la garantie n'a pas lieu en général, mais seulement dans certains cas.

L'éviction, en matière d'échange, donne au copermutant évincé le choix de demander des dommages-intérêts ou de répéter sa chose. — Dans les partages, l'éviction soufferte par l'un des copartageants donne naissance, en sa faveur, à une action en garantie.

8281. Enregistrement. — Si l'éviction résulte d'un jugement, elle ne peut être considérée comme opérant mutation au profit de celui qui rentre dans sa propriété; il est alors censé n'avoir jamais cessé d'être propriétaire. Mais si l'éviction était consentie volontairement, les droits proportionnels deviendraient exigibles (Cass. 24 janv. 1826, 8579 J. E.).

L'acte par lequel les cohéritiers indemnisent leur cohéritier évincé, en lui attribuant une nouvelle portion des immeubles de la succession, n'est qu'un acte de complément passible du droit fixe de 3 francs (art. 68 § 1er n° 6 L. 22 frim. an 7, art. 8 L. 18 mai 1850, art. 4 L. 28 fév. 1872); mais l'indemnité payée en argent constitue une soulte passible des droits proportionnels (8142 J. E.).

Si, pour indemniser le cohéritier évincé, il lui était abandonné des immeubles qui ne faisaient pas partie de la succession, il y aurait dation en payement.

ÉVOCATION.

8282. — C'est, en général, l'action d'enlever la connaissance d'une affaire à des juges pour en investir d'autres.

Les évocations du juge ordinaire à un juge d'exception ne sont plus permises, nul ne peut être distrait de ses juges naturels.

L'évocation, proprement dite, n'a plus lieu qu'en matière d'appel. D'après l'art. 473 C. proc., lorsqu'il y a appel d'un jugement interlocutoire, si ce jugement est infirmé, et que la matière soit disposée à recevoir une solution définitive, les cours d'appel peuvent statuer en même temps sur le fond, définitivement, par un seul et même jugement. Il en est de même dans les cas où les cours d'appel infirmeraient, soit pour vice de forme, ou pour toute autre cause, des jugements définitifs.

EXCEPTION.

8283. — On donne ce nom aux moyens, aux fins de non-recevoir et aux autres défenses qu'on oppose à une demande.

8284. Trois sortes d'exceptions. — Les auteurs divisent les exceptions en: *déclinatoires*, *dilatoires* et *péremptoires*.

8285. Déclinatoires. — Les exceptions déclinatoires sont celles qui tendent à faire renvoyer la contestation à un tribunal différent de celui devant lequel on est traduit.

8286. Dilatoires. — Les exceptions dilatoires sont celles qui, sans exclure l'action, tendent à en différer la poursuite; par exemple, celui qui est assigné comme héritier peut demander un délai pour délibérer. De même, celui auquel on demande le payement d'une dette qui n'est point échue peut opposer que l'action est prématurée.

L'art. 186 C. proc. exige que les exceptions dilatoires soient proposées *avant toutes défenses au fond*. Il ne doit être dérogé à cette règle que pour les demandes en remise, qui sont essentiellement proposables en tout état de cause.

8287. Péremptoires. — Les exceptions péremptoires sont de deux sortes. Les unes tendent à établir que l'action a été mal intentée, mais elles ne la détruisent pas: telles sont, par exemple, les exceptions fondées sur la nullité de l'exploit.

Les autres sont tous les moyens que le défendeur peut opposer contre le fond de la demande, soit parce que le demandeur est sans titre, ou que son titre est nul, ou que la dette est prescrite, ou qu'elle a été acquittée par la voie de la compensation.

8288. Ordre de présentation des exceptions. — Voici l'ordre dans lequel il faut proposer ces différentes exceptions: 1° Les exceptions déclinatoires; car, avant de plaider, il faut savoir devant quel juge on plaidera; — 2° après les exceptions déclinatoires, viennent les péremptoires de première classe; car, avant de contester la demande au fond, il faut savoir si elle a été régulièrement formée (Toullier t. 8 n° 464).

On doit proposer les exceptions dilatoires après les exceptions péremptoires de la première classe, parce que, demander un sursis à la poursuite, c'est reconnaître la régularité de la procédure (173 et 186 C. proc.).

On propose en dernier lieu les exceptions péremptoires de la deuxième classe, avant les défenses au fond.

Il est certaines exceptions qui, sans être soumises à cet ordre, peuvent être opposées en tout état de cause. Ce sont celles qui sont fondées sur des motifs d'ordre et d'intérêt publics (Pigeau t. 1er p. 130, Berriat-Saint-Prix p. 222).

EXCÈS DE POUVOIR.

8289. — C'est le vice dont est entachée la décision d'un juge ou d'un tribunal qui est sorti du cercle de ses attributions, et a fait ce que la loi ne lui donnait pas le droit de faire.

La décision rendue par un juge incompétent est le fruit d'une sorte d'excès de pouvoir.

EXÉCUTEUR TESTAMENTAIRE.

8290. Définition. — C'est la personne nommée par un testateur pour veiller à l'exécution de son testament ou l'effectuer.

8291. Dispositions générales. — Le testateur peut nommer un ou plusieurs exécuteurs testamentaires, et leur donner la saisine de tout ou seulement d'une partie de son mobilier, sans que cette saisine puisse durer au delà de l'an et jour, à compter de son décès ; mais s'il ne la leur a pas donnée, ils ne pourront l'exiger, et l'héritier peut même faire cesser la saisine, en offrant somme suffisante pour le payement des legs mobiliers, ou en justifiant de ce payement (1025, 1026, 1027 C. C.).

Les exécuteurs testamentaires font apposer les *scellés*, s'il y a des héritiers mineurs, absents ou interdits. Ils font faire, en présence de l'héritier présomptif, ou lui dûment appelé, l'*inventaire* des biens de la succession. Ils provoquent la *vente du mobilier*, à défaut de deniers suffisants pour acquitter les legs. Ils veillent à ce que le testament soit exécuté, et ils peuvent, en cas de contestation sur son *exécution*, intervenir pour en soutenir la validité. Enfin, ils doivent, à l'expiration de l'année du décès du testateur, *rendre compte de leur gestion*, et leurs pouvoirs ne passent pas à leurs héritiers (1031, 1032 C. C.).

S'il y a plusieurs exécuteurs testamentaires qui aient accepté, un seul peut agir, au défaut des autres, et ils sont solidairement responsables du compte du mobilier qui leur a été confié, à moins que le testateur n'ait divisé leurs fonctions, et que chacun d'eux ne se soit renfermé dans celle qui lui était attribuée (1033 C. C.).

8292. Payement des droits du testament. — Les exécuteurs testamentaires sont tenus d'acquitter les droits d'enregistrement des testaments et autres dispositions à cause de mort (L. 22 frim. an 7, art. 21 et 29). — Cette obligation étant imposée personnellement à l'exécuteur testamentaire, il pourrait être poursuivi par l'Administration, pour le payement des droits, même après l'année révolue du décès du testateur.

8293. Déclaration de succession. — Mais l'obligation de faire la déclaration de la succession et de payer les droits de mutation par décès n'est point imposée à l'exécuteur testamentaire. Cette obligation ne concerne que les héritiers donataires et légataires (L. 22 frim. an 7, art. 32).— Si le testament chargeait personnellement l'exécuteur testamentaire d'acquitter les droits de mutation, il ne pourrait faire ce payement que sur la déclaration passée par les héritiers (6361 J. E.), à moins qu'il n'eût reçu de ceux-ci un pouvoir spécial à cet effet. — V. 16245.

8294. Nomination dans le testament. — La nomination d'un ou plusieurs exécuteurs testamentaires, faite par le testament, ne donne ouverture à aucun droit particulier, parce qu'elle est de l'essence du testament, et ne peut être considérée comme une disposition indépendante (Dél. 5 juin 1816, 5487 J. E.). — V. 17099.

Mais il faut pour cela que les fonctions qu'il confère à l'exécuteur testamentaire aient pour but d'assurer l'exécution d'une disposition testamentaire. Tout autre mandat serait un pouvoir ordinaire passible d'un droit particulier, exemple : le mandat de gérer des biens dont la propriété est laissée aux héritiers, de procéder au partage (V. Bruxelles 25 fév. 1818 ; — C. Paris 13 août 1849, Rev. n° 75), à moins, dans ce dernier cas, qu'il ne s'agisse du partage de l'objet légué conjointement à plusieurs légataires (Metz 13 mai 1864, S. 1864-2-132) ; — le mandat de payer les dettes du testateur (Riom 24 juin 1839, Bayle-Mouillard sur Grenier t. 1er n° 154, Demolombe t. 22 n° 88), quand ce payement des dettes n'est pas un moyen d'accomplissement du mandat même de payer les legs (Cass. 8 août 1848, S. 49-1-66, Troplong t. 4 n° 2026, Aubry et Rau t. 6 p. 133, 135).

Il a été jugé, à cet égard, que le testateur peut charger son exécuteur testamentaire de convertir en argent tous ses biens afin de les répartir entre les légataires selon leurs droits (Cass. 8 août 1848, S. 49-1-66 ; — Douai 17 déc. 1848, S. 49-2-163 ; — Cass. 17 avr. 1855, S. 56-1-253 ; — Rennes 22 août 1860 et Douai 27 déc. 1864, S. 64-2-225).

8295. Compte. — Le compte rendu par un exécuteur testamentaire, en exécution de l'art. 1031 C. C., et qui constate, 1° qu'il a remis aux héritiers et aux légataires, dont il était mandataire, une somme de 72,000 francs, reçue par lui, aux termes de son mandat, pour le compte de la succession ; — 2° qu'il lui est alloué en dépense 3,594 francs, pour payements faits à des créanciers, sans énonciation de quittances enregistrées ; — 3° que plusieurs legs en argent, dont la délivrance a été ordonnée par jugement, ont été payés aux légataires qui le reconnaissent, en présence des héritiers, et avec les deniers dont l'exécuteur testamentaire a rendu compte, n'est pas sujet au droit proportionnel de libération sur le montant des sommes dont l'exécuteur testamentaire est déchargé ; mais on doit percevoir un droit fixe de 2 francs (3 fr.) comme décharge, pour chaque legs (Cass. 22 avr. 1823, 598 Roll., 8085 J. E., S. 23-1-329, 1204-7 I. G.).

En matière civile, il a été reconnu que la disposition par laquelle un testateur qui n'a point d'héritiers à réserve dispense son exécuteur testamentaire de rendre compte est valable (C. Nîmes 23 mai 1865, S. 65-2-285, Zachariæ, Massé et Vergé p. 258, Aubry et Rau 3e édit. t. 6 § 711 p. 130, Troplong *Don. et test.* t. 4 n° 2028, Demolombe *Id.* t. 5 n° 119). En matière fiscale, une disposition pareille aurait tous les caractères d'un legs.

8296. Délivrance de legs. — Il résulte également d'un arrêt de cass. du 30 août 1826, que la remise par l'exécuteur testamentaire, à chacun des légataires, du montant de leurs legs, ne pouvant être considérée comme l'acquit d'une dette personnelle, mais ne constituant que l'exécution d'un mandat, l'acte qui la constate n'est qu'une décharge pure et simple, passible du droit fixe et que, dès lors, on ne peut exiger le droit de libération sur le compte où se trouvent employées en dépense les sommes précédemment payées aux ayants pour le solde des legs revenant à chacun d'eux : — « Attendu, porte cet arrêt, que la remise faite par le sieur Agasse, en sa qualité d'exécuteur testamentaire de la dame d'Hérivaux, à chacun des légataires de cette dame, du montant de leurs legs, n'a pas été de sa part le payement d'une dette personnelle, mais seulement l'exécution du mandat qui lui avait été confié; exécution pour laquelle il ne lui était dû qu'une simple décharge sujette au droit fixe réglé par l'art. 68 § 1er n° 22 L. 22 frimaire an 7 ; et qu'entre les héritiers de ladite dame d'Hérivaux et, lesdits légataires, il n'y aurait eu lieu qu'à une simple délivrance de legs passible d'un pareil droit fixe, ces légataires étant déjà saisis de la propriété de leurs legs en vertu du testament qui les leur conférait » (1204 § 2 J. G., S. 27-1-449). — V. *Délivrance de legs*.

8297. Cautionnement. — La garantie hypothécaire fournie par un exécuteur testamentaire envers un dépositaire qui n'a consenti que sous cette garantie à remettre aux légataires du testateur les sommes que celui-ci avait remises entre ses mains, est-elle, comme cautionnement, passible du droit de 50 centimes par 100 francs ? — L'affirmative avait été décidée par l'Administration (Dél. 28 nov. 1828, 6749 J. N.). Mais l'opinion contraire a été adoptée par un jugement du tribunal de la Seine du 28 avril 1830, par le motif que, dans l'espèce, la garantie est soumise à une condition suspensive, à un événement indéfini (7310 J. N.). Ce jugement a été confirmé par arrêt de la C. cass. du 10 janvier 1833, *rapporté au n° 1875*.

8298. Legs. — Le legs fait à un exécuteur testamentaire, ou l'indemnité qui lui est accordée par le testateur à raison de la mission qu'il lui confie, sont des libéralités passibles du droit de mutation par décès, cette mission ne pouvant donner lieu à aucune réclamation de la part de celui qui en est chargé (Demolombe t, 22 n°11, Dél. 24 déc. 1830, 9830 J. E., 7327 J. N.).

Lorsque le legs a été fait en considération de la charge, le sort de l'un est lié au sort de l'autre, tellement que le refus d'accepter l'exécution testamentaire ou l'inaccomplissement de la fonction rend le legs caduc (Pothier *Don.* chap. 5 sect. 1re art. 1706 ; — Lyon 7 avr. 1835, D. *Donat.* 4129, Merlin *Rép.* v° *Exécut. test.* n° 2, Coin-Delisle *Obs. gén.* n° 2, Aubry et Rau t. 6 p. 132, Demolombe t. 22 n° 15).

Si le testateur, en nommant plusieurs exécuteurs leur a légué conjointement une somme à partager entre eux, la portion de ceux qui refusent la charge, doit, sauf déclaration contraire du testateur, accroître aux autres (Denisart v° *Exécut. test.* § 3 n° 4, Toullier t. 3 n° 602, Demolombe t. 22 n° 18). — V. *Compte*.

EXÉCUTION DES ACTES ET JUGEMENTS.

8299. — L'exécution des actes et jugements est *volontaire* ou *forcée*.

8300. Exécution volontaire. — L'exécution est *volontaire*, lorsque l'obligé ou le condamné accomplit de plein gré toutes les dispositions de l'acte ou du jugement, et que son créancier ou adversaire adhère à ce qu'il fait dans cet objet. — Si les deux parties ont la libre disposition de leurs droits, il n'est besoin de suivre pour l'exécution aucune autre règle que leur volonté. — Cependant, comme il est possible que l'obligé ou le condamné ne fasse pas régulièrement ou complètement la chose à laquelle il est soumis, ou que le créancier se refuse mal à propos à des actes qui remplissent tout ce qu'exige l'obligation ou le jugement, ou enfin que leur situation oblige de constater légalement ce qu'ils font tous les deux en vertu de ces actes, le C. proc. a tracé la marche qu'il y avait à suivre alors. — Tel est le but des règles relatives, 1° aux réceptions de cautions, prestations de serment, redditions de comptes et liquidations de dommages, frais et dépens ; — 2° aux offres réelles, consignations et cessions de biens.

8301. Exécution forcée. — L'exécution *forcée* est celle qui a lieu malgré l'une des parties. — Elle se fait sur la personne ou sur les biens des condamnés, ou même tout à la fois sur la personne et sur les biens : sur la personne, par le moyen de la contrainte par corps ou emprisonnement ; sur les biens, par le moyen de la saisie, laquelle s'applique aux meubles ou aux immeubles. — A cet égard les actes authentiques et jugements sont exécutoires dans tout le territoire sans permission particulière, c'est-à-dire sans qu'il faille de *visa* ou *pareatis* (C. proc. 547, L. 25 vent. an 11, art. 19).

8302. Des actes qui emportent exécution parée. — Les actes notariés jouissent de l'exécution parée ; les actes administratifs proprement dits ont l'exécution parée ; — enfin, d'après l'art. 547 C. proc., les jugements rendus et les actes authentiques passés en France y sont exécutoires sans *visa* ni *pareatis*, encore que l'exécution ait lieu hors du ressort du tribunal par lequel les jugements ont été rendus, ou dans le territoire duquel les actes ont été passés.

EXÉCUTION PARÉE.

8303. — C'est celle qui peut avoir lieu en vertu de l'acte tel qu'il est, sans qu'il soit nécessaire de recourir aux tribunaux ni à aucune formalité.

Le mot *parée* dérive du latin *paratam executionem*, d'où l'on a fait *parè*.

8304. Testament. — Les testaments, même notariés, n'emportent pas cette exécution ; hors le cas toutefois où le testateur qui ne laisse pas d'héritiers à réserve a institué un légataire universel dans un testament par acte public. (Toullier t. 5 n° 566).

EXÉCUTION PROVISOIRE

8305. — Se dit de l'exécution dont jouissent, en certaines circonstances, les jugements, malgré l'appel ou l'opposition dont ils ont pu être frappés (135, 153, 458, 459, 497, 840, 848, 1024 C. proc.).

EXÉCUTOIRE DE DÉPENS.

8306. Définition. — On appelle ainsi le mandement de payer ou de contraindre, délivré dans la forme des expéditions de jugements, et contenant l'énonciation de la taxe des dépens adjugés et de l'ordonnance du juge.

L'état de dépens ou de frais est le relevé préparé par un officier public ou ministériel pour obtenir l'exécutoire dont il s'agit ou pour faire constater dans le jugement le montant des dépens liquidés.

8307. Minute. — Délai. — Répertoire. D'après une décision du ministre de la justice du 1er décembre 1845 (1984 I. G.), les exécutoires de dépens doivent être rédigés en minute. Ce sont des actes judiciaires qui rentrent sous l'application des art. 20 et 49 L. 22 frimaire an 7. Par conséquent, les greffiers sont tenus de les inscrire à leur date sur le répertoire et de les présenter à l'enregistrement dans le délai de vingt jours (D. m. j. 21 janv. 1859, 2158 I. G., 1213 R. P.).

8308. Tarif. — Les exécutoires de dépens sont soumis au droit proportionnel de 50 centimes pour 100 francs par l'art. 69 §2 n° 9 L. 22 frimaire an 7. Mais il n'est dû que 1 franc (1 fr. 50), à titre de minimum de droit proportionnel, lorsque le droit proportionnel à percevoir ne s'élève pas à une somme supérieure (D. m. f. et j. 16 et 28 fév. 1809, 429 §4 I. G., 3168 J. E.).

8309. Experts. — Ces dispositions sont applicables aux exécutoires délivrés aux experts pour leurs vacations (436 § 20 I. G.) ; mais la taxe mise au bas de leurs rapports

n'est pas soumise au droit d'enregistrement, les droits devant être perçus sur l'exécutoire qui sera délivré par suite de cette taxe (D. m. f. 22 oct. 1819, 6340 J. E.).

On doit considérer comme un jugement passible du droit de 50 centimes pour 100 francs l'ordonnance exécutoire d'un président portant taxe des honoraires dus aux experts (Grenoble 13 avr. 1867, 2521 R. P.).

8310. État de dépens. — Délai. — Répertoire. — Lorsque les états de dépens sont remis par les avoués aux greffiers avant l'enregistrement des jugements, le montant en est compris dans le dispositif et sert de base à la perception des droits. Dans ce cas, leur enregistrement n'est pas obligatoire (Sol. 7 fév. 1866).

Mais si les états de frais, en matière ordinaire, sont déposés au greffe après l'enregistrement des jugements et avant la délivrance des expéditions, comme ils doivent être signés du magistrat taxateur et du greffier, ils doivent être inscrits au répertoire et présentés à la formalité dans les vingt jours ; le droit est de 50 centimes pour 100 au minimum de 1 franc (1 fr. 50).

Lorsque, en matière ordinaire, le jugement est présenté à l'enregistrement, avant la liquidation des dépens, le receveur n'a pas à exiger de déclaration estimative ni d'évaluation à faire du montant des frais. Le droit de condamnation sera perçu soit sur l'état des frais taxé avant la délivrance de l'expédition, soit sur la minute de l'expédition rédigée après cette délivrance (D. m. j. 21 janv. 1859, 2158 I. G., 1214 R. P.).

8311. Vente judiciaire. — Quand le jugement d'adjudication ne contient que la mention de la taxe, il n'y a pas lieu d'exiger qu'un état de frais soit enregistré. Si le montant de la taxe est énoncé, soit dans le cahier des charges, soit dans d'autres actes préliminaires rédigés par les avoués, il y a usage de la taxe dans le sens de l'art. 33 L. 22 frimaire an 7. — V. Acte en conséquence. — Dans ce cas, la taxe ne conférant pas un titre exécutoire n'est passible que du droit fixe de 1 franc (1 fr. 50 cent.) (D. m. j. 25 juill. 1859, 2158 I. G., 1216 R. P.).

8312. Avances de droits de timbre et d'enregistrement. — Lorsque les notaires, huissiers, greffiers, etc., veulent être remboursés des avances de droits d'enregistrement et de timbre qu'ils ont faites pour les parties, ils se font délivrer exécutoire par le juge de paix et pour les droits de timbre et pour les droits d'enregistrement (Cass. 4 avr. 1826, 8470 J. E.).

Suivant l'art. 9 Déc. 17 février 1807, les officiers ministériels ne peuvent se servir de ces exécutoires que pour requérir contre leur client un jugement de condamnation. Il s'ensuit que le droit proportionnel n'est pas dû ; les mémoires doivent être seulement enregistrés au droit fixe de 1 franc (1 fr.50 cent.) avant d'être transcrits en tête des assignations ? (D. m. j. 21 janv. 1859, 2158 I. G., 1215 R. P.). — La question a été décidée en ce sens par les jugements de Pontoise du 14 novembre 1834, de Chinon du 17 novembre 1855 et de Dreux du 30 janvier 1856. — (Contrà D. m. f. 26 oct. 1818, 6209 J. E.).

1. PLURALITÉ. — Il a été reconnu cependant que l'ordonnance sur requête portant exécutoire au profit d'un notaire contre différents individus dont les intérêts sont distincts, à l'effet par cet officier de se faire rembourser d'honoraires et droits d'actes, opère autant de droits proportionnels qu'il y a de débiteurs séparés, tel qu'il est réglé pour les jugements ordinaires, sauf la perception d'un droit fixe si les divers droits proportionnels ne l'excèdent pas (D. m. f. 26 oct. 1818, 6209 J. E.).

2. SOLIDARITÉ. — L'exécutoire peut être requis indistinctement par le notaire contre toutes les parties qui ont figuré dans l'acte dont il a été tenu d'avancer les droits (Cass. 15 nov. 1820) : « Attendu, porte cet arrêt, qu'aux termes de l'art. 30 L. 22 frimaire an 7, les notaires qui ont fait pour les parties l'avance des droits d'enregistrement des actes passés devant eux, peuvent prendre, pour leur remboursement, exécutoire contre chacune d'elles; que ledit article leur donne ce droit, d'une manière générale et absolue, contre les parties, sans en excepter aucune, et qu'il a pour objet évident de leur assurer une indemnité qu'ils ne pourraient souvent obtenir sans cette ressource ; qu'il n'est pas raisonnable de chercher une restriction de l'art. 30 dans l'art. 31 de la même loi; que ce dernier article ne règle que les droits des parties entre elles, pour les cas où elles ne les ont pas réglés elles-mêmes par une convention particulière, faculté leur appartient et que l'art. 31 même leur réserve; mais que cet art. 31 ne déroge ni à l'art. 29, qui oblige les notaires vers le fisc, ni à l'art. 30, qui oblige les parties vers les notaires, et qu'il faut dire la même chose de l'art. 1593 C. C.; que, d'ailleurs, le recours donné aux notaires par l'art. 30 est conforme au droit commun, suivant lequel le mandataire constitué par plusieurs personnes pour une affaire commune a une action solidaire contre chacune d'elles pour le remboursement de ses avances et le payement des salaires qui peuvent lui être dus; droit consacré par les art. 1999 et 2002 C. C.; qu'on ne peut méconnaître qu'un notaire, qui est requis par deux notaires de rapporter un ou plusieurs actes dans leur intérêt respectif, de les faire enregistrer, d'en conserver les minutes, etc., ne soit un véritable mandataire pour les choses qu'il est chargé de faire. »
Conf. : Seine 21 août 1875, 4302 R. P.).

3. PROCÉDURE. — La procédure spéciale établie par les art. 30 et 65 L. 22 frimaire an 7 pour le jugement des oppositions aux exécutoires obtenus par les notaires à raison de droits d'enregistrement dont ils ont fait l'avance, n'est pas obligatoire pour les parties, lorsque l'Administration n'est pas en cause (Cass. 9 fév. 1870, S. 72-1-135).

8313. Timbre. — L'état des taxations allouées aux greffiers pour écritures en police correctionnelle doit, comme tous les exécutoires au profit des officiers ministériels, être sur papier timbré : les frais en sont à leur charge, parce que ces taxations ne peuvent être rangées dans la classe des traitements que le Trésor paye aux fonctionnaires publics (D. m. f. 28 mai 1811, 4163 J. E.).

L'exécutoire de sommes non excédant 10 francs, pour frais de justice, est exempt du timbre, quelle que soit la pièce sur laquelle cet exécutoire est décerné (D. m. j. et f., 371 § 3 I. G.).

8314. État de frais. — Tribunal de commerce. — Le décret du 16 février 1807 et la D. m. f. 13 août 1850, insérée dans l'I. G. n° 1866, s'appliquent exclusivement aux procédures en matière civile. Aucune loi ou règlement n'ont fixé jusqu'à présent le mode de liquidation des dépens devant les tribunaux de commerce. Il résulte bien de là que la production d'un état des frais n'était pas obligatoire dans l'espèce, mais non qu'un état produit soit dispensé des droits auxquels l'assujettissent les principes des lois sur le timbre et l'enregistrement. Dès qu'un état a été préparé, soumis à la taxe et produit, cet état, taxé par le président du tribunal, forme, en faveur de l'avoué qui l'a présenté, un titre dont il a pu exciper, soit en demande, soit en défense, pour faire modifier ou maintenir le chiffre réglé par le président de l'avance qu'il a faite des frais de procédure. Cette considération est suffisante pour déterminer l'application de la loi du 13 brumaire an 7, art. 12, qui soumet au timbre tous actes et écritures servant ou pouvant faire titre, ou être produits pour obligations, décharges, justifications, demande ou défense (Sol. 26 nov. 1867, 2813 R. P.).

EXEQUATUR (ORDONNANCE D').

8315. — C'est l'ordonnance du président du tribunal qui rend exécutoire la sentence arbitrale. — V. *Arbitres.*

EXHÉRÉDATION.

8316. — C'est la peine qu'il était permis autrefois d'infliger à son héritier, pour des causes prévues par la loi, en le privant de sa succession.

8317. Abolition. — Le pouvoir d'exhéréder a été virtuellement ôté au père par la loi du 7 mars 1793; aux enfants et aux frères, par les lois des 5 brumaire et 17 nivôse an 2. — D'après l'art. 23 L. 9 fructidor an 2 « toute exhérédation qui tend nécessairement à donner à l'un ce dont on prive l'autre, est implicitement abolie avec tous ses effets depuis le 14 juillet 1789. »

Le Code, par son silence, a maintenu l'abrogation. Mais le frère peut aujourd'hui priver de la totalité de sa succession son frère, puisque celui-ci n'a pas de réserve.

EXOINE.

8318. — Se dit de la justification qu'une personne obligée de comparaître en justice fait de l'impossibilité où elle se trouve de remplir ce devoir (C. inst. crim., 468-469).

8319. Affaire civile. — Les actes de cette nature, produits dans les affaires civiles par des témoins non comparants, sont assimilés aux certificats purs et simples tarifés à 1 franc (3 fr., art. 4 L. 28 fév. 1872) par l'art. 68 § 1er n° 17 L. 22 frimaire an 7 (D. m. f. 4 juill. 1820, 6714 J. E.).

EXPÉDITION.

DIVISION

CHAPITRE PREMIER. — DISPOSITIONS GÉNÉRALES

[8320-8333]

8320. Définition. — Le mot expédition s'entend de la transcription d'un acte faite par l'officier même qui a reçu et gardé la minute de cet acte.

8321. Expédition et copie. — Les mots *expédition* et *copie* paraissent synonymes, mais ils ne le sont pas. Le mot *copie* est générique, il s'entend de toute transcription d'un acte, d'un écrit, d'un autre; le mot *expédition* n'a pas une portée aussi étendue, il ne s'applique, d'après notre définition, qu'à la copie de l'acte reçu en minute par l'officier public qui la délivre.

8322. Différentes espèces de copie. — Les copies prennent différents noms, suivant les circonstances dans lesquelles elles ont lieu et les différents caractères d'authenticité et de foi que la loi y attache. Ainsi, en dehors de l'*expédition*, dont nous avons donné la définition ci-dessus, il y a :

1. GROSSE. — 1° La grosse, qui est la copie délivrée en forme exécutoire, c'est-à-dire revêtue du mandement d'exécution donné au nom du chef du pouvoir exécutif : « Mandons et ordonnons à tous huissiers sur ce requis de mettre le présent acte à exécution, etc. », tandis que l'expédition simple ne porte pas exécution;

2. COPIE. — 2° La copie proprement dite, qui s'entend de la transcription d'une pièce que le notaire n'a point rédigée, mais dont seulement le dépôt lui a été fait, tandis que l'expédition est la copie de l'acte reçu en minute par l'officier public;

3. COPIE COLLATIONNÉE. — 3° La copie collationnée, qui, ainsi que nous l'avons dit au n° 5585, est la copie d'une pièce représentée au notaire et par lui rendue à l'instant à la

partie, ce qui la distingue de la copie simple dont l'officier public conserve la minute en dépôt;

4. EXTRAIT. — 4° L'extrait, qui contient quelquefois la simple analyse ou extrait d'un acte, alors que d'autres fois il est la copie littérale ou simplement substantielle d'une ou de plusieurs des clauses que l'acte contient.

8323. Première expédition. — Quand il s'agit d'expéditions proprement dites, on les distingue en première expédition ou expédition simple, deuxième, troisième, etc. — V. le numéro suivant.

8324. Foi due aux copies. — D'après l'art. 1335 C. C., lorsque le titre original n'existe plus, les copies font foi d'après les distinctions suivantes : 1° les grosses ou premières expéditions font la même foi que l'original : il en est de même des copies qui ont été tirées par l'autorité du magistrat, parties présentes ou dûment appelées, ou de celles qui ont été tirées en présence des parties et de leur consentement réciproque ; — 2° les copies qui, sans l'autorité du magistrat, ou sans le consentement des parties, et depuis la délivrance des grosses ou premières expéditions, auront été tirées sur la minute de l'acte par le notaire qui l'a reçu, ou par l'un de ses successeurs, ou par officiers publics qui, en cette qualité, sont dépositaires des minutes, peuvent, au cas de perte de l'original, faire foi quand elles sont anciennes. Elles sont considérées comme anciennes quand elles ont plus de trente ans; si elles ont moins de trente ans, elles ne peuvent servir que de commencement de preuve par écrit; — 3° lorsque les copies tirées sur la minute d'un acte ne l'auront pas été par le notaire qui l'a reçu, ou par l'un de ses successeurs, ou par officiers publics, qui, en cette qualité, sont dépositaires des minutes, elles ne pourront servir, quelle que soit leur ancienneté, que de commencement de preuve par écrit; — 4° les copies de copies pourront, suivant les circonstances, être considérées comme simples renseignements.

8325. Droits des parties. — Les parties ont, en principe, le droit de se faire délivrer expédition des actes qu'elles ont passés devant un notaire, celui-ci ne peut se refuser à cette délivrance.

8326. Droits des officiers publics. — Cependant les officiers publics peuvent refuser cette délivrance tant que les frais et déboursés des minutes des actes ne leur ont pas été payés, outre ceux d'expédition (851 C. proc.). — Mais ils ne peuvent forcer la partie à lever expédition de son acte. Ils ne sont fondés à réclamer que les déboursés et honoraires des minutes, les parties étant libres de ne requérir des expéditions que quand cela leur convient.

8327. Actes dont on ne peut ou ne doit délivrer expédition. — Les notaires ne doivent délivrer aucune expédition de testament, que le testateur ne soit décédé, si ce n'est au testateur lui-même. — Il en est de même des donations que se font les époux pendant le mariage. — Il est également défendu, sous peine de dix ans de travaux forcés, aux officiers publics de délivrer aucune expédition ou extrait des titres de créances sur l'État, de quelque nature qu'ils soient (L. 24 août-13 sept. 1793, art. 121).

Parmi les actes qui leur ont été déposés, les notaires s'abstiennent de délivrer expédition des actes de l'état civil, des jugements, arrêts ou autres actes judiciaires, enfin, des actes ou contrats passés devant les autres notaires de la même ville, qui ont gardé les minutes. Réciproquement les greffiers des tribunaux et les secrétaires des administrations s'abstiennent de délivrer copie des expéditions des actes notariés qui leur ont été déposées comme annexes. Le but de cette mesure est, on le comprend, que les officiers publics ne soient pas privés de leurs droits respectifs.

8328. Des officiers qui ont le droit de délivrer expédition. — D'après l'art. 21 L. 25 ventôse an 11, le droit de délivrer des expéditions n'appartient qu'au notaire possesseur de la minute. Néanmoins, tout notaire peut délivrer expédition d'un acte qui lui a été déposé. Mais lorsque l'acte a été rédigé en double minute, le droit de délivrer expédition est commun aux deux notaires.

8329. A qui les expéditions peuvent être délivrées. — Les notaires ne peuvent, sans l'ordonnance du président du tribunal de première instance, délivrer expédition des actes à d'autres qu'aux *personnes intéressées* en nom direct, héritiers ou ayants droit, à peine des dommages-intérêts, d'une amende de 20 francs (ci-devant 100 fr.), et d'être, en cas de récidive, suspendus de leurs fonctions pendant trois mois, sauf néanmoins l'exécution des lois et règlements sur l'enregistrement (L. 25 vent. an 11, art. 23 L. 16 juin 1824, art. 10).

1. EMPLOYÉS DE L'ENREGISTREMENT. — Les préposés de l'Administration peuvent prendre, sans formalité, dans l'intérêt de l'Administration, toutes copies ou extraits des actes notariés (Arg. art. 17 L. 29 sept. 1791; art. 54 L. 22 frim. an 7; art. 23 L. 25 vent. an 11; 844 et 854 C. proc.). — V. 4504 et suiv. 8335-7 et 8354.

Cette faculté doit être limitée au cas où il s'agit simplement d'un document utile à la perception. Si c'est l'État, considéré dans ses intérêts privés, qui se trouve en cause, la décision n'est plus applicable. Ainsi il a été reconnu que lorsque, dans l'intérêt de l'État, l'Administration veut se procurer une seconde grosse d'un acte notarié, ou une seconde expédition exécutoire d'un jugement, elle doit obtenir une ordonnance du président du tribunal, ainsi qu'il est prescrit par les art. 844 et 854 du C. proc. civ. Il suffit alors d'en faire la demande par simple mémoire, sans ministère d'avoué (D. m. j. 17 mars 1809; 436 § 63 I. G.). — V. 8354.

Dans ce cas, il est payé au notaire, par chaque rôle, 75 centimes à Paris et 50 centimes dans les départements, outre le papier timbré (D. m. f. et j. 9 janv. 1808, 367 I. G.). — V. *Copie collationnée.*

2. PEINE EN CAS DE REFUS. — Le notaire qui refuse de délivrer une expédition aux personnes qui ont le droit de le requérir pouvait y être autrefois condamné par corps (839 C. proc.). Il est passible d'une amende de 100 francs (20 fr.) et peut être condamné aux dommages-intérêts (L. 25 vent. an 11, art. 23).

8330. Forme. — L'expédition doit être la copie fidèle de la minute, sauf quelques variations que l'usage a consacrées et qui ne changent rien au sens de l'acte : par exemple, les mots *annexé à ces présentes*, se traduisent dans l'expédition par ceux-ci : *annexé à la minute des présentes.*

Si la minute étant à la suite d'un autre acte se référait à celui-ci de cette manière : *ainsi qu'il résulte de l'acte qui précède*, on met dans l'expédition : *ainsi qu'il résulte de l'acte dont l'expédition précède.*

Enfin, s'il est dit dans la minute : *laquelle pièce sera soumise à l'enregistrement en même temps que ces présentes*, on met dans l'expédition : *laquelle pièce a été soumise à l'enregistrement en même temps que la minute des présentes.*

1. SIGNATURE. — Il n'est point d'usage de relater dans les expéditions les signatures qui se trouvent apposées sur les minutes. De toute ancienneté on s'est abstenu de cette relation, et jamais il n'a été élevé de contestation sur cette manière de délivrer les expéditions (Massé *Parfait notaire* liv. 13 ch. 19).

2. PARAPHE. — Il est d'usage que le notaire en premier, et non le notaire en second, paraphe sur l'expédition le bas des pages au recto; mais les renvois doivent être paraphés par les deux notaires.

3. APPROBATION. — En marge et à la fin de chaque expédition se met l'approbation des mots rayés. La forme de cette approbation est celle-ci : *rayé trois mots comme nuls*, ou : *rayé deux lignes et deux mots comme nuls*; et, au bas, le paraphe du notaire ou des notaires.

4. IRRÉGULARITÉ DANS LA MINUTE. — Lorsque la minute contient des irrégularités, telles que des renvois non signés ou paraphés par toutes les parties, des ratures, surcharges, interlignes, additions, etc., non approuvés, Toullier enseigne (t. 8 n°s 111 et 128), qu'il ne faut tenir aucun compte de leur existence, et copier l'acte comme il avait été primitivement rédigé, sauf à constater ensuite les irrégularités. — Roll. de Vill. pense, au contraire (V. *Expédition* n°. 74 *bis*), que le notaire doit, dans l'expédition qu'il délivre, copier l'acte tel qu'il se trouve, avec les irrégularités qu'il renferme, sauf à constater ces irrégularités.

Dans tous les cas, le notaire ne nous semble pas répréhensible pour avoir adopté l'un des deux modes plutôt que l'autre. L'essentiel, c'est que les irrégularités soient constatées.

8331. Adjudication sur folle enchère. — Le tribunal pouvant procéder à la vente sur folle enchère sans que la première adjudication ait été enregistrée, il en résulte que le greffier n'est pas obligé d'insérer dans l'expédition du jugement d'adjudication sur folle enchère le jugement d'adjudication au fol enchérisseur ni autres actes antérieurs à cette adjudication (15280-3 J. E.; — Castres 9 juill. 1851, 15294 J. E., 14507 J. N.).

8332. Exécution des jugements. — L'art. 545 C. proc., ayant déterminé la forme des expéditions, s'oppose à ce qu'un jugement puisse être exécuté dans une autre forme que celle qu'il a prescrite. Dès lors, la signification d'un jugement faite d'avoué à avoué ne peut tenir lieu d'une expédition en forme, et une expédition conforme à l'art. 54 C. proc. est indispensable pour que le jugement puisse être mis à exécution (Sol. 29 sept. 1832, 10483 J. E.).

8333. Acte écrit à la suite. — Il ne peut être expédié deux actes à la suite l'un de l'autre, sur la même feuille de papier timbré, à peine de 20 francs d'amende (L. 13 brum. an 7, art. 26 et 25, et L. 6 juin 1824, art. 10).

Cette matière a été épuisée au mot *Acte écrit à la suite d'un autre.*

CHAPITRE II. — ENREGISTREMENT

[8334-8341]

8334. Exemption. — Aux termes de l'art. 8 L. 22 frimaire an 7, il n'est dû aucun droit d'enregistrement pour les extraits, copies ou expéditions des actes qui doivent être enregistrés sur les minutes ou originaux. Cette disposition avait une sérieuse importance sous l'empire de la loi de l'an 7, puisque, d'après son art. 7, les actes judiciaires recevaient la formalité de l'enregistrement tantôt sur les minutes, tantôt sur les expéditions; mais l'art. 38 L. 28 avril 1816 ayant assujetti tous les actes judiciaires à l'enregistrement sur les minutes, la disposition de l'art. 8 n'est plus que l'expression d'une règle générale, à savoir que les expéditions des actes sont exemptes de tout droit d'enregistrement.

Cependant, il existe encore quelques actes dont l'enregistrement peut avoir lieu sur les expéditions : tels sont les actes de l'état civil, qui, exempts de l'enregistrement sur la minute, deviennent passibles du droit sur l'expédition lorsqu'ils appartiennent à la catégorie des actes que la loi assujettit formellement à l'enregistrement.

1. RECONNAISSANCE D'ENFANT NATUREL. — Ainsi les reconnaissances d'enfant naturel, par acte de célébration de mariage, ayant été nommément tarifées par l'art. 43 n° 22 L. 22 frimaire an 7, l'enregistrement doit avoir lieu sur la première expédition qui en est délivrée. — V. 7550.

2. GROSSESSE. — Les expéditions des déclarations de grossesses sont sujettes à l'enregistrement dans les mêmes conditions. — V. 863, 989.

8335. Défense aux officiers publics de délivrer expédition d'un acte non enregistré. — Aux termes de l'art. 41, L. 22 frimaire an 7, les notaires, huissiers, greffiers et les secrétaires des préfectures, sous-préfectures et mairies ne peuvent délivrer en brevet, copie ou expédition, aucun acte *soumis à l'enregistrement sur la minute* ou sur l'original, avant qu'il n'ait été enregistré, quand même le délai pour l'enregistrement ne serait point encore expiré, à peine de 50 francs (10 francs) d'amende, outre le payement du droit. — V. *Acte passé en conséquence.*

1. EXPLOITS. — La loi a posé une première exception à cette règle : elle dispose par son art. 41, que sont exceptés les exploits et autres actes de cette nature qui se signifient à parties ou par affiches et proclamations.

2. EFFETS NÉGOCIABLES. — Par ses art. 41 et 69 § 2 n° 6 elle a étendu l'exception aux effets négociables qui peuvent n'être présentés à la formalité qu'avec les protêts qui en ont été faits.

3. TESTAMENT. — Une décision du ministre des finances du 25 avril 1809 (3236 J. E., 207 J. N.) porte que, lorsque le testateur demande au notaire l'expédition du testament qu'il a passé sel officier public, celui-ci peut lui délivrer cette expédition sans *soumettre la minute à l'enregistrement*. Cette exception à l'art. 41 L. 22 frimaire an 7 est fondée sur le secret inviolable qui doit couvrir les dispositions à cause de mort, et qui a déterminé le législateur à ne les soumettre à l'enregistrement qu'après le décès du testateur.

4. DONATION A CAUSE DE MORT. — La même exception doit exister pour les donations que les époux sont dans l'usage de faire pendant le mariage au profit du survivant d'eux. Ces donations sont de véritables testaments.

5. DÉCÈS DU TESTATEUR OU DONATEUR. — Toutefois, dans les deux hypothèses ci-dessus, après le décès du donateur, le donataire ne pourrait faire usage de l'expédition, sans avoir fait préalablement enregistrer l'acte de donation, et mentionner par le notaire cet enregistrement sur l'expédition (9943 J. N.).

6. ACTE SOUS SEING PRIVÉ. — On a vu, au n° 8596, que la collation d'un acte sous seing privé assujetti à l'enregistrement ne peut avoir lieu, à peine d'amende, avant qu'il ait été enregistré. La collation étant à l'acte sous seing privé ce qu'est l'expédition à l'acte authentique, les dispositions qui nous occupent lui sont donc parfaitement applicables.

7. EMPLOYÉ DE L'ENREGISTREMENT. — Les préposés peuvent se faire délivrer, sans formalité, dans l'intérêt de l'Administration, toutes expéditions des actes notariés et autres. Il est hors de doute que les officiers publics peuvent délivrer, sans enregistrement préalable, aux préposés de l'Administration, les expéditions et extraits dont ils peuvent avoir besoin dans l'intérêt du service.

8336. Mention du payement des droits d'enregistrement. — Aux termes des art. 44, 45 et 46

L. 22 frimaire an 7, il doit être fait mention, dans toutes les expéditions, de la quittance des droits qui ont été perçus sur la minute, par une transcription littérale et entière de cette quittance, sous peine d'amende de 10 francs (5 fr.), pour chaque contravention.

Nous avons traité de ce point au mot, *Acte passé en conséquence d'un autre.*

8337. Abréviations. — Ce qui est susceptible d'abréviation dans les minutes l'est aussi dans les expéditions. — V. *Acte notarié.*

8338. Acte ancien. — Les grosses et expéditions d'actes déposés aux chambres de contrats, bureaux [de tabellionnage et autres, doivent être délivrées par un notaire de la résidence du dépôt, ou, à défaut, par un notaire de la résidence la plus voisine (art. 60 L. 25 vent. an 11). Elles ne sont point soumises à l'enregistrement, ni susceptibles d'être inscrites au répertoire ; ces deux formalités sont de rigueur si ce sont des copies collationnées (D. m. f. 18 avr. 1809 3222 J. E., D. N. t. 5 p. 753. n° 201).

Les notaires peuvent, sans contravention, délivrer l'expédition d'un acte antérieur à l'établissement du contrôle, c'est-à-dire à l'édit de 1691, quoique cet acte n'ait été ni contrôlé ni enregistré (D. m. f. 4 sept. 1824, 4938 J. N., 1150 § 1er I. G.).

8339. Notaire dépositaire de la minute. — Les expéditions qui sont délivrées par un notaire auquel un tribunal a confié les minutes d'un notaire décédé doivent-elles être enregistrées comme des copies collationnées ?

En pareil cas, le notaire subrogé dans les fonctions qu'exerçait son collègue en prend toute la responsabilité quant à la délivrance des expéditions. Son ministère est celui d'un successeur temporaire ; et comme il a, pendant sa durée, les mêmes effets que le ministère du successeur nommé définitivement, il s'ensuit que les expéditions délivrées ne sont point sujettes à l'enregistrement, et qu'à plus forte raison elles ne sont point susceptibles d'être inscrites sur le répertoire du notaire dépositaire, comme des actes délivrés en brevet, ou comme des copies collationnées (D. m. f. 22 juin 1813, 1858 J. N.).

8340. Notaire commis. — Le notaire commis par le tribunal pour un partage, qui a rédigé, conformément à l'art. 977 C. proc., un procès-verbal des difficultés et dires des parties, ne peut délivrer des expéditions ou extraits du procès-verbal, en exécution de l'art. 983 du même Code, avant que cet acte ait été enregistré (436 § 76 I. G.).

8341. Annexe. — La copie d'une pièce annexée n'étant point ce que l'on nomme une *copie collationnée* dans l'acception particulière que l'on donne à cette expression, n'est pas sujette à l'enregistrement (1045 J. N., 4503 J. E., D. N. t. 5 p. 754 n° 203).

CHAPITRE III. — TIMBRE

[8342-8377]

SECTION PREMIÈRE. — DISPOSITIONS GÉNÉRALES

[8342-8357]

8342. Assujettissement au timbre. — Sont soumis au timbre les extraits, copies ou expéditions des actes des notaires, greffiers, huissiers, gardes et employés, des avoués et défenseurs officieux, etc., ceux des autorités administratives qui se délivrent aux citoyens, et généralement tous extraits, copies et expéditions d'actes, soit publics, soit privés, devant ou pouvant faire titre ou être produits pour obligation, décharge, justification, demande ou défense (L. 13 brum. an 7, art. 12).

1. QUOTITÉ. — Les notaires, greffiers, arbitres et secrétaires des administrations ne peuvent employer, pour les expéditions qu'ils délivrent des actes retenus en minutes et de ceux qu'ils déposés ou annexés, de papier timbré d'un format inférieur à celui appelé *moyen papier* et dont le prix est actuellement fixé à 1 fr. 80 cent. (L. 28 avr. 1816, art. 63).

Le prix de ce moyen papier est aussi celui du timbre du parchemin que l'on emploie pour expédition, sans égard à la dimension, si toutefois elle est au-dessous de celle du moyen papier (12 décimètres 50).

Les huissiers et autres officiers publics ou ministériels ne peuvent non plus employer de papier timbré d'une dimension inférieure à celle du moyen papier pour les expéditions des procès-verbaux de ventes de mobilier (L. 13 brum. an 7, art. 19).

Lorsque, pour quelque motif que ce soit, une expédition a été rédigée sur du papier inférieur au moyen papier, le droit qu'elle doit supporter est celui affecté à ce dernier papier.

Acte déposé ou annexé. — Il n'y a aucune distinction à faire entre les extraits d'actes déposés ou annexés. La loi s'applique aux uns comme aux autres et ils doivent tous être rédigés sur du moyen papier (D. m. f. 12 vent. an 7, Circ. 1566 § 24).

2. PAPIER DE DÉBITE. — Il est interdit aux notaires, greffiers, arbitres, avoués ou défenseurs officieux, et à tous autres officiers ou fonctionnaires publics, de se servir de papier timbré autre que celui débité par l'Administration; il n'y a d'exception que pour le parchemin, qui peut être employé après avoir été timbré à l'extraordinaire; mais les administrations publiques conservent la faculté de faire timbrer le papier qu'elles veulent employer, *avant d'en faire usage* (L. 13 brum. an 7, art. 17 et 18).

3. PARCHEMIN. — Les notaires peuvent faire timbrer à l'extraordinaire du parchemin pour les expéditions. — *V.* 969.

8343. Acte administratif. — Nous avons traité, au mot *Acte administratif*, des expéditions des actes administratifs.

1. ALIGNEMENT. — BAUX DES BACS. — Les expéditions des actes de cessions de terrains détachés de la voie publique, par suite d'alignement, à remettre aux employés des domaines, et celles des baux des bacs à remettre aux employés des contributions indirectes, pour le recouvrement des droits dus au Trésor, doivent être délivrées sur papier non timbré, sauf à les soumettre au visa pour timbre, dans le cas où il y aurait lieu d'agir par voie de contrainte (D. m. f. 9 mars 1855, 503 R. P., 2049 § 4 I. G.).

8343 *bis*. Acte de l'état civil. — Les expéditions des actes de l'état civil sont, en général, assujetties au timbre. Nous en avons traité au mot *Acte de l'état civil*.

1. ENGAGEMENT VOLONTAIRE. — Les expéditions des actes de l'état civil nécessaires à l'engagé volontaire peuvent être délivrées sur papier non timbré, à la charge par les officiers de l'état civil de faire mention de cette destination sur chaque expédition. — *V.* 7678.

8344. Acte du Gouvernement. — Les expéditions des ordonnances émanées du pouvoir exécutif, relatives aux établissements publics, sont exemptes du timbre, par application de l'art. 16 L. 13 brumaire an 7 (11757-2 J. E., D. m. f. 31 août 1821 et 6 janv. 1829, 7626 J. N., 9208 J. E.).

1. CHEMIN VICINAL. — L'arrêté d'un préfet portant autorisation d'acquérir des terrains pour des chemins vicinaux est un acte de même nature qu'un décret, avec cette seule différence que celui-ci émane du pouvoir suprême, et celui-là d'un pouvoir délégué et subordonné. L'un et l'autre sont des actes de l'autorité publique; les expéditions qui en sont délivrées sont par la même cause exemptes du timbre, en vertu de la disposition précitée de la loi du 13 brumaire an 7.

2. CONTENTIEUX. — Les décrets qui interviennent sur les recours des communes contre des arrêtés des conseils de préfecture sont censés rendus en matière contentieuse, comme le sont ceux qui interviennent sur les appels comme d'abus; ils sont assujettis à l'enregistrement, et les expéditions doivent être écrites sur papier timbré (Sol. 11 mai 1836, 11549 J. E.).

8345. Acte judiciaire. — Sont exemptées du timbre les expéditions d'actes judiciaires délivrées à une administration publique. — *V. Acte judiciaire.*

8346. Acte respectueux. — Bien que la notification de l'acte respectueux soit un acte notarié, la copie peut en être délivrée sur papier de toute dimension. — *V.* 1486.

8347. Archives de la marine. — Les expéditions délivrées aux particuliers par le garde des archives de la marine ou des archives administratives ou judiciaires ne peuvent être délivrées que sur papier frappé du timbre de 1 fr. 25 cent. (1 fr. 80 cent.) (D. m. f. 8 déc. 1812, 4384 J. E.).

8348. Bordereau de collocation. — Les bordereaux de collocation sont de véritables expéditions. On ne peut donc les délivrer avant l'enregistrement du procès-verbal d'ordre. — V. 2265, 3210, 3211.

8349. Chambres de discipline. — Les expéditions des délibérations et registres des chambres de discipline sont sujettes au timbre. — V. 3733.

8350. Conseil d'État. — Les expéditions des arrêts du conseil d'État délivrées à des personnes non indigentes doivent être écrites sur papier timbré. — V. 5028.

8351. Conseil de préfecture. — Quand les expéditions des arrêtés ou décisions des conseils de préfecture doivent-elles être écrites sur papier timbré? — V. Acte administratif et n° 5038.

1. PATENTES. — Les expéditions des décisions des conseils de préfecture, en matière de patentes, destinées à être produites à l'appui d'un recours au conseil d'État, sont exemptes de timbre si le montant de la contribution objet du recours est inférieur à 30 francs (D. m. f. 20 fév. 1843, 13584-4 J. E.).

8352. Créancier de l'État. — Lorsqu'un créancier de l'État, pour fournitures ou entreprises faites en vertu de marchés passés avec les administrations publiques, ne sait pas signer et ne peut pas par conséquent mettre son acquit sur les mandats délivrés à son profit, le payeur exige, d'après l'art. 1341 C. C., une quittance notariée s'il s'agit d'une somme au-dessus de 150 francs. L'expédition de cette quittance doit être sur papier timbré aux frais de la partie prenante (D. m. f. 20 janv. et 12 sept. 1835, 1304 § 6 I. G.).

8353. Décomptes. — Les expéditions de décomptes délivrées aux acquéreurs de domaines nationaux doivent être timbrées à l'extraordinaire et acquitter le droit suivant la dimension du papier (D. m. f. 23 juill. 1807, 332 I. G.).

8354. Domaine de l'État. — Sauf le cas de rétrocession de terrains expropriés et qui sont restés sans emploi, cas prévu par l'art. 60 L. 3 mai 1841, toutes les expéditions qui sont fournies aux receveurs des domaines, pour le recou-

vrement du prix des cessions et concessions de biens domaniaux doivent être fournies sur papier timbre, parce que les débiteurs de l'État sont tenus, art. 29 L. 13 brumaire an 7, de les fournir sur papier timbré (14652 J. E.).

8355. Établissement public. — On trouvera au mot *Établissements publics* l'indication d'un grand nombre de cas dans lesquels il est nécessaire de délivrer une expédition.

Rappelons seulement : 1° que les copies des actes remis au préfet pour recours sur l'approbation de l'autorité supérieure peuvent être délivrés sur papier non timbré avant l'enregistrement (D. m. f. 8 mars 1854, 2003 § 1er I. G.); — 2° que la même faculté a été reconnue en ce qui concerne les actes concernant l'administration des biens de fabriques des églises protestantes (D. m. f. 18 fév. 1854, 2003 § 1er I. G.).

8356. Étranger. — Le droit de timbre exigible en France sur les extraits ou expéditions d'actes passés en pays étrangers ou dans les colonies où le timbre n'est pas établi est de 1 fr. 80 cent. la feuille, lorsque même que la dimension de ces extraits ou expéditions serait inférieure à celle du moyen papier; si la dimension du papier est supérieure, le droit doit être de 2 fr. 40 cent. ou de 3 fr. 60 cent. selon la dimension de l'expédition (13108-6 J. E.).

Lorsque l'expédition d'un acte passé en pays étranger contient plus de 25 lignes par page de papier d'une dimension inférieure ou égale à 1 fr. 80 cent., on doit calculer le nombre de lignes employées dans l'expédition pour percevoir le droit à raison de 1 fr. 80 cent. par feuille de 25 lignes à la page (6664 J. E.) — V. 1435.

1. PLURALITÉ. — Un certificat constatant, d'après les registres de l'église étrangère, une célébration de mariage et un décès est assujetti en France à autant de droits de timbre de 1 fr. 80 cent. qu'il y a d'actes dont l'existence est constatée s'il s'agit d'autant d'extraits qu'il y a d'actes différents qui n'auraient pu être faits à la suite l'un de l'autre. Mais il n'est dû qu'un droit s'il s'agit d'un certificat ou d'un extrait dont le contexte renferme l'analyse de divers actes (13591-8 J. E.).

2. QUOTITÉ DU DROIT. — Les actes passés en pays étranger étant assujettis au même droit de timbre que les actes passés en France, l'expédition présentée au visa en France d'un acte notarié étranger contenant obligation de sommes ne saurait être considérée comme le titre sous seing privé d'une obligation sujette au droit proportionnel de timbre. Il y a lieu de l'assujettir au droit de dimension au minimum du moyen papier (Sol. 4 juin 1858).

3. GUADELOUPE. — A la Guadeloupe, un règlement du gouverneur porte que les expéditions d'actes notariés antérieurs au 1er janvier 1861 sont censées, à moins de preuve contraire, délivrées avant l'établissement du timbre dans la colonie et ne sont, dès lors, soumises à aucun droit.

8357. Fraction de feuille. — On verra, au mot *Timbre* (n° 17466), qu'en principe la réduction d'une feuille de papier timbré ne constitue une contravention que si l'on peut prouver que le retranchement est le résultat d'une fraude. Mais de nombreux monuments judiciaires établissent que, s'il s'agit d'une expédition, il y a contravention à l'art. 19 L. 13 brumaire an 7, toutes les fois qu'une partie de la feuille a été enlevée, *qu'il soit ou non manifeste* que la fraction enlevée avait ou n'avait servi à aucun autre acte, parce qu'en tout état de cause la feuille réduite n'a plus la dimension voulue par cet article (Joigny et Saint-Etienne 30 août 1837 et 31 août 1835, 9697 J. N. ; — Chartres 18 fév. 1837, 9697 J. N., 11738 J. E. ; — Châteaudun 28 avr. 1837, 11793 J. E. ; — Rouen 7 fév. 1838, 11978 J. E. ; — Corbeil 8 juin 1838, 12104-1 J. E. ; — Château-Chinon 6 déc. 1838, 10259 J. N., 12209 J. E ; — Chartres 26 janv. 1839, 12240-1 J. E. ; — Reims 14 mars 1849, 14707 J. E. ; — Sedan 29 mars 1860, 1332 R. P., 16881 J. N., 17136 J. E., 11790 C. ; — *Contrà* Bar-sur-Seine 15 mars 1837, 9697 J. N.).

La C. cass. n'a pas précisément consacré cette doctrine en ce qu'elle a d'absolu. Elle n'a été appelée à statuer que sur une espèce où la fraude était manifeste. Ainsi, elle a décidé, le 10 avril 1839, que, si une expédition est écrite sur une feuille de papier au timbre de 1 fr. 80 cent., dont il ne reste du premier feuillet que la marge où se trouvent les empreintes du timbre, il devient évident que le surplus du premier feuillet a été employé à un autre acte terminé ou non, d'où il suit que, la fraude étant manifeste, la contravention aux art. 19 et 22 L. 13 brumaire an 7 existe : « Vu, porte cet arrêt, les art. 19 et 22 L. 13 brumaire an 7 ; — et Attendu qu'il résulte du procès-verbal de l'inspecteur des domaines et des pièces mêmes produites, que le notaire a employé un papier timbré qui n'a que les cinq huitièmes de la feuille de papier du format dit du moyen papier, qui devait être employé ; — Attendu qu'il est évident que le surplus du premier feuillet avait été employé à un autre acte déterminé ou non, et que la portion seulement a été conservée, sur laquelle était placé le timbre ; qu'il résulte de ces motifs que le jugement attaqué a violé formellement les articles précités de la loi du 13 brumaire an 7 » (10355 J. N., 12285 J. E., 1601 § 2, I. G., S. 39-1-411).

Pour nous, nous tenons pour exagérée la sévérité de quelques tribunaux secondaires dont nous venons de rappeler les jugements. Ainsi, nous ne pouvons admettre la doctrine du tribunal de Château-Chinon, qui, ayant à statuer dans une espèce où le second feuillet de la feuille sur laquelle était écrite une expédition de mainlevée d'inscription avait été enlevé, a décidé qu'il y avait contravention. Le système admis par le tribunal pourrait conduire à cette conséquence qu'un notaire serait responsable des faits postérieurs à la délivrance des expéditions et qui lui seraient par conséquent tout à fait étrangers.

Ainsi, tous les jours, on adresse, pour être annexées aux registres de l'état civil, des expéditions dont la seconde feuille a été enlevée dans le seul but d'éviter des frais de poste. Doit-on voir une contravention dans ce fait, auquel se trouve évidemment étranger l'officier de l'état civil qui a délivré expédition de l'acte de naissance ou de toute autre pièce annexée? Certainement non, ou bien il faudrait dire que la loi frappe indistinctement ceux qui commettent sciemment la fraude, et ceux qui, après s'être soumis à la loi, se trouvent en faute par suite de faits indépendants de

leur volonté et auxquels il leur a été matériellement impossible de parer.

Nous croyons donc d'une doctrine plus sûre, et surtout plus équitable, de ne pas introduire, à l'égard des expéditions, une exception au principe général dont nous avons parlé au commencement de ce numéro, à savoir qu'il faut établir la fraude pour être autorisé à voir une contravention dans la réduction d'une feuille de papier timbré quelconque (*Conf.* : 10259 J. N., D. N. t. 12 p. 638 n° 153).

SECTION 2. — NOMBRE DE LIGNES

[8358-8377]

ARTICLE PREMIER. — NOTAIRES

[8358-8372]

8358. Lignes. — Les expéditions que les notaires délivrent ne peuvent contenir, compensation faite d'une feuille à l'autre, plus de 25 lignes par page de moyen papier, plus de 30 lignes par page de grand papier, et plus de 35 lignes par page du grand registre (L. 13 brum. an 7, art. 20), à peine d'une amende de 25 francs (5 fr.) et de la restitution des droits (art. 26).

1. ABRÉVIATIONS. — Le texte ne reproduit pas la défense qui était inscrite dans l'art. 7 L. 7-11 février 1871 d'insérer des abréviations dans les expéditions. Les notaires ont donc toute latitude à cet égard. — *V.* 946-5.

8359. Syllabes. — Les expéditions délivrées par les notaires ne doivent contenir que quinze syllabes à la ligne. (Déc. 16 fév. 1807, art. 174). Mais ce décret ne prononce pas d'amende pour infraction à ce qu'il prescrit (942 I. G., Roy *Manuel des contrav.* n° 244).

8360. Compensation. — Lignes. — Syllabes. — L'art. 20 L. 13 brumaire an 7 permet bien la compensation d'une feuille à l'autre ou d'une page à l'autre, mais non la compensation du nombre de syllabes par lignes. C'est donc seulement au nombre de lignes qu'il faut avoir égard pour déterminer les contraventions à l'art. 20 L. 13 brumaire an 7.

Le contraire a été jugé, cependant, par plusieurs tribunaux (Gannat 10 août 1854 ; — Issoudun 19 déc. 1855), par le motif qu'un excédant de lignes ne constitue pas de contravention quand il n'y a pas d'excédant de syllabes.

Mais cette doctrine n'a jamais été acceptée par l'Administration (Sol. 18 août 1852, 29 juin 1861, 14 déc. 1863). Elle a été repoussée par la majorité des tribunaux (Senlis 16 fév. 1841, 12703 J. N., 10937 J. E. ; — Châteaubriant 24 sept. 1842, 13100 J. E., 14499 J. N. ; — Roanne 2 mars 1863, 13215 J. E. ; — Chinon 5 mars et 9 juill. 1859).

Les rédacteurs du J. du not. pensent néanmoins qu'on ne peut relever une contravention, dans une expédition en deux rôles, ayant 100 lignes, plus deux renvois, et ne contenant en tout que 1,432 syllabes, alors qu'elle pourrait en contenir 1,500 (Bull. du not. mars 1866 n° 133). Cette opinion est contraire à la jurisprudence, et il serait dangereux de la suivre.

8361. Renvoi. — En principe, les renvois doivent être comptés pour le calcul des lignes. Ainsi, le tribunal de Senlis a jugé, le 16 février 1841 (10937 J. E., 12703 J. N.), que l'expédition d'un acte notarié qui contient, sur une feuille de moyen papier, 100 lignes de 15 syllabes chacune, donne ouverture à l'amende, si un renvoi équivalant à 10 lignes de 15 syllabes a été ajouté, alors qu'en portant plus de 15 syllabes par ligne, on aurait pu, sans contravention, faire entrer dans les 100 lignes de l'expédition les 150 syllabes du renvoi.

C'est également ce qui a été jugé dans une espèce où sur deux feuilles de moyen papier avaient été écrites 199 lignes de 24 syllabes l'une dans l'autre, avec un renvoi de 202 syllabes (Châteaubriant 24 sept. 1842, 13100 J. E., 11499 J. N.).

Mais ici, comme pour les copies d'exploits, ou les expéditions des greffiers, l'Administration n'insiste pas sur la contravention quand le renvoi est sans importance et a eu pour cause la rectification d'une erreur exclusive de toute fraude (Sol. 5 déc. 1862). — Il en est ainsi surtout quand plusieurs lignes de l'expédition ne contiennent que quelques mots (Sol. 13 mars 1848, 2 mars 1849, 8 août 1851, 2 nov. 1852, 19 déc. 1858, 26 juin 1858 et 30 nov. 1862).

8362. Blancs. — Mots rayés. — Il a été maintes fois reconnu également que la contravention résultant d'excédant de lignes n'existe pas quand l'excédant se compense avec des mots rayés ou des lignes restées en blanc (Roy Manuel des contraventions 248, Sol. 26 juin 1858, 30 nov. 1862, 3 fév. 1863).

8363. Signature. — La signature de l'expédition d'un acte notarié ne fait pas partie du calcul des lignes (Sol. 30 août 1865, 2197 R. P.). Nous avons vu qu'il en était de même de la signature des copies d'exploits ou pièces signifiées. — V. Copies d'exploits.

8364. Report. — A reporter. — On ne saurait non plus considérer comme une ligne les mots report, à reporter, qui se mettent souvent au bas d'une page pour la rattacher à la suivante (1982 J. du not.).

En effet, ces indications sont faites par l'expéditionnaire, uniquement pour ordre, afin de faciliter son travail et d'en assurer l'exactitude; elles ne sont pas nécessaires, et souvent même, dans la pratique, on ne les emploie pas; enfin, elles ne sont pas, à proprement parler, des lignes de l'expédition, c'est-à-dire de la copie de la minute, car elles ne sont pas prises dans la minute, elles ne s'y trouvent pas. Si elles devaient être comprises dans le calcul des lignes, il n'en serait plus employé

réellement 25, mais seulement 23 par page de moyen papier à la transcription de la minute.

8364 bis. Tableaux en chiffres. — Les notaires peuvent insérer des tableaux en chiffres dans leurs expéditions quand cela est nécessaire pour la clarté de la pièce. Mais c'est à eux de combiner ces tableaux de façon à ce qu'ils puissent être expédiés figurément sans contravention à la loi. Il y a amende lorsque des tableaux en chiffres contiennent plus de 25 lignes à la page de moyen papier, compensation faite d'une page à l'autre.

Une décision ministérielle, transmise par l'I. G. n° 942, règle particulièrement le mode de perception pour les expéditions délivrées dans ce cas par les greffiers (6725 J. E.). — V. 8376.

Mais on ne pourrait pas demander un droit supplémentaire de timbre sous le prétexte que le nombre de lignes aurait été plus considérable si les chiffres avaient été écrits en toutes lettres (Dél. 27 août 1841, 12879 J. E.).

8365. Supplément de droit de timbre. — Quant au payement des droits de timbre, c'est d'après les mêmes règles que l'on doit calculer le nombre de feuilles qui auraient été nécessaires en outre de celles qui ont été employées, en observant toutefois que le supplément de droit de timbre ne peut pas être au-dessous du prix d'une feuille, à supposer même que l'expédition ne contienne que quelques lignes de plus que le nombre déterminé par la loi (Roy loc. cit. n° 248). — V. Copie d'exploit.

8366. Actes administratifs. — Les expéditions des actes administratifs sont soumises, comme les autres, à la limitation de lignes indiquées dans l'art. 20 L. 13 brumaire an 7 (D. m. f. 27 oct. 1863, 2273 I. G., 1920 § 12 R. P.).

8367. Bordereau d'inscription. — Du moment que l'art. 2148 C. C. veut que l'un des bordereaux d'inscription hypothécaire puisse être porté sur l'expédition du titre, il n'y a pas lieu de se préoccuper du nombre de lignes que ce bordereau ajoute à celui déjà existant sur la feuille d'expédition (15618-7 J. E.).

8368. Actes divers. — 1. BREVET. — Les actes reçus en brevet peuvent être écrits sur du papier de toute dimension, lors même qu'il s'agirait d'une obligation portant la formule exécutoire (10902 J. E.).

Mais, si le notaire délivrait l'extrait d'un acte par lui reçu en brevet, cet extrait devrait être rédigé sur du moyen papier (Sol. 26 sept. 1860).

2. CERTIFICATS. — Les certificats de vie des rentiers et des pensionnaires de l'État ou des administrations et établissements publics ne doivent pas être rédigés sur le papier moyen. Ils ne sont sujets qu'au droit fixe de 35 centimes (60 cent.) (L. 28 avr. 1816, art. 63, 745 I. G.).

3. COPIE FIGURÉE. — Lorsque le notaire se dessaisit d'une minute dans les cas autorisés par la loi, il en dresse et signe une copie figurée qui, après avoir été certifiée par le président du tribunal, est substituée à la minute jusqu'à sa réintégration. Cette copie est sujette au timbre toutes les fois qu'il ne s'agit pas d'un déplacement motivé par la vindicte publique (2666 J. E.). Mais elle n'a pas besoin d'être rédigée sur du papier d'expédition.

4. COPIE COLLATIONNÉE. — On verra, au mot *Copie collationnée*, dans quels cas ces actes doivent être rédigés sur le papier d'expédition. Disons seulement ici, d'une façon générale, que la copie d'un acte reçu par un notaire, bien que qualifiée de collation, constitue en principe une expédition ordinaire (Sol. 9 sept. 1859).

5. TESTAMENT. — Le notaire peut délivrer expédition du testament reçu par lui et la remettre au testateur sans que cet acte ait été enregistré. Mais l'expédition doit être sur papier timbré (8834 J. E.).

8369. Notes. — Extraits. — Les notaires ne peuvent délivrer sur papier libre des notes ou extraits signés d'eux, constatant la valeur d'une succession dont ils ont dressé l'inventaire en conservant la minute : il faut, sous peine d'une amende de 50 francs (10 fr.), qu'ils emploient à cet effet du papier d'expédition (Cass. 23 mai 1808, 3247 J. E., S. t. 9 205; 7 nov. 1806, 233 J. N., Roy *Manuel des contrav.* n° 238).

De même, le certificat d'un notaire énonçant les dispositions d'un acte passé devant lui est un véritable extrait de cet acte : il doit être délivré sur papier d'expédition (D. N. t. 2 p. 772 n° 4, 3948 J. E.).

1. LETTRE. — Un notaire ne pourrait non plus, sans contravention, retracer dans une lettre à un de ses clients, le sommaire de quelques dispositions d'un acte passé devant lui et concernant ce dernier. C'est délivrer un extrait d'un acte que de rappeler dans un sens quelconque, en forme de lettre ou autrement, les dispositions de cet acte (438N J. E.).

2. SIGNATURE. — Mais il est indispensable que l'écrit, pour avoir le caractère d'un extrait ou d'une expédition, soit revêtu de la signature du notaire. Un simple paraphe ne suffirait pas (Villefranche 28 janv. 1850, Sol. 2 juill. 1852, 27 juill. 1853, 29 déc. 1866).

8370. Pièce arguée de faux. — Les copies ou expéditions des pièces arguées de faux, qui doivent être envoyées au greffe d'un tribunal, peuvent être écrites sur papier non timbré, s'il s'agit de la police générale ou de la vindicte publique; dans le cas contraire, elles ne peuvent être que sur papier timbré (2666, 2951 J. E.).

8371. Réhabilitation. — Les expéditions des demandes en réhabilitation que doivent adresser les procureurs généraux, en exécution des art. 606 et 607 C. com.,

sont exemptes du timbre, quoique les demandes en réhabilitation soient dans l'intérêt de ceux qui les forment, car les formalités à remplir sont uniquement d'ordre public (3497 J. E.).

8372. Registres. — Les expéditions, copies ou extraits des registres des délibérations des entreprises de canaux, chemins de fer, compagnies d'assurances et de commerce, peuvent être écrits sur papier timbré d'une quotité inférieure à 1 fr. 25 cent. (1 fr. 80 cent.) (11410 J. E.).

ARTICLE 2. — COMMISSAIRES-PRISEURS

[8372 *bis*]

8372 *bis*. Peine en cas de contravention. — Les expéditions ou extraits de procès-verbaux de ventes mobilières faites par les commissaires-priseurs doivent contenir 25 lignes à la page et 15 syllabes à la ligne (art. 1er n° 4 L. 18 juin 1843, sur le tarif des commissaires-priseurs). — Cette loi ne prononce aucune peine en cas de contravention.

ARTICLE 3. — GREFFIERS

[8373-8377]

8373. Lignes et syllabes. — Les expéditions délivrées par les greffiers doivent contenir 20 lignes à la page, et 8 à 10 syllabes à la ligne, compensation faite des unes avec les autres (art. 6 L. 21 vent. an 7, Circ. 1537).

Cette compensation doit s'entendre en ce sens que, pourvu que, relativement au timbre, une expédition ne contienne que 25 lignes à la page, compensation faite d'une page à l'autre, il pourra être inséré dans chacune de ces lignes autant de syllabes qu'elle en peut comporter (D. m. t. 30 mars 1820, 942 I. G.).

1. JUSTICES DE PAIX. — L'art. 6 L. 21 ventôse an 7 est sans application aux expéditions des greffiers des justices de paix. Ces expéditions peuvent, aux termes de l'art. 20 L. 13 brumaire an 7, contenir 25 lignes à la page de moyen papier (Sol. 14 avr. 1857).

2. INSUFFISANCE DE LIGNES. — Les greffiers des tribunaux civils qui délivrent des expéditions contenant *moins* de 20 lignes à la page et de 8 à 10 syllabes à la ligne, encourent la peine de destitution édictée par l'art. 23 L. 21 nivôse an 7, contre les greffiers qui exigent d'autres droits que ceux dont la perception est autorisée (Cass. 16 mai 1806, 2342 J. E.).

8374. Jugements d'office en matière civile. — Les expéditions des jugements rendus d'office à la requête du ministère public, en matière civile, notamment ceux qui interviennent sur des poursuites en interdiction, ou entre des individus notoirement insolvables, doivent contenir le même nombre de lignes et de syllabes, puisque, d'après l'I. G. 1187 § 17, ces expéditions sont sujettes aux droits de greffe établis par la loi du 21 ventôse an 7, et ne sont pas régies par l'art. 48 du règlement du 18 juin 1811 (D. m. f. 19 juin 1826, 1200 § 24 I. G.).

8375. Procédure criminelle. — Il résulte d'une D. m. f. 19 juillet 1822, basée sur l'art. 48 Déc. 18 juin 1811 (531 I. G.), que les expéditions de procédures criminelles peuvent contenir 28 lignes à la page, et de 14 à 16 syllabes par ligne, soit que les greffiers les dressent sur papier timbré pour être délivrées aux parties, soit qu'ils les fassent sur papier libre à la réquisition du ministère public (1031 I. G.).

Les expéditions des jugements des tribunaux civils, qui rendent exécutoires les condamnations prononcées par les conseils de guerre, peuvent contenir 28 lignes à la page et 16 syllabes à la ligne, comme les expéditions en matière criminelle ; elles ne sont pas sujettes au droit de greffe (L. 30 niv. an 5, art. 3, Déc. 18 juin 1811, art. 48, D. m. f. 29 sept. 1812, 4438 J. E.).

8376. Compensation. — Syllabes. — Chiffres. — Le ministre des finances a décidé : 1° que, pourvu que, relativement au droit de timbre, une expédition ne contienne que 25 lignes à la page, compensation faite d'une page à l'autre, il pourra être inséré dans chacune de ces lignes autant de syllabes qu'elle peut en comporter ; — 2° que les actes dans lesquels il n'est pas défendu par la loi d'énoncer les sommes et les dates en chiffres pourront être expédiés de la même manière ; — 3° que, quand les actes renferment des tableaux en chiffres qui ne peuvent être syncopés sans en détruire l'intelligence, ces tableaux pourront être reproduits dans les expéditions, sauf aux greffiers à établir à la fin de ces expéditions, par une récapitulation certifiée, le nombre de lignes y contenues, pour qu'après vérification les droits de timbre soient perçus à raison de 25 lignes par chaque page, quel que soit le nombre de syllabes à la ligne ; — 4° que les mêmes expéditions ne pourraient, dans tous les cas, être rédigées sur un papier inférieur à celui du moyen papier (D. m. f. 30 mars 1820, 942 I. G.). — V. pour les expéditions des notaires 8364 bis.

Un supplément de droit de timbre n'est donc pas exigible sur une expédition, bien que le nombre de rôles eût été plus grand si les énonciations des tableaux en chiffres avaient été écrites en toutes lettres, car l'art. 20 L. 13 brumaire an 7, qui défend de porter plus de 25 lignes par feuille d'expédition, ne fixe pas le nombre de syllabes à insérer dans chaque ligne (Dèl. 27 août 1841, 12879-6 J. E., 11083 J. N., Roy Manuel des contrav. n° 245, Sól. 24 juill. 1866).

Mais un greffier ne peut être autorisé à préparer sur papier non timbré une expédition contenant des tableaux en chiffres. Il doit se servir de papier de la débite, sauf à liquider les droits supplémentaires à payer, conformément à la décision ministérielle du 30 mars 1820 (Sol. 3 oct. 1867).

8377. Courtiers maritimes. — Les expéditions de ventes de navire délivrées par les courtiers maritimes sont de véritables expéditions devant être rédigées sur le moyen papier (Sol. 30 avr. 1864).

EXPERT.

DIVISION

CHAPITRE PREMIER. — DISPOSITIONS PRÉLIMINAIRES

[8378-8380]

8378. Définition. — On donne le nom d'experts à des personnes nommées par autorité de justice ou choisies par les parties intéressées, pour examiner ou estimer certaines choses et donner leur avis dans un rapport.

8379. Experts. — Arbitres. — L'art. 429 C. proc. autorise les tribunaux de commerce à renvoyer les parties devant un ou trois arbitres, pour examen des comptes, pièces et registres. Ces arbitres entendent les parties, les concilient si faire se peut ; ce sont alors des arbitres proprement dits (V. Arbitre). Sinon, ils donnent leur avis ; ce sont alors de simples experts.

8380. Des cas où l'on peut ou doit nommer des experts. — Les juges et les parties peuvent, quand bon leur semble, prendre l'avis d'un ou de plusieurs experts ; mais, indépendamment de ces circonstances accidentelles, il y a lieu à expertise dans un très-grand nombre de cas : pour constater les biens d'un absent (126 C. C.) ; estimer les meubles dont la jouissance légale reste au père et mère (453) ; en cas de partage de succession (824, 834) intéressant un mineur (466) ; d'échange de l'immeuble dotal (1559) ; de rescision de vente (1678, 1680) ; de contestation sur le prix d'un bail non écrit (1716) ; de vérification d'écriture (195, 196, 204, 208, 209, 210 C. proc.) ; d'inscription de faux (232, 236) ; d'estimation d'ouvrages ou marchandises (429) ; de levée de scellés (935) ; d'aliénation d'immeubles des mineurs (955) ; de jet à la mer (414 C. com.) ; de réparation (416) ; pour apprécier la nature d'un délit (43 C. inst. crim.).

CHAPITRE II. — NOMINATION

[8381-8384]

8381. Tarif. — 1. HORS JUGEMENT. — Les nominations d'experts hors jugement sont tarifées à 3 francs (L. 28 avr. 1816, art. 43 n° 15, L. 28 fév. 1872, art. 4).

2. PAR JUGEMENT. — Celles qui ont lieu en justice sont passibles du droit fixe de 1 fr. 50 cent. devant les juges de paix; de 4 fr. 50 cent. devant les tribunaux de première instance, de commerce et d'arbitrage; de 7 fr. 50 cent. devant les cours d'appel.

La nomination étant alors considérée comme un jugement préparatoire, c'est le tarif applicable à cette nature d'acte qui lui est applicable (1104 § 2 I. G.).

Cependant, il a été décidé par le ministre des finances, le 5 novembre 1811 (4205 J. E., D. N. t. 5 p. 767 n° 83), que le droit réglé pour les jugements définitifs est exigible si le jugement portant nomination d'experts statue que les droits des parties seront définitivement, sans l'intervention ultérieure du tribunal, fixés par le procès-verbal d'expertise.

Conciliation. — Au bureau de conciliation les nominations d'experts ne donnent lieu qu'au droit fixe de 1 fr. 50 cent. — V. 4745.

3. AU GREFFE. — Les mêmes droits sont exigibles sur les déclarations faites au greffe (306 C. proc.) que les parties se sont accordées pour la nomination de leurs experts (436 n° 26 I. G.).

4. GRATIS. — Lorsque la nomination a lieu dans l'intérêt du Gouvernement, elle est enregistrable gratis. — C'est ainsi qu'il résulte d'une D. m. f. 9 octobre 1810 (3999 J. E.), qu'en matière d'expropriation pour cause d'utilité publique l'acte qui nomme les experts pour estimer l'indemnité due à l'exproprié est enregistrable gratis.

8382. Pluralité. — On ne peut exiger qu'un seul droit, quel que soit le nombre des experts nommés pour procéder à une même opération. Il n'y a là évidemment qu'une seule et même disposition régie par un droit unique, alors même que chaque expert aurait pour mission d'expertiser un lot distinct.

Il n'est dû qu'un droit également si les experts chargés de procéder à la même opération sont nommés par plusieurs individus ayant des droits distincts, par exemple, par des riverains au sujet d'un bornage (Sol. 8 nov. 1850), ou par des propriétaires auxquels un événement commun donne droit à des dommages (16886-2 J. E.). Dans les actes judiciaires, ce n'est pas, en effet, le nombre des parties qui détermine la pluralité des droits; et, d'ailleurs, l'opération des experts est à certains égards commune à toutes les parties en cause.

8383. Disposition dépendante. — 1. INVENTAIRE. — On ne peut voir une disposition indépendante dans la nomination, contenue dans un inventaire, d'experts pour procéder à la prisée du mobilier (3939, 4367, 6319 J. E.).

2. JUGEMENT. — Aucun droit particulier n'est exigible sur la disposition d'un jugement qui, après avoir renvoyé devant notaire pour procéder à une liquidation, nomme d'office des experts pour procéder à l'estimation des biens (Dél. 21 août 1824, 7888 J. E.);

Sur celui qui, ordonnant une restitution de fruits, nomme des experts pour les arbitrer (Sol. 9 sept. 1814);

Sur l'homologation d'un avis de parents, avec nomination d'experts pour procéder à l'estimation des biens à vendre (436 n° 73 I. G.);

Sur le jugement portant nomination d'experts d'office et, en même temps, d'un juge-commissaire pour recevoir leur serment (2627 J. E.);

De même, le jugement qui condamne à déguerpir un immeuble et nomme des experts pour estimer la valeur des fruits à restituer ne donne pas ouverture à un droit particulier. La restitution des fruits et la nomination des experts chargés de fixer la valeur sont les conséquences naturelles de ce déguerpissement (Sol. 9 juin 1831, Dél. 9 juin 1837, 10065 J. E.).

3. PROROGATION. — Il ne peut être perçu un droit particulier sur l'acte qui, prorogeant le délai fixé pour une expertise, nomme un nouvel expert (Sol. 5 juin 1817, 5764 J. E.).

4. VENTE. — Toute nomination d'experts dans une vente d'immeubles, pour estimer l'immeuble vendu et arbitrer la somme que l'acquéreur aura à payer au vendeur, ne peut donner ouverture à un droit particulier (7265, 7819 J. E.).

Mais, si la nomination est faite par un contrat séparé, le droit fixe de 3 francs est exigible. — V. *Vente d'immeubles.*

8384. Disposition indépendante. — 1. NOMINATION PAR LES PARTIES. — JUGEMENT. — L'art. 304 C. proc. porte : « Si, lors du jugement qui ordonne l'expertise, les parties se sont accordées pour nommer les experts, le même jugement leur donne acte de la nomination. » On avait prétendu que le jugement qui ordonne l'expertise, la nomination spontanée des experts par les parties et la disposition qui leur en donne acte, ne formaient qu'un seul et même tout, et que les motifs qui ont déterminé la perception d'un seul droit dans les hypothèses qui ont fait l'objet du n° 8383-2 étaient applicables. — Mais il résulte de l'I. G. 436 n° 24 qu'un pareil jugement renferme deux dispositions qui ne dérivent pas nécessairement l'une de l'autre. La première partie du jugement, celle qui ordonne l'expertise, est un acte de l'autorité judiciaire, et l'autre est le résultat de la détermination des parties. Il faut donc percevoir deux droits, l'un pour l'*interlocutoire*, l'autre pour la partie du jugement qui donne acte *de la nomination* des parties [1] (Dél. 21 août 1824, 7888 J. E.).

_____

1. D'après un recueil (12691-1 J. E.), le jugement portant que le juge de paix se transportera sur les lieux pour présider à bor-

Il pourrait cependant n'être perçu qu'un seul droit, même dans l'hypothèse que nous venons d'examiner, ce serait si le tribunal n'avait été appelé qu'à constater la nomination faite par les parties. Ainsi, il a été décidé avec raison : 1° que le jugement du tribunal de commerce dont l'unique disposition est de donner acte aux parties du choix qu'elles ont fait des arbitres devant lesquels elles doivent se retirer, n'est passible que du droit de 3 fr. (4 fr. 50 cent.) (15028-3 J. E.); — 2° que, si le juge de paix se borne à constater que les parties, après s'être entendues pour provoquer une expertise, ont désigné les personnes chargées d'y procéder, sa sentence renferme une seule disposition passible d'un seul droit (Sol. 14 fév. 1867).

CHAPITRE III. — PRESTATION DE SERMENT

[8385-8389]

8385. Tarif. — Le droit à percevoir sur les prestations de serment des experts se calcule, comme le droit exigible sur leur nomination, sur le degré de juridiction des tribunaux qui les reçoivent. Ainsi, il est de 1 fr. 50 cent., 4 fr. 50 cent. et 7 fr. 50 cent., suivant que la prestation a lieu devant le juge de paix, le tribunal de première instance, de commerce ou la cour d'appel.

8386. Serment dans l'acte même de nomination. — Une question sur la solution de laquelle on peut remarquer les tergiversations les plus grandes est celle de savoir si la prestation de serment donne ouverture à un droit particulier, lorsqu'elle n'est pas constatée par un acte spécial.

L'I. G. 436 n° 7 veut que, lorsque, dans une visite de lieux, le juge de paix nomme, conformément à l'art. 42 C. proc., des gens de l'art pour l'assister, il ne soit perçu aucun droit particulier pour la prestation de serment contenue dans le procès-verbal de visite qui rapporte l'avis des experts.

D'un autre côté, l'Administration a décidé, dans plusieurs circonstances, que si, dans une délibération de conseil de famille, la nomination d'experts appréciateurs se lie à la disposition principale, celle de pourvoir aux intérêts des mineurs, ce qui l'exempte d'un droit particulier, il en est de même de la prestation de serment desdits experts (Dél. 25 juill. 1810, 3939 et 4367 J. E., Dél. 29 nov. 1816, 5068 J. E., Sol. 29 janv. 1825, 7998 J. E., 5248 J. N., 1166 § 4 I. G.; 14 juin 1830, 9938 J. E.). — Le motif de cette décision est que, dans l'espèce, le juge agit, pour recevoir le serment et en donner acte, en sa qualité de juge, tandis que, pour l'avis de parents, il n'est que président du conseil de famille, dont son greffier rédige la délibération.

_____

aage, assisté d'un géomètre *choisi par les parties*, ne donne pas ouverture à un droit particulier; car, bien que les parties aient choisi leur expert, c'est le juge qui l'a nommé. — Le même recueil a émis plus tard une opinion contraire (13331-2 J. E.).

Par trois Sol. 9 mai 1827, 22 juin 1835, 8 juin 1836 (11654 J. E.), l'Administration a décidé qu'un acte passé devant le juge de paix, pour constater la nomination d'experts, et recevoir la prestation de serment de ces experts, donne ouverture à deux droits distincts. — Au contraire, une Dél. 10 mars 1826 reconnaît qu'un acte passé devant le juge de paix constatant : 1° la nomination par le tuteur d'un expert à l'effet d'estimer le mobilier à inventorier; — 2° la prestation de serment de cet expert, ne donne ouverture qu'au droit de prestation de serment, attendu que ce n'est pas de la nomination dont, d'après le code, il est nécessaire de rapporter acte, mais bien de la prestation de serment.

Le J. E. a, suivant son habitude, donné sur cette question des solutions dans tous les sens. Ainsi, tandis que, dans les art. 11610-3, 11654-1 J. E., on soutient l'exigibilité d'un seul droit, le serment étant une conséquence nécessaire de la nomination, on abandonne cette doctrine dans l'art. 14669-3 J. E., pour décider, dans une espèce semblable à celle qui a provoqué la Dél. 10 mars 1816, que la nomination de l'expert par le tuteur est assujettie au droit de 2 francs (3 fr.), et la prestation de serment entre les mains du juge, à un droit particulier, par application de la Sol. 29 janvier 1825, rapportée dans l'I. G. 1166 § 4. Enfin, on décide (13868-5 J. E.) que, si l'ordonnance d'un juge de paix portant nomination d'un expert constate qu'il a immédiatement prêté serment, un droit particulier n'est pas exigible pour cette prestation.

Pour nous, au milieu de ce conflit de décisions et d'opinions disparates, nous croyons que le meilleur parti à prendre est de généraliser la solution donnée par l'I. G. 436 n° 7 et rappelée au commencement de ce numéro. Nous pensons que le droit de serment ne doit pas être perçu toutes les fois que la prestation a lieu dans l'acte même qui constate la nomination. En effet, les experts, en acceptant la mission qui leur est confiée, prennent par cela même l'engagement de remplir religieusement cette mission; cet engagement n'est évidemment que l'accessoire de leur acceptation; il en est la conséquence directe; or, la prestation de serment, n'étant que la consécration officielle de cet engagement, est de même nature que l'engagement; c'est un corollaire, et non une disposition principale; dès lors, elle ne peut donner ouverture à aucun droit. — Tel est également l'avis du D. N. t. 5 p. 767 n° 86.

L'Administration belge décide aussi que l'ordonnance de nomination d'un expert qui constate que celui-ci a accepté sa mission et a prêté serment, n'est pas passible d'un droit particulier du chef de cette prestation, le serment prêté étant une conséquence de l'acceptation (Sol. 27 juill. 1877, 13364 J. E. belge).

8387. Dispense de serment. — Mais la solution ne nous semble pas devoir être la même lorsque, du consentement des parties, les experts sont dispensés de prêter serment. Ici, en effet, se révèle, à notre avis, une disposition parfaitement distincte, c'est le consentement des parties à dispenser les experts d'une formalité exigée par la loi. Nous avons dit ci-dessus qu'une corrélation directe existait entre l'acceptation des experts de la mission qui leur est confiée et leur serment de fidèlement remplir cette mission, mais aucune corrélation ne peut exister entre la nomination et la dispense de serment. Ces deux dispositions sont évidemment indépendantes l'une de l'autre. L'Administration l'a ainsi décidé, conformément à notre avis, par une Sol. 9 janv. 1864.

8388. Affaires contentieuses. — L'art. 14 L. 27 ventôse an 9, qui soumet à l'enregistrement sur la minute, dans les vingt jours de leur date, les actes de prestation de serment, sans distinguer ceux de ces actes qui auraient lieu devant l'autorité administrative de ceux passés devant l'autorité judiciaire, contient une disposition spéciale qui n'a pas été abrogée par la loi du 15 mai 1818, dont l'art. 80 ne s'explique pas d'une manière formelle à l'égard des actes de prestations de serment. En conséquence, les actes de prestation de serment d'experts, dans les affaires contentieuses soumises aux conseils de préfecture, sont assujettis à l'enregistrement sur la minute (D. m. f. 28 déc. 1855, 616 R. P., 2062 § 1er I. G.).

1. CHEMINS VICINAUX. — Par application de cette règle, il a été décidé que l'acte constatant la prestation de serment des experts chargés de fixer la part de l'État et des particuliers dans les subventions dues aux communes à raison de dégradations extraordinaires causées aux chemins vicinaux par l'exploitation des mines, forêts ou entreprise quelconque, est passible des droits de timbre et d'enregistrement (2111 § 2 I. G., 946 R. P.).

Ces solutions sont évidemment très-contestables. — V. *Acte administratif*.

8389. Pluralité. — Si plusieurs experts prêtent serment à la fois pour des opérations distinctes et dans des intérêts différents, il est dû un droit par chaque expert chargé d'une opération distincte (1537, 1681 J. N., Sol. 16 nov. 1814, 4970 J. E.). — Mais on ne peut entendre par opération distincte l'estimation par un expert de telle partie, par un autre de telle autre partie, chacun selon son art, d'un seul objet, comme, par exemple, d'un navire. Les diverses estimations ne forment qu'une seule opération et n'ont qu'un seul but (D. m. f. 9000 J. E.).

1. INDICATION DE JOUR. — Il n'est pas dû de droit particulier pour l'indication par les experts dans le procès-verbal de prestation de serment, du lieu et de l'époque de leur opération (436 n° 27 I. G.).

CHAPITRE IV. — RAPPORT

[8390-8399]

8390. Rédaction. — « La rédaction (du rapport) sera écrite par un des experts et signée par tous ; s'ils ne savent pas tous écrire, elle sera écrite et signée par le greffier de la justice de paix du lieu où ils auront procédé » (317 C. proc.). Jugé cependant (C. Rouen 6 juill. 1826, 8680 J. E.), qu'un rapport n'est pas nul quoiqu'il ne soit écrit ni par un expert, ni par le greffier, mais seulement signé des experts.

8391. Tarif. — Le rapport d'expert est passible du droit fixe de 3 francs (L. 28 avr. 1816 art. 43 n° 15, L. 28 fév. 1872 art. 4), lorsque les dispositions qu'il contient ne sont pas de nature à donner ouverture au droit proportionnel.

8392. Simple avis. — Dans les cas prévus par les art. 42 et 43 C. proc., les experts peuvent se dispenser de dresser un rapport ; leur mission se réduit alors à donner un simple avis qui est consigné dans le jugement. La mention de cet avis fait alors partie intégrante du jugement et ne peut donner ouverture à un droit particulier (436 n° 7 I. G.).

8393. Acte passé en conséquence. — Lorsque les experts dressent un rapport, il doit toujours être enregistré avant qu'il en soit fait usage, ou qu'il soit déposé au greffe (406 n° 1er I. G.). — V. au surplus le mot *Acte passé en conséquence d'un autre*.

8394. Bornage. — Le procès-verbal de plantation de bornes rédigé par des experts, par suite d'un compromis, est passible du droit comme jugement en dernier ressort. — V. 2250 et 3224.

8395. Bureau. — Le rapport des experts qui a procédé à une vérification d'écriture, annexé au procès-verbal du juge-commissaire, doit être enregistré par le receveur des actes judiciaires.

Dans les autres cas, le rapport peut être enregistré dans tous les bureaux.

8396. Délai. — Les experts n'ayant pas le caractère d'officiers publics, aucun délai de rigueur n'est fixé pour l'enregistrement de leurs rapports. Il est vrai que l'I. G. 406 n° 1er porte que si les experts sont des officiers publics, leurs rapports doivent être enregistrés dans le délai déterminé par la loi pour leurs actes ; mais c'est là une erreur. L'officier public nommé expert ne conserve, dans l'exercice de cette fonction, aucun caractère officiel, il agit comme une personne privée ; dès lors son rapport n'a d'autre caractère que celui d'un acte sous seing privé.

8397. Dépôt au greffe. — L'art. 43 L. 22 frimaire défend, à peine de 50 francs (10 fr.) d'amende, à tout greffier de recevoir aucun acte en dépôt, sans dresser acte du dépôt ; d'un autre côté, l'art. 319 du Code veut que la minute du rapport soit déposée. Il résulte de cette double disposition que le greffier ne pourrait, sans contravention formelle admettre le procès-verbal au nombre des minutes du greffe, et se dispenser de rédiger, à ce sujet, un acte de dépôt (436 n° 28 I. G.).

8398. Pluralité. — Quel que soit le nombre de séances ou vacations employées à l'opération, il n'est dû qu'un droit sur le rapport ou procès-verbal (436 n° 1er I. G.). Il n'est également dû qu'un seul droit sur un procès-verbal d'arpentage concernant plusieurs personnes. — V. 2265.

8399. Quittance. — Vacations. — Les experts employés par l'Administration doivent donner une quittance

sur papier timbré des sommes excédant 10 francs (D. m. f.
14 pluv. an 13, 1920 J. E.; 12 sept. 1823, 1099 I. G.; 23 oct.
1824, 6874 J. E.).

EXPERTISE. — INSUFFISANCE. —
DISSIMULATION.

DIVISION

CHAPITRE PREMIER. — DISPOSITIONS
PRÉLIMINAIRES

[8400-8407]

8400. Définition.—On nomme *expertise* l'opération à
laquelle se livrent des experts nommés par la justice ou par
les parties pour reconnaître, examiner ou apprécier un im-

meublé à l'aide de leurs connaissances particulières, et en faire leur rapport.

8401. Renvoi. — Nous ne traitons ici que des cas dans lesquels l'Administration a la faculté de requérir l'expertise des biens transmis par acte entre-vifs ou par décès ; tout ce qui concerne la forme et la procédure se trouve au mot *Instance*.

8402. Historique. — Dans le droit féodal, l'expertise de la valeur des biens était admise pour toutes les transmissions sujettes au relief, c'est-à-dire dont le droit se calculait d'après le revenu. Quant aux ventes et autres actes donnant lieu aux lods sur le prix convenu, le seigneur n'était pas recevable à arguer de la vileté du prix et à demander une estimation (Dumoulin *Cout. de Paris* art. 76, d'Argentré *Cout. de Bretagne* art. 59 note 2). Mais il pouvait retenir l'immeuble en payant à l'acquéreur le prix exprimé ; et de cette façon, on n'avait pas à craindre que le prix fût frauduleusement amoindri pour payer les lods inférieurs, puisque cette dissimulation eût exposé le nouveau possesseur à l'exercice du retrait (Bosquet t. 3 p. 235).

Les mêmes règles furent adoptées par la jurisprudence du centième denier. Un arrêt de règlement du 15 septembre 1722 posa en principe : « qu'il est permis au fermier de faire procéder, si bon lui semble, par experts convenus ou nommés d'office, à l'estimation de la valeur des biens mentionnés dans les *déclarations*, les frais desquelles estimations seront supportés par les redevables, outre les peines et amendes, lorsque les biens se trouveront être de plus grande valeur qu'ils n'auraient été *déclarés*. » (Bosquet t. 4 p. 226).

La Révolution de 1789 abolit les retraits féodaux ; et à la même époque les règlements sur le centième denier furent remplacés par la loi si libérale du 17 décembre 1790 dans laquelle la perception de l'impôt fut à peu près abandonnée à la discrétion des contribuables. Aussi ne reproduisit-elle pas les dispositions en usage dans la Ferme pour l'expertise des biens déclarés. La fraude put alors s'exercer impunément et on ne tarda pas à s'en apercevoir.

Afin d'y porter remède, la loi du 9 vendémiaire an 6 (30 sept. 1797) décida par son article 20 : « S'il y a insuffisance dans l'estimation des immeubles déclarés ou évalués pour régler les droits, la preuve en sera établie par des pièces et actes propres à faire connaître le véritable revenu ou la valeur en capital. A défaut d'actes, la Régie est autorisée à requérir une expertise dont les frais resteront à la charge de la partie qui succombera. La peine d'une fausse estimation constatée continuera d'être d'un droit en sus de celui qui sera dû sur le supplément de la valeur. » — Ces prescriptions nouvelles s'appliquèrent directement aux donations et aux successions, c'est-à-dire à toutes les transmissions à titre gratuit : le rapport présenté par Duchâtel au conseil des cinq cents le 6 fructidor an 6 en fait foi. On voulut les étendre aux mutations dont le droit se perçoit sur un prix convenu et c'est pour cela que furent faits les art. 17 et 18 L. 22 frimaire an 7. Seulement comme le prix peut être sincère et que le contribuable n'est pas toujours en faute, la loi a voulu que les frais de l'exper-

tise ne fussent à sa charge que quand l'insuffisance est de plus du huitième du prix stipulé [1].

1. Le droit de l'Administration de rechercher la fraude, soit dans les actes, soit dans les déclarations, n'a jamais été sérieusement contestable. Il ne saurait plus l'être aujourd'hui en présence de la jurisprudence que nous avons fait connaître au mot *Convention* n° 5555.

Le savant auteur du *Traité des droits d'enregistrement*, Championnière, motivait ainsi ce droit :

« Il faut, disait-il, chercher ailleurs que dans les textes le principe du droit appartenant à la Régie de prouver la simulation. Ce droit repose sur deux maximes. La première est qu'on ne peut éprouver aucun préjudice du dol et de la fraude des tiers. La deuxième est que la concession d'un droit quelconque emporte dans son essence tout ce qui est nécessaire pour l'exercer (Fonmaur n° 789). *Cui concessa est jurisdictio eo quoque concessa esse identur sine quibus explicari non potest* (L. 2 *Digeste de jurid.*). Les conséquences de ces maximes sont faciles à saisir. En thèse générale, ceux qui tiennent un droit de la loi reçoivent d'elle, en même temps, la faculté d'anéantir tous les obstacles que la fraude d'un tiers pourrait élever à l'exercice de ce droit. Relativement à l'Administration elle a reçu de la loi la charge de recouvrer un impôt établi sur certains actes ; dès lors, elle est munie du pouvoir de dévoiler la fraude au moyen de laquelle ces tiers cherchent à la dissimuler » (n° 654).

Ce sont les principes que le chancelier d'Aguesseau invoquait lorsque dans l'Ord. du 27 juillet 1731, il déclarait frauduleuses les ventes séparées et successives du fief et du domaine utile de la même terre.

Le savant jurisconsulte ajoute plus loin :

« Le caractère particulier de la fraude est d'être cachée ; les parties mettent en œuvre pour la dérober aux yeux de celui qu'elles veulent tromper. De là vient que les lois ne demandent pas de preuves directes et proprement dites de sa perpétration ; elles se contentent d'indices à travers lesquelles on puisse percer le voile qui la couvre, c'est-à-dire des présomptions et conjectures graves et qui soient prises des différentes clauses de l'octe, des circonstances antérieures et postérieures, et de tous les signes qui peuvent concourir à manifester la vérité. Ces principes, fondés sur la nature du choix, ont été reconnus dans tous les temps. « Si la preuve en est difficile, dit Fonmaur (n° 775), les lois se contentent de la preuve possible ; on en trouve un exemple dans le droit romain (*Loi* 5 § 6 Dig. *de re milit.*). — Mornac, Henrys et l'auteur du *Journal du Palais* admettent même des preuves imparfaites, des espèces de semipreuves, pourvu qu'il conste suffisamment de la simulation à travers les indices qui en fournissent la preuve, *experspiciis indiciis*, parce qu'on l'enveloppe autant qu'on peut et qu'elle ne serait pas fraude si elle n'était cachée » (n° 666).

Toutes les législations ont pris des précautions contre la fraude, « cette maladie, dit Joseph Droz, dont on ne parviendra jamais à guérir les hommes » (*Économie politique*, livre 2 ch. 7). Le maréchal de Vauban écrivait dans son fameux livre sur la Dîme : « J'ai trouvé que, du temps de Charles VII on avait pris toutes les précautions pour prévenir les abus, et ces précautions ont été bonnes tant que le fardeau des impositions a été léger ; mais dès qu'elles ont commencé à se faire un peu trop sentir, tout le monde a fait ce qu'il a pu pour les éviter ; et cela est tellement enraciné que quand même on viendrait à bout de le ramener à son premier établissement, ce ne serait qu'un remède qui ne durerait pas longtemps car les chemins de la corruption sont tellement frayés qu'on y reviendrait incessamment. »

Les temps n'ont guère changé. Cette habitude de fraude était tellement invétérée qu'au moyen âge, à une époque où les consciences avaient des susceptibilités religieuses beaucoup plus grandes qu'aujourd'hui, nos rois avaient cru devoir publier des ordonnances pour rassurer les fraudeurs. Tiraqueau en cite une, notamment du 13 février 1349, dans laquelle le roi déclare qu'il ne croit pas devoir engager la conscience des sujets qui parviendraient à se soustraire au

Voici donc, en l'état de la législation, les différentes dispositions qui gouvernent le droit d'expertise.

8403. Transmission à titre onéreux. — D'après l'art. 17 L. 22 frimaire an 7 : « Si le prix énoncé dans un acte translatif de propriété ou d'usufruit de biens immeubles, à titre onéreux, paraît inférieur à leur valeur vénale à l'époque de l'aliénation, par comparaison avec les fonds voisins de même nature, l'Administration peut requérir une expertise. »

8404. Transmission à titre gratuit. — Selon l'art. 19 de la même loi : « Il y a également lieu à requérir l'expertise des revenus des immeubles transmis en propriété ou usufruit, à tout autre titre onéreux, lorsque l'insuffisance dans l'évaluation ne peut être établie par actes qui puissent faire connaître le véritable revenu des biens. » Et, aux termes de l'art. 39, « la peine pour les insuffisances constatées dans les estimations des biens déclarées est d'un droit en sus : si l'insuffisance est établie par un rapport d'experts, les contrevenants payent en outre les frais de l'expertise. »

---

payement de l'impôt. Ces ordonnances ont été souvent renouvelées. La dernière a été signée par Louis XIV.

Dans notre droit moderne, cette théorie a été quelquefois défendue. M. Duvergier a essayé de soutenir que l'impôt public n'est qu'une obligation civile et que le législateur n'a pas voulu que la conscience du contribuable fût engagée par les règlements sur la perception.

Mais c'est une erreur évidente. « Aujourd'hui, fait très-judicieusement remarquer Champjennière, l'impôt librement voté devient une dette légitime dont le payement est acquis au fisc comme le sont au particulier la sûreté de sa personne et la garantie de sa propriété » (n° 26).

C'est donc manquer aux lois naturelles aussi bien qu'aux lois civiles de frauder l'impôt. Selon l'expression de Domat, cette fraude est d'autant plus répréhensible que, non-seulement le débiteur ne paye pas ce qu'il doit mais en fait retombe le poids sur les citoyens consciencieux et honnêtes.

« Ordinairement, a écrit Montyon, le fameux fondateur des prix de vertu, on voit dans la fraude à l'impôt que la perte qu'éprouve le fisc, et qui n'excite ni une grande répugnance ni de grands regrets; mais cette infidélité du fraudeur retombe sur ses concitoyens par la nécessité de remplir le déficit qui en résulte dans le produit des impôts. Cette violation de la loi fiscale entraîne bien d'autres effets pernicieux. D'abord, elle habitue à des assertions mensongères et falsifie l'idée de ce qui est licite ou illicite. En faisant considérer le vol fait à l'état comme n'étant pas un vol, elle atténue la répugnance qu'a pour un tel crime toute âme élevée. Il est vrai que nombre d'hommes qui se permettent cette infidélité envers l'État, seraient incapables de le commettre envers un particulier, mais c'est une grave imprudence d'introduire ou de laisser pénétrer dans la carrière du vice et de compromettre le caractère national » (de Montyon de l'Impôt et de l'Industrie).

Toutes ces considérations, malheureusement, ne changeront pas la nature humaine. Il faut ajouter que l'iniquité de certaines perceptions favorise singulièrement les capitulations de conscience. Nombre d'héritiers par exemple, ne se font pas faute de dissimuler des valeurs dans les successions en s'abritant derrière le principe de non distinction des dettes.

8405. Mutations de jouissance. — D'après l'art. 11 § 3 L. 23 août 1871, les dispositions des art. 19 et 39 L. 22 frimaire an 7 sont applicables en cas de déclaration insuffisante du prix des mutations de jouissance à titre de ferme.

8406. Fonds de commerce. — L'expertise est encore accordée par l'art. 8 L. 28 février 1872 pour constater l'insuffisance du prix de vente des fonds de commerce ou des clientèles.

8407. Peines en cas d'insuffisance. — Outre l'art. 39 dont nous venons de citer les dispositions, il existe encore deux textes qui règlent les peines auxquelles donne lieu la constatation de l'insuffisance par expertise.

C'est l'art. 18 L. 22 frimaire an 7, portant : « Les frais de l'expertise seront à la charge de l'acquéreur, mais seulement lorsque l'estimation excédera d'un huitième au moins le prix énoncé au contrat. L'acquéreur sera tenu, dans tous les cas, d'acquitter le droit sur le supplément d'estimation s'il y a une plus-value constatée par le rapport des experts. »

Puis l'art. 5 L. 27 ventôse an 9 ainsi conçu : « Dans tous les cas où les frais de l'expertise autorisée par les art. 17 et 19 L. 22 frimaire tomberont à la charge du redevable, il y aura lieu au double droit d'enregistrement sur le supplément de l'estimation. »

CHAPITRE II. — TRANSMISSION A TITRE ONÉREUX

[8408-8440]

8408. L'expertise est le seul mode de constater les insuffisances dans les contrats à titre onéreux. — La différence la plus caractéristique entre l'expertise des biens transmis à titre gratuit (art. 19 et 39) et celle des biens transmis à titre onéreux, c'est que dans le premier cas, le droit de provoquer l'expertise n'empêche pas l'Administration de demander à établir le revenu par des baux, transactions et autres actes opposables aux débiteurs, tandis qu'en matière de prix de vente, cette faculté n'existe pas et l'expertise est le seul moyen légal de constater les insuffisances. Cette distinction a son origine dans les bases mêmes adoptées par le législateur pour la liquidation du droit dans les deux genres de mutation. En effet, pour les ventes, adjudications, cessions, etc., le droit se liquide sur le prix exprimé *seulement* (art. 15, n° 6); et la perception est établie, pour les transmissions de propriété ou d'usufruit entre-vifs, à titre gratuit et par décès, pour l'évaluation des parties *ou le prix des baux courants* (art. 15 n°s 7 et 8).

8409. Licitation. — Partage. — De ce que les licitations et partages sont déclaratifs de leur nature, on avait voulu conclure que l'expertise, ne s'appliquant qu'aux actes emportant mutation, ne pouvait être requise en cette matière. Ce principe, qui peut être vrai alors que le copropriétaire est purement et simplement rempli de ses droits par la licitation ou le partage, perd toute exactitude lorsque le copropriétaire est obligé au payement d'une soulte. La licitation ou le partage devient alors translatif et, comme tel, il est soumis aux mêmes règles que les autres mutations à titre onéreux. C'est donc le cas de recourir à la voie de l'expertise toutes les fois que la quotité de la soulte n'est pas connue ou qu'une partie de cette soulte paraît avoir été déguisée. C'est ce que la C. cass. a jugé, en ces termes, par arrêt du 8 février 1813 : « Attendu que dès lors qu'un partage devient translatif de propriété quand il y a soulte, et que, comme tel, il est soumis aux mêmes règles que les autres mutations à titre onéreux, il s'ensuit nécessairement que c'est le cas de recourir à la voie de l'expertise, toutes les fois que la quotité de la soulte n'est pas connue » (4436 J. E., 1537 n° 257 I. G., D. N. t. 5 p. 774 n° 33).

Cette doctrine a été confirmée depuis par un autre arrêt du 20 mai 1863, duquel il résulte que si l'inégalité des lots d'un partage fait présumer qu'une soulte a été dissimulée, l'Administration peut recourir à une expertise (1920 R. P., 2274-3 I. G., 12480 Cl., 17773 J. N., 17684 J. E., 733-2 Rev., 2274-2 I. G.).

Nous reviendrons d'ailleurs sur cette difficulté au mot Partage, n° 12408.

1. PARTAGE ANTICIPÉ. — L'Administration peut aussi, en l'absence d'une stipulation de soulte et sans avoir besoin d'alléguer la fraude, faire constater par voie d'expertise la plus-value existant entre les lots d'un partage anticipé, — V. n° 12625.

2. JUSTIFICATION DE COPROPRIÉTÉ. — L'expertise peut être ordonnée dans les formes prescrites par le droit commun, pour établir la copropriété des biens meubles et immeubles faisant l'objet d'un partage (V. Cass. 4 juin 1867, 2513 R. P., 2389-1 I. G., B. C. 116, S. 67-1-304, D. 67-1-218; Épinal 8 avr. 1869, 2926 R. P.). — V. Partage, n° 12350.

8410. Cession des droits successifs. — On a vu, au n° 7007, que la cession des droits successifs constitue une véritable vente; dès lors l'expertise est applicable à ce genre de contrat. On avait voulu prétendre le contraire; mais, par arrêt du 15 juin 1847 (14286 J. E., 1796 § 5 I. G.), la Chambre civile de la C. cass. a jugé que les cohéritiers qui cèdent leurs droits entre eux ou qui les cèdent à des tiers, à prix d'argent, sont de véritables vendeurs, dont les ventes sont soumises à l'application de l'art. 17 de la loi du 22 frimaire an 7. — V. Droits successifs, n° 7032.

1. SURSIS. — L'Administration n'est même pas tenue d'attendre pour provoquer l'expertise que la part du cessionnaire soit établie par un règlement général des biens indivis. — (Albi 29 fév. 1864, 1926 R. P.).

2. PARTAGE POSTÉRIEUR. — Mais c'est une question délicate que celle de savoir si on peut se prévaloir contre elle des résultats d'un partage postérieur à la cession.

Il a été reconnu que la demande en expertise n'est point arrêtée par le partage ultérieur attribuant au cessionnaire des valeurs mobilières (1180-2 1796-5 I. G., D. N. t. 5 p. 774 n° 32). — La même solution s'étend nécessairement au cas dans lequel ce sont des immeubles déterminés que comprend le lot du cessionnaire. L'expertise continue à avoir pour objet la portion indivise des droits cédés.

Cette interprétation perd actuellement une partie de son autorité en présence des arrêts que nous ferons connaître au n° 8416 et qui refusent à l'Administration le droit de provoquer l'expertise de la valeur vénale d'immeubles vendus par une adjudication annulée à la suite d'une surenchère intervenue pendant l'expertise. On peut, en effet, soutenir que la même règle s'applique au cas actuel. Le partage, dont l'effet est rétroactif pour l'Administration comme pour les parties elles-mêmes, a attribué aux cessionnaires certains immeubles déterminés qui tiennent lieu de la fraction indivise dont ils étaient originairement propriétaires. L'Administration, qui veut expertiser le revenu de l'émolument compris dans la libéralité, se trouve aujourd'hui en présence d'un partage pur et simple que fixe cet émolument. Elle ne saurait, opposant le droit au fait, expertiser autre chose. C'est la conséquence des arrêts des 15 mars et 29 août 1854 (V. 8416).

3. DÉCLARATION ESTIMATIVE. — M. Bastiné enseigne que si les droits successifs comprennent des meubles et des immeubles alloués pour un seul prix, l'Administration doit requérir une déclaration estimative pour la partie mobilière avant de pouvoir provoquer l'expertise (n° 137). Nous ferons remarquer que rien ne force les parties à fournir cette déclaration, puisque le droit a été régulièrement perçu au taux immobilier sur la totalité du prix. C'est à l'Administration à constater par des actes ou des déclarations opposables aux débiteurs la valeur des droits mobiliers et à ajouter cette valeur à l'estimation des immeubles pour savoir si le prix stipulé renferme une insuffisance. — V. 842.

8411. Vente verbale. — La circonstance qu'une vente aurait été consentie verbalement ne pourrait la soustraire à l'action de l'expertise, car nous verrons, au mot Mutation, que la vente verbale tombe sous l'empire de la loi qui atteint toute mutation immobilière. Seulement il est certain que l'expertise ne peut être provoquée qu'après une déclaration estimative du prix, car sans cette déclaration, l'Administration manquerait de l'un des termes de comparaison qui lui sont nécessaires pour reconnaître si le prix est la représentation exacte de la valeur de l'immeuble.

8412. Vente moyennant une rente viagère. — La nécessité de la déclaration préalable dont nous venons de parler se fait également sentir dans les contrats de vente consentis moyennant une rente viagère, sans expression du capital. Il est vrai que l'art. 14 n° 6 L. 22 frimaire an 7, porte que, lorsque le capital d'une rente n'est pas exprimé, le droit se liquide sur un capital formé de vingt fois la rente perpétuelle et de dix fois la rente viagère; mais cet article n'a rien de commun avec la vente d'immeubles, qui est exclusivement régie par l'art. 15 n° 6 de la même loi, d'après lequel le droit se liquide par le prix exprimé.

Ainsi, lorsque le capital de la rente viagère payable soit à un tiers, soit au vendeur, n'a point été évalué dans l'acte dont elle forme le prix total ou partiel, le receveur doit exiger des parties la déclaration estimative de ce capital, conformément à l'art. 16 L. 22 frimaire an 7, sauf à requérir l'expertise si cette estimation paraît inférieure à la valeur vénale de l'immeuble. C'est ce qu'enseigne formellement l'Administration dans ses instructions générales 1528 § 19, et 1537 n° 251, et ce qui a été reconnu par la jurisprudence (Cass. 21 déc. 1829, S. 30-1-117, 1307-13 I. G., 9533 J. E.; — et 31 déc. 1872, 2465-8 I. G., S. 73-1-178, D. 73-1-429. — V. Vente n° 17699).

Au surplus, il y a évaluation suffisante de la part de la partie, si elle a fixé elle-même le multiplicateur qui doit servir à obtenir le capital de la rente. C'est ce qui a été décidé dans une espèce où la partie avait déclaré, de son plein gré, que le capital de la rente serait formé au denier douze (Cass. 23 août 1836, 11368 I. E., 1528 § 19 I. G.). On ne peut dire, en effet, qu'il y avait absence d'évaluation de prix.

Ce qu'il faut conclure de ce que nous venons de dire, c'est que le droit doit être perçu sur le capital de la rente *évalué par les parties*, d'une façon ou d'une autre; et que le receveur doit soigneusement s'abstenir de capitaliser lui-même la rente d'après les bases indiquées par la loi, car ces bases, qui peuvent donner le capital de la rente considérée en elle-même, sont tout à fait étrangères à la vente dont le prix ne peut jamais être indiqué que par une évaluation émanée *des parties elles-mêmes*. Le capital d'une rente est, en effet, tellement sous l'influence des circonstances, telles que l'âge, l'état de santé, etc., du crédi-rentier, que l'acquéreur seul pouvant apprécier ces circonstances, lui seul est en position d'indiquer quel est le véritable capital de cette rente, capital destiné à représenter le prix de la vente.

8413. Donation à titre onéreux. — Nous avons soigneusement distingué, sous les numéros 6640 et suivants la donation onéreuse qui conserve un caractère de libéralité de celle qui doit être considérée purement et simplement comme un contrat à titre onéreux. Nous n'avons qu'à renvoyer le lecteur à ces numéros, sauf à ajouter ici qu'il a été longtemps de jurisprudence que toutes les fois que sous les apparences et la forme d'une libéralité se déguise un véritable contrat onéreux, c'est l'art. 17 qui, par rapport à l'expertise, doit régir la convention (Cass. 2 sept. 1812, S. 13-1-421, 4354 J. E., et 17 juill. 1821, 1537 n° 268 I. G.). Mais le contraire résulte formellement aujourd'hui de ce que nous dirons au n° 8496.

Le tribunal peut ordonner d'office une expertise à l'effet de connaître la valeur comparative des biens et des charges. — V. 6647.

8414. Vente à réméré. — La vente à pacte de rachat n'est autre chose qu'un prêt pour lequel l'emprunteur donne un immeuble en garantie; elle a en général lieu pour un prix inférieur à la valeur de l'immeuble, et le propriétaire attache d'autant moins d'importance au prix stipulé, qu'il ne contracte qu'avec l'intention de rentrer plus tard dans la possession de son immeuble. Une condition éminemment résolutoire pèse sur la vente. Cependant le droit proportionnel de vente est perçu, car, ainsi qu'on l'a vu au mot *Condition*, une pareille modalité n'empêche pas l'obligation de se

former. Il en résulte que, comme tout autre contrat à titre onéreux, elle est soumise à l'expertise, si le prix qu'elle énonce paraît au-dessous de la valeur vénale (Sol. 23 vend. an 9, 632 J. E, Dél. 2 juill. 1807, 2842 J. E.; — Seine 2 mars 1810 et 9 janv. 1813, 3573, 4450 J. E.; — Cass. 5 nov. 1811 4089 J. E., 1293 § 9, et 1537 n° 249 I. G., S. 12-1-111; — Montmédy 6 janv. 1842, 6667 Roll.).

L'arrêt du 5 novembre 1811 porte : « Vu l'art. 17 L. 22 frimaire an 7; — attendu qu'il résulte de cet article que la Régie de l'enregistrement peut requérir l'expertise de l'immeuble vendu, lorsqu'elle présume que le prix énoncé dans le contrat est inférieur à sa valeur réelle à l'époque de l'aliénation; que cette faculté introduite pour prévenir la fraude embrasse généralement, et sans aucune exception, tous les actes translatifs de propriété ou d'usufruit à titre onéreux; attendu qu'il s'agissait, dans l'espèce, d'une transmission de biens effectuée à titre onéreux; que la réserve du réméré, stipulée dans le contrat, n'en changeait pas la nature. »

1. EXPERTISE APRÈS RÉMÉRÉ. — La C. cass. de Belgique a même décidé, le 27 janvier 1839 (Dalloz n° 4717, D. N. t. 5 p. 775 n° 37) que l'exercice du réméré n'est pas un obstacle à ce que l'Administration, si elle est encore dans les délais, poursuive, envers l'acquéreur dépossédé, l'action en supplément de droit autorisée par l'art. 17 L. 22 frimaire an 7, dans le cas de dissimulation d'une partie du prix. — V. 8416.

8415. Vente rescindée. — Il a été reconnu de même que, aucun événement ultérieur ne pouvant influer sur la perception faite ou à faire sur un contrat, la rescision d'une vente d'immeubles pour cause de lésion ne met point obstacle à ce que l'expertise des biens compris dans cette vente soit ordonnée et suivie (Cass. 18 fév. 1829, 1282 § 11 et 1537 n° 250 I. G., 9263 J. E., S. 29-1-238 *arrêt rapporté* n° 7714). — V. 8416.

8416. Surenchère. — Il résulte cependant d'un arrêt de cassation du 10 février 1852 (1920 § 5 I. G., 15394 J. E., 14598 J. N., S. 52-1-250) que l'action en expertise n'est pas admissible contre l'acquéreur dépossédé par une adjudication prononcée à la suite d'une surenchère sur vente volontaire. — Mais, dans l'espèce de cet arrêt, la demande en expertise étant postérieure à la surenchère et même à l'adjudication qui avait résolu la vente originaire, on pouvait conclure que la cour reconnaissait implicitement que l'action en expertise peut être valablement exercée, nonobstant l'existence de la surenchère, tant que l'adjudication n'a pas lieu. Néanmoins, la Cour suprême a décidé par un arrêt du 15 mars 1854, que, lorsqu'après l'expertise de la valeur vénale d'un immeuble provoquée par l'Administration, après même le dépôt au greffe du rapport des experts et la demande en homologation de ce rapport, l'adjudication à un tiers, par suite d'une surenchère intervenue pendant la procédure d'expertise, vient anéantir la vente primitive, l'Administration n'est pas fondée à demander le droit et le double droit résultant de l'expertise.

« Attendu, porte cet arrêt, qu'il est constaté, en fait, par le jugement attaqué, qu'avant ledit jugement l'adjudication sur surenchère de l'immeuble à raison duquel l'expertise avait été provoquée par la Régie avait été prononcée, et que dès lors l'Administration ne conservait plus que le droit de percevoir de l'adjudicataire substitué au premier acquéreur l'intégralité du droit simple sur l'excédant du prix résultant de ladite adjudication ; attendu, en effet, que cette adjudication a eu pour résultat de résoudre la première vente, et de faire passer la propriété de l'immeuble surenchéri du vendeur originaire à l'adjudicataire ; qu'elle a opéré ainsi la vraie mutation passible du droit d'enregistrement, et déterminé le prix réel sur lequel la perception devait avoir lieu ; d'où il suit que, par l'effet résolutoire inhérent à cette adjudication, la première vente devant être réputée comme non avenue, elle ne pouvait plus servir de base à aucune action en faveur de la Régie, quant à la perception du droit contre l'acquéreur primitif » (104 R. P., 2040 § 3 I. G., S. 84-1-358).

Cette solution, contraire à celles qui ont prévalu en matière de réméré et de rescision pour lésion, soulève d'assez graves objections. En effet, la seconde adjudication dans la folle enchère comme dans la surenchère, le retrait de réméré dans la vente à pacte de rachat, la rescision dans la vente ordinaire, effacent la première mutation, en ce sens qu'un second acquéreur vient se substituer au premier. Mais, en fait, celui-ci a été propriétaire jusqu'à l'adjudication, ou au retrait du réméré, ou à la rescision ; propriétaire dont le droit, éteint par l'accomplissement de la condition résolutoire sous laquelle il s'était formé, n'en a pas moins subsisté réel et sérieux jusque-là. Or, si la première acquisition a eu, pendant un temps donné, une existence réelle, elle a existé nécessairement, comme le dit la cour de Belgique (V. 8414-1.) avec les obligations qu'elle imposait à l'acquéreur, et cela sous les sanctions pénales établies par la loi. Si donc, pour revenir à la question de surenchère, l'acquéreur a dissimulé son prix, il a encouru une peine personnelle. Cette peine, malgré la résolution opérée par l'adjudication sur surenchère, reste comme sa dette propre, et avec cette dette subsiste le droit corrélatif de l'Administration d'en poursuivre l'exécution par toutes les voies que la loi met à sa disposition, et notamment par l'expertise. Cette doctrine est professée par Dalloz n° 2398, 2401 2411 4690 et par M. Pont *Revue critique de la jurisprudence* 1852 p. 408 — V. aussi 1762, 1763.

Toutefois, ces arguments sont dominés par un principe plus général, celui de savoir si, en thèse, l'Administration peut réclamer, après réclamation d'un acte ou d'un contrat, un supplément de droit auquel cet acte ou ce contrat donnait ouverture et qui n'avait pas été perçu par fraude ou par erreur. Nous avons dû, après un examen très-approfondi de la difficulté, nous décider pour la négative et nous justifions dès lors la nouvelle jurisprudence de la Cour, dans tous les cas où il s'agit non pas seulement de la simple résolution d'un contrat qui conserve ses effets dans le passé, mais de son annulation radicale et absolue. C'est un point qui sera traité au mot *Résolution*.

8417. Résolution. — Résoudre un contrat de vente, c'est faire une seconde vente passible du droit proportionnel comme tout contrat de mutation. Il ne serait pas exact de dire que dans le contrat de résolution il n'y a point de prix énoncé. La mention du prix n'est pas matériellement faite, c'est vrai,

mais elle n'en existe pas moins. Le prix de la résolution est le même que le prix stipulé dans la vente. Ce prix est donc le prix énoncé dont parle l'art. 17 L. 22 frimaire an 7. Nous avons donc critiqué un jugement du tribunal de la Seine, du 1er février 1860 qui a refusé d'appliquer l'art. 18 de la loi du 22 frimaire an 7, à l'expertise de la valeur vénale des biens faisant l'objet d'une restitution de vente sous le prétexte que la résolution ne renfermait aucun prix stipulé (1316 R. P., 17093 J. E., 11754 C.). Nous ne pouvons ici que maintenir ces critiques.

8418. Adjudication publique judiciaire. — La C. cass., par arrêt rapporté au n° 1748, a décidé que l'Administration n'a pas le droit de requérir l'expertise d'un immeuble vendu judiciairement, bien que le prix de l'adjudication paraisse bien inférieur à la valeur réelle de l'immeuble. Cependant nous ne pouvons nous empêcher de rappeler ici les paroles prononcées par M. Duchâtel, dans son rapport au conseil des cinq-cents sur la loi du 22 frimaire an 7.

« Mais si le rapport des experts, disait l'illustre rapporteur, démontre jusqu'à l'évidence l'insuffisance dans l'énonciation de la valeur, il en sortira cette preuve que la valeur n'a pas été déclarée, et que l'expertise était nécessaire. Mais, dira-t-on, l'on acquiert tous les jours pour 10,000 francs, un immeuble qui en vaut 15,000 ; il n'y a aucune fraude dans l'énonciation du prix, pourquoi donc faire payer le droit sur 15,000 francs ? La réponse est simple. *On exige ce droit*, parce que, dans le fait, l'objet acquis est de valeur de 15,000 francs, *et que c'est la valeur des biens vendus qui doit en déterminer les droits*, et non un prix déterminé et souvent déguisé. Plus ce prix est modique, moins l'acquéreur a lieu de se plaindre. »

La conclusion à tirer de ces paroles, c'est que la valeur vénale étant la base de l'impôt, le prix d'acquisition, même lorsqu'il est sincère, n'est pas nécessairement la représentation de cette valeur ; d'où la conséquence logique que l'expertise est ouverte à l'Administration lors même qu'aucune fraude n'aurait existé.

Un arrêt de la C. cass. de Belgique, du 17 juillet 1854, rappelé dans une décision de l'administration belge insérée dans l'art. 38 du R. P., a fait valoir, entre autres motifs, pour repousser l'expertise en matière d'adjudication judiciaire, cette considération qu'il n'a pu entrer dans la pensée du législateur de frapper de la peine du double droit un adjudicataire de bonne foi (Bastiné n° 135).

Un jugement, approuvé par une solution de l'administration (V. 1749), avait adopté un moyen terme de nature à concilier toutes les opinions. Ce moyen terme consisterait à reconnaître que l'Administration a la faculté d'expertiser les biens vendus judiciairement, mais qu'elle ne peut réclamer l'application de la peine du double droit lorsque de l'expertise ressort une infériorité du prix sur la valeur vénale.

Quoi qu'il en soit, cette question, longtemps débattue, doit être aujourd'hui considérée comme pleinement résolue dans le sens de la doctrine de la Cour suprême.

8419. Adjudication publique volontaire. — Mais l'Administration est fondée à requérir l'expertise des immeubles vendus devant notaire, spécialement devant la chambre des notaires de Paris : « Attendu, porte un arrêt de la C. cass. du 3 juillet 1855, que la disposition générale de l'art. 17 s'applique à tous les actes volontaires translatifs de la propriété de biens immeubles; que la vente aux enchères devant un notaire est un acte de cette nature, accompli dans les formes et sous les conditions adoptées par le vendeur, auxquelles l'acquéreur s'est soumis à l'avance, mais qui ne sauraient changer la nature de cet acte; que la vente dans le local de la chambre des notaires de Paris, par un des membres de cette compagnie, de quelques garanties que ladite vente, en fait, soit entourée, sous le rapport du droit, ne diffère en rien de la vente opérée par tout autre notaire et dans un autre lieu; que les actes volontaires d'aliénation ne sauraient être assimilés aux adjudications en justice, lesquelles constituent de véritables jugements, et sont, d'ailleurs, soumises à des conditions de publicité réglées par la loi, et dont l'accomplissement, prouvé dans les formes qu'elle détermine, amène nécessairement une concurrence sérieuse, dont le résultat reste encore soumis à l'épreuve de la surenchère, si le prix véritable n'avait pas été d'abord obtenu; que ces garanties légales n'existent pas pour les ventes, même aux enchères publiques, devant un notaire; qu'il n'y a donc aucun motif pour soustraire ces ventes au moyen de contrôle que la loi donne à la Régie de l'enregistrement» (417 R. P., 2054-3 I. G., S. 55-1-840; — Conf.: Seine 11 mars 1852, 14627 J. N.; 19 juill. 1854, 250 R. P.; 25 juill. 1855, Dél. belge 21 janv. 1854, 38 R. P.;—Contrà Seine 23 août 1853, 3 R. P., jugem. cassé par l'arrêt ci-dessus ;—Pont, Rev. crit., t. Ip. 401).

Il importe peu d'ailleurs qu'il soit péremptoirement établi que le prix stipulé est bien le prix réel, car cette circonstance ne met pas obstacle au droit d'expertise (Vitry-le-François 10 août 1860, 17242 J. E.).

1. BIENS COMMUNAUX. — Dans le même ordre d'idées, il a été reconnu que le droit de l'Administration de requérir l'expertise étant général et absolu, peut être exercé aussi bien sur les ventes consenties par les villes que sur les ventes consenties par les particuliers (Cass. 30 juill. 1868, 2751 R. P., 2374 §5 I. G., 19484 J. N., D. 68-5-177).

8420. Notaire commis. — Les motifs relevés dans l'arrêt du 3 juillet 1855 conduiraient à décider que les adjudications faites devant un notaire commis par justice, sont, comme les ventes judiciaires proprement dites, affranchies de l'expertise, parce qu'elles offrent au Trésor les mêmes garanties de sincérité. C'est, en effet, ce qui résulte de plusieurs jugements (Bagnères 11 août 1837; — Limoux 16 août 1841; — Arras 31 août 1842; — et Saint-Girons 7 déc. 1849, D. N. t. 5 p. 773 n° 30; — Contrà Yvetot 28 mai 1857).

Nous le croyons ainsi pour toutes les ventes qui *ne peuvent* être faites que d'autorité de justice, c'est-à-dire qui concernent les biens de mineurs, d'interdits, les biens dotaux, les ventes sur expropriation forcée. La justice intervient ici d'une façon nécessaire et active; elle s'enquiert directement si les formalités prescrites ont été remplies, et c'est pourquoi de telles ventes ne sont pas soumises à la rescision pour lésion (1684 C. C.). Elles offrent donc les mêmes garanties que l'adjudication prononcée à la barre du tribunal.

Il n'en est plus ainsi des ventes sur conversion volontaire entre majeurs. En ce cas les parties, qui sont toutes maîtresses de leurs droits, peuvent remplir ou omettre à leur gré telles formalités qu'ils jugent convenables, et l'adjudication devient soumise à la rescision pour lésion (Duranton t. 16 n° 468, Roll. de Vill. v° Lésion n° 22, Troplong Vente n° 856, 857, Zachariæ t. 2 p. 548, Marcadé art. 1864). Une pareille adjudication devient donc une véritable vente volontaire et paraît tomber dès lors sous l'application des règles générales de l'expertise (417 R. P.).

Cependant nous devons dire que l'Administration assimile ces ventes aux ventes judiciaires proprement dites en ce qui concerne l'application de la loi du 23 août 1871, sur la lecture des articles relatifs aux dissimulations.

8421. Meubles et immeubles. — La loi n'a organisé l'expertise qu'en matière immobilière. Il faut conclure de là que, même dans les ventes mixtes (nous entendons par là les ventes qui comprennent à la fois des meubles et des immeubles), l'expertise ne peut jamais être demandée à l'égard des meubles. Si un prix particulier est stipulé pour les immeubles, c'est ce prix seul qui peut être contrôlé par l'expertise. Que si aucune ventilation n'a été faite, si la valeur des meubles et celle des immeubles se trouvent confondues dans une même énonciation de prix, le receveur n'est pas autorisé à demander aux parties une évaluation particulière pour chaque valeur de biens. C'est à l'Administration à constater la valeur du mobilier par les moyens qui sont à sa disposition. — V. 8410.

Il devrait en être encore ainsi lors même que les meubles n'auraient pas été détaillés et que le receveur se trouverait fondé, aux termes de l'art. 9 L. 22 frimaire an 7, à percevoir le droit immobilier sur le tout, d'après la règle qui sera développée au mot *Vente d'immeubles*. Dans un cas comme dans l'autre, les experts ne peuvent se livrer à aucune évaluation des valeurs mobilières qui ont à leur égard leur nature propre, nature qu'elles n'ont momentanément perdue, aux yeux du receveur, que par une fiction de la loi. Le préposé ne possédant, en effet, au moment où il enregistre, d'autre document que l'acte présenté à la formalité, se trouve dans l'impossibilité de faire une distinction entre des immeubles et des meubles qui ne sont pas nommément détaillés et estimés. Aussi, l'enregistrement des actes ne pouvant jamais être différé, le législateur a dû prévoir le cas par une disposition spéciale et, pour cela, l'art. 9 autorise le receveur à percevoir le droit immobilier sur les valeurs mobilières comme sur les valeurs immobilières. Mais cette disposition n'a aucun rapport avec les experts qui sont appelés à avoir sous les yeux les objets mêmes en nature.

8422. Créances ou meubles incorporels et immeubles. — A plus forte raison, doit-il en être ainsi, dans le cas de vente comprenant des immeubles et des créances ou autres objets mobiliers incorporels. L'expertise ne peut avoir pour objet que les immeubles (Cass. 21 oct. 1811, 1537-252 I. G., 4333 J. E.).

8423. Marché. — L'Administration n'a pas non plus le droit de faire constater par expertise la plus-value des travaux effectués par suite d'un marché. — V. 397-2.

8424. Immeubles par destination. — Mais il ne saurait en être de même pour les immeubles par destination. Ils conservent, pour l'expert comme pour le préposé, le caractère immobilier jusqu'au bout. Aussi, a-t-il été jugé que les immeubles par destination, tels que machines, doivent être compris par les experts dans l'évaluation qu'ils ont à faire d'une usine (Mantes 29 mai 1846, 14011-1 J. E., D. N. t. 25 p. 778 n° 56).

8425. Vente. — Prix à fixer par experts. — Si la vente d'un immeuble a été faite pour un prix à régler par des tiers, on doit, lors de l'enregistrement du contrat, exiger une déclaration estimative, pour la perception du droit; l'inexactitude de cette évaluation ne peut être établie que par une expertise faite à la requête de l'Administration (D. m. j. et l. 10 et 21 janv. 1812, 566, 1210 § 10, 1293 § 10 et 1357 n° 243 I. G., 12165 J. E.).

8426. Vente. — Charge éventuelle. — Les parties doivent déclarer la valeur estimative d'une charge éventuelle imposée à l'acquéreur d'un immeuble; et, si le montant de cette évaluation, ajouté au prix stipulé, paraît inférieur à la valeur vénale, il y a lieu de demander l'expertise (Cass. 24 juin 1811, 4111 J. E., 1537-255 I. G.). — V. 8491 et Vente d'immeubles.

8427. Constructions. — Nous avons établi, au mot Constructions, que la nature des constructions est immobilière et que toutes constructions et ouvrages sur un terrain ou dans l'intérieur, sont censés faits par le propriétaire, à ses frais, et lui appartiennent jusqu'à preuve contraire; d'où il suit que les constructions sont susceptibles d'être expertisées comme tout objet immobilier. — Aussi, trois arrêts de cass. des 20 juin 1837 (S. 37-1-698, 1630-8 I. G.), 15 avril 1840 (S. 40-1-423, 1630-8 I. G., 11531 J. E.) et 22 avril 1840 (S. 40-1-425, 1630-8 I. G., 12520 J. E.), ont-ils décidé que les constructions existant sur un terrain sont légalement présumées faire partie de la vente du terrain nonobstant toute déclaration contraire des parties; que ce n'est pas à l'Administration à prouver que cette déclaration est fausse, mais aux parties à établir qu'elle est vraie; d'où la conséquence qu'en cas d'une expertise provoquée, en vertu de l'art. 17 L. 22 frimaire an 7, l'estimation doit comprendre les constructions, de même que le sol (Conf. : 14793-5 J. E.; — Lille 1er juin 1837, 12100 J. E.; — Seine 22 nov., 17 déc. 1838, 10 janv. 1839 et 6 déc. 1840, 12204, 12227, 11832 J. E.). — V. 5428.

L'arrêt du 15 avril 1840 ajoute que les constructions doivent être estimées par les experts d'après leur valeur au jour même du contrat de vente, nonobstant la déclaration faite dans cet acte que l'acquéreur était entré antérieurement en jouissance, si cette déclaration n'est d'ailleurs appuyée d'aucune preuve (Conf. : Seine 2 août 1838, 12167 J. E.).

Date certaine. — On ne peut pas distraire de l'expertise d'un terrain les constructions qui y auraient été élevées en vertu d'un acte sous seing privé d'une date anté-

rieure à la vente, mais qui ne serait pas certaine (Seine 13 mars 1844, 13492 J. E.). — V. Acte sous seing privé.

2. CONSTRUCTIONS A FAIRE. — On peut comprendre dans l'expertise d'un terrain cédé les constructions qui doivent y être élevées, quand elles ont été considérées par les parties comme terminées. Ainsi, lorsqu'un bâtiment en construction est échangé dans l'état où il sera après son achèvement, le revenu imposable doit être déterminé eu égard à la situation de l'immeuble à la même époque et non pas dans son état actuel : « Attendu, porte un arrêt de cass. du 21 juin 1869, qu'aux termes du contrat d'échange, intervenu entre Olagnier et Detenre père, le 24 mars 1864, Detenre père s'obligeait à livrer à Olagnier à l'état de complet achèvement et de location immédiate les constructions alors commencées sur les terrains qu'il lui donnait en échange; que cette obligation inconditionnelle et absolue était de nature à produire un plein et entier effet quant à la transmission de la propriété de la chose qu'elle avait en vue et à toutes les conséquences de cette transmission, particulièrement en ce qui touche la perception intégrale du droit s'y référant; qu'on ne peut nier, en effet, que les constructions commencées et celles qui devaient les compléter dans un délai déterminé n'aient, au moment même du contrat, constitué, les unes comme les autres et au même titre, la valeur donnée en échange par Detenre père à Olagnier, et dès lors qu'elles devaient toutes, à défaut de l'énonciation de leur valeur dans l'acte, être de la part des parties l'objet d'une déclaration estimative lors de la présentation de cet acte à la formalité de l'enregistrement » (Cass. 21 juin 1869, 2938 R. P., 2303-3 I. G., S. 69-1-387, D. 69-1-474, P. 69-969). — V. Constructions, Échanges, Vente d'immeubles.

8428. Usufruit. — La loi s'explique formellement sur la question de savoir s'il est nécessaire, pour que l'expertise soit accordée à l'Administration, que cette expertise porte sur la valeur entière de la propriété. Elle prévoit nommément le cas où l'usufruit serait seul transmis. Cet usufruit, comme la propriété entière, peut toujours faire l'objet d'une expertise; car, s'il est vrai que l'usufruit n'est pas susceptible d'une évaluation rigoureusement exacte, la loi ne pouvait laisser aux parties toute latitude pour frauder les droits.

Au surplus, la loi du 22 frimaire an 7 n'a établi nulle part, comme principe général, que l'usufruit vaut la moitié de la propriété pleine et entière, ou qu'il vaut autant que la nue-propriété. Si, en effet, cette loi a considéré l'usufruit et la nue-propriété comme étant d'une valeur égale pour la perception du droit sur les transmissions à titre gratuit, l'on ne peut étendre cette disposition aux actes contenant transmission à titre onéreux : 1° parce que la loi du 22 frimaire est plus sévère pour les transmissions à titre gratuit, en ce qu'elle établit un droit plus fort sur lesdites transmissions que sur les transmissions à titre onéreux; — 2° parce que la loi établit des règles spéciales pour le payement du droit en matière de transmission de l'usufruit à titre onéreux et que, d'après l'art. 13 n° 6, c'est sur la valeur exprimée dans l'acte de transmission d'usufruit à titre onéreux que le droit doit être perçu (Demante n° 761).

Aussi, la C. cass. a-t-elle jugé, le 24 janvier 1844 (1713 § 13 I. G., S. 44-1-241, 13455 J. E.), que l'estimation des experts ne doit pas nécessairement avoir pour base le revenu multiplié par dix, soit la moitié de la pleine propriété. Les experts n'ont qu'à rechercher la valeur vénale et à la fixer, non pas d'après des bases absolues, mais en raison des fluctuations que les circonstances particulières, comme l'âge de l'usufruitier, la durée de l'usufruit, impriment à chaque affaire.

C'est dans cet ordre d'idées que l'Administration a délibéré, le 1er avril 1835 (11170 J. E.), que l'expertise ne doit être provoquée qu'autant que le prix de l'immeuble serait inférieur à la valeur vénale de la nue-propriété, appréciée d'après les probabilités de plus ou moins de durée de l'usufruit (V. 13331-4 J. E.; — Charolles 22 mars 1845, 13725 J. E.).

8429. Nue-propriété. — On avait voulu, pour repousser l'expertise, lorsqu'il s'agit de la nue-propriété, se fonder sur le caractère aléatoire qu'affecte toujours la vente de la nue-propriété, par suite de l'incertitude qu'impriment à la durée de l'usufruit l'âge, l'état de santé de l'usufruitier, etc. Mais la C. cass. a reconnu, le 6 juillet 1843, « que la loi du 22 frimaire an 7 dispose, d'une manière générale et absolue, que, si le prix déclaré dans un acte de vente de biens immeubles ne paraît pas être la juste valeur de ces biens, l'Administration de l'enregistrement a le droit de demander l'expertise, et que cette loi ne distingue pas entre le cas où la vente comprend la propriété tout entière et celui où l'acte ne porte que sur l'usufruit seulement, avec réserve de la nue-propriété, et qu'enfin, dans l'un comme dans l'autre cas, le droit d'expertise appartient à l'Administration » (13326 J. E., 1710 § 2 I. G., S. 43-1-747. — *Conf.* : Seine 28 avr. 1841, 12756-7 J. E.). — Au reste, nous verrons, au mot *Vente d'immeubles*, que, pour la perception du droit, la nue-propriété est considérée, par rapport à l'acquéreur, à l'égal de la propriété entière, en ce qu'il est tenu de payer, par anticipation, le droit sur l'usufruit qu'il n'acquiert pas, sauf à n'avoir à supporter qu'un simple droit fixe lorsque, plus tard, cet usufruit vient se réunir à la nue-propriété.

Cependant il résulte d'un jugement du tribunal de la Seine du 25 mai 1842 et d'un arrêt de la C. cass. du 24 janvier 1844, que, lorsqu'il s'agit d'apprécier la valeur vénale de la nue-propriété, en matière d'expertise, les experts doivent évaluer séparément: 1° la valeur vénale de la propriété entière de l'immeuble; — 2° la valeur de l'usufruit d'après sa durée présumée; en déduisant cette dernière valeur de la première, on a celle de la nue-propriété de l'immeuble au jour de la vente.

« Attendu, porte l'arrêt, d'un autre côté, qu'en ordonnant que les experts recommenceraient leur travail en estimant séparément la valeur vénale qu'avait l'immeuble au jour de la vente et en déduisant de cette valeur celle de l'usufruit d'après sa durée présumée, le jugement attaqué, loin d'avoir violé l'art. 17 L. 22 frimaire an 7, en a fait une juste et équitable application ; rejette » (1723 § 13 I. G., 13453 J. E., S. 44-1-241).

Conf. : Senlis, 15 mars 1877, 4636 R. P.

8430. Vente avec réserve d'usufruit. — Dans le cas de vente d'immeubles, avec rétention d'usufruit par le vendeur, on ne doit pas considérer, pour requérir l'expertise, si le prix stipulé dans le contrat est augmenté de moitié pour l'usufruit est inférieur à la valeur vénale de l'immeuble, mais si le prix est au-dessous de la valeur de la nue-propriété de cet immeuble. C'est par une composition à forfait que la loi a fixé la valeur de l'usufruit à la moitié de ce qui forme le prix du contrat ; l'estimation des experts ne doit porter que sur la valeur de la nue-propriété, et, au moyen de l'addition de moitié, cette estimation représente la valeur intégrale de l'immeuble (C. cass. 10 juill. 1810) : « Considérant porte cet arrêt, qu'il résulte du texte, comme de l'esprit de la loi de frimaire an 7, que le prix du contrat de vente avec rétention d'usufruit au droit d'enregistrement ; que, dans un contrat de vente avec rétention d'usufruit, le prix de la nue-propriété vendue est celui exprimé au contrat ou celui de cette nue-propriété estimée par des experts ; qu'on ne peut dire que le prix de ce contrat se compose du prix de l'usufruit qui n'est pas vendu ; que, si la loi l'eût voulu ainsi, elle l'eût exprimé ; qu'au contraire, elle a dit que l'usufruit serait estimé à la moitié de ce qui forme le prix du contrat, et que le droit serait perçu sur le total de la somme que donnerait cette réunion ; que cette disposition présente une composition à forfait dont le double objet a été de faire payer actuellement un droit sur une chose qui n'était pas acquise, et de prévenir des discussions sur l'estimation de la valeur variable des usufruits retenus par les vendeurs (S. 11-1-171, 1537-256 et 292 I. G.; — *Conf.* : Sol. 1er avr. 1835; — Seine 28 avr. 1841 et 25 mai 1842, 1537 n° 256 I. G., 11170, 12756 J. E. ;—Senlis 15 mars 1876).

Lorsque la nue-propriété d'un immeuble dont l'usufruit appartient à un tiers a été vendue avec réserve de l'usufruit au profit du vendeur, pour le cas où il survivrait à l'usufruitier actuel, il n'y a pas lieu, contrairement à une Sol. 9 août 1865 (18111 J. E.), d'ajouter au prix exprimé dans l'acte de vente la moitié en sus de ce prix, puisque la réserve d'usufruit au profit du vendeur de la nue-propriété ne produit aucun effet actuel et est tout à fait aléatoire. Mais cet aléa constitue une véritable charge qui diminue la valeur de l'objet acheté et qui doit être estimé dans la forme présentée par l'art. 16 L. 22 frimaire an 7.

8431. Vente à forfait. — Droits litigieux. — Actions diverses. — Le tribunal de Saint-Amand a jugé, le 30 décembre 1839, que l'expertise ne peut provoquée au sujet du prix stipulé dans une cession de droits litigieux, spécialement d'une action en annulation d'un legs (12869 J. E., D. N. t. 5 p. 776 n° 44). Pour justifier cette décision on peut dire que, d'après l'art. 17 L. 22 frimaire an 7, l'infériorité du prix s'établit par la comparaison de l'immeuble transmis avec les fonds voisins ; or une action en revendication, en annulation, en rescision, etc., n'est comparable à aucune autre valeur immobilière, à aucun fonds voisin. Les éléments indiqués par l'art. 17 manquent dès lors totalement. Il ne peut entrer dans la mission des experts d'évaluer une action de cette nature (Bastiné n° 138).

Dans cet ordre d'idées, il a été reconnu que, si une veuve, légataire de son mari, sous la condition qu'elle ne se remariera pas, paye aux héritiers de celui-ci une somme déterminée, à la condition qu'ils la relèveront de la condition qui lui est imposée, on ne peut attaquer cette convention en insuffisance de prix, attendu que la somme payée par la veuve n'est que le prix d'un droit éventuel de la part des héritiers, qui ne peut faire l'objet d'une expertise (13419-3 J. E.).

Tout bien considéré, le principe de ces solutions paraît inexact. L'art. 17 L. 22 frimaire an 7 autorise l'expertise dans tous les cas sans distinction où le prix énoncé dans un acte translatif de propriété ou d'usufruit de biens immeubles à titre onéreux paraît inférieur à leur valeur vénale à l'époque de l'aliénation. Or une action en revendication d'immeubles à elle-même le caractère immobilier et la somme moyennant laquelle on la transmet à un tiers est bien le prix d'une mutation immobilière à titre onéreux. L'art. 17 ajoute, il est vrai, que l'insuffisance doit résulter de la comparaison des fonds voisins. Mais ce n'est là qu'une mention purement indicative et il n'est, en effet, jamais venu à la pensée de personne qu'on ne puisse faire expertiser un immeuble, par exemple un château, un étang, une usine, parce que ces propriétés étaient les seules de cette nature dans le pays. Les experts détermineront selon leur conviction et d'après les circonstances la valeur du droit cédé; c'est là une question de procédure. Mais on ne peut pas refuser à l'Administration le droit de contrôle qui lui appartient sur toutes les mutations à titre onéreux. En pratique d'ailleurs, et à Paris surtout, il arrive fréquemment que l'on provoque l'expertise de la valeur de certaines promesses de vente cédées avec les baux.

On peut citer à l'appui de cette opinion un arrêt de la C. cass. de Belgique du 21 mars 1827, portant que les dispositions des art. 17 et 18 L. 22 frimaire an 7 sont générales et par conséquent applicables aussi bien au cas où les biens dont la propriété est transférée sont litigieux qu'à ceux où ils ne le sont pas, lors de l'acte qui en transfère la propriété.

8432. Command. — Lorsqu'un adjudicataire d'un immeuble a déclaré, pour une partie de cet immeuble, un command chargé de payer une partie du prix, si le prix d'une des deux portions de l'immeuble ainsi divisé paraît inférieur à la valeur vénale, l'Administration peut en provoquer l'expertise en laissant de côté l'autre portion, car il y a deux choses vendues et deux acquéreurs (Seine 9 mars 1838, 12064 J. E., D. N. t. 5 p. 776 n° 48 v° Command; — Contrà Champ. et Rig. t. 6 n° 392).

Il a été jugé, de même, que, si l'acquéreur d'un terrain n'a déclaré command que pour une partie de l'acquisition, l'expertise demandée par l'Administration ne doit porter que sur la partie de l'immeuble pour laquelle il a été déclaré command :

« Attendu que, par la déclaration de command, l'acquéreur au profit duquel la déclaration de command a été faite lient sa propriété du vendeur et se substitue à l'acquéreur primitif, qui est censé n'avoir jamais acquis; attendu qu'il suit de ce principe que, si la déclaration de command n'a été faite que pour une partie de l'immeuble, la vente est divisée entre l'acquéreur originaire pour la part qu'il s'est réservée, et l'acquéreur, par suite de la déclaration, pour la portion qui lui a été abandonnée; qu'ainsi il y a réellement deux prix, deux choses vendues et deux acquéreurs; qu'ainsi, lorsque par suite de la division le prix déclaré pour une portion de l'immeuble paraît à l'Administration inférieur à la valeur vénale, elle peut, aux termes de l'art. 17 de la loi de frimaire

an 7, demander l'expertise, bien que les deux prix réunis forment le prix originaire » (Audenarde 4 juill. 1873).

8433. Bois, sol et superficie. — S'il paraît résulter de l'ensemble de l'acte, et si d'ailleurs la notoriété publique confirme la présomption, que la réserve de la superficie d'un bois faite par le vendeur n'a pas été réelle et que l'acquéreur est réellement propriétaire du sol et de la superficie, l'Administration a le droit de provoquer l'expertise du bois, sol et superficie (Vouziers 30 août 1838, 12134-1 J. E.).

8434. Bail. — La loi du 22 frimaire an 7 ne prévoit le cas d'expertise que pour les transmissions de propriété ou d'usufruit; autrefois cette expertise ne pouvait donc être formée pour dissimulation du véritable prix d'un bail écrit (Dél. 2 oct. 1806, 2749 J. E.). — V. 2517, 2518.

Mais la loi du 23 août 1871 a autorisé l'Administration à recourir à l'expertise pour établir la valeur locative des immeubles faisant l'objet de locations verbales. On trouvera au mot Bail les développements nécessaires à cet égard. — V. 2717.

8435. Bail emphytéotique. — Nous avons établi, au n° 2965, que le bail emphytéotique ne transmet pas une simple jouissance, mais qu'il constitue un véritable démembrement de la propriété. Dès lors, il est hors de doute qu'au cas de fausse évaluation l'Administration ne soit en droit de faire contrôler l'évaluation de parties par l'expertise. C'est également ce qu'enseigne Dalloz n° 4626. — V. 2986.

4836. Expropriation. — Lorsqu'il y a lieu de restituer une partie des droits perçus sur la vente de terrains compris ultérieurement pour une portion dans un arrêté de cessibilité, la ventilation du prix doit être faite, en cas de contestation, par une expertise ordinaire (Avignon 16 avr. 1866, 2951 R. P.).

8437. Transaction. — Si la transaction opère une mutation d'immeubles, la déclaration de la valeur des biens est soumise au contrôle de l'expertise. — V. Transaction.

8438. Transcription. — L'Administration peut requérir l'expertise de la valeur vénale des biens assujettis au droit de transcription comme s'il s'agissait d'un droit de mutation à titre onéreux. — V. Transcription.

Il a donc pu être spécialement décidé que, lorsqu'un acte de réunion d'usufruit à la nue-propriété donne ouverture au droit de transcription, on peut faire vérifier par expertise l'évaluation donnée au revenu des biens (14056-4 J. E.).

Dans ce cas, l'expertise est le seul moyen qu'ait l'Administration de faire constater ce revenu, bien que la déclaration de mutation par décès faite antérieurement porte ce revenu à un chiffre plus élevé que celui de l'acte de réunion (14957-8 J. E.).

8439. Fonds de commerce. — L'expertise n'a lieu en principe que pour les mutations d'immeubles (Cass. 1er fév. 1832, S. 32-1-557). Cependant, l'art. 8 L. 28 février 1872 l'a autorisée en matière de mutation de fonds de commerce :

« L'insuffisance des prix de vente du fonds de commerce ou des clientèles peut être constatée par expertise dans les trois mois de l'enregistrement de l'acte ou de la déclaration. » — V. *Mutation.*

8440. Époque à laquelle l'expertise doit remonter. — 1. ACTE AUTHENTIQUE. — Bien que les parties prétendent que leur vente, attaquée par voie d'expertise, remontait à une époque antérieure à l'acte de vente et que c'est la valeur de l'immeuble à cette époque qui doit être estimée, l'époque de cette vente ne peut être fixée, relativement à l'Administration, qu'à la date de l'acte authentique (Seine 22 nov. 1838, 12201 J. E., D. N. t. 5 p. 778 n° 60).

2. ACTE SOUS SEING PRIVÉ. — Lorsque c'est d'un acte sous seing privé, dont la date est incertaine, qu'il s'agit, c'est la date portée dans l'acte qui fixe l'ouverture du droit (Champ. et Rig. n° 51).

Jugé en ce sens que l'expertise provoquée par l'Administration, à raison d'une vente sous seing privé, doit avoir pour objet la valeur des biens au jour de la date exprimée dans l'acte et non celle du jour de l'enregistrement (Cass. 15 avr. 1840) :

« Attendu, porte cet arrêt, qu'en décidant, en matière de vente d'immeubles, que la d..te précise de l'aliénation doit être établie sur des preuves certaines, lorsque les parties prétendent que cette date est différente de celle du jour du contrat, et qu'à défaut de ces preuves elle doit être fixée au jour du contrat, le jugement attaqué, loin d'avoir violé les art. 1583 et 1138 C. C., a fait, au contraire, une juste application de ces dispositions de la loi au procès » (S. 40-1-423, 1630-8 I. G., 12531 J. E. ; — *Conf.* : Cass. 12 sept. 1810 ; — Seine 27 août 1840, 12871 J. E., 10952 J. N.).

3. PROMESSE DE VENTE. — La promesse unilatérale de vente n'emporte transmission de propriété qu'à compter du jour où l'acheteur a manifesté son acceptation (V. *Vente d'immeubles*). C'est donc à cette date, et non pas à celle de la promesse de vente, qu'il faut s'arrêter pour apprécier par voie d'expertise la valeur vénale des immeubles cédés (Seine 12 janv. 1867, 2433 R. P. ; 22 juin 1867, 3008 R. P.).

Mais, si la promesse de vente était cédée à titre onéreux, il y aurait lieu d'estimer immédiatement, eu égard à l'état actuel des immeubles et aux chances de réalisation, la valeur du droit immobilier transmis par la cession de la promesse.

CHAPITRE III. — DES MUTATIONS ENTRE-VIFS A TITRE GRATUIT OU PAR DÉCÈS

[8441-8485]

SECTION PREMIÈRE. — CONSIDÉRATIONS GÉNÉRALES

[8441-8443]

8441. Base de l'expertise. — L'expertise pour les transmissions entre-vifs à titre gratuit est autorisée par les art. 19 et 39 L. 22 frimaire. Le premier pose en ces termes le principe même du droit de l'Administration : « Il y aura également lieu de requérir l'expertise des revenus des immeubles transmis en propriété ou usufruit, à tout autre titre qu'à titre onéreux, lorsque l'insuffisance dans l'évaluation ne pourra être établie par actes qui puissent faire connaître le véritable revenu des biens. » — Le second règle ainsi qu'il suit les conséquences de l'expertise : « La peine sera d'un droit en sus pour les insuffisances constatées dans les estimations des biens déclarés. Si l'insuffisance est établie par un rapport d'experts, les contrevenants payeront en outre les frais de l'expertise. »

On a cependant soutenu que ces deux textes s'appliquent à des situations différentes, que l'art. 19 est spécial aux donations et que l'art. 39 réglait seul le droit d'expertise des successions. Cette thèse, développée par M. l'avocat général Nicias Gaillard au sujet d'un arrêt du 25 mars 1852 dont nous parlerons bientôt, a reçu une consécration virtuelle dans cet arrêt. Elle est importante surtout pour le sort des frais de la procédure, parce que, si l'art. 39 n'est pas le complément de l'art. 19, il faut régler l'expertise des biens donnés d'après les dispositions de l'art. 18 et dès lors n'imposer aux parties le payement des frais que quand l'insuffisance du revenu excède un huitième. Nous avons, dans une dissertation spéciale insérée au n° 3009 R. P., réfuté les arguments sur lesquels reposait cette doctrine, et démontré que l'art. 19 s'applique à toutes les transmissions à titre gratuit, à celles qui ont lieu par décès comme aux autres. La C. cass., appelée à confirmer sa première décision, n'a pas persisté dans son système et elle a décidé, le 30 août 1869, conformément à notre opinion, que les frais sont à la charge des parties, quoique l'insuffisance reconnue soit inférieure au huitième de la somme énoncée au contrat. Nous revenons sur cette grave question au n° 8496.

Quoiqu'il en soit et que le droit d'expertise des biens transmis à titre gratuit résulte de l'art. 19 seul ou de cet article et de l'art. 39 ensemble, toujours est-il que l'évaluation doit porter, non pas sur la valeur vénale des immeubles, mais sur leur revenu ou sur leur valeur locative. Il en devrait être ainsi nécessairement dès que l'impôt de ces mutations se liquide sur un capital formé d'après le revenu des biens.

8442. Moyen de contrôle autre que l'expertise. — Une autre différence non moins importante qui sépare l'expertise des valeurs vénales de l'expertise des revenus, c'est que, dans ce dernier cas, l'expertise, au lieu d'être comme en matière de mutation à titre onéreux un moyen unique de contrôle, n'est qu'un moyen subsidiaire fourni à l'Administration pour connaître la vérité. « Il y aura lieu à requérir l'expertise, porte l'art. 19 L. 22 frimaire an 7, *lorsque l'insuffisance dans l'évaluation ne pourra être établie par actes qui puissent faire reconnaître le véritable revenu des biens.* » — Aussi la C. cass. a-t-elle jugé, le 3 mars 1840, que l'art. 19 ne permet l'expertise, dans les cas de transmission d'immeubles à autre titre qu'à titre onéreux, que quand l'insuffisance dans l'évaluation des biens ne peut être établie par des actes qui puissent en faire connaître le véritable revenu. — Cet arrêt porte : « Vu les art. 4, 15, n° 7, 19 et 39 L. 22 frimaire an 7; attendu que la quotité des droits d'enregistrement à percevoir pour mutation d'immeubles par décès est assise sur la valeur des immeubles transmis, valeur qui se détermine par le produit des biens, ou le prix des baux courants; attendu qu'il n'y a lieu à expertise des revenus qu'en l'absence d'actes suffisants pour en faire connaître l'état véritable. »

Le contraire a été cependant décidé par le tribunal de Tours le 14 mars 1862 (1590 R. P., 12425 C.). Mais cette décision est le résultat d'une erreur manifeste qui ne peut prévaloir contre le texte précis de la loi.

8443. Solidarité. — Nous allons entrer dans l'examen des actes qui peuvent servir à fixer le revenu, faisant seulement remarquer, avant d'aller plus loin, que, le droit de l'Administration se trouvant définitivement acquis du jour où a été fournie la déclaration de la mutation et n'ayant pu être modifié ni restreint par les arrangements postérieurs qui lui sont étrangers, il est hors de doute que cette expertise peut être poursuivie contre tous les donataires ou héritiers qui ont passé la déclaration contestée, encore bien que, depuis et par suite d'un partage, l'immeuble dont l'expertise est demandée ait été attribué à l'un d'eux seulement.

8443 bis. Capitalisation du revenu. — 1° LOI DU 21 JUIN 1875. — D'après l'art. 15 de la loi du 21 frimaire an 7, le revenu des biens transmis doit être multiplié pour former le capital imposable, par 20 s'il s'agit d'une mutation de propriété et par 10 s'il s'agit d'une mutation en usufruit. Mais la loi du 21 juin 1875, art. 2, a élevé le taux de capitalisation à 25 et à 12 et demi pour les *immeubles ruraux* (I. G. 2517-2; R. P. 4111). Il est essentiel de déterminer

exactement le sens de cette expression. C'est la question la plus importante et la plus pratique de toute la loi.

2° LA LOI S'APPLIQUE AUX PROPRIÉTÉS BATIES. — Dans son acception naturelle, le mot *immeuble rural* signifie immeuble situé à la campagne, par opposition au mot *immeuble urbain* qui s'applique aux biens situés dans les villes. Si telle était la signification de la loi nouvelle, il faudrait exempter de la surtaxe toutes les propriétés bâties ou non bâties placées dans l'enceinte des villes, et y assujettir au contraire les bâtiments et les terrains qui sont en dehors de cette enceinte.

Lors de la discussion de la loi, un député a exprimé l'opinion que l'art. 5 devait être ainsi entendu.

Voici en quels termes il a formulé son explication :

« *M. André* (de la Charente). Le précédent ministre des finances a déposé le 11 janvier 1875 un projet de loi qui portait à 25 pour 100 au lieu de 20 pour 100 la capitalisation des immeubles *non bâtis*, ce qui s'appliquait sans doute, je le reconnais, à la propriété rurale, puisque la propriété urbaine est, ou à peu près, exclusivement bâtie.

« *M. le ministre des finances* actuel a repris purement et simplement le projet de son prédécesseur.

« *M. le ministre des finances.* Et je l'appuie.

« *M. André.* Soit; mais la Commission, exagérant encore cette base, propose, et M. le ministre accepte, d'établir le droit de 25 pour 100 non-seulement sur la propriété *non bâtie*, ce qui était déjà, à mon sens, une inégalité malheureuse et excessive; mais elle n'applique cette aggravation d'un quart qu'aux immeubles *ruraux* seulement, *bâtis ou non bâtis*, cette fois, puisqu'elle ne distingue pas.

« Il sera assez difficile peut-être de déterminer quels sont les immeubles ruraux dans leurs délimitations avec les zones urbaines, à quel caractère sera attachée la qualité de ville et l'immunité urbaine. Et dans la banlieue des villes, où et comment s'établira la limite qui séparera l'immeuble rural de l'immeuble urbain? La Commission n'a pris le soin ni de le prévoir ni de le dire. » (Séance du 18 juin 1875, *Journal officiel* du 19, p. 4428.)

M. André admettait donc que les immeubles ruraux étaient tous ceux qui n'étaient pas compris dans l'enceinte des villes. Cela résulte encore du calcul auquel il se livrait pour apprécier la portée de la disposition nouvelle.

« La surface totale de la France, a-t-il dit, est aujourd'hui de 53,562,000 hectares. Si on distrait 500,000 hectares pour la surface du sol occupée par les villes, et 3 millions d'hectares environ de superficie non imposable, telle que routes et chemins, voies navigables, cours d'eau, etc., la superficie agricole ou rurale imposable serait d'environ 50 millions d'hectares. A deux parcelles et demie par hectare, c'est donc 125 millions de parcelles environ qui se trouveront constituer la propriété rurale, et c'est à ce morcellement que correspond cette disposition de la loi qu'on nous demande de voter. » (*Id.*)

La clôture rapidé de la discussion n'a pas donné à la Commission le temps de répondre aux observations de M. André. Mais il n'en est pas moins constant que son interprétation est contraire à l'esprit de la loi.

Le projet du gouvernement était formel. Il portait que la majoration d'impôt s'appliquait uniquement aux immeubles *non bâtis*. On avait employé cette expression comme synonyme de biens ruraux et afin d'éviter l'équivoque à laquelle cette dénomination avait déjà donné lieu dans la jurisprudence. Cela résulte avec évidence du passage suivant de l'exposé des motifs : « Personne n'ignore que la propriété non bâtie ne produit pas aujourd'hui un revenu supérieur, en moyenne, à 2.50 pour 100. Or, tandis que les transmissions à titre gratuit et par décès, de propriétés immobilières *bâties*, supportent l'impôt sur leur valeur intégrale, les immeubles, *ruraux* ne sont assujettis aux droits que sur les trois cinquièmes à peine de cette valeur. En élevant de 20 à 25, en ce qui concerne les propriétés non bâties, le multiple de capitalisation, on fait disparaître cette inégalité. » (*Rép. pér.*, art. 4014, p. 54.) Les biens ruraux étaient donc pris ici par opposition aux propriétés bâties, et, en parlant des immeubles non bâtis, le projet de loi avait exclusivement en vue l'ancienne catégorie d'immeubles qualifiés de biens ruraux.

La Commission du budget a cru devoir substituer, dans le texte, le mot *ruraux* aux mots *non bâtis*. Mais elle n'a pas attribué à cette dernière expression un sens différent. Il s'agissait toujours, dans sa pensée, de biens non bâtis.

Plusieurs considérations servent à le démontrer.

D'abord, si la Commission avait eu une intention différente, l'économie financière du projet de loi eût été gravement modifiée. Le gouvernement avait calculé les prévisions de rendement de la surtaxe, en l'appliquant sans distinction aucune à toutes les propriétés non bâties, qu'elles fussent situées en ville ou à la campagne. Du moment que la Commission aurait réglé la perception non plus d'après la distinction précédente, mais suivant la situation des immeubles dans l'enceinte des villes, les bases d'appréciation auraient totalement varié, et le gouvernement n'aurait pas manqué de s'émouvoir de ce dissentiment. Or, il paraît certain que la rédaction a été modifiée avec son approbation. Le passage de la discussion que nous avons rapporté ci-dessus en fait foi. C'est donc qu'on considérait la substitution des mots *immeubles ruraux* aux expressions *immeubles non bâtis* comme reproduisant la même pensée sous une forme différente.

En second lieu, la Commission du budget a pris soin, contrairement aux affirmations de l'honorable M. André, d'expliquer ce qu'elle entendait par immeubles ruraux. Son rapport contient sur ce point les déclarations suivantes :

« L'art. 5 décide que dans tous les cas où le revenu doit être multiplié par 20 ou par 10, il sera multiplié par 25 et 12 1/2 lorsqu'il s'agira d'immeubles *non bâtis*.

« L'identité du taux de capitalisation pour les immeubles ruraux et les immeubles urbains aboutissait à une injustice dans la répartition de l'impôt.

« Nous avons substitué à l'expression *immeubles non bâtis* l'expression *immeubles ruraux*.

« La distinction entre les immeubles ruraux et les autres immeubles a déjà été écrite dans l'art. 2 de la loi du 15 juin 1824. C'est la nature et non la situation d'un fonds qui doit être considérée pour savoir s'il est rural ou urbain. Le caractère de l'immeuble se détermine par sa principale destination.

« Est *urbain* l'immeuble principalement affecté à l'habitation ou à un usage soit industriel, soit commercial.

« Est *rural* l'immeuble principalement affecté à la production des récoltes agricoles, à la production des fruits naturels ou artificiels, prairie, terre labourable ou vignoble. » (*Rapport de M. Berthauld.*)

Ces explications sont suffisamment précises. Il importe peu qu'un immeuble soit situé en ville ou à la campagne pour être une propriété urbaine ou rurale. La loi s'attache exclusivement à la nature de la propriété, et lui attribue le caractère urbain ou rural selon que l'immeuble sert à l'habitation ou à la culture. C'est la reproduction complète de la distinction du projet de loi. Le rapporteur ajoute, il est vrai, que l'immeuble affecté à un usage industriel ou commercial est urbain comme celui qui est affecté à l'habitation. Mais il est bien entendu qu'il s'agit toujours d'un usage s'exerçant de la même manière que l'habitation, c'est-à-dire sur une propriété bâtie. Les terrains qui reçoivent des cultures industrielles, telles que les betteraves, les mûriers, le lin, etc., rentrent directement dans la classe de ces propriétés servant à la production des récoltes naturelles ou artificielles que la Commission considère comme des biens ruraux.

Au surplus, le rapporteur a formellement déclaré qu'en adoptant la rédaction nouvelle, la Commission avait tout simplement voulu reproduire le texte de la loi du 16 juin 1824 sur les échanges d'immeubles ruraux contigus, et consacrer la même distinction.

Or, quel était, sous l'empire de cette législation, le sens des mots *biens ruraux* employés par l'art. 2? L'Instruction générale n° 1204 § 4 l'indique de la manière suivante :

« Il s'est présenté à examiner, à dit l'Administration, si l'expression de *biens ruraux* dont la loi a fait usage est générale pour tous les immeubles situés dans l'enceinte des villes, ou si elle doit seulement s'entendre des propriétés susceptibles de culture, à l'exclusion des maisons d'habitation. Cette expression est la même que celle qui est employée par l'art. 687 du Code civil, pour désigner les servitudes qui s'appliquent aux fonds de terre, à la différence des servitudes urbaines, par lesquelles le même article explique qu'on entend celles qui sont établies pour l'usage des bâtiments situés soit à la ville soit à la campagne. Le mot *rural* a donc, dans le Code, comme dans la loi du 16 juin 1824, un sens restrictif qui exclut les propriétés bâties. »

Cette interprétation a été consacrée par une décision ministérielle du 17 août 1826, et elle a toujours servi de règle dans la pratique pour l'application de la loi de 1824. Elle doit être également acceptée au sujet de la loi du 21 juin 1875.

L'Administration ne paraît conserver aucun doute sur ce point, puisqu'en transmettant aux préposés, dans l'Instruction générale n° 2517, le texte de la loi nouvelle, elle renvoie, pour la distinction entre les immeubles ruraux et les immeubles urbains, aux dispositions de la décision ministérielle du 17 août 1826 que nous venons de transcrire.

Nous sommes, par conséquent, autorisé à conclure que la surtaxe est applicable aux propriétés non bâties de quelque nature qu'elles soient, *terres*, *prés*, *vignes*, *bois*, sans distinction entre celles qui sont situées à la campagne et celles qui sont situées dans l'enceinte ou dans la banlieue des villes.

Il importe peu que la propriété non bâtie ou l'immeuble rural ait un revenu supérieur à 5 pour 100. Le droit n'en est pas moins dû alors sur le capital par 25 ou par 12 et demi (Sol. 25 nov. 1876).

Toutes les difficultés ne sont pas, pour cela, résolues. Il reste à examiner comment la loi s'exécutera à l'égard des immeubles qui se composent de terrains et de bâtiments.

3° PROPRIÉTÉ BÂTIE ET NON BÂTIE. — Un premier point ne saurait guère faire de doute. C'est celui dans lequel l'une des parties de l'immeuble est tellement peu importante qu'elle est complètement absorbée par l'autre : tel est le cas notamment d'une petite maisonnette dans un jardin, d'un hangar établi sur un terrain considérable, d'un jardin ou d'une cour annexés à une grande habitation. Ainsi que nous l'avons dit au n° 7087, au sujet de l'échange des immeubles ruraux non bâtis, ces bâtiments ou ce jardin n'ont par eux-mêmes aucune valeur distincte de celle du terrain ou de la maison. La propriété dans son ensemble est bien, dans le premier cas, le jardin ou le terrain, et dans le second cas, la maison. Ce jardin ou cette maison servent *principalement*, selon l'expression du rapporteur de la Commission, à la production des récoltes ou à l'habitation. Il n'y a donc pas à les diviser pour considérer la première partie comme un immeuble rural, et la seconde comme une propriété urbaine. L'accessoire suivra le sort du principal.

4° PROPRIÉTÉS CONTIGUES. — Aucune difficulté ne se présente non plus lorsque la propriété se compose de deux parties distinctes l'une de l'autre et n'étant réunies que par leur contiguïté. Dans ce cas, il est manifeste que chacune de ces parties doit être évaluée séparément suivant sa nature. On devra capitaliser par 20 le revenu affecté à la propriété bâtie, et par 25 celui des biens ruraux.

5° FERME ET BÂTIMENTS. — Mais cette division n'est pas possible pour des propriétés composées de terrains et de bâtiments tellement unis l'un à l'autre qu'il n'est pas possible de les séparer sans détruire l'ensemble du domaine ou en changer la nature. De ce nombre sont, par exemple, les fermes dans l'étendue desquelles il existe des bâtiments servant à l'exploitation des immeubles. Le revenu de la propriété se détermine tout à la fois d'après les terrains et d'après les bâtiments. Ceux-ci sont parfois tellement nécessaires que, sans eux, la ferme resterait improductive. Mais ils se confondent avec elle d'une manière intime, et il n'y a guère de moyen d'évaluer la proportion pour laquelle ils entrent dans le revenu total. Dans cette hypothèse, la propriété tout entière doit être considérée comme un immeuble rural, et il n'y a pas de ventilation à faire en ce qui concerne les bâtiments pour y appliquer la capitalisation au denier 25. Dans l'ancien droit, lorsqu'il s'agissait de connaître la nature de l'héritage en lui-même, on appelait propriétés rurales non-seulement les champs, mais encore les bâtiments d'exploitation qui en font partie ; de même qu'on nommait urbains non-seulement les bâtiments de ville, mais encore les cours et jardins qui en sont l'accessoire. (Ulpien, loi 198 au Digeste, *De verborum significatione*; Dalloz, v° *Servitude*, n° 3). Cette classification reposait sur des appréciations qui n'ont rien perdu de leur actualité et qui nous semblent encore applicables aujourd'hui.

Il a été décidé, en ce sens, 1° que la propriété qui comprend dans un seul tenant des terres affectées à la culture et une maison composée de deux chambres et d'annexes destinées à l'exploitation est un immeuble rural pour le tout (Sol. 24 janv. 1877).

2° Que les bâtiments habités par le propriétaire et situés dans un village au milieu d'une ferme qu'il exploite lui-même ont, comme cette ferme elle-même et comme les constructions de cette ferme, le caractère d'immeubles ruraux dans le sens de la loi du 21 juin 1875.

« Attendu, dans l'espèce, qu'il suffit d'examiner la consistance des bâtiments appartenant aux époux Pilon, pour en déterminer la nature et établir qu'ils ne sont autre chose que l'accessoire d'une exploitation agricole. Ils sont situés dans un village d'une commune rurale et se composent non-seulement de la maison manable, mais d'une grange à côté d'étables, toit à porcs, grands hangars, bâtiment à usage de poulaillers, la cour devant, le jardin à côté et derrière puits et pompe, puis autour de ces bâtiments se groupent dix-sept pièces de terre labourable d'une contenance totale de 10 hectares 24 ares 90 centiares. Le tout forme donc en réalité un corps de ferme, dont les bâtiments sont une partie intégrante; sans eux l'exploitation ne serait pas possible, de même que s'ils étaient isolés des terres labourables qui y attiennent, ils demeureraient improductifs. Il s'agit donc bien ici de l'héritage rural que la nouvelle disposition législative a voulu atteindre » (Alençon, 17 déc. 1877, 4857 R. P.).

3° Une interprétation semblable résulte d'un arrêt rendu par la chambre des requêtes de la Cour de cassation, le 11 août 1877, pour l'application de la loi du 28 septembre, 6 octobre 1791, qui autorise les propriétaires ou les fermiers de *propriétés rurales* de tuer les volailles qui causent du dommage à leur propriété.

Il s'agissait d'une cour ouverte sur la rue d'un village et dépendant d'une maison de ferme. La Cour a reconnu « que « la propriété d'Haulleville, sise à la campagne, au village de « Bois-Morel, dépendant de la commune rurale de La-Cha- « pelle-Saint-Pierre, est bien une exploitation rurale protégée « par la loi de 1791. » (Sirey, 1877, 1, 472.)

4° Si la mutation a pour objet un château, des terres et des vignes, les terres et les vignes sont considérées seules comme biens ruraux (Sol. 8 déc. 1876).

5° Une maison avec un jardin potager et verger a, au contraire, pour le tout le caractère d'un immeuble urbain (Sol. 1ᵉʳ fév. et 8 juin 1877). Une autre solution du 6 avril 1878 a également reconnu qu'une maison située à la campagne et entourée d'un verger mais sans terrain de culture est un immeuble urbain, lorsqu'elle sert d'habitation et quoique ses dépendances soient utilisées pour l'engrangement de récoltes autres que celles du verger (5596 Revue).

6° Un bâtiment servant exclusivement à une exploitation rurale est rural (Sol. 11 juin 1877).

7° Une usine accompagnée d'un étang a été considérée avec l'étang comme urbain (Sol. 28 août 1877).

8° Un chantier est un immeuble urbain (Sol. 24 oct. 1876).

9° Un immeuble rural loué pour une exploitation commerciale conserve son caractère d'immeuble rural (Sol. 19 sept. 1876).

10° « Le caractère d'urbain, porte une autre solution du 26 août 1876, s'attache à l'habitation et celui de rural à la culture. En outre, l'immeuble affecté à un usage industriel ou commercial comme celui qui est affecté à l'habitation, une maison de maître située sur un domaine et un chai peuvent donc avoir le caractère rural s'ils sont des dépendances de ce domaine et il y a lieu de capitaliser le revenu total par 25. »

11° Le tribunal d'Avignon a jugé, le 4 avril 1878, qu'a le caractère d'un bien rural pour le tout le domaine en nature de vignes, prés et terres labourables, quoiqu'il existe sur ce domaine un bâtiment d'exploitation et que le tout soit situé dans l'enceinte de l'octroi d'une ville.

L'Administration a rendu autrefois sur ce point, pour l'application de la loi du 16 juin 1824, relative aux échanges d'immeubles contigus, des solutions qui peuvent être utilement consultées.

Ainsi, il a été reconnu :

1° Que les bâtiments destinés à l'exploitation d'un domaine sont un bien rural, comme les terres, les prés et les vignes qui en dépendent; que cela résulte des art. 1766 et 1767 du Code civil (Délibération du 25 janvier 1825, approuvée le 26 du même mois, n° 7959 J. E.).

2° Que quand on comprend dans le lot d'un échange une maison de maître, une maison de fermier et les terres, prairies, vignes et bois en dépendant, la ferme, composée des terrains et de la maison d'exploitation, a le caractère d'un immeuble rural dans son ensemble, tandis que la maison de maître est un immeuble bâti (Sol. du 30 juill. 1828, n° 9117 J. E.). Une solution conforme a été rendue le 29 août 1876.

3° Qu'un moulin peut être considéré comme un bien rural quand il est une dépendance des terrains environnants et comprend un canal prolongé de dérivation (Délib. du 14 mai 1833, 8093 J. N.).

Mais le moulin exploité directement sans culture est un immeuble urbain (V. Cass. 21 mars 1833, 10770 J. E.), comme une forge (8631 J. E.), ou toute autre usine (Sol. 12 janv. 1827, 1718 R. gén.).

Habitation au village. — Mais par contre une maison d'habitation située dans un village, avec cour et jardin, est un immeuble urbain pour le tout (Sol. juill. 1876). C'est ce qui avait été déjà reconnu sous l'empire de la loi du 16 juin 1824 par une décision ministérielle du 17 août 1826 (I. G. 1204 § 6).

Immeubles par destination. — L'art. 2 de la loi du 21 juin 1875 parle en termes généraux des immeubles ruraux. Il ne fait aucune exception en faveur des immeubles par destination. Ces immeubles suivent la condition du fonds auquel ils sont attachés et dont ils servent à déterminer le revenu. Par conséquent, lorsqu'ils dépendront d'un bâtiment, comme les appareils d'une usine, il y aura lieu en capitaliser le revenu au denier 20. On devra, au contraire, leur appliquer la surtaxe s'ils sont l'accessoire d'une propriété non bâtie, comme les animaux servant à la culture.

Immeubles par la détermination de la loi. — Mais la disposition nouvelle ne peut pas être étendue aux immeubles par la détermination de la loi, tels que les actions de la Banque, les actions des canaux d'Orléans et du Loing, et les rentes sur l'État (*Rép. gén.*, n° 9093). Ces valeurs, fictivement immobilières, ne sont ni urbaines ni rurales. Elles échappent, par leur nature même, à toute distinction de ce genre. Or, la loi de 1875 ne devant s'appliquer qu'aux immeubles ruraux, il en résulte nécessairement qu'elle n'atteint pas les biens auxquels ce caractère ne peut être juridiquement attribué.

SECTION 2. — ACTE POUVANT FAIRE CONNAITRE LE VÉRITABLE REVENU DES BIENS

[8444-8465]

ARTICLE PREMIER. — BAIL COURANT

[8444-8472]

8444. Le bail courant est la seule base à prendre. — Au nombre des actes, dont parle l'art. 19 L. 22 frimaire an 7, qui sont destinés à faire connaître le véritable revenu des biens, il faut placer en première ligne les baux courants. C'est là un ancien principe du droit fiscal. On disait jadis : « Si le fief est affermé de bonne foi et sans fraude, le seigneur doit se contenter du prix de la ferme » (Guyot *des Fiefs* t. 2 p. 211). — De même pour le droit de centième denier : « Si les biens sont affermés, le droit de centième est dû... sur le pied du capital au denier vingt du revenu lors de l'ouverture de la succession, et non pas sur le prix des acquisitions » (Bosquet *Succ.* t. 4).

Sous l'empire de la législation moderne, la C. cass. a bien souvent décidé, en ce qui concerne les transmissions d'immeubles entre-vifs à titre gratuit ou par décès, que, s'il existe un bail courant à l'époque du contrat ou du décès, il doit servir exclusivement de base à l'évaluation du revenu. Les parties, pas plus que l'Administration, ne peuvent le repousser : « Attendu, porte un arrêt du 5 avril 1808, qu'il résulte de l'art. 19 L. 22 frimaire an 7 que, lorsque l'insuffisance de l'évaluation d'un bien peut être établie par des actes qui peuvent en faire connaître le véritable revenu, la Régie est fondée à se refuser à une expertise et à se prévaloir de l'évaluation

qu'on ne peut prétendre que l'art. 15 ôte à la Régie le droit d'exciper d'un bail et de constater, par le prix qu'il énonce, que des héritiers ont insuffisamment évalué des biens à eux transmis ; que l'art. 15, entendu dans ce sens, serait en contradiction manifeste avec l'art. 19, ce qu'on ne peut supposer, et ce qui dès lors oblige d'expliquer l'une de ces dispositions par l'autre, que, d'après ce système, le seul juste en matière d'interprétation de lois, le sens véritable et très-naturel de l'art. 15 est que les baux, lorsqu'il en existe de courants, non contestés par la Régie, doivent servir de base à l'évaluation d'un immeuble transmis par décès, et que *ce n'est qu'à défaut de baux* qu'on doit rechercher le produit matériel de l'immeuble et payer le droit en conséquence » (S. 7-2-1065 et 8-1-122, 2932 J. E.).

Cette jurisprudence a été depuis lors confirmée par une série non interrompue d'arrêts (Cass. 7 germ. an 12, 1537-261 I. G. ; 18 fév. 1807, 2835 J. E., S. 7-2-742, 1537-248 I. G. ; 13 fév. 1809, S. 10-1-145, 3960 J. E., et 14 juin 1809, 1537-248 I. G., 3574 J. E. ; 23 mars 1812, 4171 J. E., S. 12-1-264 ; 7 fév. 1821, 6948 J. E., S. 21-1-410, 1537-262 I. G. ; 19 août 1829, 9478 J. E., S. 29-1-381, 1303-3 I. G. ; 9478 J. E. ; 9 déc. 1835, 11388 J. E., S. 36-1-101, 1513-3 I. G. ; 6 déc. 1836, 11677 J. E. 1539 § 6 I. G. ; 3 mars 1840, 1618 § 15 I. G. ; 17 fév. 1842, 1920 § 1er I. G., 15425 J. E.).

8445. Évaluation par les parties supérieure au bail. — Néanmoins, les héritiers ne pourraient invoquer le bail courant contre une évaluation supérieure qu'ils auraient faite spontanément (Nancy 11 juin 1829, 9379 J. E.). Cela se comprend. Le droit de contrôle des évaluations du redevable n'appartient qu'à l'administration. La partie ne peut revenir contre ses propres actes que lorsqu'il y a erreur matérielle, et on ne peut voir une erreur de cette nature dans une évaluation spontanée du revenu qu'est susceptible de produire un immeuble lorsque, d'ailleurs, aucune circonstance particulière, inconnue au redevable, au moment de son évaluation, ne se rencontre dans la cause. — Comparez, au surplus, avec les n°s 402, 14465 et 16652.

8446. Prix exagéré. — Lorsqu'un bail a été fait dans des circonstances exceptionnelles qui ont motivé l'élévation anormale du prix, cet acte doit-il servir de base à la liquidation du droit pour les transmissions entre-vifs à titre gratuit ou par décès de l'immeuble? En décidant que le bail courant serait pris pour base de la perception, la loi a posé une règle générale à laquelle il n'est, sous aucun prétexte, permis de déroger. Ainsi que la C. cass. l'a reconnu le 7 août 1868, « c'est là une base tellement précise et souveraine, qu'il est de principe que les énonciations du bail courant font loi absolue des parties, tout aussi bien au regard de la régie qu'au regard des redevables » (n° 2630 R. P.). Ces redevables ne peuvent donc pas plus repousser le bail courant pour cause d'exagération manifeste du prix, que l'Administration, en dehors du cas de dol, ne pourrait l'écarter pour cause d'insuffisance.

La jurisprudence l'a plusieurs fois reconnu. M. l'avocat général Blanche le rappelait récemment en ces termes devant la ch. civ. : « La cour est bien fixée, disait-il, sur ce point que, quand il y a bail de produit c'est le bail qui sert de base à la liquidation de l'impôt. Parmi les arrêts nombreux qui l'ont ainsi décidé, je retiens notamment celui du 19 août 1829, dans lequel votre jurisprudence s'est le mieux affirmée. Il s'agissait du revenu d'une maison que le défunt avait pu louer à des conditions exceptionnelles pour y loger des gendarmes, et après d'importantes réparations. Les héritiers objectaient que le bail ne devait pas servir de base à la déclaration, parce que le prix obtenu s'était élevé par le résultat de circonstances accidentelles et temporaires. Mais la cour a repoussé leur prétention et ordonné l'application de l'art. 15 n° 7 L. frimaire. Cet arrêt porte :

« Attendu, 1° qu'aux termes de l'art. 5 n° 7 L. 22 frimaire an 7, la valeur de la jouissance des immeubles est déterminée, pour la liquidation et le payement du droit proportionnel, par le prix des baux courants, sans distraction des charges; que cette disposition, conçue en termes impératifs et qui n'admettent aucune exception, a eu pour objet de soumettre la perception des droits à une règle fixe et indépendante des circonstances dont on pourrait conclure, dans l'intérêt de la Régie ou dans celui des redevables, que le prix du bail courant a été porté au-dessous ou au-dessus de la valeur réelle du revenu de l'immeuble; qu'il suit de là qu'en refusant de prendre le bail courant qui subsistait au jour du décès du sieur Pierre Kaiser, pour base de la perception du droit proportionnel de mutation dû par ses héritiers, soit sous le prétexte qu'il faut moins s'arrêter à la lettre qu'à l'esprit et au vœu de la loi du 22 frimaire an 7, soit à raison des circonstances qui auraient occasionné la surélévation momentanée des loyers de la maison dont il s'agit, et en motivant son refus sur le consentement donné par les héritiers Kaiser, à ce que la Régie fasse procéder à une nouvelle expertise pour déterminer des droits, le tribunal civil a commis un excès de pouvoir et expressément violé les art. 15 n°s 7 et 19 L. 22 frimaire an 7. » — M. l'avocat général, après avoir rappelé cet arrêt, ajoutait : « Il y a lieu de décider de même encore aujourd'hui. Il y a dans l'espèce un bail constatant que la faculté de chasser est productive pour celui qui doit l'impôt. Quelles que soient les circonstances dans lesquelles ce bail ait été consenti, il suffit qu'il existe pour que les héritiers doivent en tenir compte dans la détermination du revenu de l'immeuble » (2630 R. P.).

La chambre des requêtes a appliqué le même principe, le 17 février 1852, au bail d'usine que les parties prétendaient avoir été louée trois fois plus que sa valeur réelle à un preneur insolvable (1920-1 I. G., 15425 J. E.; et l'Administration le décide ainsi au sujet des baux de maisons de tolérance (Sol. 9 et 15 janv. 1877) quoique le contraire résulte d'un jugement de Valence du 7 janvier 1869. — Conf. : Avignon, 5 août 1850, 15069-4 J. E.; — Sol. 8 juin 1878; — Contra Bourganeuf, 4 mars 1871, 3386 R. P.).

8447. Preuve contraire. — Comme conséquence de ce que nous venons de dire, il faut décider : 1° que le bail courant au moment du décès doit être pris pour base du revenu des biens par les héritiers qui ne peuvent détruire l'effet de ce bail en offrant de prouver soit qu'il avait cessé d'exister, soit que le revenu réel des biens est inférieur au prix qu'il porte (Montpellier 8 juill. 1850, 15014-2 J. E.); — et 2° que, dans aucun cas, les héritiers ne peuvent substituer au prix de ce bail courant une évaluation inférieure (Langres 25 avr. 1829, 14758-4 J. E.).

8448. Bail verbal. — Mais, s'il est vrai que l'existence d'un bail courant, au moment où s'opère la mutation, élève, suivant les art. 15 n° 7 et 19 L. 22 frimaire an 7, une fin de non-recevoir contre la réquisition d'expertise, il est aussi démontré, par l'ensemble de ces dispositions, que, si l'existence d'un bail n'est pas prouvée, il devient impossible d'y voir l'un de ces actes susceptibles, suivant l'expression de l'art. 19, de faire connaître le véritable revenu sur lequel la perception doit être assise.

C'est ainsi que, par un arrêt du 30 mars 1808 (9950 J. E., S. 8-1-522), la C. cass. a repoussé le bail verbal comme base d'évaluation : « Attendu que, dans l'espèce, les défendeurs se bornaient à citer de prétendues locations verbales et n'avaient réellement produit aucun bail courant qui constatât le juste revenu des biens dont il s'agit, tandis qu'au contraire la Régie fondait son évaluation sur des baux écrits » (Conf. : Cass. 12 fév. 1835, S. 35-1-772, 1490-2 I. G.; 2 juin 1847, S. 47-1-675, 1796-10 I. G.; 19 nov. 1850, arrêt rapporté n° 8450).

Décidé, de même, par le tribunal de la Seine, le 27 janvier 1866 (2242 R. P.), que l'existence d'un bail verbal, constaté dans le cahier des charges relatif à la vente de l'immeuble dépendant d'une succession, ne saurait arrêter la demande en expertise du Trésor. — Alors surtout que le bail a été fait par un tiers se portant fort du défunt (Largentière, 19 août 1873).

1. DÉCLARATION DE LOCATION. — Une déclaration de location verbale faite en exécution de la loi du 23 août 1871 peut être opposée à la partie qui l'a faite, lors même qu'elle aurait été signée par le receveur, à défaut par la partie de l'avoir su ou pu faire. Une déclaration de l'espèce est de tous points semblable aux enregistrements qui sont faits sur la réquisition des parties et qui font foi jusqu'à preuve contraire des faits qu'ils constatent. Par conséquent, jusqu'à ce que le débiteur ait établi que la déclaration n'émane pas de lui, il est tenu des conséquences de la déclaration (Versailles, 4 déc. 1877, 4901 R. P.); — Sol. 31 déc. 1877; — Montpellier, 25 fév. 1878). — V. n° 8482. — Mais le débiteur ne peut opposer cette déclaration à l'administration, alors surtout que le prix en paraît atténué (Vesoul, 21 juin 1876, 4620 R. P.).

8449. Bail résultant de quittance. — Pour que le bail produit puisse être admis, il faut qu'il ne laisse aucune incertitude non-seulement sur l'existence du bail, mais encore sur ses conditions. En ce sens, la C. cass. a jugé, par arrêt du 12 février 1835 (1490 § 2 I. G., 8799 J. N., S. 35-1-772), que la production d'une simple quittance qui ne renferme ni toutes les conditions, ni les époques de durée, ni les charges d'un bail ne peut être assimilée à un bail courant et motiver une fin de non-recevoir contre une demande en expertise : « Attendu que, s'il est vrai que l'existence d'un bail courant au moment du décès élève, suivant les art. 15 et 19 L. 22 frimaire an 7, une fin de non-recevoir contre la demande d'expertise, il est aussi démontré par toutes les dispositions, et notamment par l'art. 15 n° 1er L. an 7, que la production d'une simple quittance, qui ne renferme ni toutes les conditions, ni les époques de durée, ni les charges d'un bail, ne peut être assimilée à un bail et motiver ladite fin de non-recevoir. »

§ 450. Bail par tacite reconduction. — Par application de cette doctrine, la même cour a jugé, le 19 novembre 1850 (1883 § 4 I. G., 15075 J. E., 14224 J.N., S. 50-1-799), qu'un bail expiré, continué par tacite reconduction, ne peut servir de base à une déclaration de succession. Un pareil bail, en effet, est, aux termes de l'art. 1775 C. C., réglé par les articles de la loi relatifs aux baux faits sans écrit.

« Attendu, porte l'arrêt, que des énonciations du jugement attaqué résulte la preuve qu'à l'époque du décès de Longaunay, le bail écrit de la ferme de la Fontenelle, qui lui appartenait, était expiré depuis longtemps ; que, si le fermier était resté en possession des lieux, et si, par suite, il s'était opéré un nouveau bail, l'effet de ce nouveau bail, aux termes de l'art. 1776 C. C., était réglé par les articles de la loi relatifs aux baux faits sans écrit ; que, dès lors, ce bail ne pouvait être considéré que comme un bail verbal ; que les dispositions des art. 1738 et 1776 C. C., uniquement destinées à déterminer entre le bailleur et le preneur les conséquences d'une possession des lieux loués prolongée après l'expiration du bail écrit, ne peuvent être opposées à l'Administration de l'enregistrement ; que celle-ci ne peut être tenue de reconnaître que les baux dont l'existence est établie par des actes écrits ayant force au moment de l'ouverture des droits qu'elle est autorisée à percevoir ; que l'art. 19 L. 22 frimaire an 7, en déclarant qu'il y a lieu à une expertise lorsqu'une insuffisance dans l'évaluation ne pourra être établie par des actes qui puissent faire connaître le véritable revenu des biens, fait clairement entendre que le bail courant que l'on présente pour repousser ce mode d'évaluation ne peut être un bail verbal ; attendu, en conséquence, qu'en décidant qu'il n'existait qu'une jouissance verbale de la ferme de la Fontenelle, que, dès lors, il n'existait aucun acte propre à faire connaître le véritable revenu de l'immeuble au moment du décès, et qu'il y avait lieu d'ordonner l'expertise demandée par la Régie, le tribunal de Caen, loin de violer les art. 19 L. 22 frimaire an 7 et 1738 C. C., en a fait, au contraire, une exacte application. »

On peut voir dans le même sens un autre arrêt du 2 juin 1847 (1796 § 10 I. G., 14273 J. E., 13125 J. N., S. 47-1-675), — et un jugement de Châteauroux du 13 mars 1871 (3480 R. P.).

1. PROROGATION. — Un bail d'immeuble consenti par acte du 6 novembre 1860 pour neuf ans à partir du 30 novembre 1860, moyennant 800 francs par an, renfermait la clause suivante : « Le preneur s'oblige, comme garantie de sa bonne gestion, à renouveler le bail avant l'expiration de la huitième année, à raison de 1,000 francs par an,

comme, de son côté, le bailleur s'oblige dès aujourd'hui à consentir à ces conditions le renouvellement. »

Le bailleur étant décédé le 6 janvier 1865, il a été reconnu, par une Sol. 4 janvier 1867, que le droit de succession était exigible sur le denier 20 du prix de 800 francs : « Attendu que le mot renouvellement, employé par les parties dans le contrat du 6 novembre 1860, semblait indiquer que le bail ne devait être que de neuf ans, sauf à faire ultérieurement un nouveau bail de neuf autres années » (2581 R. P., 19135 J. N., 18479 § 4 J. E.).

§ 451. Bail sous seing privé. — Mais, du moment qu'un bail est écrit, qu'il est constant et qu'il n'est pas contesté, il doit être pris pour base de l'évaluation ; la forme n'y fait rien, et le bail sous seing privé a la même force qu'un bail authentique (Cass. 9 déc. 1835, 1513 § 3 I. G., S. 36-1-101).

1. DATE CERTAINE. — Il n'est même pas nécessaire qu'il ait été enregistré, du moment qu'il a acquis date certaine par le décès du défunt (11580-3, 13179-3, 14326-1 J. E.).

2. NON SIGNÉ PAR LA FEMME. — Dans une espèce où une femme était morte sans avoir signé le bail d'un immeuble de communauté, on avait opposé à l'Administration que le bail de cet immeuble ne pouvait être pris pour base de l'évaluation du revenu, attendu qu'il n'avait pas été signé par la femme, auteur de la succession. Mais, par un arrêt du 23 mars 1840 (1618 § 5 I. G.), la cour suprême a cassé un jugement du tribunal de Valenciennes, du 20 janvier 1838, qui avait admis cette singulière prétention, comme s'il ne suffisait pas de la signature du mari comme administrateur de la communauté pour régulariser le bail d'un bien de communauté.

§ 452. Bail non enregistré, mais dont l'existence est constatée. — Nous avons, au mot Bail, fait connaître les diverses circonstances qui peuvent constater l'existence d'un bail secret d'une manière assez positive pour rendre exigibles les droits auxquels ce bail donne ouverture. Les mêmes principes peuvent être invoqués dans l'ordre d'idées que nous suivons en ce moment. Ainsi il a été jugé avec raison :

1° Par le tribunal de Rouen, le 30 juillet 1839 (12361 J.E.), qu'un jugement rendu contre le fermier d'un domaine pour un terme de fermage, et un procès-verbal de non-conciliation entre ce fermier et le propriétaire, où le montant du fermage est encore énoncé, établissent régulièrement et d'une manière certaine le véritable produit des biens ;

2° Par le tribunal de Sarreguemines, le 22 août 1837 (11879 J. E.), que la mention faite dans un procès-verbal d'apposition de scellés, qu'un immeuble dépendant de la succession est loué pour un prix dont on indique le montant, est insuffisante pour constater le véritable revenu de cet immeuble.

§ 453. Bail non exécuté. — La circonstance que le

bail n'aurait jamais été exécuté, par suite de raisons particulières, ne pourrait en rien le faire repousser, si d'ailleurs l'existence n'en était pas contestée.

Ainsi, dans la déclaration faite, le 21 juin 1831, après le décès de la dame Puyo, la métairie de Saa, dépendant de la succession, avait été évaluée d'un revenu de 200 francs. Cependant, il résultait de deux actes de baux sous seing privé, enregistrés les 13 août 1828 et 5 octobre 1829, qu'à l'époque du décès de la dame Puyo cette métairie était affermée pour le prix annuel de 500 francs; il y avait donc une insuffisance d'évaluation de 300 francs en revenu dans la déclaration du 21 juin 1831. — Une contrainte fut décernée contre la dame Duprat, seule héritière de la dame Puyo, sa mère, pour le payement des doubles droits. Elle y forma opposition, par le motif que les actes de baux qui servaient de base à la demande de l'Administration *n'avaient jamais été exécutés.* Le tribunal de Dax ayant accueilli ce moyen, son jugement, en date du 30 janvier 1833, a été cassé par un arrêt de la cour suprême du 9 décembre 1835 (1513 § 3 I. G., 11388 J. E., S. 36-1-101).

Il en serait autrement si l'exécution du bail avait été interrompue par l'acquisition des immeubles faite par le défunt. Il a été jugé en ce sens que, quand les immeubles d'une succession ont été livrés au défunt avant qu'il en soit devenu propriétaire, le bail cesse de produire son effet au jour de l'acquisition par ce dernier, et bien que le terme primitivement réputé pour la location ne soit pas expiré lors du décès de l'acquéreur, ce bail n'étant plus courant à ce moment ne saurait alors servir de base à la liquidation du droit (Seine 26 mars 1866, 1741 Rev.).

Décidé également que, « si un bail courant au jour du décès a été fait pour des périodes auxquelles correspondent des prix différents, les héritiers doivent déclarer le prix moyen du bail et ils ne seraient pas reçus notamment à soutenir qu'ils ont renoncé aux augmentations ultérieures en présence de l'insolvabilité du fermier » (Le Havre 27 août 1868, 2893 R. P.).

8454. Bail simulé. — Lorsqu'un bail est entaché de simulation, une distinction essentielle est à faire :

1. SIMULATION OPPOSÉE PAR LES PARTIES. — Si ce sont les parties qui opposent la simulation, elles ne sont pas recevables dans leur prétention (Cass. 9 déc. 1835, 1513 § 3 I. G., 11388 J. E., S. 36-1-101). La raison en est bien simple. Les parties ne peuvent être admises à contester ce qu'elles ont fait elles-mêmes. En droit, la preuve contraire n'est admissible que contre les faits qu'on nous oppose et non contre ceux que nous opposons nous-même. On peut prouver l'erreur contre soi-même, mais jamais la fraude.

2. SIMULATION OPPOSÉE PAR L'ADMINISTRATION. — Mais, si les circonstances sont telles que le bail apparaisse à l'Administration comme imaginé en vue de soustraire à la perception une partie des droits, elle peut le repousser comme frauduleux. C'est ce qui a été décidé dans une espèce tout à fait caractéristique. Une expertise contradictoire faite, en 1826, entre l'Administration et le sieur Chazelles avait porté le revenu d'un immeuble à 1,345 francs. Le sieur Cha-

zelles étant décédé le 14 avril 1829, ses héritiers prirent pour base de la déclaration de ce même immeuble un bail à ferme passé par le sieur Chazelles, le 13 avril 1829, c'est-à-dire la veille de sa mort, alors qu'il était frappé d'apoplexie, moyennant un prix de 400 francs par an. La C. cass. a jugé, le 1er décembre 1835 (11389 J. E., 9115 J. N., 1513 § 4 I. G.), qu'un pareil bail, fait *in extremis,* était simulé et ne pouvait être opposé à l'Administration.

Quand la preuve de la simulation ne peut être rapportée, il faut accepter le bail, si faible qu'en soit le prix. Ainsi il a été décidé que, quand même ce bail n'énoncerait qu'un prix inférieur au revenu cadastral et au prix de sous-baux postérieurs, il doit servir de base à la perception (Sol. 16 sept. 1814, D. N. t. 12 p. 323 n° 779).

8455. Bail à courte durée. — Quelque courte que soit la durée d'un bail, du moment qu'il est courant au moment du décès, il doit être pris pour base de la déclaration de succession. C'est ce qui a été jugé pour un bail consenti pour neuf mois seulement pour les récoltes à faire sur un pré. L'affaire présentait même cette particularité que l'Administration avait d'abord attribué au bail le caractère de vente. Le tribunal de Sarreguemines ne s'est pas arrêté à cette circonstance. Son jugement, en date du 1er août 1837 (11850 J. E.), est ainsi conçu :

« La cause présente la question de savoir si l'acte passé devant Me Guerber, notaire à Putellange, le 26 juin 1834, doit être considéré comme *un bail,* et si, dans ce cas, Joseph Schmidt, dans la déclaration par lui faite au bureau de l'enregistrement de Saralbe, a dû prendre le prix de la location porté en cet acte pour base du produit des biens dont il avait à acquitter les droits de mutation; considérant que l'acte du 26 juin 1834 a tous les caractères d'un bail, ainsi que cela a d'ailleurs été décidé par le tribunal, sur les poursuites dirigées contre Me Guerber, notaire à Putellange, pour défaut de déclaration préalable de vente d'objets mobiliers, suivant jugement en date du 22 juillet 1835, dont le pourvoi, formé par l'Administration, a été rejeté par un arrêt de cass. du 9 février dernier; considérant qu'il importe peu que l'Administration de l'enregistrement ait elle-même d'abord considéré cet acte comme une vente de récolte; que cette circonstance ne saurait changer le caractère de cet acte, ni affranchir l'opposant du payement du produit du bail et du droit en sus, en conformité de la loi du 22 frimaire an 7 ; qu'il en résulte seulement qu'il a agi de bonne foi et qu'il peut faire valoir ce moyen près de l'Administration pour obtenir la remise du droit en sus. »

Il résulte de cette décision, ce qui d'ailleurs tombe sous le sens, qu'il faut nécessairement que, dans une pareille hypothèse, la convention présente tous les caractères d'un bail et non d'une simple vente de meubles, d'après les distinctions que nous avons eu soin de faire connaître sous les n°s 2755 à 2765. — V. le numéro suivant.

8456. Bail au mois ou à la saison. — Mais il ne faudrait pas attacher une signification trop absolue au jugement ci-dessus. Il peut se justifier par cette circonstance qu'un bail de récolte peut donner la mesure du revenu de l'immeuble qui l'a produite. Cependant, à vrai dire, le prix d'un pareil bail, devant nécessairement subir l'influence de l'état plus ou moins prospère de la récolte de l'année, n'est pas de nature à faire connaître le revenu moyen de l'immeuble qui est le seul revenu qui doive être déclaré.

Quoi qu'il en soit, on tomberait certainement dans l'erreur, si l'on prenait dans certaines circonstances le bail d'une fraction de l'année comme terme de comparaison du revenu de l'immeuble pendant toute l'année. Aussi le tribunal du Havre a-t-il jugé avec beaucoup de raison, le 12 juillet 1849 (13932 J. N.), que les locations au mois ou pour une saison, de maisons, appartements, boutiques ou magasins, dans les pays de bains et les ports de mer, dans les lieux où se tiennent de grandes foires, ne peuvent être prises pour base du produit annuel de ces habitations ou magasins en matière de mutation par décès, attendu que l'élévation des loyers pendant la saison ou la période de temps productive, se trouve compensée par la saison improductive qui succède toujours à la première.

Cette jurisprudence a été appliquée fréquemment aux baux faits à la semaine (Sol. 19 juin 1873, 3 mars 1871).

8457. Bail postérieur à la mutation. — Pour qu'un bail soit courant au jour du décès, dans le sens de la loi, il doit réunir deux conditions. La première, c'est d'abord qu'il existe, et ici l'existence du bail s'entend exclusivement de l'existence d'un écrit. Les locations verbales, si bien constatées qu'elles soient, ne rentrent pas dans la catégorie des baux courants, (à moins qu'elles n'aient fait l'objet de déclarations dans le sens de la loi du 23 août 1871). C'est un point parfaitement résolu en jurisprudence (Cass. 30 mars 1808, 9950 J. E., S. 8-1-522 ; 12 fév. 1835, S. 35-2-772, 1490-2 I, G. ; 2 juin 1847 S. 47-1-675, 1796-10 I. G. et 19 nov. 1850, 1883-4 I. G., 15075 J. E., 14224 J. N., S. 50-1-799).

La seconde condition, c'est que le bail écrit existant au décès soit en cours d'exécution à ce moment. « Le bail que la loi appelle courant, porte un arrêt de la C. cass. du 5 avril 1808, est celui qui est exécuté lors de l'ouverture de la succession, au moment où le droit s'est ouvert » (Dalloz 4718, S. 8-1-422). Cela se conçoit aisément. On cherche, en effet, la valeur locative de l'immeuble au jour du décès. Or, comme le fait très-exactement remarquer Championnière, au n° 2426 de son *Traité* : « un bail expiré ou non encore commencé ne donnerait pas cette valeur, car il a pu survenir, entre le bail et le décès, des événements de nature à modifier le revenu des biens transmis. »

Tout bail écrit qui ne réunit pas les deux conditions précédentes doit être écarté.

Ainsi, l'acte par lequel le défunt aurait lui-même affermé les immeubles avant son décès ne serait pas courant, si la jouissance du fermier ne devait commencer qu'à une époque postérieure à ce décès. Il existe bien, en effet, un contrat de bail, mais ce bail n'est pas en cours d'exécution ; il ne donne donc pas le revenu au jour de la mutation.

A plus forte raison, en est-il ainsi dans un bail qui a été fait par les héritiers à une époque si rapprochée que ce soit du décès (Cass. 1er pluv. an 9).

Il est plus délicat de savoir si le caractère du bail courant appartient au bail qui est passé après le décès du propriétaire mais qui fait remonter la jouissance du fermier à une époque antérieure. Nous ne le croyons pas. En effet, pour être cou-

rant, il faut d'abord exister. Or, le bail n'existait pas encore au moment du décès, où, ce qui est la même chose pour la perception, il n'existait qu'à l'état de bail verbal (V. 8448). Si la déclaration de succession avait été faite le lendemain du décès, les héritiers auraient dû estimer le revenu des biens en la forme ordinaire. Il n'en saurait être autrement parce que le payement a été retardé et qu'il est intervenu entre le fermier et les héritiers un acte auquel le défunt est étranger. La rétroactivité de la convention est, dans cette hypothèse, une pure fiction du droit, puisqu'il est admis que le défunt n'avait pas loué lui-même ces immeubles. Le bail n'est donc pas courant au jour du décès et il doit être écarté. C'est ce qu'a décidé avec raison le tribunal de Montluçon, le 27 juillet 1872 (3652 R. P.). — L'Administration soutient cependant que c'est un acte pouvant faire connaître le revenu dans le sens de l'Art. 19 de la loi de l'an 7 (Sol. 12 mars et 29 juill. 1872).

1. ENTRÉE EN POSSESSION DU FERMIER. — Lorsque l'acte fixe une époque pour l'entrée en jouissance du fermier, c'est de cette date que court le bail, et il n'y a pas à considérer si le fermier a pris immédiatement possession des biens ou si la livraison en a été retardée à une époque ultérieure. Ainsi que l'a reconnu le tribunal de Nogent-sur-Seine, le 30 août 1872 : « le contrat de bail est un contrat consensuel produisant tous ses effets dès le jour où les parties ont voulu qu'il fût mis à exécution ; elles ont dans l'espèce déterminé ce jour avec précision, en fixant le 23 avril pour l'entrée en jouissance des fermiers, et reporter par un motif quelconque cette entrée en jouissance à une autre époque, c'est substituer une date arbitraire et variable à celle déterminée par la convention ; la prise de possession d'une partie des terres par le fermier le crée immédiatement débiteur envers le propriétaire ; il importe peu que toutes les terres louées aient été livrées le même jour au fermier ou qu'elles l'aient été que successivement, puisque ce n'est pas la perception des fruits, mais bien le droit de les faire produire qui est toute la cause du fermage » (Conf. : Reims 12 août 1864. — Contrà C. Paris 22 juill. 1865).

8458. Bail résilié. — Un bail résilié ne peut jamais être pris pour base du revenu, et ne peut, par conséquent, faire obstacle à l'expertise. Jugé dans ce sens que l'Administration pour percevoir les droits sur la valeur d'une maison, après une mutation par décès, ne peut invoquer un bail sous seing privé, si ce bail ne s'applique pas au locataire actuel de la maison (Cass. 3 juin 1810).

Un bail résilié par acte enregistré, à partir du 8 avril 1849, doit être pris pour base de la déclaration de succession du bailleur décédé le 1er avril 1849, alors même que le nouveau fermier aurait eu la faculté d'entrer en possession de quelques immeubles dès le commencement de l'année (Rouen 17 déc. 1850, 15141 J. E.).

1. PREUVE DE LA RÉSILIATION. — Mais il faut remarquer que la partie qui excipe de la résiliation d'un bail doit prouver cette résiliation, ce n'est pas à l'Administration à administrer la preuve (Cass. 7 fév. 1821, 6948 J. E., 1537 n° 262 I. G., S. 21-1-410 ; — Seine 13 avr. 1842, 12968 J. E. ; — Chateaudun 11 août 1847, 14370 J. E., D. N. t. 12 p. 325 n° 782).

Lorsque les biens sont affermés par un bail enregistré, les héritiers ne peuvent prouver par témoins que le bail a cessé d'être exécuté (Cass. 21 janv. 1812, D. N. t. 12 p. 325 n° 783, 1537-266 I. G.; 7 fév. 1821 *suprà*).

2. RÉSILIEMENT EN CAS DE NON-PAYEMENT.

—Lors même que, d'après une clause du bail, le défaut de payement d'un terme devait le rendre résiliable à la volonté du donateur, si le preneur *est encore en jouissance* au jour de la donation des biens affermés, c'est le prix du bail qui doit fixer le revenu des biens donnés (Lectoure 22 août 1851, 15258-4 J. E.).

3. RÉSILIATION POUR FORCE MAJEURE.

— Un moulin avait été loué en 1823. Il avait été stipulé que si, par suite de rupture de la chaussée, le moulin venait à chômer, le fermage cesserait d'être payé jusqu'à ce que les réparations fussent faites. La chaussée fut, en effet, rompue en juin 1824, et le bailleur décéda le 10 juillet, avant que les réparations eussent été faites. Les héritiers ayant demandé que le prix du bail ne servît pas de règle, par le motif qu'il avait cessé d'être exécuté par l'effet de la rupture de la chaussée, ou que, du moins, la valeur des réparations fût déduite du capital formé de vingt fois le produit du bail, l'Administration consentit à cette déduction par une solution du 1er avril 1828 (9013 J. E.).

8459. Bail expiré. — Il en est du bail expiré comme du bail résilié. Il ne peut fournir aucune preuve du revenu. Mais il est important de remarquer que, dans l'esprit de la loi, c'est au moment où s'accomplit la mutation que le bail doit être courant, et non à celui où cette mutation est déclarée. Ainsi, un bail non encore expiré *au moment du décès* doit servir uniquement de base pour la perception du droit proportionnel, auquel la transmission par décès donne lieu (Cass. 5 avr. 1808, S. 8-1-422, 2932 J. E. et 19 août 1829, S. 29-1-381, 1363-8 et 1537-261 I. G., 9478 J. E.). —« Attendu, porte l'arrêt du 5 avril 1808, que le sens véritable et très-naturel de l'art. 15 est que les baux, lorsqu'il en existe de courants non contestés par la régie, doivent servir de base à l'évaluation d'un immeuble transmis par décès, et que ce n'est qu'à défaut de baux qu'on doit rechercher le produit matériel de l'immeuble, et payer le droit en conséquence; considérant, en fait, que les biens dont les défendeurs ont hérité étaient affermés par un bail qui était de ceux que la loi appelle courants, puisqu'il existait et était exécuté lors de l'ouverture de la succession, au moment où le droit de la Régie s'est ouvert; qu'ainsi, aux termes des lois ci-dessus, la Régie a pu rejeter la voie de l'expertise et demander que l'évaluation dont il s'agit fût faite d'après le prix porté en ce bail. »

De même si le preneur succède au propriétaire, le bail s'éteint, et lors du décès du preneur le bail ne peut plus être pris pour base (Seine, 26 mars 1866, 18219 J. E., 1741 Rep.).

8460. Bail renouvelé. — De ce que nous venons de dire il résulte que, bien qu'un bail courant au moment du décès, ait été renouvelé par l'auteur de la succession, mais pour ne prendre commencement qu'à une époque postérieure à la date du décès arrivé dans l'intervalle, c'est le premier bail et non le bail renouvelé qui doit servir de base au revenu des biens (D. m. f. 13 germ. an 13, 1019 J. N., Dél. 31 oct. 1836, 11641 J. E.). — V. 8467 à 8469.

Ainsi, lorsqu'au moment du décès, le bail d'un domaine a pris fin pour les deux tiers des terres, celles à laisser sans culture et celles à ensemencer en menus grains, et qu'un nouveau bail a commencé pour les mêmes deux tiers, le nouveau fermier ne devant prendre possession qu'ultérieurement du tiers à ensemencer en blé, il y a lieu de prendre pour base de la perception du droit de mutation chacun des deux baux pour les portions de terres pour lesquelles ils étaient en exécution (17959 J. E.).

8461. Biens affermés en partie. — Un arrêt de la C. cass. du 18 juillet 1821 a décidé que l'expertise doit être exercée indistinctement et sans division sur la masse des biens évalués sans que l'on ait à tenir compte des biens affermés,

« Attendu, porte cet arrêt, que l'évaluation fixée à 250 francs dans l'acte du 3 septembre 1818, comprend sans aucune exception ni distinction tous les immeubles qui dépendaient du bien dont il a été disposé à titre onéreux; attendu que la faculté accordée à la Régie de requérir l'expertise dans le cas où elle estimerait cette évaluation inférieure au revenu réel, devait être exercée, indistinctement et sans division, sur la masse des biens évalués; attendu que la Régie de l'enregistrement n'ayant pas requis cette expertise que pour les bois, quoiqu'ils eussent été expressément compris dans l'évaluation faite par les parties, s'est mise en opposition avec les dispositions précises de l'art. 17 L. 22 frimaire an 7. » (P. chr. 493, 1537 n° 264 I. G.).

Mais il faut remarquer que cet arrêt était intervenu dans une espèce où il s'agissait d'un contrat à titre onéreux régi par l'art. 17 L. 22 frimaire an 7, ainsi que le déclare la Cour elle-même. La Cour a décidé avec raison qu'on ne devait pas avoir égard aux baux, puisque les baux ne peuvent servir de base d'évaluation qu'en matière de mutation entre-vifs à titre gratuit et par décès. Il en est autrement et on doit tenir compte des locations de parties des biens lorsqu'il s'agit d'un droit exigible sur le revenu capitalisé.

Pour décider le contraire, il faudrait que la règle générale posée dans l'art. 15 n° 7, eût été faite spécialement pour le cas où les biens loués ne font pas partie de la même mutation que d'autres biens non affermés. Or, le texte est conçu en termes généraux qui ne comportent pas cette limitation. Elle ne s'expliquerait d'ailleurs par aucun motif plausible.

Sans doute il peut se présenter telle hypothèse où la location d'une partie des biens nuira au revenu du surplus. Cela dépend du plus ou moins de connexité qui existe entre les héritages. Mais qu'en résulte-t-il? Non pas que la valeur locative des premiers ne soit actuellement fixée par le prix du bail. Mais tout simplement que les seconds devront être moins estimés. Les experts apprécieront cette circonstance comme ils apprécient les divers éléments du produit des biens, voilà tout.

Ainsi le tribunal de la Seine a décidé, les 28 décembre 1855 (608 R. P.) et 23 janvier 1856, que l'expertise du revenu d'une maison louée en partie et déclarée après décès d'un revenu en bloc, sans distinction des appartements loués par baux courants et de ceux qui ne le sont pas, doit sans doute comprendre la valeur locative totale, mais qu'il faut alors que les experts prennent pour base de leur estimation en raison des appartements loués, le prix des baux courants.

La même doctrine résulte d'un jugement de Dinan, du 31 mai 1856, et elle a été appliquée par plusieurs solutions (Sol. 17 juill. 1872, 10 nov. 1874, 1er oct. 1875, 7 avril 1876, 23 juin 1877). Le tribunal du Havre a reconnu, dans cet ordre d'idées, le 9 mai 1878, que si les biens sont loués, l'Administration peut provoquer l'expertise au sujet des arbres en bordure non compris dans le bail, comme au sujet des charges de ce bail. Mais le contraire a été décidé par le tribunal de Bourganeuf, le 4 mars 1871 (3386 R. P.).

Jugé également que l'administration peut ne faire expertiser qu'un seul des deux lots d'un échange (Ussel, 24 mai 1877, 4897 R. P.; — Gannat, 10 fév. 1877, 4647 R. P.).

8462. Bail ventilé. — Par identité de raison, lorsque les immeubles qui font l'objet de la mutation soit entre-vifs, soit par décès, sont compris dans un bail qui s'étend à d'autres immeubles, la ventilation du prix de ce bail ne pourrait être considérée comme base unique du revenu qu'autant que le prix aurait été fixé, à forfait, à tant la mesure, l'are par exemple. Il est clair alors qu'il n'y aurait qu'à diviser le prix par le nombre d'ares compris dans la donation ou dans la succession pour obtenir une base aussi certaine que si le bail ne s'adressait absolument qu'aux immeubles, objets de la mutation.

Si, au contraire, le prix du bail était fait en bloc, il nous semble que ce bail ne pourrait écarter l'expertise, car il n'y aurait aucune certitude à puiser dans la ventilation, à cause de la diversité que présentent toujours les qualités des terrains (Conf. : Avesnes, 9 fév. 1861, 17331 J. E., 12067 C. et Gannat, 10 fév. 1877, 4647 R. P.).

C'est ce qui a été décidé par un jugement de Dinan, du 31 mai 1856, portant : « Attendu que l'acte de bail du 26 février 1854 constate bien globalement le revenu de la ferme de Bélœil, mais ne fait nullement connaître le revenu particulier des immeubles qui la composent; que l'évaluation faite par les parties au moyen d'une règle de proportion, en concluant du revenu global de la ferme contenant environ 50 hectares au revenu spécial des parcelles données, contenant 15 hectares 20 ares et 3 centiares, n'est pas de nature à satisfaire au vœu de la loi; qu'il en serait autrement si cet acte de bail énonçait que le prix a été fixé à forfait, à tant l'hectare, par exemple, sans égard à la diversité des immeubles, sans égard à la différence de valeur de chacun d'eux, sans égard enfin aux bâtiments d'exploitation. »

Le tribunal de Charleville a cru pouvoir, dans une hypothèse semblable, ordonner aux experts de déterminer le revenu des biens transmis par décès au moyen d'une simple ventilation à opérer d'après la nature et la qualité des divers immeubles loués (18 sept. 1863, 1881 R. P., 12710 C., 17843 J. N., 732 Rev.). Mais nous avons critiqué sa décision. Ainsi que la Cour suprême l'a maintes fois reconnu (V. Instance), la loi du 22 frimaire an 7 n'a point imposé aux experts l'obligation d'opérer d'après tel ou tel mode particulier; elle les a laissés libres de choisir les bases d'estimation que leurs lumières et leur conscience leur suggèrent. Or, ce que la loi n'a pas fait, les juges ne peuvent davantage le prescrire : ils dénatureraient le caractère essentiel de la procédure en restreignant la mission des experts dans les limites appropriées aux circonstances de chaque affaire.

8463. Bail d'un terrain et de constructions. — Si, depuis le bail d'un terrain, des constructions ont été élevées sur ce terrain, le prix du bail ne représentera plus le revenu de ce terrain et de ses accessoires. Aussi le tribunal de Péronne a-t-il jugé, le 30 novembre 1849 (8117 Fess.), que si, depuis le bail d'un terrain, il a été édifié une usine sur ce terrain, l'Administration peut provoquer l'expertise de la valeur locative de cette usine pour insuffisance du revenu déclaré. — (Contrà : D. N. t. 12 p. 363 n° 1000).

Lorsque l'obligation de construire a le caractère d'une charge imposée au bailleur, cette charge doit être ajoutée au prix du bail pour régler la perception du droit et par conséquent pour déterminer le prix du bail. C'est un point que nous avons établi v° Construction et Échange (V. Seine 14 juill. 1853, n° 15017 J. N.). — Dans ce cas l'évaluation doit en être faite par les parties, et le tribunal ne serait pas autorisé à ordonner, pour établir l'importance de cette charge, une expertise dans les formes du droit commun (Cass. 21 juin 1869, 2938 R. P., 2393-3 I. G., S. 69-1-387, D. 69-1-474, P. 69-949).

Si la transmission avait pour objet le terrain et les constructions à faire, constructions considérées comme terminées, il est certain que le prix de bail de ce terrain et de ces constructions serait la base de la perception (Cass. 21 juin 1869 précité).

Mais si les constructions n'étaient pas actuellement transmises, ce prix total ne représenterait plus le revenu des immeubles réellement transmis, mais s'appliquerait à des immeubles non encore existants. Il ne pourrait régler la perception du droit, et l'Administration devrait alors provoquer l'expertise (Bernay 5 fév. 1867, 3292 R. P.).

8464. Bail payable en nature. — Si le prix du bail, au lieu de consister en argent, a été stipulé payable en nature, une distinction essentielle est à faire.

1. ÉVALUATION D'APRÈS LES MERCURIALES. — Si les objets livrables en nature peuvent être évalués au moyen des mercuriales, le bail se présente dans les mêmes conditions qu'un bail dont le prix serait payable en argent; nul doute donc qu'il ne doive être pris pour base du revenu. — Dans ce sens, un arrêt de cass. du 14 juin 1809, a décidé, dans une affaire antérieure au décret du 26 avril 1808, que si le prix du bail est payable en nature, le taux doit en être déterminé d'après les mercuriales, sans qu'il soit permis au redevable d'en demander la fixation par experts, sous le prétexte que le prix des mercuriales est exagéré : « Considérant, porte cet arrêt, qu'il résulte des termes et de l'esprit de la loi du 22 frimaire an 7 que la valeur foncière des biens affermés en nature doit être déterminée par les mercuriales, à l'instant de l'acte qui donne ouverture à un droit proportionnel; Si, au n° 7, la loi se borne à dire que, pour les transmissions par décès, l'évaluation sera faite sur le produit des biens ou le prix des baux courants, il eût été inutile de répéter comment s'évaluerait le prix des baux payables en nature, puisque l'évaluation du prix des baux de cette espèce était déterminée par le n° 1er; que le décret qui, en établissant un nouveau mode d'évaluation, a ordonné que ce mode serait commun, tant pour l'évaluation des rentes perpétuelles ou viagères, que pour les baux à ferme, que pour les transmissions par décès, ajoute à la démonstration que le mode d'évaluation supprimé était également commun à toutes ces espèces;

que les redevables ne sont jamais dans le cas de requérir l'estimation des biens contre la Régie, parce qu'ils doivent nécessairement fournir à celle-ci, ou un acte énonciatif de la valeur de l'objet soumis à l'enregistrement, ou, à défaut d'acte, une déclaration estimative ; qu'à la Régie seule (si la valeur exprimée dans l'acte ou déclarée lui paraît inférieure à la valeur réelle) les art. 17 et 19 donnent la faculté d'exiger l'expertise ; que l'art. 19 ne la permet, dans les cas de transmission d'immeubles à autre titre qu'à titre onéreux, que quand l'insuffisance dans l'évaluation des biens ne peut être établie par des actes qui puissent en faire connaître le véritable revenu ; que, dans l'espèce, il ne s'agissait pas de l'évaluation du revenu probable de la ferme de Quincampoix, puisque madame Target avait déclaré ce revenu, conformément à un bail authentique, et que, par cela même qu'il existait un bail authentique, il ne pouvait y avoir lieu à estimation par experts » (14 juin 1809, 3574 J. E., S. 10-1-283).

La même doctrine résulte encore d'un autre arrêt du 22 février 1831 ainsi conçu : « Sur le premier moyen, pris de la violation de l'art. 75 L. 15 mai 1818 : Attendu que le bail du domaine des immeubles dépendant de la succession d'Arthémise Chaliès étant stipulé payable en grains et denrées, l'évaluation du revenu desdits immeubles était, pour la perception du droit de mutation par décès, soumise à la disposition de l'art. 75 L. 15 mai 1818, d'après laquelle l'évaluation devait être faite sur une année commune, d'après les mercuriales du marché le plus voisin ; attendu qu'au lieu de suivre, à cet égard, la marche tracée par la loi, le tribunal civil de Milhau a fait une évaluation arbitraire, dans laquelle rien n'indique l'observation de cet article » (7388 J. N., 10289 J. E., S. 31-1-183 ; — Conf. : Sol. 25 oct. 1873 et 7 mars 1877).

2. ABSENCE DE MERCURIALES. — Si, au contraire, les mercuriales font défaut, c'est-à-dire si les objets qui forment le prix du bail ou une partie de ces objets ne s'y trouvent point indiqués, l'estimation qui pourrait être faite de leur valeur ne présentant plus aucun caractère légal et n'ayant plus aucune garantie de certitude, le bail peut toujours être écarté, soit par l'Administration, soit par le redevable (Nîmes 28 avr. 1845, 12525 J. N.).

Reconnu, dans ce sens, que lorsque des charges du bail courant au moment du décès, dont on ne pouvait trouver l'évaluation dans les mercuriales, ont été évaluées lors de l'enregistrement du bail pour établir la perception, cette évaluation ne fait pas règle pour les héritiers, qui peuvent, pour le payement des droits de mutation par décès, donner à ces charges une nouvelle évaluation attaquable par l'expertise (13345-3 J. E.).

3. PRIX INDÉTERMINÉ. — Il arrive quelquefois que le bail est consenti moyennant une redevance en denrées stipulée payable en argent d'après le cours officiel de ces denrées à tel jour de chaque année. Dans ce cas le bail est fait moyennant un prix certain mais indéterminé. Il est fixé chaque année par la cote officielle.

Ce n'est pas le cas d'invoquer les mercuriales comme mode légal d'évaluation, puisqu'il ne s'agit pas d'un bail dont le prix est payable en denrées, ce n'est pas non plus le cas de fixer le revenu d'après le cours de l'année de la mutation puisque ce cours ne représente pas en réalité le revenu moyen de l'immeuble, ce qu'on appelle le prix du bail courant. Il conviendrait plutôt d'appliquer la jurisprudence établie au sujet des baux à périodes dont le prix varie (n° 8466). Mais l'indétermination du prix ne permet pas non plus de revenir à ce mode d'évaluation.

Dans cette situation, nous pensons qu'il appartient aux parties de faire, pour la déclaration de succession, comme elles ont dû faire pour l'enregistrement du bail : une évaluation du prix moyen ; sauf à l'Administration le droit de prouver l'insuffisance, par voie de contrainte, si elle peut établir par des présomptions suffisantes, que cette évaluation du prix du bail courant est entachée de fraude.

8465. Bail à portion de fruits. — Quant au bail à portion de fruits, au bail à colonage, on a vu au mot *Bail* que le droit se liquide sur le montant des fruits revenant au propriétaire et *évaluer* par les parties. Dès lors, une pareille évaluation, qui est toujours arbitraire, ne peut servir de base au revenu de l'immeuble qui fait l'objet de la mutation. (Sol. 3 janv. 1872). (Comp. avec les art. 11448-3, 13961-6 J. E.).

Nous indiquons au mot *Instance* comment doivent procéder les experts pour la détermination du revenu imposable.

8466. Bail à périodes. — Inégalité du prix. — Si le prix d'un bail courant est supérieur, pour sa dernière période, à celui qui a été stipulé pour la première et qu'une donation soit faite dans le cours de cette dernière période, ce n'est pas le prix de cette dernière période, mais le prix moyen de toutes les années qui composent sa durée, qui doit être pris pour base du revenu des biens donnés (Sol. 16 sept. 1814, D. N. t. 12 p. 323 n° 770 ; — 18 fév. 1836, 11467 J. E. ; — Seine 14 juill. 1853, 15017 J. N., 15703 J. E., D. N. t. 5 p. 84 n° 514, 16615-5 J. N. ; — Sol. 14 nov. 1872, 1er oct. 1873, 20 sept. 1875).

On forme, dans ce cas, conformément au mode indiqué par l'art. 75 L. 15 mai 1818, une année commune qui représente le produit annuel en rapport avec la valeur locative véritable pendant toute la durée du bail, car, on l'a vu au mot *Bail*, le bail à périodes est réellement fait pour toute la durée des périodes réunies. D'ailleurs, cette règle ne serait-elle pas dans l'esprit de la loi, qu'elle se trouverait dictée par l'équité ; des circonstances ont pu influer sur une période plutôt que sur une autre, et si l'on prenait en considération chaque période isolément, on pourrait léser tantôt l'intérêt des redevables, tant celui du Trésor.

Cette opinion, que nous avons émise dans nos éditions antérieures a été confirmée depuis par deux jugements du tribunal de la Seine, des 12 juillet et 24 août 1861 portant : « Attendu que la valeur réelle du revenu d'un bail consenti moyennant un prix progressif ne peut être établie qu'en compensant les périodes et d'après les prix réunis divisés par le nombre des années » (1521 R. P. ; 17249 J. N., 12044, 17364 J. E.) ; — et par des jugements du Mans du 27 août 1868 (2893 R. P.), de Saint-Etienne, du 19 août 1873 ; (3718 R. P.), du Havre, du 27 août 1868 (2893 R. P.) et de Moulins du 29 mars 1876 (4411 R. P.).

Mais il a paru que cette formation de l'année moyenne ne doit pas être étendue aux contributions mises à la charge du fermier et variant quelquefois chaque année. Celles de l'année courante doivent être prises pour base (16615-5 J. N.). Il serait, en effet, très difficile d'opérer autrement, et nous croyons qu'il y a lieu de suivre cette doctrine. L'administration a cependant rendu une solution en sens contraire le 21 juillet 1877.

8467. Bail réduit le même jour que le décès. — Il a été décidé, en matière de donation, que si le prix d'un bail a été réduit par un acte du même jour que la donation des biens affermés, l'Administration a le droit de prendre pour base de la liquidation du droit, le bail ancien alors même que rien ne prouverait que cette réduction ait eu lieu en fraude des droits du Trésor, car, du moment que rien n'indique que la réduction soit antérieure à la donation, l'Administration est fondée à ne considérer comme courant que l'ancien bail (Tulle 15 déc. 1852, 15609 J. E.). — *A fortiori* en serait-il de même si le bail n'avait été réduit que postérieurement à l'acte de donation (Seine 14 juill. 1853, 15703 J. E., 15017 J. N.).

Ces décisions sont parfaitement applicables à la matière des successions, sauf une distinction essentielle : toutes les fois que le bail réduit aura une date certaine postérieure au décès, il ne pourra être pris pour base de déclaration. Mais du moment qu'un acte de réduction aura été passé par le bailleur, cet acte fût-il sous seing privé et ne fût-il pas enregistré, il devra être pris pour base du revenu des biens, alors même qu'il aurait été rédigé le jour même de la mort du bailleur, car il aura acquis date certaine par le décès.

La raison de cette distinction est facile à saisir. Un acte ne prend pas sa date de l'heure, mais du jour de sa rédaction. Donc, lorsque l'acte de réduction a été passé le même jour que l'acte de donation, on ne peut dire qu'il lui est antérieur. Mais il n'en est plus de même lorsqu'il s'agit du décès, car un bail passé par le défunt est évidemment antérieur à son décès. Si donc l'entrée en jouissance des biens doit partir de la date même du bail, ce bail se trouvant courant au moment du décès doit servir de base à la déclaration de succession, sauf, bien entendu, le cas de fraude.

Décidé, en ce sens, que si le prix d'un bail courant a été réduit par le bailleur par un acte sous seing privé ayant acquis date certaine par son décès, ce n'est que le prix ainsi réduit qui doit être pris pour base à la déclaration de succession (11465-2 J. E.).

8468. Bail augmenté. — Par raison inverse, le bail courant, au moment d'une donation, doit exclusivement servir de base à l'évaluation du revenu des biens, quoique le prix ait été modifié, pour l'avenir, par un nouveau bail portant la mention dans cet acte de la donation et présenté à l'enregistrement avec ce dernier contrat (Tulle 15 déc. 1852, 15609 J. E.). — Il en serait de même pour les successions.

8469. Bail modifié. — Lorsqu'un bail a été modifié *d'une manière quelconque*, antérieurement à la mutation, la question de savoir s'il doit être pris pour base de la déclaration du revenu présente des incertitudes. Il faut admettre, en principe, que si les modifications sont telles que le revenu des biens ne puisse pas être établi d'après le bail, sans discussion, l'expertise devra prévaloir sur le bail (Cass. 9 vend. an 13). « Attendu, porte cet arrêt, qu'il est impossible de prendre pour règle d'évaluation, à l'effet de parvenir, par la Régie, à savoir à quelle somme doit monter le droit par elle demandé, et le bail qui ne doit plus être regardé comme bail courant, et la ventilation qui a eu lieu d'après l'acquisition faite par Dudevant, de la nation, de moitié des forges de Mon-

cor, circonstances et dépendances, puisque avec ces forges avaient été adjugés à Gehard cent quarante arpents de bois en coupes réglées, par le bail prétendu courant, qui lui ont été retirés, et qui, par là, ont diminué de beaucoup la valeur de l'usine ; qu'en outre, ce bail présente différentes clauses à l'avantage dudit Gehard, qui, loin d'entrer pour revenu dans la déclaration par lui faite doivent au contraire le diminuer. »

Si, au contraire, les modifications introduites dans le bail résultent de circonstances passagères ou accidentelles qui ne peuvent enlever au bail son caractère de bail courant, le bail prévaudra sur l'expertise (Seine 13 avr. 1842).

1. APPRÉCIATION. — Au reste, on comprend parfaitement que dans l'hypothèse où nous sommes placé, on ne peut donner aucune règle fixe. La question de fait devra toujours dominer la question de droit, et l'appréciation sera toujours souveraine.

8470. — Bail emphytéotique. — Si le législateur et la jurisprudence admettent les baux courants comme documents et même comme éléments obligés de constatation du revenu, c'est parce que ces actes ne paraissent pas ouvrir la porte à la fraude non plus qu'à l'arbitraire. Mais nécessairement cette disposition ne s'applique qu'aux baux à ferme ou à loyer qui, seuls, en révélant le véritable revenu pour le propriétaire, sont de nature à faire apprécier la véritable valeur de la propriété.

Mais aux baux à ferme ou à loyer, on ne saurait aucunement assimiler les baux emphytéotiques, qui ont pour objet de partager la propriété en domaine direct et domaine utile, de conférer au preneur à long terme non une location ou un fermage, mais une propriété précaire et temporaire, sur laquelle le bailleur ne conserve qu'une expectative maintenue et reconnue par un cens ou redevance à lui payé à titre de rente et non à titre de représentation de revenu.

Aussi, a-t-il été reconnu par la C. cass., le 17 novembre 1852, qu'un bail emphytéotique ne peut être pris pour base du revenu : « Attendu, porte l'arrêt, que l'effet de l'emphytéose est d'opérer une division de la propriété immobilière en deux parties, l'une réservée au bailleur, l'autre transmise au preneur à charge d'une redevance ; attendu qu'en cas de mutation par le décès, soit du bailleur, soit du preneur, il y a lieu à la perception d'un droit d'enregistrement proportionnel en raison de la valeur de la propriété acquise à chacun d'eux ; attendu que la part réservée au bailleur ne consiste pas seulement dans la redevance emphytéotique ; que cette part se compose encore de tous les avantages qui lui sont assurés à la fin du bail, et qui sont plus ou moins considérables, selon la durée de ce bail, et d'autres circonstances qui peuvent augmenter ou diminuer la valeur de l'immeuble donné à l'emphytéose ; qu'ainsi, cette valeur ne saurait être fixée d'après la redevance uniquement, à la différence des baux ordinaires dont parle l'art. 15 § 7 L. 22 frim. an 7 ; que c'est, dès lors, le cas de recourir à l'expertise autorisée par l'art. 19 de la même loi, lorsque l'insuffisance dans l'évaluation ne peut être établie par actes qui puissent faire connaître le revenu des biens » (15553 J. E., 14820 J. N., 1986-7 I. G., S. 52-1-747).

Cet arrêt vient indirectement à l'appui du système que nous avons soutenu n° 2978. La C. cass. en admettant que la valeur des biens ne saurait être fixée d'après la redevance emphy-téotique, à cause des circonstances particulières qui peuvent augmenter ou diminuer la valeur de l'immeuble donné à emphytéose, indique implicitement que cette valeur doit être déterminée par l'évaluation des parties.

8471. Bail par l'usufruitier. — La loi n'est pas limitative; elle n'exige pas que le bail de l'immeuble ait été passé par l'auteur de la mutation. Ainsi le bail passé par l'usufruitier doit être pris pour base du revenu des biens quand il s'agit de la perception des droits de mutation dus par l'héritier du nu-propriétaire (10390, 14930-3 J. E.).

Il en est de même, on l'a vu précédemment (n° 8451-2) du bail d'un immeuble de communauté consenti par le mari seul. Ce bail doit être pris pour base d'évaluation dans la succession de la femme, quoiqu'il n'ait acquis date certaine que depuis le décès de celle-ci (Cass. 3 mars 1840, 1618-5 I. G., 10626 J. N., 12484 J. E., S. 40-1-381).

8472. Sous-bail. — On a vu, au n° 2578, que le sous-bail constitue un nouveau bail du preneur originaire au sous-locataire. Il n'y a donc pas de raison pour que, s'il est courant au moment de la mutation, on ne doive le prendre pour base de l'évaluation du revenu de la mutation. Il a été jugé, en ce sens, que le sous-bail consenti par le fermier, et accepté par le propriétaire, doit être pris pour base du revenu de l'immeuble affermé, encore que le bail consenti par le propriétaire ne soit pas connu (Bernay 18 nov. 1839, 12778 J. E.).

Seulement, il est indispensable que ce sous-bail ait été accepté du propriétaire. Autrement l'héritier pourrait refuser de l'admettre d'après la maxime : res inter alios acta neque podest neque nocet, et c'est seulement un acte opposable au redevable qui peut servir à déterminer le revenu de ses immeubles (16857-3 J. E.; — Cass. 21 janv. 1812, 1537 n° 266 I. G., S. 12-1-184, 4430 J. E.). — V. 8448 et 8482.

Si le sous-bail est fait pour un prix inférieur et si le premier bail es courant, ce dernier doit être préféré (Sol. 26 juin 1875).

ARTICLE 2. — ACTES DE TOUTE NATURE ÉTABLISSANT
LE REVENU

[8474-8485]

8474. Principe général. — Nous avons vu, au n° 8444, que toutes les fois que des immeubles transmis entre-vifs à titre gratuit ou par décès, sont loués par bail courant au moment où s'opère la mutation, le bail doit nécessairement servir de base pour la liquidation du droit. C'est là une application directe de l'art. 15 n°s 7 et 8 L. 22 frimaire an 7. Mais la loi va plus loin, son art. 19 est conçu en termes généraux. L'expertise peut être suppléée par toutes sortes d'actes pouvant faire connaître le véritable revenu des biens.

8475. Faculté d'appréciation laissée aux juges. — Mais cette disposition de la loi ne revêt pas, comme

la première, un caractère impératif. Il reste toujours dans le domaine du juge d'ordonner l'expertise, s'il ne trouve pas dans les actes produits des éléments suffisants pour constater l'insuffisance de la déclaration.

C'est ce qu'établit l'I. G. 1537 n° 265, dans laquelle on lit : « A défaut de bail courant et d'une demande en expertise formée par l'Administration, les juges peuvent adopter pour base de l'évaluation des biens tous actes qui en font connaître le revenu. »

Il résulte évidemment de là qu'on ne peut, sur ce point, fonder aucune théorie, car là où l'interprétation est souveraine, aucune règle ne peut être créée. Les décisions que nous allons faire connaître prouveront, par leurs apparentes contradictions mêmes, que, tout système étant impossible, il faut nécessairement s'abandonner au pouvoir discrétionnaire des tribunaux.

8476. Expertise antérieure entre l'Administration et les parties. — Jugé qu'une expertise antérieure au décès, intervenue entre le défunt et l'Administration sur des biens dépendant de sa succession, doit servir de base à l'évaluation du revenu de ces biens, nonobstant tout refus des héritiers. (Cass., 18 janv. 1825, 1166 § 5 I. G., 1537-265 I. G.; — Cass. 1 déc. 1835, 11389 J. E., 9415 J. N., 1513 § 4. I. G.) : « Attendu, porte ce dernier arrêt, que la Régie avait argué de dol et de fraude le bail du 13 avril 1829, et soutenu, qu'en tout cas, il ne pouvait être placé au nombre des baux courants, mentionnés dans l'art. 15, n° 7, de la loi du 22 frimaire an 7, et que le tribunal de Saint-Flour, appréciant les faits et circonstances, a pu, sans violer aucune loi, déclarer que cet acte ne pouvait être considéré comme bail courant dans le sens que la loi du 22 frimaire an 7 attache à ce mot, et qu'il a pu également, à défaut d'un bail courant et d'une demande d'expertise nouvelle, prendre, conformément à l'art. 19 de la loi du 22 frimaire an 7, pour base de l'évaluation des droits et comme étant établissant l'insuffisance de la déclaration, l'expertise faite à l'égard des mêmes biens, contradictoirement avec l'auteur du demandeur; ladite expertise homologuée par des décisions ayant l'autorité de la chose jugée entre ledit demandeur et la Régie. »

8477. Expertise à la requête des parties. — Il a été décidé, dans le même sens, que l'insuffisance d'évaluation d'immeubles dans une déclaration de succession peut, à défaut de bail courant, être établie par une expertise des mêmes biens, faite à la requête des héritiers, pour le partage de la succession, et homologuée en justice. Cette expertise, quoique faite en l'absence de l'Administration peut être invoquée par elle pour la demande d'un supplément de droits de mutation. (Le Havre 11 janv. 1838, 11959 J. E. ; — Seine 21 août 1850, 13036-13 J. E.;—Lisieux 16 nov. 1850, 13102-2 J. E.; — Cass. 26 fév. 1851, 15148 J. E., 14324 J. N., 1883 § 8 I. G.,S. 51-1-268 ; — Brives 9 fév. 1859, 1285,1314 R. P., 16820 J. N., 11774 C., 17088 J. N.).

C'est ce qui a été également reconnu, au sujet d'un échange, pour un rapport d'expert homologué en justice. (Issoire 23 juill. 1851, 14477 J. N.).

Il en serait ainsi alors que l'expertise serait postérieure à la déclaration de succession. (Cass. 18 janv. 1825). « Attendu, porte l'arrêt, que rien n'empêchait la Régie d'établir l'insuffisance de la déclaration des immeubles sur une expertise faite et avouée par les héritiers Berthfort eux-mêmes » (Dalloz, n° 4744, 1166-5 et 1637-265 I. G.).

1. HOMOLOGATION.—Le tribunal de Melun a même jugé, le 23 juin 1843 (13298 J. E.), que le rapport d'experts peut être pris pour base quoiqu'il ne soit pas homologué. Mais il faut pour cela que les parties l'aient accepté; car autrement il ne pourrait pas leur être opposé (V. le jugement de Brives précité).

2. ÉPOQUE D'ÉVALUATION. — D'ailleurs, l'expertise faite à la requête des parties ne suffirait pas pour constater une insuffisance d'évaluation, si le procès-verbal ne contenait pas l'évaluation *au moment du décès*, ou si elle était purement approximative comme celle que l'on fait comme mise à prix d'une licitation.

8477 bis. Inventaire. — L'insuffisance peut être établie par les énonciations d'un inventaire sur le prorata des fermages des biens, et cette énonciation est applicable non seulement au nu-propriétaire mais encore à l'usufruitier qui assiste à l'opération : « Attendu, porte un jugement de Lille du 21 avril 1870, que le dit inventaire a été fait tant à la requête de la dame Bédu qu'à celle de la dame Forestier; que les énonciations faites par celle-ci l'ont été en présence du mandataire de la dame Bedu, sans contradiction de sa part; que la dame Bedu, loin de protester sérieusement contre la déclaration de la dame veuve Forestier, notamment contre celle dont il s'agit au procès, les a admises pour le prorata des loyers; que, dans sa propre déclaration à l'Enregistrement, elle a en outre pris pour base les chiffres de loyers déclarés par la veuve Forestier; qu'elle n'en a négligé que les impôts et l'assurance; que ces faits démontrent à l'évidence qu'elle acceptait les déclarations de l'inventaire. »

8478. Jugement. — Non-conciliation. — Il n'y a pas lieu de recourir à l'expertise lorsque l'insuffisance peut être établie par un jugement rendu contre le fermier pour un terme de fermage ou par un procès-verbal de non-conciliation entre le fermier et le propriétaire, dans lequel le montant du fermage est énoncé (Rouen 30 juill. 1839, 12361 J. E.).

8479. Partage antérieur au décès. — Les juges peuvent, pour fixer la quotité du droit de mutation à percevoir sur un bois dépendant d'une succession, prendre pour règle d'évaluation, en l'absence de tout autre document, et lorsque l'Administration n'a point requis l'expertise, la valeur, en capital, donnée à ce bois par un partage antérieur au décès, et le revenu tel qu'il est déterminé, pour les bois non aménagés, par la loi du 3 frimaire an 7, pour l'assiette de la contribution foncière (Cass. 31 déc. 1823). « Attendu, porte l'arrêt, qu'à défaut de baux courants, ou de demande d'expertise de la part de la Régie, les juges peuvent, sans violer cette

loi, prendre, pour l'évaluation, telle autre base que d'autres actes ou une loi analogue leur indiquent; d'où il suit que n'y ayant, dans l'espèce, ni baux courants ni demande d'expertise, le tribunal civil de Nantes a pu, pour régler l'évaluation des biens déclarés par les défendeurs, comme héritiers du sieur Lemoyne de Beaumarchais, prendre, comme il l'a fait, pour simples documents, soit l'acte du partage passé entre ces mêmes héritiers et l'Administration le 30 pluviôse an 6, soit les dispositions analogues de la loi du 3 frimaire an 7, sur la contribution foncière » (7787 J. E.).

8480. Partage postérieur à la déclaration de succession. — Même règle lorsque, après la déclaration de succession, les biens sont portés, dans le partage des biens de cette succession, à un revenu supérieur à celui déclaré. (Amiens 17 janv. 1840, 14903 J. E.).

8481. Vente. — Cependant, à côté de la décision que nous venons d'indiquer, on trouve deux arrêts de Cass., des 25 pluviôse an 8 et 26 pluviôse an 11, qui ont décidé qu'un acte de vente postérieur à la déclaration n'est pas propre à faire connaître une véritable valeur indépendante des circonstances qui ont accompagné la vente. — De tels actes, d'ailleurs, ne font connaître que la valeur vénale. Il serait à tous points de vue impossible de s'en servir comme base légale d'appréciation du revenu (V. Seine 30 août 1838, 12147, J. E.), et V. n° 8485).

8482. Déclaration d'un fermier. — On ne peut ranger dans la classe des actes pouvant faire connaître le revenu véritable des biens la simple déclaration du fermier, faite à l'insu ou sans la participation du propriétaire. Il y a lieu, dans ce cas, de recourir à l'expertise, si l'évaluation des parties paraît insuffisante (Cass. 21 janv. 1812, P. *chr.* 84, 1537, n° 266 I. G.). — V. 8448 et 8472.

8483. Déclaration de succession. — Lorsque le revenu des immeubles grevés a été porté par le grevé dans la déclaration de succession à une somme supérieure à l'évaluation faite par le notaire pour l'enregistrement du testament, l'Administration peut réclamer par contrainte au grevé le payement des droits exigibles sur l'excédant (Caen 19 août 1870, 3467 R. P.).

8484. Contribution foncière. — Rôle. — Le tribunal du Havre a jugé, le 11 janvier 1838 (11959 J. E.), qu'à défaut de bail courant ou d'estimation par experts, l'héritier ne peut se prétendre autorisé à prendre pour base de sa déclaration le revenu imposable porté au rôle de la contribution foncière.—En ce sens déjà, la C. cass., par un arrêt du 4 août 1807, avait statué en ces termes : « Attendu que, selon les art. 15 et 19 L. 22 frimaire an 7, les droits de mutation à raison de succession doivent se payer d'après la véritable valeur des immeubles, sans distraction des charges; qu'il est de notoriété que cette véritable valeur des immeubles ne se trouve pas dans les rôles de la contribution foncière, où l'évaluation est faite tout au plus par approximation, et souvent au-dessous du prix de l'immeuble ; attendu que si, dans le cas de l'art. 2165 du C. C., la valeur déterminée dans le rôle des contributions foncières est suffisante pour fixer l'étendue de l'hypothèque due à des créanciers, c'est que la validité de cette évaluation ne leur nuit pas, et que le débiteur aurait d'autant plus mauvaise grâce de s'en plaindre que plus l'évaluation est modique, moins il paye de contribution ; d'où il suit que le jugement attaqué, en refusant l'expertise dont il s'agit, a fait une fausse application de l'art. 2165 C. C., et violé, etc. » (2681 J. E., S. 7-2-117. —*Conf.*: Cass. 5 avr. 1808, D. N. t. 12 p. 326 n° 797, S. 8-1-122). — *V.* 3261.

8485. Actes ne faisant connaître que la valeur vénale.

—Au reste, le tribunal de la Seine a jugé, en thèse générale, le 30 août 1838 (12147 J. E.), que, lorsque la perception doit être assise sur le revenu, on ne peut prendre pour base du droit de mutation soit un rapport d'experts entre les parties évaluant les biens en valeur vénale, soit le prix d'une vente.

C'est ce qu'avait déjà établi l'Administration, en décidant, le 9 juillet 1825 (8276 J. E.), que la perception des droits sur les donations d'immeubles étant basée sur le revenu attribué aux biens, on ne peut constater l'insuffisance de ce revenu par une évaluation faite en capital dans un partage subséquent passé entre les mêmes parties. — *V.* 8481 et 16652.

Ces actes peuvent seulement servir d'élément pour former la conviction des experts. — *V.* 8479.

CHAPITRE IV — RÈGLES COMMUNES AUX DEUX MODES D'EXPERTISE

[8486-8498]

8486. Faculté d'expertise refusée aux parties.

— En principe, c'est sur la déclaration des parties que le droit doit être perçu ; il faut donc conclure de là qu'à l'Administration seule appartient le droit d'expertiser cette déclaration. Aussi, aucun article de la loi n'autorise les acquéreurs, à quelque titre que ce soit, à faire régler par expertise la valeur de ces biens. C'est ce qui résulte d'une jurisprudence constante (Cass. 27 avr. 1807, S. 7-2-742, 1537-248 I. G.; 14 juin 1803, S. 10-1-146, 3900 J. E., 1er avril 1829, S.29-1-928, 1293-4 I.G. et 19 août 1829, 1303 §8, 1537 n° 248 I. G., S. 29-1-381; Cass.16 août 1847, 7983 C.; — Blois 25 juill. 1848 et 19 août 1851, 14616, 15299 J. E.; — Guéret 18 juin 1855, 528 R. P.).

L'arrêt du 1er avril 1829 porte : « Attendu, qu'aucun article de loi n'autorise les héritiers ou autres nouveaux possesseurs d'immeubles à eux transmis par décès, à faire régler par voie d'expertise la valeur du revenu de ces immeubles ; que ce mode d'évaluation n'est ouvert par la loi qu'en faveur de la Régie, et pour le cas où il n'existe point d'actes qui établissent suffisamment la valeur de ce revenu. »

L'arrêt du 16 août 1847 est ainsi conçu : « Attendu que les art. 17 et 19 L. 22 frimaire an 7 n'attribuent qu'à la Régie

la faculté de demander l'expertise, si la valeur déclarée lui paraît inférieure à la valeur réelle. »

8487. Le droit de l'Administration est sans contrôle.

— L'Administration n'a point à rendre compte des motifs sur lesquels elle fonde sa demande d'expertise : il n'est pas nécessaire qu'elle justifie d'une dissimulation ou d'une infériorité du prix exprimé, comparé à la valeur vénale. Il suffit aux termes de l'art. 17, que ce prix lui *paraisse* inférieur à cette valeur. — *V.* en matière de revenu 8444, 8474.

8488. Les tribunaux ne peuvent surseoir.

— L'expertise étant le moyen spécial indiqué par la loi de connaître la vraie valeur d'un immeuble, pour la perception du droit de mutation, l'art. 59 L. 22 frimaire an 7 exige que les tribunaux ne puissent surseoir sous aucun prétexte (1537 n°s 274, 275, 276 I. G.).

8489. Une seconde expertise peut être refusée.

— Il est cependant un cas où les juges peuvent se dispenser d'ordonner une expertise, c'est celui où ils trouveraient dans une première expertise tous les moyens de clairer complétement sur la valeur d'un immeuble (Cass. 18 juill. 1815).

8490. Indivisibilité des biens relativement à l'expertise.

— L'Administration doit faire expertiser tous les immeubles indivis pour obtenir le revenu d'une portion de ces immeubles qui a fait l'objet d'une donation, et les parties ne sont pas recevables à prétendre que pour procéder à l'expertise il faut un partage préalable (Cass. 18 juill. 1821, *arrêt rapporté* n° 8461 ; — Saint-Affrique 8 juin 1848, 14507 J. E.). — *V.* 8410.

8491. Charges.

—Aux termes de l'art. 15 n°s 4, 6 et 7, la valeur de la propriété ou de l'usufruit s'établit, pour la liquidation du droit, soit par le prix exprimé en y ajoutant le capital des charges, soit par le capital du revenu sans distraction des charges. Il résulte évidemment de là que les charges doivent toujours être prises en considération en matière d'expertise (Abbeville 9 janv. 1827, 8991 J.E., 6512 J.N.).

Or, par charge, on entend ici, selon un arrêt de la C. cass. du 9 avril 1862, ce qui constitue une dette, une obligation incombant au propriétaire (1617 R. P., 2239-6 I. G., S. 62-1-538, 17402 J. N., 12211 C., 328 Rev.). — *V.* 2552.

1. CONTRIBUTIONS. — La contribution foncière rentre dans cette catégorie. Quand il y a un bail et que le fermier est obligé de la payer, on ne peut pas douter qu'il faille l'ajouter au prix de location pour déterminer la somme annuelle dont la capitalisation servira de base à la perception du droit de bail. — Par conséquent, si l'immeuble ainsi loué faisait l'objet d'une mutation par décès ou d'une donation, c'est le prix déterminé de cette façon, c'est-à-dire dans lequel

figure l'impôt foncier, qui devrait servir d'assiette à la liquidation du droit (Charleville 10 fév. 1860, 1433 R. P., 17081 J. E., 11946 C.; — Rethel 28 nov. 1861, 17423 J. E.; — Dunkerque 7 sept. 1861, confirmé en cass. le 9 avr. 1862, 1532 et 1617 R. P., 2239-6 I. G., 17402 J. N., 12108, 12211 C., 328 Rev., 17353 17462 J. E., S. 62-1-538). — V. 2552.

C'est également ce qui résulte des deux autres arrêts de cass. des 7 janvier 1823 (7384 J. E.) et 16 avril 1847 (14335 J. E., 13129 J. N., S. 48-1-139) : « Attendu, porte l'arrêt du 16 avril 1847, que le capital de la valeur des biens échangés doit être calculé sur le revenu multiplié par 20, sans distraction des charges, et notamment des impôts. »

En général, les contributions sont évaluées au quart du prix du bail quand le montant n'en est pas indiqué dans le contrat; mais nous avons expliqué au mot *Bail* que ce procédé était complétement arbitraire et ne devait pas être toléré.

2. INTÉRÊTS D'UNE SOMME DÉPOSÉE. — L'obligation imposée au preneur dans un bail de verser immédiatement entre les mains du bailleur, à titre de garantie, une somme remboursable sans intérêts à la fin du bail, implique nécessairement pour le preneur une charge égale à l'intérêt non exigible. Il faut donc ajouter cette charge au prix du bail pour déterminer le revenu de l'immeuble passible du droit de mutation par décès (Cass. 30 janv. 1867, 2409 R. P., 2357 § 3 I. G., 18347 J. E., S. 67-1-179, D. 67-1-300).

3. DESSÈCHEMENT. — IRRIGATION. — Il en est de même, d'après l'arrêt précédent, de la cotisation aux frais de dessèchement et d'entretien des canaux d'irrigation, attendu que ces travaux sont une charge du revenu et qu'ils doivent être acquittés par le propriétaire.

De même pour la charge imposée au preneur d'entretenir un canal servant à des usines appartenant au bailleur (Grasse, 25 juin 1877).

4. CONSTRUCTIONS. — Si la charge consistait dans l'obligation d'élever des bâtiments sur le terrain, les parties devraient estimer l'importance de cette charge et le tribunal ne pourrait y suppléer d'office au moyen d'une expertise (Cass. 21 juin 1869, 2938 R. P., 2393-3 I. G., S. 69-1-387, D. 69-1-474, P. 69-949).

Décidé, de même, que, lorsqu'il est stipulé, dans un bail, que le preneur ajoutera des constructions aux bâtiments loués et retiendra pour se payer une portion du prix du bail, cette portion entre comme le surplus dans le prix de la location et le revenu des immeubles est déterminé par l'intégralité du prix (Valence 26 juin 1871, 3478 R. P.).

5. IMPENSES AU PROFIT DU FERMIER. — Lorsqu'il est stipulé, dans un bail, que le fermier est autorisé à prendre chaque année sur le prix du bail une somme qu'il pourra employer en drainages, chaulage du cheptel et augmentation du cheptel, cette somme doit être déduite du prix total de la location pour déterminer le chiffre du revenu courant au jour du décès du bailleur, parce que ce sont là des améliorations qui profitent directement au fermier et sont faites dans son intérêt (Trévoux, 11 avr. 1867, 3479 R. P.; — *Conf.* : Oloron, 31 août 1877, acq. 27 déc. 1877).

6. CHARGE ÉVENTUELLE. — Les parties doivent déclarer la valeur estimative d'une charge, même éventuelle, imposée à l'acquéreur d'un immeuble, et, si le montant de cette évaluation, ajouté au prix stipulé, paraît inférieur à la valeur

vénale, il y a lieu de demander l'expertise (C. cass. 24 juin 1811, 1537 nº 235 I. G., 4111 J. E.).

7. RENVOI. — Au surplus, nous ne pouvons que nous référer, sur la question de savoir de quoi se compose le prix du bail, aux développements dans lesquels nous sommes entré aux nᵒˢ 2541 et suiv.

8492. Modes d'évaluation. — C'est au mot *Instance* que nous développons les règles qui doivent présider aux modes d'estimation du revenu ou de la valeur vénale des diverses natures d'immeubles expertisés.

SECTION PREMIÈRE. — FRAIS ET DOUBLE DROIT

[8493-8498]

8493. Droit commun. — En droit commun, et aux termes de l'art. 130 C. proc., toute partie qui succombe doit être condamnée aux dépens. Cette condamnation est la peine du plaideur téméraire. La règle précédente gouverne la matière des expertises comme les autres, et il n'y saurait être dérogé qu'en vertu d'un texte précis. Ce texte existe dans l'art. 18 L. 22 frimaire an 7, puisqu'il laisse les frais à la charge de l'Administration quand l'insuffisance du prix de vente n'excède pas le huitième de la somme stipulée au contrat. Mais l'art. 19, relatif à l'estimation des revenus, a gardé le silence sur le sort des frais de la procédure, et ce silence a été la source d'une controverse des plus graves.

Nous devons examiner successivement la question à l'égard des ventes ou autres mutations à titre onéreux, des mutations par décès et des donations entre-vifs.

8494. Frais de l'expertise à la charge de la partie. — Et d'abord, aucun doute ne saurait s'élever pour les transmissions à titre onéreux dans lesquelles le droit se perçoit sur un prix stipulé. Si l'estimation des experts excède de plus d'un huitième le prix ou l'évaluation portée au contrat, le tribunal ne peut se dispenser de condamner la partie aux frais de l'expertise (Cass. 7 mars 1808, S. 8-1-212, 1537-303 I. G., 2870 J. E.; — 2 oct. 1810, 3727 J. E., 1537-310 I. G., et 23 déc. 1817, S. 18-1-167, 1537 310 I. G.).

L'arrêt du 7 mars 1808 porte : « Attendu que, dans l'hypothèse actuelle de trois experts, deux s'accordaient pour estimer 2,280 francs la maison vendue à Elsberg pour 2,000 francs seulement, c'est-à-dire 30 fr. au delà du huitième en sus du prix exprimé au contrat; qu'ainsi on ne pouvait pas, sans violer les articles ci-dessus, affranchir Elsberg du payement tant des frais de l'expertise que du double droit d'enregistrement sur le supplément de l'estimation. »

L'arrêt du 23 décembre 1817 est ainsi conçu : « Considérant que l'estimation, dans l'espèce, excède de beaucoup le huitième du prix exprimé au contrat; qu'ainsi les frais de l'expertise étaient à la charge du défendeur; que le tribunal de Saint-Étienne l'a reconnu et qu'il a condamné le défendeur au payement de ces frais; en sorte qu'il a contrevenu à l'art. 8

T. III.

31

L. 27 ventôse an 9, en refusant de le condamner au payement du double droit sur le supplément. »

Cette jurisprudence est l'application directe de l'art. 18 L.
22 frimaire an 7, dans lequel on lit : « Les frais de l'expertise seront à la charge de l'acquéreur, mais seulement lorsque l'estimation excédera d'un huitième au moins le prix
énoncé au contrat. »

1. FRAIS A LA CHARGE DU TRÉSOR. — La conséquence
de cette disposition est que, si de l'expertise résulte seulement
une insuffisance inférieure au huitième du prix porté dans
l'acte, les frais de l'expertise tombent à la charge de l'Administration.

2. ERREUR DE L'ADMINISTRATION PROVENANT DU
FAIT DES PARTIES. — L'Administration, lorsque l'estimation des experts reste au-dessous d'un huitième en sus du
prix exprimé, est considérée comme un plaideur téméraire.
Mais les parties ne pourraient invoquer le bénéfice de la
disposition légale qui met les frais de l'expertise à la charge
de l'Administration, pour le cas où l'évaluation des experts
ne dépasse pas d'un huitième le prix déclaré, si elles avaient
mis, par leur fait, l'Administration dans le cas de se
méprendre, soit sur la nature de l'acte, soit sur l'immeuble à
l'occasion duquel elle aurait requis l'expertise. Aucune témérité ne pourrait alors lui être imputée.

Jugé dans ce sens, que, lorsque, dans un acte de vente,
les parties, par des indications fautives, ont mis l'Administration dans le cas de provoquer l'expertise d'un immeuble
autre que celui qui fait l'objet du contrat, c'est à l'acquéreur
à supporter les frais de l'expertise, car à ce cas ne s'applique
pas l'art. 18. (Cass. belge 23 juill. 1839). — Jugé encore
que les frais doivent être mis à la charge de la partie, alors
même que l'estimation des experts reste au-dessous d'un
huitième, si elle a présenté comme contrat d'échange un
acte qui constituait une véritable vente (Cass. 20 mars
1839, S. 39-1-346, P. 39-1-464, 11290 J. E.).

8495. Mutations par décès. — Il ne saurait y
avoir d'embarras non plus au sujet des mutations par décès.
L'art. 39 L. 22 frimaire dispose, en termes exprès, que,
du moment qu'une différence existe entre la déclaration
des héritiers et l'estimation des experts, cette différence, si
elle est en plus du côté de l'expertise, donne ouverture au
double droit et rend la partie adverse de l'Administration
passible des frais, quelque minime que soit d'ailleurs cette
différence.

8496. Donation. — Mais le plus sérieux conflit s'est
élevé en jurisprudence pour le payement des frais de l'expertise intentée en matière de donation. La C. cass. avait d'a-
bord décidé, par une série d'arrêts, que la moindre insuffisance
dans le rapport des experts met tous les frais de la procédure à la charge des parties (Cass. 11 mars 1824, S. 24-
1-197; — 1er mai 1824, 7765 J. E.; — 21 mai 1824, 1146-5
I. G.; — 9 mai 1826, S. 26-1-446, 8467, 8490 J.E., 1146 § 2,
— 1200 § 4, 1537 no 311 I.G.; — 20 déc. 1837, 11950 J.E.,
1562 § 10 I. G., S. 38-1-168).

Mais elle a abandonné cette jurisprudence par un arrêt du
30 mars 1832, pour déclarer qu'il résulte de l'ensemble de la
loi du 22 frimaire an 7, et notamment des art. 19 de cette
loi et 5 de celle du 27 ventôse an 9, que le mode et les conséquences légales de l'expertise, tels qu'ils sont déterminés
par l'art. 18, sont applicables *aux cas prévus par l'art.* 19
comme à celui prévu par l'art. 17; que, dès lors, les frais de
l'expertise ne doivent être à la charge du redevable que lorsque l'estimation excède d'un huitième la valeur déclarée
(15412 J. E., 14622 J. N., S. 52-1-354).

Ce revirement, déterminé surtout par les conclusions
de M. l'avocat général Nicias-Gaillard, nous avait paru
d'abord justifié par l'argumentation très-spécieuse du savant
magistrat dont nos éditions précédentes reproduisaient en
substance les observations. Nous avons eu depuis l'occasion de revenir plusieurs fois sur cette nouvelle interprétation de la loi et il nous a paru définitivement impossible
de l'accepter. Le lecteur trouvera dans une dissertation
spéciale, insérée au no 3009 R. P., les raisons qui
doivent en déterminer le rejet; la longueur de ce travail
qu'il serait impossible d'écourter sans nuire à son intelligence,
ne nous permet pas de les rapporter ici. Mais nous tenons pour
certain que, dans l'esprit comme dans le texte de la loi, les
donations sont, aussi bien que les successions, régies par le
droit commun de l'art. 130 C. proc. et par les dispositions
de l'art. 39 L. 22 frimaire an 7; que, dès lors, les frais de
l'expertise tombent à la charge des redevables, quand il
existe la moindre insuffisance de revenu.

C'est, d'ailleurs, ce qu'a catégoriquement décidé, depuis, un
nouvel arrêt de la ch. civ. du 30 août 1869 conçu en ces termes :
« Attendu que la loi fiscale a organisé deux cas d'expertise
correspondant aux deux catégories de transmissions immobilières que établies pour la perception de l'impôt : l'un
par l'art. 17 L. 22 frimaire an 7, aux termes duquel, si le
prix énoncé dans un acte translatif de propriété ou d'usufruit
à titre onéreux paraît inférieur à la valeur vénale à l'époque
de l'aliénation, par comparaison avec les fonds voisins de
même nature, la Régie pourra requérir une expertise; l'autre
par l'art. 19 de la même loi, d'après lequel il y aura pareillement lieu à recourir à l'expertise des revenus des immeubles
transmis en propriété ou en usufruit à tout autre titre qu'à
titre onéreux, lorsque l'insuffisance dans l'évaluation ne
pourra être établie par actes qui puissent faire connaître
le véritable revenu des biens; attendu que la sanction
pénale édictée par la loi en vue d'assurer l'exactitude dans
les déclarations et estimations a été par elle appliquée aux
contrevenants d'après la même distinction; qu'en effet, d'une
part, quant aux transmissions d'immeubles à titre onéreux,
le droit est perçu d'après la valeur vénale sur le prix déclaré,
l'art. 18 L. 22 frimaire an 7 et l'art. 5 L. 27 ventôse an 9
mettent les frais de l'expertise et le droit en sus à la charge
de l'acquéreur, mais seulement lorsque l'estimation excède
d'un huitième au moins la prix énoncé au contrat; et que,
d'une autre part, quant aux transmissions d'immeubles à
titre gratuit, passibles de l'impôt à raison du revenu, l'art. 39
L. 22 frimaire an 7 impose, sans limitation ni réserve, aux
héritiers donataires ou légataires, de payer les frais d'expertise
et le droit en sus, dès que, dans une mesure quelconque, il y
a insuffisance constatée dans les estimations de biens déclarés;
attendu que cette dernière disposition est générale; qu'elle
a trait à l'expertise des transmissions immobilières, qui,

ayant lieu à titre gratuit, sont toutes indistinctement passibles du droit proportionnel à raison du revenu ; qu'en effet l'art. 39, loin de présenter un troisième cas d'expertise qui aurait pour objet seulement les mutations par décès, contient le complément et la sanction de l'art. 19, dont, au surplus, il faisait partie dans le projet primitif de la loi du 22 frimaire an 7 et dont il n'a été détaché ensuite, pour être reporté au titre des peines, que dans un pur intérêt de méthode ; qu'il s'explique donc par les termes de ce dernier article, lequel, disposant, selon son expression même, en vue de l'expertise du revenu des immeubles transmis en propriété ou en usufruit à tout autre titre qu'à titre onéreux, comprend ainsi les transmissions entre-vifs aussi bien que les mutations par décès, et conduit à conclure que, soit qu'il s'agisse d'une donation entre-vifs, soit qu'il s'agisse d'une mutation par décès, c'est l'art. 39, à l'exclusion de l'art. 18, qui régit les conséquences légales de l'expertise et le payement des frais ; attendu que cette induction tirée du texte est justifiée aussi par les motifs de la loi ; que la règle de l'art. 39 est fondée sur ce que, le produit d'un immeuble étant ou pouvant être toujours connu des parties avec exactitude, toute déclaration insuffisante de produit, à quelque degré que ce soit, est le résultat de la mauvaise foi ou de la négligence, tandis que la règle moins rigoureuse de l'art. 18 repose sur ce que le prix vénal d'un immeuble subissant l'influence de circonstances diverses souvent imprévues, la déclaration peut en être insuffisante dans une certaine mesure, sans impliquer une pensée de dissimulation de la part du déclarant ; que, d'après cela, ce serait méconnaître les motifs de la loi, les donations entre-vifs étant, comme les mutations par décès, soumises à l'impôt à raison du produit, que de faire aux expertises auxquelles elles donneraient lieu, l'application d'une règle édictée en vue de l'expertise de la valeur vénale » (3010 R. P., 2394-6 I. G., S. 69-1-441, P. 69-1169, 19812 J. N., 2650 Rev., 18868 J. E.).

V. une dissert. de M. Pont, *Rev. crit.* t. 3 p. 22, et de M. Serrigny t. 1 p. 65 (*Id.* Coll. nouv.).

8497. Double droit. — L'art. 39 L. 22 frimaire an 7 dispose : « La peine pour les insuffisances constatées dans les estimations des biens déclarés sera d'un droit en sus de celui qui se trouve dû pour l'objet de l'insuffisance. » Il ne pouvait pas être douteux, dès lors, qu'en matière de mutation par décès le double droit fût toujours exigible sur le capital de l'insuffisance reconnu. — Mais il n'était pas certain que cette règle fût applicable aux transmissions entre-vifs à titre gratuit, puisque l'art. 19, qui autorisait à leur égard l'emploi de l'expertise, gardait le silence sur ce point. D'un autre côté, les art. 17 et 18 L. an 7, relatifs à l'expertise des mutations à titre onéreux, ne parlaient pas non plus de la peine du droit en sus ; et il arrivait ainsi qu'aucune peine n'atteignait la dissimulation ou l'insuffisance.

Pour réparer cette lacune, l'art. 7 L. 27 ventôse an 9 déclare que, « dans tous les cas où les frais de l'expertise autorisée par les art. 17 et 19 L. 22 frimaire an 7 tomberont à la charge du redevable, il y aura lieu au double droit d'enregistrement sur le supplément de l'estimation. » Comme les frais de l'expertise intentée en matière de revenus sont toujours à la charge des parties dès qu'il y a une insuffisance, le droit en sus est toujours dans le même cas exigible. Mais, en matière de prix de vente, les frais demeurant à la charge de l'Administration, si l'insuffisance n'excède pas le huitième du prix, aucun droit en sus ne peut être alors réclamé.

Cependant l'arrêt de cass. du 15 mars 1854, que nous avons rapporté au n° 8416, a dérogé à cette règle. D'un côté, en effet, il a repoussé la demande du double droit formée par l'Administration ; de l'autre, il a condamné la partie aux frais de l'expertise. Mais cette décision, intervenue dans un cas tout à fait spécial, ne saurait être prise pour règle et laisse intact le principe qui résulte de la loi du 27 ventôse an 9.

8498. Supplément de droit. — En tout état de cause, le droit simple est incontestablement exigible sur le capital supplémentaire constaté par l'expertise. Les art. 18 et 39 L. 22 frimaire an 7 le décident catégoriquement ainsi pour les ventes et les successions, et c'est ce qui résulte également pour les donations de l'art. 5 L. 27 ventôse an 9.

CHAPITRE V. — DES DISSIMULATIONS DE PRIX

[8499-8519]

8499. Loi du 23 août 1871. — L'expertise dont nous venons de nous occuper a pour but de constater que la valeur vénale ou locative d'un immeuble est supérieure à la somme stipulée dans le contrat ou dans la déclaration. Son résultat est indépendant de la sincérité du prix ou du revenu ; elle n'est destinée à constater que les insuffisances et non les dissimulations.

La loi du 23 août 1871 a organisé, pour établir, dans certains cas, ces dissimulations, un système nouveau qui se résume dans les articles suivants :

« Art. 12. Toute dissimulation dans le prix d'une vente et dans la soulte d'un échange ou d'un partage sera punie d'une amende égale au quart de la somme dissimulée et payée solidairement par les parties, sauf à la répartir entre elles par égale part.

« Art. 13. La dissimulation peut être établie par tous les genres de preuve admis par le droit commun. Toutefois, l'Administration ne peut déférer le serment décisoire et elle ne peut user de la preuve testimoniale que pendant dix ans à partir de l'enregistrement de l'acte.

« L'exploit d'ajournement est donné, soit devant le juge du domicile de l'un des défendeurs, soit devant celui de la situation de biens au choix de l'Administration. La cause est portée, suivant l'importance de la réclamation, devant la justice de paix ou devant le tribunal civil. Elle est instruite et jugée comme en matière sommaire ; elle est sujette à appel, s'il y a lieu. Le ministère des avoués n'est pas obligatoire ; mais les parties qui n'auraient pas constitué avoué ou qui ne seraient pas domiciliées dans le lieu où siège la justice de paix ou le tribunal, seraient tenues d'y faire élection de domicile, à défaut de quoi toutes significations seront valablement faites au greffe.

« Le notaire qui reçoit un acte de vente, d'échange ou de partage est tenu de donner lecture aux parties des dispositions du présent article et de celles de l'art. 12 ci-dessus.

Mention expresse de cette lecture sera faite, dans l'acte, à peine d'une amende de 10 francs. »

Ces dispositions répressives ont produit un médiocre résultat (4298 R. P.).

8500. Dissimulation de revenu. — Une première remarque à faire, c'est que les dispositions précédentes s'appliquent limitativement aux prix de vente et aux soultes d'échange et de partage. On ne pourrait donc pas les étendre aux revenus et l'expertise demeure le seul moyen d'établir les dissimulations commises dans l'évaluation de la valeur locative (2413 § 5 n° 2 I. G.).

Cette règle s'appliquerait même dans le cas, par exemple, où le prix d'un bail, servant légalement de base à la liquidation du droit, aurait été dissimulé dans la vue de diminuer les droits à payer au Trésor. Cette dissimulation serait punie par les moyens spéciaux que nous indiquerons. — V. *Bail.* — Mais l'atténuation qui en résulte pour la perception applicable à la mutation à laquelle le revenu déterminé par le bail sert de base resterait une insuffisance ordinaire.

8501. Échange. — Ainsi, en ce qui concerne l'échange, la loi du 23 août 1871 s'appliquera à la dissimulation de la soulte stipulée entre les parties. Mais elle ne s'étendrait pas à la plus-value que l'un des lots présenterait sur l'autre par suite de ce que les biens auraient été frauduleusement déclarés du même revenu. L'amende du quart ne serait pas due et l'expertise ordinaire serait le seul moyen de constater la fraude (Sol. 5 janv. 1873, 18 juin 1873).

8502. Meubles. — Un second point à signaler, c'est que, bien que l'art. 12 parle des ventes, échanges ou partages, il paraît certain néanmoins qu'il ne s'agit que de ventes, échanges ou partages d'immeubles. Les transmissions mobilières n'étant pas sujettes même à l'expertise, on ne concevrait pas qu'on y ait appliqué la procédure beaucoup plus grave organisée par la nouvelle loi. D'ailleurs, la discussion révèle que les auteurs de l'innovation et l'Assemblée ont toujours eu en vue les transmissions immobilières. Il est regrettable que le texte n'ait pas été mieux rédigé, parce que la généralité de sa formule laisse place au doute et à l'interprétation.

8503. Fonds de commerce. — Néanmoins, la loi du 28 février 1872 a étendu aux mutations de fonds de commerce les dispositions de l'art. 12 L. 23 août 1871 (art. 8). — V. *Mutation.*

8504. Charges. — La dissimulation punie par la loi du 23 août 1871 n'est pas seulement celle qui s'applique au prix principal de la mutation. Elle existe encore quand ce sont les charges qui ont été dissimulées. L'Administration l'a ainsi reconnu à l'occasion d'une cession de droits successifs dans laquelle on avait célé les dettes imposées au cessionnaire. Elle a fait, avec raison, réclamer l'amende du quart (Sol. 10 août 1872, 5 juill. 1873, 24 juin 1874 ; *Conf. :* Tarbes 25 déc. 1875, 4318 R. P. ; — Le Puy, 20 déc. 1877, 4972 R. P. ; — Monastier, 8 janv. 1878, 4873 R. P.).

8505. Rente. — D'après la loi et la jurisprudence, la vente faite moyennant une rente donne lieu au droit proportionnel sur la valeur de cette rente déclarée par les parties. Il a été reconnu qu'il n'y avait pas dissimulation dans le sens de la loi quand le capital de la rente est estimé au-dessous de sa valeur. S'il est constaté ultérieurement que le capital ayant servi de base à la liquidation du droit proportionnel est inférieur à la valeur réelle de la vente ou des biens, c'est là une simple insuffisance passible du droit en sus (Sol. 18 mars 1873).

8506. Emploi de l'expertise. — Ainsi que le fait remarquer l'Administration dans l'I. G. 2413 § 5, l'action en expertise et l'action en répression de la fraude ne se confondent ni ne s'annulent. Après avoir fait constater, par un rapport d'experts, si la valeur vénale d'un immeuble est ou non supérieure au prix exprimé dans l'acte, l'Administration peut encore, dans les délais spéciaux qui lui sont accordés, établir que le prix ou la soulte a été dissimulé et réclamer sur l'excédant l'amende du quart.

De même, si elle a fait constater l'existence de la dissimulation, elle peut encore provoquer l'expertise qui doit établir, en dehors de toute fraude, la valeur vénale réelle des immeubles transmis.

8507. Pénalités. — Amende. — Solidarité. — La peine prononcée par l'art. 12 L. 23 août 1871 est une amende égale au quart de la somme dissimulée. A cette amende il faut ajouter les décimes ordinaires, ce qui en porte le montant actuel à plus de 30 pour 100 (31-25). Elle est due solidairement par les parties qui la répartissent également entre elles.

Cette dernière disposition suppose que la dissimulation se trouve juridiquement établie à l'égard du vendeur et de l'acquéreur ou des échangistes ou des copartageants. Si elle ne l'était qu'à l'égard de l'un d'eux, par exemple au moyen d'un aveu personnel ou d'une pièce opposable à son auteur seul, il paraît certain que l'Administration n'aurait aucune action contre les autres parties. L'amende serait due, en ce cas, par l'auteur de l'aveu personnellement, sans que ses cocontractants pussent être responsables, tant qu'on n'aura pas prouvé à leur encontre l'existence de la dissimulation.

1. DÉCÈS. — Il a même été reconnu que, si l'un des deux contractants est décédé, on ne peut poursuivre contre le survivant que le recouvrement de la moitié de la peine du quart, parce que, s'il est vrai que la loi déclare les contrevenants solidaires, elle n'en divise pas moins l'amende entre eux (Sol. 31 juill. 1873, 17 mai 1876).

2. CALCUL DE L'AMENDE. — L'amende est calculée sur le quart réel de la somme dissimulée, sans qu'il y ait lieu d'arrondir la somme de 20 francs en 20 francs, conformément à l'art. 2 L. 27 ventôse an 9 (Sol. 10 août 1872).

3. REMISE. — La remise de l'amende encourue par l'acquéreur n'empêche pas de réclamer celle du vendeur (Sol. 24 août 1877 ; — Corte, 18 fév. 1878).

8508. Cumul. — Aux termes de l'art. 12 L. 23 août 1871, toute dissimulation dans le prix d'une vente et dans la soulte d'un échange ou d'un partage sera punie d'une amende égale au quart de la somme dissimulée, et payée solidairement par les parties, sauf à la répartir entre elles par égale part.

La dissimulation, porte l'I. G. 2413 § 5 n° 2, doit être considérée comme constituant un dol passible d'une amende spéciale qui est indépendante des droits simples et en sus exigibles sur la mutation, et dont le payement doit être poursuivi suivant les règles du droit commun. Si donc un acte contient la preuve d'une dissimulation, il sera, lors de l'enregistrement, soumis aux perceptions suivantes : 1° droit simple sur l'excédent de prix et droit en sus sur cet excédent, si la mutation remonte à plus de trois mois; — 2° amende du quart de la somme dissimulée.

On a soutenu que l'amende du quart comprenait le droit simple et le droit en sus de mutation, qu'elle n'avait été fixée à un chiffre aussi élevé que pour désintéresser précisément le Trésor de toutes les conséquences de la fraude et qu'aucune expression du texte n'autorisait à y ajouter encore un double droit (J. du not. 2571). Mais cette interprétation peut être contestée. Il résulte, en effet, de l'ensemble de la discussion de la loi, qu'on a voulu imposer au fait de la dissimulation, une peine toute spéciale, distincte des droits ordinaires de mutation. Le double droit prononcé par la législation antérieure n'ayant pas paru suffisant, on y a ajouté l'amende du quart, afin, dit l'auteur de l'amendement qui est devenu la loi, de jeter la terreur parmi ceux qui seraient tentés de suivre les traditions funestes de la dissimulation. Le droit en sus est alors exigible, comme le fait remarquer l'Administration dans son I. G. du 9 mars 1872, en vertu de l'art. 5 L. 27 ventôse an 9.

L'Administration l'a ainsi décidé par une Sol. 10 août 1873 et le tribunal de Bellac s'est prononcé dans le même sens le 16 avril 1875 (4298 R. P.).

La question est cependant très-délicate.

Elle le devient surtout en ce qui concerne le mode de preuve et le délai accordé pour la constatation de la fraude.

Si le droit simple et le droit en sus demeurent régis par la législation antérieure, il faut admettre que l'Administration n'a qu'un an pour rechercher la dissimulation et qu'elle ne peut le faire que dans les conditions spéciales de la loi de l'an 7. Et alors on arrive à cette conséquence singulière que la dissimulation peut se trouver prouvée pour l'application de l'amende du quart et ne pas l'être pour celle du droit simple et du droit en sus.

L'Administration soutient que les art. 12 et 13 L. 23 août 1871 gouvernent le droit simple et le droit en sus comme l'amende du quart. Mais, en présence du silence du texte, il n'est pas certain que sa prétention triomphe en jurisprudence.

8509. Délai de trois mois. — L'instr. 2413, dans le

passage que nous venons de citer, dit que le droit en sus sera dû sur l'excédent du prix ou de la soulte formant l'objet de la dissimulation si la mutation remonte à plus de trois mois.

Il en résulte que, quand les parties reconnaissent, soit par acte, soit par déclaration, l'existence de la dissimulation, moins de trois mois après la vente, l'échange, le partage, etc., le droit en sus n'est pas dû. Elles ne sont passibles que de l'amende du quart.

Cette disposition est difficile à justifier en droit.

En principe, dès que la fraude existe et qu'elle est constatée après l'enregistrement de l'acte ou de la déclaration, le droit de l'Administration est acquis dans son entier. L'amende et le double droit doivent être exigibles (3830 R. P.). Mais l'I. G. 2413 le décide autrement et elle a toujours reçu son exécution dans les termes où elle est conçue.

8510. Frais. — La loi ne parle pas des frais de la pro-

cédure engagée pour constater la dissimulation. Mais il est manifeste que, si cette dissimulation est établie ou reconnue, tous les frais sont à la charge des parties, si faible que soit l'excédent.

8511. Mode de preuves. — La dissimulation peut

être établie par tous les genres de preuves admises par le droit commun. La loi n'en excepte que le serment décisoire, c'est-à-dire celui qui est déféré directement par l'une des parties à l'autre.

1. PRÉSOMPTIONS. — TÉMOIGNAGE. — Dès lors l'Administration pourra invoquer les présomptions et le témoignage. Il lui sera permis de faire interroger en justice les auteurs de la dissimulation présumée, de provoquer une enquête dans laquelle seront entendus les témoins qui ont assisté à la rédaction du contrat ou qui ont été à même d'en connaître les stipulations réelles. Le témoignage a été quelquefois employé avec succès (Bellac, 16 avr. 1875).

2. SERMENT. — Le juge peut aussi, en cas de doute, déférer à la partie le serment qu'on appelle supplétoire, dans les termes prévus aux art. 1366 et suiv. C. C.

Ces procédures doivent être suivies conformément au droit commun. Nous y reviendrons plus spécialement au chapitre des Instances.

3. AVEU. — Au nombre des preuves ordinaires de droit commun que l'art. 13 met à la disposition de l'Administration se trouve incontestablement l'aveu du débiteur (art. 1156 C. C.). Mais, pour que l'Administration soit autorisée à appliquer dans sa rigueur la peine de l'amende du quart, il faut que l'aveu soit formel, en d'autres termes que le débiteur reconnaisse expressément que le prix porté au contrat est simulé. Il faut, en outre, qu'il soit fait en connaissance de cause, c'est-à-dire que le débiteur soit éclairé sur les conséquences de son aveu (Sol. 2 août 1872).

4. ENQUÊTE. — De même, lorsque l'existence d'une dissimulation est constatée par les énonciations d'une enquête et d'un jugement, il y a lieu de réclamer l'amende du quart (Sol. 4 oct. 1872).

5. PROCÉDURE. — « Le droit d'administrer ces preuves, dit l'Administration, constitue entre les mains de l'État un moyen redoutable destiné, suivant les paroles de l'auteur de l'amendement, à jeter la terreur parmi ceux qui avaient tenté de suivre la tradition funeste de la dissimulation et à prévenir le mal. Pour que ce double but soit atteint, il importe de n'agir qu'avec discrétion et sûreté. L'Administration, exposée au retentissement d'un débat oral au jugement de l'opinion, doit s'inspirer des grands intérêts publics qu'elle représente et éviter de provoquer des instances où son bon droit ne serait pas évident. Les directeurs, avant d'engager aucune affaire,

doivent réunir avec soin toutes les preuves de la fraude présumée et en référer par un rapport détaillé au directeur général, qui, en accordant son autorisation, indique la voie à suivre et les moyens à employer. C'est répondre, du reste, au vœu de l'Assemblée, que d'éclairer les parties sur les conséquences d'une dissimulation quelconque; et il est expressément recommandé aux employés de tout grade de tenir la main à ce que les notaires remplissent exactement l'obligation qui leur est imposée de donner lecture aux parties des dispositions de la loi » (2413 § 5 n° 2 I. G.). — V. *Instances*.

6. CONTRAINTE. — Quand la dissimulation est prouvée par un acte représenté à l'administration, il y a lieu de poursuivre le recouvrement des droits et amendes par contrainte (Sol. 24 août 1877). Il n'y a pas lieu alors de s'écarter de la procédure ordinaire de la loi de l'an vii ni d'ordonner la mise en cause des parties et le débat oral (Cass. 15 juill. 1878).

8512. Soumission. — Bien qu'en principe il ne soit pas permis de transiger sur les créances du Trésor, sauf dans les cas exprimés par la loi, il est d'usage d'accepter des soumissions par lesquelles les parties et l'Administration préviennent ou terminent d'un commun accord l'instance relative à l'existence d'une dissimulation de prix. Rien ne s'oppose à ce que ce procédé soit suivi pour constater les dissimulations dans le cas prévu par la loi du 23 août 1871. Seulement, il ne faut pas oublier que les parties qui ne sont pas familières avec le langage juridique doivent être soigneusement averties des conséquences de leurs expressions. Il ne faut pas leur faire souscrire une soumission pour dissimulation, alors qu'elles entendent seulement reconnaître une simple insuffisance.

D'un autre côté, l'Administration, en acceptant les offres des redevables, s'est toujours réservé jusqu'à présent le droit de réclamer un supplément de droit si le chiffre réel de la dissimulation était constaté postérieurement par un mode légal (Sol. 25 août et 4 sept. 1873; Sol. 13 mars 1874, 19517 J. É.).

Dans ces circonstances, la soumission perd une partie de son utilité.

8513. Délais. —Prescription. — L'Administration ne peut user de la preuve testimoniale que pendant dix ans à partir de l'enregistrement de l'acte (L. 23 août 1871 art. 12). Mais tous les autres moyens de preuves peuvent être fournis dans l'espace de trente ans (2413 § 5 n° 2 I. G.).

8514. Lecture. — D'après l'art. 13 L. 23 août 1871, le notaire qui reçoit un acte de vente d'échange ou de partage est tenu de donner lecture aux parties des art. 12 et 13 de cette même loi et de faire mention de cette lecture dans l'acte à la peine de 10 francs d'amende.

Nous avons donné au mot *Acte notarié* toutes les explications nécessaires à cet égard.

Ajoutons seulement que la mention régulière de cette lecture n'empêcherait pas le notaire d'être passible d'une peine disciplinaire, s'il était constaté qu'il a participé à une dissimulation, par exemple, en acceptant le dépôt du prix réel supérieur au prix stipulé (Foix 1er sept. 1873, 3823 R. P.).

8515. Déclaration des parties. — C'est une question très-délicate et très-controversée que celle de savoir dans quels cas la reconnaissance par les parties de l'existence d'une insuffisance ou d'une dissimulation autorise la réclamation des droits supplémentaires sur l'excédant.

Aucun doute ne peut réellement exister lorsque l'insuffisance ou la dissimulation est constatée par un acte formant entre les parties le titre même de la mutation, quand, par exemple, un acte de vente sous seing privé, contenant l'énonciation d'un certain prix, est remplacé par un acte authentique dont le prix est inférieur. Le silence gardé par l'Administration pendant le délai accordé pour requérir l'expertise ne lui interdit pas de réclamer le droit proportionnel sur l'excédant du prix lorsque l'acte sous seing privé vient à sa connaissance : nous le démontrons au mot *Mutation secrète* n° 11516. Et la raison en est qu'il ne s'agit pas alors seulement d'un droit supplémentaire sur la mutation des immeubles, mais d'un droit à percevoir sur un acte distinct, complet en lui-même et régulièrement assujetti à la formalité.

Nous ne pouvons donc nous associer sur ce point à la doctrine d'un jugement d'Arlon du 10 mars 1869, d'après lequel, lorsque l'Administration a laissé passer le délai fixé pour l'expertise du prix d'une vente d'immeubles, elle n'est plus autorisée à réclamer un supplément de droit sur la partie de ce prix dont un jugement constate la dissimulation (3625 R. P.). Un tel jugement, en effet, forme, comme l'acte qui serait rédigé entre les parties, le titre supplémentaire de la mutation, et l'exigibilité du droit est aussi bien justifiée sur le supplément de prix que le serait celle du droit. de vente sur le jugement qui constaterait l'existence d'une transmission pour lui en servir de titre.

Il n'en est plus ainsi lorsque l'insuffisance du prix stipulé résulte de simples présomptions ou de déclarations unilatérales consignées dans des actes opposables aux parties. Ces documents ne donnent pas par eux-mêmes ouverture au droit proportionnel ; ils servent seulement de preuve pour en établir l'exigibilité et la question revient à savoir si cette preuve est autorisée par la loi. Nous ne l'avons pas pensé dans nos éditions précédentes et nous ne pouvons que persister dans cet avis.

Le législateur de l'an 7, en déterminant au titre 2 de la loi les valeurs sur lesquelles le droit proportionnel serait assis, a également indiqué les moyens de contrôler leur évaluation. Et il a distingué pour cela les mutations donnant lieu au droit sur le prix exprimé ou la valeur vénale, des transmissions assujetties à l'impôt sur le capital du revenu. A l'égard des revenus, l'art. 19 déclare que la valeur locative peut être établie non-seulement par l'expertise, mais encore par tous actes- de nature à faire connaître le produit des biens. Pour la valeur vénale, au contraire, l'art. 17 se borne à autoriser l'emploi de l'expertise. La corrélation de ces deux articles est très-significative, elle démontre que le législateur n'a pas voulu donner au Trésor pour la constatation des valeurs vénales les mêmes facilités que pour celle des revenus, pensant, sans doute, que le produit d'un bien étant plus facile à connaître que sa valeur, la dissimulation est plus répréhensible dans le premier cas et doit être dès lors plus aisément recherchée. Quoi qu'il en soit, les dispositions des art. 17 et 19 constituent des procédures spéciales organisées en dehors du droit commun se suffisant à elles-mêmes et posant les limites de l'investigation accordée au Trésor dans les matières qu'elles régissent.

L'opinion contraire repose sur des considérations plutôt que sur des arguments. On allègue que le droit de prouver la fraude appartient dans tous les cas à l'Administration en vertu des principes généraux de la législation; que la loi du 22 frimaire an 7 a eu pour but de combler une lacune de la loi de 1790 en assurant le payement de l'impôt « par des moyens auxquels l'abus et la fraude ne puissent échapper » (Rapport de Duchâtel); et que, si le législateur n'avait pas permis de percevoir un supplément de droit quand la simulation dans la valeur vénale est établie par l'aveu des parties, il aurait assuré l'impunité de la fraude (V. 16274 et 16279 J. E.). — Mais nous ne pensons pas que ces raisons, qui ont cependant fait impression sur certains tribunaux, puissent prévaloir contre les déductions rigoureuse des textes : « La Régie, dit Merlin *Rép.* v° *Fraude*, ne pourrait pas prouver par témoins que le prix exprimé dans un contrat de vente est inférieur à celui qui a été réellement convenu entre les parties ; l'art. 17 L. 22 frimaire an 7 lui ouvre une voie plus simple, celle de l'estimation par experts ; et ce qui fait bien voir qu'en lui ouvrant cette voie elle entend lui interdire tous les autres genres de preuves, c'est qu'elle ne lui accorde qu'un an pour la prendre. »

La loi du 23 août 1871 a tranché la difficulté en ce qui concerne les dissimulations. Ces dissimulations pouvant être établies par tous les genres de preuves admises par le droit commun, il n'est pas douteux que l'aveu, la déclaration ou la reconnaissance, soit par le vendeur, soit par l'acheteur, soit par l'un des échangistes ou des copartageants, que le prix ou la soulte stipulé au contrat est inférieur à la somme réellement convenue, autoriserait contre l'auteur ou les auteurs de la déclaration la demande du droit et de l'amende édictés par l'art. 12 de la loi.

Mais nous croyons que la question reste entière à l'égard des insuffisances. L'exposé des motifs de la loi du 23 août 1871 semblerait indiquer cependant que l'Administration avait renoncé à réclamer les droits supplémentaires, même quand l'insuffisance était reconnue par un acte signé des deux parties. « Dès que le délai pour provoquer l'expertise est expiré, dit l'exposé des motifs, les parties protégées par la prescription peuvent impunément reconnaître, même dans les actes publics, les simulations de prix ou les insuffisances contenues dans des actes ou dans des déclarations antérieures. » Mais il nous semble que cette explication, destinée à justifier la mesure proposée à l'égard des dissimulations, va au delà de son but. Il nous paraît donc intéressant de rappeler l'ancienne jurisprudence sur les insuffisances, parce qu'elle n'a pas perdu son intérêt.

8516. Déclaration des deux parties.
— De ce que l'expertise est le seul moyen accordé à l'Administration pour constater l'insuffisance ou la dissimulation du prix, il en résulte bien que, quand, après l'enregistrement du contrat de vente, les parties reconnaissent par acte séparé que le vendeur a reçu un supplément de prix, cette déclaration, concertée entre le vendeur et l'acheteur, peut bien motiver la perception du droit simple, parce qu'elle sert de titre aux parties et complète le contrat antérieur. Mais aucun droit en sus n'est exigible. « En matière d'insuffisance de prix, porte très-justement une Sol. 24 décembre 1863, il faut que l'insuffisance soit constatée par expertise ou par contre-lettre sous seing privé, pour qu'il y ait lieu à la perception d'un droit en sus. L'augmentation de prix stipulée volontairement dans un acte notarié, comme dans l'espèce (on reconnaissait, le 19 nov. 1862, que le prix de 2,000 fr. stipulé en un acte du 25 mars 1862 était

de 6,000 fr.), ne rentre dans aucun de ces deux cas et ne rend donc pas le droit en sus exigible (1919 § 1er R. P.; — *Conf.* : Argentan 8 janv. 1830 et Dél. 24 août 1830, 7238 J. N.).

Plusieurs autres décisions ont été rendues dans le même sens.

1. CONTRE-LETTRE. — Ainsi, on ne peut percevoir le triple droit, comme contre-lettre, sur le jugement qui constate, de l'aveu des parties, qu'en dehors du prix d'une adjudication de biens de mineurs, il a été payé par l'adjudicataire une somme qui a été employée dans l'intérêt des mineurs, attendu que l'art. 40 L. 22 frimaire an 7 ne peut recevoir son application que lorsqu'il y a eu acte écrit et secret ; on ne peut non plus percevoir le double droit, attendu qu'il n'y a eu ni mutation d'immeubles tenue secrète, ni mutation verbale non déclarée dans les trois mois, ni insuffisance de prix constatée par expertise, seuls cas où le double droit serait exigible. Il n'est dû sur ce supplément de prix que le seul droit de vente (Dél. 12 déc. 1843, 11880 J. E., 12402 J. N., D. N., t. 4 p. 93 n° 501).

S'agissant, dans l'espèce, d'une dissimulation, la loi du 23 août 1871 serait directement applicable. C'est une remarque qui s'étend aussi aux hypothèses suivantes.

2. DÉCLARATION. — Lorsque, par une déclaration résultant d'un acte authentique, les parties reconnaissent elles-mêmes que le prix n'a pas été exactement exprimé dans l'acte de vente, cette déclaration, qui forme le complément du contrat primitif et qui a pour objet d'établir le véritable prix de la vente, peut, sans doute, autoriser la demande d'un supplément de droit sur l'excédant du prix de la mutation ; mais aucune disposition législative ne prononce, pour ce cas, la peine du double droit. Le double droit n'est exigible qu'autant que l'insuffisance a été constatée par voie d'expertise (Sol. 4 mai 1833, 4048 Roll.).

Bien plus, il a été décidé que l'acte par lequel on déclare que le prix réel d'une vente d'immeubles est supérieur à celui qui avait été porté dans un contrat *enregistré depuis plusieurs années* ne donne pas lieu au droit de 5 fr. 50 cent. pour 100, et, à plus forte raison, au double droit, mais seulement à celui de 1 franc pour 100 (Sol. 26 sept. 1835, 4943 Roll.; — Limoges 3 mars 1836, acquiescé par Sol. 11 mai suiv., 5107 Roll.).

3. JUGEMENT. — Le jugement qui constate qu'un supplément de prix a été payé par un acquéreur, en dehors de son contrat d'acquisition, mais qui n'établit pas l'existence matérielle d'un acte secret de ce supplément de prix, ne donne ouverture qu'au droit simple de vente sur le supplément reconnu (Dél. 12 déc. 1843, 13449 J. E., 11880 J. N.).

Dans ce même esprit, il a été reconnu que le jugement qui ordonne le rapport à une succession d'une somme de 40,000 francs payée par l'auteur pour le compte d'un de ses enfants, pour le prix d'un immeuble qui n'avait été porté qu'à 36,000 francs dans l'acte de vente, ne donne ouverture qu'au droit simple de mutation sur les 4,000 francs de différence (14836-6 J. E.). — V. 10625.

Le tribunal de Montauban avait également décidé que, lorsqu'un jugement constate l'existence d'une dissimulation dans le prix d'une vente d'immeubles enregistrée depuis plus d'une année, le droit proportionnel de transmission n'en est pas moins exigible sur la somme dissimulée (Montauban 11 déc. 1866, 2426 R. P., 13582 C. ; —*Contrà :* Rouen, 31 janv. 1877, 4695 R. P.; — Avignon, 24 avr. 1876 ; — Lille, 16 avri 1878, 4946 R. P.).

4. PARTAGE ANTICIPÉ. —Si un enfant qui prétend avoir été lésé par un partage anticipé obtient de ses copartageants un supplément en argent au moyen duquel il renonce à son action en lésion, le droit de 4 pour 100 est exigible comme soulte (Dél. 20 mars 1835, 11330-1 J. E.).

5. PRIX A FIXER. — Lorsqu'une vente a été consentie pour un prix provisoire, sauf à des experts à le fixer d'une manière définitive, le droit simple est le seul exigible sur le nouvel acte qui fixe à l'amiable et définitivement ce prix à une somme supérieure à celle portée dans le premier acte, attendu que le double droit n'aurait été exigible que dans le cas où l'Administration aurait fait constater par expertise l'insuffisance du prix du premier acte (Dél. 24 juill. 1828, 9110 J. E.).

8517. Déclaration par l'une des parties.—Mais nous avons toujours pensé que la perception du droit simple ne serait pas même justifiée si la reconnaissance émanait d'une seule des parties. On l'exige quand la déclaration est acceptée par le vendeur, parce que alors il se forme un véritable contrat pouvant servir de titre aux deux parties et renfermant un prix complémentaire applicable à une mutation. Mais cette cause d'exigibilité fait défaut si la reconnaissance est unilatérale : elle ne produit pas plus d'effet, en elle-même, que l'acte par lequel un tiers se déclarerait débiteur d'une certaine somme pour prix d'acquisition d'immeubles. Cet aveu permettrait bien sans doute à l'Administration de poursuivre, conformément à l'art. 12 L. 22 frimaire an 7, le recouvrement des droits de la mutation non enregistrée : il ne l'autoriserait pas à les percevoir immédiatement sur l'obligation. Or, dans l'espèce, la situation est la même, sauf que le titre de la transmission est enregistré. Si l'Administration trouve le prix énoncé dans le contrat insuffisant, elle peut provoquer l'expertise ; mais il ne nous avait pas semblé qu'elle fût fondée à assujettir *hic et nunc* l'obligation de l'acquéreur au droit propre de vente. Ce que nous disions de l'acquéreur s'appliquait aussi *à fortiori* au vendeur : il est bien plus évident encore qu'il ne peut se faire un titre à lui-même et dès lors que sa déclaration ne pouvait motiver la perception.

Par application de ces principes, il avait été reconnu :

1° que l'aveu judiciaire par l'acquéreur que le prix d'une vente d'immeubles est supérieur à celui qui est énoncé dans le contrat n'autorise pas à exiger un supplément de droit (Seine 15 déc. 1824, 8900 J. N., D. N. t. 13 p. 423 n° 531, Dél. 25 oct. 1826, 1226 C.; — *V.* Brives 14 janv. 1870, 3066 R. P.);

2° Que, si l'Administration n'a pas demandé en temps utile l'expertise de la valeur vénale des biens compris dans une donation dissimulant un contrat à titre onéreux, la déclaration ultérieure des parties, sur le montant exact des charges, ne saurait motiver aucun supplément de droit (Cass. 2 sept. 1812, D. 7-296);

3° Que l'insuffisance du prix d'une cession de droits successifs immobiliers ne peut être établie par les déclarations de l'acquéreur sur l'importance des dettes, et ne peut résulter

que de l'expertise provoquée en temps utile (1180-2, 1210-10, 1229-11 et 1537 n° 254 I. G.; — V. *Droits successifs* n° 7024);

4° Que la demande en expertise ne peut être arrêtée par une déclaration faite par acte notarié qui porte le prix de l'immeuble à un chiffre plus élevé que celui qui a figuré au contrat (14012-4 J. E.; — Pamiers 22 mars 1847, 14217 J. E.; — Mirecourt 14 janv. 1842, 12943 J. E., D. N. t. 5 p. 770 n° 9); — ni par une déclaration de l'espèce faite dans un inventaire ou une liquidation (Mamers 31 mars 1868, 2903 R. P.);

5° Que, quand, dans un testament, l'acquéreur ou l'échangiste d'un immeuble déclare que le prix de l'acquisition ou de la soulte de l'échange est supérieur à la somme qui a été exprimée dans le contrat, l'Administration n'est pas fondée à poursuivre contre les héritiers, par voie de contrainte, le recouvrement d'un supplément de droit sur l'excédant (Limoges 3 mars 1836, J. du not. n° 1665 et 1669 ; — *Contrà* Dél. 20 oct. 1835, 9066 et 9488 J. N.);

6° Le développement de cette règle de perception avait été très bien présenté dans une Dél. 13 février 1844 rendue en thèse générale et conçue en ces termes : « D'après l'art. 64 L. 12 frimaire an 7, le premier acte de poursuite pour le recouvrement des droits d'enregistrement est une contrainte; mais ce mode ne peut être employé lorsqu'il s'agit de suppléments de droits à recouvrer pour insuffisance dans les prix de vente stipulés dans les contrats, ou lorsque l'insuffisance dans l'évaluation du revenu des immeubles transmis à titre gratuit ou par décès ne peut être prouvée par des baux courants. Les art. 17, 18 et 19 de la même loi ont tracé à cet égard un mode spécial de poursuite : l'Administration n'a que la faculté de requérir l'expertise dont la demande doit être notifiée dans le délai d'un an ou de deux ans à partir du jour de l'enregistrement du contrat ou de la déclaration, selon que l'expertise a pour objet la valeur vénale ou le revenu des immeubles » (11948 J. N.). — Tel est également l'avis du D. N. t. 13 p. 424 n° 532 et t. 5 p. 776 n° 47 et du J. du not. n° 1669, 1711 ;

7° Mais l'Administration n'avait pas toujours été fidèle à cette doctrine et elle avait maintes fois tenté de réagir contre elle. Elle avait décidé notamment que l'aveu d'une dissimulation de prix faite par l'acquéreur dans un interrogatoire sur faits et articles dans un procès-verbal de conciliation, suffisait à justifier la demande du droit simple sur le supplément (Sol. 4 mai 1833, 18 avr. 1835, 2684 et 4165 C.);

8° De même, elle avait fait reconnaître par plusieurs tribunaux qu'un droit supplémentaire de vente est exigible : 1° quand, dans une dation en payement ou dans une cession de droits successifs immobiliers, l'insuffisance du chiffre des dettes mises à la charge de l'acheteur et déclarées dans le contrat est établie par l'aveu ultérieur de ce dernier (Guéret 18 juin 1855, 528 R. P.; — Espalion 10 avr. 1856 ; — Lavaur 17 fév. 1860, 1449 R. P.); — 2° ou quand la dissimulation du prix de vente résulte d'un billet souscrit par l'acquéreur (Saint-Amand 23 mars 1861);

9° Il a été décidé de même par le tribunal de Pont-l'Évêque que, pour établir la valeur vénale des immeubles apportés en société et soumis au droit de transcription au bureau des hypothèques, l'Administration peut, à défaut de l'expertise, recourir aux preuves et présomptions du droit commun (Sol.

28 déc. 1866, 18308 § 2 J. E.; — Pont-l'Évêque 29 août 1867, 2540 R. P.).

8518. Augmentation de revenu. — La loi du 23 août 1871 étant étrangère aux dissimulations de revenus, leur constatation reste sous l'empire des anciennes règles. Or, il est certain que l'aveu d'une insuffisance émanée de l'héritier ou du donateur seul suffit à justifier la demande des droits, puisque l'art. 19 L. 22 frimaire an 7 permet de prouver l'insuffisance au moyen de tous actes opposables aux parties.

Toutefois, il faut distinguer. Tant que l'acte n'est pas enregistré ou que le délai pour la déclaration n'est pas expiré, les parties peuvent rectifier, sans s'exposer au droit en sus, leurs premières évaluations. En ce sens, le ministre des finances a décidé que l'héritier ou donataire qui rectifie sa déclaration dans le délai de six mois, à compter du décès, ne peut être passible d'aucune peine, même dans le cas où, avant l'expiration du délai, il aurait été rapporté un procès-verbal ou décerné une contrainte (338 I. G.).

Mais, après l'enregistrement de l'acte ou après le délai fixé pour la déclaration de succession, le droit en sus est irrévocablement acquis. « Les parties, dit l'I. G. précitée, ne peuvent plus alors être dispensées de cette peine, lors même qu'elles offriraient volontairement de rectifier leur erreur » (V. 4299, 7028, 12110, 12943 et 14217 J. E.).

Il a été jugé, dans une espèce où l'offre avait été faite après l'expiration du délai de six mois, que l'exigibilité du droit en sus encouru pour insuffisance d'évaluation, aux termes de l'art. 39 L. 22 frimaire an 7, est acquise par le seul fait de la déclaration, et ne peut être couverte par l'offre, ultérieurement faite, de porter l'évaluation à un taux plus élevé, et d'acquitter le droit simple sur l'excédant. En conséquence, le tribunal qui, sous le prétexte d'une offre semblable, dispense la partie du payement du double droit sur la plus-value constatée par l'expertise, viole l'article précité de la loi du 22 frimaire an 7 (Cass. 4 déc. 1821, 7129 J. E., 1537 n° 312 I. G.).

« Attendu, porte l'arrêt, que l'exigibilité du droit en sus encouru par les défenderesses, par l'insuffisance de leur déclaration, aux termes de l'art. 39 de la même loi, était acquise par le seul fait de ladite déclaration, et n'a pu être couverte par leur offre ultérieurement faite, le 14 avril 1819, de porter le revenu de la terre de Beaumarchais à 15,600 francs, au lieu de 12,182 francs, à quoi elles l'avaient d'abord évaluée, offre tardive, puisqu'elle a été postérieure au jugement du 12 février précédent qui ordonnait une expertise, et insuffisante, puisqu'elle ne s'appliquait qu'au tiers du droit auquel la mutation de ladite terre donnait lieu, d'où il suit qu'en dispensant, sous ce prétexte, les défenderesses de la peine du double droit, le jugement attaqué viole l'art. 39 précité de la loi du 22 frimaire an 7. »

Nous ferons remarquer, au sujet de cet arrêt, qu'il renferme une erreur lorsqu'il dit que la peine du double droit était acquise par le seul fait de la déclaration; mais comme, dans l'espèce, la déclaration irrégulière avait été faite le 8 décembre 1817, et que la rectification n'avait été offerte que le 14 avril 1819, c'est-à-dire longtemps après l'expiration des délais, on peut supposer que la C. cass. n'a eu en vue que

cette circonstance de l'expiration du délai. C'est d'ailleurs ce qui ressort des autres considérants de l'arrêt.

8519. Offres suffisantes. — Frais de l'expertise. — Il arrive parfois que les parties, menacées ou se croyant menacées d'une expertise, offrent à l'Administration d'augmenter d'une certaine somme le prix ou le revenu déclaré et d'acquitter les droits exigibles. Si ces offres ne sont pas acceptées, et si cependant l'expertise démontre qu'elles étaient suffisantes, les frais exposés depuis cette époque seront-ils néanmoins à la charge des redevables? La question a été résolue dans les sens divers.

Pour la négative, on peut dire que l'expertise est un moyen accordé à l'Administration pour obtenir la réparation du préjudice que le contribuable lui a causé par ses déclarations inexactes; qu'aucun texte de la loi spéciale n'interdit à ce dernier le droit d'offrir à son créancier le payement de la somme due, afin d'éviter les poursuites dont il est menacé; que le créancier est en faute dès qu'il refuse de recevoir des offres suffisantes, et que, s'il persiste à continuer la procédure, les frais deviennent frustratoires pour le débiteur et ne sauraient être mis à sa charge. On ajoute qu'il n'est pas dans la pensée de la loi d'empêcher les redevables de reconnaître leur erreur et de retarder leur libération.

C'est pourquoi l'Administration a cru devoir acquiescer à un jugement portant que quand, dans un acte postérieur au contrat de vente d'un immeuble, les parties reconnaissent que le prix réel de l'objet vendu est supérieur à celui porté dans l'acte de vente, il n'y a lieu au payement du double droit sur l'expertise provoquée par l'Administration depuis la déclaration des parties, que tout autant que la valeur de l'immeuble fixée par les experts excède d'un huitième le prix de l'acte rectificatif. Ce dernier acte doit être présumé spontané et volontaire lorsqu'il a précédé la demande en expertise formée par l'Administration, alors surtout que, d'une part, celle-ci ne justifie pas que les parties aient été contraintes à le faire, et que, d'autre part, cet acte a eu lieu dans un temps peu éloigné de l'époque où l'acte de vente a été consenti (Dél. 19 août, 18 sept. 1837).

Jugé, de même : 1° que si des héritiers ou légataires, avertis qu'ils ont simulé le revenu des biens dans la déclaration qu'ils ont souscrite, font des offres d'augmentation, et que l'Administration, ne les trouvant pas suffisantes, requière l'expertise, si les experts ne donnent pas aux biens un revenu plus considérable que celui résultant des offres des déclarants, les frais de l'expertise seront à la charge de l'Administration (Seine 30 mai 1851, 15363 J. E.);

2° Que si l'acte rectificatif a été fait licitement, c'est au prix ou à l'évaluation du prix de vente qui en résulte et non pas au prix ou à l'évaluation du prix de vente de l'acte primitif que la valeur vénale fixée par l'expertise doit être comparée (Hazebrouck 26 fév. 1858);

3° Que si les nouveaux possesseurs poursuivis par voie d'expertise ont fait notifier à l'Administration des offres réelles refusées, on doit avoir égard à ces offres pour déterminer après l'expertise le sort des frais exposés depuis la signification des offres (Péronne 23 août 1867, 2742 R. P., 2058 Rev., 14088 C.). — Ce dernier jugement, déféré à la C. cass., a donné lieu à un arrêt de rejet de la chambre civile du 21 juin 1869 portant : « Attendu que la loi du 22 frimaire an 7, et spécialement l'art. 39 de cette loi invoqué par le pourvoi, loin de s'appliquer au cas particulier et distinct où, après une première soumission, les parties font avant l'expertise une offre reconnue depuis suffisante, comme dans l'espèce, et d'impliquer cette conséquence que, même dans ce cas, les frais doivent rester à la charge des parties, dispose, au contraire, que les contrevenants ne payeront ces frais que si l'insuffisance des estimations des biens déclarés est établie par un rapport d'experts ; que, dès lors, c'est le droit commun qui fait la loi des parties ; — Attendu, à cet égard, que l'art. 130 C. proc. dispose d'une manière générale et absolue que la partie qui succombe doit supporter tous les frais de l'instance à partir du jour où elle est complétement désintéressée par les offres de la partie adverse ; d'où il suit qu'en le décidant ainsi, en l'état des faits, le jugement attaqué, loin de violer les articles de la loi du 22 frimaire an 7, invoqués par le pourvoi, en a fait au contraire une juste et exacte application » (2940 R. P., 2393-1 I. G., S. 69-1-363, D. 69-1-429, P. 69-900, 19627 J. N., 18807 J. E., 2521 Rev.).

Pour soutenir que les frais doivent rester à la charge des redevables, on fait remarquer que, d'après le texte des art. 17 et 19 L. 22 frimaire an 7, c'est le prix énoncé dans l'acte ou le revenu porté dans la déclaration qui sert de comparaison avec les résultats de l'expertise. La loi n'autorise pas à tenir compte des rectifications postérieures, parce que, sans doute, elle a voulu ainsi assurer d'autant mieux la sincérité des déclarations en enlevant aux débiteurs la possibilité de se soustraire aux frais de l'expertise par une déclaration faite à la dernière heure. D'ailleurs, l'Administration n'est pas forcée de transiger. Si le contribuable a commis une insuffisance, il doit accepter toutes les conséquences de sa faute telles qu'elles sont indiquées par la loi, c'est-à-dire subir l'expertise avec les résultats légaux qu'elle entraîne. Cette doctrine trouve à s'appuyer sur plusieurs autorités.

1° Le propriétaire d'un domaine l'avait vendu moyennant une rente viagère et des charges estimées ensemble 30,000 francs. Ce prix ayant paru insuffisant, l'Administration invita les acquéreurs à reconnaître une dissimulation : le lendemain ceux-ci firent enregistrer un acte intervenu entre eux et le vendeur, par lequel celui-ci se désistait de certaines réserves, moyennant 10,000 francs, ce qui portait le prix total à 40,000 francs. L'Administration n'ayant pas trouvé cette rectification suffisante, poursuivit l'expertise, et la cour eut à juger si le prix déterminé par les experts devait être comparé avec la somme primitive de 30,000 francs ou celle de 40,000 francs. Elle se décida dans le premier sens par un arrêt du 29 mars 1859 portant : « Attendu que le prix de 30,000 francs est le véritable prix de la vente ; qu'il comprend à la fois la transmission de propriété du domaine et les charges de la vente parmi lesquelles se trouve la réserve du droit d'habitation stipulée au profit du vendeur ; qu'ainsi le supplément de 10,000 francs stipulé dans le second acte ne peut s'appliquer à la cession de ce droit et ne constitue qu'une rectification tardive de la dissimulation commise dans le premier; que, dès lors, le tribunal a décidé à bon droit que les acquéreurs devaient le droit simple sur le montant de l'expertise, le droit en sus sur la différence entre ce chiffre et le prix de la vente, et de plus les frais de l'expertise, l'estimation

excédant d'un huitième le prix énoncé au contrat » (1253 R. P., 2160 § 2 I. G., 17000 J. E., 11312 C.);

2° Lorsque l'expertise d'un immeuble vendu constate une insuffisance de plus d'un huitième dans l'énonciation du prix fait dans l'acte de vente, il y a lieu d'exiger le double droit, alors même qu'antérieurement à la demande d'expertise, mais sur l'invitation de l'Administration de payer le double droit, l'acquéreur, pour éviter cette même expertise, a aussitôt passé un acte rectificatif dans lequel il a stipulé un supplément de prix, et a offert de payer le droit simple sur ce nouvel acte. Peu importe que l'estimation des experts, réclamée par l'Administration qui a refusé l'offre faite par l'acquéreur, n'excède pas le supplément et le prix réunis, car la peine est encourue par la seule perfection du contrat primitif de vente (Saint-Mihiel 18 juill. 1838; — Pamiers 22 mars 1847);

3° L'acquéreur qui, étant menacé d'une expertise à raison d'une dissimulation dans le prix énoncé au contrat de vente, rectifie cette dissimulation par un acte authentique, enregistré moyennant le droit sur le supplément de prix, ne peut prétendre que le résultat de l'expertise doit être mis en rapport avec les deux prix réunis. Il est passible du double droit sur la différence entre l'estimation des experts et le prix porté au premier contrat, lorsque cette différence présente une augmentation de plus d'un huitième (Saint-Dié 10 janv. 1833, et Mirecourt 14 janv. 1842, 12943 J. E.);

4° Les frais de l'expertise sont toujours à la charge de l'acquéreur quand l'insuffisance excède d'un huitième le prix annoncé au contrat. Il est impossible d'éluder ce résultat en faisant dans le cours de la procédure des offres réelles sur une somme supérieure à celle qui sera fixée par les experts. La perception procède du prix porté au contrat, accru de l'estimation des experts, et rien ne peut modifier cette base légale de l'exigibilité de l'impôt. D'un autre côté, il s'agit ici d'une matière spéciale à laquelle on ne peut appliquer les règles du droit commun, et, en tous cas, les offres signifiées au directeur seul ne seraient pas régulières (Auxerre 11 fév. 1863, 17614 J. E.);

5° Les offres faites après la demande en expertise ne sauraient être prises en considération pour déterminer le sort des frais. L'expertise est le seul moyen légal pour arriver à la démonstration de la fraude. Or, la fraude a pris naissance au moment même de l'enregistrement de la déclaration et les frais ont été mis, par une disposition générale, à la charge de tous ceux qui rendent l'expertise nécessaire (Sedan 11 mars 1868, 2742 R. P.).

Nous nous sommes personnellement rattaché toujours à l'opinion qui a été consacrée par la cour dans son arrêt du 21 juin 1869.—Ainsi que nous le disions dans nos éditions précédentes, la raison et l'équité ne permettent pas de refuser à un contribuable la faculté de rectifier les erreurs qu'il a pu commettre et de se garantir des frais d'un procès par un acquiescement total ou partiel aux demandes de l'Administration. Donc, si l'Administration refuse les offres qui lui sont faites des droits simples et en sus, et que le résultat de l'expertise ait prouvé que ces offres étaient suffisantes pour la désintéresser, elle doit être considérée comme un plaideur téméraire, et, dès lors, il est juste que les frais soient mis à sa charge.

CHAPITRE VI. — DE L'ÉCHANGE

[8520-8525]

8520. Principe. — L'art. 17 L. 22 frimaire an 7 autorise l'expertise, dans le délai d'un an, pour les actes translatifs de propriété ou d'usufruit de biens immeubles *à titre onéreux* dans lesquels *le prix* est énoncé. Les art. 19 et 39 s'appliquent aux transmissions *à titre gratuit* opérées soit entre-vifs, soit par décès et permettent l'expertise des *revenus* des biens qui en font l'objet.

Dans laquelle de ces catégories doit-on ranger le contrat d'échange? Y en a-t-il même bien une où l'on puisse le faire entrer? Ce sont des questions dont la solution n'est pas des plus faciles.

Que la transmission par échange ne soit pas une transmission par décès, c'est d'abord ce qui est évident; l'art. 39 est donc étranger au contrat d'échange. — Mais il y a aussi les transmissions entre-vifs. Peut-on compter l'échange au nombre des actes qui transmettent la propriété ou l'usufruit à tout autre titre qu'à titre onéreux? Non, évidemment, l'échange est un contrat à titre onéreux de sa nature, il assujettit chacune des parties à donner ou à faire quelque chose. Le prix de la chose donnée en échange, c'est la chose reçue en contre-échange, et *vice versâ*. L'art. 19 semble donc être inapplicable, aussi bien que l'art. 39, quoique par un autre motif. Au contraire, l'art. 17 paraît d'abord s'appliquer directement puisqu'il a trait aux actes translatifs à titre onéreux. Mais la loi y suppose que le prix est énoncé dans l'acte, et il n'en est pas ainsi dans le contrat d'échange.

Que conclure de là? que l'expertise particulière aux matières d'enregistrement n'est pas admise quand, au lieu de biens vendus ou donnés, ou transmis par décès, il s'agit de biens échangés? La logique conduirait peut-être à cette conséquence. Cependant on ne peut soutenir que l'esprit de la loi soit de ne pas admettre l'expertise en matière d'échange, comme elle l'admet en matière de vente ou de donation. On ne voit pas de motif de différence. Aussi la jurisprudence n'hésite-t-elle pas et n'a-t-elle jamais hésité sur le principe; mais, après ce que nous venons de dire, on comprend qu'elle ait hésité et qu'elle hésite encore sur son application.

Elle a adopté à cet égard un système mixte qu'il est difficile de justifier (*V. Pont, Rev. crit.* t. 3 p. 19).

8521. Bail courant. — Ainsi, d'un côté, la jurisprudence repousse, en matière d'échange, la règle que nous avons indiquée sous les nos 8444 à 8473, savoir, que pour toutes les mutations régies par l'art. 19 L. 22 frimaire an 7, le bail, qui est courant au moment où s'opère la mutation, est la seule base à prendre pour la liquidation du droit; et elle décide qu'en cas d'insuffisance présumée dans la déclaration du revenu d'un immeuble cédé en échange, l'expertise peut être ordonnée par le tribunal à l'effet de déterminer le véritable revenu de cet immeuble, sans avoir égard au bail courant (Cass. 27 déc. 1820, 1537 nº 260 I. G., Dél. 27 juill. 1822, 7479 J. E.; — Pont-l'Évêque 20 juin 1846 14037 J. E., G. Demante nº 760; — Ussel, 24 mai 1877).

8522. Frais et double droit. — La C. cass. a de même envisagé l'échange comme une vente pour les effets de l'expertise, en décidant, le 30 mars 1852, qu'il ne faut mettre les frais avec le double droit à la charge du redevable que si l'évaluation excède d'un huitième le revenu déclaré : « Attendu, porte l'arrêt, que deux expertises sont autorisées par la loi du 22 frimaire an 7 : l'une par l'art. 17, applicable aux actes de propriété ou d'usufruit à titre onéreux dans lesquels un prix est énoncé, l'autre par l'art. 19, applicable aux immeubles transmis en propriété ou usufruit à tout autre titre; la première expertise à l'effet de déterminer directement la valeur vénale, la deuxième à l'effet de déterminer la base de la valeur d'après les revenus; — Attendu que les contrats d'échange ne portant pas stipulation d'un prix et donnant lieu à des droits perçus d'après les revenus déclarés ou estimés, ne peuvent rentrer dans la classe des actes auxquels s'applique l'art. 17; qu'ils rentrent, au contraire, dans la catégorie des actes énoncés dans l'art. 19, et à raison desquels l'expertise de revenu est autorisée » (15412 J. E., 14622 J. N., S. 52-1-354).

Cet arrêt a modifié la jurisprudence antérieure, d'après laquelle l'expertise provoquée en matière d'échange, quant à des revenus, était régie de tous points par l'art. 19 L. 22 frimaire an 7, en sorte que la moindre insuffisance exposait les débiteurs au payement des frais et du double droit (Cass. 20 mars 1839, 10247 J. N., 12283 J. E., 1590 § 8 I. G., S. 39-1-346, Dél. 10 sept. 1841, 12842 J. E.; — Épernay 31 mai 1845, 13768 J. E.; — Beauvais 17 juill. 1867, 2734 R. P.). — Mais l'Administration n'a jamais pris cette nouvelle doctrine pour règle et elle continue à faire l'application de l'arrêt du 20 mars 1839. Nous avons examiné au nº 2039 R. P. la valeur juridique de l'arrêt de 1852, et il nous a paru qu'il consacrait une vicieuse interprétation des textes. Nous n'y reviendrons pas ici. Ajoutons seulement que sa doctrine a été confirmée depuis néanmoins par des jugements d'Angoulême du 7 mars 1864 (2039 R. P., 18147 J. N., 863 Rev., 12884 C.) et de Gaillac du 23 juillet 1867 (2734 R. P.).

8523. Délai. — Mais on cesse d'assimiler l'échange aux contrats à titre onéreux pour régler le délai dans lequel l'expertise doit être provoquée. On considère que, pour toute transmission dont le droit est perçu sur le capital du revenu, le délai, d'après la combinaison des art. 17 et 61 L. 22 frimaire an 7, est de deux ans à compter du jour de l'enregistrement de l'acte ou de la déclaration (Cass. 13 déc. 1809, 1537 nº 270 I. G., 11275, 13275 J. E., S. 10-1-144, Dél. 31 mars et 26 juin 1835, 8953 J. N.; — Saint-Sever 15 mai 1838, 12319-3 J. E.; — Cass. 7 juill. 1840, 10082 J. N., S. 40-1-632, 12545 J. E., 1634-9 I. G., P. 1843 t. 2 p. 740; — Épernay 31 mai 1845, 13768 J. E.; — Pont-l'Évêque 29 juin 1846, 14037 J. E., 12844 J. N.; — Condom 5 juill. 1850, S. 52-1-354, P. 52-2-138).

8524. Soulte. — L'Administration qui requiert l'expertise d'un immeuble échangé contre un autre avec soulte ne peut se refuser à faire expertiser les deux immeubles, pour déterminer la soulte, sous le prétexte qu'elle adopte l'estimation donnée à celui des biens qui donne le moindre revenu (Seine 24 fév. 1830, 2939 Roll., D. N. t. 5 p. 782 n° 87 ; — Cass. 15 nov. 1852) : « Attendu, en droit, porte cet arrêt, que, lorsqu'en matière d'échange d'immeubles, il y a lieu à expertise pour reconnaître la valeur respective des immeubles échangés, et déterminer, en cas de différence, l'importance de la plus-value, qui, à titre de soulte, devra être passible du droit proportionnel fixé pour vente d'immeubles par les art. 69 § 5 n° 3 L. 22 frimaire an 7, 52 L. 22 avril 1816 et 2 L. 16 juin 1824, l'opération doit nécessairement porter sur chacun des immeubles dont l'évaluation contestée a été requise et ordonnée » (1960 § 3 I. G., S. 53-1-202).

Si, dans un acte d'échange d'immeubles déclarés de revenus inégaux, il n'est point stipulé de retour, ou si la soulte exprimée est inférieure à la différence du revenu multipliée par vingt, le droit doit être perçu comme vente sur cette différence ; l'Administration n'a point à requérir l'expertise de la valeur vénale pour faire constater la plus-value ou l'insuffisance de la soulte (Cass. 29 avr. 1812) : « Attendu, porte cet arrêt, que, quoique le contrat d'échange avec soulte ou plus-value participe du contrat de vente, la loi du 22 frimaire ne le considère, sous ce rapport, que pour la fixation du droit ; mais que l'objet principal d'un pareil contrat étant l'échange, elle n'a rien innové au mode ou à la base de l'évaluation fixée, à cet égard, par le n° 4 ; qu'aller chercher une autre base dans ce qui est prescrit au n° 6 pour les ventes pures et simples, adjudications, licitations, c'est déplacer ces dispositions pour les appliquer aux échanges avec soulte ou plus-value ; qu'ainsi il y a fausse application du n° 6 dudit art. 15, contravention au n° 4 dudit article, et fausse application de la disposition finale du n° 3 § 5 de l'art. 69 L. 22 frimaire an 7 » (1537 n° 258 I. G., 4245 J. E., S. 13-1-41].

Jugé, dans le même ordre d'idées, que le double droit est exigible sur le capital de la différence qui existe entre le revenu de chaque part constatée par expertise, encore que les experts aient déclaré que la valeur vénale des immeubles échangés est égale (Seine 28 juin 1843, 13285 J. E., D. N. t. 5 p. 785 n° 103 ; — Toulouse 25 fév. 1859, 1179 R. P., 16943 J. E.].

L'Administration n'est point tenue de recourir à l'expertise pour faire constater une plus-value entre les biens échangés lorsque l'acte lui-même prouve qu'un des lots a été chargé d'une soulte au profit de l'autre. Ainsi, par exemple, si deux immeubles échangés sont grevés l'un et l'autre de rentes d'inégale valeur, le capital de la différence des rentes forme soulte. De même, si l'un des échangistes est chargé de payer une dette à l'acquit de l'autre, il y a soulte du montant de cette dette, quoique les biens soient déclarés de revenus égaux (Cass. 14 vent. an 13 et 28 avr. 1830, 1336 § 6 et 1537 n° 259 I. G., 9634, 10770 J. E., S. 30-1-181].

Dans tous les cas, le montant de la plus-value ne saurait être déterminé, comme le prix de vente, par l'expertise de la valeur vénale ; cette plus-value est constatée par l'évaluation respective du revenu des immeubles multiplié par 20 (Cass. 27 déc. 1820, S. 21-1-149, 1537-260 I. G.; 22 fév. 1843, S. 43-1-255, 1697-3 I. G.; 16 août 1848, S. 48-1-139, 7983 C. — V. aussi cass. 29 avr. 1812, S. 13-1-41].

L'arrêt du 27 décembre 1870 porte : « Attendu qu'il est évident que, dans le n° 4 de son art. 15, le législateur a entendu laisser le mode d'évaluation du revenu dans les termes du droit commun, et se référer, même à cet égard,

à la disposition de l'art. 17, qui admet l'expertise en cas d'insuffisance présumée de l'évaluation déclarée par les parties, que la seule différence à observer, en ce cas, entre l'expertise qui a lieu en matière de vente et celle qui a lieu en matière d'échange, c'est qu'au premier cas l'expertise a pour objet de déterminer la valeur vénale de l'immeuble vendu, par sa comparaison avec les fonds voisins de même nature ; tandis qu'au second cas, elle a pour objet de déterminer le revenu annuel de l'immeuble échangé, revenu qui, multiplié par 20, deviendra ensuite la base de la perception. »

L'arrêt du 22 février 1843 est ainsi conçu : « Attendu que l'art. 15 du titre 2 L. 22 frimaire an 7 établit différents modes d'évaluation des immeubles pour la perception des droits d'enregistrement ; que, suivant le n° 4 de cet article, l'évaluation pour les échanges doit être faite en capital, d'après le revenu annuel multiplié par vingt, sans distraction des charges ; et que, suivant le n° 8 du même article, l'évaluation pour les ventes, adjudications, cessions, rétrocessions, licitations et tous autres actes portant aliénation de propriété et d'usufruit à titre onéreux, doit être faite par le prix exprimé en capital ou par estimation d'experts ; qu'il résulte de ces dispositions que le mode d'évaluation pour les échanges est essentiellement différent du mode d'évaluation pour les ventes, puisque, pour les échanges, le mode d'évaluation est la capitalisation du revenu, tandis que, pour les ventes, l'évaluation s'établit par le prix exprimé au contrat ou par une estimation par experts ; qu'ainsi ce serait confondre deux natures de contrats que la loi a clairement distingués, que d'appliquer pour un échange un mode d'évaluation qu'elle a établi pour la vente. »

8525. Immeubles contigus. — Les échanges d'immeubles contigus sont soumis à une réduction de droit dans) des conditions spéciales déterminées par la loi du 27 juillet 1870 (V. *Échange* n° 6693). Pour constater l'inexactitude des énonciations de l'acte d'échange au sujet de la contiguïté, l'Administration a le recours de l'expertise (2404 I. G., 3175 R. P.).

CHAPITRE VII. — MEUBLES. — INSUFFISANCE

[8526-8541]

SECTION PREMIÈRE. — DROIT PROPORTIONNEL

[8526-8533]

8526. Règle. — En principe, l'expertise ne peut avoir lieu que pour les mutations d'immeubles (Cass. 1er fév. 1832, S. 32-1-557). — V. 9841.

Elle n'a été accordée à l'égard des mutations de fonds de commerce que par exception (L. 28 fév. 1872, art. 8).

Mais si l'Administration ne peut provoquer l'expertise des biens mobiliers transmis, n'est-elle jamais admise à contester l'évaluation des parties ? La négative ne saurait être sérieusement soutenue aujourd'hui. Ainsi que le dit très-bien

M. Demante (nᵒ 764), « la raison veut que l'impôt établi par la loi ne soit pas éludé ouvertement par la fraude. Il faut donc, en toute matière, une certaine répression. La difficulté, quant aux meubles, est d'en indiquer le degré. »

8527. Divers moyens de preuves. — D'après la loi civile, il y a cinq modes différents de prouver l'existence d'un acte ou d'une obligation : 1ᵒ La preuve littérale, qui comprend les actes authentiques ou privés, les copies de titres et les actes récognitifs (1317 à 1348 C. C.);

2ᵒ La preuve testimoniale (1341 à 1348 C. C.);

3ᵒ Les présomptions légales et les présomptions simples (1349 à 1353);

4ᵒ L'aveu (1354 à 1356 C. C.);

5ᵒ Et le serment (1357 à 1369).

8528. Preuve testimoniale. — La preuve testimoniale a donné lieu aux plus vifs débats.

Un arrêt de la C. cass. 24 mars 1846 (13984 J. E., 12656 J. N., 1767 § 8 I. G., S. 46-1-317) avait reconnu à l'Administration le droit d'établir par une enquête la valeur des actions dépendant d'une société et transmises par décès : « Attendu, disait la cour, qu'il est de principe général, même en matière d'enregistrement, qu'en l'absence de dispositions spéciales, le droit commun reprend son empire; que, dès lors, la loi du 22 frimaire an 7 ne contenant aucune disposition sur les preuves spéciales à l'aide desquelles se constateront les omissions et les insuffisances dans les déclarations estimatives des objets et effets mobiliers, il faut recourir aux règles prescrites *par le droit commun*; qu'ainsi, dans l'espèce, la Régie de l'enregistrement aurait pu demander à faire la preuve de la valeur des deniers des mines d'Anzin, soit par la commune renommée (art. 1415 C. C.), soit par le concours de présomptions graves, précises et concordantes (art. 1353), soit enfin par des faits et actes de nature à établir juridiquement l'insuffisance des déclarations estimatives. » — C'est également ce qui résultait de la jurisprudence établie en Belgique par une Sol. 2 février 1849, un jugement de Liége du 17 juin 1851, un arrêt de la C. cass. du 15 novembre 1851 et un jugement de Mons du 26 novembre 1853 (223 R. P.).

Mais nous n'avions pas cru, dans nos éditions précédentes, que cette doctrine fût justifiée par l'économie de la loi du 22 frimaire an 7.

Voici, en effet, comment s'exprimait Crétet, dans son rapport au Conseil des anciens, sur le projet de la loi du 22 frimaire an 7 : « ..... Comment parvenir à constater la quotité et la valeur des successions mobilières? Pour le faire d'une manière efficace, il faudrait que le fisc fût autorisé à faire universellement apposer les scellés sur toutes les successions, ce que l'on ne pourrait ni ne voudrait proposer. Dans l'absence de ce moyen, il ne reste que le secours des inventaires rigoureux faits dans certaines successions, et celui de la déclaration des héritiers dans les autres; or, on ne peut compter sur la sincérité de ces déclarations. »

Le législateur reconnaissait bien qu'il y a un inconvénient grave à ne pouvoir compter sur la sincérité des déclarations,

et cependant il n'indiquait aucun moyen pour l'éviter. — Pourquoi?

Parce que, d'un autre côté, il infligeait au contribuable une mesure des plus rigoureuses, celle d'avoir à supporter le droit sur la valeur de la succession, sans déduction des charges. « Autrement, dit-il, il faudrait procéder à la liquidation de toute succession contradictoirement entre le fisc et les héritiers, les consommer en frais et en lenteurs par des formes contentieuses, et cela indépendamment du scandale intolérable qu'il y aurait à placer les préposés de la Régie dans un état permanent d'hostilité contre toutes les familles, et de les autoriser à pénétrer dans leurs affaires les plus intimes. »

Le texte de la loi de l'an 7 est en parfaite harmonie avec cet exposé de motifs.

Le législateur établit lui-même, et par anticipation, un compromis entre l'Administration et le contribuable. Si, en effet, il garde le silence le plus absolu sur les moyens d'administrer la preuve de l'insuffisance d'évaluation, en matière mobilière, alors que par les art. 17, 18 et 19 de la loi de l'an 7, il organise cette preuve lorsqu'il s'agit des valeurs immobilières, c'est que, dans sa pensée, et cette pensée il l'exprime assez clairement, une compensation doit s'établir entre le Trésor et le contribuable.

Ainsi, d'un côté, le Trésor aura à souffrir de ne pouvoir atteindre qu'imparfaitement les déclarations mobilières inexactes; mais, d'un autre côté, le contribuable devra subir la mesure exorbitante du payement des droits, sans déduction des charges.

Les deux termes de cette compensation reposent sur des bases qui présentent, de part et d'autre, des inconvénients graves, il est vrai; on y rencontre des éléments d'injustice, des germes d'inégale répartition de l'impôt entre les contribuables; et, cependant, le législateur passe le compromis, afin d'éviter le « scandale intolérable qu'il y aurait à placer les préposés de la Régie dans un état permanent d'hostilité contre les familles, et de les autoriser à pénétrer dans leurs affaires les plus intimes. »

Or, la règle du droit commun, en cette matière, que la C. cass. accordait à l'Administration, ne tendait à rien moins, avec son principe inquisitorial, qu'à engager ces hostilités que redoutait le législateur, qu'à soulever ce scandale auquel il n'hésitait pas à sacrifier les intérêts du Trésor.

L'enquête était d'ailleurs inconciliable avec le mode de procédure organisé par la loi spéciale. Il n'y a pas d'avoués dans les instances avec l'Administration, comment donc suivre les formes ordinaires de l'enquête? Comment la rapidité, la simplicité que le législateur a voulu donner à ces instances, se concilieraient-elles avec la marche lente de cette mesure d'instruction?

Ces raisons ont définitivement prévalu; et la cour, revenant sur sa jurisprudence, a reconnu que l'Administration ne pouvait invoquer la preuve par témoins pour établir les insuffisances ou les omissions de biens. C'est ce qui résulte d'un arrêt de la chambre civile du 29 février 1860 (1284 R. P., 2185 § 4 I. G., 11701 C., 17699 J. E., S. 60-1-475), ainsi conçu :

« Attendu que la loi fiscale a voulu que la Régie pût contrôler et réprimer les déclarations fausses ou incomplètes des parties; mais quand il s'agit des valeurs mobilières qui ne sont pas soumises à l'expertise, l'élément de preuve, en harmonie avec l'esprit de la loi, doit reposer sur des faits et actes parvenus à la connaissance de la Régie et propres à établir juridiquement les insuffisances ou omissions qu'elle allègue, tels que partages, transactions, inventaires, liquidations, répertoires de notaires et autres actes semblables, soumis à l'enregistrement; et qu'il n'a pas été dans l'intention de la loi, pas plus qu'il n'est dans son texte, de permettre à la Régie de se livrer à la recherche des forces mobilières des successions par voie d'enquête, et de pénétrer ainsi dans l'intérieur des familles, à l'aide des preuves testimoniales toujours dangereuses et de nature à y jeter l'inquiétude et le trouble; — Attendu, enfin, que ce mode de preuve et la procédure qu'il comporte sont incompatibles avec l'économie de la loi fiscale et avec les formes prescrites en cette matière par les art. 65 L. frimaire et 17 L. 27 ventôse an 9, etc. »

Par voie de conséquence, la même doctrine a été appliquée aux redevables qui demandaient à prouver contre l'Administration, par voie d'enquête, la non-existence de certaines valeurs appartenant en apparence au défunt (Cass. 19 mars 1862, 1600 R. P., 2223 § 4 I. G., 17381 J. N., 12194 C., 207 Rev., 17447 J. E., S. 62-1-537). — V. *Actions*.

Il n'a été dérogé à cette jurisprudence que pour la dissimulation dans le prix d'une vente ou dans la soulte d'un échange ou d'un partage. L'art. 13 L. 23 août 1871 permet de prouver cette dissimulation, au moyen de témoignages, pendant dix ans, à compter de l'enregistrement de l'acte. — V. *Instance*.

8529. Serment. — Interrogatoire. — On doit décider également, et d'après les mêmes motifs, que la délation du serment et l'interrogatoire sur faits et articles sont des preuves incompatibles avec les lois d'impôt. L'interrogatoire n'est pour ainsi dire qu'un préliminaire de l'enquête et participe de sa nature. Quant au serment, cette procédure a un caractère trop grave, nous dirons même trop religieux, pour croire que le législateur l'a livrée aux exigences de l'Administration dans des matières ou nos mœurs, non moins que la sévérité quelquefois excessive des textes, mettent la conscience du débiteur fort à l'aise. Aucune difficulté ne s'est jamais élevée sur ce point.

Il n'y a d'exception à ces principes qu'en matière de dissimulation de prix. La loi du 23 août 1871 autorise l'Administration, pour établir cette dissimulation, à déférer le serment supplétoire. Mais elle maintient expressément la défense d'employer le serment décisoire. — V. *Instance*.

8530. Preuve littérale. — Aveu. — Il est certain que l'Administration peut invoquer les énonciations contenues dans des actes dont elle a régulièrement connaissance. Dès que ces énonciations renferment d'un fait d'où résulte la preuve d'une dissimulation ou d'une insuffisance, et dès que cet aveu est opposable au débiteur du droit, l'action de l'Administration a une base suffisante. C'est ce qui résulte textuellement des arrêts précités du 29 février 1860 et 19 mars 1862 (n° 8528), et d'un autre arrêt du 10 février 1864, portant: « Vu les art. 4, 14, 27 et 39 L. 22 frimaire an 7; — Attendu qu'aux termes de ces articles, le droit pour la mutation des biens meubles par décès se règle, à défaut d'inventaire, par la déclaration estimative des parties elles-mêmes; mais qu'il appartient à la Régie de constater par

pièces probantes que la déclaration des parties a été incomplète ou que l'estimation est insuffisante » (1874 R. P., 2288 § 5 I. G., S. 64-1-135).

Cette matière se trouve développée au mot *Succession*.

8531. Présomptions. — Restent les présomptions, et c'est sur ce dernier terrain que s'engage aujourd'hui la lutte entre ceux qui veulent confiner l'Administration dans la spécialité de sa législation, et l'Administration, qui revendique, à cet égard, les priviléges du droit commun.

La question ne peut rester incertaine en matière de présomptions *légales*, attendu que celles-ci forment une justification aussi péremptoire que l'aveu ou le titre lui-même; mais il n'en est pas de même des présomptions *simples*, dont la nature, assez peu définie, semble résister d'abord à l'économie des lois fiscales.

Pour les écarter, on soutient que si ce mode de preuve ne présente pas les mêmes difficultés *de forme* que l'enquête, il a le même inconvénient au fond, puisqu'il permet à l'Administration de pénétrer dans l'intérieur et le secret des familles et de se livrer à des recherches qui sont de nature à y jeter le trouble et l'inquiétude. On ajoute que, d'après le droit commun, ces présomptions ne doivent être admises par le magistrat que dans le cas où la loi admet la preuve testimoniale (1353 C. C.) (V. en ce sens Demande n° 767, Champ. et Rig. *Sup*. 1024; — Saint-Omer 27 août 1863, 1841 R. P., 2727 C., 17889 J. E., 797 Rev.)

Ce dernier argument de texte ne nous touche pas. L'art. 1353 C. C. réserve, en effet, le cas de fraude, et décide qu'en cette hypothèse les présomptions sont admises quoique l'enquête ne le soit pas. Or, nous supposons ici qu'il s'agit de prouver une fraude à la loi de l'impôt.

L'économie de la loi nous paraît conduire à la même conclusion.

De tous temps, les lois d'impôt ont été l'objet des entreprises de la fraude et on considère comme les plus habiles ceux qui réussissent le mieux. Sous l'empire des droits féodaux, comme du centième denier, c'était la préoccupation constante des seigneurs ou des traitants de se mettre à l'abri des dissimulations, et on avait imaginé pour cela des remèdes singuliers, tels que le retrait féodal. Le législateur de l'an 7 connaissait très-bien la situation et, dans l'exposé des motifs de son projet de loi, il se plaignait hautement des progrès sans cesse croissants de la fraude. Comment admettre qu'il ait entendu alors livrer l'Administration à la merci des fraudeurs, en la privant des seuls moyens qu'elle ait, la plupart du temps, pour sa défense quand l'ancienne législation les lui avait réservés?

« En thèse générale, disait le chancelier d'Aguesseau, dans l'ordonnance du 27 juillet 1831, ceux qui tiennent un droit de la loi reçoivent d'elle en même temps la faculté d'anéantir tous les obstacles que la fraude d'un tiers pourrait élever contre l'exercice de ce droit. Relativement au fisc, il a reçu de la loi la charge de recouvrer un impôt sur certains actes; dès lors, il est muni du pouvoir de dévoiler la fraude au moyen de laquelle ces tiers cherchent à la dissimuler. »

Or, sans le secours des présomptions simples, il serait impossible, dans la plupart des cas, d'arriver à ce résultat. On ne s'attend pas sans doute à ce que le fraudeur, après avoir mis tous ses soins à dérober la matière imposable aux yeux de la loi, vienne la découvrir lui-même avec une entière évidence ! Ce serait une espérance vaine : autant vaudrait proclamer que la loi demeure sans aucune sanction. Si la fraude se dévoile, elle ne le fait jamais complétement ; il faut qu'on puisse la saisir par un côté, si faible qu'il soit, afin de la produire entièrement au jour. Tel est précisément le rôle des présomptions.

« Quand la preuve est difficile, enseigne Fonmaur, les lois se contentent de la preuve possible ; Mornac, Heurys et l'auteur du *Journal du Palais*, admettent même des preuves imparfaites, des espèces de semi-preuves, pourvu qu'il conste suffisamment de la simulation à travers les indices, *ex perspicuis indiciis*, parce qu'on l'enveloppe autant qu'on peut et qu'elle ne serait pas fraude si elle n'était cachée. »

Cette doctrine est adoptée par tous les feudistes (Dumoulin § 33 glos. 2, Coquille 4-40, d'Argentré *Sur la cout. de Bretagne* 00 note 2, Guyot *des Lois* ch. 7 nᵒˢ 7 et 8, Menochius lib. 5 *De Præsumpt.* 3 nᵒ 44). Elle n'est consacrée sans doute par aucun texte de la loi positive ; mais elle dérive de ces principes de sagesse et de raison qui sont partout les plus sûrs guides dans l'interprétation des lois.

Il n'est pas douteux qu'on la doive appliquer aussi au droit fiscal. Méconnaître radicalement l'influence des présomptions sur le recouvrement de l'impôt, c'est se laisser entraîner outre mesure par la sollicitude des intérêts privés, et ne tenir aucun compte des enseignements, pourtant si précis, de la jurisprudence.

Championnière n'est pas tombé dans cette erreur. « Le caractère particulier de la fraude, enseigne-t-il, est d'être cachée : de là vient que la loi ne demande pas de preuve directe et proprement dite de sa perpétration. Elle se contente d'indices à travers lesquels on puisse percer le voile qui la couvre, c'est-à-dire des présomptions et conjectures graves, et qui sont prises des différentes clauses de l'acte, des circonstances antérieures et postérieures, et de tous les signes qui peuvent concourir à manifester la vérité » (*Traité des droits d'enregistrement* nᵒ 666).

Aussi la jurisprudence de la C. cass. a-t-elle constamment reconnu à l'Administration le droit d'invoquer les présomptions pour démontrer la fraude existant dans les actes ou les déclarations. Tous les arrêts par lesquels elle consacre le droit du Trésor à percevoir l'impôt d'après les stipulations des contrats, et sans s'arrêter à leur qualification, ne sont qu'une application de ce principe : nous en avons indiqué les principaux au mot *Convention*.

Il serait trop long de faire connaître ici tous les cas dans lesquels les présomptions simples ont servi à la demande du droit. C'est un point qui se trouve plus spécialement traité au chapitre des successions, quand il s'agit d'indiquer le mode de preuve des omissions de valeurs ou des insuffisances d'estimation. Rappelons seulement que les présomptions ont été employées par la jurisprudence pour constater :

1° La mise en possession des biens d'un absent (nᵒ 171) ;

2° L'existence d'une libéralité cachée sous une remise de dette (nᵒ 242) ;

3° D'une police d'assurance ou d'un état de frais énoncé en termes dubitatifs (V. *Actes en conséquence*) ;

4° La production d'un acte en cours d'instance (nᵒ 146 etc.);

5° La réalisation d'un crédit (nᵒ 5666) ;

6° La propriété de constructions élevées sur le terrain d'autrui (nᵒ 5118) ;

7° L'acquisition d'un sol et de la superficie d'un bois par le même acquéreur (V. *Vente d'immeubles*) ;

8° L'existence de certaines mutations secrètes (vᵒ *Mutations secrètes*) ;

9° La fraude de certaines renonciations à des legs ou à des hérédités (V. *Renonciations*) ;

10° La réalité de donations déguisées sous la forme de simples apports, ou de cessions de créances (V. *Donation*) ;

11° L'omission de valeurs mobilières dans une déclaration de succession (V. *Succession*, nᵒ 16922).

Et tant d'autres faits semblables qui se rencontrent à chaque instant dans le cours de cet ouvrage.

On trouve, à la vérité, dans un récent arrêt de la chambre des requêtes, que l'Administration ne saurait être admise à prouver la consistance des biens meubles par témoin ou *par présomption* (27 mai 1868, 2710 R. P., 19302 J. N., 14177 C., S. 68-1-367). Mais, ainsi que nous en avons fait la remarque dans la notice de l'arrêt, la cour a sans doute voulu parler des présomptions fondées sur la preuve testimoniale elle-même, comme la notoriété publique. D'ailleurs, la question qu'elle avait à juger n'engageait pas le principe de la force probante des présomptions et l'arrêt perd, dès lors, sur ce point, toute autorité véritable. Il serait en tout cas insuffisant pour faire échec à la jurisprudence antérieure si unanimement établie.

8532. Pénalités. — En matière de transmission d'objets mobiliers, la loi n'a établi de peine que pour les insuffisances ou les omissions commises dans les déclarations de successions. Cette peine est, d'après l'art. 39 L. 22 frimaire an 7, d'un droit en sus de celui qui sera dû pour les objets omis ou insuffisamment évalués.

Quant aux dissimulations commises dans les autres actes et mutations, elles ne peuvent motiver que la demande du droit simple. Ainsi, la C. cass. a reconnu, le 14 décembre 1812, qu'aucune peine n'ayant été édictée pour insuffisance de prix en matière de vente ou de cession d'objets mobiliers, on ne peut exiger le droit en sus, quand un inventaire postérieur à une cession de droits successifs a fixé le montant des dettes à une somme supérieure à celle qui est déclarée dans l'acte de cession (D. N. t. 13 p. 593 nᵒ 278).

Mais un savant criminaliste, M. Blanche, premier avocat général à la C. cass., pense que les contrevenants sont passibles des peines de faux. « Toutes les fraudes, dit-il, qui reposent sur l'altération de la vérité et qui ne sont point atteintes par la loi spéciale, demeurent soumises aux pénalités ordinaires du faux en écriture. Telles sont, pour en donner des exemples, les fraudes sciemment commises dans le prix ou la valeur des meubles transmis par acte entre-vifs, les dissimulations de degré de parenté dans les déclarations de successions, et autres cas semblables dont la répression n'a point été prévue par la loi fiscale » (*Dissert.* nᵒ 2267 R. P.). — V. *Faux*.

8533. Office. — Lorsque l'évaluation donnée à un office est reconnue insuffisante ou que la simulation du prix exprimé dans l'acte de cession à titre onéreux est établie, il est dû un droit en sus sur la différence. C'est au mot *Office* n° 12066 que l'on trouvera le développement des règles particulières de cette matière.

SECTION 2. — DROIT GRADUÉ

[8534-8541]

8534. Principe. — Il existe des dispositions particulières en ce qui concerne l'évaluation des objets assujettis au droit gradué par l'art. 1er L. 28 février 1872. — L'art. 3 de cette loi porte : « Si, dans le délai de deux années, à partir de l'enregistrement des actes spécifiés en l'art. 1er, la dissimulation des sommes ou valeurs ayant servi de base à la perception du droit est établie par des actes ou écrits émanés des parties ou par des jugements, il sera perçu, indépendamment des droits simples supplémentaires, un droit en sus, lequel ne peut être inférieur à 50 francs » (non compris les décimes).

Voici en quels termes la commission du budget a expliqué cette disposition : « L'art. 3 n'est que la sanction des dispositions qui précédent. On devait, en effet, prévoir la dissimulation des sommes ou valeurs ayant servi de base à la perception du droit gradué. Cette dissimulation est punie d'un droit en sus, lequel ne peut être inférieur à 50 francs ; mais elle ne peut être prouvée que par des actes émanés des parties ou par des jugements. Cette sanction a paru suffisante en raison de la modération du droit gradué, pour assurer la sincérité des énonciations ou des évaluations. Mentionnons que, dans les cas où les sommes ou valeurs ne peuvent être déterminées au moment de la rédaction de l'acte que par une évaluation (tels que certains marchés, certains contrats de mariage, etc.), l'Administration conserve le droit de prouver, par des actes ultérieurs, que l'évaluation a été insuffisante. Si l'insuffisance résulte d'actes antérieurs au contrat soumis au droit gradué, il y a alors une dissimulation intentionnelle punie d'un double droit ; mais si l'insuffisance n'est que le résultat de faits postérieurs à l'enregistrement de cet acte et inconnus à ce moment, il n'est plus dû qu'un supplément de droit simple. »

8535. Expertise. — Il faut tenir pour constant que l'Administration n'a pas la faculté de requérir l'expertise pour constater la dissimulation ou l'insuffisance des évaluations donnant lieu au droit gradué. Le rapporteur de la loi l'a nettement déclaré, au cours de la discussion, dans la séance du 28 février 1872. « S'il y a dissimulation, a-t-il dit, dissimulation constatée par des pièces émanées de l'une des parties, *car ici il n'y a pas d'expertise*, la dissimulation constatée tombe sous l'application de la loi » (*Conf.* : Demante *Supp.* n° 204).

8536. Actes. — Jugements. — Cette dissimulation ou cette insuffisance ne peut être établie que par des actes éma-

nant des parties ou par des jugements. Mais l'indication précédente n'est pas limitative. L'Administration a le droit d'invoquer les présomptions simples comme en matière d'insuffisances ordinaires ou d'omissions commises dans les déclarations de successions, pourvu que les présomptions qu'elle invoque ne reposent pas sur le témoignage et se fondent sur des actes opposables aux parties.

Elle pourrait, par exemple, quoique cela ait été contesté, invoquer des actes faisant connaître seulement le revenu des biens s'il en résultait la démonstration manifeste de la fraude. Mais, dans ce cas, il appartiendrait au tribunal d'apprécier la valeur des actes et de déterminer l'importance de la dissimulation ou de l'insuffisance (Sol. 25 août 1873 et 4 sept. 1873).

8537. Valeurs de Bourse. — Pour la perception des droits proportionnels d'enregistrement, la valeur imposable des effets qui se cotent à la Bourse est déterminée par le cours moyen du jour de la transmission (L. 18 mai 1850, art. 7). Cette disposition n'ayant pas été reproduite par la loi du 28 février 1872 sur le droit gradué ne saurait être étendue à sa perception. Les parties doivent indiquer dans l'acte la valeur de ces effets.

Cependant il est admis que, quand l'acte ne renferme aucune évaluation à cet égard, la perception se règle d'après le cours de la Bourse. « On peut dire, fait observer M. Demante, que le cours moyen détermine leur valeur et qu'ils sont évalués par leur énonciation même. Il n'y a donc pas lieu à déclaration estimative ; le receveur peut percevoir *de plano* suivant le cours de la Bourse (*Suppl.* n° 205). »

Mais si l'acte renferme une évaluation, c'est cette évaluation qui doit servir de base à la perception, sauf le droit pour l'Administration de prouver, à l'aide du cours moyen, l'existence de l'insuffisance.

8538. Dissimulation et insuffisance. — Il faut distinguer ici l'insuffisance proprement dite qui ne procède pas d'une intention frauduleuse des parties, de la dissimulation qui est au contraire le résultat d'une volonté de tromper le Trésor. La première donne lieu au droit simple seulement et n'expose les parties à aucune peine, soit amende, soit droit en sus. La dissimulation est passible du double droit.

Quant aux moyens de distinguer ces deux situations l'une de l'autre, ils dépendent tous de l'examen des faits et circonstances de chaque affaire. Il n'y aura qu'une simple insuffisance, par exemple, si tel immeuble déclaré pour une certaine somme est vendu moyennant un prix supérieur par suite de circonstances accidentelles.

C'est là un point que nous établissons avec plus de développement en parlant, v° *Contrat de mariage*, de la perception du droit gradué.

Dans tous les cas, le droit en sus, quand il est exigible, ne peut être inférieur à 50 francs (L. 28 fév. 1872, art. 3).

1. SOUMISSION. — La dissimulation peut être également établie par une soumission souscrite par la partie. Seulement, l'Administration n'admet pas que cette soumission ait un effet transactionnel définitif. Elle se croit autorisée à réserver

EXPLOIT.

tous ses droits pour le cas où elle parviendrait à établir plus tard une simulation supérieure (Sol. 25 août, 4 septembre 1873).

2. DROIT EN SUS. — Nous avons vu que la dissimulation dans l'évaluation des objets passibles du droit gradué donne lieu à la perception d'un droit en sus. On s'est demandé à cet égard si ce droit en sus n'est acquis au Trésor que dans le seul cas ou selon l'art. 3 L. 28 février 1872, la dissimulation est établie par des actes ou écrits émanés des parties ou par des jugements, si on n'était pas autorisé à le réclamer quand la dissimulation est spontanément reconnue par les débiteurs. L'affirmative résulte implicitement et avec raison, selon nous, d'une solution du 3 juillet 1873, car, par le mot *acte et écrit* la loi entend d'une façon aussi générale que possible toutes les déclarations écrites opposables aux parties, quel qu'en ait été le motif et sans distinguer entre la déclaration spontanée et celle qui est le résultat d'une poursuite ou d'une réclamation.

8539. Omission. — La dissimulation peut résulter non pas seulement de ce qu'un objet a été déclaré pour une somme inférieure à sa valeur, mais encore de ce qu'un objet passible du droit gradué a été omis. Ainsi, le légataire de tous les meubles du défunt obtient la délivrance de son legs, et en donnant le détail des objets légués il en omet plusieurs.

Les principes précédents s'appliquent à cette hypothèse : si l'omission est intentionnelle, le double droit sera dû. Au cas contraire, la partie ne payera que le droit simple.

1. CONTRAT DE MARIAGE. — En matière de contrat de mariage, il existe une vive controverse sur le point de savoir s'il y a omission dans le sens légal lorsqu'un époux ne constate pas tous les biens dont il est propriétaire et se borne à évaluer ceux qui sont compris dans l'apport indiqué au contrat. Cette question est traitée au mot *Contrat de mariage*.

8540. Prescription. — La dissimulation doit être établie, selon l'art. 3 L. 28 février 1872, dans le délai de deux ans à partir de l'enregistrement de l'acte qui la renferme.

Cette disposition s'applique aux simples insuffisances non intentionnelles comme aux dissimulations frauduleuses. Après deux ans, à compter de l'enregistrement de l'acte, l'action en réclamation du droit simple ou du double droit est éteinte. Mais la prescription biennale ne s'étend pas aux droits supplémentaires qui sont dus sur des conventions enregistrées moyennant un droit provisoire et dont la valeur imposable fait l'objet de constatations successives. Tels sont notamment les marchés. Lorsque le droit est perçu sur une évaluation provisoire, il est dû un droit complémentaire sur les sommes ou valeurs dépassant les estimations primitives, et ce droit ne se prescrit que par trente ans. V. *Prescription*.

Il en est ainsi parce qu'il ne s'agit pas ici d'une insuffisance de perception dans le sens juridique du mot, mais d'un droit principal dont le payement se trouve fractionné.

8541. Supplément de droit. — Il n'est pas besoin d'ajouter que si l'acte où se trouve la déclaration insuffisante

T. III.

ou dissimulée contenait en lui-même l'évaluation exacte des biens sujets au droit gradué, la perception devrait être établie sur cette évaluation, à l'exclusion de la déclaration des parties. Le procédé contraire constituerait une erreur de perception donnant lieu à la répétition d'un droit simple et soumis à la prescription ordinaire de deux ans établie par l'art. 61 L. 22 frimaire an 7.

1. RECOUVREMENT. — Les droits simples et en sus résultant des simulations applicables au droit gradué, doivent être recouvrés par le receveur dans le bureau duquel a été enregistré l'acte qui renferme la dissimulation. (Sol. juill. et août 1873.)

Cette règle a été spécialement appliquée par une solution du 6 octobre 1873 au recouvrement des droits d'une dissimulation constatée dans un contrat de mariage.

EXPLOIT.

DIVISION

SOMMAIRE

33

CHAPITRE PREMIER. — DISPOSITIONS GÉNÉRALES

[8542-8569]

8542. — Définition. — On entend généralement par ce mot les actes faits par un huissier dans les formes tracées par la loi, actes auxquels cet officier public, agissant dans la limite de ses fonctions, donne le caractère d'authenticité dans l'intérêt des parties qui l'ont chargé de ce soin.

1. DATE CERTAINE. — De là, résulte notamment que la mention d'un acte sous seing privé dans un exploit, suffit pour lui faire acquérir date certaine. Ainsi, il a été jugé qu'un acte sous seing privé contenant vente d'objets mobiliers acquiert date certaine contre les tiers, lorsqu'un procès-verbal de saisie de ces objets constate que l'acte de vente sous seing privé a été présenté à l'huissier (Cass. 22 nov. 1864, S. 65-1-380).

8543. Des personnes ayant le droit de faire des exploits. — Le droit de faire les exploits n'est pas exclusivement attribué aux huissiers. Quelques-uns de ces actes peuvent être faits par les notaires, par les gardes du commerce, par les préposés des administrations, etc.

8544. Dénominations. — Définitions. — Distinctions. — Les exploits portent des dénominations différentes, suivant la nature des actions à introduire et selon le but que se propose le demandeur qui a requis le ministère de l'huissier. On les appelle *ajournement, assignation, citation, sommation, commandement, signification, notifications,* etc.

Les mots *ajournement, assignation, citation,* sont tous trois, à fort peu de chose près, synonymes; ils signifient l'exploit par lequel une partie est appelée devant un tribunal, soit pour y défendre à une action dirigée contre elle, soit pour déposer comme témoin. (Pothier *Procéd. civ.,* part. 1re chap. 1er.) — Entre l'*ajournement* et la *citation,* il n'y a d'autre différence que les mots; l'un s'applique plus particulièrement à l'exploit d'assignation devant un tribunal civil, et l'autre à l'exploit d'assignation devant un juge de paix (Boncenne *Théor. du Cod. proc. civ.* 1-2 p. 98). — Les mots *sommation, commandement,* désignent des actes extrajudiciaires par lesquels on met une partie en demeure de faire certaine chose, où on lui défend de faire telle chose, ou on l'avertit qu'on va prendre certaine mesure à son égard. — Le mot *signification* désigne ordinairement l'acte par lequel on constate qu'on a donné à une partie copie de certaines pièces, d'un titre, d'un jugement.

L'*ajournement* est l'acte dont s'occupe principalement le Code de procédure (art. 61). Si, lorsque l'occasion s'en présente, il parle des autres exploits qui rentrent dans le ministère des huissiers, il garde le silence sur les formalités qu'ils doivent revêtir; ce n'est donc que par analogie qu'on peut les soumettre à celles de l'ajournement.

Tous ces différents actes appartiennent à la procédure contentieuse et supposent nécessairement une partie adverse, à l'égard de la personne de qui ils émanent. Dans la procédure gracieuse ou volontaire, les demandes sont introduites au moyen de *requêtes*, actes du ministère des avoués, en général, et dans lesquels la partie intéressée s'adresse directement au juge ou au fonctionnaire compétent, sans avoir à débattre contradictoirement ses prétentions vis-à-vis d'un adversaire. (Bonnier t. 1er n° 504).

Lorsqu'une requête a pour but d'introduire en cause une partie intervenante (339 C. proc.), ou de former, au nom d'un plaideur déjà en cause, une demande toute nouvelle, telle, par exemple, qu'une tierce opposition incidente (475 C. proc.), la requête n'est plus seulement le préliminaire d'une assignation, elle équivaut à une véritable assignation. En conséquence, cet acte doit réunir toutes les formalités substantielles d'un ajournement, à l'exception, bien entendu, de celles qui sont propres au ministère de l'huissier (Dalloz v° *Exploit* n° 3).

8545. Trois classes d'exploits. — Il suit de ce qui précède qu'on peut diviser les exploits en trois grandes classes, selon qu'ils ont pour objet : 1° d'appeler une partie devant un tribunal ; — 2° de lui notifier soit un fait, soit un acte, ou de lui adresser une sommation quelconque ; — 3° enfin de la forcer à exécuter une obligation ou une condamnation. — Chaque espèce d'exploit est soumise à des règles générales communes à tous les actes d'huissiers, et à des règles spéciales particulières.

8546. Observation. — Comme il n'entre pas dans notre plan de faire l'exposé de toutes les règles, nous nous bornons à indiquer les règles générales qu'il importe le plus à nos lecteurs de connaître, en faisant observer que ceux des développements *que comporte cet ouvrage* qui ne trouveront pas leur place ici, seront consignés à tous les mots auxquels ils se rapportent plus directement, tels que *Appel*, *Saisie*, *Procès-verbal*.

8547. Usages dans les temps primitifs. — Lorsqu'il s'agissait de faire venir des témoins en justice, il était d'un usage presque universellement répandu dans les temps primitifs, de pincer l'oreille à ceux qu'on voulait appeler ainsi en témoignage : on retrouve cet usage chez les Grecs comme chez les Romains et chez les peuples de la Germanie. C'était une formule allégorique, en ce que l'oreille était consacrée à la mémoire, comme le front à la pudeur, la main droite à la bonne foi (Dalloz V. *Exploit* n° 6).

8548. Procédure chez les Romains. — Chez les Romains, avant comme sous l'empire des douze tables, le défendeur était amené devant le magistrat, au moyen de la *vocatio in jus*, par un acte d'autorité privée de la part du demandeur. Celui-ci, lorsqu'il rencontrait son adversaire, avait le droit lui-même de le sommer verbalement de se rendre avec lui devant le magistrat, sans qu'il fût besoin que le magistrat donnât à cet effet un ordre préalable.

Justinien fit disparaître les anciennes pratiques de l'appel en justice, pour y substituer un système nouveau, celui du droit des *novelles*, dont le principe a survécu et s'applique encore de nos jours. A la sommation verbale du demandeur succéda l'obligation de rédiger ou de faire rédiger par écrit le libellé de ses prétentions, de le faire notifier au demandeur, avec sommation de comparaître en justice. Il y avait des officiers spéciaux chargés de cette notification ; on les appelait *executores*. Celui qui recevait le libellé était obligé de le signer, en faisant mention du jour où il lui était remis ; et, à partir de cette époque, un délai de vingt jours lui était accordé pour préparer ses moyens de défense ou pour tenter les voies d'une transaction (Dalloz *loc. cit.* n° 9).

8549. Procédure chez les Francs. — Chez les Francs, la sommation de paraître en jugement se nomma d'abord *mannition*. Le demandeur, accompagné de plusieurs témoins, se rendait, de sa propre autorité, dans la maison de celui qu'il voulait *mannir* ; et là, s'adressant soit à la personne, soit à sa femme ou à quelqu'un de sa famille, il le sommait de comparaître tel jour, devant tel juge (Baluze t. 1er p. 283). Celle des parties qui ne comparaissait pas, sans justifier d'empêchement légitime, était condamnée à payer à l'autre une amende de 15 sous. — La *bannition*, ou assignation par le ban du juge, succéda à la *mannition*. Les comtes, les viguiers et les centeniers, sur la requête du demandeur, décernaient un ordre pour que l'adversaire eût à se présenter devant eux.

8550. Procédure au moyen âge. — Au moyen âge, l'ajournement s'appelait *semonce*. Il se faisait de vive voix, comme aux premiers temps de Rome, par un officier appelé sergent, en présence de deux témoins ou recors, qui accompagnaient le sergent, afin de pouvoir en rendre compte *de visu et auditu*.

En Normandie, le *haro* ou la clameur de haro, qui servait à celui qui avait besoin de secours pour appeler à son aide, était aussi en usage pour citer en justice lorsqu'il s'agissait d'action possessoire, de matière bénéficiale, ou concernant le fait de l'église, tant pour meubles que pour héritages.

Lorsqu'on voulait agir contre les mendiants, vagabonds, gens sans aveu, les personnes à domicile inconnu, qui demeurent partout, et que les huissiers ne trouvent nulle part, on faisait assigner par cri public et à son de trompe. Ce mode d'ajournement se nommait *à la brétèche*, vieux mot qui désignait la place servant aux proclamations de la justice. — On assignait aussi de cette matière, villes et bourgs taillables. — Les étrangers étaient également ajournés à son de trompe sur les côtes et confins du royaume, le plus près du pays de l'étranger.

Comme il y avait alors peu de sûreté pour les sergents d'aller assigner chez eux les châtelains, qui se portaient impunément aux excès les plus graves sur leur personne, on leur permit d'assigner ces seigneurs du bas des murailles de leurs forteresses, et d'attacher les exploits aux poteaux de la barrière. Et, comme ce mode d'assignation ne se pratiquait pas encore impunément, un édit fut publié en 1580, qui força « toutes personnes ayant seigneuries ou maisons fortes d'élire domicile dans la ville royale la plus prochaine de leur résidence, » disposition reproduite par l'ordonnance de 1667 elle-même (tit. 2 art. 15).

8551. Ordonnance de 1667. — Telle était, sous le point de vue qui nous occupe, l'état de la procédure en France, lorsque fut publiée la célèbre ordonnance de 1667. — Elle ne s'occupe des exploits que sous le point de vue de l'ajournement ; tel est l'objet des titres 2, 3 et 4. C'est à cette source que le Code actuel a puisé ses principales dispositions.

8552. Code de procédure. — Le Code de procédure, à l'exemple de l'Ord. de 1667, ne s'occupe d'une manière spéciale que de l'ajournement, qu'il considère comme le type des exploits. L'exposé des motifs des règles relatives à cette espèce d'acte a été fait au Corps législatif, par Treilhard, le 4 avril 1804, en présentant le projet de loi des deux premiers livres du Code de procédure. — Dix jours après, Faure présenta le vœu d'adoption de la section de législation du Tribunat. — Dans la même séance, le Corps législatif vota le projet, qui devint le tit. 2 du liv. 2 du code de procédure.

8553. Capacité pour instrumenter. — Une première condition essentielle pour la validité d'un exploit, c'est qu'il soit fait par un huissier reçu conformément à la loi ou par un fonctionnaire public ayant capacité à cet effet. — En effet, ainsi que cela a été exprimé dans les motifs d'un arrêt, il n'est pas de nullité plus formelle que celle qui résulte des actes ou des exploits faits par des individus sans pouvoir et sans caractère pour y procéder (Cass. Ch. réun. 8 nov. 1831, Dalloz *loc. cit.*).

8554. Corrections et lisibilité. — Aux termes des décrets des 14 juin 1813, art. 43, et 29 août 1813, art. 1er et 2, toutes pièces et exploits faits et signifiés par les huissiers doivent être corrects et lisibles, à peine de 25 francs d'amende. — V. *Copies d'exploits.*

8555. Copie et original. — Tous les exploits, comme on le sait, sont faits en double exemplaire : l'un, appelé *original*, qui appartient au demandeur et qui reste provisoirement entre les mains de l'officier ministériel ; l'autre, qu'on nomme *copie*, et qui est signifié à la partie adverse. Ici, un principe qui domine tous les autres, c'est que la copie de l'exploit sert d'original à la partie qui la reçoit. Cette copie seule représente pour elle l'exploit ; toutes les formalités doivent donc être observées, à peine de nullité.

8556. Foi due à l'exploit. — L'exploit fait foi en justice, jusqu'à inscription de faux, des faits que l'huissier y a constatés, puisque l'exploit est un acte authentique émané d'un officier public revêtu du caractère légal pour le dresser. Mais ce privilège s'étend-il à tout ce que l'acte peut renfermer ? Non ; il ne s'applique qu'aux faits qui sont du ministère de l'huissier, c'est-à-dire à ceux qui sont relatifs aux formalités prescrites par la loi pour l'exécution de l'acte dont il est chargé, c'est-à-dire, par exemple, au nombre de copies remises (C. Chambéry 16 juillet 1869 ; S. 70-2-79) ; à la date de l'exploit, lors même que la copie seule serait représentée (Cass. 4 nov. 1868, S. 69-1-209) ; tout le reste peut être contesté par les moyens ordinaires, même par simple dénégation (Berriat de Saint-Prix p. 78 not. 59 et 60).

8557. Signature par les parties. — En général, il n'est pas nécessaire, pour la validité des exploits, qu'ils soient signés ni par la partie ou son mandataire, ni par des témoins : la signature de l'huissier seul suffit pour leur régularité et leur authenticité. C'est ainsi qu'il a été jugé que la signature des appelants sur l'acte d'appel n'est pas nécessaire pour sa validité. Par suite, l'appel interjeté au nom de plusieurs ne saurait être annulé, parce que l'un d'eux aurait signé l'exploit comme ayant été autorisé par ses consorts ; il suffit que le nom de chacun des appelants se trouve dans l'acte (Besançon 26 août 1808 ; — Trèves 5 fév. 1810 ; — Besançon 26 fév. 1808 ; — Turin 5 fév. 1810).

Il existe cependant quelques actes qui sont nuls, s'ils ne sont pas revêtus de la signature des parties ; il en est d'autres qui doivent être faits en présence des témoins et signés par ceux-ci, à peine de nullité. — Par exemple, les oppositions à mariage sont nulles si elles ne sont signées par les parties (art. 66 C. C.). Il en est de même de la réquisition de mise aux enchères d'un immeuble vendu, faite par les créanciers inscrits (art. 2185 C. C.). — V. *Désistement.*

8558. Date. — Aux termes de l'art. 61. C. proc., la date comprend la triple mention du jour, du mois et de l'année dans lesquels les exploits ont été faits. Bien que l'art. 61 C. proc. ne s'occupe que de l'exploit d'ajournement, sa disposition est applicable à tous les actes du ministère des huissiers ; et, il importe de le remarquer tout d'abord, cet article sanctionne par la peine de nullité l'inobservation de l'indication de la date comme de toutes les autres formalités qu'il prescrit. — Si donc la date est restée en blanc, ou si elle est illisible, l'exploit est nul (Thomine, 1-156). •

Des imperfections, des erreurs, des omissions dans l'énoncé de la date rendent-elles toujours l'exploit nul ? Il faut distinguer : si ces erreurs laissent du doute sur l'époque véritable à laquelle l'exploit a été signifié, il y a nullité ; dans le cas contraire, l'exploit est valable.

Les différentes hypothèses résolues par la jurisprudence consacrent cette distinction.

1. HEURE. — L'indication de l'heure n'est nécessaire que dans les cas très-rares (*V.* art. 967 C. proc.).

2. JOUR. — L'exploit d'assignation qui ne contient pas la date du jour est nul, encore que la partie ait comparu (Liége 21 juill. 1811, D. 7-723). — Est nul l'acte d'appel si la copie ne porte pas la date du jour de sa signification (Metz 18 juin 1819, D. 19-2-133 ; — *Conf. :* Cass. 3 déc. 1856, D. 56-1-436 ; 5 mai 1858, D. 58-1-286 ; — Besançon 15 mai 1866, D. 66-2-96).

3. MOIS. — L'exploit d'appel est nul vis-à-vis de la partie

dont la copie ne porte point la date du mois, si aucune énonciation dans le corps de l'acte ne supplée cette omission, encore que l'original soit régulier, et que plusieurs copies signifiées à d'autres intimés ne présentent aucun vice (Riom 8 janv. 1824, D. 24-2-138).

4. ANNÉE. — Est nul, comme n'énonçant pas de date certaine, l'exploit d'appel portant l'an mil huit huit, au lieu de l'an mil huit *cent* huit (Lyon 28 déc. 1810, D. 7-727). — Jugé, au contraire, que l'erreur de date dans l'indication de l'année n'est point une cause de nullité d'un acte d'appel, lorsque, d'ailleurs, les énonciations que contient cet acte ne peuvent laisser aucun doute sur l'année où il a été fait (Amiens 2 juill. 1822, D. 1822-2-140).

5. LIEU. — La disposition précitée du C. proc. à la différence de la loi du 25 ventôse an 11, relative aux actes notariés, n'exige pas que la date comprenne l'indication du lieu où l'exploit a été fait.

6. ORIGINAL ET COPIE. — Dans le cas où la copie de l'original de l'exploit porte une date différente, c'est à la date de l'original qu'il faut s'attacher pour savoir si l'acte a été enregistré en temps utile (Montpellier 19 janv. 1841 ; — Cass. 23 mars 1842, D. N. t. 6 p. 526 nº 54).

8559. Noms, profession et domicile du demandeur. — Procureur fondé. — L'énonciation des noms, profession et domicile du demandeur est nécessaire pour que le défendeur sache quelle est la personne qui forme la demande, si elle a la capacité suffisante pour la former, et pour qu'il puisse lui faire signifier les actes utiles à sa défense, ou lui faire des propositions d'arrangement (Bioche V. *Ajournement* nº 24).

1. NOMS. — Par *noms*, on entend non-seulement le nom de famille mais encore les prénoms (Boncenne t. 2 p. 161 et suiv.). Ainsi, l'exploit doit, à peine de nullité, contenir les prénoms du demandeur, en toutes lettres ; leur indication par lettres initiales est insuffisante (Bruxelles 2 janv. 1818, D. 18-2-141). — V. 8560-1, 8561-1.

2. PROFESSION. — Le code de procédure prescrit également, à peine de nullité, l'indication de la profession du demandeur. L'ordonnance de 1667 enjoignait aux huissiers de déclarer dans leurs exploits la *qualité* du demandeur, au lieu de la *profession* qu'exige le C. proc.: l'ordonnance était préférable, car beaucoup de personnes n'ont pas de profession, les rentiers par exemple. Aussi trouve-t-on souvent dans les exploits ces mots : *sans profession*.

3. DOMICILE. — Il faut encore que tout exploit contienne, à peine de nullité, l'indication du domicile du demandeur. Le demandeur sait toujours où il habite, l'indication de son domicile doit donc toujours se trouver dans l'exploit. C'est son domicile réel et non son domicile d'élection qui doit être indiqué. — Par domicile, on entend le lieu où le demandeur a le siège de ses affaires et non celui où il a établi momentanément sa résidence, par exemple s'il est fonctionnaire amovible.

8560. Noms, demeure et immatricule de l'huissier. — Tout exploit doit aussi contenir les noms, demeure et immatricule de l'huissier, à peine de nullité, ce qui veut dire ses noms, prénoms et demeure ou domicile, l'indication du tribunal où il a été reçu, et le numéro de sa patente (art. 61 C. proc.).

1. NOMS. — L'art. 61, employant ce mot au pluriel, entend par cela même les prénoms comme le nom de famille de l'huissier, précaution qui peut être utile dans le cas où il existerait plusieurs huissiers du même nom dans le même arrondissement (Bioche vº *Exploit* nº 127).

2. DEMEURE. — On conçoit l'utilité pour le défendeur de la mention du domicile de l'huissier ; elle est exigée afin que cette partie puisse aller prendre des informations près de l'officier ministériel, et lui soumettre, s'il y a lieu, des propositions d'arrangement.

3. IMMATRICULE. — On appelle immatricule l'inscription du nom de l'huissier au tableau de la corporation de ceux de ces officiers ministériels qui ont été admis soit par une cour d'appel, soit par un tribunal, à exercer leurs fonctions dans l'étendue du ressort: cette mention se formule ainsi : *huissier près la cour de...* ou *près du tribunal de...* — Cette formalité a pour but d'offrir cette double garantie, à savoir que l'huissier a réellement qualité et qu'il a agi dans la limite de sa compétence territoriale. L'art. 61 C. proc. la prescrit, à peine de nullité.

La mention de l'immatricule peut être remplacée par des équivalents ; ainsi, l'exploit signifié par M..., huissier près le tribunal de commerce de.., contient une énonciation suffisante de son immatricule. Cette énonciation indique implicitement que l'huissier est immatriculé près le tribunal civil du ressort (Rennes 4 août 1827, 33-2-139 D.).

4. PATENTES. — Les officiers ministériels ayant été exonérés de l'obligation de prendre une patente (L. 25 avr., 7 mai 1844 art. 13) et la loi des 15-22 mai 1850, qui a modifié cette disposition, étant venue, non pas rétablir la patente proprement dite à la charge des officiers ministériels, mais les assujettir à un droit proportionnel, au quinzième du taux de leur loyer, les difficultés qui s'étaient élevées sur le devoir imposé aux huissiers de faire mention de leur patente dans leurs actes ne peuvent plus se présenter aujourd'hui (D. 50-4-195).

5. COUT DE L'ACTE. — Nous avons indiqué, au nº 5632 et suiv., tout ce qui concerne la mention du coût de l'acte ; nous n'y reviendrons pas ici.

6. SIGNATURE DE L'HUISSIER. — Bien que la loi ne prescrive pas cette formalité par une disposition expresse, elle n'en est pas moins indispensable et le complément essentiel de tous les actes du ministère des huissiers comme de tous ceux des autres fonctionnaires publics. « C'est le seul moyen admissible d'authenticité, dit Chauveau, *sur Carré*, quest. 305 *bis* : jusqu'à ce que la signature de l'huissier soit apposée, il n'y a pas d'acte : si la rédaction en est faite, ce n'est qu'un simple projet. » La signature est donc exigée d'une manière impérieuse, tant sur la copie que sur l'original.

Elle ne peut avoir lieu, à peine de nullité, au moyen d'un procédé autographique (Cass. 10 janv, 1850, D. 50-5-216).

8561. Des noms et demeure du défendeur. — Tout exploit doit contenir les *noms* et demeure du défendeur (1 et 61 C, proc.),

1. NOM. — La loi ne dispose plus ici comme lorsqu'il s'agit du demandeur. On ne peut plus élever la question de savoir si l'exploit doit contenir les prénoms du défendeur ; ce serait exiger, pour certains cas, l'impossible (Bioche V. *Ajournement* n° 80).

2. PROFESSION. — Il n'est pas non plus nécessaire d'indiquer la profession du défendeur (Chauveau quest, 306, Boncenne t. 2 p. 110, Bonnier t. 1ᵉʳ n° 526).

3. DEMEURE OU DOMICILE. — L'énoncé du domicile du défendeur n'est point prescrit pour la validité de l'assignation ; il suffit que la demeure soit déclarée ; — Mais l'énonciation de la demeure du défendeur étant exigée à peine de nullité, par l'art. 61 C. proc. le défaut d'indication ne peut être suppléé par induction ou par raisonnement. Ainsi, est nulle, comme ne contenant pas l'indication de la demeure du défendeur, l'assignation *donnée à Deschatel, fils, propriétaire et maire de la commune de...* en son domicile et parlant à sa personne (Paris 21 fév. 1826, D. 26-1-176).

8562. Du libellé ou objet de la demande. — Tous les exploits doivent contenir l'objet de la demande. Il est indispensable, en effet, que la partie, à qui on signifie un acte, sache d'une manière non équivoque ce qu'on lui demande ce qu'elle doit répondre, ce qu'elle doit faire. L'art. 61 C. proc. exige donc que l'exploit indique non-seulement l'objet de la demande, mais qu'il mentionne aussi l'exposé sommaire *des moyens.*

8563. Signification à personne ou à domicile. — Tout exploit doit être signifié à *personne* ou *domicile*, sauf quelques exceptions, et il doit contenir, à peine de nullité, mention de la remise de la copie, et indiquer d'une manière claire et précise la personne à laquelle cette copie est laissée. — « L'huissier doit mentionner dans l'exploit, dit Berriat n° 202, la remise de la copie et en outre la personne à laquelle il s'est adressé et à laquelle il a parlé. L'omission de l'une ou de l'autre de ces énonciations est un moyen de nullité. »

8564. Signification à personne. — De l'obligation alternative que tout exploit doit être signifié à personne ou domicile, découle la conséquence que toute copie d'exploit est valablement remise à personne, même hors du domicile. Mais alors l'huissier doit connaître cette personne, c'est sous sa responsabilité qu'il agit ainsi,

1. LIEUX PUBLICS. — D'après Boncenne t. 2 n° 196, les copies peuvent être remises aux parties elles-mêmes en tous lieux. Le code de procédure n'interdit aux huissiers la faculté d'exploiter dans les lieux publics, les églises, les tribunaux, la Bourse, que lorsqu'ils exercent la contrainte par corps. Quelques auteurs soutiennent encore l'opinion contraire, adoptée par l'ancienne jurisprudence (Delaporte 1-76, Pigeau 1-12). Mais Merlin *Répert.* v° *Ajournement*, Carré art. 68, Boitard t. 1ᵉʳ p. 233, Dalloz *loc. cit.* n° 202, sont du même avis que Boncenne. Ils pensent, et cette opinion est la plus sûre, que les anciens usages ont été formellement abrogés par les art. 1041 C. proc. — Cependant, Thomine n° 192, et Dalloz n° 203, pensent que si la copie était remise dans un édifice consacré au culte, aux heures des offices, la partie aurait le droit de refuser de recevoir la copie. Comment, en effet, concevoir qu'un fidèle pût être forcé de recevoir des significations pendant l'office divin ?

8565. Signification à domicile. — La signification à domicile est le second mode prescrit par la loi. C'est *ad domum* que l'on doit laisser l'exploit, lorsqu'on n'a pu le remettre à la personne elle-même *in faciem.*

1. DOMICILE RÉEL. — Et d'abord c'est au domicile réel que la signification doit être faite, et par là la loi entend le lieu où le demandeur a établi le siége de ses affaires, son principal établissement, et non la résidence qu'il pourrait avoir temporairement dans un endroit quelconque. — Il a été décidé dans ce sens, qu'un jugement prononçant l'interdiction n'est pas valablement signifié à la partie qui en est frappée, non pas à son domicile, mais dans la maison de santé où elle reçoit des soins et en parlant au directeur de cet établissement (Paris 9 juill. 1825).

Est également nulle l'assignation qui n'a été signifiée au défendeur, ni à son domicile, ni à sa personne, mais à sa demeure (Paris 5 mars 1861, D. 61-2-49).

2. DOMICILE CHANGÉ. — Cependant, comme toute personne, jouissant de ses droits, peut à volonté changer de domicile et le transférer là où il lui plaît d'habiter, à la seule condition de se conformer à ce qui est prescrit à cet égard par l'art. 103 C. C.; une fois les conditions de cet article remplies, le domicile de la partie est au nouveau lieu où elle a déclaré vouloir fixer son principal établissement ; c'est donc là que doivent lui être signifiés les exploits qui la concernent (Dalloz *loc. cit.* n° 217).

3. PERSONNES DONT LE DOMICILE PEUT VARIER. — Mais il est des personnes dont le domicile peut varier ou présenter des incertitudes : tels sont les fonctionnaires publics, les militaires, les incapables. C'est alors au domicile de droit de ces personnes que la signification doit être faite.

8566. Remise de la copie. — Après avoir prescrit de faire tout exploit à *personne* ou *domicile*, l'art. 68 C. proc. ajoute : « Mais si l'huissier ne trouve au domicile ni la partie, ni aucun de ses parents ou serviteurs, il remettra de suite la copie au voisin, qui signera l'original ; si ce voisin ne peut ou ne veut signer, l'huissier remettra la copie au maire ou adjoint de la commune, lequel visera l'original sans frais. L'huissier fera mention du tout, tant sur l'original que sur la copie. »

Le tout *à peine de nullité*, déclare l'art. 70.

Cette disposition a rencontré dans la pratique de nombreuses difficultés : chacun des mots de l'art. 68 en a soulevé qui lui sont propres. Nous ne voulons pas examiner ici ces difficultés, car cet examen nous conduirait trop loin. Nous ferons remarquer une seule chose, c'est la progression que suit la loi. La remise de la copie doit être faite d'abord à la partie elle-même, et, à son défaut, à ses parents ou serviteurs; en troisième lieu à un voisin, si l'huissier ne trouve aucun de ceux-ci au domicile; enfin au maire de la commune, dans le cas où aucun voisin ne pourrait ou ne voudrait recevoir la copie. — Le tout avec obligation rigoureuse, pour l'huissier, de faire une *mention précise* de la personne à laquelle il a laissé copie, et d'observer rigoureusement l'ordre de série dans lequel sont placées les personnes ci-dessus, à peine de nullité.

1. ÉTAT DES PERSONNES AUXQUELLES LA COPIE EST REMISE. — Il est bon de faire remarquer que, bien que la loi ne parle pas de *l'âge ni de l'état d'esprit* que doivent avoir les parents, serviteurs et voisins à qui on peut remettre les copies en l'absence de la partie, la raison et le bon sens disent assez que celui à qui la remise est faite doit avoir la conscience de la gravité de l'acte dont on le rend dépositaire, et être ce qu'on appelle *mentis compos*. Il devra donc avoir au moins quinze ans révolus, âge auquel on est admis à déposer comme témoin, par argument de l'art. 285 C. proc.; autrement, si la copie pouvait être laissée à un enfant ou à un imbécile, il est clair que le vœu de la loi ne serait pas rempli (Pothier *Proc.* ch. 1ᵉʳ art. 4; — Cass. 6 déc. 1852 D. 53, 1-319).

Jugé, dans ce sens, que l'exploit d'appel dont la copie a été laissée à un enfant de l'intimé, âgé de sept ans et quatre mois, est nul; que la loi, en autorisant l'huissier à remettre, en l'absence de la partie assignée, la copie à un parent ou un serviteur, a entendu parler d'une personne ayant l'âge de raison, et que l'huissier n'a pu regarder comme tel un enfant si éloigné de l'âge de puberté (Montpellier 27 déc. 1827, D. *loc. cit.* nᵒ 255).

2. MENTION DE LA REMISE DE LA COPIE. — Il ne suffit pas que toutes les formalités prescrites aient été accomplies, il faut que l'acte en porte la preuve et la justification en lui-même, preuve que la loi fait résulter de l'obligation imposée à l'huissier de *mentionner* l'accomplissement des diverses formalités, suivant les différentes circonstances prévues. Ainsi, l'huissier doit toujours faire mention (c'est le *parlant à*), dans l'*original* et la *copie*, d'une manière précise et claire, de *la personne* à qui il parle, et *du lieu* où cette remise est effectuée, puisque, sauf de rares exceptions, tout exploit doit être signifié à personne ou à domicile.

Ainsi, est nul un ajournement où l'huissier s'est borné, après avoir relaté son immatricule, à faire cette mention : *Ai déclaré et signifié au sieur... parlant à sa personne*, sans rappeler plus bas qu'il a laissé à cette personne copie de l'acte qu'il lui signifiait (Dijon 12 déc. 1829, D. 31-2-201; — Cass. 8 déc. 1868, S. 69-1-109).

La mention, dans un exploit, que l'huissier n'a trouvé personne au domicile de la partie constate suffisamment que l'on n'y a trouvé ni la partie, ni aucun de ses parents ou serviteurs. L'huissier n'est pas tenu de mentionner les noms des voisins qui ont refusé de recevoir la copie qu'il leur offrait (C. Bourges 22 fév. 1855, 484 R. P.) — Mais, si la copie a été remise à un serviteur, il doit en être fait mention à peine de nullité (Bergerac 27 nov. 1854, 576 R. P.).

3. TIMBRE SPÉCIAL. — Les huissiers sont tenus de se servir, pour la rédaction des copies, d'un timbre spécial, dont l'emploi est soumis à des conditions particulières. Nous en avons parlé avec les détails au mot *Copie*.

8567. Jour et heure où les exploits doivent être faits. — Les exploits en général ne peuvent pas être faits les jours fériés ni pendant la nuit, c'est-à-dire depuis six heures du soir jusqu'à six heures du matin, à partir du 1ᵉʳ octobre au 31 mars, et depuis neuf heures du soir jusqu'à quatre heures du matin, à partir du 1ᵉʳ avril au 30 septembre, à moins de permission du juge dans le cas où il y aurait péril en la demeure (1037 C. proc.).

Mais la contravention à ces défenses n'entraîne pas la nullité de l'exploit; l'art. 1037 n'en prononce pas; mais elle donne lieu à une amende de 5 à 100 fr. contre l'huissier (Grenoble 17 mars 1817, — Bordeaux 16 juill. 1827; — Cass. 19 janv. 1819; — Cass. 23 fév. 1825).

8568. Signification des exploits en nombre de copies égal à celui des défendeurs. — Il faut signifier autant de copies séparées qu'il y a de défendeurs. Si aucune disposition de la loi ne le porte d'une manière absolue et expresse, cela résulte implicitement des art. 68 et 456 C. proc., et se trouve commandé d'ailleurs par la nature même des choses. Aussi cette règle est-elle consacrée par la doctrine (Bioreau t. 1ᵉʳ, p. 178, Favard t. 1ᵉʳ p. 143, Thomine t. 1ᵉʳ p. 167, Boncenne t. 2 p. 220 et suiv., Boitard t. 1ᵉʳ p. 275, Carré *Quest.* 348 *bis*, Dalloz vᵒ *Exploit* nᵒ 360).

1. SOLIDARITÉ. — La circonstance que les défendeurs seraient solidaires, est-elle de nature à modifier l'application du principe? La question est controversée; toutefois l'opinion qui semble devoir prévaloir est celle enseignée par Dalloz, *loc. cit.* nᵒ 365, à savoir que la copie remise à un des défendeurs solidaires, tant pour lui que pour ses coïntéressés, est suffisante. La raison en est que la solidarité donnant au créancier le droit de poursuivre un *seul* des débiteurs, celui qu'il lui plaît de choisir (1203, 1204 C. C.), lui donne par cela le droit de ne signifier qu'une seule copie.

8569. Des êtres moraux. — Une exception au principe que les significations doivent être faites à personne ou domicile était nécessaire lorsqu'il s'agit de personnes qu'il serait impossible d'appeler individuellement en justice. Tels sont les êtres moraux et collectifs, les corporations. La loi a dû déterminer elle-même le mode d'après lequel ils seraient assignés; elle a créé pour eux des domiciles spéciaux et indiqué les représentants légaux auxquels on peut s'adresser pour la remise des exploits. L'art. 69 C. proc. est ainsi conçu :

« Seront assignés : 1ᵒ l'État, lorsqu'il s'agit de domaines et droits domaniaux, en la personne ou au domicile du préfet du département où siége le tribunal devant lequel doit être portée la demande en première instance ; — 2° le Trésor royal, en la personne ou au bureau de l'agent ; — 3° les administrations ou établissements publics, en leurs bureaux, dans le lieu où réside le siége de l'administration ; dans les autres lieux, en la personne et au bureau de leur préposé ; — 4° le roi, pour ses domaines, en la personne du procureur du roi de l'arrondissement ; — 5° les communes, en la personne ou au domicile du maire ; à Paris, en la personne ou au domicile du préfet : dans les cas ci-dessus, l'original sera visé de celui à qui copie de l'exploit sera laissée ; en cas d'absence ou de refus, le visa sera donné, soit par le juge de paix, soit par le procureur du roi près le tribunal de première instance, auquel, en ce cas, la copie sera laissée ; — 6° les sociétés de commerce tant qu'elles existent, en leur maison sociale ; et s'il n'y en a pas, en la personne ou au domicile de l'un des associés ; — 7° les unions et directions des créanciers, en la personne ou au domicile de l'un des syndics ou directeurs ; — 8° ceux qui n'ont aucun domicile connu en France, au lieu de leur résidence actuelle : si le lieu n'est pas connu, l'exploit sera affiché à la principale porte de l'auditoire du tribunal où la demande est portée ; une seconde copie sera donnée au procureur du roi, lequel visera l'original ; — 9° ceux qui habitent le territoire français hors u continent, et ceux qui sont établis chez l'étranger, au domicile du procureur du roi près le tribunal où sera portée la demande, lequel visera l'original, et enverra la copie pour les premiers au ministre de la marine, et pour les seconds à celui des relations extérieures. »

CHAPITRE II. — TARIF

[8570-8587]

SECTION PREMIÈRE. — RÈGLES GÉNÉRALES

[8570-8577]

8570. Observation. — La loi du 22 frimaire an 7 avait, par son art. 68 § 1ᵉʳ n° 30, soumis tous les exploits au tarif commun de 1 franc. La loi du 28 avril 1816 a modifié cet état de choses ; aujourd'hui, les droits d'enregistrement à percevoir sur les exploits varient suivant le tribunal que les actes concernent et selon la nature de la demande.

8571. Significations d'avoué. — 1. TARIF. — Sont sujettes au droit fixe de 75 centimes les significations d'avoué à avoué pour l'instruction des procédures devant les tribunaux de première instance (art. 41 L. 28 avr. 1816, art. 2 L. 19 fév. 1874).

Sont sujettes au droit fixe de 1 fr. 50 cent. les significations d'avoué à avoué devant les cours impériales (art. 42 L. 28 avr. 1816 ; art. 2 L. 19 fév. 1874).

Sont sujettes au droit fixe de 4 fr. 50 cent. les significations d'avocat à avocat dans les instances à la Cour de cassation

et au conseil d'État (art. 43 L. 28 avr. 1816, art. 2 L. 19 fév 1874). — V. 8618.

2. DISTINCTIONS ESSENTIELLES. — Pour l'application de ce tarif, il faut soigneusement distinguer les significations de nature à être faites entre avoués de celles qui doivent l'être à personne ou à domicile ; ces dernières, quoique faites entre avoués ou avocats, sont assujetties au droit ordinaire (D. m. j. 12 vend. an 11, 290 § 66 I. G.).

Ainsi un appel incident interjeté dans une signification d'avoué à avoué est passible des droits fixés pour les actes d'appel. — V. Appel.

La dénonciation de l'état de collocation étant indispensable à l'instruction de la procédure qui a pour but la confection du jugement d'ordre, et l'art. 755 C. proc. voulant que cette dénonciation soit faite d'avoué à avoué, il en résulte qu'elle n'est passible que du droit de 50 centimes (75 cent.) (Sol. 10 août 1831, 10089 J. E.).

3. ACQUIESCEMENT. — L'acquiescement signé des parties et notifié par acte d'avoué est passible d'un droit fixe de 3 francs outre celui de l'exploit. — V. 292.

4. ACTE DE PRODUIT. — La signification de l'acte de produit entre avoués est passible du droit dû pour les significations de cette nature. — V. 847.

8572. Prud'hommes. — Les exploits devant le conseil des prud'hommes doivent être enregistrés gratis, quand l'objet de la contestation n'excède pas 25 francs. Quand l'objet de la contestation est supérieur, le droit est de 75 centimes. — V. Prud'hommes.

8573. Police. — Sont sujets au droit fixe de 1 franc les actes et jugements de police ordinaire et des tribunaux de police correctionnelle et criminelle, soit entre parties, soit sur la poursuite du ministère public avec partie civile, dont le droit proportionnel ne s'élèverait pas à 1 franc (art. 68 § 1ᵉʳ n° 48 L. 22 frim. an 7). — Cette disposition s'applique aux exploits en matière de simple police et en matière correctionnelle ou criminelle, devant les cours d'appel (Dél. 25 oct. 1847, 5948 J. E.).—Mais le droit a été augmenté de moitié par l'art. 2 L. 19 février 1874. Il est donc de 1 fr. 50 cent.

8574. Justice de paix. — Sont enregistrables au droit fixe de 1 franc les exploits relatifs aux procédures devant les juges de paix, jusque et y compris les significations de jugements (art. 68 § 1ᵉʳ n° 30 L. 22 frim. an 7, art. 43 n° 13 L. 28 avr. 1816).

Ce droit a été élevé à 1 fr. 50 cent. par l'art. 5 L. 19 juillet 1845, et à 2 fr. 25 cent. par l'art. 2 L. 19 février 1874.

1. JUGE COMMIS. — La citation pour comparaître devant un juge de paix commis par le tribunal est passible du droit ordinaire de 1 fr. 50 cent. (2 fr. 25 cent.), car il suffit, d'après la loi, que la citation soit donnée devant la justice de paix pour rendre exigible le droit de 1 fr. 50 cent. (2 fr. 25 cent.), et non celui de 2 francs (3 fr.) (16942-2 J. E.).

2. JUGEMENT HORS COMPÉTENCE. — La signification d'un jugement de justice de paix rendu, du consentement des parties, hors de la compétence ordinaire du juge de paix, est sujette au droit fixe de 1 f. 50 (2 fr. 25 cent.) et non à celui de 2 francs (3 fr.) (Sol. 9 mars 1830, 9505 J. E.).

3. CONSEIL DE FAMILLE. — C'est comme juge et non comme représentant l'époux décédé que le juge de paix préside le conseil de famille : l'exploit de citation pour concourir à un conseil de famille est sujet au droit de 1 f. 50 (2 fr. 25 cent.) et non à celui de 2 francs (3 fr.) (Sol. 3 déc. 1831, 10183 J. E.).

8575. Tribunaux de première instance. — Sont sujets au droit fixe de 3 francs les commandements, demandes, notifications, citations, offres ne faisant pas titre au créancier et non acceptées, oppositions, sommations, procès-verbaux, assignations, protêts, interventions à protêt, protestations, publications et affiches, saisies, saisies-arrêts, séquestres, mainlevées, et généralement tous actes du ministère des huissiers devant les tribunaux de première instance ou de commerce, jusques et y compris les significations des jugements définitifs, et qui ne peuvent donner lieu au droit proportionnel (art. 43 L. 28 avr. 1816, combiné avec l'art. 68 § 1er n° 30 L. 22 frim. an 7, art. 2 L. 19 fév. 1874).

1. SIGNIFICATIONS D'AVOUÉ A AVOUÉ. — V. 8571.

2. PROTÊT. — Les protêts sont assujettis à un tarif particulier que nous faisons connaître au mot *Protêt*.

8576. Cours d'appel. — Sont passibles du droit fixe de 4 fr. 50 cent. les exploits et autres actes du ministère des huissiers, relatifs aux procédures devant les cours d'appel jusques et y compris la signification des arrêts définitifs (art. 44 L. 28 avr. 1816., art 2 L. 19 fév. 1874). — Ce droit est de 1 fr. 50 cent. en matière criminelle ou de police. — V. 804-3.

2. SIGNIFICATIONS D'AVOUÉ A AVOUÉ. — V. 8571.

8577. Cours suprêmes. — Sont sujets au droit fixe de 7 fr. 50 cent. les exploits et autres actes du ministère des huissiers, relatifs aux procédures devant la C. cass. et le conseil d'État, jusques et y compris les significations d'arrêts définitifs (art. 45 L. 28 avr. 1816, art. 2 L. 19 fév. 1874).

1. SIGNIFICATION D'AVOCAT A AVOCAT. — V. 8571.

Tous exploits relatifs au conseil d'État ayant été, aux termes de l'art. 48 Déc. 22 juill. 1806, indistinctement assujettis au droit ordinaire d'exploit, on n'est pas autorisé à ne percevoir que le droit des significations d'avocat à avocat, qui doivent, en exécution de l'art. 51 du décret précité, être faites par les huissiers du conseil (D. m. f. 30 juin 1807, 366 § 3 I. G.).

T. III.

2. ARRÊT D'ADMISSION. — ORDONNANCE DE COMMUNIQUÉ. — Le droit fixe de 7 fr. 50 cent. est exigible sur les significations des arrêts d'admission prononcés par la Chambre des requêtes de la C. cass. et sur celles des ordonnances de *soit communiqué*, rendues par le président de la section du contentieux du conseil d'État (2132 § 1er I. G., 1077 R. P.).

3. PREMIER ACTE DE RECOURS. — Mais, suivant le n° 1er de l'art. 47 L. 28 avril 1816, le premier acte de recours en cassation ou devant le conseil d'État, soit par requête, mémoire ou déclaration, est sujet au droit fixe de 25 francs (2132 § 1er I. G., 1077 R. P.). Ce droit est aujourd'hui de 37 fr. 50 cent. (art. 2 L. 19 fév. 1874). — V. au surplus n° 5027.

8577 bis. Autres actes. — Tous les autres actes qui ne se rapportent pas à une instance devant les tribunaux sont passibles du droit de 3 francs (LL. 22 frim. an 7, art. 68 n° 30; — 28 avr. 1816, 43 n° 13, 19 fév. 1874, 2).

Ce tarif s'applique également aux exploits devant les conseils de préfecture.

SECTION 2. — EXPLOITS A ENREGISTRER EN DÉBET

[8578-8580]

8578. Observation. — Pour connaître les exploits qui doivent être enregistrés en *débet* et tout ce qui se rapporte à cette formalité, ainsi que la marche à suivre lorsqu'il y a partie civile, V. *Acte judiciaire.*

8579. Bois et forêts. — Les exploits notifiés à la requête de l'Administration forestière sont assujettis à quelques règles spéciales indiqués au mot *Bois et forêts.*

8580. Prud'hommes. — D'après deux décisions des 20 juin 1809 et 30 août 1847, la loi sur le timbre est applicable, sans distinction, à tous les actes de la juridiction des prud'hommes, et les procès-verbaux, jugements et actes de cette juridiction ne peuvent être enregistrés gratis que dans le cas où l'objet de la contestation n'excède pas en total la somme de 25 francs (427, 1796 § 11 I. G.).

La loi du 7 août 1850 laisse subsister ces décisions ; mais elle dispense les parties de faire l'avance des droits exigibles. Les actes relatifs aux contestations entre ouvriers et patrons ou entre ouvriers seulement seront visés pour timbre et enregistrés en *débet*, simultanément.

Le visa pour timbre de chaque exploit devra indiquer le droit de l'original et des copies signifiées ; les expéditions des jugements et autres actes seront visés avant leur délivrance. Les droits seront relevés successivement sur le sommier des droits en *débet*, à un seul article pour tous les actes concernant la même contestation. Après le jugement de condamnation, le recouvrement sera suivi contre la partie qui aura succombé, en vertu d'un extrait délivré par le greffier, conformément au dernier alinéa du § 1er art. 70 L. 22 frimaire an 7. Il sera fait recette des droits sur les différents registres de formalité (1861 I. G. — V. encore 1879 et 1958 I. G.).

34

SECTION 3. — EXPLOITS A ENREGISTRER GRATIS

[8581-8585]

8581. Observation. — Pour connaître les exploits qui doivent être enregistrés *gratis*, et tout ce qui se rapporte à cette formalité en matière d'exploit, V. *Acte judiciaire.*

8582. Élections. — Tous les exploits relatifs aux inscriptions sur les listes électorales doivent être enregistrés gratis (Dél. 27 mars 1829).— V. *Élections.*

8583. Expropriation. — Les significations faites en matière d'expropriation sont exemptes des droits ordinaires de timbre et d'enregistrement. — V. *Expropriation.*

8584. Indemnité de Saint-Domingue. — Les exploits relatifs à l'indemnité de Saint-Domingue sont exempts du timbre et de l'enregistrement. — V. 1427-2.

8585. Guerre. — La délégation du gouvernement de la Défense nationale a rendu, à la date du 5 novembre 1870, un décret portant (art. 4) que, pour tous les effets échus ou à échoir jusqu'au 30 *novembre* 1870, les protêts, dénonciations, actes d'assignation et jugements de condamnation seraient enregistrés gratis.

Cette immunité a dû s'appliquer non-seulement aux actes spécifiés ci-dessus, mais encore aux effets qui ont été présentés à la formalité, en même temps que les protêts et consignations (3370 R. P.).

SECTION 4. — EXPLOITS EXEMPTS D'ENREGISTREMENT

[8586]

8586. Observation. — Pour connaître les exploits qui sont exempts de toute formalité, V. *Acte judiciaire.*

SECTION 5. — ACTES RELATIFS AU RECOUVREMENT DES CONTRIBUTIONS PUBLIQUES

[8587]

8587. — Les exploits relatifs au recouvrement des sommes dues à l'État sont exemptes du timbre et doivent être enregistrés gratis quand il s'agit de sommes non-excédant 100 francs (L. 16 juin. 1824, art. 16).

Il en est question au mot *Acte judiciaire.*

CHAPITRE III. — DE LA FORMALITÉ DE L'ENREGISTREMENT

[8588-8609]

SECTION PREMIÈRE. — BUREAU

[8588-8589]

8588. Règles. — Les huissiers et tous autres ayant pouvoir de faire des exploits, procès-verbaux ou rapports, doivent faire enregistrer leurs actes, soit au bureau de leur résidence, soit au bureau du lieu où ils les ont faits (L. 22 frim. an 7, art. 26).

8589. Vérification d'écriture. — Le rapport des experts qui ont fait une vérification d'écritures doit être enregistré au bureau des actes judiciaires. — V. 768-4.

SECTION 2. — DÉLAI

[8590-8603]

8590. Durée du délai. — La plupart des actes rédigés par les huissiers et autres ayant pouvoir de faire des exploits ou procès-verbaux ont un caractère temporaire, et ne restent pas en minute à la disposition des employés de l'enregistrement ; le législateur, pour éviter qu'ils ne fussent soustraits à la formalité, a voulu qu'elle fût accomplie dans un délai fort court.

Aussi la loi porte-t-elle : « Les huissiers et autres ayant pouvoir de faire des exploits ou procès-verbaux, doivent faire enregistrer ces actes et procès-verbaux dans le délai de quatre jours » (L. 22 frim. an 7, art. 20).

8591. Juridictions diverses. — Ce délai s'applique à tous les actes du ministère des huissiers, quelle que soit la juridiction devant laquelle ils procèdent, soit en matière civile ou commerciale, soit en matière de police.

8592. Signification d'avoué à avoué. — Il en est de même pour les significations d'audience faites d'avoué à avoué (L. 27 vent. an 9, art. 15).

8593. Prud'hommes. — Et pour les actes des huissiers devant les prud'hommes (Dél. 20 juin 1809, 437 I. G.).

8594. Tribunaux administratifs. — Ainsi que pour tous actes devant les tribunaux administratifs.

8595. Vacations. — Lorsqu'il y a plusieurs vacations, chacune d'elles doit être enregistrée dans le délai.

8596. Employés des contributions indirectes. — Les actes extrajudiciaires que les employés des contributions indirectes sont autorisés à faire, en vertu de l'art. 28 Déc. 1er germinal an 13, doivent être enregistrés dans les quatre jours de leur date.

L'enregistrement des procès-verbaux de contravention dressés par ces préposés, n'est pas nécessaire avant la délivrance de la copie au contrevenant (390 § 10 I. G.).

8597. Préposés des diverses administrations. — Les actes des préposés, des diverses administrations et autres agents publics qui, par la nature de leurs fonctions habituelles, sont dans le cas de rapporter des procès-verbaux, doivent être soumis à l'enregistrement dans les quatre jours de leur date (406 I. G.).

8598. Gardes forestiers. — Les procès-verbaux des *gardes à pied* doivent être enregistrés dans les quatre jours qui suivent celui de l'affirmation à laquelle ils sont assujettis ; ceux qui sont rapportés par les *agents forestiers*, les arpenteurs forestiers, les gardes généraux et les gardes à cheval, soit isolément, soit avec le concours d'un garde et qui sont dispensés de l'affirmation, doivent être enregistrés dans les quatre jours de leur date. Le jour de l'affirmation ou de la date des procès-verbaux ne doit pas être compté dans le délai (Sol. 28 oct. 1828, 1265 § 6 I. G.).

On trouvera au mot *Garde forestier* l'indication des règles particulières applicables aux procès-verbaux et autres actes de poursuites rédigés par les gardes forestiers. — *V.* aussi *Bois et forêts.*

8599. Maires. — Les actes en matière de police, dressés par les maires et adjoints, doivent être enregistrés en débet dans les quatre jours de leur date (D. m. f. 19 oct. 1821, 136 Roll.).

8600. Secrétaires des mairies. — Les significations faites par les secrétaires des mairies d'actes concernant les communes, doivent être rédigées sur papier timbré et enregistrées dans les quatre jours de leur date, à peine des amendes prononcées par les lois sur le timbre et l'enregistrement (D. m. f. 11 therm. an 13, 220 § 68 I. G.).

8601. Voirie. — Les procès-verbaux dressés par les maires et adjoints, les ingénieurs des ponts et chaussées, les agents de la navigation, les commissaires de police ou par les gendarmes, pour constater les contraventions en matière de grande voirie, sont assujettis à l'enregistrement dans les quatre jours de leur date (D. m. f. 11 frim. et 4 germ. an 11 290 § 61 I. G., Dél. 3 juill., 16 août 1822, 863 Roll., 7268 J. E.).

8602. Roulage. — Les procès-verbaux en matière de roulage sont enregistrables dans les trois jours de leur date. — *V.* 803-15.

8603. Point de départ. — D'après la règle générale qui fait l'objet de l'art. 25 L. 22 frimaire an 7, le délai pour l'enregistrement des actes des huissiers et autres ayant pouvoir de faire des exploits ou procès-verbaux, court de la date de l'acte, sans y comprendre néanmoins, le jour de la rédaction, et il expire le dernier jour du terme accordé.

1. PLUSIEURS DATES. — Mais le délai pour l'enregistrement d'un procès-verbal d'apposition d'affiches ayant plusieurs dates ne court que de la dernière, attendu qu'un pareil acte, n'étant pas fait par vacations, ne se trouve parfait qu'à la dernière date (14616-1 J. E.).

SECTION 5. — PEINES EN CAS DE NON ENREGISTREMENT

[8604-8606]

8604. Amende. — La peine contre un huissier ou autre ayant pouvoir de faire des exploits ou procès-verbaux, est, pour un exploit ou procès-verbal non présenté à l'enregistrement dans le délai, d'une somme de 25 francs (5 fr.), et de plus, une somme équivalente au montant du droit de l'acte non enregistré (L. 22 frim. an 7, art. 34).

8605. Nullité. — Aux termes de ce même article, l'exploit ou procès-verbal non enregistré dans le délai est déclaré nul, et le contrevenant est responsable de cette nullité envers la partie. On a déjà vu cette peine de la nullité prononcée contre la contre-lettre. — *V. Contre-lettre.* — Mais, outre que nous avons démontré alors, que cette nullité ne subsistait plus en présence du Code civil, nous nous sommes attaché à faire ressortir un autre principe, à savoir, que c'est par des amendes et non par des nullités que doivent procéder les lois d'impôt, et que les amendes sont la punition la plus rationnelle des fraudes envers le Trésor.

Cependant la cour d'appel de Riom a jugé, le 6 décembre 1830 (10813 J. E.), que l'exploit d'appel enregistré après les quatre jours de sa date est nul lors même que le délai pour appeler n'est pas expiré lors de l'enregistrement (V. dans le même ordre d'idées deux arrêts des cours de Caen et de Bourges, en date des 25 avr. 1825 et 23 déc. 1816, rapportés par Dalloz nos 4960 et 5009).

Quoi qu'il en soit, la jurisprudence est fixée sur ce point que la nullité des exploits et procès-verbaux, prononcée pour défaut d'enregistrement dans les délais, par l'art. 34 L. 22 frimaire an 7, se trouve nécessairement restreinte par l'art. 47, qui ne défend aux juges de rendre jugement sur des actes non enregistrés, que lorsque le jugement est en *faveur des particuliers;* mais que cette nullité ne saurait s'appliquer aux actes qui intéressent l'ordre et la vindicte publique, dont l'effet n'a pu être subordonné aux intérêts pécuniaires du Trésor (Cass. 1er mars 1811, 1er fév. 1816, 5 mars 1819, 16 janv. 1824, 7 janv. 1826, 23 fév. 1827, 27 juill. 1827) : « Considérant, porte ce dernier arrêt, que, si l'art. 34 L. 22 frimaire an 7 a prononcé d'une manière générale la nullité des exploits et procès-verbaux non enregistrés dans le délai prescrit, cette disposition générale a été nécessairement restreinte par l'art. 47 de la même loi, qui ne défend de rendre jugement sur des actes non enregistrés que lorsque le jugement serait rendu en faveur de particuliers ; que, par cette restriction, la loi a évidemment voulu conserver toute leur force aux actes qui intéressent l'ordre et la vindicte publique et ne pas subordonner leur effet aux intérêts pécuniaires du fisc, sauf le recouvrement de ses droits à la charge de qui il appartient; qu'il s'ensuit, par une conséquence nécessaire, que les tribunaux saisis de la poursuite d'un délit constaté par un procès-verbal dressé par des agents auxquels la loi en a donné le pouvoir, ne peuvent le rejeter comme nul ni refuser d'y faire droit, sous prétexte que cet acte n'aurait point été soumis à l'enregistrement, et qu'en le faisant, ils commettent un excès de pouvoir » (Dalloz n° 5010).

C'est aussi ce qu'a décidé le conseil d'État, le 1er février 1851 (*Bull. chronol.* § 1er), en matière de grande voirie et la C. cass., le 3 juillet 1830 (9788 J. E.), en matière électorale.

La somme *équivalente au droit* n'est pas un droit mais une amende. « La nullité de l'acte, dit M. Demante, est ici édictée pour contravention à la loi de l'enregistrement. Il s'ensuit que l'Administration peut opposer cette nullité, que même les juges la doivent prononcer d'office. En cet état, il serait contradictoire que l'Administration perçût le droit afférent à l'acte, suivant sa teneur apparente, alors qu'elle-même a qualité pour relever cette apparence menteuse. Voilà pourquoi la perception a lieu à titre d'amende » (n° 804). — Il est bien entendu, d'ailleurs, que l'acte ne saurait donner lieu à aucune autre perception sous le titre de droit simple.

Ajoutons que l'exploit n'est pas nul quoiqu'il soit rédigé sur papier non timbré (C. Bastia 17 janv. 1876, 4357 R. P.).

8606. Actes sujets au droit proportionnel.
— Au reste, il faut remarquer que, d'après l'art. 34 L. 22 frimaire an 7, la peine qu'il édicte contre les exploits et procès-verbaux ne s'étend pas aux procès-verbaux de ventes de meubles et autres objets mobiliers, ni à tout autre acte du ministère des huissiers sujet au droit proportionnel. « La peine pour ceux-ci sera d'une somme égale au montant du droit, sans qu'elle puisse être au-dessous de 50 francs (10 fr.). Le contrevenant doit payer en outre le droit dû pour l'acte, sauf son recours contre la partie pour ce droit seulement.» — La raison en est, que ces actes font preuve d'une convention translative. « Or, si la faute de l'huissier peut porter grief à la partie qui lui a donné commission, il serait déraisonnable de faire pâtir de cette négligence les tiers dont l'huissier a reçu le consentement »(Demante n° 802).

8607. Règle.
— Les huissiers et autres officiers ayant le pouvoir de faire des exploits doivent, selon la règle générale, payer avant l'enregistrement les droits qui leur sont demandés pour l'accomplissement de la formalité de leurs actes.

8608. Supplément de droit.
— Mais une fois l'exploit enregistré, c'est contre le requérant qu'il faut poursuivre le recouvrement d'un supplément de droit exigible (Montargis 25 fév. 1850, 14918-3 J. E.).

8609. Preuve d'existence.
— L'existence d'un exploit est suffisamment constatée par sa transcription sur le registre des protêts, et l'huissier ne peut alléguer qu'il a supprimé les actes pour éviter des frais aux débiteurs (Rouen 27 août 1855, 13860-3 J. E. ; — Seine 29 déc. 1848, 13669 J. N., 14636 J. E., D. N. t. 10 p. 230 n° 144 ; 19 mars 1870, 3140 R. P.). — V. *Protêt.*

CHAPITRE IV. — PLURALITÉ. — DISPOSITIONS INDÉPENDANTES

[8610-8670]

8610. Principe.
— Sous l'empire de la législation du contrôle, voici quelle règle s'appliquait à la perception du droit sur les exploits : « La pluralité du droit de contrôle d'un exploit, enseigne Bosquet, ne dépend pas des différentes dispositions, ni du nombre des chefs de demande qu'il renferme. Elle a lieu par le nombre de demandeurs qui ont des intérêts différents, et il est dû autant de droits qu'il y a de particuliers à la requête desquels l'exploit est fait quoique contre une seule personne et par un même exploit. Elle a pareillement lieu, eu égard au nombre des défendeurs, à moins qu'il ne s'agisse d'héritiers ou d'associés pour fait de la succession qui leur est commune ou de leur société. Il faut néanmoins excepter les assignations à des experts, celles données à des témoins, ainsi que celles données aux parents des mineurs pour avoir leur avis dans les affaires desdits mineurs » (Bosquet t. 1er p. 545).

Ces dispositions ont été à peu près reproduites par l'art. 68 § 1er n° 30 L. 22 frimaire an 7, ainsi conçu : « Il est dû un droit pour chaque demandeur ou défendeur, en quelque nombre qu'ils soient dans le même acte, excepté les copropriétaires et cohéritiers, les parents réunis, les coïntéressés, les débiteurs ou créanciers, associés ou solidaires, les séquestres, les experts et les témoins, qui ne seront comptés que pour une seule et même personne, soit en demandant, soit en défendant, dans le même original d'acte, lorsque leurs qualités y seront exprimées. »

La qualité doit être exprimée dans l'acte, à défaut de quoi la perception est réglée d'après les principes généraux. L'expression de cette qualité sert d'ailleurs, jusqu'à preuve contraire, à justifier l'exigibilité du droit.

8611. Demandeur et défendeur. — Ce texte est le plus développé de tous ceux où la pluralité des droits est établie. Il est difficile, en effet, de mieux caractériser l'unité d'intérêts dont l'unité de droit est le corrélatif. — Le ministre des finances, par une décision des 31 juillet et 16 août 1808 (400 § 5 I. G.), a fait ressortir, de [la manière la plus nette, l'économie de la loi. Il résulte de cette décision qu'il est dû autant de droits qu'il y a de demandeurs non solidaires contre une seule personne ou contre plusieurs solidaires, et *vice versâ*. S'il s'agit de plusieurs demandeurs et de différents défendeurs, on doit exiger autant de droits qu'il se trouve de demandeurs, et relativement au nombre des parties contre lesquelles chacun poursuit.

On pourrait donc croire que notre disposition a toujours été d'une application des plus faciles et des moins contestées : il n'en est rien. Il n'en est point, au contraire, en cette matière, qui ait fait naître plus de difficultés. Nous allons, pour rendre la règle tout à fait palpable, poser quelques exemples qui mettront à jour toutes les faces de la question. Les nombreuses décisions que nous avons réunies dans ce paragraphe compléteront la démonstration.

1° *Paul* forme une demande contre *Auguste Louis, Victor, Alphonse, Julien* et *Pierre*, qui ont des intérêts parfaitement distincts. *Paul* aurait pu formuler sa demande par six exploits différents, dont chacun eût été dirigé contre un des défendeurs individuellement. Le principe de la pluralité veut donc qu'il soit perçu six droits, c'est à-dire un droit pour chacun des actes qui sont confondus en un seul ;

2° *Paul* forme une demande contre *Auguste, Louis* et *Victor*, qui ont des intérêts distincts, et *Alphonse, Julien* et *Pierre*, qui ont un intérêt commun. Cette demande n'aurait pu être formulée que par quatre actes différents, car la solidarité qui existe entre *Alphonse, Julien* et *Pierre* réunit fictivement leurs personnes en une seule : un seul exploit eût dû leur être signifié ; dès lors, la demande collective de *Paul* ne représente que quatre actes. Il n'est dû que quatre droits ;

3° Que si *Paul*, au lieu d'agir seul, se trouve en communauté d'intérêts avec *Jacques, Jean, Baptiste, Joseph* et *Vincent*, qui tous figurent dans la demande, les règles que nous venons d'indiquer seront les mêmes à suivre; car la communauté d'intérêts qui réunit les six demandeurs, les empêche d'agir, chacun en son nom, contre les six défendeurs. Il n'y a jamais qu'un demandeur qui s'appelle *Paul* tout court, ou *Paul, Jacques, Jean*, etc.;

4° Mais si *Paul* et *chacun* de ses codemandeurs a un intérêt distinct contre *Auguste* et *chacun* de ses codéfendeurs, il en résulte évidemment que *chaque* demandeur eût pu former sa demande contre *chaque* défendeur par un exploit distinct. Ainsi, *Paul* ayant pu faire dresser six exploits, comme dans notre premier exemple, *Jacques* ayant pu en faire autant, et

ainsi de suite pour leurs quatre codemandeurs, nous obtenons les termes suivants :

1° Paul	6
2° Jacques	6
3° Jean	6
4° Baptiste	6
5° Joseph	6
6° Vincent	6
Total.	36

c'est-à-dire 36 actes représentant 36 droits. — L'opération à faire pour arriver, par la synthèse, à connaître immédiatement le nombre d'actes que représente notre exploit, n'est donc pas une addition, qui consisterait à ajouter au nombre des demandeurs celui des défendeurs, comme on a voulu le prétendre (n° 8629), mais une multiplication qui trouve ses deux termes dans le nombre des demandeurs d'une part, et dans celui des défendeurs de l'autre. — C'est ce qui avait été reconnu déjà dans l'ancien droit, selon le témoignage de Bosquet : « S'il y a, dit-il, plusieurs demandeurs et défendeurs différents, il doit être perçu autant de droits qu'il y a de demandeurs et relativement au nombre des défendeurs contre lesquels chacun agit. Si donc chacun des *quatre* demandeurs a intérêt contre *quatre* défendeurs, il est dû seize droits » (Déc. cons. 7 sept. 1752, Bosquet t. 1er p. 648);

5° Que si, enfin, d'un côté *Paul, Jacques* et *Jean* ont un intérêt commun, tandis que celui de *Baptiste, Joseph* et *Vincent* sera distinct, si, de l'autre, *Auguste, Louis* et *Victor*, ont un intérêt distinct, tandis que l'intérêt d'*Alphonse, Julien* et *Pierre* sera commun, il ne restera, d'après ce que nous avons dit dans notre second exemple, que quatre demandeurs contre quatre défendeurs, c'est-à-dire quatre individualités ayant pu faire *chacune* un acte contre chacune des quatre individualités de la défense : notre exploit représentera donc seize actes et donnera ouverture à seize droits.

Telle est l'économie de la loi. Le principe est des plus nettement posés et des plus simples à appliquer lorsqu'il n'y a aucune solidarité entre les demandeurs et les défendeurs, ou lorsque la solidarité est à l'abri de toute contestation. Mais quand y a-t-il lieu de reconnaître l'existence de la solidarité? C'est là que la difficulté commence. Les qualifications de *cohéritiers, copropriétaires*, etc., que la loi indique, les nombreuses décisions que nous avons réunies ci-après, contribueront à aplanir les difficultés et viendront servir de complément à notre démonstration.

8612. Acquéreurs solidaires. — Des acquéreurs solidaires, qui se réunissent pour faire des offres réelles aux créanciers inscrits, ne cessent pas de compter pour une seule personne, lors même qu'ils auraient partagé l'immeuble acheté en commun (Sol. 19 mars 1832, 10268 J. E., D. N. t. 5 p. 799 n° 48).

8613. Adjudicataires. — Servitude. — Les adjudicataires de divers immeubles qui se réunissent pour maintenir un droit de passage que leur garantit leur titre commun d'acquisition doivent être considérés comme cointéressés dans le sens de la loi, puisque leur but est le même, leur intérêt identique ; dès lors, l'exploit fait à leur requête n'est passible que d'un seul droit (Cass. 11 janv. 1842) : « Attendu, porte cet arrêt, que la loi n'a pas déterminé. les caractères auxquels on devrait reconnaître la qualité de coïntéressés ; que les tribunaux n'excèdent donc pas leurs pouvoirs quand ils recherchent, dans les actes, dans les faits et dans toutes les circonstances de la cause, si les parties qui réclament cette qualité, doivent ou non être considérées comme des coïntéressées dans le sens de la loi ; — Attendu que les qualités du jugement portent, et que le fait n'est pas contesté, qu'une condition de l'adjudication autorisait les adjudicataires à passer les uns sur les autres, aux lieux convenables, et que les demandeurs et les autres propriétaires de la prairie du Chatelut passèrent effectivement, et qu'ils ont joui comme coïntéressés, tant dans l'exploit introductif d'instance que dans l'acte d'appel qui forme la base de la contestation actuelle ; qu'il n'est pas méconnu qu'ils ont un intérêt identique procédant d'un même titre, l'adjudication du 15 frimaire an 2 ; que l'action des défendeurs au pourvoi avait aussi un seul et même but ; celui de se faire maintenir dans le même mode d'exercice de la servitude de passage dont ils avaient constamment joui depuis l'origine jusqu'au 31 juillet 1837 ; qu'en considérant donc que les défendeurs réunis pour l'exercice d'une action ayant le même but et procédant d'un titre commun, comme des coïntéressés dans le sens de la loi, et en les faisant jouir de la réduction du droit accordé par le dernier paragraphe du n° 30 de l'art. 68 L. 22 frimaire an 7, le jugement attaqué n'a violé ni cet article ni aucun autre texte de loi » (12937 J. E., 1675 § 2 I. G., S. 42-238).

8614. Affiches. — **Procès-verbal d'apposition.** — Il n'est dû qu'un seul droit pour les procès-verbaux d'apposition d'affiches *dans plusieurs communes*, encore que les appositions et les certificats aient eu lieu à plusieurs dates (748, 7158 J. E.). Dans ce cas, l'huissier ne procède point par vacation et il n'y a qu'un seul procès-verbal rédigé à plusieurs dates (Sol. 15 juin 1852).

8615. Appel. — **Pourvoi.** — **Recours.** — La déclaration et signification d'appel *par un seul et même exploit*, est passible d'autant de droits fixes de 7 fr. 50 cent. ou de 15 francs, suivant le degré de juridiction, qu'il y a d'appelants ou d'intimés, en quelque nombre qu'ils soient dans le même acte, excepté les copropriétaires et cohéritiers, les parents réunis, les coïntéressés, les débiteurs ou créanciers, associés ou solidaires, et les séquestres, qui ne sont comptés que pour une seule et même personne, soit en demandant, soit en défendant, dans le même original d'acte, lorsque leurs qualités y sont exprimées (art. 68 § 1er n° 30 L. 22 frim. an 7, combiné avec l'art. 13 de celle du 27 vent. an 9, et l'art. 2 L. 19 fév. 1874, Circ. 1704 et 1992, Dél. 22 sept. 1822, 9615 J. E.).

C'est au mot *Appel* nos 2205 et suiv. que nous avons réuni les règles applicables aux significations d'appel devant les diverses juridictions.

1. PLUSIEURS EXPLOITS. — Les art. 43 n° 13, et 44 n° 7 L. 28 avril 1816, n'étant point applicables aux déclarations d'appel restées assujetties au droit fixe de 15 francs, ou de 7 fr. 50 cent. conformément à l'art. 68 §§ 4 et 5 L. 22 frimaire an 7, et à l'art. 2 L. 19 février 1874, il résulte des termes exprès du même art. 68 § 1er n° 30, que, si la signification de l'appel est faite *par un même original* d'acte à plusieurs cohéritiers ou coïntéressés, il n'est dû qu'un seul droit de 7 fr. 50 cent. ou de 15 francs. Mais s'il est fait *plusieurs originaux* de significations, soit parce que les héritiers n'habitent pas tous la même commune, soit par tout autre motif qu'il n'appartient pas aux receveurs d'apprécier, chaque original d'acte de signification donne lieu nécessairement à un droit distinct ; ce droit ne peut être que celui qui est déterminé par la nature de l'acte, c'est-à-dire le droit de 7 fr. 50 cent. ou de 15 francs établi pour les significations (D. m. f. 14 déc. 1839, 1600 I. G., Sol. 16 sept. 1830, 9753 J. E.).

C'est ce qui a été décidé en Belgique par un jugement d'Audenarde du 30 mars 1866, portant : « Attendu, que la loi frappe du droit fixe, sans distinction s'il y a eu un, deux ou plusieurs actes d'appel signifiés, tout acte d'appel de cette nature, lorsqu'il est présenté à l'enregistrement ; qu'il importe donc peu que, l'espèce et dans la même cause, un autre exploit d'appel ait déjà été enregistré au droit fixe, puisque ce n'est pas l'exercice du droit d'appel qui donne ouverture à la perception du droit d'appel, mais que c'est l'acte d'appel signifié à l'une ou l'autre des parties qui est au sujet à cet impôt. »

2. ACTE AU GREFFE. — Si la déclaration d'appel est faite au greffe ou par un acte séparé de l'exploit, indépendamment du droit, qui se perçoit comme ci-dessus, à raison du nombre des appelants et intimés, il est dû pour l'exploit de signification un droit particulier de 3 francs par chaque appelant et intimé, d'après la distinction admise par le n° 30 § 1er art. 68 L. 22 frimaire an 7 (Circ. 1704).

3. ACQUÉREURS. — Les significations d'appel en déclaration d'arrêt commun à plusieurs acquéreurs des biens d'une succession, sont passibles d'autant de droits fixes de 10 (15) francs qu'il y a d'acquéreurs, bien que ceux-ci soient qualifiés de coïntéressés, de codéfendeurs, attendu que leur intérêt est distinct (Av. com. f. 16 mars 1824, approuvé par le ministre le 31, 7733 J. E.).

4. AVOUÉ. — ORDRE. — Un procès-verbal d'ordre colloque, en un seul article, tous les frais de poursuite, avec désignation de la somme revenant à chaque avoué poursuivant, et l'appel du jugement d'ordre est signifié à chaque avoué. Quoique les frais d'une poursuite d'ordre soient liquidés en bloc, l'avoué de chaque créancier colloqué a droit aux frais par lui avancés, sans aucun mélange d'intérêt avec les autres. Il s'ensuit qu'il est dû autant de droits de 15 francs qu'il y a d'avoués auxquels l'appel du jugement d'ordre est signifié (4374 J. E.).

5. CRÉANCIERS INSCRITS. — L'appel interjeté par plu-

sieurs créanciers d'un jugement rendu par suite de contestations levées dans un ordre ne doit être assujetti à la pluralité des droits qu'autant que les créanciers ont agi *individuellement*; mais s'ils ont procédé collectivement et dans un but commun, un seul droit est exigible (13365-1, 2115 J. E.).

6. PARTIE ET AVOUÉ. — Il n'est dû qu'un droit sur la signification d'un acte d'appel fait à la partie et à l'avoué au profit duquel on a fait distraction des dépens (3464 J. E.).

7. PLUSIEURS JUGEMENTS. — La déclaration d'appel de plusieurs jugements notifiés à la même personne n'opère qu'un seul droit (Sol. 13 déc. 1792).

La déclaration d'appel d'un jugement préparatoire et d'un jugement définitif, faites simultanément, n'est également passible que d'un seul droit.

8. DEMANDEURS ET DÉFENDEURS. — Quand l'exploit d'appel est signifié à quatre individus à la requête de quatre demandeurs, on doit percevoir seize droits (Dél, 22 sept. 1829, 9615 J. E.).

9. RECOURS AU CONSEIL D'ÉTAT. — L'Administration avait décidé (366 n° 3 I. G.) qu'il n'y avait pas lieu à la pluralité des droits dans les affaires instruites au conseil d'État, et elle se fondait, pour cela, sur un décret de 1806 portant qu'il serait dû un franc pour *chacun* des exploits d'huissiers relatifs aux affaires contentieuses. Cette décision n'a plus dû être suivie depuis la loi de 1816, qui, en tarifant le premier acte de recours au conseil d'État, n'a pas reproduit la disposition exceptionnelle du décret de 1806, et a laissé, par conséquent, cet acte dans la règle commune.

10. MINISTÈRE PUBLIC. — CONDAMNÉS. — N'est passible que d'un seul droit la signification d'appel faite au ministère public à la requête de plusieurs personnes qui, après avoir été enveloppées dans une seule et même poursuite comme prévenues d'un même délit, ont été condamnées, de ce chef, chacune à une amende avec emprisonnement et toutes solidairement aux frais. « En effet, prévenus d'un seul et même fait, ils ont pu employer un intérêt à établir que ce fait n'existe pas ou qu'il ne constitue, devant la loi pénale, ni crime, ni délit, ni contravention; ils sont donc à ce titre coïntéressés, unis par un lien d'intérêt commun, qui se rattache lui-même à un fait unique, sur lequel s'établit la procédure. Chacun d'eux peut, sans doute, avoir des moyens individuels, non communs aux autres prévenus, à faire valoir dans l'intérêt de sa défense; mais, du moment que la communauté d'intérêts prévue par la loi a sa raison d'être sur un point quelconque, il importe peu qu'il y ait séparation sur un autre point dépendant de la même affaire » (Sol. Adm. belge 24 juill. 1857, 907 R. P.).

11. ARRÊT D'ADMISSION. — Les demandeurs au pourvoi, si distincts que soient leurs intérêts sont considérés comme coïntéressés pour l'annulation de la décision. L'exploit de rectification de l'arrêt d'admission obtenu par ces demandeurs est donc passible d'un seul droit (Sol. 28 déc. 1877).

8616. Assurance mutuelle. — Les membres d'une société d'assurance *mutuelle* sont coïntéressés, puisque cette société, par sa nature, emporte solidarité. Ainsi, on ne peut percevoir qu'un seul droit sur l'acte par lequel plusieurs membres de cette société font signifier leur renonciation (Dél. 12 juin 1827, 8793 J. E.).

8617. Avaries maritimes. — Que décider à l'égard des exploits signifiés, en matière de règlement d'avaries maritimes, à la requête du capitaine du navire? Il convient de distinguer si les exploits dont il s'agit sont antérieurs ou postérieurs à l'expertise faite en exécution de l'art. 414 C. com., pour la vérification et l'estimation des dommages et pertes.

Dans le premier cas, les exploits ont pour objet soit d'appeler les propriétaires des marchandises devant le tribunal de commerce, pour la nomination des experts, soit de les sommer d'être présents à l'expertise. Ces actes ont lieu dans un intérêt collectif; ils ont un but commun à tous les propriétaires des marchandises, savoir: l'accomplissement des formalités nécessaires pour la constatation des avaries. Les propriétaires des marchandises peuvent, à cette époque de la procédure, être considérés comme coïntéressés. Quel que soit leur nombre, les exploits qui leur sont signifiés à la requête du capitaine du navire ne sont passibles que d'un seul droit d'enregistrement.

Mais, après l'expertise qui a estimé et classé les avaries, les intérêts des propriétaires sont divisés: soit qu'ils agissent pour contester les résultats de la vérification, soit qu'on procède contre eux pour le payement des avaries, ce sont des parties distinctes. Les assignations et autres exploits qui leur sont signifiés ou qu'ils font signifier sont sujets à autant de droits d'enregistrement qu'il y a de demandeurs ou de défendeurs ayant alors un intérêt séparé (Dél. 16 mai 1845, 1743 § 2 I. G.).

8618. Avoué. — Les actes de constitution d'avoués se signifient d'avoué à avoué. Le droit était de 25 centimes d'après l'art. 15 L. 27 ventôse an 9; il est actuellement, savoir: de 75 centimes en première instance, de 1 fr. 50 cent. devant es cours d'appel et de 4 fr. 50 cent., s'il s'agit des avocats à la C. cass. (L. 28 avr. 1816, art. 41, 42 et 44; 19 fév. 1874, art. 2). — *V.* ci-dessus n° 8571.

Il n'est dû qu'autant de droits qu'il y a d'avoués ou d'avocats demandeurs ou défendeurs, quel que soit le nombre de leurs clients (Circ. 2018).

Quoiqu'un acte de constitution d'avoué soit signifié à la partie ou au procureur de la République à défaut d'avoué constitué par l'autre partie, il n'est passible que du droit fixé pour les actes d'avoué à avoué (7525 J. E.).

Lorsque l'avoué occupe pour plusieurs personnes ayant chacune un intérêt distinct, est-il dû un droit particulier pour chacune des significations, constatées par un seul original d'exploit, qui lui sont faites à la requête d'un seul requérant? On s'est prononcé pour l'affirmative (10540, 16468-3 J. E.). Cependant, la Circ. 2018 portant, ainsi que nous venons de le dire, que les avoués sont les véritables parties, il s'ensuit qu'il n'est dû qu'un droit pour chacun des avoués demandeurs ou défendeurs, en quelque nombre que soient les parties. C'est aussi l'avis du D. N. (t. 5 p. 798 n° 41).

Le recueil qui avait émis un sentiment contraire est d'ailleurs revenu sur son opinion, en déclarant que la pluralité lui paraissait devoir être limitée au cas où le même exploit renferme des significations distinctes (18441 § 2 J. E.).

Quant aux constitutions faites dans les exploits, elles ne donnent lieu à aucun droit. — *V.* 2489.

8619. Avoué et partie. — L'art. 147 C. proc. veut que lorsqu'il y a avoué en cause, les jugements soient signifiés à la partie, à personne et à domicile, et à l'avoué. Il suit de là que lorsque cette signification est faite par le même acte à l'avoué et à son client, on doit considérer l'exploit comme contenant plusieurs dispositions, ce qui rend exigible le droit de 75 centimes pour la signification à l'avoué et celui de 3 francs pour la partie (9408 J. E., Dél. 19 janv. 1830, 9516 J. E.).

1. ACQUIESCEMENT. — L'acquiescement signé des parties et notifié par acte d'avoué est passible d'un droit fixe de 3 francs outre celui de l'exploit. — *V.* 292.

2. POUVOIR. — Dans les tribunaux près desquels il y a des avoués, les exploits d'assignation qui indiquent en même temps que l'avoué occupera pour la partie, ne sont passibles que du droit auquel l'exploit est lui-même assujetti ; mais dans les tribunaux de paix, de commerce et de police, près desquels il n'existe pas d'avoués en titre, il est dû deux droits, l'un pour la citation, et l'autre pour le mandat, si l'exploit contient pouvoir à une personne y dénommée de représenter le requérant (D. m. j. 7 germ. an 6 et 28 therm. an 9, Circ. 1271 et 2050, Dél. 3 nov. 1829, 9422 J. E., D. N. t. 5 p. 801 n° 59). — *V.* 819-3.

8620. Acte refait. — Les exploits refaits pour cause de nullité sont sujets au tarif spécial à leur nature. — *V.* 1034.

8621. Bien dotal. — Une signification faite par une femme à quarante-cinq adjudicataires non solidaires, de ses biens dotaux, est passible de quarante-cinq droits (Beaugé 27 août 1851, 15309-4 J. E., D. N. t. 5 p. 799 n° 49).

8622. Capture. — Cautionnement. — Sous l'empire de la loi qui autorisait la contrainte par corps, il avait été décidé que si lors de l'arrestation pour dettes, la femme du débiteur offre de s'obliger avec lui, et que l'huissier en fasse mention dans son procès-verbal de capture, signé par la femme, le droit de cautionnement est dû (3229 J. E.).

8623. Cession de créance. — Le sieur E... vendit ses biens à quatorze acquéreurs non solidaires, moyennant des prix distincts dont la réunion formait un total de 3,755 francs. Par un second acte sous seing privé (fait en six originaux), il céda ce capital à cinq individus, savoir : 638 francs au sieur D..., 879 au sieur M..., etc. Cet acte a été signifié à chacun des quatorze débiteurs par un exploit qui dénomme les cinq cessionnaires ; il a été décidé qu'il était dû soixante-dix droits, produit de quatorze par cinq (Sol. 26 août 1831, 10143 J. E.).
Mais la signification faite à la requête d'un seul individu cessionnaire de plusieurs créanciers distincts, ne donnerait lieu qu'à un seul droit de son chef (Sol. 20 sept. 1854).

8624. Coïntéressés. — La qualité de *coïntéressé* joue un très-grand rôle dans la question de la pluralité des droits en général, et en matière d'exploit en particulier. Mais des difficultés naissent souvent de ce que ce mot n'est guère susceptible de recevoir une définition rigoureuse. Un avis du comité des finances du conseil d'État, approuvé par le ministre le 31 mars 1824 (1347 § 3 I. G.), a défini ainsi l'expression de coïntéressés : « Elle doit être entendue d'individus *ayant un seul et même intérêt par sa nature indivisible.* » Ce sens résulte, en effet, non-seulement de l'expression elle-même, mais encore des mots qui la précèdent et la suivent dans l'art. 68 § 1er n° 30 L. 22 frimaire an 7.

1. IDENTITÉ D'INTÉRÊTS. — Dans cet avis, le conseil d'État a refusé de considérer comme coïntéressés des individus qui avaient un intérêt *identique,* tels, par exemple, que des acquéreurs qui recevaient de l'héritier une signification d'appel en délaissement d'immeubles à eux vendus par l'auteur de la succession [1]. Cependant cette identité a quelquefois été prise en considération par la C. cass.
Ainsi, elle a jugé, le 2 juin 1832 (*V.* 8630), que, bien que l'*identité* d'intérêts ne suppose pas toujours la communauté d'intérêts, cependant dans le cas où la réunion de plusieurs individus ou créanciers a pour objet l'exercice d'une action spéciale dans un but commun, exclusive de toute condamnation en vertu d'un titre individuel et séparé, telle que la demande en séparation des patrimoines, établit pour l'objet spécial de cette demande la qualité de coïntéressés ; et, dès lors, l'exploit introductif de cette demande, encore bien qu'il soit formulé au nom de plusieurs créanciers distincts, mais réunis dans cet objet, rentre dans l'exception établie par l'art. 68 n° 30 § 1er L. 22 frimaire an 7, et n'est soumis qu'à la perception d'un seul droit et non à des droits calculés sur le nombre des créanciers.
De même, les acquéreurs de divers lots d'un immeuble vendus par le même acte, qui prétendent qu'en vertu de cet acte ils ont un droit de passage sur le fonds d'un autre acquéreur, et qui se sont réunis pour intenter simultanément leur action contre ce dernier, en déclarant agir comme coïntéressés, peuvent valablement être réputés avoir cette qualité vis-à-vis de l'Administration, en ce sens qu'un seul droit fixe est dû sur l'exploit introductif de la demande (Cass. 11 janv. 1842, *arrêt rapporté* 8657). — L'Administration invoquait ici, pour

---

1. « Une telle interprétation de la loi, dit Dalloz n° 431, n'est-elle pas trop rigoureuse? Sans doute l'identité d'intérêt ne suppose pas toujours la communauté d'intérêts ; il faut bien le reconnaître, la réunion de plusieurs individus ou créanciers, pour l'exercice d'une action spéciale dans un but commun, établit, pour l'objet spécial de cette action, la qualité de coïntéressés ; et ce lien d'intérêts, en l'absence d'une définition de la loi, est suffisant pour rendre applicable l'exception faite par elle, en faveur des coïntéressés ; car c'est un principe applicable en matière d'enregistrement comme en toute autre matière, que, dans le silence ou tout au moins dans l'insuffisance de la loi, l'interprétation la plus favorable doit prévaloir. Il faut donc admettre en principe que des personnes qui agissent dans un même exploit pour l'exercice d'une action ayant le même but, bien que leurs droits soient distincts et divisibles, peuvent être considérées comme des coïntéressés dans le sens du n° 30 § 1er de l'art. 68 L. 22 frimaire an 7, et, par suite, que l'exploit ne doit être assujetti qu'à un seul droit fixe, comme si les divers coïntéressés n'étaient qu'une seule et même personne. »

arriver à la pluralité des droits, cette circonstance que chaque partie revendiquait un même droit de servitude au profit de propriétés distinctes; que leur réunion n'était qu'accidentelle, chacune d'elles ayant des droits particuliers à défendre et rien ne s'opposant à ce que leurs prétentions fussent jugées séparément. Mais l'identité d'intérêts procédait ici d'un même titre, l'adjudication qui autorisait tous les adjudicataires à passer les uns sur les autres, aux lieux convenables; cette circonstance a paru décisive, et cette fois, comme en 1832, la Cour de cassation a consacré que le but commun que se proposaient plusieurs individus par leur réunion suffisait pour leur donner la qualité de coïntéressés relativement à l'objet spécial de leur action, alors d'ailleurs que cette action commune ne procédait pas d'un titre individuel et séparé.

La qualité des coïntéressés appartient encore à des créanciers qui se réunissent pour faire notifier la sommation de produire à un ordre judiciaire : « Attendu que l'expression de coïntéressés implique l'idée de communauté, non celle d'identité d'intérêt, que plusieurs personnes, bien qu'ayant des droits distincts, peuvent avoir et ont souvent un commun intérêt à faire un acte qui profite également à tous, quelle que soit la diversité de nature ou d'origine des droits qu'il s'agit de partager » (Cass. Req. 12 janv. 1869, *arrêt rapporté* n° 8631).

2. INTERPRÉTATION. — Quoi qu'il en soit, la loi n'ayant pas arrêté la définition de la qualité de *coïntéressé*, l'interprétation est appelée à jouer un rôle important en cette matière. C'est donc dans le fait et les circonstances de la cause qu'il faut puiser les éléments de la perception (Cass. 11 janv. 1842, *supra* 8613).

Ainsi l'Administration semble avoir adopté le principe des deux arrêts que nous venons de faire connaître, en appliquant l'exception de la pluralité de droits :

1° Aux sociétaires qui font ensemble acte de renonciation à même société (Dél. 12 juin 1827) ;

2° Aux créanciers qui poursuivent ensemble, quoiqu'en vertu de titres différents, l'expropriation de leur débiteur (Dél. 26 sept. 1828, D. N. t. 5 p. 799 n° 46) ;

3° A la femme et au procureur de la République qui reçoivent par le même acte une signification pour la purge d'hypothèque légale. — V. 8639 ;

4° Aux électeurs réunis pour attaquer la confection des listes électorales. — V. 8642 ;

5° A divers propriétaires réunis pour faire valoir leurs droits à la propriété du droit de pêche dans une rivière (Sol. 18 mai 1837) ;

6° A la transcription d'un acte d'échange, alors même que cette formalité est requise dans l'intérêt des deux échangistes : « Attendu que les deux mutations qui résultent d'un acte d'échange ne pourraient exister l'une sans l'autre; qu'il n'y a qu'un seul contrat, et partant qu'une seule formalité à donner; que dès lors il ne peut être dû qu'un seul droit » (Sol. 10 mars 1832) ;

7° Au traité consenti par les ouvriers d'un corps d'état (des charpentiers) stipulant non individuellement, mais au nom de la communauté, pour régler le tarif de leurs salaires avec les entrepreneurs qui les emploient (Dél. 22 déc. 1845, Dalloz n° 435) ;

T. III.

8° A l'exploit par lequel plusieurs membres d'une société d'assurance mutuelle signifient à la société qu'ils n'en veulent plus faire partie (Sol. 12 août 1856) ;

9° A la signification faite, à la requête de plusieurs associés, contre le gérant de la société, à fin de dissolution de l'entreprise (Sol. 29 sept. 1854, 9 déc. 1858) ;

10° A l'assignation en police correctionnelle pour des parties civiles contre divers coauteurs ou complices du même délit, afin d'obtenir des dommages-intérêts : un seul droit est exigible, quel que soit le nombre des défendeurs (Sol. 26 oct. 1852).

Mais elle l'a repoussé par Dél. des 16 janvier 1819, 19 septembre 1830 et 30 juin 1833 (V. 8629), lorsqu'il s'agit d'adjudicataires ou d'acquéreurs signifiant leurs titres d'acquisition aux créanciers inscrits, et la Cour de cassation sanctionne pleinement cette doctrine, ainsi qu'on le verra au n° 8629.

3. QUALITÉ EXPRIMÉE. — Dans tous les cas, du moment que la qualité de *coïntéressés* est donnée dans un exploit, soit aux demandeurs, soit aux défendeurs, les employés n'ont pas en général le droit d'en exiger la justification. L'art. 68 § 1er n° 30 L. 22 frimaire an 7 veut, en effet, qu'il ne soit perçu qu'un droit pour les copropriétaires, les coïntéressés, etc., *lorsque leurs qualités sont exprimées* (10463 J. E.).

Ce principe ne doit être admis néanmoins qu'autant que la preuve contraire ne peut être fournie. Si les préposés étaient à même de *constater* que les qualités énoncées sont inexactes, qu'il n'y a réellement ni copropriété, ni solidarité, il y aurait lieu d'exiger plusieurs droits; il est évident que la loi n'a pu vouloir laisser l'Administration sans action contre la fraude.

4. LE PRINCIPE EST SPÉCIAL AUX EXPLOITS. — C'est seulement pour les actes d'huissiers que le nombre des parties détermine la pluralité des droits, suivant la disposition insérée au n° 30 § 1er art. 68 L. 22 frimaire an 7 (Sol. 16 déc. 1825, 1187 § 10 I. G.).

Pour tous les autres cas où il y a lieu à la pluralité des droits, c'est dans l'art. 11 de la même loi que se trouve le principe à appliquer. — V. *Acte contenant plusieurs dispositions.*

8625. Cohéritiers. — Est passible d'un seul droit l'exploit par lequel des cohéritiers, propriétaires, du chef de leur auteur, d'une part dans une société charbonnière, somment cette société d'avoir à leur délivrer, dans une proportion indiquée, les dividendes échus et à échoir afférents à cette part et à les inscrire, selon certaines quotités déterminées, sur la liste des membres de la société. La notification faite dans de pareils termes n'est nullement incompatible avec l'idée du maintien actuel de l'indivision, et elle n'a pour objet, en dernière analyse, que de faire connaître la proportion dans laquelle les requérants sont copropriétaires ou cohéritiers de l'action sociale dont il s'agit » (Sol. belge 24 juill. 1867, 2644 R. P.).

1. UN SEUL ORIGINAL. — La disposition du § 1er n° 30 art. 68 L. 22 frimaire an 7, portant que les cohéritiers ou les coïntéressés ne doivent être comptés que pour une seule et même personne, ne s'applique qu'aux significations d'ap-

35

pel faites *par un même original d'acte* (D. m. f. 14 déc. 1839, 1600 I. G.).

8626. Commandement. — Signification de jugement de juge de paix. — La signification d'un jugement de juge de paix avec commandement d'y satisfaire n'est passible que du droit de 2 fr. 25 cent. si cette signification est le premier acte tendant à faire acquérir au jugement l'autorité de la chose jugée. Mais, s'il s'agit du commandement qui doit précéder toute saisie ou de tout autre acte d'exécution, le droit de 2 francs (3 fr.) devient exigible (13288-3 J. E.).

8627. Copropriétaires. — Tant qu'il y a indivision, il existe une association d'intérêt commun entre les copropriétaires. Ainsi il n'est dû qu'un seul droit fixe sur l'exploit par lequel vingt individus, propriétaires par indivis et par portions inégales de terrains en pâturage, font déclarer à deux autres individus, propriétaires également par indivis d'autres portions des mêmes terrains, qu'ils aient à nommer des experts pour opérer à l'amiable les partages et divisions de la propriété particulière de chacun d'eux (Dél. 13 sept. 1823, 852 Roll.).

8628. Créancier et cessionnaire. — La signification faite à la requête d'un créancier et du cessionnaire *de partie* de la créance donne ouverture à deux droits, car il y a deux intérêts distincts (Sol. 16 mars 1842, 10267 J. E.).

8629. Créanciers inscrits. — 1. ACQUÉREURS NON SOLIDAIRES. — On a longtemps controversé la question de savoir : d'un côté, si les acquéreurs ou adjudicataires non solidaires qui font signifier leurs contrats à des créanciers inscrits doivent être comptés pour une seule personne agissant dans un intérêt commun, celui de faire purger les hypothèques grevant leurs immeubles; — de l'autre, si les créanciers inscrits eux-mêmes ne doivent pas être considérés comme cointéressés, aux termes de l'art. 68 § 1ᵉʳ nᵒ 30 L. 22 frimaire an 7 (V. 8610), dans ce sens qu'une communauté d'intérêts résulte notamment pour eux de ce que les art. 2194 C. C. et 696 C. proc. exigent le consentement de *tous* les créanciers inscrits, soit pour empêcher l'adjudication des immeubles surenchéris, soit pour la radiation de la saisie immobilière. Mais les nombreux monuments de jurisprudence que nous faisons connaître ci-après ont tous repoussé l'idée de solidarité soit entre les acquéreurs, soit entre les créanciers, et cette question est maintenant tranchée dans ce sens d'une manière irrévocable (V. dans le même sens Dalloz nᵒ 438).

On a ensuite prétendu qu'en admettant qu'aucune solidarité n'existe entre ces diverses parties, il faut, pour obtenir le droit, *ajouter* le nombre des acquéreurs à celui des créanciers et percevoir autant de droits que *le total* représente d'individus. Mais cette seconde interprétation était évidemment contraire au sens qu'il faut attribuer à la loi d'après notre nᵒ 8611.

Aussi a-t-il été décidé, par une solution de l'Administration du 10 septembre 1830 (1347 § 3 I. G.), qu'une notification faite par 14 acquéreurs contre 33 créanciers inscrits donne ouverture à 462 droits.

C'est conformément à cette première solution qu'ont été rendues un grand nombre de décisions [1] (Dél. 16 janv. 1819, 6328 J. E.; — Ambert 14 juin 1831, 10059 J. E., 1381 § 3 I. G.; — Désistement d'un jugement de Saint-Dié du 6 janv. 1831, 1425 § 12 I. G.; — Chartres 7 juin 1850, 14991 J. E.; — Montargis 25 fév. 1850, 14918 J. E.; — Cass. 17 juin

---

[1]. Nous reproduisons ci-après une dissertation insérée dans l'art. 7762 du *Contrôleur* et qui résume la doctrine contraire. C'est sur cette doctrine qu'ont été fondés quelques jugements des tribunaux de Bressuire, Château-Thierry, Pithiviers, en date des 14 novembre 1848, 17 novembre 1849, 27 mai 1851 (2926, 3817 B. C.).

« La disposition de l'art. 68 § 1ᵉʳ nᵒ 30 L. 22 frimaire an 7 existait déjà dans la loi des 5-19 décembre 1790, mais elle n'exceptait que les copropriétaires et cohéritiers, les parents réunis, les débiteurs ou créanciers associés, les séquestres, les experts et les témoins. La loi du 22 frimaire ajoute à cette nomenclature les *cointéressés*. On doit donc se demander ce que la loi a entendu par cette désignation expressément ajoutée. « Remarquez que les *cointéressés* dont la loi parle ne sont ni les copropriétaires, ni le débiteur, ni les créanciers, dénommés également dans la loi de 1790; ce ne sont non plus ni les associés, ni les solidaires, dont il était fait mention; il s'agit d'autres demandeurs placés dans une autre condition que la copropriété, l'association ou la solidarité. Autrement la nouvelle indication ne serait qu'une redondance, ce qui ne se suppose pas dans une disposition expressément ajoutée à une énonciation préexistante. Pour comprendre la portée de l'expression *cointéressés*, dont se sert la loi de frimaire, il faut encore se rappeler la législation du contrôle; ici la loi nouvelle a très-exactement suivi la disposition de l'ancienne. On lit au *Dictionnaire des Domaines* vᵒ *Contrôle des exploits* § 5 : « La pluralité des droits du contrôle d'un exploit ne dépend pas des différentes dispositions ni du nombre des chefs de demande qu'il renferme; elle a lieu par le nombre des demandeurs qui y ont des intérêts différents. » Cette règle résultait de différents arrêts du conseil portant « qu'il sera perçu autant de droits qu'il y aura de demandeurs *ayant des intérêts différents*. » La loi de 1790 suivit le même principe; mais, croyant éviter le vague des intérêts différents, elle statua par énonciation, et à cet effet elle transcrivit exactement les cas prévus par la jurisprudence et résumés au *Dictionnaire des Domaines*, eod. verbo. On y trouve, en effet, indiqués dans diverses décisions du conseil des finances, les cohéritiers, les associés, les codébiteurs, les experts, les témoins et les parents. Cette nomenclature est évidemment copiée dans le recueil indiqué. Cependant elle ne remplissait pas complètement le but de la loi. Que voulait, en effet, le législateur ? Empêcher, comme l'art. 11, la confusion dans les actes, et la réunion dans un même exploit, d'actions distinctes appartenant à des parties étrangères les unes aux autres. Mais son but n'était pas de percevoir plusieurs droits lorsque naturellement il ne devait y avoir qu'un seul exploit. Au contraire, la simplification des procédures a toujours été l'objet des lois, tant fiscales que civiles; toute loi contient une raison sociale et repose sur des conditions de moralité que le législateur n'oublie jamais. Or, l'énumération indicative de la loi de 1790 ne renfermait pas tous les cas possibles où plusieurs demandeurs pouvaient naturellement ne faire qu'un seul exploit; en d'autres termes, elle ne correspondait pas pleinement à l'expression générale de la loi de contrôle, en rejetant de la pluralité du droit tous les demandeurs *n'ayant pas un intérêt différent*. On peut avoir, en effet, un même intérêt dans une procédure, sans être ni cohéritier, ni copropriétaire, ni associé, ni solidaire, ni parent ; par exemple, le créancier pour-

1851, 14403 J. N., 15236 J. E., 1900 § 4 I. G., S. 51-1-398; — Cass. 2 août 1853, 15023 J. N., 1986 § 3, I. G., S. 53-1-566. — Cass. *ch. réun.* 25 juin 1855, 424 R. P., 2054 § 5 I. G., S. 56-1-80).

L'arrêt du 17 juin 1851 porte : « Vu l'art. 68 § 1er no 30 L. 22 frimaire an 7: Attendu que cet article, qui établit un droit pour chaque demandeur ou défendeur, en quelque nombre qu'ils soient dans le même acte, comprend les créanciers dans l'exception qu'il accorde lorsqu'ils sont associés ou

suivant la purge hypothécaire d'un immeuble acheté par le même acte d'adjudication. L'unité du titre, l'indivisibilité de l'hypothèque, l'unité de la procédure, l'unité de son objet et de ses résultats constituent évidemment entre les adjudicataires un lien, et entre l'action qu'ils forment une connexité suffisante pour qu'il soit inutile et même frustratoire de faire autant de procédures distinctes qu'il y a d'acquéreurs. Naturellement, ils ne doivent faire qu'une seule signification de leur titre commun, comme il n'en est fait qu'une transcription, qu'un dépôt, qu'une affiche. Cependant la nomenclature de la loi de 1790 ne les comprenait point, tandis que la règle du contrôle les comprenait ; il est évident, en effet, que, dans la procédure de purge hypothécaire, les adjudicataires n'ont pas *un intérêt différent* ; ils ont le même intérêt, la purge des hypothèques légales. C'est évidemment cette hypothèse, et celles de même nature, que la loi du 22 frimaire an 7 a ajoutées à l'énonciation de la loi de 1790, par cette expression générale : « *les coïntéressés*. » Sans cette adjonction, il serait arrivé que plusieurs droits auraient été perçus sur un exploit unique, lorsque naturellement cet exploit devait être unique ; telle n'était pas la pensée de la loi : cette perception eût formé, sans raison, une exception au principe de l'unité du droit sur un exploit qui ne doit pas être fait multiple. Les *coïntéressés* de la loi de frimaire sont donc très-exactement ceux qui *n'ont pas un intérêt différent* de la loi du contrôle, par conséquent les adjudicataires poursuivant la purge hypothécaire. Vainement on prétendrait que, dans le mot *coïntéressé* de l'art. 68, on ne doit comprendre que les demandeurs n'ayant pas *d'intérêt particulier*. Quels sont donc les coïntéressés qui n'ont pas d'intérêt particulier dans l'objet de leur intérêt commun ? Les cohéritiers, les copropriétaires, les coassociés, les solidaires eux-mêmes n'ont-ils pas chacun leur intérêt propre, personnel, particulier, distinct, indépendamment de leur intérêt commun ? Les débiteurs solidaires sont-ils donc coïntéressés autrement qu'à l'égard du créancier ? L'obligation contractée solidairement envers le créancier se *divise de plein droit* entre les débiteurs, porte l'art. 1214 C. C. Non-seulement les adjudicataires de lots divers, soumis à une même hypothèque légale, ont un intérêt commun à la purge entière de cette hypothèque, mais encore chacun d'eux a un intérêt à ce que son coacquéreur purge son lot. Tous les tiers détenteurs de biens, soumis à une même hypothèque, sont tenus hypothécairement à la totalité de la dette (art. 2167 C. C.) ; en cette qualité, ils ont tous droit à la subrogation légale déterminée par l'art. 1251-3° C. C., au profit de celui qui *a intérêt* d'acquitter la dette ; cet intérêt leur est incontestablement commun : c'est donc la loi même qui les qualifie de *coïntéressés*. Enfin, à l'égard du créancier hypothécaire, il n'y a qu'une dette, comme à l'égard du créancier d'une dette solidaire ; l'hypothèque n'est pas moins indivisible que l'obligation frappée de solidarité. « On chercherait vainement un motif raisonnable à la disposition qui, après avoir excepté de la pluralité les cohéritiers, les copropriétaires, les associés, les solidaires, n'en excepterait pas les acquéreurs agissant en vertu d'un même titre, pour la purge d'une même hypothèque, au moyen d'une même procédure. Il y aurait contradiction, anomalie, incohérence ; or, ces graves imperfections ne se supposent pas dans la loi, et c'est incontestablement pour y soustraire la perception, dans ce cas et dans les hypothèses analogues, que la loi du 22 frimaire an 7 a ajouté l'expression large et générique *coïntéressés*, à la disposition énonciative de la loi précédente. »

solidaires ; — Attendu qu'il était reconnu au procès que les créanciers auxquels la notification du 6 mars 1849 avait été faite n'étaient liés par aucune association ni solidarité ; — Attendu que ladite notification avait pour objet de satisfaire aux prescriptions des art. 2183 et suiv. C. C., et de parvenir à la purge des immeubles hypothéqués en mettant les créanciers susdits en demeure de faire valoir leurs droits hypothécaires dans les formes établies par la loi ; — Attendu qu'il suit de là que c'était uniquement à titre de créanciers qu'ils recevaient la dite signification, dans un but qui, d'ailleurs, était individuel pour chacun d'eux, et que, dans cet état, d'après ce qui précède, l'exception de la loi fiscale ci-dessus rappelée ne leur était pas applicable ; qu'à la vérité, le même article précité comprend aussi dans l'exception les coïntéressés, mais que cette qualification ne peut s'entendre que de personnes réunies dans un intérêt commun, étranger à la situation des créanciers telle qu'elle vient d'être déterminée dans l'espèce actuelle. »

Cette règle serait applicable lors même que la notification serait faite à la requête d'un seul adjudicataire, agissant tant pour lui que pour les autres, en vertu d'une clause du cahier des charges (Dél. 27 avr. 1835, 11209 J. E.; — Tonnerre 11 fév. 1836, 11487 J. E.; — Châteauroux 19 fév. 1851, 15141-2 J. E.). — V. Dissert. de M. Pont, *Rev. crit.* t. 2 p. 21.

2. DISPENSE DE NOTIFICATION. — L'acte par lequel les créanciers inscrits dispensent les acquéreurs non solidaires des immeubles de leur débiteur des notifications prescrites par les art. 2188 et suiv. C. C. est passible d'un nombre de droits égal au produit de la multiplication du chiffre des acquéreurs par celui des vendeurs (Sol. 5 mars 1844, 13612-3 J. E., 12031 J. N., D. N. t. 10 p. 354 no 89).

Si cette dispense de notification avait lieu par acte notarié il serait dû seulement autant de droits de 2 francs (3 fr.) qu'il y a de créanciers non solidaires (Sol. 25 oct. 1869, 3243 R. P.) ;

Et on devrait considérer comme solidaires trois héritiers auxquels la créance aurait été attribuée dans un partage chacun pour un tiers. Ces héritiers, en effet, n'en ont pas moins conservé pour la créance la double qualité de copropriétaires et de cohéritiers (J. du not. 11 août 1869 no 2363).

3. ACQUÉREURS SOLIDAIRES. — Que si les acquereurs se sont rendus adjudicataires solidairement, il n'est dû qu'un droit par chaque créancier, sans en multiplier le nombre par celui des acquéreurs, alors même que ceux-ci auraient, avant l'acte de solidarité, fait entre eux le partage des immeubles acquis en commun, attendu que vis-à-vis du vendeur et des créanciers leur solidarité a continué de subsister (Sol. 19 mars 1832, 10268 J. E.).

4. MINEURS. — L'exploit signifié au subrogé tuteur de plusieurs mineurs à la requête de plusieurs adjudicataires des biens du tuteur est passible d'autant de droits qu'il y a d'acquéreurs (Sol. 9 nov. 1875, 4394 R. P.).

8630. Créanciers unis. — **1.** SÉPARATION DES PATRIMOINES. — Si des créanciers ayant un titre séparé se réunissent pour une demande en séparation de patrimoine de leur débiteur d'avec celui d'autres héritiers, en vertu du droit accordé par les art. 878 et 2111 C. C., un seul droit est exigible sur l'exploit par lequel ils forment cette demande, attendu que, n'ayant qu'un but unique dans leur demande, ils deviennent coïntéressés à l'égard de cette demande (Cass. 2 juin 1832): « Attendu, porte cet arrêt, qu'il résultait de l'exploit du 21 octobre 1828, que son unique objet était une demande de créanciers réunis tendant à obtenir la séparation du patrimoine d'un débiteur décédé d'avec celui personnel des héritiers dudit débiteur, en vertu du droit qui leur était attribué par les art. 878 C. C. et 2111 du même Code; — Attendu que, s'il est vrai que l'identité d'intérêts ne suppose pas toujours la communauté d'intérêts, il est aussi incontestable que la réunion de plusieurs demandeurs pour l'exercice d'une action spéciale dans un but commun, exclusif de toute condamnation en vertu d'un titre individuel et séparé, établit pour l'objet spécial de cette demande la qualité de coïntéressés; que telle est la demande en séparation de patrimoines, et qu'en appliquant à une demande ainsi formulée l'exception contenue dans le n° 30 § 1er de l'art. 68 L. 22 frimaire an 7, il n'y a eu ni fausse application ni violation dudit article » (10369, J.E., 1410 § 6 I.G., S. 32-1-435). — V. 8624-1.

2. FAILLITE. — L'assignation donnée par sept adjudicataires distincts d'immeubles dépendant d'une faillite à plusieurs créanciers inscrits depuis l'ouverture de la faillite et au syndic, à fin de radiation de leurs inscriptions, ne donne ouverture qu'à autant de droits qu'il y a de créanciers en outre du syndic, et les adjudicataires ne doivent compter que pour une personne, attendu qu'ils agissent dans un même intérêt (12914-2 J. E.).

Il en serait de même, selon nous, de l'appel du jugement de faillite signifié à la requête du failli aux créanciers qui ont fait déclarer la faillite; car, depuis cette déclaration, les créanciers sont désormais dans une complète communauté d'intérêts.

3. ACHETEURS DISTINCTS. — Mais il y a lieu à la pluralité des droits sur l'exploit par lequel plusieurs individus forment en commun une action contre une maison de commerce, à raison de la mauvaise qualité d'une denrée qu'ils ont achetée individuellement (Loudun 7 fév. 1840, D. N. t. 5 p. 800 n° 51).

4. ARTISTES. — OUVRIERS. — On l'avait décidé de même au sujet de l'exploit par lequel divers artistes d'un théâtre feraient saisir entre les mains du receveur municipal les sommes dues à leur directeur, afin d'obtenir le payement de leurs appointements : — les artistes, réclamant chacun de sommes différentes, sont appelés à faire valoir des droits distincts, et, si leur intérêt est semblable, il n'est pas commun (Sol. 22 mars 1867).

Au contraire, on a soumis à un seul droit l'exploit par lequel plusieurs ouvriers briquetiers, travaillant à la même table, assignent leur maître briquetier en justice à l'effet de le faire condamner à payer à chacun d'eux la somme qui leur revient à raison du travail exécuté, moyennant un prix proportionné à la quantité de matière mise en œuvre ou au nombre de briques préparées : — « Attendu que, dans la fabrication des briques, ce qu'on appelle une taille exige le concours de plusieurs travailleurs qui sont intéressés à ce qu'il y ait entre eux unité de volonté, d'activité, de bonne entente, afin que sous ces divers rapports les facultés de l'un ne soient pas paralysées par des causes personnelles aux autres ; qu'ils ont donc un intérêt commun à traiter conjointement avec celui qui leur offre la mise en mouvement d'une table à fabrication » (Sol. belge 20 mars 1868, 10717 J. E. belge).

8631. Créanciers unis. — Ordre. — Le tribunal de Remiremont a décidé, le 23 janvier 1868, que, quand des créanciers se réunissent pour faire notifier la sommation de produire à un ordre judiciaire, ils sont coïntéressés, et l'exploit n'est de leur chef passible que d'un seul droit : — « Attendu que, s'il est vrai que divers créanciers, en procédant en justice, poursuivent en général comme but définitif et médiat le payement de leurs créances respectives, c'est-à-dire ont des intérêts distincts et séparé, il n'est pas moins vrai qu'il peut être des cas où ils peuvent avoir un intérêt non-seulement semblable, mais commun, à exercer une action spéciale, préalable ou non, dans un but commun, exclusif de toute condamnation, en vertu d'un titre individuel et séparé; que, dans ce cas, l'exercice de cette action établit, pour le but spécial auquel elle tend, la qualité de coïntéressé; qu'en d'autres termes le coïntérêt peut s'appliquer aussi bien à un but de procédure qu'à tout autre but des actions à faire valoir en justice » (2739 R. P.).

Mais cette solution ne nous a pas paru fondée. Quand la sommation de produire est notifiée au nom d'un seul poursuivant à tous les créanciers inscrits, il ne paraît pas contestable qu'elle est passible d'autant de droits de 3 francs qu'il y a de défendeurs. Ces derniers, en effet, sont personnellement assignés pour l'exercice de leurs droits individuels : les uns peuvent comparaître et les autres faire défaut ; chacun a donc un intérêt distinct dans la procédure. Leur position ressemble à celle des créanciers auxquels un acquéreur fait adresser les notifications nécessaires à la purge : comme eux, ils luttent pour eux-mêmes tout en cherchant à défendre le gage commun ; comme eux, par conséquent, ils doivent un droit particulier (n° 8629). Ce n'est pas le cas d'appliquer l'arrêt du 2 juin 1832, rendu en matière de séparation des patrimoines; car, dans ce cas, le conflit s'élève réellement entre deux hérédités considérées comme des êtres moraux distincts des créanciers eux-mêmes (n° 8630).

Il est clair que le caractère des créanciers ne change pas parce qu'ils prennent le rôle de demandeurs et qu'ils se réunissent afin de faire aux défaillants les sommations prescrites. Le coïntérêt ne dépend pas de la volonté des parties, et des créanciers dont les droits sont distincts ne peuvent pas devenir solidaires ou indivis par cela seul qu'ils les exercent simultanément. Ce serait, en second lieu, aboutir à un résultat inacceptable. Comment expliquer, en effet, qu'une même sommation soit passible de tarifs différents, parce que tels ou tels créanciers sont ou non demandeurs? On avoue que, si l'un d'eux poursuit les vingt autres, il est dû vingt droits, et on veut faire admettre que, si ces derniers poursuivaient le premier, il ne serait dû qu'un seul droit ! Une telle conclusion est assurément difficile à justifier. Le tribunal allègue que les intérêts des créanciers ne se divisent qu'au moment des productions, et que c'est là ce qui différencie leur position de celle des créanciers auxquels on fait les notifications à fin de purge. Nous ne voyons pas qu'il en soit ainsi. Chaque créancier sommé intervient à l'ordre parce qu'il a sur le débiteur commun une obligation dont il doit soutenir les clauses et les effets. Ils sont sommés à leurs domiciles respectifs et les notifications faites aux uns ne peuvent pas tenir lieu de celles qui n'ont pas été faites aux autres. Si l'un des créanciers, par exemple, en oubliant une élection de domicile dans son inscription, se met dans l'impossibilité d'être prévenu, il encourt la déchéance. N'est-ce point la preuve que la procédure est spéciale à chacun des intéressés ? — Malgré ces raisons, le pourvoi formé contre le jugement de Remiremont a été rejeté par un arrêt de la chambre des requêtes du 12 janvier 1869 portant : « Attendu que l'expression coïntéressé implique l'idée de communauté, non celle d'identité d'intérêt; que plusieurs personnes, bien qu'ayant des droits distincts, peuvent avoir et ont souvent un commun intérêt à faire un acte qui profite également à tous, quelle que soit la diversité de nature ou d'origine des droits qu'il s'agit de protéger; attendu que, dans l'espèce, quatre des créanciers se sont réunis pour faire, par un seul exploit, sommation de produire à trente-trois autres créanciers inscrits ; que les quatre créanciers à la requête desquels la sommation a été faite avaient un intérêt commun à mettre les autres créanciers en demeure de produire à l'ordre, et qu'ainsi ils étaient coïntéressés dans le sens de l'art. 68 § 1er n° 30 » (2834 R. P., S. 69-1-276, D. 69-1-248, P. 69-668, 19520 J. N., 18776 J. E., 2531 Rev.).

Mais l'exploit par lequel plusieurs acquéreurs non solidaires somment les créanciers de produire à l'ordre est passible d'autant de droits qu'il y a d'acquéreurs multipliés par le nombre des créanciers (Sol. 23 avr. 1875, 4347 R. P.).

8632. Acquiescement. — L'acquiescement à un jugement contenu dans l'exploit de signification de ce jugement donne ouverture à un droit particulier. L'acquiescement dans un procès-verbal de saisie-exécution n'est passible d'aucun droit. — V. 184-292.

8633. Bornage. — La citation en bornage à la requête de plusieurs propriétaires est passible d'un seul droit. — V. 3221.

8634. Cautionnement. — Un droit particulier est exigible lorsque l'exploit constate la soumission de caution. — V. *Cautionnement.*

8635. Commission d'huissier. — La mention faite dans la citation de la commission donnée à l'huissier par le juge de paix pour suppléer l'huissier ordinaire n'est passible d'aucun droit (436 § 1er I. G., 3008 J. E.). — V. 864-4282.

8636. Congé. — On trouvera au mot *Congé* n° 4987 de quel droit est passible l'exploit de signification de congé.

8637. Plusieurs dates. — Les exploits signifiés à plusieurs dates ne sont passibles que d'un seul droit (13056-1 J. E.).

8638. Délits. — Les délits étant personnels et les poursuites individuelles, quoique dirigées collectivement contre tous les complices d'un même fait, il doit être perçu, sur les exploits d'assignation, un droit pour chaque délinquant ; l'exception faite par l'art. 68 § 1er n° 30 L. frimaire n'est pas applicable aux individus qui peuvent être condamnés solidairement pour un même délit, en vertu de l'art. 35 C. pénal (D. m. f. 19 avr. 1814, 4801 J. E.). — Donc, si une assignation en police correctionnelle est donnée à deux individus, à l'effet de se voir condamner solidairement à des dommages-intérêts, pour voie de fait, elle est sujette à deux droits, quoiqu'il n'y ait qu'un demandeur (Dél. 3 nov. 1829, 9452 J. E.).

8639. Plusieurs domiciles. — Créancier inscrit. — La sommation à un créancier inscrit qui constate qu'il lui a été signifié autant de copies qu'il y avait de domiciles élus dans ses inscriptions n'est passible que d'un seul droit, parce qu'il n'y a, en définitive, qu'une seule personne en cause (14609-2 J. E.).

8640. Exécuteur testamentaire. — Les exécuteurs testamentaires agissent ordinairement de concert. La règle générale est donc que les exploits qui les concernent ne donnent ouverture qu'à un seul droit. Cependant, si leurs fonctions étaient distinctes et que chacun d'eux dût se renfermer dans celles qui lui sont attribuées (1033 C. C.), il y aurait lieu à la pluralité des droits. — V. 8647.

8641. Exécutoires. — Les droits d'enregistrement des significations d'exécutoires de dépens se règlent d'après le tribunal dont émane la taxe (5694, 6864 J. E.)

8642. Élections. — L'acte de pourvoi au conseil d'État exercé par plusieurs électeurs municipaux contre l'arrêté du préfet qui approuve certaines élections et en annule d'autres, n'est susceptible que d'un seul droit, parce que les électeurs sont tous coïntéressés (Sol. 24 janv. 1832, 10246 J. E.). — V. 8624.

8643. Emprisonnement. — Écrou. — Les actes d'écrou contenant commandement au débiteur et signification au geôlier étaient passibles de deux droits (D. m. f. 4 juill. 1820).

8644. Experts. — Il est dû deux droits pour la notification d'une cédule à deux experts, au tiers expert et au défendeur : l'un pour la notification aux experts, en quelque nombre qu'ils soient, et l'autre pour la signification faite au défendeur (D. m. f. 16 brum. an 8, 292 J. E., D. N. t. 5 p. 800 n° 57).

8645. Expropriation. — Pour la perception du droit on ne doit compter que pour une seule personne les créanciers qui se réunissent pour poursuivre en commun l'expropriation de leur débiteur (Dél. 26 sept. 1828, 9161 J. E.).

8646. Frais et honoraires.

— Nous avons vu, n° 8629, que les actes faits à la requête des acquéreurs non solidaires donnent lieu à la pluralité des droits. Mais si l'huissier fait assigner ces acquéreurs en payement de ses frais et honoraires pour l'acte de notification qu'il a fait à leur requête, il ne sera dû qu'un droit, car pour lui ces acquéreurs, qui lui ont donné un mandat collectif pour faire la notification, sont des débiteurs solidaires (11651 J. E.).

8647. Héritier. — Légataire. — Exécuteur testamentaire.

— Une assignation donnée aux héritiers naturels, au légataire universel et à l'exécuteur testamentaire donne ouverture à deux droits, l'un pour les héritiers, l'autre pour le légataire universel, qui puisent leurs droits dans des titres différents. Quant à l'exécuteur testamentaire, un droit particulier ne peut être exigible, car il agit dans le commun intérêt de toutes les personnes qui prétendent avoir droit à la succession (4380, 10129 J. E.). — V. 8650.

8648. Gardien.

— D'après une décision ministérielle du 2 fructidor an 7 (Circ. 1655), il est dû deux droits sur les procès-verbaux de saisie-exécution, lorsqu'un gardien est établi pour les objets saisis : l'un pour la signification à la partie saisie, l'autre pour la remise au gardien d'une copie du procès-verbal. Ces deux droits sont également exigibles en matière de contribution, lorsque la cote dont le payement est poursuivi excède 100 francs.

C'est ce qui résultait déjà, au temps du contrôle, d'une déclaration du 23 février 1677, confirmée par un arrêt du 4 février 1690 (Bosquet t. 1er p. 666).

1. DEUX GARDIENS. — Qu'il y ait un ou plusieurs gardiens établis par un procès-verbal de saisie de meubles, comme le but de leur établissement est un intérêt unique, celui de la conservation et de la représentation des objets saisis, il n'est dû qu'un seul droit pour cette disposition, avec d'autant plus de raison que l'art. 68 § 1er n° 30 L. 22 frimaire an 7 veut que les séquestres ne soient compris que pour une seule personne (Sol. 29 août 1831, 10100 J. E.).

Au temps du contrôle, les décisions que nous avons fait connaître sous le paragraphe précédent avaient admis la pluralité.

2. GARDE CHAMPÊTRE. — Lorsque c'est le garde champêtre qui est établi gardien de récoltes saisies brandonnées, il n'est dû aucun droit pour la signification qui lui est faite du procès-verbal, attendu que la désignation du garde champêtre pour gardien est de droit dans cette circonstance (628 C. proc., 13514-3, 14786-6 I. E., Dél. 14 fév. 1854, 1993 I. G.). — V. 14769.

Mais si cette signification et la remise de la copie ont lieu par un acte postérieur au procès verbal et à une autre date, il y a alors nouvel acte d'huissier passible du droit ordinaire (13514-3 J. E.).

3. CONTRIBUTIONS INDIRECTES. — Lorsque, dans un procès-verbal dressé par des employés des contributions indirectes, il est constaté qu'il a été établi un gardien aux objets saisis, aucun droit particulier n'est exigible (11757-5 J.E. — D. m. f. 2 oct. 1810, 3993 J. E.).

4. DOUANES. — Mais une décision contraire a été rendue, en matière de douanes. — V. 6911-4.

Un seul droit est exigible sur un exploit qui donne assignation à plusieurs individus compris dans le même procès-verbal et pour la même contravention, attendu que les contrevenants sont solidaires, aux termes de l'art. 44 L. 28 avril 1816 (7323 J. E.). Un seul droit est exigible sur les procès-verbaux de saisie, quel que soit le nombre des vacations (386-26 I. G. 1125, J.E.). — V. Douanes n° 6960.

5. RECOUVREMENT DES CONTRIBUTIONS. — Lorsqu'une saisie a pour but le recouvrement de sommes dues à l'État au-dessous de 100 francs, le procès-verbal est enregistrable gratis, bien qu'il y ait établissement de gardien. — V. 882 et suiv.

8649. Inconnus.

— La signification faite par le gérant d'une société aux porteurs non dénommés de 113 actions de la société pour faire prononcer leur déchéance individuelle donne ouverture à 113 droits, attendu qu'il est possible qu'il y ait 113 porteurs d'actions (Seine 14 déc. 1842, 13139 J. E.).

8650. Légataire.

— Les légataires, lorsque leur legs n'est pas commun, ne peuvent invoquer aucune solidarité. C'est un principe que l'on verra appliquer au mot Succession. Donc, tout exploit concernant des légataires se trouvant dans cette position doit donner ouverture à la pluralité des droits. — V. 8647.

8651. Mainlevée.

— Doit-on appliquer la règle de la pluralité des droits à la signification de la mainlevée d'une opposition à saisie faite à des tiers saisis? On s'est prononcé pour l'affirmative (292 J. E.). La négative nous semble préférable. Il n'y a ici qu'un seul intérêt en jeu, c'est celui du débiteur qui a obtenu la mainlevée. Les tiers saisis ne jouent qu'un rôle tout à fait passif.

1. SIGNATURE DE LA PARTIE. — Un exploit de mainlevée, quoique signé de la partie, n'est passible que d'un seul droit. Une pareille signature ne peut être considérée comme équivalant à un pouvoir (978 J. E.).

8652. Obligation.

— L'exploit dans lequel le requérant reconnaît que le dépôt d'une somme déterminée a eu lieu entre ses mains donne ouverture au droit d'obligation. — V. Obligation n° 11986.

8653. Obligés solidaires. — Caution.

— L'exploit de citation d'un créancier et de sa caution, de deux débiteurs solidaires, ne donne ouverture qu'à un seul droit, encore que le titre de créance soit verbal (13288-1 et 2 J. E.).

8654. Opposition. — Mariage. — On ne peut voir des intérêts distincts dans une opposition à mariage faite par des père et mère; l'intérêt de famille est le seul dominant. On ne peut donc percevoir qu'un droit sur la signification qui leur est faite. Cependant on enseigne (5600 J. E.) que, s'il est délivré une copie à chacun des père et mère, il est dû deux droits. La question de pluralité de copie n'a aucune valeur, à notre avis; car ce n'est pas en raison des copies délivrées que les droits sont perçus, mais bien à cause de la divisibilité des intérêts.

8655. Ordre. — La signification d'un jugement intervenu sur des contestations en matière d'ordre, faites par le même exploit, à la requête d'un avoué et de son client, à cinq autres avoués et à leurs clients, est passible de cinq droits de 50 centimes (75 cent.) et d'autant de droits de 2 francs (3 fr.) (Dél. 19 janv. 1830, 9516 J. E.) — V. suprà n° 8631.

8656. Parents paternels, maternels. — D'après la loi du 22 frimaire an 7, les significations faites à des *parents réunis*, ou à leur requête, ne donnent lieu qu'à un droit. Par *parents réunis* la loi entend *tous* les parents qui sont associés pour la même cause et pour délibérer sur les mêmes faits, tant ceux du côté paternel que ceux du côté maternel: ainsi, on a droit percevoir qu'un seul droit sur les exploits signifiés à des parents du côté paternel et à d'autres du côté maternel (4262 J. E.).

8657. Passage. — N'est passible que d'un seul droit l'exploit d'appel signifié à la requête de plusieurs demandeurs réunis pour l'obtention d'un droit de passage et ayant un titre commun, parce qu'ils sont intéressés dans le sens de l'art. 68 de la loi de l'an 7 (Cass. 11 janv. 1842, 1675 § 2 I. G., 12937 J. E., S. 42-1-238). — V. 8613 et 8624-1.

8658. Protêt. — Les protêts sont assujetis à des règles spéciales, qui sont indiquées au mot *Protêt.*

8659. Purge. — La notification, à l'effet de purge légale, faite par des adjudicataires non solidaires à la femme et au ministère public, ne donne ouverture qu'à un nombre de droits égal à celui des demandeurs, car il n'y a qu'un défendeur. En effet, la signification faite au procureur de la République et à la femme du vendeur, conformément à l'art. 2194 C. C., a lieu dans l'intérêt unique de cette dernière (400 § 5 I. G., 3512 J. E.; 13511-3, 13078-1 J. E.; — Sol. 6 juin 1831, 10018 J. E.; — Sol. 7 nov. 1834, 11062 J. E., 1481 § 4 I. G.). — V. 8624-2.

8660. Quittance. — L'exploit contenant quittance par l'huissier d'un à-compte de 800 francs payé par le débiteur, et assignation pour le payement du surplus de la dette, contient deux dispositions distinctes passibles l'une de 50 centimes pour 100, l'autre du droit fixe de 2 francs (3 fr.) (17358 J. E.).

8661. Riverains. — Il a été reconnu, par une Sol. 26 août 1831, que l'assignation donnée par le propriétaire d'un étang à 14 propriétaires riverains, pour parvenir à un bornage, est passible de 14 droits, attendu que chaque riverain peut avoir des droits distincts à faire valoir, à raison des titres particuliers de sa propriété (10121 J. E.).

Il n'en serait pas de même d'une signification faite aux riverains d'un étang, à l'effet de voir fixer le niveau des eaux, car l'opération du nivellement est indivisible.

Les significations faites aux propriétaires riverains des forêts de l'État, aux fins de bornage, sont sujettes à autant de droits qu'il y a de propriétaires désignés dans chaque signification, parce que l'opération peut avoir lieu pour l'un sans être faite pour l'autre.

8662. Syndicat. — Aux termes de l'art. 3 L. 21 juin 1865, les syndicats, même formés librement, constituent des personnes morales pouvant ester en justice et faire tous les actes de la vie privée. Mais cette fiction se limite, bien entendu, à l'objet même de l'association, car pour tout le reste l'être moral n'existe plus et chaque intéressé reprend l'exercice de ses droits individuels. Or, les syndicats interviennent, selon les termes de l'art. 1er L. 1865, pour *l'exécution* et *l'entretien* des travaux de défense contre les rivières navigables ou non navigables, de curage des cours d'eau et d'assainissement des terres humides. L'entretien des travaux peut faire naître des questions complexes. Si, par exemple, un tiers a dégradé les digues ou comblé les fossés établis par le syndicat, l'inondation produira deux résultats. Les travaux défensifs de l'association se trouveront anéantis et les terrains seront détériorés. Mais cet amoindrissement est la conséquence nécessaire des dégradations subies par les travaux d'entretien. Le syndicat, qui a le droit incontestable de poursuivre la réparation de ces travaux, peut également réclamer en son nom les dommages dont ils sont l'accessoire. Ses opérations avaient produit aux terrains placés sous sa gestion un bénéfice que le fait d'un tiers lui fait perdre. C'est là une circonstance intimement liée à l'entretien des travaux et dont il lui appartient d'apprécier les effets. Nous croyons donc que, si, dans cette hypothèse, la double action était intentée au nom du syndicat, l'unité d'intérêt devrait entraîner l'unité de perception.

Mais il en serait autrement, d'une part, si l'ajournement émanait des riverains eux-mêmes, pris en leur qualité individuelle, et non du syndicat (Cambrai 28 août 1868, 2928 R. P.); — et, d'autre part, si ces riverains n'étaient pas réunis en syndicat, conformément à la loi du 21 juin 1865 (Nérac 18 août 1869, 3042 R. P.).

8663. Saisies. — Il est d'usage, en pratique, qu'en matière de saisie-exécution, saisie-brandon, saisie immobilière, il est dû un droit pour chaque séance ou vacation ayant

^date distincte (Dél. 22 nov. 1817 et 26 mars 1823, 7425 J. E., D. N. t. 5 p. 801 n° 60 et t. 11 p. 670 n° 151, 16895-4 J. E.).

Il a été jugé spécialement, en matière de saisie immobilière, que l'huissier doit dresser un procès-verbal séparé de chaque séance. Chacune de ces séances doit être enregistrée sous peine d'amende dans les quatre jours de sa date et, si l'enregistrement de plusieurs séances a lieu en même temps, il est dû autant de droits fixes de 2 francs (3 fr.) qu'il y a de séances (Châteaudun 29 août 1835).

Décidé de même que, quand un procès-verbal de saisie est conçu en ces termes : « L'an.., les 9, 10, 11 mars... et de tout ce que dessus j'ai rédigé le présent en neuf vacations, » il est dû trois droits, parce qu'il y a eu trois interruptions de séance avec renvoi d'un jour à l'autre (16895-4 J. E.).

Ce mode de perception, sanctionné chez nous par la pratique, n'a pas été approuvé par l'Administration belge. Une D. m. f. 9 octobre 1871 a résolu la question en ces termes :

« Le décret du 10 brumaire an 14 n'est rigoureusement applicable qu'aux actes pour lesquels le droit fixe de 4 fr. 40 cent. est exigible par vacation : la loi du 22 frimaire an 7 n'assujettit à ce droit que les inventaires et les procès-verbaux d'apposition et de levée de scellés. Si l'I. G. n° 390 étend la règle de l'art. 3 du décret à tous actes qui ne peuvent être consommés que dans plusieurs séances, ce n'est qu'en considérant cette disposition comme le rappel d'un principe général résultant de la loi organique. Dès que l'officier public signe à chaque séance l'acte à la rédaction duquel il a dû consacrer plusieurs journées, chacune des parties de cet acte doit être enregistrée dans le délai légal, à compter de la date authentiquement constatée par la signature de l'officier public. Ce principe ne saurait avoir pour conséquence d'autoriser la perception d'autant de droits fixes qu'il y a eu de séances clôturées par la signature de l'officier public, si toutes les parties de l'acte ont été présentées simultanément à la formalité. Il n'y a dans ce cas qu'un seul acte passible du droit auquel il est tarifé. Le salaire de la formalité serait seul exigible du chef de l'enregistrement ultérieur des séances que l'officier public aurait dû consacrer encore à l'achèvement de ses opérations, après que les premières séances auraient été enregistrées. Il est admis que l'huissier n'est pas obligé, à peine de nullité de l'acte, de signer son procès-verbal de saisie-exécution à la fin de chaque séance (V. Carré n° 2056, Bioche et Goujet n° 116). D'autre part, un arrêt de la cour de Nancy, du 14 décembre 1829, a jugé qu'une saisie-exécution, encore qu'elle ait duré plusieurs jours, ne forme qu'un seul et même procès-verbal, qui ne doit être signifié à la partie saisie que lors de la clôture, et non après chaque vacation. D'après ce qui précède, il faut reconnaître que la perception d'un seul droit de 2 fr. 20 cent. est régulière. »

8664. Saisie-arrêt. — Dans la législation du contrôle, les exploits de saisie-arrêt étaient sujets à autant de droits qu'il y avait de tiers saisis et il était dû un autre droit pour la dénonciation au débiteur saisi (Déc. 23 fév. 1677, art. 11, Arr. 19 juin et 12 déc. 1676). Il fallait observer néanmoins que, si la saisie était faite au préjudice d'un propriétaire entre les mains du principal locataire et des sous-locataires, il n'était dû qu'un droit, en quelque nombre qu'ils soient, outre celui de la dénonciation au débiteur principal,

parce qu'il n'y a véritablement qu'un fermier ou locataire; mais, si tous les locataires tiennent immédiatement leur droit du propriétaire, il était dû autant de droits que de locataires (art. 7 L. 23 fév. 1677, Bosquet t. 1er p. 646). — Il en serait encore de même aujourd'hui.

L'exploit de saisie-arrêt fait à la requête de plusieurs créanciers, mais agissant dans un intérêt distinct, entre les mains de plusieurs débiteurs non solidaires, donne ouverture à un nombre de droits égal au produit du nombre des créanciers multiplié par le nombre des débiteurs (13578-3 J. E., 16530 § 4 J. E.).

Mais, si l'exploit ne contient que dénonciation de saisie-arrêt au tiers saisi et assignation en déclaration, il n'est dû qu'un seul droit (13585-4 J. E.).

Si, au contraire, l'exploit contient citation du tiers saisi devant le juge de paix en déclaration affirmative et assignation devant le tribunal civil en validité de saisie-arrêt, chaque partie de l'exploit ayant un but spécial, il est dû deux droits (13526-6 J. E.).

Un exploit portant : 1° saisie-arrêt entre les mains d'un tiers; — 2° demande en validité contre le débiteur; — 3° dénonciation de la demande avec assignation en déclaration au tiers saisi, donne ouverture à trois droits (13785-2 J. E.).

La saisie-arrêt formée à la requête d'un créancier et de son cessionnaire, entre les mains d'un fermier de leur débiteur commun, est-elle sujette à deux droits? Résolu affirmativement par une Sol. 16 mars 1832 (10267 J. E.).

8665. Saisie immobilière. — Bien qu'une saisie immobilière soit poursuivie à la fois contre le débiteur et contre le détenteur de l'immeuble hypothéqué, il n'est dû qu'un seul droit pour la signification qui leur est faite de la saisie et de tous autres actes auxquels elle donne lieu (15063-8 J. E.).

8666. Sommation. — Citation. — Il avait été décidé que l'exploit qui contient sommation de payer entre les mains de l'huissier, et, à défaut de payement, citation en justice de paix, donne ouverture à deux droits (Sol. 13 mars 1832, 10296 13785-3 J. E.).

Mais l'Administration paraît avoir reconnu depuis que les deux dispositions se confondent et donnent lieu à un seul droit (18433 J. E.).

8667. Tiers détenteur. — La sommation faite aux tiers détenteurs d'un immeuble hypothéqué de payer les créanciers inscrits ou de délaisser l'immeuble ne peut être passible de la pluralité des droits qu'autant que chaque détenteur a une partie distincte de l'immeuble et qu'il est débiteur d'une somme déterminée (14602-5 J. E.).

8668. Tuteur. — Héritier majeur. — Le tuteur, ainsi que nous le dirons au mot Succession, est personnellement responsable du droit en sus, lorsque, par sa faute, il a laissé passer le délai sans fournir la déclaration de la succession. Si donc un exploit est signifié à l'héritier, devenu majeur, en payement du droit simple, et au tuteur en payement du demi-droit en sus, deux droits seront exigibles.

8669. Vente de meubles. — Opposition. — La signification d'opposition à la délivrance du produit d'une vente de meubles faite tant au vendeur qu'à l'officier public qui a procédé à la vente ne donne ouverture qu'à un seul droit (15063-5 J. E.).

8670. Visa. — Sont exempts de la formalité les visa donnés sur les exploits par les diverses personnes auxquelles cette obligation est imposée.

EXPOSITION UNIVERSELLE.

8670 *bis*. Marchés. — Les marchés passés pour service de l'Exposition de 1878 sont soumis à un droit fixe d'enregistrement de 3 francs (L. 29 juill. 1876, I. G. 2558; 4339 § 13 R. P.).

1. AFFICHES. — Les affiches sont sujettes au timbre. — V. 1941-1.

2. ASSURANCES. — Les réassurances sont sujettes au droit. — V. 2424-13.

EXPROPRIATION POUR CAUSE D'UTILITÉ PUBLIQUE.

DIVISION

SOMMAIRE

CHAPITRE PREMIER. — CONSIDÉRATIONS PRÉLIMINAIRES

[8671-8675]

8671. Définition. — On entend par expropriation l'aliénation forcée, à charge d'indemnité, d'un immeuble destiné à des entreprises d'utilité publique.

8672. Législation civile. — 1. ANCIEN DROIT. — Les lois qui réglaient l'exercice de l'expropriation publique dans les temps anciens ne sont pas parvenues jusqu'à nous. Toutefois, en vertu du droit supérieur inhérent à la souveraineté, il est naturel de penser que la faculté d'exproprier, pour cause d'utilité publique, le simple citoyen qui ne peut opposer que son intérêt privé, a dû exister dans toute société. « Cette espèce de retrait, dit Merlin (*Rép.* v° *Retrait d'utilité publique*), a été en usage dans tous les temps et dans tous les pays. »

Quoi qu'il en soit, le droit d'expropriation remonte législativement chez nous à une ordonnance de Philippe-le-Bel, de l'année 1303. Des ordonnances de mars 1470, janvier 1507, septembre 1638, autorisant de grands travaux d'utilité publique, tels que des dessèchements de marais, la construction du canal de Bièvre, etc., en ont successivement consacré le principe dans notre ancien droit (*V.* Dalloz *Expropriation* n° 4).

2. CONSTITUTIONS RÉPUBLICAINES ET CODE CIVIL. — Le droit d'expropriation a été explicitement reconnu par la constitution des 3-14 septembre 1791, comme exception au principe de l'inviolabilité de la propriété. Les constitutions de 1793 et de l'an 3 consacrent aussi le droit d'expropriation, à la condition d'une juste et préalable indemnité. Enfin le Code civil l'a proclamé par son art. 545 : « Nul ne peut être contraint de céder sa propriété, si ce n'est pour cause *d'utilité publique* et moyennant une juste et préalable indemnité. »

3. LOI DU 8 MARS 1810. — Mais ces divers monuments législatifs, tout en proclamant le principe, n'avaient déterminé ni le mode de constater l'utilité publique ni celui de régler l'indemnité à payer à l'exproprié. Plusieurs lois successives (2 brum. an 8, 15 vent. an 13, 16 sept. 1807) intervinrent pour régler l'expropriation pour des opérations limitées. La loi du 8 mars 1810 est la première qui présente sur la matière de l'expropriation un système complet.

4. LOI DU 7 JUILLET 1833 ET CHARTES DE 1814 ET DE 1830. — Les chartes de 1814 et de 1830, comme toutes les constitutions précédentes, proclamèrent l'inviolabilité de la propriété, mais à côté de ce principe elles placèrent la faculté accordée à l'État « d'exiger le sacrifice d'une propriété pour cause d'intérêt public légalement constaté, mais avec une *indemnité préalable* » (art. 10 charte de 1814, 9 charte de 1830). La loi du 7 juillet 1833 (1448 I. G.) consacra formellement la règle de l'indemnité *préalable* exprimée par les chartes de 1814 et de 1830, indemnité qui paraissait compatible avec la disposition de la loi de 1810 qui autorisait la mise en possession provisoire du bien exproprié.

5. LOI DU 3 MAI 1841. — Enfin est arrivée la loi du 3 mai 1841, qui, respectant tous les principes posés par celle de 1833, a introduit dans la législation, outre des modifications de détail, un principe important, celui de l'expropriation immédiate, en cas d'urgence déclarée, sous la condition du dépôt immédiat du montant présumé du prix.

6. CONSTITUTION DE 1852. — Ce principe a été confirmé par le sénatus-consulte du 25-30 décembre 1852, portant interprétation et modification de la constitution de l'Empire. L'art. 4 de ce sénatus-consulte porte : « Tous les travaux d'utilité publique, notamment ceux désignés par l'art. 10 L. 21 avril 1832 et l'art. 3 L. 3 mai 1841, toutes les entreprises d'intérêt général sont ordonnés ou autorisés par décret de l'empereur. Ces décrets sont rendus dans les formes prescrites pour les règlements d'administration publique. »

7. LOI DU 27 JUILLET 1870. — D'après la loi du 27 juillet 1870 (*Bull.* 1832 n° 17954) sur les grands travaux publics, les formes de la déclaration d'utilité publique ont été modifiées. Cette loi porte :

Art. 1er. — « Tous les grands travaux publics, routes impériales, canaux, chemins de fer, canalisation des rivières, bassins et docks entrepris par l'État ou par les compagnies particulières, avec ou sans péage, avec ou sans subside du Trésor, ne peuvent être autorisés que par une loi, rendue après une enquête administrative. »

Art. 2. — « Il n'est rien changé, quant à présent, en ce qui touche l'autorisation et la déclaration d'utilité publique des travaux publics à la charge des départements et des communes. »

Ces derniers travaux continuent donc à être régis par les dispositions de l'art. 4 du sénatus-consulte de 1852, combinées avec celles des lois sur les conseils généraux et municipaux.

8673. Législation fiscale. — 1. LÉGISLATION DU CONTROLE. — « Les villes ne doivent aucuns droits de contrôle et de centième-denier, dit Bosquet, pour les acquisitions uniquement destinées à l'usage et à l'utilité publique, qui n'opèrent aucune propriété privée, et ne sont réputées appartenir à personne... Quant aux lods et ventes de ces acquisitions..., ils ne sont pas dus des fonds acquis pour l'utilité publique et la décoration des villes... Larocheflavin *Traité des Droits seig.* chap. 38, *des Lods et Ventes* art. 1er, dit que les lods et ventes ne sont dus pour le sol, ni pour le fonds pris ou acheté pour faire un chemin ou une rue publique ; il cite un arrêt du parlement de Toulouse du 17 juin 1560 ; Chopin, dans son *Traité du Domaine* liv. 3 tit. 23, établit pour principe, au n° 4, que les acquisitions faites par le roi et par les villes, pour le bien public, sont exemptes de lods ; c'est ce qu'il confirme *sur la Coutume de Paris*, liv. 1er tit. 3 n° 14 ; il est vrai qu'il dit que l'espèce s'étant présentée pour les échevins de la ville de Paris, il fut prononcé un appointement au parlement de Paris, le 30 mai 1752 ; mais Maynard, qui, dans ses arrêts, liv. 4 chap. 43 n° 6 et suiv., rapporte l'arrêt du parlement de Toulouse du 17 juin 1560, au sujet d'héritages pris pour l'agrandissement et embellissement des rues, ajoute, au n° 8, que l'instance appointée au parlement de Paris avait été jugée depuis, au profit des échevins, contre le seigneur qui prétendait des lods. « Bouchel, sur l'art. 23 *de la Coutume du Poitou*, dit que si la vente est faite pour le bien, utilité et nécessité publics, c'est une règle que, comme en ce cas, les propriétaires sont contraints de vendre malgré eux, ainsi qu'il est traité par Louet et Brodeau lett. A. chap. 6 ; aussi il n'est point dû de lods et ventes, parce que l'acquisition regarde le public » (*Dict. des Domaines* v° *Exemption*).

2. LOIS NOUVELLES. — Les lois nouvelles ont consacré les principes du droit ancien. L'art. 26 L. 8 mars 1810 avait dispensé de l'enregistrement les actes de procédure ayant pour objet les expropriations pour cause d'utilité publique. Quant aux contrats, quittances et autres actes relatifs aux acquisitions de terrains, leur enregistrement gratuit était autorisé par la disposition générale de l'art. 70 § 2 L. 22 frimaire an 7, concernant les acquisitions faites par l'État (1173 § 14, 1189 § 12 I. G., 3848, 3999, 5120, 8850 J. E.).

En matière de concessions à des compagnies, on faisait une distinction entre les concessions temporaires et celles à perpétuité (1303 § 1er et 1370 § 1er I. G.).

La loi du 7 juillet 1833 a suivi ces traditions de la manière la plus complète, et la loi du 3 mai 1841 qui a accepté tous les principes de celle de 1833, a reproduit *textuellement* l'art. 58 de cette loi, en y ajoutant encore des faveurs en ce qui concerne la transcription aux hypothèques et les transactions amiables.

L'art. 58 de la loi du 3 mai 1841 est ainsi conçu : « Les plans, procès-verbaux, certificats, significations, jugements, contrats, quittances et autres actes faits en vertu de la présente loi, seront visés pour timbre et enregistrés gratis, lorsqu'il y aura lieu à la formalité de l'enregistrement. Il ne sera perçu aucun droit pour la transcription des actes au bureau des hypothèques. Les droits perçus sur les acquisitions amiables faites antérieurement aux arrêtés du préfet seront restitués lorsque, dans le délai de deux ans à partir de la perception, il sera justifié que les immeubles acquis sont compris dans ces arrêtés. La restitution des droits ne pourra s'appliquer qu'à la portion des immeubles qui aura été reconnue nécessaire à l'exécution des travaux. »

Ainsi, bien que la loi du 7 juillet 1833 ait été abrogée par celle du 3 mai 1841, cependant, comme tous ses principes ont été respectés, les décisions rendues à ce sujet pour déterminer le sens et l'étendue des dispositions qui concernent spécialement le timbre, l'enregistrement et la transcription hypothécaire des actes relatifs à l'expropriation pour cause d'utilité publique, n'ont pas cessé d'être applicables sous l'empire de la loi de 1841.

3. GUERRE. — Une loi du 4 avril 1873 a spécialement autorisé l'État à acquérir, en dehors des cimetières communaux, les terrains ayant servi à l'inhumation des soldats tués pendant la guerre d'Allemagne. L'art. 5 décide que les dispositions de l'art. 58 L. 3 mai 1841 sont applicables aux actes faits en vertu de cette nouvelle loi.

8674. Motifs de l'exemption. — Champ. et Rig. (n° 1785) rattachent l'exemption du droit sur les aliénations pour cause d'utilité publique à cette considération que le consentement manque au contrat. « Celui qui est forcé de livrer sa chose ou celui qui est forcé de la prendre, ne contracte point, et, par conséquent, n'opère point de vente, » disent ces auteurs. — Une explication plus naturelle de cette exemption, la seule qui soit dans l'esprit de la loi, est celle donnée par Dalloz n° 3305, à savoir que lorsque l'intérêt général impose à l'intérêt privé un dommage ou au moins un sacrifice inévitable, il serait profondément injuste que le Trésor public trouvât, dans ce sacrifice même, une occasion de bénéficier.

Nous avons souvent eu occasion de faire remarquer que tous les actes empreints d'un caractère d'utilité publique sont, dans le système général de la loi de l'impôt, l'objet de faveurs toutes particulières. Or, il est certain qu'aucun acte n'appelle la faveur du législateur à plus de titres que celui qui se rapporte à l'expropriation pour cause d'utilité publique. Il résulte de là que l'interprétation doit toujours être favorable à l'exemption.

8675. Nécessité de la formalité. — Il ne faut pas perdre de vue, au surplus, que l'art. 58 L. 3 mai 1841, qui a dispensé du payement des droits de timbre et d'enregistrement les actes faits en vertu de la loi sur l'expropriation publique, a établi une exception et accordé une faveur quant à la dispense du droit, mais n'a point été dérogé aux principes généraux des lois de l'impôt quant à la formalité. Dès lors, on pouvait croire qu'une amende serait encourue si ceux des actes concernant l'expropriation qui, par leur nature, sont susceptibles de recevoir la formalité dans un délai donné, n'étaient pas présentés à la formalité dans ce délai (Cabantous 1596 n° 27 R. P.).

Cependant, il a été reconnu que quand une mutation verbale d'immeubles est soumise à l'enregistrement *gratis*, le défaut de déclaration dans le délai de trois mois, à compter de l'entrée en possession, n'est point passible du droit en sus et qu'il en est ainsi spécialement des acquisitions d'immeubles faites sans acte, en vertu de la loi sur l'expropriation pour cause d'utilité publique. « D'une part, la déclaration à faire en l'absence d'un acte n'a pour objet que le payement du droit qui serait dû pour la mutation. D'autre part, le *double droit* et le *droit en sus* dont il est question dans les art. 38 L. 22 juin et 4 de celle du 27 ventôse, comme exigibles à défaut de payement du droit simple dans les trois mois, ne peuvent s'entendre que d'une somme payable à titre de peine et d'une importance égale à celle du droit simple » (Sol. 18 mars 1865, 2064 R. P., 18301 J. N.).

Cette interprétation ne paraît plus être suivie par l'Administration, ainsi que nous l'avons indiqué aux n°s 770-3 et 999.

CHAPITRE II. — EXPROPRIATION AU PROFIT DE L'ÉTAT ET DES COMPAGNIES

[8676-8740]

SECTION PREMIÈRE. — DISPOSITIONS GÉNÉRALES

[8676-8678]

8676. Compagnies. — Particuliers. — Les travaux publics ne sont pas toujours exécutés par l'Administration elle-même ; ils le sont souvent par des particuliers ou par des compagnies qui en ont obtenu la concession. Mais, dans ce cas, pour que les concessionnaires puissent accomplir l'œuvre qui leur est confiée, il faut qu'ils soient armés de droits et de pouvoirs suffisants pour vaincre les obstacles qui pourraient les arrêter ; il faut, notamment, qu'ils puissent arriver par l'expropriation à l'occupation des terrains qui doivent servir à l'emplacement des travaux, et sans lesquels, par conséquent, l'exécution de ces derniers serait absolument impossible. C'est dans ce but qu'a été fait l'art. 63 L. 3 mai 1841, ainsi conçu : Les concessionnaires de travaux publics exerceront tous les droits conférés à l'Administration et seront soumis à toutes les obligations qui lui sont imposées par la présente loi. » Aussi a-t-il été reconnu (1448 I. G.)

que l'art 58 L. 7 juillet 1833 doit être appliqué, *sans distinction*, aux actes de procédure et aux acquisitions de terrains faits par les concessionnaires de l'administration publique. Cette solution a toujours été suivie.

Tout ce que nous aurons à dire ci-après s'appliquera donc aux particuliers ou compagnies concessionnaires de travaux publics, aussi bien qu'à l'État.

8677. Timbre et enregistrement simultanés. — Par dérogation au principe qui veut qu'aucun acte ne puisse être écrit sur une feuille de papier libre, les actes faits en vertu de la loi sur l'expropriation pour cause d'utilité publique, et qui doivent être visés pour timbre et enregistrés gratis, peuvent être présentés simultanément à cette double formalité (D. m. f. 20 mars 1843, 11610 J. N., 1689 I. G.). — *V.* 8675.

8678. Actes faits à la requête du propriétaire. — La disposition de l'art. 58 L. 3 mai 1841 est générale ; elle ne fait aucune distinction entre les significations qui ont lieu à la requête de l'État ou des concessionnaires de l'État, et celles qui sont faites à la requête des propriétaires dont on poursuit l'expropriation. En conséquence, l'exemption des droits de timbre et d'enregistrement doit s'appliquer aux uns et aux autres. C'est ce qui résulte d'une solution du 25 octobre 1836 (1539 § 4 I. G.). Cette solution, qui a été rendue sous l'empire de la loi de 1833, est encore parfaitement applicable aujourd'hui.

SECTION 2. — ACTES D'ACQUISITION

[8679-8698]

8679. Phases diverses pour arriver à l'expropriation. — L'art. 2 L. 3 mai 1841 est ainsi conçu :
« Les tribunaux ne peuvent prononcer l'expropriation qu'autant que l'utilité a été constatée et déclarée dans les formes prescrites par la présente loi.

« Ces formes consistent :

« 1° Dans la loi ou l'ordonnance royale qui autorise l'exécution des travaux pour lesquels l'expropriation est requise ; — 2° dans l'acte du préfet qui désigne les localités ou territoires sur lesquels les travaux doivent avoir lieu, lorsque cette désignation ne résulte pas de la loi ou de l'ordonnance royale ; — 3° dans l'arrêté ultérieur par lequel le préfet détermine les propriétés particulières auxquelles l'expropriation est applicable. Cette application ne peut être faite à aucune propriété particulière qu'après que les parties intéressées ont été mises en état d'y fournir leurs contredits, selon les règles exprimées au titre 2. »

Ainsi, d'après cet article, il y a trois phases principales par lesquelles il faut passer successivement pour arriver à établir ce point, savoir, qu'il y a juste cause d'expropriation, et que l'intérêt public exige le sacrifice de la propriété individuelle.

Ces trois phases sont représentées par : 1° la loi ou le décret qui autorise l'exécution des travaux ; — 2° l'acte du préfet qui désigne les localités ou territoires sur lesquels les travaux doivent avoir lieu, lorsque cette désignation ne résulte pas de la loi ou du décret ; — 3° enfin, l'arrêté ultérieur par lequel le préfet *détermine les propriétés particulières auxquelles l'expropriation est applicable*, ou, suivant l'expression de l'art. 11, *les propriétés qui doivent être cédées*. Cet arrêté du préfet consomme la déclaration d'utilité publique : avant qu'il soit rendu, cette déclaration porte d'une manière générale sur telles localités ; l'arrêté du préfet l'applique spécialement aux diverses propriétés particulières qu'il désigne. C'est seulement *après cet arrêté, en vertu de cet arrêté*, que l'État ou les concessionnaires de travaux peuvent ou traiter à l'amiable avec les propriétaires des immeubles, ou poursuivre leur expropriation.

D'après le sénatus-consulte du 25-30 décembre 1852 (*suprà* n° 8672-6), l'expropriation ne pouvait être prononcée que par un décret rendu dans la forme des règlements d'administration publique. La loi qui intervenait à cet effet pour autoriser le payement de la dépense ne dispensait pas du décret.

8680. Point de départ pour l'application de l'art. 58. — Arrêté du préfet. — Il suit de là que l'arrêté du préfet qui détermine les propriétés particulières auxquelles l'expropriation est applicable, étant, aux termes de l'art. 2, la formalité qui clôt la procédure de l'expropriation, la règle générale est que le bénéfice de l'enregistrement *gratis* ne peut être réclamé que pour les contrats d'acquisition passés postérieurement à cet arrêté. Il est, en effet, impossible, avant cet arrêté, de connaître les immeubles qui seront compris dans l'arrêté d'expropriation (D. m. f. 17 août 1838, 1571 I. G.).

On a même reconnu que l'arrêté de cessibilité à prendre par le préfet pour déterminer : 1° les propriétés à occuper ; 2° l'époque de prise de possession, ne peut être suppléé par le décret d'autorisation des travaux, alors même que la double indication que le préfet est chargé de faire se trouverait déjà mentionnée d'une manière précise dans ce décret (Cass. 2 mars 1857, D. 57-1-127.).

Mais si le décret désigne définitivement les propriétés à exproprier, le préfet ne peut en comprendre d'autres dans son arrêté (Cass. 16 mai 1865, D. 66-1-31, S. 65-1-457). Ce droit ne lui appartient que quand les immeubles ne sont pas indiqués dans le décret d'une manière définitive (Cass. 6 déc. 1864, D. 66-1-30, S. 65-1-142).

La désignation des immeubles par l'arrêté du préfet ne peut être suppléée par la délibération d'un conseil municipal (Cass. 28 mai 1861, S. 61-1-992).

8681. Ordonnance antérieure à la loi du 7 juillet 1833. — Cette règle a même été appliquée dans une espèce où l'ordonnance royale qui avait autorisé l'expropriation était antérieure à la loi de 1833.

Une ordonnance royale du 5 décembre 1831 avait autorisé les concessionnaires du canal de Givors à prolonger ce canal jusqu'au lieu dit *la Grand-Croix*, sur une longueur d'environ 5,000 mètres. Par un arrêté du 29 août 1833, le préfet du département de la Loire avait déterminé les terrains sur lesquels devaient être exécutés les travaux de prolongation. Cet arrêté portait que l'expropriation aurait lieu conformément à la loi du 7 juillet 1833. — Un jugement du tribunal de Saint-Étienne du 10 décembre 1833 avait prononcé l'expropriation, pour cause d'utilité publique, des terrains désignés dans l'arrêté du préfet. Ce jugement constatait l'accomplissement des formalités prescrites par les titres 1er et 2 de la loi du 7 juillet 1833. — Dans cet état de choses, la compagnie du canal de Givors ayant acquis à l'amiable d'un grand nombre de propriétaires les terrains pour lesquels l'expropriation était autorisée, les contrats de ces acquisitions furent soumis au droit proportionnel d'enregistrement, par le motif que l'ordonnance royale portant autorisation d'exécuter les travaux était antérieure à la loi du 7 juillet 1833.

La compagnie ayant demandé la restitution de ces divers droits, cette restitution a été ordonnée par une Sol. du 13 novembre 1835 (1513 § 2. I. G.).

Dans l'espèce, l'arrêté du préfet de la Loire et le jugement du tribunal de Saint-Étienne constataient que les acquisitions devaient s'opérer et s'étaient réellement opérés après l'accomplissement des formalités prescrites par la loi du 7 juillet 1833. Or, d'après les termes de l'art. 58, ce fait suffisait pour déterminer le visa pour timbre et l'enregistrement gratis, sans égard à la circonstance que l'ordonnance royale qui a autorisé les travaux est antérieure à la loi de 1833.

8682. Acquisition antérieure à l'arrêté du préfet. — Mais toutes les fois que l'acquisition est antérieure à l'arrêté du préfet, l'acte ne peut profiter de l'exemption du droit. Aussi une Dél. 28 avril 1843 (1660 I. G.) porte-t-elle, en thèse générale, que le bénéfice de l'art. 58 n'est applicable qu'aux acquisitions faites en vertu de la loi sur l'expropriation pour cause d'utilité publique, pour lesquelles on a rempli les formalités et justifié notamment l'arrêté du préfet qui détermine les propriétés susceptibles d'expropriation, soit que les acquisitions aient lieu par suite de dépossession judiciaire, ou par voie de cession amiable, soit encore qu'elles soient faites directement par l'administration publique ou par des compagnies. C'est également ce qui avait été décidé sous l'empire de la loi du 7 juillet 1833 (D. m. f. 17 avr. 1838, 1571 I. G.).

8683. Restitution. — Cependant, la perception du droit proportionnel qui serait faite sur l'acte d'acquisition antérieur à l'arrêté du préfet n'est pas irrévocable. L'art. 60 L. 22 frimaire an 7 porte, il est vrai, que tout droit régulièrement perçu n'est pas restituable, quels que soient les événements ultérieurs; mais l'art. 58 de celle du 3 mai 1841 a introduit dans la législation de l'expropriation pour cause d'utilité publique, une dérogation formelle à cette disposition de la loi bursale. Cet article porte, en effet, que les droits perçus sur les acquisitions amiables faites antérieurement aux arrêtés du préfet, doivent être restitués, lorsque, dans le délai de deux ans à partir de la perception, il est justifié que les immeubles acquis sont compris dans ces arrêtés (1660 I. G.).

Ce point constitue une des modifications capitales que l'art. 58 L. 7 mai 1841 a apportées au même article de celle du 7 juillet 1833 qui n'avait pas prévu le cas. Aussi, sous l'empire de cette loi, il résultait d'une décision du ministre des finances du 17 août 1838, transmise par l'instruction générale n° 1571 §§ 1er et 2, que le bénéfice du timbre et de l'enregistrement gratuits pouvait être réclamé seulement pour les actes d'acquisition passés postérieurement à l'arrêté du préfet déterminant les propriétés sujettes à l'expropriation, et qui avaient pour objet des immeubles expressément désignés dans cet arrêté; que les droits proportionnels perçus sur les contrats antérieurs à ce même arrêté ne devenaient point restituables par la désignation ultérieure des immeubles acquis, dans l'acte de l'autorité administrative.

Mais une Dél. des 4-8 août 1857 (910 R. P., 2106 § 1er I. G., 16159 J. N.) a reconnu que pour l'application de l'art. 58 L. 3 mai 1841, il n'y a plus lieu de faire, comme autrefois la distinction entre les acquisitions antérieures ou postérieures au décret qui ordonnent les travaux, pourvu qu'il soit justifié, dans les deux ans de la perception que ces immeubles ont été compris dans les arrêtés préfectoraux (V Conf. : Seine 26 août 1856, 10912 C.; — Le Havre 23 avr 1857, 11009 C., — Cabantous art. 1596 n° 39 R. P.).

En confirmant cette solution, la Cour suprême a décidé, en outre, le 4 mai 1858, que les droits perçus pour les acquisitions amiables doivent être restitués, quoiqu'il n'ait pas été pris d'arrêté de cessibilité, s'il est établi, dans les deux ans de la perception que les parcelles acquises ont été désignées dans le décret lui-même par lequel l'utilité publique a été déclarée : « Attendu, porte cet arrêt, que la demande en restitution formée par ladite compagnie l'a été moins de deux ans après la perception faite par la Régie; que le décret impérial intervenu le 26 mai 1855 n'a pas seulement déclaré qu'il y avait utilité publique à occuper plusieurs parcelles destinées à l'agrandissement de la gare du chemin de fer de Paris à Orléans; que, de plus, il a désigné ces parcelles en se référant au plan annexé audit décret; d'où il résulte, d'une part, que le décret a pu fonder la demande en restitution de droits perçus sur l'achat dudit jour 20 septembre 1853, indépendamment de tout arrêté ultérieur qui devenait superflu; et, d'autre part, que la restitution demandée était due, s'il était d'ailleurs certain que les parcelles désignées dans le décret précité fussent identiquement celles acquises le 20 septembre 1853 par la compagnie » (2137 § 1er I. G., 16317 J. N., 11332 C., 16739 J. E.)

1. DROIT DE GREFFE. — La restitution embrasse tous les droits qui n'auraient pas été perçus si l'acquisition eut été précédée de l'arrêté de cessibilité au lieu de le suivre. Ainsi, il a été reconnu que l'Administration doit rembourser les droits de greffe comme les droits d'enregistrement proprement dits (D. m. f. 11 juin 1855). — V. infrà n° 8707.

2. COMMAND. — CAHIER DES CHARGES, ETC. — Si l'acquisition a eu lieu au moyen d'une déclaration de command, il y a lieu également de restituer le droit fixe de 4 fr. 50 cent. perçu sur la déclaration.

On restitue également le droit perçu sur le cahier des charges s'il en a été dressé un (Sol. 29 avr. 1868, 2691 R. P.).

3. SIGNIFICATION A FIN DE PURGE. — Mais on ne serait pas fondé, selon nous, à demander la restitution des droits perçus sur les significations faites pour la purge

légale. Ces significations n'ont eu lieu, en effet, que parce que l'arrêté de cessibilité n'existant pas encore, on devait purger en la forme ordinaire. On est donc autorisé à dire que ces notifications n'ont pas eu lieu en vertu de la loi du 3 mai 1841.

4. TRANSCRIPTION. — La transcription du contrat a dû donner lieu à la perception d'un droit fixe si l'acte avait supporté le droit proportionnel de 1 fr. 50 cent. pour 100 lors de l'enregistrement, et, dans le cas contraire, il a donné lieu à ce dernier impôt. En toute hypothèse, l'arrêté de cessibilité les rend également restituables, car l'expropriant doit être dans la même situation que s'il eut fait son acquisition après l'arrêté du préfet (Sol. 12 oct. 1864, 17921 J. E., 2014 R. P.).

5. TIMBRE. — On restitue aussi sans difficulté le timbre des feuilles des registres du conservateur qui ont servi à la transcription, parce que ces droits de timbre constituent des droits perçus tout aussi bien que les droits d'enregistrement (Sol. 12 oct. 1864, 2014 R. P., 17921 J. E.).

Cette règle n'est plus applicable au prix du papier timbré, employé par les redevables soit pour rédiger leur contrat, soit pour écrire le bulletin de dépôt des pièces au conservateur, soit pour demander la restitution des droits indûment payés. Il s'agit ici non pas d'un droit perçu mais du prix d'une feuille de papier définitivement vendue au contribuable et dont l'Administration n'a pas à surveiller l'emploi (Seine 26 août 1856, 10912 C.; 26 août 1864, 2070 R. P.; — Tarascon 9 nov. 1855, 15897 J. N.).

6. SALAIRES DU CONSERVATEUR. — Les sommes perçues par le conservateur pour ses salaires ne sont pas non plus restituables : « Attendu que ces sommes sont entrées dans la caisse particulière du conservateur et non dans la caisse de l'État, on ne peut tenir le fisc de restituer un droit qu'il n'a pas reçu, et qu'il ne pouvait percevoir à aucun titre » (Seine 26 août 1864, 2070 R. P.). — V. infra n° 8708.

8684. Constructions démolies. — Quoique les constructions existant sur le terrain nécessaire à l'expropriation aient été démolies avant l'arrêté de cessibilité et que, dès lors, le sol nu se trouve seul désigné dans cet arrêté, la restitution s'applique néanmoins à la totalité des droits perçus sur le contrat de vente. « On ne saurait, en effet, soutenir que la compagnie aurait pu scinder l'acquisition et n'acquérir que le terrain seul nécessaire à l'exécution des travaux; car il n'est pas admissible que le vendeur eût consenti à vendre le sol et à conserver les matériaux » (Sol. 29 avr. 1868, 2691 R. P.).

8685. Immeubles dont une partie seulement est utile. — L'art. 50 L. 3 mai 1841 est ainsi conçu : « Les bâtiments dont il est nécessaire d'acquérir une portion pour cause d'utilité publique seront achetés en entier, si les propriétaires le requièrent par une déclaration formelle adressée au magistrat directeur du jury, dans les délais énoncés aux art. 24 et 27. Il en sera de même de toute parcelle de terrain qui, par suite de morcellement, se trouvera réduite

au quart de la contenance totale, si toutefois le propriétaire ne possède aucun terrain immédiatement contigu, et si la parcelle ainsi réduite est inférieure à dix ares. »

Lors de la discussion de l'art. 58, un député, M. Vavin, avait proposé de terminer le dernier paragraphe de cet article par ces mots : « La restitution des droits s'appliquera aussi à la portion des immeubles dont les propriétaires auraient le droit de requérir l'acquisition aux termes de l'art. 50. « Cet amendement fut combattu par M. Calmon, directeur général de l'Enregistrement, qui fit observer que l'adoption d'une pareille proposition, que rien ne justifiait, exposerait le Trésor à des procès interminables. L'art. 58 fut donc rédigé avec un paragraphe final ainsi conçu : « La restitution des droits ne pourra s'appliquer qu'à la portion des immeubles qui aura été reconnue nécessaire à l'exécution des travaux. » C'est là la remarque que fait l'I. G. 1660. Si donc l'acquisition porte sur une étendue de terrain supérieure à celle qui est reconnue par l'arrêté du préfet nécessaire pour les travaux, il n'y a lieu de restituer que les droits applicables à la portion du terrain nécessaire à l'exécution des travaux (Jousselin et Rendu de l'Exprop. t. 2 n° 968, Dalloz v° Enregistrement 3312, Cabantous art. 1596 n° 31 R. P.) — Contrà Gab. Dufour Droit adm. 2e édit. t. 5 n° 529). « Attendu, porte un jugement de la Seine du 7 décembre 1861 (1573 R. P., 12144 C., 17422 J. E., 17300 J. N.), que par exception à l'art. 60 L. 22 frimaire, l'art. 58 L. 3 mai 1841 a autorisé la restitution du droit d'enregistrement sur la portion expropriée des immeubles acquis à l'amiable avant l'arrêté du préfet qui consomme la déclaration d'utilité publique et, par conséquent, limité la restitution à cette portion; qu'il en résulte donc que les excédants ne profitent pas de l'affranchissement de l'impôt. »

8686. Ventilation. — L'I. G. n° 1660 enseigne que dans ce cas, pour opérer le remboursement des droits applicables à la portion de l'immeuble nécessaire à l'exécution des travaux, il y a lieu de faire une ventilation proportionnelle du prix exprimé. Cette ventilation peut donner lieu à des conflits, quand l'immeuble n'est pas d'une valeur égale dans toutes ses parties, parce qu'alors le prix n'est plus proportionnel à la contenance. Si les parties et l'Administration ne tombent pas d'accord, il y a lieu de provoquer la nomination de trois experts qui procèdent conformément au droit commun et déterminent pour quel chiffre a dû entrer dans le prix total la portion des immeubles soumis à l'expropriation, d'après la valeur comparative de cette portion avec le surplus des biens au jour du contrat (Avignon 16 avr. 1866, 2951 R. P.).

8687. Parcelles non comprises dans l'arrêté préfectoral, et reconnues ultérieurement nécessaires aux travaux. — Mais la restitution peut-elle être admise, alors même que les parcelles acquises en dehors du tracé des travaux ne sont pas comprises dans l'arrêté préfectoral, s'il vient à être constaté, après l'achèvement des travaux, que ces parcelles ont été nécessaires à son exécution? L'arrêt de cassation du 13 novembre 1848, qui sera rappelé n° 8689, s'est prononcé pour la négative en décidant, d'une manière absolue, que le bénéfice de la loi sur l'expropriation ne profite pas à des acquisitions amiables, « dont aucun document légal ne justifie l'application nésessaire à des travaux d'utilité publique. » Cet arrêt, ainsi que le fait remarquer Dalloz n° 3336, marque nettement que la perception est irrévocable, toutes les fois que l'acquisition porte sur des immeubles non désignés dans l'arrêté préfectoral.

8688. Immeuble dont partie n'est pas utile, mais dont l'acquisition est forcée. — Ventilation. — Le ministre des finances avait rendu, le 29 juin 1836 (11531 J. E., 1571 I. G.), une décision portant que si, en dehors des limites actuellement posées par l'art. 50 L. 3 mai 1841, la compagnie achète *ce qu'elle n'est pas forcée d'acheter*, ce que le propriétaire dépossédé ne peut la contraindre d'acheter, non-seulement l'acte de cette acquisition ne peut pas être enregistré *gratis*, mais on ne peut, sous aucun rapport, le considérer comme fait en vertu de la loi du 7 juillet 1833, et l'impôt devient applicable *dans toute son étendue sur la totalité du prix.*

Cette décision, attaquée comme injuste par Dalloz n° 3338, a été implicitement condamnée par un arrêt de la C. cass. du 18 juillet 1849 (14772 J. E., 13849 J. N., S.49-1-854), qui a reconnu que si une compagnie de chemin de fer offre en cours d'instance la ventilation des parcelles acquises pour être utilisées pour le tracé avec celles qui doivent rester en dehors de ce tracé, l'Administration doit accepter cette ventilation pour établir la perception du droit proportionnel sur les parcelles seulement qui sont en dehors du tracé (*Conf.:* Cabantous art. 1596 n° 24).

1. SERVITUDE. — Si l'aliénation opérée sur la réquisition du propriétaire, par application de l'art. 50 L. 4 mai 1841, est exempte du droit d'enregistrement, c'est à la condition d'être sincère, d'avoir été consentie dans les termes de l'art. 50, et de ne pas déguiser sous le couvert de l'expropriation une mutation volontaire de la part des parties.

Ainsi, l'immeuble au profit duquel il existe des servitudes sur un autre immeuble, compris dans une expropriation pour cause d'utilité publique, n'est pas lui-même sujet à cette expropriation, et la cession qui en est faite à l'expropriant ne tombe pas sous l'application de l'art. 58 L. 3 mai 1841. Le jugement qui donne acte aux parties de la cession de l'immeuble dont il s'agit, bien que rendu dans les formes de l'expropriation, ne saurait être opposé à l'Administration, et lorsqu'un jugement ultérieur rendu dans les deux ans a premier constate que la cession a eu le caractère d'une vente ordinaire, l'Administration peut réclamer sur ce second jugement le droit proportionnel de vente non perçu sur le premier (Cass. 14 janv. 1873, 3565 R, Pr, 2463-2 I. G., S. 73-1-138, P. 73-294).

8689. Immeuble en dehors du tracé et dont l'acquisition n'est pas forcée. — On a élevé la prétention inverse de celle qu'avait consacrée la décision de 1836 ; on a soutenu que toutes les fois que des circonstances quelconques *déterminent* les concessionnaires de l'expropriation à faire des acquisitions excédant le besoin de leur service, l'intégralité de ces acquisitions jouit du bénéfice de l'art. 58 L. 3 mai 1841 (*V.* en ce sens 10174 J. N., et D. N. t. 5 p. 840 n° 328).

Cette prétention, condamnée par Dalloz n° 3331, Champ. et Rig. t. 4 n° 3769 et Cabantous art. 1596 n° 24 R. P., a été repoussée par deux arrêts de la Cour de cassation qui ont jugé, en *thèse générale*, que l'acquisition amiable d'un immeuble dont aucun document légal ne justifie l'application nécessaire à des travaux déclarés d'utilité publique, ne peut être considérée comme faite en vertu de la loi sur l'expropriation pour cause d'utilité publique ; — et *spécialement*, que la compagnie d'un chemin de fer qui acquiert des immeubles ou portions d'immeubles placés en dehors du tracé du chemin de fer et de ses dépendances naturelles, et dont la compagnie n'avait pas le droit d'exiger l'expropriation, comme ne se trouvant pas compris dans l'arrêté du préfet déterminant les immeubles à exproprier, doit payer le droit proportionnel sur la valeur de ces immeubles ou portions d'immeubles (Cass. 13 nov. 1848, S. 49-1-60, 14610 J. E., 1837 § 10 I. G. ; 18 juill. 1849, 14772 J. E., 13849 J. N.).

Les deux arrêts des 13 novembre 1848 et 18 juillet 1849 portent : « Attendu que, d'après l'art. 58 L. 7 juillet 1833, sous l'empire de laquelle ont été passés les actes d'acquisition dont il s'agit, les contrats, quittances et autres actes qui peuvent être visés pour timbre et enregistrés gratis, doivent être faits en vertu de ladite loi ; — Attendu que l'art. 13 de cette loi, qui consacre les conventions amiables avec les propriétaires des terrains ou bâtiments dont la cession est reconnue nécessaire, se réfère virtuellement aux dispositions précédentes qui tracent le mode légal de constater la nécessité de la cession et notamment l'art. 11, lequel prescrit un arrêté motivé du préfet déterminant les propriétés qui doivent être cédées ; — Attendu que l'acquisition amiable d'un immeuble dont aucun document légal ne justifie l'application nécessaire à des travaux déclarés d'utilité publique ne peut être considérée comme faite en vertu de la loi sur l'expropriation pour cause d'utilité publique. »

C'est ce qui avait déjà été reconnu par une Dél. 12 septembre 1837 (11886-3 J. E.).

Ce principe a été appliqué dans une espèce où la compagnie du chemin de fer de Paris à Saint-Germain ayant dû faire, sur des terrains *voisins du tracé* de ce chemin, des fouilles pour se procurer les remblais nécessaires aux travaux, avait acquis ces terrains sur la *réquisition des propriétaires* (Av. Com. fin. 13 oct. 1837, 1571 I. G.).

Même règle à l'égard des acquisitions faites par une compagnie de chemin de fer, de terrains non compris dans le tracé et non sujets à l'expropriation, mais dont néanmoins *un arrêté préfectoral* avait autorisé l'occupation *temporaire* pour les besoins du service (Rouen 1er déc. 1846, 14133 J. E.). — *V.* 8692.

8690. Terrains en bordure. — On s'est demandé si, quand une ville, en cédant le droit d'expropriation qui lui avait été accordé pour l'établissement d'une rue, abandonne aussi, moyennant indemnité, des immeubles dont elle était propriétaire, et qui se trouvaient compris dans le tracé des travaux, il y a cession passible du droit de vente pour toute la partie des terrains qui ne doit pas être occupée par la voie publique. L'affirmative a été adoptée par le tribunal de la Seine, dans un jugement du 1er juillet 1864 (1938 R. P., 12720 C.), maintenu par un arrêt de la chambre des requêtes du 27 novembre 1865, ainsi conçu : « Attendu que relativement aux terrains en bordure, il est clair que les besoins de l'utilité publique avaient commandé la première acquisition de la ville qui, à cause de cette utilité même, avait joui de l'exemption des droits sur son acquisition, tandis que ces mêmes besoins étaient étrangers à la revente des terrains servant de bordure ; car ces terrains, désormais affranchis de toute destination relative à l'intérêt public, n'étaient entre les mains de la ville de Paris qu'une propriété privée que cette ville pouvait, à son gré, conserver ou vendre plus tard et à d'autre personnes que celles qui étaient chargées d'établir la voie publique » (2199 R. P., 2347 § 2 I. G., S. 66-1-31, D. 66-1-155).

Nous avons combattu cette solution aux art. 1938 et 2199 R. P.

L'expropriation destinée à l'ouverture des rues nouvelles, avons-nous dit, devait avoir lieu suivant les indications d'un plan d'alignement annexé au décret et comprenant une zone de terrain s'étendant de chaque côté de la voie projetée, à une distance suffisante pour permettre la démolition des anciens bâtiments et leur reconstruction dans les conditions réglementaires de l'expropriation. Tous les immeubles situés dans ces limites se trouvaient donc atteints également par l'expropriation, sans qu'il y eût à distinguer entre les terrains nécessaires à la voie proprement dite, et ceux qui devaient demeurer en bordure pour recevoir les constructions nouvelles. Leur acquisition était évidemment indispensable à l'exécution des travaux. Puisque la société était chargée de se procurer les immeubles soumis à la nouvelle affectation, elle devait acheter de la ville les immeubles possédés par celle-ci dans la zone à exproprier. Si le traité avait gardé le silence sur le sort des terrains en bordure possédés par la ville, les concessionnaires auraient dû les exproprier en la forme ordinaire. Cette expropriation eût ressemblé sur tous les points à celle qu'ils ont poursuivie contre les particuliers, et ils eussent fait fixer de la même manière l'indemnité de dépossession acquise à la caisse municipale. Ce point est constant en jurisprudence. Il est arrivé, souvent, en effet, que l'État, après avoir cédé à des compagnies la construction d'un chemin de fer, a reconnu qu'il possédait des immeubles dans le tracé de la voie. Les entrepreneurs ont soutenu qu'il n'y avait pas matière à expropriation pour ces terrains, puisqu'il suffisait de quelques travaux d'appropriation pour les utiliser, et qu'il n'y avait pas de dépossession à faire prononcer. Mais la jurisprudence a toujours répondu que, nonobstant la cession du droit d'expropriation, l'État demeurait propriétaire de ces terrains, et que la compagnie, ayant pris charge de faire les travaux, moyennant une subvention déterminée, devait acheter de l'État les terrains nécessaires à l'exécution de l'entreprise (Cass. 19 déc. 1838, Dalloz v° *Expropriation* n° 625 § 2, et 8 mai 1865, S. 1865-1-275). On ne saurait douter qu'un jugement d'expropriation, intervenu dans ces circonstances à la requête des compagnies, ne constitue un acte fait en vertu de la loi du 3 mai 1841, et ne doive profiter de la gratuité d'impôt accordé par l'art. 58 de la même loi. Si les concessionnaires deviennent alors propriétaires des terrains en bordure, c'est en vertu d'un acte que le législateur favorise, et d'une transmission exceptionnellement affranchie de l'impôt. Que si, au lieu de suivre les formes de la procédure judiciaire, les parties se rapprochent et s'entendent pour la cession amiable des immeubles à exproprier, la situation est encore la même.

L'art. 58 L. 3 mai 1841 ne distingue pas entre la cession amiable et la cession forcée, et il suffit que le contrat soit fait en vertu de l'expropriation.

Appelé de nouveau à examiner la question, le tribunal de la Seine, malgré l'arrêt du 27 novembre 1863, a abandonné sa première jurisprudence et décidé que la cession des terrains en bordure ou des matériaux à provenir de la démolition des bâtiments cédés par la ville, est affranchie de l'impôt (29 juin 1867, 2481 R. P., 18392 J. E., 13297 C.; — 11 janv. 1868, 2744 R. P., 14179 C.). — Les pourvois formés contre ces jugements ont été rejetés par des arrêts de la chambre civile du 15 juin 1869, ainsi conçus : « Attendu que le décret avait compris dans le périmètre des travaux dont il déclarait l'utilité publique non-seulement les terrains occupant le sol de la voie nouvelle, mais même ceux situés en dehors de l'alignement des voies, sans établir aucune distinction entre ces terrains ; que cette extension était autorisée par le décret du 26 mars 1852 ; que l'acquisition de ces terrains, dits de bordure, n'avait donc été faite, soit à l'amiable, soit par voie d'expropriation, qu'en vertu du principe de l'utilité publique ; que ces terrains n'étaient entrés et n'avaient pu entrer dans les mains du préfet de la Seine, représentant la ville de Paris, qu'avec cette destination, au même titre que ceux occupant le sol de la nouvelle rue ; que la convention par laquelle le préfet, au nom de la ville, avait substitué la compagnie à ses droits sur les immeubles achetés avant le traité fait entre eux, n'avait d'autre cause que l'utilité publique ; qu'un prix nouveau n'était pas exigé de la compagnie, obligée seulement à payer les indemnités foncières et locatives, dues par suite de l'expropriation ; que le lotissement de ces terrains restait sous la surveillance de l'Administration ; que les concessionnaires étaient obligés, dans un court délai, d'élever des habitations dont le mode de construction était réglé à l'avance, au point de vue de la salubrité et du bon aspect de la voie nouvelle dont elles étaient le complément ; qu'une pareille substitution ne pouvait pas être considérée comme un acte purement volontaire et d'intérêt privé ; qu'elle était la suite d'un décret d'utilité publique et de l'expropriation consommée pour son exécution, en un mot, un acte commandé par l'utilité publique, faite en vertu de la loi d'expropriation, et affranchi de tout droit par l'art. 58 de cette loi ; que les mêmes motifs s'appliquent à la perception du droit de 2 pour 100 réclamée dans le cas de la cession des matériaux » (2968 R. P., 2401-2 I. G., S. 70-1-37-39-40, D. 69-1-460, 18741, 18744 J. E., 2593 Rev.; — *Conf.* : Seine 7 août 1869, 3014 R. P.).

8691. Sous-sol. — Jugé que l'expropriation en vue de l'établissement d'un tunnel de chemin de fer, du sous-sol ou d'une portion du sous-sol d'une propriété bâtie, ne doit pas être considérée comme une expropriation partielle de cette propriété et n'ouvre pas, dès lors, à l'exproprié le droit d'en requérir l'expropriation intégrale sans distinction entre le sous-sol et la surface (Cass. 1er août 1866, D. 66-1-305, S. 66-1-408).

1. SOURCES. — Lorsque des sources prennent naissance dans un terrain exproprié, et que par un acte ultérieur l'expropriant paye au propriétaire du terrain une somme particulière pour le détournement de ces sources, l'art. 58 devient applicable, attendu que la propriété des sources a été frappée d'expropriation comme le terrain lui-même et que le prix stipulé est une véritable indemnité d'expropriation (A. Cons. d'Ét. 15 avr. 1868, S. 69-2-126; — Aucoc *École des communes* 1868 p. 191).

2. FORCE MOTRICE. — Il en est de même de la force motrice d'une usine. Sa suppression donne lieu à une véritable indemnité d'expropriation (Cass. 2 août 1865, S. 65-1-458).

8692. Occupation temporaire. — Bien que la compagnie ne fasse pas l'acquisition définitive des terrains si elle a été autorisée à occuper temporairement, soit pour l'extraction, soit pour le dépôt ou le transport des terres et matériaux, les actes relatifs à cette occupation temporairement ont le caractère d'utilité publique, et l'art. 58 leur est applicable, lorsque d'ailleurs les concessionnaires ont été investis par le cahier des charges du droit d'occupation temporaire que les lois des 28 pluviôse an 8 et 16 septembre 1807 confèrent à l'État pour ses travaux (D. m. f. 11 sept. 1847, 13346 J. N., 1796 § 12 I. G.). — V. 8689.

8693. Bornage des immeubles non compris dans les travaux d'utilité publique. — Les arrêts des 13 novembre 1848 et 18 juillet 1849, que nous venons de citer, et un autre arrêt du 16 août 1843 (13332 J. E., 1710 § 4 I. G., S. 43-1-822), ont de plus reconnu que, pour l'exigibilité du droit proportionnel, il n'est pas nécessaire d'attendre le bornage à faire par la compagnie, pour séparer les terrains qui doivent recevoir une destination d'utilité publique de ceux qui ne se trouvent pas dans cette condition, attendu que les art. 28 et 59 L. 22 frimaire an 7 interdisent formellement tout ce qui tend à suspendre le recouvrement des droits de timbre et d'enregistrement.

« Attendu, porte l'arrêt du 13 novembre 1848, que, d'après les art. 28 et 59 L. 22 frimaire an 7, tout ce qui tend à suspendre le recouvrement des droits de timbre et d'enregistrement est formellement interdit aux tribunaux dans tous les cas; qu'ainsi il ne leur est permis de surseoir, sous aucun prétexte, aux poursuites intentées par l'Administration de l'enregistrement pour le recouvrement des droits dont la perception lui est confiée; que le bornage à intervenir entre l'autorité administrative supérieure et la Compagnie du chemin de fer est une opération tout à fait étrangère à l'Administration de l'enregistrement, qui ne peut lui être opposée ni différer l'exécution de la loi générale, qui oblige l'acquéreur au profit duquel les mutations ont lieu. »

8694. Matériaux. — Si l'expropriant cède au concessionnaire les matériaux à provenir de la démolition des bâtiments à exproprier, cette disposition du contrat de concession n'est passible d'aucun droit particulier et profite de la gratuité d'impôt comme la concession même (Seine 29 juin 1867, 2481 R. P., 18392 J. E., 13297 C.; 11 janv. 1868, 2744 R. P., 14479 C.; — Cass. 15 juin 1869, 2968 R. P., 2401-2 I. G., S. 70-1-37-39-40, D. 69-1-460, 18741, 18744 J. E., 2593 Rev.; — Seine 7 août 1869, 3014 R. P.). — V. 8690.

T. III.

8695. Prescription. — La prescription biennale applicable à la restitution des droits perçus sur les immeubles ultérieurement compris dans les arrêtés de cessibilité court à partir de la perception et non pas de l'arrêté (Cass. 4 mai 1858, 7 déc. 1858 (2137-1 et 2142-1 I. G., 16894 J. E., 1130 R. P., 11471 C.). — V. *Infrà Prescription*).

« Attendu, porte l'arrêt du 7 décembre 1858, que le texte de la loi invoqué par la compagnie demanderesse en cassation est clair et précis; qu'en effet, l'art. 58 L. 3 mai 1841 soumet la restitution des droits perçus, dans les cas qu'elle prévoit, à deux conditions : la première, que les immeubles acquis antérieurement à l'arrêté du préfet soient compris dans cet arrêté; la deuxième, que la justification en soit faite dans le délai de deux ans à partir de la perception du droit; qu'il résulte manifestement de ces termes, d'une part, que la justification dont parle l'art. 58 est à la charge de la partie demanderesse en restitution; de l'autre, que le délai doit partir, non du jour où a été pris l'arrêté du préfet, mais du jour où les droits d'enregistrement ont été acquittés; — Attendu que la disposition de l'art. 58 L. 3 mai est conforme à l'art. 61 L. 22 frimaire an 7, qui veut que la prescription pour la répétition des droits perçus dans certains cas exceptionnels coure du jour de l'enregistrement, et à ce principe que la perception des droits au profit de l'État ne peut demeurer en suspens; que, d'ailleurs, elle est soumise à des lois spéciales qui doivent être rigoureusement appliquées. »

C'est là une disposition fort rigoureuse dont on trouve néanmoins la justification dans cette circonstance qu'il dépend indirectement des parties de provoquer par leur diligence les actes administratifs formant la condition du remboursement des droits acquittés (Demante n° 835). Le même principe gouverne les remboursements de droits perçus sur des cessions d'office demeurées sans effet ou dont le prix a été réduit.

D'ailleurs, la loi du 3 mai 1841, ne contenant aucune disposition spéciale sur la procédure à suivre pour demander la restitution, on doit en conclure qu'elle est régie par les principes de droit commun établis dans la loi du 22 frimaire an 7. Ainsi, il a été jugé que le remboursement ne peut avoir lieu si la prescription biennale n'a pas été interrompue par un payement notifié et enregistré avant l'expiration des deux années depuis la perception (Cass. 5 fév. 1867, 2443 R. P., 2357-6 I. G., B. C. 27, S. 67-1-183, D. 67-1-23, P. 67-417).

Cet arrêt porte :

« Vu les art. 61 L. 22 frimaire an 7 et 58 L. 3 mai 1841; — Attendu que la première de ces dispositions déclare, d'une manière absolue, non recevable toute demande en restitution de droits perçus, si elle n'a été signifiée ou enregistrée avant l'expiration du délai de deux ans à partir du jour de la perception; qu'en fixant ainsi le point de départ du délai et le seul mode susceptible d'interrompre la prescription, la loi établit, en matière d'enregistrement, une règle dont l'application s'étend, par la généralité même de ses termes, à tous les cas où il peut y avoir lieu, de la part de l'Administration de l'enregistrement, à restituer des droits par elle perçus, soit qu'il s'agisse d'une perception irrégulière, soit qu'il s'agisse d'une perception régulière, mais au sujet de laquelle, par exception au principe formulé en l'art. 60 L. an 7, une disposition spéciale, en vue et sous la condition d'un événement ultérieur, autorise la restitution dans le délai ordinaire de deux ans ; que telle est l'hypothèse prévue par l'art. 58 L. 3 mai 1841, qui, ne dérogeant pas à la règle générale de l'art. 61 L. 22 frimaire an 7, sur le point de départ du délai, n'y déroge pas davantage sur le mode interruptif de la prescription, et s'y réfère nécessairement par cela seul qu'il n'y déroge pas. »

1. NICE. — Aux termes de l'art. 5 du décret du 12 décembre 1860, l'acquéreur d'immeubles destinés à être bâtis conformément au plan régulateur de la ville de Nice, peut réclamer le droit proportionnel d'enregistrement, payé à l'occasion de l'acquisition, lorsqu'il justifie que, dans les deux ans de la date de son titre, il a fait procéder aux constructions indiquées audit plan régulateur. Or, le ministre des finances a décidé, le 18 décembre 1860, que les demandes en restitution doivent être formées dans les deux ans de l'enregistrement de l'acte de transmission ; et la C. cass. a reconnu que la perception est acquise au Trésor si les justifications exigées ne sont pas faites dans ce délai (Cass. 13 août 1866, 2333 R. P., S. 66-1-407, D. 66-1092).

8696. Délai pour faire la réquisition d'acquérir en entier l'immeuble dont partie seulement est utile. — On a vu (n° 8685) que, d'après l'art. 50 L. 3 mai 1841, les propriétaires sont autorisés à requérir, dans le délai qu'elle fixe, l'acquisition en entier des immeubles dont une partie seulement est nécessaire. Si la réquisition est faite dans ce délai, l'acquisition intégrale ne peut être refusée ; elle est *forcée* et se range parmi les actes *faits en vertu de la loi*. Mais lorsque le propriétaire n'a présenté sa réquisition qu'après l'expiration du délai qui lui était accordé par la loi, l'acquisition de la totalité de l'immeuble peut être refusée, car alors on rentre dans le droit commun, qui n'accorde au propriétaire qu'une indemnité *et non le droit d'exiger* l'acquisition de tout l'immeuble lorsqu'il ne doit être exproprié que d'une partie.

Une D. m. f. 17 août 1838 (10165 J. N., 1571 I. G.) portait que, lorsque la déclaration n'a pas été faite dans le délai déterminé par la loi, le contrat d'acquisition devait être enregistré au droit proportionnel ; mais l'application de cette doctrine a été repoussée, et la C. cass. (ch. civ.) a décidé, le 25 août 1851, que la faveur de l'enregistrement *gratis* est applicable, du moment que l'on n'a pas voulu se prévaloir de ce vice de forme de la part de l'exproprié :

« Attendu, porte cet arrêt, que l'art. 58 L. 3 mai 1841 déclare exempts des droits d'enregistrement tous les actes sans exception faits en vertu de ladite loi ; — Attendu que, dans l'espèce, un jugement du tribunal civil de la Seine, rendu conformément aux titres 1er et 2 de la loi précitée, avait ordonné l'expropriation pour cause d'utilité publique de diverses portions d'immeubles appartenant aux propriétaires y dénommés, réclamés par la ville de Paris ; — Attendu que la ville de Paris, procédant en vertu de ce jugement et conformément à la loi précitée, avait fait signifier ses offres auxdits propriétaires, et que c'est sur ces offres que plusieurs de ceux-ci, avant l'examen du jury d'expropriation, avaient déclaré vouloir user de la faculté à eux réservée par

l'art. 50 de ladite loi d'abandonner la totalité de leurs immeubles ; qu'à la vérité, cette déclaration n'avait pas été faite dans les délais prescrits par cet art. 50, qui se réfère sur ce point aux art. 15 et 24 ; mais qu'en admettant même que l'inobservation des délais ci-dessus pût permettre à une partie poursuivante de contester l'abandon total proposé par les propriétaires expropriés, il n'en résulterait pour elle qu'une fin de non-recevoir que l'esprit de la loi, qui tend à concilier le respect des intérêts de la propriété privée avec les exigences de l'utilité publique, n'autoriserait pas à considérer comme étant d'ordre public, et que, dans l'espèce, la ville de Paris avait pu négliger sans que rien fût changé dans le caractère de la procédure spéciale d'expropriation suivie à sa requête ; d'où la conséquence qu'aucune contestation n'ayant eu lieu de sa part sur la déclaration des propriétaires, et cette déclaration ayant d'ailleurs précédé la discussion des intérêts respectifs devant le jury, la décision qui s'en est suivie dans les formes de la loi et qui a réglé l'indemnité pour la totalité des immeubles, a rempli le vœu de cette loi et a dû être considérée comme rendue tout entière en vertu de ladite loi dans le sens de l'art. 58 précité ; — Attendu de ce qui précède il résulte que la gratuité des droits accordée par ledit art. 58 §§ 1er et 2 était applicable pour le tout à la décision du jury et à l'ordonnance qui a suivi, comme à tous les autres actes de la procédure » (14436 J. N., 15260 J. E., 1900 § 5 I. G., P. 51-2-210 ; — *Conf. :* Seine 15 nov. 1849, 13914 J. N.).

1. CONTENANCE EXCESSIVE. — Mais l'acquisition amiable de parcelles contiguës à celles qui sont nécessaires pour l'exécution des travaux ne saurait jouir de l'exemption des droits de timbre et d'enregistrement, lorsque les parcelles achetées ont une contenance de plus du quart de la contenance totale ou une contenance de plus de 10 ares. Si l'arrêt de 1851 qui précède a décidé que la réquisition tardive ne privait pas l'acte de la faveur accordée par l'art. 58, c'est parce que la cour a considéré qu'il ne résultait qu'une fin de non-recevoir de l'inobservation de cette formalité : mais les conditions de contenance et de situation de la parcelle acquise tiennent au fond du droit lui-même, et leur inobservation change le caractère de l'expropriation et ne constitue pas seulement une fin de non-recevoir. L'acquisition ne peut alors être considérée comme faite en vertu de la loi de 1841, puisque l'exproprié n'avait jamais eu le droit de requérir l'expropriation totale. Si donc il s'agit d'un immeuble appartenant à un mineur, le jugement qui a autorisé le tuteur à vendre à l'amiable la portion expropriée et celle restée libre, mais d'une contenance de plus du quart de la contenance totale, ou de plus de 10 ares, est passible de l'impôt du timbre et de l'enregistrement (18146 J. E.).

8697. Contrat amiable. — L'art. 13 L. 3 mai 1841 est ainsi conçu :

« Si des biens de mineurs, d'interdits, d'absents, ou autres incapables, sont compris dans les plans déposés en vertu de l'art. 5, ou dans les modifications admises par l'administration supérieure, aux termes de l'art. 7, les tuteurs, ceux qui ont été envoyés en possession provisoire, et tous représentants des incapables, peuvent, après autorisation du tribunal donnée sur simple requête, en la chambre du conseil, le ministère public entendu, consentir *amiablement* à l'aliénation desdits biens. Le tribunal ordonne les mesures de conservation ou de remploi qu'il juge nécessaires. Ces dispositions sont applicables aux immeubles dotaux et aux majorats. Les préfets pourront, dans le même cas, aliéner les biens des départements, s'ils y ont été autorisés par délibération du conseil général; les maires ou administrateurs pourront aliéner les biens des communes ou établissements publics, s'ils y sont autorisés par délibération du conseil municipal ou du conseil d'administration, approuvée par le préfet en conseil de préfecture. Le ministre des finances peut consentir à l'aliénation des biens de l'État, ou de ceux qui font partie de la dotation de la couronne, sur la proposition de l'intendant de la liste civile. — *A défaut de conventions amiables,* soit avec les propriétaires des terrains ou bâtiments dont la cession est reconnue nécessaire, soit avec ceux qui les représentent, le préfet transmet au procureur du roi dans le ressort duquel les biens sont situés, la loi ou l'ordonnance qui autorise l'exécution des travaux, et l'arrêté mentionné en l'art. 11. »

Cet article, en ce qu'il autorise les acquisitions amiables, est conforme à l'art. 13 L. 7 juillet 1833, dans lequel on lisait : « *A défaut de conventions amiables,* soit avec les propriétaires, soit avec ceux qui les représentent, le préfet transmet, etc. » — Il résulte de là que les décisions rendues sur cette question sous l'empire de la loi de 1833 sont parfaitement applicables aujourd'hui.

Il est, en effet, de jurisprudence que les cessions amiables intervenues après une déclaration d'utilité publique produisent les mêmes effets que les jugements d'expropriation (Cass. 2 août 1865, S. 65-1-458).

1. COMMUNES. — Après quelques hésitations (Dél. 9 mai 1834, Dalloz n° 3314), le ministre des finances avait reconnu, le 21 mai 1835 (1485 I. G.), que les actes d'acquisition d'immeubles faits par les communes pour des travaux d'utilité publique, *et relatant la loi spéciale ou l'ordonnance royale qui aura autorisé ces travaux et la poursuite en expropriation des propriétaires des immeubles,* doivent être admis au visa pour timbre et à l'enregistrement *gratis,* par application de l'art. 58 L. 7 juillet 1833.

Il ne pouvait en être autrement en présence de la disposition de l'art. 58 qui énonce immédiatement après les jugements, les *contrats,* expression qui, par sa position, ne peut concerner que les cessions consenties *amiablement,* ainsi que le reconnaît l'Administration dans son instruction précitée.

2. DÉPARTEMENTS. — Il n'y avait pas de raison pour que la décision concernant les communes ne fût pas appliquée aux départements. En conséquence, le ministre des finances a statué, le 15 décembre 1835, que les actes d'acquisition d'immeubles faits par les départements pour des travaux d'utilité publique : « et relatant la loi spéciale ou l'ordonnance royale qui aura autorisé ces travaux et la poursuite en expropriation des propriétaires des immeubles, » seront visés pour timbre et arrêtés *gratis,* en vertu de l'art. 58 L. 7 juillet 1833; mais il a ajouté que les acquisitions faites dans *une autre forme* et pour *une autre cause,* dans l'intérêt des départements, ainsi que les legs et donations à leur profit, resteront soumis au droit proportionnel d'enregistrement, en exécution de l'art. 17 L. 18 avril 1831 (1502 I. G.).

D'après une D. m. f. 17 août 1838 (1871 I. G.), pour que cette faveur de la loi ne produise pas un abus, il convient de la renfermer rigoureusement dans les limites posées par l'art. 50.

D'abord, en ce qui concerne spécialement les terrains morcelés par les travaux publics, trois conditions sont nécessaires pour que le propriétaire puisse exiger qu'ils soient acquis *en entier,* savoir : 1° que le terrain morcelé soit réduit *au quart de la contenance totale;* — 2° que le propriétaire ne possède aucun terrain *immédiatement contigu;* — 3° que la parcelle de terrain réduite par le morcellement soit inférieure à 10 ares. La décision porte que si l'une ou l'autre condition manquait, les droits de timbre et d'enregistrement seraient exigibles.

3. RÉQUISITION DU PROPRIÉTAIRE. — D'un autre côté, suivant le même art. 50, la cession intégrale des bâtiments ou propriétés partiellement compris dans le tracé des travaux ne peut avoir lieu que si le propriétaire l'a requise par une déclaration formelle adressée au magistrat directeur du jury, dans le délai énoncé en l'art. 24, c'est-à-dire dans la quinzaine qui suit la notification faite par l'Administration ou les concessionnaires, des sommes qu'ils offrent pour indemnités de dépossession. C'est seulement après la remise d'une déclaration, que le propriétaire et la compagnie concessionnaire peuvent traiter à l'amiable de l'acquisition intégrale des bâtiments ou terrains. En conséquence, la décision du 17 août 1838 veut qu'*à défaut de cette justification* le contrat ne puisse jouir de l'exemption des droits.

4. RÈGLES DE PERCEPTION. — Il convient de faire remarquer, avec Dalloz n° 3317, 3318 et Champ. n° 3767, qu'il y a contradiction dans chacune des trois décisions ministérielles qui ont fait l'objet des nos 1er, 2 et 3 ci-dessus, en ce que l'Administration paraît subordonner l'affranchissement du droit proportionnel à la mention dans l'acte de l'ordonnance ayant autorisé la poursuite en expropriation dans les deux premières espèces, à la justification de la déclaration adressée au magistrat directeur du jury d'expropriation dans la troisième espèce.

En effet, d'une part, les poursuites n'ayant lieu qu'à défaut par le propriétaire de consentir à l'aliénation, du moment qu'il y a contrat amiable il n'y a plus de poursuites, et dès lors il y a impossibilité de faire mention de poursuites, qui n'existent pas. D'un autre côté, du moment encore qu'il y a convention amiable, il n'y a plus à faire de déclaration au magistrat directeur du jury d'expropriation : dès lors la justification de cette déclaration devient impossible. Il faut donc conclure que s'il est constant que les contrats amiables ont eu lieu dans un but d'utilité publique ; « qu'ils ont été précédés des formalités préalables à l'expropriation » (D. m. f. 20 déc. 1838, 12216-2 J. E.), et que cette expropriation aurait eu lieu réellement si le contrat ne l'avait prévenue, le droit à l'exemption ne peut être contesté. « Ici comme toujours, enseigne Cabantous, la seule condition prescrite pour l'affranchissement du droit, c'est que l'acquisition soit postérieure aux arrêtés du préfet et qu'elle concerne un immeuble qui serait sujet à expropriation s'il n'était pas amiablement cédé » (art. 1576 n° 11). — C'est l'opinion de tous les auteurs (Champ. et Rig. t. 4 n° 3768, Jousselin et Rendu t. 2 n° 967, Dalloz *Enregistrement* 3318, D. N. t. 5 p. 840 n° 332).

Il suit de là que si l'acquisition amiable est faite en dehors des prévisions de la loi, dans un cas par exemple ou l'acquisition intégrale de l'immeuble n'aurait pu être imposée à l'expropriant ni requise par celui-ci, le contrat n'a pas lieu à titre d'anticipation sur une nécessité qu'il faudrait subir plus tard. L'art 58 est donc inapplicable à la portion de l'immeuble non soumis à l'expropriation.

D'un autre côté, si la vente amiable d'un terrain pour cause d'utilité publique n'a été précédée ni d'une loi ou décret qui reconnaisse et déclare l'utilité publique et autorise l'exécution des travaux, ni d'un arrêté du préfet qui désigne l'emplacement des travaux; si cette désignation ne résulte pas de l'ordonnance, ni d'un nouvel arrêté déterminant les propriétés auxquelles l'expropriation est applicable, toutes conditions qui sont indispensables, cette vente est passible du droit proportionnel (Bourg 31 déc. 1845, 13930 J. E.).

8698. Erreur du jugement. — L'Administration établit, en général, sa perception, d'après les indications du jugement qui reconnaît et prononce l'expropriation. Bien que, selon les termes d'un arrêt du 14 février 1870 (2402-1 I.G., B. 34, S. 70-1-136, D. 70-1-394. — V. *Convention*), elle ne soit pas liée par les appréciations des tribunaux, elle est la plupart du temps amenée par la force des choses à les accepter, parce qu'elle n'aurait aucun moyen sérieux de les faire réformer à son égard.

Mais s'il était juridiquement établi que la décision qui prononce l'expropriation est le résultat d'une erreur, il n'est pas douteux que le droit proportionnel non perçu deviendrait exigible.

On l'a ainsi reconnu dans un cas où le tribunal, après avoir autorisé l'expropriation, déclarait dans une instance ultérieure opposable à l'expropriant, qu'en réalité la cession avait le caractère d'une vente amiable (Seine 16 déc. 1871 confirmé en cass. le 14 janv. 1873, 3565 R. P., 2468-2 I. G., S. 73-1-138).

« Attendu, porte l'arrêt du 14 janvier 1873, que si l'aliénation opérée sur la réquisition du propriétaire, par application de l'art. 50 L. 4 mai 1841 est exempte du droit d'enregistrement, c'est à la condition d'être sincère, d'avoir été consentie dans les termes de l'art. 50, et de ne pas déguiser sous le couvert de l'expropriation une mutation volontaire de la part des parties; — Attendu qu'il est constant, en fait, que la maison située rue Neuve-Saint-Augustin, et dont le sieur Pérignon était propriétaire, n'a pas été atteinte par l'expropriation dirigée seulement contre une autre maison contiguë à celle-ci, située rue Ménars, et dont le sieur Pérignon était nu-propriétaire; qu'à ce point de vue, le premier de ces immeubles n'était pas dans les conditions qui, d'après l'art. 50 précité, permettent au propriétaire d'en requérir l'acquisition; — Attendu, à la vérité, qu'il est prétendu que l'expropriation de l'immeuble de la rue Ménars atteignait, sinon dans son essence, au moins dans sa valeur, celui de la rue Neuve-Saint-Augustin, en supprimant des servitudes actives établies par la destination du père de famille, propriétaire unique des deux immeubles; mais que cette situation, complètement étrangère au cas spécial prévu par l'art. 50 précité, ouvrait à la partie lésée une action en indemnité en conformité des art. 18 et 21 de la même loi et non le droit de requérir l'acquisition d'un immeuble qui,

quoique contigu à l'immeuble exproprié, n'était pas compris cependant dans le périmètre de l'expropriation. »

SECTION 3. — ACTES DIVERS

[8699-8729]

8699. Principe. — L'art. 58 L. 3 mai 1841 est ainsi conçu : « Les plans, procès-verbaux, certificats, significations, jugements, contrats, quittances et autres actes, faits *en vertu* de la loi, seront visés pour timbre et enregistrés gratis. »

La condition indispensable pour faire profiter un acte du bénéfice de la gratuité, c'est donc qu'il soit fait *en vertu* de la loi sur l'expropriation ; mais cette condition est aussi la seule, et l'art. 58 devient applicable dès que la convention rentre dans les besoins de l'entreprise. — Il n'est pas sans difficulté toutefois de préciser avec exactitude, en chaque espèce, quand un acte réunit les conditions nécessaires à l'affranchissement du droit. Les exemples suivants fixeront le lecteur sur les limites de l'application de l'art. 58. Tout ce qu'on peut dire de plus général à cet égard, c'est que, selon les termes d'un arrêt de la Cour de cassation du 18 août 1863 « par les actes faits *en vertu* de la loi du 3 mai 1841, il faut entendre uniquement ceux sans lesquels ne pourrait avoir lieu, soit la cession amiable, soit l'expropriation forcée que l'exécution de la loi a pour but de réaliser » (1840 R. P., 2274 § 3 I. G., 17803 J. N., 617 Rev., 17712 J. E., 12528 C., S. 63-1-435).

8700. Amende de consignation. — Les pourvois en cassation, en matière d'expropriation, sont sujets à la consignation de l'amende. — V. 5078.

8701. Certificats. — Les certificats de propriété sont demandés dans l'intérêt de l'Administration, qui doit s'assurer que ceux à qui le prix de la vente est payé sont les véritables propriétaires. L'art. 58 L. 3 mai 1841 désigne d'ailleurs expressément, parmi les actes exempts des droits de timbre et d'enregistrement, les certificats, ce qui comprend nécessairement les certificats de propriété produits par les héritiers ou ayants cause des propriétaires expropriés (Dalloz n° 3324, 5169 J. N.).

Nous ne saurions donc approuver l'Administration d'avoir fait décider par le ministre, le 20 janvier 1835, sous l'empire de la loi du 7 juillet 1833, dont l'art. 58 mentionnait aussi les *certificats*, que les certificats de propriété constatant les droits des propriétaires aux prix des immeubles expropriés ne peuvent être visés et enregistrés gratis (1539 § 4 I. G.).

Il en est de même des certificats de radiation (Sol. 11 mai 1863).

Mais les certificats constatant la situation hypothécaire des vendeurs ne sont pas délivrés dans l'intérêt de l'expropriant. Ils ont pour but unique de permettre aux expropriés de toucher le prix de l'aliénation ou de désigner les créanciers auxquels ce payement doit être effectué. Aussi a-t-il été reconnu qu'ils ne tombent pas sous l'empire de l'art. 58 L. 3 mai 1841 (Sol. 4 juin 1860).

1. MÉMOIRES. — Les mémoires des officiers ministériels relatifs aux sommes dues pour des actes rédigés en matière d'expropriation sont exemptés du timbre (Circ. de compt. du 21 janv. 1877, 4576 R. P.).

8702. Donation. — Si le propriétaire d'un terrain régulièremen désigné pour être exproprié le cède gratuitement à l'expropriant par acte de donation entre-vifs, cet acte doit être affranchi des droits. La généralité de l'art. 58 commande cette solution : « Il serait par trop singulier, dit très-bien Cabantous (1576 n° 10 R. P.), que la cession gratuite à l'Administration fût moins favorisée qu'une acquisition dont elle aurait à payer le prix. »

8703. Échange. — La question de savoir si l'on doit appliquer la gratuité de l'impôt à l'acte par lequel l'exproprié cède son immeuble, à la condition d'en recevoir un autre de l'expropriant, est très-délicate. On a enseigné que les droits ordinaires d'échange sont exigibles parce que cette nature de convention n'est pas la conséquence forcée de l'expropriation et on invoque à l'appui de cet avis un arrêt d'admission du 6 mai 1834 (11794 et 14190 J. E.). On peut faire remarquer, en effet, qu'en principe, l'expropriation suppose nécessairement le règlement du prix en une indemnité pécuniaire. La loi n'a pas prévu d'autre mode de payement et elle n'a pas notamment conféré au jury le droit d'attribuer à l'exproprié, au lieu de cette indemnité en argent, d'autres biens appartenant à l'expropriant. Cette convention est tout à fait en dehors des nécessités de la procédure. Par conséquent, lorsque les parties croient devoir s'y arrêter entre elles, il se joint à l'expropriation proprement dite une stipulation étrangère qui ne peut, à aucun point de vue, revendiquer le bénéfice de la gratuité.

On peut faire néanmoins plusieurs réponses. D'abord, dans tout contrat synallagmatique et commutatif, les obligations réciproques des contractants sont essentiellement corrélatives entre elles. Qu'importe donc que, dans l'échange entre l'expropriant et l'exproprié, il y ait une acquisition au profit de l'exproprié? Cette acquisition étant la condition indispensable, la contre-partie nécessaire de celle faite par l'expropriant, c'est celle-ci qui doit seule être considérée pour l'application de la loi. Il est certain que la transmission à l'Administration est la disposition dominante du contrat; la circonstance que le particulier acquiert l'immeuble remis en échange ne doit pas plus avoir de portée que n'en a, en cas de vente, l'acquisition du prix par le vendeur.

En second lieu, l'art. 58 embrasse dans son texte tous les contrats faits en vertu de la loi sur l'expropriation et non pas seulement des contrats de vente. L'échange s'y trouve donc virtuellement compris. Ce qui prouve que le législateur n'a pas voulu limiter ces dispositions à la vente, c'est qu'il ne l'a pas énoncé dans l'art. 58, tandis que l'art. 56, qui autorise la passation de certains actes en la forme administrative comprend nominativement dans son énumération les actes de vente, excluant par là les autres contrats translatifs de propriété.

D'autre part, l'exemption d'impôt de l'art. 58 est tirée de la nécessité et des conditions spéciales de la transmission. Dans les transmissions ordinaires, c'est le vendeur qui supporte les frais ; car, avant d'offrir un prix, l'acheteur déduit ce que lui coûtera l'acte. En matière d'expropriation, le dé-

possédé doit recevoir une somme égale à la valeur réelle, de façon que son patrimoine ne soit pas diminué. Il reçoit, à titre d'indemnité, ce qui, dans les ventes ordinaires, est payé au vendeur à titre de prix et au Trésor à titre d'impôt. L'exemption, pour être complète, doit donc s'étendre à tous les payements de prix effectués par l'expropriant, quel qu'en soit le mode et qu'il s'agisse d'argent ou d'immeubles

Enfin, l'art. 70 § 2 n° 1er L. 22 frimaire an 7 exempte de tout droit les échanges entre l'État et les particuliers, parce que l'intérêt de l'État domine; le même motif semble applicable quand il s'agit d'utilité publique. Une faveur semblable a été accordée par la loi du 21 mai 1836 pour les actes relatifs à la construction des chemins vicinaux (1521 I. G.), et notamment pour les échanges (1755 § 17 et 1764 I. G.). Il ne faut point perdre de vue non plus que l'abandon d'une propriété pour cause d'utilité publique est forcé ; il ne serait pas juste par conséquent d'assujettir celui qui fait le sacrifice de sa chose, à payer un droit pour un déplacement de propriété qui lui est imposé dans un intérêt général.

Cette opinion est partagée par Dalloz n° 3323, Cabantous art. 1376 n° 10, les Réd. du J. N. (9769 J. N.) et par le D. N. t. 5 p. 842 n° 337.

Elle semble avoir été admise par une Dél. 8 janvier 1847 (6e Bull. 2e partie) qui, ayant eu à examiner les droits perçus sur un acte d'échange qui se trouvait dans ces conditions a régularisé la perception qui avait été établie, en passant sous silence le droit d'échange qui n'avait pas été perçu.

Il a été également décidé, en ce sens : 1° que si après un jugement prononçant l'expropriation moyennant une somme d'argent immédiatement consignée, l'exproprié renonce à la consignation et accepte en échange d'autres biens cédés par l'expropriant; cet échange doit être enregistré gratis (Sol. 12 juin 1855) ; — 2° que si une ville offre à un propriétaire, pour une portion de terrain exproprié, une somme de 97,800 francs en payement de laquelle elle cède un terrain valant 7,800 francs et paye le surplus en argent, on ne peut isoler les dispositions de l'acte pour y voir un élément sujet au droit proportionnel, parce que si on convenait que l'indemnité due au propriétaire lui sera payée en immeubles, la disposition principale dont cette transmission n'est que la conséquence, n'est pas moins faite en vertu de la loi de 1841 (Sol. 15 oct. 1856).

Cette dernière question a cependant donné lieu à une interprétation différente de l'Administration. Elle a soutenu, devant le tribunal de la Seine, que la cession du terrain n'était pas dispensée des droits, parce que l'indemnité d'expropriation consistant essentiellement en numéraire d'après la jurisprudence la plus unanime, la cession du terrain n'entrait pas dans les nécessités de l'expropriation. Le tribunal de la Seine a écarté cette argumentation le 24 août 1867, et décidé, comme la Sol. 15 octobre 1856, que l'acte jouissait dans son ensemble du bénéfice de la loi de 1841. Nous avons exposé au n° 2546 R. P. les motifs qui justifiaient cette doctrine. Ils ont été confirmés par deux arrêts de la chambre civile du 23 février 1870 portant : «Attendu que le contrat par lequel l'exproprié et l'expropriant conviennent à l'amiable d'une indemnité d'expropriation rentre manifestement dans la classe des actes faits en vertu de la loi du 3 mai 1841, que l'art. 58 de cette loi exempte de tout droit d'enregistrement ; — Attendu qu'il ne saurait en être autrement quand l'indemnité convenue, au lieu de consister en une somme d'argent, est fixée pour le tout ou pour partie en valeurs d'une autre nature ; qu'en effet, si l'indemnité d'expropriation doit, en principe, consister en une somme d'argent mise à la disposition immédiate de l'exproprié, l'exproprié peut cependant, d'accord avec l'expropriant, consentir à ce que l'indemnité soit fixée en autres valeurs mobilières ou immobilières, suivant un règlement amiable fait entre les parties ou abandonné par elles à la décision du jury ; — Attendu qu'il importe peu que cette substitution à une indemnité en argent d'une indemnité en valeurs mobilières ou immobilières ne puisse être imposée à l'exproprié ; que le consentement réciproque de l'expropriant et de l'exproprié à cette substitution ne fait pas disparaître le caractère forcé de l'opération principale, et que, quelles que soient la consistance et l'importance convenues de l'indemnité, il s'agit toujours d'une indemnité d'expropriation, c'est-à-dire d'une indemnité que l'expropriant est tenu de fournir et l'exproprié tenu d'accepter, et dont, par conséquent, le règlement, étant fait en vertu et en exécution de la loi du 3 mai 1841, profite de l'exemption de droits établie par l'art. 58 de cette loi » (3087 R. P., 19857 J. N., 2402-2 I. G., B. C. 44, S. 70-1-225, D. 70-1-418, P. 70-547).

1. SOULTE. — On a même soutenu que l'exemption des droits s'applique à l'échange fait moyennant une soulte à la charge de l'exproprié. La soulte, dit-on, n'est stipulée que pour rétablir entre les échangistes l'égalité de position qui doit exister entre le vendeur et l'acheteur. Le particulier n'était pas, sans doute, contraint d'accepter l'immeuble qu'on lui prend. C'est là une circonstance qui rend les obligations des deux parties inséparables les unes des autres et le contrat est indivisible dans son but qui est la satisfaction de l'intérêt public (Cabantous art. 1396 n° 23 R. P., Dalloz 3323). « Considérant, portent également deux solutions de l'administration belge des 23 mai 1862 et 3 avril 1863, que tout acte dont l'*objet principal* est de faire opérer une entreprise d'utilité publique et de désintéresser le propriétaire, participe à l'exemption établie par la loi ; que l'échange fait dans le même but, pas plus que la donation, n'exclut le bénéfice dudit article : et qu'il ne serait pas rationnel de faire une distinction entre l'échange stipulant un retour au profit de l'expropriant et l'échange de deux parts ayant exactement la même valeur ou qui présentent une différence déterminant le payement d'un retour par l'expropriant » (9404 J. E. belge).

Il nous paraît, quant à nous, difficile d'aller jusque-là. Dans l'hypothèse précédente, la soulte ne saurait être considérée comme le prix de l'immeuble exproprié, puisqu'elle est payée par l'exproprié lui-même. D'un autre côté, l'unité de contrat ne s'oppose pas à ce que l'on assujettisse à l'impôt toute la partie de la transmission qui s'opère en dehors de l'expropriation et c'est ce qu'on fait précisément dans les échanges de biens de l'État quand l'échangiste paye une soulte. Aussi croyons-nous que l'Administration est fondée à exiger ce droit sur la soulte à la charge du particulier. C'est ce qui est admis en pratique et ce qui résulte de plusieurs solutions (Sol. 7 mars 1857 ; — *Conf.* : 9769 J. N.).

8704. Expédition. — Toutes les fois que des actes relatifs à une expropriation pour utilité publique ont dû recevoir gratis les formalités du timbre et de l'enregistrement, les expéditions de ces mêmes actes doivent être visées pour timbre gratis (Dél. 6 fév. 1836, 11447-2 J. E., 9254 J. N.).

Ainsi, il a été reconnu que l'expression *acte*, employée dans l'art. 58 L. 3 mai 1841, s'applique aux copies des expéditions de contrats d'acquisitions pour cause d'utilité publique qui sont jointes aux mandats de payement du prix ; que, dès lors, ces pièces doivent être visées pour timbre gratis (D. m. f. 31 oct. 1857, 2111 § 4 I. G., 930 R. P., 11266 C.).

8705. Extrait de matrice cadastrale. — Les extraits de la matrice du rôle de la contribution foncière, délivrés pour la levée du plan parcellaire des terrains dont la cession peut être nécessaire à l'exécution des travaux d'utilité publique, doivent être visés pour timbre *gratis* (D. m. f. 20 oct. 1838, 10458 J. N., 12178-2 J. E., 1577 § 22 I. G.).

8706. Fortifications. — Quoique la loi du 3 mai 1841 forme le droit commun en matière d'expropriation pour cause d'utilité publique, elle a laissé certaines espèces de ce genre d'expropriation sous l'empire des lois particulières qui les concernaient. C'est ainsi que l'expropriation pour des travaux urgents de fortification continue, sauf les cas où il est statué par une loi spéciale, à être régie par la loi du 30 mars 1831. De même, l'expropriation que pourrait nécessiter l'ouverture ou le redressement des chemins vicinaux reste soumise à la loi du 21 mai 1836.

Ni l'une ni l'autre de ces deux lois ne contenant une disposition identique à l'art. 58 de celle du 3 mai 1841, il y a lieu d'examiner si, nonobstant le silence par elles gardé à cet égard, la dispense du droit de timbre doit s'appliquer aux expropriations qu'elles régissent.

En ce qui concerne l'expropriation pour des travaux urgents de fortifications, il ne saurait y avoir de doute. En effet, l'art. 76 L. 3 mai 1841 porte expressément que tout le titre 6 est applicable aux expropriations poursuivies en vertu de la loi du 30 mars 1831. Or, l'art. 58 fait précisément partie du titre 6. La dispense du droit s'appliquera donc aux expropriations pour travaux urgents de fortifications, de la même manière, avec la même étendue et sous les mêmes conditions qu'en matière d'expropriation ordinaire pour cause d'utilité publique. Il n'y aura de différence que dans le point de départ de la dispense pour les contrats de cession amiable. Ce point de départ ne peut pas être dans les arrêtés préfectoraux, puisque la loi de 1831 ne prescrit aucun arrêté de ce genre ; mais il se trouvera naturellement dans les actes qui les remplacent, dans les rapports d'experts qui, aux termes de la loi précitée, doivent déterminer les propriétés particulières dont l'occupation sera nécessaire pour l'exécution des travaux (Cabantous 1587 n° 20 R. P.).

1. TRAVAUX MILITAIRES ET MARINE. — Nous ferons une observation analogue au sujet des expropriations que peuvent nécessiter les travaux militaires et ceux de la marine nationale. Ces deux ordres d'expropriation sont soumis à la loi du 3 mai 1841 ; mais, en vertu de l'art. 75 de cette loi, les titres 1er et 2 ne leur sont point applicables. Il suit de là qu'à leur égard la dispense du droit est incontestable, mais que

son point de départ pour les contrats de cession amiable, à défaut d'arrêtés préfectoraux qui n'ont pas lieu en pareil cas, se trouvera dans le décret qui, aux termes de l'art. 75 précité, doit déterminer les terrains soumis à l'expropriation.

2. JUGEMENT. — Le jugement portant condamnation de sommes à titre de supplément d'indemnité due par suite d'expropriation pour travaux militaires doit être enregistré gratis (Cass. 31 mai 1836). — « Attendu, porte cet arrêt, que les droits d'enregistrement dont la restitution a été ordonnée par le jugement attaqué ont été perçus par des actes et jugements rendus par suite de l'application des dispositions de la loi du 8 mars 1810, qui portent que les actes et jugements intervenus à l'occasion d'expropriation pour cause d'utilité publique seront enregistrés gratuitement; que, dès lors, le jugement attaqué a pu, sans violer aucune loi, ordonner la restitution des droits perçus. »

3. EXPROPRIATION DE L'ÉTAT. — Les terrains des places de guerre ne sont pas susceptibles d'expropriation publique. Il ne peut être statué sur les mesures à prendre, par suite de travaux ordonnés dans un intérêt public, qu'avec le concours du ministre de la guerre (Cass. 3 mars 1862, S. 62-1-468).

8707. Droits de greffe. — Bien que les art. 58 L. 7 juillet 1833 et 3 mai 1841 ne parlent pas des droits de greffe, il faut cependant conclure que l'intention du législateur a été que les actes prévus par cet article soient exempts des droits de greffe comme de ceux des timbre et d'enregistrement (12880-4 J. E., D. m. f. 31 mars 1855, Sol. 11 mai 1866, 18493-2 J. E., D. N. t. 5 p. 837 n° 308, Cabantous art. 1596 n° 34 R. P.). — V. *suprà* n° 8683.

Mais l'exemption, dit ce dernier auteur, ne s'étend pas aux émoluments du greffier, par les mêmes raisons qui en font exclure les salaires du conservateur (*loc. cit.*).

8708. Droit de transcription. — Salaires. — On a vu précédemment que l'exemption prononcée par l'art. 58 L. 3 mai 1841 s'applique aux droits de transcription comme aux droits d'enregistrement proprement dits : le texte de l'article l'indique du reste d'une manière formelle (V. 8683-6). Mais on a prétendu qu'il en devrait être de même des salaires dus au conservateur, parce que l'art. 58 est conçu en termes généraux et que d'ailleurs c'est le seul moyen d'expliquer pourquoi le législateur de 1841 a cru devoir ajouter à l'art. 58 de la loi de 1833 le paragraphe concernant la dispense des droits de transcription, puisque déjà cette dispense était admise pour ceux de ces droits qui avaient le caractère d'impôts (Jousselin et Rendu t. 2 n° 956). — Cette opinion a été justement repoussée. Dans le langage juridique, l'expression *droits* employés par l'art. 58 de la loi de 1841 n'a jamais embrassé que les redevances perçues à titre d'impôts. Les perceptions faites à titre de salaires ont toujours reçu un autre nom. Quand le législateur de 1841 a statué qu'il ne serait perçu aucuns droits pour la transcription des actes, il n'a eu en vue que les droits proprement dits, que les redevances établies au profit du Trésor public. Une disposition expresse sur ce point n'était pas d'ailleurs sans motif car elle faisait cesser toute incerti-

tude et substituait l'autorité de la loi aux prescriptions contestées des décisions ministérielles. Il faut donc reconnaître que l'exemption des droits de transcription ne comprend pas les salaires dus au conservateur pour l'accomplissement de cette formalité et qu'il est fondé à réclamer de tout expropriant autre que l'État (Seine 26 août 1864, 2070 R. P.).

Mais l'exemption embrasse toute perception qui, directement ou indirectement, doit profiter au Trésor public. Il suit de là qu'avant le décret du 24 novembre 1855, elle s'appliquait à la moitié des salaires dus au conservateur pour la transcription des actes, puisque cette moitié devait être portée en recette, pour le compte du Trésor public, en vertu de l'ordonnance royale du 1er mai 1816. Sous l'empire de cette législation, le conservateur n'était donc fondé à réclamer pour la transcription des actes que la moité du montant de ses salaires. L'autre moitié se trouvant virtuellement comprise dans l'exemption', comme devant être versée au Trésor public. C'est ce qu'avait décidé un arrêt de la C. cass. du 25 février 1846 (D. 1846, 1-119). — *V.* aussi Tarascon 9 novembre 1855, 15897 J. N.

Aujourd'hui, il n'y a plus lieu à cette distinction. Le décret du 24 novembre 1855, en réduisant les salaires alloués aux conservateurs des hypothèques pour la transcription des actes de mutation, a expressément abrogé l'ordonnance du 1er mai 1816. La totalité de ces salaires profite au conservateur seul. Il a donc droit de les réclamer de tout expropriant pour cause d'utilité publique, autre que l'État. C'est dans ce sens que sont rédigées les instructions de l'Administration, et telle est aussi l'opinion de Dalloz v° *Enregistrement* n° 3308.

Ce que nous disons de la transcription s'applique d'ailleurs aux certificats, inscriptions, radiations et en général à toutes les formalités hypothécaires. Les salaires dus au conservateur, pour l'accomplissement de ces diverses formalités, sont exigibles en matière d'expropriation, pour cause d'utilité publique, comme en toute autre matière.

8709. Indemnité. — Les travaux d'utilité publique nécessitent de grandes dépenses : lorsque ces travaux profitent à des propriétaires en particulier, il est juste qu'ils contribuent aux dépenses jusqu'à concurrence de l'augmentation de valeur que reçoit leur propriété. Les sommes qu'ils payent en pareil cas ne sont, par conséquent, qu'une *indemnité* des dépenses dont ils profitent. La loi du 16 septembre 1807, qui les assujettit à payer cette indemnité, ne la qualifie pas autrement. Dès lors, le droit applicable est celui de 50 centimes pour 100 déterminé par l'art. 69 § 2 L. 22 frimaire an 7 (Dél. 8 janv. 1847, *rappelée* au n° 8703).

8710. Indemnité en argent. — L'indemnité d'expropriation doit être fixée uniquement en argent; on ne peut attribuer d'autres valeurs à l'expropriant que s'il y consent (Cass. 16 avr. 1862, D. 62-1-379; 29 juill. 1862, D. eod. loc.; 23 juin 1862 eod. loc.; 3 avr. 1865 et 7 fév. 1865, D. 65-5-175; 13 janv. 1869, S. 69-1-288). — Ainsi, par exemple, l'indemnité ne saurait se composer des matériaux à provenir de la démolition du bâtiment cédé (Cass. 2 juin 1843, D. 45-1-295; 24 déc. 1851, D. 54-5-348; 10 mars 1852, D. 52-5-262; 21 juill. 1862, D. 62-1-379) ; — des récoltes ou des arbres existant sur le terrain (Cass. 16 avr. 1862 et 29 juill.

1862, D. 62-1-379 ; — Cass. 18 fév. 1867, S. 67-(-261) ; — d'une offre de travaux (Cass. 6 déc. 1854, D. 54-5-348 ; 23 juin 1862, D. 62-1-379 ; 18 fév. 1857, D. 57-1-71).

Nous avons vu précédemment que si l'attribution d'un immeuble au lieu d'argent s'opère par le jugement même d'expropriation cette convention profite du bénéfice de la gratuité.

Mais il n'en saurait plus être ainsi quand l'expropriation a été commencée par le payement de l'indemnité. L'acte ultérieur par lequel l'exproprié achète un immeuble de l'expropriant moyennant une somme égale à cette indemnité constitue une vente passible du droit proportionnel ordinaire (Seine 26 janv. 1867, 2722 R. P.; — Cass. 23 fév. 1870, 3087 R. P., arrêt rapporté n° 8703).

8711. Insertion. — Les certificats d'insertion dans les journaux des publications exigées en matière d'expropriation publique doivent être enregistrés *gratis* (D. m. f. 6 nov. 1833, 11404 J. E., D. N. t. 5 p. 844 n° 345 ; Cabantous art. 1587 n° 15 R. P.).

8712. Jugements. — Sont également admis à la dispense des droits 1° les jugements donnant acte du consentement du propriétaire à la cession, lesquels ont, d'après la jurisprudence, les mêmes effets que les jugements ordinaires d'expropriation (C. Paris 7 mai 1861, S. 61-2-401 ; 11 août 1862, S. 62-2-417 ; — Cass. 28 mai 1867, S. 67-1-405 ; — Orléans 25 janv. 1868, S. 62-2-134) ; — 2° ceux rendus pour autoriser l'aliénation amiable des biens d'incapables, les jugements d'expropriation, les décisions du jury et les ordonnances du magistrat donateur (Cabantous art. 1587 n° 15 R. P.) ; — 3° les jugements rendus dans une instance ayant pour objet la fixation de l'indemnité d'expropriation (Sol. 2 mai 1857).

8713. Locataire. — Les fermiers des immeubles sujets à l'expropriation ont droit à une indemnité pour leur dépossession, et l'art. 24 de la loi précitée autorise les transactions amiables entre eux et l'Administration, ou la compagnie qui la représente et qui poursuit l'expropriation (Paris 7 mai 1861, D. 61-2-98; — Cass. 16 avr. 1862, D. 62-1-300 ; — Paris 11 août 1862, D. 64-1-116 ; — Cass. 4 juill. 1864, D. 64-1-443 ; — Rouen 6 avr. 1865, D. 66-2-63 ; — Cass. 2 août 1865, D. 65-1-257, 258 ; 17 juin 1867, S. 70-1-369 ; 22 mars 1870, S. 70-1-369). Ces transactions doivent jouir de la même faveur que les contrats d'acquisition passés avec les propriétaires des terrains, et sont comprises dans la généralité des termes de l'art. 58 de la loi (1513 § 2 I. G., D. m. f. belge 15 nov. 1867, 10640 J. E. belge).

Il a même décidé qu'aucun droit particulier n'est exigible sur la clause du contrat par laquelle le propriétaire d'une maison expropriée s'engage, moyennant un prix déterminé, à désintéresser lui-même ses locataires à ses risques et périls. La ville satisfait ainsi, en définitive, à l'obligation imposée par la loi de 1841 d'indemniser les locataires : cette clause a donc son origine dans la loi et tombe sous l'application de l'art. 58 (Seine 9 avr. 1858, 1073 R. P., 11393 C., 16743 J. E.

1. USUFRUIT. — **EMPHYTÉOSE.** — L'usufruitier de l'immeuble exproprié a droit à une indemnité distincte de celle due au propriétaire (Cass. 16 mars 1864, S. 64-1-309 ; — Lyon 9 avr. 1870, S. 72-2-121). — Il en est de même de l'emphytéote (Cass. 1er avr. 1868, S. 68-1-309).

8714. Mainlevée. — L'acte de mainlevée d'une inscription grevant des biens employés à un travail d'utilité publique ne peut être visé pour timbre ni enregistré gratis, attendu qu'on ne peut étendre les exceptions d'un cas à un autre et que cet acte n'est pas fait en vertu de la loi sur l'expropriation (Dél. 13 avr. 1842, 12997-4 J. E. ; — Castres 20 août 1842, 13079 J. E., Sol. 4 juin 1860, M. Boulanger des Radiat. n° 435). — Une pareille mainlevée nous paraît la conséquence aussi directe de l'expropriation que la quittance de l'indemnité, qui est nominativement exemptée de tout droit par l'art. 58. Telle est également l'opinion de Dalloz n° 3325, de Cabantous art. 1566 n° 9 R. P., du D. N. t. 5 p. 843 n° 343, et de Delaleau t. 2 art. 1002.

8715. Mandat de payement. — Les mandats de payement des indemnités accordées aux expropriés doivent être visés pour timbre gratis (Sol. 12 nov. 1842, D. N. t. 5 p. 844 n° 347, Cabantous art. 1587 n° 15 R. P.).

8716. Marais. — Les actes relatifs aux travaux pour dessèchements des marais sont considérés comme d'utilité publique, et doivent être enregistrés gratis. — V. 6353.

8717. Notoriété. — Lorsque les actes de notoriété ont pour but de constater la qualité des vendeurs et par suite leur droit à la propriété des biens aliénés, ils sont une dépendance nécessaire de l'expropriation puisqu'ils la déterminent et que sans eux peut-être le contrat amiable n'aurait pu avoir lieu. Par conséquent, on doit décider qu'ils sont exempts du timbre et d'enregistrement (Sol. 18 sept. 1873, 3905 R P.)

Mais cette exemption n'existe plus quand l'acte de notoriété intervient pour établir les droits des créanciers ou des ayants cause de l'exproprié au payement du prix. Il importe peu, en effet, à l'expropriant que l'indemnité soit acquittée entre les mains du vendeur ou de ses créanciers, puisque l'acheteur peut se libérer en consignant. La notoriété n'a d'intérêt direct et principal en cette hypothèse que pour le vendeur ou son ayant cause. Elle ne saurait être, dès lors, affranchie des droits ordinaires (Sol. 24 nov. 1856, 22 juin 1857. — V. cependant Cabantous art. 1566 n° 9). Nous avons vu une application du même principe aux certificats de propriété (n° 8701).

8718. Procuration. — **1. VENTE.** — D'après la généralité des termes de l'art. 58, l'exemption des droits s'applique à tous les actes relatifs à l'acquisition des terrains. Or, les procurations données pour consentir à la vente rentrent-elles sous cette disposition générale ? L'Administration ne l'a pas pensé. Elle a reconnu que les procurations données à des tiers par les propriétaires dans le but, soit de faire les actes nécessaires à l'expropriation, soit d'en toucher le prix, et les certificats constatant les droits des ayants cause à ce prix, étant des actes d'utilité privée, ne peuvent être exempts des droits (D. m. f. 20 janv. 1835, 11144 J. E., 9159 J. N., 1539 § 3 I. G.).

Un arrêt de cass. 18 août 1863 (1840 R. P., 2274 § 3 I. G., 17803 J. N., 617 Rev., S. 63-1-451, 17712 J. N., 12528 C.), confirmatif d'un jugement de Foix du 2 juin 1862 (1639 R. P., 17569 J. N., 261 Rev., 17688 J. E.), a également décidé « qu'au nombre des actes faits en vertu de la loi de 1841 ne peuvent être rangées les procurations données pour consentir les cessions amiables et en toucher le prix; qu'en effet, ces procurations, sans lesquelles aurait pu avoir lieu la réalisation des cessions, n'ont été faites que pour répondre à la convenance et à l'intérêt des mandants. »

Nous admettons volontiers l'exactitude de cet arrêt dans l'espèce où il a été rendu, parce que la procuration conférait au mandataire le pouvoir de toucher le prix de la vente. L'aliénateur ayant seul intérêt à la réception des deniers, les arrangements qu'il prend avec un tiers sur ce point ne facilitent pas l'expropriation et sont dans l'intérêt exclusif du mandant. Mais nous avons toujours pensé et nous persistons à croire, avec tous les auteurs sans exception, que le simple mandat de vendre tombe sous l'empire de l'art. 58 L. 3 mai 1841. Sans revenir ici sur la réfutation complète que nous avons présentée de la doctrine contraire, au n° 1840 R. P., nous nous bornerons à quelques considérations principales.

Et d'abord, les actes de l'espèce ne sont pas destinés surtout à la commodité des mandants. Ils sont aussi très-profitables à l'expropriant; car, si le propriétaire absent ou empêché ne donnait pas son pouvoir, il faudrait ou attendre son retour ou poursuivre l'expropriation judiciaire, toutes choses également nuisibles à l'exécution des travaux. Si l'on prenait jugement pour autoriser les représentants de l'incapable ou de l'absent proprement dit à aliéner à l'amiable les immeubles de ces derniers, l'art. 58 s'appliquerait sans contestation à ce jugement. Or, cette autorisation judiciaire ne nous paraît pas plus indispensable que la procuration ordinaire; car, dans les deux cas, l'expropriant peut passer outre en s'adressant à la justice.

Est-il bien vrai, d'ailleurs, que le mandat volontaire ne soit pas consenti en vertu de l'expropriation?

« Son but, dit Dalloz v° Exprop. 243, est d'épargner un voyage, un déplacement; mais ce qui nécessite ce déplacement, c'est l'expropriation. Or, il ne serait pas juste que, pour arriver à consommer une opération qui est faite, non pas dans son intérêt à lui, mais dans l'intérêt public, un propriétaire fût placé dans l'alternative ou de se déplacer ou de supporter les frais de la procuration en vertu de laquelle il se fera représenter. »

C'est donc bien la procédure elle-même qui rend le mandat utile; et, quoiqu'il ne soit pas indispensable pour arriver à la cession des immeubles, il semble cependant que l'esprit de la loi, joint à la généralité de ses termes, conduit invinciblement à l'affranchir de l'impôt, au même titre que tout autre acte fait en vertu de la loi. C'est dans le pouvoir qui renferme le consentement du vendeur que la cession prend sa véritable source : donc ces deux actes, qui représentent l'effet et la cause, sont assez étroitement unis pour profiter des mêmes franchises.

T. III.

Ce sentiment, que nous avons exprimé dans nos éditions précédentes, est aussi celui de tous les auteurs qui ont examiné la question (Gillon et Stourm loc. cit., Dalloz 1836 Rép. 3e part. Exprop. 843 et Enregistrement 3324 art. 9159 J. N., Jousselin et Rendu Traité de l'expropr., Delalleau t. 2 961, Cabantous 1566 R. P., 9159 et 17803 J. N., D. N. t. 5 p. 843 n° 342, 12528 C.).

2. DÉSISTEMENT. — ACQUIESCEMENT. — BORNAGE. — Mais on a reconnu que la procuration donnée à un avocat à la cour de cassation pour se désister d'un pourvoi contre une décision du jury est dispensée des droits, parce qu'elle tend à faire acquérir au jugement l'autorité de la chose jugée et qu'elle est d'ailleurs forcée, l'avocat ayant seul le droit de signer le désistement (Sol. 2 juin 1858). — On a appliqué le même principe à la procuration donnée pour acquiescer à un jugement d'expropriation (Sol. 31 juill. 1858); — ou pour concourir au bornage devenu nécessaire entre l'exproprié et l'expropriant (Sol. 10 août 1858).

8719. Procès-verbaux. — Plans. — L'art. 58 L. 3 mai 1841 s'applique aux procès-verbaux dressés par les experts, aussi bien qu'à ceux des enquêtes administratives et aux plans des experts comme à ceux de l'Administration (Cabantous art. 1587 n° 15).

8720. Quittance. — Il n'est pas douteux que les quittances de l'indemnité d'expropriation payée au vendeur tombent sous l'application directe de l'art. 58 L. 3 mai 1841 et sont affranchies de l'impôt.

Mais en est-il de même des quittances de sommes payées aux créanciers des expropriés? Il faut distinguer : Lorsqu'il s'agit de créanciers inscrits, l'Administration admet qu'il s'est opéré à leur profit une sorte de délégation qui les rend propriétaires du prix, en sorte que, quand l'acheteur se libère entre leurs mains du consentement du vendeur, il n'y a pas deux libérations distinctes, mais une seule quittance sujette au droit proportionnel. — V. 13303.

Dans ce cas, il paraît certain que les créanciers inscrits, représentant le vendeur, ont droit aux mêmes avantages, et que la quittance qui leur est donnée par l'expropriant est affranchie du droit (Lyon 31 déc. 1867, 2632 R. P., 18486 J. E., 14164 C.). — V. aussi 2070 R. P.

Il en est ainsi encore et par la même raison de la quittance donnée par le cessionnaire de l'exproprié (15254-6 J. E., Cabantous art. 1587 n° 15 R. P.).

Mais, lorsque le payement a lieu à un créancier chirographaire, deux droits de quittance sont ordinairement exigibles (13303). — Or, si la libération de la compagnie est une conséquence nécessaire de son acquisition, celle du vendeur à l'égard de son créancier n'a pas le même caractère et ne peut participer de la gratuité. C'est ce qu'a décidé en ces termes un jugement de la Seine du 26 août 1864 (2070 R. P.) : « En ce qui touche la demande en restitution du droit perçu à raison d'une somme de mille francs payée à un tiers du consentement du vendeur, ainsi qu'il résulte de la quittance du 28 décembre 1862; — Attendu que ce droit a été perçu comme droit de quittance sur un payement particulier, qui ne peut être considéré comme conséquence directe de

38

l'acquisition faite par la compagnie pour cause d'utilité publique, et que, par suite, la quittance du 28 décembre 1862 ne saurait sur ce point jouir de l'immunité accordée par la loi de 1841. »

1. ROUTE DÉPARTEMENTALE. — L'Administration a décidé, le 5 avril 1842 (12935-10 J. E.), que les actes notariés contenant quittance de sommes payées aux vendeurs des terrains acquis pour la construction d'une route départementale doivent être visés pour timbre et enregistrés gratis, attendu que la propriété des routes départementales fait partie du domaine public. — V. nos observations au mot *Département* 5909-2.

8721. Droit de préemption. — L'art. 60 L. 3 mai 1841, sur l'expropriation pour cause d'utilité publique (1660 I. G.), est ainsi conçu :

« Si des terrains acquis pour des travaux d'utilité publique ne reçoivent pas cette destination, les anciens propriétaires ou leurs ayants droit peuvent en demander la remise. Le prix des terrains rétrocédés est fixé à l'amiable, et, s'il n'y a pas accord, par le jury, dans les formes ci-dessus prescrites. La fixation par le jury ne peut, en aucun cas, excéder la somme moyennant laquelle les terrains ont été acquis. »

L'exercice de ce droit de préemption est soumis à certaines règles. Ainsi, il appartient à l'ancien propriétaire et non à pas à l'adjudicataire postérieur du surplus de la propriété qui n'a pas été expropriée (C. Paris 29 avr. 1865, S. 67-1-261 ; — Dijon 17 juill. 1868, S. 68-2-346).

La renonciation au droit de préemption, accordé à l'ancien propriétaire par l'art. 60 L. 3 mai 1841, ne saurait résulter de ce que le propriétaire a reçu l'indemnité fixée pour l'immeuble entier, sans faire aucune réserve, alors même qu'au moment de cette réception, il prévoyait qu'une partie de l'immeuble exproprié ne serait pas employée aux travaux projetés (Cass. 27 avr. 1863, S. 63-1-319).

1. CESSION. — Le droit de préemption peut être cédé à un tiers (D. m. f. et trav. pub. 27 oct. et 19 déc. 1859, 2164 I. G.).

La cession doit alors être assujettie à l'enregistrement dans un délai déterminé et elle est passible du droit ordinaire de mutation immobilière. D'une part, en effet, le privilége de préemption constitue un droit réel immobilier, puisqu'il tend à faire rentrer un immeuble dans le patrimoine de l'exproprié ; la cession qui en est faite a ainsi pour objet une action réelle immobilière (art. 526 C. C.). D'un autre côté, cette cession n'est pas la conséquence forcée de l'expropriation ; elle est uniquement déterminée par la convenance des parties, et, à ce titre, elle ne peut profiter de la gratuité accordée par l'art. 58 L. 3 mai 1841 (Cass. req. 18 août 1863, 2274 § 3 I. G.). La cession du privilége de l'exproprié est donc assujettie, dans les délais fixés par la loi, au droit proportionnel de mutation d'immeubles, soit à titre onéreux, soit à titre gratuit, selon la nature de la transmission. En cas de cessions faites avec expression de prix, le droit doit être liquidé sur la valeur estimative du droit cédé, conformément à la règle établie par l'art. 16 L. 22 frimaire an 7 (2449-8 I. G., 3527 R. P.).

2. RETRAIT PAR LE CESSIONNAIRE. — Mais il n'en est pas de même de l'exercice, par le cessionnaire, du droit de retrait : que ce retrait soit exercé par l'exproprié lui-même ou par son cessionnaire, la rétrocession n'en doit pas moins être considérée comme une conséquence de l'expropriation et profiter de la gratuité accordée par l'art. 58 L. 3 mai 1841 (2449-8 I. G., 3257 R. P.).

3. DÉSISTEMENT. — De même, le désistement du droit de préemption que l'ancien propriétaire de terrains acquis par expropriation pour cause d'utilité publique pourrait exercer sur la partie de ces terrains restée inoccupée, n'a d'autre objet que d'assurer à l'expropriant la propriété définitive de cette partie. Il forme le complément de la vente par expropriation et doit être visé pour timbre et enregistré gratis, par application de l'art. 58 L. 3 mai 1841 (Sol. 8 déc. 1867, 2732 R. P., 19291 J. N., 18523 J. E. ; 17 juin 1872, 2449-8 I. G., 3527 R. P.).

4. RÉTROCESSION AUX EXPROPRIÉS. — Si la cession a lieu au profit des anciens propriétaires expropriés et comprend des terrains restés sans emploi après l'exécution des travaux, elle forme une conséquence de l'expropriation et doit être enregistrée gratis, en vertu de l'art. 58 L. 3 mai 1841 (Sol. 17 sept. 1842, 24 janv. 1854, D. N. t. 5 p. 842 n° 339, Champ. et Rig. 3768, Cabantous 1587 n° 12 R. P.). — Mais comme le droit de préemption, appartenant aux anciens propriétaires, cesse d'exister quand les immeubles ont reçu leur destination (C. Lyon 20 août 1857, S. 1857-2-736), la vente des terrains aux propriétaires de qui ils proviennent ne profiterait pas du bénéfice de la loi de 1841 et devrait acquitter le droit ordinaire.

Jugé, de même, que la cession, par voie d'alignement, de terrains retranchés de la voie publique est passible du droit proportionnel, encore que le cessionnaire ait refusé de signer l'acte administratif, et qu'à défaut de fixation amiable, l'indemnité ait été fixée par le jury. On ne peut appliquer à cette cession la dispense établie par la loi du 3 mai 1841 (Lyon 9 janv. 1863, 17639 J. E.).

5. CESSION AUX RIVERAINS. — Quant aux cessions faites aux riverains, en vertu du droit de préemption particulier qui leur est conféré par les lois spéciales, elles sont sujettes au tarif ordinaire (D. m. f. 5 sept. 1818, 860 I. G., 2216 J. E. ; — Montpellier 26 déc. 1864, 2094 R. P.).

6. CESSION A UN TIERS. — L'art. 58 L. 3 mai 1841 n'exempte du droit d'enregistrement que les contrats et les actes faits en vertu de la loi d'expropriation et qui en sont la conséquence nécessaire. Cet article ne saurait s'appliquer à la vente consentie par la compagnie au profit d'un tiers de parcelles de terrains acquises précédemment sur la réquisition du propriétaire exproprié en exécution de l'art. 50 L. 3 mai 1841. Cette vente n'a pas été faite en vertu de la loi de 1841 et n'est pas la conséquence nécessaire de l'expropriation. Un pareil contrat rentre dans la catégorie des conventions facultatives réglées suivant la volonté libre des parties et soumises au droit commun (Cass. 7 mai 1873, 3621 R. P. ; — Châteaudun 21 sept. 1872, 3527-3 R. P. ; — Vendôme 7 déc. 1872, 3608 R. P.).

8722. Signification. — L'exemption des droits de timbre et d'enregistrement pour les significations relatives aux expropriations publiques est générale, elle ne fait aucune distinction entre celles qui ont eu lieu à la requête de l'État, ou des concessionnaires de l'État, et celles qui sont faites à la requête des propriétaires dont on poursuit l'expropriation : l'exemption des droits de timbre et d'enregistrement doit s'appliquer aux unes comme aux autres (Sol. 25 oct. 1826, 9441 J. N., 11699 J. E., 1839 § 4 I. G.).

Nous croyons qu'elle s'appliquerait aussi aux significations par lesquelles l'exproprié demande la restitution des droits perçus dans le cas prévu par l'art. 58 2e alinéa L. 3 mai 1841, car cet exploit est bien notifié en vertu de la loi, et il était nécessaire pour provoquer judiciairement l'application de la disposition dont il s'agit.

8723. Transfert d'hypothèques. — L'art. 26 L. 8 mars 1810 portait que, toutes les fois qu'il y aurait lieu de recourir au tribunal pour faire reporter l'hypothèque sur des fonds autres que ceux cédés pour utilité publique, l'enregistrement des actes qui sont sujets à cette formalité aurait lieu gratis.

La loi du 3 mai 1841 ne prévoit pas positivement ce cas et il n'est pas sans embarras de savoir si de tels actes sont faits en vertu de l'art. 58.

Les reports d'hypothèque présentent incontestablement ce caractère s'ils ont été ordonnés par jugement, à titre de mesure de conservation, en conformité de l'art. 13, ou expressément stipulés dans l'acte même de vente. Dans ces deux hypothèses, ils sont une conséquence directe et nécessaire des dispositions de la loi. Tous les auteurs sont d'accord sur ce point (Jousselin et Rendu loc. cit. n° 963, Delaleau t. 2 p. 242, Dalloz v° Exprop. n° 844, Cabantous art. 1587 n° 13 R. P.).

Mais on a soutenu, et avec raison suivant nous, qu'il n'en est plus ainsi quand le report n'a été prescrit ni par le jugement ni par le contrat, parce que le transfert n'est plus alors une conséquence nécessaire de l'expropriation.

On conçoit bien que le débiteur dépossédé puisse être contraint de donner un autre gage à son créancier si celui-ci l'exige ; toutefois, cette dation, outre qu'elle n'est pas indispensable, n'est qu'un effet indirect de l'expropriation, et il n'est pas dans l'esprit du législateur d'étendre la gratuité à tous les actes qui sont la conséquence plus ou moins lointaine de la dépossession du détenteur (Jousselin et Rendu loc. cit., Dalloz v° Exprop. 844 loc. cit. ; — Contrà Champ. et Rig. 3868, Cabantous art. 1587 n° 13, R. P. Code des municipalités n° 176).

8724. Transport d'indemnité. — Le transport par le vendeur à un tiers du prix d'un immeuble acquis par une commune par expropriation pour utilité publique ne se trouve dans aucune des conditions d'exemption prévues par la loi, et le droit proportionnel lui est applicable (Dél. 27 nov. 1837, 12169 J. E., 26 oct. 1838, D. N. t. 5 p. 844 n° 344, Cabantous art. 1587 n° 16 R. P.).

8725. Acte ne se rattachant pas d'une manière directe à l'expropriation. — Au reste, il ne faut pas perdre de vue que la loi sur l'expropriation publique n'affranchit du payement des droits d'enregistrement que les actes faits en vertu de cette loi, c'est-à-dire ceux qui sont faits en vue de l'utilité publique, ceux qui, par leurs rapports d'intérêt général, ont trait à des choses participant aux propriétés du domaine public.

8726. Emprunts. — Ainsi, les actes constatant la réalisation d'emprunts contractés soit pour la création d'ateliers de charité, soit pour la construction d'édifices départementaux sont passibles des droits ordinaires d'enregistrement et de timbre. En effet, l'art. 58 L. 3 mai 1841 n'affranchit de l'impôt que les actes faits en conséquence de cette loi ; or, il est évident que les emprunts dont il s'agit, bien que destinés à l'exécution de travaux publics, n'ont pas été contractés en vertu de la loi du 3 mai 1841. D'autre part, l'art. 73 L. 15 mai 1816 est inapplicable, car les procès-verbaux constatant les emprunts ne sont pas susceptibles d'être assimilés à des adjudications pour constructions et fournitures passibles seulement du droit fixe (D. m. f. 2 fév. 1857, 846 R. P., 2093 § 1er I. G., 16109 J. N.).

On devrait appliquer le même principe aux emprunts contractés par les villes ou les expropriants en général pour arriver à l'exécution des travaux (Sol. 31 mai 1867). Ce que nous allons dire des marchés conduit à cette conclusion. — Mais c'est une question délicate que celle de savoir si ces emprunts réalisés par les autorités administratives sont des actes assujettis à l'enregistrement dans un délai légal. Cette difficulté est examinée au mot Acte administratif.

8727. Marché. — La question a été plus discutée à l'égard des marchés ou traités par lesquels la ville ou l'administration expropriante cède à un tiers sous certaines conditions le droit d'exécuter les travaux à sa place. Le droit d'exproprier, peut-on dire, n'appartient en principe qu'à l'État, aux communes et à certains établissements publics. Sans une disposition expresse de la loi, la cession n'en serait pas possible au profit d'un tiers. L'art. 3 L. 3 mai 1841 a permis cette subrogation, parce qu'elle est souvent indispensable à la bonne exécution des travaux, et l'art. 63 a conféré aux concessionnaires, dans cette circonstance, tous les droits du cédant. Le traité qui intervient entre eux repose donc exclusivement sur la loi de l'expropriation, il est fait en vertu de ses dispositions, et, pour que la position du cessionnaire soit égale à celle du cédant, il faut qu'il n'ait pas plus d'impôt que lui à payer pour consommer l'expropriation.

Mais ces considérations n'ont pas prévalu. Deux arrêts de cass. des 12 nov. 1838 (10189 J.N., S. 38-1-891, 12191 J.E., 1590-9 I. G.) et 17 juin 1857 (881 R.P., 2114-7 I. G., 16108 J.N., 11064 C., 16560 J.E., S. 58-1-314), ont reconnu qu'un traité passé entre un entrepreneur et une commune pour l'exécution d'une rue est tout à fait indépendant de la loi sur l'expropriation publique et ne peut évidemment profiter de la faveur accordée aux actes faits en vertu de cette loi, alors même que tout ou partie de la somme promise devrait être employé à l'acquisition de terrains destinés à la voie publique, car cette acquisition est un fait postérieur qui ne peut changer la nature de la convention :

« Attendu, porte l'arrêt de 1857, que si Ardouin père et fils, en traitant avec la ville, se sont fait subroger à ses droits pour opérer l'expropriation des terrains nécessaires à l'exécution des travaux, tous les actes accomplis dans cet objet ont dû jouir de la gratuité; mais que cette immunité n'a pu s'étendre au traité lui-même; que cette condition de subrogation, qui était de plein droit d'après l'art. 63 L. 1841, n'a été stipulée que comme moyen d'atteindre le but de l'entreprise; qu'elle n'a pas été conclue et acceptée en vertu de cette loi et que, dans le cas où Ardouin père et fils n'auraient pas voulu se rendre entrepreneurs, on n'aurait pu les y contraindre en vertu de cette loi. » Cette jurisprudence a été appliquée depuis par plusieurs jugements du tribunal de la Seine (1er juill. 1864, 1938 R. P., 12720 C.; 29 juin 1867, 2485 R. P., 18392 J.E., 13297 C.; 11 janv. 1868, 2744 R. P., 14179 C.; 7 août 1869, 3014 R.P.); — et elle a été confirmée par trois arrêts de cass. 15 juin 1869 (2968 R.P., 2401-2 I. G., S. 70-1-37-39-40, D. 69-1-460; 18741, 18744 J. E.).

Le tribunal de Nantes l'a même étendue au cas où l'entrepreneur est propriétaire de la plus grande partie des terrains à exproprier (30 mars 1847, 8283 C.; — Conf.: Champ. et Rig. t. 6 n° 258, Cabantous art. 1587 n° 16 et 1596 n° 25 R. P.).

Mais il s'est élevé un grave dissentiment sur le mode de liquidation du droit de marché : l'Administration soutenant que le droit était dû sur l'indemnité totale payée au concessionnaire, la jurisprudence le réduisant à la partie de cette indemnité qui représente les travaux à faire pour l'exécution de l'entreprise à l'exclusion des sommes à payer pour acquisition d'immeubles. Le développement de cette controverse a été présenté au mot *Acte administratif*.

Quant aux emprunts, sous-traités et aux autres engagements passés par les concessionnaires avec les tiers pour la fourniture des matériaux ou l'exécution des travaux, ils sont évidemment soumis au droit proportionnel (Sol. 25 juill. 1864).

On l'a ainsi décidé notamment au sujet des conventions par lesquelles un tiers se chargeait à ses risques de livrer, moyennant un prix déterminé, les terrains nécessaires à l'ouverture d'une voie reconnue d'utilité publique : « Attendu que le traité de V... intervenu à l'occasion d'une expropriation pour cause d'utilité n'avait pas pour objet cette expropriation elle-même ni le règlement de l'indemnité réclamée par suite d'une expropriation; que c'était une convention toute d'utilité privée par laquelle, moyennant un prix à forfait, V... se chargeait, par des cessions qu'il obtenait à l'amiable et dont il arrêtait les conditions, de les déposséder et de ne livrer à la ville que les terrains nus; — Attendu qu'un pareil traité est en dehors des prévisions de la loi de 1841 et passible, dès lors, du droit proportionnel; — Attendu que le sieur V... demande qu'on déduise du prix du marché les indemnités réglées directement entre la ville et les propriétaires dépossédés; mais attendu que la ville de Paris n'a point traité directement avec les propriétaires, que c'est V... qui, pour le règlement de l'indemnité, a agi comme leur mandataire; que dès lors la demande n'est pas fondée » (Seine 21 juill. 1859, 1423 R. P., 17176 J. E.).

Dès avoir toute cette jurisprudence, il avait été reconnu dans le même ordre d'idées, à propos de la place Bellecour, à Lyon, que l'exemption du droit de mutation accordée à une ville pour l'acquisition de terrains destinés à son embellissement et pour la revente de ces mêmes terrains bâtis ou non

bâtis, ne peut profiter qu'à la ville elle-même : elle n'est point transmissible aux acquéreurs chargés de construire pour leur compte (Cass. 7 fév. et 10 oct. 1814, 27 août 1816, 27 janv. 1818).

8728. Meubles. — Les règles de l'expropriation se restreignent d'ailleurs à la cession des immeubles. Par conséquent, les acquisitions de meubles ne peuvent jamais profiter du bénéfice de la gratuité (D. m. f. 11 fév. 1864). Cependant, si la cession des meubles était la conséquence nécessaire et directe de l'expropriation, comme quand l'expropriant se trouve contraint de payer le mobilier servant à l'exploitation de l'immeuble exproprié, par exemple les décors et costumes d'un théâtre, la loi de 1841 serait applicable (Sol. 23 nov. 1866).

8729. Renonciation. — Après que le jugement d'expropriation a acquis l'autorité de la chose jugée, l'exproprié ne peut renoncer à l'expropriation et il est devenu définitivement propriétaire de l'immeuble exproprié (Cass. 13 fév. 1861, S. 61-1-664). Une renonciation de l'espèce acceptée par le cédant constitue donc une véritable rétrocession.

SECTION 4. — REMPLOIS

[8730-8740]

8730. Principe. — Suivant l'art. 13 L. 3 mai 1841, si des biens de mineurs, d'interdits, d'absents ou autres incapables, sont compris dans les plans indicatifs des immeubles à exproprier, les tuteurs, ceux qui sont envoyés en possession provisoire et tous représentants des incapables peuvent, après autorisation du tribunal, donnée sur simple requête, consentir amiablement l'aliénation desdits biens. Le même article ajoute que le tribunal ordonne les mesures de conservation ou de remploi qu'il juge nécessaires, et que ces dispositions sont applicables aux immeubles dotaux.

8731. Jugement. — Le jugement sur requête qui, en vertu de cet art. 13, suffit pour autoriser, à charge de remploi, la vente amiable d'un immeuble dotal, doit jouir de l'exemption des droits de timbre et d'enregistrement accordée par l'art. 58.

8732. Bien dotal. — On avait élevé des doutes sur la question de savoir si le bénéfice de l'exemption doit s'étendre à l'acquisition faite en remploi de l'immeuble dotal exproprié.

Par un premier arrêt, rendu dans une espèce où un jugement avait déclaré susceptible d'expropriation un immeuble dotal, dont un second jugement avait ordonné l'aliénation amiable, tout en prescrivant le remploi du prix, la C. cass. (ch. req.) a décidé, le 10 décembre 1845, que l'acte de remploi, fait le lendemain de ce second jugement, devait être enregistré gratis (12574, 13886 J. N., 1832 I. G., S. 46-1-161).

Deux acquisitions par actes notariés constataient qu'elles étaient faites, en vertu de deux jugements rendus dans la forme tracée par l'art. 13 L. 3 mai 1841, à titre de remploi, accepté par la femme, d'immeubles dotaux précédemment expropriés. Par deux arrêts (ch. req.) des 8 décembre 1847 et 24 mai 1848, la C. cass. a de nouveau décidé que les acquisitions étaient enregistrables gratis (13240 J. N. et 14416 J. E., 13408 J. N. et 14522 J. E., 1832 I. G., S. 48-1-247, S. 48-1-500).

« Attendu en droit, porte l'arrêt du 24 mai 1848, que la loi du 3 mai 1841 spéciale à la matière, dispose que tous les actes faits en vertu de cette loi seront exempts des droits d'enregistrement; — Attendu que le remploi d'un bien dotal vendu est une nécessité imposée par le droit commun; — Attendu, en fait, qu'il s'agissait, dans l'espèce, de contrats d'acquisition en remploi de biens dotaux forcément aliénés par la dame Roquer pour cause d'utilité publique, et que, dès lors, c'est avec raison que le jugement attaqué a décidé que ces contrats étaient affranchis des droits de timbre et d'enregistrement, conformément aux art. 13 et 58 L. 3 mai 1841. »

Remarquons que l'exemption s'applique non-seulement au remploi de l'immeuble dotal, amiablement cédé avec autorisation du tribunal, mais aussi au remploi de l'immeuble dotal exproprié et pour lequel l'indemnité a été fixée par le jury. Dans le second cas, comme dans le premier, le remploi est une conséquence forcée de l'aliénation. En vain, le tribunal de Dieppe a-t-il objecté, en décidant le contraire, le 26 mai 1847 (D. 1847-4-209 n° 27), que l'indemnité allouée par le jury doit être présumée avoir été fixée en tenant compte du montant des droits dus par le remploi. Car, c'est poser en thèse ce qui est en question. Le jury n'avait nullement à faire entrer ces frais en compte, si la loi en dispense l'exproprié (Cabantous art. 1587 n° 14 R. P.).

8733. Chemin vicinal. — Une D. m. f. 11 décembre 1856, faisant l'application des principes précédents, a reconnu que, quand un immeuble dotal a été exproprié pour la construction d'un chemin vicinal, l'acquisition d'un autre immeuble faite pour servir de remploi est exempte d'enregistrement. D'autre part, il est décidé (1832 I. G.) que l'exemption profite au remploi d'une indemnité d'expropriation pour cause d'utilité publique par suite d'aliénation d'immeubles dotaux (790 R. P., 2088 § 4 I. G.).

8734. Origine des deniers. — Mais il est indispensable pour justifier l'affranchissement de l'impôt que, lors de l'acquisition de l'immeuble, l'indication du remploi soit expresse. Par exemple, lorsqu'une femme achète un immeuble en remploi de ses biens dotaux, et qu'elle se réserve de déclarer, plus tard, l'origine des deniers destinés au payement du prix, l'acte est passible du droit proportionnel ordinaire. Et si, ultérieurement, la quittance constate que les deniers proviennent d'une indemnité d'expropriation, le droit perçu n'est pas restituable (Seine 27 fév. 1863, 1786 R. P., 12420 C.; — Cass. 14 juin 1864, 1908 R. P., 2288-2 I. G., 12086 C., 941 Rev., S. 64-1-296).

« Attendu, porte l'arrêt, que, si l'art. 58 L. 3 mai 1841,

contenant exemption des droits de timbre et d'enregistrement pour les actes faits en vertu de ladite loi, peut s'appliquer aux actes relatifs au remploi des biens expropriés pour cause d'utilité publique, l'exemption dont il s'agit ne doit s'étendre qu'aux actes contenant déclaration de remploi et se rattachant ainsi, par un lien nécessaire, à l'expropriation ; que, dans l'adjudication du 11 juin 1861, la dame de Pommereu a acquis purement et simplement la terre d'Apponay, sans faire dans cet acte aucune déclaration de remploi relative à des biens expropriés ; qu'elle s'est bornée à se réserver de déclarer ultérieurement si les deniers qu'elle emploierait à payer son prix seraient dotaux ou paraphernaux. »

8735. Remplois successifs. — Il est également certain que le bénéfice de l'exemption s'éteint dès que le remplacement est définitivement accompli. Les mutations postérieures dont les valeurs acquises seraient la cause ne s'opèrent plus *en vertu* de l'expropriation et doivent acquitter l'impôt ordinaire (Cabantous 1587 R. P.).

Ainsi, il a été jugé avec raison que, quand le remploi d'un bien dotal exproprié a été consommé par l'acquisition d'actions de la Banque de France, l'acte ultérieur dans lequel les époux échangent ces actions contre des immeubles est soumis au droit proportionnel : « Attendu que le trouble apporté à la fortune dotale a ainsi cessé ; que, la loi du 3 mai 1841 ayant produit tous ses effets, les époux ne peuvent plus demander qu'elle soit appliquée de nouveau à un échange fait en 1863 pour leur convenance personnelle, qui n'était pas une conséquence nécessaire de l'expropriation et qui n'a pu avoir lieu que suivant les règles du droit commun et en conformité de l'art. 1359 C. C. » (Cass. 10 mai 1865, 2112 R. P., 12863 C., 18279 J. N., S. 65-1-287 ; — Seine 30 janv. 1864, 1876 R. P., 17689 J. N.).

8736. Remploi obligatoire. — Jugement. — L'Administration a enseigné que l'exemption des droits devait être limitée aux remplois du prix d'immeubles dotaux et ne pouvait être étendue aux remplois faits au profit des mineurs, interdits ou autres incapables, désignés à l'art. 13 L. 3 mai 1841. « D'après les arrêts de la C. cass., dit-elle, les préposés feront l'application de l'art. 58 L. 3 mai 1841 aux acquisitions en remplacement d'indemnités d'expropriation, pour cause d'utilité publique, d'immeubles dotaux. Mais l'exemption des droits de timbre et d'enregistrement ne doit pas être étendue aux remplois volontaires d'une indemnité d'expropriation, ni même aux remplois faits au profit des autres personnes incapables désignées à l'art 13 L. 3 mai 1841, attendu que, dans ce cas, le remploi n'est pas une conséquence nécessaire et absolue de la loi sur l'expropriation, mais seulement une mesure que les tribunaux peuvent imposer ou ne pas imposer. »

Cette opinion nous a paru trop absolue. Comme la loi exempte du droit proportionnel tous les actes qui sont une conséquence légale et nécessaire de l'expropriation, nous avons pensé que le remploi devait profiter de l'exemption des droits accordée à la vente, *toutes les fois qu'il en est une condition indispensable*, c'est-à-dire que ce remploi est strictement obligatoire. Or, ce caractère ne se rencontre pas seulement à l'occasion de la cession des immeubles dotaux. Il n'y a aucune raison de distinguer entre le remploi de l'immeuble dotal et ceux faits au profit d'incapables autres que la femme mariée, lorsqu'ils ont été prescrits par le jugement d'autorisation. M. Cabantous, qui a repris notre pensée, la développe très-bien en ces termes : « L'art. 13 de la loi de 1841, enseigne-t-il, a placé tous les remplois sur la même ligne. Le tribunal peut ordonner le remploi non-seulement pour l'immeuble dotal, mais pour les biens d'incapables en général. Et s'il l'a fait, n'est-ce pas le cas d'un acte expressément prévu par la loi de 1841, et, à ce titre, évidemment compris dans la dispense de droits ? En présence de textes généraux et absolus, toute distinction est impossible, aussi bien entre les remplois obligatoires et les remplois facultatifs qu'entre le remploi de l'immeuble dotal et le remploi d'autres fonds indisponibles. Par cela seul que la mesure a été prescrite par le tribunal, la dispense est acquise ; car l'acte n'est plus que l'exécution pure et simple d'un article formel de la loi spéciale » (1587 n° 14 R. P.).

La difficulté soumise au tribunal de Tarascon y a reçu une solution conforme dans un jugement du 9 novembre 1855 dont les motifs paraissent décisifs : « Considérant que les art. 13 et 25 L. 3 mai 1841 ne font aucune distinction entre l'indemnité due au mineur et celle due à la femme mariée sous le régime dotal ; que le tribunal saisi de la question d'expropriation reste appréciateur de celle de savoir s'il doit, dans l'intérêt de la femme, comme dans celui du mineur, ordonner le remploi immobilier de l'indemnité, ou si la fortune du mari ou celle du tuteur sont suffisantes, eu égard à l'importance de l'indemnité, pour que l'hypothèque légale donne une garantie complète à la femme ou au mineur, et il n'est pas convenable, en ce cas, d'autoriser le mari ou le tuteur à retirer l'indemnité sans en faire le remploi sur immeubles ; qu'il est certain que les tribunaux sont appréciateurs souverains des mesures à ordonner dans l'intérêt des incapables et que la loi ne leur impose, ni pour le prix des biens dotaux ni pour celui des biens des mineurs, l'obligation d'ordonner un remploi immobilier s'ils ne le jugent pas nécessaire ; qu'il suit de là que le mineur doit être assimilé à la question d'expropriation reste la femme mariée sous le régime dotal ; le juge peut, pour l'un comme pour l'autre, ordonner le remploi immobilier ou n'y pas soumettre le mari comme le tuteur. Mais, si le tribunal juge nécessaire d'imposer cette condition, il est certain que son accomplissement n'est pas facultatif pour les parties ; que le tuteur est soumis à la remplir comme le mari et que le remploi est réellement fait en vertu de la loi de 1841, d'où la conséquence qu'il doit profiter de l'exemption des droits » (15897 J. N.). Cette doctrine a été adoptée par une Dél. 29 avril-5 mai 1856, portant acquiescement au jugement qui précède et décidant que, si le remploi est fait par le tribunal au profit des mineurs, il devient une des nécessités de la procédure et doit être affranchi de l'impôt.

C'est ce qui fut également reconnu au sujet du remploi opéré par un établissement de bienfaisance du prix d'une indemnité moyennant laquelle il avait dû céder une maison qui avait été offerte par le donateur au service des malades et qui, de sa nature, était essentiellement inaliénable. Cette aliénation ayant été autorisée à charge de remploi, par le conseil de préfecture, le remploi était à tous les points de vue obligatoire et tombait, dès lors, sous l'empire de l'art. 58 L. 3 mai 1841 (Lyon 22 mai 1866, 2032 R. P., 18486 J. E.,

14164 C.). — Une Dél. 9-13 juillet 1858 avait été déjà prise en ce sens.

Une Sol. 9 août 1869 a généralisé cette doctrine et l'a appliquée à tous les cas où le remploi est ordonné par le tribunal, au profit des incapables : « Des Dél. 29 avril, 5 mai 1856 et 9-13 juillet 1858 ont étendu la jurisprudence des arrêts aux remplois ordonnés par les tribunaux au profit de *mineurs* ou *d'établissements publics*, par le motif que ces remplois, bien qu'ils ne soient pas expressément prescrits par le droit commun, constituent néanmoins des actes de l'expropriation rendus nécessaires par les décisions judiciaires qui les ordonnent. Les mêmes raisons de décider existant à l'égard des remplois réalisés au profit des incapables, quels qu'ils soient, *interdits*, *absents* ou *autres*, auxquels s'applique l'art. 13 L. 3 mai 1841, il a été décidé que les acquisitions faites à leur profit doivent, en thèse générale, jouir de la gratuité accordée par l'art. 58, *du moment où une décision judiciaire en a constaté la nécessité*. La règle contraire, tracée par la disposition finale de l'I. G. n° 1832, cessera d'être exécutée » (3071 R. P., 2390 § 5 I. G.).

Il faudrait donc décider que, si un tuteur a été autorisé par le tribunal à céder à une compagnie de chemins de fer des immeubles atteints par l'expropriation à charge de remplacer le prix en immeubles ou en rentes sur l'État, l'acquisition immobilière faite conformément à ce jugement est exemptée du droit (J. du not. n° 1823).

Reconnu de même que l'exemption des droits s'applique au remploi du prix d'un immeuble donné par un père à son fils et sujet à l'éventualité d'une réduction pour cause de survenance d'enfants au donateur, lorsque ce remploi a été ordonné par le jugement d'expropriation (Seine 28 mai 1870, 3400 R. P.).

8737. Remploi imposé par le contrat de mariage. —

Mais l'obligation du remploi doit-elle nécessairement, comme le porte la Sol. 9 août 1869, résulter d'un jugement ? Ne peut-elle pas se rencontrer aussi dans les stipulations d'un contrat qui fait la loi des parties ?

Nous l'avons pensé. Cette situation se produit notamment lorsque, sous le régime de la communauté d'acquêts, il a été stipulé en termes formels dans le contrat de mariage que le mari devra faire le remploi du prix des immeubles de sa femme. Si cette stipulation ne lui confère pas simplement une faculté, mais lui impose une obligation rigoureuse à laquelle il ne puisse se soustraire, l'expropriation de l'immeuble propre devra nécessairement conduire, comme dans le cas de la dotalité, à un remploi de l'indemnité. C'est là un résultat impérieux qui ne peut pas ne pas avoir lieu et qui est renfermé dans l'aliénation comme l'effet est renfermé dans la cause.

Dira-t-on que le remploi est bien obligatoire dans ce cas, mais qu'il n'est pas juridiquement obligatoire, parce qu'il ne résulte d'aucun texte général de la loi ni d'aucune injonction de la justice ? L'objection serait spécieuse. En effet, c'est un principe de droit écrit que les conventions légalement formées tiennent lieu de loi à ceux qui les ont faites et doivent être exécutées de bonne foi. L'art. 1134 C. C. renferme à cet égard un commandement qui a toute la valeur d'une obligation juridique et dont l'inexécution constitue une violation même de la loi. Par conséquent, lorsque, comme dans l'espèce proposée, le statut matrimonial auquel les époux se sont soumis impose le remploi, ce remploi est aussi juridiquement obligatoire pour le mari que s'il existait dans le code un texte particulier qui le soumette à cette formalité. Nous croyons que l'acte de remplacement serait alors dispensé du droit proportionnel.

La C. cass. l'a ainsi décidé d'une façon virtuelle, mais très-nette cependant. On lui avait proposé la question de savoir si la dotalisation d'un immeuble faite après le contrat de mariage rendait cet immeuble dotal et obligeait par conséquent le mari à faire un remploi dispensé du droit proportionnel en cas d'expropriation. La cour a, et avec toute raison, décidé la négative; mais, pour autoriser la perception du droit proportionnel au cas particulier, elle a soin de faire remarquer qu'il n'existait dans le contrat de mariage aucune stipulation impérative de remploi : « Attendu qu'en cet état et en l'absence de toute stipulation contraire et impérative dans le contrat de mariage le remploi n'était nullement obligatoire; qu'il a été consenti volontairement par Dablin au profit de sa femme et que, n'ayant été prescrit ni par la loi ni par l'autorité judiciaire il a été fait en dehors des cas prévus par la loi du 3 mai 1841 et des conditions auxquelles est subordonnée par elle l'exemption du droit proportionnel » (Cass. 21 avr. 1873, 3618 R. P., 2472-1 I. G., S. 73-1-277, D. 73-1-303, P. 73-671). C'est entendre, ce semble, que si le contrat de mariage des époux avait imposé au mari une obligation impérieuse de remploi, la gratuité eût été applicable. Nous pouvons citer, comme l'ayant ainsi décidé, une Sol. 5 février 1867.

8738. Stipulation d'inaliénabilité. —

Ce que nous disons du remploi obligatoire en vertu d'une clause matrimoniale, nous avons cru et nous croyons pouvoir le dire aussi plus généralement de toute stipulation qui confère à l'immeuble, en dehors du mariage, un caractère d'inaliénabilité. D'après la jurisprudence, une condition de cette nature n'est nulle comme contraire à l'ordre public que quand il s'agit d'une prohibition absolue et indéfinie d'aliéner les biens faisant l'objet de la disposition à titre gratuit (Cass. 12 juill. 1865, 9 mars et 7 juill. 1868). Elle est valable, au contraire, si la prohibition est temporaire et si elle est justifiée par un intérêt légitime. On considère comme temporaire la défense qui s'étend même à la vie du gratifié. Mais c'est aux tribunaux à apprécier souverainement les motifs d'intérêt légitime qui peuvent valider la clause d'inaliénabilité. Il ne suffit pas, pour cela, du désir de conserver les biens dans la famille; il faut encore que ce désir se fonde sur des raisons très-sérieuses, comme la nécessité de soustraire les biens à un péril imminent. Lorsque ces deux circonstances sont réunies, la clause est valable au regard des parties et des tiers. Par conséquent, elle frappe l'immeuble, entre les mains de son possesseur, d'une indisponibilité tellement radicale que, si ce dernier est contraint d'aliéner pour cause d'utilité publique, il doit immédiatement replacer le prix en un immeuble semblable. Sa situation est la même, à cet égard, que celle du mari à l'égard de l'immeuble dotal, parce que, comme lui, il détient un objet inaliénable et que l'un des effets nécessaires de l'inaliénabilité est d'astreindre au remploi quand l'immeuble est cédé sur l'injonction de la loi.

Nous n'apercevons aucune raison de distinguer entre les deux espèces. De part et d'autre, le remploi est obligatoire; l'un parce que c'est l'ordre formel du législateur, l'autre parce que c'est l'effet d'une condition licite à laquelle l'exproprié s'est soumis et qui a la valeur d'un texte de loi. Tous deux sont donc la conséquence nécessaire de l'expropriation.

Cette thèse, que nous avons soutenue au n° 2632 R. P., a eu l'assentiment de Dalloz. « Le remploi d'un immeuble exproprié, dit-il, ne peut être considéré comme fait, en vertu de la loi sur l'expropriation, que lorsqu'il est obligatoire. Mais est-ce que le remploi n'est pas obligatoire pour des époux lorsqu'il leur est imposé par leur contrat de mariage ou par suite des conditions de la libéralité qui a fait entrer dans leur patrimoine l'immeuble exproprié? Il nous semble que, du moment que le remploi est imposé d'une manière quelconque, il est obligatoire, doit être considéré comme la conséquence nécessaire de l'expropriation et doit profiter, à ce titre, de l'exemption du droit d'enregistrement » (vol. 1872 p. 53).

Telle n'a pas été cependant l'opinion de M. l'avocat général Blanche. Dans les conclusions qu'a prises sur l'arrêt du 21 août 1873, il ajoutait, après avoir rappelé notre opinion : « Je ne suis pas de l'avis de Garnier et Dalloz. A mon sens, il ne suffit pas, pour que le remploi soit réputé obligatoire dans les termes de la loi de 1841, qu'il soit ordonné d'une manière quelconque. Il faut qu'il soit juridiquement obligatoire, c'est-à-dire que les époux ne puissent s'y soustraire sans méconnaître l'autorité de la loi ou de la justice » (3618 R. P.).

8739. Clause sans effet. — Dotalisation. —

Mais, pour que cet effet se produise, il faut que la clause de non-aliénation soit juridiquement obligatoire. Si elle est nulle, il est clair que, le mari n'étant tenu à rien, il n'y a pas de cause à l'application de la loi du 3 mai 1841.

Cette hypothèse s'est présentée en jurisprudence au sujet d'un immeuble qui avait été légué à une femme mariée sous le régime de la communauté d'acquêts, sous la condition expresse « que les biens advenus à la légataire lui demeureraient propres et seraient conservés en nature ; que le mari serait tenu de faire emploi des deniers mobiliers, et que les immeubles ne pourraient être aliénés et hypothéqués que dans les cas prévus aux art. 1555, 1556 et suiv. C. C. pour les biens dotaux. » Une Sol. 21 septembre 1868 a reconnu que c'était là un remploi volontaire qui n'était prescrit ni par la loi, ni par l'autorité judiciaire, et ne devait pas profiter de la gratuité d'impôt (3447 R. P.). Le tribunal de la Seine, auquel la difficulté fut soumise, adopta cette opinion (5 août 1871, 20123 J. N.), et son jugement a été confirmé par un arrêt du 21 août 1873, fondé sur ce qu'il s'agissait dans l'espèce d'une dotalisation postérieure au mariage et ne produisant aucun effet, pas plus à l'égard du mari qu'à l'égard des tiers (3618 R. P.).

8740. Remploi facultatif. —

Mais faut-il aller jusqu'à dire que l'exemption doit s'étendre à tous les cas où le remploi n'est ordonné ni par la loi, ni par la convention, ni par le tribunal, et où il est laissé à l'appréciation de l'administrateur, du mari ou du tuteur? Pont et Rodière (t. 2 n° 749), le Contrôleur (7305) et Cabantous (art. 1587 n° 14) n'hésitent pas à le croire. « Pourquoi en serait-il autrement, dit ce dernier auteur. Toute aliénation d'un bien d'incapable a pour complément et pour correctif l'emploi du prix en une acquisition analogue. Lors même que le droit commun n'en fait pas une obligation stricte et rigoureuse pour le représentant de l'incapable, il indique toujours ce moyen comme le plus opportun et le plus sûr dans l'intérêt du représenté. Par conséquent, si l'aliénation est la suite nécessaire et forcée de la loi spéciale sur l'expropriation pour cause d'utilité publique, le remploi, lorsqu'il s'agit d'un bien d'incapable, doit être considéré comme une suite non moins directe de cette même loi. » — Sans doute, le remploi effectué dans ces circonstances est une suite de l'expropriation, en ce sens que, si l'expropriation n'avait pas eu lieu, le remplacement n'eût pas été opéré. Mais ce qui est décisif, c'est que le propriétaire ou son représentant aurait pu, sans violer la loi de son contrat ou l'ordre du tribunal, faire servir l'indemnité à tout autre usage. L'acquisition ultérieure a pu être un acte de prudente gestion, de même que le majeur agit sagement en replaçant de suite en immeubles l'indemnité qu'il reçoit lui-même; mais ce sont là, après tout, des actes volontaires que l'expropriation n'imposait pas d'une manière absolue: il n'en faut pas davantage pour écarter l'application de l'exception limitative posée à l'art. 58 de la loi de 1841 (Conf.: Dalloz n° 3328).

Dans l'ordre de cette dernière idée, le tribunal de la Seine, le 15 novembre 1849 (15053-2 J. E., 13926 J. N.), et la C. cass., le 8 février 1853 (15586 J. E., 14893 J. N., S. 53-1-205, 1967 § 4 I. G.), ont jugé que le droit proportionnel est exigible sur l'acte d'acquisition que fait une commune en remplacement d'autres immeubles dont elle a été expropriée, parce qu'un pareil acte n'est qu'un simple acte d'administration qui peut avoir été jugé convenable, par suite de circonstances spéciales dans lesquelles la commune s'est trouvée placée, mais qui n'a aucune similitude avec le remploi de femmes dotales, qui sont tenues de conserver et ne peuvent vendre qu'à la charge expresse de remploi intégral.

« Attendu, porte l'arrêt, que, si, aux termes de l'ordonnance royale du 30 mai 1821, la ville de Paris doit fournir à l'institut religieux et charitable des frères de la doctrine chrétienne un local pour leur établissement principal qui existe à Paris depuis la même année, il est certain que les actes du 14 août 1847, suivant lesquels l'administration municipale a remplacé par des bâtiments et des locaux achetés rue Plumet les bâtiments et le local situés faubourg Saint-Martin, dont la ville avait été expropriée, n'ont pas été faits en vertu de la loi du 3 mai 1841; que ces actes, passés dans les conditions du droit commun, ne se lient pas à la procédure d'expropriation. »

1. INSCRIPTIONS. — Il a été également décidé, depuis, que le droit proportionnel est exigible sur l'acte d'achat d'un immeuble acquis en remploi d'un immeuble exproprié pour cause d'utilité publique, encore que le propriétaire allègue que le remploi se trouvait nécessité par les inscriptions grevant la propriété vendue : « Attendu qu'on ne saurait, sans fausser tout à la fois et les termes et l'esprit de l'art. 58, étendre le bénéfice de cette exemption aux actes que les expropriés peuvent avoir à faire ultérieurement, par suite de l'expropriation, pour le remploi de leurs fonds, soit en acquisition de nouveaux immeubles, soit autrement ; que ces actes, qui ne concernent que les expropriés et sont tout à fait en dehors de l'expropriation et de la procédure, restent évidemment dans les conditions ordinaires du droit fiscal, où

tout est de rigueur; les dispositions exceptionnelles doivent être strictement renfermées dans le cercle qui leur est tracé par la lettre de la loi » (Seine 9 juill. 1856, 767 R. P.).

2. COMMUNAUTÉ. — FRANC ET QUITTE. — Le droit est également dû sur le remploi de l'indemnité d'expropriation d'un immeuble propre à une femme mariée sous le régime de la communauté d'acquêts : « Attendu que, sous le régime de la communauté d'acquêts, les propres de la femme ne sont pas inaliénables; qu'aucune clause du contrat de mariage n'obligeait le comte de Boishue à faire le remploi des propres de sa femme; que même la clause de franc et quitte insérée audit contrat suppose la possibilité pour le mari de confondre le prix desdits propres avec les biens de la communauté jusqu'à la dissolution du mariage, et exclut l'idée d'un remploi obligatoire; que le mari a donc fait un acte facultatif ne formant pas les conséquences nécessaires de l'expropriation » (Versailles 1er juin 1869, 3147 R. P.).

3. DOTALITÉ POSTÉRIEURE A LA CESSION. — De même encore, lorsqu'un immeuble appartenant à une mineure a été exproprié sans condition, le remploi de l'indemnité effectué ultérieurement n'est pas dispensé du droit proportionnel, bien que la mineure se soit mariée depuis et ait, dans son contrat de mariage, attribué le caractère dotal à cette indemnité, « le contrat ayant suivi l'expropriation au lieu de la précéder, il est hors de doute que, si le caractère dotal a été imprimé aux valeurs apportées en mariage par l'épouse, ce fait n'a été que la conséquence d'une convention librement consentie et qu'il ne dérive nullement de l'expropriation, déjà consommée au moment où les parties ont soumis au régime qu'il leur a plu d'adopter les conditions civiles de leur union » (Nice 1er juill. 1869, 3152 R. P.).

CHAPITRE III. — DÉPARTEMENTS. — COMMUNES

[8741-8755]

8741. Utilité publique. — Si on prenait au pied de la lettre le mot utilité publique, il en résulterait qu'en matière d'acquisitions faites par les communes ou les départements le droit proportionnel resterait sans application; car, par rapport aux individus qui composent la communauté, toute acquisition est d'utilité publique. Mais il ne faut jamais perdre de vue, ainsi que nous l'avons expliqué plusieurs fois, que les départements, les arrondissements, les communes, etc., sont, relativement à l'État, comme de simples particuliers. On ne considère un département, une commune que comme une personne civile, ayant des intérêts privés comme le simple citoyen et non des intérêts publics s'étendant à tous ses membres.

Partant de ce point de vue, il faut reconnaître que la convenance ou l'utilité publique des acquisitions faites par une commune ne suffit pas pour les exempter des droits ordinaires de timbre et d'enregistrement; il faut encore que cette utilité publique et absolue ait été constatée suivant les formes tracées par la loi du 3 mai 1841 et que l'autorité ait permis l'expropriation. Une place, un marché, l'élargissement d'une rue, sont souvent des choses fort utiles, fort avantageuses à une ville, peut-être même nécessaires, cependant, on ne pourrait pas obtenir, dans tous les cas, l'expropriation des terrains pour former cette place, ce marché, pour élargir cette rue ; il faudrait établir que le terrain demandé est indispensable, d'une utilité *absolue*, qu'il n'existe aucun autre endroit où l'on puisse les établir sans violer le droit de propriété. Le principe général est donc que, toutes les fois que la commune ou le département ne peut exproprier le propriétaire, le contraindre à lui céder l'immeuble, le droit proportionnel est exigible, lors même que l'objet aurait un but d'utilité publique.

Dans cet ordre d'idées, il a été reconnu que les actes d'acquisition d'immeubles faits par les départements et communes pour des travaux d'utilité publique et relatant la loi spéciale ou l'ordonnance qui a autorisé ces travaux, ainsi que la poursuite en expropriation des immeubles, sont admis au visa pour timbre et à l'enregistrement gratis, par application de l'art. 58 de la loi sur l'expropriation; mais les droits proportionnels d'enregistrement continuent d'être perçus, en exécution de l'art. 17 L. 18 avril 1831, sur les acquisitions faites pour le compte des communes dans une *autre forme* et pour une autre cause que celles précitées (D. m. f. 21 mai 1835, 15 déc. 1835, 11404 J. E., 1485, 1502 I. G.).

Le tribunal de Joigny a rendu un jugement dans ce sens, le 26 août 1839 (12371 J. E.), dans l'espèce suivante : La ville de Joigny avait acquis à l'amiable de plusieurs particuliers, avec l'autorisation *du roi*, des parcelles de terrains destinées à l'agrandissement des rues, des places, et un bâtiment propre à l'école primaire communale de garçons. Cette ville demanda le remboursement des droits d'enregistrement perçus sur l'acte d'acquisition, en se fondant sur l'art. 58 de la loi sur l'expropriation. Sa demande a été rejetée par le motif qu'il ne suffit pas que l'utilité publique *existe en fait*, mais qu'il faut que ce fait soit établi légalement et qu'il ne peut l'être que par les formalités de l'art. 2 de la loi sur l'expropriation (V. Amiens 25 mars 1841, 12728 J. E.; — Péronne 27 août 1841, 12824 J. E.; — Le Havre 9 janv. 1843, 13156 J. E.; — Guingamp 9 nov. 1841, 12868 J. E.; — Nantes 13 juill. 1855, 530 R. P.).

La C. cass. a consacré les mêmes principes.

Dans une espèce où il s'agissait de l'acquisition par le département de la Dordogne d'une maison pour la construction d'un hôtel de préfecture, un arrêt du 23 août 1841 a décidé « que l'art. 58 L. 7 juillet 1833, qui est invoqué dans l'espèce, ne prononce point en termes généraux l'affranchissement de tous les actes qui ont pour objet un service public ou une cause d'utilité publique; que la loi du 7 juillet 1833 est une loi spéciale et que son art. 58 se borne à affranchir les actes faits en vertu de cette loi » (23 août 1841, 12830 J. E., 1668 § 1er I. G., S. 41-1-773).

C'est ce qui résulte encore d'un arrêt du 31 mars 1856, ainsi conçu : « Attendu qu'une seule exception est apportée par la législation à la disposition générale de l'exigibilité du droit, celle où il s'agit d'acquisitions d'immeubles nécessaires à l'exécution de travaux intéressant les villes et communes, mais à la condition édictée par les lois des 7 juillet 1833 et 3 mai 1841, que ces acquisitions auront été précédées d'une loi, ordonnance, décret ou arrêté préfectoral prononçant l'expropriation pour cause d'utilité publique et reconnaissant l'utilité publique » (663 R. P., S. 51-1-752, 20786 I. G.).

T. III.

8742. Donation. — Décidé encore, dans le même ordre d'idées, que la donation entre-vifs à une commune d'un immeuble pour une destination d'utilité publique ne peut être assimilée à une vente consentie par un propriétaire qui ne pourrait s'opposer à l'expropriation, et, par conséquent, que la donation est passible du droit proportionnel, en vertu de la loi du 18 avril 1831 (Dél. 19 déc. 1837, D. N. t. 5 p. 839 n° 323).

8743. Dépréciation. — La gratuité ne s'applique pas non plus à l'acte par lequel le propriétaire qui supporte un dommage, par suite de l'exhaussement ou de l'abaissement d'une rue, accepte volontairement l'indemnité qui lui est offerte par la commune (Sol. 27 mars 1859). — Voici, d'ailleurs, d'autres applications de la même règle.

8744. Maison d'école. — Logement de l'instituteur. — Par jugement d'adjudication sur saisie immobilière, en date du 14 février 1837, la commune de Bassens-Carbon-Blanc s'est rendue acquéreur, moyennant 8,500 francs, d'une maison destinée au logement de l'instituteur communal et à la tenue de l'école. Le conseil municipal de cette commune a demandé que l'adjudication fût admise à l'enregistrement *gratis*, par application de l'art. 58 L. 7 juillet 1833, relative aux expropriations pour cause d'utilité publique. Mais, dans l'espèce, l'acquisition faite par la commune de Bassens-Carbon-Blanc n'a eu lieu ni en vertu d'une ordonnance royale, ni par suites de diligences tendant à l'expropriation. C'est une adjudication faite dans les formes ordinaires et sans aucune des mesures préalables prescrites par la loi pour les expropriations motivées sur l'utilité publique. Le ministre des finances a décidé, le 29 juin 1837, que la demande du conseil municipal ne pouvait être accueillie (1562 n° 5 I. G., 11814 J. E.).

8745. Champ de foire. — Le maire d'Ingouville ayant traité, à titre de promesse de vente à l'amiable, au nom de cette commune, de terrains destinés à former un champ de foire et à l'établissement d'un marché, une ordonnance royale autorisa la commune à acquérir au prix stipulé ; aucune des formalités ordonnées pour l'expropriation n'ayant été remplie, le droit de vente a été reconnu exigible (Rouen 9 janv. 1843, 13156 J. E.).

8746. Maison commune. — Dans une espèce où l'acquisition d'une maison pour y établir une maison commune *avait été autorisée par une ordonnance royale*, l'Administration a reconnu l'exigibilité du droit de vente, par le motif qu'on ne peut exproprier un citoyen de sa maison pour en faire une maison commune ou tout autre établissement public, car ces établissements ne sont pas de ceux qui ne peuvent être créés que dans un emplacement déterminé (Dél. 11 et 27 août 1838, 12126-8 J. E.).

Mais cette décision ne saurait plus être érigée en principe. Il est certain que, si l'expropriation était prononcée, cela suffirait aujourd'hui à justifier la dispense d'impôt.

39

8747. Salle de spectacle. — Une Dél. 7 novembre 1838 a repoussé l'enregistrement gratis de l'acquisition, par une ville, d'une salle de spectacle, attendu qu'il n'existe ni loi ni ordonnance, ni arrêté de l'autorité compétente qui, dans ce cas, puisse autoriser l'expropriation contre le gré du propriétaire (12202-3 J. E.).

8748. Cimetière. — L'arrêté du préfet qui autorise une commune à acquérir des terrains destinés à l'agrandissement d'un cimetière ne remplace pas l'ordonnance exigée pour déclarer l'utilité publique; et, bien que l'agrandissement d'un cimetière soit un objet d'utilité publique et d'une indispensable nécessité; que, par conséquent, la commune ait le droit d'exproprier, elle ne peut se soustraire, sous ce prétexte, au payement du droit proportionnel, parce qu'elle doit s'imputer de n'avoir pas fait déclarer l'utilité publique, formalité substantielle, qui doit précéder tous actes d'acquisition pour se trouver dans les termes de l'art. 58 (Niort 3 juill. 1839, 12351 J. E.).

8749. Presbytère. — L'Administration a décidé, le 27 novembre 1837 (11942-2 J. E.), que l'acquisition par une commune d'une maison pour servir de presbytère est passible du droit de vente, attendu que la loi sur l'expropriation publique ne peut pas s'appliquer à une maison acquise de gré à gré pour loger le desservant.

8750. Abattoir. — Ne sont point exempts des droits de timbre et d'enregistrement les actes constatant les acquisitions de terrains faites par une commune, en vue de travaux d'utilité publique, spécialement pour la construction d'un abattoir, sans l'accomplissement des formalités prescrites par la loi du 3 mai 1841, lors même qu'une ordonnance royale postérieure a autorisé les travaux de l'acquisition de terrains, mais sans déclaration formelle d'utilité publique. C'est ce qui résulte d'un arrêt de cass. (ch. civ.) 30 janvier 1854 ainsi conçu : « Attendu que l'ordonnance du 25 mars 1847 n'est qu'un acte de la tutelle administrative qui est accordée, sur les communes, à l'autorité supérieure, est nécessaire, aux termes de l'art. 46 L. 10 juillet 1837, pour la validité des acquisitions communales, qui, à la vérité, suppose la reconnaissance tacite que l'établissement projeté profitera aux intérêts de la commune, mais qui ne contient pas, par cela même, une déclaration d'utilité publique, dans le sens de l'art. 2 précité; que l'ordonnance susdite n'a aucune relation nécessaire avec une telle déclaration et avec les conditions qui en sont la base, qui toutes aboutissent à la constatation qui émane du chef de l'État; que les ouvrages projetés ont, dans l'intérêt général, une importance assez sérieuse, et que la préférence des lieux sur lesquels on veut les placer est suffisamment justifiée pour que les propriétaires soient dépossédés au nom de l'utilité publique, même forcément, s'ils refusent la concession, et pourvu que, comme conséquence, le Trésor national supporte, conformément à l'art. 58, la remise des droits d'enregistrement et de timbre des acquisitions » (15166 J. N., 15791 J. E., 2078-1 I. G., S. 54-1-207).

8751. Intérêt commun. — L'art. 12 L. 3 mai 1841, qui dispense de certaines formes les expropriations demandées par une commune dans un intérêt purement communal, ne peut être étendu au cas où l'expropriation poursuivie par une commune affecte nécessairement les intérêts d'autres communes et perd ainsi un caractère de généralité qui le fait rentrer sous les règles ordinaires (Cass. 12 juill. 1870, S. 70-1-371).

8752. Alignement. — Les dispositions de la loi du 16 septembre 1807 qui n'ont point été rapportées par les lois des 7 juillet 1833 et 3 mai 1841 sont notamment celles ci-après :

« Art. 49. Les terrains nécessaires pour l'ouverture de rues, la formation de places, et autres travaux d'une utilité générale, seront payés à leurs propriétaires, et à dire d'experts, d'après leur valeur avant l'entreprise des travaux et sans nulle augmentation du prix d'estimation.

« Art. 50. Lorsqu'un propriétaire fait volontairement démolir sa maison, lorsqu'il est forcé de la démolir pour cause de vétusté, il n'a droit à indemnité que pour la valeur du terrain délaissé, si l'alignement qui lui est donné par les autorités compétentes le force à reculer sa construction.

« Art. 51. Les maisons et bâtiments dont il serait nécessaire de faire démolir et d'enlever une portion, pour cause d'utilité publique légalement reconnue, seront acquis en entier, si le propriétaire l'exige, sauf à l'administration publique ou aux communes à revendre les portions de bâtiments ainsi acquises et qui ne seront pas nécessaires pour l'exécution du plan. La cession à l'administration publique ou à la commune et la revente seront effectuées d'après un décret rendu en conseil d'État, sur le rapport du ministre de l'intérieur, dans les formes prescrites par la loi.

« Art. 52. Dans les villes, les alignements pour l'ouverture des nouvelles rues, pour l'élargissement des anciennes qui ne font point partie d'une grande route, ou pour tout autre objet d'utilité publique, seront donnés par les maires, conformément au plan dont les projets auront été adressés aux préfets, transmis avec leur avis au ministre de l'intérieur, et arrêtés en conseil d'État. En cas de réclamation de tiers intéressés, il sera de même statué en conseil d'État sur le rapport du ministre de l'intérieur. »

D'après un avis du comité de l'intérieur du conseil d'État du 1er décembre 1835, une circulaire du ministre de l'intérieur du 20 février 1836, et une lettre du même ministre au ministre des finances du 12 juillet 1844, les dispositions ci-dessus peuvent être interprétées ainsi qu'il suit : Dans le cas où une commune cède ou achète des terrains qui sont compris dans le plan d'alignement, à l'époque où un propriétaire veut construire ou reconstruire suivant cet alignement, le plan d'alignement a donné à la commune toute l'autorisation nécessaire pour le faire exécuter. Mais il n'en est pas de même dans le cas où un propriétaire peut vouloir, avant le temps où la vétusté de sa maison l'oblige à reculer, vendre tout ou partie de sa propriété, comme aussi dans celui où la commune peut croire convenable de l'acheter : dans ce cas l'alignement, arrêté en principe sur le plan, ne devient exécutoire qu'en vertu d'une ordonnance particulière qui déclare d'utilité publique l'acquisition amiable ou forcée des immeubles.

Or, en combinant les dispositions de la loi du 16 septembre 1807 avec diverses décisions consacrées par plusieurs arrêts de cassation que nous faisons connaître ci-après, on peut poser pour l'enregistrement des acquisitions faites par les villes pour l'alignement, l'élargissement ou l'ouverture des rues et places publiques, les règles suivantes :

1. PLAN APPROUVÉ. — DÉMOLITION VOLONTAIRE OU POUR CAUSE DE VÉTUSTÉ. — La déclaration d'utilité publique résulte suffisamment du plan d'alignement d'une ville, arrêté par une ordonnance du chef de l'État rendue en conseil d'État, pour les acquisitions de terrains nécessaires à l'élargissement ou au redressement de la voie publique, conformément à ce plan, *lorsqu'un propriétaire fait volontairement démolir sa maison, ou lorsqu'il est forcé de la démolir pour cause de vétusté* (1720 I. G.).

Quand les deux conditions suivantes sont réunies : 1° plan régulièrement approuvé ; — 2° démolition des bâtiments volontaire ou forcée par la vétusté de la construction, l'acquisition par la commune profite de l'exemption des droits de timbre et d'enregistrement accordée, par l'art. 58 L. 3 mai 1841, aux actes faits en vertu de la loi sur l'expropriation pour cause d'utilité publique : « Attendu, porte un arrêt de cass. 19 juin 1844, en ce qui concerne les acquisitions des 19 février 1839, 18 et 21 juin même année, 7 septembre 1840 et 22, 23 et 24 octobre suivant, que le jugement attaqué déclare expressément que ces acquisitions ont été faites par la ville d'Évreux, afin d'élargir et de redresser plusieurs de ses rues, conformément au plan d'alignement dressé dans les formes et avec les conditions exigées et approuvées par le Gouvernement, les propriétaires des terrains acquis voulaient reconstruire sur ces rues ; — Attendu que ce plan, qu'il s'agissait d'exécuter en déterminant, d'une manière spéciale, les portions de terrain destinées à être occupées par la voie publique actuelle, avait nécessairement donné à la ville d'Évreux, pour le cas où cette incorporation devait s'effectuer, c'est-à-dire pour le cas où les propriétaires de ces terrains voudraient reconstruire, le droit et l'autorisation dont elle avait besoin, pour les forcer à subir toutes les conséquences de son plan d'alignement ; qu'ainsi, elle trouvait dans ce plan la déclaration d'utilité exigée par la loi du 7 juillet 1833, sur l'expropriation pour cause d'utilité publique ; — Attendu, dès lors, que les acquisitions amiables qu'elle a faites pour l'application immédiate d'un plan d'alignement, à l'exécution duquel les propriétaires des terrains désignés ne pouvaient se soustraire, doivent être considérées comme ayant eu lieu en vertu de cette loi, et doivent être par là admises à jouir de l'exemption des droits de timbre et d'enregistrement qu'elle a établie dans son art. 58 » (13544-3 J. E., 12023, 12024, 12132 J. N., 1720 n° 2 I. G., S. 44-1-493 ; — *Conf.* : Dél. 8 juill. 1856, Sol. 29 juin 1857).

2. NÉCESSITÉ DU PLAN D'ALIGNEMENT. — Les deux conditions que nous avons indiquées sont rigoureusement nécessaires et doivent exister simultanément,

Ainsi, nul doute que le droit proportionnel soit exigible si l'acquisition de l'immeuble soumis à l'alignement a été faite en l'absence d'un plan ou d'un plan approuvé. La circonstance caractéristique de l'expropriation, à savoir la recon-

naissance et la déclaration d'utilité publique par l'autorité compétente, fait défaut ; il n'y a donc plus de cause à l'application de l'art. 58 L. 3 mai 1841. La jurisprudence est parfaitement fixée sur ce point (Cass. 19 juin 1844, 1720 § 2 I. G., S. 44-1-493 ; 6 mars 1848, 1814 § 2 I. G., S. 1848-1-374 ; 31 janv. 1849, 1837 § 1er I. G., S. 1849-1-198 ; — 31 mars 1856, 663 R. P., 2078 § 1er I. G., S. 56-1-752).

3. PLAN PARTIEL. — Mais, si des ordonnances rendues au vu des plans partiels d'alignement ou d'ouverture de rues et places publiques ont spécialement autorisé les acquisitions, la condition de déclaration d'utilité publique se trouve suffisamment remplie, et les actes d'acquisition doivent profiter du bénéfice de l'art. 58 L. 7 juillet 1833 et 3 mai 1841 (Cass. 19 juin 1844, *arrêt rapporté* § 1er).

4. APPROBATION DES PLANS. — Autrefois les plans d'alignement devaient être approuvés, pour produire leurs effets, par le chef de l'État, le conseil d'État entendu. D'après le décret sur la décentralisation administrative du 25 mars 1852, les préfets ont aujourd'hui qualité pour approuver les plans dont il s'agit (tableau A n° 50). Comme le même décret (tableau A exception 11) leur interdit d'autoriser aucune expropriation pour cause d'utilité publique, on en avait conclu d'abord que les plans simplement approuvés par les préfets n'emportent pas expropriation, même dans les cas spéciaux auxquels s'applique l'alignement (démolition volontaire ou pour cause de vétusté), et qu'il n'y a pas lieu de dispenser les acquisitions faites en conséquence des droits de timbre et d'enregistrement. Mais cette conclusion ne pouvait pas être maintenue. La déclaration d'utilité publique, qui résulte de l'approbation du plan d'alignement, est d'une nature particulière et limitative ; elle n'a d'effet qu'à l'égard de la cession de bâtiments tombant de vétusté ou volontairement démolis. Quoique le décret sur la décentralisation ait réservé au chef de l'État le droit de déclarer l'utilité publique proprement dite, on comprend qu'il ait dû autoriser les préfets à reconnaître celle qui concerne les alignements. Autrement la délégation consentie au profit de ces magistrats serait sans résultat. On admet donc aujourd'hui que l'approbation par le préfet d'un plan d'alignement suffit pour assurer aux acquisitions le bénéfice de l'art. 58 L. 3 mai 1841, lorsqu'il s'agit de bâtiments démolis volontairement ou tombant de vétusté.

5. APPROBATION SANS RÉSERVE. — Il s'agit, bien entendu, d'une approbation pure et simple et faite sans réserves, car la situation serait différente si le préfet, tout en approuvant le plan d'alignement, déclarait cependant ne pas autoriser l'expropriation et subordonnait l'effet de son approbation à la déclaration d'utilité publique à obtenir en la forme ordinaire. Dans ce cas, la ville aurait à se pourvoir devant le chef de l'État pour obtenir la déclaration, et les actes d'acquisition ne profiteraient de l'exemption du droit que quand l'expropriation aurait été accordée (Cass. 19 juin 1844, 1720 n° 2 I. G., S. 44-1-493 ; 31 janv. 1849, 13619 J. E., 1837 § 1er I. G., S. 49-1-198).

Arrêt du 19 juin 1844 :

« Attendu que l'approbation du plan d'alignement de la ville de Montpellier n'emportait pas le droit d'exiger de suite la démolition ou la vente de la maison appartenant aux héritiers Euzet ; que l'ordonnance royale du

27 septembre 1836, évidemment exclusive, par son art. 3, de toute autorisation de procéder immédiatement à l'exécution des travaux nécessaires à l'agrandissement du marché aux herbes dont il s'agit, a soumis la ville de Montpellier à l'obligation de recourir à une autorisation nouvelle et spéciale pour acquérir à l'amiable, ou par voie d'expropriation pour cause d'utilité publique, les immeubles dont l'emplacement deviendrait nécessaire pour l'exécution du plan arrêté; — Attendu que l'ordonnance requise ainsi par celle du 27 septembre 1836 n'est point intervenue; — Attendu qu'il suit de ce qui précède que, lorsque la vente de la maison Euzet a eu lieu, par adjudication sur licitation et par déclaration de command, les vendeurs et la ville de Montpellier qui achetait n'étaient obligés par aucune loi, ni par aucune décision de l'autorité compétente, à consentir cette vente et à l'accepter; que tout a été volontaire entre eux et qu'ils n'ont pas agi, dès lors, en vertu d'une déclaration d'utilité publique, légalement rendue. » •

Arrêt du 31 janvier 1849 :

« Attendu que, si l'ordonnance du 2 août 1843, après avoir arrêté les alignements des rues et places de la ville de Lyon, ajoute que les alignements qui ont pour objet l'enlèvement de l'îlot situé entre les places des Cordeliers et du Concert ne pourront être exécutés qu'après que la ville aura été régulièrement autorisée, soit à accepter la cession gratuite des immeubles dont lesdits alignements doivent nécessiter l'occupation, soit à acquérir ces immeubles de gré à gré, ou, s'il y a lieu, par voie d'expropriation, conformément à la loi du 3 mai 1841, cette ordonnance ne contient pas par cela même une déclaration d'utilité publique; qu'elle ne fait que prévoir le cas possible où il faudrait recourir aux formalités de l'expropriation; mais qu'elle n'ordonne pas cette expropriation, qu'elle ne décide pas qu'il y ait lieu de la faire, et décide au contraire que pour la faire il faudrait y être préalablement autorisé suivant la loi; que l'ordonnance rendue postérieurement, le 31 décembre 1845, pour autoriser l'acquisition par la ville de Lyon avait faite de l'immeuble dont il s'agit et pour ordonner qu'il sera démoli, n'a rien changé à cette position; qu'elle n'est qu'un acte de tutelle administrative supérieure, indispensable pour la validité de l'acquisition intervenue conformément aux lois, et notamment à la loi du 18 juillet 1837, mais sans aucune relation nécessaire avec une poursuite d'expropriation forcée pour cause d'utilité publique et avec les conditions prescrites pour cette expropriation par la loi du 3 mai 1841. »

La même solution a été consacrée par un autre arrêt de la chambre des requêtes du 31 mars 1856. La ville de Nantes avait fait approuver un plan d'alignement de ses rues et l'arrêté approbatif portait que les alignements projetés ne pourraient avoir lieu que quand la ville aurait été autorisée spécialement à acquérir soit à l'amiable, soit par expropriation, les propriétés dont l'occupation était nécessaire. Une cession amiable ayant été consentie avant cette autorisation spéciale, il s'éleva la question de savoir si l'existence du plan d'alignement suffisait pour conférer au contrat le bénéfice de la gratuité. La négative prévalut devant la cour : « Attendu, porte son arrêt, qu'une seule exception est apportée par la législation à la disposition générale sur l'exigibilité du droit proportionnel : celle où il s'agit d'acquisitions d'immeubles

nécessaires à l'exécution des travaux intéressant les villes et communes, mais à la condition édictée par les lois des 7 juillet 1833 et 3 mai 1841, que ces acquisitions auront été précédées d'une loi, ordonnance ou décret prononçant l'expropriation; qu'aucun des actes produits ne contient ces déclarations et reconnaissances » (663 R. P., 2078 § 1er I. G., 16315 J. E., S. 56-1-752, D. 56-1-190).

Ainsi encore, si l'ordonnance qui a arrêté l'alignement porte que les alignements ne pourront recevoir leur exécution qu'après que la ville aura été spécialement autorisée à acquérir, le droit proportionnel est exigible, si les acquisitions ont eu lieu en vertu d'un simple arrêté du préfet ayant pour objet la validité des acquisitions et non la déclaration d'utilité publique (Valence 13 avr. 1849, 15053-1 J. E.).

On peut consulter les jugements suivants dans l'ordre des idées que nous venons de suivre (Bordeaux 9 avr. 1839, 12281 J. E., 10509 J. N.; — Joigny 26 août 1839, 12371 J. N.; — Niort 3 juill. 1839, 12351 J. E.; — Brest 17 juill. 1839, 12337 J. E., 10481 J. N.; — Dreux 12 févr. 1840, 12476 J. E.; — Amiens 25 mars 1841, 12728 J. E.; — Péronne 27 août 1841, 12824 J. E.; — Rethel 1er sept. 1842, 13097 J. E., 11507 J. N.; — Caen 25 août 1842, 13089 J. E.; — Lyon 30 août 1848, 14552 J. E.; — Seine 7 mars 1862, 1709 R. P., 12316 C.; — *Contra* Saint-Omer et Orange 26 août 1842 et 20 févr. 1843, 11636 J. N.; — Châlon-sur-Saône 11 mai 1843, 11741 J. N.).

C'est par une application de la jurisprudence précédente que les cessions ordinaires pour cause d'alignement ont été reconnues assujetties aux droits de timbre et d'enregistrement comme les autres actes passés dans l'intérêt des communes (2361 § 2 I. G.).

**6. APPROBATION ULTÉRIEURE. — Mais, si avant l'acquisition, est intervenue une ordonnance qui ait autorisée, conformément au plan d'alignement, cette ordonnance, se rattachant essentiellement à celle qui précédemment a arrêté le plan d'alignement, constitue la déclaration d'utilité publique; l'acquisition doit alors être enregistrée gratis. C'est ce qu'a décidé l'arrêt du 19 juin 1844 que nous avons rapporté au n° 8752-1 et 5.

**7. DÉMOLITION POUR CAUSE DE VÉTUSTÉ. — A l'approbation du plan d'alignement doit se joindre la circonstance que le bâtiment tombe de vétusté ou que son propriétaire veut le démolir avant cette époque. Ici il faut distinguer.

Lorsque l'édifice soumis à reculement tombe de vétusté, la ville a le droit, en vertu des règlements de voirie, d'obliger le propriétaire à faire démolir la construction qui menace ruine et qui est un danger permanent pour le public. La situation du propriétaire, en présence de cette nécessité légale de démolir, est donc la même que s'il possédait dores et déjà un terrain nu sur lequel il existerait des matériaux. L'alignement qui frappe le sol peut donc s'exercer comme si la maison était déjà démolie. L'acte par lequel l'immeuble est cédé à la ville dans ces conditions, moyennant une indemnité réglée suivant l'art. 50 L. 16 septembre 1807, d'après la valeur du terrain délaissé, doit profiter du bénéfice de l'exemption des droits. — C'est ce que la C. cass. a consacré en décidant que l'exemption de la loi ne doit pas être admise lorsque la commune a devancé, pour faire l'acquisition, l'époque à laquelle les travaux d'alignement devaient recevoir leur exécution dans les formes de l'expropriation pour cause d'utilité publique; et spécialement, qu'il en est ainsi dans le cas où l'acquisition de maisons dont l'emplacement devait, aux termes de l'ordonnance approbative du plan d'alignement, être livré à la voie publique, à mesure que leur vétusté en rendrait la réédification nécessaire, a été *immédiatement* faite par la commune de gré à gré avec les vendeurs ou sur adjudication aux criées (Cass. 6 mars 1848, 13331, 14451 J. N., 1814 § 2 I. G., S. 48-1-374).

Il a été également décidé qu'il n'y a point déclaration d'utilité publique suffisante dans le plan général d'alignement arrêté par une ordonnance du chef de l'État, *lorsque le propriétaire veut, avant le temps où la vétusté de sa maison l'oblige à démolir*, vendre tout ou partie de sa propriété, ou lorsque la commune croit convenable de l'acheter. Dans ce cas, une seconde ordonnance est nécessaire pour rendre exécutoire le plan d'alignement et autoriser l'acquisition amiable ou forcée pour cause d'utilité publique. A défaut de cette ordonnance spéciale, l'acquisition qui a lieu de gré à gré entre la ville et le propriétaire est sujette au droit proportionnel d'enregistrement; il en serait ainsi lors même que l'acquisition serait approuvée par ordonnance postérieure (Cass. 19 juin 1844, 1720 n° 1er I.G., S. 44-1-493; — *Suprà* n° 8752-1 et 5; — *Contrà* Montpellier 8 mai 1841, 11122 J. N.).

Démolition à la charge de la ville. — Peu importe que l'obligation de démolir reste à la charge de la ville et qu'en compensation de cette charge elle doive profiter des matériaux; ce n'est là qu'un mode d'exécution du contrat, qui n'en modifie pas la nature et ne saurait lui faire perdre le bénéfice de la gratuité.

8. DÉMOLITION VOLONTAIRE. — Les choses ne sont pas aussi simples lorsque l'édifice ne tombe pas de vétusté, mais que le propriétaire se place dans l'hypothèse de l'art. 50 L. 16 septembre 1807, c'est-à-dire de la démolition volontaire du bâtiment avant l'époque où il serait contraint à cette démolition par la vétusté. Si la démolition est effectuée au moment de la cession par suite d'alignement, il n'y a pas d'embarras pour l'application de la loi de 1807 ni de la gratuité de l'impôt. Mais, si le bâtiment n'est pas encore démoli quand la ville fait l'acquisition, il peut être difficile de savoir, en fait, si le contrat est régi par la loi de l'alignement. On a enseigné, à cet égard, en invoquant l'I. G. n° 2106 § 2, que le droit proportionnel ordinaire est dû toutes les fois que la cession se rapporte à un *bâtiment* au lieu d'être limitée à un terrain nu. Cette prétendue règle n'est propre qu'à induire en erreur, car, dans la plupart des alignements, la ville, bien que ne payant que l'indemnité relative au terrain seul dont elle a besoin, n'en devient pas moins acquéreur du terrain et des constructions dont il est revêtu. La démolition n'a lieu qu'après, par les soins et aux frais de la ville, qui se charge du travail, comme dans l'hypothèse précédente, en profitant des matériaux. Il est évident que dans ce cas, et malgré l'existence des constructions, l'acte doit être enregistré gratis, parce qu'il ne renferme, en réalité, que la cession d'un terrain dont les constructions sont considérées comme dès à présent démolies. Mais il n'échappera à personne que ce genre de conventions prête singulièrement à la fraude. Il suffit pour cela que le propriétaire de la maison sujette à reculement déclare positivement son intention de démolir, et que la ville déclare, de son côté, acheter l'immeuble dans ces conditions. Toutes les fois que ces énonciations seront reconnues inexactes, soit par l'importance du prix comparé à la valeur du terrain cédé, soit par toute autre circonstance, le droit de mutation deviendra exigible (Grasse 19 juill. 1873, 3726 R. P.).

9. DÉMOLITION NON SPONTANÉE. — Le même embarras se reproduit en ce qui concerne la démolition effective des bâtiments. La loi de 1807 ne prévoit que le cas d'une démolition *volontaire* de la part du propriétaire dont l'immeuble ne tombe pas de vétusté. Et par ces mots *démolition volontaire*, on entend une *démolition spontanée* qui n'est provoquée par aucune stipulation antérieure intervenue avec la ville. Il peut très-bien arriver que, pour faire profiter la cession du bénéfice de la loi de 1807, la démolition du bâtiment ait été convenue à prix d'argent. Nul doute que, dans ce cas, la cession ne serait pas dispensée des droits. L'Administration l'a maintes fois décidé ainsi (Dél. 8 juill. 1856, Sol. 29 juin 1857).

Mais la constatation de ces faits, au point de vue fiscal, offre des difficultés sérieuses. On ne peut guère y arriver que par l'examen attentif des pièces de la comptabilité communale.

8753. Décret du 26 mars 1852. — Paris et villes assimilées. — Aucune des distinctions précédentes n'est à faire et la dispense du droit a lieu sans réserve à l'égard des acquisitions de terrains ou de bâtiments qui ont pour objet le redressement ou l'élargissement des rues de Paris. Il existe à cet égard une législation spéciale contenue dans un décret du 26 mars 1852 dont voici les principales dispositions.

« Art. 1er. Les rues de Paris continuent d'être soumises au régime de la grande voirie.

« Art. 2. Dans tout projet d'expropriation pour l'élargissement, le redressement ou la formation des rues de Paris, l'administration aura la faculté de comprendre la totalité des immeubles atteints lorsqu'elle jugera que les parties restantes ne sont pas d'une étendue et d'une forme qui permettent d'y élever des constructions salubres. Elle pourra pareillement comprendre, dans l'expropriation, des immeubles en dehors des alignements, lorsque leur acquisition sera nécessaire pour la suppression d'anciennes voies publiques jugées inutiles. Les parcelles de terrains acquises en dehors des alignements et non susceptibles de recevoir des constructions salubres, seront réunies aux propriétés contiguës, soit à l'amiable, soit par l'expropriation de ces propriétés, conformément à l'art. 53 L. 16 septembre 1807. La fixation du prix des terrains sera faite suivant les mêmes formes et devant la même juridiction que celle des expropriations ordinaires. L'art. 58 L. 3 mai 1841 est applicable à tous les actes et contrats relatifs aux terrains acquis pour la voie publique par simple mesure de voirie.

« Art. 9. Les dispositions du présent décret peuvent être appliquées à toutes les villes qui en feront la demande par des décrets spéciaux rendus dans la forme des règlements d'administration publique » (D. 52-4-102).

Il a été reconnu que ce décret avait eu pour but d'exempter les villes qu'il régit des droits ordinaires pour toutes les acquisitions amiables qu'elles auraient à faire en vue d'améliorations de la voirie urbaine.

En conséquence, le ministre des finances a déclaré, le 28 mai 1857, qu'il y a lieu d'affranchir des droits de timbre et d'enregistrement les acquisitions faites, en exécution du décret du 26 mars 1852, d'immeubles bâtis ou non bâtis, destinés à l'élargissement, au redressement et à la formation des rues de Paris et autres villes auxquelles les dispositions de ce décret auraient été appliquées conformément à l'art. 9 (911 R. P., 2106 § 2 I. G., 16162 J. N., Cabantous art. 1587 n° 19).

1. DÉCRET D'EXÉCUTION. — Le mode d'exécution du décret du 26 mars 1852 a été fixé par des décrets du 27 décembre 1858 et 14 juin 1876 ainsi conçus :

1. *Décret du 14 juin 1876.*

Art. 1er. — Lorsqu'il y aura lieu de procéder à l'ouverture, au redressement ou à l'élargissement d'une rue à Paris ou dans une des villes auxquelles l'art. 2 du décret du 26 mars 1852 aura été déclaré applicable et qu'il paraîtra nécessaire de comprendre dans l'expropriation, en conformité dudit article, des parties d'immeubles situées en dehors des alignements, ces parcelles seront désignées sur le plan soumis à l'enquête prescrite par le titre 1 art. 2 de la loi du 3 mai 1841, et mention en sera faite dans l'avertissement publié en vertu de l'art. 3 de l'ordonnance royale du 23 août 1835. Il sera statué sur l'autorisation d'acquérir lesdites parcelles par le décret qui déclarera d'utilité publique l'opération de voirie projetée.

Art. 2. — Si, postérieurement au décret portant déclaration d'utilité publique, l'administration reconnaît la nécessité d'acquérir des parties d'immeubles situées en dehors des alignements, ces parcelles seront indiquées sur le plan soumis à l'enquête prescrite par le titre 2 de la loi du 3 mai 1841 ; il en sera fait mention dans l'avertissement donné conformément à l'art. 6 de ladite loi et l'expropriation n'en pourra être autorisée, même en l'absence d'opposition, que par un décret rendu en Conseil d'Etat.

Art. 3. — La disposition qui précède ne fait pas obstacle à ce que le préfet statue, conformément aux art. 11 et 12 de la loi du 3 mai 1841, aussitôt après l'accomplissement des formalités prescrites par le titre 2 de ladite loi à l'égard de toutes les autres propriétés comprises dans l'expropriation.

Art. 4. — Les art. 1, 2 et 3 du décret du 27 décembre 1858 sont rapportés.

2. *Décret du 27 décembre* 1858.

« Art. 4. Les formalités prescrites par les articles ci-dessus sont suivies pour l'application du § 2 de l'art. 2 Déc. 26 mars 1862.

« Art. 5. Dans les cas prévus par le § 3 du même article, le propriétaire du fonds auquel doivent être réunies les parcelles acquises en dehors des alignements, conformément à l'art. 53 L. 16 septembre 1807, est mis en demeure, par un acte extrajudiciaire, de déclarer, dans un délai de huit jours, s'il entend profiter de la faculté de s'avancer sur la voie publique en acquérant les parcelles riveraines. En cas de refus

ou de silence, il est procédé à l'expropriation dans les formes légales » (D. 59-4-2).

2. EXPROPRIATION PARTIELLE. — Lorsqu'un immeuble dont une partie était nécessaire pour l'ouverture d'une rue a été exproprié en totalité, en vertu du décret du 26 mars 1852, les effets légaux de l'expropriation s'étendent à la totalité de l'immeuble et non pas seulement à la partie atteinte par l'exécution des travaux d'utilité publique. Il n'en est pas de ce cas comme de celui où l'acquisition intégrale de l'immeuble serait requise par le propriétaire lui-même, aux termes de l'art. 50 L. 3 mai 1841 (C. Paris 9 janv. 1869, S. 69-2-67).

8753 *bis*. Convention entre particuliers. — L'exemption n'a plus de cause quand la cession est faite à un tiers, lors même que ce tiers prendrait l'engagement de la livrer à la voie publique. C'est là une vente passible du droit ordinaire (Cass. 22 déc. 1835, 11386 J. E., 9121 J. N., 1513-8 I. G., S. 36-1-212).

8754. Routes départementales. — Aux termes de l'art. 53 L. 3 mai 1841 sur l'expropriation pour cause d'utilité publique, les droits perçus sur les acquisitions amiables faites antérieurement aux arrêtés du préfet, qui, conformément à l'art. 11, doivent déterminer les propriétés soumises à l'expropriation, sont sujets à restitution lorsque, dans le délai de deux ans à partir de la perception, il est justifié que les immeubles acquis sont compris dans ces arrêtés. — Il résulte de ces dispositions que les acquisitions dont il s'agit sont, sauf restitution dans le cas prévu par la loi, passibles des droits ordinaires de timbre et d'enregistrement. C'est ce que porte d'ailleurs la décision du ministre des finances du 17 août 1838, transmise par l'I. G. n° 1571.

Cependant une distinction avait été posée. On reconnaissait que les acquisitions faites par des compagnies concessionnaires de travaux publics antérieurement à l'arrêté du préfet, déterminant les immeubles sujets à l'expropriation, étaient soumises aux droits de timbre et d'enregistrement. On prétendait qu'il devrait en être autrement lorsqu'il s'agissait d'acquisitions de terrains spécialement pour les routes départementales.

Mais la loi ne distingue pas : le bénéfice du timbre et de l'enregistrement gratuits n'est accordé qu'aux actes faits en vertu de la loi sur l'expropriation ; et, aux termes de l'arrêt de la C. cass. 23 août 1841, l'acquisition faite par un département, même dans un but d'utilité publique, mais sans que l'utilité en ait été déclarée selon les formes légales, n'est point comprise dans l'exemption du droit de timbre et d'enregistrement (8741). Or, l'arrêté du préfet qui, conformément à l'art. 11 L. 3 mai 1841, désigne les propriétés soumises à l'expropriation, est un des éléments essentiels de la déclaration d'utilité publique. Les acquisitions faites à l'amiable antérieurement à cet arrêté, pour les routes départementales, sont donc sujettes aux droits de timbre et d'enregistrement, de même que celles qui ont lieu, en pareille circonstance, au profit de compagnies concessionnaires de travaux publics. Il n'y a d'exception qu'en faveur des acquisitions faites pour le compte de l'État et qui, dans tous les cas, doivent être enregistrées gratis, en vertu de l'art. 70 § 2 n° 1er L. 22 frimaire an 7.

En conséquence, il a été décidé par le ministre des finances, le 20 novembre 1843 (1698 I. G.), que les acquisitions faites à l'amiable par les départements, spécialement de terrains pour les routes départementales, sont soumises aux droits ordinaires de timbre et d'enregistrement lorsqu'elles sont antérieures à l'arrêté du préfet, prévu par l'art. 11 L. 3 mai 1841, sauf toutefois le cas de restitution autorisé par l'art. 58 de la même loi. — V. *Acte administratif.*

1. ENTREPRENEUR. — A plus forte raison, le droit est-il exigible lorsque l'immeuble nécessaire à la confection d'une route a été acquis par l'entrepreneur purement et simplement et sans qu'aucune formalité ni autorisation préalable soit intervenue (Ribérac 24 déc. 1845, 13901 J. E.).

8755. Chemins vicinaux. — La question présente des difficultés par rapport aux chemins vicinaux. La loi du 21 mai 1836, postérieure à celle du 7 juillet 1833, n'exempte pas des droits les actes ayant pour objet la cession amiable, ou forcée des terrains nécessaires à la construction de ces chemins. Il semblait donc impossible de leur appliquer l'exemption antérieurement à la loi du 3 mai 1841. Mais, depuis cette dernière loi, on a été fondé à soutenir qu'à raison de son caractère général, et sauf disposition expresse en sens contraire, elle a virtuellement modifié toutes les lois particulières précédemment rendues en matière d'expropriation pour cause d'utilité publique. Cette induction, en ce qui concerne spécialement les chemins vicinaux, est confirmée par le texte de l'art. 12 L. 3 mai 1841, qui, en déclarant les art. 8, 9 et 10 inapplicables aux travaux d'ouverture et de redressement des chemins vicinaux, suppose par cela même que tous les autres articles leur sont applicables, à moins de disposition expressément contraire de la loi du 21 mai 1846. C'est pourquoi il a été reconnu que les actes de l'espèce devaient être enregistrés gratis. — V. *suprà* n° 3800.

1. PÉAGE. — L'acte de rachat d'un pont communal à péage doit être visé pour timbre et enregistré gratis, s'il est intervenu après un décret déclarant ce rachat d'utilité publique. Mais l'exemption d'impôt étant subordonnée à l'accomplissement préalable de toutes les formalités déclarant ce rachat d'utilité publique, il est indispensable que le décret prononce l'expropriation, et ne se borne pas à sanctionner des conventions précédemment arrêtées de gré à gré entre l'Administration et les concessionnaires (D. m, f. 9 sept. 1875, 4854 R. P.).

EXTRAIT.

8756. Définition. — Un extrait est quelquefois l'analyse ou l'abrégé d'un acte; d'autres fois, il est la copie littérale ou simplement substantielle d'une ou de plusieurs des clauses que l'acte contient.

8757. Quand se fait-on délivrer des extraits d'acte ? — « Il arrive souvent, dit Massé (*Parfait Notaire* t. 3 p. 316), qu'un acte contient plusieurs clauses distinctes qui intéressent particulièrement différentes personnes. Comme on n'est pas obligé de lever des expéditions entières de cet acte, chaque personne intéressée se fait seulement délivrer un extrait en ce qui la concerne spécialement. » Par exemple, si plusieurs legs sont renfermés dans un testament, chaque légataire ne lève qu'un extrait du testament, en ce qui lui est relatif. — Pareillement, quand il s'agit de justifier que les époux sont contractuellement séparés de biens, il leur est délivré seulement extrait du contrat de mariage, en ce qui concerne la clause de séparation.

Il en est de même de tout autre acte.

8758. Trois sortes d'extraits. — Il y a trois sortes d'extraits : l'extrait par analyse, l'extrait littéral et l'extrait en substance.

1. EXTRAIT PAR ANALYSE. — L'extrait par analyse est celui dans lequel on exprime sommairement les diverses opérations ou conventions contenues dans un contrat, et le résultat de ces opérations. C'est ainsi qu'on fait l'extrait d'un acte de liquidation et de partage pour tenir lieu à chaque héritier de l'expédition entière et lui rappeler tout ce qui en est résulté pour lui. On appelle aussi cette sorte d'extrait *extraits raisonnés.*

2. EXTRAIT LITTÉRAL. — L'extrait littéral est celui dans lequel on copie littéralement la clause qu'on veut extraire de l'acte. C'est de cette seule manière qu'on extrait les dispositions d'un testament, parce que, le testateur y parlant seul et directement, on doit fidèlement conserver ses expressions, même dans les extraits. Il y a encore une autre raison qui oblige à la délivrance d'un extrait littéral, au cas de testament, c'est que, ces actes étant assujettis à des formes substantielles, l'extrait par analyse ou en substance ne pourrait suffisamment indiquer si le testament est ou n'est pas régulier en la forme.

3. EXTRAIT EN SUBSTANCE. — L'extrait en substance est celui par lequel on ne prend que la substance même de la clause ou des clauses qu'on veut extraire.

8759. Conditions de régularité. — Les conditions nécessaires pour la régularité d'un extrait sont qu'il contienne :

1° La mention de *la nature* de l'acte d'où il est tiré, comme si c'est une vente, un partage, etc.;

2° La date de l'acte, le nom du notaire et ceux des parties, avec les qualités dans lesquelles elles ont agi, et, en général, les énonciations substantielles de l'acte, c'est-à-dire celles sans lesquelles il ne pourrait subsister, comme *l'acceptation* dans une donation, etc.;

3° La transcription littérale de l'enregistrement (*V.* 1321 et suiv.); enfin, l'extrait doit énoncer que le notaire qui le délivre est possesseur légal de la minute, condition essentielle pour qu'il puisse faire foi.

8760. Timbre. — Les extraits, comme les expéditions d'actes reçus en minute, doivent être rédigés sur papier timbré (D. m. f. 12 vent. an 7, Circ. 1366, 1887), et ce timbre ne peut être que du timbre de 1 fr. 80 cent., sous peine d'une amende de 20 francs (L. 13 brum. an 7, art. 17 et 26 ; 28 avr. 1816, art. 63 ; 16 juin 1824, art. 10 ; 2 juill. 1862, art. 2 ; 23 août 1871, art. 1er, D. N. t. 5 p. 855 n° 56).

8761. Enregistrement. — Les extraits, dans le cas prévu par le C. proc., qui sont délivrés par les avoués, doivent, lorsqu'ils sont sujets à l'enregistrement dans les cas indiqués ci-après, être considérés comme des actes judiciaires, et, comme tels, ils ne tombent pas sous l'application de la disposition générale de l'art. 8 L. 18 juin 1850, qui ne régit que les actes civils et administratifs. Ils sont donc passibles du droit fixe de 1 franc (aujourd'hui 1 fr. 50 cent.) (Sol. 20 juill. 1850, 14980 J. E.). — V. 2495, 8762, 8763.

8762. Avoués. — 1. SÉPARATION DE BIENS. — Les avoués ont seuls qualité pour rédiger et remettre aux greffes des tribunaux et aux secrétariats des chambres des notaires et des avoués, conformément aux art. 866, 867, 872 et 880 C. proc., les extraits des demandes en séparation de biens et des jugements de séparation de corps et de biens (Dél. 8 juin 1827, 8762 J. E., D. m. f. 19 oct. 1828, 9150 J. E., 1261 I. G.). — V. Acte en conséquence.

Timbre. — Ces extraits peuvent être rédigés sur du papier au timbre de 35 (60) ou 70 centimes (1 fr. 20 cent.) (Cass. 16 fév. 1824, 7700 J. E., 1132 § 3 I. G., Dél. 8 juin 1827, 8762 J. E., 6632 J. N., D. m. f. 19 oct. 1828, 9150 J. E., 1261 I. G.). — V. 3735, 3738.

Enregistrement. — Ils doivent être enregistrés au droit fixe de 1 fr. 50 cent. (V. 8761), avant leur remise aux greffes et aux secrétariats des chambres (Dél. 8 juin 1827, 6632 J. N., 8762, 8763 J. E., D. m. f. 19 oct. 1828, 9150 J. E., 1261 I. G., Dél. 18 août 1829, 9377 J. E., 1293 § 2 I. G., Dél. 25 mars 1831, 9949 J. E., 9197 J. E.). — Mais il résulte d'un arrêt de cass. 5 décembre 1832 (8059 J. N., 10526 J. E., 1422 § 4 I. G.), que, lorsque l'extrait de la demande en séparation déposé aux greffes et aux secrétariats des chambres n'est autre que celui de l'exploit d'assignation, signifié au défendeur et enregistré avec l'original, l'extrait, quoique dressé par un avoué, est exempt de cette formalité par application de l'art. 8 L. 22 frimaire an 7. — V. 3735-2.

Nous ferons remarquer que tous les extraits se trouvent dans le cas prévu par l'arrêt de 1832, puisque la minute a nécessairement été enregistrée. Ainsi restent à peu près sans application les décisions que nous avons citées comme prescrivant l'enregistrement des extraits.

Il ne faut cependant pas perdre de vue que, si un extrait était remis par l'avoué et qu'il en fût dressé acte de dépôt, avant l'enregistrement de l'exploit contenant la demande en séparation, il y aurait contravention aux art. 41 et 42 L. 22 frimaire an 7, et l'avoué et le greffier ou secrétaire seraient chacun passibles d'une amende (14304-1 J. E.). — V. 3735.

2. INTERDICTION. — Ces règles sont applicables aux extraits rédigés par les avoués des jugements d'interdiction ou de nomination d'un conseil judiciaire, sauf la différence que la publication de ces jugements n'est prescrite qu'à l'auditoire du tribunal de première instance et au secrétariat de la chambre des notaires de l'arrondissement (D. m. f. 12 juin 1829, 1293 § 2 I. G.).

Notification. — Les notifications des jugements d'interdiction faites aux chambres des notaires, à la requête du ministère public, doivent être sur papier visé pour timbre en débet.

Le droit est recouvré sur les parties en même temps que celui d'enregistrement (D. m. f. 19 oct. 1813, 4972 J. E.).

3. CONTRAT DE MARIAGE. — Ces règles sont encore applicables aux contrats de mariage de personnes dont l'une est commerçante, sauf l'exception que les extraits de ces contrats de mariage à remettre par les notaires seulement (Dél. 8 juin 1827, 6632 J. N., 8762 J. E.), étant de véritables expéditions, doivent être écrites sur du papier timbré à 1 fr. 25 cent. (1 fr. 80 cent.) et sont exemptes de l'enregistrement (D. m. f. 12 juin 1829, 1293 § 2 I. G.). — V. 3737.

4. MODIFICATION. — *Timbre.* — Les extraits que les avoués font, pour la modification prescrite par l'art. 2183 C. C., 1° d'un acte de vente ; — 2° de la transcription de cet acte, peuvent être écrits sur du papier au timbre de toute dimension (266 I. G., Circ. 26 pluv. an 13, 14865-1 J. E.).

Enregistrement. — Ces extraits, tarifés sous le nom de composition par le décret du 16 février 1807, ne sont pas sujets à l'enregistrement (14865-1 J. E. ; — Joigny 31 août 1832, Dél. 22 fév. 1833, D. N. t. 5 p. 856 n° 65).

5. ORDRE. — L'extrait du contrat transcrit, avec tableau sur trois colonnes, des inscriptions délivrées, formé par l'avoué, conformément à l'art. 2183 C. C., pour parvenir à l'ordre, n'a pas besoin d'être enregistré avant d'être signifié aux créanciers (12341-1 J. E.). — V. 8774.

8763. Société. — L'art. 42 C. com. veut que dans la quinzaine de leur date un extrait des actes de société en nom collectif et en commandite soit reçu au greffe du tribunal de commerce de l'arrondissement dans lequel est établie la maison du commerce social, pour être transcrit sur le registre et affiché pendant trois mois dans la salle des audiences.

L'art. 46 soumet aux mêmes formalités les actes de continuation de société, ceux qui stipulent des changements quelconques et les actes portant dissolution avant l'époque prévue.

Pour l'accomplissement de ces formalités, il a été décidé (D. m. f. 31 juin 1824, 1132 § 1er I. G.) :

« 1° Que les actes de société, de continuation ou de dissolution de société, passés sous seing privé, doivent être enregistrés avant la remise au greffe des extraits dont la transcription et l'affiche sont prescrites par les art. 42 et 46 C. com.

Cette mesure n'est que l'exécution des art. 23 et 42 L. 22 frimaire an 7.

« 2° Qu'à l'exception des extraits délivrés par les notaires pour les actes de leurs études, tous autres extraits d'actes relatifs aux sociétés doivent être enregistrés moyennant le droit fixe de 1 franc (3 fr.).

« 3° Que la déclaration portant que la société a été formée par convention verbale doit, lorsque, conformément à l'art. 44 C. com., elle est signée par tous les associés, solidaires ou gérant, être considérée comme l'acte de société elle-même, et, comme telle, être enregistrée au droit fixe de 5 francs (aujourd'hui le droit gradué), ou au droit proportionnel, avant de pouvoir être déposée. »

Une pareille déclaration, signée par tous les sociétaires ou gérant, doit effectivement être considérée, pour la perception, comme l'acte même de société. — V. 3738 et 6286.

8764. Bureau de bienfaisance. — Les extraits que les notaires délivrent aux bureaux de bienfaisance, des dons et legs faits en leur faveur, doivent être sur papier timbré (D. m, f. 30 sept. 1825, 8129 J. E., D. N. t. 5 p. 856 n° 66).

8765. Capitaine de navire. — Les capitaines de navires qui arrivent à destination doivent délivrer aux préposés des contributions indirectes des extraits de leurs rapports. Ces extraits ne peuvent être délivrés que sur papier timbré (Dél. 30 déc. 1825, 8280 J. E.). — V. 435.

8766. Certificat de notaire. — Le notaire qui attesterait par un certificat qu'un acte a été passé devant lui et que cet acte contient telle disposition, fournirait un véritable extrait d'acte, qui, sous peine d'amende, devrait être écrit sur papier au timbre de 1 fr. 80 cent. (D. N. t. 5 p. 855 n° 58). — Mais on ne pourrait étendre cette décision à une lettre missive et confidentielle dans laquelle les dispositions seraient analysées. L'obligation imposée aux notaires de ne délivrer des expéditions que sur papier timbré ne peut aller jusqu'à leur interdire la correspondance privée avec leurs clients (980 J. N., D. t. 5 p. 855 n° 59).

Il a été jugé que le notaire qui a reçu un inventaire ne peut, sous peine de l'amende prononcée par la loi du 13 brumaire an 7, en délivrer sur papier libre des notes constatant la valeur des meubles et effets inventoriés (Cass. 23 mai 1808, 233 J. N., 3247 J. E.). — Il en est autrement si ces notes ne sont pas signées (488 J. N.).

1. CERTIFICAT DE GREFFIER. — Par application du même principe, il a été décidé qu'une pièce qui, sous forme de certificat, contient l'analyse et la substance d'un jugement, est un extrait auquel l'art. 63 L. 28 avril 1816 est applicable (Sol. 2 avr. 1863).

8767. Communes. — Délits dans leurs bois. — On ne pouvait délivrer aux communes que sur papier timbré les extraits de jugements portant condamnation pour délits dans leurs bois, pour arriver au recouvrement de ces condamnations ; les communes sont ici de véritables parties civiles (1204 § 11 I. G.).

8768. Compte courant. — Les extraits d'un compte courant de négociant ne sont passibles que du droit fixe ; et, en principe, ils n'opèrent un droit de quittance, d'obligation ou de vente, selon la nature des faits qu'ils présentent, que lorsqu'ils sont arrêtés par toutes les parties engagées. — V. 4823.

T. III.

8769. Condamnations forestières. — Les greffiers peuvent délivrer aux agents forestiers et aux receveurs de l'enregistrement (maintenant aux percepteurs) des extraits sur papier libre des jugements de condamnation en matière forestière, en y faisant mention de cette destination (557, 1265 § 7 I. G.). Cependant, toutes les fois qu'il s'agit d'un extrait de jugement par défaut, destiné à être signifié immédiatement, l'I. G. 1265 § 7, porte que cet extrait sera écrit sur timbre visé pour timbre en débet à 1 fr. 25 cent. (1 fr. 80 cent.) avant d'être délivré aux agents chargés de la signification.

8770. Conservateur des hypothèques. — Les extraits des registres des conservateurs des hypothèques n'étant que de simples certificats, peuvent être délivrés sur du papier de toute dimension. — V. 8777.

8771. Extrait de jugement. — 1. RECOUVREMENT DE DROITS D'ENREGISTREMENT. — Les extraits de jugements que les greffiers remettent aux receveurs de l'enregistrement, afin de les mettre à même de recouvrer les droits sur les parties, peuvent être sur papier libre. Ils n'ont, en effet, pour objet qu'une formalité administrative.

2. RECOUVREMENT DES AMENDES. — Il en est de même des extraits remis aux receveurs (aux percepteurs) des jugements de condamnation pour suivre le recouvrement des amendes et frais de justice en matière de police ; mais il faut qu'ils portent la mention de cette destination (301, 557 I. G.).

Cependant, il avait paru que quand il faut faire signifier ces extraits aux redevables, afin de poursuivre le recouvrement des condamnations, on doit les soumettre au visa pour timbre à raison de 1 fr. 25 cent. (1 fr. 80 cent.) (316 et 1265 § 7 I. G., 11558-4 J. E.). Depuis lors, on a considéré que si le commandement préalable à la contrainte par corps doit porter en tête l'extrait du jugement contenant le nom des parties et le dispositif, cela s'entend de la mention à faire par l'huissier dans son exploit, mais que cette mention ne constitue pas un usage suffisant pour assujettir l'extrait au timbre (D. m. f. 23 avr. 1858, 2119 I. G., 1027 R. P.). — V. 800.

3. INSCRIPTION HYPOTHÉCAIRE. — L'inscription hypothécaire peut être prise dans l'intérêt du Trésor, en vertu du jugement de condamnation, sans qu'il soit nécessaire d'en représenter une expédition régulière. Il suffit de l'extrait, mais cet extrait n'a pas besoin d'être timbré ni enregistré, ainsi que le portait l'I. G. 316 et que l'enseigne Fessart (V. Extrait n° 13). C'est ce que porte formellement l'I. G. 594 et ce qu'a reconnu depuis une D. m. f. 23 avril 1858 (1028 R. P., 2119 I. G.). On peut même requérir l'inscription en vertu d'un jugement par défaut, avant qu'il ait été enregistré, attendu que l'inscription n'est qu'une mesure conservatoire (1156 § 14 I. G.).

4. REMBOURSEMENT AU GREFFIER DES FRAIS D'EXTRAIT. — MÉMOIRE AU-DESSOUS DE 10 FRANCS. — On avait pensé que des décisions du ministre des finances desquelles il résulte que les mémoires et factures pour fournitures au-dessous de 10 francs sont sujets au timbre (V. 8790), étaient

40

applicables aux mémoires dressés par les greffiers, afin d'obtenir le payement de l'indemnité qui leur est allouée par les art. 50 et 51 Déc. 18 juin 1811 et 7 Déc. 7 août 1813, pour les extraits qu'ils délivrent aux receveurs de l'enregistrement (aux percepteurs) des arrêts et jugements portant des condamnations pécuniaires en matière criminelle, correctionnelle et de police.

L'Administration a reconnu, par une Sol. 26 mars 1852 (1919 I. G.), que les frais d'extraits d'arrêts et de jugements, fournis aux receveurs de l'enregistrement (aux percepteurs), étant régis par les décrets des 18 juin 1811 et 7 avril 1813, constituent des frais de justice, bien que l'ordonnance du roi du 3 novembre 1819, transcrite dans l'I. G. n° 911, les ait classés parmi les dépenses de l'Administration de l'enregistrement; qu'ils doivent, par conséquent, profiter de l'exemption de timbre accordée par l'art. 140 Déc. 18 juin 1811 en faveur des états ou mémoires de frais de justice qui ne s'élèvent pas à plus de 10 francs ; et que l'on ne peut rien induire de contraire des décisions des 6 décembre 1850 et 2 mai 1851, qui sont exclusivement relatives aux factures et mémoires de fournitures assujettis au timbre par l'art. 12 L. 13 brumaire an 7.

5. CHASSE. — DÉPÔT DU FUSIL. — Les extraits de jugements en matière de délits de chasse constatant le dépôt du fusil au greffe en exécution de l'ordre du tribunal constituent des pièces d'ordre intérieur non passibles du timbre (Sol. 2 déc. 1865).

8772. Matrice cadastrale. — Les extraits de matrice cadastrale n'ont jamais été considérés comme des expéditions dans le sens de la loi du timbre. Ce mot expédition (ou extrait) s'entend seulement de la transcription d'un acte faite par l'officier même qui a reçu et gardé minute de cet acte. Quand il s'agit de la copie d'un registre ou de l'extrait plus ou moins abrégé des indications que ce registre renferme, l'écrit n'est plus une expédition mais une simple copie certifiée. A ce titre, il peut être écrit sur du papier de toute dimension. C'est ce que l'Administration a décidé plusieurs fois pour les extraits délivrés par les receveurs de l'enregistrement au sujet des mentions inscrites sur leurs registres (n° 8777). La même solution est applicable aux extraits de matrice cadastrale.

Les extraits de la matrice et du plan cadastral, joints aux pétitions de demande de prêt en matière de drainage, ne sont pas sujets au timbre (Cire. min. agr. aux préfets 28 déc. 1858, 1098 R. P.).

8773. Messageries. — Les extraits des livres de messageries, réclamés par les particuliers pour constater les objets chargés, sont assujettis au timbre (D. m. f. 7 niv. an 8 et 13 fruct. an 13, Cire. 1738, 2116 J. E.).

8774. Ordre. — Timbre. — Rédaction. — L'extrait du procès-verbal de clôture d'un ordre ou d'une con-

tribution, délivré par le greffier pour être remis au préposé de la caisse des dépôts et consignations, est assujetti aux droits de timbre et de greffe (14900-1 J. E.). — V. 8762-5.

8775. Pêche. — Il est nécessaire, pour obtenir la prime allouée pour la pêche de la morue, de fournir, à l'appui de la demande, divers extraits des rôles d'équipages et autres pièces. Ces extraits sont sujets au timbre (866 I. G.).

La même règle est applicable aux extraits de pièces à fournir pour la liquidation des primes d'encouragement concernant la pêche de la baleine et du cachalot (Ord. 26 avr. 1833 et 10 août 1841).

8776. Purge légale. — L'extrait fait par le greffier de la collation d'un acte de vente déposé au greffe, en matière de purge légale, pour être affiché dans l'auditoire du tribunal, est exempt de l'enregistrement (15190-2 J. E.). — V. 1915.

8777. Registres. — 1. RECEVEURS D'ENREGISTREMENT. — Les extraits des registres des receveurs de l'enregistrement, délivrés en exécution de l'art. 58 L. 22 frimaire an 7, peuvent être écrits sur papier de toute dimension ; on peut même en écrire plusieurs à la suite les uns des autres sur la même feuille de papier timbré, car ces extraits peuvent être considérés comme de simples certificats (9390, 13203-9 J. E., Sol. 1er fév. 1839, 10287 J. N., 12248 J. E., 4590 § 16 I. G.).

L'ordonnance du juge de paix, qui autorise un receveur à délivrer l'extrait de ces registres, doit être enregistrée avant qu'il y soit déféré (Sol. 20 oct. 1840, D. N. t. 5 p. 861 n° 8). Mais les extraits eux-mêmes sont affranchis de cette formalité.

Sur la foi qui est due aux registres des receveurs, soit en matière civile, soit en matière d'enregistrement, V. *Enregistrement.*

2. ÉCOLES DE PHARMACIE ET DE MÉDECINE. — D'après l'art. 20 L. 26 juillet 1860, les extraits des registres tenus par les secrétaires des écoles de pharmacie, les secrétaires des écoles préparatoires de pharmacie et de médecine et les greffiers de justice de paix dans les communes où il n'y a pas d'écoles de pharmacie et de médecine, pour l'inscription des élèves stagiaires, sont dispensés de l'enregistrement et du timbre (2181 § 7 I. G., 1412 R. P.).

8778. Saisie immobilière. — En matière de saisie immobilière, le greffier doit en insérer un extrait dans l'auditoire du tribunal ; aux termes de l'art. 682 C. proc. cet extrait doit être écrit sur papier timbré (D. m. f. 10 juin 1809, 436 § 50 I. G.).

F

FABRIQUES.

8779. Définition. — Ce sont des établissements dont l'objet est de veiller à l'entretien et à la conservation des temples, d'administrer les biens, rentes, et généralement tous les fonds affectés à l'exercice du culte.

8780. Législation. — Les fabriques étaient autrefois régies par des ordonnances et des règlements qui éprouvèrent le sort des institutions qui se rapportaient aux établissements ecclésiastiques. Le nouvel état de choses provoqua les lois des 19 août 1792, 1793, 3 brumaire an 2, 18 germinal an 10 ; les décrets des 12 juin 1804, 1er août 1805, 18 mai 1806, 30 décembre 1809 et 26 décembre 1813. Cette législation, sur tout ce qui embrasse les droits et devoirs des fabriques, fut expliquée et développée par diverses décisions ministérielles et du conseil d'Etat, notamment deux décisions des 18 novembre 1809 et du 6 août 1817. Enfin, les lois des 2 janvier 1817, 15 mai 1818 et 23 juillet 1830 (sur les finances), furent le complément législatif sur tous les rapports des fabriques envers leurs membres et *vice versâ*, ainsi que sur les rapports des particuliers à leur égard. Cette législation a définitivement fixé les devoirs des communes et des chefs de l'Administration ; elle a tout réglé sur les charges, les revenus, les emprunts, les dons et legs qui sont faits à ces établissements, le mode d'agir en certains cas, de rembourser, de faire payer, de percevoir, de plaider ; elle a établi les divers degrés de compétence au cas de contestation et réglé la marche à suivre dans les diverses circonstances où les fabriques peuvent se trouver intéressées ou forcées d'agir.

8781. Enregistrement et timbre. — Nous n'avons rien de particulier à dire sur ce qui concerne les droits de timbre et d'enregistrement des actes de fabriques. Les règles qui doivent être appliquées se rattachent à l'ensemble des principes généraux que nous avons développés aux mots *Acquisition*, *Acte administratif*, *Communication*, *Établissement public*.

FACTURE.

8782. Définition. — État indiquant les natures, quantité, qualité et prix des marchandises vendues, déposées ou envoyées.

8783. Acceptation. — Quand la facture est acceptée, elle prouve qu'il y a eu vente (109 C. com.). — Mais qu'est-ce qu'accepter une facture? La loi a laissé sur ce point une entière latitude à l'appréciation des juges. L'acceptation se présume ; par exemple, si le correspondant garde la facture, s'il répond à la lettre d'envoi sans refuser ou nier l'achat ; s'il continue ses relations avec le commerçant qui la lui a remise : il était juste que de telles circonstances pussent servir de preuve (Pardessus *Droit commercial* t. 2 n. 249).

1. TITRE AU PORTEUR. — En tout cas, une facture ne saurait être considérée comme un titre au porteur (dont le transport n'aurait pas besoin de signification ou d'acceptation authentique) alors même qu'elle est revêtue de l'acceptation du débiteur et de l'acquit du créancier qui la remet manuellement à titre de cession (Cass. 27 nov. 1865, S. 66-1-60).

8784. Enregistrement. — Si la facture est revêtue de la signature du créancier et du débiteur, elle sert réellement de titre à la vente des marchandises et le droit de 2 pour 100 est exigible comme sur le contrat lui-même (D. N. t. 6 p. 21 n° 9).

C'est dans ce sens que le droit de vente ayant été perçu à raison d'une facture quittancée, qui, d'après un jugement, constatait la vente de marchandises, le double droit a été plus tard reconnu exigible par suite de cette circonstance que la production de la facture avait eu lieu au cours d'instance (Sol. 3 nov. 1826, 1205, § 8 I. G.).

Si la facture est revêtue de la signature seule du créancier, elle est insuffisante pour constater la vente et lui servir de titre : le droit fixe de 3 francs applicable aux actes innomés est donc exigible (D. N. loc. cit.).

Enfin, c'est le droit de quittance qui doit être perçu quand la facture est simplement revêtue de l'acquit du vendeur. En effet, si l'acceptation de l'acheteur, consignée sur la facture, en fait un titre complet de vente, hors de là l'écrit reste à l'état de facture. L'acceptation tacite ou manifestée en dehors de la facture ne saurait suffire pour la transformer en acte de vente ; qu'elle soit quittancée ou non, elle ne présente ni les caractères extérieurs, ni les éléments de l'acte de vente. Si l'on pouvait voir enfin dans une telle facture un titre donnant lieu à la perception du droit de vente, il n'y aurait pas de raison pour ne pas exiger aussi le droit sur la quittance d'un prix de vente verbale de choses mobilières, présentée ou invoquée par l'acheteur. Les factures dont il s'agit ne peuvent donc donner ouverture qu'au droit de quittance.

« Les motifs, porte une solution de l'administration belge du 18 décembre 1862, sur lesquels se fonde la doctrine qui autorise la perception du droit de vente, sur le double d'un acte de vente signé par l'une des parties et présenté par l'autre (V. *Acte imparfait*), ne permettent pas de l'étendre à une facture quittancée par le vendeur et produite par l'acheteur, car les intéressés ont voulu faire et ont fait une facture quittancée et non un acte de vente » (9320 J. E. belge. — *Conf.* : D. N. t. 6 p. 21 n° 9).

8785. Timbre. — La facture acceptée peut servir de preuve à la vente. Elle tombe donc sous l'appplication de l'art. 12 L. 13 brumaire an 7 qui soumet au timbre de dimension tous actes ou écritures privées pouvant ou devant faire titre et être produits en justice pour demande, justification ou défense (D. N. t. 6 p. 21 n° 26).

Il faut cependant distinguer. Si la facture acceptée renferme un contrat synallagmatique complet ou tend à le former, c'est le droit de timbre de dimension qui est exigible (1381 § 9 I. G.). Mais si, par exception à ce qui a ordinairement lieu, l'acceptation du débiteur était souscrite en forme de billet à ordre ou de lettre de change, le timbre proportionnel deviendrait de rigueur, attendu qu'à l'acceptation, qui forme le contrat synallagmatique, viendrait se joindre une disposition unilatérale (1381 § 9 I. G.). — V. *Effets de commerce.*

1. FACTURE NON ACCEPTÉE. — Que faut-il décider à l'égard des factures qui ne sont pas acceptées par les débiteurs ? On pourrait, jusqu'à un certain point, prétendre qu'elles sont de nature à faire titre puisqu'elles prouvent contre le vendeur la livraison des marchandises et que si, par exemple, l'acheteur a un recours à exercer contre ses vendeurs à la suite d'un dommage, il pourra justifier au moyen de la facture le fait délictueux. Ce serait là, cependant, une exagération de l'art. 12 de la loi de brumaire. Dans ce système, en effet, il n'est aucun écrit qui ne fut de nature à être timbré, et, cependant, l'art. 30 de la loi de brumaire suppose l'existence possible de ces écrits : il suffit de citer les papiers domestiques et les lettres missives. Or, les factures non acceptées nous paraissent rentrer dans la catégorie de ces écrits et il nous semble que le timbre en devient seulement exigible par leur usage en justice ou par acte public. C'est ce qu'a décidé, d'ailleurs, un jugement du tribunal de Bayonne, du 20 février 1867, contre lequel l'Administration ne s'est pas pourvue :

« Attendu qu'une facture n'est qu'un état détaillé de marchandises ou denrées énonçant leur nature, quantité, etc., et dont la nature est d'être employée commercialement dans un but indicatif ; qu'un pareil écrit ne peut servir à former par sa vertu propre entre deux parties le lien d'une obligation réciproque ou unilatérale ; que, dans l'art. 109 C. com., il s'agit uniquement des factures *acceptées*, ce mot exprimant que l'on n'a d'autre force probante que celle résultant de l'acceptation ; que la facture doit donc être rangée au nombre des écritures domestiques et d'ordre intérieur s'échangeant à huis clos pour s'enfouir ensuite dans l'intimité du domicile, qui, néanmoins, peuvent être ensuite produites en justice dans les conditions de l'art. 30 L. 13 brumaire an 7 ; que, depuis la loi de l'an 7, les commerçants n'ont jamais écrit leurs factures sur timbre, sans que jamais l'Administration ait songé à les saisir pour contravention ; que la jurisprudence s'est associée à cette pratique en décidant que si une prétendue lettre de voiture revêtait le caractère d'une simple facture, elle était affranchie du timbre (Saint-Girons 10 août 1847 et Cass. 10 juill. 1849) ; — Attendu que l'interprétation contraire serait en opposition avec les tendances du pouvoir législatif, accusées dans la loi du 20 juillet 1837 qui a affranchi du timbre les livres de commerce, dont les factures sont de simples extraits, et ensuite dans la loi du budget du 2 juillet 1862 par laquelle le Corps législatif a refusé de soumettre au timbre de dimension non pas les factures elles-mêmes, qui dans l'opinion de personne n'y étaient soumises, mais les quittances données au pied de ces factures ; qu'on ne peut pas, en effet, assimiler les quittances de factures aux autres quittances et que, d'ailleurs, le Corps législatif a formellement refusé de les déclarer soumises au tarif réduit de 10 centimes ; qu'il y a lieu, dès lors, de décider, en droit, que les factures et même les quittances données au pied des factures sont des écritures qui, sans contravention, peuvent être faites sur papier non timbré ». La même solution résulte d'un jugement de Nancy du 15 décembre 1869 (3263 R. P.).

Dans les conclusions qu'il présentait à la chambre civile sur les factures acquittées (n° 8786), M. l'avocat général Blanche disait également : « Si la facture n'était pas acquittée, nous reconnaissons qu'il serait difficile de faire rentrer l'écrit parmi ceux qui sont assujettis au timbre par l'art. 12 L. 13 brumaire an 7, comme « devant ou pouvant faire titre ou être produits pour obligation, décharge, justification, demande ou défense. » La facture qui n'est point acceptée par l'acheteur ou qui ne renferme pas la quittance du marchand, nous paraît avoir le caractère d'une simple note ou d'un papier domestique assimilable à la lettre missive. Elle tombe donc au même titre sous l'application de l'art 30 L. 13 brumaire an 7, d'après lequel certaines écritures privées peuvent être rédigées sur papier non timbré, à la seule condition d'être timbrées à l'extraordinaire ou visées pour timbre avant toute production en justice » (2762 R. P.).

C'est également ce qu'a jugé le tribunal de la Seine dans le considérant ainsi conçu d'un jugement du 19 avril 1873 : « Concluant que le bordereau (du nombre des coupons à toucher à la compagnie) rentre, comme les lettres missives et les factures non acceptées par le débiteur, dans la catégorie des écritures pour lesquelles le timbre devient seulement exigible quand il en est fait usage en justice » (3644 R. P.). — Consulter également un jugement du tribunal de Charleville du 26 décembre 1873 (3800 R. P.). Une Sol. conforme a été rendue le 3 juillet 1875,(4234 R. P.)

8786. Factures quittancées. — Lorsque la facture quoique non acceptée est cependant revêtue de l'acquit du vendeur, elle renferme, indépendamment de la facture proprement dite, une véritable quittance. Or, les actes de l'espèce ont été l'objet d'une prévision spéciale de la loi du timbre. Le législateur n'a édicté la dispense du droit que pour les quittances des sommes non excédant 10 francs (art. 16 L. 13 brum. an 7), manifestant ainsi d'une façon très-catégorique la pensée de soumettre à l'impôt toutes les autres quittances. Donc, si la facture constate le payement d'une somme supérieure au chiffre indiqué par la loi, le timbre ne peut être éludé. C'est ce qui résulte d'un arrêt de la C. cass. 28 juillet 1868, ainsi conçu : « Attendu qu'il est constaté en fait par le jugement attaqué que les agents des contributions indirectes ont, suivant procès-verbal du 29 juillet 1863, mis la femme Bedout-Borda, commissionnaire épicière, en demeure de représenter ses lettres de voiture, et que celle-ci leur a exhibé un écrit non timbré, signé Choriby-Laraincy frères et Cⁱᵉ, lequel contient un état détaillé des marchandises par eux livrées à ladite femme Bedout-Borda et terminé ainsi : « Total 46 fr. 75 cent., acquitté, Choriby-Laraincy et Cⁱᵉ ; » — Attendu que cet écrit constitue, de la part de la maison Choriby vis-à-vis de la femme Bedout-Borda, une quittance supérieure à 10 francs susceptible d'être produite en justice pour décharge; qu'elle était donc assujettie à la formalité du timbre et ne pouvait, par conséquent, profiter de l'immunité de visa pour timbre » (2762 R. P., 2375-2 I. G., B. C. 138, D. 68-1-401).

1. TIMBRE SPÉCIAL. — Ce droit de timbre a été réduit à 10 centimes par les art. 18 et 20 L. 23 août 1871. — V. Quittance.

8787. Timbre proportionnel. — Les factures équivalent quelquefois à des effets passibles du timbre proportionnel. — V. Effet de commerce.

8788. Ministère de la guerre. — Une Déc. 18 germinal an 10 (72 I. G.) porte que les marchés et autres actes relatifs aux fournitures pour le département de la guerre et qui font titre aux particuliers, sont sujets au timbre en vertu de l'art. 12 L. 13 brumaire an 7. Cette décision s'applique nécessairement aux mémoires et factures des fournisseurs pour le ministère de la guerre : en effet, ces mémoires et factures font titre aux parties, et ne peuvent être assimilés aux pièces et écritures concernant les gens de guerre qui ont été dispensées du timbre par l'art. 16 même loi (1239 § 1ᵉʳ I. G.).

1. HOPITAUX MILITAIRES. — TALON. — Les factures pour le service des hôpitaux militaires étant accompagnées d'un talon, destiné à faciliter un contrôle purement administratif, le droit de timbre, dû en raison de la dimension de la facture, doit être perçu, abstraction faite de ce talon, sous la condition qu'il portera la mention de sa destination (D. m. 15 oct. 1851, 15192-4 J. E.).

2. ARMURIERS. — Les mémoires que rédigent les maîtres armuriers d'un régiment pour les travaux d'entretien ou de réparation des armes confiées au régiment, sont assujettis au timbre, même lorsque la portion que l'État doit supporter dans la dépense est inférieure à 10 francs (D. m. f. 6 déc. 1854, B. C. 3382).

3. COMPTABLES. — AVANCES. — Les factures produites par les comptables de la guerre, gérant de clerc à maître, à l'appui des mandats de remboursement d'avances, sont, comme pièces d'ordre et d'administration intérieure, exemptes du droit de timbre (D. m. f. 6 sept. 1844, 13905-9 J. E.).

8789. Avis-annonce. — On a vu, au n° 1955-12, que, s'il est fait usage comme facture d'un avis-annonce imprimé en forme de facture, le droit de timbre de dimension est exigible, et le droit de timbre comme avis ne devait pas s'imputer sur celui exigible au moment de la présentation de la facture au timbre extraordinaire. — Jugé, dans le même sens, que, bien qu'un avis lithographié soit suivi du cadre d'une facture non acquittée, le droit de timbre des avis-annonces était exigible (Coulommiers 4 août 1829, 1303 § 17 I. G.).

8790. Fourniture au-dessous de 10 francs. — Il n'en est pas des mémoires et factures comme des quittances dont nous avons parlé au n° 7957. Ils sont sujets au timbre alors même qu'ils ont pour objet une somme au-dessous de 10 francs (Sol. 5 juin 1843, D. m. f. 17 fév. 1843, D. m. f. 6 déc. 1850, Circ. comp. n° 83 § 2, 15069 § 7 J. E.).

Seulement, en matière de comptabilité des communes et des établissements publics, lorsque la dépense portée dans le mémoire ou la facture n'excède pas 10 francs, les maires et les commissions administratives peuvent dispenser les créanciers de produire un mémoire ou une facture sur timbre à l'appui du mandat ; mais alors le détail des fournitures doit être énoncé dans le corps des mandats, à défaut de quoi le receveur est tenu d'exiger une facture ou un mémoire timbré (D. m. f. 20 déc. 1834, 1481 § 17 I. G., Circ. comp. 30 juill. 1851, 83 § 2).

Que si la somme excède 10 francs, ce mode d'opérer ne peut plus être suivi, et le détail doit faire l'objet d'un mémoire assujetti au timbre. Seulement, l'acquit mis sur le mémoire dispense du timbre l'acquit mis sur le mandat. — V. Établissement public.

8791. Visa pour timbre. — Le préfet de la Seine-Inférieure avait demandé que les mandats délivrés par les maires et quittancés par les parties prenantes fussent admis au visa pour valoir timbre, après qu'ils auraient été produits à l'appui des comptes des receveurs municipaux. Il a été observé que la loi du 13 brumaire an 7 s'oppose à ce que des pièces revêtues de dates et de signatures soient visées pour timbre, si ce n'est en acquittant l'amende que cette loi prononce, et que, si on autorisait le visa pour timbre, en exemptant de l'amende, ce serait déroger à la loi et donner lieu aux abus qu'elle a voulu prévenir. En conséquence, la décision du ministre du 4 août 1825 porte que les mandats devront continuer, selon le vœu de la loi, d'être écrits sur papier timbré (1180 § 9 I. G.).

Cependant, aux termes d'une D. m. f. 7 janvier 1830 (1286, 1307 § 14, 1391 I. G.), les formules imprimées qui servent à la rédaction des mémoires et factures des marchands et fournisseurs, et des autres dépenses des divers ministères, pouvant être admises au timbre extraordinaire dans les chefs-lieux des départements, et au visa pour valoir timbre dans les autres localités, avant qu'il soit fait usage de ces formules, il semble que la même faculté doit être accordée aux mémoires et factures concernant les communes et les établissements publics. — Ces formules peuvent être timbrées au moyen de timbres mobiles. — V. Timbre.

8792. Pharmacie. — Les factures de drogues fournies à la pharmacie d'un hospice par une sœur hospitalière, et annexées à la comptabilité du trésorier de cet établissement, sont assujetties au timbre (D. m. f. 1er fév. 1842).

8793. Frais et honoraires. — Les mémoires de frais et honoraires des notaires, avoués, huissiers ou greffiers, pour rédaction d'actes, sont sujets au timbre. Sont également soumis au timbre les mémoires des honoraires de médecins, chirurgiens, sages-femmes, artistes-vétérinaires, architectes, experts, etc. (1391 I. G.).

8794. Résumé d'économe. — Le résumé dont un économe est dans l'usage d'accompagner les mémoires des fournisseurs est facultatif, et, comme il n'a que la valeur d'un renseignement, il est exempt du timbre, mais seulement lorsqu'il n'est accompagné de mémoires ou factures dûment revêtus de cette formalité ; dans le cas contraire, il serait sujet au timbre, comme en tenant lieu (D. m. f. 19 nov. 1842).

8795. Renvoi. — C'est au mot *Établissement public* qu'il faut aller surtout chercher la solution des difficultés existant au sujet du timbre des factures.

FAILLITE.

DIVISION

CHAPITRE PREMIER. — CONSIDÉRATIONS PRÉLIMINAIRES

[8796-8805]

8796. Définition. — La faillite est la cessation des payements d'un commerçant (437 C. C.).

8797. Distinction entre la faillite et la banqueroute. — La faillite et la banqueroute ont une même origine; mais la loi a attaché à ces deux expressions un sens différent que l'on confond souvent dans l'usage. La banqueroute est toujours le résultat de la faute du débiteur; la faillite, au contraire, est causée par quelque perte ou accident majeur et indépendant de la volonté du failli (Boulay-Paty v° *Faillite* t. 1er n° 4).

Autrefois, on appelait *faillite* un état de gêne momentané qui forçait un négociant, solvable d'ailleurs, à suspendre ses payements, et à recourir à ses créanciers pour en obtenir terme et délai. Il y avait ensuite une *banqueroute simple*, qui était caractérisée par le contrat que le débiteur passait avec ses créanciers, qui lui faisaient remise d'une partie de sa dette. Enfin, la *banqueroute frauduleuse* était celle qui se présentait dans des circonstances telles que l'on pouvait convaincre le débiteur d'avoir frustré ses créanciers pour s'enrichir à leurs dépens (Savary *du Parfait négociant*, part. 2 liv. 4).

Les auteurs du code de commerce ont détourné le sens de ces différentes expressions. Ce n'est plus par ses effets, mais par sa cause que la faillite se distingue de la banqueroute. Ainsi, comme nous l'avons déjà dit, si la cessation de payement est due uniquement au malheur, elle prend le nom de *faillite*; si elle est le résultat de l'imprudence ou de l'inconduite, celui de *banqueroute simple*; si elle est entachée de fraude et de mauvaise foi, celui de *banqueroute frauduleuse*.

8798. Distinction entre la faillite et la déconfiture. — La déconfiture a bien quelque analogie avec la faillite, mais elle en diffère sous des rapports essentiels. D'abord, la faillite ne s'applique qu'au commerçant de profession; la déconfiture, au contraire, est le fait d'un particulier non commerçant; ensuite la faillite ne suppose pas toujours l'insolvabilité, tandis que l'insolvabilité est ce qui caractérise la déconfiture.

De ces différences entre la déconfiture et la faillite, il résulte que les règles de l'une ne sont pas applicables à l'autre. La faillite a reçu de la loi commerciale une organisation particulière dont nous allons nous occuper. La loi civile a laissé la déconfiture dans le droit commun (Pardessus *Cours de droit commercial* t. 5 chap. 2, Toullier t. 7 n° 254).

8799. Législation ancienne. — Chez les divers peuples de l'antiquité, la condition des débiteurs était fort dure et les moyens de libération souvent horribles. Ainsi, chez les Hébreux, la loi autorisait les débiteurs à vendre leur personne et celle de leurs enfants pour se libérer. A Rome, le nombre des débiteurs était si grand que, pendant un certain temps, une grande partie de la population fut asservie à l'autre. La conspiration de Catilina eut pour but de soustraire les conspirateurs, presque tous obérés de dettes, aux poursuites de leurs créanciers (Renouard t. 1er p. 9 et 17).

C'est dans les lois commerciales italiennes que l'on trouve l'origine des grands principes qui servent de fondement au droit actuel sur les faillites.

A Florence, tous les actes faits avec le failli depuis la faillite, devenue notoire, étaient nuls. La faillite rendait exigibles les dettes à terme. Des syndics, vérifiant l'actif et le passif, traitaient avec le failli pour la masse. Le juge pouvait aussi nommer un curateur aux biens, sur la demande de la majorité des créanciers.

A Gênes, le tribunal déclarait la faillite sur l'aveu du débiteur, ou sur la demande du créancier produisant trois témoins, qui attestaient la fuite du débiteur, laissant plus de 1,000 livres de dettes. Le jugement était précédé d'affiches, et pendant trois jours le débiteur, ses créanciers, ayant ensemble un intérêt quadruple de celui qui requérait la déclaration de faillite, pouvaient s'opposer à cette déclaration. La femme ne le pouvait pas. Trois ou cinq syndics, désignés par les créanciers, étaient nommés par le juge. Le débiteur, qui s'était mis lui-même entre les mains de la justice, restait dans sa maison. Il avait huit mois et même le double pour traiter avec ses créanciers, et, pendant ce temps-là, les créanciers s'abstenaient de toute répartition des sommes rentrées. En cas de fraude, le tribunal de la Rote, qui, avec le temps, devint seul compétent en matière de faillite, prononçait toutes peines, moins la mort. Les complices, même les créanciers qui avaient traité secrètement, étaient solidairement tenus envers la masse de toutes les dettes. Jusqu'au concordat, la dot de la femme était déposée à la Banque. Les syndics lui en remettaient les revenus pour ses besoins et même la moitié du superflu, s'il y en avait, l'autre moitié appartenant à la masse. La femme prélevait sa dot sur tous les biens patrimoniaux du mari, s'il n'intervenait pas de concordat (Renouard t. 1er p. 22 à 28).

En Angleterre, le premier statut sur les *bankrupt* remonte au règne de Henri VIII; il est relatif à la cession de biens. Une commission composée de trois membres du conseil privé, dont l'un était le lord chancelier du grand sceau, disposait des biens du failli en fuite, les vendait et en distribuait le prix aux créanciers. Après bien des modifications du statut de Henri VIII, est venu le Bill général du 2 mai 1825, encore en vigueur (Renouard t. 1er p. 32).

En France, la plus ancienne ordonnance sur les faillites fut donnée à Lyon, par François Ier, le 10 octobre 1536. Elle veut que les banqueroutiers soient punis extraordinairement de peines corporelles, exposés au carcan et pilori, et tenus en prison jusqu'au payement de leurs dettes et des amendes dues au roi. — Charles IX rendit, en 1560, une ordonnance plus rigoureuse que la précédente. Elle punit de mort les banqueroutiers. — Henri IV publia, en mai 1609, un édit qui renouvelait la peine extraordinaire contre les banqueroutiers frauduleux. — L'ordonnance de Louis XIII, du 15 janvier 1629, porte, art. 153 : « Les banqueroutiers qui feront faillite en fraude seront punis extraordinairement. » Mais, à proprement parler, c'est à l'ordonnance de 1673 que le droit spécial français sur les faillites a pris naissance. Cette ordonnance punit de mort les banqueroutiers frauduleux. Elle fait remonter la faillite à la disparition du débiteur ; elle oblige le failli à donner un état de son actif et passif ; elle annule les actes frauduleux. Les résolutions des créanciers se forment par la majorité des créanciers représentant les trois quarts en somme. Elle conserve les priviléges et hypothèques. — L'ordonnance de 1673 a été successivement modifiée et perfectionnée par des édits du 23 décembre 1699, 18 novembre 1702, 10 juin 1715, 11 janvier 1716, 13 septembre 1739, 27 septembre 1782, 20 juin 1784 et 30 juin 1786.

8800. Législation actuelle.
— La rénovation sociale opérée par la révolution française devait nécessiter la réformation de nos lois commerciales. Aussi, un arrêté des consuls, rendu le 13 germinal an 9, institua une commission chargée de concourir à la rédaction d'un projet, et c'est après de longues discussions qui modifièrent successivement le premier projet que le code de commerce fut décrété sur la fin de 1807 et rendu obligatoire à partir du 1er janvier 1808. Les faillites et banqueroutes forment le livre 3 de ce code.

Mais le livre 3 était prodigue de délais et de formalités qui fatiguaient les créanciers et achevaient de consommer leur gage. Aussi les réclamations se multiplièrent-elles sur la réforme de cette partie du code. Ces réclamations ont porté leurs fruits, et le livre 3 et les art. 69 et 635 du C. com. ont été remplacés par la loi du 3 mai 1838, qui forme le dernier état de la législation.

L'ancienne loi sur les faillites ne régissant plus que les faillites ouvertes avant le 8 juin 1838, date de la promulgation du nouveau code de commerce, nous n'en parlons ici que pour mémoire ; si nous nous reportons quelquefois à elle, ce ne sera qu'à titre de renseignement historique.

8801. Qualité de commerçant.
— La première des conditions qu'exige l'art. 437 du C. com. pour que l'état de faillite puisse exister, c'est que la personne qui cesse ses payements soit *commerçante*. « *Tout commerçant* qui cesse ses payements, dit le § 1er de cet article, est en état de faillite, » et par ce mot il faut entendre le commerçant *de profession*, et non celui qui se trouverait seulement justiciable des tribunaux de commerce, à raison de certains engagements qu'il aurait souscrits. Nous avons rappelé, au mot *Commerçant*, un

très-grand nombre de décisions intervenues sur la qualité de commerçant ; on pourrait les consulter avec fruit pour l'application de la règle que nous indiquons ici.

8802. Cessation de payements.
— La seconde condition pour tomber en état de faillite est la *cessation de ses payements*, et il ne faut pas entendre par là une cessation absolue de payements. Autrement, le négociant pourrait invoquer quelques payements modiques, même frauduleux, pour échapper à la présomption de la loi. D'un autre côté, on ne devrait pas voir une cessation de payements dans le refus de payer quelques effets de commerce. «Il n'est juste, dit Pardessus, n° 1101, de considérer un négociant comme étant en état de faillite, que lorsque, succombant sous le poids de ses engagements, il se trouve dans l'impossibilité d'y faire face : lorsqu'il existe un grand nombre de refus de payements d'où l'on peut moralement conclure que le négociant ne paye plus ; ou, si le nombre de dettes non acquittées es peu considérable, lorsque des circonstances accessoires annoncent une rupture de commerce. »

Au surplus, le débiteur solvable qui se trouve obligé de suspendre ses payements est en faillite tout aussi bien que l'insolvable (Saint-Nexent *Faillites et Banqueroutes* t. 1er n° 6 ; — Orléans 2 janv. 1855, D. 55-2-155 ; — Colmar 19 janv. 1864, S. 64-2-113 ; — Aix 15 janv. 1867, S. 68-2-151).

8803. Décès du commerçant.
— Sous l'ancien code de commerce, la question de savoir si le commerçant pouvait être déclaré en état de faillite après son décès était indécise. La loi de 1838 a levé la difficulté par le § 2 de son art. 437, ainsi conçu : « La faillite d'un commerçant peut être déclarée après son décès, lorsqu'il est mort *en état de cessation de payements*. » Renouard, dans son rapport à la Chambre des députés, avait d'ailleurs fait observer que la faillite ne peut être déclarée au cas où les payements ne cessent *qu'après* l'ouverture de la succession, attendu, d'une part, que l'équité ne permet pas que le caractère de failli soit attaché à la mémoire d'un négociant qui est mort sans avoir cessé ses payements, et que, d'un autre côté, les règles du droit civil relatives aux successions auraient été difficiles à combiner avec les règles particulières aux faillites.

Ainsi, d'après cette nouvelle disposition, on décide que la faillite d'un commerçant peut être déclarée après son décès ; que, dans ce cas, il n'est pas nécessaire d'établir, par des actes antérieurs au décès, le refus ou la cessation de payement : il suffit que l'état de cessation de payements existe de fait, lors du décès, et résulte, d'ailleurs, de l'insolvabilité du débiteur constatée ultérieurement (C. Paris 10 déc. 1839 ; — Lyon 21 fév. 1851, S. 51-2-317 ; — Caen 15 mai 1854, S. 54-2-699 ; — Cass. 4 déc. 1854, S. 55-1-298, P. 55-2-45).

CHAPITRE II. — DE LA DÉCLARATION DE FAILLITE

[8804-8810]

8804. Déclaration du failli. — Aux termes du § 1er de l'art. 438 C. com. : « Tout failli est tenu, dans les trois jours de cessation de ses payements, d'en faire la déclaration au greffe du tribunal de commerce de son domicile. Le jour de la cessation de payements est compris dans les trois jours. »

1. ENREGISTREMENT. — Suivant l'art. 68 § 2 n° 7 L. 22 frimaire an 7, cette déclaration était soumise à l'enregistrement sur la minute, et passible du droit fixe de 2 francs. Le droit est maintenant de 4 fr. 50 cent. en vertu de l'art. 44 n° 10 L. 28 avril 1816 et de l'art. 4 L. 28 février 1872.

2. DROIT DE GREFFE. — Il est en outre dû un droit de greffe de rédaction (L. 21 vent. an 7, art. 5; Déc. 12 juill. 1808, art. 1er, 308 I. G.).

3. POUVOIR. — On vient de voir qu'une pareille déclaration ne peut être faite qu'au greffe. Donc celle qui serait faite par acte sous seing privé et qui contiendrait pouvoir à un tiers de la déposer au greffe, ne devrait être considérée que comme un *pouvoir* de faire la déclaration, et le seul droit exigible serait celui de 2 francs (3 fr.) (Sol. 20 déc. 1826, 8613 J. E.).

4. SIMPLE AVEU. — La loi est positive, il faut que la déclaration soit faite au greffe. Des aveux contenus dans des lettres adressées aux créanciers ou faits dans les assemblées, ou toute autre manière employée par le débiteur pour annoncer qu'il est dans l'impossibilité de remplir ses engagements ne pourraient suppléer cette déclaration (Pardessus t. 5 n° 1098, et Saint-Nexent *des Faillites et banqueroutes* t. 2 n° 164).

5. DÉCLARATION PAR LE TRIBUNAL. — Au surplus, la déclaration du failli n'est pas de rigueur pour ouvrir la faillite, car s'il ne la fait pas, il y est suppléé par la déclaration que fait le tribunal sur la poursuite des créanciers.

8805. Dépôt du bilan. — Le failli ne doit pas se borner à faire au greffe du tribunal de son domicile la déclaration qu'il a cessé ses payements : cette déclaration doit être accompagnée, aux termes de l'art. 439 C. com., du dépôt de son bilan, ou contenir l'indication des motifs qui empêcheraient le failli de le déposer. Le bilan contient l'énumération et l'évaluation de tous les biens mobiliers et immobiliers du débiteur, l'état des dettes actives et passives, le tableau des profits et pertes, le tableau des dépenses. Il est certifié véritable, daté et signé par le débiteur.

1. ENREGISTREMENT. — Les actes passés au greffe des

T. III.

tribunaux de commerce, portant dépôt de bilans, sont tarifés, par l'art. 68 § 2 n° 7 de la loi de frimaire, à un droit fixe de 2 francs porté à 3 francs par la loi du 28 avril 1816, art. 44 n° 10, et à 4 fr. 50 cent. par l'art. 4 L. 28 février 1872.

2. DROIT DE GREFFE. — L'acte de dépôt est de plus sujet à un droit de greffe de rédaction, aux termes de l'art. 5 L. 21 ventôse an 7 et de l'art. 1er du décret du 12 juillet 1808.

8806. Bilan. — Le bilan a été tarifé au droit fixe de 1 franc par l'art. 68 § 1er n° 13 L. 22 frimaire an 7. Ce droit a été porté à 2 francs par la disposition générale de l'art. 8 L. 18 mai 1850 et à 3 francs par l'art. 4 L. 28 février 1872. — Le droit est le même, soit que le bilan ait été formé par les syndics de la faillite, soit qu'il ait été rédigé par le failli, son mandataire, sa veuve et ses enfants.

8807. Énonciations contenues au bilan. — On a vu que le bilan doit contenir l'état des dettes actives et passives du failli. Il est bien évident que cette énonciation ne lie pas les créanciers, puisqu'on procède plus tard à une vérification de créances (V. 8850 et suiv.). Mais produit-elle cet effet à l'égard du failli ? Locré, sur l'art. 471 t. 6, et Boulay-Paty, n° 157, donnent à cette énonciation la force d'un aveu judiciaire. Mais cette opinion est justement combattue par Renouard, t. 1er p. 268 et Dalloz v° *Faillite* et *Banqueroute* n° 102. Le bilan n'a aucun des caractères de l'aveu judiciaire, puisque l'art. 1356 C. C. définit l'aveu judiciaire « la déclaration que fait en justice la partie ou son fondé de pouvoir spécial. » Le bilan du failli est acte unilatéral rédigé dans un temps suspect par un homme que sa situation a pu égarer, et qui était d'ailleurs dépouillé de la capacité de s'engager par des reconnaissances. Le bilan n'est qu'un acte n'ayant, en réalité, que la valeur d'un acte privé dont les débats contradictoires de la vérification des créances pourront rectifier les erreurs et dévoiler les mensonges.

Dès lors les énonciations contenues dans le bilan ne peuvent donner ouverture au droit de titre. — V. 8834 et 8807.

8808. Jugement déclaratif de la faillite. — L'art. 440 C. com. exige que la faillite soit déclarée par un jugement du tribunal de commerce, rendu, soit sur la déclaration du failli, soit à la requête d'un ou de plusieurs créanciers, soit d'office. Ce jugement est exécutoire provisoirement.

Ce jugement est susceptible d'opposition, aux termes de l'art. 580 C. com. ainsi conçu : « Le jugement déclaratif de la faillite, et celui qui fixera à une date antérieure l'époque de la cessation de payements, seront susceptibles d'opposition, de la part du failli, dans la huitaine, et de la part de toute autre partie intéressée, pendant un mois. Ces délais courront à partir des jours où les formalités de l'affiche et de l'insertion énoncées dans l'art. 442 auront été accomplies. »

1. ENREGISTREMENT. — Il résulte de là que le jugement déclaratif étant en premier ressort, est passible du droit

41

fixe de 7 fr. 50 cent. aux termes de l'art. 45 L. 28 avril 1816 et de l'art. 4 L. 28 février 1872. — V. 8915.

8809. Fixation du jour de la cessation de payements.

— Par le jugement déclaratif de la faillite, ou par jugement ultérieur rendu sur le rapport du juge-commissaire, le tribunal détermine, soit d'office, soit sur la poursuite de toute partie intéressée, l'époque à laquelle a eu lieu la cessation de payements. A défaut de détermination spéciale, la cessation de payements est réputée avoir eu lieu à partir du jugement déclaratif de la faillite (441 C. com.).

Sous l'ancien code de commerce, art. 441, l'époque de l'ouverture de la faillite était fixée par la date de tout acte constatant le refus d'acquitter ou de payer ses engagements de commerce. — Aujourd'hui le tribunal peut puiser les motifs de son jugement dans toutes circonstances qui seront concluantes; il a sur ce point un pouvoir discrétionnaire (Pardessus t. 5 n° 1107; — Cass. 21 août 1853, 468 R. P.). — Mais du moment qu'il y a eu cessation de payement, un tribunal ne peut subordonner la déclaration de faillite à des circonstances quelconques. La faillite est irrévocablement encourue (C. Orléans 2 janv. et 28 fév. 1855, 482 R. P.).

La loi fixe l'époque de l'ouverture de la faillite à la date de tous actes constatant le refus ou l'impossibilité d'acquitter des engagements de commerce. On ne pourrait reporter cette ouverture au temps où le failli, bien que dans un état de gêne et sous le poids d'un passif excédant son actif, ne serait pas encore arrivé à une véritable cessation de payements. — Par contre, également, des payements partiels qui ne porteraient que sur quelques frais de poursuites à l'effet de saisies-exécutions, ne constitueraient point la continuation de payements exigée par la loi pour exclure l'état de faillite. C'est au jour où il y a réellement eu cessation de payements ou impossibilité d'acquitter des engagements contractés que les tribunaux doivent faire remonter l'ouverture de la faillite (Lyon 15 juill. 1840; — Colmar 3 déc. 1816, V. P.).

1. ENREGISTREMENT. — Si la fixation de l'époque à laquelle a eu lieu la cessation de payements est faite dans le jugement même qui déclare la faillite, aucun droit particulier ne peut être exigé.

Lorsque cette détermination a lieu par un jugement ultérieur, ce jugement, étant en premier ressort (V. l'art. 580 C. com. au n° 8808), est passible du droit de 7 fr. 50 cent., aux termes de l'art. 45 n° 5 L. 28 avril 1816 et de l'art. 4 L. 28 février 1872. — V. 8799.

8810. Affiche et insertion.

— Le jugement déclaratif de la faillite et celui qui en fixe l'époque, doivent être, d'après l'art. 442 C. com., affichés et insérés par extrait dans les journaux du lieu où la faillite a été déclarée, ainsi que dans tous les lieux où le failli a des établissements commerciaux.

La date de l'affiche servant à faire courir le délai pendant lequel le failli et les intéressés ont le droit de former opposition au jugement déclaratif de faillite ou à celui qui fixe l'époque de la cessation de payement (580 C. com.), il s'ensuit que cette date doit être constatée d'une manière authentique, c'est-à-dire par un procès-verbal d'huissier, suivant les prescriptions du C. proc. (Pardessus n° 1109). Il n'est pas nécessaire que la constatation émane du greffier (Cass. 7 janv. 1856, D. 56-1-168).

1. ENREGISTREMENT. — Le procès-verbal de l'huissier est alors sujet à l'enregistrement, au droit fixe de 3 francs. — V. 577 et 1913.

2. TIMBRE. — *Déclaration de faillite.* — Mais que décider à l'égard de l'affiche? Doit-elle être sur timbre, comme le sont toutes les affiches judiciaires dans les cas prévus par le C. proc.? On a vu, d'un côté, au n° 1898, que toutes les affiches qui se rapportent à l'intérêt général sont exemptes du timbre; d'un autre côté, aux n°s 1907 et 1908, toutes les affiches judiciaires apposées dans les lieux indiqués par le code sont sujettes au timbre de dimension, et cela parce que l'apposition de ces affiches, bien que prescrite par la loi, a, en définitive, l'intérêt privé pour objet. — Mais lorsqu'il s'agit de la publicité à donner à l'ouverture d'une faillite, l'intérêt général est réellement dominant. Aussi, une décision ministérielle du 15 mars 1814 (4759, 4852 J. E., D. N. t. 6 p. 53 n° 226) porte-t-elle que l'extrait du jugement qui déclare la faillite, et qui doit être affiché d'après le C. com., est exempt de timbre.

3. VENTE. — Cependant, un huissier ne pourrait, sans contravention à l'art. 24 L. 13 brumaire an 7, constater l'apposition d'une affiche annonçant la vente des meubles d'une faillite par le ministère d'un commissaire-priseur, si cette affiche n'était pas sur timbre de *dimension* (Sol. 15 janv. 1840, C. ann. 4340).

On saisit facilement la différence qui existe entre ce cas et celui ci-dessus.

Il est d'un intérêt général qu'une faillite soit révélée au grand jour; aussi l'affiche qui en contient la déclaration est-elle exempte de timbre. Mais lorsqu'il s'agit de la vente des effets mobiliers du failli, le plus ou moins de publicité qui peut être donné à cette vente n'intéresse que les créanciers; car cette publicité n'a d'autre but que de provoquer la concurrence qui, seule, peut donner de la chaleur aux enchères.

CHAPITRE III. — DU JUGE-COMMISSAIRE

[8811-8816]

8811. Nécessité de la nomination d'un juge-commissaire.

— Comme l'intérêt public exige des garanties, il a paru nécessaire de créer des juges-commissaires, pour empêcher les fraudes si faciles à commettre dans les premiers moments d'une faillite, alors que les créanciers ne sont pas connus ou ne sont pas présents, et que la désignation faite par le failli peut indiquer des créanciers supposés, des complices. « L'intervention immédiate du magistrat, dit Bédarride, n° 148, est un obstacle à beaucoup de fraudes, un moyen d'atteindre celles qui auraient été pratiquées. La surveillance continuelle qui le rend dans tous les temps accessible aux réclamations des créanciers, le pouvoir qu'il a de mander les syndics, de leur faire des réquisitions, des injonctions, de provoquer même leur destitution, est une barrière à tous les abus, et un obstacle à ce que l'Administration soit détournée de ses voies légales. »

8812. Nomination. — Conformément à l'art. 451 C. com. le juge-commissaire est désigné par le jugement qui déclare la faillite, il est choisi parmi les membres du tribunal de commerce.

Dans ce cas, la nomination ne peut donner ouverture à un droit particulier. Si elle avait lieu par un jugement spécial, ce jugement, n'étant, aux termes de l'art. 583 C. com., susceptible ni d'opposition, ni d'appel, ni de renvoi en cassation, donnerait ouverture au droit de 4 fr. 50 cent., comme jugement en dernier ressort.

8813. Remplacement. — L'art. 454 C. com. prévoit le cas où il serait nécessaire de procéder au remplacement du juge-commissaire. Le jugement qui pourvoirait à ce remplacement n'étant, aux termes de l'art. 583, susceptible ni d'opposition, ni d'appel, ni de recours en cassation, serait également passible du droit de 4 fr. 50 cent., comme jugement en dernier ressort.

Mais si le remplacement du nouveau juge n'avait pour cause que l'empêchement de celui précédemment nommé, le jugement ne devrait être considéré que comme d'ordre intérieur et il serait, par suite, exempt d'enregistrement (Sol. 12 mai 1824, 1146 § 7 I. G.).

8814. Fonctions. — Les fonctions du juge-commissaire commencent à l'instant même de sa nomination et durent jusqu'à la liquidation définitive ou jusqu'au concordat. C'est ce qui ressort des dispositions des art. 452 et suivants, d'après lesquels le juge-commissaire veille à toutes les opérations de la faillite (Pardessus n° 1142, Esnaud n° 254, Bédarride t. 1er p. 148, Dalloz loc. cit. n° 347).

Le juge-commissaire n'administre pas, il surveille les opérations des administrateurs de la faillite. — Il préside l'assemblée des créanciers quand ils délibèrent sur les intérêts communs (art. 504 et suiv.); c'est en sa présence que se fait la vérification des créances (493) et qu'est débattu le concordat (507 et suiv.); c'est lui qui fait les répartitions aux créanciers (568), et qui fait au tribunal de commerce le rapport de toutes les contestations que la faillite peut faire naître, et qui sont de la compétence de ce tribunal (452).

8815. Rapport du juge-commissaire. — Il avait été décidé (D. m. f. 10 mai 1832, 10393 J. E., 1410 § 7 I. G.), sous l'empire de l'ancien C. com., que les rapports des juges-commissaires, faits par écrit, en matière de faillite, dans les cas prévus par l'art. 458 C. com., ne sont sujets ni au timbre ni à l'enregistrement, et qu'il n'y a pas lieu d'en dresser acte de dépôt au greffe, attendu qu'aucune loi ne prescrivant la rédaction par écrit de ces rapports, ils peuvent n'être considérés que comme de simples notes ou renseignements destinés à former la conviction du tribunal.

Cette décision doit encore être suivie aujourd'hui. « Il faut, disait-on (séance du 9 fév. 1835, *Moniteur* du 10), que le juge-commissaire fasse le rapport de toutes les contestations qui s'élèveront dans le cours de la faillite, et ce sera au tribunal à décider quelles sont celles de sa compétence. » M. Dufaure répondit : « Nous sommes tous d'accord sur la pensée de l'article, je crois que la suppression aurait cet inconvénient que le juge-commissaire se croirait obligé de faire un rapport au tribunal de commerce sur des objets dont il est juge pleinement et entièrement; il est donc besoin d'exprimer *qu'il n'est pas tenu* de faire rapport de tout ce qui s'élève dans une faillite dont il est le surveillant. Je ne crois pas qu'il puisse y avoir de doute sur les mots qui terminent l'article (452) et la chambre ne s'engage pas en les conservant. »

Ainsi les motifs de décider sont les mêmes aujourd'hui qu'autrefois; la loi ne prescrit pas au juge-commissaire la rédaction par écrit d'un rapport; ce rapport, lorsqu'il a lieu, ne peut être considéré que comme une simple note ou renseignement destiné à former la conviction du tribunal.

8816. Recours contre les ordonnances du juge-commissaire. — Les jugements par lesquels le tribunal de commerce statue sur les recours formés contre les ordonnances rendues par le juge-commissaire dans les limites de ses attributions n'étant susceptibles ni d'opposition, ni d'appel, ni de recours en cassation (583 C. com.), doivent être enregistrés, au droit de 4 fr. 50 cent., comme jugements en dernier ressort.

CHAPITRE IV. — EFFETS DU JUGEMENT DÉCLARATIF DE LA FAILLITE

[8817-8827]

SECTION PREMIÈRE. — EFFETS RELATIVEMENT A LA PERSONNE

[8817-8818]

8817. Droits politiques. — La loi électorale du 15 mars 1849 admettait parmi les électeurs les faillis *concordataires* seulement, celle du 31 mai 1850 n'admet parmi les électeurs et les éligibles que les faillis *réhabilités*. A l'égard de leurs héritiers immédiats, détenteurs de leurs biens, ils ne sont pas privés de la qualité d'électeurs.

8818. Droits civils. — Il ne résulte en général pour le failli ni interdiction ni privation des droits civils; mais il ne peut être ni tuteur ni curateur (Pardessus n° 1313).

Le failli conserve la jouissance maritale et paternelle et l'administration des biens de ses enfants jusqu'à ce que leur tutelle lui soit retirée, ainsi que celle des biens de sa femme jusqu'à ce que celle-ci ait fait prononcer sa séparation de biens (Pardessus n° 1117, Massé n° 255, Magnin *Traité des tutelles et curatelles* n° 412, Dalloz v° *Faillite et Banqueroute* n° 172).

SECTION 2. — EFFETS RELATIVEMENT AUX BIENS

[8819-8827]

8819. Effets généraux. — Le jugement déclaratif de la faillite entraîne de plein droit, à partir de sa date, dessaisissement pour le failli de l'administration de tous ses biens, même de ceux qui peuvent lui échoir tant qu'il est en état de faillite (443 C. com.). — Le dessaisissement s'étend jusqu'aux produits de ses travaux et de son industrie personnels postérieurs à la faillite et au contrat d'union qui en a été la suite (Paris 6 juill. 1855, S. 1855-2-479, Pardessus t. 5 p. 127, Renouard t. 1er p. 299, Lainé p. 45, Massé t. 3 n° 244). — V. infra 8821.

Un second effet que produit l'état de faillite, quant aux biens, c'est de rendre exigibles les dettes du failli et d'arrêter le cours des intérêts à l'égard de la masse (444 et 445 C. com.). — Enfin la faillite annule certains actes (446, 447 et 448 C. com.).

8820. Dessaisissement. — Le dessaisissement qui atteint le failli est entier et absolu : la loi ne lui permet pas que le tribunal l'en affranchisse, même par une disposition expresse (Pardessus n° 1116, Massé n° 228, Dalloz loc. cit. n° 181). Il s'opère ipso facto, sans qu'il soit nécessaire d'une disposition particulière dans le jugement déclaratif.

8821. Propriété et administration des biens. — Mais le dessaisissement dont est frappé le failli le dépouille, il ne faut pas le perdre de vue, non de la propriété qui continue de résider sur sa tête, mais de l'administration de ses biens. D'où la conséquence qu'après le concordat le failli reprend l'exercice de son droit de propriété, sans qu'un nouveau jugement soit nécessaire pour le réintégrer dans cette propriété (mêmes auteurs loc. cit.). — V. 8893.

Ce dessaisissement n'enlève pas toutefois au failli la capacité de contracter et de se livrer à de nouvelles opérations commerciales (Cass. 8 mars 1854, S. 54-1-238, P. 1854-1-380 ; — Douai 11 nov. 1856, S. 57-2-306 ; — Cass. 21 fév. 1859, S. 59-1-555 ; 25 juin 1860, S. 60-1-858 ; 12 janv. 1864, D. 64-1-130, S. 64-1-17).

8822. Exigibilité des dettes passives. — Le jugement déclaratif du failli rend exigibles, à l'égard du failli, les dettes passives non échues (444 C. com.), c'est-à-dire que le failli est déchu du bénéfice du terme (1188 C. C.).

1. CAUTION. — Comme conséquence de cette règle, en cas de faillite du souscripteur d'un billet à ordre, de l'accepteur d'une lettre de change, ou du tireur à défaut d'acceptation, les autres obligés sont tenus de donner caution pour le payement à l'échéance, s'ils n'aiment mieux payer immédiatement (444 C. com.). — V. 8823

2. COOBLIGÉS. — Mais la faillite de l'un des coobligés solidaires ne fait pas perdre aux autres le bénéfice du terme (C. Bordeaux 10 mars 1854, S. 54-2-115, Pothier des Oblig. n° 236, Delvincourt 2-704, Duranton t. 11, 119, Pardessus n° 1129, Renouard t. 1er n° 321, Bédarride t. 1er n° 94).

8823. Bénéfice du terme. — Tous les auteurs enseignent que, pour la déchéance du terme, il n'y a pas de distinction à faire entre les dettes ordinaires et les dettes hypothécaires (Conf.: Angers 15 mai 1861, D. 61-2-107 ; — Agen 20 fév. 1860, D. 66-2-149, S. 66-2-154). Au surplus, il faut remarquer que la caution du débiteur tombé en faillite n'est pas privée du bénéfice du terme, comme le débiteur lui-même, si elle reste solvable (Boulay-Paty n° 115, Pardessus n° 1129, Roll. de Vill. v° Faillite n° 43, Dalloz eod. n° 237). — Il en est de même à l'égard des obligés solidaires du failli (mêmes auteurs).

8824. Compensation. — L'exigibilité résultant de la faillite donne lieu à des difficultés relativement à la compensation. Ainsi, nul doute que la compensation opérée avant l'ouverture de la faillite, en faveur de celui qui est en même temps créancier et débiteur du failli, conserve tout son effet ; mais il en est ici comme dans le cas de bénéfice d'inventaire (V. 4609), la compensation ne peut s'opérer au profit de celui qui, étant créancier ou débiteur du failli avant l'ouverture de la faillite, n'est devenu que depuis son débiteur ou son créancier ; car tous les droits des créanciers sont fixés à l'ouverture de la faillite, et la compensation n'a pas lieu au préjudice des droits acquis à un tiers. Le débiteur devenu créancier devrait donc payer ce qu'il doit, et il ne pourrait réclamer ce qui lui est dû qu'au marc le franc, comme les autres créanciers.

8825. Cessation du cours des intérêts. — Le sort des intérêts des créances dues par le failli n'était point explicitement réglé par l'ancien code de commerce. « Ces intérêts, a dit Renouard dans son rapport sur la loi de 1838, ne cessent pas entièrement de courir, car le failli n'en est point libéré, et il devra s'acquitter s'il veut obtenir sa réhabilitation ; mais la faillite doit arrêter leur cours à l'égard de la masse. » C'est ce que décide l'art. 445 du nouveau code, ainsi conçu :

« Le jugement déclaratif de la faillite arrête, à l'égard de la masse seulement, le cours des intérêts de toute créance non garantie par un privilége ou par une hypothèque. — Les intérêts des créances garanties ne pourront être réclamés que sur les sommes provenant des biens affectés au privilége, à l'hypothèque ou au nantissement. »

Il résulte de ces expressions : le jugement déclaratif... arrête... le cours des intérêts, etc., qu'alors même que la faillite est reportée à une époque antérieure à celle du jugement qui la déclare, ce n'est néanmoins qu'à partir de ce jugement que les intérêts cessent de courir à l'égard de la masse (Lainé p. 55, Dalloz loc. cit. n° 262).

§826. Annulation de certains actes, suivant qu'ils ont une date antérieure ou postérieure à la faillite. — L'un des effets les plus remarquables de la faillite est relatif à la nullité dont la loi frappe certains actes faits par le failli.

1. ACTES NULS DE PLEIN DROIT. — Ainsi, aux termes de l'art. 446 C. com., *sont nuls et sans effet*, relativement à la masse, lorsqu'ils auront été faits par le débiteur depuis l'époque déterminée par le tribunal comme étant celle de la cessation de ses payements, ou dans les dix jours qui auront précédé cette époque: tous actes translatifs de propriétés mobilières ou immobilières à titre gratuit; — tous payements soit en espèces, soit par transport, vente, compensation ou autrement, pour dettes non échues, tous payements faits autrement qu'en espèces ou effets de commerce; — toute hypothèque conventionnelle ou judiciaire, et tous droits d'antichrèse ou de nantissement constitués sur les biens du débiteur pour dettes antérieurement contractées.

Cette disposition comprend, comme on le voit, non-seulement les actes à titre gratuit proprement dits, tels que les donations et les testaments, mais tous autres qui ont, de la part du failli, un caractère de libéralité, parce qu'il n'a pas reçu l'équivalent de l'obligation à laquelle il s'est lui-même soumis.

Enregistrement. — La nullité de ces actes étant de *plein droit*, il en résulte qu'aucun droit de rétrocession ne peut être perçu lorsque les biens retournent des mains des donataires ou légataires dans la possession de l'actif de la faillite. Mais l'exemption de droit ne pourrait profiter aux résolutions volontaires. C'est ce que nous développerons aux mots *Nullité* et *Restitution*.

2. ACTES DONT L'ANNULATION EST FACULTATIVE. — Tous autres payements faits par le débiteur pour dettes échues, et tous autres actes à titre onéreux par lui passés après la cessation de ses payements et avant le jugement déclaratif de faillite, *pourront être annulés* de la part de ceux qui ont reçu du débiteur ou qui ont traité avec lui, ils ont eu lieu avec connaissance de la cessation de ses payements (447 C. com.).

Dès lors, les actes faits par le failli avant la déclaration de la faillite, mais postérieurement au jour où l'ouverture de la faillite a été reportée, peuvent être déclarés valables si les tiers ont agi de bonne foi. — Il a été jugé, dans ce sens, que les actes faits par le failli, dans l'intervalle écoulé entre l'époque fixée pour l'ouverture de sa faillite et le jugement qui l'a déclarée sont présumés frauduleux, et doivent être annulés à l'égard même de ceux qui ont contracté avec le failli, à moins que ces derniers ne prouvent d'une manière incontestable le dérangement des affaires du failli, *et qu'ils étaient de bonne foi* (Bordeaux 27 juin 1828; — Cass. 24 déc. 1860, S. 61-1-538; 30 déc. 1856, S. 57-1-830; 9 déc. 1868, S. 69-1-117).

Enregistrement. — La nullité n'étant pas ici de plein droit, nous ne pensons pas qu'il y ait lieu de faire l'application des art. 68 § 3 n° 7 L. 22 frimaire an 7 et 27 ventôse an 5 art. 12, qui ne tarifent au droit fixe parmi les jugements de résolution que ceux qui se rapportent à des résolutions pour nullité radicale ou pour défaut de payement de prix, lorsque l'acquéreur n'est pas entré en jouissance. Il est vrai qu'un arrêt de cassation du 31 décembre 1823 en jugeant que le droit perçu sur un acte de vente annulé n'est pas restituable, ajoute que le seul effet de la condition résolutoire résultant de la faillite, par rapport à l'application des droits d'enregistrement, *a été d'exempter du droit proportionnel de mutation* l'arrêt qui, à raison de l'état de faillite, *a prononcé la résolution de la vente.*

Cet arrêt est ainsi conçu: « Attendu que le droit d'enregistrement perçu sur l'acte de vente du 10 avril 1816 l'avait été régulièrement, d'après la substance de cet acte, et nonobstant la clause résolutoire qui pouvait résulter, par la suite, de l'état de faillite dans lequel serait déclarée l'une des parties contractantes; que le seul effet de cette circonstance, par rapport à l'application des droits d'enregistrement, a été d'exempter du droit proportionnel de mutation l'arrêt de la cour de Colmar du 30 juillet 1819, qui, à raison de cet état de faillite, a prononcé la résolution de ladite; mais que cet arrêt n'a pu rétroagir sur la perception régulièrement faite, pour l'enregistrement de l'acte de vente » (S. 24 1-248, 7666, 15737-5 J. E.).

Mais le considérant de l'arrêt sur la résolution était étranger à la question soumise à la cour. Les termes de la loi sont d'ailleurs trop formels pour qu'on puisse appliquer le droit fixe à d'autres cas que ceux qu'elle prévoit.

Il a été reconnu, dans ce sens, que, bien que la cession d'un fonds de commerce soit postérieure à l'ouverture de la faillite du vendeur, si, pour éviter un procès que la faillite pourrait intenter, il est convenu que la cession, dont le prix a été payé, sera annulée, le droit de rétrocession est exigible, attendu que cette cession n'était pas nulle de plein droit (14138-3 J. E.). — V. au surplus le mot *Nullité.*

3. HYPOTHÈQUES. — « Les droits d'hypothèque et de privilège valablement acquis, pourront être inscrits jusqu'au jour du jugement déclaratif de la faillite. Néanmoins, les inscriptions prises après l'époque de la cessation de payements ou dans les dix jours qui précèdent pourront être déclarées nulles, s'il s'est écoulé plus de quinze jours entre la date de l'acte constitutif de l'hypothèque ou du privilège et celle de l'inscription. Ce délai sera augmenté d'un jour, à raison de cinq myriamètres de distance entre le lieu où le droit d'hypothèque aura été acquis et le lieu où l'inscription sera prise » (448 C. com.).

Ainsi, la loi permet, par principe d'équité, qu'une formalité qui est le complément nécessaire d'un droit valablement acquis puisse être remplie jusqu'au jour du jugement déclaratif de la faillite; mais, en même temps, « elle a prévu, disait Renouard, rapporteur, que si l'inscription était retardée, il y aurait moyen de ménager à un débiteur commerçant au-dessous de ses affaires un crédit apparent, mensonger, qui pourrait induire les tiers en erreur sur sa véritable position. » C'est pour prévenir cette fraude, pour empêcher que, par une coupable complaisance, des prêteurs ne diffèrent de prendre inscription jusqu'au jour même du jugement déclaratif de la faillite, qu'a été rédigée la disposition de l'art. 448 ci-dessus, qui veut que les hypothèques prises après l'époque de la cessation des payements ou dans les dix jours qui précèdent puissent être déclarées nulles, s'il s'est écoulé plus de dix jours entre la date de l'acte constitutif de l'hypothèque ou du privilège et celle de l'inscription.

8827. Rapport du payement des effets de commerce. — A la disposition de l'art. 447 C. com. qui autorise à rechercher les payements faits par le débiteur avant la déclaration de sa faillite, il a été fait une exception en faveur des tiers porteurs d'effets négociables, qui, n'étant admis par la législation ni à protester contre le payement qui leur serait offert, ni par conséquent à exercer les recours subordonnés à la condition du protêt, ne pourraient sans injustice être déclarés responsables de la validité d'un payement qu'ils sont forcés de recevoir. Cette exception est formulée en ces termes par l'art. 449 C. com. : « Dans le cas où des lettres de change auraient été payées après l'époque fixée comme étant celle de la cessation de payements et avant le jugement déclaratif de faillite, l'action en rapport ne pourra être intentée que contre celui pour le compte duquel la lettre de change aura été fournie. S'il s'agit d'un billet à ordre, l'action ne pourra être exercée que contre le premier endosseur. Dans l'un et l'autre cas, la preuve que celui à qui on demande le rapport avait connaissance de la cessation de payements à l'époque de l'émission du titre devra être fournie. »

CHAPITRE V. — APPOSITION DES SCELLÉS

[8828-8833]

8828. Dispositions de la loi. — « Par le jugement qui déclarera la faillite, le tribunal ordonnera l'apposition des scellés et le dépôt de la personne du failli dans la maison d'arrêt pour dettes, ou la garde de sa personne par un officier de police ou de justice, ou par un gendarme » 455 C. com.).

« Le greffier du tribunal de commerce adressera sur-le-champ, au juge de paix, avis de la disposition du jugement qui aura ordonné l'apposition des scellés. — Le juge de paix pourra, même avant ce jugement, apposer les scellés, soit d'office, soit sur la réquisition d'un ou plusieurs créanciers, mais seulement dans le cas de disparition du débiteur ou de détournement de tout ou de partie de son actif » (Idem 457).

« Les scellés seront apposés sur les magasins, comptoirs, caisses, portefeuilles, livres, papiers, meubles et effets du failli. — En cas de faillite d'une société en nom collectif, les scellés seront apposés, non-seulement dans le siège principal de la société, mais encore dans le domicile séparé de chacun des associés solidaires. — Dans tous les cas, le juge de paix donnera, sans délai, au président du tribunal de commerce, avis de l'apposition des scellés » (Idem 458).

« Le juge-commissaire pourra, sur la demande des syndics, les dispenser de faire placer sous les scellés, ou les autoriser à en faire extraire : 1° les vêtements, hardes, meubles et effets nécessaires au failli et à sa famille, et dont la délivrance sera autorisée par le juge-commissaire, sur l'état que lui en soumettront les syndics ; — 2° les objets sujets à dépérissement prochain ou à dépréciation imminente ; — 3° les objets servant à l'exploitation du fonds de commerce, lorsque cette exploitation ne pourrait être interrompue sans préjudice pour les créanciers. Les objets compris dans les deux numéros précédents seront de suite inventoriés avec prisée par les syndics en présence du juge de paix, qui signera le procès-verbal » (Idem 469).

8829. Quotité du droit. — Les procès-verbaux d'apposition, de reconnaissance et des levée de scellés, et les inventaires dressés après faillite, étaient soumis, d'après l'art. 68 § 2 nᵒˢ 1ᵉʳ et 3 de la loi de l'an 7, comme tous les actes de cette nature, au droit fixe de 2 francs, pour chaque vacation. — Mais la loi du 24 mai 1834 est venue modifier cet état de choses. Son art. 11 est ainsi conçu :

« Les procès-verbaux d'apposition, de reconnaissance et de levée des scellés, et les inventaires dressés après faillite dans les cas prévus par les art. 455, 457 et 479 C. com., ne seront assujettis chacun qu'à un seul droit fixe de 2 francs, quel que soit le nombre des vacations. »

Il est vrai que la loi du 19 juillet 1845 porte que « le droit de 2 francs établi par l'art. 68 § 2 nᵒˢ 3 et 4 L. 22 frimaire an 7 et par l'art. 43 nᵒ 4 L. 28 avril 1816, pour les avis de parents, les procès-verbaux d'apposition, de reconnaissance et de levée de scellés, sera élevé à 4 francs en principal. » Mais, comme cette disposition ne se réfère qu'aux art. 68 L. 22 frimaire an 7 et 43 de celle du 28 avril 1816, il en résulte qu'elle n'a nullement modifié l'art. 11 L. 24 mai 1834 et que le droit sur les actes désignés dans cet article reste fixé à 2 francs. C'est ce que l'Administration a décidé, par une Sol. 16 octobre 1846 (14125 J. E., 12849 J. N., 1786 § 4 I. G.).

Ce droit a été porté à 3 francs par l'art. 4 L. 28 février 1872.

8830. Délai. — Clôture. — Les procès-verbaux d'apposition et de levée de scellés et les inventaires, en matière de faillite, doivent être enregistrés dans les vingt jours de la date de la première séance, bien que non clôturés ; mais le droit fixe de 2 francs (3 fr.) ne doit être perçu que sur le premier enregistrement, et tous les enregistrements qui doivent avoir lieu postérieurement, de vingt jours en vingt jours, sont exempts de droits. Toutefois, dans ce cas, le receveur doit avoir soin de rappeler, dans la relation de l'enregistrement des dernières séances, la perception faite sur la première (Dél. 16 oct. 1836, 1528 § 7 I. G.).

8831. Peine en cas de retard. — On a enseigné (14620-2 J. E.) que, du moment que le droit de 2 francs (3 fr.) a été perçu, bien que le greffier soit tenu de faire enregistrer les séances subséquentes dans les vingt jours de leur date, il est douteux qu'il soit passible d'amende pour ne l'avoir pas fait, car l'enregistrement n'étant qu'un impôt, le but de la loi se trouve rempli dès que l'impôt a été payé, et il n'y a plus de raison d'infliger une peine pour contraindre à un payement effectué.

Cette opinion paraît aujourd'hui abandonnée. — V. 770-3 et 999.

8832. Apposition d'office. — Le juge de paix peut, même avant le jugement qui déclare la faillite, apposer les scellés, soit d'office, soit sur la réquisition d'un ou plusieurs créanciers, mais seulement dans le cas de disparition du débiteur ou du détournement de tout ou partie de son actif. Il est incontestable que, dans ce cas, le procès-verbal constatant l'apposition des scellés doit être régi par les dispositions de la loi de 1834 et qu'il n'est passible que du droit de 3 francs, quel que soit le nombre des vacations. (13833-2).

8833. Certificat. — Le certificat par lequel le juge de paix constate la remise qui lui est faite de l'expédition du jugement qui ordonne l'apposition des scellés en matière de faillite, considéré comme acte délivré dans l'ordre judiciaire par un fonctionnaire public à un fonctionnaire public, est exempt des formalités du timbre et de l'enregistrement (L. 13 brum. an 7, art. 16 nᵒ 1ᵉʳ, 22 frim. an 7, art. 70 § 3 nᵒ 2).

CHAPITRE VI. — NOMINATION ET GESTION DES SYNDICS

[8834-8849]

SECTION PREMIÈRE. — CONSIDÉRATIONS GÉNÉRALES

[8834-8840]

8834. Nomination des syndics. — D'après les art. 462 et suiv. de l'ancien code de commerce, l'administration des biens de la faillite était d'abord confiée à des agents qui, quinze jours ou trente jours après leur entrée en fonctions, étaient remplacés par des syndics provisoires chargés d'administrer jusqu'au concordat ou à la formation de l'union. Après la formation de l'union, les syndics définitifs étaient nommés par les créanciers.

Ce système de trois administrations successives a été simplifié par le législateur de 1838. L'art. 462 C. com. est ainsi conçu : « Par le jugement qui déclarera la faillite, le tribunal de commerce nommera un ou plusieurs syndics provisoires. — Le juge-commissaire convoquera immédiatement les créanciers présumés à se réunir dans un délai qui n'excédera pas quinze jours. Il consultera les créanciers présents à cette réunion, tant sur la composition de l'état des créanciers présumés que sur la nomination de nouveaux syndics. Il sera dressé procès-verbal de leurs dires et observations, lequel sera représenté au tribunal. — Sur le vu de ce procès-verbal et de l'état des créanciers présumés et sur le rapport du juge-commissaire, le tribunal nommera de nouveaux syndics ou continuera les premiers dans leurs fonctions. — Les syndics ainsi institués sont définitifs ; cependant, ils peuvent être remplacés par le tribunal de commerce, dans le cas et suivant les formes qui seront déterminées. — Le nombre des syndics pourra être, à toute époque, porté jusqu'à trois ; ils pourront être choisis parmi les personnes étrangères à la masse, et recevoir, quelle que soit leur qualité, après avoir rendu compte de leur gestion, une indemnité que le tribunal de commerce arbitrera sur le rapport du juge-commissaire. »

1. ENREGISTREMENT. — Aux termes de l'art. 583 C. com., les décisions par lesquelles les syndics d'une faillite ont été nommés sont inattaquables, soit par opposition, soit par appel ; dès lors, si cette nomination a lieu par un jugement spécial, ce jugement n'est passible que du droit de 4 fr. 50 cent. comme jugement en dernier ressort (14131-3 J. E.).

L'Administration a décidé, le 22 mai 1824 (7750 J. E., D. N. t. 6 p. 53 nᵒ 233), que ces jugements doivent être enregistrés au droit fixe de 5 francs (7 fr. 50 cent.) comme jugements définitifs. — V. 8915.

Mais lorsque cette nomination est faite par le jugement même qui déclare la faillite, il n'est pas dû de droit particulier pour cette disposition (D. N. t. 6 p. 53 nᵒ 234).

8835. Révocation des syndics. — Le jugement qui révoquerait les syndics étant également inattaquable, aux termes du même art. 583, doit être enregistré au même droit fixe de 4 fr. 50 cent. — V. 8915.

8836. Gestion des syndics. — Solidarité. — Responsabilité. — Comme représentants de la masse des créanciers et du failli, les syndics sont chargés de l'administration ou de la gestion matérielle de la faillite pour en conserver l'actif jusqu'à la signature du concordat qui fait cesser le dessaisissement ou jusqu'au moment de l'union formée pour la réalisation ou le partage de l'actif. — V. 8893 et 8898.

D'après l'art. 465 : « s'il a été nommé plusieurs syndics, ils ne peuvent agir que *collectivement* ; néanmoins, le juge-commissaire peut donner à un ou plusieurs d'entre eux des autorisations spéciales à l'effet de faire séparément certains actes de l'administration. Dans ce dernier cas, les syndics autorisés sont seuls *responsables*. »

Mais, sauf le cas où le juge autorise certains actes individuels, et celui où le syndic, qui trouverait inopportune une mesure que ses collègues voudraient prendre, formerait un acte d'opposition, tout acte est considéré comme émanant de tous. « Les syndics, dit Bravard *Manuel* p. 536, étant salariés, répondent de leurs fautes même légères. S'il a été nommé plusieurs syndics, ils ne peuvent, en thèse générale, agir que collectivement, et, par suite, les négligences et les fautes commises, étant directement ou indirectement imputables à eux tous et à chacun d'eux, ils seront tous tenus *in solidum* de la réparation. »

8837. Levée des scellés. — Dans les trois jours de leur nomination, porte l'art. 479 C. com., les syndics doivent requérir la levée des scellés. L'art. 486 de l'ancien code disposait que les syndics devaient requérir la levée des scellés aussitôt après leur nomination. La loi nouvelle a précisé le délai.

1. ENREGISTREMENT. — Aux termes de l'art. 11 L. 24 mai 1834, le procès-verbal de levée des scellés est passible du droit de 2 francs, aujourd'hui porté à 3 francs, quel que soit le nombre des vacations. — V. au surplus les développements que nous avons donnés sous les nᵒˢ 8829 et suiv., développements qui sont également applicables ici.

Le droit de 3 francs, déterminé par l'art. 11 L. 24 mai 1834, pour les procès-verbaux d'apposition, de reconnaissance et de levée de scellés, doit être perçu et sur le procès-verbal d'apposition et sur celui de levée, et non sur les deux actes réunis seulement; car ces deux actes, parfaitement distincts, doivent être soumis séparément à la formalité et, par conséquent, supporter chacun un droit. C'est ce qui résulte formellement de l'art. 11 L. 24 mai 1834 aux termes duquel les procès-verbaux d'apposition, de reconnaissance et de levée de scellés sont assujettis chacun à un droit de 3 francs (11640 J. E.).

8838. Inventaire. — Au fur et à mesure de la levée des scellés, les syndics doivent, aux termes de l'art. 479 C. com., procéder à l'inventaire des biens du failli, lequel doit être présent ou dûment appelé.

1. DOUBLE MINUTE. — L'art. 480 C. com. décide que l'inventaire sera dressé en double minute par les syndics à mesure que les scellés seront levés, et en présence du juge de paix, qui le signera à chaque vacation. L'une de ces minutes sera déposée au greffe du tribunal de commerce, dans les vingt-quatre heures; l'autre restera entre les mains des syndics. — Les syndics seront libres de se faire aider, pour sa rédaction comme pour l'estimation des objets, par qui ils jugeront convenable. — Il sera fait récolement des objets qui, conformément à l'art. 469, n'auraient pas été mis sous les scellés et auraient déjà été inventoriés et prisés.

En cas de déclaration de faillite après décès, lorsqu'il n'aura point été fait d'inventaire antérieurement à cette déclaration, ou en cas de décès du failli avant l'ouverture de l'inventaire, il sera procédé immédiatement, dans les formes du précédent article, et en présence des héritiers, ou eux dûment appelés (Idem 481).

2. QUOTITÉ DU DROIT. — Aux termes de l'art. 11 L. 24 mai 1834, l'inventaire est passible du droit de 2 francs, quel que soit le nombre des vacations. — Ce droit est porté à 3 francs (L. 28 fév. 1872, art. 4) — V. 8829 et suiv., 8914.

3. DÉLAI ET PEINE EN CAS DE RETARD. — L'inventaire fait par les syndics provisoires, en vertu de l'art. 486 C. com., doit être enregistré dans les vingt jours de sa date, sans que néanmoins les syndics provisoires soient tenus personnellement, comme le serait un officier public, du payement d'une amende, faute de l'avoir soumis à la formalité dans le délai fixé (Cass. 20 août 1834). — Cet arrêt est ainsi conçu : « Vu les art. 486 C. com. 68 § 2 n° 1er L. 22 frimaire an 7 et 38 L. 28 avril 1816; attendu qu'il résulte de l'art. 486 C. com., qu'encore bien que les syndics provisoires ne soient pas tenus de faire procéder à l'inventaire des titres et effets mobiliers du failli, par un officier public, et qu'ils soient libres de ne pas employer, pour l'estimation desdits effets mobiliers, le ministère d'un commissaire-priseur, cet inventaire fait par eux, devant être revêtu à chaque vacation de la signature du juge de paix, a le caractère d'un acte judiciaire passible du droit d'enregistrement, sans néanmoins, ainsi que la Régie l'a reconnu dans sa requête, que les syndics provisoires soient tenus personnellement, comme le serait un officier public, du payement d'une amende ou double droit, faute de l'avoir fait enregistrer dans les vingt jours de sa

date, aux termes de la loi du 22 frimaire an 7 ; — Attendu, 2° que l'art. 486 C. com. qui oblige les syndics provisoires à procéder à l'inventaire, les oblige, par cela seul, à remplir les formalités dont il doit être accompagné et à acquitter, sauf le recours contre la faillite, les droits d'enregistrement auxquels il donne ouverture » (11021 J. E., 1473 § 2 I. G., S. 34-1-786).

Il avait déjà été reconnu qu'un pareil inventaire devait être considéré comme un acte judiciaire enregistrable dans les vingt jours de sa date (Blois 16 janv. 1830, 10489 J. E., Dél. 23 nov. 1832, 10602 J. E.).

4. DÉPÔT. — Les greffiers se dispensent généralement de constater par un acte le dépôt fait au greffe de l'inventaire dressé conformément à l'art. 480 C. com. C'est là une irrégularité, mais la loi ne donne aucun moyen d'obtenir qu'il soit procédé autrement (17950 J. E.).

L'Administration belge a décidé, au contraire, que, sous l'empire de la législation spéciale à la Belgique, l'acte de dépôt est inutile : « d'après la combinaison des deux derniers alinéas de l'art. 441, la remise au greffe de toutes pièces concernant les faillites est constatée par l'apposition sur les pièces d'un certificat du greffier indiquant la date de cette remise, sans qu'il soit nécessaire de dresser acte de dépôt. Cette marche, dit l'exposé des motifs, déjà suivie au greffe de la C. cass., en vertu de l'arrêté de la loi du 15 mars 1815, permet d'éviter les frais auxquels auraient donné lieu la rédaction et l'enregistrement d'actes de dépôt en forme authentique » (Sol. 10 avr. 1868, 10727 J. E. belge).

5. ACTE A LA SUITE D'UN AUTRE. — Cet inventaire peut être écrit à la suite du procès-verbal d'apposition des scellés. — V. Acte écrit à la suite.

6. INVENTAIRE ET LEVÉE DE SCELLÉS SIMULTANÉS. — Si l'inventaire était fait simultanément et par un seul et même procès-verbal dans lequel les deux opérations seraient confondues, il ne serait dû qu'un seul droit de 3 francs (Arg. d'une D. m. f. 27 oct. 1812, 4340 J. E.).

8839. Actes conservatoires. — A compter de leur entrée en fonctions, les syndics seront tenus de faire tous les actes pour la conservation des droits du failli contre ses débiteurs. — Ils seront tenus aussi de requérir l'inscription aux hypothèques sur les immeubles des débiteurs du failli. Si elle n'a pas été requise par lui, l'inscription sera prise au nom de la masse par les syndics, qui joindront à leurs bordereaux un certificat constatant leur nomination. — Ils seront tenus aussi de prendre inscription, au nom de la masse des créanciers, sur les immeubles du failli dont ils connaîtront l'existence. L'inscription sera reçue sur un simple bordereau énonçant qu'il y a faillite, et relatant la date du jugement par lequel ils auront été nommés (490 C. com.).

8840. Remise des effets mobiliers du failli aux syndics. — Après la confection de l'inventaire, l'administration des syndics commence : les pouvoirs des créanciers, ceux du failli leur sont transférés par la force du jugement qui les a nommés. Aussi le code de commerce veut-il, par son art. 484, que, l'inventaire étant terminé, les marchandises, l'argent, les titres actifs, les livres et papiers, meubles et effets du débiteur, soient remis aux syndics.

Ceux-ci, d'après le même article, doivent en donner décharge par une déclaration au bas de chaque minute de l'inventaire. — V. 8853.

SECTION 2. — VENTE DES EFFETS MOBILIERS DU FAILLI

[8841-8849]

8841. Vente des objets mobiliers. — On a vu, au n° 8828, que l'on peut excepter des scellés certains objets. Parmi ces objets, les syndics, sur l'autorisation du juge-commissaire, peuvent, aux termes de l'art. 470 C. com., procéder à la vente immédiate de ceux qui sont sujets à dépérissement ou à dépréciation imminente, ou qui sont dispendieux à conserver; ils peuvent enfin procéder à la vente du fonds de commerce.

D'un autre côté, aux termes de l'art. 486 C. com., l'inventaire terminé, le juge-commissaire pourra, le failli entendu ou dûment appelé, autoriser les syndics à procéder à la vente des effets mobiliers ou marchandises. — Il décidera si la vente se fera soit à l'amiable, soit aux enchères publiques, par l'entremise de courtiers ou de tous autres officiers publics, préposés à cet effet. Les syndics choisiront dans la classe d'officiers publics, déterminée par le juge-commissaire, celui dont ils voudront employer le ministère.

8842. Jugement autorisant la vente. — Le jugement qui autorise la vente des effets ou marchandises appartenant à la faillite n'étant, aux termes de l'art. 583 C. com., susceptible ni d'opposition, ni d'appel, ni de recours en cassation, donne ouverture au droit de 4 fr. 50 cent. comme jugement en dernier ressort. — V. 8915.

8843. Marchandises. — Les ventes de marchandises comprises dans le tableau dressé par le tribunal de commerce, conformément au décret du 17 avril 1812, doivent être faites à la Bourse et aux enchères, exclusivement par les courtiers de commerce (602 I. G.; — Cass. 10 janv. 1823, 4542 J. N.). — Mais les marchandises et effets mobiliers des faillis peuvent être vendus, soit par la voie des enchères publiques, par l'entremise des courtiers de commerce, et à la Bourse, soit en tout autre lieu, au choix des syndics, par le moyen des commissaires-priseurs (Cass. 26 fév. 1828, 6472 J. N., 9072 J. E. — V. également Cass. 9 janv. 1833, 15 fév. 1838, 10653, 12043 J. E.; D. m. j. et f. 26 mai et 9 juin 1812, 664 J. N.).

8844. Déclaration préalable. — D'après une D. m. f. et j. 26 mai et 9 juin 1812 (4234 J. E.), les ventes publiques des effets mobiliers et des marchandises d'un failli doivent être précédées d'une déclaration, *soit que le syndic y*

procède lui-même, soit qu'il y appelle un autre officier public, et le procès-verbal est sujet à l'enregistrement dans les vingt jours de sa date (D. m. f. 23 oct. 1810, 4170 J. E.). — Des expressions que nous avons soulignées, on pourrait induire que les syndics ont qualité pour procéder à la vente publique des meubles d'un failli, tandis que, aux termes de l'art. 486 C. com., reproduisant l'art. 492 de l'ancien code, la vente aux enchères publiques doit être faite par l'entremise de courtiers ou de tous autres officiers publics préposés à cet effet. Il faut donc conclure que les syndics n'ont que le droit de procéder aux ventes à l'amiable, et que, dans aucun cas, ces ventes ne doivent pas être précédées de la déclaration préalable. — V. 1677-2.

8845. Délai. — Dans ce sens, une Sol. 11 février 1830 (9651 J. E., D. N. t. 6 p. 55 n° 247) a décidé que les ventes des meubles et marchandises d'un failli faites à l'amiable par les syndics ne sont pas sujettes à l'enregistrement; mais que, si la vente a lieu publiquement et aux enchères par le ministère d'un officier public, le procès-verbal de ce dernier doit être enregistré dans les vingt jours.

8846. Quotité du droit. — D'après l'art. 12 L. 24 mai 1834, les ventes de meubles et marchandises qui sont faites conformément à l'art. 486 C. com. ne sont assujetties qu'au droit de 50 centimes pour 100.

Que la vente ait lieu à l'amiable par les syndics eux-mêmes, ou qu'elle se fasse aux enchères par le ministère d'un courtier de commerce, d'un commissaire-priseur ou de tout autre officier public, elle doit profiter de la réduction du droit accordée par l'art. 16 L. 24 mai 1834 (D. m. f. 26 août 1835, 11286 J. E., 1504 § 9 I. G.).

Il en est de même de la vente faite par le failli ou son représentant dans l'acte même de concordat, en présence et du consentement du juge-commissaire, des meubles dépendant de l'actif de la faillite (Dél. 6 nov. 1840, D. N. t. 6 p. 55 n° 251).

Mais les ventes faites après le concordat retombent sous l'application du principe ordinaire, ainsi qu'on le verra au n° 8923.

8847. Fonds de commerce. — Créance. — L'art. 486 C. com. est conçu en termes généraux, il porte que le juge-commissaire pourra, le failli entendu ou dûment appelé, autoriser les syndics à procéder à la vente des *effets mobiliers*, ou marchandises. Enfin, aux termes de l'art. 533 C. C., l'expression d'*effets mobiliers* comprend tout ce qui est censé meuble par la loi, par conséquent le mobilier incorporel, comme le mobilier corporel.

Aussi l'Administration a-t-elle délibéré, le 23 septembre 1851 (14461 J. N.), que la vente d'un fonds de commerce dépendant d'une faillite, faite à la diligence des syndics, n'est sujette qu'au droit de 50 centimes pour 100 (V. dans le même sens 12391 J. E., D. N. t. 6 p. 55 n° 250; — Seine 9 juin 1841, D. N. t. 13 p. 515 n° 30).

C'est ce qu'on a décidé aussi pour une vente de récoltes (Sol. 2 mai 1859); — et pour une cession de créance (Dél. 2 oct. 1857).

T . III.   42

Les ventes de fonds de commerce sont aujourd'hui régies par une législation spéciale que nous indiquons au mot *Mutation*.

8848. Faillite déclarée à l'étranger. — Bien qu'un jugement déclaratif de faillite rendu à l'étranger ne puisse être exécuté en France qu'après avoir été rendu exécutoire par un tribunal français, il n'en résulte pas que le fait qu'il proclame, relatif au statut personnel, puisse être révoqué en doute (Bordeaux 10 fév. 1824; — Bruxelles 21 juin 1820, 19 juill. 1823, 27 déc. 1826, 12 janv. 1828, 12 août 1836, 9 nov. 1846, 13 août 1851 et 14 déc. 1860; — Cass. belge 6 août 1852; — Paris 23 mars 1869, S. 69-2-172). — On doit donc considérer le débiteur comme failli et appliquer à la vente de ses meubles, faite conformément à l'art. 486 C. com., les dispositions de la loi de 1834 (Sol. adm. belge 26 mai 1865, 9888 J. E. belge).

8849. Versement à la caisse des dépôts et consignations. — Les deniers provenant des ventes et recouvrements seront, sous la déduction des sommes arbitrées par le juge-commissaire pour le montant des dépenses et frais, versés immédiatement à la caisse des dépôts et consignations. Dans les trois jours des recettes, il sera justifié au juge-commissaire desdits versements : en cas de retard, les syndics devront les intérêts des sommes qu'ils n'auront point versées. — Les deniers versés par les syndics, et tous autres consignés par des tiers, pour le compte de la faillite, ne pourront être retirés qu'en vertu d'une ordonnance du juge-commissaire. — S'il existe des oppositions, les syndics devront préalablement en obtenir la mainlevée. — Le juge-commissaire pourra ordonner que le versement sera fait par la caisse directement entre les mains des créanciers de la faillite, sur un état de répartition dressé par les syndics et ordonnancé par lui (489 C. com.).

CHAPITRE VII. — VÉRIFICATION ET AFFIRMATION DES CRÉANCES

[8850-8857]

8850. Objet. — L'une des principales opérations des syndics est la vérification et l'affirmation des créances, pour déterminer le montant du passif. C'est l'opération préalable au mandat ou au concordat d'union. Aussitôt que les actes les plus urgents ont été accomplis, on doit vérifier, contrôler les prétentions de ceux qui veulent se partager l'actif du failli. Cette opération doit être contradictoire, prompte et définitive.

8851. Remise au greffier des titres des créanciers. — L'art. 491 C. com. porte : « A partir du jugement déclaratif de la faillite, les créanciers pourront remettre au greffier leurs titres, avec un bordereau indicatif des sommes par eux réclamées. Le greffier devra en tenir état et en donner récépissé. Il ne sera responsable des titres que pendant cinq années, à partir du jour de l'ouverture du procès-verbal de vérification. »

L'expression *pourront*, employée par le législateur, démontre que la remise, par les créanciers, de leurs titres au greffier, est purement facultative (Renouard t. 1er p. 503, Bédarride t. 1er n° 422, Saint-Nexent n° 401, Dalloz v° *Faillite* n° 572).

8852. Bordereau indicatif. — Le bordereau indicatif, dont parle l'art. 491, des sommes réclamées par les créanciers doit être *sur papier timbré*, car c'est une pièce dont la production est prescrite par la loi, qui tombe dès lors sous l'application des principes généraux de la loi du 13 brumaire an 7. Mais il n'est pas nécessaire qu'il soit enregistré. Il se trouve, en effet, dans le cas de la décision ministérielle du 28 juin 1809 (390 § 17 I. G.), d'après laquelle le juge-commissaire peut procéder à la vérification des créances sans que les titres produits aient été préalablement enregistrés (Dalloz v° *Faillite* n° 573, 13649-4 J. E., D. N. t. 6 p. 55 n° 234).

8853. Récépissé. — Quant au récépissé à délivrer par le greffier des titres à lui remis, une décision ministérielle du 11 octobre 1808 (Dalloz *loc. cit.* et D. N. t. 6 p. 55 n° 253), porte qu'il n'est pas sujet à l'enregistrement, d'où Dalloz tire la conclusion qu'il est exempt de timbre. La conséquence ne nous paraît pas exacte, et nous pensons, par les motifs déduits dans le précédent numéro, qu'il doit être délivré sur papier timbré.

8854. Titres de créances non enregistrés. — Les art. 41 et 42 L. 22 frimaire an 7 défendent à tous officiers publics de faire aucun acte, en vertu d'un acte sous signature privée, s'il n'a été préalablement enregistré, et, d'après l'art. 47, les juges et arbitres ne peuvent rendre aucun jugement sur des actes non revêtus de la formalité. En conséquence, des juges commis par les tribunaux avaient pensé que, pour remplir l'intention des articles cités de la loi du 22 frimaire, ils ne pouvaient faire les vérifications et recevoir les affirmations de créances sur un failli, sans exiger que les titres représentés, et lesquels les créances sont établies, fussent enregistrés. C'était une erreur.

Le magistrat chargé des vérifications dont il s'agit ne rend point de jugement; son procès-verbal et la représentation des actes sous seing privé n'ont d'autre objet que de donner au tribunal le moyen de s'assurer que les déclarations des créanciers sont conformes aux titres, et que les créances sont légitimes. Ces vérifications et affirmations ne tiennent qu'à des précautions d'ordre public; elles ne tendent, pour l'intérêt général, qu'à mettre judiciairement en évidence la situation des faillis; elles n'ajoutent rien aux titres du créancier, quels qu'ils soient, et il n'en résulte aucune action privée, tout, à cet égard, se trouvant réservé jusqu'au moment où intervient l'acte qui colloque ou rejette la créance.

Aussi le ministre des finances a-t-il décidé, en thèse générale, le 28 juin 1808, que les juges-commissaires peuvent faire les vérifications et recevoir les affirmations de créances *sur un failli* sans que les titres représentés et sur lesquels les créances sont établies, aient été préalablement enregistrés; sauf la perception ultérieure du droit exigible pour le concordat ou celui de l'obligation, si, à défaut de traité, il est rendu un jugement de condamnation (390 n° 17 I. G.). — *V.* 8807 et 8867.

8855. Nécessité générale de la production.

— Tous ceux qui se prétendent créanciers du failli, même pour des causes étrangères au commerce, sont obligés de produire à la vérification: il n'y a nulle distinction à faire entre les chirographaires et les hypothécaires ou privilégiés; entre ceux dont la créance est pure et simple, et ceux dont la créance est éventuelle ou indéterminée. « Alors même, en effet, dit Dalloz *loc. cit.* n° 574, que la qualité de la créance réclamée ne serait pas douteuse, le fait de son existence ou de sa qualité pourrait être susceptible de vérification, et, à l'inverse, la qualité de la créance peut être contestée, quoique sa légitimité soit reconnue. » (Pardessus n° 1184; Boulay-Paty n° 213 et 320, Saint-Nexent v° 3 n° 402 ; — Bordeaux 19 mars 1860, S. 60-2-493).

8856. Procès-verbal de vérification et d'affirmation.

— Aux termes des art. 495 et 497 C. com., le procès-verbal de vérification doit indiquer le domicile des créanciers et de leurs fondés de pouvoir. — Il contient la description sommaire des titres, mentionne les surcharges, ratures et interlignes, et exprime si la créance est admise ou contestée. Si la créance est admise, les syndics signent, sur chacun des titres, la déclaration suivante : *admis au passif de la faillite de... pour la somme de... le...* — Le juge-commissaire vise la déclaration. — Chaque créancier, dans la huitaine au plus tard après que sa créance aura été vérifiée, sera tenu d'affirmer, entre les mains du juge-commissaire, que ladite créance est sincère et véritable.

1. EFFETS CIVILS. — L'admission d'une créance au passif de la faillite pour une somme déterminée suivie de l'affirmation du créancier sans protestations ni réserves, fixe, à l'encontre de celui-ci, le montant de la créance d'une manière irrévocable (C. Paris 12 déc. 1837, S. 58-2-333; — Cass. 3 et 8 juill. 1872, S. 72-1-297 et 367). — Les syndics ne sont plus eux-mêmes recevables à critiquer les éléments qui ont servi à fixer le chiffre de la créance, quand ils les ont connus (Cass. 8 avr. 1851, S. 51-1-590; — Paris 19 janv. 1839, S. 39-2-102). — La détermination de la créance ne peut plus alors être attaquée que pour dol, fraude ou force majeure (Cass. 1er mai 1855, S. 55-1-705; — Amiens 10 janv. 1856. S. 56-2-257 ; — Cass. 25 févr. 1861, S. 61-1-311; 15 déc. 1863, S. 64-1-86; 21 juill. 1868, S. 69-1-77; 28 juin 1870, S. 72-1-104; — C. Pau 27 mars 1871, S. 72-2-64 ; — Cass. 16 janv. 1860, S. 60-1-273; 17 fév. 1873, S. 73-1-63. — V. *cependant* Besançon 28 mars 1855, S. 5-2-398 ; — Colmar 27 déc. 1855, S. 56-2-257; — Dijon 12 mai 1856, S. 57-2-184).

1. TARIF. — Les procès-verbaux d'affirmation et de vérification des créances sont tarifés au droit fixe de 4 fr. 50 cent. par les dispositions générales des art. 68 § 2 n° 7 et 43 n° 9 des lois des 22 frimaire an 7 et 28 avril 1816 et par l'art. 4 L. 28 février 1872.

Mais le jugement qui constate le montant d'une créance due par le failli et qui n'intervient pas en vue d'une vérification de créances est passible des droits ordinaires (Sol. 18 mars 1878).

8857. Pluralité.

— Aux termes des art. 498 et suiv. C. com., les juges-commissaires ont la faculté de constater les vérifications et les affirmations de créances par un seul et même procès-verbal. On avait pensé que la vérification des créances est une opération prescrite dans l'intérêt commun du failli et de la masse des créanciers, tandis que l'affirmation est un acte spécial et individuel de chaque créancier. Aussi, en présence de l'art. 11 L. 22 frimaire an 7, une D. m. 22 juin 1825 (1173 § 12 I. G.), avait-elle reconnu qu'en matière de faillite les vérifications et les affirmations de créances pouvant être constatées par un seul et même procès-verbal, il doit être perçu un seul droit d'enregistrement pour la vérification des créances, mais qu'en ce qui concerne les créances affirmées, il est dû un droit pour chacune d'elles.

L'art. 13 L. 24 mai 1834 a changé cet état de choses. Cet article est ainsi conçu : « Les procès-verbaux d'affirmation de créances, faits en exécution de l'art. 497 C. com., ne sont assujettis qu'au droit fixe de 3 francs (4 fr. 50 cent.), quel que soit le nombre des créances affirmées. »

Mais une question reste à vider. Lorsque les vérifications et les affirmations de créances sont faites par un seul et même procès-verbal, on a décidé qu'il est dû un droit de 4 fr. 50 cent. pour la vérification, et un droit de 4 fr. 50 cent. pour l'affirmation, sous le prétexte que les deux dispositions, quoique corrélatives, sont néanmoins distinctes l'une de l'autre (D. m. f. 22 juin 1825, *suprà* et Sol. 21 avr. 1865, 14580, 18040 J. E.).

Pour nous, nous n'hésitons pas à adopter l'opinion contraire. En effet, l'affirmation de la créance est aussi bien dans l'intérêt commun des créanciers que la vérification. Il est évident que ce n'est pas dans son intérêt que le créancier vient, par une formalité qui présente de l'analogie avec le serment décisoire, attester que sa créance est sincère et véritable : c'est sans contredit dans l'intérêt commun des créanciers. La vérification et l'affirmation sont deux formalités corrélatives, conduisant au même but. Dès lors, lorsqu'elles se trouvent renfermées dans le même acte, elles ne doivent donner ouverture qu'à un seul droit.

On a pensé qu'il doit en être de même pour les jugements qui interviennent sur des contestations relatives aux vérifications. La pluralité ne leur a pas paru applicable (Sol. belge 23 oct. 1875, 4317 R. P.).

1. PLUSIEURS SÉANCES. — Il a été reconnu dans ce sens, par l'Administration, le 11 fév. 1831 (9908 J. E., D. N. t. 6 p. 56 n° 257, 1173-12 I. G.). que lorsque, dans une faillite, on a rapporté successivement plusieurs procès-verbaux de vérification et d'affirmation de créances, qui font suite les uns aux autres, quoique à des dates différentes, il n'est dû *qu'un seul droit* de 3 francs (4 fr. 50 cent.). Ces procès-verbaux, quoique à des dates différentes, font suite les uns aux autres, et ne constituent véritablement qu'un seul acte qui, d'après les

incidents assez ordinaires dans une faillite, pourrait n'être clos que six mois ou un an après son ouverture.

2. DÉFAUT D'ENREGISTREMENT DES DERNIÈRES SÉANCES. — Il en résulte que si une séance autre que la première est enregistrée après les vingt jours, aucune somme ne saurait être perçue même pour droit en sus, parce qu'il n'est pas dû de droit simple (Sol. 19 mars 1868, 2645 R. P.).

3. RENONCIATION. — Les créanciers qui, soit dans le procès-verbal d'affirmation de créance, soit dans l'exploit de signification d'opposition au concordat, déclarent renoncer à leurs hypothèques, privilèges ou gages, ne le font que pour être admis aux opérations relatives aux concordats (art. 508 C. C.) : la renonciation est donc un préliminaire à l'exercice de leurs droits, elle ne peut former une disposition indépendante donnant ouverture à un droit distinct (16850 J. E.).

4. DISTRIBUTION. — Mais, en matière de distribution par contribution, il est dû autant de droits qu'il y a de créanciers représentés par le même avoué (Sol. 28 avr. 1875, 19751 J. E.).

CHAPITRE VIII. — DU CONCORDAT
ET DE L'ATERMOIEMENT

[8858-8892]

8858. Atermoiement. — Tout acte volontaire et amiable intervenu entre des créanciers et leur débiteur, afin d'assurer à ce dernier des facilités de payement, reçoit le nom d'atermoiement. C'est la définition qu'en donnent les rédacteurs du *Journal du Palais* (*Rép. gén.* vᵒ *Atermoiement* nᵒ 2).

L'atermoiement ne fait pas supposer la faillite, il a lieu ordinairement pour la prévenir ou dans le cas de déconfiture. Mais ce qui le caractérise, ce sont les circonstances fâcheuses dans lesquelles il se produit, et l'intention bienveillante dont il est la suite. Tout contrat passé en dehors de ces faits n'est plus un atermoiement dans le sens juridique du mot, il conserve sa nature ordinaire de transaction, de remise de dette, de prorogation de délai, etc.

Cette distinction a une grande importance dans les matières fiscales. Le législateur de l'an 7, voulant s'associer à l'intention généreuse du créancier, a tarifé à 50 centimes pour 100 le droit d'obligation auquel donnent lieu les reconnaissances de dettes contenues dans les atermoiements (art. 69 § 2 nᵒ 4), tandis qu'il a fixé ce même droit à 1 pour 100 dans les autres contrats (art. 69 § 3 nᵒ 3).

8859. Concordat. — Quand l'atermoiement a lieu après la déclaration de faillite, il est soumis à des règles spéciales que nous allons faire connaître, et prend alors, selon sa nature, le nom de concordat pur et simple (art. 504 C. com.) ou de concordat par abandon (L. 17 juill. 1836, art. 1ᵉʳ). Nous examinerons d'abord les principes de la perception du concordat qui est l'espèce avant de poser celles de l'atermoiement qui est le genre.

[8860-8874 *bis*]

8860. Formation du concordat. — Quand les délais que la loi accorde pour procéder à la vérification et à l'affirmation des créances sont expirés, les créanciers doivent être réunis pour délibérer sur la part de la masse et discuter les propositions d'arrangement que peut faire le failli. Si ces propositions sont acceptées, il intervient entre la masse et le failli un contrat qu'on appelle *concordat*, qui devient obligatoire pour tous, alors qu'il a reçu l'homologation du tribunal. C'est ce qu'exprime l'art. 504 C. com. ainsi conçu :

« Dans les trois jours qui suivront les délais prescrits pour l'affirmation, le juge-commissaire fera convoquer par le greffier, à l'effet de délibérer sur la formation du concordat, les créanciers dont les créances auront été vérifiées et affirmées, ou admises par provision. Les insertions dans les journaux et les lettres de convocation indiqueront l'objet de l'assemblée. »

8861. Condition nécessaire à la formation du concordat. — Majorité des créanciers. — Aux termes de l'art. 507 C. com., une double condition est nécessaire pour la formation du concordat : une *majorité* en nombre, une *majorité* en somme. L'art. 507 est ainsi conçu :

« Il ne pourra être consenti de traité entre les créanciers délibérants et le débiteur failli, qu'après l'accomplissement des formalités ci-dessus prescrites. — Ce traité ne s'établira que par le concours d'un nombre de créanciers formant la majorité, et représentant, en outre, les trois quarts de la totalité des créances vérifiées et affirmées, ou admises par provision, conformément à la sect. 5 du chap. 5 : le tout à peine de nullité. »

Cet article est la reproduction, sauf quelques modifications dans les termes, de l'art. 519 de l'ancien code de commerce. Pour faire comprendre l'importance de cette majorité, nous reproduisons les observations du rapporteur sur cet article. « En écartant tout soupçon de fraude, les créanciers les plus considérables dans une faillite sont toujours les négociants avec lesquels le failli fait des affaires; or, ceux-là se prêtent volontiers à un concordat, parce qu'ils espèrent se remplir de leur perte dans les relations subséquentes qu'un commerce ultérieur leur donnera l'occasion de se ménager. Il n'en est pas ainsi du petit capitaliste, comme le rentier, le journalier, le domestique qui a placé ses économies chez le failli: celui-là se les voit enlever, sans avoir pu recouvrer les ressources qui le détermineraient à s'imposer ce sacrifice. D'ailleurs, en principe général, tout créancier a le droit d'exercer sur son débiteur tous les effets attachés à son titre, jusqu'à l'acquit parfait de ce qui lui est dû. Nulle remise ne peut lui rien faire perdre, si elle n'est consentie par lui-même et de son plein gré. Le concordat repose sur des bases entièrement contraires, puisqu'il s'y trouve toujours quelque créancier qui est forcé, par la volonté d'autrui, à voir s'évanouir une partie quelquefois notable de sa créance, et à laisser en même temps son débiteur jouir, en pleine franchise, de la liberté de sa personne et de tous les avantages du bien qui lui reste. Pour qu'une telle condition, quelquefois si injuste, toujours si dure à l'égard du créancier qui s'y refuse, lui soit imposée malgré lui, il faut au moins que sa volonté se trouve contrebalancée par un grand poids de volontés opposées. Il est donc équitable que, dans un concordat, les voix soient non-seulement pesées, mais comptées, de manière que, pour faire loi aux refusants, il faille, avec la plus haute quotité de créances, réunir aussi la majorité des voix. »

1. HOMOLOGATION. — Le concordat est soumis à l'homologation du tribunal. Jusqu'à cette époque, il ne constitue qu'un projet. — V. 8889.

8862. Tarif. — L'art. 14 L. 24 mai 1834 a tarifé au droit fixe de 3 francs, quelle que soit la somme que le failli s'oblige de payer, les concordats ou atermoiements consentis, conformément aux art. 519 (aujourd'hui 507) et suiv. du C. com. — Ce droit a été porté à 4 fr. 50 cent. par l'art. 4 L. 28 février 1872.

8863. Il faut que la faillite soit déclarée. — Ce tarif se restreint étroitement aux concordats consentis avec toutes les formalités de la loi commerciale. C'est ce qu'a fait observer l'Administration dans son I. G. 1471 n° 1er *in fine* : « Les préposés remarqueront, dit-elle, que les réductions de droits prononcées par les art... 14... L. 24 mai 1834 sont restreintes aux actes en matière de faillite, qu'ils désignent d'une manière expresse en se référant aux articles du code de commerce où ces actes sont définis. Il importe que l'application de ces dispositions soit rigoureusement renfermée dans les limites qu'elles ont elles-mêmes déterminées » (*Conf.* : Demante n° 549).

Cette observation de l'Administration s'explique d'elle-même. La disposition de la loi de 1834 étant une dérogation aux principes généraux de la loi du 22 frimaire an 7, qui assujettit au droit proportionnel les obligations, etc., doit être limitativement appliquée.

Il ne faut pas hésiter, par conséquent, à écarter la perception du droit fixe quand le prétendu concordat n'a pas été précédé d'un jugement déclaratif de faillite. Le tribunal de Lille l'a ainsi décidé, le 20 avril 1861, par un jugement qui ne peut être qu'approuvé. « Attendu que, dans la vue de favoriser les arrangements entre débiteurs et créanciers, le législateur de 1834 a voulu que les concordats astreints au droit de 50 centimes pour 100 par la loi du 22 frimaire an 7, ne fussent assujettis qu'à un simple droit de 3 francs; mais qu'il a entendu n'appliquer ce bénéfice qu'aux concordats après faillite, cela résulte et du texte de l'art. 14 L. 24 mai 1834 et des termes dont s'est servi le rapporteur pour caractériser la partie dudit article » (1499 R. P., 17320 J. E, 12081 C.). — C'est également ce qui résulte d'un jugement du tribunal de la Seine du 31 décembre 1851 (15671-2 J. E.).

L'opinion contraire de Champ. et Rig. n° 1002 et de Dalloz n° 732 et 738 ne doit donc pas être suivie. Elle est en opposition formelle avec les termes du rapport sur la loi du 24 mai 1834, desquels il résulte qu'on s'est référé, dans le texte de l'art. 14, aux dispositions du code de commerce, pour spécifier que la loi nouvelle ne s'applique qu'aux concordats faits conformément à ces articles et ne doit pas être étendue aux autres arrangements.

En matière civile, il est également de jurisprudence que les concordats (même par abandon d'actif, *infrà* n° 8454) doivent avoir été précédés de la déclaration de faillite. Autrement le traité constitue une remise ou une décharge volontaire soumise aux règles du droit commun (Cass. 12 nov. 1867, S. 68-1-61; 8 avr. 1868, S. 68-1-260).

1. MANDAT. — L'acte par lequel des créanciers, agissant conformément aux art. 507 et suiv. du C. com., confient au fils du failli la gestion de la faillite avec deux commissaires et sans fixation de délai pour rendre compte n'est pas un simple mandat mais un concordat (1180-1 I. G. — V. cependant cass. 18 janv. 1830, *arrêt rapporté* n° 8876).

8866. Remise de dettes. — « Si l'on se pénètre, dit M. Demante, de l'esprit de la loi, il faut décider que, dans un concordat *régulier*, aucune convention particulière, intervenue entre le failli et ses créanciers, n'est passible du droit proportionnel. Le droit proportionnel peut être perçu seulement sur les conventions portant obligation, libération ou transmission, soit de la part du créancier *envers un ou plusieurs d'entre eux ou envers d'autres personnes*, soit de la part des faillis entre eux » (n° 550).— Il en résulte que les remises ou réductions de dettes consenties par les créanciers ne doivent pas subir le droit de quittance. On le décidait déjà ainsi dans l'ancienne législation : « Étendre le droit aux sommes dont on fait remise, disait-on, c'est donner un sens forcé au tarif qui porte que le droit sera payé à proportion de *toutes les sommes jointes ensemble* puisque ces sommes se trouvent anéanties par le contrat, lequel ne donne de titre aux créanciers contre leur débiteur que pour le surplus » (Déc. du conseil 7 juill. 1733 et 17 avr. 1736, *Commentaire du tarif* p. 87).

L'art. 69 § 2 n° 4 L. 22 frimaire an 7, n'assujettissant nommément les atermoiements au droit de demi pour 100 que sur les sommes que le *débiteur s'oblige de payer*, ces derniers mots « *s'oblige de payer* avaient fait décider qu'il n'était dû aucun droit sur les sommes dont il est fait remise (6635, 9006 J. E., 3474 J. N., 1146 § 1er I. G.).

La même règle doit être suivie sous l'empire de la loi de 1834 dans l'art. 14 de laquelle se trouvent reproduits ces mots : *s'oblige de payer*, employés dans la loi de frimaire (Seine 11 juin 1856, 10927 C.).

Il n'y a pas à distinguer entre le cas où le failli reprend lui-même la direction de ses affaires, à charge de payer aux créanciers les sommes dont il ne lui est pas fait remise, et celui où il cède, dans l'acte même de concordat pour se libérer de ces sommes, son actif à un tiers qui se charge de les payer pour lui (Seine 9 mai 1853, 15596 J. N., 16221 J. E., D. N. t. 6 p. 56 n° 262).

8867. Obligation. — Reconnaissance de dettes. — Antérieurement à la loi de 1834, le droit de titre pour les créances non établies par des actes enregistrés ne pouvait être perçu sur le concordat, indépendamment de celui de

50 centimes pour 100 (300 § 17 I. G.). C'était une faveur accordée aux débiteurs en faillite, admis à traiter avec leurs créanciers. — A cette faveur la loi du 24 mai 1834 en a ajouté une autre, en réduisant au droit fixe de 3 francs (4 fr. 50 cent.) celui de 50 centimes pour 100. Il résulte de ce rapprochement que, sous l'empire de la loi du 24 mai 1834, comme sous celui de la loi de frimaire, le droit de titre ne peut être perçu pour les créances qui ne résultent pas de titres enregistrés (Sol. 21 fév. 1850, 13977 J. N., D. N. t. 2 p. 84 n° 17 et t. 3 p. 588 n° 86). — V. 8807 et 8854.

En matière civile, il a été reconnu que la promesse faite par le débiteur au créancier qui, en recevant le dividende fixé par un concordat amiable, a donné quittance définitive, de lui payer le surplus de sa créance s'il revenait à meilleure fortune, ne constitue, bien que le titre soit resté entre les mains du créancier, qu'une simple obligation naturelle dont l'exécution ne peut être judiciairement réclamée (C. Bordeaux 14 janv. 1869, S. 69-2-164).

8868. Cession d'actif. — Par le concordat, les créanciers ne deviennent pas propriétaires des biens qui forment le gage de leurs obligations. Le failli en conserve, au contraire, la propriété et en reprend même l'administration avec ou sans la surveillance des commissaires désignés à cet effet. S'il est stipulé que les créanciers en disposeront à leur gré, cet abandonnement opère une véritable mutation de propriété ou de dation en payement sujette aux droits ordinaires, d'après les principes que nous avons développés au mot *Abandonnement*.

1. VENTE. — CHARGE. — Il a été reconnu, en ce sens, que quand, dans le concordat, le failli abandonne son actif à l'un des créanciers à charge de payer les frais de la faillite, les créanciers privilégiés, le dividende promis aux créanciers ordinaires et de renoncer à sa propre créance, le prix de cette cession, sujet au droit proportionnel, se compose de toutes ces charges telles qu'elles résultent de l'état de situation au jour du concordat, sans distraction des payements que le syndic a pu faire dans l'intervalle du concordat à son homologation au moyen des recouvrements opérés sur l'actif (Seine 9 mai 1855, 15596 J. N., D. N. t. 6 p. 56 n° 265).

2. VENTE DE MEUBLES. — FEMME DU FAILLI. — De même, est passible du droit de vente mobilière le procès-verbal qui constate l'obtention par le failli d'un concordat homologué, auquel est intervenue la femme de ce dernier, qui, avec son agrément, a proposé aux créanciers d'acquérir les meubles et marchandises de leur débiteur au prix estimatif porté à l'inventaire, ce que les créanciers ont accepté : « Attendu que ces offres et acceptations ont eu pour résultat d'établir entre les parties un lien juridique, une promesse de vente synallagmatique constituant une véritable vente, puisque, en effet, les parties se sont mises d'accord sur la chose et sur le prix, ainsi que sur le moment de la livraison ; que cette vente était seulement subordonnée à une condition, savoir : l'homologation par le tribunal de commerce du concordat intervenu ; qu'il n'était évidemment plus possible aux contractants, la condition venant à se réaliser, de se départir de la convention insérée au concordat, dont elle était une partie essentielle ; — Attendu que l'homologation sollicitée a

été accordée ; que, dès lors, l'Administration de l'enregistrement est fondée dans ses poursuites du chef des droits qu'elle réclame en prenant pour base le concordat homologué » (Verviers 13 juill. 1870).

8869. Partage entre les faillis. — Le concordat qui, outre les stipulations intervenues entre les créanciers et des faillis, renferme un partage social entre ces derniers, peut donner ouverture à des droits de soulte ; par exemple, si deux faillis prennent l'actif à la charge de supporter la part du passif incombant au troisième (Seine 6 fév. 1857, 10979 C., 16495 J. E.).

8870. Nomination de commissaires. — On verra que, dans les concordats amiables, la commission donnée à un tiers par les créanciers de réaliser l'actif du débiteur motive la perception d'un droit particulier de 3 francs. — Il n'en est plus de même dans les concordats proprement dits, parce que cette désignation est la suite du concordat et en forme une dépendance nécessaire (Seine 11 juin 1856, 11 juill. 1856, 6 fév. 1857, 10979 C., 16495 J. E.).

1. HONORAIRES. — Mais le droit de 1 pour 100 a été reconnu exigible sur les sommes allouées par les créanciers à ces commissaires ou au failli lui-même pour honoraires de gestion (Seine 11 juin et 11 juill. 1856).

8871. Renonciation. — La renonciation par les créanciers au droit de diriger des poursuites personnelles contre le failli est une conséquence nécessaire du contrat et ne saurait, dès lors, motiver aucune perception particulière (Seine 11 juin et 11 juill. 1856).

8872. Intervention de la femme. — Mais il a paru que l'intervention de la femme du failli et la décharge qu'elle donne à son mari de son administration était passible d'un droit spécial de 2 francs (3 fr.) (mêmes jugements).

8873. Cautionnement. — Lorsque, dans un concordat, un tiers se rend caution du failli et affecte ses biens, le droit de cautionnement à 50 centimes pour 100 n'est exigible qu'autant que ce droit n'excède pas 4 fr. 50 cent. Mais s'il s'élève au-dessus de ce chiffre, on ne doit percevoir que 4 fr. 50 cent., attendu qu'aux termes de l'art. 14 L. 24 mai 1829 et de l'art. 4 L. 28 février 1872, les concordats ne sont assujettis qu'au droit fixe de 4 fr. 50 cent. et que l'art. 69 § 2 n° 8 L. 22 frimaire an 7 veut que le droit de cautionnement ne puisse jamais excéder celui exigible sur la disposition principale (Dél. 8 mai 1844, 13488-2 J. E., 12029 J. N., 1713 §§ 3, 7, D. N. t. 2 p. 85 n° 18). — V. *Cautionnement*.

1. CRÉANCIERS CHIROGRAPHAIRES ET HYPOTHÉCAIRES. — Cette espèce diffère essentiellement de celle où

un tiers se porte caution, tant envers les créanciers chirographaires intervenants, qu'envers les créanciers hypothécaires, aux droits desquels il n'est en rien dérogé. La C. cass. décide que le droit de cautionnement à 50 centimes pour 100 est alors exigible, sans réduction au droit de 4 fr. 50 cent. sur le montant des créances hypothécaires. Il y a, en effet, ici, deux cautionnements parfaitement distincts : l'un en faveur des créanciers chirographaires, accordant la remise ; l'autre au profit des créanciers hypothécaires, sur les créances desquels l'acte reste sans influence (520, 535, 539 C. com.). D'où la conséquence que les motifs qui ont déterminé la délibération de 1844 ne lui sont pas applicables (Cass. 29 mai 1833, 10629 J. E., 1437 § 4 I. G.). — V. 3392-1 et 3464.

2. CAUTIONNEMENT HORS CONCORDAT. — Que si le cautionnement est donné par un acte spécial en dehors du concordat, il faut distinguer : si le cautionnement donné envers les créanciers du failli exprime la somme pour laquelle il est consenti, le droit est dû sur cette somme ; s'il ne l'exprime pas, il n'est censé applicable qu'aux créances vérifiées, attendu que ce n'est pas le montant des dettes portées au bilan du débiteur failli, mais le montant des créances vérifiées, pour lequel la caution est censée avoir entendu s'obliger. — Si l'effet du cautionnement s'étendait, par une clause expresse de l'acte, aux créanciers qui n'avaient ni affirmé, ni fait vérifier leurs créances, alors le droit serait dû pour toutes les sommes portées au bilan (5419 J. E.;—C. Rouen 2 juin 1815, 1850 J. E.). — V. 3464.

8873 bis. Rapports des syndics. — Les rapports rédigés par les syndics d'une faillite, en vertu de l'art. 506 C. com., pour préparer le concordat, doivent être écrits sur timbre et enregistrés. En effet, ces rapports doivent être signés par les syndics et remis par eux au juge-commissaire de la faillite. Ce dernier en fait nécessairement usage dans le procès-verbal qu'il dresse, conformément au même article, des délibérations des créanciers. Dès lors, ces rapports tombent sous l'application des art. 24 L. 13 brumaire an 7, et 23 de celle du 22 frimaire an 7, d'après lesquels on ne peut faire usage d'un acte ni le produire en justice sans l'avoir préalablement soumis au timbre et à l'enregistrement (Sol. 28 fév. 1868, 2646 R. P., 18487-2 J. E.).

8874. Concordat par abandon d'actif. — Sous l'empire du code de commerce, les débiteurs négociants ne pouvaient demander leur admission au bénéfice de la cession de biens (art. 544 C. com.). — La loi du 17 juillet 1856 leur a accordé cette faculté dans les termes suivants : « Un concordat par abandon total ou partiel de l'actif du failli peut être formé suivant les règles prescrites par la section 2 du présent chapitre. Ce concordat produit les mêmes effets que les autres concordats ; il est annulé ou résolu de la même manière. La liquidation de l'actif abandonné est faite conformément aux §§ 2, 3 et 4 de l'art. 529, aux art. 532, 533, 534, 535 et 536 et aux §§ 1er et 2 de l'art. 537. — Le concordat par abandon est assimilé à l'union pour la perception des droits d'enregistrement. — V. 8899 et suiv.

1. QUITTANCE. — OBLIGATION. — Le concordat par

abandon d'actif étant rangé dans la classe des concordats ordinaires, il en résulte que la remise de dette qui est accordée aux débiteurs n'est, comme dans le concordat ordinaire, passible d'aucun droit de quittance.

On ne pourrait pas non plus, et par le même motif, percevoir le droit de reconnaissance de dette.

De même, le droit de quittance n'est pas dû lors du payement fait par les syndics aux créanciers. Les quittances sont alors passibles d'un seul droit fixe de 2 francs (3 fr.), quel que soit le nombre des créanciers qui prennent part à la répartition et donnent leur émargement (L. 24 mai 1834, art. 15).

2. ABANDON DES BIENS. — Le concordat par abandon d'actif ne dessaisit pas le failli de la propriété de ses biens. On l'a nettement déclaré dans le rapport sur la loi du 17 juillet 1856 (Cass. 10 fév. 1864, S. 64-1-144; — C. Orléans 20 mai 1868, S. 69-2-48). Il en résulte, d'une part, que si le failli décède, ses biens doivent être compris dans la déclaration de sa succession ; — et que, s'il les cède aux créanciers dans le concordat, le droit de dation du payement est exigible.

3. ABANDON A L'UN DES CRÉANCIERS. — Il a été décidé que lorsque, par un traité intervenu entre un failli et ses créanciers, il est fait abandon à un de ces derniers, qui renonce à sa créance individuelle contre le failli, de l'actif de la faillite, à la charge d'acquitter le montant des créances privilégiées, plus 10 pour 100 sur les créances ordinaires, et de payer les frais de faillite, le droit de vente doit être liquidé, tant sur les sommes dont le cessionnaire fait lui-même remise que sur celles qui sont payables à des tiers, sans qu'il y ait lieu de déduire le montant des créances non affirmées ou non produites avant le concordat (Seine 9 mai 1853).

8874 bis. Concordats amiables. — Tous les traités passés entre le débiteur et ses créanciers sans l'observation des formalités prescrites par le code de commerce et désignés habituellement sous le titre de concordats amiables demeurent par conséquent assujettis aux dispositions de la loi du 22 frimaire an 7 (Demante n° 549). — Ainsi, le failli fait quelquefois abandon plein, entier et sans réserve, à ses créanciers, de tous ses biens meubles et immeubles, *pour en disposer ainsi qu'ils aviseront* et s'en partager le produit au marc le franc. Les créanciers acceptent cet abandon, font remise au créancier de l'excédant et nomment un commissaire, qu'ils chargent de réaliser l'actif abandonné et d'en répartir le produit entre eux au prorata de leurs créances.

Ce contrat ne peut tomber sous l'application de l'art. 68 § 3 n° 6 et § 5 n° 1er L. 22 frimaire an 7. Il est passible : 1° du droit de vente sur la valeur des biens abandonnés, par application de la règle développée au mot *Abandonnement*, d'après laquelle le droit de mutation est exigible toutes les fois que les créanciers sont dispensés de faire vendre en direction les biens abandonnés ; — 2° du droit de quittance sur la remise de la portion des créances excédant la valeur des biens abandonnés ; — 3° du droit fixe de 3 francs pour le pouvoir donné au commissaire nommé par les créanciers de réaliser l'actif abandonné.

Les conventions intervenues dans ces conditions rentreraient donc sous l'application du droit commun, sauf l'appliration des règles que nous allons indiquer au sujet de *l'atermoiement*.

1. CONCORDAT DE 1848. — La Révolution de 1848 avait jeté dans le commerce une telle perturbation, qu'on crut devoir, à cette époque, autoriser la justice à atténuer en faveur des négociants malheureux les conséquences que la loi attache à la qualification de failli.

Un décret du 22 août 1848 autorisa la conclusion de concordats amiables qui profitaient de la modération du droit accordée par la loi du 24 mai 1834 (D. m. f. 10 oct. 1848, 14583 J. E., 13541 J. N., 8371 C.).

Ce décret a été abrogé par la loi du 12 novembre 1849.

2. CONCORDAT DE 1870. — Les mêmes dispositions ont été reproduites à la suite de la guerre de 1870, par un décret du gouvernement de la Défense nationale du 7 septembre 1870, portant :

« Art. 1er. Les suspensions ou cessations de payements survenues depuis le 10 juillet 1870, ou qui surviendront jusqu'au 30 septembre 1871, bien que régies par les dispositions du livre 3 C. com., ne recevront pas la qualification de faillite et n'entraîneront les incapacités attachées à la qualité de failli, que dans le cas où le tribunal de commerce refuserait d'homologuer le concordat, ou, en l'homologuant, ne déclarerait pas le débiteur affranchi de cette qualification.

» Art. 2. Le tribunal de commerce aura la faculté, si un arrangement amiable est déjà intervenu entre le débiteur et la moitié en nombre de ses créanciers, représentant les trois quarts en sommes, de dispenser le débiteur de l'apposition des scellés et de l'inventaire judiciaire. — Dans ce cas, le débiteur conservera l'administration de ses affaires et procédera à leur liquidation, concurremment avec les syndics régulièrement nommés et sous la surveillance d'un juge-commissaire commis par le tribunal, mais sans pouvoir créer de nouvelles dettes. — Les dispositions du code de commerce relatives à la vérification des créances, au concordat, aux opérations qui les précèdent et qui les suivent et aux conséquences de la faillite, dont le débiteur n'est pas affranchi par la présente loi, continueront de recevoir leur application.

« Art. 3. La présente loi est applicable à l'Algérie. »

Deux lois des 9-15 septembre et 19-23 décembre 1871 ont successivement prorogé jusqu'au 31 mars 1872 l'effet de ces dispositions exceptionnelles.

Les concordats passés en exécution de ce décret sont assimilés aux concordats après **faillite** pour la perception des droits d'enregistrement.

SECTION 2. — DE L'ATERMOIEMENT

[8875-8884]

8875. Tarif. — Nous avons dit que l'atermoiement, dans l'acception avec laquelle ce mot est employé ici, embrasse toutes les conventions intervenues entre un débiteur malheureux et ses créanciers pour prévenir la faillite ou la déconfiture. « C'est, enseigne également Merlin, un accommodement par lequel un débiteur obtient de ses créanciers un délai pour se libérer et quelquefois la remise absolue d'une partie des sommes qu'il leur doit » (*Rep.* v° *Atermoiement*). — L'art. 69 § 2 n° 4 tarife ce contrat au droit de 50 centimes pour 100 francs sur les sommes que le débiteur s'oblige de payer.

1. RECONNAISSANCE DE DETTES. — Ce droit de 50 centimes pour 100, comme nous l'avons déjà dit, est la représentation du droit de reconnaissance de dette ou d'obligation auquel donne lieu la constatation des créances que le débiteur s'oblige de payer.

Il s'ensuit, d'une part, que si les créances résultent de titres enregistrés, le droit proportionnel de 50 centimes pour 100 n'est pas dû et que l'acte est passible d'un droit fixe. — V. 8878; — et, d'autre part, que si les créances n'ont pas de titres enregistrés, on ne saurait percevoir outre le droit de 50 centimes pour 100 francs le droit ordinaire d'obligation (390-17 I. G., Sol. 21 fév. 1850, 13977 J. N., 8935 C. — V. Gien 5 juin 1849,13886 J. N., 8796 C.).

8876. Déclaration de faillite. — L'atermoiement a pour but de venir au secours du débiteur malheureux et de lui épargner les conséquences de la faillite ou de la déconfiture.

Les contrats auxquels s'applique la réduction de tarif interviennent donc avant la déclaration de cette faillite.

1° Ainsi, le droit de 50 centimes pour 100 a été reconnu applicable à la transaction par laquelle un grand nombre de créanciers d'un commerçant avaient consenti à réduire leurs créances, avant qu'aucune des formalités prescrites en matière de faillite eût été remplie à l'égard du débiteur qui contractait l'obligation de payer dans un délai fixé (Sol. 5 juin 1824, 1146 § 1er I. G., 4779 J. N.).

2° Ce droit est également dû par les créanciers d'un failli, traitant avec l'héritier de leur débiteur et consentant à le rétablir dans la gestion de la succession, de concert avec deux commissaires (Sol. 13 août 1825, 1180 § 1er I. G., 5451 J. N.; — Cass. 18 janv. 1830 (S. 30-1-244, 9586 J. E., 1320 § 1er I. G., D. N. t. 2 p. 850 n° 20, Dalloz 735). — V. 8916.

Ce dernier arrêt est ainsi conçu : « Attendu que l'acte du 13 novembre 1824, intervenu entre les demandeurs et les créanciers de son père, décédé en faillite, a été jugé par le tribunal comme un véritable concordat, par lequel l'administration des biens du failli avait été remise à son héritier bénéficiaire ; — Attendu qu'une pareille appréciation, qui range l'acte dans la classe des contrats d'atermoiement assujettis au droit proportionnel de 1/2 pour 100, n'est pas susceptible d'être contredite en soi, d'après les termes de l'acte rappelés dans les qualités du jugement, et suivant les faits que contiennent ces mêmes qualités, non contredites par le demandeur ; — Attendu qu'ainsi fixé, la cause ne présente qu'une juste application de l'art. 69 § 2 n° 4 L. 22 frimaire an 7 . »

3° De même, il a été reconnu que le droit de 50 centimes pour 100 était exigible sur l'acte par lequel un débiteur *non failli* obtenait de ses créanciers la remise de la moitié de leurs créances, résultant de factures non enregistrées, et stipulait délai pour le payement de l'autre moitié. Un tel contrat, fait en dehors de toutes les formalités établies en matière de faillite, donne nécessairement ouverture au droit de 50 centimes pour 100 fixé pour les atermoiements ordinaires (Dél. 16 mars 1827, Dalloz n° 733).

4. Décidé également que l'acte passé entre un débiteur commerçant, mais non failli, par lequel des créanciers lui accordent un délai pour payer ses dettes non établies par titres enregistrés, n'est sujet qu'au droit de 50 centimes pour 100 (Gien 5 juin 1849, 13886 J. N., 8796 J. E.).

5. De même pour l'acte intervenu avant la déclaration de faillite entre un débiteur et ses créanciers pour assurer le payement des obligations dues à ceux-ci (Rouen, 14 mars 1877, 4729 R. P.).

8876 bis. Il n'est pas nécessaire qu'il y ait remise de dettes. — L'atermoiement a presque toujours pour conséquence d'accorder au débiteur la remise d'une partie de sa dette. Mais cette remise n'en est pas le caractère essentiel. Ainsi que l'enseigne Merlin, il y a aussi atermoiement quand le débiteur obtient simplement un terme pour le payement (V. 8875). Dans ce cas, la perception du droit réduit de 50 centimes pour 100 est également justifiée (Gien 5 juin 1849, 13886 J. N., 8796 J. E.).

1. DROIT GRADUÉ. — Ce droit serait dû à l'exclusion du droit gradué qui s'applique aux prorogations de délai parce que cette prorogation de délai rentre sous l'application d'un tarif spécial qui la soustrait à l'empire du droit créé pour les prorogations ordinaires.

Le droit gradué ne serait dû que si toutes les créances étaient constatées par des actes enregistrés ou exemptés d'enregistrement. Dans ce cas, comme il n'y a plus de place pour l'application du tarif spécial des atermoiements, il faudrait assujettir l'acte au droit des prorogations de délai.

8877. Remise de dettes. — L'art. 69 § 2 n° 4 précité, assujettissant nommément les atermoiements au droit de 1/2 pour 100 sur les sommes que le débiteur s'oblige de payer, ces derniers mots *s'oblige de payer* ont fait décider qu'il n'était rien dû sur les sommes dont il est fait remise (6635, 9006 J. E., 3474 J. N., 1146 § 1er I. G.). Ce principe a été étendu au concordat (supra n° 8886). Il était admis dans l'ancienne jurisprudence, suivant le témoignage de Bosquet, v° *Atermoiement*, et il se justifie par la considération que la remise de dettes est une conséquence nécessaire du contrat tarifé.

1. QUITTANCE. — Mais là s'arrête l'exemption. Si les créanciers recevaient immédiatement un à-compte, ou s'ils reconnaissaient formellement l'avoir antérieurement reçu, cette clause produirait tous les effets d'une quittance ordinaire et donnerait lieu à la perception d'un droit particulier de libération. Le tribunal de Toulon a cependant décidé que ce droit n'est pas dû sur les déclarations des créanciers, qu'ils ont reçu à-compte d'un tiers pour le débiteur (21 avr. 1864, 2089 R. P.). Mais sa doctrine ne nous a pas paru juridique. Le tribunal s'est mal à propos fondé sur l'analogie qui existerait entre cette hypothèse et celle de la déclaration du tiers saisi. Si on dispense du droit proportionnel les mentions de payement contenues dans ces dernières, c'est, selon la D. m. 13 juin 1809 (436 § 4 I. G.), parce que le tiers

accomplit une obligation légale qu'il n'a point provoquée et dont le but n'est pas de créer des titres contre lui. Quand la déclaration du créancier est toute spontanée, et qu'elle est faite en présence du débiteur pour régler contradictoirement leur situation, rien ne s'oppose plus à la perception du droit ordinaire.

8878. Obligation. — Reconnaissance de dettes. — Nous avons vu que le droit de 50 centimes pour 100, perçu sur les atermoiements, est un droit d'obligation applicable à la reconnaissance des créances que le débiteur s'oblige de payer.

D'après M. Demante, cependant, la perception du droit proportionnel, sur les sommes que le débiteur s'oblige de payer par la convention d'atermoiement, a lieu indépendamment de l'enregistrement antérieur du titre originaire des créanciers. « Alors même, dit-il, qu'un droit proportionnel aurait été précédemment perçu, la convention d'atermoiement, tarifée d'une manière spéciale, ne paraît pas rentrer dans la catégorie des actes d'exécution ou de complément » (n° 548).

Mais cette théorie ne saurait être acceptée. L'atermoiement ne contient pas novation, puisque les créanciers conservent contre leur débiteur leurs titres antérieurs; il n'y a pas non plus, par la même raison, changement dans la nature de ces titres, comme quand il s'agit de la conversion d'une créance commerciale en une obligation civile ou réciproquement. D'un autre côté, en admettant que l'atermoiement produise les effets d'un arrêté de compte, on sait que le reliquat n'est pas passible du droit d'obligation quand les sommes dues reposent toutes sur des titres précédemment enregistrés. Par conséquent, si les créances, figurant dans le contrat d'atermoiement, résultent d'actes déjà soumis aux droits, on ne peut considérer la convention, au point de vue fiscal, que comme un acte de confirmation dispensé du droit proportionnel. La pensée de la loi a été d'atteindre les reconnaissances de dettes non enregistrées, faites par les créanciers, tout en leur accordant, par tolérance, une réduction de tarif : on ne concevrait pas pour quel motif elle aurait exigé deux droits sur la même dette, quand le second acte renferme seulement le rappel du premier.

1. CESSION DE BIENS. — On verra plus loin que l'atermoiement renferme souvent une cession de biens. Dans ce cas, il peut être très-délicat d'apprécier quand l'énonciation que le débiteur fait de ses dettes dans l'abandonnement a pour objet de constituer le titre d'un engagement. La cession de biens entraîne comme conséquence forcée la mention des créances en vue desquelles elle s'opère; cette mention, souvent faite en forme de tableau, n'a pas la plupart du temps d'autre but que d'établir, comme le bilan de la faillite, la situation du débiteur. Elle ne dispense pas le créancier de justifier de ses droits quand on procédera à la distribution du prix des biens, et ne saurait être, dès lors, en thèse générale, assimilée à un arrêté de compte ou à un aveu formel passible du droit d'obligation. On ne saurait méconnaître cependant que la déclaration des créances ne reçoive parfois des circonstances, ou même des termes qui la constituent, un caractère différent. Il suffit pour cela que le contrat manifeste bien l'intention des parties de procéder à une liquidation définitive de chaque dette. C'est là une question de fait

dépendant des circonstances. Il a été jugé, par exemple, que si l'atermoiement contenant cession de biens se borne à indiquer le montant de chaque créance verbale, avec la mention que ce rappel vaudra liquidation, il n'est dû aucun droit d'obligation (Toulon 21 avr. 1864, 2089 R. P.).

8879. Caractère distinctif de l'atermoiement. — Ce qui caractérise l'atermoiement, ce sont les circonstances fâcheuses dans lesquelles il se produit, et l'intention bienveillante dont il est la suite. Tout contrat passé en dehors de ces faits n'est plus un atermoiement dans le sens juridique du mot, il conserve sa nature ordinaire de transaction, de remise de dette, de prorogation de délai, etc.

On comprend qu'en cette matière l'appréciation des faits doit jouer le plus grand rôle, car leur examen seul peut indiquer s'il s'agit d'un débiteur malheureux obtenant de son créancier des concessions déterminées par la gêne où il se trouve.

8880. Un seul créancier. — Dans l'ancien droit, on admettait que, « pour qualifier un acte d'atermoiement, il fallait que deux choses concourussent : 1° que l'acte contînt en faveur du débiteur remise ou terme pour payer; — 2° qu'il y eût plusieurs créanciers nommés dans l'acte, car s'il n'y en avait qu'un on ne pourrait vraisemblablement prétendre que ce fût un atermoiement : un seul créancier n'impose délai qu'à lui-même » (Com. du tarif p. 88).

Nous ne disconvenons pas que la circonstance du créancier unique peut rendre très-peu vraisemblable la circonstance de l'atermoiement, mais ce ne serait pas un motif de toujours la repousser. La faillite, en effet, peut être déclarée à la requête d'un seul créancier (Paris 24 juin 1864, S. 64-2-156; 31 mars 1865, S. 66-2-127), et on comprend que le débiteur a quelquefois un intérêt égal à traiter avec un seul réclamant qu'avec plusieurs. — Aussi approuvons-nous le tribunal de Villeneuve-sur-Lot d'avoir décidé, le 25 avril 1861, que le droit de 50 centimes pour 100 était exigible sur l'acte par lequel un débiteur non failli traitait avec le syndic de la faillite de son créancier et convenait qu'il ne payerait qu'une partie de sa dette dans un délai déterminé, remise lui étant faite du surplus : « Attendu en fait, qu'il n'est pas contestable qu'à l'époque de l'acte du 10 mai 1859, Veyrier ne fût à peu près en déconfiture ; que le sacrifice fait par les syndics de la plus forte partie de la dette, tout en étant de leur part un acte de sage administration, n'en est pas moins certain ; que, dans ces circonstances, l'application qui a été faite à cet acte de l'art. 69 § 2 n° 4 L. 22 frimaire an 7, est parfaitement régulière et que c'est à tort qu'un plus fort droit a été réclamé. »

Un arrêt de cassation du 15 juin 1808 a également reconnu le caractère de l'atermoiement à la disposition d'un contrat de mariage portant que la créance du futur sur le donateur ne sera réclamée qu'à son décès. C'est également ce qui résulte de l'I. G. 1146 § 1er (Contrà Champ. et Rig. n° 1005).

8881. Défaut de remise et de terme. — Pour qu'il y ait atermoiement, il faut qu'il y ait ou remise de dette ou prorogation de délai.

On ne peut donc considérer comme tel l'acte par lequel un débiteur abandonne à ses créanciers, sans énonciation d'aucun titre, son actif pour être transporté et vendu, et donne hypothèque sur ses biens présents et à venir sans obtenir ni terme ni remise. C'est une simple reconnaissance de dette passible du droit d'obligation (Mortagne 3 avr. 1844, 13498 J. E.).

Le droit d'obligation a été encore reconnu exigible sur un acte portant reconnaissance, par un commerçant, au profit de ses divers créanciers des sommes dont il leur est redevable, et consentant à ce que le montant de ses dettes soit hypothéqué sur ses immeubles (D. m. f. 10 déc. 1811, 1154 J. N., D. N. t. 2 p. 85 n° 21),

8882. Dispositions indépendantes. — Le tarif réduit ne s'applique qu'à la reconnaissance du débiteur à l'égard de ses créanciers. Les dispositions étrangères qui interviendraient en dehors de cette reconnaissance justifieraient l'assujettissement de l'acte au tarif ordinaire. — Ainsi, il a été jugé que si le débiteur reconnaît des dettes qui n'étaient justifiées par aucun acte enregistré, et fournit une affectation d'hypothèque, si la femme du débiteur, étrangère à la dette, s'oblige solidairement avec lui, l'acte ne présente plus les conditions d'un simple atermoiement ; il constitue une obligation nouvelle, passible du droit de 1 franc pour 100 (Cass. 18 août 1835, 11296 J. E., 1504 § 3 I. G., 12152 J. E., S. 35-1-342 ; — Conf. : Colmar 16 avr. 1842, 13077-1 J. E.; — Avallon 26 déc. 1850, 15161 J. E.; — Contrà D. N. t. 2 p. 84 n° 14).

8883. Transaction. — On a, de même, refusé d'accorder le bénéfice de la réduction du tarif à un acte par lequel le syndic de la faillite du débiteur transigeait avec le créancier et obtenait de lui la remise d'une partie de la créance. Cet acte n'est pas un concordat ; il n'est pas non plus un atermoiement dans le sens de la loi de 1834; c'est une transaction passible des droits ordinaires (Lyon 31 déc. 1831, 15674-2 J. E., D. N. t. 6 p. 57 n° 226).

Cette solution se justifie par le motif que la faillite ayant été déclarée, les considérations pour lesquelles la loi a réduit le droit d'obligation n'existent plus.

8884. Cession de biens. — Union. — L'atermoiement n'étant que la réunion des arrangements amiables conclus entre les parties, on conçoit qu'on y peut rencontrer une foule de combinaisons. Mais à l'exception des reconnaissances de dette dont le tarif a été rabaissé à 50 centimes pour 100, et des remises qui sont exemptes de l'impôt, ces modalités tombent privativement sous l'empire des droits ordinaires. Les plus habituelles sont l'abandonnement de biens et l'union des créanciers.

Au moyen de l'abandonnement, le débiteur met ses créanciers en possession de toute sa fortune, afin qu'ils en poursuivent la réalisation et imputent les recouvrements sur leurs créances. En principe, ce contrat laisse au débiteur la propriété entière de ses biens ; il confère seulement aux créanciers le droit de les faire vendre et de percevoir les revenus jusqu'à l'aliénation (1269 C. C.). Aussi, comme il n'y a aucune transmission de propriété ou d'usufruit, mais une simple mainmise équivalant à un mandat, on ne saurait percevoir le droit de mutation. L'art. 68 § 4 n° 1er L, 22 frimaire an 7 assujettit l'abandon au droit fixe de 5 francs (aujourd'hui 7 fr. 50 cent. d'après l'art. 4 L. 28 fév. 1872), et ce droit est dû indépendamment du droit dû pour le contrat d'atermoiement (Toulon 21 avr. 1864, 2089 R. P.), il va de soi que si l'atermoiement consacrait une véritable dépossession au profit des créanciers, le droit de vente deviendrait exigible; et il n'est pas moins clair qu'il faudrait également soumettre à l'impôt qu'elle comporte toute clause qui s'écarterait de la cession pure et simple pour conférer aux créanciers, soit un titre de son obligation soit une garantie particulière de payement.

SECTION 3. — QUESTIONS DIVERSES

[8885-8892]

8885. Admission d'un créancier repoussé par les syndics. — 1. JUGEMENT. — Le jugement qui, sur la demande d'un créancier qui avait été repoussé par le syndic, ordonne qu'il sera admis au passif de la faillite, ne peut donner ouverture à aucun droit proportionnel. Car, d'une part, il n'y a pas condamnation ; d'autre part, le titre, s'il en existe un, n'est pas susceptible d'être enregistré d'après le jugement : il n'a pour but qu'une vérification et une affirmation de créances (12860-2 J. E., Dél. 25 janv. 1828, 8930 J. E.). — Il en serait de même alors que le tribunal aurait fixé le montant de la créance (12555 J. E., Dél. 29 sept. 1841, 8930 J. E., D. N. t. 6 p. 54 n° 237).

Une pareille disposition, en effet, nécessaire pour servir de base aux opérations de la faillite, n'est qu'une simple vérification de créance faite par le tribunal, conformément à l'art. 498 C. com.; elle n'emporte pas liquidation de ce qui reviendra dans les dividendes, et, dès lors, elle n'est pas assujettie au droit de 50 centimes pour 100, parce que ce droit n'est dû qu'à raison des jugements portant condamnation, collocation ou liquidation des sommes et valeurs mobilières, et que la disposition dont il s'agit ne produit aucun de ces effets.

« L'immunité écrite dans la loi de 1834 porte également un arrêt de cass. 1er février 1865, s'appliquant à toutes les déclarations affirmatives que doit résumer et réfléchir le procès-verbal de vérification, étend nécessairement son effet aux titres individuels des créances qui, n'étant pas enregistrés, doivent être énoncés comme justificatifs de ces créances et aux jugements qui seraient confirmatifs de certaines créances au sujet desquelles se seraient élevées des contestations depuis l'ouverture de la faillite et l'appel des créanciers à la vérification et à l'affirmation des créances » (2054 R. P., 18249 J.N., 1188 Rev., 12305 C., B. C. 32, S. 65-1-94, D. 65-1-54, P. 65-176).

Mais il a paru que cette exemption ne pouvait être étendue au-delà des hypothèses pour lesquelles elle a été admise. — Ainsi, un jugement de la Seine du 28 juin 1862 a reconnu que les principes ordinaires reprennent leur empire, s'il ne s'agit pas de la vérification d'une créance préexistante et reconnue par les parties, sauf à en débattre le chiffre, mais d'un litige principalement engagé, par exemple, pour savoir, s'il y avait lieu, à la résiliation d'un marché et à la fixation de dommages-intérêts. Un tel jugement, produisant tous les résultats d'une condamnation ordinaire, est passible du droit de 2 pour 100 (1711 R. P., 12318 C. — V, *Conf. :* D. m, f. belge 27 déc. 1860, 8832 J, E. belge).

2. TRANSACTION. — MENTION D'ACTES NON ENREGISTRÉS. — Des juges commis avaient pensé que, pour remplir l'intention des art. 41 et 42 L. 22 frimaire an 7, ils ne pouvaient faire les vérifications et recevoir les affirmations de créances sur un failli sans exiger que les titres représentés, et sur lesquels les créances étaient établies, eussent été dûment enregistrés. Et on voulait appliquer le même principe aux transactions intervenues au sujet de la fixation de ces créances entre les syndics de la faillite et les créanciers. Mais nous avons combattu cette interprétation. Le magistrat, chargé des vérifications dont il s'agit, ne rend point un jugement; son procès-verbal et la représentation des actes sous seing privé n'ont d'autre objet que de donner au tribunal le moyen de s'assurer que les déclarations des créanciers sont conformes aux titres et que les créances sont légitimes. Ces vérifications et affirmations ne tiennent qu'à des précautions d'ordre public; elles ne tendent, pour l'intérêt général, qu'à mettre judiciairement en évidence la situation des faillis; elles n'ajoutent rien aux titres des créanciers, quels qu'ils soient, et il n'en résulte aucune action privée, tout à cet égard se trouvant réservé jusqu'au moment où intervient l'acte qui colloque ou rejette la créance. Or, s'il en est ainsi du jugement qui statue sur les contestations qui ont pu s'élever sur l'admission de la créance au passif de la faillite, en devra-t-il être autrement lorsque, sous l'influence conciliatrice du juge-commissaire, l'admission de cette créance au passif se trouvera consentie pour un chiffre déterminé, par une transaction ayant pour but de prévenir le débat judiciaire ou d'y mettre fin, et consentie dans les limites des pouvoirs conférés au syndic de la faillite? L'admission au passif ainsi formulée est-elle d'une autre nature que celle consacrée dans la forme présentée par l'art. 497 C. com.? Ne reste-t-elle pas toujours avec son caractère exclusif de précaution d'ordre public, n'ayant pour objet que de donner au tribunal le moyen de s'assurer que les déclarations des créanciers sont conformes aux titres et que les créances sont légitimes? Si, pour couvrir encore davantage sa responsabilité, le syndic de la faillite réclame et obtient du tribunal l'homologation des conditions qui ont eu pour but de fixer entre lui et le créancier le chiffre de la créance admise au passif et dont l'exécution définitive est restée subordonnée à cette homologation, la position ne sera pas changée. Il n'existera toujours qu'une admission pure et simple, ne donnant lieu qu'au droit fixe, tant qu'un jugement spécial ne viendra pas prononcer une condamnation expresse à payer la créance. On objectait qu'après la transaction, l'existence ni la quotité de la créance ne pouvaient plus être contestées. Mais cela ne suffisait pas pour y voir une reconnaissance proprement dite de la dette, alors surtout que le failli n'avait pas comparu. Le jugement qui prononce l'admission au passif d'un créancier repoussé par les syndics a bien aussi pour résultat d'arrêter définitivement le chiffre de l'obligation (Cass. 8 avr. 1851, S. 51-1-690; 16 janv. 1860, S. 60-1-273). Et, cependant, le droit pro-

portionnel de 1 pour 100 n'est pas exigible, parce que l'on considère la décision du tribunal comme une simple vérification de créances tombant sous l'empire de l'art. 13 L. 24 mai 1834 (suprà n° 8885). La transaction a absolument la même nature; elle tient lieu du jugement que le contredit rendrait nécessaire. Pas plus que ce jugement, elle ne saurait donc donner lieu au droit de reconnaissance de dette.

Nos observations ont été confirmées de tous points par un arrêt de la C. cass. 1er février 1865, d'après lequel la disposition de l'art. 13 L. 24 mai 1834, qui soumet au droit fixe les procès-verbaux d'affirmation de créances, s'applique aux titres individuels de créanciers, qui, n'étant pas précédemment enregistrés, doivent être énoncés dans ces procès-verbaux, et aux transactions survenues depuis la faillite entre le syndic et les créanciers, afin de fixer les sommes pour lesquelles ils devront être admis au passif, après vérification de leurs créances (2054 R. P., 18219 J. N., 1188 Rev., 12805 C., S. 65-1-94, P. 65-176, B. 32, D. 65-1-54).

8886. Jugement. — Pluralité. — Le jugement portant : 1° qu'une avance justifiée sera admise au passif; — 2° que le montant d'une obligation ne sera admis que pour moitié; — 3° que le créancier est débouté au sujet d'un prêt, statue en dernier ressort sur l'admission provisionnelle du créancier, et ne donne comme jugement réglementaire ouverture qu'au droit fixe de 4 fr. 50 cent. (13671-3 J. E.). — V. 8857.

8887. Sursis au concordat. — Aux termes de l'art. 499 C. com., lorsque la contestation sur l'admission d'une créance a été portée devant le tribunal de commerce, ce tribunal, si la cause n'est point en état de recevoir jugement définitif avant l'expiration des délais fixés à l'égard des personnes domiciliées en France, par les art. 492 et 497, ordonne, selon les circonstances, qu'il sera sursis ou passé outre à la convocation de l'assemblée pour la formation du concordat.

Le jugement que rend alors le tribunal n'étant (583 C. com.) susceptible ni d'opposition ni d'appel, est passible du droit de 4 fr. 50 cent., comme jugement en dernier ressort. — V. 8915.

Mais le jugement qui *refuse* au failli son sursis au concordat et qui, par suite, rend l'union définitive, n'est pas, comme le jugement qui accorde le sursis, affranchi de toutes voies de recours (C. Paris 18 avr. 1857, S. 57-2-452).

8888. Admission provisionnelle d'une créance. — Si, dans le cas ci-dessus, le tribunal ordonne qu'il sera passé outre, il peut décider par provision que le créancier contesté sera admis dans les délibérations pour une somme que le même jugement ordonnera.

Ce jugement n'étant également susceptible ni d'opposition ni d'appel (583 C. com. ; — Paris 18 oct. 1855, S. 57-2-140), est passible du droit de 4 fr. 50 cent., comme jugement en dernier ressort. — V. 8915.

8889. Homologation du concordat. — Le concordat est un contrat en dehors des règles du droit commun :

par ce traité, la majorité dicte les lois à la minorité, la masse replace à la tête de ses affaires celui auquel la justice aurait dû en retirer l'administration. Il était sage, en conséquence, de n'en permettre l'exécution qu'en vertu d'une décision de l'autorité judiciaire, chargée de veiller à la fois aux intérêts de la société, qui exige qu'on ne relève pas d'une déchéance méritée un homme qui ne serait pas digne de cette faveur, et aux intérêts soit de la minorité des créanciers, soit du failli, qui peuvent avoir besoin d'être défendus contre l'excès d'indulgence ou de rigueur du plus grand nombre. De là, les dispositions desquelles il s'induit virtuellement que le concordat n'est obligatoire qu'après qu'il a été homologué.

Les art. 516 et 517 C. com. sont ainsi conçus :

« L'homologation du concordat le rendra obligatoire pour tous les créanciers portés au bilan, vérifiés ou non vérifiés, et même pour les créanciers domiciliés hors du territoire continental de la France, ainsi que pour ceux qui, en vertu des art. 499 et 500, auraient été admis par provision à délibérer, quelle que soit la somme que le jugement définitif leur attribue ultérieurement. »

« L'homologation conservera à chacun des créanciers sur les immeubles du failli l'hypothèque inscrite en vertu du § 3 de l'art. 490. A cet effet, les syndics feront inscrire aux hypothèques le jugement d'homologation, à moins qu'il n'ait été décidé autrement par le concordat. »

1. PERCEPTION PROVISOIRE. — C'est l'homologation qui donne au concordat sa valeur juridique et qui lui fait produire ses effets. Jusqu'à ce moment, les conventions sont de simple projets. Si le concordat non homologué, considéré comme acte judiciaire, est assujetti à l'enregistrement dans le délai de vingt jours, il ne doit être assujetti néanmoins qu'au droit fixe de formalité. Les autres droits exigibles d'après la nature des stipulations qu'il renferme ne peuvent être régulièrement perçus qu'après le jugement d'homologation (D. m. f. 11 avr. 1815, 5111 J. E.; — Verviers 13 juill. 1870, *jugement rapporté* 8868). Et si, comme cela a lieu souvent en pratique, ils sont perçus lors de l'enregistrement du concordat, c'est là une perception provisoire qui doit être suivie de restitution dans les deux cas quand l'homologation n'est pas intervenue. La solution contraire, résultant d'une délibération des 28 juillet et 4 août 1829 (9364 J. E.), ne paraît plus devoir être suivie.

1. ENREGISTREMENT. — Le jugement d'homologation du concordat n'est passible que du droit fixe, à moins qu'il ne contienne d'autres dispositions que celles contenues dans le concordat, et donnant ouverture au droit proportionnel (5846 J. E.). Ce jugement est rendu en premier ressort, puisqu'il est toujours susceptible d'appel.

8890. Adhésion. — L'homologation du concordat le rend commun à tous les créanciers qui ont fait vérifier leurs créances, qu'ils aient été présents ou non au traité. Il en résulte que l'adhésion donnée par les créanciers qui n'y ont pas été présents n'opère que le droit fixe de 3 francs par chaque créancier qui adhère ou ratifie.

8891. Bureau. — Nul doute que le concordat ne soit un acte judiciaire, puisqu'il se forme sous la présidence du juge-commissaire, aux termes de l'art. 505 C. com., ainsi conçu : « Aux lieu, jour et heure fixés par le juge-commissaire, l'assemblée se formera sous sa présidence; les créanciers vérifiés et affirmés, ou admis par provision, s'y présenteront en personne ou par fondés de pouvoirs. Le failli sera appelé à cette assemblée; il devra s'y présenter en personne, s'il a été dispensé de la mise en dépôt, ou s'il a obtenu un sauf-conduit, et il ne pourra s'y faire représenter que pour des motifs valables et approuvés par le juge-commissaire. » Dès lors, il doit recevoir la formalité au bureau des actes judiciaires.

8892. Délai. — Le ministre des finances, en décidant, le 11 avril 1815 (5111 J. E., D. N. t. 6 p. 56 n° 260), que le concordat devait être enregistré dans le délai de vingt jours, a implicitement reconnu qu'il était un acte de la nature des actes judiciaires.

Mais cette décision ne peut s'appliquer à l'atermoiement proprement dit, dont nous avons parlé au n° 8873. Un pareil contrat, pouvant intervenir sous toutes espèces de formes entre le débiteur et les créanciers, ne serait sujet à l'enregistrement dans un délai déterminé que s'il était passé devant notaire en renfermant des conventions assujetties à cette formalité dans un délai légal.

CHAPITRE IX. — CESSATION DES FONCTIONS DES SYNDICS

[8893-8897]

8893. Réintégration du failli dans ses biens. — Aussitôt que le jugement d'homologation du concordat est passé en force de chose jugée, les fonctions des syndics prennent fin. Le failli est remis à la tête de ses affaires. L'universalité de ses biens, livres, papiers et effets lui est rendue. La faillite est effacée, sinon pour le passé, au moins pour l'avenir, à la charge par le failli d'exécuter le concordat.

1. EXCUSABILITÉ. — PREMIER RESSORT. — Le jugement qui statue sur l'excusabilité du failli est susceptible d'appel (Bourges 11 fév. 1851, S. 52-2-81; — Orléans 4 mai 1852, S. 53-2-140; — Paris 19 août 1852, S. 52-2-518; — Nîmes 13 juin 1853, S. 53-2-409; — Paris 31 déc. 1853, S. 54-2-515; — Orléans 28 mars 1860, S. 61-2-27; — Paris 8 janv. 1864, S. 64-2- 38).

8894. Décharge au greffier. — Le failli qui reçoit des mains du greffier ses livres, titres, papiers et effets qui avaient été déposés au greffe, en donne décharge. On avait pensé que ces décharges n'étaient que des titres sous seing privé qui ne doivent être soumis à la formalité qu'autant qu'il en serait fait usage en justice. C'était une erreur. Les décharges ne peuvent pas être considérées comme actes

sous seing privé, quoiqu'elles ne tournent qu'au profit du greffier : elles sont reçues et rédigées par lui, en sa qualité d'officier public. Ce sont donc de véritables actes judiciaires, assujettis à la formalité dans le délai de vingt jours de leur date et passibles d'un droit d'enregistrement de 4 fr. 50 cent., conformément aux art. 68 § 2 n°s 6 et 7 L. 22 frimaire an 7, 44 n° 10 de celle du 28 avril 1816, et 4 L. 28 février 1872. (D. m. f. 21 frim. an 7, 1631 J. E., D. N. t. 6 p. 57 n° 271).

8895. Compte. — La remise que les syndics font au failli de ses biens, livres et papiers, doit être précédée du compte qu'ils ont à rendre de leur gestion. Le compte est rendu au failli en présence du juge-commissaire. Il est débattu, et, s'il est approuvé, il est arrêté, toujours devant le juge-commissaire; procès-verbal du tout est dressé par le juge-commissaire dont les fonctions cessent. Telles sont les dispositions de l'art. 519 C. com.

1. DÉCHARGE. — Les syndics qui, après l'homologation du concordat, remettent au failli l'universalité de ses biens, livres, papiers et effets, ne font qu'un acte d'administration; et, lors même qu'ils remettent au failli des sommes qu'ils ont touchées pendant leur gestion, le seul droit de décharge est exigible sur l'acte qui constate ces remises, car ils n'ont jamais agi que comme mandataires (4379 J. E.; — Cass. 26 nov. 1821, arrêt rapporté n° 5800, 7115 J. E., D. N. t. 6 p. 57 n° 269).

8896. Quittance. — Cependant, ajoutait l'arrêt du 26 novembre 1821 qui précède, si des sommes étaient payées à des créanciers du failli présents, le droit de quittance serait exigible. Le droit proportionnel a été remplacé par le droit fixe de 2 francs, par l'art. 15 L. 24 mai 1834, ainsi conçu : « Les quittances de répartition données par les créanciers aux syndics ou au caissier de la faillite, en exécution de l'art. 569 C. com., ne seront sujettes qu'au droit fixe de 2 francs, quel que soit le nombre d'émargements sur chaque état de répartition. » — Ce droit est porté à 3 francs (L. 28 fév. 1872, art. 4).

Une délibération du 10 septembre 1836 (11614 J. E.) a reconnu à cet égard que les quittances données au failli par ses créanciers à la suite du concordat sont passibles du droit proportionnel, attendu que le droit fixe n'est applicable qu'à celles données en exécution de l'art. 564 C. com., au cas où aucun traité n'ayant été passé entre le failli et ses créanciers, ceux-ci forment un concordat d'union et qu'un caissier chargé des recouvrements reçoit quittance de ces recouvrements en marge de l'état de répartition (Conf. : Sol. 30 août 1836, D. N. t. 3 p. 589 n° 92).

1. TIMBRE. — On décidait autrefois qu'il suffisait que l'état de répartition fût sur timbre, et qu'on ne pouvait exiger autant de droits de timbre qu'il y a de créanciers donnant quittance (4220 J. E., D. N. t. 6 p. 57 n° 268).

Depuis la loi du 23 août 1871, chaque quittance d'une somme excédant 10 francs serait passible d'un droit de timbre de 10 centimes. — V. Quittance.

8897. Insuffisance d'actif. — Jugement de clôture. — L'art. 527 C. com. dispose : « Si, à quelque époque que ce soit, soit avant l'homologation du concordat ou la formation de l'union, le cours des opérations de la faillite se trouve arrêté par insuffisance de l'actif, le tribunal de commerce pourra, sur le rapport du juge-commissaire, prononcer, même d'office, la clôture des opérations de la faillite. Ce jugement fera rentrer chaque créancier dans l'exercice de ses actions individuelles, tant contre les biens que contre la personne du failli. »

Quelque insuffisant que paraisse l'actif, la faillite n'en doit pas moins être déclarée et suivie des opérations préliminaires d'apposition des scellés, d'inventaire, etc. Il a été jugé ainsi qu'un tribunal de commerce ne peut refuser de déclarer, sur la demande des créanciers, la faillite d'un commerçant en état de cessation de payements, en se fondant sur le défaut d'intérêt des créanciers par suite de l'insuffisance de l'actif (Besançon 13 janv. 1815).

Cette clôture, pour cause d'insuffisance d'actif, ne fait pas d'ailleurs cesser l'état de faillite et le dessaisissement qui en résulte (Rouen 21 mars 1831, S. 52-2-274 ; — Paris 18 déc. 1858, S. 58-2-151, Renouard art. 527 et 528, Laisné *Idem*, Gouget et Merger v° *Faillite* n° 412 ; — Paris 8 mars 1856, S. 56-2-199).

1, ENREGISTREMENT. — Les jugements des tribunaux de commerce prononçant *d'office* la clôture des opérations de la faillite, pour *insuffisance de l'actif*, doivent être enregistrés *en débet* dans les vingt jours de leur date, sauf, s'il est fait usage de ces jugements, à poursuivre le recouvrement des droits contre les parties intéressées (D. m. f. 20 juill. 1843, 1697 § 4 I, G.). — V, 810, 8912-5.

CHAPITRE X. — DE L'UNION DES CRÉANCIERS

[8898-8906]

8898. État d'union. — Le concordat est la première voie ouverte aux créanciers pour mener à fin les opérations de la faillite ; c'est le but naturel auquel ils doivent tendre, car il leur offre presque toujours plus d'avantages que le second moyen, à l'aide duquel peut se terminer la faillite.

Ce second moyen est l'état d'*union*. Lorsque les créanciers ne croient pas devoir accepter les offres que leur fait le failli, soit parce que ces offres ne leur paraissent pas suffisantes, soit parce qu'ils n'ont pas confiance dans les engagements qu'il veut prendre à leur égard, ils s'unissent pour liquider eux-mêmes l'actif de leur débiteur et tirer de cet actif le meilleur parti possible.

« S'il n'intervient pas de concordat, porte l'art. 529 C. com., les créanciers seront de plein droit en état d'union. — Le juge-commissaire les consultera immédiatement, tant sur les faits de la gestion que sur l'utilité du maintien ou du remplacement des syndics. Les créanciers privilégiés, hypothécaires ou nantis d'un gage, seront admis à cette délibération. — Il sera dressé procès-verbal des dires et observations des créanciers, et, sur le vu de cette pièce, le tribunal statuera comme il est dit à l'art. 462. — Les syndics qui ne

seraient pas maintenus devront rendre leur compte aux nouveaux syndics, en présence du juge-commissaire, le failli dûment appelé. »

8899. Quotité du droit. — L'art. 68 § 3 n° 6 L. 22 frimaire an 7, assujettit au droit fixe de 3 francs *les unions et directions de créanciers.*

Ce droit est porté à 4 fr. 50 cent. (L. 28 fév. 1872, art. 4).

8900. Droit proportionnel. — Mais l'art. 68 § 3 n° 6 ajoute : « Si les unions et directions de créanciers portent obligation de sommes déterminées par les cointéressées envers un ou plusieurs d'entre eux, ou mêmes autres personnes chargées d'agir pour l'union, il sera perçu un droit particulier comme pour obligation. » A cet égard, il faut soigneusement distinguer, comme le fait remarquer Dalloz, n° 724, ce qui ne serait qu'énonciatif de ce qui aurait le caractère obligatoire et aurait pour objet de faire le titre d'un engagement. Le droit particulier d'obligation, dont parle la loi, ne serait exigible que d'une convention qui présenterait ce dernier caractère.

8901. Absence de faillite. — En général, l'union est imposée par la loi aux créanciers d'un failli qui n'ont pu s'entendre sur la formation d'un concordat (29 C. C.). — Nul doute qu'elle soit également permise avant la faillite ou en cas de déconfiture. C'est à toutes ces hypothèses, sans distinction, que s'applique l'art. 68 § 3 n° 6 L. 22 frimaire an 7, quand il tarife à 3 francs (4 fr. 50 cent.) les unions et les directions de créanciers. On en trouve la preuve évidente dans un texte voisin qui parle des cessions de biens soit *volontaires*, soit *forcées* pour être vendus en direction, et témoigne fort clairement ainsi que, dans la pensée du législateur bursal, l'état d'union peut se rencontrer après comme avant la faillite. Autrefois, d'ailleurs, on ne faisait aucune différence entre ces deux cas pour percevoir le droit de contrôle. Les directions de créanciers, quelles qu'elles fussent, étaient également passibles du même droit de fixe (*Dictionnaire des Domaines* v° *Union des créanciers*). On ne concevrait pas pourquoi le législateur moderne se serait écarté de cette règle si rationnelle, en bornant le tarif du droit fixe aux seules unions en matière de faillite. Le sentiment contraire de l'Administration a été condamné par les tribunaux d'Argentan, le 11 août 1838 (Dalloz 725, D. N, t. 13 p. 197 n° 24), et de Toulon, le 21 avril 1864 (2089 R. P.).

D'après ce dernier jugement, le droit fixe applicable au contrat d'union est exigible indépendamment de celui auquel donne lieu la cession de biens dont l'union est la suite.

1. SOCIÉTÉ. — La réunion des créanciers dans ces circonstances ne constitue pas une société proprement dite, puisque leur but n'est pas de faire des bénéfices, mais simplement de sauver leurs intérêts par une liquidation économique du gage. Il n'y aurait contrat de société que si ces créanciers poursuivaient entre eux, ou de concert avec leur débiteur, un but différent de la réalisation des biens abandonnés, si, par exemple, ils affectaient leurs dividendes à une entreprise déterminée. La société se juxtaposerait alors à

l'atermoiement ; mais il est manifeste qu'elle en serait simplement la conséquence et qu'il ne faudrait pas apprécier par les règles habituelles aux rapports des associés entre eux, les conventions *spéciales à l'atermoiement* lui-même. Ainsi, il a été jugé que, quand dans un atermoiement les débiteurs et les créanciers s'associent pour fonder une nouvelle maison de banque, il est dû un droit fixe de société ; mais les conditions *de l'atermoiement* ne tombent pas sous l'application du tarif créé pour les dispositions de l'acte de société (Toulon 11 avr. 1864, 2089 R. P.).

8902. Syndics de l'union. — Il résulte de l'art. 529 C. com., que la gestion des anciens syndics de la faillite ne cesse pas de plein droit à la formation de l'union ; cette gestion est continuée, sauf au tribunal la faculté de les remplacer, s'il le juge convenable.

« Ils représentent la masse des créanciers et sont chargés de procéder à la liquidation. Néanmoins, les créanciers pourront leur donner mandat pour continuer l'exploitation de l'actif » (532 *Id.*).

8903. Jugement de nomination. — Lorsque le tribunal nomme les syndics de l'union, son jugement n'est susceptible ni d'opposition ni d'appel, soit de la part du failli, soit de la part des créanciers. On ne peut davantage attaquer la délibération à la suite de laquelle les syndics ont été nommés (Cass. 21 août 1843, Dalloz v° *Faillite* n° 928).

1. ENREGISTREMENT. — Il suit de là que le jugement de nomination est passible du droit de 4 fr. 50 cent., comme tous les jugements en dernier ressort. — V. 8915.

8904. Communauté d'intérêt. — Solidarité. — L'union établit entre les créanciers une communauté d'intérêts. Cela est si vrai, que quand l'exploitation de l'union produit des bénéfices, ils sont partagés entre tous les créanciers proportionnellement à leurs créances et à mesure que les répartitions en sont ordonnancées, et que l'on admet à cette répartition les créanciers qui ont refusé de consentir à l'exploitation aussi bien que ceux qui l'ont voulue : on admet aussi ceux qui, ayant formé opposition, n'ont pas réussi à faire adopter leur opinion devant la justice. La loi ne fait aucune distinction entre ces diverses catégories et ne pouvait pas en faire, puisque le fonds d'exploitation est aussi bien le gage de ceux qui ont fait partie de la minorité contraire à la continuation des affaires que de la majorité [1] (Bédarride t. 2 n° 770).

1. ENREGISTREMENT. — La conséquence de ce principe est que toutes les fois que les créanciers unis interviennent dans un acte quelconque, ils ne doivent être comptés que pour une seule individualité pour la perception des droits

1. En matière civile, il a été jugé que les créanciers d'un failli concordataire ne sont ni solidaires ni indivis et que le mandat donné par tous à un tiers est censé l'être par chacun séparément (C. Rennes 11 juill. 1870, S. 72-2-210).

d'enregistrement. La règle de la pluralité, qui les atteint presque toujours dans d'autres circonstances, car leurs intérêts sont distincts dans le sens normal des choses, ne leur est pas applicable du moment qu'ils se trouvent en état d'union.

8905. Acte à la suite d'un autre. — Les délibérations des créanciers unis peuvent, sans contravention, être rédigées à la suite les unes des autres sur un cahier de papier timbré. — V. *Acte écrit à la suite.*

8906. Fin de l'union. — « Lorsque la liquidation de la faillite sera terminée, les créanciers seront convoqués par le juge-commissaire.

« Dans cette dernière assemblée, les syndics rendront leur compte. Le failli sera présent ou dûment appelé.

« Les créanciers donneront leur avis sur l'excusabilité du failli.

« Il sera dressé, à cet effet, un procès-verbal dans lequel chacun des créanciers pourra consigner ses dires et observations. Après la clôture de cette assemblée, l'union sera dissoute de plein droit » (537 C. com.).

1. ENREGISTREMENT. — D'après l'I. G. 1755 § 8, dans les faillites sans actif, les procès-verbaux qui déclarent dissoute l'union des créanciers peuvent être rédigés sur papier visé pour timbre *en débet* et doivent être enregistrés en débet, sauf à poursuivre contre le failli, s'il redevenait solvable, le recouvrement des droits de timbre et d'enregistrement (D. m. f. 21 oct. 1845, D. m. f. 9 janv. 1856, 620 R. P.). — V. 8912-3.

CHAPITRE XI. — QUESTIONS DIVERSES

[8907-8923]

8907. Bilan. — Nous avons examiné au mot *Bilan* les différentes questions relatives à l'enregistrement du bilan.

8908. Bordereau de caisse. — Le bordereau que le séquestre des biens d'un failli remet, à des époques déterminées, aux syndics de la faillite, n'est pas sujet à enregistrement. — V. 3207.

8909. Communication. — 1. GREFFE. — Une D. m. f. 2 août 1851 (15258 J. E.) a reconnu que l'art. 54 L. 22 frimaire an 7 donne aux employés la faculté de s'assurer de l'exécution des lois en matière d'enregistrement et de timbre dans tous les dépôts publics, et spécialement aux greffes des tribunaux de commerce. D'où la conséquence que les employés de l'Administration ont le droit d'examiner les titres que les créanciers des faillis déposent au greffe et de relever les contraventions que ces titres peuvent présenter (9399 J. E.). — V. *Communication*.

1. TIMBRE. — PIÈCES A JOINDRE. — Dans ce sens, le tribunal de la Seine a jugé, le 28 août 1852 (15440 J. E.), que les contraventions aux lois sur le timbre découvertes dans un greffe du tribunal de commerce peuvent être légalement constatées par procès-verbal ; mais le tribunal a de plus reconnu qu'il n'est pas indispensable que les pièces en contravention soient jointes au procès-verbal, lorsque ce procès-verbal n'a pas été signé par les contrevenants. Les motifs de cette disposition du jugement sont que, si l'art. 34 L. 13 brumaire an 7 prescrit aux employés de l'Aministration de joindre à leurs procès-verbaux de contravention aux lois sur le timbre les pièces qui en font l'objet, il ne leur impose pas ce devoir à peine de nullité des procès-verbaux ; que cette loi a seulement voulu mettre le tribunal à portée de juger la nature des actes sujets au timbre ; que cette appréciation peut aussi être faite au vu des procès-verbaux qui, émanant d'un officier public, font foi de leur contenu ; que, d'ailleurs, le tribunal aurait le droit de se faire représenter les pièces elles-mêmes, et que, dans l'espèce, cette mesure d'instruction n'est pas nécessaire, puisque la copie donnée par les procès-verbaux n'est pas contestée par les opposants (V. dans le même sens 1537 n° 200 I. G.). — V. *Communication* et *Instance*.

2. ENREGISTREMENT. — Le même tribunal a jugé, le 6 décembre 1850 (15097 J. E.) que les préposés ont le droit de réclamer les droits d'enregistrement exigibles sur les actes placés dans les dossiers déposés au greffe, lorsque ces actes tombent sous l'application de l'art. 57 L. 28 avril 1816.

3. HUISSIER. — Mais les préposés n'ont pas le droit de vérifier les papiers d'une faillite, qu'un huissier aurait en dépôt comme agent de cette faillite, sous prétexte de s'assurer si les pièces sujettes au timbre ont été revêtues de cette formalité (D. m. f. 11 août 1820, 6807 J. D. N. t. 6 p. 58 n° 276). L'agent d'une faillite ne peut, en effet, être considéré comme un officier public.

4. COMPTE SUR PAPIER LIBRE. — Le compte rédigé sur papier libre trouvé dans les papiers d'un failli déposés au bureau du receveur ou dont on aurait eu autrement une connaissance légale, est passible du timbre et de l'amende, quoiqu'il n'en soit pas fait usage devant les tribunaux ou les autorités administratives (Cass. 16 mai 1815, 5171 et 5217 J.E.). — V. 4817.

8910. Compte de tutelle. — Le compte de tutelle rendu devant le juge-commissaire par le syndic d'une faillite aux trois enfants du failli, et qui constitue celui-ci débiteur d'une somme déterminée, donne ouverture au droit de 1 franc pour 100, car le compte ayant été débattu et arrêté par les parties ou les avoués, il y a arrêté de compte dans le sens de la loi d'impôt. En outre, l'ordonnance du juge portant que le reliquat sera payé sur un prix de vente en distribution est indépendante de ce compte et passible du droit fixe de 3 francs (4 fr. 50 cent.), mais quant au droit de collocation, il ne devra être perçu qu'ultérieurement, s'il y a lieu, sur le procès-verbal d'ordre (16572-1 J. E.).

8911. Contraventions au timbre. — Payement des droits. — Le privilége conféré à l'Administration par l'art. 76 L. 28 avril 1816, pour le recouvrement des droits et amendes de timbre, ne peut atteindre les syndics personnellement. L'Administration n'aurait d'action contre eux qu'autant qu'ils seraient dépositaires de sommes et valeurs appartenant à la faillite (Dél. 4 mai 1827, 8721 J. E., 1219 § 6 I. G.).

8912. Débet. — D'après l'art. 461 C. com., les frais du jugement de déclaration de la faillite, d'affiche et d'insertion de ce jugement dans les journaux, d'apposition de scellés, d'arrestation et d'incarcération du failli, seront avancés par le Trésor public lorsque les deniers appartenant à la faillite ne pourront suffire immédiatement à ces frais. Ils seront payés sur les fonds du *ministère de la justice* par les receveurs de l'enregistrement, en vertu des ordonnances du juge-commissaire, qui seront apposées au bas de chacun des mémoires. Il devra être formé un mémoire séparé pour chaque objet de dépense, savoir: 1° pour les frais du jugement des déclarations de la faillite ; — 2° pour les frais d'apposition des scellés ; — 3° pour les frais d'arrestation ; — 4° pour les frais d'incarcération ; — 5° pour les frais d'affiches ; — 6° pour les frais d'insertion dans les journaux. Ces mémoires seront conformes au modèle fourni par l'I. G. 1563.

1. ALIMENTS. — Il convient de remarquer que sous la dénomination de frais d'*incarcération* se trouvent compris les *aliments*, qui, dans le cas prévu d'insuffisance des deniers de la faillite, doivent également être avancés par le Trésor (même instruction).

2. DISPOSITIONS INDÉPENDANTES. — Les frais du jugement de déclaration de faillite à avancer par le Trésor ne comprennent que les droits d'enregistrement dus par les jugements eux-mêmes. Quand aux droits relatifs à d'autres dispositions accessoires contenues dans le jugement, ils doivent être supportés par les parties qui en sont responsables, d'après les principes généraux de la loi (D. m. f. et j. 7 avr. 1864, 2340 § 4 I. G.).

3. FAILLITE SANS ACTIF. — On a vu, au n° 8906, que dans les faillites sans actif, les procès-verbaux qui déclarent dissoute l'union des créanciers peuvent être visés pour timbre et enregistrés en *débet*. Une décision ministérielle du 9 janvier 1856 (620 R. P., 2062 § 4 I. G.) veut que le même bénéfice soit accordé aux actes prévus par l'art. 537 C. com., qui sont :

1° La sommation faite au failli ;

2° Le compte de gestion du syndic ;

3° Le rapport du syndic aux créanciers ;

4° Le procès-verbal des avis des créanciers sur l'excusabilité du failli.

Sauf à poursuivre contre le failli, s'il devient solvable, le recouvrement des droits de timbre et d'enregistrement.

4. RECOUVREMENT DES DROITS. — Après que les formalités relatives à la publication du jugement de déclaration de la faillite ont été remplies, le juge-commissaire fait prépa-

rer par le greffier l'état de liquidation des frais avancés par le Trésor. Il met au bas de cet état son ordonnance pour le recouvrement des frais, et l'adresse au directeur de l'Enregistrement.

Le directeur transmet cette ordonnance au receveur de l'Enregistrement du domicile du failli, qui poursuit le recouvrement des frais contre les syndics de la faillite. Ce recouvrement doit avoir lieu aussitôt que l'actif de la faillite présente quelques ressources.

Aux termes de l'art. 461 C. com., les frais dont il s'agit sont privilégiés, sauf toutefois le privilége du propriétaire des lieux loués au failli.

Les art. 587, 588, 590 et 592 L. 28 mai 1838 contiennent des règles relativement aux frais qu'occasionne la poursuite en banqueroute.

5. ACTES D'OFFICE. — Au surplus, la formalité doit également être donnée en débet toutes les fois que les actes concernant la faillite sont faits d'office par le ministère public. — V. *Acte judiciaire* et n°s 8897, 8906-1.

8913. Extrait. — L'extrait du jugement déclaratif de faillite et qui doit être affiché est exempt du timbre (D. m. f. 15 mars 1814, 4759 et 4852 J. E.).

8914. Gain de survie. — Les femmes de commerçants ou banquiers ne peuvent jamais exiger leurs gains de survie au préjudice des créanciers soit hypothécaires, soit chirographaires, lorsque leurs maris tombent en faillite. Réciproquement, les créanciers ne peuvent se prévaloir des avantages que leurs femmes leur ont assurés, en cas de survie, par leurs contrats de mariage.

8915. Jugement en premier et en dernier ressort. — L'art. 583 C. com. est ainsi conçu : « Ne seront susceptibles ni d'opposition, ni de recours en cassation :

« 1° Les jugements relatifs à la nomination ou remplacement du juge-commissaire, à la nomination ou à la révocation des syndics ;

« 2° Les jugements qui statuent sur les demandes de sauf-conduit et sur celles de secours pour le failli et sa famille ;

« 3° Les jugements qui autorisent à vendre les effets ou marchandises appartenant à la faillite ;

« 4° Les jugements qui prononcent sursis au concordat, ou admission provisionnelle de créanciers contestés ;

« 5° Les jugements par lesquels le tribunal de commerce statue sur les recours formés contre les ordonnances rendues par le juge-commissaire dans les limites de ses attributions. »

La conséquence de cet article est facile à déduire. Tous les jugements rendus en matière de faillite, et qui ne sont pas rangés par l'art. 583 C. com. parmi ceux qui ne sont susceptibles d'aucun recours, sont passibles, comme jugements en premier ressort, du droit de 7 fr. 50 cent. Tous les jugements, au contraire, dénommés dans l'art. 583, ne doivent être assu-

jettis qu'au droit de 4 fr. 50 cent. comme étant rendus en dernier ressort.

8916. Mandat. — L'acte par lequel les créanciers d'un failli remettent l'administration des biens de leur débiteur à son héritier bénéficiaire, toutefois en lui adjoignant des commissaires, mais sans fixation de délai pour la reddition des comptes ou le payement des créances, peut être considéré comme renfermant un concordat ou un simple mandat (Cass. 18 janv. 1830, arrêt rapporté 8876.

C'est ce qui avait déjà été reconnu par une solution du 13 août 1825 (1180 § 1er I. G.).

8917. Novation. — L'atermoiement et le concordat ne produisent pas une novation sujette au droit proportionnel. — V. *Novation*.

8917 bis. Quittance. — La faveur accordée aux atermoiements et aux concordats, par la loi de frimaire et la loi de 1834, ne s'étend pas aux actes faits en exécution du traité, et notamment aux quittances délivrées par les créanciers qui reçoivent les dividendes stipulés au concordat. De plus, on ne peut soutenir en cette matière, pas plus qu'en matière de vente, que les quittances ne sont que des actes d'exécution et ne donnent lieu qu'au droit fixe, par application de l'art. 68 § 1er 6° L. 24 frimaire an 7. D'un autre côté, on ne peut prétendre que ces quittances ne sont passibles que du droit fixe de 2 francs (3 fr.) établi par l'art. 15 L. 24 mars 1834; car, aux termes de cet article, le droit fixe s'applique seulement aux quittances de répartition données par le créancier au syndic ou au caissier de la faillite, en exécution de l'art. 561 C. com. anc. (569 nouv.), c'est-à-dire lorsqu'il n'est pas intervenu de concordat. Il n'existe donc aucun motif pour exempter les quittances du droit proportionnel de 50 centimes pour 100 (1471 I. G., Dél. 30 août 1836).

8918. Rapport. — Mise d'un commanditaire. — Le jugement qui ordonne qu'un créancier, dont la créance a été vérifiée, rapportera à l'actif de la faillite une somme déterminée en qualité de commanditaire de la société en faillite, ne prononce ni condamnation, ni liquidation de sommes : il ne fait que réduire la créance, disposition qui n'est passible que du droit fixe (Cass. 20 juin 1826) : « Attendu, porte l'arrêt, que, dans l'espèce de la cause, Étienne Peyret, se disant simple bailleur de fonds dans la société Robin et compagnie, réclamait, contre les syndics de la faillite de cette maison, une créance de plus de 200,000 francs ; tandis que, de leur côté, les syndics prétendaient faire déclarer ledit Étienne Peyret associé libre et solidaire, ou, tout au moins, associé commanditaire de ladite maison, et que ces prétentions respectives étaient l'objet de l'instance sur laquelle est intervenu le jugement du tribunal de commerce de Saint-Étienne du 4 mars 1822 ; — Attendu que, lorsque, sur un tel débat, le jugement dont il s'agit a déclaré Étienne Peyret associé commanditaire, a fixé le montant de sa mise en commandite à une somme de 100,000 francs, et a ordonné que

T. III.   44 cette mise, devenue le gage des créanciers de la faillite, resterait confondue dans la masse active de la société, ainsi que les intérêts et les bénéfices qui en avaient été le produit, un tel jugement ne peut être considéré que comme déterminant un élément de compte à établir entre la masse et le sieur Étienne Peyret, compte dans lequel la mise en commandite et ses produits ont été compensés jusqu'à due concurrence avec la créance de ce dernier, en sorte qu'il n'est résulté de ce jugement aucune condamnation ni libération réelle et définitive donnant ouverture à un droit proportionnel, droit qui n'a dû être appliqué qu'à la somme formant le reliquat définitif dudit compte » (1200 § 8 I. G., S. 27-1-104).

8919. Rapports des juges. — Les rapports des juges-commissaires, faits conformément à l'art. 458 C. com., sont des notes exemptes de timbre et d'enregistrement et n'ayant pas besoin d'être déposées. — V. *Acte judiciaire.*

8920. Réalisation de crédit. — Les actes des faillites prouvent souvent la réalisation d'un crédit et donnent lieu alors au droit d'obligation. Nous en avons parlé au mot *Crédit.*

8921. Sauf-conduit. — Secours. — Les jugements qui statuent sur les demandes de sauf-conduit et sur celles de secours pour le failli et sa famille (V. 473 474 et 530 C. com.) ne sont, aux termes de l'art. 583 C. com., susceptibles ni d'opposition, ni d'appel, ni de recours en cassation. Dès lors ces jugements sont passibles du droit de 4 fr. 50 cent. comme étant en dernier ressort. — V. 8915.

8922. Succession du failli. — 1. PAYEMENT DES DROITS. — La déclaration de faillite n'ayant pas pour effet juridique de priver le failli de la propriété de ses biens, ils continuent de lui appartenir, ainsi qu'à ses héritiers, sauf les droits des créanciers ; dès lors les syndics de la faillite ne sont pas tenus du payement des droits de la succession ; mais ils ne pourraient, en se fondant sur cette dernière considération, réclamer la restitution de ces droits, s'ils les avaient payés. La restitution des droits se règle, en effet, non d'après la qualité de ceux qui les ont payés, mais d'après la régularité des perceptions (13613-5 J. E. ; — Lyon 15 déc. 1847, 14389 J. E., D. N. t. 6 p. 59 n° 283).

2. ACCEPTATION SOUS BÉNÉFICE D'INVENTAIRE. — De ce que la propriété des biens du failli continue de reposer sur sa tête, il résulte encore que l'acceptation, sous bénéfice d'inventaire, de sa succession par les syndics de la faillite, laisse exigibles les mêmes droits que si cette acceptation était émanée des héritiers eux-mêmes ; car les syndics les représentent nécessairement.

8923. Vente de meubles. — Les tribunaux de Saint-Dié, le 27 mars 1840 (12504-2 J. E.), et d'Avranches,

le 5 mars 1842 (12940 J. E.), ont jugé que la vente des biens meubles d'un failli, faite après le concordat, tombe dans la règle commune et doit être frappée du droit de 2 pour 100. C'est ce qui a été reconnu également par une D. m. f. de Belgique du 11 mai 1863 (9465 J. E. belge) et ce qu'enseigne Championnière (5784 C. et t. 6 n° 372). Il est certain que la faillite prend fin par le concordat ; aussi cette solution, bien que rigoureuse, peut paraître exacte en principe. Cependant, la loi du 24 mai 1834, en abaissant le tarif, ayant eu évidemment pour but d'alléger les pertes que la faillite fait subir aux créanciers, on peut douter que les tribunaux de Saint-Dié et d'Avranches, en appliquant rigoureusement la règle, aient bien saisi la pensée du législateur. C'est ici le cas, il nous semble, de suppléer à ce que la loi peut avoir d'incomplet dans ses termes. Aussi le tribunal civil de la Seine s'est-il déterminé par ces considérations, en décidant, le 7 mai 1843 (12414 J. N., 13805-3 J. E.), que la réduction du droit applicable aux ventes de meubles et marchandises faites après la faillite par les syndics provisoires, ne l'est pas moins aux ventes de meubles et marchandises faites après la faillite par les syndics provisoires, après le contrat d'union par les syndics de la faillite. Et l'Administration, qui avait déjà pris une délibération dans ce sens, le 13 novembre 1840 (12611 J. E.), a prescrit aux employés, dans son I. G. 1755 § 9 de prendre cette décision pour règle.

FAISANCES.

8924. — Se dit de tout ce qu'un fermier s'oblige par son bail de faire ou de fournir sans diminution du prix du bail. — V. *Bail.*

FAIT.

8925. — Mot qui, seul ou composé, a plusieurs acceptions dans notre droit. D'abord il est synonyme des termes *acte* et *action*, en tant que ceux-ci sont considérés dans l'ordre matériel, et non comme instrument destiné à prouver les contrats ou comme faisant partie de la procédure.

Le *fait* de l'homme, par exemple, peut être l'objet d'une convention, pourvu qu'il soit possible et qu'il y ait un caractère licite ; en cas d'inexécution, il donne lieu à des dommages-intérêts (1142 C. C.). Illicite, il peut constituer un quasi-délit et engager la responsabilité de celui de qui il émane (1382 C. C.).

Sous ce rapport, remarquez qu'un *fait* exécuté même sur son propre fonds peut être défendu s'il nuit à autrui. Dans l'ordre pénal, et quoique les faits soient présumés licites jusqu'à preuve contraire, ils peuvent constituer des voies de fait et engendrer les contraventions, les délits et même les crimes.

Le *fait* se distingue du *droit*, soit dans la rédaction du jugement qui doit les contenir l'un et l'autre (141 C. proc.), soit dans l'appréciation des cas d'erreurs.

FAIT (DROIT).

8926. — Le mot *fait* se prend dans un sens opposé à *droit*, lorsqu'on dit, par exemple, qu'une personne a la possession de *fait*, et une autre a la possession de *droit*.

Le *fait* de la possession procure différents *droits* : 1° le possesseur est présumé propriétaire jusqu'à ce que le vrai propriétaire de la chose ait pleinement justifié de sa propriété ; — 2° il donne l'action dite possessoire (23 C. proc.) ; — 3° le possesseur de bonne foi fait les fruits siens.

FAIT (ESPÈCE).

8927. — C'est l'exposition des circonstances d'une affaire litigieuse. Ainsi, dans une requête au tribunal, dans un mémoire en cassation, dans une consultation, on distingue ordinairement le *point de fait* et le *point de droit*.

FAIT D'AUTRUI.

8928. — Se dit de tout ce qui est fait, dit ou écrit par une personne relativement à une autre : c'est ce que l'on est dans l'usage d'appeler *res inter alios acta*.

En principe, le fait d'autrui ne peut pas nuire à un tiers, *non debet alteri per alterum iniqua conditio inferri* (L. 74 ff. *de Reg. jur.*). Toutefois, cette règle admet des exceptions. Ainsi, le fait des personnes qui gèrent pour nous, comme le tuteur, le mandataire, etc., est considéré comme notre fait et non celui d'autrui.

FAIT DE CHARGE.

8929. — On qualifie ainsi toute action ou mission d'un officier public dans l'exercice de ses fonctions, lorsqu'elle donne lieu contre lui à responsabilité ou dommages-intérêts. Le détournement de fonds recouvrés par un huissier est un fait de charge à raison duquel le créancier a un privilège sur le cautionnement (C. Paris 17 mars 1836).

Les cautionnements exigés des fonctionnaires publics sont principalement destinés à répondre des abus et prévarications qu'ils peuvent commettre, et sont affectés par privilège aux créances qui en résultent (Favard *Rép.* v° *Fait de charge*).

FAIT DU SOUVERAIN.

8930. — C'est un acte de la puissance souveraine qui révoque, supprime ou modifie les droits de propriété, d'usage ou de possession des particuliers. — Un fait de cette nature est un cas fortuit et de force majeure que personne n'est réputé avoir pu prévoir. — Cependant la garantie des faits du souverain peut être expressément stipulée entre les parties, et alors elle doit recevoir son exécution, car elle n'est contraire ni aux lois, ni aux mœurs, ni à l'ordre public (1133 et 1134 C. C., L. 23 ff. *de Reg. jur.*).

FAIT ET CAUSE.

8931. — Ces mots sont employés dans les art. 182 et 188 C. proc. pour exprimer l'action par laquelle un garant formel intervient dans une cause pour se mettre à la place du garanti, et prendre sur lui l'événement de la contestation (Favard *Rép.* v° *Fait et cause*).

FAITS ET ARTICLES.

8932. — Ce sont ceux sur lesquels une partie fait interroger, en matière civile, son adversaire.

FAITS PERTINENTS.

8933. — Faits qui appartiennent à la cause et qui, une fois prouvés, concourent à justifier la demande qu'on intente. Ce sont, en un mot, tous ceux auxquels n'est pas opposable cette maxime du palais : *Frustra probatur, quod probatum non relevat*. Les faits pertinents sont aussi appelés *admissibles* (253 C. proc.), et *faits d'une vérification utile* (Ibid. 34) ; enfin, l'art. 233 du même code les comprend tous sous la dénomination plus générale de *moyens*.

La preuve des faits pertinents est toujours facultative de la part des juges, qui peuvent statuer sans l'ordonner, s'ils ont d'autres moyens d'éclairer leur religion (Cass. 9 nov. 1814). Par exemple, si un testament mystique était argué de nullité, parce que l'on prétendrait que le testateur était privé de la vue au jour du testament, l'offre de prouver la cécité pourrait être rejetée par les juges, si, dans les éléments de la cause, ils avaient d'ailleurs de suffisants motifs de conviction (Cass. 8 fév. 1820, Carré sur l'art. 253 C. proc.).

FAITS ET PROMESSES.

8934. — Ces mots, souvent employés dans les ventes et cessions, signifient que le vendeur ou cédant garantit l'acquéreur contre tout ce qui pourrait résulter de ses actes personnels, mais non de ce qu'ont pu faire ses prédécesseurs.

En ne garantissant que ses propres *faits*, le vendeur assure n'avoir disposé en aucune manière de la chose objet du contrat. Par la garantie de ses *promesses*, il se borne à assurer que la chose a été effectivement en sa possession ou qu'il avait tel droit ou telle qualité.

On ne peut pas moins faire que de garantir ses faits et promesses (1628 C. C.).

FAMILLE.

8935. — Ce terme a des acceptions plus ou moins étendues. On désigne d'abord par *famille* toutes les personnes du même sang, qui forment un corps de parenté. Vient ensuite la famille particulière : c'est celle du père et de la mère et de leurs enfants et petits-enfants; et c'est de là que l'on divise les familles par l'indication de leurs différents auteurs : ainsi, la famille du père, la famille de l'aïeul, du bisaïeul, etc.; et, du côté des femmes, la famille de la mère, la famille de l'aïeule, de la bisaïeule, etc. Quelquefois le mot *famille* est employé comme synonyme de race ou de maison : il signifie alors tous ceux qui sont du même sang du côté des mâles. Ajoutons que, d'autres fois, le terme *famille* s'applique à ceux qui sont soumis au maître de la maison, lequel, au même point de vue, prend le nom de *père de famille*, quand même il n'a point d'enfants : ainsi en matière de partage de fruits communaux. Enfin, il arrive qu'en certain cas le mot *famille* s'entend d'une réunion d'amis tenant lieu de parents (186 C. C.).

FAUTE.

8936. Définition. — C'est une action ou une omission faite mal à propos, soit par ignorance, soit par impéritie, soit par négligence.

En droit, la faute qui occasionne un dommage oblige à le réparer (1383 C. C.).

8937. Diverses espèces de fautes. — Les lois romaines distinguaient la faute lourde ou grossière, *lata culpa*, qui consistait à ne pas apporter aux affaires d'autrui le soin que les personnes les moins soigneuses et les plus bornées ne manquent pas elles-mêmes d'apporter à leurs affaires. Cette faute était opposée à la bonne foi et comparée au dol, *dolo æquiparata*. — La faute légère, *levis culpa*, qui consistait à ne pas apporter aux affaires dont on est chargé le soin qu'un bon père de famille apporte aux siennes. — Enfin, la faute très-légère, *levissima culpa*, qui consistait à ne pas apporter aux affaires d'autrui le soin que les personnes les plus actives apportent à leurs affaires : elle était opposée à l'acte diligence.

Mais doit-on continuer d'admettre cette division des fautes? Selon Bigot de Préameneu (*Exposé des motifs du C. C.*), « elle est plus ingénieuse qu'utile dans la pratique. La théorie par laquelle on divise les fautes en plusieurs classes, sans pouvoir les déterminer, ne peut que répandre une fausse lueur et devenir la matière de contestations plus nombreuses. » Toullier t. 6 n° 232 ajoute : « Nos législateurs ont rejeté cette obscure et inutile doctrine des interprètes. Le code s'est rapproché du droit naturel, suivant lequel tout homme doit réparer le tort qu'il a causé à autrui par sa faute, même la plus légère. »

Ainsi, la réparation du dommage s'étend à la faute la plus légère, à une simple négligence ou imprudence. Telle est la règle générale résultant de l'art. 1383 C. C.

8938. Distinction entre les fautes et les délits ou quasi-délits. — Les *fautes* diffèrent des *délits* et *quasi-délits*, en ce que ceux-ci supposent des faits illicites en eux-mêmes, c'est-à-dire contraires à l'ordre public. Elles diffèrent des délits particulièrement, en ce qu'ils renferment l'intention de nuire, et des quasi-délits en ce que les fautes peuvent n'être que très-légères, tandis que la faute commise par un quasi-délit, quoiqu'elle soit dégagée de l'intention de nuire à autrui, est toujours-grave de sa nature. — Tellement que celui qui, *vacando rei illicitæ*, porte préjudice à autrui, même par un simple quasi-délit, doit être traité plus sévèrement dans la demande en réparation du dommage qu'il a causé, parce que la loi, prohibant l'action qu'il a faite, suffisait pour l'avertir du danger qu'il y avait de la faire (Proudhon *de l'Usufruit* n°° 1284 et 1485).

FAUX.

8939. Définition. — Toute suppression ou altération de la vérité constitue un faux ; mais, pour qu'il y ait faux, il faut que cette suppression ou altération soit frauduleuse et puisse porter préjudice à autrui.

8940. Diverses manières de commettre les faux. — Le faux se commet de plusieurs manières : 1° par des faits ; — 2° par des paroles ; — 3° par des écrits.

1. FAITS. — Par des *faits*, en usant de faux poids, de fausses mesures; en fabriquant de fausses monnaies, de faux poinçons, timbres et marques, etc.

2. PAROLES. — Par des *paroles*, en faisant de faux serments, de faux témoignages, de fausses déclarations.

3. ÉCRITS. — Enfin, par des *écrits*, en contrefaisant l'écriture ou la signature de quelqu'un ; en fabriquant de faux contrats, de fausses promesses, de faux testaments; en altérant des pièces véritables par des ratures, additions ou surcharges; en supposant dans un acte, d'ailleurs sincère, des consentements qui n'y ont pas été donnés, des qualités qui n'ont pas été prises, des formalités qui n'ont pas été remplies ou d'autres circonstances qui n'ont pas eu lieu, etc. (132 et 165 C. pén.). Tel est le faux *en écriture*, le seul dont nous nous occupons ici.

8941. Caractères du faux. — Le *faux en écriture* se divise, quant à ses caractères, en faux *matériel* et en faux *intellectuel*.

1. FAUX MATÉRIEL. — Le faux *matériel* résulte d'une falsification ou altération, en tout ou en partie, commise sur la pièce arguée ; falsification ou altération susceptible d'être reconnue, constatée et démontrée physiquement par une opération ou par un procédé quelconque. La fabrication d'une pièce ou d'une signature, une addition, une suppression, une altération, une radiation, un grattage, une surcharge, une lacération, une substitution d'acte ou d'une disposition à une autre, un changement même dans la ponctuation d'un acte, si le sens en est changé, dénaturé ou modifié, etc., sont autant de circonstances à l'aide desquelles le faux *matériel* peut être consommé. — Ainsi, par exemple, un homme fabrique un *certificat* pour en faire un usage quelconque, et le signe de noms réels ou imaginaires : voilà le *faux matériel*.

2. FAUX INTELLECTUEL. — Le faux *intellectuel* résulte seulement de l'altération dans la substance d'un acte non falsifié matériellement, c'est-à-dire dans les dispositions constitutives de cet acte ; il ne peut être reconnu à aucun signe palpable, physique, matériel. On l'appelle encore *faux moral, faux substantiel*. — Ainsi, en reprenant l'exemple que nous venons de donner, si cet individu, au lieu de fabriquer ce certificat, d'en altérer le contenu, s'en fait délivrer un dans lequel, par une complaisance coupable, le fonctionnaire qui a qualité pour donner cette pièce atteste comme véritables des faits faux et controuvés, il y a faux *intellectuel*.

8942. Faux en écritures authentiques et en écritures privées. — Les faux matériels et intellectuels peuvent être commis en *écritures authentiques et publiques, de commerce ou de banque et en écritures privées*.

Les faux en écritures publiques sont punis plus sévèrement que les faux en écritures privées; ils sont punis encore avec plus de sévérité quand ils sont commis par des fonctionnaires publics dans l'exercice de leurs fonctions, que lorsque de simples particuliers s'en rendent coupables. — Les faux en écritures privées, comme les faux en écritures authentiques et publiques, sont punis de peines afflictives et infamantes ; seulement la nature et la durée de ces peines sont différentes. (*V*. le Code pénal).

8943. Formalités. — Aussitôt que des pièces sont arguées de faux, la justice peut les réclamer partout où elles se trouvent. En conséquence, tout dépositaire public ou particulier de pareilles pièces est tenu de les remettre sur l'ordonnance rendue à cet effet et qui lui est notifiée (452 C. inst. crim.).

Le dépositaire public ou particulier qui refuserait ou qui négligerait d'obtempérer à l'ordonnance qui lui prescrit d'opérer la remise de pièces arguées de faux peut y être contraint par corps. Cette contrainte peut s'exercer à l'instant même de la notification de l'ordonnance, si elle est faite à personne (*Ibid.*).

La loi veut que l'ordonnance même et l'acte de dépôt servent de décharge à celui qui les remet envers tous ceux qui ont intérêt aux pièces déposées (V. *Ibid.*). Sur le dépôt de la pièce au greffe, la forme du procès-verbal à rédiger. — *V.* 448 et 450 C. inst. crim.

La loi exige encore que, si la pièce arguée de faux est tirée d'un dépôt public, le fonctionnaire qui s'en dessaisit la signe et la paraphe à toutes les pages, comme le fait le greffier au moment du dépôt, sous peine d'une pareille amende (449 C. inst. crim.).

8944. Intention. — L'intention de nuire doit être le mobile du faux et, par suite de ce principe, il faut décider que celui qui fabrique une procuration pour toucher ce qui lui est dû ne commet pas un faux (Cass. 13 therm. an 13, S. 5-2-213).

La simulation consentie par toutes les parties contractantes dans un acte, lorsqu'elle ne peut avoir pour effet ni pour objet de porter préjudice aux droits des tiers, n'est pas un faux (8 fév. 1811, S. 17-1-93).

Un faux commis avec une mauvaise intention n'est pas à l'abri des poursuites du ministère public, par cela seul que l'acte dans lequel on l'a commis est nul dans son principe, ou est devenu, après coup, sans effet (Cass. 20 mars 1807, S. 8-1-193).

8945. Faux en écritures publiques. — Il y a crime de faux en écritures publiques lorsqu'un notaire certifie mensongèrement, dans un acte par lui reçu, l'assistance de deux témoins (Cass. 16 nov. 1832) ; — ou lorsqu'il donne à cet acte une fausse date, à moins qu'il ne soit déclaré que la fausse date a été l'effet d'une erreur, ou qu'elle n'a pu nuire à des intérêts privés, ni blesser l'ordre public (Cass. *arrêt cité* n° 54) ; — ou lorsqu'il énonce faussement, dans l'acte de suscription d'un testament mystique, que ce testament a été lu et cacheté en présence des témoins (Cass. 8 oct. 1807) ; — ou lorsqu'il déclare, dans un testament, que le testateur *a dicté ses intentions en présence des témoins*, tandis que, dans la réalité, ce testament a été rédigé sur une note, et que le notaire s'est borné à demander au testateur *si c'étaient bien là ses volontés*, question à laquelle celui-ci aurait répondu *oui* (Cass. 21 avr. 1827) ; — ou lorsque, dans l'acte passé hors de son ressort, il certifie faussement avoir reçu cet acte dans son arrondissement (L. 25 vent. an 11, 6 ; — Cass. 16 nov. 1832, etc., etc.).

8946. Faux en écritures privées. — Il y a faux en écritures privées de la part de celui qui, au moment où un acte sous seing privé vient d'être rédigé, y substitue frauduleusement un autre acte qu'il fait signer par l'autre partie contractante (Cass. 18 août 1814, S. 15-1-36 ; — Cass. 26 août 1824, Dalloz *Rec. alph.* 8-391). — Si le dépositaire d'un blanc-seing le remet frauduleusement à un tiers, et l'aide dans la fabrication de fausses conventions, il y a crime de faux en écritures privées de la part du tiers, et le dépositaire du blanc seing doit être puni comme complice (Cass. 4 fév. 1819, S. 19-1-320). — Celui qui fait signer par un tiers un acte sous seing privé, autre que celui que le signataire entendait signer, par exemple une vente au lieu d'une décharge de pièces, se rend coupable de faux en écritures privées, et non d'une simple escroquerie (Cass. 17 mars 1808, S. 9-1-83, etc.).

8947. Fabrication. — Altération. — Surcharge. — Date.

Il n'y a pas crime de faux quand l'altération n'a porté ni sur la minute, ni sur l'expédition d'un acte public, mais simplement sur la copie de cet acte transcrit en tête d'un exploit d'huissier, une telle copie ne faisant aucune foi par elle-même (Cass. 2 sept. 1813, S. 13-1-427). — La peine prononcée contre toute *surcharge* n'empêche pas que la surcharge ne soit qualifiée *faux*, si elle tend à altérer la vérité d'une manière dommageable (Cass. 20 fév. 1809, S. 12-1-175). — V. *Acte notarié*.

8948. Supposition de personne, — de nom. — Faux nom. — Fausse qualité.

La supposition de personne, par l'emploi d'un faux nom, ne peut constituer le crime de faux que lorsque le faux nom a été pris par écrit. — Celui qui, pour se faire remettre de l'argent par un conscrit, traite avec lui de son remplacement, en prenant verbalement un faux nom, et en se servant d'un acte de naissance véritable, mais qui n'est pas le sien, ne commet pas pour cela seul le crime de faux caractérisé; il ne se rend coupable que d'une tentative (Cass. 12 avr. 1810, S. 11-1-64). — Le faux se commet aussi bien en signant le nom d'une personne qui ne sait pas écrire, qu'en signant celui d'une personne qui ne sait pas lire (Cass. 4 août 1808, S. 17-1-93). — La signature d'un faux nom constitue la contrefaçon de signature, encore qu'il n'y ait pas *imitation* de la vraie signature du nom faussement pris (Cass. 1er mai 1812, S. 13-1-79 et 18 fév. 1813, S. 13-1-258). — Celui qui prend le nom d'autrui, et feint d'être sa personne pour donner son consentement à un mariage, ou à tout autre acte, commet le faux par supposition de personne; et, s'il est découvert malgré lui, avant que l'acte ne soit consommé, il reste coupable de *tentative* de faux (Cass. 7 juill. 1814, S. 14-1-274). — Celui qui signe un faux nom dans un acte de remplacement de conscrit commet le crime de faux. Cette signature d'un faux nom n'est pas un simple délit correctionnel (Cass. 1er mai 1812, S. 13-1-79). — Celui qui fabrique des titres prétendus émanés de personnages pieux ne commet pas un faux caractérisé si ces titres n'ont d'autres effets que de surprendre la crédulité publique, pour exciter à l'aumône (Cass. 23 nov. 1813, S. 16-1-94).

8949. Usage d'une pièce fausse.

L'usage d'une pièce fausse diffère de la fabrication en ce que la fabrication est essentiellement criminelle, et que l'usage n'est criminel qu'autant qu'il est prouvé avoir eu lieu avec *connaissance du faux*. La question de *connaissance* doit donc être posée quand il s'agit de l'usage d'une pièce fausse (Cass. 5 oct. 1815, S. 16-1-80). Ainsi, cette circonstance doit être formellement déclarée par le jury pour qu'il puisse y avoir lieu à condamnation contre l'accusé.

8950. Crime de faux en matière d'enregistrement.

Dans le cas de fausse mention d'enregistrement, soit dans une minute, soit dans une expédition, le délinquant sera poursuivi par la partie publique, sur la dénonciation du préposé de l'Administration, et condamné aux peines prononcées pour le faux (46 L. 22 frim. an 7).

Si les parties refusent d'acquitter les droits des actes portant de fausses mentions d'enregistrement, ces actes sont enregistrés pour mémoire, à la date courante, et il est fait mention, dans l'enregistrement, soit de l'arrêt de condamnation du notaire, soit de la date de son décès, s'il est décédé (n° 340 § 3 I. G.).

Le notaire qui, sur un acte reçu par lui, écrit un faux certificat d'enregistrement et la signature du receveur, se rend coupable du faux prévu par l'art. 147 C. pén.; mais ce faux est étranger à ses fonctions de notaire, puisqu'il n'altère ni le contexte ni les dispositions de l'acte dans le sens des art. 145 et 146 de ce code (Cass. 27 janv. 1815).

Mais le notaire commet un faux dans l'exercice de ses fonctions, et tel qu'il est prévu par l'art. 145 C. pén., en inscrivant sur les expéditions de ses actes de fausses relations ou quittances d'enregistrement (Cass. 20 avr. 1809 et 6 juill. 1826, 8603 J. E.).

Le notaire commet un faux lorsqu'il mentionne comme passé dans son étude un acte reçu hors de son ressort (Cass. 16 nov. 1832, 3921 Roll.).

Le notaire qui signe un acte reçu hors de l'étude par son clerc ne commet pas précisément un faux; mais l'authenticité de l'acte peut être contestée (Nancy 25 juin 1826; — Cass. 18 fév. 1813).

8951. Postdates.

Postdater l'acte qui n'a pas été enregistré dans les délais légaux, pour se soustraire au payement de l'amende ou du double droit exigible, est commettre un faux en écriture.

« En effet, dit M. l'avocat général Blanche, ce fait présente les conditions constitutives de ce crime. Il y a altération de la vérité, puisque l'acte ne porte pas sa véritable date, et qu'il ne reçoit qu'une date imaginaire, supposée et fausse. Il y a éventualité de préjudice, puisque, si l'altération de la vérité n'est pas découverte, elle aura pour résultat de réaliser le but criminel que le redevable s'est proposé. Il y a intention de nuire à autrui, puisque le redevable a pour but de priver le Trésor public d'un droit qui lui est acquis » (2267 R. P.).

La postdate conserve ce caractère quand elle est concertée entre les parties contractantes, pourvu qu'il s'agisse d'un acte complet et définitif : elle entraîne donc les peines du faux, puisque la loi du 22 frimaire an 7 n'en a pas modifié la criminalité pour lui appliquer une peine spéciale. Le contraire a été cependant décidé par un arrêt de cass. 31 mai 1839, dans le cas d'une vente d'immeubles, par la raison que le Trésor, ayant le droit de prouver la mutation en dehors du contrat, n'avait pas besoin de l'inscription de faux pour faire tomber la date de l'acte et n'éprouvait dès lors aucun préjudice. Mais cet arrêt se trouve isolé dans la jurisprudence. Il a été précédé et suivi de décisions qui le contredisent formellement (V. not. cass. 24 fév. 1809, 4219 J. E., 26 août 1833, *Bull. crim.* 435 et 11 oct. 1860, *Idem* 224, 2267 R. P.), et M. Blanche la justifie de la manière la plus complète. Ce savant criminaliste n'admet aucune distinction entre des actes qui constatent des mutations immobilières ou les autres, par le motif que si le Trésor a certains moyens spéciaux pour démentir la postdate, ces moyens engagent dans un procès où l'Administration n'est pas sûre de réussir, ce qui suffit à constituer le préjudice causé.

8952. Dissimulations. — Le notaire qui sciemment constate comme vraies les déclarations mensongères des parties, sur le prix d'une vente ou le revenu des biens donnés, commet-il un faux en écriture? La C. cass. a distingué entre ces déclarations suivant qu'elles s'appliquent à une mutation immobilière ou à une mutation mobilière, et elle ne reconnaît qu'à ces dernières le caractère du faux. Elle le décide ainsi, parce que la loi, en permettant à l'Administration de recourir à l'expertise de l'immeuble vendu, lui fournit le moyen de percevoir les droits sur la valeur réelle de l'immeuble, et que, de cette façon, la déclaration inexacte du notaire ou des parties ne cause aucun préjudice à l'État (Cass. 31 mai 1839, 7 juill. 1858, 2267 R. P. — *V.* cependant cass. 7 fév. 1835, 1133 J. E.). Mais cette doctrine est vivement combattue par M. Blanche dans une dissertation que nous avons insérée au n° 2267 R. P. « Il est vrai, dit-il, que le contrôle de l'une est moins difficile que celui de l'autre; mais qu'importe? en est-il moins vrai qu'en altérant la vérité, les parties ont pu, dans l'un et l'autre cas, causer préjudice au Trésor? Ne peut-il pas arriver, dans un cas comme dans l'autre, que l'État ne découvre pas la simulation? Ne peut-il pas arriver que l'expertise soit aussi inefficace que tout autre moyen d'information, à donner à l'immeuble sa véritable valeur? Comme on le voit, les deux simulations présentent les caractères d'un faux en écriture; je ne peux pas distinguer entre celles qui concernent les mutations immobilières et celles qui concernent les mutations mobilières, sous le prétexte que le Trésor public pourra éviter, plus facilement pour les premières et plus difficilement pour les secondes, le préjudice que les parties ont voulu lui causer. Les unes et les autres constitueront donc un faux proprement dit et seront punissables des peines portées par le code pénal contre ce crime, à moins qu'il n'en ait été autrement ordonné. Mais, je me hâte de le dire, si elles sont prévues par une loi spéciale, et si cette loi les punit d'une peine exceptionnelle, elles ne seront plus soumises à la règle générale; elles formeront une classe particulière de faux, et n'encourront que la peine plus douce prononcée contre elles. « Il me suffira de rappeler l'art. 39 L. 22 frimaire an 7 et l'art. 5 L. 27 ventôse an 9, pour démontrer que cette loi a modifié la criminalité de plusieurs simulations dont je m'occupe, en ne les frappant que d'un double droit. Ce sont les insuffisances de prix ou de revenu dans toutes les transmissions d'immeubles, et les atténuations de valeur dans les mutations par décès de biens mobiliers. Il en résulte que ces simulations ne seront pas régies par le code pénal, et que, malgré le caractère qui leur est propre, elles ne subiront que la peine pécuniaire ordonnée par la loi de frimaire. »

« Mais, ajoute M. Blanche, toutes les fraudes qui reposent sur l'altération de la vérité et qui ne sont point atteintes par la loi spéciale demeurent soumises aux pénalités ordinaires du faux. Telles sont, pour en donner des exemples, les fraudes sciemment commises dans le prix ou la valeur des meubles transmis par actes entre-vifs, les dissimulations de degré de parenté dans les déclarations de successions et autres cas semblables dont la répression n'a pas été prévue par la loi fiscale. »

8953. — Faux principal. — Faux incident. — On distingue encore le *faux principal* et le *faux incident.*

Les art. 19 L. 25 ventôse an 11 sur le notariat et 1319 C. C. indiquent cette distinction. Conçus à peu près dans les mêmes termes, ils portent : « En cas de plainte en faux *principal*, l'exécution de l'acte argué de faux sera suspendue par la mise en accusation, et, en cas d'inscription de faux faite *incidemment*, les tribunaux pourront, suivant la gravité des circonstances, suspendre provisoirement l'exécution de l'acte. »

1. FAUX PRINCIPAL. — Le *faux principal* est ainsi appelé parce que la procédure de celui qui se pourvoit contre ce crime commence par une plainte ou accusation *principale*. Cette procédure est réglée par les art. 448 C. d'inst. crim.

2. FAUX INCIDENT. — Quant à la procédure du *faux incident*, elle a lieu lorsqu'il existe déjà un procès devant un tribunal, et qu'à l'appui de sa prétention une partie produit un acte que l'autre partie soutient être faux. Ce n'est donc qu'incidemment, et par suite d'un procès préexistant, que la poursuite d'un tel faux a lieu.

Cette procédure, quoique incidente, peut s'instruire, ainsi que la première, devant un tribunal criminel. Il faut consulter alors les art. 458 et suiv. du C. d'inst. crim.

Elle peut aussi être soumise au tribunal civil qui était déjà saisi de la contestation. L'art. 1319 C. C. trace la marche à suivre en pareil cas.

3. EXÉCUTION DE L'ACTE ARGUÉ DE FAUX. — En cas de plainte en faux principal, l'exécution de l'acte argué de faux n'est suspendue que par l'arrêt prononçant qu'il y a lieu à accusation.

Mais s'il s'agit d'une inscription de faux faite incidemment, les tribunaux *peuvent*, suivant la gravité des circonstances, suspendre provisoirement l'exécution de l'acte. Ce sont les dispositions de l'art. 19 de la loi sur le notariat, et de l'art. 1319 C. C.

8954. Exemption. — Les copies collationnées des pièces authentiques, en matière de faux, et les procès-verbaux de vérification qui en sont faits, sont exempts de tout droit. — *V.* 852.

FAUX FRAIS.

8955. — On appelle ainsi en général toutes les petites dépenses que l'on est obligé de faire pour un objet, outre les dépenses principales. L'on donne aussi le même nom aux frais d'un procès qui n'entrent point en taxe.

Il y a beaucoup de faux frais que l'on alloue en dépense à un tuteur, à un exécuteur testamentaire et à tout autre administrateur, sans exiger de lui qu'il prouve par écrit qu'il les a faits. On s'en rapporte à cet égard à sa parole, pourvu que les dépenses ne paraissent pas excessives (Denisart v° *Faux frais*).

FEMME.

8956. Définition. — Mot qui, en droit, comprend toutes les personnes du sexe féminin, qu'elles soient filles, mariées ou veuves, quoique à certains égards les femmes soient distinguées des filles, et les veuves des femmes mariées. Dans une seconde acception, on appelle *femme* une personne du sexe, considérée en tant qu'elle est unie à un homme par les liens du mariage.

8957. Capacité des femmes en général. — Les femmes sont inhabiles à presque toutes les fonctions publiques; cependant elles peuvent être receveuses des postes, distributrices de papier timbré, etc.

Elles ne peuvent être arbitres, mais elles peuvent être experts. — Elles ne peuvent servir de témoins dans les testaments (980 C. C.) ni dans les autres actes notariés. — Elles ne peuvent être tutrices que de leurs enfants ou petits-enfants (390, 402, 442 C. C.) et de leurs maris interdits (505 C. C.). — Elles ont, comme les hommes, la faculté d'exercer un commerce; elles peuvent même, lorsqu'elles sont mariées, avoir un commerce qui leur est propre (art. 4 C. com.).

8958. Femme non mariée. — La femme non mariée a, pour contracter et agir en justice, la même capacité que les hommes. Cependant, à raison de la faiblesse de leur sexe, la loi protège les femmes d'une manière spéciale dans le mode d'exécution de leurs engagements.

8959. Femme mariée. — Le mariage soumet la femme à la puissance du mari, dont les effets sont détaillés dans le chap. 6 du titre *du Mariage.* au C. C.

1. AUTORISATION MARITALE. — Le principal effet de la puissance maritale, quant aux biens, est que la femme ne peut, sans l'autorisation de son mari, contracter aucune obligation, ni aliéner ses biens, les hypothéquer, ni ester en jugement. — Cette incapacité de la femme non autorisée subsiste jusqu'à la mort du mari, sauf les modifications qu'elle peut recevoir par suite de la séparation de corps ou de biens. Ainsi la vente d'un immeuble dotal par une femme non autorisée, dont le mari est absent, est nulle si l'acquéreur ne prouve pas le décès du mari, lors même que la femme aurait pris dans l'acte la qualité de veuve (C. Caen 22 fév. 1826, 6238 J. E.).

Cependant il est des actes que la femme mariée peut faire sans l'autorisation de son mari : ainsi elle peut tester, accepter un mandat, reconnaître un enfant naturel (905 et 1990 C. C.).

2. DISPOSITIONS DIVERSES. — Lorsque le mariage a été contracté sous le régime de la communauté de biens, les engagements de la femme avec son mari, les amendes encourues par la femme, la renonciation à la communauté ou son acceptation, sont autant d'objets spécialement réglés par la loi (1431, 1424, 1453, 1492 et suiv. C. C.). — Sous le régime dotal, la femme a la jouissance de ses biens paraphernaux, mais elle ne peut les aliéner sans l'autorisation de son mari (1576 C. C.). — Une femme mariée ne peut vendre ses biens à son mari que dans les cas prévus par l'art. 1595 C. C. — Une femme mariée en secondes noces ne peut donner à son nouveau mari qu'une part d'enfant légitime le moins prenant, sans que cette part puisse excéder le quart des biens (1098 C. C.).

8960. Femme séparée de biens. — La femme séparée contractuellement peut, comme la femme séparée judiciairement, administrer ses immeubles et disposer de son mobilier (C. Paris 12 mars 1811, S. 11-2-447). — La femme est fondée, après séparation de biens, à exiger que la liquidation de ses droits comprenne les indemnités des dettes qu'elle a contractées solidairement avec son mari, bien qu'elle ne les ait pas encore payées aux créanciers (C. Bourges 5 mai 1830, S. 30-2-185). — La femme séparée de biens, qui a renoncé à la communauté, n'est pas tenue de payer les fournitures faites au ménage commun avant la séparation, encore même que le mari n'ait plus rien ; vainement on dirait que les aliments fournis, antérieurement, au ménage commun, sont un objet dont la femme a profité (C. Paris 21 avr. 1830, S. 30-2-218).

8961. Femme marchande. — La femme, marchande publique, est celle qui fait un commerce personnel, entièrement distinct de son mari (art. 5 C. com.).

Une femme a besoin de l'autorisation de son mari pour devenir marchande publique (*Idem*, art. 4); mais cette autorisation n'a pas besoin d'être expresse; il suffit, pour qu'on répute la femme marchande, qu'elle fasse le commerce au vu et au su de son mari, et sans qu'il s'y oppose (Cass. 14 nov. 1820, S. 21-1-312).

La femme, marchande publique, peut, sans autorisation, vendre un immeuble acheté, même à rente viagère, des bénéfices ou du produit son commerce (Cass. 8 sept. 1814, S. 15-1-39); mais elle ne pourrait pas, par exemple, sans une autorisation expresse de son mari, consentir la cession à un tiers de l'indemnité d'expropriation à laquelle elle peut avoir droit comme locataire des lieux dans lesquels elle exerce son commerce (C. Paris 10 mars 1868, S. 68-2-114), ni contracter une société de commerce (C. Lyon 28 juin 1866, S. 67-2-146).

La femme, qui n'est pas marchande publique, ne peut, en son propre nom, obliger son mari, peu importe qu'elle fasse le détail du commerce de son mari. Il en serait autrement si elle était préposée à la gestion ou de la maison de commerce de son mari ou d'une branche de ses opérations. En ce cas, elle pourrait obliger le mari pour tous actes concernant sa gestion, et alors il y aurait, de la part du mari, autorisation suffisante (C. Liége 12 vent. an 12, S. 7-2-969; — Cass. 25 janv. 1821, S. 21-1-177; *Id.* 2 avr. 1822, S. 22-1-369, Aubry et Rau 3° édit. t. 4 §472 p. 134, Demante t. 1er n° 302 *bis*-8).

La femme qui tient, en son nom, un hôtel garni est réputée, par cela seul, marchande publique dans le sens de l'art. 22 C. C. En conséquence, elle s'oblige valablement, sans l'autorisation de son mari, pour tout ce qui concerne la tenue et l'exploitation de l'hôtel (C. Paris 21 nov. 1812, S. 13-2-269).

8962. Acquisitions de la femme. — Il ne suffit pas que l'acquisition d'un immeuble ait été faite en commun par deux époux mariés sous le régime dotal pour que la femme en soit réputée copropriétaire. Le mari est présumé avoir seul fourni les deniers, et par conséquent être seul propriétaire jusqu'à preuve contraire (Cass. 11 janv. 1825, S. 25-1-350; — Toulouse 26 fév. 1861, S. 61-1-327; — Cass. 6 mars 1866, S. 66-1-253). — V. Dot.

Il en serait autrement si la femme était mariée sous le régime paraphernal; dans ce cas, lorsqu'elle achète un immeuble conjointement avec son mari, elle en est valablement copropriétaire, et y a plus, elle est présumée avoir payé sa moitié de ses deniers, sans qu'il soit besoin de prouver unde habuit (C. Grenoble 30 juin 1827, S. 28-2-191).

La femme qui, en se mariant sous le régime dotal, se réserve la faculté de vendre, aliéner, partager et échanger ses biens, a toute capacité pour acquérir conjointement avec son mari. Du moins, celui-ci ne peut lui contester la copropriété du conquêt (Cass. 1er juill. 1829, S. 29-1-372).

Les immeubles acquis par une femme qui n'a pas de biens extradotaux sont réputés achetés des deniers du mari et lui appartiennent. La femme ne peut les vendre, le mari seul et ses héritiers ont le droit d'en disposer (C. Riom 22 fév. 1809, S. 12-2-198).

Pour que les acquisitions faites en son nom personnel par une femme mariée sans communauté ou avec séparation de biens soient réputées avoir été payées de ses propres deniers, il ne suffit pas que cela soit énoncé dans les contrats d'acquisition : les juges peuvent, en appréciant les circonstances, déclarer que les deniers ont été fournis par le mari (C. Bordeaux 19 mars 1830, S. 30-2-168; — Cass. 29 déc. 1863, S. 64-1-11; — Caen 8 août 1868, S. 70-2-116). — V. Dot.

8963. Condition de la femme mariée. — La femme suit la condition de son mari; ainsi, l'étrangère qui épouse un Français devient Française, comme la Française qui épouse un étranger devient étrangère (12 et 19 C. C.).

La femme n'a pas d'autre domicile que celui de son mari (108 C. C.). Elle est obligée d'habiter avec son mari et de le suivre partout où il juge à propos de résider (Idib. 214). — Cette disposition s'applique même au cas où le mari quitte sa patrie; l'art. 214 ne fait pas de distinction. — Toutefois la femme ne serait pas obligée de suivre son mari dans le cas où l'émigration serait défendue par les lois politiques (Proudhon Traité des pers. t. 1er p. 260).

8964. Femme normande. — La coutume de Normandie contenait, sur les droits des femmes, des dispositions spéciales, différentes en plusieurs points du Code civil. Les tribunaux sont encore quelquefois appelés à en faire l'application, et il est utile de connaître les principaux monuments de la jurisprudence sur ce point.

1. ACQUISITION CONJOINTE. — Si des époux mariés sous l'empire de la loi du 17 nivôse an 2 ont acquis conjointement des immeubles, et que la femme décède avant le mari, la moitié de ces immeubles fait partie de sa succession; car, de ce que la coutume excluait la communauté, il n'en résulte pas que le mari n'ait pu faire une acquisition conjointement avec sa femme, à titre d'avantage indirect pour celle-ci, ce qui rend l'acquisition commune (Cass. 19 nov. 1835, 11356 J. E.).

2. CONTRAT DE MARIAGE SOUS SEING PRIVÉ. — La femme normande, dont le contrat de mariage, antérieur au Code, se trouve rédigé sous sa signature privée, suivant l'usage de la Normandie, peut se prévaloir, pour sa dot et ses reprises matrimoniales, de l'hypothèque légale sur les biens de son mari, à compter de la publication du code (Cass. 20 janv. 1806, 8 nov. 1809, 11113 J. N.); Maleville, qui exprime la même opinion, Analyse du Code civil sur l'art. 1394, atteste que, lors de la discussion de cet article, qui exige l'authenticité du contrat de mariage, il fut déclaré que le code n'aurait point d'effet rétroactif pour le cas dont il s'agit.

3. DATION EN PAYEMENT. — ATTRIBUTION. — L'acte de liquidation par lequel des enfants abandonnent à leur mère un immeuble acquis pendant le mariage, à l'effet de se libérer d'une somme déterminée qui lui était échue par succession aussi pendant le mariage, opère une dation en payement passible du droit de 5 fr. 50 cent. pour 100, attendu que la propriété des acquêts reposait sur la tête du mari et qu'il n'appartenait à la femme qu'une simple action pour demander le remploi que son mari n'aurait pas fait (Dieppe 19 juill. 1843, 13315-1 J. E.).

Dans ce sens, la Cour de cassation a jugé, le 12 décembre 1853 (1999 § 2 I. G.), que les art. 539, 542 de la Coutume de Normandie, 65 et 121 des placités, qui affectaient les acquêts et même les propres du mari au remboursement de la dot de la femme ou du prix de ses propres aliénés, attribuaient à la femme non la propriété de ces biens, mais seulement une action à l'effet de se les faire bailler en tout ou en partie à due estimation, et jusqu'à concurrence du montant de ses droits ou reprises; que le mari et, à son décès, les héritiers étaient seuls propriétaires des acquêts ainsi affectés au payement du prix des propres de la femme aliénés pendant le mariage, et avaient le droit de les conserver en payant la créance de celle-ci; qu'ainsi, d'après les principes du statut normand, la veuve à qui on fait une pareille attribution, n'étant saisie de la propriété des biens acquis par son mari que du jour où les héritiers de celui-ci ont fait un abandon exprès, par elle accepté, pour effectuer le remploi de ses propres, une pareille dation en payement opère une mutation de propriété passible du droit proportionnel.

4. EFFET RÉTROACTIF. — La femme mariée avant la promulgation du Code civil sous l'empire de la coutume de Normandie, ne doit pas après la mort de son mari un droit pe mutation pour la portion qui lui revient, soit en propriété, soit en usufruit, dans les biens acquis en bourgage pendant le mariage. Le droit de la femme sur ces biens remonte à la date de l'acquisition faite par le mari, comme s'ils avaient

été acquis sous le régime de la communauté (D. m. f. 21 oct. 1816, 2628 J. E.).

5. FILLE NORMANDE. — Les *filles* normandes, qui, d'après l'art. 268 de la *Coutume*, ne jouissaient à l'âge de vingt-cinq ans que de l'usufruit de leur légitime et n'en acquéraient la propriété que par leur mariage, ou par l'extinction de la ligne masculine, ont acquis cette propriété et pu en disposer indépendamment de l'accomplissement des deux conditions, la substitution statutaire s'étant arrêtée sur leur tête, en vertu de la loi du 22 ventôse an 2 (Arr. C. cass. 5 juill. 1826, 8705 J. E.). La réserve à partage que la coutume de Normandie autorisait les père et mère à faire, au profit de leurs filles, constituait pour ces dernières, non une simple créance, mais un droit à une quote-part des biens (Cass. 12 déc. 1859, S. 60-1-630).

6. INALIÉNABILITÉ. — La prohibition d'aliéner et d'hypothéquer imposée à la femme normande mariée avant le Code s'étend aux biens qui lui sont échus par succession en ligne directe, depuis la publication du Code (Cass. 22 août 1821, 11 janv. 1831, 4040, 7396 J. N.).

Séparation de biens. — Jugé que la femme normande, mariée avant le Code civil, et séparée de biens par contrat de mariage, peut, en vertu des dispositions du Code, vendre ses biens dotaux situés en Normandie, sans observer les formalités que prescrivait l'ancienne coutume de cette province (la permission de justice et l'avis de parents), et sous la simple autorisation de son mari (Cass. 12 juin 1815, *Contra* C. Rouen 21 avr. 1809, 348, 1672 J. N.).

Elle peut également, en stipulant sa séparation de biens, s'y réserver la faculté d'aliéner ses immeubles en dehors des formes ordinaires (C. Caen 18 juin 1858, S. 66-1-161).

7. REMPLOI. — L'acte par lequel un père cède à ses enfants une certaine quantité d'immeubles acquis pendant le mariage, pour leur tenir lieu des propres aliénés de leur mère décédée et mariée sous l'empire de la coutume de Normandie, n'est point translatif, mais seulement déclaratif de propriété. En conséquence, il n'est passible que du droit fixe de déclaration de remploi (Argentan 21 juill. 1847, 13447 J. N.).

8. REPRISES. — Lorsque des époux se sont mariés en Normandie sous l'empire de la loi du 17 nivôse an 2 et sans communauté de biens, les reprises de la femme ne constituent sur les biens propres du mari, comme sur les acquêts faits pendant le mariage, que des droits hypothécaires, et ne doivent en aucune manière, pour la fixation des droits de mutation par décès, être déduites de l'actif de la succession du mari (Neufchâtel 7 avr. 1839, 19 juill. 1843, 13315-2, 14074-9 J. E.).

La femme normande a une action en récompense contre son mari pour le prix de ses propres aliénés sans remploi, lors même qu'aux termes de l'acte d'aliénation le prix n'en serait payable qu'après la dissolution du mariage (Cass. 20 juill. 1858, S. 58-1-730).

9. RÉTROCESSION. — La femme normande qui profite de la faculté que lui donne la coutume de la province, d'obliger l'acheteur de son immeuble aliéné pendant le mariage à le délaisser ou à en payer le prix, est tenue, si elle obtient le délaissement, de payer le droit proportionnel dû sur les rétrocessions d'immeubles (Cass. 10 mars 1823, 4436 J. N., S. 23-1-340, 7708 J. E.).

10. STATUT RÉEL. — Le statut normand qui frappait d'inaliénabilité les immeubles dotaux était réel et non personnel, et affectait les biens situés dans l'étendue de la coutume de Normandie, lors même que la femme aurait été mariée sous l'empire d'une coutume qui admettait la communauté de biens (Cass. 11 janv. 1831, 7396 J. N.). Cette décision est conforme à l'ancienne jurisprudence (Grenier *des Hypoth.* t. 1er p. 582).

11. SUBROGATION. — Si la femme séparée de biens paye une créance personnelle à son mari, l'acte est sujet au droit de 1 pour 100. Il y a subrogation; la femme n'était point obligée. Elle se trouve dans le cas de toute autre personne qui aurait payé la créance volontairement (D. m. f. 23 oct. 1826, 1205 § 11 I. G., 8541 J. E.).

12. USUFRUIT. — Le mari survivant qui, marié sous l'empire de la coutume de Normandie et de la loi du 17 nivôse an 2, avait réglé les conventions civiles de son mariage conformément à cette coutume, a l'usufruit de la moitié des biens de sa femme, quoiqu'il soit né un ou plusieurs enfants de leur union, et doit le droit de mutation par décès de cet usufruit (Les Andelys 19 avr. 1842, 12080 J. E., Dél. 29 mai 1824 et 5 fév. 1825, D. N. t. 6 p. 114 n° 28).

Alors surtout que, dans le contrat de mariage, les futurs ont déclaré se faire donation mutuelle et réciproque de l'usufruit de la moitié des biens du prémourant (Cass. 19 nov. 1835, 11456 J. E.).

L'abandon au mari, à titre de partage, de l'usufruit d'une partie des biens de la femme a, dans la Normandie, le caractère de transmission, si le mariage n'a pas lieu sous l'empire de la coutume (Rouen 15 nov. 1842, 13129 J. E.).

Le droit de mutation est dû à raison des biens dont la femme survivante obtient l'usufruit d'après l'art. 329 de la coutume, c'est-à-dire sur les conquêts faits hors bourgage et hors la coutume de Gisors. Cet avantage a été considéré comme gain de survie, étant purement personnel à la femme et subordonné au prédécès du mari (D. m. j. et f. 21 oct. 1816, art. 2628 J. N.).

Quant aux acquêts ordinaires, la coutume de Normandie en attribuait la propriété au mari et ne donnait à la femme qu'un droit d'usufruit (Cass. 18 août 1852, S. 52-1-711).

13. VIDUITÉ. — Le droit de viduité, accordé au mari survivant par la coutume de Normandie, est un gain de survie qui doit être imputé pour un tiers sur la quotité disponible (Cass. 10 juill. 1844, 12126 J. N.).

8965. Femme. — Coutume d'Anjou. — Les avantages recueillis par le survivant de deux époux mariés sous la coutume d'Anjou et consistant dans la moitié des acquêts en propriété et moitié en usufruit, à charge de nourrir les enfants mineurs, ne donnent pas lieu au droit de mutation par décès (Dél. 19 avr. 1826, D. N. t. 12 p. 256 n° 252).

8965 bis. Femme. — Coutume de Saint-Sever.
— Lorsque, dans le ressort du parlement de Bordeaux, des époux mariés sous l'empire de la loi du 17 nivôse an 11 avaient stipulé une société d'acquêts réversible sur la tête des enfants à naître du mariage et qu'au décès de l'un des époux le survivant abandonnait aux enfants, la propriété des acquêts réalisés, sous la seule réserve de l'usufruit, cet acte n'opérait aucune transmission de propriété, car les enfants étaient devenus nus-propriétaires de la totalité des acquêts par le seul fait du décès du premier mourant des époux (Cass. 30 août 1837, S. 37-1-764, 11871 J. E.).

FÊTE.

8966. Définition. — Jour consacré par la loi aux exercices du culte ou à des cérémonies publiques, et pendant lequel les affaires publiques et les travaux particuliers sont suspendus.

8967. Fête légale. — 1. CULTE RELIGIEUX. — Sous le rapport du culte religieux, les jours légalement fériés sont, d'après la loi du 29 germinal an 10, indépendamment du dimanche, les jours de l'*Ascension*, de l'*Assomption*, de la *Toussaint* et de *Noël*.

2. FÊTE CIVILE. — 1er janvier. — Le 1er janvier a toujours été considéré comme fête légale par un usage ancien et général. Cet usage a été consacré par un avis du conseil d'État du 13 mars 1810 (3636 J. E., 499 I. G.).

Fêtes diverses. — Les divers gouvernements qui se sont succédé depuis 1789 ont successivement rangé au nombre des fêtes légales les jours qui leur rappelaient des événements heureux ou malheureux pour leur institution.

C'est ainsi qu'une loi du 19 janvier 1816 plaçait l'anniversaire du 21 janvier 1793 (jour de la mort de Louis XVI) parmi les jours fériés.

Ainsi encore le ministre des finances avait décidé, le 28 octobre 1817 (5916 J. E.), que le jour de la *saint Louis* était férié, parce qu'il était la fête du roi.

Plus tard la commémoration des journées des 27, 28, 29 juillet 1830 fut une fête nationale, consacrée par la loi du 6 juillet 1831.

La République de 1848 se montra prodigue en fêtes nationales. On n'a pas oublié la fête de la Fraternité, dont le décret du 17-18 avril 1848 fit un jour férié, et qui, d'après la proclamation des 17-26 avril 1848, devait consolider à jamais la République ; la fête de la Concorde, interrompue par les préparatifs de la journée du 15 mai et que les fatales journées de juin suivirent de si près. Un décret de l'Assemblée nationale assimila à un jour férié la journée du 6 juillet 1848 consacrée au service funèbre des victimes de l'insurrection de juin. On avait également proposé d'ériger en jours fériés l'anniversaire des journées de Février et de la proclamation de la République par le gouvernement provisoire ; mais l'Assemblée nationale ne voulut consacrer que l'anniversaire du 4 mai, jour auquel la République avait reçu une existence légale.

Sous l'empire. — Le seul jour reconnu et célébré comme fête nationale était la fête de l'empereur, c'est-à-dire l'anniversaire du 15 août, conformément au décret du 16 février 1852 (D. 52-4-59).

Aujourd'hui toutes ces fêtes ont cessé d'exister.

8968. Effets des fêtes légales sur les travaux des particuliers. — La nécessité d'un jour régulièrement consacré au repos a été partout et de tout temps comprise, car c'est une loi de la nature qui a mesuré les forces de l'homme. Tous les peuples ont eu leurs jours de repos consacrés au culte de la divinité et marqués par toute interruption de travail.

Les empereurs Constantin, Théodose, Valentinien, Arcadius, Léon et Anthemius prescrivirent successivement par de sévères constitutions le repos des jours de fête. Les rois francs firent observer le jour du dimanche ; par un décret de 552, Childebert interdit tout travail autre que la préparation des aliments ; par un second décret, rendu vers 554, ce même prince défend, sous peine de cent coups de fouet, l'ivresse, les bouffonneries, les chants pendant les nuits qui précèdent les jours de fête. Gontran, en novembre 583, Dagobert, en 630, rendirent des édits renfermant des prohibitions analogues. Presque tous les princes de la monarchie française se sont occupés de faire respecter le repos des dimanches et des fêtes. Ce furent Charles V, en 1363 ; François Ier, en 1520 ; Charles IX, en 1560. Aux ordonnances rendues par ces rois, succédèrent les édits de juin et de décembre 1563 ; l'ordonnance de 1573 ; celle de Blois, de 1579 ; celle d'avril 1605 ; la déclaration du 16 décembre 1698 ; les ordonnances du 18 mai 1701, d'octobre 1712, du 30 avril 1778 ; les lettres patentes de février 1778, et des arrêts du parlement de Paris des 7 mai 1777 et 27 novembre 1786.

La loi du 17 thermidor an 6, basée sur des motifs politiques, exigeait l'observation sévère des fêtes de la part des simples particuliers comme de la part des fonctionnaires publics. Elle ordonnait pour les jours de repos qu'elle consacrait (les décadis et les fêtes nationales), la fermeture des boutiques, magasins et ateliers, la suspension des travaux dans les lieux publics, en même temps qu'elle ordonnait aux autorités constituées de vaquer les mêmes jours et qu'elle interdisait de faire des actes judiciaires.

Mais ces dispositions furent modifiées par un arrêté du gouvernement du 7 thermidor an 8, qui déclara que l'observation des jours fériés n'était d'obligation que pour les autorités constituées, les fonctionnaires publics et les salariés du Gouvernement (art. 2) ; que les simples citoyens avaient le droit de pourvoir à leurs besoins et de vaquer à leurs affaires tous les jours, en prenant du repos suivant leur volonté, la nature et l'objet de leur travail (art. 3).

La loi organique du concordat du 18 germinal an 10 laissa subsister cet état de choses. Elle déclara que « le repos des fonctionnaires publics était fixé au dimanche » (art. 57). Elle ne statua rien quant aux simples citoyens, qui, dès lors, continuèrent de pouvoir travailler les dimanches et fêtes comme les jours ordinaires (Cass. 3 août 1809).

C'est dans cet état de choses que la loi du 18 novembre 1814, statuant pour les simples citoyens, est venue déclarer en principe que « les travaux ordinaires seront interrompus les dimanches et jours de fêtes reconnus par la loi de l'État. » En conséquence, l'art. 2 « défend, lesdits jours: aux marchands, d'étaler et de vendre, les ais et volets des boutiques ouvertes; aux colporteurs et étalagistes, de colporter et d'exposer en vente leurs marchandises dans les rues et places publiques ; aux artisans et ouvriers, de travailler extérieurement et d'ouvrir leurs ateliers; aux charretiers et voituriers employés à des services locaux, de faire des chargements dans les lieux publics de leur domicile.» L'art. 3 défend aux cabaretiers, marchands de vins, débitants de boissons, traiteurs, limonadiers, maîtres de paume et de billard, dans les villes dont la population est au-dessous de cinq mille âmes et dans les bourgs et villages, de tenir leurs maisons ouvertes et d'y donner à boire et à jouer lesdits jours pendant le temps de l'office. Les articles suivants établissent le mode de constater ces contraventions et les peines à appliquer. — La loi du 18 novembre 1814 a abrogé les lois et règlements de police antérieurs et relatifs à l'observation des dimanches et fêtes (art. 10).

La loi du 18 novembre 1814, bien qu'elle n'ait pas cessé d'être en vigueur (Dalloz v° Culte n° 65 ; — Cass. 6 déc. 1845; 21 déc. 1850; 6 déc. 1851 ; 16 fév. 1854 ; 28 juill. 1855 ; 20 avr. 1866, D. 66-1-187, S. 67-1-15), est cependant, il faut le reconnaître, tombée en désuétude. Mais un mouvement très-prononcé s'est opéré récemment pour restituer aux dimanches et fêtes un repos que réclament impérieusement la loi religieuse et la loi de la nature. On a même sollicité le Gouvernement de proposer une mesure législative pour rendre aux anciens règlements sur l'observation des jours fériés la force qu'ils ont perdue, mais jusqu'à présent le Gouvernement croit ne pas devoir intervenir dans le débat qui s'agite entre le monde religieux et l'école matérialiste.

8969. Effet des fêtes légales sur les fonctions et les actes publics. — 1. EMPLOYÉS DE L'ENREGISTREMENT.

Le repos des fonctionnaires publics est fixé par l'art. 57 L. 18 germinal an 10 aux jours de dimanches et de fêtes reconnues par le concordat. — Les bureaux sont fermés au public les jours indiqués par cet article, et, à l'exception de l'acquit des frais de justice urgents, les receveurs peuvent profiter de ce moment pour s'occuper des opérations d'ordre et de l'intérieur de leur régie. On a voulu savoir si la loi est seulement facultative et si elle laisse aux conservateurs des hypothèques la liberté de tenir à volonté leurs bureaux ouverts ou fermés pendant les jours de repos. — La nature des fonctions confiées à ces préposés ne permet pas qu'ils puissent, à leur gré, donner ou refuser la formalité aux actes qui leur sont présentés; il résulterait d'une latitude si peu légale que quelques créanciers pourraient être favorisés au préjudice des autres. Il importait donc, pour qu'il y eût à cet égard une règle invariable, que les bureaux des conservateurs fussent exactement fermés les jours de dimanches et de fêtes reconnues, et qu'aucun acte ne pût, à la date de ces jours, être revêtu des formalités hypothécaires... Tout doute sur ce point essentiel d'ordre public a été levé par la décision suivante :

« L'art. 57 L. 18 germinal an 10, qui a fixé les jours de repos des fonctionnaires publics, doit être scrupuleusement observé par les conservateurs, et leurs bureaux doivent être fermés pour tout le monde les dimanches et les fêtes» (D. m. f. et du grand juge 22 déc. 1807). — Il a été décidé de même que les bureaux de l'enregistrement, du timbre et des hypo-

thèques ne doivent pas être ouverts les dimanches et les jours fériés (D. m. f. 9 mars 1839, Dalloz v° Jour férié n° 40). — V. Bureau et Délai.

2. TRIBUNAUX.

Les tribunaux ne doivent pas tenir séance les jours fériés. Bien que ce principe ne soit pas formellement posé dans nos lois, il en résulte virtuellement, puisque ce n'est que dans des cas exceptionnels que la loi permet d'accomplir, pendant les jours de fête légale, les actes de l'office du juge; c'est ainsi que l'art. 8 C. proc. permet aux juges de paix de juger tous les jours, même ceux des dimanches et fêtes, et l'art. 808 porte que, « si le cas requiert célérité, le président, ou celui qui le représentera, pourra permettre d'assigner soit à l'audience, soit à son hôtel, à heure indiquée, même les jours de fête ; et, dans ce cas, l'assignation ne pourra être donnée qu'en vertu de l'ordonnance du juge, qui commettra un huissier à cet effet. »

3. HUISSIERS.

Les exploits, significations, actes de poursuites, ne peuvent être faits un jour de fête légale, à moins qu'il n'y ait urgence ; alors on prend la permission du juge (C. proc. 63, 781, 1037). — Toutefois, un acte, par exemple, de surenchère, fait un jour de fête légale, n'est pas par cela seul essentiellement nul ; la loi ne prononce pas expressément la nullité de l'art. 1030 C. proc. exige, pour annuler les actes de procédure, qu'il existe un texte formel qui en impose aux juges l'obligation (Favard Rép. v° Nullité § 1er; — C. Grenoble 17 mai 1817 ; — Cass. 7 avr. 1819 ; — C. Rouen 14 janv. 1823 ; — Cass. 23 fév. 1825, 5379 J. N.).

4. NOTAIRES.

Un notaire peut recevoir un acte un jour de dimanche. Ministre de la juridiction volontaire, il doit, en cette qualité, tous les jours et à tous les instants, son ministère à ceux qui le réclament. D'ailleurs, certains actes, tels que les testaments, ne permettent souvent aucun retard. Cette obligation résulte de l'art. 3 L. 25 ventôse an 11, sur le notariat.

Toutefois, nous n'entendons parler ici que des actes qui sont purement volontaires, et non de ceux qui participent à la juridiction contentieuse, comme les inventaires, les procès-verbaux. Les notaires doivent alors se conformer à l'art. 63 C. proc. C'est aussi ce qu'enseignent Ferrière Science des notaires t. 1er liv. 1er chap. 16, Merlin Rép. v° Notaire § 5 n° 6, Berriat p. 89, Nouv. Denisart v° Fêtes § 3.

Les publications de ventes, les ventes publiques de meubles ou de récoltes peuvent être faites, les fêtes et les dimanches valablement les jours de fête et les dimanches (423 et 6743 J. N.), mais ils ne peuvent faire de protêts (21 J. N.).

8970. Effet des fêtes quant aux délais. — 1. MATIÈRES CIVILES.

En matière civile, on n'a pendant longtemps fait aucune distinction entre les jours utiles et les jours continus. Tous les délais se comptaient par jours continus, sans en excepter les fêtes et les dimanches. Ainsi les jours fériés étaient compris dans les délais légaux et conventionnels, lors même que le dernier jour du délai était un jour férié et que la déchéance ne pouvait être évitée que par un acte judiciaire notifié avec l'autorisation prévue par l'art. 1037 C. proc. — Il n'y avait d'exception à cette règle qu'en matière de protêt (102 C. com.), et pour le cas où la loi fixe un délai de vingt-quatre heures, ce délai ne pouvant s'entendre que de vingt-quatre heures utiles. Mais aujourd'hui, d'après l'art. 1033 C. proc., modifié par la loi du 3 mai 1862, lorsque le dernier jour du délai est un jour férié, le délai est prorogé au lendemain (D. 62-4-43). — V. *Délai*.

2. ENREGISTREMENT. — En matière d'enregistrement la règle a été formellement posée par l'art. 25 L. 22 frimaire an 7.

Lorsque le délai expire un jour de fête légale, ce jour n'est pas compté, même lorsqu'il s'agit d'un délai de vingt-quatre heures; ainsi, si le délai de vingt-quatre heures commence un samedi, il s'étend jusqu'au lundi suivant (Cass. 3 vent. an 10, S. vol. 2).

Amnistie. — Ainsi, lorsque le dernier jour du délai accordé comme une amnistie, pour l'enregistrement sans amende des actes qui l'ont encourue, tombe un dimanche ou un jour de fête légale, ce jour n'est pas compté (Sol. 24 avr. 1831, 9967 J. E.). Cette règle n'a d'ailleurs jamais présenté la moindre difficulté.

Mais là se borne, en matière d'enregistrement, l'exception à la règle posée ci-dessus, et les jours fériés, qui ne sont pas comptés lorsqu'ils se présentent le dernier jour du délai, entrent toujours en ligne de compte lorsqu'ils ne tombent point le jour de l'échéance (Cass. 11, fruct. an 8 581 J. E.). — V. *Délai*.

FEUILLE D'AUDIENCE.

8971. Définition. — On appelle *feuille d'audience* une feuille de papier timbré sur laquelle les jugements et arrêts sont transcrits après leur prononciation; elle diffère du plumitif en ce qu'elle contient la rédaction complète et définitive du jugement, tandis que celui-ci est un registre ou cahier particulier sur lequel le greffier tient note des dispositions du jugement que souvent il ne peut écrire en entier à mesure qu'il est prononcé par le juge.

8972. Tenue régulière. — Une circulaire du garde des sceaux du 23 décembre 1822, adressée aux procureurs généraux, commence par ces mots :

« Monsieur le procureur général, la négligence que quelques magistrats ont apportée à surveiller la tenue régulière des feuilles d'audience, et à les faire immédiatement revêtir des formalités prescrites par la loi, a, dans plusieurs circonstances et dans différents siéges, occasionné la nullité d'un grand nombre de jugements, et par suite compromis les intérêts de plusieurs familles. Dans la crainte que de pareilles fautes, véritable calamité pour la société, ne se renouvellent, je crois devoir vous rappeler les dispositions des lois sur cette matière importante et vous inviter à tenir la main à leur exécution. »

Comme cette circulaire résume tout ce qui se rapporte à la tenue des feuilles d'audience et qu'il est de l'intérêt de nos lecteurs de la connaître, nous allons en transcrire la suite dans les numéros suivants :

8973. Dispositions générales. — « L'art. 138 C. proc. porte : « Le président et le greffier signeront la minute « de chaque jugement aussitôt qu'il sera rendu. Il sera fait « mention, en marge de la feuille d'audience, des juges et « du procureur du roi qui y auront assisté: cette mention « sera également signée par le président et le greffier. »

« Le règlement du 30 mars 1808 a donné quelque dévelop- « pement à cette disposition par les articles suivants :

« Art. 36. Le greffier portera sur la feuille d'audience du « jour la minute de chaque jugement aussitôt qu'il sera « rendu ; il fera mention, en marge, des noms des juges et du « commissaire du Gouvernement ou de son substitut qui y « aura assisté.

« Celui qui aura présidé vérifiera cette feuille à l'issue de « l'audience, ou dans les vingt-quatre heures, et signera, « ainsi que le greffier, chaque minute de jugement et les men- « tions faites en marge.

« Art. 37. Si, par l'effet d'un accident extraordinaire, le « président se trouvait dans l'impossibilité de signer la feuille « d'audience, elle devra l'être, dans les vingt-quatre heures « suivantes, par le plus ancien des juges ayant assisté à l'au- « dience. Dans le cas où l'impossibilité de signer serait de la « part du greffier, il suffira que le président en fasse mention « en signant. »

8974. Tribunaux de paix, — de commerce. —Arbitres.—Cours d'appel. — « Les art. 18, 433, 470, 1016 et 1020 C. proc. rendent les règles ci-dessus développées applicables aux jugements rendus par les juges de paix et par les tribunaux de commerce, aux arrêts des cours d'appel et aux sentences arbitrales. »

8975. Expédition avant signature. — « L'article 139 du C. proc. a prescrit que les greffiers qui délivreraient expédition d'un jugement avant qu'il ait été signé fussent poursuivis comme faussaires. »

8976. Surveillance des membres du parquet. — « L'art. 140 enjoint aux procureurs du roi et aux procureurs généraux de se faire représenter tous les mois les minutes des jugements et de vérifier s'il a été satisfait aux dispositions ci-dessus, et, en cas de contraventions, d'en dresser procès-verbal pour être procédé ainsi qu'il appartiendra. »

8977. Réparation des omissions de formalités. — « L'art. 74 du règlement du 30 mars 1808 indique la marche à suivre, dans l'intérêt des parties, pour réparer l'omission de ces formalités essentielles; il est ainsi conçu : « Si les feuilles d'une ou plusieurs audiences n'ont pas été « signées dans les délais et ainsi qu'il est réglé par les art. 36

« et 37, il en sera référé par le procureur général à la cour « d'appel, devant la chambre que tient le premier président; « cette chambre pourra, suivant les circonstances et sur les « conclusions par écrit du procureur général, autoriser un des « juges qui auraient concouru à ces jugements à les signer. »

« Cette dernière disposition ne doit, il est vrai, recevoir son application que dans des cas extrêmement rares. Toutefois elle a été adoptée pour le bien des justiciables, afin d'éviter, autant que possible, que leur repos fût troublé par l'inobservation des formalités indépendantes de leur volonté; mais cette disposition de faveur ne peut autoriser la négligence des magistrats et des greffiers à s'acquitter avec la plus grande exactitude des obligations qui leur sont imposées par les art. 138 C. proc., 36 et 37 du règlement du 30 mars 1808. Les officiers du ministère public sont spécialement chargés de cette partie du service, et j'attends de leur zèle qu'ils s'empresseront de répondre au vœu de la loi : tout oubli sur ce point serait réprimé sévèrement. »

8978. Actes divers. — «J'appelle également toute leur sollicitude sur la stricte exécution des art. 76, 78, 95, 96, 114, 128, 135, 164, 176, 196, 211, 234, 370 et 470 C. inst. crim., relatifs à la rédaction et à la signature des informations, mandats, ordonnances, jugements et arrêts en matière de simple police, de police correctionnelle et en matière criminelle : quoique la loi ait prononcé des peines contre l'inobservation des formalités prescrites par ces articles, je suis informé que, dans quelques sièges, il existe un très-grand relâchement sur ce point. »

8979. Déplacement des minutes. — « Je n'ignore pas non plus que, par condescendance pour quelques magistrats, les greffiers souffrent que les minutes des jugements et autres actes judiciaires sortent du greffe et soient colportées dans la ville et envoyées même quelquefois à la campagne pour les faire revêtir des signatures indispensables. Ces déplacements de minutes sont un abus qu'on ne peut tolérer et qui prête d'ailleurs à de grands dangers. C'est au greffe même, ou dans la chambre du conseil, que les magistrats doivent faire leurs vérifications et apposer leurs signatures sur les actes auxquels ils ont concouru. »

8980. Compte rendu. — « J'aime à espérer qu'il me suffira d'avoir rappelé les dispositions de la loi, pour qu'aucune infraction aux règles sur une matière aussi grave ne se reproduise plus, et qu'on ne verra plus des magistrats s'absenter avant de s'être assurés qu'ils ne laissent aucun acte en souffrance.

« J'attends enfin des magistrats du ministère public qu'ils s'occuperont le plus tôt possible de vérifier l'ordre et la tenue des anciennes minutes du greffe et que, s'il s'y trouvait quelques irrégularités, ils s'empresseront de m'en rendre compte, en me faisant connaître toutes les circonstances dans lesquelles elles se présentent.

« Une prompte vérification est d'autant plus à désirer, qu'il est peut-être encore possible de réparer quelques-unes de ces irrégularités et que chaque jour peut enlever les moyens d'y remédier.

« Afin de ramener à l'exécution de la loi et pour m'assurer que les dispositions de l'art. 140 C. proc. ne sont point considérées comme une vaine formalité, MM. les procureurs généraux, procureurs du roi, présidents des tribunaux de commerce et juges de paix devront, sous leur responsabilité personnelle, rédiger à la fin de chaque mois, et après récolement des minutes sur le répertoire, procès-verbal de la situation des feuilles d'audiences et de toutes autres minutes du mois expiré. Ces procès-verbaux, descriptifs des irrégularités et infractions reconnues, ou négatifs, s'il n'en existe aucune, seront adressés par les présidents des tribunaux de commerce et les juges de paix aux procureurs du roi, et par ceux-ci transmis, avec les procès-verbaux de vérification des minutes des tribunaux auxquels ils sont attachés, aux procureurs généraux, qui devront me rendre un compte général du résultat des procès-verbaux partiels, et aviser sans délai aux moyens de réparer les irrégularités commises. J'attache une très-grande importance à l'exécution de cette mesure, qui fera cesser un abus désastreux. »

8981. Surveillance des employés. — À la suite de cette circulaire l'Administration ajoute, dans son I. G. 1077 : « Les préposés concourront, en ce qui les concerne, à ce que les dispositions de la circulaire ci-dessus transcrite soient exécutées. En conséquence, si, lors de leurs vérifications dans les greffes ou au moment de la présentation des jugements à la formalité de l'enregistrement, ils remarquaient encore quelques abus ou irrégularités concernant la tenue des feuilles d'audiences, ils en rendraient compte au directeur, qui se concerterait avec M. le procureur du roi pour qu'il y fût remédié. »

8982. Rédaction. — La rédaction des jugements étant confiée aux soins du président du tribunal, le greffier ne peut être rendu responsable du défaut ou du retard de cette rédaction (Dél. 14 déc. 1827, 2123 Roll.).

Ce ne sont pas des simples notes, mais bien le dispositif du jugement, avec les motifs qui lui servent de base, que doit contenir la feuille d'audience, de manière à faire connaître s'il y a eu transmission d'immeubles, ou si la condamnation a été rendue sur une demande non établie par un titre enregistré et susceptible de l'être (D. m. f. 26 sept. 1808, 1405 § 7 I. G.).

Les mentions de la feuille d'audience qui émanent du tribunal doivent, dans tous les cas, prévaloir sur celles des qualités, œuvre des parties (Cass. 18 nov. 1870, S. 70-1-241).

8983. Tribunal correctionnel et de police. — Les greffiers des tribunaux correctionnels ou de police municipale sont autorisés à tenir deux feuilles d'audience, l'une qui est visée pour timbre en débet pour les jugements à la requête du ministère public, et l'autre en papier timbré pour les jugements rendus sur la demande ou avec le concours des parties civiles (D. m. f. et j. 15 sept. 1820, 953 § 2). — Mais cette tenue n'est pas obligatoire (1074 I. G.).

8984. Prud'hommes. — Justice de paix. — Le secrétaire du conseil des prud'hommes doit, ainsi que les greffiers des juges de paix, rédiger sur une feuille ou sur un registre d'audience, en papier timbré, tous les jugements rendus par le conseil (D. m. 20 juin 1809, 437 I. G.).

8985. Tribunal de commerce. — Les greffiers des tribunaux de commerce doivent également avoir une feuille d'audience sur papier timbré pour y inscrire tous les jugements ; néanmoins, ils ne sont tenus d'y porter que les motifs et le dispositif des jugements, sauf, lorsqu'ils doivent en délivrer expédition, à consulter les pièces de la procédure pour y prendre les détails nécessaires (D. m. 31 oct. 1809, 3397 J. E.).

8986. Conciliation. — Non-comparution. — Une décision ministérielle, sans date (6038 J. E)., veut que les procès-verbaux de conciliation et les mentions de non-comparution puissent être inscrits sur un registre particulier.

8987. Timbre. — Nous avons dit dans notre définition que la feuille d'audience devait être sur timbre. C'est ce qui résulte de deux décisions ministérielles des 9 et 20 juillet 1808 (87 § 2 et 397 § 1er I. G.).

8988. Acte écrit à la suite d'un autre. — La loi ayant indistinctement employé les expressions de *feuille* ou de *registre* d'audience, il s'ensuit qu'il n'y a pas de contravention, soit que les greffiers aient une feuille particulière pour chaque audience, soit qu'ils portent successivement et par ordre les jugements de plusieurs audiences sur la même feuille ou sur un registre.—V. *Acte écrit à la suite d'un autre.* — V. *Greffe, Greffier.*

FEUILLES DE ROUTE.

8989. — Les feuilles de route des conducteurs et des cochers, qui ne sont que la copie des registres, sont dispensées du timbre (D. m, f. 7 niv. an 7, Circ. 1738, 2116 J. E.).

Cependant, si elles devaient tenir lieu de lettres de voiture pour le transport des marchandises à leur destination, les extraits des registres remis aux voituriers seraient assujettis au timbre. — V. *Lettre de voiture.*

Les feuilles de route des militaires sont exemptes du timbre (art. 16 nº 1er 11e alinéa L. 13 brum. an 7).

FEUILLES VOLANTES.

8990. — Les écritures non signées, mises sur des feuilles volantes et qui ne sont ni à la suite, ni à la marge, ni au dos d'un acte régulier, tendent à prouver la libération ou à former une obligation (Pothier nº 725, Toullier t. 8 nº 357).

8991. Feuilles tendant à libérer. — A l'égard de celles qui tendent à libérer et qui se trouvent par devers le débiteur, elles ne font pas foi du payement, si elles ne sont pas signées du créancier : telle serait une quittance ; lorsqu'elle n'est pas signée, on doit croire qu'elle a été donnée avant le payement, pour que le débiteur jugeât seulement s'il devait en approuver la forme (Pothier nº 725, Toullier t. 8 nº 728).

8992. Feuilles tendant à obliger. — A l'égard des écritures non signées, sur des feuilles volantes, qui tendent à obliger celui qui les a écrites, quoiqu'elles se trouvent entre les mains de celui envers qui l'obligation devrait être contractée, elles ne font néanmoins aucune preuve, contre la personne qui les a écrites, que l'obligation a été effectivement contractée, et elles ne passent que pour de simples projets qui n'ont pas eu d'exécution (Pothier et Toullier *Ibid.*).

FIANÇAILLES.

8993. — C'est ce qu'on appelait autrefois mariage par *paroles de futurs.*— C'était une convention par laquelle deux personnes promettaient de s'épouser. Le plus souvent elles étaient accompagnées de la bénédiction de l'Église ; mais cette bénédiction n'était pas nécessaire pour leur validité.

Les fiançailles, dont l'usage remonte presque à l'origine du mariage, qui étaient en grand honneur chez les Romains et qui le furent longtemps parmi nous, étaient à peu près tombées en désuétude à l'époque de la révolution de 1789 ; aussi nos lois nouvelles n'en font aucune mention.

FICTIF.

8994. — Ce qui n'est point réel, mais ce que l'on suppose par fiction.

On appelle propres fictifs les deniers stipulés propres dans un contrat de mariage et que l'on a exclus de la communauté.

Le mot fictif a encore une autre signification dans les comptes, partages et rapports. — Ainsi, les sommes que les comptables ont à répéter soit comme gérants, soit comme administrateurs, soit à titre d'indemnité ou de salaire stipulé, sont employées fictivement dans les comptes qu'ils ont à rendre. — Ainsi, dans les partages de communauté, les reprises, les récompenses s'exercent fictivement quand elles viennent en compensation de ce qui peut être dû par celui des époux qui y avait droit. Ainsi, les rapports qui ne se font qu'en moins prenant sont des rapports fictifs.

FICTION.

8995. — Signifie la manière de considérer un objet sous un rapport qui n'est pas réel, mais que la loi a introduit et autorisé.

8996. Diverses espèces de fiction. — Les fictions de droit se divisent en différentes classes. Elles concernent ou les personnes, ou les choses, ou le temps, ou le lieu.

8997. Fiction de personne. — A l'égard des personnes, les principales fictions concernent l'enfant simplement conçu, qui est réputé né dans son intérêt; l'enfant légitimé par mariage subséquent qu'on suppose né légitime; l'adopté qui est censé le fils de l'adoptant; le mineur qui est réputé majeur, pour fait de commerce; l'héritier qui, venant à la succession par représentation, est mis à la place de celui qu'il représente, ou l'héritier qui, par la règle : « le mort saisit le vif, » est comme une continuation du défunt, etc.

8998. Fiction de chose. — Les principales fictions sur les choses sont : celles qui donnent le caractère d'immeuble à la chose qui ne l'avait pas de sa nature : par exemple, aux actions de la Banque immobilisées et autres compagnies immobilisées, aux meubles réputés immeubles par leur destination, la subrogation d'un immeuble à la place d'un autre par la voie de l'échange ou du remploi, etc.

8999. Fiction de temps. — L'effet rétroactif qui a lieu dans l'accomplissement des conditions est une fiction de temps.

Il en est de même de celle que produit, en matière de succession, la maxime : « le mort saisit le vif. »

9000. Fiction de lieu. — La règle qui veut que les meubles aient leur siége au lieu même du domicile de leur propriétaire est une fiction de lieu.

9001. La fiction est de droit étroit. — Quoique plusieurs fictions n'aient été établies que par les motifs les plus justes, il est néanmoins certain que les fictions ne sont point favorables par elles-mêmes, parce que le retour à la vérité est le vœu de toutes les lois. Comme elles sont d'ailleurs l'ouvrage de la loi seule, il n'appartient pas aux juges de les créer. De là, la maxime : « la fiction est de droit étroit. »

FIDÉICOMMIS.

9002. — C'est une disposition par laquelle un testateur charge son héritier ou son légataire de rendre à une ou plusieurs autres personnes la totalité ou une partie des biens qu'il lui laisse, soit dans un certain temps, soit dans un certain cas (Favard v° *Fidéicommis*). Ce mot est synonyme de substitution fidéicommissaire.

FIDÉICOMMIS TACITE.

9003. — Disposition simulée faite en apparence au profit de quelqu'un, mais avec intention secrète de faire passer le bénéfice à une autre personne qui n'est point nommée.

9004. Origine. — C'est dans les lois romaines que se trouve l'origine du fidéicommis tacite. Les Romains, pour mettre un frein au luxe des femmes, firent une loi, dite loi *Voconia*, qui défendit d'instituer une femme héritière, soit qu'elle fût mariée, soit qu'elle ne le fût pas. Pour échapper à cette sévère prohibition, un père, un mari, faisait passer ses biens à sa fille, à son épouse, par l'entremise d'une personne qu'il instituait héritière, avec prière de rendre. La remise était confiée à la bonne foi, *fidei commissum*. Elle ne pouvait être l'objet d'une action civile, la disposition étant nulle, comme faite en contravention à la loi au profit d'incapables.

9005. Caractère. — Le fidéicommis tacite n'est prohibé par le Code qu'autant qu'on s'en servirait pour transmettre les biens à un incapable. La personne qui peut recevoir directement le peut d'une manière indirecte. La simulation n'est annulée que lorsqu'elle tend à éluder une prohibition légale. Plusieurs arrêts l'ont ainsi jugé (S. 20-2-25). Ce principe résulte d'ailleurs de l'art. 911 C. C. d'après lequel la disposition ne doit être annulée qu'autant qu'elle est faite au profit d'un incapable, soit qu'on la déguise sous la forme d'un contrat onéreux, soit qu'on la fasse sous le nom de personnes interposées.

9006. Incapable. — Les personnes incapables auxquelles il n'est pas permis de donner, même par fidéicommis tacite, sont : 1° les individus qui n'étaient pas conçus lors de la *donation* ou à l'époque du décès du *testateur* (906 C. C.); — 2° les tuteurs, soit qu'il s'agisse de donation ou de testament, si le compte définitif de la tutelle n'a été préalablement rendu et assuré : la loi en excepte les ascendants des mineurs, qui sont ou ont été leurs tuteurs (907); — 3° les enfants naturels, pour tout ce qui leur serait donné, par donation ou testament, au delà de ce qui leur est accordé au titre *des Successions* (908); — 4° les docteurs en médecine ou en chirurgie, les officiers de santé et les pharmaciens qui ont traité une personne pendant la maladie dont elle est morte, et les ministres du culte (909); — 5° les époux, pour les libéralités qui excéderaient celles permises par la loi (1099).

9007. Personnes interposées. — Les personnes interposées sont, d'après l'art. 911 C. C., les père et mère, les enfants et descendants, et l'époux de la personne incapable. L'art. 1100 a étendu le cercle des personnes interposées dont il vient d'être parlé ; car, à l'occasion des donations faites par un époux veuf et ayant des enfants à son nouveau conjoint, l'art. 1100 répute personnes interposées non-seulement les enfants de ce nouveau conjoint, issus d'un autre mariage, mais encore tous les parents dont l'autre époux se trouve hériter présomptif au jour de la donation, encore que ce dernier n'ait point survécu à son parent donataire.

9008. Enregistrement. — Quel effet est appelée à produire, au point de vue de la perception des droits, la disposition qui institue un fidéicommis ? Il est sensible que des présomptions qui établiraient qu'un légataire n'est qu'un fidéicommis, un dépositaire ayant mission de transmettre les biens légués à la personne secrètement indiquée par le testateur, ne peuvent prévaloir contre l'Administration et lui être opposées. Il est de principe que la perception des droits d'enregistrement s'opère sur les actes. Dès lors, l'Administration n'a à considérer que les clauses des actes et les effets qu'elles produisent.

Aussi le tribunal de Condom a-t-il jugé avec raison, le 17 juillet 1841, que la déclaration d'un légataire, portant qu'il n'était que fidéicommis tacite, et que, conformément à l'intention du testateur, l'objet du legs appartient à la personne qu'il désigne, constitue une mutation à titre gratuit passible du droit proportionnel de donation, indépendamment du droit de mutation par décès que doit le légataire (Dalloz n°ˢ 335, 4097).

FIDÉJUSSEUR.

9009. — Ce mot est synonyme de *caution*.

FIDUCIE.

9010. — La *fiducie* est une disposition par laquelle un testateur charge quelqu'un, en l'instituant héritier pour la forme, d'administrer sa succession et de la tenir en dépôt jusqu'au moment où il doit la remettre au véritable héritier.

9011. La fiducie est permise. — L'art. 896 C. C., qui prohibe les substitutions, permet néanmoins ce genre

de disposition. « Aujourd'hui encore, dit Merlin *Rép.* v° *Fiduciaire*, les fiducies peuvent avoir lieu, quoique l'art. 896 C. C., en prohibant de nouveau les substitutions, déclare nulle toute disposition par laquelle le donataire, l'héritier institué ou le légataire, sera chargé de conserver et de rendre à un tiers. » Par la fiducie, en effet, on préfère en général aux dangers d'une tutelle les soins et l'attachement, soit d'un ami, soit d'un parent qui nous inspire plus de confiance que le tuteur pour la gestion des biens dont on a à disposer. Or, rien n'est plus licite, plus conforme aux principes que de charger un tiers, pendant un certain temps, de l'administration de biens dont on dispose en faveur de quelqu'un.

9012. Distinction entre la fiducie et la substitution. — Interprétation. — Pour distinguer une simple fiducie d'une substitution, il faut rechercher si le disposant n'a consulté que les intérêts de l'appelé en différant la remise, ou s'il a institué le grevé pour son propre avantage. Telle est la règle qui se puise dans la loi 46 D. *ad senat. cons. Treb.*, et dans la loi 43 § 3 D. *de Leg.* 3°. C'est celle que pose Henrys, liv. 3 quest. 22, en ces termes : « Comme l'institution fiduciaire est toute conjecturale et qu'elle dépend des termes du testament, c'est aussi à la prudence des juges à juger quelle a été l'intention du testateur et s'il a plutôt voulu instituer la mère pour les enfants, et à leur considération, que pour elle-même »

Il y a fiducie dans la clause par laquelle le testateur, en léguant ses biens à son frère, a exprimé qu'il était persuadé que celui-ci, par l'amitié qu'il porte aux enfants du testateur, en disposera en leur faveur (Cass. 23 nov. 1807, 3752 J. E.).

Il y a, au contraire, substitution prohibée et non pas simple fiducie dans la disposition par laquelle un testateur, père de quatre enfants en bas-âge, institue son frère pour son légataire universel, en le chargeant de rendre l'hérédité à celui de ses quatre enfants qu'il jugera à propos, si dans le testament rien n'indique que l'intention du testateur était de ne choisir en la personne de son frère qu'un simple dépositaire de ses biens (C. Toulouse 18 mai 1824, 4862 J. N.).

9013. Disposition indépendante. — La disposition de fiducie doit être considérée comme une simple condition dérivant du testament et ne donnant pas, par conséquent, ouverture à un droit particulier. — V. 9015.

9014. Droits de mutation. — Merlin enseigne (v° *Fiducie* R.) que le fiduciaire ne doit pas *de son chef* les droits de mutation à la mort de l'instituant : en sorte que, s'il les avance, comme il y est obligé en sa qualité de détenteur, l'institué ne les devra plus.

La question de savoir si une clause testamentaire ne doit produire que les effets d'une simple fiducie étant essentiellement une question d'interprétation, les employés ne peuvent être appelés à la résoudre. Ils doivent donc établir la perception d'après la valeur apparente de la disposition.

Cependant il est incontestable qu'aucun droit de mutation ne serait exigible contre le fiduciaire, si une décision judiciaire avait reconnu le véritable caractère de la disposition. C'est ainsi qu'un arrêt de cass. du 23 novembre 1807 ayant reconnu que, lorsque l'institué par une fiducie décède avant d'avoir remis les biens aux appelés désignés par le testateur, ceux-ci sont censés succéder directement au testateur, et les biens ne font pas partie de la succession de l'institué, aucun droit de mutation n'a pu être perçu à raison de ces biens, trouvés dans la succession du fiduciaire.

« Attendu, porte cet arrêt, que, d'après les lois romaines et la jurisprudence du pays de droit écrit, il était de principe que, pour la fiducie ainsi que pour le fidéicommis, il suffisait qu'il constatât de la volonté du testateur, et qu'il était indifférent que la fiducie ou le fidéicommis fût conçu en termes obliques ou directs, en forme de prière, de recommandation ou d'ordre ; que les enfants qui recueillaient les biens de leur père, par l'effet de cette fiducie ou fidéicommis, étaient censés les tenir directement du père, et non de leur héritier grevé ; d'où il suit que le jugement attaqué n'a pas contrevenu aux lois, en décidant que l'institution faite par Étienne Barral en faveur de son frère n'était qu'une simple fiducie, que celui-ci n'avait été que simple administrateur de cette succession ; que les enfants d'Étienne Barral tenaient directement de leur père les biens provenant de leur succession, et qu'au décès de leur oncle ils n'avaient pas été obligés de comprendre ces biens dans l'état des biens de la succession de celui-ci, et d'en payer le droit de mutation » (S. 8-1-105, 3632 J. E. ; — Conf. ; D. m. f. 19 avr. 1819, 6391 J. E.).

9015. Bail. — Lorsque la disposition ne peut, par sa nature même, produire aucun effet au profit du fiduciaire, aucun droit proportionnel n'est exigible. Aussi une Dél. 1er mai 1822 a-t-elle reconnu que la clause par laquelle le testateur charge un tiers d'administrer les biens et de les affermer à son profit, sous la condition de payer une somme déterminée aux héritiers, à leur majorité, pour tenir lieu des fruits, ne donne pas ouverture au droit de bail. Le seul droit exigible d'après la délibération est celui de 2 francs (3 fr.). — V. 9013.

FILIATION.

9016. — C'est la descendance du fils ou de la fille à l'égard de ses père et mère et de ses aïeux. — V. *Enfant.*

FILIGRANE.

9017. — Marque qui se trouve dans la pâte du papier timbré que l'Administration fait débiter. — V. *Timbre.*

FINS CIVILES.

9018. — Se dit des actions judiciaires qui n'ont pour fin que des condamnations pécuniaires ou autres analogues.

Ces termes s'emploient par opposition aux condamnations résultant d'actions en simple police correctionnelle et au criminel.

On dit que les parties sont renvoyées à *fins civiles,* lorsque, le fait n'ayant pas été jugé susceptible de répression pénale, l'action tombe naturellement dans le domaine des tribunaux civils.

FINS DE NON-RECEVOIR.

9019. — On appelle ordinairement ainsi les nullités d'exploit ou d'acte de procédure, que l'on propose au commencement ou dans le cours d'une instance.

FOLLE ENCHÈRE.

9020. — Celui qui enchérit sur un immeuble vendu en justice, et qui, après l'adjudication qui lui en est faite, ne remplit pas les conditions de son enchère, a enchéri *follement.* Dans ce cas, l'immeuble est revendu de la même manière à sa folle enchère, c'est-à-dire que si, avant la nouvelle adjudication, il ne paye pas tout ce qu'il doit, il sera tenu par corps de la différence entre le prix de son enchère et celui de la revente, sans pouvoir prétendre à l'excédant s'il y en a (737, 744, 712 et 715 C. proc.).

Nous avons traité de la folle enchère sous les nos 1573 et suiv. Nous n'avons rien à ajouter ici.

FONCTIONNAIRE PUBLIC.

9021. — On appelle *fonctionnaire public,* en général, dit Dalloz, vo *Fonctionnaire public* nos 1er et 2, l'homme qui exerce une fonction publique, c'est-à-dire qui concourt d'une manière quelconque, et dans une sphère plus ou moins élevée, à la gestion de la chose publique. Mais, dans l'application, cette dénomination a un sens beaucoup plus restreint. Ainsi les dispositions du Code pénal qui concernent les fonctionnaires publics n'embrassent pas tous ceux auxquels pourrait s'appliquer la définition qui précède ; il est même digne de remarque que, dans le langage de la loi, cette locution ne s'applique pas toujours aux mêmes personnes ; qu'ainsi telle personne qui doit être réputée fonctionnaire public dans le sens de telle disposition ne doit pas l'être dans le sens de telle autre disposition. C'est d'après les circonstances, d'après l'esprit et le but de la loi, qu'on doit, dans chaque cas particulier, déterminer l'étendue qu'il convient d'attribuer à cette expression pour se conformer à l'intention présumée du législateur.

C'est de la société même, de l'Etat, que les fonctionnaires publics tiennent leurs pouvoirs. Tous ils la représentent à un degré quelconque ; son intérêt doit être le but constant de leurs efforts, la règle suprême de leurs actions. En échange des services qu'ils lui rendent, la société leur doit une juste rémunération ; elle se doit à elle-même de les entourer de considération et d'honneur, suivant l'importance et la nature de leurs fonctions, de leur assurer le respect de tous, de les assister contre la résistance qu'ils pourraient rencontrer dans l'accomplissement de leur mission, de les protéger contre les ressentiments qu'ils pourraient exciter. D'un autre côté, elle doit prendre les précautions, établir les règles nécessaires pour que le choix de ces fonctionnaires tombe sur les plus capables et les plus dignes ; elle doit enfin, par des garanties sagement calculées, veiller à ce qu'ils ne fassent point un coupable usage du pouvoir ou de l'autorité qui leur est confié. Ces garanties sont de diverses natures : les unes sont préventives, les autres répressives ; parmi les premières, on peut citer notamment le serment exigé de tous les fonctionnaires lors de leur installation, le cautionnement imposé à quelques-uns, la surveillance qui est exercée, soit par les supérieurs hiérarchiques, soit au moyen des inspections établies pour certaines fonctions ; quant aux secondes, elles consistent, soit dans les pénalités dont la loi punit les crimes ou délits qui ont avec les fonctions mêmes une relation intime, soit dans l'aggravation des peines applicables à des délits communs lorsqu'ils ont été commis par des fonctionnaires. — Ces dispositions ne rentrent pas dans le cadre de notre ouvrage.

FONGIBLE (CHOSE).

9022. — On appelle ainsi les choses qui se consomment par l'usage et qui peuvent être restituées, remboursées ou remplacées par d'autres de mêmes espèce et qualité.

Ainsi l'argent, les grains, les liqueurs sont au nombre des choses fongibles (587 C. C.). Le poisson d'un étang est considéré comme chose fongible (Delvincourt t. 1er p. 337).

Il arrive quelquefois que des choses, quoique susceptibles de restitution en même nature, espèce et qualité, ne soient point fongibles, dans le cas, par exemple, où le prêteur y attacherait un prix d'affection, parce qu'il les tiendrait d'une personne dont la mémoire lui serait chère (Duranton t. 4 n° 13).

Quelquefois aussi, une chose qui ne se consomme point naturellement par l'usage, et qui, dès lors, ne participe point du caractère propre des choses fongibles, peut cependant être considérée comme fongible, soit d'après l'usage qui en est fait communément, soit d'après la convention (Delvincourt t. 1er p. 337, Duranton t. 4 n° 13). — Ainsi, celui dont vous êtes héritier m'a légué un cheval *in genere*, celui auquel j'ai succédé seul vous en a légué un, aussi indéterminément : aucun des deux legs n'a été exécuté ; ils s'éteindront réciproquement l'un par l'autre (Duranton *ibid.*).

9023. Compensation. — L'art. 1291 C. C. admet la compensation des choses fongibles avec les dettes liquides et exigibles. — V. *Compensation.*

FORCE DE CHOSE JUGÉE.

9024. — Autorité d'une décision administrative ou judiciaire, rendue en dernier ressort et contre laquelle il ne reste aucun moyen ordinaire de se pourvoir. — V. *Instance.*

FORCE MAJEURE.

9025. Cas fortuit. — La force majeure est toute force à laquelle on ne peut résister, soit de droit, soit de fait, ou, comme a dit Cambacérès, tous accidents que la vigilance et l'industrie humaine n'ont pu ni prévoir ni empêcher. — L'ordre du souverain, de la loi ou du juge, sont des forces majeures du premier genre. L'attaque des voleurs, la guerre et les accidents imprévus sont des forces majeures de la seconde espèce.

Lorsque la force majeure est l'effet des décrets inconnus de la Providence, sans aucun concours de la volonté de l'homme, elle prend le nom de *cas fortuit.* — Mais on considère souvent comme cas fortuits les événements produits par le fait de l'homme, tels que guerre, incendies.

Que la force majeure provienne de la nature ou du fait de l'homme, elle opère les mêmes effets : en général, elle ne donne aucun recours pour le dommage qui en résulte, et, dans les cas rares où ce recours a lieu, il s'exerce sans distinction de la cause de la force majeure.

FORCEMENT EN RECETTE.

9026. Définition. — C'est l'action de mettre à la charge d'un receveur ou comptable de deniers publics des droits qu'il aurait dû percevoir et qu'il n'a pas perçus, des recouvrements qu'il aurait dû faire et qu'il n'a pas faits.

1. RECOURS DES RECEVEURS. — Les receveurs de l'enregistrement qui sont forcés en recette pour les droits qu'ils ont omis d'exiger sur les actes soumis à la formalité, ont leur recours contre les redevables, si la prescription n'est pas acquise. Ils exercent ce recours comme subrogés aux droits de l'Administration (Cass. 17 mess. an 11). — Mais ils doivent diriger leur action contre les parties elles-mêmes, et non contre les notaires rédacteurs des actes, qui ont rempli toutes leurs obligations quand les actes sont enregistrés et qu'ils ont acquitté le montant de la perception faite au moment de la formalité ; c'est ce que nous avons suffisamment développé au n° 1013, auquel nous renvoyons le lecteur. — V. *Supplément de droit.*

FORCLUSION.

9027. — Déchéance ou exclusion d'une faculté. Ce terme s'applique plus spécialement à la déchéance, prononcée dans une contribution ou dans un ordre, contre un créancier qui n'a pas produit ou pris communication dans le délai légal (660, 664, 756 C. proc.). — D'après Denisart, on nommait *forclusion* un jugement rendu par une production d'une seule partie dans une affaire appointée en droit ou à mettre, et par lequel l'autre partie était exclue de la faculté de produire, pour ne l'avoir pas fait dans un temps utile avant le jugement. — **V.** *Instance.*

FORÊTS.

9028. — C'est une grande étendue de terre couverte d'arbres de diverses espèces, appartenant soit à l'Etat, soit à des particuliers.

Nous avons dit, sous les nᵒˢ 3106 et suiv., tout ce que comporte notre ouvrage sur cette matière.

FORFAIT.

9029. — On donne ce nom à un marché qui est fait pour un prix déterminé, à perte ou à gain. — On appelle aussi de ce nom tout traité fait à l'occasion d'un droit éventuel, moyennant un prix fixe, de quelque valeur que puisse être le droit futur.

Dans les stipulations, le mot *forfait* indique généralement la renonciation des parties à tout recours l'une envers l'autre à raison des éventualités de leur traité. — Ainsi, le cédant d'une créance annonce par la stipulation d'un prix à forfait qu'il ne garantit point le recouvrement de cette créance, ni les causes de réduction auxquelles elle peut être exposée (Arg. 563 C. comm.).

FORFAIT DE COMMUNAUTÉ.

9030. — Stipulation qui attribue au survivant des époux ou à ses héritiers une somme fixe pour tout droit à la communauté. — **V.** *Partage de communauté.*

FORFAITURE.

9031. — Tout crime commis par un fonctionnaire public dans l'exercice de ses fonctions est une forfaiture (166 C. pén.).

Toute forfaiture est un crime, car les simples délits ne constituent pas les fonctionnaires en forfaiture (168 C. pén.).

Pour qu'il y ait forfaiture, il faut que le fait soit un crime, qu'il ait été commis dans l'exercice des fonctions et qu'il y ait eu de la part du fonctionnaire une intention coupable (Carnot sur l'art. 168 C. pén.)

FRACTION.

9032. — Partie d'une chose.

9033. Fraction de centime. — Il n'y a point de fraction de centime dans la liquidation du droit proportionnel. Lorsqu'une fraction de somme ne produit pas un centime de droit, le centime est perçu au profit de la République (L. 22 frim. an 7 art. 5).

9034. Droit de greffe. — Ceci ne s'applique pas à la perception des droits de greffe, pour la portion revenant au Trésor. La loi du 21 ventôse an 7 ne contient pas de disposition semblable à celle de l'art. 5 L. 22 frimaire an 7.

9035. Perception sur sommes arrondies. — « La perception du droit proportionnel suivra les sommes et valeurs, de vingt francs en vingt francs, inclusivement et sans fraction » (L. 25 vent. an 9 art. 2).

Ainsi, s'il s'agit d'une somme supérieure à vingt francs, quel que soit l'excédant jusqu'à quarante francs, le droit est dû sur quarante francs, et ainsi de suite de vingt francs en vingt francs.

Lorsque les sommes ou valeurs profitent particulièrement à des personnes étrangères l'une à l'autre, le droit se perçoit sans fraction sur les obligations ou mutations isolées, sans que les sommes ou valeurs donnant ouverture aux droits de même nature puissent être réunies pour asseoir la perception.

Ainsi je donne quittance, par un même acte, à Paul de quatre-vingt-un francs et à Pierre de quatre-vingt-un francs qu'ils me doivent par deux obligations distinctes. Il est dû deux droits de 50 centimes pour 100 sur 100 francs, soit... 1 franc.

Que si, au contraire, Pierre et Paul sont solidaires pour le payement de ces deux droits, il ne sera dû que 50 centimes pour 100 sur 162 francs ou mieux sur 180, soit 90 centimes.

9036. Timbre. — 1. DROIT PROPORTIONNEL. — En matière de timbre proportionnel, le droit ne suit pas les sommes de 20 francs en 20 francs, il le suit de 100 en 100 francs lorsqu'il s'agit de sommes au-dessus de 1,000 francs, et de 1,000 francs en 1,000 francs au-dessus de cette somme, sauf néanmoins le cas où il s'agit d'un effet en contravention. — V. *Effet de commerce.*

9037. Minimum. — D'après l'art. 3 L. 27 ventôse an 9, il ne peut être perçu moins de 25 centimes pour l'enregistrement des actes et mutations dont les sommes et valeurs ne produisent pas 25 centimes de droit proportionnel.

Pour la saine interprétation de cet article, il faut considérer qu'il n'a point pour objet *chacune* des différentes dispositions d'un même acte, mais le salaire de la formalité pour l'acte entier, et qu'ainsi la perception de 25 centimes ne peut être faite comme *minimum* du droit, qu'autant que la perception sur les différentes dispositions n'atteindrait pas cette quotité. — V. *Minimum.*

FRAIS DE DERNIÈRE MALADIE.

9038. — Ce sont les sommes dues aux médecins, chirurgiens, apothicaires, droguistes et gardes-malades pendant le temps de la maladie dont est mort le débiteur.

Ces frais sont privilégiés sur la généralité des meubles et s'exercent après les frais de justice et ceux funéraires, concurremment entre ceux auxquels ils sont dus (2101 C. C.). — Ils sont une dette de la communauté (Toullier t. 12 n° 301).

FRAIS FRUSTRATOIRES.

9039. — Ce sont les frais qui étaient inutiles à l'instruction dans l'affaire et qui ne tendaient de la part de l'officier public ou ministériel qu'à augmenter ses émoluments (81, 112, 105, 132, 160, 191 et 192 C. proc.).

9040. Notaire. — Les actes des notaires peuvent-ils être considérés comme frustratoires ? La solution de cette question peut présenter des difficultés, car on peut dire que le notaire ne remplit qu'un rôle purement passif lorsqu'il rédige un acte, tellement que la loi veut qu'il puisse refuser son ministère, lorsqu'il en est requis, excepté lorsqu'on lui demande de faire quelque chose de contraire à l'ordre public et aux bonnes mœurs. Cependant l'affirmative résulte d'un arrêt de cass. du 24 août 1825 (5417 J. N.) ainsi conçu :

« Vu l'art. 30 L. 22 frimaire an 7 et l'art. 51 L. 25 ventôse an 11 ; considérant que ces articles confèrent aux notaires le droit de percevoir des honoraires pour les actes qu'ils ont reçus, et de répéter les droits d'enregistrement dont ils ont fait l'avance, et qu'ils ont l'un et l'autre **pour** objet une action contre les parties entre lesquelles les actes ont été passés ; qu'ils ne peuvent être privés de l'exercice de leurs droits à cet égard qu'autant que, par leur faute, impéritie, ou négligence, ils auraient fait des actes inutiles ou frustratoires pour les parties ; que, dans l'espèce de la cause, le jugement attaqué n'énonce aucun fait de cette nature contre le demandeur ; qu'au contraire il résulte de l'acte de vente, en date du 24 décembre 1816, que les parties n'ont voulu traiter qu'aux termes et conditions exprimées dans ledit acte, et que d'ailleurs il était de l'intérêt de Milassau de ne pas se contenter d'une simple indication de payement, mais d'exiger de la dame de Cayla une rétrocession formelle de la créance à elle cédée par l'acquéreur, afin de la rendre personnellement garante du payement : d'où il suit que le tribunal civil de Toulouse a erré et qu'il a violé les articles précités, en regardant la rétrocession stipulée comme inutile et frustratoire, et en condamnant, sous ce prétexte, le demandeur à supporter le droit d'enregistrement auquel la rétrocession avait donné ouverture, et en jugeant qu'il ne lui était pas dû d'honoraires pour la passation de cette partie du contrat. »

FRAIS FUNÉRAIRES.

9041. — Ce sont les frais qui se font pour l'inhumation d'un défunt, suivant la fortune et la qualité de la personne.

Le service anniversaire, dit *du bout de l'an*, ne fait pas partie des frais funéraires (*Rép. jur.* v° *Frais funéraires*). — Les frais du deuil de la veuve sont considérés comme en faisant partie (Proudhon, Favard, Merlin, Grenier, Persil, etc.). — Les frais funéraires viennent par privilège sur la généralité des meubles, immédiatement après les frais de justice (2101 C. C.). — Ceux de l'époux qui prédécède sont à la charge de la succession (Toullier t. 12 n° 301). — Ceux des successions que recueillent les enfants sont à la charge du père ou de la mère ayant l'usufruit légal (385-4° C. C.).

Le payement des frais funéraires, l'eût-on fait de ses propres deniers, n'entraîne point acceptation tacite de la succession du défunt. — V. *Partage de communauté.*

FRAIS ET LOYAUX COUTS.

9042. — Se dit des frais légitimement faits pour la passation d'un contrat.

Les *frais et loyaux coûts* doivent être remboursés à l'acquéreur en cas d'éviction par suite d'une action en garantie (1630 C. C.), d'une action en lésion (1681), d'une surenchère (2188) ou d'exercice de réméré (1673).

FRUITS.

9043. — Se dit de ce que produit une chose.

9044. Diverses espèces de fruits. — Le Code civil distingue trois sortes de fruits et appelle : *fruits naturels* ceux qui sont le produit spontané de la terre, ainsi que le produit et le croît des animaux ; *fruits industriels*, ceux qu'on obtient par la culture ; *fruits civils*, les loyers des maisons, les intérêts des sommes exigibles, les arrérages des rentes, les prix des baux à fermes (583, 584).

9045. Accession. — Les fruits naturels ou industriels de la terre, les fruits civils, le croît des animaux, appartiennent au propriétaire par droit d'accession, à la charge de rembourser les frais des labours, travaux et semences faits par des tiers (547, 548 C. C.).

Les *fruits civils* sont *réputés* s'acquérir jour par jour (586 C. C.).

9046. Absence. — **Absent.** — Tous les fruits échus au jour de l'envoi en possession doivent être compris dans la déclaration de succession. — V, 175.

9047. Arrérages. — Les arrérages de rentes et autres sont des fruits civils ; ils se comptent jour par jour. — V. 2270.

9048. Contribution foncière. — La contribution foncière est une charge des fruits et non de la propriété. — V. 5494.

G

GAGE.

9049. Définition. — Le *gage* est le nantissement d'une chose mobilière (2072 C. C.) remise au créancier pour garantir le payement de sa créance.

9050. Considérations générales. — Le mot *gage* se prend tantôt pour le contrat de nantissement d'un meuble, tantôt pour le meuble lui-même donné en gage. Il a même assez ordinairement une signification moins restreinte que la signification légale que lui donne l'art. 2072 C. C.; car il n'est pas rare de le voir employer pour désigner toute sûreté quelconque, même le nantissement d'un immeuble, même l'hypothèque. On emploie également fort souvent le mot *garantie* comme synonyme de gage. La langue vulgaire a des licences que la langue scientifique ne peut toujours arrêter; c'est cette licence qui amène les erreurs; car, du moment que les mots sont habituellement détournés de leur signification, leur véritable sens ne tarde pas à échapper.

Quoi qu'il en soit, le gage n'a généralement dans les rapports civils qu'un mouvement borné. C'est plutôt dans le nantissement foncier et dans l'hypothèque que le crédit civil puise ses grands moyens d'action. Le gage des meubles n'intervient ordinairement que dans les médiocres emprunts; il est peu recherché par les prêteurs qui traitent les affaires avec scrupule; car l'usure, à laquelle il sert trop souvent de manteau, ne lui laisse pas une réputation intacte. On l'abandonne aux monts-de-piété ou à de petits spéculateurs qui font spéculer leur argent d'une manière latente et sans contrat.

Mais il en est autrement dans les affaires commerciales. Le gage y est très-souvent et très-utilement employé. Il fait la sûreté du commerce de commission; dans les affaires de banque, si les capitaux d'une place viennent au secours d'une autre place, c'est par les consignations que le crédit sollicité et garanti se décide à faire les avances de numéraire qui entretiennent la vie commerciale et le mouvement régulier des transactions.

9051. Distinction entre le gage et divers autres contrats. — 1. GAGE ET ANTICHRÈSE. — Le nantissement est un contrat par lequel un débiteur remet une chose à son créancier pour sûreté de la dette. Il résulte de là qu'il y a deux espèces de nantissements : le nantissement *mobilier* et le nantissement *immobilier*. Le *premier* est le gage dont nous nous occupons ici ; le *second* est l'antichrèse dont nous avons parlé aux nos 2181 et suiv. On voit donc en quoi le gage diffère de l'antichrèse. Le nantissement est le genre ; le gage et l'antichrèse les deux espèces.

2. GAGE ET CAUTIONNEMENT. — Le gage est un contrat accessoire, *pour sûreté de la dette*, dit l'art. 2071. Il y a donc une dette antérieure à laquelle vient s'adjoindre le nantissement, afin de procurer au créancier la sûreté du principal.

Sous ce rapport le gage appartient au même ordre d'idées que le cautionnement; mais, sous d'autres rapports, il en diffère essentiellement.

D'un côté, le gage peut être donné par le débiteur lui-même; ce n'est, en effet, que comme cas accidentel que l'art. 2077 C. C. prévoit l'hypothèse où le gage est donné par un tiers. Le cautionnement, au contraire, doit nécessairement être donné par un tiers étranger à l'obligation principale.

D'un autre côté, le gage est un contrat réel ou parfait par la chose. Il exige la tradition, la remise de la chose, c'est ce que l'art 2071 exprime en disant : « Le nantissement est un contrat par lequel un débiteur *remet* une chose à son créancier. » A ce point de vue, il diffère du cautionnement, qui est une obligation personnelle engageant tous les biens de la caution.

Il a été jugé spécialement que le contrat en vertu duquel une ouvreuse de théâtre remet au directeur, comme garantie de sa gestion, une somme dont celui-ci ne doit pas pouvoir se servir, mais qu'il doit restituer à la cessation de sa fonction, constitue un gage et non un cautionnement (Cass. 29 nov. 1866, S. 67-1-188).

3. GAGE, PRÊT ET DÉPOT. — Si, par la tradition de l'objet du nantissement, le gage appartient à la famille du prêt et du dépôt, il s'en distingue par le but qu'il se propose. Sa fin, suivant l'art. 2071 C. C., est de procurer au créancier la sûreté de la dette. Il suit de là qu'il n'a rien de commun avec le prêt, qui a été établi, non dans l'intérêt du créancier, mais dans l'intérêt du débiteur; ni avec le dépôt, qui n'est nullement destiné à donner une sûreté au dépositaire, et qui, au contraire, le grève d'une charge sans compensation aucune. Dailleurs, le prêt et le dépôt ne sont pas des contrats accessoires, et sous ce rapport ils se séparent du nantissement par une différence essentielle.

La remise faite par un directeur à un créancier d'un effet de commerce, à titre de garantie, peut, en l'absence de tout endossement au profit d'un créancier, être considérée comme constituant en sa faveur, non un contrat de gage, proprement dit, mais une sorte de contrat innomé participant du dépôt (Cass. 26 juin 1866, S. 66-1-337).

4. GAGE ET HYPOTHÈQUE. — La tradition étant, on l'a vu, une condition essentielle du gage, il en résulte que ce contrat se distingue éminemment de l'hypothèque, dont le propre est de laisser le débiteur en possession de la chose.

9052. Accessoires. — Le gage s'étend aux accessoires de la chose et à tout ce qui en procure l'accroissement. Par exemple, si Pierre m'a donné en gage une vache, mon droit embrasse le veau qui vient à naître *ex post facto*. En un mot, les fruits font partie du gage, et ils augmentent, par une accession naturelle, la garantie donnée au créancier.

9053. Privilége du créancier-gagiste. — Le gage, d'après l'art. 2073 C. C., confère au créancier le droit de se faire payer sur la chose qui en est l'objet, par privilége et par préférence aux autres créanciers. Ce privilége prime même le droit que le vendeur peut exercer en revendication de sa chose dont le prix n'a pas été payé. Le droit du vendeur ne peut jamais, lorsqu'il s'agit de meubles, avoir lieu au préjudice des tiers qui ont acquis des droits sur la chose vendue, car en fait de meubles la possession vaut titre (Troplong n° 101).

9054. Nécessité de l'enregistrement. — L'art. 2073 C. C. porte que le privilége du gagiste n'a lieu qu'autant qu'il y a un acte public, un sous seing privé dûment enregistré quand il s'agit d'une valeur de 150 francs, et l'art. 2074 présente cette formalité comme une condition de l'existence même du privilége. L'exigence du législateur se comprend par la nécessité d'enlever toute possibilité de fraude et elle se justifie par les rigueurs bien autrement sévères que l'ordonnance de 1793 imposait à la constitution du gage. Aussi, avait-on pensé que l'enregistrement de l'acte était une condition essentielle du nantissement (Duranton t. 18, n° 514, Zachariæ, Aubry et Rau t. 3 § 443, Massé t. 6, n° 480 ; — C. Aix 27 mai 1845).

Mais la doctrine contraire a prévalu devant la cour de cassation. Un arrêt du 17 février 1858 a reconnu que la loi, en exigeant l'enregistrement, avait simplement voulu donner à l'acte une date certaine à l'égard des tiers, que la constitution est valable dès qu'elle a acquis cette date par l'un des autres moyens légaux (1035 R. P., 16272 J. N., D. 58-1-125. — Tel est aussi l'avis de Delvincourt (t. 3 p. 672, Roll. de Vill. *Rép.* v° *Gage* n° 9. Bédarride *des Faillites* t. 2 n° 904, Valette *Priv. et Hyp.* n° 49 p. 51, Troplong *Nantissements* n° 199, Aubry et Rau 3e édit. t. 4 § 433 p. 514, Massé t. 4 n° 480). — C'est également ce qui résulte d'un arrêt de cass. de Belgique du 29 mai 1868 (3261 R. P.).

9055. Gage commercial. — En matière de commerce, le gage est soumis à des dispositions particulières édictées par la loi du 23 mai 1863 et formant les nouveaux art. 91 à 93 C. com.

D'après l'art. 91, le gage constitué soit par un commerçant, soit par un non commerçant pour un acte de commerce se constate, à l'égard des tiers comme à l'égard des parties contractantes, conformément à l'art. 109 C. com. Le gage, à l'égard des valeurs négociables, peut aussi être établi par un endossement régulier indiquant que les valeurs ont été remises en garantie. A l'égard des actions, des parts d'intérêt et des obligations nominatives des sociétés dont la transmission s'opère par un transfert sur les registres de la société, le gage peut également être établi par un transfert à titre de garantie inscrit sur les registres. Il n'est pas dérogé à l'art. 2075 C. C. en ce qui concerne les créances mobilières dont le cessionnaire ne peut être saisi à l'égard des tiers que par la signification du transfert fait au débiteur. Les effets de commerce donnés en gage sont recouvrables par le créancier gagiste.

Selon l'art. 92, le privilége ne subsiste sur le gage qu'autant que ce gage a été mis et est resté en la possession du créancier ou d'un tiers convenu entre les parties.

L'art. 93, enfin, organise les formalités particulières à suivre pour arriver à la vente du gage et décide que les dispositions des art. 2 à 7 L. 28 mai 1858 sur les ventes publiques sont applicables à ces réalisations.

9056. Tarif. — Le gage est un contrat qui a été pratiqué de tous les temps. Il se rencontre chez toutes les nations dont le crédit a atteint un certain degré de développement. Il était dans le droit romain connu sous le nom de *pignus*, et le Digeste lui a consacré un chapitre entier. Pothier en a fait un traité particulier. Cependant ni la loi des 5-19 déc. 1790, ni aucune des lois subséquentes sur l'enregistrement ne parle du gage ou du nantissement mobilier, d'où Champ. et Rig. ont tiré la conséquence, n° 1408, que ce contrat n'est passible que du droit de 1 franc fixe (3 fr.), comme acte innomé.

Mais il ne suffit pas qu'une convention ne soit pas *nommément* tarifée, pour prétendre qu'elle n'est pas assujettie à tel ou tel droit ; il faut encore, soit qu'elle ne rentre dans la catégorie d'aucune espèce prévue, soit qu'elle appartienne à une classe autre que celle que régit le tarif qu'on veut lui appliquer. Entraînés par la logique de ce raisonnement, les rédacteurs du *Contrôleur* ont dit sans hésiter, art. 750 : « Le gage offre au créancier en faveur duquel il est consenti *une véritable garantie mobilière*, et, sous ce rapport, il se trouve assujetti, par l'art. 69 § 2 n° 8 L. 22 frimaire an 7, au droit de 50 centimes pour 100. » Bien que cette opinion ait été abandonnée depuis par Champ. et Rig. dans leur traité des droits d'enregistrement, elle est néanmoins très-exacte, ainsi que le fait remarquer Dalloz n° 1535.

Le gage étant la garantie de l'obligation, le législateur a pensé qu'en tarifant nommément la garantie mobilière il tarifait par cela même le gage. Il s'est arrêté à l'idée et il a négligé le mot.

Il faut donc reconnaître que le contrat de gage, défini par l'art. 72 C. C., a été tarifé au droit de 50 centimes pour 100 par l'art. 69 § 2 n° 8 L. 22 frimaire an 7.

9057. Gage fourni par le débiteur. — 1. DANS LE CONTRAT MÊME D'OBLIGATION. — Le gage fourni par le débiteur lui-même, et établi par le même acte que l'obligation, ne donne ouverture à aucun droit d'enregistrement particulier. Il n'est dû que le droit d'obligation (1742, 2257 J. E.). Dans ce cas, le gage est la condition du prêt; il ne forme point une disposition indépendante, dans le sens de l'art. 11 L. 22 frimaire an 7 » (D. m. f. 7 avr. 1817, Dél. 20 déc. 1823, D. N. t. 6 p. 256 n° 94).

Décidé spécialement que quand, à la suite d'une obligation contractée solidairement avec son mari, la femme cède ses reprises au créancier jusqu'à due concurrence, il n'est pas dû de droit particulier pour cette disposition (Dél. 14 juin 1826, 5921 J. N.).

2. PAR UN CONTRAT POSTÉRIEUR. — Mais, lorsque le gage, quoique remis par le débiteur, l'est par un acte postérieur à l'obligation, on ne peut plus dire qu'il est une condition de prêt : au contraire, c'est l'effet d'une convention nouvelle et il donne lieu alors au droit sur sa valeur ou sur le montant de l'obligation qu'il garantit.

Dans cet ordre d'idées, il a été décidé que le droit de 50 centimes pour 100 est exigible : 1° lorsque, sans y être obligé un débiteur donne à son créancier, qui a déjà une obligation hypothécaire, de nouvelles sûretés, par exemple des objets, mobiliers en nantissement (D. m. f. 26 sept. 1817, 2402 J. N.);

2° Lorsque, pour dégager un immeuble de l'hypothèque dont il est grevé, le débiteur délègue, par forme de nantissement des créances sur des tiers : ici le gage se trouve dénaturé, il y a novation conventionnelle (Dél. 20 mai 1828, 6552 J. N., 9023 J. E.);

3° Lorsque, pour tenir lieu d'une affectation hypothécaire dont il est donné mainlevée, il est transporté une créance à titre de nantissement (Sol. 11 avr. 1832);

4° Lorsque, débiteur d'une somme garantie par une hypothèque, on accepte le transport de cette créance à un tiers, et qu'on fournit à celui-ci une garantie mobilière pour obtenir une prorogation de délai (Sol. 25 avr. 1832).

5° Lorsque le crédité donne au créditeur en nantissement, pour sûreté des avances qu'il peut lui être faites, des créances et actions qu'il est autorisé à toucher pour se couvrir du montant des avances (Seine 10 mai 1834 et 30 nov. 1842, 12768 et 13150 J. E.). — V. 9070.

3. GAGE PROMIS. — Cependant, l'Administration avait reconnu, par deux délibérations des 25 juillet 1827 et 4 mars 1828 (Dalloz n° 1537), que le gage que fournit le débiteur et qu'il établit ou même qu'il promet dans l'acte d'obligation, ne donne ouverture à aucun droit proportionnel, quel que soit l'acte qui en constate la délivrance (1229 § 6 I. G.). Le droit proportionnel était réservé au seul cas où le gage donné par acte postérieur à l'obligation n'avait jamais été promis par le débiteur.

Mais cette distinction s'est évanouie le jour où la jurisprudence a déclaré (V. Affectation hypothécaire) que l'hypothèque fournie par le débiteur n'engendre jamais le droit proportionnel d'enregistrement, soit qu'elle ait été donnée dans l'acte même d'obligation, soit qu'elle ait fait l'objet d'un acte postérieur, soit enfin qu'elle ait été ou non promise.

Le principe qui a déterminé cette jurisprudence est celui-ci : « L'obligation du débiteur, par cela même qu'elle existe,

engage tous ses biens, tant mobiliers qu'immobiliers ; l'hypothèque qu'il peut ou non conférer sur ceux-ci ne constitue pas une obligation distincte de cet engagement lui-même. » Or, il en est évidemment de même en matière de gage. Que le gage soit donné par le débiteur dans l'acte même ou par acte postérieur, la position est la même. Ce gage n'est pas plus créé dans la seconde hypothèse qu'il ne l'est dans la première, par la raison qu'il dérive de la loi. Or si, contenu dans l'acte d'obligation, la stipulation est considérée comme le complément ou l'exécution de l'obligation principale, on ne peut lui attribuer un autre caractère lorsqu'elle est renfermée dans un acte postérieur. Dans la première hypothèse, elle ne donne ouverture à aucun droit comme stipulation accessoire contenue dans le même acte que dans l'obligation principale ; dans le second cas, elle n'est passible que du droit fixe comme acte de complément.

C'est ce que l'Administration a reconnu depuis par une Sol. 15 septembre 1847 (13694 J. N.), intervenue dans l'espèce suivante :

Suivant acte notarié du 16 janvier 1847, le sieur Granger, débiteur d'une somme de 50,000 francs envers le sieur Anzorey, pour le montant de billets à ordre enregistrés, lui a donné, à titre de gage et de nantissement, diverses valeurs mobilières. Il a été perçu sur cet acte le droit de 50 centimes par 100 francs, pour garantie mobilière. La restitution de ce droit a été ordonnée le 15 septembre 1847, sous la retenue du droit fixe, d'après les motifs suivants :

« Par les expressions garantie mobilière et par celle cautionnement, employées à l'art. 69 § 2 n° 8 L. 22 frimaire an 7, le législateur a entendu le cautionnement et la garantie fournie par un tiers. En effet, la disposition se termine ainsi : « le droit (de 50 centimes par 100 francs) sera perçu indé-« pendamment de la disposition que le cautionnement « ou la garantie aura pour objet. » Or, on perçoit ce droit proportionnel de garantie lorsqu'elle est donnée par un tiers dans l'acte même d'obligation, comme lorsqu'elle est donnée par un tiers postérieurement à l'obligation, et l'on ne verrait aucun motif de distinguer, quand elle est fournie par le débiteur lui-même, entre le cas où elle résulte d'un acte postérieur. En décidant que dans le premier cas la garantie donnée par le débiteur n'est passible d'aucun droit particulier, on a, par là même, décidé que le droit n'est point dû dans le second cas. Le débiteur est tenu de son engagement sur tous ses biens meubles et immeubles. La garantie qu'il donne, soit par l'acte constitutif de la dette, soit postérieurement, est la suite naturelle et le complément de son obligation » (Conf. : Demante n° 480, D. N. t. 2 p. 724 n° 141).

9058. Gage fourni par un tiers. — Ainsi le gage tarifé par la loi est l'intervention d'un tiers étranger à l'obligation principale, qui fournit une garantie propre à assurer l'exécution de cette obligation. Ce gage est différent du gage dérivant de l'acte passé entre le créancier et le débiteur principal, et pesant sur ce dernier comme une nécessité légale que la loi fiscale n'a jamais tarifée ; il est un contrat primitif et indépendant ; il constitue véritablement une sûreté nouvelle pour le créancier auquel elle donne un second obligé.

A ce point de vue, l'exigibilité du droit proportionnel nous paraît incontestable [1], et cette exigibilité s'appuie sur une jurisprudence constante (*Conf.* : Demante n° 479-3).

9059. Actions. — Ainsi, il a été jugé que lorsque, pour sûreté du remboursement d'un crédit ouvert, des actions sont déposées comme gage aux mains du créditeur, le droit de garantie mobilière est actuellement exigible (Seine 30 nov. 1842, Dalloz n° 1541).

9060. Cession de bail. — Société. — Jugé encore que lorsqu'un bail a été consenti sous le cautionnement d'une société, et que le preneur fait entrer dans cette société son droit au bail en versant à la caisse sociale une somme déterminée pour garantir la société de son cautionnement, laquelle somme sera restituable à l'expiration du bail, le droit de 50 centimes pour 100 comme gage est exigible (Cass. 26 déc. 1832, 10537 J. E.). — On pourrait cependant objecter ici que le preneur se borne à garantir envers la caution l'exécution de son propre engagement, et, qu'à ce point de vue, le droit fixe est seul exigible puisque le débiteur ne se cautionne pas lui-même. La question n'a pas été ainsi posée à la cour, et si elle lui était de nouveau soumise, il se pourrait que sa solution fût contraire (D. N. t. 6 p. 257 n° 100).

Cependant il a été décidé par le ministre des finances, le 25 mars 1818, que les nantissements de valeurs mobilières, données par les entrepreneurs et fournisseurs du Gouvernement à leurs cautions, doivent acquitter le droit proportionnel de 50 centimes pour 100 (D. N. *loc. cit.* n° 101).

9061. Liquidation du droit. — Ce n'est pas sur le montant de la créance donnée en nantissement que doit être perçu le droit, mais sur le montant de l'obligation garantie (Cass. 1er fév. 1832, 7842 J. N., 10265 J. E., D. N. t. 2 p. 723 n° 130, S. 32-1-557). — V. *Cautionnement.*

9062. Gage supérieur à la créance. — Si la créance donnée en nantissement est supérieure à la dette, et qu'il résulte des circonstances de la cause que le transport n'a réellement lieu que jusqu'à concurrence de la dette, le droit proportionnel ne doit être perçu que sur le montant de cette dette et non sur la totalité des créances remises en gage (Cass. 10 fév. 1832, 10265 J. E. ; — Toulouse 9 juill. 1844, 13675 J. E.).

9063. Argent en gage. — On peut donner en gage de l'argent comptant (Pothier n° 6) ; c'est ce qui a lieu dans certaines bibliothèques publiques, où les règlements permettent de prêter des livres moyennant le dépôt d'une somme d'argent (Troplong *du Gage* n° 55). Il en est de même des objets périssables que le créancier reçoit le mandat de vendre pour en imputer le prix sur sa créance (Dél. 14 mars 1806, D. N. t. 6 p. 97). Si donc un pareil contrat était présenté à la formalité, ce serait le droit fixe de 3 francs qui seul devrait être perçu, et non le droit de vente mobilière.

9064. Titres au porteur. — Le dépôt de titres au porteur entre les mains du prêteur d'argent pour sûreté du remboursement de la somme prêtée constitue un véritable nantissement et, dès lors, ne donne point au prêteur le droit de

---

1. L'exigibilité du droit proportionnel a cependant été contredite par Champ. et Rig., dont les doctrines ont été victorieusement combattues par Dalloz n° 1544. Nous laissons parler ce dernier auteur :
« Il nous semble, dit-il, que les considérations sur lesquelles ils se sont fondés (Champ. et Rig.) ne sont rien moins que concluantes. « Il faut remarquer, disent-ils (t. 2 n° 1411), que si, dans les « principes du droit romain, on reconnaissait qu'un débiteur pou-« vait donner en gage la chose d'autrui, on ne supposait pas que le « gage fût donné par un autre, on ne disait pas, comme pour le cau-« tionnement, que le contrat pouvait se former *inscio vel invito de-« bitore* : aussi Pothier ne dit pas que le gage peut être donné par « un tiers, mais seulement qu'il n'est pas nécessaire pour la validité « du contrat de nantissement, que la chose appartienne au débiteur « (*du Nantissement* n° 7.) » Le Code civil s'exprime différemment : Le gage peut être donné par un tiers, pour le débiteur (art. 2077). C'est une innovation que ne pouvait ni comprendre ni pré-voir la loi du 22 frimaire. A ses yeux, il n'existait donc de gage que celui que l'Administration reconnaît affranchi par sa nature de tout droit proportionnel. Il est, certain que par les mots *garantie mobilière*, le législateur n'a pas entendu tarifer le gage, mais un autre contrat. » — « Mais le point de départ sur lequel repose la doctrine de Champ. et Rig. n'accuse-t-il pas une méprise évidente ? Sans remonter à la législation romaine, qui ne confirmerait pas pleinement, d'ailleurs, l'opinion de ces auteurs, qu'on s'arrête à Pothier, dont ils ont eux-mêmes invoqué l'auto-rité. Leur point de départ y trouve sa condamnation la plus for-melle. A la première page de son *Traité de nantissement* Pothier dit : « On peut définir le contrat de nantissement, un contrat par « lequel un débiteur, ou un autre pour lui, donne au créancier une « chose pour la détenir par devers lui pour la sûreté de sa créance. »

Or, le Code civil n'a pas dit autre chose ; l'art. 2071, relatif au nan-tissement effectué par un tiers pour le débiteur, embrasse à lui seul la double hypothèse que comprend la définition de Pothier, et, par là, il est démontré que le Code, loin de faire une innovation en posant ce principe que le gage pourrait être donné par un tiers pour le débiteur n'a fait que confirmer et ériger en loi un fait qui était dans la pratique et se trouvait si parfaitement compa-tible avec la nature du contrat, qu'on le voit précisément figurer dans les éléments de la définition qu'en donnaient les auteurs. Aux yeux du rédacteur de la loi de l'an 7, il existait donc, en matière de nantissement, autre chose que celui qui était effectué par le débi-teur lui-même ; et l'assertion contraire de Champ. et Rig. ne peut évidemment pas se soutenir en présence de la définition de Pothier ; il y avait, de plus, le nantissement effectué par un tiers pour le débiteur. Ce mode particulier du contrat de gage n'est pas nominativement désigné dans la loi, sans doute ; mais pourquoi ? parce que la loi tarife les garanties et que, selon l'expression d'un jugement du tribunal de Château-Gontier, et ainsi que cela avait été d'ailleurs reconnu par le contrôleur, le gage n'est dans ce cas qu'une espèce de garantie. Dans ce système on met d'accord les diverses parties de la loi fiscale, qui, au contraire, cesse d'être en harmonie avec elle-même dans celui de Champ. et Rig. ; car, il ne faut pas l'oublier, le principe général c'est que tout acte contenant obligation, libération ou mutation, doit, à moins d'une excep-tionexpresse, acquitter le droit proportionnel (art. 4 de la loi de fri-maire). Or, on ne peut contester que le gage, du moins dans le cas où il est donné par un tiers, ne constitue une obligation particulière et indépendante, et, d'une autre part, il est impos-sible de citer une disposition qui l'ait affranchi du droit propor-tionnel. »

disposer du gage (C. Paris 22 janv. 1864, D. 64-2-25). C'est ce qui a été décidé notamment aux sujets des avances faites par certains établissements de crédit sur dépôt de titres (Cass. 28 juin 1862, D. 62-1-305, S. 62-1-125).

9065. Chose d'autrui. — D'après les lois romaines, le gage de la chose d'autrui n'était pas frappé d'une nullité radicale ; il y avait, au contraire, entre le créancier et le débiteur des effets légaux, tels que l'action pignoratrice au profit du débiteur contre le créancier gagiste. — Troplong (*loc. cit.* n°s 59 et suiv.) enseigne que ce gage produit des engagements qui tiennent lorsque c'est avec *bonne foi* qu'ils ont été contractés, et il s'appuie, pour soutenir, conformément à un arrêt de 1636, que le véritable propriétaire ne peut réclamer les gages donnés qu'en restituant le prix de l'engagement, sur l'art. 2279 C. C., qui a définitivement consacré la règle qu'*en fait de meubles la possession vaut titre*. Troplong établit les règles qu'il faut suivre selon que la bonne ou la mauvaise foi a présidé aux engagements. — Mais au point de vue où nous sommes placé on ne pourrait prendre en considération ces diverses nuances, car la bonne ou la mauvaise foi ont toujours besoin d'être accompagnées de preuves, et pour la perception, il faut prendre les actes pour ce qu'ils sont. Le gage de la chose d'autrui engendrerait donc les mêmes droits que si le donneur du gage fournissait sa propre chose.

9066. Décharge. — **Bail.** — La décharge d'une somme d'argent remise par le fermier au propriétaire à titre de gage n'est passible que du droit fixe. — V. 5806.

9067. Délivrance de legs. — L'abandon du gage mobilier donné en garantie d'un legs donne ouverture au droit de 2 pour 100. — V. *Délivrance de legs*.

9068. Mandat. — Si, dans l'acte de prêt, l'emprunteur remet au prêteur des objets mobiliers en nantissement, avec autorisation de les vendre, pour le prix en être imputé sur le montant de l'obligation, il est dû seulement le droit de 2 francs (3 fr.) comme mandat (9865 J. E.).

9069. Remise à un tiers. — Ne constitue pas une disposition indépendante, passible d'un droit particulier, la clause d'un acte de nantissement constatant la remise du gage entre les mains d'un tiers. En effet, « le gage étant donné par le débiteur, n'est pas assujetti à un droit particulier ; d'un autre côté, le privilége ne subsistant sur le gage qu'autant que ce gage a été mis et est resté en la possession du créancier ou d'un tiers convenu entre les parties (art. 2076), il faut reconnaître que la constatation de la remise, entre les mains du tiers, des actions formant le gage, ne saurait être traitée comme une disposition indépendante » (Sol. adm. belge 2 août 1865, 9932 J. E. belge).

9070. Cession de créance. — La circonstance que le créancier est autorisé à toucher, sans le concours de son débiteur, la créance que celui-ci remet à titre de garantie n'a rien d'incompatible avec le contrat de gage. En effet, le créancier devant, aux termes de l'art. 2079 C. C., *rester*, s'il y a lieu, *propriétaire du gage jusqu'à l'expropriation du débiteur*, si le créancier n'avait pas la faculté de toucher le montant de la créance, il en résulterait que, dans le cas où la créance serait devenue exigible, le débiteur de la créance réclamant l'anéantissement du titre en se libérant, le créancier resterait sans gage, si la somme ne venait remplacer entre ses mains le titre anéanti. Mais la somme provenue de la créance n'est entre ses mains qu'un simple dépôt sur lequel les autres créanciers peuvent former opposition. On peut donc dire que la remise par le débiteur à son créancier d'une créance, à titre de garantie, *même avec pouvoir d'en toucher directement le montant*, ne donne pas, par cela seul, ouverture au droit de cession de créance.

Mais, ainsi que le fait remarquer Dalloz n° 1766, c'est dans le sens de l'acte plutôt que dans ses termes qu'il faut chercher la solution des questions qui peuvent se présenter à ce sujet. Nous avons donné à cette question, au chapitre des *Cessions de créances*, tous les développements qu'elle comporte.

9071. Rétrocession. — Lorsque la remise des créances en gage n'a pas opéré transport, et, par suite, n'a pas donné ouverture au droit proportionnel *de mutation*, il a été décidé, par application des principes généraux en matière de mutation, que la remise du titre que fait postérieurement le créancier nanti, à son débiteur, ou sa renonciation à la garantie, n'opère que le droit fixe, soit que l'obligation ait été soldée ou qu'elle existe encore, soit que le droit de *garantie*, à 50 centimes pour 100, ait été perçu, ou qu'il n'y ait pas eu lieu de l'exiger, et encore que le créancier nanti eût fait signifier son acte au débiteur de la créance (Dél. 2 juill. 1833, 12 juin 1841, 11237, J. E., D. N. t. 6 p. 259 n° 106, 12758 J. E. — Lille 18 déc. 1829, D. N. t. 11 p. 533 n°11). — Du moment, en effet, qu'il n'y a pas eu dessaisissement, il ne peut y avoir rétrocession. — C'est également ce qu'a décidé le tribunal de la Seine, le 12 juillet 1854 (230 R. P.) — V. *Cession de créances*.

1. INDEMNITÉS D'INCENDIE. — Dans le même sens, le transport consenti dans un acte d'obligation avec hypothèque, de l'indemnité qui serait due par une compagnie d'assurance, en cas d'incendie des bâtiments hypothéqués, n'étant qu'un supplément de garantie accordé par l'emprunteur, il en résulte que la renonciation à ce transport faite après l'événement de l'incendie ne peut être considérée comme une rétrocession de créance (Dél. 2 mars 1830, 7155 J. N., D. N. t. 6 p. 259 n° 107 ; — *Contrà* Dél. 28 avr. 1829, 6988 J. N., 9310 J. E., 1293 § 10 I. G.). — V. *Rétrocession*.

9072. Report. — L'art. 2078 C. C., d'après lequel toute clause d'un acte de nantissement qui autoriserait le créancier gagiste à s'approprier le gage, ne s'applique pas au nantissement fait sous forme d'acquisition par le créancier, de titres, de rentes ou valeurs industrielles avec stipulation de report, c'est-à-dire à charge de rétrocession : le créancier doit être considéré comme propriétaire de ces titres et valeurs s'il n'est pas remboursé de sa créance par le payement du prix de la rétrocession (Cass. 3 fév. 1862, D. 62-1-163, S. 62-1-369).

GAINS DE SURVIE.

9073. — Se dit des avantages qui ont lieu entre époux, au profit du survivant.

9074. Diverses espèces. — Dans le langage du droit, les gains de survie prennent différents noms. On les appelle *augment, contre-augment, bagues et joyaux, douaire, préciput*. Nous avons défini tous ces mots, et nous avons fait connaître tout ce qu'il est utile d'en savoir à notre point de vue, au mot *Contrat de mariage*. Nous n'avons à faire connaître ici que quelques règles communes à toutes espèces de gains.

9075. Pays coutumiers. — Gains légaux et conventionnels. — Dans l'ancien droit, les gains de survie étaient légaux ou conventionnels, suivant qu'ils étaient accordés par la loi ou par la convention.

1. GAINS LÉGAUX. — Les gains légaux étaient différents dans les pays coutumiers et dans ceux de droit écrit. — En pays coutumier, les gains variaient suivant les différentes coutumes. C'étaient : dans la coutume de Paris, *le douaire coutumier, le préciput légal* des nobles, etc.; dans la coutume de Normandie, le *droit de viduité* en faveur du mari survivant qui avait un enfant vif de sa femme, etc.

2. GAINS CONVENTIONNELS. — Les gains de survie conventionnels, autorisés en pays coutumiers, étaient en grand nombre. C'était le *préciput* sur les biens de la communauté, le *douaire préfix*, etc.

9076. Pays de droit écrit. — En pays de droit écrit, les gains de survie usités étaient notamment : l'*augment* de dot accordé à la femme, et connu dans quelques provinces sous le nom d'*agencement*, le *contre-augment* accordé aux maris, les *bagues et joyaux*, etc.

9077. Système du Code civil. — Le Code civil n'admet plus que les gains de survie conventionnels. A cet égard, les époux peuvent faire telles stipulations qu'il leur convient.

Les gains ainsi stipulés étant de leur nature des donations conditionnelles dans lesquelles la clause, *en cas de survie*, est toujours censée apposée et suppléée de droit, il s'ensuit que la jouissance ne peut avoir lieu que lorsque l'un des époux prédécède.

1. SÉPARATION DE BIENS. — Ainsi, la dissolution de communauté, opérée par la séparation, soit de corps, soit de biens, soit de biens seulement, ne donne pas ouverture aux droits de survie de la femme : seulement celle-ci conserve la faculté de les réclamer lors de la mort naturelle ou civile de son mari (1452 C. C.).

2. FAILLITE. — Les femmes de commerçants ou banquiers ne peuvent jamais exiger leurs gains de survie au préjudice des créanciers, soit hypothécaires, soit chirographaires, lorsque leurs maris tombent en faillite. Réciproquement, les créanciers des maris commerçants ou banquiers ne peuvent se prévaloir des avantages que leurs femmes leur ont assurés, en cas de survie, par leurs contrats de mariage (549 C. com.).

9078. Enregistrement, — Les gains de survie, considérés comme donation éventuelle, ne donnent lieu actuellement qu'à un droit fixe; ce n'est qu'au décès que le droit proportionnel devient exigible. — V. *Contrat de mariage*.

En général, les gains de survie stipulés sur la communauté sont considérés comme des conventions de mariage qui ne peuvent donner ouverture à aucun droit particulier, soit sur le contrat, soit à l'événement. Nous avons donné à cet égard, sous les nos 5221 et suiv., des développements auxquels nous renvoyons.

GARANTIE.

9079. — Le mot garantie a diverses acceptions. Il se dit d'abord d'une assurance, d'une sûreté que l'on donne à quelqu'un. Ainsi, il s'entend de l'engagement que l'on prend de répondre, envers une personne, soit de certains faits dommageables auxquels elle est exposée, soit de toute action qui pourrait être formée contre elle de la part d'un tiers, soit de l'exécution d'une obligation contractée envers elle par un tiers. Le mot garantie s'applique encore aux sûretés que l'on donne pour l'exécution de sa propre obligation (Roll. de Vill. V. *Garantie* no 1er).

Nous avons traité, au mot *Cautionnement*, de la garantie considérée dans ses rapports avec l'enregistrement : nous n'avons rien à ajouter ici.

GARDE CHAMPÊTRE.

9080. Définition. — C'est un fonctionnaire chargé de veiller à la conservation des récoltes, des fruits de la terre, des propriétés rurales de toute espèce, et de dresser des procès-verbaux de tous les délits qui y portent atteinte.

1. ÉTABLISSEMENT DE GARDIEN. — La conséquence de ces fonctions est que lorsqu'on établit le garde champêtre pour gardien de récoltes saisies, il n'est dû aucun droit. — V. 8648-2.

9081. Nomination. — Ils sont nommés par les maires, avec l'approbation des conseils municipaux (Ord. 29 déc. 1820).

La délibération du conseil municipal qui contient cette nomination est exempte de timbre et d'enregistrement (*V.* 427-2).

Mais la commission est sujette au timbre. — *V.* 4264.

9082. Fonctionnaire public. — Surveillance. — Les gardes champêtres sont officiers judiciaires : ils ont donc qualité de fonctionnaires publics (Favard de Langlade V. *Garde champêtre*).

En cette double qualité, les gardes champêtres sont sous la surveillance du procureur de la République, sans préjudice de leur subordination à l'égard de leurs supérieurs dans l'Administration (17 C. inst. crim.).

9083. Mission. — Les gardes champêtres exercent, dans le cercle de leurs attributions, une police judiciaire (art. 9 C. inst. crim.). Ils sont chargés de rechercher, chacun dans le territoire pour lequel il a été assermenté, les délits et les contraventions de police qui auront *porté atteinte aux propriétés rurales* (16 *Id.*). Ils peuvent être établis *gardiens* aux récoltes saisies par voie de *saisie-brandon* (628 C. proc.).

Ces gardes dressent des procès-verbaux, pour constater la nature, les circonstances, le temps, le lieu des délits et des contraventions, ainsi que les preuves et les indices qu'ils ont pu en recueillir ; ils suivent les choses enlevées, dans les lieux où elles ont été transportées, et les mettent en *séquestre* : ils ne peuvent néanmoins s'introduire dans les maisons, ateliers, bâtiments, cours adjacentes et enclos, si ce n'est en présence, soit du juge de paix, soit du commissaire de police, soit du maire du lieu, soit de son adjoint ; et le procès-verbal qui doit en être dressé est signé par celui en présence duquel a été fait (art. 16 C. inst. crim.).

Indépendamment de leur mission plus spéciale de constater les délits et les contraventions de police qui portent atteinte aux propriétés rurales, les gardes champêtres ont droit de verbaliser lorsqu'il s'agit de fraude sur les tabacs (L. 28 avr. 1816), de délits de chasse et de pêche (L. 30 avr. 1790, 8), et contraventions à la loi sur le port d'armes, lorsqu'elles sont accessoires à un fait de chasse.

Ils peuvent aussi constater les contraventions au timbre des quittances (L. 23 août 1871).

9084. Procès-verbal. — 1 AFFIRMATION. — L'affirmation du procès-verbal d'un garde champêtre est une formalité substantielle, dont l'omission emporte nullité ; dans ce cas, et à défaut d'autres preuves contre le prévenu, il doit être renvoyé de la plainte (Cass. 10 déc. 1834, S. 25-1-223).

2. FOI DUE AUX PROCÈS-VERBAUX. — Les procès-verbaux, revêtus de toutes les formalités prescrites par les art. 165 et 170 C. for., font preuve jusqu'à inscription de faux, quelles que soient les condamnations auxquelles les délits et contraventions constatés peuvent donner lieu (176 C. for.). Aucune preuve contraire ne serait admise contre les énoncia-tions du procès-verbal concernant la présence des gardes à l'opération (Cass. 10 avr. 1810), celle du prévenu qu'ils auront déclaré avoir surpris (Cass. 23 mai 1806), l'identité des bois trouvés dans la demeure du prévenu, avec ceux coupés en délit dans la forêt (Cass. 24 oct. et 20 nov. 1806), et même les aveux du prévenu consignés au procès-verbal (Cass. 20 juin 1806, 23 oct. 1811, 20 juill. 1815).

Mais les procès-verbaux ne font foi que des *faits matériels*, c'est-à-dire de ceux dont les gardes ont pu juger par leurs propres sens, et des faits matériels *relatifs au délit* (Coin-Delisle *Comment. sur le C. for.* art. 176).

Si le procès-verbal ne contenait que l'expression de l'opinion du garde, comme il est simple rapporteur du fait et qu'il n'en est pas juge, que son opinion ou sa conviction est un fait moral et non matériel, la preuve contraire serait admise (*V.* Cass. 30 juill. 1825, S. 25-1-365).

3. TIMBRE ET ENREGISTREMENT. — Les procès-verbaux de contravention rédigés par les gardes champêtres doivent être enregistrés et visés pour timbre en débet, alors même que le garde agirait sur la réquisition d'un particulier, du moment que le plaignant ne se porte pas partie civile.

V. *Acte judiciaire.*

Partie civile. — Que si le particulier se portait partie civile. — V. *Acte judiciaire.*

Communes et établissements publics. — Lorsque les maires et autres fonctionnaires poursuivent seuls et d'*office*, et dans l'intérêt de la commune, on avait pensé que celle-ci était censée *partie civile*, et devait faire l'avance des droits (100 n° 2 I. G.) ; mais il a été statué que la formalité devait être donnée *en débet*, les communes et les établissements publics, dans la poursuite des délits qui intéressent leurs propriétés, étant considérés comme parties civiles, et, néanmoins, dispensés de consigner le montant des droits et des frais. Ces frais sont acquittés, à titre d'avance, sur les caisses de l'Administration. (Ord. 22 mai 1816, 726 I. G., Déc. 31 janv. et 29 août 1821, 1001 I. G.).

4. DÉLAI. — Les gardes champêtres ont quatre jours pour faire enregistrer leurs procès-verbaux. — *V.* 5999.

5. BUREAU. — Les gardes champêtres peuvent faire enregistrer leurs procès-verbaux au bureau le plus voisin de leur résidence, lors même que le bureau ne serait pas situé dans leur arrondissement (D. m. f. 28 nov. 1809, 27 août 1823, 18 juill. 1828, 458 1030 et 1090 I. G.).

9085. Contravention au timbre. — Quotité de l'amende. — On a vu, au n° 9082, que les gardes champêtres sont des officiers de l'ordre judiciaire ; dès lors, et en principe, les procès-verbaux et autres actes qu'ils ne rédigeraient pas sur papier timbré donneraient ouverture à l'amende de 100 francs (20 fr.) déterminée par l'art. 26 n° 5 L. 13 brumaire an 7. Mais, par une faveur spéciale, ils ont la faculté de ne faire viser leurs actes pour timbre qu'en les soumettant à l'enregistrement.

V. *Acte judiciaire.*

GARDE FORESTIER.

9086. Définition. — C'est celui qui est chargé de veiller à la conservation des forêts, et de constater, par des procès-verbaux, tous les délits qui peuvent y porter atteinte.

9087. Police judiciaire. — Les gardes forestiers exercent la police judiciaire au même titre que les gardes champêtres. — *V.* 9082, 9083.

9088. Procès-verbal. — Les agents (gardes généraux et inspecteurs) et les *gardes forestiers* recherchent et constatent par procès-verbaux les délits et contraventions, savoir : les agents dans toute l'étendue du territoire pour lequel ils sont commissionnés ; et les gardes, dans *l'arrondissement du tribunal* près duquel ils sont assermentés (160 C. for.). Ces procès-verbaux doivent être dressés jour par jour (Ord. 1er août 1817).

1. RÉDACTION ET AFFIRMATION. — Les gardes écrivent eux-mêmes leurs procès-verbaux ; ils les signent et les affirment, au plus tard, le lendemain de la clôture desdits procès-verbaux pardevant le juge de paix du canton ou l'un de ses suppléants, ou pardevant le maire ou l'adjoint, soit de la commune de leur résidence, soit de celle où le délit a été commis ou constaté ; le tout sous peine de nullité. Toutefois, si, par suite d'un empêchement quelconque, le procès-verbal est seulement signé par le garde, mais non écrit en entier de sa main, l'officier public qui en reçoit l'affirmation doit lui en donner préalablement lecture, et faire ensuite mention de cette formalité ; le tout sous peine de nullité du procès-verbal (165 *Id.*). — Les procès-verbaux que les agents forestiers et les gardes généraux dressent soit isolément, soit avec le concours d'un garde, ne sont point soumis à l'affirmation (166 *Id.*).

2. DÉLAI. — Les gardes forestiers ont quatre jours pour faire enregistrer leurs procès-verbaux. — *V.* 5999.

3. TIMBRE. — ENREGISTREMENT. — Les procès-verbaux de contravention rédigés par les gardes forestiers et tous autres agents des forêts, lorsque les délits et contraventions intéressent *l'État, le domaine de la couronne ou les communes et les établissements publics*, et qu'il n'y a pas de partie poursuivante, doivent être visés pour timbre et enregistrés en débet (44, 58, 1030 no 2 I. G., art. 80, 87 et 170 C. for., Sol. 28 oct. 1828, 1265 § 6 I. G., D. m. f. 13 oct. 1829, 1409 I. G., D. m. f. 5 germ. an 13, 1979 J. E., Déc. 8 mai 1810).

Particulier. — *Partie civile.* — Il en serait ainsi alors même que le garde agirait sur la réquisition d'un particulier, du moment que le plaignant ne se porterait pas partie civile. — V. *Acte judiciaire.*

Communes et établissements publics. — Lorsque les maires ou autres fonctionnaires poursuivent seuls et d'office, et dans l'intérêt de la commune, on avait pensé que celle-ci était censée partie civile, et devait faire l'avance des droits (400 no 2 I. G.) ; mais il a été statué que la formalité devait être donnée en débet, les communes et les établissements publics, dans la poursuite des délits qui intéressent leurs propriétés, étant considérés comme parties civiles, et, néanmoins, dispensés de consigner le montant des droits et des frais. Ces frais sont acquittés, à titre d'avance, sur les caisses de l'Administration (Ord. 22 mai 1816, 726 I. G., Déc. 31 janv. et 29 août 1821, 1001 I. G.).

4. BUREAU. — Les gardes forestiers peuvent faire enregistrer leurs procès-verbaux au bureau le plus voisin de leur résidence, lors même que le bureau ne serait pas situé dans leur arrondissement (D. m. f. 28 nov. 1809, 23 août 1823, 18 juill. 1828, 458, 1050 et 1090 I. G.).

9089. Contravention au timbre. — **Quotité de l'amende.** — Les gardes forestiers sont, comme les gardes champêtres (*V.* 9082), des officiers de police judiciaire ; dès lors, les procès-verbaux et autres actes qu'ils ne rédigeraient pas sur papier timbré donneraient ouverture à l'amende de 100 francs (20 fr.) déterminée par l'art. 26 no 5 L. 13 brumaire an 7. — Mais ils ont la faculté de ne faire viser les actes pour timbre qu'en les soumettant à l'enregistrement.

9090. Signification. — 1. ENREGISTREMENT. — Les actes de poursuite ayant pour objet le recouvrement, soit d'amendes et de frais dus à l'État, soit de restitutions et dommages-intérêts prononcés au profit des communes et des établissements publics, pour délits commis dans leurs bois, doivent être enregistrés au droit de 1 fr. 50 cent. (*en débet*), lorsque les sommes à recouvrer s'élèvent *au-dessus* de 100 francs ; mais les significations des jugements *par défaut*, en matière forestière, doivent être *toujours et sans distinction*, soumis à la formalité *en débet*. On ne peut voir, en effet, dans ces significations des actes de poursuites ayant pour objet le recouvrement des sommes dues à l'État, mais des actes de procédure indispensables pour faire acquérir aux condamnations la force de la chose jugée. C'est seulement lorsque les condamnations sont devenues définitives que les poursuites pour le recouvrement des amendes et frais dus à l'État peuvent avoir lieu (Sol. 13 mars 1832, 10288 J. E., 1401 § 6 I. G.). Les significations peuvent d'ailleurs être visées pour timbre en débet (D. m. f. 4 oct. 1828, 9130 ; — *Contrà* 9074 J. E.).

1. ACTE A LA SUITE. — Les gardes forestiers étant assimilés aux huissiers, en ce qui concerne leurs significations (173 C. for.), il leur est permis, comme à ces officiers ministériels, de les écrire à la suite de leurs procès-verbaux et autres actes dont ils délivrent copie (D. m. f. 25 nov. 1835, 11409 J. E., 1513 § 10 I. G.).

2. COPIES. — Ils doivent se servir pour leurs copies d'un papier spécial. — V. *Copie.*

9091. Garde particulier. — Le code d'instruction criminelle ne distingue pas entre les gardes nommés par les communes, et ceux nommés par des particuliers. Les uns comme les autres exercent des fonctions de police judiciaire, les premiers sur le territoire qui leur est assigné, les seconds sur les propriétés de ceux qui les ont nommés. Mais, au point de vue de la perception des droits, une différence notable doit avoir lieu. Les gardes des communes, exerçant dans un intérêt général, ont le droit de réclamer le bénéfice de la formalité en débet pour leurs actes, tandis que les gardes particuliers, étant les mandataires d'une partie civile, doivent payer les droits au comptant. — V. *Acte judiciaire.*

9092. Nomination. — Il résulte de là que les actes, quelle que soit leur forme, par lesquels les particuliers nomment ou proposent à l'autorité des individus pour qu'elle les agrée en qualité de gardes champêtres de leurs propriétés, constituent des actes sous seing privé contenant mandat ou pouvoir, passibles du droit de 3 francs, et que ces actes sont de la nature de ceux sur lesquels l'autorité administrative ne peut, d'après l'art. 47 L. 22 frimaire an 7, prendre d'arrêté sans qu'au préalable ils n'aient été soumis à l'enregistrement ; dans le cas où les arrêtés sont pris sans que lesdits actes aient été enregistrés, les droits exigibles doivent être réclamés contre les secrétaires des sous-préfectures, sauf leur recours contre qui de droit (D. m. f. 2 sept. 1830, 1347 § 7 I. G.).

1. PLURALITÉ. — Il est dû autant de droits de 3 francs que la commission ou mandat émane de propriétaires différents et ayant des intérêts distincts (*Idem*).

2. ARRÊTÉ ADMINISTRATIF. — Mais, ainsi qu'on l'a vu au mot *Acte administratif*, l'arrêté administratif qui nomme la garde particulier se trouve exempt de l'enregistrement, comme acte de l'autorité publique. Quant à l'expédition de cet arrêté, elle doit être délivrée sur timbre. — V. *Acte administratif.*

9093. Procès-verbal. — Quant aux procès-verbaux que rédigent les gardes particuliers, ils sont assujettis aux mêmes formalités que ceux des gardes champêtres ou forestiers, sauf qu'ils doivent être rédigés sur timbre et que l'enregistrement doit avoir lieu au comptant.

GARDE DE COMMERCE.

9094. Définition. — On donnait ce nom à des fonctionnaires établis à Paris, pour exécuter dans cette ville et dans tout le département de la Seine les jugements prononçant la contrainte par corps, tant en matière civile qu'en matière commerciale.

Comme officiers ministériels, ils étaient assujettis à des formalités et à une responsabilité qui étaient déterminées par un Déc. 14 mars 1808, rendu pour leur organisation.

Ces fonctionnaires ont cessé d'exister depuis l'abrogation de la loi sur la contrainte par corps en matière civile et commerciale. Nous rappelons cependant les règles principales auxquelles ils étaient soumis pour le timbre et l'enregistrement.

9095. Vérificateur. — L'art. 3 Déc. 14 mars 1808 portait que le ministre de la justice nommerait un vérificateur qui serait attaché au *bureau des gardes du commerce*. Les pièces et titres devaient lui être remis avant de procéder à l'arrestation, et il en donnait récépissé (art. 9 *Idem*).

Le vérificateur visait les originaux des significations qui étaient faites au bureau ; il certifiait qu'il n'existait aucun empêchement à l'arrestation ; il tenait deux registres cotés et paraphés pour la mention des titres et des oppositions, etc. (art. 10, 11, 12 *Idem*).

1. ENREGISTREMENT. — Les *certificats* du vérificateur, pour constater qu'il n'y a point d'empêchement à l'exercice de la contrainte par corps, étaient sujets au droit d'enregistrement de 2 francs (6488 J. E.).

9096. Actes des gardes du commerce. — Les gardes du commerce étaient assimilés aux huissiers. Ils étaient tenus, comme les huissiers, de mentionner au pied de leurs actes, et avant de les présenter à l'enregistrement, s'ils avaient remis au créancier les sommes par eux reçues, et de mentionner également cette remise sur leurs répertoires. — Ces actes devaient recevoir la formalité de l'enregistrement, soit au bureau dans l'arrondissement duquel se trouvait leur établissement, qui était leur domicile légal, soit à celui du domicile des personnes auxquelles les actes étaient signifiés (D. m. f. 17 janv. 1809, 3195 J. E.).

GARDE DU GÉNIE.

9097. Définition. — On appelle gardes *du génie ou des fortifications* ceux qui sont préposés à la garde des fortifications, avec le pouvoir de constater les contraventions par des procès-verbaux qui font foi jusqu'à inscription de faux (L. 10 juill. 1791, 29 mars 1806, 17 juill. 1819, Ord. 1ᵉʳ août 1821).

9098. Procès-verbal. — Un décret du 10 août 1853 (29 R. P.), sur le classement des places de guerre et des ponts militaires, et sur les servitudes imposées à la propriété autour des fortifications, contient les dispositions suivantes :

« Les gardes du génie dûment assermentés recherchent les contraventions et les constatent aussitôt qu'elles sont reconnues. A cet effet, ils dressent des procès-verbaux qui font foi jusqu'à inscription de faux, conformément à la loi du 29 mars 1806. Ces procès-verbaux doivent être affirmés dans les vingt-quatre heures devant le juge de paix ou le maire du lieu où la contravention a été commise. Ils sont *visés pour timbre et enregistrés en débet* dans les *quatre jours* de leur date.

« Les droits de timbre et d'enregistrement en *débet* sont payés par le contrevenant après le jugement définitif de condamnation. La rentrée de ces droits est suivie par les *agents de l'enregistrement.* »

Un autre décret du 16 août 1853 (28 R. P.), sur la délimitation de la zône frontière, l'organisation et les attributions d'une commission mixte des travaux publics porte (chap. 8 art. 31), que les gardes du génie dûment assermentés dressent des procès-verbaux de contravention qui font foi jusqu'à inscription de faux, et qui doivent être affirmés dans les vingt-quatre heures. Ces procès-verbaux sont visés pour timbre et enregistrés dans les quatre jours de leur date (2007 I. G.).

9099. Acte écrit à la suite d'un autre. — Les gardes du génie peuvent expédier à la suite l'un de l'autre, un procès-verbal de contravention et sa notification. — *V.* 607-8.

9100. Notification. — La notification des procès-verbaux des gardes du génie et la signification des jugements rendus sur ces procès-verbaux se visent pour timbre et s'enregistrent en débet. — *V.* 812.

Les notifications faites par les gardes du génie et les actes de procédure relatifs aux servitudes imposées pour la défense de l'État doivent être visés pour timbre et enregistré *gratis.* — *V.* 831 et 839.

GARDE NATIONALE.

9101. Garde nationale. — Corps armé autrefois pour maintenir l'obéissance aux lois, conserver ou rétablir l'ordre et la paix publique, seconder l'armée de ligne dans la défense des frontières et des côtes, assurer l'indépendance de la France et l'intégrité de son territoire (L. 22 mars 1831, art. 1er).

Cette institution a disparu à la suite de la guerre d'Allemagne de 1870 et des émeutes qui l'ont suivie.

Nous rappelons cependant les décisions principales auxquelles elle avait donné lieu en matière de timbre et d'enregistrement.

9102. Acte de poursuite. — Les actes de poursuites devant le conseil de discipline de la garde nationale, les jugements rendus par les conseils, les recours, arrêts, en cette matière, et autres actes, étaient enregistrables gratis et dispensés du timbre (art. 121 L. 22 mars 1831, 9960 J. E., 1357 I. G., Sol. 2 juill. 1832, 10364 J. E.). — *V.* 840 et 891.

L'enregistrement de ces actes n'était pas, d'ailleurs, prescrit à peine de nullité (Cass. 18 mai 1832).

9103. Actes en défense. — Cette exemption s'appliquait également aux actes de procédure en défense (D. m. f.

5 janv. 1832, 7602 J. N., 10209 J. E., 1422 § 1er I. G., Dél. 20 déc. 1831, 7602 J. N.).

Ainsi, il a été reconnu (Sol. 2 juill. 1832, 10634 J. E.) que l'exemption était applicable à la signification faite à la requête d'un ou plusieurs gardes nationaux pour protester contre l'organisation de la garde nationale de leur commune.

9104. Exécution des jugements. — Les jugements pouvaient être mis à exécution même avant d'avoir reçu la formalité de l'enregistrement (Lettre du garde des sceaux du 19 janv. 1833, 10661 J. E.).

9105. Mandat. — Le pouvoir donné pour défendre devant le conseil de discipline était soumis au droit de timbre et d'enregistrement (1442 I. G.). — *V.* 11153.

9106. Marché. — On avait décidé que le marché passé entre le maire d'une commune et un tailleur pour la confection de tuniques destinées au corps de musique de la garde nationale était exempt de timbre et devait être enregistré gratis, en exécution du Décret du 4 mars 1848 (14786-3 J. E., 1802 § 3 I. G.).

Mais il avait été reconnu que l'exemption accordée par le décret du 24 mars 1848 était spéciale à la ville de Paris et constituait d'ailleurs une disposition transitoire sans application possible ultérieurement; que, dès lors, les marchés passés pour l'équipement des gardes nationaux étaient assujettis au timbre et à l'enregistrement (D. m. f. 6 nov. 1862, 1769 R. P., 2241 § 2 I. G.).

9107. Remplacement militaire. — Les actes de remplacement pour le service de la garde nationale appelée à la défense des côtes n'ont dû être soumis qu'au droit fixe de 1 franc (D. m. f. 19 déc. 1809).

9108. Bureaux. — Les actes et jugements pouvaient être indistinctement présentés pour leur enregistrement, soit au bureau du canton de la situation de la commune où siégeait le conseil de discipline, soit au bureau des cantons voisins les plus rapprochés du domicile des rapporteurs et secrétaires près ces conseils (D. m. f. 14 nov. 1832, 10490 J. E., 1422 § 1er I. G.). — *V.* 768-2.

9109. Amendes. — Les receveurs poursuivaient le recouvrement des amendes prononcées par les conseils de discipline de la garde nationale, d'après les extraits des jugements qui leur étaient remis par le secrétaire du conseil. Ces amendes étaient assimilées aux amendes de simple police. (D. m. i. 6 juill. 1831, 1372 I. G.). — Les actes de poursuites ayant pour objet le recouvrement des amendes prononcées par les conseils de discipline de la garde nationale devaient être enregistrés gratis. — *V.* 891.

9110. Lettres de voiture. — Les lettres de voiture

pour transport d'armes de la garde nationale étaient exemptes de timbre par application de la D. m. f. 18 fructidor an 8 (326 § 3 I. G.), qui a exempté du timbre les lettres de voiture pour transport d'effets militaires (D. m. f. 16 déc. 1840, 12688 J. E.).

9111. Timbre. — L'exemption du timbre, prononcée par l'art. 16 L. 13 brumaire an 7 pour les pièces et écritures concernant les gens de guerre, était applicable aux pièces de dépense de la garde nationale désignées par l'art. 81 L. 22 mars 1831 et à celles de la garde municipale (D. m. f. 14 sept. 1832, 10431 J. E., 1422 § 16 I. G.).

9112. Médecin. — Serment. — La prestation de serment d'un médecin qui devait exercer des fonctions gratuites auprès d'un conseil de recensement de la garde nationale devait être enregistrée gratis (Sol. 5 déc. 1831, 10205 J. E.).

9113. Amende de consignation. — Le recours en cassation contre les jugements des conseils de discipline de la garde nationale n'était assujetti qu'au quart de l'amende établie par les lois des 2 brumaire an 4 et 14 brumaire an 5 (L. 22 mars 1831, art. 120, 1357 I. G.). — Un arrêt de cass. du 11 novembre 1836 a jugé qu'en matière de garde nationale, comme en matière correctionnelle, la partie qui se pourvoit contre un jugement par défaut, sur débouté d'opposition, lequel a le caractère de jugement contradictoire, est tenue de consigner l'amende entière, sous peine de déchéance.

1. BUREAU. — Pour connaître le bureau où devait se faire cette consignation, V. 5069.

GARDE-PÊCHE.

9114. Définition. — Chargé de la garde de la pêche dans les fleuves et rivières, etc.

9115. Deux sortes de gardes-pêche. — Les gardes-pêche sont de deux sortes : les uns sont nommés par l'administration de la même manière que les gardes forestiers de l'État ; les autres sont établis par les fermiers de la pêche, à charge d'obtenir l'approbation du conservateur des forêts (L. 14 flor. an 10, art. 17).

9116. Procès-verbaux. — Les premiers, comme préposés de l'administration doivent constater par des procès-verbaux toutes les contraventions commises dans l'étendue de leur cantonnement, et, à ce titre, leurs procès-verbaux sont soumis aux mêmes formes que ceux des gardes forestiers proprement dits, ils font preuve des délits qu'ils constatent. —

T. III.

Les gardes-pêche nommés par les fermiers de la pêche verbalisent contre toute personne qui, sans en avoir le droit, pêche dans leur cantonnement autrement qu'à la ligne flottante.

1. TIMBRE ET ENREGISTREMENT. — Les procès-verbaux des gardes-pêche des fermiers de la pêche comme ceux des gardes-pêche de l'État étant assimilés aux procès-verbaux des gardes forestiers, sont sujets aux mêmes règles en ce qui concerne le timbre et l'enregistrement (63 I. G.).

GARDE-PORT.

9117. Définition. — On donne ce nom à des agents nommés et commissionnés par le directeur général des ponts et chaussées, *mais payés par le commerce*, et qui sont chargés de veiller sur les ports à la conservation des denrées et marchandises (Édit. d'avr. 1704).

9118. Lettres de voiture. — Les gardes-ports et les *jurés-compteurs* qui sont également établis dans les port peuvent constater les contraventions à la loi du timbre, relativement aux *lettres de voiture* qui leur sont présentées, et, dans ce cas, ils ont droit à la moitié des amendes (D. m. f. 14 fév. 1817, 6822 J. E.).

9119. Registre. — Une D. m. f. 4 et 17 janvier 1823 (7399 J. E.) avait reconnu que les registres des gardes-ports pouvant être produits en justice devaient être assujettis au timbre. Mais une seconde décision du 21 juin 1825 (8088 J. E.) ayant déclaré que le droit de timbre n'étant que celui dû pour les livres de commerce, ce qui est rationnel, puisque les gardes-ports ne sont que des agents commerciaux, il en résulte que ces registres sont aujourd'hui exempts de timbre, par application de l'art. 4 L. 20 juillet 1837 qui a exempté du timbre les livres de commerce.

GARDE-VENTE OU FACTEUR.

9120. Définition. — C'est le préposé que l'adjudicataire d'une coupe de bois établit pour l'exploitation et la vente des bois qu'il a achetés (31 et 44 C. for.).

9121. Procès-verbal. — Les procès-verbaux d'un garde-vente ou facteur ne font foi que jusqu'à preuve contraire (*Ibid.*). Ils doivent être remis à l'agent forestier dans les cinq jours, faute de quoi l'adjudicataire demeure responsable du délit (45 C. for.).

1. ENREGISTREMENT. — Les procès-verbaux des gardes-vente étant, aux termes de l'art. 31 C. for., assujettis aux

48

mêmes formalités que ceux des gardes forestiers, il s'ensuit que les règles qui régissent les procès-verbaux de ces derniers agents leur sont également applicables.

9122. Registre. — Le facteur ou garde-vente de l'adjudicataire doit tenir un registre sur papier timbré, coté et paraphé par l'agent forestier ; il y inscrira jour par jour et sans lacune la mesure et la quantité des bois qu'il aura débités et vendus, ainsi que le nom des personnes auxquelles il les aura livrés (Ord. 1er août 1827, Sol. 11 fév. 1830, 12644 J. E.).

9123. Commission. — La nomination des gardes-vente est passible du droit de 3 francs, bien que leur mission ne soit que temporaire. — V. 9091.

GARDIEN.

9124. Définition. — En législation, on donne ce nom à celui qui est préposé, au nom de la justice, à la garde d'objets saisis, séquestrés, mis sous les scellés, ou enfin de toute autre manière, pour être représentés à qui de droit.

9125. Obligation du gardien. — L'huissier est responsable du gardien qu'il a établi (C. Paris 20 août 1825, 9051 J. E.).
La principale obligation des gardiens est de représenter les effets saisis, soit pour être vendus, soit pour être rendus au saisi en cas de mainlevée de la saisie. Cependant il n'en est tenu qu'envers le saisissant qui l'a établi. Si cependant il a été présenté par le saisi, il en est tenu envers l'un et l'autre (Pothier *Contr. de dép.* no 92).
Le gardien ne peut se servir des choses saisies, les louer ou prêter, à peine de privation des frais de garde et de dommages-intérêts. Si les objets saisis ont produit quelques profits ou revenus, il est tenu d'en compter. Il peut demander sa décharge si la vente n'a pas été faite au jour indiqué par le procès-verbal, sauf au saisissant à faire nommer un autre gardien (603, 604, 605 C. proc.).
Le procès-verbal est signé par le gardien sur l'original et la copie ; s'il ne sait signer, il en est fait mention, et il lui est laissé copie du procès-verbal (599 Id.).

9126. De ceux qu'on ne peut établir gardiens. — On ne peut établir gardiens le *saisissant*, son conjoint, ses parents et alliés jusqu'au degré de cousin issu de germain inclusivement, et ses domestiques ; mais le *saisi*, son conjoint, ses parents, alliés et domestiques, peuvent être établis gardiens, de leur consentement et de celui du saisissant (598 Id.).

9127. Enregistrement. — Pour toutes les questions qui se rattachent à la perception des droits auxquels peut

donner naissance l'établissement des gardiens dans les procès-verbaux de saisie-exécution, V. 8648.

9128. Décharge. — La décharge au gardien contenue dans un inventaire ou à la suite d'une saisie-exécution ou d'une levée de scellés donne ouverture au droit de décharge. — V. 5824.

GARNISAIRE.

9129. Définition. — On appelle ainsi l'homme qui est établi chez un redevable en retard d'acquitter ses contributions directes, pour le contraindre, par la crainte des frais considérables que cette mesure lui occasionne, à payer ce qu'il doit.

1. EXEMPTION. — Les procès-verbaux d'établissement de garnisaires sont exempts de tout droit. — V. 862.

2. COPIE. — Ils doivent, pour la rédaction des copies de leurs actes, se servir du papier spécial.
V. *Acte judiciaire.*

GENDARME. — GENDARMERIE.

9130. Définition. — La gendarmerie est une force instituée pour veiller à la sûreté publique et assurer, dans toute l'étendue de la France, dans les camps et dans les armées, le maintien de l'ordre et l'exécution des lois (Loi 28 germ. an 6, Ord. 29 oct. 1820).

9131. Procès-verbal. — Les brigades de gendarmerie dressent des procès-verbaux des déclarations faites par les habitants voisins, et en état de fournir des indices, preuves et renseignements sur les auteurs des crimes et délits, et sur leurs complices. Ils en dressent également au sujet des incendies, effractions, assassinats et de tous les crimes qui laissent des traces après eux, et ils en dressent encore de toutes les contraventions qu'ils constatent, en matière de grande voirie, etc. (Déc. 28 sept. 1791, 28 germ. an 6, art. 125, art. 471 C. pén.).
D'après les art. 308, 491, 492 d'un décret en date du 1er mars 1854 (2048 I. G.), sur le service de la gendarmerie, les formalités sont données :

1° *Au comptant.* — Lorsque les procès-verbaux constatent des saisies en matière de postes, de douanes ou de contributions indirectes, les droits de timbre et d'enregistrement seront payés, soit par les préposés de ces administrations, soit par les gendarmes qui requerront les formalités (386 § 26 1195, 1237 et 1620 I. G.);

2° *En débet.* — S'il s'agit de délits ou de contraventions dont la poursuite et la répression intéressent l'État, les communes et les établissements publics (290 § 61, 400 § 2, 415 § 1er, 613, 726, 768, 1494, 1896 et 1973 I. G.).

Il en est de même des procès-verbaux contenant description d'objets mobiliers après mort violente (72 I. G.).

3° *Gratis.* — Les formalités sont données gratis dans le cas prévu part l'art. 70 § 2 n° 3 et § 3 n° 9 L. 22 frimaire an 7, où les procès-verbaux concernent la police générale de sûreté ou de vindicte publique. — V. *Acte judiciaire.*

9132. Bureau. — Les mêmes art. 308 et 491 du décret indiquent les bureaux où le visa pour timbre et l'enregistrement peuvent être requis; à cet égard, les préposés continueront de se conformer à la disposition finale de l'I. G. 1313, fondée tant sur la décision ministérielle du 2 avril 1830, qu'a transmise cette instruction, que sur la règle générale établie par l'art. 26 L. 22 frimaire an 7.

Lorsque, conformément au décret du 1er décembre 1854, les gendarmes ont transmis leurs procès-verbaux au ministère public, parce qu'il n'existe pas de bureau de la leur résidence, ils ont satisfait aux règlements et on ne peut leur faire l'application d'aucune disposition pénale si ces procès-verbaux n'ont pas été enregistrés dans les délais voulus (D. m. j. et f. 1er oct. et 4 nov. 1856, 789 R. P., 2088-3 I. G.).

Cette dernière disposition doit être entendue en ce sens que l'enregistrement peut être requis, dans le cas spécial qu'elle prévoit, au bureau de l'enregistrement du lieu où résident les représentants du ministère public compétents pour donner suite aux procès-verbaux; mais elle n'autorise pas à requérir la formalité dans un autre bureau, par exemple au bureau de la résidence des officiers de gendarmerie auxquels les procès-verbaux auraient été transmis par les agents rédacteurs, en vertu d'instructions de l'autorité militaire (D. m. f. 10 déc. 1869, 2400-3 I. G., 3363 R. P.).

9133. Délai. — 1. ROULAGE. — Enfin l'art. 493, modifié, du décret du 1er mars 1854, porte que les procès-verbaux de contravention à la police du roulage doivent être visés pour timbre et enregistrés dans les trois jours de leur date ou de leur affirmation. C'est ce qui a été prescrit par l'art. 19 L. 30 mai 1851 (1896 I. G.).

2. CONTRAVENTIONS DE DIVERSES NATURES. — Quant aux procès-verbaux de la gendarmerie constatant des infractions autres que celles relatives à la police du roulage et à la grande voirie, ils restent assujettis à l'enregistrement dans le délai fixé par l'art. 20 L. 22 frimaire an 7. — V. *Acte judiciaire, Bureau, Délai, Procès-verbal.*

GLACES.

9134. — Les glaces sont immeubles par destination, bien que le parquet sur lequel elles sont attachées ne fasse pas corps avec la boiserie, du moment que l'intention bien évidente du propriétaire a été de les fixer à perpétuelle demeure. Dès lors, quand elles sont vendues avec la maison dans laquelle elles se trouvent, le droit de 5 fr. 50 cent. pour 100 est exigible, encore bien qu'elles aient été évaluées distinctement et qu'un prix particulier leur ait été affecté. — V. *Succession* et *Vente.*

GLANDÉE.

9135. — Ce mot, qui signifie la récolte du gland, se dit le plus souvent du droit d'introduire des porcs dans les bois pour la paisson des glands, faînes et autres fruits tombés des arbres.

La glandée s'exerce par les propriétaires des bois, par les adjudicataires, de ce droit et par les usagers (Denisart v° *Glandée* § 4 n° 2). En général, on ne peut admettre dans les bois du domaine public d'autres porcs que ceux des usagers et des adjudicataires de glandée (Ord. janv. 1329, Règl. 23 mars 1601, C. for. 54, 56 et 77). — Il n'est point permis à chacun de ramasser les glands, les faînes dans les bois, lors même qu'il n'a pas été mis d'animaux pour les manger, parce que ces fruits servent à recruter les bois.

Quoique les glands et les faînes offrent le double avantage de nourrir les bestiaux et de repeupler les forêts, l'Ordonnance de 1669, et le code forestier, ont, dans l'intérêt de la conservation des forêts, apporté des restrictions plus ou moins étendues dans le droit de disposer de la glandée. — Ainsi l'adjudication n'en est permise que quand cette glandée est assez abondante pour compenser le dommage que cause l'introduction des porcs dans les bois. Le conservateur forestier fait reconnaître chaque année, par les agents locaux, les cantons de bois et forêts où des adjudications de glandée, panage et paisson peuvent avoir lieu, et il autorise ces adjudications (Ord for. 1er août 1827, art. 100).

Les contraventions aux règlements sur la glandée sont constatées par des procès-verbaux des agents forestiers.

GRACE.

9136. — C'est un acte émané du souverain au profit d'un condamné, et qui empêche ou modifie l'exécution d'un jugement.

9137. Amendes de contravention. — D'après l'art. 59 L. 22 frimaire an 7, il est défendu à toute autorité publique de faire remise des peines encourues relativement à l'enregistrement. Mais cela ne peut s'appliquer au souverain à qui appartient toujours le droit de faire grâce.

L'art. 10 L. 16 juin 1824, ayant réduit toutes les amendes de contravention prononcées par la loi du 22 frimaire an 7, il avait été déclaré dans l'I. G. 1136 qu'au moyen de ces réductions, toute réclamation auprès du ministre ou de l'Administration, pour obtenir une modération des amendes encourues, serait désormais inutile et sans objet, puisque la loi elle-même a prononcé d'avance cette modération. Ces dispositions avaient été maintenues par les ministres des finances et de la justice (Déc. 23 nov. 1833, 1441 I. G., 6285 J. N.).

Mais une règle aussi absolue devait tomber et est, en effet, tombée en désuétude. Il y a telles circonstances où la loi ne peut être appliquée, où l'on doit du moins adoucir ce qu'elle aurait de trop rigoureux ; aussi le Gouvernement a maintenu son droit de faire grâce, en se réservant l'appréciation de la contravention, appréciation que la loi et la jurisprudence ont refusée aux tribunaux. — V. *Contravention* et *Amnistie.*

GRAND-LIVRE DE LA DETTE PUBLIQUE.

9138. — Livre dans lequel sont inscrits, par ordre alphabétique, les noms des créanciers, les créances composant la dette publique. — **V. Rentes.**

GRATIS.

9139. Gratis. — Les lois sur l'enregistrement et le timbre ont prévu différents cas où cette double formalité doit être donnée *gratis.* Nous les avons fait connaître çà et là dans le cours de notre ouvrage, à mesure que nous avons eu à traiter des questions auxquelles pouvait s'appliquer le bénéfice de la loi. Nous n'avons rien à ajouter ici.

GREFFE. — GREFFIER.

DIVISION

SOMMAIRE

TITRE PREMIER. — DISPOSITIONS GÉNÉRALES

[9140-9162]

9140. Observation. — Il existe naturellement entre le greffe et le greffier des relations telles que nous ne pouvions parler de l'un sans nous occuper de l'autre; aussi avons-nous cru devoir ne pas les séparer dans l'article que nous avons à leur consacrer.

9141. Greffe. — Le *greffe* est un lieu public affecté à la conservation des minutes de jugements, registres et de tous les actes émanés de la justice, ainsi que des papiers qui s'y réfèrent : ce sont les archives ordinaires de tous les tribunaux.

9142. Greffier. — Le *greffier* est un fonctionnaire public établi près de chaque cour ou tribunal, et dont le principal emploi est d'écrire tous les actes du ministère des juges, d'en garder minute et d'en délivrer des expéditions.

9143. Aperçu historique. — *Greffier* vient d'un mot grec qui signifie *scribe*, parce que, comme on vient de le voir, leurs principales fonctions consistent à écrire tous les actes du ministère des juges. Fort honorés chez les Grecs, qui ne conféraient leurs fonctions qu'à des personnes d'une pureté et d'une capacité reconnues, les greffiers tombèrent dans l'avilissement à Rome. Afin que les jugements et les contrats ne coûtassent rien au public, les Romains chargèrent les esclaves, appartenant au corps de chaque ville, de remplir les fonctions de greffier, qu'ils appelaient indistinctement *scribæ* ou *tabularii*. Cependant, vers la fin du quatrième siècle, les empereurs défendirent d'employer des esclaves pour ces fonctions, et les greffiers furent choisis parmi les citoyens libres, et dans le corps et compagnie des officiers ministériels attachés à la suite des présidents et gouverneurs des provinces.

En France, jusqu'à l'époque du règne de Louis XII, où les greffiers prirent leur véritable nom, ils furent successivement connus sous le nom de *greferii*, *registratores*, etc., puis sous celui de *notaires-clercs*, *notaires-greffiers*. Ils étaient à la fois notaires et greffiers.

Ils furent choisis d'abord par les juges ; mais Philippe le Bel, par ordonnance de 1302, se réserva et à ses successeurs le droit de les nommer. Une ordonnance de François Ier, de 1521, érigea en office les fonctions de greffier, ce qui fut définitivement confirmé par un édit rendu par Henri IV, le 5 janvier 1596.

A partir de cette époque, une juste considération s'attacha aux fonctions du greffier. Le greffier en chef était, d'après Denisart, un des officiers les plus distingués du Parlement. Il portait la fourrure comme les présidents de la cour, et cette fonction conférait la noblesse. Quant aux greffiers des tribunaux inférieurs, s'ils ne devenaient pas nobles, les nobles ne dérogeaient pas en acceptant ces fonctions.

Emporté par la tourmente révolutionnaire, les greffiers reconquirent leurs offices par l'art. 92 L. 29 ventôse an 8, et ils sont arrivés jusqu'à nos jours environnés de la juste considération due à leur position. « En effet, dit Dalloz vo *Greffe*, *Greffier* no 13, les attributions du greffier sont nombreuses et compliquées. Elles résultent d'une foule de lois dont la moindre inobservation les exposerait à des responsabilités fréquentes et ruineuses, s'ils n'en faisaient pas une étude attentive, et s'ils négligeaient de se tenir au courant des mouvements de la législation. Comme les notaires, ils doivent posséder une connaissance exacte de leur profession, et savoir traduire promptement, dans le langage clair et précis des affaires, les faits qui se passent sous leurs yeux. » — V. 9199, 9200.

9144. Personnel du greffe. — Le personnel d'un

greffe se compose de trois espèces d'employés : 1o du greffier en chef, seul responsable de la conservation du dépôt des actes, de la fidélité des expéditions ;—2o de commis assermentés qui, sous la direction et la responsabilité du greffier, exercent les mêmes fonctions ; — 3o de simples expéditionnaires, sans caractère légal et qui n'assistent jamais le juge.

1. COMMIS-GREFFIER. — Les greffiers doivent présenter et faire admettre au serment le nombre de commis-greffiers nécessaire pour le service du tribunal. Ils peuvent se faire remplacer par leurs commis assermentés, même aux assemblées des chambres et aux audiences solennelles, en cas d'empêchement (Déc. 6 juill. 1810, art. 55 et 57, Déc. 18 août 1810, art. 24 et 25).

2. COMMIS-GREFFIER TEMPORAIRE. — En cas d'empêchement du greffier en chef et de ses commis, leurs fonctions peuvent être provisoirement remplies par un citoyen admis au serment par la cour ou le tribunal (Bioche vo *Greffier*, no 106).

9145. Ouverture des greffes. — Les greffes des tribunaux de première instance et ceux des cours d'appel sont ouverts tous les jours, excepté les dimanches et fêtes, aux heures réglées par la cour et le tribunal, de manière cependant qu'ils soient ouverts huit heures par jour (Déc. 30 mars 1808, art. 90).

9146. Cumul d'emplois. — Un décret du 8 juin 1791 portait que la place de greffier d'un tribunal civil était incompatible avec celle du greffier d'un tribunal criminel ; mais ce décret a été abrogé. Un greffier peut être à la fois greffier d'un tribunal civil et d'un tribunal correctionnel, d'une justice de paix et d'un tribunal de simple police; car chacun sait que les tribunaux civils de première instance sont en même temps juges en matière correctionnelle, et que les juges de paix sont juges de simple police. D'un autre côté, le greffier d'une cour d'appel est en même temps greffier à la cour d'assises, et dans les chef-lieux de département où le tribunal de première instance est appelé à se constituer en cour d'assises, sous la présidence d'un membre de la cour d'appel du ressort, il n'y a qu'un seul greffier.

Mais, hors de là, les fonctions de greffier sont incompatibles avec celles d'avoué, d'avocat, de notaire, d'huissier (L. 27 vent. an 11, art. 7, Ord. 20 nov. 1822, art. 42), de secrétaire de mairie, de préfecture et de sous-préfecture (Déc. min. 19 déc. 1825), d'instituteur, de clerc de notaire, d'avoué et d'huissier (Déc. min. 28 mai 1824).

9147. Caractère du greffier. — Le greffier fait partie intégrante du tribunal (Déc. 30 mars 1808, art. 94); mais, s'il est membre du tribunal, il n'est pas magistrat dans l'acception du mot. Il ne juge pas, il ne porte pas la parole à l'audience ; il ne se livre à aucun acte d'instruction en matière civile et criminelle, il ne peut même pas recevoir un serment (Dalloz vo *Greffe*, *Greffier* no 36).

9148. Attributions du greffier. — Les principales fonctions du greffier consistent : 1° à assister les tribunaux et les membres des tribunaux à signer les jugements et les actes du juge, à conserver les archives des tribunaux (1040, C. proc., Déc. 30 mars 1808, art. 93. — V. 9158) ; — 2° à délivrer les expéditions des minutes et des actes judiciaires ; — 3° à présider à certains actes d'instruction et d'exécution ; — 4° à recevoir et à transmettre aux juges et aux parties les notifications qui les intéressent et à viser certains actes ; — 5° à tenir certains registres et à fournir certains états ou tableaux, ce qui exige des notions en comptabilité.

Ainsi l'emploi des greffiers comporte tout à la fois des fonctions de finance, et un office de judicature : fonction de finances, quand le greffier perçoit les droits dus à l'État, tels que ceux de mise au rôle des causes, d'expédition, etc. ; office de judicature, lorsque, en sa qualité de membre appartenant à l'ordre judiciaire et faisant partie du tribunal auquel il est attaché, il procède aux actes judiciaires dans l'ordre des attributions qui lui sont départies.

9149. Assistance et signature du greffier. — Excepté les cas de référé et d'urgence, tous actes et procès-verbaux du ministère du juge sont faits au lieu où siége le tribunal ; le juge y est toujours assisté du greffier, qui garde les minutes, les signe et délivre les expéditions après que les minutes ont été signées (art. 18, 30, 124, 138, 139, 1040 C. proc.). — L'omission de la signature du greffier n'emporterait pas la nullité des jugements (Dalloz *loc. cit.* n° 49).

À moins d'empêchement légitime, c'est le greffier en chef qui assiste aux audiences solennelles et aux assemblées générales (Déc. 30 mars 1808, art. 91). Il peut, aux autres audiences, se faire remplacer par son commis greffier.

9150. Garde des archives. — Les art. 1040 C. proc. et 93 Déc. 30 mars 1808 confient au greffier le soin de garder les archives du tribunal auquel il est attaché, c'est-à-dire les minutes des jugements, des ordonnances de référé, des exécutoires, etc., etc. — Il est, en outre, dépositaire de l'un des doubles des registres de l'état civil. — V. 671.

9151. Déplacement des minutes. — Aucune pièce des archives, minute ou annexe, ne doit être déplacée, en règle générale, et surtout en matière civile. « Le greffe, lit-on dans une instruction du ministre de la justice, en date du 17 thermidor an 7, est un dépôt sacré dont les minutes ne doivent jamais sortir que dans les cas où il serait indispensablement nécessaire de les exhiber, soit pour en faire la vérification, si elles étaient arguées de faux, soit pour les confronter avec des expéditions qui en auraient été délivrées, et qui seraient pareillement arguées de faux. En un mot, ce n'est que dans des circonstances semblables que les tribunaux sont autorisés à ordonner l'apport des minutes ; au contraire, lorsqu'il ne s'agit que de prononcer d'après des contestations relatives à ce que contiennent ces pièces, la partie intéressée doit être assujettie à en produire des expéditions en forme, et il n'est pas permis d'y substituer des minutes pour être lues à l'audience ou communiquées aux défenseurs

officieux. » Cette instruction a été invoquée de nouveau et développée dans la circulaire de la Régie n° 1974 et dans une instruction du directeur général du 3 septembre 1808.

9152. Dépôt. — 1. ACTES. — On a vu, au n° 6270, que le greffier doit rédiger acte de toutes les pièces déposées dans son greffe sur un registre dont la tenue est prescrite par un décret du 12 juillet 1808, et nous avons signalé, sous les n° 6243 et suiv., les différentes applications que cette disposition est susceptible de recevoir.

D'un autre côté, après avoir dit, sous le n° 6262, que le notaire n'est pas tenu de dresser acte de dépôt des pièces qui lui sont remises confidentiellement, nous avons fait observer que tant que le mot *confidentiel*, n'étant pas défini d'une manière bien nette, des difficultés naissent sans cesse sur la question de savoir quels sont les actes qui sont remis aux notaires à titre purement confidentiel, et ceux qui leur sont déposés comme officiers publics. Ces difficultés ne peuvent pas se présenter en matière de dépôt fait au greffe. Une décision du garde des sceaux, du 18 avril 1817, porte que tout acte, par cela seul qu'il existe au greffe, est censé reçu en dépôt, et l'amende est encourue s'il n'a pas été dressé acte de dépôt (Dalloz v° *Greffe* n° 53).

Mais cela ne s'entend que des actes que le greffier a le droit de recevoir en dépôt. A cet égard, il a été jugé que si les greffiers de justice de paix ont, comme toutes autres personnes, le droit de rédiger les actes sous seing privé pour des tiers, et s'ils peuvent être constitués dépositaires de ces actes, du moins ne peuvent-ils, sans commettre une faute professionnelle passible de peines disciplinaires, les ranger au nombre des minutes du greffe (Cass. 14 mars 1866, S. 66-1-143).

2. OBJETS MOBILIERS. — Les greffes sont également destinés à recevoir des dépôts d'objets mobiliers, tels que objets égarés ou confisqués, objets qui servent de pièces de comparaison ou de conviction, dessins et marques de fabrique, empreintes de marteau en matière forestière, empreintes de timbre, etc., etc. Mais il faut remarquer que les greffiers ne peuvent de leur chef, et sans y être autorisés, se rendre officiellement dépositaires de meubles qu'il plairait à des particuliers de leur apporter (Perrin *Suppl.* n° 19).

9153. Communication. — 1. GREFFE CIVIL. — Les archives des greffes civils sont publiques ; mais le droit des parties, *intéressées ou non*, ne va pas jusqu'à pouvoir prendre elles-mêmes, ou par leurs mandataires, communication des pièces et des minutes. Ce sont les greffiers ou leurs commis qui font les recherches requises par les parties : les avoués eux-mêmes ne seraient pas fondés à exiger le maniement de ces actes, sauf le cas où la loi veut qu'ils fassent certaines mentions sur les registres (163, 549, 658, 741 C. proc., Perrin n° 57, Dalloz *loc. cit.* n° 55). — V. 6207.

Quant au droit de communication qui appartient aux employés de l'enregistrement, nous en avons parlé au mot *Communication.*

La communication appartient d'ailleurs de droit aux membres du parquet et du tribunal (Perrin n° 56).

9154. Nombre de lignes dans les minutes et registres. — *Décret du 24 mai 1854.* — Un décret du 24 mai 1854 avait fixé dans les termes suivants le nombre de lignes que peuvent contenir les feuilles d'audience et les registres timbrés des greffes : « Art. 10. Les greffiers ne peuvent écrire sur les minutes ou feuilles d'audience et sur les registres timbrés plus de trente lignes à la page, et de quinze à vingt syllabes à la ligne, sur une feuille au timbre de 70 centimes ; — de quarante lignes à la page et de vingt à vingt-cinq syllabes à la ligne, lorsque la feuille est au timbre de 1 fr. 25 cent. ; — et de cinquante lignes à la page et de vingt-cinq à trente syllabes à la ligne, lorsque la feuille est au timbre de 1 fr. 50 cent.

« Toute contravention est constatée conformément à loi du 13 brumaire an 7 et punie de l'amende prononcée par l'art. 12 L. 16 juin 1824, sans préjudice des droits de timbre à la charge des contrevenants. »

Décret du 8 décembre 1862. — Les droits de timbre de dimension ayant été augmentés par la loi du 2 juillet 1862, il est devenu nécessaire de modifier les émoluments accordés aux greffiers, à titre de remboursement de papier timbré. Un décret du 8 décembre 1862, intervenu à cette occasion, a reproduit, au sujet du nombre des lignes et des syllabes, les dispositions du décret de 1854. Son art. 4 est ainsi conçu :

« Les greffiers mentionnés dans le présent décret (greffiers des cours d'appel, des tribunaux civils et de commerce et des justices de paix) ne peuvent écrire sur les minutes et feuilles d'audience et sur les registres timbrés plus de trente lignes à la page et de vingt syllabes à la ligne, sur une feuille au timbre de 1 franc ; — de quarante lignes à la page et de vingt-cinq syllabes à la ligne, lorsque la feuille est au timbre de 1 fr. 50 cent., — et plus de cinquante lignes à la page et de trente syllabes à la ligne, lorsque la feuille est au timbre de 2 francs.

« Toute contravention est constatée conformément à la loi du 12 brumaire an 7 et punie de l'amende prononcée par l'art. 12 L. 16 juin 1824, sans préjudice des droits de timbre à la charge des contrevenants. »

Papier à 60 centimes et à 3 fr. 60 cent. — Il est à remarquer que ces décrets ne limitent pas le nombre des lignes ni des syllabes sur le papier à 50 centimes (60 cent.) et à 3 francs (3 fr. 60 cent.) ; mais des raisons d'une analogie irrésistible conduisent à décider que les greffiers ne peuvent pas excéder sur ces papiers le nombre de lignes et de syllabes que comporte l'étendue de la feuille par rapport aux papiers de la même nature (D. m. j. 23 mars 1865, 2341 § 7 L. G., 2428 § 8 R. P.). D'après l'I. G. précitée, les directeurs doivent signaler, au ministère public, les greffiers qui continueraient de rédiger leurs minutes ou jugements sur le papier à 3 francs, sans observer l'estimation des lignes.

Décret du 24 novembre 1871. — Le décret du 24 novembre 1871, qui a augmenté les allocations dues aux greffiers pour remboursement du coût du papier timbré, n'a rien modifié d'ailleurs aux dispositions de celui du 8 décembre 1862, en ce qui concerne le nombre maximum de lignes et de syllabes que les greffiers peuvent insérer sur les minutes ou feuilles d'audience et sur les registres timbrés, à raison de la dimension des feuilles employées (2460 I. G.).

1. FEUILLES SÉPARÉES. — L'Administration, en portant le décret de 1854 à la connaissance des employés, par son I. G. 2024, a fait observer que la disposition de l'art. 10 s'étendait à tous les jugements et arrêts ainsi qu'à toutes les minutes écrites par les greffiers ou auxquels ils concourent, sans distinction entre celles qui sont inscrites sur des registres et celles portées sur des feuilles séparées.

La même interprétation subsiste évidemment pour le décret de 1862, qui n'est, selon une dépêche de M. le garde des sceaux, du 14 juillet 1863, que la reproduction littérale du premier.

On a donc décidé qu'il faut l'appliquer aux divers procès-verbaux que les greffiers sont appelés à rédiger pour l'apposition ou la levée des scellés, les avis de parents, les ventes de meubles et autres opérations de leur ministère (Sol. 29 oct. 1855, 17 juill. 1856, D. m. j. 14 juill. 1863, Sol. 5 mars 1864, 13 avr. 1865, 18 mars 1867).

Mais cette interprétation a été contestée. Un jugement du tribunal de Gien a décidé, le 4 mars 1873, que la limitation des lignes et des syllabes ne s'applique pas aux actes et procès-verbaux de l'espèce, non plus qu'aux jugements de simple police. Son jugement se fonde sur ce que, « d'après les termes du rapport fait au conseil d'État au nom de la section de législation, et dont le tribunal reproduit le texte, on n'a eu d'autre but que d'empêcher les greffiers de serrer outre mesure les écritures des jugements, arrêts ou mentions inscrites sur les registres timbrés du greffe, ce qui exclut directement toutes les minutes rédigées sur feuilles séparées. » Ce document n'est pas, sans doute, un argument décisif en faveur de la thèse adoptée par le tribunal, car le rapport n'exprime que l'opinion d'une section du conseil d'État, et il se peut que cette opinion n'ait pas été adoptée, mais l'autorité dont il émane lui confère néanmoins un caractère de gravité incontestable, et l'Administration a pu craindre avec toute raison de ne pas être à même de contredire utilement la présomption qui s'y attache. — Le tribunal fait remarquer « qu'on avait d'autant moins à se préoccuper des feuilles séparées que les greffiers, ayant droit au remboursement intégral du timbre employé, n'ont pas d'intérêt à serrer leurs écritures comme pour les jugements à l'occasion desquels la loi leur accorde un forfait de droit de timbre ; et il ajoute que s'il en était autrement les greffiers se trouveraient, à l'égard de certains actes, tels que les procès-verbaux de vente mobilière, plus sévèrement traités que les notaires, les commissaires-priseurs ou les autres officiers publics appelés à les recevoir concurremment. » Il est encore très-difficile de répondre à ces arguments d'une manière satisfaisante. Tout ce qu'on pourrait dire, c'est que la limitation du nombre des lignes ou des syllabes n'a pas eu seulement pour but d'empêcher les greffiers de faire des profits abusifs sur le prix du timbre ; qu'elle procède du désir plus général d'assurer la correction de toutes écritures du greffe, et qu'à ce point de vue il n'y avait aucune raison de ne pas appliquer la mesure aux minutes écrites sur des feuilles séparées ou aux jugements de police. Seulement cette affirmation aurait besoin d'être prouvée pour pouvoir prévaloir contre la doctrine du tribunal (3810 R. P.).

L'Administration avait déféré ce jugement à la C. cass. ; mais elle s'est ensuite désistée de son pourvoi et le jugement a été exécuté. Jusqu'à présent néanmoins la doctrine n'en a pas été prise officiellement pour règle. Les I. G. 2024 et 2341

§ 7 continuent à être suivies. — Le conseil d'État est actuellement saisi d'un projet de règlement dans lequel il sera suppléé à la lacune de la loi. — V. § 2 *infrà*.

2. JUGEMENT DE POLICE. — Il a été reconnu que le décret s'applique également aux jugements de simple police et de police correctionnelle (D. m. j. 23 mars 1865, 2341 § 7 I. G., 2428 § 8 R. P.). — Mais le contraire a encore été décidé, en ces termes, par le tribunal de Gien, le 4 mars 1873 : « Attendu que le décret de 1854 est intitulé : « Décret portant fixation « des émoluments attribués, en matière civile et commerciale, « aux greffiers ; » que, de même, le rapporteur au conseil d'État déclare que ce décret a pour objet de tarifer, en matière civile et commerciale, les actes du ministère des greffiers ; que la plupart des dispositions de ce décret sont manifestement applicables aux matières correctionnelles ou criminelles ; — Attendu que dans beaucoup de tribunaux on refuse aux greffiers, dans les affaires correctionnelles, les émoluments fixés par l'art. 3 ; que si d'autres tribunaux les accordent, ce n'est que par assimilation et à défaut d'un tarif spécial ; que s'il est possible d'appliquer par analogie les dispositions d'un tarif, il ne saurait en être de même des articles édictant une pénalité qui doivent toujours être interprétés strictement ; — Attendu que si l'art. 10 est placé sous le paragraphe *Dispositions générales*, ces mots ne signifient pas que le paragraphe a trait à toute matière, mais seulement qu'il s'applique aux trois classes de greffiers mentionnés séparément sous les trois paragraphes précédents, c'est-à-dire les greffiers des cours, ceux des tribunaux civils et ceux des tribunaux civils exerçant la juridiction commerciale ; — Attendu que le décret de 1862 n'a rien changé à cet état de choses, et qu'il faudrait un texte formel pour le déclarer applicable aux matières correctionnelles ou de simple police, dont il n'est fait mention nulle part » (3810 R. P.). — V. le § 1er *suprà*.

3. JUGEMENT SUR REQUÊTE. — Lorsqu'un jugement est rédigé à la suite d'une requête, il faut faire abstraction de cette requête pour calculer le nombre des lignes du jugement. Les lignes qui précèdent le jugement font partie de la requête qui, par sa nature, n'est pas assujettie à la réglementation du nombre des lignes. Le jugement doit, dès lors, être considéré isolément et abstraction faite de la requête signée par l'avoué, et, s'il ne comprend qu'un nombre de lignes inférieur à celui que le greffier pouvait porter sur une page du papier employé, le décret n'est pas violé (Sol. 21 juin 1867, 2588 R. P.).

4. RÉPERTOIRE. — Le répertoire constituant un registre timbré tombe sous l'application du droit du 24 mai 1854, en ce qui concerne la limitation des lignes. De nombreuses solutions l'ont ainsi reconnu (D. m. j. 30 nov. 1855, Sol. 30 avr. 1855, 18 avr. 1859, 15 déc. 1863, 22 mars 1864, 4 mai 1865) ; — sans qu'il y ait à distinguer entre les greffiers des tribunaux civils et ceux des tribunaux de commerce ou de justice de paix (Sol. 28 oct. 1864, 30 juin 1865 et 7 fév. 1866), ou entre les répertoires ordinaires et les répertoires correctionnels (Sol. 30 avr. 1864).

Supplément de droit. — Mais pour le calcul des droits de timbre des répertoires qui contiennent un excédant de lignes,

ce n'est qu'après que le cahier est terminé qu'on peut déterminer s'il est dû un supplément de droit (Sol 23 déc. 1864, 29 sept. 1865, 19 janv. 1866, 31 janv. et 25 mars 1867). — V. *infrà* n° 9155.

5. EXPÉDITIONS. — Les expéditions sont également soumises à une limitation de lignes. Il en est question au mot *Expédition* n° 8373.

6. QUALITÉS. — Le Déc. du 8 décembre 1862 s'applique aux quotités comme au dispositif et aux motifs du jugement (Sol. 27 avr. 1864).

9155. Compensation. — L'I. G. 2024 a fait connaître qu'en ce qui concerne les actes, jugements et arrêts rédigés sur des registres, il n'y avait pas lieu d'admettre la compensation d'une page à l'autre autorisée pour les expéditions par l'art. 20 L. 13 brumaire an 7.

Cette question ayant soulevé des difficultés a été soumise aux ministres des finances et de la justice, qui ont décidé, les 17 et 29 janv. 1859, qu'une amende peut être exigée des greffiers pour chaque page de registre ou de feuille particulière contenant un nombre de lignes supérieur à celui qui a été déterminé par le décret (1159 R. P., 2146 I. G.).

Cette interprétation a été depuis lors confirmée par plusieurs solutions (Sol. 8 juill. 1861, 27 oct. 1863, 5 oct. 1864, 6 janv. et 18 avr. 1866).

1. SYLLABES. — Il ne peut non plus exister de compensation entre les syllabes. Un greffier ne pourrait donc excéder le chiffre légal des lignes sous prétexte que ces lignes ne contiennent pas le nombre de syllabes autorisé (Sol. 4 sept. 1855, 15 mars 1856, 20 déc. 1864, 1er avr. 1865, 7 janv. 1866 ; — Roanne 2 mars 1843).

L'amende est également encourue quand une page, contenant un nombre de lignes supérieur au chiffre réglementaire, ne renferme pas cependant, compensation faite d'une page à l'autre, un nombre excessif de syllabes (Sol. 23 déc. 1864, 2181 R. P.). — V. *Copie des pièces*.

2. RENVOI. — Les renvois sont en général comptés pour le calcul du nombre de lignes. Mais l'Administration n'insiste pas sur les contraventions quand ces renvois ont peu d'importance et excluent toute pensée de fraude (Sol. 3 fév. 1864, 10 juill. 1865). — Une interprétation semblable a été consacrée au sujet des *Copies de pièces*. — V. ce mot.

3. SIGNATURE. — Les signatures ne font pas partie de la rédaction du jugement et restent en dehors du calcul des lignes ou des syllabes (Sol. 3 fév. 1864, 10 juill. 1865, 4 janv. 1866).

4. LIGNES RAYÉES. — Les lignes régulièrement rayées ne comptent pas non plus pour le calcul des droits de timbre et des amendes (Sol. 26 sept. 1864).

5. TIMBRE. — Quant au droit de timbre, la décision du 17-29 janvier 1859 a reconnu qu'il y avait lieu d'admettre la compensation à son égard (1159 R. P., 2146 I. G.). « Les receveurs, porte l'I. G. 2146, compteront le nombre de lignes que renfermera chaque minute séparée ou chaque registre, et ils opéreront sur l'ensemble des pages de la même manière que pour les expéditions et les copies de pièces. Si les feuilles d'audience sont réunies par année en forme de registre, le registre sera pris dans son entier pour le calcul des lignes ; et, dans le cas où il serait fait un cahier ou registre par mois, par trimestre ou par semestre, ce cahier ou registre serait également considéré comme formant un écrit unique dont toutes les lignes devraient être comptées pour reconnaître si le Trésor a éprouvé un préjudice. » — Ces dispositions ont été confirmées par les I. G. 2228 et 2240. Il a été rendu en ce sens plusieurs solutions (Sol. 2 mars 1864, 10 juill. 1865, 3 oct. 1866).

Registres. — Comme le droit de timbre se calcule par registre, il faut nécessairement attendre qu'il soit terminé pour savoir s'il est dû un supplément de droit de timbre. — V. *pour le Répertoire* n° 9154-4.

Il faut d'ailleurs régler le calcul du droit de timbre en comptant les lignes de chaque page dans chaque acte, registre ou cahier séparé, et c'est un supplément de droit, lorsque le nombre de ces lignes excède le chiffre autorisé, bien que le nombre des syllabes contenues dans l'ensemble des pages ne soit pas supérieur au chiffre prescrit. Mais, quand l'acte ou le registre contenant un nombre réglementaire de lignes présente néanmoins un excédant de syllabes, cet excédant motive l'exgibilité d'un droit complémentaire (Sol. 23 déc. 1864, 2181 R.P. ; 29 sept. 1865, 19 janv. 1866, 31 janv. et 25 mars 1867).

Actes ou registres distincts. — Mais la compensation ne saurait être admise entre les pages d'actes ou de registres séparés (Sol. 3 déc. 1863, 25 janv. 1864, 15 mars 1865).

Fraction de feuille. — Les feuilles de papier ne se fractionnent pas, le moindre excédant de lignes nécessite l'emploi d'une feuille ou d'une demi-feuille entière, suivant l'espèce de papier employé dans la formation des registres (Sol. 2 nov. 1863, 3 sept. 1864, 3 juin 1865, 9 fév. 1866, 25 mars 1867, 7 fév. 1868).

Syllabes. — Si, pour le calcul des droits de timbre, on doit avoir égard au nombre de syllabes contenues dans chaque ligne, c'est principalement au nombre de lignes écrites dans chaque page qu'on doit s'attacher, car c'est le nombre de lignes qui est déterminé d'une manière précise et en premier ordre dans le décret du 8 décembre 1862 (Sol. 3 mars 1864, 27 fév. 1865, 12 mars 1866, 12 nov. 1867).

9155 bis. Amende. — L'art. 10 Déc. 24 mai 1854 et l'art. 4 Déc. 8 décembre 1862 disposent que les contraventions à ces dispositions sont punies de l'amende prononcée par l'art. 12 L. 16 juin 1824.

C'est là une erreur évidente, car l'art. 12 se rapporte aux contraventions au timbre proportionnel, et elle a été reconnue par le garde des sceaux, dans une décision du 6 décembre 1854. L'Administration s'est bornée, dans l'I. G. 2024, à recommander aux préposés de conclure au payement d'une amende de 5 francs par chaque contravention et au remboursement des droits de timbre. Cette interprétation a été appliquée depuis par une Sol. du 25 mars 1865.

Les contraventions doivent être constatées par des procès-verbaux (2240 I. G.).

9156. Avertissements. — L'art. 21 L. 23 août 1871 porte que les avertissements donnés, aux termes de la loi du 2 mai 1855, avant toute citation, doivent être rédigés par le greffier du juge de paix sur papier au timbre de dimension de 50 centimes.

A ce droit s'ajoute le double décime établi par l'art. 2 de la même loi.

Les greffiers peuvent faire timbrer à l'extraordinaire leurs formules d'avertissement, et ces pièces peuvent être revêtues d'un timbre mobile. — V. *Timbre.*

9157. Expéditions. — Extraits. — Le droit de délivrer expédition appartient aux greffiers, non-seulement à l'égard des actes du greffe et des jugements, mais encore à l'égard des actes notariés dont les minutes existent au greffe (L. 25 vent. an 11, art. 60). Mais les greffiers ont-ils le droit et peuvent-ils être tenus, sur la demande des parties intéressées, de ne délivrer que des expéditions partielles des actes ? Il faut distinguer, ce semble : ou il s'agit d'une grosse, ou il s'agit d'une expédition dans les deux cas. Au premier cas, l'expédition de l'acte doit être intégrale, complète. Cela résulte, d'une manière implicite, de cette prescription de toutes les lois relatives à la formule exécutoire qui exigent qu'il soit donné copie de l'arrêt ou jugement avant la transcription de cette même formule, copie qui, dans le silence de la loi, doit nécessairement être entière. Les art. 583 et 673 C. proc., relatifs aux formes préliminaires de la saisie, peuvent aussi fournir un argument d'analogie (V. Perrin n° 94 et 95). — Au second cas, et selon les circonstances, l'intérêt et les besoins des parties, un simple extrait peut suffire ; l'art. 41 L. 22 frimaire an 7 suppose, en effet, qu'il peut être délivré des extraits. Une circulaire de la Régie, du premier jour complémentaire de l'an 8, porte à ce sujet : « Le mot *expédition* est l'expression générale qui sert à qualifier la copie, et un extrait n'est autre chose qu'une expédition abrégée. » — En matière de partage, l'art. 983 C. proc. dispose que le procès-verbal de partage pourra être expédié par extraits (Dalloz v° *Greffe, Greffier* n° 66).

1. DROIT APPARTENANT A TOUT LE MONDE. — Si les notaires ne doivent expédition qu'aux parties intéressées en nom direct dans l'acte, ou à leurs héritiers ou ayants cause, il n'en est pas de même des greffiers. Le C. proc. leur impose l'obligation de délivrer, en matière civile, des copies aux requérants, et cela sous peine de dépens et de dommages-intérêts (853 C. proc.).

2. EXPÉDITION NON SIGNÉE. — Il est défendu aux greffiers de délivrer expédition d'un acte avant qu'il ait été signé, et ce sous peine de faux (139 C. proc.).

3. EXPÉDITION AVANT PAYEMENT DE DROITS DE GREFFE. — Il est encore défendu de délivrer expédition avant l'acquit des droits de greffe, sous peine de restitution du droit particulier à l'acte et de 100 francs d'amende (L. 21 vent. an 7, art. 1er).

4. CONSIGNATION D'AMENDE. — Défense est également faite aux greffiers de délivrer expédition avant la consignation de l'amende de fol appel, sous peine d'une amende de 500 francs, bien qu'avant la découverte de la contravention il y ait eu consignation.

5. MENTION DES DROITS D'ENREGISTREMENT. — Il doit être fait mention, sous peine d'amende, dans toutes les expéditions, de la quittance des droits d'enregistrement et de greffe, au moyen de la transcription littérale de la quittance de ces droits. — *V.* 1321, etc.

6. PIÈCES ARGUÉES DE FAUX. — Il est défendu de délivrer, à moins d'autorisation spéciale, aucune copie ou expédition de pièces prétendues fausses (245 C. proc.).

7. INTERROGATOIRES ET DÉPOSITIONS. — On ne doit, dans les expéditions des jugements correctionnels, insérer ni les interrogatoires ni les dépositions des témoins (Let. min. 16 nov. 1824).

8. MINISTÈRE PUBLIC. — ADMINISTRATION PUBLIQUE. — Les greffiers délivrent au ministère public, quand il s'agit de l'exécution de la peine, une expédition si la peine a été prononcée par défaut, un simple extrait si la condamnation est contradictoire (Circ. min. 30 déc. 1812). Il existe un grand nombre de cas particuliers dans lesquels les greffiers doivent délivrer au ministère public des extraits des jugements, actes et registres qui se trouvent au greffe (*V.* Dalloz *loc. cit.* nº 80).

Les greffiers ne peuvent refuser de délivrer aux administrations publiques, à l'Administration de l'enregistrement entre autres, pour le recouvremennt des sommes dues à l'État, des extraits sur papier libre des jugements et arrêts qu'elles requièrent par suite des intérêts qui leur sont confiés et à titre de renseignement (Déc. m. 28 mai 1822).

9. NOMBRE DE LIGNES DES EXPÉDITIONS. — Les expéditions doivent contenir, savoir : en matière civile, celles délivrées par les greffiers des tribunaux de première instance de commerce et des cours d'appel, vingt lignes à la page de huit à dix syllabes à la ligne, compensation faite des unes avec les autres (L. 21 vent. an 7, art. 6); celles délivrées par les greffiers des justices de paix, vingt lignes à la page et dix syllabes à la ligne (Tarif 16 fév. 1807, art. 9). — En matière d'expropriation pour cause d'utilité publique, les expéditions contiennent vingt-huit lignes à la page et quinze syllabes à la ligne (Ord. 18 sept. 1833, art. 9); l'expédition des procès-verbaux de vente des commissaires-priseurs contient vingt-cinq lignes à la page et quinze syllabes à la ligne (D. 18 juin 1811). Si nous parlons de ces dernières expéditions, c'est que les greffiers de justice de paix remplissent souvent les fonctions de commissaires-priseurs.

Au criminel, chaque page est de vingt-huit lignes et de quatorze à seize syllabes à la ligne (Déc. 18 juin 1811, art. 48). — V. *Expédition.*

10. TIMBRE. — En thèse générale, toute expédition, grosse, copie ou extrait, demandée par les parties, est soumise au timbre de 1 fr. 80 cent. (L. 28 avr. 1816, art. 63, L. 23 août 1871, art. 2). Les exceptions à cette règle sont fort restreintes. — Au criminel, les expéditions remises au parquet ou aux agents de l'administration forestière sont seulement visées pour timbre ; quant aux extraits dont nous avons parlé au nº 8 ci-dessus, ils sont toujours sur papier libre. — Sont également délivrées sur timbre, lorsqu'elles sont demandées par les parties, les expéditions de décrets portant nomination d'avocat à la Cour de cassation, de greffiers, de notaires, avoués, huissiers, agents de change, courtiers et commissaires-priseurs (L. 21 avr. 1832, art. 34),

9158. Rédaction des actes. — Contravention par le greffier. — Parmi les actes auxquels les greffiers prennent part, les uns proviennent du juge qui les dicte en général au greffier; les autres sont rédigés par les greffiers eux-mêmes. Lorsque les greffiers assistent le juge ou le tribunal, et qu'ils écrivent sous la dictée du juge ou du président, ils sont leurs secrétaires, c'est-à-dire qu'ils n'ont pas d'initiative, et ne peuvent donner acte de ce qui se passe soit à l'audience, soit dans la chambre du conseil ou dans le cabinet. C'est cette double attribution des greffiers qui fait naître les difficultés en cette matière, car l'on sait que les art. 24. L. 13 brumaire an 7, et 47 de celle du 22 frimaire, qui défendent aux juges d'agir en vertu d'actes non timbrés et non enregistrés, ne leur infligent aucune amende, tandis qu'une peine est encourue dans les mêmes circonstances par les greffiers, aux termes des art. 24 L. 13 brumaire, 41, 42, 44 et 45 L. 22 frimaire an 7.

Il est vrai que, même lorsqu'ils écrivent sous la dictée du magistrat, une responsabilité pèse en général sur les greffiers : par exemple, en matière criminelle, ils répondent souvent de faits qui peuvent paraître imputables au juge autant qu'à eux; ainsi, lorsqu'un juge d'instruction entend des témoins, le greffier est particulièrement chargé de veiller à la rédaction du procès-verbal; car, en cas d'omission d'une des formalités prescrites par la loi, il est passible d'une amende de 50 francs (77 et 78 C. inst. crim.). L'inobservation des formalités prescrites pour les mandats de comparution, de dépôt, d'amener et d'arrêt, est punie d'une amende d'au moins 50 francs (12 *Idem.*). — C'est une responsabilité de même nature qu'on a voulu faire peser sur eux en matière d'enregistrement. Ainsi l'on avait pensé que si la considération due à la magistrature s'oppose à ce qu'il soit prononcé des peines contre les juges, la répression, en ce cas, retombe sur le greffier, qui peut au besoin rappeler aux juges, en recevant la dictée de leurs jugements, les dispositions de la loi. Mais cette interprétation a été repoussée par une décision ministérielle du 6 août 1819.

La question se réduit donc aujourd'hui à distinguer les actes dans lesquels le rôle de greffier est purement passif, de ceux où il est acteur principal ou au moins acteur secondaire. Par exemple, pour la rédaction des jugements, où il n'est, ainsi que nous l'avons dit, que le secrétaire du juge, aucune responsabilité ne peut l'atteindre ; mais, à l'égard de tous les autres actes et procès-verbaux du ministère juge, « pour lesquels le juge est assisté du greffier, » qui garde les minutes et délivre les expéditions (1040 C. proc.), l'amende est encourue par lui pour les contraventions qui peuvent s'y rencontrer. Alors, ainsi que le dit Rodière, « un greffier doit écrire ce que le commissaire lui dicte ; mais s'il s'apercevait de quelque défaut d'exactitude affecté, il pourrait refuser son ministère, sans pourtant se donner la licence de rien écrire de contraire. »

1. AVIS DE PARENTS. — APPOSITION ET LEVÉE DE SCELLÉS. — Une décision du ministère de la justice du 12 novembre 1815 (15979 J. E.) fait connaître quelles sont les règles que l'Administration suit en cette manière : « Quant aux contraventions qui sont relevées dans les actes écrits sous la dictée du juge, le ministre des finances reconnaît que les greffiers ne sauraient en être rendus responsables... Mais il ne faut pas comprendre dans cette catégorie les procès-verbaux d'apposition et de levée de scellés, puisqu'il résulte de deux arrêts de la C. cass. (11 nov. 1811 et 20 déc. 1813), qu'ils doivent être considérés comme des actes de greffe, à la rédaction desquels les greffiers concourent activement. »

C'est donc à tort qu'il a été décidé que le greffier n'a encouru aucune amende pour avoir annexé à un avis de parents un certificat non enregistré (Le Vigan 22 mai 1846, 15979 J. E.). — V. *Acte en conséquence*.

2. JUGEMENT. — L'inexécution de l'art. 47 L. 22 frimaire an 7. qui défend aux juges de prononcer sur pièces non enregistrées, ne donne lieu à aucun recours contre les greffiers, par le motif que les jugements étant émanés du juge, sous la dictée duquel ils sont écrits par le greffier, on ne peut imputer à ce dernier les contraventions aux lois sur l'enregistrement, puisqu'elles ne sont pas de son fait, que c'est le juge que la loi rend à cet égard responsable, sans prononcer de peine contre le greffier (Sol. 1ᵉʳ avr. 1829, 6532 J. E., Sol. 25 juill. 1825, 10136 J. E., 14043 J. E.).

3. SERMENT. — De même que pour les jugements rendus à l'audience, les prestations de serment qui se font également à l'audience n'étant pas des actes de greffe, le greffier ne peut être passible d'amende pour contravention à l'art. 44 L. 22 frimaire an 7, parce que l'acte de nomination d'un garde particulier n'aurait pas été enregistré ou timbré avant la prestation de serment de ce garde (11489 J. E., Sol. 29 nov. 1844, 13779-5 J. E.).

4. ACTES DU GREFFE. — Aucun doute ne peut s'élever à l'égard des actes de greffe proprement dits. Les greffiers les reçoivent sans l'assistance d'aucun juge, et, par conséquent, la rédaction leur en est spécialement confiée. Ces actes sont ceux qui figurent sur les divers registres du greffe (V. 9163, etc.), au nombre desquels nous citerons les déclarations affirmatives, les déclarations de command, de surenchère, les dépôts, les renonciations à succession ou à communauté, les acceptations bénéficiaires, les pourvois devant la cour suprême, les appels ou oppositions en matière criminelle, etc., etc.

9159. Blancs. — Annexes. — Renvois. — Surcharges. — Interlignes. — Il n'existe pas de lois sur la forme intrinsèque et générale des actes et procès-verbaux de greffe. Dans un pareil état de choses, et dans le cas où l'acte viendrait à être annulé sur la demande des parties, ou causerait à celles-ci un préjudice quelconque, le greffier deviendrait passible à la fois de peines disciplinaires et de dommages-intérêts au profit de qui de droit. Mais, au point de vue de l'enregistrement, il n'encourrait aucune amende pour fait de blancs, lacunes ou intervalles, défaut d'annexe à la minute des procurations des parties, non-approbation des renvois ou ratures et pour surcharges, additions et interlignes. Ces irrégularités, qui sont, dit Perrin p. 62, pour les notaires, des contraventions punissables d'amendes, ne sont pour le greffier, en matière civile, s'il n'est pas accusé de faux, que des inexactitudes qui ne sauraient être punies à titre de contraventions.

1. POIDS ET MESURES. — Ils ne peuvent, sous peine d'amende, se servir des dénominations des anciens *poids et mesures*. C'est ce qui sera développé sous ce dernier mot.

9160. Forme des déclarations au greffe. — Ministère d'avoué. — En matière civile, ou, pour mieux dire, devant les tribunaux civils d'arrondissement et les cours d'appel jugeant civilement, le ministère des avoués est obligatoire ; mais cette disposition ne doit pas être exagérée, et on l'exagérerait si elle était interprétée en ce sens que, pour faire une déclaration dans un greffe, il faille nécessairement et toujours avoir recours à un officier ministériel. L'assistance d'un avoué n'est, en pareil cas, indispensable qu'autant que la loi l'exige spécialement. Peu importerait que le tarif, prévoyant le cas où un avoué assisterait une partie ou comparaîtrait pour elle au greffe, lui allouât une vacation : cela n'affecterait en rien le droit de la partie de comparaître seule, ou par mandataire autre qu'un avoué. Par exemple, une déclaration affirmative, une renonciation à communauté ou succession, un dépôt de rapport d'expert, etc., sont valablement faits sans la participation d'un avoué (Dalloz vis *Greffe, Greffier* n° 87).

9161. Responsabilité. — La responsabilité des greffiers dérive nécessairement de la nature de leurs fonctions. D'après quelle disposition de la loi cette responsabilité peut-elle être mise en jeu ? L'art. 1031 C. proc., qui met à la charge de ceux qui les ont faits les actes nuls et les actes qui auront donné lieu à une condamnation d'amende, avec dommages-intérêts au profit des parties et suspension contre l'auteur de l'acte, peut-il s'appliquer aux greffiers ? Non, dit Dalloz *loc. cit.* n° 128; car l'article ne dispose que contre les officiers ministériels proprement dits. Or, les greffiers n'ont pas ce caractère. A défaut d'un texte spécial, leur responsabilité serait ouverte en vertu du principe général inscrit dans les art. 1382 et suiv. C. C.

Les greffiers sont également responsables, solidairement, des faits et actes de leurs commis, pour toutes les amendes, restitutions, dépens et dommages-intérêts résultant des contraventions, délits ou crimes dont ceux-ci se seraient rendus coupables dans l'exercice de leurs fonctions, sauf leur recours contre ces commis. — Telle est la règle écrite expressément dans les décrets des 6 juillet 1810, art. 59, et 18 août 1810, art. 29.

Les greffiers sont passibles d'amendes dont le chiffre varie, dans des cas nombreux prévus par les lois : en matière civile, criminelle et correctionnelle, par suite du défaut de consignation d'amende ; en cas d'appel, de requête civile, pour contravention au système décimal. — En ce qui concerne les contraventions aux lois sur l'enregistrement et le timbre, voyez ce que nous avons dit au n° 9158 et consultez les différents mots de ce Dictionnaire qui se rapportent aux contraventions qui peuvent être commises, telles que *Acte judiciaire, Acte passé en conséquence, Répertoire*, etc.

9162. Émoluments des greffiers. — 1. JUSTICE DE PAIX. — Les greffiers des justices de paix perçoivent directement et à leur profit les droits et émoluments accordés pour la rédaction de leurs actes et les expéditions. Une ordonnance du 17 juillet 1825 prescrit seulement aux greffiers des justices de paix de tenir, sous la surveillance du juge, un registre sur lequel ils inscrivent, par ordre de date et sans laisser aucun blanc, toutes les sommes qu'ils reçoivent pour leurs déboursés et émoluments sur les actes de leur ministère (V. 9197-4).

Ce registre n'est pas assujetti au timbre (D. m. f. 20 nov. 1826, 1205 § 16 I. G.).

La destitution est encourue par les greffiers pour toute perception illégale (L. 21 prair. an 7, art. 4, 17 juill. 1825, art. 1er).

2. TRIBUNAUX DE COMMERCE, DE PREMIÈRE INSTANCE, COURS D'APPEL. — En ce qui concerne les greffiers des tribunaux de commerce, des tribunaux de première instance et des cours d'appel, leurs émoluments se composent de trois éléments distincts : 1° d'un traitement fixe ; — 2° des remises à eux allouées sur les droits de greffe, qu'ils sont tenus de percevoir pour le compte du Trésor public et de verser dans les caisses de l'État ; — 3° des droits qui leur sont dus personnellement pour la confection et la rédaction des divers actes de leur ministère.

Traitement fixe. — En exécution de l'art. 92 L. 27 ventôse an 8, le traitement des greffiers, commis greffiers et commis expéditionnaires des tribunaux d'appel, criminels, de première instance, avait été *provisoirement* réglé, par an et par chaque département, aux sommes portées dans un tableau annexé à un règlement du 8 messidor an 8. Ce traitement devait toujours être égal à celui des juges siégeant près le tribunal duquel dépendait le greffe. Mais, bien que le traitement des juges ait été plusieurs fois augmenté depuis la loi du 27 ventôse an 8, celui des greffiers n'a pas varié, et l'on a ainsi laissé de côté le principe posé par la loi.

Remises sur les droits de greffe. — D'après l'art. 19 L. 21 ventôse an 7, il est accordé aux greffiers une remise de 30 centimes par *chaque rôle d'expédition* (V. 9384 et suiv.), et d'un décime par franc sur le produit du droit de *mise au rôle* (à l'exception de celui perçu en justice de paix) et de celui qui est établi pour la rédaction et la transcription des actes (V. 9246 et suiv.). — Aux termes de l'art. 21 de la même loi, le receveur de l'enregistrement comptait avec le greffier, le 1er de chaque mois, du produit de ces remises, et lui en payait le montant. Ce mode d'opérer a été changé par l'ordonnance royale du 8 décembre 1819, et par l'art. 2 L. 23 juillet 1820, transmis aux préposés par les I. G. n°° 912 et 944. Les greffiers de tribunaux retiennent aujourd'hui sur les droits de greffe le montant des remises qui leur sont attribuées par la loi du 21 ventôse an 7, et versent le surplus à la caisse du receveur de l'enregistrement, qui, de son côté, ne se charge en recette que de la somme réellement perçue pour le compte du Trésor. À l'égard du décime pour franc auquel demeure assujettie, en vertu de la loi du 6 prairial an 7, la portion des droits de greffe retenue par le greffier pour ses attributions, il est porté en recette par le receveur en même temps que la partie de ces droits revenant au Trésor.

Droits pour la confection et la rédaction de divers actes. — À l'égard des droits qui leur sont dus pour divers actes, ils ont été fixés par les décrets des 24 mai 1854, 8 décembre 1862 et 24 novembre 1871, que nous donnons en note [1]. Le remaniement de ces tarifs est en ce moment à l'étude au conseil d'État.

Serment. — Il ne leur est dû aucun salaire pour les formalités relatives à la prestation de serment des employés. (Circ. min. 16 juin 1855, 501 R. P., 2048 I. G.). — V. *Serment*.

1.

FIXATION DES ÉMOLUMENTS ATTRIBUÉS, EN MATIÈRE CIVILE ET COMMERCIALE, AUX GREFFIERS DES TRIBUNAUX CIVILS DE PREMIÈRE INSTANCE ET AUX GREFFIERS DES COURS D'APPEL (Déc. 24 mai 1854).

§ 1er. — *Des émoluments des greffiers des tribunaux civils de première instance.*

Art. 1er. Les greffiers des tribunaux civils de première instance ont droit aux émoluments suivants :

1° Pour dépôt de copies collationnées des contrats translatifs de propriété, 3 fr.;

2° Pour extrait à afficher, 1 fr.
Plus, pour chaque acquéreur en sus lorsqu'il y a des lots distincts, 50 cent.;

3° Pour soumission de caution avec dépôt de pièces, déclaration affirmative, déclaration de surenchère ou de command, certificat relatif aux saisies-arrêts sur cautionnement et aux condamnations pour faits de charge, acceptation bénéficiaire, renonciation à communauté ou succession, 2 fr.;

4° Pour bordereau ou mandement de collocation, certificat de propriété, 2 fr.;
Si le montant du bordereau ou du mandement s'élève à 3,000 francs, ou si le certificat de propriété s'applique à un capital de pareille somme, l'émolument est de 3 fr.;

5° Pour opérer le dépôt d'un testament olographe ou mystique, non compris le transport, s'il y a lieu, 6 fr.;

6° Pour communication des pièces et des procès-verbaux ou états de collocation, dans les procédures d'ordre et de distribution par contribution, quel que soit le nombre des parties, si la somme principale à distribuer n'excède pas 10,000 fr.,5 fr..
Si elle dépasse ce chiffre, 10 fr.;
L'allocation accordée par l'art. 4 L. 22 prairial an 7 est supprimée ;

7° Pour tout acte, déclaration ou certificat fait ou transcrit au greffe, et qui ne donne pas lieu à un émolument particulier, quel que soit le nombre des parties, 1 fr. 50 cent.;

8° Pour communication, sans déplacement, des pièces dont le dépôt est constaté par un acte du greffe, 1 fr.;
Dans les affaires où il y a constitution d'avoué, ce droit ne peut être perçu qu'une fois pour chaque avoué à qui la communication est faite, quel que soit le nombre des parties, et à la charge de justifier d'une réquisition écrite en marge de l'acte de dépôt ;

9° Pour rechercher des actes, jugements et ordonnances faits ou

TITRE II. — REGISTRES ET ACTES DES GREFFES

[9163-9193]

9163. Observation préliminaire. — Les actes du greffe sont rédigés en minute ou en brevet, soit sur des feuilles détachées, soit sur des cahiers qui contiennent la réunion des différents actes relatifs à la même procédure, soit enfin sur des registres consacrés à la rédaction des actes de la même espèce.

Ces actes sont fort nombreux, principalement dans les tribunaux civils et de commerce. Nous ne pouvons en donner ici une nomenclature complète. Mais on trouvera la désignation des principaux soit dans le détail des registres, dont la tenue repose sur des dispositions expresses de la loi ou sur l'usage le plus généralement adopté, détail que nous donnons dans la sect. 1re du chap. 1er ci-après; soit dans les indications qui feront l'objet de la sect. 2 du même chapitre.

Nous avons cru devoir faire connaître tous les registres tenus dans les greffes, parce que les employés, ayant à signaler au ministère public les infractions que les greffiers peuvent

rendue depuis plus d'une année et dont il n'est pas demandé expédition :

Pour la première année indiquée, 50 cent.;
Pour chacune des années suivantes (L. 21 ventôse, art. 4), 25 cent.;

10° Pour légalisation (mêmes loi et article précités), 25 cent.;

11° Pour l'insertion au tableau placé dans l'auditoire de chaque extrait d'acte ou de jugement soumis à cette formalité, 50 cent.;

12° Pour visa d'exploits, 25 cent.;

13° Pour chaque bulletin de distribution et de remise de cause, 10 cent.;

14° Pour la mention de chaque acte sur le répertoire prescrit par l'art. 47 L. 22 frimaire an 7, 10 cent.;

Art. 2. Lorsque, dans l'exercice de leurs fonctions, les greffiers des tribunaux civils de première instance se transportent à plus de 5 kilomètres de leur résidence, ils reçoivent, pour frais de voyage, nourriture et séjour, une indemnité, par jour, de 8 fr.;

S'ils se transportent à plus de 2 myriamètres, l'indemnité par jour est de 10 fr.;

Art. 3. Il est alloué aux greffiers des tribunaux civils de première instance, comme remboursement du papier timbré :

1° Pour chaque jugement rendu à la requête des parties, ceux de simple remise exceptés, 80 cent.;

2° Pour chaque acte porté sur un registre timbré, 40 cent.;

Et 3° pour chaque mention également portée sur un registre timbré, 15 cent.

§ 2. — Des greffiers des tribunaux civils qui exercent la juridiction commerciale.

Art. 4. Les allocations établies par l'ordonnance des 9-12 octobre 1825 et l'arrêté modificatif du 8 avril 1848, au profit des greffiers des tribunaux de commerce, sont accordées aux greffiers des tribunaux civils de première instance qui exercent la juridiction commerciale; néanmoins, ils n'ont droit à aucun émolument dans les cas prévus par l'art. 8 du présent tarif.

Art. 5. Les dispositions des art. 2, 3 et 4 du présent décret sont applicables aux greffiers des tribunaux civils qui exercent la juridiction commerciale; mais l'allocation, à titre de remboursement du timbre employé aux feuilles d'audience, est fixée pour chaque jugement à 50 cent.

§ 3. — Des greffiers des cours d'appel.

Art. 6. — Les greffiers des cours d'appel ont droit aux émoluments suivants :

1° Pour tout acte fait ou transcrit au greffe, quel que soit le nombre des parties, 3 fr.;

2° Pour chaque bulletin de distribution et de remise de cause, 20 cent.;

3° Il leur est alloué une somme double de celle due aux greffiers des tribunaux civils de première instance pour les formalités prévues aux numéros 8, 9, 10, 11, 12 et 14 de l'art. 1er du présent décret.

Art. 7. Les greffiers des cours d'appel ont droit aux allocations établies par l'art. 2 et l'art. 3 du présent décret. Leur remise, par chaque rôle d'expédition, est fixée à 40 centimes, sans diminution des droits de l'État.

§ 4. — Dispositions générales.

Art. 8. Les greffiers n'ont droit à aucun émolument : 1° pour les minutes des arrêts, jugements et ordonnances, ou pour celles des actes et procès-verbaux reçus ou dressés par les magistrats avec leur assistance ; — 2° pour les simples formalités qui n'exigent aucune écriture, ou dont il est seulement fait mention sommaire, soit sur les pièces produites, soit sur les registres du greffe, à l'exception du répertoire prescrit par la loi du 22 frimaire an 7; — 3° pour l'accomplissement des obligations qui leur sont imposées, soit à l'effet de régulariser le service des greffes, soit dans un intérêt d'ordre public ou d'administration judiciaire.

Art. 9. Les greffiers doivent inscrire au bas des expéditions qui leur sont demandées le détail des déboursés et des droits auxquels chaque arrêt, jugement ou acte donne lieu.

A défaut d'expédition, ils doivent faire cette mention sur des états signés d'eux, et qu'ils remettent aux parties ou aux avoués.

Il leur est alloué pour chaque état un émolument de 10 centimes.

Ils portent sur les registres dont la tenue est prescrite par la loi toutes les sommes qu'ils perçoivent.

Les déboursés et les émoluments sont inscrits sur des colonnes séparées.

Art. 10. Relatif au nombre de lignes.

Art. 11. Les émoluments déterminés par le présent tarif sont indépendants des droits et remises fixés par les lois du 21 ventôse et 22 prairial an 7, le décret du 12 juillet 1808 et tous décrets, lois, ordonnances et règlements d'administration publique postérieurement publiés.

L'ordonnance du 18 septembre 1833, concernant les expropriations pour cause d'utilité publique, et celle du 10 octobre 1841, sur les ventes judiciaires, continuent à être exécutées dans toutes leurs dispositions.

Art. 12. Il est interdit aux greffiers des cours d'appel et des tribunaux de première instance, ainsi qu'à leurs commis, de rece-

commettre dans l'exercice de leurs fonctions, il est indispensable qu'ils soient initiés à tout le mécanisme du service d'un greffe. Cependant, parmi les registres *dont la tenue est prescrite* par des dispositions soit législatives, soit réglementaires, nous appellerons plus particulièrement leur attention sur ceux qui ont un rapport plus direct avec leurs attributions. Ces registres sont ceux des dépôts, des publications, des productions, des oppositions, des contributions, des adjudications, des dispenses d'âge ou de parenté, des transcriptions de diplômes, enfin le répertoire et le rôle général.

---

voir, sous quelque prétexte que ce soit, d'autres ou plus forts droits que ceux qui leur sont alloués par le présent décret : ils ne peuvent exiger ni recevoir aucun droit de prompte expédition.

Le contrevenant est, suivant la gravité des circonstances, destitué de son emploi et poursuivi, pour l'application des peines prononcées soit par l'art. 23 L. 21 ventôse an 7, soit par l'art. 174 C. pén., sans préjudice de la restitution des sommes perçues et de tous dommages-intérêts, s'il y a lieu.

Art. 13. Le présent règlement sera mis à exécution à partir du 1ᵉʳ juin 1854.

Le prix du timbre de dimension ayant été augmenté par la loi du 2 juillet 1862, les allocations dues aux greffiers ont subi elles-mêmes, par un décret du 8 décembre 1862, les modifications suivantes :

Art. 1ᵉʳ. Il est alloué aux greffiers des cours d'appel et aux greffiers des tribunaux civils de première instance comme remboursement du papier timbré :

1° Pour chaque arrêt ou jugement rendu à la requête des parties, ceux de simple remise exceptés, 1 fr.;

2° Pour chaque acte porté sur un registre timbré, 50 cent ;

3° Pour chaque mention portée sur un registre timbré, 20 cent.

Art. 2. Les dispositions de l'art. précédent sont applicables aux greffiers des tribunaux spéciaux de commerce et aux greffiers des tribunaux civils qui exercent la juridiction commerciale ; mais l'allocation à titre de remboursement du timbre employé aux feuilles d'audience est fixée pour chaque jugement, ceux de simple remise exceptés, à 65 cent.

Art. 3. Il est alloué aux greffiers des justices de paix, à titre de remboursement du papier timbré :

1° Pour chaque jugement porté sur la feuille d'audience, ceux de remise exceptés, 65 cent.;

2° Pour chaque jugement de remise, 20 cent.;

3° Pour procès-verbal de conciliation inscrit sur un registre timbré, 50 cent.;

4° Pour procès-verbal sommaire constatant que les parties n'ont pu être conciliées, 25 cent.

Une augmentation pareille a suivi la loi du 23 août 1871, qui a élevé de nouveau le prix des papiers timbrés. Un décret du 24 novembre 1871 porte :

Art. 1ᵉʳ. Il est alloué aux greffiers des cours d'appel et aux greffiers des tribunaux civils de première instance, comme remboursement du papier timbré :

1° Pour chaque arrêt ou jugement rendu à la requête des parties, ceux de simple remise exceptés, 1 fr. 20 cent.;

2° Pour chaque acte porté sur un registre timbré, 60 cent.;

3° Pour chaque mention portée sur un registre timbré, 25 cent.

Art. 2. Les dispositions de l'article précédent sont applicables aux greffiers des tribunaux spéciaux de commerce et aux greffiers des tribunaux civils qui exercent la juridiction commerciale : mais l'al-

---

CHAP. Iᵉʳ — GREFFE DE PREMIÈRE INSTANCE

[9164-9193]

SECTION PREMIÈRE. — REGISTRES DONT LA TENUE EST PRESCRITE OU D'USAGE

[9164-9191]

9164. Renonciation à succession ou à communauté. — Acceptation sous bénéfice d'inventaire. — Un registre sur timbre pour les renonciations à succession ou à communauté et les acceptations sous bénéfice d'inventaire (784, 793, 794 et 1457 C. C., D. m. f. et j. 22 mars 1808, 373-1, 996 2 I. G.).

Les actes y sont rédigés à la suite les uns des autres ; ils sont signés des parties et doivent énoncer les procurations, ainsi que la date et le folio de leur enregistrement (373 I. G.); ils sont assujettis à l'enregistrement et au droit de rédaction. — V. 9254.

9165. Production. — Un registre des productions faites dans les affaires mises en délibéré (108 C. proc.).

Ce registre est tenu en papier timbré (373 I. G.); mais les actes de production étant signifiés d'avoué à avoué, les mentions sur le registre, les récépissés des avoués en exécution de l'art. 106 et les décharges données au greffier, conformé-

---

location à titre de remboursement du timbre employé aux feuilles d'audience, pour chaque jugement, ceux de simple remise exceptés, à 80 cent.

Art. 3. Il est alloué aux greffiers de justice de paix, à titre de remboursement du papier timbré :

1° Pour chaque jugement porté sur la feuille d'audience, ceux de simple remise exceptés, 80 cent.;

2° Pour chaque jugement de remise, 25 cent.;

3° Pour procès-verbal de conciliation inscrit sur un registre timbré, 60 cent.;

4° Pour le procès-verbal sommaire constatant que les parties n'ont pu être conciliées, 30 cent.;

5° Pour chaque mention sur un registre timbré, 25 cent.

Art. 4. La rétribution due aux greffiers de la justice de paix, en vertu de l'art. 2 L. 2 mai 1855, pour tout droit, par chaque billet d'avertissement avant citation, est fixée à 30 centimes, y compris l'affranchissement, qui sera, dans tous les cas, de 15 centimes, et sans préjudice du remboursement du coût de la feuille de papier timbré exigée par l'art. 21 L. 23 août 1871.

Ce décret complète celui de 1862, en exprimant qu'il est alloué aux greffiers de justice de paix : 1° une somme de 25 centimes pour chaque mention sur un registre timbré (art. 3 n° 5); — 2° une somme de 30 centimes (y compris l'affranchissement pour chaque billet d'avertissement avant citation, sans préjudice du remboursement du coût de la feuille de papier timbré employée pour cet avertissement (art. 5).

ment à l'art. 115, sont exempts d'enregistrement et des droits de greffe (436 § 13 et suiv. I. G.). — Quant au certificat délivré par le greffier, dans le cas de l'art. 107, il est soumis à l'enregistrement et au droit de greffe (1354 § 13 I. G.).

Il ne faut d'ailleurs pas confondre les productions qui font l'objet de ce registre avec celles qui sont prescrites par les art. 189, 196, 319, 431, 575, 697, 754 et 1020 C. proc. Dans ces divers cas, les dépôts faits au greffe sont constatés sur le registre des dépôts.

Ce registre est tenu gratuitement. Le greffier n'a droit qu'au remboursement du papier. Quant aux productions en matière d'ordre, V. 9168.

9166. Opposition et appel. — Un registre sur timbre des oppositions et des appels (163, 549 C. proc., D. m. f. et j. 22 mars 1808, 373 § 4, 996-4 I. G.).

Les jugements ne sont exécutoires, pour les tiers ou contre eux, que sur un certificat de greffe constatant qu'il n'existe sur le registre ni opposition ni appel (art. 164, 548 et 550 C. proc.). Il n'est dû aucun remboursement aux greffiers pour ces inscriptions (Pau 18 juill. 1860, S. 63-1-59); mais seulement les droits de timbre.

Les mentions qui y sont faites par les avoués sont exemptes d'enregistrement et de droits de greffe, excepté lorsqu'il en est délivré expédition par le greffier (373 § 4 I. G., Sol. 21 mars 1831).

Quant aux certificats du greffier délivrés en exécution de l'art. 164 C. proc., ils sont assujettis à l'enregistrement et au droit de greffe (436 § 15 et 1354 § 13 I. G.).

9167. Contributions. — Un registre sur timbre des contributions (art. 658 C. proc., D. m. f. 11 mars 1830, 9752 J. E.).

Le greffier n'écrit et ne signe rien sur ce registre : ce sont les avoués. Il ne lui est dû par conséquent aucun droit. — Les écritures qui sont portées sur ce registre ne sont que de simples notes ou mentions exemptes des droits d'enregistrement ou de greffe (436 § 48 I. G.). L'ordonnance seule du juge-commissaire, rendue en exécution de l'art. 659, rentre dans la classe des ordonnances soumises à l'enregistrement. Dans beaucoup de greffes, ce registre n'est pas tenu et les mentions sont faites sur le registre des adjudications. — V. le numéro suivant.

9168. Adjudications. — Ordres. — Un registre sur timbre pour les adjudications, ou les ordres, pour la nomination des juges-commissaires (D. m. f. 22 mars 1808, 373-7, 996-7 I. G., D. m. f. 11 mai 1820, 9752 J. E.).

Ce registre a la même destination que le registre des contributions, avec cette différence qu'il est exclusivement réservé aux ordres résultant de saisies immobilières, tandis que celui des contributions a pour objet les distributions de deniers dans toute autre circonstance. Les mentions qui y sont faites ne sont pas soumises à l'enregistrement ni aux droits de greffe. Mais à ce registre se rattachent tous les actes relatifs aux ordres, savoir :

1° Ordonnance du juge-commissaire assujettie à un enregistrement particulier ;

2° Procès-verbal d'ordre comprenant le procès-verbal d'ouverture, la mention des productions, le règlement provisoire de collation, le renvoi à l'audience, les déchéances et radiations et la clôture, le tout assujetti, mais dans son ensemble, à l'enregistrement et au droit de greffe (L. 22 frim. an 7, art. 69 § 2 n° 6, Déc. 12 juill. 1808 art. 2). — Il suffit que l'enregistrement ait lieu avant la délivrance des mandements de collocation (Déc. 16 fév. 1807, art. 134) ;

3° Bordereaux ou mandements de collocation; ce ne sont que des expéditions par extrait, mais ils sont passibles du droit de greffe de rédaction, outre celui d'expédition (L. 28 vent. an 7, art. 5 et 9, Déc. 12 juill. 1808, art. 1er, 436 § 58 et suiv. et 1704 I. G.).

9169. Scellés. — Un registre d'ordre pour les scellés, quand la commune où siége le tribunal a une population de 20,000 âmes au moins (art. 925 C. proc.). Il est tenu sur papier libre et gratis.

C'est le greffier de la justice de paix et non le juge de paix qui fait la déclaration. Ce registre étant d'administration ou de police générale, les mentions qui y sont faites ne donnent ouverture à aucune espèce de droit (373 § 9, 996 § 8 I. G.).

9170. Jugements. — Un registre sur timbre des jugements (373-2, 996-1 I. G.). C'est ce qu'on appelle la feuille d'audience.

Cette feuille d'audience doit contenir non pas seulement de simples notes comme le plumitif, mais bien le dispositif de chaque jugement avec les motifs qui lui servent de base (D. m. j. 26 sept. 1808, 405 § 7 I. G.).

Les greffiers peuvent tenir une feuille particulière par chaque audience ou porter plusieurs audiences successive ment sur le même registre (D. m. f. et j., 9-22 mars 1808, 373-2 I. G.). Mais il ne leur est pas permis d'avoir pour la même audience plusieurs feuilles, selon la nature des jugements (Idem) ; — sans distinction entre les jugements préparatoires et les jugements définitifs (Sol. 28 mai 1855).

1. POLICE CORRECTIONNELLE. — Les greffiers de police correctionnelle peuvent tenir deux feuilles d'audience, une qui sera visée pour timbre en débet pour les jugements rendus à la requête du ministère public, et l'autre sur papier timbré pour les jugements civils. S'ils ne tiennent qu'une seule feuille d'audience, elle doit être sur papier timbré et contenir tous les jugements (D. m. f. et j. 15 sept. 1820, 953-2 I. G.).

2. MATIÈRE CRIMINELLE. — En matière criminelle, aucune loi n'impose aux greffiers la tenue d'une feuille d'audience (D. m. f. et j. 3-19 fév. 1823, 1074 I. G.).

3. CONCLUSIONS. — La disposition des art. 72 et 33 § 2 Déc. 30 mars 1808, qui veut que les greffiers portent les conclusions des parties sur la feuille d'audience n'est applicable qu'au cas où, après avoir remis les premières conclusions aux mains du greffier, conformément à l'art. 71 et au § 1er de l'art. 33, les avoués changent ces conclusions et en prennent de nouvelles (C. Douai 27 fév. 1847, D. 52-2-217).

4. TABLES. — On réunit chaque année les feuilles d'audiences en volume (D. 30 mars 1808 art. 39). Dans l'usage une table facilite les recherches.

Cette table n'est pas assujettie au timbre.

V. *Feuille d'audience.*

9171. Dépôts. — Un registre sur timbre des dépôts (Déc. 12 juill. 1808, art. 2, 398 I. G.).

1. ACTES DIVERS. — Il contient les procès-verbaux de dépôt des rapports d'experts, des sentences arbitrales, des titres constatant la solvabilité des cautions de l'État, des inscriptions hypothécaires, des productions avec titres à l'appui dans les ordres et les contributions, des cahiers des charges, des titres à fin de revendication ou de distraction, des titres dont on offre communication, des signatures et paraphes des notaires, des extraits de contrat pour la purge des hypothèques, des extraits de demande en séparation de biens, des extraits de saisie immobilière, des extraits de contrats de mariage, jugements de séparation, actes et dissolutions de sociétés, actes pour le dépôt desquels aucun droit n'est perçu, des registres, répertoires et autres pièces. — V. Perrin p. 147.

Des décharges sont mises en marge (Déc. 12 juill. 1808, art. 2).

Les actes de dépôt ou de décharge sont soumis à l'enregistrement et au droit de greffe.

2. RÉPERTORIÉS. — Les greffiers des tribunaux de première instance séant en province doivent inscrire les actes du dépôt annuel qui leur est fait, par les notaires, des doubles de leurs répertoires, sur le registre ordinaire des actes de dépôt de titres et pièces, prévu par l'art. 2 Déc. 12 juillet 1808, et non sur un registre particulier qui serait affecté à ces actes (Circ. du garde des sceaux 18 mai 1819). Ces dépôts sont exempts d'enregistrement, mais passibles du droit de rédaction (590 I. G.).

3. SIGNATURES ET PARAPHES. — On peut encore porter sur ce registre, s'ils ne font pas l'objet d'un registre spécial également timbré, les actes de dépôt des signatures et paraphes des notaires (L. 25 vent. an 11, art. 49); ces actes sont exempts d'enregistrement, mais sujets au droit de rédaction (1008 I. G.).

4. SENTENCES ARBITRALES. — C'est encore sur ce registre que dans quelques greffes on porte les actes de dépôt des sentences arbitrales (431 et 1020 C. proc.); ces actes sont assujettis à l'enregistrement et au droit de rédaction (436 § 77 et 1173 § 13 I. G.). Quant à la transcription de ces sentences, elle ne semble pas indispensable, malgré l'I. G. 1351 art. 28 § 3 n° 1er.

5. VÉRIFICATIONS. — Les employés de l'enregistrement doivent tenir la main à ce qu'il soit rédigé acte de dépôt, conformément à l'art. 43 L. 22 frimaire an 7, dans tous les cas où cette formalité est prescrite, sauf à relever la contravention en cas d'omission. Ils doivent également s'assurer que le registre de dépôt est tenu régulièrement et que les

décharges sont inscrites avec exactitude. En cas d'irrégularité, ils doivent en référer au procureur de la République.

6. ACTES SÉPARÉS. — On rédige souvent à part les actes de dépôt de pièces relatives à certaines procédures particulières, notamment des cahiers des charges et des quittances et frais concernant les ventes judiciaires. Il n'y a point d'irrégularité dans ce mode de procéder.

9172. Transcriptions de diplôme. — Un registre pour la transcription des diplômes des officiers de santé, médecins, chirurgiens, pharmaciens et sages-femmes (L. 19 vent. an 11, art. 22, 23, 24, 25 et 34, L. 21 germ. an 11, art. 22). Chaque diplôme y est copié, et il est fait mention sur le diplôme de sa transcription au greffe. Aucun droit n'est dû que celui du timbre. Ce registre doit être timbré (Sol. 13 juill. 1864).

L'acte de transcription est soumis à l'enregistrement et au droit de greffe (204 et 558 I. G.). Mais lorsqu'on se borne à faire mention sur le registre de la présentation du diplôme, il n'y a lieu à perception d'aucun droit (D. m. f. 11 mai 1819). — On peut se dispenser de lever expédition (204 et 558 I. G.).

1. TITRES DE MAJORATS. — Les registres destinés à la transcription des majorats sont exempts du timbre. — V. 865.

2. SAISIE. — Un registre destiné à la transcription des saisies immobilières (art. 680 C. proc.). Ce registre est en papier timbré (D. m. f. et j. 22 mars 1808, 373 § 6 et 996 § 6 I. G.).

3. COMMISSION. — Dans quelques greffes, il existe un registre spécial destiné à transcrire les commissions des fonctionnaires admis au serment. Ces registres étant d'ordre intérieur sont exempts du timbre (Sol. 19 août 1842, 1683-12 I. G., D. m. f. 24 mai 1864). L'opinion contraire, émise au n° 6083 J. E., est une erreur certaine.

9173. Dispense d'âge et de parenté. — Un registre timbré est tenu pour la transcription de ces actes (arr. 20 prair. an 11, art. 5, D. m. f. et j. 25 mars 1829, 1282-4 I. G.).

Le registre du procureur de la République et l'ordonnance du président qui prescrit la transcription doivent être visés pour timbre en *débet*; l'ordonnance doit aussi être enregistrée en *débet*, sauf recouvrement sur les parties. La transcription seulement est soumise au droit de greffe, ainsi que l'expédition (Déc. 12 juill. 1808, art. 1er, 398 et 1282 § 1er I. G.).

9174. Répertoire. — Un répertoire contenant l'inscription de tous les actes et jugements qui sont soumis à l'enregistrement (L. 22 frim. an 7, art. 49). Ce registre est sur papier timbré; les greffiers peuvent récupérer cette dépense (Circ. du procureur général près la cour de Paris, en date des 7 mars 1818 et 16 mars 1843).

9175. Publications de testaments. — Un registre sur timbre des publications des testaments. — Il s'agit ici de l'ouverture des testaments soit mystiques, soit olographes. Autrefois, on se servait, dans quelques tribunaux, d'une feuille volante. — Nous préférons un registre, dit Perrin p. 150, comme moins susceptible de perte et d'abus ; il serait à souhaiter que tout pût se faire sur ces registres. Chaque testament est transcrit dans le corps du procès-verbal, de sorte que les greffiers peuvent en délivrer expédition.

9176. Transcription des lois. — Un registre sur papier libre pour la transcription des lois. — On doit se borner à copier le titre et le sommaire de chacune ; c'est un accusé de réception du *Bulletin des lois*.

Depuis le nouveau mode de promulgation, dès lors, l'usage de ce registre a perdu presque tout son intérêt. — V. *Loi.*

9177. Commissions. — Un registre sur papier libre des commissions. — On y transcrit les nominations ou commissions des juges, des greffiers, des avoués, des huissiers, des notaires, des commissaires-priseurs, des directeurs des postes, des préposés de l'enregistrement, des agents forestiers, des employés dans l'agence des poids et mesures, dans les bureaux de garantie de matières d'or et d'argent, dans l'administration des contributions, et dans celles des octrois, des commandants supérieurs, officiers et agents de police militaire, des employés à l'état-major des places, des gardes du génie, gardes champêtres et forestiers, gardes-pêche. — On y insère encore les diplômes d'avocat, brevets des imprimeurs et des libraires, les brevets d'invention. — V. Perrin p. 160, 161 et 163.

9178. Délibérations. — Un registre de délibérations du tribunal, sur papier libre (Déc. 30 mars 1808, art. 92).

Ce registre contient tout ce qui est relatif à la composition et au roulement des chambres, aux jours et heures soit des audiences, soit de l'ouverture du greffe, aux adresses au chef de l'État, aux propositions faites au Gouvernement à raison des places vacantes au barreau, aux remplacements provisoires des juges d'instruction, des greffiers, huissiers, etc. ; aux suspensions, interdictions, nombre, fixation et changement de résidence des officiers ministériels ; à la formation du tableau des avocats et à la discipline intérieure de cet ordre, dans ce qui est de la compétence des tribunaux ; au choix de l'imprimeur ; aux constructions à faire dans l'intérieur ou l'extérieur du palais de justice (Perrin *eod.* p. 163 et 164).

9179. Actes importants. — Un registre des actes importants. — On y transcrit: 1° les arrêts de la Cour suprême qui ont cassé des jugements rendus en dernier ressort par le tribunal (Déc. 18 juin 1811, art. 180);—2° les arrêts et procès-verbaux de la cour d'appel concernant l'installation de la cour, les règlements pour l'ordre du service, etc.; — 3° les ordonnances du ministre de la justice, ou, à son défaut, du premier président de la cour d'appel, pour la tenue des assises; les ordonnances des autres présidents portant commission au tribunal, etc.; — 4° les procès-verbaux d'installation du tribunal, ceux des serments pour la prestation desquels le tribunal a été délégué par la cour, etc. (Perrin *eod.* p. 164).

9180. Rôle général. — Un rôle général sur lequel sont inscrites, dans l'ordre de leur présentation, toutes les causes qui doivent être appelées à l'audience et plaidées (Déc. 30 mars 1808, art. 55, Circ. de la Régie 14 prair. an 7). — On n'y porte donc pas les causes concernant l'enregistrement, les droits d'hypothèque, de greffe, les contributions, puisqu'elles sont jugées sur simple mémoire. Il en est de même des référés (Déc. 12 juill. 1808, art. 5). — Le rôle est divisé en colonnes dont la première contient le numéro du registre; la seconde, la date de la mise en rôle; la troisième, le coût de la mise au rôle: elle est elle-même subdivisée en deux colonnes, l'une pour les causes sommaires, l'autre pour les causes ordinaires; la quatrième, la mention du jugement; la cinquième, les prénoms, nom et domicile de la partie pour laquelle on inscrit le nom de l'avoué; la sixième, les prénoms, nom et domicile de la partie adverse, et le nom de son avoué, si elle en a un; la septième, le motif de la radiation de la cause : cette colonne est subdivisée en trois, pour indiquer : 1° les jugements interlocutoires ou préparatoires dont l'effet serait de suspendre le jugement définitif; — 2° le jugement définitif; — 3° la radiation de la cause; la huitième, l'indication de la chambre ou section à laquelle la cause est renvoyée, lorsque le tribunal se compose de plusieurs chambres. Ce registre est sur papier libre (L. 13 brum. an 7, art. 16 n° 1er). — V. 9212.

9181. Rôle d'exception. — Le rôle d'exception contenant les causes dispensées du rôle général, et relatives aux droits d'enregistrement, de greffe, etc., ainsi que nous venons de l'énoncer (Déc. 30 mars 1808, art. 55). Ce registre est utile même dans les tribunaux composés d'une seule chambre, comme dans ceux où il y en a plusieurs. Il n'est pas timbré.

9182. Rôle des sections. — Un rôle des sections, ou rôle particulier, contenant l'indication des affaires distribuées à telle ou telle chambre du tribunal, s'il y a plusieurs chambres (Déc. 30 mars 1808, art. 56). Il n'est pas non plus timbré.

9183. Rôle des vacations.—Un rôle des vacations, coté et paraphé par le président de la chambre des vacations et dispensé du timbre (Déc. 30 mars 1808, art. 43 et 78).

9184. Présence ou absence. — Un registre de pointe, pour constater la présence ou l'absence des membres du tribunal (Déc. 30 mars 1808, art. 11, 12, 14, 53 et 89). Il comporte quatre colonnes, pour indiquer : 1° la date de la séance ; — 2° le nom des magistrats; — 3° le nom des absents et les causes de leur absence, si elles sont connues; —

4° le nom des remplaçants. Il est convenable que le greffier signe ici avec le président, comme le prescrivait l'art. 5 L. 30 août 1790. — Ce registre étant d'ordre intérieur n'est pas timbré.

9185. Droits d'assistance. — Un registre des droits d'assistance (Déc. 30 mars 1808, art. 16). C'est le greffier qui est chargé de la répartition des droits entre les membres du tribunal. Ils doivent consulter à cet effet les art. 19 L. 27 ventôse an 8, 13, 14 et 15 Déc. 30 mars 1808, 28, 29 et 30 Déc. 30 janvier 1871 (Perrin p. 175 et suiv.). — Ce registre est exempt du timbre.

9186. Droits de greffe. — Un registre des droits de greffe (L. 31 vent. an 7, art. 13). Les greffiers y inscrivent jour par jour les actes sujets aux droits de greffe, les expéditions qu'ils délivrent, la nature de chaque expédition, le nombre des rôles, le nom des parties, avec mention de celle à laquelle l'expédition a été délivrée. « Ce registre, dit M. Perrin p. 185, fait quelquefois double emploi avec le répertoire, en ce sens que l'un note sur l'un certains actes déjà notés sur l'autre. Mais chaque registre a sa destination particulière. L'insertion au répertoire assure les droits à l'enregistrement proprement dits, et l'insertion au registre des droits de greffe assure la perception de cette dernière espèce de droits. »

Ce registre n'est pas timbré (D. m. f. 6 brum. an 8, Circ. 1695, 398 et 996-11 I. G.), et aucune amende n'est prononcée pour le cas où il y aurait omission d'une inscription (Circ. 1537 et 1695).

9187. Congés. — Un registre, sur papier libre, des congés accordés aux magistrats (Circ. m. j. 24 nov. 1822).

9188. Changements de domicile. — Un registre pour les déclarations de changement de domicile politique, bien que la loi ne le prescrive pas absolument. — Ce registre est timbré, les déclarations sont soumises à l'enregistrement et au droit de greffe (Déc. 12 juill. 1808, art. 1ᵉʳ, 1562 § 8 I. G.).

9189. Publications. — Les codes prescrivent la publication, au moyen de l'insertion dans un tableau placé dans l'auditoire, de divers actes dont les extraits sont remis au greffe. Ce dépôt n'est pas constaté par un acte; mais le greffier doit rédiger un acte particulier pour constater l'insertion au tableau et la publication. Les actes que l'on publie par extrait sont, notamment : — 1° les jugements portant interdiction ou nomination d'un conseil judiciaire (501 C. C.) ; — 2° les demandes en séparation de biens et les jugements qui les prononcent (1445 C. C.; — 865, 866 et 872 C. proc.); — 3° les contrats de mariage des commerçants. — V. *Commerçant*.

Les mentions de publications sont faites sur un ou plusieurs registres (Dél. 30 août 1822). Dans quelques greffes, on les porte à tort sur le registre des dépôts, mais ce sont des actes distincts.

Les registres des mentions de publication sont timbrés (637 et 996-9 I. G.).

L'acte constatant l'insertion au tableau est assujetti aux droits d'enregistrement et de greffe (398, 637, 1293 § 2 I. G.). — V. 9301.

9190. Dessins de fabrique. — Les dépôts de dessins de fabrique sont toujours régis par la loi du 20 juin 1809 (437 I. G.) et par l'ordonnance du 17 août 1825, d'après lesquelles le registre de dépôt est exempt du timbre, tandis que le certificat remis au déposant doit être rédigé sur papier timbré et enregistré gratis (2133 *in fine* I. G.).

La décision contraire, rapportée au § 5 de l'I. G. 1755 et d'après laquelle le registre des dépôts des dessins de fabrique devait être sur timbre, est donc considérée sans application. — V. *Marque de fabrique*.

9191. Marques de fabrique. — Il doit être tenu au greffe du tribunal de commerce, ou, à défaut du tribunal de commerce, au greffe du tribunal civil, deux registres dont l'un en papier non timbré sur lequel seront collés les modèles de marques de fabrique, et l'autre en papier timbré pour la rédaction des procès-verbaux de dépôt des marques (Déc. 26 juill. 1858, 1097 R. P., 2133 I. G.).

Le greffier du tribunal de commerce de la Seine est obligé de tenir un registre spécial pour les dépôts des marques des étrangers et des Français dont les établissements sont situés hors de France. Ce registre, destiné à recevoir les modèles des marques, est exempt du timbre (*Idem*).

Au commencement de chaque année les greffiers dressent sur papier libre une table ou répertoire des marques déposées pendant le cours de l'année précédente (*Idem*). — V. *Marque de fabrique*.

SECTION 2. — ACTES DIVERS

[9192-9193]

9192. Actes sur registres ou sur feuilles volantes. — Outre les registres que nous venons d'énumérer, on tient encore dans quelques greffes de tribunaux des registres en papier timbré sur lesquels s'inscrivent les actes ci-après, qui, dans d'autres tribunaux, sont rédigés sur feuilles volantes :

1° Les cautionnements fournis en matière civile (17 C. proc.), assujettis à l'enregistrement et au droit de greffe (Déc. 12 juill. 1808, art. 1ᵉʳ, 436 § 40 I. G.). En matière criminelle (120 C. inst. crim.), l'enregistrement a lieu en *débet* (Dél. 6. nov. 1822) ;

2° Les déclarations affirmatives des tiers saisis (571 C. proc.) assujetties à l'enregistrement et au droit de greffe (L. 21 vent. an 7, art. 5, D. 12 juill. 1808, art. 1ᵉʳ, Dél. 6 août 1823, 1097, 1249 § 12 I. G.) ;

3° Les affirmations de voyage, assujetties à l'enregistrement et au droit de greffe (21 vent. an 7, art. 5, Déc. 12 juill. 1808, art. 1ᵉʳ, Dél. 21 déc. 1827, 398 I. G.).

Ces affirmations de voyage peuvent être rédigées à la suite les unes des autres sans contravention (8936 J. E., Dél. 21 déc. 1827 et 11 janv. 1828, *Mém. du not.* n° 703) ;

4° Les déclarations de retraits de cautionnement des officiers ministériels assujetties à l'enregistrement et au droit de greffe (Déc. 12 juill. 1808, art. 1er, 398 I. G.);

5° Les consignations de sommes au greffe (301 C. proc.), assujetties à l'enregistrement et au droit de greffe (Déc. 12 juill. 1808, art. 1er, 398 I. G.);

6° Les déclarations de domicile politique en matière électorale, assujetties à l'enregistrement et au droit de greffe (Déc. 12 juill. 1808, art. 1er, Sol. 16 mai 1833, 27 janv. 1834 et 19 sept. 1837, 1562 § 8 I. G.);

7° Les transcriptions de jugement de réhabilitation (611 C. com.) assujetties au droit de greffe (Déc. 12 juill. 1808, art. 1er);

8° Les transcriptions de commissions des employés et fonctionnaires exemptes du timbre, d'enregistrement et de droit de greffe (1683 § 12 I. G.).

9193. Actes réunis en liasses ou sur feuilles détachées. — D'autres actes faits ou déposés aux greffes des tribunaux de première instance sont rédigés sur des feuilles détachées ou réunies dans un cahier dont l'ensemble présente certaines procédures particulières. Voici les principaux :

1° Vérification d'écritures (193 et suiv. C. proc., 436 § 19 I. G.);

2° Faux incident civil (214 et suiv. C. proc., 436 § 21 et 22 I. G.);

3° Enquêtes (252 et suiv. C. proc., 436 § 7 et 34, et 1180 § 7 I. G.);

4° Visite de lieux (298 et suiv. C. proc.);

5° Interrogatoires sur faits et articles (324 et suiv. C. proc. 436 I. G.);

6° Désaveux (352 et suiv. C. proc., 436 § 30 I. G.);

7° Renvois à un autre tribunal (370 et suiv. C. proc., 436 § 31 I.G.);

8° Récusations (384 et suiv. C. proc., 436 § 32 I.G.);

9° Actes d'appel (392 et suiv. C. proc., 438 § 33 I. G.);

10° Règlements de comptes (527 et suiv. C. proc., 436 § 41 I. G);

11° Adjudications en justice par suite de saisie, surenchère, folle enchère, licitations et partages judiciaires (36 § 52, 55, 56, 74, 75 et 76 I. G.);

12° Les procès-verbaux d'ordre, les actes relatifs à ces deux derniers numéros, sont ordinairement en un cahier pour chaque adjudication.

Les certificats de greffiers sont le plus souvent délivrés en brevet; ils sont soumis à l'enregistrement et au droit de greffe.

1. ACTES DIVERS. — ACTES A LA SUITE. — On a quelquefois pensé que les greffiers étaient autorisés à porter tous leurs actes sans distinction sur des registres, c'est du moins ce qu'on peut induire d'une décision ministérielle du 6 germinal an 7, portant que si les greffiers tiennent un seul registre pour les minutes de leurs actes, ce registre doit être en papier timbré (Circ. 1566 § 30 et 92, 373 § 2 et 953 § 32 I. G.). Mais cette conclusion ne paraît pas avoir été confirmée par l'Administration. On a fait remarquer que si la loi du 13 brumaire an 7 parle des registres des tribunaux, elle parle aussi de leurs actes ou jugements et qu'elle ne déroge pas d'une façon formelle au principe posé dans l'art. 23, d'après lequel il ne peut être écrit plusieurs actes à la suite l'un de l'autre sur la même feuille de papier timbré. Ce n'est donc qu'autant qu'il existe une autorisation expresse que les jugements et autres actes judiciaires peuvent être portés sur des registres.

Il n'est pas besoin d'ajouter que si le greffier rédigeait chacun des actes sur une feuille particulière de papier timbré de registre, sans que la même feuille en contînt plusieurs, toute contravention disparaîtrait. Il n'a jamais été défendu, en effet, de réunir des actes rédigés sur feuilles volantes en registre pour en assurer la conservation.

La question précédente a d'ailleurs été traitée au mot *Acte à la suite*, où on trouvera l'indication des autorités qui l'ont résolue.

CHAPITRE II. — GREFFE DU TRIBUNAL DE COMMERCE

[9194]

9194. Registres. — Les greffiers des tribunaux de commerce tiennent : 1° le répertoire prescrit par l'art. 49 L. 22 frimaire an 7 ;

2° Le registre des droits de greffe prescrit par l'art. 13 L. 21 ventôse an 7, et sur lequel ils doivent inscrire toutes les sommes qu'ils perçoivent, soit en vertu de l'ordonnance des 9-12 octobre 1825, soit en vertu des lois et règlements antérieurs, en inscrivant les déboursés et les émoluments dans des colonnes séparées (art. 2 § 4 de l'Ord. précitée) ;

3° Un registre des dépôts de rapports d'experts, de sentences arbitrales, etc. (art. 2 Déc. 12 juill. 1808);

4° Un registre des dépôts de bilan;

5° Un registre des faillites ;

6° Un registre des procès-verbaux de faillite ;

7° Un registre des jugements (art. 39 Déc. 30 mars 1808).

1. PRUD'HOMMES. — Le secrétaire du conseil des prud'hommes est assujetti, comme le greffier du juge de paix y est soumis pour les actes qui émanent du tribunal auprès duquel il est placé, à porter sur une feuille ou registre d'audience, en papier timbré, tous les jugements rendus par les prud'hommes (D. m. f. 20 juin 1809, 437 I. G.).

Les livres d'acquit sur lesquels on relate la situation respective des négociants et des chefs d'ateliers devraient être timbrés (D. m. f. 20 juin 1809, 437 I. G.). Mais ils ont été, par faveur, dispensés de cette formalité (D. m. f. 6 juill. 1813, 4693 J. E.).

CHAPITRE III. — GREFFE DE COUR D'APPEL

[9195-9196]

9195. Registres. — Les greffiers des cours d'appel ne sont pas appelés à tenir un aussi grand nombre de registres. Il sera facile, en se reportan` aux précédents numéros, de faire la distinction des registres qui leur sont propres et de ceux qui concernent exclusivement les greffiers de première instance.

Ainsi ils doivent tenir, notamment : 1° le registre des dépôts ; — 2° celui des productions ; — 3° celui des oppositions ; — 4° un registre des recours en cassation en matière criminelle et de police (C. inst. crim. 417). Ce registre et les actes qui y sont inscrits sont assujettis au timbre et à l'enregistrement en *débet* pour les matières de police sans partie civile, il y a une exemption totale en matière criminelle. — V. *Acte judiciaire.*

9196. Actes divers. — Les autres actes de greffe des cours d'appel, rédigés soit sur des registres spéciaux, soit sur des feuilles détachées, sont notamment : les affirmations de voyage, les consignations de sommes, les vérifications d'écriture, faux incidents civils, enquêtes, interrogatoires, désaveux, renvois, récusations et certificats.

CHAPITRE IV. — GREFFE DE JUSTICE DE PAIX

[9197-9198]

9197. Registres. — Les greffiers de justice de paix tiennent, indépendamment du répertoire et du registre des actes de dépôt prescrits par les art. 43 et 49 L. 22 frimaire an 7 :

1° Un registre sur papier libre, ou plumitif, qu'il ne faut pas confondre avec la feuille d'audience, et sur lequel on porte chaque affaire venant sur citation, sur invitation ou sur présentation volontaire (L. 18 oct. 1790, art. 1er et 2 tit. 8). — Tout ce qui se passe à l'audience est relaté sur le plumitif ;

2° Un registre sur papier libre des affaires soumises au préliminaire de conciliation (Circ. min. 30 déc. 1840) ;

3° Un registre sur papier libre des déclarations de translation de domicile politique pour les élections communales et départementales (L. 22 juin 1833, art. 29) ;

4° Un registre contenant, par ordre de date et sans aucun blanc, la mention des sommes qu'ils reçoivent pour les actes de leur ministère ; les déboursés et les émoluments sont dans des colonnes séparées (Ord. 17 juill. 1825, art. 2).

Ce registre étant de pur ordre est exempté du timbre (Dél. 25 oct. 1826, 8547 J. E., D. m. f. 20 nov. 1826, 1205-16 I. G.).

Il doit être communiqué aux préposés de l'enregistrement (Circ. du directeur général du 21 juill. 1843, 1972 I. G.) ;

5° Un registre sur papier non timbré pour le dépôt du paraphe et de la signature des notaires et officiers de l'État civil (D. m. f. et j. 26 juill.-6 août 1861, 2200 I. G., 1540 R. P.) ;

6° Un registre également non timbré sur lequel le juge de paix indique les appositions de scellés. — V. 878 ;

7° Un registre sur papier non timbré, constatant l'envoi et le résultat des avertissements (L. 2 mai 1855, art. 2, 502 R. P., 2049 § 3 I. G.).

On a prétendu, dit Jay p. 135, que le répertoire ne pouvait servir pour inscrire les actes que les greffiers de justice de paix rédigent comme officiers-priseurs. Mais cet auteur pense que c'est là une erreur. En effet, dit-il, il est constant qu'en matière de fiscalité c'est au titre de l'officier, bien plutôt qu'à la nature de l'acte (V. à cet égard la jurisprudence en matière d'effets de commerce, 6816, etc.), qu'il faut s'attacher pour déterminer les règles qui doivent être observées, et nous ne voyons pas dans quel but on obligerait un greffier à tenir un second répertoire, puisqu'il ne pourrait servir qu'à rendre plus longues et plus obscures les recherches et vérifications pour lesquelles la tenue des répertoires a été prescrite. — Cette opinion est aussi la nôtre ;

8° Un registre destiné à recevoir, dans les lieux où il n'existe pas d'écoles de pharmacie ou d'écoles préparatoires de médecine et de pharmacie, les inscriptions des élèves stagiaires. Ce registre ainsi que les extraits qui en sont délivrés sont dispensés du timbre et de l'enregistrement (L. 26 juill. 1860, art. 20, 2181-7 I. G.).

9197 bis. Feuille d'audience. — D'après l'art. 18 C. proc., les minutes de tous les jugements doivent être faites par le greffier sur la *feuille* d'audience, et l'art. 58 ajoute qu'en cas de non comparution de l'une des parties, il en sera fait mention sur le *registre* du greffe de la justice de paix. De ce que la loi a parlé de *feuille* d'audience et de *registre*, on en a conclu que le greffier pouvait tenir une feuille particulière pour chaque audience ou porter plusieurs audiences sur la même feuille ou sur le même registre (D. m. f. et j. 9-22 mars 1808, 373 n° 2 I. G.).

1. JUGEMENT DE POLICE. — Les greffiers de la police municipale peuvent tenir deux feuilles d'audience, une qui est visée pour timbre en *débet* pour les jugements rendus à la requête du ministère public, et l'autre en papier timbré pour les jugements civils. Mais si les greffiers ne tiennent qu'une feuille d'audience, elle doit être timbrée et recevoir tous les jugements sans exception (D. m. f. et j. 15 sept. 1820, 953 § 2 I. G.).

2. SERMENT. — Les actes de prestation de serment étant reçus à l'audience constituent de véritables jugements et peuvent être rédigés sur la feuille d'audience (1683 § 12 I. G.,

Sol. 12 fév. 1851, 7 fév. 1852, 16 juin 1860, 28 fév. 1861, 27 janv. 1865, 11 avr. 1866).

Le contraire a été cependant décidé par le tribunal de Bordeaux le 2 mai 1842 (13000 J. E.), mais cette interprétation a été abandonnée.

3. CONCILIATION. — Les procès-verbaux de conciliation et de non-conciliation, ainsi que les mentions de non-comparution ne constituant pas de jugement, ne doivent pas être portés sur la feuille d'audience réservée aux jugements proprement dits (D. m. f. et j. rappelée 6038 J. E., Sol. 8 nov. 1862).

Les greffiers peuvent d'ailleurs se servir, pour les actes de conciliation, d'une ou de plusieurs feuilles réservées pour chaque audience. Cette faculté, leur ayant été accordée pour les feuilles d'audience, doit être étendue au registre de conciliation (12788-5 J. E.).

4. SCELLÉS. — Il en est de même des procès-verbaux d'apposition et de levée de scellés, sauf à réunir les diverses feuilles en volumes pour leur conservation (Sol. 5 oct. 1857).

5. AVIS DE PARENTS. Les avis de parents ne peuvent pas être rédigés à la suite les uns des autres sur un cahier. Il n'y a pas d'analogie entre eux et les jugements ou les actes de conciliation (Sol. 28 mai 1855 et 5 oct. 1857).

9198. Actes des juges de paix. — Les actes rédigés par les juges de paix sont, en principe, comme ceux du greffe, assujettis au timbre et à l'enregistrement, Nous en rappelons ici quelques-uns, faisant observer que les développements relatifs à chacun d'eux se trouveront naturellement aux différents mots de cet ouvrage dans lesquels ils sont traités.

1. ACTES DE NOTORIÉTÉ. — Les actes de notoriété reçus par les juges de paix pour établir les causes et les circonstances de la disparition des militaires sont exempts du timbre, comme pièces concernant les gens de guerre (D. m. f. 6 janv. 1824, 1124 I. G.).

Ceux qui constataient l'identité des ayants droit à l'ancienne indemnité des émigrés devaient être rédigés sur timbre (Circ. 27 juin 1825).

Sont également sujets au timbre les actes de notoriété destinés à constater les ressources des demandeurs en concession de terres soit en France, soit en Algérie (2049 § 1er I. G.).

2. AVERTISSEMENTS. — Dans toutes les causes, excepté celles qui requièrent célérité et celles dans lesquelles le défendeur serait domicilié hors du canton ou des cantons de la même ville, il est interdit aux huissiers de donner aucune citation en justice sans qu'au préalable le juge de paix ait appelé les parties devant lui au moyen d'un avertissement rédigé par le greffier, expédié par la poste avec affranchissement (L. 2 mai 1855).

Cet avertissement avait été exempté du timbre (L. précitée 2049 § 3 I. G.). D'après l'art. 21 L. 23 août 1871, il doit être actuellement rédigé sur du papier timbré de dimension. — V. 9156.

3. CÉDULE. — D'après la loi du 26 ventôse an 4, toute citation ne peut être faite en conciliation qu'en vertu d'une cédule délivrée par le juge de paix sur papier timbré (Circ. 886).

4. CERTIFICATS DE PROPRIÉTÉ. — Les certificats de propriété délivrés par les juges de paix pour constater les noms et qualités soit des veuves et orphelins de militaires, soit pour toute autre cause, qui doivent être produits au payeur du Trésor public sont, dans certains cas, dispensés de l'enregistrement, mais ils sont passibles du timbre (1814 § 5 I. G., D. m. f. 29 oct. 1842, 1679 I. G.).

5. CONCILIATION. — Les procès-verbaux de conciliation dressés par les juges de paix ont tous les caractères d'actes judiciaires proprement dits et sont soumis, comme eux, au timbre et à l'enregistrement (D. m. f. 30 août 1855, 2049 § 3 I. G.).

6. ÉMANCIPATION. — L'émancipation des enfants placés sous la tutelle des commissions administratives dans les hospices a lieu sur la désignation de celui des membres de la commission qui est tuteur et qui doit, à cet effet, comparaître devant le juge de paix. L'acte d'émancipation dont il s'agit est sujet au timbre et à l'enregistrement, de la même façon que les actes d'émancipation ordinaire (L. 5 pluv. an 13, art. 3).

CHAPITRE V. — GREFFE DE TRIBUNAL CRIMINEL CORRECTIONNEL ET DE POLICE

[9198 bis]

9198 bis. Registres. — 1. CRIMINEL. — Au criminel les greffiers sont astreints à tenir des registres qui tous sont sur papier libre, sauf, toutefois, le registre des pourvois en cassation et le répertoire.

2. POLICE CORRECTIONNELLE. — En police correctionnelle, l'art. 56 Déc. 30 mars 1808 prescrit de tenir :

1° un rôle pour les citations libellées en forme de plainte : ce rôle n'est qu'un registre d'ordre, car les affaires correctionnelles ne sont pas soumises au droit de mise au rôle;

2° Un autre rôle pour les affaires relatives aux lois forestières, aux contributions, lorsqu'elles sont de la compétence de la police correctionnelle ;

3° Il est encore d'usage de tenir un registre pour les appels. C'est sur ce registre que les parties, assistées d'un avoué, font leur déclaration d'appel ;

4° Aux termes de l'art. 29 L. 19 vendémiaire an 4, il doit être tenu, par ordre alphabétique, un registre de tous les individus qui sont appelés devant cette juridiction, avec une notice sommaire de leur affaire et des suites qu'elle a eues ;

5° Il y a également: 1° un répertoire de tous les actes et jugements susceptibles d'enregistrement sur minute. — Les jugements correctionnels que l'art. 7 de cette loi exemptait de l'enregistrement y sont soumis aujourd'hui ;

6° Un registre des affaires en instruction ;

7° Un registre des condamnés à un emprisonnement correctionnel et des mises en surveillance (art. 600 C. inst. crim.). — Il contient les nom, prénoms, âge, profession, résidence des condamnés, une notice sommaire de l'affaire et de la condamnation, sous peine de 50 francs d'amende pour chaque omission, et enfin la décision des tribunaux supérieurs qui aurait pour résultat de modifier, annuler ou confirmer la condamnation (Circ. m. j. 17 août 1832);

8° Un registre des pourvois en cassation (art. 417 C. inst. crim.). — Il en est même tenu deux : l'un, qui est visé pour timbre, pour les pourvois sujets à l'enregistrement; l'autre, visé en *débet*, pour ceux qui sont dispensés de l'enregistrement, ou du moins enregistrés gratis, c'est-à-dire ceux du ministère public, des communes, des établissements publics, des administrations publiques agissant dans l'intérêt de l'État;

9° Un registre des états de crédit pour les ports de lettres et de paquets (Déc. 18 juin 1811, art. 101). On ne voit pas clairement, dit Perrin p. 508, dans cette disposition, si le registre doit être tenu au greffe, ou s'il doit l'être au parquet; il y a des tribunaux où le greffier en est chargé ;

10° Un registre des consignations des sommes versées par les parties civiles; chaque partie a son compte particulier. À l'expiration de l'année, les greffiers rendent compte au ministre, par l'intermédiaire du parquet, du montant des consignations, des payements effectués et des sommes restituées. C'est le chef du parquet qui cote et paraphe ce registre (Ord. 28 juin 1832) ;

11° Dans un grand nombre de greffes correctionnels, on tient encore, comme mesure d'ordre, un registre des dépôts de pièces de conviction;

12° Un registre des autres dépôts, entre autres des ouvrages d'or et d'argent saisis par l'Administration et apportés au greffe en vertu de l'art. 103 L. 19 brum. an 6, des fusils confisqués par suite d'un délit de chasse ;

13° Un registre constatant les extraits soumis au ministère public pour la poursuite des condamnations, et la remise des pièces d'une affaire entre les mains des préposés de la Régie, pour arriver au recouvrement des frais, quand le ministère public charge le greffier de ce soin, car quelquefois les pièces sont envoyées par le parquet.

Feuilles d'audience. — Une instruction de l'Administration de l'enregistrement, du 5 mars 1823, reconnaît que les greffiers, en matière correctionnelle et de police simple, ne sont pas soumis à l'obligation de tenir une feuille d'audience, comme en matière civile, mais que les jugements, autrement il en faudrait tenir deux : l'une sur timbre, dans les causes ordinaires ; l'autre sur papier visé pour timbre, dans les causes poursuivies à la requête du ministère public.

3. GRAND CRIMINEL. — Au grand criminel, les greffiers doivent tenir, comme ceux des tribunaux correctionnels : 1° le répertoire; — 2° le registre des affaires en instruction;

— 3° le registre des condamnations et des mises en surveillance; — 4° celui des pourvois en cassation; — 5° celui des états de crédit.

Dans les causes où figure une partie civile, le registre des pourvois doit être timbré, tandis que dans les autres causes, il est sur papier libre.

On a décidé qu'il y a lieu, pour une chambre de mises en accusation, de refuser d'entendre le rapport du procureur général sur une procédure criminelle, tant que cette procédure n'a pas été enregistrée au greffe de la cour en ce que c'est par cette mesure seule que les droits du prévenu se trouvent sauvegardés et la responsabilité du greffier mise à couvert (Ord. de 1670, art. 15 et 18).

4. POURVOI. — Les greffiers de simple police tiennent également un répertoire et un registre pour y inscrire les pourvois en cassation. — *V.* 8 ci-dessus.

TITRE III. — DROITS DE GREFFE

[9199-9426]

CHAPITRE PREMIER. — DISPOSITIONS GÉNÉRALES

[9199-9213]

9199. Droits de greffe anciens. — Les droits de greffe sont les plus anciens des droits établis sur les actes judiciaires. Ils étaient perçus d'abord directement par les greffiers. Philippe le Long, par une ordonnance de 1319 (Bosquet *Dict. des Dom.* v° *Greffes*), en régla le taux en déclarant que les sceaux et écritures, c'est-à-dire les greffes, notariats et tabellionnages, étaient son domaine. — Mais les droits de greffe n'étaient pas les seuls que l'on prélevait sur les actes judiciaires. Il y avait encore les droits *de scel* (édit de 1696, tarif de 1708) ; les droits *d'insinuation* (édit de 1703); enfin *les épices*, qui étaient des droits appartenant aux juges pour examiner et juger certains procès et pour autres fonctions de leur ministère. Sur ces épices on faisait un prélèvement au profit du roi (Bosquet *Dict. des Dom.*).

9200. Droits de greffe nouveaux. — Tribunaux civils et de commerce. — L'Assemblée constituante supprima les droits de greffe, de scel, d'insinuation, d'épices, en prétendant que la justice devait être rendue gratuitement. Mais la *gêne du Trésor* ne tarda pas à faire revenir sur cette généreuse pensée, et de nouveaux droits de greffe furent établis, par la loi du 21 ventôse an 7, dans tous les tribunaux civils et de commerce.

Leur perception, au point de vue financier, ne justifie pas les complications auxquelles elle donne lieu et on en a souvent demandé la suppression ou la transformation.

9201. Division des droits de greffe. — Cette loi, combinée avec la loi additionnelle du 7 prairial an 7 et un décret du 12 juillet 1808 rendu à cause des changements introduits par les codes de procédure civile et de commerce, dans plusieurs des actes désignés aux lois des 21 ventôse et 22 prairial an 7, forme le code en vigueur de nos jours sur cette matière. — D'après ses art. 1er et 2, le droit de greffe se perçoit, *dans tous les tribunaux civils de première instance et de commerce*, au profit du Trésor, par les receveurs de l'enregistrement. Ces droits consistent :

1. DROIT DE MISE AU ROLE. — Dans celui qui est perçu lors de la mise au rôle de chaque cause. — *V.* 9214 et suiv.

2. RÉDACTION ET TRANSCRIPTION DES ACTES. — Dans celui établi pour la rédaction et la transcription des actes. — *V.* 9246 et suiv.

3. DROIT D'EXPÉDITION. — Dans le droit d'expédition des jugements et actes. — *V.* 9384 et suiv.

9202. Droits et remises du greffier. — Une partie du produit des droits de greffe est attribuée aux greffiers, à titre de remise. « Au moyen de cette remise, porte l'art. 16 L. 21 ventôse an 7, les greffiers sont chargés du traitement des commis assermentés, commis expéditionnaires et de tous employés du greffe, quelles que soient leurs fonctions, ainsi que des frais de bureau, papier libre, rôles, registres, encre, plumes, lumière, chauffage des commis et généralement de toutes les dépenses du greffe » (art. 16).
D'après l'art. 21 de cette loi, le receveur de l'enregistrement comptait, le premier de chaque mois, « avec le greffier, du produit des remises à lui accordées par l'art. 19, et il lui en payait le montant sur le mandat qui était délivré au bas du compte par le président du tribunal. »
Mais cette disposition compliquait la comptabilité. Pour remédier à cet inconvénient, la loi du 23 juillet 1820 a prescrit aux greffiers de retenir le montant de leurs attributions et de verser aux receveurs de l'Enregistrement la part seulement revenant au Trésor. L'art. 2 de cette loi est ainsi conçu :
« Les droits et remises attribués aux greffiers des tribunaux civils et de commerce par la loi du 21 ventôse an 7 seront perçus par eux directement des parties qui en sont tenues ; mais les receveurs de l'enregistrement mentionneront désormais en toutes lettres, dans la relation au pied de chaque acte : 1° le montant des droits de greffe appartenant au Trésor ; — 2° le montant de la remise qui revient au greffier, pour l'indemnité qui lui est allouée par la loi. » — Cette dernière mention est d'une utilité plus que contestable.
Les droits de greffe du tribunal de commerce de la Seine ayant été reconnus insuffisants pour subvenir aux dépenses de ce greffe, un décret du 6 janvier 1814 a augmenté, pour ce tribunal seulement, le tarif déterminé par la loi du 21 ventôse. Ce tarif étant d'un intérêt purement local, nous ne le mentionnons ici que pour mémoire.

9203. Adjudication en justice et sur expropriation forcée. — La loi additionnelle du 22 prairial an 7 a ajouté à la loi du 21 ventôse an 7, en établissant les droits de greffe sur les adjudications en justice, les adjudica-

tions sur expropriation forcée, et les procès-verbaux d'ordre. — *V.* 9358 et suiv.

9204. Droits de greffe en matière criminelle, correctionnelle et de simple police. — Les droits de greffe établis pour les tribunaux civils et de commerce ne doivent pas être confondus avec ceux fixés par un décret du 18 juin 1811, en matière criminelle, correctionnelle ou de simple police. Les premiers ne doivent être considérés que comme un impôt créé au profit de l'État : c'est la loi de leur origine. Les seconds, au contraire, sont exclusivement attribués aux greffiers, à titre de salaire. Ce n'est donc qu'improprement, par rapport à la signification que nous donnons ici à cette nature de droits, qu'on les appelle *droits de greffe*.
Il est vrai qu'en faisant des droits de greffe un impôt pour le Trésor, la loi du 21 ventôse an 7 annonçait, par son art. 27, qu'il serait statué par une *résolution* particulière sur les greffes des tribunaux criminels et correctionnels ; mais cette résolution n'a pas été prise en ce qui concerne l'impôt. Les actes des tribunaux criminels et correctionnels sont exempts de tout droit de greffe au profit du Trésor. Cependant, de ce que la loi du 27 ventôse an 8 a attribué aux tribunaux de première instance la connaissance des affaires en *matière correctionnelle*, on avait voulu inférer que les droits de greffe devaient être perçus pour tous les actes faits ou expédiés par le même greffier ; mais le ministre des finances a décidé, le 8 fructidor an 8, qu'aucun droit de greffe ne devait être perçu au profit du Trésor en matière criminelle et correctionnelle.

1. PARTIE CIVILE. — Bien plus, il faut décider qu'aucun droit de greffe ne peut être exigible alors même qu'il y a une *partie civile* en cause. La loi n'assujettissant à ce droit que les actes se rattachant aux tribunaux *civils* et *de commerce*, il en résulte forcément que les actes émanés des autres tribunaux en sont exempts, quelles que soient les circonstances dans lesquelles ils ont lieu.

9205. Défense aux greffiers d'exiger d'autres droits que ceux déterminés par la loi. — Il est défendu aux greffiers, ainsi qu'à leurs commis, d'exiger ni de recevoir d'autres droits de greffe ni de prompte expédition, que ceux établis par la loi, sous peine d'amende, de destitution et même de plus fortes peines (L. 21 vent. an 7, art. 23 et 22 prair. an 7, art. 5, Déc. 18 juin 1811, art. 64, 174 C. proc.; — C. cass. 16 mai 1806, S. t. 6 2e part. p. 920).

9206. Décimes pour franc. — Les droits de greffe sont passibles au profit du Trésor des deux décimes établis par les lois des 7 prairial an 7, et 23 août 1871. Mais ils sont affranchis du demi-décime supplémentaire créé par la loi du 30 décembre 1873. — *V.* 5880.
Les décimes ne peuvent, aux termes de l'art. 2 de la loi du 21 ventôse an 7, être affectés de la remise qui est accordée aux greffiers sur les droits de greffe.

4. REMISE DU GREFFIER. — La remise allouée aux greffiers sur les droits de greffe, de rédaction et de transcription, est d'un décime par franc du droit en principal. On perçoit donc les neuf dixièmes de ce droit au profit du Trésor, plus la totalité des décimes par franc, tant sur la portion revenant au Trésor que sur celle attribuée au greffier.

Le décime pour franc perçu au profit du Trésor sur les attributions des greffiers est passible de remises au profit du receveur (1729 I. G.).

9207. Payement des droits de greffe. — C'est la partie qui requiert la rédaction ou l'expédition des actes sujets aux droits de greffe qui doit en faire l'avance; mais, aux termes de l'art. 24 L. 21 ventôse an 7, ils lui sont alloués dans la taxe des dépens, pour les répéter de la partie qui a succombé dans l'instance, au vu de la quittance du receveur de l'enregistrement mise au bas des expéditions, et de celle donnée par le greffier de l'acquit du droit de mise au rôle et de rédaction.

Mais les greffiers sont chargés, sous leur responsabilité, de se faire remettre par les parties ou leurs avoués les droits d'enregistrement et de timbre des actes de greffe et le montant intégral des droits ou frais de greffe, au moment de la rédaction des actes; de sorte qu'ils en sont comptables envers le Trésor, par le fait seul de cette rédaction. Ils n'ont point la faculté, comme pour les jugements rendus à l'audience, de remettre au receveur un extrait des actes de greffe dont les droits ne leur ont pas été consignés.

9208. Prescription. — L'art. 6 Déc. 12 juillet 1808 porte que « les prescriptions établies par l'art. 61 L. 22 frimaire an 7 sont applicables aux droits de greffe comme à ceux d'enregistrement. » — Cette disposition législative n'a fait que consacrer la jurisprudence de la C. cass. qui avait jugé, par un arrêt du 16 brumaire an 13 (398 I. G.), que les droits de greffe sont soumis aux mêmes prescriptions que les droits d'enregistrement.

Dans ce sens, il a été jugé que la disposition de l'art. 61 L. 22 frimaire an7, qui déclare prescrite l'action en réclamation des droits d'enregistrement, lorsqu'il y a interruption de poursuites pendant un an, est applicable aux droits de greffe comme à ceux d'enregistrement; mais que cette prescription annale ne saurait s'appliquer aux actes de la procédure, après qu'il y a eu instance introduite en temps utile devant un tribunal compétent, lors même qu'il y aurait eu interruption de ces procédures pendant plus d'une année (Cass. 23 germ. an 11). — « Vu, porte cet arrêt, l'art. 61 L. 22 frimaire an7; considérant que cet article doit s'appliquer aux droits de greffe comme à ceux d'enregistrement: 1° parce qu'ils sont de même nature et confiés à la même administration; — 2° parce que les mêmes motifs de décider s'y rencontrent, et que la tranquillité des familles nécessite cette application égale; — 3° parce que la loi du 22 frimaire est la seule qui ait réglé la procédure à suivre pour l'Administration de l'enregistrement et du domaine national, pour tous les impôts indirects dont la perception lui est confiée, et qu'il est naturel de penser que la volonté du législateur a été que les mêmes règles de procéder aient lieu en ma-

tière de droits de greffe, comme à l'égard des autres impôts indirects, dès l'instant qu'il n'en établissait aucune particulière dans la loi du 21 ventôse an 7, d'où il suit que la prescription annale a lieu, en point de droit, en matière d'actions et de poursuites, en recouvrement de droits de greffe, de même que quand il s'agit de droit d'enregistrement. »

1. MISE AU ROLE. — La prescription biennale ne saurait s'appliquer aux droits de mise au rôle. C'est ce que le ministre des finances a reconnu par une décision du 3 juin 1824 (7763 J. E.). En effet, c'est le greffier qui fait lui-même la recette de ce droit en compte, une fois par mois, au receveur de l'enregistrement. Il n'y a donc pas contravention de sa part, mais omission de recette, et cette omission ne peut être régie que par la loi commune, c'est-à-dire par la prescription trentenaire, la seule qui puisse être invoquée par les comptables et les mandataires en retard de rendre leurs comptes.

2. AMENDES DE CONTRAVENTION. — Le greffier peut encourir des amendes de deux sortes; les unes pour contravention aux dispositions de la loi fiscale, les autres pour infraction aux prescriptions de la loi civile.

Ainsi, rédiger un acte en vertu d'un acte sous seing privé non enregistré, c'est contrevenir à la loi de l'enregistrement (art. 41 L. 22 frim. an 7); délivrer l'expédition d'un acte sujet aux droits de greffe avant que ces droits aient été acquittés, c'est contrevenir à la loi qui a institué les droits de greffe (L. 21 vent. an 7, art. 11). — Mais ces deux contraventions, n'étant que des infractions à des règles fiscales, doivent nécessairement être régies par les principes de la loi de l'impôt. Aussi les amendes encourues sont-elles prescrites après deux ans du jour où la contravention aura pu être reconnue (L. 16 juin 1824, art. 14).

Mais la prescription établie par la loi civile pour les amendes en matière de délit, régira seule la contravention que commettrait le greffier s'il exigeait des droits qui ne lui seraient pas dus (LL. 21 vent. an 7 art. 23, 22 prair. an 7 art. 5). Ici, en effet, ce n'est plus le Trésor, mais l'ordre public qui est en cause.

9209. Répression des contraventions. — Le ministère public est exclusivement chargé de la répression des contraventions aux règles posées par le Code que peuvent commettre les greffiers dans l'exercice de leurs fonctions. Le rôle des employés de l'enregistrement se borne, quant à ces contraventions, à les signaler au procureur de la République. Il n'en est plus ainsi des infractions aux lois sur le timbre et l'enregistrement; ils doivent les constater, et recouvrer directement sur les greffiers les amendes encourues.

9210. Réduction des amendes. — L'art. 10 L. 16 juin 1824, n'ayant pas prévu les amendes de contravention en matière de droits de greffe, on pourrait soutenir que la réduction que cet article a édictée en faveur des amendes sur le timbre, les ventes publiques de meubles, la loi du notariat, ne peut, dans la rigueur des principes, leur être appliquée. Dalloz s'élève, n° 3860, contre cette interprétation rigoureuse de la loi, et nous adoptons son opinion, car il nous semble que la disposition de faveur de la loi de 1824 devrait s'appliquer à toutes les contraventions qui sont de nature à enfreindre une disposition bursale. C'est là certainement la pensée qui a inspiré le législateur dans la rédaction de cet article.

9211. Droits divers qui perçoivent sur les actes du greffe. — A la différence des autres actes qui n'ont à supporter que deux natures de droit (timbre et enregistrement), certains actes des juges et les actes du greffe sont appelés à supporter trois sortes de perceptions, savoir : le droit de timbre, le droit d'enregistrement et le droit de greffe.

1. TIMBRE. — Les droits de timbre sont ceux fixés par les dispositions générales de la loi du 13 brumaire an 7.

2. GREFFE. — Les droits de greffe font l'objet de cet article.

3. ENREGISTREMENT. — Quant aux droits d'enregistrement, l'art. 68 § 2 n°s 6 et 7 L. 22 frimaire an 7 avait tarifé à 2 francs les actes du greffe. — Ce droit a été élevé à 3 francs par l'art. 45 n° 6 L. 28 avril 1816 pour les greffes des tribunaux de première instance et de commerce, et à 5 francs pour les greffes des cours impériales; puis, dans les mêmes circonstances, à 4 fr. 50 cent. et à 7 fr. 50 cent. par l'art. 4 L. 28 février 1872.

L'art. 68 § 2 n°s 6 et 7 de la loi de l'an 7 prévoit nommément :

Tribunaux civils. — Pour les tribunaux civils, les acquiescement, dépôt, décharge, désaveu, exclusion de tribunaux, affirmation de voyage, opposition à remise de pièces, enchères, surenchères, renonciation à communauté, succession ou legs (*il est dû un droit pour chaque renonçant*), reprise d'instance, communication de pièces sans déplacement, affirmation et vérification de créance, opposition à délivrance de jugement.

Tribunaux de commerce. — Pour les tribunaux de commerce, les dépôts de bilan et registres, opposition à publication de séparation, dépôt de sommes et pièces, et tous autres actes conservatoires ou de formalité.

9212. Délai. — Les actes de greffe assujettis à l'enregistrement doivent être présentés à cette formalité dans les vingt jours, comme les autres actes judiciaires, à la diligence du greffier, sous peine du droit d'enregistrement. — Lorsqu'un acte est soumis à l'enregistrement et aux droits de greffe, la perception du tout est faite au moment de l'enregistrement. — Si l'acte n'est sujet qu'au droit de greffe, V, 9249.

Décidé spécialement que si le dépôt fait au greffe d'un cahier des charges est présenté à la formalité après le délai de vingt jours, on ne peut exiger de droit en sus de greffe de rédaction, et il n'est dû dans l'espèce que le droit en sus d'enregistrement (4 fr. 50 cent.) (16785-3 J. E.).

9213. Surtaxe. — Les droits fixes de greffe sont-ils atteints par la surtaxe de moitié imposée par l'art. 4 L. 28 février 1872, à tous les actes civils, administratifs ou judiciaires?

Pour la négative, on invoque deux arguments : le premier c'est que le but du législateur, manifesté par divers passages des documents préparatoires, a été d'atteindre seulement les droits fixes qui n'avaient pas été augmentés depuis les lois des 22 frimaire an 7 et 28 avril 1816, c'est-à-dire les droits d'enregistrement (art. 3406 p. 150 et 157 R. P.). Le second, c'est que, par actes judiciaires proprement dits, il faut entendre exclusivement ceux dans lesquels *le juge intervient* (art. 3406 p. 198 *in fine* R. P.), de telle sorte que les actes de greffe, ne comportant pas directement la participation du juge, sont des actes extrajudiciaires affranchis de la surtaxe. Cette opinion a été soutenue par divers recueils, notamment par le contrôleur de l'enregistrement au n° 14903.

Tel n'est pas le sentiment de l'Administration.

D'une part, il résulte de l'ensemble des travaux préparatoires qu'à l'exception des actes extrajudiciaires, le législateur a entendu atteindre par l'accroissement du tarif tous les actes passibles du droit fixe. Il n'a été question des lois de l'an 7 et de 1816 qu'à titre démonstratif, parce que ces lois renferment, en effet, la plupart des droits fixes.

D'un autre côté, le rapporteur de la loi n'a pas dit que les actes judiciaires étaient les seuls actes dans lesquels le juge intervient de sa personne. Cette théorie était celle d'un député qui interpellait la commission (art. 3406 p. 198 R. P.). Elle n'a pas été approuvée par son rapporteur, qui a simplement dit que la distinction était facile pour les praticiens exercés, et a renvoyé à un prétendu avis du conseil d'État *qui n'existe pas*. Or, il est impossible d'admettre que les actes de greffe, tels que les renonciations, etc., rédigés par le greffier, ne sont pas des actes judiciaires dans le sens compréhensif du mot. L'Administration les a toujours considérés comme tels dans le classement de la comptabilité et dans les règles de la manutention. D'ailleurs, il a été expliqué dans la discussion, en termes formels, que la surtaxe de moitié s'appliquait aux *renonciations à succession*, lesquelles se trouvaient portées de 3 fr. 60 cent. à 5 fr. 40 cent. (n° 3406 p. 196 4e alinéa R. P.). Il en faut conclure que tous les actes de la même espèce sont aussi atteints par la surtaxe.

Les seuls droits qui n'en sont pas frappés sont les droits de greffe proprement dits, c'est-à-dire les droits de mise au rôle de rédaction et d'expédition. Les autres sont de véritables droits d'enregistrement.

CHAPITRE II. — DROIT DE MISE AU RÔLE

[9214-9245]

SECTION PREMIÈRE. — DISPOSITIONS DIVERSES

[9214-9226]

9214. Des registres de mise au rôle. — On a vu, aux n°s 9480 et suiv., qu'on désigne du nom de rôle un registre sur lequel sont inscrites, dans l'ordre de leur présentation, toutes les causes qui doivent être appelées à l'audience et plaidées. Un décret du 30 mars 1808, sur la police des cours et tribunaux, contient à ce sujet les dispositions suivantes:

1. ROLE GÉNÉRAL. — Il est tenu au greffe des Cours d'appel un registre ou rôle général coté et paraphé par le premier président, et sur lequel seront inscrites toutes les causes dans l'ordre de leur présentation. Les avoués sont tenus de faire cette inscription la veille au plus tard du jour où l'on se présentera à l'audience (Art. 19).

Il est tenu au greffe des tribunaux de première instance un registre ou rôle général sur lequel sont inscrites, dans l'ordre de leur présentation, toutes les causes, en exceptant seulement celles dont est mention aux articles suivants. Les avoués sont tenus de faire cette inscription la veille au plus tard du jour où l'on se présentera, et chaque inscription contiendra les noms des parties, ceux des avoués, etc. (art. 53).

2. ROLES PARTICULIERS. — Dans les tribunaux de première instance composés de plusieurs chambres, il sera tenu deux autres rôles, dont l'un pour les citations libellées en forme de plaintes, et pour les contraventions aux lois et règlements de police, et l'autre pour les affaires relatives aux lois forestières, aux droits d'enregistrement, aux loteries, aux droits d'hypothèques, de greffe, et, en général, aux contributions (art. 56).

Il est extrait pour chaque chambre, sur le rôle général, soit des cours d'appel, soit des tribunaux de première instance, un rôle particulier des affaires qui lui ont été distribuées et renvoyées. Ce rôle particulier est remis au greffier de la chambre qu'il concerne (24 et 62).

9215. Qu'entend-on par droit de mise au rôle? — Le droit de mise au rôle est, d'après l'art. 3 L. 21 ventôse an 7, la rétribution due pour la formation et la tenue des rôles, et l'inscription de chaque cause sur le rôle auquel elle appartient.

9216. Tarif. — Ce droit est, aux termes de l'art. 5 de la loi de ventôse, de trois quotités différentes, savoir:

1º *Un franc cinquante centimes* pour les causes sommaires et provisoires dans les tribunaux civils, et pour toutes les causes sommaires ou ordinaires dans les tribunaux de commerce;

2º *Trois francs* dans les tribunaux civils, pour les causes de première instance, ou sur appel des jugements des juges de paix;

3º *Cinq francs* dans les cours d'appel, pour les causes d'appel des tribunaux civils et de commerce.

Salaire de l'huissier-audiencier. — Dans ce droit de mise au rôle ne se trouvent pas compris les 25 centimes de salaire qui sont accordés à l'huissier-audiencier pour chaque placement de cause sur le rôle (Déc. 30 mars 1808, art. 6).

1. EXEMPTION D'INSCRIPTION AU ROLE. — Sont exemptes de l'inscription au rôle, les causes introduites par assignation à bref délai (dans les tribunaux de première instance), celles pour déclinatoires, exceptions et règlements de procédures qui ne tiennent point au fond, celles renvoyées à l'audience en état de référé, celles à la fin de mise en liberté, de provision alimentaire, ou toutes autres de pareille urgence, seront appelées sur *simples mémoires*, pour être plaidées et jugées sans remise et *sans tour de rôle* (Déc. 30 mars 1808, art. 66).

2. NOTARIAT. — ENREGISTREMENT. — Les instances qui ont pour objet soit la répression des contraventions à la loi du 25 ventôse an 11 sur le notariat, soit des contestations en matière de timbre et d'enregistrement, ne doivent pas être portées au rôle et ne sont, par conséquent, pas sujettes au droit de mise au rôle; ce sont, en effet, des causes sommaires dont le jugement requiert célérité. — V. 9760 *bis*.

En Belgique, au contraire, les instances concernant l'enregistrement sont sujettes au droit de mise au rôle comme causes ordinaires (Sol. belge 9 nov. 1869, 3206 R. P.).

9217. Le droit ne peut être exigible qu'une fois. — 1. INCIDENTS. — L'art. 3 L. 21 ventôse an 7 veut que le droit de mise au rôle ne puisse être exigé qu'une seule fois. Il suit de là que pour tout ce qui doit n'être considéré que comme accessoire de la cause ne formant pas une instance proprement dite, il n'y a pas lieu de percevoir le droit de mise au rôle. — Décidé, en ce sens, que les incidents en matière de saisie immobilière ou d'ouverture d'ordre, ne constituent pas une instance proprement dite: ce sont des accessoires de la procédure, et ils sont par leur nature exempts d'inscription au rôle, comme implicitement compris dans les exceptions énoncées par l'art. 3 L. 21 ventôse an 7 (Sol. 11 août 1832, 10427 J. E.).

2. CAUSE RADIÉE. — Le droit de mise au rôle ne peut être exigé qu'une seule fois; en cas de radiation, la cause est replacée au rôle, et il y est fait mention du premier placement. L'usage du placet pour appeler les causes est interdit; elles ne peuvent l'être que sur les rôles et dans l'ordre du placement (L. 21 vent. an 7, art. 3).

3. OPPOSITION A DÉFAUT. — Sur la cause portée au rôle, un jugement par défaut a été rendu et que sur l'opposition du défaillant l'instance soit reprise, un nouveau droit de mise au rôle n'est pas exigible. La cause est la même, et c'est le cas de l'application de l'art. 3 L. 21 ventôse an 7 (Circ. 1577 nº 3).

4. TRIBUNAL SUPPRIMÉ. — Dans cet ordre d'idées, le ministre des finances a décidé, le 28 vendémiaire an 9, qu'une cause qui aurait acquitté le droit de mise au rôle dans un tribunal supprimé depuis, n'en devrait pas un second dans le nouveau tribunal où elle serait portée (Circ. 1936, 552 J.E.).

9218. Le greffier verse le droit de mise au rôle au receveur de l'Enregistrement. — Le droit de mise au rôle est perçu par le greffier en y inscrivant la cause; le *premier de chaque mois*, il en verse le montant, en représentant les rôles, à la caisse du receveur de l'enregistrement chargé de la perception des droits de greffe, qui distingue, dans son enregistrement, chaque quotité de droits et en donne quittance par une relation sur les rôles qui ont été présentés par le greffier (L. 21 vent. an 7, art. 4 et 10, Circ. 1537, 912 I. G.).

Mais ce versement n'a lieu que sous la déduction *d'un dixième* alloué au greffier pour ses droits personnels (L. 21 vent. an 7, art. 19, Circ. 1537, 912 et 944 I. G.).

9219. Erreur dans l'inscription. — Supplément de droit. —

Il résulte de là que si une erreur est commise dans l'inscription au rôle, c'est le greffier qui en est responsable, et que l'insuffisance de perception du droit de mise au rôle est à sa charge. En effet, la mission du receveur se borne à recevoir le versement mensuel que lui fait le greffier; à cet égard, celui-ci a réellement une mission de comptabilité. Il est le mandataire institué par la loi pour recevoir en détail et pour compter en masse. Son mandat n'est point gratuit; il est donc seul responsable, aux termes de l'art. 1992 C. C. — *V.* le numéro suivant.

9220. Appel des causes. —

Étant chargé de recevoir le droit de mise au rôle, le greffier doit veiller à ce que ce droit soit payé avant que les causes soient appelées ou jugées : c'est donc lui, ainsi que nous l'avons dit dans le précédent numéro, qui est responsable des droits et qui encourt les amendes et non les avoués (Sol. 7 fruct. an 13, 2159 J. E.).

9221. Délivrance d'expédition. —

Dans ce sens, il a été décidé qu'un greffier encourt l'amende de 100 francs prononcée par l'art. 11 L. 21 ventôse an 7, lorsqu'il délivre des expéditions de jugements pour des causes qui n'ont pas été inscrites au rôle et n'ont pas acquitté le droit (Dél. 7 fruct. an 11 et 14 avr. 3 juin 1824, 7803 J. E.).

9222. La perception se fait sur le rôle général. —

On a vu, nᵒˢ 9180 et suiv., qu'il y a dans les greffes de première instance un rôle général et des rôles particuliers. On avait hésité un instant sur la question de savoir si le droit de mise au rôle devait être perçu sur le rôle général ou sur les rôles particuliers. Le ministre des finances a levé les doutes en décidant, le 18 juin 1811 (4154 J.E.), que c'est sur le rôle général que la perception doit être faite, et que ce rôle, dans les tribunaux de première instance, doit contenir deux colonnes, l'une pour les mises au rôle de 3 francs et l'autre pour celles de 1 fr. 50 cent.

9223. Tribunal civil siégeant commercialement. —

Les causes en matière de commerce portées devant les tribunaux de première instance dans les lieux où il n'y a pas de tribunal de commerce doivent être assimilées à celles qui sont portées directement aux tribunaux de commerce (Circ. 1577). Cela se conçoit, car le tribunal civil fait,

dans ce cas, les fonctions de tribunal de commerce. C'est donc le droit de 1 fr. 50 cent. et non celui de 3 francs qui est perçu pour le placement des causes.

9224. Jugement par défaut. —

Le droit de mise au rôle doit-il se percevoir sur les causes jugées par défaut? On se demande comment une pareille question a pu être soulevée. Nous avons vu, en effet, nᵒ 9218, que le greffier doit percevoir le droit avant que la cause soit appelée; d'un autre côté, toute cause doit être inscrite au rôle : or, est-il possible de savoir si l'une des parties fera ou ne fera pas défaut? Cependant, cette question a provoqué trois décisions ministérielles et une instruction de l'Administration qui ont reconnu l'exigibilité du droit (D. m. f. 30 juin, 14 juill. et 22 oct. 1807, 368 I. G.).

9225. Hospices. — Biens abandonnés. —

La loi du 4 ventôse an 9 avait abandonné aux hospices toutes les rentes dues à l'État dont le service avait été interrompu et tous les domaines nationaux usurpés; les causes qui pourraient être intentées par les procureurs de la République, en exécution de cette loi, seraient passibles du droit de mise au rôle (A. Cons. d'Ét. 5 niv. an 12, 204 I. G., 1464 J. E.).

9226. Accessoire. — Garantie. — Intervention. —

Une décision du ministre des finances du 2 fructidor an 7 (258 J. E.) a reconnu que les demandes en intervention ou pour mise en cause de garants, n'étant que des accessoires d'une cause principale portée au rôle, ne sont pas assujetties au droit. — Cette décision ne peut être exacte, ainsi que le fait remarquer Dalloz nᵒ 5869, qu'autant que les causes ont été jointes. Si elles étaient instruites séparément, il serait dû un droit particulier pour chacune.

SECTION 2. — CAUSES SOMMAIRES

[9227-9245]

9227. Observation. —

On a vu, au nᵒ 9216, que la loi de ventôse a fixé à un droit de 1 fr. 50 cent. le droit de mise au rôle des affaires *sommaires* en matière civile. La division des causes civiles en causes *ordinaires* et causes *sommaires*, quoique très-simple en apparence, présente dans l'application les difficultés les plus sérieuses. Le peu d'espace que nous avons à consacrer à cette matière ne nous permet pas de grands développements; cependant, comme les questions qui s'y rattachent intéressent à un haut degré nos lecteurs, puisque de leur solution dépend l'application du droit de mise au rôle, nous allons jeter un rapide coup d'œil sur cet objet.

9228. Définition. —

Et d'abord qu'entend-on par *matières sommaires?* Tous les auteurs désignent ainsi certaines contestations qui, par leur nature, leur modicité ou leur urgence, nécessitent une procédure simple, peu dispendieuse, et une prompte décision.

9229. Règles générales. — L'ordonnance de 1607 avait pris soin d'énumérer spécialement toutes les causes qu'elle considérait comme sommaires. Le C. proc. n'a pas procédé ainsi. Il s'est contenté de poser des règles générales, autour desquelles on peut, par l'appréciation, grouper un grand nombre de causes sommaires par leur nature. — L'art. 404 C. proc. porte :

« Seront réputés matières sommaires et instruits comme tels, les appels des juges de paix, les demandes pures personnelles, à quelque somme qu'elles puissent monter, quand il y a titre, pourvu qu'il ne soit pas contesté; les demandes formées sans titre, lorsqu'elles n'excèdent pas 1,000 francs ; les demandes provisoires ou qui requièrent célérité; les demandes en payement de loyers, fermages et arrérages. »

A cet article, il faut ajouter les dispositions de l'art. 2 L. 11 avril 1838, ainsi conçu : « Les tribunaux civils de première instance connaîtront en dernier ressort des actions personnelles mobilières jusqu'à la valeur de 1,500 francs de principal, et des actions immobilières jusqu'à 60 francs de revenu déterminé, soit en rentes, soit par prix de bail. Ces actions seront instruites et jugées comme en matière sommaire. »

9230. Appel de justice de paix. — L'art. 404 C. proc. répute matière sommaire les appels des juges de paix. D'un autre côté, l'art. 3 de la loi de ventôse a tarifé à 3 francs les appels des juges de paix, alors, cependant, qu'elle n'établit que le droit de mise au rôle de 1 fr. 50 cent. pour toutes les causes sommaires. On s'est naturellement demandé lequel de ces deux tarifs devait être appliqué en présence de ces dispositions contradictoires. Deux décisions des ministres de la justice et des finances des 30 juin et 14 juillet 1807 ont reconnu que, même après le C. proc., le droit de 3 francs devait continuer d'être perçu, parce que si la loi de ventôse a cru devoir tarifer les appels des juges de paix, bien que la loi du 24 août 1790 les rangeât parmi les causes sommaires, il doit encore en être de même sous le C. proc., qui n'a fait que répéter la disposition de la loi de 1790.

9231. C'est le code de procédure combiné avec la loi de 1838 qui doit faire règle. — A l'occasion de ces décisions, qui se trouvent parfaitement justifiées pour le cas spécial sur lequel elles sont intervenues, nous dirons avec Dalloz, n° 5865, qu'on doit appliquer le tarif de 1 fr. 50 cent. à toutes les causes déclarées sommaires par le C. proc., bien que dans le nombre il s'en trouve qui ne soient point considérées comme telles auparavant. Le meilleur principe, en effet, à invoquer est celui qui ressort des art. 404 C. proc. et 1er de la loi de 1838, ci-dessus transcrits, à savoir que la nature sommaire ou ordinaire d'une contestation se détermine par son objet et par la demande originaire et introductive de l'instance. C'est sur ces données que se fondera le rapide aperçu auquel nous allons nous livrer.

9232. Dernier ressort. — Sous l'empire du C. proc. il n'y avait de sommaires que les causes pures personnelles. Mais le législateur de 1838 a singulièrement modifié cet état de choses. Ainsi qu'on l'a vu (9229) par l'art. 1er L. 11 avril 1838, il conclut du dernier ressort attribué à une cause, à sa qualité de sommaire. Ces mots qui terminent l'article : « toutes les causes seront instruites et jugées comme matières sommaires » combinés avec le reste du texte, signifient clairement que du moment qu'une cause est susceptible d'être jugée en dernier ressort, elle est ordinaire ; car Bonnet n'y a pas à distinguer : dès que l'affaire ne dépasse pas 1,500 francs, chiffre du dernier ressort, elle est réputée sommaire (Dalloz Matières sommaires n° 20).

9233. Chiffre de la demande excédant 1,500 francs. — Mais, de ce que nous venons de dire, il faudrait bien se garder conclure que du moment que l'affaire ne peut pas être jugée en dernier ressort, elle est ordinaire ; car Bonnetz fait observer avec raison (p. 322) que le C. proc. conserve toute son autorité à l'égard des causes qui ne peuvent être décidées qu'en premier ressort. Ici, il faut reporter son examen sur la question de savoir si, lorsqu'il s'agit d'une affaire pure personnelle, il y a titre, et si ce titre n'est pas contesté. Avant la loi de 1838, on recherchait si la contestation ne portait que sur la quotité de la créance réclamée, ou si elle portait sur le titre même. Il doit en être de même aujourd'hui ; seulement ces questions ne peuvent s'élever que relativement aux créances excédant 1,500 francs (Dalloz V. Matières sommaires n° 23).

1. PLUSIEURS DÉBITEURS NON SOLIDAIRES. — Si une demande supérieure à 1,500 francs et non fondée en titre, est formée contre plusieurs individus non solidaires, et si chacun d'eux est débiteur d'une somme inférieure à 1,500 francs, et pour des causes différentes, la cause est encore sommaire, car il y a en réalité autant de demandes qu'il y a de parties défenderesses (Bouchot-d'Argis p. 35).

9234. Causes pures personnelles. — 1. DEMANDE AU-DESSOUS DE 1,500 FRANCS. — Les causes pures personnelles, à quelque somme qu'elles puissent s'élever, étaient réputées sommaires sous l'empire du C. proc., mais seulement lorsque la demande reposait sur un titre et que ce titre n'était pas contesté. Ces distinctions ne sont plus à suivre aujourd'hui quant aux demandes dont la valeur n'excède pas 1,500 francs. Dès que les causes restent au-dessous de ce chiffre, elles sont sommaires, puisque, d'après l'art. 1er de la loi de 1838, elles peuvent être jugées en dernier ressort.

2. DEMANDE AU-DESSUS DE 1,500 FRANCS. — TITRE CONTESTÉ. — Mais lorsque la demande excède 1,500 francs, l'art. 404 C. proc. reprend toute sa force ainsi que nous l'avons dit au n° 9233. Il faut donc examiner s'il y a titre contesté, car du moment qu'un titre existera, ce qui est toujours facile à constater, et que ce titre ne sera pas contesté, la cause sera sommaire.

Encore bien, par exemple, qu'à la demande en payement se trouve jointe accessoirement une assignation en validité de saisie-arrêt ou une exception d'incompétence (Cass. 8 nov. 1859, D. 59-1-507).

3. NULLITÉ ALLÉGUÉE. — EXÉCUTION PROVISOIRE NON ORDONNÉE.

Toutes les fois qu'on prétend le titre nul, soit dans sa forme, soit dans sa substance, ou alors même seulement qu'il s'élève, sur son application ou son interprétation, une difficulté assez sérieuse pour que le tribunal ne doive pas prononcer l'exécution provisoire du jugement, suivant l'art. 135 C. proc., le titre est réputé contesté et l'affaire n'est plus sommaire (Thomines t. 1er p. 626 Dalloz, loc. cit. n° 24).

Ainsi, il y a contestation sur le titre : 1° dans le cas d'une demande en inscription de faux incident contre un acte authentique (Cass. 10 avr. 1827, Dalloz loc. cit. n° 25) ;

2° Si, s'agisssant d'une vente, le vendeur soutient, contre les dénégations de l'acquéreur, que le prix a été fixé à une somme plus considérable que celle portée dans l'acte, ou si, au sujet d'une procuration, une partie prétend qu'elle ne lui avait été remise que comme une sûreté, tandis qu'il est affirmé par l'autre partie que la procuration avait été remise uniquement dans le but d'exiger le payement de créances (Cass. 4 juin 1828 Idem) ;

3° Dans le cas d'une demande ordinaire excédant 1,000 francs (1,500 fr.), fondée sur un titre que le demandeur prétend avoir perdu, mais qui est dénié par l'adversaire (Cass. 4 juill. 1827 Idem) ;

4° Il y a aussi contestation sur le titre dans la demande en nullité d'une donation faite par un emprunteur au prêteur, et que l'on prétend renfermer un traité usuraire, en ce que, par exemple, la donation a été la condition d'un prêt fait par le donataire au donateur (Cass. 23 avr. 1827 Idem);

Mais il a été jugé : 1° que le titre n'est pas contesté dans le sens de l'art. 404 C. proc., lorsqu'on se borne à le repousser par des exceptions : en ce cas, en effet, on reconnaît la validité du titre (Rennes 20 nov. 1812 Idem);

2° Ou quand il y a débat seulement sur la quotité de la créance de la part d'un débiteur actionné qui prétendrait se prévaloir d'une réduction prononcée en faveur de son coobligé solidaire, et d'ailleurs, la créance a été fixée contre lui par arrêt passé en force de chose jugée (Req. 30 janv. 1827 Idem);

3° Que dans une instance sur le point de savoir s'il y a lieu d'ordonner la restitution d'une somme portée dans une quittance comme payée en trop par erreur, ou si, au contraire, cette quittance ne forme pas double emploi avec une autre, il n'y a pas, à proprement parler, contestation sur le titre, mais simple appréciation de fait (Rej. 18 mars 1829 Idem).

4. MAINLEVÉE D'INSCRIPTION.

Est sommaire comme étant personnelle la demande en mainlevée d'inscription, à quelque somme que la créance s'élève, si le débiteur présente un titre non contesté, comme une quittance de la demande en mainlevée d'inscription ; la demande n'est qu'une action pure personnelle et mobilière, puisque c'est la somme inscrite et non l'immeuble hypothéqué qui est l'objet de la contestation (C. Orléans 5 janv. 1844, D. N. n° 53, 5).

5. REDDITION DE COMPTE.

Il en est de même des demandes en reddition de compte; ces demandes tendent au payement d'une somme mobilière, elles sont pures personnelles (Pigeon t. 1er p. 391 § 4 n° 2).

Mais s'il existe un litige même seulement sur les faits de gestion du mandataire, la cause n'est plus sommaire (Cass. 5 mars 1860, D. 60-1-129).

6. DEMANDE EN PAYEMENT DE FRAIS.

Les demandes en payement de frais formées par les officiers ministériels contre leurs parties (60 C. proc.) sont des demandes pures personnelles qui sont sommaires, bien qu'elles excèdent 1,500 francs, lorsque la remise des pièces, la correspondance du client ne sont pas contestées (Dalloz loc. cit. n° 29)

9235. Causes réelles mobilières, réelles immobilières ou mixtes.

Le C. proc. ne rangeait dans les causes sommaires que les causes pures personnelles qui se trouvaient dans les conditions qu'il indiquait; la loi de 1838 a considérablement élargi le cadre. Elle considère comme sommaire toute cause réelle mobilière, réelle immobilière ou mixte dont la demande n'excède pas 1,500 francs, et cela sans qu'il y ait de distinction à faire entre celles qui reposent sur un titre et celles qui n'en ont pas, celles dont le titre est ou n'est pas contesté. Les règles qui servent à apprécier la qualification légale de cause ordinaire ou sommaire sont, dit Rivoire (V. Matière sommaire n° 20), les mêmes qui servent à déterminer le premier et le dernier ressort. Il n'y a ici à considérer qu'une question de chiffre. Dès que la demande reste au-dessous de 1,500 francs, elle est sommaire.

9236. Demande reconventionnelle et en dommages-intérêts.

« Les demandes reconventionnelles, dit Dalloz n° 31, offrent d'assez grandes difficultés quand il s'agit de les considérer dans leurs rapports avec la qualification d'ordinaire ou de sommaire qui appartient à une instance. Aux termes de la loi du 11 avril 1838, toutes les actions personnelles et mobilières, jusqu'à la valeur de 1,500 francs de principal, et dont les tribunaux de première instance connaissent en dernier ressort, doivent être instruites et jugées comme matières sommaires ». Puis l'art. 2 ajoute : « Lorsqu'une demande reconventionnelle ou en compensation aura été formée dans les limites de la compétence des tribunaux de première instance en dernier ressort, il sera statué sur le tout sans qu'il y ait lieu à appel. »

Trois hypothèses peuvent se présenter :

Si la demande principale et la demande reconventionnelle rentrent toutes deux dans les limites du dernier ressort, alors évidemment, d'après le texte même de la loi, il ne peut y avoir de difficultés, les deux causes seront instruites et jugées comme matières sommaires, puisque toutes deux sont dans les limites du dernier ressort. — Mais la demande originaire peut-être sommaire et la demande reconventionnelle ordinaire; — ou bien, c'est la demande originaire qui est ordinaire, et la demande reconventionnelle sommaire. Dans ces deux cas, l'instance devient ordinaire; et en effet, comme le dit très-bien Benech (p. 418), dans le conflit de l'ordinaire et du sommaire, c'est l'ordinaire qui doit absorber le sommaire. Pourquoi? C'est que l'ordinaire est la règle, et le sommaire l'exception. L'art. 2 est formel : « Si l'une des demandes s'élève au-dessus des limites ci-dessus indiquées, le tribunal ne prononcera sur toutes les demandes qu'en premier ressort. » Or, nous lisons dans l'art. 1er que les actions que le tribunal juge en dernier ressort sont sommaires; donc quand le jugement est soumis à l'appel, les actions sont, en général, ordinaires. Nous disons en général, parce que nous avons démontré que l'art. 404 est encore applicable dans certains cas.

9237. Demandes provisoires ou qui requièrent célérité. — Ces demandes sont formées par assignation à bref délai, soit en vertu de la permission du juge, soit en vertu d'une disposition de la loi (art. 72, 193, 320. etc. C. proc.). Le législateur réunit les demandes provisoires et celles qui requièrent célérité. — En effet, toutes ont un caractère d'urgence. A quels caractères ces demandes seront-elles réputées affaires sommaires? Le silence de la loi en a laissé l'appréciation aux juges. Voici un grand nombre d'exemples de causes urgentes qui doivent être réputées sommaires :

1. EXÉCUTION DES JUGEMENTS ET ACTES. — Les contestations relatives à l'exécution des jugements ou actes dans les cas prévus par l'art. 554 C. proc.; le tribunal apprécie la question d'urgence.

2. EXPULSION DES LIEUX. — La demande à fin d'expulsion des lieux, lorsqu'il n'y a pas de bail ou qu'il est expiré (art. 135).

3. RÉPARATIONS URGENTES. — Les demandes tendantes à des réparations urgentes (même art.).

4. SCELLÉS. — INVENTAIRE. — Les questions relatives à l'apposition et à la levée des scellés et à la confection de l'inventaire (art. 907 et suiv.).

5. RÉFÉRÉS ET APPELS. — Les demandes portées en référé et les appels des ordonnances intervenues sur ces demandes (806 et 809 C. proc.); il y a urgence.

6. OPPOSITION A MARIAGE. — Les demandes en mainlevée d'opposition à un mariage. Les art. 177 et 178 C. C. prescrivent aux juges de statuer sur ces contestations dans les dix jours, ce qui indique qu'elles requièrent célérité.

7. TUTEUR EXCLU. — L'action du tuteur contre la délibération qui l'exclut ou le destitue (449 C. proc., Chauveau 1er p. 415); hors ces deux cas, la demande en nullité de la délibération serait ordinaire (884 C. proc., Chauveau *Ibid.*).

8. DEMANDE EN VALIDITÉ OU MAINLEVÉE D'OPPOSITION. — Les demandes en validité ou en mainlevée d'une opposition à un avis de parents (883, 886, 888 C. proc.) M. Chauveau (*Comment. du tarif* t. 1er p. 415 no 21) est d'avis que la demande en nullité d'une délibération ou avis d'un conseil de famille est ordinaire lorsque la nullité est fondée sur une cause autre que la destitution ou l'exclusion du tuteur. Il en donne pour raison que l'art. 884 ne dit pas,

comme l'art. 449 C. C., que l'affaire sera instruite et jugée comme affaire urgente, et qu'il porte seulement qu'elle sera jugée sommairement, ce qui ne prouve pas du tout, suivant lui, que l'affaire soit sommaire. Mais Dalloz (*Cause sommaire* no 37) pense, comme Bouchet-d'Argis (p. 41), que les affaires du mineur sont exposées à être en souffrance lorsqu'elles sont arrêtées par une délibération du conseil de famille ; il y a urgence à faire cesser cette opposition.

9. DEMANDE EN HOMOLOGATION D'AVIS DE PARENTS. — Les demandes en homologation d'avis de parents (871 C. proc.). Même observation que pour les demandes en mainlevée d'opposition.

10. DEMANDE EN VALIDITÉ D'OPPOSITION A EXEQUATUR. — Les demandes en validité d'opposition à l'ordonnance d'exequatur d'un jugement arbitral (1028 C. proc.; — Bordeaux 15 fév. 1830, arrêt fondé sur ce que, s'agissant de statuer sur une opposition qui arrêtait l'exécution d'un jugement, il y avait urgence).

11. ADMISSION PROVISOIRE AU PASSIF D'UNE FAILLITE. — Les contestations portées devant un tribunal civil sur la question d'admission provisoire d'une créance contestée au passif d'une faillite. L'art. 500 C. com. dit : « Dans ce cas le tribunal civil saisi de la contestation jugera à bref délai, etc. »

12. OPPOSITION A COMMANDEMENT. — DISCONTINUATION DE POURSUITES. — L'opposition à un commandement et la demande en discontinuation de poursuites : « Attendu que le fonds de l'instance était une opposition formée à un commandement et une demande à fin de discontinuation de poursuites, matière qui a pu, suivant l'art. 404 C. proc., être considérée comme requérant célérité, et par conséquent comme sommaire : rejette » (Cass. 14 juill. 1830).

13. APPEL. — CONTRAINTE PAR CORPS. — L'appel d'un jugement prononçant la contrainte par corps (Rej. 22 janv. 1828).

14. NULLITÉ D'EMPRISONNEMENT. — Les demandes en nullité d'emprisonnement (795 C. proc.). Elles exigent une grande célérité. — Il a été jugé que l'art. 795 C. proc., portant que la demande en nullité sera jugée sommairement, cette demande peut être portée devant la chambre des appels de police correctionnelle (Cass. 1er août 1826).

15. ÉLARGISSEMENT. — Les demandes en élargissement (art. 795 C. proc.). Même raison de décider (*V.* en outre art. 66 Réglem. 30 mars 1808).

16. NULLITÉ DE CESSION DE CRÉANCES ET DE VENTE D'IMMEUBLES. — L'appel d'un jugement rendu sur une demande en nullité de cession de créances et de vente d'immeubles, fondée sur ce que cette cession et cette vente auraient eu lieu dans les dix jours qui ont précédé une faillite : « Attendu que, d'après l'art. 11 Déc. du 6 juillet 1810, les chambres d'appel de police correctionnelle sont compétentes pour connaître des affaires sommaires et requérant

célérité ; que l'affaire dont il s'agit était de cette nature ; que, conséquemment, elle a pu, conformément à l'art. 648 C. com. et à l'art. 404 C. proc., être valablement portée par l'appel à la chambre des appels de police correctionnelle, qui a rendu l'arrêt dénoncé; rejette le pourvoi contre l'arrêt de la cour de Grenoble du 26 janvier 1826 » (Cass. 13 juill. 1830).

17. APPEL. — VENTE DE MOBILIER. — L'appel d'un jugement qui a ordonné la vente d'un mobilier dépérissable et de peu d'importance (Cass. 2 févr. 1831).

18. RESTITUTION DE PIÈCES COMMUNIQUÉES. — Les demandes en restitution de pièces communiquées (192 C. proc.). Cette demande est formée contre l'avoué personnellement et ne subit pas le sort de l'instance principale. Ce n'est pas un incident de l'instance ; elle requiert d'ailleurs célérité.

19. RECONNAISSANCE ET VÉRIFICATION D'ÉCRITURES. — Les demandes en reconnaissance et vérification d'écritures (193 C. proc.). Ces demandes sont si urgentes aux yeux du législateur, qu'il permet d'assigner à trois jours même sans permission du juge (art. 193 C. proc.).

20. REMISE DE RAPPORT D'EXPERT. — Les demandes en remise de rapport contre les experts en retard de les déposer (art. 320 C. proc.). L'art. 320 autorise à assigner à trois jours sans préliminaire de conciliation. Il y a urgence de terminer un procès dont des experts négligents retardent la solution (Dél. 14 janv. 1845, 7118 Fess.).

21. RÈGLEMENT DE JUGES. — La demande en règlement de juges. — Chauveau (t. 1er p. 364), Pigeau (t. 1er p. 143), disent que le règlement de juges s'instruit comme une affaire ordinaire, sous la modification portée par l'art. 78 § 1er du tarif, pour la requête à présenter au tribunal supérieur, qui comprend la communication au ministère public et l'assistance au jugement. Mais Boucher-d'Argis (p. 31 n° 10) et Carré (p. 150) disent, au contraire, que l'affaire doit être considérée comme ordinaire, ce qui nous paraît évident. Une demande en règlement de juges est un déclinatoire ; or, l'art. 66 du règlement du 30 mars 1808 déclare ces causes urgentes. Aux termes de l'art. 365 C. proc., on n'a que quinze jours à partir du jugement pour assigner en règlement de juges, ce qui suppose encore l'urgence ; et, en effet, il n'y a rien de plus important et de plus pressé pour des plaideurs que d'être fixés sur le juge qui doit décider de la contestation.

22. DÉFENSE CONTRE UN JUGEMENT MAL QUALIFIÉ. — Les demandes à fin de défense contre les jugements mal à propos qualifiés en dernier ressort, ou dont l'exécution provisoire a été mal à propos ordonnée hors les cas prévus par la loi, ainsi que les demandes à fin d'exécution provisoire des jugements non qualifiés ou mal à propos qualifiés en premier ressort ; les demandes formées à l'occasion des jugements qui n'auraient pas prononcé l'exécution provisoire dans le cas où elle aurait dû être ordonnée (457, 458, 459, C. proc., tarif 148). Il y a évidemment urgence.

2.a NULLITÉ DE CONCORDAT. — La demande en nullité de concordat. Elle est sommaire de sa nature, (Cass.

12 déc. 1827). — L'arrêt la déclare sommaire, sans donner aucun motif. Elle est sommaire, suivant nous, à trois titres, parce qu'elle se lie à une affaire commerciale, parce qu'elle est purement personnelle, parce qu'elle est urgente.

24. DÉLIVRANCE D'EXPÉDITION. — Les demandes dirigées contre un notaire ou autre dépositaire public qui refuse de délivrer copie ou expédition d'un acte aux parties intéressées (839, 840 C. proc.). L'art. 839 permet de citer le notaire à bref délai, en vertu de la permission du juge ; il y a donc ici un certain caractère d'urgence.

25. ALIMENTS. — La demande en provision pour nourriture et aliments (Bruxelles 12 flor. an 12). Il y a urgence. — (Chauveau t. 1er p. 418, Carré p. 22, Dalloz Cause sommaire n° 38). — Mais les demandes de pension alimentaire ne sont pas sommaires (Cass. 26 juill. 1865, D. 65-1-495).

26. MEUBLES SAISIS. — Les demandes en revendication de meubles saisis (608 C. proc., Dél. 14 janv. 1845, 7118 Fess.).

9238. Incidents. — Parmi les exceptions et incidents qui s'élèvent dans les procès, un grand nombre doivent être instruits, jugés et taxés comme affaires sommaires, parce qu'ils requièrent célérité (337 C. proc.). Les divers articles du C. proc. ne laissent aucun doute à cet égard. Ainsi doivent être considérées comme affaires sommaires :

1. NOUVEAU DÉLAI POUR FAIRE INVENTAIRE. — La demande à fin d'obtenir un nouveau délai pour faire inventaire et délibérer (art. 174 C. proc.).

2. OPPOSITION A GARANT. — L'opposition formée par le demandeur à ce que le défendeur appelle garant (art. 180 C. proc.).

3. PROROGATION D'ENQUÊTE. — La demande à fin de prorogation d'enquête (art. 279 C. proc.).

4. REPROCHES DES TÉMOINS. — Les demandes relatives aux reproches des témoins (art. 287 C. proc.). — Il a été jugé que les dépens de l'incident qui a pour objet de faire statuer sur les reproches proposés contre un témoin entendu dans une enquête en matière ordinaire doivent être taxés comme en matière sommaire (Rennes 6 janv. 1844).

5. RÉCUSATION D'EXPERTS. — Les récusations d'experts (art. 311 C. proc., Dél. 14 janv. 1845, 7118 Fess.).

6. REPRISE D'INSTANCE. — Les demandes en reprise d'instance ou en constitution de nouvel avoué (art. 346, 348 C. proc.).

7. RÉCUSATION. — Les demandes à fin de récusation (art. 387 et 391 C. proc.).

8. PÉREMPTION D'INSTANCE. — La demande en péremption d'instance (art. 400 C. proc.). — Il a été jugé que la

demande en péremption d'instance est de même nature (sommaire ou ordinaire) que la cause principale, et elle doit être jugée par les mêmes juges qui sont saisis de l'instance. (Bruxelles 15 juin 1822). — Malgré la disposition de l'art. 400 C. proc., qui veut que la demande en péremption soit formée par requête d'avoué à avoué, et l'art. 75 du tarif qui alloue une requête en six rôles, Chauveau (t. 1er p. 386), Delisle (p. 245), et Boucher d'Argis (p. 254 et 255), sont d'avis que toutes les fois qu'il s'agit d'une matière sommaire, l'avoué ne peut réclamer que ses déboursés par la requête (Tarif art. 67 § 19). Ainsi la demande en péremption suivrait entièrement le sort de l'instance principale. Mais cela nous paraît une erreur évidente en ce qui concerne la requête autorisée par l'art. 75 du tarif, et l'arrêt de Bruxelles ne dit rien de contraire.

9. COMPULSOIRE. — Les demandes à fin de compulsoire. (art. 847 C. proc.).

10. DEMANDES EN RENVOI. — Chauveau (t. 1er p. 237) dit : « L'art. 172 veut que toute demande en renvoi soit jugée sommairement, sans qu'elle puisse être réservée ni jointe au principal. » Il suit de là qu'on ne peut passer en taxe aucune autre écriture que les requêtes dont parle l'art. 75 du tarif. Mais ce serait une erreur de croire que, dans ce cas, il n'est pas dû d'émolument pour les plaidoiries des avocats. L'art. 172 n'a pas d'autre objet que d'empêcher les lenteurs et les frais d'une procédure régulière. *Sommairement* est ici employé dans le sens de ces mots : sans délai, sans retard ; cela ne veut pas dire que l'affaire sera jugée comme matière sommaire. On ne pourrait aujourd'hui admettre ce système ; du moment où le tarif n'admet que des requêtes, tout autre droit doit être rejeté de la taxe, puisque, d'après la jurisprudence, sommairement serait aujourd'hui synonyme du mot affaire sommaire.

Jugé spécialement que les demandes en renvoi pour incompétence sont reputées affaires sommaires (Cass. 25 juin 1866, D. 66-1-317).

11. APPEL POUR INCOMPÉTENCE. — Sont considérés comme causes sommaires les appels pour incompétence (Dalloz *Cause sommaire* n° 39).

12. RÉCEPTION DE CAUTION. — La contestation sur la réception de caution. L'art. 520 C. proc. dit : « Si la partie conteste dans le délai fixé par le jugement, l'audience sera poursuivie sur un simple acte, » et l'art. 521 ajoute : « Les réceptions de caution seront jugées sommairement sans requêtes ni écritures. » Berriat (p. 374) pense que ces affaires doivent être jugées comme affaires sommaires, par argument des art. 520, 521, 532 C. proc. Chauveau pense, au contraire, qu'elles doivent être jugées sommairement, parce que l'art. 521 se sert de cette expression : « Si le législateur eût voulu appliquer à cette procédure les dispositions relatives aux matières sommaires, il n'eût pas dit que les requêtes et écritures seraient défendues, puisqu'en disant matières sommaires au lieu de sommairement, il eût exprimé sa pensée d'une manière claire et précise. » (Chauveau *éod.*). De là, M. Chauveau tire la conséquence que les frais du jugement doivent être taxés comme un incident qui participerait de la nature principale (*Conf.* : Delisle p. 76 n° 225).

T. III.

Dalloz, *loc. cit.*, fait observer que si la contestation sur la réception de caution peut être considérée comme un incident, c'est un incident qui ne participe pas évidemment de l'instance principale. Les mots : sans requête ni écriture, loin de se prêter au système de Chauveau, viennent, au contraire, à l'appui de celui qu'il soutient. — Il a été jugé que l'on doit considérer comme sommaires les réceptions de caution, en matière de surenchère. — (Rennes 26 mai 1812, Dél. 14 janv. 1845, Fess. 7118).

13. EXCEPTION. — Il existe cependant quelques demandes incidentes auxquelles le législateur ne paraît pas avoir nécessairement attaché le caractère d'affaires sommaires. — Telles sont :

1° La demande dirigée contre l'étranger demandeur afin de le contraindre à fournir la caution *judicatum solvi* (art. 166 C. proc.);

2° La demande à fin d'être autorisé à faire une enquête (art. 252 C. proc.);

3° La demande en communication de pièces signifiées (art. 188 C. proc. 190); — ce qu'il ne faut pas confondre avec l'incident sur le refus de restitution qui donne lieu à une instance sommaire (art. 102 C. proc.);

4° Sont dispensés d'être inscrits au rôle des causes sommaires les incidents portés à l'audience, par suite de saisie immobilière ou d'ouverture d'ordre (Sol. 10 août 1832 10427 J. E.).

9239 Commerce. — Aux termes de l'art. 414 C. proc., les affaires de commerce s'instruisent sans ministère d'avoué, se jugent sur simple assignation, sur requête. Les enquêtes ont lieu sommairement (415, 432 C. proc.). Ces causes ont évidemment un caractère d'urgence. — V. le numéro suiv.

9240. Jugement des arbitres. — L'art. 648 C. com., qui dispose que tous les jugements de tribunaux de commerce sont jugés comme matières sommaires, s'étend à ceux des jugements des arbitres que la loi ou les parties leur substituent. — V. *Arbitre*.

9241. Saisies. — Les contestations qui s'élèvent sur les saisies en général sont sommaires à un double titre, et comme demandes personnelles et mobilières, et comme requérant célérité. Il en est de même de toute procédure relative aux incidents sur saisie immobilière (Dalloz *loc. cit.*, n° 43, 44).

9242. Instances d'ordre et de contribution. — Les auteurs et les tribunaux ont été divisés sur la question de savoir si les instances d'ordre sont ordinaires ou sommaires. Dalloz faisait observer (*loc. cit.* n° 45), que l'on s'accordait généralement à reconnaître que, dans tous les cas, les poursuites devaient être classées parmi les affaires sommaires.

Cette dernière interprétation a été consacrée par le nouvel **art. 761 C. proc.**

9243. Demandes en payement de loyers et fermages. — Une déclaration du mois de juin 1559, art. 11, et une ordonnance du mois d'octobre 1535, chap. 16, n° 25, réputaient urgentes les demandes en payement de loyers et de fermages. Chauveau fait observer (t. 1er p. 411), que le Code de procédure a suivi ces ordonnances. — Toutefois, les demandes en payement de loyer ou fermage cessent d'être sommaires si elles se compliquent de contestations qui appartiennent aux matières ordinaires. Telles seraient celles sur la fixation du prix du bail, sur sa diminution pour défaut de jouissance, sur des réparations faites ou à faire, etc. (Rivoire, **V.** *Matières sommaires* n° 14).

9244. Arrérages de rentes. — La C. cass. a jugé, par deux arrêts des 30 novembre 1829 et 18 janvier 1830, qu'on ne peut voir que des affaires sommaires dans les demandes en payement d'arrérages de rentes, aussi bien en appel qu'en première instance, encore bien qu'on y oppose une exception tirée de la novation. Cependant Chauveau fait observer (t. 1er p. 433), qu'il n'y a plus affaire sommaire lorsque le titre constitutif de la rente est contesté. Mais, ainsi que le fait remarquer Dalloz (*loc. cit.* n° 50), l'art. 404 C. proc., qui a prévu les *arrérages de rentes*, a entendu que tout ce qui se liait à un payement d'arrérages de rentes avait un caractère général d'urgence, et que le législateur n'a pas eu la pensée d'admettre des distinctions.

9245. Causes diverses. — Depuis la promulgation du C. proc., diverses lois sont intervenues qui ont rangé parmi les causes sommaires les affaires qui ne rentrent pas dans la classification de l'art. 404 C proc. — De son côté, la jurisprudence a interprété dans un sens restrictif ou extensif plusieurs dispositions du Code (*V.* à cet égard Dalloz *loc. cit.* n° 51 et suiv.). — Ainsi sont considérées comme *affaires sommaires* et jugées comme telles :

1. DEMANDES EN EXPROPRIATION. — Les demandes en expropriation pour cause d'utilité publique (Besançon 12 mars 1826).

2. BIENS CÉDÉS AUX HOSPICES. — Les affaires relatives aux domaines et rentes cédés aux hospices par le Gouvernement (L. 7 mess. an 9 art. 14).

3. RECETTE MUNICIPALE. — Les oppositions aux états dressés par les maires relativement aux recettes municipales, lorsque la matière appartient aux tribunaux ordinaires (L. 22 juill. 1837 art. 63).

4. CHEMINS VICINAUX. — Toutes les actions civiles relatives aux chemins vicinaux (L. 21 mai 1836 art. 20).

5. VICES RÉDHIBITOIRES. — Les demandes en nullité de ventes d'animaux domestiques pour vices rédhibitoires (L. 20 mai 1838 art. 6).

6. INDEMNITÉS AUX ÉMIGRÉS. — Les contestations entre les divers prétendants à l'indemnité accordée aux émigrés, à moins qu'il n'y ait lieu à des questions d'état (L. 27 avr. 1826 art. 11).

7. INDEMNITÉ DE SAINT-DOMINGUE. — Les contestations renvoyées devant les tribunaux dans les cas prévus par l'art. 7 L. 30 avril 1826, sur la répartition de l'indemnité en faveur des anciens colons de Saint-Domingue, à moins qu'il ne s'élève quelque question d'état (L. 30 avr. 1826 art. 12).

8. DEMANDES EN PARTAGE. — La demande en partage, lorsque la difficulté n'existe que sur la forme et la manière de procéder au partage, ou sur la nécessité ou la possibilité actuelle de ce partage, est une cause sommaire. Elle est au contraire ordinaire lorsque la contestation porte sur le fond du droit, par exemple sur la qualité des parties, sur des avantages qui seraient indirects et la validité ou la nullité des contrats de vente qui les renfermeraient, sur les rapports à faire, sur la réduction enfin des dispositions excessives. C'est une distinction qu'établit Chabot, *des Successions* t. 3 p. 104 n° 1er, et que la jurisprudence a consacrée (Dalloz *loc. cit.* n° 57, Dél. 14 janv. 1843, Fess. 7118 ; — C. Paris 23 août 1851, D. 54-5-405 ; 23 fév. 1849, D. 49-2-231).

9. MARQUES DE FABRIQUE. — Les actions civiles relatives aux marques de fabrique sont jugées comme matières sommaires (L. 23 juin 1857, art. 16, D. 57-4-97).

9245 bis. Justices de paix. — La loi du 16 novembre 1875 a établi un droit de 1 fr. en principal pour l'inscription au rôle de chaque cause portée à l'audience des justices de paix pour y recevoir jugement.

Ce droit est passible de *deux* décimes. Il n'atteint que les causes contentieuses et non celles portées en conciliation ni celles en simple police même avec parties civiles.

La perception en est effectuée conformément aux art. 3, 4, 10 et 24 de la loi du 21 ventôse an 7, et à l'art. 6 du décret du 12 juillet 1808 sur les prescriptions.

Les greffiers n'ont pas de remise sur ce droit.

Le rôle et les quittances du receveur qui y sont inscrites sont exempts du timbre (2533 I. G.).

CHAPITRE III. — DROITS DE RÉDACTION ET DE TRANSCRIPTION

[9246-9383]

SECTION PREMIÈRE. — DISPOSITIONS GÉNÉRALES

[9246-9253]

9246. Le greffier est tenu du payement. — Le droit de rédaction est un des éléments dont se compose l'émolument du greffier (*V.* 9162), aussi est-il censé l'avoir reçu au moment où il rédige l'acte qui s'y trouve assujetti ; il ne peut donc se dispenser de l'acquitter sous prétexte qu'il n'a pas délivré d'expédition (*V.* 9249). — Ce droit est acquis au

Trésor du moment que l'acte a été rédigé, publié ou transcrit (Circ. 1537).

9247. Restitution. — Le droit fixe de rédaction et de transcription, et celui d'expédition, étant le salaire de la formalité, ne sont, dans aucun cas, restituables. Mais lorsque, par suite d'*appel*, une adjudication est annulée, le droit *proportionnel* de rédaction doit être restitué (Déc. 12 juill. 1808 art. 4).

9248. Pluralité. — Le droit fixe de rédaction, représentant le salaire de la rédaction, ne peut être perçu en raison du nombre de dispositions que contient l'acte qui y est assujetti; aussi, aucune disposition analogue à l'art. 11 L. 22 frimaire an 7 ne se trouve-t-elle dans les lois qui l'ont organisé. Il ne peut donc jamais être perçu qu'un seul droit de rédaction sur un acte.

1. ACCEPTATION. — Ainsi, un seul droit est exigible sur les actes faits au greffe contenant plusieurs acceptations ou renonciations distinctes. — V. 214-2 et 215-4.

2. DÉPOT. — De même que sur l'acte de dépôt au greffe de plusieurs contrats de vente consentis au profit de divers acquéreurs (4103, 11936 et 18447 J. E.).

9250. Débet. — Les droits de greffe auxquels donnent ouverture les procédures suivies d'office, en *matière civile*, doivent être liquidées en *débet*, comme les droits de timbre et d'enregistrement, et recouvrés ultérieurement sur les parties (D. m. f. 26 oct. 1823, 31 mars 1826, n° 1187 § 17 I. G.).

9249. Délai. — On a vu, au n° 9212, que lorsqu'un acte du greffe est assujetti à l'enregistrement, il doit être présenté à la formalité dans les vingt jours de sa date. Mais il n'en est plus de même lorsqu'il n'est possible que du droit de rédaction et de transcription. Il n'y a pas de délai de rigueur pour le payement, car ni les lois des 21 ventôse et 22 prairial an 7, ni le décret du 12 juillet 1806, n'ont fixé de délai pour la présentation aux bureaux des actes sujets aux droits de greffe; seulement, il est défendu au greffier de délivrer aucun acte en brevet ou expédition avant le payement du droit de greffe, à peine de 100 francs d'amende. — V. 9157-3 et 9246.

9251. Tous les actes du greffe sont assujettis au droit de rédaction et de transcription. — Nous ferons connaître ci-après un grand nombre d'actes du greffe que des dispositions législatives ou la jurisprudence ont nominativement désignés comme assujettis au droit de rédaction et de transcription, mais cette nomenclature est purement *énonciative*. Tous les actes du greffe, quels qu'ils soient, sont assujettis au droit de rédaction et de transcription; ce qui le prouve, c'est l'art. 1er du décret du 12 juillet 1808, tout en énumérant un aussi grand nombre d'actes, dit formellement que, seront assujettis sur la minute au droit de greffe les « *procès-verbaux, actes et rapports faits ou rédigés par le greffier;* » ce qui comprend tous les actes du greffe sans exception. — V. 9257.

Mais il ne faut pas perdre de vue que le droit de rédaction est particulièrement établi pour les actes du ministère du greffier, et que celui-ci rédige seul, sans l'assistance du juge. Cette règle résulte de la nomenclature que présentent les lois et le décret du 12 juillet 1808 sur les droits de greffe. Ainsi, toutes les fois qu'un acte est du ministère d'un juge et que le greffier n'est qu'auxiliaire, cet acte étant l'ouvrage du juge seul, puisqu'il est écrit sous sa dictée, est exempt du droit de greffe. (D. m. f. 10 et 17 nov. 1824, 1156 § 13 I. G.).

Cela posé, la seule difficulté qui puisse se présenter est celle de savoir quand un acte peut avoir le caractère d'acte du greffe, c'est-à-dire quand cet acte appartient au ministère du greffier et non au ministère du juge. Nous ne pouvons à cet égard que renvoyer à nos observations faites sous le n° 9158.

9252. Acte du ministère du juge. — La décision des ministres des finances et de la justice des 10-17 novembre 1824 (*supra* 9251), en reconnaissant que le droit de rédaction est particulièrement établi pour les actes que le greffier rédige seul sans l'assistance du juge, n'a pas dérogé aux dispositions de l'art. 1er du décret de 1808 qui assujettit nommément au droit de rédaction certains actes que le greffier rédige *en la présence* du juge (1156 § 13 I. G.).

Ainsi le droit de rédaction est exigible sur les enquêtes, les interrogatoires, les adjudications, les bordereaux de collocation (même instruction) et autres actes du ministère du juge prévus par le décret de 1808. Mais à la différence de ce qui a lieu pour les actes de greffe (n° 9251), on ne peut ici étendre l'exigibilité du droit à des actes autres que ceux nommément désignés par le décret de 1808.

9253. Diverses espèces de droit de rédaction. — La loi spéciale a divisé les droits de rédaction en deux catégories qui correspondent aux deux divisions des droits d'enregistrement, savoir : le droit fixe et le droit proportionnel.

1. DROIT FIXE. — Le droit fixe de rédaction se subdivise en trois classes, qui sont :

1° Le droit à 1 fr. 25 cent., établi par la loi du 25 ventôse an 7, art. 5, sur un certain nombre d'actes déterminés, rendu ensuite applicable à tous les actes du greffe par l'art. 1er du décret du 12 juillet 1808;

2° Le droit à 1 fr. 50 cent., créé par la loi du 22 prairial an 7, art. 2, et par le décret du 12 juillet 1808, art. 1er, sur trois espèces d'actes seulement;

3° Enfin le droit à 3 francs, établi par les mêmes articles de la loi de prairial et du décret de 1808 sur un nombre d'actes également fort restreint.

2. DROIT PROPORTIONNEL. — Les lois du 21 ventôse et du 22 prairial an 7 n'avaient établi que des droits fixes de rédaction. Le décret du 12 juillet 1808 créa le droit proportionnel sur les adjudications et les bordereaux de collocation.

SECTION 2. — ACTES SUJETS AU DROIT FIXE DE RÉDACTION

DE 1 FR. 25 CENT.

[9254-9325]

9254. Acceptation de succession sous béné-fice d'inventaire. — (Art. 5 L. 21 vent. an 7, art. 1er Déc. 12 juill. 1808, 398 I. G.).

9255. Acte de voyage. — (Art. 5 L. 21 vent. an 7, art. 1er Déc. 12 juill. 1808).

9256. Actes faits ou rédigés par le greffier. — (Art. 1er du Déc.). — V. 9251 et le numéro suivant.

9257. Acte en brevet. — Conformément à ce que nous avons dit au n° 9251, l'I. G. 398 a reconnu que, d'après les termes généraux procès-verbaux, actes et rapports faits ou rédigés par les greffiers insérés dans l'art. 1er Déc. 12 juill. 1808, le droit de rédaction est dû pour tout acte que le greffier a rédigé. Mais la même instruction ajoutait que ce droit devant être acquitté sur la minute, ne pouvait être perçu sur les certificats délivrés en brevet par le greffier.

Cependant il a été dérogé à cette dernière partie de l'instruction, comme le prix de la rédaction des actes du greffe, et comme décisions du ministre des finances des 19 octobre 1828 et 12 juin 1829, insérées dans les n°s 1261 et 1293 § 2 I. G., et portant que les certificats des greffiers qui constatent la publication des extraits des demandes et jugements en matière de séparation, des contrats de mariage de commerçants et des jugements d'interdiction ou de nomination de conseil, sont passibles du droit de rédaction de 1 fr. 25 cent. À l'égard des autres certificats délivrés par les greffiers, on s'est assuré qu'il n'existait pas d'uniformité dans les différents bureaux, relativement à l'application du droit de greffe de rédaction. Cet état de choses a fait sentir la nécessité d'examiner la question en thèse générale.

Le droit de rédaction a été établi, ainsi que le mot l'indique, comme le prix de la rédaction des actes du greffe, et comme représentant le salaire du greffier-rédacteur. Ce droit est perçu au profit de l'État, qui paye le traitement du greffier, lequel jouit, en outre, sur le produit du droit de rédaction, d'une remise spéciale, dont le taux a été fixé par l'art. 19 L. 21 ventôse an 7. — Dès que le droit dont il s'agit est le salaire de la rédaction, il s'ensuit qu'il doit être perçu pour tout acte rédigé au greffe. Telle est la règle adoptée par le décret du 12 juillet 1808, qui, pour prévenir toute objection qu'on aurait pu tirer de l'omission de désignation spéciale de certains actes, a soumis indistinctement au droit de rédaction tous procès-verbaux, actes et rapports faits ou rédigés par le greffier. — En s'attachant donc au principe général des lois sur les droits de greffe, il n'existe aucun motif pour que les certificats délivrés en brevet soient affranchis du droit de rédaction. Leur rédaction exige les mêmes soins que celle des actes qui sont faits en minute, et doit également donner lieu à un salaire,

D'un autre côté, il faut observer que, dans le système de la loi du 21 ventôse an 7, le droit de rédaction qui se perçoit sur la minute des actes est établi par distinction de celui auquel sont assujetties les expéditions des actes et jugements. On peut induire de là que le mot de minute, employé dans la loi par opposition à celui d'expédition, est, dans l'espèce synonyme d'original, et embrasse par conséquent les actes rédigés en brevet.

Enfin, la question paraît avoir été préjugée par les décisions ci-dessus rappelées, qui assujettissent au droit de rédaction les certificats ayant pour objet de constater diverses publications prescrites par les codes. On ne voit pas, en effet, par quelle raison ces certificats seraient soumis à une perception dont seraient affranchis d'autres actes également rédigés en brevet par les greffiers.

En conséquence, une solution du 8 octobre 1830 (1354 § 13 I. G.), porte, en thèse générale, que les certificats et actes de toute espèce, rédigés par les greffiers, sont, sans distinction de ceux qu'ils délivrent en brevet, sujets au droit de rédaction. — Cette solution abroge la disposition de l'I. G. n° 398, qui avait admis une exception en faveur des actes faits en brevet.

9258. Affirmation. — Déclaration affirmative faite au greffier. — (Art. 1er Déc. 22 juill. 1808).

9259. Appel en matière de récusation. — Celui qui veut appeler est tenu, en vertu de l'art. 392 C. proc., de le faire dans les cinq jours du jugement, par un acte au greffe, lequel est motivé et contient énonciation du dépôt au greffe des pièces au soutien. Le droit est dû comme acte du greffe et comme dépôt de pièces.

9260. Bilan et pièces. — Le dépôt au greffe du bilan d'un failli, fait en exécution de l'art. 439 C. com., est sujet au droit de rédaction.

9261. Cahier des charges. — 1. DÉPÔT. — Est sujet au droit de rédaction le dépôt du cahier des charges effectué en matière de licitation, conformément à l'art. 972 C. proc., qui prescrit de se conformer, pour la vente, aux formalités énoncées dans le titre de la vente des biens immeubles appartenant aux mineurs.

En matière de saisie de rentes constituées sur les particuliers, le saisissant doit, aux termes de l'art. 642 C. proc., déposer au greffe du tribunal devant lequel se poursuit la vente, et cela dans un délai déterminé, le cahier des charges contenant les noms, profession et demeure du saisissant, de la partie saisie et du débiteur de la rente, la nature de la rente, sa quotité, celle du capital, la date et l'énonciation du titre en vertu duquel elle est constituée, l'énonciation de l'inscription si le titre contient hypothèque, et si aucune inscription n'a été prise pour la sûreté de la rente, les noms et demeure de l'avoué du poursuivant, les conditions de l'adjudication et la mise à prix.

Aux termes de l'art. 690 C. proc., le poursuivant doit, en matière de saisie immobilière, déposer au greffe, dans les vingt jours au plus tard après la transcription, le cahier des charges contenant : 1° l'énonciation du titre en vertu duquel la saisie a été faite, du commandement, de l'exploit de saisie, et des actes et jugements qui auront pu être faits ou rendus; — 2° la désignation des objets saisis, telle qu'elle a été insérée dans le procès-verbal; — 3° les conditions de la vente; — et 4° une mise à prix par le poursuivant.

Dans ces divers cas, le dépôt étant indépendant de la remise de l'extrait pour la publication, il est dû un droit de rédaction pour le dépôt isolément.

9262. Caution. — 1. SOLVABILITÉ. — Aux termes de l'art. 518 C. proc., la caution est présentée par exploit signifié à la partie, si elle n'a point d'avoué, et par acte d'avoué, si elle en a constitué, avec copie de l'acte de dépôt qui est fait au greffe, des titres qui constatent la solvabilité de la caution, sauf le cas où la loi n'exige pas que la solvabilité soit établie par titres ; ce dépôt est sujet au droit de rédaction.

2. RÉCEPTION. — Le même droit est exigible sur les réceptions ou soumissions de caution (398 I. G.).

9263. Certificat. — Tous les certificats délivrés par le greffier sont sujets aux droits de rédaction. — V. 9251-9257.

9264. Cession de biens. — D'après l'art. 518 C. proc., en matière de cession de biens, les noms, prénoms, profession et demeure du débiteur doivent être insérés dans un tableau public à ce destiné, placé dans l'auditoire du tribunal de commerce de son domicile, ou du tribunal de première instance qui en fait les fonctions, et dans le lieu des séances de la maison commune. C'est là une publication passible du droit de rédaction (D. m. f. sans date, 5002 J. E.).

9265. Command. — La déclaration au greffe par l'avoué dernier enchérisseur, et l'acceptation par l'adjudicataire déclaré command avant ou après le délai, sont de véritables actes du greffe passibles du droit de rédaction.

9266. Consignations. — Les consignations de sommes au greffe, quels que soient les motifs de cette consignation, sont passibles du droit de rédaction (Déc. 12 juill. 1808, art. 1er).

1. NAVIRES. — Ainsi, par exemple, le droit est dû lorsque les adjudicataires de navires consignent, en vertu de l'art 209 C. com., le prix de leur adjudication (3 sept. 1808, 398 I. G.).

9267. Contributions. — Les écritures qui sont portées sur le registre des contributions ne sont que de simples notes ou mentions exemptes du droit de greffe (436 § 48 I. G.).

9268. Contrat de mariage. — Le dépôt au greffe du contrat de mariage des époux dont l'un est commerçant est passible du droit de rédaction (398, 637 I. G.).

9269. Décharge. — Est passible du droit de rédaction de 1 fr. 25 cent., la décharge donnée en marge des actes de dépôt, lorsque le dépôt n'a été lui-même assujetti qu'au droit de 1 fr. 25 cent. (Déc. 12 juill. 1848 art. 2).

9270. Déclaration affirmative. — Toutes les déclarations faites au greffe sont passibles du droit de rédaction excepté celles à la requête du ministère public (L. 22 vent. an 7 art. 7, Déc. 12 juill. 1808 art. 1er).

1. CESSATION D'EMPLOI. — La déclaration faite par un officier public au greffe du tribunal civil de la cessation de ses fonctions n'est passible que du droit de 4 fr. 50 cent., outre le droit de rédaction, par application de l'art. 45 n° 9 L. 28 avril 1816, qui n'a pas excepté les déclarations pures et simples faites au greffe, du droit auquel ont été tarifées les déclarations en général (Sol. 30 sept. 1843, 13860-1 J. E.).

9271. Délaissement. — Nous avons parlé du délaissement par hypothèque sous les nos 6027 et suiv.; le délaissement a lieu par une déclaration au greffe (2174 C. C.), qui est passible du droit de greffe.

9272. Dépôt. — Sont sujets au droit de rédaction les dépôts de bilan, de registres, de répertoires et autres pièces (L. 21 vent. an 7 art. 5, Déc. 12 juill. 1808 art. 1er, 318, 390 § 12, 398, 590 I. G.).

9273. Dépôt de certificat. — Il en est de même du dépôt du certificat délivré par les fonctionnaires publics pour remplacer la déclaration exigée des tiers-saisis; — et du dépôt d'une expédition de la déclaration faite devant le juge de paix par le tiers-saisi (1097 I. G.).

9274. Dépôt de contrats. — Le dépôt au greffe de contrats translatifs de propriété d'immeubles, en exécution de l'art. 2194 C. C., pour être affichés pendant deux mois dans l'auditoire, donne, à raison de cette publication, ouverture au droit de rédaction de 1 fr. 25 cent. sur l'acte qui constate l'affiche au tableau; mais il ne peut être perçu aucun droit de dépôt pour la remise du contrat au greffe (D. m. j. et f. 24 vend., 12 et 14 niv. an 13, 266 I. G.). — Les actes de dépôt sont transcrits, à la suite les uns des autres, sur un registre en papier timbré, coté et paraphé par le président du tribunal. Les actes de décharge de ces mêmes dépôts sont portés sur le registre en marge de l'acte de dépôt, et soumis au même droit de rédaction et de transcription (art. 2 Déc. 1808). — *V.* 9171.

9275. Dépôt de signature et paraphe des notaires.

— (Art. 1er du décret). — Le droit de rédaction est dû lors même que le dépôt est fait par le procureur de la République (290 et 398 I. G.). — La décision ministérielle des 24 et 30 juin 1812 (590 I. G.), portant exemption de l'enregistrement et assujettissement au droit de greffe des actes de dépôt du double du répertoire de chaque notaire, est applicable aux actes de dépôt des signature et paraphe de ces officiers publics (D. m. j. et f. 17 oct. 1821, 1008 I. G.).

9276. Dépôt de procès-verbaux de visites de navires.

— Les dépôts de procès-verbaux de visite de navires sont sujets au droit ou dispensés de la perception, suivant que les navires appartiennent au grand ou au petit cabotage.

9277. Dépôt de rapport d'experts

(436 § 28 I. G.). — Ce dépôt est sujet au droit de rédaction.

9278. Désaveu.

— Les désaveux sont faits au greffe du tribunal qui doit en connaître, par un acte signé de la partie, ou du porteur de sa procuration spéciale et authentique : l'acte contient les moyens, conclusions et constitution d'avoué. — Cet acte, considéré comme acte fait et rédigé par le greffier, est sujet au droit de rédaction. — *V.* 9193-6.

9279. Diplômes.

— Sont sujets au droit de rédaction les enregistrements que les médecins, chirurgiens, officiers de santé et sages-femmes sont tenus, aux termes des art. 24 et 34 L. 19 ventôse an 11, de faire faire de leur diplôme au greffe du tribunal de première instance de leur résidence (204 I. G.). — *V.* 9182.

9280. Dispense d'âge et de parenté.

— La transcription sur le registre *ad hoc* des actes de dispense d'âge et de parenté est sujette au droit de rédaction. — *V.* 9173.

9281. Empreintes. — Marteaux.

— Il en est de même du dépôt de l'empreinte du marteau d'un adjudicataire de coupe de bois ou autre, comme servant à faire titre.

1. FER. — Ou du dépôt du fer servant à marquer les bestiaux des *usagers* (D. m. f. 15 juill. 1828, 1251 § 4 I. G.).

9282. Enquête.

— Les procès-verbaux d'enquête sont sujets au droit de 50 centimes par chaque déposition de témoin, outre le droit de 1 fr. 25 cent. pour la rédaction de l'acte (art. 1er du Décret, 1156 § 13 I. G.). — Les tribunaux doivent se garder de permettre une défense sur les notes des dépositions des témoins, et de juger sur les minutes d'enquêtes représentées à l'audience, cette marche préjudiciant aux intérêts du Trésor (Circ. 1974).

Le droit de rédaction est perçu sur l'ensemble du procès-verbal et non sur chaque vacation (1180 § 7 I. G.).

Dans les affaires non susceptibles d'appel, il n'est point rédigé de procès-verbal d'enquête, dès lors, le droit de rédaction et celui de 50 centimes par témoin ne sont pas exigibles. On ne peut les percevoir que sur le jugement.

9283. Enregistrement au greffe.

— Le droit de greffe est exigible sur l'enregistrement effectué sur les registres d'oppositions, d'actes de sociétés et autres actes désignés par les codes, la transcription de saisie immobilière exceptée (L. 21 vent. an 7 art. 5, Déc. 12 juill. 1808 art. 1er); — par exemple, sur l'acte d'autorisation à un mineur pour faire le commerce; — sur le consentement du mari à la femme pour être marchande publique (2 et 4 C. com.); — sur les contrats de prêts à la grosse (312 *Id.*). Mais le droit n'est exigible qu'*autant qu'il est délivré expédition de l'enregistrement* (398 I. G.). — La simple mention de ces actes sur les registres, équivalant à l'enregistrement, donne ouverture au droit de greffe (*Idem*).

9284. Exclusion ou option des tribunaux d'appel

(L. 21 vent. an 7 art. 5.). — Droit de rédaction exigible.

9285. Expertise.

— En matière d'expertise, le C. proc. veut (art. 306) que, dans un délai déterminé, les parties qui se seront accordées pour la nomination des experts en fassent la déclaration au greffe. Cette déclaration est passible du droit de rédaction. — *V.* 9304.

9286. Navires. — Factures. — Mémoires.

— L'art. 192 C. com. porte : « Le privilège accordé aux dettes énoncées dans le précédent article ne peut être exercé qu'autant qu'elles seront justifiées dans les formes suivantes : — 1° les frais de justice seront constatés par les états de frais arrêtés par les tribunaux compétents; — 2° les droits de tonnage et autres, par les quittances légales des receveurs; — 3° les dettes désignées par les numéros 1er, 3, 4 et 5 de l'art. 191, seront constatées par des états arrêtés par le président du tribunal de commerce; — 4° les gages et loyers de l'équipage, par les rôles d'armement et de désarmement arrêtés dans les bureaux de l'inscription maritime; — 5° les sommes prêtées et la valeur des marchandises vendues pour les besoins du navire pendant le dernier voyage, par des états arrêtés par le capitaine, appuyés de procès-verbaux signés par le capitaine et les principaux de l'équipage, constatant la nécessité des emprunts; — 6° la vente du navire par un acte ayant date certaine, et les fournitures pour l'armement, équipement et victuailles du navire seront constatées par des mémoires, factures ou états visés par le capitaine et arrêtés par l'armateur, dont un double sera déposé au greffe du tribunal de commerce avant le départ du navire, ou, au plus tard, dans les dix jours après son départ ; — 7° les sommes prêtées à la grosse sur le corps, quille, agrès, apparaux, armement et équipement, avant le départ du navire, seront constatées par des contrats passés devant notaires, ou sous signature privée, dont les expéditions ou doubles seront déposés au greffe du tribunal de commerce dans les dix jours de leur date ; — 8° les primes d'assurances seront constatées par les polices ou par les extraits des livres des courtiers d'assurances ; — 9° les dommages-intérêts dus aux affréteurs seront constatés par les jugements, ou par les décisions arbitrales qui seront intervenus.

Les dépôts au greffe prescrits par cet article sont passibles du droit de rédaction.

9287. Faillite. — L'art. 438 C. com. veut que, dans les trois jours de la cessation de ses payements, tout failli en fasse la déclaration au greffe du tribunal de commerce. En cas de faillite d'une société en nom collectif, la déclaration du failli contiendra le nom et l'indication du domicile de chacun des associés solidaires. — Cette déclaration est passible du droit de greffe.

9288. Faux. — En matière de faux, le défendeur sera tenu de remettre la pièce arguée de faux au greffe, dans les trois jours de la signification du jugement qui aura admis l'inscription et nommé le commissaire, et de signifier l'acte de mise au greffe dans les trois jours suivants (219 C. proc.).

La remise de ladite pièce prétendue fausse étant faite au greffe, l'acte en sera signifié à l'avoué du demandeur, avec sommation d'être présent au procès-verbal ; et, trois jours après cette signification, il sera dressé procès-verbal de l'état de la pièce. Si c'est le demandeur qui a fait la remise, ledit procès-verbal sera fait dans les trois jours de ladite remise, sommation préalablement faite au défendeur d'y être présent (225 C. proc.).

S'il a été ordonné que les minutes seraient apportées, le procès-verbal sera dressé conjointement, tant desdites minutes, que des expéditions arguées de faux, dans les délais ci-dessus : pourra néanmoins le tribunal ordonner, suivant l'exigence des cas, qu'il sera d'abord dressé procès-verbal de l'état desdites expéditions, pour attendre l'apport desdites minutes, de l'état desquelles il sera, en ce cas, dressé procès-verbal séparément (226 C. proc.).

Ces divers actes, passés au greffe, sont sujets au droit de rédaction.

9289. Femme marchande publique. — Aux termes de l'art. 4 C. com., la femme ne peut être marchande publique sans le consentement de son mari ; l'enregistrement au greffe de ce consentement donne ouverture au droit de rédaction.

9290. Hypothèque légale. — L'art. 2194 C. C. porte : « A cet effet, ils déposeront (les acquéreurs) copie dûment collationnée du contrat translatif de propriété au greffe du tribunal civil du lieu de la situation des biens, et ils certi-

fieront par acte signifié, tant à la femme ou au subrogé-tuteur, qu'au procureur de la République près le tribunal, le dépôt qu'ils auront fait. Extrait de ce contrat, contenant sa date, les noms, prénoms, profession et domicile des contractants, la désignation de la nature et de la situation des biens, le prix et les autres charges de la vente, seront et resteront affichés pendant deux mois dans l'auditoire du tribunal ; pendant lequel temps, les femmes, les maris, tuteurs, subrogés tuteurs, mineurs, interdits, parents ou amis, et le procureur de la République, seront reçus à requérir s'il y a lieu, et à faire faire au bureau du conservateur des hypothèques, des inscriptions sur l'immeuble aliéné, qui auront le même effet que si elles avaient été prises le jour du contrat de mariage, ou le jour de l'entrée en gestion du tuteur, sans préjudice des poursuites qui pourraient avoir lieu contre les maris et les tuteurs, ainsi qu'il a été dit ci-dessus, pour hypothèques par eux consenties, au profit de tierces personnes, sans leur avoir déclaré que les immeubles étaient déjà grevés d'hypothèques, en raison du mariage ou de la tutelle. »

Il s'agit ici d'une publication qui donne ouverture au droit de greffe.

9291. Insertion. — Est sujette au droit de rédaction, l'insertion au tableau placé dans l'auditoire du tribunal, de l'extrait de tout contrat de mariage entre commerçants ; les notaires font l'avance des droits, sauf leur recours contre les parties (D. m. f. 27 juin 1809, 3277 J. E.). Il en est ainsi généralement toute insertion au tableau, pour la publication des contrats de mariage, divorces, jugements de séparation, actes et dissolutions de société, et de tous autres actes prescrits par les codes (art. 1er du décret).

9292. Interdiction. — Le jugement qui prononcera défense de plaider, transiger, emprunter, recevoir un capital mobilier, en donner décharge, aliéner ou hypothéquer sans assistance de conseil, sera affiché dans la forme prescrite par l'art. 501 du C. C. (897 C. proc.).

Cette publication donne ouverture au droit de greffe.

9293. Interrogatoire. — Les interrogatoires sur faits et articles sont passibles du droit de greffe (1156 § 13, I. G.).

1. NAVIRE. — Pour vérifier le rapport du capitaine, le juge reçoit l'interrogatoire des gens de l'équipage, et, s'il est possible, des passagers, sans préjudice des autres preuves. — Les rapports non vérifiés ne sont point admis à la décharge du capitaine, et ne font point foi en justice, excepté dans le cas où le capitaine naufragé s'est sauvé seul dans le lieu où il fait son rapport. — La preuve des faits contraires est réservée aux parties (247 C. com.). Le droit de greffe est exigible sur l'interrogatoire. — V. 9303.

9294. Mineur. — Commerce. — Tout mineur émancipé de l'un et l'autre sexe, âgé de dix-huit ans accomplis qui voudra profiter de la faculté que lui accorde l'article 487 C. C. de faire le commerce, ne pourra en commencer les opérations, ni être réputé majeur quant aux engagements par lui contractés pour faits de commerce : 1° s'il n'a été préalablement autorisé par son père, ou par sa mère, en cas de décès, interdiction ou absence du père, ou à défaut du père et de la mère, par une délibération du conseil de famille, homologuée par le tribunal civil ; — 2° si, en outre, l'acte d'autorisation n'a été enregistré et affiché au tribunal de commerce du lieu ou le mineur veut établir son domicile (art. 2 C. com.).

L'enregistrement au greffe de l'autorisation donne ouverture au droit de rédaction.

9295. Naufrage. — La déclaration de naufrage par un capitaine de navire (242, 243, 246, 413 C. com.) est un acte fait au greffe, passible du droit de rédaction.

9296. Navire. — Le capitaine est tenu, avant de prendre charge, de faire visiter son navire, aux termes et dans les formes prescrites par les règlements. Le procès-verbal devisite est déposé au greffe du tribunal de commerce, il en est délivré extrait au capitaine (225 C. com.). — Le droit de rédaction est exigible.

9297. Opposition. — Toute opposition qui a lieu par acte au greffier est passible du droit de greffe. — V. 9166.

9298. Vérification d'écriture. — Le jugement qui autorisera la vérification ordonnera qu'elle sera faite par trois experts, et les nommera d'office, à moins que les parties ne se soient accordées pour les nommer. Le même jugement commettra le juge devant qui la vérification se fera ; il portera aussi que la pièce à vérifier sera déposée au greffe, après que son état aura été constaté et qu'elle aura été signée et paraphée par le demandeur ou son avoué, et par le greffier, lequel dressera du tout procès-verbal (196 C. proc.).

Dans les trois jours du dépôt de la pièce, le défendeur pourra en prendre communication au greffe sans déplacement ; lors de la dite communication, la pièce sera paraphée par lui ou par son avoué, ou par son fondé de pouvoir spécial, et le greffier en dressera procès-verbal (198 C. proc.).

Le procès-verbal de paraphe est un acte de greffe passible du droit de rédaction.

9299. Partage. — En matière de partage judiciaire, le notaire commis procédera seul et sans l'assistance d'un second notaire ou de témoins : si les parties se font assister auprès de lui d'un conseil, les honoraires de ce conseil n'entreront point dans les frais de partage, et seront à leur charge. — Au cas de l'art. 837 C. C., le notaire rédigera un procès-verbal séparé les difficultés et dires des parties : ce procès-verbal sera, par lui, remis au greffe, et y sera retenu. — Si le juge-commissaire renvoie les parties à l'audience, l'indication du jour où elles devront comparaître leur tiendra lieu d'ajournement. — Il ne sera fait aucune sommation

pour comparaître soit devant le juge, soit à l'audience (977 C. com.).

Le dépôt du procès-verbal constatant les dires des parties est sujet au droit de rédaction. — Il en est de même du procès-verbal de tirage au sort des lots, s'il est fait au greffe et non par le juge délégué (7274 J. E.).

9300. Procès-verbaux. — Tous les procès-verbaux faits et rédigés par le greffier sont sujets au droit de greffe. (art. 1er Déc. 12 juill. 1808). — V. 9254.

9301. Publication. — Il en est de même des publications au greffe des saisies immobilières (D. m. f. 6 avr. 1835, 1482 I. G.) ; — des publications des extraits de demandes et jugements en séparation de corps et de biens ; — des contrats de mariage des commerçants ; — des jugements portant interdiction ou nomination d'un conseil judiciaire, actes et dissolution de société, etc. (Déc. m. f. 19 oct. 1828 et 18 juin 1829, 1261 et 1293 § 2 I. G.).

Le droit, aux termes du Déc. du 12 juillet 1808, est dû pour tous les actes dont la publication est prescrite par les Codes, soit que cette publication se fasse par dépôt de l'acte au greffe, ou par insertion d'un extrait placé dans le tableau.

Le droit n'est dû qu'une seule fois, quel que soit le mode employé pour la publication, mais il est dû sur l'acte qui la constate, quelle que soit la forme dans laquelle il est rédigé. — V. 9189.

9302. Rapports. — La même règle s'applique aux rapports faits et rédigés par le greffier (Déc. 12 juill. 1808 art. 1er). — V. 9251.

9303. Rapports des capitaines de navires. — Aux termes de l'art. 243 C. com., les capitaines de navire sont tenus de faire, à leur arrivée, un rapport sur leur voyage. Ce rapport est fait au greffe devant le président du tribunal de commerce. — Dans les lieux où il n'y a pas de tribunal de commerce, le rapport est fait au juge de paix de l'arrondissement. Le juge de paix qui a reçu le rapport est tenu de l'envoyer, sans délai, au président du tribunal le plus voisin. — Dans l'un et l'autre cas, le dépôt en est fait au greffe du tribunal de commerce. Ce rapport est sujet au droit de rédaction.

9304. Rapports d'experts. — Le C. proc. veut qu'en matière d'expertise le rapport des experts soit déposé au greffe du tribunal qui aura ordonné l'expertise, sans nouveau serment de la part des experts ; leurs vacations seront taxées par le président au bas de la minute, et il en sera délivré exécutoire contre la partie qui aura requis l'expertise ou l'aura poursuivie si elle a été ordonnée d'office. — Ce dépôt donne ouverture au droit de rédaction. — V. 9285.

9305. Réception de caution. — Les réceptions

de caution, lorsqu'elles sont faites au greffe, rendent exigible le droit de rédaction (398 I. G.).

9306. Récusation de juges. — Il en est de même des récusations de juges (*Idem*).

9307. Réhabilitation. — Les transcriptions de jugements de réhabilitation sont sujettes au droit de rédaction.— *V.* 9102-7.

9308. Renonciation. — Il en est de même de la renonciation à une communauté de biens ou à une succession (L. 21 vent. an 7, art. 5, Déc. 12 juill. 1808, art. 1er).

9309. Renvoi. — Le C. proc. veut que lorsqu'une partie plaidante a des parents parmi les juges, le renvoi puisse être demandé par l'autre partie. D'après l'art. 370, le renvoi sera proposé par acte au greffe, lequel contiendra les moyens, et sera signé de la partie ou de son fondé de procuration spéciale et authentique. — Le droit de greffe est exigible.

9310. Répertoires. — Le droit de rédaction **est sur** le dépôt du double des répertoires des *commissaires-priseurs* (Ord. 26 juin 1816, art. 13, 1136 I. G.), des *courtiers de commerce* pour les ventes qu'ils sont chargés de faire (1136 I. G.), et des *notaires*, par chaque déposant (590 I. G.).

Ce droit est dû sur l'acte que le greffier doit rédiger pour constater le dépôt, et il doit dresser autant d'actes qu'il y a de déposants (590 I. G.). Il importe que la date du dépôt soit fixée, puisque les lois des 6 oct. 1791 et 16 flor. an 4 veulent, à peine d'amende, que le dépôt soit fait dans les deux premiers mois de chaque année (318, 390, 398 I. G.).

9311. Retrait de cautionnement. — Sont sujettes au droit de greffe les déclarations de retrait de cautionnement des officiers ministériels. — *V.* 9102-4.

9312. Saisie-arrêt. — D'après l'art. 574 C. proc., les pièces justificatives de la déclaration (du tiers saisi) sont annexées à cette déclaration ; le tout est déposé au greffe, et l'acte de dépôt est signifié par un seul acte contenant constitution d'avoué. — Si la saisie-arrêt ou opposition est formée sur effets mobiliers, le tiers saisi est, aux termes de l'art. 578 du même code, tenu de joindre à sa déclaration un état détaillé desdits effets.

La déclaration du tiers saisi et le dépôt du certificat du fonctionnaire pour remplacer la déclaration sont sujets au droit de rédaction (1097, 1249 § 12 I. G.).

9313. Saisie immobilière. — La demande en distraction de tout ou partie des objets saisis est formée tant

contre le saisissant que contre la partie saisie (725 C. proc.). — Cette demande, d'après l'art. 726, contient l'énonciation des titres justificatifs qui sont déposés au greffe, et la copie de l'acte de dépôt. Ce dépôt est passible du droit de greffe.

9314. Saisie de rente. — Il est dû un droit particulier de rédaction pour la publication de l'extrait du cahier des charges. — *V.* 9261.

9315. Sentence arbitrale. — Le jugement arbitral sera rendu exécutoire par une ordonnance du président du tribunal de première instance ; à cet effet, la minute du jugement sera déposée dans les trois jours, par l'un des arbitres, au greffe du tribunal. — S'il avait été compromis sur l'appel d'un jugement, la décision arbitrale sera déposée au greffe de la cour d'appel, et l'ordonnance rendue par le président de cette cour. — Les poursuites pour les frais du dépôt et les droits d'enregistrement ne pourront être faites que contre les parties (1020 C. proc.).

Le dépôt prescrit par cet article est sujet au droit de rédaction. — *V.* 9171.

9316. Scellés. — Les mentions qui sont faites sur le registre des scellés (*V.* 9169) étant relatives à des mesures d'administration ou de police générale, ne donnent ouverture à aucun droit de greffe.

9317. Séparation de corps et de biens. — En matière de séparation de corps, l'extrait du jugement qui prononce la séparation est inséré aux tableaux exposés tant dans l'auditoire des tribunaux que dans les chambres d'avoués et notaires, ainsi qu'il est dit art. 872 (880 C. proc.), et en matière de séparation de biens, le greffier du tribunal inscrira sans délai, dans un tableau placé à cet effet dans l'auditoire, un extrait de la demande en séparation, lequel contiendra : 1° la date de la demande ; — 2° les noms, prénoms, profession et demeure des époux ; — 3° les noms et demeure de l'avoué constitué, qui sera tenu de remettre, à cet effet, ledit extrait au greffier, dans les trois jours de la demande (866 C. proc.).

Pareil extrait sera inséré dans les tableaux placés, à cet effet, dans l'auditoire du tribunal de commerce, dans les chambres d'avoués de première instance et dans celles des notaires, le tout dans les lieux où il y en a ; lesdites insertions seront certifiées par les greffiers et par les secrétaires des chambres (867 C. proc.).

Le jugement de séparation sera lu publiquement, l'audience tenante, au tribunal de commerce du lieu, s'il y en a ; extrait de ce jugement contenant la date, la désignation du tribunal où il a été rendu, les noms, prénoms, profession et demeure des époux, sera inséré sur un tableau à ce destiné, et exposé pendant un an dans l'auditoire des tribunaux de première instance et de commerce du domicile du mari, même lorsqu'il ne sera pas négociant ; et s'il n'y a pas de tribunal de commerce, dans la principale salle de la maison commune du domicile du mari. Pareil extrait sera inséré au tableau exposé en la chambre des avoués et notaires, s'il y en a. La femme ne pourra commencer l'exécution du jugement que du jour où les formalités ci-dessus auront été remplies, sans que, néanmoins, il soit nécessaire d'attendre l'expiration du susdit délai d'un an. — Le tout sans préjudice des dispositions portées en l'art. 1443 C. C. (872 C. proc.). Les diverses insertions faites au greffe sont des publications passibles du droit de greffe — V. 9301.

9318. Signatures et paraphes. — L'acte de dépôt au greffe des signatures et paraphes des notaires est sujet au droit de greffe, lors même qu'il serait fait par le ministère public.

9319. Société. — Aux termes du C. com., l'extrait des actes de société en nom collectif et en commandite doit être remis, dans la quinzaine de leur date, au greffe du tribunal de commerce de l'arrondissement dans lequel est établie la maison du commerce social, pour être transcrit sur le registre et affiché pendant trois mois dans la salle des audiences. — Si la société a plusieurs maisons de commerce situées dans divers arrondissements, la remise, la transcription et l'affiche de cet extrait seront faites au tribunal de commerce de chaque arrondissement. — Ces formalités seront observées, à peine de nullité, à l'égard des intéressés; mais le défaut d'aucune d'elles ne pourra être opposé à des tiers par des associés (42 C. com.).

Toute continuation de société après son terme expiré sera constatée par une déclaration des coassociés. — Cette déclaration et tous actes portant dissolution de société avant le terme fixé pour sa durée par l'acte qui l'établit, tout changement ou retraite d'associés, toutes nouvelles stipulations ou clauses, tout changement à la raison de société, sont soumis aux formalités prescrites par les art. 42, 43 et 44. — En cas d'omission de ces formalités, il y aura lieu à l'application des dispositions pénales de l'art. 42, troisième alinéa (art. 46 C. com.).

Ces formalités constituent des publications passibles du droit de greffe. — V. 9301.

9320. Soumission de caution. — Les soumissions de caution sont passibles du droit de rédaction (L. 21 vent. an 7, art. 5, Déc. 12 juill. 1808, art. 1er).

9321. Testament. — Il en est de même du procès-verbal de description de testament, s'il est rédigé par le greffe. — V. 9192-2 et 9312.

9322. Tiers saisi. — La déclaration au greffe par le tiers saisi et le dépôt de ses titres sont passibles du droit de greffe. — V. 9192-2 et 9312.

9323. Transcription. — Sont sujets au droit de greffe les transcriptions et enregistrements, sur les registres du greffe, d'oppositions et autres actes désignés par les codes,

à l'exception de la transcription des saisies immobilières; mais le droit n'est dû qu'autant qu'il est délivré expédition de la transcription (Déc. 12 juill. 1808, art. 1er).

9324. Vente de marchandises. — Est sujet au droit de rédaction le dépôt des déclarations de propriété (Déc. 17 avr. 1812, art. 5) et des procès-verbaux de vente par les courtiers de commerce (602 I. G.).

9325. Vérifications d'écritures. — La pièce à vérifier est déposée au greffe, après que son état est constaté, etc., et le greffier rédige du tout un procès-verbal (196 C. proc.). Le dépôt et le procès-verbal ne forment qu'un acte, et il n'est dû qu'un droit.

D'après l'art. 209 C. proc., le rapport des experts doit être annexé au procès-verbal du juge-commissaire, sans qu'il soit besoin de l'affirmer. Il en résulte que le greffier n'est pas tenu de rédiger acte de dépôt et qu'il n'est pas dû de droit de greffe.

SECTION 3. — ACTES SUJETS AU DROIT FIXE DE RÉDACTION

DE 1 FR. 50 CENTIMES

[9326-9328]

9326. Dépôt de titres de créances pour la distribution de deniers par ordre ou par contribution. — Il est dû un droit pour chaque production (L. 22 prair. an 7, art. 2, Déc. 12 juill. 1808, art. 1er).

1. PLURALITÉ. — Si un individu produit plusieurs titres relatifs à plusieurs créances, il y a alors plusieurs mentions de dépôt, c'est-à-dire plusieurs productions, et il est dû autant de droits de greffe à 1 fr. 50 cent. qu'il y a de productions (16711-2 J. E.).

9327. Radiation de saisie immobilière — (Déc. 12 juill. 1808 art. 1er).

9328. Surenchère faite au greffe par suite d'adjudication. — (Déc. 12 juill. 1808, art. 1er).

SECTION 4. — ACTES SUJETS AU DROIT FIXE DE 3 FRANCS

[9329-9331]

9329. Dépôt de l'exemplaire d'apposition d'affiches, en exécution de l'art. 5 L. 11 brumaire an 7 (L. 22 prair. an 7, art. 2, Déc. 12 juill. 1808, art. 2).

9330. Transcription au greffe des saisies immobilières — (Déc. 12 juill. 1808, art. 2).

9331. Dépôt certifié par le conservateur des hypothèques de l'état des inscriptions existantes — (Idem).

SECTION 5. — ACTES EXEMPTS DU DROIT FIXE DE RÉDACTION

[9332-9357]

9332. Actes du ministère du juge. — Les actes rédigés par le greffier sous la dictée du juge ne sont pas sujets au droit de rédaction et de transcription. La seule difficulté qui puisse s'élever à cet égard est de pouvoir distinguer ces actes de ceux qui sont réellement du ministère du greffier : les exemples posés dans les nos 9252 et suiv. et ceux qui font l'objet des numéros ci-après pourront servir de guide à cet égard.

9333. Affirmation et vérification de créances. — Une D. m. f. du 12 avril 1823, interprétant l'art. 1er du Déc. de 1808 qui assujettit au droit de rédaction les déclarations affirmatives, en avait conclu que les procès-verbaux de vérification et d'affirmation de créances sont passibles d'un droit de rédaction . Mais un nouvel examen de la question a fait reconnaître que les expressions du Déc. de 1808 s'appliquent aux déclarations faites par les tiers saisis (571 C. proc.), et que les affirmations de créances étant reçues par le juge-commissaire, qui en dresse procès-verbal, ne peuvent être considérées comme des actes du greffier et sont exemptes du droit de rédaction (A. Cons. d'Ét. 5 fév. 1828, 1249 § 13 I. G., qui abroge l'I. G. 1106 § 1er).

9334. Cahier des charges. — Les art. 699, 700 et 702 C. proc. exigent la publication à l'audience du tribunal des cahiers des charges pour procéder aux ventes faites en justice. Cet acte, n'étant pas un acte du greffe proprement dit, n'est pas sujet au droit de rédaction (Sol. 28 oct. 1814, 4947 J. E.).

9335. Commissaires délégués. — Sont exempts du droit de rédaction les actes reçus par les notaires ou par les greffiers des justices de paix, lorsque ces officiers agissent en vertu de commissions des tribunaux de première instance ou de commerce et des cours d'appel (D. m. f. 21 mars 1809, 429 § 5 I. G.).

9336. Commission d'employé et d'officier public. — La transcription sur les registres du greffe des commissions des employés et des officiers publics qui prêtent serment avant d'entrer en fonctions n'est pas sujette au droit

de rédaction. — Il en serait autrement si, pour une cause quelconque, cette transcription avait lieu au greffe d'un autre tribunal que celui où le serment a été prêté (Sol. 4 juin 1825, 8105 J. E. ; Sol. 19 août 1842, 1687 § 12 I. G.).

9337. Compte. — C'est le juge délégué qui est censé rédiger les procès-verbaux de présentation et affirmation de comptes et débats, aussi ne sont-ils point sujets au droit de rédaction (Sol. 17 janv. 1824, 8387 J. E.).

9338. Décharge. — Les décharges aux greffiers par les avoués, par émargement sur le registre, des pièces ayant fait l'objet de productions sont exemptes du droit de greffe. — V. 9165.

9339. Dessins de fabriques. — Les dépôts de dessins de fabriques, certificats ou récépissés qui en sont délivrés par les greffiers des tribunaux civils ou de commerce sont exempts du droit de rédaction (Sol. 8 juill. 1828). — V. 9190.

9340. Marques de fabrique. — Les procès-verbaux de dépôt de marques de fabrique sont assujettis à l'enregistrement comme tous les autres actes du greffe, mais ils ne sont pas sujets au droit de rédaction (2133 I. G., 1097. R. P.). — V. 9191. et 11256 bis.

9341. Diplôme. — Lorsque, au lieu de transcrire sur le registre ad hoc les diplômes des officiers de santé, médecins, etc., on se borne à faire mention sur le registre de la présentation du diplôme, cette mention ne donne pas ouverture au droit de greffe (D. m. f. 11 mai 1819).

9342. Élections. — Il en était de même des actes de procédure relatifs aux élections à la chambre des députés (Dél. 8-24 mai 1838, Inst. 1577 § 23 I. G., 12052 J. E.).

9343. Empreintes des timbres. — C'est par mesure d'ordre public qu'est fait aux greffes des tribunaux civils le dépôt des empreintes de timbre des administrations. Aucun droit de greffe n'est donc exigible.

9344. État. — Lorsque, pour purger les hypothèques légales non inscrites, l'État (par le fonctionnaire qui agit en son nom) dépose au greffe la copie de son acquisition, cet acte de dépôt est exempt du droit de rédaction, parce que, suivant les principes développés dans l'I. G. 202, l'État ne peut se payer de droits à lui-même (Sol. 28 mai 1831, 10076 J. E.).

9345. État civil. — Le dépôt au greffe des registres

de l'état civil, étant une simple mesure d'ordre public, est dispensé du droit de rédaction (D. m. f. 24 sept. 1808, 405 I. G.).

Il en est ainsi des extraits d'actes de l'état civil délivrés par les greffiers des tribunaux de première instance (D. m. f. 2 janv. 1836, 1528 § 22 I. G.).

9346. Exécutoires. — L'exécutoire des frais et dépens étant une ordonnance ou un jugement du juge taxateur et non un acte du greffe, n'est pas assujetti au droit de rédaction (Dél. 17 janv. 1824, 17052-1 J. E.).

9347. Huissier. — Le dépôt des titres et pièces d'un huissier pour obtenir une nouvelle commission n'étant qu'une mesure d'ordre, il ne doit pas en être rédigé acte de dépôt, et s'il en est rédigé, aucun droit de greffe n'est exigible (659 I. G.).

9348. Interrogatoire. — L'interrogatoire qui a lieu par suite d'une demande en interdiction est un acte qui émane du tribunal et qui ne peut être écrit par le greffier que sous la dictée du président ou du juge-commissaire ; il est donc exempt du droit de greffe (Sol. 6 août 1832, 10428 J. E.).

9349. Marque d'or et d'argent. — C'est par mesure d'ordre public qu'est fait au greffe le dépôt des ouvrages saisis en contravention à la loi du 19 germinal an 6. Il en est de même du dépôt de plaque portant empreinte de poinçons et des décharges de ces objets. Aussi ces dépôts ne sont-ils point sujets au droit de rédaction (506 I. G.).

9350. Mention. — On a vu, au n° 9283, que la mention de certains actes sur les registres du greffe, équivalant à la transcription de ces actes, donnait ouverture au droit de greffe. Il n'en serait plus ainsi si la mention n'avait pour objet que l'insertion au tableau, c'est-à-dire la publication des contrats. Alors un droit étant exigible pour la publication, le vœu de la loi serait rempli.

9351. Ordonnance. — On ne pourrait prétendre que les ordonnances délivrées par le président du tribunal sont sujettes à un droit de greffe. Ces actes ne peuvent être considérés comme du ministère du greffier.

9352. Production. — Les actes de production de pièces n'étant pas des actes de greffe, sont dispensés du droit de rédaction (436, § 13 I. G.). — V. 9164.

9353. Rapport de juges. — Il en est de même des rapports faits par les juges en matière de faillite.

9354. Récépissé. — Les récépissés que donnent les avoués, conformément à l'art. 106 C. proc., des communications qui leur sont faites par le greffier en matière de productions dans les affaires mises en délibéré, sont exempts du droit de rédaction. — V. 9165.

9355. Remise de contrat de mariage, etc. — En est pareillement dispensée la remise faite au greffe des contrats de mariage, divorces, jugements de séparation, actes et dissolution de société, et de tous autres actes dont la publication est prescrite par les codes (Déc. 1808, art. 1ᵉʳ).

9356. Serment. — Les prestations de serment des experts et fonctionnaires ne sont ni dénommées dans la loi, ni susceptibles d'être rangées par analogie dans aucune de ses dispositions. Elles sont exemptes du droit de rédaction (D. m. f. 11 août 1807, 2661 J. E.).

9357. Testament. — Le droit de rédaction n'est pas exigible sur le procès-verbal d'ouverture et de description des testaments, attendu que l'ouverture et la description du testament sont des obligations qui ont été déférées par la loi au président du tribunal, et que, dans ce cas, le greffier ne tient la plume que sous la dictée du magistrat (Sol. 31 oct. 1831, 10175 J. E. ; Sol. 17 janv. 1832, 10173 J. E.). — V. Testament 17102.

SECTION 6. — ACTES SUJETS AU DROIT PROPORTIONNEL DE RÉDACTION

[9358-9383]

ARTICLE PREMIER. — ADJUDICATIONS

[9358-9377]

9358. Quotité du droit. — Le droit de rédaction sur les adjudications, soit volontaires, soit sur licitation, soit sur expropriations forcées faites en justice, est de 50 centimes pour 100 sur les cinq premiers mille francs, et de 25 centimes pour 100 sur ce qui excède 5,000 francs (art. 1ᵉʳ L. 22 prair. an 7, art. 1ᵉʳ, Déc. 12 juill. 1808).

9359. Minimum. — Dans aucun cas la perception ne peut être au-dessous du droit fixe de 1 fr. 25 cent. déterminé pour les moindres actes par l'art. 5 L. 21 vent. an 7 (art. 3 Déc. 12 juill. 1808, 398 I. G.).

Cette disposition est générale et embrasse tous les actes passibles du droit proportionnel de rédaction (D. m. f. 10 août 1814, 5013 J. E.).

Le *minimum* ne doit pas être perçu par chaque individu que concerne un acte de greffe, mais seulement sur *chaque acte*. Ainsi, lorsqu'un greffier délivre un bordereau de collocation en faveur de trois personnes distinctes, pour des sommes qui ne s'élèvent pas ensemble à 500 francs, on ne doit pas percevoir trois droits de 1 fr. 25 cent., mais un seul, à titre de moindre droit (Sol. 11 mars 1831, 9953 J. E.).

9360. Fraction de sommes. — Le Déc. du 12 juillet 1808 et une Déc. du 12 octobre 1810 (500 I. G.) veulent que le droit proportionnel de rédaction soit perçu comme celui d'enregistrement, suivant les règles établies par les lois des 22 frimaire an 7 et 27 ventôse an 9. On doit donc, pour la perception, suivre les sommes de 20 francs en 20 francs inclusivement et sans fractions.

9361. Prix et frais. — Il suit encore de là que le droit proportionnel de rédaction doit, ainsi qu'on le fait pour la perception des droits d'enregistrement, porter non-seulement sur le prix de l'adjudication, mais sur les frais et les autres charges, notamment sur la valeur de l'usufruit, lorsqu'il est réservé (Dél. 4 sept. 1822, 7366 J. E.).

9362. Pluralité. — Vente au détail. — La question de savoir si le droit de rédaction doit être liquidé, comme le droit d'enregistrement, sur le prix du lot ou des lots adjugés à chaque acquéreur ou bien sur le prix cumulé de tous les lots de la vente, a été diversement résolue

Une Sol. 21 novembre 1814 (Roll. vᵒ *Droit de greffe* nᵒ 67) avait reconnu que le droit était dû sur le prix cumulé de tous les lots, sauf aux adjudicataires à s'arranger entre eux au prorata de leurs adjudications respectives. C'est l'opinion qui avait été admise d'abord par le J. E. (925 J. E.). — Depuis lors, ce recueil a pensé que le droit de greffe était dû sur chaque lot individuellement (7104 J. E.) et son avis a été adopté par une Sol. 21 septembre 1842 (D. N. t. 6 p. 332 nᵒ 23), portant qu'il résulte de l'assimilation que le décret de 1808 a établie entre le droit proportionnel de rédaction et le droit proportionnel d'enregistrement, que le droit de rédaction doit être liquidé non sur le prix total de l'adjudication, mais sur le montant de chaque adjudication distincte, en réunissant tous les lots échus au même adjudicataire. Mais on admettait que si les adjudicataires étaient solidaires, la liquidation devait s'établir sur le prix cumulé de tous les lots (Sol. 2 avr. 1849, Fess. 7931, 14936 § 1ᵉʳ J. E.).

La difficulté a été soumise au tribunal de Saint-Amand, qui a décidé, le 2 avril 1868, que le droit doit être perçu sur le prix cumulé de tous les lots : « Attendu que par ces mots : *il sera payé pour la rédaction des adjudications*, le Déc. de 1808 a entendu la rédaction de l'acte tout entier, et non la rédaction de chaque adjudication partielle ; que si, en matière de droits d'enregistrement, il doit, aux termes de l'art. 11 L. 22 frimaire an 7, être perçu autant de droits qu'il y a de dispositions indépendantes dans un acte, il n'y a pas de raison pour qu'il en soit de même en matière de droits de greffe, aucun texte de loi ne s'expliquant à cet égard ; attendu que les droits d'enregistrement et les droits de greffe n'ont ni le même caractère, ni la même base ; que les premiers

constituent un impôt, tandis que le droit de greffe, quoique perçu en grande partie au profit de l'État, constitue moins un impôt que le salaire dû au greffier à raison de la rédaction des actes judiciaires ; que le droit d'enregistrement est un droit de mutation qui atteint la valeur transmise, abstraction faite de l'acte qui la manifeste, tandis que le droit de rédaction est un droit qui est dû à raison de la rédaction de l'acte tout entier ; qu'il n'y a donc aucune analogie entre eux » (2857 R. P.).

Cette solution est très-contestable. Pour résoudre la difficulté, il s'agit de déterminer la nature du droit de rédaction, afin de savoir s'il représente exclusivement le salaire dû au greffier pour la rédaction du jugement et lui est dès lors acquis sur l'ensemble de son acte, ou bien s'il participe du droit d'enregistrement et subit les mêmes règles de liquidation. Or, les deux caractères se rencontrent à la fois dans l'impôt dont il s'agit. Nul doute qu'il constitue l'un des éléments de l'émolument du greffier : la loi du 21 ventôse an 7 est formelle sur ce point ; voilà pourquoi notamment il échappe à l'application du principe des dispositions indépendantes. Mais cette taxe n'en demeure pas moins une perception fiscale assimilable en certains points au droit ordinaire de mutation. La preuve en est que, d'après le texte précis de l'art. 3 Déc. 12 juillet 1808, le droit de rédaction n'est exigible pour les licitations, comme le droit d'enregistrement lui-même, que sur la valeur de la part acquise par le colicitant, encore bien d'ailleurs que le droit de transcription qui représente le coût de la formalité à requérir près du conservateur soit exigible sur la totalité du prix (Lesparre 26 nov. 1838, nᵒ 1121 R. P.). C'est ce qui résulte encore de ce qu'en cas de folle enchère le droit de rédaction est uniquement dû sur l'excédant de la première adjudication. — V. 9372.

Cet impôt tenant à la fois et d'un salaire de formalité et d'un droit proportionnel d'enregistrement, il semble rationnel de soumettre son exigibilité au principe d'après lequel l'unité de l'acte motive l'unité du salaire, mais d'adopter pour sa liquidation la règle même du droit de mutation, c'est-à-dire de considérer isolément les adjudications tranchées au profit de divers acquéreurs non solidaires.

9363. Défaut de consignation des fonds. — Nous avons dit au nᵒ 9207 qu'en matière d'acte de greffe, le greffier ne peut se prévaloir de l'art. 37 L. 22 frimaire an 7, pour faire poursuivre par le receveur le recouvrement des droits sur la partie qui ne les aurait pas versés entre ses mains ; mais il n'en est plus ainsi en matière d'adjudication, car il s'agit ici d'un jugement rendu à l'audience. — V. *Acte judiciaire*.

9364. État. — Lorsqu'il s'agit des adjudications faites au profit de l'État, il en est des droits de greffe comme de ceux d'enregistrement, il n'en est dû aucun (202 I. G.)

9365. Biens à l'étranger. — La vente des immeubles situés à l'étranger ne donne ouverture qu'à un droit fixe gradué. Mais cette règle perd son application en matière de greffe.

Les droits de greffe, même proportionnels, ne sont pas, à proprement parler, perçus sur les propriétés ou à raison des propriétés; ils sont le salaire de la rédaction. Il s'ensuit que, lorsqu'une adjudication de biens situés en pays étranger est faite devant un tribunal en France, le droit de greffe est dû, quoique celui de mutation ne le soit pas (Cass. 11 déc. 1820, 6917 J. E.). — V. 1794.

1. COLONIES. — Mais si un jugement rendu aux colonies est enregistré en France, il n'est dû aucun complément de droit de greffe, attendu que les droits de greffe ne sont pas compris dans la disposition de l'art. 58 L. 28 avril 1816 (Sol. 20 mai 1850 et 1ᵉʳ juill. 1858).

9366. Les adjudications seules sont sujettes au droit de rédaction. — Il ne suffit pas qu'un acte emporte mutation pour rendre exigible le droit de greffe. Le décret de 1808 n'a prévu que les adjudications faites en justice. La loi du 22 prairial an 7 n'est pas plus explicite: elle ne soumet au droit de rédaction que les adjudications soit volontaires, soit sur licitation, soit sur expropriation. Ainsi toutes les mutations judiciaires autres que celles qui s'opèrent par adjudication échappent au droit de greffe.

1. COMMAND. — Dans cet ordre d'idées, il faut reconnaître qu'une déclaration de command, bien que faite hors délai, ne donnerait pas ouverture au droit de rédaction, alors cependant que le droit proportionnel d'enregistrement serait exigible.

2. PARTAGE. — De même encore, il a été décidé (1082 I. G.) que les partages faits au greffe ne sont pas passibles du droit de rédaction à raison des soultes qu'ils peuvent contenir.

3. RENTRÉE EN POSSESSION. — D'après la même instruction, le jugement qui ordonne la rentrée en possession du vendeur pour défaut de payement du prix de la vente est exempt du droit de rédaction, bien qu'il opère mutation.

4. RÉSOLUTION. — DONATION. — VENTE. — Par application du même principe, il a été reconnu que le jugement portant résolution d'une donation (500 I. G.) ou d'un contrat de vente pour défaut de payement du prix (Seine 3 mars 1810, 6933 J. E.), ne peut être assujetti au droit de rédaction (D. m. f. 21 juill. 1820, 6933, 7173 J. E.; D. N. t. 11 p. 315 nº 263). — V. Résolution.

5. ADJUDICATION DE TOUTE NATURE. — Mais si les seules adjudications sont sujettes au droit de rédaction, il a été reconnu que toutes, sans distinction, y sont assujetties, soit qu'elles portent sur des biens meubles, comme rentes, créances et autres biens de cette nature, ou qu'elles soient relatives à des biens immeubles; et soit aussi qu'elles contiennent vente ou bail des biens mis en adjudication (1082 I. G.).

6. RENVOI. — C'est au mot Adjudication, nᵒˢ 1786 et suiv., que nous avons parlé des droits du greffe applicables aux adjudications judiciaires.

9367. Réunion d'actes concourant à l'adjudication. — Le cahier des charges, les actes du juge qui constatent les publications, l'adjudication préparatoire et l'adjudication définitive, forment ensemble une seule minute sujette au droit proportionnel de rédaction, qui doit être celle du jugement d'adjudication (Dél. 28 oct. 1814, 4947 J. E.).

9368. Baux. — Meubles. — Les adjudications de baux sont passibles du droit proportionnel de rédaction (1166 § 17 I. G.). Il en est de même des adjudications de valeurs mobilières et de celles de baux emphytéotiques (Versailles 21 déc. 1826, 1282 § 1ᵉʳ I. G.). — V. Bail.

9369. Créances. — Les adjudications de rentes ou créances sont sujettes au droit proportionnel de rédaction, mais le droit ne se perçoit que sur le prix de la vente (Seine 3 avr. 1850, Fess. 8200).

9370. Rentes sur l'État. — L'adjudication judiciaire d'une rente sur l'État donne ouverture au droit proportionnel de rédaction qui, représentant le salaire du greffier, n'a rien de commun avec le droit d'enregistrement, dont la loi sur l'impôt a exempté le transfert de rentes (Seine 3 avr. 1850, 14024 J. E., 14053 J. N.).—D'ailleurs, l'exemption prononcée par l'art. 70 § 3 L. 22 frim. an 7 ne s'appliquant expressément qu'à l'enregistrement des transferts et mutations de rentes sur l'État, cette exception ne peut, par voie d'analogie, être étendue aux droits de greffe (D. N. t. 6 p. 731 nº 99).

9371. Expertise. — Le droit de rédaction n'est pas dû, outre celui d'enregistrement, sur l'insuffisance constatée par expertise, ou reconnue par soumission des parties, dans le prix exprimé d'une adjudication d'immeubles faite en justice (Sol. 11 déc. 1840, 1634 § 17 I. G., 6236 Roll.). — L'expertise n'est plus autorisée aujourd'hui pour les adjudications judiciaires. — V. Expertise.

9372. Folle enchère. — D'après l'art. 3 Déc. 12 juillet 1808, le droit n'est dû, en cas de revente sur folle enchère, que sur ce qui excède la première adjudication. Ainsi, lorsque le prix d'une première adjudication a excédé 5,000 francs et que le droit proportionnel de rédaction de 50 centimes pour 100 a été perçu sur cette somme, on ne doit exiger que 25 centimes pour 100 sur l'adjudication par folle enchère, parce que l'excédant de prix n'est que le complément du prix principal (Dél. 17 fév. 1814, 4752 J. E.).

1. IMPUTATION. — On ne peut, en cas de folle enchère, imputer le droit de rédaction perçu pour la première adjudication sur celui auquel donne lieu la seconde. — V. 1765-1.

2. VENTE DEVANT NOTAIRE. — Mais lorsque l'adjudication a été passée devant notaire et que, faute de payement du prix, l'adjudicataire est dépossédé par une folle enchère,

passée pour un prix inférieur, le droit de rédaction est exigible sur l'adjudication par folle enchère, attendu que si l'art. 3 Déc. 12 juillet 1808 assujettit au droit de rédaction la folle enchère seulement sur ce qui excède la première adjudication, c'est que cet article sous-entend que l'exemption ne doit être appliquée qu'autant que le droit de rédaction aurait été acquitté sur la première adjudication; ce qui n'a pas eu lieu dans l'espèce (Loches 18 juill. 1834, 11070 J. E.)

9373. Surenchère. — Par suite du rapport qui existe entre les surenchères et les folles enchères (*V.* 1774), on devait arriver à la même règle que celle posée dans le numéro précédent. Aussi a-t-il été décidé qu'en cas de surenchère sur un immeuble vendu volontairement, le jugement d'adjudication est passible du droit de rédaction sur la totalité du prix et non sur le supplément seulement (Sol. 12 mars 1832, 10284 J.E.; — Cass. 3 juill. 1849, 13786 J. N., 14760 J. E., 1844 § 3 I.G., *Contrà* 14872-3 J.E.). — *V.* 1780.

9374. Licitation. — Aux termes de l'art. 3 Déc. 12 juillet 1808 (398 I. G.), le droit de rédaction n'est exigible pour les licitations que sur la valeur de la part acquise (1855-10 n° 2 I. G.). — V. *Licitation.*
Il en est ainsi quoique le droit de transcription soit exigible sur la totalité du prix (Lesparre 26 nov. 1858, 1121 R. P.).
Un immeuble a été vendu, moyennant 8,000 francs, par l'un des quatre copropriétaires, avec promesse de faire ratifier : au lieu de fournir leur ratification, les trois autres provoquent la licitation, et elle a lieu au profit de l'acquéreur, moyennant 8,000 francs, outre la charge de payer 200 francs pour frais de procédure. Il a été décidé que le droit de rédaction n'était dû que sur 200 francs (Dél. 14 oct. 1831, 10254 J.E.).

9375. Héritier bénéficiaire. — L'adjudication judiciaire tranchée au profit d'un héritier bénéficiaire est-elle passible du droit de rédaction sur la totalité du prix? Nous avons examiné cette question au mot *Bénéfice d'inventaire.*

9376. Substitution. — Lorsque le grevé de substitution se rend, sur licitation, adjudicataire des biens, il ne s'opère aucune mutation à son profit, puisqu'il possédait déjà la toute propriété de ces valeurs. Aucun droit de mutation n'est alors exigible, mais on a autorisé la perception de celui de transcription, attendu que cette formalité était nécessaire pour publier la libération du grevé. — V. *Substitution.*
Si l'on fait à cette hypothèse l'application des principes qui précèdent, on reconnaîtra que l'adjudication dont il s'agit ne donne pas lieu au droit de rédaction. Cependant, il a été décidé par le tribunal de la Seine, le 10 décembre 1857 (16226 J.N., D. N. t. 12 p. 190 n° 359), que l'adjudication faite en justice d'un immeuble grevé pour partie de substitution, lorsqu'elle a lieu au profit du grevé, n'est sujette au droit proportionnel de greffe de rédaction que sur la partie du prix applicable à la portion de l'immeuble grevé de substi-

tution; — la même perception a été autorisée dans une affaire qui a donné lieu à un autre jugement du 17 mars 1863 (2120 R. P., 18416 J. N., 18236 J. E.). On invoque pour cela les termes du Déc. 12 juillet 1808, qui assujettit (art. 1er) au droit de rédaction « *les adjudications en justice* ». Mais il faut nécessairement combiner ce texte avec celui de l'art. 3, d'après lequel le droit de rédaction se limite au prix des portions acquises. Si donc l'adjudication judiciaire n'opère pas de mutation, il n'y a pas de cause à la perception du droit. Tel est également l'avis du D. N. *loc. cit.* et 17225, 18416 J.N.

9377. Usufruit. — Le jugement par lequel le donataire d'un immeuble se rend adjudicataire de l'usufruit du même immeuble est passible du droit de rédaction, quoique ce donataire ait payé le droit de mutation sur la valeur entière de la propriété (Seine 4 avr. 1839, 12284 J.E.). — V. *Usufruit.*

ARTICLE 2. — MANDEMENT SUR CONTRIBUTION BORDEREAU DE COLLOCATION

[9378-9383]

9378. Observation. — On verra au mot *Ordre* quelles sont les formalités de l'ordre entre créanciers. Nous n'avons à nous occuper ici que du bordereau de collocation et du mandement sur contribution.
Aux termes de l'art. 771 C. C., dans les dix jours après le règlement définitif, le greffier doit délivrer à chaque créancier utilement colloqué le bordereau de collocation, qui est exécutoire contre l'acquéreur.

9379. Définition. — Le bordereau de collocation est l'extrait du procès-verbal *d'ordre du prix d'un immeuble.* On emploie aussi quelquefois le même mot pour désigner le mandement délivré *dans une contribution mobilière;* mais, dans ce dernier cas, le terme le plus propre est *mandement de collocation.*

9380. Droit de rédaction. — Les bordereaux ou mandements de collocation ne sont point sujets à l'enregistrement. Ce sont, comme on vient de le voir, des expéditions, par extrait, du procès-verbal d'ordre qui doit être enregistré avant la délivrance des bordereaux.—Mais, suivant l'art. 1er Déc. du 12 juillet 1808, il est dû pour droit de greffe de rédaction, sur chaque bordereau de collocation, 25 centimes pour 100 du montant de la créance colloquée, sans que, dans aucun cas, aux termes mêmes du décret, la perception puisse être au-dessous du droit fixe de 1 fr. 25 cent. déterminé par l'art. 5 L. 23 ventôse an 7. Ce droit de rédaction est indépendant de celui d'expédition, qui doit être perçu conformément à l'art. 9 de la même loi (1804 I. G.). — V. 9400.

9381. Minute du procès-verbal. — La loi du 22 frimaire an 7 et le décret de 1808 présentent une espèce de contradiction avec la nature du bordereau de collocation qui, ainsi que nous venons de dire, n'est qu'un extrait du procès-verbal d'ordre. En effet, il résulte de l'art. 1ᵉʳ de ces deux lois que les bordereaux de collocation sont assujettis au droit de rédaction sur la *minute*. Cependant la disposition de la loi, bien évidemment contradictoire, est susceptible de recevoir une application exacte dans certaines circonstances. C'est ainsi que dans une espèce où un procès-verbal d'ordre portait que certaines créances colloquées ayant été cédées à l'adjudicataire, et que celui-ci se trouvant, à raison de ces créances, débiteur et créancier à la fois, il ne serait pas délivré de bordereau pour la somme à laquelle elles s'élevaient, une Sol. du 4 mai 1822 (7203 J. E.) a décidé que le droit de rédaction serait perçu sur cette somme, comme sur les autres créances colloquées.

9382. Jugement. — Partage. — Le droit de 25 cent. pour 100, exigible sur le montant des bordereaux de collocation, est dû sur les mandements ayant force exécutoire délivrés par le greffier, sur la demande des parties, par suite d'une homologation de partage de créances. Sans doute, cette forme n'est point nécessaire; mais, si elle est employée, on doit en subir les conséquences (Dél. 13 juill. 1827, 8783 J. E.).

9383. Succession vacante. — Les mandats ou ordonnances qui sont délivrés à des créanciers d'une succession vacante, sur le produit des biens, sans qu'il y ait eu ordre ou distribution, ne sont pas sujets aux droits de *rédaction* (D. m. f. 26 déc. 1809, 3805 J. E.).

CHAPITRE IV. — DROIT D'EXPÉDITION

[9384-9425]

SECTION PREMIÈRE. — DISPOSITIONS GÉNÉRALES

[9384-9401]

9384. Observation. — On a vu, au n° 9162, qu'une partie des droits de greffe appartient au greffier à titre de salaire des formalités qu'il est obligé de remplir. On ne pouvait donc exempter les expéditions des actes de greffe et des jugements des droits de greffe, comme on les a exemptées du droit d'enregistrement. Aussi, l'art. 2 L. 21 ventôse an 7 porte-t-il que toutes ces expéditions sont sujettes à un droit de greffe. A cet effet, les expéditions doivent être présentées au receveur de l'enregistrement chargé de cette perception (Circ. 1537).

9385. Délai. — Il n'y a point de délai fixe pour le payement du droit de greffe, mais le greffier ne peut délivrer aucune expédition que les droits de greffe n'aient été acquittés,

tant sur la minute que sur l'expédition, à peine de 100 francs d'amende (*V.* 9157-3). On doit entendre par délivrance la remise de l'expédition aux parties, et non sa rédaction. On peut donc, sans contravention, présenter en même temps la minute pour acquitter les droits d'enregistrement et de rédaction, et l'expédition pour en payer les droits.

9386. Recette. — La recette du droit d'expédition est faite sur le registre des actes judiciaires. Ce droit varie selon l'espèce des actes, jugements ou arrêts, et le degré de juridiction. Le droit d'expédition est établi pour chaque rôle contenant vingt lignes de huit à dix syllabes. Ainsi, le receveur ne doit pas seulement prendre pour base de la perception le nombre matériel des rôles, mais la quantité d'écriture qu'ils doivent contenir, d'après les termes de la loi. — *V.* 9399.

9387. Remise du greffier. — De même que pour le droit de rédaction (9162-2), les droits d'expédition comprennent la portion attribuée au greffier pour sa rétribution. Cette remise est uniformément de 30 centimes par rôle, réduits à 20 centimes pour les expéditions dans l'intérêt de l'État, quel que soit d'ailleurs le montant du droit d'expédition. Le receveur ne porte en recette que l'excédant formant la portion attribuée au Trésor, plus le décime de la remise du greffier.

9388. Quotités diverses du droit d'expédition. — Le droit d'expédition des jugements et de tous actes faits et déposés au greffe, établi par la loi du 24 ventôse an 7, a été maintenu par l'art. 5 Déc. 12 juillet 1808. — La quotité du droit d'expédition est fixée à 2 francs, 1 fr. 25 cent. et 1 franc le rôle, suivant les distinctions que nous indiquons ci-après (L. 21 vent. an 7).

9389. Portion de rôle. — La loi ne parlant pas des fractions de rôle, l'I. G. 398 est venue suppléer à son silence, et il a été reconnu que le droit pour un rôle écrit en partie est le même que pour un rôle écrit en entier (Circ. 1537).

9390. Anciens tribunaux. — Les greffiers sont quelquefois appelés à délivrer expédition des jugements et actes des anciens baillages, tribunaux de districts et autres juridictions supprimés; le droit de greffe est exigible sur ces expéditions.

9391. Colons de Saint-Domingue. — On a vu, au n° 9202, que le droit de greffe est moins un impôt que le salaire du greffier, sur lequel le Trésor prélève une prime. Il faut conclure de là que, bien que les jugements rendus en vertu du décret du 24 juin 1808 concernant les créanciers des colons de Saint-Domingue soient exempts de droits d'enregistrement, les expéditions de ces jugements n'en sont pas moins passibles des droits de greffe. C'est, d'ailleurs, ce qui résulte implicitement de la loi du 30 avril 1826, qui n'affranchit que des droits *de timbre et d'enregistrement* les actes concernant l'indemnité allouée aux anciens colons de Saint-Domingue. — V. *Acte passé hors du territoire.*

9392. Conseil de guerre. — Les expéditions des jugements rendus pour l'exécution des condamnations prononcées par les conseils de guerre peuvent contenir vingt-huit lignes par page, et ne sont point sujettes aux droits de greffe (4438 J. E.).

9393. Réunion d'actes divers formant un seul tout. — Homologation. — On a vu, au n° 9386, que le droit d'expédition doit se calculer d'après le nombre matériel de lignes que contient cette expédition. Il est donc essentiel pour la perception que les expéditions soient complètes. Dans ce sens, il a été reconnu que les expéditions des jugements d'homologation doivent contenir non-seulement le jugement, mais encore la délibération homologuée, l'ordonnance du président qui prescrit la communication au ministère public, et les conclusions du procureur de la République. Ces divers actes forment ensemble la minute qui doit demeurer au greffe, et dont aucune partie ne peut être expédiée séparément, attendu que le but de la loi a été de réunir tout ce qui tend à prouver que les formalités qu'elle a établies ont été observées dans l'intérêt des mineurs et des tiers. Cependant, après une première expédition délivrée, on peut ne délivrer que les extraits qui seront demandés (628 I. G.).

9394. Commission. — Greffier de justice de paix. — Les droits de greffe ne sont établis que pour les tribunaux de première instance. Si donc les greffiers des justices de paix délivraient expédition des actes qu'ils auraient faits en vertu de commission de tribunaux de première instance ou de commerce et des cours d'appel, ces expéditions ne seraient point passibles des droits de greffe ; mais si elles étaient délivrées par le greffier du tribunal qui a délégué les pouvoirs, le droit d'expédition serait exigible suivant la nature de l'acte et du tribunal (D. m. f. 21 mars 1809, 429 I. G.).

9395. Restitution. — En aucun cas, le droit d'expédition n'est restituable (D. m. f. 21 oct. 1816, Déc. 12 juill. 1808, art. 4). — V. 9247.

9396. Chambres de discipline. — Les délibérations des chambres de discipline des huissiers portant fixation de la somme qu'ils doivent verser annuellement à la bourse commune sont exemptes du timbre, l'expédition seule de ces délibérations doit être soumise à cette formalité, comme pièce à produire au tribunal, pour recevoir son homologation. Les jugements d'homologation doivent être enregistrés moyennant le droit fixe de 5 francs (7 fr. 50 cent.), et le droit de greffe doit être perçu sur l'expédition de ces jugements (D. m. f. 3 janv. 1823, 4068 I. G.).

T. III.

9397. Chemin vicinal. — Les expéditions délivrées par les greffiers des actes et jugements relatifs à la construction, à l'entretien et à la réparation des chemins vicinaux, sont assujetties aux droits de greffe établis par la loi du 21 ventôse an 7 (D. m. f. 3 nov. 1843, 13452-1 J.'E.). On ne peut, en effet, appliquer à l'espèce, ni la réduction prononcée par l'art. 21 L. 21 mai 1836, parce que cette réduction est spéciale pour les droits d'enregistrement; ni l'exemption admise par les lois sur l'expropriation pour cause d'utilité publique, cette exemption ne pouvant être étendue d'un cas à un autre, d'où il suit que, à défaut d'exemption formelle, relative aux droits de greffe, les règles générales sur la perception de ces droits doivent être suivies. — V. 3811.

9398. Indigent. — Les copies et expéditions des actes produits pour le mariage des indigents et la légitimation de leurs enfants sont exemptes du droit de greffe (L. 3 juill. 1846).

9399. Nombre de lignes. — Nous avons indiqué au mot *Expédition* les règles suivies en ce qui concerne le nombre de lignes et de syllabes à inscrire sur les expéditions du greffe. Nous y renvoyons le lecteur.

9400. Ministère public agissant d'office. — Matière civile. — Il en est des droits de greffe, sur les actes de procédures suivies d'office par le ministère public en matière civile, comme des droits d'enregistrement: ces droits doivent être établis en *débet*. — Les expéditions de ces procédures délivrées par le greffier doivent contenir vingt lignes à la page, et huit à dix syllabes à la ligne, conformément à l'art. 6 L. 21 ventôse an 7 (D. m. f. 26 oct. 1825, 8230 J.E., et 19 juin 1826, 1187 § 17 I.G., et 1200 § 24 8412 J. E.).

9401. Jugement contenant des dispositions préparatoires et définitives. — On verra dans les deux articles suivants que les expéditions des jugements préparatoires ne sont pas assujetties aux mêmes droits que les expéditions des jugements définitifs. *Quid* lorsqu'un jugement contient tout à la fois des dispositions définitives et d'autres simplement préparatoires ? Il doit être considéré comme s'il était purement *définitif* (Cass. 20 juin 1810) : « Vu, porte cet arrêt, les art. 7 et 9. L. 21 ventôse an 7;— Attendu que, relativement à la perception des droits de greffe à percevoir sur les expéditions des jugements rendus sur appel des tribunaux civils et de commerce, la loi du 21 ventôse an 7 citée les a tous compris en deux *classes seulement*, savoir, ceux définitifs, et ceux interlocutoires, préparatoires et d'instruction ; que par là elle a suffisamment indiqué que, dans la première classe, qui fait l'objet de l'art. 7, elle a entendu parler *de tous ceux de ces jugements* qui contiennent des dispositions définitives, comme prenant leur *dénomination* de la disposition la plus importante, absolue et définitive ; que dans la seconde classe, énoncée en l'art. 9, elle n'a entendu comprendre que ceux de ces mêmes jugements pure-

54

ment *interlocutoires ou préparatoires*, et autres actes y dénommés, et généralement tous ceux faits et déposés au greffe, non spécifiés aux art. 7 et 8 précédents; d'où il résulte que les juges du tribunal civil de Metz, en prononçant par voie de transaction, en confondant lesdits deux art. 7 et 9 ci-dessus cités, et les modifiant l'un par l'autre, ont violé directement le premier de ces articles et faussement appliqué le second » (D. N. t. 6 p. 333 n° 31).

Ainsi, il ne serait pas permis de syncoper la perception de manière à n'exiger, le droit de greffe à 1 fr. 25 cent. affecté aux jugements définitifs, que sur moitié des rôles, et celui de 1 franc seulement, affecté aux jugements préparatoires, sur l'autre moitié.

SECTION 2. — ROLES A 1 FRANC

[9402-9416]

9402. Actes divers. — Sont sujettes à 1 franc le rôle, les expéditions des jugements interlocutoires, préparatoires et d'instruction, des enquêtes, interrogatoires, rapports d'experts, délibérations, avis de parents, dépôts de bilan, pièces et registres, déclarations affirmatives, renonciation à communauté ou succession, et généralement de tous actes faits ou déposés au greffe, non spécifiés aux art. 13 et 15 ci-après, ensemble de tous les jugements des tribunaux de commerce, (art. 9 L. 21 vent. an 7).

Cette disposition a donné lieu aux décisions suivantes :

9403. Actes et procès-verbaux. — Les actes et procès-verbaux du juge assisté du greffier sont compris dans la dénomination générale *d'actes faits ou déposés au greffe* que contient l'art. 9 L. 21 ventôse an 7, dès lors ils ne sont assujettis qu'au droit de 1 franc par rôle.

C'est ce qui résulte d'une décision du 15 octobre 1823 qui a reconnu, en thèse générale, que sont passibles du droit de 1 franc par rôle les expéditions de tous les actes qui ne sont pas considérés comme jugements. — V. 9413.

9404. Actes notariés. — Les expéditions délivrées par les greffiers de première instance des actes de notaires déposés au greffe sont passibles du droit de 1 franc par rôle, d'après la dissolution générale de la loi de ventôse, art. 9.

9405. Appel. — Opposition. — De même encore, s'il était délivré expédition de la mention sommaire de l'opposition à un jugement par défaut ou de l'appel inscrit sur le registre tenu au greffe, il serait dû 1 franc par rôle.

9406. Bordereaux. — Mandements. — On a vu, au n° 9379, que les bordereaux ou mandements de collocation ne sont que des extraits du procès-verbal d'ordre. Dès lors le droit d'expédition exigible sur le nombre des rôles, est indépendant du droit de *rédaction* auquel le procès-verbal

d'ordre est assujetti, à raison des créances colloquées. L'un est le salaire de la rédaction du procès-verbal, l'autre est le salaire de l'expédition (D. m. 2 juin 1820, 6700 J. E.).

On avait pensé que les bordereaux et mandements étaient passibles de 1 fr. 25 cent. par rôle; mais il a été reconnu depuis que le juge-commissaire ne représente pas le tribunal; qu'il agit en vertu d'une désignation faite par le président seul, et d'une attribution réglée par les art. 750 et 751 C. proc.; qu'il n'est chargé que d'ouvrir un procès-verbal d'ordre, et de former un état de collocation qu'il doit terminer par une *ordonnance* de délivrance de bordereaux et de radiation d'inscriptions; que ce n'est pas à l'audience qu'il opère, et que s'il s'élève des difficultés sur l'état de collocation, il doit renvoyer les contestations devant le tribunal. D'où l'on a conclu qu'aucun de ces actes n'étant susceptible d'être assimilé à un *jugement*, il n'y avait pas lieu d'appliquer aux bordereaux de collocation délivrés en exécution de l'ordonnance du juge-commissaire, ni à l'ordonnance de radiation des inscriptions, l'art. 8 L. 21 ventôse an 7, qui assujettit au droit de greffe de 1 fr. 25 cent. par rôle les expéditions des jugements définitifs rendus par les tribunaux civils; et qu'il ne doit être exigé, dans l'espèce dont il s'agit, que le droit *d'un franc* auquel l'art. 9 de la même loi soumet les expéditions des actes désignés dans cet article (D. m. 1. 15 oct. 1823, 1106 I.G., 7518, 558 J.E.).

Mais si les bordereaux de collocation délivrés par le greffier sont des expéditions partielles d'un jugement rendu à l'audience par le tribunal régulièrement composé, ce jugement étant définitif, les ordonnances de collocation ou les expéditions délivrées par rôle sont passibles du droit de 1 fr. 25 cent. par rôle (16691 § 3 J.E.).

9407. Certificats. — Oppositions. — Les certificats de non-opposition au remboursement des cautionnements ne sont point passibles du droit de greffe d'expédition. Il n'en reste pas de minute au greffe (D. m. 1. 21 oct. 1806, Circ. 11 déc. suiv.).

9408. Commerce. — L'art. 9 L. 21 ventôse an 7 assujettit au droit de 1 franc par rôle les expéditions des jugements des tribunaux de commerce; dès lors, doivent être soumises à ce droit les expéditions des jugements des tribunaux de première instance jugeant en matière commerciale, dans les lieux où il n'y a point de tribunal de commerce.

9409. Diplôme. — Sont assujetties au droit de 1 franc par rôle les expéditions des actes de présentation et enregistrement au greffe du tribunal des lettres de réception des médecins, chirurgiens, officiers de santé et sages-femmes, et des remises de titres de nomination et reception des notaires, en exécution des lois des 19 et 25 ventôse an 11 (D. m. 1. 14 pluv. an 12, 204 I.G.).

9410. Dispense d'âge. — L'expédition de l'enregistrement au greffe des dispenses d'âge, ou autorisations pour se marier dans les degrés prohibés, n'est sujette qu'au droit de 1 franc par rôle (2297 J. E.).

9411. Exécutoires. — Un exécutoire de dépens étant moins un jugement qu'une ordonnance du juge taxateur, son expédition n'est assujettie qu'au droit de 1 franc par rôle. Le droit de 1 fr. 25 cent. ne pourrait être perçu qu'autant que l'exécutoire serait expédié avec le jugement, car alors il ne formerait qu'un tout avec lui; seulement ce serait à raison du jugement et non de l'exécutoire que le droit se percevrait.

9412. Faux incident. — Ne sont sujettes qu'au droit de 1 franc par rôle les expéditions des actes déposés au greffe relativement au faux incident en matière civile. Il doit en être, en effet, de ces pièces comme de tous les actes déposés au greffe, ils sont compris dans la disposition générale de l'art. 9 de la loi de ventôse.

9413. Ordonnance sur référé. — Le droit de 1 franc par rôle est applicable aux expéditions des ordonnances *sur référé*; mais il n'est pas nécessaire d'expédier les ordonnances sur requête de l'une des parties, que le juge délivre en son hôtel. (D. m. j. et f. 12 juin 1810, 482 I. G.). — D'après une D. m. f. 14 août 1824, l'expédition d'une ordonnance sur référé, exécutée sur la minute d'après l'autorisation que le juge y aura insérée, ne doit être délivrée qu'autant que les parties le requièrent; le droit de greffe n'est exigible que dans ce cas-là (1150 § 13 I. G.).

9414. Sentence arbitrale. — Les expéditions des sentences arbitrales déposées aux greffes des tribunaux de commerce ne sont soumises qu'au droit de 1 franc par rôle (Sol. 12 déc. 1844 et 22 janv. 1845, 7083, 7252 Fess., D. N. t. 6 p. 334 n° 38). — Mais celles qui sont déposées au greffe du tribunal civil acquittent le droit de 1 fr. 25 cent. (*Idem.*)

9415. Serment. — Les prestations de serment ne sont pas assimilables aux jugements proprement dits: ainsi, elles ne sont passibles que du droit de 1 franc par rôle, suivant l'application qui a été faite, de l'art. 9 L. 21 ventôse an 7, aux actes non considérés comme jugements, par une décision du 15 octobre 1823 (Dél. 23 juill. 1830, 9711 J. E., 1347 § 8 I. G.).

1. INTERPRÈTES JURÉS. — PERSONNES NON DÉSIGNÉES DANS LES LOIS DE L'ENREGISTREMENT. — C'est ce qui a spécialement été reconnu, par la décision ci-dessus, pour les actes de prestation de serment des interprètes jurés et des personnes non expressément désignées dans la loi sur l'enregistrement.

2. VÉRIFICATEUR DES POIDS ET MESURES. — Une D. m. f. 27 octobre 1837 (11939 J. E.) a fait l'application de cette règle aux expéditions qui sont délivrées des prestations de serment des vérificateurs des poids et mesures.

9416. Vérification des créances. — Sont sujettes au droit de 1 franc par rôle les expéditions des procès-verbaux de vérification de créances en matière de faillite (D. m. f. 30 oct. 1810).

SECTION 3. — ROLES A 1 FR. 25 CENT.

[9417-9419]

9417. Actes divers. — Sont sujettes au droit de 1 fr. 25 cent. par rôle les expéditions de jugements définitifs rendus par les tribunaux civils, soit par défaut, soit contradictoires, en dernier ressort ou sujets à l'appel; celles des décisions arbitrales; celles des jugements rendus sur appel des juges de paix; celles des ventes et baux judiciaires (art. 8 L. 21 vent. an 7).

9418. Résiliation de baux. — Le même droit est exigible sur les expéditions des jugements qui prononcent la résiliation des baux judiciaires (D. m. f. 5 mai 1812, 4664 J. E.).

9419. Chambres de discipline. — Huissiers. — Les expéditions du *jugement d'homologation* des délibérations des chambres de discipline sont sujettes au droit de greffe (D. m. f. 3 janv. 1823, 1068 I. G.). L'homologation tenant lieu de jugement *définitif*, on doit exiger 1 fr. 25 cent.

SECTION 4. — ROLES A 2 FRANCS

[9420-9421]

9420. Arrêts. — Sont passibles du droit de 2 francs par rôle les expéditions des arrêts sur appel des tribunaux de première instance et de commerce, soit contradictoires, soit par défaut (art. 7 L. 21 vent. an 7).

Le droit de greffe de 2 francs par rôle, fixé pour les expéditions des jugements définitifs sur appel, doit être perçu sur ceux de même nature qui, quoique définitifs sur un point, renferment une disposition préparatoire sur un autre (Cass. 20 juin 1810, 3648 J. E.).

9421. Dispositions préparatoires et définitives. — Nous avons dit, au n° 9401, que si un jugement contient des dispositions définitives et des dispositions préparatoires, c'est le droit exigible à raison des dispositions définitives qui doit être perçu. C'est ce qui a été décidé, en matière d'arrêt de cour d'appel, par la cour de cassation, le 20 juin 1810 (3648 J. E.): « Attendu, porte cet arrêt, que relativement à la perception des droits de greffe sur les expéditions des jugements rendus sur appel des tribunaux civils et de commerce, la loi du 21 ventôse an 7 les a *tous* compris en deux *classes seulement*, savoir, *ceux définitifs*, et *ceux interlocutoires, préparatoires* et *d'instruction*; que, par là, elle a suffisamment indiqué que, dans la *première classe*, qui fait l'objet de l'art. 7, elle a entendu parler *de tous ceux de ces jugements* qui contiennent des dispositions *définitives*, comme prenant leur *dénomination* de la disposition la plus *importante, absolue* et *définitive*; que, dans la *seconde classe*, énoncée en l'art. 9, elle n'a entendu y comprendre que *ceux de ces mêmes jugements*, purement *interlocutoires* ou *préparatoires*, et autres actes y dénommés, et généralement tous ceux faits et déposés au greffe, *non spécifiés* aux art. 7 et 8 précédents. »

SECTION 5. — EXCEPTIONS

[9422-9425]

9422. Exceptions. — Sont exceptés du droit d'expédition : 1° les certificats de non-opposition à remboursement de cautionnement, puisqu'ils sont délivrés en brevet (Circ. 11 déc. 1806); — 2° les ordonnances sur requête (482 I. G.); — 3° les actes de procédure en police correctionnelle (Circ. 1880).

9423. Greffiers de paix. — Les expéditions que les greffiers des justices de paix délivreraient d'actes qu'ils auraient faits en vertu de commissions des tribunaux de première instance ou de commerce et des cours d'appel, ne seraient point passibles des droits de greffe ; mais si les expéditions étaient délivrées par le greffier du tribunal qui a délégué les pouvoirs, les droits de greffe d'expédition seraient exigibles suivant la nature de l'acte et du tribunal (D. m. f. 21 mars 1809, 429 § 3 I. G.).

9424. Bordereau de collocation. — On ne doit pas comprendre dans chaque bordereau de collocation la totalité du procès-verbal d'ordre, puisque cela formerait autant d'expéditions qu'il y aurait de bordereau, contre la disposition expresse de la note qui se trouve à la suite de l'art. 137 du tarif des frais (D. m. j. 27 janv. 1808, 2804 J. E.).

9425. Marques de fabrique. — Les expéditions des procès-verbaux constatant le dépôt des marques de fabrique ne sont pas sujettes au droit de greffe (2133 I. G., 1097R. P.).

CHAPITRE V. — ACTES CONCERNANT LES MAJORATS

[9426]

9426. Dispositions diverses. — Le décret du 24 juin 1808 (413 I. G.) contient les dispositions ci-après : « Les lettres-patentes portant institution de majorats devant être enregistrées dans les cours et tribunaux, les ampliations qui en seront délivrées à cet effet ne sont pas soumises au timbre et au droit d'enregistrement. — Il sera perçu : 1° lors de leur enregistrement dans les cours d'appel : pour les majorats duchés, 72 francs; pour les majorats comtés, 48 francs; pour les majorats baronnies, 24 francs. Les deux tiers du droit seront pour l'enregistrement, l'autre tiers pour le *greffe* (ils sont passibles des décimes, d'après un A. Cons. dÉ't. 13 septembre 1808, transcrit dans l'I. G. 413 ; il ne sera payé pour l'enregistrement, dans les tribunaux de première instance, que moitié du droit ci-dessus; — 2° lors de leur transcription aux registres des hypothèques, un droit égal à celui attribué au greffe des tribunaux de première instance pour l'enregistrement. » Cette indemnité tient lieu de tout salaire, quel que soit le nombre des rôles à transcrire (863 I. G.).

Le receveur percevra le droit en entier, et comptera au greffier la portion qui lui revient, sur un mandat délivré par le président du tribunal (413 et 863 I. G.).

Le droit spécial dont il s'agit doit être perçu sur la minute de l'arrêt ou du jugement qui ordonnera l'enregistrement des lettres-patentes (427 et 863 I. G.).

Une Ord. 7 octobre 1818 applique aux lettres-patentes portant institution des majorats de marquis et de vicomte, les mêmes droits que pour celles portant institution des majorats de comte et de baron. Elle ajoute : « Les greffiers des cours et tribunaux percevront, pour frais de transcription des lettres-patentes portant collation d'un titre de noblesse, et des procès-verbaux ou actes de constitution des biens composant les majorats, 3 francs par rôle de l'expédition délivrée par le secrétaire général près la commission du sceau des titres. Il sera fait mention du nombre des rôles au bas de chaque expédition » (863 I. G.).

Le droit de 3 francs par rôle est attribué au greffier, et doit lui être payé sans l'intermédiaire du receveur, par ceux qui requièrent la formalité (427 et 863 I. G.).

GROSSE.

9427. Définition. — On appelle *grosse* la copie d'un acte délivrée en forme exécutoire, c'est-à-dire revêtue du mandement d'exécution donné au nom du chef de l'État. Toute autre copie n'est qu'une expédition. — V. 8320.

9428. Origine du mot. — Autrefois, les notaires

rédigeaient leurs actes avec un laconisme et des abréviations tels, qu'on les appelait *notes briéves* ; mais, à côté des notaires existaient des officiers chargés exclusivement de mettre ces actes en grosse. La partie qui avait besoin de la grosse de son acte dont la minute lui avait été remise par le notaire rédacteur, portait cette minute au tabellion du ressort du notaire. Cet officier en délivrait une copie dans laquelle il rétablissait en leur entier les mots et même les phrases syncopés par le notaire. Cette copie, qui avait le même intitulé et la même clôture que les jugements, s'appelait grosse, parce qu'elle était écrite en *plus grosses lettres* que la minute.

9429. Action qui naît de tout contrat. — Tout contrat donne à l'une des parties le droit de forcer l'autre à tenir ses engagements. Or, ce droit peut s'exercer de deux manières : ou par une simple demande devant les tribunaux, ou par l'exécution parée, qui peut avoir lieu en vertu du contrat tel qu'il est, sans qu'il soit besoin de recourir aux tribunaux. C'est cette exécution parée que la grosse confère à l'acte qui est délivré en cette forme.

9430. De la formule exécutoire. — Voici comment Toullier t. 6 nᵒˢ 209 et suiv., développe le principe sur lequel repose la formule exécutoire dont la grosse est revêtue.

« Les lois publiques ne sont exécutoires, c'est-à-dire susceptibles d'être mises à exécution par la force publique, qu'en vertu de la promulgation qui en est faite par le roi. La promulgation est l'acte par lequel, en qualité de chef suprême de l'État, revêtu de la plénitude du pouvoir exécutif, le roi atteste au corps social l'existence de la loi, et commande de la faire exécuter ; c'est ce qu'il fait par la formule antique et solennelle, *Si donnons en mandement*, etc.

« Quant à ce qui concerne les lois particulières, c'est-à-dire *les conventions qui tiennent lieu de lois à ceux qui les ont faites* (1714 C. C.,) le soin de les rendre exécutoires par la promulgation a été confié à des fonctionnaires publics appelés *notaires*.

« Dans la rédaction de la minute, le ministère du notaire est purement passif. Il n'est que le secrétaire ou le scribe des parties.

« C'est dans la grosse de l'acte que le notaire exerce une fonction vraiment publique. Non-seulement il y certifie l'existence et la réalité de la loi du contrat, mais il en commande l'exécution au nom du roi, dont il est en quelque sorte le chancelier en cette partie. Il promulgue cette loi particulière, suivant la formule solennelle usitée dans la promulgation des lois publiques : « Mandons et ordonnons, etc. »

« C'est cette promulgation qui donne aux actes notariés ce qu'on appelle l'exécution parée, *paratam*, c'est-à-dire qu'elle les rend susceptibles d'être exécutés dans tout le royaume, même hors du ressort du tribunal dans le territoire duquel les actes ont été passés, sans recourir aux tribunaux du lieu où se fait l'exécution, ou, comme on dit, sans *visa* ni *pareatis.* » (547 C. proc., L. 25 vent. an 11, art. 19).

9431. Des actes susceptibles d'être délivrés en grosse. — L'objet de la grosse étant d'autoriser la contrainte que la loi permet contre celui qui refuse d'exécuter ses engagements, il s'ensuit que, pour qu'un acte puisse être revêtu de cette forme, il faut que les obligations qu'il contient soient de nature à autoriser cette contrainte, en vertu de l'acte même. Ainsi, ce ne sont que les actes contenant engagement de payer, soit périodiquement, soit à des échéances fixes, ou à la volonté du créancier, qui puissent donner lieu, par eux-mêmes et sans autre titre, à l'exécution forcée des obligations qu'ils renferment par voie de saisie mobilière ou immobilière. Il n'y a donc que ces actes qui soient susceptibles d'être délivrés en forme de grosses.

On doit tenir pour règle générale que les actes qui n'ont pour objet que de constater un fait ne sont jamais susceptibles d'être délivrés en grosses. Tels sont les inventaires, les actes de notoriété, les quittances, les procurations, etc. — Il en est de même des transactions, à moins qu'elles ne renferment obligation de payer une somme.

Un acte imparfait ne saurait être expédié en forme exécutoire, même en vertu d'une ordonnance du président du tribunal ; car, l'acte imparfait ne lie aucune des parties, s'il n'est pas signé de toutes celles dont les signatures sont nécessaires pour sa validité. Il n'a que force d'obligation privée, si l'imperfection résulte du défaut de signature du notaire ou d'un témoin.

Le notaire qui délivrerait la grosse d'un pareil acte empiéterait donc en quelque sorte sur le pouvoir judiciaire, puisqu'il prétendrait conférer à cet acte le caractère exécutoire qu'il n'appartiendrait qu'aux tribunaux de lui donner dans le cas où il en serait susceptible.

9432. Qui peut délivrer les grosses et à qui elles peuvent être délivrées. — Il n'y a que l'officier public possesseur de la minute d'un acte, soit que cet acte ait été reçu par lui-même ou ses prédécesseurs, qui ait qualité pour en délivrer la grosse.

Le créancier seul est intéressé à obtenir une grosse de l'acte, parce qu'il a seul le droit d'exercer des contraintes qui ne peuvent se faire qu'en vertu d'une grosse. Le débiteur ne doit avoir qu'une expédition, parce qu'à son égard l'acte ne constate qu'un fait, et une simple expédition suffit pour lui faire connaître l'étendue de son obligation. — Si l'obligation est contractée envers plusieurs, soit conjointement, soit distinctement, il peut être délivré une grosse à chacun des créanciers. — Lorsque l'acte contient des obligations respectives de même nature, chaque partie peut contraindre l'autre à exécuter son engagement ; la délivrance se fait alors à chacune d'elles, avec mention de celle à qui la grosse est remise.

9433. Forme. — Les règles relatives à la forme des grosses, c'est-à-dire le mode de les expédier, sont les mêmes que pour les expéditions. Mais les grosses seules sont délivrées en forme exécutoire ; elles sont intitulées et terminées dans les mêmes termes que les jugements des tribunaux (L. 25 vent. an 11, art. 25).

Voici comment, d'après ces principes, le sénatus-consulte du 28 floréal an 12, art. 141, réglait la formule à suivre pour les jugements :

« Les expéditions exécutoires des jugements seront rédigées ainsi qu'il suit :

« N... (le prénom de l'empereur), par la grâce de Dieu et les constitutions de la République, empereur des Français, à tous présents et à venir, salut. La cour de.... ou le tribunal de... (si c'est un tribunal de première instance) a rendu le jugement suivant :

(Ici copier l'arrêt ou le jugement).

« Mandons et ordonnons à tous huissiers, sur ce requis, de mettre ces présentes à exécution ; à nos procureurs généraux et à nos procureurs près les tribunaux de première instance, d'y tenir la main ; à tous commandeurs et officiers de la force publique, d'y prêter main forte lorsqu'ils en seront légalement requis.

« En foi de quoi, le présent jugement a été signé, etc. » Telle est la formule adoptée, sauf la différence des noms, sous les différents gouvernements qui se sont succédé depuis la révolution de 1789.

Ainsi, l'intervention du chef du gouvernement se manifeste dans la formule précédente sous trois rapports. Le premier acte de cette intervention, c'est l'annonce qui en est faite en tête de l'acte par des personnes accréditées pour la faire, afin qu'on ne puisse la révoquer en doute, ni s'opposer à ses effets. Le second est la promulgation de l'acte comme oi des parties ; ce qui justifie, quant aux contrats, cette devise donnée aux notaires : *Lex est quodcumque notamus*. Enfin, le troisième acte d'intervention est l'intimation à tous les agents du pouvoir exécutif de procurer l'exécution des dispositions auxquelles il donne son appui.

Telle est la rigueur avec laquelle la formule exécutoire a toujours été prescrite et observée, qu'il a été jugé qu'en France, sous quelque régime politique que ce fût, un jugement ou un acte n'a jamais pu recevoir d'exécution forcée s'il n'était revêtu de cette formule. Ainsi, on a déclaré nulle une saisie immobilière faite en vertu d'une sentence arbitrale du 28 prairial an 11, accompagnée d'une ordonnance d'*exequatur*, mais non revêtue de la formule exécutoire prescrite par le sénatus-consulte de floréal an 12 (C. Colmar 11 mars 1835).

9434. Défense de délivrer une seconde grosse. — Un notaire ne peut, aux termes de l'art. 26 L. 25 ventôse an 11, délivrer une seconde grosse, à peine de destitution, sans une ordonnance du président du tribunal de première instance, laquelle doit demeurer jointe à la nute.

La raison de cette disposition, qui n'est que la reproduction des art. 178 et 179 de l'ordonnance de 1539, est facile à concevoir. Une grosse, quand elle se trouve dans les mains du débiteur, forme une présomption légale de la remise de la dette ou de payement (1283 C. C.). Pouvait-on, sous ce premier rapport, autoriser la délivrance de secondes grosses aussi facilement que s'il s'agissait d'expéditions ordinaires; et ne devait-on pas, au contraire, interdire sévèrement cette délivrance, à moins d'en laisser apprécier la nécessité par le juge ? D'autre part, les écritures mises par le créancier à la suite, en marge ou au dos de la grosse qui forme son titre, établissent la libération du débiteur, et font foi, quoique

non signées ni datées. Ne fallait-il pas prévenir leur suppression frauduleuse, en interdisant au créancier le droit de se faire délivrer une seconde grosse à son gré? (Nouveau Denisart. — V. *Grosse*).

9435. Moyen d'obtenir une seconde grosse. — Pour obtenir une deuxième grosse, il faut présenter requête au président du tribunal de première instance. L'ordonnance est signifiée au notaire avec sommation de faire la délivrance à jour et heure indiqués. Les parties intéressées doivent aussi être sommées d'y être présentes (844 C. proc.). — Lors même que la première grosse d'un acte notarié n'est pas régulière, on ne peut valablement en délivrer une seconde sans autorisation de justice (Cass. 23 août 1826).

1. GREFFIER. — Les greffiers ne peuvent pas remettre à la même partie une seconde expédition *exécutoire*, sans l'ordonnance du juge. Ils sont en cela soumis aux mêmes règles que les notaires (854 C. proc.).

9436. De l'effet des grosses. — La remise de la grosse à l'huissier vaut pouvoir pour toutes les exécutions autres que la saisie immobilière pour laquelle il est besoin d'un pouvoir spécial (556 C. proc.). Par une conséquence de cette règle, la remise de la grosse faite au débiteur par l'huissier qui en est porteur, et qui est chargé d'en poursuivre l'exécution, opère libération (C. Colmar 25 janv. 1820, 3498 J. N.).

9437. Foi qui est due aux grosses. — Les grosses des actes portant obligation font la même foi que l'original quant à la réalité des conventions, et n'en diffèrent qu'en ce qui concerne le *droit d'employer la force publique* pour contraindre le débiteur à remplir la loi des contrats (Cass. 13 mars 1838). — Ainsi, la grosse fait foi de son contenu jusqu'à inscription de faux, quand la minute ne peut être représentée, sans qu'on soit tenu de prouver que cette minute a existé. La preuve de cette existence résulte du seul fait de la représentation de la grosse, encore que l'acte n'ait point été inscrit sur le répertoire du notaire (C. Bourges 17 mai 1827, 6874 J. N.).

9438. Timbre et enregistrement. — Tout ce que nous avons dit au mot *Expédition*, des formalités du timbre et de l'enregistrement et du nombre de lignes que l'expédition doit contenir, est applicable aux grosses.

1. PROCÈS-VERBAL DE DÉLIVRANCE DE SECONDE GROSSE. — Le procès-verbal de délivrance d'une seconde grosse, quoique fait ensuite de la minute de l'acte dont on délivre la grosse, ne peut être écrit sur la même feuille de papier timbré, à peine de 20 francs d'amende (L. 13 brum. an 7, art. 26). — Il est entendu que ce procès-verbal doit être enregistré dans le délai fixé pour les actes notariés. Il est

passible du droit de 3 francs (L. 28 avr. 1816, art. 43 n° 16, L. 28 fév. 1872, art. 4).

2. GROSSE PAR AMPLIATION. — Les grosses par ampliation, quoique constituant de véritables copies collationnées (à part la force exécutoire dont elles jouissent), ne sont pas assujetties au droit d'enregistrement comme les collations. Cela se déduit de ce que la formalité de la collation, qui donne ouverture au droit d'enregistrement pour les copies collationnées ordinaires, se trouve constatée par l'enregistrement du procès-verbal de délivrance de la grosse.

3. MENTION SUR LA MINUTE. — Aux termes de l'art.

26 L. 25 ventôse an 11, il doit être fait mention, sur la minute, de la délivrance d'une *première grosse* faite à chacune des parties intéressées ; il ne peut lui en être délivré d'autres, à peine de destitution, sans une ordonnance du président du tribunal de première instance, laquelle demeurera jointe à la minute. — Cette mention n'est pas sujette à l'enregistrement.

4. REMISE DE GROSSE. — LIBÉRATION. — Nous avons traité, au n° 11029, la question de savoir si l'acte constatant la remise volontaire de la grosse, peut donner ouverture au droit de libération.

H

HABILE.

9439. — Se dit, en jurisprudence, de celui qui réunit toutes les capacités requises pour exercer un droit.

Ce terme s'emploie plus particulièrement en matière de succession: on dit *habile à succéder*, pour exprimer la disposition de quelqu'un à devenir héritier, lorsque son état ne présente aucune exception d'incapacité ou d'indignité. — On dit *habile à se porter héritier* de quelqu'un qui a des droits spéciaux à une succession ouverte, droits qu'il peut exercer immédiatement en acceptant purement et simplement, ou restreindre en acceptant la succession sous bénéfice d'inventaire.

HABITATION.

9440. Définition. — Proudhon, *de l'Usufruit*, n° 2796, définit le droit d'habitation, celui qui consiste dans la faculté qui est accordée à une personne de jouir, suivant l'étendue de ses besoins, par elle-même et avec sa famille de tout ou partie d'une maison appartenant à un autre, ainsi que des aisances et dépendances qui y ont été annexées pour l'agrément et la commodité de l'habitant.

9441. Le droit d'habitation constitue un démembrement de la propriété. — Il en est du droit d'habitation, continue le même auteur, n° 2797, comme de celui d'usufruit; l'un comme l'autre sont de véritables démembrements de la propriété, parce que le domaine n'est pas plein et entier entre les mains du maître, tant que le droit d'habitation ou celui d'usufruit existe entre les mains d'un tiers.

De ce principe, découlent les propositions suivantes :

1. NATURE IMMOBILIÈRE. — DROIT DE MUTATION. — Le droit d'habitation doit être classé au rang des immeubles, et celui qui le revendique est réellement créancier d'une jouissance immobilière; d'où il suit que le legs ou la donation d'un droit d'habitation doit, suivant sa valeur estimative, être passible du droit proportionnel de mutation immobilière (Proudhon *de l'Usuf.* n° 2797 ; —Avesnes 18 déc. 1874, 4199 R. P.). — V. *Usage.*

2. DROIT DE REVENDICATION. — Le légataire ou le donataire d'un droit d'habitation doit être admis à le revendiquer contre tout tiers possesseur de la maison sur laquelle il est établi, puisque son droit fait partie de la chose même. —Dans l'action en revendication d'un droit d'habitation, c'est par la situation de la maison qu'on doit déterminer la compétence du tribunal, comme s'il s'agissait de la revendication du fonds, car c'est vraiment un immeuble qui fait l'objet du litige. — La contestation ne pourrait être portée devant le juge de paix, quelle que fût d'ailleurs la valeur du droit, puisqu'il ne peut connaître que des actions purement personnelles ou mobilières.

3. COMPLAINTE EN CAS DE TROUBLE. — Celui qui a un droit d'habitation doit être reçu à former complainte, en cas de trouble, par les mêmes raisons que celui qui a un droit d'usufruit.

4. ACQUISITION PAR PRESCRIPTION. — Le droit d'habitation est susceptible d'être acquis par la prescription de dix et vingt ans avec titre juste et bonne foi, ainsi que cela a lieu à l'égard d'usufruit, puisqu'il est immeuble de même que l'usufruit constitué sur des choses immobilières.

5. HYPOTHÈQUE. — Néanmoins, le droit d'habitation n'est pas, comme celui d'usufruit, susceptible d'être hypothéqué par celui auquel il appartient, puisqu'il ne peut être cédé par lui à d'autres.

Le droit d'habitation, comme celui d'usage, n'est point une simple créance, mais plutôt une portion du domaine, et en conséquence il n'est pas nécessaire, pour le conserver, de le faire inscrire au bureau des hypothèques. Enfin, dans le même cas, il peut être revendiqué sur le tiers acquéreur, nonobstant que celui-ci aurait mis en usage toutes les formalités prescrites pour la purge des hypothèques.

Mais le droit d'habitation étant immobilier, la donation d'un tel droit est soumise à la nécessité de la transcription vis-à-vis des tiers (C. Caen 19 mai 1853, S. 54-2-772)

9442. Donation. — On a décidé que le droit d'habitation participant, par sa nature et ses effets, de l'usufruit et formant un démembrement temporaire de la propriété, il en résulte qu'un droit d'habitation donné pour 15 ans, aux futurs par contrat de mariage, est passible de 2 fr. 75 cent. pour 100 sur le capital formé du revenu multiplié par 10 : « Attendu qu'il s'agissait là d'un usufruit limité pour l'évaluation duquel on ne pouvait prendre d'autre assiette que pour l'usufruit le plus étendu, c'est-à-dire dix années de revenu » (Seine 8 août 1849, 14808 J. E., 13882 J. N.).

On a considéré comme renfermant la donation d'un droit d'habitation sujette au tarif immobilier, et non pas simplement la donation du prix du loyer, la clause d'un contrat de mariage portant que « les père et mère du futur lui constituent en dot une valeur de 4,000 francs composée de 400 francs représentant deux années *de loyer*, à partir du 1er août prochain, des lieux faisant partie d'une maison sise à Saint-Julien, rue Notre-Dame, appartenant aux donateurs, et qui seront habités par les futurs époux » (Sol. 8 nov. 1864, 1993 R. P., 18258 J. N.).

9443. Mutations par décès. — En se fondant sur le même principe, l'Administration a décidé, le 8 août 1831, que le legs d'un droit d'habitation, formant un démembrement et non une charge de la propriété, était assujetti aux mêmes droits de mutation par décès que le legs d'un usufruit (10087 J. E., 1388 § 6 I. G.).

9444. Réserve du droit d'habitation dans une vente. — La réserve du droit d'habitation dans une vente constitue-t-elle une cause d'augmentation du prix de cette vente ? Cette question est examinée au mot *Vente.*

HÉRITIER.

9445. — C'est celui qui recueille, à titre successif, les droits d'un individu décédé.

9446. Renvoi. — Nous traiterons, au mot *Succession*, des conditions requises pour être héritier, des droits qui s'attachent à cette qualité et des charges qu'elle engendre ; nous nous bornons ici à quelques notions générales.

9447. Diverses espèces d'héritiers. — Il y a l'héritier *légitime* et l'héritier *institué*, l'héritier *libre* et l'héritier *grevé* de substitution.

9448. Héritier légitime. — L'héritier légitime est celui qui tient ses droits de la loi. Le code reconnaît deux grandes classes d'héritiers légitimes, les héritiers *réguliers* et les héritiers *irréguliers.*

L'expression d'*héritiers légitimes* a deux acceptions, l'une générique, l'autre spéciale. Dans le premier sens, elle signifie tous les successeurs *ab intestat*, c'est-à-dire ceux qui succèdent sans testament, par opposition au légataire qui est appelé par la volonté de l'homme ; dans son sens restreint et spécial, elle indique les héritiers réguliers, par opposition aux successeurs irréguliers.

Les héritiers réguliers sont les parents légitimes du défunt, savoir les ascendants, descendants et collatéraux ; les héritiers irréguliers sont les enfants naturels reconnus, le conjoint, ou enfin l'État.

1. VOCATION AUX BIENS DU DÉFUNT. — Tous les héritiers soit réguliers, soit irréguliers, recueillent, sans distinction, dès l'ouverture de la succession, tous les biens qui composent la succession *à laquelle ils sont appelés*, tellement que s'ils mouraient quelques instants après celui auquel ils ont succédé, avant même d'avoir connu sa mort, ils transmettraient ces biens à leurs propres successeurs, comme faisant partie de leurs successions. Nous avons souligné les mots *à laquelle ils sont appelés* pour qu'on ne prenne pas ce que nous venons de dire dans un sens trop absolu ; car à la mort du défunt, tous ses parents légitimes ne sont pas appelés simultanément à lui succéder : d'abord, on ne succède que jusqu'au douzième degré inclusivement (755 C. C.), ensuite les parents successibles sont appelés dans un certain ordre et d'après certaines classifications, qui donnent la préférence à ceux-ci sur ceux-là (731 C. C.). Il existe également un ordre de vocation parmi les successeurs *irréguliers*, car, aux termes de l'art. 724, à défaut d'héritiers réguliers, les biens passent aux enfants naturels, ensuite à l'époux survivant, et, s'il n'y en a pas, à l'État.

2. SAISINE DES BIENS. — DETTES. — Mais, si les héritiers réguliers et les héritiers irréguliers sont sur la même ligne sous ce rapport, il n'en est pas de même pour tout ; il y a entre eux deux différences importantes :

Héritiers réguliers. — Et d'abord, les héritiers réguliers ont la saisine, c'est-à-dire l'investiture légale et de plein droit de la possession ; de telle sorte que, par la mort du défunt, ils se trouvent être non pas seulement propriétaires, mais aussi possesseurs des biens par lui laissés. Aussi l'art. 734 C. C. dit-il que « les héritiers légitimes sont saisis *de plein droit*, » ce qui est la reproduction de cette ancienne maxime de notre droit, *le mort saisit le vif*. Il n'y a qu'un seul cas où l'héritier légitime ne soit pas saisi : c'est quand cet héritier n'est pas réservataire, et que la totalité des biens lui est enlevée par un légataire universel. Dans ce cas, c'est au légataire universel que la saisine est accordée (1006 C. C.), en sorte qu'alors l'héritier est écarté de la possession comme de la propriété et reste complètement étranger à la succession.

Ensuite, l'héritier régulier est tenu d'acquitter toutes les charges de la succession, alors même qu'elles dépasseraient la valeur totale des biens : l'héritier régulier étant le représentant absolu, le continuateur, pour ainsi dire, de la personne du défunt, est soumis à toutes les obligations qui frappaient celui-ci, à l'exception seulement de celles qui sont exclusives à l'individu. Ainsi, par exemple, cet héritier ne peut avoir à répondre devant les tribunaux criminels des délits commis par son auteur (Marcadé sur l'art. 724).

Héritiers irréguliers. — Les successeurs irréguliers, investis par la mort du défunt de la propriété des biens, ne le sont pas de la possession, il faut qu'ils se fassent envoyer en possession par la justice (724 C. C.). C'est, d'ailleurs, ce droit de propriété sur les biens du défunt qui leur fait attribuer la qualité d'héritiers ; mais ils ne sont pas héritiers en tant qu'ils ne représentent pas la personne du défunt, c'est-à-dire qu'ils ne sont tenus au payement de ses dettes et à l'entretien de ses obligations que jusqu'à concurrence de ce qu'ils ont amendé de ses biens. Il y a donc dans ces successeurs un mélange de droits et de qualités qui seraient incompatibles

T. III.

dans toute autre personne, et c'est pour cela qu'on les appelle *héritiers irréguliers.*

9449. Héritier institué. — L'héritier institué tient ses droits de la volonté de l'homme. On peut instituer un héritier de deux manières : par acte entre-vifs ou par testament ; et c'est de là qu'on sous-divise les héritiers institués en héritiers *contractuels* et en héritiers *testamentaires*. — Nous avons déjà dit que lorsque l'héritier légitime n'est pas réservataire, l'héritier institué l'excluait de la succession, parce que, toutes choses égales, la volonté de l'homme prévaut toujours sur les dispositions de la loi.

Cette dénomination d'héritier institué n'est pas exclusive : les légataires universels ou à titre universel sont ou deviennent aujourd'hui des héritiers institués. D'après l'art. 967 C. C., ces expressions sont équipollentes. « Toute personne, porte cet article, pourra disposer par testament, soit sous le titre d'institution d'héritier, soit sous le titre de legs, soit sous toute autre dénomination propre à manifester sa volonté. » Mais si la dénomination d'héritier institué n'est pas exclusive, elle n'est néanmoins que de forme, elle n'a aucune valeur au fond, ainsi qu'on va le voir.

A Rome, et dans nos anciennes provinces de droit écrit, il était nécessaire que le défunt eût institué un héritier proprement dit pour que ses dispositions testamentaires fussent valables, et, sans l'institution, il n'y avait pas de testament. Au contraire, les coutumes françaises, en refusant à la volonté de l'homme le droit de faire des héritiers, allaient quelquefois jusqu'à déclarer nulle toute disposition de dernière volonté, par cela seul qu'elle était faite en la forme d'institution d'héritier. Le code, en rejetant *quant au fond* la règle du droit romain, pour suivre celle du droit coutumier, laisse toute latitude *quant à la forme*. Ainsi, *pour le fond*, l'art. 1002 C. C. déclare, conformément au droit coutumier, qu'un testament ne peut contenir que des legs, et que, quelle que soit la dénomination donnée par le défunt à ceux qu'il appelle, ceux-ci seront toujours simples légataires et jamais héritiers ; pour ce qui est *de la forme*, l'art. 967 C. C. déclare, on vient de le voir, qu'un testament pourra se faire aussi valablement sous le titre : *institution d'héritier*, que sous celui de *legs*.

9450. Héritier libre. — Héritier grevé. — Nous avons dit qu'il y a les héritiers *libres* et les héritiers *grevés* ou substitués ou *fiduciaires*. Ces seuls mots font comprendre ce qu'on entend par là ; aussi n'avons-nous rien à ajouter ici. On trouvera au mot *Substitution* les développements nécessaires.

9451. Appréhension de la succession. — Une division des héritiers se tire de l'appréhension de la succession. Considérés sous ce rapport, il y a :

1. HÉRITIER PRÉSOMPTIF. — L'héritier présomptif, qui est celui supposé devoir succéder à un individu encore vivant.

2. HÉRITIER DÉLIBÉRANT. — L'héritier délibérant, c'est-

à-dire celui qui profite du délai accordé par l'art. 795 C. C. pour examiner s'il lui convient d'accepter la succession qui lui est échue.

3. HÉRITIER DÉCLARÉ. — L'héritier déclaré, celui qui a fait une acceptation expresse ou tacite de l'hérédité.

4. HÉRITIER RENONÇANT. — La faculté de renoncer étant libre de la part de tout héritier, l'héritier *renonçant* est celui qui a répudié la succession qui lui était échue.

5. HÉRITIER PUR ET SIMPLE. — L'héritier pur et simple est celui qui accepte la succession purement et simplement, et qui, en cette qualité, est tenu de toutes les dettes du défunt *ultra vires.*

6. HÉRITIER BÉNÉFICIAIRE. — L'héritier bénéficiaire est celui qui n'a accepté que sous la condition de n'être tenu des dettes de la succession que jusqu'à concurrence de l'émolument qu'elle lui procurera.

7. HÉRITIER APPARENT. — Enfin, on nomme héritier apparent celui qui, à défaut de présentation d'héritier plus proche, passe pour l'héritier véritable du défunt.

HOMOLOGATION.

9452. — C'est la sanction accordée par un jugement à un acte qui en a besoin pour pouvoir être exécuté comme si c'était l'acte même du tribunal qui a rendu ce jugement.

L'homologation n'est pas la même chose que l'exécutoire ou l'*exequatur* nécessaire pour donner la force d'exécution à une sentence arbitrale : l'homologation entraîne le droit de modifier, de désapprouver ; l'*exequatur* n'est qu'une simple formalité.

9453. Des actes qui ont besoin d'être homologués. — Ces actes sont, notamment, les avis de parents ou délibérations des conseils de famille qui prononcent l'exclusion ou la destitution du tuteur (448 C. C.), autorisent des emprunts, des hypothèques, des aliénations de biens de mineur (458 et 483 *Idem*), des transactions (467 *Idem*), le mariage de l'enfant d'un interdit (511 *Idem*), les concordats passés entre les faillis et leurs créanciers (524 C. com.), les rapports d'experts et les partages dressés par les notaires, lorsque ces partages doivent être faits en justice (823, 838 C. C., 975, 981 C. proc.).

9454. Renvoi. — On trouvera, au mot *Jugement*, tout ce qui se rattache à l'enregistrement des actes d'homologation.

HONORAIRES.

9455. — Dans son acception primitive, le mot *honoraires* n'était employé que pour désigner une rétribution qui était plutôt un hommage de la reconnaissance qu'un payement, et qui ne s'appliquait qu'à des services d'un ordre relevé et résultant de l'exercice d'une profession libérale.

Toutefois, le décret du 14 décembre 1810, relatif aux avocats, et la loi du 25 ventôse an 11, réglementaire du notariat, ont employé l'expression honoraires dans le même sens que le mot *salaire, émolument* : c'est donc à l'idée qu'expriment les mots qu'il faut s'arrêter lorsque l'on emploie le mot *honoraires*.

Ainsi, le mot *salaire* est une expression générale qui désigne le prix d'un acte ou d'un travail quelconque, abstraction faite de toute idée de reconnaissance. — L'émolument exprime plutôt le gain ou le bénéfice qu'un acte de procédure rapporte à celui qui l'a fait.

9456. Taxe. — Les honoraires des officiers publics et ministériels sont essentiellement soumis à la taxe judiciaire. Cette taxe peut même être demandée après un règlement amiable (Cass. 2 janv. 1872, S. 72-1-57), lors même que ce règlement a été exécuté (G. Paris 18 mai 1874, 4041 R. P.).

9457. Renvoi. — Nous ne traiterons pas ici des questions d'enregistrement qui se rattachent aux honoraires, on en trouve la solution çà et là dans le cours de cet ouvrage.

HOSPICES.

9458. — Ce sont des établissements destinés à recevoir les indigents, les malades, les enfants trouvés ou abandonnés et les vieillards dénués de moyens d'existence.

Nous n'avons rien de particulier à dire ici sur les hospices. On trouvera, aux mots *Acte administratif, Déshérence, Etablissement public*, tout ce qu'il importe à nos lecteurs de connaître.

HUISSIER.

§ 1er. — *Considérations préliminaires.*

[9459-9461]

9459. — Définition. — On appelle *huissiers* les officiers ministériels chargés par la loi des significations judi-ciaires ou extrajudiciaires, de l'exécution forcée des actes publics et du service intérieur des tribunaux

9460. Huissier-audiencier. — On donne le nom d'*huissier-audiencier* à celui qui est chargé de faire le service des audiences.

9461. Origine. — La justice serait une garantie illusoire pour la société s'il dépendait des parties d'en paralyser l'autorité et en ne se présentant pas devant les juges. Il faut donc qu'elles puissent être condamnées malgré leur refus de comparaître. Mais l'équité exige aussi qu'aucune décision judiciaire ne puisse être rendue contre une partie absente, sans qu'il soit constaté par un témoignage irrécusable qu'elle a été mise en demeure de venir se défendre. De plus, lorsque la partie condamnée se refuse à exécuter le jugement, la raison ne permet pas qu'elle soit livrée à la merci de son adversaire. La contrainte qu'elle doit subir ne peut être convenablement exercée que par des personnes investies de la confiance de la justice. Telles sont les causes principales qui ont donné naissance à l'institution des huissiers; et comme elles sont de tous les temps et de tous les lieux, leurs effets ont dû se produire partout d'une manière à peu près identique (Dalloz vo *Huissier* no 2).

A Rome, les huissiers étaient connus sous le nom d'*apparitores, executores, viatores, statores, cohortales*. En France, ils ont été d'abord désignés sous le nom de *sergents*, dénomination empruntée à l'état militaire; puis, concurremment, sous ce nom de sergents et sous celui d'*huissiers*. Toutefois, l'étymologie du mot *huissier*, qui est dérivé du vieux terme *huis* (porte), par lequel on désignait certains officiers chargés de garder la porte ou l'entrée de certains lieux, indique que la qualification d'*huissier* était plus spécialement appliquée aux huissiers-audienciers (Jousse *Just. civ.* part. 5 t. 5 art. 1er).

Le décret du 14 juin 1823 a réglé d'une manière générale l'organisation et le service des huissiers; c'est le code en vigueur actuellement.

§ 2. — *De la nomination, du nombre et de la résidence des huissiers.*

[9462-9467]

9462. Nomination. — Les huissiers, porte le décret du 14 juin 1813, institués pour le service de nos cours impériales et prévôtales, et pour tous nos tribunaux, seront nommés par nous (Déc. 14 juin 1813, art. 1er).

9463. Ressort. — Ils auront tous le même caractère, les mêmes attributions, et le droit d'exploiter concurremment dans l'étendue du ressort du tribunal civil d'arrondissement de leur résidence (art. 2).

9464. Huissiers-audienciers. — Néanmoins, nos cours et tribunaux choisiront parmi les huissiers, conformément au titre 5 de notre décret du 30 mars 1808, ceux qu'ils jugeront les plus dignes de leur confiance, pour le service intérieur de leurs audiences. Les huissiers ainsi désignés par nos cours et tribunaux continueront de porter le titre d'*huissiers-audienciers*; ils auront, pour ce service particulier, une indemnité qui sera réglée par les art. 93, 94, 95, 96 et 103 ci-après. — Le tableau des huissiers-audienciers sera renouvelé au mois de novembre de chaque année: tous les membres en exercice seront rééligibles; ceux qui n'auront pas été réélus rentreront dans la classe des huissiers ordinaires (art. 2, 3 et 4).

9465. Dispositions transitoires. — Les huissiers qui seront en activité lors de la publication de notre présent décret continueront provisoirement l'exercice de leurs fonctions; mais ils ne seront maintenus qu'après avoir obtenu de nous une commission confirmative. — A cet effet, ils remettront, dans les trois mois de ladite publication, tous les titres et pièces concernant leurs précédentes nominations et réceptions au greffe du tribunal de première instance de leur résidence. — Ils y joindront leur demande en commission confirmative, et le greffier leur donnera récépissé du tout. — Notre procureur près le tribunal de première instance enverra cette demande, avec l'avis du tribunal, à notre procureur général, qui prendra l'avis de la cour d'appel, et adressera le tout à notre grand juge, ministre de la justice. — Lorsque la liste des huissiers auxquels nous aurons accordé la commission confirmative aura été renvoyée par notre grand juge à notre procureur général, ceux qui ne se trouveront point sur la liste seront tenus de cesser leurs fonctions à compter du jour où la notification leur en aura été faite, à la diligence du ministère public. Cette même liste sera de plus affichée dans la salle d'audience et au greffe du tribunal. — Chacun des huissiers qui auront obtenu la commission confirmative prêtera, dans les deux mois à compter du jour où la liste aura été affichée, et ce à l'audience de ladite cour ou dudit tribunal, le serment de fidélité à l'empereur et d'obéissance aux constitutions de l'empire, ainsi que celui de se conformer aux lois et règlements concernant son ministère, et de remplir ses fonctions avec exactitude et probité. — Notre grand juge, ministre de la justice, après avoir pris l'avis de nos cours et les observations de nos procureurs généraux, nous proposera la fixation définitive du nombre des huissiers qu'il doit y avoir dans le ressort de chaque tribunal civil d'arrondissement. — Si le nombre des huissiers maintenus d'après l'art. 6 excède celui qui sera définitivement fixé par nous en exécution du précédent article, la réduction à ce dernier nombre ne s'opèrera que par mort, démission ou destitution (art. 5, 6, 7, 8 et 9).

9466. Conditions d'admission. — A l'égard de ceux qui aspireront, à l'avenir, aux places d'huissiers ordinaires, les conditions requises seront: 1° d'être âgé de vingt-cinq ans accomplis; — 2° d'avoir satisfait aux lois de la conscription militaire; — 3° d'avoir travaillé, au moins pendant deux ans, soit dans l'étude d'un notaire ou d'un avoué, soit chez un huissier, ou pendant trois ans au greffe d'une cour impériale ou d'un tribunal de première instance; — 4° d'avoir obtenu de la chambre de discipline, dont il sera parlé ci-après, un certificat de moralité, de bonne conduite et de capacité. Si la chambre accorde trop légèrement ou refuse sans motif valable ce certificat, il y aura recours au tribunal de première instance, savoir: dans le premier cas, par le procureur impérial, et dans le second, par la partie intéressée. En conséquence, le tribunal, après avoir pris connaissance des motifs d'admission ou de refus de la chambre, ainsi que des moyens de justification de l'aspirant, et après avoir entendu notre procureur impérial, pourra refuser ou accorder lui-même le certificat par une délibération dont copie sera jointe à l'acte de présentation du candidat (art. 10).

9467. Serment. — Ceux qui seront nommés huissiers se présenteront, dans le mois qui suivra la notification à eux faite du décret de leur nomination, à l'audience publique du tribunal de première instance, et y prêteront le serment prescrit par l'art. 7. — Ces huissiers ne pourront faire aucun acte de leur ministère avant d'avoir prêté ledit serment, et ils ne seront admis à le prêter que sur la représentation de la quittance du cautionnement fixé par la loi. — Ceux qui n'auront point prêté le serment dans le délai ci-dessus fixé, demeureront déchus de leur nomination, à moins qu'ils ne prouvent que le retard ne leur est point imputable; auquel cas, le tribunal pourra déclarer qu'ils sont relevés de la déchéance par eux encourue, et les admettre au serment (art. 11, 12 et 13).

§ 3. — *Des attributions des huissiers et de leurs devoirs.*

[9468-9471]

9468. Service des cours et tribunaux. — Les huissiers-audienciers sont maintenus dans le droit que leur donne et l'obligation que leur impose notre décret du 30 mars 1808, de faire exclusivement, près leurs cours et tribunaux respectifs, le service personnel aux audiences, aux assemblées générales ou particulières, aux enquêtes, interrogatoires et autres commissions, ainsi qu'au parquet. — Pourront néanmoins nos cours et tribunaux commettre accidentellement des huissiers ordinaires, à défaut ou en cas d'insuffisance des huissiers-audienciers. — Le service personnel d'huissier près les cours d'assises et les cours spéciales sera fait, savoir: dans les villes où siègent nos cours impériales, par des huissiers-audienciers de la cour impériale; et partout ailleurs, par des huissiers-audienciers du tribunal de première instance du lieu où se tiendront les séances de la cour d'assises ou de la cour spéciale. L'art. 118 de notre décret du 6 juillet 1810, relatif au mode de désignation des huissiers qui doivent faire le service près les cours d'assises et les cours spéciales des départements autres que celui où siège la cour impériale, continuera de recevoir son exécution. — Les huissiers qui seront désignés pour faire le service personnel près les cours d'assises et les cours spéciales ne pourront, pendant la durée des sessions criminelles, sortir du canton de leur résidence sans un ordre exprès du procureur général ou du procureur impérial criminel. — Il sera fait par nos cours et tribunaux des règlements particuliers sur l'ordre du service de leurs huissiers-audienciers, en se conformant aux dispositions du présent titre et à celles du titre 5 de notre décret du 30 mars 1808. — Les règlements que feront sur cet objet les tribunaux de première instance ou de commerce et les tribunaux ordinaires des douanes seront soumis à l'approbation des cours auxquelles ces tribunaux ressortissent (art. 20, 21, 22 et 23).

9469. Droit d'exploiter. — Toutes citations, notifications et significations requises pour l'instruction des procès, ainsi que tous actes et exploits nécessaires pour l'exécution des ordonnances de justice, jugements et arrêts, seront faits concurremment par les huissiers-audienciers et les huissiers ordinaires, chacun dans l'étendue du ressort du tribunal civil de première instance de sa résidence, sauf les restrictions portées par les articles suivants.

Les huissiers-audienciers de notre cour de cassation continueront, dans l'étendue du lieu de la résidence de cette cour, d'instrumenter exclusivement à tous autres huissiers pour les affaires portées devant elle.

Les huissiers-audienciers de nos cours impériales et ceux de nos tribunaux de première instance feront exclusivement, près leurs cours et tribunaux respectifs, les significations d'avoué à avoué.

Les huissiers-audienciers de nos cours prévôtales et tribunaux ordinaires de douanes feront exclusivement, près leurs cours et tribunaux respectifs, et dans l'étendue du canton de leur résidence, tous exploits en matière de douanes.

Tous exploits et actes du ministère d'huissier près les justices de paix et les tribunaux de police seront faits par les huissiers ordinaires employés au service des audiences. — A défaut ou en cas d'insuffisance des huissiers ordinaires du ressort, lesdits exploits et actes seront faits par les huissiers ordinaires de l'un des cantons les plus voisins.

Défenses itératives seront faites à tous huissiers, sans distinction, d'instrumenter en matière criminelle ou correctionnelle hors du canton de leur résidence sans un mandement exprès, délivré conformément à l'art. 84 de notre décret du 18 juin 1811.

Nos procureurs près les tribunaux de première instance et les juges d'instruction ne pourront délivrer de pareils mandements que pour l'étendue du ressort du tribunal de première instance.

Nos procureurs généraux criminels pourront ordonner le transport d'un huissier dans toute l'étendue du département.

La disposition du précédent article est applicable à nos procureurs près les tribunaux ordinaires de douanes, à moins qu'il n'y ait dans le même département deux ou plusieurs de ces tribunaux; dans ce dernier cas, ils ne pourront ordonner le transport que pour la partie de ce département formant le ressort de leur tribunal.

Le transport des huissiers dans les divers départements du ressort de nos cours d'appel et prévôtales ne pourra être autorisé, dans les affaires criminelles, que par nos procureurs généraux près ces cours.

En matière de simple police, aucun huissier ne pourra instrumenter hors du canton de sa résidence, si ce n'est dans le cas prévu par le second paragraphe de l'art. 28 du présent décret, en vertu d'une cédule délivrée pour cet effet par le juge de paix (art. 24 à 34).

9470. Indemnité et transport. — Dans tous les cas où les règlements accordent aux huissiers une indemnité pour frais de voyage, il ne sera alloué qu'un seul droit de transport pour la totalité des actes que l'huissier aura faits dans une même course et dans le même lieu. — Ce droit sera partagé en autant de portions égales entre elles qu'il y aura d'originaux d'actes ; et à chacun de ces actes, l'huissier appliquera l'une desdites portions, le tout à peine de rejet de la taxe, ou de restitution envers la partie, et d'une amende qui ne pourra excéder 100 francs ni être moindre de 20 francs.

Tout huissier qui chargera un huissier d'une autre résidence d'instrumenter pour lui, à l'effet de se procurer un droit de transport qui ne lui aurait pas été alloué s'il eût instrumenté lui-même, sera puni d'une amende de 100 francs. L'huissier qui aura prêté sa signature sera puni de la même peine. — En cas de récidive, l'amende sera double, et l'huissier sera, de plus, destitué. — Dans tous les cas, le droit de transport indûment alloué ou perçu sera rejeté de taxe, ou restitué à la partie (art. 35 et 36).

9471. Prisée et vente de meubles. — Dans les lieux pour lesquels il n'est point établi de commissaires-priseurs exclusivement chargés de faire les prisées et ventes publiques de meubles et effets mobiliers, les huissiers, tant audienciers qu'ordinaires, continueront de procéder, concurremment avec les notaires et les greffiers, auxdites prisées et ventes publiques, en se conformant aux lois et règlements qui y sont relatifs.

Les huissiers ne pourront, ni directement ni indirectement, se rendre adjudicataires des objets mobiliers qu'ils seront chargés de vendre. — Toute contravention à cette disposition sera punie de la suspension de l'huissier pendant trois mois, et d'une amende de 100 francs pour chaque article par lui acheté, sans préjudice de plus fortes peines dans les cas prévus par le code pénal. — La récidive, dans quelque cas que ce soit, entraînera toujours la destitution (art. 37 et 38).

§ 4. — *Des devoirs des huissiers.*

[9472-9481 *bis*]

9472. Défense d'instrumenter pour des parents. — L'huissier ne peut instrumenter pour ses parents et alliés et ceux de sa femme, en ligne directe à l'infini, ni pour ses parents et alliés collatéraux, jusqu'au degré de cousin issu de germain inclusivement, le tout à peine de nullité (art. 66 C. proc.).

9473. Coût d'acte. — Les huissiers sont tenus de mettre à la fin de l'original et de la copie de l'exploit le coût d'icelui, à peine de 5 francs d'amende, payables à l'instant de l'enregistrement (*Idem* art. 67). — V. 5633 et suiv.

9474. Détail des frais. — Pour faciliter la taxe des frais, les huissiers, outre la mention qu'ils doivent faire au bas de l'original et de la copie de chaque acte du montant de leurs droits, seront tenus d'indiquer en marge de l'original le nombre de rôles des copies de pièces, et d'y marquer de même le détail de tous les articles de frais formant le coût de l'acte (*Déc.* 14 juin 1813, art. 48).

9475. Copies. — Correction. — Abréviation. — Nombre de lignes et de syllabes. — Les copies des exploits doivent être lisibles, ne pas contenir d'abréviations et renfermer un certain nombre de lignes et être écrites sur un papier spécial. Nous avons examiné ces différents points au mot *Copie*, nos 5560 et suiv.

9476. Attribution des amendes à la bourse commune. — Le quart des amendes prononcées contre les huissiers pour délits et contraventions relatifs à l'exercice de leur ministère sera versé à la bourse commune. — Ces amendes seront perçues en totalité par le receveur de l'enregistrement du chef-lieu de l'arrondissement, qui tiendra compte chaque trimestre au trésorier de la chambre du quart de ces amendes (*Déc.* 14 juin 1813, art. 100).
L'attribution, au profit de la bourse commune des huissiers, du quart des amendes prononcées contre ces officiers publics, pour délits ou contraventions relatifs à l'exercice de leur ministère, ne peut s'appliquer qu'à celles dont la condamnation a été prononcée depuis le décret du 14 juin 1813 (D. m. f. sans date, Circ. 25 mai 1814).
Cette attribution ne s'étend pas aux amendes résultant de contraventions aux lois du timbre et de l'enregistrement, et l'art. 100 Déc. 14 juin 1813 ne s'applique qu'aux amendes *prononcées par les tribunaux sur la poursuite du ministère public*, contre les huissiers pour délits et contraventions rela-

tifs à l'exercice de leur ministère (D. m. f. et j. 15 déc. 1835, 1506 I. G., 11392 J. E.).

9477. Acquisition des procès. — Les huissiers ne peuvent devenir cessionnaires des procès, droits et actions litigieux qui sont de la compétence du tribunal dans le ressort duquel ils exercent leurs fonctions, à peine de nullité, et des dépens, dommages et intérêts (1597 C. C.).

9478. Acte en conséquence. — Les huissiers ne peuvent faire aucun acte en conséquence d'un autre acte non enregistré. C'est ce qui a été suffisamment développé au mot *Acte passé en conséquence.*

9479. Communication. — Les huissiers doivent aux employés communication de leurs actes. — V. *Communication.*

9480. Délai. — Bureau. — C'est dans le délai de quatre jours que les huissiers doivent faire enregistrer leurs actes, soit au bureau de leur résidence, soit au bureau du lieu où ils les auront faits. — V. 8390 et suiv.

9481. Protêt. — Il est attribué aux huissiers, comme remboursement du papier timbré, du registre tenu en exécution de l'art. 176 C. com. : 1° pour protêt simple et intervention, 40 centimes ; — 2° pour protêt de perquisition, 60 centimes (Déc. 24 nov. 1871).

9481 bis. Quittances de frais. — Une quittance de frais donnée par un huissier n'est pas un acte du ministère de cet officier ministériel. C'est un acte sous seing privé ; et, lorsqu'il est écrit sur papier non timbré, l'amende encourue est celle applicable aux actes sous seing privé (Sol. 19 déc. 1854).

I

IDENTITÉ.

9482. — C'est le résultat de diverses circonstances qui, appuyées de preuves, constatent l'existence d'une personne ou d'un fait.

9483. Disposition indépendante. — Lorsqu'un notaire, en exécution de l'art. 22 L. 25 ventôse an 11, se fait attester les noms, qualités et demeures des contractants qu'il ne connaît pas, la déclaration fait partie intégrante de l'acte et ne donne pas ouverture à un droit particulier.

Mais si, sur la demande des parties, les témoins déclarent que celles-ci sont issues du mariage de tel ou telle dont ils sont seuls héritiers, l'attestation constitue l'acte de notoriété, tarifé par l'art. 43 L. 28 avril 1816, indépendant des autres dispositions de l'acte et passible du droit qui lui est propre (Dél. 30 avr. 1838, 1202, 12141-1 J. E., D. N. t. 6 p. 703 nos 61 et 62). — V. *Acte de notoriété.*

IDIOME.

9484. — Langage propre à certaines contrées d'une même nation, et qui diffère de celui généralement employé et consacré légalement.

9485. Acte public. — Un arrêté du 27 prairial an 11 a prescrit de rédiger les actes en langue française. Néanmoins, cet arrêté permet, par son art. 2, aux officiers publics des lieux où on ne parle pas français, d'écrire à mi-marge de la minute française la traduction en idiome du pays, lorsqu'ils en seront requis par les parties.

1. ACTE SOUS SEING PRIVÉ. — Cette nécessité de la rédaction en français n'est rigoureusement imposée que pour les actes publics. C'est ce qui résulte formellement de l'art. 3 de l'arrêté du 24 prairial an 11, pour les actes consentis dans les départements où l'on ne parle pas français. Cet article ajoute, toutefois, l'obligation, pour les parties qui présentent des actes de cette espèce à la formalité de l'enregistrement, d'y joindre à leurs frais une traduction française desdits actes, certifiée par un traducteur juré.

9486. Validité des actes. — Un axiome en matière d'enregistrement c'est que les employés ne sont pas juges de la validité des actes et qu'ils doivent leur donner la formalité et percevoir les droits, indépendamment de tout vice emportant même nullité radicale, dont ils seraient atteints. Aussi, le ministre de la justice a-t-il décidé, le 28 mars 1807, qu'un receveur ne peut refuser l'enregistrement d'un acte public écrit en idiome italien, après le délai fixé par le décret du 20 juin 1806, qui frappait un tel acte de nullité (2542 J. E.).

IDOINE.

9487. — Vieux mot qui signifie *propre à quelque chose.* Il était particulièrement en usage dans l'ancien barreau. Ainsi, on disait *apte et idoine.*

IGNORANCE.

9488. — Défaut de connaissance.

9489. Deux sortes d'ignorance. — L'*ignorance* ou l'*erreur* est *de droit* ou *de fait*, suivant que l'on se trompe sur la disposition d'une loi ou sur un fait.

1. IGNORANCE DE FAIT. — L'ignorance de fait ne nuit pas. Ce serait une erreur de fait si je vous payais une dette dont je m'étais déjà libéré (1235 C. C.). — Dès lors, j'aurais une action en répétition.

2. IGNORANCE DE DROIT. — L'ignorance *de droit* n'excuse pas, en ce sens que ce que l'on a fait contre la disposition des lois est toujours condamnable, quoiqu'on prétende n'avoir pas connu ces lois; car il n'est permis à personne d'ignorer la loi : *nemo jus ignorare debet.*

ILES ET ILOTS.

9490. — C'est, dans le langage du droit, un atterrissement formé dans le lit des fleuves ou des rivières.

9491. Rivières navigables et flottables. —
Un décret du 18 août 1807 dispose que la propriété des îlots
dans les rivières navigables et flottables appartient à
l'État ; qu'en conséquence les riverains ne peuvent se prévaloir d'aucun droit, soit pour les joindre à leurs propriétés,
soit pour intenter des actions contre d'autres riverains, à raison de ce qu'ils prétendraient être troublés dans leur possession. — L'art. 560 C. C. renferme la même disposition.

Peu importe que ces atterrissements soient occasionnés
par des travaux de main d'homme exécutés dans le lit de la
rivière, si d'ailleurs ils ne sont formés que successivement
et imperceptiblement (Cass. 8 juin 1829, S. 29-1-437).

9492. Rivières non navigables. — Les îles ou
îlots qui se forment dans les rivières non navigables et non
flottables appartiennent aux riverains du côté où ils se sont
formés. S'ils ne sont pas d'un seul côté, ils appartiennent aux
riverains des deux côtés, à partir de la ligne qu'on suppose
tracée au milieu de la rivière (561 C. C.).

9493. Enregistrement. — Les concessions d'îles ou
d'îlots ne peuvent être faites que par adjudication publique.
Les droits sont dus comme pour les autres aliénations des
domaines de l'État (D. m. f. 7 déc. 1821, 6624 J. E. ; 1022,
1175 I. G.). — V. *Adjudication.*

ILLISIBLE.

9494. — Ce qu'on ne peut lire.

9495. Notaires. — L'art. 13 L. 25 ventôse an 11 dispose que les actes notariés doivent être écrits lisiblement, à
peine de 100 francs d'amende (réduite à 20 fr. par la loi du
16 juin 1824, 10). — V. *Acte notarié.*

9496. Huissiers et avoués. — Les huissiers et les
avoués sont tenus, à peine d'amende, de rédiger ou de signifier des copies lisibles. Cette matière a été examinée au mot
Copie de pièces.

9497. Nullité. — On admet, en général, que les clauses
illisibles sont nulles. Si, cependant, l'indéchiffrabilité de
l'écriture provenait de la vétusté du titre ou de la détério-
ration qu'auraient éprouvé les caractères, ce serait le cas
d'admettre la preuve testimoniale, comme dans le cas de la
perte du titre (Toullier t. 9 n° 220).

IMBÉCILLITÉ.

9498. — État habituel de l'esprit qui, sans présenter les
excès de la démence ou de la fureur, ne laisse à l'individu
qui en est atteint que des idées tellement bornées, qu'il se
trouve incapable de gérer ses affaires.

L'état habituel d'imbécillité est une cause d'interdiction
(489 C. C.).

L'imbécillité nécessaire pour faire prononcer l'interdiction
résulte suffisamment : 1° de ce qu'un individu est atteint d'une
faiblesse d'esprit qui le rend incapable d'une volonté libre
qui lui soit propre, cédant à toutes les influences des personnes qui le maîtrisent ; — 2° de ce qu'il est le jouet et quelquefois la victime de la brutalité ou des mauvais traitements
de ceux qui l'entourent ; — 3° de ce qu'enfin ses facultés intellectuelles sont tellement énervées, qu'il n'est plus accessible
à aucun sentiment honorable, et qu'il est incapable de se gouverner lui-même.

IMMATRICULE.

9499. C'est l'inscription par ordre numérique, sur un
registre ou matricule, du nom d'un individu soit comme
propriétaire d'une rente sur l'État, soit comme officier public.

9500. Huissiers. — Les huissiers sont obligés de se
faire inscrire sur un registre tenu à cet effet au greffe du
tribunal dans le ressort duquel ils se trouvent : c'est ce
qui constitue l'*immatricule* de cet officier ministériel, qui doit
la transcrire dans chaque citation ou exploit, à peine de nullité (1er et 61 C. proc.).

9501. Notaire. — Les notaires étaient autrefois également soumis à la formalité de l'immatricule ; mais, depuis
l'organisation du notariat, cette formalité n'a plus lieu. Il
peut être seulement tenu aux archives des chambres de discipline un registre d'immatricule des notaires du ressort :
c'est ce qui a lieu à Paris (Stat. not. de Paris 6 nov. 1808).
Ces immatricules contiennent les noms et prénoms de chaque
notaire, ceux de son prédécesseur immédiat, la date de sa
nomination et celle de sa prestation de serment ; ces inscriptions au registre sont faites en présence du secrétaire de la
chambre, par lequel elles sont signées (*Ibidem*).

IMMÉDIAT.

9502. — On dit que le notaire est le successeur *immédiat*
d'un précédent notaire lorsqu'il n'y a pas eu d'autre notaire

entre l'un et l'autre ; comme, dans le cas contraire, l'on dit qu'il est le successeur *médiat*.

IMMEUBLE.

9503. — On appelle immeubles les biens fonds ou ceux qui sont réputés en avoir la nature. Les biens sont immeubles par leur nature, par leur destination ou par l'objet auquel ils s'appliquent (517 C. C.).

9504. Immeubles par nature. — Les fonds de terre, les bâtiments, les moulins à vent et à eau fixés sur piliers et faisant partie des bâtiments, les récoltes pendantes par les racines, et les fruits des arbres non encore recueillis, les coupes des taillis et des futaies non abattues sont immeubles (518 à 521 C. C.). — L'expression d'*immeubles par nature* employée par le Code est caractéristique. Dans ce sens, il n'y a d'originellement immeuble que le sol. Néanmoins, toutes les choses qui, *par une modification de leur nature première*, sont devenues inhérentes au sol, sont immeubles comme accessoires de ce sol ; les matériaux qui ont été transformés en bâtiments élevés sur des fondements, des pilotis ou des piliers ; les graines qui, semées, ont produit des végétaux, présentent invinciblement à l'esprit le caractère d'immeubles par nature, car leur inhérence au sol est complète. Ils sont devenus, réellement et par le fait, immobiles comme et avec le sol lui-même. Mais, il ne saurait en être de même des bâtiments dont l'adhérence ne consisterait qu'en une jonction sans consistance, comme, par exemple, les baraques élevées sur un champ de foire. Ces constructions ne pourraient être considérées que comme des meubles. — V. *Constructions.*

9505. Immeubles par destination. — On peut diviser les immeubles par destination en deux classes : 1° les objets que le propriétaire d'un fonds y a placés pour le service et l'exploitation de ce fonds ; — 2° les effets mobiliers que le propriétaire a attachés au fonds à perpétuelle demeure.

1. EXPLOITATION DU FONDS. — Il y aurait de graves inconvénients à ne pas donner le caractère d'immeubles à quelques objets mobiliers par leur nature, que le propriétaire a placés sur son domaine, pour son service et son exploitation, et qui ne peuvent en être retirés ou enlevés sans rendre impossible l'exploitation de ce domaine ou sans le détériorer essentiellement. — Tels sont les animaux attachés à la culture, les ustensiles aratoires, ceux nécessaires à l'exploitation des usines, quand le propriétaire a placé ces objets sur son fonds pour l'exploitation de ce fonds, et les semences qu'il a données à ses fermiers ou colons partiaires, qui ont le même droit à la jouissance de ces objets qu'à celle du domaine qu'ils exploitent (524 C. C.). — Les autres objets indiqués par le même article sont rapportés, non-seulement pour les déclarer immeubles par destination, mais encore comme exemples qui doivent servir au juge de

direction et de point de comparaison dans tous les cas non prévus et qui demeurent subordonnés à la disposition principale de l'article, qui veut que les objets que le propriétaire d'un fonds a placés pour le service de l'exploitation de ce fonds soient immeubles par destination. — Ainsi, la roue d'un moulin, d'une forge ou d'une papeterie, les chantiers d'une cave, les crèches ou les rateliers d'une étable ou d'une écurie, quoiqu'ils puissent être enlevés sans briser ni détériorer le fonds où ils sont placés, seront *immeubles par destination*, mais seulement quand *ce sera le propriétaire* qui les aura fait placer.

2. PERPÉTUELLE DEMEURE. La destination ne sera jamais douteuse, quelle que soit la nature de l'objet mobilier, lorsqu'il sera uni au fonds et qu'il sera scellé en plâtre, ou à chaux et à ciment, ou s'il ne peut être enlevé sans être désassemblé ou détérioré, ou sans briser ou détériorer le fonds auquel il sera attaché. — Les dispositions du code relatives aux glaces d'un appartement, aux tableaux et autres ornements, et qui leur donnent ou non la qualité d'immeubles par destination, sont fondées sur la volonté présumée du propriétaire, lorsqu'elle est si clairement exprimée que chacun y reconnaisse sans peine si ces objets seront des meubles ou des immeubles. Ainsi, les statues, bien qu'elles ne soient pas scellées, sont immeubles lorsqu'elles sont placées dans une niche pratiquée exprès pour les recevoir (525 C. C.).

Intention du propriétaire. — Mais il faut remarquer que les signes indiqués par l'art. 525 C. C., comme révélant l'intention du propriétaire d'attacher à son fonds des objets à perpétuelle demeure, ne sont pas limitatifs, et on peut toujours apprécier si l'intention d'immobiliser résulte des circonstances de la cause. C'est dans ce sens qu'un arrêt de cass. du 8 mai 1850 (Fess. 8881) a reconnu que des glaces étaient immeubles par destination, bien que le parquet sur lequel elles étaient attachées ne fît pas corps avec la boiserie, ainsi que le porte l'art. 525, du moment où derrière les glaces les murs étaient nus. — Il en est de même lorsque c'est évidemment pour donner plus de valeur à l'immeuble que les glaces ont été posées (Cass. 11 mai 1853, 15659-2 J.E.).

3. TIERS POSSESSEUR. — USUFRUITIER. — EMPHYTÉOTE. — En général, les objets attachés à un fonds ne deviennent, comme on l'a vu, immeubles, qu'autant qu'ils y ont été placés *par le propriétaire lui-même*. Mais cette règle ne souffre-t-elle pas d'exception ? Et, par exemple, les objets attachés à l'exploitation d'un fonds par le tiers possesseur, par l'usufruitier, par l'emphytéote, sont-ils immeubles tant que dure la jouissance de l'usufruitier, de l'emphytéote, du tiers possesseur ? Duranton, t. 4 n° 59 et Dalloz v° *de la Distinction des biens* n° 119, enseignent l'affirmative, que repousse Marcadé t. 2 p. 340, du moins en ce qui concerne les objets placés par l'*usufruitier* et l'*emphytéote*, attendu qu'à la différence du tiers possesseur, lequel, tant qu'il n'est pas évincé, agit en propriétaire, l'usufruitier et l'emphytéote ne peuvent jamais se dire propriétaires ni agir comme tels, et que l'on ne saurait dès lors leur supposer l'intention d'attacher un objet au fonds à perpétuelle demeure. Disons que la jurisprudence semble se ranger à l'avis des auteurs que nous avons cités en premier lieu. — V. *Bail.*

4. ANTICHRÉSISTE. — Il résulte d'un arrêt de cass. 9 décembre 1836 (Dalloz v° *de la Distinction des biens* n° 121), que les outils et ustensiles placés dans une usine pour son exploitation par un *antichrésiste*, en remplacement de ceux qui y existaient auparavant, sont, comme accessoires de l'immeuble, soumis aux hypothèques qui grèvent celui-ci.

5. IMMEUBLES PAR DESTINATION REDEVENANT MEUBLES. — Une application naturelle et évidente de la maxime : *Cessante causâ, cessat effectus,* c'est que les immeubles par destination redeviennent meubles lorsqu'ils sont détachés du fonds au service duquel ils étaient affectés; mais une simple séparation momentanée ne suffit pas pour produire ce résultat : il faut une séparation définitive ; ainsi, des glaces ne cessent pas d'être immeubles par cela seul qu'elles ont été détachées pour être repassées au tain ; des bestiaux attachés à l'exploitation d'un fonds conserveraient leur qualité d'immeubles alors même qu'ils en seraient momentanément détachés pour être employés ailleurs à des travaux urgents.

9506. Immeubles par l'objet auquel ils s'appliquent. — On ne pouvait faire entrer les biens incorporels dans la grande division des biens en meubles et immeubles, qu'en attribuant à ces droits la même nature qu'ont les choses auxquelles ils s'appliquent. Ainsi, l'art. 529 C. C. ayant déclaré *meubles* les obligations et actions qui ont pour objet des effets mobiliers, l'art. 526 déclare immeubles par l'objet auquel ils s'appliquent l'usufruit des choses immobilières, les servitudes, les actions qui tendent à revendiquer un immeuble.

L'usufruit des choses immobilières et les servitudes ou services fonciers, constituant des démembrements de la propriété (*jura in re. — Jus in re,* droit dans la chose, *et démembrement de propriété* sont des expressions synonymes. Marcadé t. 2 p. 345), il est évident qu'ils doivent être considérés comme immeubles lorsqu'ils s'appliquent à des immeubles. — Les actions tendant à revendiquer un immeuble (*jura ad rem*) sont également considérées comme immeubles par l'objet auquel elles s'appliquent, et il faut entendre par là tous les droits et actions personnels tenant à se faire transférer la propriété d'un immeuble ou quelque démembrement de la propriété de cet immeuble (Marcadé t. 2 p. 362). — V. *Action.*

9507. Immeubles par la détermination de la loi. — Les droits ou actions ayant pour objet des immeubles ne sont plus aujourd'hui les seuls droits immobiliers : trois décrets postérieurs au Code sont venus permettre, par dérogation à la règle qui donne à un droit, la nature de son objet, d'immobiliser certains droits ayant pour objet de l'argent, des capitaux.

Un décret du 16 janvier 1808, art. 7, permet aux propriétaires d'actions de la Banque de France d'imprimer à ces actions le caractère d'immeubles, en déclarant leur volonté dans la forme voulue pour le transfert des rentes. — Un décret du 1er mars, même année, permet d'immobiliser de la même manière les rentes sur l'État, pour la formation d'un majorat. Enfin, un décret du 16 mars 1810 applique ces dispositions aux actions de la compagnie d'Orléans et du Loing. Donc, il

existe aujourd'hui d'autres biens immobiliers que les immeubles : 1° par nature ; — 2° par destination ; — 3° par leur objet. Pour embrasser maintenant tous les immeubles, il faut élargir la troisième classe, celle des biens incorporels, en disant qu'elle se compose des droits immobiliers *par la détermination de la loi.*

9508. Renvoi. — C'est au mot *Biens* que l'on trouvera le développement plus complet des règles de cette matière.

IMMOBILISATION.

9509. C'est l'action de convertir un effet mobilier en immeuble fictif.

En général, celui à qui appartient une chose mobilière ne peut lui conférer à son gré la qualité d'immeuble : car c'est de la nature ou de la loi que nos biens tiennent leur qualité de meubles ou d'immeubles ; et la volonté de l'homme ne peut s'élever, ni au-dessus des règles invariables de la nature, ni au-dessus de l'empire de la loi.

Il n'y a d'exception à ce principe que dans les cas expressément indiqués par la loi. — V. *Banque de France, Biens.*

IMPENSES.

9510. — Frais faits pour conserver un immeuble, ou l'augmenter de valeur, ou seulement l'embellir.

9511. Distinction entre les impenses et les améliorations. — — Les impenses diffèrent des *réparations* proprement dites : les premières améliorent et changent la chose ; les autres la rétablissent lorsqu'elle est dégradée (Capeau t. 1er p. 532).

9512. Diverses sortes d'impenses. — Il y a trois sortes d'améliorations ou impenses : celles *nécessaires,* ou même indispensables ; par exemple, si elles ont empêché la perte de la chose ; celles seulement *utiles*; et celles de pur agrément, qu'on appelle aussi *voluptuaires.* Le mot *amélioration* s'entend plus particulièrement des seules dépenses qui donnent une plus-value à la chose (Toullier t. 13 n° 166).

9513. Droit de réclamer la valeur des impenses. — Les impenses *nécessaires* peuvent toujours être réclamées, tandis que celles qui ne sont qu'*utiles* peuvent être enlevées si la chose principale n'en est pas dégradée, et celui qui les a faites a le droit de les répéter. — Mais si elles ne peuvent être enlevées, comme s'il s'agit d'un mur, ou d'une autre construction, il en est dû récompense (555 et 1381 C. C

— Quant aux impenses *voluptuaires*, elles ne donnent généralement lieu à aucune répétition.

9514. Usufruit. — L'usufruitier peut-il réclamer une indemnité pour les améliorations qu'il prétendrait avoir faites, si la valeur de la chose en est augmentée ? — Non, il peut seulement, ou ses héritiers, enlever les ornements qu'il aurait fait placer, comme les glaces, les tableaux, mais à la charge de rétablir les lieux dans leur premier état (599 C. C.). — La raison en est que l'usufruitier qui bâtit ou améliore est censé avoir voulu gratifier le propriétaire : *donasse censetur*.

Cependant : 1° l'usufruitier qui a fait les *grosses réparations* à la charge du propriétaire peut les répéter à la fin de l'usufruit, comme impenses nécessaires ; — 2° le propriétaire doit, lorsque l'usufruitier a commis des dégradations, en souffrir la compensation avec les impenses (Proudhon n° 1694).

Si l'immeuble grevé d'usufruit vient à être détruit par un incendie, les impenses nécessaires n'en sont pas moins dues par le propriétaire à l'usufruitier, d'après la règle *Res perit domino* (Proudhon n° 1696).

IMPERTINENT.

9515. — En procédure, l'on qualifie d'*impertinents* les faits qui sont étrangers au procès ; mais ce terme ne s'emploie guère, à cause de l'équivoque qu'il présente : l'on se sert des mots *non pertinents*.

IMPOT DIRECT SUR LE REVENU

DES VALEURS MOBILIÈRES.

DIVISION

SOMMAIRE

9516. Texte de la loi. — Une loi du 29 juin 1872 a établi, à partir du 1ᵉʳ juillet de cette même année, une taxe annuelle et obligatoire :

1° Sur les intérêts, dividendes, revenus et tous autres produits des actions de toute nature, des sociétés, compagnies ou entreprises quelconques, financières, industrielles, commerciales ou civiles, quelle que soit l'époque de leur création ;

2° Sur les arrérages et intérêts annuels des emprunts et obligations des départements, communes et établissements publics, ainsi que des sociétés, compagnies et entreprises ci-dessus désignées ;

3° Sur les intérêts, produits et bénéfices annuels des parts d'intérêts et commandites dans les sociétés, compagnies et entreprises dont le capital n'est pas divisé en actions.

Cette taxe dont le recouvrement a été confié à l'Administration de l'enregistrement est indépendante des droits de timbre et de transmission établis par les lois existantes (L. 29 juin 1872 art. 1ᵉʳ et 5).

Son application a été réglée par un décret rendu en forme d'administration publique le 6 décembre 1872.

1. DIVISION. — Nous avons à examiner :

1° Quelles sont les sociétés ou les établissements atteints par la taxe;

2° Quelles valeurs y donnent lieu;

3° Comment le droit se liquide et se recouvre;

4° Quelles sont les pénalités et les moyens de sanction organisés par la loi.

CHAPITRE PREMIER. — SOCIÉTÉS ET ÉTABLISSEMENTS ATTEINTS PAR LA TAXE

[9517-9541]

SECTION PREMIÈRE. — DISPOSITIONS GÉNÉRALES

[9517-9528]

9517. Particuliers. — L'art. 1ᵉʳ de la loi désigne nominativement comme soumises à la taxe, les sociétés, compagnies ou entreprises quelconques financières, industrielles, commerciales ou civiles.

Cette énumération se rapporte aux associations qui donnent naissance à un être moral ayant une personnalité distincte de celle des associés. L'esprit de la loi, tel qu'il résulte des nombreuses discussions qui l'ont précédée, a été qu'on ne pouvait asseoir l'impôt des revenus sur les simples particuliers, mais seulement sur les sociétés, parce que le revenu en est facile à déterminer sans inquisition par des documents publics ou régulièrement portés à la connaissance de l'Administration.

9518. Indivision. — Il faut donc d'abord écarter de l'application de la loi, les associations qui créent entre ceux qui en font partie une simple indivision ou une simple communauté de fait, laissant à chacun deux la copropriété des biens indivis. Ainsi des cohéritiers conviennent de demeurer dans l'indivision pendant un certain temps, et d'exploiter les biens ou d'en jouir en commun. Il n'y a pas là de société proprement dite dans le sens de la loi, et les droits qui appartiennent à chacun des indivisaires ne forment pas ce que la loi appelle des *parts d'intérêts*, c'est-à-dire une valeur incorporelle subsistant par les biens de la masse, mais ayant une individualité particulière et une valeur propre.

9519. Cercles. — Casinos. — Réunions littéraires. — La loi du 29 juin 1872 s'est attachée principalement à ce double fait : qu'il y aurait une association de plusieurs personnes, et que cette association serait organisée de façon à attribuer à chacun de ses membres une *part d'intérêt.*

Il importerait donc peu, selon nous, que l'association n'ait pas été constituée, par exemple, dans un intérêt spéculatif et pour réaliser des bénéfices par des opérations directes avec les tiers. Telle est notamment la situation des cercles, des casinos et de toutes les réunions soit littéraires, soit scientifiques dont le but principal est la satisfaction d'un plaisir commun. En droit civil, il est plus que douteux que ces sortes d'entreprises soient des sociétés dans le sens juridique du mot. Cependant si elles sont réglées de façon à ce que chaque participant, fondateur ou adhérent, n'ait qu'une part d'intérêt assimilable aux parts d'intérêts dans les sociétés ordinaires, soit qu'on lui ait remis un titre d'action, soit qu'il ait reçu tout autre titre en tenant lieu, les deux conditions auxquelles la loi du 29 juin 1872 a subordonné la perception du droit se trouvent réunies.

9520. Communautés religieuses. — Cette solution s'applique encore aux communautés religieuses. Bien qu'elles ne constituent pas la plupart du temps des établissements publics parce qu'elles ne sont pas autorisées, comme elles sont organisées sous la forme de sociétés civiles et fonctionnent comme ces sociétés, la taxe du revenu est exigible (Sol. 19 août 1872).

C'est ce qui a été spécialement reconnu par une solution du 29 juillet 1873, portant, en outre, que ces associations peuvent modifier leurs statuts afin de se mettre dans une situation qui leur permette de n'acquitter la taxe de 3 pour 100 que sur les produits réels distribués chaque année.

Il a été reconnu, à cet égard, que si, d'après les statuts, les bénéfices ne doivent pas être distribués aux associés, mais doivent accroître au fonds social, la taxe n'est pas due (Blanc, 2 mars 1875, 4179 R. P.; — Dreux, 31 août 1877; — Seine, 6 juill. 1877, 4753 R. P.). La doctrine de ce dernier jugement a été prise pour règle par une Sol. du 11 déc. 1877. *Conf.* : Sol. 19 janv. 1878. — *V.* 9561.

Cette disposition est limitée aux cas dans lesquels les statuts interdisent formellement la répartition des bénéfices entre les associés pendant l'existence de la société (Sol. 5 avr. 1878).

9521. Sociétés civiles. — Les sociétés civiles sont soumises à la taxe. L'art. 1ᵉʳ L. 29 juin 1872 les y assujettit nominativement. Il devient, par conséquent, inutile de prendre parti sur la question encore controversée, de savoir si ces entreprises donnent naissance à un être moral. Cette circonstance n'est d'aucune importance, en présence des indications formelles du texte, pour l'exigibilité du droit. Lors de la discussion de la loi du 5 décembre 1875 (9523), un amendement, ayant pour but d'étendre à ces sociétés les dispositions exceptionnelles admises à l'égard des sociétés commerciales, a été rejeté par l'Assemblée nationale dans sa séance du 1ᵉʳ décembre 1875 (2534 I. G., 4273 R. P.). La question a été d'ailleurs catégoriquement décidée par un arrêt de cass. du 9 janvier 1877 (4559 R. P.).— *Conf.* : Seine, 14 déc. et 22 juin 1877; — Lille, 2 déc. 1876).

1. SOCIÉTÉS DIVERSES. — Cette interprétation a été spécialement appliquée à une société civile divisée en actions et ayant pour objet de faciliter la location d'un immeuble indivis entre les associés. Il a été reconnu que ces actions donnent lieu à la taxe de 3 pour 100 (Cass. 9 janv. 1877, 4559 R. P.; — Seine, 22 juin 1877). — Ainsi qu'à une société civile n'ayant ni part d'intérêt transmissible ni capital déterminé (Seine, 8 juin 1877, 4726 R. P.).

9522. Sociétés universelles. — Il n'y a aucune distinction à faire entre les sociétés universelles, soit de biens présents, soit de gains (art. 1837 et 1838 C. C.), et les sociétés particulières (art. 1841 C. C.). Dès qu'il existe un capital social et des parts d'intérêt, l'exigibilité du droit est justifiée (Seine, 8 juin 1877, 4726 R. P.).

Ainsi, la taxe serait exigible sur les sociétés qui se forment entre plusieurs personnes pour l'exploitation d'un immeuble, d'un casino, d'une cité ouvrière, aussi bien que sur celles qui se proposent une série d'opérations différentes.

9523. Sociétés en nom collectif. — Bien que le texte de la loi du 29 juin 1872 fût général, il avait paru qu'il ne s'appliquait pas aux sociétés en nom collectif (2457 I. G.). Mais la question soumise à la jurisprudence y a été résolue en sens contraire par quatre arrêts de cass. du 23 août 1875 : « Attendu, a dit la Cour, que les dispositions de la loi sont absolues; qu'elles atteignent, sans exception ni réserve, toutes les actions et toutes les parts d'intérêt dans les sociétés, quels qu'en soient le caractère et la nature; que si une exception en faveur des parts d'intérêt afférentes aux sociétés en nom collectif résultait du projet primitivement présenté par le gouvernement, cette exception n'a pas été reproduite dans la loi du 29 juin 1872 qui a remplacé ce projet; qu'en effet, la loi ne se borne plus, comme le projet primitif, à atteindre les commandites par actions et les sociétés non divisées par actions; qu'elle soumet à la taxe les parts d'intérêt nominativement avec les commandites, dans les sociétés de ce genre, et, par conséquent, les parts afférentes aux associés en nom collectif, aussi bien que les parts afférentes aux associés qui fournissent leurs capitaux sans être responsables au delà de leur mise » (4201 R. P.). — Une loi du 1er décembre 1875 a modifié cette jurisprudence dans les termes suivants : « Les dispositions de l'art. 1er § 3 de la loi du 29 juin 1872 ne sont pas applicables aux parts d'intérêt dans les sociétés en nom collectif et elles ne s'appliquent, dans les sociétés en commandite dont le capital n'est pas divisé par actions, qu'au montant de la commandite » (4273 R. P.).

L'Administration a interprété ainsi qu'il suit la portée de cette disposition. « On continuera, a-t-elle dit, à percevoir la taxe sur les emprunts et obligations des sociétés en nom collectif ou des sociétés en commandite, ainsi que sur les actions des sociétés en commandite, même sur celles attribuées aux associés responsables. Sont seules exemptées du droit les parts d'intérêt appartenant aux associés en nom collectif ou aux sociétés indéfiniment responsables dans les commandites. Mais tout ce qui est attribué à ces associés responsables profite de l'exonération, sans distinction entre les parts d'intérêt correspondant aux apports en capitaux ou en valeurs assimilables aux capitaux et celles qui leur sont allouées à raison de leur gestion (2534 I. G., 4273 R. P.).

9524. Sociétés coopératives. — La loi du 1er dé-

cembre 1875 contient une seconde exception au profit de certaines sociétés spéciales, formées entre des ouvriers ou artisans et dites *de coopération*. L'art. 2, qui s'y rapporte, dispose que l'exception accordée par l'art. 1er aux sociétés commerciales en nom collectif et en commandite s'applique aux parts d'intérêt dans les sociétés de toute nature, dites *de coopération*, formées exclusivement entre des ouvriers ou des artisans, au moyen de leurs cotisations périodiques.

La dispense d'impôt accordée aux sociétés coopératives n'atteint donc ni les emprunts et obligations, ni les actions de ces sociétés; elle est restreinte aux parts d'intérêt appartenant aux associés. Mais l'art. 2 de la loi comprenant, d'une manière générale, les sociétés de toute nature, et n'ayant pas, comme l'art. 1er, limité l'exemption aux sociétés commerciales, il y a lieu de reconnaître que les sociétés civiles de coopération doivent profiter de la dispense aussi bien que les sociétés commerciales.

Seulement, la disposition nouvelle ayant le caractère d'une exception, devra être appliquée rigoureusement dans ses termes, et l'exemption ne profitera qu'aux sociétés réunissant toutes les conditions prescrites par la loi. Il est indispensable, à cet effet, que la société soit formée exclusivement entre des ouvriers ou des artisans. Si l'un ou quelques-uns des membres de la société avaient une qualité différente, l'association rentrerait sous l'empire du droit commun.

La loi exige, en outre, que la société soit formée au moyen de cotisations périodiques, fournies par les ouvriers ou les artisans qui en font partie. Par conséquent, lorsque la société reçoit d'autres cotisations ou bien que ces cotisations ne sont pas périodiques, il n'y a pas lieu non plus à la dispense du droit.

Les sociétés dites *de coopération* ne forment pas une classe particulière d'associations. Elles peuvent se constituer en sociétés civiles ou en sociétés commerciales, et elles peuvent prendre, dans chacune de ces deux catégories de sociétés, la forme qui convient le mieux à leurs intérêts. Elles se distinguent principalement des autres sociétés par leur objet, qui est de favoriser le travail personnel des ouvriers ou des artisans, en leur assurant des moyens de crédit mutuel, ou en augmentant leur salaire par la suppression des entrepreneurs et intermédiaires, ou encore en leur faisant obtenir à prix réduits les choses nécessaires à la vie ou à l'exercice de leur profession. C'est donc par l'examen des statuts de chaque société qu'il est possible d'en déterminer le caractère, pour l'application de l'art. 2 de la loi du 1er décembre 1875 (2534 I. G., 4273 R. P.).

9525. Autres sociétés. — Mais, en dehors des exceptions précédentes, toutes les autres sociétés commerciales sont sujettes à la taxe, qu'elles soient anonymes, en commandite, à capital variable, divisées ou non en actions, etc.

9526. Sociétés en participation. — Les sociétés en participation sont-elles assujetties à l'impôt? On sait que ces sociétés ne donnent naissance à aucun être moral et qu'elles laissent reposer la propriété exclusive des biens sur la tête de l'associé en nom. A vrai dire, il n'y a pas de société puisque les opérations sont conduites par un seul des participants et qu'elles sont censées l'être exclusivement par lui. Les autres n'ont donc pas dans l'entreprise de part d'intérêt proprement dite. Ils n'auraient, lors de la dissolution, aucun droit de provoquer le partage des biens acquis par l'associé en nom; ils ne sont, d'après la jurisprudence, que créanciers d'un compte (V. *Sociétés*, n°s 15129 et suiv.). Cette situation exclut manifestement la perception de la taxe sur le revenu (Sol. 23 juill. 1877).

Mais la participation fonctionnant sous la forme d'une société proprement dite, ayant une raison sociale ou les autres attributs essentiels de la société civile ou de la commandite, l'exception cesserait de s'appliquer. La taxe deviendrait exigible.

9526 bis. Sociétés agricoles. — Il a été reconnu que les actes pour lesquels, dans certains départements, le père de famille associe ses enfants aux bénéfices d'un bail à ferme, bien que faits sous forme de société, ne sont pas néanmoins sujets à la taxe (Sol, 30 mars 1878).

9527. Sociétés dissoutes. — Quand la société est dissoute, il n'existe plus ni être moral ni actions ou parts d'intérêt. Les anciens associés deviennent de simples indivisaires, ayant, chacun par devers lui, la copropriété des biens communs. La cause qui justifiait la perception de l'impôt disparaît.

1. LIQUIDATION. — Mais pour qu'il en soit ainsi, il faut que la dissolution soit complète. Or, la société se survit souvent à elle-même pendant une période plus ou moins longue, qu'on appelle l'état de liquidation. Durant cette époque, la personnalité juridique de la société persiste avec ses effets ordinaires, et les associés continuent comme par le passé à n'avoir qu'un droit incorporel aux actions et une part d'intérêt dans l'entreprise qui s'achemine à sa fin. La taxe sur le revenu doit donc continuer aussi à se percevoir (Sol. 13 déc. 1877).

2. APPRÉCIATION. — C'est un point délicat, dans bien des cas, d'apprécier s'il existe une liquidation après la dissolution de la société et jusqu'à quel moment cette liquidation subsiste. Nous donnons à la difficulté, au chapitre des sociétés, un développement qui servira de commentaire naturel à l'application de la loi du 29 juin 1872.

3. EXPLOITATION D'UN CANAL. — Ajoutons seulement à titre d'exemple, et parce que la question a un certain intérêt pratique, que la jurisprudence n'a pas reconnu l'existence de la liquidation dans ces sociétés assez nombreuses et toujours importantes qui avaient pour objet l'exploitation d'un canal racheté par l'État. On a considéré que le rachat mettait fin à l'entreprise, et que s'il restait à répartir entre les anciens associés les annuités formant le prix de ce rachat, ce n'était là qu'une simple question de partage, ne justifiant pas la permanence de l'être moral. La taxe sur le revenu ne serait donc pas exigible de ces sociétés dissoutes (Sol. 31 janv. 1873).

9528. Établissements publics. — La loi du 29 juin 1872 atteint également les départements, les communes et les établissements publics (Déc. 6 déc. 1872 art. 1er). Sous le nom d'établissement public, on entend toutes les communautés formées dans un but d'utilité matérielle ou morale, constituées, reconnues ou personnifiées par la loi ou par l'autorité publique. On comprend notamment les établissements publics proprement dits, sans exception, lors même qu'ils auraient une destination d'utilité publique (Cass. 3 août 1878, 4929 R. P.).

En se reportant au mot *Établissement public*, on trouvera l'indication des principaux établissements de l'espèce qui sont actuellement reconnus par l'autorité et qui ont reçu l'existence légale. Nous citerons seulement ici pour mémoire : les fabriques, bureaux de bienfaisance et de charité, hospices, sociétés de secours mutuels reconnues ou approuvées, maisons épiscopales, séminaires, chapitres, cures et succursales, congrégations religieuses reconnues, synagogues et consistoires, Institut de France, lycées, monts-de-piété, associations syndicales, certaines communautés d'officiers publics ou ministériels, etc.

1. APPROBATION. — La condition essentielle pour que les établissements de cette nature soient passibles de la taxe, c'est qu'ils aient été reconnus ou approuvés par la loi ou par l'autorité. Si cette circonstance n'existe pas, il n'y a aux yeux de la loi qu'une collection de particuliers dont les actes ne tombent pas sous l'application d'un impôt destiné à atteindre seulement les sociétés et les établissements publics. Le droit ne deviendrait exigible, dans ce cas, que si la communauté non reconnue ou non autorisée avait le caractère d'une société, soit civile, soit commerciale, ou fonctionnait sous cette forme, de manière à ce que ses membres pussent être considérés comme ayant dans l'association une part d'intérêt proprement dite.

2. DISTINCTION AVEC LES SOCIÉTÉS. — Les établissements publics se distinguent essentiellement des sociétés pour l'application de la loi du 29 juin 1872, en ce que leur patrimoine est exclusif de toute appropriation privée de la part des personnes qui les constituent. Ces personnes n'ont pas, comme les associés, un droit direct dans les valeurs communes, droit incorporel représenté par une action ou une part d'intérêt cessible pendant l'existence de l'entreprise et se résolvant, après, en la copropriété des biens de la masse.

Les habitants du département et de la commune, les populations qui se réunissent pour fonder un hospice reconnu par la loi ne sont pas des actionnaires dans le sens juridique du mot. On ne pourrait donc pas asseoir la taxe du revenu sur le produit des actions ou de ces parts d'intérêt qui n'existent pas. La loi s'est bornée à atteindre les arrérages et intérêts annuels de leurs emprunts et de leurs obligations.

3. MONTS-DE-PIÉTÉ. — La cour de cassation a reconnu que les Monts-de-piété sont des établissements publics sujets au droit pour les bons qu'ils émettent afin de se procurer les fonds nécessaires. « Attendu que le Mont-de-Piété de Paris est un établissement public; et que si, par sa destination, il constitue en même temps un établissement d'utilité publique, ce caractère ne saurait le soustraire à l'application de la loi précitée qui frappe sans distinction tous les établissements publics quelle que soit leur nature; Attendu que si l'art. 43 du décret du 8 thermidor an XIII exempte des droits de timbre et d'enregistrement les obligations, reconnaissances et tous actes concernant l'administration du Mont-de-Piété, ces dispositions ne peuvent être étendues à l'impôt établi par la loi du 29 juin 1872, qui ne constitue ni un droit de timbre ni un droit d'enregistrement, mais une sorte d'impôt direct établi sur le revenu de certains titres d'emprunts ou d'obligations, et que si l'ordonnance du 19 janvier 1844, interprétant les art. 105 de la loi du 3 frimaire an VII et 5 de la loi du 4 du

même mois, relatifs aux contributions foncières et des portes et fenêtres, déclare les immeubles du Mont-de-Piété exempts de ces deux contributions, cette exemption ne peut être étendue à un impôt d'une autre nature, établi sur des valeurs mobilières » (4929 R. P.).

4. COMMUNAUTÉ D'HUISSIERS. — Il a été décidé cependant que les communautés d'huissiers qui émettent des obligations ne sont pas assujetties au droit (Périgueux 31 août 1876, 4640 R. P.); mais ce jugement est aussi déféré à la Cour de cassation.

SECTION 2. — SOCIÉTÉS ET ÉTABLISSEMENTS ÉTRANGERS

[9529-9541]

9529. Titres cotés ou circulant en France. — L'art. 4 L. 29 juin 1872 soumet les actions, obligations, titres d'emprunts, quelle que soit d'ailleurs leur dénomination de sociétés, compagnies, entreprises, corporations, villes, provinces étrangères, ainsi que tous autres établissements publics étrangers, à une taxe équivalente à celle établie sur le revenu des valeurs françaises.

La loi a confié également à un règlement d'administration publique le soin de fixer le mode d'établissement de ces droits ainsi que la quotité de capital social qui sera assujettie à cette perception.

Ce règlement, arrêté le 6 décembre 1872, porte, dans son art. 3 : « Toutes les dispositions des deux articles précédents (sur les sociétés françaises) sont applicables aux sociétés, compagnies, entreprises, corporations, villes, provinces étrangères, ainsi qu'à tous autres établissements publics étrangers dont les titres sont cotés ou circulent en France, ou qui ont pour objet des biens, soit mobiliers, soit immobiliers, situés en France. »

9530. Valeurs en France. — La loi et le règlement qui la complète comprennent trois sortes de sociétés ou d'établissements publics :

1° Les sociétés d'une nationalité étrangère qui ont en France l'objet de leur entreprise ;

2° Les sociétés étrangères dont l'exploitation est à l'étranger mais dont tout ou partie des titres sont cotés ou circulent en France ;

3° Enfin les sociétés étrangères ayant leur objet hors du territoire mais possédant en France des biens meubles, ou immeubles.

Cette interprétation extensive de la loi par le règlement d'administration publique est remarquable. La loi parlait uniquement des actions, obligations et titres d'emprunts des sociétés, des établissements publics étrangers. Elle ne visait pas les sociétés qui n'ont pas émis de titres mais possèdent en France des valeurs mobilières ou immobilières. C'est par une véritable addition que ces sociétés ou ces établissements ont été désignés dans l'art. 3 du règlement d'administration publique. Mais cette disposition est obligatoire (Grasse, 18 fév. 1878). — Ce jugement est déféré à la cour de cassation.

9531. Différence entre les sociétés françaises et les sociétés étrangères. — Malgré l'assimilation édictée par l'art. 4 L. 29 juin 1872 entre les sociétés étrangères et les sociétés françaises, il y a néanmoins entre elles d'importantes différences en ce qui concerne le mode d'établissement et de perception du droit.

Il peut donc être intéressant de rechercher quelquefois si une société qui se présente comme étrangère n'est pas une entreprise entièrement française. Cette hypothèse s'est présentée pour l'application du droit de transmission au sujet de sociétés créées en France et y fonctionnant, mais ayant pour objet l'exploitation d'une entreprise à l'étranger. On verra, en se reportant au chapitre *Droit de transmission*, à quels caractères s'attache la jurisprudence pour déterminer la nationalité d'une entreprise.

Par exemple, si une société organisée en France avec des capitaux étrangers, ayant un siège social et des commanditaires en France, était formée pour exploiter un immeuble situé hors du territoire, cette société n'en serait pas moins française et devrait acquitter l'impôt, d'après le mode prescrit pour les sociétés françaises (Sol. mars 1873).

Mais la société ayant son établissement et son objet à l'étranger ne pourrait pas, ce semble, être considérée comme française et elle ne tomberait pas sous l'application de la loi par cela seul que quelques-uns de ses commanditaires seraient français.

9532. Sociétés étrangères exploitant en France, sans propriété, et sans émissions de titres. — Il paraît bien certain que l'intention du législateur a été d'imposer les sociétés étrangères qui viennent exploiter en France l'objet de leur entreprise. Seulement, il ne sera pas toujours facile de les atteindre efficacement. Car, si ces sociétés, tout en faisant chez nous leurs opérations, ne produisent aucun de leurs titres dans un marché public et n'achètent aucune propriété en France, l'Administration perd les moyens qui sont mis à sa disposition pour constater l'existence de la société et le fait générateur de l'impôt.

9533. Titres non cotés. — Dans tous les cas, le droit devient exigible dès que les titres sont cotés ou circulent en France. Mais nous reproduisons l'observation précédente. La cote officielle dans un marché public atteste bien l'existence des titres et leur négociation : c'est une base certaine de l'exigibilité du droit. Mais la même précision n'existe pas en ce qui concerne la circulation. Les titres d'une société ou d'un établissement public étranger peuvent circuler chez nous en dehors des bourses, soit par tradition s'il s'agit de titres au porteur, soit par endossement ou par cession sous seing privé, s'il s'agit de titres nominatifs. Ces modes de transport n'arrivent pas nécessairement à la connaissance de l'Administration et aucune disposition législative ne les interdit. Tant qu'ils ne se révèlent pas publiquement, l'Administration n'a donc pas de moyen de faire exécuter la loi.

9534. Négociation de titres non cotés. — Il a été pris néanmoins des mesures spéciales au sujet de cette négociation particulière de titres étrangers qui s'opère par voie de souscription ou d'émission en France.

L'art. 4 du règlement d'administration publique du 6 décembre 1872 dispose qu'aucune émission ou souscription de cette nature *ne peut* avoir lieu en France qu'après qu'un représentant responsable a été agréé par le ministère des finances et que la société ou l'établissement public se sera soumis, en la forme ordinaire, au payement de la taxe sur le revenu ainsi que des droits de timbre et de transmission.

Ni la loi, ni le règlement n'indique comment le fait de la souscription ou de l'émission des titres devra être établi. On reste, sur ce point, dans les termes de la procédure spéciale aux matières d'enregistrement et de timbre. La preuve sera administrée par des extraits de journaux, d'affiches et tous autres documents analogues dont l'appréciation appartient aux tribunaux.

9535. Énonciation des titres sans payement de l'impôt. — La loi du 30 mars 1872, art. 2, défend *d'exposer* en vente des titres étrangers qui n'auraient pas été dûment timbrés et de les *énoncer* dans tout acte ou écrit à l'exception des inventaires. Elle accorde aux agents qui ont qualité pour verbaliser en matière de timbre le droit de constater les contraventions dans tous les lieux ouverts au public, et pelle punit chaque infraction d'une amende de 5 pour 100 de la valeur nominale des titres au minimum de 50 francs, outre une amende fixe de 50 francs à la charge de l'officier public ou ministériel.

La loi du 29 juin 1872 n'a pas reproduit ces dispositions à l'égard de la taxe sur le revenu. Rien ne s'oppose donc à ce que les titres soient exposés en vente et énoncés dans les actes sans que la société soit soumise au payement de cet impôt. Seulement l'énonciation du titre dans un acte ou un contrat présenté à l'enregistrement peut donner à l'Administration le moyen de constater la circulation en France des titres de la société étrangère et de poursuivre ainsi l'exécution de la loi.

9536. Assiette légale des biens d'une société étrangère. — Aux termes de l'art. 3 du Déc. du 6 décembre 1872, les sociétés étrangères qui possèdent en France des biens meubles ou immeubles sont passibles de l'impôt.

Il y a, pour l'application de cet article, à déterminer, en matière de droits incorporels, la situation de la valeur possédée par la société. Or, cette question peut soulever de très-grands embarras. Nous l'avons examinée en thèse générale au chapitre : *Actes passés à l'étranger*, et dans celui que nous avons consacré au mot *Étranger*. On y verra de la jurisprudence n'est pas toujours très-bien fixée sur les caractères auxquels il faut s'attacher pour reconnaître l'assiette légale d'une créance. Voici, par exemple, une société étrangère qui a un débiteur étranger possédant des immeubles en France, et qui vient avec lui faire en France, au lieu de la situation des biens, un acte d'affectation hypothécaire en vertu duquel il est pris une inscription au profit de la société. Est-ce là une valeur française ?

Telle autre société étrangère a un commanditaire français. Cette commandite dont l'exécution devra être poursuivie en France sur les biens de l'associé est-elle une valeur française?

Sur ce second point, la négative paraît certaine, parceque le droit que la commandite, réalisée ou non, confère à l'associé est avant tout une action ou une part d'intérêt dans la société, et que cette action ou cette part d'intérêt a pour situation légale la situation même de la société dont elle dépend (Sol. 12 janv. 1873).

V. *Étranger*.

Mais la première question est plus délicate et dépend de plusieurs considérations. Nous renvoyons au développement qu'elle a reçu précédemment. — V. *Acte passé hors du territoire*.

1. GÉRANCE. — SUCCURSALE. — Certaines sociétés étrangères ont en France une annexe ou une gérance uniquement destinée à payer les coupons qui seraient présentés par les porteurs de titres et à faire les dispositions financières résultant de cet encaissement. Il serait difficile de soutenir que ces agences, installées le plus souvent d'une façon provisoire et tout à fait rudimentaire, constituent une succursale et une valeur française. Mais, avant tout, c'est là une question d'appréciation à résoudre d'après les circonstances du fait. Nous pouvons citer dans le sens de l'exigibilité du droit une solution du 9 juillet 1873 rendue par le département de la Seine.

9537. Différence entre les sociétés étrangères qui ont des titres cotés en France et celles qui y possèdent des biens. — L'assiette de la taxe diffère pour les sociétés étrangères, selon qu'il s'agit de sociétés ayant des titres cotés ou circulant en France, ou bien de sociétés qui jouissent en France des biens soit mobiliers, soit immobiliers.

Pour les titres cotés à la Bourse, émis ou circulant en France, la taxe est assise sur la même base que les droits de timbre et de transmission; elle est déterminée en la forme prévue par le règlement d'administration publique du 24 mai 1872 (Déc. 6 déc. 1872 art. 3).

D'après ce règlement (3441 p. 402 R. P.), le nombre des titres devant servir de base à la perception est fixé par le ministre des finances, sur l'avis préalable d'une commission composée comme il suit : le président de la section des finances au conseil d'État, président; le directeur général de l'Enregistrement, des domaines et du timbre; le directeur du mouvement général des fonds; un régent de la Banque de France; le syndic des agents de change de Paris. La commission désigne son secrétaire qui a voix consultative (art. 1ᵉʳ).

Le nombre des titres assujettis aux droits de timbre et de transmission ne peut être inférieur, pour les actions, à un dixième, et, pour les obligations, à deux dixièmes du capital (art. 2).

Le nombre de titres fixé par le ministre des finances, conformément aux articles qui précèdent, peut être révisé tous les trois ans. S'il n'y a pas lieu à révision, la fixation précédente sert de base pour une nouvelle période de trois ans. S'il y a lieu à révision, elle est effectuée dans le trimestre qui précède l'échéance de la troisième année et sert de base pour une période de trois ans.

A défaut par les sociétés, compagnies, entreprises, d'acquitter les droits, les titres sont rayés de la cote. Néanmoins, le représentant établi en France, conformément à l'art. 10 Déc. 17 juillet 1857, reste responsable des droits jusqu'à l'époque à laquelle les titres auront cessé d'être cotés (art. 4).

Les sociétés, compagnies et entreprises étrangères dont les titres ne sont pas cotés, mais qui ont pour objet des biens meubles ou immeubles situés en France, doivent la taxe sur le revenu, à raison des valeurs françaises qui en dépendent, et acquittent cette taxe d'après une quotité du capital social fixé par le ministre des finances, sur l'avis préalable de la commission instituée par le règlement ci-dessus indiqué. Elles doivent, à cet effet, faire agréer par le ministre des finances, avant toute opération en France, un représentant français personnellement responsable des droits et amendes (Déc. 6 déc. 1872, art. 3).

On remarquera que la fixation faite par le ministre dans cette hypothèse, comme dans l'hypothèse précédente, n'est susceptible d'aucun recours, soit devant le conseil d'État, soit devant les tribunaux. Le ministre exerce un pouvoir discrétionnaire qui est sans appel. Les sociétés n'ont que le choix entre ces deux mesures : ou exécuter la décision, ou se retirer du marché français et vendre les propriétés qu'elles possèdent en France.

Le payement de la taxe ne peut être demandé avant la fixation de la quotité imposable par le ministre (Grasse, 18 fév. 1878).

9538. Sociétés étrangères ayant des titres et des biens en France. — Lorsqu'une société a des titres cotés, émis ou circulant en France, et qu'elle y possède en même temps des biens mobiliers ou immobiliers, la taxe ne peut pas être perçue à la fois d'après le nombre des titres et d'après l'évaluation du capital. Il y aurait un double emploi évident. En l'absence de toute règle législative sur ce point spécial, le ministre a le choix d'adopter celle des opérations qui lui paraît plus conforme à la réalité et aux intérêts du Trésor.

9539. Sociétés étrangères sans titres ni valeurs en France. — Sur quelle base devrait être assise la taxe, lorsqu'il s'agit d'une société étrangère ayant en France l'objet de son exploitation, mais n'y possédant aucun bien meuble ou immeuble, et n'y ayant non plus aucun titre coté ou circulant? Le fait, pour être rare, n'en est pas moins possible, et l'existence des sociétés de l'espèce peut être révélée par des agissements constatés dans des actes publics en France. Elles peuvent elles-mêmes avoir intérêt à offrir spontanément le payement de la taxe.

Le décret du 6 décembre 1872 n'a pas prévu cette hypothèse, bien que, comme nous l'avons dit, l'intention du législateur ait été certainement d'atteindre ces sortes d'entreprises qui vivent chez nous et viennent y accomplir leurs opérations sous la protection de nos lois.

Il n'est pas impossible, cependant, de les faire rentrer, par une analogie très-légitime, dans la classe des sociétés qui possèdent des biens mobiliers en France. Elles y ont, en effet, l'objet de leur entreprise, soit la concession d'un chemin de fer, soit l'exploitation d'une usine louée à un tiers, etc. Or, ces concessions ou exploitations constituent des biens mobiliers, et, quoique appartenant à des étrangers, elles se trouvent en France. Donc, les sociétés qui les possèdent, peuvent

être soumises au régime indiqué pour les sociétés ayant des propriétés en France.

C'est, par conséquent, en fixant une quotité du capital social, que le ministre des finances devrait déterminer la valeur imposable passible de la taxe sur le revenu.

9539 bis. Fixation du revenu. — Lorsque la fraction du capital passible de la taxe est ainsi déterminée, il reste à en fixer le revenu. Il a été reconnu, à cet égard, que ce revenu est déterminé, comme pour les sociétés françaises, sur une quotité correspondante des dividendes réels quand ils sont légalement connus et non pas sur une évaluation à 5 pour 100 de la valeur estimative des biens situés en France (Sol. juill. 1873 ; Lille 7 juill. 1876, 4422 R. P.).

9540. Établissements publics étrangers. — Nous avons vu précédemment que les établissements publics ne doivent la taxe sur le revenu qu'à raison des titres d'obligations, d'emprunts ou autres valeurs de l'espèce.

L'art. 3 alinéa 1er Déc. 6 décembre 1872 dispose spécialement, en ce qui concerne les étrangers, que la taxe est due par les sociétés, compagnies, entreprises, corporations, villes, provinces étrangères, ainsi que par tous autres établissements publics étrangers, dont les titres sont cotés ou circulent en France, ou qui ont pour objet des biens soit mobiliers, soit immobiliers situés en France.

Il semblerait résulter du texte de cette disposition, que la taxe s'applique aux établissements publics étrangers qui possèdent des propriétés en France, encore bien qu'ils n'y aient émis ou qu'ils n'y négocient aucun titre.

Mais cette interprétation ne saurait être acceptée.

D'une part, elle est contraire à l'économie tout entière de la loi qui, comme nous l'avons dit, n'atteint et ne pouvait atteindre les établissements publics qu'à raison de leurs emprunts ou de leurs obligations. D'autre part, l'obscurité du 1er alinéa de l'art. 3 du décret disparaît en présence des deux autres paragraphes de cet article. Le 3e alinéa, qui reprend les conditions de la possession en France de biens mobiliers ou immobiliers, ne s'applique qu'aux sociétés ou compagnies étrangères. Il faut en conclure que la loi n'a pas été faite pour les établissements publics, et, par suite, que ces établissements doivent la taxe dans le seul cas où ils ont sur le marché français des titres d'obligations ou d'emprunts.

9541. Fonds publics étrangers. — Les fonds publics étrangers ne sont pas soumis à la taxe. Un député avait proposé de les y assujettir par une addition à l'art. 2 de la loi. Mais cette demande a été repoussée sur les explications suivantes du ministre des finances :

« En présence de l'insistance que met l'honorable M. Pouyer-Quertier à demander que les fonds d'État étrangers soient compris dans les dispositions de l'art. 4, nous ne pouvons nous dispenser de dire quelle est la pensée du Gouvernement. Très-peu de mots suffiront pour la faire comprendre à l'Assemblée. Nous avons cru, comme vous avez pu le constater d'après les déclarations qui ont été faites par l'honorable M. Deseilligny, devoir nous ranger à l'opinion qui a prévalu au sein de la commission. Après avoir présenté un système différent, système que nous n'avions élaboré et adopté nous-mêmes qu'avec une certaine répugnance, et après de très-longues hésitations, parce que nous pensions que cette nature d'impôt n'était pas sans danger, nous nous sommes décidés cependant à déférer aux sentiments qui semblaient dominer dans la grande majorité de l'Assemblée et à l'opinion qui avait obtenu la préférence dans la commission du budget. Nous avons adopté les dispositions qu'elle nous a présentées, et elle nous rendra cette justice que nous nous sommes empressés de mettre à sa disposition et les lumières et l'expérience des hommes compétents qui appartiennent à l'Administration, afin que la loi fût rédigée de la façon la plus régulière et la plus pratiquable. Maintenant, en prenant notre part de responsabilité dans le projet de la commission, nous n'en étions pas moins préoccupés du désir d'atténuer autant que possible les inconvénients qui nous avaient frappés et qui avaient motivé dans le principe nos hésitations. Une des questions qui étaient de nature à éveiller nos inquiétudes, c'était principalement celle qui se rattachait non pas seulement aux porteurs de fonds étrangers, mais surtout aux fonds d'État étrangers. La tâche qu'on prétend imposer aujourd'hui au Gouvernement, en insérant dans la loi la disposition que soutient M. Pouyer-Quertier, est une tâche je ne dirai pas seulement difficile, mais qui lui créerait de véritables impossibilités. Nous avons le désir sincère, loyal, de l'appliquer, aussi bien que nous le pourrons pour le pays, la loi que vous allez voter; mais si vous la compliquez par l'amendement sur lequel porte actuellement le débat, vous vous exposez à ne pouvoir l'appliquer sans rencontrer des obstacles que je crois insurmontables et des inconvénients peut-être d'une sérieuse gravité que je me bornerai à vous signaler, convaincu que vous vous en rendrez compte facilement. Nous vous déclarons, quant à nous, que nous tenons pour impossible de demander aux gouvernements étrangers qu'ils nous fournissent des mandataires responsables et agréés par nous qui seraient chargés d'acquitter les divers impôts auxquels les titres de rentes et autres objets publics seraient assujettis. Il serait à craindre que la nature des relations qu'entraînerait une telle situation n'amenât des complications que nous pourrions avoir soulevées. Nous vous demandons donc de ne pas adopter la proposition qui vous est présentée, et d'accepter le texte du projet tel qu'il vous a été formulé par la commission et accepté par nous » (Séance du 29 juin 1872, *Journal officiel* du 30 juin p. 4414).

CHAPITRE II. — VALEURS DONNANT LIEU

A LA TAXE

[9542-9556]

9542. Valeurs imposables. — L'art. 1er L. 29 juin 1872 indique les valeurs qui donnent lieu à la taxe sur le revenu. Ce sont :

1° Les intérêts, dividendes, revenus et tous autres produits des actions de toute nature des sociétés ;

2° Les arrérages et intérêts annuels des emprunts et obligations des départements, communes, établissements publics et sociétés ;

3° Les intérêts, produits et bénéfices annuels des parts d'intérêts et commandites dans les sociétés dont le capital n'est pas divisé en actions.

En des termes plus simples, les valeurs assujetties à la taxe sont les actions, les parts d'intérêts, les obligations et les emprunts des sociétés ou entreprises, les obligations et les emprunts des établissements publics.

9543. Parts d'intérêts dans les sociétés en nom collectif. — Rappelons d'abord, pour n'y plus revenir, que les parts d'intérêts appartenant, dans les sociétés, aux associés en nom collectif échappent à la loi.

S'il s'agit d'une société en nom collectif pure et simple, ne se composant que d'associés indéfiniment responsables et solidaires, nulle difficulté ne peut se produire. La société tout entière est affranchie de l'impôt, aussi bien pour le revenu des parts d'intérêts appartenant aux associés que pour les obligations ou emprunts qu'elle peut émettre ou contracter. L'Administration ne fait aucune distinction à cet égard. Après avoir rappelé le texte de l'art. 1er de la loi, elle ajoute en termes généraux, dans l'I. G. 2457, que : « cette désignation (c'est-à-dire la désignation des actions, parts d'intérêts, emprunts et obligations) exclut les sociétés commerciales en nom collectif et les parts y afférentes, à moins que la société ne comprenne une commandite, auquel cas la taxe n'est due que sur le montant de cette commandite. » — *V.* 9523.

9544. Part revenant à la commandite. — Mais si cette dernière hypothèse se produit, si la société en nom collectif comprend une commandite, deux questions se présentent.

Comment se réglera l'exigibilité du droit à raison des revenus de la commandite ?

Dans quelles proportions sera-t-elle due pour les emprunts ou les obligations de cette société ?

L'I. G. n° 2457 répond à la première question. Elle décide que la taxe ne sera due que sur le montant de la commandite, c'est-à-dire les revenus alloués aux commanditaires (Sol. 19 mai 1873). Lorsque les bénéfices sociaux seront indiqués par une délibération, un compte rendu ou tout autre document analogue, la liquidation sera facile. Ces documents, rapprochés du statut social, indiqueront exactement la part revenant à la commandite et le droit sera perçu sur ce chiffre. Mais, s'il n'est produit aucune délibération à cet égard, la taxe devra être, comme nous le verrons dans un instant, assise sur le montant de la commandite (L. 29 juin 1872, art. 2). Or, ce dernier calcul peut amener à un résultat contraire aux statuts. Que l'on suppose un associé en nom collectif faisant une mise estimée 50,000 francs et ayant droit aux trois quarts des bénéfices, alors que le commanditaire apporte une même somme de 50,000 francs et n'a que le quart des profits. La loi pose en principe que les bénéfices de cette entreprise sont évalués à forfait pour la perception, et à défaut de délibération, à 5 pour 100 du capital social, c'est-à-dire dans l'espèce à 5,000 francs. D'après les statuts, l'associé en nom collectif a les trois quarts et le commanditaire le quart de ce produit. Pour se conformer à la loi du contrat, il faudrait donc limiter la perception au quart de 5,000 francs. Mais ce mode de liquidation ne serait pas régulier. La loi du 29 juin 1872 ne se préoccupe pas de la part de l'associé en nom collectif. Elle n'atteint que celle du commanditaire, et elle déclare en termes formels que, si aucun document juridique n'établit la part réelle lui revenant dans les bénéfices, ces bénéfices seront évalués à raison de 5 pour 100 du montant de la commandite. La disposition est formelle. C'est là un forfait dont il n'y a ni à discuter ni à comparer le chiffre avec la part réservée à l'associé en nom collectif.

1. ATTRIBUTIONS D'ACTION. — Les associés en nom collectif reçoivent souvent, en échange de leurs mises, un certain nombre d'actions de la société. Le surplus de ces actions appartient aux commanditaires. Dans ce cas, le revenu afférent aux actions, même à celles attribuées aux associés en nom collectif, tombe sous l'empire de la loi. On n'a exempté de la taxe que les parts d'intérêt désignées dans le § 3 de l'art. 1er de la loi (L. 1er déc. 1875, 2534 I. G., 4273 R. P.). C'est ce qui a été reconnu par un jugement du tribunal de la Seine, du 13 avril 1877 (4704 R. P.) et par un arrêt de cassation du 27 mars 1878 (4913 R. P.).

9545. Obligations émises par les sociétés. — La seconde question doit être résolue de la même manière. Puisque la seule exemption accordée aux sociétés se rapporte aux parts d'intérêt des sociétés en nom collectif, il faut en conclure que les obligations émises par ces sociétés restent assujetties au 1er § de l'art. 1 de la loi. Ce résultat est conforme à l'intention du législateur. Car si l'on considère que son désir a été d'atteindre toutes les manifestations de la fortune mobilière qui se traduisaient par les actions ou les obligations de société, il est malaisé de justifier l'exemption dont profiteraient des titres émis en la forme commerciale par une société en nom collectif. Cette intention a été surtout manifestée dans la discussion de la loi du 1er déc. 1875 (252 I. G., 4273 R. P.).

9546. Emprunts. — **1. SENS DU MOT EMPRUNT.** — La loi assujettit au droit les emprunts. Ce mot, dans son acception générale, signifie l'opération par laquelle un établissement public ou une société obtient, à l'aide d'une souscription publique ou autrement, le fonds dont il a besoin. Il n'y a aucune distinction à faire à cet égard en raison de la destination des fonds empruntés. C'est donc tout à fait à tort, selon nous, que, dans un jugement du 6 juin 1874, le tribunal de la Seine a décidé que le mot emprunt se limitait aux opérations ayant pour but de réaliser un prêt d'argent, qu'il ne s'étendait pas, par exemple, à l'acte par lequel une ville remet des titres d'obligation à un concessionnaire pour le rachat d'un péage. Le législateur a joint le mot emprunt au mot obligation que pour affirmer d'autant mieux son

T. III.

intention d'atteindre tous les titres assimilables aux obligations et non pas pour réduire l'application de l'impôt (4070 R. P.).

2. DETTES ORDINAIRES. — Nous disons que les emprunts contractés par les départements, communes ou établissements publics, sont assujettis à la taxe, quelle que soit la destination des fonds empruntés. Mais, pour cela, il faut qu'il s'agisse d'un emprunt. Le droit ne serait pas exigible, par exemple, sur les dettes ordinaires des établissements publics lorsqu'elles résultent d'un marché, d'une vente ou de toute opération autre qu'un prêt (Sol. 31 mars 1873).

Un compte courant ordinaire ouvert à un associé n'est pas un emprunt. Il en est autrement s'il y a eu règlement entre les parties et collation d'un titre particulier à l'année (Sol. 28 juill. 1877).

3. OBLIGATIONS. — **EFFETS DE COMMERCE.** — Il n'est pas douteux que parmi les emprunts taxés par la loi il faut comprendre tous ceux qui donnent lieu à la délivrance de titres spéciaux remis au créancier. On avait voulu soutenir, à cet égard, que les emprunts tarifés sont uniquement ceux à la suite desquels le prêteur reçoit un titre d'obligation proprement dite, dans le sens de la loi du 5 juin 1850, et non pas ceux qui donnent lieu à la délivrance au créancier de simples effets de commerce. Mais cette distinction a été repoussée par la cour de cassation dans deux arrêts des 12 décembre 1877 (4844 R. P.) et 3 août 1878 (4926 R. P.).

Il a été décidé que des bons à ordre ou au porteur, à échéance de 6 mois à 5 ans, munis ou non de coupons d'intérêt et remis aux souscripteurs qui en font la demande, sont des emprunts sujets à la taxe (V. Seine, 6 juin 1874, 4070 R. P. et 31 juillet 1875, 4216 R. P.).

Emprunts hypothécaires. — Mais la taxe n'a pas été reconnue exigible sur des emprunts hypothécaires d'une société, par ce motif que les emprunts ayant été assujettis le même jour à la taxe des créances hypothécaires se trouvent virtuellement affranchis de la taxe sur le revenu (Dissertation n° 4602 R. P.; — Tarascon, 28 déc. 1877, 4861 R. P.; — Lyon, 17 août 1875, 4207 R. P.). Ce dernier jugement est déféré à la Cour de cassation. — V. 9521.

4. ABSENCE DE TITRES. — **ÉTABLISSEMENTS PUBLICS.** — Mais ce n'est pas seulement aux emprunts suivis de la délivrance de titres spéciaux que la taxe est applicable. L'Administration a constamment soutenu que les termes généraux de la loi comprennent les emprunts ordinaires contractés sans délivrance de titres et en la forme d'un prêt ordinaire. La question s'est présentée à l'occasion des emprunts contractés par les communes, les départements et les établissements publics. Presque toujours, ces emprunts ont lieu par adjudication devant l'autorité administrative, ou même devant un notaire, et c'est le procès-verbal qui sert de titre à la convention. Il a été constamment décidé que ces prêts rentrent dans la catégorie des emprunts ou des obligations prévus par la loi et donnent lieu à la perception de l'impôt (Sol. 4 janv., 17 fév., 3 mars, 12 sept. 1872).

Le contraire a été cependant admis par un jugement du tribunal de la Seine du 6 juin 1874, fondé sur ce que le mot *obligation* de la loi du 29 juin 1872 doit s'entendre, comme dans la loi du 5 juin 1850, de titres cotés à la Bourse ou susceptibles de l'être, et émis en représentation des em-

57*

prunts. Mais cette interprétation restrictive ne paraît pas rendre exactement raison de la loi et elle n'a pas été acceptée par l'Administration qui a déféré le jugement du 6 juin 1874 à la Cour de cassation.

Il a été spécialement reconnu que la taxe est due sur les arrérages des rentes perpétuelles dues à un hospice à raison d'emprunts contractés par des associations syndicales (Sol. 6 oct. 1877).

5. ABSENCE DE TITRES. — SOCIÉTÉS. — La même règle est applicable aux emprunts des sociétés.

Le texte ne distingue pas entre les sociétés et les établissements publics. En second lieu, on n'aperçoit pas réellement de motifs de distinguer. Si le législateur a jugé que le placement provoqué sous la forme d'un emprunt ordinaire par une commune ou une fabrique devait acquitter le droit, n'avait-il pas même raison d'atteindre les opérations semblables qui se font par les sociétés civiles ou par les sociétés commerciales?

C'est dans ce sens que se prononce l'Administration (Sol. 1er mars 1873). — Elle ne fait même pas d'exception en faveur des emprunts contractés par les sociétés en nom collectif 2534 I. G., 4273 R. P.). Elle se fonde pour le décider ainsi sur ce que la seule exemption accordée à ces sociétés concerne, d'après la loi du 1er déc. 1875, le revenu des parts d'intérêt désignées dans le 3e § de l'art. 1 et sur ce que, par suite, les dispositions du § 2 relatif aux obligations et aux emprunts sont maintenues. C'est ce qui a été spécialement jugé par le tribunal de Béthune, le 28 déc. 1877 (4862 R. P.).

9547. Produits prélevés sur le fonds social. — La taxe nouvelle est un prélèvement sur le revenu des valeurs qui y sont assujetties. Tous les éléments dont se compose ce revenu doivent donc être atteints par le droit. C'est afin de les comprendre dans une désignation générale que l'art. 1er L. 29 juin 1872 vise les intérêts, dividendes, revenus, bénéfices et produits des actions ou des parts d'intérêts, les intérêts et les arrérages des emprunts et des obligations.

L'Administration n'a pas à se préoccuper des moyens à l'aide desquels la société distribue ces dividendes ou ces intérêts. Assez fréquemment, surtout au début de l'entreprise, ces produits annuels sont prélevés sur le fonds social. Il n'importe pour l'application de la taxe. Les sommes remises aux actionnaires n'en ont pas moins le caractère d'un revenu. A ce titre, leur distribution justifie la perception du droit de timbre d'abonnement, qui n'est dû cependant qu'en présence de bénéfices réalisés (Cass. 4 janv. 1825 et 23 juill. 1864, 2021 et 2806 R. P. — V. Abonnement). Elles doivent donc aussi motiver l'exigibilité de la taxe (Sol. ... juill. 1873 ; — 16 oct. 1877).

Cependant la taxe n'est pas due sur les sommes distribuées à titre de restitution d'apports (Seine, 4 janv. 1878, 4959 R. P. suiv. d'acq. du 28 fév. 1878). La taxe n'est pas due non plus pour la répartition des fonds de réserve opérée à titre d'amortissement (Sol. 4 mai 1878).

9548. Fonds de réserve. — A l'inverse, il arrive qu'une partie des bénéfices est distraite de la répartition pour constituer un fonds de réserve ou pour accroître le fonds social. Il a été décidé, en matière d'abonnement au timbre, que ces sommes ne constituent pas ce que les lois de 1850 et de 1857 appellent des bénéfices proprement dits (Cass. 13 juill. 1870, 3184 R. P.). Elles sont encore bien moins des revenus, puisqu'il n'y a de revenu réellement acquis à l'actionnaire que quand il les a reçus. Les sommes mises en réserve constitueront des revenus quand elles seront distribuées, et elles viendront alors accroître le produit de l'année pendant laquelle on les répartira. Mais jusqu'à ce moment, l'associé n'est pas certain de les recevoir. Elles seront peut-être absorbées demain par un événement imprévu dont elles ont précisément pour but de mettre la société à l'abri. On ne peut donc pas les atteindre actuellement (Sol. 8 fév. 1873, 21 avr. 1873). C'est ce qui a été reconnu notamment pour des titres dont il avait été défendu de détacher les coupons (4125 R. P.). — V. 9554.

1. BÉNÉFICES LAISSÉS EN PAYEMENT DE L'APPORT OU D'UN APPEL DE FONDS. — Mais si les bénéfices, après avoir été attribués à un associé, sont laissés par lui à la société pour se libérer de son apport, il y a emploi réel des revenus et la taxe est exigible (Sol. 29 janv. 1873, 8 juill. 1873 ; 7 nov. 1877).

Il en est de même lorsque les bénéfices servent à libérer les associés d'un appel de fonds auquel ils étaient assujettis (Sol. 17 oct. 1873 ; — Seine, 1er déc. 1876, 4870 R. P. ; — Sol. 3 août et 30 nov. 1877 ; — Seine, 21 déc. 1877, 7 juin 1878).

9549. Salaires de gérance. — La taxe n'est même pas due sur tout le revenu touché par l'associé, mais seulement sur le revenu qu'il touche en échange de sa mise, sur ce qui est le produit direct de sa part d'intérêt.

Elle n'atteindrait pas, par conséquent, les bénéfices qui sont attribués à l'associé gérant comme rémunération de son travail, l'indemnité ou le traitement payé aux administrateurs ou aux membres du conseil de surveillance de la société, les salaires alloués à un commanditaire qui travaille personnellement pour la société. — V. 9523.

Ce ne sont là, à proprement dire, des revenus produits par les capitaux engagés dans l'entreprise. C'est là représentation du travail personnel d'un des associés, le prix d'un louage d'industrie qui peut bien, en certains cas, être indissolublement lié à l'exploitation, mais qui ne rentre pas pour cela dans la catégorie des revenus atteints par la loi. Le législateur n'a pas voulu imposer le salaire, il n'atteint que le revenu des capitaux mobiliers (Sol. janv. 1873, mai 1873, août 1873). — V. 9523.

1. SOCIÉTÉS COOPÉRATIVES. — Ce principe reçoit une application fréquente dans les sociétés coopératives. Les bénéfices revenant aux gérants comme rémunération de leur travail sont dispensés de l'impôt. Mais il y a lieu d'y soumettre la part de bénéfices revenant aux associés non gérants pour le capital qu'ils ont apporté. Si ces associés faisaient en outre un travail personnel et en recevaient une rétribution spéciale ajoutée à leur part de bénéfices, cette rétribution ne devrait pas être assujettie au droit de 3 pour 100, parce que leur main-d'œuvre est en dehors de l'association (Sol. 29 janv. 1873). — Certaines sociétés coopératives sont exemptes de l'impôt d'une manière générale. — V. 9524.

2. SOCIÉTÉS DE CONSOMMATION. — Quant aux sociétés coopératives de consommation, formées entre des associés qui fournissent le capital et des adhérents qui se bornent à acheter les denrées, la portion des bénéfices revenant aux premiers associés est seule passible de la taxe. On en a dispensé la seconde, par le motif que les bénéfices sont moins un revenu véritable qu'une restitution partielle du prix des achats faits à la société (Sol. 17 fév. 1873). — V. 9524.

9549 bis. Parts de fondateurs. — Actions de jouissance. — La taxe est due, sans contestation possible, sur les parts ou certificats de fondateurs, qui donnent lieu à une quotité de bénéfices et qui doivent être assimilées aux actions de jouissance (Sol. 24 mars 1873).

9550. Sommes versées par un associé en compte courant. — Faut-il comprendre parmi les produits soumis à la taxe les intérêts des sommes placées dans la société par un des associés à titre de compte courant ordinaire ou de prêt?

L'affirmative est certaine si l'on décide que les emprunts ordinaires réalisés par les sociétés doivent la taxe comme les obligations (V. n° 9546 supra). Mais si l'on admet que ces emprunts échappent à la perception, on doit en conclure que les intérêts du prêt fait par l'associé, en sus de son apport, ne doivent pas supporter la taxe. Ce prêt, en effet, est entièrement distinct de la mise et ne confère à l'associé que le droit d'un simple créancier. Il ne participe pas, pour la somme prêtée, aux risques de l'entreprise. En ce qui le concerne, l'associé est un véritable étranger. Les revenus qu'il touche ne sont donc pas des revenus sociaux.

1. MARCHÉS. — Il en est de même du prix de fournitures faites par les associés en vertu d'un marché particulier (Cognac 26 janv. 1875, 4371 R. P.). — V. 15253.

9551. Primes et lots touchés par les obligataires. — Sous l'empire de la loi du 29 juin 1872, le droit n'était pas dû sur les lots et primes de remboursement. La loi du 21 juin 1875 les y a assujettis et un règlement d'administration publique du 15 décembre 1875 a fixé le mode de perception (2536 I. G.).

On trouvera ces documents à leur date dans les lois.

Si le lot payé comprend le remboursement du prix de la souscription, la taxe est due sur l'excédant (Sol. 20 nov. 1875, 4657 R. P.).

1. ANNUITÉS. — Mais il faut décider que, si un emprunt était remboursable par des annuités comprenant le principal et les intérêts, la taxe de 3 pour 100 ne serait due que sur les intérêts à établir par une déclaration des parties.

9551 bis. Amortissement. — Les revenus prélevés selon les statuts pour le service de l'amortissement par voie de tirage au sort d'un certain nombre d'actions, ne sont pas compris parmi les bénéfices passibles de la taxe (Apt, 14 mars 1876). Il en est autrement lorsque, l'amortissement statutaire venant à cesser, les revenus sont appliqués à l'amortissement partiel des actions. Dans ce cas, il y a une véritable augmentation de revenu pour les actionnaires (Sol. juill. 1873).

9552. Prix payé par la société sans déduction. — Beaucoup de sociétés ont aujourd'hui l'habitude de prendre à leur charge le payement de l'impôt et elles distribuent, par conséquent, un dividende net aux actionnaires. Il nous semble que, dans ce cas, il faut, pour liquider le droit, ajouter à ce dividende le montant de la retenue effectuée par la société. En effet, l'impôt est une charge personnelle de l'associé et la société ne le paye qu'à son acquit. Or, cette charge ne saurait être déduite de la valeur passible de la taxe, parce que cette taxe est due sur le revenu total revenant à l'associé. Si cet associé avait touché ce qui lui appartient, il aurait reçu, par exemple, une somme de 100 francs à charge par lui de payer 3 francs au Trésor. La société veut bien payer pour lui ces 3 francs et elle ne lui remet, par conséquent, que 97 francs, mais ce n'est pas une raison pour ne liquider la taxe que sur 97 francs et réduire ainsi l'impôt à 2 fr. 91 cent. La liquidation de l'impôt s'effectue alors au moyen de la proportion suivante — 97 : 3 :: 100 (dividende distribué) : x (Sol. 17 janv. 1873 et 16 oct. 1877; — Lyon, 31 mai 1877, 4734 R. P.). — Ce jugement est actuellement déféré à la Cour de cassation.

9553. Fonds social composé de valeurs assujetties à l'impôt. — Il n'y a pas à considérer si les valeurs sociales qui contribuent à la production des bénéfices ou des revenus distribués par la société sont elles-mêmes passibles de la taxe. Les sociétés ont souvent, en effet, en portefeuille des obligations ou des actions d'autres entreprises, et elles acquittent pour elles le droit de 3 pour 100. Cet emploi du capital social est indépendant du revenu qu'elles distribuent elles-mêmes. On n'a pas à en tenir compte pour la liquidation de cette dernière taxe (Sol. 17 fév. 1873).

1. CONTRIBUTION DIRECTE. — C'est ce qu'on a décidé spécialement, au sujet d'une société ayant pour objet la jouissance d'immeubles soumis à la contribution directe (Sol. 17 fév. 1873).

9554. Sommes distribuées. — Exercice et date du payement. — Il ne semble pas non plus qu'il y ait à rechercher à quel exercice se rapportent les sommes distribuées. C'est le fait matériel du payement du dividende ou de l'intérêt à l'actionnaire qui donne ouverture au droit. Si ce payement est fait en 1875, peu importe qu'il représente le produit de 1871 ou de 1872 dont la répartition avait été retardée. Le fait est que l'actionnaire n'a pas de revenu pendant ces années-là et qu'il en touche un en 1875. Or, il ne peut le recevoir sans payer la taxe établie à partir du 1er janvier 1873.

La taxe est donc exigible sur les bénéfices distribués en 1875 avec le fonds de réserve existant avant la promulgation de la loi du 29 juin 1872 (Seine, 22 juin 1877, 4870 R. P.; Sol. 15 juillet 1873).

9555. Distribution annulée. — 1. APRÈS LE PAYEMENT. — Il n'est pas besoin d'ajouter que l'annulation de la répartition des dividendes prononcés après le payement de la taxe, ne saurait justifier la restitution du droit perçu. L'art. 5 L. 29 juin 1872, porte que le recouvrement sera suivi comme en matière d'enregistrement. Toutes les dispositions de la loi du 22 frimaire an 7, qui ne sont pas incompatibles avec celles de la loi du 29 juin 1872, lui servent donc de complément. De ce nombre est l'art. 60 L. 22 fri-

maire an 7, qui prohibe le remboursement des droits régulièrement perçus, quels que soient les événements ultérieurs.

1. AVANT LE PAYEMENT. — Mais si le payement de la
taxe n'avait pas encore été effectué quand l'actionnaire restitue le revenu qu'il avait indûment touché, la créance du
Trésor s'évanouirait. C'est l'application de la thèse que nous
défendons en ce qui concerne les droits acquis, mais non perçus lors de l'annulation de l'acte qui y donnait ouverture. —
V. *Restitution.*

9556. Obligations du Crédit foncier. — Les
obligations émises par le Crédit foncier nécessitent quelques
observations particulières.

Le Crédit foncier, pour faire ses prêts communaux, émet
dans le public des titres connus sous le nom d'obligations
communales et reposant sur les garanties des prêts qu'elles
servent à réaliser. Il eût été injuste de percevoir la taxe de
3 pour 100 à la fois sur l'obligation émise et sur le prêt fait à
la commune, car ces deux opérations ne sont que les deux éléments d'un acte unique, le prêt communal. L'Administration
a donc décidé, dans l'I. G. 2457, qu'il ne sera rien réclamé
aux communes à raison de leurs emprunts, et que le droit
sera acquitté directement par le Crédit foncier sur les obligations qu'il émet et fait souscrire par les tiers.

1. LETTRES DE GAGE. — La situation n'est plus la même
en ce qui concerne les titres du Crédit foncier connus sous le
nom de *lettres de gage.* Ces lettres de gage sont remises aux
souscripteurs dont les fonds servent à opérer des placements
sur particuliers. Il n'y a là encore qu'une seule opération
divisée en deux parties, et le Crédit foncier n'est qu'un intermédiaire entre le porteur de la lettre de gage et l'emprunteur.
Mais comme cet emprunteur est un particulier, la loi du
29 juin 1872 est inapplicable à son contrat. Il n'y a donc pas
de double emploi possible, et la taxe de 3 pour 100 sur les
lettres de gage est due sans la moindre difficulté.

9556 bis. Intérêts moratoires. — Lorsque le
payement d'une obligation n'est fait qu'après l'échéance, les
intérêts dus à partir de cette échéance sont passibles de la
taxe comme les intérêts exigibles avant cette époque (Sol.
17 janv. 1878).

CHAPITRE III. — LIQUIDATION ET RECOUVREMENT

DU DROIT

[9557-9569 bis]

9557. — L'art. 2 L. 29 juin 1872 porte :

Le revenu est déterminé :

« 1° Pour les actions, par le dividende fixé d'après les délibérations des assemblées générales d'actionnaires ou des
conseils d'administration, les comptes rendus ou tous autres
documents analogues ;

« 2° Pour les obligations ou emprunts, par l'intérêt ou le
revenu distribué dans l'année ;

« 3° Pour les parts d'intérêts et commandites, soit par les
délibérations des conseils d'administration des intéressés,
soit, à défaut de délibération, par l'évaluation à raison de

5 pour 100 du montant du capital social ou de la commandite, ou du prix moyen des cessions de parts d'intérêt consenties pendant l'année précédente.

« Les comptes rendus et les extraits des délibérations des
conseils d'administration ou des actionnaires seront déposés
dans les vingt jours de leur date au bureau de l'enregistrement du siège social.

« La détermination légale du revenu diffère donc selon qu'il
s'agit d'obligations ou emprunts et d'actions ou de parts d'intérêts. »

1. OBLIGATIONS OU EMPRUNTS. — Pour les obligations ou les emprunts, il ne saurait y avoir de difficultés, car
l'acte constitutif indique toujours la quotité de l'intérêt stipulé
par le prêteur, et il est facile de justifier si cet intérêt a été
ou non distribué aux créanciers pendant l'année.

2. ACTIONS. — Mais il n'en était pas de même pour les
actions des sociétés dont le produit est essentiellement variable et ne peut être connu qu'après les résultats financiers
de l'année. La loi a dû adopter à leur égard des mesures
particulières qui diffèrent, selon qu'il s'agit d'actions proprement dites ou de parts d'intérêts.

3. ACTIONS PROPREMENT DITES. — Le revenu des
actions proprement dites est toujours fixé annuellement lors
de l'assemblée générale des actionnaires, ou bien par le rapport fait à cette assemblée, ou bien par les comptes rendus
qui en tiennent lieu. Ces rapports ou ces comptes rendus
existent nécessairement dans les sociétés divisées par actions.
Il suffirait donc de s'y référer et d'obliger les sociétés à en
faire le dépôt pour obtenir la base de la perception.

4. PART D'INTÉRÊT. — Les commandites simples qui
n'ont pas d'actionnaires n'ont, par conséquent, aucune assemblée à laquelle il soit rendu compte des bénéfices de l'année.
Quelques-unes parmi les plus importantes prennent à cet
égard des délibérations qui sont publiées. Pour le plus grand
nombre, il n'existe aucun document de nature à établir le
revenu. La loi a suppléé à ces indications par une évaluation
arbitraire : elle décide que si le revenu de la commandite
n'est pas fixé par une délibération des intéressés, il sera
calculé à raison de 5 pour 100 du montant du capital social,
ou de la commandite, ou à raison de 5 pour 100 du prix
moyen des cessions de parts d'intérêts consenties pendant
l'année précédente.

5. DOUBLE MOYEN. — La loi ne dit pas lequel de ces
deux modes d'évaluation sera préféré quand ils existeront
tous deux. L'I. G. 2457 paraît indiquer que le prix moyen des
cessions doit être d'abord consulté : « On fixe le revenu, dit-
elle, par les délibérations des conseils d'administration des
intéressés, ou, à défaut de délibération, à raison de 5 pour
100, soit du prix moyen des cessions de parts d'intérêts consenties pendant l'année précédente et dûment enregistrées,
soit du montant du capital social ou de la commandite, *lorsqu'il n'existe pas de cession.* »

Mais, dans aucun cas, il n'y a de déclaration à demander
au gérant.

6. DÉCLARATION. — Quand le droit est dû d'après le
capital et que ce capital n'est pas énoncé dans l'acte, il y a
lieu de recourir à la déclaration estimative de l'art. 16 de
la loi du 22 frimaire an 7 (Cass. 23 août 1875, 4201 R. P.;
— Seine, 8 juin 1877, 4726 R. P.).

9558. Défaut de délibération du conseil d'administration. — Selon le texte de la loi, le revenu des parts d'intérêts et commandites n'est fixé à 5 pour 100 du prix moyen des cessions ou du capital social que quand il n'existe pas de délibérations des conseils d'administration des intéressés, c'est-à-dire qu'il n'y a ni conseil d'administration ni assemblée générale (Seine, 29 mars 1878, 4957 R P.). Seulement, il n'y a aucun moyen de forcer les compagnies à produire ces délibérations lorsque l'existence n'en est pas établie.

Le tribunal de Lille l'a ainsi décidé par un jugement du 27 juin 1874, portant : « qu'on ne saurait assimiler à une obligation légale une règle que les associés se sont imposée eux-mêmes dans un intérêt d'ordre intérieur ; que c'est à la Régie à prouver que ces délibérations ont eu lieu et que c'est seulement dans le cas où cette preuve serait faite que le gérant pourrait être poursuivi pour ne pas avoir fait le dépôt de la pièce » (3866 R. P.).

Il en est autrement quand il y a fraude ou quand il s'agit de délibérations dont la loi fait une obligation aux sociétés. L'Administration peut, dans le premier cas, prouver l'existence des délibérations et, dans le second, c'est aux sociétés à établir qu'elles ne se sont pas conformées à la loi.

9559. Comptes rendus. — Le § 3 de l'art. 2 L. 29 juin 1872, relatif à la fixation du revenu des parts d'intérêt et des commandites, ne parle que des délibérations des conseils d'administration des intéressés ; il n'ajoute pas, comme le § 1er du même article, à propos des actions proprement dites : *ou tous autres documents analogues*. S'ensuit-il que si, au lieu d'une délibération proprement dite, le conseil laissait un compte rendu, ce compte rendu serait inacceptable ? Évidemment non. La loi a visé particulièrement la délibération parce que c'est la forme la plus habituelle prise par les conseils de gérance pour rendre compte aux commanditaires de la situation de l'entreprise. Elle n'a pas eu l'intention d'exclure les modes équivalents, tels que le compte rendu. Le compte rendu n'est qu'une délibération sommaire ; en ce qui concerne l'indication des résultats financiers, il en produit tous les effets.

Dès qu'il existe un conseil d'administration, il importe peu sous quelle forme il rend publiquement compte des opérations.

9559 bis. Production des délibérations ou comptes rendus. — Mais l'Administration a voulu appliquer à ces parts d'intérêt ou commandites la disposition du § 1er de l'art. 2 relatif aux actions, et elle a soutenu que, quand même il n'existerait pas de conseil d'administration, ni, par conséquent, de délibérations, elle avait le droit d'exiger la production, comme pour les actions, des comptes rendus ou des documents analogues fixant le montant des bénéfices réalisés. Pour ces sociétés, elle exigeait le dépôt, dans les vingt jours, au bureau de l'enregistrement, des extraits des comptes rendus, inventaires ou autres documents analogues, et elle liquidait la taxe au revenu déterminé d'après ces documents. Elle restreignait aux autres l'application du forfait établi par le troisième paragraphe de l'art. 2 L. 29 juin 1872.

Pour soutenir cette interprétation, on invoquait les considérations suivantes :

Il est vrai, dit-on, que l'art. 2 de la loi ne vise que les délibérations des conseils d'administration des intéressés, mais il est complété par la disposition du règlement d'administration-publique d'après laquelle « la liquidation définitive a lieu au moment du dépôt... des comptes rendus et extraits des délibérations des assemblées générales d'actionnaires ou des conseils d'administration, ou *de tous autres documents analogues avant le dividende distribué.* » Ces termes « tous autres documents analogues » sont très-généraux, et il suffit de le faire remarquer pour enlever toute portée à l'argument que l'on voudrait tirer de la rédaction de l'art. 2 de la loi.

Au surplus, les termes dans lesquels est conçu le n° 1er de cet article, rapprochés des termes du n° 3 et du dernier alinéa du même article, indiquent que l'on a entendu asseoir la taxe de la même manière pour les actions et pour les commandites, toutes les fois que les dividendes revenant aux commanditaires dans les sociétés non divisées en actions sont fixés, comme pour les sociétés divisées en actions, par des délibérations, *comptes rendus ou tous autres documents analogues*, et que c'est seulement à défaut de documents de cette nature que l'impôt est établi sur une évaluation à 5 pour 100 du montant de la commandite.

Il est incontestable que si l'expression « tous autres documents analogues » a été introduite dans la rédaction de l'art. 2 Déc. 6 décembre, portant règlement d'administration publique, c'est qu'on a voulu prévoir tous les cas où la fixation du dividende résulte d'un document autre qu'une délibération d'actionnaires ou de conseil d'administration. Or, la constatation des bénéfices par l'inventaire, auquel concourent tous les membres de la société, présente les mêmes conditions d'exactitude et de sincérité qu'une délibération d'actionnaires ou d'un conseil d'administration. D'où il suit que, si l'on refusait de considérer ce document comme devant servir de base à la liquidation de la taxe sur le revenu, la disposition du décret relative à la perception de taxe sur les documents analogues aux délibérations resterait sans application. Cette interprétation ne pouvait pas prévaloir. Elle a été unanimement repoussée par tous les tribunaux auxquels elle a été soumise (Seine 31 janv. 1874, 3809 R. P.); — Montbéliard 30 juill. 1874, 3920 R. P.; — Lyon 20 août 1874, 3939 R. P.; — Saint-Dié 16 avr. 1875, 4090 R. P.). Le tribunal de la Seine en a fait une réfutation complète à laquelle nous nous sommes associé : « Attendu, porte le jugement, que la loi, voulant imposer le revenu des sociétés sans déclaration ni investigation, a divisé, au point de vue de l'assiette de l'impôt, les sociétés en commandite en deux catégories distinctes : celles dont la commandite est en actions ou qui ont un conseil d'administration, et celles qui ne présentent ni l'une ni l'autre de ces conditions ; que, s'inspirant de cette considération essentielle, que les unes vivent de publicité, tandis que les opérations des autres sont et doivent demeurer secrètes, elle a assis la taxe pour les premières sur le revenu réel et connu de la commandite, et pour les secondes, sur le revenu présumé d'après l'importance du capital ; que les termes du règlement d'administration publique, sainement entendus, ne sont pas sur ce point en opposition avec ceux de la loi, et qu'eussent-ils un sens différent et une portée plus étendue, ils seraient à cet égard sans force ni valeur ; que, vainement, la Régie soutient que le mode de liquidation de la taxe sur le revenu des sociétés en commandite varie suivant que les statuts de ces sociétés imposent ou non aux intéressés l'obli gation de prendre des délibérations sur la fixation des dividendes, et que l'inventaire est un de ces documents faisant, aux termes de la loi, preuve desdites délibératons ; — Attendu, d'une part, que la loi, parmi les sociétés en commandite, n'assimile aux sociétés par actions que celles-là seulement qui ont un conseil d'administration ; que, d'autre part, dans toute société en commandite, on fait un inventaire annuel, d'après lequel on fixe le revenu de la commandite ; que, si la prétention de la Régie était fondée, la loi n'aurait pas eu besoin de diviser ces sortes de sociétés en deux catégories, puisque toutes seraient nécessairement comprises dans la première ; qu'enfin, la loi n'aurait pas de sanction si, pour des sociétés en commandite ordinaires, elle avait déterminé le revenu imposable, non d'après le capital, mais d'après une prétendue délibération dont la Régie n'aurait aucun moyen de contrôler la sincérité » (3809 R. P.).

Cette interprétation a été, depuis lors, prise pour règle par l'Administration.

1. COMMANDITES SIMPLES OU PAR ACTIONS. — De là découle la nécessité de distinguer les commandites par actions des commandites simples. La solution de la question se trouve dans l'examen des statuts de chaque société. Et il a été jugé, à cet égard, qu'on doit reconnaître le caractère d'actions aux titres émis par une Société en commandite en représentation de son capital, lorsque ces titres ont chacun un numéro et une individualité distincte et que ces titres sont transmissibles, au moyen d'un transfert sur les registres de la Société, tant aux associés qu'aux tiers, sauf pour ces derniers l'agrément de l'assemblée générale (Cass. 27 mars 1878, 4913 R. P. ; — Seine, 13 avr. 1877, 4704 R. P.).

9560. Documents divers. — On ne peut pas déterminer *à priori* ce qu'il faut entendre par les documents analogues de la loi du 29 juin 1872 et du décret du 6 décembre suivant. C'est une question d'appréciation à résoudre d'après les circonstances. Ce que l'on peut dire de plus général, c'est que toute pièce opposable aux intéressés, et fixant avec certitude le revenu distribué, peut tenir lieu des délibérations ordinaires du conseil.

1. INVENTAIRE. — De ce nombre sont notamment les inventaires sociaux. Si ces inventaires, qu'il est d'usage dans les sociétés en commandite de faire chaque année, sont signés par toutes les parties et s'ils sont suivis de la répartition des bénéfices constatés, nul doute qu'ils doivent servir de base à la perception, à l'exclusion du 5 pour 100 du prix moyen des cessions ou du capital de la commandite (Sol. 7 fév. 1873, 31 juill. 1873).

2. INVENTAIRE FICTIF. — Mais il faut, bien entendu, qu'il s'agisse d'un inventaire sérieux, et non fait pour les besoins de la cause. Car s'il était démontré que cette pièce n'est qu'un règlement fictif, l'Administration ne serait pas obligée d'en accepter les résultats. C'est ce qui a été reconnu notamment à l'égard d'un inventaire dressé par des associés auxquels les statuts n'imposaient pas cette formalité. Une Sol. 20 mars 1873 a décidé que dans ce cas, la taxe était due sur le revenu déterminé, à raison de 5 pour 100, des parts d'intérêts ou du prix moyen des cessions de parts effectuées pendant l'année précédente (Sol. fév. 1873, mars 1873).

On l'a ainsi décidé également au sujet d'un inventaire

arrêté par les gérants seuls, sans le concours des commanditaires, et en l'absence d'une clause des statuts portant que ces documents suffiraient à déterminer le chiffre des bénéfices à distribuer (Sol. 20 mars 1873).

3. COMMUNICATION. — EXTRAIT. — La loi n'exige que le dépôt d'un extrait de la délibération. On ne serait donc pas fondé à demander la production de la délibération elle-même. Il suffit d'un extrait certifié par le gérant. Le tribunal de la Seine a cependant jugé, le 21 décembre 1877, que s'il s'agit d'un compte rendu c'est ce compte lui-même et non pas un simple extrait qui doit être déposé (4958 R. P.).

9561. Forfait.—Sociétés improductives.—La fixation du revenu à 5 pour 100 dans le cas prévu par le § 3 de l'art. 2 de la loi est un forfait dont l'Administration ne peut pas plus s'écarter que les parties, dès qu'elle ne représente pas une délibération ou un document analogue.

Elle ne pourrait donc pas se fonder sur une clause du statut social portant que les commanditaires recevront l'intérêt à 6 pour 100 de leurs mises pour soutenir que la taxe est due sur le revenu calculé au denier 6 (Sol. mars 1873).

Mais il a été jugé que quand il est établi par la production des livres qu'une société n'a pas fait de bénéfices, le forfait de 5 pour 100 n'est pas applicable. Il n'est dû aucune taxe (Vannes, 31 août 1874, 3938 R. P. et *suprà* n° 9520). Cette interprétation n'est pas acceptée par l'Administration (Sol. 31 juill. 1877), et elle a été repoussée par un jugement de la Seine du 27 mai 1876 (4428 R. P.) qui peut être critiqué par les motifs que nous avons indiqués au n° 4753 R. P.

Lorsque la distribution des bénéfices est seulement ajournée à la dissolution de la société, la société n'est pas improductive et la taxe est due sur le forfait (Sol. 3 nov. 1877).

V. *Sociétés religieuses*, n° 9520.

9562. Mode de liquidation. — Le mode de liquidation de la taxe sur les revenus déterminés d'après les bases précédentes a été réglé en ces termes par le Déc. 6 décembre 1872 :

« La taxe de 3 pour 100 établie par la loi du 29 juin 1872 est avancée par les sociétés, compagnies, entreprises, départements, communes et établissements publics, et payée au bureau de l'enregistrement du siége social ou administratif désigné à cet effet, savoir :

« 1° Pour les obligations, emprunts et autres valeurs dont le revenu est fixé et déterminé à l'avance, en quatre termes égaux d'après les produits annuels afférents à ces valeurs ;

« 2° Pour les actions, parts d'intérêts, commandites et emprunts à revenu variable, en quatre termes égaux déterminés provisoirement d'après le résultat du dernier exercice réglé et calculés sur les quatre cinquièmes du revenu s'il a été distribué ; et, en ce qui concerne les sociétés nouvellement créées, sur le produit évalué à 5 pour 100 du capital appelé. »

Chaque année, après la clôture des écritures relatives à l'exercice, il est procédé à une liquidation définitive de la taxe due pour l'exercice entier. Si de cette liquidation il résulte un complément de taxe au profit du Trésor, il est immédiatement acquitté. Dans le cas contraire, l'excédent versé est imputé sur l'exercice courant, ou remboursé, si la société est arrivée à son terme, ou si elle cesse de donner des revenus.

L'Administration a donné aux agents, pour l'exécution de cet article, des instructions que nous ne pouvons que reproduire ici :

« La liquidation de la taxe diffère selon la nature des revenus, c'est-à-dire suivant qu'ils sont déterminés à l'avance ou qu'ils varient d'après les résultats financiers de l'entreprise.

« Pour les obligations et emprunts à *revenu fixe*, la liquidation trimestrielle a lieu d'après le nombre des titres ou bien des valeurs (lorsqu'il n'y a pas de titres négociables) existant au dernier jour du trimestre et d'après le revenu qui leur est attribué.

« Quant aux valeurs à *revenu variable*, le règlement a été conduit par la nature même des choses à modifier la base de la liquidation. En effet, au moment où cette liquidation a lieu, le revenu n'est pas connu. Il dépend d'événements ultérieurs qui peuvent l'accroître ou l'affaiblir. Le règlement d'administration publique a donc adopté pour base de la liquidation trimestrielle le revenu indiqué par les résultats du dernier exercice réglé et connu au moment de cette liquidation. Il a prescrit, en outre, que l'impôt ne serait payé provisoirement que sur les quatre cinquièmes du revenu ainsi déterminé. Mais, en même temps, il dispose qu'une liquidation définitive sera opérée après la clôture des écritures de l'exercice et au moment du dépôt des documents fixant le revenu distribué.

« Pour opérer la liquidation définitive, les receveurs se reporteront aux écritures arrêtées chaque trimestre; ils prendront pour base de leur travail le nombre de titres ou valeurs existant à la fin de chaque trimestre et indiqué dans leurs écritures ; ils multiplieront ce nombre par le revenu annuel déterminé par les documents indiqués plus haut. Après avoir calculé la taxe à 3 pour 100, d'après les résultats de ce travail, ils imputeront le montant des versements trimestriels faits par les compagnies. Si de cette comparaison il résulte une insuffisance de perception, le complément est immédiatement versé par la compagnie; si, au contraire, la perception résultant des versements trimestriels excède le montant de la taxe due pour l'année entière, l'excédant est imputé sur l'exercice courant, ou bien il est remboursé, si la compagnie cesse de donner des revenus ou si elle est arrivée à son terme. En cas de remboursement, les receveurs devront adresser d'office et sans retard aux directeurs une proposition de restitution, en y joignant toutes les pièces nécessaires pour que ces chefs de service puissent préalablement s'assurer de l'exactitude et de la liquidation.

« Quant aux valeurs mobilières assujetties à la taxe de 3 pour 100, mais dont le revenu n'est pas déterminé par des délibérations ou des documents analogues, les payements trimestriels seront calculés sur les quatre cinquièmes du revenu de l'année précédente. Ce revenu est fixé par la loi à 5 pour 100 du prix moyen des cessions de parts d'intérêt consenties pendant l'année précédente et dûment enregistrées, ou, à défaut de cession, d'après l'évaluation à 5 pour 100 du montant du capital social, s'il est divisé en parts, ou du montant de la commandite. La liquidation définitive a lieu d'après les mêmes bases, dans les vingt premiers jours du mois de mai.

« Les sociétés nouvellement créées doivent acquitter l'impôt

trimestriellement à raison du produit évalué à 5 pour 100 du capital appelé. Le mode et l'époque de la liquidation définitive varieront, conformément à ce qui a été indiqué ci-dessus, suivant que ces sociétés nouvelles seront ou non assujetties à l'obligation du dépôt des documents fixant le revenu. »

9563. Obligation remboursée pendant le trimestre. — Une obligation peut être remboursée pendant le cours d'un trimestre. Dans ce cas, la taxe n'est pas exigible sur l'intérêt du trimestre entier. Elle n'est due que sur le prorata applicable à la période écoulée jusqu'au jour du remboursement (Sol. 17 janv. 1873).

9564. Reversement de dividendes. — Perte reportée à l'année suivante. — Les sociétés distribuent en général leurs dividendes annuels en deux fois et par semestre. Si, après la distribution du premier à-compte, le second semestre était en perte, et qu'en raison de cette perte les actionnaires soient tenus de reverser une partie des sommes qu'ils ont reçues, le droit ne serait certainement dû que sur l'excédant. Mais si la perte était reversée pour être imputée sur l'année suivante, et si, par conséquent, la distribution de l'à-compte était maintenue, le droit serait exigible sur cet à-compte (Sol. 31 janv. 1873).

9565. Période soumise à la taxe. — La loi du 29 juin 1872 parle des intérêts ou produits *annuels*. Cette expression doit se prendre dans son sens habituel qui comprend la période écoulée du 1er janvier au 31 décembre. Il ne semble pas qu'elle se réfère aux exercices financiers de chaque société. On sait que les compagnies ne font pas toutes concorder leurs années avec l'année ordinaire. Il en est qui règlent leur situation du 1er mai au 1er mai, d'autres du 30 juin au 30 juin. Or, l'Administration n'a pas, ce semble, à suivre les variations de ces comptabilités diverses qui reposent toutes sur des fictions. L'année connue s'étend depuis le 1er janvier jusqu'au 31 décembre. C'est le revenu distribué pendant cette période, d'où qu'il provienne et quoiqu'il appartienne à un exercice antérieur, qui est passible de la taxe (Sol. mai 1873).

9565 bis. Sociétés existant au jour de la loi. — La loi du 29 juin 1872, après avoir établi, en principe, à partir du 1er juillet 1872, la taxe sur le revenu des sociétés, dispose que, pour cette année, ce revenu sera sujet à la taxe pour moitié seulement de son montant. Par cette disposition transitoire, le législateur a voulu éviter et prévenir, à l'égard des sociétés en activité au moment de la promulgation de la loi, toute discussion sur la détermination des produits et dividendes acquis en réalité soit avant, soit après le 1er juillet 1872. Il en résulte que cette disposition de faveur ne peut être appliquée aux sociétés qui n'existaient pas avant cette époque, et que, pour elles, la taxe doit se calculer sur les produits qu'elles ont, sans contestation, réalisés sous l'empire de la loi nouvelle (Seine 28 fév. 1874; 19 juin 1875, 4588 R. P.).

1. EXERCICE PARTIEL. — Quand le dividende distri-

bué pour l'exercice 1872 ne s'applique qu'à une portion de cet exercice, l'Administration n'est pas autorisée à reconstituer cet exercice entier au moyen d'un calcul proportionnel. Ce serait ajouter une présomption nouvelle à la présomption de la loi. Il y a lieu d'établir provisoirement la taxe, comme pour les sociétés nouvellement créées, sur le produit évalué à 5 pour 100 du capital appelé (Seine 28 fév. 1874, 4588 R. P.).

9566. Payement de l'impôt. — D'après l'art. 1er Déc. 6 décembre 1872, le montant de la taxe est avancé par les sociétés, compagnies, entreprises, départements, communes et établissements publics, sauf leur recours contre les associés, les prêteurs ou les obligataires.

Elle est due par l'usufruitier sans recours contre le nu-propriétaire (Seine 21 juill. 1874, 4287 R. P.).

9567. Départements. — Une circulaire de la comptabilité publique du 28 décembre 1872 (3568 R. P.) a réglé en ces termes le mode de payement pour les emprunts et les obligations des départements : « Quant au service départemental, le trésorier général étant chargé du payement des arrérages et intérêts des emprunts et obligations du département, c'est à lui qu'incombe le soin d'acquitter la taxe y afférente. Les mesures de comptabilité prescrites par ma circulaire du 24 octobre 1871, § 1er, et relatives aux droits de transmission sur les titres d'obligations départementales, sont d'ailleurs entièrement applicables à l'impôt de 3 pour 100 sur lesdites obligations. Ainsi, comme l'indique cette circulaire, c'est le département qui est tenu d'en faire l'*avance*, sauf son recours contre les porteurs de titres. Par suite, le trésorier général doit provoquer la délivrance sur le budget départemental du mandat destiné à acquitter la taxe entre les mains du receveur de l'enregistrement dans les vingt premiers jours de chaque trimestre, et il doit ensuite porter en recette aux produits éventuels départementaux le montant des retenues effectuées sur les coupons présentés au payement. »

9568. Caisse des consignations. — En ce qui concerne la Caisse des consignations et le Crédit foncier, les mesures suivantes ont été arrêtées pour le payement de la taxe par l'I. G. 2457. — Quoique l'impôt direct sur le revenu soit à la charge du créancier, il est néanmoins avancé par le débiteur. L'art. 5 du règlement contient une exception à cette disposition en ce qui concerne les prêts consentis par la Caisse des dépôts et consignations aux départements, communes et établissements publics. Aux termes de cet article, aucune taxe ne sera réclamée à ces débiteurs à raison des prêts dont il s'agit. La Caisse des dépôts et consignations acquittera directement à Paris les sommes dont elle est redevable à raison de ces prêts. En conséquence, les receveurs n'auront à recouvrer sur les départements, communes et établissements publics que l'impôt de 3 pour 100 afférent, soit aux titres qu'ils auront émis, soit aux emprunts qu'ils auront contractés autrement qu'à la Caisse des dépôts et consignations.

« Les prêts consentis aux communes par le Crédit foncier étant représentés par des obligations communales, et les porteurs de ces obligations acquittant l'impôt, cette nature de créances, ne donnera lieu à aucune perception dans les départements. Elle sera réglée à Paris. »

9569. Payements anticipés. — La taxe est due, comme nous l'avons vu, en quatre termes égaux, et dans les vingt premiers jours des mois de janvier, avril, juillet et octobre de chaque année.

Elle est payée au bureau de l'enregistrement du siège social ou administratif [1]. Elle donne lieu à la délivrance d'une quittance qui doit être timbrée si elle excède 10 francs, et doit comprendre les frais de poursuites faits pour arriver au recouvrement (2457 I. G., 3568 R.P.).

En règle générale, le payement ne peut pas avoir lieu par anticipation. Ces avances de droits auraient pour effet de troubler l'ordre budgétaire et, en même temps, de transformer en une avance unique des annuités qui peuvent plus tard devenir l'objet d'une modification de tarifs. Tout au plus pourrait-on, pour la simplification des écritures, autoriser le payement des échéances trimestrielles en une seule fois. Mais c'est là une mesure dont l'opportunité doit être approuvée par l'Administration (Sol. 5 avr. 1873).

9569 *bis*. Remboursements. — Le payement de la taxe n'est qu'une avance des sociétés ou des établissements publics. Ils ont un recours contre les associés ou les créanciers, qui sont les véritables débiteurs. Beaucoup de sociétés se chargent définitivement de la dette et ne réclament rien aux associés ; quelques établissements publics l'ont fait également. Cette combinaison n'est pas défendue. Mais les ministres des finances et de l'intérieur ont reconnu qu'il ne serait pas conforme aux principes d'en généraliser l'application (D. m. f. et 25-30 juill. 1873). Ils ont recommandé aux préfets de ne pas autoriser dans les emprunts des stipulations de l'espèce.

9569 *ter*. Prescription. — La loi du 29 juin 1872 étant muette sur la prescription, c'est le droit commun, ou la prescription de trente ans, qui est seul applicable (Grasse, 18 fév. 1878). — V. 115 et 6981-1. Mais l'Administration peut opposer aux parties la déchéance quinquennale de l'art. 9 de la loi du 29 janv. 1831. — V. 115 et 6981-1.

CHAPITRE IV. — PÉNALITÉS ET MOYENS D'EXÉCUTION

[9570-9574]

9570. Documents non déposés. — L'art. 5 L. 29 juin 1872 porte :

Chaque contravention aux dispositions qui précèdent et à celles du règlement d'administration publique qui sera fait

---

[1]. « L'impôt direct sur le revenu sera recouvré par les receveurs auxquels est confiée la recette des droits de transmission établis par la loi du 5 juin 1857, lorsqu'il s'agira de valeurs assujetties à ses droits. Dans les autres cas, la recette de la taxe sur le revenu sera confiée au receveur qui a dans ses attributions la perception des droits sur les cessions verbales de fonds de commerce. Toutefois, cette désignation n'est que provisoire, les attributions des bureaux établis dans les grandes villes devant être prochainement l'objet d'une nouvelle organisation » (2457 I. G.).

1111111111111

pour leur exécution sera punie conformément à l'art. 10 L. 23 juin 1857.

Ainsi une amende de 100 francs à 5,000 francs sera encourue par la société qui aura omis de faire le dépôt des documents indiqués dans l'art. 2 de la loi.

Ce dépôt des comptes rendus, extraits des délibérations ou tous autres documents fixant le dividende distribué, doit avoir lieu dans les vingt jours de leur date au bureau de l'enregistrement du siège social (art. 2 de la loi). « Il est constaté sur le principal registre de recette du bureau, afin d'établir que ces documents ont été déposés dans les vingt jours de leur date, conformément au dernier paragraphe de l'art. 2 de la loi. Mention de la date, du folio, de la case et du volume concernant cet enregistrement sera inscrite à l'article ouvert au sommier au nom de la compagnie pour laquelle le dépôt est fait. Si la compagnie n'a pas fait en temps utile le dépôt prescrit, la contravention sera constatée au sommier dans la colonne n° 3, afin de réclamer l'amende de 100 à 5,000 francs, en exécution du règlement d'administration publique » (2457 I. G., 3568 R. P.). En cas de contestation, la fixation de l'amende appartient au tribunal (Rouen 23 déc. 1875, 4297 R. P.). — V. 6976.

9571. Retard de payement. — Une amende semblable est encourue en cas de retard dans le payement. « Toutefois, ajoute l'I. G. 2457, les receveurs pourront recouvrer la taxe sur le revenu sans ce payement immédiat de l'amende, qui ne sera exigée que lorsque l'Administration aura statué. Ils soumettront à cet égard leurs propositions motivées au directeur, qui en référera à l'Administration » (2457 I. G., 3568 R. P.). — Le payement de ce droit simple sans réserve n'exonère pas de l'amende (Rouen 23 déc. 1875, 4297 R. P.).

9572. Droit en sus. — Enfin, indépendamment de l'amende, l'art. 10 L. 23 juin 1857 punit d'un droit en sus l'omission ou l'insuffisance de déclaration. « Il n'y a pas lieu, au sujet de l'impôt sur le revenu, à la perception de ce droit en sus, puisque la loi ne prescrit pas de déclaration. Mais si cette insuffisance ou omission résultait d'une infidélité des comptes rendus, extraits ou autres documents qui doivent être déposés en vertu de l'art. 2 de la loi, pour servir de base à la perception, le droit en sus deviendrait exigible (2457 I. G., 3568 R. P.). Il y a simple insuffisance de perception si l'erreur provient de ce que le léguant a déposé un extrait incomplet du compte rendu au lieu du compte complet (Seine, 21 déc. 1877, 4958 R. P.).

9573. Déclaration d'existence de sociétés ou d'emprunts. — La loi n'impose pas aux compagnies ou aux établissements publics l'obligation de venir au bureau d'enregistrement déclarer l'existence de la société, de l'emprunt, ou de l'obligation qui donne ouverture à l'impôt. C'est une remarque que fait très-justement l'I. G. 2457. « La loi, dit le tribunal de la Seine, n'impose pas aux sociétés, en dehors du dépôt des pièces exigées, une déclaration particulière des obligations qu'elles émettent ni des emprunts qu'elles contractent et dont les intérêts sont soumis à la taxe » (Jugement 21 juin 1878). Il appartient aux agents de l'Administration de faire les recherches nécessaires pour constater l'exigibilité de la taxe et en poursuivre le recouvrement. Leurs obligations sur ce point ont été précisées dans les termes suivants par l'Administration : « Bien que la taxe sur

le revenu soit un véritable impôt direct, l'art. 5 L. 29 juin 1872 dispose néanmoins que le recouvrement sera suivi et que les instances seront introduites et jugées comme en matière d'enregistrement. Le législateur a voulu, en confiant le recouvrement à l'Administration, mettre à profit les renseignements qui doivent lui être fournis pour la perception des droits de timbre et de transmission. Ces renseignements permettent de connaître, en effet, l'existence des sociétés divisées en actions ou des compagnies et établissements ayant émis des titres d'emprunt. L'enregistrement des actes révèle également l'existence des autres sociétés. Quant au nombre de titres ou de parts, ces renseignements sont également fournis, soit par les enregistrements des actes constitutifs eux-mêmes, soit par les déclarations trimestrielles. Toutes ces indications, rapprochées des extraits des délibérations, permettront aux receveurs de liquider, sauf règlement contradictoire, s'il y a lieu, lors du payement, les droits établis par la loi du 29 juin 1872 » (2457 I. G., 3568 R. P.).

9574. Instances. — Le recouvrement étant suivi comme en matière d'enregistrement, le premier acte de poursuite sera une contrainte. Lorsque le receveur ne possède pas tous les éléments nécessaires pour liquider la taxe, il décernera cette contrainte, sauf à augmenter ou à diminuer la somme réclamée, suivant la déclaration à faire conformément à l'art. 16 L. 22 frimaire an 7. Les instances sont suivies dans la forme ordinaire (art. 5 L. 29 juin 1872). — V. Instance.

IMPRIMEUR.

9575. Définition. — Qui exerce l'art de l'imprimerie, c'est-à-dire, qui imprime sur le papier tout écrit ou discours, au moyen de caractères mobiles.

9576. Registre. — D'après le décret du 5 février 1810 (dont les dispositions ont été reproduites dans la loi du 21 oct. 1814 et dans l'Ord. royale du 24 du même mois), chaque imprimeur est obligé d'avoir un livre coté et paraphé par le préfet du département pour inscrire, le titre de chaque ouvrage qu'il veut imprimer et le nom de l'auteur ; l'imprimeur devait adresser sur-le-champ, au directeur général de la librairie et aux préfets, copie de la transcription faite sur son livre et la déclaration qu'il avait l'intention d'imprimer. Le livre, la déclaration et le récépissé étaient assujettis au timbre (535 I. G.). — Mais la déclaration et le récépissé ont été exemptés de cet impôt par D. m. f. 7 janvier 1812 (559 I. G.), et le livre n'y est plus soumis, comme tous les livres de commerce.

Un Arr. gouv. 29 floréal an 9 impose aux imprimeurs de Paris l'obligation d'avoir un registre portatif sur lequel sont inscrites chaque jour les quantités de papiers qu'ils soumettront au timbre pour les journaux, papiers-nouvelles, avis et affiches (1023 J. E.).

9577. Timbre extraordinaire — La loi de 1818, art. 76, dispose en outre que, conformément à l'art. 8 L. 9 vendémiaire an 6, les particuliers doivent faire timbrer à l'extraordinaire, et non viser pour timbre (Circ. 1105), le papier dont ils veulent faire usage, et que l'apposition du timbre doit avoir lieu avant l'impression. C'est ce qui résulte également d'un arrêt de cass. 22 janvier 1851 (15158 J.E.). — Un arrêté du 3 pluviôse an 6 (Circ. 1124, 326 § 1er I. G.) a même prononcé une amende de 50 francs (10 fr.), et la destitution en cas de récidive, contre tout préposé qui appliquerait le timbre sur des feuilles imprimées. — L'art. (6 L. 28 avril 1816 est d'ailleurs formel à cet égard, en ce qui concerne les imprimeurs : « Il est défendu aux imprimeurs de tirer aucun exemplaire d'annonce, affiche ou avis sur papier non timbré, sous prétexte de les faire frapper d'un timbre à l'extraordinaire. » — V. 1914.

9578. Papier de couleur. — Il est défendu aux imprimeurs de se servir pour les affiches de papier de couleur blanche, à peine d'une amende de 100 francs (20 fr.) (art. 77 L. 25 mars 1817). — V. Affiches.

9579. Solidarité. — L'imprimeur qui tirait un exemplaire de journal sur papier non timbré était solidairement responsable de l'amende prononcée par l'art. 60 L. 9 vendémiaire an 6 (art. 61 de la même loi et Arr. gouv. 3 brum. an 6, Circ. 1126, 326 § 1er n° 6 I.G.; amende de 100 fr. réduite à 20 fr.). — L'imprimeur qui tire un exemplaire d'affiche sur papier non timbré était, d'après les mêmes dispositions, solidairement responsable de l'amende; mais l'art. 69 L. 28 avril 1816 a élevé l'amende encourue par lui pour cette contravention à la somme de 500 francs, réduite à 50 francs par l'art. 10 L. 16 juin 1824. Cette amende est due solidairement par l'auteur de l'affiche. — L'imprimeur d'un avis non timbré était, d'après la loi du 6 prairial an 7, passible d'une amende de 25 francs pour la première fois, de 50 francs pour la seconde, et de 100 francs pour chacune des autres récidives; l'art. 69 L. 28 avril 1816 a prononcé contre lui une amende de 500 francs (également réduite à 50 fr.), qui est due solidairement par l'auteur de l'avis.

9580. Noms. — Le défaut d'indication de la part de l'imprimeur de son nom et de sa demeure est puni d'une amende de 3,000 francs, sans préjudice de l'emprisonnement (art. 283 C. pén., art. 17 L. 21 oct. 1814). — V. Affiches.

9581. Affiches. — L'impression des affiches est soumise à des dispositions particulières que nous faisons connaître au mot Affiche.

9582. Certificats. — On ne peut faire usage d'un certificat d'impression non enregistré dans un acte public (n° 1270-2). Ces certificats sont passibles d'un droit de 1 fr. 50 cent. ou de 3 francs selon les circonstances dans lesquelles ils sont délivrés (n° 3567). Ils sont sujets au timbre (n° 1914).

9583. Restitution. — Les droits perçus sur une cession de brevet d'imprimeur ont été déclarés restituables, lorsque le cessionnaire n'avait pas été admis par l'autorité (Dél. 25 mars 1827). — V. Brevet.

IMPUTATION.

9584. — C'est l'application d'un payement à l'une des obligations d'un débiteur qui en a plusieurs. Nous avons traité, sous le mot Compensation, des imputations en matière d'enregistrement; nous n'avons rien ajouter ici.

INCAPACITÉ.

9585. — C'est le défaut de qualité ou de pouvoir pour faire donner ou recevoir, transmettre ou recueillir quelque chose.

9586. Différentes sortes d'incapacités. — Il est des incapacités qui naissent de la nature, d'autres de la loi, d'autres enfin tout à la fois de la nature et de la loi. Elles naissent de la nature, comme dans le cas de l'enfant mort, de l'imbécile, de l'aveugle, du sourd et muet, de l'insensé, etc. Elles naissent de la loi, comme dans le cas de l'étranger, de l'enfant naturel, des établissements publics, etc. Elles naissent de la nature et de la loi, comme dans le cas de la femme mariée, des époux, etc.

9587. Distinction entre l'incapable et l'indigne. — Il y a une différence essentielle entre les incapables et les indignes. En effet, les causes qui rendent un homme indigne à succéder de quelqu'un, sont des défauts accidentels, qui proviennent des mœurs et de la conduite de celui qui a la capacité naturelle, mais qui, par son propre fait, n'est pas admis à l'exercer. Au contraire, les causes qui rendent un homme incapable n'ont aucun rapport à des devoirs envers le défunt; ce ne sont que des manques de qualités ou des défauts qui empêchent qu'un héritier puisse recueillir une succession.

INALIÉNABILITÉ.

9588. — Ce mot exprime l'état d'une chose ou d'un droit dont l'aliénation est interdite. Il n'y a qu'une loi claire et positive qui puisse opérer une prohibition d'aliéner; car, pour mettre un bien hors du commerce, il faut ou une loi, ou un usage, ou une disposition autorisée par la loi, parce que le caractère d'inaliénabilité sort du droit commun, et même du droit naturel, qui donne essentiellement à l'homme celui de disposer de sa chose et de l'aliéner (D'Aguesseau Plaid. 49).

9589. Des choses qui sont inaliénables. — Sont inaliénables, d'une manière plus ou moins absolue :
1° Toutes les choses qui ne sont pas dans le commerce; — 2° le domaine de l'État; — 3° les biens des communes et des établissements publics; — 4° ceux des grevés de restitution et des majorats; — 5° les pensions militaires et de la Légion d'honneur; — 6° les biens des mineurs et interdits; — 7° et ceux des femmes mariées.

INCIDENT.

9590. — On appelle *incident* toute contestation ou demande qui s'élève ou est formée dans le cours d'une instance principale.

Les art. 377 et suiv. C. proc. tracent les formes dans lesquelles doivent avoir lieu les contestations ou demandes incidentes.

INCOMPATIBILITÉ.

9591. — Expression dont on se sert pour indiquer que deux fonctions ne doivent pas se trouver, en même temps, dans la même personne.

En ce qui concerne l'incompatibilité des fonctions de notaire avec certaines autres, *V. L.* 25 ventôse an 11, D. N. t. 1er p. 16, Arr. gouv. 3 brumaire an 12, A. Cons. d'Ét. 10 ventôse an 13, D. m. f. 8 prairial an 13.

Une lettre du garde des sceaux, en date du 22 janvier 1827, porte que les fonctions de notaire ne sont pas incompatibles avec celles de suppléant de juge de paix, maire ou adjoint. De là est née la question de savoir si un notaire peut faire un inventaire, lorsqu'en sa qualité de suppléant de juge de paix, il lève les scellés apposés sur la maison où se fait l'inventaire. La négative s'induit de ce que l'incompatibilité existe entre les fonctions de notaire et celles de juge de paix; le suppléant devient juge, lorsqu'il en exerce les fonctions.

L'art. 42 du règlement du 20 novembre 1822 sur l'exercice de la profession d'avocat établit l'incompatibilité entre cette profession et celle de notaire, mais il ne semblait pas qu'on dût conclure de là que les notaires ne pouvaient prendre le titre d'avocat. Toutefois, le garde des sceaux a fait observer, dans une circulaire datée du 12 juillet 1829, qu'ils devraient s'abstenir de le faire, afin de ne pas créer, entre les notaires, une distinction qui pourrait être nuisible à ceux qui n'ont pas le titre d'avocat.

INCOMPÉTENCE.

9592. — S'entend du défaut de pouvoir ou d'attribution pour recevoir un acte ou pour juger une contestation.

Il y a incompétence quand un juge n'a pas le pouvoir de juger une contestation. — Un acte reçu par un individu qui n'avait pas pouvoir de le recevoir est nul d'une nullité radicale.

INDEMNITÉ.

9593. Définition. — L'*indemnité* est ce qui est donné à quelqu'un pour un dommage qu'il a éprouvé, ou pour empêcher qu'il ne souffre un dommage.

La convention d'indemnité est un acte par lequel une personne s'oblige à réparer un dommage; en d'autres termes, c'est une reconnaissance amiable de dommages-intérêts (Demante n° 483).

9594. Analogie et différence entre le cautionnement, la garantie et l'indemnité. — La convention d'indemnité est de même nature que le cautionnement et la garantie, en ce que, comme ceux-ci, elle suppose l'existence d'un autre contrat; mais elle en diffère sur des points essentiels.

1. INDEMNITÉ ET CAUTIONNEMENT. — La caution s'engage à rendre ou à faire la *même chose* que le débiteur principal; celui qui promet l'indemnité s'engage à *autre chose* que ce qui fait l'objet de la stipulation. Je m'oblige à vous rendre dix hectolitres de blé que vous avez prêtés à B... dans le cas où B... ne vous les rendrait pas : c'est un cautionnement. Je m'engage à vous payer 100 francs si B... ne vous rend pas le blé prêté : c'est une indemnité.

2. GARANTIE ET INDEMNITÉ. — La garantie diffère de l'indemnité, en ce qu'elle n'a pas pour objet une somme ou un effet, mais le fait de défendre, tandis que l'indemnité consiste à donner une chose. L'une est une obligation *de faire*, l'autre une obligation *de donner*.

9595. Tarif. — Les indemnités de sommes et objets mobiliers sont tarifées au droit de 50 centimes pour 100 (L. 22 frim. an 7, art. 69 § 2 n° 8).

Le droit sera perçu, ajoute l'article, indépendamment de celui de la disposition que l'indemnité a pour objet, mais sans pouvoir l'excéder.

9596. Droit n'excédant pas le droit principal. — Du moment que l'indemnité est ce qui est donné à quelqu'un pour un dommage qu'il a éprouvé (*V.* 9593), il s'ensuit qu'elle ne peut être plus onéreuse que l'obligation principale. Ce principe a été introduit dans la loi fiscale qui veut (L. 22 frim. an 7, art. 69 § 2 n° 8) que le droit soit perçu indépendamment de celui de la disposition que l'indemnité a pour objet, *mais sans pouvoir l'excéder*. — V. *Cautionnement*.

1. GÉRANT D'AFFAIRES. — Un gérant d'affaires, par

exemple, s'est obligé sous forme de lettre de change, pour l'exécution de sa gestion ; le maître l'indemnise. Le droit, perçu sur l'acte d'indemnité, n'aurait pu autrefois excéder celui qui a été perçu sur la lettre de change elle-même, soit 25 centimes pour 100 (Demande n° 490).

2. LOCATAIRE. — De même, un locataire est expulsé, au cas de l'art. 1744 C. C. Il n'y a pas *rétrocession de bail*, le droit de 50 centimes pour 100 est encouru. Mais ce droit ne peut excéder celui qu'encourrait une rétrocession, soit 20 centimes pour 100 sur le prix cumulé des années restant à courir ; car le dommage éprouvé par le locataire expulsé n'a trait qu'à ces années (*Idem*).

9597. Dispositions indépendantes. — D'après le principe que le droit d'indemnité est dû indépendamment de celui de la disposition que l'indemnité a pour objet, il a été décidé que si, dans un acte de vente, des tiers se portent cautions du vendeur, et s'obligent, en outre, en cas d'éviction de l'acquéreur, à lui payer une somme déterminée pour indemnité des réparations qu'il aurait pu faire à l'immeuble, le droit de 50 centimes pour 100 est dû sur cette dernière somme, indépendamment de celui de cautionnement sur le prix (Dél. 6 déc. 1833, 10794 J. E.).

9598. Confusion entre l'indemnité et les dommages-intérêts. — La loi civile et les auteurs prennent souvent le mot *indemnité* dans la même acception que les *dommages-intérêts* (V. notamment 369, 421, 555 C. C., 41 C. proc., 51, 429 C. pén.). Les *dommages-intérêts*, dit Toullier t. 6 n° 222, consistent généralement dans l'*indemnité* de la perte que le créancier a faite de son patrimoine, ou du bénéfice dont il a été privé. Cette confusion est en matière fiscale la source de nombreuses erreurs, car, du moment que les mots sont habituellement détournés de leur signification, leur véritable sens ne tarde pas à échapper. Il est cependant indispensable de s'entendre sur ce qu'est le contrat d'indemnité, car la loi de l'enregistrement l'a tarifé au droit de 50 centimes pour 100, tandis que les dommages-intérêts donnent ouverture au droit de 2 pour 100.

9599. A quel signe peut-on distinguer l'indemnité des dommages-intérêts ? — Dalloz, n° 1551, fait connaître en ces termes les traits caractéristiques de la différence :

« L'*indemnité* est le remboursement d'une avance, d'une dépense, la récompense d'un avantage que l'on a procuré, tandis que les *dommages et intérêts* sont la réparation d'un préjudice que l'on a causé volontairement, le résultat de l'inexécution d'une convention, d'un délit ou d'un quasi-délit. L'*indemnité* est ce que doit le *mandant* au *mandataire*, à raison des frais occasionnés pour l'exécution du mandat (2000 C. C.) ; ce que doivent les *époux* à la *communauté* pour les sommes puisées à leur avantage particulier (1403, 1406 et suiv. C. C.) ; ce que doit un *propriétaire* à son *fermier* lorsqu'il résilie le bail dans un cas convenu (1744, 1745 et suiv. C. C.) ; ce que doit un *voisin* à son *voisin* pour l'usage qu'il fait d'un mur mitoyen (658 C. C.) ; ce que doit un propriétaire à un autre pour le passage forcé sur son terrain (682 C. C.), ce que doit l'État au propriétaire qu'il prive de sa chose pour cause d'utilité publique (552 C. C.).

« Dans tous ces cas et autres analogues, il n'y a point de faute, point de faits contraires aux conventions, point de délit ou de quasi-délit de la part de celui qui doit ou paye l'indemnité. Si l'indemnité est la réparation d'un préjudice, ce préjudice n'est point le résultat d'une infraction aux lois, de l'inexécution des conventions. Il était forcé ; on ne pouvait se dispenser de le causer. »

Le développement de cette matière sera présenté au mot *Jugement*.

9600. Transaction amiable. — Lorsque la promesse d'indemnité est le résultat d'une transaction sur procès, le droit de 50 centimes pour 100 doit être remplacé par celui de 1 pour 100. Voici à cet égard les principes qui nous paraissent applicables.

Quand l'auteur du dommage reconnaît qu'il devait la réparation d'un préjudice et qu'il s'agit seulement d'en arrêter le chiffre, on ne peut pas contester à la convention le caractère d'une promesse d'indemnité véritable. Mais si les parties n'étaient d'accord ni sur le fait du délit et du quasi-délit, ni sur la culpabilité ou la responsabilité de son auteur, on ne peut plus affirmer qu'il soit question d'un règlement d'une *indemnité* dans le sens de la loi fiscale. Qualifier ainsi la promesse du débiteur serait décider ce qui est précisément en litige, à savoir, que le dommage lui était imputable et l'astreignait à une réparation. Le seul fait constant, c'est que l'une des parties s'engage à payer une somme d'argent à l'autre afin d'éviter les embarras d'un procès. Une telle obligation n'est pas une promesse d'indemnité, mais une simple reconnaissance de sommes résultant d'une transaction, et il y a lieu, dès lors, de lui appliquer exclusivement les principes de ce dernier contrat. Or, il est bien constant aujourd'hui que la promesse d'une somme d'argent faite afin d'obtenir le désistement d'une instance est sujette au droit d'obligation (1229-11 et 1875-12 I. G.—V. *Transaction*). Par conséquent, l'engagement pris dans les mêmes circonstances au sujet d'une action en indemnité devrait acquitter le droit de 1 pour 100.

C'est ce qu'on a décidé notamment au sujet de l'indemnité promise par le prétendu auteur d'un accident qui a causé des blessures à un tiers (16837-1 et 17524 J.E.).

Mais si le principe de l'indemnité n'est pas contesté, le droit ordinaire de 50 centimes pour 100 est seul exigible.

En ce sens, le droit de 50 centimes pour 100 a été reconnu seul exigible sur l'acte par lequel une personne s'engage à payer une rente temporaire aux représentants d'un ouvrier tué à la suite d'un accident (Sol. 21 nov. 1866, 2382 R. P.), alors surtout qu'il est constaté dans l'acte que l'accident provient de la seule imprudence de la victime agent d'une compagnie et n'engage pas la responsabilité légale de la compagnie (Sol. 22 fév. 1869, 3120 R. P.).

Il a été décidé, au contraire, que l'acte par lequel celui qui a vendu deux fois le même immeuble s'oblige à payer une indemnité au dernier acquéreur donne ouverture au droit d'obligation (Sol. 2 fév. 1836, 11412-1 J. E.). — V. *Vente d'immeubles*.

9601. Clause pénale. — La convention d'indemnité embrasse la clause pénale définie à l'art. 1229 C. C. : « Une compensation des dommages-intérêts que le créancier souffre de l'inexécution de l'obligation principale. » Mais il faut distinguer.

Si la peine est promise par le débiteur de l'obligation principale, c'est une obligation suspendue par la condition : si l'obligation principale n'est pas exécutée. Le droit proportionnel d'indemnité n'est dû qu'à l'évènement de cette condition.

Si la peine est promise par un tiers, le droit est encouru immédiatement, car la convention rentre alors dans la famille des cautionnements, et l'éventualité qui suspend l'obligation du tiers est une condition virtuelle, une éventualité inséparable de tout cautionnement (Conf. : Demante n° 492).

Mais la stipulation d'indemnité faite entre les parties contractantes dans un acte de société, dans un bail ou tout autre acte, pour le cas d'inexécution des clauses, et sans l'intervention d'un tiers, n'est assujettie à aucun droit (548 § 6 I. G., Dél. 28 mai 1823, 630 Roll.; — Cass. 18 avr. 1831, 1381 § 8 I. G.). — V. 3409. — C'est l'application du principe que nous avons développé au mot *Cautionnement*. — V. aussi *Clause pénale*.

1. DÉDIT. — Le droit exigible sur un dédit stipulé par acte distinct de la convention où il y donne lieu rend exigible le droit de 50 centimes pour 100. — V. 5948.

2. CHARGE. — Lorsqu'il est stipulé que si l'adjudicataire ne se libère pas en temps déterminé, il payera 5 pour 100 à titre d'indemnité, il n'y a pas charge à ajouter au prix. — V. 1698-3.

9602. Eaux. — Lorsqu'un décret autorise la surélévation des eaux d'un canal d'usine, et que les riverains règlent ultérieurement l'indemnité à laquelle ils ont droit, le droit de 5 fr. 50 cent. pour 100 est exigible. — V. *Servitudes*.

9603. Expropriation pour cause d'utilité publique. — Les indemnités stipulées pour expropriation pour cause d'utilité publique donnent ouverture au droit de 50 centimes pour 100, lorsqu'elles sont à la charge du propriétaire qui profite. — V. 8709.

9604. Jugement. — Si une condamnation judiciaire était prononcée à titre d'indemnité et non à titre de dommages-intérêts, il ne faudrait pas conclure que le droit de 2 pour 100 doit être perçu ; car, s'il est vrai que la loi n'a pas tarifé les dommages-intérêts lorsqu'il s'agit d'une transaction civile, le tarif de 50 centimes pour 100 n'est pas exclusif d'une condamnation judiciaire.

1. ROUTES. — EXTRACTION DE MATÉRIAUX. — Ainsi, le préfet d'un département a autorisé un entrepreneur de routes à extraire du sable des propriétés particulières, à charge d'*indemnité*. L'un de ces propriétaires, n'ayant pas été payé, s'est pourvu devant le préfet, qui, par un arrêté, a condamné l'entrepreneur à une somme de 2,000 francs pour indemnité. Il a été reconnu que cet arrêté était passible

de 50 centimes pour 100, comme règlement d'indemnité (3704 J. E.).

2. ARRÊT DU CONSEIL D'ÉTAT. — Un arrêt du conseil d'État, qui a alloué à un ancien fournisseur d'ébénisterie de la maison du roi Charles X une indemnité de 10,240 francs pour les pertes qu'il a éprouvées par suite de la rupture du marché conclu avec l'ancienne liste civile, n'est passible que du droit fixe de 25 francs, par application de l'art. 47 n° 3 L. 28 avril 1816, et la perception du droit de 50 centimes pour 100 sur la somme allouée a été réduite (Sol. 30 août 1842, Fess. p. 41 n° 13.)

3. DÉPÔT. — Il n'est dû que 50 centimes pour 100 sur le jugement portant que le défendeur payera annuellement aux demandeurs une somme déterminée tant qu'un dépôt de vidanges existera près de la maison de ces derniers (Marseille 30 juill. 1857).

9605. Constructions. — Nous avons examiné au mot *Constructions* la question de savoir si le droit d'indemnité est exigible sur la somme moyennant laquelle le propriétaire du terrain conserve les constructions élevées par un tiers. Ajoutons ici que quand c'est le droit d'indemnité qui est dû, il n'y a pas lieu d'appliquer la disposition d'après laquelle le droit d'indemnité ne peut excéder celui de la disposition principale qu'elle a pour objet. Il n'y a pas là de disposition principale susceptible d'enregistrement : le droit de 50 centimes pour 100 doit donc être perçu sans limitation (Demante n° 491).

1. TIERS ACQUÉREUR. — Il a été spécialement reconnu que lorsqu'un preneur s'est engagé à élever des constructions sur un terrain loué, constructions que le bailleur *devait conserver à fin de bail*, moyennant *remboursement* de 800 francs et que le bail est résilié sur la demande d'un tiers acquéreur qui tient compte de 650 francs au preneur, le droit de quittance est seul exigible sur cette somme (14154-1 J. E.).

2. IMPENSES. — Le jugement qui condamne le propriétaire d'un immeuble à tenir compte aux détenteurs de cet immeuble de la valeur des impenses venant de leur fait, n'est passible que du droit de 50 cent. pour 100 (Sol. 31 juill. 1877).

9606. Marché. — L'acte par lequel le maître résilie le marché en indemnisant l'ouvrier de ses dépenses est un contrat d'indemnité sujet au droit de 50 centimes pour 100. — V. *Marché* 11202-2.

9607. Théâtre. — Subvention. — Le marché passé entre une ville et un directeur de théâtre pour l'exploitation du théâtre de cette ville moyennant une subvention qu'elle s'oblige à lui payer, donne ouverture au droit proportionnel de 50 centimes pour 100, comme indemnité, sur le montant de la subvention (Cass. 16 nov. 1847).

« Vu, porte l'arrêt, les art. 4 et 69 § 2 n° 8 L. 22 frimaire an 7;—Attendu qu'aux termes de l'art. 69, les cautionnements de sommes et objets mobiliers et les indemnités de même nature sont sujets au droit proportionnel de 50 centimes par 100 fr.;—Attendu que la clause par laquelle l'autorité municipale alloue une subvention à la personne qui entreprend l'exploitation d'un théâtre contient une obligation de sommes, ce qui la fait rentrer dans la disposition générale de l'art. 4, et que la somme allouée a le caractère d'une indemnité, puisque son objet est de pourvoir à l'insuffisance reconnue des produits ordinaires des représentations théâtrales, ce qui la place dans le cas du n° 8 § 2 de l'art. 69 (8037 C., S. 47-1-42, 14378 J. E., 1814-15 I G., Champ. et Rig. t. 6, n° 240).

La même interprétation résulte d'un jugement de Strasbourg, du 28 mai 1856 (V. 395-7) et d'un jugement de Marseille du 12 août 1875 (19893 I. G., 4476 R. P.) mais elle est contestable. — V. 4476 R. P

9608. Ratification. — Vente. — L'acte par lequel les héritiers du mari promettent de payer à la femme une somme pour réparer le dommage qui lui a été causé par la vente de ses biens consentie par le mari seul, est passible du droit de 50 centimes pour 100, car la somme n'a été promise qu'à titre d'indemnité du préjudice que la femme doit souffrir par la ratification de la vente (17753 J. E.).

9609. Résiliation de bail. — Le droit d'indemnité et non celui de bail est exigible sur la somme qu'un fermier, en résiliant son bail, s'oblige à payer au propriétaire. Les questions que soulèvent les résiliations de baux ont été examinées au mot *Bail*.

9610. Société. — L'indemnité attribuée dans un acte de société au gérant de l'entreprise pour le remboursement des avances et frais par lui fait pour la constitution de la société est passible, comme stipulation d'indemnité, du droit de 50 centimes pour 100 et non pas du droit de marché d'industrie (Cass. 29 nov. 1869):

« Vu, porte cet arrêt, l'art. 69 § 2 n° 8 L. 22 frimaire an 7 ; — Attendu que, par la clause de l'art. 10 de l'acte de société qui attribue au gérant une indemnité de 1,000 francs pour frais de déplacement et dépenses préliminaires à la formation de la société, il a été perçu un droit proportionnel de 50 centimes pour 100 dont la société de la sucrerie de Douzy n'a pas demandé la restitution, mais que l'Administration de l'enregistrement a prétendu devoir être porté à 1 pour 100 comme constituant le salaire d'un louage d'ouvrage ; mais attendu que cette indemnité ne pouvait constituer, dans tous les cas, que le remboursement d'avances ou de dépenses faites par le gérant, et n'était de nature à donner lieu, dès lors, qu'à la perception d'un droit proportionnel de 50 centimes par 100 francs, conformément à la disposition précitée ; qu'en décidant, au contraire, qu'il y avait lieu à la perception du droit proportionnel de 1 pour 100 établi par le § 3 n° 1er du même article, le jugement attaqué a faussement appliqué cette dernière disposition, en même temps qu'il a violé l'art. 69 § 2 n° 8 L. 22 frimaire an 7 » (3030 R.P., 2456-1. I.G., B. C. 208, S. 70-1-137, D. 70-1-270, P. 70-308).

9611. Indemnité immobilière. — A proprement parler, il n'y a pas d'indemnité immobilière. En effet, l'argent ou les objets de même nature sont seuls susceptibles de représenter une valeur d'une manière abstraite ; or, un préjudice étant une chose essentiellement abstraite, il en résulte que ce préjudice ne peut s'indemniser qu'au moyen d'une valeur mobilière. Un immeuble qui serait donné comme compensation ne pourrait être considéré comme l'équivalent du dommage, il serait le payement de la valeur endommagée, mais non la valeur elle-même. Cependant, il est d'usage d'appeler, quoique fort improprement, indemnité immobilière, celle qui est due pour l'expropriation d'un immeuble ou l'usage perpétuel d'une servitude.

1. EXPROPRIATION.— En principe, l'indemnité d'expropriation est un prix de vente qui devrait donner ouverture au droit proportionnel; mais, dans le cas le plus fréquent, celui d'expropriation pour cause d'utilité publique, l'opération est affranchie de tout impôt par l'art. 58 L. 3 mai 1841.

2. SERVITUDE. — La constitution d'une servitude étant comprise parmi les actes translatifs de propriété, l'indemnité due pour l'établissement d'une servitude doit être considérée comme un prix de vente d'immeubles sujet au droit de 5 fr. 50 cent. pour 100. On en trouve des exemples dans la loi du 29 avril 1845, sur les irrigations, et dans celle du 11 avril 1847, sur les barrages.

3. ENCLAVE. — Quant au cas d'enclave, réglé par l'art. 682 C. C., tout dépend de savoir si l'indemnité est stipulée en retour de l'établissement définitif d'un droit de passage, à titre de servitude (5 fr. 50 cent. pour 100); ou si l'indemnité est stipulée à raison du passage, envisagé comme fait accidentel, et devant cesser quelque jour (50 cent. pour 100). La perception, à cet égard, doit être réglée par la teneur des actes. Cette opinion, que nous avions émise dans nos précédentes éditions, a été adoptée par M. Demante n° 489.

4. SURCHARGE DE MUR MITOYEN. — Il ne faut pas voir non plus une indemnité immobilière dans la somme à payer pour fait de surcharge par le copropriétaire qui fait exhausser le mur mitoyen (art. 658 C. C.). Rien n'est changé dans la propriété du mur, le droit de 50 centimes pour 100 est seul exigible.

9612. Indemnité promise ou payée.— Champ. et Rig. enseignent (n°° 1383, 1385), que le mot *indemnité* comprend le contrat avec terme pour son exécution comme la convention dont l'acte constate à la fois la formation et l'accomplissement, et il ajoute que les obligations civiles, consenties à titre de dommages-intérêts, donnent ouverture au droit de 50 centimes pour 100 et non à celui de 1 pour cent exigible pour les prêts.

Dalloz n'admet pas cette interprétation. Selon lui, la *promesse* d'indemnité constitue une véritable obligation de sommes, et on doit appliquer le tarif spécial à ces contrats (n° 1554). On peut invoquer à l'appui de cette dernière opinion l'I. G. 1236-7.

Nous ne la croyons cependant pas exacte. Selon nous, l'indemnité tarifée à 50 centimes pour 100 par l'art. 69 § 2 n° 8 doit s'entendre de l'indemnité promise aussi bien que de l'indemnité payée. S'il en était autrement, et si le législateur avait voulu borner l'application de ce tarif aux indemnités payées, c'est-à-dire aux quittances d'indemnité, il n'aurait pas pris le soin d'insérer pour cela une disposition particulière dans l'art. 69, puisque cet article soumettait en termes généraux au même droit de 50 centi-

mes « les quittances et tous actes ou écrits portant libération de sommes et valeurs mobilières (n° 11). » En tarifant
dans un texte spécial les indemnités mobilières, le législateur n'avait donc pas en vue les simples quittances de ces
indemnités. Il ne pouvait se référer qu'aux promesses ou
aux engagements de les payer. Et on comprend qu'il était
contraint de s'expliquer à cet égard, puisque sans cela ces
engagements auraient été atteints par le tarif général des
obligations.

C'est ce qui a été décidé par une Sol. 30 novembre 1866
(2382 R. P.) et ce qu'enseignent également M. Demante
n° 493 et le Journal du notariat n° 1952.

La même doctrine résulte virtuellement de l'arrêt de cass.
du 16 novembre 1847 portant que le traité par lequel une ville
promet une subvention à un entrepreneur de théâtre, est passible, comme stipulation d'indemnité mobilière, du droit de
50 centimes pour 100 (n° 9607); — et d'un second arrêt du
29 novembre 1869 aux termes duquel la clause d'un acte de
société qui oblige la société à rembourser à l'associé gérant,
des avances faites pour la constitution de l'entreprise, ne
donne lieu qu'au droit de 50 centimes pour 100 et non pas
au droit de 1 pour 100 (arrêt rapporté n° 9610).

Dans tous les cas, il n'est pas douteux que c'est le tarif de
l'indemnité et non celui de la quittance qu'il faut appliquer
au payement de la somme versée à ce titre. Ainsi que le dit
Dalloz : « l'indemnité proprement dite consiste dans la chose
ou la somme d'argent remise en dédommagement : toutefois,
ce n'est pas cette chose même qui est tarifée par la loi, car
là loi ne tarife pas les choses; mais elle entend ainsi par indemnité l'acte par lequel on constate la dation de l'indemnité ou la promesse de donner, et c'est cet acte qu'elle tarife »
(n° 1563)

9613. Indemnité indéterminée. — Ce que le
droit proportionnel atteint, ce n'est pas la création de l'obligation d'indemnité, c'est sa détermination. Cette considération explique la portée de l'art. 68 § 1er n° 37, tarifant au
droit fixe « les promesses d'indemnité indéterminées et non
susceptibles d'estimation. » Ainsi, dit M. Demante n° 487, une
indemnité, consistant en denrées dont le cours est facile à
constater, subira immédiatement le droit proportionnel,
parce qu'elle est susceptible d'une estimation immédiate.
Mais une convention, qui se bornerait à poser le principe de
l'indemnité, ne le subira pas. Si les parties s'en remettent pour l'évaluation, à l'arbitrage d'un tiers, c'est sur
l'acte, constatant la décision de l'arbitre, que sera encouru
le droit proportionnel.

9614. Cession. — De quel droit est passible la cession
d'une indemnité ? — V. Cession de créances.

9614 bis. Acte administratif. — La promesse
d'indemnité par acte administratif est exempte du timbre et
de l'enregistrement. — V. 417 bis.

INDICATION DE PAYEMENT.

9615. — C'est une convention désignant un tiers pour
recevoir le payement qui devait être fait à l'une des parties.
Si la personne désignée est créancière de l'indiquant, ce

T. III.

n'est plus une simple indication de payement, mais une délégation imparfaite. La délégation devient parfaite par le
concours et l'acceptation des créanciers. — L'indication de
payement proprement dite, ne produit pas novation (1277
C. C.). Il en est autrement lorsqu'elle contient délégation
(Pothier n° 488, Toullier t. 7 n° 24).

Le débiteur se libère valablement entre les mains de la
personne indiquée, quoiqu'elle soit incapable, pourvu que
l'incapacité ou le changement d'état n'ait pas lieu depuis
l'indication de payement.

Les héritiers de la personne indiquée n'ont aucune qualité
pour recevoir le payement en vertu de l'indication faite sur
leur auteur; le débiteur qui payerait entre leurs mains ne
se libérerait donc pas valablement (L. 55 ff. de Verb. oblig.;
Pothier n°s 486 et 487, Toullier loc. cit.). — V. Délégation.

INDIGENT.

9616. Définition. — L'indigent est l'individu qui
manque des choses nécessaires à la vie.

9617. Exemption. — La loi doit, dans toutes les circonstances, venir au secours des indigents. Aussi, en matière
d'enregistrement et de timbre, elle ne se contente souvent pas
de leur accorder une immunité temporaire des droits, c'est-
à-dire le sursis du payement sauf recouvrement en cas de retour à meilleure fortune, elle les exempte définitivement en
autorisant la formalité gratis, pour les actes qui les concernent.

9618. Mention. — Destination. — Certificat.
— Pour éviter les abus, la loi rattache cette exemption à
l'accomplissement de certaines conditions. C'est ainsi qu'elle
exige tantôt que mention de l'indigence soit faite sur l'acte
soumis à la formalité (V. 9622-3), tantôt que la destination
de la pièce qui concerne l'indigent soit indiquée (V. 9622-3),
tantôt enfin que l'acte soit accompagné d'un certificat, délivré
par l'autorité compétente et constatant l'indigence. — V. 9618
et 9622-2.

9619. Obligation des employés. — Mais si,
avant de faire jouir l'acte du bénéfice de l'exemption, les employés ont à examiner si les formalités exigées ont été remplies, là se bornent leurs obligations. Aucune disposition de
loi ne les autorise à s'enquérir de la position réelle de l'individu déclaré indigent. C'est ainsi qu'une D. m. f. 1er août
1848 (1699 I. G.) a reconnu que les receveurs ne seraient pas
fondés de refuser de donner la formalité gratis, sous le prétexte que le père ou la mère de l'indigent payerait des
impôts ou serait dans une position de fortune aisée.

9620. Certificat d'indigence. — L'indigence étant
favorisée de l'exemption de tous droits, il en résulte, par une

59

conséquence directe, que le certificat destiné à la constater devait être dispensé du timbre : c'est ce qu'ont établi les I. G. 90 et 978.

9621. Expédition d'acte administratif. —
L'art. 80 L. 15 mai 1818, après avoir posé en principe que toute expédition d'acte administratif délivrée aux parties doit être assujettie au timbre, établit elle-même une exception à cette règle, en autorisant la délivrance sur papier libre des expéditions des actes administratifs aux individus indigents, *à la charge d'en faire mention dans l'expédition.* — V. *Acte administratif.*

9622. Mariage. — Légitimation et retrait d'enfant naturel. —
Suivant l'art. 4 L. 10 décembre 1850, doivent être visés pour timbre et enregistrés gratis, lorsqu'il y a lieu à enregistrement, les extraits des registres de l'état civil, les actes de notoriété, de consentement, de publications, les délibérations de conseil de famille, les certificats de libération de service militaire, les dispenses pour cause de parenté, d'alliance ou d'âge, les actes de reconnaissance d'enfants naturels, les actes de procédure, les jugements ou arrêts dont la production est nécessaire au mariage des indigents, à la légitimation de leurs enfants naturels et au retrait de ces enfants déposés dans les hospices (16094 J. E., 14283 J. N., 1876 I. G.). Cette loi a abrogé l'art. 8 L. 3 juillet 1846 (12899 J. N., 14035-2 J. E., 1774 I. G.) qui contenait des dispositions analogues (V. également D. m. f. 1er août 1848, 13472 J. N.).

Époque du visa pour timbre. — Il n'est pas nécessaire que les pièces soient rédigées sur papier visé pour timbre à l'avance ; elles doivent être écrites sur papier visé pour timbre gratis après leur rédaction et au moment de l'enregistrement lorsqu'il y a lieu (Dél. 25 nov. 1853, 2003 § 10 I. G.). — V. 841.

1. PUBLICATION ET CERTIFICAT. — La dernière disposition de l'art. 4 ci-dessus visé, dispense même de la formalité du visa pour timbre gratis les publications civiles et les certificats constatant la célébration civile du mariage, qui doivent être remis aux ministres des cultes, conformément à l'art. 54 L. 18 germ. an 10. — Une D. m. f. 30 mai 1849 (14752-1 J. E.) avait déjà accordé à ces actes la faveur du visa pour timbre gratis.

2. CERTIFICAT D'INDIGENCE. — Mais pour être admises au bénéfice de la loi du 10 décembre 1850, les parties doivent, aux termes de l'art. 6, justifier d'un certificat d'indigence à elles délivré par le commissaire de police, ou par le maire dans les communes où il n'existe pas de commissaire de police.

3. MENTION. — Aux termes de l'art. 7, il doit être fait mention expresse dans les actes, extraits, copies ou expéditions délivrées, qu'ils sont destinés à servir à la célébration d'un mariage entre indigents, à la légitimation de leurs enfants ou au retrait de ces enfants déposés dans les hospices.

4. AMENDE. — Suivant le même article, ces pièces ne pourront servir à d'autres fins, sous peine de 25 francs d'amende, outre le payement des droits, contre ceux qui en auront fait usage, ou qui les auront indûment délivrées ou reçues, et le recouvrement de ces droits et amende de contravention sera poursuivi par voie de contrainte, comme en matière d'enregistrement.

5. ÉTRANGER. — Enfin, l'art. 9 étend l'application de la loi du 10 décembre 1850 au mariage entre un Français ou une Française et un étranger, et dispose qu'elle sera exécutoire aux colonies.

Une D. m. f. 3 septembre 1861 (2204 § 2 I. G., 1885 R. P.) a reconnu que l'exemption des droits de timbre et d'enregistrement accordée par l'art. 4 L. 10 décembre 1850 (1876 I. G.) est applicable aux pièces nécessaires au mariage de Français indigents, *à célébrer à l'étranger.* Toutefois, elle exigeait que les certificats d'indigence à produire par les parties intéressées pour obtenir les formalités du timbre et de l'enregistrement *gratis* fussent délivrés par les autorités françaises désignées dans l'art. 6 de la loi.

L'exécution de cette dernière disposition ayant donné lieu à des difficultés, la question a fait l'objet d'un nouvel examen.

Le ministre, s'inspirant des mesures adoptées, pour des situations analogues, par diverses conventions internationales relatives à l'assistance judiciaire (Déc. 7 mai et 8 juin 1870, 11e série, Bull. 1803 nos 17714 à 17716 et Bull. 1807 no 17662), a décidé, le 25 juin 1870, qu'il y a lieu d'admettre, pour la constatation de l'indigence, les certificats délivrés en *pays étrangers,* suivant les formes usitées dans ces pays, par les autorités remplissant des fonctions analogues à celles des autorités françaises désignées dans l'art. 6, et à la condition que ces certificats soient revêtus du visa des agents consulaires de France (2407 I. G., 3370 R. P.).

6. ENFANTS TROUVÉS. — Les extraits des actes de l'état civil, délivrés par les maires pour faire admettre à l'hospice des enfants trouvés, sont exempts du timbre, qu'ils soient transmis directement aux préfets par les maires, ou qu'on les remette aux commissions administratives des hospices chargés d'en faire la production (D. m. f. 3 fév. 1836, 11504 J. E.).

7. RECTIFICATION. — D'après l'art. 75 L. 25 mars 1817, doivent être visés pour timbre et enregistrés *gratis* les actes de procédure et les jugements à la requête du ministère public, ayant pour objet de réparer les omissions et faire les rectifications sur les registres de l'état civil, d'actes qui intéressent les individus *notoirement indigents.* — V. 6981.

9623. — Militaire. — Notoriété. —
Les actes de notoriété et les procès-verbaux rédigés par les juges de paix pour constater les causes et les circonstances de la disparition des militaires, et le fait de privation des moyens d'existence de leurs veuves et orphelins, sont exempts du timbre et de l'enregistrement (D. m. f. 26 janv. 1824, 1124 I. G.).

Une Dél. 22 janvier 1830 (9567 J. E.) porte que les actes de notoriété à produire au ministre de la guerre, pour *suppléer l'acte de naissance de la veuve* d'un ancien militaire, et son état d'indigence, est passible du droit de 2 francs (3 fr.). Il nous semble que le principe qui veut que les exceptions libérales soient interprétées avec faveur doit faire appliquer à l'espèce la décision ministérielle de 1824, car ces deux actes de notoriété ont le même but, celui de faire obtenir des secours ou une pension à la veuve indigente. — *V.* 1028-3.

9624. Actes respectueux. — L'Administration, en transmettant, par l'I. G. 1876, la loi du 10 décembre 1850, relative à la célébration du mariage des indigents (*V.* 9622), fait remarquer que les actes respectueux ne sont pas comptés au nombre des pièces susceptibles d'être visées pour timbre et enregistrées *gratis*.

Comme sous l'empire de la loi du 3 juillet 1846, le ministre des finances avait décidé, le 1er août 1848 (14362 J. N.), que les actes de l'espèce devaient être visés et enregistrés gratis, il nous avait d'abord paru que la loi de 1850 avait été promulguée dans le même esprit. Mais la question ayant été examinée de nouveau, nous avons reconnu l'exactitude de la doctrine administrative. En effet, le rapport fait à l'Assemblée législative sur la loi de 1850 s'exprime ainsi :

« ..... C'est à dessein que nous avons omis les actes respectueux. Si la loi a dû prévoir la résistance arbitraire ou inconsidérée de quelques parents, si, dans cette vue, elle a toléré une sorte de violence à l'autorité paternelle, il nous a paru sage de ne pas élargir une exception regrettable, bien qu'elle soit légitimée. »

Le tribunal d'Avignon a donc bien jugé, le 15 décembre 1859, que les actes respectueux ne tombaient pas sous l'application de la loi de 1850 (1763 R. P., 17722 J. N.). — *V.* 1485.

9625. Actes de notoriété. — Les actes de notoriété qui concernent les indigents sont souvent exemptés du timbre et du droit d'enregistrement. — *V.* 1028-3 et 6923.

9626. Caisse de survivance. — Les actions de la caisse de survivance d'accroissement délivrées aux indigents sont exemptes de timbre ; mais il faut, pour que le bénéfice de l'exemption puisse être appliqué, que dans le corps des inscriptions il soit fait mention de leur destination et de leur délivrance gratuite (D. m. f. 9 juin 1820, 6767 J. E.).

9627. Actes de procédure. — Il avait toujours paru juste d'exempter les actes des procédures qui intéressent les indigents de l'enregistrement et du timbre, ou du moins de les admettre à ces formalités en débet. Les motifs de cette exemption, qui a pour effet de laisser aux indigents le libre exercice de leurs droits civils, sont d'accord avec l'humanité et la morale. Cependant on n'avait pas cru, pendant longtemps (*V.* notamment 1303 § 2 I. G.), devoir accéder aux demandes réitérées qui avaient été faites à cet égard : le motif de ce refus avait sans doute pour cause les abus qui peuvent en résulter et l'embarras où doivent se trouver les préposés qui, ainsi que nous l'avons dit au n° 9619, n'ont pas le droit de contester l'indigence des contribuables,

une fois qu'elle a été certifiée par des fonctionnaires de l'ordre administratif ; d'où la conséquence qu'il dépendrait en définitive de ces derniers d'étendre ou de resserrer la sphère de l'impôt. Mais la loi du 22 janvier 1851 sur l'assistance judiciaire est venue réparer de la manière la plus complète la lacune qui existait à cet égard dans la législation. Nous avons donné aux dispositions de cette loi, V. *Assistance judiciaire*, les développements convenables, nous n'y reviendrons pas.

9628. Enfants trouvés. — 1. NOURRICES. — Les certificats constatant que les nourrices destinées aux enfants trouvés sont de bonnes vie et mœurs, sont exempts du timbre, attendu qu'ils sont délivrés dans l'intérêt d'enfants indigents (D. m. f. 25 juin 1841, 12697-2 J. E.).

Le même motif a fait exempter du timbre les quittances de l'indemnité de 50 francs accordée par l'arrêté du 30 ventôse an 11 aux nourrices qui ont conservé jusqu'à l'âge de douze ans des enfants trouvés, car cette indemnité doit être considérée comme un secours indirect à l'enfant trouvé qui a profité des soins qu'elle a pour objet de récompenser (D. m. f. 8 avr. 1835, 11231 J. E.). — Il en est de même des quittances de sommes payées par les hospices pour mois de nourrice des enfants trouvés (D. m. f. 10 janv. 1834, 1447 I. G., qui a abrogé D. m. f. 26 déc. 1832, 10686 J. E., 1422 § 19 I. G., D. m. f. 18 janv. 1830, 9645 J. E.) ; — et plus généralement de toutes les quittances concernant les dépenses des enfants assistés (Circ. de compt. du 20 janv. 1877, n° 4576 R. P.).

2. SAGE-FEMME. — Par le même motif, on doit considérer comme abrogée la Dél. 26 avril 1831 (10053 J. E.) qui a reconnu passible du timbre les quittances de gratification aux sages-femmes qui ont soigné des femmes indigentes.

3. FRAIS DE VOYAGE. — HONORAIRES. — Cependant une Dél. 30 décembre 1839 a maintenu le droit de timbre : 1° sur les quittances des frais de voyage payés par les hospices aux conducteurs, nourrices, surveillants des enfants trouvés ; — 2° sur les quittances des honoraires payés aux médecins qui ont visité ces enfants (12455 J. E.).

4. EXTRAITS DE L'ÉTAT CIVIL. — Les extraits des actes de l'état civil délivrés par les maires pour faire admettre à l'hospice les enfants abandonnés sont exempts de timbre, qu'ils soient transmis directement aux préfets par les maires, ou qu'on les remette aux commissions administratives des hospices chargés d'en faire la production (D. m. f. 3 fév. 1830, 11504 J. E.).

Par le même motif, les certificats de vie des enfants trouvés produits à l'appui des mandats de payement des mois de nourrice (D. m. f. 26 janv. 1832, 10239 J. E., 1401 § 9 I. G. — *Contrà* Sol. 26 juill. 1831, 11173 J. E.).

9629. Mémoires. — Les mémoires des médecins et pharmaciens, pour soins donnés et fournitures faites aux indigents, sont sujets au timbre, car il n'y a d'exemptions que pour les quittances de sommes payées aux indigents ou à leur décharge (D. m. f. 21 mai 1859, 2155 § 4 I. G., 1209 R. P.). — Il en est de même de tous les mémoires relatifs aux dépenses des enfants assistés (Circ. de compt. du 20 janv. 1877, 4576 R. P.) ; mais quand ils ont été rédigés par un fonctionnaire de l'Administration sur des renseignements administratifs non fournis par le médecin, ils sont exemptés du timbre (Sol, 7 sept. et 22 déc. 1877).

9630. Pourvoi en cassation. — On a vu, au n° 5074-1, qu'en matière de requête civile les indigents sont tenus de consigner l'amende, tandis qu'ils en sont dispensés en matière de pourvoi en cassation. Mais un certificat d'indigence produit devant la Cour de cassation, et qui a dispensé l'appelant de consigner l'amende, ne peut être invoqué pour le soustraire au payement des droits d'enregistrement de l'arrêt qui a rejeté son pourvoi (Seine 2 mai 1849, 14750 J. E.).

9631. Aliénés. — Les quittances et décomptes des pensions dues par les départements pour les indigents placés dans des asiles publics ou dans des établissements particuliers d'aliénés sont exempts de timbre (D. m. f. 28 juill. 1845, 13905-9 J. E., 1767 § 14 I. G.).

Même règle à l'égard des aliénés indigents à la charge d'une commune et mis dans un hôpital (D. m. f. 18 oct. 1838, 10253 J. N., 1577 § 26 I. G.).

La raison de ces décisions est que la pension d'un aliéné indigent dans un hospice est réellement un secours payé à l'indigent.

9632. Dépôts de mendicité. — Il en est de même des quittances et décomptes du prix des journées dues par les départements aux dépôts de mendicité, pour les indigents conduits dans ces établissements par suite de condamnations judiciaires, ou admis par ordre des préfets (D. m. f. 3 janv. 1840, 1767 § 14 I. G.).

9633. Détenus. — Les quittances délivrées aux administrations des maisons de force pour prix de fournitures faites aux condamnés sont exemptes de timbre, car les détenus doivent être assimilés aux indigents (D. m. f. 30 juin 1846, 14042-4 J. E., 1767 § 17 I. G.).

9634. Pensionnaires de la liste civile. — Les pouvoirs sous seing privé donnés par les pensionnaires de l'ancienne liste civile dont l'indigence est certifiée, à l'effet de toucher des secours, sont exempts de timbre, et ils ne sont assujettis à l'enregistrement qu'autant qu'il en est fait usage dans les termes de l'art. 23 L. 22 frimaire an 7 (D. m. f. 15 avr. 1846, 14101-3 J. E.).

9635. Quittance. — D'après l'art. 16 L. 13 brumaire an 7, les quittances des sommes payées aux indigents sont exemptes du timbre. Cette disposition a été appliquée, savoir :

1. APPRENTISSAGE. — Aux payements faits pour prix d'apprentissage des enfants trouvés (D. m. f. 14 août 1838).

2. CHEMINS VICINAUX. — Aux quittances données aux receveurs municipaux par les indigents employés aux travaux des chemins vicinaux (D. m. f. 9 oct. 1835, 1513 § 12 I. G.).

3. DISTRIBUTION D'ARGENT. — Lorsque les bureaux de bienfaisance font faire des distributions d'argent par l'intermédiaire de personnes autres que les receveurs de ces établissements, les quittances des sommes distribuées que donnent ces personnes, aux lieu et place des indigents qui les ont reçues, sont exemptes du timbre, ainsi que l'état des distributions opérées (Sol. 10 mai 1843).

4. DROIT DES PAUVRES. — L'exemption du timbre s'applique aux quittances du droit des pauvres sur le produit des représentations théâtrales, des concerts et des bals; à celles des recettes provenant des quêtes (D. m. f. 9 janvier 1843).

5. SECOURS. — Même règle à l'égard des sommes payées à titre de secours aux bureaux de charité (D. m. f. 31 mars 1824, 1132 § 16 I. G.).

Il en est de même pour secours accordés par une commune à des veuves de pompiers ou autres employés, lorsqu'il est établi qu'elles sont dans l'indigence. — Mais il faut pour cela que l'indigence soit constatée.

6. SUBVENTIONS. — Sont exemptes de timbre les quittances données par les receveurs, trésoriers ou agents comptables des hospices, bureaux de charité et autres établissements de bienfaisance, aux receveurs des communes, du montant des subventions qui leur sont allouées sur les budgets communaux (Nomenclature p. 463 jointe à l'I. G. m. f. du 17 juin 1840).

Celles données par les mêmes agents aux payeurs du Trésor pour subventions ou secours accordés à ces établissements de bienfaisance sur le budget de l'État (1391 I. G. et Sol. 31 mars 1840).

9636. Choléra. — Les états, mémoires ou mandats, et généralement toutes les pièces produites par les receveurs municipaux pour justifier de l'emploi des sommes accordées à titre de secours aux indigents atteints du choléra-morbus, sont affranchis du timbre, pourvu que l'origine de la dépense y soit rappelée (D. m. f. 23 août 1832, basée sur l'art. 16 L. 13 brum. an 7, 10437 J. E.).

9637. Dispense d'âge. — Les pièces relatives aux dispenses d'âge pour le mariage des indigents doivent être visées pour timbre et enregistrées gratis.

9638. Renvoi. — Ces questions ont été plus amplement développées au mot *Établissements publics*, à propos de l'indication des pièces à fournir à l'appui de la comptabilité. Nous y renvoyons le lecteur.

INDIGNITÉ.

9639. — Ce mot exprime l'état de ceux qui, ayant manqué à quelque devoir envers un défunt, sont pour cela privés de sa succession.

Autre chose est l'*incapacité* et autre chose est l'*indignité*. On peut être capable de recueillir une succession, et néanmoins en être déclaré indigne. L'indignité suppose même nécessairement la capacité : car on ne peut être déclaré indigne de recueillir une chose que lorsqu'on y est appelé.

9640. Causes d'indignité. — Les causes qui font encourir l'indignité sont au nombre de trois. Sont indignes de succéder, et comme tels exclus des successions :

1° Celui qui serait condamné pour avoir donné ou tenté de donner la mort au défunt ;

2° Celui qui a porté contre le défunt une accusation capitale jugée calomnieuse ;

3° L'héritier majeur qui, instruit du meurtre du défunt, ne l'aura pas dénoncé à la justice (727 C. C.).

9641. Action en indignité. — L'indignité n'est pas encourue de plein droit. Elle doit être poursuivie par les héritiers, réguliers ou irréguliers, appelés à concourir avec l'indigne ou qui auraient recueilli à son défaut. Mais elle n'appartient qu'à ceux qui doivent profiter de ses résultats, c'est-à-dire aux héritiers qui sont en droit de prendre la place de l'indigne ou de concourir avec lui. Un parent qui ne serait point habile à succéder au défaut de celui-ci serait sans intérêt, et, par conséquent, non recevable à intenter l'action d'indignité.

9642. Effets de l'indignité. — 1. RESTITUTION DE FRUITS. — L'indigne est tenu de rendre tous les fruits et les revenus dont il a eu la jouissance depuis l'ouverture de la succession (729 C. C.) ; car il est au rang des possesseurs de mauvaise foi, même avant la demande (Demante t. 3 n° 28 *bis*, Mourlon *Rép. écrites* t. 2 p. 26, Marcadé art. 729 n° 82). — Mais il ne devrait des intérêts des sommes gardées entre ses mains qu'à dater du jour de la demande (Toullier t. 4 n° 114, Demante t. 3 n° 35 *bis*, Massé et Vergé t. 2 p. 246, Malpel n° 56, Demolombe t. 13 n° 307. — Con*trà* Domat L. civ. liv. 1er tit. 1er sect. 3 n° 12, Mourlon Rép. v° *Indig.* 15, Duranton t. 6 n° 123, Marcadé art. 729 n° 2, Aubry et Rau et Zachariæ t. 4 p. 173, Vazeille art. 729 n° 1er).

2. DETTE ENVERS OU CONTRE LE DÉFUNT. — S'il était débiteur du défunt, sa dette, qui avait été éteinte par confusion, s'il était seul, ou pour sa part héréditaire, s'il avait des cohéritiers, renaîtrait contre lui, comme s'il n'y avait pas eu de confusion. Et il faudrait en dire autant dans les cas où, au lieu d'être débiteur, il aurait été créancier ; sa créance reparaîtrait également (Marcadé art. 729 n° 3, Toullier t. 13 n° 116, Duranton t. 6 n° 124, 125, Chabot art. 780 n° 3, Demante t. 3 n° 38 *bis*, Aubry et Rau t. 4 n° 174, Massé et Vergé t. 2 p. 247, Demolombe t. 13 n° 102 *bis*).

3. VENTE. — Que doit-on décider par rapport aux actes et particulièrement aux ventes que l'héritier a pu faire des biens de l'hérédité, avant d'être déclaré indigne ?

Comme il était légalement saisi, ces ventes doivent être déclarées valables, pourvu qu'elles aient eu lieu sans fraude de la part des acquéreurs. On ne peut leur opposer la maxime *resoluto jure dantis, resolvitur jus accipientis*, parce que la résolution du droit de l'héritier est fondée sur un fait qui n'est imputable qu'à lui seul, et qui ne peut pas plus préjudicier aux tiers qui ont traité avec lui de bonne foi, que la révocation pour cause d'ingratitude, suivant l'art. 958 C. C. La raison de décider est parfaitement la même dans l'un et l'autre cas (Malleville art. 729, Chabot art. 727, Malpel n° 60, 61, Duranton t. 6 n° 126, Delaporte *Pandectes* art. 729, Toullier t. 4 n° 115, Merlin v° *Indignité* n° 15, Poujol art. 727, Belost-Jolimont *Obs.* 4, Zachariæ § 594 n° 8, Vazeille art. 729 n° 3, Marcadé art. 729 n° 1er, Malpel art. 60, Aubry et Rau t. 4 p. 175, Massé et Vergé t. 2 p. 247; — Bordeaux 1er déc. 1853, D. 54-2-157).

D'après Demolombe, il faudrait maintenir les actes nécessaires, tels que les payements faits de bonne foi à l'indigne par les débiteurs de la succession, les baux par lui passés, etc.; et, parmi les actes volontaires, ceux qui ont le caractère d'un acte d'administration en prenant ce mot dans son sens le plus large, ce qui comprend les ventes, les constitutions de charges réelles. Mais on devrait annuler l'aliénation des droits successifs, du *jus hæreditarium*, et la donation entre-vifs ou le legs qu'il aurait fait des biens héréditaires (t. 13 n° 313).

4. DONATION. — Cette disposition doit être appliquée aux dispositions faites même à titre gratuit. La capacité de l'indigne était la même (mêmes auteurs, sauf Chabot art. 727 n° 23 et Malpel n° 61, qui enseignent que les aliénations à titre gratuit sont révoquées).

Il faudrait déclarer ouverte en pareil cas la substitution vulgaire (Cass. 22 juin 1847, S. 47-1-673; 13 nov. 1855, S. 56-1-185).

9643. Héritiers de l'indigne. — Les enfants de l'indigne, venant à la succession de leur chef et sans le secours de la représentation, ne sont pas exclus pour la faute de leur père; mais celui-ci ne peut, en aucun cas, réclamer sur les biens de cette succession l'usufruit que la loi accorde aux pères et mères sur les biens de leurs enfants (730 C. C.).

Ainsi, si l'indigne était seul héritier, ses enfants peuvent venir de leur chef, parce qu'ils se trouvent au plus proche degré d'hérédité (Vazeille sur l'art. 730 n° 1er, Demolombe *des Succ.* t. 13 n° 291).

Mais si l'indigne avait des cohéritiers, ceux-ci excluraient ses enfants, qui, ne pouvant le représenter, seraient à un degré au-dessous d'eux. Les cohéritiers de l'indigne excluront ses enfants, fussent-ils moins proches qu'eux, si, par le secours de la représentation (739, 740, 742 C. C.), ils s'élèvent au degré supérieur (Chabot n° 1er, Toullier t. 4 n° 112, Duranton t. 6 n° 130, Vazeille n° 1er).

1. REPRÉSENTATION. — Les enfants de l'indigne pourraient-ils être admis à le représenter, si celui-ci est mort avant la victime ou l'offensé ? Non, la loi ne distingue pas. Quand la loi a fait perdre à l'indigne la place et les droits qui lui étaient destinés, comment pourrait-il être utilement représenté (Merlin Rép. v° *Représentation*, sect. 4 § 3 n° 7, Chabot art. 744 n° 5, Duranton t. 6 n° 81, Malpel n° 104, Dalloz

p. 234, Delvincourt t. 2 p. 25 note 13, Zachariæ, Aubry et Rau t. 4 p. 176 et 184, Taulier t. 3 p. 138). — On soutient, cependant, le contraire, parce que l'indignité ne saurait être prononcée contre celui qui est mort avant l'auteur de la succession, de sorte qu'il décède *integri status*, que les enfants viennent en vertu d'une vocation héréditaire personnelle et qu'il est contraire à l'esprit de la loi que les enfants soient exclus par la faute de leur père (Demolombe t. 13 n° 292, Duvergier, Toullier t. 3 n° 112 note B, Favard de Langlade v° *Succ.* sect. 2 § 4, Demante t. 3 n° 39 *bis*, Marcadé art. 730 n° 83, Ducaurroy t. 2 n° 435, Massé et Vergé t. 2 p. 247).

2. L'INDIGNE PEUT RECUEILLIR LA SUCCESSION INDIRECTEMENT. — L'exclusion de l'indigne n'est relative qu'à la succession de la victime ou l'offensé. Il pourrait recueillir indirectement les mêmes biens dans la succession d'un autre qui en aurait hérité à sa place (Chabot n° 2, Duranton t. 6 n° 114, Dalloz p. 277, Vazeille n° 3, Demolombe t. 13 n° 296 à 299).

L'indigne, qui ne peut hériter de sa victime, n'est pas privé du droit de la représenter pour la succession d'un autre parent (Duranton t. 6 n° 132, Vazeille n° 4).

9644. Legs. — Les legs sont susceptibles d'être révoqués, après le décès du donateur, par des motifs qui supposent aussi l'indignité du légataire (1046 C. C.).

INDIVIDUALITÉ.

9645. — On appelle *individualité* ce qui distingue un individu d'un autre individu en d'autres termes, l'*individualité* et l'*identité* de la personne qui agit dans un acte.

« Aux termes de l'art. 11 L. 25 ventôse an 11, le nom, l'état et la demeure des parties devront être connus des notaires ou leur être attestés dans l'acte par deux citoyens connus d'eux, ayant les mêmes qualités que celles requises pour être témoin instrumentaire. » — V. 9483.

INDIVIS. — INDIVISION.

9646. Définition. — Le terme *indivis* se dit d'une chose qui n'est point divisée entre ceux qui la possèdent, et c'est encore en ce sens que l'on dit que des biens sont *indivis*, qu'une succession est *indivise*. Quelquefois le terme d'*indivis* simplement est employé comme synonyme d'*indivision*; il signifie l'état de communauté dans lequel jouissent plusieurs copropriétaires : on dit alors qu'ils jouissent par *indivis*.

9647. Deux sortes d'indivision. — On reconnaît deux sortes d'indivision, l'indivision *naturelle* et l'indivision *conventionnelle*.

L'indivision *naturelle* est celle qui existe indépendamment de la volonté des parties; telle est celle qui existe entre des cohéritiers, des colégataires. L'indivision *conventionnelle* est celle dans laquelle les parties se sont placées sciemment; telle est celle qui existe entre époux, entre associés.

9648. L'indivision ne peut être forcée. — Nul ne peut être contraint de rester dans l'indivision naturelle (815 C. C.). L'indivision conventionnelle, au contraire, enchaîne chacune des parties contractantes, qui ne peut la faire cesser que dans certains cas, et pour des motifs déterminés d'avance par la loi.

Le principe qui veut que nul ne puisse être contraint de rester dans l'indivision reçoit néanmoins quelques exceptions; ainsi il faut reconnaître comme non susceptibles de division ou de partage et même de licitation spéciale :

1° Les murs mitoyens, les allées, corridors, escaliers communs à une même maison, les fosses d'aisances, les puits;

2° Les canaux d'irrigation servant à plusieurs héritages, et dont la licitation les priverait d'un de leurs plus grands avantages, et diminuerait de beaucoup leur valeur.

9649. Effet de l'indivision. — Les obligations qui naissent de l'indivision sont, pour chacun des communistes cohéritiers ou colégataires : 1° de contribuer aux dettes de la succession suivant la part à laquelle il a droit;

2° De rapporter les fruits et revenus qu'il a touchés, et en général tout ce qu'il a retiré de la chose commune : s'il a employé des deniers de la communauté à son propre usage et à ses affaires, il doit tenir compte des intérêts;

3° Enfin, de contribuer pour sa part aux réparations ou aux dépenses faites ou à faire, et dont l'utilité est constatée (Pothier n° 192).

Une des prérogatives de l'indivision est d'empêcher qu'un des copropriétaires puisse être poursuivi sur sa part indivise, par ses créanciers, avant la licitation ou le partage, que du reste ils peuvent provoquer s'ils le jugent convenable, ou dans lequel ils peuvent intervenir (2205 C. C.).

9650. Cessation de l'indivision. — L'indivision cesse par le partage ou par la licitation, elle cesse aussi par l'acquisition que fait un des communistes de la portion de chacun de ses copropriétaires. Le partage n'est pas attributif, mais seulement déclaratif de propriété, de là le principe que le copartageant est censé avoir toujours été propriétaire de son lot, et que ce lot lui parvient exempt de toutes les charges dont il aurait pu être grevé pendant l'indivision.

9651. Renvoi. — C'est aux mots *Licitation* et *Partage* que l'on trouvera les développements nécessaires sur l'indivision, sur ses caractères et sur les différents cas dans lesquels elle existe.

INSCRIPTION SUR LE GRAND-LIVRE DE LA DETTE PUBLIQUE.

9652. — C'est le titre d'une rente due par le Trésor public. — On l'appelle ainsi parce que chaque rente constituée par l'État est inscrite sur un registre qu'on a nommé *grand-livre de la dette publique.* — V. *Rente.*

1. TIMBRE. — Les inscriptions sur le grand-livre de la dette publique sont exemptées du timbre (L. 13 brum. an 7, art. 16).

INSCRIPTION HYPOTHÉCAIRE

SOMMAIRE

9653. Définition. — L'inscription est la déclaration que le créancier fait, sur un registre public à ce destiné, de l'hypothèque qu'il a sur les biens de son débiteur (Merlin *Rép.* v° *Inscription hypothécaire* § 1er). — En d'autres termes, l'inscription est le moyen d'assurer la publicité qui fait la base du système hypothécaire.

Le développement de cette matière ne fait pas directement partie du cadre de cet ouvrage. Cependant, comme la formalité donne lieu à un droit au profit du Trésor, nous croyons devoir résumer ici très-rapidement les règles de la perception et les principales applications qui en ont été faites par la jurisprudence.

9654. Tarif. — Le droit dû pour l'inscription des créances est fixé à 1 franc par 1,000 francs, sans distinction entre les créances antérieures ou postérieures à la loi du 11 brumaire an 7 (L. 28 avr. 1816, art. 60).

9655. Nature. — Il en est du droit d'inscription comme du droit de transcription. Son exigibilité est soumise à des règles spéciales différentes de celles du droit d'enregistrement (Cass. 19 janv. 1869, 2856 R. P., 2385-2 I. G., B. C. 18, S. 69-1-233, P. 69-549 : « Attendu, porte l'arrêt, que les droits d'enregistrement et ceux qui dérivent de l'hypothèque ou s'y réfèrent, notamment le droit proportionnel d'inscription, sont régis par les lois spéciales applicables à des formalités distinctes, indépendantes l'une de l'autre et produisant des effets particuliers différents. » — V. *Transcription.*

Mais son recouvrement est gouverné par les mêmes principes (Cass. 10 juill. 1865, 2140 R. P., 2326-4 I. G., S. 65-1-423, D. 65-1 15, P. 65-1274). — V. *Transcription.*

9656. Pluralité. — D'après l'art. 21 L. 21 ventôse an 7, il n'est dû qu'un seul droit d'inscription par chaque créance, quel que soit d'ailleurs le nombre des créanciers requérants et celui des débiteurs grevés.

Si un créancier a plusieurs débiteurs non solidaires ou si une obligation appartient à plusieurs créanciers ayant des intérêts distincts, il faut une inscription particulière par chaque créancier ou par chaque débiteur, et chacune d'elles donne lieu à un droit distinct (D. m. f. 16 flor. an 7, Dalloz nos 5924, 5925, D. N. *loc. cit.* 677).

1. DÉBITEURS SOLIDAIRES. — La pluralité a même été reconnue applicable à chacune des inscriptions distinctement prises au même bureau et en même temps contre plusieurs débiteurs solidaires, en vertu d'un même titre.

« L'art. 21 L. 21 vent. an 7, a-t-on dit, n'a eu en vue que les inscriptions requises au même bureau, au sujet de la même créance et sur les mêmes biens. Il cesse d'être applicable lorsque plusieurs inscriptions concernant la même dette ont pour objet des immeubles différents. S'agissant de trois inscriptions prises au même bureau, contre chacun des trois débiteurs séparément et sur ses biens personnels, il y a lieu d'appliquer le principe d'après lequel il est dû un droit particulier, comme salaire de la formalité, autant de fois que cette formalité est requise volontairement. En effet, la désignation du débiteur et l'énonciation des biens grevés constituent des formalités substantielles, et toute inscription qui ne donnerait pas ces deux indications serait entachée de nullité (Pont *Priv. et hyp.* t. 2 p. 940). Il est donc vrai de dire que, dans l'espèce, chacune des trois inscriptions, étant nulle à l'égard des deux débiteurs solidaires qu'elle ne concerne pas, doit être considérée comme indépendante et donner ouverture à un droit particulier aussi bien que si les trois inscriptions concernaient des débiteurs non solidaires » (Sol. 8 mai 1874).

1 *bis*. CAUTION. — L'inscription requise par le même bordereau contre le débiteur principal et la caution donne lieu à un seul droit (L. 27 vent. an 11, art. 21). Si l'inscription est prise séparément contre la caution, un droit particulier devient exigible (D. m. f. 28 déc. 1813. — *Contra* Dalloz, n° 5929, D. N. *Insc.* n° 670).

2. BUREAU. — DUPLICATAS. — S'il y a lieu à inscription d'une même créance dans plusieurs bureaux, le droit est acquitté en totalité dans le premier ; il n'est payé, pour chacune des autres inscriptions, que le simple salaire du préposé, sur la représentation de la quittance constatant le payement entier du droit lors de la première inscription. En conséquence, le conservateur, dans le premier bureau, est tenu de délivrer à celui qui paye le droit, indépendamment de la quittance au pied du bordereau d'inscription, autant de duplicatas de la quittance qu'il lui en sera demandé. Il est payé 25 centimes pour chaque duplicata ou le papier timbré (L. 21 vent. an 7, Décret 21 sept. 1810).

3. HYPOTHÈQUE LÉGALE. — Cette dernière situation se présente fréquemment en ce qui concerne les hypothèques légales qui sont inscrites, soit simultanément, soit à des dates successives, dans les divers bureaux de la situation des biens. On a quelquefois cependant voulu appliquer la pluralité du droit proportionnel en se fondant sur une décision ministérielle du 29 juillet 1806 (316-5 I. G.). Mais c'est une erreur. La décision se rapporte à un cas différent. Il s'agit d'une inscription d'hypothèque conventionnelle qui est formalisée, après une première inscription, sur des biens qui n'étaient pas originairement affectés au payement de la créance. Il est rationnel que, dans ce cas, l'accroissement de la garantie motive une perception nouvelle. Mais cette situation ne se rencontre pas dans l'espèce où tous les immeubles du mari sont trouvés affectés à l'origine de par la loi même à la garantie de la femme. Si l'inscription d'hypothèque légale avait été requise simultanément dans tous les bureaux de la situation, il n'est pas douteux que l'art. 22 L. 21 ventôse an 7 serait applicable. Il n'y a aucune raison de décider autrement, parce que, pour des motifs particuliers, ces inscriptions ont été formalisées à des dates différentes.

4. MÊME BUREAU. — Le ministre des finances a rendu, les 29 juillet 1806 et 28 décembre 1816, deux décisions d'après lesquelles un nouveau droit proportionnel est exigible sur l'inscription qui, relative à la même créance, frappe néanmoins sur d'autres immeubles que ceux désignés dans le même bureau (316-5 I. G., D. N. v° *Inscript.* n° 1471, Baudot 1471). Cela est rationnel, parce que la seconde inscription

frappe sur des biens qui n'étaient pas compris dans la première.

Il en résulte notamment que, si une hypothèque a été conférée sur des immeubles situés dans un même arrondissement, mais sous la condition que l'inscription à prendre sur certains d'entre eux ne prendrait rang qu'à partir d'une époque ultérieure, les deux inscriptions différentes requises, savoir : l'une pour l'inscription qui devait avoir son effet immédiat, l'autre pour l'inscription dont l'effet était ajourné donnent lieu chacune au droit proportionnel (*Contrà* J. N. n° 2702).

9657. Intérêts échus. — Le droit est exigible sur le montant des sommes garanties par l'inscription.

Si la créance porte intérêts, on doit distinguer. Lorsque les intérêts ou les arrérages sont échus et liquidés dans le bordereau, ils constituent une augmentation de la créance, une véritable dette accessoire sur laquelle la perception s'établit comme sur le principal lui-même. Si ces arrérages échus et réservés au profit du créancier ne sont pas liquidés, cette circonstance n'arrête pas l'exigibilité du droit, bien que le contraire ait été décidé par le tribunal de Corbeil, le 7 août 1834 (8691 J. N.). On le perçoit alors sur deux années (D. m. f. 10 sept. 1823, 1146 I. G., 4785 J. N., Sol. 26 déc. 1846, Dalloz n° 5919).

1. INTÉRÊTS A ÉCHOIR. — Il n'est pas douteux que les intérêts à échoir ne sauraient motiver la perception de l'impôt. Ces intérêts n'ont aucune existence actuelle et ne sont pas directement conservés par l'inscription. S'ils profitent plus tard de l'affectation hypothécaire, c'est par l'effet de la loi, en vertu des dispositions de l'art. 2151 C. C., mais ce résultat échappe à l'application du droit.

La difficulté est ici de savoir quand la réserve exprimée dans le bordereau a pour objet des intérêts échus ou à échoir.

Il a été décidé, à cet égard, que, quand l'inscription a été prise dans des termes plus de deux ans après la date du titre, la réserve des intérêts fait présumer qu'il s'agit d'intérêts échus, puisque sans cela leur mention serait inutile, et le droit est exigible dans les mêmes limites (D. m. f. 10 sept. 1823, 1146 I. G., Dalloz 5919).

Mais si le bordereau, quelle que soit d'ailleurs la date du titre, se borne à exprimer que le créancier requiert inscription pour les intérêts conservés par la loi, la même présomption devient inapplicable et on ne saurait ajouter les deux ans d'intérêts (Sol. 20 mars 1854 et 28 janv. 1867, 2434 R. P.).

Il n'y a pas à examiner si les intérêts à échoir sont ou non liquidés dans le bordereau. Mais quand, au capital d'une créance, on ajoute dans le contrat les intérêts à échoir pendant la durée de l'obligation et que le débiteur prend l'engagement de rembourser le tout en vingt annuités égales, le droit de 1 pour 1,000 francs est exigible sur la réunion de ces annuités (Dél. 4 nov. 1836, *Contrà* 9478 J. N.).

9658. Frais. — Les distinctions précédentes doivent être étendues aux frais. Ceux qui se rapportent à la mise à exécution ultérieure ne donnent pas ouverture au droit. Mais on le perçoit sur les frais déjà faits au moment de la rédaction du bordereau et qui constituent, comme les intérêts échus, une augmentation actuelle de la dette. Si les frais sont liquidés dans le bordereau, on admet, à défaut de mention spéciale, qu'il s'agit de frais exigibles (D. N. v° Insc. n° 661).

9659. Bail. — Quand l'inscription est requise pour garantir le payement de fermages, la partie doit évaluer la somme exigible et le droit est perçu en conséquence (D. m. f. 29 sept. 1820).

9660. Rente viagère. — Lorsque la rente viagère a été constituée avec expression de capital, le droit est exigible sur ce capital. Dans le cas contraire, le requérant doit l'évaluer (art. 2148 C.C., Sol. 27 juill. 1824, 1150 I.G., D. 11 juin 1833, 1437 I.G., Dalloz n° 5922, D.N. v° Insc. n° 664, 8118 J.N.).

9661. Modifications. — En principe, les inscriptions modificatives donnent lieu à une perception nouvelle toutes les fois qu'elles augmentent la garantie primitive, en accroissent la durée, ou changent l'objet de l'affectation. Ce sont là autant de faits nouveaux ayant des résultats distincts de la première inscription, et motivant une nouvelle application de l'impôt, sans imputation des perceptions antérieures.

Ainsi, il a été reconnu qu'un second droit proportionnel était dû sur l'inscription prise pour accroître la durée de l'hypothèque précédemment inscrite (D. m. f. 5 sept. 1809, Sol. 21 avr. 1829). — Or, pour atteindre d'autres biens que ceux compris dans la première inscription (D. m. j. 29 juill. 1808, 28 déc. 1813, 316 I.G., D. N. v° Insc. n° 674; — Contrà Dalloz n° 5933). — Spécialement, si le cohéritier créancier d'une soulte de partage requiert une inscription sur les biens chargés de la soulte pour en remplacer une première prise mal à propos sur d'autres immeubles, le droit proportionnel est exigible (6204 J. E.). — V. Sol. 1er juin 1874, 3987 R. P.

1. RENOUVELLEMENT. — C'est par application des règles précédentes, et parce que le renouvellement d'une inscription prolonge la durée de l'hypothèque, que ce renouvellement opéré, même longtemps avant l'expiration de la période décennale, donne lieu à un nouveau droit (316 et 374 I. G., Dalloz n° 5931, D. N. v° Inscript. n° 673; — Seine 4 juill. 1868, 3 avr. 1869; — Mulhouse 18 fév. 1869, 3146 R. P.; — Pontoise 16 juin 1870, 3240 R. P., Sol. 9 janv. 1874, 3877 R. P.; — Aix 7 fév. 1877, 4688 R. P.).

2. NOVATION. — La novation effectuée sans réserve éteint les hypothèques de la créance novée. Si donc, il est requis une nouvelle inscription destinée à les faire revivre, le droit proportionnel est exigible (505 I. G., Dalloz n° 5930).

3. CONVERSION. — Les transferts ou conversions d'hypothèques changeant l'objet de la garantie, donnent lieu à un nouveau droit. On l'a ainsi décidé spécialement pour la conversion d'une hypothèque générale en hypothèque spéciale ou réciproquement (D. m. f. 21 janv. 1811, Dalloz n° 5932).

4. CHANGEMENTS DE DOMICILE. — Les simples chan-

gements de domicile, les rectifications ou mentions de subrogation à faire en marge des inscriptions, ne touchent pas à l'objet ou à la durée de l'affectation, et ne donnent lieu à aucune perception nouvelle (Circ. 1539, D. N. v° Inscript. n° 671). —C'est pourquoi il a pu être décidé que quand le cessionnaire d'une créance se borne à requérir la mention du transport en marge de l'inscription, le droit n'est pas dû, quoique la cession renferme une prorogation de délai (Dél. 31 juill. 1824, 4819 J.N.).

Mais il est bien entendu que si le créancier requérait une inscription nouvelle produisant les effets d'un renouvellement, le droit redeviendrait exigible (D. m. f. 28 pluv. an 9, D. N. v° Inscript. n° 672).

5. INSCRIPTION INUTILE. — Toutefois, lorsqu'il est démontré qu'une seconde inscription a été prise par erreur, et qu'elle fait réellement double emploi avec la première, l'Administration autorise la restitution des droits proportionnels perçus sur cette seconde inscription. « Elle pense, porte une Sol. 26 mars 1874, que les règles doivent recevoir les exceptions que commande l'équité, lorsque la seconde formalité étant surabondante, se confond en définitive avec la première, et quoique, en fait, la seconde inscription ayant été prise après la première, la durée de l'hypothèque se trouve prolongée. » (19412 J. E.). —(Conf. : Sol. 19 juill. 1877).

« L'Administration, porte également une autre Sol. 9 janvier 1874, a autorisé plusieurs fois, en vertu de l'art. 21 L. 21 ventôse an 7, et par voie d'analogie, la restitution des droits perçus sur une seconde inscription, prise au même bureau, au sujet de la même créance et sur les mêmes biens qu'une première inscription, lorsqu'il était manifeste que la seconde n'avait été requise que par erreur, sans aucune utilité, et, du reste, à un court intervalle de la première. » Ainsi, quand le droit de 1 pour 1000 a été perçu sur l'inscription de l'hypothèque légale de la femme, il n'est plus dû sur l'inscription de la même hypothèque requise par le ministère public (Sol. 25 juin 1874, 19520 J. E.).

9662. Inscription d'office. — Le privilège du vendeur se conserve par la transcription du contrat et l'inscription d'office n'est à proprement dire qu'une mesure d'ordre et de publicité. C'est pourquoi elle ne donne pas lieu au droit quand elle intervient après la transcription de l'acte, soit qu'elle ait lieu d'office par le conservateur, soit qu'elle ait fait l'objet d'une réquisition expresse du vendeur. — Les mêmes règles s'appliquent au renouvellement (Circ. 1539 et 1653, 374 I. G., Dalloz n° 5935).

Mais le droit ordinaire est exigible si l'inscription d'office est requise par le vendeur avant la transcription de l'acte (D. m. f. 31 juill. 1810, 487 I. G., Dalloz n° 5937, D. N. v° Insc. n° 704), — ou bien si elle se rapporte à d'autres créances que le prix de vente (Dél. 5 prair. an 8), — ou encore si elle frappe sur d'autres immeubles que sur les biens vendus (Dél. 24 fév. et 7 mars 1837).

9663. Faillite. — Voici en quels termes l'I. G. 6 décembre 1808, n° 409, règle l'exigibilité des droits d'inscription en matière de faillite : « Les inscriptions, dit-elle, prises en exécution de l'art. 500 C. com., se faisant au nom de la masse des créanciers, avant ou immédiatement après la vérification des créances qui peuvent être réduites par le concordat ou par les jugements qui en fixeront définitivement le montant, et ces inscriptions devant d'ailleurs être reçues sur un simple bordereau énonçant qu'il y a faillite et relatant la date du jugement de nomination des syndics, on ne les considérera que comme des inscriptions indéfinies, non passibles du droit proportionnel d'hypothèque, aux termes de la loi du 6 messidor an 7, sauf à l'exiger pour l'inscription du jugement qui homologuera le concordat et qui fixe définitivement la totalité des sommes à payer par le failli aux créanciers. »

Ainsi que nous l'avons fait remarquer au n° 2689 R. P., on pourrait critiquer l'exactitude juridique de cette interprétation, aujourd'hui que l'inscription de l'art. 490 C. com. attribue aux créanciers une véritable hypothèque (V. 2484 R. P.), Comme les obligations à la charge du failli sont actuelles, on pourrait croire qu'il est impossible d'invoquer la disposition de la loi de messidor an 7, spéciale aux inscriptions d'hypothèque *éventuelle, sans créance existante*. Cette argumentation ne triompherait pas cependant en jurisprudence. A la vérité, les créances produites à la faillite existent dès à présent, et l'inscription requise par le syndic leur confère une garantie hypothécaire véritable. Mais ce qui est incertain au jour de la formalité, c'est précisément de savoir si les créances inscrites viendront en ordre utile pour profiter de cette garantie. L'hypothèque ne sera acquise, en effet, qu'aux obligations admises dans le concordat et dans les limites de leur admission. Toutes les autres perdront le bénéfice de l'inscription prise conservatoirement par le syndic. Il y a donc bien là, sinon une créance inexistante, du moins une hypothèque éventuelle qu'on ne peut pas sans injustice frapper actuellement d'un droit proportionnel. C'est donc avec toute raison que l'Administration persiste, depuis le code de 1838, à appliquer la solution adoptée en 1808 dans son I. G. n° 409.

Il a même été décidé que quand le jugement homologatif du concordat n'a pas été transcrit au bureau des hypothèques, l'inscription antérieure conserve son caractère provisoire, et l'Administration ne saurait réclamer le droit proportionnel (Strasbourg 4 juin 1832 ; — Seine 7 juill. et 28 déc. 1853, 15118 J.N., Dalloz n° 5958, D.N. v° *Insc.* n° 709).

En tous cas, si l'inscription est requise après l'homologation du concordat au profit des créanciers concordataires, rien ne s'oppose plus à la perception immédiate du droit proportionnel (Montdidier 20 mars 1868, 2689 R. P., 19290 J.N. 18578 J.E.

Il est bien entendu que c'est la réunion des dividendes promis et non pas le montant intégral des créances admises au concordat qui sert de base à la perception (Dalloz n° 5958).

9664. Inscription indéfinie. — L'inscription indéfinie a pour objet la conservation d'un simple droit d'hypothèque éventuelle sans existence actuelle n'est point sujette au droit proportionnel (L. 6 mess. an 7, art. 1er),

1. HYPOTHÈQUE LÉGALE. — Ainsi, l'inscription qui se rapporte à une hypothèque légale dont les effets sont retardés jusqu'à la fin de la tutelle ou de la communauté ne saurait actuellement donner lieu au droit proportionnel. Il importerait peu que les reprises, objet de l'inscription, soient évaluées dans le bordereau ou dans un acte par lequel le mari a cédé à sa femme des biens de communauté en paye-

ment de ses reprises. Ce n'est, en effet, qu'après la dissolution de la communauté que l'on pourra savoir si, par le résultat de son administration, le mari se trouvera en définitive débiteur d'une somme quelconque envers sa femme (Sol. 25 oct. 1867, 2369 R. P., 18440-3 J. E.). — Mais à ce moment le droit devient incontestablement exigible, encore bien que le mari ne possède aucun immeuble dans le ressort du bureau, le conservateur n'étant pas plus juge de l'utilité de l'exemption qu'il ne l'est de la transcription. — V. *Transcription.*

2. CAS DIVERS. — On considère encore comme éventuelle l'inscription prise par un acquéreur pour garantie de la restitution du prix en cas d'éviction (D. m. f. 31 juill. 1810, 487 I. G.); — Marseille 7 mars 1839 ; — Arras 17 déc. 1846, 7897, 7954 et 12928 J.N. ; — Cass. 19 janv. 1869, 2876, R.P., 2385-1 I. G., S. 69-1-234, D. 69-1-353, 19570 J.N.; — Seine, 14 juill. 1868 et 3 avr. 1869, 3146 R. P. — V. *Crédit.*

Mais le droit est exigible sur l'inscription requise par un cohéritier pour conserver son privilège sur le prix de la licitation des biens indivis (Dél. 23 août 1850, 14136 J.N.).

9665. — Crédit. — La même règle s'appliquait autrefois en matière d'ouverture de crédit. On considérait que l'inscription garantissant une créance éventuelle et on ne percevait que le droit fixe, sauf à réclamer le droit proportionnel lors de la réalisation du crédit (Dél. 24 sept. et 11 déc. 1832;—Marseille 7 mars 1839 ; — Arras 17 déc. 1846, 7897, 7954 et 12928 J.N. ; — Cass. 19 janv. 1869, 2876, R.P., 2385-1 I. G., S. 69-1-234, D. 69-1-353, 19570 J.N.; — Seine, 14 juill. 1868 et 3 avr. 1869, 3146 R. P. — V. *Crédit.*

La loi du 23 août 1871 a modifié cette interprétation : « Que le droit sur l'obligation des crédits, a-t-on dit, ne puisse pas être exigé, cela se conçoit, puisqu'au moment de la formation du contrat cette obligation n'a pas encore d'existence; mais pourquoi le droit d'hypothèque serait-il exigible au moment où l'inscription est prise? Une hypothèque peut être valablement constituée au profit d'une créance purement éventuelle; l'hypothèque consentie dans l'acte d'ouverture de crédit, spécialement, produit des effets à partir du jour de l'inscription, et garantit, à sa date, toutes les réalisations ultérieures; elle prime, par conséquent, tous autres créanciers, dont les inscriptions seraient postérieures, bien que leurs prêts et leurs inscriptions fussent antérieurs aux versements faits au crédit. Si l'hypothèque produit ainsi des effets immédiats, il est juste de percevoir le droit au moment de l'inscription. »

C'est ce qu'a décidé l'art. 5 de cette loi ainsi conçu : « Le droit d'hypothèque, fixé à 1 pour 1000 par l'art. 60 L. 28 avril 1816, sera perçu lors de l'inscription des hypothèques garantissant les ouvertures de crédits. » (3360 R. P.).

1. RENOUVELLEMENT. — Il s'ensuit que le renouvellement de l'inscription prise pour sûreté d'une ouverture de crédit non réalisé est passible du même droit proportionnel que les renouvellements ordinaires applicables à des créances actuelles et certaines (Sol. 19 fév. 1874, 3840 R. P.).

9666. Réalisation. — Lorsque le droit éventuel se convertit en créance certaine, le droit proportionnel demeuré suspendu devient exigible (L. 6 mess. an 7, art. 2 ; — Seine 14 juill. 1868 ; — Cass. 19 janv. 1869, 2876 R. P., 2385-1 I. G., S. 69-1-234, D. 69-1-353, 19570 J. N.).

1. PREUVES DE RÉALISATION. — La réalisation de la créance se prouve par tous actes et déclarations opposables aux parties, de même qu'en matière d'enregistrement à l'occasion des conditions suspensives (V. not. *Crédit*). Ainsi les droits des inscriptions prises pour conserver les hypothèques légales et indéterminées des femmes, des mineurs, des interdits, du Trésor et des établissements publics sont dus : 1° lorsque le tuteur est constitué reliquataire par un compte rendu à l'amiable ou en justice, ou qu'il a aliéné les biens des mineurs sans les formalités prescrites ; — 2° lorsque la femme au décès du mari, ou après séparation, a fait liquider le montant de ce qui lui est dû ; — 3° lorsque le débet des comptables est fixé (374 I. G.).

Le droit est également exigible sur le montant des sommes dont les héritiers devenus majeurs donnent quittance aux acquéreurs des biens de la communauté, du consentement de leur père qui a rendu son compte de tutelle, avec subrogation à leur hypothèque légale précédemment inscrite (1189 § 11 I. G., D. N. v° *Insc.* n° 701).

De même, le jugement qui, en ordonnant l'exécution des ventes, des biens dotaux de la femme, consenties par le mari, liquide les reprises de la femme, donne à la créance un caractère actuel et certain motivant la perception du droit proportionnel (Limoges 5 déc. 1840, 10978 J. N.).

Quant aux inscriptions d'hypothèque légale résultant de la dot constituée en argent ou en valeurs mobilières estimées, le droit devient exigible par le décès de l'un des époux ou par la séparation (374 I. G.).

Mais lorsque, dans le cas prévu par l'art. 9 L. 23 mars 1855 pour la subrogation à l'hypothèque légale de la femme, il est pris une inscription distincte au profit du subrogé, il n'est pas dû de droit sur cette inscription qui ne change pas la nature incertaine de l'hypothèque (D. N. v° *Insc.* 692).

2. DATION EN PAYEMENT. — Il a été jugé que le droit de 1 pour 1000 devient exigible pour l'inscription prise sur les biens du mari par le subrogé-tuteur des mineurs, de l'hypothèque légale de la femme décédée, à raison de ses reprises matrimoniales, lorsque l'acte ultérieur de liquidation de la communauté a fixé le montant de ces reprises et attribué aux enfants des biens communs (Rouen 4 août 1857, 16209 J. N.). — Mais cette décision est contestable. En effet, la femme étant aujourd'hui considérée à certains égards, comme copropriétaire des acquêts jusqu'à concurrence de ses reprises, on ne peut pas dire que leur attribution s'opère à titre de dation en payement d'une créance antérieure. La femme est censée n'avoir jamais été créancière, puisqu'elle reprend les acquêts à titre de copropriétaire et comme par une opération de partage. — La question ne serait pas douteuse, si les biens cédés étaient propres au mari (Sol. 29 sept. 1875, 4230 R. P.).

3. ACTE EN CONSÉQUENCE. — L'enregistrement d'aucune transaction ou quittance de payement de la créance, ne peut être requis avant que le droit d'inscription n'ait été acquitté (L. 6 mess. an 7, art. 3). Le conservateur doit également se faire justifier de cet acquit avant de rayer l'inscription (Dél. 7-14 mars 1837, D. m. f. 8 sept. 1828). — V. *Acte en conséquence*.

4. CRÉDIT. — Lorsque l'inscription relative à l'ouverture de crédit a été renouvelée depuis la loi du 23 août 1871, ce renouvellement a donné lieu au droit proportionnel. — V. 9665-1. — Mais cette perception ne met pas obstacle à la répétition du droit resté en suspens sur l'inscription primitive faite avant la loi de 1871, lorsqu'il est démontré que le crédit a été réalisé en totalité ou en partie (Sol. 19 fév. 1874).

9667. État. — L'inscription des créances appartenant à l'État est faite sans avance du droit d'hypothèque et des salaires du conservateur (L. 21 vent. an 7, art. 23).

1. COMPTABLES. — Lorsque les comptables fournissent des cautionnements en immeubles, l'inscription n'a lieu que jusqu'à concurrence de la valeur du cautionnement. Elle est indéfinie (L. 6 mess. an 7, art. 4 et 5). Les comptables n'acquittent le droit de 1 pour 1000 qu'au moment où la créance cesse d'être indéterminée (350 I. G.).

2. TRAVAUX. — L'inscription prise au nom de l'État contre un adjudicataire de travaux, a le même caractère d'incertitude. Le droit n'est dû que quand la créance se réalise et on le liquide sur le montant de cette créance quoique la somme exprimée au bordereau soit supérieure (D. m. f. 13 janv. 1824).

3. ÉTABLISSEMENTS PUBLICS. — Autrefois les inscriptions des créances appartenant aux hospices civils et autres établissements publics étaient reçues en débet (L. 21 vent. an 7, art. 23). Cette disposition a été abrogée par l'art. 2155 C. C., sauf en ce qui concerne les inscriptions d'hypothèques légales (2121-4-66).

9668. Droit fixe. — Quelques inscriptions sont passibles du droit fixe de 1 franc. Ce sont : 1° celles qui sont prises pour transporter, sur des biens ruraux, l'hypothèque dont étaient grevées des maisons appartenant aux hospices de Paris et vendues selon le décret du 27 février 1811 ; — 2° les formalités hypothécaires concernant le dessèchement des marais et autres travaux publics (L. 16 sept. 1807, 464 I. G., D. N. v° *Inst.* 682).

1. SURTAXE. — Ce droit fixe, étant un droit d'hypothèque, n'est pas atteint par la surtaxe établie par l'art. 4 L. 28 février 1872 sur les actes civils, judiciaires et administratifs.

9669. Gratis. — D'autres inscriptions sont même dispensées de tout droit. Telles sont : 1° les inscriptions concernant les associations ouvrières (L. 15 nov. 1848, art. 1er, 1826 § 1er I. G.) ;

2° Celles qui sont requises par les agents et syndics d'une faillite en vertu de l'art. 490 C. com., lorsque l'effet ne se prolonge pas au-delà du jugement homologatif du concordat (V. *suprà* n° 9663) ;

3° Celle qui serait prise pour rectifier une erreur dans les noms du grevé ou des créanciers (D. m. f. 15 mai 1806, 2773 J. N.), ou toute autre erreur matérielle provenant soit du conservateur, soit des parties (Dél. 4 juin 1812, 277 J. N., D. N. v° *Inst.* 713); — pour déclarer, par exemple, qu'une inscription a été prise en renouvellement d'une autre (Dél. 24 fév. 1829, 2927 J. N.) ;

4° Enfin, celle prise par les titulaires de dotations sur les biens des débiteurs de rentes et redevances, et les renouvellements que les conservateurs sont tenus de faire des mêmes inscriptions (Déc. 22 déc. 1812).

1. SOUS-COMPTOIR DES ENTREPRENEURS. — La dispense de droit proportionnel d'enregistrement accordée par une loi, à certains actes, n'emporte pas *de plano* la même dispense pour les droits d'hypothèque. Ainsi, il a été reconnu que les dispositions exceptionnelles des décrets des 24 mars et 4 juillet 1848 autorisant l'enregistrement au droit fixe des actes destinés à établir les droits des sous-comptoirs des entrepreneurs de bâtiments, ne mettent pas obstacle à la perception du droit proportionnel sur l'inscription : « Attendu qu'il est de principe, particulièrement en matière fiscale, que les exceptions sont de droit étroit, et qu'il n'est pas permis de les étendre, par voie d'induction ou d'analogie, des cas prévus par la loi à ceux qui ne le sont pas; que cela serait d'autant moins admissible dans l'espèce, que les droits d'enregistrement et ceux qui dérivent de l'hypothèque ou s'y réfèrent, notamment le droit proportionnel d'inscription, sont régis par des lois spéciales applicables à des formalités distinctes, indépendantes l'une de l'autre et produisant des effets particuliers différents» (Cass. 19 janv. 1869, 2856 R.P., 2385-2 I.G., Bull. 18, S. 69-1-233, P. 69-549; — Conf. : Seine 22 juin 1867, 2495 R.P.; 13 juin 1868, 2735 R.P., 19319 J. N.; 15 janv. 1870, 3210 R. P.; — Aix, 7 fév. 1877, 4688 R. P.).

9670. Payement des droits. — Les droits de l'inscription sont consignés au conservateur avant la formalité par celui qui la requiert. L'inscription des hypothèques légales est faite sans avance des droits et salaires, et le conservateur en suit le recouvrement contre le débiteur (art. 2155 C.C.) dans les formes établies par le recouvrement des droits d'enregistrement.

C'est là une disposition exceptionnelle qui nous paraît déroger aux principes ordinaires sur le payement du droit d'enregistrement et qui ne permet pas, par conséquent, au Trésor de s'adresser au créancier profitant de l'hypothèque légale, sauf le recours de celui-ci contre le débiteur.

1. SOLIDARITÉ. — Mais, dans les cas ordinaires, la solidarité qui existe au sujet du payement des droits d'enregistrement s'étend aux droits d'hypothèque. C'est ainsi qu'on avait décidé, par exemple, que l'Administration pouvait réclamer indistinctement au créditeur ou au crédité le droit de 1 pour 1000, devenu exigible par suite de la réalisation d'un crédit :

«Attendu, qu'aux termes de l'art. 2155 C. C. les frais d'inscription sont à la charge du débiteur contre qui l'inscription est requise; attendu que si, aux termes de l'art. 27 L. 21 ventôse an 7, celui qui requiert une inscription doit en avancer les frais, il ne résulte nullement de là que la Régie soit dépourvue d'action contre le débiteur aussi bien que

contre le créancier requérant, alors que, comme dans l'espèce, l'inscription ayant eu lieu au droit fixe, à raison de son caractère éventuel, n'est devenue que plus tard passible du droit proportionnel » (Cass. 19 janv. 1869, 2876 R.P., 2385-1 I.G., S. 69-1-353, D. 69-1-353, P. 69-351; — Vitry-le-François 19 déc. 1861; — Abbeville 12 août 1862, 17423, 17540 et 18389 J.E. ; — Aix, 7 fév. 1877, 4688 R. P.).

9671. Prescription. — Les droits d'inscription se prescrivent comme les droits d'enregistrement. S'il s'agit d'un supplément de droit dans le sens de l'art. 61 L. 22 frimaire an 7, la prescription est acquise au débiteur deux ans après la formalité. C'est par trente ans, au contraire, que s'éteint l'action en payement d'un droit d'inscription devenu exigible par suite de l'accomplissement d'une condition suspensive, comme en matière de crédit ou d'hypothèque légale devenue certaine (Dél. 25 mai 1844, Dalloz n° 5472; — Soissons 22 août 1846 et 13 janv. 1847, 12827 J.N.; — Seine 26 janv. et 14 juill. 1860, 16828, 16933 J.N.; 5 mai 1866, 2354 R. P.; — Tulle 28 mai 1866, 2313 R.P.). Cass. 8 juin 1875, 4150 R. P., I. G., 2631-1; — Aix, 22 janv. 1877, 4631 R. P. et 7 fév. 1877, 4688 R.P.). — V. *Crédit* et *Prescription* 12970-2.

Crédit et *Prescription* 12970-2.

INSERTION.

9672. — C'est l'annonce d'un fait dans les journaux.

Il y a aussi l'insertion aux tableaux exposés dans l'auditoire des tribunaux.

9673. Cas d'insertion. — Il y a lieu à l'insertion dans un journal dans les cas suivants:

Pour la notification d'un contrat de vente faite, tant à la femme du vendeur qu'au procureur de la République, à l'effet de purger les hypothèques légales (2194 C. C.); — Pour l'annonce des ventes judiciaires de rentes constituées et d'immeubles (646, 696, 697, 735, 739, 836, 960 et 997 C. proc.); — Pour l'annonce de l'adjudication des baux des biens des hospices (arrêt du 12 août 1807); — Pour les ventes de meubles avec les formalités judiciaires (617, 620, 621 et 945 C. proc.); — Pour l'annonce des demandes en séparation des biens (868 C. proc.); — Pour l'annonce du jugement qui a déclaré la faillite d'un commerçant et de quelques autres circonstances qui suivent cette déclaration (457, 512, 569 C. com.); — Pour l'annonce des demandes d'envoi en possession provisoire formées pour l'enfant naturel, ou par le conjoint survivant, ou par l'État, de la succession d'un individu qui n'a point laissé de parents au degré successible (770, 773 C. C.).

Il est d'usage qu'on fasse insérer dans un journal l'extrait de tout acte de société commerciale. — Il est également d'usage qu'on fasse pareille insertion des actes contenant vente de fonds de commerce, afin que ceux qui auraient des droits à faire valoir puissent le faire dans les dix jours.

9674. Certificat d'insertion. — Les certificats d'insertion sont sujets au timbre (1914) et doivent être enregistrés. — V. n°s 1270 et 3567.

INSINUATION.

9675. Insinuation. — C'était une formalité qu'un édit du mois de mars 1703 exigeait notamment pour la validité des donations entre-vifs et des substitutions. Elle consistait dans la transcription de ces actes au greffe d'une juridiction pour les rendre publics (*V.* Denisart, à ce mot où il rapporte toute l'ancienne législation). Le Code civil n'a pas maintenu cette formalité.

Mais, outre cette formalité que l'on appelait l'insinuation *légale*, il y avait encore l'insinuation *bursale* qui consistait dans l'enregistrement de tous les contrats translatifs de droits immobiliers et même, dans certains cas, de droits mobiliers. Elle a été abolie par la loi du 5-19 décembre 1790. — V. *Pays annexés.*

INSISTANCE.

9676. Insistance. On appelait ainsi, dans les pays de droit écrit, le droit qui était accordé à la femme sur les biens de son mari de les retenir à titre de gage jusqu'à ce qu'elle eût obtenu l'effectif payement de sa dot et de ses reprises dotales.

INSTANCES.

DIVISION

SOMMAIRE

CHAPITRE PREMIER. — DISPOSITIONS LÉGISLATIVES.

[9677-9696]

9677. Définition. — L'*instance* est la poursuite d'une action devant un juge, un tribunal.

Aux termes de l'art. 63 L. 22 frimaire an 7, la solution des difficultés qui peuvent s'élever relativement à la perception des droits d'enregistrement, avant l'introduction des instances, appartient à l'Administration. Mais du moment que l'instance est engagée, l'Administration est, comme le simple particulier, soumise à la juridiction des tribunaux.

SECTION PREMIÈRE. — ENREGISTREMENT

[9678-9684 bis]

9678. Premier acte de poursuite. — « Le pre-mier acte de poursuite pour le recouvrement des droits d'en-registrement et le payement des peines et amendes est une contrainte; elle est décernée par le receveur ou préposé de la Régie; elle est visée et déclarée exécutoire par le juge de paix du canton où le bureau est établi, et elle est signifiée.

« L'exécution de la contrainte ne peut être interrompue que par une opposition formée par le redevable et motivée avec assignation à jour fixe devant le tribunal civil du départe-ment. Dans ce cas, l'opposant est tenu d'élire domicile dans la commune où siége le tribunal » (L. 22 frim. an 7, art. 64).

9679. Introduction et instruction des ins-tances. — « L'introduction et l'instruction des instances ont lieu devant les tribunaux civils; la connaissance et la décision en sont interdites à toutes autres autorités constituées ou administratives.

« L'instruction se fait par simples mémoires respectivement signifiés.

« Il n'y a d'autres frais à supporter par la partie qui suc-combera que ceux du papier timbré, des significations et du droit d'enregistrement des jugements.

« Les tribunaux accordent, soit aux parties, soit aux pré-posés de la Régie qui suivront les instances, le délai qu'ils leur demanderont pour produire leurs défenses; il ne peut néanmoins être de plus de trois décades.

« Les jugements sont rendus dans les trois mois, au plus tard, à compter de l'introduction des instances, sur le rapport d'un juge, fait en audience publique, et sur les conclusions du commissaire du Directoire exécutif; ils sont sans appel, et ne peuvent être attaqués que par voie de cassation » (Idem art. 65).

9680. Frais de poursuites. — « Les frais de pour-suites payés par les préposés de l'Enregistrement pour les articles tombés en non-valeur pour cause d'insolvabilité reconnue des parties condamnées, leur sont remboursés sur l'état qu'ils en rapportent à l'appui de leurs comptes. L'état est taxé sans frais par le tribunal civil du département, et appuyé de pièces justificatives » (Idem art. 66).

9681. Institution des tribunaux d'arron-dissement. — Les tribunaux civils... de département sont supprimés... (L. 27 vent. an 8, art. 1er).

Il sera établi un tribunal de première instance par arron-dissement communal (Idem art. 67).

Les jugements de tous tribunaux de première instance ne pourront être rendus par moins de trois juges (Idem art. 16).

9682. Application de la loi du 22 frimaire an 7. — « Les dispositions de la loi du 22 frimaire an 7, rela-tives aux administrations civiles et aux tribunaux alors existants, sont applicables aux fonctionnaires civils et aux tribunaux qui les remplacent » (L. 27 vent. an 9, art 6).

9683. Mémoires. — « L'instruction des instances que la Régie aura à suivre pour toutes les perceptions qui lui sont confiées se fera par simples mémoires respectivement signi-fiés, sans plaidoirie; les parties ne seront point obligées d'employer le ministère des avoués » (Idem art. 17).

9684. Hypothèques. — « Les poursuites pour le recou-vrement des droits d'hypothèque s'exercent suivant les formes établies pour le recouvrement des droits d'enregistrement » (L. 21 vent. an 7, art. 24).

9684 bis. — Impôt direct sur le revenu. — « Le recouvrement de la taxe sur le revenu des valeurs mobilières est suivi et les instances introduites et jugées comme en matière d'enregistrement » (L. 29 juin 1872, art. 5). — V. 9574.

SECTION 2. — TIMBRE

[9685-9689]

9685. Droit de retenir les pièces en con-travention au timbre. — « Les préposés de la Régie sont autorisés à retenir les actes, registres ou effets en contra-vention à la loi du timbre qui leur seront présentés, pour les joindre aux procès-verbaux qu'ils en rapporteront, à moins que les contrevenants ne consentent à signer lesdits procès-verbaux ou à acquitter sur-le-champ l'amende encourue et le droit de timbre » (L. 13 brum. an 7, art. 31).

9686. Procès-verbal. — « En cas de refus de la part des contrevenants de satisfaire aux dispositions de l'article précédent, les préposés de la Régie leur feront signifier, dans les trois jours, les procès-verbaux qu'ils auront rapportés, avec assignation devant le tribunal civil du département; l'instruction se fera ensuite sur simples mémoires respective-ment signifiés. Les jugements définitifs qui interviendront seront sans appel » (Idem art. 32).

9687. Délai pour la signification des pro-cès-verbaux. — L'art. 32 L. 13 brumaire an 7 sur le timbre, qui fixe à trois jours le délai pour signifier les pro-cès-verbaux de contravention à cette loi, ne sera applicable qu'à ceux des contrevenants domiciliés dans l'arrondissement du bureau où les procès-verbaux auront été rapportés (L. 25 germ. an 11, art. 1er).

Lorsque les contrevenants auront leur domicile hors de cet arrondissement, le délai sera de huit jours jusqu'à 5 myriamètres (dix lieues) de distance, et d'un jour de plus par 5 myriamètres au delà de cette distance (*Idem*, art. 2).

9688. Recouvrement des droits de timbre. — « Le recouvrement des droits de timbre et des amendes de contravention y relatives sera poursuivi par voie de contrainte, et, en cas d'opposition, les instances seront introduites et jugées selon les formes prescrites par les lois des 22 frimaire an 7 et 27 ventôse an 9, sur l'enregistrement. En cas de décès des contrevenants, lesdits droits et amendes seront dus par leurs successeurs, et jouiront, soit dans leurs successions, soit dans les faillites ou tous autres cas, du privilège des contributions directes » (L. 28 avr. 1816, art. 76).

« Sont solidaires pour le payement des droits de timbre et des amendes tous les signataires pour les actes synallagmatiques, les prêteurs et emprunteurs pour les obligations, les créanciers et les débiteurs pour les quittances » (L. 28 avr. 1816, art. 75).

9689. Renvoi. — Il existe d'autres dispositions spéciales en ce qui concerne les *journaux ou écrits périodiques*, les *lettres de voiture et les affiches* : on les trouvera sous ces différents mots.

SECTION 3. — VENTE DE MEUBLES

[9690]

9690. Droit des employés. — Les préposés de la Régie de l'enregistrement sont autorisés à se transporter dans tous les lieux où se feront des ventes publiques et par enchères, et à s'y faire représenter les procès-verbaux de ventes et les copies de déclarations préalables.

Ils dresseront des procès-verbaux des contraventions qu'ils auront reconnues et constatées; ils pourront même requérir l'assistance d'un officier municipal, ou de l'agent, ou de l'adjoint de la commune ou de la municipalité où se fera la vente.

Les poursuites et instances auront lieu ainsi et de la manière prescrite par la loi du 22 frimaire an 7 sur l'enregistrement.

La preuve testimoniale pourra être admise sur les ventes faites en contravention à la présente (L. 22 pluv. an 7, art. 8).

SECTION 4. — EXPERTISE

[9691-9695]

9691. Contrat à titre onéreux. — « Si le prix énoncé dans un acte translatif de propriété ou d'usufruit de biens immeubles à titre onéreux paraît inférieur à leur valeur vénale à l'époque de l'aliénation, par comparaison avec les fonds voisins de même nature, la Régie pourra requérir une expertise, pourvu qu'elle en fasse la demande dans l'année à compter de l'enregistrement du contrat » (L. 22 frim. an 7, art. 17).

« La demande en expertise sera faite au tribunal civil du département dans l'étendue duquel les biens sont situés, par une pétition portant nomination de l'expert de l'État.

« L'expertise sera ordonnée dans les dix jours de la demande.

« En cas de refus par la partie de nommer son expert, sur la sommation qui lui aura été faite d'y satisfaire dans les trois jours, il lui en sera nommé un d'office par le tribunal.

« Les experts, en cas de partage, appelleront un tiers expert; s'ils ne peuvent en convenir, le juge de paix du canton de la situation des biens y pourvoira.

« Le procès-verbal d'expertise sera rapporté, au plus tard, dans le mois qui suivra la remise qui aura été faite aux experts de l'ordonnance du tribunal, ou dans le mois après l'appel d'un tiers expert.

« Les frais d'expertise seront à la charge de l'acquéreur, mais seulement lorsque l'estimation excédera d'un huitième au moins le prix énoncé au contrat ; l'acquéreur sera tenu, dans tous les cas, d'acquitter le droit sur le supplément d'estimation, s'il y a une plus-value constatée par le rapport des experts » (*Idem*, art. 18).

Lorsque, dans les cas prévus par la loi du 22 frimaire an 7 et par l'art. 11 L. 23 août 1871 (baux et locations verbales), il y a lieu à expertise, et que le prix exprimé ou la valeur déclarée n'excède pas 2,000 francs, cette expertise est faite par un seul expert nommé par toutes les parties, ou, en cas de désaccord, par le président du tribunal et sur simple requête (L. 23 août 1871, art. 15).

1. VENTES DE FONDS DE COMMERCE. — « L'insuffisance du prix de vente du fonds de commerce ou des clientèles peut également être constatée par expertise, dans les trois mois de l'enregistrement de l'acte ou de la déclaration de la mutation. — Il sera perçu un droit en sus sur le montant de l'insuffisance, outre les frais d'expertise, s'il y a lieu, et si l'insuffisance excède un huitième » (L. 28 fév. 1872, art. 8).

2. BAIL. — En cas de déclaration insuffisante du prix d'une location verbale d'immeubles, il est fait application des art. 19 et 39 L. 22 frimaire an 7 (L. 23 août 1871, art. 11).

3. DISSIMULATION. — La dissimulation dans le prix d'une vente ou dans la soulte d'un échange peut être établie par tous les genres de preuves admises par le droit commun. Toutefois, l'Administration ne peut déférer le serment décisoire, et ne peut user de la preuve testimoniale que pendant dix ans à partir de l'enregistrement de l'acte. — L'exploit d'ajournement est donné soit devant le juge du domicile de l'un des défendeurs, soit devant celui de la situation des biens, au choix de l'Administration. La cause est portée, suivant l'importance de la réclamation, devant la justice de paix ou devant le tribunal civil. Elle est instruite et jugée comme en matière sommaire; elle est sujette à appel, s'il y a lieu. Le

ministère des avoués n'est pas obligatoire; mais les parties qui n'auraient pas constitué avoué, ou qui ne seraient pas domiciliées dans le lieu où siège la justice de paix ou le tribunal, seront tenues d'y faire élection de domicile, à défaut de quoi toutes significations seront valablement faites au greffe » (L. 23 août 1871, art. 13).

9692. Contrat à tout autre titre qu'à titre onéreux. — Il y aura également lieu à requérir l'expertise des revenus des immeubles transmis en propriété ou usufruit à tout autre titre qu'à titre onéreux, lorsque l'insuffisance de l'évaluation ne pourra être établie par actes qui puissent faire connaître le véritable revenu des biens (*Idem*, art. 19).

Si la valeur déclarée n'excède pas 2,000 francs, l'expertise a lieu par un seul expert (L. 23 août 1871, art. 15).

9693. Prescription. — Il y a prescription pour la demande des droits, savoir : 1° après deux années, à compter du jour de l'enregistrement, s'il s'agit.... d'une fausse évaluation dans une déclaration, *et pour la constater par voie d'expertise* (*Idem*, art. 61).

L'insuffisance du prix de vente du fonds de commerce ou des clientèles peut être constaté par expertise dans les trois mois de l'enregistrement de l'acte ou de la déclaration de la mutation (L. 28 fév. 1872, art. 8).

9694. Frais de l'expertise. — Dans tous les cas où les frais de l'expertise autorisée par les art. 17 et 19 L. 22 frimaire an 7 tomberont à la charge du redevable, il y aura lieu au double droit d'enregistrement sur le supplément de l'estimation (L. 27 vent. an 9, art. 5).

9695. Situation des biens. — Lorsque, dans les cas prévus par les art. 17, 18 et 19 L. 22 frimaire an 7 il y aura lieu à expertise de biens immeubles situés dans le ressort de plusieurs tribunaux, la demande en sera portée au tribunal de première instance dans le ressort duquel se trouve le chef-lieu de l'exploitation, ou, à défaut de chef-lieu, la partie des biens qui présente le plus grand revenu, d'après la matrice du rôle.

Ce même tribunal ordonnera l'expertise partout où elle sera jugée nécessaire, à la charge, néanmoins, de nommer pour experts des individus domiciliés dans le ressort des tribunaux de la situation des biens, et il prononcera sur leur rapport.

Les experts seront renvoyés, pour la prestation de serment, devant le juge de paix du canton où les biens sont situés (L. 15 nov. 1808, art. 1er).

Il n'est rien innové en ce qui concerne les expertises d'immeubles dont la mutation s'opère par décès, et dont la déclaration se fait au bureau dans l'arrondissement duquel les biens sont situés (*Idem*, art. 2).

SECTION 5. — DROIT COMMUN

[9696]

9696. Complément des formes de procédure ci-dessus. — Un avis du conseil d'État, du 12 mai 1807, approuvé le 1er juin suivant, porte que l'art. 1041 C. proc. qui abroge toutes lois, usages et règlements antérieurs, ne s'applique point aux lois concernant la forme de procéder dans les instances qui intéressent l'Administration (Circ. 31 mars et 4 juill. 1807). Les dispositions ci-dessus transcrites n'ont donc point cessé d'être en vigueur.

Cependant, la Cour de cassation a constamment admis, notamment par des arrêts des 29 avril 1818 (6146 J. E.), 18 avril 1821 (6998 J. E.) et 17 juillet 1827 (8817 J. E., P. chr. et 1229 § 13 I. G.), que les formes de procéder établies par le code de procédure civile sont le complément naturel et nécessaire des formes spéciales prescrites par la loi du 22 frimaire an 7 pour tous les cas où il n'a pas été particulièrement statué par cette loi.

CHAPITRE II. — RÉCLAMATION
ADMINISTRATIVE

[9697-9704]

9697. Nullité. — La voie de réclamation administrative est ouverte aux parties par l'art. 63 L. 22 frimaire an 7, pour leur épargner les frais d'une action judiciaire. Toutefois, elle n'est point un préliminaire nécessaire à l'introduction de l'instance (Lourdes 20 juill. 1875, 4276 R. P.).

9698. Prescription. — La réclamation administrative n'a point pour effet d'interrompre la prescription biennale, prononcée par l'art. 61 L. 22 frimaire an 7, en matière de restitution de droits. Cette interruption ne peut résulter, conformément à cet article, que d'une demande *signifiée et enregistrée*, avant l'expiration du délai de deux ans. On trouvera au mot *Prescription* le développement de cette proposition.

9699. Suspension des poursuites. — Lorsqu'une réclamation administrative a été communiquée ou est parvenue directement au directeur du département, il doit faire suspendre les poursuites pour le recouvrement des droits ou amendes qui donnent lieu à la réclamation, en ayant soin toutefois de faire prévenir, par des actes conservatoires, la prescription contre le Trésor. Mais aussitôt que le directeur a reçu l'avis que la demande a été rejetée, soit par une décision du ministre des finances, soit par une solution de l'Administration, il donne des ordres pour que le recouvrement des droits et amendes soit poursuivi, sans pouvoir être suspendu par de nouvelles réclamations (D. m. f. 16 oct. 1826, 1202 I. G.).

9700. Décision. — Notification aux parties.
— Dans les trois jours de la réception des décisions du ministre ou des solutions de l'Administration, les directeurs doivent eux-mêmes, et sans employer l'intermédiaire des receveurs, en donner avis aux parties qui ont réclamé (D. m. f. 11 janv. 1822 et 1er janv. 1824, 1018 et 1115 I. G.; Circ. 28 oct. 1834).

9701. Décision. — Pourvoi au conseil d'État.
— Les parties ne sont point recevables à se pourvoir au conseil d'État contre les décisions rendues par le ministre des finances en matière de perception de droits d'enregistrement, de timbre, etc. Ces décisions ne font point obstacle à ce que les réclamations concernant ces droits soient portées devant les tribunaux (Déc. 17 janv. 1814, Ord. en cons. d'État, 17 juill. 1816, *Bulletin des Lois* 4e série n° 10067 et *P. chr.*). — *V.* 9703.

Le conseil d'État n'est pas compétent non plus pour apprécier la légalité de la clause d'un acte administratif portant que l'acte sera exempt de l'impôt (Av. C. d'État, 18 mai 1877, 4951 R. P.).

9702. Payement des frais. — 1. TIMBRE DE LA RÉCLAMATION ADMINISTRATIVE. — Le droit de timbre de la pétition adressée à l'Administration n'est, dans aucun cas, susceptible d'être remboursé aux réclamants, lors même que la demande aurait pour objet la restitution de droits qui seraient reconnus avoir été indûment perçus : la voie de la réclamation administrative n'est, en effet, qu'une faculté dont les parties peuvent user si elles le jugent à propos, et dont les frais restent conséquemment à leur charge (D. m. f. 25 juill., 9 nov. et 21 déc. 1821; — Ambert, 14 juin 1831, 1201 et 1381 § 3 I. G.; — *Dissert.*, 4843 R. P.).

2. ASSIGNATION EN RESTITUTION NON PRÉCÉDÉE DE RÉCLAMATION ADMINISTRATIVE. — Par cela même qu'il est loisible aux parties de ne pas recourir à la voie de la réclamation administrative et qu'elles peuvent introduire immédiatement l'instance, le coût de l'exploit d'assignation figure dans les frais du procès et doit leur être remboursé, alors même qu'il n'aurait été précédé d'aucune réclamation administrative, et s'il est fait droit à la demande.

9703. Effet des solutions. — Un tribunal a jugé que les solutions rendues avant l'introduction des instances, lient l'Administration au point de ne pas lui permettre de revenir sur les appréciations qu'elles contiennent, pour les soumettre aux tribunaux (Saint-Omer 7 mai 1869, 3415 R. P.).

Mais il ne nous a pas paru que tel fut le caractère des solutions rendues conformément à l'art. 63 L. 22 frimaire an 7, avant l'introduction de l'instance. Elles sont des actes de procédure et d'instruction administrative qui ne constituent aucun titre définitif au profit des parties ou contre elles (*V.* Champ. n° 4014). Tout le temps que le tribunal n'a pas prononcé ou que l'offre de l'Administration n'est pas acceptée en justice, les droits de chaque plaidant sont intacts. — C'est

pourquoi la jurisprudence reconnaît à l'Administration d'une façon générale la faculté d'augmenter ou de modifier sa demande après la contrainte, par de simples mémoires signifiés au cours de l'instance (*V.* n° 9774). Il est clair que ce droit n'appartiendrait pas à l'Administration, si elle était liée par sa solution primitive, sur laquelle le plus souvent repose la contrainte.

Nul doute, d'ailleurs, que ces solutions n'ont aucune autorité législative et ne lient pas les tribunaux (Toullier t. 1er n° 56, Aubry et Rau 4e édit. page 11, Déc. Cons. d'Ét. 17 janv. 1814, S. 14-2-139; — Cass. 28 juill. 1814, S. 14-1-240; 14 avr. 1815, S. 15-1-227; 11 janv. 1816, S. 16-1-366; 8 juin 1863, S. 63-1-431; 4 janv. 1865, S. 65-1-179).

Il a donc été décidé avec raison que les contribuables ne sauraient se faire un titre des interprétations plus ou moins exactes que l'Administration pourrait donner à la loi, car les tribunaux ne fondent leurs décisions que sur la loi elle-même (Dunkerque 18 fév. 1858, 963 R. P. — *Comp.* Cass. 11 juill. 1853, S. 53-1-541). — *V.* 9701 et le réquisitoire de M. Blanche au n° 3850 R. P.

9704. Recouvrement des droits. — Transport au profit d'un tiers. — Les préposés ne peuvent, sous aucun prétexte, consentir la cession des sommes dont le recouvrement leur est confié pour droits dus à l'État (D. m. f. 4 fév. 1826, 1189 § 14 I. G.).

CHAPITRE III. — CONTRAINTE

[9705-9733]

SECTION PREMIÈRE.— DE LA CONTRAINTE PROPREMENT DITE

[9705-9718]

9705. Avertissement préalable. — L'esprit de modération qui dirige l'Administration fait un devoir aux préposés de n'entreprendre des poursuites qu'après avoir employé les moyens qui sont à leur disposition pour déterminer les redevables à se libérer volontairement. Sous aucun prétexte, ils ne peuvent se dispenser d'adresser des avertissements avant de décerner contrainte. Dans ces avertissements, il ne suffit pas d'informer le redevable que la demande a été autorisée par une solution de l'Administration ou du directeur, il convient d'expliquer en fait et de motiver en droit cette demande, afin que le redevable puisse s'éclairer sur l'exigibilité des droits réclamés (1537 § 3 I. G.). Le défaut d'avertissement préalable n'est pas, d'ailleurs, une cause de nullité. (Rouen 23 déc. 1875, 4297 R. P.).

9706. Premier acte de poursuite. — Il n'y a pas lieu de rapporter préalablement un procès-verbal pour recouvrement des droits d'un acte non enregistré, d'une succession non déclarée, d'un supplément de droit sur un acte ou une déclaration, des droits d'une mutation secrète d'immeubles, d'une omission dans une déclaration de succession,

ou d'une insuffisance d'évaluation de revenu de biens immeubles, prouvée par des actes, ou enfin d'amendes encourues par des particuliers ou par des officiers publics, pour contraventions aux lois sur l'enregistrement. Pour ces recouvrements, le premier acte de poursuite doit être exclusivement une contrainte, et, si un procès-verbal avait été rédigé, les nullités qui pourraient lui être opposées ne nuiraient point à la régularité de la contrainte (Cass. 2 août 1808 et 9 juin 1813). « Attendu, porte l'arrêt du 9 juin 1843, que la contrainte décernée, le 6 décembre 1809, contre le notaire Dunal a été revêtue de toutes les formalités prescrites par cet article ; attendu qu'en admettant même la nullité du procès-verbal, dont copie a été surabondamment donnée en tête de cette contrainte, cette nullité ne pourrait vicier la contrainte elle-même » (1150 § 17 et 1537-9 I. G.).

9706 bis. Formule. — Le mode de rédaction de la contrainte n'est pas déterminé par la loi ; mais elle doit exposer clairement les causes de la dette, indiquer avec exactitude le domicile et la qualité des parties, et présenter tous les développements propres à établir l'infraction commise ou à démontrer au redevable la légitimité de la demande. Elle énonce au commencement qu'il est dû à l'Administration, par tel individu, une somme déterminée, pour telles causes, et se termine par ces mots : « Au payement de laquelle somme de..., ledit... sera contraint par toutes les voies de droit. — Fait et décerné par nous (receveur, vérificateur ou inspecteur), à... le...» (1150 § 17 I.G.). Nous allons, dans les développements qui suivent, reprendre successivement chacun de ces points.

9707. Formule exécutoire. — Le code de procédure qui indique une formule exécutoire pour les jugements et les actes, n'est pas applicable à la contrainte, les lois concernant la forme de procéder dans les instances qui intéressent l'enregistrement n'ayant pas été abrogées par l'Avis du conseil d'État du 12 mai 1807, approuvé le 11 juin suivant (Seine 30 mai 1862, 17577 J. E.).

9708. Par qui la contrainte peut être décernée. — Il résulte expressément de l'art. 64 L. 22 frimaire an 7, qu'un préposé de l'Administration autre que le receveur (notamment un vérificateur) peut décerner les contraintes pour le recouvrement des droits et amendes (Cass. 2 août 1808, 1537 n° 16 J. E., S. 7-2-939). — Il n'a pas besoin de déclarer qu'il agit au nom du directeur général (Riom 9 mars 1876).

1. BUREAU. — L'art. 64 L. 22 frimaire an 7 n'indique pas si la contrainte doit émaner du bureau où les droits sont dus ou si elle peut être décernée dans un bureau quelconque, pourvu que le préposé déclare agir au nom du directeur général. Mais l'économie de la loi ne permet pas d'accepter cette dernière interprétation. En effet, le tribunal compétent est toujours celui du bureau où les droits ont été ou ont dû être payés (n° 9751). Et c'est pourquoi la C. cass. a jugé, le 15 juillet 1840 (1634 § 13 I. G., S. 40-1-589), que la demande en restitution de droits de mutation par décès acquittés dans plusieurs arrondissements, doit être portée devant le tribunal de chaque arrondissement. Or, ce

que l'on décide pour le tribunal, il nous semble qu'il faut le décider aussi, par identité de motifs, pour le bureau. Quoique, à un point de vue général, l'Administration soit représentée également par chaque receveur, cependant les bureaux ont des attributions séparées, et on ne comprendrait pas sur quoi se fonderait la compétence d'un receveur étranger au recouvrement du droit. S'il en était autrement, il faudrait reconnaître que le jugement de l'instance provoquée par la contrainte appartient au tribunal dans l'arrondissement duquel se trouve le bureau d'où émane cette contrainte. Et alors on arriverait à violer le principe que nous avons indiqué précédemment sur la juridiction des tribunaux. Nous croyons donc que la contrainte doit toujours émaner du bureau où les droits sont dus et où le débiteur peut être forcé de faire le payement.

2. ACTE DE VENTE SOUS SEING PRIVÉ. — Spécialement, comme les actes sous seing privé portant mutation d'immeubles peuvent être enregistrés dans tous les bureaux indistinctement, le receveur qui découvre dans une procédure ressortissante de son bureau l'existence d'un acte de l'espèce non enregistré dans le délai légal a qualité pour décerner la contrainte, bien que les immeubles soient situés dans un canton voisin (Le Puy 17 nov. 1859, 17061 J. E., 11859 C., 1297 R. P.).

3. ACTE DE L'ÉTRANGER. — Par la même raison, lorsqu'il a été fait usage par acte notarié d'un acte passé à l'étranger et translatif d'immeubles situés en France, le receveur du bureau où l'acte notarié a été enregistré est compétent pour suivre le recouvrement des droits de l'acte rédigé à l'étranger, lors même que les immeubles seraient dans un autre bureau (Cass. 12 déc. 1843) ; — « Attendu, porte cet arrêt, qu'aux termes de l'art. 26 L. 22 frimaire an 7, les notaires ne peuvent faire enregistrer leurs actes qu'aux bureaux dans l'arrondissement desquels ils résident ; d'où il suit que le receveur qui a été légalement saisi d'un acte est compétent pour exiger tous les droits dus en raison de l'enregistrement de cet acte, et pour décerner les contraintes, le cas échéant » (1710 § 10 I. G., S. 44-1-74).

4. AUTORISATION. — La contrainte n'a pas besoin d'avoir été soumise à l'approbation du Directeur, bien que cette précaution soit souvent utile (4605 R. P.).

9709. Contre qui la contrainte doit être décernée. — Il est essentiel de ne décerner la contrainte que contre le débiteur réel ou contre les débiteurs solidaires ou civilement responsables. Une contrainte décernée contre celui qui n'est pas tenu au paiement entraînerait la nullité des poursuites et pourrait même donner lieu à une action en dommages-intérêts. Il importe, par conséquent, de faire une juste application des règles de perception relatives au payement des droits à ceux qui doivent les supporter ou en faire l'avance.

1. REPRÉSENTANTS DU DÉBITEUR. — De la règle que nous venons d'exposer, il résulte que si le débiteur des droits réclamés a, par suite de son état de mineur, d'interdit ou de femme mariée, un représentant légal, la contrainte ne peut être décernée contre le représentant qu'en cette qualité, de sorte que l'omission de l'indication de cette qualité entraînerait la nullité de la contrainte. Ainsi, la C. cass. a décidé, le 19 juillet 1815, qu'une contrainte décernée personnellement

contre une veuve en payement de droits dûs par des enfants mineurs dont elle était tutrice, était nulle : « Attendu, porte cet arrêt, que la contrainte a été décernée contre la veuve Farges personnellement, comme cessionnaire, tandis qu'il est constaté qu'elle ne l'est pas ; qu'un défaut de qualité de cette nature forme une exception qu'aucune défense au fond ne peut couvrir, et qui peut être opposée en tout état de cause ; qu'au surplus, le jugement ne s'est point occupé du mérite du fond ; que, par suite, il n'est en contravention à aucune loi » (1537 no 23 I. G., 5219 J. E.). Mais, dans ce cas, il n'est pas nécessaire de décerner deux contraintes, l'une contre le mineur pour le droit simple et l'autre contre le tuteur pour le droit en sus (Figeac 18 janv. 1867, 2515 R.P.).

Il n'y a pas, du reste, nullité de la fait que la contrainte est décernée contre le débiteur légal, par exemple contre la partie figurant dans un acte, alors cependant que cette partie est décédée au moment de la rédaction de la contrainte. Il suffit que la notification soit faite aux héritiers (Bruxelles 8 août 1871).

2. FAILLITE. — SYNDIC. — Le tribunal de la Seine a fait, le 29 mars 1862 (12315 C. 1725 R. P.), l'application de cette règle en matière de faillite. Il a décidé que le défunt étant décédé en état de faillite, les héritiers et non le syndic sont débiteurs des droits de succession, de sorte que la contrainte ne peut être valablement décernée que contre les héritiers et qu'elle serait nulle si elle l'était contre le syndic (Conf. : Seine 29 mars 1862, 12315 C., 1725 R. P.).

Jugé, cependant, qu'est nulle la contrainte décernée contre une société en état de sursis de payement et qui n'a pas été signifiée aux commissaires surveillants (Liége 28 avr. 1866, 10163 J. E. belge).

Si la succession du failli est vacante, la contrainte doit être décernée contre le curateur et non contre le syndic (Rouen 16 mai 1876, 4449 R. P.).

4. DÉBITEURS SOLIDAIRES. — HÉRITIERS. — Lorsqu'il y a plusieurs débiteurs solidaires, la contrainte peut être décernée soit contre tous, soit seulement contre quelques-uns d'entre eux. Ainsi, en matière de droit de succession, chacun des héritiers étant débiteur personnel de la totalité, l'Administration peut valablement diriger la contrainte contre celui qui lui convient, et on ne pourrait arguer la contrainte de nullité parce qu'elle n'aurait pas été décernée contre tous les héritiers à la fois (Brives 9 fév. 1860, 17088 J. E., 11774. C 1285 R. P.).

Mais si l'Administration n'a décerné la contrainte que contre l'un de ses débiteurs solidaires, la condamnation ne peut pas être prononcée contre ceux qui n'ont pas été directement poursuivis (Nancy 15 déc. 1869, 3263 R. P.; — Seine 21 août 1869, 3094 R. P.; — V. Charleville 27 nov. 1873, 3765 R. P.).

De même, si deux sociétés distinctes sont condamnées par un même jugement au payement de droits dus séparément par chacune d'elles, elles ne sont pas tenues solidairement des frais de l'instance. « Attendu, porte un arrêt de cass. du 15 décembre 1869, que cette solidarité ne résultait d'aucune convention qui l'eût expressément stipulée ; qu'elle ne résultait pas davantage des dispositions de la loi spéciale à laquelle la cause était soumise, celle du 22 frimaire an 7, que dès lors le jugement a prononcé une condamnation solidaire en dehors des cas où elle est autorisée par la loi ; que sous ce rapport il y a violation de la disposition ci-dessus visée. » (3064 R. P., 2398-6 I. G., B. C. 226, S. 70-1-177, D. 70-1-410).

5. SOCIÉTÉ. — Une contrainte en payement des droits dus sur un acte de société ne peut pas être décernée personnellement contre les associés ou les administrateurs qui n'ont contracté aucune obligation personnelle à raison de leur gestion. Mais elle l'est valablement contre la société représentée par son directeur et ses gérants (Seine 8 août 1868, 2989 R. P.). — Le jugement prononcé contre la société après une contrainte signifiée à un des trois gérants est donc nul (Seine 1er août 1874, 4077 R. P.).

9710. Commune. — Les communes ne pouvant rien payer qu'après qu'elles y ont été autorisées, il en résulte que lorsqu'une commune est débitrice, il n'y a lieu ni à délivrance de contrainte contre son receveur ni à citation devant les tribunaux, ni à saisie-arrêt, mais le directeur doit se pourvoir devant le préfet pour qu'il porte au budget la somme réclamée (A. cons. d'Ét. 11 mai 1813, 642 I. G., 11393 § 2 J. E.). La contrainte exécutoire est un titre suffisant pour autoriser le préfet à faire l'inscription d'office au budget (D. m. f. 14 fév. 1876, 4854 R. P.).

Si le préfet, en raison de contestation sur l'exigibilité du droit, refuse de porter au budget la somme due, et qu'il soit indispensable, pour consacrer la créance de l'État, de faire décider la question par un tribunal, l'Administration pourra agir par voie de contrainte à laquelle il sera fait opposition, ou, à défaut d'opposition, par une assignation directe puisque ce sont là les deux seuls modes introductifs d'instance. — Si l'Administration assigne directement, il semble qu'elle devra se conformer aux art. 51 et 54 L. 18 juillet 1837, c'est-à-dire provoquer au préalable une décision du conseil de préfecture qui autorise la commune à ester en justice (Sol. 19 juill. 1877). — Que si elle décerne d'abord contrainte, la contrainte n'étant qu'un acte de poursuite qui ne lie pas l'instance, la signification peut en être faite sans qu'il soit nécessaire d'employer la précaution ci-dessus. C'est au maire, qui forme opposition, à solliciter l'autorisation nécessaire pour assigner l'État (Sol. 11 juill. 1877). — Comp. Dalloz, vo Commune, no 1530. — V. infrà no 9946.

9711. Départements. — Les règles que nous venons d'exposer sont communes aux départements. L'art. 36 L. 10 mai 1838 prévoit spécialement le cas de litige entre eux et l'État. L'action doit être intentée ou soutenue au nom du département, par le président du conseil de permanence : c'est donc à ce représentant que toutes les significations, soit en demandes, soit en défenses, doivent être faites.

9712. Nullité. — Défense au fond. — Quand la contrainte a été décernée contre un individu qui n'était pas débiteur ou qu'elle l'a été, par exemple, contre une tutrice personnellement, alors que les droits étaient dus par les mineurs, elle est évidemment nulle, et la C. cass. a décidé, de plus, le 19 juillet 1813 (1537 no 23 I.G., arrêt rapporté no 9709-1), qu'un défaut de qualité de cette nature forme une exception qu'aucune défense au fond ne peut couvrir et qui peut être opposée en tout état de cause.

1. TIMBRE. — NULLITÉ. — Les contraintes sont toujours rédigées sur papier de la débite. Cependant il n'y aurait pas nullité à se servir de papier timbré à l'extraordinaire (Cass. 15 juill. 1806, 2503 J. E., S. 6-2-698).

9713. La contrainte n'a pas besoin d'être motivée. — « Il est non-seulement d'une bonne régie, dit Bosquet (1-580), de bien motiver les contraintes, mais c'est un soin absolument nécessaire pour que les redevables puissent connaître l'objet et le résultat de la demande ». Cette observation conserve encore aujourd'hui toute son actualité. Toutefois, comme la loi ne règle pas les formes dans lesquelles les contraintes doivent être libellées, et que, d'un autre côté, elles ne constituent pas des actes introductifs d'instance, il a été jugé qu'elles ne seraient pas nulles lors même qu'elles ne seraient ni motivées ni explicatives (Seine 13 juin 1857, 16571 J. E., et 3 mars 1864, 2042 R. P.; — Joigny 13 fév. 1868, 2703 R. P.; — Anvers 29 juill. 1869, 10997 J. E. belge; — Pont-Audemer 29 août 1876, 4609 R. P.); — ou n'indiqueraient pas les textes de la loi sur lesquels la demande est fondée (Seine, 4 mai 1867, 13298 C., 3135 R. P.).

1. ERREUR DANS LA DATE D'UN ACTE. — Dans cet ordre d'idées, la C. cass. a décidé, le 25 juillet 1814, qu'une contrainte ne peut être annulée pour une erreur commise dans la date du titre qui lui sert de base, par exemple d'un bail à ferme établissant la preuve d'une insuffisance d'évaluation dans une déclaration de succession : « Vu, porte cet arrêt, l'art. 64 L. 22 frimaire an 7; attendu que cet article n'exige pas que la contrainte énonce l'acte sur lequel elle est fondée; qu'ainsi, et en supposant même que l'erreur commise dans la contrainte du 8 mai 1811, quant à la date du bail à ferme, n'aurait pas été suffisamment réparée pendant la litispendance, le jugement dénoncé a créé une nullité, commis un excès de pouvoir et formellement violé l'article précité, en déclarant la contrainte du 8 mai 1811 nulle à défaut d'énonciation du véritable titre sur lequel elle pouvait être fondée » (1537 n° 22 I. G., S. 15-1-249).

2. ERREUR DANS LA DÉSIGNATION DU DROIT. — L'erreur dans la désignation du droit n'emporte pas non plus la nullité de la contrainte, parce que désigner le droit c'est motiver la contrainte. Ainsi, lorsqu'une contrainte a été décernée pour le payement d'un droit de *soulte* sur une disposition passible d'un droit de *cession* ou de dation en payement *de même quotité*, la demande n'est pas moins valable (Cass. 31 juill. 1833, 1537 n° 21 I. G., *arrêt rapporté* n° 5750).

3. DATE DE L'ACTE. — Une contrainte ne peut être annulée sous le prétexte qu'elle n'indique pas l'acte en vertu duquel elle est décernée (Cass. 3 fév. 1807, 2551 J. E.).

9714. Fixation de la somme réclamée. — La contrainte étant un acte d'exécution doit contenir la fixation du montant des droits réclamés à la partie.

1. ERREUR DANS LE MONTANT DU DROIT. — Elle ne peut évidemment valoir que jusqu'à concurrence du chiffre indiqué et il en résulte que s'il existe une erreur en moins, l'excédant ne pourra être réclamé qu'au moyen d'un nouvel acte de poursuite; que si l'erreur est commise au préjudice du débiteur, la contrainte vaut pour la somme qu'elle exprime, sauf aux parties à se pourvoir en réduction soit auprès de l'Administration, soit devant les tribunaux.

2. DÉTAIL DU DROIT. — Une contrainte décernée collectivement contre l'héritier et le légataire de la quotité disponible en payement des droits d'une omission de valeurs n'est pas nulle parce qu'elle ne contient pas le détail des sommes dues par chacun des débiteurs : « Attendu qu'il était expressément expliqué dans la contrainte que la somme de 6,428 francs se composait de deux droits distincts, l'un dû par la veuve Delarochette, en sa qualité de donataire du quart en propriété et du quart en usufruit, l'autre dû par les deux enfants en leur qualité de seuls héritiers légitimes et de leur père; attendu qu'au moyen de ces indications il était facile de calculer le montant des droits afférents, soit à la mère soit aux enfants, que s'il eût été préférable que ce calcul fût mentionné dans la contrainte, son omission ne saurait, dans les circonstances particulières ci-dessus mentionnées, entraîner la nullité de cet acte; qu'en le jugeant ainsi, la décision attaquée n'a violé aucun texte de la loi » (Cass. 19 juill. 1870, 3189 R. P., 14622 C., 2414-5 I. G., S. 71-1-35 D. 71-1-84. — *Conf.* : Anvers 29 juill. 1869, 10997 J. E. belge).

3. ERREUR MATÉRIELLE. — Jugé également qu'une erreur matérielle commise par le receveur dans une contrainte ne vicie pas cet acte, alors que le contribuable a été mis à même d'apprécier la demande de l'Administration (Bruxelles 30 avr. 1869).

9715. Droits subordonnés à la déclaration des parties. — Lorsque la contrainte est décernée pour le payement de droits dont la liquidation est subordonnée à *une déclaration des parties*, notamment dans le cas de mutation par décès ou de mutation secrète entre-vifs d'immeuble, le montant de ces droits doit être fixé par approximation dans la contrainte, *sauf à augmenter ou à diminuer, suivant la déclaration que les parties sont tenues de faire* (Cass. 27 mars 1811) : « Vu l'art. 27 L. 22 frimaire an 7, et attendu que la déclaration exigée par ledit article est d'une obligation rigoureusement prescrite ; que les contraintes décernées par la Régie, tant que cette déclaration n'a pas eu lieu, sont nécessairement provisoires, et sont sujettes à augmentation comme à retranchement; qu'il ne dépend que du redevable de fixer invariablement la base du droit par une déclaration détaillée et exacte, conformément à la loi; qu'il y avait d'autant moins lieu de s'écarter de cette doctrine, dans l'espèce, que le premier jugement préjugeait que l'objet de la première contrainte n'était que provisoire, et que le droit définitif dépendrait de la déclaration à faire » (S. 11-1-249, 3834 J. E.).

Dans ce cas, le tribunal peut ordonner l'exécution provisoire de la contrainte d'après les évaluations d'office de l'Administration, pourvu qu'il réserve à la partie le droit de faire les justifications nécessaires à la perception (Cass. 18 janv. 1871). « Attendu, porte cet arrêt, que le jugement impartit à Duval un délai pour faire les justifications et déclarations nécessaires à la perception des droits de cession; que cette disposition, en réservant les droits respectifs, n'a pour effet que de renvoyer les parties à l'application de la loi fiscale sur les points au sujet desquels il n'y avait pas de contestation » (3215 R. P., 2421-5, I. G., B. C. 4, S. 71-1-84, D. 71-1-18).

1. OFFRES RÉELLES. — Les parties ne peuvent se dis-

penser de faire cette déclaration, en faisant offres réelles de la de la somme provisoirement fixée dans la contrainte ; la déclaration doit être souscrite sur l'acte ou le registre du receveur, et ne peut être remplacée par un exploit extrajudiciaire contenant le détail et l'évaluation des biens et l'offre réelle des droits. A moins toutefois que l'exploit signé *pour pouvoir* par les parties n'autorise l'huissier lui-même à passer la déclaration, qui alors est faite et signée par cet officier ministériel. — C'est un point que nous expliquerons au mot *Succession*.

Si la contrainte n'énonçait pas l'obligation imposée aux parties de faire leur déclaration, les offres réelles de la somme réclamée pourraient être déclarées valables et faire cesser les poursuites, sauf au préposé la faculté de décerner une autre et plus ample contrainte, à défaut de déclaration (Cass. 2 déc. 1806, 1537, sect. 2 no 18 I. G.).

2. DÉCLARATION EMPÊCHÉE PAR LE RECEVEUR. — Il va de soi que s'il était établi que le redevable s'est présenté au bureau, qu'il a été empêché de faire sa déclaration, ou, au moins, qu'elle a été retardée par des observations inutiles et intempestives du receveur, la déclaration faite par signification extrajudiciaire, avec offres réelles des droits, pourrait être jugée suffisante pour prévenir les poursuites ultérieures (Cass. 9 août 1832, 1537 no 20 I. G., S. 32-1-618.) — *V.* 11447.

3. PAYEMENT PAR UN TIERS SAISI. — Lorsqu'une saisie-arrêt a été formée pour le montant des droits fixés provisoirement dans la contrainte, et que, par suite du jugement qui en a prononcé la validité, le tiers saisi a acquitté la somme demandée, sans que le débiteur ait fait de déclaration, il y a lieu de décerner contre ce dernier une nouvelle contrainte, afin de le forcer, par la demande d'un supplément de droit, à passer la déclaration exigée par la loi (Cass. 27 mars 1811, 1537 no 19 I. G., S. 11-1-249). — *V.* 9715.

4. OMISSION. — Si on a omis d'indiquer que les droits pourraient être augmentés d'après la déclaration, la contrainte ne vaut que pour la somme qu'elle indique, et en cas d'insuffisance, la prescription biennale est applicable (Niort 14 août 1876, 4605 R. P.).

9716. Droits subordonnés à la production de l'acte. — Quand il est fait usage d'un acte non enregistré et que les parties refusent de produire l'acte privé, l'Administration a le droit d'évaluer le montant de la somme à payer. Ce droit résulte de celui que lui donne la loi d'obliger le notaire et les parties à représenter l'acte privé ; il serait, d'ailleurs, trop facile aux parties d'éluder la loi, sous prétexte qu'elles sont dans l'impossibilité de représenter l'acte (Cass. 28 mars 1859, 16920 J. E., 16551 J. N., 11529 C., 2160 § 1er I. G., 1220 R. P., S. 59-1-945). — *V. Déclaration pour la perception et succession.*

1. BASE DE LA PERCEPTION. — Il résulte en outre de l'arrêt ci-dessus que l'Administration n'est pas tenue de faire connaître les bases du droit, puisque c'est la production seule des actes qui pourrait lui fournir le moyen de déterminer exactement les sommes ou valeurs sur lesquelles il doit être perçu ; le tribunal, pas plus que l'Administration, ne peut fixer la quotité du droit tant que l'acte n'est pas représenté.

9717. Date. — L'indication de la date, c'est-à-dire du jour, du mois et de l'année, est prescrite à peine de nullité.

Mais le tribunal de la Seine a décidé, le 13 juillet 1861, que le visa du juge de paix étant daté confère à la contrainte sa véritable date, en même temps qu'il la rend exécutoire (17364 J. E., 17249 J. N., 12044 C., 1521 R. P.).

9718. Visa du juge de paix. — La contrainte doit être visée et déclarée exécutoire par le juge de paix du canton où le bureau est établi (art. 64 L. 22 frim. an 7), à peine de nullité (Cass. 8 mai 1809) : « Attendu, porte cet arrêt, que la Régie ayant, conformément à l'art. 64 L. 22 frim. an 7, commencé son premier acte de poursuite par une contrainte, aurait dû la faire revêtir de la formalité prescrite par le même article ; qu'aucune loi ne dispense la Régie, quand elle agit par voie de contrainte, de la formalité du visa du juge, qui seul peut lui donner l'authenticité et le caractère nécessaire pour procéder par voie exécutoire ; que, sans cette forme, la contrainte est un acte purement privé des préposés d'une administration vis-à-vis des redevables » (S. 9-1-273, 3967 J. E.). La même doctrine résulte d'un autre arrêt de cass. du 10 novembre 1812 (1537 no 24 I. G.).

La contrainte ne peut pas être visée par le juge de paix du canton du domicile du débiteur (Bruxelles 30 avr. 1869). Mais si le canton est divisé en deux justices de paix, chaque juge de paix peut viser la contrainte (Niort, 27 août 1877, 4826 R. P.).

Cependant, si le bureau est établi, par tolérance, en dehors de la circonscription à laquelle s'étend sa recette, il n'y a pas nullité à demander le visa du juge de paix de cette circonscription (Lyon, 20 mars 1866, 18387 J. E.). — *V.* 9748 et suiv.).

1. VISA SANS MENTION DE L'EXÉCUTOIRE. — Le visa sans mention de l'exécutoire ne remplit pas le vœu de la loi, puisque l'art. 64 exige les deux choses à la fois.

2. JUGE SUPPLÉANT. — En cas d'empêchement du juge de paix, la contrainte doit être visée et rendue exécutoire par le juge suppléant.

Quand une contrainte est visée par le suppléant de la justice de paix, il y a présomption légale, en l'absence de preuve contraire, que le titulaire était empêché. La contrainte est donc valable (Blois 3 mars 1874).

Il a été cependant décidé que l'empêchement du juge titulaire doit être mentionné (Compiègne 8 mars 1842, Vuarnier no 2926).

Dans tous les cas, la contrainte qui est visée par le suppléant, alors qu'il est constant qu'elle n'a pas été soumise au juge de paix et sans que ce juge ait été absent ou empêché, peut être annulée (Metz 3 mars 1842).

3. TRANSCRIPTION DU VISA SUR LA COPIE. — La loi du 22 frimaire exige bien que la contrainte soit visée et rendue exécutoire par le juge de paix, mais il n'en ressort pas que ce visa et cette mise en exécution seront portés tout à la fois sur l'original ou sur la copie ; il suffit pour satisfaire au vœu de la loi que la copie porte la mention de l'accomplissement de ces formalités sur l'original (Havre 6 fév. 1862, 1695 R. P. ; — Angers 6 avr. 1867, 3277 R. P. ; — Castres 8 nov. 1869, 3053 R. P. ; — Cass. 22 déc. 1874, 4361 R. P.).

4. DÉFAUT DE TRANSCRIPTION DU VISA NON JUSTIFIÉ. — Lorsque la partie prétend ne pas avoir reçu avec la copie la transcription de l'exécutoire du juge de paix, il va de soi qu'elle doit justifier par la production de la copie du bien fondé de ses allégations ; dans le cas contraire, le moyen de nullité ne pourrait être admis (Brives 9 fév. 1860, 17088 J. E., 11774 C., 1285 R. P.).

5. NOM DU JUGE DE PAIX MAL ORTHOGRAPHIÉ SUR LA COPIE. — Une contrainte n'est pas nulle parce que le nom du juge de paix est mal orthographié sur la copie : « Attendu que les nullités sont de droit étroit ; qu'il est certain que toutes les formalités voulues par la loi pour l'exécution valable de la contrainte ont été remplies ; qu'une simple irrégularité d'orthographe, dans la copie de l'exploit, du nom du magistrat qui a rendu la contrainte exécutoire ne saurait invalider cette contrainte « (Mulhouse 19 nov. 1863, 1864 R. P.).

6. NULLITÉ. — **DÉFENSE AU FOND.** — Les formalités du visa et de l'exécutoire sont prescrites à peine de nullité (Cass. 8 mai 1809, S. 9-1-273, 3967 J. E., et 10 nov. 1812, 1537 n° 24 I. G.). — V. 9718.
Mais cette nullité est couverte par le silence de la partie adverse et par les défenses qu'elles a fournies au fond (Cass. 14 nov. 1815) : « Considérant, porte cet arrêt, que les demandeurs ne peuvent exciper avec succès de l'art. 64 L. 22 frimaire an 7 en ce qui concerne la contrainte ; qu'à la vérité cette contrainte n'a été ni visée ni rendue exécutoire par le juge de paix, mais que cette irrégularité a été couverte par le silence des parties réclamantes et par les défenses qu'elles ont fournies au fond, et que, dès lors, il ne leur est plus permis d'en argumenter » (1537 n° 25 I. G., S. 18-1-143 ; — Comp. Cass. 14 nov. 1838, 1634 § 11 I.G., S. 38-1-970, 12188 J. E.).

7. DATE. — Le visa du juge de paix n'a pas besoin d'être daté. « Le visa s'effectue par les mots : Vu et rendu exécutoire écrits au pied de la contrainte, et l'apposition de la date n'est pas pour le visa une formalité substantielle. Il n'est résulté pour Audiau aucun préjudice de ce que, sur la copie, le visa porte par erreur la date du 3 janvier 1864, au lieu de celle du 8, et on ne doit admettre les nullités de forme que dans les cas prévus par la loi »(Angers 6 avr. 1867, 3277 R. P.).
C'est également ce qui résulte d'un jugement du tribunal de Belley du 4 juin 1874.

SECTON 2. — **NOTIFICATION DE LA CONTRAINTE**

[9719-9726]

9719. Formule. — Les contraintes et autres actes de poursuites, les mémoires et actes de procédure, doivent être faits et signifiés à la requête du directeur général de l'enregistrement des domaines et du timbre, hôtel de l'Administration, à Paris, poursuites et diligences du directeur, demeurant à ... On ajoute à cette formule l'élection de domicile au bureau où les droits réclamés doivent être acquittés (807 I. G.).

9720. Commandement de payer. — L'exploit de

signification doit contenir commandement de payer dans un délai déterminé la somme portée en la contrainte, sous peine d'y être contraint par les voies autorisées pour le recouvrement des deniers publics.
Il doit être signifié à la requête de l'Administration, poursuites et diligences du Directeur et du receveur et non pas à la requête de l'agent qui a décerné la contrainte (Anvers 20 juill. 1869, 10997 J. E. belge).
La contrainte et l'exploit de signification peuvent être rédigés sur la même feuille (Cass. 15 juill. 1806, S. 6-7-908).

9721. Élection de domicile. — L'I. G. 807, après avoir déterminé les formes de la contrainte, porte : « Cette formule, à laquelle on ajoutera l'élection de domicile, selon les cas, sera exactement observée... » Plus tard s'est élevée la question de savoir si, comme le prescrit l'art. 584 C. proc., la contrainte devait contenir élection de domicile dans la commune du débiteur, et cela, à peine de nullité. — La C. cass. a décidé, par arrêt du 16 fév. 1831 que d'après l'avis du conseil d'État du 1er juin 1807, l'art. 584 n'est point applicable à la forme de procéder relativement à la Régie des domaines et de l'enregistrement. « Vu, porte cet arrêt, l'art. 584 C. proc., l'avis du conseil d'État du 1er juin 1807, les art. 26 et 27 L. 22 frimaire an 7, et l'art. 64 de la même loi ; attendu qu'en déterminant les bureaux où seront enregistrés les actes soumis à la formalité de l'enregistrement, les art. 26 et 27 L. 22 frimaire an 7 indiquent que les droits dus pour cette formalité ne doivent être perçus que dans ces bureaux, et directement par les préposés qui y sont établis ; attendu que c'est en exécution de ces articles (combinés avec l'art. 64 de la même loi, qui se borne à dire que la contrainte sera signifiée) que la Régie des domaines et de l'enregistrement, dans les contraintes qu'elle décerne avec commandement, ne fait élection de domicile qu'aux bureaux où les droits qu'elle réclame doivent être acquittés ; attendu que, d'après l'avis du conseil d'État, du 1er juin 1807, l'art. 584 C. proc. n'est point applicable à la forme de procéder relativement à la Régie des domaines et de l'enregistrement ; de tout quoi il résulte qu'en annulant le commandement dont il s'agit, comme fait en contravention à l'art. 584 C. proc., le jugement attaqué a faussement appliqué cet article, et en même temps violé l'avis du conseil d'État du 1er juin 1807, et les articles précités L. 22 frimaire an 7 ; » (1371 § 14 I. G., S. 31-1-288, 9659 J.E.). — V. aussi 1537 nos 29 et 324 I. G.
La Cour a, en conséquence, validé la contrainte qui ne faisait élection de domicile que dans le bureau où les droits réclamés doivent être acquittés.
De nombreux jugements ont statué dans ce même sens. (Domfront 9 mai 1860, 17178 J. E., 11842 C., 1376 R. P.; — Seine 13 juill. 1861, 17364 J. E., 12044 C., 17249 J. N., 1521 R. P.; — Bruxelles 3 juin 1863, 17775 J. E.; — Toulouse 22 mars 1866, 2263 R. P.; — Auch 22 janv. 1867, 2551 R. P. 18388 J. E.; — Tarbes 26 déc. 1870).
Est-il même nécessaire qu'il y ait une élection de domicile quelconque ? En matière civile et à propos des ajournements, la jurisprudence s'est prononcée à peu près unanimement en sens contraire (C. Orléans 16 mars 1810; — C. Colmar 4 juill. 1810; — C. Turin 1er fév. 1811; — trib. Provins 12 août 1847, confirmé par C. Paris 20 janv. 1848 (P. 1848-2-553 S. 49-2-139). — V. dans ce sens Pigeau t. 2 p. 82, Chauveau sur

Carré (2004 *bis*), et *Contrà* Bioche *Dict. de proc.* v° *Saisie-exécution* n° 89). — Cette interprétation a été consacrée en matière d'enregistrement par un jugement du tribunal de Bruxelles du 8 août 1871. Cependant l'opinion opposée peut s'induire de l'arrêt de cassation du 16 fév. 1831, et il est prudent de ne jamais omettre cette formalité.

9722. Huissiers. — L'Administration avait d'abord pensé que la contrainte étant visée et rendue exécutoire par le juge de paix, la notification appartenait à leurs huissiers par suite du privilège qu'ils ont d'exécuter tous les mandements émanés de leur justice (209 et 1537 n° 30 I. G.). Mais c'était là une erreur; car, d'une part, la loi n'exige pas que la contrainte soit signifiée par un huissier de la justice de paix du canton ou le bureau est établi, et, d'autre part, la loi du 25 mai 1838 donne à tous les huissiers d'une même résidence le droit d'exercer concurremment avec ceux chargés des audiences des juges de paix (Seine 14 mars 1862, 17482 J. E.; — Rouen 20 mars 1862, 17689 J. E., 12423 C., 1599 R. P.; — Seine 4 mai 1867, 3135 R. P.).

1. RESSORT. — L'huissier qui instrumente hors de son ressort n'a plus qualité et la signification qu'il pourrait faire est nulle. Ainsi décidé, qu'un itératif commandement et un procès-verbal de carence sont nuls lorsqu'ils sont faits par un individu qui n'a pas le caractère d'huissier dans le ressort où il instrumente (Cass. 14 août 1811, 1537 n° 42 I. G.).

2. DÉFAUT D'INDICATION DE L'IMMATRICULE. — La signification d'une contrainte est nulle lorsque l'huissier n'indique pas le tribunal auquel il est immatriculé (Cass. 14 août 1811, 1537 n° 31 I. G.).

Pour les significations faites pendant la Commune. — *V.* 3907 R. P.

9723. Signification à personne ou à domicile. — Les contraintes doivent, sous peine de nullité, être signifiées à la personne ou au domicile : la signification qui serait faite au domicile de l'agent d'affaires ou du fermier du redevable ne remplirait pas le vœu de la loi (Cass. 9 fruct. an 12, 1985 J. E., et 23 fév. 1807, 1537 n° 32 I. G., S. 7-2-236).

« Vu, porte ce dernier arrêt, l'art. 3 du tit. 2 de l'Ord. de 1667, et les art. 32, 61 et 64 L. 22 frimaire an 7, relative à l'enregistrement, et attendu qu'il est constant en fait, d'après le jugement dénoncé, que le défendeur n'avait aucun domicile réel ni élu dans la terre de Losse ; — Attendu que la règle générale prescrite, à peine de nullité, par l'Ord. de 1667, concernant la signification à la personne ou au domicile, est applicable aux significations des contraintes décernées par la Régie de l'enregistrement, car bien loin que la loi de frimaire an 7 ait dérogé à la règle générale, l'art. 64 exige que la contrainte soit signifiée, et n'oblige le redevable à élire domicile qu'en cas d'opposition. »

1. ÉTRANGER. — En ce qui concerne l'étranger, la signification peut lui être valablement faite au domicile par lui élu en France dans les actes de procédure (Seine 8 août 1857, 16625 J. E., 942 R. P.).

2. HÉRITIERS DU DÉBITEUR. — Quand l'Administration décerne contre les héritiers personnellement et leur fait signifier une contrainte en payement de droits d'enregistrement dus par le défunt, elle n'est pas tenue d'observer l'art. 877 C. C., aux termes duquel elle aurait dû signifier aux héritiers, avant toutes poursuites, le titre exécutoire en vertu duquel elle agissait. Le tribunal de Lavaur l'a ainsi décidé, le 26 août 1864, en se fondant sur ce que la contrainte n'est pas un acte d'exécution, et sur ce que, ayant été décernée contre les héritiers personnellement, ils en ont eu, dès lors, pleine connaissance (1986 R. P.).

3. DOMICILE ÉLU. — En principe, l'élection de domicile par les parties est limitée à l'opération pour laquelle elle a été faite, et on ne peut y assigner pour un autre objet que celui qui a été déterminé dans l'acte (C. Rennes 15 mars 1821 ; — Bordeaux 21 juill. 1834; — Chauveau sur Carré 1-365 *bis*, Duranton 1-377). — A la vérité, la C. cass. a décidé, par arrêt du 24 juin 1806, que les poursuites en payement des droits de mutation dus sur un acte de vente contenant élection de domicile de la part de l'acheteur peuvent être exercées au domicile élu, et cette décision est approuvée par Merlin (*Rép.* v° *Domicile élu* 52 n° 8). Mais, ainsi que le fait remarquer Championnière (n° 4016), cet arrêt se justifie en fait par la circonstance que les acquéreurs avaient donné procuration au mandataire à effet d'élire pour eux un domicile *judiciaire*. Mais, en dehors de ce cas, il paraît certain que l'élection faite soit chez un notaire, soit ailleurs, lors de l'exécution de l'acte, et qui est personnelle aux parties, n'autorise pas à y notifier la contrainte décernée pour le recouvrement d'un supplément de droit sur cet acte (*V.* Cass. 8 juin 1826, 27 déc. 1843; Zachariæ t. 1er ch. 7; Demolombe t. 1er n° 375); Cass. 14 juin 1875, 4466 R. P. — V. 9840.

4. ERREUR DE PRÉNOM. — L'erreur existant dans la signification de la contrainte sur les prénoms du débiteur ne vicie pas la procédure, quand il est constaté que ce dernier a réellement reçu l'exploit (Seine 3 juill. 1869, 3006 R. P.).

5. ÉPOUX. — Lorsque la contrainte en payement d'une somme due par une femme mariée a été décernée contre elle personnellement et contre son mari pour l'autoriser (9217-1), la signification faite au mari, sans qu'on mentionne qu'elle lui est adressée en qualité d'administrateur légal des biens de la femme, n'annule pas la procédure (Liège 20 mars 1869, 2962 R. P.).

6. DATE DU VISA. — La date du visa de la contrainte par le juge de paix n'a pas besoin d'être reproduite sur la copie signifiée de la contrainte, à peine de nullité (Belley 4 juin 1874).

7. DATE DE L'EXPLOIT. — Lorsque l'exploit de signification de la contrainte n'est pas daté, la procédure est nulle (Mauriac, 29 nov. 1877).

9724. Remise de la copie. — La copie doit, à peine de nullité, d'après les art. 68 et 70 C. proc., être remise au voisin, quand l'huissier ne trouve au domicile ni la partie, ni aucun de ses parents ou serviteurs. Ce n'est que dans le cas où aucun voisin ne veut recevoir la copie, ni signer l'original, que l'huissier remet la copie au maire ou adjoint de la commune. Toutes ces circonstances doivent être constatées dans l'exploit (Cass. 25 mars 1812, 1537 n° 33 I. G.).

1. COPIE DE L'ACTE. — Il n'est pas besoin de remettre la copie de l'acte sur lequel les droits sont dus (Tarascon 23 mars 1876, 4485 R. P.).

9725. Personne publique. — Visa. — La nullité pour défaut de visa de la personne publique à qui la signification est faite, n'est prononcée par les art. 69 et 70 C. proc. que pour les exploits d'assignation. Cette omission n'emporte point nullité, aux termes de l'art. 1039 du même code, pour les exploits de la signification des jugements et autres actes de procédure (Cass. 20 août 1816, 1537 n° 34 I. G.).

1. ADJOINT. — En cas d'absence du maire, l'exploit signifié à la commune doit être remis à l'adjoint qui le remplace; le visa du juge de paix ou du procureur de la République, prévu par l'art. 69 C. proc., n'est obligatoire qu'en cas d'absence des fonctionnaires publics désignés en cet article, et de leurs suppléants naturels et légaux (Cass. 8 mars 1834, 1537 n° 5 I. G.).

9726. Nullité. — 1. CONTRAINTE. — La nullité de la signification n'annule pas la contrainte elle-même : « Attendu qu'aucune disposition législative n'exige qu'une contrainte soit signifiée dans un certain délai après avoir été décernée, ni qu'elle soit renouvelée si une première signification en a été faite d'une manière défectueuse; qu'en effet une nullité dans l'exploit de signification ne peut avoir pour conséquence d'invalider le titre exécutoire lui-même » (Seine 4 mai 1867, 3135 R. P., 13298 C.).

2. DÉFENSE AU FOND. — Les nullités de forme dans la signification d'une contrainte et d'autres actes de poursuite ou de procédure sont couvertes par l'opposition du redevable, uniquement basée sur des moyens tirés du fond (173, C. proc.; — Cass. 7 août 1807, S. 7-1-750, et 14 nov. 1813, 1537 n° 37 I. G., S. 18-1-143). — V. 9718-6.

SECTION 5. — DES EFFETS DE LA CONTRAINTE

[9727-9733]

9727. Exécution. — La contrainte, revêtue du visa et de l'exécutoire du juge de paix, doit être exécutée comme s'il y avait jugement. En conséquence, cette exécution peut être poursuivie par les voies de saisie mobilière, d'après les formes prescrites par les titres 7, 8, 9 et 10 C. proc. (Cass. 11 juin 1811, 1537-39 I. G.).

Plus généralement, il faut dire que la contrainte peut motiver l'emploi de tous les moyens d'exécution autorisés par le droit commun que le redevable ne saurait arrêter les poursuites qu'au moyen d'une opposition notifiée, conformément aux règles dont nous présentons ci-après le développement.

9728. Prescription. — La contrainte interrompt la prescription, à la condition d'être signifiée et enregistrée dans le délai à l'expiration duquel la prescription est acquise. Le jour de l'enregistrement de l'acte ou de la déclaration est compris dans le délai, de sorte qu'une contrainte ayant pour objet un supplément de droits sur un acte enregistré le 21 septembre 1812 devait, pour arrêter la prescription, être *signifiée* et *enregistrée* au plus tard le 20 septembre 1814 (Cass. 11 oct. 1814, 5044 J. E.; — *Conf.* : Cass. 1er août 1831, 1320 § 7 et 1388 § 12 I. G., 1098 J. E.).

1. ITÉRATIF COMMANDEMENT. — Un itératif commandement, signifié au redevable avant l'expiration de l'année à partir de la signification de la contrainte, interrompt, suivant l'art. 2244 C. C., la prescription prononcée par l'art. 61 L. 22 frimaire an 7, dans le cas de suspension des poursuites pendant une année (Cass. 1er avr. 1834, 1467 § 13 et 1537-41 I. G., S. 34-1-248).

Ces points trouveront leur justification naturelle au mot *Prescription.*

9729. Hypothèques. — Aucune loi n'ayant attribué le droit d'hypothèque aux contraintes décernées par les préposés de l'enregistrement, une inscription ne peut être prise sur les biens du redevable qu'en vertu du jugement qui, en le déboutant de son opposition, a ordonné l'exécution de la contrainte (Cass. 28 janv. 1828): « Considérant, porte cet arrêt, que la Régie ne cite aucune loi qui attache le droit d'hypothèque aux contraintes décernées par ses receveurs; que l'avis du conseil d'Etat du 16 thermidor an 12 ne s'applique qu'aux contraintes que les administrations ont droit de décerner en qualité de juges, et sans que ces actes puissent être l'objet d'aucun litige devant les tribunaux; que l'avis du conseil d'Etat du 29 octobre 1811 ne dispose qu'en faveur de la Régie des douanes, et pour le cas où l'art. 13 tit. 22 août 1791, lui donne d'ailleurs hypothèque sur les biens des redevables » (1249 § 9 I. G., S. 28 1-126, 8974 J. E.). — *Contrà* : Dissert. de M. Serrigny, *Rev. crit.* t. 9 p. 538.

9730. Héritiers bénéficiaires. — Opposition à la distribution. — Un arrêt de la C. cass. 13 mars 1866 a décidé que la notification d'une contrainte aux héritiers bénéficiaires, pour le payement de droits dûs par le défunt est une défense virtuelle de distribuer en son absence le produit des biens de la succession : « Attendu, porte cet arrêt, qu'aux termes de l'art. 808 C. C., l'héritier bénéficiaire, s'il y a des créanciers opposants, ne peut payer que dans l'ordre et de la manière réglés par le juge; — Attendu que la loi n'ayant pas spécifié la forme de l'opposition à faire entre les mains de l'héritier bénéficiaire, il y a lieu de considérer comme ayant ce caractère tout acte qui porte à sa connaissance la créance dont le payement est réclamé; — Attendu qu'une contrainte décernée par la Régie contre des héritiers considérés comme ayant purement et simplement accepté la succession ouverte à leur profit, a nécessairement les effets d'une simple opposition, lorsqu'ils déclarent n'avoir d'autre qualité que celle d'héritiers bénéficiaires; — Attendu que le tribunal civil d'Angers, en décidant que la validité de la contrainte décernée contre les héritiers Leroux de Lens, n'a fait qu'une juste application de l'art. 808 précité » (2251 R. P., 2348 § 8 I. G., S. 66-1-121).

Cette doctrine est exacte. En effet, le C. C. qui prescrit cette opposition n'en règle pas la forme, et les auteurs reconnaissent unanimement que le vœu de la loi est rempli quand l'héritier bénéficiaire a reçu juridiquement, par un moyen quelconque, connaissance de la créance (Chabot art. 808-1, Vazeille *Id.* n° 1er, Poujol *Id.* n° 1er, Roll. *Rép. du Not.* v° *Bénéf. d'inv.* n° 136, Fouquet *Encyclop. du droit* v° *Bénéf. d'inv.* n° 138, Bilhard *Bénéf. d'inv.* n° 72, Tambour *Bénéf. d'inv.* n° 344). — La même règle a été appliquée par deux arrêts de Nîmes du 12 juin 1838 (P. 1839-2-447) et d'Orléans du 14 avril 1859 (S. 1860-2-267). — Demolombe qui l'adopte, fait même remarquer que l'opposition n'a pas toujours besoin d'être notifiée à l'héritier et qu'il suffirait, par exemple, de l'adresser au détenteur des deniers (*Succ.* t. 3 n° 299).

9731. Contrainte nulle. — 1. DÉPENS DE L'INSTANCE. — Quand les contraintes ont été mal dirigées, l'Administration doit être condamnée aux dépens de l'instance (Cass. 22 octobre 1811, 1537 n° 38 I. G.).

2. CONTRAINTE RENOUVELÉE. — De même, si une contrainte irrégulière a été remplacée par une autre, les frais de la première sont à la charge du Trésor (Sol. 16 janv. 1850).

9732. Désistement. — Lorsque l'Administration veut se désister d'une contrainte, il est d'usage de faire simplement connaître au redevable que la réclamation est abandonnée; les frais sont régularisés et l'affaire est ainsi terminée sans frais. L'Administration ne peut plus, après l'acceptation de la partie, se rétracter (Lyon, 7 juin 1877). — Dans le cas où ce mode de procéder laisserait craindre une opposition de la part du débiteur qui ne se croirait pas suffisamment à l'abri, un exploit de désistement peut lui être signifié, et il semble, conformément à l'art. 402 C. proc., qu'il doive être signé du receveur qui a décerné la contrainte (Vuarnier 2938).

1. EFFET DU DÉSISTEMENT. — Le désistement d'une contrainte, même accepté par le redevable, n'a d'autre effet, suivant l'art. 403 C. proc., que de remettre les parties dans l'état où elles étaient avant la signification de la contrainte. L'action n'est pas éteinte; elle peut être exercée par une nouvelle contrainte, à moins toutefois que le délai de la prescription ne soit expiré (Cass. 8 mars 1808, 1537-69, 2879 J. E.; 10 déc. 1816, S. 18-1-4, 1150-2 et 1537-26 I. G., 5668 J. E.; et 16 mai 1821, S. 22-1-7, 7101 J. E.): « Vu », porte cet arrêt, l'art. 403 C. proc.; — Attendu que l'Administration de l'enregistrement et des domaines, en se désistant de la contrainte décernée le 29 avril 1813, par le sieur Rethoré, son receveur à Vesoul, contre le sieur Roussel, contrainte que celui-ci soutenait n'avoir pas été suffisamment motivée, n'a eu d'autre but, ainsi que cela est établi par les circonstances de l'affaire, que de renoncer à un acte qui aurait pu être déclaré irrégulier, et d'éviter ainsi un incident préjudiciable à ses intérêts; mais qu'elle n'a jamais entendu renoncer au droit de poursuivre de nouveau et régulièrement le recouvrement de la somme de 6,600 francs dont elle avait forcé son receveur en recette; — Attendu que l'acceptation faite par le sieur Roussel du désistement donné au nom de l'Administration n'a produit, aux termes de l'art. 403 C.

proc. ci-dessus cité, d'autre effet que celui de remettre les parties dans l'état où elles étaient avant l'abandon de la contrainte susdatée; d'où il suit que l'Administration, qui avait uniquement renoncé à continuer ses poursuites sur une première contrainte qui pouvait avoir quelque chose d'irrégulier, mais qui avait conservé son action à fin de recouvrement de la somme de 6,600 francs, a pu reprendre sa poursuite en décernant, comme elle l'a fait, une nouvelle contrainte contre le sieur Roussel » (*Conf.* : Figeac 18 janv. 1867, 2515 R. P.). — *V.* 5423.

9733. Désistement de procédure. — Nouvelle demande. — Dans le cas de désistement pour vice de forme de l'instance engagée par l'opposition du redevable, la nouvelle contrainte décernée par le receveur n'est pas nulle pour avoir été signée antérieurement au désistement. Il suffit que la signification du désistement précède celle de la nouvelle contrainte (Cass. 8 mars 1808, 1537 n° 69 I. G., 2879 J. E.). L'Administration qui se désiste sans réserve de la contrainte doit payer les frais jusqu'au désistement (La Flèche, 17 juill. 1877, 4831 R. P.).

1. CHOSE JUGÉE. — La chose jugée est opposable à l'Administration qui, à l'époque d'une instance antérieure tendant au même but entre les mêmes parties, avait à sa disposition les documents sur lesquels elle fonde sa nouvelle demande (réalisation de crédit), alors surtout qu'elle n'aurait fait aucune réserve de compléter ultérieurement la première preuve (Seine, 6 mars 1876).

CHAPITRE IV. — INTRODUCTION DES INSTANCES

[9734-9761]

SECTION PREMIÈRE. — MOYENS D'INTRODUIRE L'INSTANCE

[9734-9742]

9734. Assignation par les parties. — L'instance ne peut être engagée contre l'Administration par les redevables qu'au moyen d'un exploit d'ajournement. Cet ajournement est notifié avec l'opposition à la contrainte quand les parties contestent la légitimité d'un supplément de droit; il est signifié directement si elles agissent pour obtenir la restitution d'un droit indûment perçu (L. 22 frim. an 7, art. 64; — Cass. 19 juin 1809, 1537-43 I. G., et 27 juill. 1813, S. 15-1-343, 4631 J. E.): « Vu, porte ce dernier arrêt, les art. 64 et 64 L. 22 frimaire an 7; — Attendu qu'il résulte de l'ensemble des dispositions de cet art. 64 que, pour la perception des droits d'enregistrement, c'est la contrainte signifiée au redevable qui établit le commencement des poursuites, et l'opposition motivée et signifiée à la Régie avec assignation devant les juges compétents qui constitue l'instance. »

9735. Dispositions administratives. — Aussitôt que l'opposition à l'exécution d'une contrainte lui a été signifiée, le receveur l'adresse au directeur avec les originaux de tous les actes de poursuites; s'il s'agit d'une question d'enregistrement, avec des copies certifiées des actes dont les droits donnent lieu à la contestation. Lorsque l'opposition a été notifiée au directeur, il réclame sur-le-champ du receveur l'envoi de ces pièces.

Le premier soin du directeur, quand elles lui sont parvenues, est de vérifier si les poursuites ont été bien dirigées, s'il ne s'y rencontre aucun vice de forme. Dans le cas où, pour une cause ou une autre, il serait nécessaire de se désister de la contrainte, l'acte de désistement devrait être signifié avant la nouvelle contrainte qui serait à décerner.

Le directeur demande en même temps au tribunal, s'il y a lieu, un délai pour l'instruction de l'instance.

9736. Assignation avant contrainte et avant payement. — La loi a organisé, en matière d'enregistrement, un mode spécial de procédure auquel les parties sont astreintes, de sorte que si, avant d'attendre de se contraindre, elles assignaient l'Administration pour voir dire que le droit a été régulièrement perçu, cette assignation ne lierait pas l'instance.

L'art. 28 L. 22 frimaire an 7 ne permet pas, d'ailleurs, aux parties de différer le payement de l'impôt sous le prétexte d'une contestation quelconque, et l'esprit, aussi bien que le texte de la loi, serait évidemment violé si le contribuable pouvait subordonner sa libération au résultat d'un procès laissé à son initiative. — Sous l'empire de la loi du 5 décembre 1790, il avait été déjà reconnu que les débiteurs ne pouvaient, avant la contrainte, ajourner le Trésor devant le tribunal compétent, au sujet d'une perception à faire de droits contestés (Cass. 1er niv. an 6). — Depuis la loi du 22 frimaire an 7, la même décision a été rendue, le 7 mai 1806, par la chambre civile de la Cour suprême : « Attendu, porte cet arrêt, que le premier acte de poursuite pour le recouvrement des droits est une contrainte décernée par la Régie, dont l'exécution ne peut être suspendue que par une opposition avec assignation ; d'où il suit qu'avant la contrainte, et sur la présentation des actes litigieux, l'autorité judiciaire ne peut être saisie » (1537 n° 45 I. G., S. 6-2-605, 2466 J. E.). — Le tribunal de la Seine s'est prononcé dans le même sens, le 21 novembre 1863 (17835 J. E., 17899 J.N., 1946 R. P.).

9737. Opposition sans assignation. — L'opposition qui n'est pas accompagnée d'une assignation ne lie pas l'instance. — Le tribunal n'est donc pas suffisamment mis en demeure de statuer (Saint-Omer 4 déc. 1852). — V. Cass. 27 juill. 1873, v° 9735).

Comme l'art. 64 L. 22 frimaire an 7 porte expressément que l'exécution des contraintes *ne pourra être arrêtée* que par une opposition signifiée avec une assignation, il en résulte nécessairement qu'en l'absence de cet ajournement, l'Administration peut continuer les poursuites contre le débiteur (Cass. 15 prair. an 13, 1537-44 I. G.). — V. 9741.

La nullité résultant du défaut d'assignation est couverte par l'ajournement de l'Administration (Argentan 27 ma 1873, 3907 R. P.).

9738. Assignation par l'Administration. — L'art. 64 L. 22 frimaire an 7 règle seulement le mode d'introduction de l'instance par le contribuable, il garde le silence sur le moyen à employer dans le même but par l'Administration. Pour lui refuser d'agir directement par voie d'assignation, il faudrait trouver, soit dans le texte, soit dans l'économie de la loi, une incompatibilité qui n'existe pas. On rentre donc sous l'empire du droit commun. Par application de ces principes, la C. cass. a décidé, le 18 messidor an 10,

que l'art. 64 L. 22 frimaire an 7, ne s'exprimant pas d'une façon impérative au sujet de la contrainte, l'Administration peut renoncer à en faire usage, afin d'agir autrement.

Elle a confirmé sa jurisprudence dans une affaire où, sans décerner de contrainte, on avait assigné les parties devant le tribunal pour les faire condamner au payement de droits supplémentaires exigibles sur une vente rédigée en forme d'échange. Les débiteurs se pourvurent contre le jugement de condamnation, par le motif que le tribunal n'avait pas été régulièrement saisi par une contrainte suivie d'opposition ; mais la Cour rejeta leur prétention, « attendu que l'art. 64 ne prononçait pas la nullité de la procédure non précédée d'une contrainte » (Cass. 20 mars 1839, 1590 § 8 I. G., S. 39-1-346, 12283 J. E.). — Cette doctrine a été admise par la majorité des tribunaux (Barcelonnette 1er juin 1855 ; — Romorantin 16 nov. 1861, 1946 R. P. ; — Saint-Quentin 1er fév. 1867, 2534 R. P. ; — Le Blanc 31 déc. 1867, 2647 R. P. ; — Montpellier 29 août 1870, 3248 R. P. ; — Vervins 10 nov. 1869, 3081 R. P. ; — Saint-Lô, 12 déc. 1873 ; — Montpellier, 17 mars 1873, 3774 R. P. ; — Amiens, 29 mai 1875 ; — Le Blanc, 29 juill. 1874 ; — Nantes, 27 août 1875 ; — Lectoure, 12 août 1875 ; — Amiens, 29 mai 1875 ; — Montpellier, 13 mars 1876 et 25 fév. 1878 ; — Béziers, 26 déc. 1876 ; — Ruffec, 23 mai 1877, 4745 R. P.).

Les tribunaux de Lyon, le 22 novembre 1862, et de Strasbourg, le 9 juillet 1834 (1946 R. P.), se sont, cependant, prononcés en sens contraire, et M. Demante (n° 41) pense que l'Administration est entièrement désarmée quand le débiteur insolvable ne signifie pas d'opposition. Les motifs que nous venons d'exposer ne nous permettent pas d'adhérer à cette doctrine.

9739. Jour férié. — L'assignation donnée pour un jour où il n'y a pas d'audience est naturellement reportée à la première audience après ce jour. Il peut d'autant moins y avoir de nullité qu'il s'agit d'une affaire d'enregistrement devant être jugée sans plaidoiries et sur un simple rapport (Seine 9 mars 1867, 2456 R. P.).

Un arrêt de la cour de Liège du 17 novembre 1808 (D. 7-763) a également reconnu, en matière civile, que l'ajournement dont l'échéance tombe un jour férié n'est pas nul, parce que les nullités de procédure ne se supposent pas et qu'aucun texte ne la prononce dans l'espèce. Le contraire avait été, cependant décidé par un arrêt de Bruxelles du 27 décembre 1814 (D. 7-762) ; mais cette même cour est revenue depuis sur sa jurisprudence en validant, le 14 février 1821, par les mêmes motifs que la cour de Liège, une assignation donnée à un jour férié (D. 7-763).

Quant à la question de savoir si les jours fériés comptent dans les délais légaux pour la signification des exploits, V. *Prescription*.

9740. Caution judicatum solvi. — D'après le C. proc., l'étranger est obligé de donner une caution dite *judicatum solvi*, qui s'engage, en cas de perte du procès, à payer les dépens de l'instance. Cette règle est applicable en matière d'enregistrement, et l'Administration assignée en restitution par un étranger peut exiger cette caution (Seine 26 déc. 1855).

9740 bis. Chambre de discipline. — Les chambres de discipline n'ont pas le droit d'agir en leur nom personnel dans les instances existant entre l'Administration et un de leurs membres. — V. *Chambre de discipline* 3728 § 1er.

9741. Effets de l'opposition. — 1. CESSATION DES POURSUITES. — La signification de l'opposition doit immédiatement faire suspendre les poursuites en exécution de la contrainte (Cass. 12 therm. an 9 et 15 prair. an 13) : « Attendu, porte ce dernier arrêt, que la loi du 22 frimaire an 7, tit. 9, autorise les redevables à se pourvoir, par opposition, contre les contraintes, et qu'il résulte formellement de la disposition de l'art. 64 que l'exécution de la contrainte est interrompue par l'opposition formée avec assignation devant le tribunal civil, et que l'art. 65 règle le mode de l'instruction et du jugement des instances ; — Attendu que la disposition de l'art. 28 de la même loi ne peut évidemment avoir d'application que dans les cas où la contestation n'est pas encore portée en justice sur une opposition à la contrainte, et que cet art. 28 veut seulement que jusque-là la liquidation faite par la Régie soit exécutée provisoirement » (1537 n° 44 I. G. ; — *Conf.* : Merlin Rép. v° *Contrainte* § 9).

2. PAYEMENT PROVISOIRE. — Le redevable n'est pas tenu d'acquitter provisoirement les droits réclamés (Cass. 12 therm. an 9 et 15 prair. an 13, 1537-44 I. G., et Merlin *loc. cit.*).

9742. Péremption d'instance. — L'art. 399 C. proc., concernant la péremption d'instance, est applicable en matière d'enregistrement. En conséquence, s'il s'est écoulé plus de trois ans, sans actes de procédure, depuis qu'une instance est engagée, la péremption, quoique encourue, est valablement couverte par une assignation en reprise d'instance antérieure à la demande en péremption formée par la partie adverse (Cass. 18 avr. 1821) : « Attendu, porte cet arrêt, que, dans l'espèce, la demande en péremption d'instance formée pour la première fois, le 14 novembre 1815, contre les poursuites de la direction, ne l'a été que postérieurement à l'assignation en reprise d'instance donnée à la requête de cette direction, dès le 18 octobre précédent, et par laquelle la péremption avait été interrompue et couverte, aux termes de l'art. 399 C. proc. » (1537 n° 70 I. G., S. 22-1-31, 6998 J. E.).

Il a été jugé, dans ce sens, que, bien que des parties n'aient pas donné suite à une instance engagée par un exploit du 5 février 1830, l'instance s'est trouvée valablement reprise par un exploit du 9 septembre 1840, si, à l'époque de cette seconde assignation, l'Administration n'a pas demandé la péremption de l'instance introduite par le premier exploit (Cass. 6 mai 1844, 1723 § 18 I. G., S. 44-1-429, 13547 J. E.).

Donc, toutes les fois qu'une assignation, qui est suffisante pour introduire l'instance, a été signifiée à l'Administration, il est essentiel que le directeur exige un désistement en forme des parties si l'on veut ne pas poursuivre le jugement de l'instance.

Il existe encore, en matière d'enregistrement, une péremption spéciale résultant, selon l'art. 64 L. 22 frimaire an 7, de la discontinuation pendant un an des poursuites engagées avant la liaison de l'instance. Nous en avons traité au mot *Prescription.*

SECTION 2. — FORME DE L'AJOURNEMENT

[9743-9750]

9743. Principe. — Sauf les exceptions indiquées par la loi spéciale, l'exploit d'ajournement est soumis à toutes les règles du droit commun, et il convient d'observer les diverses règles indiquées dans les art. 59 et suiv. C. proc.

9744. Personne décédée. — L'assignation ne peut être donnée que par la partie en cause et ayant, suivant les règles du C. proc., qualité pour ester en justice. Ainsi, une assignation introductive d'instance donnée à l'Administration à la requête d'une personne décédée est nulle, et pour écarter la nullité de forme résultant du décès constaté et admettre l'assignation comme valable et interruptrice de l'assignation, le tribunal ne peut se fonder sur ce que cet acte aurait été fait au nom du décédé et à la diligence de son mandataire, et sur ce que ce dernier devrait être présumé avoir procédé ainsi dans l'ignorance du décès de son demandant (Cass. 29 avr. 1845, 1743 § 22 I. G., S. 45-1-666).

9745. Femme séparée de biens. — Autorisation du mari. — Les poursuites dirigées contre une femme séparée de biens ne peuvent être annulées pour défaut d'autorisation d'ester en justice, lorsque le mari a formé, conjointement avec elle, opposition à la contrainte ; que dans le cours de l'instance il l'a autorisée, par acte authentique, à ester en jugement *dans toutes les affaires qu'elle avait alors et pourrait avoir par la suite*, et qu'il a lui-même reconnu la spécialité de cet acte d'autorisation dans une requête signifiée au nom de sa femme (Cass. 2 mai 1815, 1537 n° 46 I. G. 5180 J. E.).

Au surplus, en thèse générale, il doit être justifié, selon les formes juridiques, de l'autorisation exigée par les art. 215 et 218 C. C. (Cass. 11 janv. 1854) : « Vu, porte cet arrêt, les art. 215 et 218 C. ; — Attendu qu'en droit, d'après ces articles, la femme mariée, même séparée de biens, ne peut ester en jugement sans l'autorisation de son mari, et, en cas d'absence ou de refus de celui-ci, sans l'autorisation du juge, et que, cette mesure étant d'ordre public, la femme demanderesse ou défenderesse peut opposer le défaut d'autorisation, même pour la première fois, devant la C. cass.; — Attendu que la preuve de cette autorisation ne peut résulter ni de l'exploit d'opposition et d'assignation du 26 septembre 1849, dans lequel la dame de Grandval s'est dite dûment autorisée à la poursuite de ses droits, ni de cette énonciation des qualités du jugement attaqué qu'il est intervenu entre l'Administration, la dame de Grandval et de Grandval, ce dernier pour autoriser sa femme, alors qu'il est constaté par ledit jugement que de Grandval n'y a pas comparu et qu'il a été donné défaut contre lui » (2010 § 5 I. G., S. 54-1-127, 15801 J. E.).

Si l'intervention de la femme résultait d'un mémoire signifié à sa requête et à la requête de son mari *pour l'autoriser*, il n'est pas douteux que cette déclaration serait suffisante (Cass. 21 juill. 1850, 1900 § 3 I. G. ;—Pont-Audemer 29 août 1876, 4609 R. P.).

Mais la femme ne peut former opposition à la contrainte sans autorisation (Semur, 31 janv. 1877, 4646 R. P.).

9746. Élection de domicile. — L'art. 64 L. 22 frimaire an 7 porte que l'opposant sera tenu d'élire domicile dans la commune ou siège le tribunal.

1. DOMICILE RÉEL. — Quand l'opposition du redevable porte qu'il est domicilié dans la commune où siège le tribunal, il n'est pas besoin de faire une élection spéciale de domicile, puisque le domicile réel rentre dans les conditions exigées par la loi (Bruxelles 3 juin 1803).

2. CONSTITUTION D'AVOUÉ. — Il a été jugé d'ailleurs que la constitution d'avoué équivaut à une élection de domicile dans son étude (Saint-Étienne 26 août 1856 et 23 août 1855).

3. NULLITÉ. — L'art. 64 L. 22 frimaire an 7 dispose que l'opposant qui assigne l'Administration devant le tribunal, doit faire élection de domicile dans la commune où siège le tribunal. Mais comme il n'est pas formellement exprimé que cela aura lieu sous peine de nullité, l'omission de cette formalité n'est, en vertu de l'art. 1030 C. proc., qu'une simple irrégularité qui peut être réparée. C'est ce qu'ont jugé les tribunaux de Vervins, le 9 novembre 1854, et de Saint-Étienne, le 16 décembre 1856.

Le contraire a été cependant décidé par le tribunal de Nantua, le 9 mai 1873, par le motif que la disposition de l'art. 64 se trouve reproduite dans l'art. 61 C. proc. et qu'elle s'y trouve avec une peine de nullité (*Conf.*: Belley 4 juin 1874). Mais ce raisonnement ne prouve rien, car il est impossible, surtout en matière pénale, de procéder par analogie et on peut ajouter que si le législateur a expressément stipulé la peine de nullité dans l'art. 61 C. proc., c'est qu'apparemment cette nullité n'était pas de droit (3992 R. P.).

Il a été jugé, dans le cas de nullité, que cette nullité est couverte par une élection de domicile régulièrement faite au cours de la procédure et avant le jugement (Belley 4 juin 1874).

4. ASSIGNATION EN RESTITUTION. — Il est à remarquer que l'art. 64 L. 22 frimaire an 7, qui exige l'élection de domicile, est spécial aux ajournements qui suivent les oppositions à contrainte ; d'où l'on a conclu que cette élection de domicile n'est pas prescrite à peine de nullité dans les assignations en restitution de droits indûment perçus (Rouen 16 déc. 1846, 13138 J. N. ; — Pont-Audemer 21 juin 1855).

Quoi qu'il en soit, la partie qui croit devoir faire notifier un nouvel exploit pour réparer le défaut d'élection de domicile doit, selon nous, supporter les frais que cet exploit occasionne.

9747. Motifs. — L'art. 64 L. 22 frimaire an 7 porte que l'exécution de la contrainte ne peut être interrompue que par une opposition *motivée*, et l'art. 61 C. proc. exige un exposé *sommaire des moyens*. Ces deux dispositions combi-

nées sont applicables aussi bien à l'assignation en restitution de droits perçus qu'à l'opposition à la contrainte.

1. INDICATION DES MOTIFS. — L'exposé des motifs ne peut être que très-sommaire, car c'est à l'aide de mémoires respectivement signifiés que la partie et l'Administration présentent le développement de leurs moyens. Toutefois, pour que le vœu de la loi soit rempli, il faut que cet exposé existe et il ne suffirait aux parties de déclarer qu'elles feront ultérieurement valoir leurs raisons (Rennes 22 mars 1860, 1348 R. P.).

Lorsque l'opposition se borne à *énoncer que les droits réclamés ne sont pas dus*, cela veut dire que l'acte n'était passible que des droits réellement perçus et le vœu de la loi est rempli. C'est ce qui a été décidé par des jugements de Nantes 13 mars 1846 ; — Saint-Amand 20 février 1852 ; — Amiens 27 mars 1852 ; — Rethel 9 juin 1854 ; — Romorantin 4 décembre 1858 (11569 C., 16878 J. E., 1184 R. P.) ; — Marseille, 7 janvier 1875.

D'autres jugements ont, au contraire, annulé l'opposition (Louhans, 10 juill. 1846, D. N. t. 5 p. 482 n° 401 ; — Le Mans, 23 mai 1850 ; — Pithiviers, 15 avr. 1850 ; — Marseille, 19 fév. 1858, 11333 C., 989 R. P. ; — Rennes, 22 mars 1860, 17128 J. E., 11796 C., 1348 R. P. ; — Gap, 19 nov. 1862, 1832 R. P. ; — Corbeil, 21 août 1873 ; — Meaux, 18 juin 1874 ; — Marseille, 29 fév. 1872 ; — 25 janv. 1878).

« Attendu, porte le jugement du 29 février 1872, que c'est ne rien indiquer de sérieux que se borner à dire qu'on ne doit pas la somme réclamée, la somme ajouter pourquoi cette somme n'est pas due et que c'est un accessoire sans valeur que d'ajouter les mots « et notamment pour tous autres motifs à déduire. »

2. SIGNIFICATION DES MOTIFS AVANT LE JUGEMENT. — Le tribunal de la Seine incline vers cette dernière jurisprudence, mais il admet que la nullité de l'exploit peut être couverte par une signification de motifs avant le jugement. Les jugements, qui l'ont ainsi reconnu, sont aux dates des 13 juillet 1845, 8 août 1849, 4 décembre 1850, 7 mars 1857 (16515 J. E., 16058 J. N., 11116 C., 875 R. P.), 21 novembre 1860 (17293 J. E.), 28 juillet 1860 (17213 J. E., 11816 C., 1365 R. P.), 26 décembre 1863 (17834 J. E., 18070 J. N., 12659 C., 990 Rev. 1883 R. P.), 5 mars 1864 (2042 R. P.), 8 avril 1865 (2118 R. P.), et 11 février 1865 (2269 R. P.). Ils reposent sur cette considération : « que l'art. 64 L. 22 frimaire an 7 ne prononce pas la nullité de l'opposition non motivée ; qu'il dit seulement que la contrainte ne pourra être interrompue que par une opposition motivée ; que du moment où l'opposant avant le jugement a fait connaître par un mémoire signifié les motifs de son opposition, il a été satisfait aux prescriptions de la loi » (*Conf.*: Baugé 26 juin 1867, 2522 R. P, 19048 J. N. ; — Corbeil 21 août 1873, 3755 R. P. ; — Saint-Étienne 8 déc. 1873, 3852 R. P.).

Le tribunal de Nantua a cependant jugé, le 19 août 1862, que : « c'est dans l'ajournement lui-même que doit se rencontrer l'exposé sommaire des moyens, ce qui exclut la faculté de pouvoir effacer le vice dans un mémoire subséquent. » Mais son opinion ne saurait évidemment prévaloir.

9748. Visa. — Quand l'assignation est donnée à la requête de la partie, l'original doit être visé par le fonctionnaire qui l'a reçue, et l'inobservation de cette formalité entraîne la nullité de l'exploit (art. 69 et 70 C. proc.).

1. DÉFENSE AU FOND. — Mais la nullité est couverte par la défense au fond de l'Administration : « Attendu que si, en principe et en général, la comparution d'une partie ou la constitution par elle d'un avoué n'est point un obstacle à ce qu'elle propose la nullité de l'assignation à elle donnée, quand la nullité, dont elle se plaint, repose sur l'insuffisance de l'exploit relativement aux diverses indications de la demande, il n'en est plus de même lorsque la nullité de l'exploit est fondée sur un vice qui doit faire supposer que l'assigné n'a pas reçu la copie ; que, dans ce cas, la comparution de l'assigné en temps utile, et sa présence dans l'instance, l'exploit en mains, doivent couvrir la nullité de cet exploit » (Belfort 13 juill. 1864, 2024 R. P. — *Conf.* : Beaune 19 déc. 1873, 4189 R. P.). — *V.* 9768.

9749. Défense au fond. — Lorsque, dans le cours d'une instance, l'Administration a intérêt à attaquer des actes de procédure ou un jugement d'instruction, c'est devant les juges saisis de l'affaire, et avant toute défense ou exception, selon le vœu de l'art. 173 C. proc., que doivent être proposés les moyens de nullité. Il n'y a lieu de déférer immédiatement à la C. cass. que les nullités qui se rencontrent dans le jugement définitif (1280 § 12 I. G.).

Mais de ce que le moyen de nullité devra être invoqué avant toute défense, il ne s'ensuit pas, bien entendu, qu'il faille le présenter isolément. On peut, au contraire, sans nulle difficulté, discuter simultanément le fond (Rennes 12 mars 1860, 17128 J. E., 11796 C., 1348 R. P.).

9750. Désistement. — Le désistement à une opposition ou à une assignation en restitution, suivant l'art. 402 C. proc., doit être fait et accepté par de simples actes signés des parties et signifiés. Ce n'est toutefois qu'un mode spécial de désistement qui pourrait être remplacé du commun accord des parties par l'abandon de la procédure suivie du payement des causes de l'instance et des frais.

1. EFFET DU DÉSISTEMENT. — Le désistement pur et simple n'a pour effet, d'après l'art. 403 C. proc., que de remettre les choses, de part et d'autre, au même état qu'elles étaient avant la demande.

2. TRANSACTION. — Il en serait autrement si le désistement était suivi du payement de la somme faisant l'objet de la contrainte. Dans ce cas, il n'y aurait pas simple désistement, mais renonciation complète à l'action, et la partie n'aurait plus le droit de la faire revivre. Dans cet ordre d'idées, le tribunal de Caen a décidé, le 29 mai 1856, que le redevable, qui a obtenu la remise d'un droit en sus et acquitté le droit simple qu'il avait offert de payer, n'est plus recevable à reprendre l'instance tendant à le faire décharger de ce dernier droit.

3. FRAIS. — Le désistement de la contrainte sans réserve emporte engagement de payer les frais faits jusqu'à ce désistement (La Flèche, 17 juill. 1877, 4831 R. P.).

SECTION 3. — DE LA COMPÉTENCE DU TRIBUNAL

[9751-9761]

9751. Le tribunal du bureau d'où émane la contrainte est seul compétent. — La loi du 22 frimaire an 7 dispose, art. 65 : « L'exécution de la contrainte ne pourra être interrompue que par une opposition formée et motivée, avec assignation, à jour fixe devant le tribunal civil du département. »

Les lois postérieures, qui ont organisé les tribunaux d'arrondissement n'ont pas complété expressément la disposition précédente et décidé lequel des tribunaux du département connaîtra du litige. Néanmoins, comme l'instruction des poursuites appartient, en thèse générale, à l'Administration, qu'elle résulte d'une contrainte décernée par le receveur du bureau où *les droits sont dus* et que l'instance se lie au moyen d'une opposition formée à cette contrainte, on en a conclu que le tribunal compétent était dans tous les cas celui de l'arrondissement du bureau. Les mots *Département*, dit la C. cass. dans un arrêt du 5 mai 1806 (606 I. G.), sont spécialement démonstratifs du département dans l'étendue duquel est situé le bureau d'où la contrainte est partie ; d'où il suit que c'est au tribunal auquel ce bureau ressortit que le législateur a attribué la connaissance des oppositions aux contraintes émanées de ce même bureau. » « Les principes, ajoute un autre arrêt du 14 nivôse an 11, qui régissent les actions personnelles ne régissent point celles qu'a le Trésor public pour le payement des impositions ; en général, quiconque est imposable ne peut demander de décharge ou de modération que dans le lieu où il a été imposé ; en particulier, l'application de ce principe au recouvrement des droits d'enregistrement et au payement des peines et amendes y relatives, résulte des lois concernant cette espèce d'impôt indirect, et notamment de l'art. 64 L. 22 frimaire an 7, ci-dessus cité. »

La même interprétation résulte d'autres arrêts des 30 décembre 1806, 23 floréal an 13, S. 5-2-170, 2079 J. E.; 1er messidor an 12; 14 décembre 1819, 1537-47 I. G.; 30 mai 1826, 606-2 I. G., 1200-25, S. 26-1-458; 1er juillet 1840, S. 40-1-588, 1634-13 I. G., 12552 J. E.

Arrêt du 30 décembre 1806 : « Vu l'art. 2 tit. 14 L. 11 septembre 1790 et l'art. 64 L. 22 frimaire an 7 ; — Attendu que, selon ces dispositions, le tribunal de première instance du ressort où les droits d'enregistrement doivent se percevoir, est le seul compétent pour prononcer sur l'opposition à la perception de ces droits, quel que soit le lieu du domicile du redevable ; — Attendu que le droit d'enregistrement sur les jugements doit être incontestablement perçu dans le lieu où siège le tribunal qui les a prononcés; d'où il suit que, dans l'espèce, le tribunal de première instance du département de la Seine était seul compétent pour prononcer sur l'opposition de la veuve Bâton, quoique domiciliée à Meulan, département de Seine-et-Oise. »

Arrêt du 23 floréal an 13 : « Vu l'art. 64 L. 22 frimaire an 7; — Attendu que les principes qui règlent la compétence, en matière d'actions personnelles, ne régissent point les actions intentées au nom des administrations publiques pour le payement des contributions ; que notamment, en matière de recouvrements, les receveurs ou préposés de la Régie ne peuvent être entraînés pour l'exercice de leurs poursuites dans d'autres tribunaux que ceux où leur bureau est établi ; que l'art. 64 susvisé est une dérogation formelle à la règle *actor sequitur forum rei*, en obligeant le contribuable opposant à la contrainte à élire domicile dans la commune où siége le tribunal du lieu où le bureau est établi ; que ces principes ont été constamment appliqués par plusieurs arrêts de la C. cass., et qu'ils ont été, au contraire, violés par le jugement du tribunal de Tarascon du 4 fructidor an 12. »

Arrêt du 30 mai 1826 : « Vu l'art. 64 L. 22 frimaire an 7 et l'art. 76 L. 28 avril 1816 ; — Attendu que, dans l'espèce, les poursuites de la Régie avaient pour objet une contravention aux lois sur le timbre ; que cette contravention avait été découverte et légalement constatée à Paris par le procès-verbal d'un vérificateur de la Régie ; que la contrainte a été, en conséquence décernée à Paris par le receveur du timbre extraordinaire, et visée par le juge de paix du 1er arrondissement de cette ville, et qu'aux termes de l'art. 76 L. 28 avril 1816, combiné avec l'art. 64 L. 22 frimaire an 7, l'instance à laquelle cette contrainte a donné lieu devait être instruite et jugée devant le tribunal civil de la Seine dans le ressort duquel est situé le bureau dont la contrainte était émanée ; — Attendu, d'ailleurs, qu'il s'agissait, dans l'espèce, d'une contravention commise dans la publication d'un journal rédigé, à ce qu'il paraît, à Béziers, mais répandu sur divers autres points de la France, et que l'auteur d'une telle publication est censé, par cela même, s'être soumis à la juridiction du tribunal dans le ressort duquel la contravention à la loi du timbre se trouverait légalement constatée et poursuivie. »

* *Arrêt du 1er juillet 1840* : « Attendu qu'il a attribué au tribunal du siége de la perception la connaissance des contestations relatives à la perception des droits d'enregistrement, et que cette règle, fondée sur un intérêt d'ordre et de comptabilité serait détruite, si l'on appliquait à cette matière, régie par des lois particulières, les règles qui déterminent la compétence par la connexité de plusieurs demandes ou par le lieu d'ouverture d'une succession ; — Attendu que la demande en restitution de droits est une suite de la perception de ces mêmes droits, et doit être régie par les mêmes règles de compétence ; que, de plus, mettant en question la perception faite par le receveur de l'enregistrement, elle doit même, par application du droit commun, être portée devant le tribunal dont le receveur est justiciable, et dans le ressort duquel son bureau est situé ; — Attendu que vainement le jugement attaqué se fonde sur ce que le directeur général de l'enregistrement a été assigné, et qu'il représente toutes les directions de son Administration ; que la conséquence de cette argumentation serait que le demandeur en restitution pourrait saisir tel tribunal qu'il lui plairait de choisir, puisque l'Administration de l'enregistrement se trouve représentée dans le ressort de tous les tribunaux du royaume. »

Cette doctrine a été adoptée par les tribunaux (Toulouse et Nantes 27 mai 1837 et 1er mars 1848 ; — Gien 13 mai 1850 ; — Seine 13 déc. 1849 et 28 nov. 1862, 12388 C., 1799 R. P. ; — Rennes 23 fév. 1857, 16629 I. G. ; — Puy 17 nov. 1859, 17061 J. E., 11859 C., 1297 J. E. ; — Seine 27 nov. 1869 et 25 janv. 1870, 3314 R. P. ; — Huy (Belgique) 23 déc. 1869 ; —

Louhans, 20 nov. 1874, 3990 R. P. ; — Rouen, 3 août 1876 ; — Le Havre, 13 juin 1877).

On doit décider, par la même raison, que c'est devant le tribunal dans le ressort duquel se trouve le bureau où a été perçu le droit contesté que doit être portée la demande en restitution de ce droit (Liége 1er mars 1873, 12029 J. E. belge).

9752. Poursuites commencées dans l'arrondissement d'un autre tribunal. — Il importe peu que la contrainte ait été suivie d'actes de poursuites et d'exécution dans le ressort d'un autre tribunal ; du moment ou l'instance s'engage non sur la validité des actes de poursuite, mais sur le bien fondé de la contrainte, la connaissance du litige ne peut appartenir qu'au tribunal d'où ressort le bureau qui a décerné la contrainte (Seine 20 nov. 1862, 17649 J. E.).

9753. Connexité. — Litispendance. — Il en est ainsi encore dans le cas de litispendance ou de connexité. Quelques périls qu'il y ait à soumettre la même question à plusieurs tribunaux, on rencontrerait de plus grands désavantages dans l'application du droit commun. Une succession, par exemple, peut comprendre des biens situés dans des ressorts très-éloignés et dont l'évaluation nécessite des connaissances locales particulières. Comment ferait-on si un même tribunal devait trancher toutes les difficultés auxquelles donne lieu la liquidation ? C'est pour éviter des complications semblables que, selon la loi du 15 novembre 1808, l'expertise des immeubles situés dans l'étendue de plusieurs arrondissements doit être, en cas de mutation par décès, distinctement suivie devant chaque tribunal. Le législateur nous indique bien ainsi qu'en ces matières spéciales on n'est plus sous l'empire des principes ordinaires sur la litispendance ou la connexité. L'ordre dans le recouvrement de l'impôt exige que la validité des contraintes et le mérite des demandes en restitution soient jugés dans l'arrondissement où les droits sont dus. Et, si la même question produit des décisions contradictoires, c'est à la Cour de cassation à rétablir l'uniformité.

Un arrêt du 1er juillet 1840 l'a décidé à l'occasion d'une demande formée devant le tribunal de Louviers en restitution de droits perçus dans son ressort et dans un département étranger sur les biens dépendant d'une même succession :

« Attendu que la législation spéciale a attribué au tribunal du siége de la perception la connaissance des contestations relatives à la perception des droits d'enregistrement, et que cette règle, fondée sur un intérêt d'ordre et de comptabilité, serait détruite si on appliquait à cette matière régie par des lois particulières les règles qui déterminent la compétence par la connexité de plusieurs demandes ou par le lieu d'ouverture d'une succession » (1634 § 13 I. G., S. 40-1-588, 12552 J. E.).

C'est également l'opinion de Dalloz v° *Enregistrement*, et des auteurs du *Traité des droits d'enregistrement* n° 4018 et Suppl. 1017.

Il a été jugé, en ce sens, que, quand un tribunal est saisi d'une demande en expertise, le débiteur ne saurait assigner l'Administration devant ce tribunal pour obtenir la restitution de droits perçus dans un bureau ne ressortissant pas de ce tribunal]: « Attendu que le principe de l'art. 64 de la loi de l'an 7, édicté par des motifs d'ordre et de comptabilité, serait violé si l'on suivait les règles ordinaires relatives à la connexité ou à l'ouverture des successions; qu'une demande en restitution de droits est une suite de la perception elle-même ; que le percepteur est défendeur et qu'il ne peut être assigné qu'au tribunal de son domicile » (Bagnères 27 août 1873). C'est également ce qui résulte d'un jugement de Marseille du 24 août 1877 (4832 R. P.).

Cependant, le tribunal de Sens a cru pouvoir décider, le 15 juillet 1864, que plusieurs tribunaux différents ne sauraient être appelés à statuer sur la légalité de perceptions semblables établies dans des bureaux d'arrondissement séparés (1956 R. P., 17882 J. E.). Mais cette solution n'est pas fondée.

9754. Demande reconventionnelle. — Les art. 337 et 464 C. proc., relatifs aux demandes incidentes et nouvelles, ne sont point applicables aux procédures faites en exécution de la loi du 22 frimaire an 7. En conséquence, le tribunal saisi de l'opposition à une contrainte décernée pour le payement d'un supplément de droit sur un acte n'est point compétent pour prononcer sur la demande incidente formée par l'opposant, et tendant à la restitution d'un droit perçu sur un autre acte enregistré dans un bureau du ressort d'un autre tribunal (Cass. 21 fév. 1831).

« Attendu, porte l'arrêt du 21 février 1831, que les art. 337 et 364 C. proc. sont inapplicables aux procédures faites par la Régie, en exécution de la loi du 22 frimaire an 7; attendu, d'ailleurs, qu'il n'y avait aucune connexité entre la demande en restitution des droits perçus à Paris sur la cession de la faculté de réméré, formée devant le tribunal civil de la Seine par le sieur Verdun, et celle en restitution des droits qui avaient été perçus dans les bureaux de Chauny et de Coucy sur les actes de retrait; d'où il suit, qu'en retenant la connaissance de cette dernière demande, présentée par le sieur Verdun, comme incidente et reconventionnelle, le tribunal civil a fait une fausse application des art. 337 et 464 C. proc., et violé expressément l'art. 64 L. 22 frimaire an 7 » (1370 § 11 I. G., S. 31-1-105, 9939 J. E.).

9755. Défense devant le tribunal incompétent. — Mais il faut remarquer que l'incompétence du tribunal saisi de l'examen d'une perception faite dans un bureau étranger à son ressort n'est point tellement absolue qu'il doive se dessaisir d'office et que son jugement soit radicalement nul. Il s'agit, au contraire, de cette incompétence relative appelée en doctrine *ratione personæ*, dont les effets ne se produisent que sur l'exception formelle du défendeur. Par conséquent, si l'Administration accepte le débat devant le tribunal où elle est mal à propos assignée, et si elle y répond par la signification de ses moyens au fond, sans opposer l'incompétence, le jugement sera régulièrement rendu (Cass. 12 therm. an 13, 1537 n° 48 I. G.).

9756. Même bureau. — Instance connexe. — Les principes que nous venons d'exposer ne sont applicables, on le comprend, qu'au cas où les réclamations émanent de bureaux qui ressortissent de tribunaux différents ; il va de soi que, si les deux instances concernent le même bureau, elles peuvent être déclarées connexes et faire l'objet d'une même décision, si, d'ailleurs, l'objet du litige est le même.

1. RESPONSABILITÉ. — Ainsi l'instance engagée avec un officier ministériel, comme responsable des droits dus par ses clients, est connexe avec celle qui est pendante à l'égard de ceux-ci pour le payement desdits droits (Château-Chinon 21 juin 1862, 17550 J. E., 12424 C., 1644 R. P.).

2. DOUBLE DEMANDE. — LITISPENDANCE. — Lorsqu'une instance est engagée par l'opposition à une contrainte entachée de nullité, et que, *sans se désister de cette contrainte*, le receveur, pour en couvrir le vice, en décerne une nouvelle, à laquelle est faite également opposition, le tribunal ne viole aucune loi en déclarant non recevable pour cause de litispendance devant les mêmes juges, entre les mêmes parties et pour le même objet, l'instance née de la seconde contrainte (Cass. 10 nov. 1812, 1537 n° 68 I. G.).

9757. Faillite. — Tribunal de commerce. — Quand l'Administration réclame le payement d'un droit à une faillite, à quelle juridiction appartient l'instance? Ressortit-elle du tribunal civil ou du tribunal de commerce ? Il nous semble que l'action de l'Administration se décompose. D'une part, elle tend à faire consacrer l'exigibilité de droits et, d'autre part, en réclame le payement à une faillite. Il y a donc ainsi deux causes de procès, deux véritables instances portant, l'une sur la validité de la contrainte, et l'autre sur l'admission au passif de la faillite. En ce qui concerne l'instance en validité de la contrainte, aucun doute ne peut s'élever à cet égard, elle est évidemment régie par les règles spéciales de la procédure en matière d'enregistrement, le procès doit être porté devant le tribunal civil et instruit par simples mémoires respectivement signifiés. C'est ce qui résulte des arrêts de cass. 10 mai 1813 (1537 n° 49 I. G., S. 13-1-284) et 28 juillet 1834 (1900 § 8 I. G.).

En ce qui concerne l'admission par préférence ou autrement au passif de la faillite, le procès peut naître sans qu'il soit nécessaire de faire valider la contrainte, ce qui a lieu lorsque le syndic ne conteste pas l'exigibilité des droits; il peut naître après le jugement qui a consacré la créance du Trésor. Ce litige avec le syndic ressortit de la juridiction consulaire et doit être porté devant le tribunal de commerce, car les questions de préférence ou même de simple admission au marc le franc ne sont pas des questions d'enregistrement et ne peuvent être jugées sans plaidoirie et en dernier ressort. C'est ce que le tribunal de la Seine a décidé, les 29 mars et 30 mai 1862 (12315 C., 17577 J. E., 1725 R. P. et 18 juin 1871).

Un double procès qui s'est terminé par deux jugements des 23 février et 9 février 1864, rendus par le tribunal civil et le tribunal de commerce de Rouen (2063 R. P.), fait connaître la double nature de l'action de l'Administration. Il s'agissait de la réclamation de droits de don manuel dus par un commerçant tombé en faillite. L'affaire fut portée d'abord devant le tribunal de commerce par l'Administration qui demandait à être admise comme créancière privilégiée au passif de la faillite : le tribunal de commerce renvoya la cause au tribunal civil pour statuer sur l'exigibilité de la dette, et le 23 février intervint un jugement par lequel le tribunal civil, considérant qu'il appartenait au tribunal de commerce de juger si l'Administration devait être admise à la faillite en qualité de créancière privilégiée, valida la contrainte et, pour être fait droit sur « la demande de l'enregistrement tendant à être admise au passif, renvoya les parties devant le tribunal de commerce. »

L'affaire revint devant le tribunal de commerce, qui décida, le 9 octobre 1864, que la créance « ayant été affirmée par un jugement du tribunal civil » devait être admise par préférence au passif.

Nous devons dire que la pratique contraire est généralement établie. L'Administration décline constamment, en matière de contestations au sujet du privilège du Trésor, la compétence des tribunaux de commerce, et elle fait décider la question par les tribunaux civils. Mais cette procédure ne nous paraît pas justifiée.

1. VÉRIFICATION. — Dans tous les cas la créance de l'Administration pour droits de mutation par décès n'est pas soumise à la vérification (Rouen 16 mai 1876, 4449 R. P.).

9758. Référé. — Le redevable qui forme opposition à la contrainte ne peut se pourvoir en référé devant le président du tribunal civil (Cass. 6 août 1817 et 3 juin 1833). — La nullité de l'assignation donnée en référé, intéressant l'ordre public des juridictions et la compétence des tribunaux, peut être relevée en tout état de cause et même d'office, d'après l'art. 173 C. proc. (Cass. 29 avr. 1818, 1537 n° 50 I. G., S. 20-1-376, 6146 J. E.).

9759. Police correctionnelle. — Le tribunal de première instance, constitué et prononçant en police correctionnelle, est incompétent pour statuer sur les contestations en matière d'enregistrement (Cass. 4 vent. an 12, 30 juin 1814, 28 janv. 1835, 1490 § 17 et 1537-51 I. G., 11193 J. E.).

9760. Section du tribunal. — Cependant, en statuant sur une instance poursuivie dans les formes de la loi du 22 frimaire an 7, la section du tribunal civil chargée spécialement de la connaissance des matières correctionnelles ne viole aucune des règles de la compétence judiciaire (Cass. 28 août 1809 et 1ᵉʳ déc. 1832, 1537 n° 52 I. G., S. 33-1-508, 10548 J. E.; — Le Mans 20 mai 1869, 3255 R. P.).

On peut dire la même chose des tribunaux ou des sections de tribunaux chargés de la juridiction consulaire, à défaut de tribunal de commerce.

1. PLUSIEURS CHAMBRES. — RÔLE. — La disposition du décret du 30 mars 1808, qui veut que dans les tribunaux composés de plusieurs chambres il soit tenu un rôle particulier des affaires d'enregistrement, et que ces affaires soient portées à la chambre désignée par le président, n'est pas prescrite à peine de nullité : il n'est pas même nécessaire que son observation soit constatée dans le jugement (Cass. 15 déc. 1869, 8064 R. P., 2398-6 I.G., B. C. 226, D. 70-1-410, S. 70-1-177).

9760 bis. Chambre des vacations. — La chambre des vacations instituée près de chaque tribunal a compétence pour juger les instances en matière d'enregistrement.

En effet, ces instances requièrent célérité, puisqu'elles doivent être jugées dans les trois mois de l'introduction de la demande (L. 22 frim. an 7, art. 65). Or, le décret du 30 mars 1808 confie d'une manière générale aux chambres des vacations le jugement des matières qui requièrent célérité (Sol. 20 mars 1874). — V. *Greffe*, 9216-1.

9761. Exécutoire. — Remboursement. — Lorsqu'une partie refuse de rembourser au notaire un droit d'enregistrement dont ce dernier a fait l'avance et dont il aurait, par sa faute, occasionné la perception, c'est le tribunal qui est, à l'exclusion du juge de paix, seul compétent pour statuer sur la question en la forme ordinaire (Le Havre 27 juill. 1869, 3482 R. P.).

9761 bis. Conseil d'État. — Le conseil d'État est incompétent pour se prononcer sur une contestation relative à des droits d'enregistrement, lors même que cette contestation serait jointe à une demande principale dont il est saisi (C. d'État 8 août 1873, 21179 J. N.).

CHAPITRE V. — INSTRUCTION DE L'INSTANCE

[9762-9777]

SECTION PREMIÈRE. — PLAIDOIRIES

[9762-9770]

9762. Mémoires. — Toutes les instances que l'Administration a à suivre pour les *diverses perceptions* qui lui sont confiées doivent être instruites par simples mémoires respectivement signifiés et sans plaidoiries, conformément aux art. 65 L. 22 frimaire an 7 et 17 L. 27 ventôse an 9 (Cass. 28 juill. 1812, 4279 J. E.; — 11 mars 1828, S. 28-1-277, 1249 15 I. G.; — 23 mai 1838; — 8 mars 1841, S. 41-1-334, 1643 10 I. G.; — 26 déc. 1843, 1537 n° 224, 1577 § 32, 1999 § 4 I. G.).

9763. Taxe de frais d'instance. — Les contestations relatives à la liquidation des frais d'instance en matière de droits d'enregistrement et autres perceptions confiées à l'Administration doivent être instruites et suivies selon le mode spécial prescrit par les art. 65 L. 22 frimaire an 7 et 17 L. 27 ventôse an 9 (Cass. 23 août 1830, 1347 § 16 I. G.).

9764. Action en garantie. — 1. CONTRE L'ADMINISTRATION. — Lorsque la partie qui a payé les droits réclamés dirige une action en garantie contre l'Administration pour soutenir la régularité de la perception, cette action doit être instruite et jugée suivant les formes spéciales en matière d'enregistrement (Cass. 24 déc. 1822, 1537 n° 72 I. G.).

2. CONTRE LE RECEVEUR. — L'art. 65 L. 22 frimaire an 7 ne s'applique qu'aux instances engagées *entre l'Administration et les redevables*. En conséquence, l'action en garantie exercée par un notaire contre un receveur, à raison des droits d'enregistrement d'un acte qui n'aurait point été enregistré dans le délai par la faute de ce préposé, est soumise aux formes ordinaires de la procédure en matière civile (Orléans 30 août 1832, 1537 n° 73 I. G.).

9765. Recours en garantie contre un tiers. — Les dispositions spéciales d'instruction prescrites par les lois du 22 frimaire an 7 et 27 ventôse an 9 doivent être observées à peine de nullité, et il ne peut dépendre d'une partie de les éluder, soit en déclarant vouloir saisir la juridiction ordinaire en la forme du droit commun pour être procédé par le débat oral devant les deux degrés de juridiction, soit en mettant en cause, sous prétexte de recours en garantie, un tiers étranger à l'action de l'Administration (Cass. 14 août 1849) : « Vu, porte cet arrêt, les art. 65 L. 22 frimaire an 7, et 17 L. 27 ventôse an 9 ; attendu que ces dispositions, prescrivant une forme spéciale d'instruction en matière d'enregistrement, doivent être observées à peine de nullité ; qu'il ne peut dépendre d'une partie de les éluder, soit en déclarant vouloir saisir la juridiction ordinaire en la forme du droit commun pour être procédé par le débat oral devant les deux degrés de juridiction, soit en mettant en cause, sous prétexte de recours en garantie, un tiers étranger à l'action de la Régie ; attendu que la Régie est fondée à se prévaloir de l'inobservation de ces prescriptions, et que son exception est indépendante de la forme en laquelle il a plu à un redevable poursuivi par voie de contrainte de saisir de son opposition le tribunal qui doit la juger » (1844 § 23 I. G., S. 49-1-656, 14791 J. E.; — Conf. : Vassy 19 juin 1857; — Lille 15 mai 1858, 11361 C., 16819 J. E., 991 R. P.).

L'Administration, en effet, n'est pas tenue de subir les retards ni les complications d'une demande en garantie formée contre un tiers (Dax 13 mars 1867, 2533 § 3 R. P.; — Seine 4 mai 1867, 13298 C.; — 21 août 1869, 3094 R. P.; — Marseille, 11 août 1873, 3875 R. P.; — Saint-Girons, 15 juill. 1875; — Ussel, 24 mai 1877; — Angoulême, 23 mars 1877, 4792 R. P.; — Beauvais, 7 août 1877, 4793 R. P.; — Ussel, 24 mai 1877).

Ainsi, par exemple, l'action en recours dirigée par le grevé contre l'exécuteur testamentaire ne peut être jugée incidemment dans l'instance relative aux droits d'enregistrement du testament (Caen 19 août 1870, 3467 R. P.).

Mais l'Administration peut ne pas insister à cet égard et laisser la demande en garantie s'instruire et se juger avec la demande principale (Pamiers 19 déc. 1872, 3990 R. P. ; — Saint-Girons 29 nov. 1876, 4608 R. P.).

V. Dissert. de M. Pont, Rev. crit. t. 3 p. 17.

9766. Jonction préalable de défaut. — La forme spéciale et sommaire de procéder en matière d'enregistrement n'est point exclusive des principes généraux qui se rattachent à l'administration de la justice et qui règlent, dans un intérêt d'ordre public, le mode d'instruction des instances portées devant les tribunaux. Si donc, dans une instance suivie contre l'Administration et un conservateur défaillant, le tribunal, au lieu de donner défaut contre lui et d'ordonner sa réassignation par huissier commis, conformément à l'art. 153 C. proc., prononce définitivement contre toutes les parties et déclare son jugement commun au défaillant non réassigné, il y a violation de l'art. 153 C. proc. (Cass. 25 fév. 1846, 1767 § 20 I. G., S. 46-1-321. 13940 J. E.).

La procédure du défaut profit joint est, en effet, applicable en matière d'enregistrement. — V. 9822.

9767. Ministère d'avoué. — Frais. — Les plaidoiries seules sont prohibées par les art. 65 L. 22 frimaire an 7 et 17 L. 27 ventôse an 9. Il n'est point interdit aux parties d'employer le ministère des avoués, notamment pour la rédaction de leurs mémoires ; mais les frais extraordinaires qui en sont la conséquence demeurent à la charge de ceux qui les ont faits (Cass. 26 mars 1827, Circ. de la Régie n° 1292, 1219 § 9 et 1537-57 et 114 I. G. ; — Nice, 14 janv. 1873, 3890 R. P. ; — Clermont, 13 fév. 1878 (4904 R. P.). — Contrà : Saint-Julien, 19 fév. 1878), déféré à la Cour de cassation.

Jugé également, entre parties, que la plaidoirie réelle est interdite aux avoués, mais que les parties peuvent se faire représenter par eux, si elles le jugent à propos (Cass. 31 déc. 1872, S. 74-1-74). — V. 9811-2.

9768. Plaidoiries. — Ce que la loi défend, c'est la plaidoirie verbale à l'audience, c'est-à-dire l'audition des moyens de défense et des observations présentées verbalement à la barre, soit par la partie, soit par son avoué.

1. MOYENS DE DÉFENSE. — Ainsi, le jugement portant que le défenseur ou l'avoué de la partie a été entendu en sa plaidoirie, ou dans ses moyens, ou dans sa défense, viole expressément les art. 65 L. 22 frimaire an 7 et 17 L. 27 ventôse an 9 (Cass. 19 oct. 1808, S. 10-1-120 ; — 4 déc. 1810, 3857 J. E. ; — 5 mars 1811, 1537-58 I. G. ; — 28 fév. 1814, P. chr. 209 ; — 13 nov. 1816, S. 17-1-183 ; — 5 fév. et 7 mai 1817, 1537-58 I. G., 3714 J.E., S. 17-1-256 ; — 9 juill. 1834, S. 34-1-514, 1473-4 I. G. ; — 7 juill. 1873, 3672 R.P., 2472-8 I. G., S. 73-1-423, P. 73-1015).

2. OBSERVATIONS VERBALES. — De même, il y a lieu à cassation du jugement qui constate que l'avoué a été entendu dans ses observations explicatives, moyens ou plaidoiries. Il résulte, en effet, de cette énonciation que la partie a joui, outre l'instruction écrite, des avantages d'une instruction orale (Cass. 13 janv. 1808, 2823 J. E.; — 18 janv. 1808, S. 8-1-134, 606-2 I. G.; — 28 juin 1830, S. 30-1-364, 1336-16 I. G., 9754 J. E.; — 15 janv. 1838, S. 38-1-173, 1377-33 I. G.; — 8 mars 1841, S. 41-1-334, 1643-10 I. G.; — 13 avr. 1845, S. 45-1-438, 1743-25 I. G.; — 30 juill. 1849, 1844-24 I. G., 14797 J. E.; — 18 nov. 1851, S. 51-1-769, 1912-3 I. G., 15338 J. E.; — 26 déc. 1853, 1999-4 I. G.; — 29 sept. 1854, 2033-2 I. G., S. 55-1-133, 15966 J. E.).

3. FAIT ALLÉGUÉ NON ARTICULÉ DANS LES MÉMOIRES. — De même encore le jugement spécialement fondé sur un fait allégué par l'avoué de la partie, et non articulé dans ses mémoires signifiés, est susceptible d'être annulé, attendu que cette allégation n'a pu avoir lieu que par plaidoirie ou par mémoire non signifié (Cass. 1er avr. 1822) : « Attendu, porte cet arrêt, que le jugement attaqué est spécialement fondé sur le fait allégué par l'avoué du défendeur, qu'il y avait eu de la part d'un autre héritier de Ninot-Dustou, présumé décédé, une déclaration négative de sa succession, faite au bureau de la Régie à la Barthe ; que cette allégation n'a pu avoir lieu que de deux manières, savoir: par une plaidoirie de cet avoué, auquel cas il y a contravention à l'art. 17 L. 27 ventôse an 9, qui interdit les plaidoiries dans l'instruction des affaires en matière d'enregistrement ; ou par un mémoire que la Régie soutient ne lui avoir pas été signifié (ce qui n'a pas été contesté par le défendeur), auquel cas il y a eu violation de l'art. 65 L. 22 frimaire an 7, qui veut qu'en cette matière l'instruction ait lieu sur mémoires respectivement signifiés » (1537 n° 60 I. G., S. 23-1-72, 7468 J. E.).

4. AUDITION DES PARTIES. — Il a été cependant jugé

que l'art. 65 **L.** 22 frimaire an 7 ne s'oppose point à ce que le tribunal saisi de l'opposition à une contrainte entende à l'audience les parties elles-mêmes, lorsqu'il le croit nécessaire (Cass. 20 mars 1816, *P. chr.*). Mais cet arrêt ne paraît pas devoir être pris pour règle : il semble qu'il doit être interdit, à la partie comme à son avoué, de présenter à l'audience des observations qui lui donnent sur l'Administration l'avantage d'une instruction orale.

9769. Conclusions verbales. — La prohibition de l'art. 65 **L.** 22 frimaire an 7 ne s'étend qu'à la présentation des moyens de défense, lesquels constituent la plaidoirie, et non aux conclusions verbales qui n'en font pas partie, à proprement parler. Ainsi, il n'y a pas contravention à la loi lorsque le jugement constate seulement que l'avoué de la partie *a été entendu à l'audience en ses conclusions.*

1. AUDITION D'UN AVOUÉ QUI A CONCLU. — De ces expressions d'un jugement : « Ouï Me B...., avoué, qui a conclu, etc., » il ne résulte pas nécessairement que cet avoué ait plaidé, ni, par conséquent, que le jugement ait été rendu en contravention aux art. 65 **L.** 22 frimaire an 7, et 17 **L.** 27 ventôse an 9 (Cass. 1er août 1836, S. 36-1-910, 1537-62 I. G.; — 23 nov. 1853, 1999 § 7 I. G., S. 54-1-61).

2. AVOUÉ ENTENDU. — Le jugement qui porte simplement que l'avoué de la partie a été *ouï* ou *entendu à l'audience* est-il susceptible d'être annulé ? La C. cass. a admis l'affirmative, le 26 février 1816 (S. 17-1-168, *P. chr.* 335); — mais la négative a été décidée par d'autres arrêts des 11 juillet 1815 (S. 21-1-428 *P. chr.* 279) ; — et 23 novembre 1853 (1999-7 I. G., S.54-1-61), motivés sur ce que cette énonciation n'établit pas suffisamment qu'il y ait eu *plaidoirie* (1537 n° 63 I. G.). Les arrêts cités au n° 9768 viennent à l'appui de cette décision.

3. AVOUÉ ENTENDU EN SES CONCLUSIONS. — Décidé également, dans une instance relative à l'administration des contributions indirectes, qu'il n'y a pas matière à cassation quand le jugement se borne à mentionner que l'avoué de la partie a été entendu *en ses conclusions* (Cass. 2 déc. 1873 S. 74-1-74, 3909 R. P.).

9770. Nullité résultant de plaidoiries verbales. — La nullité qui vicie le jugement rendu sur plaidoiries verbales est essentiellement relative et ne peut profiter qu'à celle des parties qui n'a pas été entendue. Ainsi, lorsqu'un jugement rendu en faveur de l'Administration porte que l'avoué de la partie adverse a été admis à présenter verbalement ses moyens, celle-ci est non recevable à se plaindre de la latitude qui a été laissée à sa défense, et à attaquer par ce motif le jugement en cassation (Cass. 9 juill. 1834, 1537, n° 65 I. G., *arrêt rapporté* n° 11525).

SECTION 2. — MÉMOIRES

[9771-9777]

9771. Forme. — 1. CONTRAINTE MOTIVÉE. — Si les art. 65 **L.** 22 frimaire an 7 et 17 de celle de ventôse an 9 portent que l'instruction des instances en matière d'enregistrement doit se faire sur mémoires, ces lois ne déterminent pas la forme dans laquelle les mémoires doivent être rédigés : la contrainte motivée, décernée par l'Administration et l'opposition à cette contrainte peuvent suffire pour la décision du tribunal (Cass. 21 avr. 1846, 1767 § 9 I. G., S. 46-1-393, 13997 J. E.).

9772. Rédaction des mémoires. — Dispositions administratives. — Les directeurs doivent, autant que possible, rédiger personnellement les mémoires produits devant le tribunal. En tête de ces mémoires, on indique sommairement l'objet de l'instance et les conclusions de l'Administration. On expose ensuite avec fidélité, et dans un ordre méthodique, les faits de la cause ; les dispositions des actes qui ont donné naissance au litige sont littéralement transcrites, ainsi que toutes celles qui peuvent en aider et faciliter l'interprétation. De l'exposé des faits on fait découler la question, on la pose en termes clairs et précis, et on passe à la discussion. Celle-ci doit être complète, établir les droits de l'Administration et détruire les moyens de la partie. Les dispositions de la loi, l'interprétation des conventions, l'appréciation de leur nature et de leurs effets d'après les règles du droit civil, la jurisprudence et l'opinion des auteurs, tels sont, en matière d'enregistrement, les éléments de la discussion. Quant aux autorités, il convient de s'en tenir aux arrêts de la Cour de cassation et aux jugements des tribunaux sur la question ou les questions analogues à celle qui s'agite. Si l'on cite des décisions du ministre des finances ou des instructions de l'Administration, ce ne doit pas être à titre d'autorités; c'est précisément à développer et à justifier les motifs de ces décisions, lorsqu'il est nécessaire de les défendre, que les directeurs doivent s'appliquer dans leurs mémoires. Les mémoires rédigés par les directeurs doivent être soumis avant leur notification à l'approbation du directeur général. Tous les mémoires doivent être signés par le directeur. Les inspecteurs et vérificateurs peuvent, dans des circonstances particulières, être chargés de rédiger des projets de mémoires; mais ces pièces ne doivent jamais être déposées au greffe, ni notifiées aux parties, sans avoir été approuvées par le directeur et revêtues de sa signature (Circ. de la Régie n° 1820; 606 § 2 n° 7-1° I. G., Circ. 19 janv. 1865).

9773. Moyens mal fondés. — Les directeurs ne peuvent excéder leur mandat et lier l'Administration en donnant de mauvaises défenses. En conséquence, l'acquiescement donné dans un mémoire à un moyen de la partie adverse, reconnu mal fondé, n'engage point l'Administration, surtout si cet acquiescement a été révoqué avant que le tribunal ait été mis à portée d'en donner acte (Cass. 21 avr. 1806, 1537 n° 67 I. G.).

9774. Conclusions. — Le tribunal n'est obligé de statuer que sur les conclusions prises, soit dans la contrainte, soit dans les mémoires signifiés ensuite.

1. CONCLUSIONS INSUFFISANTES. — Il en résulte qu'un tribunal ne viole aucune loi en n'ordonnant pas le payement d'un droit qui n'est point expressément demandé soit dans la contrainte, soit dans les conclusions prises au nom de l'Administration. — Il en est ainsi spécialement, lorsqu'en rejetant la demande du droit proportionnel sur un partage le tribunal, à défaut de conclusions subsidiaires, ne condamne point la partie à payer le droit fixe de 5 francs, au lieu de celui de 1 franc qui a été originairement perçu ; ou lorsqu'il prononce des amendes pour défaut d'enregistrement, sans ordonner le payement des droits des actes non enregistrés, dont la demande n'a été formée ni dans la contrainte, ni dans les mémoires fournis par l'Administration (Cass. 16 juin 1824, S. 25-1-127, 1146-16 et 1537-66 I. G.,— et 26 janv. 1831, S. 31-1-65, 1370-2 I. G., 9907 J. E.).

L'arrêt du 16 juin 1824 porte : « Attendu, sur le moyen résultant de l'insuffisance du droit fixe alloué à titre de partage par le jugement attaqué, qu'il n'est pas justifié que la Régie ait rien réclamé, même par voie de conclusions subsidiaires, à titre de supplément au droit fixe perçu au même titre de partage, lors de l'enregistrement de l'acte du 10 mars 1821 ; que, dans cet état, le tribunal de Compiègne n'a pas été tenu, à peine de nullité, de lui allouer d'office un supplément, sauf à la Régie à le réclamer ultérieurement, si elle s'y croit encore recevable. »

L'arrêt du 26 janvier 1831 est ainsi conçu : « Attendu que, la Régie n'ayant formé ni par sa contrainte, ni par ses conclusions devant le tribunal civil de Langres, la demande à fin de payement des droits d'enregistrement des certificats dont il s'agit, qui, aux termes de l'art. 23 L. 22 frimaire an 7, auraient dû être acquittés avant d'en faire usage dans le procès-verbal d'adjudication, le reproche fait au jugement dénoncé d'avoir contrevenu audit art. 23 n'est pas fondé. »

Il importe donc que les conclusions soient présentées avec soin, qu'elles embrassent toutes les circonstances de l'affaire et prévoient la solution de toutes les questions agitées, même subsidiairement, dans le procès. Si, par suite d'omission dans les conclusions, une question dépendant de la cause ne se trouvait pas résolue par le jugement, le directeur devrait, dans le cas où il en résulterait préjudice pour l'Administration, faire former sur-le-champ une nouvelle demande, sous réserve toutefois du pourvoi en cassation contre le jugement, s'il y avait lieu.

2. CONCLUSIONS NOUVELLES. — Le droit commun, à défaut de prescriptions spéciales de la loi fiscale, régit les conclusions nouvelles par lesquelles les parties ou l'Administration augmentent au cours du procès leur prétention primitive. L'Administration peut donc ajouter à sa demande et à ses conclusions sans être tenue de décerner une nouvelle contrainte (Cass. 16 juin 1824 et 26 janv. 1831, *suprà* § 1er ;

— 14 nov. 1838, S. 38-1-970, 1634-11 I. G., 12188 J. E.;— Seine 5 janv. 1861, 11948 C., 17303 J. E., 1464 R. P. ; — 27 juin 1861, 12158 C., 1529 R. P. ; — et 1er juill. 1864, 12720 C., 1938 R. P. ; — Saint-Amand 17 mai 1866, 2380 R. P.; — Tulle 29 août 1867, 2550 R. P.;— Seine 27 fév. 1869, 2959 R. P. ; — Charleville 27 nov. 1873; — Dôle 23 juin 1875. — V. cependant Montpellier 19 mai 1862, 1634 R. P., 12254 C.).

L'arrêt du 14 novembre 1838 porte : « Attendu qu'il a été décerné une contrainte dans l'espèce ; d'où il suit que la Régie s'est conformée à l'art. 64 L. 22 frimaire an 7, et que rien ne l'obligeait à décerner une seconde contrainte lorsqu'elle a ajouté à sa demande et à ses conclusions. »

3. DEMANDE ADDITIONNELLE DISTINCTE. — Mais pour que les nouvelles demandes puissent se produire ainsi incidemment, il faut qu'elles résultent du même fait qui a motivé la réclamation principale et nous pensons que, quand la demande additionnelle est complétement distincte de l'objet du procès, elle est principale de sa nature et doit nécessairement se produire dans les formes tracées par la loi, c'est-à-dire par la voie de la contrainte.

4. DEMANDE RECONVENTIONNELLE. — La voie spéciale de la contrainte en faveur de l'Administration, pour forcer le redevable à payer le complément des droits, n'exclut pas la voie ordinaire d'une demande reconventionnelle tendant aux mêmes fins, lorsque l'Administration, au lieu de prendre l'initiative de la poursuite, doit se défendre contre une action en restitution de la part du redevable (Cass. 13 juin 1864, 17838 J. E., 12685 C., 980 R.N., 18227 J.N., 2288-7 I. G., 1922 R. P. ; — Seine 26 déc. 1868, 2960 R.P.).

5. PRESCRIPTION. — La signification de conclusions additionnelles ou reconventionnelles doit-elle avoir lieu avant l'échéance de la prescription ? Cette question a été examinée au mot *Compensation* n° 4673 et au mot *Prescription*, n° 13080.

9775. Signification des mémoires. — Les mémoires doivent, d'après l'art. 65 L. 22 frimaire an 7, être respectivement signifiés, de sorte que tout jugement rendu sur des mémoires ou consultations qui n'ont point été signifiés à l'Administration, et, par conséquent, sur des moyens qu'elle est censée n'avoir pas été mise à portée de combattre, est susceptible d'être annulé (Cass. 18 janv. 1808, S. 8-1-446, 1537-54 I. G., 3019 J. E.; — 20 oct. 1813, *Pr. chr.* 175 ; — 31 janv. 1814, S. 14-1-248, 4797 J. E.; — 10 fév. 1819, S. 19-1-328, 6354 J. E. ; — 3 juill. 1844, 13565-4 J. E.).

L'arrêt du 3 juillet 1844 porte : « Vu l'art. 17 L. 27 ventôse an 9; attendu que cette disposition, confirmative de l'art. 65 L. 22 frimaire an 7, prescrit un mode spécial d'instruction pour les instances relatives à la perception des droits d'enregistrement, et qu'il en résulte que, dans ces matières, aucun jugement ne peut être régulièrement rendu que sur des mémoires respectivement signifiés ; attendu que cette forme de procédure doit être d'autant plus rigoureusement observée qu'aucune plaidoirie ne pouvant avoir lieu, et le ministère des avoués ne pouvant pas être employé dans ces sortes d'affaires, la signification des mémoires respectifs est le seul mode établi par la loi pour mettre les parties à même de connaître les moyens d'attaque et les moyens de défense respectivement proposés, et d'éclairer la justice par une discussion contradictoire ; attendu, enfin, que les jugements doivent contenir la preuve de leur régularité ; en fait, attendu que le jugement attaqué porte qu'il a été rendu sur un mémoire signifié par la Régie à Capitain, et sur les pièces et observations fournies par ce dernier ; qu'il ne résulte pas du jugement que ces pièces et observations aient été signifiées à la Régie. »

Cependant, dans une espèce où le tribunal civil avait réduit à 4 pour 100 le droit de 5 1/2 pour 100, demandé sur une vente d'immeubles antérieure à la publication de la loi du 28 avril 1816, il a été décidé que, cette réduction ayant pu être prononcée d'office, il ne résultait aucun moyen de nullité contre le jugement de ce que le tribunal, en statuant ainsi, avait admis l'exception proposée par le redevable dans un mémoire non signifié à l'Administration (Cass. 6 juill. 1818, 1537 n° 55 I. G.).

1. SIGNIFICATION AU PROCUREUR DE LA RÉPUBLIQUE. — Les mémoires doivent être signifiés à la partie au domicile élu par elle dans l'exploit d'assignation. Le mémoire en réponse à l'Administration ne peut l'être au procureur de la République, lequel n'a pas qualité pour représenter le Trésor dans les instances en matière de perception. En conséquence, le jugement rendu sur un mémoire signifié à ce magistrat, et non à l'Administration elle-même, est dans le cas d'être annulé (Cass. 28 mai 1823, S. 23-1-341 ; — 23 nov. 1853, 1537 n° 56, 1999 § 7 I. G., S. 54-1-61).

2. MENTION DE SIGNIFICATION. — Un arrêt du 3 juill. 1844 (1732 § 19 I. G., B. C. 64, D. 44-1-171) avait décidé qu'aucun jugement ne peut être rendu que sur des mémoires régulièrement signifiés et que les jugements doivent contenir la preuve de leur régularité. D'où l'on pouvait conclure que tout jugement qui ne fait pas mention des significations des mémoires peut être annulé.

Cependant il avait été décidé, depuis lors, que le jugement qui porte que les parties ont produit des mémoires, sans en mentionner la signification, n'est pas dans le cas d'être annulé lorsqu'il résulte des pièces retenues au procès que cette signification a eu lieu (Cass. 22 janv. 1845 ; — 23 nov. 1853, 1743 § 6, 1999 § 7 I. G., S. 53-1-61). Ces arrêts portent : « Attendu qu'il résulte des pièces produites devant la cour que les mémoires respectifs des parties ont été signifiés conformément à la loi ; attendu que, si le jugement attaqué énonce que la preuve de la mutation alléguée résulte des pièces produites, il est établi, conformément à l'art. 65 L. 22 frimaire an 7, que l'instruction s'est faite sur mémoires respectivement signifiés ; que le vœu de la loi a donc été rempli. »

Il avait paru résulter de là que le jugement n'est pas nul pour ne pas contenir la mention des mémoires ont été notifiés. C'est même ce qu'avait admis la chambre des requêtes, dans un arrêt du 18 août 1873, portant : « Attendu que si le jugement attaqué ne mentionne pas que les mémoires de la demanderesse ont été signifiés, il est reconnu par le pourvoi, et d'ailleurs établi par les actes de signification produits, qu'il a été satisfait aux prescriptions de l'art. 65 invoqué » (3723 R. P., 2472-11 I. G.).

Mais le contraire a été décidé par la chambre civile dans des arrêts du 4 juin 1866, 14 janv., 17 fév. et 9 nov. 1874, qui paraissent devoir fixer la jurisprudence (3784, 3820 et 3980 R. P.).

Les deux arrêts des 14 janvier et 17 février 1874 portent : « Vu les art. 65 L. 22 frimaire an 7 et 17 L. 27 ventôse an 9 ainsi conçus : « Art. 65. L'instruction se fera par simples « mémoires respectivement signifiés. — Art. 17. L'instruction « des instances que la Régie aura à suivre pour toutes les per- « ceptions qui lui seront confiées se fera par simples mémoires « respectivement signifiés, sans plaidoiries ; » attendu que les formalités prescrites par ces dispositions constituant des garanties substantielles, leur accomplissement doit être constaté dans les actes mêmes pour la régularité desquels elles sont exigées ; que le jugement attaqué ne mentionne dans aucune de ses parties la signification des mémoires sur lesquels la cause aurait été, suivant les prescriptions de la loi, instruite et jugée ; qu'il a, en conséquence, violé les articles ci-dessus visés » (3784 R. P.).

Celui du 4 juin 1866 est ainsi conçu : « Attendu que les art. 65 L. 22 frimaire an 7 et 17 L. 27 ventôse an 9 exigent que l'instruction des instances se fasse par mémoires respectivement signifiés et sans plaidoiries ; que ces formes sont substantielles et doivent être observées ; que le jugement attaqué ne constate dans aucune disposition que les articles ci-dessus ont été observés » (2350-4 I. G., B. C. 113, D. 66-1-224, P. 66-909).

La même décision a été rendue en matière de contributions indirectes dont la procédure est régie par la loi du 22 frimaire an 7 sur l'enregistrement (Cass. 21 août 1877, 4805 R. P.).

3. OBSERVATIONS PRÉSENTÉES AU PROCUREUR DE LA RÉPUBLIQUE ET NON SIGNIFIÉES. — Rien n'empêche de fournir aux magistrats du ministère public les renseignements qu'ils demanderaient pour prendre leurs conclusions (Vuarnier n° 3010). Ces renseignements ne sont pas des moyens de défense qui doivent être signifiés à la partie adverse, puisqu'ils ne sont pas mis sous les yeux des juges. — V. n° 9776-1.

9776. Signification des pièces. — La signification des pièces dont il est excipé dans les instances en matière d'enregistrement n'est pas exigée par la loi, il suffit de justifier, par les mémoires signifiés, que ces pièces ont été déposées, et que la partie adverse a pu en prendre connaissance (Cass. 3 mars 1851, 1883 § 10 I. G., S. 51-1-175 ; — 13 mars 1860, 17100 J.E., 11726 C., 2185 § 5 I. G., 1309 R. P., S. 60-1-567). — D'un autre côté, les tribunaux ne peuvent pas appuyer leurs jugements sur des pièces dont la partie n'a pu avoir connaissance (Cass. 1er avr. 1822, 1537 n° 60 I. G. ; — V. 9708-3 ; — Cass. 9 mars 1853, 1967 § 5, S. 53-1-283, 15644 J.E. ; — 31 janv. et 7 août 1855, 2033 § 3 et 2054 § 1er I. G., 351 et 550 R. P., S. 55-1-134 et 56-1-349).

Ainsi, pour l'exécution des règles qu'établissent ces arrêts, il est prudent que l'Administration joigne au mémoire qu'elle fait signifier toutes les pièces justificatives, et qu'elle en constate la production à la fin des mémoires, par une mention signée contenant la nomenclature des pièces.

1. PIÈCES INUTILES. — La nécessité de la communication des pièces ne s'applique qu'à celles qui peuvent influer sur la décision du tribunal, et il va de soi que celles qui seraient remises, par exemple, pour remplacer des documents égarés, pourraient être déposées au greffe sans signification. — On l'a ainsi jugé pour une pièce contenant un résumé succinct des moyens précédemment développés (Orléans 21 janv. 1857, 11008 C.).

2. **PIÈCES COMMUNIQUÉES AU PROCUREUR DE LA RÉPUBLIQUE.** — Ce que nous avons dit au numéro précédent (§ 2) des observations présentées au procureur de la République s'applique également aux pièces qui lui sont officiellement communiquées et qui ne passent pas sous les yeux du tribunal. Comme ces pièces ne constituent pas des éléments du procès sur lesquels l'appréciation des juges peut porter, il n'est pas nécessaire qu'elles soient portées à la connaissance de la partie adverse (Orléans 21 janv. 1857, 11008 C.).

9777. Signification ou production tardive. — La cause est en état de recevoir jugement contradictoire par l'assignation de la partie et le mémoire en réponse de l'Administration ; dès lors, il peut être procédé à l'audition du rapport et des conclusions du ministère public. Le mémoire de la partie signifié postérieurement est tardivement produit : il ne peut obliger ni à un rapport supplémentaire, ni à de nouvelles conclusions (Cass. 14 juill. 1864, 12686 C., 941 Rev., 2288 § 2 I. G., 1904 R. P., S. 64-1-296). — Il a été décidé, dans cet ordre d'idées, que, d'après l'art. 111 C. proc. et l'art. 87 Déc. 30 mars 1808, le tribunal peut refuser de statuer sur une pièce produite après que le rapport du juge a été fait, que le ministère public a été entendu dans ses conclusions et que l'affaire a été mise en délibéré à jour fixe, pour prononcer le jugement (Cass. 30 juill. 1823, 1537 nº 97 I. G., P. chr. 621, 7762 J. E.).

1. **NOUVEAUX DÉBATS.** — Mais les juges ont le droit, après la clôture de la discussion et les conclusions du ministère public, de rouvrir les débats s'ils le croient utile ; ils peuvent, par exemple, demander un rapport supplémentaire au tiers expert nommé en matière d'enregistrement. Mais ils sont tenus, à peine de nullité, de le faire à l'audience, en mettant les parties en mesure de se défendre et le ministère public à même de conclure (Cass. 6 août 1866, 2332 R. P., 2350 § 6 I.G., B. C. 156).

CHAPITRE VI. — DES JUGEMENTS

[9778-9811]

SECTION PREMIÈRE. — DISPOSITIONS GÉNÉRALES

[9778-9782]

9778. Délai. — La disposition de l'art. 65 L. 22 frimaire an 7, d'après laquelle les jugements doivent être rendus dans le délai de trois mois, n'a pour but que d'accélérer la décision des affaires, et ne concerne que les juges ; la loi n'a établi aucune peine de déchéance dans le cas où les instances se prolongeraient au delà du terme fixé, qui conséquemment n'est pas d'une rigueur absolue (Cass. 2 août

1808, S. 7-2-939, 3336 J.E. ; — 19 juin 1809, 1537-74 I.G. ; — 7 juill. 1840, S. 40-1-652, 1634-20 I. G. ; — 3 mars 1851, S. 51-1-175, 1883-10 I. G. ; — 15 déc. 1869, 3064 R. P., 2398-6 I. G., B. C. 226, S. 70-1-177, D. 70-1-400 ; — Coulommiers 27 nov. 1868, 2983 R. P. ; — Bagnères, 27 août 1873).

L'arrêt du 15 décembre 1869 porte : « Sur le moyen résultant de la violation du § 5 de l'art. 65, en ce que le jugement n'aurait pas été rendu dans le délai qu'il détermine ; attendu que cette disposition n'a pour but que d'assurer une plus prompte solution des affaires d'enregistrement, mais qu'elle est purement réglementaire et que le délai qu'elle indique n'est pas un délai de rigueur. »

La même décision résulte d'un arrêt du 24 novembre 1841, relativement au délai de dix jours déterminé par l'art. 18 pour le jugement d'autorisation de l'expertise (1668 § 9 I. G., 12870 J. E.).

Quoique le délai de trois mois, énoncé à l'art. 65 L. 22 frimaire an 7, ne soit pas établi à peine de déchéance, les directeurs doivent faire toutes les diligences nécessaires pour que les jugements soient rendus dans ce délai à compter de l'introduction des instances (606 § 2 nº 8 I. G.). Ce même article a déterminé le délai que le tribunal peut accorder aux parties pour produire leurs défenses ; il convient de veiller à ce que cette limite ne soit pas dépassée.

9779. Sursis. — Le tribunal qui surseoit à statuer au sujet d'un supplément de droits d'enregistrement réclamé sur un acte de vente, jusqu'à ce qu'il soit intervenu un jugement sur une contestation existante entre les parties contractantes relativement à la validité de cet acte, contrevient à l'art. 59 L. 22 frimaire an 7 (Cass. 20 mars 1833, 1537 nº 75 I. G., S. 33-1-659, 10596 J. E.).

9780. Assignation à jour fixe. — Lorsqu'une ordonnance du juge, signifiée avec assignation, indique le jour d'audience où la cause sera rapportée et jugée, si le jugement intervient auparavant, il est susceptible d'être annulé pour contravention aux art. 94 et 111 C. proc., et à l'art. 64 L. 22 frimaire an 7 (Cass. 3 fév. 1817, 1537 nº 76 I. G., 5780 J. E.).

9781. Avenir. — La procédure spéciale, en matière d'enregistrement, ne comporte pas de signification d'avenir lorsque l'indication de l'audience n'a pas été faite par une ordonnance spéciale. Le demandeur qui pouvait obtenir cette ordonnance ne peut se plaindre de n'avoir pas reçu de l'Administration défenderesse un avenir pour l'audience où le rapport a été fait et le ministère public entendu (Cass. 20 mai 1809, Merlin Rép. vº Avenir nº 3 ; — 14 juill. 1864, 12686 C., 941 Rev., 2288 § 2 J. E., 1908 R. P. ; — 15 déc. 1869, 3064 R. P., 2398-6 I. G., B. C. 226, S. 70-1-177, D. 70-1-400).

L'arrêt du 15 décembre 1869 porte : « Sur le moyen résultant de la violation de l'art. 68 L. 22 frimaire an 7, en ce que les défenderesses n'auraient reçu aucun avertissement, pour les informer de la section du tribunal qui statuerait sur leur cause ou du jour où le rapport en serait fait à l'audience ; attendu que l'art. 68, ni aucune autre disposition de loi, ne prescrit une forme spéciale d'avertissement à donner aux parties, pour les mettre en mesure d'assister à l'audience où se fera le rapport de l'affaire qui les concerne, la loi supposant qu'elles en sont suffisamment averties par les mémoires de la procédure, et qu'elles ont fait connaître à leurs juges leurs moyens de défense par les mémoires qu'elles ont produits. »

9782. Avis du jour du rapport et des conclusions. — Ni l'art. 65 L. 22 frimaire an 7, ni aucun autre texte, n'impose à qui que ce soit l'obligation de prévenir les parties du jour où le rapport sera fait et les conclusions prises (Cass. 14 juill. 1864, 12686 C., 941 Rev., 2288 § 2 J. E., 1908 R. P.; — 15 déc. 1869, 3064 R. P., 2398-6 I. G., Rev. 226, S. 70-1-177, D. 70-1-400). — *V.* 9781.

Il ne peut être exigé que le juge ajoute à cet égard un avertissement à celui qui résulte de la loi (Cass. 23 mai et 28 déc. 1853, 1982-7, 1939-8 I. G., S. 53-1-537 et 54-1-206).

1. EXPERTISE. — AVIS DU DÉPÔT DU DOSSIER AU GREFFE. — Décidé, de même, qu'aucune disposition légale n'oblige, en matière d'expertise, à prévenir du dépôt du dossier de la procédure au greffe (Albi 29 fév. 1864, 1926 R. P.).

SECTION 2. — COMPOSITION DU TRIBUNAL

[9783-9789]

9783. Nombre des juges. — Les jugements des tribunaux de première instance ne peuvent être rendus par moins de trois juges (Circ. de la Régie n° 1820).

9784. Mention du nom des juges. — Les jugements doivent, à peine de nullité, conformément à l'art. 141 C. proc. et à l'art. 7 L. 20 avril 1820, mentionner les noms des juges qui y ont concouru (Cass. 3 déc. 1827, S. 28-1-167, 1236-14 et 1537-79 I. G.; — 24 nov. 1834, S. 34-1-785, 1481-20 I. G.).

Mais l'énonciation du nom des juges faite et signée en marge du premier des jugements prononcés dans une même audience doit, en l'absence d'indication contraire, être réputée exister en marge de chacun des autres jugements de cette audience (Cass. 18 nov. 1851, 1912 § 5 I. G., S. 51-1-769, 15332 J. E.).

9785. Remplacement de juge titulaire. — 1. AVOCAT. — Aux termes de l'art. 30 L. 22 ventôse an 12 et de l'art. 49 Déc. 30 mars 1808, les avocats ne peuvent être appelés à concourir aux jugements en remplacement des juges titulaires qu'à défaut de juges suppléants. En conséquence, il y a violation de cet article lorsque le jugement auquel a concouru un avocat ne constate l'absence ou l'empêchement d'aucun des juges suppléants attachés au tribunal (Cass. 19 janv. 1825, S. 25-1-280, 1166-16 I. G.; — 19 fév. 1845, 1743, § 26 I. G.; — Cass. 3 avr. 1855, 2042 § 4 I. G.).

La composition des tribunaux est d'ordre public, et, aux termes de l'art. 49 Déc. 30 mars 1808, les avocats ne peuvent être appelés à concourir aux jugements, en remplacement des juges titulaires, qu'à défaut des juges suppléants, et encore en suivant l'ordre du tableau. Ainsi est nul le jugement auquel a concouru un avocat suppléant un juge, si ce jugement n'énonce pas l'absence ou l'empêchement des juges suppléants, ni que l'avocat appelé est le plus ancien sur l'ordre du tableau, ou que tous les avocats plus anciens que lui se trouvent empêchés (Cass. 27 janv. 1841, S. 41-1-60, 1743-6 I. G.; 26 nov. 1849, S. 50-1-226, 1852-20 I. G.; — 5 mai 1851, 1900 § 15 I. G., 15200 J. E.; — et 28 fév. 1866, 2255 R. P., 2350 I. G. § 2).

L'arrêt du 28 février 1866 est ainsi conçu : « Vu l'art. 49 Déc. 30 mars 1808 § 2 portant : « A défaut de suppléant, on « appellera un avocat attaché au barreau, et, à son défaut, « un avoué en suivant aussi l'ordre du tableau; » attendu que tout jugement doit porter en lui-même la preuve de sa régularité; qu'un jugement est nul lorsqu'il ne mentionne pas expressément que le tribunal, en se complétant par l'adjonction d'un avocat, a appelé, parmi les avocats présents à l'audience, le plus ancien dans l'ordre du tableau; attendu que le jugement attaqué s'est borné, en mentionnant la présence de l'avocat appelé pour compléter le tribunal, à dire que cet avocat a été appelé à défaut de juge et de juge suppléant; d'où il suit que la preuve de la régularité de composition du tribunal ne résulte pas du jugement lui-même. »

Mais si les qualités du jugement constatent que l'avocat a été appelé suivant l'ordre du tableau, pour remplacer un juge suppléant légitimement empêché, ces expressions: « suivant l'ordre du tableau, » qui sont précisément celles de l'art. 49 Déc. 30 mars 1808, indiquent avec évidence que l'avocat était le plus ancien des avocats présents à l'audience et donnent satisfaction aux exigences légales (Cass. 26 nov. 1866, 2390 R. P., 2356 § 1er I. G., 18674 J. N., 18329 J. E., 13206 C., D. 67-1-64, S. 67-1-41).

2. AVOUÉ. — Lorsque le juge titulaire est remplacé par un avoué, il est également nécessaire, à peine de nullité, que le jugement contienne en lui-même la preuve que les juges, les juges suppléants et les avocats attachés au barreau, ont été empêchés ou ont refusé de compléter le tribunal. Il ne pourrait être suppléé à cette preuve par une attestation du président et des juges du tribunal (Cass. 16 juin 1824, 1537-81 I. G.; — 27 janv. 1841, S. 41-1-160, 1537, 1643 § 11 I. G.).

3. JUGE SUPPLÉANT. — Mais, les suppléants ayant reçu de la loi le caractère de juges et pouvant siéger habituellement dans le tribunal auquel ils sont attachés, il n'est pas nécessaire, pour la validité du jugement, qu'il y soit exprimé pour quelle cause le suppléant a été appelé en remplacement d'un juge titulaire (Cass. 26 déc. 1826, S. 27-1-72, 1205-17 I. G.; — et 27 juin 1827, 1212-14 I. G., S. 27-1-384).

« Attendu, porte cet arrêt, premièrement, que, les suppléants ayant reçu de la loi le caractère de juges et pouvant siéger habituellement dans le tribunal auquel ils sont attachés, leur participation aux jugements ne peut être irrégulière qu'autant qu'il en résulte un excès dans le nombre de juges requis par la loi pour la validité desdits jugements, ce qui ne se rencontre pas dans l'espèce, puisque trois juges seulement, y compris le sieur Javon, suppléant, ont concouru au jugement attaqué. »

9786. Tribunal complet. — Participation d'un juge suppléant. — Suivant les art. 29 L. 27 mai 1791, et 12 L. 27 ventôse an 8, les juges suppléants ne doivent être appelés à participer au jugement que lorsque leur concours est nécessaire pour sa validité. En conséquence, lorsqu'il est constaté que le nombre des juges titulaires qui ont concouru à la délibération était plus que suffisant pour la validité du jugement, la participation d'un juge suppléant, soit comme rapporteur de l'affaire, soit comme juge, constitue une contravention tant aux lois précitées qu'à l'art. 65 L. 22 frimaire an 7 (Cass. 23 juill. 1823, S. 23-1-402 ; — 15 mars 1825, 1337-83 I. G. ; — 18 avr. 1826, 1200-26 I. G. ; — 13 déc. 1826 ; — 20 avr. 1827, S. 27-1-521, 1219-11 I. G. ; — 6 nov. 1827 ; — 11 fév. 1828, S. 28-1-296, 1537-83 et 1249-14 I. G. ; — 24 nov. 1834, S. 34-1-801, 1481-19 I. G. ; — 4 janv. 1836, 1528-26 et 1537-83 I. G. ; — 14 juin 1836, 11547 J.E. ; — 21 nov. 1836, S. 37-1-233, 1539-121. G. ; — 11 avr. 1837, 1562-36 I. G., 11830-2 J. E. ; — 1er déc. 1840, S. 41-1-160 ; — 26 juin 1849, 1844-25 I. G., 14757 J. E. ; — 8 août 1860, 1379 R. P., S. 60-1-1003, 2185-2 I. G. ; — 13 août 1862, 1710 R. P., S. 62-1-1061, 2239-2 I. G. ; — 26 mai 1868, 2696 R. P., 2374-1 I. G., B. C. 106, D. 68-1-255).

L'arrêt du 26 mai 1868 porte : « Vu les art. 29 L. 27 mars 1791, 12 L. 27 ventôse an 8, 40 L. 20 avril 1810, et 65 L. 22 frim. an 7 ; attendu qu'aux termes des deux premiers articles précités, les juges suppléants ne doivent, à moins d'une disposition de loi contraire, concourir aux jugements que lorsque leur concours est nécessaire pour compléter le nombre de juges légalement requis pour la validité des jugements ; que, suivant l'art. 40 L. 20 avril 1810, le nombre de trois juges est suffisant pour constituer valablement un tribunal, et que, d'après l'art. 65 L. 22 frimaire an 7, le rapport des causes d'enregistrement doit être fait par l'un des juges du tribunal ; attendu que le jugement attaqué constate qu'il a été rendu par trois juges titulaires, y compris le président du tribunal, et, de plus, avec le concours d'un juge suppléant qui a fait le rapport ; attendu que, le nombre de trois juges titulaires étant suffisant pour compléter le tribunal, c'est en contravention des lois précitées qu'un juge suppléant a participé à la décision du tribunal, soit comme juge, soit comme rapporteur, d'où il suit que le jugement attaqué a ouvertement violé les dispositions de lois ci-dessus visées. » — V. 9792.

Un jugement n'est point nul pour avoir été rendu en présence de trois juges titulaires et d'un juge suppléant, lorsqu'il n'est pas prouvé que ce dernier a eu voix délibérative (Cass. 18 nov. 1851, 1912 § 5 I.G., S. 51-1-769).

1. TRIBUNAL EMPÊCHÉ. — Lorsque, dans un tribunal de trois juges, le jugement exprime que le tribunal est empêché, ce jugement motive suffisamment la présence légale et obligée d'un juge suppléant appelé pour compléter le nombre des juges, et par là il est satisfait aux dispositions de l'art. 12 L. 27 ventôse an 9 (Cass. 4 août 1842, 1683 § 4 I.G., S. 43-1-328).

2. PRÉSENCE DU JUGE SUPPLÉANT SEULEMENT CONSTATÉE. — Il en est de même d'un jugement portant

qu'il a été rendu par deux juges titulaires et par un juge suppléant, faisant les fonctions de juge, en présence d'un autre juge suppléant ; il résulte de ces énonciations que ce dernier n'a point concouru au jugement, qu'il y a seulement assisté, avec voix consultative, en vertu de l'art. 41 L. 20 avril 1810. Ce jugement ne peut par conséquent être attaqué pour violation de l'art. 29 L. 27 mars 1791 et de l'art. 12 L. 27 ventôse an 8 (Cass. 2 avr. 1828, 1537 n° 84 I. G., S. 28-1-225 ; — 5 déc. 1866, 2392 R.P., 2356 § 5 I. G., 18702 J.N., 18290 J.E., 1872 Rev., S. 67-1-86, D. 67-1-103).

3. CONCLUSIONS. — Un juge suppléant peut être appelé à occuper le siége du ministère public, vu l'empêchement des magistrats du parquet, et, en cette qualité, il donne régulièrement ses conclusions dans l'instance (Cass. 3 avr. 1855, 2042-4 I. G.).

4. MENTION D'EMPÊCHEMENT. — Lorsque le juge suppléant est appelé à remplir les fonctions de ministère public, il n'est pas nécessaire de mentionner dans le jugement l'empêchement du magistrat remplacé (Cass. 28 nov. 1876, 4806 R. P. ; — 24 avr. 1872, S. 1872-1-245).

9787. Plusieurs audiences. — Les juges qui ont concouru au jugement doivent, sous peine de nullité, avoir assisté à toutes les audiences qui ont été consacrées à l'examen de l'affaire, mais les juges qui ont concouru au jugement sont réputés, à défaut de constatation ou de preuves contraires, avoir assisté à ces diverses audiences (Cass. 30 nov. 1852, S. 54-1-24 ; — 9 avr. 1866, 2268 R.P., 2350 § 3 I. G., S. 66-1-122) : « Attendu, porte ce dernier arrêt, que lorsque plusieurs audiences ont été consacrées à une même affaire, les juges qui ont concouru au jugement sont réputés, à défaut de constatation ou de preuve contraire, avoir assisté à ces diverses audiences » (V. aussi Cass. 28 fév. 1859, S. 60-1-44)

9788. Concours du juge rapporteur. — Le magistrat chargé du rapport doit, à peine de nullité, concourir au délibéré et au vote qui forme le jugement. L'observation de cette règle est essentielle ; car, le rapporteur ayant pris une connaissance plus spéciale de l'affaire, le développement de son avis peut contribuer beaucoup à éclairer ses collègues (Cass. 24 août 1857, 2114 § 6 I.G., 940 R.P. ; — 13 août 1862, 2239 § 2 I. G., 17895 J.N., 12324 C., 17535 J.E., 1710 R.P., S. 62-1-1061 ; — 21 nov. 1864, 1973 R. P., 2324-3 I. G. ; — 24 janv. 1877, 4592 R. P.). — Il est même passé dans les habitudes judiciaires que le rapporteur, quelle que soit son ancienneté, opine le premier.

1. RENVOI A UNE AUTRE AUDIENCE. — Lorsque, après avoir entendu le rapport du juge, le tribunal renvoie la cause à une autre audience, il n'est pas nécessaire que ce magistrat soit entendu de nouveau à l'audience fixée pour la prononciation du jugement ; il suffit, comme nous venons de le voir, qu'il ait participé au vote (Cass. 23 avr. 1816, 1537 n° 96 I. G., S. 16-1-285, 5483 J.E.)

2. DÉFAUT DE MENTION. — Le jugement doit, sous peine de nullité, mentionner le concours du juge rapporteur au jugement (Cass. 21 nov. 1864, 1973 R. P., 2324-3 I. G., B. C. 172, S. 65-1-46, D. 64-1-478).

3. NOMINATION. — L'art. 93 C. proc. n'est pas applicable aux matières d'enregistrement, dont la procédure est

réglée par une loi spéciale; l'art. 65 L. 22 frimaire an 7 dispose seulement que les jugements en matière d'enregistrement seront rendus sur le rapport d'un juge en audience publique, sans prescrire aucune forme particulière pour la désignation du rapporteur, cette désignation n'étant qu'une mesure administrative intérieure, dans laquelle les parties n'ont pas à intervenir et pour l'exécution de laquelle la loi a dû s'en remettre à la vigilance du président (Cass. 15 déc. 1869, 3064 R. P., 2398-6 I. G., B. C. 226, S. 70-1-177, D. 70-1-410).

9789. Concours du ministère public. — Le magistrat du ministère public doit, comme nous le verrons plus loin, être entendu en ses conclusions; mais, si l'affaire est renvoyée à une autre audience, pour la prononciation du jugement, il n'est pas nécessaire qu'il soit entendu de nouveau (Cass. 23 avr. 1816, 1537 n° 96 I. G., S. 16-1-285, 5482 J. E.).

SECTION 3. — DU RAPPORT

[9790-9795]

9790. Nécessité du rapport. — Le jugement doit être précédé du rapport d'un juge (art. 65 L. 22 frim. an 7).

9790 bis. Mention du rapport. — Il doit constater dans sa teneur que le rapport prescrit a été fait, et ce sous peine de nullité, attendu que tout jugement doit contenir la preuve des formalités qui le constituent (Cass. 28 juin 1858, 11380 C., 2137 § 5 I. G., 1064 R. P.; — 13 juill. 1868, 2374 § 3 I. G., 2712 R. P., D. 68-1-331, B. C. 127; — 27 janv. 1874). — V. aussi les arrêts cités au numéro ci-après.

9791. Audience publique. — Le rapport doit être fait en audience publique (Cass. 6 vend. an 11, S. 3-2-237, 1537-85 I. G.; — 28 avr. 1868, S. 9-1-47; — 19 déc. 1809, S. 10-1-288, 3523 J. E.; — 8 mai 1810, S. 20-1-491, 3586 J. E.; — 5 mars 1811, 3842 J. E.; — 2 juill. 1811, P. chr. 35-4012 J. E.; — 19 août 1811, P. chr. 44; — 1er juin 1813, P. chr. 151; — 21 déc. 1813, P. chr. 187, 4734 J. E.; — 22 mars 1814, P. chr. 219; — 1er juin 1814, S. 15-1-237, 4902 J. E.; — 3 oct. 1814, P. chr. 243; — 25 janv. 1815, S. 16-1-261, 5089 J. E.; — 5 juill. 1815, S. 16-1-72; — 14 août 1815, 1537-85 I. G.; — 13 nov. 1816, S. 17-1-183, 1537-85 I. G.; — 22 janv. 1817, P. chr. 345; — 2 avr. 1817, S. 17-1-230 et 18-1-65; — 10 déc. 1817, P. chr. 368; — 10 fév. 1819, P. chr. 424; — 3 janv. 1820; — 5 déc. 1820, S. 21-1-242; — 26 nov. 1821, P. chr. 500; — 5 mars 1822; — 2 juin 1823, P. chr. 107; — 19 mai 1824, 1146-17 I. G.; — 24 juin 1829, 1293-20 I. G.; — 18 août 1829, S. 29-1-434; — 14 août 1832, 1537-85 I. G.; — 20 mai 1834, 1467-15 I. G.; — 4 août 1834, 1476-8 I. G.; — 13 août 1834, 1473-81 I. G.; — 8 août 1836; — 1er août 1837, S. 37-1-1008, 1562-37 I. G.; — 6 avr. 1841, S. 41-1-383, 1661-15 I. G.; — 3 août 1846; — 20 avr. 1846, S. 46-1-463, 1767-23 I. G.; — 26 nov. 1855, 2060-4 I. G.; — 28 juin 1858, 21 37-5 I. G.; — 4 juin 1866, 2350-4 I. G., D. 66-1-224; — 13 juill. 1868, 2374-13 I. G.; 2712 R. P., B. C. 127, D. 68-1-331; — 27 janv. 1874, 3797 R. P.).

Arrêt du 13 juillet 1868. — « Vu le § 4 de l'art. 65 L. 22 frimaire an 7, ainsi conçu : « Les jugements seront rendus « dans les trois mois au plus tard à compter de l'introduction « d'instance, sur le rapport d'un juge fait en audience « publique, et sur les conclusions du commissaire du Direc-« toire exécutif; » attendu que, aux termes de cette disposition les jugements rendus en matière d'enregistrement doivent l'être sur le rapport d'un juge fait en audience publique; attendu que cette formalité est substantielle et qu'elle doit être observée à peine de nullité. »

Arrêt du 27 janvier 1874. — « Vu l'art. 65 L. 22 frimaire an 7; attendu qu'aux termes de cette disposition le jugement des instances en matière d'enregistrement doit être rendu sur le rapport d'un juge fait en audience publique; que cette formalité est substantielle et doit être observée à peine de nullité; que, dans l'espèce, il s'agissait d'une contestation élevée au sujet de la perception d'un droit d'enregistrement, et que, cependant, le jugement attaqué ne constate, dans aucune de ses parties, qu'il ait été rendu sur le rapport d'un juge fait en audience publique; qu'il suit de là que ledit jugement a violé la disposition de la loi ci-dessus visée. »

1. JUGEMENT RENDU EN AUDIENCE PUBLIQUE. — L'énonciation d'un jugement portant qu'il a été rendu en audience publique constate virtuellement que le rapport de l'affaire par un des juges a été fait publiquement, ainsi que le prescrit l'art. 65 L. 22 frimaire an 7 (Cass. 5 avr. 1831, 14 août 1832, 7 juin 1848, 7 fév. 1853, 1381 § 12, 1414 § 2, 1825 § 6, 1967 § 10 I. G., S. 48-1-752 et 53-1-284).

L'arrêt du 7 février 1853 porte : « Sur le moyen tiré de l'art. 5 L. 22 frimaire an 7 et du défaut de publicité du rapport; attendu que le jugement attaqué, en disant qu'il a été rendu en audience publique et après avoir entendu le rapport, a complétement satisfait à la loi. »

L'omission de la date et le défaut d'énonciation expresse de la publicité de l'audience où a eu lieu le rapport de l'affaire ne sauraient vicier de nullité le jugement, car la mention de cette date n'est prescrite par aucune disposition de la loi et le mot *audience* implique, quant à la juridiction civile, l'idée de publicité (Cass. 30 juill. 1856, S. 57-1-333; — 4 mai 1858, S. 58-1-673; — 17 déc. 1860, S. 61-1-273; — 9 avr. 1866, 2268 R. P., 2350 § 3 I. G., S. 66-1-222, D. 66-1-245, B. C. 70).

2. CHAMBRE DU CONSEIL. — Le jugement qui énonce seulement que le rapport du juge a été fait *en la chambre du conseil* est dans le cas d'être annulé pour contravention à l'art. 65 L. 22 frimaire an 7, qui exige que le rapport ait lieu en audience publique (Cass. 7 janv. 1818 et 5 mars 1822, 1537 n° 90 I. G., S. 22-1-412, 6006 et 7183 J. E.). — V. 9800.

3. CHAMBRE DU CONSEIL, LES PORTES OUVERTES. — Mais le vœu de la loi est suffisamment rempli lorsqu'il est constaté que le rapport a été fait *en la chambre du conseil,*

les portes ouvertes (Cass. 11 fév. 1835, 2490 § 3 I. G., S. 35-1-193, 1147 J. E.). — *V.* 9801.

9792. Nomination du juge rapporteur. — L'art. 65 L. 22 frimaire an 7, qui a déterminé la procédure spéciale à suivre en matière d'enregistrement et qui n'a point été abrogé par le code de procédure, dispose que les jugements seront rendus sur le rapport d'un juge, fait en audience publique, sans prescrire de forme particulière pour la nomination du juge rapporteur; en conséquence, en nommant par une ordonnance le juge qui devait faire le rapport exigé par la loi, le président du tribunal, et par suite le jugement qui statue sur le rapport fait par ce juge, ne viole pas l'art. 93 C. proc., qui est uniquement relatif, d'ailleurs, au cas où un délibéré du rapport ou une instruction par écrit sont ordonnés (Cass. 23 déc. 1846, 1786 § 12 I. G., S. 47-1-224; — 15 déc. 1869, 2398-6 I. G., B. C. 226, S. 70-1-177, D. 70-1-410, P. 70-409, 3064 R. P.).

L'arrêt du 15 décembre 1869 porte : « Sur le moyen résultant de la violation de l'art. 68 L. 22 frimaire an 7, et de l'art. 93 C. proc., en ce que le juge rapporteur n'a pas été désigné par un jugement, ou au moins par une ordonnance du président; attendu que l'art. 93 C. proc. n'est pas applicable aux matières d'enregistrement, dont la procédure est réglée par une loi spéciale; que l'art. 65 L. 22 frimaire an 7 dispose seulement que les jugements en matière d'enregistrement seront rendus sur le rapport d'un juge en audience publique, sans prescrire aucune forme particulière pour la désignation du rapporteur, cette désignation n'étant qu'une mesure administrative intérieure, dans laquelle les parties n'ont pas à intervenir, et pour l'exécution de laquelle la loi a dû s'en remettre à la vigilance du président. »

1. JUGE SUPPLÉANT. — Le rapport doit être fait *par un des juges de la cause, par un des magistrats qui concourent au jugement.* En conséquence, est nul le jugement rendu sur le rapport d'un juge suppléant qui n'a point concouru et ne pouvait concourir au jugement, le nombre des juges étant complet (Cass. 24 nov. 1834, S. 34-1-801, 1481-19 I. G.; — 15 juill. 1835, 1504-15 I. G.; — et 24 août 1835, 11316 J. E.; — 14 juin 1836, 1528-26 I. G.; — 20 juill. 1836, 116 37 J. E.; — 8 nov. 1836, S. 37-1-331, 1539-12 I. G.; — et 26 mai 1868, *arrêt rapporté n° 9786*).

Il y aurait également nullité si le juge suppléant avait concouru au jugement. — *V.* 9786.

2. JUGE AUDITEUR. — Sous la législation abrogée par la loi du 10 décembre 1830, les juges-auditeurs avaient le caractère de juges permanents en activité dans les tribunaux auxquels ils étaient attachés; lors même qu'ils n'avaient point atteint l'âge de vingt-cinq ans, ils pouvaient être rapporteurs dans les causes qui s'instruisaient par écrit et participer, dans ce cas, au jugement avec voix délibérative. Ainsi, le jugement rendu sur le rapport d'un juge-auditeur qui avait concouru au jugement n'était point susceptible d'être annulé (Cass. 11 août 1829, 1537 n° 88 I. G.; S. 29-1-436).

9793. Rapport verbal. — Aucune loi n'exige que le rapport préalable d'un juge soit écrit; il peut être fait verbalement (Cass. 18 janv. 1825, 1106 § 19, 1537-9 I. G.).

SECTION 4. — DES CONCLUSIONS DU MINISTÈRE PUBLIC

[9794-9798]

9794. Nécessité des conclusions. — Le jugement rendu sans que le ministère public ait été entendu en ses conclusions est atteint de nullité (Cass. 8 mai 1810, S. 20-1-491, 1537-92 I. G.; — 15 mars 1811, 4040 J. E.; — et 8 août 1837, S. 37-1-1018, 1562-37 I. G.; — 16 avr. 1856, 701 R. P., S. 56-1-617).

L'arrêt du 8 avril 1837 porte :

« Vu les art. 65 L. 22 frimaire an 7 et 112 C. proc.; attendu que l'art. 65 de la loi de frimaire an 7 dispose que les jugements sur les instances relatives au droit d'enregistrement seront rendus sur les conclusions du commissaire du Gouvernement; attendu qu'il est ordonné par l'art. 112 C. proc. que, dans les causes susceptibles de communication, le procureur du roi sera entendu en ses conclusions à l'audience; attendu que le jugement attaqué ne constate pas que, dans la cause dont il s'agit, le procureur du roi ait été entendu dans ses conclusions; d'où il suit que ce jugement a violé les lois précitées. »

9795. Défaut de mention. — Il en est de même du jugement qui ne fait pas mention expresse de ses conclusions (Cass. 12 août 1834, 1479-8 I. G.; — 8 août 1837, S. 37-1-1018; — 19 avr. 1847, 1796-32 I. G.; — 13 nov. 1849, S. 49-1-786; — Cass. 26 nov. 1855, 2060 § 4 I. G.; — 16 avr. 1856, 701 R. P., S. 56-1-617; — 28 juin 1858, 11980 G., 18709 § 1er J. E., 2137-5 I. G., 1064 R. P.).

9796. Présence du procureur de la République. — Le jugement qui constate la présence du procureur de la République, sans exprimer qu'il a été entendu dans ses conclusions, est sujet à cassation, comme ne renfermant à cet égard aucune preuve de l'exécution de l'art. 65 L. 22 frimaire an 7 (Cass. 10 fév. 1819, S. 19-1-327, 1537-94 I. G.; — 30 avr. 1822, S. 22-1-439; — 7 nov. 1842, 1693 § 7 I. G., S. 43-1-201; — 1er juill. 1868, 2374 § 2 I. G., 2713 R. P., B. C. 120; D. 68-5-177; — 27 janv. 1874, 3798 R. P.).

Ces deux derniers arrêts portent :

Arrêt du 1er juillet 1868 :

« Vu les art. 65 L. 22 frimaire an 7 et 112 C. proc.; attendu que, aux termes de ces dispositions, le jugement des instances relatives aux droits d'enregistrement doit être rendu sur les conclusions du ministère public et que ces conclusions doivent être entendues à l'audience; attendu que, si le jugement attaqué constate qu'il a été rendu en présence du substitut du procureur impérial, il ne mentionne aucunement que ce magistrat ait été entendu dans ses conclusions à l'audience, ainsi que l'exigent les articles susvisés. »

Arrêt du 27 janvier 1874 :

« Vu les art. 65 L. 22 frimaire an 7 et 112 C. proc.;

attendu que le simple vu par le tribunal des conclusions du ministère public, placé, dans le jugement attaqué, à côté du visa des mémoires des parties, ne suffisait pas pour satisfaire au vœu de la loi, laquelle exige que le jugement des instances en matière d'enregistrement soit rendu sur les conclusions prises oralement à l'audience par le ministère public; que si le jugement constate en outre, dans une mention finale, qu'il a été rendu en présence du substitut du procureur de la République, il n'exprime ni dans cette partie ni dans aucune autre que ce magistrat a été entendu dans ses conclusions à l'audience, comme l'exigent les articles de la loi précitée; d'où il suit que ces articles ont été violés. »
Cette jurisprudence a été confirmée par un arrêt de cass. du 28 mars 1876 (4330 R. P.).

9797. Conclusions par écrit. — Il y a violation de l'art. 12 titre 2 et de l'art. 3 titre 8 L. 24 août 1790, de l'art. 65 L. 22 frimaire an 7 et de l'art. 112 C. proc., lorsqu'il résulte du jugement que les conclusions du procureur de la République ont été données *par écrit* et n'ont point été prises *verbalement* à l'audience (Cass. 14 mars 1821, S. 22-1-12; — 14 avr. 1830, S. 30-1-272; — 16 mai 1831, S. 31-1-206; — et 17 déc. 1833, 1537-95 I. G.; — 6 juin 1837, S. 37-1-699, 1562-35 I. G.).

Mais la mention d'un jugement portant que le procureur de la République a énoncé en ses motifs ses conclusions écrites, n'implique pas nécessairement l'idée d'un simple dépôt de conclusions écrites, et constate, dès lors, d'une manière suffisante l'audition du ministère public dans ses conclusions verbales à l'audience, ainsi que l'exige la loi (Cass. 11 nov. 1849, 1857 § 9 I. G., S. 49-1-766) : « Attendu, porte cet arrêt, que la mention du jugement dénoncé portant que le procureur de la République a conclu, par les motifs énoncés en ses conclusions écrites, qu'il plaise au tribunal déclarer l'Administration mal fondée, etc., n'implique pas nécessairement l'idée d'un simple dépôt de conclusions écrites et constate, dès lors, d'une manière suffisante, l'audition du ministère public en ses conclusions orales à l'audience ; d'où il suit que ledit jugement, loin d'avoir violé les art. 112 C. proc. et 65 L. 22 frimaire an 7, en a fait, au contraire, une juste application. »

De ce qu'un jugement porte : « Ouï en leurs conclusions écrites M⁰ X., défenseur pour la partie, et le procureur impérial », il n'en résulte pas que les conclusions du ministère public n'aient pas été reproduites oralement (Cass. 18 fév. 1867, 18428 § 3 J. E.).

Mais le vœu de la loi n'est pas rempli quand le jugement se borne à énoncer : « Vu les conclusions du ministère public et prononcé en sa présence » (Cass. 27 janv. 1874, 3798 R. P.).

9798. Conclusions après le rapport. — Le ministère public doit, à peine de nullité, conclure après le rapport du juge et immédiatement avant le prononcé du jugement. — Ainsi un arrêt du 18 février 1867 a annulé un jugement qui portait : « Ouï le procureur impérial, ouï M. B..., juge en son rapport, après en avoir délibéré », parce qu'il résultait de là que le rapport du juge avait suivi les conclusions du ministère public (18428 § 3 J. E.).

1. CLOTURE DES DÉBATS. — Lorsque le ministère public a été entendu, aucune partie ne peut obtenir la parole après

lui, mais seulement remettre sur-le-champ de simples notes, aux termes de l'art. 3 C. proc. et 87 Déc. 30 mars 1808. Si, après l'audition du ministère public, le tribunal veut rouvrir les débats, il ne le peut qu'à l'audience en mettant les parties à même de s'expliquer et en entendant de nouveau le ministère public (Cass. 6 août 1866, 2350 § 6 I. G., B. C. 156).

2. RENVOI A UNE NOUVELLE AUDIENCE. — Mais lorsque, après avoir entendu les conclusions du procureur de la République, le tribunal renvoie la cause à une autre audience, il n'est pas nécessaire que ce magistrat soit entendu de nouveau à l'audience nouvelle fixée pour la prononciation du jugement (Cass. 23 avr. 1816, 1537 n° 96 I. G.).

3. CONCLUSIONS AVANT LE JUGEMENT. — Les conclusions doivent, à peine de nullité, précéder immédiatement le jugement (Cass. 1er mars 1875, 4065 R. P.).

SECTION 5. — PUBLICITÉ

[9799-9803]

9799. Le tribunal doit être ouvert au public. — Pour statuer sur les instances en matière de perception, le tribunal se forme en bureau ouvert au public, composé d'au moins trois juges (Circ. min. just. 22 germ. an 6, Circ. de la Régie n° 1202).

9800. Chambre du conseil. — Le jugement qui a été rendu *en la chambre du conseil*, au lieu de l'être en audience publique, est susceptible de cassation, pour contravention à l'art. 14 titre 2 L. 24 août 1790, à l'art. 7 L. 20 avril 1810, et à l'art. 65 L. 22 frimaire an 7 (Cass. 14 août 1815, 5307 J. E.; — 16 mars 1825, *P. chr.*, 1166 § 18 I. G.; — 4 juin 1866, 2301 R.P., 2350 § 5 I.G., D. 66-1-327).

L'arrêt du 4 juin 1866 porte : « Vu l'art. 65 L. 22 frimaire an 7; attendu qu'aux termes de cet article les jugements en matière d'enregistrement doivent être rendus en audience publique ; attendu que le jugement attaqué se termine par ces mots : »Jugé et prononcé en la chambre du conseil, » ce qui constitue une violation expresse de l'article précité, casse. » — V. 9791.

9801. Bureau ouvert au public. — Mais on ne peut reprocher le défaut de publicité au jugement portant qu'il a été rendu *en la chambre du conseil*, BUREAU OUVERT AU PUBLIC (Cass. 4 août 1835, 1537 n° 100 I.G., S. 35-1-684). — V. 9791.

9802. Audience. — L'audience doit, à moins de preuves contraires, être légalement présumée publique. En conséquence, lorsqu'il est énoncé dans le jugement qu'il a été *rendu à l'audience*, il en résulte suffisamment qu'il n'a point été prononcé en la salle du conseil, mais en audience publique (Cass. 26 juin 1817, S. 18-1-337, 1537-101 I. G., 6223 J. E.; — 18 août 1829, S. 29-1-434, 1303-25 I. G., 1537 n° 101 I. G.; — 14 août 1832, 1414 § 2, 1537-85 I. G.).

«Attendu, porte l'arrêt du 26 juin 1817, qu'outre que, par la matière à juger et par les errements de la procédure, le jugement ne pouvait être que public, il est expressément énoncé que ce jugement a été rendu à l'audience; qu'il en résulte à suffire qu'il l'a été publiquement et les portes ouvertes, suivant l'usage et non à huis-clos, ce qui formerait une exception dont il doit être fait mention dans les cas prévus par la loi ; que c'est même suivant cette idée de publicité attachée au seul mot d'*audience* que s'est exprimé le code de procédure aux art. 107, 111, 112, 116, 121, etc.; que si cette locution d'*audience publique* est plus explicite, les juges n'ont pu néanmoins, dans les circonstances ci-dessus rappelées, et où le jugement n'est pas rendu en la salle du conseil dont la destination est d'être secrète, encourir le reproche d'une contravention à la loi, pour s'être bornés à l'expression concise employée souvent par le législateur et qui est conforme d'ailleurs au sens ordinaire qu'elle présente. »

C'est également ce qui a été jugé en matière civile par des arrêts de cass. 14 février 1870 (S. 70-1-336) et 9 déc. 1873 4048 R. P.).

9803. Motifs de jugement. — Les motifs, tenant à l'essence des jugements, doivent, à peine de nullité, être prononcés publiquement, de même que le dispositif (Cass. 18 avr. 1831, 1537 n° 102 I. G.).

SECTION 6. — FORME DU JUGEMENT

[9804-9811]

9804. Formalités substantielles. — Les formalités prescrites pour la validité des jugements doivent, à peine de nullité, être constatées par le jugement même. Ainsi il doit être mentionné : 1° que le juge rapporteur a concouru au jugement ; — 2° que le rapport prescrit a été fait ; — 3° que le ministère public a été entendu en ses conclusions, etc., etc.

9805. Certificat du greffier. — On ne saurait se soustraire à la nullité du jugement au moyen d'un certificat soit du greffier, soit du président du tribunal qui suppléerait au silence du jugement ou rectifierait les indications qu'il renferme (Cass. 25 avr. 1808, S. 7-2-1159, 2924 J. E.; — 3 janv. 1820, S. 20-1-168 ; — 16 juin 1824, 1537-81 I. G.; — 8 août 1836, S. 36-1-800, 1528-27 I. G.).

« Attendu, porte l'arrêt du 8 août 1836, que le certificat produit par le défendeur et qui lui a été délivré par le greffier au tribunal ne peut suppléer à ce défaut de mention dans le jugement : c'est un acte extraordinaire que la loi et la jurisprudence n'admettent point pour constater *légalement* l'observation des formalités prescrites pour la validité des jugements. »

Il a été décidé en ce sens, en matière civile, le 26 mai 1819 (*Rép. du Pal.* v° *Jugement* n° 501), que s'il résulte de l'expédition d'un arrêt que six juges seulement y ont concouru au lieu de sept, le contraire ne peut être justifié par un simple certificat portant que l'omission du septième sur la minute est le résultat d'une erreur.

Un arrêt de cass. 21 novembre 1864 porte également que la minute seule du jugement peut faire foi de la composition du tribunal et qu'il ne suffirait pas, en l'absence de toute mention dans le jugement, de rapporter un certificat du greffier attestant que le juge rapporteur a réellement assisté à la dernière audience (1973 R.P., 2324-3 I. G., B.C. 172, S. 65-1-48, D. 64-1-478).

Toute cette matière est soumise aux règles du droit commun (Cass. 10 mai 1859, D. 59-1-422).

Expédition produite. — S'il est énoncé par erreur, dans la copie d'un jugement, que le tribunal a statué commercialement, cette erreur peut être rectifiée par l'expédition du jugement produite à la cour (Cass. 13 août 1877, 4750 R. P.).

9806. Conclusions des parties. — Points de fait et de droit. — Motifs. — Conformément à l'art. 141 C. proc., le jugement doit contenir les conclusions des parties, l'exposition sommaire des points de fait et de droit, et les motifs (Cass. 4 mars 1823, 1537-103 I. G.; — 1er mars 1831, S. 31-1-182, 1370-12 I. G.; — 18 avr. 1831, S. 33-1-288, 1382-14 I. G., 10025 J. E.; — 19 mars 1833, S. 33-1-288, 1425-12 I. G.; — 6 mars 1834, 1537-103 I. G.; — 4 août 1834, 1473-8 I. G.; — 30 déc. 1834, 1481-21 I. G., 11117 J. E.; — 7 juill. 1835, 1554-14 I. G.; — 12 août 1835, 1537-103 I. G.; — 22 juill. 1839, 1601-23 I. G.; — 7 mars 1842, S. 42-1-341, 1675 § 14 I. G.; — 25 janv. 1842, S. 43-1-417, 1697-10 I. G.).

9807. Conclusions des parties. — Points de fait et de droit. — 1. MENTION IMPLICITE. — Si, en matière d'enregistrement comme en toute autre, tout jugement doit, à peine de nullité, indiquer les demandes et conclusions des parties, le fait en litige et les questions sur lesquelles les juges ont eu à statuer, il n'y a pas nullité lorsque ces mentions et toutes celles qu'exige l'art. 141 C. proc. résultent implicitement des énonciations du jugement (Cass. 19 juill. 1830, 1347-17 I. G.; — 7 mars 1842, 1673-5 I. G., S. 42-1-341 ; — 7 janv. 1850, 1857-4 I. G., S. 50-1-142 ; — et 8 avr. 1850, 1875-8 I. G.; — 13 déc. 1853, 1999 § 3 I. G., S. 54-1-58) ; — Cass. 24 fév. 1875, 4051 R. P.).

Ainsi, la C. cass. a décidé, le 4 mai 1863 (17136 J. N., 17665 J.E., S. 63-1-449, 12494 C., 641 Rev., 1812 R.P.), 30 janvier 1866 (2191 R.P., 2350 § 1er I. G., S. 66-1-78, D. 66-1-72), 9 avril 1866 (2350 § 3 I. G., S. 66-1-222), 21 juin 1869 (2970 R.P., 2393-2 I. G., S. 70-1-40, 19702 J.N., 18703 J.E., 2765 Rev.), 29 novembre 1869 (3036 R.P., 18888 J.E.), et 17 avril 1872 (3422 R. P., 2449-7 I. G., S. 72-1-194, D. 72-1-324), qu'il est satisfait au vœu de la loi, si les motifs ou le dispositif du jugement font connaître, avec détail et précision, les divers objets de la contestation.

Elle a jugé également, les 29 juillet 1857 (16621 J. E., 16136 J.N., 11114 C., 2114 § 5 I. G., 876 R.P., S. 58-1-343), 16 juin 1863 (17699 J.E., 17764 J.N., 12726 C., 1833 R.P., S. 63-1-308), et 5 décembre 1866 (2393 R. P., 2356 § 5 I.G., 18702 J.N., 1872 Rev., S. 67-1-86, D. 67-1-103), qu'aucune disposition ne détermine la place où les mentions prescrites par l'art. 141 C. proc. doivent être insérées, et qu'il suffit, dès lors, que, dans une partie quelconque de la décision, on voie clairement énoncé l'objet de la contestation, le point de droit à juger, ainsi que les conclusions des parties.

L'arrêt du 5 décembre 1866 porte : « Attendu que, si les points de fait et de droit, les conclusions respectives des parties et les autres éléments essentiels d'une décision judiciaire ne se trouvent pas disposés dans l'ordre habituel au jugement attaqué, ils s'y rencontrent tous; dans les développements des motifs qui mettent en complète évidence les questions à juger et les faits qui y donnent lieu ; que, dès lors, il a été suffisamment satisfait aux règles de procédure en matière spéciale d'enregistrement. »

Il en est ainsi alors même que les moyens qui motivent les conclusions ne seraient pas mentionnés dans les qualités (Cass. 17 avr. 1872, 3422 R. P.; 2449-7 I. G., S. 72-1-194, D. 72-1-324).

2. ÉNONCIATION DES PIÈCES. — Il a été également décidé que le vu des pièces et l'énonciation de leur contenu constatent suffisamment les questions de fait et de droit qui constituent le procès (Cass. 21 nov. 1822, P. chr., 1537-104 I. G.).

3. ANALYSE DES MÉMOIRES. — Que le vœu de l'art. 141 C. proc. est également rempli, quant à l'exposition du point de fait, lorsque, soit dans l'analyse des mémoires respectifs des parties, soit dans les motifs et le dispositif du jugement, les faits se trouvent suffisamment exposés (Cass. 29 juill. 1823, 1537-105 I. G.; — 19 juill. 1830, 1347-17 I. G.; — et 31 juill. 1832, 1414-3 I. G.).

4. RAPPEL D'UN JUGEMENT ANTÉRIEUR. — Enfin, qu'il n'y a pas non plus contravention à cet article lorsque le jugement qui n'énonce ni les conclusions des parties ni les points de fait et de droit se réfère à un précédent jugement dont il ordonne l'exécution et où ces formalités ont été observées (Cass. 18 août 1820, 1537 n° 106 I. G., S. 29-1-434).

5. PROFESSION ET DEMEURE DE LA PARTIE. — Mais il y a nullité du jugement quand il ne contient pas l'énonciation des profession et demeure d'une partie contre laquelle il prononce une condamnation (Cass. 29 nov. 1869, 3030 R. P., 2398-1 I. G., B. C. 210, S. 70-1-165, D. 70-1-341, P. 70-337).

9808. Qualités. — Dans les affaires concernant l'Administration, qui se jugent sur mémoires et sans avoués, il y a qualités. L'art. 142 C. proc., qui prescrit cette formalité, ne concerne que les affaires où il est nécessaire d'employer le ministère des avoués (D. m. j. et f. 1er mars 1808, 369 I. G.).

C'est ce qui a été jugé par la C. cass., les 18 août 1842 (1723 § 9 I. G.) et 27 juillet 1863 (12524 C., 633 et 733 § 8 R. N., 2274 § 8 I. G., 1817 R. P.).

L'arrêt du 27 juillet 1863 porte : « Sur le moyen tiré de la violation des art. 141 et 142 C. proc.; attendu que le ministère des avoués est interdit dans les matières d'enregistrement; qu'il y a donc impossibilité de dresser et de signifier les qualités des jugements dans les formes prescrites par le code de procédure; que de l'inobservation de ces formalités ne peut donc résulter aucune violation de la loi. »

1. EXPÉDITION. — Quand il y a lieu de lever l'expédition d'un jugement, le directeur rédige un exposé de points de fait et de droit et l'adresse au receveur pour être remis au greffier (1537 I. G.). Une circulaire du garde des sceaux du 21 décembre 1836 contient à cet égard les observations suivantes : « Afin de rendre plus facile l'intelligence des jugements, les greffiers doivent y insérer avec soin les conclusions respectives, ainsi que les points de fait et de droit. Quoiqu'il ne soit pas signifié de qualités dans les instances en matière d'enregistrement, il sera toujours facile d'obtenir soit de la Régie, soit des redevables, les renseignements nécessaires pour se conformer à l'art. 141 C. proc. »

Il en résulte que les exposés fournis par les directeurs au greffier ne constituent point des qualités et ne doivent point être signifiés, et que, lorsque ces exposés sont admis, par les greffiers, ils ont le même caractère que s'ils étaient l'œuvre des greffiers, de sorte qu'ils ne peuvent donner lieu à aucune contestation particulière entre les parties et l'Administration. Ainsi la C. cass. a reconnu que ces exposés n'ont pas besoin d'être distincts des jugements; qu'ils se confondent, au contraire, avec ces jugements dont le contexte peut suppléer aux omissions qu'ils renferment (Cass. 7 mars 1842, S. 42-1-341, 8 avr. 1850, S. 50-1-356 ; — 7 fév. 1853, S. 53-1-284 ; — 13 déc. 1853, S. 54-1-58 ; — 27 juill. 1853, 12524 C., 633 et 733 § 8 R. N., 2274 § 8 I. G., 1817 R. P.; — 17 avr. 1872, 3422 R.P., 2449 § 7 I. G., S. 72-1-194, D. 72-1-324).

Il importe peu que les notes soient signées par un vérificateur (Cass. 24 mai 1875, 4051 R. P.).

2. NULLITÉ. — Dans tous les cas, la partie qui a levé l'expédition d'un jugement en matière d'enregistrement n'est pas recevable à demander l'annulation de ce jugement pour défaut d'énonciation dans l'expédition des points de fait et de droit de la cause et des conclusions des parties (Cass. 1849, 1844 § 9 I. G., S. 49-1-632, 1844-9 I. G., — et 27 juill. 1863, 12524 C., 633 et 733 § 8 R. N., 2274 § 8 I. G., 1817 R. P.).

« Attendu, porte l'arrêt du 27 juillet 1863, que le jugement attaqué renferme, soit dans son préambule, soit dans ses motifs et son dispositif, le point de fait et le point de droit, et toutes les énonciations que doivent contenir les qualités d'un jugement; que, d'ailleurs, l'expédition a été requise et produite par les demandeurs, qui n'ont pas le droit de se prévaloir d'irrégularités qu'ils auraient pu et dû prévenir. »

9809. Motifs. — Le jugement doit être motivé sous peine de nullité; mais il n'a pas besoin de répondre à tous les raisonnements sur lesquels s'est appuyée la prétention qu'il repousse. On ne peut dire, en effet, qu'un tel jugement soit dépourvu de motifs (Cass. 12 juin 1827, 1537-107 I. G.; — 27 mars 1834, 2015 § 3 I. G.; — 29 avr. 1872, 3442 R.P., B. C. 78, S. 72-1-145, D. 72-1-312, P. 72-321 ; — 17 avr. 1872, 3422 R. P., 2449-7 I. G., S. 72-1-194, D. 72-1-324, P. 72-438 ; — 12 juin 1877, 4700 R. P.; — 21 janv. 1878, 4879 R. P. ; — Arg. de cass. 30 janv. 1867, 2357 § 4 I. G., S. 67-1-179, D. 67-1-300).

L'arrêt du 29 avril 1872 porte : « Attendu que, pour repousser l'unique chef des conclusions prises par les demandeurs et tendantes à l'annulation de la contrainte, le tribunal combat dans ses motifs les principaux arguments développés dans leur mémoire et tirés du caractère prétendu de l'acte; qu'il n'avait pas à répondre par des motifs spéciaux à chaque point de leur argumentation. »

Ainsi, le jugement qui statue implicitement sur la validité de la contrainte n'est pas nul pour défaut de motifs. « Attendu qu'en déclarant que le crédit s'était réalisé au profit de la Société de la rive gauche, et en constatant ainsi que cette Société était devenue débitrice du montant du crédit et de ses accessoires, le jugement a implicitement motivé le maintien de la contrainte décernée contre cette Société, puisque, ainsi qu'il vient d'être dit, cette qualité de débitrice suffirait, aux termes du droit, pour ouvrir contre elle, au profit de la Régie, l'action en payement du droit proportionnel » (Cass. 19 janv. 1869, 2876 R. P., 2385-1 I. G., S. 69-1-234, D. 69-1-353, P. 69-535, 19570 J. N., 18757 J. E.).

De même, si un jugement a reconnu l'exigibilité d'un droit de réalisation de crédit, il a repoussé implicitement, par là même, la prétention des parties de ne faire percevoir qu'un droit fixe de 10 francs, par la raison que les crédits étaient garantis par une hypothèque à l'étranger (Cass. 13 nov. 1869, 3036 R. P., 2397 § 3 I. G., B. 195, S. 70-1-134, D. 70-1-340).

De même encore, un jugement qui condamne des adjudicataires au payement du droit en sus pour enregistrement tardif du marché répond suffisamment à leur prétention d'en rendre le secrétaire responsable : « Attendu qu'en validant la contrainte décernée contre eux personnellement, il a suffisamment, quoique d'une manière implicite, motivé le rejet de leur prétention relativement au droit en sus dont le secrétaire de la ville devait, selon eux, dans tous les cas, être seul déclaré responsable » (Cass. 29 avr. 1872, suprà).

1. CONCLUSIONS SUBSIDIAIRES. — Il n'est pas nécessaire de motiver le rejet des conclusions subsidiaires, lorsque les conclusions principales sont accueillies (Cass. 19 nov. 1822, 1537 n° 108 I. G.). Lorsque le jugement, pour repousser les conclusions principales, donne des raisons inconciliables avec l'admission des conclusions subsidiaires, on doit le considérer comme suffisamment motivé (Cass. belge 23 janv. 1864, 1037 R. P.).

Ainsi, il a été jugé que le tribunal qui repousse une demande en annulation de l'expertise n'est pas obligé de répondre en détail à tous les arguments produits contre la validité de l'opération (Cass. 26 nov. 1866, 2390 R. P., 18674 J. N., 18339 J. E., 2356 § 1er I. G., 13206 C., S. 67-1-38, D. 67-1-64).

De même, le jugement qui repousse les conclusions principales tendant à la restitution d'un droit perçu n'a pas besoin de s'expliquer particulièrement sur la demande accessoire relative aux intérêts et aux dépens (Cass. 21 juin 1869, 2970 R. P., 2393-2 I. G., S. 70-1-40, 19702 J. N., 18713 J. E., 2765 Rev.).

Mais si les conclusions subsidiaires sont distinctes des conclusions principales, leur rejet doit être motivé (Cass. 25 juill. 1877, 4752 R. P.).

2. DISPOSITIF. — Il n'y a pas lieu à cassation d'un jugement dont les motifs sont ou erronés ou mal fondés en droit, si, d'ailleurs, le dispositif est conforme à la loi (Cass. 17 oct. 1808 et 24 nov. 1829, 1537 n° 109 I. G.).

« Attendu, porte ce dernier arrêt, que l'erreur des motifs ne peut donner ouverture à la cassation, que lorsqu'elle a entraîné une violation formelle de la loi. »

Spécialement, la C. cass. a décidé, le 14 avril 1807 (1537-110 I. G.), que l'énonciation dans les motifs d'un jugement d'une loi étrangère à la matière ne donne point ouverture à cassation lorsque le dispositif ne présente pas de contravention à la loi qui doit régler cette matière.

9810. Condamnation. — Intérêts moratoires. — Aucun impôt ne peut éprouver d'extension ou de retranchement qu'en vertu d'une loi expresse; le tribunal qui condamne soit l'Administration, soit les redevables, au payement des intérêts, même moratoires, des sommes dont il ordonne la perception ou la restitution, commet un excès de pouvoirs qui donne ouverture à cassation (Cass. 2 flor. an 13, S. 5-2-462; — 17 fév. 1806, 2382 J. E.; — 30 août 1809, 3646 J. E. ; — 8 mai 1810, S. 20-1-491, 3586 J. E. ; — 12 juin 1810, S. 10-1-295; — 23 nov. 1811, S. 13-1-422, 574 I. G. ; 10 mai 1817, P. chr. 335 ; — 28 janv. 1818, S. 18-1-252, 6004 J. E. ; — 23 fév. 1818, 6047 J. E. ; — 31 mars 1819, S. 19-1-353, 6382 J. E. ; — 3 avr. 1822, 7514 J. E. ; — 11 nov. 1822, 1537-111 I. G. ; — 6 nov. 1827, S. 28-1-145, 1236-15 I. G. ; — 30 mars 1830, S. 30-1-131 ; — 31 mai 1836, S. 36-1-467, 1514 I. G. ; — 9 août 1836, 1537-111 I. G.; — 21 janv. 1840, S. 40-1-309, 1618-10 I. G. ; — 16 mars, 1840, S. 40-1-355, 1755-6 I. G. ; — 26 août 1844, S. 44-1-708, 1732-14 I. G. ; — 17 janv. 1854, S. 54-1-282, 2010-7 I. G. ; — 12 mai 1862, 17483 J. E., 17409 J. N., 12236 C., 346 Rev., 2239-3 I. G., 1627 R. P.; — 5 mars 1867, 2439 R. P., S. 67-1-136, D. 67-1-116, 2398-4 I. G., B. C. 54; — 22 nov. 1875, 4290 R. P. ; — 7 fév. 1877, 4591 R. P.).

L'arrêt du 5 mars 1867 porte : « Attendu que l'Administration de l'enregistrement ne peut pas réclamer aux contribuables les intérêts des sommes recouvrées sur eux; que, par une juste réciprocité, elle ne doit pas les intérêts des sommes à restituer par elle; d'où il suit qu'en la condamnant au payement de ces intérêts, le tribunal civil de Mulhouse a violé l'art. 1153 C. C. »

1. DOMMAGES-INTÉRÊTS. — L'Administration ne peut être condamnée à des dommages-intérêts lorsqu'elle réclame des droits qui lui semblent dus (Clermont, 13 fév. 1878, 4904 R. P.).

9811. Condamnation. — Dépens. — Lorsque, dans le cours d'une instance engagée sur la demande d'un droit proportionnel d'enregistrement, les parties ont offert et ont demandé acte de leurs offres de payer un droit moins élevé, le tribunal, qui les condamne à ce payement, peut, sans contravention à l'art. 130 C. proc., mettre les frais de l'instance à la charge de l'Administration (Cass. 1er fév. 1832) : « Attendu que les époux Gendron, en formant opposition à la contrainte décernée par le préposé de la Régie de l'enregistrement, ont demandé acte de leurs offres de payer le droit proportionnel auquel ils ont été condamnés et qu'ainsi il n'est pas exact de dire qu'ils ont succombé sous ce rapport, ce qui repousse le reproche de ladite violation de l'art. 130 C. proc. » (1537 n° 112 I. G.).

1. CONDAMNATION PARTIELLE. — Lorsque l'Administration succombe dans une partie de ses prétentions, elle peut être condamnée à une partie des dépens, spécialement dans le cas où la somme réclamée pour supplément de droits résultant des omissions commises dans une déclaration de succession est considérablement réduite par le jugement (Cass. 31 déc. 1823, 1537 n° 113 I. G.).

Il en serait autrement en général, si la partie n'avait fait aucune offre à l'Administration au cours de l'instance, puisque son refus absolu rendait indispensable la décision judiciaire (La Roche-sur-Yon 17 août 1859, 1346 R. P., 11857 C.).

2. MINISTÈRE D'AVOUÉ. — Si les parties emploient le ministère d'un avoué, les frais qui en résultent ne doivent

pas être compris dans la liquidation des dépens de l'instance (Cass. 26 mars 1827, 1219 § 9 et 1537-114 I. G.). — *V.* 9767.

3. SOLIDARITÉ. — Si la contrainte n'a été décernée que contre l'un des débiteurs solidaires, la condamnation ne peut pas être prononcée contre les autres (Nancy 15 déc. 1869, 3263 R.P.; — Seine 21 août 1869, 3094 R. P.; — Charleville 27 nov. 1873, 3765 R. P.).

De même, quand deux sociétés sont condamnées par le même jugement au payement de droits dus séparément par chacune d'elles, elles ne sont pas tenues solidairement des frais (Cass. 15 déc. 1869, 3064 R.P., 2398-6 I.G., B. C. 226, S. 70-1-177, D. 70-1-410). — *V.* 9709-4.

CHAPITRE VII. — DE L'EXÉCUTION DES JUGEMENTS

[9812-9832]

SECTION PREMIÈRE. — DISPOSITIONS GÉNÉRALES

[9812-9821]

9812. Avis à l'Administration. — Conformément aux nᵒˢ 389, 1284 et 1427 I.G., les receveurs des actes judiciaires de la résidence du tribunal doivent informer le directeur des jugements aussitôt qu'ils sont rendus. Il importe donc que ces receveurs soient instruits par le directeur de toutes les instances engagées devant le tribunal de leur résidence et qu'ils se concertent avec les greffiers pour avoir connaissance des jugements le jour même de la prononciation. Le directeur donne avis du jugement à l'Administration. Dans les vingt-quatre heures de l'enregistrement des jugements, les mêmes receveurs adressent au directeur copie des motifs et du dispositif; si le jugement est contraire à l'Administration, ils joignent à la copie le dossier de l'instance, qu'ils ont retiré du greffe. L'enregistrement est émargé de la date de cet envoi. *Dans tous les cas, une copie entière du jugement doit être transmise en double à l'Administration.* Lorsqu'il est entièrement conforme aux conclusions du directeur, celui-ci rédige sur-le-champ l'exposé des points de fait et de droit ci-dessus prescrit; il fait lever une expédition du jugement et donne des ordres pour l'exécution. Si les conclusions prises au nom de l'Administration ont été rejetées ou n'ont été admises qu'en partie, le directeur lui fait un rapport dans lequel il examine et discute les divers motifs du jugement et émet son avis sur les moyens de pourvoi en cassation. Il adresse, avec ce rapport, le dossier de l'instance, après s'être assuré que tous les actes et pièces cités, soit dans le jugement, soit dans les mémoires de l'Administration et des parties, y sont compris en originaux, expéditions ou copies.

En même temps que la copie du jugement, le directeur doit adresser à l'Administration une notice sommaire de l'affaire contenant l'exposé des faits suivi de la transcription entière du jugement (Circ. 19 janv. 1865).

9813. Mode d'exécution. — 1. JUGEMENT FAVORABLE. — En ce qui concerne les jugements rendus au profit de l'Administration, le directeur transmet au receveur du domicile des redevables l'expédition qu'il a fait lever. Le receveur adresse un avertissement aux parties pour le payement des condamnations en principal et frais; à défaut de payement dans le délai déterminé, il fait signifier le jugement avec commandement d'y satisfaire, et en poursuit l'exécution par les voies de droit. Si, à raison de l'importance des condamnations ou de la position du redevable, il y avait lieu de prendre inscription, elle pourrait être requise avant même la signification du jugement. Le receveur informe le directeur du recouvrement aussitôt qu'il est effectué; celui-ci en donne avis à l'Administration.

2. JUGEMENT MIXTE. — Quand les conclusions prises n'ont été admises qu'en partie par le jugement, il faut attendre l'autorisation de l'Administration pour en provoquer l'exécution; on doit même jusque-là s'abstenir de faire signifier le jugement. Cependant, si le montant des condamnations prononcées en faveur de l'Administration était offert par la partie, le receveur pourrait le recevoir, mais sous toutes réserves de se pourvoir en cassation à raison des dispositions qui auraient réduit ou modifié la demande de l'Administration, ou qui l'auraient condamnée sur quelque point. Ces réserves seraient insérées dans la quittance délivrée à la partie; elles devraient l'être également dans les actes conservatoires que des circonstances particulières pourraient rendre nécessaires (389 et 606 § 1ᵉʳ nᵒ 3 et § 2 nᵒ 9 I. G.).

3. JUGEMENT CONTRAIRE. — A l'égard des jugements qui sont entièrement contraires à la demande de l'Administration, si, sur le rapport du directeur, l'exécution en est autorisée, celui-ci fait payer le montant des condamnations, selon les formes ordinaires de la comptabilité; si l'Administration décide que le jugement sera déféré à la Cour de cassation, ce pourvoi n'étant pas suspensif, le payement des condamnations doit également être effectué, lorsque la partie l'exige; mais, dans ce cas, elle doit, préalablement à tout payement, fournir bonne et suffisante caution pour sûreté des sommes que lui adjuge le jugement, conformément au Déc. 16 juillet 1793 (Circ. de la Régie nᵒ 441, 389 I. G.).

9814. Offres réelles. — La disposition de l'art. 64 L. 22 frimaire an 7, portant que l'exécution de la contrainte ne peut être arrêtée que par une opposition avec assignation devant le tribunal civil, ne s'applique qu'aux poursuites antérieures au jugement qui, sur l'opposition des parties, les condamne au payement des droits. L'exécution de ce jugement rentre dans les voies ordinaires de la procédure et peut être arrêtée par les offres réelles faites dans les formes prescrites par l'art. 1258 C. C. et par les art. 812 et suiv. C. proc. (Cass. 9 août 1832, 1537-117 I. G.).

Cet arrêt porte : « Sur le moyen résultant de la contravention à l'art. 64 L. 22 frimaire an 7 : attendu que cet article avait reçu, dans l'espèce, toute son application, les premières poursuites ayant été exercées par voie de contrainte, suivies d'opposition, citation, jugement dans les formes spéciales prescrites par ledit article; que les poursuites relatives à l'exécution du premier jugement rentraient sous l'empire des lois générales, et qu'en faisant l'application de ces lois à l'instance d'exécution, le jugement attaqué n'avait aucunement contrevenu au dit art. 64 L. frimaire » (7824 J.N., 1537-117 I.G.).

9815. Inscription hypothécaire. — L'art. 2123 C. C., qui accorde l'hypothèque aux créances résultant de condamnations, est applicable également aux condamnations prononcées en faveur de l'Administration (Cass. 16 mars 1858) : « Attendu, porte cet arrêt, qu'un jugement qui, rejetant l'opposition d'un redevable à une contrainte en payement de droits d'enregistrement, ordonne l'exécution de cette contrainte jusqu'à concurrence d'une somme déterminée et condamne l'opposant aux dépens, constitue, lorsqu'il a acquis l'autorité de la chose jugée, en faveur de l'Administration de l'enregistrement, non-seulement pour les dépens, mais aussi pour la créance principale, dont ils sont l'accessoire, un titre nouveau qui lui confère les droits et actions résultant de tout jugement de condamnation au profit de la partie qui l'a obtenu ; qu'ainsi, en lui attribuant le droit à une hypothèque judiciaire pour sûreté d'une créance auparavant dépourvue de toute garantie de cette nature, il lui donne en même temps pour l'exécuter, et à partir des condamnations obtenues, une action qui, comme toutes celles dont la durée n'est pas limitée par une disposition spéciale de la loi, reste sous l'empire de la règle générale formulée en l'art. 2262 C. C. et se prescrit par trente ans seulement » (11253 C., 16721 J. E., 2137 § 11 I. G., 976 et 994 R. P., S. 25-1-132).

1. SIGNIFICATION DU JUGEMENT. — Cette hypothèque n'est point subordonnée à la signification des jugements. En conséquence, l'Administration peut, en vertu du jugement portant condamnation pour droits d'enregistrement, prendre inscription sur les immeubles de son débiteur, sans qu'on puisse lui opposer, lors même que le jugement serait par défaut, l'art. 155 C. proc., qui ne permet d'exécuter les jugements par défaut qu'après les avoir signifiés. L'inscription hypothécaire est une mesure purement conservatoire qui ne peut par elle-même être considérée comme un acte d'exécution (Cass. 29 nov. 1824, 1156 § 14 I. G., S. 25-1-132).

9816. Saisie-arrêt sur l'Administration. — Les fonds de l'État ne peuvent jamais être saisis dans les caisses publiques à la requête de ses créanciers. Le jugement qui autorise un particulier à former une saisie-arrêt entre les mains d'un receveur de l'Administration, pour le payement de condamnation en matière d'enregistrement, est susceptible d'être annulé pour excès de pouvoir et contravention à la loi du 24 août 1790 et à l'arrêté du gouvernement du 18 fructidor an 8 (Cass. 31 mars 1819) : « Attendu, porte cet arrêt, que la loi du 24 août 1790 art. 13 titre 2 et l'art. 5 de l'arrêté du 18 fructidor an 8 interdisent expressément à toute autorité civile et militaire de disposer, sous quelque prétexte que ce soit, des deniers déposés dans les caisses publiques ; que, si les art. 561 et 569 C. proc. parlent de saisies-arrêts à exercer dans les mains des receveurs des deniers publics, cela ne doit s'entendre que des saisies faites par des particuliers envers lesquels le fisc est redevable, et à l'égard seulement des deniers appartenant à ces particuliers ; mais que les deniers appartenant au fisc ne peuvent jamais être saisis dans les

caisses publiques à la requête de ses créanciers, sauf à ceux-ci à se pourvoir administrativement pour obtenir le payement de leurs créances » (1537 n° 123 I. G., S. 19-1 353).

9817. Acquiescement. — 1. RESTITUTION. — Le pourvoi en cassation n'étant pas suspensif, la partie peut demander immédiatement l'exécution du jugement et l'Administration ne peut se refuser au payement des sommes auxquelles elle a été condamnée en principal et frais. Cette exécution provisoire n'emporte donc pas acquiescement. C'est ainsi que l'Administration n'est point censée avoir acquiescé à un jugement par la restitution des droits que le receveur a effectuée, même sans réserve ni protestation, en vertu de ce jugement signifié avec sommation d'y satisfaire (Cass. 21 germ. an 12, S. 8-1-135 ; — 16 fév. 1813, P. chr. 138, 4458 J. E., — et 31 mars 1819, S. 19-1-353, 389 et 1537 n° 119 I. G.).

2. SIGNIFICATION AVEC COMMANDEMENT. — Mais si le jugement a été signifié à la requête de l'Administration, avec sommation à la partie adverse de l'exécuter, cette signification peut être considérée comme un acquiescement (Cass. 25 déc. 1807, 1537 n° 120 I. G., S. 8-1-136).

Il en est de même de la signification, faite avec commandement d'exécuter, d'un jugement prononçant plusieurs dispositions, les unes au profit de l'Administration, les autres contre elle, quoiqu'il soit dit dans l'exploit : *Il est fait pour la requérante* (l'Administration) *toutes réserves utiles et nécessaires* (Cass. 23 déc. 1806, 389 et 1537-121 I. G.).

3. RÉSERVES. — Cependant l'Administration, en provoquant l'exécution d'un jugement interlocutoire qui a ordonné la preuve testimoniale, relativement à l'existence d'un bail courant au jour du décès, n'est pas censée y avoir acquiescé si elle n'a fait signifier ce jugement que sous réserve de ses droits (Cass. 21 janv. 1812, S. 12-1-184, 4130 J. E., 1537 n° 122 I. G.).

4. AVERTISSEMENT. — Lorsque les parties, déboutées par un jugement de leur opposition à une contrainte, acquittent, après un avertissement donné pour éviter les poursuites, le montant des condamnations prononcées contre elles, ce payement, même fait sans réserve, ne constitue pas un acquiescement les rendant non recevables à se pourvoir en cassation (Cass. 4 déc. 1871, 3375 R. P., 2447-2 I. G., B.C. 48, S. 71-1-245, D. 71-1-339).

Il en est de même du payement fait sur commandement (Cass. 9 déc. 1874, 4161 R. P.).

9818. Cautionnement. — Lorsque l'Administration est condamnée et que la partie requiert le payement du montant de la condamnation, comme le pourvoi n'est pas suspensif (V. 9850), l'Administration est tenue de déférer à sa demande, mais elle est fondée à exiger une bonne et suffisante caution pour la sûreté des sommes qui lui sont adjugées et lui seront remises (Déc. 16 juill. 1793, 389 et 1537 sect. 3 n° 5 I. G.).

Il en est pas de même si c'est l'Administration qui poursuit l'exécution provisoire des jugements rendus à son profit ; elle n'est astreinte à aucun cautionnement (D. m. t. et j. 8 prair. an 6, Circ. de la Régie n° 1296).

9819. Payement des frais. — D'après l'art. 65 L. du 22 frimaire an 7, il n'y a pas d'autres frais à supporter pour la partie qui succombe dans les instances en matière de perception que ceux du papier timbré, des significations et du droit d'enregistrement des jugements. Si, suivant la faculté qui lui est laissée par l'art. 17 L. 27 ventôse an 9, l'adversaire de l'Administration a employé le ministère d'un avoué, les frais extraordinaires qui peuvent en être la conséquence, n'étant pas nécessaires et forcés, restent à sa charge.

Les directeurs ne doivent donc pas négliger de vérifier les liquidations des dépens à la charge de l'Administration ; dans les cas où elles comprendraient d'autres frais que ceux dont la loi spéciale autorise l'allocation, ils s'empresseraient de former opposition à l'exécutoire ou au jugement quant au chef de la liquidation, dans les trois jours de la signification, conformément à l'art. 6 Déc. 16 février 1807. L'instance engagée par cette opposition est instruite et jugée suivant le mode établi par l'art. 65 L. 22 frimaire an 7 et l'art. 17 L. 27 ventôse an 9 (Cass. 23 août 1830, S. 30-1-376, 1347 § 16 I. G.).

Lorsque l'adversaire de l'Administration a été condamné aux dépens, le directeur établit lui-même, ou fait établir au vu des pièces par le receveur de l'enregistrement près le tribunal, l'état des frais qui doivent être compris dans la liquidation. Cet état est remis au greffe avec l'exposé des points de fait et de droit, dont la rédaction est prescrite ci-dessus. (1537 sect. 3 n° 4 I. G.).

9820. Remise des pièces. — Lorsque les receveurs acquittent le montant des condamnations prononcées contre l'Administration par un jugement susceptible de pourvoi, il avait été d'abord décidé qu'ils doivent se faire remettre comme pièces justificatives de la liquidation des dépens les actes de procédure et l'expédition du jugement délivrée à la partie, sauf à lui rendre plus tard ces pièces, sous récépissé si elle en avait besoin devant la Cour de cassation (1219 § 10 I. G., Circ. de compt. n° 24). — Mais il a été reconnu depuis que les parties ne sont pas astreintes à remettre les pièces de la procédure pour obtenir le payement des condamnations prononcées à leur profit (A. Cons. d'Ét. 31 juill. 1844, Déc. 24 oct. 1844 ; — Cass. 5 nov. 1845).

9821. Étranger. — Recouvrement des impôts. — On ne peut poursuivre en France le recouvrement des impôts dus à un gouvernement étranger par un Français ou par un étranger, même en vertu d'un jugement étranger, « attendu qu'il est contraire au droit public et à l'intérêt français que les biens meubles ou immeubles situés en France soient soumis à des impôts autres que ceux qui sont nécessaires au maintien et à la prospérité de l'État » (Seine 16 mars 1864, tab. de 1864 R. P.).

SECTION 2. — DE L'OPPOSITION AUX JUGEMENTS PAR DÉFAUT

[9822-9827]

9822. Droit commun. — La disposition de l'art. 65 L. 22 frimaire an 7, portant que les jugements en matière d'enregistrement seront sans appel, et ne pourront être attaqués que par la voie de cassation, a seulement eu pour objet de déterminer qu'il n'y aurait qu'un seul degré de juridiction mais cet article n'interdit point la voie de l'opposition contre les jugements par défaut. La loi spéciale ne contient à cet égard aucune dérogation au droit commun (Cass. 4 mars 1807, S. 7-2-88 ; — 24 fév. 1808, C. A. 1992 ; — 17 juill. 1811, S. 11-1-364 ; — 11 mars 1812, S. 12-1-255 ; — et 8 juin 1812, 4248 J.E., 606 § 2 n° 10-1 et 1537-165 I. G.).

« Attendu, porte ce dernier arrêt, que la disposition de l'art. 65 L. 22 frimaire an 7, en décidant que les jugements rendus en matière d'enregistrement seront sans appel et ne pourront être attaqués que par la voie de la cassation, n'a eu pour objet de déterminer qu'il n'y aurait qu'un seul degré de juridiction ; qu'on ne peut pas appliquer aux jugements rendus dans cette forme l'art. 113 C. proc. ; qu'au contraire, c'est dans l'art. 158 du même code qu'on doit puiser les règles qui fixent les délais de l'opposition ; qu'il suit de là que l'opposition était recevable contre le jugement du 30 novembre 1809, et l'était avant l'exécution de ce jugement. »

Cependant, plusieurs tribunaux, notamment ceux de Marmande, le 8 mars 1865 (12997 C.), de la Seine les 30 août, 22 novembre et 27 décembre 1838 (12147, 12201 et 12277 C.) et de Lyon le 28 décembre 1861 (12255 C., 17566 J. N., 1665 R. P.) se sont rangés à l'opinion contraire. Leur doctrine se fonde sur l'art. 113 C. proc. pour déclarer que le jugement n'est pas susceptible d'opposition.

Nous ne pouvons adhérer à cette manière de voir.

« La disposition de l'art. 113, dit très-bien Carré (*Lois de procédure* 113, 481), suppose que l'instruction par écrit a été ordonnée contradictoirement et c'est par ce motif que l'opposition au jugement qui intervient sur la production d'une seule des parties n'est pas admise. En effet, comme le remarque M. Lepage (*Quest.* t. 1er p. 129), l'opposition n'a lieu que contre les jugements par défaut ; or, une partie avec laquelle l'instruction par écrit a été ordonnée contradictoirement n'est pas défaillante ; si elle ne produit pas, c'est qu'elle consent à être jugée sur la production de son adversaire. Mais ce consentement ne peut être présumé de la part de celui qui n'a point comparu, et le jugement rendu contre lui ne peut être considéré que comme un jugement par défaut, contre lequel l'opposition est ouverte suivant les art. 156 et suiv. qui forment le droit commun » (*Conf.* : Merlin Rép. v° *Opposition à jugement* § 3 art. 1er).

Dans la procédure spéciale introduite par la loi du 22 frimaire an 7, les parties n'ont qu'une manière de comparaître, la signification d'un mémoire présentant leurs moyens de défense ou une opposition motivée en tenant lieu. Autrement le jugement est rendu par défaut. Telle est l'opinion de

Pigeau (t. 1ᵉʳ p. 264) et de Chauveau (*Lois de la procédure* art. 113 nº 482 *bis*). « En matière d'enregistrement,
dit Chauveau, l'instruction par écrit étant ordonnée directement par la loi et sans jugement préalable, la partie qui
ne produit pas doit être assimilée à celle qui ne comparaîtrait
pas à l'audience sur une citation en matière ordinaire. Elle
serait donc censée n'avoir pas été avertie, et, par conséquent,
en vertu des principes du droit commun, admise à former
opposition. »

Cette opinion a reçu la consécration de la jurisprudence
(Cass. 17 juill. 1811, 606 § 2 I.G., 4043 J.E., S. 11-
1-364; — 8 juin 1812, 1537 nº 126 I.G., 4248 J.E.; — Tarascon 5 mai 1865, 17991 J.E.; — Cass. 11 mars 1812,
S. 12-1-255, 4140 J.E.; — Rouen 8 déc. 1832, 15905 J.E.).

Voici quels sont les considérants de l'arrêt du 17 juillet
1811 : « Attendu que si les jugements rendus en matière d'enregistrement sont assujettis à des formes particulières réglées
par l'art. 65 L. 22 frimaire an 7, il ne s'ensuit pas que ces
jugements ne puissent être attaqués par la voie de l'opposition lorsqu'ils ont été rendus par défaut et sur la seule production du mémoire et des pièces d'une partie ; que la disposition dudit art. 65, qui porte que les jugements seront
sans appel et ne pourront être attaqués que par la voie de
cassation, n'a eu pour objet que de déterminer qu'il n'y
aurait qu'un seul degré de juridiction ; qu'on ne peut appliquer aux jugements rendus dans cette forme l'art. 113 C.
proc., qui ne concerne que les jugements rendus sur délibéré
ou sur vu des pièces et après l'instruction prescrite dans le
tit. 6, loi 2, part. 1ʳᵉ, du même code. » — V. 10011.

Si une des parties fait défaut alors que les autres comparaissent, il y a lieu de réassigner le défaillant, en exécution de
l'art. 153 du code de procédure (Pont-Audemer, 27 juin 1876,
4641 R.P.). — V. 9766.

9823. Jugement contradictoire. — De ce qui
précède, il résulte que le jugement n'est susceptible d'opposition, comme rendu par défaut, que quand la défense de
chacune des parties en cause ne s'est produite devant le
tribunal dans la forme spéciale prescrite par la loi du
22 frimaire an 7. Hors de là le jugement est contradictoire.

9824. Défense de l'Administration. — Quand
l'Administration est assignée en restitution, sa défense ne
peut résulter que de la signification d'un mémoire.

Mais quand elle est défenderesse sur opposition contrainte,
la contrainte, motivée, équivaut au mémoire prescrit par
l'art. 65 L. 22 frimaire an 7.

1. MÉMOIRE EN RÉPLIQUE. — En tous cas, quand le
premier mémoire est signifié, l'Administration se trouve
régulièrement présente au procès et le jugement est contradictoire. Il en serait ainsi alors même qu'elle n'aurait pas, par
une demande de délai, manifesté son intention de répliquer
à la réponse de la partie (Cass. 13 fév. 1815, 5105 J.E.,
1537 nº 131 I.G.).

Par identité de motifs, la production tardive d'un second
mémoire n'empêcherait pas le jugement d'être contradictoire. — V. 9825-3.

2. DÉPÔT DES PIÈCES AU GREFFE AVANT LE JUGE-
MENT. — Lorsque l'Administration a fait déposer au greffe
sa défense et les pièces à l'appui, plusieurs jours avant le
jugement, le tribunal ne peut prononcer par défaut contre

elle, en s'autorisant d'un règlement relatif au service des
audiences, et d'après lequel les préposés auraient dû remettre eux-mêmes les pièces au juge rapporteur. Ce règlement,
quand même il aurait reçu l'approbation du gouvernement,
ne pourrait prévaloir sur les dispositions des lois spéciales qui
règlent le mode de procéder dans les instances en matière de
perception (Cass. 24 déc. 1822, 1537 nº 130 I.G.).

3. AUDITION DU MINISTÈRE PUBLIC. — Un jugement
rendu contre l'Administration sans qu'elle ait fait signifier de
mémoire ne peut être réputé contradictoire par cela seul que
le procureur de la République a été entendu ; ce magistrat
n'est pas le défenseur nécessaire des intérêts de l'Administration, mais le défenseur naturel de la loi (Cass. 11 mars
1812, S. 12-1-255, 1537-130 I.G.).

9825. Défense de la partie. — 1. ASSIGNATION
MOTIVÉE. — L'opposition à une contrainte, lorsqu'elle est
motivée, contient par cela même la défense du redevable à
la demande formée contre lui. En conséquence, le jugement
qui statue sur cette opposition doit être considéré comme contradictoire, et ne peut être attaqué que par voie de cassation
lors même qu'il a été qualifié par défaut (Cass. 24 avr. 1822) :
« Attendu, porte cet arrêt, sur le premier moyen, que l'opposition à une contrainte de la Régie devant, aux termes de
l'art. 65 L. 22 frimaire an 7, être motivée, contient, par cela
même, la défense plus ou moins étendue du redevable à la
demande formée contre lui, défense à laquelle il lui est loisible de donner, soit dans l'acte d'opposition même, soit dans
des mémoires ultérieurs, tous les développements qu'il juge
convenables ; qu'on ne peut pas dire que, dans cet état, l'opposant qui a motivé son opposition soit jugé sans être entendu ; qu'ainsi le jugement qui intervient contre lui doit être
réputé contradictoire et ne peut être attaqué par la voie de
l'opposition (S. 23-1-33, 1537-129 I.G.). »

La même doctrine résulte d'un autre arrêt du 24 août 1835
ainsi conçu : « Attendu que l'opposition à une contrainte
décernée par la Régie de l'enregistrement, contient, par cela
même qu'elle est motivée, la défense du redevable ; que
l'opposition formée par le sieur Charlet à la contrainte dont
il s'agit contenait des motifs auxquels la Régie a répondu, en
concluant à ce que Charlet fût débouté de son opposition ;
que peu importe que ce dernier n'ait pas usé de la faculté
qu'il avait de répliquer et de donner, dans un mémoire, plus
de développements à ses moyens de défense qu'énonçait son
opposition ; que le jugement du 16 juillet 1832, qui, en cet
état, a statué sur les dires et conclusions des parties, n'en
était pas moins, quoique qualifié par défaut, un jugement
véritablement contradictoire. » (P. chr., 1504 § 13 I.G.,
S. 35-1-682, 11297 J.E.).

C'est aussi ce que décide un arrêt plus récent du 14 juin
1864 : « Attendu, porte cet arrêt, que, par l'assignation
motivée de la demanderesse et par le mémoire en réponse
signifié par la Régie, la cause était en état de recevoir
jugement contradictoire » (2288 § 2 I.G., S. 64-1-296; —
Conf. : Cass. 21 avr. 1846, S. 46-1-393, 1767-10 I.G.; —
Toulouse 12 déc. 1858; — Reims 19 juin 1861, 17371 J.E.;
— Seine 14 déc. 1867, 2667 R.P.; — Louvain 13 janv. 1868,
10561 J.E. belge; — Quimperlé, 22 avr. 1872, 3876 R.P.;
— Périgueux, 17 juill. 1873).

Il en serait de même bien que le jugement soit qualifié par
défaut (Cass. 25 janv. 1876, 4313 R.P.).

2. ASSIGNATION NON MOTIVÉE. — Le tribunal de Mar-

seille a décidé, le 19 février 1858 (11338 C., 989 R.P.), que, si l'opposition motivée suffit pour rendre le jugement contradictoire, il n'en est plus de même lorsque l'opposition irrégulière pour défaut de motifs ne présente pas d'une manière sérieuse la défense du redevable.

Nous ne partageons pas cette manière de voir. Il nous semble, comme l'a jugé le tribunal de Romorantin, le 4 décembre 1858 (16878 J.E., 11569 C., 1184 R.P.), que l'opposition engage l'instance et que la partie, étant, par cet acte, présente et concluante, est censée avoir renoncé à produire les moyens justificatifs de sa demande.

3. MÉMOIRE EN RÉPLIQUE. — Puisque l'opposition de la partie suffit pour rendre le jugement contradictoire, il est bien évident que le défaut de signification ou la signification tardive d'un mémoire en réponse à l'Administration ne peut faire que le jugement soit par défaut. — V. 9834-1.

9826. Délai. — Quant au délai dans lequel la voie de l'opposition est ouverte, il faut prendre pour règle l'art. 151 C. proc., portant que l'opposition est recevable jusqu'à l'exécution du jugement, s'il a été rendu contre une partie qui n'a pas d'avoué. Ainsi peut être admise l'opposition faite après la signification du jugement par défaut, mais avant qu'il ait été mis à exécution par l'un ou l'autre des modes indiqués à l'art. 159 C. proc. (Cass. 8 juin 1812, 1537-125 I.G., 4248 J.E.).

9827. Rétractation. — La rétractation d'un jugement par défaut, prononcée sur l'opposition de quelques-unes des parties, notamment en matière de droits de succession, sur celle de certains héritiers, à raison d'intérêts distincts, ne profite qu'aux opposants (Cass. 6 mai 1824, 1146 § 18 I.G.).

SECTION 3. — TIERCE OPPOSITION

[9828 - 9829]

9828. Voie légale. — Lorsqu'un jugement, dont l'Administration est fondée à se plaindre, n'a point été rendu avec elle, elle doit l'attaquer par tierce-opposition et non par le recours en cassation (Cass. 23 juin 1807, 1537 n° 133 I.G.).

Les directeurs ne doivent y avoir recours que d'après un ordre spécial de l'Administration pour chaque affaire (606 § 2 n° 10-3° I.G.).

9829. Mutation d'immeubles. — Saisie-brandon. — Le jugement qui adjuge la demande des droits d'une mutation résultant de l'inscription au rôle, et pour l'exécution duquel il a été fait des saisies-brandon sur les immeubles objet de la mutation présumée, peut être attaqué par voie de tierce-opposition, de la part de l'ancien propriétaire (Cass. 13 fév. 1815, 1537 n° 134 I.G.).

9829 bis. Intervention. — Celui qui est reçu intervenant dans une instance n'est point par cela seul et nécessairement autorisé à former une opposition à un jugement rendu dans la même instance. Celui qui intervient, par exemple, pour prendre fait et cause pour une partie, peut être considéré comme le représentant de cette partie et être par suite déclaré non recevable dans son opposition (Cass. 29 déc. 1841, S. 42-1-252, 12911 J.E.).

SECTION 4. — REQUÊTE CIVILE

[9830 - 9832]

9830. Voie légale. — Droit commun. — La voie de la requête civile est admissible contre toute espèce de jugement sans exception, conséquemment contre ceux qui concernent la perception (Cass. 14 mai 1811, 606 § 2 n° 10-3° I.G., S. 11-1-236, 3922 J.E.).

1. INTERPRÉTATION. — Mais cette voie extraordinaire de recours n'est pas applicable quand le jugement manque seulement de clarté ou de précision. Dans ce cas, il y a lieu d'en référer au tribunal lui-même par voie d'interprétation (Cass. 8 mai 1834) : « Attendu, porte cet arrêt, que si ce jugement ne prononçait pas d'une manière assez explicite la condamnation de Delabrousse au payement des droits dont l'exigibilité était la conséquence forcée de l'homologation du rapport des experts et de la condamnation de l'acquéreur aux frais, il y avait lieu, pour la Régie, de recourir non à la voie de la requête civile, mais à une simple demande en interprétation, pour faire préciser sur ce qu'il pouvait y avoir d'incomplet dans la rédaction de ce jugement, dont le sens et la portée étaient d'ailleurs fixés par la loi » (2019-5 I.G. S. 54-1-636, P. 54-2-312).

2. FORME. — L'instance doit être jugée suivant les mêmes formes que le jugement attaqué notamment sans plaidoiries (Cass. 11 juill. 1822, 1537-137 I.G., 7458 J.E. ; — Contrà Cass. 30 août 1809, S. 9-1-426, 3392 J.E.).

9831. Consultation d'avocats. — L'Administration n'est point affranchie de l'obligation de faire signifier, en tête de sa demande, une consultation de trois avocats qui énonce les ouvertures de la requête civile, conformément à l'art. 495 C. proc. (Cass. 30 août 1809, 606 § 2 n° 10-3° I.G., S. 9-1-426, 3392 J.E.).

9832. Condamnation ultra petita. — La condamnation ultra petita cesse d'être uniquement un moyen de requête civile, et devient un moyen de cassation, lorsque la loi s'opposait à la condamnation, notamment dans le cas d'allocation par le jugement d'intérêts moratoires des droits dont la perception ou la restitution est ordonnée (Cass. 10 juin 1810 et 11 déc. 1820, 1537 n° 138 I.G.).

1. RESTITUTION NON DEMANDÉE. — Le jugement qui

accorde une restitution non demandée statue *ultra petita* (Cass. 11 déc. 1820, *arrêt rapporté* n° 1794).

CHAPITRE VIII. — DU POURVOI EN CASSATION

[9833-9878]

SECTION PREMIÈRE. — RÈGLES GÉNÉRALES

[9833-9852]

9833. Contrôle de la Cour de cassation. — Les jugements rendus en matière d'enregistrement ne peuvent pas être attaqués par la voie de l'appel[1] (C. Grenoble, 16 nov. 1876).

« Les lois de 1790 et 1791 et toutes celles qui les ont suivies dans cette matière, particulièrement l'art. 65 L. 22 frimaire an 7, veulent que « les tribunaux d'arrondissement connaissent, sans appel, de toutes les instances auxquelles la perception des droits attribués à la Régie d'enregistrement peut donner lieu. » — Cette loi veut que l'on ne puisse se pourvoir qu'en cassation dans les matières dont il s'agit (Cass. 1ᵉʳ brum. an 13).

C'est donc directement à la Cour de cassation qu'il faut déférer les jugements de l'espèce.

Dans quelles limites la Cour exerce-t-elle son droit de révision?

Les tribunaux ont, en droit commun, le pouvoir souverain de vérifier les actes et de constater les faits : ils sont exclusivement les maîtres d'admettre ou de repousser les présomptions simples de l'art. 1353, C. C. — Sur ces divers points, la Cour suprême est forcée de suivre leur opinion. Comme elle a seulement charge d'assurer le respect de la loi, elle se borne à examiner si, en tenant pour certains les faits établis par le tribunal, sa sentence contient une violation des textes. Ainsi, pour prendre un exemple souvent proposé, un tribunal peut décider souverainement, en matière civile, qu'une transaction est une véritable vente parce que les difficultés qui la motivent ne sont pas sérieuses.

Le contrôle de la Cour est plus étendu sur les questions d'enregistrement. Quoique la limite n'en soit pas parfaite-

ment déterminée dans la jurisprudence, il est néanmoins certain que l'appréciation des faits ne lui demeure pas étrangère. Et, pour continuer notre exemple, elle aurait ici le droit d'examiner si réellement les prétendues difficultés de la transaction étaient trop peu sérieuses pour produire un pareil contrat.

C'est en vertu de ce pouvoir exceptionnel que la Cour a déclaré qu'il y avait vente là où les tribunaux voyaient un partage (Cass. 19 nov. 1834) ; réserve de superficie où ils trouvaient un usufruit ordinaire (Cass. 24 juin 1820) ; vente dans ce qu'ils croyaient être une simple réserve de privilège (Cass. 4 août 1835) ; etc..., etc... — V. *Convention*.

Il en est de même à l'égard des faits qui constituent la preuve de la mutation secrète, et la Cour peut les apprécier autrement que le tribunal afin d'en déduire ou non l'exigibilité du droit. — V. *Mutation*.

Cette différence n'est écrite nulle part dans les textes. Merlin a hésité avant de l'admettre et d'en trouver le motif. Impressionné par les traditions du droit féodal, il décide d'abord qu'en matière fiscale le *simple mal jugé* doit être toujours un moyen de cassation (v° *Enreg.* n° 14). Puis, revenant à un sentiment contraire, il enseigne qu'il ne faut pas distinguer entre les contestations intéressant le Trésor et les particuliers, dans les dispositions qui déterminent les ouvertures à cassation (v° *Cass.* § 48).

La vérité était entre les deux extrêmes : l'illustre magistrat finit par l'apercevoir, et il l'a précisée dans les termes suivants : « Quelque étendu, dit-il, que soit sur les points de fait, le pouvoir des tribunaux qui jugent en dernier ressort, il ne va pas cependant en matière fiscale jusqu'à les autoriser à mettre en avant des faits dont la fausseté est constatée, soit à nier des faits dont la preuve est sous leurs yeux. Autrement il n'y a point de loi fiscale que les tribunaux ne pussent violer ou appliquer à faux impunément, puisqu'ils n'auraient besoin pour cela que d'écarter les faits qui obligeraient à l'application de cette loi, ou d'imaginer des faits auxquels serait applicable telle loi qui pourtant est étrangère à l'objet de la contestation » (v° *Enreg.* 4° édit. p. 479).

Voilà la véritable raison. Chargée de maintenir l'uniformité dans la jurisprudence, la Cour devait pouvoir entrer dans l'appréciation des faits, afin d'arrêter utilement la divergence des tribunaux et de sauver la législation fiscale de la confusion dans laquelle l'auraient promptement jetée les tendances contraires à l'impôt. « Ici, d'ailleurs, ajoute M. Tarbé, à la différence des contrats privés, la fausse interprétation est toujours une violation d'un texte formel et positif, car elle tend à soustraire à l'exigence d'un droit un contrat que la loi a qualifié pour l'y soumettre. Et la cour ne donnerait pas force à la loi si elle abandonnait aux tribunaux le soin de rechercher cette qualification légale des actes et des contrats » (V. l'*Inst.* 1537 n° 139).

Lors donc que les tribunaux statuent sur des points de fait ou sur des présomptions simples, il faut que leur décision indique, autant que le comporte l'instance, les bases de leur appréciation. Dans les cas où ce résultat n'est pas possible, quand, par exemple, la conviction des magistrats repose sur des circonstances fugitives comme les présomptions, il va de soi que la cour est mal placée pour réformer le jugement, puisqu'en réalité elle ne peut discuter les éléments qui ont servi à le fonder (V. Cass. 24 mars 1846, 1767 § 8 I.G., S. 46-1-317, 13984 J.E.).

---

1. En Belgique, et d'après une loi du 21 février 1870, les jugements rendus en matière d'enregistrement et de timbre sont soumis, comme les jugements ordinaires, à la révision des cours d'appel :

Art. 1ᵉʳ. Les causes soumises aujourd'hui à la procédure par écrit, déterminée par l'art. 65 L. 22 frimaire an 7, seront jugées par les tribunaux de première instance, suivant les règles du C. proc. applicables aux matières sommaires.

Art. 2. Les jugements pourront être attaqués par la voie de l'appel, si la valeur du litige excède deux mille francs en principal.

Art. 3. Les causes commencées lors de la mise à exécution de la présente loi continueront à être jugées, en première instance, suivant les dispositions actuellement en vigueur.

Elles seront néanmoins susceptibles d'appel, dans le cas prévu par l'art. précédent, et l'appel sera jugé conformément à l'art. 463 C. proc.

Mais lorsque les juges ont puisé leur opinion dans des faits établis ou dans des actes connus, et lorsque leur sentence en contredit sans justifications suffisantes les déductions apparentes, la cour suprême a le droit d'examiner le fond du litige et de casser le jugement.

Ce principe a été formulé dans les termes suivants par un arrêt de la Chambre civile du 21 février 1854 : « Attendu, porte cet arrêt, que, lorsqu'il s'agit de la perception des droits d'enregistrement, soit que l'Administration ait fait prononcer en sa faveur une allocation qui n'était pas due, soit que le redevable ait été affranchi à tort d'un droit qui lui était justement demandé, la décision rendue implique la violation d'une loi fiscale ; que, dès lors, les appréciations de faits et conventions exprimés dans les jugements frappés de pourvoi sont susceptibles de révision par la Cour de cassation ; qu'il lui appartient surtout d'exercer cette attribution dans les questions relatives à l'impôt, qui intéressent essentiellement l'ordre public » (S. 54-1-359, 15837-2 J. E.).

La règle est aujourd'hui constante et elle a été reconnue et appliquée par un nombre considérable d'arrêts. Les principaux, parmi ceux qui forment des décisions de principe sur ce point, sont du 7 janvier 1835 (Dalloz vᵒ Enreg. nᵒ 97, 1537-139 I. G.) ; — 6 mars 1850 (14916 J. E., S. 50-1-210) ; — 23 août 1853 (1986-1 et 9 I. G.) ; — 21 avril 1863 (1779 R. P., 2274-1 I. G.) ; — 10 février 1864 (1871 R. P., 2288-3 I. G., 17935 J. N., Rev. 773, 12606 C., S. 64-1-135) ; — 10 mars 1868 (2623 R. P., 2367-3 I. G.) ; — 19 mai 1868 (2695 R. P., B. C. 99, S. 68-1-345, D. 68-1-303) ; — 30 juillet 1868 (2752 R. P., 2374-5 I. G., S. 68-3-177) ; — 26 juillet 1869 (3026 R. P., 2395-5 nᵒ 1ᵉʳ I. G., S. 69-1-475, D. 69-1-476, 19083 J. N.) ; — 14 février 1870 (3085 R. P., 2402-1 I. G., B. C. 34, S. 70-1-136, D. 70-1-394.).

9834. Jugement interlocutoire. — On peut, en vertu de l'art. 14 L. 2 brumaire an 4 et de l'art. 451 C. proc., se pourvoir en cassation contre un jugement interlocutoire qui préjuge le fond, spécialement : 1ᵒ contre le jugement qui ordonne l'expertise des immeubles d'une succession, quoique le revenu de ces biens soit établi par des baux courants et autres actes authentiques ; 2ᵒ contre celui qui autorise la preuve testimoniale du payement des droits d'un acte déposé au bureau du receveur, mais non enregistré ; — 3ᵒ contre le jugement qui admet (sans préjudice aux droits des parties) la preuve testimoniale de la simulation d'un acte nonobstant la disposition de l'art. 1341 C. C. (Cass. 9 vend. an 13, 29 janv. 1812 et 8 janv. 1817, 1537 nᵒ 140 I. G., S. 17-1-152 ; — Cass. 8 mai 1854, 2019 § 5 I. G., S. 54-1-636, 15905 J. E.).

Mais on ne peut considérer comme préjugeant le fond, et susceptible d'être attaqué par conséquent par le pourvoi en cassation, un jugement qui, avant de faire droit sur une demande des droits d'enregistrement d'une vente d'immeubles, prescrit d'office à l'Administration de prouver que la vente faite par acte sous seing privé, moyennant le prix à fixer par un expert, a été suivie d'exécution (Cass. 13 janv. 1818, 1537 nᵒ 141 I. G., S. 18-1-204, 7079 J. E.).

Il a été jugé également que la disposition du jugement qui donne acte à l'Administration de ses réserves de réclamer ultérieurement, s'il y a lieu, un nouveau droit sur les suppléments de prix de marché dont elle obtiendrait la preuve,

ne renferme, au sujet de l'exigibilité de ce droit, aucun préjugé de nature à justifier un pourvoi en cassation (Cass. 18 juill. 1870, 3181 R. P., 14627 C., 20113 J. N., 18876 J. E., 2821 Rev., D. 71-1-157).

De même « quand, après avoir déclaré qu'il n'était pas établi régulièrement que la demanderesse, propriétaire du quart des immeubles de Crespin, fut devenue propriétaire de la totalité en vertu d'un partage, le jugement n'a cependant maintenu la contrainte décernée en payement d'un droit de 5 et demi pour 100, dans la supposition d'une acquisition faite à titre de vente, qu'en ajoutant : « sauf à augmenter ou diminuer au vu des actes de mutation, que ladite veuve de Rigny devra représenter, ou d'après la déclaration qu'elle sera tenue de passer conformément à la loi » ; cette condamnation, n'étant que provisoire, ne peut donner ouverture à pourvoi en cassation » (Cass. 18 août 1852, 1946-3 I. G., S. 52-1-828, 15509 J. E.).

1. EFFET DU JUGEMENT DÉFINITIF. — On n'est point tenu d'attendre le jugement définitif pour se pourvoir en cassation contre le jugement interlocutoire qui préjuge le fond. Si ce jugement acquérait l'autorité de la chose jugée, soit par l'exécution volontaire, soit par l'expiration du délai accordé pour le pourvoi, on ne serait plus fondé à attaquer le jugement définitif, qui ne serait que la conséquence du premier jugement, par les moyens de droit qu'on aurait pu employer pour faire annuler le jugement interlocutoire (Cass. 19 mars et 5 mai 1806, 1537-142 I. G., 2350 J. E. ; — 24 avr. 1808, S. 9-1-41 ; — 29 janv. 1812, 4444 J. E., — et 20 mars 1816, S. 16-1-314, 1537 nᵒ 142 I. G.).

9835. Jugement préparatoire. — Disposition définitive. — On peut exercer le pourvoi en cassation contre la disposition définitive d'un jugement qui en contient d'autres simplement préparatoires (Cass. 2 oct. 1810, 1537 nᵒ 143 I. G., 3747 J. E.).

9836. Taxe de frais d'instance. — Lorsque l'erreur commise dans la liquidation des dépens ne tombe que sur la fixation des sommes des différents chefs de la taxe, d'ailleurs régulièrement ordonnée, il n'y a lieu qu'à la voie de l'opposition ; mais si le jugement ordonnait que les frais fussent taxés comme en matière ordinaire, il devrait être attaqué en cassation (Cass. 14 août 1833, 1537 nᵒ 144 I. G., S. 33-1-780, 10707 J. E.).

9837. Double pourvoi. — Aux termes de l'art. 39, titre 1ᵉʳ de la première partie du règlement du 18 juin 1738, la partie dont le pourvoi contre un jugement a été rejeté n'est pas recevable à intenter un second pourvoi contre le même jugement (Cass. 2 mai 1815, 1537 nᵒ 145 I. G.).

9838. Erreur de calcul. — Si l'erreur des calculs dans la liquidation des droits qui font l'objet d'une instance est commise par le tribunal lui-même, c'est devant le tribunal lui-même qu'il faut se pourvoir en rectification de cette erreur. Mais si c'était la partie qui eût commis l'erreur, que cette erreur eût été signalée dans le mémoire de l'Administration et que néanmoins le tribunal l'eût adoptée, il y aurait fausse application de la loi ou du tarif, et le jugement serait susceptible d'être déféré à la Cour de cassation.

9839. Délai. — Le délai pour se pourvoir en cassation est de deux mois à partir de la signification du jugement (art. 1er L. 2 juin 1862, 2222 I. G., 1626 R. P.).

1. DÉFAUT DE SIGNIFICATION. — Il en résulte qu'il n'y a pas de délai fatal pour le pourvoi contre un jugement qui n'a pas été signifié. On ne peut donc opposer au pourvoi exercé par l'Administration, contre un jugement qui ne lui a pas été signifié, la prescription établie par l'art. 61 L. 22 frimaire an 7, pour le cas d'interruption de poursuites pendant une année (Cass. 31 janv. 1816, 1537 n° 147 I. G.).

2. DIES A QUO ET DIES AD QUEM. — L'art. 9 L. 2 juin 1862 dispose que le délai sera franc, que si le dernier jour du délai est un jour férié, le délai sera prorogé au lendemain et que les mois seront comptés suivant le calendrier grégorien.

3. POURVOI PAR L'ADMINISTRATION. — Les agents du gouvernement n'ont, à partir de la signification du jugement, que deux mois pour se pourvoir, de même que les simples particuliers; l'art. 14 L. 1er décembre 1790 a formellement abrogé la disposition de l'art. 16 titre 4 première partie du règlement de 1738, qui leur accordait la faculté de former leur pourvoi, même après ce délai (Cass. 8 fév. 1827, 1537 n° 146 I. G., L. 2 juin 1862).

9840. Signification. — 1. DOMICILE ÉLU. — Pour faire courir le délai du pourvoi en cassation, le jugement doit être signifié à la personne ou au domicile réel de la partie. Il ne suffirait pas que la signification eût été faite au domicile élu pour les actes d'instance (Cass. 3 fév. 1817, 5780 J. E. et 3 août 1818, 1537 n° 148 I. G.).

2. DOMICILE ÉLU PAR L'ADMINISTRATION. — Mais la signification à l'Administration d'un jugement au domicile élu par elle chez son receveur, doit être considérée comme régulière; le pourvoi contre le jugement serait non recevable s'il était fait un mois (aujourd'hui deux) après cette signification (Cass. 23 vend. an 14, 1537 n° 148 I. G.).

3. DÉFAUT DE VISA DE L'EXPLOIT. — Le délai du pourvoi en cassation contre un jugement dont l'exploit de signification n'a point été visé par le préposé de l'Administration n'en court pas moins du jour de cette signification, attendu que le défaut de visa n'emporte point, dans ce cas, nullité de l'exploit (Cass. 20 août 1816, 1537 n° 150 I. G., S. 16-1-415, 5593 J. E.).

9841. Amende de consignation. — Le particulier demandeur en cassation est tenu de consigner une amende de 150 francs s'il s'agit d'un jugement contradic-

toire, et de 75 francs s'il s'agit d'un jugement par défaut. L'Administration est dispensée de cette consignation (Règlem. de 1738, 1re part. tit. 4 art. 5 et 6, L. des 2 brum. an 4, art. 17 et 14 brum. an 5, art. 1er). La consignation se fait entre les mains du receveur des amendes près la C. cass.; sa quittance est jointe à la requête ou mémoire en cassation.

9842. Requête. — La requête en cassation doit être déposée, avant l'expiration du délai de deux mois, au greffe de la C. cass.; elle est signée par un des avocats de la Cour; il est nécessaire d'y joindre la copie signifiée ou une expédition en forme exécutoire du jugement. C'est la production de cette requête qui seule constitue le pourvoi en cassation (Règlem. de 1738, 1re part. tit. 4 art. 1er, 2 et 4, L. 2 brum. an 4, art. 16). — V. ci-après n° 9847.

1. MOYENS DE CASSATION. — Nulle requête, même sommaire, ne peut, en exécution de l'art. 1er tit. 4 du règlement de 1738, être admise si elle ne contient les moyens de cassation contre le jugement attaqué (Cass. 18 avr. 1809 et 6 oct. 1812, 1537 n° 152 I. G.).

Si un pourvoi introduit par requête sommaire est fondé sur un seul moyen, avec réserve d'en indiquer d'autres, on peut, au cours de l'instance, compléter la défense quand les moyens nouveaux se rattachent à l'objet du premier (Cass. 25 juin 1873, 3654 R. P., B. C. 78, S. 74-1-37, D. 74-1-37). — V. 9345.

2. LOI NON CITÉE. — Lorsque le demandeur en cassation d'un jugement qui a refusé une restitution de droits d'enregistrement se borne à prétendre que les motifs du jugement ne le justifient pas, sans citer cependant aucune loi à laquelle il aurait été contrevenu par le dispositif, il n'y a pas lieu d'accueillir le pourvoi (Cass. 18 août 1829, 1537 n° 153 I. G.).

9843. Nouveaux moyens. — Nullités de forme. — Quand les moyens nouveaux se rapportent à des nullités de forme ou de procédure, nul doute qu'ils sont tardifs, car leur rejet n'engage aucun principe d'ordre public, il touche seulement à la régularité d'une instance que les plaideurs devaient surveiller ici comme dans les contestations ordinaires. C'est ce qui a été reconnu au sujet des nullités d'exploits (Cass. 6 juill. 1825, 1180-12 et 1537-155 I. G.; — 27 janv. 1841, S. 41-1-170, 1643 I. G., 12677 J. E.; — 14 mai 1855, S. 56-1-63, P. 56-2-273), — et des questions de frais (Cass. 20 mai 1863, 2274-3 I. G., 12480 C., 17773 J.N., 17684 J. E., 733 Rev., 1920 R. P. — V. aussi cass. 8 novembre 1864, 2000 R. P., S. 65-1-137, 2324-1 I. G.).

9844. Nouveaux moyens se rapportant au fond. — Nous ne croyons pas qu'il en soit ainsi des moyens qui se rapportent au fond même du droit. La perception des contributions publiques est, en effet, liée très-intimement à l'organisation de l'État. Si, comme le disait Portalis, le droit public est celui qui intéresse plus directement la société que les particuliers, il est difficile de n'y point comprendre l'impôt, qui est la base de la société et l'aliment de tous les pouvoirs. Son établissement touche donc à l'ordre général dans l'État, et les arguments qui peuvent démontrer l'erreur de son application sont, nous semble-t-il, des moyens d'ordre public. — La ch. civ. a consacré cette interprétation d'une manière catégorique par un arrêt du 9 avril 1856 (706 R. P.) portant que : « en matière d'impôt, les moyens opposés sont d'ordre public et peuvent être proposés devant la cour, lors même qu'ils ne l'auraient pas été en première instance. » C'est aussi ce qu'a enseigné M. l'avocat général Blanche dans l'un de ses réquisitoires (1894 R. P.), et ce que décide un arrêt conforme du 9 mai 1864 (12668 C., 993 R. N., 1898 R. P., S. 64-1-239).

1. PRESCRIPTION. — Le contraire a cependant été plusieurs fois décidé par la Cour. Ainsi, elle a rejeté comme tardifs des moyens relatifs à la prescription (Cass. 19 janv. 1824 et 23 nov. 1825, 1537-156 I. G.; — 15 déc. 1852, 2150 § 1er I. G., S. 53-1-125; — 12 juill. 1853, S. 53-1-540, 2150-1 I. G.; — 12 août 1856, 2096 § 13 I. G., 824 R. P., S. 57-1-279).

2. PRIVILÉGE. — Elle a de même statué que le privilège de l'Administration n'ayant pas été contesté devant le tribunal civil, le moyen tendant à le faire repousser était non recevable (Cass. 13 mars 1866, 2251 R. P., 2348-8 I. G.), — et qu'on devait également repousser un moyen nouveau tendant à faire déclarer que le privilège était éteint par suite de l'aliénation des valeurs héréditaires (Cass. 28 juill. 1851, 1900 § 8 I. G.).

3. QUOTITÉ DU TARIF. — La contestation ayant exclusivement porté sur le point de savoir si un acte contient deux transmissions sujettes à deux droits distincts, la C. cass. a jugé, le 6 janvier 1813, que l'Administration, en reconnaissant devant la C. cass., ainsi que l'a jugé le tribunal, qu'il n'y a qu'*une* mutation, ne peut opposer que le droit auquel elle donne ouverture est plus considérable que les droits perçus à raison des deux mutations. Cette insuffisance de perception n'ayant pas été dénoncée au tribunal, la Cour ne doit point s'en occuper (1537 § 157 I. G.).

4. LIQUIDATION DU DROIT. — Ont été repoussés comme tardifs : 1° Un moyen omis en première instance tendant à faire reconnaître, quand l'acte renferme plusieurs dispositions, que le droit est dû seulement sur l'une d'elles (Cass. req. 10 juill. 1863, 2140 R. P., S. 65-1-423, D. 66-1-15);

2° Un autre moyen portant sur la liquidation des droits exigibles à la mort d'un sociétaire par suite de la conservation par les coassociés des valeurs sociales (Cass. 8 juin 1859, 11564 C., 16972 J. E., 16610 J. N., 2160 § 6 I. G., 1187 R. P., S. 59-1-501);

3° Celui par lequel un débiteur qui s'est borné à conclure en première instance à l'annulation de l'expertise critique devant la Cour le mode de liquidation du droit (Cass. 26 nov. 1866, 2390 R. P., 18674 J. N., 18339 J. E., 2356 § 1er I. G., 13306 C., S. 67-1-38) ;

4° L'objection fondée sur ce que le droit contesté en première instance sur l'intégralité d'un acte ne serait dû subsidiairement que sur la partie de la convention restant à exécuter (Cass. 12 janv. 1869, 2852 R. P., 2384-7 I. G., S. 69-1-183, D. 69-1-430, P. 69-434, 19507 J. N., 18768 J. E.; — *Conf. :* Cass. req. 24 juill. 1875, 4174 R. P.).

5. INTERPRÉTATION DE L'ACTE. — La Cour a déclaré nouveau et inadmissible : 1° un moyen tendant à faire considérer la stipulation d'un acte comme ne donnant naissance qu'à un droit de transmission au lieu de deux qui avaient été perçus (Cass. 28 juill. 1851, 1900-8, 2223-6 I. G. ; — 20 nov. 1861, 1551 R. P., S. 62-1-94 ; — 20 mai 1863, 2274-2 I. G.);

2° A interpréter comme société un acte considéré d'abord comme marché (Cass. 18 juill. 1870, 3180 R. P., 2414 § 4 n° 1er I. G., D. 71-1-157) ;

3° Ou à faire décider, par la production de pièces nouvelles, qu'une expertise intentée contre une société aurait dû l'être contre les associés individuellement, attendu la dissolution antérieure de la société (Cass. 25 nov. 1868, 2820 R. P, 2383-2 I. G., 19424 J. N.).

6. BONNE FOI. — Elle a également considéré comme un moyen nouveau non proposable devant la Cour l'exception de bonne foi qui n'avait pas été articulée devant les premiers juges (Cass. 30 janv. 1867, 2409 R. P., 2357 § 3 I. G., S. 67-1-179, D. 67-1-300).

7. ACTES DIFFÉRENTS. — Lorsque l'Administration a reconnu l'inexigibilité d'un droit de collocation perçu sur un jugement et en a offert le remboursement, elle ne peut plus, à l'occasion d'une instance relative à la demande de ce droit sur un autre jugement rendu entre les mêmes parties, revenir sur sa décision et faire grief au tribunal de ce qu'en repoussant sa demande en supplément de droit il n'a pas maintenu la perception faite sur l'autre jugement (Cass. 3 août 1870, 3187 R. P., 14640 C., 18938 J. E., S. 71-1-162, D. 71-1-85).

8. DOCUMENTS NOUVEAUX. — Le moyen n'est pas recevable s'il repose sur des documents non produits au tribunal (Cass. 26 janv. 1875, 4162 R. P. ; 10 juill. 1876, 4625 R. P.). — V. 9848.

9845. Mémoire ampliatif. — Nouveaux moyens. — La partie qui s'est pourvue en cassation dans le délai peut, même après ce délai, ajouter par un mémoire ampliatif de nouveaux moyens à ceux qui sont exposés dans son premier mémoire (Cass. 4 août 1818, P. chr.).

Il en est ainsi notamment pour ceux des moyens se rattachent à ceux qui ont été indiqués dans le pourvoi sommaire et que dans ce pourvoi le demandeur a fait toutes réserves au sujet des moyens nouveaux à invoquer ultérieurement.—V. 9842-1.

9846. Moyen présenté après les conclusions de l'avocat général. — Si un moyen n'a été formulé que par une requête déposée au greffe seulement le 6 mai présent jour après les conclusions de l'avocat général et alors que le délibéré était commencé, il n'y a pas lieu de statuer sur le moyen (Cass. 6 mai 1857, 10304 C., 16069 J. N., 2114 § 10 I. G., 841 R. P.).

9847. Production. — Copie du jugement. — Le pourvoi n'est pas admissible si on ne joint pas à la requête la copie signifiée ou une expédition *en forme exécutoire* du jugement dénoncé (Cass. 23 brum. an 10 et 2 avr. 1806, 20 avr. 1846, 1537 n° 154, 1767 § 21 I. G., S. 46-1-424).

A défaut, par les parties qui se pourvoient en cassation, de donner suite à leur pourvoi dans le délai fixé par le règlement du 28 juin 1738, quoique sommées de le faire par l'Administration, par la production au greffe des pièces exigées, elles encourent la forclusion prononcée par le dit règlement, (Cass. 8 avr. 1850, 1875 § 8 I. G., 14941 J. E.). — V. 7042.

Aux termes de l'art. 5 tit. 1er du règlement de 1738, la partie qui n'a pas remis sa production au greffe dans les deux mois, à compter du jour de la signification de l'acte de produit de l'autre partie contenant sommation de produire, demeure de plein droit forclose de produire en vertu de ladite sommation (Cass. 22 juill. 1872, 3509 R. P., 2456-4 I. G., S. 72-1-248, D. 72-1-420, P. 72-576).

9848. Pièces non produites en première instance. — Des héritiers ne sont pas recevables à évoquer la prescription des droits de mutation par décès réclamés par l'Administration, en excipant devant la C. cass. d'un inventaire qui n'a pas été produit devant le tribunal (Cass. 29 avr. 1818, P. chr., 1537 I. G.).

En matière civile, il est également de jurisprudence que la Cour ne peut connaître de moyens fondés sur des pièces ou documents non produits devant les juges du fait, même lorsqu'il s'agit de moyens d'ordre public (Cass. 10 juin 1857, S. 59-1-751, P. 57-934; 26 janv. 1875 et 10 juill. 1876, 4162 et 4625 R. P.). — V. 9844-8.

9849. Personne non partie au procès. — On ne peut introduire dans l'instance en cassation une personne qui n'a jamais été partie au procès (Cass. 20 fév. 1819, 1537, n° 151 I. G.).

Lorsqu'un tiers n'a pas été reçu partie intervenante devant les juges dont la décision est attaquée, et ne justifie pas qu'il soit en droit d'agir contre l'Administration, il n'a pas qualité pour intervenir au procès (Cass. 29 avr. 1851, 1900-7 I. G., S. 51-1-433).

9850. Effet du pourvoi. — Le pourvoi en cassation n'est point suspensif et ne met point obstacle à ce que l'exécution du jugement soit poursuivie par les moyens de droit (Cass. 24 nov. 1806, P. chr., 1537-160 I. G.; — Orléans 19 août 1854, S. 55-2-55, P. 54-2-552).

Mais la partie qui réclame l'exécution doit fournir un cautionnement. — V. 9848.

1. DROITS PAYÉS APRÈS LE POURVOI. — Lorsque les droits, d'abord contestés et dont l'exigibilité a été repoussée par un tribunal contre la décision duquel le pourvoi de l'Administration a été admis, ont été acquittés volontairement sur la signification de l'admission de ce pourvoi par la Cour de cassation, on n'est plus fondé à en demander la restitution (Le Havre 17 août 1848, 14547 J. E.).

9851. Prescription. — Interruption. — Le pourvoi en cassation n'établit pas une instance proprement dite, tant que la chambre civile n'en a pas été saisie. En consé-

quence, un pourvoi rejeté par la chambre des requêtes ne peut pas interrompre le cours des prescriptions prononcées par l'art. 61 L. 22 frimaire an 7 (Cass. 13 nov. 1815, 1537 n° 161 I. G., 5633 J. E.).

9852. Forclusion. — Aux termes de l'art. 5 tit. 1er du règlement de 1738, la partie qui n'a pas remis sa production au greffe pendant les deux mois, à compter du jour de la signification de l'acte de produit de l'autre partie contenant sommation de produire, demeure de plein droit forclose de produire en vertu de ladite sommation (Cass. 22 juill. 1872, 3509 R. P., 2456-4 I. G., S. 72-1-248, D. 72-1-420). — V. 9847.

SECTION 2. — CHAMBRE DES REQUÊTES

[9853-9870]

9853. Arrêt d'admission ou de rejet — L'affaire est d'abord portée à la section des requêtes, qui décide si la requête doit être admise pour subir l'épreuve d'une discussion contradictoire (L. 27 nov., 1er déc. 1790, art. 5 et 6, et 27 vent. an 8, art. 60). Cette décision est prononcée en audience publique, d'après le rapport fait par un conseiller, les observations verbales de l'avocat du demandeur en cassation et les conclusions du ministère public (27 nov.-1er déc. 1790, art. 11, 12 et 13, L. 2 brum. an 4, art. 19 et 21).

1. AMENDE DE CONSIGNATION. — Si la requête est rejetée, l'arrêt condamne en même temps le demandeur à l'amende qui a été consignée (Règlem. de 1738, 1re part tit. 4 art. 25).

9854. Signification de l'arrêt d'admission — Si la requête est admise, la cour ordonne que son arrêt sera notifié aux parties qui ont obtenu le jugement attaqué[1] (Règlem. 1738, 1re part. tit. 4 art. 28, 1537 p. 59 I. G.).

1. Les notifications sont faites en général dans les départements d'après un modèle communiqué par l'Administration et dont nous croyons utile de reproduire le contexte avec les observations qui l'accompagnent:

SIGNIFICATION D'ARRÊT D'ADMISSION

L'an mil huit cent.... le....

A la requête de M. le Directeur général de l'Enregistrement, des domaines et du timbre, dont les bureaux sont établis à Paris, hôtel du Louvre, pavillon Colbert, et pour lequel domicile est élu en la même ville, rue .... au cabinet de M. .... son avocat à la Cour de cassation :

J'ai,
soussigné, signifié et laissé, avec copie du présent exploit,
1° à M.
demeurant à
    en son domicile où étant et parlant à
2° à M.
demeurant à
    en son domicile où étant et parlant à
Copie de la grosse d'un arrêt d'admission rendu sur le pourvoi du requérant

9855. Délai pour la signification. — L'arrêt de la chambre des requêtes qui admet le pourvoi en cassation doit être signifié dans les trois mois de sa date, *sous peine de déchéance* (Cass. 24 frim. an 8 et 16 juill. 1811, P. chr., 1537-162 I. G., 4024 J. E.). — Ce délai a été réduit à deux mois francs par l'art. 2 L. 2-3 juin 1862 (2222 I. G.). Il doit être compté comme celui du pourvoi. — V. 9839.

1. FORCE MAJEURE. — Le délai pour la signification de l'arrêt d'admission ne court point pendant le temps que les communications ont été interceptées par force majeure, spécialement par une armée ennemie, entre la capitale et le lieu où la signification devait être faite (Cass. 24 janv. 1814, 1537 n° 164 I. G.).

Mais le délai reprend son cours aussitôt que la force majeure a cessé ; par exemple, s'il s'était écoulé un mois depuis l'arrêt d'admission jusqu'à l'époque où la force majeure a commencé, la signification devrait être faite, à peine de déchéance, dans le mois à partir du jour où la force majeure a cessé (Cass. 28 août 1813, 1537 n° 165 I. G.).

par la chambre des requêtes de la Cour de cassation le......................... 18....., enregistré.

A ce que le susnommé n'en ignore et en exécution dudit arrêt d'admission je l'ai assigné à comparaître dans le délai d'un mois à l'audience de la chambre civile de la Cour de cassation siégeant au palais de justice à Paris, pour y défendre par le ministère d'un avocat près ladite cour, au pourvoi dont l'admission a été prononcée.

Et j'ai, au domicile sus-indiqué, en parlant comme dessus, laissé à susnommé copie tant de l'arrêt d'admission susdaté que du présent dont le coût est de

OBSERVATIONS

1° Les huissiers doivent, avant de délivrer les copies qui leur sont remises, s'enquérir et tenir compte, pour la régularité des significations qu'ils auront à faire, des changements qui, depuis le pourvoi, ont pu survenir dans l'état, la qualité et le domicile réel ou légal des parties soit demanderesses, soit défenderesses, comme par exemple, les cas de décès, de nomination de conseil judiciaire, d'interdiction prononcée ou rapportée, de majorité accomplie, de mariage, séparation, veuvage, convol à secondes noces, remplacement de maires, administrateurs, liquidateurs et autres modifications dans la position des parties. Si le défendeur a été interdit, c'est son tuteur qu'il faut assigner ; s'il lui a été donné un conseil judiciaire, on doit l'assigner avec ce conseil et par des copies distinctes.

Si un interdit est marié ou une veuve remariée, si un interdit a été relevé de l'interdiction, c'est à lui-même que l'assignation est donnée.

Si une fille est mariée ou une veuve remariée, le mari doit assigner la femme et le mari, ce dernier pour la validité de la procédure, et par deux copies distinctes. En cas de décès du défendeur chacun de ses héritiers doit être assigné personnellement.

Les communes doivent être assignées dans la personne de leur maire, et, en cas d'absence, c'est à l'adjoint que la copie doit être laissée (arrêté du 8 mars 1834) ; l'original doit être visé.

Les compagnies, les établissements publics et particuliers sont assignés conformément à l'art. 69 du code de procédure civile.

Les huissiers doivent exiger que les visas soient régulièrement donnés avant l'expiration du délai prescrit pour la signification. Ils doivent aussi remplir avec la plus grande régularité toutes les formalités intrinsèques et extrinsèques nécessaires à la validité de leurs exploits, les nullités, en pareil cas, entraînant déchéance du pourvoi.

2° L'enregistrement des significations d'arrêt d'admission avec assignation devant la chambre civile n'est soumis qu'au droit principal de 7 fr. 50 cent. (Art. 45 n° 4 et L. 28 avr. 1816 et 2 L. 19 fév. 1874), le droit principal de 37 fr. 50 cent. n'étant dû que pour l'enregistrement du premier acte de recours, sur lequel a été rendu l'arrêt d'admission, et ce droit ayant été perçu ainsi qu'il résulte de la mention insérée dans le corps de l'exploit ;

3° La signification doit avoir lieu dans les deux mois de la date de l'arrêt d'admission, à peine de déchéance. Aucune irrégularité ne peut être rectifiée lorsqu'il en existe, il faut une signification nouvelle qui ne peut être faite que dans le délai de deux mois susindiqué.

9856. Défaut de signification dans le délai. — **Défendeurs solidaires.** — Le défaut de signification emporte la déchéance du pourvoi, mais seulement à l'égard de celui des débiteurs à qui la notification n'a pas été faite. Ainsi, l'action intentée par l'Administration pour le payement des droits d'une succession étant essentiellement solidaire, le défaut de signification de l'arrêt d'admission, obtenu dans une instance de cette nature, à l'un des héritiers, dans les deux mois de sa date, n'emporte point déchéance de cet arrêt à l'égard de l'héritier, à qui il a été signifié en temps utile (Cass. 29 germ. an 11, S. 7-2-816, 386-36 I. G., 1907 J. E.).

9857. Assignation. — La signification de l'arrêt d'admission doit contenir citation à comparaître et à se défendre devant la Cour, dans le délai de la loi. Ce délai est de quinze jours pour Paris et dix lieues à la ronde ; d'un mois pour les ressorts des anciens parlements de Paris, Rouen, Dijon, Metz, Douai et Artois ; de deux mois pour les ressorts des anciens parlements de Languedoc, Guyenne, Grenoble, Aix, Pau, Besançon et Bretagne, et des conseils supérieurs d'Alsace et de Roussillon (Règlem. 1738 2° part. art. 3, 1537 sect. 3 n° 7 I. G.).

1. CITATION DE PLEIN DROIT. — Cependant, la signification de l'arrêt d'admission, faite au défendeur en cassation, emporte de plein droit la sommation de satisfaire à l'arrêt et à la citation à comparaître devant la section civile, suivant l'art. 6 tit. 1er règlement 1738 (Cass. 3 nov. 1807 et 1er juill. 1823, 1537-175 I. G.).

2. JOUR FIXE. — A plus forte raison, la citation donnée à la suite de la signification de l'arrêt d'admission n'a pas besoin d'être donnée à jour fixe (Cass. 16 fruct. an 6, 1537-176 I. G.).

9858. Huissiers. — 1. SIGNIFICATION A PARIS. — D'après l'art. 11 L. 2 brumaire an 11, les huissiers assermentés près la C. cass. ont le droit exclusif d'instrumenter dans le ressort de la commune de Paris pour les affaires portées devant la Cour. En conséquence, la signification de l'arrêt d'admission faite par tout autre huissier à Paris est frappée de nullité (Cass. 17 mars 1806, 1537-167 I. G.).

2. DEMEURE. — La signification d'un arrêt d'admission est nulle si l'huissier a omis d'indiquer sa demeure dans l'exploit (Cass. 20 janv. 1817, P. chr., 1537-168 I. G., 585f J. E.).

3. IMMATRICULE. — La signification de l'arrêt d'admission doit, à peine de nullité, contenir l'immatricule de l'huissier qui l'a signée (Cass. 26 germ. an 6, 1537-169 I. G.).

4. PATENTE. — La signification d'un arrêt d'admission n'était pas nulle lorsque l'huissier avait omis d'y indiquer sa patente ; il y avait lieu seulement dans ce cas de provoquer sa condamnation à l'amende (Cass. 18 vent. an 7 et 18 fév. 1807, 1537-170 I. G.).

9859. Requérants. — La signification de l'arrêt d'admission doit être faite à la requête de la partie qui l'a obtenu. La signification qui serait faite *au nom de la Cour* serait nulle, et entraînerait la déchéance du pourvoi, si on ne se trouvait plus dans le délai utile pour le recommencer (Cass. 8 avr. 1807, 1537 n° 166 I.G.).

9860. Constitution d'avocat. — La signature de l'avocat de l'Administration, apposée au bas de la requête en cassation signifiée avec l'arrêt d'admission, en faisant connaître à la partie adverse l'officier chargé d'occuper en la Cour, remplit suffisamment le vœu de l'art. 61 C. proc., relativement à la constitution d'avoué (Cass. 16 mai 1815, *P. chr.*, S. 15-1-280, 1537-174 I. G., 5171-5217 J.E.).

9861. Défendeurs. — La signification de l'arrêt d'admission doit être faite au défendeur partie au procès, et il n'y aurait pas nullité si l'exploit énonçait par erreur que l'arrêt a été rendu contre une autre personne, si, d'ailleurs, cet arrêt concerne bien celui à qui la signification a été faite (Cass. 12 déc. 1842, 1693 § 5 I.G., S. 43-1-51, 13138 J. E.).

1. FEMME MARIÉE. — La signification d'un arrêt d'admission faite à une femme mariée doit l'être également au mari, à l'effet d'autoriser sa femme à ester en justice (Cass. 25 mars 1812, 1537 n° 178 I. G.). — Il en est ainsi même en cas de séparation de biens (Cass. 7 sept. 1808, 1537 n° 180 I.G.).

2. VEUVE COMMUNE EN BIENS. — HÉRITIERS. — La signification de l'arrêt d'admission faite à une veuve pour elle et les héritiers de son mari, au domicile du défunt, est valable si les héritiers sont encore dans l'état d'indivision avec la veuve qui avait été commune en biens avec son mari, décédé postérieurement au pourvoi de l'Administration (Cass. 6 sept. 1813, *P. chr.*, S. 15-1-95, 4698 et 5113 J.E.).

3. MINEUR. — La signification de l'arrêt d'admission doit être faite au tuteur; mais, si le mineur a atteint sa majorité depuis le jugement, c'est à lui-même que doit être signifié l'arrêt qui admet le pourvoi (Cass. 27 mai 1834, 1467 §11 I. G., S. 34-1-402 et 30 mars 1841, 1643 § 7 I.G., S. 41-1-350, 12722 J.E.).

4. MINEURE MARIÉE DEPUIS LE JUGEMENT. — Si l'arrêt a été rendu contre une mineure qui s'est mariée depuis le jugement, la signification doit être faite tant à elle qu'à son mari (Cass. 30 mars 1841, 1643 § 7 I.G., S. 41-1-350, 12722 J. E.).

5. HÉRITIER BÉNÉFICIAIRE. — L'héritier qui a accepté sous bénéfice d'inventaire ne cesse pas d'être héritier, lorsqu'il renonce à la succession ou fait abandon aux créanciers des biens qui en dépendent; c'est toujours à lui que doit être signifié l'arrêt d'admission rendu dans un procès auquel cette succession est intéressée (Cass. 1er fév. 1830, 1537 n° 185 I. G., S. 30-1-137, 9595 J.E.).

6. DÉFENDEUR DÉCÉDÉ. — L'arrêt d'admission obtenu contre un individu décédé depuis le pourvoi peut être signifié à ses héritiers, sans qu'il soit besoin de se procurer, comme autrefois, une permission expresse de la Cour (Cass. 12 therm. an 12, 1537-183 I. G.; — 10 mars 1851, 1883 § 12 I. G., S. 51-1-267, 15152 J. E.).

9862. Domicile. — L'arrêt d'admission doit être signifié *à personne* ou *domicile*. En conséquence, est nulle la signification faite au domicile *élu* pendant l'instance qui a précédé le jugement attaqué ; et le pourvoi serait frappé de déchéance si une nouvelle signification ne pouvait être faite dans le délai utile (Cass. 7 août 1807, 1537-186 I.G., — et 28 oct. 1811, *P. chr.*, S. 12-1-12, 4820 J. E.).

1. SIGNIFICATION A PERSONNE. — Il n'est pas nécessaire que l'arrêt d'admission soit signifié au domicile réel de celui contre lequel il a été obtenu. Cette signification faite à lui-même en personne serait valable, lors même qu'elle aurait eu lieu dans un hôtel garni ou dans tout autre endroit où il ne serait que passagèrement (Cass. 18 fév. 1809, 1537-187 I.G.).

2. ÉTRANGER. — Un arrêt d'admission peut être signifié à un étranger au lieu de sa résidence en France, s'il n'y a pas de domicile réel, surtout si cette résidence est avouée par lui dans la signification, faite à sa requête, du jugement attaqué (Cass. 27 juin 1809, 1537-168 I. G.).

3. DOMICILE INCONNU, OU A L'ÉTRANGER OU DANS LES COLONIES. — Lorsque la personne contre laquelle l'arrêt d'admission a été obtenu n'a point de domicile connu en France ou qu'elle habite les colonies ou un pays étranger, la signification de cet arrêt doit être faite au parquet du procureur général près la C. cass., conformément à l'art. 69 C. proc (1180 § 13 et 1537-189 I. G.).

4. FEMME MARIÉE. — S'il n'y a pas de séparation de biens, la signification peut être faite au domicile du mari (Cass. 1er avr. 1812, 1537 n° 179 I. G., 4256 J.E.); mais, en cas de séparation de biens, la signification doit être faite au mari et à la femme, bien qu'elle puisse être contenue dans un seul exploit (Cass. 7 sept. 1808, 1537 n° 180 I. G.)

9863. Remise de la copie. — Il est nécessaire d'indiquer, dans l'exploit signifié à domicile, d'une manière précise, les rapports de la personne à qui la copie est laissée avec celle à qui la signification est faite. Ainsi, la mention, dans l'acte de signification d'un arrêt d'admission, que la copie en a été laissée *à une fille de confiance*, est une cause de nullité qui peut entraîner la déchéance du pourvoi (Cass. 4 nov. 1811, *P. chr.*, 1537-190 I. G.).

1. COPIE REMISE A UN DOMESTIQUE. — Il y a nullité de la signification d'un arrêt d'admission lorsque la copie est laissée *à un domestique*, sans qu'il soit ajouté dans l'exploit qu'il est attaché au service de la personne assignée à comparaître (Cass. 20 fruct. an 11, 1537-191 I. G.).

2. AUX DOMESTIQUES. — La mention que la copie a été laissée *aux domestiques* du défendeur en cassation, au nombre pluriel, et non pas *à un domestique*, comme cela se pratique ordinairement, ne constitue point une nullité (Cass. 14 déc. 1815, *P. chr.*, 1537-192 I. G., 5396 J. E.).

3. A UN AIDE DE TRAVAIL. — Un arrêt d'admission est régulièrement signifié lorsque la copie en a été laissée à une personne qui s'est déclarée *aide de travail* du défendeur (Cass. 10 pluv. an 13, 1537-193 I. G.).

4. FEMME MARIÉE. — Lorsque la femme mariée n'est pas séparée de biens, l'huissier n'est pas tenu de délivrer deux copies, l'une pour la femme, l'autre pour le mari (Cass. 1er avr. 1812, 1537 n° 179 I. G., 4256 J. E.).

Mais si la femme est séparée de biens, il doit être laissé deux copies, même lorsque les deux significations sont contenues dans le même exploit (Cass. 7 sept. 1808, 1537 n° 180 I. G.).

Une signification d'arrêt d'admission est valablement faite par une seule copie laissée au mari, lorsqu'il n'est ni prouvé ni articulé que les époux sont séparés de biens ou mariés sous un régime exceptionnel qui ait maintenu la femme dans le droit d'exercer elle-même ses actions mobilières à l'exclusion de son mari; et l'irrégularité et la nullité de la copie qui, dans ces circonstances, aurait été signifiée surabondamment à la femme, ne sauraient avoir pour conséquence d'entraîner la déchéance du pourvoi (Cass. 2 janv. 1850, 1857 § 17 I. G., S. 50-1-143, 14488 J. E.).

5. DÉNÉGATION. — L'énonciation dans l'original et la copie de l'exploit d'assignation qu'il a été donné copie tant de l'arrêt d'admission que de la requête sur laquelle cet arrêt est intervenu, fait foi, jusqu'à inscription de faux, malgré la dénégation du défendeur (Cass. 28 janv. 1811, *P. chr.*, 1537-194 I. G.).

6. PLURALITÉ DES QUALITÉS. — Il faut laisser au défendeur en cassation autant de copies de l'arrêt d'admission qu'il a pris de qualités dans le jugement attaqué. Ainsi, on doit remettre deux copies à la femme qui agit tant en son nom personnel, comme commune en biens avec son mari, qu'en qualité de tutrice de ses enfants (Cass. 21 juin 1815, 1537-195 I. G.).

9864. Erreur matérielle dans la copie. — Les vices de forme qui opéreraient la nullité de l'exploit de signification, s'ils avaient été commis dans l'original, produisent le même effet, aux termes de l'art. 30 t. 5 1re part. du règlement de 1738, lorsqu'ils existent dans la copie. Ainsi, est nulle la signification d'un arrêt d'admission du 5 juillet 1808, faite le 8 août suivant, mais dont la copie portait par erreur la date du 8 juillet (Cass. 8 fév. 1809, S. 9-1-160 et 20-1-492, 1537-171 I. G.).

9865. Omission d'une requête produite. — L'omission dans la copie signifiée d'un arrêt d'admission, de

l'une des requêtes produites par le demandeur, n'est point un motif de nullité, si la requête qui a été signifiée avec l'arrêt énonce les faits, les moyens et les conclusions du demandeur (Cass. 6 juill. 1831, 1537-172 I. G.).

9866. Prénoms. — Omission. — Erreur. — Une erreur dans les prénoms du défendeur assigné en cassation ne vicie pas l'ajournement, lorsque cette inexactitude a été réparée par les énonciations de l'exploit (Cass. 21 nov. 1864, 1973 R.P., 2324-3 I. G., B.C. 172, S. 65-1-46, D. 64-1-478).

9867. Société de commerce. — Désignation. — Il n'est pas nécessaire que la signification faite à un établissement ou à une société de commerce contienne le nom des entrepreneurs ou sociétaires, si cet établissement est désigné d'ailleurs par la raison sous laquelle il est connu (Cass. 21 nov. 1808, S. 9-1-40, 1537-177 I. G., 3089 J. E.).

9868. Omission. — Mention de l'enregistrement. — Le défaut de mention de l'enregistrement de la requête dans la copie de l'arrêt qui admet le pourvoi n'entraîne pas la nullité de la signification (Cass. 8 janv. 1817, *P. chr.*, S. 17-1-152, 1537-173 I. G., 5747 J. E.).

9869. Nullité de la signification. — La nullité de l'exploit entraîne la déchéance du pourvoi, à moins qu'elle ne soit réparée avant l'expiration du délai.

1. DÉFENDEURS SOLIDAIRES. — Cette déchéance n'a lieu qu'au profit du défendeur à qui l'exploit nul a été signifié, et non au profit des autres défendeurs solidaires. Ainsi, lorsque dans l'un des exploits de la signification, faite à plusieurs héritiers, d'un arrêt d'admission, il s'est glissé une nullité, elle ne peut profiter aux autres héritiers bien et régulièrement assignés (Cass. 9 oct. 1811, *P. chr.*, S. 12-1-110, 1537-184 I. G.).

9870. Désistement du pourvoi. — Si, après avoir fait signifier l'arrêt d'admission qu'il a obtenu de la Cour, le demandeur en cassation se désiste de son pourvoi, il est censé avoir succombé, et il doit au défendeur l'indemnité de 150 francs qui lui est attribuée par l'art. 35 tit. 4 règlem. de 1738 (Cass. 26 mai 1830, S. 30-1-304, 1537-196 I. G., 9704 J. E.).

Quand l'admission a été prononcée contre elle, l'Administration ne peut plus, si le demandeur n'y consent pas, se désister du bénéfice du jugement. Sa déclaration sur ce point ne peut empêcher l'exercice du droit du demandeur de faire statuer sur le pourvoi par lui régulièrement formé (Cass. 29 nov. 1869, 3036 R.P., 2398-1 I. G., B.C. 210, S. 70-1-165, D. 70-1-341, P. 70-337).

SECTION 5. — CHAMBRE CIVILE

[9871-9878]

9871. Comparution du défendeur. — Le délai accordé au défendeur en cassation pour comparaître devant la Cour est d'un mois franc à partir de la signification de l'arrêt d'admission (L. 2 juin 1862, art. 8).

La comparution du défendeur en cassation résulte de la signification d'un mémoire à l'avocat du demandeur et du dépôt de ce mémoire au greffe de la cour, avec les pièces à l'appui (Règlem. 1738, 2e part. tit. 1er art. 15).

Ce délai est comminatoire.

9872. Plaidoiries. — L'affaire passe *à la section civile;* elle est jugée sur un rapport fait par un conseiller, après les plaidoiries contradictoires des défenseurs des parties, et les conclusions du ministère public (L. 27 nov., 1er déc. 1790, art. 10, 12 et 13, 2 brum. an 4, art. 19, 20 et 21, 27 vent. an 8, art. 60).

9873. Rejet de la demande. — Lorsque la demande en cassation est rejetée, le demandeur est condamné à une amende de 300 francs envers l'État, à une indemnité de 150 francs envers le défendeur ou les défendeurs collectivement, et à la moitié seulement de ces sommes si le jugement attaqué était par défaut. Dans l'amende est comprise celle qui a été consignée avant le pourvoi (Règlem. 1738, 1re part. tit. 4 art. 35). La condamnation à l'amende n'a point lieu contre l'Administration; mais elle supporte l'indemnité au profit du défendeur, lorsqu'elle succombe dans son pourvoi devant la section civile. Cette indemnité n'est point sujette au décime par franc (D. m. j. et f. Circ. 2 sept. 1809).

9874. Cassation du jugement. — 1. AMENDE CONSIGNÉE. — Si la cassation du jugement est prononcée, l'arrêt ordonne en même temps la restitution de l'amende consignée et de toutes les sommes payées en vertu du jugement annulé (Règlem. 1738, 1re part. tit. 4 art. 38).

2. PÉREMPTION. — L'arrêt de cassation, laissant subsister la procédure, ne met pas obstacle à la péremption (Cass. 28 juin 1875, 4360 R. P.).

9875. Renvoi devant un autre tribunal. — Par l'effet de cet arrêt, la cause et les parties sont remises absolument dans l'état où elles étaient avant le jugement et l'affaire doit être instruite de nouveau devant le tribunal auquel elle a été renvoyée par la Cour.

9876. Signification de l'arrêt et assignation. — A cet effet, l'arrêt de cassation doit être notifié avec assignation devant le tribunal désigné, et l'instance s'instruit de nouveau, suivant les formes déterminées par l'art. 65 L. 22 frimaire an 7 et l'art. 17 L. 27 ventôse an 9.

Lorsque l'arrêt casse un jugement rendu en faveur du Trésor, le directeur ne doit défendre à l'assignation donnée par la partie devant le tribunal saisi de l'affaire par le renvoi de la Cour, qu'après avoir pris les ordres de l'Administration.

9877. Dépens adjugés par la cour. — La Cour de cassation prononce souverainement et définitivement tant sur les moyens de cassation qui lui sont soumis que sur les dépens des instances qu'entraîne la discussion de ces moyens. En conséquence, un tribunal auquel une instance a été renvoyée par la Cour de cassation pour être jugée au fond, ne peut, sans excès de pouvoir, mettre à la charge de l'Administration les dépens de l'instance jugée par l'arrêt de la Cour, et auxquels il a condamné la partie adverse (Cass. 4 août 1818, P. chr., S. 19-1-124, 1537-139 I. G.).

9878. Suite de la nouvelle instance. — Il peut encore y avoir lieu à la demande en cassation contre le second jugement (L. 27 nov. 1er déc. 1790, art. 20, 2 brum. an 4, art. 24). Mais, si ce second jugement est cassé pour les mêmes motifs que le premier, le tribunal auquel l'affaire est renvoyée, est tenu de se conformer à la décision de la Cour de cassation sur le point de droit jugé par cette cour (L. 1er avr. 1837, art. 2).

CHAPITRE IX. — TIMBRE

[9879-9891]

9879. Principe. — Les art. 31 et 32 L. 13 brumaire an 7 prescrivent aux préposés de constater, par des procès-verbaux, les contraventions aux lois du timbre. Ces dispositions n'ont pas été abrogées. La contravention ainsi constatée, le recouvrement se suit comme en matière d'enregistrement à l'aide de la contrainte; dans le cas ou la partie entend soumettre la difficulté au tribunal, elle forme une opposition motivée et assigne l'Administration. L'instance s'instruit et se juge suivant les règles spéciales applicables aux questions d'enregistrement. En résumé, les instances de timbre ne diffèrent des instances en matière d'enregistrement que par la nécessité de rapporter préalablement un procès-verbal constatant l'existence de la contravention.

9880. Excédant de lignes. — Les règles que nous venons d'exposer sont applicables à toutes les contraventions, et aussi bien à celles qui constituent des infractions aux lois fondamentales qu'à celles résultant d'excédant de syllabes et de lignes sur les copies d'exploits (659 I. G.) sur les minutes des jugements, expéditions, registres timbrés, etc.

9881. Découverte des contraventions. — La répression des contraventions en matière de timbre peut toujours avoir lieu quand la découverte ne résulte d'aucun moyen illicite. L'art. 31 L. 13 brumaire an 7 qui autorise les préposés à retenir les actes qui leur sont présentés, ne doit pas être entendu restrictivement dans ce sens que la loi interdit la répression des contraventions découvertes autrement que par la présentation des actes à l'enregistrement. Il est reconnu que les préposés de l'Enregistrement ont le droit de rechercher dans les dépôts publics et dans les greffes les contraventions commises en matière de timbre (Cass. 1er juill. 1811, S. 11-1-328, 3935 J. E., — et 16 mai 1815, S. 15-1-280, 5171 et 5217 J. E.; — Cass. 5 mars 1829, 1293 § 14 I. G. ; — Mamers 19 fév. 1834, 10886 J. E., D. m. f. 2 août 1851, 15258-3 J. E., A. Cons. d'Ét. 4 nov. 1851, 13445 J. E. ; — Bernay 12 juin 1866).

Les I. G. 1458 § 2 et 1537 nos 199 et 200 leur en font un devoir.

1. MOYEN LICITE. — Ainsi, notamment, la découverte d'une pièce non timbrée faite par un employé procédant à une vérification dans l'étude ou les minutes d'un officier public autorise la demande des droits et amende de timbre, quoique cette pièce n'ait point été expressément communiquée par l'officier public à l'employé.

Par exemple, quand un procès-verbal des papiers trouvés sur une personne morte est déposé au greffe ou présenté à l'enregistrement, les préposés sont fondés à constater les contraventions au timbre résultant de ce que des billets ou autres actes seraient sur papier non timbré (Cass. 1er juill. 1811, 3975 J. E., S. 11-1-328).

De même, un vérificateur assistant un commissaire de police, chargé de faire des recherches pour des pièces frappées d'un faux timbre, peut valablement constater les contraventions au timbre (Seine 24 mars 1846 et 17 fév. 1847).

Une décision ministérielle du 2 août (15258-3 J. E.) a également reconnu que l'art. 54 L. 22 frimaire an 7 donne aux employés la faculté de s'assurer de l'exécution des lois en matière d'enregistrement et de timbre dans tous les dépôts publics, et spécialement aux greffes des tribunaux de commerce. D'où la conséquence que les employés de l'Administration ont le droit d'examiner les titres que les créanciers des faillis déposent au greffe et de relever les contraventions que ces titres peuvent présenter (9391 J. E.).

Par application de ce principe, il a été reconnu que : le compte rédigé sur papier libre, trouvé dans les papiers d'un failli, déposé au bureau de l'enregistrement est passible du timbre et de l'amende, quoiqu'il n'en soit pas fait usage devant les tribunaux ou les autorités administratives (Cass. 16 mai 1815, 5171 et 5217 J.E., S. 15-1-280; — Arr. d'adm. 5 mars 1829, 1293 § 14 I. G.). — V. 4817.

On a encore considéré comme un moyen licite la connaissance d'une pièce existant dans un dossier déposé au bureau (V. Yvetot, 16 mars 1877, 4717 R. P.); ou annexée à un acte soumis à l'enregistrement ou décrite dans un procès-verbal. — V. 5414.

2. MOYEN ILLICITE. — Mais la Cour de cassation a reconnu le 14 avril 1807 qu'il n'en était pas de même au cas où il s'agissait d'une pièce apportée par accident au bureau avec une autre que l'intention des parties était de présenter seule au receveur : « Attendu, porte cet arrêt, qu'il résulte du jugement du tribunal de l'arrondissement de Tours le fait que la facture quittancée qui fait l'objet dudit procès-verbal était jointe *accidentellement* à un pouvoir dont l'enregistrement était *seulement* requis; que, dans cet état, il ne pou-

vait y avoir lieu à l'application de l'art. 51 L. 13 brumaire an 7, qui n'autorise les préposés de la Régie à retenir les actes en contravention à la loi que dans le cas où ils leur sont présentés. En retenant la première de ces pièces, le préposé avait donc excédé les pouvoirs que la loi lui accorde pour la répression des contraventions au timbre. — C'est ce que reconnaît également une Sol. du 22 novembre 1861.

Il y aurait à *fortiori* excès de pouvoir si, par des voies détournées, spécialement, au moyen d'avertissements adressés aux parties et en dissimulant le véritable motif de la demande, les préposés parvenaient à se faire communiquer des pièces non timbrées. Il est évident que, dans ce cas, ils ne seraient pas fondés à poursuivre le payement des droits et des amendes (Loudun 6 août 1834, Dél. 30 sept. 1834, 8659 J. N.; — *Conf.* : 8587 J.N.).

Les préposés n'ont pas non plus qualité pour constater des contraventions au timbre dans une imprimerie, une agence privée, un magasin, attendu qu'ils n'ont pas le droit d'y opérer des perquisitions. La saisie des journaux ou écrits périodiques ou non périodiques peut néanmoins y être faite par les officiers de police judiciaire en vertu de l'art. 10 du décret du 17 février 1852 (Sol. 7 juill. 1866) et de l'art. 6 de la loi du 11 juin 1868 sur la presse.

3. LOIS NOUVELLES. — Les dispositions précédentes sont spéciales aux contraventions ordinaires en matière de timbre. Le droit de constater les infractions au timbre des quittances et des titres d'actions ou d'obligations, ou des fonds publics étrangers a été singulièrement élargi par les lois des 23 août 1871, 30 mars et 27 mai 1872. Mais ce sont là des matières régies par une législation particulière dont nous nous occupons aux mots *Étranger, Effets de Commerce* et *Quittances*.

9882. Procès-verbal. — La contravention découverte, le préposé de l'Administration doit, comme nous l'avons vu, la constater au moyen d'un procès-verbal; c'est ce que porte l'art. 34 L. 13 brumaire an 7. La voie de contrainte, que l'art. 76 L. 28 avril 1816 substitue à celle de la signification, n'est pas exclusive de ces procès-verbaux, qui doivent au contraire servir de base aux contraintes (Cass. 26 fév. 1835) : « Attendu, porte cet arrêt, qu'il est de principe général que les contraventions aux lois concernant le timbre ne peuvent devenir l'objet de poursuites pour leur répression qu'après avoir été constatées; que les art. 31 et 32 L. 13 brumaire an 7 sont une conséquence de ce principe et donnent aux préposés de la Régie du timbre les moyens de rapporter des procès-verbaux dans les cas de présentation à la formalité des actes, registres ou effets, en contravention aux lois du timbre; que cette obligation de rapporter des procès-verbaux, soit dans les cas prévus par lesdits art. 31 et 32, soit dans tous autres cas de contravention n'a point été abrogée par l'art. 76 L. 28 avril 1816, parce que la voie des contraintes que cet article substitue aux assignations n'est nullement exclusive des procès-verbaux qui doivent, au contraire, en matière de timbre, servir de base aux contraintes » (1470 § 14 I. G., 8606 J. N.).

1. PAYEMENT DES DROITS ET AMENDES. — Le seul cas où il n'est pas nécessaire de dresser procès-verbal est celui où le contrevenant paye immédiatement le montant des

droits et amendes de timbre (art. 31 L. 13 brum. an 7). Ainsi, il a été jugé que, quand des amendes de timbre ont été payées volontairement, la partie ne peut en obtenir la restitution sous le prétexte que la contravention n'a pas été constatée par un procès-verbal (Foix 9 mai 1837, 11787 J. E.).

9883. Forme du procès-verbal. — Les préposés agissant ici comme employés de l'Administration de l'enregistrement, c'est à *la requête du directeur général, poursuite et diligence du directeur du département*, que les procès-verbaux doivent être rédigés *dans tous les cas*. — Élection de domicile doit être faite aux bureaux du directeur à la diligence duquel on devra exercer les poursuites et au bureau où le recouvrement devra avoir lieu; le procès-verbal doit énoncer les nom, prénoms et qualité de l'employé qui le rédige, mention doit être faite qu'il est commissionné et qu'il a serment en justice (C. R. n° 1408).

1. EXPOSÉ DE LA CONTRAVENTION. — Aucune instruction n'a déterminé la forme particulière des procès-verbaux de contravention en matière de timbre. Mais le but de tout procès-verbal étant de constater le fait d'une manière précise et irrécusable, et le fait matériel étant surtout important à fixer en matière de timbre, il est essentiel de décrire les pièces d'une manière exacte et circonstanciée pour suppléer à leur défaut si elles venaient à s'adirer (1458 § 11 et 1537 n° 200 I. G.; — Seine 26 déc. 1833, 1458 § 11 I. G.). — On devra donc indiquer comment la contravention est arrivée à la connaissance du préposé, si elle résulte de la surveillance générale de l'employé, ou d'une opération particulière; rappeler en détail les pièces qui renferment les contraventions ou les faits qui les constituent, les noms des contrevenants, les dispositions de la loi qui ont été enfreintes; et, enfin, conclure au payement des droits et amendes.

2. ÉPOQUE DE LA RÉDACTION. — Le procès-verbal doit être rédigé au moment même où la contravention est découverte par le préposé (Seine 3 juin 1829, 1537 n° 202 I. G.). Toutefois le tribunal d'Épernay a décidé, le 23 mars 1838, qu'il n'y a pas nullité lorsque le procès-verbal a été rédigé postérieurement à la découverte de la contravention. Ce jugement paraît fondé, mais il faut, autant que possible, ne pas différer la rédaction du procès-verbal afin de prévenir les contestations. — V. *Affiche*.

3. PRÉSENCE DES CONTREVENANTS. — Nulle part la loi n'exige la présence du contrevenant à la rédaction du procès-verbal, ce qui serait d'ailleurs impossible dans la plupart des cas. Aussi le tribunal de Bastia a-t-il décidé, le 4 août 1838, qu'il n'y a pas nullité lorsque le procès-verbal est rédigé en l'absence des contrevenants.

9884. Droit de constater les contraventions. — Nous supposons toujours que le procès-verbal émane d'un préposé de l'enregistrement. Ces derniers agents n'ont pas seuls cependant le droit de constater les contraventions au timbre.

1. ACTE SOUS SEING PRIVÉ. — En effet, la loi du 2 juillet 1862 a disposé, art. 23, que les préposés des douanes, des contributions indirectes et ceux des octrois auraient désormais, pour constater les contraventions au timbre des actes ou écrits sous seing privé et pour saisir les pièces en contravention, les mêmes attributions que les préposés de l'enregistrement (1633 R. P.).

2. LETTRE DE VOITURE. — Les préposés des douanes, des contributions indirectes et des octrois, les gendarmes avaient été déjà spécialement autorisés à constater les contraventions au timbre des lettres de voiture (D. m. f. 10 mess. an 13, 14 avr. 1812, 326 § 3 575, I. G. 6822, J. E.).
En ce qui concerne les connaissements, V. ce mot.

3. JOURNAUX. — ÉCRITS PÉRIODIQUES. — Ainsi encore, aux termes des art. 23 L. 16 juillet 1850 et 10 Déc. 7 février 1850, les préposés de l'enregistrement, les officiers de police judiciaire et les agents de la force publique étaient autorisés à saisir les journaux ou écrits en contravention aux dispositions de ces lois.

4. AFFICHES. — De même, les commissaires, gendarmes, gardes champêtres et tous autres agents de la force publique doivent, concurremment avec les employés de l'enregistrement, dresser des procès-verbaux pour relever les contraventions au timbre des affiches peintes (Déc. 25 août 1851, art. 5).

5. POSTES. — Les employés des postes doivent prêter leur concours pour la répression des contraventions à la loi sur le timbre, en retenant les journaux et imprimés en contravention et en prévenant les employés de l'enregistrement (D. m. f. 31 janv. et 13 juin 1842, 13039 J. E.). — V. *Cartes postales*.
Mais les employés de l'enregistrement ne peuvent avoir le droit de se transporter de leur propre chef dans les bureaux des postes pour y rechercher les contraventions, qu'après y avoir été autorisés par décision supérieure.

6. QUITTANCES. — La contravention au timbre des quittances est constatée par les employés de l'enregistrement, les officiers de police judiciaire, les agents de police judiciaire, les agents de la force publique, les préposés de douanes, des contributions indirectes et ceux des octrois (L. 23 août 1871, art. 23). — V. *Quittance*.

7. TITRES ÉTRANGERS. — Les contraventions au timbre des titres étrangers peuvent être constatées, dans les lieux ouverts au public, par les agents qui ont qualité pour verbaliser en matière de timbre (L. 30 mars 1872, art. 2). — V. *Étranger*.

9885. Saisie des pièces. — Quoique les employés de l'enregistrement aient serment en justice, la loi n'a pas admis que leur déclaration suffit pour établir d'une manière irrécusable l'existence d'une contravention au timbre : elle veut en général que la preuve en soit faite par la représentation même des pièces (Cass. 26 fév. 1835, *rapporté* n° 9882); — ou du moins que le fait ne puisse être dénié par les parties qui sont dépositaires de ces pièces. — L'art. 31 L. 22 frimaire qui autorise les préposés à retenir les pièces en contravention pour les joindre au procès-verbal, consacre le droit de l'Administration ; il est à remarquer que cet article n'ordonne point, à peine de nullité, de joindre aux procès-verbaux de contravention aux lois sur le timbre les pièces qui en font l'objet. Toutefois, comme la jonction de ces pièces est utile pour mettre, en cas de contestation, le tribunal à même d'apprécier si elles sont ou non sujettes au timbre, les préposés doivent retenir les pièces en contravention et les joindre à leur procès-verbal pour justifier d'autant mieux les énonciations détaillées de ce procès-verbal (1458 § 11 et 1537 n° 200 I.G.).

Voici comment s'exprime à cet égard une Sol. du 30 mai 1861. « Les droits et amendes de timbre auxquels un écrit donne ouverture ne doivent-être réclamés aux parties qu'autant que cet écrit peut leur être représenté. Sans doute la production des pièces n'est pas prescrite par la loi à peine de nullité ; mais elle constitue un élément si important de la demande que, dans le cas où cet élément ferait défaut et s'il n'était pas établi par le procès-verbal même que la saisie de la pièce n'a pas pu être effectuée, il n'y aurait pas lieu de poursuivre le recouvrement des droits et amendes (1660 R.P.). Il n'y a d'autre exception à la nécessité de saisir les pièces en contravention que celle résultant de l'art. 31 L. 13 brumaire an 7, lequel dispose que les préposés sont autorisés à saisir les pièces dont il s'agit : « à moins que le contrevenant ne consente à signer le procès-verbal, ou à acquitter sur-le-champ l'amende et le droit de timbre. »

Il a donc été jugé avec raison que, quand des amendes de timbre ont été volontairement payées, on ne peut plus en obtenir la restitution sous le prétexte que la contravention n'a pas été constatée par un procès-verbal (Foix 9 mai 1837, 11787 J.E.).

Mais il faut, selon nous, qu'il s'agisse d'un payement total. Si le débiteur ne s'était pas complètement libéré, l'Administration demeurerait sans action contre lui pour le contraindre au payement du solde de sa dette.

1. AFFICHES. — Toutefois, les préposés n'ont pas le droit, sans s'exposer à des dommages-intérêts, de saisir et arracher des affiches placardées pour les annexer au procès-verbal. Ils devront, dans cette circonstance, se faire accompagner des magistrats ou agents chargés de la police qui seuls ont le droit d'enlever les affiches apposées.

On ne saurait, d'ailleurs, étendre aux affiches le tempérament accordé aux pièces existant dans un dépôt public, pour lesquelles l'annexe au procès-verbal n'a pas lieu (V. infrà n° 3), surtout depuis la loi du 18 juillet 1866 qui, modifiant la législation précédente, autorise l'impression sur papier non timbré et ne fait consister désormais la contravention que dans le fait de l'apposition de l'affiche non timbrée. Il est donc indispensable, à moins de payement immédiat du droit et de l'amende, que toute contravention au timbre en matière d'affiche soit constatée par procès-verbal, aussitôt qu'elle a été reconnue; car l'aveu, même écrit, du contrevenant pourrait ne pas être suffisant pour servir de base à des poursuites en recouvrement (Sol. 11 mai 1868, 2796 R.P.).

2. PIÈCES NON TIMBRÉES MENTIONNÉES DANS UN JUGEMENT. — La contravention à la loi du timbre ne résulte pas seulement de ce qu'un écrit n'est point revêtu de la formalité; il faut encore, et essentiellement, que la pièce soit,

par sa nature, soumise à l'impôt. Or, quand le tribunal a constaté, au cours d'un procès civil, qu'un document produit est rédigé sur papier libre, il n'a établi que le premier élément de la question. Il faut encore rechercher si le document était assujetti au timbre, discuter pour cela sa forme ou sa nature, et le pouvoir, par conséquent, représenter aux juges. — Les juges mentionneront vainement l'existence de la contravention. Comme ils n'ont pas statué sur la poursuite du Trésor, et que le débiteur ne s'est pas défendu, le litige n'est pas terminé. Si le Trésor élève une prétention semblable à celle des magistrats, la production de l'écrit critiqué est un élément indispensable de cette discussion nouvelle; car il faut examiner s'il a le caractère d'un acte, s'il est signé, s'il ne tombe pas sous l'empire de quelque exception, etc. Toute voie de poursuite sera donc fermée à l'Administration, quand elle ne se sera pas ménagé, par un procès-verbal de saisie les moyens de produire la pièce.

Le tribunal d'Auxerre a décidé, le 11 août 1864 (2114 R.P.), que quand un jugement rendu entre parties civiles porte qu'il a été produit au tribunal des écrits rédigés sur papier non timbré, en contravention à la loi, cette mention ne dispense pas l'Administration de la nécessité d'un procès-verbal de saisie pour obtenir le payement des droits et amendes exigibles.

La Cour de cassation a reconnu, dans un même ordre d'idées, le 26 février 1835, que la mention faite par le juge-commissaire d'une faillite révèle l'existence d'une contravention au timbre ne dispense pas l'Administration de la nécessité d'un procès-verbal pour suivre le recouvrement de l'amende et du droit. — V. 9882.

C'est aussi ce qui résulte d'un jugement de Charleroi, du 5 février 1859, d'après lequel ne constitue pas une preuve suffisante de la contravention, à défaut de procès-verbal qui la constate et en l'absence des titres, la mention dans un inventaire de reconnaissances de sommes désignées comme écrites sur papier libre (8275 J.E. belge). — V. sur ce dernier point le mot Acte en conséquence.

Il faudrait appliquer la même règle à l'aveu du débiteur consigné dans une pétition ou tout autre acte.

3. DÉPÔT PUBLIC. — La saisie des pièces en contravention n'a lieu, comme nous l'avons vu, que pour servir à prouver d'une façon matérielle l'existence du fait allégué par le procès-verbal, sans que le défaut de saisie puisse être opposé à l'Administration comme moyen de nullité (V. 9885). Il suit de là que la saisie des écrits non timbrés qui sont conservés dans les dépôts publics n'est point nécessaire puisqu'ils peuvent toujours être représentés aux juges en cas de discussion. « Quant à ceux de ces écrits, porte une Sol. 22 novembre 1861 (1660 R.P.), qui ne se trouvent que momentanément dans un de ces dépôts à l'appui d'une demande ou d'une justification, la saisie en est indispensable, au contraire, afin d'éviter que le retrait qui en serait fait par les déposants n'enlève à l'Administration la possibilité de les représenter. Cette saisie ne pourrait d'ailleurs être considérée comme entravant la marche des affaires, car l'art. 24 L. 13 brumaire an 7 défend formellement aux juges et officiers publics d'agir sur un acte non timbré et non visé pour timbre. Au surplus, les parties ont toujours le moyen d'empêcher la saisie en signant le procès-verbal. Il est encore facile d'éviter toutes les difficultés qui pourraient résulter de l'annexe au procès-

verbal : c'est de consigner la pièce entre les mains du dépositaire qui, en signant le procès-verbal, prend l'engagement de la conserver jusqu'au terme de la poursuite. »

C'est dans ce sens que tribunal de la Seine a jugé, le 28 août 1852 (15440 J. E.), que les contraventions aux lois sur le timbre découvertes dans un greffe de tribunal de commerce peuvent être légalement constatées par procès-verbal ; mais le tribunal a, de plus, reconnu qu'il n'est pas indispensable que les pièces en contravention soient jointes au procès-verbal, lorsque ce procès-verbal n'a pas été signé par les contrevenants. Les motifs de cette disposition du jugement sont que, si l'art. 31 L. 13 brumaire an 7 prescrit aux employés de l'Administration de joindre à leurs procès-verbaux de contravention aux lois sur le timbre les pièces qui en font l'objet, il ne leur impose pas ce devoir à peine de nullité des procès-verbaux ; que cette loi a seulement voulu mettre le tribunal à portée de juger la nature des actes sujets au timbre : que cette appréciation peut aussi être faite au vu des procès-verbaux qui, émanant d'un officier public, font foi de leur contenu ; que, d'ailleurs, le tribunal aurait le droit de se faire représenter les pièces elles-mêmes, et que, dans l'espèce, cette mesure d'instruction n'est pas nécessaire, puisque la copie donnée par les procès-verbaux n'est pas contestée par les opposants.

La cour de la Martinique a également considéré comme régulière la constatation des contraventions au timbre reconnues dans des quittances déposées au greffe : « Attendu, dans l'espèce, que l'existence du corps de délit n'est pas douteuse, ni contestée ; que la teneur des quittances a été insérée in extenso au procès-verbal du 21 mai 1863, qui mentionne que ces quittances, parafées ne varietur, ont été laissées annexées aux procès-verbaux auxquels elles se rapportaient ; qu'en cas de doute, il était facile aux tribunaux d'ordonner l'apport des pièces non saisies, laissées en dépôt aux mains des deux officiers publics ; que, d'ailleurs, l'art. 31 L. 13 brumaire an 7 est facultatif dans ses termes et n'ordonne aucunement à peine de nullité de joindre aux procès-verbaux de contravention sur le timbre les actes qui en font l'objet » (4932 R. P.). — V. 1537 n° 200 I. G. — V. aussi 1361, 4570, 5163.

9886. Affirmation. — Le procès-verbal n'est pas sujet à affirmation (Cass. 21 germ. an 9 et 26 juin 1820, P. chr., S. 21-1-17, 6771 J. E.).

Cette règle n'est applicable qu'aux agents de l'enregistrement. Les procès-verbaux émanés des agents d'autres services, dont les procès-verbaux sont soumis à l'affirmation, restent assujettis à cette formalité.

9887. Effet du procès-verbal. — Le procès-verbal n'a d'autre effet que de constater l'existence de la contravention et de servir de base à l'action de l'Administration contre les débiteurs des droits et amendes.

1. DÉBITEURS SOLIDAIRES. — Il en résulte que le procès-verbal vaut contre tous les contrevenants débiteurs solidaires et peut autoriser l'Administration à agir contre chacun d'eux par voie de contrainte, sans qu'il soit nécessaire de notifier le procès-verbal.

Ainsi, par suite de la solidarité prononcée par l'art. 75 L.

28 avril 1816 contre les prêteurs et les emprunteurs pour le payement des droits et amendes de timbre d'un billet, ce payement peut être poursuivi contre le prêteur, et même contre son héritier, quoique le procès-verbal contre l'emprunteur n'ait pas été notifié au prêteur (Cass. 9 mars 1852, S. 53-1-207, 1929-6 I. G., 15405 J. E.). — V. 7193.

9888. Foi due au procès-verbal. — Le tribunal de Brives a jugé, le 15 décembre 1853, que le procès-verbal fait foi jusqu'à preuve contraire. Son jugement porte :

« Considérant qu'il résulte d'un procès-verbal en forme dressé, le 10 juillet 1853, par le receveur de l'enregistrement à V..., que, ledit jour, à sept heures quarante minutes du matin, il a trouvé le sieur L..., huissier, procédant à une vente de meubles ; — Considérant que ledit procès-verbal constate que le papier sur lequel l'huissier écrivait son procès-verbal de vente n'était pas timbré, et qu'il ne portait pas copie en tête de la déclaration préalable prescrite par l'art. 5 L. 22 pluviôse an 7 ; — Considérant que ce procès-verbal fait foi de son contenu jusqu'à preuve contraire ; que, vainement, le sieur L... allègue-t-il que ce qu'il rédigeait n'était qu'un projet ; que c'était à lui que la preuve contraire du procès-verbal incombait, et qu'elle n'a pas même été offerte par lui. »

La même solution a été adoptée en ce qui concerne les procès-verbaux relatifs au notariat.

Cette question a été complétement discutée au mot Procès-verbal n° 13151.

9889. Signification et contrainte. — L'art. 76 L. 28 avril 1816 porte le recouvrement des droits de timbre et des amendes de contravention y relatives doit être poursuivi par voie de contrainte, et qu'en cas d'opposition, les instances doivent être instruites et jugées selon les formes prescrites par les lois des 22 frimaire an 7 et 27 ventôse an 9. Il résulte de ces dispositions que le législateur a voulu expressément abroger le mode des poursuites qui avait été réglé pour les contraventions aux lois sur le timbre par la loi du 13 brumaire an 7, et, par conséquent, substituer la poursuite par voie de contrainte à la poursuite par voie de signification du procès-verbal et d'assignation (Cass. 11 juill. 1840, 1844 § 27 I. G., S. 49-1-635, 14784 J. E. ; 2 mai 1854, 2019 § 11 I. G., 13820 J. N., S. 54-1-643, 15868 J. E.).

« Attendu, porte ce dernier arrêt, qu'aux termes de l'art. 76 L. 28 avril 1816, le recouvrement des droits de timbre et des amendes de contravention y relatives doit être poursuivi par voie de contrainte ; et qu'en cas d'opposition, les instances doivent être instruites et jugées selon les formes prescrites par les lois des 22 frimaire an 7 et 27 ventôse an 9 ; qu'il résulte de ces dispositions que le législateur a voulu expressément abroger le mode de poursuite établi pour les contraventions aux lois sur le timbre par la loi du 13 brumaire an 7, et, par conséquent, qu'il a voulu substituer la poursuite par voie de contrainte à la poursuite par voie de signification du procès-verbal et d'assignation ; que, du moment où cette loi nouvelle a été portée, c'est uniquement dans la loi du 22 frimaire an 7 et dans celle du 27 ventôse an 9 que l'on a dû chercher les règles relatives au mode de poursuite en matière de contravention au timbre, et qu'on ne trouve dans aucune de ces lois la nécessité d'une signification du procès-verbal de la contravention et d'une assignation dans le délai prescrit par l'art. 32 L. 13 brumaire an 7. »

1. CONTRAINTE SÉPARÉE. — De ce que le procès-verbal doit être suivi d'une contrainte, cela ne veut pas dire qu'un seul et même écrit peut renfermer le procès-verbal et la contrainte. Chacun de ces actes a sa portée et ses effets distincts : le procès-verbal constate le fait sur lequel sera basée la réclamation du Trésor; la contrainte est le premier acte d'exécution par lequel cette réclamation se manifeste (Sol. 18 avr. 1864 et 4 sept. 1866).

2. JOURNAUX.—Il en était autrement pour les journaux. La loi du 16 juin 1850 et le décret du 17 février 1852 prescrivaient la notification du procès-verbal dans le délai de trois jours. La notification n'était pourtant indispensable que si le contrevenant avait refusé de signer le procès-verbal ou d'acquitter les droits, car la loi de 1850 et le décret de 1852 ne font que reproduire les dispositions de la loi du 13 brumaire an 7.

4. DÉLAI POUR LA NOTIFICATION. — Le délai pour notifier les procès-verbaux de contravention au timbre des journaux était de trois jours; mais en se reportant à la loi du 13 brumaire an 7, dont les lois de 1850 et de 1855 reproduisent les dispositions, on voit qu'un aussi court délai n'avait été déterminé qu'en cas de refus par le contrevenant de signer le procès-verbal ou d'acquitter les droits et amendes; il est évident, dès lors, que la loi supposait les contrevenants domiciliés dans l'arrondissement du bureau. Il en résulte que, quand ce délai est insuffisant, à raison de l'éloignement du domicile du contrevenant, il y avait lieu de l'augmenter d'un jour par trois myriamètres de distance, conformément à l'art. 1033 C. proc. (Seine 25 nov. 1859, 17103 J. E., 11688 C., 1430 R. P.).

9890. Instance. — Compétence du tribunal. — L'exécution de la contrainte, en matière de timbre, est poursuivie comme en matière d'enregistrement. L'instance s'instruit et les difficultés se jugent toujours comme en matière d'enregistrement; les principes sont les mêmes ; la compétence des tribunaux est la même; de sorte que la connaissance du litige appartient au tribunal du bureau d'où émane la contrainte et où les droits et amendes doivent être payés.

1. JOURNAUX. — Spécialement, l'opposition à la contrainte décernée pour le payement de l'amende de timbre résultant d'une contravention commise dans la publication d'un journal devait être portée, non pas devant le tribunal dans l'arrondissement duquel le journal se publie, mais devant celui dans le ressort duquel est situé le bureau où la contravention avait été constatée, et dont la contrainte était émanée (Cass. 30 mai 1826, 1200 § 25 I. G., S. 26-1-458).

9891. Privilége. — Faillite. — Le privilége des contributions directes accordé, dans les successions ou les faillites, par l'art. 76 L. 28 avril 1816, pour le recouvrement des droits et amendes du timbre, ne peut atteindre les syndics qu'autant qu'ils sont dépositaires de sommes ou valeurs appartenant à la faillite ; ce privilége ne donne aucune action personnelle contre eux lorsqu'ils se sont dessaisis régulièrement avant que l'Administration ait formé sa demande (Sol. 4 mai 1827, 1219 § 6 I. G.).

Quand le privilége est contesté, le juge doit renvoyer à l'audience (Cass. 26 janv. 1875, 4052 R. P.; — Conf. : C. Paris 29 mai 1875, 4577 J. des av.).

CHAPITRE X. — HYPOTHÈQUES

[9892-9895]

9892. Contestations relatives à l'exécution des formalités hypothécaires. — Lorsqu'il s'engage des contestations entre les conservateurs des hypothèques et les parties sur l'exécution des formalités hypothécaires, le conservateur, à raison de sa responsabilité, stipule pour son propre compte, et non dans l'intérêt du Trésor; dès lors, il doit plaider par le ministère d'un avoué, et suivre les formes de la procédure entre particuliers (D. m. j. et f. 959 I. G.).

9893. Radiation d'inscription. — Spécialement, lorsqu'un conservateur est assigné pour voir ordonner une radiation d'inscription qu'il a refusé de défendre suivant le mode ordinaire de la procédure (Bruxelles et Orléans 11 juin 1812 et 19 janv. 1827, 1537 n° 208 I. G.).

9894. Responsabilité. — Action contre le conservateur ou ses héritiers. — Domicile. — Ceux qui exercent une action en responsabilité contre les héritiers d'un conservateur doivent les assigner au bureau même où celui-ci exerçait ses fonctions, et qui, aux termes de l'art. 9 L. 21 ventôse an 9, est son domicile de droit tant que dure la responsabilité (Rouen 7 nov. 1826, 1537 n° 210 I. G.).

9895. Instances relatives à la perception des droits d'hypothèque. — Mais si les conservateurs interviennent ou sont assignés sur des faits relatifs à la perception des droits établis pour les formalités hypothécaires, comme alors ils agissent pour le compte et dans l'intérêt du Trésor, ils sont dispensés de constituer avoué, et l'instruction de l'instance se fait par simples mémoires, respectivement signifiés, conformément à l'art. 65 L. 22 frimaire an 7 (D. m. j. et f. 959 I. G.).

1. INSUFFISANCE DE PRIX OU DE REVENU. — Le conservateur a-t-il le droit de requérir l'expertise? — V. Transcription.

CHAPITRE XI. — VENTE DE MEUBLES

[9896-9905]

9896. Loi. — « Les préposés de l'enregistrement sont autorisés à se transporter dans les lieux où se font des ventes de meubles et à s'y faire représenter le procès-verbal et la copie de la déclaration préalable. Ils dresseront des procès-verbaux des contraventions qu'ils auront reconnues et constatées. Ils pourront même requérir l'assistance d'un officier municipal, du maire ou de l'adjoint de la commune où se fera la vente. La preuve testimoniale pourra être admise sur les ventes faites en contravention à la loi » (art. 8 L. 22 pluv. an 7).

9897. Mode de procéder. — D'après l'art. 8 L. 22 pluviôse an 7, deux sortes de procédures sont établies pour parvenir à constater les contraventions aux dispositions des art. 1er et 2 de cette loi, savoir : *un procès-verbal* dressé sur les lieux et au moment même où se commet la contravention, et, à défaut de procès-verbal, *une enquête* (Cass. 30 mess. an 10, 326-9 et 10 et 1537-47 I. G. ; 4 juill. 1810, 1150-17 et 1537-212 I. G. ; et 17 juill. 1827, S. 28-1-75, 1229-13 et 1537-217 I. G., 8817 J. E., Circ. de la Régie n° 1498).

9898. Procès-verbal. — Lorsqu'il s'agit de contraventions autres que celles relatives aux art. 1er et 2, et même de contraventions résultant d'un acte de vente présenté à l'enregistrement, les infractions doivent-elles être constatées par des procès-verbaux ? En principe, les amendes exigibles sans condamnation préalable se perçoivent au moment de l'enregistrement ; dans ce cas, la rédaction d'un procès-verbal serait inutile et frustratoire. Mais, lorsque la perception de l'amende n'a pas eu lieu, et qu'il s'agit d'en poursuivre le payement, on a prescrit, en premier lieu, de rédiger procès-verbal dans tous les cas, quelle que fût la nature de la contravention (Circ. de la Régie 1498). Seulement, ce procès-verbal devait être soumis en projet au directeur (326 § 10 I. G.). Depuis, on a décidé qu'un procès-verbal n'est pas nécessaire pour constater les contraventions aux dispositions autres que celles des art. 1er et 2 (1150 § 17, 1537 n° 220 I. G.).

Cette dernière décision semble contestable et M. Vuarnier pense que le texte de l'art. 8 est trop positif pour qu'il soit permis de s'en écarter, même lorsque la contravention existe dans un acte dont il reste minute, à moins que le contrevenant ne consente à payer sur-le-champ l'amende encourue. — V. n° 3335.

9899. Forme du procès-verbal. — Le procès-verbal doit être rédigé de façon qu'on puisse apprécier les circonstances de la contravention et en connaître les auteurs. Il ne suffirait pas, par exemple, de rappeler les noms des individus qui mettent les objets à l'enchère, il faut donner

également ceux des individus qui ont requis la vente et qui l'ont fait faire. — Le procès-verbal doit rappeler les articles de loi auxquels il a été contrevenu.

1. LIEU OÙ IL DOIT ÊTRE RÉDIGÉ. — Il n'y a point de nullité lorsque le procès-verbal n'est pas rédigé sur le lieu même. Néanmoins, l'écrit rédigé par le receveur de l'enregistrement, *dans son bureau* et sur les renseignements à lui donnés par des particuliers non assermentés, au sujet d'une vente d'effets mobiliers faite par un officier public sans déclaration préalable, n'est point le procès-verbal requis par la loi, et il n'en peut résulter la preuve de la contravention. Il y a lieu, en pareil cas, de recourir à la preuve *testimoniale* (Cass. 4 juill. 1810, 1537 n° 213 I.G., 3716 J.E.).

D'habitude, les préposés se bornent à constater les contraventions, à prendre des notes pour la rédaction de leur procès-verbal, et à inviter les contrevenants à assister à la rédaction de ce procès-verbal pour le signer ou y faire des réserves et protestations s'ils le jugent convenable.

2. MOMENT OÙ IL DOIT ÊTRE RÉDIGÉ. — L'Administration a recommandé de toujours rapporter le procès-verbal le jour même où la contravention a été constatée (Circ. 1498).

3. FIXATION DE L'AMENDE. — Le procès-verbal doit déterminer exactement le montant des amendes encourues et des droits exigibles (Circ. 1498). Quand il s'agit d'une vente sans ministère d'officier public, et que le procès-verbal doit être rédigé sur-le-champ, les préposés ne fixent pas d'office le chiffre de l'amende, il suffit qu'il le soit dans la contrainte. Mais on indique dans le procès-verbal le minimum et le maximum de l'amende encourue, en ajoutant que le chiffre en sera ultérieurement déterminé par qui il appartiendra. — Ce sont les directeurs qui sont autorisés à fixer le montant de cette amende dans la latitude de la loi et suivant les circonstances (Circ. 1498; 326 § 8 et 1537 n° 216 I. G.).

En cas d'opposition, c'est au tribunal qu'il appartient de faire cette fixation dans les limites tracées par la loi (Foix 19 déc. 1839). — V. *Contravention.*

4. ASSISTANCE D'UN OFFICIER MUNICIPAL. — Lorsque, conformément à l'art. 8 L. 22 pluviôse an 7, le préposé de l'Administration s'est fait assister d'un officier municipal, le procès-verbal doit faire mention de ce fonctionnaire public et être signé de lui (Circ. n° 1498, 326 § 10 I.G.). Si l'officier municipal a refusé par un motif quelconque d'assister le préposé de l'Administration, celui-ci en fera également mention.

9900. Affirmation. — Les procès-verbaux constatant les contraventions à la loi du 22 pluviôse an 7 ne sont pas, de même que ceux qui sont dressés par les préposés en matière d'enregistrement et de timbre, soumis à la formalité de l'affirmation devant le juge de paix (1537 n° 215 I.G.).

Cependant, quand la contravention ne résulte pas de pièces écrites, il paraît prudent d'accomplir cette formalité (Circ. 1498, 326 § 5 n° 10 I.G.).

9901. Signification du procès-verbal. — Lorsqu'un procès-verbal est rédigé, il doit, dans tous les cas, être signifié au contrevenant; mais la loi spéciale n'a fixé aucun délai de rigueur pour cette notification. Il semble que l'on doit la faire en même temps que celle de la contrainte.

9902. Contrainte. — Le recouvrement des droits et amendes, en matière de ventes publiques de meubles, doit être suivi par voie de contrainte. C'est ce qui résulte de l'art. 8 L. 22 pluviôse an 7, d'après lequel les poursuites et les instances ont lieu de la manière prescrite par la loi du 22 frimaire sur l'enregistrement. Ainsi, soit qu'il ait été ou non rédigé procès-verbal, le recouvrement, à défaut de payement immédiat, doit être suivi par voie de contrainte décernée par le receveur, visée et rendue exécutoire par le juge de paix. Cette contrainte peut être rédigée à la suite du procès-verbal et notifiée en même temps. L'exécution en est suivie comme en matière d'enregistrement.

9903. Instances. — Les instances relatives à l'exécution des lois sur les ventes publiques de meubles sont suivies avec les formes spéciales prescrites par l'art. 65 L. 22 frimaire an 7 (326 et 1537 n° 219 I. G.), sauf le cas d'enquête.

Le tribunal compétent est celui de l'arrondissement du bureau d'où émane la contrainte (Seine 2 déc. 1840, B. C. ann. 958).

9904. Enquête. — DEMANDE D'Y PROCÉDER. — Lorsqu'une contravention aux dispositions de la loi du 22 pluviôse an 7 n'a pu être constatée par un procès-verbal rédigé au moment de la vente, c'est par voie d'enquête que l'on doit procéder; mais, comme il s'agit d'une instance, la demande ne doit être introduite qu'avec l'autorisation de l'Administration.

1. REQUÊTE. — Il doit être présenté au tribunal une requête tendant à ce que l'Administration soit admise à faire la preuve par témoins des faits par elle articulés, et à ce que l'un des juges soit nommé pour procéder à l'enquête, conformément à l'art. 255 C. proc. Cette requête doit être notifiée à la partie (Cass. 17 juill. 1827, 1229 § 13 I. G., S. 28-1-75, 8817 J. E.).

2. JUGEMENT. — Le tribunal autorise l'enquête dans la forme ordinaire : quand les faits dont l'Administration a demandé à faire preuve ont été clairement libellés dans sa requête, que cette requête a été littéralement consignée dans le jugement qui a ordonné l'enquête, il n'est pas nécessaire que le dispositif de ce jugement énonce les faits à prouver. La signification de ce dispositif et de la requête, tant à la partie qu'aux témoins appelés à déposer dans l'enquête, satisfait pleinement au vœu des art. 255 et 260 C. proc. (même arrêt, *Ibid.*).

3. PROCÉDURE. — La procédure relative à l'enquête doit être suivie dans les formes prescrites par le droit commun; mais l'instance qui s'engage sur l'enquête doit être instruite selon le mode spécial établi par l'art. 65 L. 22 frimaire

an 7 et l'art. 17 L. 27 ventôse an 9 (même arrêt). Ainsi, on ne constitue pas avoué pour demander l'enquête, et l'instruction se fait sur simples mémoires respectivement signifiés. Mais, sauf ces formes spéciales, on procède selon les règles établies par les art. 252 et suiv. C. proc., pour obtenir le jugement qui ordonne la preuve par témoins, signifier ce jugement, assigner les témoins et faire procéder à l'enquête par le juge-commissaire.

4. RÉSULTATS DE L'ENQUÊTE. — Lorsque les résultats de l'enquête sont favorables à l'Administration, on présente au tribunal un mémoire pour obtenir la condamnation au payement de l'amende, des droits de timbre et des frais du procès, le tout suivant les formes spéciales en matière d'enregistrement : il est ensuite procédé comme pour les poursuites et les instances ordinaires concernant l'Administration.

9905. Vente de marchandises neuves. — La surveillance de l'exécution des dispositions relatives aux ventes de meubles en général doit s'exercer sur les ventes de marchandises neuves, et la poursuite des contraventions doit avoir lieu selon le mode déterminé par l'art. 8 L. 22 pluviôse an 7. — V. *Adjudication*.

1. CONTRAVENTIONS SPÉCIALES. — Quant aux contraventions aux dispositions spéciales sur ces ventes, comme elles ne sont punies que d'une amende à prononcer par les tribunaux correctionnels, l'amende ne peut être exigée sans condamnation préalable. Aucun article ne donnant aux préposés le droit de requérir une condamnation, c'est aux magistrats du ministère public que ce droit appartient exclusivement. Cependant, les préposés ont qualité pour constater les contraventions comme toutes celles relatives au notariat, mais alors leurs procès-verbaux doivent être transmis au ministère public qui poursuit, s'il le juge convenable, sans que l'Administration ait à intervenir.

CHAPITRE XII. — CONTRAVENTIONS COMMISES PAR LES NOTAIRES, AVOUÉS HUISSIERS ET AUTRES OFFICIERS PUBLICS

[9906-9921]

9906. Préliminaires. — Les préposés de l'enregistrement, ayant mission de surveiller les dépôts publics d'actes, sont appelés à constater certaines infractions commises par des officiers publics. Quelques-unes de ces contraventions doivent faire l'objet de procès-verbaux, les autres sont seulement portées à la connaissance du ministère public par simple lettre ou états, lors même qu'elles n'entraînent aucune peine particulière et qu'elles peuvent seulement donner lieu à des poursuites disciplinaires ou à de simples injonctions ou avertissements (263, 384, 668, 1050, 1089, 1293 § 18, 1537 n°s 231, 232, 244 et 246, 1722 I. G.).

9907. Contraventions communes à tous les officiers publics. — 1. FAUSSE MENTION D'ENRE-GISTREMENT. — Dans le cas prévu par l'art. 46 L. 22 frimaire an 7, de fausse mention d'enregistrement, soit dans une minute, soit dans une expédition, les préposés doivent constater le délit par un procès-verbal, et y joindre, si la fausse mention a eu lieu dans une expédition, une copie collationnée de cette expédition, dans la forme indiquée par l'art. 56 de la loi précitée. Le procès-verbal est adressé au procureur de la République pour la poursuite du délinquant. Il doit être procédé de la même manière dans tous les cas où il y a matière à accusation de faux (263 et 340 §§ 5 et 7 I. G.).

2. REFUS DE COMMUNICATION. — Il est nécessaire de constater par un procès-verbal, rédigé dans la forme prescrite par les art. 52 et 54 L. 22 frimaire an 7, le refus fait par un officier public ou ministériel, ou tout autre dépositaire public, de communiquer son répertoire, ses minutes ou les pièces déposées entre ses mains (1150 § 17 I. G.).

Ce procès-verbal n'est pas susceptible d'être affirmé devant le juge de paix (Cass. 26 juin 1820, 1537 n° 12 I. G., S. 21-1-17, 6771 J. E.).

Il doit, sous peine de nullité, être enregistré dans les quatre jours de sa date (L. 22 frim. an 7, art. 20 et 34). — Il ne peut être considéré comme un acte de poursuite, et il est sujet au droit fixe de 2 francs (3 fr.), sans égard à la quotité des recouvrements qui peuvent en résulter (1150 § 17 I. G.).

L'effet du procès-verbal est suivi par voie de contrainte, et non par assignation devant le tribunal (n° 12 I. G.).—V. Communication.

3. POIDS ET MESURES. — Il ne doit pas être rédigé de procès-verbal pour les contraventions aux lois sur les poids et mesures commises par les officiers ministériels autres que les notaires. Le recouvrement de l'amende encourue est poursuivi par voie de contrainte (D. m. f. 9 juill. 1829, Circ. m. c. 30 nov. 1832, 1283 et 1415 I. G.).

4. PATENTES. — Les contraventions à l'art. 37 L. 1er brumaire an 7 et à l'ordonnance royale du 23 décembre 1814 commises par les avoués et huissiers, en omettant dans leurs actes la mention de la patente des parties, doivent être constatées par des procès-verbaux qui sont transmis au procureur de la République, chargé de requérir la condamnation (668 I. G.). Ces dispositions sont aujourd'hui abrogées.

9908. Notaires. — Les préposés doivent constater par des procès-verbaux les contraventions emportant peine d'amende aux lois des 16 floréal an 4 et 25 ventôse an 11, concernant le dépôt annuel des répertoires des notaires et l'organisation du notariat, et à l'art. 68 C. com., touchant la publication des contrats de mariage de commerçants (1537 n° 14 I. G.).

1. LOI DU 25 VENTÔSE AN 11. — En ce qui concerne spécialement la loi du 25 ventôse an 11, sur l'organisation du notariat, les préposés doivent rédiger des procès-verbaux pour les contraventions auxquelles il y attache une peine quelconque. A l'égard des irrégularités qui n'entraînent aucune peine, ils en forment un relevé qui, de même que les

procès-verbaux, est remis au procureur de la République. Enfin, quant aux contraventions telles que lacunes, surcharges, interlignes et additions, qui auraient servi à altérer la date des actes pour éluder les peines encourues par suite du défaut d'enregistrement dans le délai, ou à dissimuler le montant des sommes stipulées, ou autres contraventions des parties, afin d'atténuer les droits d'enregistrement, les préposés, en même temps qu'ils constatent la contravention par un procès-verbal, ont à poursuivre par voie de contrainte le payement des droits simples, ou en sus, d'enregistrement, que la contravention a eu pour but d'éviter (263, 384 et 1554 I. G.).

2. LOI DU 23 AOÛT 1871. — Mais il n'y a pas de procès-verbal à rapporter pour constater l'inexécution par le notaire des articles de la loi du 23 août 1871 qui lui enjoignent de donner lecture aux parties des dispositions de cette loi relatives aux dissimulations. — V. Acte notarié.

9909. Huissiers. — 1. SIGNIFICATION DE COPIES ILLISIBLES. — Les contraventions au décret du 29 août 1813, résultant de significations de copies illisibles, sont exclusivement poursuivies par le ministère public; les receveurs de l'enregistrement se bornent à recouvrer les amendes, lorsqu'elles sont prononcées (659 I. G.).

2. REGISTRE DES PROTÊTS. — Les préposés constatent par des procès-verbaux, qu'ils transmettent au procureur de la République, les contraventions des huissiers à l'art. 176 C. com., concernant l'inscription littérale des protêts sur un registre tenu dans la forme des répertoires (1293 § 18 I. G.).

9910. Procès-verbal. — 1. FORME. — Ce que nous avons dit des procès-verbaux à dresser en matière de meubles s'applique aux procès-verbaux de l'espèce: ils doivent être dressés à la requête de l'Administration de l'enregistrement; il faut y faire élection de domicile au bureau de la résidence des contrevenants et conclure à la condamnation sur la réquisition du ministère public.

2. AFFIRMATION. — Le préposé fait reconnaître la sincérité du procès-verbal par l'officier public contrevenant; en cas de refus, il l'affirme devant le juge de paix dans les vingt-quatre heures (D. m. j. et f. 8 et 25 juill. 1820, 1089 § 2 I. G.).

3. FOI JUSQU'A PREUVE CONTRAIRE. — Les procès-verbaux des préposés constatant les contraventions aux lois relatives au notariat font foi jusqu'à preuve contraire (Rennes et Orléans 22 avr. 1833 et 27 mars 1835; — Cass. 16 mars 1836, 1537 n° 235 I. G., S. 36-1-171).

C'est ce qui a été également décidé en matière de timbre. — V. suprà 9888.

La question a été d'ailleurs traitée, en thèse générale, au n° 13151.

9911. Mention marginale sur les actes. — Les préposés qui rapportent des procès-verbaux de contravention à la loi du 25 ventôse an 11, sur le notariat, doivent s'abstenir de faire aucune mention marginale sur les actes argués d'irrégularité (D. m. j. et f. 30 août 1825, 1347 § 15 I. G.).

9912. Poursuite. — Les amendes pour les contraventions de l'espèce ne sont pas immédiatement exigibles en vertu du procès-verbal, elles doivent être prononcées par jugement. C'est au ministère public exclusivement qu'il appartient de requérir les condamnations encourues pour contraventions aux lois sur le notariat. L'Administration n'a pas qualité pour engager la demande en son nom et à la requête, poursuites et diligences du procureur de la République. La nullité du premier acte de procédure fait en cette forme vicierait tous les actes ultérieurs (D. m. j. et f. 15 mars et 25 avr. 1537 n° 236 I. G.).

9913. Ministère public. — Les procès-verbaux sont donc transmis au ministère public qui doit requérir la condamnation. « On a, dit M. Vuarnier n° 3182, élevé la question de savoir si les magistrats du parquet peuvent se dispenser de donner suite aux procès-verbaux qui leur sont adressés par les préposés de l'Administration. Ils ne le peuvent pas plus que pour toutes les infractions à la loi dont la connaissance leur est déférée, mais ils ne sont pas tenus de poursuivre lorsque leur conviction s'y oppose et que le fait signalé ne leur paraît constituer aucune contravention. Le seul moyen, quand le directeur persiste dans l'opinion contraire, est d'en rendre compte à l'Administration qui décide s'il convient d'en référer au ministre, afin que des ordres soient transmis aux magistrats. »

9914. Offres réelles. — Les amendes encourues pour contraventions aux lois sur le notariat ne peuvent être perçues par les receveurs de l'enregistrement avant la décision des tribunaux sur les poursuites exercées d'office par le ministère public. En conséquence, les receveurs doivent refuser les offres réelles qui seraient faites par les notaires contrevenants avant le jugement de condamnation (Seine 25 avr. 1826 et 17 déc. 1833, 1537 n° 238 I. G.).

9915. Condamnation. — La poursuite des contraventions devant être faite par voie d'assignation à la requête du ministère public, sans l'intervention de l'Administration, il est inutile de s'occuper des règles de cette procédure, nous dirons seulement quelques mots de la compétence des tribunaux et de leur juridiction en cette matière.

9916. Tribunal. — Compétence. — Aux termes de l'art. 53 L. 25 ventôse an 11, les contraventions doivent être poursuivies devant le tribunal *civil* de l'arrondissement de la résidence du notaire, et non devant le tribunal de *police correctionnelle* (Cass. 30 juin 1814, 1537 n° 237 I. G., S. 14-1-261).

9917. Appel. — D'après la disposition expresse de l'art. 53 L. 25 ventôse an 11, les jugements des tribunaux civils en matière de contraventions aux lois sur le notariat, notamment aux art. 67 et 68 C. com., relatifs au dépôt des contrats de mariage des commerçants, sont sujets à l'appel et ne peuvent être immédiatement attaqués en cassation, lors même que les amendes dont la demande a été faite ne s'élèvent pas à 1,000 francs (Metz 15 janv. 1819.; — Cass. 29 oct. 1830, 1537, n° 239 I. G., 9885 J. E.).

Il en est autrement pour les contraventions à la loi du 23 août 1871, qui constituent des infractions à la loi d'enregistrement.

9918. Appel. — Pourvoi en cassation. — Ministère public. — Le procureur de la République a le droit exclusif d'interjeter appel des jugements et de se pourvoir en cassation contre les arrêts concernant les contraventions aux lois sur le notariat (D. m. j. et f. 15 mars et 25 avr. 1808; — Cass. 12 juin 1811, 1537, 240 I. G.; et 29 oct. 1830, S. 31-1-49, 9885 J. E., 1537-239 I. G.).

9919. Pourvoi en cassation. — Déclaration au greffe. — Le pourvoi en cassation peut être formé au moyen d'une déclaration indiquant le motif du pourvoi, déposé au greffe et transmis au greffe de la C. cass. par l'intermédiaire du ministre de la justice et du procureur général (Cass. 4 juill. 1820, 1537-241 I. G.).

9920. Frais de procédure. — Les frais de poursuites faites par les procureurs de la République pour la répression des contraventions aux lois sur le notariat doivent être avancés par les receveurs de l'enregistrement, comme *frais de justice*, et remboursés à l'Administration selon le mode établi pour les dépenses dont le ministère de la justice est chargé (D. m. f, 10 fév. 1817, 773 I. G.).

9921. Recouvrement. — Lorsqu'il y a condamnation, le recouvrement de l'amende et des frais est suivi par les soins de l'Administration sur la remise de l'extrait du jugement, comme pour toute autre condamnation à l'amende prononcée en matière civile par les tribunaux.

CHAPITRE XIII. — AMENDES ET FRAIS DIVERS

[9922-9927]

9922. Règle générale. — Les instances relatives au recouvrement des amendes et frais de toute nature doivent être instruites et jugées suivant les formes spéciales prescrites en matière d'enregistrement (Cass. 28 juill. 1812, 1537 n° 224 I. G.).

Cette règle s'applique donc aux condamnations prononcées : 1° en matière civile (Cass. 16 juin 1823, 1537-230 I. G.) ;

2° En matière forestière (Cass. 11 mars 1828, 1249-15 et 1537 n° 229 I. G.);

3° En matière de poids et mesures (1285, 1415, 1537 n° 243, 1594 I. G.);

4° En matière de vente publique de meubles (Cass. 17 juill. 1827, 326, 1293 § 13, 1537 n° 219 I. G.);

5° En matière de notariat, patentes, etc. (1722 I. G.);

6° En matière de copies illisibles (659, 1537 n° 245, 1621 I. G.);

7° Enfin, pour le recouvrement des frais de contravention dans la tenue du registre des protêts (1293 § 18, 1537 n° 246 I. G.).

9923. Ministère public. — Dans les instances en cette matière, l'Administration, quoique agissant au nom du procureur de la République est seule partie; c'est elle qui produit ses titres et ses moyens, et fournit ses défenses. Le ministère public ne la représente point, et ne porte point la parole en son nom. En conséquence, si, dans ses conclusions, il se prononce contre celles de l'Administration, le tribunal ne peut en induire un désistement de l'instance. Il doit apprécier les motifs de l'opinion du ministère public, indépendamment de celle de l'Administration, comme dans toute autre espèce d'affaires (Arrêt d'admiss. 20 fév. 1828, 1356 § 13 I. G.).

9924. Communication au ministère public. — La cause doit être communiquée au ministère public, conformément à l'art. 13 C. proc. et à l'art. 65 L. 22 frimaire an 7. Le jugement qui ne constate pas que cette communication a eu lieu est susceptible de cassation (Cass. 30 mars 1825, 1166 § 20 I. G.).

9925. Sursis. — Recours en cassation. — Un tribunal peut, sans violer aucune loi, ordonner le sursis au recouvrement d'amendes et de frais de justice prononcé par un jugement contre lequel le condamné s'est pourvu en cassation (Cass. 27 mars 1811, 1537 n° 227 I. G., S. 11-1-249 et 348).

9926. Tribunal. — Excès de pouvoir. — Un tribunal commet un excès de pouvoir lorsqu'il rejette la demande de l'Administration tendant au payement d'une amende de police, sous le prétexte que l'arrêt qui a prononcé cette amende ne lui semble pas d'accord avec la loi (Cass. 25 mai 1813, P. chr.).

9927. Assistance judiciaire. — Le recouvrement des sommes dues, tant par l'assisté que par son adversaire, est poursuivi comme en matière d'enregistrement (art. 18 et 19 L. 22 janv. 1851).

1. CONTRAINTE. — Il faut donc décerner une contrainte dont la signification est indispensable, même lorsqu'un exécutoire a été remis au receveur, parce que cet exécutoire ne comprend pas le montant total des sommes à recouvrer, tels par exemple, que les frais d'exécution. Il est d'ailleurs inutile de faire signifier l'exécutoire à l'avoué de l'adversaire de l'assisté. Il suffit de renfermer dans la contrainte la substance de cet exécutoire. — V. *Assistance judiciaire*.

2. RECOUVREMENTS ET INSTANCES. — La contrainte décernée, le débiteur peut y former opposition, et alors on procède par voie de mémoires respectivement signifiés devant le tribunal de première instance dans le ressort duquel est situé le bureau d'où émane la contrainte. — S'il n'y a pas d'opposition, l'effet de la contrainte est suivi par les moyens ordinaires d'exécution. — V. *Assistance judiciaire*.

CHAPITRE XIV. — DE L'EXPERTISE

[9928-10022]

SECTION PREMIÈRE. — DISPOSITIONS GÉNÉRALES

[9928-9932]

9928. Renvoi. — Nous avons fait connaître au mot *Expertise* la nature de l'action de l'Administration, les actes auxquels elle s'applique et les limites dans lesquelles elle doit s'exercer. Il ne nous reste plus à exposer ici que les règles de la procédure.

9929. Mode de procéder. — L'art. 1041 C. proc. n'a point abrogé, ainsi que l'a déclaré l'Av. cons. d'Ét. 12 mai-1er juin 1807, les formes particulières de procéder établies en matière d'enregistrement. En conséquence, le mode d'expertise prescrit par l'art. 18 L. 22 frimaire an 7 doit continuer d'être suivi (Cass. 25 oct. 1808, S. 10-1-168, 1537-247 I. G.; 30 janv. 9, oct. 1809, 2 mai 1810, 1532-283 I. G.; 24 juill. 1810, 3696 J. E.; 10 fév. 1814 et 16 juin 1823, P. chr., 436 § 23 et 1537 n° 247 I. G.).

9930. Faculté d'expertise refusée aux parties. — En principe, c'est sur la déclaration des parties que le droit doit être perçu; il faut donc conclure de là qu'à l'Administration seule appartient le droit d'expertiser cette déclaration. Aussi aucun article de la loi n'autorise les acquéreurs ou autres possesseurs d'immeubles à eux transmis entre-vifs à titre gratuit, ou par décès, à faire régler par expertise la valeur de ces biens. C'est ce qui résulte d'une jurisprudence constante (Cass. 27 avr. 1807, S. 7-2-742, 1537-248 I. G.; 14 juin 1803, 1537-248 I. G.; 1er avr. et 19 août 1829, S. 29-1-283 et 381, 1293-4 et 1303-8 I. G.; 16 août 1847, 7983 C.; — Blois 25 juill. 1848 et 19 août 1851, 14818, 15299 J. E.).

« Attendu, porte l'arrêt du 19 août 1829, qu'il résulte de l'art. 19 de la loi que le redevable doit, dans tous les cas, donner la déclaration du revenu auquel il évalue l'immeuble, et que la Régie a seule le droit de requérir l'expertise, lorsqu'à défaut d'actes qui établissent ce revenu, et auxquels elle est tenue, sauf les cas de dol ou de fraude, de s'en rapporter elle-même, elle croit qu'il y a insuffisance dans la déclaration

Ils ne pourraient pas davantage, en cas de vente simultanée de meubles et d'immeubles, faire fixer par une expertise la valeur des immeubles (Seine 29 déc. 1866, 2457 R. P.).

Et un tribunal ne serait pas autorisé à charger des experts d'évaluer le montant d'une charge au lieu d'en laisser l'estimation à la déclaration des parties (Cass. 21 juin 1869, 2938 R. P., 2393-3 I. G., S. 69-1-387, D. 69-1-474, P. 69-949, 18784 J. E.).

1. PARTAGE. — Les parties ont cependant, par exception, le droit de provoquer une expertise contradictoire avec l'Administration pour établir la copropriété des biens compris dans un partage. C'est au mot *Partage* qu'il sera question de cette procédure.

2. EXPROPRIATION. — Il en est de même en matière d'expropriation, quand il s'agit de ventiler la partie du prix applicable aux terrains dont la cession est régie par l'art. 58 L. 3 mai 1841. — V. *Expropriation*.

9931. Expertise d'office. — La disposition d'un jugement qui, au lieu d'accueillir la demande en payement des droits calculés sur la valeur présumée du bien, faute par les parties d'en fournir l'évaluation, ordonne l'estimation par experts, ne fait point grief aux parties (Cass. 2 juin 1853). « Attendu, porte cet arrêt, que si, aux termes de l'art. 17 L. 22 frimaire an 7, l'expertise ne peut être ordonnée d'office, mais sur la demande de la Régie, il n'appartient qu'à la Régie de se plaindre de la contravention à la loi sur ce point; — Attendu que, dans l'espèce, elle avait conclu, faute par les héritiers de faire leur déclaration estimative, à la condamnation au payement estimatif de la somme de 33,000 francs, d'après la valeur présumée qu'elle donnait aux immeubles; que la disposition du jugement qui, au lieu d'accueillir cette dernière partie des conclusions, ordonne l'estimation par expert, à défaut de déclaration par les parties, ne fait point grief aux héritiers » (2274 § 12 I. G.).

9932. Le droit de l'Administration est sans contrôle. — L'Administration n'a point à rendre compte des motifs sur lesquels elle fonde sa demande d'expertise : il n'est pas nécessaire qu'elle justifie d'une dissimulation ou d'une infériorité du prix exprimé, comparé à la valeur vénale. Il suffit, aux termes de l'art. 17, que ce prix lui paraisse inférieur à cette valeur.

SECTION 2. — DÉLAI POUR REQUÉRIR L'EXPERTISE

[9933-9942]

9933. Délai de trois mois. — L'insuffisance d'un prix de vente de fonds de commerce ou de clientèle peut être constatée par expertise dans les trois mois de l'enregistrement de l'acte ou de la déclaration de la mutation (L. 28 fév. 1872, art. 8). — V. 11631 et suiv.

9934. Délai d'un an. — Mutation à titre onéreux. — L'art. 17 L. 22 frimaire an 7, spécial aux transmissions à titre onéreux, porte : « La Régie peut réclamer l'expertise, pourvu qu'elle en fasse la demande dans l'année à compter du jour de l'enregistrement du contrat. — C'est ce qu'a consacré la jurisprudence (Cass. 22 nov. 1808, S. 9-1-106, 1537-269 I. G. et 20 janv. 1817, P. chr. 342, 1537-269 I. G.) : « Attendu, décide ce dernier arrêt, que l'acte du 23 novembre 1812 est un contrat par lequel la mère s'est assujettie à donner ses biens à ses enfants, et ceux-ci se sont assujettis solidairement à payer à leur mère une rente viagère de 600 francs; qu'un contrat contenant de semblables stipulations respectives est qualifié, par l'art. 1106 C. C., de contrat à titre onéreux, et que l'art. 17 L. 22 frimaire an 7 n'accorde à la Régie qu'une année pour reconquérir l'expertise des immeubles transmis par acte ou contrat à titre onéreux. »

9935. Délai de deux ans. — Mutation à titre gratuit ou par décès. — Les art. 19 et 39 L. 22 frimaire an 7, qui régissent seuls les mutations à titre gratuit entre-vifs ou par décès, sont muets sur le délai. On avait voulu conclure de ce silence que la règle, en matière de mutation entre-vifs à titre gratuit ou par décès, devait être empruntée à l'art. 17 et que, dans le cas des art. 19 et 39, comme dans celui de mutation à titre onéreux, le délai devait être celui d'un an, fixé par l'art. 17.

Mais la C. cass. a décidé que la prescription annale ne s'applique qu'aux mutations à titre onéreux, et que la prescription biennale est la seule à invoquer lorsqu'il s'agit soit de donations entre-vifs, soit de mutations par décès (Cass. 10 déc. 1806, 26 fév. 1812) : « Attendu, porte ce dernier arrêt, que l'art. 17 L. 22 frimaire an 7, qui dispose que la Régie de l'enregistrement ne pourra requérir une expertise que dans l'année, à compter du jour de l'enregistrement du contrat, n'est relatif qu'aux actes translatifs de propriété et d'usufruit des biens immeubles à titre onéreux; que l'art. 19 de la même loi, qui admet également la Régie de l'enregistrement à requérir l'expertise des revenus des immeubles transmis en propriété ou en usufruit, à tout autre titre qu'à titre onéreux, ne fixe pas, comme l'art. 17, le délai dans lequel doit être formée la demande en expertise; et qu'en conséquence, il faut recourir à la disposition générale de l'art. 61 de la même loi, qui porte qu'il y a prescription pour la demande des droits après deux années, à compter du jour de l'enregistrement, s'il s'agit d'une fausse évaluation dans une déclaration, et pour la constater par voie d'expertise; que cette disposition est particulièrement applicable au cas d'une donation entre-vifs qui ne contient, en effet, sur l'évaluation des biens, qu'une simple déclaration des parties; que de ces mots qui se trouvent au commencement de l'art. 19, *il y aura également lieu à requérir l'expertise*, il résulte seulement que le législateur a voulu accorder à la Régie la faculté de demander l'expertise à l'égard des actes translatifs de propriété ou d'usufruit à titre gratuit, comme il l'avait accordée, par l'art. 17, à l'égard des actes translatifs de propriété ou d'usufruit à titre onéreux; mais qu'il n'en résulte pas que le délai pour former la demande en expertise doive être le même dans les deux cas; que si telle eût été la volonté du législateur, il l'aurait formellement expliquée et qu'il aurait compris dans le même article, sans aucune distinction, les actes translatifs de propriété ou d'usufruit soit à titre gratuit, soit à titre onéreux » (1537, 271 I. G., S. 12-1-201).

Le délai dans ces deux dernières hypothèses est donc le délai de deux ans prévu par l'art. 61 L. 22 frimaire an 7.

9936. Causes de cette distinction. — La

C. cass. a expliqué le motif de cette distinction (V. not. Arr. 7 août 1844, 1713 § 12 I.G., S. 44-1-751) « par la nature des recherches plus ou moins difficiles qui sont nécessaires pour apprécier la valeur vénale des immeubles transmis à titre onéreux, ou le véritable revenu des immeubles transmis à tout autre titre qu'à titre onéreux. » Mais on peut répondre qu'il sera presque toujours plus facile de constater les revenus à l'aide des actes nombreux qui peuvent les faire connaître, que la valeur vénale, à l'égard de laquelle la vérité ne résultera souvent que d'un calcul fort difficile, établi sur le rapport entre le prix du bail et le prix de vente; en sorte que l'explication de la Cour suprême irait contre la raison même des choses, puisque le délai le plus long se trouverait ainsi réservé au cas le moins compliqué. Quoi qu'il en soit, les dispositions de la loi sont précises; et, quelque inconnue que soit la pensée du législateur, elle doit recevoir son entière application.

La règle est déterminée par le mode de liquidation, et non par la nature de la mutation.

On avait pensé que toutes les fois qu'une mutation revêt le caractère de mutation à titre onéreux, le délai pour réclamer l'expertise est le délai d'un an fixé par l'art. 17 L. 22 frimaire an 7 (V. *en matière d'échange* 8953-1, 12844 J.N., Dél. 27 juill. 1822, 7479 J.E.; — Uzès 2 janv. 1838, 10025 J.N., et en *matière de donation onéreuse* 8907 J.N.; — Cass. 22 nov. 1808, S. 9-1-106, 1537-269 I.G., et 24 janv. 1817, 1537 n° 269 I.G.; — Saint-Mihiel, Castres, Auch 8 mai 1836, 30 août et 28 déc. 1841, 9354, 9874, 11131, 11431 J.N., 13125-3 J.E.; — Castres 21 janv. 1837, 11079-4 J.E.; — Toulouse 7 juill. 1843, 11785 J.N.; — Castel-Sarrasin 12 août 1842, 11490 J.N.).

Mais la jurisprudence s'est aujourd'hui fixée sur ce point que c'est le mode de liquidation adopté pour la perception du droit et non la nature de l'acte ou de la mutation qui est décisif en matière de délai. C'est-à-dire que les seules mutations pour lesquelles l'Administration n'a qu'un an pour requérir l'expertise sont celles qui comportent l'expression

d'un prix, tandis que le délai est de deux ans pour toutes les transmissions dont la valeur est déterminée d'après le revenu. — Nous avons donné à cette question, au mot *Expertise*, tous les développements qu'elle comporte.

9937. Donation à titre onéreux. — Jugé dans ce

sens que le délai est de deux ans pour requérir l'expertise des immeubles faisant l'objet des donations entre-vifs, alors même que, par suite des conditions imposées aux donataires, la mutation aurait le caractère d'un acte à titre onéreux (Cass. 1er mars 1809, S. 9-1-185; — 2 sept. 1812, S. 13-1-421, 4354 J.E.; — Sainte-Menehould 19 juill. 1843, 13330-2 J.E.; — Cass. 15 janv. 1844, 11887 J.N., 1713 § 12 I.G., P. 1-1844 p. 165, S. 44-1-178; — Cass. 7 août 1844, 12058 J.N., 13570 J.E., 1732 § 18 I.G., S. 44-1-751; — Cass. 19 fév. 1845, 12309 J.N., 13711 J.E., S. 45-1-223, P. 45-1-250).

« Attendu, porte ce dernier arrêt, dans l'espèce, qu'il s'agit d'une donation entre-vifs d'un immeuble faite par acte notarié du 26 avril 1841, avec déclaration que les biens donnés produisaient un revenu brut de 4,000 francs; attendu que le délai dans lequel l'Administration de l'enregistrement pouvait requérir l'expertise, à raison de l'insuffisance alléguée de cette déclaration, se trouvait ainsi fixé à deux ans à compter du jour de l'enregistrement du contrat, conformément aux articles combinés 19 et 61 L. an 1er, et que sa demande a été formée dans ce délai. »

9939. Échange. — Même décision à l'égard, de

l'échange: « Attendu, porte l'arrêt de 1840 ci-après cité, que *pour toute transmission dont le droit est perçu sur le capital du revenu*, le délai, d'après la combinaison des art. 17 et 61 L. 22 frimaire an 7, dans lequel l'Administration peut requérir l'expertise, est de deux ans à compter du jour de l'enregistrement de l'acte ou de la déclaration » (Cass. 13 déc. 1809, 1537 n° 270 I. G., 11275, 13275 J.E., S. 10-1-144, Dél. 31 mars et 26 juin 1835, 8953 J.N.; — Saint-Sever 15 mai 1838, 12319-3 J. E.; — Cass. 7 juill. 1840, 10082 J.N., 12545 J.E., 1634 § 9 I.G., S. 40-1-652; — Épernay 31 mai 1845, 13768 J.E.; — Pont-l'Évêque 29 juin 1846, 14037 J.E., 12844 J.N.).

9940. Mutation par décès. — Aucune difficulté ne

pouvait s'élever en matière de mutation par décès. Le délai, en tout état de cause, devait être de deux ans. C'est ce qui a été jugé par la C. cass.; le 12 février 1835 : « Attendu, porte cet arrêt, que l'art. 19, seul applicable aux transmissions d'immeubles à tout autre titre qu'à titre onéreux, ne renferme aucune disposition limitative pour la Régie du droit de requérir l'expertise, lorsque l'insuffisance des déclarations ne pourra être établie par actes qui puissent faire connaître le revenu; qu'ainsi, cette faculté existe pour la Régie tout le temps que dure l'action en recouvrement, temps dont a durée est fixée par l'art. 61 de la même loi; attendu que l'art. 17, qui prescrit un délai pour les réquisitions d'expertise, est spécial aux transmissions d'immeubles à titre onéreux, dont il ne s'agit pas dans le cas présent, et qu'ainsi le jugement attaqué a fait une juste application dudit art. 19, et n'a violé aucun des autres articles sus-énoncés» (11119 J. E., 1490 § 2 I. G., S. 35-1-772).

9941. Point de départ. — Le délai, comme en matière ordinaire, court du jour de l'enregistrement (Béziers, 16 janv. 1878) ou du jour de la déclaration (Dél. 23 oct. 1816).

1. DIES A QUO. — On a vu, au n° 5986, que le jour *a quo*, c'est-à-dire le jour à partir duquel le délai commence à courir, ne doit pas être compté dans le délai. Cependant Bioche cite (V. *Expertise* n° 112) un arrêt duquel il résulterait que la demande d'expertise n'est pas soumise à la règle de l'art. 25 L. 22 frimaire an 7, d'après lequel le jour de la date de l'acte ne compte point dans le délai fixé pour la déclaration (Cass. civ. 12 oct. 1814, S. 15-1-181, 1537-278 I. G.). On doit considérer comme plus conforme aux principes un arrêt de la cour de Bruxelles du 29 novembre 1822 (Dalloz n° 4790), aux termes duquel l'expression *à compter du jour de l'enregistrement*, dont se sert l'art. 17 L. 22 frimaire an 7, déterminant le point de départ du délai dans lequel l'expertise doit être demandée, est exclusive de ce jour, qui ne doit par conséquent pas être compris dans le délai, et, spécialement, que la demande d'expertise des biens vendus par un acte enregistré le 21 août 1819 est utilement faite le 21 août 1820.

Cette question rentre plus directement dans le cadre des matières de la prescription où elle sera traitée.

9941 bis. Contrat de mariage. — Le délai pour requérir l'expertise de biens donnés par contrat de mariage court, non du jour de la célébration, mais de la date de l'enregistrement du contrat (13645 J. E.).

9942. Pays étrangers. — Si une vente d'immeubles situés partie en France, partie en pays étranger, est faite moyennant un seul prix, il y a lieu de faire ventiler le prix pour percevoir le droit proportionnel sur les immeubles de France, et le délai de l'expertise ne court qu'à la date de la ventilation. — V. 1406.

SECTION 5. — REQUÊTE EN EXPERTISE

[9943-9951]

9943. Demande en expertise. — La demande en expertise consiste uniquement dans la présentation d'une requête au tribunal de l'arrondissement, aux fins de l'expertise, avec nomination de l'expert de l'Administration.

9944. Par qui doit-elle être signée. — La requête peut être signée par le directeur, un employé supérieur ou un receveur. Le receveur, agissant au nom du directeur général, représente aussi valablement l'Administration

dans une procédure que le directeur lui-même. Personne ne peut se méprendre sur la désignation du demandeur véritable ; personne ne contestera non plus la qualité du préposé. La Cour suprême a très-explicitement consacré cette doctrine en décidant, le 29 février 1832, que la loi n'avait pas exclusivement attribué au directeur du département le droit de signer les actes présentés au nom de l'Administration, et qu'un inspecteur avait pu valablement rédiger une requête en expertise, la loi n'attribuant pas au directeur le droit exclusif à la signature (1537 § 273 I. G., S. 32-1-224).

« Attendu, porte cet arrêt, que la demande à fin d'expertise a été formée en temps utile ; qu'elle l'a été par une requête présentée au nom du ministre d'État, directeur général de l'Administration de l'enregistrement et signée par l'un des chefs de l'Administration, en l'absence du directeur du département, auquel la loi n'attribue pas exclusivement le droit de donner cette signature ; qu'ainsi, ce premier acte des poursuites de la Régie est valable. »

M. Vuarnier, rapportant cet arrêt, n'hésite pas à en étendre l'application aux receveurs (Manut. 3211), et il n'y a, en effet, aucune raison pour le restreindre aux employés supérieurs. Ce sentiment paraît être d'ailleurs celui de l'Administration elle-même. En réglant par les I. G. 807 et 1537 n° 28 la formule ordinaire des actes de procédure faits à sa requête, elle n'indique pas que l'inobservation ou le changement de ces prescriptions soit une cause de nullité. Bien plus, prévoyant, à l'I. G. n° 306, le cas où les receveurs ne pourraient se procurer la preuve d'une insuffisance d'évaluation que peu de jours avant l'arrivée de la prescription, l'Administration s'exprime ainsi : « Dans ce cas, les préposés feraient signifier à la partie *leur requête* en même temps qu'ils la remettraient au tribunal. » On ne peut pas reconnaître plus clairement le droit des receveurs à signer la requête en expertise, et nous n'hésitons pas à croire qu'elle est parfaitement valable en cette forme, pourvu, bien entendu, qu'elle soit présentée au nom du directeur général (Sol. 21 mars et 29 mai 1878). Nous ne pouvons adhérer à un jugement d'Albi du 29 février 1864 (1926-4 R. P.), qui a annulé une requête en expertise comme ayant été signée par un vérificateur.

Décidé spécialement que cette requête peut être signée par un sous-inspecteur (Sol. 27 juin 1878).

9945. Contre qui doit être dirigée l'expertise. — D'après l'économie de la loi fiscale, l'expertise doit être dirigée contre le nouveau possesseur, contre l'héritier pour une transmission par décès, le donataire pour une donation, l'acquéreur pour une vente, le coéchangiste chargé de la soulte pour cette soulte.

Il en serait ainsi alors même que les frais auraient, par suite de stipulations particulières, été mis à la charge de toute autre personne, car il est évident que les conventions des parties ne peuvent préjudicier aux droits que l'Administration tient de la loi. — Ainsi, il a été décidé que l'expertise peut être dirigée contre l'acquéreur, alors même que dans la vente les frais de la mutation auraient été mis à la charge du vendeur (Seine 7 juill. 1841, 12955-1 J. E.).

Mais l'Administration a, dans le même cas, la faculté de provoquer l'expertise contre le vendeur (Arras 17 nov. 1875).

9946. Commune. — Lorsqu'une expertise doit être provoquée contre une commune pour dissimulation de prix ou insuffisance de revenu, la demande peut être introduite selon le mode prescrit par la loi du 22 frimaire an 7, sans qu'il soit nécessaire de présenter au préfet le mémoire préalable exigé par l'art. 51 L. 18 juillet 1837 (Sol. 6 sept. 1842, 13069 J. E.). — V. 4495 et 9710.

9947. Contumax. — Quand la demande en expertise est dirigée contre un contumax, elle doit être précédée de la nomination d'un curateur *ad hoc* (Cass. 6 déc. 1836, 11677 J. E., S. 37-1-171, 1539 I.G.).

9948. Désignation de l'expert. — La requête doit porter la désignation de l'expert de l'Administration, afin que la partie puisse apprécier les causes de récusation (Bruxelles 6 août 1808, D.N. t. 5 p. 788 n° 132).

9949. Estimation à l'époque de l'aliénation. — La requête doit faire connaître non-seulement la nature des biens à faire expertiser, mais aussi l'époque à laquelle doit être reportée l'évaluation, car c'est là une des principales bases du travail des experts. Cette mention n'a pas besoin cependant d'être faite en termes formels. Ainsi, s'il est dit dans la requête que l'expertise devra se faire conformément aux dispositions des art. 15, 17 et 18 L. 22 frimaire an 7, comme l'art. 17 porte textuellement que ce qu'il faut apprécier en cette matière c'est la valeur vénale à l'époque de l'aliénation, la requête ne pourra être critiquée sur ce point (Albi 29 fév. 1864, 1926 R.P.). — V. 9991-1.

1. DATE DE L'ACTE. — Mais l'exploit de notification ne serait pas nul parce que la requête renfermerait une erreur quant à la date de l'acte d'acquisition du bien à expertiser : « Attendu que la copie dudit exploit de notification porte une date inexacte de la vente et que le défenseur se fonde sur cette erreur pour prétendre que l'exploit est nul et que l'Administration doit être déboutée de son action ; attendu que cette erreur est sans importance aucune ; que l'exploit contient une désignation complète et détaillée du bien vendu ; que le défendeur ne pouvait se méprendre sur l'objet de la demande, et qu'enfin ce n'est qu'une simple notification et non un exploit d'assignation ; que la nullité invoquée n'est pas inscrite dans la loi et ne ressort pas des nécessités d'une défense complète » (Bruxelles 11 mai 1871).

9950. Tribunal. — La demande en expertise doit être faite devant le tribunal de la situation des biens à expertiser. C'est ce que porte formellement l'art. 18 L. 22 frimaire an 7. Le tribunal de Châtellerault, en décidant, le 16 juin 1864, que le tribunal compétent est celui du bureau où l'acte a été enregistré, a donc manifestement violé la loi (17908 J. E.).

1. BIENS SITUÉS DANS LE RESSORT DE PLUSIEURS TRIBUNAUX. — « Dans ce cas, dispose l'art. 1ᵉʳ L. 15 no-

vembre 1808, la demande doit être portée au tribunal de première instance dans le ressort duquel se trouve le chef-lieu de l'exploitation, ou, à défaut de ce chef-lieu, le plus grand revenu d'après la matrice du rôle. »

Ce mode de procédure n'est pas applicable aux biens transmis par décès. On doit alors former une demande en expertise à chaque tribunal de la situation des biens (411 I.G.).

9951. Assignation. — Il n'est point nécessaire de donner assignation à la partie (à moins qu'il ne soit urgent d'arrêter la prescription) avant que l'expertise soit ordonnée par le tribunal (Cass. 6 juill. 1825, 1180-12 et 1537-242 I.G.).

1. PRESCRIPTION. — Pour interrompre la prescription d'un ou de deux ans, suffit-il que la requête en expertise soit notifiée à la partie avant l'expiration de ce délai ? D'après des arrêts de la C. cass. 7 germinal an 11 (S. 3-1-354, 1537-277 I.G.), — 18 germinal an 13 (S. 5-1-463); — 21 février 1809 (S. 9-1-149), — et 5 décembre 1820 (S. 21-1-240, 1537-277 I.G.), cette notification serait suffisante, et il ne serait pas nécessaire qu'elle fût accompagnée d'une assignation.

Mais il a été décidé par un arrêt du 27 novembre 1833 que, conformément à l'art. 2244 C. C., l'interruption de la prescription ne peut résulter que soit d'une citation, soit de la sommation faite à la partie de nommer son expert dans les trois jours (1451 § 10 et 1537-277 I.G., S. 34-1-93). Cette dernière décision doit être prise pour règle ; en conséquence, toutes les fois qu'il est nécessaire d'interrompre la prescription en matière d'expertise, l'acte de la notification de la requête doit contenir assignation à la partie devant le tribunal civil et sommation de nommer son expert dans le délai de trois jours.

2. COACQUÉREURS. — Lorsque la demande en expertise a pour objet des immeubles acquis indivisément par plusieurs personnes, la notification de la requête faite, avec assignation devant le tribunal, à l'un des coacquéreurs interrompt la prescription à l'égard de tous (Arr. d'admission 25 juin 1828, 1282 § 10 I.G.). — V. *Prescription.*

SECTION 4. — AUTORISATION D'EXPERTISER

[9952-9957]

9952. Sursis. — 1. ASSIGNATION PRÉALABLE. — L'expertise doit être ordonnée dans le délai de dix jours, sans qu'aucune contestation puisse s'engager sur cette demande. Le tribunal qui, au lieu d'autoriser immédiatement l'expertise, ordonne d'office l'assignation préalable de la partie, et remet à statuer sur la demande jusqu'après le délai de huitaine qui lui est accordé pour présenter ses moyens, viole les règles de la procédure spéciale établie par l'art. 18 L. 22 frimaire an 7 (Cass. 11 fév. 1835, 1490 § 3 I.G., S. 35-1-193).

2. SURENCHÈRE. — Il n'est permis de surseoir, sous aucun prétexte, à l'expertise demandée par l'Administration.

Le tribunal qui prononce un semblable sursis, par le motif qu'il existe des surenchères faites par les créanciers du vendeur, viole les art. 17, 18 et 19 L. 22 frimaire an 7, et même l'ensemble de la loi, dont les dispositions sont dirigées vers les moyens d'opérer le plus prompt versement du droit d'enregistrement (Cass. 3 mai 1809, S. 9-1-247, 1537-275 I. G., 3254 J. E.; — 27 juin 1809, S. 10-1-249, 3707 J. E., et 6 juill. 1812, S. 12-1-345, 4270 J. E.).

3. PARTAGE AVEC ESTIMATION. — Il ne peut être sursis à l'expertise des immeubles d'une succession par le motif qu'il se trouve un mineur parmi les héritiers, et qu'il sera procédé, pour un partage judiciaire, à une estimation par experts, qui servira à faire apprécier la valeur donnée aux biens pour le payement des droits de mutation (Cass. 4 fév. 1807, S. 8-1-38, 1537-276 I. G., 2787 J. E.).

4. CONSTRUCTION. — Lorsque, sur la demande à fin d'expertise d'un terrain vendu et des constructions qui y sont élevées, il n'y a de contestation de la part de l'acquéreur que relativement aux constructions qu'il prétend ne pas faire partie de la vente, les juges ne peuvent, en accueillant ce dernier moyen et en déclarant par suite la demande d'expertise non recevable, quant aux constructions, se dispenser de l'ordonner relativement aux terrains (Cass. 31 janv. 1842, S. 42-1-350, P. 42-1-543).

9953. Nomination d'expert par la partie. — Lorsque, conformément à la sommation qui lui a été faite, la partie a volontairement nommé son expert dans les trois jours de la signification de la requête de l'Administration, il est inutile de faire rendre un jugement qui ordonne l'expertise (Cass. 8 août 1836) :

«Attendu, porte cet arrêt, que les art. 17, 18 et 19 L. 22 frimaire an 7 déterminent la forme et les délais à observer pour la présentation et le jugement des demandes de la Régie en expertise ; que ces articles ne sont pas exclusifs du consentement volontaire, de la part de la partie adverse, à l'expertise demandée et de la nomination par elle faite d'un expert sur la sommation qui lui est faite de satisfaire à cette nomination dans les trois jours ; que c'est seulement en cas de refus qu'il doit être pourvu à cette nomination d'office par le tribunal ; attendu, dans l'espèce, que l'action de la Régie a été introduite par une requête au tribunal de Saverne, du 8 septembre 1834, contenant nomination d'un expert et sommation à Henri Karcher de nommer son expert dans les trois jours de la signification ; que cette requête et la sommation qu'elle renferme ont été signifiées le 11 dudit mois, et suivies d'une nomination volontaire d'expert le 13 du même mois, et ainsi dans les trois jours de ladite signification, conformément à ladite sommation ; attendu que, dans cet état, ledit Karcher ayant rempli, sur une sommation légale et avant l'obtention du jugement, le vœu de ladite sommation et de l'art. 18 de la loi de frimaire sus-énoncée, le jugement attaqué a à point violé cet article en décidant qu'il était inutile et frustratoire de rendre un jugement pour ordonner l'expertise » (1521-24 I. G., 1537-281 I. G., 11606 J. E., S. 37-1-334; — Conf. : Saumur 27 nov. 1869, 3075 R. P.).

1. DÉLAI. — Le texte de la loi ne paraît pas assez explicite pour permettre de soutenir qu'après trois jours la partie n'a plus de droit de nommer un expert. Il semble au contraire qu'on peut en inférer que cette nomination est valable tant que le tribunal n'y a pas suppléé d'office. Sur ce point le succès serait d'autant plus douteux que la C. cass. a reconnu, le 24 novembre 1841, que l'un des délais fixés par cet article n'est pas imposé à titre de déchéance (1668 § 9 I. G., S. 42-1-187). — Aussi le tribunal de Briey a-t-il décidé, le 17 juin 1857, que le délai de trois jours, étant comminatoire, pouvait être dépassé sans que ce soit un motif d'annulation.

9954. Forme de l'autorisation. — L'expertise peut être autorisée dans la forme d'une ordonnance sur requête, ou par un jugement qui, dans ce cas, n'a que l'effet d'une ordonnance.

9955. Rapport d'un juge. — Dans l'un et l'autre cas, il n'y a pas lieu à un rapport préalable fait à l'audience par un juge (Cass. 5 déc. 1820, S. 21-1-240, 1537-277 I. G., 6911 J. E., — et 6 juill. 1823, 1180 § 12 I. G.; — Nérac 13 juin 1839, 1668 § 9 I. G.).

9956. Jugement par défaut. — Opposition. — Lorsque l'instance est introduite directement à la requête de l'Administration, au moyen d'un ajournement signifié au débiteur, on comprend que si ce dernier ne répond par aucune défense écrite, le jugement sera par défaut à son égard, et il ne deviendra définitif qu'après l'expiration des délais ordinaires d'opposition. Telle est précisément l'hypothèse de la procédure d'expertise quand le redevable ne répond pas à la notification de la requête. Ainsi le tribunal d'Albi a décidé, le 29 février 1864, que la partie peut faire opposition au jugement par défaut qui a ordonné l'expertise (1926 R. P.). La solution contraire a cependant prévalu dans un jugement du Puy, du 12 août 1859 (11822 C., 17066 J. E., 1290 R. P.), par le motif qu'une pareille décision a le caractère d'un simple acte d'instruction. Mais ce motif, exact comme nous le verrons, quand il s'agit de la nomination seule de l'expert, ne nous paraît pas pouvoir être étendu au jugement qui ordonne l'expertise, c'est-à-dire qui autorise l'emploi d'une procédure très-grave ayant un caractère ou des effets bien différents de ceux d'un acte d'instruction.

Ce jugement devrait être notifié par un huissier commis et tomberait en péremption à défaut d'exécution dans les six mois.

1. DÉLAI. — Le jugement qui ordonne l'expertise n'a pas besoin, à peine de nullité, d'être rendu dans les dix jours de la demande (Seine, 8 mars 1873).

9957. Changement d'État. — 1. PARTIE DÉCÉDÉE. — Il a été reconnu que, quand la partie contre laquelle l'Administration poursuit une expertise décède après le jugement qui a autorisé l'expertise, ce décès n'oblige pas à assigner les héritiers en reprise d'instance. La procédure peut suivre son cours avec eux (Bernay 12 oct. 1844, D. N. t. 5 p. 794 n° 163).

2. SOCIÉTÉ DISSOUTE. — Si une expertise intentée contre une société a été continuée contre elle, malgré sa dissolution, au lieu de l'être contre les associés personnellement, cette circonstance n'entraîne pas nullité de la procédure quand les parties ne justifient pas au tribunal de la réalité de la dissolution et que, d'ailleurs, le mandataire d'un des associés a suivi sans protester les opérations (Cass. 23 nov. 1868, 2820 R. P., 2383-2 I. G., 19424 J. N.).

SECTION 5. — NOMINATION. — SERMENT. — RÉCUSATION DES EXPERTS

[9958-9970]

9958. Nomination par l'Administration. — Cette nomination doit avoir lieu dans la requête en expertise. — *V.* n° 9948.

9959. Nomination par la partie. — La partie est tenue de nommer son expert dans les trois jours de la sommation qui lui est faite par l'Administration. Ce délai est d'ailleurs comminatoire et il peut être dépassé sans être un motif d'annulation. — *V.* n° 9953.

9960. Nomination d'office par le tribunal. — Si la partie n'a pas nommé son expert, malgré la sommation qui lui en a été faite, le tribunal peut en désigner un d'office en même temps qu'il ordonne l'expertise (Semur 11 avr. 1855 ; — *V.* Cass. 9 oct. 1809, 1537 n° 283 I. G.).

Si le jugement qui ordonne l'expertise ne contient pas cette nomination, et si la partie n'a pas répondu dans le délai de trois jours à la sommation qui lui a été faite d'avoir à désigner son expert, le tribunal est mis, par une simple requête, en demeure d'avoir à nommer un expert d'office.

Lorsque l'Administration a nommé son expert, lequel a été agréé par le tribunal, ce tribunal ne peut, sans violer la chose jugée, nommer d'office un autre expert à l'Administration, en place du premier (Cass. 27 avr. 1807, S. 7-2-742 ; — 26 oct. 1813) : « Vu l'art. 18 L. 22 frimaire an 7 ; attendu, porte ce dernier arrêt, qu'il résulte de cette disposition que la Régie a le droit de nommer son expert, comme la partie adverse de la Régie a celui de nommer le sien ; que ce n'est qu'après sommation faite de procéder à cette nomination que le tribunal peut nommer d'office l'expert de la partie refusante ; que, dans l'espèce, bien loin que la Régie eût été refusante de faire sa nomination, elle avait, avant aucune sommation à elle faite, nommé le sieur Darroux en remplacement du sieur Doze, et provoqué et obtenu sa confirmation devant le tribunal de Mont-de-Marsan ; que, sans aucune justification des moyens de récusation réservés à la dame Boileau par le jugement du 25 mars 1812 contre l'expert Darroux, sans même les juger ni les admettre, le tribunal de Mont-de-Marsan a, par son jugement du 4 juin 1812, privé la Régie du droit de nommer son expert, en nommant d'office le sieur Cazenave ; d'où il suit que le tribunal de Mont-de-Marsan a contrevenu à la disposition de l'art. 18 L. 22 frimaire an 7 » (1537 n° 285 I. G., 4723 J. E.).

Il ne pourrait non plus prononcer d'office le remplacement d'un expert, par le motif que cet expert procède à l'opération sur une base erronée. Son seul droit est d'ordonner alors une nouvelle expertise (Bruxelles 26 juin 1828)

Le jugement qui nomme d'office un expert à la partie défaillante n'est susceptible d'aucun recours (Arras 17 nov. 1875 ;—Mende 2 août 1875).

9961. Jugement par défaut. — Opposition. — Lorsque l'expertise a été contradictoirement ordonnée, le jugement postérieur par lequel le tribunal nomme d'office un expert à la partie défaillante qui n'a pas fait cette désignation n'est pas susceptible d'opposition, parce que, d'une part, il s'agit d'un jugement de pure instruction et qui ne préjuge pas le fond (*V.* Le Puy 12 août 1859, 11822 C., 17066 J. E., 1290 R. P.), et que, d'autre part, la partie est déclarée déchue de son droit, faute de l'avoir exercé dans un délai déterminé (Albi 29 fév. 1864, 1926 R. P. ; — *Conf. :* Mamers 10 déc. 1861, 17454 J. E. ; — Mende, 2 août 1875).

Il en est surtout ainsi lorsque la partie a assisté à l'expertise et y a concouru (Cass. 13 avr. 1858) : « Attendu, porte cet arrêt, que, dans l'espèce de la cause, sans qu'il soit besoin d'examiner si les formes spéciales, établies par l'art. 18 L. 22 frimaire an 7 pour la désignation des experts, excluent l'opposition au jugement par défaut qui nomme d'office un expert pour la partie qui, sommée d'en nommer un, ne l'a pas fait, le refus du tribunal de Saint-Jean-d'Angély d'admettre l'opposition du sieur Bellet au jugement qui avait nommé un expert pour ledit sieur Bellet est complétement justifié par le fait, expressément constaté tant par le jugement attaqué que par les pièces produites à l'appui du pourvoi, que le sieur Bellet a assisté à l'expertise ; qu'il y a concouru autant qu'il était en lui de le faire en accompagnant les experts, et qu'il leur a fourni les indications dont ils avaient besoin pour accomplir leur mission ; que cette exécution volontaire, de la part de Bellet, du jugement qui ordonnait l'enquête, et qui, faute par lui d'avoir satisfait dans le délai fixé par la loi à la sommation de choisir son expert, lui en nommait un d'office la rend non recevable à former opposition à ce jugement » (11288 C., 2137 § 4 I. G., 999 R. P.).

9962. Expert empêché. — Lorsque l'expert nommé par le tribunal est empêché de remplir ses fonctions, il peut être nommé d'office un autre expert sans qu'il soit nécessaire de faire une sommation nouvelle à la partie (Cass. 6 juill. 1843) : « Attendu, porte cet arrêt, que le jugement du 10 octobre rendu sur l'opposition du demandeur au jugement par défaut du 5 août précédent n'a fait qu'ordonner contradictoirement l'exécution de ce dernier jugement, d'où il suit que le tribunal de Lodève a pu désigner, dans la sentence du 10 octobre, un expert nouveau, en remplacement de celui qui avait été nommé le 5 août, et qui était empêché, et sans recourir à la sommation de l'art. 18 L. 22 frimaire an 7 » (1710 § 2 I. G., P. 43-2-707, S. 43-1-747, 13226 J. E.).

Mais le choix du nouvel expert doit, dans tous les cas, être notifié à la partie adverse pour la mettre à même de faire valoir, s'il y a lieu, ses motifs de récusation (Sol. 6 mai 1854).

1. EXPERT RÉCUSÉ. — Lorsqu'un expert nommé par une partie est récusé, cette partie peut en désigner un autre ; le

tribunal ne doit lui en nommer un d'office qu'à défaut par elle de faire cette nomination (Namur 30 mai 1871).

9963. Refus par l'expert. — On doit décider également que si l'expert, après avoir accepté et prêté serment, refuse de remplir sa mission, la nomination d'un nouvel expert doit être demandée au tribunal, sauf à la partie dont l'expert a refusé à supporter les dépens de l'incident (Sol. 9 oct. 1863).

Un tribunal a cependant reconnu que, quand l'expert nommé par la partie ne comparaît pas à la prestation de serment, l'Administration n'a pas le droit de demander la nomination d'un autre expert d'office; les parties doivent être mises en demeure de procéder à une nouvelle désignation d'expert dans le délai de trois jours (Angers 1ᵉʳ mars 1867).

9964. Domicile de l'expert. — La loi du 22 frimaire an 7 n'a prescrit aucune condition de domicile à l'égard des experts. Mais celle du 15 novembre 1808 a décidé que, dans toutes les expertises d'immeubles non transmises par décès et situés dans le ressort de plusieurs tribunaux, les experts doivent être domiciliés dans le ressort de ces tribunaux. Dès lors, quand il s'agit d'une expertise provoquée en matière de succession, ou bien quand les immeubles transmis entre-vifs sont situés dans le même arrondissement, il n'est pas prescrit, à peine de nullité, de nommer pour experts des personnes domiciliées dans l'arrondissement de la situation des biens (Cass. 6 juill. 1843) : « Attendu, porte cet arrêt, que la loi du 15 novembre 1808 ne statue que pour le cas particulier où les biens qu'il s'agit d'expertiser sont situés dans le ressort de plusieurs tribunaux, et que, hors ce cas spécial, qui n'est pas celui de la cause actuelle, les juges peuvent désigner pour expert une personne non domiciliée dans l'arrondissement de la situation des biens » (1710 § 2 I. G., S. 43-1-747).

C'est ce qui a été spécialement reconnu au sujet de l'expertise du revenu des biens dépendant d'une succession (Saint-Sever 8 fév. 1850, 1140 R. P.; — Cognac 12 janv. 1864, 2061 R. P.; — Issoudun 20 avr. 1873), — ou de la valeur vénale d'immeubles vendus et situés dans un même arrondissement (Montreuil 15 nov. 1854; — Saumur 27 nov. 1869, 3075 R. P.). — *Contrà* : Montmorillon, 26 nov. 1877 (4905 R. P.). — V. 10001.

9965. Invitation de choisir l'expert dans le ressort du tribunal. — L'invitation faite à la partie de prendre son expert dans le ressort du tribunal, alors que la loi ne l'y oblige pas, ne crée point un moyen de nullité, car c'est un simple avis ne comprenant aucune expression comminatoire (Saint-Sever 8 fév. 1859, 1140 R. P.).

9966. Récusation. — La loi du 22 frimaire an 7 étant muette sur les récusations d'experts, cette matière est régie par le droit commun. D'après l'art. 308 C. proc., les récusations ne peuvent être proposées que contre les experts nommés d'office, à moins que les causes de récusation ne soient survenues depuis la nomination. En conséquence, l'Administration ou la partie adverse ne peut récuser l'expert qu'elle a elle-même nommé, pour des causes existantes déjà à l'époque de la nomination, et qu'elle auraient pu connaître si elles avaient fait les recherches nécessaires (Cass. 16 juill. 1822) : « Attendu, porte cet arrêt, que les nominations d'experts ont été faites contradictoirement par chacune des parties, et consenties par elles lors d'un jugement qui leur en donna acte ; que les lois spéciales relatives aux formes de procéder, dans les procès concernant les droits d'enregistrement, étant muettes sur la question qui divise les parties, elle doit être jugée d'après la loi commune, consignée dans le C. proc.; que, suivant l'art. 308 de ce code, les récusations ne peuvent être proposées que contre les experts nommés d'office, à moins que les causes ne soient survenues depuis la nomination; que, dans l'espèce, la direction générale récuse un expert qu'elle-même a nommé, et pour des causes existantes déjà à l'époque de sa nomination, causes qu'elle eût pu connaître si elle avait fait le recherches nécessaires; qu'en supposant que l'on pût argumenter des témoins à un expert, l'art. 310 n'admet pas la récusation d'un témoin que l'on a présenté soi-même ; qu'une plus grande analogie existe entre des experts et des arbitres ; mais que, suivant l'art. 1008, et pendant le délai de l'arbitrage, les arbitres ne peuvent être révoqués que du consentement unanime de toutes les parties; qu'enfin, les experts n'étant pas des mandataires, les principes admis par le Code civil, au sujet de la révocation du mandat, sont étrangers à l'espèce » (P. chr. 553, 1537-284 I. G., 7456 J. E.).

1. RÉSERVE DES MOYENS DE RÉCUSATION. — Lorsque l'expert nommé par l'Administration a été admis par le tribunal sous la réserve des moyens de récusation de la partie adverse, le tribunal ne peut, sans juger les motifs de récusation, annuler cette nomination, et désigner d'office un autre expert pour l'Administration (Cass. 26 oct. 1813, P. chr. 1537-285 I. G., 4723 J. E.). — V. 9960.

2. DÉLAI. — La récusation doit être exercée dans les trois jours de la nomination et, avant le serment par un simple acte signé de la partie ou de son mandataire spécial, contenant les causes de la récusation et les preuves, ou a, ou l'offre de les vérifier par témoins. Le délai expiré, la récusation ne peut plus être proposée et l'expert prête serment au jour indiqué (309 C. proc.).

Le délai de trois jours ne court que de la signification du jugement, et si le jugement est par défaut, du jour où expire le délai d'opposition, ou du jour de la signification du jugement qui a statué sur l'opposition (C. Aix 9 nov. 1834, S. 35-2-164 ; — C. Nancy 11 nov. 1841, S. 42-2-245).

Lorsque l'expert est nommé sans jugement, par exemple dans la requête de l'Administration, le délai de trois jours court à partir de la signification de cette requête aux parties (Orange 27 juill. 1870, 3267 § 4 R. P.).

La récusation proposée contre des experts est non recevable lorsqu'elle n'a lieu que postérieurement à la date du procès-verbal d'expertise, bien qu'avant son enregistrement (Cass. 6 frim. an 14, D. N. t. 5 p. 799 n° 144). — V. *infrà* n° 10002.

Il a été jugé à cet égard que, bien que trois jours se soient déjà écoulés depuis la nomination d'un expert, la partie peut encore le récuser en prouvant que la cause de sa récusation n'est venue à sa connaissance que dans les trois jours qui ont précédé celle-ci; mais que toute récusation est tardive après la prestation de serment des experts, sauf à la partie à demander la nullité de l'expertise elle-même, en se basant sur les faits invoqués à l'appui de sa récusation (Bruxelles 5 fév. 1873, 11945 J. E. belge).

3. JOUR FÉRIÉ. — Le délai fixé par l'art. 309 C. proc., pour récuser un expert, n'est pas prolongé de vingt-quatre heures, parce que le dernier jour de ce délai serait un jour de fête légale; par suite, n'est pas recevable la récusation signifiée le quatrième jour après la nomination : « Attendu qu'il est de doctrine et de jurisprudence, et qu'il résulte d'ailleurs clairement du texte même de la disposition précitée, que le délai accordé par cet article n'est pas franc, en d'autres termes que le *dies ad quem* y est compris; qu'il est également de jurisprudence que les jours de fêtes légales sont, en général, compris dans les délais impartis, à moins que la loi ne dise expressément le contraire » (Arlon 25 juin 1873).

9967. Motifs de récusation. — Les motifs de récusation sont ceux détaillés à l'art. 283 C. proc., c'est-à-dire la parenté et l'alliance à certains degrés, la qualité d'héritier présomptif ou de donataire, la condamnation à une peine afflictive ou infamante, ou même la simple condamnation correctionnelle pour vol. Peuvent être reprochés celui qui aura bu ou mangé avec la partie et à ses frais depuis le jugement autorisant l'expertise, celui qui aura donné des certificats sur les faits relatifs à la procédure, les serviteurs et domestiques à gages, le témoin en état d'accusation.

1. NATIONALITÉ. — Les motifs de récusation ci-dessus sont limitatifs, de sorte qu'on ne pourrait trouver motif à faire récuser l'expert parce qu'il serait étranger.

2. VISITE DES LIEUX. — ESTIMATION PRÉALABLE. — Il n'y a pas lieu de récuser un expert parce que, avant l'introduction de l'instance, il aurait accompagné le receveur dans une visite des biens expertisés (Namur 5 janv. 1865, 9764 J. E. belge).
Mais on a jugé que s'il s'est livré à une estimation préalable des biens, il devrait être récusé, alors même qu'il n'en aurait pas fait connaître le résultat par écrit (Montbéliard 29 avr. 1856).

3. EXPERTISES DISTINCTES. — Il n'y a aucune connexité entre deux expertises suivies contre des acquéreurs distincts et par acte séparé de biens provenant du même vendeur, et l'expert qui a procédé dans la première affaire ne peut être récusé dans la deuxième, la première étant *res inter alios acta* (Auxerre 11 fév. 1863, 17614 J. E.).

4. RECEVEUR LOCATAIRE DE L'EXPERT. — Le fait que l'expert serait le propriétaire de la maison occupée par le receveur ne saurait donner lieu à un reproche légal (Le Puy 12 août 1859, 17066 J. E., 11822 C., 1290 R. P.).

5. EXPERT FONCTIONNAIRE DE L'ÉTAT. — Il n'y a rien d'incompatible entre la double fonction d'agent du Gouvernement et d'expert appelé à donner son opinion dans les questions qui intéressent l'État. Spécialement, on ne peut

récuser pour expert de l'Administration un conducteur des ponts et chaussées (Saint-Amand 23 fév. 1865, 12963 C., 2010 R. P., S. 65-2-178). On serait également autorisé à choisir un agent des forêts. Mais il nous semble évident qu'on ne pourrait pas aller jusqu'à confier l'expertise à un préposé de l'Enregistrement, qui est le représentant salarié de l'Administration en cause.

6. SECONDE EXPERTISE. — MÊME EXPERT. — Lorsqu'une expertise est annulée comme insuffisante ou irrégulière, la nouvelle expertise peut être confiée aux mêmes experts, car aucune disposition de la loi ne s'y oppose (Épernay 15 juin 1860, 17250 J. E., 12009 C., 1564 R. P.).

7. CONSEIL. — NOTAIRE. — En matière civile, il a été reconnu qu'un conseil, même salarié de la partie, pouvait être entendu comme témoin (C. Colmar 14 juill. 1863, P. 1863-754 ; — C. Paris 4 nov. 1865, P. 1865 p. 459). Il nous paraît en résulter qu'il peut aussi être choisi pour expert, et cette conclusion s'appliquerait au notaire rédacteur du contrat comme à tout autre conseil (Audenarde 3 fév. 1875, 4407 R. P.).
Toutefois, il pourrait y avoir lieu a récusation si le notaire rédacteur avait affirmé dans sa correspondance ou dans d'autres documents analogues l'exactitude des énonciations du contrat relatives au prix exprimé ou à l'évaluation du revenu; il y aurait alors certificat donné sur des faits relatifs au procès (18650 J. E. ; — V. Audenarde, 3 fév. 1875, 4407 R. P.); — ou bien s'il avait personnellement participé à la fixation du prix (Courtrai, 7 juill. 1877, 13365 J. E. belge).
De même, s'il s'agissait de l'expertise de biens compris dans une déclaration de succession préparée par un notaire, cet officier public serait alors assimilé à celui qui a donné un certificat sur le procès et il pourrait être récusé (Bruxelles 11 août 1873, 12252 J. E. belge; — Audenarde 12 août et 9 déc. 1874, 4407 R. P.).

8. CERTIFICATS. — Il est de jurisprudence qu'on ne peut écarter le témoignage d'un fonctionnaire public à raison des rapports faits par lui sur l'affaire, dans l'exercice de ses fonctions (Saint-Jean-de-Maurienne 1er sept. 1876, 4618 R. P.); mais on ne saurait considérer comme tel l'avis donné par un géomètre du cadastre, sur la valeur de biens déclarés, à l'Administration de l'enregistrement dont il ne fait pas partie. En faisant cet acte, qui sortait de ses attributions, il n'a pu agir que comme mandataire de la partie défenderesse; et si c'est d'après ses indications qu'a été rédigé, quant à la valeur, le rapport du receveur qui a déterminé la demande d'expertise, le géomètre est l'auteur du document même qui a servi de base aux poursuites, et il ne pourrait donner tort à l'Administration sans se donner un démenti à lui-même; cet expert ne réunirait donc pas les conditions d'indépendance et d'impartialité exigées par la loi et sa récusation devrait être admise » (Bruxelles 5 fév. 1873, 11945 J. E. belge).

9. FRÈRE DU VENDEUR. — L'Administration est fondée à récuser comme expert le frère du vendeur, quand les droits d'enregistrement de l'acte ont été mis à la charge de ce vendeur (Namur 30 mai 1871, 3872 R. P.).

10. INIMITIÉ. — L'allégation d'inimitié n'est pas une cause suffisante de récusation. L'art. 283 du C. proc, ne re-

produit pas à cet égard la disposition de l'art. 378 du même code à l'égard des juges (Charolles 21 juill. 1871 ; — Saint-Jean-de-Maurienne 1er sept. 1876, 4618 R. P.).

9968. La récusation n'est pas seulement admise contre les experts d'office. — L'art. 308 C. proc. porte que les récusations ne pourront être proposées que contre les experts nommés d'office, à moins que les causes n'en soient survenues depuis la nomination et avant le serment. Mais cette disposition n'est pas applicable en matière d'enregistrement. Si on ne permet pas, en effet, aux parties, de récuser dans les causes ordinaires les experts qui ne sont pas nommés d'office, c'est parce que ces experts ont été par elles nommés d'un commun accord (303-304 C. proc.). « Or, en les choisissant, dit Boitard, les parties ont couvert les causes de récusation qui existaient antérieurement dans la personne des experts » (art. 308). Il n'en est plus de même en matière d'enregistrement. Chaque partie nomme séparément son expert sans prendre l'avis de l'autre. On ne peut donc pas dire que celle-ci a renoncé aux causes de récusation, et on rentre, dès lors, sous l'application des principes généraux. Il a donc pu être décidé que l'expert choisi à l'amiable, et notamment l'expert choisi par l'une des parties sans le concours de l'autre, peut être récusé pour des causes antérieures à sa nomination, quand il est constant que ces causes n'ont pu être connues qu'après (Lourdes 18 déc. 1872).

C'est également ce qui résulte d'un jugement du tribunal de Charolles, du 21 juillet 1871, portant : « Attendu que les art. 308 et 309 doivent être pris tels qu'ils sont conçus, sans qu'il soit permis de les scinder ; qu'en matière d'enregistrement chaque expert doit être considéré, tout à la fois, comme expert nommé par la partie, à l'égard de celle qui l'a désigné, et comme expert nommé d'office, pour la partie qui n'a pas concouru à sa nomination, en sorte que, vis-à-vis de cette dernière, cet expert est exactement dans la même position que s'il avait été nommé d'office par le tribunal ; que, du moment qu'une partie est restée étrangère à la nomination d'un expert, elle a le droit de le repousser, que cette nomination émane du tribunal ou de l'autre partie ; mais elle doit le faire de la manière et dans les délais fixés par la loi. »

On n'aurait à revenir à l'application de ce principe que pour l'expert qui serait désigné d'un commun accord, dans le cas spécial prévu par la loi du 23 août 1871, d'une expertise portant sur un immeuble d'une valeur inférieure à 2,000 francs.

La récusation peut se fonder sur des causes antérieures à la nomination mais connues après (Lourdes 18 déc. 1872, 3872 R. P.).

9969. Jugement de la récusation. — Nous avons dit que les motifs de récusation doivent être proposés dans les trois jours à partir de la nomination et, en tout cas, avant la prestation de serment, au moyen d'un simple acte signifié à la partie (art. 308 et 309 C. proc.). Le jugement des causes de la récusation appartient au tribunal civil s'il s'agit de la première expertise, et au juge de paix à charge d'appel s'il s'agit d'un tiers expert. — V. 10002.

9970. Prestation de serment. — 1. REQUÊTE. — D'après l'art. 307 C. proc., on doit prendre ordonnance du juge de paix pour faire sommation aux experts de prêter serment. « Cette disposition, dit M. Vuarnier n° 3220, est applicable en matière d'enregistrement, puisque la loi spéciale n'y a pas dérogé. La requête pour obtenir cette ordonnance est présentée au juge de paix devant lequel les experts ont été renvoyés pour prêter serment. Elle doit être sur papier timbré, peut être signée par tous les employés indifféremment et n'est pas soumise à l'enregistrement. »

2. ORDONNANCE. — Le juge de paix fixe par une ordonnance, qui est, comme toutes les ordonnances judiciaires, soumise à l'enregistrement, le jour où les experts pourront prêter serment ; il autorise en même temps la sommation qui doit être faite à cet effet.

3. SOMMATION AUX EXPERTS. — On doit signifier aux experts les actes qui leur ont confié la mission d'expertiser les biens, ou l'expédition du jugement qui les a désignés d'office. On leur notifie en même temps l'ordonnance du juge de paix avec invitation de se présenter au jour fixé pour prêter le serment exigé par la loi. Dans cette sommation, il est bon de préciser, d'après les termes du jugement, que les experts auront à déterminer soit la valeur vénale, soit le revenu des biens au jour de la transmission.

4. SOMMATION AUX PARTIES. — Doit-il être fait sommation à la partie, sous peine d'être présente à la prestation de serment des experts ? — L'affirmative a été décidée, mais sous l'empire de la loi du 3 brumaire an 4, qui contenait à ce sujet une disposition expresse (Cass. 25 therm. an 12 et 14 therm. an 13). — L'art. 307 C. proc. n'a point reproduit cette disposition. Toutefois, les auteurs étant divisés sur cette question, il convient de ne pas omettre la sommation dont il s'agit (1537 n° 286 I. G.).

Ainsi il a été jugé qu'on doit, à peine de nullité, faire signifier à la partie défaillante le procès-verbal de prestation de serment des premiers experts, mais que cette nullité est couverte si la partie a assisté ensuite régulièrement aux opérations de la tierce-expertise (Sarlat 31 août 1870, 3267-3 R. P.).

5. PROCÈS-VERBAL DE PRESTATION DE SERMENT. — Les experts prêtent devant le juge de paix serment de bien et fidèlement remplir leur mission ; le procès-verbal constatant la réception de ce serment fixe le lieu, le jour et l'heure où ils doivent procéder.

6. SIGNIFICATION. — Si la partie n'a pas assisté à la prestation de serment qui fixe le lieu, l'heure et le jour des opérations des experts, le procès-verbal lui en est signifié avec sommation d'assister à l'expertise si elle le juge convenable (art. 315 C. proc.). — Mais lorsque le procès-verbal de prestation de serment constate la présence de la partie adverse, l'Administration est dispensée de lui faire toute signification ou sommation, puisque le débiteur est suffisamment averti (Alençon 31 mars, 5 juill. 1832, D. N. t. 5 p. 788 n° 127).

Dans tous les cas, la partie défaillante, qui n'aurait pas été sommée de se trouver aux jour et lieu de l'opération, ne peut exciper de cette nullité, si, d'ailleurs, avertie de toute autre manière, elle a assisté à l'expertise (Lyon 9 fév. 1841, D. N. t. 5 p. 789 n° 128). — Il n'en serait autrement que dans le cas où elle n'aurait été aucunement avertie (Bruxelles 30 janv. 1824).

Quand elle a été sommée d'assister à l'ouverture des opérations, il n'est plus nécessaire de réitérer ces sommations à chaque nouvelle séance (Seine 8 mars 1873).

7. DÉSIGNATION DU JUGE DE PAIX. — Lorsque, sur la sommation de l'Administration, la partie a nommé un expert, il n'est pas nécessaire, à peine de nullité de la procédure, que le juge de paix de la situation des biens devant lequel les experts prêtent serment, ait été délégué par le tribunal (Évreux 6 déc. 1867, 18570 J. E., 3267 § 7 R. P.).

Mais il a été jugé que si les biens à expertiser sont situés dans l'étendue de deux ou plusieurs cantons, c'est au tribunal à désigner, à l'exclusion du président, le juge de paix qui recevra le serment des experts et désignera ultérieurement le tiers expert (Fontenay 30 déc. 1868, 2887 R. P.).

SECTION 6. — OPÉRATIONS DES EXPERTS

[9971-9986]

9971. Mode de procéder. — Les experts se réunissent aux jour, lieu et heure indiqués dans le procès-verbal de prestation de serment, pour procéder à l'estimation qui leur est confiée.

1. VENTES SUCCESSIVES DES MÊMES IMMEUBLES. — L'insuffisance des prix stipulés dans deux ventes des mêmes immeubles, faites à un intervalle peu éloigné, peut être constatée par une seule et même opération d'experts, quoique l'estimation ait été requise par l'Administration, séparément, pour les deux ventes (Cass. 5 avr. 1831) : « Attendu, porte cet arrêt, qu'une double opération sur les mêmes biens, entre les mêmes parties et les mêmes experts, aurait été sans utilité, et les parties, objet des poursuites de la Régie, auraient pu se plaindre de vexation et faire rejeter des frais qui auraient été frustratoires (1381 § 12, 1537-287 I. G., 10143 J. E.).

9972. Division. — Nous allons examiner distinctement quel doit être le mode d'opérer des experts pour estimer tant la valeur vénale que le revenu.

9973. Bases de l'évaluation de la valeur vénale. — L'art. 17 L. 22 frimaire an 7 n'a point déterminé d'une manière précise les bases de l'évaluation en valeur vénale. La comparaison de l'immeuble vendu avec des fonds voisins de même nature n'est qu'un moyen indiqué par la loi. Les experts peuvent choisir les bases d'estimation que leurs lumières et leur conscience leur suggèrent, sauf aux juges à apprécier (Cass. 8 brum. an 14, 6 avr. 1815, S. 15-1-334, 1537-288 I. G., et 7 juill. 1815, P. chr. 281, 1537-288 I. G.; 23 déc. 1846, S. 47-1-221, 1786-12 I. G.; 14148 J. E. ; — Évreux 6 déc. 1867, 18570 J. E., 3267 § 7 R. P.) : « Attendu, porte l'arrêt du 26 décembre 1846, sur

l'art. 17 de ladite loi, que les dispositions qu'il renferme ne prescrivent aucun mode obligé d'appréciation que les experts soient nécessairement obligés d'employer ; qu'il ne fait qu'accorder à la Régie le droit d'exiger une expertise, lorsqu'il lui paraît, par la comparaison des immeubles vendus avec des fonds voisins de même nature, que le prix déclaré dans l'acte est inférieur à la valeur vénale de ces immeubles. » — Conf. : Nice 16 fév. 1875.

1. DOCUMENTS COMMUNIQUÉS PAR L'ADMINISTRATION. — Ainsi, si les experts ont basé leur estimation sur un relevé des ventes communiqué par l'Administration, leur procès-verbal est à l'abri de critique, alors que rien ne prouve qu'ils n'ont pas tenu compte de l'état d'infériorité des immeubles par suite de leur mauvais état d'entretien (Épernay 15 juin 1860, 12009 C., 17250 J. E., 1564 R. P.).

Décidé également, en ce sens, que quand le rapport d'expert constate que la valeur des biens a été fixée par l'examen des lieux, la mention que les experts ont utilisé certains renseignements émanés de l'Administration n'est pas de nature à vicier l'opération (Cass. 26 nov. 1866, 2390 R. P., 18674 J. N., 18339 J. E., 2356 § 1er I. G., 13206 C., S. 67-1-38, D. 67-1-64).

2. BASES FIXÉES PAR LE TRIBUNAL. — « Aucune disposition de la loi fiscale n'autorise le tribunal à fixer à l'avance les bases du travail auquel les experts devront se livrer ; il y a lieu seulement, en ordonnant l'exécution pure et simple du jugement par défaut, de réserver aux parties le droit de conclure, ultérieurement, ainsi qu'elles aviseront » (Seine 8 déc. 1866, 2209 R. P.).

9974. Mode d'évaluation de la valeur vénale. — L'art. 17 L. an 7 n'impose pas non plus aux experts de mode spécial d'estimation ; ils n'ont, dans ce cas, d'autre guide que leurs lumières et leur conscience, sauf aux juges à apprécier.

1. ESTIMATION EN BLOC ET PAR PARCELLES. — Ainsi, les experts peuvent estimer les biens en bloc ou par parcelles, le fait que l'un des experts aurait estimé en bloc et l'autre par parcelles n'est pas de nature à faire annuler le rapport (Cass. 25 août 1862) : « Attendu, porte cet arrêt, que l'art. 17 L. 22 frimaire an 7 n'a point imposé aux experts l'obligation absolue d'adopter une seule et même base d'estimation dans les cas très-divers dans lesquels ils ont à procéder à des évaluations, et qu'ils peuvent choisir celle que leurs lumières et leur conscience leur suggèrent, sauf aux juges à l'apprécier ; attendu qu'en déniant aux experts cette liberté dont l'un d'eux a usé conformément à la demande de l'une des parties, en annulant par ce motif l'estimation par lui faite, et en s'arrêtant exclusivement à l'estimation par la comparaison des parcelles, comme étant la seule autorisée par la loi, le tribunal a faussement interprété, et, par cela même, formellement violé l'art. 17 L. 22 frimaire an 7 » (17559 J.E.,17537 J.N.,12295 C., 417 R.N., 1692 R. P., S. 62-1-1057; — Conf. : Cass. 6 avril 1815, S. 15-1-334, 1537-288 I. G.).

Un arrêt du 8 brumaire an 14 avait cependant décidé que les experts chargés d'estimer la valeur d'un domaine considérable doivent faire autant d'estimations distinctes qu'il y a de parties différentes dans l'immeuble : « Attendu, porte cet arrêt, que si les deux experts ont procédé chacun sur une base différente, l'un en estimant en masse, et l'autre en procédant à l'estimation par parties, en prenant pour objet de comparaison les fonds voisins de même nature, il n'en est pas moins évident que celui qui a estimé en masse ne s'est pas conformé à ce que lui prescrivait l'art. 17 de la loi » (Champ. et Rig. n° 3284). Mais cette jurisprudence n'est plus suivie.

Il a été, en effet, reconnu « que si l'expert a déclaré qu'il a supposé qu'une fraction du domaine pouvait être détaillée ; et si, en estimant un clos en nature de verger, joignant à la fois la rue et une route, il a considéré qu'il pouvait être divisé en plusieurs places à bâtir, il n'a fait qu'user de son droit d'appréciation, en tenant compte de circonstances susceptibles d'influer sur l'évaluation du prix même d'une vente en bloc ; en procédant ainsi, il n'a pu évidemment violer aucune loi » (C. cass. 20 mai 1863, 12480 C., 17773 J.N., 17684 J. E., 763-2 Rev., 2274 § 3 I. G., 1920-2 R. P.).

Décidé, de même, que, pour déterminer la valeur en bloc d'une propriété vendue ou donnée, rien ne s'oppose à ce qu'un expert procède d'abord à l'estimation détaillée de chacune des parcelles du domaine (Saint-Amand 16 août 1867, 2643 R. P. ; — Charleroi 4 avr. 1868, 2721 R. P.).

3. CAPITALISATION DU REVENU. — Le mode d'évaluation étant entièrement abandonné aux experts, on n'a pas à leur demander compte des motifs qui les ont déterminés, pourvu qu'ils aient opéré légalement. Ainsi, comme les experts ont à évaluer la valeur vénale et non le revenu, un tribunal ne pourrait, en ordonnant l'expertise, prescrire aux experts de prendre pour base de leur évaluation le revenu qui serait ensuite capitalisé au denier 20 pour former la valeur vénale (Cass. 23 mars 1812, P. chr., Champ. 3283, S. 12-1-264, 4180 J. E., et 28 mars 1831, 1370 § 4 I. G., S. 31-1-161).

Arrêt du 23 mars 1812 :

« Vu l'art. 15 n° 7 L. 22 frimaire an 7 ; — Et attendu que la loi veut que la valeur de la propriété soit déterminée, dans les cas qu'elle exprime, d'après le produit même des biens, calculé à raison de vingt fois le produit, ou d'après le prix des baux courants, et qu'ainsi le tribunal qui a rendu le jugement attaqué, en prenant, comme il l'a fait, pour base de l'estimation des biens, les uns légués à la dame Vanden-Plassche, et les autres recueillis par ses enfants, comme héritiers de leur père, soit la déclaration de thermidor an 8, soit celle de décembre 1807, a violé l'art. 15 n° 7, ci-dessus cité, puisqu'il a adopté un mode d'évaluation autre que celui qu'il indique, et que par cela seul il prescrit. »

Arrêt du 28 mars 1831 :

« Attendu, porte cet arrêt, qu'aux termes de l'art. 17 L. 22 frimaire an 7, les experts doivent estimer la valeur vénale des immeubles transmis en propriété ou en usufruit, à titre onéreux, par comparaison avec les fonds voisins de même nature ; qu'il suit de qui précède, qu'en estimant lui-même la valeur vénale des droits convenanciers du moulin de Bellec, sans avoir égard à l'estimation qui en avait été faite par les experts nommés par les parties, en exécution de son jugement interlocutoire du 19 décembre 1828, et en l'esti-

mant d'après le revenu desdits biens, le tribunal civil de Morlaix a faussement appliqué l'art. 19 L. 22 frimaire an 7. »

Ces décisions, disent Champ. et Rig. n° 3284, doivent être entendues « en ce sens que la loi n'interdit pas aux experts de s'aider du revenu pour déterminer la valeur vénale, mais leur défend seulement d'en faire l'objet de leurs recherches. » Ainsi, des experts qui formeraient la valeur vénale en estimant le revenu et en le multipliant par 25, 27 et 30, suivant la nature des immeubles, opéreraient régulièrement.

9975. Époque de l'aliénation. — C'est sur la valeur vénale à l'époque de l'aliénation des immeubles que doit porter l'estimation des experts. En conséquence, est nul le rapport des experts qui ont évalué l'immeuble dans son état actuel ; et le tribunal qui, sur la demande en nullité de ce rapport, se borne à ordonner aux experts de déduire de leur estimation la plus-value acquise par les constructions du nouveau propriétaire, et ne leur prescrit pas de constater la valeur au moment de l'aliénation, viole les art. 17 et 18 L. 22 frimaire an 7 (Cass. 15 mai 1832) : « Attendu, porte cet arrêt, que les art. 17 et 18 L. 22 frimaire an 7 n'assujettissent les acquéreurs au payement d'un droit supplémentaire d'enregistrement que sur la somme qui excède la valeur vénale de l'immeuble à l'époque de l'aliénation ; attendu, en fait, que les experts qui ont procédé à l'estimation de la valeur vénale de la maison dont il s'agit, et qui avaient, à l'exclusion des juges, reçu de la loi spéciale du 22 frimaire an 7, le droit d'y procéder, n'ont pas constaté que sa valeur vénale fût, à l'époque de l'aliénation, supérieure au prix porté dans le contrat ; qu'ils l'ont estimée telle qu'elle se poursuivait et comportait dans l'état actuel ; que, sur la demande en nullité de ce rapport, fondée sur ce que les experts n'avaient pas eu égard à la plus-value produite par les progrès du temps, ni à celle opérée par les améliorations faites, le tribunal civil d'Orléans s'est borné à ordonner aux experts de déduire de leur estimation la plus-value acquise à l'immeuble par les travaux du nouveau propriétaire, et ne leur a pas prescrit de constater la valeur au moment de l'aliénation ; qu'en ce faisant, il a violé les lois précitées » (1410-16 et 1537-291 I. G., 10350 J.E.).

1. ENTRÉE EN JOUISSANCE. — L'expert n'a pas à se préoccuper de l'entrée en jouissance et son estimation doit être réglée d'après l'état des biens au moment de la vente. Les modifications survenues entre l'entrée en jouissance antérieure et la vente ne peuvent évidemment être prises en considération, puisque pendant cette période l'immeuble était encore la propriété du vendeur.

2. PROMESSE DE VENTE. — Quand la vente se réalise en faveur de l'acheteur par son acceptation ultérieure de la promesse de vente, la mutation s'opère sans effet rétroactif à partir de ce moment (Toullier t. 9 n° 92, Troplong n° 123, Duvergier t. 1er n° 123, Marcadé art. 1589 ; — Cass. 9 août 1848, D. 48-1-185 ; 25 juill. 1849, D. 50-1-91 ; 14 mars 1860 S, 60-1-712) ; et le droit d'enregistrement devient exigible (Cass. 22 août 1865, 2151 R. P., 2326-7 I. G.). — On le perçoit naturellement sur le prix stipulé dans la promesse aujourd'hui acceptée ; mais si l'Administration requiert l'expertise de l'immeuble transmis, c'est à la date de l'accepta-

tion qu'il faut en apprécier la valeur vénale (Seine 17 nov. 1860, 17024 J. N., 11984 C., 17272 J. E.; 12 janv. 1867, 2433 R. P., 14023 C.).

3. MUTATION CONDITIONNELLE. — On l'a décidé, de même, au sujet des mutations subordonnées à une condition suspensive : « Attendu que, d'après les art. 17 et 19 L. 22 frimaire an 7, il faut, pour déterminer la valeur imposable, se référer à l'époque où la mutation des immeubles est consommée, où les immeubles passent effectivement d'une tête sur une autre ; qu'il n'y a pas à distinguer entre le cas d'une mutation subordonnée à une condition suspensive et celui d'une aliénation pure et simple ; que si, en vertu de l'art. 1179 C. C., la condition accomplie a un effet rétroactif au jour auquel l'engagement a été contracté, cette disposition n'a d'autre effet que de faire révoquer les charges, les servitudes, les aliénations, les hypothèques consentis *pendente conditione*, mais qu'elle ne saurait faire qu'en réalité la mutation ne s'est pas opérée au jour où la condition s'est accomplie » (Sol. belge 28 mars 1868, 10740 J. E. belge).

9976. Évaluation du revenu. — Ce que nous avons dit de l'évaluation de la valeur vénale s'applique au revenu et les experts sont maîtres des bases et des moyens d'appréciation sauf le contrôle du tribunal.

1. ANCIENS BAUX ET MARCHÉS. — Ainsi les experts ne sont point tenus d'asseoir leur évaluation sur des marchés et anciens baux authentiques qui leur ont été produits par la partie durant leurs opérations ; ils peuvent consulter ces actes à titre de simples renseignements (Cass. 6 déc. 1836, S. 37-1-171, 1537-296 et 1539-6 I. G., 11677 J. E.).

2. BAUX A PORTION DE FRUITS. — Il a déjà été expliqué que le bail à portion de fruits ne fait point obstacle à l'expertise ; il nous reste à voir quelle sera son influence sur les évaluations des experts. Ceux-ci, à notre avis, n'auront à le consulter que comme un renseignement, ils ne seront pas astreints, sous peine de nullité, à évaluer les fruits revenant aux propriétaires et à se servir d'une mercuriale calculée soit sur 14 années soit sur 3 années. Le D. N. (t. 5 p. 783 n° 90) l'explique fort bien par la raison que le décret du 26 avril 1808 et l'art. 75 L. 15 mai 1818 n'ont disposé qu'à l'égard des baux payables en nature et n'ont point parlé des baux à portion de fruits ; et qu'on ne peut exciper de l'analogie existant entre eux, car les analogies ne sont pas reçues en matière d'impôt. C'est une observation que nous avons faite déjà au mot *Bail*.

Le contraire pourrait cependant s'induire dans un arrêt de cass. du 9 mai 1826, portant : « Attendu que le jugement attaqué, qui, dans l'espèce, ayant à déterminer le mode d'évaluation de biens transmis par décès d'après les baux stipulés à colonage, ou à portion de fruits, a cru devoir prendre pour base de l'évaluation les mercuriales des trois dernières années, n'a pu violer ni la loi du 22 frimaire an 7, qui ne détermine pas le nombre des mercuriales, ni le décret du 26 avril 1808, et la loi du 15 mai 1818, qui ne déterminent formellement que pour les baux payables en nature » (1200 § 4 et 1537-311 I. G., S. 26-1-446).

3. BIENS NON LOUÉS. — RÉCOLTES EN GRAINS. — De même, en cas d'expertise du revenu des immeubles non affermés, les experts peuvent établir autrement que par les mercuriales le prix des céréales produites par les biens : « Attendu que le tiers expert, ayant reconnu que les céréales produites par les biens dont il avait à chercher le revenu étaient de qualité inférieure, a pu et dû fixer le prix autrement que par la moyenne des mercuriales » (Villeneuve d'Agen 28 juin 1865, 2417 R. P.).

4. TERRAINS A BATIR. — INTÉRÊTS DU CAPITAL. — De même que quand il s'agit de l'estimation d'une valeur vénale les experts ne doivent pas faire du revenu la base de leurs évaluations ; de même aussi, lorsqu'ils ont à évaluer un revenu, ils ne peuvent faire de la valeur vénale la base de leurs calculs. — Ainsi, notamment, s'il s'agit d'un terrain à bâtir, lequel est improductif, il n'est pas loisible aux experts de fixer la valeur en capital de l'immeuble pour en déterminer le revenu en prenant l'intérêt à 5 pour 100. « Ce serait, dit un jugement du tribunal de la Seine du 11 juillet 1857, intervertir l'ordre de la loi et ôter aux experts l'indépendance d'appréciation de la valeur locative qui doit seule faire l'objet de leurs recherches » (16580 J. E., 927 R. P.). — V. *Échange* n° 7121.

9977. Ce qu'on entend par valeur vénale. — L'expertise tend à la détermination de la valeur imposable des immeubles, et pour cela il est essentiel de ne pas perdre de vue les règles relatives à la liquidation des droits. Ainsi, la valeur vénale consiste dans la somme que le propriétaire pourrait obtenir par la cession de son immeuble, soit qu'il reçoive des deniers comptants, soit qu'il impose à l'acheteur des charges équivalentes. Le droit proportionnel étant exigible sur le prix principal et sur les charges, il est naturel que les experts fixent d'après les mêmes bases la valeur vénale de la propriété.

1. FRAIS D'ACTES. — La valeur vénale étant celle qui doit parvenir entre les mains du vendeur ne comprend pas les frais auxquels, de droit commun, l'acquéreur est personnellement assujetti. Les experts ne contreviennent donc pas à la loi quand, après avoir établi la valeur brute de l'immeuble, ils en déduisent les frais d'acte et les droits d'enregistrement pour avoir la valeur vénale (Cass. 7 mars 1833, S. 33-1-181, 1537-290 I.G., 10580 J.E.). « Attendu, porte cet arrêt, qu'il résulte de la combinaison des art. 15 n° 6 et 17 L. 22 frimaire an 7, que la valeur vénale doit être le but de l'estimation des experts ; que cette valeur ne peut être que celle qui doit parvenir dans les mains du vendeur ; qu'elle ne doit comprendre, à moins de stipulations extraordinaires, dans le cas d'expression du prix, par les parties elles-mêmes, aucun des frais auxquels de droit commun, l'acquéreur est soumis ; que le procédé des experts ne peut être différent dans les appréciations qui leur sont confiées. »

Mais si les experts se bornent à fixer la valeur vénale sans parler des frais, on doit admettre qu'il s'agit de la valeur vénale représentée par le prix à payer au vendeur et ne comprenant pas les frais dus par l'acheteur (Vervins 15 mars 1860, 1467 R. P.). Les experts ne sont pas, en effet, obligés d'indiquer qu'ils ont tenu compte de ces frais (Nantes 26 août

1843, 13874 J. E.; — Caen 8 janv. 1846, 13919 J. E.; — Bordeaux 17 août 1859, 14686 C., 17030 J. E.).

Il a été jugé cependant que si le rapport des experts est muet sur le point de savoir s'ils ont ou non tenu compte des frais et loyaux coûts du contrat d'acquisition, le tribunal doit leur ordonner de s'expliquer sur ce point dans un rapport supplémentaire (Arlon 14 août 1873).

2. CONTRIBUTIONS. — Les contributions, les primes d'assurances sont des charges de la jouissance future des biens. Comme de telles charges ne se déduisent pas pour la liquidation de l'impôt applicable au contrat de vente, les experts ne doivent pas non plus y avoir égard pour la détermination de la valeur vénale de l'immeuble (Charleville 10 fév. 1860, 1433 R. P., 17081 J. E., 11946 C.; — Nantes 26 août 1845, 13874 J. E.; — Saint-Amand 3 fév. 1871, 19217 § 2 J. E.). — V. Bail.

3. RÉPARATIONS. — Il en est de même, en principe, des frais d'entretien ou de réparations futures de l'immeuble, ainsi que des non-valeurs pour défaut de location (V. Nîmes 28 avr. 1845; — Lyon 19 fév. 1845, 12341 et 12535 J. N., 13750 et 13898 J. E.). — Cependant, comme le plus ou moins d'importance de ces charges est de nature à influer sur le prix de vente, les experts pourraient y avoir tel égard que de raison dans la fixation de la valeur (V. Cass. 15 mai 1832, arrêt rapporté n° 9975); — et l'espèce qui a donné lieu à l'arrêt du 7 nov. 1859 (11661 C., 17044 J.E., 1257 R.P., S. 59-1-794, P. 60-118). — Conf. : pour les réparations, Saint-Amand 3 fév. 1871, 19217 § 2 J. E.

4. SERVITUDES. — Quant aux servitudes actives ou passives, elles sont transmises avec le fonds dominant ou servant, elles ne subissent aucun impôt particulier. Actives, elles augmentent la valeur vénale du fonds vendu ; passives, elles diminuent cette valeur. Donc, s'il y a lieu à expertise, ces qualités des fonds sont appréciées comme toutes les autres, comme la fertilité d'un champ, l'ampleur ou l'élégance d'un édifice, pour arriver à déterminer la valeur vénale du fonds à l'époque de l'aliénation. — V. aussi Champ. et Rig. t. 4 n° 3287, Merlin quest. v° Enregistrement § 18, Sol. 15 mai 1844). — V. Servitude n° 15030.

5. CAUSE D'ÉVICTION. — De même, pour l'évaluation des biens d'un absent, aliénés par ses héritiers sans garantie d'éviction, les experts doivent tenir compte des chances d'éviction que fait peser sur la vente la possibilité du retour de l'absent, car le prix de la vente est nécessairement subordonné, quant à sa qualité, à toutes les circonstances de l'acquisition et notamment au degré de sécurité de l'acquéreur, « et le prix d'une vente résoluble sans indemnité ne peut être le même que celui d'une vente résolue indemnité garantie. D'un autre côté, comme la valeur vénale s'entend de l'équivalent de l'objet vendu au moment même du contrat, cet équivalent n'est pas indépendant des faits et circonstances, il est modifié non-seulement par les charges directes, mais par les éventualités qui peuvent promettre aux acheteurs plus ou moins de sûreté » (Fontenay 24 fév. 1860, 17186 J.E., 11880 C., 1392 R. P.). — Conf. : M. Bastiné n° 138.

Droit de marché. — Le droit de marché ou de jouissance fermière qui grève les immeubles en certaines contrées est-il une cause de diminution de la valeur vénale? — V. Bail.

6. ALLUVIONS. — Il faut faire entrer en ligne de compte, pour fixer la valeur vénale d'un terrain, les alluvions non mûres qui doivent s'y rattacher et qui constituent, dès maintenant, une sorte de nue-propriété susceptible de produire un revenu appréciable dans un avenir prochain. Ces alluvions doivent, en conséquence, figurer dans l'expertise d'un terrain vendu (Toulouse 29 nov. 1866, 2465 R. P., 18321 J. E.; — Cass. 9 juin 1868, 2709 R.P., 14194 C., 2372-2 I.G., 19342 J. N., S. 68-1-312, 2709 R. P.; 17 avril 1872, 3422 R. P., 2449-7 I. G., S. 72-1-194, D. 72-1 324):

« Attendu, porte cet arrêt, que l'expertise qui, aux termes de la loi du 22 frimaire an 7, peut être demandée par la Régie à l'effet de fixer la valeur vénale de l'immeuble vendu, doit comprendre, en général, tout ce qui constitue pour l'acquéreur un avantage ou un profit ; que les alluvions, alors même qu'elles ne seraient pas encore assez consolidées, soit pour devenir l'objet d'une revendication, soit pour donner des produits, n'en constituent pas moins pour le domaine un élément de valeur qui peut être quelquefois considérable ; qu'en particulier, dans l'espèce, l'importance des alluvions était d'autant moins à négliger comme élément d'estimation, qu'elles avaient fait l'objet d'une clause spéciale du contrat de vente. »

De même que le terrain, dont les rives sont menacées par le courant, subit une dépréciation, de même, et par voie de conséquence, celui qui doit profiter du retrait des eaux augmente nécessairement de valeur. Toutes choses égales d'ailleurs, le second sera vendu plus cher que le premier, parce qu'indépendamment de l'objet actuellement transmis, l'acheteur devient propriétaire d'une expectative favorable à l'agrandissement de sa propriété. Il n'en faut pas davantage pour justifier la perception du droit proportionnel auquel la loi soumet les valeurs.

Quant au point de savoir quand l'alluvion existe, c'est là une difficulté de droit civil sur laquelle nous ne pouvons pas nous arrêter ici et que nous avons discutée ailleurs (2465 R. P.).

9978. Évaluation du revenu. — Le revenu doit également s'apprécier sans distraction des charges, et les observations précédentes trouvent ici leur application. Nous avons déjà fait cette remarque au mot Expertise, en indiquant qu'il est le revenu soumis à l'action du Trésor et nous revenons sur ce point au mot Succession n°ˢ 16644 et suiv.

Il a été décidé spécialement 1° que lorsque l'un des experts, après avoir évalué le revenu d'un immeuble transmis à titre gratuit, partie en propriété et partie en usufruit, opère une déduction sur ce revenu, à raison de l'âge avancé et de l'état de santé de l'usufruitière, le tribunal doit opérer la rectification de cette erreur et maintenir seulement l'évaluation du revenu telle que cet expert l'avait d'abord fixée (Agen 22 juin 1866) ;

2° Que, lorsqu'il s'agit d'acquitter les droits de mutation par décès d'un immeuble grevé de servitudes, il faut, dans l'évaluation du revenu de l'immeuble, avoir égard à la diminution de revenu résultant des servitudes (Sol. 15 mai 1844). — V. Servitudes 15030.

9979. Améliorations possibles. — Dans l'évaluation du revenu, il faut, d'ailleurs, avoir égard au revenu tel qu'il existait au moment du décès et non au revenu qu'auraient pu produire certaines améliorations apportées à l'exploitation des biens, telles, par exemple, que la mise en culture ordinaire de toutes les terres (Cass. 7 nov. 1859, S. 59-1-794, P. 60-118, 17044 J. E.; — Cass. 8 brum. an 14, S. 6-2-904).

Arrêt du 7 novembre 1859 : « Attendu qu'il ne s'agissait pas d'immeubles distincts, dont quelques-uns auraient été omis dans l'estimation, mais d'un seul domaine soumis à une exploitation unique, dont le revenu total a dû être recherché par les experts tel qu'il était au moment du décès, et non tel qu'auraient pu l'augmenter certaines améliorations agricoles qui n'ont pas été tentées par le défunt. »

Arrêt du 8 brumaire an 14 : « Attendu que la question était de savoir si la simple estimation d'un fonds pouvait dépendre des spéculations d'art et d'industrie que les premiers acquéreurs pouvaient tenter pour améliorer les produits de ce fonds, que décider, comme l'avait fait le tiers-expert, qu'une partie du terrain du parc devait être estimée plus cher que les autres terrains, parce qu'elle pouvait être employée en jardins, ou convertie en tourbières, c'était s'être écarté de la base de l'estimation. »

9980. Bois et forêts. — L'Administration a tracé de la manière suivante, dans l'I. G. n° 1229 § 2, les règles applicables à l'expertise du revenu des bois.

Lorsque les bois sont aménagés en coupes réglées et que les ventes annuelles ne contiennent aucunes réserves, la connaissance du revenu s'obtient en cumulant les produits de toutes les coupes exploitées pendant une révolution d'aménagement, et en divisant le total pour former un produit moyen par le chiffre qui indique le nombre d'années de cette révolution. — Quand il s'agit d'un bois non aménagé, il suffit de diviser le prix de la coupe des bois exploités en une seule fois par le nombre d'années pendant lesquelles a duré leur croissance (*V.* Cass. 24 mai 1843, S. 43-1-877, 13470 J. E.; 18 juin 1855, S. 56-1-172, 2054-4 I. G., 16066 J. E.).

«Attendu, porte ce dernier arrêt, que les futaies, fruits naturels de la terre, constituant par leur croissance annuelle, qui en augmente la valeur, un véritable produit appréciable, et que cet accroissement annuel, ce produit est passible de l'impôt, soit qu'il ait plu au propriétaire d'aménager ou non sa forêt, de la mettre en coupes réglées pour en percevoir périodiquement les revenus ou de les laisser s'accumuler pour les percevoir plus tard. »

Cette opération est la même que celle qui a lieu pour l'élagage des saules, peupliers et même pour la pêche des étangs ou pour tout autre objet susceptible de revenu mais qui n'a pas un produit annuel.

A l'égard des arbres réservés lors des exploitations, il faut distinguer. Si cette réserve n'est que partielle et si, d'ailleurs, la coupe exploitée comprend des arbres anciens provenant d'une révolution antérieure, il y a compensation dans le produit moyen, et l'on n'a rien à ajouter pour cet objet au prix de la coupe. Mais si ce prix ne porte que sur le taillis, on doit y ajouter par une évaluation particulière le produit présumé de la futaie réservée.

Il y a également lieu d'ajouter au produit des coupes principales dans les bois, celui des recépages, des éclaircies dans les taillis ou les futaies, des arbres exploités en jardinant, des chablis, du paturage et de la glandée quand le propriétaire en tire un revenu, et même de la chasse quand elle est affermée.

D'ailleurs, nous avons indiqué déjà, à propos des donations, n°ˢ 6556 et suiv., comment se déterminait le revenu bi-annuel des bois aménagés ou non.

1. FRAIS A DÉDUIRE. — Mais il y a lieu de déduire du revenu les frais de garde, de repeuplement et de réparation des chemins (Fontainebleau 8 janv. 1855, 11077 J. E., 1661 § 14 I.G.).

La déduction a été spécialement autorisée pour les frais de garde par une solution du 19 mars 1878.

2. CHABLIS. — Bien que les chablis, c'est-à-dire les arbres déracinés ou rompus par accident, ne doivent pas en général être considérés comme des fruits proprement dits, ils peuvent du moins être envisagés dans certaines circonstances comme des revenus annuels (Cass. 21 août 1871, S. 72-1-144).

9981. Arbres en bordure. — Les arbres en bordure ou ceux que l'on plante épars sont de deux sortes : les uns destinés à produire périodiquement des revenus n'ont qu'une valeur ligneuse tout à fait secondaire et le plus souvent insignifiante. La valeur du bois n'entrant pas dans les prévisions du propriétaire, les fruits seuls constituent le revenu dont les experts ont à déterminer l'importance. — Les arbres de futaies, au contraire, ne se plantent pas au point de vue des récoltes qu'ils produisent. L'arbre est destiné à croître chaque année de façon à retenir en lui-même tout l'effet de la végétation. On le décharge de ses branches pour fortifier le tronc, et on l'abat quand il atteint sa plus grande vigueur. Cet arbre donne ainsi un produit annuel par les fruits et l'élagage et un produit définitif par le bois dont il se compose.

En ce qui concerne l'élagage et les fruits, il n'est pas douteux qu'ils doivent entrer en considération pour l'évaluation du revenu ; mais borner là le revenu annuel de l'arbre serait méconnaître les éléments de la nature des choses, car la croissance est un revenu que le propriétaire amasse et met en réserve pour l'avenir. — Bosquet disait également, en ce sens, que les bois ont une valeur réelle et foncière indépendante des fruits et des branchages sur laquelle le droit de centième denier devrait être acquitté (t. 1ᵉʳ p. 389).

Sous l'empire de la jurisprudence nouvelle, il n'est plus douteux que le revenu n'est pas seulement représenté par l'élagage et les fruits, mais aussi par l'évaluation à donner à la croissance annuelle. Des jugements d'Hazebrouck des 14 mai 1858 (16777 J. E., 11363 C., 998 R. P.); — 9 décembre 1859 (17138 J. E., 16867 J. N., 11751 C., 1274 R. P.); — et 31 août 1861 (17352 J. E., 17276 J. N., 12410, C. 190 R. N., 1527 R. P.), ont résolu la question dans ce sens. — Les deux derniers, déférés à la C. cass., ont été confirmés par des arrêts du 24 juillet 1860 (17173 J. E., 11813 C., 1367 R. P., P. 1861 p. 281), — et du 29 juin 1864 (17858 J. E., 12687 C., 952 Rev., 2288 §1ᵉʳ I. G., 1936 R. P., S. 64-1-462). Voici le principal considérant de ce dernier arrêt : « Attendu que l'accroissement que reçoivent, par l'effet du laps de temps, les arbres forestiers épars dans les pâturages ou sur les terres en labour ou en bordure, est évidemment un des produits de ces immeubles ; que sa valeur est susceptible d'être appréciée annuellement, d'après l'état des bois, au moment de la mutation, afin d'en former un capital composé de vingt fois ce produit; que, s'il en était autrement, une portion, et, suivant les circonstances, une portion considérable de la valeur de la propriété transmise à titre gratuit échapperait, faute d'évaluation de l'un de ses produits, à la perception du droit proportionnel de transmission. »

Depuis lors, le tribunal du Havre s'est prononcé dans le même sens (J. 26 déc. 1867, 2729 R.P.).

1. MODE D'ÉVALUATION. — Le revenu moyen passible du droit s'obtiendra, comme nous le disions au n° 1527 R.**P.**, par la valeur habituelle des arbres au moment de l'abatage divisé par le nombre d'années qu'ils mettent, d'après les règles d'une végétation normale, à acquérir cette valeur. Il y faudra même joindre l'élagage, la glandée ou autres fruits, s'ils constituent un produit utile pour le propriétaire.

Ce mode d'évaluation a été formellement consacré dans la législation bursale d'un pays voisin.

« Pour établir le rendement annuel qui sert à la liquidation du droit de mainmorte (succession) sur les arbres de futaie non aménagés, il faut, aux termes de l'art. 2 de la nouvelle loi sur l'enregistrement, calculer, conformément à l'art. 22 du règlement, le produit que l'on en retire d'une exploitation à l'autre, ainsi que les revenus éventuels. Afin de déterminer ce revenu annuel, on répartit le prix à obtenir lors de la coupe en autant de parties égales qu'il y a d'années de croissance, et on augmente le résultat des produits accessoires tels que l'enlèvement des branches, etc. » (Loi italienne 21 avr. 1862 art. 2 sur l'enregistrement. Lettre du ministre des finances d'Italie 5 juill. 1864, *J. du not. italien* 1864-23).

On trouvera, d'ailleurs, sous les n°s 16644 et suiv. de plus complets développements sur ce point.

2. BAIL COURANT. — Bien que le bail courant au jour du décès ne contienne pas réserve expresse au profit du bailleur du produit des arbres de bordure, ce produit ne lui en appartient pas moins, parce que, en principe, le bail à ferme ne comprend que les choses susceptibles de fournir un produit périodique au fermier. Il faudrait, pour établir le contraire, une stipulation formelle du bail (C. Caen 21 mai 1865, 18466 J. E.).

3. USUFRUITIER. — Ajoutons qu'il a été décidé que le nu-propriétaire conserve, pendant la durée de l'usufruit, le droit d'abattre à son profit exclusif, et sans devoir l'intérêt de leur prix à l'usufruitier, les arbres de haute futaie épars sur la propriété et arrivés à leur complète maturité à : (Angers 8 mars 1866, S. 67-2-21 ; — Caen 24 mai 1865, S. 65-2-260 et la note, Demolombe t. 2 n° 418 *Usufruit*. — *V*. Sol. 3 fév. 1868, 2656 R.P.).

9982. Mine. — Lorsqu'une mine n'est point exploitée, on ne doit déclarer que le revenu du terrain. Si le propriétaire du terrain exploite la mine, il faut évaluer le produit de la mine et du terrain qui forment deux propriétés distinctes. — *V. Succession* n° 16658.

1. MINERAI. — Relativement au minerai, il a été reconnu que, dans la détermination du revenu d'une forêt, il fallait comprendre les minerais de fer d'alluvion en exploitation au moment du décès : « Attendu que le mot *produit*, employé par la loi, comprend dans sa généralité non-seulement les fruits proprement dits, mais encore tous les profits périodiques que l'immeuble peut donner et qui sont de nature à augmenter sa valeur dont aucune partie ne peut être affranchie de l'impôt ; attendu que les minerais de fer d alluvion provenant d'une minière en exploitation au moment de l'ouverture de la succession rentrent évidemment dans cette catégorie; que ces produits sont de même nature que ceux des mines et carrières, assimilés aux fruits mêmes de l'immeuble par les art. 582, 598 et 1403 C. C. » (Cass. 6 mars 1867, 2494 R. P., 2358 § 2 I. G., 18883 J. N., 18329 J. E., 13256 C., B. C. 58, S. 67-1-225, D. 67-1-156, P. 67-535).

9983. Chasse. — La chasse peut entrer aussi comme élément lucratif dans le revenu d'une propriété. « Sans doute, disait très-bien M. l'avocat général Blanche devant la C. cass., le gibier n'est à personne et, par conséquent, n'appartient pas au propriétaire du sol, qui ne peut ni le louer ni le vendre. Mais ce n'est pas le gibier qui est ici le produit, c'est, comme le dit la loi, le *droit* ou la *faculté* de chasser sur le terrain où il se trouve (art. 715 C. C., L. 3 mai 1844 art. 1ᵉʳ, 2, etc.). Un tel droit forme incontestablement un attribut de la propriété. Il peut, en outre, être ou n'être pas productif. S'il demeure à l'état en quelque sorte latent, parce que le propriétaire n'aura pas jugé convenable d'en tirer parti (L. 3 mai 1844, art. 1ᵉʳ), ce n'est pas un fruit. Mais, s'il a une valeur, et surtout une valeur qui se détermine d'elle-même en espèces, il devient non-seulement un produit dans le sens compréhensif du mot, mais un fruit véritable du fonds. Qu'est-ce, en effet, que la somme annuellement payée par le concessionnaire de la chasse, sinon le prix de la jouissance spéciale qu'on lui accorde sur l'immeuble ? C'est un véritable prix de bail, et l'art. 584 C. C. dispose, en termes exprès, que les prix des baux à ferme sont rangés dans la classe des fruits civils appartenant soit au propriétaire par voie d'accession (art. 547 C. C.), soit à l'usufruitier (art. 583 C. C.). A ce point de vue, je crois donc que le droit de chasse productif doit être compris parmi les produits mentionnés dans l'art. 15 L. frimaire. »

La C. cass. a décidé, en effet, le 7 avril 1868, que le droit de chasse affermé par un bail courant au jour du décès constitue un produit de l'immeuble, sujet à l'impôt des mutations par décès : « Attendu que, si, quand il s'agit du droit de chasse exercé par le propriétaire lui-même, il peut être dit que la Régie ne serait pas recevable à lui opposer les avantages que lui procure cet exercice, en tant que susceptible d'être atteint par le droit proportionnel de mutation après décès, il y a lieu, toutefois, de reconnaître qu'il en doit être autrement lorsque, comme dans l'espèce, le propriétaire a fait cession de son droit par un bail courant et moyennant un prix déterminé ; que l'on ne peut, en effet, nier, dans ce cas, puisque telle est l'affirmation du propriétaire lui-même, que les produits de la chasse ne se rapportent directement aux biens transmis, et, de plus, que le bail n'en ait fixé la quotité d'une manière précise et souveraine, tellement précise et souveraine qu'il est de principe que les énonciations du bail courant sur ce point font la loi absolue des parties tout aussi bien au regard de la Régie qu'au regard des redevables » (2030 R. P., 14155 C. 18512 J. E., 2567-7 I. G., B. C. 72, S. 68-1-310, D. 68-1-259, P. 69-786, 2175 Rev., 19281 J. N.).

Cet arrêt est évidemment bien fondé. Ainsi que nous le disions, au n° 2376 R. P., en rapportant le jugement de Melun du 20 juillet 1866 cassé par la cour, quel que soit en lui-même le caractère du droit de chasse, dès l'instant qu'il se trouvait affermé au jour du décès, moyennant une redevance annuellement acquise au propriétaire, cette redevance constituait un véritable produit du fonds. Il n'y avait pas plus de raison de le dispenser de l'impôt que le prix moyennant lequel le propriétaire d'un parc loue la pêche d'un étang qu'il y a fait creuser pour son agrément, ou bien encore la somme qu'il reçoit pour l'élagage de ses massifs et l'exploitation accidentelle des arbres de futaie.

1. CHASSE NON LOUÉE. — L'arrêt qui précède préjuge, contre le Trésor, la question de savoir si l'on doit ajouter au revenu de l'immeuble, pour la perception de l'impôt des mutations entre-vifs à titre gratuit, ou par décès, la valeur locative du droit de chasse *non afferme*. On peut dire, en faveur de cette doctrine, que la chasse constitue au profit du propriétaire une simple faculté dont rien ne l'oblige à tirer parti en la cédant à un tiers. Dans ce cas, elle n'existe pas réellement comme élément lucratif du revenu de la propriété, et ressemble en certains points, soit à une carrière que le maître du sol négligerait de faire exploiter, soit à tout autre mode d'accroissement de produit dont il ne lui conviendrait pas de se servir. Ainsi que l'a reconnu la C. cass. dans un arrêt du 7 novembre 1859 : « la valeur locative se détermine d'après la situation des immeubles au moment du décès, et non pas d'après certaines améliorations agricoles qui n'ont pas été tentées par le défunt » (*suprà* n° 9979). Dès l'instant donc que le propriétaire n'a pas voulu transformer en produit utile, par la cession à un tiers, le droit qu'il avait de chasser le gibier existant sur ses terres, ce droit demeure inerte et ne saurait entrer en considération pour fixer la valeur locative du bien.

Après l'acquiescement que l'Administration a donné à ce système dans son mémoire, et les appréciations conformes formulées soit dans l'arrêt, soit dans le réquisitoire qui l'a précédé, il est probable que la question ne sera pas de longtemps soumise à la jurisprudence. Les raisons sur lesquelles on l'appuie ne sont peut-être pas cependant aussi décisives qu'elles paraissent.

La faculté de chasser constitue, il est vrai, un droit personnel dont le maître du sol a le libre exercice. Mais ce droit existe indépendamment de toute cession parce qu'il est un attribut inséparable de la propriété. La location de ce privilége à prix d'argent ne saurait donc ni le créer ni le transformer : toute la différence, c'est que le propriétaire a jugé bon dans ce cas de s'en faire un revenu. Or, est-ce que tous les produits d'un immeuble ne sont pas plus ou moins dans la même situation ? Qu'il s'agisse de la culture d'une ferme, de l'exploitation d'une forêt, ou d'un étang, le propriétaire peut toujours négliger certaines sources de produits, ou en tirer parti à son gré. La valeur locative que la loi fiscale veut atteindre ne saurait cependant varier selon le caprice de chaque possesseur. Qu'elle ne se mesure pas sur des amé-

liorations que le défunt n'a pas entreprises, et dont le résultat n'est point acquis, cela se comprend. Mais quand le droit existe, et qu'il pourrait devenir productif au gré du propriétaire, c'est aller un peu loin que de le soustraire à toute perception. De ce que le défunt ne louait pas sa maison ou négligeait de faire pêcher ses étangs, il ne s'ensuit pas que ces immeubles ne soient pas susceptibles d'un revenu imposable. Ainsi en est-il du droit de chasse. Si les circonstances de lieu ou de temps ne permettaient pas au propriétaire de le louer, il forme entre ses mains un droit forcément improductif que les experts pourront négliger. Mais si la location en est possible, c'est un élément accessoire du revenu du fonds, et il est difficile de comprendre en quoi la nature particulière de ce droit peut le soustraire aux conséquences de la loi fiscale.

Quoi qu'il en soit à cet égard, la difficulté se trouve à peu près résolue. L'Administration maintiendra sans doute la distinction relevée dans son mémoire, et dispensera de l'impôt le droit de chasse dont la location ne sera pas régulièrement justifiée.

9984. Pêche. — Les mêmes principes s'appliquent au droit de pêche. On ne saurait douter que s'il est affermé, le produit annuel ne doit être compris dans le revenu de l'immeuble traversé par le cours d'eau. Une décision du conseil du 21 juin 1732, approuvée par Bosquet t. 3 n° 88, avait reconnu, en ce sens, que le droit de centième denier était dû pour un droit de pêche dans une rivière concédée moyennant rente. Cette décision serait encore exacte aujourd'hui.

9985. Contestations. — Jugement. — Rapport d'un juge. — Lorsqu'il s'élève une contestation sur le mode de l'estimation à faire par les experts, elle doit être jugée suivant les formes prescrites par l'art. 65 L. 22 frimaire an 7, et, par conséquent, après le rapport fait par un juge en audience publique (Cass. 29 mai 1832, 1537 n° 297 I. G.).

9986. Concours de tierces personnes. — L'art. 17 L. 21 frimaire an 7 ne prescrit aucun mode d'appréciation que les experts soient nécessairement obligés de suivre. Ainsi, ils peuvent s'aider du concours d'hommes éclairés, aucune loi ne leur en interdisant la faculté (Cass. 23 déc. 1846). Cet arrêt porte : « Sur le moyen tiré de la violation prétendue des principes en matière d'expertise, et spécialement des dispositions des art. 17 et 18 L. 22 frimaire an 7 : Attendu que si les experts ont cru devoir, pour établir la valeur des bois qu'ils étaient chargés d'estimer, s'aider du concours d'hommes éclairés, aucune loi ne leur en interdisant la faculté, et qu'on lit dans leur rapport, visé par le jugement attaqué, qu'ils ont eu soin de vérifier eux-mêmes les grosseurs des arbres qui avaient été indiqués par les personnes qu'ils ont appelées pour en faire le mesurage ; que dès lors le reproche de n'avoir pas rempli par eux-mêmes, sur une partie de l'expertise, le mandat qui leur avait été confié, et d'avoir contrevenu à l'art. 18 L. 22 frimaire an 7, n'est pas justifié » (1786 § 12 I. G., S. 47-1-221, P. 47-2-68).

Le tribunal peut même, en ordonnant l'expertise, adjoindre officieusement aux experts telles personnes qu'il croit capables de leur fournir des renseignements utiles (Cass. 4 janv. 1820, D. N. t. 5 p. 787 n° 116).

1. TROISIÈME EXPERT. — Mais si le tribunal attribuait un caractère officiel à ce troisième expert, ou si, d'office, les deux experts en appelaient au troisième au même titre, la participation de ce nouvel expert serait contraire à la procédure et annulerait l'expertise (Laon 10 nov. 1855).

2. ASSISTANCE. — L'art. 317 C. proc. donne aux parties le pouvoir de faire tels dires et réquisitions qu'elles jugeront convenables. Rien ne s'oppose à ce que l'intéressé se fasse assister pour cela dans le cours des opérations d'une personne qui parle pour elle et en sa présence (*Contrà* D. m. f. belge, 27 oct. 1869, 11132 J. E. belge).

SECTION 7. — DU RAPPORT DES EXPERTS

[9987-9997]

9987. Par qui il doit être rédigé. — D'après l'art. 317 C. proc., la rédaction du rapport doit être écrite par l'un des experts et signée par tous. S'ils ne savent pas écrire, elle est écrite et signée par le greffier de la justice de paix du lieu où ils ont procédé.

Il n'y a pas nullité si le rapport a été rédigé par un tiers (C. Rouen 6 juill. 1826 ; — Mirecourt 11 juill. 1834, D. N. 5 p. 789 n° 134, 1537 § 2 n° 301 I. G. ; — Gueret 9 janv. 1857, 11073 C., 16456 I. G.) ; — surtout si la récapitulation est de la main des experts, si tous l'ont signée et si les juges ont déclaré être convaincus de son exactitude (Cass. 20 juin 1826, 5972 J. N., D. N. 5 p. 78 9 n° 135 ; — *Consult. égal.* : Lectoure 1er avr. 1865, 2390 R. P. 18674 J. N., 2356 § 1er I. G.).

1. NOM DU RÉDACTEUR OMIS. — Le rapport qui n'indique pas le nom de l'expert qui l'a rédigé n'est pas nul (Briey 17 juin 1859).

9988. Lieu où il doit être rédigé. — L'art. 317 C. proc. autorise formellement à rédiger leur rapport dans un lieu autre que le lieu contentieux. En conséquence, le rapport qui n'est rédigé sur les lieux n'est pas nul (Guéret 9 janv. 1857, 11073 C., 16456 J. E.). — V. 9993.

1. PARTIES NON PRÉVENUES. — Quand le rapport n'est pas rédigé sur les lieux, l'art. 317 C. proc. oblige les experts à indiquer le lieu où ils le feront. On a jugé que l'omission de cette formalité empêchant les parties intéressées de proposer leurs dires et réquisitions entraînait nullité (Nancy 10 sept. 1814, D. N. t. 5 p. 789 n° 136 ; — Bruxelles 30 janv. 1824). La loi n'exige pas cependant qu'une sommation soit faite à la partie défaillante. Au contraire, le vœu de la loi a été manifestement que cette rédaction n'éprouvât aucun retard, puisque la règle générale est

qu'elle soit faite sur les lieux contentieux. Il suit de là que le jugement qui annulerait une tierce expertise sur le motif que l'indication d'un lieu autre que le lieu contentieux pour la rédaction du rapport n'aurait pas été spécialement notifié au défaillant, créerait un moyen de nullité qui n'est pas prononcé par la loi (Cass. 19 juin 1838, 1577 § 31 I. G., S. 38-1-589, 12077 J. E.).

La simple omission du lieu où le rapport a été rédigé n'est pas une cause de nullité (Brest 17 juin 1857 ; — Nice 18 mai 1870, 3267-8 R.P.). — V. 9993.

Aucune loi n'oblige non plus les experts à indiquer dans leur rapport que les parties ont été présentes ou dûment appelées à la rédaction du procès-verbal. L'opération est valable alors surtout que le jugement constate, en fait, que le redevable a connu toute la procédure et a fourni les observations qu'il jugeait utiles à sa cause (Cass. 26 nov. 1866, 2390 R. P., 18674 J. N., 18339 J. E., 2356 § 6 I. G., 13206 C., S. 67-1-38, D. 67-1-64, P. 67-5-7).

Jugé, de même, que quand les parties ont été appelées à la prestation de serment des experts et averties du jour de l'expiration, il n'est pas nécessaire que leur présence soit constatée par le rapport des experts (Nice 18 mai 1870, 3267-8 R. P.).

Il a été décidé que le droit des parties de se présenter lors de la rédaction du rapport, afin de proposer leurs dires, ne les autorise pas cependant à assister à la délibération des experts. Leur présence à cette délibération serait une cause de nullité (Gand, 13 août 1866, 10292 J. E. belge).

Mais il y a nullité de l'expertise lorsque les experts ont procédé, en l'absence des parties, à l'une des opérations essentielles de l'expertise (Civray, 21 nov. 1877), notamment à la visite de biens pris pour terme de comparaison (Dôle, 27 juin 1877, 4764 R. P.), — ou à la visite des biens à expertiser (Malines, 21 fév. 1877, 13388 J. E. belge). Une simple comparution de la partie à la séance fixée pour la rédaction du rapport ne couvre pas cette nullité (Malines, *loc. cit.*).

9989. Délai pour la rédaction. — Le rapport des experts doit être dressé dans le mois au plus tard qui suit la remise qui leur est faite de l'ordonnance du tribunal ou dans le mois après l'appel du tiers expert (art. 18 de la loi des *tiers experts*). — Mais cette règle n'est pas prescrite à peine de nullité (Versailles 6 août 1840 ; — Alençon 31 mai, 5 juill. 1842, D. N. t. 5 785-132) ; — Dès lors, bien qu'il se soit écoulé plus d'un an entre l'ouverture de leur rapport et sa clôture où se trouve constaté leur dissentiment, on peut encore poursuivre la nomination du tiers expert (Seine 25 juill. 1850, P. 53-1-85).

Si l'un des experts apportait à l'opération un retard préjudiciable aux intérêts d'une partie, il pourrait selon la règle générale être condamné à des dommages-intérêts.

1. DATE DE L'OUVERTURE DES OPÉRATIONS. — Si le procès-verbal porte la date de sa clôture, la mention du jour où les opérations ont commencé devient sans importance, du moment qu'il ne peut être dénié que ces opérations ont eu lieu en présence des parties, au jour fixé par la prestation du serment (Lectoure 1er avr. 1865, 2390 R. P., 18674 J. N., 18339 J. E., 2356 § 1er I. G.).

9990. Forme du rapport. — Deux actes. —
La loi ne prescrit pas la forme dans laquelle le rapport doit
être fait, il peut donc donner lieu à deux procès-verbaux
distincts rédigés par chacun des experts: « Attendu, porte
un arrêt de cass. 30 janvier 1849, que si les deux
experts ont rédigé séparément la partie du rapport contenant
l'expression de leur opinion personnelle et s'ils l'ont fait à des
époques et en des lieux différents, ils ne l'ont fait qu'après
avoir ensemble procédé à l'opération qui leur était confiée;
que, dans cet état, aucune loi n'a été violée » (1837 § 16 I. G.,
P. 49-1-348, S. 49-1-195, 14660 J. E.). — Cette jurisprudence
a été appliquée par le tribunal de Guéret, le 9 janvier 1857
(11073 C., 16456 J. E.).
Mais la rédaction de deux actes séparés n'est nullement prescrite par la loi à peine de nullité (Issoudun 27 fév. 1873).

9991. Motifs. — Le rapport doit être assez motivé pour
que le tribunal puisse apprécier l'exactitude de l'opération.
A défaut, il pourrait être annulé et entraîner par voie de conséquence la nullité de la tierce expertise qui aurait eu lieu
postérieurement. Toutefois, aucune disposition de la loi ne
leur prescrit de faire connaître en détail les bases de leur
travail ou de rendre compte de tous les motifs qui ont
déterminé leur conviction. Il n'y aurait pas, du moins, de ce
chef une cause de nullité (Issoudun 29 avr. 1873).
De même, les experts chargés d'estimer la valeur vénale ne
sont pas tenus d'énoncer qu'ils ont procédé par comparaison
avec les fonds voisins de même nature (Cass. 23 déc. 1846,
S. 47-1-221, arrêt rapporté n° 9973).
A plus forte raison ne peut-on pas arguer le procès-verbal
de nullité parce que les immeubles pris pour terme de comparaison, n'y sont pas spécialement désignés (Arlon 14 août 1873).

1. ESTIMATION AU JOUR DE LA TRANSMISSION. — De
la nécessité de motiver le rapport résulte, pour les experts,
l'obligation d'indiquer qu'ils ont évalué les biens à l'époque
de la mutation (Namur 5 janv. 1865, 9764 J. E. belge).
Il n'est pas besoin toutefois d'une mention formelle à cet
égard; il suffit que cela résulte de l'ensemble du procès-verbal. (Cass. 15 nov. 1874, 3979 R. P.).

2. ÉTAT D'ASSOLEMENT. — Ainsi, l'énonciation que les
experts ont tenu compte de l'état d'assolement à l'époque de
la vente prouve suffisamment que la valeur des immeubles
a été appréciée, comme la loi l'exige, au jour de la transmission (Épernay 15 juin 1860, 1564 R.P., 12009 C., 17250
J. E.).

3. JUGEMENT. — De même, lorsqu'en faisant l'estimation, les experts, sans dire qu'ils représente la valeur de
l'immeuble au jour de la vente, déclarent dans leur rapport
qu'ils procèdent en vertu du jugement qui a ordonné l'expertise et en reproduisent le dispositif qui prescrit l'évaluation au
jour du contrat, il est évident que leur estimation représente
la valeur vénale passible de l'impôt (Bordeaux 17 août 1859,
11686 C.; 17030 J. E.; — Seine 15 janv. 1870, 3267-1 R.P.).

4. PRÉSOMPTION. — Mais si le rapport garde complètement le silence, et si rien ne vient le compléter, on ne saurait

T. III.

présumer de plein droit que l'estimation a eu lieu au jour de
la mutation. Il y a lieu de demander aux experts un rapport
complémentaire (Tours 25 juin 1869, 3267-1 R.P.).
Au contraire, le tribunal d'Arlon a reconnu que, « bien
que le rapport des experts ne porte pas en termes formels
que la valeur par eux fixée est celle de l'immeuble au jour
de l'aliénation, on ne peut admettre cependant qu'ils se soient
reportés à une autre époque, d'autant moins que les parties
étaient présentes à l'opération » (J. 4 août 1873).

9992. Estimation. — Les experts ne sauraient se
borner à constater qu'ils n'ont pu se mettre d'accord ; ils
doivent donner chacun leur évaluation. Si cette évaluation a
été omise, il faut les sommer d'avoir à la fournir dans un
délai déterminé, à défaut de quoi on peut les assigner devant
le tribunal.

1. ESTIMATION SÉPARÉE. — Lorsque l'estimation a été
faite en commun par les deux experts suivant les bases prescrites, cette évaluation étant régulière, doit servir de base à
la perception. Une seconde estimation faite séparément par
l'un des experts est non avenue (Vitry-le-François 10 août
1860, 17242 J. E.).

**9993. Indication du lieu où l'opération a eu
lieu. —** Le rapport n'est pas nul pour ne pas indiquer le
lieu où l'opération a été faite (Briey 17 juin 1857 ; — Nice
18 mai 1870, 3267 § 8 R.P.). — V. 9988.

1. CLOTURE. — Il y a nullité lorsque le rapport a été clos
sans que les parties aient été mises à même de présenter
leurs dires (Dôle 27 juin 1877, 4764 R. P.).

9994. Date certaine. — Le rapport d'experts fait
foi de sa date, même avant qu'il ait été enregistré (Cass.
6 frim. an 14) : « Attendu, porte cet arrêt, que le procès-
verbal d'expertise ne peut être assimilé aux actes dont parle
l'art. 22 de la même loi, qui n'ont de date certaine que du
jour de leur enregistrement, par la raison que des experts
ont une mission légale qui fait que leurs actes ne peuvent
pas être rangés dans la catégorie des actes sous signature
privée » (S. 6-1-107, 1537-302 I. G. ; — V. aussi Cass. 1er niv.
an 9, 17 août 1812 ; — Besançon 28 déc. 1815 ; — Poitiers
25 juin 1824 ; — Pigeau Proc. civ. t. 1er p. 578, Carré t. 1er
p. 764, 1537 I. G., Merlin v° Expert n° 6).

9995. Dépôt au greffe. — Après l'enregistrement,
les experts doivent, d'après l'art. 319 C. proc., le déposer au
greffe pour qu'il en soit levé une expédition, conformément à
l'art. 321 du même code. Le défaut d'accomplissement de
cette formalité ne permet pas sans doute d'obtenir un jugement d'homologation, mais elle n'est pas une cause de nullité
du rapport (Guéret 9 janv. 1857, 1107 C., 16456 J. E.; — Seine
15 janv. 1870, 3267 § 2 R. P. ; — Libourne 26 juin 1876). —
D'après l'art. 320 C. proc., en cas de retard ou de refus de la
part des experts de déposer leur rapport, ils peuvent être
assignés à trois jours sans préliminaire de conciliation par
devant le tribunal qui connaît de l'expertise, pour se voir condamner à faire le dépôt. Si ce retard avait été préjudiciable à
l'une des parties, l'expert serait d'ailleurs, le cas échéant,
passible de dommages-intérêts.
Le rapport n'a pas besoin d'être à peine de nullité déposé
dans le mois (Seine, 8 mars 1873 ; — Libourne, 26 juin 1876).

70

9996. Rapport insuffisant. — C'est au tribunal de première instance seul qu'il appartient d'examiner si les opérations des experts sont suffisantes. Ainsi, le jugement qui ordonne ou refuse une nouvelle expertise ne peut être attaqué en cassation (Cass. 9 juill. 1815, *P. chr.* 281, 1537-305 I. G., — et 24 juill. 1815, S. 15-1-404, 1537-303 I. G., 5210 J. E.).

1. NOUVELLE EXPERTISE. — Toutes les fois que le procès-verbal des experts leur paraît défectueux ou insuffisant, les juges peuvent, en vertu de l'art. 322 du même code, ordonner une nouvelle expertise pour éclairer leur religion (Cass. 7 mars 1808, S. 8-1-212, 1537-303 I. G., 2870 J. E. ; — 18 juill. 1815, *P. chr.* 281, 1537-305 I. G. ; — 24 juill. 1815, S. 15-1-404, 1537-303 I. G., 5210 J. E. ; — 17 avr. 1816, S. 20-1-491, *P. chr.* 315, 5466 J. E. ; — 28 mars 1831, S. 31-1-161, 1370-4 et 1537-304 I. G. ; — 9 juin 1868, 2709 R. P., 14194 C., 2372-2 I. G., S. 68-1-312, P. 68-942, *arrêt rapporté* n° 9977). Mais si l'expertise est régulière en la forme et repose au fond sur des bases raisonnables, le tribunal ne doit pas ordonner une nouvelle estimation (Cass. 30 juill. 1868, 2751 R. P., 2374 § 5 I. G.).

2. SUPPLÉMENT DE RAPPORT. — Lorsque les juges, éclairés par un premier rapport, désirent néanmoins un supplément pour quelques omissions, ils peuvent, sans contravention à l'art. 322 C. proc., charger les mêmes experts de recueillir et de leur transmettre un supplément de rapport (Cass. 5 mars 1818, 23 août 1836, 1558 § 19. — V. Senlis, 15 mars 1877, 4636 R. P.).

Les experts sont libres également de s'entendre pour demander des éclaircissements aux experts. La procédure ne peut, pour ce seul fait, être annulée (*Liége*, 13 fév. 1878).

3. NOUVEAU SERMENT. — Les experts chargés de fournir des éclaircissements ou renseignements à l'appui de leur rapport n'ont point à prêter un nouveau serment. Si ces éclaircissements n'ont pour objet que d'expliquer les motifs de l'avis des experts, et de préciser les bases de leur estimation, il n'est pas nécessaire que les parties soient appelées pour le supplément de rapport (Cass. 28 fév. 1828, 1537 n° 308 I. G.).

4. DROIT D'INTERPRÉTATION. — En tous cas, c'est aux tribunaux qu'il appartient d'interpréter la portée d'un rapport d'experts. — Ainsi il a été reconnu qu'un tribunal avait pu décider, en se fondant sur les termes de la mission donnée à l'expert et sur les conclusions de son rapport, que les frais d'acquisition n'ont pas été compris par lui dans la fixation de la valeur vénale (Cass. 30 juill. 1868, 2752 R. P., 2374 § 41 I. G.).

5. ANCIEN RAPPORT. — Les juges peuvent d'ailleurs se servir de l'ancien rapport pour y puiser des renseignements (Cass. 14 janv. 1878. 4994 R. P.).

9997. Rapport annulé. — Nouvelle expertise. — Dans tous les cas, et toutes les fois que les juges prononcent la nullité des opérations des premiers experts, soit pour vice de forme, soit pour toute autre cause, ils ne peuvent se dispenser de prescrire une nouvelle expertise.

1. MODE DE PROCÉDER. — La nouvelle expertise ordonnée par suite de l'annulation de la première, doit être faite selon les règles prescrites par l'art. 18 L. 22 frimaire an 7. Les juges violeraient cet article, et feraient une fausse application des art. 303 et 322 C. proc., s'ils nommaient d'office trois experts, au lieu de déférer le choix des experts aux parties, et, le cas échéant, au juge de paix, conformément à la loi spéciale (Cass. 16 juin 1823, S. 24-1-230, 1537-306 I G. ; — 16 avr. 1845, S. 45-1-336 J. P. 45-1-602, 1743-23 I. G. ; — 30 juill. 1849, S. 49-1-568, 1844-22 I. G., 14790 J. E. ; — *Contrà* Cass. belge 6 mai 1833).

L'arrêt du 30 juillet 1849 porte : « Vu l'art. 18 L. 22 frimaire an 7, et l'A. Cons. d'Ét. 12 mai 1807 ; attendu, que cet article règle les formes à suivre dans les expertises provoquées par la Régie de l'enregistrement, dans les cas où l'évaluation donnée aux immeubles, dans les contrats translatifs de propriété, paraît au-dessous de la valeur vénale, et que, suivant l'A. Cons. d'Ét. 12 mai 1807, le C. proc. n'a pas dérogé aux règles prescrites en cette matière ; attendu qu'il n'existe dans cette loi spéciale aucune disposition qui autorise les juges, dans le cas où ils ordonnent une seconde expertise pour cause d'insuffisance de la première, à suivre d'autres règles que celles qui sont prescrites par l'art. 18 de la loi précitée ; attendu qu'il suit de là que le tribunal civil de Saint-Dié, en appliquant à la deuxième expertise qu'il ordonnait les règles prescrites par le C. proc., et en nommant lui-même les experts, conformément aux art. 302 et 322 dudit code, au lieu d'en référer au choix des parties, conformément à l'art. 18 L. 22 frimaire an 7, a violé cet article et fait une fausse application des art. 303 et 322 C. proc. »

Les juges ne peuvent pas davantage faire par eux-mêmes l'évaluation des biens (Cass. 17 déc. 1841) : « Attendu, porte cet arrêt, que si les juges ne croient pas devoir s'arrêter à l'expertise, ils peuvent, même d'office, en ordonner une nouvelle, mais que, dans aucun cas, ni sous aucun prétexte, ils ne peuvent faire par eux-mêmes l'estimation des immeubles dont il s'agit, ni adopter arbitrairement l'avis isolé d'un des experts ; que s'ils avaient cette faculté, l'appel d'un tiers expert, en cas de partage, serait sans objet» (S. 45-1-417, P. 45-1-54 ; — *Conf.* : Cass. 29 avr. 1845, S. 45-1-576 ; — 7 nov. 1859, S. 59-1-894, 17044 J. E., 1257 R. P.).

* Lorsque la partie demande la nullité de l'expertise, il y a lieu de faire statuer sur cette action avant de provoquer la tierce expertise (Givray, 21 nov. 1877).

SECTION 8. — TIERCE EXPERTISE

[9998-10005]

9998. Renvoi. — Les règles que nous venons d'exposer relativement aux opérations et au rapport des experts sont applicables au tiers expert, nous n'aurons à mentionner ici que les dispositions tout à fait spéciales.

9999. Nécessité de recourir à la tierce expertise. — Il n'y a lieu à appeler le tiers expert que lorsque les premiers experts ne sont pas d'accord sur la valeur ou le produit des biens.

1. DÉDUCTION. — Si les experts sont d'accord en ce qui concerne l'estimation, mais diffèrent sur les déductions à opérer pour fixer soit la valeur vénale, soit le revenu, il n'y a pas lieu de recourir à la tierce expertise, la question de déduction étant de la compétence du tribunal (Cass. 24 mai 1843).

Ainsi, il a été spécialement décidé par le tribunal d'Agen,

le 22 juin 1866, que quand l'un des experts, après avoir évalué le revenu d'un immeuble transmis à titre gratuit, partie en propriété et partie en usufruit, opère une déduction sur ce revenu, à raison de l'âge avancé et de l'état de santé de l'usufruitière, le tribunal doit opérer la rectification de cette erreur et maintenir seulement l'évaluation du revenu telle que cet expert l'avait d'abord fixée (18185 J. E.).

10000. Nomination du tiers expert. — Les experts divisés d'avis pour l'estimation peuvent convenir d'un tiers expert et le désigner dans leur rapport. S'ils ne peuvent se mettre d'accord non plus sur ce point, c'est au juge de paix qu'en appartient la nomination.

Il n'est point tenu de le choisir sur la liste des experts de l'arrondissement arrêtée par le tribunal (Cass. 30 déc. 1822).

« Attendu, porte cet arrêt, qu'en renvoyant au juge de paix à faire choix d'un autre tiers expert, le jugement attaqué présente un excès de pouvoir, en ce qu'il a circonscrit ce choix dans une liste particulière, et a porté ainsi atteinte au droit que la loi attribue au juge de paix ; ce qui est une violation de la loi du 22 frimaire an 7 » (P. chr., 1537-299 I. G.).

Sa nomination a lieu par ordonnance rendue sur la requête présentée à cet effet.

Ordinairement, l'initiative de la nomination appartient à l'Administration et la nomination peut avoir lieu en l'absence des parties (Nice 18 mai 1870, 3267 § 8 R. P.); — et même sans qu'elles aient été appelées à sa désignation (Issoudun 29 avr. 1873).

Mais on ne serait pas fondé à opposer la nullité de la tierce expertise par le motif que le tiers expert aurait été nommé à la requête de la partie. Cette nullité ne résulte, en effet, d'aucun texte, et quand la procédure en expertise est engagée, la partie a, aussi bien que l'Administration, l'initiative des actes d'instruction nécessaires (Sol. 13 avr. 1867).

Les premiers experts peuvent désigner le tiers expert sans le consentement des parties (Nice 16 fév. 1875).

1. JUGE DE PAIX SUPPLÉANT. — Le suppléant du juge de paix peut nommer le tiers expert, mais seulement dans le cas où le juge titulaire est absent ou empêché. Sans cela, cette sommation serait nulle (Metz 24 fév. 1842, D. N. t. 5 p. 790 n° 139).

2. NOMINATION PAR LE TRIBUNAL. — Le tribunal qui, en se fondant sur la plénitude de sa juridiction, nomme lui-même le tiers expert, lorsqu'il y a dissidence entre les experts nommés par les parties, viole l'art. 18 L. 22 frimaire an 7 (Cass. 30 janv. 1849, 1837 § 16 I. G., S. 49-1-195. — Contrà Montmorillon, 26 nov. 1877, 4905 R. P.).

3. PROCÈS-VERBAL DE DISSENTIMENT. — Le juge de paix n'est appelé à nommer le tiers expert qu'en cas de dissentiment entre les deux experts, mais il n'est pas nécessaire que ce dissentiment fasse l'objet d'un procès-verbal (Guéret, 9 janv. 1857, 11073 C., 16456 J. E.; —Contra Montmorillon, 26 nov. 1877 (4905 R. P.).

« Il suffit, porte un jugement de Saumur du 27 nov. 1869, que ce désaccord existe en fait et soit signalé par la partie la plus diligente au juge de paix » (3075 R. P.). — Il peut résulter d'une simple correspondance (Issoudun, 29 avr. 1873).

En cas de doute, c'est au tribunal à apprécier si ce dissentiment existe réellement (Cass. 30 janv. 1849) : « Attendu,

porte cet arrêt, que l'art. 18 de la loi précitée détermine expressément que les experts, en cas de partage, appelleront un tiers expert, et que, s'ils ne peuvent en convenir, le juge de paix du canton de la situation des biens y pourvoira : que c'est donc au juge de paix du canton seulement, et non au tribunal civil, que, dans le cas de partage entre les deux experts et lorsqu'ils ne peuvent s'entendre sur la désignation d'un tiers expert, il appartient de le nommer ; que dans les faits de la cause le tribunal de première instance de Verdun a reconnu que, sur l'une des questions à juger, il y avait dissidence entre les experts nommés par les parties pour procéder à l'estimation des immeubles échangés entre Mengin et la commune de Beauzée ; qu'il a reconnu que cette dissidence s'était manifestée à l'occasion d'un fait que les experts seuls pouvaient apprécier, et que les experts n'avaient pu eux-mêmes désigner le tiers expert appelé à les départager ; que, dans cet état, en se fondant sur la plénitude de sa juridiction pour nommer lui-même ce tiers expert, le tribunal de Verdun, dans le jugement attaqué, a formellement violé l'art. 18 L. 22 frimaire an 7 » (1837 § 16 I. G., S. 49-1-195).

4. REFUS. — Si, après que les experts sont tombés d'accord sur le tiers expert, celui-ci refuse d'accepter, les experts doivent amiablement en désigner un autre, sauf, en cas de refus ou de désaccord, à provoquer cette désignation en la forme ordinaire.

5. BIENS SITUÉS DANS DES CANTONS DIFFÉRENTS. — D'après l'art. 18 L. 22 frimaire an 7, le tiers expert doit être nommé par le juge de paix du canton de la situation des biens. Quand les biens sont situés dans des arrondissements différents et qu'il s'agit de transmission entre-vifs, l'art. 1er L. 15 mai 1808 porte que le tribunal compétent pour autoriser l'expertise est celui dans le ressort duquel se trouve le chef-lieu d'exploitation, ou à défaut, le plus fort revenu matriciel : la loi de 1808 ne s'explique pas en ce qui concerne le juge de paix chargé de recevoir la prestation des serments et de désigner le tiers expert. Toutefois, en combinant les prescriptions de la loi de l'an 7, qui veut que ce soit le juge de paix de la situation des biens avec les dispositions de la loi de 1808 relatives à la compétence du tribunal, il ne semble pas douteux que le juge de paix compétent est celui du canton où se trouve le chef-lieu d'exploitation, ou, à défaut, le plus fort revenu matriciel. Il a été décidé, en ce sens, que si les immeubles échangés sont situés dans deux cantons différents, le juge de paix de la situation de l'immeuble qui présente le plus grand revenu matriciel a compétence pour pourvoir à la désignation de tiers expert à défaut par les deux experts d'avoir pu en convenir, et quoique le désaccord porte principalement sur l'autre immeuble (Cass. 15 nov. 1852, 1960 § 3 I. G., 15552 J. E., S. 53-1-202, P. 53-1-85).

10001. Domicile du tiers expert. — Les règles que nous avons exposées relativement aux deux premiers experts sont applicables aux tiers experts. Le jugement de Cognac du 12 janvier 1864 (2061 R. P.), dont nous avons fait mention en ce qui concerne les successions (suprà 9964), a été rendu à l'occasion de la nomination d'un tiers expert domicilié hors du ressort du tribunal de la situation des biens. — Contra Montmorillon, 26 nov. 1877, 4905 R. P.

10002. Récusation. — Les motifs de récusation contre le tiers expert sont les mêmes que ceux applicables aux premiers experts. — *V.* 9907.

1. COMPÉTENCE DU JUGE DE PAIX. — Le juge de paix est seul compétent pour statuer en premier ressort sur la récusation formée par l'une des parties contre le tiers expert qu'il a nommé, sauf l'appel de sa décision devant le tribunal civil de l'arrondissement. Le jugement qui, sur la demande en récusation portée directement devant ce tribunal, annulerait *de plano* la nomination du tiers expert, serait susceptible de cassation pour incompétence et violation de l'art. 18 L. 22 frimaire an 7 (Cass. 30 déc. 1822) : « Vu, porte cet arrêt, l'art. 18 L. 22 frimaire an 7; attendu que cet article attribue expressément au juge de paix la nomination du tiers expert dans le cas prévu par ledit article; attendu que, par suite de cette attribution, le juge de paix est seul compétent pour juger en premier ressort du mérite de la récusation formée contre le tiers expert par lui nommé, sauf l'appel de sa décision devant le tribunal civil de l'arrondissement; d'où il suit que, dans l'espèce, le tribunal civil de Bressuire avait été incompétemment saisi par la Régie, de la récusation dirigée contre Boulanger; et qu'en statuant *de plano* sur cette récusation, il a excédé ses pouvoirs » (*P. chr.* 577, 1537-298 I.G.; —*Conf.*: Forcalquier 6 janv. 1870, 3267-5 R.P.). — *V.* 9969.

2. NON RECEVABILITÉ DE LA DEMANDE. — En tous cas, la demande en récusation ne serait pas admise si les moyens allégués contre le tiers expert étaient proposés après qu'il a terminé sa mission (Cass. 6 frim. an 14) : « Vu, porte cet arrêt, les art. 18 et 22 L. 22 frimaire an 7; attendu que les experts ont été nommés en conformité de la loi; que le tiers expert a été nommé par le juge de paix, d'après l'art. 18 L. 22 frimaire an 7; qu'il a dressé et signé son procès-verbal conjointement avec les deux premiers experts, avant la récusation, par la Régie, dudit tiers expert; d'où il suit que la récusation de la Régie a été tardive » (D.N. t. 5 p. 799 nᵒ 144, S. 6-1-107, 1537-302 I.G.).

Il en est de même de la récusation non proposée dans les trois jours de la nomination du tiers expert par le juge de paix : « Attendu que les lois spéciales qui ont réglé la manière de procéder dans les instances relatives à la perception des droits d'enregistrement, étant muettes sur les délais à observer pour la récusation des experts, les tribunaux doivent suivre et appliquer les règles du C. proc. qui est la loi commune; or, aux termes de l'art. 309, les moyens de récusation doivent être proposés dans les trois jours de la nomination, et, passé ce délai, la récusation ne peut plus être proposée » (Bar-sur-Seine 22 mars 1867).

Mais ce délai de trois jours francs appartient aux parties. Si donc la prestation de serment avait lieu auparavant, cette circonstance n'empêcherait pas la récusation d'intervenir utilement après cette formalité, pourvu que le délai primitif ne fût pas expiré : « Attendu, en droit, qu'aux termes de l'art. 309 C. proc., la partie qui a des moyens de récusation à proposer est tenue de le faire dans les trois jours de la nomination ; que ce droit de récusation ne peut s'exercer après la prestation de serment, et qu'il importe aux parties d'être exactement prévenues dans le délai déterminé par cette disposition légale; attendu, en fait, que le tiers expert a été nommé par ordonnance du 31 août 1864 ; que cette

ordonnance, fixant au 9 septembre suivant la prestation de serment, n'a été notifiée à madame de Gaillard que le 6 du même mois, et que, par suite, ladite dame de Gaillard n'a pas joui d'un délai franc de trois jours pour proposer ses moyens de récusation; attendu que l'inobservation de ce délai, nécessaire aux parties pour l'exercice et la liberté de leur droit de défense, constitue une nullité substantielle qui peut être prononcée par les tribunaux en l'absence d'une prescription spéciale de la loi » (Tarascon 11 juill. 1867, 3267 § 6 R.P.).

Le délai ne part d'ailleurs que du jour de la notification aux adversaires de la nomination des experts. — *V.* 9966-2.

10003. Serment. — Si les experts ont convenu d'un tiers expert, on présente au juge de paix une requête pour obtenir la permission de le citer à son audience à l'effet de prêter serment; dans le cas contraire, la requête contient, en outre, la demande de nommer le tiers expert. Cette nomination est faite par une ordonnance dans la forme ordinaire. On fait signifier dans les deux cas la requête et l'ordonnance au tiers expert avec citation à comparaître au jour indiqué pour prêter serment. La même signification est faite à la partie avec sommation d'assister, si bon lui semble, à la prestation de serment. Pour le surplus de la procédure, la marche est semblable à celle suivie pour la première expertise.

10004. Opérations du tiers expert. — Le tiers expert procède à l'estimation aux lieu, jour et heure indiqués dans le procès-verbal de prestation de serment, de la même manière que les premiers experts.

1. CONCOURS DES DEUX PREMIERS EXPERTS. — Le tiers expert n'est pas tenu de se faire assister dans son opération par les deux autres experts, car les règles posées par l'art. 323 C. proc., relatives aux expertises en matière ordinaire, sont inapplicables en matière d'enregistrement, et aucune loi spéciale n'impose cette obligation au tiers expert. (Agen 22 juin 1866, 18185 J.E., 1738 Rev.; — Cass. 4 fév. 1846) : « Vu, porte cet arrêt, l'art. 18 L. 22 frimaire an 7; attendu que cet article a déterminé la forme de procéder lorsqu'il y a lieu d'estimer la valeur vénale des biens sujets à la perception d'un droit d'enregistrement; attendu que ni les dispositions qu'il renferme ni aucune autre disposition des lois spéciales sur la matière n'imposent au tiers expert l'obligation de se faire assister dans son opération par les deux premiers experts; que, lorsque ceux-ci n'ont pu s'entendre dans leur estimation, la loi s'est bornée à exiger qu'un troisième expert fût désigné par eux, ou, s'ils ne peuvent en convenir, par le juge de paix de la situation des biens, et à fixer le délai dans lequel ce tiers expert devra rapporter son procès-verbal » (1767 § 19 I.G., S. 46-1-108, 13926 J.E.).

Il en est ainsi à plus forte raison quand le tiers expert a déclaré avoir pris connaissance du travail des premiers experts (Epernay 15 juin 1860, 12009 C., 17250 J.E., 1564 R.P.).

10005. Rapport du tiers expert. — Le tiers expert appelé à départager les deux premiers experts semble pouvoir continuer leur rapport en y consignant à son tour ses propres opérations, de manière que le rapport fait en plusieurs séances ou vacations présente, dans son ensemble, un procès-verbal complet de toutes les opérations des divers experts. Ce n'est là, d'ailleurs, qu'un mode spécial d'opérer, et le tiers expert peut d'autant mieux dresser un rapport isolé, qu'il procède valablement sans le concours des deux premiers experts.

1. ESTIMATION. — Le tiers expert n'est astreint, comme les experts eux-mêmes, à aucun mode spécial d'évaluation et il ne doit s'en rapporter qu'à ses lumières et à sa conscience. Tout ce que la loi exige, c'est que son estimation soit motivée.

Il n'est point obligé d'accepter l'évaluation de l'un ou de l'autre des premiers experts. Les juges commettraient un excès de pouvoir et violeraient l'art. 18 L. 22 frimaire an 7 s'ils annulaient l'estimation du tiers expert, sous prétexte qu'au lieu d'énoncer son opinion personnelle sur la valeur des immeubles, il aurait dû se ranger à l'une de celles que les deux experts avaient émises (Cass. 18 fév. 1806, 18 août 1823) :

« Vu, porte ce second arrêt, l'art. 18 L. 22 frimaire an 7 ; attendu que ni cet article, ni aucune autre disposition des lois spéciales relatives à l'enregistrement n'oblige le tiers expert nommé dans le cas de discord des deux premiers experts chargés de l'évaluation des immeubles, dont la mutation donne ouverture au droit proportionnel, à adopter, au lieu de l'estimation que ses propres lumières lui suggèrent, celle de l'un ou de l'autre de ces premiers experts » (P. chr. 623, S. 24-1-40, 1537-300 I. G.).

Mais le tiers expert peut se borner à adopter l'un des deux avis, et, dans ce cas, il n'est obligé à donner aucun motif de son appréciation, car, par cela même qu'il adopte l'une des évaluations, il se réfère aux motifs sur lesquels celle-ci repose (Sol. 13 fév. 1864).

2. RAPPORT INSUFFISANT. — Lorsque les juges ne sont pas suffisamment éclairés par le rapport du tiers expert, ils peuvent lui demander un supplément de rapport (Cass. 6 août 1866, 2332 R. P., 2350-4 I. G., B. C. 156 ; — Seine 26 août 1865, 3335 R.P.), sans que, dans ce cas, il y ait lieu à une nouvelle prestation de serment. — V. n° 9996.

SECTION 9. — HOMOLOGATION DES RAPPORTS

[10006-10017]

10006. Cas où il y a lieu à homologation. — Il y a toujours lieu à homologation du rapport des experts, soit que, par suite de leur accord, il n'ait pas été nécessaire de recourir à la tierce expertise, soit que, par suite de différences dans leurs estimations, cette procédure ait été rendue nécessaire.

10007. Assignation. — Lorsque les rapports ont été déposés au greffe, et qu'une expédition a été levée, le direc-teur ou la partie présente au tribunal une requête qui doit être préalablement signifiée, ainsi que l'expédition, avec assignation devant le tribunal civil pour entendre adjuger les conclusions de cette requête.

10008. Contrainte. — L'assignation en homologation rend inutile la signification préalable d'une contrainte en payement des droits dus en vertu du rapport des experts. « C'est à tort, porte un jugement de Charleroi du 20 février 1857 (7655 J. E. belge), qu'on invoquerait l'art. 64 de la loi de frimaire, qui veut que le premier acte de la poursuite soit une contrainte ; cet article ne peut recevoir son application aux instances en expertise, dont l'introduction en justice est réglée par l'art. 18 de cette même loi. »

Puisque la contrainte est sans objet, il n'y a donc pas une fin de non-recevoir contre la demande en homologation d'un rapport d'experts, dans le fait que le receveur, après avertissement aux héritiers d'avoir à acquitter les droits liquidés sur les valeurs déclarées et sur la plus-value constatée par les experts, a décerné contrainte pour le payement des droits dus sur la déclaration, sans faire de réserve quant aux droits dus pour la plus-value.

10009. Instruction de l'instance. — L'instruction de l'instance est soumise aux règles tracées par l'art. 65 L. 22 frimaire an 7, et se fait au moyen de mémoires respectivement signifiés.

1. DEMANDE EN GARANTIE. — Il est contraire à la marche rapide et accélérée de l'expertise d'admettre le redevable à joindre à la cause, pour être jugée en même temps, une demande en garantie faite par lui contre un tiers (Rocroi 2 mai 1861, 17404 J.E.).

10010. Forme du jugement d'homologation. — Les règles établies pour les jugements rendus en matière d'enregistrement doivent être suivies. Ainsi, le jugement d'homologation doit être précédé du rapport du juge (Cass. 5 avr. 1831, 1180 § 12, 1381 § 12, 1537-309 et 297 I.G.; — 22 mai 1832, S. 32-1-603).

Il ne peut être attaqué qu'en cassation (D. N. t. 5 p. 793 n° 157).

1. PLAIDOIRIES. — EXPERT ENTENDU. — Les plaidoiries à l'audience sont prohibées à peine de nullité ; mais le tiers expert pourrait néanmoins être entendu en ses explications pour éclaircir son rapport, parce que ces explications ne constituent pas des moyens de défense dont la présentation verbale est seule défendue (Villeneuve-sur-Lot 28 juin 1865, Sol. 5 août 1865. — V. Cass. 6 août 1866, 2332 R.P., 2350 § 6 I. G., B. C. 156).

10011. Jugement par défaut. — Lorsqu'une instance est introduite par l'opposition motivée du redevable, le jugement qui intervient est contradictoire ; car l'opposition, par cela seul qu'elle est motivée, contient la défense du redevable à la demande formée contre lui. En est-il de même lorsque, après le dépôt du rapport des experts, le redevable est assigné devant le tribunal et ne produit pas ses moyens de défense ?

Le tribunal de Marmande a décidé, le 8 mars 1865 (12967 C.), que le jugement est contradictoire, et il s'est fondé sur la disposition de l'art. 113 C. proc., d'après lequel, lorsque l'instruction a lieu par écrit, « les jugements rendus sur les pièces de l'une des parties, faute par l'autre d'avoir produit, ne seront point susceptibles d'opposition. »

Nous avons déjà vu, au n° 9822, que cette doctrine est contredite par la jurisprudence. Nous rappellerons seulement ici que les arrêts des 17 juillet 1811 et 8 juin 1812 cités à cet article ont été rendus précisément en matière d'expertise. D'ailleurs, après l'expertise, la demande que forme l'Administration est entièrement distincte de la requête par laquelle elle a provoqué la procédure. Or, il faut, pour que tout débat soit contradictoire, que chacune des parties ait signifié son mémoire, et si, comme dans notre hypothèse, l'une d'elles ne l'a pas fait, le jugement ne peut être que par défaut. C'est ce qu'a décidé avec plus de raison, selon nous, le tribunal de Tarascon, le 5 mai 1865 (17991 J. E.).

10012. Pouvoir des juges. — Les juges sont-ils liés par le résultat de l'expertise ? M. Demante ne le pense pas. « Une pareille exception aux règles du droit commun, dit-il, ne paraît fondée ni sur le texte des lois, ni sur les convenances judiciaires. Vainement on oppose qu'il peut y avoir quelque danger à ce que des évaluations délicates, qui donnent lieu à tant de fraudes contre le Trésor public, soient entièrement à la merci d'un tribunal. Je ne vois pas moins de danger à laisser ces évaluations *entièrement à la merci des experts*. Je crois donc qu'en cette matière, comme en toute autre, le rapport des experts n'est qu'un élément de preuve, et que l'appréciation de ce rapport est soumise aux juges, dans les termes du droit commun. »

Après avoir décidé le contraire, le 28 mars 1831 (1370 § 4 I.G., S. 31-1-161), la C. cass. consacra la doctrine précédente par un arrêt du 26 avril 1841 (1661 § 14 I.G., 12757 J.E.). — Mais cette interprétation est aujourd'hui définitivement abandonnée. Des arrêts des 29 avril 1845 (S. 45-1-575) ; — 17 décembre 1844 (S. 45-1-117, P. 45-54 ; — 24 avril 1850 (1875 § 14 I. G., S. 50-1-360), — et 7 novembre 1859 (11661 C., 17044 J.E., 1257 R.P., S. 59-1-794, P. 60-118), ont reconnu que le résultat de l'expertise fait la loi des parties et lie le tribunal : « Attendu, porte le dernier arrêt, que si en matière ordinaire, le code permet aux juges de s'écarter de l'avis des experts ou de ne suivre que l'avis isolé de l'un d'eux, il n'en est pas de même lorsqu'il s'agit d'appliquer la loi spéciale du 22 frimaire an 7 qui a indiqué l'expertise pour faire connaître la valeur des biens immeubles soumis au droit de mutation ; que, dès lors, les juges ne peuvent, en cette matière, ni faire par eux-mêmes l'estimation requise, ni critiquer celle faite par les experts, ni adopter arbitrairement l'avis isolé de l'un des experts ; mais que c'est le résultat de l'expertise constaté par la majorité des experts qui lie le tribunal et fait la loi des parties. »

Dans cet ordre d'idées ont été rendus les jugements de Saint-Sever, le 8 février 1859 (16810 J. E., 1140 R. P) ; — de Château-Thierry, le 31 juillet 1858 (1067 R. P) ; — de Vervins, le 15 mars 1860 (1467 R.P.) ; — de Rocroy, le 2 mai 1861

(17404 J. E.) ; — du Havre, le 4 décembre 1862 (1741 R. P.) ; — de Cognac, le 12 janvier 1864 (2061 R.P.) ; — et d'Agen, le 22 juin 1866 (18185 J. E.).

1° *Pas de différence dans les estimations.* — Il n'y a pas de difficulté pour l'application de la règle précédente quand il n'existe aucune différence dans les avis. Il est incontestable que l'estimation commune forme le résultat de l'expertise, et que le tribunal doit accepter ce résultat.

2° *Différence dans les estimations.* — Quand il y a une différence dans les évaluations, le résultat de l'expertise est déterminé par l'avis qui réunit la majorité.

Ainsi, il est incontestable que *si le tiers expert se range à l'avis de l'un des deux premiers experts*, cet avis réunit la majorité et forme le résultat de l'expertise.

Quand les trois avis sont partagés, c'est encore la règle de la majorité qu'il faut suivre. On ne serait pas fondé à prétendre que le tiers expert joue le rôle d'arbitre et que son opinion doit prévaloir (12199, 12634 J.N., D.N. t. 5 p. 721 n° 151). Rien dans la loi spéciale de l'impôt ne donne ce rôle au tiers expert, car il n'est appelé que pour départager les deux experts en permettant d'obtenir une majorité (Guéret 9 janv. 1857, 11073 C., 16456 J. E). En cas de dissentiment sur les trois avis, la majorité est donc représentée par l'évaluation intermédiaire puisqu'elle est comprise *a fortiori* dans l'estimation la plus élevée. — Par application de cette règle, il a été décidé que si *l'estimation du tiers expert se trouve supérieure à celle des deux autres*, la perception doit être établie sur l'estimation intermédiaire qui est censée représenter l'avis de la majorité (Château-Thierry 31 juill. 1858, 1067 R.P., — Saint-Sever 8 févr. 1859, 16810 J.E., 1148 R.P.). — De même, si *l'estimation du tiers expert est intermédiaire*, ce qui se produit le plus généralement, cette évaluation est à son tour celle de la majorité et constitue le résultat de l'expertise (Cass. 28 mars 1831, 1370-4 I. G., S. 31-1-161 ; — 24 avr. 1850, 1875 § 14 I.G., S. 50-1-360, — et 7 nov. 1859, 1257 R.P., 17044 J.E., 1661 C., S. 59-1-794, P. 60-118 ; — Verviers 15 mars 1860, 1467 R. P. ; — Rocroy 2 mai 1861, 17404 J.E. ; — le Havre 4 déc. 1862, 1471 R.P ; — Cognac 12 janv. 1864, 2061 R.P. ; — Agen 22 juin 1866, 18185 J.E., 1738 Rev.).

Enfin, *si l'estimation du tiers était inférieure à celle des deux premiers*, le résultat de l'expertise serait représenté par l'évaluation de celui des deux premiers experts qui aurait estimé le moins, puisque cette évaluation serait ainsi l'avis intermédiaire réunissant la majorité.

10013. Condamnation. — En homologuant le rapport des experts, le tribunal statue sur l'exigibilité des droits simples et en sus, d'après les règles que nous avons exposées ci-dessus. Il prononce contre qui de droit la condamnation aux frais de l'expertise et aux dépens de l'instance en homologation.

Lorsque le jugement qui a homologué un rapport d'experts et en a ordonné l'exécution, n'a pas prononcé en même temps la condamnation expresse au payement des droits dus sur l'insuffisance reconnue, l'Administration est fondée à se pourvoir, non par voie de requête civile, mais bien par voie d'interprétation du jugement (Cass. 8 mai 1854, 2019 § 5 I.G., S. 54-1-636, P. 54-2-312).

10014. Frais de l'expertise. — Nous avons fait connaître quelle est la partie qui doit, suivant les résultats de l'expertise et la nature de la transmission, supporter les frais de l'expertise.

1. MUTATION A TITRE ONÉREUX. — Dans le cas de transmission à titre onéreux, et lorsque l'expertise résulte une insuffisance inférieure au huitième, les frais sont à la charge du Trésor. — Rien ne s'oppose à ce que l'Administration compense, jusqu'à due concurrence, ces frais avec les droits auxquels l'insuffisance reconnue donne ouverture, puisque les deux dettes sont également liquides et exigibles. Le tribunal, qui prononcerait cette compensation, ne ferait, selon nous, qu'assurer l'exercice d'une compensation légale et ne violerait pas les dispositions de la loi.

10015. Frais de l'instance en homologation. — L'instance en homologation constitue le complément de l'expertise et ne forme pas une instance distincte de celle-ci ; il en résulte que les frais auxquels elle donne ouverture font masse avec ceux de l'expertise et ne doivent pas rester à la charge de la partie qui a provoqué l'homologation.

1. OFFRES RÉELLES. — Il en serait autrement si la partie qui a succombé dans l'expertise faisait offre des droits et frais en résultant : l'homologation entraînerait alors des frais frustratoires qui doivent alors rester à la charge du requérant. — Ainsi, il a été décidé par le tribunal de Vendôme, le 31 juillet 1857 (11243 C., 16058 J.E.), que quand, à la suite d'une expertise contenant une insuffisance inférieure au huitième du prix, l'Administration fait sommation au redevable d'acquitter le droit simple sur la partie déguisée, en offrant de rembourser les frais de l'expertise, si le refus du redevable nécessite l'homologation du rapport, les frais du jugement d'homologation sont à la charge de ce dernier.

10016. Défense au fond. — Lorsque la partie adverse de l'Administration a défendu au fond devant le tribunal, elle ne peut plus être admise à invoquer la nullité de la procédure en expertise (Cass. 13 août 1838, 1577 § 30 I. G., S. 38-1-187, 12133 J.E.).

10017. Exécution du jugement. — Après que le jugement d'homologation a été rendu, le receveur de la situation des biens est chargé, en cas de condamnation des parties, de poursuivre le recouvrement suivant les formes ordinaires. Quand les biens sont situés dans l'arrondissement de plusieurs bureaux, et la recette appartient à chacun d'eux dans la proportion des biens soumis à l'expertise et des insuffisances constatées, le receveur qui a suivi l'expertise recouvre la totalité et tient compte par virement à chacun de ses collègues de la quote-part des droits afférents à son bureau (Circ. 1109, 1941-1992 ; 290 § 76, 307, 441, 1537 n° 8 I.G.).

1. CONDAMNATION DE L'ADMINISTRATION. — Quand c'est l'Administration qui a succombé, les frais exposés par la partie lui sont remboursés et joints à ceux avancés par le Trésor pour être régularisés comme tous autres frais de poursuites et d'instance.

SECTION 10. — EXPERTISE PAR UN SEUL EXPERT

[10018-10022]

10018. Loi du 23 août 1871. — L'art. 15 L. 23 août 1871 a introduit dans la procédure une nouvelle forme d'expertise destinée à simplifier les opérations. Il est ainsi conçu : « Lorsque, dans les cas prévus par la loi du 22 frimaire an 7 et par l'art. 11 de la présente loi, il y a lieu à expertise et que le *prix exprimé* ou la *valeur déclarée n'excède pas 2,000 francs*, cette expertise est faite par un seul expert nommé par toutes les parties, ou, en cas de désaccord, par le président du tribunal et sur simple requête. »

10019. Échange.— Donation.— Succession.— La loi parle de prix exprimé ou de valeur déclarée. Ces deux expressions comprennent, sans aucun doute, les transmissions pour lesquelles le droit se liquide d'après le revenu (échange, donation, succession), aussi bien que les ventes proprement dites ou les mutations à titre onéreux donnant lieu à la stipulation d'un prix.

10020. Valeur déclarée. — La loi ne dit pas ce qu'il faut entendre par valeur déclarée. Est-ce, en matière de revenu, la valeur locative annuelle ou la valeur vénale que le revenu représente ? Voici en quels termes s'exprime à cet égard l'exposé des motifs : « Nous proposons de simplifier les formes de l'expertise et d'en diminuer les frais en confiant à un seul expert nommé par toutes les parties, ou, en cas de désaccord par le président du tribunal, le soin de déterminer la valeur des propriétés dont le *prix ou l'estimation* n'excède pas 2,000 francs. » Dans la pensée de la loi, il s'agit donc uniquement de la valeur imposable de l'immeuble, soit qu'elle s'obtienne par le prix exprimé, soit qu'elle se détermine par la capitalisation des revenus. Par conséquent, il y aura lieu de recourir à l'expertise spéciale dont il s'agit, toutes les fois que, d'après les expressions ou les indications du contrat ou de la déclaration, le droit à percevoir en matière de revenu devra être établi sur un capital n'excédant pas 2,000 francs.

C'est une observation que nous avons déjà faite à propos de l'expertise des locations verbales. — V. *Bail*.

10021. Mutation ancienne. — La loi du 23 août 1871 s'applique à toutes les mutations antérieures à sa promulgation. La règle admise en cette matière est que les lois de procédure doivent être appliquées rétroactivement. « En effet, dit Marcadé t. 1er art. 2 et 12, on n'a jamais un droit acquis à faire exécuter, à faire juger, à faire procéder, en un mot, suivant telles règles plutôt que suivant telles autres ; à réclamer et poursuivre l'exercice d'un droit dans telles formes plutôt que dans telles autres. »

Mais cela ne s'entend que des mutations atteintes par la législation nouvelle, car celles pour lesquelles l'expertise n'était pas antérieurement admise ne sauraient être sans rétroactivité atteintes par les dispositions de la loi de 1871.

10022. Procédure spéciale. — Cette expertise est d'ailleurs soumise à toutes les règles applicables à la procédure telle que nous venons de l'exposer. Elle n'en diffère que sur les points prévus par la loi, c'est-à-dire en ce que l'estimation est faite par un seul expert et en ce que cet expert est nommé par le président du tribunal.

La demande en expertise devra toujours être présentée au tribunal en la forme ordinaire avec assignation et sommation à la partie de convenir, dans les trois jours, avec l'Administration, de l'expert qui devra procéder à l'opération.

S'il y a accord sur cette désignation, il est dressé un procès-verbal ou compromis qui est signé par toutes les parties et il peut être procédé de suite à l'expertise sans jugement, comme dans la situation habituelle. — Si la partie ne répond pas à la sommation, ou s'il y a désaccord, il est donné suite à l'assignation pour faire ordonner l'expertise par le tribunal, et, aussitôt après le jugement d'autorisation, il est présenté requête au président pour faire nommer d'office l'expert qui devra y procéder. Dans ce dernier cas, le choix de l'expert appartient au magistrat ; il n'y aucune désignation à faire dans la requête.

En dehors de ces modifications et des conséquences qu'elles produisent sur la rédaction et l'homologation du rapport, toutes les dispositions relatives à la requête en expertise, au serment et à la récusation, aux opérations de l'estimation et à la rédaction du rapport, s'appliquent à la procédure nouvelle.

CHAPITRE XV. — DES SAISIES

[10023-10041]

10023. Mode de procéder. — La manière de procéder pour assurer par voie de saisie-arrêt, saisie-exécution ou saisie immobilière, le recouvrement des créances de l'État est régie par les règles du droit commun.

Il n'entre pas dans notre cadre de traiter de cette matière ; nous ferons seulement remarquer les quelques cas où la nature même de la réclamation exige une procédure différente.

SECTION PREMIÈRE. — SAISIE-ARRÊT

[10024-10036]

10024. Code de procédure. — Les formalités à observer pour les saisies-arrêts ou oppositions sont déterminées par les art. 559 et suiv. C. proc.

10025. Exploit de saisie-arrêt. — **Élection de domicile.** — Le premier acte est un exploit de saisie-arrêt ou opposition. Il doit, d'après l'art. 559 C. proc., contenir élection de domicile au lieu où demeure le tiers saisi, car la déclaration du mois de mars 1668, qui autorise les receveurs de deniers publics à y élire domicile que dans leur bureau, est spéciale pour le seul cas de saisie-exécution contre le redevable, et ne doit pas être appliquée à la saisie-arrêt faite entre les mains d'un tiers qui n'est pas redevable de l'Administration (Cass. 2 juill. 1822, P. chr. 549, 1527-313 I. G.; — Argentière 16 fév. 1826, P. chr., 1200 § 27 I.G.).

10026. Assignation. — **Délai.** — L'assignation en validité de saisie-arrêt portant sommation de comparaître devant le tribunal *dans le délai fixé par le C. proc.* indique suffisamment le délai que les art. 72 et 1033 de ce code ont réglé et satisfait à tout ce que l'art. 61 exige (Cass. 27 avr. 1813, P. chr. 146, S. 13-1-387, 1537-314 I. G.).

10027. Tribunal. — **Compétence.** — La saisie-arrêt n'étant qu'un moyen légal employé pour obtenir l'exécution de la contrainte, l'instance en validité de la saisie doit être portée devant le tribunal de l'arrondissement duquel dépend le bureau du préposé qui a décerné la contrainte, soit que le redevable ait ou non formé opposition à la contrainte (Cass. 21 juill. 1810, 14 déc. 1819 et 23 janv. 1822, P. chr., 1537-315 I.G., S. 20-1-113, 6613 J.E.; — Seine 22 mai 1858, 16762 J.E., 11390 C., 1059 R.P.).

10028. Instruction. — **Demande en validité.** — **Forme.** — La demande en validité d'une saisie-arrêt n'étant qu'un accessoire des poursuites exercées contre le débiteur et tendant au même but, doit être instruite et jugée selon les formes spéciales prescrites par l'art. 65 L. 22 frimaire an 7, et l'art. 17 L. 27 ventôse an 9, à moins, toutefois, que le tiers saisi n'élève de contestation (Cass. 9 vend. an 14, 1537-316 I.G.; — 28 juill. 1812, 4279 J.E.; — 9 fév. 1814, P. chr. 206, 4796 J.E.; — 7 janv. 1818, S. 18-1-199, 5996 J.E.; — 29 avr. 1818, S. 20-1-376, 616 J.E.; — et 2 juin 1823, P. chr. 107 ; — Avesnes 3 juill. 1838, 16770 J.E., 1017 R. P.; — Lyon 28 déc. 1861, 12255 C., 1665 R. P.). — Montpellier 12 juin 1876, 4425 R. P. ; — Pont-Audemer 29 août 1876, 4609 R. P.).

10029. Jugement. — Le tribunal devant lequel la demande en validité est portée doit examiner si le saisissant est fondé en titre, et s'il a observé les formes prescrites par les art. 557 et suiv. C. proc. ; mais il n'a point à s'occuper de la question de savoir si le tiers, entre les mains duquel la saisie a été faite, et qui ne conteste point sa dette, est ou non réellement débiteur du saisi. — Spécialement, une saisie-arrêt pratiquée par l'Administration sur le prix d'un immeuble vendu par le tuteur d'un mineur ne peut être annulée, en l'absence de l'acquéreur tiers saisi, sous prétexte que la vente est entachée d'une nullité radicale, pour défaut d'accomplissement des formalités prescrites pour l'aliénation des biens de mineur (Cass. adm. 20 fév. 1828, 1256 § 13, 1537-317 I.G.).

1. CERTITUDE. EXIGIBILITÉ ET LIQUIDITÉ DE LA CRÉANCE. — Lorsqu'un jugement a reconnu l'exigibilité d'un droit de condamnation à recouvrer ultérieurement, la créance de l'Administration est dès à présent certaine et peut servir de base à une saisie-arrêt. Il importe peu que la liquidation définitive du droit ait été subordonnée au règlement d'une faillite, si, d'ailleurs, l'évaluation provisoire en a été faite par le juge qui a autorisé la saisie. L'indication approximative du montant des droits faite dans le jugement de condamnation ne limite pas à ce chiffre l'effet de la saisie. (Cass. req. 15 déc. 1868, 2835 R. P., S. 69-1-84, D. 69-1-293, P. 69-173, 2383 I. G.).

10030. Jugement. — Préférence entre créanciers. — La saisie-arrêt pratiquée par l'Administration pour le recouvrement des frais de justice ne peut être annulée *de plano*, sous le prétexte que les deniers saisis étaient le gage hypothécaire de la femme du débiteur. D'une part, il doit être préalablement statué sur le mérite de la créance de la femme, contradictoirement avec elle et toutes autres parties intéressées, ainsi que sur le droit de préférence réclamé par l'Administration à raison du privilége du Trésor public; d'autre part, en supposant même la créance de la femme préférable à celle de l'Administration, la saisie n'en doit pas moins conserver tous ses effets sur les deniers restant aux mains du tiers saisi, après l'acquittement des droits de la femme du débiteur (Cass. 5 juin 1821, 1146 § 19 et 1537-318 I. G.).

Les quittances sous seings privés d'une date antérieure à la saisie sont opposables au saisissant (Lyon 3 juill. 1873, 4085 R. P.).

10031. Tiers saisi. — Contestation. — Si le tiers saisi conteste la saisie, ou s'il s'oppose aux poursuites exercées directement contre lui en vertu du jugement qui a prononcé la validité de la saisie, il doit être procédé contre lui suivant les règles du droit commun. Le tiers débiteur, qui n'est point redevable à l'Administration, ne doit point, en effet, être privé, parce que celle-ci a pris la place de son créancier, du droit de se défendre par le ministère d'avoué et selon les formes ordinaires de la procédure (Cass. 29 avril 1818, S. 20-1-376, 1537-319 I. G., 6146 J.E.; — et 2 juin 1823, P. *chr.* 107.

10032. Tiers créancier. — Les règles ordinaires de la procédure, et spécialement le double degré de juridiction, doivent également être observées, lorsqu'un tiers créancier forme opposition à la saisie-arrêt faite à la requête de l'Administration (Cass. 8 juin 1813, 1537 nº 320 I. G.).

10033. Tiers saisi prenant fait et cause du débiteur saisi. — Le tiers saisi qui, sur les poursuites de l'Administration, a déclaré prendre fait et cause de la partie saisie, se constitue, par ce seul fait, débiteur direct et redevable personnel des droits qui ont motivé la saisie. En conséquence, il y a lieu de procéder, en ce cas, d'après les règles établies par la loi spéciale, et le jugement qui intervient ne peut être attaqué en appel (Cass. 27 juin 1826, 1200 § 28, 1537-321 I. G., 27-1-103).

10034. Tiers saisi. — Ministère d'avoué. — Taxe des dépens. — Lorsque, par suite d'une contestation engagée sur la déclaration du tiers saisi, on a eu recours au ministère d'un avoué, et observé les formes ordinaires de la procédure, les frais de l'instance doivent être taxés d'après les règles prescrites en matière ordinaire par le code de procédure et par le décret du 16 février 1807, et non suivant celles que l'art. 65 L. 22 frimaire an 7 a établies pour les instances en matière de perception (Cass. 19 mai 1824, 1146 § 20, 1537-322 I. G., S. 25-1-105).

10035. Déclaration affirmative. — L'art. 577 C. proc. dispose que le tiers saisi qui ne fera pas sa déclaration ou qui ne fera pas les justifications prescrites à l'appui de sa déclaration sera déclaré débiteur pur et simple des causes de la saisie. Il a été reconnu que l'obligation imposée au tiers saisi de justifier sa déclaration en la souscrivant était simplement comminatoire, et qu'il pouvait toujours le faire avant le jugement définitif. Toutes les cours d'appel auxquelles la question a été soumise l'ont ainsi décidé (Rennes 26 nov. 1814, S. 4-2-419; — Paris 12 juin 1811, S. 11-2-489; — Poitiers 16 juin 1818, S. 18-2-292; — Bordeaux 16 juin 1814, S. 15 2-53; — Bruxelles 12 juin 1819, S. 6-2-88; — Colmar 8 janv. 1830, S. 31-2-48; — Toulouse, 5 juin 1851, S. 51-2-269; — Montpellier, 12 juin 1876, 4425 R. P.).

Il a donc pu être décidé, en matière d'enregistrement, que le tiers saisi qui déclare ne rien devoir au saisi n'est pas tenu d'appuyer sa déclaration de pièces justificatives, et il ne saurait être condamné comme débiteur des causes de la saisie s'il est démontré au tribunal que sa déclaration était sincère (Reims 28 juin 1872, 3523 R. P.).

1. DÉFAUT. — Si le jugement de validité de saisie-arrêt rendu par défaut contre le saisi a été exécuté contre lui par un procès-verbal de carence, on peut poursuivre en payement des causes de la saisie le tiers saisi qui a fait une déclaration affirmative (Sol. 4 juill. 1878; V. Dalloz, *Saisie-arrêt* nº 451 et *Jugement par défaut* nº 156).

10036. Distribution par contribution. — Cession de la créance saisie. — La disposition de l'art. 2093 C. C., portant que le prix des biens du débiteur se distribue entre les créanciers par contribution, n'est relative qu'à des créances reconnues à l'époque de la saisie. En conséquence, le créancier dont le titre est postérieur à la saisie-arrêt faite à la requête de l'Administration ne peut être admis à la distribution par contribution des sommes dues par le tiers saisi. D'un autre côté, le créancier du saisi à qui celui-ci a cédé la somme due par le tiers saisi, suivant acte postérieur à la saisie, ne peut empêcher l'exécution du jugement qui a prononcé la validité de cette saisie, en poursuivant le payement de la créance contre le tiers débiteur saisi (Cass. 14 juin 1826, 1200 § 29 et 1537-323 I. G.).

1. BILLETS. — On peut saisir entre les mains d'un tiers des billets ou reconnaissances souscrits au profit du débiteur (Cass. 18 janv. 1876, 4464 R. P.).

SECTION 2. — SAISIE-EXÉCUTION

[10037-10039]

10037. Élection de domicile. — En faisant procéder à une saisie-exécution, le receveur n'est tenu de faire élection de domicile qu'en son bureau (Brives 24 août 1856). — V. nº 10023.

10038. — Tiers créancier. — Forme de procédure. — L'instance engagée entre l'Administration et le redevable contre lequel une saisie-exécution a été pratiquée doit être instruite et jugée selon les règles de la loi spéciale. Mais si l'Administration forme une demande en préférence et subrogation de poursuites contre un tiers créancier, saisissant du redevable, il doit être procédé suivant le droit commun; l'affaire est soumise aux deux degrés de juridiction si, à raison de l'importance de la somme qui donne lieu à la demande en subrogation, elle n'est point de nature à être jugée en dernier ressort par le tribunal de première instance (Cass. 25 janv. 1815, P. chr., S. 15-1-251, 1537-235 I. G., 5273 et 5158 J. E.).

1. FERMIER. — OPPOSITION DU PROPRIÉTAIRE. — Les créanciers d'un saisi, pour quelque cause que ce soit, même pour loyers, ne peuvent, aux termes de l'art. 609 C. proc., former opposition que sur le prix de la vente. Il résulte de cette disposition que le propriétaire d'un immeuble ne peut, sous le prétexte que l'Administration ne s'est pas obligée à lui garantir l'exécution des clauses du bail, s'opposer à la vente des meubles de son fermier, saisis pour payement de sommes dues au Trésor (Cass. 16 août 1814, P. chr. 237, 4948 J. E.).

2. TAXE DES SALAIRES DUS AU GARDIEN. — Quand une contestation s'élève sur la taxe des salaires dus à un gardien, établi lors d'une saisie pratiquée après une contrainte, contre un redevable de droits d'enregistrement, l'instance doit être suivie sans le ministère d'avoué et sur simples mémoires. L'opposition à une ordonnance contenant taxe des frais doit être portée, non devant le juge taxateur, mais bien devant le tribunal entier (Cass. 23 août 1830, S. 30-1-376, 1347 § 16 I. G., 9826 J. E.).

3. OPPOSITION A LA VENTE. — Une vente de fruits, après une saisie-brandon, est valable nonobstant l'opposition du redevable saisi, si ce dernier a fait notifier son opposition dans un autre lieu qu'au domicile élu par le receveur saisissant (Cass. 10 déc. 1821, S. 21-1-290, P. chr. 508, 7147 J. E.).

4. SUCCESSION. — BIENS ABANDONNÉS AUX CRÉANCIERS. — L'abandon des biens de la succession, consenti au profit des créanciers par l'héritier, n'équivaut qu'à un mandat donné par celui-ci et n'emporte pas dessaisissement. Il suit de là que l'Administration peut poursuivre par voie de saisie contre les créanciers le recouvrement des droits de mutation par décès (Cass. 3 vent. an 11, S. 3-2-294, 1514 J. E.).

5. VENTE SOUS SEING PRIVÉ NON SIGNÉE PAR LE VENDEUR ET RECONNUE PASSIBLE DES DROITS DANS UNE INSTANCE ENTRE L'ACQUÉREUR ET L'ADMINISTRATION. — OPPOSITION DU VENDEUR A LA SAISIE DES FRUITS. — Quand une vente sous seing privé, non signée par le vendeur, a été néanmoins reconnue passible des droits dans une instance soutenue contre l'acquéreur, le vendeur présumé est fondé à former opposition à la saisie des fruits de l'immeuble vendu, pratiquée par l'Administration pour le recouvrement des droits de mutation. L'ancien propriétaire peut, en effet, en excipant de la nullité de la

vente, soutenir qu'il n'a pas été dessaisi de la propriété de cet immeuble, car le jugement rendu au profit de l'Administration n'a pas acquis contre lui l'autorité de la chose jugée (Cass. 22 mai 1811, S. 12-1-26, P. chr. 19).

6. VENTE DES OBJETS SAISIS. — FAILLITE. — Lorsque le Trésor a fait saisir les meubles d'un débiteur, en état de faillite, la vente de ces meubles doit être faite à la requête des agents du Trésor; les syndics de la faillite ne peuvent être autorisés à poursuivre cette vente (Cass. Contrib. indir. 9 janv. 1815, S. 15-1-254).

10039. Dot. — Les droits d'enregistrement dus par une femme dotale peuvent-ils être poursuivis sur la dot? — V. *Dot* 685€.

10039 bis. Titres au porteur. — Les titres au porteur peuvent être l'objet d'une saisie-exécution (Sol. 4 mai 1878). — V. Dalloz, *Saisie-exécution* n° 554.

SECTION 5. — SAISIE IMMOBILIÈRE ET INSTANCE D'ORDRE ET DE DISTRIBUTION

[10040-10041]

10040. Ministère d'avoué. — Le ministère des avoués est indispensable : 1° lorsque l'Administration est obligée de prendre la voie de la *saisie immobilière* pour parvenir au recouvrement des sommes dues à l'État; — 2° dans les instances d'ordre et distribution du prix de vente d'immeubles sur lesquels l'Administration a hypothèque ou privilège (Circ. n° 1903; 41, 100, 202, 251, 302, 411, 606 § 2 n° 7 et 1029 I. G.).

10041. Saisie immobilière. — Mode de procéder. — Dans les poursuites relatives à la saisie immobilière, l'Administration est assujettie aux mêmes formes que les particuliers. En conséquence, elle est tenue de faire une mise à prix, conformément à l'art. 697 § 4 C. proc. et, s'il ne se présente pas de surenchérisseur, elle demeure adjudicataire pour cette mise à prix, suivant l'art. 698 du même code (D. m. j. et f. 15 et 23 brum. an 12, n° 202 I. G.).

CHAPITRE XVI. — DES PROCÉDURES DE DROIT COMMUN

[10042]

10042. Loi du 23 août 1871. — La loi du 23 août 1871 autorise l'Administration à recourir, pour établir les dissimulations de prix, à toutes les preuves du droit commun sauf au serment décisoire.

On pourra donc faire interroger les parties sur faits et articles ou provoquer une enquête.

Ces procédures doivent être suivies selon les formes ordinaires, sauf les exceptions suivantes indiquées dans l'art 13 de la loi :

« L'exploit d'ajournement est donné soit devant le juge du domicile du lieu des défendeurs, soit devant celui de la situation des biens, au choix de l'Administration. La cause est portée, suivant l'importance de la réclamation, devant la justice de paix ou devant le tribunal civil. Elle est instruite et jugée comme en matière sommaire ; elle est sujette à appel s'il y a lieu. Le ministère des avoués n'est pas obligatoire, mais les parties qui n'auraient pas constitué avoué ou qui ne seraient pas domiciliées dans le lieu où siège la justice de paix ou le tribunal, seront tenues d'y faire élection de domicile, à défaut de quoi toutes significations seront valablement faites au greffe. »

Il n'entre pas dans le cadre de cet ouvrage d'indiquer les règles du droit commun sur les interrogatoires, les enquêtes et les autres procédures ordinaires. Chacune de ces matières donnerait lieu à tout un commentaire qui nous écarterait de la spécialité de notre sujet. C'est dans les articles du C. proc., interprétés par la doctrine et par la jurisprudence, que se trouvent les principes à appliquer. Nous nous bornerons aux indications les plus essentielles.

1. CONCILIATION. — Et d'abord, la demande intéressant l'État, est dispensée du préliminaire de la conciliation par l'art. 49 C. proc. (Sol. 17 mai 1873).

2. AVOUÉ. — D'un autre côté, on ne recourt au ministère d'un avoué que quand la réclamation est assez importante (Sol. 17 mai 1873).

3. COMPÉTENCE DU TRIBUNAL. — Quand le montant de la somme réclamée excède le taux de la compétence du juge de paix (L. 25 mai 1838 art. 1er), la cause doit être portée devant le tribunal civil dans le ressort duquel les parties sont domiciliées (art. 13 L. 23 août 1871). — (Sol. 17 mai 1873).

L'Administration a le droit d'opter entre le tribunal de l'un des défendeurs ou celui de la situation des biens (L. 23 août 1871 art. 13). Mais en général il est préférable de choisir ce dernier (Sol. 17 mai 1873).

4. REQUÊTE. — ASSIGNATION. — Aucune enquête ne pouvant avoir lieu sans un jugement qui l'ordonne (Mourlon, proc. p. 219), l'instance doit être engagée par un exploit en forme de requête, concluant à l'admission de l'enquête par le tribunal et qui est signifié, avec assignation, devant la juridiction saisie, tant au vendeur qu'à l'acheteur (Sol. 17 mai 1873).

5. FAITS ARTICULÉS. — L'art. 407 C. proc. sur les enquêtes sommaires dispense la partie d'articuler préalablement les faits dont elle demande à faire preuve. Mais, quand l'Administration ne doit pas être représentée par un avoué, il est nécessaire que les faits sur lesquels opère la demande soient articulés avec précision (Sol. 17 mai 1873).

6. MATIÈRE SOMMAIRE. — La cause devant être instruite et jugée comme en matière sommaire (2413 p. 15 I. G.), ce sont les formes spéciales prescrites pour les enquêtes sommaires (487 etc. C. proc.) qui doivent être observées

toutes les fois qu'elles dérogent aux règles tracées par les enquêtes ordinaires (Sol. 17 mai 1873).

7. COMMENCEMENT DE PREUVE PAR ÉCRIT. — L'Administration n'est pas obligée de justifier d'un commencement de preuve par écrit pour établir la dissimulation par une enquête, d'une part, parce qu'il est presque toujours impossible à l'État de se la procurer (1348 C. C.), d'autre part, parce qu'il s'agit d'une fraude. (Marcadé art. 1348, Zachariæ, Aubry et Rau t. 6 § 765 et t. 3 § 443, Sol. 17 mai 1873).

INSTITUTES.

10043. — Ce sont des abrégés qui renferment les premiers éléments de la jurisprudence ; les plus célèbres sont celles de Justinien. L'ouvrage fut composé par ordre de cet empereur dans le temps même que l'on travaillait au *Digeste*. Son principal motif fut de donner une connaissance sommaire du droit aux personnes qui ne sont pas versées dans les lois.

D'après l'art. 7 L. 30 ventôse an 12, les *Institutes* et les autres lois romaines n'ont plus en France que l'autorité de la raison.

INSTITUTION CONTRACTUELLE.

10044. — C'est une disposition irrévocable, faite par contrat de mariage, de tout ou partie d'une succession, en faveur des deux époux ou de l'un d'eux, et des enfants à naître du mariage.

Nous avons épuisé au mot *Contrat de mariage* tout ce que nous avons à dire sur ce sujet.

INTERCALATION.

10045. — Addition de mots ou de lignes dans les intervalles que laisse l'écriture d'un acte.

10046. Contravention. — La loi du 25 ventôse an 11, n'a pas nommément prévu l'intercalation, mais il résulte de notre définition qu'elle constitue une addition, dès lors, elle tombe sous l'application de l'art. 16 de cette loi, qui veut, sous peine d'une amende de 50 francs, (20 francs) qu'il n'y ait pas d'*addition* dans un acte. — V. 959.

Le mot *intercalation* a été également omis par la loi de l'enregistrement. L'art. 49 L. 22 frimaire an 7, en parlant de la tenue des répertoires, ne se sert que du mot *interligne* comme rappelant l'idée de l'intercalation, mais on verra au mot *Répertoire* que l'intercalation constitue une contravention tout aussi bien que l'interligne.

INTERDICTION.

10047. Définition. — C'est l'état d'un individu déclaré par l'autorité judiciaire incapable des actes de la vie civile, et, comme tel, privé de l'administration de sa personne et de ses biens.

10048. Causes d'interdiction. — On ne doit point, admettre et encore moins suppléer légèrement, les causes d'interdiction qui sont déterminées par la loi.

Elles sont au nombre de trois : *l'imbécillité, la démence* et *la fureur.* — *L'imbécillité* est cette disposition de l'esprit qui ne laisse à un individu qu'une portion d'intelligence si bornée, qu'elle ne peut lui suffire pour pourvoir à l'administration de ses affaires. — *La démence* est l'absence continuelle de la raison. — *La fureur* est la démence portée à l'excès.

10049. Des personnes qui peuvent être interdites. — Ces causes sont ainsi déterminées par l'article 489 C. C. : « Le majeur, qui est dans un état habituel d'imbécillité, de démence ou de fureur, doit être interdit. »

1. MINEUR. — De ce que la loi porte que le majeur en démence *doit* être interdit, il ne s'ensuit pas que le mineur ne *puisse* pas l'être (Delvincourt t. 1er p. 319, Pigeau J. proc. t. 2 p. 484, Toullier t. 2 n° 1314, Duranton t. 3 n° 716, Proudhon *Droit français* t. 2 p. 313 ; — Bourges 22 déc. 1862, S. 63-2-132. — *Contrà* Merlin Rép.). — V. *Interdiction et Tutelle* sect. 2 § 2 n° 8).

2. SOURD-MUET. — Le sourd-muet qui donne des marques d'intelligence, bien qu'il ne sache ni lire ni écrire, ne doit pas être interdit : il suffit de le pourvoir d'un conseil judiciaire (C. Lyon 14 janv. 1842).

10050. Des personnes qui peuvent provoquer l'interdiction. — L'art. 490 C. C. porte : « Tout parent est recevable à provoquer l'interdiction de son parent : il en est de même de l'un des époux à l'égard de l'autre. »

10051. Ministère public. — Dans le cas de *fureur*, si l'interdiction n'est provoquée, ni par l'époux, ni par les parents, elle *doit* l'être par le procureur de la République, qui, dans le cas d'imbécillité ou de démence, *peut* aussi la provoquer contre un individu qui n'a ni époux, ni épouse, ni parents (491 C. C.).

Si l'individu dont le ministère public provoque d'office l'interdiction pour cause de démence, déclare avoir des parents (ce qui rendrait l'action du ministère public non-recevable), et surtout s'il indique le lieu de sa naissance et celui où existe sa famille, on ne peut prononcer son interdiction, sous prétexte qu'il ne donne pas *l'indication précise* des noms et demeure de ses parents. C'est au ministère public à prouver la non-existence des parents (Cass. 7 août 1826, S. 27 1-111).

10052. Effet de l'interdiction. — L'interdiction a son effet du jour du jugement qui l'a prononcée : tous actes passés postérieurement par l'interdit sont nuls de droit (502 C. C.). — Les actes antérieurs à l'interdiction peuvent être annulés si la cause de l'interdiction existait notoirement à l'époque où ces actes ont été faits (503 C. C.).

Celui qui demande la nullité d'un acte pour cause de démence antérieurement à l'interdiction doit prouver que la démence existait notoirement ; mais, s'il y a du doute, on doit s'en tenir au principe qui veut que celui qui n'était pas encore interdit soit réputé jouir de toutes ses facultés intellectuelles, et par suite consacrer la validité de l'acte (Favard, V. *Interdiction* § 3 n° 1er).

10053. De la mainlevée de l'interdiction. — L'interdiction cesse avec les causes qui l'ont déterminée ; néanmoins, la mainlevée ne sera prononcée qu'en observant les formalités prescrites pour parvenir à l'interdiction, et l'interdit ne pourra reprendre l'exercice de ses droits qu'après le jugement de mainlevée (512 C. C.).

L'interdit a qualité pour agir seul en mainlevée de son interdiction, à charge toutefois d'appeler son tuteur en cause (C. Riom 2 déc. 1830).

10054. Tarif. — 1. JUGEMENT. — Les jugements des tribunaux civils portant interdiction sont passibles du droit de 22 fr. 50 cent. (L. 22 frim. an 7, art. 68 § 6 n° 2, L. 28 fév. 1872, art. 4).

2. ARRÊT. — Les arrêts des cours d'appel ayant le même objet sont passibles du droit de 37 fr. 50 cent. (L. 28 avr. 1816, art. 47 n° 2, L. 28 fév. 1872, art. 4).

10055. Jugement préparatoire. — Lorsque les causes de l'interdiction sont établies, et avant de la prononcer, le tribunal ordonne que le conseil de famille donnera son avis sur l'état de la personne dont l'interdiction est demandée. Ce jugement n'est sujet qu'au droit de 4 fr. 50 cent., comme jugement préparatoire.

Il en est de même lorsque, après un premier interrogatoire, le tribunal commet un administrateur provisoire pour prendre soin de la personne et des biens de celui dont on poursuit l'interdiction.

10055 bis. Rejet de la demande. — Il va sans dire que le droit de 22 fr. 50 cent. ne peut être appliqué au jugement qui rejette l'interdiction. Il n'est dû que 7 fr. 50 cent., conformément à l'art. 45 n° 5 L. 28 avr. 1816.

Un droit particulier ne pourrait être perçu à raison de la nomination d'un conseil judiciaire, cette nomination se rattachant au rejet de la demande en interdiction.

10055 *ter*. **Débet.** — **Chambre de discipline.** — On a vu, au n° 3734, qu'il est tenu des tableaux dans les chambres des avoués et des notaires, où l'on doit insérer des extraits des jugements qui prononcent des interdictions. Il résulte d'une D. m. f. 19 oct. 1813 (4972 J. E.) que les notifications des jugements d'interdiction faites aux chambres des notaires, à la requête du ministère public, doivent être visées sur timbre et enregistrées en *débet*.

10056. Certificats. — Les certificats constatant l'inscription prescrite par l'art. 501 C. C. des jugements portant interdiction sur les tableaux qui doivent être affichés dans la salle de l'auditoire et dans les études des notaires, sont exempts de l'enregistrement, et peuvent être écrits à la suite les uns des autres sur l'expédition du jugement qui a servi à l'inscription (D. m. f. 23 juin 1807, 2602 J. E.). — V. *Acte à la suite*.

10057. Bail à vie. — L'abandon des revenus d'un interdit à son tuteur, à charge de le nourrir, est passible du droit de bail à vie. — V. *Aliment*.

INTÉRÊT.

DIVISION

SOMMAIRE

CHAPITRE PREMIER. — DISPOSITIONS GÉNÉRALES

[10558-10064]

10058. Définition. — *L'intérêt* est le profit tiré périodiquement d'un capital ou argent placé.

10059. Les intérêts étaient prohibés autrefois. — Les stipulations des intérêts, successivement prohibées et autorisées par la législation romaine, furent définitivement réglées par les empereurs Constantin et Justinien. En France elles furent constamment défendues dans les prêts. Elles étaient formellement interdites par les lois canoniques (*Deutéron*. ch. 23 v. 19 et 20 ; *Lévit*. ch. 25 v. 36 et 37) ; et cette prohibition fut confirmée par les ordonnances de nos rois (Décl. de Philippe le Bel 8 déc. 1312 ; Ord. de Louis XII en 1510, art. 64 et suiv.; François Ier en 1535, ch. 19 art. 12.; Charles IX 1560; Ord. d'Orléans janv. 1560 ; Henri III avr. 1576 et Ord. de Blois, 1579 art. 202 et 362 ; Henri IV en 1606 ; Louis XIII en 1629, art. 151 ; Louis XIV en 1673, tit. 6 art. 1er et 2).

Pothier a essayé de justifier tout ce qu'une pareille législation avait d'impolitique. « Lorsque je vous prête, dit-il dans son *Traité de l'usure*, n° 55, une somme d'argent pour vous en servir comme bon vous semblera, à la charge de m'en rendre autant, vous ne recevez de moi que cette somme d'argent et rien de plus. L'usage que vous aurez de cette somme d'argent est renfermé dans le droit de propriété que vous acquérez sur cette somme d'argent, ce n'est pas quelque chose que vous ayez outre cette somme d'argent. Ne vous ayant donné que la somme d'argent, et rien de plus, je ne puis donc exiger de vous rien de plus que cette somme, sans violer la règle d'équité qui, dans tous les contrats, ne permet pas à l'une des parties d'exiger plus de l'autre que ce qu'elle lui a, de son côté, donné, ou s'est obligé de lui donner. »

Ces raisons étaient évidemment spécieuses et peu dignes du grand esprit de Pothier. — L'un des premiers actes de l'Assemblée constituante fut d'autoriser le prêt à intérêts (Déc. 3-12 oct. 1789), et l'art. 1905 C. C., ainsi que la loi du 3 sept. 1807, ont définitivement consacré cette disposition.

10060. Taux de l'intérêt. — L'art. 1907 C. C. dispose que l'intérêt conventionnel peut excéder l'intérêt légal, lorsque la loi ne le prohibe pas. Mais la faculté de déroger à la fixation du taux légal a cessé depuis la loi du 3 sept. 1807, qui limite à 5 pour 100, sans retenue, en matière civile, et à 6 pour 100 en matière commerciale, l'intérêt de l'argent.

Depuis cette loi, l'intérêt conventionnel ne peut plus excéder l'intérêt légal. Depuis cette loi encore, on ne peut plus, dans les obligations de sommes ou de choses qui se consomment par l'usage, convenir que le débiteur payera une indemnité plus forte que l'intérêt légal, ni stipuler une clause pénale excédant cet intérêt : ce serait un moyen facile d'éluder la loi (Toullier 6 n° 266, Duranton 10 n° 487 et 488, Delvincourt t. 2 p. 533).

On a proposé plusieurs fois, sans pouvoir y réussir jusqu'à présent, la suppression du taux de l'intérêt. Cette suppression existe dans la plupart des pays voisins de la France et en Algérie.

10061. Effets divers sur le capital et les intérêts. — La nature et le caractère des intérêts diffèrent de ceux du capital, en ce que : 1° le payement des intérêts ne fait rien présumer en faveur de la libération du capital, tandis que le payement de celui-ci fait présumer la libération des intérêts sans qu'il soit besoin de preuve (1908 C. C.) ; — 2° la conservation des intérêts est soumise à des formalités dont l'absence entraînerait la prescription de cinq ans, tandis que la prescription d'un capital est trentenaire (2277 C. C.).

10062. Différentes espèces d'intérêts. — Si l'on considère les causes qui les produisent, les intérêts doivent être divisés en quatre espèces :

1° Intérêts dus *de plein droit* et indépendamment de toute stipulation ; — 2° intérêts *conventionnels* ; — 3° intérêts *judiciaires* ou *moratoires*, c'est-à-dire dus à cause du retard dans le payement des capitaux ; — 4° intérêts dus à cause du retard dans le payement d'arrérages ou d'intérêts échus : c'est l'*anatocisme*,

1. INTÉRÊTS DE PLEIN DROIT. — On appelle intérêts de plein droit ceux qui sont déterminés par la nature seule du contrat qui établit l'obligation ; ils courent et peuvent être exigés sans qu'il y ait eu stipulation à cet égard dans l'acte, pourvu toutefois qu'il n'y ait pas eu convention contraire.

Dans un grand nombre de cas, la loi fait courir les intérêts de plein droit.

Ainsi, 1° le prix d'un immeuble produisant des fruits naturels ou civils, produit l'intérêt de plein droit au profit du vendeur (1652 C. C.) ;

2° Les intérêts des sommes données en dot ou en considération d'un mariage à l'un des époux, courent de plein droit du jour du mariage, contre ceux qui les ont promises, encore qu'il y ait terme pour le payement, pourvu qu'il n'existe pas de stipulation contraire (1440, 1548 C. C.).

Après une séparation de biens, les intérêts de la dot que le mari doit restituer sont dus à partir du jour de la sentence et non du jour de la demande (Cass. 28 mars 1848).

Le mari doit les intérêts de la dot pendant l'année qui lui est accordée pour la restitution (1565 C. C.) ;

3° Le tuteur doit, de plein droit, l'intérêt des sommes dont il ne fait pas emploi dans le délai de six mois à dater du jour où cet emploi devait avoir lieu (455 C. C.) ;

Le reliquat d'un compte de tutelle composé de sommes capitales, d'intérêts et d'intérêts des intérêts, forme un principal fixe qui produit des intérêts à partir de la dation du compte et de la fin de la tutelle (474 C. C.) ;

4° Les *intérêts* dus aux légataires courent, de plein droit, à leur profit : 1° lorsque le testateur a expressément déclaré sa volonté à cet égard dans le testament ; — 2° lorsqu'une rente viagère ou une pension a été léguée à titre d'aliments (1015 C. C.) ;

5° Sous le C. C., les *intérêts* des sommes avancées par un *negotiorum gestor* ne courent pas de plein droit à son profit (473 C. C.). — Quant aux avances faites par le mandataire, il en est autrement : les intérêts lui en sont dus à dater du jour des avances constatées (2001 C. C.). — De même aussi, les intérêts courent de plein droit contre le mandataire, pour les sommes qu'il a reçues pour le mandant, lorsqu'il les a employées à son propre usage (1996 C. C.) ;

6° En matière de succession, tout ce qui est dû par les cohéritiers à la succession ou à cause d'elle, produit des intérêts de plein droit à partir du jour de son ouverture, en vertu du principe : *le mort saisit le vif.*

Par contre, les intérêts sont dus à l'héritier des sommes qu'il a avancées pour la succession, pourvu qu'il s'agisse de dépenses utiles et nécessaires (2001 C. C.) ou de sommes payées à la décharge de la succession (2000 C. C.).

Une soulte de partage produit aussi des intérêts de plein droit (1652 C. C.) ;

7° En matière de société, l'associé doit de plein droit l'intérêt des sommes qu'il a prises dans la caisse sociale, à partir du jour où il les en a tirées pour son profit particulier (1846 C. C.).

2. INTÉRÊTS CONVENTIONNELS. — Les intérêts conventionnels sont ceux qui résultent soit d'une convention spéciale et directe, comme en matière de prêt, soit d'une stipulation contenue dans un contrat d'une autre nature, comme vente, donation, testament, transaction, société, etc. — La stipulation de cette nature d'intérêts doit être expresse ; elle ne pourrait se suppléer.

3. INTÉRÊTS MORATOIRES. — Les intérêts judiciaires ou moratoires sont ceux qui, n'étant pas de droit et ne résultant pas d'une convention, sont adjugés par les tribunaux contre le débiteur en retard de payer une créance exigible : de là, vient qu'on les appelle *moratoires.*

Nous rappelons qu'en matière d'enregistrement il n'est point adjugé d'intérêts moratoires à l'Administration pour les condamnations qu'elle obtient en matière d'impôt, et que les contribuables ne peuvent non plus en faire prononcer contre elle. — V. *Instance.*

4. INTÉRÊTS DES INTÉRÊTS. — La production d'intérêts par des intérêts, qu'on appelle *anatocisme* (de *ana*, nouveau, et *tocos* produit), est une stipulation par laquelle on convient de réunir des intérêts à une somme principale, pour former du tout un capital produisant intérêt. D'où il résulte que les intérêts échus des capitaux peuvent produire des intérêts, soit par une convention spéciale ou par une demande judiciaire, pourvu que dans l'un ou l'autre cas il s'agisse d'intérêts *dus au moins pour une année entière* (C. C. 1154).

10063. Manière de calculer les intérêts. — Nous croyons être agréable à nos lecteurs en mettant sous leurs yeux [1] les tableaux (A, B, C) servant à déterminer, par jour et par mois, le décompte des intérêts d'un capital connu. Le dernier de ces tableaux peut servir à déterminer le décompte d'une rente, d'une pension, d'un fermage ou de tout autre revenu.

10064. Prescription. — L'art. 2277 C. C. soumet à la prescription de cinq ans les intérêts des sommes prêtées. Cette prescription qui avait été édictée pour la première fois dans l'ordonnance de 1629, dont l'art. 150 était ainsi conçu : « L'interpellation ou demande en justice des intérêts d'une somme principale, bien qu'elle eût été suivie de sentences ou que lesdits intérêts soient adjugés par sentence ou arrêt, n'acquerra intérêt pour plus de cinq ans, si elle n'est continuée et réitérée. » Mais l'application de cette règle rencontra des résistances tellement vives sous l'ancienne législation, qu'elle était à peu près tombée en désué-

---

1.

TABLEAU (A) POUVANT SERVIR A DÉTERMINER, PAR JOUR ET PAR MOIS, LE DÉCOMPTE D'UNE RENTE, D'UNE PENSION, D'UN FERMAGE OU DE TOUT AUTRE REVENU ANNUEL CONNU.

On veut connaître le chiffre exact des arrérages revenant aux héritiers d'une personne décédée le 20 mai, titulaire d'une rente annuelle de 942 fr., payable les 1er janvier et 1er juillet. — Le titulaire étant mort le 20 mai, il est dû à son décès 4 mois et 20 jours de sa pension. — Pour trouver la somme due aux héritiers, il suffit de chercher les chiffres suivants : 900 fr. pour 4 mois produisent 300 fr., et pour 20 jours, 50 fr.; — 40 fr. pour 4 mois donnent 13 fr. 33 c.; pour 20 jours, 2 fr. 22 c.; — 2 fr., qui sont le DIXIÈME de 20 fr., produisent 66 c. pour 4 mois et 11 c. pour 20 jours ce qui forme un total de 366 fr. 32 c. pour les arrérages pendant 4 mois et 20 jours d'une rente de 942 fr. — Le calcul est le même, s'il s'agit du remboursement d'un capital dont les intérêts annuels s'élèvent à 2,000 fr. — S'il est dû 9 mois et 26 jours, on prend d'abord 9 mois qui produisent 1,500 fr., et ensuite 26 jours, qui donnent 144 fr. 44 c. Total : 1,644 fr. 44 c. pour 9 mois 26 jours de 2,000 fr. d'intérêt annuel.

1 AN.	FR. 10	FR. 20	FR. 30	FR. 40	FR. 50	FR. 60	FR. 70	FR. 80	FR. 90	FR. 100	FR. 200	FR. 300	FR. 400	FR. 500	FR. 600
	fr. c.	fr. c.	fr. c.	fr. c.	fr. c.	fr. c.	fr. c.	fr. c.	fr. c.	fr. c.	fr. c.	fr. c.	fr. c.	fr. c.	fr. c.
11 mois	9 16	18 33	27 50	36 66	45 83	55 »	64 16	73 33	82 50	91 66	183 33	275 »	366 66	458 33	550 »
10 —	8 33	16 66	25 »	33 33	41 66	50 »	58 33	66 66	75 »	83 33	166 66	250 »	333 33	416 66	500 »
9 —	7 50	15 »	22 50	30 »	37 50	45 »	52 50	60 »	67 50	75 »	150 »	225 »	300 »	375 »	450 »
8 —	6 66	13 33	20 »	26 66	33 33	40 »	46 66	53 33	60 »	66 66	133 33	200 »	266 66	333 33	400 »
7 —	5 83	11 66	17 50	23 33	29 16	35 »	40 83	46 66	52 50	58 33	116 66	175 »	233 33	291 66	350 »
6 —	5 »	10 »	15 »	20 »	25 »	30 »	35 »	40 »	45 »	50 »	100 »	150 »	200 »	250 »	300 »
5 —	4 16	8 33	12 50	16 66	20 83	25 »	29 16	33 33	37 50	41 66	83 33	125 »	166 66	208 33	250 »
4 —	3 33	6 66	10 »	13 33	16 66	20 »	23 33	26 66	30 »	33 33	66 66	100 »	133 33	166 66	200 »
3 —	2 50	5 »	7 50	10 »	12 50	15 »	17 50	20 »	22 50	25 »	50 »	75 »	100 »	125 »	150 »
2 —	1 66	3 33	5 »	6 66	8 33	10 »	11 66	13 33	15 »	16 66	33 33	50 »	66 66	83 33	100 »
1 AN.	FR. 10	FR. 20	FR. 30	FR. 40	FR. 50	FR. 60	FR. 70	FR. 80	FR. 90	FR. 100	FR. 200	FR. 300	FR. 400	FR. 500	FR. 600

1 AN.	FR. 700	FR. 800	FR. 900	FR. 1,000	FR. 2,000	FR. 3,000	FR. 4,000	FR. 5,000	FR. 6,000	FR. 7,000	FR. 8,000	FR. 9,000	FR. 10,000
	fr. c.	fr. c.	fr. c.	fr. c.	fr. c.	fr. c.	fr. c.	fr. c.	fr. c.	fr. c.	fr. c.	fr. c.	fr. c.
11 mois	641 66	733 33	825 »	916 66	1833 33	2750 »	3666 66	4583 33	5500 »	6416 66	7333 33	8250 »	9166 66
10 —	583 33	666 66	750 »	833 33	1666 66	2500 »	3333 33	4166 66	5000 »	5833 33	6666 66	7500 »	8333 33
9 —	525 »	600 »	675 »	750 »	1500 »	2250 »	3000 »	3750 »	4500 »	5250 »	6000 »	6750 »	7500 »
8 —	466 66	533 33	600 »	666 66	1333 33	2000 »	2666 66	3333 33	4000 »	4666 66	5333 33	6000 »	6666 66
7 —	408 33	466 66	525 »	583 33	1166 66	1750 »	2333 33	2916 66	3500 »	4083 33	4666 66	5250 »	5833 33
6 —	350 »	400 »	450 »	500 »	1000 »	1500 »	2000 »	2500 »	3000 »	3500 »	4000 »	4500 »	5000 »
5 —	291 66	333 33	375 »	416 66	833 33	1250 »	1666 66	2083 33	2500 »	2916 66	3333 33	3750 »	4166 66
4 —	233 33	266 66	300 »	333 33	666 66	1000 »	1333 33	1666 66	2000 »	2333 33	2666 66	3000 »	3333 33
3 —	175 »	200 »	225 »	250 »	500 »	750 »	1000 »	1250 »	1500 »	1750 »	2000 »	2250 »	2500 »
2 —	116 66	133 33	150 »	166 66	333 33	500 »	666 66	833 33	1000 »	1166 66	1333 33	1500 »	1666 66
1 AN.	FR. 700	FR. 800	FR. 900	FR. 1,000	FR. 2,000	FR. 3,000	FR. 4,000	FR. 5,000	FR. 6,000	FR. 7,000	FR. 8,000	FR. 9,000	FR. 10,000

tude lorsque le Code civil vint la relever et la consacrer définitivement.

Les intérêts des sommes prêtées se payent ordinairement d'année en année, et le créancier qui laisse passer cinq ans sans les retirer est censé les abandonner. Cette présomption est établie pour empêcher la ruine du débiteur sous le poids d'arrérages accumulés (Troplong *de la Prescription* n° 1007).

1. SOMMES PRÊTÉES. — La première partie du § 4 de l'art. 2277 ne s'occupe pas de tous les intérêts quelconques produits par des capitaux; il ne parle que des intérêts des sommes prêtées. — Par *sommes prêtées* on doit entendre ici toutes celles qui sont laissées en crédit entre les mains du débiteur, avec obligation d'en servir les intérêts à des époques fixes. Ainsi, par exemple, je vous vends ma maison moyennant 40,000 francs que vous me rendrez dans cinq ans, en me payant les intérêts de six mois en six mois. Quoique cette opération ne soit pas un prêt simple, elle en est cepen-

TABLEAU (B) POUVANT SERVIR A DÉTERMINER LE DÉCOMPTE D'UNE RENTE, D'UNE PENSION, D'UN FERMAGE, OU DE TOUT AUTRE REVENU.

CAPITAL en francs.	INTÉRÊTS A 1/2 POUR 100			INTÉRÊTS A 1 POUR 100			INTÉRÊTS A 2 POUR 100		
	PAR JOUR	PAR MOIS	PAR AN	PAR JOUR	PAR MOIS	PAR AN	PAR JOUR	PAR MOIS	PAR AN
	fr. c.	fr. c.	fr. c.	fr. c.	fr. c.	fr. c.	fr. c.	fr. c.	fr. c.
1	» »	» »	» »	» »	» »	» 01	» »	» »	» 02
2	» »	» »	» 01	» »	» »	» 02	» »	» »	» 04
3	» »	» »	» 01	» »	» »	» 03	» »	» »	» 06
4	» »	» »	» 02	» »	» »	» 04	» »	» »	» 08
5	» »	» »	» 02	» »	» »	» 05	» »	» »	» 10
6	» »	» »	» 03	» »	» »	» 06	» »	» 01	» 12
7	» »	» »	» 03	» »	» »	» 07	» »	» 01	» 14
8	» »	» »	» 04	» »	» »	» 08	» »	» 01	» 16
9	» »	» »	» 04	» »	» »	» 09	» »	» 01	» 18
10	» »	» »	» 05	» »	» »	» 10	» »	» 01	» 20
20	» »	» »	» 10	» »	» »	» 20	» »	» »	» 40
30	» »	» 01	» 15	» »	» »	» 30	» »	» 05	» 60
40	» »	» 01	» 20	» »	» »	» 40	» »	» 06	» 80
50	» »	» 02	» 25	» »	» »	» 50	» »	» 08	1 »
60	» »	» 02	» 30	» »	» »	» 60	» »	» 10	1 20
70	» »	» 02	» 35	» »	» »	» 70	» »	» 11	1 40
80	» »	» 03	» 40	» »	» »	» 80	» »	» 13	1 60
90	» »	» 03	» 45	» »	» »	» 90	» »	» 15	1 80
100	» »	» 04	» 50	» »	» »	1 »	» »	» 16	2 »
200	» »	» 08	1 »	» »	» »	1 16	2 »	» 01	» 33	4 »
300	» »	» 12	1 50	» »	» »	1 25	3 »	» 01	» 50	6 »
400	» »	» 16	2 »	» »	» 01	1 33	4 »	» 02	» 66	8 »
500	» »	» 20	2 50	» »	» 01	1 41	5 »	» 02	» 83	10 »
600	» »	» 25	3 »	» »	» 01	1 50	6 »	» 03	1 »	12 »
700	» »	» 29	3 50	» »	» 01	1 58	7 »	» 03	1 16	14 »
800	» 01	» 33	4 »	» »	» 02	1 66	8 »	» 04	1 33	16 »
900	» 01	» 37	4 50	» »	» 02	1 75	9 »	» 05	1 50	18 »
1000	» 01	» 41	5 »	» »	» 02	1 83	10 »	» 05	1 66	20 »
2000	» 02	» 83	10 »	» »	» 05	1 66	20 »	» 11	3 33	40 »
3000	» 04	1 25	15 »	» »	» 08	2 50	30 »	» 16	5 »	60 »
4000	» 04	1 66	20 »	» »	» 11	3 33	40 »	» 22	6 66	80 »
5000	» 06	2 08	25 »	» »	» 13	4 16	50 »	» 27	8 33	100 »
6000	» 08	2 50	30 »	» »	» 16	5 »	60 »	» 33	10 »	120 »
7000	» 09	2 91	35 »	» »	» 19	5 83	70 »	» 38	11 66	140 »
8000	» 11	3 33	40 »	» »	» 22	6 66	80 »	» 44	13 33	160 »
9000	» 12	3 75	45 »	» »	» 25	7 50	90 »	» 50	15 »	180 »
10000	» 13	4 16	50 »	» »	» 27	8 33	100 »	» 55	16 66	200 »
20000	» 27	8 33	100 »	» »	» 55	16 66	200 »	1 11	33 33	400 »
30000	» 41	12 50	150 »	» »	» 83	25 »	300 »	1 66	50 »	600 »
40000	» 55	16 66	200 »	1 »	1 11	33 33	400 »	2 22	66 66	800 »
50000	» 69	20 83	250 »	1 »	1 38	41 66	500 »	2 77	83 33	1000 »
60000	» 83	25 »	300 »	1 »	1 66	50 »	600 »	3 33	100 »	1200 »
70000	» 96	29 16	350 »	1 »	1 94	58 33	700 »	3 88	116 66	1400 »
80000	1 11	33 33	400 »	2 »	2 22	66 66	800 »	4 44	133 33	1600 »
90000	1 25	37 50	450 »	2 »	2 50	75 »	900 »	5 »	150 »	1800 »
100000	1 38	41 66	500 »	2 »	2 76	83 32	1000 »	5 55	166 66	2000 »

dant mélangée, et l'on peut raisonnablement soutenir que dès l'instant que j'ai laissé mes fonds entre vos mains pour que vous m'en serviez l'intérêt, je vous ai fait un prêt du prix de la vente (*Idem*).

2. CONDITION SUSPENSIVE. — La règle que les intérêts se prescrivent par cinq ans n'est pas sans exception. Il faut la limiter lorsque le créancier n'a pu se faire payer avant un événement dont il a fallu attendre la réalisation; car alors les intérêts, quoique suivant toujours leur cours, n'ont pas été payables à des termes périodiques; la condition sur laquelle repose l'art. 2277 leur a manqué, et l'on rentre dans le droit commun.

Tel est, par exemple, le cas où l'acquéreur notifie son contrat aux créanciers inscrits, et où ceux-ci sont obligés d'attendre l'ordre pour se faire payer non-seulement du prix capital, laissé en crédit entre les mains de l'acquéreur, mais encore des intérêts. En l'an 12, S... avait vendu à M... une

TABLEAU (*B*) POUVANT SERVIR A DÉTERMINER LE DÉCOMPTE D'UNE RENTE, D'UNE PENSION, D'UN FERMAGE OU DE TOUT AUTRE REVENU

CAPITAL en francs.	INTÉRÊTS A 3 POUR 100			INTÉRÊTS A 4 POUR 100			INTÉRÊTS A 5 POUR 100		
	PAR JOUR	PAR MOIS	PAR AN	PAR JOUR	PAR MOIS	PAR AN	PAR JOUR	PAR MOIS	PAR AN
	fr. c.	fr. c.	fr. c.	fr. c.	fr. c.	fr. c.	fr. c.	fr. c.	fr. c.
1	» »	» »	» 03	» »	» »	» 04	» »	» »	» 05
2	» »	» »	» 06	» »	» »	» 08	» »	» »	» 10
3	» »	» »	» 09	» »	» »	» 12	» »	» 01	» 15
4	» »	» 01	» 12	» »	» 01	» 16	» »	» 01	» 20
5	» »	» 01	» 15	» »	» 01	» 20	» »	» 02	» 25
6	» »	» 01	» 18	» »	» 02	» 24	» »	» 02	» 30
7	» »	» 01	» 21	» »	» 02	» 28	» »	» 02	» 35
8	» »	» 02	» 24	» »	» 02	» 32	» »	» 03	» 40
9	» »	» 02	» 27	» »	» 03	» 36	» »	» 03	» 45
10	» »	» 02	» 30	» »	» 03	» 40	» »	» 04	» 50
20	» »	» 05	» 60	» »	» 06	» 80	» »	» 08	1 »
30	» »	» 07	» 90	» »	» 10	1 20	» »	» 12	1 50
40	» »	» 10	1 20	» »	» 13	1 60	» »	» 16	2 »
50	» »	» 12	1 50	» »	» 16	2 »	» »	» 20	2 50
60	» »	» 15	1 80	» »	» 20	2 40	» »	» 25	3 »
70	» »	» 17	2 10	» »	» 23	2 80	» »	» 29	3 50
80	» »	» 20	2 40	» »	» 26	3 20	» 01	» 33	4 »
90	» »	» 22	2 70	» 01	» 30	3 60	» 01	» 37	4 50
100	» »	» 25	3 »	» 01	» 33	4 »	» 01	» 41	5 »
200	» 01	» 50	6 »	» 02	» 66	8 »	» 02	» 83	10 »
300	» 02	» 75	9 »	» 03	1 »	12 »	» 04	1 25	15 »
400	» 03	1 »	12 »	» 04	1 33	16 »	» 05	1 66	20 »
500	» 04	1 25	15 »	» 05	1 66	20 »	» 06	2 08	25 »
600	» 05	1 50	18 »	» 06	2 »	24 »	» 08	2 50	30 »
700	» 05	1 75	21 »	» 07	2 33	28 »	» 09	2 91	35 »
800	» 06	2 »	24 »	» 08	2 66	32 »	» 11	3 33	40 »
900	» 07	2 25	27 »	» 10	3 »	36 »	» 12	3 75	45 »
1000	» 08	2 50	30 »	» 11	3 33	40 »	» 13	4 16	50 »
2000	» 16	5 »	60 »	» 22	6 66	80 »	» 27	8 33	100 »
3000	» 25	7 50	90 »	» 33	10 »	120 »	» 41	12 50	150 »
4000	» 33	10 »	120 »	» 44	13 33	160 »	» 55	16 66	200 »
5000	» 41	12 50	150 »	» 55	16 66	200 »	» 69	20 83	250 »
6000	» 50	15 »	180 »	» 66	20 »	240 »	» 84	25 »	300 »
7000	» 58	17 50	210 »	» 77	23 33	280 »	» 97	29 16	350 »
8000	» 66	20 »	240 »	» 88	26 66	320 »	1 11	33 33	400 »
9000	» 75	22 50	270 »	1 »	30 »	360 »	1 25	37 50	450 »
10000	» 83	25 »	300 »	1 11	33 33	400 »	1 38	41 16	500 »
20000	1 66	50 »	600 »	2 22	66 66	800 »	2 77	83 33	1000 »
30000	2 50	75 »	900 »	3 33	100 »	1200 »	4 16	125 »	1500 »
40000	3 33	100 »	1200 »	4 44	133 33	1600 »	5 55	166 66	2000 »
50000	4 16	125 »	1500 »	5 55	166 66	2000 »	6 94	208 33	2500 »
60000	5 »	150 »	1800 »	6 66	200 »	2400 »	8 33	250 »	3000 »
70000	5 83	175 »	2100 »	7 77	233 33	2800 »	9 72	291 66	3500 »
80000	6 66	200 »	2400 »	8 88	266 66	3200 »	11 11	333 33	4000 »
90000	7 50	225 »	2700 »	10 »	300 »	3600 »	12 50	375 »	4500 »
100000	8 33	250 »	3000 »	11 11	333 33	4000 »	13 88	416 66	5000 »

maison pour le prix de 3,700 francs payables au bout de trois mois avec intérêts. M... transcrit et notifie son contrat aux créanciers inscrits. En 1832, L..., l'un des créanciers, fait ouvrir l'ordre. Question de savoir si l'on doit comprendre dans la somme à distribuer plus de cinq ans d'intérêts. Le 30 août 1837, arrêt de la cour d'appel de Grenoble ainsi conçu : « Attendu que dans l'espèce les créanciers n'avaient point d'action pour réclamer annuellement le payement des intérêts contre le débiteur du prix de la vente dont il s'agit, et que par conséquent la prescription de cinq ans ne peut lui être opposée ; attendu qu'aux termes de l'art. 2186 C. C. ce n'est qu'en vertu d'un ordre ou en consignant que l'acquéreur peut se libérer du prix, qui, par suite de la notification aux créanciers inscrits et du silence de ceux-ci, était définitivement fixé comme au contrat ; que l'acquéreur n'ayant pas consigné, ne pouvait donc se libérer qu'en vertu d'un ordre ;

que dè même les créanciers ne pouvaient se faire payer qu'au moyen d'un ordre ; que l'art. 2277 est donc inapplicable ; qu'ainsi les intérêts doivent s'accumuler et ne sont soumis comme le capital qu'à la prescription trentenaire. »

3. SOMMES DIVERSES SOUMISES A LA PRESCRIPTION DE CINQ ANS. — ANNUITÉS DE CAPITAL. — L'art. 2277 soumet à la prescription de cinq ans, non-seulement les cas qu'il a énumérés, au nombre desquels se trouvent, ainsi que nous venons de le voir, les intérêts des sommes prêtées, mais encore *tout ce qui est payable par année ou à des termes périodiques plus courts*. Nous n'avons pas à examiner ici qu'elle doit être en général la limite exacte qu'il faut assigner à cette disposition, qui est très-élastique ; nous devons dire seulement qu'en doctrine il est admis que la prescription de l'espèce ne s'applique pas aux sommes qui n'ont

---

TABLEAU (C) POUVANT SERVIR A DÉTERMINER LE DÉCOMPTE D'UNE RENTE, D'UNE PENSION, D'UN FERMAGE OU DE TOUT AUTRE REVENU

De 10 francs à 600 francs.

1 AN.	FR. 10	FR. 20	FR. 30	FR. 40	FR. 50	FR. 60	FR. 70	FR. 80	FR. 90	FR. 100	FR. 200	FR. 300	FR. 400	FR. 500	FR. 600
	fr. c.	fr. c.	fr. c.	fr. c.	fr. c.	fr. c.	fr. c.	fr. c.	fr. c.	fr. c.	fr. c.	fr. c.	fr. c.	fr. c.	fr. c.
30 jours	» 83	1 66	2 50	3 33	4 16	5 »	5 83	6 66	7 50	8 33	16 66	25 »	33 33	41 66	50 »
29 —	» 80	1 61	2 41	3 22	4 02	4 83	5 63	6 44	7 25	8 05	16 11	24 16	32 22	40 27	48 33
28 —	» 77	1 55	2 33	3 11	3 88	4 66	5 44	6 22	7 »	7 77	15 55	23 33	31 11	38 88	46 66
27 —	» 74	1 49	2 24	2 99	3 74	4 49	5 24	5 99	6 75	7 49	14 99	22 49	29 99	37 49	44 99
26 —	» 72	1 44	2 16	2 88	3 61	4 33	5 05	5 77	6 50	7 22	14 44	21 66	28 88	36 11	43 33
25 —	« 69	1 38	2 08	2 77	3 47	4 16	4 86	5 55	6 25	6 94	13 88	20 83	27 77	34 72	41 66
24 —	« 66	1 33	1 99	2 66	3 33	3 99	4 66	5 33	6 »	6 66	13 33	19 99	26 66	33 33	39 99
23 —	» 63	1 27	1 91	2 55	3 19	3 83	4 47	5 11	5 75	6 38	12 77	19 16	25 55	31 94	38 33
22 —	» 61	1 22	1 83	2 44	3 05	3 66	4 27	4 88	5 50	6 11	12 22	18 33	24 44	30 55	36 66
21 —	» 58	1 16	1 74	2 33	2 91	3 49	4 08	4 66	5 25	5 83	11 66	17 49	23 33	29 16	34 99
20 —	» 55	1 11	1 66	2 22	2 77	3 33	3 88	4 44	5 »	5 55	11 11	16 66	22 22	27 77	33 33
19 —	» 52	1 05	1 58	2 11	2 63	3 16	3 69	4 22	4 75	5 27	10 55	15 83	21 11	26 38	31 66
18 —	» 49	» 99	1 49	1 99	2 49	2 99	3 49	3 99	4 50	4 99	9 99	14 99	19 99	24 99	29 99
17 —	» 47	» 94	1 41	1 88	2 36	2 83	3 30	3 77	4 25	4 72	9 44	14 16	18 88	23 61	28 33
16 —	» 44	» 88	1 33	1 77	2 22	2 66	3 11	3 55	4 »	4 44	8 88	13 33	17 77	22 22	26 66
15 —	» 41	» 83	1 24	1 66	2 08	2 50	2 91	3 33	3 75	4 16	8 33	12 49	16 66	20 83	25 »
14 —	» 38	» 77	1 16	1 55	1 94	2 33	2 72	3 11	3 50	3 88	7 77	11 66	15 55	19 44	23 33
13 —	» 36	» 72	1 08	1 44	1 80	2 16	2 52	2 88	3 25	3 61	7 22	10 83	14 44	18 05	21 66
12 —	» 33	» 66	» 99	1 33	1 66	1 99	2 33	2 66	3 »	3 33	6 66	9 99	13 33	16 66	19 99
11 —	» 30	» 61	» 91	1 22	1 52	1 83	2 13	2 44	2 75	3 05	6 11	9 16	12 22	15 27	18 33
10 —	» 27	» 55	» 83	1 11	1 38	1 66	1 94	2 22	2 50	2 77	5 55	8 33	11 11	13 88	16 66
9 —	» 24	» 49	» 74	» 99	1 24	1 49	1 74	1 99	2 25	2 49	4 99	7 49	9 99	12 49	14 99
8 —	» 22	» 44	» 66	» 88	1 11	1 33	1 55	1 77	2 »	2 22	4 44	6 66	8 88	11 11	13 33
7 —	» 19	» 38	» 58	» 77	» 97	1 16	1 36	1 55	1 75	1 94	3 88	5 83	7 77	9 72	11 66
6 —	» 16	» 33	» 49	» 66	» 83	» 99	1 16	1 33	1 50	1 66	3 33	4 99	6 66	8 33	9 99
5 —	» 13	» 27	» 41	» 55	» 69	» 83	» 97	1 11	1 25	1 38	2 77	4 16	5 55	6 94	8 33
4 —	» 11	» 22	» 33	» 44	» 55	» 66	» 77	» 88	1 »	1 11	2 22	3 33	4 44	5 55	6 66
3 —	» 08	» 16	» 24	» 33	» 44	» 49	» 58	» 66	» 75	» 83	1 66	2 49	3 33	4 16	4 99
2 —	» 05	» 11	» 16	» 22	» 27	» 33	» 38	» 44	» 50	» 55	1 11	1 66	2 22	2 77	3 33
1 —	» 02	» 05	» 08	» 11	» 13	» 16	» 19	» 22	» 25	» 27	» 55	» 83	1 11	1 38	1 66
1 AN.	FR. 10	FR. 20	FR. 30	FR. 40	FR. 50	FR. 60	FR. 70	FR. 80	FR. 90	FR. 100	FR. 200	FR. 300	FR. 400	FR. 500	FR. 600

pas le caractère de fruits ou revenus et qui constituent par exemple des annuités de capitaux, tels qu'un prix de vente payable sous forme d'amortissement par fractions annuelles. D'où on peut conclure que cette prescription quinquennale ne s'applique pas non plus aux droits de timbre ou d'enregistrement qui se payent comme les annuités d'un capital par des fractions périodiques. De ce nombre sont notamment les droits de timbre et de transmission payés par abonnement. — V. *Abonnement et Droit de transmission*.

Au point de vue des intérêts, l'art. 2277 comporte quelques remarques particulières :

Intérêts moratoires. — Ainsi les intérêts moratoires, c'est-à-dire les intérêts dûs en vertu d'une condamnation judiciaire, se prescrivent-ils par cinq ans ? C'est une question vivement controversée que Troplong, après une discussion appro-

fondie (V. *Prescription* no 1013 et suiv.), tranche en faveur de la prescription de cinq ans.

Intérêts du prix de vente. — Les intérêts de prix de vente se prescrivent par cinq ans (Cass. 14 juill. 1830, D. 30-1-316; — Cass. 16 août 1853, S. 55-1-575 ; — Cass. Paris 2 mai 1861, S. 61-1-283;— Cass. 27 avr. 1864, S. 64-1-399). — V. 10064-1.

Intérêts de dot. — C'est également par cinq ans que se prescrivent les intérêts de la dot (Troplong *loc. cit.* no 1025).

Intérêts de mise sociale. — Et ceux d'une mise sociale (Cass. 17 fév. 1869, S. 69-1-156),

Effet de commerce. — Il en est de même des intérêts produits par un effet de commerce protesté (Bordeaux 13 mars 1828, D. 28-2-212).

TABLEAU (*C*) POUVANT SERVIR A DÉTERMINER LE DÉCOMPTE D'UNE RENTE, D'UNE PENSION, D'UN FERMAGE OU DE TOUT AUTRE REVENU

De 700 francs à 10,000 francs.

1 AN.	FR. 700	FR. 800	FR. 900	FR. 1.000	FR. 2.000	FR. 3.000	FR. 4.000	FR. 5.000	FR. 6.000	FR. 7.000	FR. 8.000	FR. 9.000	FR. 10.000
	fr. c.	fr. c.	fr. c.	fr. c.	fr. c.	fr. c.	fr. c.	fr. c.	fr. c.	fr. c.	fr. c.	fr. c.	fr. c.
30 jours	58 33	66 66	75 »	83 33	166 66	250 »	333 33	416 66	500 »	583 33	666 66	750 »	833 33
29	56 38	64 44	72 50	80 55	161 11	241 66	322 22	402 27	483 33	563 88	644 44	725 »	805 55
28	54 44	62 22	70 »	77 77	155 55	233 33	311 11	388 88	466 66	544 44	622 22	700 »	777 77
27	52 49	59 99	67 50	74 99	149 99	224 99	299 99	374 99	449 99	524 99	599 99	675 »	749 99
26	50 55	57 77	65 »	72 22	144 44	216 66	288 88	361 11	433 33	505 55	577 77	650 »	722 22
25	48 61	55 55	62 50	69 44	138 88	208 33	277 77	347 22	416 66	486 11	555 55	625 »	694 44
24	46 66	53 33	60 »	66 66	133 33	199 99	266 66	333 33	399 99	466 66	533 33	600 »	666 66
23	44 72	51 11	57 50	63 88	127 77	191 63	255 55	319 44	383 33	447 22	511 11	575 »	638 88
22	42 77	48 88	55 »	61 11	122 22	183 33	244 44	305 55	366 66	427 77	488 88	550 »	611 11
21	40 83	46 66	52 50	58 33	116 66	174 99	263 33	291 66	349 99	408 33	466 66	525 »	583 33
20	38 88	44 44	50 »	55 55	111 11	166 66	222 22	277 77	333 33	388 88	444 44	500 »	555 55
19	36 94	42 22	47 50	52 77	105 55	158 33	211 11	263 88	316 66	369 44	422 22	475 »	527 77
18	34 99	39 99	45 »	49 99	99 99	149 99	199 99	249 99	299 99	349 99	399 99	450 »	499 99
17	33 05	37 77	42 50	47 22	94 44	141 66	188 88	236 11	283 33	330 55	377 77	425 »	472 22
16	31 11	35 55	40 »	44 44	88 88	133 33	177 77	222 22	266 66	311 11	335 55	375 »	444 44
15	29 16	33 33	37 50	41 66	83 33	124 99	166 66	208 33	250 »	291 66	333 33	375 »	416 66
14	27 22	31 11	35 »	38 88	77 77	116 66	155 55	194 44	233 33	272 22	311 11	350 »	388 88
13	25 27	28 88	32 50	36 11	72 22	108 33	144 44	180 55	216 66	252 77	288 88	325 »	361 11
12	23 33	26 66	30 »	33 33	66 66	99 99	133 33	166 66	199 99	233 33	266 66	300 »	333 33
11	21 38	24 44	27 50	30 55	61 11	91 66	122 22	152 77	183 33	213 88	244 44	275 »	305 55
10	19 44	22 22	25 »	27 77	55 55	83 33	111 11	138 88	166 66	194 44	222 22	250 »	277 77
9	17 49	19 99	22 50	24 99	49 99	74 99	99 99	124 99	149 99	174 99	199 99	225 »	249 99
8	15 55	17 77	20 »	22 22	44 44	66 66	88 88	111 11	133 33	155 55	177 77	200 »	222 22
7	13 61	15 55	17 50	19 44	38 88	58 33	77 77	97 22	116 66	136 11	155 55	175 »	194 44
6	11 66	13 33	15 »	16 66	33 33	49 99	66 66	83 33	99 99	116 66	133 33	150 »	166 66
5	9 72	11 11	12 50	13 88	27 77	41 66	55 55	69 44	83 33	97 22	111 11	125 »	138 88
4	7 77	8 88	10 »	11 11	22 22	33 33	44 44	55 55	66 66	77 77	88 88	100 »	111 11
3	5 83	6 66	7 50	8 33	16 66	24 99	33 33	41 66	49 99	58 33	66 66	75 »	83 33
2	3 88	4 44	5 »	5 55	11 11	16 66	22 22	27 77	33 33	38 88	44 44	50 »	55 55
1	1 94	2 22	2 50	2 77	5 55	8 33	11 11	13 88	16 66	19 44	22 22	25 »	27 77
1 AN.	FR. 700	FR. 800	FR. 900	FR. 1.000	FR. 2.000	FR. 3.000	FR. 4.000	FR. 5.000	FR. 6.000	FR. 7.000	FR. 8.000	FR. 9.000	FR. 10.000

Intérêts dont le créancier n'aura pu se faire payer. — Mais les intérêts d'une somme que le créancier n'aura pu se faire payer ne se prescrivent que par trente ans (Cass. 9 janv. 1867, S. 67-1-59). C'est ce que nous avons déjà établi au n° 10064-1.

On peut en dire autant des intérêts des sommes dont le tuteur est comptable et qui ont couru depuis la cessation de la tutelle jusqu'à la reddition du compte. En effet, le mineur devenu majeur ignore, jusqu'à l'apurement du compte, ce qui peut lui être dû et il n'a aucun moyen d'en exiger le montant. On sent qu'il en serait autrement pour les intérêts courus depuis la reddition du compte et la liquidation du débet. (Douai 12 avril 1857, S. 57-2-746).

Le mandataire qui doit un compte à son mandant est dans la même position que le tuteur. S'il emploie à son profit les sommes qu'il était chargé de retirer, il en doit les intérêts (1996 C. C.); mais ces intérêts ne seront pas réduits par la prescription de cinq ans, car comment le mandant aurait-il pu les exiger avant que sa créance ne fût fixée par le compte définitif ?

On en dira autant de négociants qui sont ensemble en compte courant. Les intérêts des sommes capitales portées au compte ne commencent à se prescrire par cinq ans qu'à compter du règlement (Troplong n° 1027, 1028, 1029).

Les intérêts des sommes détournées se prescrivent par trente ans et non par cinq ans (*Idem*, n° 1030).

Il faut encore laisser l'art. 2277 de côté lorsque les cohéritiers se doivent le rapport des sommes produisant intérêts. Tant que l'indivision dure, et que la position respective des héritiers n'est pas fixée par le partage, on ne peut reprocher à celui que la liquidation constitue créancier de n'avoir pas agi auparavant (*Idem*, n° 1032 ; — Bordeaux 21 mars 1856, S. 57-1-173).

4. MINEURS. — INTERDITS. — Les prescriptions dont nous venons de parler courent, aux termes de l'art. 2278 C. C., contre les mineurs et les interdits, sauf leur recours contre leurs tuteurs.

CHAPITRE II. — DU DROIT D'OBLIGATION

[10065-10070]

10065. Stipulation d'intérêts dans le contrat. — Celui qui se reconnaît débiteur d'une somme et s'oblige de la rembourser à terme avec intérêt contracte deux engagements ayant pour objet, l'un, la restitution du capital, le second, le service des intérêts. Mais ce dernier n'est que la suite et la dépendance de l'autre dont il fait en quelque sorte partie. Or, le droit d'enregistrement perçu pour l'obligation principale dispense de l'impôt l'engagement secondaire, en vertu de la règle générale de l'art. 2 L. 22 frimaire an 7; et d'un autre côté l'art. 24 de cette loi déclare spécialement que, dans les obligations, le droit se liquide sur le capital exprimé (Champ. et Rig. n° 983, Dalloz n° 983, Demante n° 604).

C'est ainsi qu'ont été rendues les décisions suivantes :

1° Suivant acte notarié, François S... devait à Charles S... une somme de 2,000 francs, payable au décès de leur père,

sans intérêts jusque-là. Le 5 novembre 1828, nouvel acte notarié par lequel François paye cette somme à Charles, qui s'oblige à lui en servir l'intérêt jusqu'au décès du père. On a perçu le droit de libération sur 2,000 francs et celui d'obligation sur 2,000 fr., capital au denier dix des intérêts stipulés. « Mais l'obligation souscrite par Charles n'est qu'une conséquence et une condition du payement anticipé qui lui est fait; dès lors, l'acte du 5 novembre ne contient pas plusieurs dispositions indépendantes, et, aux termes de l'art. 11 L. 22 frimaire an 7, il ne devait donner lieu qu'à un seul droit, celui de quittance. » (Sol. 17 oct. 1829) ;

2° Un sieur Tissot avait emprunté 100,000 francs, remboursables un an après le décès de sa mère, avec convention que, pour tenir lieu d'intérêt, il payerait en même temps que le capital une somme fixe de 50,000 francs. Une solution du 31 juillet 1824 (1150 § 11 I. G.) repoussa la perception du droit d'obligation sur les 50,000 francs, parce que la somme empruntée n'était que de 100,000 francs, et que l'addition résultant de la convention aléatoire représentait seulement des intérêts qui n'existaient point encore ;

3° L'acquéreur d'un immeuble aliéné moyennant 100,000 fr. payables à terme souscrivit, pour les intérêts de son prix à échoir pendant cinq ans, des billets à ordre montant à 25,000 francs. L'Administration décida le 29 mai 1819 (Dalloz n° 1626) que la confection de ces billets ne changeait rien à la position des parties, mais constituait un simple mode de payement anticipé exempt de l'impôt. Le principe est exact, mais nous devons faire remarquer que la conclusion serait quelquefois fausse, attendu qu'il y a conversion d'une dette civile en obligation commerciale, et que cette circonstance fournit une cause particulière à la perception du droit (V. *Novation*).

1. INTÉRÊTS ANTÉRIEURS. — Par la même raison, on ne peut ajouter au capital d'une obligation des intérêts stipulés payables à partir d'une époque antérieure au contrat, pour percevoir le droit sur le tout (9515, 15254-5 J. E.).

10066. Intérêts non primitivement stipulés. — On s'entend moins quand il s'agit d'un acte postérieur, portant stipulation d'intérêts à l'occasion d'une obligation précédente où ils n'ont point été indiqués. « Cette seconde obligation de payer les intérêts est différente de l'obligation de payer le capital; cependant il n'y a pas novation, parce que loin d'être incompatibles l'une avec l'autre, ces deux obligations peuvent subsister ensemble et dans le même temps » (Toullier 7-279).

10067. Intérêts à échoir. — En principe, et quand il s'agit d'intérêts à échoir, par exemple qu'on ajoute une clause de payement d'intérêts à une obligation qui ne les renfermait pas, cette stipulation n'est que le complément du premier acte et le droit fixe de 3 francs est seul exigible (Dalloz 1628, Demante 404, 1287 J. N.).

Il faut pour cela, toutefois, que l'obligation antérieure ait été enregistrée ou profite d'une exemption équivalant au payement du droit. Supposons qu'un créancier fasse remise à son débiteur du principal d'une obligation verbale, en réservant que les intérêts dont elle est productive continueront à lui être servis jusqu'à l'époque primitive du remboursement. Aucun droit d'obligation n'est exigible sur le capital de la dette, puisqu'il est aussitôt éteint que reconnu ; mais la promesse du débiteur au sujet des intérêts constitue, en réalité, une obligation de sommes payables à terme : et comme elle n'est plus dispensée de l'impôt par le droit payé sur l'engagement principal, il est juste, en principe, de la soumettre aux règles ordinaires. La taxe de 1 pour 100 sera donc régulièrement perçue sur le total des années à échoir.

Il ne faut pas opposer, comme le fait l'I. G. 1150 § 11, que ce sont là des valeurs n'existant pas encore et ne pouvant, dès lors, motiver des perceptions actuelles. Les intérêts sont, à la vérité, l'équivalent d'une jouissance future, mais cette jouissance est dès aujourd'hui assurée à l'emprunteur et son engagement d'en payer le prix a, par conséquent, le même caractère de certitude. Quand le contrat vient à se dissoudre avant le terme, il s'opère seulement une *résolution* du lien de droit qui a uni les parties depuis la signature de l'acte. Or, cette éventualité commune à tous les contrats bilatéraux (1184 C. C.) ne saurait suspendre l'exigibilité du droit.

10068. Intérêts échus et capitalisés. — Il y plus de difficultés au sujet des intérêts échus. Si l'exigibilité du droit proportionnel devait toujours se déterminer par l'idée de la novation, ainsi que pensent Champ. et Rig. n° 986 et Dalloz n° 1634, il serait vrai de conclure qu'en règle générale on doit percevoir le droit quand les intérêts échus et reconnus sont capitalisés pour en faire une dette nouvelle substituée à celle qui dérive du contrat primitif et qui demeure éteinte, tandis qu'aucun droit n'est dû quand les parties se bornent à reconnaître le montant des intérêts échus sans innover la dette, parce que l'obligation de payer les intérêts résulte de l'acte qui contient l'engagement principal. — Mais il est un autre principe particulier à la législation fiscale : c'est que l'impôt devient exigible quand une mutation de valeurs se révèle dans un acte civil et que cet acte forme pour les parties le véritable titre d'une dette dont l'origine résultait peut être d'une convention précédente, mais qui n'avait présenté aucune certitude réelle. Cette règle a été développée au chapitre des *Affectation hypothécaire, de la Novation et des Arrêtés de compte.* Elle suffit ici pour expliquer les décisions en apparence contradictoires de la jurisprudence.

1. RACHAT DE RENTE. — Ainsi, le ministre des finances décida, le 3 février 1822, que si l'acte de soumission de rachat d'une rente perpétuelle contient règlement de compte des arrérages dus au créancier, et que le débiteur promette d'en payer le montant dans un délai déterminé, il y a lieu au droit d'obligation sur la somme à laquelle s'élèvent ces arrérages. L'Administration a fait de cette décision une première règle générale, en l'insérant dans son Instruction n° 1027.

2. DÉLÉGATION. — La question se représenta dans un cas où, par acte notarié, un vendeur déléguait à ses créanciers une somme de 62,000 francs, puis les intérêts de chaque dette. Une solution du 6-9 octobre 1824 décida que la liquidation des intérêts échus sur lesquels aucune perception

n'avait pu être assise lors de l'enregistrement du titre de la créance principale, emportait reconnaissance d'une nouvelle dette passible du droit de 1 pour 100. Cette solution fut encore transmise dans une instruction du 23 mars 1825, n° 1156 § 3. — V. *Délégation.*

2. FERMAGES ARRIÉRÉS. — De même, le 3 septembre 1833, une délibération motivée dans le sens de nos observations, reconnut que l'acte par lequel on arrête le montant de loyers arriérés, donne ouverture au droit de 1 pour 100, parce que ce n'est pas un simple acte de complément, mais que le compte des loyers est réglé entre les parties, qu'il est capitalisé et forme un nouveau titre de la dette du preneur (Dalloz n° 1630).

4. OBLIGATION. — Ainsi encore, dans un acte par lequel un individu s'était reconnu débiteur : 1° de 1,000 francs montant d'une obligation antérieure enregistrée ; — 2° de 569 francs pour intérêts échus, on fit percevoir 1 pour 100 sur cette dernière somme, attendu qu'elle n'avait pas encore acquitté l'impôt et que la reconnaissance servirait de titre au créancier (Dél. 28 mai 1825, 8093 J. E. ; — *Conf.* : Saverne 23 août 1845, 13856 J. E. ;—Seine 24 avr. 1875, 4208 R. P. —*Contrà* 13203 C.).

5. CESSION DE CRÉANCE. — C'est ce qui a lieu aussi et par application d'un même principe pour la cession d'une créance et des intérêts échus. Si le débiteur accepte le transport, on considère qu'il avoue sa dette d'intérêts et comme le créancier trouve dans cet aveu un titre qu'il n'avait pas, le droit de 1 pour 100 devient exigible, ainsi que nous l'avons expliqué au chapitre des *Délégations et des Cessions de créances.*

6. QUITTANCE. — De même, la quittance par un héritier partiel d'une somme de 500 francs formant sa portion dans celle de 3,000 francs montant des intérêts échus dus à la succession par un débiteur, a pu être assujettie au droit de 1 pour 100 sur 2,500 francs (17048-2 J. E.).

10069. Intérêts échus non capitalisés. — Ce n'est donc point sur l'existence de la novation que la perception est basée, mais uniquement sur ce que la reconnaissance des intérêts échus forme pour le créancier le titre complet d'une dette auparavant indéterminée. « Reconnaître, dit M. Demante n° 604, des intérêts échus par un acte spécial, c'est dans le langage usuel les *capitaliser* ; ce nouveau capital est lui-même susceptible de produire des intérêts nouveaux. On doit donc considérer l'acte en question comme une obligation de somme, ayant pour objet un capital, et c'est avec raison, suivant moi, que la pratique s'est établie en ce sens. »

Il suit de là, que si le nouvel acte n'était pas suffisant pour former un titre, que si les intérêts ne seraient pas *capitalisés* et que l'incertitude antérieure sur le montant de la dette subsisterait encore, le droit ne serait pas dû.

L'exigibilité en a été repoussée en plusieurs hypothèses semblables :

1° Un débiteur déclarait que les intérêts d'une créance établie par acte enregistré n'avaient pas été acquittés depuis plus de 5 ans; le montant de la dette n'était point fixé, il n'y avait pas de règlement entre les parties et si le créancier voulait poursuivre son débiteur il était obligé de recourir à la première convention. Le second acte n'était donc pas une reconnaissance suffisamment caractérisée pour être passible du droit. Ainsi que nous le disions dans nos éditions précédentes, la déclaration du débiteur n'ajoute rien au titre du créancier, car pour exiger les intérêts qui lui sont dus, il lui suffira toujours de présenter son acte. Le calcul du temps écoulé depuis le dernier payement établira naturellement la quotité exigible (Conf. : Dalloz n° 1632).

2° Dans un ordre amiable, Il fut établi que le sieur D., créancier inscrit, recevrait de l'acquéreur des biens hypothéqués « le surplus de sa créance et les intérêts au jour du payement. » On conçoit très-bien, par le même motif, que l'Administration ait décidé, le 5 octobre 1832, que l'ordre n'apportait aucun changement à la position de chacun, et qu'en conséquence le droit fixe était seul exigible (Champ. 987, C. 2592). — Mais il n'en eût pas été ainsi si les intérêts capitalisés avaient été de l'assentiment du débiteur l'objet de la convention.

3° La déclaration par un emprunteur que le bien affecté à la sûreté de son emprunt est déjà hypothéqué au service d'une rente et d'une telle somme d'arrérages n'intervient pas pour donner un titre de ces arrérages. Comme elle est faite hors la présence du créancier, le droit proportionnel d'obligation n'est pas dû (Dél. 25 nov. 1817, 2334 J. N.). — V. Affectation hypothécaire.

4° Il est vrai qu'on a décidé, le 7 octobre 1836, que le procès-verbal de la délibération du prix d'une vente d'immeubles et des intérêts échus de ce prix ne devait pas être soumis au droit de 1 pour 100 à raison de ces intérêts, mais la délibération est motivée sur ce que les offres ayant été refusées, l'acte ne liait pas le débiteur (Dalloz n° 1634).

Il ne faudrait pas opposer à la doctrine qui précède une délibération du 24 janvier 1837, d'après laquelle le droit de 1 pour 100 n'est pas dû sur le jugement qui condamne un débiteur à payer le montant d'une obligation enregistrée et les intérêts capitalisés à la somme de 2,618 francs. En effet, la perception des droits d'enregistrement sur les actes judiciaires se règle par des principes particuliers : « Lorsqu'une condamnation, dit l'art. 69 § 11 n° 9 L. 22 frimaire an 7, sera rendue sur une demande non établie par un titre enregistré et susceptible de l'être, le droit auquel le titre de la demande aurait donné lieu, s'il avait été convenu par l'acte public, sera perçu indépendamment du droit dû pour l'acte ou le jugement qui aura prononcé la condamnation. »

Pour rendre le droit d'obligation exigible sur les intérêts échus, il fallait que le titre fût susceptible d'être enregistré, et il n'en existait pas d'autre que la convention principale qui l'avait été. On a donc pu reconnaître ici que la dette des intérêts ne correspondant à aucun engagement indépendant et spécial soumis privativement à l'enregistrement, le droit de titre n'était pas dû.

Au point de vue de la perception sur les actes civils et privés, le principe reste vrai dans toutes son étendue, et l'on peut conclure que le droit d'obligation sera exigible sur les intérêts, toutes les fois que la capitalisation et la reconnaissance postérieure en seront faites dans un acte pouvant servir de titre au créancier.

10070. Anatocisme. — En permettant la capitalisation des intérêts échus, le C. C. (art. 1154), en haine de l'anatocisme, ajoute cette restriction, pourvu qu'il s'agisse d'intérêts dus pour une année entière. Mais cette restriction de la loi civile est étrangère à la perception ; nonobstant la nullité de la clause dont il s'agit, la perception est régulièrement faite suivant la teneur de l'acte, par suite, elle ne peut donner lieu à restitution

CHAPITRE III. — DU DROIT DE QUITTANCE

[10071-10077]

10071. Remise d'intérêts.—1° INTÉRÊTS ÉCHUS. — La diminution de la dette n'en suppose par la novation. Si donc une obligation portant intérêts est suivie d'une autre qui en diminue le taux ou les supprime entièrement, il n'en résulte aucun changement dans la cause de la créance; mais cette remise de dette est passible du droit de libération ou de donation, parce qu'elle équivaut, pour ce qui concerne les intérêts échus, à la renonciation à un droit acquis.

Ainsi, il a été jugé avec raison que si le mari commun en biens fait donation aux enfants de sa femme de sa part dans les intérêts échus de créances propres à celle-ci, le droit de donation est exigible (Tours 29 mai 1846, 14013 J. E.). — Par contre, on doit décider que la renonciation à demander des intérêts, lorsqu'ils n'ont pas été stipulés ne peut engendrer ni libéralité, ni libération.

On a décidé que si le subrogé conventionnel renonce aux intérêts, il n'abandonne aucun droit personnel parce que la première erreur, car cette subrogation équivaut à une cession de créance. — V. Subrogation.

2. INTÉRÊTS A ÉCHOIR. — Il semble même qu'on ne pourrait pas exempter du droit proportionnel de quittance ou de donation, selon les cas, l'acte par lequel le créancier déclare renoncer à une stipulation d'intérêts à échoir et abandonne ainsi son droit aux intérêts futurs. D'Espiaud, annotant le traité des successions de Lebrun, décide que la renonciation à demander des intérêts non stipulés ou le défaut de stipulation quand on en pourrait exiger, ne constitue pas une donation, mais qu'il en est autrement s'ils ont été stipulés ou s'ils courent de plein droit, parce que leur remise est alors la renonciation à un droit acquis (liv. 2 chap. 3 sect. 5 n° 12). On objecterait malvenu qu'il s'agit de choses futures, car cette circonstance n'empêche pas, comme nous l'avons dit précédemment, l'existence du lien de droit entre les parties, et il n'y a pas plus de raison à affranchir la stipulation du droit proportionnel qu'on n'en trouverait à en exempter la cession des loyers à échoir ou la vente des fruits à récolter sur un champ. — V. Champ. et Rig. n° 2279 et en sens contraire le J. N. n° 1880. — V. Acceptilation.

10072. Présomption légale. — Le C. C. art. 1908, porte que la quittance du capital donnée sans réserve des intérêts, en fait présumer le payement et en opère la libération. L'art. 14 L. 22 frimaire an 7 veut que le droit proportionnel d'enregistrement soit perçu, pour les quittances et tous autres actes de libération, sur le total des sommes ou capitaux dont le débiteur se trouve libéré.

Ces dispositions ont donné lieu d'examiner si lorsque, dans

une quittance de remboursement de rentes ou d'obligations portant intérêts, il n'est point fait réserve expresse des intérêts, le droit d'enregistrement doit être perçu sur le montant des intérêts échus depuis la date du titre et pour lesquels il n'est pas justifié de quittances enregistrées.

La simple quittance du capital ne constatant pas que le payement des intérêts a été réellement effectué, la libération dans le cas dont il s'agit, n'est pas le résultat d'une reconnaissance formelle, de la part du créancier, d'avoir précédemment reçu les arrérages échus ; elle n'est fondée que sur un article du code qui la fait supposer, et qui fournit au débiteur un moyen de se soustraire à l'effet de l'action qu'on voudrait intenter contre lui. L'art. 1908 n'établit pas, en effet, une présomption légale exclusive de la preuve contraire : c'est une présomption simple, insuffisante par elle-même à prouver dans tous les cas la libération et que le débiteur peut faire tomber par tous moyens (Toullier t. 11 n° 31, Duranton n° 431, Cotelle de l'*Intent.* 212, Duvergier n° 260, Pont *Petits contrats* art. 1908 ; — *Comp.* Cass. 15 juill. 1834 et 3 janv. 1842, S. 34-1-567 et 42-1-329. — *V.* cependant Zachariæ, Massé et Vergé t. 4 p. 467, Aubry et Rau t. 3 p. 233, Troplong 444).

Or, une présomption étant insuffisante pour déterminer la perception, et, d'un autre côté, une fin de non-recevoir ne pouvant équivaloir au payement, puisque la libération n'existe alors que par un bénéfice spécial de la loi, les quittances de remboursement de rentes et obligations dans lesquelles il n'est pas fait réserve des intérêts ne doivent le droit proportionnel que sur les sommes qui y sont exprimées (Dél. belge du 9 déc. 1856, 831 R. P., Demante n° 539).

Aussi l'Administration a-t-elle reconnu, en thèse générale, le 27 mars 1827, que le droit sur les intérêts n'est exigible qu'autant que la libération résulte d'une stipulation expresse (1229-9 I. G.).

Néanmoins, comme il n'est besoin d'aucune expression sacramentelle, d'assez nombreuses difficultés ont surgi sur le point de savoir quand la libération est ou non suffisamment énoncée.

10073. Prescription.

— Et d'abord, quand il est donné quittance de tous les intérêts échus, *sans plus de précision*, nul doute que le débiteur se trouve libéré de ce qu'il devait depuis la date de son titre. Mais la perception du droit proportionnel sur les intérêts ne peut excéder le total des intérêts courus pendant les cinq dernières années, car la libération du débiteur, quant aux intérêts des périodes antérieures, résulte de la disposition de la loi (art. 2277 C. C.) ; et à défaut d'une indication expresse du chiffre des intérêts quittancés, on doit admettre que la déclaration du créancier a simplement pour but de suppléer à la libération résultant de la loi, c'est-à-dire s'applique uniquement aux arrérages non couverts par la prescription (D. m. f. 28 juin 1808, 390-11, 1229 § 9 I. G., Demante n° 539, Sol. 21 oct. 1818, 12383 J. E., 16460-3 J. E., Opinion J. du not. 1er avr. 1868, 2237).

Cependant une délibération de l'administration belge du 9 décembre 1856 a reconnu que dans cette hypothèse, le montant des intérêts doit être déclaré conformément à l'art. 16 L. 22 frimaire an 7, à moins que le contribuable ne consente à acquitter le droit sur cinq années,

ou si le titre ne remonte pas à cinq ans sur les intérêts produits depuis sa création. Elle en donne pour raison que la prescription ne se supplée pas d'office et que rien n'indique si le débiteur veut l'invoquer (831 R. P.). — On peut répondre que quand les parties n'ont pas précisé le chiffre des intérêts, c'est que le débiteur a invoqué le bénéfice de la présomption ou a réservé le droit de le faire, que la libération conventionnelle se restreint donc d'une manière certaine aux seules années non prescrites. D'ailleurs, la délibération précédente se contredit elle-même en demandant une déclaration aux parties. Si la prescription est sans influence, les intérêts doivent être calculés depuis la date du titre.

10074. Intérêts liquidés.

— Par une application inverse du même principe, il a été reconnu que si le créancier donne quittance d'une somme déterminée pour intérêts échus, le droit est exigible sur cette somme, sans égard à la prescription quinquennale (Sol. 10 mars 1819, 20 juill. 1821, 12 sept. 1829 et 14 août 1843, D. N. t. 10 p. 380 n° 52, Sol. 23 oct. 1859).

Il n'y a pas non plus, dans cette hypothèse, à considérer la date du titre. En effet, devant une détermination précise du montant de la créance d'intérêts, l'Administration n'est pas autorisée à croire que cette créance soit supérieure, et en tous cas les parties ont manifesté clairement, au moyen d'une telle énonciation, leur désir de se contenter pour le surplus de la présomption de l'art. 1908 C. C. (Sol. 12 nov. 1853 et 15 déc. 1865, J. du not. n° 1846).

10075. Dernier terme ou dernière année.

— Conséquemment, la quittance déterminée formant l'intérêt de la dernière année échue, ne donne lieu au droit que sur cette somme, quoiqu'elle implique le payement de tous les intérêts échus antérieurement (Dél. belge 9 déc. 1856, 831 R. P.). — Cette décision s'appliquerait évidemment à toutes les créances par termes ou par annuités

10076. Terme courant.

— L'Administration a reconnu, les 21 octobre 1818, 5 août et 8 février 1823, que lorsque la quittance exprime que le débiteur est libéré de *toutes choses quelconques relatives au capital remboursé*, cette stipulation produit le même effet que si le payement des intérêts était positivement reconnu, et le droit de libération est dû (12383 J. E.) ; — sans qu'on puisse ajouter à ces cinq ans le terme courant, encore bien qu'aux termes de la loi ce terme courant doive être ajouté aux cinq années non prescrites (11542-2 J. E.).

10077. Expressions diverses.

— Il a été décidé que la quittance du capital donnée *sans réserve* produit le même effet que dans les espèces qui ont fait l'objet des délibérations rapportées à l'article précédent, et que, dans ce cas, le droit de libération est exigible (11576-1, 12031-6, 13566-7 J. E.) ; — à moins que les mots *sans réserve* ne paraissent s'appliquer au principal, auquel cas le droit de quittance ne serait pas dû sur les intérêts (Sol. belge 22 janv. 1868, 10656 J. E. belge).

Même règle pour la quittance du capital et *toutes choses y relatives* (12737-3 J. E.).

Ou s'il est dit que le débiteur et le créancier se sont entendus au sujet des intérêts et que le créancier donne quittance définitive de sa créance (12457-4 J. E.);

Ou de la quittance portant que « le vendeur reconnaît avoir reçu le principal et avoir, en même temps, réglé avec l'acquéreur tous ses comptes et notamment les intérêts (J. du not. n° 1924).

Mais la quittance d'un capital « *indépendamment de tous intérêts et accessoires* » n'est pas sujette au droit de 50 centimes pour 100 sur les intérêts dont le payement n'est pas suffisamment précisé (Seine 21 janv. 1865, 2101 R.P.).

Il en est de même de la quittance d'une *somme* avec promesse de ne plus rien réclamer *à cet égard*, car il n'est pas établi que la renonciation s'applique aux intérêts (Sol. 9 sept. 1859).

CHAPITRE IV. — QUESTIONS DIVERSES

[10078 - 10080]

10078. Antichrèse. — Quand une antichrèse n'a été consentie que pour garantir les intérêts d'une créance, comment le droit doit-il être liquidé? — V. 2188-2.

10079. Cession de créances. — Si au principal de la créance cédée on joint les intérêts échus et réglés, et que le débiteur intervienne pour accepter le transport, il est dû indépendamment du droit de cession de créance sur le capital et les intérêts, celui de titre sur ces intérêts (14799-2 J. E.); — alors même qu'une partie de ces intérêts serait frappée par la prescription (1249 § 7 I. G.). — V. 3658.

La délégation des intérêts à échoir d'une créance constitue une cession de créances passible du droit proportionnel. — V. 3690.

10080. Délégation. — La disposition d'un acte de bail d'immeubles, portant délégation du prix du bail en payement des intérêts à échoir de créances établies par des titres enregistrés, ne donne ouverture à aucun droit. En effet, le titre de la créance étant enregistré et les intérêts n'étant pas échus, il n'y a pas lieu à l'application de l'art. 69 § 3 L. 22 frimaire an 7 (Dél. 8 mai 1846, 12697 J. N.). — V. *Délégation.*

INTERLIGNE.

10081. — C'est l'espace laissé entre deux lignes d'écriture.

10082. Nullité et amende. — La loi du 25 vendôse an 11, art. 16, prononce formellement la nullité des mots interlignés, outre l'amende de 50 francs (10 fr.). — V. *Acte notarié.*

10083. Répertoire. — La défense de faire des interlignes s'étend à l'inscription des actes sur le Répertoire (L. 22 frim. an 7, art. 49). — V. *Répertoire.*

10084. Renvoi. — Toutes les questions relatives aux interlignes ont été traitées au mot *Acte notarié.*

INTERLOCUTOIRE.

10085. — On appelle ainsi les jugements par lesquels les tribunaux ordonnent, avant dire droit, une preuve, une vérification ou une instruction qui préjuge le fond (452 C. proc.). — V. *Jugement.*

INTERPRÉTATION.

10086. — Les conventions doivent être interprétées toutes les fois qu'une ou plusieurs des clauses qui s'y rencontrent présente ou de l'obscurité, ou de l'ambiguïté, ou un double sens, ou du doute. — V. à cet égard *Convention.*

INTERROGATOIRE.

10087. — Questions sur des faits civils ou criminels et réponses à celui qui est interrogé.

On fait subir un interrogatoire à celui dont on propose l'interdiction (496 C. C., 893 C. proc.). On peut, en matière civile, se faire interroger respectivement sur faits et articles (324, 325 et suiv. C. proc.). En cas d'éloignement des personnes à interroger, on peut déléguer un juge (1035 C. proc.).

10088. Enregistrement. — Les interrogatoires sont des actes préparatoires. Ils sont sujets aux mêmes droits que les jugements préparatoires, selon le tribunal ou le juge qui les a reçus. Ainsi, l'interrogatoire devant le juge de paix est passible du droit de 1 fr. 50 cent., celui devant les arbitres et les tribunaux de première instance, du droit de 4 fr. 50 cent., et celui devant les cours d'appel, du droit de 7 fr. 50 cent. Quant à ceux en matière correctionnelle ou criminelle, le droit n'est que de 1 fr. 50 cent.

1. DROIT DE GREFFE. — Les interrogatoires sur faits et articles sont sujets au droit de rédaction de 1 fr. 25 cent.

INVENTAIRE.

SOMMAIRE

CHAPITRE PREMIER. — DISPOSITIONS GÉNÉRALES

[10089-10102]

10089. Définition. — L'inventaire est un état dans lequel sont décrits, article par article, les biens d'une personne, d'une communauté.

10090. Des cas où il y a lieu de faire inventaire. — La loi précise les cas où la formalité de l'inventaire est indispensable.

Il y a nécessité de faire inventaire :

1. ACCEPTATION SOUS BÉNÉFICE D'INVENTAIRE. — Pour tout héritier qui veut n'accepter que sous bénéfice d'inventaire (794 C. C.).

2. VEUVE COMMUNE EN BIENS. — Pour la veuve survivante qui veut conserver la faculté de renoncer à la communauté (1456, 1459 C. C.).

3. TUTEUR. — Pour le tuteur, dans les dix jours de sa nomination (451 C. C.).

4. USUFRUITIER. — Pour l'usufruitier (600 C. C.). Cependant, à ce sujet, il s'est élevé la question de savoir si la dispense accordée à l'usufruitier, par le testateur, de dresser inventaire des meubles légués en usufruit est valable, et si, dans ce cas, l'héritier de la nue-propriété n'a pas le droit de demander un inventaire à ses frais, et cette question est résolue affirmativement.

5. EXÉCUTEUR TESTAMENTAIRE. — CURATEUR A SUCCESSION VACANTE. — La même obligation est imposée à l'exécuteur testamentaire (1031 C. C.); et au curateur à une succession vacante (1000 C. C.).

6. ABSENT. — MINEUR. — INTERDIT. — Si, parmi les héritiers connus, il y a des non-présents, des mineurs ou des interdits, l'inventaire doit également être fait (819 C. C.).

7. DROIT D'USAGE ET D'HABITATION. — Celui qui a le droit d'usage et d'habitation ne peut également entrer en jouissance sans inventaire préalable (626 C. C.).

8. ENFANT NATUREL. — Les enfants naturels, appelés à défaut de parents, doivent faire inventaire (773 C. C.).

9. MOBILIER ÉCHU PENDANT LA COMMUNAUTÉ. — Il y a lieu d'inventorier le mobilier échu par succession à l'un des époux durant la communauté, quand le mobilier futur a été exclu de cette communauté par le contrat de mariage (1504 C. C.).

Cet inventaire peut être nécessaire dans le cas même où la succession tombe en communauté (1414 C. C.).

10. MARIAGE SANS COMMUNAUTÉ. — En cas de mariage sans communauté, il doit être fait inventaire des choses échues à la femme dont on ne peut faire usage sans les consommer (1532 C. C.).

11. COMMUNAUTÉ RÉDUITE AUX ACQUÊTS. — En cas de communauté réduite aux acquêts, le mobilier existant lors du mariage, ou échu depuis, doit être inventorié (1499 C. C.).

12. SUBSTITUTION. — L'inventaire est encore indispensable après le décès du grevé de restitution, à moins qu'il ne s'agisse que d'un legs particulier (1058 et suiv. C. C.).

13. ABSENCE. — En cas d'absence, les envoyés en possession provisoire, ou l'époux qui a opté pour la continuation de la communauté, doivent faire inventorier les biens de l'absent (126 C. C.).

14. CARENCE. — Lorsque, dans les divers cas où l'inventaire est prescrit, il n'y a aucun effet à inventorier, il doit être dressé procès-verbal de carence.

15. DÉFAUT D'INVENTAIRE. — S'il n'a point été dressé d'inventaire, les parties intéressées sont admises à prouver la valeur des objets mobiliers par titres, par témoins, et même par commune renommée (1415 et 1504 C. C.).

10091. Objets à comprendre dans l'inventaire.
— En général, on ne décrit dans l'inventaire que les effets appartenant à la personne décédée et non pas tous ceux trouvés dans le lieu où se fait l'inventaire. Cependant, en matière de communauté, on décrit aussi les biens personnels des époux, afin de constater l'état de la succession en même temps que celui de la communauté, et afin de connaître les reprises que les époux peuvent avoir à exercer.
L'omission de certains effets dans l'inventaire n'entraîne pas la nullité, il suffit de faire ordonner le rapport de ces objets.

10092. Délai pour faire inventaire.
— L'inventaire ne peut être fait, dans aucun cas, que trois jours après l'inhumation ou trois jours après l'apposition des scellés, si cette apposition a eu lieu depuis l'inhumation, à peine de nullité, à moins qu'en cas d'urgence il n'en soit autrement ordonné par le président du tribunal de première instance. Dans ce cas, si les parties qui ont droit d'assister à la levée ne sont pas présentes, on appelle pour elles, tant à la levée des scellés qu'à l'inventaire, un notaire nommé d'office par le même magistrat (928 C. proc.).

1. HÉRITIER. — VEUVE. — L'héritier, la veuve ont, pour faire inventaire, trois mois du jour de l'ouverture de la succession ou de la dissolution de la communauté. Toutefois, l'héritier conserve, après l'expiration de ce délai de trois mois, la faculté de faire encore inventaire, et de se porter héritier bénéficiaire, s'il n'a pas fait acte d'héritier pur et simple, ou n'a pas été condamné comme tel par jugement passé en force de chose jugée (174 C. proc.).

2. LÉGATAIRE UNIVERSEL ET A TITRE UNIVERSEL. — Le même délai s'applique aux légataires universels et à titre universel qui voudraient n'accepter que sous bénéfice d'inventaire (Carré, sur l'art. 174 C. proc.).

3. ÉPOUX SURVIVANT. — L'époux survivant ou commun en biens qui veut conserver la jouissance légale des biens de ses enfants mineurs a le même délai (1442 C. C.).

4. TUTEUR. — Le tuteur doit faire inventaire dans les dix jours qui suivent sa nomination dûment connue de lui (451 C. C.).

5. EXÉCUTEUR TESTAMENTAIRE. — L'exécuteur testamentaire qui doit rendre compte de sa gestion au bout de l'année (C. C. 1031) doit nécessairement faire procéder à l'inventaire avant cette époque.

6. SUCCESSION VACANTE. — Le curateur à une succession vacante est tenu, avant tout, de faire constater l'état de la succession par un inventaire (1000 C. proc.).

7. ABSENT. — Aucun délai n'est prescrit aux envoyés en possession provisoire des biens d'un absent (C. C. 126).

8. CONJOINT. — ÉTAT. Le conjoint survivant et l'Administration des domaines qui prétendent droit à une succession, à défaut de parents, doivent faire inventaire dans le délai de trois mois accordé à l'héritier bénéficiaire (769 C. C.).

9. FAILLITE. — Enfin, c'est dans les trois jours de l'apposition des scellés que les syndics d'une faillite doivent faire procéder à l'inventaire (479 C. com.).

10093. Droit des notaires.
— L'art. 10 L. 6 mars 1791 porte : « La confection des inventaires de description et de carence, à l'ouverture des successions, n'appartiendra point aux juges de paix, mais aux notaires, même dans les lieux où elle était attribuée aux juges ou aux greffiers. »
L'art. 943 C. proc. confirme implicitement cette disposition, en exigeant que les inventaires soient revêtus des formalités communes à tous actes devant notaires.
L'art. 769 C. C. veut que l'Administration des domaines qui prétend à une succession soit tenue de faire inventaire dans les formes prescrites pour l'acceptation des successions sous inventaire, c'est-à-dire, d'après l'art. 794, dans les formes prescrites par le C. proc.

10094. Prisée des objets décrits.
— L'art. 935 C. proc. porte : « Le conjoint commun en biens, les héritiers, l'exécuteur testamentaire et les légataires universels ou à titre universel, pourront convenir du choix d'un ou deux notaires, et d'un ou deux commissaires-priseurs ou experts; s'ils n'en conviennent pas, il sera procédé, suivant la nature des objets, par un ou deux notaires, commissaires-priseurs ou experts, nommés d'office par le président du tribunal de première instance. »
Les experts dont parle cet article sont, dans les lieux où il

n'y a point de commissaires-priseurs, les notaires, les greffiers, et même les huissiers, qui, aux termes des lois antérieures, étaient en possession de faire les prisées (art. 421 J.N.).

Ainsi, partout ailleurs que dans les lieux où des commissaires-priseurs sont établis, le notaire qui procède à un inventaire a le droit de faire lui-même la prisée des objets qu'il inventorie. C'est ce qui résulte de la loi du 26 juillet 1790, qui a supprimé les offices de jurés-priseurs.

10095. De ceux qui peuvent requérir l'inventaire.
— L'inventaire peut être requis par ceux qui ont droit de requérir la levée des scellés (941 C. proc.).

Pour bien comprendre la disposition de cet article, il faut se reporter d'abord à l'art. 930 C. proc., puis à l'art. 909 du même code; il en résulte que ceux qui ont droit de requérir l'apposition des scellés sont au nombre de neuf : 1° l'héritier légitime ; — 2° l'enfant naturel reconnu ; — 3° les autres héritiers irréguliers ; — 4° le donataire universel ou à titre universel, en propriété ou en usufruit ; — 5° le donataire particulier en propriété ou en usufruit ; — 6° le légataire universel en propriété ou en usufruit ; — 7° le légataire particulier en propriété ou en usufruit ; — 8° l'exécuteur testamentaire ; — 9° enfin les créanciers du défunt.

10096. Contestations.
— Si, lors de l'inventaire, des contestations s'élèvent entre les parties intéressées, le notaire doit les renvoyer à se pourvoir devant le président du tribunal civil de l'arrondissement: il peut en référer devant ce magistrat, s'il réside dans le canton où siège le tribunal; dans ce cas, le président doit mettre son ordonnance sur la minute du procès-verbal (944 C. proc.).

10097. Frais d'inventaire.
— Les frais d'inventaire sont supportés par la succession (810 C. C.) ou par la communauté (1482 C. C.).

Les frais d'inventaire sont à la charge de la succession, lors même qu'il y a un légataire universel (C. Paris 1er août 1811), ou que l'inventaire n'a été fait qu'à la seule réquisition de l'une des parties intéressées (C. Caen 22 fév. 1820).

10098. — Employés de l'enregistrement. — Notaire décédé ou en fuite.
— Une question vivement débattue est celle de savoir si les employés de l'Administration ont le droit d'assister à l'inventaire des actes et papiers d'un notaire décédé ou en fuite et d'exiger la représentation de tous les actes trouvés dans l'étude.

Quant au droit en lui-même, il est incontestable : les employés le puisent dans l'art. 34 L. 22 frimaire an 7. La difficulté ne réside que dans l'étendue de ce droit. Nous avons discuté cette question avec tous les développements qu'elle comporte au mot *Communication*.

10099. Tarif.
— Les inventaires de meubles, objets mobiliers, titres et papiers, sont assujettis au droit fixe de

3 francs pour chaque vacation (L. 22 frim. an 7, art. 68 § 2 n° 1er, L. 28 fév. 1872, art. 4).

10100. Vacation.
— Chaque vacation doit être enregistrée dans le délai prescrit par la loi ; mais elle peut être comprise cumulativement dans un seul enregistrement, avec les vacations qui la précèdent ou celles qui la suivent (Circ. 1737).

Tous officiers ayant le droit de faire des actes dont la confection peut exiger plusieurs séances sont tenus d'indiquer à chaque séance l'heure du commencement et celle de la fin. Le procès-verbal est sujet à l'enregistrement dans le délai fixé par la loi. Le droit est exigible par vacation, dont aucune ne peut excéder quatre heures (Déc. 10 brum. an 14, 296 I. G.).

1. PROCÈS-VERBAL. — Une D. m. f. 19 frimaire an 14 porte que, par le mot *procès-verbal*, on doit entendre celui de la vacation, signé des parties ou de l'officier public, et non pas la réunion de toutes les vacations. Ainsi, le procès-verbal de *chaque vacation* doit être soumis à l'enregistrement dans le délai, sous les peines de droit (même Inst.; 390 § 13 I. G.). [1]

2. DURÉE. — En règle générale, la vacation est de *trois heures*, et toute fraction d'une ou de deux heures doit être comptée pour une vacation ; néanmoins, les notaires peuvent faire des vacations de *quatre heures*, en vertu du décret du 10 brumaire an 14, en ayant soin d'exprimer cette intention dans l'inventaire ; dans l'un et l'autre cas, le nombre des vacations de trois ou quatre heures doit être calculé par *journée* pour la perception (D. m. f. 23 oct. 1808, 406 n° 2 I. G.; Sol. 25 mai 1830, 1336 § 8 I. G.; D. N. t. 7, 167 n° 522, 7196 J. N.).

3. MODE DE CALCUL. — Les vacations de quatre heures au plus doivent, pour la perception des droits d'enregistrement sur les procès-verbaux d'apposition, de reconnaissance et de levée des scellés et sur les inventaires, être comptées d'après le nombre d'heures employées à chaque séance prise séparément, et non d'après la somme des heures employées pendant le cours de l'opération. En effet, il résulte d'un arrêt de cass. du 13 messidor an 13, intervenu sur un texte de la loi du 22 pluviôse an 7, analogue à celui du décret

1. Une interprétation contraire a cependant prévalu dans un ancien arrêt de la chambre des requêtes. Il avait été reconnu que l'inventaire n'était assujetti à l'enregistrement que dans les dix ou quinze jours de sa clôture : « Considérant que le procès-verbal des dires respectifs des parties, clos et signé le 21 vendémiaire dernier des parties présentes et du notaire, doit être considéré comme l'intitulé de l'inventaire qui a été continué et clos à la vacation du 21 brumaire suivant; que chaque vacation d'un inventaire ne forme pas un acte particulier qui doit être présenté à l'enregistrement dans la quinzaine de sa date; qu'il suffit que l'inventaire y soit présenté dans la quinzaine de sa clôture, l'inventaire ne pouvant et ne devant être considéré comme un acte parfait que du jour de sa clôture; que c'est ainsi que doit être entendue la loi du 22 frimaire concernant l'enregistrement » (Cass. 21 flor. an 8).

Mais cette jurisprudence n'est pas suivie.

précité, que chaque séance dont le procès-verbal est clos par la mention d'interruption et par les signatures des parties et des officiers publics, forme un tout distinct des procès-verbaux subséquents, qu'ils soient rédigés le même jour ou qu'ils le soient ultérieurement (*V.* cet arrêt n° 983). Les textes légaux ne fournissent aucun appui à l'interprétation contraire ; si le législateur de brumaire avait entendu, pour déterminer le nombre des vacations, faire diviser par quatre heures l'ensemble des opérations d'une même journée, il n'aurait pas manqué de s'en expliquer clairement (Sol. belge 7 juill. 1837 et D. m. f. belge 24 oct. 1859, 8418 J. E. belge). Cette interprétation prévaut également en Hollande (Sol. 8 nov. 1825 et 21 nov. 1829). — *Conf. :* Bourges 16 juin 1876, 4431 R. P.

4. VOYAGE. — Il ne faut pas comprendre dans les vacations l'aller et le retour de l'officier qui a rédigé l'acte : le droit n'est dû que pour chaque vacation employée à la rédaction (Dél. 4 août 1807, D. m. f. et j. 25 fév. 1812, 1706 et 1707 J. N.).

5. SIMULATION. — Le notaire qui dissimule le nombre d'heures servant au calcul des vacations peut être puni disciplinairement (Bourges 16 juin 1876, 4431 R. P.).

10101. Délai et bureau. — Les notaires qui résident dans les villes où siège une cour d'appel, pouvant instrumenter dans toute l'étendue du ressort de cette cour, sont autorisés à faire enregistrer les inventaires *au bureau du lieu où ils ont instrumenté*, dans les 10 ou 15 jours de chaque vacation, suivant que la commune dans laquelle l'opération a été faite se trouve être ou non un chef-lieu de bureau, à la charge seulement de soumettre la dernière séance, contenant la clôture, à la formalité *au bureau de leur résidence*, dans les *quinze jours* de sa date (D. m. f. 12 therm. an 12, 290 n° 35 I. G.).

1. COMMISSAIRE DE MARINE. — Les inventaires de cargaisons naufragées doivent être enregistrés dans les vingt jours de leur date. — V. 4244.

2. FAILLITE. — Les inventaires en matière de faillite sont enregistrables au droit de 3 francs, quel que soit le nombre des vacations. Ils doivent être enregistrés dans les vingt jours de leur date. Les syndics ne sont pas tenus au payement d'une amende faute d'avoir soumis l'inventaire à l'enregistrement. — V. *Faillite.*

3. MORT VIOLENTE. — Les procès-verbaux qui constatent des morts violentes et contiennent *inventaire* des effets du décédé doivent s'enregistrer et se viser pour timbre en débet. — V. *Acte judiciaire.*

10102. Énonciation d'acte sous seing privé. — Un arrêté du Directoire exécutif du 21 ventôse an 7 (Circ. 1554) a reconnu que les notaires peuvent faire mention, dans les inventaires qu'ils rédigent, des actes sous seing privé trouvés dans les papiers de la succession, sans les faire enregistrer. Le motif de cette exception à l'art. 23 L. 22 frimaire an 7 est que, dans les inventaires, ces mentions et énonciations ne sont que *déclaratives des droits* qui peuvent exister, et nullement *constitutives de ces droits.* Mais il faut, pour que le bénéfice de cette jurisprudence soit applicable, que les débiteurs des titres relatés n'interviennent pas à l'acte

déclaratif. Ces questions sont traitées au mot *Acte passé en conséquence.*

CHAPITRE II. — RECONNAISSANCES

[10103-10117]

10103. Principe. — L'inventaire, comme son nom l'indique, est un état destiné à réunir, avec tous les détails utiles, les renseignements que l'on trouve sur la situation, à un moment donné, des affaires d'un individu ou d'une communauté. Pour remplir le but de cette mesure conservatoire, il faut que l'officier consigne en son procès-verbal toutes les indications qu'il recueille, reçoive toutes les déclarations actives et passives sans s'inquiéter de leur valeur (943 C. proc.). D'un autre côté, les cohéritiers ou communistes sont étroitement tenus sous certaines peines (792, 1477 C. C.), de ne rien dissimuler de l'actif, et ils doivent, par conséquent, faire consigner dans l'inventaire toutes les déclarations de nature à révéler l'existence des valeurs dont ils ont connaissance. En un mot, l'inventaire n'est qu'un aperçu de la fortune du défunt, et il n'entre point dans l'intention des parties qui y coopèrent de se créer des titres contre la succession ou d'en constituer contre eux. C'est pourquoi le Directoire exécutif, par son arrêté du 21 ventôse an 7 (n° 10102), a reconnu que les notaires pouvaient mentionner sans enregistrement préalable, tous les actes sous seing privé découverts au décès.

La même dispense a été étendue par analogie aux déclarations relatives aux biens de l'hoirie. Le principe en est très-catégoriquement présenté dans une décision ministérielle du 30 floréal an 13 (290 § 18 I. G.) ainsi conçue :

« Les déclarations de dettes passives dans les inventaires ont uniquement pour objet de donner un aperçu de l'avoir et des charges de la succession ou de la communauté; elles sont de l'essence de l'inventaire, et en forment partie intégrante; elles ne peuvent engager les héritiers ou l'époux déclarant, ni former obligation au profit des créanciers désignés ; en un mot, elles établissent une simple présomption, insuffisante, à défaut de titres positifs, et inutile s'il en existe. D'où la conséquence que ces déclarations ne sont pas passibles du droit de 1 pour 100. »

On appliquerait nécessairement la même doctrine à l'acte dans lequel, pour suppléer au défaut d'inventaire, les héritiers feraient entre eux le passif de la succession, en énonçant les sommes dues à chaque créancier (Dél. 4 juin 1825).

La conclusion précédente ne saurait être toutefois posée en règle absolue. On conçoit fort bien, en effet, que l'inventaire, malgré son caractère énonciatif, contienne parfois des reconnaissances de dette très-explicites faites dans le but avoué de conférer un titre aux créanciers. Ce résultat, pour être rare, n'en est pas moins possible, et quand il est constant, le droit proportionnel est manifestement exigible. La décision ministérielle du 30 floréal an 13 avait formulé, mais en termes trop absolus, cette réserve : « Les déclarations, disait-elle, par lesquelles un ou plusieurs héritiers présents à l'inventaire se reconnaissent personnellement débiteurs, soit envers la succession, soit envers leurs cohéritiers rentrent, dans la classe des obligations ordinaires, et à ce titre elles sont incontestablement passibles du droit de 1 pour 100, à moins qu'il ne soit justifié que les créances formant l'objet de ces déclarations sont fondées sur un titre enregistré » (n° 290 § 18 n° 2 I. G.). On ne peut pas certainement transformer ainsi de plein droit en reconnaissances de dettes les déclarations par lesquelles des cohéritiers révèlent l'existence des prêts qui leur ont été faits ou des sommes dont ils sont débiteurs à tout autre titre : il faut pour cela que l'on établisse leur intention de *s'obliger personnellement*.

« L'Administration soutient toujours, porte une solution du 4 juillet 1868, qu'il y a lieu de percevoir le droit de reconnaissance de dette sur les déclarations faites dans les inventaires, quand les termes dans lesquels elles sont conçues leur attribuent le caractère d'un aveu formel destiné à fournir au créancier un titre de son obligation. Mais il faut pour cela que l'intention des parties soit manifeste, puisqu'il est de la nature des indications réunies dans l'inventaire de produire un simple effet déclaratif » (2811 R. P.).

La difficulté est ici de distinguer la déclaration purement énonciative de l'aveu réellement obligatoire. Il n'est pas possible de poser sur ce point de théorie générale, car la détermination de la volonté des parties dépend presque toujours des circonstances de l'aveu, de la manière dont il est présenté et des clauses qui le constituent ou qui l'accompagnent. La présence des créanciers appelés à profiter de l'aveu pourra souvent, par exemple, caractériser la nature de la déclaration et lui attribuer la nature d'une obligation ordinaire. — De même, et pour en donner un exemple, quand on ne se borne pas à énoncer l'existence d'une créance sur un héritier, mais qu'on mentionne distinctement la convention qui lui a donné naissance, qu'on en exprime tous les résultats, et que l'héritier reconnaît expressément sa dette en s'obligeant à l'acquitter, il est rationnel de croire que les parties ont voulu, à l'occasion de l'inventaire, obtenir un titre de la créance. Autrement l'héritier aurait protesté ou fait des réserves ; il ne serait, en tout cas, point venu donner son assentiment exprès à un règlement qui a un caractère aussi définitif.

Quoi qu'il en soit, la solution de chaque affaire dépend avant tous des termes de l'acte et des circonstances. Aussi est-il tout à fait impossible de ramener à un principe commun les nombreuses décisions que la jurisprudence a rendues sur cette matière et qui ont chacune leur justification particulière dans les incidents du fait. Nous devons nous borner à les analyser ici, à titre d'exemple, pour indiquer au lecteur les limites de son appréciation.

SECTION PREMIÈRE. — DROIT NON EXIGIBLE

[10104-10111]

10104. Transition. — Voici donc divers cas dans lesquels l'exigibilité du droit proportionnel a été repoussée.

10105. Mandataire. — Le mandataire d'un héritier ayant comparu à l'inventaire en cette qualité, y déclara que de la liquidation d'une société contractée entre lui et le défunt, il résultait au profit de la succession un bénéfice de 8,000 francs dont il était personnellement comptable. — Le droit d'obligation fut repoussé par un arrêt de la cour de cassation du 22 mars 1814 (2174 J.N., S. 1-1-548). — V. 4808.

Il devait l'être. D'une part, le déclarant n'était point *partie* à l'acte dans le sens juridique du mot. De l'autre, le montant de sa dette ne pouvait résulter que d'un arrêté de compte régulier, et sa déclaration ne dispensait pas le sociétaire liquidateur de rendre le compte de sa gestion. — V. *Compte* n° 4808.

10106. Exécuteur testamentaire. — De même, la déclaration faite par l'exécuteur testamentaire, dans l'inventaire, qu'il doit à la succession une somme déterminée pour reliquat de compte ne donne pas ouverture au droit d'obligation (Cambrai 14 juill. 1842, 11464 J.N., 13147-1 J.E.).

10107. Veuve séparée de biens. — Il en est de même de la déclaration dans l'inventaire de la succession de son mari faite par une veuve mariée avec séparation de biens, portant qu'une somme a été versée par son mari dans son commerce de marchande de modes, alors même que la veuve a ajouté que cette déclaration vaudra comme reconnaissance de sa part (Valenciennes 27 août 1847, 13191 J.N., 14327 J.E.).

10108. Tuteur. — L'Administration a encore délibéré, le 9 janvier 1851 (14250 J.N.), que la déclaration faite dans un inventaire par le tuteur de l'héritière qui se reconnaît débiteur envers la succession d'une somme déterminée par suite de compte, ne peut donner ouverture au droit d'obligation.

En matière civile, il a été également décidé que la reconnaissance faite par le tuteur, dans un inventaire, d'une dette verbale à la charge de son pupille n'oblige pas ce dernier (C. Bordeaux 24 juin 1859, S. 60-2-277).

10109. Présence des créanciers. — Le tribunal de Vassy a aussi jugé, le 17 juillet 1845 (Dalloz n° 1271), que les énonciations et reconnaissances de dettes, dans les inventaires, même en présence des créanciers, indiquent une simple énumération d'objets, de titres inventoriés, et ne sauraient dès lors donner ouverture au droit proportionnel.

Un père avait déclaré dans l'inventaire dressé au décès de sa femme, en présence de son fils, que ce dernier devait à la communauté une somme de 260,000 francs. Le tribunal de la Seine décida que ces déclaration et reconnaissance étaient dans les nécessités de l'opération et n'avaient eu pour but que de faire connaître l'actif de la communauté (Seine 26 fév. 1864, 1954 R.P., 18162 J.N.).

10110. Deniers comptants. — Dépôt. — Lorsqu'un inventaire renferme la déclaration qu'au décès du *de cujus* il existait des deniers comptants entre les mains de quelques des parties présentes, le droit proportionnel de reconnaissance de dette ne saurait être exigé. Une telle déclaration est faite, non pas au point de vue d'une obligation à reconnaître par telle partie au profit de telle autre, mais dans le but tout spécial d'énumérer les forces de la succession et de faire connaître quant aux deniers comptants où ils se trouvent (Seine 13 déc. 1856, 10950 C.).

Décidé, de même, qu'aucun droit n'est exigible sur la déclaration de cette nature par laquelle le notaire reconnaît avoir en caisse, pour le compte du défunt, une somme de 6,000 francs sur laquelle 500 francs lui sont dus pour honoraires (11465-4 J. E.).

10111. Protestations. — Un tiers comparut en l'inventaire d'une communauté pour réclamer le payement d'une créance. Le mari survivant ne contesta pas cette demande, *mais l'héritier protesta* et fit ses réserves. Assurément, rien n'avait moins le caractère d'une reconnaissance au profit du tiers que cette manifestation contraire. Aussi l'Administration jugea-t-elle sainement que la dette n'étant pas établie, le droit proportionnel demeurait sans cause (Dél. 1er oct. 1833, 10734 J.E.).

De même, dans une espèce où la veuve énonçait l'existence d'obligations dues à la succession par le père du défunt, alors que ce dernier avait évité de s'associer à cette déclaration, que sa présence à l'inventaire était motivée par d'autres circonstances et accompagnée de protestations (Sol. 4 juill. 1868, 2811 R. P.).

SECTION 2. — DROIT EXIGIBLE

[10112-10117]

10112. Transition. — Voici, au contraire, d'autres hypothèses dans lesquelles le droit a paru exigible.

10113. Déclaration formelle. — 1° Après le décès d'un père de famille, l'un des enfants vint spontanément affirmer en l'inventaire que la succession comprenait une somme de 15,000 francs dont il était débiteur envers son père, pour un prêt fait à l'occasion de son commerce. Le tribunal de Grenoble repoussa l'exigibilité du droit de 1 pour 100 par un jugement du 25 janvier 1834 : mais le pourvoi introduit par l'Administration fut admis à la chambre des requêtes, le 19 novembre 1835, et les parties acquittèrent le supplément de droit.

2° Dans l'inventaire fait au décès de sa mère, un héritier avait déclaré, en présence de ses frères, « qu'il devait verbalement à la défunte une somme de 2,000 francs, plus les intérêts à 4 pour 100 jusqu'à telle époque. » On proposa de restituer le droit proportionnel, mais une solution du 4 avril 1836 reconnaît que la mention de l'inventaire rentrait dans la classe des obligations ordinaires (1262 R. P.).

3° Le tribunal des Andelys avait décidé, dans le même sens, le 8 février 1859, qu'il fallait percevoir un droit d'obligation sur la déclaration faite dans un inventaire par un héritier, en présence de ses cohéritiers, qu'il était débiteur d'une certaine somme envers le défunt, quand cette mention perdait son caractère purement énonciatif (1158 R. P., 232 Rev.).

La C. cass. n'a point, il est vrai, confirmé l'exigibilité de l'impôt dans cette dernière affaire (Cass. 24 mars 1862) : Attendu, porte cet arrêt, en fait, que, lors de l'inventaire tenu au décès de son mari, la veuve Guesnier a déclaré que, par plusieurs actes authentiques de 1845 à 1850, elle et son mari avaient emprunté de diverses personnes une somme totale de 200,000 francs pour le compte de Louis et Narcisse, deux de leurs enfants, qui l'avaient touchée directement des prêteurs, et qu'en conséquence cette dette était personnelle auxdits Louis et Narcisse Guesnier ; que cette déclaration a été à l'instant confirmée par ces derniers, qui ont reconnu qu'il n'avaient fait en gager leurs père et mère que par suite de l'impossibilité où ils étaient eux-mêmes de fournir des garanties hypothécaires pour les sommes par eux empruntées, en sorte qu'en réalité leurs parents n'étaient vis-à-vis d'eux que les cautions de la dette dont le remboursement, en principal, intérêts et accessoires, serait leur affaire personnelle ; attendu que la confirmation par Louis et Narcisse Guesnier du fait ainsi déclaré par leur mère, dont rien ne fait suspecter la réalité, et qu'elle avait le plus grand intérêt à faire établir dans l'inventaire, pour ne pas grever la succession de son mari et la communauté d'une dette considérable qui lui était étrangère, était la constatation nécessaire d'un des éléments de la liquidation à faire ultérieurement entre la veuve Guesnier et les héritiers de son mari ; que la mention dans l'inventaire n'était donc soumise à aucun droit particulier d'enregistrement ; que supposer, avec le jugement attaqué, que les époux Guesnier, après avoir touché les sommes empruntées de 1845 à 1850, les ont eux-mêmes prêtées à Louis et Narcisse, et que les mentions faites dans l'inventaire n'ont eu pour objet, de la part de ces derniers, que de reconnaître ce second emprunt et de constituer un titre d'obligation au profit de leur mère et de la succession de leur père, c'est dénaturer les faits qui résultent de ces mentions, leur donner un but et une portée juridique qu'ils n'ont pas, soumettre des déclarations conservatoires à un droit proportionnel dont elles sont exemptes, et violer par suite l'article précité (1604 R. P., 17377 J. N., 16909 J. E., 232 Rev., S. 62-1-431). Ainsi qu'on le voit, la Cour s'est basée sur ce que la déclaration des parties « était la constatation nécessaire l'un des éléments de la liquidation à faire ultérieurement, et qu'elle n'avait pas eu pour objet de constituer un titre obligatoire contre l'auteur de l'inventaire. » Nous croyons que la Cour n'a point exactement apprécié les effets de la mention insérée en l'inventaire, et nous l'avons déjà dit en rapportant le jugement du 24 mars 1862. Mais, quoi qu'il en soit de la question de fait, il est bien certain que le droit eût été conservé si la déclaration avait eu aux yeux des magistrats l'apparence d'une vraie reconnaissance de dette. L'arrêt du 24 mars 1862 n'a donc aucune portée doctrinale et ne contredit en rien nos observations.

10114. Dépôt. — Le cohéritier qui reçoit dans un inventaire le dépôt d'une somme trouvée en numéraire, à la charge de la représenter et d'en payer l'intérêt jusqu'à partage, contracte une obligation indépendante de l'inventaire, jusqu'à concurrence seulement de ce qu'il est tenu de rembourser, déduction faite de ce qui lui est attribué par l'acte de dépôt (Lyon 25 fév. 1838, 11318 C.).

10115. Tiers. — Partie. — Le doute qui règne sur le sens des mentions faites dans les hypothèses précédentes vient surtout de ce que les héritiers étant appelés nécessairement à l'inventaire, leur présence peut s'expliquer autrement que par le désir de produire l'aveu de leur dette ou de profiter de celui de leur cohéritier. Il est manifeste que si un tiers, absolument étranger à l'inventaire, y comparaissait pour déclarer qu'il est débiteur, son intervention ne se justifierait plus que par le besoin de conférer un titre de créance aux représentants du défunt, et il ne faudrait pas hésiter à percevoir le droit proportionnel. Mais les tiers participent quelquefois à la rédaction d'un contrat ou d'un acte en qualité de mandataires, de tuteurs, de conseils ou de témoins. Dans ces divers cas, il est quelquefois difficile de savoir si leur assistance engage leur personnalité d'une manière suffisante pour autoriser la perception du droit. On trouvera d'assez nombreux exemples de cette situation au mot *Contrat de mariage.*

En matière d'inventaire, il a été spécialement décidé que si un tiers intervient, en qualité de conseil, à un inventaire dans lequel on le constitue débiteur d'une certaine somme, et s'il proteste contre cette déclaration, on ne saurait percevoir aucun droit proportionnel d'obligation (Seine 26 fév. 1864, 1954 R. P., 18102 J. N.).

Cependant le même tribunal a reconnu, le 13 avril 1851 (15265 J. E.), que lorsqu'un titre de créance souscrit au profit de l'auteur de la succession par le mari d'une des héritières a été décrit dans un inventaire, et que dans un partage subséquent cette créance a été comprise dans le lot de la femme du débiteur, le titre n'est plus contestable et le droit d'obligation est exigible.

10116. Notaire rédacteur. — L'inventaire qui mentionne, parmi les valeurs actives de la succession, une somme déposée, au nom du défunt, chez le notaire rédacteur remboursable à une époque déterminée, avec intérêts de 5 pour 100, n'est point passible du droit proportionnel d'obligation à 1 pour 100. D'une part, l'énonciation dont il s'agit est nécessaire pour établir l'importance de la succession, elle forme ainsi un élément essentiel de l'inventaire. D'autre part, le notaire n'étant point partie à l'acte, la mention du dépôt fait en son nom n'a pu établir un lien de droit entre lui et les parties ; or, cette circonstance suffit pour exclure la perception d'un droit d'obligation, aux termes d'une solution du 18 décembre 1846, rappelée dans l'instruction n° 1786 § 9 (Sol. 5 déc. 1867, 2570 R. P., 18440 § 4 J. E., 2012 Rev.).

10117. Libération. — Si le mari survivant déclare dans l'inventaire fait après le décès de sa femme qu'il a reçu de son beau-père, non-présent, la constitution dotale faite à la défunte, aucun droit de libération n'est exigible, car la déclaration n'a pas pour objet de libérer le donataire, mais d'établir la situation de la communauté et succession (12356-1 J. E.).

CHAPITRE III. — QUESTIONS DIVERSES

[10118-10127]

10118. Acte passé en conséquence. — Si l'énonciation d'un acte dans un autre suffit, du moment qu'un rapport *direct* existe entre l'acte énoncé et celui qui l'énonce, pour nécessiter l'enregistrement de l'acte énoncé, il n'en saurait être ainsi lorsque aucun lien n'existe entre les deux actes et qu'ils sont étrangers l'un à l'autre. Tous les développements relatifs à cette question ont été donnés au mot *Acte en conséquence.*

10119. Experts. — Les nominations d'experts et leurs prestations de serment contenues dans les inventaires ne donnent pas lieu à un droit particulier. En effet, la nomination et la prestation de serment font partie intégrante de l'acte (D. m. f. 25 mai 1821, 975 et 3994 J.N, 3939, 4367, 6319 J. E.). — V. 8477.

10120. Dépôt. — Vacation. — On a émis l'avis que, bien qu'à chaque vacation d'un inventaire il soit constaté que des pièces ont été remises au notaire, qui en reconnaît le dépôt, il n'est dû que du seul droit de 3 francs, parce qu'il n'y a, en définitive, qu'un seul acte, que le principe de la perception spécial aux vacations ne peut scinder (11423-4 18324 J.E.).

Si le notaire reçoit ces pièces à titre confidentiel, pour les représenter à qui de droit, il n'est pas tenu d'en dresser acte de dépôt (Dél. 3 mai 1826 et 1er avr. 1855, D.N. t. 7 p. 173 n°s 566 et 568). — Nous croyons même que, dans ce cas, la remise au notaire constitue une disposition dépendante de l'inventaire ne donnant lieu à aucun droit. Il y a lieu d'appliquer ici le principe qui a dicté les solutions du numéro suivant.

10121. Gardien. — L'art. 943 C. proc. exige que tous les objets inventoriés soient remis entre les mains du gardien. Il suit de là que les fonctions de gardien sont une conséquence forcée de l'inventaire, et que le dépôt qui est fait entre les mains de celui-ci des objets de la succession ne peut donner ouverture à aucun droit fixe ou proportionnel.

Il a été décidé, en effet, par l'Administration, le 30 juin 1849, que la disposition d'un inventaire qui constate la remise, au gardien, du numéraire, des billets de banque et autres valeurs de la succession, n'est passible d'aucun droit, et que la décharge que les héritiers donnent postérieurement au gardien de ces sommes et valeurs n'est pas sujette au droit proportionnel (14942 J. N.; — *Conf.* : Dél. 9 mai 1837, D.N. t. 7 p. 170 n° 544).

Il en est de même quoique le dépôt soit fait entre les mains d'un héritier (Dél. 25 janv. 1833, D.N. t. 7 p. 171 n° 532 ; Opin. des Réd. du *Journ. du not.*, Bull. prat. nov. 1866 n° 211).

10122. Cautionnement. — C'est dans le même ordre d'idées qu'il a été reconnu que le cautionnement de représenter les meubles ne donne ouverture à aucun droit. — *V.* 3468.

10123. Décharge. — La décharge au gardien contenue dans un inventaire, ou à la suite d'une saisie-exécution ou d'une levée de scellés, donne ouverture au droit de décharge, 5798.

— La décharge dans l'inventaire, donnée par un tiers, d'effets lui appartenant, et qui étaient confondus dans la succession, donne ouverture au droit de décharge, 5824. — *V. Décharge.*

L'acte par lequel quelques héritiers reconnaissent avoir reçu en dépôt, de la personne chargée de la garde des valeurs inventoriées, une partie du numéraire, et s'obligent à verser cette somme à la masse lors de la liquidation ou à l'imputer sur leur part héréditaire, donne lieu à la perception du droit de décharge pour la part revenant à ces héritiers dans la somme à eux remise et du droit d'obligation sur l'excédant appartenant à leurs cohéritiers (Sol. belge, 4 janv. 1877, 4713 R. P.).

10124. Déclaration du subrogé-tuteur. — On a reconnu le caractère d'une disposition indépendante passible du droit de 3 francs à la déclaration que fait un subrogé-tuteur lors de l'inventaire, et par laquelle il fait connaître qu'il ne lui est rien dû par le mineur. « Considérant que d'après l'art. 451 C. C., s'il est dû quelque chose par le mineur au tuteur, celui-ci doit le déclarer dans l'inventaire des biens du mineur, à peine de déchéance, et ce sur la réquisition que l'officier public est tenu de lui faire; mais que la doctrine et la jurisprudence sont unanimes à reconnaître que la même disposition ne s'applique pas au subrogé tuteur qui n'administre pas; que celui-ci reste donc, à l'égard des créances qu'il peut avoir contre le mineur, dans les termes du droit commun ; que, dès lors, la déclaration à l'inventaire par laquelle il fait connaître qu'il ne lui est rien dû par le mineur, n'étant ni de l'essence ni de la nature de l'acte, constitue une disposition indépendante, soumise à un droit de 2 fr. 20 cent. comme si une déclaration semblable émanait de tout autre particulier » (Sol. belge 4 sept. 1866, 10365 J. E. belge).

10125. Carence. — Doit être considéré comme inventaire et non comme procès-verbal de carence, et être assujetti à un droit par vacation, l'acte du juge de paix contenant description d'effets trouvés au domicile d'une personne décédée et tenant lieu d'apposition de scellés (Sol. 10 fév. 1831, 9897 J. E., D. N. t. 7 p. 168 n° 525).

10126. Prisée. — La prisée faite par un greffier de justice de paix, conformément à l'art. 453 C. C., des meubles appartenant au pupille placé sous l'administration légale de son père n'a pas les caractères d'un inventaire (Cass. 7 juin 1850, D. 50-1-323). — Il ne faudrait donc pas l'assujettir au droit d'après les vacations, mais à un seul droit de 3 francs.

10127. Supplément d'inventaire. — L'acte par lequel un individu déclare s'être marié sous le régime de la communauté, et avoir apporté ou reçu des îles une certaine somme provenant de sa femme, ne changeant rien à sa qualité d'époux et de père, ne peut pas être considéré comme la liquidation des droits à lui revenant, ou appartenant aux enfants provenus de son mariage. C'est simplement un supplément d'inventaire qui ne peut être assujetti qu'à un droit fixe, parce qu'il ne contient aucune obligation, et qu'il est tel en lui-même que ses résultats peuvent toujours être contestés par les enfants ou par leur tuteur (Cass. 9 déc. 1807).

J

JOUR FÉRIÉ.

V. *Fête.*

JOURNAL.

V. *Affiches, Écrits périodiques.*

JUGE DE PAIX.

10128. — Nous avons traité, n° 4725, de la compétence des juges de paix, et on trouvera au mot *Jugement* tout ce qui concerne la perception des droits applicables à leurs jugements.

10129. Avertissement. — D'après la loi du 2 mai 1855 (502 R. P., 2049 § 3 I. G.), il est interdit de donner aucune citation en justice, sans qu'au préalable le juge de paix ait adressé aux parties un avertissement.

Cet avertissement doit être rédigé sur papier timbré (L. 23 août 1871, art. 21). — V. *Avertissement.*

JUGEMENT.

DIVISION

TITRE PREMIER. — DISPOSITIONS GÉNÉRALES

[10130-10166]

10130. Définition. — On appelle *jugement* toute décision rendue par un juge ou par un tribunal quelconque sur un point soumis à son appréciation.

10131. Jugement proprement dit. — Le *jugement*, tel qu'il vient d'être défini, est pris dans son acception absolue et comme terme générique ; mais, dans la pratique, il a un sens plus restreint : il ne s'applique qu'aux décisions des tribunaux inférieurs, soit en premier, soit en dernier ressort, et sans distinguer, à cet égard, entre les tribunaux civils, correctionnels ou de commerce et ceux de juges de paix ou même des arbitres.

L'ancienne jurisprudence faisait, à l'égard des jugements, tels qu'ils sont désignés aujourd'hui dans la pratique, une distinction essentielle : elle appelait *sentences* les décisions des juges inférieurs sujettes à l'appel, et *jugements* celles rendues en dernier ressort. Aujourd'hui, nous l'avons dit, toutes les décisions des tribunaux inférieurs se nomment *jugements*.

1. AUTORITÉ MILITAIRE. — Les décisions de l'autorité militaire (conseil de guerre et conseil de révision) prennent aussi le nom de *jugements*.

10132. Arrêts. — D'après l'art. 134 du sénatus-consulte du 28 floréal an 12, les décisions des cours souveraines (cours d'appel, cours d'assises, Cour de cassation), ont conservé leur ancienne qualification. On les appelle *arrêts*.

Les jugements de la cour des comptes prennent aussi la dénomination d'*arrêts*.

10133. Ordonnance. — La décision que rend un juge seul, dans les cas réglés par la loi, par exemple à la suite d'une requête ou d'un procès-verbal, est une *ordonnance*. C'est ce qui arrive lorsque le jugement émane soit du président du tribunal, soit du juge-commissaire délégué par ses collègues pour diriger une opération. — *V.* le mot *Ordonnance*.

10134. Arrêtés. — Les conseils de préfecture rendent des arrêtés.

10135. Décret. — Le conseil d'État, lorsqu'il statue en matière contentieuse, rend également des arrêts, lesquels, après avoir reçu la sanction du pouvoir exécutif, prennent le nom de *décrets*. Autrefois, on les appelait *ordonnances*.

10136. Sentence arbitrale. — La sentence arbitrale, qui est un jugement rendu par des arbitres, est gouvernée par toutes les règles que nous faisons connaître dans le cours de cet article. Nous avons d'ailleurs donné à cette nature de jugement tous les développements qu'elle comporte, au mot *Arbitre*. Nous n'avons rien à ajouter ici.

10137. Comment se rendent les jugements. — Les jugements doivent être prononcés publiquement dans les lieux affectés à l'administration de la justice : c'est la conséquence du principe qui ordonne la publicité des audiences (87 C. proc.) ; à moins que la loi n'autorise spécialement le tribunal à prononcer dans la chambre du conseil ; ce qui a lieu lorsqu'il s'agit de statuer sur le refus d'une autorisation maritale (219 C. C., 861 C. proc.), de prononcer sur une adoption (355 C.C.), et toutes les fois que le tribunal estime que la discussion publique devrait entraîner ou du scandale ou des inconvénients graves (87 C. proc.). — *V. Instance.*

10138. Juridictions diverses. — Les jugements émanent de la juridiction criminelle ou de la juridiction civile.

1. JURIDICTION CRIMINELLE. — Dans le premier cas ils sont ou de *police simple*, ou *correctionnelle*, ou de *justice criminelle*.

Les jugements de simple police sont rendus ou par le juge de paix *seul*, constitué en juge de simple police (139 C. inst. crim.), ou concurremment avec le maire de la commune (166 *Ibid.*). — Les jugements en matière de police correctionnelle sont rendus par des juges du tribunal civil réunis en section de la police correctionnelle (179 et suiv. C. inst. crim.). Les jugements criminels sont rendus par la cour d'assises.

2. JURIDICTION CIVILE. — Sous cette expression de *juridiction civile*, on comprend les décisions rendues par les *tribunaux de commerce*, aussi bien que celles rendues par les *tribunaux civils*, les *cours d'appel* et les *juges de paix*.

Tribunal de commerce. — Les contestations en matière commerciale sont attribuées généralement aux tribunaux de commerce, dans les lieux où il en existe : à leur défaut aux tribunaux civils de première instance, aux cours d'appel et à la Cour de cassation. La connaissance en appartient exceptionnellement aux juges de paix et aux conseils des prud'hommes dans certains cas déterminés.

10139. Différentes espèces de jugements en matière civile. — Les jugements, dans l'acception générale de notre définition, reçoivent différentes qualifications, selon leur effet et les circonstances dans lesquelles ils ont été rendus, et selon la position et la qualité du juge qui a prononcé. Sous ce rapport on distingue :

1. CONTRADICTOIRE. — Les jugements contradictoires,

c'est-à-dire ceux dans lesquels les parties ont contredit devant le juge.

2. PAR DÉFAUT. — Les jugements par défaut, qui sont rendus en l'absence de l'une des parties.

3. AVANT FAIRE DROIT. — C'est celui qui, avant de statuer définivement, ordonne une disposition préalable.

4. PROVISOIRE. — Le jugement qui, ne pouvant rien décider actuellement, ordonne ce qu'exigent les circonstances.

5. PRÉPARATOIRE. — Celui qui est rendu pour l'instruction de l'affaire ;

6. INTERLOCUTOIRE. — Celui par lequel le tribunal ordonne une preuve, etc.

7. DÉFINITIF. — Celui qui termine la contestation.

8. SUR REQUÊTE. — Décision que rend un tribunal sur la demande d'une partie sans contradicteur.

9. D'EXPÉDIENT. — Celui qui consacre la transaction des parties qui termine le procès.

10. HOMOLOGATION. — Celui qui donne à une opération un caractère d'authenticité dont elle avait besoin.

11. PREMIER RESSORT. Celui rendu hors des limites de la compétence dans lesquelles le tribunal peut prononcer sans appel.

12. DERNIER RESSORT. — Celui rendu par une juridiction dans les limites où l'appel n'est plus recevable.

13. D'ADJUDICATION. — Celui par lequel le juge tenant l'audience des criées déclare que l'immeuble mis en vente appartient au dernier enchérisseur, à la charge par lui de remplir les conditions de son enchère.

10140. Il y a deux parties dans un jugement. — 1. MOTIFS. — En général, dans la rédaction du jugement, le juge pose et proclame des principes généraux : examine les textes de la loi, les explique, les commente, et en tire les conséquences. Mais ces opérations ne sont que les préliminaires de sa sentence ; il donne là les raisons de la décision, et non pas la décision même. Il ne juge pas encore, il dit seulement pourquoi il va juger. C'est ce qu'on appelle *les motifs* du jugement.

2. DISPOSITIF. — Le *dispositif* est cette partie finale du jugement qui, formant comme la sanction des motifs, contient la condamnation prononcée par le tribunal et l'indication de la mesure que les parties sont tenues d'accomplir. C'est le dispositif seul qui forme le jugement et qui est de nature, par suite, à constituer la chose jugée. — 1° Ainsi c'est d'après le dispositif, et non d'après les motifs d'un jugement, qu'on doit apprécier s'il est interlocutoire ou définitif (C. Bordeaux

28 mars 1851 ; — Amiens 6 fév. 1835 ; — Cass. 18 fév. 1039, Dalloz V. *Jugement avant faire droit* n° 21) ; — 2° pour déterminer la nature d'un arrêt et décider s'il est définitif ou interlocutoire, il ne faut examiner que son dispositif ; un arrêt, par exemple, qui n'a pour objet que d'ordonner une preuve est interlocutoire, bien que, dans ses motifs, il ait discuté et défini le caractère des actes intervenus entre les parties (Cass. 29 mai 1828 *Idem*).

10141. Nécessité de comparer le dispositif avec les motifs. — On vient de voir que c'est le *dispositif*, et non les *motifs*, qui constitue et qui caractérise une décision judiciaire. Mais la difficulté consiste à bien définir les limites exactes du dispositif. Toutes les affaires qui sont soumises aux tribunaux se résument ou en question de procédure, ou en question de droit, ou en question de fait. Dans ces trois hypothèses, les motifs des jugements isolés ne contiennent jamais une solution ; mais rapproché du dispositif, ils peuvent, au contraire, pour les questions de procédure et pour celles de droit, compléter la pensée du juge et déterminer le caractère de la décision.

Voici des exemples donnés par Chauveau .

Primus demande à prouver par témoins l'existence d'une obligation à son profit ; *Secundus* s'y oppose, par la raison que, dans l'affaire dont il s'agit, la loi défend la preuve testimoniale. Le tribunal admet *Primus* à prouver par témoins les faits allégués, par le motif que si, en règle générale, la loi défend la preuve testimoniale lorsqu'il s'agit d'une somme excédant 130 francs, elle la permet lorsqu'il existe un commencement de preuve par écrit, circonstance que le tribunal déclare résulter, dans la cause de tels ou tels actes produits. — Le dispositif, dans cette espèce, n'ordonne qu'une enquête et ne forme, dès lors, qu'un jugement interlocutoire ; mais rapproché des motifs, ce dispositif, en tranchant l'exception opposée par le défendeur, de l'inadmissibilité de la preuve testimoniale, forme sur ce point un jugement définitif.

Autre exemple : Il s'agit de l'étendue que doit avoir la durée d'une possession pour pouvoir d'acquérir, et dont une partie demande à faire la preuve. *Primus* soutient que son adversaire doit prouver trente ans de possession ; *Secundus* répond que, dans le cas particulier, la loi ne l'oblige à faire qu'une preuve de dix années de possession. Le tribunal, considérant, en effet, que, dans l'espèce, la loi n'exige qu'une preuve de dix années de possession, ordonne que *Secundus* prouvera que depuis dix années il a constamment possédé la chose en litige. Ici encore, le dispositif, pris isolément, ne constitue qu'un interlocutoire, en tant qu'il ordonne une preuve, mais rapproché des motifs, il est définitif sur la question, contestée entre les parties, de la durée de la possession nécessaire à l'une d'elles.

Ce que nous venons de dire démontre avec quel soin il faut se pénétrer, soit du dispositif, soit des motifs des jugements, pour arriver à déterminer leur véritable caractère ; car, ainsi qu'on le verra plus loin, le droit exigible sur les deux exemples que nous venons de poser eut été de 4 fr. 50 cent. si l'on s'en fût tenu purement et simplement au dispositif, lequel, considéré *abstraitement*, constitue un *interlocutoire*. Ce droit est au contraire de 7 fr. 50 cent. si l'on rapproche le dispositif des motifs, car de ce rapprochement, il résulte que le juge a prononcé *définitivement* sur la question qui lui était soumise.

10142. Caractères des jugements. — Quelle que soit la nature du tribunal et la qualité du juge qui prononce, il y a *jugement* du moment que la décision émane d'une autorité judiciaire légalement constituée, et que cette décision intervient sur une *contestation* qui divise les parties litigantes et sur *une instance* liée conformément aux règles de la procédure. Mais les deux conditions que nous venons d'indiquer étant les caractères essentiels des jugements, il en résulte que si l'acte judiciaire n'a pas été rendu à l'occasion d'une contestation proprement dite et sur une instance liée entre parties, il ne peut y avoir jugement dans l'acception légale du mot. Dès lors, le tarif propre aux jugements ne peut plus être appliqué, le droit exigible est celui qui se rapporte à la convention.

C'est ainsi qu'un arrêt de cass. 22 décembre 1846 a décidé qu'on ne peut considérer comme jugement la reconnaissance d'une dette consignée dans un procès-verbal de comparution volontaire d'une partie devant le juge de paix, dans lequel il n'est pas fait mention que le créancier était présent et qu'il en ait requis acte en jugement. Un pareil acte, s'il était présenté à la formalité, pourrait bien donner ouverture au droit de titre, suivant les circonstances dans lesquelles se présenteraient la dette et sa reconnaissance, mais il ne rendrait pas exigible le droit spécial du jugement qui est indépendant du droit de titre.

Pour tout ce qui concerne la forme des jugements et les autres conditions *extrinsèques* à défaut desquelles ils sont nuls, nous renvoyons à notre mot *Instance*, qui, bien qu'il soit rédigé au point de vue des contestations en matière d'enregistrement seulement, fait connaître néanmoins les principales formalités exigées par le C. proc. en matière de jugements ordinaires. C'est aussi à ce mot que nous renvoyons pour tout ce qui concerne l'exécution des jugements.

10143. Rédaction. — La rédaction des jugements a plusieurs phases et se divise en plusieurs parties; elle commence sur un registre appelé *plumitif*, sur lequel le greffier prend ses notes et écrit sous la dictée du président. Ces notes, après avoir été vérifiées et rectifiées par le président, sont transcrites sur la feuille d'audience et forment ce qu'on appelle la minute des jugements. Enfin, le jugement peut être délivré en expédition, soit simple, soit avec grosse, sur les qualités signifiées aux parties, qualités qui sont l'œuvre des avoués. Ces différentes rédactions ne sont pas, dans leur intégralité, composées des mêmes éléments (V. les art. 138 à 144 C. proc.). — A la rigueur, le jugement rédigé ne devrait être que la version, la reproduction de celui qui a été prononcé oralement à l'audience. Mais il est impossible d'exiger que le jugement conserve, dans ses deux phases diverses, la même physionomie, les mêmes termes, la même allure. En admettant que le greffier ait littéralement reproduit (par la sténographie) le prononcé du jugement à l'audience, il est certain que cette première version sera presque toujours modifiée, rectifiée, étendue, lors de la révision par le président. La version orale a été rapide, instantanée, brève; la version écrite sera plus réfléchie, plus développée, plus fortement déduite. Sans nul doute, le président n'a pas le pouvoir (le tribunal entier ne l'aurait pas) de changer le point de droit, le sens de la solution, ni le dispositif, tels qu'ils ont été fixés par

le tribunal à la pluralité des voix; son droit se borne à donner à la rédaction des motifs plus de clarté, plus de force, plus de développement, s'il en est besoin.

10144. Enregistrement sur minute. — Sous l'empire de la loi du 22 frimaire an 7, les actes judiciaires recevaient la formalité soit sur les minutes, soit sur les expéditions en ce qui concerne spécialement les jugements. L'art. 7 de cette loi n'assujettissait à l'enregistrement sur la minute que ceux qui portaient transmission et ceux par lesquels il était prononcé des condamnations sur des conventions sujettes à l'enregistrement sans énonciation de titres enregistrés. Mais cet article, qui embrassait dans ses dispositions non-seulement les jugements, mais encore tous les actes judiciaires, avait fait naître de nombreuses difficultés, quelque soin que le législateur eût pris de donner la nomenclature des actes à enregistrer sur la minute. L'art. 38 L. 28 avril 1816 a dégagé le terrain de cette première source de controverses. Son art. 38 assujettit à l'enregistrement sans exception, sur les minutes ou originaux, « tous actes judiciaires en matière civile, tous jugements en matière criminelle, correctionnelle ou de police. » Aucune difficulté ne peut plus s'élever à cet égard.

10145. Expédition. — L'art. 38 de la loi de 1816, en faisant évanouir les difficultés que renfermait en germe l'art. 7 de la loi de frimaire, a également rendu sans objet l'art. 8 de cette même loi, dans lequel on lisait : « Il n'est dû aucun droit d'enregistrement sur les expéditions des actes qui doivent être enregistrés sur les minutes... Quant à ceux des actes judiciaires qui ne sont assujettis à l'enregistrement que sur les expéditions, chaque expédition doit être enregistrée, savoir : la première pour le droit proportionnel, s'il y a lieu, ou pour le droit fixe, si le jugement n'est pas passible du droit proportionnel, et chacune des autres pour le droit fixe. »

Aujourd'hui que, de même que les actes civils, les actes judiciaires sont soumis à l'enregistrement sur les minutes, leurs extraits, copies ou expéditions en sont dispensés d'après la règle générale que nous avons fait connaître nᵒ 8334.

10146. Effet rétroactif. — Néanmoins, il a été reconnu que la loi n'avait pas d'effet rétroactif, et que tous les actes de l'espèce, d'une date antérieure à sa promulgation, qui n'étaient pas susceptibles d'être enregistrés sur les minutes, ont pu recevoir la formalité sur les expéditions seulement (758 I. G.). — Il en résulte que les règles établies avant la loi du 28 avril 1816 ont dû continuer d'être appliquées; mais les occasions de faire cette application étant devenues extrêmement rares, nous abstenons de les mentionner; nous renvoyons à cet égard aux articles précités de loi du 22 frimaire an 7, et aux I. G. 436 et 452, plus spécialement relatives à ces règles de perception.

10147. Nécessité de faire enregistrer les jugements. — La *publicité*, c'est-à-dire la prononciation en audience publique, est une des conditions essentielles de la validité des jugements. C'est ce qui ressort des **art.** 8,

87, 111, 116 et 470 C. proc. Cette prononciation du jugement en audience publique a pour effet d'épuiser le pouvoir des juges qui ont statué; à partir de cette époque, le jugement est acquis aux parties, il devient irrévocable, en ce sens que les juges ne peuvent plus ni rétracter ni modifier la sentence. *Judex, posteaquam semel sententiam dixit, postea judex esse desinit* (L. 55 ff.). Cette règle, bien qu'elle ne soit pas écrite dans la loi française, repose sur la nature du pouvoir judiciaire, sur le besoin indispensable de fixité dans les décisions qui émanent de ce pouvoir (Toullier t. 10 p. 183, Carré *Lois de la proc.* n° 604, Berriat Saint-Prix § 250 n° 29).

C'est d'ailleurs dans ce sens que s'est constamment prononcée la jurisprudence. Ainsi la C. cass. a décidé, le 1er mars 1842, qu'une cour d'appel ne peut, sous le prétexte d'interpréter un de ses arrêts, changer ou modifier la position que cette arrêt a faite aux parties. — Ainsi encore, la cour d'Agen a jugé, le 14 mars 1833, qu'un tribunal ne peut suppléer, par un nouveau jugement, les dispositions qui ont été omises sur la minute d'un jugement qu'il a précédemment rendu, lors même que les considérants de ce jugement et le plumitif de l'audience indiqueraient suffisamment les omissions qui ont été faites au prononcé de ce jugement, ou que les avoués des parties consentiraient à la rectification sans un nouveau mandat et prendraient même des conclusions à cet effet.

Si l'on rapproche ce principe de la disposition de la loi fiscale (V. 10144), qui veut que tout jugement soit enregistré sur la minute, il en résulte que dès qu'un jugement a été rendu, il doit être soumis à l'enregistrement, sans qu'il soit possible au greffier de s'en dispenser sous aucun prétexte, sauf le cas où la loi l'exempterait formellement de la formalité.

10148. Délai. — Cela posé, la question qui se présente la première est celle de savoir dans quel délai doivent être enregistrés les jugements, et quelles sont les peines encourues pour retard apporté à la formalité. Ces deux points ont été examinés au mot *Acte judiciaire*; nous n'avons rien à ajouter ici.

10149. Payement des droits. — C'est également au mot *Acte judiciaire* qu'a été discutée, avec tous les développements que comporte la matière, la question du payement des droits exigibles sur les jugements.

10150. Enregistrement en débet, gratis. — Simple police. — Police correctionnelle. — Justice criminelle. — Nous avons traité, au même endroit, des jugements rendus en matière de simple police, de police correctionnelle et de justice criminelle, c'est-à-dire des jugements qui doivent s'enregistrer en *débet*, *gratis* et même qui sont exempts d'enregistrement.

10151. Matières d'ordre et d'administration. — Instruction préliminaire. — Remises d'office. — Nous y avons aussi présenté les observations que comportent les jugements qui sont, pour les tribunaux, d'ordre purement intérieur et d'administration, qui ont trait aux instructions préliminaires, enfin qui portent remise de cause d'office.

10152. Contributions. — Une législation spéciale existe pour le recouvrement des contributions; nous en avons traité, en ce qui concerne les jugements, sous les n°s 903 et suiv., nous ne pouvons qu'y renvoyer le lecteur

10153. Mutation. — Résolution.— Rétrocession. — Nullité. — Pour tout ce qui concerne les mutations qui peuvent résulter des jugements, leur résolution soit pour cause de nullité, soit pour tout autre cause, nou en avons traité en ce qui concerne les *adjudications*, sous les n°s 1736 et suiv., et nous en traiterons, pour tous les autres points, aux mots *Mutation, Résolution, Rétrocession, Nullité* et *Vente*.

10154. Bureau. — Pour savoir quels sont les bureaux auxquels doivent être enregistrés les jugements, nous renvoyons au n° 768.

10155. Responsabilité des juges et du greffier. — Quant aux questions qui se rattachent à la responsabilité du juge et du greffier, elles ne présentent aucune difficulté sérieuse, car elles reposent sur une disposition législative parfaitement claire que nous avons fait connaître au n° 795. — V. encore 9158.

10156. Prescription. — Point de départ. — La C. cass. avait reconnu qu'aucune des prescriptions établies par l'art. 61 L. 22 frimaire an 7 n'était applicable à la demande des droits d'enregistrement des actes judiciaires sujets à la formalité sur les minutes (25 avr. 1808 et 14 mai 1816, 2912, 5503 J. E.). — Mais il résulte d'un autre arrêt du 25 juillet 1822, que, de la combinaison de l'art. 61 avec l'A. Cons. d'Ét. 22 août 1810, la prescription biennale court du jour où les préposés ont été mis à même de constater la contravention résultant du défaut d'enregistrement, notamment par la mention des actes non enregistrés dans un jugement postérieur (7289 J. E.). — Un jugement du tribunal de la Seine du 20 novembre 1850 (15167 J. E.) a décidé la question dans le même sens.

1. CONDITION SUSPENSIVE. — Il a été reconnu spécialement que le délai pour réclamer les droits proportionnels tenus en suspens sur un jugement en matière de résolution de vente d'immeubles par une condition ne court que du jour où on a acte donne la preuve que cette condition s'est accompli (Saverne 16 avr. 1851, 15245-4 J. E.). — Même décision pour des droits de titre et de condamnation non perçus sur un jugement qui n'avait prononcé la condamnation que sous condition suspensive (Seine 22 nov. 1850, 15113 J. E.).

Cette matière sera épuisée au mot *Prescription*.

10157. Diverses espèces de droits d'enregistrement. — Les droits d'enregistrement auxquels les jugements donnent ouverture se classent en deux catégories : les uns représentent directement le salaire de la formalité donnée à l'acte, ils sont dus sur les clauses qui forment le titre même des parties et servent de preuve littérale ou d'*instrument* à leurs stipulations. Ce sont ces clauses que la loi fiscale, comme la loi civile, appelle les *dispositions* des actes. Les droits auxquels elles donnent lieu sont perçus au moment de l'enregistrement (L. 22 frim., art. 11 et 61), et le receveur doit en donner immédiatement quittance (*Idem*, art. 57).

Les autres droits deviennent exigibles à l'occasion seulement de l'enregistrement des actes, et sur les *énonciations* qu'ils renferment. Ils ne sont pas, comme les premiers, le salaire d'une formalité spontanément requise ou imposée par la loi. Ils se rapportent à des actes ou à des mutations extérieures dont le titre n'est pas actuellement produit au receveur, mais que, pour des motifs divers, la loi frappe cependant de l'impôt.

En thèse générale, ces droits ne sauraient être perçus sur les actes mêmes qui les révèlent, puisqu'ils ne sont pas le prix de leur enregistrement : les énonciations auxquelles ils se rapportent constatent seulement leur exigibilité et permettent au Trésor d'en poursuivre le recouvrement ultérieur par les voies légales.

La distinction précédente produit des conséquences graves.

En effet, toutes les fois qu'un droit frappera une *disposition* même du jugement, le receveur devra le percevoir lors de l'enregistrement et en donner quittance dans la relation au pied de l'acte. Le greffier doit les avancer au moment de l'enregistrement, et si le receveur omettait de les exiger, il commettrait une insuffisance de perception prescriptible par deux ans.

Si le droit résulte, au contraire, d'une simple *énonciation*, le recouvrement en est réservé, et le receveur ne peut en exiger le payement immédiat sans une disposition expresse de la loi.

Ces droits sont dus par les parties elles-mêmes. Le receveur ne saurait être forcé en recette s'il omet de les constater, et le recouvrement en est soumis, à défaut d'une disposition particulière de la loi fiscale, à la prescription de trente ans.

10158. Droit de formalité. — Aucun doute ne saurait exister à l'égard des droits fixes exigibles sur les différents chefs de la sentence, non plus que pour les droits proportionnels de condamnation, de collocation ou de liquidation auxquels ils peuvent donner ouverture. Il est bien certain que ces taxations s'adressent aux dispositions mêmes de l'acte du tribunal, à ce qui constitue le jugement proprement dit. Elles sont le salaire direct de sa formalité et doivent être perçues, conformément à l'art. 28 L. 22 frimaire an 7, lors de l'enregistrement.

10159. Droit de titre. — Le droit de titre a une cause différente. Il s'applique à la convention verbale intervenue avant le jugement et dont le tribunal constate l'existence ou la validité. Il n'y a là que l'énonciation plus ou moins explicite d'un contrat antérieur ; et, dans la pureté des principes, cette mention n'autoriserait pas l'Administration à percevoir le droit afférent à un acte dont l'instrument ne lui est pas présenté. La loi en a décidé autrement, néanmoins. Déterminée par cette considération que la convention verbale antérieure trouvait dans le jugement sa consécration et son titre, elle a déclaré : « que le droit auquel l'objet de la demande aurait donné lieu, s'il avait été convenu par acte public, *serait perçu* indépendamment du droit dû pour l'acte ou le jugement qui aura prononcé la condamnation » (L. 22 frim. an 7, art. 69 § 2 n° 9). — Les droits de l'espèce doivent donc être payés au moment de l'enregistrement du jugement, et ils figurent dans la relation ou la quittance signée par le receveur.

La jurisprudence a même étendu cette exception jusqu'à décider que si un arrêt, statuant sur la validité d'une vente verbale de fonds de commerce, constate le fait des ventes successives et antérieures du même objet, le droit de titre applicable à ces mutations successives doit être perçu lors de l'enregistrement de l'arrêt (Cass. 10 août 1853, 1986 § 5 I. G., S. 53-1-767).

10160. Jugements translatifs. — La question n'est donc pas moins certaine pour le droit de titre que pour les droits de condamnation ou de liquidation. Il en est de même à l'égard des droits exigibles sur les jugements qui sont par eux-mêmes translatifs de propriété. Dès l'instant, en effet, que la mutation est opérée par le jugement, ce dernier en devient le titre, comme le contrat notarié est le titre de la vente qu'il renferme. De part et d'autre, il s'agit d'une *disposition* nettement caractérisée, et la taxe proportionnelle représente bien le salaire de la formalité applicable au titre qui y est soumis. Elle doit donc être perçue lors de l'enregistrement. La Cour de cassation l'a ainsi reconnu par deux arrêts des 6 juin 1827, S. 27-1-463, 1219-3 I. G. ; — et 19 janvier 1836 (Dalloz n° 5569, Champ. et Rig. n° 1834).

Ces droits sont recouvrables par voie de contrainte comme les autres droits de formalité (Tarascon 23 mars 1876, 4485 R. P.). Ils sont dus quoique le jugement ne soit pas devenu définitif (Seine 19 août 1876, 4571 R. P.). — *V.* 772-3.

10161. Jugements homologatifs. — Il y a plus d'embarras en ce qui concerne les jugements d'homologation. Le tribunal qui sanctionne les stipulations d'un contrat antérieur, intervenu entre les parties, s'assimile-t-il tellement les clauses de cet acte que son jugement en devient le titre direct et immédiat? Laisse-t-il, au contraire, à ces conventions préexistantes, leur instrument antérieur dont les effets sont seulement affirmés? C'est ce que l'on semble pas même résolu. On avait pensé que l'acte soumis à l'homologation ne s'absorbait pas intégralement dans la décision du tribunal, et que, dès lors, les droits exigibles sur ces dispositions devaient être réclamés en dehors du jugement. Mais la doctrine contraire a récemment prévalu (J. Clamecy 25 août 1865, n° 2189 R. P.). On a considéré que les clauses de l'acte homologué devenaient partie intégrante du jugement d'homologation et en formaient une *disposition* véritable.

Les droits exigibles sont, par conséquent, traités comme ceux de condamnation, de collocation ou de liquidation. Ils sont soumis à la règle générale de l'art. 28 L. 22 frimaire an 7, et doivent être payés avant l'enregistrement du jugement (Comp. Cass. 11 juill. 1853, 1986 § 14 I. G., S. 53-1-535, 15683 J. E.).

10162. Actes produits au cours d'instance. — Que faut-il décider à l'égard des actes produits au cours d'instance et mentionnés dans les jugements? En principe, comme le tribunal ne fait que les énoncer, et que son jugement ne sert pas de titre ou de preuve littérale aux stipulations qu'ils renferment, il n'y aurait pas lieu d'en comprendre les droits avec ceux du jugement lui-même. L'art. 57 L. 28 avril 1816 dit cependant que « le double droit pourra être *exigé* ou *perçu* lors de l'enregistrement du jugement intervenu. » Mais le sens de ces expressions n'a jamais été bien défini. Dans un arrêt du 12 juin 1854, la chambre civile de la Cour de cassation déclare que les droits des actes produits sont exigibles *à l'occasion de l'enregistrement du jugement et à défaut de l'enregistrement des titres*; ce qui impliquerait qu'il s'agit seulement d'une action en recouvrement ultérieur (2049 § 6 I. G., S. 55-1-60, 15851 J. E.). Par un autre arrêt du 4 août 1859, la chambre des requêtes a décidé, au contraire, que le receveur avait pu refuser d'enregistrer le jugement à défaut du versement des droits applicables aux actes produits (2163 § 2 I. G., S. 60-1-284, 17020 J. E.). Cette dernière interprétation, il faut le reconnaître, paraît conforme à l'esprit de la loi du 22 frimaire an 7, qui autorise, par un texte spécial, le receveur chargé d'enregistrer un jugement rendu sur un acte, à *exiger* de suite, c'est-à-dire à *percevoir* le droit de cet acte, sauf restitution dans le délai prescrit s'il est ensuite justifié de son enregistrement (art. 48). Voilà bien une énonciation simple semblable à celle de l'acte produit en cours d'instance. Cependant, la loi déroge à la règle générale pour obliger les parties au versement immédiat des droits. Il semble que, les situations étant identiques, les deux textes doivent être interprétés de la même façon. Néanmoins, il convient d'ajouter que la pratique est loin d'être uniforme sur la question. Dans la plupart des cas, la production résulte de termes vagues qui ne précisent pas assez la nature des clauses de l'acte pour justifier une liquidation immédiate des droits. Le jugement est alors enregistré moyennant les droits applicables à ses dispositions; puis on décerne contre les parties une contrainte renfermant une évaluation approximative des droits exigibles, et on les fait condamner au payement de cette somme si elles ne préfèrent soumettre leur titre à l'enregistrement. On pourrait citer des jugements qui ont déclaré que cette procédure était seule légale : c'est celle qui est adoptée dans le département de la Seine. La difficulté est donc loin d'être résolue; mais, en droit, il semble que la combinaison des art. 48 L. 22 frimaire an 7 et 57 de celle du 28 avril 1816 permet de soutenir que la mention des actes produits suffit à rendre le droit immédiatement exigible, contrairement à ce qui a lieu pour les actes notariés auxquels l'exception n'a pas été étendue (V. l'art. 42 L. 22 frim. an 7).

10163. Don manuel. — La reconnaissance judiciaire des dons manuels rentre à la fois sous l'application des principes relatifs au droit de titre et aux droits des jugements translatifs. D'une part, le jugement suppose l'existence d'une convention verbale intervenue entre le donateur et le donataire, et il en consacre l'existence. D'un autre côté, sa décision sert de preuve littérale de la libéralité et remplace le contrat de donation qui aurait pu être rédigé entre les parties. A ce double point de vue, le droit proportionnel est dû sur le jugement comme salaire de sa formalité (*Conf.* : Dalloz

n° 4345; — Cass. 10 déc. 1877, 4845 R. P.). — Il en est ainsi, mais pour un autre motif, du jugement qui se borne à constater la déclaration du donataire ou de ses représentants. Ici, le tribunal ne valide pas la libéralité, et sa décision n'implique pas nécessairement l'existence d'une convention antérieure, puisque la déclaration du donataire est unilatérale. Mais la loi a voulu que ces aveux fussent traités pour la perception comme le seraient les contrats mêmes de donation. Le droit dont ils sont frappés est donc un véritable salaire de la formalité dû pour l'enregistrement de l'acte où se trouve la déclaration ou la reconnaissance unilatérale du don manuel. Il est, par conséquent, exigible au moment de l'enregistrement.

10164. Mutation secrète. — Baux. — La position est différente en ce qui concerne les énonciations desquelles l'Administration peut faire résulter la preuve d'une mutation secrète, d'un bail écrit non enregistré, etc. Il n'existe aucun texte qui assimile de telles mentions aux *dispositions* proprement dites du jugement. Elles rentrent, dès lors, sous l'empire de la règle générale, et le receveur ne saurait percevoir le droit de ces mutations secrètes en enregistrant le jugement. Il lui appartient seulement d'en établir l'exigibilité et d'en poursuivre le recouvrement par voie de contrainte. Il ne paraît s'être élevé sur ce point aucune difficulté sérieuse.

10165. Simulation. — Reste la question beaucoup plus grave des jugements qui constatent des simulations commises dans le caractère des actes ou des mutations. Les droits résultant de cette reconnaissance sont-ils dus sur le jugement lui-même, ou bien doivent-ils être réclamés distinctement comme ceux des mutations secrètes?

Deux situations se présentent qui sont soumises à des règles différentes. Ou l'acte n'a pas été enregistré avant le jugement, ou il a été présenté à la formalité.

S'il n'a pas été enregistré, on retombe sous l'application des art. 48 L. 22 frimaire an 7 et 57 de celle du 28 avril 1816. Ainsi que le dit Dalloz, « l'*énonciation* du jugement avertit alors suffisamment le préposé qui doit se faire représenter l'acte indiqué... et, au refus du contribuable, percevoir le droit provisoirement, sauf restitution si l'acte était réellement enregistré » (5541).

Si l'acte simulé a été soumis à la formalité, les articles précédents demeurent hors de cause; mais les principes généraux conduisent à la même conclusion. En effet, le droit supplémentaire qu'il s'agit de percevoir est dû sur une *disposition* même du jugement. Il n'était pas antérieurement exigible, et il cesserait de l'être si le jugement n'existait plus. La raison en est que la décision du tribunal ne se borne pas à énoncer le contrat ou à en rappeler les stipulations. Au point de vue du tarif, elle fait quelque chose de plus. Elle modifie le caractère et change, par conséquent, les éléments de la perception. Entre les parties, elle devient le titre direct, non pas de la mutation qui s'est antérieurement opérée, mais de sa véritable nature et de ses effets réels. C'est donc une disposition nettement caractérisée, et il est juridique de l'assujettir, lors de son enregistrement, au droit qu'elle comporte.

Cette interprétation, admise par Champ. et Rig. ٍ t. 1er

n° 103, peut s'appuyer sur un A. Cons. d'Ét. 24 novembre 1826. Il y a été reconnu que si la nature d'une convention simulée se trouve rétablie dans un second acte, le complément de droit exigible se prescrit par deux ans à compter de l'enregistrement du second. C'est décider très-virtuellement que le supplément de droit est exigible et doit être perçu *sur le second acte ou sur le second jugement* (V. aussi Dalloz n° 5541).

Il a été reconnu, en ce sens, que quand un jugement constate qu'une vente dissimule une donation, le droit de donation est dû, sauf imputation du droit de vente perçu (Epernay, 27 avr. 1877, 4741 R. P.).

10166. Droits fixes et proportionnels. — La loi du 22 frimaire an 7 a divisé les droits d'enregistrement à percevoir sur les actes judiciaires en deux catégories qui correspondent à celles qui régissent les actes civils. Ainsi, les jugements donnent ouverture, suivant leur objet, soit à un droit fixe (invariable ou gradué), soit à un droit proportionnel, soit même à tous les deux à la fois, suivant la nature des dispositions qu'ils contiennent. Nous allons successivement examiner ces divers points.

TITRE II. — DROIT FIXE

[10167-10373]

10167. Principe. — Le *droit fixe* s'applique aux jugements qui ne contiennent ni obligation, ni libération, ni condamnation, collocation ou liquidation de sommes et valeurs, ni transmission de propriété, d'usufruit ou de jouissance de biens meubles ou immeubles (L. 22 frim. an 7, art. 3).

Les jugements portant résolution de contrats ou de clauses de contrats pour cause de nullité radicale ne sont assujettis qu'au droit fixe (L. 22 frim. an 7, art. 68 § 3 n° 7). Il en est de même des jugements portant résolution de contrats de vente pour défaut de payement quelconque sur le prix de l'acquisition, lorsque l'acquéreur n'est point entré en jouissance (L. 27 vent. an 9, art. 12).

1. SURTAXE. — Tous ces droits fixes ont été augmentés de moitié par l'art. 4 L. 28 février 1872.

2. DROIT GRADUÉ. — Quelques-uns d'entre eux, dont nous parlerons successivement, ont été gradués en raison des sommes et valeurs énoncées dans les jugements (L. 28 fév. 1872, art. 1er et 2).

CHAPITRE PREMIER. — QUOTITÉ DU DROIT

[10168-10176]

10168. Un franc cinquante centimes. — 1. JUGEMENT PRÉPARATOIRE, ETC. — JUSTICE DE PAIX. — Les *jugements préparatoires*, interlocutoires ou d'instruction des *juges de paix*, et leurs jugements définitifs portant condamnation de sommes dont le droit proportionnel ne s'élèverait pas à 1 franc (1 fr. 50 cent.) (L. 22 frim. an 7, art. 68 § 1er n° 46, L. 28 fév. 1872, art. 4).

2. PROROGATION DE COMPÉTENCE. — Les jugements des juges de paix préparatoires ou interlocutoires, lorsque la compétence est prorogée par les parties, ne sont sujets qu'au droit de 1 fr. 50 cent. car il n'y a d'assujetti au droit fixe de 3 francs que les jugements définitifs rendus en dernier ressort au delà des limites de la compétence ordinaire (17675 J. E.).

3. JUGEMENT DE POLICE ET CRIMINEL. — Ceux de la police ordinaire et des tribunaux de *police correctionnelle et criminelle*, soit entre parties, soit sur la poursuite du ministère public avec partie civile, lorsqu'il n'y a pas condamnation de sommes et valeurs, ou lorsque le droit proportionnel ne s'élève pas à 1 franc (1 fr. 50 cent.) (L. idem n° 48, L. 28 fév. 1872, art. 4).

Cette disposition s'applique aux arrêts des cours d'appel rendus sur les mêmes matières. — V. 804-3.

10169. Trois francs. — Jugement définitif. — Juge de paix. — Les jugements des juges de paix portant renvoi ou décharge de demande, débouté d'opposition, validité de congé, expulsion, condamnation à réparation d'injures personnelles, et généralement tous ceux qui, contenant des dispositions définitives, ne donnent pas ouverture au droit proportionnel (L. 22 frim. an 7, art. 68 § 2 n° 5, L. 28 fév. 1872, art. 4).

10170. Quatre francs cinquante centimes. — 1. JUGEMENT HORS COMPÉTENCE. — Les jugements définitifs des juges de paix rendus en dernier ressort, d'après la volonté expresse des parties, au delà des limites de la compétence ordinaire, lorsqu'ils ne contiennent pas des dispositions donnant ouverture à un droit proportionnel supérieur (L. 28 avr. 1816, art. 44 n° 9, L. 28 fév. 1872, art. 4).

2. ORDONNANCE. — TRIBUNAL CIVIL. — Les ordonnances des juges des tribunaux civils rendues sur requêtes ou mémoires, celles de référé, de compulsoire et d'injonction, celles portant permission de *saisir-gager*, revendiquer ou vendre, et celles des procureurs de la République, dans le cas où la loi les autorise à en rendre (L. 22 frim. an 7, art. 68 § 2 n° 6; — 28 avr. 1816, tit. 7 art. 44 n° 10, L. 28 fév. 1872, art. 4).

3. JUGEMENT PRÉPARATOIRE, ETC. — TRIBUNAL CIVIL. — Les actes et jugements préparatoires, interlocutoires ou d'instruction de ces tribunaux et des *arbitres*, et les actes faits ou passés au greffe des mêmes tribunaux, portant acquiescement, dépôt, décharge, désaveu, exclusion de tribunaux, affirmation de voyage, opposition à remise de pièces, enchères, surenchères, renonciation à communauté, succession ou legs (il est dû un droit par chaque renonçant), reprise d'instance, communication de pièces sans déplacement, affirmation et vérification de créance, opposition à délivrance de jugement (Idem).

4. ORDONNANCE SUR REQUÊTE. — JUGEMENT PRÉ-PARATOIRE. — TRIBUNAL DE COMMERCE. — Les ordonnances sur requêtes ou mémoires ; celles de réassigné, et tous actes et jugements préparatoires ou d'instruction des *tribunaux de commerce*, et les actes passés aux greffes des mêmes tribunaux, portant dépôt de bilan et registres, opposition à publication de séparation, dépôt de sommes et pièces, et tous autres actes conservatoires ou de formalité (L. 22 frim. an 7, 68 § 2 n° 7 ; — 27 vent. an 9, art. 12 ; — 28 avr. 1816, tit. 7 art. 44 n° 10, — et 28 fév. 1872, art. 4).

10171. Sept francs cinquante centimes. —
1. JUGEMENT D'APPEL, DÉFINITIF EN PREMIER RESSORT. — TRIBUNAL CIVIL ET DE COMMERCE. — ARBITRES. — Les jugements des tribunaux civils, prononçant sur l'appel des juges de paix ; ceux de ces tribunaux et des *tribunaux de commerce* et *arbitres*, rendus en *premier ressort*, contenant des dispositions définitives qui ne donnent pas lieu à un droit plus élevé (L. 28 avr. 1816, tit. 7 art. 45 n° 5, L. 28 fév. 1872, art. 4).

2. ARRÊTS INTERLOCUTOIRES OU PRÉPARATOIRES. — COUR D'APPEL. — Les arrêts interlocutoires ou préparatoires rendus par les cours d'appel, lorsqu'ils ne sont pas susceptibles d'un droit plus élevé, ainsi que les ordonnances et autres actes devant les mêmes cours, désignés au § 2 n°s 6 et 7 de l'art. 68 L. 22 frimaire an 7 (L. 28 avr. 1816, art. 45 n° 6, et 28 fév. 1872, art. 4).

10172. Quinze francs. — 1. JUGEMENT HORS COMPÉTENCE. — TRIBUNAL DE PREMIÈRE INSTANCE. — ARBITRE. — Les jugements rendus en dernier ressort par les tribunaux de première instance ou les arbitres, d'après le consentement des parties, lorsque la matière ne comporte pas ce dernier ressort, sauf la perception du droit proportionnel, s'il s'élève au-dessus de 15 francs (L. 28 avr. 1816, art. 46, L. 28 févr. 1872, art. 4).

2. ARRÊT DÉFINITIF. — COUR D'APPEL. — Les arrêts définitifs des cours d'appel dont le droit proportionnel ne s'élève pas à 15 francs (L. 28 avr. 1816, art. 46 n° 2, L. 28 fév. 1872, art. 4).

3. ARRÊT PRÉPARATOIRE. — COURS SUPRÊMES. — Les arrêts interlocutoires ou préparatoires de la Cour de cassation et du conseil d'État (L. 28 avr. 1816, art. 45 n° 3, L. 28 fév. 1872, art. 4).

10173. Vingt-deux francs cinquante centimes. — Les jugements des tribunaux civils portant interdiction, et ceux de séparation de biens entre mari et femme, lorsqu'ils ne portent point condamnation de sommes et de valeurs, ou lorsque le droit proportionnel ne s'élève pas à 22 fr. 50 cent. (L. 22 frim. an 7, art. 68 § 6 n° 2, L. 28 fév. 1872, art. 4).
Mais les jugements des tribunaux civils prononçant mainlevée d'interdiction ne sont pas, comme ceux qui portent interdiction, assujettis au droit fixe de 22 fr. 50 cent., ce sont des jugements ordinaires en premier ressort passibles du droit de 7 fr. 50 cent. (16761-1 J. E.).

10174. Trente-sept francs cinquante centimes. — 1° Les arrêts des cours d'appels portant interdiction ou prononçant séparation de corps entre mari et femme (L. 28 avr. 1816, art. 47 n° 2, L. 28 fév. 1872, art. 4).
2° Les arrêts définitifs de la C. cass. et du conseil d'État (L. 22 frim. an 7, art. 68 § 7, L. 28 avr. 1816, art. 47 n° 3, L. 28 fév. 1872, art. 4).
Nous avons plus spécialement indiqué, aux n°s 5611 et suivants, de quels droits étaient passibles les arrêts de la C. cass.

10175. Soixante-quinze francs. — Les jugements de première instance admettant une adoption ou prononçant un divorce (L. 28 avr. 1816, art. 48 n° 2, L. 28 fév. 1872, art. 4).

10176. Cent cinquante francs. — Les arrêts confirmant une adoption (L. 28 avr. 1816, tit. 7 art. 49 n° 1er, L. 28 fév. 1872, art. 4).
Ceux qui prononçaient définitivement sur une demande en divorce ; s'il n'y avait pas d'appel, ce droit était perçu sur l'acte de l'officier de l'état civil (*Idem* n° 2).

CHAPITRE II. — DES DIVERSES ESPÈCES DE JUGEMENTS

[10177-10575]

10177. Observation. — Les questions que soulève la perception du droit fixe sur les jugements sont si multipliées et ont été si peu élaborées, que les droits sont généralement établis d'une manière arbitraire, sous un contrôle très-souvent illusoire. Il y a là un grand inconvénient. Mais il faut reconnaître qu'il est à peu près inévitable, car dans la matière qui nous occupe se trouve la source des difficultés les plus graves, puisqu'il s'agit, pour les employés, tantôt de reconnaître si les jugements sont préparatoires ou définitifs, tantôt, à défaut de qualification expresse, de déterminer les règles de compétence des tribunaux, etc., choses qui embarrassent les hommes d'affaires les plus expérimentés et divisent les jurisconsultes les plus éminents.
Nous essayons, par un rapide exposé de principes, de guider avec quelque certitude au milieu des décisions, souvent contradictoires, que la jurisprudence a rendues sur cette matière.

SECTION PREMIÈRE. — JUGEMENT CONTRADICTOIRE ET PAR DÉFAUT

[10178]

10178. Observation. — Au point de vue civil, il est essentiel de distinguer les jugements par défaut des jugements contradictoires, tant sous le rapport de l'exercice du droit d'opposition, ouvert à la partie défaillante, que relativement à la péremption pour défaut d'exécution de la sentence dans le délai déterminé par la loi. Mais cette distinction perd son intérêt lorsqu'il s'agit de l'application des droits d'enregistrement, car les uns et les autres donnent ouverture aux mêmes droits suivant leur nature propre et les dispositions qu'ils contiennent, et sans qu'on ait à s'arrêter à la question de savoir s'ils sont réellement contradictoires ou s'ils ont été rendus par défaut. Nous ne nous attacherons donc pas à chercher la solution de ces difficultés, qui sortent de notre domaine, puisqu'elles doivent rester sans influence sur la perception des droits.

SECTION 2. — JUGEMENT PRÉPARATOIRE ET INTERLOCUTOIRE

[10179-10201]

10179. Jugement avant dire droit. — C'est par l'expression générale *d'avant dire droit* que l'on désigne génériquement tout jugement ou arrêt qui, avant de prononcer définitivement et au fond sur le litige, ordonne une mesure préalable quelconque à exécuter soit par les parties elles-mêmes, soit par des experts ou arbitres, soit par un juge. Tels sont les jugements préparatoires et interlocutoires.

10180. Distinctions entre le jugement préparatoire et le jugement interlocutoire. — Dans l'ancienne jurisprudence, le caractère des jugements préparatoires et celui des jugements interlocutoires n'était pas bien nettement défini. Les expressions de préparatoire et d'interlocutoire étaient employées indistinctement pour signifier tout jugement qui intervenait avant la sentence définitive et que, par cette raison, on désignait par une dénomination plus générale, celle de jugement *d'avant faire droit*. Seulement on distinguait, en ce qui concerne l'exercice de la faculté d'appeler, entre les jugements d'avant faire droit qui, en fait, portaient un préjudice réel et faisaient un grief sérieux à la partie, et ceux qui ne produisaient pas ces résultats ; c'est seulement à l'égard des premiers que le droit d'appeler était considéré comme ouvert immédiatement ; à l'égard des autres, l'exercice de ce droit était suspendu (Boitard t. 3 p. 72).

L'art. 6 L. 3 brumaire an 2 vint couper court aux difficultés que soulevait cette distinction. « On ne pourra, portait cet article, appeler d'avance d'un jugement préparatoire pendant le cours de l'instruction ; et les parties seront obligées d'attendre le jugement définitif, sans qu'on puisse cependant leur opposer ni leur silence, ni même les actes faits en exécution des jugements de cette nature. » Cet article comprenait dans son expression tous les jugements non définitifs, et, par conséquent, ceux qui *préjugent le fond*.

Lors de la discussion du C. proc. on demanda à ce que l'on distinguât, dans les jugements d'avant faire droit, les jugements préparatoires des jugements interlocutoires. La demande fut reproduite par le Tribunat, qui s'exprima ainsi : « Un des premiers vœux de la justice est l'abréviation des procès ; voilà pourquoi le principe général doit être que l'appel ne soit reçu que des jugements définitifs. Cependant, si, au lieu de juger le fond, les premiers juges ont ordonné quelques préalables qui regardent ce même jugement du fond, il faut bien que la partie intéressée puisse recourir à la cour d'appel, lorsque le jugement partiel peut lui nuire sous les rapports du jugement définitif. Il faut en convenir, rien n'est plus difficile que de fixer une ligne de démarcation entre les jugements qui font un grief véritable à la partie, et ceux qu'elle ne peut avoir aucun intérêt à quereller, au moins avant le jugement définitif. Cependant, il faut que le code fasse tout ce qui peut dépendre du législateur, c'est-à-dire qu'il signale les caractères généraux auxquels on devra reconnaître si l'appelant est recevable ou ne l'est pas » (Locré t. 22 p. 77 no 5.)

Ces observations firent modifier le projet primitif, et l'on fit la distinction que présentent les art. 31 pour les jugements de justice de paix et 452 pour les jugements des tribunaux d'arrondissement, entre les jugements préparatoires et les jugements interlocutoires.

L'art. 452 C. proc. est ainsi conçu : « Sont réputés préparatoires les jugements rendus pour l'instruction de la cause, et qui tendent à mettre le procès en état de recevoir jugement définitif. — Sont réputés interlocutoires les jugements rendus lorsque le tribunal ordonne, avant dire droit, une preuve, une vérification, ou une instruction qui préjuge le fond. »

Ainsi, la différence caractéristique entre ces deux espèces de jugements consiste en ce que les jugements interlocutoires *préjugent le fond*, c'est-à-dire que le juge, admettant ou rejetant les conclusions de l'une des parties, laisse apercevoir et pressentir, soit dans les motifs, soit dans le dispositif, l'opinion qu'il a préconçue, tandis que les jugements préparatoires n'ont pour objet qu'une *instruction à faire*, de nature à mettre le procès en état de recevoir un jugement définitif.

La détermination de ces caractères est importante relativement à l'exercice des voies légales et judiciaires : en effet, d'une part, selon que le jugement sera ou préparatoire ou interlocutoire, *l'appel* ou la voie de la *cassation* seront ouverts ou non avant le jugement définitif ; d'une autre part, et toujours d'après la même distinction, il pourra y avoir ou non *acquiescement* ou *chose jugée*, suivant que le jugement sera ou préparatoire ou interlocutoire.

10181. Tarif. — Au point de vue fiscal, cette importance s'affaiblit ; car, ainsi qu'on l'a vu, la loi de l'impôt assujettit au même droit les jugements préparatoires et interlocutoires. Ces droits sont, savoir : de 1 fr. 50 cent.

lorsque le jugement est rendu par un juge de paix; de 4 fr. 50 cent. lorsqu'il émane d'un tribunal de première instance ou d'arbitres; de 7 fr. 50 cent. lorsqu'il s'agit d'un arrêt de cour d'appel; de 15 francs lorsque c'est la Cour de cassation ou le conseil d'État qui prononce.

10182. Observation. — Nous pourrions, à la rigueur, nous dispenser d'aller plus avant dans les distinctions à établir entre les jugements préparatoires et les jugements interlocutoires. Mais nous croyons que nos lecteurs gagneront à être fixés d'une manière certaine sur ces deux espèces de jugements. Nous allons donc analyser les décisions rendues en matière civile, en distinguant avec soin les jugements préparatoires de ceux auxquels la jurisprudence aura attribué le caractère d'interlocutoires.

10183. Assemblée de famille. — Le jugement du juge de paix qui ajourne ou proroge une assemblée de famille est passible, comme décision préparatoire, du droit fixe de 1 fr. 50 cent. — *V.* 2465.

10184. Expertise.—Jugement préparatoire. — La jurisprudence a considéré comme simplement préparatoires, par le motif exprimé ou sous-entendu, qu'il n'y avait pas préjugé sur le fond, les jugements ci-après:

1. PROPRIÉTÉ D'UN TABLEAU. — Le jugement qui, statuant sur la question de savoir si un tableau est la propriété commune du peintre et de celui qui en a fourni les dessins, ou la propriété exclusive de ce dernier, ordonne l'appréciation du tableau par des experts et des peintres (Paris 11 mess. an 11).

2. JUGEMENT SANS CONTRADICTION. — Le jugement qui ordonne une expertise, s'il a été rendu sans contradiction de l'une ou de l'autre des parties (Bruxelles 9 mars 1811; — Cass. 22 juin 1864, D. 64-1-342; — 22 fév. 1864, S. 64-1-276, S. 64-1-335).

3. NOUVELLE EXPERTISE. — Le jugement qui, après une première expertise, mais sans l'annuler, en ordonne une nouvelle avant faire droit, tous moyens réservés (Cass. 4 pluv. an 11).

Le jugement qui ordonne une seconde reconnaissance par experts de l'état des objets loués, pour constater, à la fin du bail, le défaut de réparation à la charge du locataire (Besançon 23 juill. 1816).

4. MOYENS RÉSERVÉS. — La décision qui, avant de faire droit au fond, ordonne que des experts appliqueront les titres produits par les parties à un immeuble dont elles se contestent la propriété, alors qu'elle réserve expressément les moyens et exceptions des parties au fond (Agen 25 fév. 1806).

Il en est de même du jugement qui ordonne une expertise et maintient dans l'instance un des défendeurs qui avait demandé sa mise hors de cause; mais tous droits et moyens réservés (C. Paris 5 mars 1833, D. 55-2-8).

5. MARCHANDISES LIVRÉES. — Le jugement qui, sur la question de savoir si des marchandises livrées et acceptées l'ont été comme à-compte ou pour solde d'une créance, ordonne une expertise pour fixer la valeur de ces marchandises (Req. 22 déc. 1807).

6. PARTAGE. — LIQUIDATION. — Le jugement qui ordonne l'expertise, dans le cas de l'art. 969 C. proc., si la demande en partage n'est pas contestée en l'état de l'instance et sans nuire aux droits des parties (Rennes 14 nov. 1815);

Le jugement qui, sur une action en liquidation de succession intentée par un héritier contre son cohéritier, et sans qu'il y ait contestation sur la qualité du demandeur, nomme des experts pour procéder aux fins des conclusions du demandeur, en la qualité qu'il agit (Req. 11 juin 1828);

Le jugement qui, sur une action en liquidation de succession, ordonne le partage et nomme des experts pour vérifier si les immeubles de la succession sont partageables en nature (Bordeaux 30 août 1831);

Les jugements qui ont ordonné l'expertise et la division en plusieurs lots des immeubles d'une succession dont le partage a été demandé, en ce qu'ils ne peuvent être réputés avoir réglé définitivement la qualité des copartageants (Rej. 13 janv. 1836);

Le jugement d'avant faire droit qui ordonne une expertise, conformément aux conclusions des parties, à l'effet de déclarer si les immeubles sont impartageables, alors même que, sur la demande du défendeur tendant à ce que les experts indiquent dans leur travail s'il ne sera pas possible de faire un partage par attribution, soit parce que le demandeur déclare ne pouvoir être adopté sans son agrément, le jugement, sans se prononcer sur la légalité de ce dernier mode, a chargé néanmoins les experts de s'expliquer sur ce point (Cass. 27 fév. 1838);

Le jugement qui, sur une action en supplément de légitime, se borne à ordonner une expertise et la liquidation de la succession, sans statuer sur cette action (Cass. 22 fév. 1864, D. 64-1-276).

7. PRIX COURANT. — Le jugement par lequel un tribunal, ayant à prononcer sur le prix d'une fourniture, ordonne d'office que des experts feront connaître le prix courant des objets fournis (Metz 9 mai 1820).

8. LEVÉE DE PLAN. — Le jugement qui, sur une contestation relative à la propriété d'un terrain, en ordonne la vérification par experts, et la levée d'un plan; en conséquence, l'appel n'en est recevable qu'avec celui du jugement définitif (Amiens 4 mai 1822).

9. MESURAGE DES LIEUX. — Le jugement qui, sur une contestation relative à la contenance d'une propriété et sur la production respective des titres des parties, desquels résulterait la preuve de l'étendue dont il s'agit, ordonne une expertise et le mesurage des lieux (Rennes 25 juin 1822).

10. LÉSION. — Le jugement qui ordonne un rapport d'experts, pour savoir s'il y a lésion ou non dans une vente (Grenoble 12 juill. 1822).

11. IRRIGATION. — L'arrêt qui, sur la plainte d'un riverain qu'un nouvel œuvre du propriétaire supérieur le prive du droit que lui attribue l'art. 644 C. C., de se servir des eaux pour l'irrigation de sa propriété, ordonne, avant dire droit, une expertise et une visite des lieux, pour éclairer la religion des juges tant sur les faits de la cause que sur les règlements existants pour la division des eaux (Req. 25 juill. 1822) ;

L'arrêt qui ordonne une expertise à l'effet de vérifier si des propriétés contiguës à d'autres propriétés riveraines d'un cours d'eau ont fait autrefois partie d'un même héritage, et doivent jouir, à ce titre, du bénéfice d'irrigation établi par l'art. 644 C. C., en ce qu'il ne contient rien de définitif, et que, par suite, il ne peut faire l'objet d'un recours en cassation, à raison de la question qu'il préjuge, mais qu'il ne résout pas (Réq. 9 janv. 1843).

12. DROITS RÉSERVÉS. — Le jugement qui ordonne une expertise de biens litigieux, sur la demande de toutes les parties, en déclarant textuellement que le tout se fera sans nuire ni préjudicier à leurs droits (Rennes 30 janv. 1834) ;

13. ACTIONS EN DOMMAGES-INTÉRÊTS. — L'arrêt qui, sur une demande en dommages-intérêts, constate que le fait reproché au défendeur a été réellement commis par lui et ordonne une expertise à l'effet d'examiner si ce fait a causé un préjudice au demandeur, en ce qu'il doit être réputé ne rien préjuger sur la question du fond : par suite, l'arrêt définitif qui déclare qu'il n'y a pas lieu d'accorder des dommages-intérêts ne viole pas l'autorité de la chose jugée (Req. 3 août 1840) ;

Le jugement qui, sur une demande en dommages-intérêts et en résolution d'une vente, a ordonné, avant de prononcer la résolution, une expertise nécessaire pour la fixation des dommages-intérêts (Poitiers 30 mars 1824).

14. NON PRÉJUGÉ AU FOND. — Le jugement qui nomme un expert sans rien préjuger au fond : vainement objecterait-on qu'il est définitif quant à l'unité d'expert (Nancy 5 fév. 1844).

15. ARBITRES. — NOMINATION. — Le jugement d'un tribunal de première instance qui nomme des arbitres à l'effet de concilier les parties si faire se peut, ou, à défaut, donner leur avis (3866 J. E.). — V. 10256;

Le jugement qui renvoie purement et simplement les parties devant un arbitre (Rouen 12 mai 1870, S. 72-2-75).

16. NOMINATION. — EXPERTS. — SERMENT. — AFFIRMATION. — En un mot, les actes judiciaires portant nominations, prestations de serment et affirmations des experts, sont soumis, comme actes préparatoires et d'instruction, au droit fixe de 1 fr. 50 cent. ou de 4 fr. 50 cent., suivant qu'ils ont lieu devant les juges de paix ou les tribunaux de première instance. Le droit réglé par les jugements définitifs serait exigible si les experts étaient investis du pouvoir de statuer définitivement, et sans l'intervention ultérieure du tribunal, sur les droits des parties (D. m. f. 5 nov. 1811, 4205 J. E.).

10185. Expertise. — Jugement interlocutoire. — D'une autre part, on a considéré comme interlocutoires ou préjugeant le fond, et par suite attaquables avant la décision au fond et dans les deux mois de la signification.

1. SECONDE EXPERTISE PRÉVALANT SUR LA PREMIÈRE. — Le jugement qui ordonne une nouvelle estimation d'après les dispositions d'une coutume qui veut qu'en ce cas la seconde expertise prévale sur la première (Poitiers 14 flor. an 9).

2. EXCEPTION PÉREMPTOIRE. — Le jugement qui ordonne, malgré une exception péremptoire proposée contre la demande, une expertise pour constater la valeur des biens vendus pendant le cours du papier-monnaie, vente que l'on attaquait pour lésion d'autre moitié (Poitiers 14 flor. an 9).

3. RÉSERVES ET EXCEPTIONS. — Le jugement qui, de même, sur une demande tendant à réduction sur le prix d'une vente d'immeubles, passée sous le règne du papier-monnaie, statuant avant faire droit, et réservant toutes fins et exceptions ainsi que les dépens, ordonnait qu'il fût procédé par experts à l'estimation de l'immeuble vendu, en ce que ces réserves empêchaient que ce jugement fût définitif sur la question de savoir s'il y a ou non lieu à la réduction (Cass. 4 brum. an 11).

4. ACTION EN LÉSION. — Le jugement qui, sur une action en lésion, ordonne une expertise, en ce qu'il préjuge suffisamment que l'action en lésion est recevable (Rej. 30 mess. an 10).

5. BIENS NATIONAUX. — Le jugement qui, en conformité de la loi du 15 novembre 1790, ordonne l'estimation par expertise des divers héritages compris dans un bail de biens nationaux (Req. 5 therm. an 12).

6. VILETÉ DE PRIX. — Le jugement qui, après avoir rejeté les moyens tendant à constater la simulation d'une donation faite sous la forme d'une vente, ordonne une expertise afin de prouver la vileté du prix de cette vente (Agen 31 janv. 1807).

7. VÉRIFICATION DE MARCHANDISES. — Le jugement qui ordonne, par experts, la vérification de l'identité et du nombre des marchandises dont la délivrance a été prescrite au profit d'une partie (Bruxelles 23 mai 1807).

8. REJET DE DEMANDE D'EXPERTISE. — Le jugement qui déclare non recevable la demande d'une expertise non provoquée incidemment et par anticipation, lorsque le résultat de cette expertise peut influer sur la décision du fond (Bruxelles 18 janv. 1834).

9. CONTESTATION ENTRE HÉRITIERS. — Le jugement qui, sur une contestation entre héritiers, relative à l'étendue et à la valeur des biens d'une succession, prononce sur la question de savoir si les expertises précédemment ordonnées ne sont pas devenues inutiles par suite d'une expertise qui depuis a eu lieu entre les mêmes parties relativement aux mêmes biens, dans une autre contestation, et si les renseignements qui existent ne sont pas suffisants (Req. 19 oct. 1808).

10. VÉRIFICATION PRÉJUGEANT LE FOND. — Le jugement qui, avant faire droit, ordonne une vérification qui préjuge le fond (Req. 2 oct. 1810; — Cass. 3 janv. 1860, D. 60-1-142).

11. BILAN A DRESSER. — Le jugement qui, sur une demande en dommages-intérêts dirigée par le preneur d'une maison contre le propriétaire, pour non-jouissance, grosses réparations et inaccomplissement de la promesse de lui consentir un plus long bail, ordonne que ce preneur dressera un bilan, par actif et passif, des bénéfices et pertes de chaque année dans l'industrie qu'il exerçait, pour soumettre ce bilan à l'examen et au rapport de trois experts (Req. 26 mars 1812).

12. FAILLITE. — Le jugement qui, sur une demande en déclaration de faillite, ordonne une expertise (C. Orléans 2 janv. 1855, D. 55-2-155).

13. COMPTE. — La décision par laquelle les juges, saisis d'une demande en rectification de compte, font dépendre d'une expertise l'allocation des sommes dont l'omission était signalée (C. Colmar 1er juill. 1850, D. 54-5-458).

Celle qui, sur une demande en payement, ordonne la vérification des faits invoqués par le défendeur (C. Metz 11 fév. 1864, D. 64-2-141).

14. BREVET D'INVENTION. — Le jugement ordonnant une expertise sur un fait allégué de contrefaçon, s'il reconnaît, dès à présent, l'irrecevabilité de l'invention et la validité du brevet du plaignant (Cass. 10 août 1860, D. 60-1-313).

15. VALIDITÉ D'UNE EXPERTISE. — L'arrêt qui statue sur la validité d'une expertise (Cass. 24 juill. 1857, D. 57-1-369).

16. MANDAT. — Le jugement qui déclare qu'un individu a été le mandataire d'un autre, et ordonne en même temps une expertise afin de prononcer sur des réclamations faites par le mandant, en ce que ce jugement décide définitivement la question de mandat (Rennes 3 juin 1812).

17. VISITE DE LIEUX. — Le jugement ordonnant que les immeubles saisis et mis en vente seront visités par un expert, à l'effet de vérifier la composition des lots faite dans le cahier des charges, et de procéder, le cas échéant, à un autre lotissement (C. Pau 22 mars 1858, D. 58-2-110).

18. MESURAGE. — Le jugement qui, dans une contestation sur la propriété d'un terrain, ordonne que tout le confin du terrain litigieux sera mesuré pour savoir si les quantités énoncées dans les titres produits par l'une des parties se trouvent dans ce confin, en ce que ce jugement préjuge par là qu'il y a eu anticipation sur la propriété limitrophe, si, par suite de l'arpentage, ces quantités se retrouvent dans le confin, indépendamment du terrain litigieux (Cass. 31 janv. 1815).

Le jugement qui, sur l'action en diminution d'un prix de vente pour déficit de contenance, ordonne la vérification de ce déficit, ce jugement préjugeant le rejet de l'exception de déchéance opposée à cette action (Cass. 28 déc. 1857, D. 58-1-74).

19. RÉPARATION A UN NAVIRE. — Le jugement qui ordonne que des réparations faites à un navire soient vérifiées par experts (Rennes 30 mai 1817).

20. CONDAMNATIONS A DÉTERMINER PAR EXPERTS. — Le jugement qui prononce des condamnations à déterminer par experts (Metz 3 juill. 1818).

21. PASSAGE. — Le jugement qui, avant faire droit sur la demande de l'établissement d'un passage pour aller d'un fonds enclavé à la voie publique, ordonne que, par experts, il sera procédé à la visite des lieux à l'effet de déterminer sur quel point le passage peut être accordé de la manière la plus utile et la plus commode pour le demandeur et, en même temps, la moins dommageable pour le défendeur (Amiens 11 mai 1822);

Le jugement qui ordonne une expertise à l'effet de constater les dommages causés par le passage d'un individu sur une propriété, alors que cet individu soutient n'avoir usé que de son droit en passant sur la propriété en question (Req. 5 juin 1833).

22. PARTAGE. — LIQUIDATION. — Le jugement qui, en accueillant une demande en fin de compte, partage et liquidation d'une succession, ordonne, pour parvenir à ces opérations, une visite par experts des biens qui en dépendent (Amiens 18 mai 1822);

Le jugement qui, en matière de partage et de licitation, ordonne que les immeubles seront estimés par experts pour, sur leur rapport à déposer au greffe, être statué ce qu'il appartiendra (12582 J. E.).

23. REVENDICATION. — Le jugement qui, en matière de revendication, ordonne une expertise après examen des titres présentés par les parties (Orléans 14 août 1822), et celui qui ordonne une expertise et une levée de plans (Douai 13 avr. 1836).

24. VÉRIFICATION DE TITRES. — Le jugement qui, dans le cas où une partie, assignée en payement de fournitures à elles faites, oppose une quittance définitive, sans mentionner la quittance, nomme un tiers pour faire les vérifications, entendre les parties, et les concilier s'il se peut (Amiens 15 avr. 1823).

25. INDEMNITÉ. — Le jugement qui ordonne une expertise à l'effet de vérifier si des laines ont été mal filées, et si, par suite, le propriétaire a droit à une indemnité (Rej. 2 fév. 1825) ; ou en général l'importance d'un préjudice pour lequel le demandeur peut réclamer des dommages que le défendeur soutient n'être pas dûs (Cass. 3 janv. 1860, S. 60-1-651).

Décidé de même qu'est interlocutoire le jugement qui, statuant sur une demande en dommages-intérêts pour réparation d'un préjudice dont le défendeur prétend n'être pas responsable, ordonne une expertise pour faire constater la cause et l'importance du préjudice..., ou une enquête sur les faits respectivement articulés par les parties (Cass. 7 déc. 1864, S. 1865-1-17, D. 65-1-184).

26. LÉSION. — Le jugement qui, sur une demande en nullité d'une vente de biens de mineur, ordonne une expertise pour juger s'il n'y aurait pas eu lésion, en ce qu'il implique qu'il n'y aurait lieu à rescision qu'en cas de lésion : « La Cour, considérant qu'il est incontestable que le jugement dont est appel préjuge le fond, puisqu'en ordonnant, par la première partie de son dispositif, que l'immeuble vendu par les époux lésant sera vu par des experts et estimé d'après l'état où il se trouvait à l'époque de la vente, le tribunal n'a pu avoir d'autre objet que de se mettre à lieu de reconnaître s'il avait été vendu au-dessous de sa véritable valeur, approfondissement qui ne pouvait être jugé utile que dans le système de la nécessité de la lésion pour opérer l'annulation du contrat » (Rennes 2 mars 1855).

27. PACAGE. — Le jugement dont le dispositif se borne à ordonner une expertise à l'effet de constater qu'elle est l'étendue de droits de pacage réclamés, alors même que, dans ses motifs, le même jugement aurait fixé lui-même, pour ainsi dire, cette même étendue (Req. 2 avr. 1829).

28. AVARIES. — NAVIRE. — Le jugement qui, en cas d'allégation de relâche forcée par un prévenu de contrebande, ordonne, même d'office, une expertise pour vérifier l'état véritable des avaries souffertes par le navire (Req. 26 avr. 1830).

29. VÉRIFICATION D'ÉCRITURES. — REJET. — Le jugement qui rejette une demande en vérification d'écritures, et accorde un délai pour faire réformer un précédent jugement portant condamnation, en vertu du titre dont l'écriture est contestée (Lyon 6 fév. 1832).

30. CONSTRUCTIONS. — Le jugement qui, après avoir accordé la propriété du sol d'une halle à une commune, et celles des constructions au seigneur, a ordonné une expertise pour fixer la valeur principale et locative de ces constructions, en ce qu'un tel jugement est définitif relativement à la première disposition et interlocutoire seulement quant à l'expertise (Rej. 4 déc. 1833).

Le jugement qui, sur l'action formée contre un constructeur comme responsable de travaux de constructions dont il aurait dressé le plan, ordonne une expertise avec mission pour les experts de vérifier le préjudice, s'il a été rendu contre les conclusions du défendeur qui soutenait être demeuré étranger aux faits servant de base à l'action (Cass. 3 mai 1864, D. 64-1-170).

31. DOMMAGES. — LAPINS. — Le jugement qui, statuant sur une demande en indemnité ayant pour objet la réparation du préjudice causé par des lapins qui se trouvent dans un bois, ordonne, avant de faire droit, et sans rien préjuger au fond, une vérification des lieux et l'expertise du dommage (Req. 29 mars 1836);

Alors que, dans un cas pareil de dommage par ces sortes d'animaux, la responsabilité est déniée, dans l'hypothèse

T. III.

même d'un dommage existant (Cass. 13 janv. 1851, D. 51-1-167).

32. NULLITÉ D'ÉCHANGE. — Le jugement qui, sur demande en nullité d'échange de biens dotaux consenti par le mari à un tiers et ratifié plus tard par la femme, ordonne une expertise pour faire l'application des titres (Limoges 17 juill. 1840).

33. RENVOI DEVANT ARBITRES. — Le jugement par lequel le tribunal de commerce renvoie devant arbitres, lorsqu'il ne contient pas réserve du moyen d'incompétence proposé, et qu'au contraire il résulte de la mission donnée à l'arbitre que l'intention du tribunal est de connaître de la cause (Paris 20 août 1841).

34. ENTÉRINEMENT. — Mais le jugement qui entérine un rapport d'experts est préparatoire. — V. 7736.

10186. Preuve. — Enquête. — Jugement préparatoire. — En matière de preuve et d'enquête, le jugement qui ordonne, sur la demande de l'une des parties, *sans résistance de la part de l'autre*, la preuve des faits allégués, n'est que préparatoire (Dalloz *jugement d'avant dire droit* n° 27, Pigeau t 1er p. 567, Carré n° 1616). Dans ce sens, il a été décidé :

1. AVEU OU CONTESTATION DE FAITS ARTICULÉS. — Le jugement qui ordonne que des faits articulés seront avoués ou contestés dans un délai déterminé est préparatoire, en ce que dès qu'il n'ordonne pas cette preuve, en cas de dénégation, il ne préjuge rien sur le fond (Paris 2e ch. 19 déc. 1810).

2. RENVOI DEVANT JUGE DE PAIX. — Est simplement préparatoire et par suite non susceptible d'appel, même après avoir été exécuté, le jugement qui renvoie les parties devant un juge de paix, à l'effet d'entendre des témoins sur des faits tendant à constituer une servitude, de concilier les parties, et afin de donner son avis sur le résultat de cette mission : il ne préjuge pas le fond (Orléans 17 mai 1820).

3. PREUVE FAITE. — ACTE DE PROCÉDURE ORDONNÉE. — Un jugement qui déclare que l'héritier a été admis à la preuve de la possession de la succession qu'on lui dispute, a administré cette preuve, et ordonne ensuite d'autres devoirs de procédure, est préparatoire (Gand 22 janv. 1833).

4. PREUVE DE POSSESSION. — Le jugement qui ordonne la preuve d'une possession est simplement préparatoire et sans préjudice sur le caractère de la possession (Cass. 25 juill. 1837).

5. PREUVE INCOMBANT A L'UNE DES PARTIES. — L'arrêt qui, d'après la combinaison de ses motifs et de son dispositif, décide que c'est à celui qui excipe de l'exécution d'un acte qu'incombe la preuve que les vices n'étaient pas découverts à cette époque, n'a d'autre caractère que celui d'une décision purement préparatoire et ne liant pas définiti-

76

vement le juge, alors qu'il n'appert pas des qualités de l'arrêt que ce point aurait été consenti ou débattu entre les parties ; donc, il n'échet de se pourvoir contre cette décision qu'après l'arrêt définitif (C. Belgique 10 avr. 1841).

6. INTERLOCUTOIRE ADMETTANT A FAIRE PREUVE. — Un jugement interlocutoire qui admet à faire une preuve n'est pas susceptible d'acquérir l'autorité de la chose jugée sur les questions que doit résoudre le jugement définitif en statuant sur le fond du procès (Req. 22 août 1836).

7. PREUVE ORDONNÉE. — Un jugement qui ordonne une preuve n'est qu'un jugement préparatoire (Poitiers 14 therm. an 11).

10187. Preuve. — Enquête. — Jugement interlocutoire. — Mais si le juge ordonne la preuve ou l'enquête, malgré la contestation de l'une des parties sur l'utilité ou la possibilité légale de la preuve, il y a nécessairement préjugé sur le fond, qui fait pressentir la solution que le juge donnera selon le résultat de la preuve ou de l'enquête. Aussi ont été réputés *interlocutoires* les jugements ci-après :

1. REJET DE DEMANDE EN PRODUCTION DE PIÈCES. — Le jugement qui déclare le défendeur à une inscription de faux non recevable à faire entendre des témoins et à produire des pièces de comparaison, par le motif que ce droit appartient exclusivement au demandeur (Rej. 22 juin 1805).

2. PREUVE ORDONNÉE MALGRÉ OPPOSITION. — Le jugement qui, soit sans statuer sur les exceptions préjudicielles, soit avant faire droit au fond s'il n'a pas été proposé d'exception de cette nature, ordonne, malgré l'opposition de l'une des parties, une preuve des faits allégués ; car il préjuge le mérite de l'exception, ou annonce qu'il subordonne sa décision sur le fond à la preuve qu'il a ordonnée (Orléans 17 janv. 1808).

Le jugement qui, contrairement à l'art. 12 L. 22 frimaire an 7, ordonne la preuve littérale de la mutation non déclarée que l'Administration de l'enregistrement présume s'être opérée entre les parties (Rej. 10 mars 1808).

Le jugement qui ordonne à l'Administration de l'enregistrement de prouver que le survivant des époux s'est déclaré héritier en usufruit du prédécédé pour avoir cette qualité, la coutume d'alors ne l'accordant qu'à celui qui a fait appréhension des biens (Req. 28 nov. 1808).

3. VÉRIFICATION D'EFFETS MOBILIERS. — Le jugement qui, sur une demande en restitution de linge et effets qu'on prétend avoir été soustraits dans une succession, ordonne une vérification de ce linge et l'audition de témoins à l'effet de savoir si ces effets n'auraient pas été donnés aux prévenus par le défunt (Req. 14 août 1811).

4. SOCIÉTÉ. — Le jugement d'un tribunal de commerce qui ordonne que des individus qui se présentent pour poursuivre le remboursement d'effets de commerce justifieront qu'ils sont, au moyen de l'existence d'une société, les représentants des bénéficiaires (Req. 21 nov. 1816).

Le jugement qui autorise la preuve du recel qu'aurait commis un associé d'effets de la société (Cass. 28 août 1865, D. 65-1-352).

5. PREUVE CONTRE RAPPORT D'EXPERT. — Le jugement qui admet une partie à faire la preuve par témoins contre des faits constatés dans le rapport d'un expert : on dirait en vain que cette preuve ne constitue qu'une contre-enquête ne préjugeant pas le fond (Req. 27 avr. 1820).

6. FAIT ARTICULÉ. — Le jugement qui ordonne d'en venir au fait articulé par une partie, en ce qu'il préjuge le fond : en conséquence, on peut en interjeter appel avant le jugement définitif (Poitiers 3 mars 1826).

Alors surtout que ce jugement n'a été rendu ni d'office ni d'accord entre les parties (Cass. 7 déc. 1864, D. 65-1-184).

Le jugement qui, en matière de séparation de corps, ordonne la preuve des faits articulés comme sévices ou injures graves (Cass. 3 fév. 1863, D. 64-1-185).

7. PREUVE DE POSSESSION. — Le jugement qui ordonne la preuve d'une possession immémoriale (Req. 4 mars 1828).

Le jugement qui ordonne l'application des titres produits à des terrains litigieux et qui admet le revendiquant à la preuve de la possession trentenaire (Bordeaux 8 avr. 1839).

La décision du juge du possessoire qui ordonne d'office la preuve d'une convention tendant à affecter de précarité la possession du demandeur (Cass. 7 août 1849, D. 49-1-218).

8. SERVITUDE. — Le jugement qui, sur la demande en rétablissement d'une servitude de passage par suite d'un fonds enclavé, servitude dont le demandeur allègue avoir joui de temps immémorial, ordonne que celui-ci sera tenu de reconnaître quel est le chemin le plus court et le moins dommageable du fonds enclavé à la voie publique (Req. 9 déc. 1828).

9. DÉCISION SUR LA QUESTION DE DROIT. — L'arrêt qui, en ordonnant une enquête, décide la question de droit sur l'admissibilité de la preuve testimoniale : en conséquence, le pourvoi contre cet arrêt est non recevable, si la sentence a été exécutée, et si, d'ailleurs, le pourvoi n'a pas été formé dans les trois mois de la signification de l'arrêt (Req. 20 juill. 1830).

10. VÉRIFICATION D'ÉCRITURE. — Le jugement qui ordonne la vérification de l'écriture d'un testament (Paris 30 juill. 1838).

11. PREUVE INSUFFISANTE. — Le jugement qui, contrairement aux conclusions d'une partie, déclare insuffisante la preuve rapportée en exécution d'un premier jugement interlocutoire et qui ordonne de la faire de nouveau (Limoges 29 avr. 1841).

12. PROROGATION D'ENQUÊTE. — Le jugement qui proroge une enquête ; il est, comme celui qui l'a ordonnée, un jugement interlocutoire, et, comme tel, susceptible d'appel avant le jugement définitif (Orléans 13 juill. 1843).

13. INSCRIPTION EN FAUX. — L'arrêt qui admet une

partie à s'inscrire en faux est interlocutoire, et ne peut être qualifié d'arrêt préparatoire ou d'instruction contre lequel le recours en cassation n'est ouvert qu'après l'arrêt définitif (Cass. 25 juin 1845, D. 45-4-62).

14. ENQUÊTE. — Est interlocutoire un jugement qui ordonne une enquête dont le résultat peut entraîner la décision de la cour ; on peut donc en appeler avant la décision au fond (Rennes 29 juin 1816. — V. Cass. 29 déc. 1851, S. 52-1-805).

15. PREUVE PRÉJUGEANT LE FOND. — Est interlocutoire le jugement qui ordonne tant par experts que par témoins une preuve de faits qui préjugent le fond (Rennes 22 janv. 1821).

16. PREUVE DE CONTRAVENTION. — La décision du juge du possessoire qui ordonne d'offrir la preuve d'une convention qui, ayant pour résultat d'affecter de précarité la possession du demandeur, en ce qu'elle établirait notamment qu'il n'a recueilli les produits du terrain litigieux qu'en vertu d'un échange de fruits, est interlocutoire, et par conséquent susceptible d'appel (Req. 7 août 1849).

17. COMMERÇANT. — Le jugement qui, avant de statuer sur une exception d'incompétence proposée par le défendeur, autorise le demandeur à prouver par témoins que celui-ci est commerçant (C. Bourges 19 janv. 1869, S. 29-2-323),

10188. Reddition de compte. — 1. JUGEMENT DÉFINITIF. — Si le compte demandé est le seul objet du procès, la seule demande formée, le jugement qui intervient est *définitif*.

2. JUGEMENT PRÉPARATOIRE. — Lorsque la demande du compte est accessoire à la demande principale et qu'elle n'est *contestée* par aucune des parties, le jugement qui intervient est préparatoire. Dans ce sens ont été considérés comme préparatoires :

1° Le jugement ordonnant, dans certains cas, une justification de pièces, une liquidation de fruits et des comptes, en réservant le fond et les dépens (Cass. 1er niv. an 8);

2° Le jugement qui, avant faire droit, ordonne que les parties produiront leurs moyens et droits respectifs à un partage de famille, et qui nomme un séquestre pour administrer la succession à partager (Orléans 20 avr. 1814);

3° Le jugement qui ordonne un compte ou une simple préparation de compte, lorsqu'il ne préjuge pas le fond du procès et n'est ordonné que pour éclairer la conscience du juge (Cass. 28 janv. 1823);

4° Le jugement qui ordonne un simple calcul d'intérêts pour éclairer la religion des magistrats (Poitiers 13 fév. 1833);

5° Le jugement qui, sur des demandes tendantes, d'une part, à l'homologation d'un procès-verbal d'experts et à un partage, et, d'autre part, à la licitation préalable d'acquêts de communauté, se borne à ordonner, avant faire droit, que

les parties entreront préalablement en liquidation devant un notaire qu'il commet, et à nommer un juge-commissaire à cette liquidation (Nancy 27 juill. 1844; Cass. 18 avr. 1855, 365 R. P.);

6° Celui qui, sur une demande en reddition de compte de tutelle, ordonne que le compte sera préalablement débattu devant un juge-commissaire, et cela alors même que le tuteur aurait conclu à ce que le tribunal statue au fond (Cass. 21 déc. 1858, S. 59-1-485, D. 59-1-23);

7° Le jugement qui, sur une demande en compte formée contre un officier ministériel par son client et dans laquelle les parties sont contraires en fait, renvoie les parties à compter devant un juge-commissaire (Cass. 24 juin 1845, D. 45-1-361).

3. JUGEMENT INTERLOCUTOIRE. — Si la demande du compte, étant accessoire à la demande principale, se trouve contestée par l'une ou plusieurs des parties, le jugement qui ordonne cette mesure est interlocutoire. Jugé dans ce sens :

1° Que le jugement qui a condamné l'une des parties à rendre à l'autre un compte demandé par suite d'une prétendue société est interlocutoire (Cass. 28 août 1809);

2° Que doit être considéré comme interlocutoire le jugement qui, en matière de société, renvoie les parties devant des arbitres pour rétablir leurs comptes, alors que l'une d'elles oppose une fin de non-recevoir tirée de ce que les livres de la société établissent véritablement sa créance contre ladite société... par suite, les juges d'appel, en infirmant ce jugement en ce qu'ils déclarent qu'il n'y a lieu de renvoyer à des arbitres, peuvent évoquer le fond, si les parties y avaient déjà conclu en première instance (Req. 29 août 1815);

3° Que le jugement qui ordonne la production d'un compte n'est qu'un simple jugement préparatoire, si ce compte n'est qu'un moyen d'éclairer les juges; mais que, s'il faut décider si un compte est dû ou non, le jugement qui statue sur cette question est interlocutoire (Cass. 5 mai 1819).

10189. Descente sur les lieux contentieux. — 1. JUGEMENT PRÉPARATOIRE. — La règle générale est que le jugement qui ordonne la visite des lieux contentieux est *préparatoire*. Jugé dans ce sens : 1° que le chef du jugement qui ordonne une descente de lieux est préparatoire et par suite non susceptible d'appel (Bordeaux 8 avr. 1839);

2° Que le jugement qui ordonne que les lieux en litige seront visités par un juge-commissaire, assisté d'un architecte, lequel en dresse un plan topographique, est un jugement purement préparatoire ; que par suite l'appel ne peut être interjeté qu'après le jugement définitif (Nancy 2 déc. 1842).

2. JUGEMENT INTERLOCUTOIRE. — Cependant il peut arriver qu'un pareil jugement ait un caractère interlocutoire. Ainsi la Cour de cassation a décidé, le 25 juin 1823, qu'est interlocutoire et non préparatoire le jugement par lequel le tribunal, ayant à prononcer sur la mitoyenneté d'un

fossé, commence par reconnaître qu'il n'existe pas dans la cause de documents pour statuer sur le point litigieux, puis ordonne, sans que l'une des parties y consente avant faire droit, la descente du président sur les lieux, et nomme un expert pour faire la double vérification de la contenance des héritages des parties, et de l'existence ou de la non-existence des signes de mitoyenneté.

Le même caractère a été reconnu au jugement qui ordonne une descente de lieux, alors que cette mesure est ordonnée après une expertise, et qu'elle a pour but déterminé de constater cette opération et de décider si le rapport doit être ou non homologué (Bastia 2 août 1858, S. 58-2-663).

10190. Interrogatoires sur faits et articles. — 1. JUGEMENT PRÉPARATOIRE. — Lorsque l'interrogatoire n'est pas contesté, le jugement qui l'ordonne est simplement préparatoire. Jugé dans ce sens :

1° Que les jugements qui ordonnent un interrogatoire sur les faits et articles sont simplement préparatoires (Rouen, 27 mai 1817; — Poitiers 11 déc. 1849, D. 51-2-91; — Bourges 25 juin 1850, D. 50-2-118; — Bastia 5 avr. 1854, D. 55-2-56; — Cass. 9 fév. 1857, D. 57-1-83; — 21 mars 1857, D. 58-2-76; — 15 juin 1870, S. 70-1-363;

2° Que le jugement qui ordonne de répondre à des faits et articles est un jugement préparatoire dont l'appel ne peut être reçu avant le jugement définitif (Liége 25 nov. 1817);

3° Que le jugement qui, après contradiction sur la pertinence de faits et articles et leur opportunité, ordonne d'y répondre, est préparatoire (Liége 5 janv. 1824);

4° Qu'il en est de même du jugement qui renvoie à l'audience pour l'appréciation de la pertinence des faits articulés dans une requête à fin d'interrogatoire sur faits et articles (Toulouse 5 mai 1829);

5° Que le jugement sur requête ordonnant un interrogatoire n'a pas les caractères d'un jugement proprement dit, en ce sens que le tribunal qui l'a rendu ne puisse le rapporter (Bruxelles 17 fév. 1819);

6° Que le jugement par lequel un tribunal a refusé de reconnaître un effet suspensif à l'appel relevé contre un précédent jugement statuant sur un incident de la procédure, et, par exemple, rejetant une demande à fin d'interrogatoire sur faits et articles, est simplement préparatoire, et conséquemment ne peut être attaqué par appel que conjointement avec le jugement définitif (451, 452 et 454 C. proc.; — Toulouse 28 janv. 1853);

7° Est également préparatoire le jugement par lequel le tribunal refuse de reconnaître un effet suspensif à l'appel relevé contre un précédent jugement rejetant une demande à fin d'interrogatoire (Toulouse 28 janv. 1855, D. 55-2-58).

2. JUGEMENT INTERLOCUTOIRE. — D'une autre part, on a considéré comme interlocutoires, et, par suite, attaquables avant le jugement définitif :

1° Le jugement qui déclare pertinents et admissibles des faits sur lesquels une partie a demandé l'interrogatoire

(Bruxelles 24 juin 1806; — C. Poitiers 25 janv. 1849, D. 50-2-62; — Cass. 26 juill. 1865, D. 66-5-277);

2° Le jugement qui ordonne que le défendeur à l'interdiction sera interrogé en la chambre du conseil (Caen 9 juill. 1828);

3° Lorsque la pertinence des faits est contestée, en ce qu'un tel jugement préjuge nécessairement le fond (Angers 14 fév. 1835).

10191. Comparution des parties. — Le jugement qui ordonne la comparution personnelle des parties à l'audience est naturellement préparatoire. C'est dans cette catégorie qu'on a rangé :

1° Le jugement qui, sur une contestation relative à la restitution d'un dépôt, a ordonné la comparution des parties pour l'instruction de la cause (Req. 10 janv. 1809);

2° Le jugement d'un tribunal de commerce qui, pour s'assurer des droits du porteur d'une lettre de change, ordonne la mise en cause et la comparution des personnes à l'audience (Colmar 6 déc. 1809; — Agen 5 juill. 1831; — Montpellier 19 déc. 1810);

3° Le jugement d'un tribunal de commerce qui ordonne la comparution des parties en personne (Colmar 16 nov. 1811);

4° Le jugement qui a rejeté la demande formée incidemment de la comparution en personne d'un notaire et de la remise par lui d'un acte sous seing privé que l'on prétend exister entre ses mains (Paris 21 juin 1827).

10192. Serment. — On doit réputer interlocutoire le jugement qui défère le serment soit par la demande de l'une ou de l'autre partie, soit d'office de la part du juge (Cass. 8 déc. 1829; — Limoges 23 mars 1829)

10193. Communication ou dépôt de pièces. — Carré (n° 1623) distingue le cas où la communication de pièces n'est pas contestée par les parties de celui où l'une d'elles s'y opposerait. Au premier cas, le jugement est simplement préparatoire; dans le second cas, au contraire, il est interlocutoire.

1. JUGEMENT PRÉPARATOIRE. — Ainsi sont réputés préparatoires :

1° Le jugement qui ordonne une simple communication de pièces (Rouen 5 mars 1841; — Cass. 1er mai 1855, 380 R. P.);

2° Le jugement qui ordonne, sans préjudice des droits des parties, la production de l'original et des copies d'un acte, bien que la mesure ordonnée puisse influer sur le jugement du fond (Cass. 3 pluv. an 13);

3° Le jugement qui avant faire droit ordonne que les parties remettront leurs pièces à des avocats, pour leur avis être rapporté au tribunal et être statué ce qu'il appartiendra (Rennes 29 nov. 1810);

4° Le jugement qui ordonne l'apport de la minute d'une pièce, et en outre que des faits articulés seront avoués ou contestés dans un délai déterminé (Paris 2° ch. 19 déc. 1810);

5° Le jugement qui, sur la production d'une contre-lettre à une donation, ordonne de reconnaître ou méconnaître que la pièce est écrite et signée du donataire (Bruxelles 10 janv. 1817);

6° Le jugement qui ordonne le dépôt au greffe d'un testament olographe (Bruxelles 17 avr. 1839);

7° Le jugement qui ordonne une communication des pièces nécessaires à l'appui d'un compte réclamé (Rouen 27 mai 1817);

8° Le jugement qui ne fait qu'ordonner la remise des pièces justificatives d'un compte précédemment ordonné (Rej. 21 nov. 1837);

9° Le jugement qui, sur une action en reddition de compte, ordonne, malgré la résistance du défendeur qui soutient que le compte demandé a déjà été rendu et approuvé, l'apport des registres et pièces comptables, si d'ailleurs ce jugement a réservé tous les moyens, droits et exceptions des parties : « Attendu que ce jugement, dont le dispositif exprime la réserve formelle de tous les moyens tant à la forme qu'au fond, n'a rien préjugé sur le mérite de la demande non plus que sur celui de l'exception; qu'il n'a dès lors d'autre caractère que celui d'un jugement purement préparatoire et d'instruction, dont l'appel n'est pas recevable » (Bordeaux 15 janv. 1841);

10° Le jugement qui ordonne un délibéré avec remise de pièces (Cass. 12 fév. 1822);

11° L'arrêt qui, après avoir reconnu à des propriétaires riverains le droit d'user des eaux d'un ruisseau pour l'arrosement de leurs héritages, sursoit à statuer sur les prétentions de propriétaires non riverains à jouir du même droit, en ordonnant que ces derniers soient tenus de produire les titres et de préciser les faits de possession sur lesquels ils appuient leurs prétentions, en ce que ce jugement ne préjuge rien en leur faveur sur la question du droit d'usage des eaux (Req. 11 avr. 1837);

12° Le jugement qui ordonne le dépôt d'une pièce dans le délai de quinzaine (Lyon 20 fév. 1840);

13° Le jugement qui, lors d'une contestation relative, par exemple, à une question d'état entre les parties, ordonne l'apport au greffe de certains actes et pièces écrits en langue étrangère et la traduction de ces pièces..., bien que ce soit sur ces mêmes actes qu'une partie s'appuyât pour justifier de sa qualité (Req. 6 juill. 1842);

14° Le jugement qui, avant faire droit, ordonne la représentation des livres d'un commerçant (Rej. 25 janv. 1843);

15° Celui qui ordonne la représentation ou l'apport au greffe du livre de commerce de l'une des parties (Cass. 25 fév. 1852, D. 54-5-263);

16° Ou qui, interprétant une première décision, laquelle avait prescrit le dépôt au greffe de certaines pièces, désigne celle des parties qui devra faire le dépôt (C. Poitiers 11 juill. 1854, D. 55-5-273);

17° Celui qui ordonne des vérifications afin de reconnaître si des opérations faites sur les lieux sont conformes à un plan déposé (Cass. 15 fév. 1853, D. 53-1-77).

2. JUGEMENT INTERLOCUTOIRE. — D'un autre côté, on répute interlocutoires :

1° Le jugement qui, avant dire droit, ordonne qu'une pièce sera rapportée, cette décision préjugeant le fond (Orléans 2 juin 1808 ; — Bordeaux 19 juin 1850, D. 55-2-270, S. 51-2-296 ; — Paris 15 mars 1850, D. 51-2-123);

2° Le jugement qui ordonne une communication des registres et papiers du failli par voie de dépôt au greffe, lorsque cette mesure de communication est contestée (Rennes 4 oct. 1811);

3° Le jugement qui porterait à la partie condamnée un préjudice qu'elle ne pourrait plus faire réparer, dans le cas où elle n'interjetterait appel de ce jugement qu'en même temps que du jugement définitif : tel serait le jugement ordonnant que, pour justifier de sa qualité, un héritier bénéficiaire communiquera l'inventaire (Paris 18 août 1825);

4° Un jugement rendu sur une contestation incidente relative à un dépôt de pièces, et qui ordonne que le dépôt aura lieu aux frais de l'une des parties (Aix 17 juin 1826);

5° Le jugement qui statue sur la question de savoir s'il doit ou non être donné copie de telles ou telles pièces produites au procès (Bruxelles 14 avr. 1827);

6° Le jugement qui, après débat sur la nécessité de production de certaines pièces, l'ordonne et manifeste ainsi son intention d'en faire dépendre plus ou moins directement la décision du fond (Bruxelles 16 avr. 1835);

7° Le jugement qui, sur la prétention ayant pour objet de faire déclarer un individu non recevable à s'inscrire en faux contre un acte, déclare que, dans la quinzaine, et ce avec forclusion, le porteur de cet acte déclarera s'il entend en faire usage; un jugement préjuge la question de recevabilité de l'inscription en faux (Grenoble 8 mai 1832);

8° Le jugement qui ordonne le dépôt au greffe d'un acte dont l'existence légale est déniée, et la mise en cause des parties qui y ont figuré (Req. 19 déc. 1842);

9° Le jugement qui statue sur la demande formée par les légataires à titre universel en communication de toutes les pièces de la succession, parce qu'il décide définitivement une question du procès (Rouen 2° chambre 16 fév. 1843);

10° Le jugement qui ordonne, sous une clause pénale, la représentation contestée des livres de commerce d'une partie (Paris 3° ch. 2 août 1843);

11° L'arrêt de la cour des comptes qui enjoint à un payeur de produire à l'appui de ses comptes des pièces autres que celles désignées par l'ordonnateur de la dépense, surtout lorsque les pièces exigées présupposent une marche différente de celle qui a été suivie dans l'affaire administrative, dont le compte de dépense est soumis au règlement; en conséquence, la cassation de l'arrêt peut être immédiatement demandée (Ord. Cons. d'Ét. 8 sept. 1839);

12° Le jugement qui, en présence du dissentiment des héritiers sur la nécessité de conserver ou de détruire certains papiers, ordonne que ces pièces soient apportées en chambre du conseil pour y être examinées ; une telle mesure impliquant la destruction des documents jugés inutiles (Cass. 13 mars 1860, S. 60-1-798) ;

13° Le jugement qui ordonne la communication du livre du commerçant contre lequel a été formé une demande en déclaration de faillite (Orléans 28 fév. 1855, D. 55-5-270) ;

14° Celui dont le dispositif ordonne une communication de pièces, alors qu'il tranche implicitement une question de compétence et préjuge le fond (Angers 4 juill. 1866, D. 66-2-157).

10194. — Intervention. — Mise en cause d'un tiers. — 1. PRÉPARATOIRE. — On a considéré comme préparatoires :

1° Le jugement qui ordonne la mise en cause d'un tiers (Metz 3 juill. 1818) ;

2° Le jugement qui, pour éclairer la religion du tribunal sur les droits du porteur d'une lettre de change, ordonne la mise en cause du précédent endosseur (Colmar 6 déc. 1809) ;

3° Le jugement qui, en accordant le recours à quelques-uns des débiteurs d'une lettre de change, ordonne, avant faire droit à l'égard des autres, la mise en cause d'un tiers (Montpellier 19 déc. 1810) ;

4° Le jugement qui admet une intervention contestée : cette admission ne préjuge pas le fond, en ce que les moyens d'intervention ne sont appréciés qu'avec ceux du fond et toutes les parties de la cause, et qu'aux termes des articles 340 et 341 C. proc., les demandes en intervention sont incidentes, sans pouvoir retarder le jugement du principal (Montpellier 12 avr. 1809) ;

5° Le jugement par lequel un tribunal, sur la question de savoir si un terrain est communal ou propriété privée, et sur la demande de la mise en cause du maire qu'il croyant suffisamment éclairé sur le caractère du terrain litigieux, déclare l'intervention du maire inutile, et ordonne de plaider au fond ; en conséquence, l'appel peut en être interjeté en même temps que celui du jugement définitif, encore bien qu'il se soit écoulé plus de trois mois depuis sa signification (Req. 1er juin 1830) ;

6° Le jugement qui ordonne la mise en cause d'un tiers pouvant donner des renseignements sur la contestation (Agen 5 juill. 1831 ; — Nîmes 29 août 1855, S. 56-2-219) ;

7° Le jugement qui ordonne qu'un conseil de famille soit consulté (Orléans 23 avr. 1807).

2. INTERLOCUTOIRE. — Mais ont été considérés comme interlocutoires et, par suite, comme attaquables avant le jugement définitif sur le fond :

1° Le jugement qui, avant faire droit, ordonne qu'on entendra un tiers (la femme de la partie défenderesse), à la déclaration duquel une partie se réfère sur la question de savoir si elle a payé telle somme à l'autre partie (Bourges 30 avr. 1814) ;

2° Le jugement qui ordonne la mise en cause d'un tiers, parce que celui-ci a un intérêt dans la cause du fond (Orléans 18 fév. 1810) ;

3° Ou parce que ce tiers a connaissance des faits de la cause (Bordeaux 19 janv. 1836) ;

4° Le jugement qui, sur une contestation entre commerçants, ordonne la mise en cause d'une tierce maison, en ce qu'un tel jugement tend à préjuger que, dans l'opinion du tribunal, le défendeur ne serait pas le seul obligé envers le demandeur (Rennes 25 mars 1820) ;

5° Un jugement qui ordonne que des tiers seront entendus à l'audience sur l'objet de la contestation (Amiens 26 janv. 1822) ;

6° Le jugement qui ordonne qu'un tiers sera entendu à l'audience sur l'objet du litige ; en conséquence, on peut appeler de ce jugement avant le jugement définitif (Poitiers 18 janv. 1831) ;

7° Le jugement qui ordonne la mise en cause des parties qui ont figuré à un acte dont l'existence est déniée (Req. 19 déc. 1842) ;

8° Le jugement qui, sur l'action d'un communiste en revendication de celles des portions de l'immeuble indivis aliénées par un autre communiste, portions qui ont été vendues le plus récemment, ordonne la mise en cause des acquéreurs précédents, afin qu'il soit procédé en leur présence à un partage comprenant toutes les portions successivement vendues (Cass. 28 avr. 1851, D. 51-1-145).

10195. Jonction d'instances. — La jonction de deux instances ne peut, en général, être considérée que comme un moyen d'instruction pour parvenir plus promptement à une décision définitive ; cependant, la jurisprudence décide tantôt que le jugement de jonction est préparatoire, tantôt qu'il est interlocutoire.

Ainsi, d'une part, il a été décidé que le jugement qui ordonne la jonction des causes n'est que préparatoire et sans préjuger sur le fond, la disjonction étant de droit et n'ayant pas besoin d'être ordonnée (Orléans 7 juill. 1808) ; tandis que la cour d'Angers a attribué, par arrêt du 15 juin 1848, le caractère interlocutoire à l'ordonnance qui joint une demande en référé à une instance principale dont le tribunal se trouve déjà saisi.

Lorsque l'exception d'incompétence se lie intimement au fond et ne peut être appréciée que par l'examen du fond même, l'arrêt qui joint le déclinatoire au principal est simplement préparatoire (Cass. 26 avr. 1856, S. 56-1-833).

10196. Sursis. — Est tantôt *interlocutoire*, tantôt *préparatoire*, le jugement qui ordonne un sursis.

Ainsi, est préparatoire le jugement qui accorde un sursis à un tuteur en retard de présenter son compte de tutelle, à l'effet de lui faciliter le moyen de fournir ses soutènements à l'appui, et alors même que ce jugement condamnerait le tuteur aux frais occasionnés par sa négligence, en ce que rien n'est préjugé sur le fond (Orléans 12 fév. 1823) ; tandis qu'il a été décidé que doit être réputé interlocutoire, et non pas simplement préparatoire, tout jugement qui, avant faire droit sur une demande en mainlevée d'opposition à mariage, fondée sur la démence du futur époux, ordonne un sursis jusqu'à ce qu'il ait été statué sur l'interdiction (Cass. 6 janv. 1829).

Est interlocutoire le jugement qui surseoit à l'exécution d'une obligation en vertu de l'art. 1244 C. C. (Montpellier 21 nov. 1854, D. 55-5-271).

Celui qui préjuge un défaut de qualité et par exemple qui renvoie une partie se pourvoir d'une autorisation pour citer en justice (C. Rennes 16 août 1847, D. 49-2-117).

Le jugement qui renvoie les parties devant l'autorité administrative pour l'interprétation d'un acte de vente (Orléans 1er juin 1850, D. 50-5-301) ; — ou devant un tribunal pour l'interprétation d'un jugement émané de lui (Cass. 17 déc. 1851, D. 52-1-23).

10197. Remise de cause. — Aucun doute ne peut s'élever sur le caractère purement préparatoire du jugement de remise de cause.

Ainsi, est simplement préparatoire un jugement rendu en vacation qui renvoie la cause après la rentrée (Grenoble 10 mai 1809). — V. 874.

10198. Reprise d'instance. — Il en est de même du jugement ordonnant une reprise d'instance.

Il a été reconnu que le jugement sur une action en reprise d'instance, et lorsque le demandeur oppose la nullité d'un acte de procédure qui, au lieu de se borner à statuer sur cette nullité, indique en outre un jour pour plaider sur le fond, est préparatoire, en ce qu'un tel jugement ne préjuge pas par là la question de savoir si l'instance existe encore ; par suite, l'appel qui en est interjeté sur ce seul motif est non recevable pour défaut d'intérêt (Cass. 21 nov. 1837). — V. 10241.

10199. Déni ou aveu. — Le jugement d'un juge de paix qui ordonne à une partie de dénier ou d'avouer le fait allégué par l'adversaire est préparatoire, lors même que, s'agissant de savoir si l'immeuble litigieux était situé dans tel canton plutôt que dans tel autre, la question de compétence du tribunal de paix se trouvait pour ainsi dire indirectement préjugée (Cass. 31 août 1813).

10200. Défaut profit joint. — Un jugement de première instance rendu par défaut, dans le cas de *défaut profit joint*, conformément à l'art. 152 C. proc., n'est que préparatoire (Bordeaux 30 sept. 1854, S. 52-2-66, D. 52-5-340), — et sujet au droit de 4 fr. 50 cent. (2718 J. E., 1097 I. G.).

10201. Chefs distincts. — Bien que quelques-uns des chefs d'un jugement ne soient que préparatoires, si d'autres sont définitifs l'appel est recevable pour le tout, alors que ces divers chefs sont étroitement liés les uns aux autres (Cass. 20 juill. 1868, S. 68-1-362).

SECTION 3. — JUGEMENT DÉFINITIF

[10202-10262]

10202. Observation. — Au point de vue civil, c'est la recevabilité soit de l'appel, soit du pourvoi en cassation, qui constitue la nécessité de la détermination des jugements définitifs ; au point de vue fiscal, cette détermination puise son utilité dans une question de tarif, car les jugements définitifs sont assujettis à un droit plus élevé que les jugements préparatoires et interlocutoires.

10203. Tarif. — Les jugements définitifs sont en effet assujettis, savoir : ceux rendus par les juges de paix, au droit de 3 francs, — ceux qui émanent des tribunaux civils et de commerce et des arbitres, au droit de 7 fr. 50 cent., — les arrêts des cours d'appel, au droit de 15 francs, — enfin les arrêts de la C. cass. et du Cons. d'Ét. à 37 fr. 50 cent.

10204. Caractère. — On a vu, au n° 10180, que l'on appelle *interlocutoire* le jugement qui *préjuge*. Par opposition à ce caractère, on appelle *définitif* le jugement qui *juge*. Mais on tomberait dans l'erreur si l'on donnait à l'expression *définitif* une acception trop littérale, si l'on pensait, par exemple, que ce jugement est celui qui termine la contestation d'une manière *définitive*. Ce n'est pas seulement, en effet, lorsqu'il juge sur le fond que le jugement est *définitif* ; il l'est encore lorsqu'il prononce sur les *incidents*, sur les *exceptions*, sur les *nullités*, sur les *fins de non-recevoir*, etc., en premier comme en dernier ressort. Le jugement définitif, en un mot, est celui qui ne se borne pas à *préjuger*, comme l'interlocutoire, mais qui *juge* un point, une question quelconque du procès. A ce point de vue, ont été considérés comme *définitifs* les jugements rendus dans les espèces suivantes :

10205. Condamnation sous déduction. — Est définitif le jugement qui condamne une partie à payer, bien que la condamnation ne doive s'exécuter que sous déduction faite des sommes déjà payées et de tous acquits bons et valables (Cass. 20 flor. an 11).

10206. Rejet de déclinatoire. — Il en est de même du jugement qui rejette un déclinatoire ou un moyen de nullité (Cass. 24 mess. an 11).

10207. Jugement sur contestation. — Tout jugement qui statue sur une contestation, soit incidente, soit principale et prononce une condamnation, est définitif : tel est le jugement qui statue incidemment, par exemple, sur le mérite de reproches présentés contre des témoins (C. Metz 8 déc. 1815 ; — C. Rennes 12 janv. 1826).

10208. Jugement sur exception. — Est définitif tout jugement qui statue sur une exception (Cass. 14 frim. an 12).

10209. Instruction au fond. — Rejet de fins de non-procéder. — L'arrêt contradictoire qui rejette les fins de non-procéder et de non-recevoir, et ordonne l'instruction au fond, est définitif; dès lors, le pourvoi n'en est plus recevable après trois mois (deux mois) de la signification (Cass. 23 avr. 1807; — Bruxelles 23 nov. 1832).

10210. Mise en possession. — On doit considérer comme définitif le jugement qui permet à une partie de se mettre en possession de biens dont le délaissement avait été ordonné en sa faveur par un précédent jugement (Cass. 2 vent. an 5).

10211. Relevé de déchéance. — Il en est de même du jugement qui accorde un nouveau délai pour opérer un rapport sur la valeur d'un immeuble revendiqué pour cause de lésion, alors que par cette prorogation les parties sont relevées d'une déchéance résultant d'un jugement qui avait acquis l'autorité de la chose jugée (Cass. 2 frim. an 9).

10212. Vérification d'écriture. — Le jugement qui, par suite d'une vérification d'écriture, déclare que la pièce contestée a été écrite par l'auteur de l'héritier qui la déniait, est définitif et non simplement préparatoire relativement au jugement à intervenir sur la demande en exécution du titre (Cass. 21 mess. an 9).

10213. Moyen péremptoire. — Est définitif le jugement qui statue sur la fin de non-recevoir opposée par le défendeur à la tierce-opposition, comme moyen péremptoire (Rouen 25 brum. an 10).

10214. Recevabilité d'opposition. — Il en est de même du jugement qui déclare recevable soit une opposition, soit un appel (Cass. 30 germ. an 10);
Du jugement qui admet l'opposition formée à un jugement par défaut et continue la cause à huitaine (Cass. 20 sept. 1844, D. 45-4-354).

10215. Admission de la preuve. — De même pour le jugement qui, dans une contestation relative à une reconnaissance d'enfant naturel, déclare admissible la preuve offerte (Cass. 4 vent. an 11);
Et pour le jugement qui, dans une contestation entre les parties sur l'admissibilité de la preuve testimoniale, admet la preuve demandée par tous les moyens de droit (Bruxelles 30 avr. 1834).

10216. Réception d'action. — Est définitif le jugement qui déclare recevable, avant toute décision au fond, une action dont la recevabilité est contestée (Cass. 26 vent. an 12).

10217. Compétence. — Est définitif le jugement qui, tout en renvoyant de la cause certaines parties, en leur qualité d'héritiers, leur ordonne d'y rester pour être statué contradictoirement sur une demande en nullité d'une donation, par exemple, intentée contre l'une d'elles, en ce qu'un tel jugement décide positivement la compétence (Cass. 1er vent. an 12).

10218. Jonction au fond d'une demande incidente. — Le jugement qui joint au fond la demande incidente d'une provision alimentaire est définitif, puisqu'il refuse des aliments jusqu'au jugement du fond (Montpellier 4 therm. an 12).

10219. Renvoi devant un autre tribunal. — Le jugement par lequel un tribunal renvoie devant un autre tribunal est définitif (Cass. 10 fruct. an 12; — Cass. 17 déc. 1851, D. 52-1-23).

10220. Condamnation sauf détermination ultérieure. — On doit considérer comme définitif le jugement qui renferme une condamnation, quoiqu'il n'en fixe pas le montant, et que, pour l'établir, il ordonne un préparatoire (Nîmes 26 niv. an 13).

10221. Prescription. — Irrigation. — Le jugement qui décide le droit contesté, et spécialement le droit de jouir périodiquement des eaux d'un moulin pour l'irrigation d'une prairie, est prescriptible par trente ans, et admet en conséquence la preuve de la jouissance trentenaire de ce droit, est définitif quant à la question de prescriptibilité du droit (Cass. 15 avr. 1807).

10222. Existence de créance. — Le jugement qui, sur une saisie-arrêt formée entre les mains des fermiers du débiteur d'une rente viagère, condamne les tiers saisis à payer leurs fermages échus et à échoir au créancier, jusqu'à l'extinction de la créance, et qui déclare ces dispositions communes avec le débiteur, n'est point simplement provisoire, il est définitif sur l'existence de la créance (Cass. 27 avr. 1807).

10223. Condamnation aux dépens. — Est définitif le chef du jugement contenant condamnation aux dépens; on peut donc appeler, même après s'être présenté, sous toutes réserves, devant un arbitre nommé par ce jugement (Agen 26 mai 1807).

10224. Ordre de faire la preuve offerte.— Il en est de même du jugement qui ordonne une preuve offerte par l'une des parties, et que l'autre prétendait n'être pas recevable, alors même que le tribunal qui l'a rendu a déclaré ne statuer que par avant faire droit, et toutes choses tenant au principal (Cass. 24 oct. 1808).

10225. Sursis. — Est définitif le jugement qui prononce un sursis à statuer sur une demande principale en état jusqu'à ce que la demande en garantie le soit aussi (Cass. 27 juin 1810).

1. AUTORISATION. —Celui qui rejette une fin de non-recevoir tirée de ce qu'une femme mariée n'est pas autorisée à ester en justice et renvoie la cause à huitaine a un caractère définitif en ce sens que si la partie succombante se présente à la huitaine et plaide au fond, même sous toutes réserves, elle est censée y donner son acquiescement (Bastia 26 déc. 1849, D. 50-2-71).

2. RENVOI. — Il en est de même de la décision par laquelle le juge d'appel, après infirmation d'un jugement d'incident, renvoie la cause aux premiers juges au lieu d'évoquer (Cass. 6 janv. 1855, D. 55-5-272).

3. INCOMPÉTENCE. — Un jugement de juge de paix, bien qu'il énonce qu'il est sursis à prononcer jusqu'après jugement au fond par les tribunaux compétents, doit être considéré comme définitif, attendu que du moment où le juge de paix ne doit pas connaître de la question, il ne doit pas surseoir ; il ne peut que renvoyer les parties devant le juge compétent (Sol. 12 déc. 1830, 9850 J. E.).

10226. Rejet de procès-verbal. — Est définitif le jugement qui, après avoir ordonné qu'un procès-verbal des difficultés et dires des parties sur un compte en litige serait ouvert devant un juge commis, rejette ce procès-verbal, même quant à présent (Cass. 10 nov. 1813).

10227. Reddition de compte. — Est encore définitif le jugement qui, sans s'arrêter au soutènement d'un comptable qui ne peut pas être envisagé comme un comptable ordinaire, décide que le compte sera rendu dans les formes prescrites par le C. proc. « Considérant que cette qualité de comptable et les obligations légales qui en résultent avaient été contestées par la dame Den.; qu'ainsi, et sous ce rapport la décision intervenue est définitive et porte un préjudice irréparable à la demanderesse en séparation de biens » (Gand 14 fév. 1834). — V. 10255.

Ou bien le jugement qui pose la base d'une condamnation et qui, notamment, condamne une partie à payer le solde d'un compte à établir devant arbitres (Cass. 12 avr. 1847, D. 47-4-13 ; — 14 janv. 1852, D. 52-1-20).

10228. Preuve déclarée inadmissible. — Plaidoirie au fond. — Le jugement qui déclare inadmissible la preuve de faits articulés par l'une des parties, et ordonne de plaider au fond, est définitif (Bruxelles 30 juin 1818).

10229. Preuve contestée. — Il en est de même du jugement qui statue, après contestation, sur l'admissibilité de la preuve vocale (Cass. 28 déc. 1818).

10230. Rejet de demande. — Dépens réservés. — De même pour le jugement qui, quoiqu'il réserve les dépens, rejette une demande pour défaut de tentative de conciliation : les premiers juges sont dessaisis, car l'instance se trouvera éteinte si la cour, sur l'appel, confirme la sentence ; et si elle l'infirme, la cause sera renvoyée devant un autre tribunal, pour épuiser le premier degré de juridiction (Orléans 2 juin 1819).

10231. Subrogation. — Est définitif le jugement qui prononce la subrogation d'un autre créancier au créancier saisissant (Cass. 13 nov. 1820).

10232. Appel en cause. — Est définitif le jugement qui ordonne à une partie appelée en cause de s'expliquer sur certains faits, sous peine de voir le jugement à intervenir déclaré commun avec elle (Bruxelles 8 mai 1822).

10233. Exception mise de côté. — Il en est de même du jugement qui, sur une action en rescision d'un traité passé entre cohéritiers à laquelle le défendeur oppose que l'acte attaqué est une vente de droits successifs, non susceptible d'être rescindée (art. 889 C. C.), ordonne, sans égard à cette exception, l'estimation des biens de la succession, en ce qu'il rejette la fin de non-recevoir (Riom 3 fév. 1825).

10234. Qualités des parties. — Le jugement qui statue sur la qualité des parties, et, par exemple, qui rejette l'exception tirée de ce qu'un individu n'aurait pas qualité pour agir comme curateur d'un absent, est définitif (Bourges 30 nov. 1825).

Il en est de même de celui qui, déclarant un individu associé, le renvoie comme tel devant des arbitres (Cass. Paris 16 fév. 1850, D. 52-5-337).

10235. Faits déclarés constants. — Liquidation. — Il en est de même du jugement qui, dans une instance en liquidation de succession, ordonne au notaire liquidateur d'admettre comme constants les faits rapportés dans un document ou mémoire fourni par l'une des parties, et d'en consigner, dans la liquidation, les comptes et les résultats. On objecterait en vain que ce jugement devant être suivi d'un jugement définitif au sujet de la liquidation fournie par le notaire, il serait illégal d'admettre que, dans l'instance, il put y avoir deux jugements définitifs (Cass. 14 août 1833).

10236. Faux incident. — Est définitif le jugement qui admet une inscription de faux incident pour l'instruction de laquelle il doit être procédé par le juge qui l'a rendu (Cass. 5 nov. 1835).

10237. Exécution provisoire. — Le jugement qui, sur la demande d'exécution provisoire formée, en matière d'assurance maritime, par le porteur d'un connaissement, se borne à surseoir pendant un certain délai, jusqu'à la production d'une pièce tendant à infirmer la foi due au connaissement (Aix 8 déc. 1835).

10238. Enquête sommaire. — Le jugement qui ordonne, contrairement à l'art. 407 C. proc., qu'une enquête en matière sommaire sera faite devant un juge-commissaire sur les lieux contentieux est définitif quant à ce chef (Cass. 29 déc. 1851, D. 52-1-184).

10239. Jugement définitif quant à l'exception, — préparatoire quant à la demande. — L'arrêt qui rejette une fin de non-recevoir proposée par le défendeur est définitif quant à l'exception, bien que préparatoire au égard à la demande : en conséquence, un pareil arrêt acquiert l'autorité de la chose jugée par rapport à cette exception (Cass. 4 mai 1836).

10240. Instance antérieure au code de procédure. — Est définitif l'arrêt qui ordonne qu'une instance antérieure au C. proc. sera instruite conformément à ce code (Cass. 22 nov. 1837).

10241. Jugement définitif quant à l'exception, — interlocutoire quant au fond. — Le jugement qui, sur l'exception tirée de ce que la coutume du Poitou ne permettait pas d'acquérir les servitudes par la description, a rejeté l'exception et ordonné la preuve de la possession, est interlocutoire quant au fond, et définitif sur l'exception (Limoges 1er août 1838).

10242. Jugement définitif au fond, — interlocutoire sur l'exception. — Le jugement qui, sur l'action en revendication d'une portion de terrain que le demandeur prétend être comprise dans une vente d'immeubles à lui faite, après application aux propriétés respectives des parties d'un procès-verbal de délimitation dont le caractère décisif était reconnu au procès, décide que le demandeur a justifié sur prétention et admet subsidiairement le défendeur à établir que, de son côté, il est devenu propriétaire du même terrain par prescription, contient une décision définitive sur le chef concernant la preuve à faire par le demandeur et n'est interlocutoire que sur l'exception de péremption (Cass. 5 déc. 1860, D. 61-1-88 ; — 24 août 1850, D. 50-1-390).

10243. Admission de requête civile contestée. — Est définitif l'arrêt qui prononce l'admission de la requête civile, quant au rejet des exceptions proposées par le défendeur contre cette requête (Cass. 18 fév. 1839).

10244. Rejet de conclusions. — La sentence du juge de paix, en matière de douanes, qui surseoit à statuer sur la validité de la saisie jusqu'après la décision de la commission d'expertise chargée d'examiner l'origine des marchandises, et qui déboute en même temps le saisi de ses conclusions en dommages-intérêts, doit être considérée comme définitive et sujette à appel quant au rejet des conclusions ; de sorte que si, pendant l'instance d'appel, la commission d'expertise rend une décision favorable au saisi, et qui motive un désistement de la part de la Régie, le tribunal peut valablement déclarer en cet état que la matière est disposée à recevoir une décision définitive et statuer sur le tout par un seul et même jugement (Cass. 12 nov. 1839).

10245. Instance reprise. — Est définitif le jugement qui tient une instance pour reprise : « Attendu, sur la fin de non-recevoir, qu'il est sans fondement soutenu par les intimés, qu'un jugement en reprise d'instance est préparatoire de sa nature, et qu'appel ne peut en être interjeté qu'après le jugement définitif et conjointement avec l'appel de celui-ci ; qu'il n'y a rien de préparatoire dans un jugement qui tient une instance pour reprise ; qu'une pareille décision est définitive en ce qui touche la chose demandée, c'est-à-dire la reprise de l'instance sur les derniers errements de la procédure ; que, par conséquent, appel a pu en être relevé par Bouillac, et que les mariés Ragot et Desnanois doivent être déboutés de leur fin de non-recevoir » (Bordeaux 7 janv. 1840). — V. 10198.

Un pareil jugement est donc passible du droit fixe de 4 fr. 50 cent. ou de 7 fr. 50 cent., selon qu'il est en premier ou en dernier ressort (16487-4 J. E.).

10246. Preuve testimoniale. — Le jugement qui refuse d'accueillir une offre testimoniale est définitif ; par suite, le tribunal d'appel qui infirme un tel jugement n'est pas tenu d'observer la règle posée dans l'art. 473 C. proc., d'après lequel, en cas d'infirmation d'un jugement interlocutoire, les juges d'appel ne peuvent statuer sur le fond que par le jugement même qui prononce cette infirmation (Cass. 9 déc. 1840).

10247. Servitude. — L'arrêt qui, pour admettre la preuve par témoins de la prescription d'une servitude, en vertu d'une possession trentenaire, examine contradictoirement les caractères et la légalité de cette servitude, et déclare qu'elle constitue une servitude continue et apparente, susceptible d'être prescrite, est définitif quant à ce, et ne peut être l'objet d'un recours en cassation, après l'arrêt définitif, si les parties l'ont volontairement exécuté sans réserves (Cass. 11 janv. 1841).

10248. Interprétation de jugement. — L'arrêt qui, sur une difficulté d'exécution d'un jugement dont le sens est obscur, renvoie l'interprétation de ce jugement devant les juges qui l'ont rendu, et ordonne un sursis jusqu'à ce que cette interprétation soit rapportée, est définitif quant au renvoi prononcé, en ce que ce sursis préjuge que le sort du principal est subordonné à l'interprétation demandée (Cass. 17 déc. 1851).

10249. Faire droit à défaut de déclaration supplétive. — Le jugement qui, en matière d'enregistrement, après avoir constaté que des héritiers ont évidemment omis dans leur déclaration de succession des biens dont toutefois la consistance et la valeur ne peuvent être encore appréciées, ordonne que ces héritiers feront au bureau de la situation de ces biens, dans un délai déterminé à partir de la signification dudit jugement, une déclaration supplétive des biens omis, faute de quoi, dit-il, *il sera fait droit*, est définitif (Cass. 29 déc. 1841).

10250. Rejet de moyen. — Évaluation ordinaire avant faire droit. — L'arrêt qui, sur une action en nullité de partage, rejette un moyen de ratification opposé au demandeur, et ordonne avant dire droit l'évaluation des biens partagés, est définitif quant au chef relatif à la ratification, et doit être attaqué de ce chef distinctement de l'arrêt définitif (Cass. 10 nov. 1847).

10251. Rejet de fin de non-recevoir. — Renvoi avant au fond. — Le jugement qui rejette une fin de non-recevoir tirée de ce qu'une femme mariée n'est pas autorisée à ester en justice, et renvoie la cause à huitaine pour être plaidée au fond, à un caractère définitif, en ce sens que si la partie succombante se présente à la huitaine et plaide au fond même sous toutes réserves d'appeler du jugement, elle est censée y donner son acquiescement, et elle se rend par suite non recevable à l'attaquer par appel (C. Bastia 26 déc. 1849).

10252. Compétence. — La règle générale est que l'on doit considérer comme définitive toute décision qui statue sur la compétence. Ainsi on a considéré comme définitif : 1° le jugement qui rejette un déclinatoire, ordonne de plaider au fond, et condamne aux frais de l'incident (Cass. 12 mars 1806) ;

..2° Le jugement qui rejette une exception d'incompétence (Turin 27 flor. an 13) ;

3° Le jugement qui statue sur la compétence (Nancy 4 fév. 1839).

Ainsi encore, le jugement du juge de paix qui, *avant faire droit*, renvoie les parties à se pourvoir devant les juges compétents relativement à un incident, est passible du droit fixe de 2 francs (3 fr.), comme étant définitif au sujet de l'incompétence (14448-6 J. E.).

10253. Partage. — On considère généralement comme définitif le jugement qui ordonne un partage. C'est ce qui a été décidé dans les espèces ci-après :

1° Le jugement qui déclare nul un acte de vente et ordonne le partage des biens vendus entre les héritiers du vendeur ; peu importe que le même jugement contienne la réserve de statuer dans un délai déterminé sur la restitution du prix compté dans l'acte annulé (Cass. 23 frim. an 10) ;

2° Le jugement qui, sur une demande en rescision pour lésion d'un acte présenté comme partage, et lorsque le défendeur oppose que l'acte constitue non un partage, mais une vente, rejette cette exception et ordonne une nouvelle estimation (Cass. 2 germ. an 10) ;

3° Le jugement qui fait droit à une demande en partage des biens d'une succession qui était la seule question qui divisait les parties, et bien que le jugement prescrive en même temps au défendeur de communiquer l'état estimatif de la succession pour être ensuite statué ce qu'il appartiendra (Cass. 11 brum. an 11) ;

4° Le jugement qui ordonne un partage avec expertise, avant la formation des lots, pour l'estimation des biens (Req. 23 juin 1823) ;

5° Le jugement qui, en matière de partage, rejette purement et simplement une demande nouvelle en expertise, relative à l'estimation des biens, encore que le même jugement ait homologué le rapport des experts en ce qui touche cette estimation et renvoyé les parties devant le notaire commis, pour se concilier sur le mode de partage (Req. 6 déc. 1836) ;

6° Le jugement qui, sur la demande en partage de plusieurs successions indivises entre les mêmes cohéritiers, ordonne, après débat contradictoire, que les opérations de partage de chacune de ces successions se feront distinctement (Cass. 8 juin 1859, D. 59-1-255).

10254. Expertise. — Le jugement qui ordonne l'expertise est généralement soit préparatoire, soit interlocutoire. Il peut cependant arriver qu'il soit définitif. Ainsi, il a été décidé :

1° Que le jugement qui ordonne une expertise afin de constater la bonne ou mauvaise administration d'un régisseur est définitif lorsqu'il résulte de ses motifs qu'il décide implicitement la question du fond (Cass. 12 germ. an 9) ;

2° Qu'il en est de même du jugement qui, sur une demande en rescision d'une vente, en annulant une première expertise et en en ordonnant une nouvelle, condamne chaque partie à payer par moitié les frais de l'expertise annulée, et décide qu'une somme remise à titre d'épingles ne faisait point partie du prix de la vente (Cass. 19 vend. an 12) ;

3° Du jugement qui ordonne une visite d'experts, si cette visite ne pouvait avoir d'autre objet, dans l'intention des juges, que de rendre un fermier responsable du dommage à constater, tandis que celui-ci soutenait ne pouvoir être assujetti à cette responsabilité (Cass. 14 déc. 1807) ;

4° Du jugement qui condamne les sous-fermiers à payer le prix de la sous-location, tout en ordonnant que des experts feront la distraction, sur ce prix, de la valeur des droits féodaux abolis (Cass. 18 déc. 1810) ;

5° De la disposition d'un jugement qui, après une vérification ordonnée de réparations faites à un navire, par exemple, condamne au payement de ces réparations (Rennes 30 mai 1817) ;

6° De l'arrêt par lequel une partie est déclarée non recevable à faire rejeter un procès-verbal d'expertise, et qui renvoie les parties devant un notaire, sauf à être statué ce qu'il appartiendra, dépens réservés ; il doit, par suite, être attaqué en cassation dans les délais ordinaires ; il ne suffirait pas qu'il ne le fût qu'avec l'arrêt définitif (Cass. 26 juin 1832) ;

7° Du jugement qui ordonne une expertise pour déterminer le mode d'exercice d'un droit et les dommages-intérêts occasionnés par la privation de ce droit, en ce sens qu'il reconnaît l'existence du droit et ne laisse en suspens que le mode de l'exercer (Cass. 16 avr. 1833) ;

8° Est également définitif, le jugement qui, sur la demande de l'Administration et malgré l'opposition du redevable, ordonne une expertise pour vérifier la valeur des biens et le payement qui plus tard homologue cette expertise (Cass. 8 mai 1854, D. 54-1-194).

10255. Compte. — Les jugements qui ordonnent la reddition d'un compte peuvent être quelquefois considérés comme définitifs. C'est ce qui arrive lorsque le juge, ne prenant pas en considération la résistance de l'une des parties, déclare que l'autre a le droit de rendre son compte. Ici, en effet, il y a décision sur le fond même de la question. Ainsi on a considéré comme définitifs :

1° Le jugement qui a condamné l'une des parties à rendre à l'autre un compte demandé par suite d'une prétendue société (Cass. 28 août 1809) ;

2° Le jugement qui condamne une partie à rendre un compte qu'elle soutenait ne pas devoir (Cass. 21 juill. 1817) ;

3° Le jugement qui, lorsque les conclusions des parties ont eu pour but des demandes définitives, ordonne de rendre compte, en fournissant à l'appui, dans un délai donné, des pièces justificatives, ou à payer une somme déterminée, dépens réservés, jusqu'à l'option, lorsque ce même jugement porte : «avant faire droit, sans nuire ni préjudicier aux demandes, fins et conclusions des parties, défenses sauves » (Rennes 16 août 1822) ;

4° Le jugement qui, passé en force de chose jugée et exécuté par le pupille majeur a, sur les conclusions contradictoires des parties, ordonné que ce dernier serait tenu de recevoir le compte de tutelle présenté par le tuteur ou son ayant cause : en conséquence, un arrêt ne peut, au mépris de ce jugement, déclarer, au contraire, qu'il n'y a lieu ni à reddition ni à apurement de compte, sous le prétexte d'un règlement antérieur au jugement, qui aurait servi de base à une collocation, au profit du pupille, dans un ordre ouvert sur les biens du tuteur (Cass. 26 avr. 1837);

5° L'arrêt qui, en ordonnant un compte, fixe les bases sur lesquelles il devra y être procédé, quoique, sous le premier rapport, il ne soit qu'un simple avant dire droit. En conséquence, si cet acte n'a été l'objet d'aucun recours, un arrêt postérieur ne peut admettre des bases différentes sans méconnaître l'autorité de la chose jugée (Cass. 14 janv. 1852).

10256. Renvoi devant arbitres. — Est définitif et non point interlocutoire le jugement qui, déclarant un individu associé, l'a, comme tel, renvoyé devant arbitres ; par suite, l'appel qui n'en a pas été interjeté dans les trois mois de la signification à domicile est non recevable (Paris 16 fév. 1850).

Plus généralement, on doit considérer comme définitif tout jugement qui renvoie les parties devant des arbitres investis du pouvoir de statuer définitivement et sans l'intervention ultérieure du tribunal. Il n'est dû aucun droit pour la désignation de l'arbitre ; mais le jugement est passible du droit fixe de 4 fr. 50 cent. ou de 7 fr. 50 cent., selon qu'il est en premier ou en dernier ressort (Sol. 9 oct. 1857).

Ainsi, il a été décidé qu'il fallait percevoir 4 fr. 50 cent. sur le jugement en dernier ressort qui donne acte aux parties de la nomination quelles font d'arbitres pour régler les difficultés existant entre elles relativement à une société verbale dissoute. Ce jugement, portant que les droits des parties seront réglés sans l'intervention ultérieure du tribunal, est définitif (16537-2 **J. E.**).

10257. Absent. — Le jugement d'un tribunal de première instance qui commet un notaire pour représenter un absent doit être considéré comme définitif et en premier ressort. Il est donc passible du droit de 7 fr. 50 cent. (Sol. 13 déc. 1830, 9839 J. E.).

Il en est de même du jugement déclaratif d'absence. — V. *Absence*.

Mais celui qui ordonne l'enquête prescrite par l'art. 116 C. C. est préparatoire et doit acquitter seulement le droit fixe de 4 fr. 50 cent.

10258. Conseil judiciaire. — Le jugement qui nomme un conseil judiciaire est passible de 7 fr. 50 cent. — V. 5019.

10259. Entérinement. — Le jugement qui prononce l'entérinement d'une requête civile est définitif ; celui qui entérine un rapport d'experts est préparatoire. — V. 7736.

10260. Envoi en possession. — Les jugements ou arrêts portant envoi en possession provisoire sont définitifs. — V. 7741.

10261. Ester en justice. — Le jugement qui autorise une femme à ester en justice a pour objet non l'instruction du procès, mais une demande préalable au procès, sur laquelle le tribunal statue *définitivement*. Dès lors, le droit de 7 fr. 50 cent. est exigible (Sol. 11 sept. 1832, 10476 J. E.).

10262. Jugement conditionnel. — Un jugement conditionnel n'est pas un jugement interlocutoire.

Ainsi, le jugement qui donne gain de cause à une partie, à la charge par elle de prêter serment, est un jugement définitif, en ce qu'il ne se borne pas à préjuger le fond, mais qu'il le décide en le subordonnant seulement à une condition.

Ordinairement, le jugement qui ordonne une *délation de serment* est un interlocutoire; mais, dans notre espèce, il est hors de doute que le jugement est d'un tout autre caractère. Il y a, en effet, plus qu'un préjugé sur les droits de la partie: il y a jugement formel, définitif, qui s'oppose à ce que la décision de la cause puisse dépendre, à l'avenir, d'éléments autres que du serment qui a été ordonné. Un pareil jugement est donc passible du droit de 7 fr. 50 cent.

SECTION 4. — JUGEMENT PROVISOIRE

[10263-10268]

10263. Définition. — Les jugements provisoires sont ceux qui, prévoyant que la contestation ne peut se décider actuellement, et dans le but d'obvier aux inconvénients que sa durée pourrait produire, accordent à l'une des parties une somme soit pour sa subsistance, soit pour payer les frais du procès, ou prescrivent une mesure préalable pour la conservation de la chose litigieuse (Dalloz *loc. cit.* n° 71).

10264. Caractère. — A la différence des jugements préparatoires et interlocutoires les jugements provisoires sont réputés ne porter aucun préjugé sur le fond ni être rendus pour l'instruction de la cause: ils sont *définitifs* sur le point qu'ils règlent, à l'exemple de tous ceux qui prononcent sur les incidents. Ils peuvent causer, en effet, à la partie contre laquelle ils sont rendus un préjudice qui, souvent, n'est pas réparable, en définitive. C'est pour cela que l'art. 452 C. proc. les a assimilés aux interlocutoires.

10265. Tarif. — La loi de l'enregistrement n'ayant parlé nulle part du jugement provisoire, il est essentiel de chercher quelle est la quotité du droit qui lui est applicable. Or, que conclure du caractère de cette espèce de jugement? Faut-il, comme le fait le C. proc. en matière civile, assimiler les jugements provisoires aux interlocutoires pour l'application des droits, ou bien doit-on les considérer comme assujettis au tarif déterminé pour les jugements définitifs? Si l'on remarque que les jugements provisoires «sont définitifs sur le point qu'ils règlent, à l'exemple de tous ceux qui prononcent sur les incidents,» on est amené à conclure que l'on doit faire à cette sorte de jugement l'application du tarif déterminé

pour les jugements définitifs proprement dits, c'est-à-dire percevoir le droit de 4 fr. 50 cent., 7 fr. 50 cent., 15 francs ou 37 fr. 50 cent., selon le degré de juridiction. — V. 10203.

10266. Circonstances dans lesquelles sont rendus les jugements provisoires. — Il y a quatre circonstances principales dans lesquelles se rendent ces sortes de jugements (Pigeau t. 1er p. 572) :

1° Lorsque l'affaire requiert *célérité*. Exemple : un individu détenteur d'un bien, objet du litige, le dégrade et le détériore; on nomme alors un gardien ou un séquestre jusqu'à la décision de la contestation ;

2° Lorsque l'une des parties a un *titre* en sa faveur, s'il arrive qu'il s'élève des doutes, des équivoques ou des prétentions contre ce titre, on prononce, en attendant, en faveur du titre, par application de la maxime : la provision est due au titre ;

3° Lorsque l'une des parties est en *possession* de la chose réclamée, la possession étant, comme le titre, une présomption en faveur de celui qui l'a ;

4° Lorsqu'il y a un *obstacle* à vaincre contre l'une des parties. Exemple : un individu se prétendant héritier, veut assister à la levée des scellés et à l'inventaire ; un héritier lui conteste formellement cette qualité ; comme la décision sur ce point pourrait demander beaucoup de temps, au détriment des objets sous scellés qui seraient de nature à dépérir, on ordonne par provision, et sans nuire ni préjudicier aux droits des parties, qu'il sera procédé à la reconnaissance et à la levée des scellés en présence de tous les prétendants ;

5° Un autre cas dont Pigeau ne parle pas, et qui donne lieu cependant à un grand nombre de jugements provisoires, c'est lorsque, en attendant le jugement sur le fond, le juge ordonne le payement d'une somme quelconque à titre de provision ou une *pension alimentaire*. Cela arrive surtout, en vertu de l'art. 268 C. C., dans les instances en séparation de corps (Dalloz *loc. cit.* n° 72).

10267. Interdiction. — Le jugement qui commet un administrateur pour prendre soin de la personne et des biens du défendeur à l'interdiction est une décision provisoire susceptible d'appel immédiatement (Cass. 10 août 1825).

10268. Curateur ou administrateur. — Les jugements qui nomment un curateur à une succession vacante ou bénéficiaire, ou un administrateur provisoire aux biens et à la personne d'un aliéné, ne sont ni préparatoires ni interlocutoires, puisqu'ils forment le dernier terme d'une demande adressée au tribunal sur le point qu'ils règlent; les dispositions qu'ils contiennent sont donc définitives et susceptibles d'appel immédiatement (Dalloz *Rép.* v° *Jugement d'avant dire droit* n°s 59, 71 et 74).

Ces jugements sont passibles du droit de 7 fr. 50 cent. (Sol. 23 mars 1865, 2079 R. P.), et sont, en effet, rendus en premier ressort (16964-1 J. E.).

SECTION 5. — JUGEMENT D'EXPÉDIENT

[10269-10270]

10269. Espèce non prévue. — Le C. proc. n'a prévu nulle part le jugement d'expédient; cependant l'usage l'a fait passer de l'ancienne législation, sous l'empire de laquelle il était fort répandu; dans la pratique actuelle des tribunaux. C'est, en effet, un moyen heureux et rapide de mettre fin aux contestations. Mais qu'entend-on par *jugement d'expédient* ?

Sous l'ancienne législation, il y en avait de deux espèces. Les art. 4 et 5 tit. 6 de l'ordonnance de 1667 portaient que les folles insinuations et désertions d'appel devaient être décidées par l'avis d'un ancien avocat. Cet avocat formait une sorte de tribunal. La loi du 8 septembre 1790 ayant supprimé les anciens tribunaux, il est hors de doute que cette sorte de décision judiciaire ne doive être considérée comme entièrement supprimée aujourd'hui. Mais la seconde espèce de jugement d'expédient a été conservée sinon avec toutes ses formes, du moins dans son principe. Ainsi, au lieu d'arrêter elles-mêmes la *teneur du dispositif* du jugement, pour le soumettre ensuite à la sanction du tribunal, lequel se bornait à prononcer publiquement en audience, comme cela se pratiquait autrefois, les parties font aujourd'hui signifier et lire à l'audience des conclusions dans lesquelles sont insérées les conditions de l'arrangement, et le jugement est prononcé en audience publique par le président, d'après ces conditions d'arrangement.

10270. Tarif. — Il résulte évidemment de ce que nous venons de dire que le jugement d'expédient est un jugement définitif, passible du droit déterminé par ces sortes de jugements. — V. 10170.

SECTION 6. — JUGEMENT EN PREMIER OU EN DERNIER RESSORT

[10271-10364]

ARTICLE PREMIER. — DISPOSITIONS GÉNÉRALES

[10271-10280]

10271. Tarif. — Aux termes des art. 44 et 45 L. 28 avril 1816 et 4 de celle du 28 février 1872, les jugements des tribunaux civils de première instance, de commerce et d'arbitres, rendus en *dernier ressort*, sont soumis au droit fixe de 4 fr. 50 cent., et ceux en *premier ressort*, au droit fixe de 7 fr. 50 cent., lorsque ni les uns ni les autres ne contiennent des dispositions donnant lieu à un droit proportionnel plus élevé.

10272. Qualification donnée aux jugements. — Il était de jurisprudence, antérieurement au C. proc., que la qualification de premier ou de dernier ressort donnée aux jugements était irrévocable, en ce sens que le jugement qualifié de dernier ressort ne pouvait être réformé que par la voie de cassation et non par la voie de l'appel (Cass. 22 flor. an 2, 24 therm. an 2, 7 niv. an 4). Il n'en est plus ainsi sous la législation actuelle : les jugements sont susceptibles d'appel alors même qu'ils ont été qualifiés en dernier ressort (Cass. 20 déc. 1808). — Ainsi on peut attaquer par la voie de l'appel le jugement qui a décidé qu'un tribunal était compétent pour connaître de l'exécution d'un arrêt d'une cour d'appel, et qui a ordonné qu'une partie rendrait compte, quoiqu'il soit dit dans le jugement qu'il a été rendu en dernier ressort (Toulouse 16 mars 1824). — Par raison inverse, le jugement en dernier ressort, mal à propos qualifié en premier ressort, ne peut être frappé d'appel, et la fausse qualification ne peut préjudicier aux parties, puisqu'elle ne les prive pas du recours en cassation (Cass. 14 août 1811).

On s'est demandé si, pour l'application du tarif, les préposés doivent prendre pour règle la qualification énoncée dans le dispositif du jugement, ou la définition légale des jugements en premier ou en dernier ressort, ou bien si cette définition légale ne devait être suivie, pour la perception des droits, qu'à défaut de qualification exprimée dans le jugement.

Nous avons souvent eu occasion de rappeler ce principe fondamental en matière d'enregistrement, à savoir, que ce n'est pas la qualification donnée aux actes, mais bien les effets qu'ils sont destinés à produire qu'il faut consulter pour appliquer les droits. — V. *Convention*. — Si l'on rapproche ce principe de la jurisprudence que nous venons de faire connaître en matière civile, il semblerait que les employés devraient, pour percevoir, soit le droit de 4 fr. 50 cent., soit celui de 7 fr. 50 cent., se préoccuper beaucoup moins de la qualification donnée au jugement que de la question de savoir s'il est réellement rendu en premier ou en dernier ressort et si la qualification qu'il a reçue n'est pas le résultat de l'erreur ou de l'inadvertance.

Mais l'Administration n'en a pas jugé ainsi. Voici ce qu'on lit dans son I. G. 1370 § 5 : « La perception des droits d'enregistrement sur les jugements doit être faite d'après les termes de leur dispositif. En conséquence, dès qu'un jugement porte qu'il est rendu en premier ou en dernier ressort, cette qualification doit être censée exacte pour l'application des droits, et il n'y a pas lieu de rechercher si elle est ou n'est pas conforme à la détermination de la loi. La perception faite d'après cette base étant régulière, doit être définitive; et, lors même qu'un jugement qualifié en dernier ressort, et qui, par cette raison, n'aurait été assujetti qu'au droit de 3 francs (4 fr. 50 cent.), serait plus tard susceptible d'appel, il ne pourrait être réclamé un supplément pour le droit de 5 francs (7 fr. 50 cent.) dont il aurait été passible comme jugement en premier ressort. De même, les parties ne pourraient obtenir la restitution de l'excédant du droit perçu sur un jugement qualifié en premier ressort, et qui serait reconnu ultérieurement ne pas être sujet à l'appel » (Sol. 25 janv. 1831).

En présence de prescriptions aussi formelles, la règle pour les préposés doit être que la qualification en premier ou en dernier ressort, exprimée dans le jugement, doit seule être prise en considération pour la perception du droit fixe de 4 fr. 50 cent. ou de 7 fr. 50 cent., et que c'est à défaut seulement de cette qualification expresse que la définition légale des jugements doit être prise pour base de la perception.

Ces dispositions simplifient un peu la perception. Cependant, comme il arrive très-souvent que le dispositif du jugement ne lui donne aucune qualification, les préposés doivent, pour reconnaître s'il est rendu en premier ou en dernier ressort, recourir aux dispositions des lois qui ont réglé les juridictions et les compétences. Nous allons, pour leur faciliter ce travail, nous livrer à un rapide exposé des principes qui gouvernent la matière.

10273. Jugements préparatoires et interlocutoires. — Disons, avant d'aller plus loin, que l'art. 45 n° 5 L. 28 avril 1816 tarife au droit de 5 francs, aujourd'hui 7 fr. 50 cent., les jugements rendus *en premier ressort* contenant des *dispositions définitives* qui ne donnent pas lieu à un droit plus élevé. D'où la conséquence que si les jugements ne contiennent pas de dispositions définitives, la distinction qui fait l'objet de cette section devient sans objet. Ainsi, toutes les fois que le jugement n'est que préparatoire, interlocutoire ou d'instruction, on n'a pas à se préoccuper de la question de savoir si les juges ont décidé en premier ou en dernier ressort, puisque le jugement préparatoire a été nommément tarifé à 50 cent. par l'art. 44 n° 10 L. 22 frimaire an 7 et l'art. 4 L. 28 février 1872.

10274. Appel des jugements des juges de paix. — Faisons encore remarquer que les jugements prononçant sur l'appel de ceux des juges de paix, quoique rendus en dernier ressort, sont néanmoins passibles du droit de 7 fr. 50 cent. Aucune difficulté ne peut s'élever à cet égard, puisque ce tarif résulte de l'art. 45 n° 5 L. 28 avril 1816 : « Sont sujets au droit fixe de *cinq* francs (maintenant 7 fr. 50 cent.) : ...5° les jugements des tribunaux civils prononçant sur l'appel des juges de paix... » (*Conf.* : 16711-3 J. E.).

10275. Débouté. — Les jugements des tribunaux de première instance, de commerce et d'arbitrage portant débouté d'opposition sont passibles du droit de 7 fr. 50 cent.

Ce droit était de 3 francs suivant le n° 7 § 3 art. 68 L. 22 frimaire an 7. — Le n° 5 art. 45 tit. 7 L. 28 avril 1816 ne renvoie pas à ce § 3 ; et, comme le n° 10 art. 44 n'y renvoie pas non plus, on pourrait élever la question de savoir si le droit de 7 fr. 50 cent. est exigible sur les jugements portant débouté d'opposition, dont il ne peut y avoir appel, comme sur ceux rendus en premier ressort. L'I. G. 714 a résolu cette question en classant sous le paragraphe des droits de 5 francs (aujourd'hui 7 fr. 50 cent.) tous les actes contenus dans le n° 7 § 3 art. 68 de la loi de frimaire.

10276. Prorogation de juridiction. — Compromis. — Les parties peuvent, dans les affaires susceptibles d'appel, consentir à être jugées en dernier ressort. C'est

là ce qu'on appelle *prorogation de juridiction*. Nous en avons parlé avec toute l'étendue convenable, au point de vue où nous sommes placé, au n° 4598 ; nous n'y reviendrons pas ici.

10277. Dispositions législatives. — Les règles générales de la juridiction en premier et en dernier ressort des tribunaux d'arrondissement sont tracées dans les art. 1er et 2 L. 11 avril 1838, ainsi conçus :

« Les tribunaux de première instance connaîtront en dernier ressort, des actions personnelles et mobilières jusqu'à la valeur de 1,500 francs de capital, et des actions immobilières jusqu'à 60 francs de revenu déterminé, soit en rentes, soit par prix de bail. Ces actions seront instruites et jugées comme matières sommaires » (art. 1er).

« Lorsqu'une demande reconventionnelle ou en compensation aura été formée dans les limites de la compétence des tribunaux civils de première instance en dernier ressort, il sera statué sur le tout sans qu'il y ait lieu à appel. Si l'une des demandes s'élève au-dessus des limites ci-dessus indiquées, le tribunal ne prononcera sur toutes ces demandes qu'en premier ressort ; néanmoins, il sera statué en dernier ressort sur les demandes en dommages-intérêts lorsqu'elles seront fondées exclusivement sur la demande principale elle-même. »

L'art. 5 tit. 4 L. 24 août 1790 avait édicté des dispositions semblables, et même l'art. 1er L. 11 avril 1838 en reproduit les termes d'une manière presque littérale, en substituant seulement la somme de 1,500 francs à celle de 1,000 livres pour les actions *personnelles et mobilières*, et le revenu de 60 francs à celui de 50 livres pour les actions *réelles ou immobilières*. Aussi Benech t. 2 p. 64, conclut-il avec raison que tous les principes qui se sont établis sur l'application et l'interprétation de la loi de 1790 doivent servir à interpréter et appliquer la loi du 11 avril 1838. La jurisprudence qui s'était formée sur l'art. 5 de la loi de 1790, antérieurement à la loi de 1838, conserve donc de nos jours toute son autorité.

10278. Principal. — On verra, au n° 10287, qu'il suffit que l'un des chefs de la demande excède la valeur du dernier ressort pour que le tribunal statue en premier ressort sur tous les points. Mais il ne faut pas, pour l'application des droits, donner une étendue trop grande à cette disposition : on ne doit entendre par là que les chefs de demande qui sont principaux ; quant aux accessoires, ils doivent suivre le sort du principal.

Toutes les fois que le jugement devra être rendu en premier ressort sur le principal, le droit de 7 fr. 50 cent. sera exigible, bien que l'accessoire ait été jugé en dernier ressort, et le droit de 4 fr. 50 cent. devra seul être perçu dans la position inverse.

10279. Tribunal de commerce. — D'après l'art. 639 C. com., modifié par l'art. 1er L. 3 mars 1840, les tribunaux de commerce jugent en dernier ressort toutes les demandes dont le principal n'excède pas la valeur de 1,500 francs. — Il a été décidé dans ce sens (Cass. 14 vend. an 8) que l'appel d'un jugement du tribunal de commerce n'est pas recevable, lorsque le principal de la demande n'excède pas le taux du premier degré, encore que le jugement n'énonce pas qu'il est rendu en dernier ressort.

Ainsi les principes que nous allons développer sont applicables à tous les jugements émanés des tribunaux de première instance jugeant soit civilement, soit commercialement.

10280. Action personnelle ou mobilière, immobilière, réelle ou mixte. — La loi de 1838 a établi, on l'a vu, une différence notable entre les actions personnelles ou mobilières et les actions immobilières ou réelles. Les actions mixtes se distinguent des unes et des autres, quoique la loi n'en ait pas parlé d'une manière expresse (Dalloz loc. cit. n° 67). Nous avons donné, au mot Action, la définition de ces diverses espèces d'actions. Nous ne reviendrons pas sur ce que nous avons dit. Nous nous contenterons de fixer l'attention de nos lecteurs sur ce point: que pour déterminer le ressort en matière personnelle ou. mobilière, il ne faut avoir égard qu'au *capital* et jamais au revenu ; alors que pour les actions immobilières, c'est le *revenu* seul, déterminé soit en rentes, soit par prix de bail, que l'on prend en considération. Quant aux actions mixtes, comme elles sont formées par le mélange des actions personnelles et immobilières, il est naturel de conclure, dans le silence de la loi, que le mode de déterminer le degré de juridiction procède à la fois des deux bases adoptées lorsqu'il s'agit des actions personnelles et immobilières.

ARTICLE 2. — DEMANDE OU CONCLUSIONS

[10281-10290]

10281. Demande ou conclusions. — C'est la demande ou les conclusions qui règlent la compétence en premier ou en dernier ressort. Ce principe est fondamental, et c'est le moment où le litige s'engage qui sert à déterminer le chiffre de la demande, et non l'époque du jugement.

Il a été jugé dans ce sens que les fournitures faites au moment de la demande peuvent seules servir à déterminer le premier ou le dernier ressort, mais que celles à faire ne doivent pas être comptées pour cet objet, qu'il en est de même de toutes les demandes accessoires ou conditionnelles qui, en les supposant formées isolément, ne seraient ni recevables, ni fondées au moment de l'assignation (Douai 22 juin 1842, Dalloz v° *Degrés de juridiction* n° 80).

10282. Conclusions principales. — Ce sont les conclusions *principales* qui déterminent le degré de juridiction. Ainsi, le jugement qui accueille des conclusions principales d'une valeur inférieure à 1,000 francs (1,500 fr.) est en dernier ressort, quand bien même à ces conclusions principales auraient été jointes des conclusions *accessoires* d'une valeur indéterminée (C. Nancy 11 nov. 1831).

10283. Demande principale. — Dans le même sens, la même cour a jugé, le 20 avril 1844, que si à une demande principale qui n'excède pas 1,500 francs se trouve jointe une demande indéterminée, le jugement est en dernier ressort, si les demandes principales et incidentes n'ont pas une connexité nécessaire.

Néanmoins, si indépendamment d'une somme inférieure à 1,500 francs demandée en principal, l'action comprend des prestations, des charges qui grèveraient le défendeur d'une manière présente ou éventuelle, on doit, pour la détermination du ressort, prendre celles-ci en considération (Dalloz loc. cit. n° 81).

10284. Prétentions respectives. — Avant la loi du 11 avril 1838, on cumulait la prétention du demandeur et celle du défendeur, et on faisait du tout une masse qui servait à déterminer si l'affaire était ou non susceptible d'appel. Aujourd'hui il faut distinguer les conclusions du demandeur de celles du défendeur ; et, si l'on peut réunir toutes les prétentions de la même partie, on ne peut pas les ajouter à celles de son adversaire pour déplacer le degré de juridiction. La seule influence que les prétentions respectives des parties puissent avoir les unes sur les autres, c'est qu'il suffit que les unes atteignent le taux de l'appel pour que les autres y soient élevées (Dalloz loc. cit. n° 82).

10285. Condamnation. — C'est la demande et non la condamnation qui règle le ressort : les tribunaux connaissent des *actions*, expression qui n'est point synonyme de condamnation. En effet, la loi ne pouvait laisser le juge arbitre souverain du dernier ressort, en faisant dépendre l'appel du montant des condamnations (Dalloz loc. cit. n° 83).

Ainsi, le jugement est en premier ressort si l'objet de la demande soumise aux arbitres est d'une valeur supérieure à 1,500 francs, bien que le montant des condamnations prononcées par la sentence arbitrale soit inférieur à cette somme (Caen 14 fév. 1844).

Il en serait autrement cependant si le jugement était affecté d'incompétence ou d'excès de pouvoir. Ainsi, un jugement n'est pas en dernier ressort, quand la condamnation prononcée sur une valeur indéterminée ou supérieure à 1,500 francs (1,500 fr.), quoique la chose demandée ait été au-dessous de cette limite (Nancy 24 fév. 1832).

C'est la somme demandée, et non la chose adjugée, qui détermine la qualité du jugement en premier ou dernier ressort (Cass. 14 juill. 1856, S. 56-1-818, P. 57-424).

Ainsi, est en premier ressort le jugement qui statue sur une demande formée contre plusieurs débiteurs, et tendant à ce qu'ils soient condamnés solidairement au payement de sommes excédant le taux du dernier ressort, encore bien que ce jugement ayant écarté la solidarité, n'ait condamné chacun des défendeurs qu'au payement de sa part proportionnelle dans la dette, et que cette part soit inférieure à 1,500 francs (même arrêt).

10286. Garantie. — Le principe que la compétence en premier ou en dernier ressort est fixée par la demande et non par le montant de la condamnation (V. 10285), s'applique aussi bien au recours en garantie qu'à l'action principale. Ainsi est susceptible d'appel le jugement qui condamne le garant à payer une somme inférieure à 1,500 francs, s'il a été conclu contre lui au recours pour une somme sur laquelle le premier juge ne pouvait statuer qu'en première instance (C. Paris 30 avr. 1844, Dalloz *loc. cit.* n° 86).

10287. Divers chefs de demande. — Décisions séparées. — Bien qu'un tribunal, ayant à statuer sur une demande principale inférieure à 1,500 francs, renvoie les parties à se pourvoir en conciliation, avant de s'occuper des demandes incidentes, le jugement n'est pas rendu en dernier ressort (Nancy 10 avr. 1833), d'où l'on doit conclure que les tribunaux ne peuvent faire que leurs jugements soient en dernier ressort en statuant séparément sur les divers chefs de contestation.

Au surplus, le jugement susceptible d'appel par la nature de l'un de ses chefs est susceptible d'appel à l'égard des autres chefs, lors même qu'ils seraient inférieurs au taux du dernier ressort (C. Bourges 15 juill. 1839).

Le droit fixe de 5 francs (7 fr. 50 cent.) est donc exigible (Tulle 29 août 1862, 12444 C., 17646 J. E.).

Mais si, durant l'instance, l'appelant demandeur renonce, même implicitement, à l'un des chefs de sa demande, et si la valeur des chefs restants sur lesquels ont statué les premiers juges n'excède pas le taux du dernier ressort, et s'ils sont distincts du chef auquel il a été renoncé, l'appel devient non recevable (C. Orléans 13 mars 1837). — V. 10291.

10288. Demande exagérée, — non fondée. — Quelque exagérée, quelque peu fondée que soit la demande, c'est elle qui fixe toujours le degré de juridiction. Jugé dans ce sens (Bordeaux 21 août 1827), que c'est la demande et non la légitimité de la dette qui fixe le degré de juridiction, et qu'il suffit que le chiffre des intérêts demandés s'élève au-dessus du taux du dernier ressort, pour que le jugement soit appelable, quoique ses intérêts soient évidemment prescrits (Cass. 15 juill. 1856, 750 R. P.; — Lyon 24 août 1855, S. 55-2-32; — *Contrà* Alger 6 août 1852, S. 53-2-303 ; — Paris 19 nov. 1856, S. 57-2-444).

10289. Erreur. — La règle qui veut que ce soit l'objet de la demande qui fixe le taux du dernier ressort est tellement impérieuse, que, bien que le montant des réclamations excède le taux du dernier ressort par suite d'une erreur matérielle et évidente dans l'addition des sommes, objet de la demande, le jugement qui rectifie cette demande et prononce une condamnation au-dessous du taux de l'appel, n'en est pas moins susceptible du deuxième degré de juridiction (Orléans 4 fév. 1822, Dalloz *loc. cit.* n° 93).

10290. Faillite. — C'est par le chiffre de la créance faisant l'objet de l'action dirigée contre un failli concordataire, et non par le chiffre du dividende auquel elle se trouve réduite, aux termes du concordat, que se règle le taux du premier ressort, alors même que le créancier aurait déclaré borner sa demande à ce dividende (Bordeaux 18 janv. 1864, S. 64-2-198).

T. III.

ARTICLE 3. — MODIFICATIONS DANS LES CONCLUSIONS

[10291 - 10302]

10291. Dernières conclusions. — Nous avons dit, au numéro 10281, que c'est la demande ou les conclusions qui règlent la compétence en premier ou en dernier ressort. Mais la fixation de la demande n'est que provisoire et les conclusions de l'exploit ne lient pas le demandeur : il reste maître de les augmenter ou de les diminuer, de les changer même de nature jusqu'au jugement définitif, et c'est d'après les dernières conclusions qui ont réduit ou augmenté la demande que se détermine le degré de juridiction (Carré *Compét.* art. 281 n° 289). C'est, d'ailleurs, ce qu'a consacré une jurisprudence constante (Bourges 23 fév. 1844; — Douai 8 mai 1855, S. 56-2-3, J. P. 56-1-400 ; — Nîmes 18 juin 1867, S. 68-2-103; — Cass. 18 mai 1868, S. 68-1-508; — 13 avr. 1869, S. 69-1-303 ; — 15 juin 1870, S. 70-1-363).

Ainsi, on doit considérer comme rendu en dernier ressort le jugement intervenu sur une demande qui, dans le cours de l'instance, a été réduite au-dessous du taux de l'appel (Cass. 17 fruct. an 12, 4 sept. 1811 ; — Agen 29 déc. 1824).

Mais pour cela il faut qu'il ne reste aucune incertitude ; il faut que des conclusions expresses soient prises sur ce point, et portent modification de la demande. On ne devrait pas considérer comme restrictives de la demande les explications des parties desquelles il résulte qu'il ne reste dû qu'un reliquat inférieur au taux du dernier ressort (Metz 20 août 1842).

1. SOLIDARITÉ. — Est en dernier ressort le jugement qui statue sur la demande formée par plusieurs héritiers contre plusieurs défendeurs, quelque élevée que soit la somme totale en litige, alors que la part que chacun des demandeurs peut réclamer de chacun des défendeurs est inférieure à 1,500 francs, encore bien que la solidarité ait été demandée dans les conclusions de l'exploit introductif d'instance, si elle ne l'a pas été dans les conclusions d'audience (Douai 25 avr. 1855, S. 55-2-783, P. 56-2-388).

Ainsi, encore, est en premier ressort seulement le jugement statuant sur une demande formée par un créancier contre plusieurs débiteurs, en payement d'une somme totale supérieure à 1,500 francs, alors même que, dans l'exploit introductif d'instance, le demandeur avait d'abord divisé sa demande entre tous les défendeurs, et conclu contre chacun d'eux au payement d'une somme inférieure à 1,500 francs, s'il a demandé ensuite, par ses conclusions prises à l'audience, que tous les défendeurs fussent condamnés solidairement au payement de la somme intégrale (Douai 8 mai 1855, S. 56-2-23, P. 56-1-400).

10292. Délai pour la modification des conclusions. — La loi n'a pas fixé le délai dans lequel la modification de la demande et des conclusions peut être opérée par le demandeur ; aussi a-t-il été jugé (Nancy 4 fév. 1839) que les conclusions qui modifient ou restreignent la demande peuvent être prises au moment des plaidoiries.

78

10293. Réduction de demande. — Dans l'ordre d'idées que nous suivons, il a été jugé que la réduction de la demande au-dessous du taux de l'appel permet de rendre le jugement en dernier ressort, bien qu'un jugement par défaut ait précédemment accueilli la demande en son entier (Metz 21 août 1821).

10294. Payement. — Le payement doit naturellement produire le même effet que la réduction volontaire. Aussi a-t-il été jugé qu'il n'y a pas lieu à appel lorsque la demande, originairement supérieure au taux du dernier ressort, est devenue inférieure à ce taux, par l'effet de réductions opérées dans le cours de l'instance par suite du payement (Douai 5 mai 1841 ; — Bruxelles 7 janv. 1841 ; — Gand 1er fév. 1841 ; — Agen 30 janv. 1835, etc.).

10295. Augmentation de demande. — Si, comme nous venons de le voir, le demandeur peut, en restreignant ses réclamations, réduire dans la limite du dernier ressort une affaire originairement susceptible d'appel, il doit pouvoir également, par raison inverse, en augmentant sa demande, la faire passer du dernier au premier ressort. Aussi a-t-il été jugé (C. Bourges 23 janv. 1832) que le demandeur peut, en augmentant ses prétentions élever au deuxième degré de juridiction une cause qui, primitivement, se serait terminée devant le tribunal de première instance.

Les conclusions prises dans l'exploit introductif d'instance peuvent être amplifiées de manière à rendre l'appel recevable, pourvu que les conclusions additionnelles aient une cause antérieure à la demande (Orléans 31 mai 1864 ; S. 1864-2-8).

Spécialement, le demandeur qui a d'abord réclamé 100 francs de dommages-intérêts à raison d'un préjudice par lui souffert, peut, par des conclusions ultérieures, élever à 1,600 francs le chiffre de sa demande ; et, dans ce cas, le jugement est susceptible d'appel (Ibid.).

Il en est de même si le commandement tendant à la saisie immobilière ne s'appliquait qu'au payement d'une somme de 200 francs pour intérêts et que l'objet de la contestation se soit élargit par des conclusions prises devant les premiers juges, et ayant pour but de faire reconnaître la validité de la créance montant à 2,000 francs (Bordeaux 17 mars 1859, 1330 R. P.).

10296. Conversion de demande indéterminée. — De même, il a été jugé qu'une action mobilière ou immobilière indéterminée dans l'origine peut être, par des conclusions, convertie en une demande d'une somme au-dessous du taux de l'appel, ce qui permet alors de rendre le jugement en dernier ressort (C. Amiens 30 déc. 1825 ; — Bourges 13 juill. 1825 ; — Agen 4 janv. 1844).

10297. Acquiescement. — L'acquiescement partiel par le défendeur équivaut à la réduction que ferait le demandeur, de telle sorte que si, au moyen de l'acquiescement, le chefs ou les chefs contestés ne s'élèvent plus à 1,500 francs, le jugement doit être considéré comme prononcé en dernier ressort (Cass. 13 frim. an 11 ; — Bruxelles 28 nov. 1831 ; —

Nancy 1er août 1838, 5 déc. 1842, 30 déc. 1843, 10 fév. 1844).

Jugé, dans ce sens, que lorsque, sur la demande en payement de 1,265 francs, montant de deux factures, l'une de 325 francs l'autre de 940, l'assigné offre de payer la première facture, mais conteste la seconde, le jugement qui le condamne à payer la totalité de la somme demandée est en dernier ressort, l'appel n'en est pas recevable (C. Lyon 26 janv. 1825).

De même, lorsque la demande contient deux chefs, qui, réunis, forment une somme supérieure à 1,000 francs (1,500 francs), et que, néanmoins, la contestation s'est réduite, à l'audience, à un seul chef constituant une somme moindre de 1,000 francs, c'est sur le litige ainsi réduit que la compétence doit être déterminée ; le jugement qui intervient est, par conséquent, en dernier ressort (C. Bastia 30 nov. 1830).

10298. Chef non contesté. — Dans tous les cas, quoiqu'il n'y ait acquiescement ni reconnaissance formelle de l'un des chefs de la demande, il suffit que l'un d'eux ne soit pas contesté pour que le jugement soit en dernier ressort, si le chef contesté n'en excède pas le taux (Cass. 7 juin 1810). Mais il faut que le défaut de contestation soit formellement constaté par le jugement. Vainement produirait-on des conclusions signifiées dans lesquelles cet aveu serait constaté.

Ainsi, a-t-il été décidé que la demande en payement d'une somme principale de 2,000 francs et de 500 francs d'intérêts est susceptible d'appel, quoique le défendeur n'ait contesté que les intérêts, alors, qu'il s'agit, d'ailleurs, que les motifs du jugement sont muets sur la reconnaissance du défendeur et que le dispositif le condamne à payer la totalité de la demande.

10299. Offres réelles acceptées. — Lorsque les offres réelles du défendeur sont acceptées par le demandeur, elles sont susceptibles de réduire la demande aux proportions du dernier ressort (Cass. 30 juin 1841) ; — encore bien que le jugement condamne le défendeur à payer le montant total de la demande (Liège 6 fév. 1811).

10300. Offres réelles non acceptées. — Il a même été décidé que les offres réelles réduisent la demande, quoiqu'elles n'aient pas été acceptées (Besançon 26 mars 1828 ; — Poitiers 27 janv. 1831 ; — Amiens 4 août 1838 ; — Aix 19 janv. 1842 ; — Nancy 7 janv. 1851). Mais cette doctrine est généralement repoussée (Nancy 17 déc. 1829 ; — Liège 15 déc. 1842, 27 déc. 1843 ; — Bourges 30 juill. 1851 ; — Pau 27 janv. 1855, 497 R. P. ; — Cass. 22 avr. 1856, S. 1856-1-849, P. 57-318 ; — 1er juill. 1873, S. 73-1-332). — V. Rép. gén. Palais v° Deg. de jurid. nos 396 et suiv.

10301. Offres conditionnelles. — La demande ne se trouve pas réduite au taux du dernier ressort, si les offres ne sont que conditionnelles et que le demandeur, au lieu de les accepter, ait renouvelé à l'audience ses conclusions en payement de la somme totale (Douai 9 avr. 1840 ; — Cass. 30 juin 1841).

10302. Arbitrage du tribunal. — Si, après avoir réduit ses conclusions à une somme inférieure au dernier ressort, le demandeur déclare s'en rapporter à ce qui sera arbitré par le tribunal, il donne par là même aux juges le droit d'en fixer la valeur à la somme déterminée, et, par suite, le jugement est en dernier ressort (Grenoble 24 juin 1818).

ARTICLE 4. — DEMANDE INFÉRIEURE AU TAUX DU DERNIER RESSORT. — CAPITAL SUPÉRIEUR

[10303-10308]

10303. Objet du débat. — Lorsque la demande se rattache à un capital dont le chiffre est supérieur au taux du dernier ressort, le juge prononce sans appel si la demande est inférieure à 1,500 francs, et si ce capital n'est point mis lui-même en contestation, c'est-à-dire s'il ne devient pas lui-même l'objet du jugement (Bruxelles 23 janv. 1810 ; — Metz 27 janv. 1821 ; — Cass. 29 déc. 1820 ; — Liége 28 juill. 1832).

10304. Dénégation d'écriture. — Ainsi le jugement qui statue sur la demande en payement d'une demande commerciale inférieure au taux de l'appel, est rendu en dernier ressort, quoiqu'il y ait eu dénégation de l'écriture et instance devant la juridiction civile, à l'effet de la vérifier (Bruxelles 12 avr. 1827).

10305. Appréciation du capital nécessaire, mais indirecte. — Il en serait de même alors que ce ne serait qu'indirectement que le tribunal aurait eu à s'occuper du capital.

Ainsi, lorsque le créancier d'une succession pour une somme de 1,860 francs forme une saisie-arrêt contre l'un des héritiers seulement, pour sa part, laquelle est de 310 francs, le jugement qui statue sur la validité de la saisie est en dernier ressort, bien qu'il ait eu à apprécier la légitimité de la créance entière (C. Bourges 30 déc. 1836).

C'est ce que la cour de Douai a jugé, en thèse générale, le 28 mai 1833, en décidant que le jugement qui statue sur une demande inférieure à 1,000 francs, quoique, pour prononcer sur cette demande, il faille apprécier la validité d'une obligation portant somme supérieure, est en dernier ressort, surtout quand cette demande a été réduite à la somme demandée par un payement antérieur.

10306. Validité du titre préjugée. — Mais si, au lieu de simplement apprécier le titre principal, le jugement en préjuge la validité, il y a lieu à appel si l'importance de ce titre excède le taux du dernier ressort.

Jugé, dans ce sens, par la cour de Colmar, le 3 décembre 1808, que le jugement qui prononce une condamnation au-dessous du taux du deuxième degré est susceptible d'appel, s'il préjuge la validité d'un titre supérieur à ce tarif, comme si, par exemple, la demande avait pour objet le payement d'une somme de 400 francs pour deux années d'intérêts d'une obligation de 4,000 francs, que le défendeur prétendait souscrite sans cause.

10307. Validité d'offres. — Est également en premier ressort le jugement qui statue sur la validité d'offres réelles inférieures à 1,500 francs quand la question de validité des offres dépendait du point de savoir si un acte attribuait au créancier tel ou tel droit (Cass. 1er mai 1866, S. 66-1-245); — ou que cette validité était subordonnée à une question de propriété immobilière d'une valeur indéterminée (Cass. 24 juill. 1872, S. 72-1-262).

10308. Nullité. — Rescision. — Il y a lieu à appel lorsque la condamnation au-dessous du taux de l'appel, prononcée par les premiers juges, repose sur un titre qui a été contesté dans toutes ses parties, et qui présente des valeurs au-dessus de ce taux ou des objets d'une valeur indéterminée (Grenoble 28 juin 1828); — ou encore lorsqu'un vendeur demande contre son acheteur, pour le prix principal de la vente qui excède le taux du dernier ressort, mais une somme qui n'est pas supérieure à ce taux, et qui avait été stipulée accessoirement dans l'acte de vente; et l'acquéreur oppose la nullité du contrat, la validité de la vente étant dans ce cas le point à décider (Cass. 21 avr. 1807).

Il faut conclure de là que si la demande d'une somme inférieure au taux du dernier ressort n'est pas principale et se rattache à un titre dont la nullité, la rescision ou la résolution est demandée, et que le titre ait pour les parties une valeur dépassant le taux de l'appel, ce débat devient alors susceptible de deux degrés de juridiction.

ARTICLE 5. — PLUSIEURS DEMANDES EN UNE SEULE SOLIDARITÉ

[10309-10319]

10309. Plusieurs instances. — La circonstance qu'une des parties a cumulé dans un même exploit deux oppositions envers deux jugements rendus par défaut dans deux instances qui n'atteignent la limite du dernier ressort que par leur réunion, ne peut, alors qu'aucune jonction d'instance n'a été ordonnée, avoir pour effet de changer la compétence du tribunal, laquelle a été fixée par l'exploit introductif (Cass. 28 mars 1820 ; — 18 août 1868, S. 69-1-74 ; — 22 juin 1870, S. 70-1-388).

De plus, il a été décidé que la jonction de deux instances qui n'ont pas été confondues, laissent à chacune son caractère propre; d'où il suit que, si l'une est en dernier ressort et l'autre en premier ressort, le jugement n'est susceptible d'appel que pour ce second chef (Cass. 5 déc. 1871, S. 72-1-211).

10310. Disjonction de causes. — Compétence. — Si le juge n'est compétent qu'à l'égard de quelques-uns des chefs réunis, il doit disjoindre la cause, à moins qu'il n'y ait connexité, cas où il ne doit statuer qu'en premier ressort (Dalloz *V. Compétence* n° 308).

10311. Un seul demandeur et un seul défendeur. — Plusieurs demandes en une. — L'art. 9 L. 25 mai 1838, sur les justices de paix, veut que lorsque plusieurs demandes fondées sur des causes diverses sont formées conjointement, c'est par leur valeur totale que se détermine le premier ou le dernier ressort. Bien que cette disposition n'ait pas été insérée dans la loi du 11 avril 1838 sur les tribunaux d'arrondissement, elle doit leur être appliquée. C'est, d'ailleurs, ce qu'a constamment reconnu la jurisprudence antérieure à cette loi (Cass. 28 déc. 1792; — Bruxelles 15 janv. 1813; — Grenoble 6 janv. 1810; — Bastia 2 mai 1837).

Ainsi, il a été jugé, si, quand une contestation entre un seul demandeur et un seul défendeur a pour objet plusieurs créances distinctes s'élevant ensemble à plus de 1,500 francs, bien que chacune d'elles soit inférieure à cette somme, le jugement qui statue sur cette contestation est susceptible d'appel (Sol. impl.; — Cass. 7 mai 1858, S. 58-1-810, P. 59-443).

De même, est en premier ressort, le jugement rendu sur une contestation en matière d'ordre ayant pour objet une collocation obtenue pour trois créances distinctes inférieures chacune au taux du dernier ressort, mais s'élevant ensemble à une somme supérieure, alors surtout que ces trois créances sont comprises dans une seule et même demande en collocation, et qu'attaquées par une seule et même contestation, elles doivent être maintenues ou rejetées par les mêmes motifs (Cass. 7 avr. 1858, S. 58-1-810, P. 59-44, 1040 R.P.).

10312. Plusieurs demandeurs. — En principe, du moment que l'objet d'une demande se divise entre plusieurs demandeurs, le jugement qui intervient sur cette demande est en dernier ressort, si l'intérêt de chaque demandeur est inférieur à 1,500 francs (Dalloz n° 146, Benech p. 150 et suiv.).

Ce principe a donné lieu en jurisprudence aux applications les plus variées.

Est en dernier ressort, le jugement qui prononce sur plusieurs demandes formées par le même exploit, chacune inférieure au taux du dernier ressort, alors que, réunies, elles l'excèdent, alors que ces demandes sont distinctes et formées par plusieurs individus (Cass. 30 nov. 1852, S. 53-185, P. 54-1-296, 409 et 5 1. G.; — Cass. 18 août 1868, S. 69-1-74; — *Conf.* : Cass. 17 niv. an 13).

1. MÊME CAUSE. — Il en est ainsi alors même que les différentes demandes reposent sur une même cause (Agen 20 fév. 1856, S. 56-2-221, P. 56-2-382).

2. DEMANDES EN GARANTIE. — Spécialement, le jugement qui statue sur les demandes en garantie ou en dommages-intérêts formées collectivement et par un seul exploit contre le vendeur par divers adjudicataires d'immeubles distincts non solidaires, à raison de la surenchère dont chacune

des adjudications a été l'objet, est en dernier ressort si le litige, en ce qui concerne chaque adjudicataire, se trouve d'une valeur inférieure à 1,500 francs, quoique sa valeur totale excède ce taux (Cass. 18 janv. 1860, S. 60-1-121, P. 60-536).

Peu importe que les diverses adjudications aient été réunies en un même procès-verbal (même arrêt).

Peu importe aussi que le vendeur ait contesté la validité de ces adjudications, si cette contestation n'a eu lieu que sous forme d'exception pour faire rejeter les demandes en garantie, et non en vue de rentrer dans la propriété des biens vendus (même arrêt).

3. COHÉRITIERS. — Par suite du même principe, le jugement qui statue sur la demande en payement d'une créance, formée collectivement par plusieurs cohéritiers dans ce taux (Douai 21 janv. 1851, S. 51-2-211, P. 51-459; — Montpellier 13 juill. 1853, S. 53-2-476, P. 54-1-510; — Besançon 13 mai 1854, S. 56-2-161, P. 55-2-570; — Poitiers 14 déc. 1854, S. 55-2-141, P. 55-2-177; — Bourges 6 juill. 1857, S. 57-2-559, P. 57-1076; — Cass. ch. réun. 25 janv. 1860, S. 60-1-122, P. 60-534; — Pau 4 janv. 1862, S. 62-2-21 ; — Besançon 22 janv. 1862 ; — Agen 19 juill. 1861, S. 62-2-396; — Cass. 7 mars 1866, S. 66-1-142; — Nancy 3 janv. 1867, S. 67-2-107; — Pau 25 nov. 1872, S. 72-2-300).

Mais le jugement est en premier ressort seulement, si la créance est contestée par le défendeur, le litige dans ce cas portant sur l'existence même de la créance (Agen 19 juill. 1861, S. 62-2-396).

4. OBLIGATION CONJOINTE. — De même, est en dernier ressort le jugement qui colloque les créanciers à raison d'une obligation conjointe supérieure à 1,500 francs, si la part de chacun d'eux est inférieure à cette somme (Cass. 21 mars 1866, S. 66-1-143).

5. DÉCISIONS CONTRAIRES. — CRÉANCIERS. — Jugé, contrairement à la doctrine résultant des arrêts qui précèdent, que le jugement, qui statue sur une demande supérieure à 1,500 francs, formée collectivement par plusieurs créanciers pour une cause commune, est en premier ressort, quoique la part de chacun des créanciers, dans la somme demandée, soit inférieure au taux du dernier ressort (Ntmes 24 mai 1854, S. 54-2-623, P. 52-5-540).

Il en est ainsi spécialement à l'égard du jugement qui statue sur la demande formée contre un entrepreneur par ses ouvriers, en payement de leurs salaires, s'élevant en total à plus de 1,500 francs, quoique la part de chacun d'eux soit inférieure à cette somme (même arrêt).

6. *Idem.*—COHÉRITIERS.—Le jugement qui statue sur une demande en payement d'une somme de plus de 1,500 francs formée collectivement et dans le même exploit par plusieurs cohéritiers et en vertu d'un titre qui leur est commun, est en premier ressort et susceptible d'appel, bien que la part qui doit revenir à chacun des demandeurs soit inférieure à 1,500 francs (Cass. 10 janv. 1854, S. 54-1-135, P. 54-1 508; — 5 nov. 1856, S. 57-1-536, 887 R.P., P. 57-1076; — 19 avr.,

1858, S. 58-1-665, P. 58-453; — Angers 26 mai 1859, S. 59-2-682).

Alors surtout qu'il s'agit de dommages-intérêts demandés à raison du préjudice causé par la faute du défendeur, cette faute constituant un principe indivisible de demande (Angers 7 mai 1852, joint à cass. 10 janv. 1854, S. 54-1-135, P. 54-1-508).

Jugé encore, dans ce dernier sens, que le jugement qui statue sur la demande en rapport à succession d'une somme excédant 1,500 francs, est en premier ressort, encore que la part de chacun des héritiers dans cette somme soit inférieure à ce taux : en un tel cas, est inapplicable le principe de la divisibilité des créances entre les héritiers (Grenoble 24 août 1855, S. 56-2-220, P. 57-270).

Le jugement qui statue sur une demande en dommages-intérêts de plus de 1,500 francs, formée par une mère tant en son nom personnel qu'en qualité de tutrice de ses enfants mineurs, est en premier ressort si la part afférente à chacun des ayants droit n'est déterminée ni dans l'exploit introductif d'instance, ni dans les conclusions (Limoges 27 nov. 1868, S. 69-2-42).

Le jugement qui statue sur une demande en responsabilité solidaire formée collectivement par des créanciers d'une société en commandite contre les membres du conseil de surveillance est en dernier ressort à l'égard des demandeurs dont la créance est inférieure à 1,500 francs (Lyon 24 juin 1871, S. 72-2-94).

10313. Plusieurs défendeurs. — Il en est de même si l'objet de la demande, au lieu de se diviser entre plusieurs demandeurs, se divise entre plusieurs défendeurs, de telle sorte que l'intérêt de chacun d'eux soit inférieur à 1,500 francs (Montpellier 12 juill. 1853, S. 53-2-476, P. 54-1-510; — Cass. 3 juin 1863, S. 64-1-355).

1. ASSUREUR. — Ainsi, est en dernier ressort, et par conséquent susceptible de pourvoi en cassation, le jugement rendu contre plusieurs assureurs, bien que portant condamnation à une somme totale supérieure au taux du dernier ressort, si, d'ailleurs, il n'est pas établi que la part à payer dans cette somme par chaque assureur soit supérieure à ce taux (Cass. 20 mars 1860, S. 60-1-641; — 16 août 1870, S. 72-1-15; — 20 juill. 1871, S. 72-1-99).

2. COHÉRITIERS. — De même, le jugement qui statue sur une demande formée contre plusieurs héritiers par un créancier de la succession est en dernier ressort, quelque élevée que soit la somme totale en litige, si la portion de cette somme à la charge de chacun des héritiers est individuellement inférieure à 1,500 francs (Poitiers 6 déc. 1855, S. 56-2-555, P. 56-1-145).

Peu importe, du reste, que la demande procède d'un seul et même titre et qu'elle ait été formée collectivement et sans division (même arrêt).

Lorsque la demande est formée par plusieurs héritiers contre plusieurs débiteurs du défunt, le jugement est en dernier ressort, quelque élevée que soit la somme totale en litige, si les portions de cette somme que chacun des héritiers peut réclamer de chacun des débiteurs, sont individuellement inférieures à 1,500 francs (Douai 23 avr. 1855, S. 55-2-783, P. 56-2-388).

Peu importe, du reste, que la demande procède d'un seul et unique titre et qu'elle ait été formée collectivement et sans fraction (même arrêt).

Peu importe, encore, que dans l'exploit introductif d'instance, les demandeurs aient conclu à la solidarité contre les défendeurs, s'ils ne l'ont pas réclamée par leurs conclusions à l'audience (même arrêt).

Titre hypothécaire. — Le principe de la divisibilité de la demande, soit à l'égard des demandeurs, soit à l'égard des défendeurs, est applicable, même au cas où la demande est fondée sur un titre hypothécaire (Montpellier 12 juill. 1853, S. 53-2-476, P. 54-1-510; — 13 juill. 1853, S. 53-2-476, P. 54-1-510). — Décidé, au contraire, que le jugement qui statue sur une action hypothécaire dirigée contre plusieurs héritiers par un créancier de la succession est en premier ressort, bien que la part de chaque héritier soit inférieure à 1,500 francs (Pau 4 janv. 1862, S. 62-2-21; — Nancy 26 fév. 1864, S. 64-2-61).

Spécialement, est en dernier ressort le jugement rendu sur la demande en intervention formée par le tiers détenteur d'un immeuble poursuivi hypothécairement en payement d'une somme même supérieure à 1,500 francs, contre d'autres détenteurs d'immeubles hypothéqués à la même dette, aux fins de les faire condamner directement à payer leurs parts contributives de la créance et qui sont inférieures à cette même somme (Montpellier 13 juill. 1853).

3. COMMUNAUTÉ. — La demande en payement d'une dette de communauté supérieure à 1,500 francs, formée contre les mêmes personnes comme héritières tant du mari que de la femme, ne peut être considérée, sous le rapport de la règle du premier ou du dernier ressort comme divisible en deux parts, l'une du chef du mari, l'autre du chef de la femme, de manière que le jugement soit en dernier ressort, si chacune de ces parts est inférieure à 1,500 francs; en un tel cas, le jugement n'est qu'en premier ressort pour la totalité de la demande (Douai 8 mai 1855, S. 56-2-23, P. 56-1-400).

4. ENTREPRENEUR. — Est en dernier ressort le jugement intervenu sur la demande formée par un entrepreneur de travaux, à fin de mainlevée des saisies-arrêts formées par ses ouvriers sur les sommes à lui dues par celui pour le compte duquel les travaux ont été faits, si la saisie de chacun des ouvriers n'a eu lieu que pour une somme inférieure à 1,500 francs, bien que le montant total des saisies dépasse cette somme (Cass. 3 juin 1863, S. 64-1-355).

10314. Plusieurs demandeurs et plusieurs défendeurs. — Il a été décidé, en thèse générale, dans le sens des arrêts qui précèdent, que le jugement qui statue sur une demande formée, soit par plusieurs héritiers, soit contre plusieurs héritiers, est en dernier ressort quelque élevée que soit la somme totale en litige, si les portions de cette somme qui reviennent à chacun des héritiers demandeurs ou qui sont à la charge de chacun des héritiers défendeurs sont individuellement inférieures à 1,500 francs (Bourges 15 mai 1854, S. 54-2-522, P. 55-2-559).

1. DEMANDES D'INÉGALE IMPORTANCE. — Lorsqu'un

jugement statue à l'égard de l'une des parties sur des conclusions supérieures au taux du dernier ressort, et à l'égard de l'autre sur une demande inférieure à ce taux, l'appel est recevable à l'égard de la première partie et non recevable à l'égard de la seconde (C. Bourges 11 juin 1839).

2. SOCIÉTÉ EN COMMANDITE PAR ACTIONS. — Le jugement rendu entre le gérant d'une société en commandite par actions et des actionnaires constitués en état d'union et représentés par un commissaire spécial est en premier ressort, même à l'égard de ceux des actionnaires dont l'intérêt est inférieur à 1,500 francs, si l'intérêt collectif des actionnaires en cause est supérieur à ce chiffre (Angers 18 janv. 1865, S. 1865-2-211; — Pau 18 déc. 1865, S. 66-2-178).

10315. Décision sur une seule demande. — Préjugé sur les autres. — Le jugement ne cesserait pas de pouvoir être rendu en dernier ressort, bien que plusieurs demandes fussent en cause, si le tribunal ne se prononçait que sur une seule. Ainsi le jugement qui admet par privilège, dans une faillite, une créance inférieure à 1,500 francs, est en dernier ressort encore que ce jugement soit de nature à préjuger d'autres réclamations de semblables privilèges contre la faillite, si le tribunal n'a point eu à se prononcer et n'a rien décidé, à l'égard de ces dernières réclamations (C. Paris 15 nov. 1845, Dalloz v° *Degrés de juridiction* n° 84).

10316. Solidarité des débiteurs. — Bien que les débiteurs soient solidaires, si le créancier poursuit l'un des débiteurs seulement en payement de sa part inférieure à 1,500 francs, le jugement est en dernier ressort, car, aux termes de l'art. 1211 C. C., cette demande emporte renonciation à la solidarité. — Mais le jugement serait sujet à appel si l'un des débiteurs solidaires était assigné sans que la demande fût restreinte à sa part personnelle, ou si tous les codébiteurs solidaires étaient assignés simultanément, même par exploits séparés. Dans ces deux hypothèses, en effet, c'est la somme entière qui forme l'objet de la demande (Douai 8 mai 1855, S. 56-2-23; — Cass. 14 juill. 1856, S. 56-1-818; — 4 mars 1873, S. 73-1-201).

1. DIVISIBILITÉ. — Le jugement rendu sur une demande de condamnation solidaire dirigée contre plusieurs débiteurs est en premier ressort seulement, si le total de la demande excède le taux du dernier ressort, encore bien que la part proportionnelle de chacun des débiteurs soit inférieure à ce taux (Cass. 14 juill. 1856, S. 56-1-818, P. 57-424).

2. DEMANDE COLLECTIVE. — Le jugement rendu sur une demande en payement d'une somme de plus de 1,500 francs formée par plusieurs créanciers agissant conjointement et solidairement contre plusieurs débiteurs comme obligés solidaires, est en premier ressort, encore bien qu'il ait été expliqué dans la demande que la somme réclamée devra être partagée entre les demandeurs au prorata de leur intérêt respectif, et que, par suite de cette répartition, la part pro-

portionnelle de chacun des demandeurs doive être inférieure au taux du dernier ressort (Nîmes 23 nov. 1864, S. 64-2-281).

10317. Demande en garantie. — La jurisprudence décide, en général, que le caractère de la demande principale influe souvent sur celui de la demande en garantie. C'est ainsi que la cour de Montpellier a jugé, le 7 février 1828, que si le jugement rendu sur la demande principale n'est qu'en premier ressort, le jugement sur la demande en garantie est aussi, par voie de conséquence, en premier ressort. Il a été décidé également (C. Paris 20 avr. 1844): 1° que la demande règle la compétence en dernier ressort, même en matière de garantie;

2° Que le mandataire appelé en garantie sur les poursuites dirigées contre un débiteur de son mandant qui s'est libéré entre ses mains, ne peut interjeter appel du jugement, si, la demande n'excédant pas le taux du dernier ressort, il s'est contenté, sans prendre de conclusions reconventionnelles, de la repousser par des exceptions, quelque indéterminées qu'elles soient; par exemple, en disant que le demandeur principal avait à tenir compte des sommes plus considérables pour certaines avances faites dans son intérêt (Toulouse 23 juill. 1824);

3° Que l'action en garantie formée contre un tiers suit le sort de l'action principale, quant à la détermination du premier et du dernier ressort (Agen 20 fév. 1856, S. 56-2-221, P. 56-2-382).

En conséquence, si le jugement est en dernier ressort sur la demande principale, il l'est aussi sur la demande en garantie, bien que celle-ci excède 1,500 francs (même arrêt). Réciproquement, le jugement qui statue sur une demande principale et sur une demande en garantie est en premier ressort, quant à cette dernière demande, comme quant à la première, si celle-ci excède le taux du dernier ressort, alors même que la garantie aurait pour objet un intérêt inférieur à ce taux (Grenoble 13 juin 1855, S. 55-2-478, P. 56-2-382).

1. DÉCISIONS CONTRAIRES. — Il a été décidé, au contraire, que la compétence en premier ou en dernier ressort, en ce qui touche les demandes en garantie, se détermine d'après la seule importance de ces demandes en elles-mêmes; en sorte que si elles portent sur une valeur excédant 1,500 francs, le jugement à leur égard doit être réputé en premier ressort, bien qu'il soit en dernier ressort, quant à la demande principale dont l'objet était inférieur à ce taux. — (Orléans 4 déc. 1850, S. 51-2-250, P. 51-1-90; — Riom 8 janv. 1855, S. 56-2-102, P. 58-2-381; — Rouen 17 avr. et 24 août 1861, S. 62-2-207; — Besançon 18 nov. 1863, S. 63-1-257; — Cass. 20 janv. 1869, S. 69-1-204; — Sic, Benech *Tribunal de première instance* p. 495 et suiv., Rodière *Compét. et proc. civ.* t. 1er p. 196; —Chambéry 27 avr. 1875, 19902 J. E.).

Jugé également que les demandes en garantie dont l'objet excède 1,500 francs ne peuvent être jugées qu'en premier ressort, bien que l'importance des demandes principales auxquelles elles sont attachées soit inférieure à ce taux. Il n'y a point à cet égard indivisibilité entre les deux demandes et l'appel est recevable pour la garantie (Cass. 24 août 1870, S. 72-1-13).

10318. Intervention. — En matière d'intervention, il peut arriver que le jugement soit en dernier ressort sur la question principale, et en premier ressort seulement sur les droits de l'intervenant.

Ainsi, la cour de Nancy a jugé, le 10 décembre 1845, qu'est non recevable l'appel d'un jugement rendu sur une demande en intervention, lorsque l'intervenant a conclu au payement d'une somme qui n'excède pas 1,500 francs, bien que la demande principale ait pour objet une somme supérieure, et que celle de l'intervenant soit subordonnée à la validité du titre sur lequel repose la demande principale elle-même.

Un jugement rendu sur une demande supérieure au taux du dernier ressort est susceptible d'appel, même de la part d'un créancier du demandeur, qui est intervenu dans l'instance pour la conservation des droits de son débiteur, quoique sa créance soit inférieure au taux du dernier ressort (Bourges 24 fév. 1854, S. 56-2-29, P. 53-2-418).

Dans tous les cas, l'appel d'un jugement qui a statué sur une demande en révocation de la donation d'un immeuble pour cause d'inexécution des conditions, dont l'effet serait de faire rentrer l'immeuble donné dans les mains du donateur, franc et quitte de toutes charges du chef du donataire, est recevable de la part d'un créancier du donataire inscrit sur l'immeuble, qui est intervenu dans l'instance ou a été mis en cause, bien que sa créance soit inférieure au taux du dernier ressort, lorsqu'il ne s'était pas borné à conclure devant les premiers juges au payement de sa créance, mais qu'il avait combattu la demande principale au fond (Grenoble 8 janv. 1851, S. 51-2-305, P. 51-2-322).

10319. Jonction d'instance. — Carré enseigne, art. 281 n° 295, que si les demandes n'avaient pas été réunies, mais que le tribunal en ordonnât la jonction, il y aurait lieu à prononcer en dernier ressort, car les parties ayant eu soin de diviser leurs actions, il ne peut dépendre du tribunal de leur enlever, par une jonction, le bénéfice du dernier ressort pour chacune des demandes qui n'excèdent pas 1,500 francs.

Jugé, dans ce sens, que lorsqu'un porteur de diverses traites, toutes inférieures à 1,500 francs et souscrites par le même individu, a formé des demandes en payement et les a introduites pour chaque traite sur des exploits séparés, la jonction de ces demandes, quel que soit le taux auquel leur réunion s'élève, n'empêche pas qu'il ne doive être statué en dernier ressort par le tribunal de commerce (O. Bourges 8 mai 1844).

Jugé également que s'il s'agit de recours exercés séparément par le porteur d'effets de commerce contre l'endosseur qui les lui a remis en compte courant, le jugement qui statue sur ces demandes originairement séparées, mais réunies par le tribunal, est susceptible d'appel quand ces demandes réunies s'élèvent à plus de 1,500 francs et bien que chacune d'elles soit séparément inférieure à ce chiffre (Grenoble 8 mars 1872, S. 72-2-142).

La jonction prononcée par les premiers juges de plusieurs demandes inférieures chacune au taux du dernier ressort, et dont le total est supérieur à ce taux, ne suffit pas pour que le jugement qui intervient ensuite sur le fond soit susceptible d'appel : ce jugement est en dernier ressort à l'égard de toutes les demandes dont il s'agit (Angers 31 mars 1852,

S. 52-2-219, P. 52-2-274; — Dijon 6 juill. 1859, S. 60-2-45, P. 60-750).

ARTICLE 6. — DEMANDES ACCESSOIRES

[10320-10331]

10320. Accessoires antérieurs ou postérieurs à la demande. — D'après l'art. 3 de l'édit de 1777, les juges avaient la connaissance en dernier ressort des demandes de sommes fixes et liquides qui n'excédaient pas la somme de 2,000 livres, tant pour le principal que pour les intérêts ou arrérages *échus avant la demande*. A l'égard des intérêts, arrérages, restitutions des fruits *échus depuis la demande*, dépens, dommages-intérêts, etc., ils ne devaient pas être compris dans la somme qui détermine la compétence.

Les mêmes règles doivent être suivies aujourd'hui.

10321. Intérêts. — Ainsi, il a été jugé qu'on doit considérer comme susceptible de deux degrés de juridiction la demande en payement d'une somme et des intérêts de cette somme échus avant la demande, lorsque le capital et les intérêts réunis excèdent le taux du dernier ressort (Cass. 22 juill. 1807, 18 août 1830; — C. Riom 27 déc. 1830, 13 juin 1837). — Jugé, de même, que la demande en remboursement d'un capital constitué, *avec les intérêts suivant la loi*, comprend les intérêts antérieurs à la demande s'il y en a d'échus, et ces intérêts doivent être ajoutés au principal pour déterminer le degré de juridiction (Rennes 2 juill. 1821).

D'un autre côté, il a été jugé que les intérêts courus pendant l'instance ne peuvent servir à fixer le taux du dernier ressort (Agen 19 août 1820).

Les intérêts courus depuis la demande, et les frais de l'instance, ne doivent pas être ajoutés au principal pour déterminer le taux du dernier ressort (Cass. 20 mars 1850, S. 51-1-131, P. 51-1-375; — Orléans 4 déc. 1850, S. 51-2-250 P. 51-1-90).

Il en est ainsi spécialement des frais de protêt d'un effet de commerce et des intérêts échus depuis le protêt (Orléans 27 nov. 1850, S. 51-2-252, P. 50-2-524).

Au cas de reprise d'une instance ayant pour objet le payement d'une certaine somme, instance interrompue par le décès du demandeur, les intérêts courus depuis la demande originaire jusqu'à l'assignation en reprise ont le caractère d'intérêts moratoires, tout aussi bien que ceux courus depuis cette dernière assignation, et ne peuvent, pas plus que ceux-ci, être pris en considération pour la détermination du ressort (Cass. 8 août 1864, S. 1864-1-391).

INTÉRÊTS DES INTÉRÊTS. — Les intérêts des intérêts demandés par l'exploit introductif d'instance ne naissant que de la demande elle-même, en l'absence d'une convention qui les stipule, il s'ensuit qu'ils ne doivent, pas plus que les intérêts courus depuis l'introduction de l'instance, être compris dans l'évaluation de la demande pour déterminer le taux du dernier ressort (Cass. 23 janv. 1865, S. 1865-1-116).

10322. Fruits. — Si les fruits ne se présentent que comme accessoire de la demande principale qui ne s'élève pas au taux de l'appel, les juges peuvent prononcer en dernier ressort, sans qu'on puisse objecter que la demande des fruits était d'une valeur indéterminée (Cass. 29 frim. an 11).

10323. Séparation de corps. — Aliments. — Le jugement statuant sur une demande de provision alimentaire formée, pendant une instance en séparation de corps, par un des époux contre l'autre, est en premier ressort essentiellement, et, par conséquent, est susceptible d'appel, alors même que le chiffre de la provision demandée serait inférieure à 1,500 francs : à cet égard, la demande accessoire en provision alimentaire suit le sort de la demande principale (Rouen 5 fév. 1855, S. 56-2-406, P. 57-46).

10324. Faux. — Le faux incident participe, quant à la détermination du premier au dernier ressort, de la nature de la demande principale, et cela alors même que cette demande appartiendrait à une juridiction différente (Paris 17 juin 1858, S. 59-2-240, P. 58-900).

Ainsi et spécialement, le jugement qui statue sur une inscription de faux incident formée dans une instance pendante devant le juge de paix, est en dernier ressort, si le taux de la demande principale n'excède pas les limites de la compétence en dernier ressort du juge de paix (même arrêt).

Peu importe que les parties aient conclu dans l'instance sur l'inscription de faux, et à raison de cette instance, à des dommages-intérêts supérieurs au taux du dernier ressort (même arrêt).

10325. Droit d'enregistrement. — L'enregistrement du titre étant le préalable indispensable de l'action, les frais de cet enregistrement, dont le remboursement est demandé, doivent être considérés comme un accessoire qui ne peut concourir à fixer le taux du dernier ressort (Cass. 5 mai 1840).

10326. Frais d'actes notariés. — Un tribunal ne peut statuer en dernier ressort sur la demande formée par le débiteur en nullité d'un acte notarié par lequel celui-ci s'est engagé à payer 1,000 francs (1,500 fr.) et les frais de l'acte ; en ce cas, l'affaire présente un intérêt principal de plus de 1,000 francs (1,500 fr.) (Cass. 13 frim. an 14).

Le jugement statuant sur des avances faites par un notaire des droits d'enregistrement d'un sous seing privé est en premier ressort si la somme excède 1,500 francs : « Attendu que, d'après les art. 29, 30 et 65 L. 22 frimaire an 7, le notaire qui a fait l'avance des droits d'actes passés devant lui prend connaissance de l'exécutoire, et le jugement qui intervient sur l'opposition à cet exécutoire est, quel qu'en soit la somme, rendu en dernier ressort ; mais il n'en est plus de même si l'avance faite par le notaire n'est pas une avance forcée et si surtout le procès n'est pas engagé sur une opposition à exécutoire » (Grenoble 17 avr. 1858, 1041 R. P., 11368 C.).

10327. Frais et dépens. — Dès que les frais sont compris dans un exploit introductif d'instance, et qu'ils ne se rattachent pas essentiellement au procès, ils doivent servir à la formation de la somme dont le chiffre ou l'importance est prise en considération pour la computation des degrés de juridiction.

Jugé, dans ce sens, par la cour de Nancy, le 19 décembre 1837, que le jugement qui statue sur une demande supérieure à 1,000 francs est toujours en premier ressort, quand même la demande aurait en partie pour cause des frais faits antérieurement.

Est en dernier ressort le jugement qui, après acquiescement à la demande, statue sur des difficultés relatives aux dépens de l'instance, alors que ces dépens s'élèvent à moins de 1,500 francs, bien que l'objet de la demande acquiescée fût supérieur à ce taux (Bourges 22 fév. 1854, S. 54-2-296, P. 55-1-44).

1. DISTRACTION DE DÉPENS. — La Cour de cassation a décidé, le 12 avril 1820, que l'on peut interjeter appel contre une ordonnance de référé rendue sur une opposition aux poursuites dirigées par l'avoué qui avait obtenu distraction des dépens, en se fondant sur ce que le jugement qui avait ordonné cette distraction était susceptible d'appel, et cela encore bien que les dépens ne dépassent pas le taux du dernier ressort.

2. FRAIS DE FOURRIÈRE. — Les frais de fourrière sont en général un accessoire de l'action rédhibitoire et sont sans influence sur la détermination du premier ou du dernier ressort (Cass. 1er juill. 1872, S. 72-1-338).

10328. Dommages-intérêts. — Les art. 2 L. 11 avril 1838 et 639 C. com., tel qu'il est rectifié par la loi du 3 mars 1841, disposent qu'il sera statué en dernier ressort sur les demandes en dommages-intérêts lorsqu'elles seront fondées uniquement sur la demande principale. D'où l'on doit conclure qu'une action en dommages-intérêts qui ne prend pas sa base dans la demande principale, mais qui a une cause antérieure à cette demande (qu'elle se lie ou non à ce qui fait l'objet de celle-ci), doit servir à déterminer la compétence du tribunal en premier ou en dernier ressort (Cass. 23 juill. 1855, 437 R. P.).

Au surplus, du moment que les dommages-intérêts prennent leur base dans la demande principale, il faut suivre à leur égard la même distinction que lorsqu'il s'agit de l'intérêt du capital (V. 10320), c'est-à-dire que si les dommages-intérêts résultent du contrat même, ou de toute autre cause antérieure à la demande, ils doivent être comptés pour fixer la compétence. S'ils ont une cause postérieure à la demande, ils ne sont qu'un accessoire qui suit la nature de l'action principale. Voici le résumé des arrêts rendus à cet égard.

Les dommages-intérêts réclamés par le demandeur doivent être comptés pour la détermination du dernier ressort : la défense portée par l'art. 2 § 3 L. 11 avril 1838, de réunir les dommages-intérêts au chiffre de la demande ne concerne que les dommages-intérêts, réclamés reconventionnellement par le défendeur (Besançon 1er août 1856, S. 56-2-554, P. 57-210).

Ces dommages doivent être réunis à la demande principale pour calculer le taux du ressort (Chambéry 27 juill. 1869, S. 69-2-228).

Il en est ainsi, encore bien que les dommages-intérêts aient été réclamés par le demandeur, non dans son exploit introductif d'instance, mais incidemment, alors, d'ailleurs, qu'ils sont fondés sur un fait distinct de la demande principale elle-même, par exemple, sur les procédés vexatoires du défendeur (Cass. 12 nov. 1855, S. 56-1-737, P. 55-2-566);

Ou que la demande accessoire de dommage n'ait été faite que pour se ménager une voie de recours (Alger 24 mars 1867, S. 67-2-285).

Il n'y a pas lieu de compter les dommages-intérêts réclamés, même par le demandeur, pour une cause postérieure à l'introduction de l'instance, notamment pour le préjudice que lui causerait le mode de défense adopté par son adversaire (Cass. 22 juill. 1867, S. 68-1-169 ; — *Contrà* Orléans 10 juin 1851, S. 52-2-298, P. 51-2-185 ; — Metz 18 mai 1855, S. 55-2-349, P. 55-2-542).

Le jugement qui a statué sur une demande en dommages-intérêts excédant le taux du dernier ressort est susceptible d'appel, lors même que les premiers juges auraient déclaré prononcer définitivement par ce motif que la demande était d'une exagération dérisoire (Bordeaux 5 janv. 1843, S. 43-2 246 ; — Metz 15 janv. 1861, S. 61-2-351).

Mais est en dernier ressort le jugement qui statue sur la demande en remise d'objets mobiliers, dont la valeur est fixée dans un acte produit au procès, lorsque cette valeur, jointe à la somme réclamée à titre de dommages-intérêts, est inférieure à 1,500 fr. (Toulouse 2 août 1864, S. 64-2-178).

Décidé de même qu'on ne doit pas ajouter les dommages-intérêts réclamés par les embarras occasionnés par le retard de recouvrement de la somme principale (Caen 26 mars 1867, S. 67-2-322); — pour l'inexécution éventuelle du jugement intervenu (Nîmes 18 juin 1867, S. 68-2-103); — ou pour suppression d'un écrit injurieux produit dans l'instance (Cass. 13 déc. 1864, S. 65-1-28).

10329. Contrainte par corps. — L'art. 20 L. 17 avril 1832 portait que dans les affaires où les tribunaux civils et de commerce statuent en dernier ressort, la disposition de leurs jugements, relative à la contrainte par corps, était sujette à l'appel; aussi a-t-il été jugé que le chef d'un jugement qui prononce la contrainte par corps était susceptible d'appel, encore que la condamnation principale fût en dernier ressort (C. Paris 17 fév. 1846).

10330. Ordre. — Dans le cas de contestation sur la validité d'un ordre *tout entier*, c'est par l'importance de la somme à distribuer et non par celle de la créance du demandeur que se fixer le taux du dernier ressort (Nîmes 9 mai 1800, S. 61-2-215). — D'après la loi du 21 mai 1838, l'appel n'est recevable que si la somme *contestée* excède 1,500 francs, quel que soit le montant des créances des contestants et des sommes à distribuer (art. 762 nouv.).

10331. Séparation de patrimoines. — Le jugement qui statue sur une demande en séparation des patrimoines, formés accessoirement d'une action en payement

de moins de 1,500 francs, est en dernier ressort (Caen 28 mars 1871, S. 72-2-146).

ARTICLE 7. — EXCEPTIONS. — INCIDENTS. QUALITÉS. — COMPÉTENCE

[10332-10338]

10332. Exceptions. — Incidents. — Les exceptions et les incidents ne sont pas pris en considération pour la fixation du ressort. Ce sont des suites, des accessoires de la demande, dont ils prennent le caractère.

Jugé dans ce sens (Bruxelles 2 nov. 1815, 12 avr. 1827) que l'incident suit le sort du principal, et que, dès lors, lorsque l'objet du procès ne s'élève pas à 1,000 francs (1,500 francs), il n'échoit pas appel du jugement qui statue sur une contestation incidente. Mais si l'exception affecte le fond, lorsque, par exemple, elle a pour objet de détruire non-seulement la demande, mais encore le principe même de la demande, elle ne peut plus être jugée en dernier ressort.

Ainsi, je vous actionne devant le tribunal en payement d'une somme d'argent pour arrérages d'une rente que vous auriez constituée à mon profit, et le montant de ces arrérages est inférieur au taux du dernier ressort ; vous prétendez que vous êtes déjà libéré à mon égard par compensation ou autrement, sans contester d'ailleurs l'existence de la rente : le jugement sera en dernier ressort, parce que la valeur du litige se trouve circonscrite tout entière dans la quotité des arrérages réclamés. Mais vous allez plus loin, et vous soutenez que la rente n'existe pas ou que la rente est prescrite : l'objet du litige grandit alors : il ne s'agit plus de savoir si vous me devez ces arrérages, mais bien si vous êtes débiteur d'une rente. L'exception n'est plus ici, comme dans le cas qui précède, accessoire ou incidente à l'objet même du litige ; elle porte, au contraire, directement sur cet objet ; elle atteint presque dans sa racine le droit sur lequel la demande repose. Le jugement sera, dès lors, susceptible d'appel, si les arrérages demandés, annulés avec le capital que la rente présuppose, forment une somme supérieure au taux du dernier ressort.

En tout état de cause, il faut excepter de cette règle le cas où l'incident n'est pas de nature à rentrer dans la juridiction saisie. C'est ainsi que le tribunal de commerce ne peut juger une question d'état ni une inscription de faux (Merlin *Rép.* v° *Dernier ressort* § 14, Dalloz *loc. cit.* n° 245).

10333. Qualité. — Lorsque la qualité de la partie n'est discutée qu'incidemment, comme c'est la demande qui fixe la compétence, si la somme demandée n'excède pas 1,500 francs, le jugement statue en dernier ressort sur la qualité comme sur le principal, dont elle n'est qu'un incident. Au contraire, lorsque la qualité forme l'objet principal du litige, elle ne peut être jugée qu'en premier ressort, parce qu'il s'agit d'une chose indéterminée de sa nature.

1. **HÉRITIER.** — Il résulte d'un grand nombre de déci-

sions judiciaires qu'une demande ne dépassant pas le taux du dernier ressort, et à la suite de laquelle le défendeur oppose incidemment qu'il n'est pas héritier et, partant, qu'il n'est point tenu de la dette, est jugée sans appel (Cass. 18 germ. an 12 ; — Montpellier 14 nov. 1835 ; — Limoges 9 avr. 1840). — Spécialement, il a été décidé que l'opposant à un commandement, à une saisie-arrêt ou à une saisie-exécution, faits pour une somme inférieure au dernier ressort, qui prétend n'être pas héritier du débiteur de cette somme, n'est pas recevable à interjeter appel du jugement qui rejette sa prétention, lequel jugement est en dernier ressort (Toulouse 2 avr. 1844).

Cependant nous devons faire remarquer que la question de savoir si le jugement qui reconnaît à une personne la qualité d'héritier peut être rendu tantôt en premier, tantôt en dernier ressort est fort controversée. Merlin (Quest, de droit vᵒ Héritier § 8) veut qu'un pareil jugement ne puisse jamais être prononcé en dernier ressort, et cette opinion a été accueillie par un certain nombre de décisions judiciaires. Cependant l'opinion contraire paraît devoir prévaloir, et c'est celle de Delvincourt t. 2 p, 31 nᵒ 7 ; Carré Compét. art, 286 nᵒ 324 ; Duranton t. 6 nᵒ 435, Delaporte t. 3 p. 155, Rodière t. 1ᵉʳ p. 185, Dalloz loc. cit. nᵒ 251).

Ainsi, il a été jugé que quand la question de savoir si un individu a ou non la qualité d'héritier n'est élevée qu'incidemment et comme moyen de défense à l'action principale, si l'intérêt de cette action est inférieur au taux du dernier ressort, le jugement qui statue sur le litige est en dernier ressort (Toulouse 11 mars 1852, S. 52-2-491, P. 53-2-36 ; — Montpellier 13 juill, 1853, S. 53-2-476, P. 54-1-510 ; — Besançon 18 nov, 1863, S. 63-1-257; — Cass. 8 août 1864, S. 64-1-391).

2. ASSOCIÉ. — Il ne peut être appelé d'un jugement qui a prononcé sur la question de savoir s'il y a société entre deux personnes, lorsque cette contestation ne s'élève qu'incidemment dans une demande d'une somme inférieure au taux du deuxième degré (Cass. 1ᵉʳ niv. an 9).

10334. Exception. — Validité de titre. — Une demande au-dessous de 1,500 francs ne cesse pas d'être soumise au dernier ressort par cela seul qu'une exception opposée par le défendeur conduit le juge à examiner un titre d'une valeur supérieure, alors surtout qu'aucune condamnation n'est prononcée en vertu de ce titre (Cass. 17 août 1865, S. 1865, 1-448).

Spécialement, est en dernier ressort le jugement qui statue sur une demande formée par un cohéritier contre ses cohéritiers en payement, à titre de garantie des lots, d'une somme dont la part afférente à chacun des défendeurs est inférieure à 1,500 francs, encore que le tribunal ait eu à statuer sur l'existence d'un acte d'une valeur indéterminée et dont les défendeurs excipaient pour repousser la demande (Ibid.).

10335. Incompétence. — D'après les art. 425 et 454 C. proc., les exceptions pour incompétence empêchent le juge de statuer en dernier ressort, quoique le fond du litige soit au-dessous du taux de l'appel.

10336. Adjudication. — Incidents. — Les jugements d'adjudication sont toujours rendus en dernier ressort quand ils ne statuent pas sur des incidents (Dalloz vᵒ Vente pub. d'im. nᵒ 2118).

Ils acquittent donc le droit fixe de 3 francs (4 fr. 50 cent.) (Sol. 19 fév. 1868, 2743 R. P.).

10337. Radiation de cause. — Les jugements de radiation de cause prononcée conformément à l'art, 29 du règlement du 30 mars 1808, sont rendus en dernier ressort. Ils sont tous passibles du droit de 4 fr. 50 cent.

10338. Récusation. — Le jugement d'un tribunal de première instance qui prononce sur la récusation d'un juge de paix étant en dernier ressort, d'après l'art. 47 C, pr., n'est passible que du droit fixe de 3 francs (4 fr. 50 cent.) (436 J. E.). — V. Récusation 13699.

ARTICLE 8. — RENTES ET BAUX

[10339-10341]

10339. Rentes et arrérages. — C'est nécessairement sur le fond ou sur les arrérages que portent toutes les contestations qui peuvent s'élever sur les rentes.

1. ARRÉRAGES. — S'il s'agit d'arrérages et qu'ils soient évalués en argent ou évaluables d'après les mercuriales, il importe peu, pour fixer la juridiction, que le capital dépasse 1,500 francs; du moment que les années d'arrérages réclamées n'excèderont pas cette somme, le jugement sera rendu en dernier ressort. Le fond de la rente est en effet étranger à la contestation. — Jugé en ce sens : 1ᵒ que le tribunal statue en dernier ressort sur une demande en payement d'arrérages d'une rente stipulée présentement en denrées, mais déterminée par le vendeur à un revenu moindre de 50 francs, lorsque d'ailleurs le montant des arrérages n'excède pas 1,000 francs (1,500 fr.) (Cass. 23 juin 1817) ;

2ᵒ Qu'une redevance en grains peut être évaluée par le juge d'après les mercuriales, pour fixer le degré de juridiction (Rennes 18 mai 1810).

2. FOND DE LA RENTE. — RENTE VIAGÈRE. — Lorsque c'est d'une rente viagère qu'il s'agit, il faut considérer que son importance ne peut être déterminée, car elle dépend uniquement de la durée de la vie de la personne qui est titulaire, dès lors le jugement qui statue est toujours en premier ressort (Cass. 26 prair. an 10).

La même décision s'applique à la pension alimentaire.

3. RENTE PERPÉTUELLE. — Une rente perpétuelle pouvant toujours être rachetée, aux termes de l'art. 1911 C.C., ne peut être considérée comme indéterminée. Dès lors la contestation peut être jugée en dernier ressort toutes les fois qu'elle est d'un revenu au-dessous de 60 francs, dont le capital n'excède évidemment pas le taux du dernier ressort qui est de 1,500 francs; mais si le revenu excède 60 francs,

taux déterminé par la loi, le jugement ne peut évidemment être rendu qu'en premier ressort.

10340. Baux. — Fermages. — 1. FERMAGES. — En ce qui concerne les contestations sur les loyers échus, on suit la même règle que pour les arrérages de rentes dont il vient d'être parlé : le jugement est rendu en premier ou en dernier ressort, selon que la demande porte sur des fermages échus dont la réunion excède on n'excède pas 1,500 francs.

10341. Nullité. — Résiliation de bail. — Validité de congé. — Expulsion des lieux. — Les jugements qui statuent sur les demandes en résiliation ou en nullité de bail, en validité de congé ou en expulsion des lieux, sont-ils susceptibles d'être rendus tantôt en premier, tantôt en dernier ressort ? La jurisprudence est divisée sur cette question ; cependant il semble, et c'est également l'opinion de Dalloz, *loc. cit.* n° 283, que ces demandes sont toujours indéterminées, car ce ne sont jamais des sommes qu'elles ont directement pour objet.

1. EXPULSION DES LIEUX. — Dans cet ordres d'idées, il a été décidé que sont en premier ressort : 1° le jugement rendu sur la demande en expulsion d'un locataire dont les loyers sont inférieurs au taux de l'appel (Rouen 6 oct. 1825) ;

2° Celui rendu sur la demande en expulsion d'une ferme louée pour un an au prix de 163 francs, « attendu que les fermages sont bien déterminés vis-à-vis du propriétaire, mais ne le sont pas vis-à-vis du fermier ; d'où il suit que l'objet du procès, qui est la jouissance pendant un an, est indéterminé » (Bruxelles 26 avr. 1815) ;

3° Et celui qui statue sur une demande en payement d'une somme inférieure à 1,500 francs, pour loyers d'appartement, bien que le demandeur eût conclu en même temps à l'expulsion des locataires hors des lieux loués (Bordeaux 12 déc. 1831, S. 52-2-47, P. 52-2-156).

2. VALIDITÉ DE CONGÉ. — Est également rendu en premier ressort le jugement qui statue sur la demande en payement de fermages qui n'excèdent pas le taux du dernier ressort et sur la demande en validité de congé donné par le fermier : cette action, quoique récursoire, vient s'identifier à la demande et ne peut plus s'en séparer ; dès lors, le contrat judiciaire se forme sur des intérêts de valeur indéterminée, et le litige est hors des attributions du dernier ressort (C. Orléans 29 janv. 1824).

3. NULLITÉ ET RÉSILIATION DE BAIL. — Enfin, n'est qu'en premier ressort, quoique les diverses annuités du loyer réunies ne s'élèvent pas au taux de l'appel : 1° le jugement rendu sur la demande en nullité d'un bail à ferme (C. Orléans 17 avr. 1820) ; — 2° celui intervenu sur la demande en résiliation d'un bail (13 juill. 1834).

Le jugement qui statue sur une demande en résiliation de bail est en premier ressort, quand même la somme des loyers à échoir jusqu'à l'expiration du bail n'excéderait pas 1,500 francs ; une telle demande est de sa nature indéterminée (Lyon 20 juin 1854, S. 55-2-74, P. 55-1-471 ; — Douai 6 juin 1854, S. 55-2-74, P. 54-2-196).

Jugé, au contraire, qu'une telle demande ne peut être considérée comme indéterminée, et que, par conséquent, le jugement est en dernier ressort lorsque la somme des loyers à échoir jusqu'à la fin du bail n'excède pas 1,500 francs (Dijon 28 juill. 1854, S. 55-2-176, P. 54-2-560).

Le jugement est encore en dernier ressort lorsque les loyers à échoir joints aux dommages-intérêts réclamés ne s'élèvent pas à 1,500 francs (Besançon 15 mars 1856, S. 56-2-564, P. 56-1-519).

Peu importe, du reste, que la demande en résiliation fût fondée, non point sur le défaut de payement des loyers échus, mais sur une infraction aux conventions des parties relatives au mode de jouissance des lieux loués (Dijon 28 juill. 1854, S. 55-2-176, P. 54-2-560).

4. RECONNAISSANCE DE BAIL. — Est en dernier ressort le jugement qui statue sur une demande en reconnaissance de l'existence d'une cession de bail, quand les loyers à courir, joints aux autres chefs de demande, n'excèdent pas 1,500 francs (C. Besançon 8 déc. 1862, S. 63-2-30).

5. EXTINCTION DU BAIL. — Mais si la contestation soulevée à propos d'une plainte en trouble de jouissance par le preneur et en dommages-intérêts en résultat, amène à discuter la question de savoir si le bail est expiré ou non, le jugement est en premier ressort (Cass. 13 avr. 1869, S. 69-1-303).

ARTICLE 9. — SAISIES

[10342-10347]

10342. Saisie-arrêt. — On doit considérer comme rendu en dernier ressort : 1° le jugement qui annule des saisies-arrêts, faites pour une somme inférieure au taux de l'appel (C. Paris 31 mai 1813) ;

2° le jugement qui statue sur la demande en validité d'une saisie-arrêt faite pour une somme inférieure à 1,000 francs (1,500), quoique le chiffre de la somme saisie-arrêtée soit supérieur (Cass. 15 mai 1839, 18 juill. 1844).

Ainsi, lorsqu'il s'agit d'apprécier un jugement qui prononce sur la validité d'une saisie-arrêt, il ne faut considérer que la somme qui est énoncée dans la saisie : si elle est au-dessus de 1,500 francs, le tribunal juge en dernier ressort ; peu importe que la somme arrêtée entre les mains du tiers saisi soit supérieure à 1,500 francs, si le saisissant n'a demandé à en toucher qu'une portion inférieure au taux du dernier ressort.

Le jugement qui, sans égard à la déclaration négative du tiers saisi, le condamne à payer au saisissant le montant de sa créance, est en dernier ressort, si cette créance se trouve inférieure à 1,500 francs, bien que la contestation élevée par le saisissant ait en définitive pour résultat de supposer que la dette du tiers saisi envers le saisi excède cette somme ; alors, d'ailleurs, que celui-ci n'a pris, lui, aucune conclusion à cet égard contre le tiers saisi (Agen 15 juin 1857, S. 58-2-174, P. 58-1095).

Mais un pareil jugement est en premier ressort, bien que

la créance se trouve inférieure à 1,500 francs, si la contestation à l'égard du tiers saisi peut avoir pour résultat de mettre à sa charge une somme excédant en taux (Grenoble 18 mars 1858, S. 58-2-707).

Le jugement qui prononce la validité d'une saisie arrêt, en repoussant la prétention d'un tiers qui se prétend cessionnaire de la somme saisie est, en dernier ressort, si la créance du saisissant est inférieure à 1,500 francs alors même que la somme due par le tiers saisi et qui aurait fait l'objet de la cession contestée serait supérieure à ce chiffre (Limoges 13 fév. 1860, S. 69-2 75).

Il en est de même du jugement qui statue sur la demande du maintien de la déclaration affirmative bien que cette saisie ait été pratiquée sur une somme excédant 1,500 francs si l'intérêt du saisissant était inférieur à cette somme (Cass. 23 fév. 1869, S. 69-1-225) — ou bien que le demandeur excipe de la totalité des sommes saisies (Limoges 17 avr. 1869, S. 70-2-208 ; — *Contrâ* Grenoble 29 déc. 1868, S. 69-2-137).

1. DÉCLARATION AFFIRMATIVE. — Mais lorsqu'il s'agit de la déclaration affirmative, la règle n'est plus la même ; c'est alors, en effet, moins la somme due par le tiers que sa qualité de débiteur qui est mise en question. L'objet de la déclaration est donc essentiellement indéterminé. Aussi a-t-il été reconnu que le jugement rendu sur la demande en déclaration affirmative est susceptible d'appel, alors même que la créance du saisissant n'excède pas le taux du dernier ressort (Paris 7 mai 1817; — Aix 19 janv. 1828; — Colmar 2 juill. 1831 ; — Aix 22 nov. 1834; — Douai 5 mars 1835; — Paris 1er déc. 1866, S. 67-2-65).

10343. Saisie-exécution. — La créance non-payée par le débiteur étant la cause de la saisie qui est faite de ses meubles, il s'ensuit que tout ce que le saisi fait en cette circonstance se rattache à la saisie et par conséquent à la créance, comme l'effet à la cause. C'est dès lors la valeur ou le chiffre des causes de la saisie qui doit être pris en considération pour la fixation du dernier ressort, et non la valeur des objets saisis, quelle qu'elle soit.

Ainsi, il a été reconnu en dernier ressort le jugement qui prononce sur la validité d'une saisie de meubles d'une valeur indéterminée, si la créance pour laquelle la saisie a lieu est inférieure au taux du dernier ressort (Toulouse 13 mars 1827; — Liége 28 mai 1829; — Bordeaux 25 janv. 1839). — Il a été reconnu également que le jugement qui, sur l'opposition du saisi, déclare valable la saisie-exécution, et ordonne de procéder à la vente des meubles, est en dernier ressort, lorsque la somme réclamée par le créancier ne s'élève pas au taux de l'appel, bien que la valeur des meubles ne soit pas déterminée, et que le saisi ait opposé à son créancier la nullité des titres servant de base aux poursuites (Toulouse 26 janv. 1827).

Le jugement qui statue sur la demande en nullité d'une saisie-exécution, même fondée sur la totalité des meubles saisis est en dernier ressort, si la créance du saisissant est inférieure à 1,500 francs (Toulouse 11 mars 1858, S. 59-2-489, P. 59-387, 1042 R. P; — Limoges 17 avr. 1869, S. 70-2-208; — *Contrâ* Grenoble 26 déc. 1868, S. 69-2-137).

Pour reconnaître si une demande en nullité d'une saisie-exécution est susceptible d'être jugée en premier ou en dernier ressort, il faut considérer uniquement le montant de la créance en vertu de laquelle la saisie a eu lieu sans y ajouter les frais de cette saisie (même arrêt).

Le jugement rendu sur la demande en nullité d'une saisie pratiquée pour le payement d'intérêts inférieurs à 1,500 francs, est en premier ressort, si les conclusions des parties ont soulevé la question d'existence et de validité de la créance sous le rapport du capital même, s'élevant à une somme supérieure au taux du dernier ressort (Cass. 17 mai 1859, S. 60-1-462, P. 59-1129).

Le jugement sur une action en revendication de meubles dont la valeur n'a été déterminée ni dans l'exploit introductif d'instance, ni dans des conclusions prises devant le tribunal, ni dans aucun des actes de la procédure, est nécessairement en premier ressort et, dès lors, susceptible d'appel (Metz 17 mars 1858, S. 58-2-667, P. 58-723).

Il ne peut être suppléé à une telle détermination de la valeur de l'objet en litige par l'évaluation contenue dans un état estimatif qui se trouve annexé, conformément à l'art. 948 C. C., à un acte de donation précédemment faite au profit du demandeur (même arrêt).

En pareil cas, la valeur du litige n'est pas non plus nécessairement déterminée par le prix porté dans un acte récent de vente par lequel le demandeur aurait acquis ces objets. En conséquence, quand même cet acte porterait un prix inférieur à 1,500 francs, la valeur des meubles revendiqués n'en demeurerait pas moins indéterminée, et le jugement considéré comme rendu en premier ressort seulement (Bourges 14 mars 1853, S. 53-2-512, P. 54-1-148).

Les juges saisis d'une pareille revendication ne pourraient non plus, pour ramener la cause dans les limites du dernier ressort, faire eux-mêmes l'évaluation de l'objet revendiqué (Metz 17 mars 1858, S. 58-2-667, P. 58-723).

10344. Saisie-brandon. — Saisie foraine. — Le principe qui régit la saisie-brandon et la saisie foraine est le même que celui de la saisie-exécution.

Ainsi, il a été jugé que lorsqu'un individu fait pratiquer une saisie foraine pour une somme inférieure au taux de l'appel, et que le saisi, de son côté, assigne le saisissant en nullité de la saisie, avec dommages-intérêts, par le motif que lui, débiteur, n'est pas forain, et qu'il doit être renvoyé devant les juges de son domicile, le tribunal peut statuer en dernier ressort sur cette action (Bruxelles 14 janv. 1822). — Jugé de même que la demande en opposition ou en nullité d'une saisie-brandon pratiquée pour somme inférieure à 1,500 francs est en dernier ressort (C. Poitiers 6 janv. 1843).

Le jugement rendu sur la revendication par un tiers de fruits saisis brandonnés, est en premier ressort alors même que le montant des causes de la saisie est inférieur à 1,500 francs (Bordeaux 14 juill. 1870, S. 72-2-13).

Le jugement qui statue sur la demande en validité d'une saisie-brandon pratiquée par une créance inférieure à 1,500 francs est en dernier ressort, alors même que le saisi excipe de la totalité des biens sur lesquels la saisie a été faite (C. Montpellier 20 avr. 1872, S. 73-1-90).

10345. Saisie-gagerie. — C'est encore par le montant des causes de la poursuite et non par la valeur des objets saisis que se détermine le degré de juridiction ; peu importe même que la demande en validité de la saisie et le jugement soient formulés pour fruits échus et à échoir, car les fruits à échoir depuis la saisie ne sont qu'un accessoire de la demande (Limoges 19 déc. 1822; — Bordeaux 13 mai 1834; — Bourges 2 avr. 1811).

10346. Saisie-revendication. — Le jugement qui statue sur la demande en validité d'une saisie-revendication faite par le propriétaire entre les mains d'un tiers, d'objets que celui-ci prétend avoir achetés à un prix inférieur au taux de l'appel, doit être regardé comme en dernier ressort (Bordeaux 15 mai 1834; — Cass. 6 juin 1853).

Si la revendication porte sur un immeuble d'un revenu de 60 francs, le jugement est en dernier ressort. (Cass. 14 déc. 1869, S. 70-1-108).

10347. Saisie immobilière. — Quelques auteurs ne tiennent compte que de la créance du saisissant pour déterminer le degré de la juridiction, ce qui est dans l'ordre d'idées que nous avons suivi pour les autres natures de saisie. Dans un système contraire, on attribue le caractère du premier ressort aux jugements qui statuent sur les demandes en nullité ou sur des incidents de saisie immobilière.

Décidé en ce sens qu'est rendu en premier ressort seulement le jugement qui statue à la fois et sur une opposition en nullité de saisie immobilière et sur l'opposition à une sentence de séparation de biens, quoique la créance objet des poursuites en saisie ne dépasse pas le taux du dernier ressort (Cass. 21 brum. an 9).

Il a été reconnu, au contraire, que le jugement qui statue sur la demande en nullité d'une saisie immobilière est en dernier ressort si la créance du saisissant est au-dessous de 1,500 francs (Cass. 23 août 1864, S. 64-1-447 ; — Besançon 25 juill. 1870, S. 72-2-146).

Celui qui est rendu sur une demande en nullité de saisie immobilière pratiquée à raison d'une créance inférieure à 1,500 francs est en dernier ressort, lorsque c'est sur la réalité ou la légitimité de la créance que porte le litige (Cass. 13 févr. 1865, S. 65-1-232).

Spécialement, est en dernier ressort, et par suite susceptible du recours en cassation, 1° le jugement qui annule une procédure de saisie immobilière qu'en conséquence de l'annulation qu'il prononce également du titre de créance inférieure à 1,500 francs servant de base aux poursuites (Ibid.) ; — 2° le jugement qui statue sur la demande en nullité d'une saisie immobilière comme portant sur des immeubles dotaux de valeur indéterminée bien que la créance du poursuivant soit inférieure à 1,500 francs (Cass. 19 déc. 1866, S. 67-1-16).

Est susceptible d'appel le jugement qui sursoit à la publication du cahier des charges (Cass. 18 fév. 1851, S. 51-1-260, 5 juin 1861, S. 61-1-627; — Agen 23 janv. 1867, S. 67-2-67 ; — Rouen 10 janv. 1867, S. 67-1-109). — Mais il en est autrement du jugement qui statue sur une remise de l'adjudication (Idem), — ou qui statue sur la demande en revendication d'un immeuble dont le revenu annuel a été fixé à moins de 60 francs (Cass. 14 déc. 1869, S. 70-1-108).

ARTICLE 10. — ORDRE ET DISTRIBUTION

[10348]

10348. Ordre et distribution par contribution. — En matière d'ordre et de contribution, la jurisprudence la plus accréditée ne prend en considération que les sommes à distribuer, et le jugement doit être déclaré en premier ou en dernier ressort selon que ces sommes sont au-dessus ou au-dessous du taux de l'appel, quel que soit d'ailleurs le chiffre des créances des personnes qui produisent ou contestent (Cass. 24 janv. 1875, 4052 R. P.).

Il a été jugé dans cet ordre d'idées : 1° que si la somme qui est l'objet d'un ordre ou d'une contribution excède 1,500 francs, le jugement peut être frappé d'appel, sans égard au chiffre des créances des produisants, et quoiqu'il ne s'élève pas à cette somme (Agen 25 janv. 1834; — Paris 14 avr. 1840);

2° Qu'en matière de distribution par contribution, comme en matière à ordre, lorsque la contestation ne porte pas sur la somme à distribuer, le degré de juridiction est déterminé par chacune des créances non contestées (Paris 5 fév. 1864 ; — Conf. : Cass. 9 août 1859, S. 59-1-797; — Rennes 28 avr. 1863, Journal des avoués 522);

3° Qu'est en dernier ressort le jugement rendu en matière d'ordre sur une contestation relative à des créances distinctes et appartenant à des personnes différentes, si chacune de ces créances est inférieure à 1,500 francs, alors même que réunies elles excéderaient ce chiffre, qu'elles résulteraient du même acte et qu'elles auraient été l'objet d'une même inscription hypothécaire (Cass. 30 juin 1863, S. 63-1-441; — Conf. : Chauveau sur Carré Quest. 2590 t. 6 p. 236, Seligman et Pont Saisies et Ordre 463, Olivier et Mourlon Id. 399, Grosse et Rameau Proc. d'ordre 417). — La cour de Grenoble, par un arrêt du 24 juillet 1862, a déclaré ce principe applicable aux contestations en matière de distribution par contribution (S. 63-1-441).

4° Mais que si la contestation élevée dans un ordre avait pour objet différentes créances appartenant à une même personne, il y aurait lieu de réunir ces créances pour la détermination du premier ou du dernier ressort (Cass. 7 avr. 1858, S. 58-1-840, 1957 R. P.);

5° Que si un créancier conteste la validité de l'ordre entier, bien que sa créance ne soit que de 1,000 francs, le taux du ressort doit se fixer par l'importance de la somme à distribuer et non pas par la créance du demandeur : « Attendu qu'il ne s'agit pas, dans l'espèce d'un incident sur ordre, que ce n'est pas une seule créance qui est contestée, mais l'ordre entier qui est attaqué et dont on veut faire prononcer la nullité » (Nîmes 9 mai 1860, 1483 R. P.);

6° Enfin, que le premier ou dernier ressort, en matière de distribution par contribution, se détermine d'après le chiffre de créance contesté, quel que soit celui des créances respectives des contestants (Rennes 4 juin 1863, S. 63-2-267).

ARTICLE 11. — DEMANDES RECONVENTIONNELLES

[10349-10352]

10349. Caractère. — La reconvention a généralement pour objet de proroger la juridiction du tribunal saisi de la demande originaire, et de lui donner le droit de juger les deux actions. On doit l'envisager sous trois aspects différents : où bien les deux demandes sont indépendantes l'une de l'autre, en ce qu'elles proviennent de faits différents et sans liaison entre eux; — ou l'une est la conséquence et l'accessoire de l'autre; — ou, enfin, la reconvention est exercée par la voie de l'exception de compensation.

10350. Reconvention indépendante de la demande. — Toutes les fois que la demande principale et la demande reconventionnelle sont chacune au-dessous du taux nécessaire pour déterminer l'appel, le jugement doit être rendu en dernier ressort, bien que les deux demandes réunies excèdent 1,500 francs; et c'est seulement dans le cas où soit l'une, soit l'autre, est seule au-dessus de 1,500 francs, qu'il doit y avoir lieu aux deux degrés (*V.* Dalloz *loc. cit.* nos 362 à 378).

1. RECONVENTION EXAGÉRÉE. — Ainsi, est en premier ressort le jugement rendu sur une contestation dont l'objet a une valeur ne dépassant pas le taux du dernier ressort, mais dans laquelle a été formée une demande reconventionnelle qui excède ce taux, encore bien qu'il serait déclaré par le juge que cette demande n'est pas sérieuse et n'a eu pour but que de faire échapper le défendeur à la compétence en dernier ressort à laquelle il devait être soumis (Cass. 11 janv. 1863, S. 63-1-223; — 25 juill. 1864, S. 64-1-451; — Douai 8 mai 1855, S. 55-2-783. — *Contrà* Bourges 7 mars 1860, S. 60-2-183).

2. REDDITION DE COMPTE. — Le jugement qui ordonne une reddition de compte est en dernier ressort, s'il résulte de ses termes que le compte devait être établi dans les limites d'une demande principale et d'une demande reconventionnelle, toutes deux inférieures à 1,500 francs (Grenoble 7 juill. 1855, S. 56-2-29; — Montpellier 16 avr. 1850, S. 52-2-465; — Cass. 21 mai 1860, S. 61-1-155).

10351. Reconvention en dommages-intérêts. — Il en est des dommages-intérêts en matière reconventionnelle, comme dans le cas où ils sont demandés par action principale; les mêmes règles doivent donc être suivies. Si les dommages-intérêts ont pris naissance dans un fait antérieur à la demande, ils fondent une action distincte. Dès lors, il faut prendre isolément la demande et la reconvention, pour déterminer le degré de juridiction. — Dans le cas, au contraire, où ces dommages se relient à la demande elle-même, parce que ce serait cette demande qui aurait causé le préjudice, ils ne sont que l'*accessoire* de cette demande, qui

seule détermine le premier ou le dernier ressort. Ces idées découlent naturellement de l'art. 2 L. 11 avril 1838, dans lequel on lit : « Néanmoins, il sera statué en dernier ressort sur les demandes en dommages-intérêts lorsqu'elles seront fondées exclusivement sur la demande principale elle-même » (C. Angers 13 déc. 1854, 515 R. P.).

Lorsqu'après avoir été définitivement condamné au payement d'une somme inférieure à 1,500 francs, le débiteur poursuivi par voie de commandement ou de saisie forme opposition à un acte d'exécution et formule en même temps une demande en dommages-intérêts supérieure à cette somme, le tribunal saisi de l'opposition statue en dernier ressort sur le tout (Cass. 16 et 23 août 1864, S. 64-1-447, 1971-3 R.P.; — 13 déc. 1864, S. 65-1-28).

Cette jurisprudence met fin à une grave controverse engagée sur la question entre les cours d'appel — (*Conf.* : Bordeaux 22 déc. 1843 et 9 déc. 1852, S. 44-2-571 et 53-2-504; — Besançon 26 janv. 1846, S. 47-2-577; — Orléans 25 août 1847, S. 48-2-523; — Montpellier 15 fév. 1851, S. 51-2-175; — Grenoble 7 juill. 1855, S. 56-2-29; — Orléans 14 juin 1862, S. 62-2-510; — *Contrà* Limoges 28 nov. 1846, S. 47-2-577; — Bordeaux 20 mars 1847, S. 49-2-167; — Nîmes 23 mai 1848 S. 48-2-558; — Rouen 24 août 1849, S. 49-2-485; — Bastia 13 août 1855, S. 56-2-151).

Au cas de dommages-intérêts demandés reconventionnellement par le défendeur sans cause spéciale assignée à cette demande, les juges ont plein pouvoir de décider s'ils reposent ou non sur la demande principale (Cass. 21 mai 1860, S. 61-1-155).

10352. Reconvention tirée d'une compensation. — Le principe qui doit dominer en cette matière est celui de la division des réclamations respectives des parties. C'est d'après cette division que se détermine le degré de juridiction. Jugé en ce sens par la cour de Nancy, le 27 février 1844, que, dans le cours d'une demande principale formée par une partie, et d'une demande reconventionnelle opposée en compensation par son adversaire, qui doit servir à déterminer le chiffre en dernier ressort, c'est l'excédant de celle-ci sur l'autre. Le jugement est en dernier ressort, si cet excédant, seule chose en litige, n'est pas supérieur à 1,500 francs.

ARTICLE 12. — DEMANDES INDÉTERMINÉES

[10353-10360]

10353. Demandes indéterminées par leur nature. — 1. QUALITÉ. — ÉTAT, ETC. — Il est, dit Dalloz (*loc. cit.* n° 400), des contestations évidemment supérieures à toute appréciation pécuniaire. Au premier rang se présentent les questions qui peuvent s'élever sur l'état politique ou civil des personnes, ou sur leur qualité, leur liberté, etc.; de pareilles contestations touchent de trop près à l'économie sociale, au maintien des mœurs et de l'ordre public, elles ont pour objet des intérêts d'une nature trop élevée, pour admettre une appréciation pécuniaire. — Ainsi es procès sur la qualité de Français ou d'étranger, sur la validité ou la nullité du mariage, sur la séparation de corps et de biens, sur la filiation légitime ou naturelle, et autres semblables, ont une valeur qui n'est pas susceptible de détermination, car les objets qu'il s'agirait d'estimer ne sont pas dans le commerce; ils sont, dès lors, essentiellement soumis à deux degrés de juridiction. C'est aussi ce qu'enseigne Carré, *Lois de la compétence* t. 2 p. 6.

Jugé, en conséquence, que le jugement qui condamne à payer 100 francs de dommages-intérêts à une fille, à se charger de l'éducation et de l'entretien d'un enfant, et qui déclare cet enfant habile à succéder, ne peut être considéré comme portant une simple condamnation inférieure à l'appel, *attendu qu'une telle disposition est indéfinie*; un pareil jugement ne peut donc être rendu qu'en premier ressort (Cass. 14 fruct. an 2).

2. DEMANDES DE DIVERSE NATURE. — Sont encore indéterminées de leur nature, bien que présentant bien moins d'importance au point de vue général, un grand nombre de demandes qui dès lors ne peuvent être jugées qu'en premier ressort. Nous citerons, entre autres :

1° Les demandes en reddition de compte indéterminé (Cass. 9 germ. an 11; — C. Orléans 13 nov. 1823);

2° Les demandes en remise de titres d'une succession (Cass. 3 pluv. an 13);

3° L'opposition à une déclaration de faillite (C. Orléans 30 juill. 1844);

4° La demande en cession de biens, intentée par un débiteur contre ses créanciers (C. Bordeaux 13 mars 1828);

5° La demande en mainlevée d'inscription hypothécaire (C. Bourges 6 juill. 1827);

6° La demande en mainlevée d'une saisie immobilière (C. Toulouse 28 mai 1840);

7° L'opposition en nullité ou en révision d'un contrat (Cass. 28 prair. an 3, 11 oct. 1808);

8° La demande en partage (Cass. 12 therm. an 12);

9° L'ordonnance de référé qui statue sur une exception (Paris 13 oct. 1841);

10° La demande tendant à faire condamner le défendeur à 20 francs de dommages-intérêts par chaque jour de retard qu'il apportera à exécuter des conventions intervenues entre lui et le demandeur (Orléans 10 mars 1851, S. 52-2-208, P. 51-1-600);

11° Le jugement ordonnant une communication de pièces justificatives de la qualité de l'une des parties, si la demande principale n'a pour objet qu'une somme inférieure à 1,500 francs (Orléans 25 mars 1851, S. 52-2-314);

12° La demande, soit en dépôt des intérêts et dividendes afférents à des actions industrielles perdues, soit en délivrance de nouveaux titres, quelle que soit d'ailleurs la valeur de l'action (Paris 13 mai 1865, S. 1865 2-153);

13° La demande en déclaration d'absence fût-elle introduite à la suite de la demande en payement d'une créance de moins de 1,500 francs due à l'absent (Cass. 19 juill. 1869, S. 69-1-407);

14° La demande en dommages-intérêts de moins de 1,500 francs, ou en interdiction au défendeur des faits de même nature que ceux qui ont causé le préjudice (Cass. 26 mars 1867, S. 67-1-208);

15° La demande en nullité d'une société commerciale (Rouen 6 mars 1869, S. 69-2-234);

16° Le jugement qui refuse à une femme l'autorisation de se pourvoir contre un jugement de séparation (Dijon 20 mars 1868, S. 68-2-119).

3. FRAIS. — Est en dernier ressort et non susceptible d'appel le jugement qui statue sur une demande tendant au payement de frais d'après la taxe qui en sera faite, si le chiffre de cette taxe est inférieur au taux du dernier ressort (Cass. 23 janv. 1865, S. 1865 1-116).

4. VÉRIFICATION D'ÉCRITURE. — Est aussi en dernier ressort le jugement qui statue sur une demande en vérification de la signature d'un écrit portant sur une valeur inférieure à 1,500 francs (Cass. 30 mai 1865, S. 1865 1-312).

5. CRÉDIT. — Et le jugement qui statue sur la demande en payement d'une somme inférieure à 1,500 francs, lors même que cette somme se rattacherait à un crédit supérieur si la validité de ce crédit n'est pas en cause (Paris 14 août 1867, S. 68-2-80).

10854. Demandes personnelles ou mobilières non déterminées par les parties. — Lorsque la demande est susceptible de recevoir une appréciation précise et que son chiffre exact n'a pas été déterminé par les parties, ou que la détermination donnée n'est pas conforme aux bases d'évaluation fournies par la loi, on dit que la demande est indéterminée du chef des parties. Dès lors une pareille demande ne peut être jugée qu'en premier ressort.

Ainsi, est en premier ressort la demande en prestation d'une rente annuelle et le payement de plusieurs années d'arrérages sans aucune détermination de prix (Cass. 25 juill. 1808).

Doit encore être considéré comme non susceptible d'appel le jugement qui, sur la demande d'une somme qui n'excède pas le dernier ressort, a adjugé *ultrà petita*, des intérêts de frais indéterminés (Liège 13 mars 1815).

Dans cet ordre d'idées, doivent encore être considérées comme indéterminées une demande en recouvrement d'effets mobiliers non déterminés, une nullité d'une apposition de scellés sur des effets mobiliers non estimés, en revendication d'effets mobiliers saisis sur un tiers et non évalués par le revendiquant, etc., etc.

Ainsi, on ne doit pas considérer une demande comme nécessairement indéterminée, ni par suite, le jugement rendu sur une telle demande comme n'étant qu'en premier ressort, par cela seul que le chiffre total de la demande n'est pas indiqué dans l'exploit d'une manière précise, lorsqu'il peut y être suppléé avec certitude au moyen d'un calcul simple et facile, dont l'exploit de demande contient les bases (Montpellier 13 juill. 1853, S. 53-2-576, P. 54-1-510).

Est donc en dernier ressort le jugement rendu sur une demande en payement d'une somme principale déterminée, et en outre, en payement des *intérêts* de cette somme, du coût de l'acte sur lequel est fondée la demande, et enfin des frais d'un commandement et d'une sommation qui ont été faits par le demandeur, quoique le chiffre de ces diverses demandes accessoires n'ait pas été précisé, lorsque leur montant, fixé par les juges eux-mêmes, et ajouté au chiffre de la demande principale, ne donne qu'une somme totale inférieure à 1,500 francs (même arrêt).

La valeur d'une affaire n'est pas indéterminée, bien que cette valeur ne doit pas indiquée dans la demande, si, d'ailleurs, elle se trouve indiquée par les conclusions du défendeur. Elle est, dès lors, jugée en dernier ressort si, d'après la valeur ainsi indiquée, l'affaire n'est pas susceptible des deux degrés de juridiction (Cass. 13 janv. 1852, S. 52-1-637, P. 52-2-79).

Décidé, de même, que si l'évaluation arbitraire faite par le juge d'une demande indéterminée dont il est saisi, ne peut modifier ni la nature ni l'étendue de sa compétence quant à la détermination du taux du ressort, il en est autrement lorsque la base de l'évaluation est proposée par le demandeur lui-même, et qu'un simple calcul suffit au juge pour traduire en un chiffre précis une demande indéterminée seulement dans la forme sous laquelle elle se produit (Cass. 23 janv. 1865, S. 1865, 1-116).

1. MERCURIALES. — La demande peut être évaluée par les mercuriales quand les parties ne l'ont pas déterminée. Décidé en ce sens que la demande consistant en denrées dont le prix, quoique non liquidé, est réglé par les mercuriales et ne s'élève pas au taux de l'appel, est jugée en dernier ressort par le tribunal de première instance (C. Grenoble 25 fév. 1812. — On ne peut donc dire que la valeur d'objets mobiliers, tels que grains, etc., est indéterminée, du moment que cette valeur peut être déterminée au moyen des mercuriales (Nancy 20 juin 1842).

10355. Demandes immobilières non déterminées par les parties. — La jurisprudence établit de la manière la plus constante qu'il ne peut être statué en dernier ressort sur une contestation relative à la propriété d'immeubles dont le revenu n'est déterminé ni en rente ni par prix de bail (Cass. 23 prair. an 12, 6 avr. 1807, etc.).

Jugé spécialement que lorsque la valeur du terrain exproprié n'est pas fixée par prix de bail, le jugement de dépossession est en premier ressort, bien que l'indemnité soit inférieure à 1,000 francs (C. Liège 18 mai 1839).

Il en est de même de la demande en délaissement d'un immeuble, quoique le demandeur ait conclu, à défaut de délaissement, au payement d'une somme inférieure au taux du deuxième degré (C. Paris 18 mars 1826).

Même décision au sujet de l'action d'un créancier contre l'acquéreur d'un immeuble en déguerpissement ou en dégagement d'un réméré, alors même qu'elle a pour cause le non-payement d'une somme inférieure à 1,000 francs (C. Metz 26 fév. 1819).

Il faut donc admettre comme règle générale que les jugements sur les actions immobilières d'une valeur non déterminée sont toujours sujets à appel, dans quelque circonstance et pour quelque cause que l'action ait été formée (Cass. 16 mars 1824).

Ainsi, il a été décidé qu'est nécessairement en premier res-

sort : 1° le jugement rendu sur la demande en démolition de constructions nouvelles faites à une maison donnée à bail, alors même que le jugement n'accorde au locataire que des dommages-intérêts au-dessous du taux du deuxième degré (Cass. 26 vend. an 11) ;

2° Le jugement statuant sur la demande tendant à être réintégré dans la jouissance d'un domaine congéable (Rennes 17 juill. 1814) ;

3° Celui intervenu sur la demande en partage et licitation des immeubles dépendant d'une succession, formée par les créanciers de l'un des héritiers, quoique la créance du demandeur n'excède pas 1,500 francs (Orléans 16 déc. 1842) ;

4° Sur une demande intentée par un cohéritier pour être subrogé à un cessionnaire de droits héréditaires dont le montant n'est pas déterminé en rente ni par prix de bail, encore que le prix payé par le cessionnaire soit inférieur au taux de l'appel des actions personnelles (Cass. 3 fruct. an 5) ;

5° Sur la question de savoir si la vente faite entre les parties comprend la réserve d'un champ et d'un droit d'habitation pendant six ans, ou seulement la réserve de la jouissance de ce champ et même du droit d'habitation, lorsque la valeur du champ et de l'habitation est absolument inconnue (Cass. 22 fruct. an 2) ;

6° Sur la demande qui a pour objet une indemnité pour l'émondage d'arbres et la propriété du terrain sur lequel ils sont plantés, terrain dont le revenu n'est point déterminé (Cass. 3 fruct. an 2) ;

7° Sur une action en déguerpissement, lorsque le mérite de l'action dépend de la preuve de la propriété du possesseur du fonds, qu'aucun titre ne détermine le revenu annuel de ce fonds, et que sa valeur principale est aussi indéterminée (Bruxelles 7 mars 1810) ;

8° Sur la demande en partage d'un immeuble d ont la valeur n'est déterminée ni en rente, ni par prix de bail (Cass. 26 oct. 1808) ;

9° En un mot, sous la loi de 1838, comme sous celle de 1790, l'évaluation doit résulter d'un arrentement ou d'un bail, et toute autre évaluation, telle que celle qui aurait été libellée dans des conclusions signifiées, est inopérante pour limiter le taux du dernier ressort (C. Douai 1er juill. 1840).

C'est dans le même sens qu'ont été rendus les arrêts suivants :

En matière immobilière, la compétence en dernier ressort ne peut, à défaut de fixation d'un revenu en rente ou par prix de bail, être déterminée par une évaluation de l'immeuble faite par le demandeur lui-même : le tribunal de première instance ne peut donc, dans ce cas, statuer qu'à charge d'appel (Riom 4 juill. 1857, S. 58-2-103, P. 57-1035).

Est en premier ressort et susceptible d'appel le jugement qui statue sur une demande en revendication d'un immeuble, si le revenu de cet immeuble n'est déterminé ni en rente, ni par prix de bail, bien que d'ailleurs l'immeuble ait été l'objet d'une vente antérieure dont le prix était inférieur à 1,500 francs (Cass. 2 fév. 1857, S. 57-1-650, P. 58-293, 886 R. P.; — Rouen 17 juill. 1869, S. 70-2-181) ;

Alors du moins que, depuis cette vente, la valeur de l'immeuble a augmenté (Paris 1er déc. 1855, S. 56-2-434, P. 56-1-110).

Est également en premier ressort et susceptible d'appel le jugement rendu sur une demande en résolution de vente d'immeuble, faute de payement du prix, si le revenu de cet immeuble n'est déterminé ni en rentes, ni par prix de bail, bien que le prix porté au contrat ne s'élève pas à 1,500 francs (Paris 14 août 1851, S. 52-2-49, P. 51-2-679).

De même, le jugement qui statue sur une action en résolution de vente d'immeuble formée par un créancier du vendeur est en premier ressort, si la valeur de l'immeuble est indéterminée, bien que la créance du demandeur soit inférieure à 1,500 francs (Cass. 20 juin 1853, S. 54-1-16, P. 54-2-307).

Le jugement qui statue sur l'opposition formée par un tiers détenteur au commandement qui lui a été adressé par un créancier hypothécaire à fin de délaissement de l'immeuble ou de payement de la créance est en premier ressort, et dès lors susceptible d'appel et non de recours en cassation, bien que le montant de la créance soit inférieur à 1,500 francs, l'action en délaissement ayant essentiellement une valeur indéterminée (Grenoble 8 déc. 1854, S. 55-2-466, P. 55-1-201; — Cass. 21 déc. 1859, S. 60-1-138, P. 60-565; — Nancy 26 fév. 1864, S. 64-2-61).

Il en est ainsi lors même que le tiers détenteur possède en vertu d'une adjudication sur saisie immobilière; son opposition ne saurait, pour cela, être considérée comme constituant un incident de saisie immobilière devant, aux termes de l'art. 730 C. proc., être jugé sans appel (Cass. 3 juin 1863, S. 64-1-335).

Jugé, au contraire, que la demande en délaissement hypothécaire est en dernier ressort lorsque la créance qui motive la poursuite ne dépasse pas 1,500 francs (Cass. 7 janv. 1874, S. 74-1-63).

La contestation relative à une concession perpétuelle dans un cimetière ne peut, à raison de l'impossibilité d'en déterminer la valeur en rente ou par prix de bail, être jugée qu'à charge d'appel (Cass. 31 janv. 1870, S. 70-1-263).

10356. Actions mixtes. — Les auteurs et la jurisprudence ne sont nullement d'accord sur la question de savoir sous quel point de vue il faut envisager les actions mixtes pour déterminer le premier et le dernier ressort. L'opinion qui paraît la plus rationnelle est celle que formule Pigeau C. proc. p. 592. Suivant cet auteur, l'action mixte est jugée en dernier ressort lorsque, envisagées individuellement, l'action personnelle et l'action immobilière ne sont pas les limites du dernier ressort, quoiqu'elles dépassent ces limites prises cumulativement. C'est ce qu'il met en relief par l'exemple suivant : si je vous ai vendu un immeuble à réméré moyennant 600 francs, la somme à restituer avec les loyers, coûts et toutes les restitutions à l'excédant pas 1,000 francs (1,500 fr.), l'action, comme personnelle, est susceptible du dernier ressort; mais si l'héritage est loué plus de 50 francs (60 fr.), l'action, comme immobilière, ne peut être décidée qu'à la charge d'appel.

10357. Demandes indéterminées ou inférieures à 1,500 francs se rattachant à des objets d'une valeur supérieure ou inférieure.

T. III.

— Est en premier ressort le jugement rendu sur une demande en payement d'une somme inférieure à 1,500 francs, mais faisant partie d'un prix de vente supérieur à 1,500 francs, lorsque la contestation portait sur le mérite de la vente (Paris 1er fév. 1859, S. 59-2-511, P. 59-434).

Est également en premier ressort le jugement statuant sur une demande en payement d'une somme même inférieure à 1,500 francs, alors que le principe de cette demande régit, par une conséquence nécessaire, d'autres obligations d'une valeur indéterminée à l'égard desquelles les droits du demandeur ont été réservés par le jugement (Cass. 27 nov. 1855, S. 56-1-249, P. 56-2-569).

Il en serait de même au cas où la somme réclamée ferait partie d'une obligation valable encore pour une somme supérieure à 1,500 francs, si la contestation portait sur le mérite de la créance (Paris 5 août 1859, S. 60-2-23, P. 59-1068).

Est en premier ressort le jugement qui statue sur la demande formée par un propriétaire contre son voisin en remboursement de la moitié des dépenses de construction d'un mur de clôture, alors même que le chiffre de la demande est inférieur à 1,500 francs, si le voisin déclare renoncer à la mitoyenneté en faisant abandon du sol, et si le constructeur lui en dénie les facultés (C. Orléans 24 mai 1873, S. 74-2-171).

1. INTÉRÊTS. — Le jugement qui prononce sur une demande en payement d'intérêts d'une obligation est en premier ressort seulement, bien que ces intérêts soient inférieurs à 1,500 francs, lorsque l'existence de l'obligation d'une valeur indéterminée est contestée par le défendeur (Orléans 18 mai 1855, S. 55-2-414, P. 55-2-425).

2. SUPPLÉMENT D'ACTION. — Il en est de même du jugement qui statue sur une demande en payement d'une somme inférieure au taux du dernier ressort, à titre de supplément d'action dans une société commerciale, si la demande comprend en outre des obligations éventuelles et illimitées pour l'avenir (Grenoble 23 juin 1855, S. 55-2-560, P. 55-1-580).

3. RESTITUTION DE TITRES. — Ou du jugement rendu sur une demande en restitution d'actions ou titres négociables à la Bourse, de valeur est par conséquent, essentiellement variable, si le demandeur n'a pas conclu au payement d'une certaine somme inférieure à 1,500 francs, pour le cas où les titres eux-mêmes ne seraient pas rendus, la valeur du litige se trouvant indéterminée (Paris 8 avr. 1859, S. 59-2-487, P. 59-355).

Le jugement qui condamne les héritiers à restituer un titre ou à payer la créance est en premier ressort si la créance excède 1,500 francs, et quoique la part de chaque héritier soit inférieure à ce chiffre (Cass. 9 juill. 1862, S. 62-1-1048).

4. TRAVAUX. — Une demande tendant à la suppression de divers travaux, suppression qui soulève une question de mitoyenneté d'un mur, et en même temps en 500 francs de dommages-intérêts, ne peut être jugée qu'en premier ressort, la compétence étant alors déterminée non par les dommages-intérêts, mais par la question de propriété ou de servitude, dont la valeur est indéterminée (Cass. 14 juill. 1857, S. 58-1-666, P. 58-1229, 939 R. P.).

5. OFFRES. — Un jugement statuant sur une demande en

80

validité d'offres réelles d'une somme inférieure à 1,500 francs, faites par un héritier à un tiers cessionnaire des droits successifs de son cohéritier, pour exercer contre lui le retrait successoral, n'en est pas moins en premier ressort, lorsque la question de validité des offres dépendait du point de savoir si le retrayant n'avait pas perdu, par une déchéance, le droit d'exercer ce retrait (Montpellier 18 nov. 1853, S. 54-2-20, P. 55-2-537).

6. COMPTE. — Est en dernier ressort le jugement statuant sur une demande inférieure à 1,500 francs, même alors que le demandeur aurait ainsi conclu à un règlement de compte, si, d'ailleurs, il n'apparaît pas que ce compte ait d'autre but que la constatation de la créance faisant l'objet de la demande principale (Grenoble 7 juill. 1855, S. 56-2-29, P. 55-2-482).

Il en est de même à l'égard du jugement statuant sur une demande en payement d'une somme inférieure à 1,500 francs, formée contre un héritier bénéficiaire par un créancier de la succession, même alors que le demandeur aurait aussi conclu à la reddition du compte de gestion de l'héritier, mais cela uniquement comme moyen de faciliter la réalisation du payement de sa créance (Montpellier 15 avr. 1850, S. 52-2-463, P. 51-2-431).

Le jugement qui statue sur une demande en payement d'une somme au-dessous de 1,500 francs, est en dernier ressort, encore que pour apprécier cette demande, il faille examiner les éléments d'un compte dépassant ce taux (Toulouse 2 déc. 1858, S. 59-2-681, P. 60-126).

Pareillement, le jugement qui ordonne une réddition de compte est en dernier ressort s'il résulte de ses termes que ce compte devait être établi dans les limites d'une demande principale et d'une demande reconventionnelle, toutes deux inférieures à 1,500 francs (Cass. 21 mai 1860, S. 61-1-155).

7. PARTAGE. — De même, un jugement statuant sur une demande en payement d'une somme inférieure à 1,500 francs, formée en vertu d'un acte de partage de succession, ne cesse pas d'être en dernier ressort, alors même que le demandeur aurait, par des conclusions auxiliaires, demandé que les juges procédassent à l'examen de la consistance de la succession et à la révision du partage, à seule fin d'établir la preuve de la réalité de la créance, et non pour faire opérer un nouveau partage réel (Montpellier 5 nov. 1853, S. 53-2-671, P. 54-2-569).

8. ASSURANCE. — C'est d'après le montant de la somme assurée que se détermine l'autorité en premier ou dernier ressort du jugement rendu sur la demande en délaissement formée préjudiciellement à la demande en payement du montant de l'assurance. La demande en délaissement ne peut être considérée isolément de la demande en payement, et comme étant d'une valeur indéterminée, par suite de quoi le jugement serait, dans tous les cas, en premier ressort seulement (Rennes 26 mars 1849, S.50-2-705, P. 50-1-239; — Cass. 3 mars 1852, S. 52-1-225, P. 52-1-681).

Le jugement rendu sur une demande en payement de cotisations dues par un assuré est en premier ressort, bien que le chiffre de la demande soit inférieur à 1,500 francs, lorsque la contestation porte en outre sur l'existence du contrat en vertu duquel la société peut être tenue envers l'assuré du payement d'indemnités éventuelles excédant cette somme (Angers 22 déc. 1854, S. 1865-2-175).

Le jugement rendu contre les liquidateurs d'une société d'assurances est en premier ressort si l'objet du litige excède 1,500 francs, bien que l'intérêt de chaque assureur dans la liquidation soit inférieur à 1,500 francs (Cass. 20 juill. 1871, S. 72-1-99).

9. DEMANDE ALTERNATIVE. — Le jugement qui ordonne l'exécution de la vente d'un immeuble dont le revenu n'est déterminé ni en rente ni par prix de bail est en dernier ressort, bien que la demande tendît alternativement à cette exécution ou au payement de dommages-intérêts inférieurs à 1,500 francs, si le jugement n'a pas admis cette alternative, mais a rejeté d'une manière absolue la demande en dommages-intérêts (Cass. 18 nov 1863, S. 1864-1-133).

Est en dernier ressort le jugement qui statue sur la demande en restitution d'un objet mobilier (dont aucun acte ne fixe la valeur) ou, à défaut, en payement d'une somme inférieure à 1,500 francs (Toulouse 2 août 1864, S. 64-2-178).

En cas de demande alternative, il suffit que l'un des termes de la demande excède la taxe du dernier ressort pour qu'elle revête un caractère indéterminé, quelque décision qui intervienne en définitive. Le jugement rendu sur une telle demande est toujours en premier ressort (Nancy 7 mars 1868, S. 69-2-38).

Tel est le projet qui statue sur la demande en restitution d'un objet mobilier dont aucun acte ne fixe la valeur, ou, à défaut, en payement d'une somme de 1,500 francs (Dijon 17 juin 1869, S. 69-2-195).

Est en premier ressort le jugement rendu sur une demande d'une valeur indéterminée, spécialement sur une demande tendant à l'exécution de certains travaux, bien que le demandeur ait conclu subsidiairement, à défaut d'exécution des travaux, au payement d'une somme inférieure à 1,500 francs, lorsque le jugement s'est borné à condamner le défendeur à l'exécution des travaux qui faisaient l'objet de la demande principale (Orléans 7 mai 1856, S. 57-2-107, P. 56-2-348).

Il en est de même du jugement qui statue sur une demande tendant à l'exécution d'un marché d'une valeur de plus de 1,500 francs, quand même le demandeur conclurait, pour le cas de non-exécution du marché, à des dommages-intérêts n'excédant pas cette somme (Angers 9 mars 1854, S. 55-2-191, P. 56-1-300).

Jugé au contraire qu'on doit considérer comme en dernier ressort le jugement qui statue sur la demande alternative de livraison d'un corps certain d'une valeur indéterminée, ou, à défaut de cette livraison, de payement d'une somme inférieure à 1,500 francs, à titre de dommages-intérêts (Orléans 25 mars 1848, S. 52-2-516, P. 51-2-359; — Bourges 25 nov. 1873, S. 74-2-178).

10. INSCRIPTION HYPOTHÉCAIRE. — Lorsque, pour obtenir la radiation de l'inscription, le demandeur attaque le titre qui a servi de base à cette inscription, le jugement qui ordonne la mainlevée est en dernier ressort quand la créance est inférieure à 1,500 francs (Caen 13 nov. 1839, D. 41-2-33; — Bordeaux 6 fév. 1844, D. 45-2-146; — Agen 30 janv. 1845, D. 45-1-76; — Orléans 5 janv. 1844, Dalloz v° *Degrés de jurid.* n° 15; — Riom 10 août 1863, S. 64-2 263).

Jugé au contraire que l'action est indéterminée et par suite que son jugement est susceptible d'appel quand l'action se borne à la mainlevée sans contestation sur l'existence de la créance

(Toulouse 8 mars 1847, D. 47-2-83 ; — Besançon 13 mai 1853 ; — Dalloz 54 table v° *Degrés de jurid.* 11 ; — Caen 21 déc. 1859, D. 60-1-29).

10358. Demandes non connexes. — Mais une demande incidente indéterminée, entée sur une demande principale qui n'excède pas 1,500 francs, ne rend pas susceptible d'appel le jugement intervenu sur ce dernier chef, si les deux demandes principale et incidente n'ont pas une connexité nécessaire (C. Nancy 20 avr. 1844). — De même, si, la demande principale ne dépassant pas le taux du dernier ressort, il est formé par le défendeur contre un tiers une action en garantie qui s'élève au-dessus de ce taux, sans qu'il y ait connexité entre celle-ci et la demande principale, le jugement est en dernier ressort (Orléans 20 fév. 1816).

10359. Compulsoire. — Le jugement qui ordonne un compulsoire est en dernier ressort. — V. 4749.

10360. Faillite. — Le jugement déclaratif étant en premier ressort est passible du droit fixe de 7 fr. 50 cent. — V. 8808-1.
Tout ce qui concerne la perception des droits sur les jugements rendus en matière de faillite a été d'ailleurs expliqué au mot *Faillite*.

ARTICLE 13. — JURIDICTION DANS QUELQUES MATIÈRES SPÉCIALES

[10361-10364]

10361. — Nous ne terminerons pas ce que nous avons à dire sur les jugements en premier ou en dernier ressort, sans faire remarquer qu'il est certaines matières qui, par leur nature, doivent nécessairement échapper aux lenteurs des procédures ordinaires ; aussi les procès qui s'y rapportent sont-ils soustraits aux deux degrés de juridiction.

10362. Droits d'enregistrement. — Ainsi, pour les causes relatives aux droits d'enregistrement, l'art. 65 L. 22 frimaire an 7 dispose que « les jugements seront sans appel et ne pourront être attaqués que par voie de cassation. » Tous les procès soutenus par l'Administration pour la perception des droits d'enregistrement doivent donc être jugés en dernier ressort.
Mais il faut remarquer que ceci ne doit s'entendre que des droits d'enregistrement proprement dits. Ainsi il a été jugé que la disposition de l'art. 65 L. 22 frimaire an 7 n'est pas applicable : 1° au jugement rendu pour omission de dépôt au greffe de l'extrait du contrat de mariage d'un commerçant (Cass. 29 oct. 1830) ;
2° A la demande tendant à faire prononcer contre un notaire une amende au-dessous de 1,000 francs, pour contravention à la loi du 25 ventôse an 11 (C. Metz 15 janv. 1849) ;

3° A la demande en recouvrement d'une amende au-dessus de 1,000 francs prononcée par une cour criminelle ou par un tribunal correctionnel (Cass. 10 juin 1806 ; — Angers 25 mai 1832 ; — Cass. 17 juin 1835) ;

4° Au jugement qui prononce une amende pour défaut de dépôt du double du répertoire (Cass. 20 juill. 1863, S. 63-1-435). A plus forte raison la procédure spéciale introduite par l'art. 65 de la loi de frimaire ne peut-elle plus être invoquée lorsque l'Administration de l'enregistrement agit en sa qualité d'Administration des domaines, c'est-à-dire lorsque, cessant le rôle de perceptrice d'un impôt indirect, elle devient simple administratrice des biens de l'État. — Aussi a-t-il été jugé que doit être rendu en premier ressort le jugement qui statue sur une demande en payement de revenus domaniaux au-dessus de 1,000 francs (Cass. 23 mars 1808). Il en est de même du jugement qui vide l'opposition à une contrainte décernée par l'Administration des domaines, non pour le recouvrement d'impôts indirects, mais pour le payement du prix de bail de biens d'émigrés dont la valeur excède le taux du premier ressort (Cass. 12 mess. an 8).

1. EXÉCUTOIRE. — Le jugement qui statue sur l'opposition à un exécutoire délivré à un notaire pour avances de droits d'enregistrement et sur une demande reconventionnelle en payement de frais et honoraires est susceptible d'appel, quoique l'objet de l'exécutoire et celui de la demande reconventionnelle réunis n'excédent pas 1,500 francs (Cass. 9 fév. 1870, S. 72-1-35).

10363. Administration des contributions indirectes. — L'art. 2 de la loi de 1790, et spécialement l'art. 88 de la loi du 5 ventôse an 12, veulent que les instances que l'Administration des contributions indirectes introduit pour la perception de ses droits soient jugées en dernier ressort, quel que soit le chiffre du débat. Par suite, les jugements qui vident ces instances ne peuvent être attaqués que par la voie de cassation (Nancy 24 nov. 1834).

10364. Autres administrations. — Mais à l'Administration de l'enregistrement et à celle des contributions indirectes doivent être limitées les exceptions à la règle générale. C'est ainsi que nous avons vu l'Administration des domaines déboutée de ses prétentions à cet égard et que la même décision a été prise à l'égard de l'Administration des douanes (Cass. 11 flor. an 3).

SECTION 7. — JUGEMENT D'HOMOLOGATION

[10365-10373]

10365. Définition. — Le jugement d'homologation est l'approbation que la justice donne, dans des cas déterminés par la loi, à certains actes qui n'ont de force qu'autant qu'ils ont reçu cette approbation. Tels sont notamment les actes relatifs à la liquidation et au partage des biens de mineurs.

10366. Tarif. — La loi du 22 frimaire an 7, art. 68 § 3 n° 7, n'a prévu qu'une sorte de jugement d'homologation, c'est celui qui intervient sur les actes d'union et les atermoiements; elle l'a tarifée à 3 francs. — Ce droit a été porté à 5 francs par la disposition générale de l'art. 45 n° 5 L. 28 avril 1816, qui a tarifé à ce taux tous les jugements des tribunaux d'arrondissement rendus en premier ressort, contenant des dispositions définitives ne donnant pas ouverture à un droit proportionnel plus élevé. — Il a été porté à 7 fr. 50 cent. par l'art. 4 L. 28 février 1872.

On avait conclu de la désignation spéciale faite par la loi des homologations des contrats d'union et des atermoiements, et de son silence pour tous les autres actes, que les jugements d'homologation, n'ayant pas été spécifiés par la loi, devaient être rangés dans la classe des actes innomés, dont s'occupe l'art. 51 L. 22 frimaire an 7, et par suite ne pouvaient être soumis qu'au droit fixe de 1 fr. 50 cent. Mais un pareil raisonnement ne pouvait avoir aucun fondement. L'homologation est un véritable jugement qui valide un acte quelconque. Ce jugement est incontestablement définitif et en premier ressort, puisqu'il termine l'affaire qui lui est soumise et qu'il n'a aucune somme pour objet. Dès lors il doit, comme tout jugement définitif en premier ressort, être soumis au droit fixe.

1. ACTE DE NOTORIÉTÉ. — On l'a ainsi décidé spécialement pour les homologations d'acte de notoriété (Dél. 3 juill. 1822, 7245 J. E.).

2. CHAMBRE DE DISCIPLINE. — Et pour les jugements qui homologuent les délibérations des chambres de discipline des huissiers (D. m. f. 3 janv. 1823, 1068 I. G.).

10367. Actes homologués. — 1. ANCIENNE DOCTRINE. — L'exigibilité et la perception des droits sur les partages soumis à l'homologation judiciaire (et ce que nous disons des partages s'applique aux actes analogues) ont donné lieu à de nombreuses difficultés.

L'Administration pendant longtemps a soutenu d'une manière générale que les droits étaient dus sur le partage, soit que l'homologation fût nécessitée par l'absence de toutes les parties ou de quelques-unes d'entre elles (Amiens 19 janv. 1850; — Seine 25 fév. 1859, 27 avr. 1861, 14 fév. 1862, n°ˢ 1245, 1525 et 1614 R. P.), soit qu'elle fût seulement motivée sur l'incapacité des copartageants ayant concouru au contrat (Seine 7 fév. 1844, 3 fév. 1847, 26 déc. 1849, 13441, 14212 et 14874 J. E. — V. aussi Montpellier 9 mars 1846, 13965 J. E.).

2. DOCTRINE ACTUELLE. — Cette doctrine absolue n'a pas été maintenue. On a dû reconnaître d'abord que quand le partage est dressé en l'absence des parties, le défaut de consentement ne permet pas d'attribuer à l'acte le caractère apparent du partage. On l'a considéré comme un simple projet donnant lieu au droit fixe des actes innomés, et on a ajourné la perception des droits ordinaires à l'époque du jugement homologatif. Il était seulement resté dans les usages, à raison des difficultés et des inconvénients du procédé contraire, de faire recouvrer les droits par le receveur qui avait enregistré le partage. — V. nos explications au n° 2058 R. P.

La règle ancienne fut conservée pour les partages concernant les incapables présents ou légalement représentés à l'opération. Les droits continuèrent à être exigés sur l'acte de partage sans égard au jugement postérieur d'homologation. Mais un tribunal vint à décider, sur ces entrefaites, que les droits applicables à tous les partages sujets à l'homologation ne pouvaient être perçus que sur le jugement (Clamecy 25 août 1865, 2189 R. P.). Sa doctrine était formulée en thèse générale. L'Administration y acquiesça, et elle a rendu depuis lors plusieurs solutions conformes :

« Les partages sujets à l'homologation, a-t-elle dit, doivent être enregistrés au droit fixe de 3 francs, lors même qu'ils ont été approuvés par toutes les parties, et tous les droits exigibles doivent être perçus lors de l'enregistrement du jugement d'homologation » (Sol. 8 août 1872, 3499 R. P.).

Cette décision, on le voit, est le contre-pied absolu de ce qui a été pendant longtemps admis. Autrefois, les droits ordinaires étaient perçus sur tous les partages ; aujourd'hui ils doivent l'être sur tous les jugements qui les homologuent, et les partages demeurent invariablement soumis au tarif des actes innomés. Mais nous n'avons pas approuvé cette doctrine; il nous semble que parmi les partages sujets à l'homologation, un grand nombre donnent encore actuellement ouverture aux droits ordinaires lors de leur présentation à l'enregistrement. Le tribunal de La Rochelle l'a ainsi reconnu, le 9 août 1876 (4584 R. P.).

10368. Absence des parties. — L'homologation du tribunal est nécessaire dans deux cas distincts : ou bien quand l'acte est fait en l'absence des parties ou de quelques-unes d'entre elles, ou bien quand il intervient entre des incapables.

Mais ses effets ne sont pas les mêmes dans les deux situations.

Quand les copropriétaires n'ont pas comparu à l'opération et que, par exemple, l'acte a été dressé en leur absence par un notaire commis, ce n'est là qu'un projet de contrat destitué de ce qui constitue le lien de droit, du consentement des parties. Il n'oblige encore personne, il n'a aucun caractère extrinsèque du partage ; et si on le fait enregistrer en cette forme, ce n'est qu'un acte innomé passible du droit fixe de 3 francs. Le partage proprement dit n'est réalisé que par la décision du juge qui tient lieu du consentement des cohéritiers ou des copropriétaires. Par conséquent, il est rationnel de percevoir alors les droits applicables aux stipulations du contrat.

Ce résultat n'est pas modifié parce que certaines parties auraient approuvé le travail du notaire. Celles qui n'ont pas comparu ou qui ont refusé leur assentiment ne sont pas liées par l'approbation des autres. Ces dernières peuvent elles-mêmes revenir indéfiniment sur leur adhésion, car le partage n'existe que par l'accord des volontés, et tant qu'une seule fait défaut, la convention demeure pour le tout en projet (Pigeau t. 2 p. 690, Thomine t. 2 p. 622, Carré Quest. 3210, Chauveau Quest. 3307, Bioche n° 183, Dutruc n° 461 ; — Angers 8 avr. 1870, S. 72-2-155).

Même décision quand il est expressément convenu que l'acte restera en projet tant qu'il ne sera pas homologué (Amiens 19 mars 1875, 4098 R. P.). — V. 10834.

1. FAILLITE. — TRANSACTION. — Il faut d'ailleurs assimiler à la situation précédente le cas où l'homologation est imposée formellement comme une condition sans laquelle le contrat n'existerait pas. Tel est le cas, par exemple, de la transaction faite par un syndic. Tant que l'acte n'est pas homologué, il n'est qu'en projet. Le droit proportionnel ne peut donc être posé que sur le jugement. Il a été décidé en ce sens que le jugement qui homologue une transaction par laquelle les syndics d'une faillite ont ratifié, moyennant un supplément de prix de 310,000 francs, que l'acquéreur s'est obligé de payer, une vente de meubles faite par le failli, donne ouverture, outre le droit de 5 francs, au droit de 2 pour 100 sur le supplément de prix stipulé dans la transaction qui n'avait été enregistrée qu'au droit fixe (Seine 26 juill. 1850, 15066 J.E.). — Le pourvoi contre ce jugement a été rejeté par la C. cass. le 11 juillet 1853 (15683 J.E., S. 53-1-535, 1986-14 I.G.). — V. *Faillite*.

2. PORTE-FORT. — Il n'est pas besoin de faire remarquer que les règles précédentes ne s'appliquent pas lorsque les parties absentes sont représentées au contrat par des porte-fort. Dans les principes de la législation fiscale, l'acte consenti par un porte-fort est assimilé, en effet, à celui qui émane directement du propriétaire; il est soumis aux mêmes droits d'enregistrement. C'est une théorie que nous avons développée au n° 2512 R.P. et sur laquelle il n'y a pas à revenir ici. Le partage dans lequel les parties présentes auraient déclaré se porter fort pour leurs copropriétaires serait donc passible des droits ordinaires. A proprement dire, il n'est pas soumis à l'homologation du tribunal.

10369. Majeurs et mineurs. — Lorsque le partage est intervenu entre des majeurs maîtres de leurs droits et des incapables, l'acte réunit les conditions matérielles de sa perfection, puisque toutes les parties ont donné leur consentement. Cependant la loi considère que les incapables ont pu consentir légèrement et sans une complète maturité d'esprit. Elle décide, en conséquence, que le partage, pour être définitif à leur égard, devra être homologué en justice, et elle leur ouvre jusqu'à ce moment une faculté de révocation.

1. PARTAGE DE JOUISSANCE. — DROIT GRADUÉ. — Il faut bien s'entendre sur la nature juridique d'un tel partage. Ses effets sont différents selon qu'il s'agit de la jouissance ou du fonds. A l'égard de la jouissance, le partage est définitif et n'a besoin d'aucune sanction ultérieure. M. le procureur général Paul Fabre l'expliquait nettement devant les chambres réunies, dans l'un de ses derniers réquisitoires. « Tous les auteurs, disait-il, sont d'accord avec votre jurisprudence pour reconnaître que le partage provisionnel est celui qui ne donne que la jouissance des lots, en laissant la propriété dans l'indivision. En réalité, il y a deux sortes de partages provisionnels : ceux que les parties ont entendu faire porter sur la jouissance seulement, ils sont régis par l'art. 1134 ; et ceux que les parties ont entendu faire porter sur le fonds, mais qui, intéressant des incapables, ont été faits sans l'observation des formes prescrites. Ceux-là, c'est le législateur qui les réduit à n'être que de simples partages de jouissance, moins en punition de l'inobservation de la loi que pour la garantie des incapables. C'est précisément parce que l'intention des parties a été de partager le fonds, que la loi est obligée d'intervenir. Au bas des déclarations les plus précises de la volonté des parties d'attribuer à chacun la propriété irrévocable de son lot, l'art. 840 écrit : Moi, la loi, je réduis le présent partage à la simple jouissance des lots, comme autrefois, après l'édit de Lhôpital de 1566, chaque engagiste du domaine royal trouvait écrit dans son contrat : De quelques formules que se soit servi le roi pour déclarer qu'il entendait que sa concession fût irrévocable, faite à toujours, et sans retour possible, moi, la loi, j'écris au bas de l'acte : Révocable, révocable toujours et *ad nutum*. Le partage provisionnel est donc un partage de jouissance qui laisse la propriété indivise » (n° 3110 p. 234 R. P.).

Il résulte directement de là que le partage provisionnel, qu'il soit fait par des majeurs en vue de la jouissance ou qu'il soit déclaré tel par la loi à raison de l'incapacité des parties, a un résultat définitif à l'égard de cette jouissance. Les communistes sont immédiatement et irrévocablement liés sur ce point. L'acte est donc déjà pour cet objet un véritable partage, et il doit être traité comme tel lors de sa présentation à la formalité. Or, d'après l'art. 1er n° 5 L. 28 février 1872, les partages de biens meubles et immeubles sont assujettis au droit gradué sur le montant de l'actif net partagé. La jouissance des valeurs mobilières ou immobilières formant un bien meuble ou immeuble, il s'ensuit qu'on doit la soumettre, lorsqu'elle est divisée, au tarif de la loi de 1872. Nous ne concevrions pas pour quel motif cet acte, malgré les effets définitifs qu'il produit, serait considéré comme un simple projet et frappé du droit établi pour les actes innomés.

2. PARTAGE DU FONDS. — Il y a plus. Nous croyons que quand le partage consenti par les mineurs porte sur le fonds, il doit être considéré comme définitif pour la perception, non-seulement en ce qui concerne la jouissance, mais encore par rapport au fonds.

Un pareil acte, en effet, a tous les caractères ostensibles du partage. Il renferme la preuve du consentement des ayants droit. L'Administration n'a pas autre chose à examiner pour régler ses perceptions. Il lui suffit que l'acte ait la forme du partage et il ne lui appartient pas de se préoccuper de la validité du consentement des cohéritiers. « Ce qui importe au point de vue de la taxe, disait encore M. le procureur général Paul Fabre, c'est l'accord définitif des parties ; un acte non arrêté dans leur intention n'est qu'un projet ; un acte annulable à la demande de l'une d'elles est un acte existant et imposable lors de son enregistrement ; il est et il doit être taxé s'il était valable. Ainsi un partage, même nul en la forme, devra être taxé comme partage… Un partage n'a besoin que d'être apparent pour être taxé » (*loc. cit.*).

Eh bien, quelle est la situation juridique du partage consenti par le mineur ?

D'abord il est définitif à l'égard des majeurs. A la différence de ce qui a lieu pour les partages dans lesquels tous les cohéritiers n'ont pas comparu, les majeurs sont ici irrévocablement liés quant à la propriété des lots. Ils ne peuvent en demander l'annulation. Pourquoi cela, sinon parce que l'acte s'est formé par le consentement des parties et qu'il produit ses effets jusqu'au moment où l'invalidité de ce consentement sera judiciairement établi. — V. 12371.

Le mineur a le droit, il est vrai, de revenir sur son adhésion et de faire limiter le partage à la jouissance. Mais qu'est-ce que ce droit, sinon une faculté de résolution dont il est le maître de ne pas profiter et qui n'opère qu'à compter du jour où elle est exercée. Cette *révocation*, comme M. Paul Fabre l'a bien qualifiée, n'est autre chose qu'une annulation de contrat. Elle n'empêche pas le partage d'avoir existé et d'avoir produit tous ses effets jusqu'au moment où le mineur l'a fait révoquer. Si le mineur restait dix ans depuis sa minorité sans critiquer le partage, l'opération deviendrait définitive (art. 1304 et 1305 C. C.). N'est-ce pas la preuve que l'acte est formé et qu'il est simplement entaché d'une cause d'annulation? (Cass. 12 janv. 1875, 4165 R. P.).

Il faut donc appliquer à ce partage rescindable le principe général de la perception sur les actes nuls. Sa présentation à la formalité le rend passible des droits ordinaires, comme s'il n'existait aucun vice dans le consentement ni aucune éventualité de résolution. C'est alors, par conséquent, et non pas lors de l'enregistrement du jugement homologatif, que les droits sont dus.

La doctrine contraire présente pour le Trésor de très-grands dangers. Si l'on ajourne la réclamation des droits au jugement d'homologation, les parties se dispenseront facilement de recourir à cette formalité. La plupart des partages concernant les mineurs et les incapables n'y sont d'ailleurs pas soumis. On se borne à obtenir la ratification de ces derniers quand ils sont devenus majeurs, ou bien on laisse prescrire l'action qui leur appartient pour faire révoquer le partage. Dans tous les cas, les droits seront éludés, et cependant les parties, en faisant enregistrer leur partage comme acte innomé, lui auront assuré tous les bénéfices de la formalité (V. 2189 et 4058 R. P.).

Nous ne pouvons donc pas nous associer à la doctrine qui a prévalu dans ces derniers temps et qui se trouve affirmée par la Sol. 8 août 1872.

Cependant elle a été consacrée par le tribunal de la Seine, le 23 février 1872, dans un jugement d'après lequel le droit gradué est dû sur le jugement qui homologue un partage concernant des mineurs : « Attendu que le jugement d'homologation, seul, en s'appropriant l'acte du notaire dont il ordonne l'exécution, lui donne un caractère définitif, et qu'il est, pour les parties, le titre sur lequel doit être perçu le droit de mutation à raison de partage » (3650 R. P.).

La même doctrine résulte d'un jugement du tribunal de Bordeaux du 25 mars 1874, fondé sur ce que « l'état liquidatif constitue jusqu'à son homologation un projet qui ne devient définitif que lorsqu'il a été revêtu de la sanction judiciaire » (3860 R. P.).— V. encore dans le même sens : Châlons 4 fév. 1876, 4421 R. P.; — Saint-Etienne 24 mai 1875, 4383 R. P.

Mais malgré ces autorités nous croyons que la question mérite d'être soumise à un nouvel examen. Depuis la publication de notre dernière édition, deux jugements ont décidé, conformément à notre opinion, que les droits proportionnels étaient dus sur le partage même non homologué (la Rochelle, 7 août 1876, 4584 R. P.; — Roanne 26 déc. 1877, 4874 R. P.).

3. TIRAGE AU SORT. — Le jugement du 23 février 1873 qui précède a été rendu dans l'hypothèse où le tirage au sort était, comme il arrive fréquemment, contenu dans le jugement homologatif. Si ce tirage au sort était renvoyé devant un notaire, l'indivision ne cesserait pas, et c'est sur le procès-verbal ultérieur du notaire qu'il y aurait lieu de percevoir le droit gradué de partage, ainsi que les droits de

soulte. L'Administration l'avait déjà décidé ainsi au sujet du droit fixe de 5 francs (Sol. 10 juin 1837), et elle a maintenu cette interprétation au sujet du droit gradué par une solution du 17 sept. 1873 que nous ayons approuvée (n° 3728 R. P.).

En effet, le partage tarifé par la loi fiscale est l'acte qui fait cesser l'indivision entre les communistes. Pour que l'indivision cesse et que chaque copropriétaire soit investi de sa part dans la masse, il faut non-seulement que l'importance respective de leurs droits soit déterminée par la liquidation, et que l'on ait opéré la répartition des valeurs en lots correspondants, il est essentiel surtout que ces lots soient attribués. Or, c'est, selon l'expression de M. Demolombe, le tirage au sort qui opère cette dévolution définitive des biens à chacun des cohéritiers (*des Successions* n° 676). « Le tirage au sort, dit également Favard de Langlade, assigne à chacun des copartageants ceux des biens de la succession qui devaient définitivement et exclusivement leur appartenir » (V. *Partage de succession* § 4). Jusqu'à ce qu'il ait eu lieu, les biens restent donc indivis entre les parties, tellement que la composition des lots pourrait être modifiée sur la réclamation des intéressés (art. 835 C. C., art. 930 C. proc.). Et si l'un des cohéritiers décédait dans l'intervalle ou cédait sa part à un tiers, la mutation aurait pour objet la copropriété de la masse encore indivise, à l'exclusion des valeurs déterminées comprises dans les lots préparés. A la vérité, ce tirage au sort est en lui-même une opération matérielle très-secondaire, dans laquelle le consentement des parties ne joue directement aucun rôle; il n'en constitue pas moins, d'après la jurisprudence, une formalité essentielle pour rendre le partage définitif, et sans laquelle il serait simplement provisoire (Dalloz v° *Succession* n° 1843). D'un autre côté, le tirage au sort ne saurait être assimilé à une condition suspensive qui affecterait le jugement d'homologation et qui arrêterait la perception du droit applicable à ce jugement. La condition suspensive, en effet, est celle qui dépend d'un événement placé en dehors de la volonté des contractants. Or, le tirage au sort est le résultat d'un consentement émané des copropriétaires ou du tribunal qui se substitue à eux. C'est un contrat volontaire ou judiciaire de la même nature que la liquidation même ou l'homologation qui la suit. Ce n'est pas un simple événement dû au hasard, comme celui dont dépend la condition suspensive (*Conf.* : Montdidier 28 mai 1875, 4112 R. P. ; — Chartres 22 déc. 1876, 4569 R. P.; — Cass. 7 août 1876, 5000 R. P. ; — *Contrà* Avignon 17 déc. 1874, 4057 R. P.).

10370. Droit exigible sur le jugement. — **1. HOMOLOGATION PURE ET SIMPLE.** — Lorsqu'un tribunal homologue un procès-verbal d'expertise ou de liquidation, il peut se présenter deux situations différentes qui ont chacune leur influence particulière sur la perception.

Si l'homologation intervient uniquement pour consacrer l'opération du notaire et des parties en se bornant à lui imprimer la sanction judiciaire, l'acte du tribunal conserve son caractère d'entérinement pur et simple. Le titre direct des parties reste toujours le procès-verbal d'expertise ou la liquidation; ce sont leurs stipulations qui font la loi des contractants et motivent, par conséquent, la perception des droits proportionnels. Le jugement sanctionne leurs résultats sans se les approprier; il donne au contrat antérieur la force exécutoire qui lui manquait, ce que les docteurs appelaient autrefois *l'imperium*, et le seul tarif applicable est alors le droit fixe des homologations.

Ainsi, il a été décidé : 1° que le jugement qui se borne à rectifier, du consentement des parties, les erreurs de calcul d'une liquidation notariée homologuée par un jugement antérieur attaqué par opposition n'est pas passible du droit de 50 cent. pour 100, mais du droit fixe de 5 francs (aujourd'hui 7 fr. 50 cent.) (Cass. 10 mai 1837) : « Attendu que le jugement du 22 janv. 1833 s'est borné à réduire, du consentement des parties, le chiffre de la liquidation précédemment consommée; qu'il n'a été ni un jugement portant condamnation, ni un jugement portant liquidation ; que, d'ailleurs, le jugement attaqué constate que la somme dont la dame de Bouville est déclarée créancière de son mari lui est due en vertu d'actes précédemment enregistrés, et que le contraire n'est pas justifié devant la cour » (9710 J.N., S. 37-1-556, 1562-13 I.G.);

2° Que quand un jugement se borne à homologuer un procès-verbal d'expertise qui fixe le montant des améliorations et dégradations faites à un immeuble rapportable à la succession, il ne contient aucune liquidation passible du droit proportionnel (Poitiers 28 avr. 1868, 2788 R. P.);

3° Que si un tribunal se borne à donner acte à un assureur de ses offres à payer l'indemnité du sinistre selon les termes d'un procès-verbal d'expertise, sans que le tribunal ait repris les calculs des experts pour se les approprier et sans qu'il ait substitué sa liquidation à la liquidation des experts, aucun droit proportionnel n'est exigible (Sol. 23 déc. 1868, 2848 R. P.);

4° Que lorsque le tribunal, appelé à homologuer un projet de liquidation de communauté, décide qu'une rente propre à la femme figurera dans ses reprises pour sa valeur au jour de l'aliénation et non à une époque antérieure, il ne fait aucune liquidation de sommes passible du droit de 50 centimes par 100 francs, alors que les parties étaient complètement d'accord pour attribuer à la veuve la reprise de la rente qui lui appartenait personnellement et avait été aliénée durant le mariage. Il s'agissait seulement de savoir si la valeur de cette rente serait fixée au jour de l'aliénation ou à une époque antérieure (Falaise 24 août 1870, 3258 R. P.).

2. LIQUIDATION VÉRITABLE. — Mais il arrive souvent que le juge n'a pas un rôle aussi passif. Quand l'expertise ou la liquidation n'est point acceptée par les plaideurs, il s'élève des contredits plus ou moins importants qui mettent en cause la régularité du projet de contrat soumis à la sanction judiciaire et obligent le tribunal à répendre les opérations discutées devant lui. Dans ce cas, le jugement qui statue sur les prétentions contradictoires des parties fait autre chose qu'un entérinement. Le magistrat a remplacé l'expert ou le notaire et c'est sa sentence qui va désormais servir exclusivement de titre pour le règlement des intérêts contestés. Aussi, doit-on, dans ces limites, écarter le premier procès-verbal demeuré sans suite et traiter la décision du tribunal comme un jugement ordinaire directement rendu pour trancher un conflit survenu entre des communistes ou des cohéritiers. Si le tribunal détermine le montant de certains droits litigieux ou incertains, s'il procède à une liquidation de sommes ou de valeurs mobilières, le droit de 50 centimes pour 100 deviendra régulièrement exigible sur le total des sommes ou valeurs ainsi liquidées.

Ce principe, que nous avons posé aux art. 7906 et suiv. de nos éditions antérieures, a été appliqué plusieurs fois depuis par la jurisprudence. Nous citerons notamment des décisions des tribunaux de Confolens du 14 mai 1864 (n° 2046 R. P.) et d'Yvetot du 10 mars 1865 (n° 2165 R. P.) : « Attendu, porte ce dernier jugement, que c'est sur les contredits élevés à l'occasion du projet de liquidation qu'est intervenu le jugement; que ce jugement fixe d'une manière définitive le chiffre des indemnités dues par Duret père à la société, celui des récompenses à payer à la dame Duret, et rectifie par addition et retranchement qu'il ordonne la masse active et passive de la société d'acquêts; qu'un tel jugement opère incontestablement une liquidation sujette au droit proportionnel. »

Le tribunal d'Ussel a fait une application du même principe, le 15 février 1872, par le motif que : « Si le partage a été présenté d'accord avec toutes les parties au tribunal, qui l'a accepté tout fait, le tribunal, en l'acceptant ainsi, s'en est approprié tous les éléments ; les décisions qu'il renferme émanent de lui seul et non de la volonté des parties, sans qu'il soit possible d'établir aucune distinction ni aucune différence entre un jugement d'accord et celui qui serait rendu après les plus longues plaidoiries » (3468 R. P.).

On en trouvera d'autres exemples dans le chapitre consacré au droit de liquidation.

Le difficile est de savoir distinguer, en fait, quand le tribunal homologue ou liquide réellement. Les formules sont d'une variété qui défie toute analyse, et il serait puéril d'en essayer la discussion. C'est à l'examen attentif des circonstances et à l'intelligence complète de la situation des parties qu'il est uniquement possible de demander la solution de ces difficultés.

3. ÉTENDUE DU DROIT A PERCEVOIR. — Seulement, il faut remarquer que le droit proportionnel se restreint aux opérations mêmes que le tribunal entreprend. Lorsque le procès-verbal soumis à son contrôle renferme plusieurs chefs et que le jugement se borne à en discuter un seul pour en faire résulter une liquidation ou une condamnation, le tarif de la liquidation ou de la condamnation ne saurait être étendu aux autres parties de l'acte pour lesquelles le tribunal a statué par voie de simple entérinement. Le titre de la convention se trouve alors pour portion dans le procès-verbal du notaire, et, pour le surplus, dans la décision du juge ; il supporte, d'après les mêmes règles, l'application du tarif.

4. LIQUIDATION PROVISOIRE. — La perception du droit proportionnel est, d'ailleurs, soumise dans ce cas à toutes les règles ordinaires. Elle ne se justifierait pas notamment si la liquidation opérée dans le jugement avait un caractère provisoire et subordonné au résultat d'un nouvel et plus général examen. Il faudrait appliquer alors la jurisprudence des arrêts de Cass. 27 juin 1826 et 27 déc. 1859, d'après lesquels le droit de liquidation ou de condamnation n'est exigible que sur des dispositions définitives.

Mais ce caractère provisoire ne s'induirait pas uniquement de ce que le tribunal, après avoir opéré sa liquidation partielle, a renvoyé devant l'arbitre ou le notaire pour effectuer aux autres parties de son procès-verbal les rectifications nécessaires. Ce renvoi n'enlève rien ni à l'actualité de la décision, ni à son autorité ; elle en constitue seulement l'exécution (Conf. : Yvetot 10 mars 1865 n° 2165 R. P.).

Enfin, il importe de faire remarquer que si le droit de liquidation a été perçu sur le jugement préparatoire par lequel le tribunal a tranché définitivement plusieurs points litigieux, ce même droit ne saurait être exigé de nouveau lors de l'enregistrement de la sentence ultérieure contenant l'homologation du partage dûment rectifié. Il n'y a pas ici deux instances distinctes portant sur des difficultés différentes. Le second jugement renferme un simple rappel des dispositions du premier ; il en fait exclusivement l'application, et ce serait violer la maxime *non bis in idem* que de réclamer le payement d'un second droit.

5. DROIT GRADUÉ. — Il faut encore remarquer que si le jugement d'homologation renferme à la fois une liquidation passible du droit de 50 centimes pour 100 et un partage qui soit la conséquence de cette liquidation et donne ouverture au droit gradué, ce dernier droit ne saurait être perçu sur les valeurs passibles du droit de liquidation. C'est le droit de liquidation qui est seul exigible.

10371. Collocation. — Partage. — Un jugement homologue un partage de sommes et créances entre des héritiers, et porte que, pour se faire payer, il leur sera délivré par le greffier des extraits en forme de bordereaux sur les débiteurs de la succession. Il n'est dû que 7 fr. 50 cent., mais les extraits ou mandements sont assujettis au droit de greffe (Dél. 13 juill. 1827, 8783 J. E.).

10372. Pluralité. — 1. NOMINATION D'EXPERT. — Le jugement qui, après avoir homologué une délibération de conseil de famille, pour la vente des biens d'un mineur, nomme des experts pour estimer ces biens, n'est passible que d'un seul droit (436 n° 73 I. G., 4442 J. E.).

2. TIRAGE AU SORT. — Décidé, dans le même ordre d'idées, que le jugement qui homologue le rapport d'experts, lorsque le partage n'a pour objet qu'un ou plusieurs immeubles dans lesquels les droits des parties sont liquidés (975 C. proc.), et donne en même temps acte du tirage des lots, n'est passible que d'un seul droit. Le code porte bien que le tirage au sort aura lieu devant le juge-commissaire ou devant un notaire commis ; mais si le tribunal croit que le tirage puisse avoir lieu à l'audience, on ne peut voir, dans le jugement d'homologation qui le constate, que des dispositions dépendantes et dérivant l'une de l'autre (8477 J. E.).

3. RAPPORT ET PLAN. — A plus forte raison devait-on décider qu'un seul droit est exigible pour l'homologation d'un rapport d'expert et d'un plan destiné au fermage de plusieurs propriétés riveraines.

4. CONDAMNATION. — Un jugement portant : 1° homologation d'un rapport d'experts qui règle à 4,000 francs des travaux faits par un ouvrier ; — 2° condamnation au payement de cette somme, ne donne lieu à la perception que d'un seul droit sur la condamnation, sans préjudice du droit du titre (6330 J. E.).

5. NOMINATION D'UN NOTAIRE. — De même, la nomination du juge ou du notaire qui doit recevoir les enchères faites par le jugement d'homologation de délibération du conseil de famille relative à l'aliénation des biens immeubles des mineurs ne donnent lieu à aucun droit particulier. Il n'est dû que celui résultant du jugement d'homologation.

6. HONORAIRES. Il en est ainsi encore du jugement qui homologue le partage et fixe les honoraires du notaire (Sol. 10 mai 1851).

7. MARCHÉ. Un jugement portant entérinement d'un rapport d'experts qui règle le prix des travaux faits par un entrepreneur, et condamnation au payement de la somme due, donne ouverture au droit sur le marché, s'il n'est pas enregistré, et à celui de condamnation. Dans ce cas, il n'est pas dû de droit particulier pour l'entérinement (6330 J. E.).

8. CHEFS DISTINCTS. — Toutes les fois que le tribunal se borne à homologuer la liquidation, le jugement ne renferme qu'une disposition unique passible du droit fixe de 7 fr. 50 cent., (sauf les droits qui peuvent être dus sur le partage). Mais lorsqu'au contraire le tribunal a statué sur les protestations, contestations soulevées par les parties, le jugement contient, outre l'homologation, autant de décisions différentes passibles de droits fixes ou proportionnels suivant le cas (17683 J. E.).

Des transactions ayant été passées entre le syndic d'une faillite et divers actionnaires, ces différents actes furent homologués par un seul jugement du tribunal de commerce. Une Sol. 30 janvier 1858 décida alors par application des I. G. 1590 § 12, 1929 § 3 et 2078 § 2, qu'il était dû autant de droits fixes de 5 francs (7 fr. 50 cent.) qu'il y avait de transactions distinctes.

10373. Ordonnance. — Tout acte sujet à homologation est communiqué au ministère public ; l'ordonnance du président qui prescrit cette communication est de pure formalité et se trouve dès lors exempte d'enregistrement (436 n° 69 I. G.).

TITRE III. — DROIT PROPORTIONNEL

[10374-10625]

10374. Droits spéciaux dus sur les jugements. — Les jugements sont susceptibles de donner ouverture à toutes les natures de droits proportionnels que peuvent engendrer les conventions qu'ils renferment. Mais il est trois espèces de droits qui leur sont propres: ce sont les droits de *condamnation*, de *collocation* et de *liquidation*.

La condamnation est l'injonction, faite par le juge à la partie qui succombe, d'accomplir une dation, une prestation, un fait quelconque.

La liquidation est la détermination des droits d'une partie, non contestés dans leur principe.

La collocation est une espèce de liquidation particulière à la procédure d'ordre.

« On ne peut, dit M. Demante, rattacher le droit de condam

nation ni à l'idée de transmission, ni à l'idée d'obligation ; car le jugement portant condamnation de sommes ou valeurs n'opère aucune transmission ; et, quant à l'obligation du débiteur condamné, il la sanctionne, mais il ne la crée pas. En somme, on ne peut expliquer rationnellement le droit de condamnation qu'en le considérant comme une rémunération du service judiciaire (*V.* Cass. 17 mai 1830, *arrêt rapporté au mot* Ordre). — La même considération est applicable aux actes judiciaires portant *collocation* ou *liquidation* (deux termes à peu près synonymes et qu'il ne nous importe pas de distinguer (Comparez art. 523, 543, 660, 665, 759 C. proc.). L'intervention de la justice étant rendue nécessaire par le défaut d'accord des parties (*V.* art. 657, 750 C. proc.), l'impôt ne peut s'expliquer que par l'idée de rémunération du service judiciaire, car il est clair qu'un acte de collocation ou de liquidation n'opère ni transmission ni obligation nouvelle.

Nous allons nous occuper successivement de ces droits spéciaux.

Nous examinerons ensuite sous la rubrique *Droit de titre*, les principes particuliers qui régissent, en matière de jugement, l'exigibilité du droit proportionnel auquel les conventions donnent naissance suivant leur nature.

CHAPITRE III. — DROIT DE CONDAMNATION

[10375-10512]

SECTION PREMIÈRE. — CONDAMNATIONS DIVERSES

DROIT A 50 CENT. POUR 100

[10375-10445]

ARTICLE PREMIER. — DISPOSITIONS GÉNÉRALES

[10375-10398]

10375. Tarif. — « Sont soumis au droit de 50 cent. pour 100 les jugements contradictoires ou par défaut : des juges de paix, des tribunaux civils, de commerce et d'arbitrage, de la police correctionnelle et des tribunaux criminels, portant condamnation...., de sommes et valeurs mobilières, intérêts et dépens entre particuliers, excepté les dommages-intérêts dont le droit est plus élevé.

« Dans aucun cas, et pour aucun de ces jugements, le droit proportionnel ne pourra être au-dessous du droit fixe, tel qu'il est réglé pour les jugements des divers tribunaux.

« Lorsque le droit proportionnel aura été acquitté sur un jugement rendu par défaut, la perception sur le jugement contradictoire, qui pourra intervenir, n'aura lieu que sur le supplément des condamnations : il en sera de même des jugements rendus sur appel et des exécutoires. — S'il n'y a pas de supplément de condamnation, le jugement sera enregistré pour le droit fixe, qui sera toujours le moindre droit à percevoir » (L. 22 frim. an 7, art. 69 § 2 n° 9).

T. III.

10376. Nécessité d'une condamnation. — L'article de la loi que nous venons de transcrire est formel. Il soumet au droit de 50 cent. pour 100 les jugements portant *condamnation*. Il faut donc, pour qu'il y ait lieu d'exiger ce droit, que le juge ait prononcé une condamnation. « L'absence d'une contestation réelle, dit Dalloz, exclut l'idée d'une condamnation dans le sens de la loi » (n° 4294). Si donc le tribunal intervient en cette circonstance pour donner à tel ou tel fait la consécration judiciaire, il ne saurait être perçu de droit de condamnation.

Il faut se garder toutefois d'exagérer ce principe. L'art. 69 § 2 n° 9 L. 22 frimaire an 7 demande, il est vrai, une condamnation pour autoriser la perception du droit proportionnel, mais elle ne la demande pas formulée en termes sacramentels et tellement consacrés qu'il serait défendu d'en prendre d'autres présentant le même sens. Tout ce qu'il faut, c'est que le juge *ait créé* un titre au profit du demandeur, que les termes dont il s'est servi, appréciés par l'ensemble des faits, produisent tous les effets d'une condamnation telle que nous venons de la définir, c'est-à-dire fournissant un moyen d'exécution.

Quant au point de savoir si les expressions employées par le juge expriment la condamnation, il est clair que ce n'est plus là une question de droit fiscal ; c'est une question de grammaire, que la saine appréciation de l'ensemble des faits qui auront provoqué le jugement fera toujours résoudre d'une manière exacte. — Nous ne pouvons sur ce point que donner à titre d'exemple les différentes espèces soumises aux tribunaux.

Il n'est pas douteux d'ailleurs, comme l'a reconnu le tribunal de Caen le 20 juillet 1866, qu'on n'a pas à distinguer ici entre les condamnations prononcées en vertu d'un texte précis et celles pour lesquelles la loi laisse aux juges un certain pouvoir d'appréciation : dans les deux cas, le droit proportionnel est également exigible (2405 R. P.).

10377. Aliments. — Le jugement portant condamnation au payement d'une pension alimentaire est-il passible du droit de 50 cent. pour 100 ? — V. 2122.

10378. Caution. — Le droit de condamnation (ou celui de titre) n'est pas dû sur le jugement qui admet la caution offerte par le créancier d'un billet adiré et dit que le débiteur de ce billet peut se libérer valablement (Sol. 19 janv. 1857). — V. *infrà* n° 10425-1.

10379. Compte. — Pour que le droit de condamnation soit exigible sur le jugement qui statue sur un compte, il faut que l'injonction du tribunal ait un caractère définitif et que ses effets n'en soient pas subordonnés aux résultats d'un partage ou d'une autre opération dont le compte ordonné ou arrêté serait un des éléments. La règle de perception a été nettement formulée en ces termes par un arrêt de cass. du 27 juin 1826 pris pour règle dans l'I. G. 1200 § 11 : « Attendu que, lorsqu'un jugement ou un arrêt, statuant sur une reddition de compte, se borne à régler les bases de ce compte, à déterminer les objets ou les sommes dont le comptable devra se charger en recette, et les objets ou les sommes qu'il sera autorisé à porter en dépense

81

une telle disposition ne constitue par elle-même *ni une condamnation ni une liquidation actuelle et définitive* qui puisse donner lieu au droit proportionnel ; mais qu'elle constitue seulement une condamnation éventuelle du montant de la somme dont, par l'apurement du compte, le comptable se trouvera reliquataire, ou de celle dont il sera reconnu créancier, condamnation dont le droit proportionnel ne devient exigible que sur l'enregistrement de l'acte civil ou judiciaire qui détermine le résultat définitif de la balance du compte » (S. 27-1-103).

Cette règle a reçu surtout de nombreuses applications en matière de droit de liquidation. — V. *infrà* n° 10526, etc.

1. ÉLÉMENT D'UN COMPTE. — D'après le principe qui précède, si, dans une instance sur faillite, un créancier est déclaré associé commanditaire, bien qu'il prétende n'être que simple bailleur de fonds et qu'en cette qualité il soit condamné à tenir compte à la masse d'une mise de fonds, qui, sans absorber sa créance, la réduise seulement à une somme moindre que celle qu'il demandait, on ne peut voir dans cette disposition une condamnation proprement dite : le jugement ne fait que déterminer un des éléments du compte à établir entre la masse et le créancier ou associé ; et, comme la condamnation n'est pas définitive, le droit proportionnel n'est pas exigible (Cass. 27 juin 1826; S. 27-1-104, 1200 § 11 I.G., 8473 J. E.).

On ne peut pas non plus percevoir le droit de condamnation sur le jugement qui condamne un comptable à se charger en recette d'une somme déterminée. Ce jugement, en effet, en se bornant à régler les bases du compte et à fixer les sommes dont le comptable doit se charger en recette ou celles qu'il est autorisé à porter en dépense, ne constitue ni une condamnation, ni une liquidation, ni une collocation dans le sens de ces mots. Il ne fait que poser les bases d'une opération dont le résultat pourra seul faire connaître si le comptable sera définitivement reliquataire ou en avance. C'est donc le résultat seul de cette opération qui donnera, s'il y a lieu, ouverture au droit proportionnel. — D'ailleurs, il importe peu que ce soit à titre de dommages-intérêts ou à tout autre titre, que l'obligation de porter en recette les sommes désignées soit imposée au comptable. La qualification donnée à l'obligation n'est nullement exclusive de la faculté de compenser, s'il y a lieu, la recette par une dépense équivalente.

Il en serait de même, par identité de motifs, d'un jugement qui fixerait le reliquat à une somme déterminée, sauf à réduire ce chiffre de la part revenant au rendant dans le prix de certaines valeurs communes à réaliser (Sol. 7 janv. 1866).

Jugé également que, si un arrêt, tout en liquidant d'une façon définitive le solde dû par une société intermédiaire à deux autres sociétés dont il y a lieu d'établir la situation, se borne à porter ce solde au crédit dans les comptes généraux des sociétés sans conférer aucune voie d'exécution et sans offrir un moyen d'obtenir le payement, il n'y a pas de condamnation actuelle passible du droit de 50 centimes pour 100 (Nancy 23 juin 1869, 2992 R.P.).

10380. Compte à rendre. — La règle qui précède s'applique *à fortiori* au jugement qui se borne à ordonner la reddition du compte, car cette disposition ne fait que préparer le compte lui-même. C'est un point plusieurs fois reconnu.

Ainsi il a été décidé que le droit de condamnation n'est pas exigible sur le jugement qui ordonne à un comptable de rendre son compte : ce n'est que lorsque le résultat de ce compte sera connu que le droit proportionnel sera perçu, s'il y a lieu, sur le jugement qui en approuvera le reliquat (Sol. 12 mai 1819);

Sur celui portant qu'un individu qui s'est reconnu en possession des objets mobiliers et a promis d'en faire compte rendra ce compte (Cass. 16 fév. 1822, 7201 J.E.);

Sur le jugement qui ordonne de faire compte d'une succession, parce que les détenteurs ne pourraient être contraints au payement par des voies d'exécution autres qu'une reddition de compte (Seine 3 août 1861, 1870 R.P., 12064 C.).

Nous avons déjà développé cette question au n° 4809.

De même, le jugement qui donne acte au tuteur de l'offre qu'il fait de payer le reliquat de son compte, ne prononçant contre ce tuteur aucune condamnation de sommes et valeurs mobilières, ne saurait rendre exigible ni le droit de titre ni celui de condamnation, le titre reposant suffisamment sur l'acte de dénomination du tuteur pour exiger la reddition de compte et le payement (16682-3 J.E.).

De même encore du jugement qui ordonne à des exécuteurs testamentaires de livrer l'actif de la succession aux héritiers (Nice, 28 août 1877, 4828 R. P.).

10381. Compte contradictoire. — Mais le droit de condamnation est exigible sur le jugement qui reconnaît un héritier créancier de la succession, à raison de l'administration qu'il en a eue, jusqu'à sa renonciation, lorsque le compte de gestion a été apuré et le reliquat fixé contradictoirement avec un des créanciers de l'hérédité (Cass. 8 avr. 1812) : « Vu, porte cet arrêt, le n° 9 § 2 art. 69 L. 22 frimaire an 7; attendu que cet article assujettit généralement et sans exception au droit d'enregistrement de 50 cent. pour 100 les expéditions des jugements portant condamnation; collocation ou liquidation de sommes et valeurs mobilières; que le jugement du 13 mars 1810 contient liquidation d'une somme de 164,189 francs, dont Rochemore est reconnu créancier de la succession de son père, contradictoirement avec un créancier de cette succession; que ce jugement rentre, par conséquent, dans la disposition de l'article cité » (4178 J. E.).

10382. Contrainte par corps. — Stellionat. — Pour exercer la contrainte par corps envers un créancier, pour cause de stellionat, il fallait obtenir un jugement. Dès que ce jugement n'avait pas d'autre objet que d'autoriser la contrainte en vertu d'un titre déjà exécutoire, il n'était point passible du droit de condamnation (8563 J. E.).

Cette solution est sans intérêt depuis l'abolition de la contrainte par corps en matière civile et commerciale.

10383. Débouté d'opposition. — Le débouté d'opposition à un jugement par défaut ne saurait être passible que d'un droit fixe, car le droit proportionnel a été déjà perçu sur le premier jugement, et le débouté n'est qu'une confirmation de cette sentence : il n'a pas d'effets différents (V. *infrà* n° 10550).

Mais ce principe ne s'applique plus aux déboutés d'opposition à un commandement de payer le montant d'une créance. Dans ce cas, le tribunal qui a pour mission unique de s'expliquer sur le mérite de l'opposition ne prononce pas de condamnation positive ; toutefois cette condamnation est virtuellement renfermée dans le jugement, car le but d'une opposition à commandement est de contester l'existence de la dette, et, en écartant la prétention du défendeur, le tribunal l'oblige par là même à se libérer. — En matière civile, il a été décidé que le jugement qui rejette l'opposition aux poursuites dirigées en vertu d'un titre authentique, pour obtenir le payement d'une rente viagère, et ordonne la continuation des poursuites, emporte hypothèque, non-seulement pour les arrérages échus, mais encore pour le capital, si le titre a été contesté, alors même qu'il ne prononce aucune condamnation (Cass. 13 déc. 1871, 3550 R. P.).

Ce principe a donné lieu à plusieurs applications en matière fiscale. Ainsi, il a été décidé : 1° que, si le débiteur poursuivi en vertu d'un titre enregistré produit des quittances, etc., le jugement qui le déboute de son opposition et ordonne la continuation des poursuites jusqu'à parfait payement est sujet au droit proportionnel de condamnation (7566, 7616 J. E.) ;

2° Que le jugement qui déboute le tiers détenteur de son opposition à un commandement de payer ou de délaisser l'immeuble hypothéqué et ordonne que ce commandement sortira son entier effet, contient une condamnation implicite à payer le montant de la dette et donne lieu au droit de 50 cent. pour 100 (Marseille 31 déc. 1864, 2125 R. P.) ;

3° Que le droit de condamnation est exigible lorsque, à la suite d'un commandement de payer, signifié en vertu d'un titre authentique, le débiteur forme une opposition sérieuse en contestant l'exigibilité actuelle de sa dette, et qu'un jugement au lieu de valider cette opposition se borne à ordonner qu'il sera sursis aux poursuites pendant un délai déterminé (Marseille 27 déc. 1864).

L'exigibilité du droit proportionnel a été cependant écartée par un jugement postérieur du même tribunal de Marseille du 23 mai 1871, d'après lequel il suffit qu'un jugement renferme un débouté d'opposition pour tomber sous l'application de l'art. 68 § 2 n° 5, qui tarife les déboutés d'opposition au droit fixe.

Mais l'argument n'est que spécieux. L'art. 68 § 2 n° 5 soumet en effet au droit fixe les jugements de débouté, mais à la condition formellement exprimée dans le texte qu'ils ne donneront pas lieu au droit proportionnel. La question revient donc toujours à discerner le débouté pur et simple du débouté qui renferme une condamnation de sommes et valeurs. Autrement il faudrait dire aussi que les jugements d'homologation ou de reconnaissance d'écritures ne peuvent jamais être sujets au droit de 50 cent. pour 100, parce que le même art. 68 § 2 n° 5 les tarife nommément au droit fixe (3290 R. P.).

Il ne nous paraît pas, contrairement à des jugements de Senlis du 13 juin 1876 (4503 R. P. et de Reims, du 20 déc. 1876, 4703 R. P.), qu'il y ait de distinction à faire entre le cas où la dette repose sur un titre authentique et celui où elle résulte d'un titre sous seing privé non enregistré. La

T. II'.

C. cass. a cependant décidé, les 20 frimaire an 12 et 26 février 1878 (ch. des req.), qu'un jugement portant débouté d'opposition à un commandement ne donne pas ouverture au droit de condamnation, bien que le tribunal ait ajouté à ce débouté une disposition obligeant le débiteur à payer la somme pour laquelle le commandement a été fait, *si d'ailleurs elle résulte d'un titre exécutoire*, cette addition n'ajoutant rien au débouté d'opposition. « Attendu, porte le dernier arrêt, que le jugement est un débouté d'opposition à un commandement formé en vertu d'un titre exécutoire ; qu'il ne contient aucune condamnation, ni explicite ni implicite, et qu'il n'y avait lieu d'en prononcer aucune, puisque le titre exécutoire équivaut à un jugement de condamnation : d'où il suit que ledit jugement n'était soumis qu'au droit fixe » (4966 R. P.).

Mais cet arrêt, exact pour le droit de titre, nous a paru erroné en ce qui concerne le droit de condamnation. Nous en avons fait au n° 4966 du *Rép. pér.* une réfutation complète à laquelle nous nous référons. D'ailleurs sa doctrine n'est pas admise par l'administration, qui continue à faire percevoir le droit de condamnation sur les jugements de débouté d'opposition d'un commandement lorsque cette opposition porte sur le fond du droit.

Il est nécessaire, en effet, qu'il s'agisse d'une opposition faite sur le fond même du droit. Si le procès portait seulement sur un vice de forme du commandement, le débouté n'impliquerait pas la reconnaissance judiciaire de la créance, puisque le débiteur conserverait le droit de contester l'existence de la dette elle-même.

1. CONTRAINTE. — Par application des principes précédents, le jugement qui déboute les parties de leur opposition à la contrainte décernée en payement de droit d'enregistrement est passible du droit ordinaire de 50 cent. pour 100. — V. 10444.

Cependant, une D. m. f. 14 février 1817 (5710 J. E.) a reconnu que ces jugements n'étaient soumis qu'au droit fixe établi pour les déboutés, par le motif principal que la contrainte est le titre légal de la créance et qu'il suffit de faire prononcer le débouté pour que les poursuites puissent être continuées. Mais ces motifs paraissent inexacts. Ainsi qu'on l'a fait remarquer, quand le redevable a formé opposition, la contrainte n'est, en quelque sorte, que la demande de l'Administration, demande que le juge doit admettre ou rejeter après examen, par une décision qui formera désormais le titre de l'Administration. D'un autre côté, le jugement qui prononce un débouté d'opposition décide réellement que les causes de la contrainte ont été vérifiées et que le redevable est tenu de payer la somme demandée. C'est donc une condamnation implicite qui suffit, d'après la jurisprudence, pour motiver la perception du droit de 50 cent. pour 100 (18725 J. E.).

10384. Demande non contestée. — Titre enregistré. — C'est une question controversée que celle de savoir si le droit de 50 cent. pour 100 est exigible quand le jugement prononce une condamnation en vertu d'un titre enregistré dont le débiteur ne conteste ni l'existence ni la validité.

La négative résulte de plusieurs décisions.

Ainsi, il a été jugé par la C. cass., le 24 novembre 1829, qu'il n'y a pas lieu de percevoir le droit de condamnation sur le jugement qui, sans qu'il y ait contestation à cet égard, se borne à ordonner le payement de certaines sommes, ou l'acquit de certains droits réclamés en vertu d'un acte précédemment enregistré (S. 30-1-337, 1307-7 I. G., 9489 J. E.).

La même règle a été appliquée au jugement rendu sans contestation, qui déclare une femme créancière de son mari de sommes dues en vertu d'un acte précédemment enregistré (Cass. 10 mai 1837, S. 37-1-556, 1562-13 I. G., 11816 J. E.).

Il a été décidé également que le jugement qui se borne à débouter le défendeur de son opposition à un commandement de payer une somme due par acte enregistré n'est pas passible du droit de 50 cent. pour 100, parce que la condamnation n'ajoute rien au débouté d'opposition (Cass. 20 frim. an 12, *arrêt rapporté* 10383) ; — et que le jugement qui, après avoir reconnu l'existence d'une dette établie par titre enregistré, ne porte pas condamnation contre le débiteur et se borne à admettre le créancier à l'exercice de ses droits, ne donne pas ouverture au droit de condamnation (Sol. 31 déc. 1832, 10591 J. E.). — *Conf.* : Senlis 13 juin 1876, 4503 R. P.).

Mais cette jurisprudence est contredite par d'autres décisions.

Ainsi, il a été reconnu que le droit de condamnation est dû, quoiqu'elle intervienne sur un titre enregistré ou même sur un jugement antérieur (Cass. 1er vent. an 8) : « Attendu, porte cet arrêt, qu'il est dû un droit proportionnel sur la minute des jugements portant condamnation de sommes déterminées, sans obligation antérieure par acte public ou privé ; attendu qu'indépendamment de ce droit proportionnel l'art. 44 L. 9 vendémiaire an 6 en établit un de 2 francs, et de 50 cent. par 100 francs sur les expéditions des jugements de condamnation, ce qui s'applique indéfiniment à toutes les expéditions des jugements portant condamnation au payement de sommes fixes, quoique cette condamnation résulte soit d'actes publics ou privés qui ont été soumis au droit proportionnel, soit de jugements qui y ont été assujettis sur la minute. » (118, 398 J. E.).

La chambre civile a également jugé que le jugement qui condamne le défendeur à restituer au demandeur des titres d'actions ou d'obligations qu'il retenait indûment, et qui devaient rester en la possession du demandeur pour garantie d'avances, en vertu d'une convention antérieure, porte condamnation et donne lieu au droit proportionnel de 50 p. 100. « Attendu qu'il est vainement objecté que le jugement du 22 août 1871 n'aurait fait qu'assurer l'exécution du contrat de gage antérieurement formé ; qu'en effet, ce jugement a eu pour résultat non-seulement de reconnaître l'existence du contrat de gage, mais encore de conférer au créancier gagiste un titre particulier en vertu duquel il a pu obtenir le bénéfice d'une convention neutralisée par la contradiction du débiteur, et agir contre ce dernier avec toute l'autorité qui s'attache aux décisions judiciaires ; qu'ainsi la demande du droit proportionnel de 50 cent. p. 100 fr., établi pour toutes les injonctions judiciaires portant condamnation de valeurs mobilières était pleinement justifiée (2 janv. 1878, 4856 R. P.).

D'autre part, de nombreux arrêts ont reconnu que le droit de 50 cent. pour 100 est exigible sur les jugements qui condamnent le mari à rembourser à sa femme, après une séparation de biens, le montant des reprises de celle-ci résultant de titres enregistrés. — V. 10399.

Cette seconde interprétation nous paraît préférable.

En effet, qu'il y ait ou non contestation sur le titre antérieur de la dette, que cette dette repose ou non sur un acte particulier, le tribunal n'en a pas moins conféré au créancier un titre distinct qui produit des résultats particuliers et ajoute au titre précédent. Le jugement met désormais l'existence et la validité de ce titre à l'abri de toute contestation. Il confère au créancier une hypothèque judiciaire qu'il ne possédait pas auparavant. Ces deux conséquences sont considérables, et, s'il est vrai que le droit de condamnation soit, comme l'a reconnu la C. cass. dans un arrêt du 17 mai 1830, une indemnité du service rendu (V. 10374) ; il faut admettre que sa perception dans l'espèce est bien justifiée.

Le tribunal de Boulogne a donc décidé avec raison, selon nous, le 4 août 1870, que le droit de 50 cent. pour 100 est dû sur le jugement qui reconnaît l'exigibilité et ordonne le payement d'une somme due en vertu d'un titre précédemment enregistré (3241 R. P.).

Il a été reconnu de même que le droit de 50 centimes est exigible sur le jugement qui enjoint à un beau-père de payer à son fils la dot qu'il lui a promise dans un contrat de mariage authentique : « Attendu que le droit de 50 cent. pour 100 n'est pas un droit de transmission d'une main dans une autre, mais un droit *sui generis* indépendant de toute autre cause étrangère au fait juridique constaté par le jugement » (Le Blanc 12 mars 1872).

Cette interprétation a été nettement consacrée pour le droit de liquidation. — V. 10525.

Si le titre est contesté, l'exigibilité du droit de 50 cent. pour 100 est certaine (Carcassonne, 9 juill. 1877).

10385. Dot. — Un jugement qui, sur les poursuites des héritiers de la femme, déclare que certains biens vendus par le mari resteront spécialement affectés au payement de la dot, n'est sujet qu'au droit fixe. Il ne fait que consacrer une action que l'hypothèque légale de la femme donnait aux héritiers. Il n'opère aucune mutation et ne contient ni condamnation, ni liquidation, ni collocation de sommes (Dél. 25 nov. 1814, 4992 J. E.).

De même, un jugement de séparation de biens qui autorise la femme à retirer sa dot des mains du notaire qui en est dépositaire n'est sujet qu'au droit fixe ; l'autorisation dérive, dans l'espèce, de l'art. 1449 C. C., qui veut que la femme séparée reprenne l'administration de ses biens : le jugement n'accorde donc aucun avantage nouveau à la femme et il ne contient ni condamnation, ni collocation, ni liquidation (Dél. 7 mars 1818, 6021 J. E.).

10386. Emploi. — Le tribunal de la Seine a jugé, le 4 août 1853, que le droit de condamnation est exigible sur un jugement portant que les défendeurs seront tenus et contraints de payer les sommes par eux dues, encore qu'il n'y eût de contestation que sur la question de savoir si le créancier justifiait d'un emploi valable (15752 J. E.). — Mais, si le tribunal se bornait à reconnaître que le payement peut avoir lieu parceque l'emploi est suffisant, il n'y aurait plus de condamnation, ni par conséquent de cause à l'exigibilité du droit proportionnel (Sol. 15 et 18 juill. 1854).

On appliquerait la même règle au jugement rendu pour constater que le payement peut avoir lieu entre les mains d'un créancier parce qu'il a qualité pour recevoir et donner quittance.

Nous le décidons également au sujet d'un jugement portant que les détenteurs de deniers dotaux se libéreront entre les mains du mari, qui justifie d'un emploi régulier. Peu importe que les détenteurs n'aient pas contesté la dette, car il n'est pas nécessaire, pour que le droit de 50 cent. pour 100 soit dû, que la dette soit contestée ; il suffit que, pour un motif quelconque, le débiteur refuse de payer, et c'est ce qui avait lieu dans l'espèce. La décision qui fait cesser cet obstacle et fait justice du mauvais vouloir du défendeur confère au créancier un avantage que son titre ne lui accordait pas et est passible du droit proportionnel. — V. 10384.

10387. Exécution d'acte. — Lorsque le débiteur d'une somme transportée se refuse à exécuter le transport et qu'un jugement ordonne l'exécution de ce transport, le droit de condamnation est exigible (Seine 23 juill. 1856, 725 R. P.).

Décidé, au contraire, mais avec moins de raison, selon nous, que le jugement qui, en vertu d'une clause expresse insérée dans l'acte d'obligation, ordonne le remboursement du capital, à défaut de payement d'un terme dans le mois qui a suivi le commandement, ne donne pas ouverture au droit de condamnation [1] (Blois 18 déc. 1852).

1. CLAUSE PÉNALE. — Décidé que si un jugement alloue les dommages-intérêts stipulés comme clause pénale dans un traité enregistré, il n'est dû aucun droit proportionnel de titre ni de condamnation. En effet, il est de règle que, lorsqu'un traité stipule une somme déterminée à titre de clause pénale, ce traité même est titre de l'indemnité convenue, et, du moment où le jugement ou l'arrêt postérieur, qui alloue cette indemnité, se borne à assurer l'exécution pure et simple de la convention formelle des parties précédemment enregistrée, il ne peut être dû qu'un droit fixe d'enregistrement (Sol. 13 janv. 1868, 2627 R. P., 14141 C.). Mais cette doctrine est contestable. — V. 10506 et 10583.

10388. Règlement d'ordre. — D'après les mêmes principes, il a été reconnu que le droit de condamnation n'est pas exigible sur le jugement qui déboute un acquéreur de sa demande en discontinuation des poursuites dirigées contre lui par les créanciers inscrits pour obtenir le versement du prix dont ils ont obtenu la collocation dans un règlement d'ordre précédemment enregistré au même droit proportion-

nel de 50 cent. pour 100. En effet, il n'y a pas condamnation dans le sens légal de ce mot, lorsque, le débiteur ne contestant pas sa dette, le jugement se borne à régler le mode d'exécution du titre antérieur qui la constate. Telle est la position de l'acquéreur qui, sans contester la régularité de l'ordre ni celle de la délivrance du bordereau de collocation, se borne à demander que sa libération soit retardée jusqu'après la cessation de certaines causes d'éviction (Sol. 6 avr. 1868, 2648 R. P., 14163 C.).

10389. Expressions diverses. — 1. DÉCHÉANCE DE TERME. — Le droit proportionnel de condamnation est exigible sur le jugement qui *autorise* le créancier à poursuivre, *avant le terme convenu*, le payement de sa créance. La condamnation, en effet, bien que le mot ne soit pas prononcé, résulte du jugement même qui, donnant au créancier la faculté qu'il n'avait pas de poursuivre le recouvrement de son capital, condamne par le fait le débiteur à ne pas se prévaloir du terme qui lui avait été accordé (Sol. 9 juill. 1832, 10439 J. E.).

2. EXIGIBILITÉ FAUTE DE PAYEMENT. — Ainsi, le tribunal de Marseille a jugé, le 5 avril 1851 (15157 J. E.), que, lorsqu'un jugement porte que le capital d'une obligation est devenu exigible, faute de payement des intérêts dans les deux mois de l'échéance, le droit de condamnation est exigible, bien que le mot de *condamnation* ne soit pas prononcé par le tribunal (V. Le Mans, 30 juin 1876, 4429 R. P.).

De même si le tribunal, prononçant la déchéance du terme, déclarait le principal et les intérêts exigibles.

3. AUTORISATION DE TOUCHER. — De même, le jugement qui, déclarant un capital exigible faute de payement, autorise le créancier à le toucher, donne ouverture au droit de condamnation. Car, s'il est vrai que le mot de *condamnation* n'est pas prononcé, le jugement confère néanmoins au créancier un titre exécutoire en vertu duquel il peut contraindre le débiteur au payement de la somme, ce qui constitue dès lors une véritable condamnation de somme (Seine 17 mai 1854, 128 R.P.).

4. AUTORISATION DE VENTE. — Décidé cependant que le jugement qui se borne à autoriser un consignataire de marchandises à vendre ces marchandises, pour se payer de ce qui lui est dû, n'établit aucun droit, ne prononce aucune condamnation : ce jugement n'est sujet au droit de 5 francs (7 fr. 50 cent.) (Dél. 23 août 1823, 7627 J. E.).

5. SERA TENU. — Le jugement qui ordonne qu'un cohéritier *sera tenu* de verser aux mains de l'administrateur de la succession les intérêts de son prix d'adjudication est passible du droit de condamnation sur l'intégralité du prix, attendu que les mots « être tenu » ont la même valeur obligatoire que celui de *condamnation* (Seine 3 déc. 1858, 1261 R. P., 16929 J. E. ; — Le Mans 30 juin 1876, 4429 R. P.).

Il en est ainsi d'un jugement portant simplement que les défendeurs *sont et demeurent tenus* de payer toutes les dettes de commerce d'une faillite dont ils sont liquidateurs ; ce jugement contient une condamnation dont le chiffre seul est indéterminé et le droit de 50 cent. pour 100 est dû sur l'évaluation à faire par les parties (Saint-Étienne 6 août 1872) ;

---

1. Nul doute d'ailleurs sur l'exigibilité du droit de condamnation si, en ordonnant l'exécution du traité, le tribunal condamnait à payer le prix (Cass. 23 nov. 1870, 3220 R. P., 2420-4 I. G., B. C. 181, S. 70-1-165).

Cela ne saurait faire un instant difficulté.

Ou d'un jugement décidant qu'un beau-père *sera tenu* de compter à son fils la dot qu'il lui a promise: « Attendu qu'il n'est pas indispensable que le jugement soit rédigé avec la formule *condamne*, si la disposition renferme expressément un ordre de justice auquel le débiteur puisse être contraint d'obéir par voie d'exécution » (Le Blanc 12 mars 1872). — V. 10403.

6. DONNÉ-ACTE. — DÉLÉGATION. — Le simple donné-acte à une partie, de ce qu'elle reconnaît sa dette, n'équivaut pas en général à une condamnation et n'offrirait pas au créancier une voie parée contre le débiteur. Le droit de 50 cent. pour 100 n'est donc pas exigible (18573 J. E.). Il en serait autrement s'il y avait une condamnation implicite ou formelle de payement.

Jugé à cet égard que, si un tribunal a condamné une veuve à payer les dettes de la succession de son mari et lui a donné acte de la délégation qu'elle a faite aux créanciers du prix de vente, le droit de condamnation se confond avec celui de délégation et ce dernier droit est seul exigible (14723-3, 14771-4 J. E.). — V. 6082-9.

7. IL SERA FAIT DROIT. — Le jugement qui ordonne à des héritiers de déposer entre les mains d'un notaire une certaine somme à titre de garantie des droits d'autres cohéritiers récemment découverts et ajoute qu'à défaut il sera fait droit contient une véritable condamnation de sommes, passible du droit de 50 cent. pour 100 sur la somme à déposer. Les mots *il sera fait droit* signifient que, si les défendeurs n'exécutent pas volontairement le dépôt qui leur est imposé, les demandeurs pourront les y contraindre par toutes les voies de droit, et notamment en faisant prononcer par le tribunal des dommages-intérêts par chaque jour de retard » (Reims 17 juin 1871, 3525 R. P.).

8. DÉFAUT DE VOIE D'EXÉCUTION. — Mais, quand le jugement tout en liquidant une dette n'accorde au créancier aucun moyen actuel d'exécution, il n'y a pas de condamnation actuelle ni de cause à la perception de l'impôt proportionnel. « Une condamnation est un ordre de justice, auquel le débiteur peut être contraint d'obéir par des voies d'exécution tendant au payement d'une somme ou valeur déterminée ou à déterminer; qu'il résulte du dispositif de l'arrêt que Hanotin est seulement crédité dans les comptes généraux des soldes des trois sociétés; qu'ainsi la voie d'exécution manque, le payement ne peut être exigé et qu'il n'y a pas dès lors condamnation » (Nancy 23 juin 1869, 2992 R. P.).

10390. Legs. — Le tribunal de la Seine a décidé, le 4 août 1853, que le droit de condamnation est exigible sur un jugement qui ordonne le payement d'une dette non contestée et dont le remboursement n'était point réclamé par le demandeur. — V. 10384.

Il en est ainsi spécialement, quand le seul objet du procès était de décider si une somme donnée entre-vifs devait être déduite d'un legs fait au donataire, et quand les parties n'ont ni réclamé ni contesté le legs pour le surplus (15752 J. E.).

10391. Offres. — On a émis l'avis que le jugement qui, sur la demande en remboursement d'une somme due pour prêt verbal, met le défendeur hors d'instance, à la charge par lui de réaliser ses offres, faites à l'audience, de payer la somme demandée, n'est pas sujet au droit de condamnation, parce que, si le défendeur refusait de réaliser ses offres, le demandeur serait encore obligé de s'adresser au tribunal (17818-1, J. E.). — Cette opinion a été justement repoussée par l'Administration et par le tribunal de Rennes dans l'espèce suivante. Un arrêt d'appel était ainsi conçu : « Donne acte au sieur D... de ce qu'il offre pour une valeur de 103,000 francs les titres de rente déposés chez le notaire. et en outre une somme de 70,000 francs en espèces, en conséquence, le déclare libéré jusqu'à concurrence de 173,000 francs, par la réalisation desdites offres, le condamne à payer à E... la différence de cette somme de 173,000 francs avec celle qu'il a reçue des de Morandais, ainsi que les fruits de la demande. » On a décidé qu'il y a lieu de percevoir le droit de condamnation, tant sur les 173,000 francs que sur le surplus de la condamnation: « La décision des juges d'appel contient implicitement condamnation non-seulement pour l'excédant de 173,000 francs, mais aussi pour cette dernière somme, puisque, à défaut de réalisation des offres, il pouvait, en vertu de l'arrêt formant titre contre lui, être exécuté pour la totalité de la dette reconnue » (Rennes 8 juin 1863, 1830 R.P.).

10392. Ordonnances. — Quand les ordonnances produisent les effets d'un jugement, elles sont comme eux passibles du droit de condamnation et du droit de titre.

Ainsi, il a été décidé : 1° que l'ordonnance de taxe d'honoraires d'experts, susceptible d'être délivrée en la forme exécutoire (319 C. proc.), est sujette au droit de 50 cent. pour 100 (Grenoble 13 avr. 1867, 2321 R.P.);

2° Que les droits de titre et de condamnation sont exigibles sur une ordonnance du juge du référé qui a donné acte aux parties libérées de leur consentement, à ce qu'un tiers leur débiteur se libère de sa dette : « Attendu que la décision du juge, en sanctionnant les conventions intervenues entre elles et leur donnant caractère d'authenticité aux actes judiciaires, a conféré à X. un véritable titre exécutoire » (Nevers 17 déc. 1866).

3° Que le droit de titre est dû sur l'ordonnance exécutoire délivrée à l'oyant-compte par le juge commissaire pour contraindre le rendant à payer une provision égale à l'excédant des recettes sur les dépenses (Sol. belge, 3 déc. 1877, 13347 J. E. belge).

10393. Provision. — Les jugements qui accordent des provisions en certaines circonstances ont donné lieu à quelques difficultés. Pour les résoudre, il faut distinguer. S'il n'y a pas eu de contestation sur l'existence de la dette et que le tribunal se borne à accorder aux parties une simple autorisation, aucun droit de condamnation ne peut être perçu. C'est ce qui arrivera notamment, ainsi que nous le disions déjà dans nos éditions antérieures, à l'égard d'un jugement qui autorise un héritier bénéficiaire à toucher, par provision, des mains des adjudicataires des immeubles de la succession, une somme déterminée à valoir sur ses droits (Arg. de cass. 11 avr. 1822, 7233 J. E., *infrà* n° 10522-2). — Mais le droit devient exigible, selon le principe ordinaire, quand le défendeur qui niait absolument l'existence de son obligation est condamné au payement de la provision.

Ainsi, il a été décidé: 1° que le jugement ordonnant de faire compte d'une succession et condamnant les héritiers détenteurs au payement d'une provision est passible du droit de condamnation sur le montant de cette provision : « Attendu que le jugement ne prononce pas de condamnation expresse; que, s'il rapelle le fait de la fixation de la succession par une liquidation antérieure, c'est pour assigner une provision de 100,000 francs; que les héritiers dépossédés peuvent bien être contraints au payement de la provision, mais ne pourraient l'être au payement du surplus par des voies d'exécution autres qu'une reddition de compte » (Seine 3 août 1861; 1570 R. P.; 12064 C.);

2° Que le droit de condamnation est exigible sur le jugement qui condamne définitivement une compagnie de chemin de fer à payer à son entrepreneur une provision sur les travaux exécutés, alors que la compagnie prétendait ne rien devoir au demandeur (Grenoble 10 avr. 1862, 1815 R. P., 17543 J. E.).

On pourrait objecter cependant que, la provision ayant un caractère d'incertitude qui expose le créancier à en faire le remboursement, s'il est reconnu plus tard que la dette n'existait pas, on ne saurait dès à présent considérer la condamnation comme actuelle et l'assujettir à l'impôt. Le tribunal de la Seine avait été touché de l'argument et il avait décidé, le 8 août 1857, que le droit proportionnel n'est point exigible sur le jugement qui ordonne contre les prétentions opposées des cohéritiers que l'un d'eux recevra sur les fonds de la succession une somme déterminée à valoir sur ses droits : « Attendu que la somme fixée était une provision qui devait être remise à l'héritier sur le montant de ses droits, qu'elle était ainsi susceptible d'être rapportée selon l'événement et le résultat des comptes, et que l'idée d'un rapport possible est exclusive de celle d'une liquidation ou collocation que la cour aurait définitivement faite de partie des droits héréditaires; attendu qu'à un autre point de vue ce n'était pas non plus une condamnation au profit de l'héritier, puisqu'il s'agissait d'un à-compte sur les droits qu'il tenait non de l'arrêt, mais de la loi » (942 R. P., 16625 J. E.).— Mais cette possibilité de restitution ou de rapport ne pouvait arrêter les effets actuels de la condamnation ni suspendre la perception. Aussi la C. cass. de Belgique, appelée à statuer sur la difficulté, a-t-elle consacré en ces termes l'exigibilité de l'impôt : « Attendu que les termes de l'art. 69 § 2 n° 9 L 22 frimaire an 7 comprennent nécessairement, et par leur sens naturel, toute condamnation proprement dite, produisant immédiatement, pour celui en faveur de qui elle est prononcée, un avantage déterminé jusqu'à concurrence des sommes ou valeurs adjugées, quels que soient d'ailleurs les événements futurs et incertains de nature à faire un jour réduire ou même révoquer les effets de ladite condamnation; qu'il résulterait du système contraire cette conséquence inadmissible que, d'une part, le porteur du jugement jouirait de suite et en totalité du bénéfice de la condamnation, et que, d'autre part, les droits du fisc ne seraient point sauvegardés, puisqu'il ne saurait être tenu de surveiller indéfiniment l'arrivée et les chances diverses des événements futurs et incertains dont il s'agit; qu'il en est de semblable condamnation comme d'une obligation de sommes contractée sous condition résolutoire, obligation évidemment sujette au droit proportionnel, en vertu des art. 4 et 69 § 3 n° 3 L. frimaire an 7, par cela seul que l'exécution n'en est pas suspendue » (Cass. 6 janv. 1859, 8131 J. E. belge) — Conf.: Bruxelles 3 août 1871, 11568 J. E. belge).

10394. Rapport. — Le jugement qui statue sur un rapport à faire par un cohéritier peut renfermer une liquidation ou une condamnation, ou même ces deux choses à la fois.

1. DROIT NON EXIGIBLE. — Si le tribunal se borne à déclarer quelles sont les créances et valeurs à rapporter à la succession, sans déterminer d'ailleurs le chiffre définitif de ces valeurs, non plus que les parts à attribuer à chaque héritier, il n'y a là aucune liquidation de sommes, puisque rien n'est définitivement fixé. Il se peut aussi qu'il n'y ait pas de condamnation, proprement dite, si les parties ne contestaient pas l'obligation du rapport, mais demandaient seulement à quelles valeurs il s'appliquait. C'est ce que la C. cass. a décidé, le 27 décembre 1859 au sujet d'un jugement ordonnant, sans en fixer le montant, que des créances seraient rapportées par l'héritier détenteur ou qu'à défaut il en payerait la valeur.

« Attendu, porte cet arrêt, que, sur la contestation soulevée entre la princesse Auguste de Montléart et les princes Jules de Montléart, son père, et Maurice de Montléart, son frère, concernant la succession de la princesse de Montléart mère, le jugement du tribunal de la Seine du 17 août 1855 ordonne uniquement par son dispositif que les créances qui y sont désignées, ou, au cas de remboursement partiel ou total, les sommes et valeurs qui les représenteront, seront rapportées, avec les intérêts, par les princes Jules et Maurice, chacun en ce qui le concerne, pour être comprises dans l'actif de ladite succession, et que du tout ils auront à tenir compte au notaire liquidateur, avec titres et pièces à l'appui; que l'arrêt de la cour d'appel de Paris, rendu le 22 avril 1856 du appel de ce jugement, ajoutant six autres créances à celles admises par les premiers juges, ordonne uniquement aussi que les princes Jules et Maurice de Montléart, chacun de ce qui le concerne, rétabliront en nature, pour être comprises dans l'actif de la succession de la princesse de Montléart, lesdites créances et valeurs, ou, en cas de remboursement total ou partiel, les capitaux ou valeurs nouvelles qui les représenteront, avec intérêts ou fruits, de tout quoi ils seront tenus de fournir leur compte au notaire liquidateur, avec titres et pièces à l'appui; attendu que ces deux décisions, ainsi formulées, se bornaient à déclarer quelles étaient les créances et valeurs à rapporter à la masse de la succession de la princesse de Montléart pour parvenir à la liquidation de cette succession, actif et passif, mais sans déterminer le chiffre définitif desdites créances et valeurs, non plus que les parts qui en seraient attribuées à chacune des parties, d'après le résultat de la liquidation ultérieure; attendu, par conséquent, que lesdits jugements et arrêts ne contiennent aucune liquidation actuelle; qu'ils ne contiennent, d'ailleurs, ni collocation ni condamnation, ainsi que l'a reconnu le jugement attaqué, puisque rien n'y était encore déterminé, quant aux droits respectifs des parties, sur les valeurs à rapporter, non plus que dans la succession à laquelle devaient être faits lesdits rapports; qu'il suit de là que les droits établis par l'article précité pour les jugements portant liquidation, collocation et condamnation de sommes et valeurs mobilières, n'étaient pas dus sur le jugement et l'arrêt dont il est question » (1272 R. P.; 17088 J. E., S. 60-1-755).

Il en est de même d'un jugement qui, statuant sur une liquidation notariée contestée relativement à la fixation des rapports dus par les cohéritiers, ne détermine pas les droits successifs de chacun des héritiers et renvoie devant le notaire pour procéder à un nouveau partage. Ce jugement ne contient ni condamnation ni collocation et ne détermine rien sur les droits respectifs des parties, puisqu'il se borne à indiquer les nouvelles bases sur lesquelles le partage doit avoir lieu. Aucun droit de condamnation n'est donc exigible (Tulle 29 août 1862, 12444 C., 17646 J. E.).

Décidé encore que le jugement qui déclare que la vente consentie par un père à sa fille n'est qu'une donation déguisée et ordonne le rapport à la succession du père des immeubles compris dans la vente, ne donne pas ouverture au droit de condamnation, puisque le tribunal ne condamne pas à payer *soit un prix, soit une somme d'argent*, mais prescrit un rapport en nature (16546-3 J. E.).

Cette interprétation a été admise également par un jugement du tribunal de Chalon-sur-Saône du 27 février 1873, ainsi conçu : « Attendu que, examinant les termes et l'esprit du jugement en question, il paraît bien qu'il ne porte pas condamnation de la somme de 27,000 francs dont plusieurs des cohéritiers Cessot sont reconnus débiteurs ; que l'ordre de payer, qui constitue réellement la condamnation, n'a pas été inscrit dans ce jugement ; que le payement ne pouvait même pas être ordonné par le tribunal, puisqu'il renvoyait les parties devant le notaire liquidateur chargé d'apurer les comptes des héritiers ; que dès lors le droit de condamnation n'était pas dû. »

2. DROIT EXIGIBLE. — Quand le tribunal arrête lui-même, sur les prétentions contradictoires des plaideurs, le montant du rapport, il fait une véritable liquidation de sommes ; et, quoique son jugement ne contienne pas de condamnation, le droit proportionnel de 50 cent. pour 100 est exigible ; nous reviendrons sur ce point au n° 10530 ci-après.

Enfin, lorsque le jugement intervient pour constater l'obligation du rapport d'une somme ou d'une valeur mobilière à la charge d'un cohéritier qui refusait de l'opérer, la décision du tribunal, en quelques termes qu'elle soit conçue, a pour objet de contraindre le débiteur à payer sa dette. C'est là une condamnation virtuelle soumise au droit de 50 cent. pour 100.

Ainsi un héritier, ayant reçu une somme d'argent du légataire universel de son auteur, soutenait, après l'annulation du legs, qu'il ne devait pas le rapport de cette somme. Les héritiers prétendaient le contraire et le tribunal leur donna gain de cause en ordonnant que le rapport aurait lieu par voie d'imputation. Un jugement de Lyon du 7 juin 1865 reconnut que le droit de condamnation était exigible : « Attendu qu'une disposition judiciaire emprunte le caractère de condamnation à la coercition qui en résulte ; que le jugement du 16 mars 1864 a éminemment ce caractère en ce qui concerne le rapport par imputation imposé à Crépin neveu ; que, si ce dernier subit ce rapport, c'est uniquement par suite de la contrainte qui lui est imposée par la justice; attendu que peu importe que le rapport ne s'opère qu'en moins prenant et dans la liquidation ; que l'imputation n'est qu'un mode d'exécution du rapport n'altérant en rien son principe, dont la source se puise dans les dispositions du jugement; qu'ainsi la perception a été opérée à bon droit sur ce jugement » (2206 R. P.)

Le contraire a été cependant décidé, en matière de rapport en moins prenant, par le tribunal de Narbonne, le 29 janvier 1878. — V. 10530.

Jugé de même que les droits ordinaires de condamnation et de titre sont exigibles sur le jugement qui condamne l'un des héritiers à rapporter une somme qui lui avait été prêtée verbalement ou confiée par le défunt pour en faire le placement (Belfort 15 janv. 1866; — Seine 7 août 1863, 1894 R.P.).

3. FAILLITE. — Aucun doute ne saurait exister d'ailleurs sur l'exigibilité du droit de condamnation quand, sous le titre de *rapport*, le juge prononce une condamnation ordinaire, s'il décide, par exemple, que le défendeur sera tenu de rapporter à la masse de la faillite les sommes qu'il a reçues du failli depuis la déclaration de faillite (18324 J. E.).

Ce principe a été appliqué dans l'espèce suivante :

Un jugement a condamné, en exécution des art. 446 et 447 C. com., les créanciers d'un failli à rapporter à la masse des sommes par eux touchées d'un acquéreur des biens de la faillite. On a soutenu que le droit de 50 cent. pour 100 n'était pas dû, parce que la condamnation était inutile, et que les sommes rapportées étaient, en vertu des art. 446 et 447 C. com., censées avoir toujours appartenu au failli. Mais cette prétention a été écartée : « Attendu que la condamnation est formelle et que, dès lors qu'un jugement porte condamnation de sommes et valeurs mobilières, il donne lieu au droit proportionnel et que les demandeurs ne sauraient échapper à l'application de ce principe, par le motif que la condamnation au rapport se trouvait implicitement contenue dans le chef du jugement qui déclarait nul le payement effectué » (Seine 14 fév. 1874).

4. LIQUIDATION. — V. 10530.

10395. Reconnaissance d'écritures. — Les jugements portant reconnaissance d'écritures ont été spécialement prévus par l'art. 68 § 3 n° 7 L. 22 frimaire an 7, et assujettis au droit fixe de 3 francs porté à 4 fr. 50 cent. par l'art. 4 L. 28 février 1872. Mais il tombe sous le sens que cela ne peut s'entendre que des jugements qui tiennent purement et simplement les écritures et signatures d'un acte pour reconnues. Que si ces jugements ordonnent l'exécution de cet acte et le payement ou l'attribution des sommes ou valeurs mobilières qui font l'objet de l'engagement qu'ils renferment, ils présentent tous les caractères spécifiés par l'art. 69 § 2 n° 9 L. 22 frimaire an 7, et rentrent évidemment, pour l'établissement du droit d'enregistrement, sous l'application de cet article, c'est-à-dire qu'ils donnent ouverture au droit de 50 cent. pour 100. C'est ce qu'a jugé le tribunal de la Seine, le 22 février 1854 (174 R. P.).

1. ABSENCE DE CONDAMNATION. — On a pensé que la circonstance qu'après avoir reconnu l'écriture le tribunal autoriserait le créancier à prendre inscription, sans prononcer d'ailleurs aucune condamnation, ne suffirait pas pour motiver la perception du droit de 50 cent. pour 100 car il n'y a pas eu litige (8266 J.E.). Mais cette opinion ne saurait servir de règle. — V. 10384 et 10389.

2. DISPOSITION INDÉPENDANTE. — Quand le droit de condamnation est dû, on ne saurait percevoir un droit particulier pour la reconnaissance de l'écriture qui en a été le préliminaire indispensable (862, 6466, 8266 J. E.).

10396. Résolution. — Quand un jugement prononce la nullité ou la rescision d'un contrat et condamne par voie de conséquence l'une des parties à restituer le prix ou la somme qu'elle a indûment reçue, le droit de condamnation est-il dû sur cette seconde disposition? La négative est certaine quand la résolution donne lieu au droit proportionnel de mutation, car l'obligation de restituer n'est alors qu'un dérivé de la disposition principale soumise au droit proportionnel. Il y a plus de difficultés lorsque le chef relatif à la rétrocession est passible d'un droit fixe, et on a quelquefois enseigné que la condamnation à la restitution du prix justifiait la perception du droit de quittance. Mais cette interprétation ne nous semble pas admissible. Dans un cas comme dans l'autre, cette disposition est entièrement secondaire : elle est nécessairement affranchie du droit par l'art. 10 L. 22 frimaire an 7. La même question se reproduit au sujet de l'annulation par acte civil d'une vente du bien d'autrui et de la restitution du prix touché par le vendeur. Nous établissons au mot *Quittance* que ce remboursement n'est pas sujet au droit de quittance. Les mêmes motifs nous conduisent à repousser ici la perception du droit de condamnation.

1. FOLLE ENCHÈRE. — Mais le jugement d'adjudication sur folle enchère qui condamne le fol enchérisseur à payer l'excédant du prix, n'est sujet au droit de 50 cent. (Lourdes 20 juill. 1875, 4320 R. P.).

10397. Saisie-arrêt. — Validité. — Une D. m. 6 août 1823 a posé en ces termes les règles de la perception du droit sur les jugements de validité de saisie : « 1° Si la saisie-arrêt est fondée sur un titre authentique, le jugement qui statue, toutes parties prenantes et consentantes, n'est passible que du droit fixe. — 2° S'il y a titre sous seing privé, ou s'il n'existe pas de titre, le jugement de validité qui donne à la convention force d'exécution est sujet au droit proportionnel de condamnation, indépendamment dans ce dernier cas du droit auquel cette convention aurait donné ouverture si elle eût été établie par acte. »

L'Administration, en transmettant la décision précédente aux préposés, dans l'I. G. 1097, ajoute pour l'expliquer :

« Si le créancier a un titre authentique, il n'y a pas, en effet, de condamnation, mais seulement force d'exécution à requérir. Le jugement qui intervient n'est qu'un acte de surveillance de l'autorité judiciaire pour assurer la régularité des poursuites ou un jugement de forme ou d'homologation qui ne peut donner ouverture au droit proportionnel. Au contraire, quand la saisie est faite en vertu d'un titre sous seing privé, le jugement est passible du droit de 50 cent. pour 100, attendu que, dans le cas, la demande principale tend à obtenir condamnation de la somme énoncée dans le titre non exécutoire, et que le jugement de validité porte condamnation au payement de cette somme. »

Ces principes servent toujours de règle.

Ainsi, il a été reconnu que le jugement de validité d'une saisie-arrêt donne ouverture au droit de 50 cent. pour 100 sur le total des créances saisies, bien qu'aucune condamnation ne soit expressément prononcée contre le tiers saisi débiteur, attendu qu'il y a chose jugée sur la qualité de créancier produisant condamnation, dessaisissement et dévolution (Charleville 1er mai 1851, 15323-1 J. E.).

Une pareille décision, a jugé le tribunal de Bordeaux le 8 mai 1850 (14961 J. E.), rendue *contradictoirement* avec les défendeurs, donne un titre exécutoire aux demandeurs en vertu de conventions verbales contre leurs débiteurs, et ainsi

T. III.

elle emporte condamnation virtuelle, passible du droit de 50 cent. pour 100. — C'est ce qui a été également reconnu par une Sol. du 23 mars 1867.

Le tribunal de la Seine s'était écarté de cette jurisprudence en décidant que le jugement de validité d'une saisie-arrêt pratiquée par un créancier sans titre exécutoire ne tombe pas sous l'application du tarif créé pour les condamnations proprement dites (21 avr. 1830, acq. par Dél. 1er oct. suiv., 9773 J. E., D. N. t. 11 p.635 n° 118; 28 juill. 1860, 1365 R. P., 11816 C., 17213 J. E.). — Mais il est depuis revenu à la vérité, dans un jugement du 19 août 1865 où les règles de la perception sont nettement affirmées : « Attendu, porte ce jugement, qu'il n'y avait aucune condamnation à prononcer, parce que la saisie était faite en vertu d'un titre authentique et non attaqué; qu'il en aurait été autrement, si la saisie avait été effectuée en vertu d'un titre privé, ou par suite d'une permission de juge; qu'en effet, dans ce cas, le tiers saisi n'aurait pu, aux termes de l'art. 568 C. proc., être assigné en déclaration affirmative qu'après un jugement de condamnation; que le jugement du 14 juillet 1864, qui se borne à déclarer que la saisie pratiquée en vertu d'un titre authentique est régulière, et qui ne prononce pas non plus une condamnation contre le tiers saisi, lequel n'est pas en cause et ne peut rien devoir, doit être enregistré seulement au droit fixe, comme le serait un jugement qui repousserait la demande en nullité d'une saisie immobilière et reconnaîtrait ainsi sa validité » (2200 R. P., 12948 C.).

Jugé de même que le jugement validant une saisie formée sans titre authentique et attribuant les sommes saisies au saisissant est passible du droit de titre et du droit de condamnation (Saint-Étienne, 19 mars 1878, 4919 R. P.).

1. CONDAMNATION PRONONCÉE. — Le tribunal d'Issoudun a même décidé, le 12 mai 1836, que le jugement qui *condamne* le tiers saisi à payer la somme due à la partie saisie, suivant titre en forme, n'est passible que du droit fixe. Mais cette solution nous paraît exagérée. L'impôt se perce vant d'après les stipulations des actes, l'Administration qui trouve dans un jugement l'expression d'une condamnation formelle n'a point à examiner si cette condamnation était nécessaire et ajoute quelque chose aux effets du titre exécutoire. L'application du tarif est alors justifiée par l'existence matérielle d'une condamnation judiciaire.

2. AFFIRMATION DE CRÉANCES. — On considérerait d'ailleurs comme un titre authentique, dans le sens de l'I. G. 1097, le procès-verbal de vérification et d'affirmation de créances. Dès l'instant que les vérifications et affirmations de créances, en matière de faillite, peuvent être faites sans l'enregistrement préalable des titres sur lesquels elles reposent (V. *Faillite*), il s'ensuit que le jugement intervenu après l'ouverture de la faillite à l'occasion de ces créances est assimilable au jugement qui prononce sur des actes enregistrés et ne donne pas ouverture au droit de titre. — V. 10598. — D'un autre côté, il est évident que le procès-verbal de vérification constitue pour le créancier un titre authentique, puisqu'il émane d'une autorité publique agissant dans l'exercice de ses fonctions. Par conséquent, le jugement de validité rendu au profit d'un créancier de l'espèce ne serait soumis qu'au droit fixe (Seine 19 août 1865, 2200 R. P., 12948 C.).

3. OPPOSITION. — Décidé, de même, que le jugement qui valide l'opposition formée par le cessionnaire, suivant acte sous seing privé enregistré, pour le recouvrement d'une créance établie par acte authentique, n'est sujet qu'au droit fixe de 3 francs (7 fr. 50 cent.), parce que ce dernier acte a seul servi de base à l'opposition et au jugement de validité (Sol. 1er mars 1828, 8979 J. E.).

4. LÉGATAIRE UNIVERSEL. — REVENDICATION. — Mais le jugement qui valide la saisie-arrêt formée par le légataire universel sur l'acheteur d'objets mobiliers provenant de la succession vendus à son préjudice par l'héritier réservataire et fixe, du consentement de toutes les parties, le reliquat dû par le tiers saisi, défalcation faite des sommes par lui payées avant la saisie, est passible du droit de condamnation sur la somme dont le saisi est reconnu débiteur, car c'est le détournement de l'héritier et non le testament qui est le titre direct du légataire (17313 J. E.).

5. PLURALITÉ. — Le droit fixe de validité de saisie ne peut être perçu cumulativement avec le droit de condamnation, ainsi que nous l'établirons ci-après n° 10689.

Il est dû deux droits proportionnels sur un jugement portant condamnation au payement d'une créance due par titre enregistré, et autorisation au demandeur de toucher une somme due par un tiers saisi; cette dernière disposition, comme indépendante de la condamnation, donne lieu au droit de collocation de 50 cent. pour 100 (Seine 9 juin 1820, 6791 J.E., D. N. t. 11 p. 636 n° 127). — V. 10685.

10398. Caisse des dépôts et consignations. — Le jugement qui se borne à autoriser, sans contestation entre les parties, le versement des deniers à la caisse des consignations ne renferme aucune condamnation passible du droit proportionnel : c'est une mesure d'ordre et de l'intérêt de toutes les parties; il n'est, par conséquent, passible que du droit fixe.

Il a été décidé, conformément à ce principe : 1° Que le droit fixe est seul exigible sur le jugement qui, sur la demande d'un créancier, autorise des liquidateurs à verser à la caisse des dépôts une somme formant le prix de vente des marchandises du débiteur (Seine 22 fév. 1854);

2° Que le jugement ordonnant que le tiers saisi déposera à la caisse des consignations la somme dont il est débiteur du saisi et qu'il a déclaré au greffe devoir par acte non contesté n'est point passible du droit de condamnation (Sol. 4 oct. 1836).

Il en serait autrement si le débiteur avait contesté sa dette. Par exemple, le jugement qui, sur la déclaration d'un tiers saisi, contestée par les créanciers saisissants, fixe la somme due et en ordonne le versement à la caisse des dépôts et consignations pour le compte des saisissants, donne ouverture au droit proportionnel de condamnation, attendu qu'un pareil jugement contient à la fois une liquidation en réglant la quotité de la créance saisie, et une condamnation en ordonnant que la créance sera versée à la caisse des consignations pour le compte des saisissants (Seine 2 juin 1853, 15077 J.E.).

De même, l'obligation de déposer une somme déterminée, dont le terme d'exigibilité n'était pas arrivé, ou qui n'était pas due en vertu d'un titre exécutoire, produit réellement envers le débiteur tous les effets d'une véritable condamnation de sommes passible du droit proportionnel.

ARTICLE 2. — SÉPARATION DE BIENS

[10399-10410]

10399. Tarif. — C'est en matière de séparation de biens que les principes précédents trouvent leur plus fréquente application. Aussi devons-nous consacrer à cette matière spéciale quelques développements particuliers.

On a vu que le n° 2 § 6 art. 68 L. 22 frimaire an 7 assujettit au droit de 15 francs (maintenant 22 fr. 50 cent.) les jugements de séparation de biens entre époux qui ne portent pas condamnation de sommes et valeurs dont le droit ne s'élève pas à cette somme.

Il suit de là que, lorsque le jugement de séparation de biens porte condamnation à restituer la dot constituée à la femme par contrat de mariage, le droit à 50 cent. pour 100 est exigible, si ce droit excède 22 fr. 50 cent. La jurisprudence est fixée sur ce point par deux arrêts de cass. des 2 mars 1835 (11174 J.E., 1490-4 I. G., S. 35-1-260) et 12 novembre 1844 (13531 J.E., 12172 J.N., 1732-2 I. G., S. 45-1-27).

Arrêt du 2 mars 1835 : « Vu les art. 14 n° 10, 68 § 1er n° 6 et § 6 n° 2, et l'art. 69 n° 9 L. 22 frimaire an 7; considérant que l'art. 14 de la loi précitée dispose que la liquidation et le payement du droit proportionnel sont déterminés, pour le jugement portant condamnation, par le capital des sommes dont la condamnation est prononcée, les intérêts et les dépens liquidés; que ce droit proportionnel est fixé, par le n° 9 § 2 de l'art. 69 de la loi, à 50 cent. par 100 fr., et doit être acquitté sur tout jugement portant condamnation de sommes et valeurs mobilières, intérêts et dépens, lorsqu'il n'a pas été payé sur un jugement précédent, même quand ladite condamnation intervient sur un jugement précédent, même quand ladite condamnation intervient sur une disposition d'un titre enregistré; considérant que, si le n° 2 § 6 de l'art. 68 dispose que les jugements de séparation de biens, entre époux, ne seront soumis qu'au droit fixe de 15 francs, c'est, aux termes de la même disposition, que dans le cas où lesdits jugements ne portent point condamnation de sommes et valeurs; considérant, enfin, qu'un jugement de séparation contenant condamnation contre le mari à la restitution de la dot qu'il a reçue de sa femme ne peut être rangé dans la classe des actes contenant l'exécution, le complément ou la consommation d'un acte antérieur, et, comme tel, dispensé du droit proportionnel. »

Arrêt du 12 novembre 1844 : « Attendu qu'un jugement qui condamne le mari à restituer la dot à sa femme ne peut pas être rangé dans la classe des actes contenant exécution ou complément d'un acte antérieur que l'art. 68 § 1er n° 6 n'assujettit qu'à un droit fixe; attendu que le jugement du 19 mars 1840 condamnait Faucheux à rembourser à sa femme sa dot et ses apports matrimoniaux et renvoyait les parties à la liquidation; que la fixation des valeurs faite lors de l'enregistrement et la perception du droit sur cette évaluation n'étaient que provisoires, et que, la liquidation ayant porté ces valeurs à une somme plus considérable, c'était sur cette somme que le droit devait être perçu en définitive. »

10400. Condamnation prononcée. — On avait voulu prétendre que l'on ne doit point considérer comme emportant condamnation la reconnaissance du droit appartenant à la femme d'exercer, aux termes des art. 1470 et 1471 C. C., ses prélèvements et de partager le surplus, aux termes de l'art. 1474; attendu que ce n'est pas comme *créancière*, mais comme *copropriétaire*, que la femme reprend ses propres, prélève le montant de ses reprises et partage les biens communs. On prétendait que l'art. 69 § 2 n° 9 L. 22 frimaire an 7 ne doit recevoir son application qu'à l'égard des sommes que le mari doit acquitter *sur ses biens personnels* et pour lesquelles le jugement forme titre.

C'est une erreur. Il faut reconnaître que, toutes les fois que le jugement de séparation prononcera condamnation contre le mari, les distinctions précédentes seront inadmissibles en présence de la disposition de la loi qui assujettit au droit proportionnel les jugements portant *condamnation*. Pour que, en matière fiscale, comme en toute autre matière, on puisse rechercher, à l'aide du raisonnement, la pensée du législateur, il faut que cette pensée demeure en quelque sorte cachée sous une disposition incertaine incomplète ou obscure. Mais, lorsqu'elle a été exprimée dans des termes précis et certains, toute interprétation qui, dans une hypothèse donnée, tendrait à des applications formellement condamnées par la lettre, conduirait inévitablement à l'arbitraire. Or, le jugement portant *condamnation* ayant été tarifé à un droit proportionnel, il n'y a pas à s'occuper, dans le cas particulier de séparation de biens, si le jugement qui prononce la condamnation fournit ou non à la femme un titre qu'elle n'avait pas. Aussi la C. cass. a-t-elle jugé, le 2 mars 1835 (*arrêt rapporté* n° 10399) que le droit proportionnel doit être perçu sur *tout* jugement portant condamnation et que, si le n° 2 du § 6 de l'art. 68 L. an 7 dispose que les jugements de séparation de biens ne sont soumis qu'au droit fixe de 15 francs, ce n'est que dans le cas où ces jugements ne portent point condamnation de sommes et valeurs. L'arrêt rapporté du 12 novembre 1844 n° 10399 a de nouveau consacré cette doctrine (*V.* également Seine 5 mars 1838, 12020 J.E; — Épernay 5 mai 1854, 82 R.P.).

1. OBLIGATION D'INDEMNISER. — Dans cet ordre d'idées, on doit évidemment percevoir le droit de 50 cent. pour 100 sur le jugement qui condamne le mari à indemniser ou à garantir la femme des obligations qu'il lui a fait contracter (Cass. 2 mars 1835, *arrêt rapporté* 10399), alors même que ces obligations auraient été contractées solidairement (Chartres 31 août 1843, 13356 J. E.; — Nevers 4 avr. 1863, 2201 R.P.), pourvu qu'il s'agisse d'une condamnation produisant ses effets immédiats et non pas d'une simple condamnation éventuelle (*infrà*, n° 10424).

10401. Prélèvement en nature. — Propres. — Mais le droit de condamnation ne peut être perçu sur les effets et valeurs *propres à la femme* et dont celle-ci fait la reprise en nature. C'est ce qu'a décidé avec raison le tribunal de Mâcon, le 5 avril 1843 (13222 J.E.). « Considérant, porte ce jugement: 1° que les reprises de Mme Barraud ont été fixées en capital et intérêts à 45,000 francs; — 2° que ladite dame a reconnu qu'elle reprenait en nature et pour une valeur de 5,000 francs tout le mobilier et l'argenterie lui appartenant en propre et lui provenant du partage de la communauté d'entre elle et son mari ; — 3° qu'elle conservait la propriété et jouissance, comme de chose lui appartenant et provenant de ses deniers personnels, d'une somme de 18,000 francs placée au Trésor à titre de cautionnement pour un sieur Pellagaud ; — 4° enfin, qu'elle ne restait plus créancière de son mari que d'une somme de 27,000 francs; que la condamnation prononcée par le jugement du 22 décembre 1841 n'a eu et ne peut avoir pour objet et pour but immédiat que le recouvrement de cette dernière somme dont le mari était reliquataire, et que le droit proportionnel de 50 cent. pour 100 ne peut dès lors être exigé et perçu que sur cette même somme. »

10402. Pas de condamnation prononcée. — Les principaux effets de la séparation de biens judiciaire sont de dissoudre la communauté et de rendre à la femme la jouissance de sa dot et de ses droits. Elle *reprend*, telle qu'elle l'avait avant son mariage (si elle était majeure), la libre et entière administration de ses biens, comme elle la conserve quand elle se marie en adoptant la séparation de biens par son contrat (1449, 1536 C. C.). Si la femme n'était point commune en biens, le mari doit lui faire compte, outre le capital de sa dot, de tous les fruits perçus ou intérêts échus depuis la demande.

Ainsi, en principe et dans le cours normal des choses, tout jugement ordonnant au mari de restituer à la femme ou autorisant la femme à réclamer ses reprises ou sa dot n'ajoute rien aux droits qu'elle puise dans la loi. Mais une *condamnation* devient nécessaire lorsqu'il s'élève des contestations soit sur le montant des reprises, ou leur liquidation, soit sur la réception de la dot ou sur son importance. Dans ce sens, en effet, la femme, trouvant de la résistance pour rentrer dans ses droits, a besoin d'une condamnation pour contraindre son mari.

Aussi la loi fait-elle une distinction entre les jugements de séparation de biens portant condamnation et ceux qui n'en prononcent aucune. Ces derniers ne sont sujets qu'au droit fixe.

En se fondant sur cette distinction, un arrêt de cass. du 14 février 1854 a repoussé la demande du droit de 50 cent. pour 100 formée par l'Administration, dans une espèce où le jugement prononçant la séparation de biens, avait purement et simplement autorisé la femme à poursuivre le recouvrement de sa dot et de ses reprises matrimoniales.

« Attendu, porte cet arrêt, qu'aux termes de l'art. 68 § 6 n° 2 L. 22 frimaire an 7, sont assujettis au droit fixe de 15 francs (22 fr. 50 cent.), les jugements de séparation de biens entre mari et femme, lorsqu'ils ne portent pas condamnation de sommes ou valeurs; attendu que tel est le jugement du 4 novembre 1850, qui ne porte pas, en effet, de condamnation, mais seulement l'autorisation de la poursuivre, selon les conclusions de la femme, qui ne demandait pas autre chose; attendu que cette autorisation ne saurait être considérée comme une condamnation actuelle de sommes ou valeurs, puisque toute condamnation et même toutes poursuites contre le mari ou des tiers détenteurs de la dot peuvent être évitées par le payement réel des reprises de la femme, ainsi que cela paraît avoir eu lieu dans l'espèce, selon les qualités du jugement attaqué; attendu que c'est seulement à défaut de ce payement *réel* que les poursuites éventuellement autorisées deviennent nécessaires, ainsi que la condamnation elle-même » (2015 § 1er I. G., 83 R. P., 15131 et 15170 J. N., S. 54-1-536 et 270).

Cet arrêt a suggéré à un recueil les réflexions suivantes : « Les jugements de séparation de biens nous paraissent accorder à la femme les mêmes droits, soit qu'ils condamnent le mari à rendre la dot et à se dessaisir de l'administration des biens de la femme, soit qu'ils renferment seulement cette simple déclaration que les époux sont séparés, la séparation, dans ce dernier cas, produisant contre le mari les mêmes effets que s'il y avait condamnation expresse et formelle. Si donc il faut prendre pour règle l'arrêt que nous rapportons, la perception de l'impôt proportionnel dépendra, non pas des droits plus ou moins étendus qui résultent des jugements, mais des termes dont les juges se seront servis » (15317 J. E.).

Nous l'avons dit, la liquidation des droits de la femme et la restitution que doit en faire le mari sont toujours, aux termes de l'art. 1449 C. C., la conséquence des jugements de séparation ; or, si l'on devait admettre le raisonnement qui précède, raisonnement qui revient à dire que tout jugement de séparation contient une condamnation virtuelle donnant ouverture au droit de 50 cent. pour 100, quels pourraient être les jugements de l'espèce qui ne supporteraient point le droit de condamnation ? Cependant il en existe ; car, sans cela, il faudrait supposer au législateur de l'an 7 la pensée de n'avoir pas voulu faire une disposition sérieuse, lorsqu'il a édicté l'art. 68 § 6 n° 2 L. frimaire au droit de 22 fr. 50 cent. « les jugements de séparation de biens, *lorsqu'ils ne portent point de condamnation de sommes.* »

10403. Termes équipollents à condamnation. — Seulement il n'est pas nécessaire que le mot *sacramentel* de condamnation soit prononcé dans le jugement pour donner ouverture au droit de 50 cent. pour 100. Le principe qui a été développé au n° 10376 doit recevoir son application en matière de séparation de biens comme en toute autre matière. A ce point de vue, il faudra considérer comme passibles du droit proportionnel tous les jugements qui accorderont à la femme les pouvoirs nécessaires pour contraindre son mari à lui tenir compte de ses droits.

C'est ainsi que la C. cass. a jugé, le 7 juillet 1851, que, s'il est dit dans le jugement que la femme reprendra l'administration de sa dot et que son mari devra lui rembourser tout ce qu'il en aura reçu, le droit est exigible, car ces mots équivalent à une condamnation : « Attendu, porte cet arrêt, que le jugement du 18 décembre 1843, en prononçant la séparation de corps entre les époux Sambucy, a ordonné que la dame Sambucy reprendrait la jouissance et la pleine administration de sa dot, et que le sieur Sambucy *devait lui rembourser tout ce qu'il en aurait reçu* ; attendu que cette disposition du jugement est formelle ; qu'il importe peu que la condamnation ait été ou n'ait pas été expressément demandée ; qu'elle a été prononcée, et que la dame Sambucy avait le droit de s'en prévaloir ; attendu qu'aux termes des lois précitées le droit de condamnation est dû indépendamment du droit qui peut avoir été perçu lors de l'enregistrement du contrat » (14412 J. N., 10237 J. E., 1900 § 6 I. G., S. 51-1-450).

La même solution a été adoptée dans des hypothèses où le tribunal avait *ordonné* le prélèvement de reprises contestées

(Clermont-Ferrand 15 mai 1855, 558 R. P.), ou décidé que le mari *serait tenu* de restituer les apports de sa femme : « Attendu que c'est là une condamnation pouvant servir à la femme à contraindre le mari au payement et que, la disposition du jugement étant formelle, peu importe que la condamnation ait été ou non requise » (Guéret, 15 juin 1858, 1006 R. P., 11387 C. ; — *Conf. :* Châtillon-sur-Seine, 27 juin 1866, 2467 R. P. ; — Montluçon, 13 fév. 1873 ; — Blanc, 29 déc. 1874, 4020 R. P. ; — Montélimar, 2 mai 1877, 4756 R. P. ; — Semur, 31 janv. 1877, 4646 R. P. — *Consulter* Cass. 20 mai 1868, 2737 R. P., 14175 C.). — *V.* 10389-5.

Mais l'arrêt que nous venons d'analyser et toutes les décisions analogues ne doivent être considérés que comme des décisions d'espèces. Ces décisions seront parfaitement exactes toutes les fois qu'une condamnation étant devenue nécessaire par suite de contestation ou d'incertitude soit sur le montant des reprises ou leur liquidation, soit sur la réception de la dot ou son importance, le tribunal aura prononcé cette condamnation soit en termes sacramentels, soit par des expressions équipollentes ; elles fausseraient évidemment l'esprit de la loi si on voulait leur attribuer le caractère général qu'on leur a supposé.

10404. Évaluation pour la perception. — La disposition de l'art. 16 L. 22 frimaire an 7, qui veut que, si les sommes et valeurs ne sont pas déterminées dans un jugement donnant ouverture au droit proportionnel, il y soit suppléé avant l'enregistrement par une déclaration estimative, s'applique aux jugements de séparation de biens comme à tous les autres jugements. Lors donc que la condamnation est indéterminée, il doit y être suppléé par une déclaration estimative sur laquelle est perçu le droit proportionnel (V. Guéret 15 juin 1858, 1006 R. P. 11387 C.). — V. 10419 et 10423.

10405. Perception provisoire. — Mais il ne faut pas perdre de vue que la fixation des valeurs faite lors de l'enregistrement du jugement et la perception du droit qui en a été la suite n'est que provisoire ; lorsqu'une liquidation ultérieure fixe d'une manière définitive les reprises et indemnités dues à la femme, c'est sur le montant de ces reprises et indemnités que le droit doit être liquidé (Mâcon 5 avr. 1843, 13222, J. E. ; — Cass. 12 nov. 1844, *arrêt rapporté* n° 10399 ; — Altkirch 17 août 1848, 14590 J. E. ; — Gannat 13 juill. 1849, 14819 J. E. ; — Marseille 23 mai ; — Beauvais 10 avr. et Saint-Amand 27 juill. 1850, 14937-4, 15009-4, J. E. ; — Bourges 14 mars et Mâcon 6 juill. 1851, 15277 J. E. ; — Épernay 5 juin 1854, 82 R. P. ; — Seine 4 juill. 1857, 16597 J. E. ; — Remiremont 17 déc. 1857 ; — Châtillon-sur-Seine 27 juin 1866, 2467 R. P. ; — Cass. 20 mai 1868, 2737 R. P., 19271 J. N. ; — Semur, 31 janv. 1877, 4646 R. P.).

10406. Dation en payement. — Le tribunal d'Amiens a cru pouvoir décider, le 28 août 1852 (14811 J. N.), que le droit de condamnation cesse d'être exigible si l'acte postérieur dans lequel les reprises sont liquidées contient en même temps un abandonnement à la femme de certaines valeurs communes en payement de ses créances. Mais nous avions combattu ce jugement dans nos éditions antérieures. « Nous croyons, disions-nous, qu'il faut, pour raisonner sainement le droit, se reporter au jugement de séparation. Si ce jugement contient condamnation contre le mari, le droit de 50 cent. pour 100 nous paraît exigible, car l'accomplissement de la condition qui tenait le droit en suspens (et cette condition était le défaut de liquidation des reprises) ayant un effet rétroactif au jour du jugement, c'est la liquidation des reprises qui détermine l'exigibilité du droit, sans que l'on ait à se préoccuper de la manière dont ces reprises ont été remplies. Si, en effet, ces reprises eussent été connues au moment de l'enregistrement du jugement, le droit de 50 cent. pour 100 eût été incontestablement exigible. Or, décider que ce même droit ne doit pas être perçu sur l'acte postérieur qui fait connaître le chiffre de ces reprises, c'est dire que le droit qui eût été perçu si la liquidation eût été faite au moment de l'enregistrement, l'aurait été indûment, et qu'il doit être restitué, ce qui est contraire au principe. » — Notre opinion a été complétement adoptée par un jugement du tribunal de la Seine du 4 juillet 1857, portant « que, si (d'après l'acte de liquidation) la femme a été remplie au moyen d'abandonnements, le titre en vertu duquel elle a aussi prélevé ses reprises n'en a pas moins été consacré par un jugement de condamnation dont elle n'avait pas besoin, il est vrai, mais qu'elle a provoqué et obtenu, que par suite le mari doit supporter les droits auxquels le jugement donne lieu » (936 R. P., 11223 C. — V. Semur, 31 janv. 1877, 4646 R. P.).

10407. Restitution. — La nouvelle liquidation du droit ne doit être faite qu'autant que la liquidation des reprises donne une somme plus considérable que celle sur laquelle le droit a été perçu. Alors seulement la perception doit être rectifiée et déterminée par le résultat de la liquidation définitive. Si cette liquidation donnait un chiffre moindre que celui sur lequel le droit de condamnation a été perçu dans l'origine, la perception primitive devrait être maintenue ; car il est de jurisprudence constante, que le contribuable n'est pas admis à réclamer en présence d'une liquidation qui révèle une évaluation trop élevée sur laquelle la perception a été faite (Tours 26 fév. 1841 ; — Cass. 12 nov. 1844, *arrêt rapporté* n° 10399). — V. *Acte administratif.*

10408. Jugement préparatoire. — Le droit de 22 fr. 50 cent. déterminé par l'art. 68 § 6 n° 2 L. 22 frimaire an 7, et par l'art. 4 L. 22 février 1872, pour les jugements de séparation de biens, ne s'applique qu'aux dispositions définitives. Ainsi le seul droit qui serait exigible soit sur les jugements, soit sur les arrêts préparatoires ou interlocutoires, serait le droit de 4 fr. 50 cent. ou de 7 fr. 50 cent. suivant qu'il s'agirait d'un jugement du tribunal de première instance ou d'un arrêt de cour d'appel.

10409. Autorisation. — D'un autre côté, s'il s'agit d'un jugement autorisant la femme séparée à retirer sa dot des mains dans lesquelles elle avait été déposée, il n'est dû qu'un droit fixe de 5 francs (7 fr. 50 cent.), parce qu'il n'y a là aucune condamnation prononcée (Dél. 7 mars 1818, 6021 J. E.). — Nous avons vu précédemment plusieurs applications de la même règle aux matières ordinaires.

10410. Annulation de mariage. — 1. DROIT FIXE. — On avait pensé que le jugement qui, sur la réquisition du ministère public, prononce la nullité d'un mariage contracté entre parents au degré prohibé par l'art. 162 C. C., et ordonne en conséquence que les époux se sépareront, était sujet aux même droit fixe (de 22 fr. 50 cent.) que les jugements de séparation (3197 J. E.). Mais c'est une erreur. En effet, la séparation n'est ici que la conséquence du jugement : c'est le mariage qui est annulé, et il l'est contre la volonté des parties. La loi ne tarifant point nommément ces sortes de jugements, ce n'est point le cas de percevoir le droit des jugements de séparation, malgré la similitude, mais le droit fixe des jugements qui contiennent des dispositions *définitives non sujettes au droit proportionnel.*

2. DROIT PROPORTIONNEL. — Quant au droit de condamnation, les principes sont les mêmes dans les deux cas ; et si le tribunal, en annulant le mariage, condamnait formellement ou virtuellement le mari à la restitution des apports de sa femme, il y aurait lieu d'exiger le droit proportionnel.

ARTICLE 3. — VALEURS MOBILIÈRES

[10411-10420]

10411. Règle. — L'art. 69 § 2 n° 9 ne soumet pas seulement au droit proportionnel les condamnations de sommes, mais encore celles de valeurs mobilières. D'après l'administration, « les *valeurs mobilières*, ce sont les biens meubles, le mobilier, les effets mobiliers de l'art. 535 du Code civil. Dans l'acception la plus générale, ces mots comprennent les valeurs qui ne sont pas immeubles, par conséquent les meubles corporels ou incorporels, fongibles ou non fongibles. Il en est ainsi dans la législation fiscale, où le mot *valeur* employé toujours comme synonyme de *bien* s'entend des objets mobiliers corporels ou incorporels comme les choses fongibles. Les mots « sommes et valeurs mobilières » ont incontestablement la même signification dans la disposition de l'art. 69 § 2 n° 9 relative aux condamnations » (*Rapport de M. Pont à la cour de cassation*, R. P. 4856).

10412. Titres d'actions ou d'obligations. — Il résulte de cette interprétation que le jugement qui condamne le défendeur à restituer au demandeur des titres d'actions ou d'obligations qu'il retenait indûment, et qui devaient rester en la possession du demandeur pour garantie d'avances, en vertu d'une convention antérieure, porte condamnation à des valeurs mobilières suivant l'art. 69 § 2, n° 9 de la loi du 22 frimaire an VII, et donne lieu au droit proportionnel de 50 p. 100. C'est en effet ce qui a été reconnu par un arrêt de la chambre civile du 2 janvier 1858, ainsi conçu : « Attendu que l'art. 69 § 2 n° 9 de la loi du 22 frimaire an VII assujettit au droit proportionnel de 50 cent. p. 100 francs les jugements des tribunaux civils et de commerce portant condamnation, collocation ou liquidation de sommes et valeurs mobilières, intérêts et dépens entre particuliers ; que, dans l'espèce, le jugement du tribunal de commerce de Saint-Quentin, du 22 août 1871, a formellement condamné Déclé à restituer à la maison Lécuyer des titres d'actions et d'obligations qu'il retenait indûment et qui, aux termes de conventions intervenues antérieurement entre les parties, auraient dû rester à ladite maison à titre de gage pour la garantie de ses avances ; que le jugement portait ainsi condamnation à des valeurs mobilières suivant l'expression de la disposition précitée de la loi de frimaire, et par cela même rendait exigible le droit proportionnel de condamnation édicté par ladite disposition ; qu'il est vainement objecté que le jugement du 22 août 1871 n'aurait fait qu'assurer l'exécution du contrat de gage antérieurement formé ; qu'en effet, ce jugement a eu pour résultat non-seulement de reconnaître l'existence du contrat de gage, mais encore de conférer au créancier gagiste un titre particulier en vertu duquel il a pu obtenir le bénéfice d'une convention neutralisée par la contradiction du débiteur, et agir contre ce dernier avec toute l'autorité qui s'attache aux décisions judiciaires ; qu'ainsi la demande du droit proportionnel de 50 cent. p. 100 fr., établi pour toutes les injonctions judiciaires portant condamnation de valeurs mobilières était pleinement justifiée ; d'où il suit qu'en le décidant ainsi le jugement attaqué, loin d'avoir violé les dispositions de loi invoquées par le pourvoi, en a fait, au contraire, une exacte application aux faits de la cause » (4856 R. P.).

Cette question avait donné lieu à des décisions contradictoires de la part des tribunaux.

Ainsi le tribunal de la Seine avait reconnu, par deux jugements des 5 et 12 juin 1858, que le droit fixe est seul dû quand le jugement se borne à ordonner la restitution de titres appartenant au demandeur. « Attendu, disait le tribunal, que si les actions déposées étaient indûment aliénées, le jugement qui condamnerait à restituer à l'actionnaire des titres d'autres actions égales en valeur contiendrait une condamnation de valeurs mobilières ; mais qu'ici la chose à restituer n'est pas un équivalent ; ce sont les titres mêmes déposés, ceux qui portent les numéros spécialement précisés ; que le cas est analogue à celui qui est prévu par l'art. 68 § 1er n° 27 de ladite loi de frimaire ; qu'il n'y a là aucune mutation, mais une simple réintégration, un jugement qui ordonne un fait matériel » (Seine, 12 juin 1858, 11404 G., 16784 J. E.).

Au contraire, il a reconnu le 9 mars 1878 que si le gérant d'une société avait été condamné à restituer des titres d'actions par lui détournés ou à en payer la valeur, le droit de condamnation est dû (1056 R. P.). Il a jugé le 3 décembre 1858, que la disposition d'une sentence arbitrale par laquelle l'une des parties est condamnée à restituer des objets mobiliers déterminés appartenant à l'autre est sujette au droit de 50 pour 100 (17013 J. E.). Plus récemment, le même tribunal avait reconnu l'exigibilité du droit proportionnel sur un jugement portant que, pour indemniser un associé de sa part dans les avantages attribués aux fondateurs d'une société provisoire, il lui sera délivré pour 25,0 :0 fr. d'actions libérées (Seine, 26 janv. 1867, 2398 R. P.). Il en est de même d'un jugement ordonnant à un failli d'exécuter un concordat et de remettre aux créanciers les titres qu'il avait promis (Seine 6 juillet 1867, 2626 R. P.

10413. Billets. — Couverture. — La disposition d'un jugement ordonnant aux défendeurs de couvrir par des valeurs negociables un prêt antérieur dûment enregistré « ne prescrit que l'exécution matérielle d'une clause accessoire du prêt, à savoir : l'obligation de couvrir la somme prêtée par des valeurs commerciales, lesquelles sont bien plutôt des valeurs nominales ou conventionnelles que des valeurs réelles ; en réalité la condamnation de couvrir les prêts par des valeurs commerciales n'est qu'une simple obligation de faire de nouveaux billets pour remplacer les anciens, c'est-à-dire pour maintenir les parties dans la même position. Une semblable condamnation n'est donc pas passible d'un droit proportionnel » (Huy 22 déc. 1860, 11125 J. E. belge).

Le jugement qui contraint le vendeur à restituer à l'acheteur des billets souscrits par lui et qui doivent être détruits ne donne pas lieu au droit de condamnation (Sol. 26 juill. 1877, 20672 J. E.).

10414. Livraison de marchandises. — Aucun doute ne saurait exister sur l'exigibilité du droit de condamnation quand le jugement ordonne au défendeur d'exécuter l'obligation par lui prise de livrer des marchandises. Un recueil qui avait d'abord enseigné le contraire, au sujet d'un jugement condamnant à livrer du bois vendu verbalement moyennant un prix déterminé (13780-1 J. E.), a reconnu, plus tard, que la question n'était pas sérieusement contestable et il approuve avec raison le tribunal de la Seine d'avoir décidé, le 26 décembre 1857 (11298 G., 16669 J. E.), que le jugement portant condamnation à livrer des marchandises est passible du droit de 50 cent. pour 100, attendu que l'art. 69 § 2 n° 9 s'applique aux valeurs mobilières comme aux sommes d'argent (17013 J. E.).

C'est ce qui a été décidé également au sujet d'un jugement ordonnant que le solde d'un marché par lequel la compagnie de..... s'était engagée à fournir à R..... 4,000 tonnes de charbon, serait livré dans un délai de quatre mois : « Attendu que cette disposition contient évidemment une condamnation passible du droit de 50 cent. pour 100 ; que, si le dispositif du jugement n'indique pas la quantité de charbon restant à livrer, ses motifs suppléent à ce silence et que si la quantité y énoncée n'est fixée qu'approximativement, en l'absence de toute fixation plus précise, le receveur a régulièrement perçu le droit sur cette quantité de 6,600 tonnes » (Saint-Étienne 22 janv. 1863, 1789 R. P.).

La même solution résulte d'autres jugements du tribunal de la Seine des 25 janvier 1868 (2723 R. P.) et 8 mars 1873, — ainsi que d'un arrêt de cass. du 4 décembre 1854 (2033-4 I. G., 313 R. P., S. 55-1-63).

Il a été spécialement reconnu que le droit de titre et le droit de condamnation sont exigibles sur un jugement qui ordonne l'exécution d'un marché verbal de fournitures, et, à défaut d'exécution, autorise le demandeur à acheter les marchandises au compte du défendeur qui sera tenu de l'excédant du prix : « Attendu que le jugement est ainsi conçu : « Considé-« rant que Macffredy n'a pas livré à la veuve Denis Arduin « et Cie 800 hectolitres de blé qu'il leur a vendus ; que la veuve « Arduin et Cie est fondée à faire sortir le marché à effet en se « remplaçant pour son compte, faute par Macffredy de livrer « les 800 hectolitres de blé, autorise la veuve Denis Arduin « et Cie à se remplacer pour son compte, condamne pour ce cas « Macffredy au payement de la différence entre le prix convenu « et le coût du remplacement » ; Attendu qu'il est impossible de méconnaître qu'un jugement ainsi formulé contient la reconnaissance du marché verbal dont il s'agit, ordonne son exécution et fournit à la veuve Denis Arduin et Cᵉ un titre pour parvenir à cette exécution ; que, dès lors, aux termes des art. 4 et 69 § 2 nº 9 L. 22 frimaire an 7, et conformément à une jurisprudence si souvent affirmée qu'elle ne saurait plus être contestée, l'enregistrement de ce jugement devait donner lieu au droit proportionnel de 2 pour 100 sur le prix de 800 hectolitres de blé et d'un droit de condamnation sur le même prix » (Marseille, 11 août 1873 ; — *Conf. :* même tribunal ; 4, 21 et 31 juill. 1873, 2 juin 1874, 7 janv., 11 mai, 31 mai et 6 août 1875). — *V.* 10548-5.

10415. Legs. — Lorsque, sur le refus de l'héritier, la délivrance de legs est ordonnée par un jugement et que l'héritier est condamné personnellement à payer le montant du legs, le droit de 50 cent. pour 100 est dû, parce qu'alors l'*action du légataire* devient personnelle contre l'héritier et n'est plus bornée aux biens de sa succession.

Si le jugement se bornait à ordonner que l'héritier restituera l'objet particulier légué au demandeur et qui lui appartient déjà, il ne serait dû qu'un droit fixe. Mais, s'il condamnait l'héritier à en procurer un pareil pour remplacer celui dont il a indûment disposé, il y aurait, d'après la distinction établie au numéro précédent, condamnation de valeur mobilière sujette au droit de 50 cent. pour 100 (*V.* 7057 J. E.).

10416. Établissement d'un fossé. — Le jugement qui condamne à 60 francs de dommages-intérêts, à rétablir un fossé, et aux dépens liquidés à 20 francs, est passible de 2 pour 100 sur 60 francs et de 50 cent. pour 100 sur le montant de l'évaluation du travail de rétablissement du fossé, joint aux 20 francs de dépens (11647-4 J. E.).

10417. Autorisation de faire vendre. — Pour que l'on soit en droit d'exiger l'évaluation des valeurs mobilières qui peuvent faire l'objet du jugement, il faut qu'il y ait condamnation réelle. Ainsi le jugement qui autorise celui à qui des marchandises ont été consignées à les faire vendre, pour se rembourser sur le prix du montant de ses avances, sans que ces avances soient établies, ne donne pas lieu au droit proportionnel de condamnation, car il n'a été demandé ni obtenu de condamnation, mais une simple autorisation de vendre (Sol. 23 août 1823, 7627 J. E.).

Lorsqu'un individu possède contre un autre un titre paré en vertu duquel, en cas de non-payement à son échéance de l'un des termes et des intérêts, sa créance deviendra exigible de plein droit pour la totalité, un mois après un commandement resté infructueux et que ce titre est garanti par un gage fourni par la caution du débiteur, le jugement qui ordonne la vente du gage, pour le prix en être attribué au créancier, ne donne pas ouverture au droit de condamnation ni à celui de collocation. Le jugement n'a fait que statuer sur la demande à fin de vente d'un gage et n'a pas ordonné autre chose. S'il s'est fondé sur ce que la créance entière était exigible, il n'a fait que reconnaître dans ses motifs une circonstance acquise et reconnue par les parties. Il n'y a pas eu en effet litige au point de vue de l'exigibilité de la créance (Seine 17 fév. 1860, 1434 R. P., 17082 J. E., 11773 C.).

Mais renferme une condamnation passible du droit proportionnel le jugement par lequel des arbitres, appréciant le préjudice causé à une société par deux autres compagnies par des agissements contraires à leurs conventions, fixent le montant de l'indemnité due à ces dernières et les autorisent à prélever une valeur égale sur les obligations qui leur avaient été données en gage (Seine 23 nov. 1872, 3569 R. P.). Une disposition pareille aurait encore bien plus le caractère d'une liquidation (*V.* Cass. 4 fév. 1874, 3834 R. P.). — *V.* infrà le chapitre du *Droit de liquidation.*

10418. Tuteur. — L'Administration a délibéré, le 3 mai 1825 (8053 J. E.), que le jugement qui condamne une mère à payer à ses enfants la valeur du mobilier inventorié et dont elle avait la jouissance, donne ouverture au droit de 50 cent. pour 100 sur la valeur de ce mobilier.

10419. Déclaration. — Lorsqu'une condamnation de valeurs mobilières est prononcée, on doit, si l'importance des valeurs mobilières n'est pas déterminée en sommes, exiger une déclaration dans les termes de l'art. 16 L. 22 frimaire an 7, et percevoir le droit sur cette évaluation. — *V.* 10404, 10405 et 10243.

1. MERCURIALES. — Cette déclaration devient inutile, si la valeur des biens mobiliers peut être déterminée par les mercuriales, comme, par exemple, dans le cas d'une condamnation à restitution des fruits payables en nature.

2. ACTIONS. — S'il s'agit d'une condamnation à fournir des actions cotées à la Bourse, le droit est exigible sur le taux des actions déterminé par le cours de la Bourse au jour du jugement, ou bien de l'arrêt confirmatif si le jugement a été l'objet d'un appel (Seine 9 mars 1858, 1056 R. P., 11404 C., 16796 J. E.).

3. RECTIFICATION. — PRESCRIPTION. — Quand la perception faite sur le jugement n'a été que provisoire, faute par les parties d'avoir fait avant l'enregistrement la déclaration estimative prescrite par l'art. 16 L. 22 frimaire an 7, l'Administration peut exiger, dans les deux ans du jour de l'enregistrement, la déclaration nécessaire pour établir définitivement les droits dus (Cass. 4 mars 1823, 585 J. E.).

10420. Valeurs à liquider. — Le tribunal de Caen a décidé, le 20 juillet 1866, que, si les sommes et valeurs sujettes au droit proportionnel de condamnation ne peuvent être déterminées que par une liquidation longue et difficile commencée entre les parties, il y a lieu de suspendre le recouvrement jusqu'à la fin de cette liquidation, parce que l'art. 16 L. 22 frimaire an 7 est inapplicable à cette hypothèse (2405 R. P.). C'est une erreur. Il n'est pas exact de prétendre que la déclaration estimative est applicable dans le seul cas où les sommes peuvent être déterminées presque immédiatement. La loi ne dit rien de semblable. Sa disposition est générale, et on conçoit qu'elle devait l'être, pour ne pas livrer la liquidation à toutes les incertitudes du règlement des intérêts civils des parties.

ARTICLE 4. — QUESTIONS DIVERSES

[10421-10445]

10421. Dépens. — Le montant des dépens, lorsqu'ils sont liquidés par le jugement, doit toujours être ajouté aux autres condamnations pour la fixation du droit de 50 cent. pour 100 et on ne saurait percevoir pour cette condamnation accessoire un droit particulier (1050 J. E.).

1. MATIÈRES SOMMAIRES. — D'après l'art. 543 C. proc., la liquidation des dépens et frais est faite, en matière sommaire, par le jugement qui les adjuge. Il suit évidemment de là que, lorsque les dépens ne sont pas liquidés dans un jugement de l'espèce (V. sur la question de savoir ce que l'on entend par *matières sommaires* les nos 9227 et suiv.), le receveur est en droit d'en exiger la déclaration, conformément à l'art. 16 L. 22 frimaire an 7, ou même, selon un jugement du tribunal de la Seine du 22 mai 1863 (12531 C., 17727 J.E.), de faire lui-même une évaluation provisoire.

2. MATIÈRES ORDINAIRES. — Mais, s'il s'agit de matières ordinaires (V. sur la question de savoir ce que l'on entend par *matières ordinaires* les nos 9227 et suiv.), il n'est pas nécessaire que la taxe des dépens soit insérée dans le jugement, lequel peut être expédié et délivré avant que la liquidation ait eu lieu (Art. 2 Décr. 16 fév. 1807). Dans ce cas, on doit attendre, pour percevoir les droits sur les dépens, que l'exécutoire soit ultérieurement délivré (D. m. 1. 21 janv. 1859, 2158 I. G., 1214 R.P.). — V. *infrà* v° *Taxe* n° 17628.

3. EXÉCUTOIRE. — Quant au droit à percevoir sur les exécutoires, on avait pensé, tantôt qu'ils devaient, comme tous les jugements définitifs, acquitter le droit fixe de 4 fr. 50 cent. quand ils ne peuvent produire un droit plus élevé; tantôt qu'ils devaient être considérés comme de simples ordonnances émanées du juge et seulement passibles du droit fixe de 4 fr. 50 cent.

Aucune de ces opinions ne pouvait prévaloir : la condamnation aux dépens résultant non de l'exécutoire, mais du jugement qui l'a précédé, on ne peut prétendre que l'exécutoire contienne réellement une disposition définitive. Cet acte n'a d'autre objet que d'assurer l'exécution du jugement; il ne renferme que ce qui aurait pu être ordonné par le jugement, et il doit être considéré comme en faisant partie ou comme en étant le complément, puisque la condamnation aux dépens est un acte imparfait, jusqu'à ce que la quotité en ait été déterminée.

Aussi a-t-il été décidé par les ministres des finances et de la justice, les 16 et 28 février 1809, que le droit auquel les exécutoires doivent être soumis est celui de 1 franc (1 fr. 50 cent.) fixe, sauf le cas où ils donneraient lieu à un droit proportionnel supérieur (429 n° 4 I. G.). — Cette interprétation a été confirmée par une autre décision ministérielle du 24 janvier 1859 (2158 I. G., 1214 R. P.). — V. *infrà* v° *Taxe* n° 17628 et suiv.

Honoraires d'experts. — Mais l'ordonnance de taxe d'honoraires d'experts susceptible d'être délivrée en la forme exécutoire (319 C. proc.) est assimilable à un jugement de condamnation et passible du droit de 50 cent. pour 100 (Grenoble 13 avr. 1867, 2521 R. P.; — *Conf.* : Cass. 1er mess. an 12, *arrêt rapporté* n° 1286).

4. DISTRACTION AU PROFIT DE L'AVOUÉ. — La distraction des dépens au profit de l'avoué ne donne pas lieu à un droit particulier, parce qu'elle dérive de la condamnation principale (Dél. 20 niv. an 10), ou, pour parler plus juste, parce que cette distraction ne forme pas une disposition distincte dans le jugement et qu'il n'y a toujours qu'une seule condamnation.

10421 *bis*. Jugement correctionnel. — Partie civile. — Si le tribunal correctionnel, jugeant avec intervention de parties civiles, a condamné les administrateurs d'une société à restituer des valeurs soustraites, et que le jugement ait été frappé d'appel, après avoir été enregistré en débet sur la réquisition du ministère public, le droit de condamnation à réclamer aux parties civiles est dû sur les dépens : « Attendu, porte un jugement du tribunal de la Seine, du 9 mars 1858, que si les parties civiles doivent rembourser au Trésor les frais avancés par lui, la disposition y relative n'en est pas moins une condamnation; ce n'est ni une disposition dérivant nécessairement de la convention principale, ni une condamnation simplement récursoire. La loi ne distingue pas pour la perception entre les jugements civils et les jugements criminels. » — Mais on ne doit pas prendre pour base du droit de condamnation à percevoir sur l'arrêt le montant des condamnations prononcées par le tribunal de première instance; il faut s'arrêter au chiffre déterminé par l'arrêt (Seine 9 mars 1858, 1056 R. P., 11404 C., 16796 J. E.).

10422. Intérêts. — 1. INTÉRÊTS ÉCHUS. — L'art. 2277 C. C. soumet à la prescription de cinq ans les intérêts de sommes prêtées et généralement tout ce qui est payable par année ou à des termes périodiques plus courts. Dès lors, lorsqu'un jugement porte condamnation au payement des intérêts échus, sans fixer l'époque du point de départ, on ne peut percevoir le droit de condamnation que sur cinq années, puisque tout ce qui excède cette période échappe à l'effet de la condamnation, par la force de la prescription. Mais, comme la demande judiciaire interrompt la prescription, il s'ensuit que la condamnation doit comprendre non-seulement les cinq années dont nous venons de parler, mais encore tous les intérêts qui ont couru du jour de la demande à celui du jour du jugement. C'est donc sur les deux sommes réunies que doit porter le droit de 50 cent. pour 100 (Chartres, 26 août 1876).

Décidé, de même, que, dans le cas de condamnation au payement d'un prix de vente et des intérêts échus, il faut ajouter au principal non-seulement les cinq années d'intérêts qui pouvaient être échus au jour de la demande, mais encore ceux courus pendant l'instance (7056 J. E.).

2. JOUR DE LA DEMANDE. — JOUR DU JUGEMENT. — Nous disons que le droit de condamnation doit porter sur les intérêts courus du jour de la demande à celui du jugement, car ce droit est dû sur toutes les sommes dont le jugement

porte condamnation. Or, il est incontestable que la condamnation, du moment qu'elle remonte au jour de la demande ou à une époque antérieure, comprend toutes les échéances survenues depuis cette époque jusqu'à la date où elle a été prononcée (*V.* Bône 22 nov. 1864, 2071 R. P.).

En ce sens, le tribunal de la Seine a jugé, le 23 mai 1855 (548 R. P.), que le droit de condamnation est dû sur les intérêts, lorsque le tribunal ordonne que le rendant *tiendra compte* de ces intérêts à partir du jour de la demande. — V. 10389.

3. TAUX. — Et si le taux de ces intérêts n'a pas été déterminé, c'est au taux de 5 pour 100 qu'ils doivent être déterminés (Seine 23 mai 1855, 548 R. P.). Il nous semble cependant qu'en matière commerciale ce taux doit être de 6 pour 100.

10423. Condamnation indéterminée. — La circonstance qu'une condamnation serait indéterminée ne pourrait arrêter la perception du droit proportionnel. Une déclaration estimative dans les termes de l'art. 16 L. 22 frimaire an 7 doit alors suppléer au défaut de détermination des valeurs sur lesquelles le droit doit être assis. C'est ce qui se pratique habituellement en matière de séparation de biens. — *V.* 10404, 10405 et 10419.

1. ALIMENTS. — Jugé dans ce sens qu'il y a lieu de percevoir le droit proportionnel de condamnation sur le jugement condamnant le mari, en exécution de l'art. 268 C. C., au payement de la provision alimentaire, au profit de sa femme qui, ayant quitté le domicile conjugal pendant une poursuite de séparation de corps, réside dans la maison désignée par le tribunal; la perception doit être établie sur la somme mensuelle ou annuelle fixée par le jugement, d'après une déclaration estimative faite en exécution de l'art. 16 L. 22 frimaire an 7 et basée sur la durée probable du procès (Dél. 22 oct. 1844, 1732 § 3 I. G.).

2. PENSION. — Cependant il a été décidé que le jugement qui porte condamnation à payer 10,000 francs par an, sans fixation de terme, est passible du droit de 50 centimes pour 100 sur dix fois la pension constituée (Seine 3 avr. 1850, 14929 J. E.). — Cette interprétation nous paraît plus conforme à l'esprit de la loi. — *V. Acte administratif.*

10424. Condamnation conditionnelle. — La condition exerce sur le droit de condamnation la même influence que sur les autres natures de droits d'enregistrement, c'est-à-dire qu'elle les laisse en suspens jusqu'à son accomplissement, sauf à les réclamer à cet événement.

1. VICES DE CONSTRUCTION. — Ainsi il a été jugé dans ce sens par le tribunal de la Seine, le 22 novembre 1850 (15113 J. E.), que lorsque le vendeur d'une maison où des vices de construction ont été reconnus a été condamné, sur son offre, à garantir à l'acquéreur, lors de la licitation à intervenir, le prix qu'il a payé, le droit de condamnation devient exigible lorsque la licitation a eu lieu; et si elle a été passée moyennant un prix inférieur au prix payé par l'acquéreur, ce droit doit être perçu sur la différence entre les deux prix.

T. III.

2. ENVOI EN POSSESSION ÉVENTUEL. — Un jugement portant qu'à défaut de payement par le débiteur, le créancier pourra se mettre en jouissance de ses biens jusqu'à entier payement de sa dette est purement facultatif et ne transmet pas un droit actuel; le droit proportionnel n'est dû que sur l'acte de prise de possession (Cass. 3 avr. 1811, *P. chr.* 14)

3. DÉPOT INDÉTERMINÉ. — Si, sur la demande de contraindre un débiteur à se libérer en versant à la caisse des consignations les sommes dont il est redevable, le jugement porte que la quotité des fonds et valeurs à verser et déposer est encore incertaine, qu'elle peut être réduite par les dépenses et payements qu'aurait pu faire l'intimé, et qu'il effectuera le dépôt à la caisse des consignations des sommes dont il sera reconnu ou réputé débiteur par le résultat de son compte, on ne peut percevoir qu'un droit fixe (6930 J. E.).

4. COMPTE A RENDRE. — Il en est de même du jugement qui subordonne les effets d'une condamnation au compte à rendre par le débiteur :

« Attendu qu'une partie de la condamnation au profit de P... n'avait rien de définitif; qu'elle était une simple disposition provisoire, qu'immédiatement après avoir prescrit la remise à F... de 475 actions d'une valeur égale à celles dont il avait été exproprié, le jugement réserve en faveur de la compagnie condamnée ses moyens d'exception péremptoires à faire valoir lors de la reddition de compte; qu'ainsi tout est laissé en état, sauf le fait matériel de la possession des titres » (Seine 5 juin 1858, 11404 C., 16784 J. E.);

Jugé cependant que la sentence arbitrale qui fixe le reliquat de compte dû au gérant d'une société est passible du droit de condamnation, bien que la sentence renvoie à se pourvoir devant qui de droit pour faire décider si ce reliquat formera créance pour lui ou figurera dans sa mise sociale. Car, malgré ce renvoi, le reliquat n'en est pas moins arrêté définitivement (Seine 10 août 1838, 12065 J. E. — V. n° 2244).

10425. Condamnation conditionnelle. — 1. INDEMNITÉS DUES A LA FEMME. — L'indemnité qui appartient, en vertu de l'art. 1431 C. C., à la femme solidairement obligée avec son mari n'a pas toujours un même caractère.

Il faut distinguer pour cela entre le cas où la femme a été contrainte au payement de la dette avant la dissolution de la communauté, et celui où l'obligation subsiste encore à cette époque.

Si la dette n'a pas été payée, la femme doit sans doute être mise à l'abri des éventualités de son cautionnement. Mais il ne saurait être question de lui rembourser *hic et nunc* le montant de l'obligation qu'elle n'a point acquittée. L'indemnité qui lui est due n'existe encore qu'en expectative; et, généralement, on se borne à lui ménager, pour l'époque où elle se produira, une collocation sur le prix de la vente des biens du mari. Si le jugement qui reconnaît l'existence de l'indemnité renferme une condamnation prononcée dans ces termes et suspendue jusqu'au moment où la femme sera réellement contrainte de se libérer, il n'y a pas de droit proportionnel actuellement exigible. L'Administration l'a ainsi décidé par une délibération du 27 juin 1828.

83

La situation change si la dette a été soldée par la femme, ou si, par suite de certaines circonstances prévues à l'art. 2028 du C. C., l'action du créancier est tellement imminente que le payement en paraît inévitable. Alors l'indemnité est actuellement due à la femme, et la jurisprudence autorise en effet cette dernière à produire à l'ordre ouvert sur le prix des biens du mari pour réclamer une collocation définitive, comme si la dette avait été réellement soldée (Cass. 25 mars 1834, 19 déc. 1837, 20 déc. 1837, 2 janv. 1838 ; — Bordeaux 12 mai 1837 ; — Paris 30 juin 1853 ; — Metz 22 janv. 1856 ; — Conf. : Troplong Privil. et hyp. 2-610, Valette Priv. 266, Coulon Quest. 2-597, Rodière et Pont Cont. de mar. 1608, Dalloz Cont. de mar. 1054 et hyp. 2331, et la dissertation insérée au no 1733 R. P.). — Il en résulte directement que le jugement qui condamne ou oblige le mari à indemniser la femme produit ses effets actuels et donne ouverture au droit de 50 centimes pour 100 (Cass. 2 mars 1835, arrêt rapporté 10399 ; — Chartres 31 août 1843, 13356 J. E. ; — Nevers 4 avr. 1866, 2201 R. P.) (= Blaye 29 déc. 1874, 4020 R. P.).

Du reste si, dans la première hypothèse, le tribunal croyait devoir néanmoins prononcer une condamnation immédiate contre le mari, l'Administration, qui n'est pas juge de la nullité des actes, ne pourrait que régler la perception d'après les stipulations expresses du jugement et exiger le droit proportionnel (V. 17517 J. E.).

10426. Garantie. — Quand la cause de la garantie existe actuellement, et que le jugement la prononce contre celui qui en est tenu, le droit proportionnel est alors exigible, bien que l'effet même de cette garantie soit encore incertain, puisqu'on ignore si l'éviction, le trouble ou l'insolvabilité que le créancier redoute se produira. Il en est alors de ce droit de condamnation comme du droit même de cautionnement qui se perçoit sur l'engagement actuel de la caution, quoique de sa nature il soit indéterminé. = **V.** *Cautionnement.*

10427. Rescision de la vente. — L'acheteur attaqué en rescision pour cause de lésion peut toujours éviter la dépossession en payant un supplément de prix (1681 C. C.). Son option à cet égard pouvant s'exercer même après que l'action en rescision est admise, le jugement ne doit contenir de ce chef aucune condamnation contre l'acheteur. Si une telle condamnation était prononcée, elle ne pourrait être qu'éventuelle. Donc, dans tous les cas, le droit proportionnel de condamnation n'est pas dû. « Cependant, dirons nous avec M. Demante, les parties feront bien de surveiller à cet égard la rédaction du jugement, car la perception sur les condamnations éventuelles ne va pas sans difficultés, et il n'est pas rare qu'une disposition surabondante et explétive dans la rédaction d'un jugement fasse peser sur les parties des droits de condamnation fort lourds » (no 250).

10428. Contrat d'assurance. — Mais il ne faudrait pas considérer comme une condamnation conditionnelle ou éventuelle la disposition du jugement ordonnant l'exécution d'un contrat d'assurances. S'il est vrai, en effet, que l'obligation de l'assuré de payer le montant du sinistre soit incertaine et éventuelle, celle de l'assureur de payer le mon-

tant des primes est actuelle et déterminée. C'est donc sur le montant cumulé de ces primes que le droit de condamnation serait exigible.

Quant au jugement qui condamnerait la compagnie au payement de l'indemnité due après le sinistre, nul doute qu'il donnerait ouverture au droit de condamnation sur le montant de cette indemnité (D. m. f. belge 11 nov. 1869, 11157 J. E. belge).

10429. Événements ultérieurs. — Il n'est pas besoin d'ajouter que les éventualités dont la condition serait affectée n'est pas de nature à arrêter la perception du droit. Ainsi que l'a reconnu la C. cass. de Belgique dans son arrêt du 6 janvier 1859, cité supra 10393, « les termes de l'art. 69, § 2 no 9, de la loi de frimaire comprennent toute condamnation proprement dite produisant immédiatement, pour celui en faveur de qui elle est prononcée, un avantage déterminé jusqu'à concurrence des sommes ou valeurs adjugées, quels que soient d'ailleurs les événements futurs et incertains de nature à faire un jour réduire ou même révoquer les effets de ladite condamnation. »

C'est par une application directe de cette règle que les droits sont dus sur le jugement quoiqu'il soit susceptible d'être réformé par opposition en appel. — V. 10424.

10430. Condamnation alternative. — Un jugement qui condamne à une chose et, à défaut de celle-ci, à une autre, c'est-à-dire qui prononce une condamnation alternative, n'opère de droit que sur l'une des dispositions. Le droit est dû actuellement sur celle des deux dispositions qui doit être immédiatement exécutée, sauf à percevoir un supplément de droit quand il est démontré postérieurement que l'autre disposition qui a été suivie d'effet. Il n'y a pas de règle absolue pour déterminer d'une façon générale laquelle des deux condamnations est actuelle. C'est un point à apprécier d'après les termes du jugement et les circonstances de la cause. Il est d'usage de percevoir d'abord, dans le doute, sur la disposition qui, étant placée la première, semble avoir un effet actuel, la seconde ne devant être considérée que comme comminatoire [1]. Cette règle a été appliquée dans les hypothèses suivantes :

1. COMPTE. — L'Administration a décidé, le 2 août 1833, que le droit fixe est seul exigible sur la disposition d'un jugement qui ordonne à une des parties de rendre un compte à l'autre et, à défaut de ce compte, la condamne à payer une somme déterminée, attendu que l'option a été laissée au défendeur de rendre compte ou de payer la somme déterminée (10682 J. E.).

2. RÉSOLUTION. — Le jugement qui condamne un acquéreur à payer, dans un délai fixé, une somme de…. pour prix d'une vente, à défaut de quoi la vente sera résolue, ne donne

---

[1]. Il nous semblerait plus juridique d'appliquer ici le principe posé par Merlin au sujet des donations alternatives (Quest. de droit, vo *Enregistrement* § 23), et accepté par l'Administration (Inst. 445, 1173 § 3, et 766) principe d'après lequel, *pendente conditione*, c'est le droit le moins élevé qui est exigible. — V. *Donation.*

ouverture qu'au droit de 50 centimes pour 100 pour condamnation, sauf à exiger le droit de mutation, s'il est justifié plus tard que la résolution a eu lieu (14543-3 J. E.; — Dél. 27 juin 1836, 11539 J. E.). — V. 10432.

3. RESTITUTION D'OBJETS. — De même, le jugement qui condamne un défendeur à restituer des titres dont il est indûment détenteur ou à en payer la valeur ne saurait donner lieu actuellement au droit sur la seconde disposition, qui est secondaire et subordonnée à l'autre (Seine 5 juin 1858, 11404 C., 16784 J. E.).

4. OBLIGATION DE FAIRE. — Reconnu encore que le jugement qui porte condamnation à boucher une fenêtre ou à payer une somme déterminée ne donne pas ouverture au droit proportionnel de condamnation, car la condamnation à payer une somme n'est que conditionnelle (11798-3 J. E.).

10431. *Idem.* — **Justifications préalables.** — Le jugement qui prescrit au défendeur de justifier du payement de la dette dans le délai d'un mois, et, à défaut, le condamne au montant de cette dette, ne donne pas lieu au droit de condamnation : « Attendu qu'en règle générale, un jugement qui condamne à une chose et, à défaut de celle-ci, à une autre chose, c'est-à-dire qui prononce une condamnation alternative, n'opère de droit que sur l'une des dispositions, et d'abord sur celle qui, placée la première, semble avoir un effet actuel; que la deuxième disposition est subsidiaire et, parconséquent ne devient passible du droit qui lui est propre qu'autant qu'elle a reçu son exécution » (Seine 3 août 1861, 1569 R. P., 12063 C., 17376 J. E.).

Dans ce cas, le droit de condamnation devient exigible, selon un jugement de Turnhout (Belgique) du 19 août 1859, dès la signification du commandement faite au défendeur, à la requête du demandeur, d'effectuer ces payements faute d'avoir fourni ces justifications, et l'action de l'Administration est prescrite si la demande du droit n'a pas eu lieu dans les deux années de la date de l'enregistrement du commandement (8123 J. E. belge). — Nous ferons remarquer, sur le chef de la prescription, qu'il ne s'agit ici ni d'une insuffisance de perception, ni d'une fausse déclaration commise lors de l'enregistrement du jugement. Dès lors, l'art. 61 L. 22 frimaire an 7 est sans application et l'action du Trésor ne s'éteint qu'au bout de trente ans. C'est là un principe qui sera développé au chapitre de la *Prescription.*

Décidé également qu'il y a lieu de restituer le droit proportionnel de mutation perçu sur le jugement qui condamne l'acquéreur à justifier du payement du prix, faute de quoi prononce la résolution de la vente, lorsque la justification est faite (Dél. 21-27 juin 1836, 19 déc. 1828; — Toul 8 juill. 1820 et Dél. 18 oct. 1820). — V. *Restitution.*

10432. Condamnations principale et secondaire. — Il ne faut pas confondre la condamnation alternative avec la condamnation principale et la condamnation secondaire. Dans ce second cas, il n'y a qu'une disposition proprement dite, et le deuxième terme du jugement n'est qu'un mode d'exécution du premier. Il n'est pas *in obligatione,*

mais *in facultate solutionis.* D'où il suit que le droit ne peut être régulièrement perçu que sur la première disposition.

1. USINE. — INDEMNITÉ. — Ainsi, le droit proportionnel serait immédiatement exigible si le tribunal, après avoir prononcé la condamnation au payement d'une somme, réservait seulement au débiteur un moyen d'en éviter les effets. C'est ce qui aurait lieu, par exemple, pour le jugement qui condamnerait le propriétaire d'une usine à payer une indemnité annuelle à son voisin tout le temps qu'il laisserait subsister cette usine. La condamnation forme alors la disposition principale et le second chef du jugement est une simple condition résolutoire ne suspendant pas la naissance de l'obligation.

2. MARCHÉ. — DOMMAGES-INTÉRÊTS. — On l'a décidé de même pour un jugement qui, tenant le défendeur comme personnellement obligé envers le demandeur pour le marché de fournitures par eux consenti, a déclaré qu'ils auraient à opérer la livraison dans un délai de quinze jours à partir de la prononciation du jugement, et que, faute par eux de ce faire dans ce délai, le marché serait résilié avec dommages-intérêts pour différence et préjudice causé par l'inexécution : « Attendu que de ces termes du jugement il résultait non point une obligation alternative à la charge des vendeurs et à leur choix, mais deux condamnations distinctes : l'une principale, actuelle et certaine, qui maintenait le marché; l'autre subsidiaire et subordonnée à un événement futur qui, en prévision de l'inexécution, obligeait lesdits vendeurs à réparer au moyen d'une indemnité le dommage qui devrait résulter de cette inexécution » (Cass. 8 mars 1871, 3287 R. P., 2426-1 I. G., Bull. 9, S. 71-1-61, D. 71-1-341 ; — *Conf.* : Villeneuve-d'Agen 2 juill. 1868, 2909 R. P. ; — Seine 10 juill. 1869, 3007 R. P. ; — *Contrà* La Rochelle 23 juin 1869, jugement cassé 3287 R. P.).

3. RESTITUTION DU DROIT. — Le droit perçu sur une condamnation subordonnée à un événement devient-il restituable quand, par suite de l'éventualité, la condamnation n'est pas maintenue ? — V. *Restitution.*

10433. Délaissement. — Le tiers détenteur qui n'a pas purgé est tenu, d'après l'art. 2168 C. C., ou de payer les créances inscrites, ou de délaisser l'immeuble hypothéqué. S'il ne remplit aucune de ces deux obligations, tout créancier inscrit a le droit de faire vendre l'immeuble trente jours après un commandement fait au débiteur originaire et une sommation faite au tiers détenteur (2169 C. C.). Lorsque le détenteur s'est opposé à la sommation et qu'un jugement le déboute de son opposition en ordonnant la continuation des poursuites, il se trouve donc replacé entre ces deux obligations : ou de payer la somme, ou de délaisser l'immeuble. Or, quelle est, selon la loi, la disposition principale dont l'exécution puisse être suivie jusqu'à l'option du condamné ? À ne consulter que les textes, il semblerait bien que le détenteur est tenu d'abord de payer la créance. L'art. 2167 C. C. déclare qu'il demeure obligé par l'effet seul des inscriptions à toutes les dettes hypothécaires, et l'art. 2169 prescrit de lui faire sommation *de payer ou de délaisser.* Mais tout le monde s'accorde à retiquer l'impropriété de ce langage. Le détenteur ne saurait être tenu directement au payement de la dette, puisqu'il n'y a eu de sa part ni contrat ni quasi-contrat, et qu'il n'est pas l'héritier du débiteur principal. « Comme *biens tenants*, dit Troplong, il n'est tenu que d'une seule chose, de délaisser; c'est tout ce qu'on peut exiger de lui. A la vérité, il peut éviter le délaissement en payant le montant des créances hypothéquées; mais ce n'est là qu'une faculté, qu'une exception contre la demande de délaisser. Ce n'est pas même une obligation alternative, car personne ne soutiendra que, si le détenteur vient à se trouver, par un fait de force majeure dans l'impossibilité de délaisser l'immeuble anéanti par une inondation, il doive payer les sommes garanties sur cet immeuble; et c'est cependant ce qu'il faudrait dire s'il y avait de sa part obligation alternative » (*des Hypot.* n° 782).

Cette opinion est conforme à l'ancienne doctrine professée par Loyseau, Coquille, Pothier, etc.; elle est adoptée par tous les auteurs modernes (*V.* not. Delvincourt t. 3 p. 379, Duranton t. 20 n° 233, Mourlon t. 3 p. 516, Pont *des Hypot.* n° 1127).

Quoi qu'il en soit, il est bien évident que le tribunal, en déboutant l'acquéreur de son opposition au commandement émané du créancier, ne le condamne pas *hic et nunc* à payer la dette. Il l'oblige à subir l'expropriation, et, s'il n'y consent pas, à délaisser l'immeuble. Mais le payement de la créance ne constitue qu'une faculté offerte au détenteur pour éviter l'objet principal de la condamnation. Par conséquent, il est impossible de considérer de plein droit le débouté comme renfermant une condamnation de sommes sujettes au tarif de 50 centimes pour 100.

Dans ce sens, il a été décidé par le tribunal de Tarascon, le 18 juillet 1855, que le jugement qui prescrit de donner suite à une sommation de payer ou de délaisser et liquide les sommes dues n'est pas passible du droit de condamnation.

Un jugement de Strasbourg, du 31 mai 1870, a également reconnu que le droit de condamnation n'est pas dû sur le jugement qui déboute l'acquéreur de son opposition à la sommation de payer ou de délaisser signifiée par le créancier inscrit, et ordonne la continuation des poursuites de ce dernier:

« Attendu que, par suite du débouté d'opposition prononcé contre eux, Hortsmann et Cie ne sont pas devenus débiteurs directs du Trésor; que bien qu'ils soient aujourd'hui déchus du droit de purger les hypothèques inscrites, ils peuvent encore délaisser l'immeuble qu'ils détiennent et paralyser ainsi toute action du Trésor, en tant qu'elle serait dirigée contre eux » (3198 R. P.)

Cependant si le tribunal avait cru pouvoir condamner d'abord l'acheteur au payement en lui laissant seulement la faculté de se soustraire à cette obligation en délaissant, le droit de 50 centimes pour 100 serait dû. On sait que l'impôt se liquide sur les actes ou les jugements selon les stipulations qu'ils renferment et sans que l'Administration en puisse critiquer la validité. Or, en matière de condamnation alternative, c'est un principe constant que le droit est seulement exigible sur la disposition qui, étant placée la première, semble avoir un effet actuel, et non pas sur la seconde, dont le caractère est comminatoire (Marseille 31 déc. 1864, 2125 R. P.; — D. m. f. 5 nov. 1819, 6575 J. E.; — Dél. 6 nov. 1829, 9405 J. E. — V. 10430.

10434. Minimum du droit de condamnation.
— Les numéros 46, 47 et 48 du paragraphe 1er de l'art. 68 L. 22 frimaire an 7, et 7 du paragraphe 3 du même article veulent que les jugements qui prononcent condamnation soient assujettis au droit fixe qu'ils déterminent, toutes les fois que le droit proportionnel ne s'élève pas à ce droit fixe. On avait pensé que le principe de cette disposition s'était trouvé abrogé par les art. 2 et 3 L. 27 ventôse an 9, qui ont réglé que la perception du droit proportionnel suit les sommes de 20 francs en 20 francs, sans qu'il puisse être perçu *moins de* 25 centimes pour les actes qui ne les produiraient pas.

Les modifications apportées par la loi de ventôse à celle du 22 frimaire an 7, en ce qui concerne la liquidation et l'assiette du droit proportionnel, ont dû, sans difficulté, s'étendre aux actes judiciaires, comme aux actes civils, avec cette différence néanmoins que les articles ci-dessus cités de cette dernière loi ont spécialement voulu que le moindre droit à percevoir sur les actes judiciaires fût de 1 franc ou de 3 francs, suivant leur nature. On doit donc admettre en principe, à l'égard de ces actes, que la perception fondamentale est celle du droit fixe, auquel ils sont particulièrement assujettis, et que le droit proportionnel ne commence que sur ce qui excède la somme qui, à 50 centimes pour 100 francs, donnerait un produit égal à celui résultant du droit fixe.

C'est dans ce sens qu'a été prise une décision ministérielle en date du 24 mai 1808 (386 § 1er I. G.). Ainsi il faut tenir pour certain que le droit proportionnel de condamnation exigible sur un jugement ne peut, en aucun cas, être au-dessous du droit fixe tel qu'il est réglé par la loi pour les jugements des divers tribunaux (G. Demante n° 567).

1. SURTAXE. — Le minimum à percevoir en vertu de l'art. 68 § 1er n° 46, 47 et 48 § 3 n° 7 L. 22 frimaire an 7 est classé parmi les droits fixes. Il en a tous les caractères et tombe sous l'application de la surtaxe de moitié, établie par l'art. 4 L. du 28 février 1872.

2. JUGEMENT DE JUGE DE PAIX. — Lorsqu'il s'agit de jugement de juge de paix, il ne faut pas prendre à la lettre le principe que le droit proportionnel de condamnation ne peut, en aucun cas, être au-dessous du droit fixe tel qu'il est réglé par la loi pour les jugements des divers tribunaux. On pourrait conclure, en effet, de l'art. 68 § 2 n° 5 L. 22 frimaire an 7, qui assujettit au droit de 2 francs (aujourd'hui 3 francs) tous les jugements des juges de paix qui, contenant des dispositions définitives, ne donnent pas lieu au droit proportionnel, que pour tous les jugements le minimum du droit de condamnation doit être de 3 francs; mais il ne faut pas perdre de vue que le § 1er n° 46 de la même loi assujettit au droit de 1 franc (aujourd'hui 1 fr. 50 cent.) tous les actes des juges de paix *non classés dans les paragraphes et articles suivants* et leurs jugements *définitifs* portant condamnation des sommes dont le droit proportionnel ne s'élèverait pas à 1 fr. 50 cent. Or, ne sont nommément désignés dans les paragraphes suivants, comme donnant lieu au droit de 3 francs, que les jugements portant renvoi de demande, débouté d'opposition, validité de congé, expulsion, condamnation à réparation d'injures personnelles, qui donnent ouverture au droit de 3 francs toutes les fois que le droit proportionnel ne s'élève pas à cette somme. Donc tous les jugements autres que ceux-là contenant des dispositions

définitives donnant ouverture au droit proportionnel sont assujettis, par le n° 46 § 1ᵉʳ de l'art. 68 L. frimaire et 4 de celle du 28 février 1872, au droit de 1 fr. 50 cent. si le droit proportionnel ne s'élève pas à 1 fr. 50 cent.

Les autres questions relatives au minimum du droit à percevoir sur les différentes dispositions du même jugement sont traitées ci-après, n° 10552.

10435. Condamnation en réparation d'injures.

— L'art. 10 tit. 3 L. 16-24 août 1790 attribue aux juges de paix, comme *juges civils*, la connaissance des injures verbales, tandis que les art. 151 et 605 du Code du 3 brumaire an 4 leur attribuent également cette connaissance comme *juges de police*. Il résulte de ces dispositions, qui sont encore en vigueur, que la partie injuriée peut exercer ou une action purement civile ou une action de police. C'est ce qu'ont jugé deux arrêts de cassation des 13 therm. an 13 (Merlin *Rép.* t. 6 p. 121) et 6 déc. 1808 (S. 20-1-416), desquels il résulte que l'action civile pour injures verbales est de la compétence des juges de paix comme *juges civils*, tout aussi bien que comme *juges de police*. Cette distinction doit guider pour l'application de l'impôt.

1. MATIÈRE CIVILE. — Les observations qui ont fait l'objet de notre n° 10434-1 fournissent la solution naturelle d'une question qui a été longtemps controversée et qui n'a été définitivement tranchée que par une instruction générale de l'Administration. On prétendait que les jugements portant condamnation à des dommages-intérêts pour réparation d'injures personnelles, *en matière civile*, devaient n'être assujettis qu'au droit de 1 franc (aujourd'hui 1 fr. 50 cent.), par application de l'art. 68 § 1ᵉʳ n° 46 L. 22 frimaire an 7, lorsque le droit proportionnel de condamnation n'excédait pas cette somme.

Cette opinion, émise par un recueil (12551 J. E.), avait fini par passer dans la pratique, comme ont passé tant d'autres opinions que l'on a acceptées sans contrôle que parce qu'elles émanaient de cette publication, autrefois répandue et qui a eu le fâcheux privilège de faire adopter un si grand nombre d'idées fausses en matière de perception.

Mais, ainsi qu'on l'a vu dans le numéro précédent, le droit fixe d'enregistrement des jugements des juges de paix rendus en *matière civile* et portant condamnation pour réparation d'injures étant de 3 francs, le droit proportionnel des dommages-intérêts d'une part, et des dépens, de l'autre, prononcés par le jugement, ne peut être au-dessous de ce droit fixe, aux termes de l'art. 69 § 2 n° 9, qui veut que dans aucun cas le droit proportionnel *ne puisse être au-dessous du droit tel qu'il est fixé par la loi*. C'est ce qu'a décidé l'Administration par une solution du 11 juin 1841 (12718 J. E., 1661 § 7 I. G.).

2. MATIÈRE DE POLICE. — Lorsqu'il s'agit d'un jugement rendu par un juge de paix siégeant au tribunal de police, ce jugement se trouve dans le cas prévu par l'art. 68 § 1ᵉʳ n° 48 L. 22 frimaire an 7, qui assujettit au droit fixe de 1 franc (1 fr. 50 cent.) « les actes et jugements de la police ordinaire et des tribunaux de police correctionnelle et criminelle, soit entre parties, soit sur la poursuite du ministère public *avec partie civile*, lorsqu'il n'y a pas de condamnation de

sommes et valeurs, et dont le droit proportionnel ne s'élèverait pas à 1 franc. » Ainsi, dans ce cas, le droit de 1 franc (aujourd'hui 1 fr. 50 cent.) est le seul exigible, à moins que le droit proportionnel de condamnation n'excède ce taux.

10436. Voies de fait.

— Le jugement en matière civile portant condamnation à des dommages-intérêts *pour voies de fait* ne peut, par analogie avec les jugements rendus en matière d'injures personnelles, être assujetti au droit de 3 francs, si le droit proportionnel n'atteint pas cette somme. La loi de l'enregistrement n'a nommément tarifé que les jugements en réparation d'injures personnelles, et, en matière d'impôt, on ne peut raisonner par analogie. Nous retombons donc ici sous l'empire de la règle commune que nous avons fait connaître au n° 10434-1, c'est-à-dire que le droit à percevoir est celui de 1 fr. 50 cent. si le droit proportionnel n'excède pas cette somme.

1. RENVOI DE DEMANDE. — *Quid* si le défendeur est mis hors de cause? La règle d'exception reprend toute sa force et nous revenons à l'application du n° 5 § 2 de l'art. 68 de la loi de frimaire, qui, ainsi qu'on l'a vu au n° 10434-1, a nommément tarifé au droit de 2 francs les jugements portant *renvoi de demande*. C'est donc ce droit qui doit être perçu, augmenté de la surtaxe de moitié (L. 28 fév. 1872, art. 4).

10437. Acte de complément. — Objet de la condamnation.

— On avait voulu, appliquant aux jugements le n° 6 du § 1ᵉʳ de l'art. 68 L. 22 frimaire an 7, qui est relatif aux actes contenant *exécution, complément et consommation* d'actes antérieurs enregistrés, tirer de cette application la conséquence que les jugements qui porteraient les mêmes caractères ne seraient passibles, comme les actes, que d'un simple droit fixe. Mais ce raisonnement était contraire au n° 7 § 3 du même art. 68 et au n° 9 § 2 de l'art. 69, desquels il résulte qu'indépendamment du droit de 1 pour 100 qui est dû pour obligation, à raison des actes qui la renferment, ou qui est dû cumulativement avec les droits sur les jugements lorsque les titres sur lesquels ils se fondent n'ont pas été enregistrés, il est dû un droit distinct de 50 centimes par 100 francs pour l'enregistrement des expéditions des jugements, et depuis la loi du 28 avril 1816, sur les minutes mêmes des jugements, lorsqu'ils portent condamnation, collocation ou liquidation de sommes et valeurs mobilières, intérêts et dépens entre particuliers.

Aussi la C. cass. a-t-elle repoussé ce système par des arrêts du 26 novembre 1829 (1307 § 7 I. G., S. 30-1-137, 9489 J. E.), 2 mars 1835 et du 12 nov. 1844 (*ces deux arrêts rapportés* n° 10399).

1. RENTE. — Le jugement qui condamne à payer une rente perpétuelle constituée verbalement est donc passible du droit de condamnation sur le capital de cette rente, indépendamment du droit de constitution de rente (Seine 28 avr. 1841, 12748 J. E.).

2. SUPPLÉMENT DE PRIX DE VENTE. — De même, le droit de 50 centimes pour 100 est exigible sur un jugement

qui condamne un individu à payer un supplément de prix de vente, et ce droit est indépendant de celui qui est dû sur le supplément (1200 § 26 I, G.; — *Contrà* Seine 15 déc. 1824 *Idem*). — V, 10574,

3. TITRE ENREGISTRÉ. — De cette règle il résulte que le droit de condamnation est exigible, encore bien que l'acte qui a motivé la demande ait été enregistré, — V. 10384,

10438. Jugement annulé. — Second jugement. — La loi du 22 frimaire n'assujettit qu'au droit fixe les actes nuls et refaits pour cause de nullité ou de tout autre motif. Ce tarif est la consécration d'un principe qui est un des corollaires de cette maxime en matière d'impôt: *non bis in idem*, c'est-à-dire que lorsqu'une convention a subi les droits auxquels elle donne ouverture par sa nature, elle peut être indéfiniment répétée dans des nouveaux actes sans donner lieu au droit de la convention. Le droit à percevoir sur ces nouveaux actes, à raison de cette convention, n'est plus un droit d'impôt, mais un droit de salaire de la formalité.

Ce principe est de tout point applicable aux jugements. Aussi a-t-il été reconnu (Dél. 5 déc, 1824 et 13 mai 1836, 1528 § 9 I, G.) que lorsqu'un premier jugement, sur lequel on avait perçu un droit de condamnation, a été annulé par défaut de forme, le droit de condamnation ne peut plus être perçu sur le jugement rendu dans la même cause et contenant les mêmes dispositions ; il n'est dû que le droit fixe.

1. ANNULATION AVANT LE PAYEMENT DES DROITS. — C'est une question très-vivement controversée que celle de savoir si l'annulation ou la réformation d'un jugement obtenue avant le payement des droits exigibles permet encore à l'Administration d'en poursuivre le recouvrement. La difficulté sera examinée avec le soin qu'elle mérite au mot *Résolution*. — Disons seulement ici qu'en matière de jugement elle a été diversement résolue. Ainsi, tandis qu'il a été décidé que l'on peut réclamer le payement des droits d'un jugement annulé sur appel (Castelnaudary 10 juin 1853), ou sur opposition (Châlons-sur-Saône 23 juin 1858), — le tribunal de la Seine a reconnu, avec plus de raison, selon nous, que si un jugement de condamnation est réformé avant le payement du droit, c'est d'après les dispositions de la nouvelle sentence qu'il faut régler la perception, l'art. 60 L. 22 frimaire an 7 étant sans application dans l'espèce (9 mars 1858, 1056 R,P,, 11404 C, , 16796 J.E.).

10439. Jugement par défaut. — 1. JUGEMENT CONTRADICTOIRE. — Par application du même principe, l'art. 69 § 2 n° 9 L. 22 frimaire an 7 veut que lorsque le droit proportionnel aura été acquitté sur un jugement rendu par défaut, la perception sur le jugement contradictoire qui pourra intervenir n'ait lieu que sur le supplément de condamnation.

2. PÉREMPTION. — Cet article n'a fait aucune distinction. Aussi, quoique l'art. 159 C. proc. porte qu'un jugement par défaut qui n'est pas exécuté dans les six mois doit être considéré comme ne subsistant plus, on ne peut ranger le jugement qui intervient après ces six mois dans la classe des jugements soumis au droit ordinaire. L'art. 69 § 2 n° 9 L. de frimaire continue à être applicable à ce nouveau jugement (S. 5 janv. 1831, 9918 J.E.).

3. SECOND JUGEMENT PAR DÉFAUT. — C'est ce qui résulte également d'une D. m. f. 13 mai 1836 (11508 J.E., 1528 § 9 I.G.), d'après laquelle lorsqu'un jugement par défaut portant condamnation de sommes a été assujetti au droit proportionnel, le droit fixe est le seul exigible sur un second jugement par défaut rendu dans la cause, entre les mêmes parties, et portant condamnation aux mêmes sommes.

4. NOUVELLE DEMANDE. — Mais si le jugement par défaut enregistré portant condamnation est annulé par opposition, puis suivi d'un nouveau jugement qui, statuant sur une seconde demande, prononce les mêmes condamnations que le premier, le second jugement est passible d'un droit proportionnel distinct, sans imputation de celui qui a été perçu sur le jugement annulé (Seine 31 janv, 1874, 3955 R, R.). — V. 10617-4.

10440. Pluralité. — 1. SOLIDARITÉ. — Ce que la jurisprudence décide au sujet des jugements prononcés contre la même personne s'applique aussi par identité de motifs aux jugements prononcés contre des débiteurs solidaires.

2. CONDAMNATION RÉCURSOIRE. — Ainsi, la condamnation principale au profit du porteur d'un effet de commerce et les condamnations secondaires au profit de chacun des endosseurs sont des dispositions dérivant nécessairement les unes des autres, et ne donnant ouverture qu'à un seul droit de condamnation (11844-4, 13217-4, 13404-2 J.E.; — Dél. 23 mai 1845, 13612-2 J,E,, 1743 § 4 I.G.).

De même il n'est dû qu'un seul droit pour un jugement qui condamne : 1° un endosseur à acquitter le montant d'une traite, — 2° et le tireur à garantir et indemniser l'endosseur de l'effet de cette condamnation, parce que le recours contre le tireur est de droit, quand même la garantie qui dérive nécessairement de la nature de l'acte n'aurait pas été prononcée (Cass. 26 therm. an 12, 1461 et 1807 J, E,).

Entrepreneur de roulage. — Dans le même ordre d'idées, il a été jugé que les condamnations récursoires en vertu desquelles chacun des entrepreneurs qui ont successivement transporté des marchandises doit garantir l'entrepreneur précédent se confondent avec la condamnation principale contenue dans le même jugement et par suite sont exemptes d'un droit particulier (Cass. 28 juin 1876, 4419 R. P.).

3. JUGEMENTS SUCCESSIFS. — CODÉBITEURS. — La pluralité est-elle applicable quand des condamnations font l'objet de jugements distincts? L'Administration a voulu le soutenir dans le cas où les condamnations sont prononcées contre les codébiteurs solidaires de la même obligation. Mais sa prétention a été écartée par un jugement du tribunal de la Seine du 11 novembre 1859 portant: « Attendu que le droit proportionnel est dû, non à raison de la pluralité des débiteurs, mais à raison de l'importance de la créance et qu'il est de principe que, lorsqu'un jugement a subi la formalité, s'il intervient un second jugement sur

la même créance, le droit proportionnel ayant été acquitté sur le premier jugement, la perception de ce droit n'a lieu que sur le supplément des condamnations que contiendrait le deuxième jugement » (1259 R. P., 11677 C.).

Associés. — Cette décision s'appliquerait directement au jugement déclarant qu'une condamnation prononcée contre un associé est commune à son coassocié (2183 J. E.).

Garants. — Mais il serait plus difficile de l'étendre aux jugements intervenus successivement pour prononcer des condamnations contre les deux garants qui s'appellent en cause les uns après les autres. Dans ce cas, en effet, l'objet de chaque condamnation n'est plus, à proprement dire, le payement de la créance originaire, mais l'indemnité due personnellement par le garant au garant. Or, chaque indemnité est distincte de l'autre et n'est due ni par la même personne ni au même créancier. On a donc pu décider que si les condamnations en garantie contre les endosseurs successifs, remontant jusqu'au souscripteur, au lieu d'être prononcées par un seul jugement, le sont par des jugements successifs et particuliers pour chaque endosseur, le droit de condamnation est exigible sur chacun de ces jugements (15008-7 J. E.). — V. 10617-4.

On a pu décider également que quand le codébiteur solidaire condamné à payer le créancier par un jugement soumis au droit de 50 centimes par 100 francs exerce son recours contre ses codébiteurs et les fait condamner à lui rembourser leurs portions, ce second jugement est passible d'un nouveau droit proportionnel de condamnation, « parce qu'il s'agit de deux condamnations bien distinctes prononcées par deux jugements successifs au profit de personnes différentes, que chacune des actions intentées a nécessité une intervention spéciale de la justice » (Sol. 20 oct. 1869, 3262 R. P.).

Plusieurs juridictions. — D'après les mêmes considérations, il a été reconnu que si la condamnation à la même somme émane de deux juridictions différentes, le tribunal civil et le tribunal de commerce, le droit proportionnel est exigible sur chacun de ces jugements (Sol. 25 oct. 1854).

4. ASSURANCE. — RECOURS. — Un jugement porte condamnation : 1° de la compagnie d'assurances sur l'incendie à payer 10,000 francs à un incendié, — et 2° de l'auteur de l'incendie à garantir la compagnie de la condamnation prononcée contre elle. — La compagnie avait besoin d'une condamnation formelle contre l'auteur de l'incendie pour exercer son recours ; ce recours qui lui est accordé forme donc une disposition indépendante de la condamnation prononcée contre elle et donne ouverture à un second droit de condamnation (16482-3 J. E.).

5. CONDAMNATION DES DEUX PARTIES. — COMPENSATION. — Lorsque chacune des parties en cause a été condamnée à une somme pareille pour deux causes différentes et que le tribunal n'a pas établi de compensation entre les deux condamnations, il n'appartient pas aux employés de faire cette compensation, et le droit de 50 centimes pour 100 est dû sur le capital des sommes, les intérêts et les dépens qui font l'objet de chaque condamnation (14764-3. J. E.)

6. AMENDES. — DÉPENS. — Dans quel cas la condamnation prononcée en matière correctionnelle ou de police contre

plusieurs prévenus donne-t-elle lieu à plusieurs droits ? Cette question a été examinée au mot *Acte judiciaire* nos 820 et 909.

10441. Incompétence du juge. — Le droit de condamnation est exigible abstraction faite de l'incompétence du juge de qui émane le jugement. La Cour de cassation a jugé, en effet, qu'un jugement qui contient condamnation est passible du droit proportionnel, encore qu'il soit frappé du vice d'incompétence (Cass. 30 nov. 1807) : « Attendu, porte cet arrêt, que l'art. 69 L. 22 frimaire an 7 soumet au droit proportionnel de 50 centimes par 100 francs les jugements des juges de paix portant une condamnation, collocation ou liquidation de sommes mobilières, et que l'art. 37 de la même loi veut, si les droits n'ont pas été acquittés par les greffiers dans le délai fixé, que les parties puissent être contraintes au payement de ces droits et doubles droits ; — Attendu que, ces articles ne faisant aucune exception du cas où les parties se seraient mal à propos adressées au tribunal de paix, le jugement dénoncé n'a pu, sans violer ces articles, décharger Henri Caladon et ses consorts du double droit résultant du jugement du tribunal de paix » (2594 J. E.).

10442. Restant dû d'obligation. — Le droit de condamnation n'est dû que lorsqu'il y a condamnation ou l'équipollent de la condamnation (V. 10376). — La conséquence de ce principe, c'est que la liquidation de ce droit ne doit porter que sur le montant de la condamnation. Ainsi donc, lorsque la demande est formée pour le restant dû d'une obligation, d'une vente ou de tout autre contrat, on ne peut percevoir le droit de condamnation sur les sommes dont le demandeur ne requiert pas le payement et, auxquelles par conséquent le demandeur n'est point condamné.

Il a été jugé dans ce sens, par un arrêt de cassation du 26 novembre 1822, qu'un jugement portant condamnation à 60,000 francs, à valoir sur celle de 159,000 francs, ne donne ouverture au droit de 50 centimes pour 100 que sur 60,000 francs, bien que le droit de titre doive être perçu sur 159,000 francs.

« Attendu, porte cet arrêt, que, dans l'espèce, la demande du sieur Derome était légalement présumée fondée sur l'existence d'un titre non enregistré et susceptible de l'être, aux termes du nº 1er § 5 de l'article 69 ; qu'ainsi, bien que la condamnation provisoire intervenue sur cette demande par le jugement du 12 février 1817 n'eût été que la somme de 60,000 francs, le droit proportionnel établi par ledit § 5 nº 1er avait été régulièrement perçu sur la somme de 159,896 francs, objet de la demande, et qui formait, aux yeux de la loi, comme dans l'intention déclarée du sieur Derome lui-même, la valeur du titre qui avait donné lieu à la condamnation ; — Attendu qu'il suit de là que cette perception, régulière dans son principe et basée sur la disposition expresse de l'art. 69 de la loi, ne pouvait, aux termes de l'art. 60 de la même loi, qui défend toute restitution de droits régulièrement perçus, quels que soient les événements ultérieurs, être réduite par l'effet du jugement ultérieur du 7 juillet 1818, qui a fixé la créance du sieur Derome contre le sieur Delannoy seul à la somme de 84,724 fr. 58 cent., et qui, au surplus, lui a réservé tous ses droits contre la compagnie des munitionnaires généraux, pour le restant des créances par lui réclamées » (P. chr. 569).

10443. Confusion. — Héritiers. — Créanciers. — L'arrêt, rendu à la requête des héritiers d'une branche dans une succession, qui condamne cette succession à leur payer une somme indéterminée donne ouverture au droit de 50 centimes pour 100, soit comme condamnation, soit comme liquidation, bien que les héritiers demandeurs fassent confusion en eux-mêmes de la moitié de cette somme, en leur double qualité d'héritiers et de créanciers (Rennes 4 juin 1839, 1233 J. E.).

C'est ce qui été décidé également pour la condamnation d'un héritier au rapport d'une somme à la succession dans laquelle il a une part. — V. 10394 et 10544-3.

Il a été encore reconnu, dans le même sens, que si un jugement enjoint à un cohéritier de verser aux mains de l'administrateur de la succession les intérêts de son prix d'acquisition, le droit de condamnation est dû sur l'intégralité de la somme : « Attendu que le jugement condamne l'héritier à verser les intérêts sans retenue de la part afférente à sa portion héréditaire, et que par suite le droit doit être liquidé sans égard à cette déduction » (Seine 3 déc. 1858, 1261 R. P., 16929 J. E.).

10444. Condamnation au profit de l'État. — La loi de frimaire n'avait établi le droit proportionnel de condamnation que pour les jugements portant condamnation, collocation ou liquidation *entre particuliers*. Il avait paru, sans doute, que lorsque l'État plaide comme propriétaire ou créancier, il ne doit pas, en outre, bénéficier du droit proportionnel de condamnation.

Cette théorie même était étendue aux autres personnes civiles qui sont sous la tutelle de l'État.

Mais la loi de 1816 (art. 39) porte : « Les jugements des tribunaux en matière de contributions publiques ou locales, et autres sommes dues à l'État et aux établissements locaux, seront assujettis aux mêmes droits d'enregistrement que ceux rendus entre particuliers. »

Malgré la généralité de cette locution *et autres sommes dues à l'État*, etc., il a été reconnu que le droit de condamnation devait être seulement appliqué aux jugements portant condamnation pour des sommes dues à l'État en vertu de titres *antérieurs au jugement lui-même*, mais non pas, par exemple, aux amendes ou aux confiscations, ni généralement à aucune des condamnations pécuniaires dont la partie n'est redevable qu'en vertu du jugement.

1. AMENDE. — Il a été décidé dans ce sens que le jugement portant condamnation à une amende au profit de l'État ne donne pas ouverture au droit de 50 centimes pour 100, parce que l'art. 39 L. 28 avril 1816 n'a eu pour objet que la perception de 50 centimes pour 100 que les jugements relatifs au recouvrement des sommes ou valeurs dues en vertu de titres antérieurs à ces condamnations, et qu'étendre la perception aux jugements qui prononcent des amendes, ce serait méconnaître l'esprit et le but de la législation, et accroître, par une mesure fiscale, la rigueur de la peine portée par les tribunaux (D. m. f. 2 juin 1828, 9033 J. E., 1256, § 7 I. G.).

2. DOUANES. — C'est encore ce qui a été reconnu en matière de confiscation de marchandises opérée par l'Administration des douanes, pour contravention aux lois, attendu qu'il ne s'agit pas ici d'une somme due à l'État par titre antérieur (D. m. f. 24 juin 1830, 9701 J. E., 1336 § 9 I. G.).

Même règle pour le jugement qui, en vertu de l'art. 15 L. 28 floréal an 11, condamne un entrepreneur à payer le droit simple et le double droit de douane sur des denrées soustraites à l'entrepôt, car le droit simple et le double droit ne représentent pas une somme due à l'État, mais seulement la peine prononcée par une disposition de la loi contre l'entrepositaire qui a enlevé la marchandise sans déclaration préalable (Dél. 29 fév. 1833, 10669 J. E.).

3. OBSERVATION. — Ces diverses solutions laissent sans objet, en matière de confiscation et autres condamnations au profit de l'État, soit dans des affaires de douanes, soit dans celles des forêts, les distinctions établies dans l'I. G. 766.

4. CONTRAINTE. — DÉBOUTÉ D'OPPOSITION. — Les jugements qui déboutent une partie de l'opposition formée à une contrainte décernée à fin de payement de droits d'enregistrement sont passibles du droit de 50 centimes pour 100. — V. 10383-1.

10445. Conciliation. — Le procès-verbal de conciliation n'étant pas un jugement, il n'y a pas lieu de percevoir le droit de 50 centimes pour 100 sur le montant de la condamnation à laquelle l'une des parties se serait volontairement soumise (1060, 4347 J. E.).

SECTION 2. — CONDAMNATION A DES DOMMAGES-INTÉRÊTS.

DROIT DE 2 POUR 100

[10446-10512]

10446. Observation. — La loi civile et les auteurs prennent souvent le mot *indemnité* dans la même acception que les dommages-intérêts ; cependant, ainsi que nous l'avons fait observer au nº 9598, il est essentiel de ne pas faire confusion lorsqu'il s'agit de l'application des droits, car le contrat d'indemnité est tarifé à 50 centimes pour 100 (V. 9595), tandis que les dommages-intérêts donnent ouverture au droit de 2 pour 100. — V. 10491.

Avant d'examiner à quels caractères on peut, en droit fiscal, distinguer les deux espèces, nous allons indiquer les divers cas dans lesquels la loi civile prononce des dommages-intérêts.

ARTICLE PREMIER. — DISPOSITIONS DE LA LOI CIVILE

[10447-10490]

10447. Abus de confiance. — D'après l'art. 406 C. pén., quiconque aura abusé des besoins, des faiblesses ou des passions d'un mineur pour lui faire souscrire, à son préjudice, des obligations, quittances ou décharges pour prêt d'argent ou de choses mobilières, ou d'effets de commerce, ou de tous autres effets obligatoires, sous quelque forme que cette négociation ait été faite ou déguisée, sera puni d'un emprisonnement de deux mois au moins, de deux ans au plus, et d'une amende qui ne pourra excéder le quart des restitutions et des *dommages-intérêts* qui seront dus aux parties lésées, ni être moindre de 25 francs.

10448. Acte notarié. — Les art. 16, 18 et 23 L. 25 ventôse an 11 contiennent, pour la rédaction des actes des notaires et la délivrance des expéditions, des prescriptions que ces officiers publics ne peuvent enfreindre sans s'exposer à être condamnés à des *dommages-intérêts*.

10449. Acte nul et frustratoire. — D'après l'art. 1031 C. proc., les procédures et les actes nuls ou frustratoires et les actes qui auront donné lieu à une condamnation d'amende sont à la charge des officiers ministériels qui les ont faits, lesquels, suivant l'exigence des cas, sont en outre passibles *des dommages-intérêts* de la partie, et pourront même être suspendus de leurs fonctions.

10450. Adjudication. — Avoué. — L'art. 711 C. proc. veut que les avoués ne puissent se rendre adjudicataires pour le saisi, les personnes notoirement insolvables, les juges, juges suppléants, procureurs généraux, avocats généraux, procureurs de la République, substituts des procureurs généraux et du procureur de la République, et greffiers du tribunal où se poursuit et se fait la vente, à peine de nullité de l'adjudication et de tous dommages-intérêts.

10451. Administrateur. — Les tuteurs, curateurs, héritiers bénéficiaires ou autres administrateurs qui compromettent les intérêts de leur administration, peuvent, aux termes de l'art. 132 C. proc., être condamnés à des dommages-intérêts.

10452. Avarie. — Le capitaine de navire qui, par sa faute, laisse avarier les marchandises qui lui ont été confiées est passible de dommages-intérêts (494 C. com.).

10453. Avoué. — L'art. 132 C. proc. inflige des dommages-intérêts à l'avoué qui a excédé les bornes de son ministère.

10454. Banqueroute. — Les complices des banqueroutiers doivent être condamnés, aux termes de l'art. 598 C. com., à payer à la masse des créanciers des dommages-intérêts égaux à la somme dont ils ont tenté de la frauder.

10455. Collusion. — Fraude. — En matière de saisie immobilière, lorsqu'il y a eu collusion ou fraude de la

part des poursuivants, il y a lieu à des dommages-intérêts envers qui de droit (722 C. proc.).

10456. Construction. — D'après les art. 554 et 577 C. C., le propriétaire du sol qui a fait des constructions, plantations et ouvrages avec des matériaux qui ne lui appartenaient pas, doit en payer la valeur ; il peut aussi être condamné à des dommages-intérêts, s'il y a lieu ; de même, ceux qui auront employé des matières appartenant à d'autres, et à leur insu, pourront aussi être condamnés à des dommages-intérêts, s'il y a lieu, sans préjudice des poursuites par voie extraordinaire, si le cas y échet.

10457. Contrat de mariage. — Contre-lettre. — En matière de changements apportés à un contrat de mariage, le notaire ne peut, d'après l'art. 1397 C.C., à peine de tous dommages-intérêts, délivrer ni grosses ni expéditions du contrat, sans transcrire à la suite le changement ou la contre-lettre.

10458. Débiteur. — Perte de la chose. — Le créancier peut répéter des dommages-intérêts tant contre les débiteurs par la faute desquels la chose due a péri, que contre ceux qui étaient en demeure (1205 C.C.).
Lorsque l'obligation a été contractée sous une condition suspensive, si la chose s'est détériorée par la faute du débiteur, le créancier a le droit de résoudre l'obligation, ou d'exiger la chose dans l'état où elle se trouve avec des dommages-intérêts (1182 C.C.).

10459. Déni d'écriture. — S'il est prouvé, en matière de déni d'écriture, que la pièce est écrite ou signée par celui qui l'a déniée, il sera condamné à 150 francs d'amende envers le Domaine, outre les dépens, dommages et intérêts de la partie (213 C. proc.).

10460. Dénonciation. — La dénonciation entraîne après elle, d'après l'art. 358 C. inst. crim., la condamnation à des dommages-intérêts lorsqu'elle est jugée calomnieuse

10461. Désaveu. — Si le désaveu est déclaré valable, le jugement, ou les dispositions du jugement relatives aux chefs qui ont donné lieu au désaveu, demeureront annulés et comme non avenus : le désavoué sera condamné, envers le demandeur et les autres parties, en tous dommages-intérêts (360 C. proc.).

10462. Emprisonnement. — Lorsque l'emprisonnement provoqué par le créancier est déclaré nul, celui-ci peut être condamné à des dommages-intérêts envers le créancier. C'est le vœu de l'art. 709 C. proc.

10463. État civil. — Le Code civil prévoit les altérations et les faux dans les actes de l'état civil, et il déclare (art. 52) qu'ils donnent lieu à des dommages-intérêts envers les parties, ainsi que l'inscription des actes sur feuilles volantes et autrement que sur les registres à ce destinés. — Lorsqu'il y a opposition à mariage, l'officier de l'état civil ne peut (68 C. C.) célébrer le mariage avant qu'on lui en ait remis la mainlevée, sous peine de 300 francs d'amende et de tous dommages-intérêts.

10464. Expert. — L'expert peut toujours refuser la mission qui lui est offerte ; mais celui qui, après avoir prêté serment, ne remplit pas sa mission, peut, d'après l'art. 316 C. C., être condamné par le tribunal qui l'a nommé, à tous les frais frustratoires, et même à des dommages-intérêts.

10465. Fournisseur d'armée. — Les fournisseurs des armées, lorsqu'ils font manquer le service, peuvent être condamnés à des dommages-intérêts déterminés par les art. 430 et 433 C. C.

10466. Garantie. — Si le défendeur, d'après l'échéance du délai pour appeler le garant, ne justifie pas de la demande en garantie, il y a lieu à des dommages-intérêts (179 C. proc.), si la demande en garantie par lui alléguée se trouve n'avoir pas été formée.

10467. Greffier. — Pièces arguées de faux. — Les art. 42, 43 et 44 C. proc. sont ainsi conçus :

« Par le jugement qui interviendra sur le faux, il sera statué ainsi qu'il appartiendra, sur la remise des pièces, soit aux parties, soit aux témoins qui les auront fournies ou représentées ; ce qui aura lieu même à l'égard des pièces prétendues fausses, lorsqu'elles ne seront pas jugées telles ; à l'égard des pièces qui auront été tirées d'un dépôt public, il sera ordonné qu'elles seront remises aux dépositaires, ou renvoyées par les greffiers de la manière prescrite par le tribunal ; le tout sans qu'il soit rendu séparément un autre jugement sur la remise des pièces, laquelle néanmoins ne pourra être faite qu'après le délai prescrit par l'article précédent.

« Il sera sursis, pendant ledit délai, à la remise des pièces de comparaison ou autres, si ce n'est qu'il en soit autrement ordonné par le tribunal, sur la requête des dépositaires desdites pièces, ou des parties qui auraient intérêt de la demander.

« Il est enjoint aux greffiers de se conformer exactement aux articles précédents, et ce qui les regarde, à peine d'interdiction d'amende qui ne pourra être moindre de 100 francs, et des dommages-intérêts des parties, même d'être procédé extraordinairement s'il y échet. »

10468. Hypothèques. — L'art. 2003 C. C. veut que les mentions de dépôts, les inscriptions et transcriptions soient faites sur les registres, de suite, sans aucun blanc ni interligne, à peine contre le conservateur de 1,000 à 2,000 francs d'amende, et des dommages-intérêts des parties, payables aussi par préférence à l'amende.

10469. Huissier. — L'art. 132 C. proc. inflige des dommages-intérêts à l'huissier qui excède les bornes de son ministère.

Si un exploit est déclaré nul par le fait de l'huissier, il peut, d'après l'art. 71 C. proc., être condamné à des dommages-intérêts envers la partie.

10470. Inexécution des conventions. — Toute obligation de faire ou de ne pas faire se résout en *dommages-intérêts* en cas d'inexécution de la part du débiteur (1142 C. C.).

Les dommages-intérêts ne sont dus que lorsque le débiteur est *en demeure de remplir son obligation*, à moins que la chose qu'il s'était obligé de donner ou de faire ne pût être donnée ou faite que dans un certain temps qu'il aurait laissé passer ; et le débiteur peut être condamné au payement de dommages-intérêts, soit à raison de l'*inexécution* de l'obligation, soit à raison du *retard* dans l'exécution, toutes les fois qu'il ne justifie pas que l'inexécution provient d'une cause étrangère qui ne peut lui être imputée, encore qu'il n'y ait aucune mauvaise foi de sa part (1146, 1147 C. C.).

Les dommages-intérêts dus au créancier sont en général *de la perte qu'il a faite* et *du gain dont il a été privé* ; mais, lorsque ce n'est point par son dol que l'obligation n'est point exécutée, le débiteur n'est tenu que des dommages-intérêts qui ont été prévus ou qu'on a pu prévoir lors du contrat (1149, 1150 *id.*).

Dans le cas même où l'inexécution de la convention résulte du dol du débiteur, les dommages-intérêts ne doivent comprendre, à l'égard de la perte éprouvée par le créancier et du gain dont il a été privé, que ce qui est une suite immédiate et directe de l'*inexécution de la convention* ; et, lorsque la convention porte que celui qui manquera de l'exécuter payera une certaine somme à titre de dommages-intérêts, il ne peut être alloué à l'autre partie une somme plus forte ni moindre (1150, 1151 *id.*).

Dans les obligations qui se bornent au payement d'une certaine somme, les *dommages-intérêts* résultant du retard dans l'exécution ne consistent jamais que dans la condamnation aux *intérêts* fixés par la loi, sauf les règles particulières au commerce et au cautionnement. Ces dommages-intérêts sont dus sans que le créancier soit tenu de justifier d'aucune perte ; mais ils ne sont dus que du *jour de la demande*, excepté dans les cas où la loi les fait courir de plein droit (1153 *id.*).

10471. Liberté. — Il y a lieu à des dommages-intérêts lorsque la partie civile succombe dans son opposition à la mise en liberté du prévenu (136 C. inst. crim.), lorsqu'il est commis des attentats à la liberté individuelle (114, 119 C. pén.).

10472. Mandataire. — Le mandataire, aux termes de

l'art. 1991 C. C., est tenu d'accomplir le mandat tant qu'il en demeure chargé, il répond des dommages-intérêts qui pourraient résulter de son inexécution.

10473. Marchandises. — Il y a lieu à des dommages-intérêts aux affréteurs, pour le défaut de délivrance des marchandises qu'ils ont chargées, ou pour remboursement des avaries souffertes par lesdites marchandises par la faute du capitaine ou de l'équipage (191 C. com.).

10474. Navire. — Le capitaine qui a déclaré le navire d'un plus grand port qu'il n'est est, aux termes de l'art. 273 C. com., tenu des dommages-intérêts envers l'affréteur. — Il en est encore tenu (295 C. com.) si, par son fait, le navire a été arrêté ou retardé au départ, pendant sa route, ou au lieu de sa décharge.

10475. Opposition. — 1. MARIAGE. — Lorsque des personnes autres que des ascendants ont formé opposition à mariage, elles peuvent, aux termes de l'art. 179 C. C., être condamnées à des dommages-intérêts lorsque l'opposition est rejetée.

2. VENTE DE MEUBLES. — Celui qui se prétendra propriétaire des objets saisis ou de partie d'iceux pourra s'opposer à la vente par exploit signifié au gardien et dénoncé au saisissant et au saisi, contenant assignation libellée et l'énonciation des preuves de propriété, à peine de nullité; il y sera statué par le tribunal du lieu de la saisie, comme en matière sommaire. — Le réclamant qui succombera sera condamné, s'il y échet, aux dommages-intérêts du saisissant (608 C. proc.).

10476. Péremption d'instance. — Le juge de paix qui laisse périmer l'instance est passible de dommages-intérêts d'après l'art. 15 C. proc.

10477. Prise à partie. — D'après l'art. 513 C. proc., si la requête est rejetée, la partie est condamnée à une amende qui ne peut être moindre de 300 francs, sans préjudice des dommages-intérêts envers les parties, s'il y a lieu. — Et, d'après l'art. 516, si le demandeur est débouté, il sera condamné à une amende qui ne pourra être moindre de 300 francs, sans préjudice des dommages-intérêts envers les parties, s'il y a lieu.

10478. Protêts. — Les notaires et les huissiers sont tenus, à peine de destitution, dépens, dommages-intérêts envers les parties, de laisser copie exacte des protêts et de les inscrire en entier, jour par jour et par ordre de dates, dans un registre particulier, coté, paraphé et tenu dans les formes prescrites pour les répertoires (176 C. com.).

10479. Récusation. — Aux termes de l'art. 310 C.

proc., les experts peuvent être récusés; mais, si la récusation est rejetée, la partie qui l'aura faite sera condamnée en tels dommages-intérêts qu'il appartiendra, même envers l'expert, s'il le requiert; mais, dans ce dernier cas, il ne pourra demeurer expert (314 C. proc.).

Celui dont la récusation, porte encore l'art. 390 C. proc. en parlant des juges, aura été déclarée non admissible, ou non recevable, sera condamné à telle amende qu'il plaira au tribunal, laquelle ne pourra être moindre de 100 francs, et sans préjudice, s'il y a lieu, de l'action du juge en réparation et dommages-intérêts, auquel cas il ne pourra demeurer juge.

10480. Réglement de juges. — D'après l'art. 367 C. proc., le demandeur qui succombe peut être condamné aux dommages envers les autres parties.

10481. Remise de pièces. — **Avoué.** — Si les avoués, porte l'art. 107 C. proc., ne rétablissent, dans les délais ci-dessus fixés, les productions par eux prises en communication, il sera, sur le certificat du greffier et sur un simple acte pour venir plaider, rendu jugement à l'audience, qui les condamnera personnellement et sans appel, à ladite remise, aux frais du jugement, sans répétition, et en 10 francs au moins de dommages-intérêts par chaque jour de retard. — Si les avoués ne rétablissent les productions dans la huitaine de la signification dudit jugement, le tribunal pourra prononcer; sans appel, de plus forts dommages-intérêts, même condamner l'avoué par corps et l'interdire pour tel temps qu'il estimera convenable. — Lesdites condamnations pourront être prononcées sur la demande des parties, sans qu'elles aient besoin d'avoués, et sur un simple mémoire qu'elles remettront ou au président, ou au rapporteur, ou au procureur de la République.

En matière de communication de pièces, des dommages-intérêts peuvent être prononcés contre le juge, lorsque l'avoué ne les a pas rétablies dans le délai convenu (1920 C. proc.).

10482. Renvoi devant un autre tribunal. — Lorsqu'une partie a demandé un renvoi devant un autre tribunal pour les causes spécifiées en l'art. 368 C. proc., si elle succombe, elle est condamnée, d'après l'art. 371, à une amende, sans préjudice des dommages-intérêts de la partie.

10483. Requête civile. — L'art. 500 C. proc. veut que le jugement qui rejette la requête civile condamne le demandeur à l'amende et aux dommages-intérêts fixés.

10484. Saisie. — 1. GARDIEN. — Le gardien, d'après l'art. 603 C. proc., ne peut se servir des choses saisies, les louer ou prêter, à peine de privation de frais de garde, et dommages-intérêts.

2. HUISSIER. — L'huissier qui aura signé la saisie-arrêt ou opposition sera tenu, s'il en est requis, de justifier de l'exis-

tence du saisissant à l'époque où le pouvoir de saisir a été donné, à peine d'interdiction, et des dommages-intérêts des parties (562 C. proc.).

3. SAISI. — COUPE DE BOIS. — Aux termes de l'art. 690 C. proc., le saisi ne peut faire aucune coupe de bois ni dégradation, à peine de dommages-intérêts.

10485. Saisie-revendication. — Il ne pourra être procédé à aucune saisie-revendication qu'en vertu d'ordonnance du président du tribunal de première instance rendue sur requête, et ce, à peine de dommages-intérêts tant contre la partie que contre l'huissier qui aura procédé à la saisie (826 C. proc.).

10486. Succession irrégulière. — En matière de succession irrégulière, l'enfant naturel, l'époux survivant ou l'Administration des domaines qui n'aurait pas rempli les formalités qui leur sont respectivement prescrites, pourront être condamnés aux dommages-intérêts envers les héritiers, s'il s'en représente (772 773 C. proc.).

10487. Témoins reprochés. — Si les reproches proposés, avant la déposition, porte l'art. 289 C. proc., ne sont justifiés par écrit, la partie sera tenue d'en offrir la preuve et de désigner les témoins ; autrement elle n'y sera plus reçue. Le tout sans préjudice des réparations, dommages-intérêts qui pourraient être dus au témoin reproché.

10488. Tierce opposition. — Lorsque la tierce opposition est rejetée, la partie qui l'a soulevée est, d'après l'art. 479 C. proc., condamnée à une amende, sans préjudice des dommages-intérêts de la partie.

10489. Tutelle. — Lorsque la tutelle devient vacante, le subrogé-tuteur ne remplace pas de plein droit le tuteur, mais il doit en ce cas, aux termes de l'art. 424 C. C., sous peine des dommages-intérêts qui pourraient en résulter pour le mineur, provoquer la nomination d'un nouveau tuteur.

10490. Vente. — Délivrance. — Le vendeur qui ne délivre pas la chose vendue doit, d'après l'art. 1611 C. C., être condamné aux dommages-intérêts, s'il résulte pour l'acquéreur un préjudice de défaut de délivrance au terme convenu.

ARTICLE 2. — APPLICATIONS DE LA LOI FISCALE

[10491 - 10512]

10491. Tarif. — La loi du 22 frimaire an 7 (art. 69 § 5 n° 8) a tarifé au droit de 2 pour 100 les condamnations à des dommages-intérêts en matière *criminelle, correctionnelle* et *de police*. — Celle du 27 ventôse an 9 art. 11 a assujetti au même droit le montant des dommages-intérêts en matière *civile*. — En outre, comme les mots *en matière civile* sont employés ici par opposition aux matières criminelles, correctionnelles et de police, on considère que le même tarif s'applique aux dommages-intérêts prononcés par les tribunaux de commerce.

Il résulte donc de ces deux lois que les jugements qui prononcent des dommages-intérêts, en quelque matière que ce soit, donnent lieu au droit de 2 pour 100.

10492. Droit de condamnation. — Minimum. — Ce droit de 2 pour 100 n'est autre chose qu'un droit de condamnation. Ainsi, supposons un jugement de juge de paix portant condamnation à 40 francs de dommages-intérêts et aux dépens liquidés à 20 francs, les deux droits de condamnation qui sont exigibles, savoir : 80 centimes, à raison de 2 pour 100 sur 40 francs, et 10 centimes, à raison de 50 centimes pour 100 sur 20 francs, restant au-dessous du droit de 1 fr. 50 cent. exigible sur le jugement à titre de minimum (V. 10434), c'est ce droit de 1 fr. 50 cent. qu'il faut percevoir ; si c'est d'une condamnation à 80 francs de dommages-intérêts et 40 francs de frais qu'il s'agit, on devra percevoir, au lieu du minimum de 1 fr. 50 cent., le droit proportionnel de 1 fr. 80 cent., savoir : 1 fr. 60 cent. à 2 pour 100 sur 60 francs, et 20 cent. à 50 cent. pour 100 sur 40 francs.

Le droit proportionnel de 2 pour 100 sur les dommages-intérêts (droit à côté duquel doit toujours être perçu celui de 50 centimes pour 100 pour les dépens), combiné avec celui de 50 centimes pour 100, ne peut jamais être au-dessous du droit fixe tel qu'il est réglé pour la juridiction des divers tribunaux. C'est ce que nous avons déjà eu occasion de dire, n° 10434, au sujet du droit de condamnation ordinaire.

Mais il est évident que, sur une condamnation pure et simple à des dommages-intérêts, le droit de 50 centimes pour 100 ne s'ajoute pas à celui de 2 pour 100.

1. RÉPARATION D'INJURES. — L'art. 68 § 2 n° 5 L. 22 frimaire an 7 ayant tarifé au droit de 2 francs les jugements des juges de paix, rendus en matière civile, portant condamnation à réparation d'injures personnelles, l'Administration a décidé avec raison, par une Sol. 11 juin 1841 (1661 § 7 I.G.), que le droit proportionnel à percevoir sur les dommages-intérêts qui pourraient être prononcés ne peut en aucun cas être au-dessous du droit fixe de 2 francs (aujourd'hui 3 fr.).

Si le jugement était rendu par le juge de paix en matière de police, le minimum du droit proportionnel devrait être de 1 fr. 50 cent., conformément à l'art. 68 § 1er n° 48 L. 22 frimaire an 7 et à l'art. 4 L. 28 février 1872 (3528 J. E.). — V. 10435.

10493. Nécessité d'une condamnation. — L'exigibilité du droit de 2 pour 100 est subordonnée à une condamnation prononcée par le tribunal, puisque, comme nous venons de le dire et comme l'a enseigné après nous M. Demante (n° 562) l'impôt établi sur les dommages-intérêts n'est qu'un droit de condamnation surélevé.

Aussi a-t-il été décidé que, si un arrêt se borne à donner acte aux parties de leurs dires et conclusions et à constater ainsi leur concours de volontés et leur accord relativement aux sommes dues à titre de dommages, comme il ne prononce pas de condamnation sur ce point, il n'a pu donner ouverture au droit de 2 pour 100.

Mais l'arrêt consacrant entre les parties le titre écrit des conventions arrêtées doit subir, au regard de la loi fiscale, le traitement auquel serait soumis l'acte civil qui contiendrait les stipulations qu'il sanctionne, dès lors il est passible du droit de 50 cent. pour 100 (Sol. de l'Administration belge du 25 janv. 1866, n° 10250 J. E. belge).

10494. Indemnité. — Dommages-intérêts. — Distinction. — La loi tarife à 50 cent. pour 100 les cautionnements de sommes, les garanties mobilières et les indemnités de même nature (art. 69 § 2 n° 8 L. 22 frim. an 7) à 50 cent. pour 100 les condamnations de sommes et valeurs mobilières (art. 69 § 34) et à 2 pour 100 les dommages-intérêts prononcés par les tribunaux (art. 69 § 5 n° 8). Il est donc intéressant, pour l'application des tarifs, de savoir à quels caractères on distingue les dommages-intérêts des autres condamnations. Cette question a donné lieu à une controverse célèbre qui vient seulement de se terminer.

L'Administration écartait tout d'abord l'article relatif aux indemnités, par le motif qu'il était exclusivement relatif aux indemnités de la même nature que les cautionnements ou les garanties, c'est-à-dire aux indemnités stipulées dans un *contrat*. Cette argumentation n'était pas sans réplique. On pouvait soutenir que l'art. 69 § 3 n° 8 de la loi de l'an 7 avait réuni dans une disposition unique les indemnités *conventionnelles et judiciaires* diversement tarifées dans l'ancien droit (3132 R. P.). Mais la Cour a passé outre. Elle a décidé, dans un arrêt solennel des chambres réunies du 23 juin 1875, que l'indemnité dont il s'agit était une indemnité accessoirement stipulée dans un contrat, et elle a écarté, par suite, le texte de l'art. 69 § 3 n° 8 de la loi de l'an 7.

Il restait à concilier les deux autres.

Ici le problème était plus ardu; il devenait nécessaire de déterminer directement les caractères distinctifs du dommage et de l'indemnité judiciaire. En matière civile comme en matière criminelle, ces deux mots sont indistinctement pris l'un pour l'autre. On ne pouvait donc trouver aucune règle dans les textes ni dans les commentaires des auteurs sur ces textes. Mais en considérant la réparation dans ses causes on avait proposé, en matière fiscale, la distinction suivante : « L'indemnité est la récompense d'un avantage qu'on a procuré, le remboursement d'une avance; les dommages-intérêts sont la réparation d'un préjudice résultant d'un délit, d'un quasi-délit, ou de l'inexécution d'une convention. » Nous nous

sommes constamment rallié, dans les éditions successives de notre *Répertoire général*, à cette doctrine qui paraissait rendre réellement raison des tarifs, et qui reposait sur une appréciation logique des faits.

L'Administration l'a suivie pendant de longues années. A un certain moment, elle fut frappée, paraît-il, des embarras que la distinction créait à la pratique, et elle entreprit de faire décider que toute réparation accordée par la justice, pour quelque cause que ce fût, était soumise à la taxe des dommages-intérêts, ce mot comprenant le désintéressement d'une perte (*damnum emergens*), ainsi que l'indemnité procédant de la privation d'un gain (*lucrum cessans*). — V. 3521 *Rép. pér.*

Sa tentative ne réussit pas. Elle eut même une conséquence fort imprévue. La chambre civile, cherchant le principe de la distinction entre les indemnités et les dommages-intérêts, eut l'idée de la demander, non plus à la cause de la réparation, mais à son effet. Elle admit que quand cette réparation faisait rentrer dans le patrimoine du défendeur une valeur pécuniaire égale à celle dont il avait été privé, il y avait simple restitution, simple indemnité. Au contraire, si l'allocation ne comprenait aucune perte matérielle subie par le patrimoine, comme, par exemple, quand il y avait un dommage causé à la personne ou à la réputation, le défendeur voyait son patrimoine s'augmenter, il devait payer le droit des acquisitions mobilières. Telle fut la doctrine consacrée par plusieurs arrêts de la chambre civile (Cass. 28 mars 1870, 3132 R. P., B. C. 68, S. 70-1-271, D. 70-1-396; — 28 août 1872, 3521 R. P., D. C. 137, S. 72-1-308, D. 72-1-418). Nous avons dit aux art. 3137 et 3524 R. P., combien cette théorie nouvelle nous semblait étrange à et à quels résultats elle conduisait. Elle augmentait considérablement, au lieu de les simplifier, les difficultés de la perception.

L'Administration n'a pas cru pouvoir l'accepter. La question étant revenue, à la suite d'une involution de procédure, devant les chambres réunies de la Cour suprême, elle a réagi de toutes ses forces contre la doctrine de l'*enrichissement* posée par la chambre civile. Dans le mémoire qu'elle a présenté à cet effet, elle s'est abstenue de reproduire la thèse, selon nous trop absolue, qui avait été soutenue à l'origine de l'instance. Elle a concédé que le tarif de 2 pour 100 n'était exigible que dans les cas où la réparation provenait d'un *tort* fait soit à la personne soit aux biens du défendeur, écartant ainsi d'une façon virtuelle, mais très-explicitement pendant, les hypothèses où cette réparation serait le simple remboursement d'une avance, la récompense d'un avantage procuré, c'est-à-dire où elle ne procéderait d'aucun tort imputable au débiteur.

Les chambres réunies ont accueilli cette interprétation par un arrêt du 23 juin 1875, ainsi conçu :

« Attendu que le tribunal de commerce de la Seine, par un jugement du 12 avril 1869, avait accueilli une demande tendant à faire condamner les administrateurs du Crédit mobilier à payer à Zirnité, à titre de réparation du préjudice à lui causé par des manœuvres ayant entraîné sa confiance, le montant intégral des actions par lui acquises de la Société du

Crédit mobilier, et que, pour statuer ainsi, le tribunal de commerce s'est fondé sur ce motif que la souscription des actions avait été obtenue à l'aide de dissimulations calculées et d'indications volontairement erronées qui étaient l'œuvre du conseil d'administration ; — Attendu que cette condamnation, frappant non la société avec laquelle Zirnité avait traité, mais les administrateurs, ne saurait être considérée comme une restitution, et, qu'ayant pour objet la réparation d'un dommage causé par une faute imputable aux administrateurs du Crédit mobilier, prononcée en vertu de l'art. 1382 du code civil, elle a incontestablement le caractère de dommages-intérêts » (4121 et 4173 R. P., I. G. 2531-2).

Voilà la règle bien fermement posée. Toutes les fois qu'une somme est allouée par suite d'un délit, d'un quasi-délit, ou généralement de tout fait répréhensible ayant causé à autrui un préjudice, il y aura lieu d'exiger le droit de 2 pour 100. Mais c'est le droit de 50 cent. pour 100 qui sera seul dû sur les sommes allouées en dehors de l'existence d'un tort imputable au défendeur, par exemple, pour indemnité de passage en cas d'enclave (art. 682 C. civ.), pour récompense en matière de communauté conjugale (art. 1437) et autres situations analogues.

Sans doute il restera toujours à rechercher quand il y a préjudice causé par le fait ou par la faute du condamné, et l'appréciation peut être quelquefois délicate. Mais c'est là une conséquence inévitable de la matière.

10495. Observation. — En présence de ce travail récent de la jurisprudence, la plupart des décisions antérieures perdent leur intérêt, parce que l'exigibilité du droit se règle actuellement par de nouveaux principes. Nous nous contenterons de les indiquer sommairement.

10496. Inexécution de contrat. — Quand il s'agit de l'inexécution d'une promesse de mariage, d'un contrat de vente, louage ou autre, la condamnation a lieu à titre de *dommages-intérêts.*

C'est ce qui a été reconnu au sujet des dommages-intérêts prononcés pour inexécution d'une vente verbale de grains (Vendôme 28 juin 1856, 775 R. P.) ; — ou à l'occasion d'un jugement qui, statuant sur un titre enregistré, condamnait le défendeur à payer à titre de dommages-intérêts la somme résultant du titre : « Attendu que la condamnation n'est pas prononcée en exécution de la convention, mais, au contraire, à titre de dommages-intérêts pour inexécution de ladite convention, et par corps ; qu'il résulte de là que la perception du droit de 2 pour 100 est régulière » (Seine 27 août 1859, 1243 R. P., 11603 C.).

1. INCENDIE. — RESPONSABILITÉ. — La responsabilité qui pèse sur le locataire, dans le cas d'incendie des immeubles loués, étant écrite dans la loi, comme principe général, et implicitement stipulée dans tous les contrats de louage, la somme au payement de laquelle le locataire est condamné par jugement pour ce motif constitue, non des dommages-intérêts proprement dits, mais une simple indemnité mobilière. En conséquence, le droit proportionnel d'enregistrement dû sur cette condamnation est, non celui de 2 pour 100, mais celui de 50 cent. pour 100 (Seine 26 juin 1869).

2. BAIL. — INDEMNITÉ DE RELOCATION. — Lorsqu'un jugement porte résiliation de bail et condamnation du locataire à payer des loyers échus et 3,000 francs d'indemnité pour relocation, il est dû de ce dernier chef, sur le jugement, le droit de condamnation de 2 pour 100 : « Attendu que, dans les sens des lois fiscales, l'indemnité est le remboursement d'une avance, d'une dépense, la récompense d'un avantage qu'on a procuré, par exemple, dans les cas prévus par les art. 2000, 1403, 1408, 1744, 1745, 682, 552 C. C., et dans tous les autres cas analogues où il n'y a pas de faute ou faits contraires à la convention, tandis qu'il y a dommages-intérêts quand il s'agit de réparation d'un préjudice qu'on a causé volontairement par inexécution d'une convention (art. 1146 et suiv. C. C.) ; attendu que, dans l'espèce, la somme de 3,000 francs, pour indemnité de relocation, a été adjugée aux opposants à raison du préjudice souffert par eux, par suite d'inexécution de la part du locataire du contrat de bail ; qu'en réalité cette condamnation rentre donc dans la catégorie des dommages-intérêts » (Bruxelles 2 nov. 1857, 11355 C., 16733 J. E.).

Jugé dans le même ordre d'idées que le droit de 2 pour 100 est dû quand le jugement autorise le bailleur à retenir une somme dont il avait été nanti par son locataire, pour l'indemniser du préjudice que lui fait éprouver l'inexécution du bail à la suite de la faillite de ce locataire (Aix 21 juill. 1873).

3. CHARTE-PARTIE. — SÉJOUR FORCÉ. — La somme que le tribunal alloue à l'entrepreneur pour frais de séjour forcé dans le port d'embarquement représente des dommages-intérêts passibles du droit de 2 pour 100 : « Attendu que cette somme n'était pas accordée à titre d'indemnité mobilière dont parle l'art. 69 § 2 L. 22 frimaire an 7 ; que cette somme était la réparation du préjudice éprouvé par la Compagnie transatlantique et résultant de l'inexécution du traité du 27 mars 1866 ; que cette condamnation à des dommages-intérêts était passible du droit proportionnel de 2 pour 100 » (Cass. 25 nov. 1868, 2817 R. P., 2883-1 I. G., 19421 J. N., S. 69-1-137, D. 69-1-233, P. 69-309 ; — Marseille, 4 juill. 1873).

3. ÉCHANGE. — Il a été spécialement décidé que le caractère de dommages-intérêts appartient à la somme qu'un échangiste est condamné à payer à son coéchangiste évincé par expropriation, pour la valeur des biens qui ont été vendus et dont la restitution ne peut pas avoir lieu en nature par suite de l'éviction (Sol. 17 août 1877).

10497. Force majeure. — Il a été décidé que l'obligation d'indemniser un propriétaire qui souffre dans sa jouissance, par une force majeure, ne donne lieu qu'au droit de 50 cent. et non de 2 pour 100 (Dél. 25 janv. 1826, 1393 Roll.).

10498. Quasi-délit. — 1. PERTE DIRECTE. — Si l'armateur dont le navire a fait couler en mer par imprudence un autre bâtiment est condamné à payer au propriétaire de ce navire la valeur de son bâtiment, la somme qu'il doit payer représente l'indemnité de la perte éprouvée par le propriétaire du navire perdu ; elle ne fait que lui en tenir lieu et elle ne l'enrichit pas. Dès lors, le seul droit exigible est celui de 50 cent. pour 100 (Cass. 28 mars 1870, 3132-1 R. P., B. C. 68, S. 70-1-271, D. 70-1-396, P. 70-674). D'après la nouvelle jurisprudence le droit est de 2 pour 100. — V. 104910.

Il en est de même de l'indemnité accordée pour tenir lieu de marchandises perdues par la faute d'un tiers (Cass. 28 mars 1870, 3132-2 R. P., D. 70-1-396, P. 70-676 ; — Conf. : Marseille 20 mai 1869, 3131-2 R. P.).

Le jugement qui condamne les administrateurs d'une société à rembourser des actions souscrites par suite d'un dol de leur part est passible du droit de 2 pour 100, parce qu'il s'agit de la réparation d'un préjudice causé au souscripteur par le dol ou par la faute des défendeurs (Cass. réun. 23 juin 1875, 4121 et 4173 R. P. ; — Contra Cass. civ. 28 août 1872, 3521 R. P., B. C. 137, S. 72-1-308, D. 72-1-418).

Il en est de même du jugement qui condamne un commis ou un caissier à payer un déficit de caisse provenant de ses détournements (Sol. 22 mars 1878).

2. PRIVATION DE BÉNÉFICE. — Le jugement qui condamne l'auteur d'un abordage qui a coulé un navire à payer une somme représentant la valeur du fret ou du bénéfice de transport que le voyage aurait procuré est passible du droit de 2 pour 100 établi pour les dommages-intérêts (Le Havre 26 déc. 1867, 3132 R. P.).

3. HYPOTHÈSES DIVERSES. — En matière criminelle, la condamnation pour raison d'excès, blessures, etc., est à titre de dommages-intérêts.

Dans l'action possessoire, la condamnation pour trouble et spoliation est aussi à titre de dommages-intérêts.

À l'égard du pétitoire, il y a également lieu aux dommages-intérêts, lorsque celui qui a été condamné n'obéit pas et ne laisse pas la possession de la chose à celui qui a eu gain de cause.

Dans ces espèces et autres semblables, quand même le jugement porterait condamnation à titre d'indemnité, s'agissant réellement de dommages-intérêts, la perception devrait être établie à raison de 2 fr. par 100 fr. (2301 J. E.).

10499. Exemples divers. — On considère comme une indemnité ordinaire donnant lieu au droit de 50 cent. pour 100 la somme dont la condamnation est prononcée à ce titre : 1° pour l'exercice du droit de passage en cas d'enclave (art. 682 C. C.) ;

2° Les indemnités dues à la communauté ou aux époux dans les cas prévus aux art. 1403 et 1406 C. C. ;

3° L'indemnité due au fermier en cas de vente de l'objet loué (art. 1744 C. C., 17280-2 J. E.). — V. 10494.

T. III.

10500. Responsabilité. — 1. AUBERGISTE. — VOL. — Un cheval est volé dans une auberge et l'aubergiste est condamné à payer la valeur du cheval. Il ne s'agit pas ici de dommages-intérêts. L'action contre l'aubergiste est une action en restitution. Il est responsable en sa qualité de dépositaire ; il doit rendre. Il indemnise de la chose volée, il en paye la valeur ; mais il ne paye pas des dommages-intérêts. Le droit de 50 cent. pour 100 est seul exigible (5471 J. E., Sol. 5 oct. 1831, 10183 J. E.). Actuellement le droit serait de 2 pour 100.

2. VOITURIER. — Un jugement condamne un voiturier à payer à un marchand une somme de ... pour indemnité de marchandises avariées. Ce jugement est soumis au droit de 2 pour 100 parce que le voiturier ne restitue pas l'objet même confié à ses soins, mais paye le préjudice causé par sa faute. De même pour la condamnation à payer la valeur d'objets perdus (4215 R. P. ; — Cass. 28 juin 1876, 4419 R. P., — Saint-Étienne, 9 déc. 1874) ; — ou bien tardivement remis (même arrêt). Contra : Boulogne, 31 août 1875, 4215 R. P.

3. NOTAIRE. — ACTE ANNULÉ. — Un jugement condamne un notaire à servir à un légataire dont le legs a été annulé, pour vice de forme du testament, la rente viagère qui lui avait été léguée. On décide que le droit de 2 pour 100 est dû comme condamnation (14126-4 J. E.). On peut le soutenir d'après la nouvelle jurisprudence. Le notaire répare le préjudice qu'il a causé par sa faute. La condamnation a donc pour cause des dommages-intérêts. Il en serait de même dans tous les cas analogues, notamment pour les indemnités dues à l'occasion de mauvais placements (Lyon, 3 avr. 1873) ou pour retard dans l'inscription d'une hypothèque (Seine, 25 mars 1876).

10501. Faillite. — Le droit de 2 pour 100 est exigible sur le jugement qui admet un créancier au passif d'une faillite pour une somme qu'il réclame à titre de dommages-intérêts, attendu que l'art. 13 L. 24 mai 1834 n'a rapport qu'aux procès-verbaux d'affirmation de créances devant le juge-commissaire (Sol. 30 août 1849, 14856-4 J. E.).

La partie n'est pas fondée, dit dans un cas pareil le tribunal de Vendôme, à prétendre que la demande sur laquelle le jugement a été rendu n'avait pour objet que son admission au passif de la faillite : il a conclu par cette demande à des dommages-intérêts : il ne pouvait être admis au passif de la faillite qu'avec un titre : le jugement qui a condamné le failli à des dommages-intérêts a donc été pour lui ce titre et dès lors le droit de 2 pour 100 est exigible (28 juin 1856, 775 R. P.).

10502. Expropriation pour cause d'utilité publique. — L'indemnité accordée à un locataire évincé par suite d'expropriation pour cause d'utilité publique est passible du droit de 50 cent. pour 100 et non du droit de 2 fr. pour 100 comme dommages-intérêts (Dél. 31 janv. 1834, 10913 J. E.). — V. 10494 in fine.

10503. Mandataire. — On doit considérer comme une condamnation à des dommages-intérêts la disposition

84*

d'un jugement par lequel un mandataire qui a vendu à vil prix des immeubles appartenant à son commettant est rendu responsable de la différence entre ce prix et la véritable valeur; le droit de 2 pour 100 est dû et non celui de vente (Nantes 17 mai 1833, 10822 J. E., Dél. 24 déc. 1833, D. N. t. 4 p. 828 n° 50).

Ou plus généralement la condamnation à réparer le préjudice causé par l'inexécution du mandat (Senlis 25 mars 1876, 4565 R. P.). — **V.** 10496.

10504. Répétitions légales. — On ne doit considérer comme dommages-intérêts, pour la perception du droit, que les sommes allouées au demandeur en sus des répétitions auxquelles il a droit (Troyes 3 mai 1836, 9736 J. E.). Ces répétitions ont le caractère de remboursements purs et simples passibles du droit de 50 cent. pour 100. — **V.** 14494.

10505. Dédit. — Le jugement qui ordonne de passer dans un délai déterminé le contrat de vente arrêté entre les parties et de payer le prix convenu, ou, à défaut, de payer un dédit de 20,000 francs, ne peut être considéré comme entraînant la résolution de la vente, lors même que l'acquéreur serait déjà entré en jouissance; le droit proportionnel est dû sur la somme payée pour le dédit à titre de dommages-intérêts (Cass. 19 mars 1839, 12777 J. E.).

10506. Clause pénale. — Si les dommages-intérêts ont été évalués d'avance par une convention d'indemnité, par exemple, au moyen d'une clause pénale, nous rentrons dans les règles générales du tarif, applicables aux jugements. Si donc la convention d'indemnité a subi précédemment le droit proportionnel, le droit de condamnation est encouru. Mais ce droit ne saurait être que de 50 cent. pour 100 puisqu'il s'agit de l'exécution d'un contrat civil (Seine 8 avr. 1876, 4479 R. P.; G. Demante n° 562). — Est-il dû, en outre, un droit de titre? — **V.** 10387-1 et 10583.

10507. Condamnation au profit de l'État. — 1. OCTROI. — On a vu au n° 10444 que les condamnations à des amendes envers le Trésor public ne donnent pas ouverture au droit de condamnation. Mais il ne faut pas perdre de vue que l'application de cette règle ne peut être régulièrement faite qu'aux sommes allouées à l'État. Il n'en serait plus ainsi si la condamnation était prononcée en faveur d'une ville, commune ou de tout autre être moral que la loi fiscale range sur la même ligne que le simple particulier. On a donc décidé avec raison (13260-2 J. E.) que le jugement de police correctionnelle qui prononce la confiscation de bestiaux introduits en fraude dans une ville et condamne le contrevenant à payer une somme de 3,000 francs donne ouverture au droit de 2 pour 100 sur cette somme, considérée comme dommages-intérêts à la ville.

2. RESTITUTIONS ET DOMMAGES. — Le droit proportionnel ordinaire redevient exigible, ainsi que nous l'avons dit *supra*, quand la condamnation a pour objet des droits dont la demande est fondée sur un titre antérieur au jugement, tels que la réparation d'un dommage ou la restitution d'un objet soustrait. C'est ce qui se produit fréquemment, surtout

à propos des condamnations prononcées pour délits forestiers. Les dommages-intérêts adjugés à l'État tombent alors sous l'application du tarif ordinaire de 2 pour 100, mais les restitutions ne sont passibles que du droit de 50 cent. pour 100 fr. (Sol. 25 oct. 1851).

Ces perceptions ne peuvent être, dans tous les cas, cumulées avec le droit fixe et il n'y a lieu de les établir que quand leur réunion dépasse le minimum de ce droit.

10508. Dépens. — Les dommages-intérêts ont une nature propre que nous avons déjà fait ressortir (au n° 9589). Les condamnations prononcées à titre de dommages-intérêts ne peuvent donc donner ouverture au droit de 2 pour 100 qu'autant que c'est réellement de dommages qu'il s'agit. Ainsi, un jugement qui porterait condamnation à tous les frais de l'instance par forme de dommages-intérêts ne se rapporterait pas à des dommages proprement dits, car les dommages sont la réparation d'un préjudice causé, et ici cette réparation n'existe pas, puisqu'il ne s'agit que des frais qu'a occasionnés l'instance. Le seul droit exigible est celui 50 cent. pour 100 (6495 J. E.).

10509. Intérêts. — Le droit de 2 pour 100 dû pour la condamnation à payer une somme principale à titre de dommages-intérêts n'est pas dû sur les intérêts courus depuis le jour de la demande, quoique le jugement condamne le défendeur à payer la somme principale et les intérêts du jour de la demande pour réparation du préjudice causé au demandeur. Les intérêts de la somme principale ne sont pas des dommages-intérêts proprement dits, du moins ils ne sont pas la réparation du dommage causé par la faute du défendeur, ils sont seulement la réparation du dommage causé par le retard du payement (art. 1153 C. C., 18663 J. E.).

10510. Disposition dépendante. — Une question qui présente quelques difficultés est celle de savoir quand le droit proportionnel de dommages-intérêts doit se combiner avec le droit fixe, de manière à l'absorber ou à en être absorbé, selon qu'il est plus élevé ou moins élevé que le droit fixe, — ou bien dans quel cas il faut percevoir tout à la fois et le droit fixe sur le jugement et le droit de condamnation à 2 pour 100.

La solution de cette question repose tout entière sur la saine interprétation de l'art. 11 L. 22 frimaire an 7.

Ainsi, supposons que Paul soit condamné par le tribunal de première instance à supprimer le mur qu'il a élevé en empiétant sur mon champ, et, en outre, à me payer 500 francs de dommages-intérêts. Faudra-t-il percevoir 7 fr. 50 cent. pour la suppression du mur et 10 francs pour la condamnation aux dommages, ou bien ce dernier droit sera-t-il le seul exigible? On peut prétendre, pour soutenir l'exigibilité des deux droits, que la condamnation aux dommages n'est pas une conséquence nécessaire de la suppression du mur, en ce que le juge pouvait ne pas le prononcer. Une Sol. 8 mai 1822 a, en effet, reconnu qu'il est dû deux droits sur un jugement qui, en statuant sur une demande principale, prononce, en outre, une condamnation de dommages-intérêts.

Nous reconnaissons qu'envisagée sous cette seule face, la question peut paraître favorable à la double perception. Mais, pour qu'une démonstration soit exacte, il ne faut pas seulement qu'elle soit dans le vrai examinée d'un seul point de vue, il faut encore que le vrai subsiste quel que soit le côté de la question que l'on discute. Or, s'il est hors de doute que le juge pouvait s'abstenir de prononcer des dommages, on peut dire, à ce point de vue, que cette condamnation est indépendante de la suppression du mur, n'est-il pas également certain que, sans l'érection du mur, il n'y aurait pas eu à prononcer des dommages? Les dommages-intérêts sont un effet, et, comme il n'y a pas d'effet sans cause, il faut reconnaître que les dommages sont essentiellement dépendants de leur cause, qui est l'érection du mur d'abord et sa suppression ensuite. Cela est si vrai que, si le mur eût été maintenu, il n'y aurait pas eu à prononcer des dommages.

D'après l'art. 68 § 1er n° 48, § 2 n° 6, § 3 n° 7 L. 22 frimaire, tout jugement contenant des dispositions définitives, qui rendent exigible le droit proportionnel, ne peut donner lieu au droit fixe à raison de ces mêmes dispositions. D'un autre côté, tout jugement qui porte condamnation de sommes et valeurs, intérêts et dépens, dommages-intérêts, est, aux termes de l'art. 69 § 5 n° 8, soumis au droit proportionnel, sans que ce droit proportionnel puisse être moindre que le droit fixe, ce qui revient à dire que le droit proportionnel ne peut jamais, lorsqu'il s'agit de condamnation, être perçu concurremment avec le droit fixe. En effet, si le droit proportionnel est supérieur au droit fixe, c'est lui que l'on perçoit; s'il est inférieur, c'est le droit fixe qui doit être exigé.

Or, dans l'espèce, il y a condamnation à supprimer un mur et condamnation à payer des dommages-intérêts à cause de ce mur. Ces deux condamnations se confondent, elles font l'objet d'une seule et même disposition qui est la suppression du mur en litige. Dès lors, un seul droit est exigible sur cette disposition, et ce droit est le droit proportionnel de 10 francs, supérieur au droit fixe.

Nous pensons donc que le jugement par lequel le défendeur est condamné à supprimer un lavoir, un mur, une servitude, etc., et à payer des dommages-intérêts, n'est sujet qu'à un seul droit, lequel doit être celui de la disposition principale s'il est supérieur à 2 pour 100 ou ce dernier s'il excède l'autre (3441, 7471, 7498, 16932 J.E.).

1. MAINTENUE EN POSSESSION. — De même le jugement ou l'arrêt qui, en maintenant le demandeur en possession de l'immeuble revendiqué, condamne le défendeur à des dommages-intérêts, donne ouverture au droit proportionnel de 2 pour 100 sur les dommages-intérêts et de 50 cent. pour 100 sur les dépens, si ces droits réunis excèdent le droit fixe (13600-1 et 2 J.E.).

2. DÉMOLITION DE MUR. — Mais si, pour reprendre l'exemple sur lequel nous avons déjà raisonné, le juge, par des considérations particulières, décidait que le mur sera maintenu et que néanmoins Paul devra me payer 500 francs de dommages-intérêts, il y aurait là deux dispositions parfaitement caractérisées, et le droit de 7 fr. 50 cent. serait exigible à raison du rejet de la demande en démolition du mur, indépendamment du droit de 2 pour 100 à percevoir sur les dommages-intérêts.

3. RÉSOLUTION DE VENTE. — L'Administration a décidé, le 5 mai 1844 (13837-6 J.E.), que le jugement portant résolu-

tion de vente, qui condamne l'acquéreur à payer des dommages-intérêts, est passible d'un droit particulier de 2 pour 100 sur cette condamnation.

Nous croyons que, dans cette circonstance, pour appliquer régulièrement le droit, il faut distinguer. Si le payement donne ouverture au droit proportionnel de mutation, le droit de condamnation à 2 pour 100 sera incontestablement exigible, car ces deux droits ne peuvent se confondre. Mais, si la résolution, d'après les règles que nous ferons connaître au mot *Résolution*, ne donne naissance qu'à un droit fixe, ce droit fixe sera le seul exigible si le droit proportionnel de condamnation ne l'excède pas; dans le cas contraire, c'est le droit à 2 pour 100 qui devra être perçu.

10511. Règlement par état. — Déclaration. — On a vu, au n° 10424, que, lorsque les dépens ne sont pas liquidés, on doit, lorsqu'il y a lieu, percevoir le droit de condamnation d'après une déclaration estimative. La même règle est applicable aux dommages-intérêts. Ainsi, lorsqu'un jugement porte condamnation à des dommages-intérêts à régler par état, le droit proportionnel est exigible sur la valeur estimative de ces dommages déclarée, conformément à l'art. 16 L. 22 frimaire an 7 (Sol. belge 2 avril 1878, 13506 J.E. belge). Cette déclaration sera faite par l'avoué qui a occupé dans la cause. L'avoué n'a pas alors besoin d'un nouveau pouvoir pour faire cette déclaration, attendu qu'aux termes de l'art. 1038 C. proc. l'avoué qui a occupé dans la cause est tenu d'occuper sur l'exécution du jugement sans nouveau pouvoir, pourvu qu'elle ait lieu dans l'année de prononciation du jugement (Aix 28 avr. 1837, 11803 J.E., 1562 § 11 I.G.).

10512. Supplément de droit. — Il en est des dommages-intérêts comme des condamnations ordinaires lorsqu'il s'agit d'une décision judiciaire réformée. Le droit proportionnel n'est exigible sur la nouvelle décision qu'autant qu'il y a supplément de condamnation. — Il a été délibéré dans ce sens par l'Administration, le 23 février 1836 (11452 J.E., D.N.t.4 p. 828 n° 49), que, si un arrêt de cour d'assises a condamné un prévenu à des dommages-intérêts envers la partie civile et que, cet arrêt ayant été cassé, un second arrêt élève les dommages-intérêts, le droit à 2 pour 100 est dû sur le supplément de condamnation seulement, et non sur la totalité des nouveaux dommages stipulés.

CHAPITRE IV. — COLLOCATION. — LIQUIDATION

[10513-10544]

10513. Tarif. — De même que les jugements qui prononcent une condamnation, les jugements portant collocation ou liquidation de sommes ou valeurs rendent exigible le droit proportionnel de 50 cent pour 100. L'art. 69 § 2 n° 9 L. 22 frimaire, que nous avons transcrit sous le n° 10375, mentionne, en effet, l'une et l'autre classes de jugements.

SECTION PREMIÈRE. — COLLOCATION

[10514-10524]

10514. Observation. — Le tarif que nous venons de rappeler a principalement en vue les jugements qui se rendaient autrefois en matière d'ordre et de distribution. Ces jugements se trouvent remplacés dans la législation actuelle par les procès-verbaux d'ordre dont parle l'art. 759 C. proc., ainsi conçu : « S'il ne s'élève aucune contestation, le juge-commissaire fera la clôture de l'ordre ; il liquidera les frais de radiation et de poursuite d'ordre, qui seront colloqués par préférence à toutes autres créances ; il prononcera la déchéance des créanciers non produisants, ordonnera la délivrance des bordereaux de collocation aux créanciers utilement colloqués et la radiation des inscriptions de ceux non utilement colloqués. Il sera fait distraction en faveur de l'adjudication, sur le montant de chaque bordereau, des frais de radiation de l'inscription. » Nous allons dire quelques mots sur ces procès-verbaux, nous réservant d'y revenir plus longuement au mot *Ordre*.

10515. Procès-verbal d'ordre. — 1. ACTES PRÉLIMINAIRES. — On peut n'enregistrer qu'à l'époque des bordereaux de collocation, pourvu que l'enregistrement en précède la délivrance, les actes purement préliminaires au procès-verbal d'ordre définitif dressé par le juge-commissaire pour régler les droits de tous les créanciers poursuivants qui ne sont considérés que comme ne faisant qu'un tout avec ce procès-verbal (Déc. 16 fév. 1807, art. 134 ; D. m. f. 17 janv. 1820, 6390 J. E.).

2. JUGEMENT SUR CONTESTATIONS. — Les jugements rendus à l'audience, en matière d'ordre, en cas de contestations entre les créanciers ou avec le débiteur, et qui n'ont pour objet que de statuer sur leurs droits respectifs, sont généralement exempts du droit proportionnel ; on les regarde comme des actes préliminaires au règlement définitif. Il a été décidé dans ce sens, par une Dél. 13 février 1829 (9244 J. E.), que le jugement portant qu'un créancier sera colloqué de préférence à un autre n'a pas pour objet un débat entre le débiteur et le créancier, mais entre les créanciers dont chacun prétendait la préférence. Aucune condamnation pécuniaire n'est prononcée. Le jugement ne fait qu'assigner le rang dans lequel les parties doivent être colloquées. Le droit proportionnel n'est donc pas exigible.

Cependant il ne faut pas conclure de cette solution que tout jugement rendu pendant une instance d'ordre ou de distribution soit exempt du droit proportionnel ; ce droit serait exigible s'il était prononcé des condamnations contre le débiteur, ou si le jugement portait reconnaissance d'une convention existant sans titre enregistré (1282 § 2 I. G.).

3. RADIATION DE CRÉANCIER. — Il n'est dû aucun droit particulier sur la disposition du procès-verbal définitif qui ordonne la radiation des créanciers non colloqués, ou qui

prononce la déchéance de ceux qui n'ont pas produit : « Attendu, porte un arrêt de cass. du 21 juillet 1818, qu'en ce qui concerne l'immeuble dont le prix est soumis à une distribution par jugement d'ordre, la radiation de toutes inscriptions hypothécaires est une conséquence immédiate et nécessaire de ce jugement, soit qu'elles aient été prises d'office, soit qu'elles l'aient été par des créanciers utilement colloqués, ainsi que la direction générale le reconnaît, soit enfin qu'elles aient été prises par des créanciers qui n'ont pas produit à l'ordre ; que ces deux dernières classes de créanciers sont également comprises dans la disposition de l'art. 759, qui ordonne la radiation des inscriptions de ceux non utilement colloqués ; que l'énumération des dispositions qui doivent suivre la clôture d'ordre, énumération comprise audit art. 759, n'établit aucune distinction entre les inscriptions susceptibles de radiation ; qu'ainsi le jugement du tribunal civil d'Orléans du 8 octobre 1817 n'a point contrevenu à l'art. 11 L. 22 frimaire an 7, en refusant de reconnaître plusieurs dispositions indépendantes ou ne dérivant pas nécessairement les unes des autres, dans le chef du jugement d'ordre qui ordonne la radiation des inscriptions conformément à l'art. 759 C. proc. » (S. 19-1-185, 6344 J. E. ; — *Conf.* : D. m. f. 16 fév. 1818, 5978 J. E.).

4. COLLOCATION ANNULÉE. — Lorsque le procès-verbal éprouve des modifications, qu'une créance est rejetée de la collocation et remplacée par une autre, le droit perçu pour la collocation annulée est imputable sur celui dû pour celle qui la remplace ; c'est l'application du principe que nous avons déjà développé sous le n° 10438.

A été décidé cependant que le droit de collocation est dû sur un procès-verbal d'ordre portant qu'une collocation précédemment établie restera sans suite, attendu que, l'adjudicataire étant devenu cessionnaire des créanciers colloqués, il se trouve tout à la fois créancier et débiteur. Cette circonstance ne peut pas empêcher la perception du droit qui a été acquis au Trésor, dès que le procès-verbal d'ordre a été rédigé (Dél. 4 mai 1822, 7203 J. E.).

5. COLLOCATION EN SOUS-ORDRE. — La collocation en sous-ordre donne-t-elle lieu à un droit particulier ? — V. *Ordre*.

6. COLLOCATION ÉVENTUELLE. — Lorsque, sur une instance entre cohéritiers, il est ordonné qu'un immeuble sera vendu et que les cohéritiers *demandeurs* seront payés, sur le prix de la vente, de leurs portions héréditaires, il n'est dû qu'un droit fixe. Il ne peut y avoir *collocation*, puisque la vente n'est pas encore faite (D. m. f. 21 juill. 1818, 6302 J. E., D. N. t. 4 p. 107 n° 72).

10516. Droit de titre. — D'après l'art. 69 § 7 n° 9 L. 22 frimaire an 7, le droit de titre n'est dû que sur les jugements par lesquels une condamnation est prononcée sur une demande non établie par titre enregistré et susceptible de l'être. On a cru pouvoir en conclure que le droit de titre n'est pas dû pour les créances verbales admises dans un procès-verbal de collocation (Sol. 11 oct. 1850) ; — et plus spécialement que l'ordonnance du juge commis à la distribution par contribution des deniers provenant d'une succession vacante, par laquelle il est ordonné au receveur des dépôts et consignations de vider ses mains en celles du curateur à cette succession, pour le dividende dû à chaque créancier lui être payé d'après la collocation arrêtée par le juge, ne donne pas lieu à la perception du droit de titre sur le montant des créances colloquées qui ne résultent pas de titres enregistrés (Sol. belge 17 oct. 1862, 9417 J.E. belge). — Mais on verra au n° 10547 que le mot *condamnation* n'a pas le sens restreint que lui prêtent les solutions précédentes et que, d'après la jurisprudence, il suffit, pour autoriser la perception, que le jugement forme titre au profit de l'une des parties contre l'autre,

10517. Quittance. — Le droit de quittance n'est pas dû en même temps que le droit de collocation, sur l'ordonnance qui déclare l'existence d'une compensation conventionnelle ou légale : « Le droit proportionnel de collocation ayant été perçu sur l'intégralité des sommes en distribution, la perception du droit de libération sur une portion des mêmes sommes formerait double emploi avec le premier droit, puisque la compensation est la conséquence nécessaire et forcée de la collocation déjà frappée de l'impôt et que les deux dispositions se confondent ainsi forcément l'une dans l'autre » (Sol. 29 août 1865, 2291 R. P.); Sol. 11 juin 1875). — V. Ordre n° 12225.

10518. Droit de collocation. — Principe. — Nous avons dit dans nos éditions précédentes qu'en matière de collocation il faut qu'il s'agisse d'une collocation utile pour que le droit proportionnel puisse être perçu. M. le conseiller Tardif a exprimé la même idée devant la Cour de cassation en disant : « Une collocation n'existe pas par cela seul qu'un jugement prononce sur la différence qui doit appartenir en général à une catégorie de créanciers vis-à-vis d'une autre catégorie ; il faut encore, pour qu'il ait ce caractère aux yeux de la loi, que chaque créancier y trouve un titre *spécial et individuel* à l'aide duquel il obtiendra son payement » (3187 R.P.).

Cette interprétation a été confirmée par un arrêt du 3 août 1870 portant : « Attendu qu'un jugement n'emporte collocation, dans le sens de la loi, qu'autant qu'il détermine les droits de chacun des créanciers dans une somme appartenant au débiteur et qu'il constitue ainsi un titre individuel et spécial sur la présentation duquel le créancier obtiendra payement de ce qui lui est attribué » (3187 R. P., S. 71-1-162, D. 71-1-85, P. 71-352).

C'est l'application du principe que nous avons exposé à propos du droit de condamnation, quand nous avons dit que, pour donner ouverture à ce droit, le jugement ne devait pas se borner à prononcer une condamnation provisoire et dont le résultat fût subordonné à d'autres faits (V. 10578).

Le droit n'est dû que sur le capital attribué et non sur les intérêts futurs alloués au créancier d'une rente (Sol. 12 mai 1875, 4238 R. P.).

10519. Mainlevée.—Règlement entre créanciers. — Ainsi, le caractère de la collocation passible du droit proportionnel n'appartient pas au jugement qui reconnaît le droit de plusieurs créanciers à une indemnité sans déterminer la somme revenant à chacun d'eux et en réservant au contraire leurs droits respectifs.

« Le jugement, a fait remarquer le conseiller rapporteur, a été rendu sur une demande en mainlevée d'une opposition faite par les sieurs Delabrosse sur l'indemnité due au sieur Trahan ; il ordonne cette mainlevée et il autorise le ministre des finances à délivrer le montant intégral de cette indemnité au nom collectif de la dame Pressacq et du sieur Dubois, *sauf partage ultérieur entre eux, ainsi qu'il appartiendra*, Ce jugement se borne ainsi, d'une part, à prononcer une mainlevée d'opposition, et de l'autre à faire l'application du privilège des bailleurs de fonds sur les valeurs affectées à leurs créances. Mais, quant à leurs droits respectifs, il ne les règle pas, il ne détermine pas, il n'énonce pas même le montant de la somme sur laquelle ils pourront les exercer » (*Conf.* : Cass, 3 août 1870, 3187 R. P., S. 71-1-162, D. 71-1-85, P. 71-452).

10520. Homologation de partage. — De même, l'Administration a délibéré, le 13 juillet 1827 (8783 J. E.), que le jugement d'homologation d'un partage de sommes et créances ne faisant qu'ordonner l'exécution d'un partage arrêté entre les héritiers et ne contenant que formation de la masse et lotissement de chaque héritier ne donne pas ouverture au droit de collocation (*V.* dans le même sens Dél. 7 mars 1834, Dalloz n° 1323, S. 34-2-372).

10521. Dot. — Le jugement qui, sur les poursuites de la femme, déclare que certains biens vendus par le mari resteront affectés au payement de la dot n'est sujet qu'au droit fixe. Il ne fait que consacrer une action que l'hypothèque légale donnait aux héritiers. Il n'opère aucune collocation de sommes (Dél. 25 nov. 1814, 4992 J. E.)

Il en est de même du jugement qui se borne à autoriser une femme à retirer sa dot des mains du notaire qui en est dépositaire (Dél. 7 mars 1818, 6021 J. E.),

10522. Provision. — Le jugement qui accorde à un héritier bénéficiaire une provision sur le prix des biens de la succession qui ont été vendus n'opère point de *collocation*. La provision suppose le rapport, et la possibilité du rapport de la somme accordée exclut l'idée d'une liquidation ou d'une collocation (Cass. 11 avr. 1822) : « Attendu, porte cet arrêt, que des difficultés s'étant élevées sur le procès-verbal du notaire commis pour la liquidation, ces difficultés portées à l'audience du 19 août 1818, il intervint un jugement qui, par provision et sauf les droits des parties, autorisa le duc de Valentinois à toucher 600,000 francs à valoir sur ses droits dans la succession dont il s'agit ; que de ces termes *par provision* il résulte que le duc de Valentinois peut être sujet à rapporter et que l'idée d'un rapport possible est exclusive de toute liquidation ; attendu que le duc de Valentinois, comme héritier du prince de Monaco et comme administrateur des biens de sa succession, avait pu vendre les biens, en recevoir le prix et être autorisé à toucher 600,000 francs sur ce qui est dû par les acquéreurs, sans colloquer aucun créancier sur le débiteur de son propre débiteur; que le jugement attaqué, en déclarant qu'il n'existait pas de collocation, et par suite qu'il n'y avait pas lieu à la demande du droit réclamé par la Régie, loin de violer les lois invoquées, s'est conformé à leur stricte disposition » (733 J. E., P. chr. 534). — V. 10393.

Le droit de collocation n'est pas non plus exigible sur le jugement qui ordonne le partage d'une communauté et, en attendant, accorde au survivant des époux une pension annuelle à prendre sur les revenus et les capitaux (Dél. 24 juin 1818, D. N. t. 4 p. 107 n° 74).

10523. Délégation. — Mais le droit proportionnel a été reconnu exigible dans une espèce où le cahier des charges d'une adjudication sur saisie immobilière portait délégation du prix aux créanciers inscrits. On ne peut dire que le jugement qui distribue le prix entre les créanciers inscrits n'est que l'exécution de la délégation contenue dans le cahier des charges. Ce jugement est passible du droit de 50 cent. pour 100 comme collocation sur toutes les sommes distribuées (Cass. 23 mars 1845, 14278 J. E., 1796 § 13 I. G.).

De même encore, le jugement qui, à défaut de distribution amiable entre trois créanciers inscrits sur un immeuble, attribue le prix de cet immeuble à deux des créanciers, à l'exclusion du troisième, opère une collocation qui le rend passible du droit proportionnel de 50 cent. pour 100, bien qu'une clause du cahier des charges et du jugement d'adjudication contienne la délégation du prix aux créanciers inscrits, et, d'ailleurs, il n'en fait pas la répartition entre eux (Cass. 20 avr. 1847) : « Attendu, porte cet arrêt, que le jugement d'adjudication du 8 avril 1843 n'a fait autre chose que déléguer le prix de vente aux créanciers inscrits en général ; mais qu'il n'a point réglé le rang dans lequel ces créanciers viendraient à la distribution du prix de vente, et que ce règlement a eu lieu par le jugement du 11 mai 1844, lequel contient distribution de ce prix de vente aux dame Leroux et sieur Boutheron, à l'exclusion du sieur Aguado, troisième créancier inscrit ; que dès lors il y avait lieu de percevoir sur ce jugement le droit de 50 cent. par 100 fr. établi par l'art. 69 L. 22 frimaire an 7 » (Dalloz n° 4328, S. 47-1-433, P. 47-2-199).

10524. Rapport. — Le jugement qui ordonne un rapport non contesté et en fixe les bases en vue du partage ne renferme pas de collocation proprement dite et n'est pas passible du droit proportionnel. — V. infrà n° 10530.

SECTION 2. — LIQUIDATION

[10525-10544]

10525. Principe. — L'art. 69 § 2 n° 9 L. 22 frimaire an 7 soumet au droit de 50 cent. par 100 fr. les jugements portant *condamnation*, *collocation* ou *liquidation* de sommes et valeurs mobilières. — Ce texte embrasse donc trois catégories de décisions distinctes qui se trouvent quelquefois confondues dans le même chef de la sentence. La condamnation, par exemple, n'intervient souvent qu'après la liquidation des créances dues au demandeur, de sorte qu'en astreignant le débiteur à se libérer le jugement contient à la fois une liquidation et une condamnation de sommes. — La collocation

n'est fréquemment elle-même que la suite d'une détermination judiciaire des droits du créancier. — Or, dans ces hypothèses, il est manifeste qu'on ne saurait appliquer le tarif à chacune des causes d'exigibilité du droit ; elles se confondent en un résultat unique qui devient seul passible de l'impôt.

Quoique la liquidation se trouve ainsi le plus souvent unie à une condamnation, il arrive néanmoins parfois qu'elle en est isolée. Pour condamner un individu au payement d'une somme, il faut que ce débiteur ait nié l'existence de sa dette.

1. **DROITS NON CONTESTÉS.** — Liquider, au contraire, n'est pas nécessairement statuer sur les prétentions contradictoires de deux plaideurs. C'est régler ce qui était incertain dans une affaire, ou, pour nous servir de la définition du *Journal du Palais*, « débrouiller et fixer ce qui était embrouillé et non liquide » (Rép. v° *Liquidation* 1). La liquidation, dit également Merlin, est l'action par laquelle on débrouille, on règle, on fixe ce qui était embarrassé, incertain (Rép. v° *Liquid.*). Cette opération, on le voit, ne suppose pas toujours un désaccord entre les parties ; elle résulte uniquement de l'incertitude des créances à déterminer. Aussi l'impôt de 50 cent. pour 100 est-il régulièrement exigible quand le tribunal, sans prononcer de condamnation, arrête le chiffre d'une indemnité auparavant inconnue, ou fixe l'importance d'une dette jusqu'alors incertaine. Ces idées, que nous avons émises dans nos éditions précédentes, ont été très-nettement consacrées par un arrêt de la chambre civile du 25 mai 1875, ainsi conçu :

« Vu l'art. 69 § 2 n° 9 de la loi du 22 frimaire an 7 ;

Attendu que l'article précité soumet au droit proportionnel de 50 cent. pour 100 non-seulement les jugements qui portent condamnation, mais encore ceux qui contiennent collocation ou liquidation ; que la perception de ce droit se fonde sur ce que la décision judiciaire qui est intervenue constitue désormais, dans l'un comme dans l'autre cas, le titre commun des parties ; qu'elle est subordonnée à la seule condition que la liquidation s'applique à des sommes et valeurs mobilières jusque-là indéterminées et incertaines dans leur quotité, soit qu'il y ait eu ou non contestation sur le fond du droit ; que si l'art. 68 § 3 n° 2 ne soumet qu'au droit fixe les actes de partage, ce n'est qu'au cas où les droits des copropriétaires ont été reconnus et déterminés antérieurement à la cessation de l'indivision ; mais que, s'agissant, comme dans l'espèce, d'une action en pétition d'hérédité et en partage, lorsque le jugement qui y statue porte liquidation complète et définitive des droits mobiliers de toutes les parties, le droit proportionnel établi par l'art. 69 précité devient légalement exigible » (4093 R. P.).

La perception du droit proportionnel qui s'opère dans ce cas, a dit M. le conseiller rapporteur Larombière, se fonde sur l'un des principes les plus élémentaires en matière fiscale. Le jugement portant liquidation forme titre pour chaque partie, titre aussi formel, aussi complet que s'il contenait condamnation ou collocation. Ce jugement est le titre qui servira désormais de fondement aux poursuites des parties les unes contre les autres, avec toute l'autorité qui s'attache aux décisions de la justice passées en force de chose jugée. Il leur suffit seul, et elles n'ont plus besoin désormais d'invoquer aucun des actes qui ont servi, dans l'instance judiciaire, à la détermination de leurs droits respectifs (4093 R. P. ; — Conf. : Ussel 15 fév. 1872, 3468 R. P.). — V. 10384

2. RECONNAISSANCE PURE ET SIMPLE. — Toutefois, on n'attribuerait pas le caractère d'une liquidation au jugement qui se borne à la reconnaissance pure et simple d'un fait préexistant connu et incontesté. La sentence n'est alors que le complément du fait ou du titre antérieur : elle devient passible du droit de 50 cent. pour 100 quand elle condamne le débiteur à exécuter son obligation, mais il ne saurait être question de percevoir un droit de liquidation quand les magistrats n'ont rien liquidé (*Conf.*: Compiègne, 13 juin 1878).

3. LIQUIDATION PRÉPARATOIRE. — Ce caractère n'appartiendrait pas non plus au jugement qui ne ferait pas une liquidation utile, c'est-à-dire terminerait le litige en l'incertitude de la situation. Si la décision du tribunal n'était que préparatoire et se bornait à poser les bases de l'opération, on y appliquerait les règles que nous avons indiquées à propos du droit de condamnation et de collocation. Le droit proportionnel ne serait pas exigible. Voici en quels termes ce principe a été exposé devant la Cour de cassation par l'un de ses membres : « Qu'est-ce qu'une liquidation? a-t-il dit. C'est une opération qui sert à fixer les droits de chacun dans une chose commune ; en matière de société, à établir l'état des dépenses et des recettes faites dans un intérêt commun, celui des bénéfices et des pertes et la part de chacun des associés ; c'est le reliquat, le résultat de ce travail complexe qui constate la liquidation. Il nous est difficile d'admettre avec le pourvoi qu'elle existe en l'absence de toute fixation de parts entre les associés dans les valeurs communes, et que l'on puisse décomposer les éléments dont elle doit être nécessairement formée pour voir dans chacun d'eux, par exemple dans celui des recettes, d'une part, dans celui des dépenses, de l'autre, autant de liquidations qui devraient être soumises au droit proportionnel » (Rapport de M. le conseiller Tardif, n° 2897 R. P.).

Le même principe a été appliqué, en matière de collocation, par un arrêt de cass. du 3 août 1870, rapporté *suprà* n° 10518.

4. PARTAGE AJOURNÉ. — Il ne faut pas néanmoins, semble-t-il, en exagérer la portée. Ainsi, par exemple, si un jugement procédait à la liquidation d'une manière complète, en laissant seulement à opérer entre les ayants droit le partage des valeurs liquidées, cette dernière circonstance arrêterait-elle l'exigibilité du droit? La jurisprudence ne l'a pas pensé : « Attendu, porte un arrêt de cass. du 2 février 1814, que la liquidation provisoire et la liquidation définitive ont le même objet ; qu'elles sont faites pour les intérêts des mêmes parties et sur le produit des mêmes choses ; qu'elles ne peuvent, dès lors, être considérées comme des opérations distinctes, quant à la perception du droit d'enregistrement ; que, cependant, si le droit de 50 cent. pour 100 pouvait être perçu d'abord sur le montant de la liquidation provisoire et qu'il pût l'être de nouveau sur la liquidation définitive, le même droit se trouverait perçu deux fois sur le même capital pour une seule et même liquidation, entre les mêmes parties et pour la même cause, ce qui serait aussi contraire au texte qu'à l'esprit de la loi ; qu'il est indifférent que la liquidation définitive soit la seule qui contienne la liquidation particulière entre les parties intéressées ; que cette liquidation ne fait que déclarer et établir eux un simple partage, qui rentre dans les dispositions de l'art. 68 L. 22 frimaire an 7. » Nous devons convenir cependant que cette interprétation ne se concilie pas sans peine avec les principes que la cour tend à faire prévaloir.

5. LIQUIDATION ET CONDAMNATION. — Si un jugement contenant liquidation de droits incertains a été assujetti au droit proportionnel d'enregistrement, et qu'un second jugement intervienne pour prononcer la condamnation du redevable au payement des sommes liquidées, il est dû un second droit de 50 centimes sans imputation de celui qui a été perçu antérieurement. Il en est ainsi *a fortiori* lorsque la condamnation s'applique à un objet différent de la liquidation et concerne des parties qui ne figuraient pas dans la première opération (Nancy, 17 avr. 1877, 4685 R. P.).

10526. Compte. — En matière de compte, la règle de perception qui précède a été posée par un arrêt du 20 juin 1826, déjà cité à propos du droit de condamnation : « Attendu, porte-t-il, que lorsqu'un jugement ou un arrêt, statuant sur une reddition de compte, se borne à régler les bases de ce compte, à déterminer les objets ou les sommes dont le comptable devra se charger en recette, et les objets ou les sommes qu'il sera autorisé à porter en dépense, une telle disposition ne constitue pas par elle-même ni une condamnation, ni une liquidation actuelle et définitive qui puisse donner lieu à un droit proportionnel, mais elle constitue seulement une condamnation éventuelle du montant de la somme dont, par l'apurement du compte, le comptable se trouvera reliquataire ou de celle dont il sera reconnu créancier, condamnation dont le droit proportionnel ne devient exigible que sur l'enregistrement de l'acte civil ou judiciaire qui détermine le résultat définitif de la balance du compte » (1200-11 I. G., S. 27-1-103).

Mais le jugement qui contient liquidation du compte entre les associés et qui établit un sociétaire débiteur envers l'autre doit être regardé, à leur égard, comme une condition, et par conséquent sujet au droit proportionnel pour le résultat de ce compte (Cass. 24 mars 1812, S. 12-1-225, 4213 J. E.).

De même est passible du droit de liquidation le jugement qui déclare qu'un individu devra tenir compte du montant intégral d'actions qu'il avait été chargé de placer et qu'il ne représente pas (Sol. 13 août 1858), — ou le jugement qui, sur contestation, détermine la valeur à assigner à des actions industrielles vendues dans le cours de la communauté ou de la société (Seine 18 juill. 1856, 716 R. P.).

Le droit de 50 cent. pour 100 a encore été reconnu exigible sur le jugement qui fixe le reliquat d'un compte sans réserves : « Attendu que le jugement du 30 novembre, statuant sur un compte ordonné en 1853 et ayant donné lieu à de longs débats fixe à 49,328 francs le reliquat dû par la succession L... à J... ; qu'il contient donc une liquidation des droits des parties et qu'à ce seul titre, sans qu'il soit nécessaire qu'il prononce une condamnation, il est sujet au droit de 50 cent. pour 100 » (Le Havre 26 fév. 1874).

Jugé de même que si le tribunal fixe le reliquat incertain du prix d'une vente enregistrée le droit de liquidation est dû sur la somme liquidée (Pontarlier, 14 mai 1878).

10527. Partage. — Il en est de même, par identité de motifs, à propos du partage.

Quand la liquidation est l'un des éléments de partage provoqué entre les communistes et forme un incident ou un préliminaire de cette opération, on a pensé que la liquidation, considérée en elle-même, n'avait pas de caractère définitif, que ses effets étaient subordonnés aux résultats du partage qu'elle préparait et qu'il fallait ajourner jusqu'à ce partage la perception de l'impôt.

1. DROIT NON DU. — Ainsi, 1° le jugement qui se borne à déterminer la quotité des droits d'un héritier ou d'un légataire, qui explique, par exemple, que cet héritier ou légataire ayant droit à un quart, à un cinquième de la succession, son prélèvement doit être d'une quotité égale, ce jugement doit être considéré comme n'établissant que les bases d'un partage, et le droit de liquidation n'est pas exigible (1381 § 4 I. G.);

2° Le jugement qui se borne à poser les bases de la liquidation et indique, sans contestation préalable, les sommes que l'une ou l'autre des parties pourra porter à son actif, ne constitue par lui-même ni une condamnation ni une liquidation pouvant donner lieu au droit proportionnel (Chalon-sur-Saône 6 août 1857);

3° Le jugement qui détermine la portion des biens grevés de substitution, fixe les éléments des masses active et passive de la succession, désigne les objets que l'héritier pourra conserver à charge d'avances ou de donation et renvoie les parties devant notaire pour le partage définitif, n'est pas passible du droit de liquidation, alors surtout que le jugement renvoie les parties devant un notaire-commis (Seine 15 janv. 1870, 3114 R. P.).

4° Il a été reconnu, en thèse générale, que c'est le droit gradué et non le droit de liquidation qui est dû quand, les parties s'étant mises d'accord sur les bases du partage, l'opération principale est l'attribution des biens (Sol. 2 oct. 1877).

2. DROIT DU. — Il en est autrement quand la liquidation est définitive et qu'elle forme la disposition principale du jugement. Décidé :

1° Que, s'il y a eu contestation sur l'importance des prélèvements, sur l'étendue des droits héréditaires, et que le tribunal en fixant les droits détermine l'importance des sommes qui s'y appliquent, le jugement, ne laissant rien à faire à une liquidation postérieure, donne ouverture au droit de liquidation (Dél. 6 mai 1831, 9998 J. E., 1381 § 4 I. G.);

2° Que la disposition d'une sentence arbitrale qui liquide et fixe le montant des sommes dues à ses cohéritiers par un héritier, à raison de la jouissance que ce dernier a eue des biens de la succession, est passible du droit de 50 cent. pour 100 (Cass. 10 mai 1819, 6431 J. E., 3036 J. N., S. 19-1-377. — Arg. de cass. 8 août 1833, S. 33-1-736, 10706 J. E.).

2 bis. — Que le jugement qui détermine sans qu'il y ait contestation entre les parties l'importance de l'actif et du passif d'une succession, la quotité des droits héréditaires de chacun des héritiers et le montant des sommes qu'il devra retenir ou recevoir en conséquence est passible du droit de liquidation (Cass. 25 mai 1875, 4093 R. P.). — V. 10525-1. Contrà Bernay 3888 R. P.).

3° Que le droit de liquidation doit être perçu sur un jugement qui statue sur les contredits élevés dans le cours d'un partage, détermine les indemnités ou les récompenses, rectifie la masse et fixe l'émolument de chaque copartageant, alors même que le tribunal aurait renvoyé les parties devant notaire pour les opérations de partage (Yvetot 10 mars 1865, 2165 R. P.);

4° Ou sur le jugement qui procède, d'après les éléments fournis par les parties et de leur consentement, au partage d'une communauté, fixe les droits de chaque époux et détermine les abandonnements (Ussel 15 fév. 1872, 3468 R. P.);

5° On ne peut attribuer le caractère de jugement préparatoire au partage à une sentence arbitrale qui, appréciant le préjudice causé par une société à deux autres compagnies par des agissements contraires à leurs conventions, fixe le montant de l'indemnité qui est due à ces dernières et les autorise à prélever une valeur égale sur des obligations qui leur auraient été réservées en gage. Cette décision renferme une véritable liquidation passible du droit de 50 cent. pour 100 : « Attendu, porte un arrêt de cass. du 4 février 1874, qu'il est constaté en fait par le jugement attaqué que la société Vitali, après s'être engagée, par un traité du 23 mars 1863, envers la société en liquidation Parent-Schaken, à réserver comme un gage commun de leurs créances sur la compagnie Victor-Emmanuel 78,223 obligations, sur les valeurs à fournir par le gouvernement italien, a prétendu que les conditions auxquelles on avait traité avec ce gouvernement, pour l'achèvement du chemin de fer calabro-sicilien étaient différentes de celles prévues par la convention du 23 mars, et qu'il était résulté pour elle un préjudice dont il lui était dû réparation ; que, sur cette prétention, il est intervenu le 20 février 1870 une sentence arbitrale qui a reconnu l'existence du préjudice et qui, après l'avoir apprécié, a attribué à la société Vitali, à titre de réparation, 8,424 desdites obligations évaluées au taux de 150 francs ; que cette attribution définitive, par laquelle tous les droits que la liquidation Parent-Schaken avait sur lesdites valeurs sont transmis à la société Vitali, n'est ni un partage, ni l'élément d'un compte à établir ultérieurement ; que si, dans les termes où elle a eu lieu, elle ne peut être considérée comme une condamnation proprement dite, elle présente les caractères d'une véritable liquidation, dans le sens de l'art. 69 § 2 n° 9 L. 22 frimaire an 7 » (3831 R. P.).

« Un élément de liquidation, disait au sujet cette affaire le conseiller rapporteur, suppose un acte ultérieur nécessaire pour l'attribution des valeurs communes qui en font l'objet. Or ici cette attribution est faite d'une manière définitive par la sentence qui est devenue le titre de la société Vitali. Elle a ainsi le caractère d'un jugement emportant liquidation et condamnation dans le sens de l'art. 69 de la loi de frimaire, et c'est avec raison, suivant nous, qu'il a été décidé qu'elle donnait ouverture au droit proportionnel édicté par cet article. »

6° Lorsqu'un jugement rendu sur une demande en nullité de partage, introduite par les créanciers des héritiers, fixe la valeur des immeubles au chiffre arrêté entre les parties, et détermine le montant incertain et discuté des créances personnelles dues à certains héritiers, le droit de liquidation est exigible sur ces créances, mais il ne peut pas être perçu sur les autres parties de l'actif à partager (Nogent-le-Rotrou, 4 mai 1877, 4731 R. P.).

10528. Douaire. — Le jugement intervenu entre les tiers sur contestations relatives au partage de la succession et qui fixe la part contributive de chaque héritier dans le douaire de leur mère ne donne pas ouverture au droit de liquidation, si ce douaire n'a fait l'objet d'aucune contestation et que sa liquidation ne soit entrée pour rien dans la demande soumise à la décision du tribunal (Dél. ... avr.

1834, 10907 J. E.; — Cass. 24 nov. 1829, 9489 J. E., 1307 § 7 I. G., S. 30-1-337). — V. 10384.

10529. Reprises. — Le droit proportionnel a été déclaré applicable au jugement portant liquidation des reprises d'une femme séparée de biens d'avec son mari, la femme ayant renoncé à la communauté (Lesparre 27 juin 1845, Dalloz n° 4324).

Il n'est pas nécessaire pour cela qu'il y ait eu contestation au sujet du chiffre de ces reprises, récompenses ou indemnités : il suffit que le jugement ait pour effet de tirer les parties d'un état d'incertitude à l'égard de ces créances en leur donnant un titre qui leur manquait.

Par suite, il a été jugé que, si un jugement détermine, sur la demande des époux, le montant des reprises de la femme, le droit de 50 cent. pour 100 est exigible, mais ne peut être perçu que sur la portion des reprises non fixée par des jugements antérieurs (Montpellier 24 août 1864, 1960 R. P.). Dans cette affaire, ni le mari, ni la femme, ni l'acquéreur ne contestaient les reprises garanties par l'hypothèque légale; mais, comme aucun d'eux n'en connaissait le chiffre et qu'il leur importait d'être fixés à cet égard pour la libération de l'acquéreur, ils avaient prié le tribunal de le déterminer. Afin d'y parvenir, les magistrats avaient dû procéder à une véritable liquidation.

De même, lorsque les reprises d'une femme ont été déterminées dans un acte de liquidation et que cet acte donné lieu à un jugement homologatif qui arrête, après des contestations diverses, le montant des reprises, il est dû un droit de liquidation à 50 cent. pour 100 sur le chiffre adopté par le tribunal, encore bien qu'il n'ait été prononcé aucune condamnation contre l'autre époux ou ses représentants : « Avant le jugement, la femme n'avait à proprement parler qu'un procès-verbal contenant ses dires, ses prétentions et les prétentions en réponse des créanciers intervenants ; il importe peu que le chiffre définitif soit le même ou à peu près le même que celui qui avait été provisoirement fixé par le notaire liquidateur, et il est impossible de méconnaître que c'est le jugement qui fait la liquidation, c'est-à-dire qui rend certain le chiffre des reprises » (Confolens 14 mai 1864, 2046 R. P.).

Il en est ainsi encore du jugement intervenu sur les contredits élevés à l'occasion d'un projet de liquidation notarié, quand ce jugement fixe d'une manière définitive le chiffre des indemnités dues à la société d'acquêts, celui des récompenses, et rectifie, par les additions et retranchements qu'il ordonne, la masse active et la masse passive de la société d'acquêts (Yvetot 10 mars 1865, 2165 R. P.).

« Quels qu'aient été, dit dans un cas pareil le tribunal de la Seine, les éléments d'appréciation et les motifs qui ont servi de base au jugement, la disposition liquide à 47,318 fr. 02 cent. la somme qui avait été liquidée par le notaire à 44,296 francs; d'où il suit que c'est cette somme qui forme le capital liquide par le jugement, et qui est par conséquent soumise au droit » (Seine 3 déc. 1858, 1227 R. P., 16923 J. E., 11715 C.).

Mais, si toutes les reprises sont justifiées par des titres en forme, le jugement qui en fixe le total, après séparation de biens et liquidation d'un notaire commis, ne donne pas ouverture au droit proportionnel (Cass. 2 mars 1836, 11816 J. E., 1562 § 13 I. G.).

10530. Rapport. — Si le tribunal se borne à déclarer quelles sont les créances et valeurs à rapporter à la succession, sans déterminer d'ailleurs le chiffre définitif de ces valeurs, non plus que les parts à attribuer à chaque héritier, il n'y a là aucune liquidation de somme, puisque rien n'est définitivement fixé. C'est ce que la Cour de cassation a reconnu au sujet d'un jugement ordonnant, sans en fixer le montant, que des créances seraient rapportées par l'héritier détenteur ou qu'à défaut il en payerait la valeur (Cass. 27 déc. 1859, 1272 R. P., 17058 J. E., S. 60-1-755, P. 60-177, *arrêt rapporté* 10394).

Il en est de même d'un jugement qui, statuant sur une liquidation notariée contestée relativement à la fixation des rapports dus par les cohéritiers, ne détermine pas les droits successifs de chacun d'eux et renvoie devant notaire pour procéder à un nouveau partage, en indiquant les bases sur lesquelles il sera préparé (Tulle 29 août 1862, 12444 C., 17646 J. E.).

Mais, quand le tribunal fixe définitivement le montant du rapport, jusque-là incertain, à opérer par un cohéritier à la succession de sa mère, le droit de 50 cent. pour 100 fr. est exigible (Seine 5 déc. 1857, 11297 C., 16689 J. E.).

On l'a décidé ainsi également : 1° pour le jugement ordonnant qu'il sera fait rapport à une succession d'une somme déterminée, montant d'une donation déguisée (Seine 31 janv. 1857);

2° Pour celui qui, statuant entre des héritiers sur des difficultés à raison de la propriété de diverses créances présumées dépendre de l'hoirie et détenues à titre privé par quelques-uns des héritiers, fixe et détermine celle des valeurs dont il sera fait rapport à la masse (Sol. 23 juill. 1857).

Ce principe a été consacré en termes très-nets par un jugement du tribunal de Chalon-sur-Saône du 27 février 1873, ainsi conçu : « Attendu que le droit de liquidation est exigible sur le jugement qui détermine les rapports dus par les cohéritiers; qu'il était évident que le jugement a fixé ce qui était jusqu'alors incertain et contesté, c'est-à-dire des prélèvements faits sur une masse commune, à titre de donation, prêt ou avance; qu'il en a indiqué le *quantum* d'une façon définitive; que, par suite, les sommes ainsi déterminées se sont trouvées en dehors de toutes contestations ultérieures, sans qu'il ait été possible au notaire liquidateur de les modifier; que, sur ce point, le jugement est bien définitif et a fourni aux parties une base certaine et irrévocable pour le règlement de leurs comptes. »

V. égal. Verdun, 5 avril 1876 (4334 R. P.).

1. DÉTOURNEMENT. — Le droit de liquidation est également exigible lorsque le jugement fixe le montant des sommes qu'un acheteur et à plus forte raison un étranger avait détournées de la succession (Coutances 26 mars 1871). — V. 10544.

2. CONDAMNATION. — V. 10394.

10531. Autorisation de continuer des poursuites. — Le droit de liquidation n'est exigible que sur le montant des sommes sur lesquelles les parties étaient en désaccord ; dès lors il n'est pas dû sur le jugement qui, alors qu'aucune contestation ne s'élevait ni sur le capital ni sur les intérêts dus en vertu d'une obligation notariée, se borne à décider que le défaut de mainlevées exigées par le débiteur ne pouvait empêcher le payement des intérêts et a ordonné la continuation des poursuites (Seine 5 déc. 1860, 17267 J. E.).

10532. Compromis. — Lorsque des héritiers ont autorisé les arbires à prononcer en dernier ressort sur le règlement des jouissances dues par l'un d'eux, à raison de l'administration des immeubles héréditaires, la décision qui fixe la portion de fruits revenant à chacun doit être considérée comme une liquidation passible du droit de 50 cent. pour 100 (Cass. 10 mai 1819, S. 19-1-377, 6431 J. E.). — V. suprà n° 10527.

10533. Créancier d'une succession. — Le jugement qui fixe la somme dont une succession est débitrice envers un créancier est soumis au droit dû pour les liquidations, lors même que le curateur de la succession n'est pas partie en cause (Cass. 9 avr. 1812, 4178 J. E., arrêt rapporté 10381).

10534. Créancier inscrit. — Le jugement qui détermine, sur la demande d'un créancier inscrit, la valeur d'une nue-propriété vendue avec l'usufruit moyennant un prix uniqu°, renferme une véritable liquidation passible du droit de 50 cent. pour 100. « Le jugement, en effet, a déterminé et fixé d'une manière définitive la quotité des droits des parties en cause qui n'étaient pas d'accord sur cette quotité ; il y a donc eu véritablement une liquidation de leurs droits pour laquelle un droit proportionnel était dû » (Rambouillet 15 fév. 1870, 3138 R. P.).

10534 bis. Don manuel. — Il a été décidé que le jugement qui reconnaît l'existence d'un don manuel et en liquide le montant est passible du droit de donation et du droit de liquidation (Pontarlier, 14 mai 1878). Le droit de liquidation ne paraît pas dû, attendu que le droit de don manuel n'est pas un droit de titre, mais qu'il est perçu sur le jugement lui-même et que la même disposition ne peut pas donner lieu à deux droits (Cass. 10 déc. 1877, 4845 R. P.).

10535. Droits contestés. — Un jugement qui fixe les droits respectivement contestés entre les parties, sur une somme mobilière due par un tiers, est passible de 50 cent. pour 100 comme opérant liquidation (Cass. 16 avr. 1856) : « Attendu, porte cet arrêt, que du rapprochement de ces articles et des art. 4 et 69 de la même loi il résulte que le seul partage soumis au droit fixe est celui qui fait simplement cesser l'indivision entre copropriétaires dont les droits sont reconnus et déterminés antérieurement au partage ; qu'il en est autrement lorsque, les droits des parties étant contestés, il y a eu nécessité de recourir aux tribunaux pour faire déterminer et liquider ces droits ; qu'il y a lieu, dans ce cas, à l'application de l'art. 69 de la même loi, qui soumet au droit proportionnel les jugements portant condamnation, collocation ou liquidation de sommes ou valeurs mobilières ; attendu que le jugement attaqué constate et qu'il résulte de l'arrêt du 10 mai 1853 que le montant des valeurs mobilières sur lesquelles a statué cet arrêt était revendiqué par plu-

sieurs prétendants : par les uns pour la totalité, par les autres pour les deux tiers ; que l'arrêt a déterminé la part de chacun d'eux, les a autorisés à réclamer des tiers détenteurs le montant des sommes qui leur étaient attribuées et a ainsi opéré une véritable liquidation, pour laquelle un droit proportionnel était dû » (682 R. P.).

10536. Faillite. — D'après l'art. 462 C. com., les syndics de la faillite peuvent recevoir, après avoir rendu compte de leur gestion, une indemnité que le tribunal arbitre sur le rapport du juge-commissaire. On a demandé si le jugement qui fixe cette indemnité est sujet au droit proportionnel. L'affirmative résulte d'une D. m. f. 21 octobre 1843 (I. G. 1755 § 7), motivée sur ce que cette fixation d'indemnité, toujours faite sur la demande expresse des syndics, est une véritable liquidation soumise au droit de 50 cent. pour 100 par l'art. 69 § 2 n° 9 L. 22 frimaire an 7.

10537. Intérêts. — Le jugement qui détermine les intérêts courus depuis une certaine époque du prix d'une vente et ordonne de fournir garantie hypothécaire de ces intérêts ne donne pas ouverture au droit de liquidation, car des intérêts d'un prix de vente dont la quotité est déterminée et le montant connu en calculant le temps écoulé ne peuvent rien présenter de litigieux (Dél. 7 juill. 1832, 10381 J. E.).

Lorsque, conformément à l'art. 1154 C. C., un jugement déclare que des intérêts échus produiront eux-mêmes des intérêts, il y a liquidation des intérêts exigibles ; ainsi le droit de 50 cent. pour 100 doit être perçu (Sol. 26 mars 1819).

10538. Prises maritimes. — Un arrêt de cass. a statué, le 1er juin 1813, que, quand le droit proportionnel a été perçu sur les jugements de liquidation partielle de prises maritimes, il n'est pas exigible sur le jugement de liquidation générale (650 I. G.).

Le ministre des finances, à qui il a été rendu compte de la difficulté, a aussi décidé que le droit proportionnel n'est pas dû sur le jugement de liquidation générale, lorsque ce droit a déjà été acquitté sur les jugements de liquidation particulière, sauf néanmoins à l'exiger sur les sommes qui, dans le cas prévu par les art. 89 et 94 du règlement du 2 prairial an 2, auraient été tirées seulement pour mémoire dans les liquidations partielles et se trouveraient ensuite comprises dans le jugement de liquidation générale (n° 650 I. G.).

Un jugement de tribunal de commerce qui liquide le produit d'une prise maritime et colloque les sociétaires pour la somme qui leur revient est sujet au droit proportionnel de 50 cent. pour 100 (Arr. d'admission de C. du 21 avr. 1814, 5470 I. E.).

Les produits de plusieurs prises maritimes, faites avant le 1er janvier 1814, sont restés entre les mains du Gouvernement, qui les rembourse en reconnaissances de liquidation ou en inscriptions. Est-ce sur le montant nominal de ces effets publics ou d'après leur valeur réelle que le droit des jugements de commerce doit être liquidé ?

Le ministre des finances a décidé, le 15 juin 1818, « que le droit de ces jugements doit être payé sur la valeur nominale des sommes remboursables en reconnaissances de liquidation et sur la valeur réelle de celles liquidées en inscriptions, laquelle dernière valeur sera déterminée par le cours moyen de la Bourse de Paris au jour du jugement contenant la liquidation (6137 J. E.).

Les liquidations partielles faites devant les consuls français en pays étrangers tiennent lieu de celles prescrites par l'art. 89 du règlement du 2 prairial an 11; elles ne peuvent jouir des exceptions accordées par les avis des 6 vendémiaire an 14 et 15 novembre 1806, à certains actes passés en pays étrangers; elles sont passibles non du droit fixe, mais du droit de 50 centimes pour 100 francs, et l'obligation de les soumettre à la formalité n'est de rigueur qu'autant qu'on veut en faire un usage public (4038 J. E.).

10539. Prix de vente. — L'arrêt qui fixe d'une manière définitive le prix d'une vente mobilière contient liquidation de sommes et donne ouverture au droit de 50 centimes pour 100 (Seine 6 déc. 1854).

10540. Société. — Si, en dehors de l'acte de société, les associés ont établi des conventions verbales et qu'après la dissolution de la société ces conventions aient fait l'objet d'une sentence arbitrale réglant le compte courant entre les associés par suite de ces conventions et fixant le solde à une somme inférieure au montant de la demande, mais supérieure à la somme offerte, il y a liquidation dans le sens de l'art. 69 § 2 n° 9 L. 22 frimaire an 7, et le droit de 50 centimes pour 100 est exigible, indépendamment de celui de titre (Seine 9 juin 1850, 14979 J. E.; — Cass. 4 juin 1851, 14415, 15222 J.E., 1900 § 1er I.G.).

En exécution d'un acte d'ouverture de crédit, 381,000 francs ont été versés au gérant de la société; mais, celui-ci en ayant détourné une partie à son usage personnel, intervient un jugement qui fixe à 26,805 fr. 20 cent. le montant de la somme dont la société a profité. — Le droit de 50 centimes pour 100 de liquidation est exigible sur cette somme (Seine 8 août 1862, 17545 J. E.).

Si un jugement fixe les bénéfices de la société à un certain chiffre et arrête, en conséquence, la somme que l'un des associés doit restituer pour excédant perçu, le droit de liquidation est dû sur le chiffre des bénéfices et non pas seulement sur la somme à restituer (Seine 25 janv. 1861, 1460 R.P., 11944 C., 17266 J.E.).

Est également passible du droit de liquidation le jugement qui détermine d'une manière définitive, sur les prétentions contradictoires des parties, l'importance des créances commerciales et le montant du passif commercial ou civil dépendant d'une société dissoute. Le droit est dû sur chacune de ces sommes (Seine 2 déc. 1865, 2322 R.P.).

De même, lorsqu'il a existé entre des négociants trois sociétés successives indépendantes l'une de l'autre et qu'un jugement, procédant à la liquidation de la société intermédiaire, détermine le solde définitif en faveur de l'un des anciens associés dans cette entreprise, le droit proportionnel de liquidation à 50 centimes pour 100 est exigible : « La cour a liquidé la société intermédiaire; elle a déterminé le solde définitif en faveur de Hanotin; cette société n'a aucun lien qui la rattache aux autres sociétés; elle n'est surtout pas liée avec elles par le compte courant; seulement, après la liquidation des trois sociétés, leurs soldes respectifs peuvent faire l'objet d'un compte général qui, par l'effet de la compensa-

tion, déterminera le solde définitif; ainsi la perception du droit proportionnel a été régulièrement demandée » (Nancy 23 juin 1869, 2992 R. P.).

Si des arbitres, appréciant le préjudice causé par une société à deux autres compagnies par des agissements contraires à leurs conventions, fixent le montant de l'indemnité qui est due à ces dernières et les autorisent à prélever une valeur égale sur des obligations qui leur avaient été réservées en gage, cette décision renferme une liquidation définitive ou une condamnation passible du droit de 50 centimes pour 100 (Seine 23 nov. 1872, 3569 R. P.; — Cass. 4 fév. 1874, *arrêt rapporté* n° 10527).

Contrairement à ces solutions, le tribunal de Bernay a décidé, le 22 août 1867, que le jugement qui fixe après contestation le montant des dépenses d'une société, sans déterminer immédiatement les droits individuels de chaque associé, ne contient aucune liquidation de sommes passible du droit proportionnel (2619 R.P.).

L'Administration avait déféré ce jugement à la C. cass., mais elle a retiré son pourvoi sur la production du rapport de M. le conseiller Tardif, qui justifiait ainsi la doctrine du tribunal : « En fait, le tribunal de commerce était saisi d'une demande en liquidation d'une société dissoute. Par son jugement du 14 avril 1865, il dit qu'il ne peut être procédé immédiatement à la liquidation ; seulement les parties ayant conclu et discuté sur le chapitre des dépenses, il a vidé ce différend en fixant à 282,841 francs, toutes déductions faites, les dépenses sociales au 10 septembre 1863. Ce même jugement a réservé les droits des parties pour les faire valoir lors de la liquidation ; il a même donné acte à l'une d'elles de ses réserves de réclamer alors toutes les dépenses dont les experts ne s'étaient pas occupés. Il n'a donc fait autre chose que régler et déterminer une des bases de la liquidation, sans fixer aucun droit ; il reste à mettre en regard des dépenses le chapitre des recettes, à établir la balance, la compensation. C'est là seulement ce qui constituera la liquidation » (2897 R.P.).

DISSOLUTION. — Si, après la dissolution d'une société et sur discussions élevées entre les associés, une sentence arbitrale fixe la somme revenant à chacun, le droit de liquidation est exigible, attendu qu'il ne peut s'agir d'un simple partage, les associés étant divisés sur leurs droits, ce qui a nécessité l'intervention des arbitres (Dél. 11 mars 1834, 10891 J.E.). — V. 2247.

10541. Tiers saisi. — Le jugement qui, sur la déclaration du tiers saisi, contestée par les créanciers saisissants, fixe la somme due et en ordonne le versement à la caisse des dépôts et consignations, pour le compte des saisissants, donne ouverture au droit de liquidation (Seine 2 juin 1853, 15677 J. E.).

10542. Cantonnement. — Le jugement qui fixe les droits des usagers dans une opération de cantonnement est-il passible du droit de 50 cent. pour 100? — V. Cantonnement.

10543. Assurances. — Indemnité. — Lorsqu'un arrêt condamne une société d'assurances à payer à l'assuré, sous déduction de la prime convenue, le montant de l'indemnité due à celui-ci du chef de sinistre, le droit de 50 centimes pour 100, à titre de liquidation, doit être perçu sur la totalité de l'indemnité : « Considérant que le juge a *liquidé* ici l'indemnité réclamée du chef d'avarie, et que le bénéfice de l'opération est acquis au demandeur pour l'intégralité de cette indemnité, s'élevant à 50,918 fr. 84 cent.; qu'il résulte de ce qui précède qu'il y a lieu d'asseoir le droit de 60 centimes pour 100, à titre de rémunération du service judiciaire, sur la totalité de ladite somme, sans qu'il soit permis d'en distraire la prime convenue, qui ne fait pas partie de la condamnation prononcée » (Sol. belge 20 août 1867, 10574 J. E. belge).

Mais, si le tribunal n'a pas liquidé l'indemnité et s'est borné à donner acte à l'assureur de son offre de la payer, il y a lieu d'appliquer le principe que nous avons indiqué au numéro ci-dessus. Le droit de liquidation n'est pas exigible (Sol. 23 déc. 1868, 2848 R. P.).

10544. Liquidation du droit. — 1. REPRISES. — RÉCOMPENSES.

— C'est sur la somme réellement liquidée par le tribunal et faisant l'objet direct de la demande, que doit être assise la perception du droit. Par conséquent, si un jugement statue sur l'importance des reprises ou des récompenses dues soit à un époux, soit à une communauté, le droit de 50 centimes pour 100 n'est pas dû sur la portion de ces reprises qui n'était ni incertaine ni contestée et qui résultait, par exemple, de titres en forme (Montpellier 24 août 1864, 1960 R. P.).

« Attendu, porte également un jugement du tribunal de la Seine du 22 décembre 1860, que l'état liquidatif a fait figurer à l'actif de la communauté une somme de 40,000 francs qui n'a jamais été contestée; que le tribunal avait uniquement à statuer sur les prétentions de la femme, d'augmenter l'actif de 19,000 francs; que ces prétentions ont été réduites à 2,000 francs, d'où il suit que le tribunal a prononcé que l'actif était fixé à 42,000 francs ; attendu qu'il n'y a eu liquidation judiciaire que pour 2,000 francs, et que la liquidation utile donne seule ouverture au droit, car liquidation, dans le sens de la loi, ne veut pas dire reconnaissance pure et simple de ce qui existe, mais fixation de ce qui n'est pas liquidé. D'où il suit que le droit à 50 centimes pour 100 n'est exigible que sur 2,000 francs » (11926 C., 17267 J.E.).

L'Administration belge a reconnu dans le même sens, le 7 août 1861, que le jugement qui, en procédant à une liquidation de communauté, fixe les reprises de la femme à 73,342 fr. 24 cent., tandis qu'elle réclamait 5,877 fr. 21 cent. de plus, et que l'héritier du mari lui accordait 5,498 fr. 39 cent, de moins, ne donne lieu au droit de liquidation que sur cette dernière somme de 5,498 fr. 39 cent., le surplus de ce qui est alloué à la femme à titre de reprise n'ayant fait l'objet d'aucune contestation entre les parties (8949 J. E. belge).

2. SOCIÉTÉ. — Le jugement qui fixe l'importance du bénéfice d'une société, et arrête en conséquence la somme due par l'un des associés à l'autre pour l'excédant perçu, donne lieu au droit sur les bénéfices eux-mêmes. En effet, ce n'est qu'en procédant tantôt par admission, tantôt par rejet des prétentions contradictoires, que les arbitres sont arrivés, après

avoir fixé l'actif et le passif, à déterminer l'élévation des bénéfices. La fixation de la somme à payer par l'un des associés pour excédants perçus n'est qu'une suite nécessaire de la détermination des bénéfices et n'est prononcée que pour assurer définitivement la situation des parties, et la disposition principale passible de l'impôt est donc bien la fixation des bénéfices (Seine 25 janv. 1861, 1460 R. P., 11944 C., 17266 J. E.).

Quand un jugement détermine séparément le montant de l'actif et du passif d'une société, le droit de liquidation est dû sur chacune de ces sommes, et non pas seulement sur l'excédant (Seine 2 déc. 1865, 2322 R. P.).

2 bis. MARCHÉ. — Lorsque des arbitres nommés par justice opèrent une liquidation complète de tous les chefs d'un marché exécuté pour partie par le payement du prix, afin d'établir le compte respectif des plaideurs et de fixer le solde revenant à l'entrepreneur, cette décision donne lieu au droit de marché et au droit de liquidation sur l'intégralité du prix. Les arbitres, ayant, après vérification de l'ensemble des comptes, déterminé le prix dû pour le montant total des travaux, ont opéré une liquidation complète du marché qui a été tout entier et dans chacune de ses parties l'objet de leur décision (Seine 15 janv. 1876, 4332 R. P.).

Il en est de même du jugement qui opère le compte général des livraisons de récoltes faites par une partie à l'autre, ainsi que des sommes à déduire de leur prix (Sol. 26 nov. 1877; Clermont, 13 fév. 1878, 4904 R. P.).

3. CONFUSION. — Il faut d'ailleurs remarquer que c'est sur le montant de la somme que liquide le jugement que le droit de 50 centimes pour 100 doit être assis, abstraction faite des droits que le demandeur pourrait avoir à cette somme.

Ainsi, la communauté qui existait entre les époux Juillac a été dissoute par le décès du mari. Celui-ci devait, à raison d'impenses par lui faites sur ses biens propres, une récompense, sur le montant de laquelle il s'est élevé des contestations. Un jugement du tribunal de la Seine du 1er février 1853 a fixé cette récompense à 104,843 francs et a ordonné qu'elle serait comprise dans la masse active de la communauté. Lors de l'enregistrement du jugement, le receveur n'a perçu le droit de 50 centimes pour 100 que sur la moitié de la somme de 104,843 francs. Un supplément de droit ayant été réclamé, le tribunal de la Seine a jugé, le 18 août 1853 (15758 J. E.), que le droit était exigible sur la somme entière de 104,843 francs :

« Attendu que la dame Juillac oppose en vain que, n'ayant droit qu'à la moitié de la communauté, le jugement dont il s'agit ne renferme de condamnation à son profit que pour la moitié de la somme susénoncée; qu'il résulte des dispositions précitées de la loi de frimaire an 7 que les jugements de liquidation sont assujettis aux droits proportionnels, comme ceux de condamnation, sur la somme en principal, intérêts et frais, que le droit doit être perçu. »

Nous avons vu déjà plusieurs applications du même principe à propos du droit de condamnation au n° 10443 ci-dessus.

4. COMPTE. — Si l'objet du débat est la fixation de la somme dont une partie reste débitrice envers l'autre pour l'avance de tant pour 100 sur la valeur de constructions édifiées par cette dernière, le droit de liquidation est dû, non pas sur la valeur des constructions elles-mêmes, mais sur le chiffre des créances dues : « Attendu que le droit de liquidation est soumis sur ce point aux mêmes règles que le droit de condamnation; que le texte de la loi est conforme à cette interprétation; car, en inscrivant ces deux droits dans le même article et en les plaçant bien à côté l'un de l'autre, le législateur a suffisamment indiqué qu'il entendait les soumettre aux mêmes règles; que cela résulte de l'art. 14 qui, s'occupant de l'assiette du droit de liquidation, énonce qu'il sera perçu sur le capital des sommes liquidées, leurs intérêts et les dépens, ce qui indique bien que c'est seulement sur le capital produisant des intérêts que doit peser la perception, c'est-à-dire sur la somme définitivement allouée, seule susceptible de produire des intérêts et non sur d'autres sommes pouvant servir de base aux calculs nécessaires pour établir cette allocation » (Marseille 26 août 1873).

5. DÉTOURNEMENT. — Lorsque le jugement, pour déterminer la somme à restituer à la succession par un héritier qui en a détourné une partie, fixe l'importance totale de cette succession, le droit de liquidation n'est cependant dû que sur la valeur à restituer : « Considérant que, du texte même de l'art. 4 L. 22 frimaire an 7, établissant le droit proportionnel dû pour les obligations, libérations, condamnations, collocations ou liquidations de sommes et valeurs mobilières, il résulte que le droit n'est dû que sur la valeur pour laquelle un lien de droit quelconque est établi entre les parties ; considérant que c'est par une fiction inadmissible que l'Administration de l'enregistrement prétend que les éléments de calcul nécessaires pour fixer ou liquider les sommes ou valeurs qui doivent faire la règle des parties constituent la liquidation elle-même ; considérant que rien n'indique que la loi de frimaire ait voulu donner au mot *Liquidation* une autre acception que celle qu'elle a ordinairement, où on entend généralement par liquidation l'opération qui sert à fixer les droits de chacun dans une chose commune, en matière de succession, par exemple, à établir l'actif par le passif et à fixer la part de chacun des héritiers; considérant que, dans l'espèce, où les parties ne débattaient, devant le tribunal de Coutances, la validité d'un testament et le montant de détournements allégués, que pour les 3 huitièmes de la succession de Guénier-Deslandes, il fallait, pour connaître le chiffre des 3 huitièmes débattu entre les parties, connaître le chiffre total des valeurs détournées, mais qu'il n'y avait lien de droit que pour les 3 huitièmes, puisque les cinq autres héritiers ne figuraient pas dans l'instance, que, par conséquent, la fixation du chiffre de 80,000 francs ne pourrait leur être opposée par les parties au procès, pas plus qu'ils ne pouvaient l'opposer à ceux-ci, et qu'en résultat cette fixation n'était que provisoire et ne produisait et ne pouvait produire d'effet actuel que pour les 3 huitièmes. Donc, il n'y a pas dans le jugement de liquidation définitive, mais seulement évaluation pour fixer la condamnation prononcée au profit des trois héritiers contestants ; considérant que la conséquence de la doctrine de l'Administration serait qu'un créancier d'une part seulement d'une créance, même non solidaire, devrait, pour pouvoir en poursuivre le recouvrement quand le chiffre devrait être liquidé, payer le droit de liquidation sur les parts de tous les autres créanciers, ce qui constituerait une injustice qui n'a pu être dans la pensée du législateur » (Coutances 26 mai 1871).

CHAPITRE V. — DROIT DE TITRE

[10545-10625]

SECTION PREMIÈRE. — DISPOSITIONS GÉNÉRALES

[10545-10556]

10545. Disposition indépendante. — Le droit de titre est perçu accessoirement au jugement, c'est-à-dire que, tandis que pour le droit de condamnation, dont nous avons précédemment parlé, le jugement est la *cause* de la perception, il n'en est que l'*occasion* pour le droit de titre. Ainsi ce droit est indépendant du droit fixe du jugement ou du droit de condamnation. C'est ce qui ressort d'ailleurs formellement de l'art. 69 § 2 n° 9 L. 22 frimaire an 7, qui, soumettant au droit proportionnel de 50 centimes pour 100 les expéditions des jugements portant condamnation, collocation, liquidation de sommes et valeurs mobilières, ajoute : « Lorsqu'une condamnation sera rendue sur une demande non établie par un titre enregistré *et susceptible de l'être*, le droit auquel l'objet de la demande aurait donné lieu, s'il avait été convenu par acte public, *sera perçu indépendamment du droit dû pour l'acte ou le jugement qui aura prononcé la condamnation.* » C'est aussi dans ce sens que la question a été jugée par la C. cass. (arr. 21 frim. an 13, 1945 J.E., S. 5-2-42; — et 9 août 1809, 3714 J.E., S. 10-1-455; — 17 juin 1841; — 10 août 1848, S. 48-1-659; — 4 déc. 1854, S. 55-1-63, 15955 J. E.).

Ce dernier arrêt est ainsi conçu : « Attendu, que tout jugement portant condamnation de sommes et valeurs mobilières est soumis, lorsque la condamnation a été prononcée sur une demande non établie par un titre enregistré, mais susceptible d'être établie dans cette forme, à la perception simultanée de deux droits de nature différente, savoir : 1° du droit de condamnation, tel qu'il est défini et réglé par les deux premiers alinéas de la disposition ci-dessus visée ; — 2° du droit de titre, c'est-à-dire du droit auquel l'objet de la demande aurait donné lieu s'il eût été convenu par acte public; qu'en effet, dans le cas d'une convention ou d'une obligation non constatée par un titre et résultant seulement d'un traité verbal, le jugement qui intervient pour reconnaître l'existence et ordonner l'exécution de cette convention ou obligation constitue désormais pour les parties un titre légal dans la mesure de ce qui est ainsi déclaré obligatoire entre elles, et doit, par conséquent, dans cette même mesure, donner ouverture au droit de titre. »

10546. Dispositions prohibitives. — L'art. 11 L. 19 décembre 1790, après avoir prescrit l'enregistrement de tout acte sous seing privé, en vertu duquel il était formé quelque demande principale, incidente ou en reconvention, ajoutait : « Toutes poursuites et significations faites au préjudice de cette disposition seront nulles ; les juges n'y auront aucun égard et ne pourront rendre aucun jugement avant que ces actes n'aient été enregistrés. » Aussi l'on décidait, sous l'empire de cette loi, que le jugement qui prononce l'exécution de conventions écrites sur papier libre, sous signature privée, et qui n'ont pas été soumises à la formalité de l'enregistrement, doit être annulé (Cass. 9 vend. an 3).

La loi du 22 frimaire an 7 n'est pas allée si loin. Elle s'est bornée, dans son art. 47, à défendre aux juges et aux arbitres de rendre aucun jugement sur des actes non enregistrés, à peine d'être personnellement responsables des droits. Nous avons donné à cette disposition, au mot *Acte passé en conséquence*, tous les développements qu'elle comporte. Nous n'y reviendrons pas ici.

10547. Jugement de condamnation, collocation, liquidation. — D'après le texte de l'art. 69 § 2 n° 9 L. 22 frimaire an 7, le droit de titre est dû lorsqu'une *condamnation* est rendue sur une convention verbale non enregistrée. Mais il ne faut pas entendre ce mot condamnation dans un sens limitatif. Il fut reconnu, peu après la promulgation de la loi de l'an 7, que la même règle était applicable aux jugements de collocation, de liquidation ou autres qui constatent l'existence de la convention et peuvent en servir de titre (D. m. i. 21 mars 1809, 429 § 3 I. G.; — 6 août 1823, 1097 § 2 I. G.; — Cass. 24 mars 1812, 4213 J. E. S. 12-1-225).

Ces solutions furent critiquées par Champ. et Rig. : « Le droit de la convention, dirent ces savants auteurs, connu sous la dénomination de *droit de titre*, et qui, aux termes d'une disposition particulière de l'art. 69 § 2 n° 9, est perçu indépendamment du droit de condamnation et en demeure complétement distinct, n'est établi que pour les jugements portant condamnation. On ne peut, dès lors, sans agir par voie d'extension, l'appliquer à un jugement qui ne contient que des liquidations ou collocations. D'ailleurs, le droit à percevoir sur le jugement est celui qui devrait être perçu sur l'objet de la demande, s'il était contenu dans un acte notarié : c'est le texte précis de notre article; or, lorsque l'objet de la demande est une liquidation ou une collocation, aucun droit proportionnel n'est exigible, parce que les liquidations ou les collocations contenues dans des actes notariés ne sont nulle part expressément tarifées. Le législateur, en ne soumettant au droit de titre que les jugements portant condamnation, c'est-à-dire reconnaissant l'existence d'une obligation préexistante, s'est donc rigoureusement conformé aux autres dispositions de la loi » (n° 922).

Cette opinion n'a pas prévalu. Le droit de titre, en effet, devient exigible parce que la reconnaissance renfermée dans ce jugement assure aux parties tous les avantages d'une convention écrite enregistrée. Il était juste, par conséquent, de percevoir le droit auquel le titre lui-même que le jugement remplace aurait donné lieu. Or, il importe peu dans quelle sentence se trouve la consécration judiciaire de la convention : dès l'instant que cette sentence peut servir de titre à l'une des parties contre l'autre, il n'en faut pas davantage pour justifier la perception.

Aussi la première interprétation a-t-elle été maintenue par la jurisprudence : « Attendu, porte un arrêt de cass. 4 juin 1834, qu'il résulte de l'économie et de l'ensemble des dispositions du n° 9 § 2 de l'art. 69, que le législateur a voulu soumettre au droit proportionnel de titre tous les actes

qui ont servi de base à la condamnation, et que, par cette expression de condamnation, on doit entendre toute décision, quelle que soit d'ailleurs sa dénomination, de collocation ou de liquidation, qui forme titre en faveur de l'une des parties contre l'autre » (1900 § 1er I. G., P. 51-1-618). — C'est ce qui a été décidé également par d'autres arrêts des 7 juin 1848 (1825 § 6 I. G., S. 48-1-572, 14315 J. E.; — 10 août 1853, 1986-5 I. G., S. 53-1-767 ; — 4 déc. 1854, 313 R. P., *suprà* n° 10545; — et 7 fév. 1865, 2022 R.P., 12803 C., 18213 J.N., S. 65-1-95).

Arrêt du 10 août 1853 : « Attendu qu'on ne peut réduire l'application du droit proportionnel au cas où la décision judiciaire intervenue par suite d'une vente non enregistrée donne à la partie qui gagne son procès le droit d'exiger quelque chose de la part de celui qui perd ; attendu que le mot *condamnation*, dont se sert la loi, doit être entendu dans un sens plus large, et s'applique à tous les cas où la décision judiciaire, quelles qu'en puissent être les conséquences, est basée sur un titre non enregistré et susceptible de l'être. »

Arrêt du 7 février 1865 : « Attendu, que, pour donner ouverture au droit de titre, il n'est pas nécessaire que le jugement, qui prescrit l'exécution de la vente soit fondé sur un acte antérieurement souscrit et non enregistré; qu'il suffit que l'existence du marché soit constatée par la décision judiciaire qui devient alors elle-même le titre des parties. »

On verra dans les numéros suivants d'assez nombreuses applications de ce principe (*Conf.* : Seine 22 juill. 1852, 15485 J.E.; — 2 juin 1853, 15677 J.E., — et M. Demante n° 555).

10548. Énonciation faisant titre. — Il a été décidé qu'il n'est pas nécessaire, pour donner ouverture au droit de titre, que le jugement ait directement prononcé sur une convention; qu'il suffit que cette convention ait reçu un corps des dispositions du jugement, quand elle aurait une existence qu'elle n'avait que d'une manière occulte : « Attendu, porte un arrêt de cass. 10 août 1853, qu'on ne peut réduire l'application du droit proportionnel au cas où la décision judiciaire intervenue par suite d'une vente non enregistrée donne à la partie qui gagne son procès *le droit d'exiger quelque chose de la part de celui qui perd*; attendu que le mot *condamnation*, dont se sert la loi, doit être entendu dans un sens plus large et s'applique à tous les cas où la décision judiciaire, *quelles qu'en puissent être les conséquences*, est basée saisie sur un titre non enregistré et susceptible de l'être » (V. égal. 17771-1, 18152, 18167-2 et 18573 J.E.).

Mais il faut, bien entendu, que l'énonciation soit suffisante pour constituer la reconnaissance judiciaire de la convention. Une simple mention déclarative ne suffirait pas. Par exemple, lorsqu'un individu a formé une demande en payement d'une somme pour la différence entre le prix provenant de la vente d'actions données par lui en garantie d'un prêt et le montant de ce prêt, et que le tribunal se contente de donner acte au défendeur de l'offre qu'il fait de remettre au demandeur d'autres actions de même nature et en nombre égal, le droit de titre n'est pas exigible sur la créance du demandeur : « Attendu que la mention dans le jugement que des actions ont été déposées en garantie du prêt est insuffisante pour servir de titre et donner ouverture au droit proportionnel. Le jugement ne fait pas connaître, si la créance est encore due, à quelle somme elle s'élève. Il a statué sur un point tout différent » (Seine 7 juill. 1860, 1364 R.P., 11817 C.).

1. DOMMAGES-INTÉRÊTS. — On a reconnu qu'il en est de même à propos d'un jugement qui condamne les défendeurs à des dommages-intérêts pour avoir violé les conditions d'une cession verbale de fonds de commerce, et leur enjoint de ne pas faire concurrence aux acheteurs. Le tribunal, a-t-on dit, a statué sur des faits survenus depuis la cession, et il n'a pas examiné la validité de la convention; de sorte que son jugement, ne donnant pas à celle-ci plus de force que les parties ne lui en avaient conféré, ne rend pas le droit de titre exigible (Dél. 18 mars 1857, 11032 C.; — Conf.: 16306-3 J.E.).

D'où il suit que si, dans un cas pareil, la convention était judiciairement reconnue, le droit de titre pourrait être perçu. Et c'est en effet ce qu'a reconnu le tribunal de la Seine, le 24 juin 1863, en décidant que le jugement qui condamne le vendeur d'un fonds de commerce par convention verbale à des dommages-intérêts qui *seront imputés sur le prix* de la cession donne lieu au droit de titre de 2 pour 100 sur une somme égale au montant des dommages (2168 R.P.). — V. 10612.

2. INTÉRÊTS D'UNE CRÉANCE VERBALE. — D'après les mêmes règles, le tribunal de la Seine a décidé, le 11 juillet 1849, que lorsqu'il y a condamnation à payer les intérêts d'une créance verbale, le droit de titre doit être perçu sur cette créance, bien qu'elle ne soit pas l'objet de la demande, attendu qu'il importe peu qu'il n'y ait pas de condamnation prononcée sur le capital; qu'il suffit que la reconnaissance de la dette en principal résulte du jugement, pour qu'il puisse faire titre à celui qui l'a obtenu (14802 J.E.). — Conf. : Sol. 2 août 1877.

3. RENTE CONSTITUÉE. — ARRÉRAGES. — Jugé encore par le tribunal de la Seine, le 28 avril 1841 (1139 Bull.), qu'un jugement qui condamne à payer les arrérages échus ou à échoir d'une rente constituée, ou le capital moyennant lequel on s'était réservé de l'amortir, est passible du droit de 2 pour 100 sur ce capital, indépendamment du droit de 50 centimes pour 100 sur le même capital et sur le montant des arrérages échus (Conf. : Sol. 30 sept. 1813, 4640 J.E.).

4. CRÉANCIER INTERVENANT. — Le droit de titre est exigible sur le jugement qui admet un créancier à intervenir dans un partage, pour, sur la part qui reviendra à son débiteur, se faire payer de sa créance, si, les termes du jugement emportant obligation pour les héritiers de laisser prélever sur leur part la somme demandée, le créancier a obtenu un avantage à concurrence de cette somme (D. m. f. belge 11 nov. 1869, 11157 J.E. belge).

5. AUTORISATION. — Le jugement qui autorise le demandeur à se remplacer pour qui il appartiendra de marchandises à lui vendues et condamne le défendeur à la différence entre le prix des marchandises achetées et celui des marchandises remplacées, est passible du droit de titre et du droit de condamnation (Marseille, 4, 21 et 31 juill. 1873, 11 août 1873, 2 juin 1874, 7 janv., 11 mai, 31 mai et 6 août 1875). — V. 10414.

10549. Condamnation alternative.—Lorsqu'un jugement renferme une condamnation alternative, le droit

de condamnation est exigible sur celle des obligations qui doit être d'abord exécutée par le débiteur. C'est également sur elle que se perçoit le droit de titre (Cass. 8 mars 1871, 2426-1 I.G., B.C. 9, S. 71-1-61, D. 71-1-341, P. 71-179, 3287 R.P.). Les développements que nous avons donnés à cette question au sujet du droit de condamnation nous dispensent d'y revenir ici.

10550. Demande en résolution. — Débouté. — Exécution prescrite. — La question s'est fréquemment présentée, surtout à l'occasion des jugements qui déboutent un plaideur d'une demande en résiliation d'une convention verbale. Il n'y a pas de difficulté sur la non-exigibilité du droit de titre, quand le jugement n'a pas statué au fond et s'est borné à repousser la demande pour vice de forme, incompétence, ou autres motifs semblables. Mais, quand le débouté est le résultat d'un débat au fond et que le jugement confirme ainsi au moins implicitement la validité de la convention, faut-il percevoir le droit de titre?

Présentée une première fois à la Cour suprême, cette difficulté a été résolue, comme elle devait l'être, dans le sens de la perception. Les sieurs Oudard et Ginet avaient assigné le sieur Hauser, facteur à la halle aux farines, à comparaître devant le tribunal de commerce de la Seine, pour voir annuler des conventions, qualifiées verbales, par lesquelles ils s'étaient engagés à livrer au sieur Hauser, pour qu'il en fît la vente, une quantité déterminée de sacs de farine. Par deux jugements du 15 février 1847, le tribunal a rejeté la demande des sieurs Oudard et Ginet, et ordonné que les conventions seraient exécutées conformément aux conclusions du sieur Hauser. Ces jugements n'ayant pas été enregistrés dans les vingt jours de leur date, le recouvrement du droit de titre auquel ils donnaient ouverture a été poursuivi. Les parties ont formé opposition à la contrainte, en soutenant que les jugements du 15 février 1847, s'étant bornés à rejeter les conclusions des demandeurs, ne pouvaient donner ouverture au droit proportionnel de titre. Mais la C. cass., par un arrêt du 7 juin 1848 (14515 J.E., S. 48-1-572, 1825 § 6 I.G.), a reconnu le droit exigible : « Attendu que les droits ont été réclamés en vertu des jugements du 15 février 1847, qui, en condamnant Oudard et Ginet à livrer au demandeur les farines achetées par Hauser, formaient, en faveur de celui-ci, le *titre* légal exigé par le § 2 n° 9 de l'art. 69 L. 22 frimaire an 7. »

Le tribunal de la Seine, qui avait statué conformément à cette jurisprudence, le 6 avril 1847 (14669-4 J.E.), crut devoir s'en écarter plus tard. Sous le faux prétexte que le jugement de débouté ne renfermait pas de condamnation formelle, il décida, dans une série de jugements, que le droit de titre n'était pas dû (Seine 10 août 1861, 12066 C., 17369 J.E.; — 11 juill. 1862, 12356 C.; — 7 août 1863, 12545 C., 17744 J.E.).

Mais le jugement du 11 juillet, ayant été déféré à la censure de la Cour suprême, fut cassé le 7 février 1865, en ces termes :

« Attendu que le jugement du tribunal de la Seine du 19 décembre 1861, en reconnaissant que la veuve Supply avait, le 29 janvier 1857, acheté verbalement son fonds de commerce à Fontaine, et en repoussant la demande de cette veuve, soit en résiliation, soit en réduction du prix de cette vente, a créé en faveur dudit Fontaine un titre qu'il n'avait pas jusqu'alors ; que, pour donner ouverture au droit de titre, il n'est pas nécessaire que le jugement qui prescrit l'exécution de la vente soit fondé sur un acte antérieurement souscrit et non enregistré ; qu'il suffit que l'existence du marché soit constatée par la décision judiciaire qui devient alors elle-même le titre des parties ; et que le défaut de condamnation n'est pas un obstacle à la perception du droit » (2022 R. P., 18213 J. N., 12803 C., 2325-5 I. G., S. 65-1-95, D. 65-1-129, P. 65-177).

Le tribunal s'est conformé depuis à la doctrine de la cour, dans ses jugements des 28 novembre 1863 (1877 R. P.), 25 février, 20 mai, 8 juillet et 18 août 1865 (2119 et 2170 R. P.), 29 décembre 1866 (2536 R. P.), 29 février 1868 (3283 R. P.), 19 février 1870 (3158 R. P.), et 22 novembre 1873 : « Attendu porte ce dernier jugement, que, suivant acte sous seing privé du 1ᵉʳ juin 1869, enregistré le 23 mars 1870, moyennant un droit fixe provisoire de 2 fr. 30 cent., les époux Cagny ont acquis le fonds de commerce des époux Musseleck ; qu'ayant assigné leurs vendeurs devant le tribunal de commerce de la Seine en payement de 4,000 francs à titre de réduction sur le prix de la vente, un jugement du 25 juillet 1872 les a déboutés de leur demande ; que ce jugement, portant implicitement condamnation pour la somme au taux de laquelle la réduction du prix de la vente était demandée, forme titre au profit des vendeurs jusqu'à concurrence de ladite somme et donne, dès lors, ouverture au droit proportionnel établi par l'art. 69 § 5 nᵒ 1ᵉʳ de la loi de frimaire » — Conf. : Seine, 28 février, 27 juin 1874 et 3 juillet 1875 ; — Marseille, 28 décembre 1874, 19 février 1875 ; — Limoges, 13 mai 1876. — Clermont, 13 février 1878, 4904 R. P.

Décidé également que le jugement qui repousse une demande en résiliation sur son droit d'outils crée, en faveur du vendeur, un titre qu'il n'avait pas antérieurement et donne ouverture au droit de 2 pour 100 sur l'intégralité du prix de la vente, bien qu'une partie de ce prix ait été payée avant le jugement (Le Havre 28 juill. 1875).

De même, le jugement qui accorde à un acheteur une réduction sur son prix de vente, constate virtuellement l'existence de la vente dans toutes ses parties et donne ouverture au droit de titre sur l'intégralité du jury (Sol. 14 oct. 1877).

1. INTERROGATOIRE SUR FAITS ET ARTICLES. — Le jugement qui déclare, après interrogatoire sur faits et articles, qu'une somme est due par un des héritiers à la communauté et qu'elle sera ajoutée à l'actif, constitue le titre de la créance et donne ouverture au droit de titre (Amiens 27 mars 1852, 1553 J.E.).

10551. Prix de vente. — Quittance simulée. — Un contrat de vente porte quittance de l'intégrité des prix ; cependant, un jugement reconnaît que l'acquéreur doit encore à son vendeur une somme restée entre ses mains. Le droit de titre est évidemment exigible sur ce jugement, bien qu'il ne porte pas condamnation, car il constitue, au profit du vendeur, le titre en vertu duquel il pourra poursuivre son acquéreur en payement d'une somme dont il se trouvait libéré par anticipation, aux termes de la déclaration contenue dans l'acte de vente.

10552. Minimum. — Suivant l'art. 3 L. 27 ventôse an 9, il ne peut être perçu moins de 25 centimes pour l'enregistrement des actes et mutations dont les sommes et valeurs ne produiraient pas 25 centimes de droit proportionnel.

Pour la saine interprétation de cet article, il faut, en matière d'actes civils, considérer qu'il n'a point pour objet chacune des différentes dispositions d'un même acte, mais le salaire de la formalité de l'acte entier, et qu'ainsi la perception de 25 centimes ne peut être faite, comme minimum du droit, qu'autant que la perception sur les différentes dispositions n'atteindrait pas cette quotité (1187 § 3 I. G.). — V. 364.

Mais il avait paru qu'en matière judiciaire l'art. 69 § 2 nᵒ 9 L. 22 frimaire an 7, voulant que, lorsqu'une condamnation est prononcée sur une demande non établie par un titre enregistré et susceptible de l'être, le droit auquel le titre de la demande aurait donné lieu, s'il avait été convenu par acte public, soit exigible indépendamment du droit dû pour le jugement qui a prononcé la condamnation, l'on devait considérer isolément l'objet de la demande et le jugement; d'où la conséquence que le minimum de 25 centimes était applicable au droit de titre à percevoir sur un jugement, comme si ce titre eût fait l'objet d'un acte spécial.

Dans ce sens, l'Administration avait reconnu, le 29 mars 1826, que le minimum de 25 centimes, comme droit de titre, était exigible sur un jugement portant condamnation à payer 12 francs pour prêt verbal (8389 J.E. — V. Demante nᵒ 567).

Cette dernière interprétation a été, depuis lors, abandonnée. Une Sol. 22 mars 1858 (1036 R. P.) a reconnu, en thèse générale, que le deuxième alinéa de l'art. 69 § 2 nᵒ 9 L. 22 frimaire an 7 doit être interprété dans ce sens que le législateur a entendu établir un minimum du droit d'enregistrement pour la formalité donnée au jugement et non pour chaque disposition en particulier contenue dans ce jugement. »

Faisant l'application de ce principe aux droits de titre à percevoir sur les jugements de justice de paix, une autre Sol. 16 octobre 1860 (2187 § 2 I.G., 1449 R. P.) a décidé que, quand le droit fixe de 1 franc (1 fr. 50 cent.) pour condamnation au 9 n'est plus exigible : « Attendu que cette loi a pour objet non chacune des dispositions d'un même acte, mais le salaire de la formalité donnée à l'acte entier. »

Il a été également reconnu que, lorsqu'un jugement renferme des collocations indépendantes l'une de l'autre, chacune de ses dispositions ne saurait donner ouverture au minimum du droit proportionnel. Ce minimum se calcule sur l'ensemble des perceptions à établir sur le jugement (Sol. 18 janv. 1865, 2012 R. P.). — V. 545, 10434.

10553. Imputation. — Lorsqu'un jugement condamne le souscripteur d'effets dûment enregistrés à en payer le montant, en expliquant que ces billets sont le prix d'une vente de fonds de commerce, il n'est pas douteux que le droit de titre de 2 pour 100 est exigible. Mais nous ne croyons pas qu'il faille imputer sur ce droit le droit perçu pour l'enregistrement des billets. Bien qu'il s'agisse de part et d'autre d'un titre commercial, cependant chacun d'eux constitue une obligation distincte, devant produire des effets différents, sous le rapport du mode de payement, des intérêts et de la perception. — V. Affectation hypothécaire. — D'autre part, les effets et la vente ne sont pas soumis au même tarif. Il est donc rationnel et conforme à la jurisprudence qu'ils supportent séparément le droit qui leur est propre.

10554. Double droit. — Lorsqu'un jugement par lequel il est prononcé des condamnations sur des conventions verbales est présenté à la formalité après le délai fixé par l'art. 20 L. 22 frimaire an 7, il y a lieu de percevoir le double droit sur le montant de la condamnation prononcée, et seulement le droit simple sur la convention qui fait la matière de la demande.

Il en est autrement si cette convention a pour objet une transmission de propriété, d'usufruit ou de jouissance d'immeubles, susceptible par elle-même de la peine du double droit, à défaut d'enregistrement dans les délais fixés par la loi ; dans ce cas, le double droit est aussi perçu sur la convention, si le délai de trois mois est expiré (A. Cons. d'Ét. 8 juill., 5 août 1809, 452 n° 2 I. G.).

Cette décision se justifie complétement. En effet, l'art. 69 § 2 n° 3, en statuant que le droit auquel l'objet de la demande aurait donné lieu, s'il avait été convenu par acte public, sera perçu indépendamment du droit dû pour le jugement, indique suffisamment que la perception sur la convention est distincte de celle qui se fait sur le jugement, et, d'après cela, il est sans difficulté que la peine doit porter sur le *jugement* dont les droits n'ont pas été payés en temps utile, mais ne pas s'étendre aux conventions dont la loi n'ordonne pas l'enregistrement dans un délai de rigueur. — V. *Acte produit au cours d'instance.*

Ces règles se concilient d'ailleurs avec celles prescrites par le n° 3 de l'I. G. 290, pour les actes sous seing privé, sur lesquels le double droit n'est également exigible qu'à raison des dispositions dont l'enregistrement ne peut être différé sans contravention.

10555. Tribunaux divers. — La perception du droit de titre s'étend naturellement aux jugements des divers tribunaux.

1. JUGE DE PAIX. — Ainsi, il résulte de deux Déc. 6 fructidor an 10 et 29 ventôse an 12 (132 I. G. et Circ. 8 germ. an 12), que les jugements de juge de paix portant condamnation de sommes dues en vertu de conventions verbales sont, comme tous les autres, soumis au droit auquel l'objet de la demande aurait donné lieu, indépendamment de celui exigible sur le jugement, et quelque minime que soit le montant de la condamnation.

2. TRIBUNAUX DE COMMERCE. — Il résulte également d'un arrêt de cass. 9 août 1808 que les jugements des tribunaux de commerce, sur titres non enregistrés et susceptibles de l'être, sont passibles de *deux* droits : celui de condamnation et celui de titre.

3. TRIBUNAUX CRIMINELS ET DE POLICE. — Mais, en matière criminelle ou de police, les actes qui constituent le corps du délit, et dont la justice s'empare comme éléments du procès, ne sont pas dans les cas prévus par les différentes dispositions de la loi du 22 frimaire an 7, qui prescrivent l'enregistrement préalable des actes dont il est fait usage. L'énonciation de la pièce arguée de faux ou de soustraction frauduleuse est nécessaire pour la poursuite et l'application de la peine dans l'intérêt de la vindicte publique ; et, si le jugement de condamnation constate que la convention *n'a*

réellement *point été consommée*, l'énonciation de l'acte ne peut donner ouverture à aucun droit proportionnel.

C'est ce qui a été décidé dans l'espèce ci-après. Un agent de change avait acheté pour le compte d'un de ses clients, au prix de 454,100 francs, 700 obligations de l'emprunt royal d'Espagne, qu'il délivra, avec le bordereau *quittancé* du prix, quoiqu'il n'eût été payé qu'un faible à-compte de 4,100 francs. Sur la plainte en escroquerie, jugement qui annule la quittance et ordonne que les 700 obligations seront restituées à l'agent de change. Le droit de 50 centimes pour 100 avait été perçu sur la somme que la quittance, énoncée sans enregistrement préalable, aurait eue pour objet ; mais la restitution en a été ordonnée par Dél. 26 avril 1826 (1200 § 7 I. G.).

10556. Jugement non définitif. — Selon M. Demante (n° 538), le droit de titre n'est régulièrement encouru qu'après que le jugement est passé en force de chose jugée, d'où il suit, d'après le savant professeur, que, si le jugement est susceptible d'opposition ou d'appel, le receveur doit attendre l'expiration des délais ; s'il a passé outre, la perception doit être considérée comme irrégulière et donner lieu à restitution, en cas de réformation dudit jugement (art. 60).

Cette opinion ne saurait être acceptée, et la pratique générale a toujours été établie en sens contraire. L'Administration perçoit l'impôt sans se préoccuper de la validité des actes ni des causes de réformation qu'ils renferment ; c'est pour cela que tous les jugements rendus par défaut sont assujettis au droit de condamnation. Or, il y a même motif de décider à l'égard du droit de titre qui est, comme le droit de condamnation, exigible sur le jugement lui-même.

SECTION 2. — CONVENTIONS VERBALES

[10557- 10576]

10557. Principe. — La première question qui se présente ici est celle de savoir si la loi a voulu atteindre toutes les conventions écrites ou verbales dont un titre n'aurait pas été soumis à l'enregistrement. On a soutenu, et on cherche encore souvent à soutenir que le droit de titre n'est pas dû sur les conventions autres que celles portant transmission de propriété ou d'usufruit d'immeubles, si le jugement est rendu sur convention verbale ou dont le titre n'a été ni produit ni indiqué, et l'on dit, à l'appui de ce système, que la loi, ne parlant que des conventions non enregistrées *et susceptibles de l'être*, ne peut évidemment s'appliquer qu'aux transmissions de propriété ou d'usufruit d'immeubles, parce qu'elles seules sont *susceptibles d'enregistrement*.

Cette prétention n'est pas fondée. Voici la réfutation que nous en avons faite dans nos éditions antérieures et que M. Demante a bien voulu trouver péremptoire (552 § 1er).

Le but du législateur, en édictant les art. 42 et 41 L. 22 frimaire an 7, a été d'empêcher, autant que possible, que les actes fussent soustraits à la formalité de l'enregistrement et du timbre. Ce but serait manqué du moment que l'enregistrement pourrait devenir sans utilité pour un acte quelconque, et c'est ce qui arriverait si l'on pouvait faire usage d'un acte dans un autre, ou faire le second en conséquence ou en vertu du premier, sans qu'il y eût nécessité pour lui d'être timbré et enregistré, car cet acte prendrait alors un corps certain, recevrait une existence indubitable par sa constatation dans un acte authentique, ce qui rendrait évidemment son enregistrement tout à fait inutile. Or, l'inconvénient que le législateur a voulu éviter dans les actes civils, pour les conventions faites par acte sous seing privé, se présenterait plus grave encore pour les conventions qui peuvent faire l'objet des jugements. Les actes judiciaires offriraient un moyen très-facile de se procurer un titre même exécutoire, sans acquitter le droit d'enregistrement à raison de la convention constatée.

Supposons, en effet, que je vous fasse assigner devant le tribunal en payement de la somme de 10,000 francs que vous me devez verbalement. Vous reconnaissez la dette, le juge me donne acte de votre aveu. Comme le jugement ne contient ni condamnation, ni collocation, ni liquidation, le seul droit fixe est exigible, et je me trouve ainsi nanti d'un titre exécutoire sans avoir eu à acquitter le droit de notre convention.

Il est vrai que, toutes les fois qu'il ne s'agit pas d'un acte portant transmission de propriété ou d'usufruit d'immeubles, les parties pouvant énoncer leurs conventions verbales dans des actes civils, pour la plupart du temps l'Administration soit en droit de s'autoriser de cette énonciation pour réclamer les droits de titre, on peut se demander pourquoi il n'en serait pas de même en matière de jugement. La réponse à cette objection est facile.

Du moment que la convention fait l'objet d'un jugement, les parties peuvent sans inconvénient supprimer l'acte originaire sans compromettre leurs intérêts : le jugement tient véritablement lieu du titre; tandis que la simple énonciation, dans un exploit ou dans un acte quelconque, d'une convention verbale, ne dispenserait pas celui qui l'invoquerait d'en représenter la preuve écrite, s'il y avait contestation sur son existence.

Si donc l'on admettait que le droit de titre ne peut être perçu à raison des conventions verbales, autres que celles portant transmission de propriété ou d'usufruit d'immeubles, il arriverait que le principe fondamental en matière fiscale, qui veut que la loi de l'impôt ne puisse en aucune façon être rendue illusoire, cesserait de recevoir son application du moment que la justice interviendrait pour régler les conventions.

D'ailleurs, qu'importe, pour la perception du droit de titre, l'état de la convention ? Ce n'est pas, en effet, en considération de son état antérieur, ni à cause du titre qu'elle a pu avoir jusque-là, mais à raison du titre qu'elle acquiert dans le jugement, que le droit est perçu. L'acte judiciaire forme le titre de l'obligation ; ce titre est authentique : la loi exige qu'il soit enregistré dans un délai et que le droit de la convention qu'il contient soit perçu ; la disposition contraire fausserait évidemment les principes du droit d'enregistrement.

C'est ce que l'Administration a officiellement enseigné dans l'I. G. n° 132, et ce qui a été reconnu, en thèse, par un arrêt de cass. 4 décembre 1854 : « Attendu, porte cet arrêt, que tout jugement portant condamnation de sommes et valeurs mobilières est soumis, lorsque la condamnation a été

prononcée sur une demande non établic par un titre enregistré, mais susceptible *d'être établie en cette forme*, à la perception simultanée de deux droits d'une nature différente, savoir : 1° du droit de condamnation ; — 2° du droit de titre, c'est-à-dire du droit auquel l'objet de la demande aurait donné lieu s'il avait été convenu par acte public ; qu'en effet, dans le cas d'une convention non constatée par un titre et résultant seulement d'un traité verbal, le jugement qui intervient pour reconnaître l'existence et ordonner l'exécution de cette convention ou allégation constitue désormais pour les parties un titre légal dans la mesure de ce qui est déclaré obligatoire entre elles et doit, par conséquent, dans la même mesure, donner ouverture au droit de titre » (313 R. P., 15955 J. E., S. 55-1-63, 2033-4 1. G.).

Cette interprétation se trouve confirmée d'ailleurs par la jurisprudence que nous allons faire connaître dans les numéros suivants.

10558. Assurances. — Lorsque la police d'assurance a été enregistrée, le jugement qui condamne l'assuré au payement des primes échues et celui qui, en cas de sinistre, condamne l'assureur à payer le montant de l'indemnité convenue dans la police, ne sont passibles d'aucun droit de titre.

Une Sol. 23 décembre 1868 a reconnu, en ce sens, que le jugement donnant acte à une compagnie d'assurances de l'offre par elle faite de payer l'indemnité déterminée par un procès-verbal d'expertise, conformément à une police enregistrée, n'est pas passible du droit de titre : « A la vérité, porte la solution, l'indemnité est supérieure à la somme sur laquelle le droit a été perçu pour l'enregistrement de la police, mais l'accroissement qu'elle a reçu provient de la réalisation de l'*aléa* renfermé dans le contrat. Or, c'est le propre de toutes les conventions aléatoires de donner ouverture à l'impôt sur la valeur estimative des obligations au jour où elles sont prises, sans égard aux événements ultérieurs » (2848 R. P.).

Lorqu'il s'agit de la réparation des pertes causées par un sinistre et que la demande repose sur une convention non enregistrée intervenue à la suite de ce sinistre, le droit afférent à sa nature serait exigible sur le jugement qui en assurerait l'exécution (Sol. belge 21 fév. 1873).

Si cette convention se résumait dans l'obligation prise par l'assureur de payer une somme déterminée, à concurrence de laquelle serait reconnue s'être réalisée l'obligation qui, au moment du contrat d'assurance, était purement conditionnelle de sa part, le droit à percevoir sur le jugement serait celui auquel sont tarifées les obligations de sommes par la disposition générale de l'art. 69 § 3 n° 3 L. 22 frimaire an 7 (Sol. belge 21 fév. 1873).

Lorsque la police d'assurance n'a pas été enregistrée, le jugement condamnant l'assuré au payement des primes est passible du droit auquel eût donné lieu la police elle-même, mais seulement sur le montant des primes qui font l'objet de la condamnation (Sol. belge 21 fév. 1873).

D'un autre côté, si l'assureur est condamné au payement d'une somme à concurrence de laquelle s'est réalisée l'obligation qu'il avait contractée éventuellement à l'origine, cette obligation conventionnelle, privée du bénéfice de l'enregistrement d'un contrat d'assurance, ne peut être considérée que dans son état actuel et dans ses rapports directs avec la condamnation ; par conséquent, elle doit supporter, sur le jugement qui en ordonne l'exécution, le droit des obligations de sommes (Sol. belge 21 fév. 1873).

Aujourd'hui que les polices d'assurances maritimes ou contre l'incendie sont assujetties à une taxe obligatoire d'enregistrement, les condamnations auxquelles peuvent donner lieu les réclamations des compagnies ne sauraient justifier la perception d'aucun droit de titre, parce que les polices sont enregistrables gratis. La règle ordinaire se restreint aux polices des autres compagnies. — V. *Assurances.*

10559. Avance. — Une avance constitue un prêt qui eût pu faire l'objet d'un contrat d'obligation, dès lors le droit de titre est exigible sur le jugement qui condamne une personne à payer à une autre une somme déterminée pour avance faite à l'occasion d'une vente mobilière consentie par un tiers.

10560. Bail. — Années échues. — Années à échoir. — Résiliation. — Quels sont les droits à percevoir sur un jugement portant : 1° condamnation de sommes pour prix de plusieurs années de bail verbal; — 2° résiliement de ce bail pour l'avenir?

La condamnation étant rendue sur une demande non établie par un titre enregistré et susceptible de l'être, le droit auquel *l'objet de cette demande aurait donné lieu s'il avait été convenu par acte public* doit, aux termes de l'art. 69 § 2 n° 9 L. 22 frimaire an 7, être perçu indépendamment du droit dû pour le jugement qui a prononcé la condamnation. Or, si, au lieu d'être verbal, le bail qui a fait *l'objet de la demande* avait été convenu par acte sous seing privé, on aurait perçu non pas le droit d'obligation, mais le droit de bail, c'est-à-dire 20 centimes pour 100 sur le prix des années cumulées, en tenant compte du mode spécial de liquidation établi par la loi du 23 août 1871. — V. *Bail.*

Les droits à percevoir sont donc de 20 centimes pour 100 pour droit de titre sur la condamnation applicable au prix des années échues et sur la résiliation des années à échoir, puis de 50 centimes pour 100 pour condamnation sur le montant de la condamnation en principal, intérêts et dépens (Dél. 19 mars 1834, 9976 J. E.; — *Conf.* : 4885, 9556, 11042-2, 14283-4, 14304-6, 15035-4, 15280-3, 16351 et 11691-4 J. E., Dalloz 4358). — Mais au lieu du droit de 20 centimes pour 100 sur les années à échoir, il y aurait lieu d'exiger le droit fixe, si la doctrine récente de l'Administration sur les résiliations de baux, doctrine que nous avons combattue, prévalait définitivement. — V. *Bail.*

Quant à la question de savoir si le double droit pourrait être réclamé, la solution ne peut être que négative ; nous renvoyons pour le démontrer au mot *Bail.*

Que si, au lieu de résilier le bail, le jugement ordonnait l'exécution des années à courir, le droit à 20 centimes pour 100 devrait être perçu sur les années restant à courir si le nombre en était connu, ou, dans le cas contraire, sur une année, en supposant que le bien affermé ne soit pas divisé en soles ou saisons.

1. IMPUTATION. — Si un jugement a été rendu sur une demande en payement de loyer non établie par un titre ou une déclaration enregistré, et le droit de bail perçu sur le

jugement, outre celui résultant de la condamnation, on doit précompter ce droit sur celui du bail soumis ensuite à la formalité, quoiqu'il y ait plus de deux ans que le jugement a été enregistré (3900 J. E.).

10561. — Cautionnement. — Le jugement qui prononce une condamnation contre la caution d'un prix de vente d'objets mobiliers n'est passible, comme droit de titre que de 50 centimes pour 100, puisque ce droit est le seul auquel aurait donné lieu le titre de l'obligation, qui est l'acte de cautionnement et non la vente (Seine 22 mai 1863, 12531 C., 17727 J. E.).

De même, le jugement qui condamne un tiers que le vendeur avait subrogé à ses droits, à la garantie des condamnations prononcées contre lui, donne ouverture à un droit particulier de 50 centimes comme droit de titre de la garantie mobilière (Seine 26 déc. 1857, 11298 C.).

C'est le droit applicable aux ventes de meubles, et non pas simplement le droit applicable aux cautionnements, qu'il y a lieu de percevoir, comme droit de titre, sur le jugement prononçant condamnation contre une femme mariée, pour le prix d'acquisition d'un fonds de commerce dont elle est tenue solidairement avec son mari, aux termes des conventions relatives à ladite acquisition ; c'est à la femme à prouver, en pareil cas, qu'elle n'était pas acquéreur avec son mari. — Au contraire, c'est le droit de cautionnement qui est exigible, comme droit de titre, sur le jugement qui condamne la femme mariée, en conséquence de conventions verbales par lesquelles cette femme a garanti le payement de billets souscrits par son mari pour prix d'une vente de marchandises faite à ce dernier (Seine 22 nov. 1854, 349 R. P.).

1. CAUTIONNEMENT VERBAL. — Le droit de titre sur le *cautionnement seul* est exigible, indépendamment de celui de condamnation, sur le jugement qui condamne une personne au payement d'une somme déterminée en qualité de caution verbale d'un tiers, qui n'est pas en cause, et qui est lui-même *débiteur verbal* du demandeur (Dél. 24 sept. 1833, 10749 J. E.).

10562. Compte courant. — Un compte courant ne présente réellement que des arrêtés successifs de situation, dont les soldes de débet ou de crédit, quoique certifiés et approuvés, ne sont pas de véritables arrêtés de comptes emportant obligation ou libération, puisqu'ils restent nécessairement subordonnés à un règlement final des différentes opérations qui peuvent s'y rattacher.

1. DROIT DE CONDAMNATION. — Aussi a-t-il été reconnu que le droit de condamnation n'est exigible que sur le reliquat définitif, arrêté par le tribunal et pour lequel la condamnation a été prononcée (Dél. 15 fév. 1831, 9921 J. E.; — Marseille 28 août 1855, 495 R. P.). — V. 9856, 9999.

2. LIQUIDATION. — Il en est de même pour le droit de liquidation (Seine 22 mai 1855, 548 R. P.).

3. DROIT DE TITRE. — C'est aussi ce qui a été décidé pour le droit de titre par un arrêt de cass. du 25 mars 1812,

portant : « Considérant qu'il résulte évidemment du § 2 n° 9 de l'art. 69 que, lorsqu'il s'agit d'une condamnation rendue sur une demande susceptible d'être établie par un titre qui ne paraît pas, le droit auquel ce titre serait soumis doit être perçu indépendamment du droit dû par le jugement qui a prononcé la condamnation ; — Considérant, en second lieu, que, d'après le texte même du n° 4 § 3 de l'art. précité, il est également évident que sa disposition n'embrasse que le cas où l'acte se borne à établir la société, ou à en constater la dissolution ; qu'ainsi on ne saurait l'appliquer ni à un acte, ni à un jugement, par lequel un associé est reconnu débiteur d'un ou plusieurs autres associés ; que, dans ce dernier cas, il s'ensuit une obligation individuelle, passible du droit proportionnel auquel sont soumis les arrêtés de compte mentionnés au n° 3 § 3 de l'art. 69 » (4213 J. E., S. 12-1-225 ; — Conf. : Dél. 15 fév. 1831, 9921 J. E.).

Le contraire a lieu néanmoins s'il est établi que des titres signés par les parties ou l'une d'elles ont été produits dans le cours de l'instance, dans ce cas le droit dont sont passibles ces titres pourrait être exigé (Marseille 28 août 1855, 495 R. P.).

Ce principe est certain, mais son application ne peut reposer sur les mêmes données, suivant qu'il s'agit de matières civiles ou commerciales.

En matière civile, la présomption est que tout débat engagé devant un tribunal repose sur une convention écrite, et que ce n'est que frauduleusement qu'on déclare la convention comme verbale, d'où la conséquence que la perception du droit de titre peut être facilement déterminée par les circonstances de la cause. Tandis que la présomption contraire devant prévaloir en matière commerciale, le droit de titre ne doit, en règle générale, être perçu que lorsqu'il est matériellement prouvé qu'un titre écrit existe.

4. ARRÊTÉ. — VENTE MOBILIÈRE. — Le jugement qui, statuant sur une demande en payement d'un solde de compte provenant de marchandises vendues et d'avances faites au défendeur, condamne provisoirement ce dernier à payer une partie de la somme réclamée, est passible du droit de 2 francs pour 100 sur la quotité de la condamnation provisoire déclarée par les parties comme s'appliquant à la vente des marchandises, et du droit proportionnel de 1 franc pour 100 sur le surplus. « Pour que le droit d'arrêté de compte fût exigible, il serait nécessaire d'établir que l'une des parties a fait pour l'autre des recettes et des dépenses dont le tribunal aurait déterminé la balance ; or, les faits du procès démontrent qu'il ne s'agit que du solde d'un prix de vente de marchandises et d'avances faites au défendeur, ainsi que de sommes payées à sa décharge » (D. m. f. belge 3 juill. 1866, 10315 J. E. belge).

10563. Dépenses d'auberge. — Le jugement qui porte condamnation pour dépenses faites dans une auberge donne certainement ouverture au droit de titre (Dél. 3 janv. 1833, 14355-4 J. E.).

Mais on s'est demandé si c'était le droit de vente de meubles à 2 pour 100 ou celui de louage d'industrie à 1 pour cent. Le J. E. décida d'abord que le droit de 2 pour 100 était dû (11004), puis il enseigna qu'il fallait percevoir 1 pour 100, parce qu'il s'agissait moins du prix des comestibles que de la rémunération de l'industrie (16880-1) et il revint ensuite à sa première opinion (17536).

Nous n'hésitons pas à croire que, sauf des circonstances très-rares, le prix de la fourniture doit l'emporter ici sur celui de la préparation. La dépense, en effet, est avant tout une dépense de consommation : l'industrie de celui qui sert d'intermédiaire au client est un accessoire évident de cette consommation même (V. 766 § 2 l. G.). C'est en ce sens que l'Administration s'est prononcée par une Sol. du 20 mai 1868 (2705 R. P.).

10564. Vente verbale non réalisée. — Le jugement qui, après avoir constaté qu'une vente verbale n'a pas été réalisée et que l'acquéreur n'a fait aucun payement, annule cette vente, ne donne ouverture qu'au droit fixe (14427-6 J. E.). Il suffit, en effet, aux termes de l'art. 12 de la loi du 27 ventôse an 9, que l'acquéreur ne soit pas entré en jouissance et qu'il n'ait effectué aucun payement sur le prix, pour que le jugement portant résolution de la vente qui lui a été faite ne soit assujetti qu'au droit fixe.

Est passible du droit de vente, indépendamment du droit de condamnation, le jugement qui condamne un entrepreneur à payer, d'après l'estimation, la valeur de matériaux de construction abandonnés par un précédent entrepreneur en vertu d'une clause spéciale de son marché (Seine 9 août 1816, 5630 J. E.).

Lorsque le demandeur en nullité d'une convention verbale pour fournitures de machines est condamné à prendre livraison de ces machines, le droit de 2 pour 100 est exigible sur la déclaration à faire de la valeur des machines à recevoir. (Seine 23 fév. 1848, 14470 J. E.).

Le droit de titre a été également jugé exigible sur un jugement ainsi conçu : « Considérant que Macffredy n'a pas livré à la veuve Denis Arduin et Cᵃ, 800 hectolitres de blé qu'il leur a vendus ; que la veuve Arduin et C° est fondée à faire sortir le marché à effet en se remplaçant pour son compte ; faute par Macffredy de livrer les 800 hectolitres de blé, autorise la veuve Denis Arduin et C° à se remplacer pour son compte, condamne pour ce cas Macffredy au payement de la différence entre le prix convenu et le coût du remplacement. » Un jugement ainsi formulé contient la reconnaissance du marché verbal et fournit un titre pour le faire exécuter (Marseille 11 août 1873). — V. 10414.

10565. Ventes successives. — En 1848, le sieur Prevost a demandé au tribunal de la Seine la résiliation de conventions verbales, en date du 17 février 1847, par lesquelles le sieur Blondel lui avait cédé un bureau de commissionnaire au mont-de-piété. Des actions récursoires en garantie ont été successivement formées contre les sieurs Pilté, la veuve Laurey et la dame Ledru-Rollin, précédents vendeurs, suivant conventions verbales. Un jugement du 14 juillet 1849 a prononcé l'annulation des traités intervenus entre les parties et ordonné la restitution des sommes payées ; mais, sur l'appel, la cour de Paris a réformé ce jugement par un arrêt du 10 août 1850, qui déclare licite la vente consentie au sieur Blondel au sieur Prevost, et ce dernier mal fondé dans sa demande en répétition des sommes payées, déclare les diverses ventes vala-

bles, et dit qu'il n'y a lieu de statuer sur les demandes en garantie.

L'Administration ayant fait demander au sieur Blondel le payement d'une somme de 7,942 francs, montant du droit de 2 pour 100 exigible sur le prix des ventes déclarées verbales, le tribunal de la Seine a rejeté sa demande, par jugement du 29 août 1851; mais, sur le pourvoi de l'Administration, ce jugement a été cassé par arrêt de la chambre civile du 10 août 1853 portant : « Attendu... qu'indépendamment des dépens dont la condamnation est prononcée au profit de Blondel, ledit arrêt, en constatant le fait des ventes successives de l'objet mobilier dont s'agit, forme titre, soit en faveur des acquéreurs pour repousser les revendications de l'objet vendu, soit au profit des vendeurs pour le recouvrement de leurs prix respectifs envers qui de droit. » (1986-5 I. G., S. 23-1-767).

10566. Vente à la mesure. — Le jugement qui condamne un particulier à faire enlever dans un certain délai les charbons qu'il a achetés du demandeur et qui lui seront livrés dans l'usine de ce dernier, est passible du droit de titre sur la valeur des marchandises. On ne peut pas objecter qu'il s'agit d'une vente au poids ne produisant aucun effet actuel (Tulle 29 août 1867, 2550 R. P.).

10567. Jugement avant faire droit. — Nous avons expliqué, au n° 10178, ce qu'on doit entendre par jugement d'*avant faire droit*. A ce propos, on a voulu prétendre qu'un jugement par défaut qui ordonne l'exécution d'une convention verbale, sinon qu'il sera fait droit, ne donne pas ouverture au droit proportionnel de titre. Le tribunal de la Seine a jugé avec raison, le 9 janvier 1850 (14910 J. E.), qu'il suffit que le jugement ait rendu la convention authentique et qu'il en ait fait un titre entre les mains du vendeur, pour que le droit de la convention soit exigible. Ce jugement est ainsi conçu :

« Attendu que l'art. 69 § 2 n° 9 L. 22 frimaire an 7, dispose qu'alors que le droit proportionnel aura été acquitté sur un jugement rendu par défaut, la perception sur le jugement contradictoire qui pourra intervenir n'aura plus lieu que sur le supplément des condamnations; que le même article porte que, lorsqu'une condamnation sera rendue sur une demande non établie par titre enregistré et susceptible de l'être, le droit auquel l'objet de la demande aurait donné lieu s'il avait été convenu par écrit public, sera perçu indépendamment du droit dû par l'acte ou le jugement qui aura prononcé la condamnation; que, dans l'espèce, l'objet principal et réel de la demande de Panis était un contrat verbal de. vente de la superficie de bois moyennant 9,600 francs qui serait intervenue entre lui et Baillyet, défaillant, à la date précise du 12 octobre 1846, contrat de l'inexécution duquel on se plaignait à la justice, contrat enfin qui, s'il eût été passé par acte public, aurait donné ouverture à la perception d'un droit proportionnel; que c'est ledit contrat, dont l'existence reconnue a été, au profit du demandeur, authentiquée par le jugement du 27 novembre 1847, qui est devenu un titre dans les mains de celui qui en était pourvu; qu'on ne saurait avec raison dire qu'une décision judiciaire peut être assimilée à un acte purement comminatoire, à une simple mise en demeure, ni dire que, parce que le tribunal surseoit à prononcer sur les dommages-intérêts qui, en définitive, doivent servir de sanction à ce qu'il prescrit ou de réparation au préjudice souffert uniquement par le retard, il ne dispose pas d'une manière formelle, n'ordonne pas et ne condamne pas, mais prononce uniquement un avant faire droit, une remise de cause. »

10568. Nature de la convention. — Il est essentiel, pour établir la perception du droit de titre, de bien déterminer la nature de la convention dont le jugement reconnaît l'existence.

1. DÉPOT. — Ainsi, on ne peut percevoir le droit de vente, mais seulement le droit fixe de dépôt, sur le jugement qui condamne un restaurateur de tableaux à rendre des gravures qui lui ont été déposées pour les réparer, sinon à en payer la valeur; il ne s'agissait pas, en effet, entre les parties, d'une vente, mais d'un simple dépôt (Dél. 17 nov. 1824, 1190 Roll.).

Mais le jugement qui reconnaît qu'une personne décédée avait fait le dépôt d'une somme déterminée chez l'un de ses enfants qui est condamné à rapporter cette somme, donne ouverture, indépendamment du droit de condamnation, à celui d'obligation, attendu que les dépôts de sommes chez les particuliers sont passibles du droit proportionnel.

2. DONATION. — Le jugement qui ordonne qu'un contrat de rente viagère, constituée à titre onéreux, recevra son exécution comme libéralité, et reconnaît qu'il s'agit d'une donation, est passible d'un droit de titre de donation, déduction faite du droit de 2 pour 100 perçu sur le contrat (Sol. 4 fév. 1855).

Décidé, dans le même sens, que, quand un jugement constate qu'un tiers est propriétaire d'un titre de créance souscrit au profit du défunt par une autre personne, et qu'il résulte des termes d'un testament que la remise de ce titre au détenteur a eu lieu à titre de libéralité, le droit de donation est exigible sur le jugement (Auch 23 janv. 1867, 2774 R. P.; — Brives 14 janv. 1870, 3066 R. P.). — V. *Donation* 6620 *bis*.

Le jugement qui condamne un héritier à rapporter le profit qu'il a tiré d'une vente à lui consentie par le défunt moyennant un prix inférieur à la valeur réelle, est passible du droit de donation à 4 pour 100 sur ce profit, outre le droit de condamnation (Sol. 21 juill. 1877).

3. MANDAT. — SOCIÉTÉ. — Dans le même ordre d'idées, on verra, aux n°s 10580-1, 10584-1, que si le titre constitutif de la demande est un acte de société et que cet acte n'ait pas été enregistré, le droit de titre exigible sera le droit gradué. Par la même raison, il sera de 3 francs, si la demande repose sur un mandat non enregistré. — V. 10584.

10569. Navire. — Le jugement, condamnant à payer une somme pour fournitures d'agrès et apparaux d'un navire, est sujet au droit de 2 pour 100, car le droit fixe s'applique seulement aux ventes de navires et aux marchés pour leur construction (Sol. 28 août 1850, 16592-3 J. E.).

Cette solution serait encore plus vraie aujourd'hui que les ventes de navires sont assujetties au droit proportionnel ordinaire. — V. *Navire*.

10570. Marché. — Le jugement qui porte condamnation à une somme déterminée pour ouvrages et fournitures à des constructions, donne ouverture au droit de marché (10807 J. E., Dél. 6 déc. 1833, Sol. 14 avr. 1829, 9490 J. E.).

Décidé, de même : 1° qu'un jugement portant condamnation de somme au profit d'un entrepreneur pour prix de travaux supplémentaires exécutés d'après les ordres de la partie condamnée, est passible du droit de titre de 1 pour 100 comme marché (Seine 28 juill. 1858, 16852 J. E.);

2° Que le droit de titre de 1 pour 100 est également exigible sur le jugement qui condamne un individu à payer une certaine somme pour droits de commission, attendu que les conventions, ayant pour objet des faits de commission, sont susceptibles, comme tous mandats salariés, d'être réglées par acte public (Seine 26 nov. 1856, 1260 R. P., 11840 C., 16964 J. E.);

3° Qu'il en est de même du jugement qui condamne le propriétaire à payer à son architecte le salaire des études qu'il a faites pour des travaux de construction (Seine 16 déc. 1871, 3403 R. P.);

4° Ou d'un jugement qui condamne le défendeur à remplacer à ses frais certaines pièces d'une machine à vapeur qu'il a livrée (Namur, 10 nov. 1877, 13464 J. E. belge).

2. CESSION. — C'est le droit de cession de marché qui est dû si le jugement constate la cession verbale d'un marché de fournitures (Yssengeaux, 2 juill. 1877).

1. DOUBLE MARCHÉ. — Le jugement qui condamne une compagnie à payer à l'entrepreneur le prix des travaux exécutés pour son compte, et condamne en même temps l'entrepreneur à payer une partie de ce prix à des sous-entrepreneurs, donne ouverture à deux droits de titre pour marché (Seine 16 déc. 1852, 15586 J. E.). — V. *Marché.*

10571. Promesse de vente. — Le jugement qui reconnaît une promesse de vente, en ordonne la réalisation, à la charge par l'acquéreur d'en payer le prix, donne ouverture au droit de vente, mais non à celui de condamnation, attendu que l'obligation pour le vendeur de payer le prix était la conséquence forcée de la réalisation de la promesse reconnue par le tribunal (Dél. 18 fév. 1836, 11428 J. E.; — Cass. 14 janv. 1836, 11407 J. E., 11137 J. N., S. 36-1-93; — Cass. 25 mars 1872, 2449-1 I. G., S. 72-1 193, D. 72-1-314, 3424 R. P.).

« Attendu, porte ce dernier arrêt, que la condamnation a pour cause la constatation faite en justice de l'exercice régulier par les locataires de la faculté d'achat qu'ils avaient stipulée, et conséquemment de la perfection du contrat de vente, par suite de l'accord des contractants sur la chose et sur le prix; qu'en ordonnant, dans le délai qu'il fixe, la passation d'un acte public de vente, le jugement n'en fait pas plus que le traité de 1865 auquel il se réfère, la condition suspensive de la transmission de la propriété; qu'il constitue, dès lors, un acte judiciaire translatif de propriété de biens immeubles, et à ce titre soumis au droit proportionnel de mutation immobilière; que le droit auquel il a donné ouverture a été immédiatement acquis au Trésor, et que la perception a dû en être poursuivie indépendamment des résultats éventuels de l'appel interjeté par la Compagnie. »

Il en serait de même alors qu'un jugement aurait déclaré qu'une obligation de faire non exécutée devrait se résoudre en dommages-intérêts, si de l'examen des qualités il résultait

que cette obligation de faire prenait sa source dans une promesse de vente parfaite par le consentement des parties sur la chose et sur le prix (Cass. 12 juin 1854, 2019 § 6 I. G., S. 55-1-60, 15851 J. E.).

« Attendu, porte cet arrêt, que la vente et le cautionnement qui l'avait suivie étant constatés par le jugement du 2 août 1849, le droit et le double droit dus par suite de cette vente, ainsi que le droit dû à raison de la stipulation du cautionnement, étaient exigibles, à l'occasion de l'enregistrement de ce jugement, à défaut de l'enregistrement des titres. »

1. DÉDIT. — Mais le jugement qui condamne l'acquéreur d'un immeuble à payer un dédit ne donne pas ouverture au droit de vente. — V. *Dédit.*

2. JUGEMENT ORDONNANT DE PASSER ACTE. — V. 17645-3.

10572. Vente de matériaux. — Le droit de 2 pour 100 est dû sur un jugement qui condamne à payer une somme pour prix de pierres extraites d'une carrière en vertu d'un bail verbal, ou qui prononce la rétrocession du droit d'exploiter une mine. — V. *Bail.*

10573. Servitude. — Un jugement qui porte condamnation à payer une somme fixée pour droits de mitoyenneté donne ouverture au droit de 5 fr. 50 cent. pour 100 sur cette somme (Seine 6 déc. 1849, 14909 J. N.; — 23 nov. 1853, 15116 J. N.). — V. *Vente d'immeubles.*

10574. Supplément de prix. — Le jugement qui constate l'existence d'un supplément de prix de vente donne lieu au droit de 50 pour 100 (Seine 15 déc. 1824, 1200-26 I. G.). — V. *Expertise.*

Si cette reconnaissance résulte d'une condamnation, le droit de 50 pour 100 est-il en outre exigible? — V. 10437-2.

10574 bis. Titre nul. — Le jugement qui condamne le défendeur au payement d'une créance constatée par des billets dont la nullité est reconnue, est passible, en outre du droit de condamnation, du droit fixe de 3 francs applicable aux actes refaits (Sol. 25 nov. 1876, 4693 R. P.).

10575. Dation en payement. — Le jugement qui donne acte à une partie de ce qu'elle accepte l'usufruit d'un immeuble pour lui tenir lieu du legs d'une rente viagère, est sujet au droit de vente sur le capital denier 10 de la rente (Sol. 31 mai 1831, 10058 J. E.). — V. *Usufruit.*

10576. Abandonnement. — Ce n'est que sur le jugement qui déclare valable l'abandonnement maritime que doit être perçu le droit. — V. *Abandon.*

SECTION 5. — TITRE ÉCRIT SOUSTRAIT A FORMALITÉ

[10577]

10577. Cours d'instance. — C'est seulement pour mémoire, et afin de faire passer sous les yeux de nos lecteurs, dans un même cadre, les phases diverses sous lesquelles peut se présenter le droit de convention à percevoir sur les jugements, que nous mentionnons ici les conventions qui, ayant été écrites, auraient été énoncées comme verbales afin d'échapper au droit d'enregistrement. Ce sujet a été traité avec tous les développements qu'il comporte au mot *Acte produit en cours d'instance*; nous n'avons pas à y revenir ici.

SECTION 4. — TITRE ENREGISTRÉ

[10578-10589]

10578. Principe. — On vient de voir que le droit de titre est exigible sur tout jugement portant condamnation, collocation et liquidation de sommes et valeurs mobilières qui repose sur un titre écrit ou verbal. Mais la loi devait faire une exception en faveur des condamnations fondées sur un titre enregistré. Dans ce cas, on ne pouvait, en effet, percevoir le droit de la convention sans le percevoir deux fois, sans violer la maxime *non bis in idem*, lorsqu'une convention a subi les droits auxquels elle donne ouverture par sa nature, elle peut être indéfiniment répétée dans de nouveaux actes sans donner lieu au droit de la convention. Aussi cette exception résulte-t-elle formellement du texte même de l'art. 69 § 2 n° 9 L. an 7, « lorsqu'une condamnation sera rendue sur une demande non établie par un titre enregistré... »

La jurisprudence a fait de ce principe plusieurs applications que nous allons indiquer :

10579. Présomption de prêt. — Associé. — Il ne peut être permis, pour la fixation des droits à percevoir sur un jugement, de changer les bases sur lesquelles le jugement a motivé les condamnations qu'il a prononcées. Ainsi, dans une espèce où une société avait été dissoute par la mort de deux associés, les héritiers de l'un d'eux avaient continué à gérer les biens de la société pendant un long espace de temps, un tribunal avait pensé que le droit de titre était exigible sur le jugement par lequel ces héritiers étaient condamnés à payer une somme aux héritiers de l'autre. Ce tribunal s'était fondé *sur l'existence probable* d'une convention occulte entre les héritiers des deux associés. Mais la C. cass. n'a pas admis que le long intervalle de temps écoulé entre l'époque de la dissolution de la société et l'établissement du compte par les arbitres fût une cause suffisante pour décider qu'il y avait eu entre les associés une convention quelconque qui avait changé la qualité de comptable. Il a suffit à ses yeux qu'il y ait eu originairement un titre enregistré dominant la cause, pour qu'elle ait jugé que ce titre exemptait de l'enregistrement les conventions auxquelles il a servi de point de départ.

Son arrêt, en date du 17 janvier 1853, est ainsi conçu :

« Attendu que pour maintenir la perception, le jugement attaqué se fonde sur ce que le long silence des héritiers Sorel à réclamer la liquidation de la société contenait de leur part un consentement à ce que les héritiers Pouettre employassent les fonds de la société à leur profit; que ce consentement plus ou moins explicite est résulté un véritable prêt à intérêt; que ce prêt, établi par un titre non enregistré, mais susceptible de l'être, a servi de base aux condamnations prononcées par le jugement arbitral, et donnait ouverture au droit, qui, dès lors, a été régulièrement perçu ; mais attendu, d'une part, qu'il ne peut être permis à la Régie, pour la fixation des droits à percevoir sur un jugement, de changer les bases sur lesquelles le jugement a motivé les condamnations qu'il a prononcées; attendu, d'autre part, que le retard que met un associé à réclamer ses droits dans une société dont il a fait partie ne peut être considéré comme constituant un contrat nouveau susceptible d'être enregistré ; que cet associé ne peut être présumé avoir voulu abandonner les droits qu'il tenait de sa qualité d'associé pour se contenter d'une simple créance chirographaire contre son associé; que la novation ne se présume pas ; qu'en faisant résulter cette novation de simples présomptions, en décidant qu'il y avait lieu de percevoir le droit de titre sur un jugement arbitral portant liquidation d'une société et condamnation au payement du reliquat, le jugement attaqué a faussement appliqué l'art. 69 § 2 L. 22 frim. an 7, et formellement violé tant ledit article que l'art. 1273 du C. C. » (15600 J. E., 14884 J. N., S. 53-1-120, P. 53-1-170. — *Contra* 1070, 4213 J. E.).

10580. Société. — Si un associé est condamné à payer à l'autre, pour sa mise sociale, une somme déterminée, on ne peut percevoir un droit de titre à raison de ce payement, qui n'est pas l'effet d'une obligation proprement dite susceptible d'être enregistrée, car elle résulte de l'acte de société que nous supposons enregistré (Dél. 11 et 15 oct. 1833, 10754, 10921 J. E.).

1. SOCIÉTÉ VERBALE. — Si la société a été constituée verbalement, ou que l'acte constitutif de la société n'ait pas été enregistré, le droit de titre à percevoir sur le jugement qui, après sa dissolution, condamne un associé à payer à son associé une somme aux termes de cet acte constitutif est celui de 5 francs pour l'acte constitutif, et de 5 francs pour sa dissolution (8006 J. E., Dél. 12 mars 1836, 11470 J. E. — Ces droits sont actuellement remplacés par le droit fixe gradué.

Néanmoins si le tribunal prononçait une condamnation qui n'implique pas nécessairement la constatation de la formation et de la dissolution de la société, et si ces actes n'étaient pas rappelés dans le jugement, les droits fixes ne pourraient être perçus (Sol. 7 janv. 1866).

2. CONVENTIONS EN DEHORS DE LA SOCIÉTÉ. — Si, en dehors de l'acte constitutif de la société, des conventions particulières et verbales ont réglé d'une manière différente la position respective des prétendus associés, l'acte de société ne peut plus être considéré comme formant le titre des parties, et le jugement qui liquide les sommes dues par l'un des associés à l'autre, en vertu de ces conventions verbales, donne ouverture au droit de titre (Seine 7 juin 1830, 14079 J. E.; — Cass. 4 juin 1831, P. t. 1er 1831 p. 668, 14445 J. N., 15222 J. E., 1900 § 1er I. G.).

« Considérant, porte également un arrêt de cass. du 24 mars 1812, qu'après le texte même du n° 4 du § 3 de l'art. 68, aussi précité, il est évident que la disposition n'embrasse que le cas où l'acte se borne à établir la société, ou à en constater la dissolution ; qu'ainsi on ne saurait l'appliquer à un acte ni à un jugement par lequel un associé est reconnu débiteur d'un ou plusieurs autres associés; que, dans ce dernier cas, il s'ensuit une obligation individuelle passible du droit proportionnel auquel sont soumis les arrêtés de compte mentionnés au n° 3 du § 3 de l'art. 69 susréféré » (4313 J. E., S. 12-1-225).

3. CESSION D'ACTION. — Par application du même principe lorsque, l'un des membres d'une société ayant cédé ses droits à un tiers moyennant 60,000 francs, ce dernier assigne le cédant pour voir : « déclarer nulle la cession verbale, ordonner en conséquence la restitution d'un à compte, » le jugement qui relate ces faits est passible du droit de titre et le droit peut être réclamé soit au cédant soit au cessionnaire (Seine 17 janv. 1857, 11150 C.).

10582. Intérêts. — On a vu, au mot *Intérêts*, que les intérêts n'étant que l'accessoire de l'obligation, tout ce qui dans la convention se rapporte à eux ne forme qu'une disposition secondaire qu'exempte de toute perception le droit établi sur la disposition principale. Ce principe conduit naturellement à décider que, bien qu'un jugement porte condamnation à des intérêts échus d'une créance établie par acte enregistré, on ne peut percevoir sur ces intérêts le droit de titre qui s'applique au droit principal de la dette, puisque c'est ce principal seul qui supporte le droit lors de la présentation du titre à l'enregistrement. — L'Administration l'a reconnu par délibération du 24 novembre 1824 (7895 J. E.); elle a confirmé depuis cette interprétation par une Sol. 27 septembre 1867, fondée sur les mêmes motifs (2571 R.P.).

1. INTÉRÊTS CAPITALISÉS. — La même décision devrait être suivie alors même que le jugement déclarerait les intérêts capitalisés. Il a été délibéré en ce sens par l'Administration, le 1er février 1837 (11709 J. E.), que le jugement qui déclare capitalisés les intérêts d'une dette établie par acte notarié ne donne pas ouverture au droit de titre sur le montant de ces intérêts, attendu que ce jugement n'est que la conséquence de l'acte notarié et qu'il ne peut y avoir ni un arrêté de compte, ni une novation.

La délibération que nous venons d'analyser, et qui est justifiée par les circonstances de l'espèce, ne pourrait être suivie si, comme nous l'avons dit au mot *Intérêts*, le jugement opérait novation à l'égard des intérêts, si, par exemple, il les capitalisait pour en former une nouvelle dette substituée à l'ancienne. Dans ce cas, le jugement, étant le titre de cette nouvelle obligation, devrait être assujetti au droit de l'obligation.

Cependant, s'il s'agissait de comptes entre associés et que les intérêts aient été incorporés avec les capitaux pour ne former qu'une seule créance devant elle-même produire des intérêts, il a été décidé que le droit de titre pouvait être perçu (Pont-Levêque 27 juin 1850, P. 53-1-170).

10583. Clause pénale. — Lorsqu'un jugement alloue au demandeur les dommages-intérêts stipulés comme clause pénale dans un traité enregistré, il n'est dû aucun droit de titre, parce que ce traité est le titre de l'indemnité convenue et qu'il a été précédemment enregistré (Sol. 13 janv. 1868, 2627 R. P., 14141 C.). Mais le droit de titre serait dû, s'il s'agissait d'une convention verbale (4479 R. P. ; Demante n° 562).

10584. — Compte. — Mandataire. — Tuteur. — La question de savoir si un jugement qui prononce une condamnation sur un compte donne ouverture à un droit proportionnel de titre, présente quelques points controversés. Nous croyons que la solution doit reposer sur les deux règles suivantes :

1. CONDAMNATION ANTÉRIEURE AU RÈGLEMENT ET A L'ARRÊTÉ DE COMPTE. — Toutes les fois que la condamnation intervient avant règlement et arrêté de compte, il n'est point dû de droit proportionnel de titre, car, dans ce cas, le titre du rendant compte est, soit dans le mandat dont il a été investi, soit dans sa qualité de tuteur ou d'administrateur. Le compte n'a pu faire l'objet d'une convention quelconque susceptible d'être enregistrée. Dans ce sens, la C. cass. a décidé, le 21 novembre 1832 (10510 J. E., 1422 § 6 I. G., S. 33-1-342), que le jugement qui condamne un mandataire en vertu d'une procuration enregistrée à payer au mandant une somme dont il est détenteur, ne donne pas ouverture au droit de titre, outre celui de condamnation, car le *mandat enregistré* forme *le titre* du mandant pour exiger de son mandataire la somme à laquelle celui-ci a été condamné.

Voici une espèce très-caractéristique dans laquelle cette règle a été appliquée. Le sieur Georges Stacpoole avait, conformément aux lois anglaises, administré la succession de John Stacpoole, son parent, décédé sans héritiers directs. Plusieurs décisions des tribunaux anglais fixèrent le reliquat du compte de son administration. Les héritiers, poursuivant en France l'exécution de ces décisions, durent les faire enregistrer ; l'Administration exigea, outre le droit de condamnation à 50 centimes pour 100, le droit de titre à 1 franc pour 100, mais la restitution de ce droit fut ordonnée par jugement du tribunal de la Seine du 27 août 1831. Le pourvoi de l'Administration contre ce jugement a été rejeté par un arrêt du 8 août 1833, ainsi conçu :

« Attendu que la réclamation de l'Administration des domaines d'un droit de titre sur les arrêts du parlement d'Angleterre et ordonnances de la chancellerie d'Irlande, soumis à la formalité par les héritiers de John Stacpoole, a été repoussée par le jugement attaqué, par le motif que les décisions judiciaires, intervenues sur la demande desdits héritiers, *ne reposaient pas sur un titre susceptible d'être enregistré*; que ce motif est justifié par la considération qu'avant lesdites décisions, il n'existait encore contre Georges Stacpoole qu'un mandat non passible du droit proportionnel, et qu'en effet, les lettres d'envoi en possession de la Cour d'officialité d'Irlande accordées, sauf les droits de toute personne, ne constituent qu'un mandat, qui de sa nature ne renferme aucune obligation actuelle, s'il n'a pas été suivi d'un arrêté de compte antérieur aux demandes judiciaires établissant un reliquat à la charge du rendant-compte ; que cette circonstance n'est ni alléguée ni constatée dans l'espèce ; d'où il résulte qu'il n'y avait pas lieu à l'application de l'art. 69 § 2 9°, en ce qui concerne le droit de titre, et que cet article n'a pas été violé; Attendu que la réclamation d'un droit fixe, à raison du mandat originaire, n'est jamais fait l'objet d'aucun chef de conclusion spéciale devant le tribunal dont le jugement est attaqué. (10706 J. E., S. 33-1-736).

L'Administration a pleinement confirmé ce principe par une Dél. du 7 mars 1849 ainsi conçue :

« L'art. 69 n° 9 L. 22 frimaire an 7, qui tarife au droit de 50 centimes pour 100 les jugements portant condamnation de sommes et valeurs mobilières, n'autorise, en outre, la perception du droit de titre qu'autant que la demande repose sur un titre non enregistré et susceptible de l'être. S'agissant dans l'espèce de sommes provenant de gestions que les rendant-compte ont pu accepter volontairement ou en vertu d'un mandat verbal, suivant les articles 1372, 1985 et 1993 C. C., il n'y avait pas lieu de percevoir le droit de titre à 1 franc pour 100, puisque l'obligation de rendre les sommes reçues prenait sa source dans des conventions qui n'étaient régies que par la loi (1422 § 6 I. G.). Il n'était dû que le droit de 50 centimes pour 100. » (Fess. 7939 ; — *Contrà* 14453-1 J. E.). — V. 2246.

D'autres solutions conformes ont été rendues les 6 février et 2 août 1873, 5 juillet 1876, 22 et 29 juin 1877.

Mandat non enregistré. — Mais on serait fondé à réclamer le droit proportionnel de titre, si le prétendu mandataire ne justifie pas d'un mandat enregistré ou d'un mandat légal du permis d'enregistrement. Que si ce mandat existait avec une date certaine qui lui donnât un caractère légal, le droit de titre exigible serait celui de 2 francs établi pour les procurations (Cass. 8 août 1833, *suprà*).

Tuteur. — Il a été décidé, dans le même ordre d'idées, que le jugement qui condamne une mère qui a été tutrice légale de ses enfants à leur payer la valeur du mobilier inventorié dont elle avait la jouissance et qu'elle a dissipé, n'est passible que du droit de 50 centimes pour 100 ; le droit de 2 pour 100 ne pourrait être exigé en outre, soit parce que l'inventaire forme le titre des enfants, soit parce que, d'après l'art. 453 C. C., la mère n'était pas tenue de représenter le mobilier (Sol. 3 mai 1825, 8053 J. E.).

Cependant il a été reconnu que le droit de titre, outre celui de condamnation, est exigible sur la somme à laquelle un tuteur est condamné envers son pupille pour reliquat de compte de tutelle (14392-1 J. E.). — V. 2245.

2. CONDAMNATION POSTÉRIEURE AU RÈGLEMENT ET A L'ARRÊTÉ DE COMPTE. — Mais si, avant le jugement, le compte avait été réglé et arrêté entre les parties et qu'il n'eût pas été enregistré, le droit proportionnel devrait être perçu. Ce ne serait plus, en effet, en vertu du mandat ou de sa qualité de tuteur ou d'administrateur que le défendeur aurait été condamné, mais bien en vertu d'un règlement de compte qui, engendrant une obligation, aurait pu être l'objet d'une convention susceptible par sa nature d'être enregistrée. (Sol. 6 fév. et 2 août 1873, 5 juill. 1876, 22 et 29 juin 1877). Dans cet ordre d'idées, le tribunal de la Seine a jugé, le 6 août 1829 (9424 J. E.), que le droit de titre est exigible sur le jugement qui condamne à payer un reliquat de compte courant, quoique l'extrait certifié par le créancier, mais non accepté par le débiteur, ait été enregistré précédemment au droit fixe.

3. FAITS ÉTRANGERS AU MANDAT. — D'ailleurs, si le jugement pour prononcer la condamnation, ne s'appuie pas exclusivement sur le mandat, mais sur des faits étrangers à la gestion proprement dite, et qui peuvent supposer l'existence d'une convention spéciale, l'art. 69 § 2 n° 9 redevient applicable et le droit de titre est exigible (Seine 17 nov. 1860, 17292 J. E.).

Décidé, à cet égard : 1° que si un agent de change a acheté des valeurs pour le compte d'un client et qu'à défaut de payement du prix il ait été obligé de les revendre à perte, le jugement qui condamne le client au payement de la différence n'est pas passible du droit de titre, car l'obligation est le résultat du mandat confié à l'agent (16876-1 J. E.) ; — 2° qu'aucun droit de titre n'est dû sur le jugement qui condamne un particulier à payer à un agent de change le prix de diverses valeurs achetées par ce dernier à la Bourse sur ordre du client, attendu que l'agent de change avait un titre suffisant dans sa qualité pour agir (Seine 21 mars 1835).

4. REPORT. — La remise d'une somme entre les mains de l'agent de change en vue d'opérations déterminées constitue un dépôt chez un officier public et échappe par conséquent à la perception du droit proportionnel d'obligation. Il en résulte que le jugement rendu sur cette convention ne saurait donner lieu au droit de titre, qui est la représentation du droit de la convention même. Le tribunal de la Seine a jugé, en ce sens, le 12 mars 1870, que le jugement qui condamne un agent de change à restituer une somme déposée entre ses mains pour effectuer des opérations de report, ne donne pas lieu au droit de titre de 1 pour 100, encore bien qu'il résulte des dispositions d'un arrêt infirmatif *postérieur* que le prétendu dépôt avait le caractère d'un prêt pur et simple (3163 R. P. — V. Cass. 3 fév. 1862, S. 62-1-369 ; C. Paris 19 avr. 1875, 4465 R. P.).

Mais s'il était constaté qu'au lieu d'un dépôt, il s'agit d'une avance garantie par des titres, c'est-à-dire d'une obligation ordinaire, le droit de 1 pour 100 deviendrait exigible (Seine 8 mai 1869 ; — Cass. 19 janv. 1870, 3061 R. P., 2401-5 I. G. D. 70-1-393).

10585. Séparation de biens. — Le droit de titre est-il exigible sur le jugement de séparation de biens qui condamne le mari à rembourser les reprises de sa femme dont une partie n'est pas justifiée par titre enregistré ? Si l'on suppose qu'aucun titre enregistré, tel que contrat de mariage, liquidation, etc., n'a jamais existé entre le mari et la femme, aucun doute ne saurait s'élever sur l'affirmative. Dans le cas contraire, la solution de la question présente de véritables difficultés. Nous ne pouvons mieux faire, pour aider à les résoudre, que de renvoyer le lecteur au mot *Compte*, où la question a été examinée à un point de vue tout à fait général, avec tous les développements qu'elle comporte.

10586. Honoraires. — Avances. — Quel caractère faut-il attribuer aux avances et déboursés que fait un officier public dans l'exercice de ses fonctions ? Beaucoup d'employés séparent ces avances et déboursés des honoraires et, les considérant comme un prêt, les assujettissent au droit d'obligation alors qu'ils font profiter les honoraires de l'exemption des droits. C'est là une erreur. L'art. 2273 C. C. parle des *frais* et salaires des avoués et il fut expliqué lors de sa discussion qu'il s'agissait des avances quelconques faites au client. Ces avances régies par une péremption spéciale ne peuvent donc être assimilées à un prêt, la loi les confond dans une même disposition avec les salaires : « Ces mots *frais* et *salaires*, dit Troplong, comprennent tous les déboursés que les avoués font dans le cours de la procédure pour en activer la marche, leurs avances y sont comprises, quelle qu'en soit la nature (*de la Péremption* n° 979).

Ce que la loi dit des avances et déboursés de l'avoué, il faut l'entendre de tous ceux que font les officiers publics et ministériels pour le besoin des actes qu'ils rédigent ou des affaires qu'ils traitent. Ainsi, les frais d'actes retirés de l'étude d'un autre officier public, d'un greffe, d'un bureau d'enregistrement, les avances de droits d'enregistrement, de transcription, de taxes de témoins, de salaires d'huissiers, de consultations, etc., tout cela constitue les avances et déboursés dont nous nous occupons. C'est dans cet ordre d'idées que Troplong enseigne (*loc. cit.*) que l'avoué qui paye les honoraires de l'avocat à la place de son client ne fait pas un prêt à celui-ci mais seulement une avance de même nature que les frais et déboursés dont parle l'art. 2273 C. C.

Ces principes ont été appliqués dans les espèces suivantes:

1. NOTAIRE. — Le jugement qui condamne des parties au payement des honoraires et avances d'un notaire, à raison de l'acte qu'il a reçu, ne donne pas ouverture au droit de titre, parce que la demande est établie sur l'acte qui fait son titre et qui a subi la formalité (D. m. f. 8 pluv. an 9, 2519 J. E.).

2. AVOUÉ. — Il en est de même, et par le même motif, des jugements qui condamnent des parties à payer à leurs avoués le montant de leurs frais et dépens (290 § 33 I. G.).

3. EXPERT. — Le droit de titre n'est pas non plus exigible sur les exécutoires délivrés aux experts pour leurs journées et vacations (436 § 20 et 28 I. G.); leur rapport forme le titre enregistré de leur créance.

4. PRESCRIPTION. — Si la prescription était acquise aux parties et que le tribunal les condamnât néanmoins au remboursement des frais et honoraires, le droit de titre deviendrait exigible. Du moment, en effet, que la prescription est acquise au client, l'action devient une demande ordinaire et doit, selon l'art. 2294 C. C., être justifiée par un arrêté de compte, une obligation ou tout autre titre susceptible d'être enregistré (290 § 33 I. G.).

A cette occasion il faut remarquer, qu'aux termes de l'art. 2273 C. C., l'action des *avoués*, pour le payement de leurs frais et honoraires, se prescrit par *deux ans*, à compter du jugement des procès ou de la conciliation des parties, ou depuis la révocation des avoués, et qu'à l'égard des affaires non terminées, cette prescription est de *cinq ans*.

Il ne faut également pas perdre de vue que les greffiers, les notaires, les agents d'affaires sont affranchis de la prescription spéciale portée par l'art. 2273 C. C. et qu'ils sont placés sous l'empire du droit commun, c'est-à-dire que leurs honoraires ne se prescrivent que par trente ans, aux termes de l'art. 2262 C. C. (Troplong *de la Prescription* n° 984).

5. HÉRITIERS. — Ce que nous venons de dire des notaires, avoués, experts, s'applique également à leurs héritiers: la mort du titulaire ne peut, en effet, dénaturer son titre, et si l'enregistrement de ce titre l'exempte de tous droits, il doit en être de même pour ses héritiers.

10587. Honoraires. — Quotité du droit. — Quand les honoraires ne se basent pas sur un titre enregistré, le droit devient naturellement exigible, et c'est celui de 1 pour 100, comme marché ou louage d'industrie, qu'il faut percevoir. Nous avons établi au mot *Bail* que les contrats de l'espèce sont passibles du droit dont il s'agit, par le motif que la loi les ayant passés sous silence, l'art. 69 § 3 n° 1er, L. 22 frimaire an 7, qui a tarifé à cette quotité le marché qui est le genre, a du même coup tarifé le bail d'industrie qui est l'espèce (*V.* encore n°s 134, 195, 196, 197, et 304 R. P.).

1. MÉDECIN. — Ainsi, le médecin qui a donné ses soins au malade, n'a pas de titre enregistré sur lequel il puisse fonder la demande de ses honoraires. Le jugement qui le lui accorderait serait donc passible du droit de 1 pour 100 (Sol. belge 21 janv. 1854, 14 R. P.).

2. MÉDICAMENT. — Il faut décider que le même droit est le seul exigible alors que le jugement porte condamnation à payer au médecin une somme déterminée pour soins et *médicaments*. On ne pourrait être autorisé à percevoir 2 pour 100 à raison de la condamnation à payer les médicaments, car les médecins ne vendent pas les médicaments, qui sortent en général de l'officine des pharmaciens. Au surplus, il devrait encore en être ainsi, alors même qu'il serait établi que le médecin a réellement fourni les médicaments, car, du moment que l'on considère comme constituant un bail d'industrie, c'est-à-dire un marché, les soins que le médecin a donnés au malade, on ne serait fondé à percevoir le droit de 2 pour 100 à raison des médicaments, que tout autant que cette fourniture devrait être considérée comme l'objet principal de la convention. Or, il est évident que dans les conventions de cette nature, les soins du médecin sont l'objet principal du contrat.

3. MANDATAIRE. — Dans le même sens, le tribunal de la Seine a jugé, le 23 mai 1855 (548 R. P.), que si le tribunal reconnaît que des honoraires sont dus à un mandataire, pour ses soins et labeurs, le droit de 1 pour 100 doit être perçu sur les sommes allouées.

4. AVOCAT. — **HONORAIRES HORS TAXE.** — Décidé également que le droit de titre est exigible sur le jugement de condamnation au payement d'honoraires dus à un avoué, pour avoir rempli l'office d'avocat dans une affaire où il occupait, attendu que l'avoué qui remplit l'office d'avocat dans une affaire où il occupe ne trouve pas, plus que l'avocat lui-même, dans les pièces de la procédure, un titre en vertu duquel il puisse réclamer les honoraires qui lui sont dus pour ce qu'il a fait en dehors de sa charge d'avoué (D. m. f. belge 21 sept. 1860, 8703 J. E. belge).

10588. Titre non direct. — Il est vrai qu'un titre, lorsqu'il est enregistré, exempte du droit toutes les conventions qui en sont la conséquence directe; mais cette proposition cesserait d'être exacte si on voulait en faire l'application à toutes les conventions qui se relient plus ou moins directement au titre enregistré. Ainsi, un entrepreneur se charge d'exécuter des travaux, sous la condition que, si les prix stipulés cessent de lui convenir, il pourra discontinuer ses travaux, en abandonnant ses matériaux de construction à un nouvel entrepreneur, moyennant le prix d'estimation. La condition s'est réalisée ; les matériaux ont été estimés par experts, et le successeur du premier entrepreneur a été condamné à les lui payer. Ce jugement est passible du droit de vente, indépendamment du droit de condamnation, parce que la transmission des matériaux ne s'est pas opérée ni par le traité ni par l'expertise, et qu'ainsi elle résulte d'une convention tacite, non enregistrée (Seine 9 août 1816, 5630 J. E.).

1. BILLETS ENREGISTRÉS. — De même encore, si l'acheteur de marchandises qui a souscrit pour le payement du prix des billets à ordre enregistrés est poursuivi en payement de ces billets, mais demande conventionnellement l'annulation de la vente, le jugement par lequel la vente est maintenue et l'acheteur condamné au payement du prix est passible du droit de titre à 2 pour 100 : « Attendu que les billets souscrits en payement du prix d'une vente commerciale constituent moins le titre de cette convention qu'un mode de libération de l'acheteur ; que la demande en annulation de la vente était distincte de celle en payement des billets et que le jugement qui a repoussé cette demande en annulation a pour la première fois consacré la validité de la vente et donné par suite ouverture au droit de titre » (Seine 28 fév. 1874).

Le même principe a été consacré en matière de lettre de change. — *V.* 10617.

10589. Acte de commerce. — Quand les actes de commerce désignés dans la loi du 11 juin 1859 ont été enregistrés au droit fixe, leur reconnaissance judiciaire donne lieu à la perception du droit proportionnel. C'est une matière spéciale qui se trouve traitée au mot *Commerçant.*

SECTION 5. — TITRE EXEMPT D'ENREGISTREMENT

[10590-10598]

10590. Principe. — Les expressions *demande non établie par un titre enregistré et susceptible de l'être,* insérées dans l'art. 69 § 2 n° 9 L. 22 frimaire an 7, signifient encore que si, pour une cause quelconque, le titre de la convention est dispensé de l'enregistrement ou affranchi du droit, le jugement de condamnation qui intervient sur la demande ne peut donner ouverture au droit de titre. — C'est ce que décide une Circ. 8 germinal an 12 portant que par titres non susceptibles d'être enregistrés, *il faut entendre* ceux qu'une disposition expresse de la loi dispense de l'enregistrement, comme les transferts d'inscription, les quittances de leurs intérêts, les rescriptions, les mandats et ordonnances sur les caisses publiques, et que les jugements de condamnation rendus sur les demandes de cette nature ne seraient sujets qu'au droit de condamnation.

10591. Condamnation au profit de l'État. — N'est pas passible du droit de titre le jugement portant condamnation au profit de l'État au payement d'une amende ou d'un double droit. — *V.* 905 et suiv.

T. III.

1. PENSION DES LYCÉES. — Mais la condamnation à payer les termes échus d'une pension de lycée donne lieu aux mêmes droits de titre et de condamnation qu'en matière ordinaire (Sol. 19 nov. 1866).

10592. Don manuel. — Ainsi, avant la loi du 18 mai 1850, l'Administration reconnaissait que le droit de titre n'était pas exigible sur le jugement qui ordonne le maintien d'un don manuel (Sol. 6 fév. 1832). C'était la conséquence du principe qui, déclarant le don manuel exempt en lui-même du droit d'enregistrement, faisait qu'il n'y avait pas, par cela même, de droit à percevoir sur l'acte ou déclaration qui en révélait l'existence, lorsque cet acte ou déclaration n'intervenait pas dans des circonstances données. — Aujourd'hui cet état de chose n'existe plus. — *V. Don manuel.*

10593. Date certaine antérieure à l'établissement du droit. — **1.** ACTE ANCIEN. — C'est toujours en vertu du même principe qu'un arrêt de la chambre des requêtes du 2 décembre 1806 a décidé que le jugement de condamnation qui mentionne le titre en vertu duquel il a été prononcé ne peut donner ouverture à la perception des droits sur ce titre, s'il avait acquis date certaine avant l'établissement des droits d'enregistrement.

2. PAYS ANNEXÉS. — De même, si un acte sous seing privé est intervenu entre les habitants des pays annexés et a été produit en justice devant les magistrats sardes avant l'annexion, il continue à profiter de la législation étrangère, qui dispense les actes sous seing privé de la formalité de l'insinuation (Cass. 26 déc. 1865, 2220 R. P., B. C. 195, S. 66-1-80, D. 66-1-136).

3. DON MANUEL. — C'est ce qui devait arriver également si, conformément à ce que nous avons dit v° *Don manuel,* un don manuel avait acquis date certaine avant la promulgation de la loi du 18 mai 1850.

10594. Acte de l'étranger. — Lorsqu'un jugement est rendu sur une convention verbale relative à des biens étrangers, le droit de titre ne saurait être différent de celui auquel cette convention aurait donné lieu. Si, étant rédigée par écrit, elle eut été passible du droit gradué, le droit de titre du jugement sera de la même somme. — *V. Acte passé hors du territoire.* — Il ne faudrait pas opposer une décision du tribunal de la Seine du 21 mars 1868, d'après laquelle lorsqu'un jugement rendu par un tribunal français constate l'existence d'une créance due à un étranger par un Français et payable en monnaie étrangère, le droit de titre à 1 pour 100 est exigible. Car, en rapportant ce jugement, au n° 2649 R. P., nous avons eu soin de faire remarquer que l'obligation dont le jugement devait former le titre devenait, tant par la personnalité du débiteur que par la situation des biens affectés à la garantie, une véritable valeur française, et le tribunal a pu, par conséquent, autoriser la perception du droit proportionnel.

88

10595. Livres de commerce. — Un arrêt de Cass. du 18 juillet 1813 a décidé que le droit de titre n'était pas dû sur une condamnation résultant d'un titre constaté par des livres de commerce, attendu que ces livres ne sont pas assujettis à l'enregistrement (11470 J. E.).

10596. Mont-de-piété. — Le droit de titre ne peut être perçu sur un jugement qui autorise les administrateurs du mont-de-piété à payer à un prêteur qui a perdu ses reconnaissances le montant des sommes prêtées, attendu que les actes du mont-de-piété ont été exemptés de l'enregistrement par une disposition spéciale (Déc. 19 juin 1810, 3875 J. E.). — V. *Mont-de-piété* n° 11406.

10597. Transfert et autres actes. — On doit ranger dans la même catégorie les transferts et quittances de rentes sur l'État, les mandats et ordonnances sur les caisses publiques, les quittances de contributions, les endossements et acquits d'effets négociables (D. m. f. 20 vent. an 12 ; — Circ. 8 germ. suiv.). — En conséquence, le droit de titre n'est pas exigible sur les condamnations prononcées par suite des demandes fondées sur des titres de cette espèce.

En ce qui concerne les rentes sur l'État, la décision du 29 ventôse an 12 ne doit plus être suivie dans l'étendue de ses termes ; et si la condamnation avait pour but de donner un titre à une mutation à titre gratuit de rente sur l'État, le droit de titre devrait être perçu, par application de l'art. 7 L, 18 mai 1850.

10598. Vérification et affirmation de créances. — On a vu, au n° 8854, que les vérifications et affirmations de créances, en matière de faillite, peuvent être faites sans que les titres sur lesquels les créances sont établies aient été préalablement enregistrés. Il en résulte qu'un jugement qui, après l'ouverture de la faillite, ordonne qu'un créancier sera compris au passif de la masse pour le produit d'une négociation de traites qui avait été confiée au failli, ne donne pas ou verture au droit de titre (Dél. 25 janv. 1828, 2124 R., 8930 J. E.).

SECTION 6. — TITRE NON SUSCEPTIBLE D'ÊTRE ENREGISTRÉ

[10599-10613]

10599. Principe. — Nous avons démontré, au n° 10557, que ces expressions de l'art. 69 L. an 7, *demande non établie par un titre enregistré et susceptible de l'être*, ne signifiaient pas que le droit de titre ne devait pas être perçu sur les conventions verbales autres que les tranmissions de propriété ou d'usufruit d'immeubles. Que veulent donc dire ces mots ? Ils signifient que toutes les fois que la demande, par sa nature, est indépendante, exclusive même de toute convention, comme dans les obligations naturelles et les obligations légales, il ne peut être perçu de droit de titre. Ils signifient encore que la perception du droit de titre ne peut avoir lieu qu'autant qu'il est possible de supposer l'existence

d'une convention antérieure non enregistrée. « Une demande est susceptible d'être enregistrée, dit également M. Demante, toutes les fois qu'elle est fondée sur une convention. Lors, au contraire, que l'obligation invoquée découle d'un quasi-contrat, d'un délit, d'un quasi-délit ou de l'autorité seule de la loi (V. art. 1370 C. C.), l'impôt de l'enregistrement ne peut atteindre l'obligation elle-même, mais seulement la condamnation » (n° 552).

10600. Aliments. — 1. ASCENDANTS. — Le Code civil, art. 205, porte que les enfants doivent des aliments à leurs père et mère. et autres ascendants qui sont dans le besoin. On avait prétendu que les jugements rendus dans le cas prévu par cet article prononçaient des condamnations sur des conventions sujettes à l'enregistrement, sans énonciation de titres enregistrés. Mais une D. m. f. du 14 juin 1808 (390 n° 7 I. G.) a reconnu avec plus de raison, et conformément au principe que nous venons de poser, que l'obligation où sont les enfants de nourrir leurs père et mère est fondée sur les droits de la nature, et que le titre des ascendants dérive de principes que le Code ne fait que consacrer, en rappelant aux enfants les devoirs que la reconnaissance leur impose. Aussi a-t-il été reconnu qu'une pareille disposition ne donne ouverture qu'au droit de condamnation, sur le capital au denier dix de la pension. — V. *Aliments*.

2. DIVERS. — Ce que nous venons de dire des cas où ce sont les enfants qui sont condamnés à payer des aliments à leurs père et mère s'applique incontestablement à tous les cas où la loi règle la dette d'aliments, car dans aucun de ces cas le jugement ne doit pas être considéré comme créant le titre du créancier qui le trouve dans la loi.

3. ALIMENTS NON DUS. — Mais, par contre, le droit de titre serait exigible si la condamnation aux aliments était, pour une cause quelconque, prononcée dans un cas autre que ceux spécifiés par la loi. — V. *Aliments*.

10601. Délits et quasi-délits. — La même règle s'applique évidemment au cas où la condamnation dérive de l'obligation de l'art. 1382 C. C., d'après lequel tout fait quelconque de l'homme qui cause à autrui un dommage oblige celui par la faute duquel il est arrivé à le réparer. Cet article, par sa rédaction large et compréhensive, embrasse tous les cas possibles de délits et de quasi-délits, puisqu'il fait résulter l'obligation de réparer *de tous faits quelconques*, soit de commission, soit d'omission, causant du dommage à autrui et arrivés par la faute de leur auteur. Sa proposition comprend tous les faits dommageables et répréhensibles, sans distinction, aussi bien ceux dans lesquels il n'y a pas eu dessein de nuire (les quasi-délits) que ceux dans lesquels cette intention a existé (les délits). Ces faits peuvent très-souvent donner ouverture au droit de 2 pour 100 pour les dommages-intérêts dont nous nous sommes occupé dans les chapitres précédents, mais ils ne permettent jamais la perception du droit de titre, parce que les condamnations qu'ils provoquent sont l'effet d'une obligation légale qui ne puise son origine dans aucune convention susceptible d'être enregistrée.

1. SOUSTRACTIONS. — Ainsi le jugement qui condamne une partie saisie à payer une somme pour la valeur d'objets soustraits ne donne pas ouverture au droit de titre sur cette somme, qui n'a pu faire l'objet d'une convention écrite ou verbale antérieure au jugement (Cass. 9 mai 1822, 7348 J. E.).

Le droit de vente n'est pas dû sur un jugement de police correctionnelle contenant condamnation contre un particulier à restituer à un autre des objets de joaillerie escroqués à celui-ci, sinon à lui en payer la valeur. — Il en est de même de l'arrêt qui condamne à restituer une voiture escroquée, ou à payer 5,000 francs ; le droit de condamnation de 50 centimes pour 100 est seul exigible (D. m. f. 28 juin 1822, 348 Roll.). — Il en est de même encore du jugement qui ordonnerait le rapport de sommes indûment reçues d'un failli depuis la cessation des payements (18324 J. E.).

10602. Dépositaire. — Aucun droit proportionnel de titre ne saurait être perçu non plus sur le jugement qui condamne un dépositaire à payer la valeur des objets mobiliers qu'il avait reçus et dont il a indûment disposé. Il n'y a pas, dans l'espèce, vente de marchandises ; d'un autre côté, il n'existait de la part du dépositaire aucune obligation de sommes. Les parties n'étaient convenues que d'un dépôt qui, constaté par écrit, aurait simplement donné lieu à un droit fixe de 3 francs. Le jugement n'est donc passible que de ce droit, outre le droit de condamnation. — V. 10588.

D'après le même principe, un jugement qui condamne un associé à payer une somme qu'il a touchée pour la société sans en tenir compte, ou à payer le prix des marchandises appartenant à la société, et qu'il a vendues, n'est pas rendu sur une convention. Loin de là, les condamnations sont le résultat des faits contraires aux conventions réglées entre les parties. Aucun droit de titre n'est donc exigible (8006 J. E.).

10603. Responsabilité. — 1. AVARIES. — VOITURIERS. — A cette règle, il faut encore rapporter l'exemple d'un voiturier qui serait condamné à payer une somme pour indemnité de marchandises avariées. Le jugement ne pourrait donner ouverture qu'au droit de condamnation à 50 centimes pour 100. — V. 10300-10612.

2. AUBERGISTE. — NOTAIRE. — A cet ordre d'idées se rattachent encore les solutions que nous avons données au n° 10300, au sujet de la responsabilité qui pèse soit sur un aubergiste, à raison des dépôts effectués chez lui, soit sur un notaire, à raison des actes de son ministère. Les condamnations prononcées contre eux au sujet de cette responsabilité ne peuvent, en aucun cas, donner ouverture au droit de titre.

3. ARCHITECTE. — Décidé, de même, que le jugement condamnant un architecte à reconstruire un pont emporté par le vent, accident dû à un vice de construction, applique un cas de responsabilité légale plutôt que la responsabilité contractée par l'architecte dans le marché en vertu duquel il avait bâti le pont ; que, dès lors, le droit de titre n'est pas exigible (Bordeaux 1er mai 1854).

4. DÉGRADATION. — Il ne faudrait pas hésiter à affranchir du droit de titre le jugement qui condamne un individu à une somme représentative des dégradations qu'il a commises, car ces dégradations ne peuvent résulter d'aucune convention susceptible d'enregistrement.

10604. Construction. — Indemnité. — Il en est de même du jugement qui condamne le propriétaire du terrain à rembourser au constructeur le montant des impenses ou de la plus-value causée par ces constructions. Ce jugement ne peut donner lieu ni au droit de vente, puisque le propriétaire du terrain l'était aussi des constructions faites à son insu, ni même au droit de titre, puisqu'il n'a existé aucun titre entre les parties (Sol. 2 nov. 1867;—Auch 24 fév. 1875, 4305 R. P.).

10605. Mandataire. — Le jugement qui condamne un gérant ou un mandataire à la restitution des sommes qu'il a détournées n'est passible que du droit de condamnation (outre le droit fixe si le mandat n'est pas enregistré). On ne peut pas supposer, en effet, l'existence d'une convention verbale intervenue entre le mandataire infidèle et le mandant (3063 J. E.).

Il en est de même au sujet de la restitution à un cohéritier des droits de succession par lui avancés au nom de ses cohéritiers (Auch 24 fév. 1875, 4305 R. P.).

10606. Navire. — Le jugement qui condamne un propriétaire de navire au payement de sommes empruntées par le capitaine dans un des cas de nécessité prévus par l'art. 234 C. com. ne repose pas sur un titre susceptible d'être enregistré et n'est pas soumis au droit de titre, parce que la condamnation se fonde sur la responsabilité imposée par la loi (Déc. belge 16 nov. 1860, 8732 J. E. belge).

Il en est de même des jugements qui autorisent un négociant à prélever sur le produit de la vente les frais qu'il a faits pour retirer des marchandises d'un vaisseau échoué, parce que le C. com. qui lui attribue, sur son affirmation, ce prélèvement, jusqu'à concurrence de la valeur des effets recouvrés, forme son titre, qui n'était pas susceptible de l'enregistrement ; il n'est dû que le droit de 50 centimes par 100 francs (1392 J. E.).

10607. Société. — Le droit de titre n'est pas dû sur la sentence arbitrale qui, en prononçant la dissolution de la société, autorise l'associé qui, par suite de la faillite de ses coassociés, a fourni des fonds qu'ils étaient tenus de verser dans une entreprise, à prélever ses avances sur le prix à provenir de la vente des parts de ses coassociés. Il n'y a pas, en effet, dans la cause, un titre susceptible d'être enregistré (Dél. 8 oct. 1833, 10921 J. E.). — V. 2248.

10608. Vice rédhibitoire. — Le jugement qui, prononçant la résolution de la vente d'un cheval pour vice rédhibitoire, ordonne : 1° la remise au vendeur de la chose vendue, — 2° la restitution du prix, ne donne pas ouverture au droit de titre, attendu que la cause et l'objet de la demande, qui étaient le vice rédhibitoire et la restitution du prix, n'étaient pas de nature à être établis par un titre enregistré (Sol. 25 juin 1832, 10378 J. E. — Sol. belge 30 juin 1854, 1947 R. P.).

10609. Jugement. — Le jugement qui porte condamnation à payer des intérêts à partir d'une époque déterminée ne donne pas ouverture au droit de titre sur ces intérêts, mais seulement à celui de condamnation (13179 J. E.).

10610. Héritier. — Il n'est dû aucun droit de titre sur un jugement qui condamne un héritier bénéficiaire, par exemple, administrateur légal des biens d'une succession, à payer à ses cohéritiers le reliquat de son compte non constaté par acte enregistré, attendu que le mandat de comptable était un mandat légal non susceptible d'être enregistré.

10611. Commissionnaire de roulage. — La condamnation prononcée contre un commissionnaire de roulage, pour cause de perte de marchandises, ne donne pas ouverture au droit de titre, car il n'y avait pas, dans l'espèce, préexistence d'une convention dont ce jugement ordonne l'exécution (Sol. 5 oct. 1831, 10184 J. E.). L'indemnité dérive de l'obligation légale de garantir les marchandises confiées, obligation imposée par l'art. 98 C. com. — V. 10603.

10612. Inexécution de convention. — 1. DOMMAGES-INTÉRÊTS. — Le jugement qui, déclarant qu'une vente de marchandises est devenue impossible par le fait du vendeur, le condamne à payer à l'acquéreur 4,000 francs de dommages-intérêts ne donne pas ouverture au droit de titre sur la vente verbale (Dél. 13 avr. 1838, 12042 J. E.; — Sol. 22 mars 1858, 1037 R. P.). « Le droit de titre, porte cette dernière solution, suppose une convention préexistante et une condamnation sur une demande en résultant. D'un autre côté, il n'est exigible que dans la mesure de ce qui a été déclaré obligatoire entre les parties. Or, ici la convention est annulée. Quant à la condamnation aux dommages-intérêts, loin d'être le résultat de la convention, elle est, au contraire, la conséquence de son inexécution. » C'est la remarque que nous avions faite dans nos éditions antérieures. — V. 10548-1.

2. CONVENTION ILLICITE. — ANNULATION. — Décidé, de même, que le droit de titre ne saurait être perçu sur le jugement qui annule comme illicite la convention servant de base à la demande : notamment la cession d'une part dans une charge d'agent de change : « Attendu que le jugement, loin d'être le résultat de cette cession, déclare qu'elle ne peut produire aucun effet, parce qu'elle est illicite, et déboute par suite Lafontaine de la demande par lui formée à l'occasion des suites de cette cession ; qu'il est donc impossible de voir dans une pareille décision un acte constitutif et récognitif d'une convention déclarée nulle et de nul effet » (Seine 3 fév. 1865, 2340 R. P., S. 65-2-546, P. 65-605, Champ. et Rig. t. 2 n° 1720).

10613. Vente de meubles. — 1. AVANCES DE L'OFFICIER PUBLIC. — L'officier public qui a procédé à une vente publique de meubles est, par cela seul, chargé d'en percevoir le prix, puisque, ainsi qu'on l'a vu au n° 1714, toute opposition aux deniers doit être faite entre ses mains ;

les crédits qu'il accorde sont à ses risques et périls, et, à moins de stipulation contraire, il doit compte au vendeur des deniers de la vente. Cette obligation est donc une obligation légale que les parties trouvent dans la qualité de l'officier public ; dès lors, les dispositions du jugement qui interviendrait sur cette obligation ne pourraient donner ouverture au droit de titre.—Aussi a-t-il été décidé par l'Administration (Dél. 11 août 1824, 7815 J. E.) que lorsque, dans un procès-verbal de vente de meubles à l'encan, il a été stipulé que les acheteurs auraient un délai pour payer le prix des articles à eux adjugés, et que l'officier public a soldé le vendeur avant l'expiration de ce délai, le jugement par lequel il est prononcé ultérieurement, au profit de l'officier public, une condamnation contre ceux des adjudicataires en retard, ne peut donner ouverture au droit proportionnel de transport de créance, indépendamment du droit de 50 centimes pour 100 dû pour la condamnation.

2. NANTISSEMENT. — Mais un jugement ordonnant que des marchandises données en nantissement demeureront en payement au créancier à concurrence des sommes dues est sujet au droit proportionnel de vente mobilière (Bruxelles 17 mars 1865, 17987 J. E.). Ce jugement ne pouvait être, en effet, au point de vue de la perception, considéré comme contenant seulement le complément ou l'exécution de l'acte de nantissement ; le dernier acte contenait sans doute l'attribution au créancier des objets engagés en cas de non-payement, mais la mutation ne s'était opérée qu'ultérieurement.

SECTION 7. — OBJET DE LA DEMANDE

[10614-10625]

10614. Principe. — Objet de la demande. — L'art. 69 § 2 n° 9 L. 22 frimaire an 7 veut que, lorsqu'une condamnation est rendue sur une demande non établie par un titre enregistré et susceptible de l'être, le droit à percevoir soit celui auquel *l'objet de la demande* aurait donné lieu s'il avait été convenu par acte public.—Il résulte, entre autres choses, de cette disposition : 1° que ce n'est jamais que l'objet direct de la demande, quelle que soit d'ailleurs la cause à laquelle cette demande puisse être rattachée, qui doit déterminer la *nature* du droit proportionnel ; — 2° qu'il faut faire abstraction du titre originaire de la dette pour reconnaître la somme sur laquelle le droit doit être perçu ; la portion de cette dette qui motive l'instance, et, par conséquent, fait l'objet de la demande, peut seule être atteinte par la perception du droit de titre.

Ainsi, le droit proportionnel frappera tantôt la dette entière, tantôt une fraction de cette dette, suivant que la contestation aura porté sur le tout ou sur la partie.

En outre, on doit entendre par *objet* de la demande, dans le sens légal du mot, non pas les prétentions ordinairement exagérées dans l'exploit introductif de l'instance, mais l'objet réel du litige réduit par les débats ou par le juge à sa juste expression. Pour en donner un seul exemple, si un individu en assigne un autre en payement d'une somme de 50,000 francs pour droit de commission et devant le tribunal

réduit sa demande à 1,000 francs qui lui sont adjugés, le
droit de titre n'est dû que sur 1,000 francs (Sol. 11 août
1856).

C'est sur ces données que se fonde la généralité des décisions suivantes :

10615. Demande étrangère à la condamna-
tion. — La dame de R... a vendu verbalement au sieur B...
la superficie d'une portion de forêt dont elle est propriétaire.
L'exploitation commencée, les maires de deux communes
qui se prétendent usagères de la forêt ont assigné en référé le
sieur B..., qui a appelé en cause Mme de R... L'avoué de
cette dame a déclaré, par des conclusions motivées, qu'elle a
vendu *verbalement* au sieur B... la superficie dont il a commencé l'exploitation, et qu'elle n'en est plus propriétaire, ce
dont elle a demandé acte. L'avoué du sieur B... a reconnu
également, par des conclusions motivées, la vérité de cette
déclaration, et, de plus, il a consenti à suspendre la coupe
jusqu'à décision, tous moyens réservés. — Sur ces conclusions, le juge a dit à tort le référé, et condamné les demandeurs aux dépens.

De cette condamnation on a conclu que le droit de vente
était exigible ; on a invoqué, d'une part, l'art. 1583 C. C., et,
d'autre part, l'art. 69 § 2 n° 9 L. 22 frimaire an 7. Mais une
Sol. 7 juillet 1831 (10133 J. E.) a décidé qu'un droit fixe
seulement devait être perçu sur l'ordonnance de référé.

Cette décision est parfaitement juste. En effet, pour que la
disposition de l'art. 69 § 2 n° 9 L. 22 frimaire an 7 soit applicable, il faut que la condamnation soit prononcée sur une
demande non établie sur un titre enregistré et susceptible de
l'être, et c'est ce qui n'existait point dans l'espèce, puisque la
demande était faite par les communes en leur qualité d'usagères, et que la condamnation subie par les communes n'avait
nullement pour cause la vente verbale consentie par Mme de
R... au sieur B..., vente réciproquement avouée par eux.

Il faut remarquer, au surplus, que le jugement ne paraît
nullement s'être préoccupé de la vente, et que l'ayant laissée
de côté, il n'a pu lui servir de titre ; autrement, le droit de
vente eût été incontestablement exigible. — V. 10548.

10616. Bailleur de fonds. — Vente. — A... a
vendu à B... un cheval au prix de 500 francs, que C... a payé
à A... en l'acquit de B... Celui-ci est assigné par C... en
remboursement de cette somme de 500 francs, et le juge le
condamne. Quel est le droit exigible? L'objet de la demande
est ici purement et simplement le remboursement de la
somme de 500 francs réclamés par le bailleur de fonds ; dès
lors, le seul droit exigible est celui d'obligation. La vente
consentie par A... est bien la cause de la dette, mais elle
n'est pas la base du jugement, qui lui reste complétement
étranger. L'objet de la demande était le remboursement du
prix de la vente et non la constatation de cette vente.

10617. Lettre de change. — Les condamnations
auxquelles donne lieu l'émission des lettres de change
produisent des effets divers, selon l'objet de la demande et
les personnes qui l'ont formée. Il convient de distinguer
plusieurs situations :

1. ACTION DU PORTEUR CONTRE LE TIRÉ. — Le
droit du porteur d'une lettre de change se borne à présenter
la traite au tiré, afin de recevoir l'acceptation ou le payement. Si le tiré refuse, le porteur n'agit pas directement
contre lui, mais se retourne contre le tireur pour obtenir la
condamnation dont nous réglerons plus loin les effets. Le
porteur ne pourrait actionner le tiré en justice qu'au nom
et comme mandataire du tireur, et alors on appliquerait les
principes qui gouvernent la poursuite du tireur contre
le tiré.

2. ACTION DU TIREUR CONTRE LE TIRÉ. — En principe, la lettre de change ne constitue pas un titre de créance
contre le tiré, car ce dernier n'a souscrit aucun engagement
contre le tireur, et le tireur n'a pu se faire un titre à lui-même
contre le tiers par la rédaction de la lettre (Pardessus n° 389).
Le tireur ne peut obtenir de condamnation qu'en prouvant
que le tiré était redevable, au jour de l'échéance, d'une
somme égale au montant de la traite. Or, pour faire cette
preuve, il faut qu'il établisse que le tiré lui avait acheté des
marchandises, fait un emprunt, c'est-à-dire qu'il était intervenu entre eux une convention verbale dont l'exécution est
actuellement poursuivie. Dans cette hypothèse, la lettre de
change n'est donc pas suffisante pour motiver la condamnation, et celle-ci repose directement sur l'existence du traité
non enregistré. Aussi, le droit de titre est-il exigible ? C'est ce
qu'ont décidé les jugements de la Seine des 30 novembre
1861 (17427 J.E.), 14 novembre 1863, de Verviers du
4 novembre 1863 (2341 R.P.), au sujet de condamnations
prononcées contre des individus qui avaient refusé d'accepter
des lettres de change tirées sur eux pour des prix de vente
de marchandises. Il a été reconnu que la condamnation reposant sur la vente elle-même, le droit de 2 pour 100 était dû :
« Attendu, porte le jugement de Verviers, que la lettre de
change, par elle seule, ne crée aucun droit en faveur du
tireur contre le tiré, hors le cas d'acceptation, et qu'en cas de
non-payement par celui-ci, le premier ne peut agir contre
lui pour obtenir la valeur de la lettre de change que pour
autant qu'il y ait eu obligation antérieure et indépendante
du contrat de change, auquel le tiré reste complétement
étranger ; que le contrat de change et la lettre dont elle est
le titre ne sauraient être la base d'une action judiciaire que
de la part du preneur qui a fourni la valeur, contre le tireur
qui l'a reçue ; que, dans cette hypothèse, il sera vrai de dire
que le jugement portant condamnation au remboursement du montant de l'effet est rendu sur une demande
non établie par le titre enregistré et non susceptible de l'être,
puisque l'art. 62 § 3 n° 15 L. 22 frimaire an 7 exempte de
la formalité les effets de commerce qui constituent des lettres
de change ; qu'au contraire, si le tiré est poursuivi par le
tireur en payement du montant de la lettre de change, la
demande ne peut s'appuyer sur cette lettre, mais doit avoir
pour fondement une convention primitive qui a rendu le tiré
débiteur du tireur » (Conf. : 10646-5 J. E. ; Consultez un arrêt
d'adm. du 28 avr. 1814, 5049 J.E.). — V. 10588-1.

Mais il en serait autrement si le tiré avait accepté la lettre
de change, et si l'action du tireur se bornait à la poursuite
des effets de cette acceptation. La lettre acceptée constitue,
en effet, un titre complet de la créance du tireur, et quelle
qu'en soit la cause, elle a pu être, au moyen d'une faveur de
la loi, enregistrée au droit réduit. Quand le tribunal est

appelé à condamner l'accepteur au payement de sa dette, il ne statue pas sur la convention qui a donné naissance à la lettre, il condamne seulement le défendeur au payement de l'effet qui est le seul titre de la demande. Aussi, doit-on limiter alors la perception au droit de condamnation (Sol. 12 avr. 1867).

Il en serait de même dans le cas où la lettre n'aurait pas été antérieurement acceptée par le tiré, si celui-ci déclarait dans l'instance y donner son assentiment et n'élevait aucune contestation sur sa validité. Le débat ne porterait ici encore que sur la lettre elle-même, seule base de la demande et de la condamnation : on ne serait donc pas autorisé à percevoir le droit applicable à la convention primitive, qui n'est pas en cause.

3. ACTION DU PORTEUR CONTRE LE TIREUR. — « En ce qui touche, fait exactement remarquer une solution de l'administration belge du 4 décembre 1858, le tireur placé vis-à-vis du porteur, la lettre de change forme un titre obligatoire; elle constate l'engagement pris par le tireur envers le porteur à l'ordre de qui elle a été créée ou passée, de lui faire payer la somme indiquée dans le lieu déterminé, moyennant une valeur promise ou payée dans un autre lieu par le preneur au tireur; le tireur est donc obligé envers le preneur, par l'effet du contrat de change, de faire que le tiré accepte la lettre de change à sa présentation et d'en garantir le payement à l'échéance » (2341 R. P.).

Quand le porteur exerce ainsi son recours contre le tireur, il ne met nullement en contestation les clauses du marché par lequel il est devenu créancier du tireur et bénéficiaire de la lettre : il exige purement et simplement l'exécution du contrat de garantie qui a accompagné la transmission de la traite.

Le tribunal qui condamnera le souscripteur sur cette demande n'aura pas à rechercher les motifs de la traite; il ne recherchera pas davantage les motifs du transfert pour condamner l'endosseur, et la seule défense possible de celui-ci devrait être fondée sur l'irrégularité ou la nullité de cet endos lui-même : le marché ne sera donc mis en question ni par le demandeur ni par le défendeur; il ne sera nullement la base, la cause, le titre de la condamnation. Par conséquent, aucun droit proportionnel n'est dû ce de cet effet exigible (V. Bône 10 fév. 1865, 2071 R. P.; — Conf.: 16806-2 J. E., Sol. 17 fév. 1869, 18694 J. E.).

On rencontre souvent en pratique une situation intermédiaire : celle du porteur qui, après le refus du tiré, assigne de suite son débiteur devant la justice pour obtenir, avec le remboursement de la traite, la reconnaissance judiciaire du marché dont elle formait l'exécution. Cette procédure a le double avantage de consacrer l'obligation de garantie que la lettre de change crée à la charge du tireur, puis surtout d'établir l'existence même de la convention intervenue entre les parties, et dont le tireur pourrait encore critiquer la valeur après une simple condamnation au payement de la lettre. — Dans cette hypothèse, il paraît certain que l'objet principal de l'action est la reconnaissance judiciaire du marché lui-même, reconnaissance qui a des effets distincts de la condamnation en garantie de l'endosseur et ne se fonde plus comme celle-ci sur celle de la lettre de change. Aussi pensons-nous que rien ne soustrait alors le jugement à l'application des règles ordinaires sur la perception du droit de titre selon la nature du marché.

4. PLURALITÉ. — Il peut arriver que plusieurs des actions précédentes s'exercent en même temps et donnent lieu à des condamnations distinctes contenues dans un jugement unique. Dans ce cas, les règles de la perception sont les mêmes. En voici un exemple :

Un commerçant, après avoir vendu à un autre des marchandises pour 1,000 francs a tiré sur son acheteur une lettre de change de pareille somme, non acceptée et protestée. Intervient un jugement qui condamne : 1° le tireur et le tiré à payer au porteur le montant de la lettre de change enregistrée en même temps que l'assignation; — 2° et le tiré à rembourser 1,000 francs au tireur. Ce jugement contient deux dispositions distinctes : 1° condamnation au profit du porteur fondée sur la lettre de change endossée par le tireur et qui faisait titre contre lui-même, droit unique de 50 cent. pour 100, la lettre de change ayant été enregistrée; — 2° une condamnation au profit du tireur contre le tiré, fondée, non sur la lettre de change, mais sur la convention intervenue entre les derniers, dont le tireur a dû prouver l'existence au tribunal, et qui, n'ayant pas été enregistrée, rend exigibles le droit de condamnation et celui de titre (16806-2 J. E.).

Si deux jugements condamnent, l'un le t reur à rembourser la lettre de change aux endosseurs, et l'autre le tiré à payer les endosseurs, il est dû deux droits de condamnation (Seine 28 déc. 1877, 4964 R. P.). — V. 10439-4 et 10440-3.

10618. Restant dû. — Lorsque la condamnation a pour objet ce qui reste dû sur une plus forte somme, il faut examiner, pour la perception du droit, s'il s'agit de conventions verbales, susceptibles d'être enregistrées dans un délai déterminé, ou de conventions pour prêt, pour ouvrages et fournitures, pour vente de meubles ou de marchandises : dans le premier cas, le droit est exigible sans difficulté sur la totalité de la somme qui fait l'objet de la convention; dans le second, il peut n'être perçu que sur la somme restant due. Le tribunal reconnaît alors, par appréciation, que c'est cette dernière somme seulement qui aurait dû faire l'objet du titre qui n'existe pas (D. m. f. 6 brum. an 8, 291 et 3215 J. E.).

Dans cet ordre d'idées, le jugement qui condamne à payer ce qui reste dû sur le prix d'une vente verbale d'objets mobiliers n'est point sujet au droit de 2 0/0 sur la totalité de la créance, mais seulement sur la somme qui fait l'objet de la condamnation (D. m. f. 5 avr. 1818, 6230 J. E.; — V. Cass. 4 déc. 1854, 313 R. P. 15955 J. E., S. 55-1-63, 2033-4 I. C).

« Si, par exemple, dit encore M. Demante, je conclus au payement d'une somme de 1,000 francs due sur un prêt verbal de plus forte somme, le jugement qui porte condamnation pour 1,000 francs fait titre de cette dernière somme, non de celle qui a été prêtée à l'origine: le droit de titre n'est donc encouru que sur la somme de 1,000 francs » (n° 552).

Jugé en ce sens que quand un plaideur est débouté de sa demande en réduction de 5,000 francs sur le prix moyennant lequel un fonds de commerce lui avait été verbalement vendu, le jugement ne donne ouverture au droit que sur 5,000 francs, et non pas sur le prix total de la cession; qu'en effet, les juges n'étant saisis en réalité que d'une demande en réduction de prix s'élevant à ce dernier chiffre, la décision ou condamnation intervenue ne pouvait avoir pour objet que la somme réclamée et ne pouvait former titre que pour cette somme (Seine 29 avr. 1864, 1029 R. P., 12654 C.; — Conf.: Seine 19 fév. 1870, 3158 R. P.). — Les ventes de fonds de commerce sont aujourd'hui soumises à une législation particulière que l'on trouvera commentée au mot *Mutation*.

Nous pensons que ces décisions doivent être suivies toutes les fois que le jugement n'est pas de nature à faire titre pour partie de la convention qui est restée en dehors de cette condamnation. Que si la convention était de nature à recevoir encore son exécution dans son intégrité, le jugement qui l'aurait constatée ferait incontestablement titre pour le tout, et alors le droit auquel elle pourrait donner ouverture, suivant sa nature, serait exigible non pas seulement sur le montant de la condamnation, mais encore sur la convention dans son entier, puisque cette convention serait utilement reconnue (*Conf.*: 18152 et 18573 J. E.).

C'est ainsi qu'il a été décidé que le jugement qui homologue un compte de liquidation dressé par des experts et condamne le débiteur à payer un à-compte sur le reliquat, donne lieu au droit de titre sur la totalité de ce reliquat et non pas seulement sur la somme dont la condamnation est formellement prononcée. « Attendu qu'en effet, le but de la loi a été de soumettre à la perception fiscale la convention qui y ayant échappé jusque-là, mais étant constatée par une décision judiciaire à laquelle elle sert de base, trouve désormais dans ce jugement son titre définitif, lequel est sujet au droit comme tout autre acte public par lequel les parties auraient constaté leur convention » (Seine 3 août 1872, 3533 R. P.).

C'est également ce qui a été reconnu par un arrêt du 26 novembre 1822, *rapporté* n° 10442.

10619. Compensation. — Compte. — Si l'objet de la demande n'est réduit par le tribunal que par suite d'une compensation qu'il a admise, le droit de titre est exigible sur le montant de la demande, car la demande était fondée pour le tout, sauf la compensation.

C'est ce qui a été consacré par une Dél. du 19 oct. 1831 (10194 J. E.), dans une espèce où l'on demandait 40,000 francs pour prix de machines vendues verbalement. Une sentence arbitrale ayant condamné à payer 15,676 francs restant dus sur la vente, déduction faite de différents payements effectués par l'acquéreur, l'Administration a reconnu que le droit de titre à 2 pour 100 devait être assis sur 40,000 francs, aux termes de l'art. 69 § 2 n° 9, qui veut que lorsqu'une condamnation est rendue sur une demande non établie par titre enregistré et susceptible de l'être, le droit de titre soit perçu sur *l'objet de la demande*.

10620. Demande limitée. — C'est dans la proportion déterminée par l'objet de la demande que le droit de titre doit être perçu. Ainsi, lorsque la demande est limitée à la moitié du prix d'un marché originaire et que la seconde moitié ne donne lieu à aucune contestation, le droit est dû sur la moitié seulement de ce prix (Cass. 26 août 1834) : « Attendu, porte cet arrêt, que, suivant l'art. 69 § 2 n° 7 L. 22 frimaire an 7, toute condamnation rendue sur une demande non établie par titre enregistré et susceptible de l'être donne ouverture à un droit proportionnel, lequel doit être perçu dans la proportion déterminée par l'objet de la demande ; que, dans l'espèce, la demande a été limitée à la moitié du prix du marché originaire, la seconde moitié n'ayant donné lieu à aucune contestation ; qu'en fixant ainsi le droit du titre d'après l'objet de sa demande, le tribunal a fait une saine

application de l'art. 69 » (1473 § 3 I. G., S. 34-1-531). C'est l'application de l'un des principes que nous avons indiqués au n° 10618.

Il importe peu qu'à l'occasion de cette demande ainsi limitée, le juge ait examiné d'autres chefs et que le droit de liquidation soit dû ; par suite, sur une somme supérieure (Sol. 10 juill. 1877. — *V.* Cass. 26 août 1834, I. G. 1473-3 et *Comp.* Seine, 15 janv. 1876, 4332 R. P.).

Mais si la demande porte sur le mode d'exécution du marché entier, le droit est dû sur le total (Sol. 10 juill. 1877 et 4 juin 1878).

10621. Condamnation provisoire. — Un jugement portant condamnation *provisoire* d'une somme à valoir sur une plus forte, objet d'une demande faite sans énonciation de titre, contre une compagnie, pour fourniture de fourrages, est passible de 2 pour 100 sur l'objet de la demande, malgré le taux inférieur de la condamnation (Cass. 26 nov. 1822, *P. chr.* 569, *arrêt rapporté* 10442)

10622. Cession de créance. — A... est créancier de B..., par suite d'un compte de banque arrêté entre eux sans acte enregistré. A... transporte sa créance à C... par acte notarié, et le cessionnaire poursuit le débiteur, qui est condamné à payer le montant de sa dette à C... Le droit de titre est exigible sur le montant de la créance. (St. 31 mars 1834, 10959 J. E.). En effet, ce n'est pas le transport notarié qui faisait l'objet de la demande, mais bien le titre originaire de la créance de A... sur B... Il fallait, en effet, que ce titre fût constaté par le tribunal pour que C... pût obtenir la condamnation de B...

10623. Erreur. — Le jugement qui, conformément à la demande, condamne le défendeur à payer une somme pour prix de marchandises vendues verbalement, donne ouverture au droit de 2 pour 100 pour titre, encore que le demandeur prétende que l'objet de sa demande a été mal indiqué, puisque le tribunal s'est tenu dans les termes de cette demande (Seine 18 nov. 1840, 12645-2 J. E.).

10624. Condition facultative. — Fournitures. — Le jugement qui condamne un négociant à prendre livraison, *s'il le juge convenable*, de 2,000 pièces de marchandises qui ont fait *l'objet de la demande*, moyennant le payement d'un prix déterminé par pièce, donne ouverture au droit de 2 pour 100 et de condamnation sur le prix de ces 2,000 pièces (Sol. 19 oct. 1831, 10168 J. E.).

10625. Vente d'immeubles. — Lorsqu'il s'agit de biens immeubles, il importe peu que la vente qui en a été faite ait été ou non l'objet direct de la demande. Du moment que la vente est révélée, le droit de 5 fr. 50 cent. pour 100 est exigible, d'après les principes que nous développerons au mot *Mutation*. Ainsi, le jugement qui porte condamnation contre un mandataire à payer à ses mandants une somme déterminée, pour les indemniser de la perte qu'il leur a fait éprouver en vendant à vil prix et par un acte secret les immeubles qu'il était chargé d'aliéner, donne ouverture au droit simple et au double droit sur la vente révélée, et à celui de 2 pour 100 sur la somme à payer à titre d'indemnité (Nantes 17 mai 1833, 10822 J. E.).

Cette question sera plus amplement développée au mot *Mutation*.

Décidé spécialement que le. droit proportionnel d'enregistrement dû sur une vente non enregistrée, consentie par plusieurs personnes et dont l'exécution n'est réclamée que par l'une d'elles dans son seul intérêt, n'est exigible que sur la portion du prix revenant au demandeur et non sur la totalité (Cass. 26 août 1834, 1473 § 3 I. G., S. 34-1-531). — *V.* 10620.

TITRE IV. — DISPOSITIONS INDÉPENDANTES

[10626-10663]

10626. Principe. — La même affaire, le même procès peut présenter plusieurs questions de nature différente, les unes relatives à la forme, les autres relatives au fond ou aux accessoires; les unes constituant des fins de non-recevoir ou de procéder ou des exceptions, les autres des déchéances de droit. Dans des cas pareils, qui sont très-fréquents en pratique, le juge est tenu de statuer sur chacun des chefs contenus dans les conclusions des parties par autant de dispositions distinctes, qui, juxtaposées, forment le jugement entier. Ces dispositions diverses d'une même sentence sont présumées devoir constituer autant de jugements séparés; de manière qu'un jugement qui aurait prononcé sur plusieurs chefs de demandes pourrait être annulé sur un ou plusieurs points et conservé pour le surplus. C'est dans ce sens qu'il a été décidé que les chefs d'un jugement ne sont point indivisibles, et que la loi qui prononce la nullité de l'une des parties du jugement pour défaut d'accomplissement d'une formalité par elle prescrite n'entraîne pas la nullité des autres chefs (Cass. 10 août 1829).

Ce qui, dans l'application des droits d'enregistrement, fait surtout naître les difficultés en cette matière, c'est que chaque disposition des jugements ne doit pas être complétement isolée des autres, de manière à n'avoir aucun rapport avec elles. Au contraire, les différents chefs des jugements, dans les motifs comme dans le dispositif, doivent être rédigés, relativement à l'objet auquel ils s'appliquent, avec un esprit de suite et d'enchaînement qui donne à toutes les dispositions un caractère d'indivisibilité. En effet, à moins qu'ils n'aient été réformés par le juge supérieur dans une ou plusieurs de leurs dispositions, les jugements forment, comme les contrats, un tout indivisible.

Mais ceci ne doit s'entendre qu'en ce qu'aucune des parties n'aurait, lorsqu'ils sont passés en force de chose jugée, le droit de les invoquer dans les dispositions qui lui seraient favorables pour s'en exonérer dans celles qui lui imposeraient des obligations. Au point de vue de la loi fiscale, cette indivisibilité ne s'oppose pas à la perception d'un droit particulier sur chacun des chefs du jugement qui forme une disposition réellement indépendante, c'est-à-dire qui pourrait faire l'objet d'un jugement particulier, *tot capita, tot sententiæ.* On reste, dans cette matière, sous l'application du principe général que nous avons posé au mot *Acte contenant plusieurs dispositions.* C'est donc à la saine interprétation de ce principe qu'il faut s'attacher pour trouver la solution des difficultés que présentent les jugements en ce qui concerne l'application de l'art. 11 L. 22 frimaire an 7.

Les principes que nous venons d'exposer ont reçu une confirmation très-caractéristique dans un arrêt de cass. du 28 juillet 1832, ainsi conçu : « Attendu que les jugements arbitraux sont soumis, comme les jugements rendus par les tribunaux ordinaires, au principe général rappelé dans l'art. 482 C. proc., d'après lequel les chefs distincts des jugements doivent être considérés comme autant de jugements différents et indépendants les uns des autres, ayant chacun sa valeur propre; qu'en matière d'arbitrage volontaire, le pouvoir des arbitres dérivant du mandat qui leur a été donné par les parties litigantes, loin de faire obstacle à l'application de cette règle au cas de décision *ultrà petita*, se concilie parfaitement avec elle, puisque l'annulation de la décision entachée d'*ultrà petita* a pour résultat de ramener la sentence dans la limite de compromis. »

10627. Absence. — Le jugement qui déclare l'absence de deux individus est passible de deux droits, comme contenant deux dispositions, lorsque celui qui poursuit la demande en déclaration d'absence a des droits *distincts* à l'égard de *chacun* des absents. Le motif de cette décision est que le tribunal aurait pu accepter une partie des conclusions et rejeter l'autre (Dél. 31 juill. 1824, 7898 J. E.). — V. *Absence.*

10628. Actes de l'État civil. — Est passible d'un seul droit le jugement qui ordonne que, conformément aux dispositions d'un décret, un nom *patronymique* sera rectifié sur tous les actes de l'état civil des membres de la même famille. En effet, le nom de famille fait partie du patrimoine commun au même titre que les biens du défunt. Or, les héritiers étant coïntéressés en matière fiscale quand ils agissent pour réclamer la fortune de leur auteur, on ne saurait leur méconnaître cette qualité quand ils poursuivent la revendication de leur nom de famille. Il faut remarquer, en effet, que la rectification de ce nom s'étend de plein droit à tous les membres de la même famille (Sol. 25 juin 1868, 2801 R. P.).

60629. Adjudication. — Remise. — Si des immeubles à adjuger en plusieurs lots n'ont pas été vendus, et que le juge-commissaire renvoie l'adjudication après de nouvelles annonces, il n'est dû qu'un seul droit et non autant de droits qu'il y a de lots dont l'adjudication est remise, car, quoique signées séparément, ces remises, faites dans une seule vacation, ne forment qu'un seul et même procès-verbal, rédigé et clos sous une seule date et se rapportant à la même adjudication (Sol. 3 janv. 1833, 10570 J. E.).

10630. Adoption. — On a vu, au mot *Adoption,* que nul ne peut être adopté par plusieurs, si ce n'est par *deux époux.* La conséquence de cette disposition est que dans le cas où l'adoption est faite par deux époux, elle est considérée comme unique : dès lors, un seul droit est exigible sur le jugement qui la constate.

Mais il en serait autrement s'il y avait plusieurs adoptés. Il serait dû un droit par chaque adopté, car aucune corrélation ne peut exister entre les diverses adoptions de plusieurs ındividus (Sol. 15 déc. 1818, 3984 C. a.; — Seine 25 fév. 1821).

10631. Affirmation. — Le jugement qui donne au défendeur acte de l'affirmation faite par le demandeur de divers faits, sur lesquels le serment lui avait été déféré, ne donne ouverture qu'à un seul droit : l'art. 68 § 3 n° 7 L. 22 frimaire an 7 assujettit au droit fixe les jugements portant acte d'*affirmation*, quel que soit le nombre des faits affirmés.

10632. Amende. — Nous avons parlé au mot *Acte judiciaire* de la pluralité des droits exigibles sur les jugements de simple police ou de police correctionnelle toutes les fois qu'il y a un certain nombre de personnes condamnées *individuellement* à l'amende.

1. AMENDE. — DOMMAGES-INTÉRÊTS. — AFFICHES DU JUGEMENT. — Le jugement de simple police ou de police correctionnelle qui porte condamnation à l'amende, aux dommages-intérêts et aux dépens, et ordonne l'affiche du jugement, n'est assujetti qu'au droit de 1 franc à moins que les dommages-intérêts ne produisent un droit proportionnel supérieur : dans ce cas, ce dernier droit serait également le seul qui devrait être perçu (3278 J. E.).

2. IRRÉVÉRENCE. — Un jugement qui condamne le défendeur à payer une somme et prononce une amende contre le demandeur pour manque de respect à la justice est passible de deux droits (Sol. 10 août 1831, 10099 J. E.).

10633. Appel. — Confirmation. — La pluralité s'applique à l'arrêt confirmatif d'un jugement qui a statué sur plusieurs chefs distincts. — Que la cour ait statué distinctement sur chaque chef ou se soit bornée à une simple homologation unique, sa décision n'en porte pas moins sur plusieurs demandes distinctes, ce qui autorise la perception de la pluralité des droits (17796 J. E.).

10634. Arbitres. — 1. AVIS. — Si des arbitres ou des experts énoncent verbalement leur avis à l'audience, la mention qui en est faite dans le jugement ne peut donner ouverture à aucun droit particulier (436 n° 37 I. G.). Cet avis, étant donné pour éclairer le juge, fait évidemment partie intégrante de la décision de celui-ci.

Il en serait de même, évidemment, du cas où le jugement contiendrait l'avis des deux arbitres et du tiers nommé pour les départager (Dél. 18 juin 1822, 7231 J. E.).

2. NOMINATION. — S'il est donné acte à l'une des parties de la nomination qu'elle a faite de son arbitre et que, sur refus de nomination, il en soit nommé un à l'autre partie par le tribunal, il n'est dû qu'un seul droit de 4 fr. 50 cent., parce que cette seconde nomination est, aux termes de l'art. 53 C. com., la conséquence forcée du refus fait par la partie. — V. 8383 à 8389.

T. III.

10635. Autorisation d'ester en justice. — Un jugement qui, sur le refus ou à raison de l'absence du mari, autorise la femme à ester en justice, est passible du droit fixe de 5 francs (7 fr. 50 cent.), lorsqu'il ne contient point d'autres dispositions (6057 et 7045 J. E.). Si le jugement contient en même temps condamnation contre la femme, le droit de condamnation est dû, mais celui d'autorisation ne l'est pas, parce que, dans ce cas, les deux dispositions dépendent l'une de l'autre (8589 J. E.).

10636. Avoué. — Constitution. — Le jugement rendu sur assignation à bref délai, par lequel il est donné acte de la constitution de plusieurs avoués, ne contient qu'une seule disposition et ne peut donner ouverture qu'à un seul droit (Sol. 12 juill. 1831, 10130 J.E.).

10637. Bail. — 1. CONGÉ. — Le jugement du juge de paix qui condamne à payer les fermages échus d'un bail verbal et valide le congé donné, est passible du droit de 3 francs pour validité de congé, indépendamment du droit de titre et de celui de condamnation (4214 J. E.).

Il importe peu que les mots validité du congé ne se trouvent pas dans le jugement, si le tribunal a d'ailleurs maintenu l'injonction que le bailleur avait faite au locataire de déguerpir, par exemple, en ordonnant l'expulsion de lieux pour l'époque fixée. C'est là une véritable validité de congé (16524-2 J. E., Sol. belge 14 mars 1861, 8830 J. E. belge).

Mais il faut que la validité du congé soit actuelle. Aucun droit ne serait exigible de ce chef, si le tribunal se bornait à ordonner au déguerpissant pour le cas où le locataire ne payerait pas le loyer dans un délai fixé. L'expulsion des lieux n'est alors que second terme d'une condamnation alternative (Sol. belge 4 oct. 1861, 8983 J. E. belge).

2. EXPULSION DE LIEUX. — Si le jugement, qui condamne au payement de loyers arriérés et valide le congé, ordonne, en même temps, l'expulsion des lieux, cette dernière disposition se confond avec la validité du congé, ainsi qu'on vient de le voir, et ne donne ouverture à aucun droit distinct.

Il en est de même du jugement qui prononce la résiliation du bail et ordonne l'expulsion des lieux : cette expulsion est la conséquence directe du résiliement (Sol. 8 oct. 1867).

Si l'expulsion de lieux est prononcée par une simple ordonnance de référé, portant que le locataire n'a pas payé ses loyers, on décide que le droit de résiliation n'est pas dû.

« Les ordonnances sur référé rendues par le président du tribunal en vertu de l'art. 2 L. 5 octobre 1833 et portant condamnation à déguerpir des lieux loués, pour défaut de payement des loyers, ne peuvent être considérées comme impliquant la résolution du bail. L'art. 1er de cette loi autorise le juge de paix à connaître tant de la demande en résolution de bail que de celle en expulsion à son expiration, lorsque la valeur des loyers ou fermages, pour toute la durée du bail, n'excède pas les limites de sa compétence. Pour le cas où le juge de paix n'est pas compétent, l'art. 2 dispose que la *demande en expulsion*, soit pour cause d'expiration du bail, soit pour défaut de payement, pourra être portée directement en *référé* devant le président du tribunal

89

de première instance, qui statuera provisoirement sur la demande, sans préjudice au principal, pour lequel les parties pourront se pourvoir à l'audience sans préliminaire de conciliation. De la comparaison de ces articles il résulte que le président du tribunal ne peut statuer que sur la demande en expulsion : il devrait se déclarer incompétent, si on lui soumettait une demande en résolution de bail. Il est dès lors impossible de considérer l'ordre de migrer comme impliquant la résolution du bail » (Sol. belge 20 sept. 1873, 12278 J. E. belge).

3. REMISE DES CLEFS. — On a décidé qu'il fallait considérer comme une disposition particulière le chef du jugement de condamnation qui enjoint au locataire de remettre les clefs du logement ou de payer une somme d'argent. Cette injonction est passible du droit de 3 francs (16691-4 J. E.). — Nous ne sommes pas de cet avis. La restitution des clefs est une conséquence forcée de la sortie du locataire : celui-ci en est tenu au même titre que de laisser dans la maison les immeubles par destination dont il avait la jouissance, il est clair que la déclaration du juge à cet égard n'est que l'affirmation d'une obligation légale et n'ajoute rien aux droits du propriétaire : nous croyons, par conséquent, que ce chef se confond avec l'expulsion de lieux et ne donne lieu à aucun droit spécial.

4. PLURALITÉ. — DÉBOUTÉ. — Est passible de trois droits fixes le jugement qui contient : 1° Débouté de la demande formée par le bailleur, ayant pour objet la faculté de louer l'appartement qu'il s'était réservé dans les maisons par lui louées; — 2° Donné acte au locataire de lui offrir de prendre, à titre de location, l'appartement dont il s'agit; — 3° Débouté des parties de leurs demandes respectives en dommages-intérêts (Seine 27 déc. 1862, 17667 J. E.).

5. SAISIE-GAGERIE. — VALIDITÉ. — Le jugement rendu par un juge de paix qui condamne un locataire au payement d'un trimestre de loyer échu, et déclare bonne et valable la saisie-gagerie pratiquée par le bailleur, est passible du droit sur la condamnation qui forme la disposition principale : « Considérant, porte une Sol. de l'Administration belge du 20 juin 1869, que la demande principale a pour objet d'obtenir la condamnation du débiteur au payement du trimestre de loyer échu, afin de faire déclarer la saisie-gagerie bonne et valable (art. 824 C. proc.); qu'aux termes mêmes de l'exploit d'assignation, la déclaration de validité de cet acte de poursuite est postulée pour faciliter le payement de cette dette, et que dès lors la déclaration et l'autorisation de vendre sont la conséquence de la condamnation; mais que, d'après les règles tracées à la page 15 Circ. 14 mai 1856 n° 538, il faut s'attacher à celle de ces dispositions qui donne lieu au plus haut droit. »

10638. Commission rogatoire. — Donnée dans le jugement même, la commission rogatoire n'est passible d'aucun droit (2717 J. E.). — V. 4284, 10632.

10639. Compétence et incompétence. — D'après l'art. 425 C. proc., le même jugement peut, en reje-

tant le déclinatoire, statuer sur le fond, mais par *deux dispositions distinctes*, l'une sur l'incompétence, l'autre sur le fond; les dispositions sur la compétence peuvent toujours être attaquées par la voie de l'appel.

On avait pensé que ces dispositions devant, d'après les expressions de la loi, être distinctes, le jugement qui les renferme est passible de deux droits d'enregistrement. — Le législateur, en imposant aux tribunaux l'obligation de distinguer la compétence d'avec le fond, a eu pour but de donner aux cours supérieures des moyens d'exercer plus facilement leur surveillance sur la régularité des jugements; mais cette précaution, purement d'ordre public, ne peut influer sur la perception, et les dispositions d'un jugement par lequel le tribunal, après s'être déclaré compétent, prononce sur le fond, dérivant essentiellement l'une de l'autre, ne peuvent donner ouverture à deux droits d'enregistrement. — C'est ce que porte également l'I. G. 436 n° 36 (*Conf.* : Dél. belge 31 déc. 1869, 11150 J.E. belge).

Mais il en serait autrement si le tribunal se déclarait incompétent sur un chef et adjugeait la demande sur un autre chef. Il y aurait évidemment là deux dispositions parfaitement indépendantes l'une de l'autre.

10640. Compromis. — Jugement hors compétence. — Nous avons examiné, au n° 4598, la question de savoir si le consentement que donnent les parties au juge pour régler leur différend hors compétence, donne ouverture à un droit particulier lorsqu'il est placé en tête du jugement. Nous avons reconnu que ce consentement n'est passible d'un droit que lorsqu'il fait l'objet d'un acte distinct du jugement.

10641. Compte. — Le jugement qui, statuant sur les diverses parties d'un compte, admet les unes, rejette les autres, ne donne ouverture qu'à un seul droit, car ce sont les résultats seuls du compte qui déterminent la perception. — V. 9856.

Mais, lorsqu'un tribunal, tout en prononçant sur un règlement de compte, rejette des demandes d'indemnité formées 1° pour expulsion inopportune des chantiers; — 2° pour inexécution de travaux, — et 3° pour perte éprouvée sur le matériel, son jugement contient trois dispositions indépendantes passibles de droits particuliers (Seine 18 août 1866, 2367 R.P.).

10642. Contrainte par corps. — La contrainte par corps contenue dans un jugement de condamnation n'opère aucun droit particulier (2244 et 2520 J. E.). — V. 5164-1.

10643. Délai. — Le jugement par lequel on fixe un délai pour l'exécution de la condamnation ne donne lieu à aucun droit particulier sur cette disposition; et il n'est dû aucun droit particulier pour le consentement donné par les parties à ce sursis (Sol. 8 mai 1830, 9638 J.E.). — Mais il serait dû un droit si, en confirmant un premier jugement, le tribunal accordait un délai pour son exécution.

On trouvera des développements sur ce point au mot *Prorogation de délai*.

10644. Délivrance de legs. — Un jugement ordonne : 1° la délivrance du legs à un légataire à titre universel, et la remise des grosses des titres dont il aura besoin ; — 2° la vente par licitation des biens indivis, et, à cet effet, nomination d'experts et visite de ces biens pour, sur leur rapport, être procédé à la vente en justice.

Il est dû deux droits fixes seulement, l'un pour la délivrance du legs, et l'autre pour la disposition qui ordonne la vente des immeubles possédés indivisément entre les héritiers et le légataire (4132 J. E.).

La délivrance de legs est passible du droit gradué. — V. *Délivrance de legs.*

1. JUGEMENT. — Le jugement qui ordonne l'exécution d'un testament par lequel le testateur a constitué douze légataires universels, chacun pour un douzième, et prescrit de faire la délivrance de ces douze legs, est passible de douze droits (13240-4 J. E.). — *V.* 6135.

10645. Demandes additionnelles ou reconventionnelles. — C'est surtout à propos des demandes additionnelles ou reconventionnelles que l'on éprouve les plus grandes incertitudes pour l'application de la pluralité des droits. Aussi croyons-nous utile d'en faire ici l'objet d'un examen spécial.

1. CARACTÈRE DE LA DEMANDE ADDITIONNELLE. — Lorsque, après son assignation, le demandeur veut ajouter un chef au litige ou en augmenter les proportions, il fait une demande additionnelle. Cette voie, outre l'avantage de la célérité, dispense l'incident du préliminaire de conciliation et le porte de suite à la connaissance du juge saisi du procès. Mais pour que la réclamation nouvelle puisse s'identifier ainsi avec l'instance principale, il est indispensable, on le conçoit, qu'elle présente avec elle un lien, une connexité d'origine, ou au moins qu'elle puisse lui servir de soutien ; autrement, la demande devrait être intentée séparément, sauf au tribunal à ordonner, s'il y a lieu, la jonction des causes pour la promptitude et l'économie de l'instance.

2. SI ELLE FORME UN CHEF SÉPARÉ, IL EST DU UN DROIT PARTICULIER. — Les nouvelles conclusions, malgré la connexité qui les unit aux anciennes, ne se confondent pas toujours avec elles cependant pour la perception du droit.

Si, par leur nature, elles forment une réclamation séparée sur laquelle le juge doit statuer distinctement, la perception se divise de même : la corrélation originaire qui domine les deux dispositions ne les réunit pas d'une façon assez intime pour en faire un chef unique du jugement. — En voici quelques exemples fournis par la jurisprudence civile :

1° Un créancier inscrit poursuit l'acquéreur en payement du prix, et prétend ensuite que ce prix est dissimulé (Req. 29 avr. 1839) ;

2° Un vendeur réclame le payement de son prix au cura-

teur de la succession vacante de l'acquéreur, puis conclut ultérieurement au séquestre de l'immeuble (Req. 11 janv. 1821) ;

3° Le propriétaire d'un immeuble forme une demande en revendication, et, plus tard, soutient qu'il a, en tous cas, un droit de servitude sur le fonds (Bordeaux 26 avr. 1849) ;

4° Dans une instance en résiliation de bail, le bailleur réclame les loyers arriérés ;

5° Le demandeur conclut incidemment à des dommages-intérêts, à raison du préjudice que lui ont causé certains faits issus du procès après son introduction, etc., etc...

Dans des hypothèses semblables, le jugement qui accorderait au demandeur le bénéfice de ses conclusions successives ou qui en accueillant les unes rejetterait les autres, contiendrait des dispositions indépendantes passibles de droits particuliers ;

C'est ce qui a été reconnu notamment au sujet d'un jugement portant condition du défendeur au payement de loyers échus et rejet d'une demande reconventionnelle en payement de prix de travaux (Sol. belge 13 juill. 1869, 3115 R. P.).

3. IL EN EST AUTREMENT DANS LE CAS CONTRAIRE. — Au contraire, si l'addition ultérieure ne consistait pas dans des chefs d'une nature distincte, mais dans le simple développement d'un grief primitif ; si, par exemple, ayant demandé 1,000 francs à mon débiteur, je lui réclamais, au cours du procès, des intérêts échus, le jugement qui repousserait ma seconde prétention en m'octroyant la première ne contiendrait pas deux dispositions particulières. Le débouté est alors une conséquence inséparable de la condamnation principale : il équivaut plutôt à la réduction d'une demande unique qu'au jugement d'un grief séparé, et on doit le traiter ainsi pour la perception.

4. CARACTÈRE DE LA RECONVENTION. — La reconvention, que Carré qualifie fort bien de réaction, contre-action (3-192), est une réclamation spéciale que le défendeur intente contre le demandeur pour neutraliser les résultats de l'ajournement. Par exemple, un locataire poursuivi en payement de ses loyers répond par une demande incidente tendant à faire exécuter des réparations à la charge du propriétaire : c'est, on le voit, un procès dans le procès lui-même ; il nécessite une instruction particulière, et il faut que le juge en apprécie isolément les moyens.

Le défendeur jouit, à cet égard, d'une latitude beaucoup plus grande que son adversaire. Tandis que ce dernier ne peut ajouter à sa demande que des chefs connexes, le défendeur peut opposer à peu près toutes les exceptions. Merlin le décide catégoriquement (*Rép.* v° *Reconvention* n° 1er), et Carré, tout en posant le principe que la reconvention doit dériver de la même source que l'action du demandeur, *ex eodem fonte, ex eodem negotio, vel eodem contractu*, avoue qu'elle serait néanmoins admissible si la dette, qu'elle qu'en fût l'origine, était claire et liquide (319-3).

On n'a jamais fait en législation aucune différence entre ces deux sortes de reconventions. Lors de la discussion à la chambre des députés de la loi du 11 juin 1838, sur la compétence, on proposait de ne considérer comme demandes reconventionnelles proprement dites que celles dont le caractère serait indépendant de l'action principale. « Les autres, disait M. de Fougères, se confondent avec la demande même; il n'y a pas alors deux procès distincts, le juge n'est saisi que d'une action qui a grandi par la demande reconventionnelle. » Cet avis ne fut pas adopté. — Barthe et Persil (Exposé et Rapport. *Moniteur* du 9 mars 1838) déclarèrent que, dans tous les cas, la reconvention avait une individualité juridique distincte de la demande principale, et qu'elles formaient par leur réunion deux actions séparées. Ce système fut aussi celui du législateur, puisque, d'après l'art. 2 § 1er de la loi de 1838, on doit, sans exception aucune, les considérer distinctement pour calculer les limites de la compétence.

5. LE DROIT EST TOUJOURS DU. — L'influence de cette situation sur l'exigibilité du droit est manifeste. Puisque la demande reconventionnelle, qu'elle prenne ou non sa source dans le même fait que la demande principale, constitue une action distincte et forme avec elle, selon l'expression des anciens auteurs, *duæ hypotheses, duplex negotium, alterum diversum ab eo*, il s'ensuit nécessairement que les deux actions fournissent séparément une cause à la perception. Que le juge admette la reconvention, qu'il la repousse, qu'il statue par une seule ou par plusieurs dispositions, il n'importe, le chef de la reconvention donnera toujours lieu à un droit indépendant de celui de l'action principale. — C'est ce qui a été reconnu plusieurs fois notamment, à l'occasion des demandes reconventionnelles en dommages-intérêts. Bien que l'admission de la demande principale implique le rejet de la reconvention, cependant le chef qui constate ce débouté a été reconnu sujet à un droit particulier (Marseille 13 janv. 1858, 954 R. P.; — Seine 7 août 1863, 1935 R.P., 12345 C., 17744 J. E.).

6. MAIS IL NE FAUT PAS CONFONDRE LA RECONVENTION AVEC LA DÉFENSE AU FOND. — La question s'obscurcit fréquemment, parce que l'on confond la demande reconventionnelle avec la défense au fond (V. 18072 J.E.). Elles ont ceci de commun que toutes deux tendent à détruire l'action principale, mais ce qui les sépare, c'est que la défense au fond est la dénégation directe des prétentions du demandeur, tandis que dans la reconvention l'assigné ne nie pas l'existence de la dette, il veut seulement être reconnu créancier du demandeur. En d'autres termes, il y a reconvention toutes les fois que l'on conclut à ce que le demandeur soit condamné à faire ou à laisser faire une chose, ou à payer une somme : il y a défense quand on se borne à montrer que la demande n'est pas recevable ou qu'elle est mal fondée. « La défense, dit encore très-bien Bourbeau, ne crée pas de droits, elle constitue, comme le payement, un mode d'extinction des obligations. La reconvention a bien aussi pour effet d'anéantir l'obligation en réagissant contre elle, mais ce résultat n'a lieu que par le ministère du juge, en liquidant les deux créances simultanément existantes, les compense » (1-96).

Le lecteur a déjà pressenti l'importance bursale de cette distinction. La défense au fond n'étant qu'une affirmation contraire à la demande, l'admission ou le rejet de celle-ci entraîne inévitablement le rejet ou l'admission de l'autre. En me reconnaissant votre débiteur, le jugement vous constitue par là même mon créancier; ces deux dispositions corrélatives sont tellement confondues, que l'une ne peut subsister sans l'autre. Leur ensemble seul donne lieu à l'impôt; et quand on a perçu le droit sur le chef de la sentence qui statue à l'égard de la demande, on n'en exige plus sur celui qui règle le sort de la défense, quoiqu'ils soient séparés: *non bis in idem*.

7. COMMENT LES DISTINGUER. — Un examen un peu attentif fera toujours distinguer sans embarras la reconvention de la défense. Les deux exemples suivants pourront servir de guide : 1° Pierre assigne Paul en payement de loyers ; Paul soutient qu'il en a, du consentement de Pierre, employé le montant à des réparations à la charge de celui-ci : c'est une défense. Il allègue que le défaut de réparations lui a causé des dommages, et il réclame pour cela une somme égale à ses loyers : c'est une reconvention; — 2° un banquier assigne un négociant en payement d'un billet ; le négociant oppose une facture de marchandises livrées au demandeur. Si le banquier dénie la vente ou soutient que le prix n'en est pas échu, le négociant conclut *reconventionnellement* à ce qu'il soit condamné à lui payer le montant de sa facture. Si la facture est reconnue, la compensation s'est opérée au profit du défendeur, et, en soutenant qu'il ne doit plus rien, il se défend au fond.

10646. Demande incidente. — Le jugement qui, en déboutant le défendeur d'une demande incidente, le condamne au payement de l'objet principal du procès, ne peut donner ouverture qu'à un seul droit, le débouté étant la conséquence directe de la condamnation (3804 J.E.).

Mais si le débouté porte sur un chef distinct, il donne lieu à un droit particulier (Lyon, 11 août 1876).

10647. Garantie. — Renvoi. — De même, un jugement qui déclare non recevable le demandeur, et, par suite, renvoie de la demande le tiers défendeur appelé en garantie, n'est passible que d'un droit ; car, dès que la demande principale est rejetée, celle en garantie n'a plus d'objet, et la seconde disposition est une conséquence nécessaire de la première (336 J. E.). — Mais si la garantie donne lieu à un second jugement, il est dû un second droit. — V. 10617-6.

10648. Descente de lieux. — Le jugement qui ordonne la descente et commet un juge n'est passible que d'un seul droit, car les deux dispositions sont dépendantes (2717 J.E.). — V. 6313.

Un jugement portant que les lieux contentieux seront visités par des gens de l'art dont il contient la nomination n'est passible que d'un seul droit (3596 J.E.).

Mais il y a procès-verbal de visite de lieux, distinct du jugement, lorsque les experts sont requis de signer avec le juge et le greffier. — V. 6316.

10649. Donné acte. — Le chef du jugement interlocutoire, qui donne acte au défendeur de ses offres, est un élément de la décision judiciaire tarifé dans son ensemble au droit fixe. Il n'est donc pas passible d'un droit particulier.

10649 *bis*. Emploi. — Le jugement qui ordonne à l'exécuteur testamentaire de rendre son compte et à l'héritier de faire emploi est passible d'un droit fixe particulier pour la clause d'emploi (Nice, 28 août 1877, 4828 R. P.).

10650. Enchères. — Les enchères n'opèrent aucun

droit particulier lorsqu'elles sont énoncées dans le contexte même du procès-verbal d'adjudication. Il en est autrement lorsqu'elles ont lieu par acte particulier. — *V.* 7496.

Lorsqu'il est dressé un procès-verbal d'enchère particulier, ce procès-verbal doit être enregistré avant de procéder à l'adjudication. — *V.* 7498.

10651. Enquête. — Nous avons examiné, sous le n° 7695, les questions qui se rapportent à l'audition des témoins constatées dans les jugements. Nous n'avons rien à ajouter ici.

10652. Exécution de jugement. — La disposition d'un jugement par défaut, par laquelle un huissier est commis pour en faire la signification, ou un tribunal est désigné pour donner cette commission, ne donne lieu à aucun droit particulier. Il est effectivement naturel que le tribunal, après avoir rendu son jugement, fournisse les moyens d'en assurer l'exécution (2717 J.E.). — *V.* 4280.

De même, le consentement donné dans un jugement à ce qu'il soit sursis à son exécution n'opère pas de droit particulier (Sol. 8 mai 1830, 9638 J.E.).

10653. Expert. — Les nominations d'experts dans les jugements et leur prestation de serment donnent lieu à quelques difficultés que nous avons examinées sous les n°s 8383 et suiv.

10654. Interlocutoire. — Fond de l'affaire. — L'art. 473 C. proc. porte : « Lorsqu'il y aura appel d'un jugement interlocutoire, *si le jugement est infirmé*, et que la matière soit disposée à recevoir une décision définitive, les cours et autres tribunaux d'appel *pourront* statuer en même temps sur le fond définitivement, *par un seul et même jugement*. — Il en sera de même dans les cas où les cours ou autres tribunaux d'appel infirmeraient, soit pour vices de forme, ou pour toute autre cause, des jugements définitifs. »

On avait pensé que le jugement qui fait l'objet de l'appel pouvant être infirmé sans qu'il soit statué sur le fond, il y a, lorsque ces deux circonstances se réunissent, deux dispositions indépendantes entre elles, et qui doivent donner lieu à une double perception.

L'appel n'est admis que pour les jugements *interlocutoires* ou pour ceux *définitifs* : dans le premier cas, l'interlocutoire n'ayant pu être contesté que sous le prétexte que cette mesure, d'après la nature du fond, était inutile ou non recevable; et dans le second, le fond ayant été nécessairement discuté, il en résulte que la disposition qui infirme le jugement est tellement liée à celle qui statue sur le fond, qu'on doit les considérer comme dérivant l'une de l'autre, et ne pouvant être passibles de droits distincts. — C'est, d'ailleurs, ce que porte formellement l'I. G. 436 n° 39.

1. TRANSACTION. — Un juge de paix, après un jugement interlocutoire, rédige une transaction non translative de propriété. Il existe deux dispositions indépendantes dont la deuxième, la transaction, donne ouverture au droit fixe; si en matière de conciliation la transaction ne donne ouverture à aucun droit comme étant de l'essence du procès-verbal de conciliation, cette règle est sans application du moment où il ne s'agit plus d'un procès-verbal de conciliation (17385 J.E.).

10655. Jonction de cause. — Le jugement qui ordonne la jonction de plusieurs causes et renvoie les parties devant un juge commis ne donne ouverture à un droit particulier pour la jonction qu'autant qu'il y a eu contestation à l'égard de la jonction (13396-1 J.E.). — Dans tous les cas, lorsque de son propre mouvement le tribunal déclare les causes connexes et les joint pour être statué par un seul et même jugement, aucun droit particulier n'est exigible (12320-4 J.E., Sol. 30 sept. 1856).

1. PLURALITÉ. — Par suite d'instances engagées entre un même demandeur et *plusieurs défendeurs*, intervient d'abord un jugement préparatoire portant jonction de causes, et ensuite un jugement définitif qui décharge les défendeurs de l'objet de la demande. Un seul droit est exigible sur chacun de ces deux jugements, parce qu'ils ne contiennent l'un et l'autre qu'une seule et même disposition, commune à toutes les parties (3500 J.E.).

2. DÉCLARATION DE JUGEMENT COMMUN. — Les dispositions du jugement et de l'arrêt qui statueront sur la demande en déclaration de jugement commun contre les membres du conseil de surveillance, mis en cause comme responsables des faits du gérant, sont indépendantes des dispositions principales et passibles d'un droit particulier (Seine 8 août 1862, 17545 J.E.).

3. JONCTION ET RENVOI. — Un jugement préparatoire pour jonction de cause et renvoi des parties devant un juge-commissaire qui fera son rapport donne lieu à deux droits fixes, parce que les deux dispositions sont indépendantes (3360 J.E.).

10656. Mise hors de cause. — Lorsqu'une personne intervient dans un procès pour faire mettre hors de cause le défendeur originaire, la disposition du jugement qui, en l'absence de toute contestation à cet égard, constate la mise hors de cause et porte en même temps que le fond du débat est vidé, ne donne pas ouverture à un droit particulier (L. 22 frim. an 7, art. 11 et 68 § 1er n° 46, et § 2 n° 5).

« Considérant que l'intervention de la veuve R... au procès, et sa substitution au vendeur primitif, le sieur T... n'a fait l'objet d'aucune contestation; que le juge n'a eu aucune décision à prendre à cet égard; que, dès lors, la déclaration relative à la mise hors de cause du sieur T... ne constitue point une disposition sujette à un droit distinct de ceux auxquels a donné ouverture la décision rendue sur le fond du débat » (Déc. de l'Adm. belge 22 déc. 1853, Rec. gén. 2031).

1. REMISE DE CAUSE. — Décidé, dans le même sens, qu'il n'est dû qu'un seul droit pour la disposition qui rejette une

demande en remise de la cause et statue sur le fond (Sol. 13 août 1858).

2. REJET PARTIEL. — Le jugement qui, sur une demande en restitution d'objets remis en gage, accueille la demande pour certains objets et la rejette pour d'autres, contient deux dispositions distinctes sujettes chacune à un droit particulier (Lyon, 11 août 1876).

10657. Partage. — Licitation. — Le jugement qui ordonne : 1° le partage des biens propres d'un père entre ses enfants ; — 2° la vente par licitation des immeubles de la communauté, donne lieu à un seul droit. — Ces deux dispositions sont en effet corrélatives, elles ont pour but unique d'amener le règlement des droits des enfants (3783 J.E.).

1. COMMISSION DU NOTAIRE. — Le jugement qui ordonne qu'il sera procédé à la liquidation et au partage d'une succession, et commet un notaire à l'effet d'y procéder, n'est passible que d'un seul droit, parce que la désignation du notaire se rattache nécessairement à la disposition principale du jugement qui ordonne l'opération (Sol. 28 mai 1831, 10067 J.E.).

2. NOMINATION DES EXPERTS. — Mais si, après avoir ordonné le partage et le renvoi devant notaire, le tribunal donne acte aux parties de la nomination d'experts par elles faite, le jugement contient deux dispositions passibles de chacune un droit fixe par application de l'I. G. n° 436 n° 30 (Dél. 21 août 1824, 7888 et 8054 J.E.).

3. PLURALITÉ. — Il a lieu de considérer comme chefs distincts les dispositions d'un jugement qui, statuant entre des enfants sur les contestations relatives à la liquidation des successions de leur père et mère : 1° ordonne qu'il sera fait compte séparé des sommes à rapporter d'avec les autres sommes ; — 2° fixe les bases du partage de la succession du du père ; — 3° enfin rejette les diverses réclamations que les parties se sont faites entre elles. — Il n'y a pas lieu, au contraire de voir deux chefs distincts dans les dispositions d'un jugement qui maintient à un enfant sa qualité d'héritier bénéficiaire et qui rejette les offres de preuve faites contre lui de ce chef (Tulle 29 août 1862, 12444C., 17646 J.E.). — V. 10372.

10658. Procuration. — Tribunal de commerce. — Aux termes de l'art. 627 C. com., le ministère des avoués est interdit dans les tribunaux de commerce, et nul ne peut plaider pour une partie devant les tribunaux, si la partie présente à l'audience, ne l'autorise, ou s'il n'est muni d'un pouvoir spécial. L'I. G. 436 § 35 fait connaître que le pouvoir spécial doit être enregistré d'après l'art. 47 L. 22 frimaire an 7, avant que le jugement puisse être prononcé, mais qu'aucun droit ne peut être perçu à raison de l'autorisation verbale donnée à l'audience, attendu qu'il n'en existe point d'acte.

Depuis l'époque où cette instruction a paru, une ordonnance du roi du 10 mars 1825 a prescrit une nouvelle formalité dans les termes suivants : « Lorsqu'une partie aura été défendue devant le tribunal de commerce par un tiers, il sera fait mention expresse, dans la minute du jugement qui interviendra, soit de l'autorisation que ce tiers aura reçue de la partie présente, soit du pouvoir spécial dont il aura été muni. » On avait pensé, à la suite de cette ordonnance, que le motif d'exemption exprimé dans l'I. G. 436 n'existait plus ;

que l'autorisation cessait d'être purement verbale, et que le jugement qui en donnait acte aux parties devait lui-même être assujetti à un droit spécial sur le pouvoir inséré dans son contexte.

Cette opinion n'a point été admise. Le comité des finances a émis, le 15 février 1826, un avis ainsi conçu : « Considérant que l'autorisation verbale donnée au défenseur par la partie présente devant le tribunal de commerce, ne peut être soumise au droit d'enregistrement comme un pouvoir écrit, et que la mention de cette autorisation verbale dans le jugement n'en change point la nature, et ne peut la rendre passible du droit ; considérant qu'il résulte de l'avis du conseil d'administration, qu'antérieurement à l'ordonnance royale du 10 mars dernier, le droit de pouvoir n'était pas exigé ; qu'ainsi la loi n'en exigeait pas alors le payement, et qu'on ne peut admettre qu'une ordonnance impose le payement d'un droit qui n'était point établi par la loi ; est d'avis qu'il n'y a pas lieu de soumettre les autorisations verbales, données devant le tribunal de commerce et mentionnées dans le jugement, au payement du droit de 2 francs (3 fr.), comme s'il s'agissait d'un pouvoir écrit » (7959, 8313 J.E., 1189 § 4 I.G.).

C'est donc tout à fait à tort qu'on a enseigné que le droit de pouvoir est exigible dans une espèce semblable (17285 J.E.). On ne peut, au contraire, le réclamer que quand le jugement fait mention d'un pouvoir écrit. Si les tribunaux persistent à qualifier les mandats d'autorisations verbales, ce peut être une infraction à l'esprit de l'ordonnance de 1825, mais il ne s'ensuit pas que le droit de 3 francs soit exigible.

10659. Saisie. — Il n'est dû qu'un seul droit pour le jugement qui statue définitivement sur plusieurs saisies faites par plusieurs saisissants contre un seul tiers saisi, ou par un seul saisissant contre plusieurs tiers saisis ; mais chaque jugement de validité que les saisissants qui n'ont pas de titre exécutoire est passible d'autant de droits distincts de condamnation, outre le droit de titre quand il est exigible (D. m. f. 6 août 1823, 1097 I.G.). — V. 10685.

1. VALIDITÉ. — Le jugement qui prononce la validité d'une saisie-arrêt et la condamnation du débiteur ne donne pas lieu à un droit particulier pour la validité. C'est ce qui résultait déjà de l'I. G. 1097, et ce qu'a de nouveau consacré l'Administration par une Sol. 2 avril 1849, ainsi conçue :

« Lorsque, comme dans l'espèce, le créancier saisissant n'a pas de titre exécutoire, il est tenu de faire dénoncer la saisie à la partie saisie, avec assignation en validité, le tout dans les délais prescrits, à peine de nullité (art. 563, 564, 568 C. proc.). La demande principale a pour objet d'obtenir la condamnation du débiteur, afin de faire déclarer la saisie-arrêt bonne et valable ; et le jugement qui intervient donne lieu au droit de 50 centimes pour 100 ; mais, d'après le n° 3 de l'I. G. 1097, il ne peut être exigé de droit particulier pour la déclaration de validité qui est la conséquence de la condamnation. »

Le contraire a été cependant décidé par le tribunal de la Seine, le 22 mai 1863 (12531 C., 17727 J.E.) ; mais cette décision non motivée nous paraît être un accident de jurisprudence qui ne doit pas être suivi.

10660. Séparation. — 1. DE BIENS. — Le jugement qui, après avoir prononcé la séparation de biens, ordonne que la liquidation des reprises de la femme sera établie par un notaire qu'il désigne, ne donne ouverture à aucun droit pour cette disposition, qui dérive de la première. — *V.* 10657-1.

2. DE CORPS. — Le jugement qui prononce la séparation de corps de la femme contre le mari et au profit du mari contre la femme n'est pas passible de deux droits?

Il n'y a qu'une seule séparation, prononcée à la requête de chacun d'eux et produisant, dès lors, contre chacun des époux, la déchéance prononcée par la loi. On ne peut donc percevoir qu'un seul droit, la pluralité des droits ne pouvant naître que de dispositions multiples, et non des effets multiples d'une seule disposition (18545 J. E.).

10661. Surenchère. — Le droit de condamnation est le seul exigible sur un jugement qui, en déclarant l'adjudicataire déchu de la surenchère, le condamne à payer le montant de sa folle enchère et ordonne en outre l'exécution du contrat (4813 J. E.).

Il n'est également pas dû de droit particulier sur le jugement qui ordonne la restitution de la somme consignée par la caution du surenchérisseur, lorsque la seconde adjudication s'est élevée à plus d'un dixième en sus du prix de la première (Sol. 19 sept. 1832, 10477 J. E.).

Toutes ces dispositions sont entièrement liées les unes aux autres, de manière à ne former qu'un seul tout.

10662. Tuteur. — Les nominations de tuteur, de curateur, de conseil judiciaire se relient toujours d'une manière intime à la disposition qui provoque la nomination. Elles en dépendent évidemment, comme l'effet dépend de la cause; dès lors, elles ne peuvent donner ouverture à un droit particulier. Ainsi, il faut décider que le jugement qui, après avoir interdit un individu, lui donne un tuteur ou conseil judiciaire n'est passible que d'un seul droit (1586 J. E.).

10663. Vente. — Le jugement qui ordonne la vente d'un domaine, et le payement, aux créanciers, d'une somme déterminée, n'est passible que d'un droit fixe de 5 francs (7 fr. 50 cent.) (D. m. f. 21 juill. 1848, 6302 J. E.).

1. NULLITÉ RADICALE. — N'est passible que d'un seul droit le jugement qui annule une vente faite à plusieurs acquéreurs par une commune non autorisée (Sol. 31 juill. 1876, 4656 R. P.).

TITRE V. — QUESTIONS DIVERSES

[10664-10685]

10664. Acte de complément. — La réitération de cession de biens faite par un débiteur à ses créanciers, aux termes de l'art. 902 C. proc., est passible du droit fixe, comme complément du jugement qui admet le bénéfice de cession. — *V. Acte de complément.*

10665. Acte refait. — Lorsqu'un jugement annulé pour vice de force est remplacé par un autre, ce dernier est simplement passible du droit fixe. — *V. Acte nul et refait.*

10666. Affirmation. — Le jugement d'affirmation est passible du droit de 3 francs en justice de paix et de 7 fr. 50 cent. devant un tribunal civil, de commerce ou d'arbitrage. — *V.* 2007.

10667. Antichrèse. — 1. CONDAMNATION. — Un jugement porte condamnation à payer 6,200 francs dus sur titre enregistré, et autorise le créancier à se mettre en possession des biens du débiteur, d'une valeur capitale de 1,200 francs, pour en jouir jusqu'au remboursement: il est dû 2 pour 100 comme antichrèse sur 1,200 francs, et 50 centimes sur 5,000 francs (6826 J. E.).

2. RENTRÉE EN POSSESSION. — Un jugement portant renvoi en possession d'immeubles précédemment engagés à titre d'antichrèse ne donne pas ouverture au droit de rétrocession, lors même que l'antichrèse remonterait à plus de trente ans (Cass. 4 nov. 1817, 365 P. chr.).

3. ANTICHRÈSE ÉVENTUELLE. — Un acquéreur est condamné à payer le prix d'un immeuble dans la huitaine, et, à défaut, le vendeur est autorisé à rentrer *provisoirement* en possession: le droit de condamnation est le seul exigible, parce que, même à *défaut* de payement, le vendeur ne rentrera point dans la propriété, mais seulement dans la jouissance provisoire de l'immeuble. Le droit sera dû alors comme antichrèse (6165 J. E.). — *V. Antichrèse.*

10668. Bail. — On trouvera au mot *Bail* le développement de plusieurs questions relatives aux jugements qui prononcent sur la résiliation des baux

10669. Bornage. — De quel droit est passible le jugement constatant un bornage? — *V.* 3222, 3223.

10670. Contrat judiciaire. — Vente. — Le jugement qui, en prescrivant un partage avec licitation, donne acte à l'un des copartageants donateurs d'un droit d'habitation, de ce qu'il consent à recevoir en argent, l'estimation de ce droit, ne contient pas, dans le silence des autres parties, un contrat judiciaire interdisant à celles-ci de contester l'existence du droit prétendu (Cass. 23 mars 1869, S. 69-1-464). Aucun droit de mutation ne pourrait donc être perçu sur cette disposition.

10671. Délégation. — Le droit de délégation est exigible sur le jugement qui désigne les créanciers qui seront payés sur le prix d'une vente qui ne contenait pas délégation expresse.

Si un tribunal a condamné une veuve à payer les dettes de la succession de son mari et lui a donné acte de la délégation qu'elle a faite du prix de la vente, le droit de condamnation et celui de délégation se confondent, et il n'est dû que le dernier droit. — V. *Délégation*.

10671 bis. Donation. — Le jugement qui condamne le séducteur d'une fille à une somme destinée à réparer le préjudice causé ne donne pas lieu au droit de donation mais au droit de condamnation (Sol. 30 juill. 1877).

10672. Erreur du nom des juges. — Aux termes de l'art. 138 C. proc., il est fait mention, en marge de la feuille d'audience, des juges et des membres du parquet qui ont assisté. Si une erreur s'est glissée dans cette mention, et qu'un jugement soit rendu d'office pour rectifier l'erreur commise, ce jugement s'identifie avec celui sur lequel il a été rendu, et doit être enregistré gratis (Sol. 16 juill. 1823).

10673. Étranger. — Les jugements rendus en pays étranger doivent être enregistrés en France avant de pouvoir y être exécutés. De quels droits ils sont passibles. — V. *Acte passé hors du territoire*.

10674. Instruction par écrit. — Les jugements qui ordonnent qu'une cause sera instruite par écrit sont assujettis à l'enregistrement (Déc. 28 nov. 1821, 1012 I. G., Déc. 27 fév. 1822, 1026 I. G.).

10675. Perception provisoire. — Quand la perception faite sur un jugement n'a été que provisoire, faute par les parties d'avoir fait avant l'enregistrement la déclaration estimative prescrite par l'art. 16 L. 22 frimaire an 7, l'Administration peut exiger, dans les deux ans du jour de l'enregistrement, la déclaration nécessaire pour établir définitivement les droits dus (Cass. 4 mars 1823, P. chr. 585 ; — Cass. 20 mars 1863). — V. *Déclaration pour la perception*.

18676. Prud'hommes. — Les jugements des conseils des prud'hommes, dont l'objet n'excède pas 25 francs, doivent être enregistrés gratis. — V. 13253 et suiv.

10677. Qualités. — La rédaction des qualités dans les jugements donne lieu à des observations particulières que l'on trouvera au mot *Qualités*, nos 13236 et suiv.

10678. Quittance. — Champ. et Rig. (no 1607) ont soutenu que les jugements constatant un payement ou plus généralement une cause de libération ne sont pas passibles du droit de quittance. La raison qu'ils en donnent, c'est, d'une part, qu'aucun texte n'a prévu les jugements portant libération, et, en second lieu, que la loi du 22 frimaire an 7 n'a jamais confondu les actes civils et judiciaires, en sorte que quand l'art. 69 § 2 no 11 tarife au droit proportionnel tous actes portant libération, cela s'entend exclusivement des actes civils. Cette proposition doit être repoussée. L'art. 3 L. 22 frimaire an 7, en statuant d'abord que « le droit fixe s'applique aux actes, soit civils, soit judiciaires ou extrajudiciaires qui ne contiennent ni obligation, ni libération, ni condamnation, collocation ou liquidation de sommes et valeurs

écarte clairement l'application exclusive du droit fixe à tout acte judiciaire contenant libération de somme ou valeur. L'art. 4, en soumettant ensuite au droit proportionnel les obligations, libérations, condamnations, collocations ou liquidations, de sommes et valeurs, a nécessairement en vue les obligations, libérations, etc., constatées dans les actes dont elle vient d'écarter le droit fixe, soit civils, soit judiciaires ou extrajudiciaires, et, par conséquent, les libérations constatées dans les actes judiciaires. Le droit proportionnel étant ainsi créé pour les libérations constatées par acte civil, judiciaire ou extrajudiciaire, il en résulte nécessairement que l'art. 69 § 2 no 11, en tarifant les quittances, remboursements et autres *actes ou écrits* portant libération de sommes et valeurs mobilières, embrasse dans sa généralité tous actes, soit civils, soit judiciaires, soit extrajudiciaires, portant une pareille libération. D'ailleurs, le mot *Acte* en matière fiscale a une acception générale qui le rend applicable aux jugements comme aux contrats civils (V. *Acte*), et il n'en peut être autrement, car l'esprit de la loi ne permet pas de croire qu'une obligation, une libération ou telle autre convention soit soustraite au droit ou y soit soumise selon que le titre des parties est un contrat judiciaire ou un acte civil. Il faut donc tenir pour certain que le droit proportionnel de 50 centimes pour 100 est exigible toutes les fois que la libération du débiteur est constatée d'une manière formelle dans le jugement (Seine 22 mai 1863, 12531 C., 17727 J. E.; 8 avr. 1876, 4572 R. P.).

1. CONSIGNATION. — Ainsi, il a été décidé que le jugement qui déclare bonne et suffisante la consignation faite à la caisse des dépôts et consignations par un acquéreur du prix de son immeuble, opère la libération de l'acquéreur, en vertu de l'art. 1257 C. C., et donne dès lors ouverture au droit de quittance (Sol. 3 oct. 1831, 10195 J. E. ; — D. m. f. belge 25 fév. 1861, 8914 J. E. belge). — V. *suprà* no 2334-1.

2. COMPENSATION. — Le jugement qui constate formellement qu'une partie de la somme pour laquelle le défendeur est poursuivi se trouve compensée avec pareille créance due par le demandeur, donne lieu au droit de quittance, comme le donnerait un acte civil dans lequel ces faits se trouveraient établis (17289 J. E.). — V. *Compensation*.

3. DONNÉ ACTE. — Le jugement de commerce qui donne acte au dernier endosseur du payement de la lettre de change avant l'audience et condamne les autres endosseurs et le souscripteur à rembourser la somme avancée est passible du droit de quittance et du droit de condamnation. Le jugement est en effet un titre de libération et les deux dispositions ne sont pas dépendantes dans le sens de la loi (16946-1 J. E.).

4. SAISIE. — SUBROGATION. — Le jugement rendu en présence du créancier et du débiteur, qui subroge un second saisissant aux poursuites en expropriation, par le motif que le premier saisissant déclare avoir été désintéressé est passible du droit de quittance, indépendamment du droit fixe, quand les motifs du jugement établissent clairement la libération du débiteur (Clermont-Ferrand 8 août 1870, 3321 R. P.).

5. ÉTRANGER. — Le droit proportionnel ordinaire est exigible sur le jugement rendu en France qui prononce l'extinction d'une créance étrangère (Seine 28 déc. 1867, 2881 R. P.)

10679. Réhabilitation. — Faillite. — Mais le droit de quittance n'est pas dû quand la libération n'est pas constatée d'une façon assez claire pour former un titre au débiteur, et que la mention qui s'y rapporte forme une disposition simplement énonciative du jugement. Ainsi, le jugement qui réhabilite un failli sur le vu d'un procès-verbal des agents de sa faillite relatant les quittances de ses créanciers ne donne pas lieu au droit de libération, lors même que l'enregistrement des quittances n'est point justifié, attendu que ce jugement n'établit pas la libération, et se fonde seulement sur une libération antérieure (Dél. 4 janv. 1826, 8277, 8339 J. E., D. N. t. 10 p. 728 n° 28.) — V. *Réhabilitation* n° 13781.

10680. Restant dû. — Il en est de même en général du jugement qui condamne à payer une somme restant due sur une créance plus forte établie par titre enregistré. Le droit de quittance ne peut être perçu sur la somme antérieurement payée, car le jugement n'ayant statué que sur ce qui restait dû n'emporte pas libération de l'excédant. On l'a ainsi décidé pour un jugement qui, pour fixer ce qui était encore dû par la caution, énonçait dans ses motifs que cette somme était le reliquat d'une somme plus forte précédemment payée :

« Attendu que s'il est vrai en principe que le droit de libération soit dû sur les actes judiciaires comme sur tous les autres actes, il ne peut cependant être exigé que sur un jugement qui prononce une véritable libération » (Seine 22 mai 1863, 12334 C., 17727 J. E.).

Reconnu également que le droit d'un jugement qui porte condamnation de sommes restant dues sur un billet, à raison duquel le droit a été payé sur la totalité de la somme y exprimée, ne doit être perçu que sur le montant de la condamnation, et il n'y a pas lieu d'exiger celui de quittance sur les à-compte payés, dont le jugement fait déduction (2304 J. E.).

10681. Récusation. — Le jugement d'un tribunal de première instance qui prononce sur la récusation d'un juge de paix, étant rendu en dernier ressort, d'après l'art. 47 C. proc., n'est passible que du droit fixe de 3 francs (4 fr. 50 cent.) (436 I. G.).

10682. Sentence arbitrale. — On trouvera au mot *Arbitre* plusieurs règles particulières applicables aux sentences arbitrales.

10683. Séparation de biens. — Publication. — Les jugements constatant la lecture faite publiquement au tribunal de commerce du jugement de séparation de biens, conformément à l'art. 872 C. proc., ne sont passibles que du droit de 4 fr. 50 cent. (11191, 11357 J. E.).

10684. Séparation de corps et de biens. — Les jugements préparatoires rendus sur demandes en séparation de corps, ne se trouvant sous l'empire d'aucune loi spéciale, sont soumis aux règles générales et ne donnent ouverture qu'au droit fixe de 4 fr. 50 cent. (9426, 15008-9 J. E.).

T. III.

10685. Saisie-arrêt. — 1. CONDAMNATION. — Les saisies-arrêts donnent lieu à plusieurs difficultés qui ont été résolues par une D.m.f. du 6 août 1822 (1097 I. G.) Déjà nous avons vu précédemment par quels principes devait être réglée la perception du droit de condamnation sur les jugements de validité (*suprà* n° 10397). Nous nous bornons ici à indiquer les autres questions.

2. DÉLIVRANCE DE DENIERS. — Le jugement qui, après celui de la validité, ordonne la délivrance des deniers ou la vente des meubles saisis, est passible seulement du droit fixe de 4 fr. 50 cent.

3. CONDAMNATION DU TIERS SAISI. — Celui qui *condamne le tiers saisi* comme débiteur pur et simple des causes de la saisie doit être assujetti au droit proportionnel de condamnation, outre le droit perçu sur le jugement obtenu contre le saisi. Si le même jugement condamne plusieurs tiers saisis indivisément pour la même saisie, un seul droit de condamnation est dû.

Il est dû de plus, sur le jugement de condamnation contre le tiers saisi, un droit de titre à raison du titre en forme que ce jugement confère à la partie saisie, sauf restitution dans le cas où il serait ultérieurement justifié d'un titre enregistré ; mais il n'est dû sur ce même jugement aucun droit de collocation, liquidation ou libération.

4. MAINLEVÉE DE SAISIE. — Le jugement qui donne *mainlevée de la saisie* est passible du droit fixe de 4 fr. 50 cent. ou de 7 fr. 50 cent. selon qu'il est rendu en premier ou en dernier ressort.

5. DÉFAUT PROFIT JOINT. — Celui rendu *par défaut*, dans le cas de *défaut profit joint*, est sujet au droit fixe de 4 fr. 50 cent. comme jugement préparatoire.

6. PLUSIEURS SAISIES. — Il n'est dû qu'un seul droit pour le jugement qui statue définitivement *sur plusieurs saisies* faites par plusieurs saisissants contre un seul tiers saisi, ou par un seul saisissant contre plusieurs tiers saisis ; mais chaque jugement de validité qu'obtiennent les saisissants qui n'ont pas de titre exécutoire est passible d'autant de droits distincts de condamnation, outre le droit de titre quand il est exigible.

7. SAISIE SUR SOI-MÊME. — En cas de saisie *sur soi-même*, le jugement qui ordonne la compensation est passible du droit de 50 centimes par 100 francs, comme opérant condamnation, liquidation définitive ou libération ; mais il n'est pas dû de droit de titre sur ce jugement, quand même le titre serait verbal, puisqu'il se trouve éteint.

8. PLURALITÉ. — Les jugements contenant des dispositions qui auraient pu faire la *matière de plusieurs jugements* sont sujets aux droits auxquels des jugements distincts auraient donné lieu, en ce sens que les droits de titre et de condamnation sont dus sur les dispositions relatives au tiers saisi, indépendamment du droit fixe ou proportionnel qui est dû par le saisi, à raison de l'exécution ou de la condamnation prononcée contre ce dernier. — *V.* 10397.

9. VALIDITÉ. — COMPÉTENCE. — Il ne peut être exigé de droits particuliers pour les déclarations de compétence et de validité. — *V.* 10397.

90

L

LACUNE.

10686. — Espace laissé dans l'écriture.

10687. Défense de laisser des lacunes dans les actes. — Les actes des notaires ne peuvent contenir de lacune, à peine de 100 fr. (20 fr.) d'amende. (L. 25 vent. an 11, art. 13). — V. *Acte notarié.*

LANGUE FRANÇAISE.

10688. — Obligation de rédiger les actes en français. — Les actes doivent être rédigés en langue française. Le principe, à cet égard, a été posé dans l'ordonnance de 1539. Jusque-là l'usage, en France, était de rédiger en latin les actes concernant les dernières volontés et les conventions des particuliers, ainsi que tous les actes de procédure.

Mais la difficulté d'entendre cette langue et de l'interpréter occasionna de nombreux procès. Ce fut pour obvier à cet inconvénient que l'ordonnance de 1539, dite de Villers-Cotterets, statua en ces termes (art. 111) :

« Et, pour ce, telles choses sont souvent advenues sur l'intelligence des mots latins contenus esdits arrests, nous voulons dorénavant que tous arrests, ensemble toutes autres procédures, soit de nos cours souveraines et autres subalternes et inférieures, soit des registres, enquestes, contrats, commissions, sentences, testaments et autres quelconques actes et exploicts de justice, ou qui en dépendent, soient prononcés, enregistrés et délivrés aux parties en langage maternel françois et non autrement. »

Cette disposition a été répétée dans plusieurs lois et règlements anciens et nouveaux dont le dernier est du 24 prairial an 11.

10689. Idiome du pays. — Néanmoins l'arrêté du 27 prairial an 11 permet, par son article second, aux officiers publics des lieux où l'on ne parle pas français, d'écrire à mi-marge de la minute française la traduction en idiome du pays lorsqu'ils en seront requis par les parties. — V. 344-1.

10690. Acte sous seing privé. — D'ailleurs cette nécessité de la rédaction en français n'est rigoureusement imposée que pour les actes publics. C'est ce qui résulte formellement de l'art. 3 arr. du 24 prairial an 11, pour les actes consentis dans les départements où l'on ne parle pas français.

Cet article ajoute, toutefois, la charge, pour les parties qui présentent des actes de cette espèce à la formalité de l'enregistrement, d'y joindre à leurs frais une traduction française desdits actes, certifiée par un traducteur juré.

LAPIN.

10691. — Les lapins de garenne sont immeubles par destination (524 C. C.).

LÉGALISATION.

10692. — C'est l'attestation donnée par un fonctionnaire public ayant mission à cet effet, de la vérité des signatures apposées à un acte des qualités de ceux qui l'ont fait ou expédié.

10693. Actes sujets à légalisation. — Les actes qui doivent être légalisés sont en général tous ceux qui sont émanés d'un officier public, et lorsqu'on doit les produire hors du lieu où ceux qui les ont délivrés exercent leurs fonctions.

Sont susceptibles d'être légalisés : 1° les extraits des actes de l'état civil (45 C. C.) ; — 2° les actes notariés, c'est-à-dire les brevets, grosses ou expéditions, et non les minutes, lesquels, sauf des cas d'exception, doivent rester à l'étude (L. 25 vent. an 11, art. 28) ; — 3° les certificats de vie des rentiers ou pensionnaires de l'État ; — 4° les actes administratifs.

A l'égard des jugements, on ne les légalise point, à moins qu'il n'en soit fait usage en pays étranger (Merlin *Rép.*, V. *Légalisation*).

La légalisation ayant pour objet de confirmer l'authenticité des actes, il suit qu'elle ne s'applique qu'à des actes émanés d'officiers publics.

Si l'acte est sous seing privé, la précaution devient inutile, puisqu'il suffit que celui à qui un acte sous seing privé est opposé le dénie pour qu'on ne puisse en faire usage contre lui (Cass. 17 mai 1858, D. 68-1-212).

D'ailleurs le défaut de légalisation n'entraîne pas la nullité de l'acte ; elle autorise seulement le juge à surseoir à son exécution (Cass. 8 nov. 1853, D. 54-1-420).

Les actes n'ont pas besoin d'être légalisés pour être transcrits (C. Nancy 15 déc. 1874, 4363 R. P.).

10694. Fonctionnaires devant faire les légalisations. — La légalisation doit être faite :

1° Par le président du tribunal civil, pour les actes notariés et pour les actes de l'état civil ;

2° Par le président du tribunal de commerce pour les signatures des membres de ce tribunal, et celles des membres du syndicat des agents de change et courtiers ;

3° Par les préfets ou sous-préfets pour les certificats de vie des rentiers viagers, et des pensionnaires de l'État ;

4° Par les maires, pour les signatures des imprimeurs de journaux contenant l'insertion des placards en matière de vente immobilière et pour d'autres actes, tels que les actes d'administration ou d'intérêt général, délivrés par des receveurs des contributions, médecins et chirurgiens, commissaires de police, membre des bureaux de charité, etc., toutes personnes dont la signature a une certaine authenticité ;

5° Par les juges de paix pour les signatures des notaires qui résident dans leur canton et celles des officiers de l'état civil qui en dépendent soit en totalité, soit en partie (L. 2 mai 1861, 2200 I. G., D. 61-4-54).

Les actes expédiés dans les pays étrangers où il y a des consuls français ne font foi que s'ils ont été légalisés par ces consuls (Colmar 1er avr. 1862, D. 63-2-159).

10695. Enregistrement. — L'art. 70 § 3 n° 11 L. 22 frimaire an 7, exempte du droit d'enregistrement les légalisations faites par les juges de signatures d'officiers publics.

Il suit de là qu'il faut considérer comme exemptes d'enregistrement toutes les autres légalisations. C'est ainsi qu'une décision ministérielle du 30 octobre 1822 (6384 J. E.) a reconnu que la légalisation de la signature d'un particulier par le maire de sa commune, n'est passible d'aucun droit autre que celui perçu sur les dispositions de l'acte.

Les lettres écrites pour obtenir une légalisation sont sujettes au timbre (D. m. f. 27 sept. 1873, 4117 R. P.).

10696. Renvoi. — On trouvera au mot *Dépôt* les règles spéciales applicables au timbre et à l'enregistrement des dépôts des signatures et paraphes des officiers publics soumis à la légalisation du juge de paix.

LÉGITIMATION.

10697. — Collation de l'état et des droits de la légitimité à un enfant né hors du mariage.

LÉGITIME.

10698. — Mot qui, dans l'ancien droit, signifiait cette portion de biens que la loi attribue à certains héritiers présomptifs, notamment aux enfants dans les biens qu'ils auraient recueillis en totalité sans les dispositions faites à leur préjudice.

LEGS.

DIVISION

SOMMAIRE

CHAPITRE PREMIER. — DISPOSITIONS PRÉLIMINAIRES

[10700-10703]

10700. Définition. — Le *legs* est une libéralité faite par testament.

10701. Différence entre l'héritier et le légataire. — Il y avait à Rome, et en France dans les pays régis par le droit romain, une grande différence entre les institutions d'héritiers et les legs. L'héritier institué représentait la personne du défunt; il prenait dans la société la place que celui-ci laissait vacante; il succédait à ses droits, à ses charges, à ses engagements; en un mot il le *représentait*. Le legs n'était qu'un don particulier ou un don de quotité, mais qui devait être délivré par l'héritier institué. Et ce n'était qu'au défaut d'héritier testamentaire que les héritiers du sang étaient appelés. Dans la législation française, au contraire, la loi seule faisait les héritiers; elle n'en connaissait point d'autres que ceux du sang. Dieu seul, disent d'anciens auteurs, et non la volonté de l'homme, peut faire des héritiers.

A l'époque où le Code parut, la France était donc divisée en deux usages absolument opposés. Dans les provinces de droit écrit, où l'on suivait le droit romain, on reconnaissait des héritiers *ab intestat* et aussi des héritiers testamentaires, tandis que dans les pays de coutume où régnait le droit français, on n'admettait que des héritiers *ab intestat* et on ne permettait de faire par testament que des légataires.

Cependant, on a conservé dans le code la qualification d'*institutions d'héritiers* comme pouvant s'appliquer aux dispositions testamentaires. « Il est à propos, disait le Tribunat, de laisser subsister la dénomination d'*institution d'héritier*, qui est en si grand usage...; mais en même temps, il est convenable d'annoncer bien précisément qu'il n'y aura désormais *aucune différence* entre la dénomination d'héritier et celle de légataire; et que tous les effets particulièrement attachés par les lois romaines au titre d'héritier sont *entièrement détruits*. Pour cela, on propose de faire une section nouvelle composée d'un seul article qui contiendra cette idée principale » (Fenet t. 12 p. 449). — C'est dans cet ordre d'idées qu'a été rédigé l'art. 1002 C. C., ainsi conçu :

« Les dispositions testamentaires sont ou universelles, ou à titre universel, ou à titre particulier. Chacune de ces dispositions, soit qu'elle ait été faite sous la dénomination d'*institu-*tion d'héritier*, soit qu'elle ait été faite sous la dénomination de *legs*, produira son effet suivant les règles ci-après établies pour les legs universels, pour les legs à titre universel, et pour les legs particuliers. »

Ainsi, il est incontestable que par testament on ne fait plus d'héritiers, des successeurs à la personne, mais de simples légataires, des successeurs aux biens.

10702. Contribution ultra vires. — Mais le légataire universel est-il tenu des dettes et charges *ultrà vires emolumenti* comme l'héritier ? Cette question qui divise profondément les auteurs, se présente sous différents aspects que nous allons successivement indiquer.

1. ABSENCE D'HÉRITIERS A RÉSERVE. — Sur un premier point, celui où le légataire universel est appelé à recueillir toute la succession par suite du manque d'héritiers réservataires, les auteurs sont à peu près tous d'accord. Sur le fondement que ce légataire a, comme l'héritier légitime, dès le moment où s'ouvre la succession, la saisine légale de tous les biens, droits et actions dont se compose l'hérédité, sans être tenu de demander la délivrance (*V.* 10708), on conclut sans difficulté qu'il n'est pas seulement un successeur aux biens, mais encore un successeur à la personne, ce qui conduit nécessairement à le faire considérer comme tenu des dettes et charges *ultrà vires emolumenti* (Grenier t. 1er n° 313, Toullier t. 5 n° 495, Favard V. *Testament* sect. 2 § 1er n° 9, Delvincourt t. 2 p. 351 notes, Merlin *Rép.* V. *Légataire* § 7 art. 1er n° 17, Duranton t. 7 n° 10, Troplong n° 1836, Vazeille sur l'art. 793 n° 10, Nicias-Gaillard *Revue critique de jurisprudence* juin 1852, Dalloz V. *Dispositions entre-vifs* n° 3680, Coin-Delisle art. 100-3-10, Fouquet *Encyclop.* n° 9 147, Zachariæ, Aubry et Rau t. 5 p. 330, Chauveau sur Carré *Proc.* n° 755. — *Contrà* Marcadé sur l'art. 1002 n° 2). — Cette doctrine a été pleinement confirmée par un arrêt de la chambre civile de la C. cass. 13 août 1851 (S. 51-1-657).

2. CONCOURS D'HÉRITIERS A RÉSERVE. — Lorsque le concours d'héritiers réservataires réduit le légataire universel à une portion de biens, il n'est plus tenu que d'une part des dettes proportionnelles à son émolument. La question de savoir si, pour cette part, il est tenu *ultrà vires*, ne rencontre plus chez les auteurs le même accord que la question précédente. Les uns soutiennent que son titre étant de la même nature, ne saurait produire des effets différents, et, qu'en aucun cas, le légataire n'est tenu de sa part *ultrà vires* (Bugnet et Pothier t. 8 p. 243, Mourlon *Rép.* t. 2 p. 357, Duvergier t. 2 n° 521, Marcadé t. 4 art. 1002-2 et *Rev. crit.* 1852 t. 2 p. 197, Berriat-Saint-Prix *Rev. crit.* 1852 t. 2 p. 167, Tambour p. 424, Duranton t. 9 n° 92, de Santerre t. 4 n° 152, Aubry et Rau t. 5 p. 350, Massé et Vergé t. 2 n° 128, de Cocqueray *Rev. pat.* 1861 t. 12 p. 252).

D'autres, au contraire, et c'est le plus grand nombre, enseignent qu'il n'y a dans cette hypothèse aucune différence entre le légataire et l'héritier. Le légataire universel est alors, dit l'art. 1009 C.C., tenu personnellement. Or, quiconque est tenu personnellement, l'est surtout en biens présents et futurs (2092 C. C.). D'ailleurs, l'hérédité n'est autre chose que l'universalité des droits actifs et passifs du défunt, et il n'y a plus, à cet égard, de successeurs aux biens et d'héritiers. Celui qui recueille l'hérédité est donc *loco hocœdis*. (*V.* Nicias Gaillard, *Rev. crit.* 1852 t. 2 p. 344, Merlin *Rép.* v° *Legs* § 7 n° 16 Bilhard *Bénéf. d'inv.* n° 27, Toullier t. 2 n°° 305 et 521, Grenier et Bayle-Mouillard t. 1ᵉʳ n° 313, Chabot art. 774-14, Taulier t. 4 p. 150, Troplong *des Donat.* t. 4 n°° 1836 et 1840, Demolombe t. 15 n° 118 et t. 17 n° 38). Tel est aussi le sentiment de la jurisprudence (Turin 14 août 1809, S. 10-2-229 ; — Cass. 16 avr. 1839, D. 39-1-264 ; — 13 août 1851, S. 51-1-657, D. 51-1-281 ; — Toulouse 9 juin 1852, P. 52-1-481 ; — Poitiers 16 mars 1864, S. 65-2-63 ; — Angers 1ᵉʳ mai 1867, S. 67-2-305).

3. BÉNÉFICE D'INVENTAIRE. — La conséquence directe de ce dernier système, c'est que le légataire universel doit être admis au bénéfice d'inventaire comme l'héritier légitime. C'est un principe que nous avons posé sous le n° 3031, en citant les autorités qui le justifient.

10703. Différentes espèces de legs. — Il résulte de l'art. 1002 ci-dessus transcrit que les legs sont : 1° universels, — ou 2° à titre universel, — ou 3° particuliers ou à titre particulier. Comme il est très-essentiel d'être bien fixés sur la valeur de chacune de ces classifications, nous allons leur donner quelques développements.

CHAPITRE II. — LEGS UNIVERSEL

[10704-10710]

10704. Définition. — Le *legs universel* est, d'après l'art. 1003 C. C., la disposition testamentaire par laquelle le testateur donne à une ou plusieurs personnes l'*universalité* des biens qu'il laissera à son décès.

10705. Qu'entend-on par universalité de biens ? — « Une universalité de biens, dit Coin-Delisle, sur l'art. 1003 n° 3, est l'ensemble de tous les droits actifs et passifs d'une personne ; et comme ces droits ne peuvent être fixés qu'au moment où cesse la faculté d'acquérir, il n'y a de successeurs universels que les personnes auxquelles la loi ou la volonté de l'homme défère la succession, c'est-à-dire les héritiers légitimes, les légataires universels et les donataires de tous les biens à venir. En tout autre cas, une disposition, embrassât-elle tous les biens d'un homme vivant, comme la donation de tous les biens présents, à la charge de toutes les dettes existantes et déterminées, ne serait pas une disposition d'universalité, mais d'une totalité. »

Pour reconnaître si le legs est universel, il ne faut pas rechercher quelle sera, en fait, l'importance du bénéfice, ni même s'il y aura bénéfice ; il faut voir, en droit, s'il y a vocation à l'universalité, s'il y a possibilité légale d'obtenir cette universalité : du moment qu'il y a droit à l'universalité, quelles que soient les circonstances qui pourraient faire obstacle à l'exercice de ce droit, le legs est universel.

Ainsi qu'une personne dont la fortune entière se compose de deux maisons, une ferme, quelques meubles meublants et un peu d'argent, déclare léguer à Pierre ses deux maisons, sa ferme, ses meubles et son argent : les biens auxquels Pierre aura droit seront bien en fait tous les biens du testateur ; mais comme ils lui seront attribués séparément, et considérés chacun en particulier au lieu de l'être dans leur ensemble, ce sera un legs particulier et non un legs universel : l'objet du droit, dans ce cas, ne sera pas précisément la totalité, ce sera tel bien, puis tel autre bien, puis tel autre encore. Il est si vrai qu'il n'y aura pas vocation à la totalité, que si le testateur avait acquis, après la confection du testament, et laissait en mourant, une troisième maison, Pierre n'aurait toujours que l'argent, les meubles, la ferme et deux maisons ; la troisième ne lui appartiendrait pas : il y a donc droit, quand on précise l'idée, à tels et tels biens, mais non pas à tous les biens ; et dès lors il n'y a plus legs universels (Delvincourt t. 2 p. 84, Toullier t. 3 n°° 505, 506, Duranton t. 9 n° 180, Grenier t. 2 n° 288, Zachariæ, Aubry et Rau t. 6 p. 144, Massé et Vergé t. 3 p. 247, Saintespès-Lescot t. 4 n°° 1304, 1305, Demolombe t. 21 n° 534). — « En résumé, dit ce dernier auteur, pour savoir si un legs est universel, il faut se demander : *Le legs dont il s'agit embrasse-t-il l'universalité ?* Si la réponse est affirmative, le legs est universel. Cette règle est très-sûre. » (*V.* aussi cass. 7 nov. 1827, D. 27-1-462 ; — 29 nov. 1843, S. 43-1-859 ; — 17 août 1852, D. 52-1-264 ; — 3 mars 1857, S. 57-1-182, Merlin *Rép.* v° *Inst. her. sec.* 2 n° 3).

10706. Exemples de legs universels. — Au surplus, pour mieux préciser ce que nous venons de dire nous allons donner quelques exemples :

1. PORTION DISPONIBLE. — Le legs *de tous les biens dont la loi permet de disposer* et celui de la *portion disponible* ont le caractère des legs universels (Duranton t. 9 n° 182, Coin-Delisle t. 9, Grenier et Bayle-Mouillard t. 2 n° 289, Vazeille art. 1003-4, Troplong t. 4 n° 1784, Zachariæ, Aubry et Rau t. 6 p. 145, Massé et Vergé t. 3 p. 247, Colmet de Santerre t. 4 n° 144, Demolombe t. 21 n° 540 ; — Colmar 26 mai 1830, D. 30-2-293 ; — Cass. 26 mai 1831, S. 31-1-210).

2. OMISSION DE QUELQUES OBJETS. — LÉGATAIRES NON CONJOINTS. — Une disposition testamentaire peut être considérée comme contenant des legs universels, bien que le testateur ait omis de disposer de quelques objets peu importants de la succession, et qu'au lieu d'appeler les héritiers institués à recueillir conjointement, il ait au contraire attribué à chacun d'eux un lot composé d'objets déterminés (C. Limoges 8 déc. 1837, S. 39-2-27).

3. PAS DE RÉSERVE STIPULÉE. — Le legs de tous les meubles et immeubles *sans aucune réserve*, est un legs universel, dans lequel se trouvent compris les mêmes objets désignés par l'art. 133, tels que les *dettes actives* (C. Rouen 27 mai 1806, S. 6-2-129).

4. NUE-PROPRIÉTÉ. — Lorsque le testateur lègue à une personne la *nue-propriété* de l'universalité de ses biens, et à une autre personne *l'usufruit* des mêmes biens, le legs de la nue-propriété est un legs universel (Cass. 7 août 1827, D. 27-1-461, Duranton t. 9 n° 189, Proudhon *de l'Usuf.* t. 1ᵉʳ

n° 475, Coin-Delisle art. 1003, Bayle-Mouillard sur Grenier t. 2 n° 283, Saintespès-Lescot t. 4 n° 1321, Demolombe t. 2 n⁰ˢ 538 et 539).

Un legs qualifié d'*universel* par le testateur, ne cesse pas d'avoir ce caractère par cela seul que le testateur aurait disposé de la nue-propriété de quelques-uns de ses biens au profit d'autres légataires, en réservant seulement l'usufruit au profit du légataire universel (Cass. 20 nov. 1843, D. 44-1-23).

C'est encore à un légataire universel que s'applique la disposition par laquelle un testateur déclare léguer à une personne l'usufruit de tous ses biens avec la faculté de disposer de la propriété de ces mêmes biens au profit de qui elle jugera convenable (Cass. 2 juill. 1867, S. 67-1-427).

5. DIVISION DU LEGS. — De même, un legs fait conjointement à deux personnes, et qualifié d'universel, ne doit pas être considéré comme un legs à titre universel, par cela seul que le testateur a fait, en quelque sorte, dans le même acte, la part de ses légataires, en leur attribuant à chacun la moitié de ses biens, si, d'ailleurs, la volonté du testateur de faire un legs universel est manifeste (C. Bordeaux 27 fév. 1844, D. 44-2-468).

6. SURPLUS DE LA SUCCESSION. — Un testateur après avoir fait un ou plusieurs legs, fait ensuite à une ou plusieurs personnes le legs du *surplus* de ses biens, ou du *restant* ou de *ce qui reste*. Ce legs est-il universel ? Il faut distinguer si les legs précédents sont à titre particulier ou à titre universel. Si ce sont des legs particuliers, ils n'ont pas fractionné l'universalité, de sorte que le legs venant ensuite l'embrasse naturellement tout entière s'il est lui-même susceptible de cette étendue. Or, comment ne pas reconnaître cette puissance de compréhension dans le legs du *surplus*, du *restant* ? (Toulouse 10 juill. 1827, D. 28-2-27 ; — Cass. 8 août 1848, S. 49-1-66 ; — 5 mai 1852, S. 52-1-522 ; — 4 mai 1854, S. 55-1-368 ; — 9 août 1858, S. 58-1-798, Merlin *Rép.* v° *Lég.* § 6 n° 18 *bis*, Toullier t. 3 n° 513, Bayle-Mouillard t. 2 n° 289, Proudhon *Usuf.* t. 2 n⁰ˢ 601-602, Duranton t. 9 n° 187, Troplong t. 4 n° 1784, Zachariæ, Aubry et Rau t. 6 p. 145-146, Dalloz v° *Disp. entre-vifs* 3595, Demolombe t. 21 n° 542 ; — *Contrà* Orléans 21 août 1831, D. 32-2-114).

Si le legs universel est précédé d'un legs à titre universel, de quote-part ou de quotité, on ne saurait nier que la signification des mots *le surplus* ne soit corrélative de la nature du legs qui les précède et ne soit de la même nature (Toullier t. 3 n° 512, Duranton t. 9 n° 186, Proudhon *Usuf.* t. 2 n° 600, Coin-Delisle art. 1003 n° 8, Vazeille art. 1003 n° 4, Bayle-Mouillard t. 2 n° 289, Demolombe t. 21 n° 543). Ainsi, il a été jugé que quand après avoir d'abord légué une quote-part de ses biens à sa mère, pour lui tenir lieu de sa réserve, un testateur déclare léguer *le surplus de ses biens* à un tiers, pour par lui jouir et disposer en toute propriété de la succession, distraction faite du quart légué à la mère, ce legs du surplus doit être considéré comme un legs universel, et non comme un legs à titre universel, encore bien qu'il soit qualifié ainsi par le testateur (Cass. 11 avr. 1838, D. 38-1-195 ; — *Conf.* : C. Aix 26 avr. 1843, Dalloz *Disp. entre-vifs* n° 3580 ; — *Contrà* Bruxelles 29 juill. 1809).

7. ÉTABLISSEMENT PUBLIC. — AUTORISATION PARTIELLE. — Le décret qui n'autorise que jusqu'à concurrence d'une quotité déterminée l'acceptation par un bureau de bienfaisance d'un legs universel fait en sa faveur, n'a pas pour effet de modifier le caractère de ce legs et de le transformer en legs à titre universel.

En conséquence, s'il n'y a pas de réservataire, le bureau de bienfaisance est saisi de plein droit des biens légués, sans être tenu d'en demander la délivrance (C. Lyon 22 mars 1866, S. 66-2-260 ; — Cass. 4 déc. 1866, S. 67-1-66 ; — C. Bordeaux 20 fév. 1865, S. 65-2-238, Demolombe *Don. et Test.* t. 1ᵉʳ n° 602, Pont *Rev. crit.* 1854 p. 8 et 9. — *Contrà* Nîmes 29 déc. 1862, S. 64-2-69).

8. HÉRITIERS NON EXHÉRÉDÉS. — Constitue un legs universel la disposition par laquelle le testateur, après d'autres dispositions particulières, déclare que ses héritiers non exhérédés recueilleront conjointement la succession (Cass. 31 juill. 1876, 4807 R. P.).

10707. Plusieurs légataires universels. — Accroissement. — Quand il n'y a qu'un légataire universel, son droit à l'universalité est évident ; quand il y en a plusieurs, chacun d'eux a droit à l'universalité ; mais l'exercice de ce droit est limité par le nombre des ayants droit ; et comme ils viennent concurremment, ils partagent entre eux les biens composant l'universalité léguée à tous et à chacun, *Concursu eorum partes fiunt*, de la même manière que se fait la division des biens entre les cohéritiers légitimes. Le droit universel est cependant le même pour tous ; car si quelques-uns d'entre eux étaient morts ou frappés d'incapacité à l'époque de l'ouverture de la succession, le legs universel ne décroîtrait pas, et serait partagé en portions plus fortes entre les légataires survivants et capables, ainsi que la succession légitime est partagée entre les héritiers survivants, sans égard au prédécès des autres héritiers présomptifs, et si l'un des légataires universels renonce à son legs, sa part accroît à ses colégataires universels, pour l'effet de sa renonciation, comme la part d'un cohéritier renonçant accroît à ses cohéritiers. Les légataires universels sont de vrais héritiers, et l'universalité leur appartient toujours, quel que soit le changement qui survienne dans les droits personnels et respectifs de chacun d'eux : *Hi qui in universum jus succedunt, hæredis loco habentur* (L. 128 ff. § 1ᵉʳ *de Reg. Juris*, Coin-Delisle sur l'art. 1003 n° 4).

10708. Saisine. — Délivrance. — Le légataire universel est saisi de plein droit de l'hérédité par la mort du testateur, sans avoir besoin de demander la délivrance de son legs, et a la charge seulement de se faire envoyer en possession lorsque le testament est olographe ou mystique. Seulement s'il existe un héritier à réserve, il est obligé de demander la délivrance à cet héritier (1004, 1006, 1008 C. C.). — V. 6112.

1. AIEUL EXCLU. — Les ascendants d'une personne défunte n'ont droit à une réserve sur ses biens qu'autant qu'ils se trouvent appelés à sa succession *ab intestat*. Dès lors si le défunt laisse un aïeul et des frères ou sœurs, le premier n'étant pas héritier (art. 750), n'a pas de réserve à demander, et ce défunt, par conséquent, a pu disposer de tous ses biens, d'où il suit que si le défunt, dans ce cas, a institué un légataire universel, ce légataire est saisi de plein droit, d'après l'art. 1006, sans que l'aïeul puisse lui enlever aucune partie des biens, ni le forcer à demander la délivrance (Grenier n° 572, Duranton t. 9 n° 193, Poujol n° 9, Marcadé art. 1006-3, Bayle-Mouillard et Grenier t. 2 n° 294 note A,

Troplong t. 4 n° 1814, Demolombe t. 21 n° 563. — *Contrà* Delvincourt t. 2 p. 64 n° 5, Coin-Delisle art. 1004 n° 5).

2. DISPENSE DE DEMANDE EN DÉLIVRANCE. — Dans tous les cas, le testateur ne peut dispenser de la demande en délivrance, et attribuer la saisine au légataire universel par préférence à l'héritier légitime (Grenier n° 299, Toullier n° 494, Delvincourt t. 2 n° 94 n° 7, Duranton t. 9 n° 191, Coin-Delisle n° 6, Pothier *des Donat.* ch. 5 sect. 2 § 2, Merlin *Rép.* v° *Test.* sect. 3 p. 783, Bayle-Mouillard sur Grenier t. 2 n° 299, Troplong t. 4 n° 1792, Demolombe t. 21 n° 553 ; — Bruxelles 2 déc. 1830, S. 31-2-63).

3. DONATION CONTRACTUELLE. — DONATION ENTRE ÉPOUX. — La donation de biens présents et à venir, ou institution contractuelle, faite entre époux par contrat de mariage, n'est pas sujette à demande en délivrance lors du décès du donateur (C. Toulouse 28 janv. 1843, S. 43-2-194). — Il en est de même des donations entre époux faites pendant le mariage ; ces donations, bien que révocables, saisissent le donataire du jour du contrat (C. Paris 29 août 1834 ; — Cass. 5 avr. 1836, D. 35-2-23, 36-1-351).

4. FRUITS. — Le légataire universel a droit, d'après l'art. 1005 C. C., aux fruits à partir du jour même du décès, pourvu que, *lorsqu'il existe des héritiers à réserve*, il ait soin de demander la délivrance dans l'année à compter du décès.

De l'obligation imposée au légataire universel de demander la délivrance à l'héritier à réserve, il résulte, par une conséquence naturelle, que s'il s'est mis en possession, sans demande en délivrance préalable, de la totalité des biens de la succession, il doit la restitution des fruits à compter du jour de son indue possession (C. Bordeaux 24 avr. 1834, D. 36-2-21).

Mais le légataire universel de l'usufruit a droit aux fruits du jour de l'ouverture de l'usufruit, et non pas seulement à compter du jour de sa demande en délivrance, comme lorsqu'il s'agit d'un legs ordinaire en toute propriété (C. Bastia 3 fév. 1836, D. 36-2-51).

5. DÉLIVRANCE TACITE. — Au surplus, la délivrance volontaire peut résulter d'un consentement *tacite* aussi bien que d'un consentement *exprès* (Proudhon *de l'Usufruit* t. 1er n° 385 ; — Bordeaux 29 mai 1839, D. 39-2-268 ; — Limoges 23 nov. 1840, S. 41-2-101 ; — Bordeaux 23 avr. 1844, S. 44-2-492 ; — Cass. 22 avr. 1851, S. 52-1-726 ; — Riom 11 avr. 1856, S. 56-2-002).

C'est ainsi qu'il a été jugé notamment que le légataire qui, au décès du testateur, s'est mis en possession des biens à lui légués et qui en a conservé la jouissance, sans opposition de la part de ses cohéritiers, peut être réputé avoir obtenu d'eux la délivrance volontaire, et être ainsi dispensé de rapporter les fruits qu'il a perçus (C. Limoges 12 déc. 1837, D. 39-2-63).

De même encore, la longue possession d'un légataire d'un usufruit, des biens soumis à cet usufruit, peut être une présomption en sa faveur que la délivrance lui a été volontairement consentie par l'héritier ; et, dans ce cas, quoiqu'il n'apparaisse pas d'une demande en délivrance, les juges peuvent décider que l'usufruitier n'est pas tenu de restituer les fruits par lui perçus (Cass. 18 nov. 1840, D. 41-1-17).

Cette solution a été aussi appliquée au cas où le légataire détenait la chose comme locataire ou fermier et encore au cas où un mari que sa femme avait fait légataire de son mobilier, en avait la possession comme chef de la communauté (Nîmes 6 janv. 1838, S. 38-2-289 ; — Bourges 27 janv. 1838, S. 38-2-116 ; — Limoges 21 fév. 1839, S. 39-2-384 ; — Limoges 5 juin 1846, S. 46-2-578, Merlin *Rép.* v° *Leg.* § 5 n° 7, Delvincourt t. 2 p. 262, Proudhon *Usuf.* t. 1er n° 386, Toullier t. 3 n° 541, Grenier et Bayle-Mouillard t. 2 n° 301, Zachariæ t. 4 § 717. — *Contrà* Cass. 9 nov. 1831, D. 32-1-50, Duranton t. 9 n° 272, Aubry et Rau t. 6 n° 155, Demolombe t. 21 n° 618).

10709. Caducité des legs particuliers. — Nullité. — Réduction. — De ce que le légataire universel acquitte seul tous les legs, quand même il serait en concours avec un héritier légitime, il s'ensuit, par une conséquence directe, que c'est lui qui doit recueillir tous les legs caducs, même à l'exclusion de l'héritier qui n'a rien à prétendre au-delà de sa réserve (Merlin *Rép.* v° *Légataire* § 2 n° 18 *bis*). — Ce principe, incontestable aujourd'hui, était admis dans l'ancien droit (Pothier *Donat. test.* ch. 6 sect. 5 § 1er).

Et cela, quand même les legs particuliers seraient postérieurs au legs universel : ces legs ne sont pas une révocation partielle de celui-ci (C. Limoges 20 déc. 1830, D. 31-2-227).

Dès lors, l'héritier de sang (non réservataire) est non recevable par défaut d'intérêt, quand il existe un légataire universel, à demander la réduction ou nullité d'un legs particulier fait par le testateur, cette nullité ne pouvant, sauf déclaration contraire du testateur, profiter qu'au légataire universel (C. Paris 9 juin 1834, D. 34-2-240).

Ainsi encore, la nullité d'une aliénation consentie par le testateur, postérieurement à un legs universel, profite au légataire universel à l'exclusion des héritiers naturels : le légataire universel doit recueillir l'objet aliéné, tout comme il aurait recueilli s'il n'y avait pas eu d'aliénation (C. Bourges 1er fév. 1832, D. 32-2-158).

Ainsi, en principe, le légataire universel a droit à *l'entière succession* du défunt, moins la réserve et les autres legs. S'il arrive donc que la réserve que le testateur, à son décès, paraissait avoir à conserver en faveur de l'un des héritiers, par exemple d'un fils adoptif, vienne à disparaître, par suite de l'annulation de l'adoption, les biens qui composaient cette réserve sont dès lors dévolus au légataire universel : les héritiers naturels ne peuvent y rien prétendre (Cass. 25 mai 1831, D. 31-1-210).

10710. Payement des charges. — 1. DETTES. — Le légataire universel doit acquitter en entier les charges héréditaires, jusqu'à concurrence des biens (V. 10701), quand il recueille toute la succession, vu le défaut d'héritiers réservataires. Il n'en doit, au contraire, qu'une partie quand le concours d'héritiers à réserve le réduit à n'avoir qu'une partie de la succession.

Ainsi, quand le légataire ne prend qu'un quart de biens, parce que le défunt laisse trois enfants ou davantage, acceptant toute la succession, il ne doit qu'un quart des dettes ; si un seul enfant vient à la succession et que le légataire ait ainsi la moitié des biens, il devra la moitié du passif et ainsi de suite (1009 C. C.).

2. LEGS PARTICULIERS. — Quant aux legs, comme ils doivent être acquittés, non pas précisément par l'ensemble des biens, mais par la partie disponible de ces biens, le légataire universel, qui prend à lui seul toute la quotité disponible, est tenu à lui seul de leur payement. — Et il ne pourrait se dispenser d'acquitter les legs particuliers jusqu'à concurrence de la quotité disponible, encore que par un payement intégral son legs universel se réduisit à rien (C. Paris 12 mars 1806, S. 6-2-267, Duranton t. 8 n° 363, Marcadé art. 926 n° 11, Taulier t. 4 p. 51, Vernet t. 4 p. 51, Demolombe t. 19 n° 551 ; — Poitiers 16 mars 1864, S. 65-2-63; — Angers 1er mai 1867, S. 07-2-301).

C'est l'application du principe développé n° 10705, car ce n'est pas l'étendue de *l'émolument,* mais l'étendue *du droit* qui caractérise le legs universel. — *V.* au surplus sur cette question le mot *Quotité disponible* n° 13512-1.

On a même soutenu que le légataire universel qui n'a pas accepté sous bénéfice d'inventaire est tenu des legs *ultra vires successionis* (Poitiers et Angers *suprà*). Mais ce système est combattu par Marcadé t. 4 art. 107 n° 2, Massé et Vergé t. 3 § 499 note 3 p. 285, S. 1867-2-305.

CHAPITRE III. — DU LEGS A TITRE UNIVERSEL

[10711-10719]

10711. Définition. — Le C. C. (art. 1010) définit le legs à titre universel : « Celui par lequel le testateur lègue une quote-part des biens dont la loi lui permet de disposer, telle qu'une moitié, un tiers, ou tous ses immeubles, ou tout son mobilier, ou une quotité fixe de tous ses immeubles ou de tout son mobilier. »

10712. Quote-part de l'universalité des biens. — Il ne faut pas prendre à la rigueur les termes de l'art. 1010 d'après lesquels le legs à titre universel et le legs d'une *quote-part* des biens dont la loi permet de disposer.

Le legs n'en serait pas moins à titre universel, si le testateur, laissant des héritiers à réserve, avait disposé d'une quotité fixe de son patrimoine, de la moitié, du quart, etc., pourvu qu'il n'eût pas eu la volonté que l'importance du legs changeât suivant l'état de la famille à son décès.

Ainsi, le legs de *la moitié* des biens d'un testateur qui laisse un enfant, ou du *quart,* quand il en laisse trois, n'est pas un legs universel, quoique dans la même circonstance le légataire universel n'aurait droit qu'à la moitié ou au quart, comme le légataire à titre universel (Duranton n° 207). En effet, le legs de la moitié ou du quart ne donne aucun droit, pas même éventuel, à la totalité des biens, et on a vu, n° 10705, que c'est ce droit qui est caractéristique du legs universel.

10713. Autres espèces de legs à titre universel. — En ce qui concerne les trois autres espèces de legs indiquées par l'art. 1010 C. C., il faut avoir soin de remarquer que, quand la loi parle ici de legs de tous les immeubles ou de tout le mobilier, elle suppose que la disposition porte sur les immeubles ou sur les meubles considérés en masse et dans leur ensemble. Ainsi, celui qui, n'ayant pas d'autres meubles que deux maisons et deux fermes, léguerait à Pierre sa maison de Paris, sa maison de Sceaux, puis sa ferme de Normandie et celle de Picardie ; celui-là, quoiqu'il eût légué tous ses immeubles, n'aurait pas fait un legs à titre universel, mais un legs particulier, parce qu'il aurait légué tels et tels immeubles, déterminés et considérés isolément, et non pas l'ensemble, l'universalité de ses immeubles. — On ne conçoit pas facilement aujourd'hui ces trois espèces de legs universels. Sous nos coutumes, alors qu'on distinguait la succession aux immeubles et la succession aux meubles (en sorte que chacune de ces classes de biens formait une universalité, une masse à part, ayant son passif séparé), on comprend que la disposition d'une de ces masses de biens formait un legs universel, puisque c'était le legs d'une universalité ; mais aujourd'hui que la loi ne considère pas plus la nature que l'origine des biens (art. 732) ; que les immeubles et les meubles ne forment plus deux successions, mais une succession unique, une seule universalité, il fallait, pour être logique, ne voir que des legs particuliers dans les dispositions dont il s'agit ici. Quoi qu'il en soit, la loi est formelle, et nous devons l'accepter telle qu'elle est (Marcadé sur l'art. 1010 n° 118), Demolombe t. 21 n°s 583, 584, Grenier et Bayle-Mouillard t. 2 n° 288, Coin-Delisle art. 1003 n° 24, Troplong t. 4 n° 1849, Zachariæ, Aubry et Rau t. 6 p. 147.

Il y a legs universel lorsque les immeubles du donateur se trouvent tous compris dans la libéralité, quoique chaque héritage soit désigné séparément, et qu'il ne soit pas ajouté que ces immeubles sont les seuls qui appartiennent au donateur (C. Limoges 29 avr. 1817, S. 17-2-164).

1. MEUBLES. — MOBILIER. — MEUBLES MEUBLANTS. — On a vu, au mot *Biens,* que la plupart des décisions qui interviennent sur les expressions *meubles, mobilier, meubles meublants,* qu'ont voulu définir les articles 533 à 536 C. C., sont basées sur des appréciations de fait. La signification assignée à ces différents mots par les rédacteurs de notre code perd toute sa force en présence de l'impérieuse nécessité où l'on se trouvera toujours de faire fléchir la règle posée *à priori* devant l'intention de la personne qui aura parlé, intention se manifestant par des mots qui, dans le langage usuel, n'ont pas une signification conforme à celle que leur attribue la loi.

Ainsi, l'énumération de certains biens meubles faite par le testateur est-elle limitative? le legs sera à titre particulier. N'est-elle que démonstrative? le legs sera à titre universel (Rouen 27 mai 1806, S. 1806 2-229 ; — Bruxelles 9 mai 1813, S. 14-2-304 ; — Bordeaux 6 août 1834, S. 35-2-61 ; — Cass. 3 mars 1836, S. 36-1-759 ; — Bourges 9 mai 1848, S. 48-2-586 ; — Cass. 20 juin 1854, S. 55-1-702).

2. NUE-PROPRIÉTÉ. — La disposition par laquelle un testateur lègue en nue-propriété tous ses immeubles constitue un legs à titre universel (Cass. 3 déc. 1872, S. 73-1-73).

10714. Étendue des droits du légataire dans certaines circonstances. — 1. BIENS ADVENUS DEPUIS LE TESTAMENT. — En principe, le legs d'une quote-part des biens du testateur s'étend aux biens qui lui sont advenus depuis la confection de cet acte (Duranton t. 7 nos 292 et suiv. ; — C. Grenoble 3 fév. 1832, D. 32-2-132). — De même, le legs d'une portion déterminée des biens *qui se trouveront composer la succession du testateur* peut être réputé porter même sur les biens par lui donnés en avancement d'hoirie (Cass. 8 janv. 1834, D. 34-1-75).

2. PRIX D'IMMEUBLES. — Cependant, dans le legs à titre universel des immeubles que le testateur *délaissera,* n'est pas compris le prix d'immeubles vendus par ce dernier depuis son testament, alors même qu'il a été stipulé payable à ses héritiers ; ce prix ne saurait être substitué à l'immeuble ; il constitue une simple créance mobilière, qui est dévolue soit à l'héritier légitime, soit au légataire du mobilier (C. Douai 24 fév. 1845, D. 45-1-394).

3. DROITS ET ACTIONS. — Le legs de l'universalité des biens meubles et effets mobiliers, *droits, crédits et actions* que possèdera le testateur au moment de son décès, de quelque nature qu'ils soient, est un legs purement mobilier : les expressions *droits, actions* se réfèrent à l'énonciation du mobilier et ne peuvent être considérées comme ayant eu pour objet de comprendre les immeubles ou droits immobiliers du testateur dans le legs (C. Rennes 21 fév. 1831, D. 32-1-262).

4. FRUITS. — Les fruits civils étant réputés s'acquérir jour par jour, il en résulte que le légataire du mobilier a droit à tous les fermages ou portions de fermages représentant le temps de jouissance écoulé jusqu'au jour du décès du testateur, quelle que soit l'époque de leur exigibilité (C. Rouen 22 janv. 1818, D. 18-2-122).

5. OFFICE. — D'après l'art. 1018 C. C., la chose léguée doit être délivrée avec ses accessoires nécessaires, ce qui s'applique aux objets formant une partie intégrante de la chose léguée. Ainsi, par exemple, le legs d'un office ne s'étendrait ni au cautionnement ni aux recouvrements (Duranton t. 9 no 237, Bayle-Mouillard t. 2 no 316, Taulier t. 4 no 157, Durand *des Offices* no 276, Demolombe t. 21 no 705 ; — Paris 12 avr. 1833, S. 33-2-316).

6. MAISON ET JARDIN. — Mais on décide que le legs d'une maison comprend le jardin qui en dépend, fut-il séparé par une rue ou un autre jardin (Toullier t. 3 no 531, Bayle-Mouillard t. 2 no 316).

7. ENCLOS. — Lorsque celui qui a légué la propriété d'un immeuble l'a ensuite augmenté par des acquisitions, les acquisitions , fussent-elles antiques, ne seront pas censées, sans une nouvelle disposition, faire partie du legs. Il en sera autrement des embellissements ou des constructions nouvelles faites sur le fonds légué, ou d'un enclos dont le testateur aurait augmenté l'enceinte (1019 C. C.).

10715. Délivrance.— Aux termes de l'art. 1011 C. C., les légataires à titre universel sont tenus de demander la délivrance aux héritiers auxquels une quotité de biens est réservée par la loi ; à leur défaut, aux légataires universels , et, à défaut de ceux-ci, aux héritiers appelés dans l'ordre établi au titre *des Successions.*

Quand il y a des héritiers à réserve en concours avec un légataire universel, il faut distinguer, pour la demande en délivrance du legs à titre universel, le cas où les héritiers réservataires ont fait au légataire universel la délivrance de son legs et celui où ils ne l'ont pas encore consentie. Dans le premier cas, la demande en délivrance doit être formée contre le légataire universel ; dans le second, elle doit l'être contre les héritiers à réserve seulement, ainsi qu'à la fois contre eux et le légataire universel (Toullier t. 5 no 552, Bayle-Mouillard sur Grenier t. 2 no 297, Coin-Delisle art. 1011-4, Zachariæ, Aubry et Rau t. 6 p. 160, Demolombe t. 21 no 591).

S'il n'y a ni héritiers naturels ni héritiers institués, ni héritiers irréguliers, les légataires à titre universel doivent diriger leur demande contre un curateur à la succession vacante (Coin-Delisle art. 1011 no 8, Toullier t. 3 no 550, Proudhon de l'*Usuf.* t. 1er no 391, Duranton t. 9 no 209, Poujol art. 1011 no 2, Bayle-Mouillard et Grenier *loc. cit.*, Taulier t. 4 no 153, Troplong t. 4 no 1854, Aubry et Rau t. 6 no 160, Demolombe t. 21 no 593).

Bien que le légataire à titre universel n'ait pas la saisine des choses à lui léguées, il n'en a pas moins sur ces choses un droit qui, une fois la délivrance obtenue, remonte au jour du décès du testateur (Cass. 8 fév. 1870, S. 70-1-293).

10716. Fruits.— Le légataire à titre universel n'est pas assimilé au légataire universel en ce qui touche la jouissance des fruits de l'objet légué (V. 10708-4). Il a droit aux fruits, seulement du jour de la demande en délivrance, et non du jour du décès, bien que la demande en délivrance eût été formée dans l'année de ce décès. D'après un arrêt de la cour de Bourges du 1er mars 1821 (S. 23-2-358) et Coin-Delisle art. 1015 no 11, Bugnet sur Pothier t. 8 p. 303, Troplong t. 4 no 1855, Dalloz vo *Disp.* no 3728, Massé et Vergé t. 3 p. 286 *Revue de lég.* 1852 t. 3 p. 357, et Marcadé art. 1005. — Mais cette doctrine est repoussée par d'autres auteurs (Grenier t. 1er no 297, Toullier t. 5 no 543, Delvincourt t. 2 p. 355, Favard *Répert.*, vo *Testament* sect. 2 § 2 no 5, Duranton t. 9 no 211, Demante t. 2 nos 377 et 388, Vazeille art. 1011 no 2, Taulier t. 4 no 153, Aubry et Rau t. 6 p. 160-162, Demolombe t. 21 no 598). — Le second système nous paraît préférable. Il y a en effet pour le légataire à titre universel même raison qu'à l'égard du légataire universel pour lui accorder les fruits : l'identité de raison doit faire étendre au premier la disposition de l'art. 1005.

1. CONSENTEMENT TACITE. — Quoi qu'il en soit, il n'en est pas du légataire à titre universel comme du légataire universel (V. 10708-4). La prise de possession par lui, même au vu et au su des héritiers, et sans obstacle de leur part, ne peut être assimilée à la demande en délivrance, en ce qui touche la jouissance des fruits de l'objet légué. Le légataire n'a droit aux fruits qu'à compter de la délivrance demandée, ou expressément consentie, encore même qu'il se soit immiscé dans la possession de l'objet légué (Bourges 1er mars 1821, S. 23-2-358).

10717. Payement des dettes. — Le légataire à titre universel est tenu, comme le légataire universel, du payement des dettes et charges de la succession du testateur personnellement pour sa part et portion, et hypothécairement pour le tout (1012 C. C.). — *V.* 10701.)

10718. Payement des legs. — D'après l'art. 1013 C. C., lorsque le testateur n'aura disposé que d'une quotité de la portion disponible et qu'il l'aura fait à titre universel, ce légataire sera tenu d'acquitter les legs particuliers par contribution avec les héritiers naturels. Il faut entendre cette disposition en ce sens que la contribution du réservataire se calcule sur sa part dans la succession et non pas seulement dans la portion disponible (Grenier t. 2 n° 310, Aubry et Rau t. 6 p. 177, *Revue de droit français* 1845 n° 2 p. 884, Demolombe t. 21 n° 606; — *Contrà* Bugnet sur Pothier t. 8 p. 295, Mourlon *Rép.* t. 2 p. 389, Marcadé art. 1013, Dalloz *Disp. entre-vifs* 3741, Taulier t. 4 n° 154).

Ce mode de contribution doit être suivi dans tous les cas où la volonté contraire du testateur n'est pas établie. Il s'appliquerait donc aux legs de sommes d'argent ou de choses déterminées seulement quant à leur espèce, sans qu'on puisse les mettre totalement à la charge du légataire universel des meubles (Pothier *Don. et Test.* chap. 5 sect. 3 n° 2, Toullier t. 3 n° 559, Vazeille art. 1013, Marcadé art. 1013, Troplong t. 4 n° 1865, Aubry et Rau t. 6 p. 177, Massé et Vergé t. 3 p. 286, Demolombe t. 21 n° 610 ; — *Contrà* Duranton t. 9 n° 218, Bayle-Mouillard t. 2 n° 315).

10719. Accroissement. — Il n'en est plus ici comme en matière de legs universel ; la quote-part d'un légataire à titre universel n'accroît pas à ses colégataires au même titre, et ils ne profitent pas non plus de la caducité des legs particuliers (Toullier t. 5 n° 505).

CHAPITRE IV. — DU LEGS PARTICULIER

[10720-10729]

10720. Définition. — Toute disposition qui ne rentre pas dans les définitions données, n°s 10704 et 10711, du legs universel et à titre universel constitue un legs particulier, aux termes de l'art. 1010 C. C.

10721. Exemples. — Ainsi celui qui lègue tous ses immeubles, mais comme biens déterminés et non en masse ; celui qui lègue, même en masse et dans leur ensemble, toutes ses maisons, tous ses bois, tous ses immeubles des colonies ou de tel département, et qui exclut ainsi ses autres immeubles, ne fait que des legs particuliers.

Il en serait de même du legs que ferait une personne de tous les biens composant telle succession à elle échue; ces biens, qui formaient précédemment une universalité, n'en font plus une depuis qu'ils sont venus se confondre dans le patrimoine du testateur ; ils constituent avec ses autres biens une seule et même masse, dans laquelle ils ne sont plus que des biens particuliers, et leur disposition, dès lors, forme un legs particulier (Marcadé sur l'art. 1010 n° 3).

Le legs de tous les meubles, linges, deniers, effets d'or et d'argent et autres qui se trouveront *dans la maison du testateur*, ne constitue pas un legs à titre universel, mais un simple legs particulier (C. Turin 24 mars 1806, S. 6-2-553).

Il en est de même du legs de tous *les meubles* du testateur, à la différence du legs de tout le *mobilier* ou d'une quotité du mobilier (C. Rouen 21 fév. 1842, D. 43-2-20), — du legs de la totalité des biens meubles et immeubles, dont *réserve* avait été précédemment faite dans une donation universelle (C. Bordeaux 7 juill. 1827, D. 28-2-9), — du legs de la part d'intérêt du testateur dans une société (Cass. 15 juin 1868, S. 68-1-388). — De même encore du legs de tous les immeubles que le testateur possède *dans certaines communes*, tellement qu'un tel legs ne comprend pas les nouveaux biens acquis par le testateur depuis la date du testament dans les communes désignées (Cass. 10 juin 1835, D. 35-1-328).

Décidé, également, que le legs «de la généralité des *avoir* du testateur, meubles, immeubles, argent en caisse et créances provenant tant des successions paternelles et maternelles que d'autres bénéfices existant en communauté de société entre le testateur et le légataire, » le tout à charge de payer les dettes grevant lesdites succession et communauté est un legs particulier et non un legs universel (Cass. 21 nov. 1871, S. 72-1-231).

Si le légataire particulier, comme condition de sa libéralité, est tenu de remettre une somme au légataire universel, c'est là un legs particulier secondaire passible du droit de mutation par décès (Cass. 30 mars 1858, 2234 § 1er I. G., 997 R. P.; — Moissac 11 août 1863, 1879 R. P.).

Mais les legs faits à des animaux, à un cheval, à un chien sont tout simplement des charges imposées à l'héritier ou au légataire (Demolombe t. 18 n° 617).

10722. Propriété. — Délivrance. — Aux termes de l'art. 1014 C. C., tout legs pur et simple donne au légataire, du jour du décès du testateur, un droit à la chose léguée, droit transmissible à ses héritiers ou ayants cause, d'où il suit que dès le jour du décès et avant toute demande en délivrance, le légataire peut aliéner soit à titre onéreux, soit à titre gratuit les biens légués (Cass. 2 déc. 1839, D. 40-1-140, Demolombe t. 21 n° 631). — Néanmoins, le légataire particulier ne peut se mettre en possession de la chose léguée, ni en prétendre les fruits ou intérêts, qu'à compter du jour de sa demande en délivrance formée suivant l'ordre établi par l'art. 1011, ou du jour auquel cette délivrance lui a été volontairement consentie.

10723. Usufruit. — On enseigne généralement qu'un legs en usufruit ne peut jamais être qu'un legs à titre particulier lors même qu'il a pour objet l'universalité des biens. En effet, le legs de l'usufruit n'a pas pour objet une quote-part de tous les biens, le quart, la moitié, etc. Il n'a pas pour objet non plus les *meubles* ni les *immeubles* considérés comme des fractions spéciales de l'universalité générale. Donc, il n'est qu'un legs à titre particulier. D'un autre côté, le légataire universel est un successeur *in universum jus*, un représentant du défunt tenu personnellement de ses dettes. Or, cette représentation est impossible de la part de l'usufruitier, qui n'a que le droit de jouir des choses dont un autre a la propriété. Enfin l'usufruitier n'est jamais tenu du capital des dettes (Bordeaux 19 fév. 1853, S. 53-2-327 ; — Riom 26 juill. 1862, S. 62-2-21; — Agen 19 déc. 1866, S. 67-2-180; — Nîmes 21 déc. 1866, S. 67-2-320 ; — Langres 4 déc. 1872, 3629 R.P. Proudhon *conf.* : t. 2 n° 288, Marcadé art. 1010-3, Mourlon *Rép.* t. 1er p. 727, Duvergier et Toullier t. 3 n° 432, Coin-Delisle art. 1003 n° 17, Bayle-Mouillard et Grenier t. 2 n° 288, Aubry et Rau t. 6 p. 147, Saintespès-Lescot t. 4 n° 1381, Demolombe t. 10 n° 258 et t. 21 n° 586).

Le contraire a été cependant soutenu par plusieurs auteurs qui attribuent au legs de l'usufruit le caractère d'une disposition à titre universel. De ce nombre sont Vazeille : *des Donat. et test.* art. 1003, Duranton t. 4 n° 582, Poujol art. 1006 n° 6, Delvincourt t. 2 p. 95, Hannequin *de la Législ.* t. 2 p. 226, Troplong *Donat. et test.* t. 4 n° 1848, Zachariæ t. 3 § 487, Toullier t. 2 n° 432, Merlin v° *Usuf.* § 2 n° 9, Massé et Vergé t. 3 p. 249 et 250 note 13.

La C. cass. paraît incliner vers cette interprétation. Elle a, dans un certain nombre d'arrêts rendus soit en matière civile, soit en matière fiscale, qualifié le legs dont il s'agit de legs à titre universel (Cass. 4 fruct. an 13, S. 2-1-155; — 7 et 28 août 1827, S. 27-1-441-537; — 18 nov. 1851, S. 51-1-769; — 5 mai 1856, D. 56-1-218, — et 8 déc. 1862, D. 63-173, S. 63-1-34).

Cette question, que nous avons discutée avec développement au n° 3629 R. P., ne peut pas être considérée comme résolue. L'Administration persiste à refuser à la disposition le caractère d'un legs particulier (Sol. 11 juin 1877).

4. ÉTENDUE. — Le legs de l'usufruit de tous les biens que le testateur laisse à son décès comprend même l'usufruit des biens dont le testateur n'avait que la nue-propriété et dont l'usufruit appartenait à un tiers; l'usufruit de ce tiers venant à s'éteindre profite donc non aux héritiers du testateur, mais au légataire (Rennes 19 mai 1863, S. 63-2-263 ; — Bordeaux 16 juin 1863, *Ibid.*, Duranton t. 9 n° 255, Proudhon *de l'Usuf.* t. 1er n° 302, Delvincourt t. 2 p. 577, Vazeille *Donat.* t. 3 art. 1021 n° 3, Saintespès-Lescot *Id.* t. 4 n° 1488).

10724. Chose d'autrui. — D'après l'art. 1021 C.C., lorsque le testateur aura légué la chose d'autrui, le legs sera nul, soit que le testateur ait connu ou non qu'elle ne lui appartenait pas.

Il est évident d'abord que cet article ne s'applique pas au legs de choses indéterminées ou de quantités, comme l'argent, du blé, des chevaux, car on peut même des choses indéterminées, c'est-à-dire s'engager à les livrer à l'acheteur sans contrevenir à l'art. 1599, qui prohibe la vente du bien d'autrui. On pourrait même léguer un immeuble *in genere*, une maison, par exemple, de 30,000 francs (Toullier 3-516, Dalloz *Dict.* 3763 , Taulier t. 4 p. 158 , Demolombe 21-680).

L'art. 1021 se restreint donc aux choses certaines et individuellement désignées. Mais son interprétation offre plusieurs difficultés.

Si le testateur a légué une chose qui ne lui appartenait pas à son décès, le legs est nul, cela est d'évidence en pré-

sence du texte, et il n'y a pas à rechercher si le testateur savait ou non que la chose n'était pas sa propriété. — En est-il de même s'il a chargé son héritier de l'acheter pour la remettre au légataire ou de lui en verser l'estimation? L'art. 1020 C. C. prouve qu'une telle disposition est valable puisque l'héritier peut être chargé d'acheter l'usufruit de la chose léguée en nue-propriété (Toullier 3-517, Duranton 9-251, Bayle-Mouillard t. 2 n° 249, Coin-Delisle 1021, Troplong 4-1948, Aubry et Rau t. 5. p. 536, Demolombe 21-682).

L'art. 1021 est-il applicable à la chose de l'héritier ou de tout autre débiteur du legs? On soutient que le testateur peut disposer de la chose de l'héritier, parce qu'elle ne saurait être considérée par rapport à lui comme la *chose d'autrui*, mais cette opinion est vivement attaquée et on répond, avec raison peut-être, que l'art. 1021 embrasse dans sa généralité les biens de l'héritier comme ceux d'un étranger, puisque tous sont placés en dehors de la disposition du testateur (Cass. 19 mars 1822, S. 22-1-370 ; — Bruxelles 12 oct. 1821, Merlin *Rép.* v° *Legs*, Troplong 4-1948, Aubry et Rau 5-535, Demolombe 21-680).

Seulement tout le monde admet que le testateur pourrait imposer à son héritier ou à son légataire universel l'obligation, sous forme de condition ou de charge, de livrer une chose dont il est propriétaire. C'est là moins un legs de la chose d'autrui qu'une option offerte à l'héritier entre l'acceptation du legs fait à son profit sous cette charge et la répudiation de ce legs. Or, les deux termes de cette alternative sont certainement licites (Turin 26 août 1805, S. 6-2-778 ; — Cass. 19 mars 1822, S. 22-1-370 ; — Bastia 3 fév. 1836, S. 36-2-248 ; — Cass. 29 mars 1837, S. 37-1-685; — Orléans 31 mars 1849, D. 52-1-17 ; — Cass. 31 mars 1868, S. 68-1-282, Toullier 3-517, Troplong 4-1948, Aubry et Rau 5-536, Demolombe 21-688).

On ne saurait d'ailleurs considérer comme chose d'autrui la chose sur laquelle le testateur avait un droit futur ou conditionnel, tel, par exemple, que l'usufruit des biens qui, au jour de son décès, ne lui appartiennent encore qu'en nue-propriété et se trouvent grevés d'usufruit au profit d'autrui. Il est certain que l'extinction de l'usufruit d'un tiers profite au légataire de l'usufruit de tous les biens du testateur et non pas à ses héritiers (Rouen 20 déc. 1852, D. 53-2-353; — Rennes 19 mai 1853 et Bordeaux 16 juin 1863, S. 63-2-262). Il en est de même du legs de l'immeuble que le défunt déclare ne posséder que par prescription trentenaire (Cass. 24 mars 1869, S. 69-1-148). Mais on a considéré comme renfermant un legs de la chose d'autrui le testament portant que la succession mobilière du légataire se partagerait par moitié entre ses propres héritiers et ceux du testateur (Cass. 11 déc. 1867, S. 68-1-87, Demolombe t. 4 p. 14 et 18).

10725. Chose indivise avec un tiers. — Lorsque le testateur a légué une chose dont il avait la propriété indivise avec un tiers, il faut distinguer, pour connaître l'effet du legs, si l'indivision a cessé ou non au décès du testateur: 1° si la chose léguée est échue par l'effet d'un partage à l'un des copropriétaires du testateur, le legs ne peut avoir aucun effet ni quant à la chose qui n'est plus dans la succession, ni quant au prix qui n'est pas l'objet de legs. Si, au contraire, c'est le testateur qui est devenu propriétaire du tout l'objet, on devra consulter les termes de la disposition pour savoir si le légataire a droit à la totalité de l'objet ou seulement à la portion que le testateur possédait lors du testament (Cass. 28 fév. 1826, D. 26-1-177, Pothier *Don.* ch. 5 art. 1er n° 2, Duranton 9-249, Coin-Delisle 1021-120, Troplong 4-1952, Aubry et Rau t. 5 p. 537, Demolombe 21-693) ; — 2° dans la seconde hypothèse, celle où l'indivision subsiste au décès, il faut encore ou distinguer : il s'agit de la propriété indivise d'une chose unique et alors le droit de copropriété passe au légataire avec toutes ses conséquences telles que le droit de recueillir la chose entière par l'effet d'un partage (Metz 30 mars 1816, S. 19-2-50 ; — Caen 23 mars 1838, Duranton 9-248, Coin-Delisle 1021, Troplong 4-1951, Demolombe 21-694); — ou bien il s'agit d'une universalité indivise dont la chose léguée fait partie. La chose léguée entre donc dans le partage de la masse comme tout autre objet commun et le légataire la reçoit tout entière si elle tombe au lot des héritiers (Marcadé 1021-2-3. — V. *Op.* Coin-Delisle 1021-12, Demolombe 21-695).

10726. Legs au créancier. — Le legs fait au créancier ne sera pas censé en compensation de sa créance, ni le legs au domestique en compensation de ses gages (1023 C. C.). Il est naturel, en effet, de présumer que celui qui écrit dans un testament une disposition au profit d'une personne a l'intention d'exercer envers elle une libéralité. Ce n'est là toutefois qu'une présomption simple qui devrait céder devant la volonté contraire du testateur ; mais il faudrait que la manifestation de cette volonté fût expresse. Il ne serait pas impossible, en effet, que le testateur eût voulu seulement léguer à son créancier ce qu'il lui devait pour lui conférer un titre qu'il n'avait pas, pour lui faire remise d'un terme ou pour revêtir sa créance de l'hypothèque légale attribuée par l'art. 1017 C. C. aux légataires. Ce sont là des questions d'interprétation rentrant dans le domaine des tribunaux (Demolombe t. 21 n° 737). — V. *Testament* n° 17119.

10727. Payement des dettes et legs. — Le légataire particulier n'est point tenu des dettes et charges de la succession (1024 C. C.).

Ce principe fléchirait toutefois devant la manifestation d'une volonté contraire de la part du testateur, et le légataire serait donc tenu d'acquitter les dettes qu'il aurait expressément mises à sa charge. Il serait aussi tenu des dettes et charges inhérentes à la chose léguée, et, par exemple, le légataire d'une succession ou de la part du défunt dans une communauté ne peut prétendre à l'actif que déduction faite des dettes (Proudhon *Usuf.* t. 4 n° 181, Duranton t. 9 n° 230, Aubry et Rau t. 6 n° 178, Demolombe t. 21 n° 657).

10728. Fruits. — Les intérêts ou fruits de la chose léguée courent, au profit du légataire, dès le jour du décès et sans qu'il ait formé sa demande en justice : 1° lorsque le testateur a expressément déclaré sa volonté à cet égard dans le testament ; — 2° lorsqu'une rente viagère ou une pension a été léguée à titre d'aliments (1015 C. C.).

Jugé spécialement que les intérêts d'une somme léguée payable au décès de l'héritier du testateur, mais sans intérêts jusque-là, ne cessent qu'à partir de la demande en délivrance du légataire (C. Lyon 24 janv. 1865, S. 66-2-45).

10729. Valeur à prime. — Le légataire particulier de valeurs industrielles a droit à la prime gagnée par ces valeurs postérieurement au décès du testateur, et à plus forte raison postérieure à la demande en délivrance (C. Aix 16 juill. 1870, S. 72-2-193).

CHAPITRE V. — DROITS D'ENREGISTREMENT

[10730]

10730. Renvoi. — Nous renvoyons au mot *Succession* pour tout ce qui se rapporte au payement des droits de mutation par décès exigibles à raison des legs.

Quant aux difficultés relatives aux autres droits d'enregistrement, on les trouvera résolues dans les diverses parties de cet ouvrage plus spécialement consacrées aux actes ou aux contrats dont les legs font l'objet, par exemple aux mots : *Dation en payement, Délivrance de legs, Donation, Testament, Transaction,* etc.

LÉSION.

10731. Définition. — C'est le préjudice qu'éprouve l'une des parties pour fait d'une erreur sur l'appréciation des choses qui font l'objet du contrat, ou même lorsqu'il s'agit de certaines personnes par suite de leur position.

10732. La lésion n'est pas de droit commun. — L'erreur d'où dérive la lésion ne tombant pas sur la chose même ou sa substance, mais seulement sur sa valeur, la lésion n'est pas, de droit commun, une cause de nullité ou de rescision. En effet, la valeur des choses est extrinsèque, arbitraire, variable en raison des temps, des lieux et des diverses circonstances ; il n'y aurait plus de sécurité dans les transactions sociales si elles pouvaient toujours être attaquées sous prétexte de lésion. Aussi l'art. 1118 C. C. déclare-t-il que « La lésion ne vicie les conventions que dans *certains contrats* ou à l'égard de *certaines personnes*. »

La lésion, dans l'ancien droit, était une cause d'annulation : 1° dans tous les contrats, quant aux mineurs ; — et 2° quant aux majeurs, dans les partages pour lésion de plus d'un quart, et dans les contrats ayant pour objet des immeubles pour lésion de plus de moitié (Pothier nos 33-40).

Le droit intermédiaire, par une loi du 9 fructidor an 3, supprima l'annulation pour lésion quant aux majeurs. Le C. C., prenant un milieu entre ces deux systèmes, admet l'annulation pour lésion, quant aux majeurs : 1° dans les partages pour lésion de plus d'un quart (887, 1079) ; — 2° dans les ventes d'immeubles, et seulement pour le vendeur, quand il est lésé de plus de sept douzièmes (1674 et 1683). Quant aux mineurs, la lésion est toujours, comme autrefois, une cause de rescision pour toutes leurs conventions (1305).

Ainsi les *certaines personnes*, dont parle l'art. 1118, pour lesquelles la lésion vicie toujours les conventions, ce sont les mineurs; et les *certains contrats*, dont parle encore l'article, sont les partages, puis les ventes d'immeubles quant au vendeur seulement.

10733. Lésion dans la vente. — Quand un immeuble a été vendu pour un prix qui n'arrive pas aux cinq douzièmes de sa valeur, la loi suppose que le vendeur n'a pu se résigner à une lésion aussi énorme que par suite d'une position tellement fausse et gênée qu'elle ne lui laissait pas son entière liberté, aussi l'art. 1674 C. C. lui permet de faire annuler la vente comme n'ayant pas été assez librement consentie et résultant d'une espèce de violence exercée sur lui par les circonstances.

1. RENONCIATION A L'ACTION EN LÉSION. — Remarquez que la position malheureuse qui détermine un vendeur à livrer son immeuble à vil prix, le mettant dans la dépendance de l'acquéreur, il renoncerait facilement à l'action en rescision si l'acheteur l'exigeait. C'est dans cette prévoyance que la loi déclare sans effet toute renonciation à cet égard, et même la donation de la plus-value (1674 C. C.).

2. VENTES NON SUJETTES A RESCISION. — Ne sont pas sujettes à rescision pour lésion :

Usufruit immobilier. — La vente d'un usufruit immobilier dont la durée est illimitée et dépend d'un événement incertain, une telle vente étant aléatoire (C. Bourges 11 fév. 1840, D. 41-2-82, Proudhon *Usufruit* t. 2 n° 899, Salvait *ibid.* t. 1er art. 101 n° 5, Duranton t. 16 n° 444, Zachariæ t. 2 § 358 note 2, Duvergier t. 2 n° 75, Troplong t. 2 n° 793, qui fait cependant exception pour le cas où la vente serait faite pour une rente annuelle évidemment inférieure à la valeur des fruits) ;

Nue-propriété. — La vente de la nue-propriété d'un immeuble par la même raison (Montpellier 6 mai 1831, D. 21-2-214; — Cass. 15 déc. 1832, D. 33-1-104, Duvergier t. 2 n° 75, Zachariæ t. 2 § 358 note 7; — *Contrà* Troplong t. 2 n° 792, Duranton t. 16 n° 442) ;

Droits successifs. — La vente de droits successifs, encore qu'elle soit faite à un étranger (Paris 17 juin 1808, D. 12 924, Toullier t. 4 n° 578, Duvergier t. 2 n° 75, Troplong t. 2 n° 790; — Paris 8 mars 1861, 1548 R. P.). — V. 10734-1 ;

Rente viagère. — La vente faite moyennant une rente viagère (Angers 21 fév. 1828, D. 30-2-118; — 30 mai 1831, S. 31-1-217; — Toulouse 22 nov. 1831, D. 32-2-34 ; — Cass. 31 déc. 1855, 570 R. P.).

Les auteurs, après avoir établi qu'en principe la rescision n'a pas lieu en cette matière, à cause de la nature aléatoire du contrat, finissent la plupart par dire cependant que

la rescision devrait être admise si la lésion était évidente Pothier *Oblig.* n° 37, Merlin *Rép.* v° *Lésion* § 1er n° 8, Delvincourt t. 2 p. 650, Duranton t. 16 n° 441, Troplong t. 2 n° 791 et *Contr. aléat.* n° 288, Duvergier t. 2 n° 75, Zachariæ t. 3 § 388 note 2, Roll. de Vill. V. *Lésion* n° 19. — *Contrà* Marcadé 1674 n° 3) ;

Meubles. — C'est pour les immeubles seulement qu'est portée la règle de l'action en rescision pour cause de lésion; dès lors, elle ne s'applique pas aux ventes d'offices ministériels (Cass. 17 mai 1832, D. 32-1-326, Troplong n° 789, Zachariæ § 358 n° 4).

10734. Rescision en matière de partage. — L'art. 887 C. C. indique trois causes de rescision des partages : le dol et la violence, qui sont des causes générales d'annulation pour tous les contrats (1109 C. C.); puis la lésion, qui ne produit la nullité que dans certains cas (V. 10732). Il était tout naturel d'admettre ici la lésion, puisque le partage n'est point un acte dans lequel on se propose de chercher des bénéfices en courant des chances, mais une simple liquidation qui doit avoir l'égalité pour base.

1. PARTAGE ÉQUIVALENT A CESSION. — Mais si le partage équivaut à une cession à forfait, il ne serait pas sujet à lésion. C'est ce qu'a décidé la C. Nîmes le 2 janvier 1855 (481 R. P. — V. aussi Cass. 11 mars 1856, 626 R. P.).

10735. Acceptation de succession. — L'acceptation expresse ou tacite d'une succession peut être rescindée pour cause de lésion, mais seulement dans le cas où la succession se trouverait absorbée ou diminuée de plus de moitié, par la découverte d'un testament inconnu au moment de l'acceptation (C. C. 783).

10736. Acte de société. — Le contrat de société n'est pas, en général, de ceux qui peuvent être rescindés pour cause de lésion ; cependant, si les associés sont convenus de s'en rapporter à l'un d'eux ou à un tiers pour le règlement des parts, ce règlement peut être attaqué s'il est évidemment contraire à l'équité.

L'action doit être formée dans les trois mois du jour où la partie lésée a connu le règlement (C. C. 1854).

10737. Échange. — La rescision pour cause de lésion n'a pas lieu dans le contrat d'échange (C. C. 1706). En effet, on ne peut supposer, comme dans la vente, que c'est le besoin d'argent qui a forcé le propriétaire d'aliéner sa chose à vil prix. On doit plutôt présumer que c'est la convenance qui a déterminé l'échange.

Cependant, il se pourrait que l'on eût dissimulé une véritable vente sous l'apparence d'un échange ; dans ce cas, la rescision serait admissible, car la qualification donnée à un acte ne saurait en changer la nature. Cela dépendra de circonstances abandonnées à l'appréciation du juge, qui devra surtout prendre en considération la quotité de la soulte ; plus elle sera considérable, plus l'acte se rapprochera de la vente.

10738. Transaction. — Les transactions ne peuvent être attaquées pour cause de lésion (C. C. 2052).

10739. Caractère de l'action en rescision. — Les auteurs et la jurisprudence ne sont pas d'accord sur la nature de l'action en rescision.

Ainsi décidé que l'action en rescision d'une vente pour cause de lésion est immobilière. En conséquence, elle ne peut être formée par un tuteur ou curateur sans autorisation du conseil de famille (Bourges 25 janv. 1832, D. 32-2-185 ; Dumoulin *sur Paris* gl. 1re no 44 § 33 , Ferrière *Dict. de dr*, vo *Lésion*, Pothier *Vente* no 348, Toullier t. 12 no 186, Duranton t. 4 no 97 et t. 16 no 453, Proudhon *Domaine privé* t. 1er no 195, Delvincourt t. 3 p. 394, Duvergier nos 111 et 115, Troplong nos 808 et suiv., Zachariæ § 171 not. 4, Devilleneuve et Carrette *Collect. nouv.* 1-1-983, Marcadé *Dr. civ. fr. sur l'art.* 526, de Fréminville *de la Minorité* t. 1er no 337).

Jugé au contraire que l'action est *mobilière*. — En conséquence, elle peut être intentée par la femme sans le concours de sa femme (23 prair. an 12, Rej., D. A. 1-218). — En conséquence, elle n'est pas susceptible d'expropriation forcée (14 mai 1806, Rej., D. A. 218).

Décidé que l'action est *mixte*. — Elle peut dès lors être portée, au choix du demandeur, devant le tribunal du domicile du défendeur, ou devant celui de la situation des biens (5 nov. 1806, Rej., D. A. 1-227, 13 mars 1817 ;—Paris 15 fév. 1832, D. A. 1-228 ; — Cass. D. P. 32-1-100).

Jugé au contraire que l'action est purement personnelle (1er déc. 1808, Riom D. A. 1-226).

Selon Poncet *des Actions* no 119, l'action est *personnelle* même à l'égard des tiers détenteurs. — Selon Duvergier, t. 2 nos 93 et 94, elle est *personnelle* à l'égard de l'acquéreur et *réelle* à l'égard des tiers détenteurs. — Selon Duranton t. 16 no 452, Troplong no 805 et suiv., Boncenne *Th. de la pr*, t. 1er p. 75 et Rauter *Cours de proc*, no 55, l'action est *mixte* à l'égard de l'acquéreur et *réelle* à l'égard des tiers détenteurs. — Enfin, selon Carré *Compét. civ.* nos 221 et 223, l'action est *personnelle* à l'égard de l'acquéreur et *mixte* à l'égard des tiers détenteurs. — Quant à nous, nous avons adopté (V. *Action*) l'opinion des auteurs qui enseignent que l'action en rescision est immobilière, et c'est ce caractère que lui a attribué la jurisprudence toutes les fois qu'il s'est agi de l'application des droits d'enregistrement.

LETTRE D'AVIS.

10740. Définition. — On donne ce nom surtout à la *lettre missive* (V. 10744 et suiv.) par laquelle un commerçant annonce à son correspondant ou à son commissionnaire soit les traites qu'il a faites sur lui, soit les marchandises qu'il lui adresse.

Ces lettres, rentrant dans la catégorie des lettres missives,

ne sont sujettes au timbre qu'autant qu'on veut en faire usage en justice. — V. 10747.

10740 bis. Douanes. — **Lettre d'avis de liquidation.** — Les lettres d'avis de liquidation de primes d'exportation adressées par l'Administration des douanes aux exportateurs ne peuvent être transférées par voie d'endossement. Dès lors, l'assujettissement de ces lettres au timbre proportionnel prescrit par la D. m. f. 20 juillet 1838 (1572 I. G.) n'existe plus. Ces lettres ne sont plus sujettes qu'au timbre de dimension à raison de la procuration dont elles pourraient être revêtues par les titulaires, pour toucher en leur nom le montant de la prime. Cette procuration doit être timbrée à l'extraordinaire au chef-lieu du département ou visée pour timbre, sans amende, dans tous les bureaux (1890 I. G.).

LETTRE DE CHANGE.

10740 ter. — La lettre de change est un acte par lequel on charge un correspondant d'une autre ville que celle où l'on est de compter à une personne désignée, ou à son ordre, une somme d'argent en échange de pareille valeur que l'on a reçue ou que l'on recevra de cette personne. — V. *Effets négociables*.

LETTRE DE CRÉDIT.

10740 quater. — Quand une personne veut entreprendre un voyage et éviter les risques d'un déplacement de fonds, elle s'adresse à un banquier, qui lui fournit sur un de ses correspondants un mandat commercial par lequel il charge ce correspondant de tenir à la disposition du voyageur une somme dont le maximum est ordinairement limité. Cette limitation n'est cependant pas de rigueur. On appelle ces mandats *lettres de crédit*.

Nous en avons traité au mot *Effets négociables*.

LETTRE MISSIVE.

10741. — La lettre missive est un écrit que l'on adresse par correspondance à quelqu'un.

10741 bis. Commencement de preuve. — Les lettres missives ont de tout temps constitué un commencement de preuve par écrit. C'est ainsi que Pothier, *des Obligations* no 768, enseigne qu'il y a un commencement de preuve dans une lettre par laquelle je vous prie de me prêter 100 francs, vous assurant que je les rendrai dans six mois; et qu'une pareille lettre vous autorise à prouver par témoins que vous m'avez réellement prêté cette somme, ou que j'ai avoué l'avoir reçue.

10741 *ter.* **Un contrat peut se former par lettre.**—Une lettre missive peut dans certains cas, constituer un contrat civil; mais un point de nature à faire naître souvent des difficultés est celui de savoir à quel moment se forme le contrat. « Lorsqu'il s'agit de décider, dit Merlin, si un contrat synallagmatique a été formé, la lettre missive de l'une des parties qui contient les propositions ne suffit pas seule pour la lier. Mais lorsqu'à une proposition faite par une lettre missive celui à qui elle est adressée a répondu par une autre lettre de manière à ne pas laisser de doutes sur son acceptation, le contrat est formé et oblige les deux parties ni plus ni moins que si elles avaient stipulé en présence l'une de l'autre » (*Rép.* v° *Lettre* n° 5 ; — *Conf.* : Pothier *Louage* n° 47, Toullier t. 8 n° 323, Roll. de Vill. v° *Vente* n° 126, Zachariæ t. 2 § 343, Troplong v° *Vente* n° 126 ; — C, Pau 16 juill. 1852, S. 52-2-417, Bastiné n° 60).

Mais il faut, d'après le sentiment général, que l'acceptation soit parvenue à la connaissance de l'auteur de la proposition (Toullier t, 6 n° 29, Merlin *Rép,* v° *Vente* § 1er t. 3 n° 11, Larombière *Oblig.* art. 1101 n°° 19 et 21, Poujol *id.* art. 1109, Buquet sur Pothier *Vente* n° 32, Pardessus *Dr. comm.* t. 1er n° 249, Massé et Vergé t, 3 § 613 n° 6 ; — Bourges 19 janv. 1866, S. 66-1-218; — Cass. 6 avr. 1867, S. 67-1-400 ; — Bruxelles 23 fév, 1867 et Lyon 27 juin 1867, S. 68-2-182 ; — *Contrà* Champ. et Rig, t. 1er n° 180; — *V.* aussi Bordeaux 3 juin 1867, S. 68-2-183).

10742. Timbre. — 1. PRINCIPE. — La loi du 13 brumaire an 7 assujettit au timbre, par ses art. 1er et 12, tous les *actes* et toutes les *écritures* qui peuvent être *produits en justice* et y *faire loi,* et ceux devant ou pouvant faire titre ou être produits pour obligation, décharge, justification ou demande. De plus, elle déclare qu'il n'y a d'autres exceptions que celles *nommément* exprimées.

On avait voulu conclure de là que les lettres missives, n'ayant été comprises dans aucune des exceptions indiquées par la loi, devaient être écrites sur papier timbré, et qu'on ne pouvait les viser pour timbre sans amende. Ce système, qui peut avoir quelque apparence de raison en n'envisageant que la loi, perd toute sa valeur devant des considérations d'un autre ordre. Ainsi, il est certain que toute lettre, de quelque nature qu'elle soit, quel que soit le sujet dont elle traite, peut, suivant les circonstances, être produite en justice contre celui qui l'a écrite. Il résulterait de là que, pour ne pas sortir de la légalité, toute lettre devrait être écrite sur papier timbré. Il suffit d'énoncer cette proposition pour faire rejeter le système duquel elle découle. Aussi l'Administration, par une délibération du 14 août 1827 (1966 Roll.), a-t-elle décidé qu'en général les lettres missives, quel que soit leur objet, sont des écrits confidentiels qui peuvent être écrits sur papier non timbré sans contravention aux lois sur le timbre, conformément aux prévisions de l'art. 30 L. 13 brumaire an 7; lors même que des engagements y seraient contenus, elles peuvent être timbrées à l'extraordinaire ou visées pour timbre au comptant, sans amende, avant d'être produites en justice.

2. USAGE EN JUSTICE. — Cela admis, il devient incontestable que si l'on faisait usage de la lettre missive sans l'avoir soumise, au préalable, à la formalité du timbre, l'amende de 30 francs édictée par l'art. 30 L. 13 brumaire an 7, réduite à 5 francs par l'art. 10 L. 16 juin 1824, serait encourue. Dans ce sens, une D. m. f. du 25 octobre 1808 (3057 J. E., 130 J. N.) porte qu'un pouvoir peut, d'après l'art. 1985 C. C., sans contravention au timbre, être donné par lettre missive sur papier libre; mais il est indispensable de faire timbrer ou viser pour timbre la lettre avant d'en faire usage. — L'Administration a décidé dans le même sens, les 6 floréal an 5, 30 mars 1822 et 30 août 1826 (5856 J, N.), par la raison qu'aucune loi n'a prescrit d'écrire les lettres missives sur du papier timbré (*Conf.*: 17019-1 J. E.).

3. TITRE OU RECONNAISSANCE. — Il en serait autrement, bien entendu, si l'écrit n'avait que la forme extérieure de la lettre missive et constituait au fond un véritable titre ou une reconnaissance. L'art. 12 L. 13 brumaire an 7 redeviendrait applicable. De nombreuses sloutions l'ont ainsi décidé (D. m. f. 30 juill. 1847, Dél. 7-13 fév. 1851, 6-11 fév. 1852, Sol. 6 avr. 1855, 16 mai 1855).

La détermination de ce caractère ne peut résulter que de l'appréciation de chaque espèce. Nous en donnons quelques exemples :

1° Ainsi, il a été reconnu qu'un mandat pouvant être donné par lettre (1985 C, C.), il n'y a pas de contravention quand le mandat est fait en cette forme sur papier non timbré (D. m. f. 25 oct. 1808, 3057 J. E., Sol. 27 août 1834, 19 avr. 1836, 4 sept. 1837);

2° Les banquiers et les établissements de crédit sont dans l'usage d'envoyer périodiquement à leurs clients l'état de situation de leurs comptes courants. Encore bien que ces comptes présentent un solde actif au profit du client, on ne perçoit pas le droit de timbre proportionnel, parce qu'il s'agit là d'une véritable lettre missive (Sol. 6 avr. 1855) ;

3° Il en est de même des lettres d'avis que les négociants écrivent à la suite des factures de vente et qu'ils envoient par la poste aux acheteurs. Ce sont là des notes passibles du timbre mais seulement quand on en fait usage (Sol. 3 sept. 1855, 2 déc. 1863 et 6 janv. 1864) ;

4° On doit considérer comme reconnaissance sujette au timbre une lettre portant : « J'ai vérifié ces quittances, et en déduisant les 300 francs que je vous ai remis le 7 février dernier, je reconnais vous devoir 4,350 francs pour solde de fermages. Je vous prie de m'accorder des délais pour le payement de cette somme dont je payerai les intérêts à 5 pour 100 depuis le 1er juin prochain, comme vous le demandez » (Dél. 30 mars 1822, 7438 J. E.);

5° Au contraire, le caractère de la lettre missive a été reconnu à une lettre dans laquelle, après une correspondance intime, il était ajouté : « Je serai donc en mesure de te rembourser les 10,000 francs que je te dois » (Dél. 11 fév. 1852);

4. LETTRE IMPRIMÉE. — Un avis imprimé envoyé à domicile, par la poste ou par un distributeur, sous forme de lettre missive, pour annoncer un commerce ou tout autre objet de spéculation, était sujet au timbre, attendu que l'art. 1er L. 6 prairial an 7 assujettissait au timbre non-seulement les avis imprimés qui se crient et distribuent dans les lieux publics, mais aussi ceux que l'on fait *circuler de toute autre manière* (Cass. 12 sept. 1809; — Seine 12 fév. 1834, 3419, 10885 J.E.). Mais il n'en est pas de même de la lettre par laquelle une maison de commerce annonce la prochaine arrivée de son voyageur et prie de lui réserver des commandes, sans donner d'ailleurs le détail d'aucune marchandise, ni la fixation d'aucun prix courant (Sol. 17 oct. 1849, 14814-4 J.E.).

Journal. — L'avis en forme de lettre adressé par un journal à ses abonnés, et annonçant le prix d'abonnement et les primes accordées aux abonnés, était assujetti au timbre (Seine 18 mars 1852, 15414-6 J.E.).

5. LETTRE DE PART. — La circulaire par laquelle un notaire fait connaître qu'il vient d'être nommé notaire en remplacement de... est exempte du timbre (Dél. 7 avr. 1824, 7812 J.E.). Il en est de même des billets de naissance, de mariage et d'enterrement, qui sont dispensés du timbre comme n'étant que des billets d'invitation à des parents et amis (Sol. 25 flor. an 8, 468, 7243 J.E.). — Dès lors ils peuvent être reçus à l'affranchissement dans les bureaux de la poste sans être soumis au timbre (D. m. f. 19 juin 1822, 1051-1 I.G.).

6. LETTRE PASTORALE. — Les mandements et lettres pastorales des évêques sont exempts de timbre (D. m. f. 6 déc. 1822, 7359 J.E.).

7. CONSULTATION D'AVOCAT. — V. 2484.

8. NOTAIRE. — RENSEIGNEMENTS SUR DES ACTES. — V. 8766.

9. QUITTANCES. — REÇUS. — DÉCHARGE. — Les lettres missives qui renferment quittance, reçu ou décharge de sommes supérieures à 10 francs sont assujetties comme les autres écrits au timbre spécial de 10 centimes. — V. *Quittance.*

10. PÉTITION. — Une lettre renfermant une pétition est incontestablement sujette au timbre. — V. *Pétition* 12717.

107.12 bis. Enregistrement. — La lettre missive pouvant contenir toutes les conventions qui font le sujet des actes ordinaires, donne ouverture au droit applicable à la convention qu'elle renferme.

Quant aux lettres missives qui ne contiennent ni obligation, ni quittance, ni aucune convention donnant lieu au droit proportionnel, elles sont assujetties au droit fixe de 3 francs (L. 28 avr. 1816 art. 43 n° 14, 28 fév. 1872 art. 4).

Dans tous les cas, il ne faut pas perdre de vue que, relativement aux conventions qui exigent le *consentement* des deux parties, le droit proportionnel résultant de ces conventions ne pourrait être exigé que si l'on présentait à l'enregistrement la lettre missive contenant la proposition et celle contenant l'acceptation (V. 10746); si l'on ne présentait que

l'une des deux, le receveur ne pourrait percevoir que le droit fixe de 3 francs.

1. PROMESSE DE VENTE. — C'est ainsi que l'Administration a délibéré, le 5 octobre 1821 (61 Roll.), que la lettre-missive qui contient promesse de vente d'une coupe de bois n'est soumise qu'au droit fixe, si le consentement réciproque des parties exigé par l'art. 1589 C. C., n'existe point.

2. PROMESSE DE PRÊT. — Une lettre portait : « Je vous prie, Monsieur, de me prêter la somme de 1,000 livres. Je vous serai infiniment obligé et je vous la rendrai le plus tôt possible. » Le fermier voulut percevoir le droit de contrôle sur 1,000 livres, mais on répondit que la lettre ne constatant pas le prêt, mais une simple demande de prêt, dès lors elle devait être contrôlée comme acte simple (Déc. cons. 31 janv. 1733, *Com. du tarif* p. 398). La même solution serait encore évidemment applicable aujourd'hui.

En matière civile, il a été toutefois décidé que la promesse exprimée dans une lettre par un individu qui avoue devoir au delà des sommes dont une transaction le constitue débiteur, de faire mieux plus tard si les affaires prospèrent, et de payer plus encore que le chiffre déterminé, ne constitue qu'un engagement imparfait duquel il ne résulte aucun lien de droit pouvant donner lieu à une action en justice (Colmar 31 déc. 1850, D. 53-2-164).

3. BON POUR PAYER. — De même, le droit proportionnel n'est pas dû sur une lettre missive écrite par un négociant à l'un de ses correspondants, par laquelle, en annonçant l'existence d'un bon donné pour effectuer en son nom un payement à un tiers, il prie la personne à qui s'adresse la lettre d'aviser au moyen de faire ce payement (Dél. 11 avr. 1818, 6045 J.E.).

4. OBLIGATION. — Il est bien certain que la lettre missive par laquelle le souscripteur se reconnaît positivement débiteur d'une somme d'argent, est passible du droit d'obligation (M. Bastiné n° 60. — V. Dél. 30 mars 1822, 7438 J.E.).

Si une lettre renfermant cette reconnaissance avec une offre de prêt sur dépôt est répondue d'une autre lettre d'acceptation présentes ensemble à l'enregistrement, le droit fixe de prêt sur dépôt est seul dû (Cass. 14 avr. 1875, 4104 R. P.).

5. TESTAMENT. — La lettre missive peut aussi contenir un testament, quand ses termes sont dispositifs et ne laissent aucun doute sur l'intention du testateur. L'emploi du papier timbré serait notamment une circonstance à prendre en grande considération (Cass. 24 juin 1828, S. 9-1-116; — Rouen 16 avr. 1847, S. 48-2-447; — Paris 25 mai 1852, S. 52-2-280; — Cass. 7 juin 1852, D. 52-1-66, Merlin *Rép.* v° *Test.* sect. 2 § 1er art. 5, Toullier t. 3 n° 378, Duranton t. 9 n° 26, Coin-Delisle art. 970 n° 24, Marcadé art. 970 n° 5, Troplong t. 3 n° 1876, Aubry et Rau t. 5 p. 498, Demolombe t. 21 n° 126).

6. ACTE EN CONSÉQUENCE. — Une lettre dans laquelle on énonce des titres étrangers non timbrés renferme une contravention à la loi du 30 mars 1872. — V. *Étranger.*

LETTRE DE VOITURE.

DIVISION

SOMMAIRE

CHAPITRE PREMIER. — LETTRE DE VOITURE PROPREMENT DITE

[10743-10765]

10743. Définition. — Feuille remise à un voiturier par celui qui expédie des marchandises ou autres objets pour être transportés d'un lieu dans un autre.

10744. La lettre de voiture est un contrat. — La lettre de voiture forme un contrat entre l'expéditeur et le voiturier, ou entre l'expéditeur, le commissionnaire et le voiturier (C. com. 101).

Cette proposition n'est pas parfaitement exacte, car la lettre de voiture ne forme un contrat entre l'expéditeur et le voiturier que lorsqu'il n'y a pas d'agent intermédiaire, c'est-à-dire de commissionnaire; car, s'il y a un commissionnaire, elle ne forme contrat qu'entre lui et le voiturier, et non entre ce dernier et l'expéditeur. D'où il suit que la seconde disposition de l'art. 101 devait porter le commissionnaire *ou* le voiturier et non le commissionnaire *et* le voiturier.

10745. Forme. — « La lettre de voiture doit être datée. Elle doit exprimer la nature et le poids ou la contenance des objets à transporter, le délai dans lequel le transport doit être effectué; elle indique le nom et le domicile du commissionnaire par l'entremise duquel le transport s'opère, s'il y en a un; le nom de celui à qui la marchandise est adressée, le nom et le domicile du voiturier, le prix de la voiture, l'indemnité due pour cause de retard; enfin elle doit être signée par l'expéditeur ou le commissionnaire. Elle présente en marge la marque et le numéro des objets à transporter. La lettre de voiture est copiée, par le commissionnaire, sur un registre coté et paraphé, sans intervalle et de suite » (102 C. C.).

Il est essentiel de remarquer que les dispositions de l'art. 102 ne sont pas prescrites à peine de nullité. La lettre de voiture a pour but de prouver l'existence d'une convention de transport; mais comme il s'agit d'un contrat commercial, l'écrit échappe aux rigueurs des moyens de preuve organisés pour les obligations civiles par les art. 1315 et suiv. du C. C. On ne pouvait se montrer plus sévère pour les lettres de voiture que pour les achats et les ventes, c'est-à-dire les actes les plus importants du commerce et le type par conséquent de tous les autres contrats. Or, ces achats se constatent, selon l'art. 109 du C. com., par de simples bordereaux, des factures acceptées, la correspondance ou la preuve testimoniale. Les mêmes preuves s'appliquent donc virtuellement à la lettre de voiture. Si l'art. 102 du C. com. spécifie les indications qu'elle doit renfermer, il est certain que cette énonciation n'a rien de limitatif et que les juges ont le droit de suppléer aux mentions omises, par tous moyens, tels que les livres des négociants, les déclarations des parties, les usages commerciaux, etc.

« Quoiqu'il n'y ait pas une de ces énonciations, dit Pardessus, nº 539, qui n'ait son utilité, il ne s'ensuit pas qu'on doive refuser d'ajouter foi à la lettre de voiture qui ne les contiendrait pas toutes, dès qu'il n'en résulterait pas l'impossibilité de reconnaître les choses à transporter et les conditions essentielles du transport ou dès qu'elles pourraient être suppléées soit par l'usage, soit par une expertise. »

S'il était nécessaire que l'écrit contînt toujours exactement les indications de l'art. 102 pour être considéré comme une lettre soumise au timbre, la loi fiscale serait très-facilement éludée, car il suffirait, afin d'échapper à l'impôt, d'omettre l'une des désignations que chaque convention de transport rend surabondantes, telles que, selon les cas, la date de la lettre, la contenance des objets, le domicile du voiturier, etc. Un pareil résultat est inadmissible. Aussi, verrons-nous bientôt que l'absence, tantôt de la signature, tantôt d'un autre caractère, tel que le délai du transport, le prix, l'indemnité fixée pour le cas de retard, etc., n'ont pas empêché que des lettres de voiture en apparence imparfaites ne fussent considérées comme réunissant les caractères essentiels. Dans toutes ces affaires on s'est arrêté à cette considération qu'il s'agissait d'une convention et d'une preuve commerciales; que dès lors, l'écrit qu'on représentait ou l'usage qu'on en avait fait prouvaient qu'il existait une convention de transport; que dès lors, dans l'intention des parties, la pièce à laquelle on contestait le caractère d'une lettre de voiture, était réellement le titre de l'une des personnes entre lesquelles la convention devait avoir son effet.

La règle, en cette matière, doit être que, pourvu que l'accord des parties sur la convention et sur la pièce destinée à en être le titre soit établi, ce titre, quelque vague qu'il soit, n'en doit pas moins être considéré comme une lettre de voi-

ture : le titre, bien qu'incomplet, n'altère en rien la convention qui existe entre les parties. En matière civile, les lacunes qui peuvent exister dans la pièce destinée à constater la convention, peuvent être d'un effet très-important. Elles peuvent, suivant les circonstances, empêcher que la pièce produite conduise à l'exécution des obligations. Mais en matière commerciale les lacunes peuvent être suppléées au moyen de preuves qu'autorise l'art. 109.

10747. Timbre. — L'art. 5 L, 6 prairial an 7 avait assujetti au timbre spécial de 1 franc « les *lettres de voiture*, connaissements, chartes-parties, etc. » Plus tard un décret du 3 janvier 1809, art. 1ᵉʳ, ramena les lettres de voiture au principe général établi par l'art 12 L. 13 brumaire an 7. « Les lettres de voiture…, porte cet article, continueront d'être assujetties au timbre de dimension. Les parties, pour rédiger les actes, pourront se servir de telle dimension de papier qu'elles jugeront convenable, sans être tenues d'employer exclusivement à cet usage du papier frappé du timbre de 1 franc. »

L'art. 6 L. 11 juin 1842 est venu confirmer ces dernières dispositions. Cet article est ainsi conçu : « A partir de la promulgation de la présente loi, les lettres de voiture et les connaissements ne pourront être rédigés que sur papier timbré fourni par l'Administration, ou sur du papier timbré à l'extraordinaire et frappé d'un timbre noir et d'un timbre sec. » (1663. I. G.).

L'article 7 de cette loi ajoute : « Pour toute lettre de voiture ou connaissement non timbré ou non frappé du timbre noir et du timbre sec, la contravention sera punie d'une amende de 30 francs payable solidairement par l'expéditeur et par le voiturier, s'il s'agit d'une lettre de voiture et par le chargeur et le capitaine, s'il s'agit de connaissement (*V.* 10759, 10777. — *V.* le mot *Connaissement.*)

10748. Visa pour timbre. — Il résulte des dispositions précédentes qu'on ne peut viser pour timbre, ni timbrer par l'application d'un timbre mobile, même avant d'en avoir fait usage, une formule de lettre de voiture. Une pareille formule ne peut être timbrée qu'à l'extraordinaire.

1. RECEVEURS DES DOUANES. — Une D. m. f. 24 décembre 1842, a autorisé quelques receveurs de douanes, dans les localités où il n'existe pas de bureau d'enregistrement, à viser *pour valoir timbre* les lettres de voiture venant de l'étranger. Quant aux lettres de voiture faites en France sur papier non timbré ou non marqué des timbres prescrits par l'art. 6 L. 11 juin 1842, les mêmes receveurs sont autorisés à les viser pour timbre, moyennant payement des droits et des amendes encourues, lorsque les contrevenants consentent à les acquitter sur-le-champ pour éviter qu'il soit rapporté procès-verbal. La formalité du visa pour timbre et la recette des droits et amende de timbre sont constatés sur un registre fourni aux receveurs de douanes par l'Administration de l'enregistrement et des domaines.

Le produit des droits de timbre et des amendes perçus ainsi est versé à la fin de chaque mois au bureau de l'Enregistrement duquel dépend la commune de leur résidence. Ce versement est constaté par un récépissé du receveur de l'Enregistrement. — Une remise de 2 1/2 pour 100 est allouée aux receveurs des douanes sur les produits dont ils ont fait recette; ils donnent quittance de cette remise par émargement (V. 6586).

Les employés supérieurs de l'Enregistrement sont chargés de vérifier la régularité des perceptions et la conformité des recettes avec le bordereau de versement au bureau de l'Enregistrement (1682 I. G.). — Aujourd'hui le visa est remplacé par l'application du timbre mobile, mais la compétence des receveurs des domaines n'a pas changé (Arr. du 20 juill. 1863, art. 1er, 2260 I. G.). — V. 6586.

Cette faculté du timbrage par les receveurs des douanes a été d'abord étendue à toutes les lettres de voiture accompagnant les envois qui viennent de l'étranger par les voies de fer (Arr. du 7 mai 1864, 2279 I. G.).

Mais les lettres de voiture et les connaissements joints aux expéditions, qui arrivent de l'étranger par toute autre voie que les chemins de fer, ne pouvaient être timbrés, par ces préposés, que dans les localités où il n'existait pas de bureau de l'Enregistrement (Arr. des 24 déc. 1842 et 20 juill. 1863, 1682 et 2260 I. G.).

Afin d'éviter des déplacements au commerce et d'assurer une plus exacte perception des droits dus au Trésor, le ministre a décidé, le 23 avril 1866, « que les lettres de voiture et connaissements seront timbrés, à l'avenir, au moyen de l'apposition de timbres mobiles par les receveurs des douanes, dans toutes les localités, sans distinction » (2346 I. G., 2511 R. P.).

La Déc. du 23 avril 1866 n'a pas entendu empêcher le receveur d'enregistrement de concourir à une opération qui rentre, au fond, dans ses attributions spéciales. Elle a voulu faciliter la perception des droits et non pas remplacer une prohibition par une autre. Rien n'empêche donc que les lettres de voiture venant de l'étranger soient présentées à la formalité du timbre au bureau de l'enregistrement pendant les jours et heures réglementaires (Sol. 18 mai 1867). — V. 2321.

10749. Acte de l'étranger. — Les lettres de voiture rédigées à l'étranger doivent être timbrées en France. — V. 1436.

10750. Dimension du papier. — Lorsque les lettres de voiture sont présentées au timbre extraordinaire, c'est en raison de la dimension du papier employé qu'elles doivent subir le droit (419 n° 2, 1250 § 1er I. G.). — Si les formules imprimées renferment la souche pour la lettre de voiture qui en sera extraite, le droit de timbre se calcule d'après la dimension totale des deux imprimés (Sol. 16 nov. 1859).

10750 bis. Existence matérielle de la lettre. — La délivrance de la lettre de voiture terrestre n'est pas obligatoire. Pour qu'il y ait contravention à la loi du timbre (n° 10747) il faut qu'une lettre de voiture existe; le refus par un voiturier de représenter une lettre de voiture, par le motif qu'il ne lui en pas été remis ne suffit pas pour autoriser des poursuites (D. m. f. 9 oct. 1840, 575 I. G.).

Mais deux questions se présentent : la première est celle de savoir quand il y a lettre de voiture, et, par suite, quand il y a lieu à l'exigibilité du droit de timbre; la seconde a trait à la nature des titres d'expédition que le timbre doit atteindre.

Nous avons examiné la première question au point de vue du droit civil au n° 10745; il ne nous reste qu'à faire connaître l'état de la jurisprudence sous le rapport de l'application du droit.

10751. Omission de quelques formalités. — Il a été décidé, en règle générale, que l'écrit remis à un voiturier pour tenir lieu de lettre de voiture est sujet au timbre, lors même qu'il ne contiendrait pas tout ce qui est prescrit par l'art. 102 C. com., du moment qu'il fait titre de l'expédition entre les mains du voiturier (Langres 22 fév. 1844; — Le Mans 2 mars 1844; — Yssengeaux 22 mai 1844, 13542 J. E.; — Vervins et Reims 19 et 21 juill. 1849, 14780-4 J. E.; — Langres 22 août 1849, 14798 J. E.; — Le Mans 2 août 1850, 14994-2 J. E.; — Versailles 21 juin 1853, 15725 J. E.; — Cass. 7 juin 1853; S. 53-1-565, 1982-9 I. G., 15667 J. E.; — 19 juill. 1853, 1982-9 I. G., 15765-2 J. E.; — Cass. 30 janv. 1867, 2431 R.P., 2357 § 4 I.G., B. 21, S. 67-1-134, D. 67-1-72).

Arrêt du 7 juin 1853 : « Attendu que les écrits saisis indiquent leur date, le nom de l'expéditeur, celui du commissionnaire, celui du destinataire, le lieu du départ et celui de l'arrivée, enfin la nature, le poids et la marque des marchandises; attendu qu'il suffit que la lettre de voiture donne au voiturier le moyen de faire, sur la route, les déclarations exigées par la loi ou la police sur la nature du chargement, qu'elle constate en outre les engagements réciproques et fournisse le moyen de les ramener à exécution; attendu que les écrits dont ils s'agit présentaient le caractère et la portée de véritables lettres de voiture, tant à l'égard du fisc qu'à l'égard des parties intéressées. »

Arrêt du 19 juillet 1853 : « Attendu que le papier saisi aux mains du voiturier chargé du transport de ces marchandises contenait l'énonciation du nombre de colis transportés, le chiffre de leur poids, le nom du voiturier et celui du destinataire; attendu, en droit, qu'il s'agit de lois fiscales sur le timbre, et que, du moment que le voiturier était porteur, soit qu'on le considère comme une lettre de voiture, soit qu'on ne doive y voir qu'un simple bulletin d'expédition, constituait un titre pouvant être invoqué par l'une ou l'autre des parties, il devait être soumis au timbre. »

Arrêt du 30 janvier 1867 : « Attendu que l'écrit saisi sur le voiturier Bryet, joint au procès-verbal dressé contre lui, était émané de la maison de banque Bouquin frères et Manfra, de Nantes, détaché d'un registre à souche de cette maison, ce qui équivalait à la signature de ces négociants, qu'il était daté, qu'il exprimait la nature et le poids des objets à transporter, qu'il indiquait, en outre, les noms et domicile des expéditeurs, le nom de celui à qui la marchandise était adressée, le nom et le domicile du voiturier; que, dans cet état, ledit écrit présentait tous les caractères d'une véritable lettre de voiture formant un titre, ayant son efficacité légale, de nature à être produit en justice, ce qui suffisait pour qu'il dût être soumis à la formalité du timbre, aux termes de l'art. 1ᵉʳ L. 13 brumaire an 7; que l'omission du prix, du délai de transport, de l'indemnité en cas de retard pouvait bien donner lieu à un complément de preuve en dehors de la convention sur ces divers points, mais ne pouvait pas lui enlever sur les autres, et, quant aux conditions qu'elle réglait définitivement, la valeur juridique qui lui appartenait. »

Il en est ainsi alors même que l'expéditeur prétendrait avoir adressé au destinataire des lettres de voiture timbrées (Nantes et Clermont 21 et 25 nov. 1850, 15096-6 J. E.).

Plus spécialement il a été jugé :

1. **SIGNATURE. — NOTE.** — 1° Que l'absence de signature omise à dessein sur un écrit qui contient la désignation du chargement, de la nature des objets transportés et de leur destination ne peut la soustraire au timbre. « Attendu, porte un arrêt de cass. du 17 juin 1846, en fait, que le jugement attaqué a reconnu dans les deux pièces saisies entre les mains du voiturier Petit, le 28 décembre 1843, le caractère essentiel de la lettre de voiture, et notamment les noms de l'expéditeur et du destinataire, la nature et le poids de la marchandise, le prix du transport, la date du contrat, et que, quant à la signature, il a décidé que son omission volontaire sur les pièces saisies n'avait eu d'autre objet que de les soustraire à l'exécution des lois sur le timbre, tout en leur conservant les avantages d'une lettre de voiture régulière; attendu d'ailleurs qu'il ne s'agit pas dans l'espèce de la validité du contrat à l'égard des parties, mais de la loi sur le timbre, applicable à tout papier pouvant être invoqué comme titre »(14034 J. E., 1767 § 15 I. G., S. 46-1-870; — *Conf.* : Rouen 19 juin 1849, 14780-3 J. E.; — 30 août 1851, 15193-1 J. E.; — Bazas 30 mai 1837, 11835 J. E.; — Beauvais 22 déc. 1841, 12887 J. E.; — Amiens 21 nov. 1839, 12619 J. E.; — Nantes 28 janv. 1858, 975 R. P., 11259 C.);

2° Une note ainsi conçue : « Nantes 6 novembre 1850. — Chargé sur le bateau de Huniau par A. et J.-J. Gouté et Massion Rozier, P. Mayenne six joncs en sucre en pains, 413 kil. M. C. nᵒ 1ᵉʳ à 6, » constitue une lettre de voiture sujette au timbre (Mayenne 16 juill. 1851, 15279-4 J. E.);

3° Décidé de même que toutes les énonciations énumérées par l'art. 102 C. com. ne sont pas nécessaires pour caractériser la lettre de voiture. Il suffit notamment que l'écrit contienne les noms de l'expéditeur, du voiturier et du destinataire, le numéro et la nature des marchandises, ainsi qu'une formule préparée pour le récépissé du destinataire (Seine 18 nov. 1864, 2066 R. P.) ;

4° Ou qu'il donne au voiturier le moyen de faire sur sa route les déclarations exigées par la police, à fournir le moyen de constater les engagements réciproques et de les ramener à exécution ; et, en l'espèce, les écrits saisis, contenant les noms des *expéditeurs* et des *destinataires*, les *marques, numéros et nature des marchandises*, constituaient donc des lettres de voiture (Lille 31 janv. 1857, 1020 N. P.); — à moins qu'il soit établi que cette note n'était pas destinée à être remise au destinataire (Compiègne 5 juin 1878).

5° C'est ce qu'on a décidé également au sujet d'un écrit contenant la date de l'envoi, le nom et la demeure du destinataire des objets transportés, la nature de ces objets, le nom du voiturier, le nom de l'expéditeur et la formule du récépissé à donner par le destinataire au voiturier après la livraison (Seine 20 nov. 1869, 3165 R. P.).

2. NOTE. — CRAYON. — Un écrit au crayon ainsi conçu : « 4 juin 1861, Charmille à déposer chez M. Mary à Saint-Désir, à Lisieux, — 1 stère 24; — on vous portera les chênes demain; 15 francs à payer de port, signé Deuley ,» constitue une lettre de voiture : « Attendu qu'aucune forme n'est exigée pour la confection de la lettre de voiture, et qu'elle peut être écrite même au crayon; que cet écrit formait un véritable contrat entre les parties » (Lisieux 18 juill. 1862, 1649 R. P.).

3. PARAPHE. — Il en est de même lorsque, au lieu de signature, la lettre de voiture ne présente que le paraphe de l'expéditeur (Dél. 10 nov. 1835, 11623 J. E.; — Chartres 18 août 1842, 13458 J. E.).

4. ESTAMPILLE. — SOUCHE. — Même principe lorsque, dans le cas ci-dessus, au lieu de la signature, l'écrit porte l'estampille du nom de l'expéditeur (Angers 25 juin 1838, 12103 J. E., Dél. 20 juill. 1835, 11623 J. E.).

Ou que l'écrit est détaché d'un registre à souche tenu à la maison de l'expéditeur (Cass. 30 janv. 1867, 2431 R. P., 2357 § 4 I. G., B. 21, S. 67-1-134, D. 67-1-72 *arrêt rapporté* 10751).

5. NOM DU VOITURIER. — FACTURE. — Il a été également reconnu que l'absence du nom du voiturier et la forme de facture donnée à la lettre de voiture ne peuvent la soustraire au timbre. La C. cass. l'a décidé ainsi le 10 juillet 1849 au sujet d'un écrit portant :

« Jacques Aubanel et compagnie, d'Aiguevives, près Lunel (Gard), négociants en gros à Voiron (Isère). — Aiguevives, le 19 avril 1847. — Doit M. P. Meuchand, à lui vendu et expédié pour son compte, et suivant son ordre, donné à notre voyageur Benezet, payable dans trois mois, nᵒ 319, une pièce trois-six contenant 390 litres à 96 francs l'hectolitre, sans fût rendu 374 fr. 40 cent., acquit-à-caution 25 centimes, total 374 fr. 65 cent., voiture à déduire, à 10 francs par hectolitre, 39 francs, reste 335 fr. 65 cent., rabattage du fût : 5 francs, total 340 fr. 65 cent. — Je vous remets ci-dessus facture payable à Voiron, valeur le 19 juillet prochain, en prévos remises, ou à défaut sur mon mandat que je fournirai sur vous sans autre avis. — Nota. Tout silence de la part du commettant qui excéderait le délai suffisant pour le transport des marchandises tiendra lieu de bonne réception. Les droits de régie et d'octroi sont à la charge de l'acheteur, ainsi que le déchet de route. » Au verso on lit : « P. 819. M. P., marchand en gros, à Grenoble, voiture, 39 francs » (1844-10 I. G., 14768 J. E., S. 49-1-634).

Les tribunaux du Mans et de Beauvais ont rendu des jugements dans le même sens, les 27 mai et 26 juillet 1843 (13266, 13293 J. E.).

Jugé également que le caractère de la lettre de voiture appartient à un écrit ainsi conçu : « M. P., recevra 33 hectolitres de charbon. Il payera au bouvier 8 francs pour son charroi. Brocas, le... Signé : D... » — En effet, les énonciations prescrites par l'art. 102 C. C. ne le sont pas à titre de nullité; il n'est pas absolument nécessaire que le nom du voiturier et il soit inscrit lorsqu'il est porteur de l'acte, qu'il a accompli le transport (Mont-de-Marsan 19 fév. 1859, 1134 R. P., 16891 J. E.).

Ou à un écrit délivré par un négociant à un commissionnaire chargé d'acheter les marchandises chez lui et indiquant que l'envoi est fait par le négociant au destinataire par l'entremise du commissionnaire (Nancy 15 déc. 1869, 3263 R. P.).

Mais il n'en est plus ainsi quand la convention de transport est intervenue entre le destinataire et le voiturier qui prend une facture des marchandises achetées pour le compte de ce destinataire. Cet écrit n'est plus le titre de la convention conclue entre eux, mais se rapporte seulement à la délivrance des objets achetés, et n'a plus dès lors le caractère d'une lettre de voiture (Verdun 24 juin 1864, 1970 R. P.). Un tel écrit n'est plus alors qu'une facture ordinaire, affranchie du timbre tant qu'il n'en est pas fait usage (Nancy 15 déc. 1869, 3263 R. P.).

6. POIDS. — Il a été décidé qu'un écrit signé constatant l'envoi par J..., et par la voiture de M..., d'un certain nombre de balles de laine destinées à S... pour un prix de transport déterminé à toucher chez V... en lui remettant les lettres de voiture revêtues d'un récépissé, est de nature à faire titre au voiturier, et, dès lors, il est assujetti au timbre bien qu'il ne fasse pas connaître le poids des marchandises, ni le délai dans lequel elles devront être rendues (Beauvais 12 juin 1844, 13599-5 J. E.).

7. DÉLAI. — Il en est de même de l'écrit qui contient les énonciations essentielles, bien qu'il ne fasse pas connaître le délai dans lequel elles devront être rendues (Blois 13 mars 1844, 13599-6 J. E.).

8. PRIX DU TRANSPORT. — Peut être considéré comme lettre de voiture sujette au timbre l'écrit saisi sur un voiturier contenant la date, la nature et le poids des objets, les noms de l'expéditeur, du destinataire et du voiturier, encore bien que cet écrit, détaché d'une souche, ne soit pas signé, et n'indique ni le prix du transport ni l'indemnité due en cas de retard (Cass. 30 janv. 1867, 2431 R. P., 2357 § 4 I. G., B. C. 21, S. 67-1-134, D. 67-1-72, *arrêt rapporté* n° 10751).

Il en est de même de l'écrit en double original saisi sur un voiturier chargé d'un transport et contenant le nom de l'expéditeur, celui du destinataire, la nature et la quantité des marchandises, ainsi que l'indication au dos de la pièce du nom du voiturier. L'omission des autres énonciations prévues à l'art. 102 C. com. n'enlève pas à l'écrit son caractère de lettre de voiture (Seine 19 janv. 1867, 2461 R. P.).

10752. Titres divers de la convention d'expédition. — Nous venons de voir que l'accomplissement exact des formalités prescrites par l'art. 102 C. com. n'est pas de rigueur pour assujettir au timbre la lettre de voiture. Il faut également reconnaître que le vœu du législateur a été de frapper chacun des titres de la convention d'expédition, quels que soient les noms qu'on leur donne et le nombre d'exemplaires ou de copies que les parties aient cru devoir faire. Cependant quelques distinctions sont à observer. Il est des pièces, telles que celles connues sous les noms de lettre de voiture collective, bordereau récapitulatif, note de chargement ou d'expédition, etc., qui ne sont sujettes au timbre qu'autant qu'elles tiennent lieu de lettres de voiture partielles non représentées.

Ainsi, le ministre des finances a décidé, en thèse générale, le 24 mai 1847 (14311-2 J. E.), que les pièces connues dans le roulage ordinaire et le roulage accéléré sous les noms de *note, bordereau récapitulatif, fiche, feuille de route*, etc., sont sujettes au timbre lorsqu'elles remplacent les lettres de voiture partielles entre les mains des voituriers, mais elles sont exemptes de cette formalité si elles accompagnent ces lettres de voiture dûment timbrées ; elles ne forment plus alors que des pièces d'ordre et d'administration intérieure.

1. DUPLICATA. — Dans tous les cas, il a été reconnu que le double ou duplicata de la lettre de voiture remis par le commissionnaire à l'expéditeur et servant de titre à ce dernier, notamment pour actionner le commissionnaire en cas de retard, de perte ou d'avarie, est toujours assujetti au timbre par la disposition générale de l'art. 12 L. 13 brumaire an 7 (Cass. 2 brum. an 10, 9983 J. E., 326-3 et 1693-6 I. G. ; — Seine 24 mars 1846, 13953 J. E., D. m. f. 24 mai 1847, 1796 § 29 I. G.).

Quand deux exemplaires de la lettre ont été, l'un remis au voiturier sur papier libre et l'autre envoyé sur papier timbré au destinataire par la poste, c'est celui qui accompagne la marchandise entre les mains du voiturier sujette au timbre et sa rédaction sur papier libre constitue une infraction à la loi (Sol. 8 août 1858).

2. BONNE LETTRE DE VOITURE. — Il en est de même du double connu sous le nom de *bonne lettre de voiture*, envoyé habituellement par le commissionnaire à son correspondant du lieu de la destination et formant le titre en vertu duquel le prix du transport est réclamé au destinataire (D. m. f. 24 mai 1847, 1796 § 29 I. G.).

3. EXTRAIT DE LETTRE DE VOITURE. — L'écrit considéré comme extrait ou expédition d'une lettre de voiture ne peut être exempt de timbre dès l'instant que la lettre de voiture timbrée n'est pas représentée (Beauvais 12 juin 1844, 13598-5 J. E., Sol. 25 août 1855).

Roulage accéléré. — Même règle en matière de roulage accéléré pour l'écrit intitulé : *extrait de lettres de voiture* timbrées envoyées par la poste (Cass. 17 avr. 1848, 13380 J. N., 1825 § 13 I. G., S. 48-1-363, 14052 J. E.).

« Attendu, porte cet arrêt, en fait, qu'il est constaté par le jugement attaqué que, suivant procès-verbaux des employés de l'octroi de Lille, en date des 11, 12 et 13 juillet 1842, Dupont, voiturier, Chouette, domestique à gages des sieurs Baës frères, Duquesne et Charlon, voituriers, tous quatre conduisant des chariots, se sont présentés au bureau de l'octroi, où sommation leur ayant été faite de produire des lettres de voiture dont ils étaient porteurs, ils ont exhibé des papiers non timbrés ayant pour titre : *Service accéléré de Baës frères à Lille*, et contenant des extraits de lettres de voitures adressées à MM. Baës frères, commissionnaires de roulage à Lille, dans lesquels se trouvait la mention suivante : *Extrait de lettres de voiture timbrées envoyées par la poste ;* attendu que cette production ne pouvait dispenser de la production des lettres de voiture originales, laquelle est indispensable pour garantir l'exécution des lois qui les assujettissent aux droits de timbre. »

4. FEUILLE DE ROUTE. — Les feuilles de route employées par le roulage, *lorsqu'elles ne sont pas accompagnées de lettres de voiture*, sont assujetties au timbre (D. m. f. 1er avr. 1843, 1093 § 6 I. G.). — Il en est de même de celles des *facteurs* des messageries (Cass. 21 juin 1854, S. 54-1-790, 2019-11 I. G., 15878 J. E.).

« Attendu, porte l'arrêt du 21 juin 1854, que, dans les faits de la cause, s'agissant de marchandises et colis transportés de Paris à Metz par l'entreprise des messageries impériales, le commerçant ou tout autre envoyeur de la marchandise était l'*expéditeur*, et que l'administration des messageries qui se chargeait de transporter ou faire transporter la marchandise, tant par elle-même que par la voie du chemin de fer, était le voiturier; que, si, vis-à-vis de la compagnie du chemin de fer, l'administration des messageries pouvait être considérée comme expéditeur, elle était elle-même commissionnaire et voiturier vis-à-vis des expéditeurs; que, le faits ainsi établis, la feuille représentée par Jacquin, facteur des messageries à Metz, exprimait la nature et le poids des objets transportés, le nom social et le domicile des messageries impériales, par l'entremise desquelles le transport s'opérait, le nom du destinataire auquel la marchandise était adressée, et le prix de la voiture; qu'elle portait la signature des préposés de l'administration des messageries, l'émargement du directeur et le numéro des colis transportés; que, dans ces termes, cet écrit pouvait donc faire titre et être produit pour justification de l'obligation que l'administration des messageries impériales avait, comme voiturier, contractée envers les expéditeurs ou envoyeurs y désignés, de transporter les marchandises qui s'y trouvaient énoncées et signalées, moyennant le prix déterminé, au lieu de destination indiqué; que là se trouvaient donc tous les caractères de la lettre de voiture. »

Mais sont exemptes de timbre les feuilles de route des *conducteurs* de messageries (Seine 3 mai 1854); celles indiquant, par exemple, les noms des voyageurs, les bagages et colis confiés à leurs soins et le prix des places (Sol. 6 août 1855).

5. LETTRE DE VOITURE COLLECTIVE. — Le timbre est également dû pour les écrits connus dans le roulage ordinaire et accéléré sous le nom de *lettres de voiture collectives, note de chargement* ou *d'expédition, fiche*, etc. (D. m. 24 mai 1847, 1796 § 29 I. G.).

6. BORDEREAUX RÉCAPITULATIFS. — Quand les lettres de voiture sont timbrées, les bordereaux remis au voiturier, et dans lesquels on s'est borné à résumer les indications de chacune de ces lettres, ne sauraient être considérés comme des lettres de voiture tombant sous l'application de la loi du 14 juin 1842 (Sol. 27 août 1858).

Mais il y a contravention à cette loi si les lettres de voiture sont rédigées sur papier libre et que le bordereau récapitulatif seul soit timbré.

7. BORDEREAU D'EXPÉDITION. — L'écrit intitulé *bordereau ou note d'expédition*, qui fait titre au voiturier, est assu-

jetti au timbre (Chaumont et Bernay 15 déc. 1848 et 3 janv. 1849, 14647 J. E.; — Bar-le-Duc 11 mai 1841, 12758-3 J. E.).

8. BULLETIN D'EXPÉDITION. — CHEMIN DE FER. — Il avait paru d'abord que les bulletins d'expédition remis par les compagnies des chemins de fer aux conducteurs de trains, et contenant le résumé de tous les colis pris en charge pendant le trajet, réunissaient les principales indications de la lettre de voiture et étaient assujettis au timbre (Seine 24 mars 1848, 14517 J. E.; — Cass. 5 mai 1846, 14008 J. E., 1767 § 1er I. G., S. 46-1-560; — Mantes 1er août 1855, 13810 J. E.; — Cass. 3 janv. 1853, 15603 J. E., 1967 § 2 I.G., S. 53-1-99). — Mais cette jurisprudence a été solennellement abandonnée par un arrêt des chambres réunies du 28 mars 1860 portant : « Attendu que les feuilles saisies ne sont que des pièces de comptabilité intérieure de la compagnie, qu'elles ne sont pas destinées à sortir des mains de ses agents pour être produites aux tiers; que, d'une part, elles ne sont pas dressées sur la demande des expéditeurs qui y demeurent étrangers; que, d'autre part, elles ne sont jamais produites au destinataire; qu'ainsi, elles sont toute autre chose que la lettre de voiture » (1305 R.P., 2185-8 I. G., 16822 J.N., 11746 C., S. 60-1-814).

Les règles ordinaires reprendraient leur empire si ces prétendus bulletins au lieu d'être délivrés par le commissionnaire de transport à ses agents, l'étaient à un voiturier ordinaire opérant pour leur compte, ou constataient la convention intervenue originairement soit entre l'expéditeur et le commissionnaire, soit entre ce dernier et le destinataire.

9. LAISSER-PASSER. — CONGÉ. — Si, au dos d'un laisser-passer ou d'un congé délivré par l'Administration des contributions indirectes, l'expéditeur a mis, *par simples notes*, des indications qui, avec celles contenues dans le laisser-passer, peuvent *tenir lieu de lettre de voiture*, il y a contravention lorsque le timbre n'est pas apposé sur ce laisser-passer (Limoges 2 juin 1847, 14295 J. E.); — alors même que ces indications nouvelles ne seraient ni datées ni signées (Saint-Étienne 27 déc. 1853).

10. FACTEUR DE DOUANE. — L'entrepreneur qui fait opérer le transport par son voiturier ne peut exciper de sa qualité de commissionnaire en douane et prétendre que les écrits saisis ne sont que de simples notes indicatives des droits de douane payés par lui comme mandataire ou destinataire. En effet, si les écrits dont il s'agit ont eu tout d'abord cette qualité, une fois le règlement des droits de douane effectué, la qualité de mandataire a fait place à une autre, celle d'entrepreneur; et il n'a pu faire le transport qu'en cette qualité. *La longueur du transport importe peu* (Lille 31 janv. 1857, 1020 R.P.) puisque la loi n'a pas fait de la distance à parcourir une condition du contrat de louage (Lille 31 janv. 1857, 1020 R.P.).

11. BON A BASCULE. — Une note n'étant autre qu'un bon à bascule délivré par l'employé préposé au service de la bascule et remise par l'expéditeur au voiturier, ne constitue pas une lettre de voiture. La lettre de voiture doit contenir la convention du transport et l'écrit ne constate aucun concours de volonté entre l'expéditeur et le voiturier ou le destinataire et n'engendre aucun lien de droit parce qu'il a été créé par un tiers étranger pour indiquer le poids des objets à transporter. La circonstance de la remise des bons de bascule au voiturier n'a pu en charger ni la nature ni les caractères et les transformer en lettres de voiture (Belfort 24 fév. 1863, 1774 R. P.).

2. FACTURE DE TRANSPORT. — CHEMIN DE FER. — Les écrits intitulés factures de transport, que les compagnies de chemins de fer remettent à leurs conducteurs, pour tenir lieu de lettre de voiture, sont, comme les *bulletins d'expédition*, soumis au timbre, quoique non signés (Cass. 24 juin 1846, 14125.4 J. E., 1767 § 15 I. G., S, 46-1-870; — Lille 30 août 1843, 13822 J. E.).

13. BULLETIN DE CHARGEMENT. — Bien qu'un pareil écrit ne renferme pas toutes les énonciations prescrites pour la lettre de voiture, il doit cependant être considéré comme lettre de voiture dès qu'il en contient les indications *plus caractéristiques* et qu'il en tient lieu (Cass. 31 juill. 1844, 13570 J. E; — Cass. 14 fév. 1854, 2015 § 9 I. G., S. 54-1-249; — Cass. 2 mai 1854, S, 54-1-645, 2019-11 I. G., 15868 J. E.).

Arrêt du 31 juillet 1844 : « Attendu que l'arrêt attaqué déclare en fait que les expéditions faites à la maison Gaillard, dont la bonne foi est reconnue dans la cause, sont constatées par des bulletins particuliers de chargement, lesquels, tels qu'ils ont été délivrés, renferment toutes les conditions exigées par l'art. 102 C. com. pour la validité des lettres de voiture. »

Arrêt du 14 février 1854 : « Attendu que l'écrit représenté par un voiturier, et intitulé : *Bulletin de chargement*, doit être considéré comme une lettre de voiture, et dès lors soumis au timbre, bien qu'il ne contienne pas toutes les indications exigées par l'art. 102 C. com.; mais seulement la date de l'expédition, les noms de l'expéditeur, du voiturier et du destinataire, l'indication du poids de la marchandise expédiée; attendu, en droit, que ces énonciations caractérisent suffisamment le contrat défini par les art. 101 et 102 C. com. sous le nom de *lettre de voiture*; que la quotité du salaire, le temps du transport, l'indemnité pour cause de retard, pouvaient, en l'absence d'indications précises sur ces points dans l'écrit dont il s'agit, être fixés et appréciés d'après l'usage; que l'absence de la signature de l'expéditeur était suppléée par l'inscription de son nom en marge dudit écrit. »

14. BORDEREAU DE CHARGEMENT. — Même règle pour l'écrit intitulé *bordereau de chargement* (Lille 2 déc. 1843, 13402 J. E.).

15. BORDEREAUX DE MARCHANDISES. — Un *bordereau de marchandises* indiquant les marques, la destination, le poids, le nombre des colis, leur désignation, les destinataires et le prix du transport est une lettre de voiture sujette au timbre (Chalons-sur-Marne 11 juill. 1844).

16. LETTRE MISSIVE. — Il est bien certain qu'en principe une lettre de voiture n'échapperait pas à l'exigibilité de droit parce qu'elle prendrait la forme d'une lettre missive. Mais il en serait autrement, d'après un jugement du tribunal de Lons-le-Saulnier, du 3 février 1874, s'il était établi que cette

lettre a été remise cachetée au voiturier et qu'elle était encore cachetée quand ce voiturier l'a présentée aux agents verbalisateurs. Ce point là n'est pas évidemment contestable (*Conf.* : Merlin *Quest. de droit* v° *Lettres de voiture* p. 515). Seulement le voiturier commettrait une contravention à la loi sur le transport des lettres.

10753. Retour franco. — Il a été plusieurs fois reconnu que les bons délivrés pour le retour franco des emballages en fûts vides sont affranchis du timbre quand ils se trouvent annexés à la lettre de voiture primitive timbrée, parce que ce retour franco est la continuation de la convention de transport constatée par la lettre timbrée (Sol. 14 déc. 1852 et 19 fév. 1856).

10754. Transport de la gare au domicile. — On s'est demandé si, du moment que la lettre de voiture porte que les marchandises seront adressées à domicile, le destinataire a le droit de s'opposer à ce que le transport de la gare d'arrivée à domicile soit effectué par les agents du chemin de fer. La C. cass. a décidé, le 13 juillet 1859, que la convention résultant de la lettre de voiture était obligatoire pour le destinataire et que le transport de la gare à domicile devait être fait par les compagnies. Il en résulte que dans ce cas la lettre de voiture primitive est valide jusqu'à la réception à domicile. Mais si de la gare d'arrivée au domicile des destinataires le transport est effectué par des commissionnaires de roulages spéciaux ayant reçu mandat des destinataires, il y aura deux transports par des entrepreneurs divers, deux voyages effectifs pour lesquels deux lettres de voitures seront nécessaires. L'écrit qui constaterait le second transport serait donc passible du timbre (1192 R. P.).

Par application des mêmes principes il a été décidé : 1° que les notes d'expédition délivrées aux camionneurs de la compagnie pour le transport des marchandises du domicile de l'expéditeur à la gare ne constituent pas une lettre de voiture proprement dite, mais un simple renseignement à l'aide duquel la lettre véritable sera rédigée à la gare. D'ailleurs, le camionneur est celui qu'un agent de la compagnie et non un entrepreneur de transports pour son compte (Évreux 1er avr. 1859, 1171 R. P., Sol. 24 déc. 1857); — 2° que les gendarmes, les préposés de l'octroi et autres agents désignés dans l'I. G. n° 575, n'ont pas qualité pour dresser des procès-verbaux de contravention au timbre relativement aux notes ou autres pièces dont sont accompagnés les transports faits soit dans l'intérieur d'une commune soit d'une commune à la gare du chemin de fer qui l'avoisine (Sol. 7-11 oct. 1859, 2107 § 4 I. G., 1324 R. P.).

Nous devons seulement faire remarquer, à cet égard, que la loi du 2 juillet 1862 ayant attribué aux préposés des douanes, des contributions indirectes et des octrois la même compétence qu'aux préposés de l'Enregistrement pour la constatation des contraventions au timbre des actes sous seing privé et pour la saisie de ces écrits, ces agents pourraient aujourd'hui dresser des procès-verbaux relativement aux notes dont il s'agit si, en admettant qu'elles ne fussent pas des lettres de voiture, elles rentraient dans la catégorie des pièces pouvant faire titre en justice et assujetties au timbre par l'art. 12 L. 13 brumaire an 7.

10755. Propriétaire. — La lettre de voiture, comme nous l'avons dit, est le titre de la convention d'expédition : donc, pour qu'il y ait lettre de voiture proprement dite, il faut qu'il y ait convention d'expédition.

1. DOMESTIQUE OU FERMIER. — Aussi l'art. 2 Déc. 3 janvier 1809 porte-t-il que « ne sont point assujettis à se pourvoir de lettres de voiture timbrées les propriétaires qui font conduire par leurs voituriers et leurs propres domestiques ou fermiers, les produits de leurs récoltes. » Dans ce cas, en effet, il ne peut y avoir contrat d'expédition. C'est dans ce sens que l'Administration a décidé, le 1ᵉʳ février 1816, que le manufacturier qui fait transporter les produits de sa manufacture par ses voitures et ses propres chevaux, de la manufacture dans ses magasins, n'est pas tenu de représenter une lettre de voiture.

On doit généraliser cette solution et l'appliquer à tous les cas où le transport a lieu par un domestique aux gages du propriétaire et se servant de la voiture de celui-ci (Sol. 22 janv. 1844, 1ᵉʳ août 1855).

Il en serait de même, à plus forte raison, si la lettre était saisie sur l'expéditeur lui-même transportant ses marchandises (Sol. 30 mai 1860).

2. VOITURIER ÉTRANGER. — Il ne faut pas attribuer la disposition du décret de 1809 à la sollicitude du législateur pour l'agriculture : c'est ce que prouve surabondamment la restriction introduite dans le décret que, pour n'avoir pas à supporter le droit de timbre, les propriétaires sont obligés de faire conduire par *leurs voituriers et leurs propres domestiques ou fermiers.* Aussi est-ce avec raison que la C. cass. a jugé, le 17 juillet 1855, qu'un propriétaire qui fait conduire chez lui les produits de ses bois par un voiturier de profession, étranger à sa maison, lequel opère les transports avec ses propres chevaux et voitures, dont le salaire est réglé en proportion des transports qu'il effectue, ne peut se prétendre exempt de la nécessité de la lettre de voiture timbrée, par application de la disposition de l'art. 2 Déc. 3 janvier 1809.

« Attendu, porte cet arrêt, que, si l'art. 2 Déc. 3 janvier 1809 contient une exception en faveur des propriétaires qui font conduire par leurs voituriers et leurs propres domestiques ou fermiers les produits de leurs récoltes, cette exception, quant aux voituriers, ne s'applique qu'à ceux qui, aux termes mêmes dudit article, sont au service du propriétaire, et ne peut s'étendre à des voituriers de profession qui auraient été employés par lesdits propriétaires ; que, dans ce cas, les lettres de voiture dont ils sont porteurs pour la sûreté des transports qu'ils effectuent et comme titres du salaire qui leur est dû sont soumises aux droits et à l'emploi du papier timbré, conformément audit art. 12 L. 13 brumaire an 7 » (526 R. P., 2054 § 9 I. G., S. 56-1-182).

Jugé de même qu'une note portant : « M. P... recevra 33 hectolitres de charbon. Il *payera* au bouvier pour son charroi 8 francs. Brocas, le ..... Signé D. » constitue une lettre de voiture, bien que le bouvier soit le colon de l'expéditeur et que le charbon provienne de ses propriétés. » « Quoiqu'il soit vrai que le sieur B... soit colon partiaire du sieur D..., celui-ci ne l'employait pas comme obligé par son bail à transporter ses récoltes, l'écrit constate que ledit B..., propriétaire des bœufs et de la charrette, travaillait pour son compte et non comme un domestique ; d'autre part, l'art. 2 Déc. 3 janvier 1809 s'explique quand il s'agit de représentants directs de l'expéditeur n'ayant d'autres intérêts que le sien parce qu'il n'y a pas de contrat entre l'expéditeur et le voiturier, tandis qu'en l'espèce B... a stipulé un salaire » (Mont-de-Marsan 19 fév. 1859, 1134 R. P., 16891 J. E.).

On ne peut non plus considérer comme un domestique ou un voiturier à gages, celui qui s'engage pour un salaire variable ou à forfait à effectuer des transports avec sa voiture pour le compte d'un autre pendant un temps déterminé ou à des époques fixes (Sol. 18 juin 1856).

Mais il n'est pas nécessaire que le transport soit effectué d'un magasin de l'expéditeur dans un autre magasin du même expéditeur, il suffit que les objets désignés dans la lettre de voiture appartiennent à l'expéditeur (Sol. 15 juin 1859).

D'un autre côté, il ne faudrait pas prétendre, comme l'a fait à tort un jugement du tribunal de la Seine du 18 février 1859, que le décret de 1809 n'est applicable qu'au transport des récoltes et non des marchandises. Ces dispositions sont générales et l'Administration ne fait d'ailleurs nulle difficulté de les étendre à tous les cas. — **V.** *Connaissement* nᵒ 5006.

10756. Exemption de droit. — Les transports faits pour le compte du Gouvernement ayant lieu dans un intérêt public, il est tout naturel que les lettres de voiture qui les constatent soient exemptes de timbre. C'est dans ce sens qu'il a été décidé en thèse générale, le 1ᵉʳ juillet 1856, par le ministre des finances, que l'exemption du timbre s'applique aux lettres de voiture émanant des agents de tous les départements ministériels toutes les fois qu'il s'agit de transports effectués pour le compte *direct* de l'État (792 R. P., 2088 § 6 I. G.).

1. EFFETS MILITAIRES. — Il avait été déjà reconnu que les lettres de voiture délivrées par les officiers comptables du ministère de la guerre sont exemptes de timbre, mais il faut que les lettres de voiture émanent des agents militaires et que les transports soient faits directement pour le compte de l'État. Le droit de timbre deviendrait exigible si l'écrit émanait de l'*entrepreneur* des transports (D. m. f. 18 fruct. an 9, Circ. 2042, 326 § 37 I. G. ; — 3 sept. 1850, 15026 J. E.).

Quittance. — Dans tous les cas, la quittance que la partie prenante apposerait au pied de la lettre de voiture resterait assujettie au timbre si le prix du transport excédait 10 francs.

2. MARINE. — Sont également exemptes du timbre les lettres de voiture expédiées par les entrepreneurs des transports de la marine pour l'approvisionnement des ports, quand elles sont visées par l'administration de la marine (D. m. f. 11 mars 1806).

Une autre décision du 3 février 1855 (2025 § 6 I. G.) porte que les écrits délivrés ou visés par les agents du ministère de la marine à raison des transports qu'ils font opérer, dans l'intérêt du service, par les chemins de fer ou par toute autre voie, rentrent également dans les cas d'exception.

3. GARDE NATIONALE. — Il en était de même de celles qui accompagnaient les transports d'armes de la garde nationale (D. m. f. 16 déc. 1840 ; — 326 § 3 I. G.). — *V.* 9410.

4. TÉLÉGRAPHIE. — Par une décision du 28 mars 1860, le ministre des finances a également reconnu exemptes du timbre les lettres de voiture relatives aux transports opérés pour le service télégraphique (1104 R. P., 2181 § 3 I. G.).

Par suite des mesures concertées les 11 juin et 3 août 1863 entre les départements de l'intérieur et des finances, un bulletin-récépissé délivré par l'inspecteur des lignes télégraphiques remplacera à l'avenir la lettre de voiture pour les transports par les chemins de fer, et, comme la lettre de voiture, pourra être rédigée sur papier non timbré (1885 R. P., 2271 § 2 I. G.).

5. PAVAGE DE PARIS. — Les lettres de voiture pour le transport des pavés destinés au pavage de Paris sont sujettes au timbre (D. m. f. 19 juin 1850).

6. CONTRIBUTIONS INDIRECTES. — ACQUITS-A-CAUTION. — Les acquits-à-caution qui tiennent lieu de lettres de voiture pour le transport effectué par l'administration des contributions indirectes, des colis de poudre et des barils vides renvoyés aux poudreries et raffineries, ne sont pas assujettis au timbre (D. m. f. 24 avr. 1840, 12524-5 J. E.).

7. TABACS. — De même, il a été reconnu que les écrits relatifs à l'expédition d'une certaine quantité de tabacs délivrés par les compagnies de chemins de fer à l'adjudicataire de l'entreprise générale des transports du tabac et joints à l'appui des acquits-à-caution de la Régie des tabacs, constituent des notes d'ordre intérieur affranchies du timbre D. m. f. 27 juin 1855, Sol. 4-15 juin 1850, 4 juill. et 8 oct. 1856).

8. DOUANES. — Les déclarations de marchandises uniquement faites pour le service des douanes sont exemptes du timbre (L. 6-22 août 1791, tit. 2 art. 8 et 9, Sol. 28 mai 1852, 25 juin 1853; — Verdun 28 août 1857, suiv. d'acq. du 7 oct. 1857).

Il en est de même des déclarations de marchandises fournies à la douane française (L. 2 juill. 1836, art. 7).

Mais si ces déclarations contiennent des indications étrangères à la douane et servent réellement de lettres de caution l'amende est exigible — V. suprà 10752-10.

9. CONTRIBUTIONS INDIRECTES. — ENREGISTREMENT. — Les lettres de voiture pour les envois faits par l'Administration des contributions indirectes ou de l'enregistrement à leurs préposés doivent être sur papier timbré (6602 J. E.). — V. 5525-3.

10757. Étiquettes. — Adresses. — En thèse générale, on ne saurait considérer comme des lettres de voiture les adresses inscrites sur les colis ou les étiquettes dont ils sont revêtus, et qui contiennent le plus souvent le nom du destinataire avec l'estampille ou la vignette de l'expéditeur. L'Administration l'a décidé un grand nombre de fois (Sol. 13 fév. 1855, 9 déc. 1856, 22 août 1858).

Cependant, il n'en serait plus ainsi s'il s'agissait d'un écrit qui renfermerait les indications essentielles de la lettre de voiture, et aurait pour but évident de prouver la convention de transport. Il est clair que les parties ne sauraient éviter

T. III.

l'application de la loi par cela seul qu'au lieu d'être entre les mains du voiturier, la lettre serait momentanément attachée au colis qu'il transporte (Sol. 17 juill. 1858).

10758. Expositions universelles. — L'État ayant pris à sa charge tous les frais relatifs au transport des produits français et étrangers destinés à l'exposition universelle de 1855, le secrétaire général de l'exposition a demandé que les lettres de voiture qui en constateront l'expédition ou la réexpédition, et qui seront délivrées par le président, le secrétaire ou tout autre membre délégué du comité, soient exemptes du timbre. Cette demande a été accueillie par une décision ministérielle du 22 janvier 1855 (2025 § 5 I. G.).

De même, les frais de transport des produits français destinés à être exposés à Londres en 1862, ayant dû être supportés par l'État, le ministre des finances a décidé, le 28 janvier 1862, que les lettres de voiture accompagnant ces produits ont pu être rédigées sur papier non timbré (2211 § 2 I. G., 1609 R. P.).

10759. Quotité de l'amende. — L'art. 10 L. 16 juin 1824 avait réduit à 5 francs l'amende de 30 francs prononcée par les art. 26 et 30 L. 13 brumaire an 7 pour chaque acte ou écrit non écrit sur papier timbré. L'art. 7 L. 11 juin 1842 a ramené l'amende, en matière de lettre de voiture, à la quotité fixée par la loi du 13 brumaire an 7. « Pour toute lettre de voiture, porte cet article, ou connaissement non timbré ou non frappé du timbre noir et du timbre sec, la contravention sera punie d'une amende de 30 francs, payable solidairement par l'expéditeur et par le voiturier, s'il s'agit d'une lettre de voiture, et par le chargeur et le capitaine, s'il s'agit d'un connaissement. »

Depuis cette époque est intervenue la loi du 2 juillet 1862, dont l'art. 22 prononce : « L'amende est de 50 francs pour chaque acte ou écrit sous seing privé sujet au timbre de dimension et fait sur papier non timbré. » — Une Dél. du 16 septembre 1862, approuvée le 7 octobre suivant, a décidé que cette disposition s'applique aux lettres de voiture comme aux autres écrits (1743 R. P., 17572 J. E.); et, depuis cette époque, la pratique est généralement établie dans le même sens.

Nous ne croyons pas cependant que ce soit avec raison.

En effet, la même loi du 2 juillet 1862 maintient, art. 28, « toutes les *exemptions* et *exceptions* prononcées par les lois existantes, ainsi que toutes les dispositions des lois sur le timbre, non contraires à la présente. » L'exemption et l'exception ne correspondent pas à des situations semblables, et il n'est pas probable d'ailleurs que le législateur eût employé ces deux mots s'il leur avait attribué la même signification. Il a voulu exprimer cette idée que, non content de maintenir les exemptions, c'est-à-dire les dispenses absolues d'impôt édictées par les lois antérieures, il a aussi conservé les exceptions, c'est-à-dire les modifications à la règle générale édictée par ces lois pour des cas spécialement définis. Or, il n'est pas contestable que l'ensemble des prescriptions légales applicables aux lettres de voiture place ces pièces dans des conditions tout à fait particulières à l'égard de l'impôt du timbre. Il constitue une modification aux règles générales de cet impôt, modification qui ne peut être appliquée que dans le

93

cas exclusivement déterminé d'une lettre de voiture ou d'un connaissement. Il offre donc tous les caractères de l'exception; et nous avons cru pouvoir en conclure que ces écrits, assujettis, sous le rapport du timbre, aux dispositions exceptionnelles des art. 6 et 7 L. 11 juin 1842, ne tombent pas sous l'application des termes généraux de l'art. 22 L. 2 juillet 1862. Les contraventions restent donc passibles de l'amende de 30 francs (1679 R. P.).

10760. Pluralité. — Quand une lettre de voiture rédigée sur papier non timbré s'applique à plusieurs conventions de transport de marchandises adressées à divers destinataires, il n'est pas dû pour cela plusieurs amendes. L'unité de l'écrit entraîne forcément aussi l'unité de la contravention (Sol. 11 sept. 1854; 27 août 1855; 10 déc. 1859, 2 avr. 1870). Mais il semble qu'il n'en doive plus être de même lorsque deux ou plusieurs écrits non timbrés saisis sur un voiturier concernent les mêmes marchandises et n'ont pour objet qu'une seule et même convention de transport. Une Sol. 13 décembre 1852 a cependant reconnu que, dans ce cas, une seule amende de 30 francs est encourue. Cette décision paraîtrait difficile à justifier en droit, surtout depuis que l'Administration applique aux lettres de voiture la disposition de l'art. 22 L. 2 juillet 1862 qui frappe d'une amende *tout* acte ou écrit sous seing privé, sujet au timbre et rédigé sur papier non timbré.

10761. Feuille ayant déjà servi. — Acte écrit à la suite, etc. — Deux lettres de voiture ne peuvent pas être rédigées sur une même feuille de papier; c'est l'application du principe général posé par la loi du 13 brumaire an 7. Il en est de même de la prohibition d'écrire une lettre de voiture sur une feuille ayant déjà servi.

Ainsi, il a été décidé que, si cinq lettres de voiture ont été écrites à des dates différentes sur la même feuille de papier timbré, il est dû quatre amendes de contravention et quatre droits de timbre (Saint-Étienne 21 janv. 1852).

Mais la question peut présenter quelques difficultés lorsqu'il s'agit de l'application de l'amende à ces contraventions. Est-ce la disposition des art. 26 et 30 L. 13 brumaire an 7 qui doit régir ces contraventions, comme elle régit toutes celles de même nature que peuvent présenter les actes autres que les lettres de voiture, auquel cas la seule amende exigible serait celle de 5 francs, d'après la disposition générale de la loi du 16 juin 1824, art. 10? Ou bien doit-on faire l'application directe de l'art. 7 L. 11 juin 1842? Il nous semble hors de doute que c'est ce dernier article qui doit atteindre ces contraventions, car la loi de 1842 a voulu que chaque lettre de voiture fût écrite sur papier timbré sous peine d'une amende de 30 francs. Or, dans les deux hypothèses qui nous occupent, cette loi a été violée, puisque chaque lettre de voiture n'a pas été écrite sur un papier timbré n'ayant jamais servi, ce qui ne produit pas d'autre effet qu'une feuille de papier qui n'aurait pas été timbrée.

Assez fréquemment, pour éviter l'application de la loi, on se sert d'un procédé particulier. On commence par écrire une lettre de voiture dans la partie inférieure de la feuille de timbre, puis, quand le transport est effectué et que la lettre a servi, on détache cette portion de la feuille et il reste en

blanc la partie supérieure revêtue des empreintes du timbre. On rédige alors en cet endroit une nouvelle lettre de voiture. Quand il est démontré que la seconde fraction de la feuille renfermait une lettre de voiture, l'amende est incontestablement due (Reims 12 mars 1849, 14707 J. E.). Mais la preuve de ce fait peut être difficile. Afin de la faciliter, une D. m. f. 12 mars 1857 a autorisé les agents de l'octroi et autres préposés chargés de la surveillance de cette partie du service, à apposer un visa sur la partie demeurée en blanc, qu'elle soit ou non revêtue d'un cadre.

On doit aussi considérer comme renfermant une contravention la lettre de voiture qui est rédigée sur deux fragments de papier dont un seul est timbré (Sol. 9 juin 1860); — encore bien que la seconde feuille soit adhérente par ses extrémités au fragment timbré (Vassy 6 juill. 1855).

1. RÉCÉPISSÉ DE COLIS. — Toutefois, par application de la disposition finale de l'art. 22 L. 13 brumaire an 7, on peut mettre à la suite de la lettre de voiture le récépissé des colis (Sol. 2 vend. an 14).

10762. Employés chargés de constater les contraventions. — La constatation des contraventions commises dans les lettres de voiture, au point de vue des droits de timbre, peut être faite par les employés de l'enregistrement, des douanes, des contributions indirectes et des octrois, par les gendarmes (Déc. 16 mess. an 13, art. 1er et 2, 328 § 3 n° 6 I. G., D. m. f. 15 avr. 1812, 595 I. G.; — 14 fév. 1817, 6203 J. E.; — 9 fév. 1820, 6822 J. E.).

Ces dispositions ont été étendues aux jurés compteurs de ports que l'on assimile aux préposés des douanes (D. m. f. 3 nov. 1820, 6822 J. E.). Mais il a été reconnu qu'elles ne s'appliquaient ni aux préposés des ponts à bascule (Sol. 10 août 1846); — ni aux commissaires de police (Sol. 21 juill. 1846, Dél. 30 déc. 1851, approuvé par le ministre des finances le 16 janv. 1852, Sol. 20 janv. 1859).

Autrefois, la compétence des agents qui précèdent se restreignait à la saisie des lettres de voiture, et quand un écrit, n'ayant pas ce caractère, mais, d'ailleurs, soumis au timbre par les dispositions générales de l'art. 12 L. 13 brumaire an 7, comme, par exemple, une note d'expédition ou un récépissé de nature à faire titre à l'expéditeur, tombait entre leurs mains, ils n'avaient pas le droit d'en faire la saisie. L'art. 22 L. 2 juillet 1862 a remédié à cet état de choses en décidant, art. 23 :

« Les préposés des douanes, des contributions indirectes et ceux des octrois ont, pour constater les contraventions au timbre des actes ou écrits sous seing privé et pour saisir les pièces en contravention les mêmes attributions que les préposés de l'Enregistrement. »

1. GARDES PORTS. — Les gardes ports peuvent constater les contraventions au timbre des lettres de voiture. — V. 9118.

10763. Procès-verbal. — Lorsque le contrevenant refuse de verser immédiatement l'amende, il y a lieu de dresser procès-verbal, auquel on doit joindre la lettre de voiture en contravention, conformément à la disposition générale de l'art. 31 L. 13 brumaire an 7, à moins que les contrevenants ne consentent à signer les procès-verbaux (Circ. 1580, 326 § 3 n° 3 I. G.). Mais ce procès-verbal n'a pas besoin d'être signifié (Cass. 2 mai 1854, 2019 § 11 I. G.).

1. AFFIRMATION. — Il n'est d'ailleurs pas nécessaire que les procès-verbaux soient affirmés (Circ. 13 mess. an 9 et 2 brum. an 10).

2. SAISIES ILLÉGALES. — L'exercice des employés de l'octroi doit être fait aux barrières, et celui des autres agents au moment où le chargement est rencontré sur la voie publique ou dans les gares. Ils ne peuvent pénétrer au domicile des prétendus dépositaires des lettres de voiture pour y saisir ces écrits (Sol. 3 sept. 1847 et 27 fév. 1860).

Il leur est interdit également de faire ouvrir dans ce but les colis, et l'Administration a plusieurs fois décidé que les écrits non timbrés découverts par ce moyen n'étaient pas saisis légalement (Sol. 29 oct. 1859, 13 nov. 1857). On pourrait ajouter que de tels actes ne constatent pas réellement la convention de transport puisque le titre n'est en la possession ni de l'expéditeur ni du voiturier, mais appartient exclusivement au destinataire qui en reçoit l'entière disposition et n'a pas à en rendre compte.

De même, on ne saurait saisir comme lettres de voiture des écrits qui constatent un transport autre que celui opéré par le voiturier au moment de la présentation de la pièce (Sol. 26 sept. 1857); ni par la même raison des écrits non timbrés n'accompagnant pas les marchandises (Sol. 5 sept. 1855, 12 nov. 1857, 1er déc. 1843, 5 mai 1856, 26 mars 1857).

De tels actes peuvent bien être sujets au timbre d'après l'art. 12 L. 13 brumaire an 7; mais, même depuis que les agents des octrois et autres peuvent saisir tous ces écrits, il est douteux que l'on ne doive pas considérer comme abusive la conduite d'un préposé qui, sous le prétexte d'obtenir communication d'une lettre de voiture proprement dite, se ferait représenter les autres papiers en la possession du voiturier et profiterait de cette représentation volontaire pour saisir les pièces non timbrées.

Cette saisie ne serait autorisée qu'à l'égard des quittances, parce que la loi du 23 août 1871 ne demande pas compte aux préposés du moyen par lequel ces quittances sont parvenues en leur possession.

10764. Recouvrement de l'amende. — Quant au recouvrement de l'amende, lorsque le procès-verbal a été notifié au contrevenant dans les délais fixés par l'art. 32 L. 13 brumaire an 7, il doit être suivi par voie de contrainte, conformément à ce que nous avons dit au mot *Instance* (Cass. 24 juin 1854, 2019 § 15 I. G.).

10765. Solidarité. — L'art. 7 de la loi de 1842 ci-dessus transcrit veut que l'amende soit encourue solidairement par l'expéditeur et le voiturier. — Mais le recouvrement doit être toujours suivi de préférence contre l'expéditeur qui est le véritable auteur de la contravention, à moins que sa solvabilité ne soit douteuse (Sol. 24 avr. 1855, 11 août et 30 août 1858).

CHAPITRE II. — RÉCÉPISSÉS DES CHEMINS DE FER

[10766-10788]

SECTION PREMIÈRE. — RÉCÉPISSÉS ORDINAIRES

[10766-10780bis]

10766. Texte de la loi. — Les transports de marchandises par les chemins de fer ont été l'objet de dispositions spéciales insérées dans la loi de finances du 13 mai 1863 et ainsi conçues:

« Art. 10. A partir du 1er juillet 1863 est réduit à 20 centimes le droit de timbre des récépissés que les compagnies de chemins de fer sont tenues de délivrer aux expéditeurs, lorsque ces derniers ne demandent pas de lettre de voiture.

« Le récépissé énoncera la nature, le poids et la désignation des colis, les noms et l'adresse du destinataire, le prix total du transport et le délai dans lequel ce transport devra être effectué.

« Un double du récépissé accompagnera l'expédition et sera remis au destinataire.

« Toute expédition non accompagnée d'une lettre de voiture doit être constatée sur un registre à souche timbré sur la souche et sur le talon, à peine d'une amende de 50 francs.

« Les préposés de l'Enregistrement sont autorisés à prendre communication de ce registre ainsi que de ceux mentionnés par l'art. 50 de l'ordonnance du 15 novembre 1846 et des pièces relatives aux transports qui y sont énoncés. La communication aura lieu selon le mode prescrit par l'art. 54 L. 22 frimaire an 7, et sous les peines y portées. »

1. TARIF. — Cette taxe a été élevée à 25 centimes par la loi du 23 août 1871, et celle du 28 février 1872 a réuni le droit de 10 centimes dû pour la décharge donnée par le destinataire, soit 35 centimes. Ce droit de 35 centimes n'est pas assujetti aux décimes.

10767. Motif de la loi. — L'application aux transports opérés par chemin de fer des dispositions de la lettre de voiture ordinaire donna lieu à plusieurs difficultés. Les compagnies refusèrent notamment de se soumettre à une indemnité en cas de retard dans les transports, parce que ces transports ne se faisaient pas toujours sur la même ligne, et que la clause pénale aurait produit des recours et des complications extrêmes dans la détermination des responsabilités. Cette prétention ayant été accueillie par la jurisprudence (Cass. 27 fév. 1862), les expéditeurs prirent l'habitude de ne plus exiger de lettres de voiture dont la principale utilité faisait défaut; et ils se contentèrent désormais de simples récépissés délivrés à la gare dans les bureaux d'expédition pour constater le fait du dépôt du colis entre les mains de la compagnie. Ce récépissé formait bien un titre pour l'expéditeur, mais il n'accompagnait pas la marchandise, n'était pas remis avec elle au destinataire et, en définitive, offrait peu de garantie pour la sécurité des transports. Le Gouvernement, ému de la situation non moins que de la perte subie par le Trésor depuis la suppression à peu près complète des lettres de voiture timbrées, a proposé les dispositions de la loi du 13 mai 1863. Voici en quels termes le rapporteur de la commission du budget en précisait les conséquences :

« *On pourra toujours employer les lettres de voiture ou les apporter aux chemins de fer*, suivant que ce sera la compagnie qui les délivrera ou l'expéditeur qui les aura préparées. Leur emploi aura encore *un grand intérêt*, surtout quand, après un certain parcours sur la voie de fer, *ces expéditions devront prendre une autre voie, soit la voie terrestre, soit la voie fluviale.*

« C'est l'expéditeur qui sera juge de l'utilité pour lui d'avoir une lettre de voiture. S'il n'y a pas de lettre de voiture accompagnant l'expédition, alors obligatoirement, pour établir les rapports entre la compagnie et le public, afin d'assurer la sécurité des expéditions, un récépissé au timbre de 20 centimes sera remis aux expéditeurs, *et je constate en passant que ce timbre s'applique, non pas à chaque double, mais à l'expédition même sur la souche de laquelle les doubles sont détachés.* Un double sera délivré à l'expéditeur pour qu'il ait la preuve de son envoi. *L'autre double accompagnera la marchandise jusqu'à sa remise au destinataire; le récépissé garantira donc non-seulement le transport*, mais il permettra d'en vérifier le prix et la régularité. Ce but sera atteint au moyen des énonciations du récépissé, qu'il convient de rappeler en peu de mots : la nature et le poids des colis, avec les indications qui sont en usage dans le commerce, et permettent de constater l'identité de la marchandise, le nom du destinataire et son adresse, le délai dans lequel le transport doit être opéré, et, en même temps, le prix du transport ; toutes ces énonciations mettent le destinataire à même de reconnaître si le colis qui lui est remis est bien celui qui a été expédié, de vérifier si le transport a été fait conformément aux conventions, et si la marchandise expédiée lui a été remise dans le temps et aux prix qui étaient déterminés au point de départ.

« Ce sont là des garanties qui ne se trouvent pas toutes dans les récépissés qui sont délivrés encore actuellement. Les cahiers des charges n'en faisaient pas une obligation ; on ne trouve ces avantages que dans les lettres de voiture. Mais vous savez, par suite, de quelles circonstances les lettres de voiture pour les transports par chemins de fer ont perdu de leur importance et de leur emploi.

« Puisque les transports par chemins de fer ne sont plus guère constatés que par des récépissés, votre commission a jugé utile de donner à ces récépissés toutes les garanties que, dans l'état de la jurisprudence, présente la lettre de voiture en dehors de la clause d'indemnité pour retard qui peut résulter de la seule volonté des parties, et ne peut être imposée au voiturier, surtout au voiturier nécessaire. Cependant, ces récépissés seront frappés d'un timbre de 20 centimes au lieu d'être soumis au timbre de 50 centimes, comme les lettres de voiture dont ils présenteront toutes les garanties dans

l'état de la jurisprudence pour les transports faits exclusivement par chemins de fer.

« Ce sont là, nous le croyons du moins, des améliorations considérables qui recommandent à votre attention et à votre approbation la disposition qui vous est soumise. »

10768. Double. — Il résulte des explications précédentes que le droit de timbre frappe non pas chaque double délivré, mais l'expédition même. Le récépissé remis à l'expéditeur et le double qui, d'après le 3e alinéa de l'art. 10, doit accompagner les colis sont donc timbrés moyennant le payement d'un seul droit (2252 I. G., 1770 p. 223 R. P.).

10769. Petite vitesse. — Les dispositions précédentes sont exclusivement applicables au transport par grande vitesse. Ceux qui ont lieu par petite vitesse ont donné lieu à une tarification spéciale dans l'art. 1er L. 30 mars 1872, ainsi conçue : « A partir du 8 avril 1872, le droit de timbre des récépissés délivrés par les chemins de fer, en exécution de la loi du 13 mai 1863, est fixé, y compris le droit de la décharge donnée par le destinataire, à 70 centimes pour chacun des transports effectués autrement qu'en grande vitesse » (2441 I. G.). Le droit de 70 centimes est exempt des décimes.

1. LETTRES DE VOITURE DES PARTICULIERS. — Les compagnies de chemins de fer sont tenues d'accepter les lettres de voiture des particuliers, lorsqu'elles sont timbrées à 60 centimes et revêtues d'un timbre mobile de 10 centimes oblitéré au moment de la remise à la compagnie (Sol. 30 mars, 24 déc. 1872).

Ces lettres de voiture peuvent même être frappées du timbre à 70 centimes sans inconvénient pour le Trésor. Mais le payement ainsi opéré du droit de 10 centimes ne libère le destinataire de la taxe édictée de l'art. 18 L. 23 août 1871 qu'à raison du transport effectué par chemin de fer et constaté sur les registres des agents de la compagnie, un nouveau droit étant exigible pour toute décharge qui serait donnée sur tous autres registres de factage ou de camionnage (*Idem*).

10770. Limites du trajet. — Factage. — Transport par terre. — Le récépissé s'applique exclusivement au transport effectué par les compagnies, mais il s'étend à tout ce transport. Or, on doit entendre par là le trajet effectué depuis la prise en charge des objets par le camionnage, quand elle peut s'opérer ainsi, jusqu'à la livraison du colis au destinataire par la compagnie, soit à la gare même, soit en dehors de la gare et au domicile du destinataire dans les lieux où la compagnie est autorisée à la conduire par son factage.

En dehors de ces limites, le récépissé ne sert plus de titre à la convention du transport (*V.* 2268 I. G.). Si le voiturier qui reçoit les marchandises du factage pour les conduire plus loin par voie de terre veut un titre régulier, il doit se faire remettre une lettre de voiture ordinaire et, dans certaines grandes compagnies, ces lettres sont, en effet, rédigées lors de la livraison des colis aux voitures intermédiaires. En règle générale, le récépissé, délivré pour le transport par terre, ne peut donc pas servir de lettre de voiture pour le transport par terre, autre que celui qui a lieu dans les limites du camionnage.

La loi du 30 mars 1872 a dérogé à ce principe pour les transports par petite vitesse. Elle a décidé que les récépissés timbrés au droit de 70 centimes (V. 10769) pourront servir de lettres de voiture pour les transports qui, indépendamment des voies ferrées, emprunteront les routes, canaux et rivières, et que les modifications qui pourraient survenir en cours d'expédition, tant dans la destination que dans le prix et les conditions du transport, pourront être écrites sur ces récépissés (2441 I. G.).

Cette faveur n'est pas applicable aux récépissés en grande vitesse. Mais il faut remarquer que la délivrance des lettres de voiture, relatives au transport par terre, n'est pas obligatoire. Les parties peuvent s'en dispenser, et on ne saurait, dès lors, considérer le récépissé remis par la compagnie au voiturier représentant le destinataire, et conservé par ce voiturier durant son chemin, comme remplaçant la lettre proprement dite. Ce serait à tort qu'on le saisirait pour contravention à la loi du 11 juin 1842, à défaut de timbrage au droit ordinaire de 60 centimes.

Toutefois, si les parties y ajoutaient certaines indications destinées à régler les conditions de ce second transport, elles transformeraient l'écrit en une lettre ordinaire, et la loi de 1842 deviendrait immédiatement applicable (Sol. 12 juill. 1877).

10771. Souche en blanc.

— L'absence de toute indication sur la souche constitue une double contravention à l'art. 10. D'une part, cet article veut que les expéditions qui ne doivent pas être accompagnées de lettre de voiture soient constatées sur le registre à souche timbré, et, d'autre part, que le registre puisse être vérifié par les agents du timbre. Or, ce double résultat est impossible si la souche est resté en blanc (Sol. 22 fév. 1866).

10772. Réexpéditions.

— On ne trouve dans l'Ord. 15 novembre 1846, ni dans les cahiers de charges de concessions de chemins de fer, aucune disposition qui dispense les compagnies de se conformer aux prescriptions de l'art. 10 L. 13 mai 1863 en ce qui concerne les réexpéditions en franchise des emballages vides. Toutefois, en pratique, la plupart de ces réexpéditions sont effectuées *sans écriture d'aucune espèce*. En ce cas, mais en ce cas seul, la cause de la perception du droit de timbre n'existe pas, puisqu'il n'y a ni enregistrement sur les registres de la compagnie, ni frais de transport, ni garantie, et qu'on ne saurait alors exiger la rédaction d'une pièce destinée à tenir lieu de lettre de voiture (Sol. 30 janv. 1865).

10772 bis. Recouvrements.

— Il avait paru que les recouvrements opérés par les entrepreneurs de transports, en remboursement du prix des objets transportés, donnaient lieu, lors de la transmission des fonds ou des avis de recouvrement, à la délivrance d'un récépissé timbré au droit de 35 centimes, conformément aux dispositions de l'art. 10 L. 13 mai 1863. Mais cette appréciation n'a pas été confirmée

par la jurisprudence. Un arrêt de la C. cass. 6 mai 1873 reconnut que la clause de remise de la marchandise contre remboursement de son prix n'a pas pour effet de créer un contrat de transport distinct qui rende obligatoire la rédaction d'un second récépissé, et que les avis échangés entre les agents de la compagnie des chemins de fer ne sont que des pièces d'administration intérieure qui ne peuvent être assujetties au timbre (3684 R. P.).

Cette jurisprudence privait le Trésor du droit de timbre jusqu'alors perçu pour le récépissé toutes les fois que les fonds ne sont pas transmis en nature et par group et lorsque le payement s'opère au moyen d'avis échangés entre les gares. Pour remédier à cette situation, le Gouvernement avait proposé, en 1874, de soumettre ces envois d'argent au droit proportionnel des effets de commerce. Ce projet n'a pas été accueilli. Mais, sur l'initiative de la commission du budget, il est intervenu, le 19 février 1874, une disposition de loi ainsi conçue :

« Art. 10. Les recouvrements effectués par les entrepreneurs de transport, à titre de remboursement des objets transportés, quel que soit d'ailleurs le mode employé pour la remise des fonds au créancier, ainsi que tous autres transports fictifs ou réels de monnaies ou de valeurs, sont assujettis à la délivrance d'un récépissé ou d'une lettre de voiture dûment timbrés. Le droit de timbre du récépissé ou celui de la lettre de voiture, fixé dans ce cas à 35 centimes, y compris le droit de la décharge, est supporté par l'expéditeur de la marchandise. »

1. GÉNÉRALITÉ DE LA LOI. — A la différence de l'art. 10 L. 13 mai 1863, dont les dispositions sont spéciales aux compagnies de chemins de fer, l'art. 10 de la loi nouvelle s'applique, dans la généralité de ses termes, à tous les entrepreneurs de transports indistinctement, lorsqu'ils effectuent le recouvrement du prix des objets qui leur ont été confiées (V. *Rapport fait au nom de la commission du budget*, 2480-5 I. G.).

2. TARIF. — En outre, et par dérogation à la règle générale qui soumet la lettre de voiture à un droit de 60 centimes, la loi du 19 février 1874 dispose que, pour ce cas spécial, le droit de timbre sera de 35 centimes (y compris le droit de décharge de 10 centimes). Ce droit est supporté par l'expéditeur de la marchandise (2480-5 I. G.).

3. ENVOI D'ARGENT. — La loi de 1874 s'applique aux envois d'argent purs et simples (Sol. 13 juill. 1876, 4599 R. P.).

10773. Mobilier des agents de la compagnie.

— La compagnie qui transporte son mobilier n'a besoin ni de récépissé ni de lettre de voiture. Mais il n'en saurait être de même lorsqu'elle transporte, même gratuitement, le mobilier de ses employés, car la compagnie, malgré la gratuité, encourt la responsabilité du transport. La loi du 13 mai 1863 est donc applicable (Sol. 31 déc. 1866, 9 fév. 1867, 2510 R. P., 18322 J. E.).

10774. Marchandises de l'étranger.

— Les dispositions des lois des 28 février et 30 mars 1872, qui ont élevé le droit du timbre des récépissés des chemins de fer à 35 centimes (y compris le droit de la décharge) pour les transports en grande vitesse, et à 70 centimes (droit de charge également compris) pour les transports effectués autrement qu'en grande vitesse, sont applicables aux récépissés des marchandises venant de l'étranger et qui doivent être transportées par les chemins de fer français. Ces derniers récépissés sont timbrés à leur arrivée en France par les agents des douanes, au moyen de timbres mobiles, conformément à l'arrêté ministériel du 7 mai 1864, rapporté dans l'I. G, 2279, (2413 I. G.).

10775. Mode de timbrage. — Le timbre est apposé tant sur la souche que sur le récépissé et le double, soit à l'atelier général du timbre à Paris, soit dans les chefs-lieux de département si les compagnies désirent y faire timbrer leurs registres. Dans ce dernier cas, l'Administration adresse au directeur, sur sa demande, un timbre de 20 centimes (2252 I. G.).

Il est clair que si le timbre n'était opposé que sur la souche, ce serait par suite d'une erreur des agents de l'Administration et on ne pourrait pas réclamer d'amende à la compagnie. Cependant, elle est directement répréhensible d'avoir accompagné le colis d'une pièce non revêtue de la preuve de l'acquit du timbre et, dans le cas où il serait dressé procès-verbal contre elle, les frais demeureraient légitimement à sa charge.

1. ENVOIS DE L'ÉTRANGER. — Des difficultés s'étant élevées relativement aux envois venant de l'étranger à destination de France ou passant en transit par la France, un décret du 2 janvier 1864 a établi, par application de l'art. 24 L. 2 juillet 1862, des timbres mobiles pour être apposés sur les récépissés accompagnant les envois ou sur les pièces tenant lieu de ces récépissés. Aux termes de l'art. 1ᵉʳ de ce décret, les timbres mobiles seront annulés après leur apposition, au moyen d'une griffe, soit par le receveur de l'enregistrement, soit par les préposés des douanes désignés spécialement par le ministre des finances. Cette désignation a été faite par un arrêté du 7 mai 1864 qui confère aux receveurs des bureaux de douanes *frontières de terre*, placés dans les gares des chemins de fer, le droit d'apposer et d'annuler les timbres mobiles dont il s'agit.

Bien que le Déc. 2 janvier 1864 charge également de l'annulation les receveurs de l'enregistrement, c'est principalement aux préposés des douanes qu'incombe l'obligation d'apposer les timbres mobiles et de les annuler au moyen de la griffe.

Les timbres mobiles n'ayant été créés que pour prévenir les difficultés auxquelles donne lieu, aux frontières de terre, le payement de l'impôt applicable aux expéditions de provenance étrangère circulant sur les chemins de fer, il doit être procédé, pour les envois venant par mer, comme pour les expéditions faites à l'intérieur, c'est-à-dire conformément aux dispositions de l'art. 10 L. 13 mai 1863. Le service des douanes maritimes devra, dès lors, se borner à surveiller l'application des règles sur les récépissés (2279 I. G.).

Les timbres peuvent n'être apposés qu'à l'arrivée au bureau de douane de l'intérieur (D. m. f. 23 oct. 1874, 3944 R. P.).

2. GRANDE VITESSE. — Les dispositions de l'art. 10 de la loi de 1863 s'appliquent quelle que soit la vitesse employée pour le transport (2268 I. G., 1770 et 1856 R. P.). D'un autre côté, il semble, d'après les termes généraux de l'I. G. nᵒ 2279 que nous venons de reproduire, que l'apposition du timbre

mobile doive avoir lieu dans tous les cas à l'arrivée du train étranger à la première gare frontière. Cependant, certains convois n'y séjournent pas, ou du moins n'y séjournent que quelques minutes et moyennant que les wagons de marchandises soient plombés, les formalités de douane n'ont lieu qu'à l'arrivée des wagons à destination. Pour rendre possible alors l'exécution de la loi, il semble que le timbrage des récépissés ou des pièces en tenant lieu doit être également fait à la gare de destination (V. 1972 § 2 R, P.).

3. LETTRE DE VOITURE. — Le timbre de 35 centimes, étant spécial aux récépissés ou pièces en tenant lieu, ne pourrait être appliqué sur des écrits qui auraient tous les caractères de la lettre de voiture. Le droit ordinaire serait exigible. Mais il sera extrêmement rare que l'on soit à même de bien distinguer pour les transports par voie de fer la lettre de voiture du récépissé, puisque ce dernier tient lieu de la lettre presque sur tous les points.

10776. Mode de vérification. — **1. TRANSPORT.** — Afin de faciliter la vérification des préposés, le ministre de l'agriculture, du commerce et des travaux publics a décidé, le 31 juillet 1863, qu'ils pourraient pénétrer et circuler dans les bâtiments des gares ou stations affectées aux transports en grande et en petite vitesse, afin de procéder aux vérifications que pourra nécessiter l'application de la loi du 13 mai 1863. Les agents n'ont besoin de se munir d'aucun signe distinctif de leur grade, mais ils doivent être porteurs de leur commission (V. 2268 I. G.).

Il eût été à désirer, comme nous en exprimions le vœu aux nᵒˢ 1770, 1856 et 1972 § 2 R. P., que l'Administration pût obtenir des compagnies le parcours gratuit des employés sur les lignes soumises à leur contrôle. Il paraît que les tentatives faites à cet égard n'ont pu aboutir en présence des limitations imposées par les cahiers des charges des compagnies. Mais on peut espérer que cette condition de transport gratuit sera imposée dans de nouvelles concessions, comme pour les ingénieurs, commissaires de police et agents des douanes ou des contributions indirectes chargés de la surveillance des chemins de fer dans l'intérêt de la perception de l'impôt.

2. MOYEN DE CONTROLE. — Pour l'exécution tant de l'art. 50 Ord. 15 novembre 1846 sur les conditions générales du transport des colis que de l'art. 10 L. 13 mai 1863, les compagnies de chemins de fer ont ouvert un ou plusieurs registres sur lesquels elles inscrivent, avec des mentions à peu près identiques, la remise des objets déposés par les expéditeurs. Chaque envoi donne lieu à un enregistrement spécial. Si une lettre de voiture a été rédigée sur la demande de l'expéditeur, il en est fait mention au registre. A défaut de lettre de voiture, un récépissé a dû être délivré ; et, pour s'en assurer, il suffira de rapprocher le registre à souche des récépissés timbrés du registre d'ordre des expéditions. A cet égard, on ne saurait déterminer une règle uniforme pour la vérification. C'est aux agents à examiner attentivement l'organisation du service dans chaque compagnie ou dans chaque gare, et à utiliser avec intelligence les moyens de contrôle qui sont mis à leur disposition. Leur surveillance devra se compléter par un examen aussi fréquent que les circonstances l'exigeront, des pièces relatives aux transports. A l'arrivée des trains, ils peuvent demander la communication des feuilles de route remises aux conducteurs pour justifier de leur chargement. Ces documents d'ordre extérieur leur indiqueront le nombre d'expéditions pour lesquelles ils devront trouver entre les mains des agents de la compagnie un nombre égal de lettres de voiture ou de récépissés. Si les agents éprouvaient un refus de la part du chef de station, ils le constateraient dans la forme réglée par l'art. 54 L. 12 frimaire an 7. Ils indiqueront par un vu placé sur le registre à souche des récépissés la période sur laquelle aura porté la vérification, et ils rendront compte, conformément aux règlements, des résultats de leurs opérations (2268 I. G., 1856 R. P.).

10777. Quotité de l'amende. — Refus de communication. — L'art. 10 de la loi de 1863 déclare que la communication aura lieu selon le mode prescrit par la loi du 22 frimaire an 7, art. 51, et sous les peines y portées. De ce que le législateur n'ait pas expressément visé l'art. 10 L. 16 juin 1824, qui réduit à 10 francs l'amende de 50 francs prononcée par l'art. 51 L. 22 frimaire an 7, s'ensuit-il qu'il ait entendu conserver au refus de communication des compagnies l'ancienne pénalité? L'Administration l'a ainsi décidé, dans un cas analogue, par son I. G. 1873, à propos de l'art. 16 L. 5 juin 1850 sur le timbre des actions de société, qui est rédigé dans les mêmes termes que l'art. 10 L. 13 mai 1863. Mais cette interprétation est très-contestable. La peine édictée par la loi de l'an 7, ayant été modifiée par une disposition postérieure, ne subsiste plus que dans les limites de la réduction opérée par la loi. Dès lors, quand on déclare qu'un fait sera soumis aux peines prononcées par cette loi, on entend bien qu'il s'agit des peines actuellement applicables, et non pas de celles qui ont été abrogées.

10778. Agents chargés de la surveillance. — La surveillance de l'exécution de la loi du 10 mai 1863 est confiée principalement aux préposés de l'Enregistrement et du timbre. Mais elle appartient aussi aux agents des contributions indirectes, des douanes et des octrois. L'art. 28 L. 2 juillet 1862 (2225 I. G.), leur ayant accordé les mêmes attributions qu'aux préposés de l'Enregistrement pour constater les contraventions au timbre des actes sous seing privé, ils peuvent saisir régulièrement entre les mains des agents des compagnies de chemins de fer toute pièce non timbrée et servant au transport (2268 I. G.).

10779. Exemption. — Transports pour l'État. — La loi de 1863 n'a dérogé en aucune façon aux diverses exemptions dont profitent les lettres de voiture dans des cas déterminés. Il semblait, dès lors, par exemple, que les récépissés délivrés à l'occasion des transports faits pour le compte *direct* de l'État devaient être délivrés sur papier non timbré et que les dispositions des I. G. rappelées au n° 10756 qui précèdent étaient maintenues. Mais le contraire a été décidé par l'Administration. Plusieurs solutions ont reconnu que les récépissés auxquels donne lieu le transport effectué par les chemins de fer, pour le compte direct de l'État, des

poudres, tabacs, etc., et du matériel de la direction générale des contributions indirectes, récépissés que les compagnies délivrent sur la souche de l'acquit-à-caution qui leur est remis par cette administration, à titre de lettre de voiture, doivent être assimilés aux récépissés dont parle l'art. 10 L. 13 mai 1863, et, par suite, soumis au droit de timbre de 35 centimes ou de 70 centimes, selon que le transport est effectué en grande ou en petite vitesse (Sol. 6 mars 1872, 1er juill. 1873).

1. TITRES DES COMPAGNIES. — Les transports de titres de la compagnie expédiés pour renouvellement, conversion ou transferts ou pour payement d'intérêts par une gare de province à Paris ne donnent pas lieu à la délivrance d'un récépissé (Sol. 2 août 1877, 4847 R. P.; D. m. f. 21 mai 1878). — Mais le récépissé est obligatoire si le transport a pour objet des titres d'autres compagnies (Sol. 2 août 1877, sup.).

10780. Remise des récépissés. — D'après le texte formel de la loi du 13 mai 1863, la compagnie doit remettre le récépissé timbré à l'expéditeur qui dépose le colis. Elle est également tenue de délivrer au destinataire, lors de la livraison de colis, le double du récépissé qui accompagne le transport. Mais l'infraction à ces règles n'est punie d'aucune amende, et il ne semble pas qu'il appartienne à l'Administration de signaler ce défaut de remise des titres aux parties. Elles seules sont juges des plaintes à élever sur ce point et du recours que l'inobservation de la loi pourrait leur occasionner contre la compagnie.

10780 bis. Rédaction des récépissés. — La loi du 10 mai 1863 stipule, dans son art. 1er, que les compagnies de chemins de fer sont tenues de délivrer des récépissés lorsque les expéditeurs ne demandent pas de lettres de voiture.

C'est donc aux compagnies qu'appartient le droit et le devoir d'établir ou de délivrer ces récépissés.

La loi du 30 mars 1872 (V. *la section suivante*), sur le groupage, n'apporte de modification à cette disposition que lorsque les commissionnaires de transport réunissent en une ou plusieurs expéditions des colis ou paquets pour des destinataires différents, dans ce cas seulement, les commissionnaires de transport établissent eux-mêmes des récépissés spéciaux à chaque destinataire sur des formules que les compagnies sont tenues de mettre à leur disposition.

Hors le cas de colis groupés pour des destinataires différents, les commissionnaires de transport rentrent dans le droit commun et ne peuvent, pour des colis isolés, établir eux-mêmes des récépissés, et conséquemment se servir de formules spéciales, qui ne leur ont été délivrées que pour les colis groupés; ils sont tenus, au contraire, pour les colis isolés, de faire établir ces récépissés par les compagnies de chemins de fer, conformément à la loi du 10 mai 1863 (Seine 23 juill. 1873, 3687 R. P.).

SECTION 2. — GROUPAGE

[10781-10788]

10781. Tarif. — Au-dessus de 5 kilogrammes pour les envois en grande vitesse, la perception du prix du transport a lieu par fraction indivisible de 10 kilogrammes. Certains entrepreneurs de messageries ou de roulage ont tiré parti de cette disposition du cahier des charges des compagnies pour réunir, dans un envoi unique, des colis ou paquets adressés à des destinataires distincts, et profiter ainsi des différences de poids. Ce mode d'opérer a reçu le nom de *groupage*. On ne peut se dissimuler que l'augmentation du timbre sur les récépissés est venue donner un nouvel aliment à cette industrie. En effet, les *groupeurs* ne sont obligés de remettre aux expéditeurs ni récépissés, ni lettres de voitures, tandis que les compagnies de chemins de fer ne peuvent effectuer aucun envoi sans percevoir un droit de timbre au profit du Trésor. Il suit de là que le groupeur, qui transporte au même prix que le chemin de fer, bénéficie de l'impôt.

L'art. 2 L. 30 mars 1872 dispose à cet égard que « les intermédiaires de transports, qui réunissent en une ou plusieurs expéditions des colis ou paquets envoyés à des destinataires différents, sont tenus de remettre aux gares expéditrices un bordereau détaillé et certifié, écrit sur papier non timbré, et faisant connaître le nom et l'adresse de chacun des destinataires réels [1]. »

La loi sur le groupage ne s'applique pas aux connaissements (Sol. 19 janv. 1874, 3964 R. P.).

10782. Grande et petite vitesse. — Cette disposition s'applique tant aux transports en grande vitesse, pour lesquels le groupage se pratique le plus communément, qu'aux envois par la petite vitesse (2441 I. G.).

1. ÉTRANGER. — Elle s'applique également aux groupes expédiés de France à l'étranger (Sol. 17 avr. 1872, 20 fév. 1873) ; — et à ceux qui sont envoyés de l'étranger en France (Sol. 6 avr. 1872, 1er juin 1873).

2. DÉMÉNAGEMENT URBAIN. — L'écrit qui accompagne les objets transportés dans l'intérieur d'une ville est assujetti au timbre. Il est dû 10 centimes pour reçu si le reçu est donné et 60 centimes ou 1 fr. 20 cent., suivant la dimension du papier, pour la lettre de voiture. Le droit cumulé de 70 centimes ne s'applique qu'aux expéditions en petite vitesse effectuées par chemin de fer (Sol. 6 juin 1872).

10783. Envois faits par les particuliers à un commissionnaire. — Mais l'art. 2 L. 30 mars ne parle que « *des entrepreneurs de messageries et autres intermédiaires de transports* qui réunissent en une ou plusieurs expéditions des colis ou paquets envoyés à des destinataires différents. » D'après les termes de cet article, les négociants ou propriétaires qui font des envois dans les conditions indiquées ci-contre, ne sauraient être légalement astreints à la délivrance des récépissés spéciaux (Sol. 4 fév. et 5 juill. 1873); mais, à défaut de ces récépissés, les documents accompagnant les colis, depuis leur remise au commissionnaire jusqu'à leur arrivée à destination, peuvent être considérés comme des lettres de voiture passibles du timbre de 60 centimes, et, en outre, les reçus donnés par les destinataires sur les feuilles ou registres de factage des commissionnaires doivent être soumis au timbre de 10 centimes (art. 18 L. 23 août 1871, Sol. 14-17 janv. 1873, 3476 R. P.).

---

[1]. Le groupage fictif opéré dans les transports par chemin de fer n'était pas autorisé sous l'empire de l'ancienne loi. En effet, il avait été reconnu que la compagnie pouvait exiger des commissionnaires de transports une taxe d'enregistrement par chacun de ces colis alors même qu'ils seraient adressés à un destinataire unique : le groupage fictif résultant de ce que les colis sont adressés à un seul destinataire, n'était autorisé qu'en faveur des expéditeurs ordinaires (C. Paris 6 mai 1865, S. 66-2-230).

1. ENVOI UNIQUE. — Il a été spécialement décidé, à cet égard, que les personnes qui rassemblent les chanvres ou fils destinés à être tissés, pour les envoyer à un correspondant chargé de les distribuer aux ouvriers et de les renvoyer en bloc après le tissage sont des intermédiaires de transport auxquels s'appliquent les dispositions concernant le groupage (Sol. 13 mai 1872). — Mais on peut réunir plusieurs colis appartenant à la même personne et achetés chez divers négociants (Sol. 9 mars 1875, 20204 J. E.).

2. MESSAGERS PAR TERRE. — De même, la loi du 30 mars 1872 (art. 1er et 2), régissant exclusivement les transports par chemins de fer, il n'est pas possible d'en appliquer les dispositions aux autres transports (D. 12 août 1872).

D'un autre côté, si la rédaction d'une lettre de voiture n'est pas obligatoire pour les transports par voie de terre, il importe de remarquer que l'usage en est presque général et que l'exécution de la loi est assurée par les investigations des employés des contributions indirectes et des gendarmes (Déc. 17 sept. 1872).

3. COMMISSIONNAIRES. — ÉTRANGER. — Le groupage à destination de l'étranger est sujet à l'application de la loi (Sol. 22 mars 1878). — Ainsi le commissionnaire qui envoie à un autre commissionnaire à l'étranger des colis pris au magasin d'un négociant et avec indication de plusieurs destinataires doit remettre autant de récépissés timbrés que de destinataires (Sol. 26 mars 1874, 20204 J. E.).

10784. Déclaration. — Lorsque des entrepreneurs de messageries qui font des envois composés de plusieurs colis à l'adresse de l'un de leurs correspondants déclarent que ces colis sont destinés à une même personne et ne remettent pas de récépissés spéciaux, les compagnies de chemins de fer ne peuvent qu'accepter les déclarations des expéditeurs, sauf, lorsqu'elles présument que ces déclarations ne sont pas sincères, à en informer l'Administration, qui fera procéder aux investigations nécessaires (Sol. sans date, 3476 R. P.).

1. RÉDACTION DU BORDEREAU. — C'est à l'entrepreneur et non à la compagnie à rédiger le bordereau sous peine d'amende (Sol. 27 août 1874, 20204 J. E.).

10785. Récépissés individuels. — D'après l'art. 2 L. 30 mars 1872, « il sera délivré, outre le récépissé pour l'envoi collectif, un récépissé spécial à chaque destinataire. Ces récépissés spéciaux ne donneront pas lieu à la perception du droit d'enregistrement au profit des compagnies de chemins de fer, mais ils seront établis par les entrepreneurs de transports eux-mêmes, sur des formules timbrées que les compagnies de chemins de fer tiendront à leur disposition, moyennant remboursement des droits et frais. Les numéros de ces récépissés seront mentionnés sur le registre de factage ou de camionnage que lesdits entrepreneurs ou intermédiaires seront tenus de faire signer pour décharge par les destinataires. »

1. BORDEREAU. — L'I. G. nº 2441 explique, dans les termes suivants, le mécanisme de cette opération : « Le bordereau doit être accompagné d'autant de récépissés qu'il y a de destinataires, et ces récépissés *individuels* sont extraits d'un livre à souche mis à la disposition des entrepreneurs par les compagnies de chemins de fer. Indépendamment de ces récépissés créés par le groupeur, il doit être délivré par la gare expéditrice un récépissé applicable à l'envoi collectif, c'est-à-dire au *group*. A l'arrivée, les groupeurs sont tenus de transcrire sur un registre, qui doit être signé pour décharge

par le destinataire, les indications principales des récépissés individuels, et notamment leur numéro d'ordre. »

2. UNIFORMITÉ DE MODÈLE. — Il est important que le modèle des récépissés spéciaux soit uniforme ; on n'atteindrait pas ce but si chaque entrepreneur avait la faculté de les établir sur ses formules particulières. Si le prix réclamé par les compagnies est exagéré, le ministre de l'agriculture peut agir par voie de représentation (Sol. 20 fév. 1873).

3. REMISE DES BORDEREAUX ET DES RÉCÉPISSÉS. — Le bordereau doit être remis, dit la loi, aux gares expéditrices, c'est-à-dire aux gares qui font l'expédition, et par suite aux agents de ces gares chargés de faire l'envoi des colis. Il ne peut être remis aux commissaires de surveillance administrative, attendu qu'ils ne sont pas des agents d'expédition et qu'il n'existe pas d'ailleurs de commissaires dans toutes les gares. Au surplus, ce serait les détourner de leurs fonctions (Sol. 20 fév. 1873).

4. REGISTRE DE FACTAGE. — Les numéros des récépissés sont mentionnés sur le registre de factage ou de camionnage que les entrepreneurs ou intermédiaires sont tenus de faire signer pour décharge par les destinataires (Sol. 11 juill. 1872).

5. DÉFAUT DE SIGNATURE. — Le défaut de signature du destinataire sur le registre de factage ou de camionnage (art. 2 L. 30 mars 1872) ne saurait donner ouverture à l'amende de 50 francs édictée par cet article, s'il est constant que toutes les autres formalités prescrites en matière de groupage ont été remplies. Le destinataire peut, en effet, ne pas savoir signer (Sol. 8 nov. 1872).

Date. — La loi ne prononce pas de peine pour l'absence de date des récépissés spéciaux (Sol. 15 nov. 1877).

6. EMPRUNT DE PLUSIEURS LIGNES. — Les récépissés spéciaux délivrés par les entrepreneurs de transport doivent jouir des mêmes avantages et produire les mêmes effets que s'ils étaient rédigés par les compagnies elles-mêmes ; ils peuvent suivre les marchandises jusqu'à destination, quel que soit le nombre des voies empruntées, pourvu que l'expédition ne soit pas interrompue (Sol. 29 mai 1872).

7. RÉEXPÉDITION. — NOUVEAU GROUPE. — Ainsi, par exemple, le récépissé spécial créé à Paris peut suivre les colis jusqu'à la destination définitive, quel que soit le nombre des voies empruntées, pourvu que l'expédition ne soit pas interrompue. Mais si à Bordeaux, par exemple, il est formé un nouveau groupe d'une partie des colis groupés à Paris, le récépissé collectif délivré par la gare expéditrice de Paris à destination de Bordeaux ne peut plus servir. Le nouveau group formé à Bordeaux doit donner lieu à la délivrance d'un nouveau récépissé collectif, mais les récépissés spéciaux délivrés à l'origine peuvent être utilisés toujours dans les mêmes conditions pour accompagner jusqu'à destination les colis auxquels ils ont été applicables (Sol. 11 juill. 1872). 26 et 31 janv. 1876, 20089 J. E.). — V. 3476 R. P.

Pour les colis groupés à découvert par l'expéditeur et dégroupés par la compagnie, c'est à celle-ci qu'il incombe de créer des récépissés spéciaux (Sol. 21 juill. 1877).

8. GROUP ADRESSÉ COMME BAGAGES. — Le moyen employé par les entrepreneurs de messageries et les intermédiaires de transports pour soustraire les colis qu'ils expédient à l'application de l'art. 2 L. 30 mars 1872, et qui

consiste à expédier les groups comme bagages, en se servant du bulletin auquel donne droit le billet de voyageurs que les entrepreneurs prennent pour le lieu de destination des colis (sauf à ne pas se servir du billet, ou même peut-être à le vendre) avait paru contraire aux dispositions de l'article précité et donner lieu à l'amende (Sol. 22 fév. 1873, Roanne 10 déc. 1873, 3791 R. P.). Mais le contraire ayant été décidé par le tribunal de Vienne, le 5 déc. 1874 (4021 R. P.), la question a été soumise à un nouvel examen, et il a été reconnu que ce procédé ne constitue aucune contravention. D'une part la loi sur le groupage ne s'applique qu'aux expéditions donnant lieu à la délivrance d'un récépissé, et, de l'autre, le département des travaux publics ne considère pas les objets ainsi enregistrés comme des marchandises mais comme des bagages (Sol. 3 avril 1878).

9. ENVOIS D'ÉCHANTILLONS PESANT MOINS D'UN KILOGRAMME. — En matière de transport, soit par voie de fer, soit par voie de terre, la loi n'a prononcé aucune exemption de timbre : toute expédition doit être accompagnée soit d'un récépissé, soit d'une lettre de voiture, soit d'un connaissement. Tel est le principe. Le législateur a simplement édicté des droits de timbre de quotité différente, selon qu'il s'agit de l'expédition en grande ou petite vitesse, de grand ou de petit cabotage.

Il serait contraire à la loi de créer des exceptions basées sur l'appréciation du poids ou de la valeur des objets transportés (Sol. 20 fév. 1873).

10. GROUPS VENANT DE L'ÉTRANGER. — De même que cela se pratique pour les récépissés ordinaires, le timbre afférent aux récépissés spéciaux doit être perçu à l'entrée en France et au moyen de timbres mobiles sur les documents accompagnant les envois et pouvant tenir lieu de ces récépissés (Sol. 6 juin 1872). — V. 10775-1.

11. REMISE DES AGENTS DES DOUANES. — Les agents des douanes qui apposent et oblitèrent les timbres mobiles sur les pièces accompagnant les marchandises venant de l'étranger ont droit à la remise de 2 fr. 50 cent. pour 100 (Sol. 18 nov. 1872). — V. 2310 I. G.

12. EXPÉDITION A L'ÉTRANGER. — Une compagnie de transports maritimes peut, sans créer de récépissés spéciaux, grouper les colis qu'elle adresse de l'intérieur à son correspondant au port d'embarquement. Mais elle doit créer, pour le transport maritime, un connaissement par chaque destinataire (Sol. 25 juill. 1877, 4773 R. P.).

10786. Communication. — Les agents de l'enregistrement ont le droit de se faire représenter non-seulement les bordereaux déposés aux gares par les groupeurs, mais encore les livres dont sont extraits les récépissés individuels délivrés au départ et le registre de décharge tenu à l'arrivée (L. 30 mars 1872, art. 2, 2441 I. G.).

Le défaut de représentation par le chef de gare du bordereau d'expédition ne prouve pas le défaut de remise de c bordereau par le groupeur (Sol. 21 nov. 1877).

1. REGISTRES. — Les entrepreneurs de messageries sont tenus d'avoir des livres de commerce. — Les agents sont autorisés à vérifier ces registres par le décret du 13 août 1810 (*V.* 403 I. G.). La déclaration de non-existence de registres

doit être considérée comme un refus de communication, qu'il y a lieu de constater par procès-verbal à suivre conformément à l'art. 76 L. 28 avril 1816 (Sol. 5 nov. 1872).

10787. Contraventions. — Chaque contravention aux dispositions de la loi du 30 mars 1872 est punie d'une amende de 50 francs, et, s'il y a récidive dans le délai d'un an, l'amende est portée à 100 francs.

Ces contraventions peuvent être constatées par tous les agents ayant qualité pour verbaliser en matière de timbre, auxquels la loi a ajouté, pour ce cas spécial, les commissaires de surveillance administrative établis dans les principales gares de chemins de fer (L. 30 mars 1872, art. 2, 2441 I. G.).

Ces commissaires de surveillance administrative ont été invités spécialement à surveiller l'exécution de l'art. 2 L. 30 mars 1872 et à constater les contraventions (Sol. 20 avr. 1872). Mais ils n'ont droit à aucune attribution (D. m. f. 9 août 1877).

1. POURSUITES. — Les procès-verbaux sont rédigés à la requête du directeur général de l'Enregistrement, et remis à l'agent local de l'Administration chargé de la suite des procès-verbaux et instances. Les frais avancés par le rédacteur du procès-verbal sont immédiatement remboursés et font l'objet d'une régularisation dans la forme ordinaire (2441 n° 2 I. G.).

Il faut discerner avec soin l'auteur de la contravention contre qui le procès-verbal doit être dressé. Un procès-verbal contre un messager à qui il avait été donné décharge sur son livre de factage sans payement du timbre a été laissé sans suite, parce que ce procès-verbal aurait dû être dressé contre le destinataire auteur de la décharge (Sol. 20 janv. 1872).

2. PLURALITÉ. — Une amende particulière est due lorsque le bordereau récapitulatif ne contient pas toutes les indications prescrites (Sol. 26 et 31 janv. 1876, 20089 J. E.). — Il est dû autant d'amendes qu'il y a de destinataires pour lesquels le récépissé spécial n'a pas été rédigé (Sol. 17 août 1875, 20204 J. E.).

10788. Quittances et décharges. — Les quittances et décharges d'objets transportés sont passibles du droit de 10 centimes dans les cas que nous indiquons au mot *Quittance*, où la matière se trouve commentée.

LETTRE PATENTE.

10789. — On appelait ainsi les lettres émanées du roi, scellées du grand sceau et contre-signées par un secrétaire d'État, ayant pour objet quelque établissement, privilège, grâce, octroi, etc. On les appelait *patentes*, parce qu'elles étaient ouvertes, à la différence des lettres closes ou de cachet qu'on ne pouvait lire sans les ouvrir. Elles devaient être vérifiées dans les parlements en présence des parties intéressées où elles dûment appelées; et les tiers avaient le droit d'opposition quand elles leur portaient préjudice. Aujourd'hui la même dénomination est encore réservée aux actes de juridiction gracieuse, comme lettre de grâce, de naturalisation, de naturalité, etc.; mais ils ne sont plus sujets à la vérification des tribunaux supérieurs, et il n'appartient qu'au chef de l'État lui-même de les révoquer ou de les modifier (Merlin *Rép.* v° *Lettre patente*).

LICITATION.

DIVISION

SOMMAIRE

CHAPITRE PREMIER. — DISPOSITIONS GÉNÉRALES

[10790-10803]

10790. Définition. — La licitation est la vente au plus offrant et dernier enchérisseur d'un immeuble qui appartient en commun à plusieurs cohéritiers ou copropriétaires, et qui ne peut se partager commodément.

10791. Origine de la licitation. — La pratique des licitations est fort ancienne ; nous la tenons des Romains. Elle a été imaginée, ainsi que cela résulte de notre définition, comme moyen de sortir de l'*indivision*, lorsque la chose commune est impartageable.

10792. Qu'entend-on par indivision ? — « L'indivision, dit Marcadé sur l'art. 815, est l'état d'une chose appartenant à plusieurs personnes, dont chacune est, pour une portion quelconque, propriétaire de la chose entière. Ainsi quand un défunt laisse pour héritiers son père et un frère, ceux-ci se trouvent copropriétaires, le premier pour un quart, le second pour trois quarts, de tous les biens compris dans la succession ; si, par exemple, il y a dans cette succession une maison et une ferme, chaque partie des deux immeubles, chaque pierre de l'édifice, chaque molécule de terre du fonds rural, appartiennent simultanément aux deux héritiers ; le droit de chacun d'eux frappe sur la totalité de chaque immeuble, seulement le droit du premier n'existe que pour un quart et celui du second pour trois quarts. »

« Tous les héritiers, disait dans le même sens l'avocat général Talen, ont part au tout et dans toutes les parties du tout ; et cela ne se pouvant sans faire violence à la réalité et à l'indivisibilité des substances, la loi le fait par une fiction civile afin que les cohéritiers conservent chacun le droit qui lui appartient. »

« La promiscuité des droits des communistes, enseigne à son tour Demolombe, se trouve dans chacun des objets de la communauté et dans chacune des parties de ces objets même subdivisée à l'infini ! On n'en saurait prendre une seule pièce, que, sur cette molécule même la plus minime, ne se rencontrent face à face confondus et enchevêtrés l'un dans l'autre ces deux droits rivaux qui se maintiennent ainsi par l'effet même de leur nature réciproquement et également exclusive » (t. 15 n° 548).

10793. L'indivision s'applique à tout copropriétaire. — Ce n'est pas seulement en matière de succession qu'il peut y avoir indivision. Elle existe, et la licitation peut avoir lieu, non-seulement entre cohéritiers, mais entre colégataires, codonataires, coacquéreurs, en un mot entre tous les associés et les communiers, de quelque manière que la société ou la communion ait commencé. Telle était l'ancienne doctrine. Loysel disait : « De partage, licitation et adjudications entre cohéritiers ou *comparsonniers* ne sont dus lods et ventes (*Inst. cont.* liv. 4 tit. 2 règle 13 n° 542, Dumoulin *des Fiefs* § 33 *gloss.* 1er n° 69, Pothier *de la Vente* nos 630, 631). — Et les textes du Code attestent qu'on n'a pas voulu s'en départir. Ainsi, l'art. 1476 C. C. sur le partage de la communauté renvoie aux règles sur le partage des successions ; de même pour le partage des sociétés dans l'art. 1872 (Cass. 27 juill. 1819, S. 20-1-105 ; — 10 avr. 1824, S. 25-1-97 ; — 18 avr. 1829, S. 30-1-339 ; — 28 avr. 1840, S. 40-1-821 ; — Grenoble 28 août 1847 et 12 mars 1849, D. 49-2-186 ; — Lyon 14 fév. 1853, S. 53-2-381 ; — Riom 17 août 1853 et Cass. 29 mars 1854, S. 56-1-49 ; — Cass. 20 juill. 1858, 1115 R. P., Duranton t. 7 n° 522, Marcadé art. 883-2, Demante t. 3 n° 225-1, Demolombe t. 17 n° 266).

C'est aussi ce que la C. cass. a décidé, en matière d'enregistrement, par trois arrêts des 14 juillet et 20 août 1824 portant que « l'acquisition d'un immeuble faite en commun par plusieurs acquéreurs forme entre eux une société particulière de la nature de celles dont parle l'art. 1841 C. C. et auxquelles l'art. 1872 du même Code déclare applicables les règles posées par l'art. 883. »

10794. L'indivision ne doit pas s'entendre des associations non dissoutes. — Mais ce que nous venons de dire ne peut s'appliquer aux sociétés, aux associations, aux réunions d'individus qui possèdent en commun et qui sont représentés par un être moral qui est censé posséder seul tant que dure l'association. Ainsi, tant qu'une société n'est pas dissoute, les associés n'ont pas le droit de demander le partage des biens sociaux et de faire procéder à la licitation. — V. 10879.

10795. Nul ne peut être forcé à rester dans l'indivision. — Hors ce cas, nul ne peut être forcé à rester dans l'indivision. C'est le vœu formel de l'art 815 C. C., qui est basé sur ce motif que l'indivision en général peu favorable à la bonne administration des biens et porte la désunion dans les familles par les difficultés qu'elle provoque. Aussi la loi prohibe-t-elle l'indivision en principe, puisqu'elle déclare que, malgré toute convention des copropriétaires, malgré les prohibitions imposées par un testament, chacun des copropriétaires a toujours le droit d'exiger le partage.

Cependant l'art. 815 C. C. fait lui-même exception à la règle qu'il pose, en déclarant qu'on peut convenir de suspendre le partage pendant un temps limité, laquelle obligation ne peut être obligatoire au delà de cinq ans, sauf renouvellement.

10796. La licitation est un mode de partage. ··· De l'action en partage naissent deux façons de partager : l'une en nature, *sectione corporum* ; l'autre par licitation, qui t a division par le prix de la chose vendue aux enchères. « Par conséquent, dit Guyot, la licitation n'est qu'un mode de partage par équipollence, au lieu de le faire par la réalité ; elle est elle-même *ipsa divisio*, comme la conséquence et l'effet de l'action *communi dividundo*. » Guyot, dans des observations qui précèdent son *Traité des matières féodales* (chap. 2 n° 13),

a parfaitement développé le principe de la licitation. C'est dans sa dissertation qu'il faut aller prendre une idée exacte de la doctrine qui nous a valu l'art. 883 C. C. Aussi, depuis lui, on vit constamment prévaloir l'opinion, jusqu'alors fort controversée, qui veut qu'il y ait licitation même là où il n'y a pas impossibilité de partager les biens *sectione corporum*, opinion que l'art. 1686 C. C. a définitivement consacrée.

« Qu'est-ce, en effet, que la licitation, dit Henrion de Pansey (*Anc. Rép.* v° *Quint.* § 2) ? Un mode de partage, une voie de droit introduite pour faire sortir de l'indivision l'immeuble commun entre plusieurs copropriétaires qui n'est pas susceptible de section corporelle, ou dont la section corporelle serait trop incommode aux copropriétaires. On a recours à la licitation pour partager ce qu'on ne peut ou ce qu'on ne veut pas partager autrement. *Est modus divisionis, imo ipsa divisio rei non divisibilis, libenter aut non libenter.* On opère constamment par voie de partage lorsque, dans un partage, on donne tout l'immeuble à l'un des copropriétaires, à la charge de payer aux autres leurs portions en argent, suivant l'évaluation convenue ; c'est ce qu'on appelle partage avec soulte. Qu'est-ce que liciter, sinon procéder de manière que l'immeuble soit donné à un des copropriétaires, à la charge de donner aux autres leurs portions en argent, suivant le prix auquel elles sont fixées à l'amiable ou en justice ? » — Puis il ajoute : « Parmi nous, comme chez les Romains, en pays de droit coutumier comme en pays de droit écrit, la licitation est une opération de partage : c'est le principe de tous nos auteurs. Ils ont conclu que la licitation entre cohéritiers n'est point sujette aux droits de vente dans les coutumes où les partages, même avec soulte, ne font point ouverture à ces droits. Le même principe conduit nécessairement à tenir que ces droits sont dus en licitation entre cohéritiers dans les partages où ils sont dus avec soulte. »

Cette théorie ne fut pas admise sans résistance. La licitation, en soi, et dans la vérité du fait, c'est une vente. Celui des cohéritiers auquel la chose est adjugée en totalité ne doit-il donc pas être considéré comme acheteur de la part des autres ? Voilà la thèse que l'on soutenait, même après le triomphe de la doctrine du partage déclaratif en nature, et au seizième siècle encore, le colicitant était soumis aux redevances seigneuriales. Cependant la licitation était aussi une aliénation nécessaire, comme le partage : *illa assignatio*, disait Dumoulin, *incipit et dependit a causa necessaria divisionis* (*des Fiefs* § 1er *gloss.* 9 n° 43). L'assimilation ne fut consacrée que par l'art. 80 de la *Coutume de Paris* réformée en 1580 : « Si l'héritage ne peut se partager entre cohéritiers et se licite par justice sans fraude, ne sont dues aucunes ventes pour l'adjudication faite à l'un d'eux, mais s'il est adjugé à un étranger, l'acquéreur doit ventes. »

10797. Dans quelles circonstances la licitation a-t-elle lieu ? — La réponse à cette question se trouve dans l'art. 1686 C. C. : « Si une chose commune à plusieurs ne peut être partagée *commodément et sans perte*, ou si, dans un partage fait de gré à gré de biens communs, il se trouve quelques-uns qu'aucun de ces copartageants ne puisse ou *ne veuille* prendre, la vente s'en fait aux enchères et le prix en est partagé entre les copropriétaires. »

Ainsi il y a deux cas où la licitation peut avoir lieu : celui où elle est demandée par l'un des copropriétaires avec le gré des autres, et celui où tous les propriétaires sont d'accord pour adopter cette mesure.

1. LICITATION FORCÉE. — Dans le premier cas, la loi n'exige pas qu'il y ait impossibilité absolue de partager physiquement une chose matérielle ; car, ainsi que le fait observer Troplong *de la Vente* n° 860, on peut toujours la diviser, ne fût-ce qu'en la brisant. Mais le partage dont s'occupe le droit civil n'est pas une dissolution des parties qui composent la chose, ou une désunion qui pourrait entraîner sa ruine, c'est une division demandée par un esprit de conservation ; c'est une répartition égale des avantages qu'elle procure dans l'état où elle se trouve. C'est d'après ces bases que l'on doit juger si une chose peut se partager *commodément et sans perte.* Aussi l'expertise que les tribunaux ont coutume de provoquer en pareil cas (afin que les copropriétaires qui repoussent la licitation ne soient pas à la merci de ceux qui la demandent pour un motif qui leur est souvent personnel) a-t-elle toujours pour objet non-seulement l'estimation des biens, mais la question de savoir si les biens sont ou non impartageables.

Les biens sont impartageables lorsqu'on ne peut en faire autant de lots qu'il y a de copartageants. Ainsi la C. cass. a jugé, le 11 mai 1826, que lorsque les immeubles d'une succession dévolue à trois cohéritiers, à l'un pour moitié en ce qu'il est légataire du disponible, aux deux autres pour un quart chacun, sont reconnus ne pouvoir être divisés qu'en deux lots seulement, les juges ne peuvent ordonner le partage en deux lots, dont l'un écherrait à l'héritier de la moitié, et le second aux deux autres cohéritiers. La licitation doit être ordonnée, si on la réclame.

2. LICITATION PAR OPTION. — Le second cas où la licitation peut avoir lieu ne peut faire l'objet d'aucune difficulté. Il suffit que les propriétaires aient opté pour la licitation plutôt que pour la division réelle, pour qu'on suppose qu'il y a eu des inconvénients qu'ils ont prévus. « On doit toujours présumer, dit Guyot *loc. cit.*, que des communs qui ont tous une part réelle dans l'immeuble, et qui choisissent la licitation qui donne à l'un tout le réel, aux autres de l'argent, ont eu une raison d'inconvénient évidente qui leur a fait prendre ce parti, et qu'ils ne sont pas obligés de le coucher par écrit ; cela doit suffire, dès qu'il paraît que cela tourne au bien et à l'avantage des coliciteurs, et que la licitation choisie montre assez qu'elle a paru plus avantageuse aux communs que le partage. »

10798. Des choses qui peuvent être licitées. — La licitation peut être ordonnée pour un meuble comme pour un immeuble ; l'art. 575 C. C. en offre la preuve. On suit alors les formalités particulières aux ventes publiques de meubles. On peut également liciter un droit d'usufruit, de jouissance, d'usage, etc. Par exemple, un droit d'usufruit est légué à plusieurs personnes qui ne peuvent ou ne veulent pas en jouir en commun ; la licitation de l'usufruit est le moyen de concilier leurs intérêts. Deux cohéritiers succèdent à un bail d'une auberge ou d'une forge qu'ils ne savent pas ou ne peuvent pas exploiter par eux-mêmes : la licitation est encore l'unique voie d'utiliser ce bail (Troplong *de la Vente* n° 875).

10799. Des personnes qui peuvent demander la licitation. — Chacun des copropriétaires est le maître de demander la licitation. Les créanciers d'un cohéritier peuvent provoquer le partage ou la licitation de ses biens indivis avec ses cohéritiers, y intervenir, ou s'opposer à ce qu'il y soit procédé hors de leur présence, pour empêcher que la fraude soit pratiquée à leur préjudice (882, 2205 C. C.). Mais les créanciers d'une succession ne peuvent ni provoquer la licitation des immeubles de la succession, ni se faire subroger aux poursuites commencées par les héritiers entre eux. Cela a été jugé, par le motif que l'art. 2205 C. C. ne permet aux créanciers de provoquer, avant la mise en vente des immeubles d'une succession, le partage ou la licitation d'iceux, qu'autant qu'ils sont créanciers personnels d'un cohéritier ayant une part indivise, qu'il refuse conséquemment aux créanciers de toute l'hérédité cette faculté inutile pour eux, et qui deviendrait la source de procédures frustratoires (C. Poitiers 21 juill. 1824).

10800. Entre quelles personnes elle peut avoir lieu. — Entre copartageants capables, la licitation, même judiciaire, se fait sans admission d'étrangers, à moins que l'un de ces copartageants ne la requière ou qu'il ne s'agisse d'un bien qu'aucun d'eux ne veut prendre ; mais si parmi les copartageants il se trouve un ou plusieurs mineurs, les étrangers sont toujours appelés. C'est le vœu de l'art. 1687 C. C.

10801. Forme de la licitation. — La licitation se fait *volontairement* ou *en justice.*

1. LICITATION VOLONTAIRE. — La vente d'un bien héréditaire faite à l'amiable par tous les cohéritiers à l'un d'eux doit être assimilée à la licitation et produire comme elle l'effet déclaratif du partage. Telle est certainement la pensée du législateur lorsqu'il dispose, dans l'art. 1408 C. C., que l'acquisition faite pendant le mariage à titre de licitation ou *autrement*, etc.; et cette doctrine est effectivement conforme à la raison, car pourquoi, quand tous les cohéritiers sont d'accord, les forcer à faire les frais d'une vente aux enchères? (Cass. 29 mars 1854, S. 56-1-59, Delvincourt t. 2 p. 53, Demante t. 3 p. 225 *bis*, Aubry et Rau t. 5 n° 266, Demolombe t. 17 n° 278, G. Demante n° 711).

La licitation volontaire ou amiable se fait devant un notaire du choix des parties; elle n'est sujette à aucune formalité (Pigeau t. 2 p. 706). Elle ne peut avoir lieu qu'entre majeurs ayant le libre exercice de leurs droits et pouvant faire un partage amiable, et encore faut-il que tous donnent leur consentement (827 C. C.). Comme il est possible qu'entre les cohéritiers ou communistes, il n'y ait personne qui puisse porter la chose à sa vraie valeur, les étrangers peuvent être admis aux enchères. L'admission des étrangers est, dans ce cas, le moyen d'obtenir le meilleur parti de l'objet qui est mis en vente; et comme cette admission est dans l'intérêt commun, il suffit qu'elle soit réclamée par un des cohéritiers pour qu'aucun d'eux ne puisse s'y refuser (Bourjon t. 2 p. 254 n° 14).

Lorsque les étrangers sont admis en cas de licitation purement amiable, il n'y a pas de vente parfaite tant que le vendeur et le plus offrant ne sont pas tombés d'accord sur la chose et sur le prix et n'ont pas signé le procès-verbal. Si les vendeurs ne trouvent pas le prix suffisant, ils peuvent retirer leur proposition de vendre; par réciprocité, le plus offrant peut retirer son offre tant qu'elle n'a pas été agréée expressément. La raison en est qu'une telle licitation est toute volontaire, et que son caractère ne saurait être modifié par la réception des enchères. Le notaire n'est pas commis par justice, il ne représente pas le juge; il procède comme officier ministériel. Dès lors, la loi du 25 ventôse an 2, qui exige la signature de l'acte notarié par les parties, à peine de nullité, est la seule règle à suivre, tandis que, pour les adjudications faites en présence ou par l'autorité de la justice, l'art. 707 du C. proc., qui est la loi spéciale, imprime, ainsi que nous le verrons ci-après, au fait seul des enchères un caractère définitif qui subsiste indépendamment de la signature des parties.

2. LICITATION EN JUSTICE. — La licitation se fait *en justice* lorsque les biens ne pouvant se partager commodément et sans perte, l'un ou plusieurs des cohéritiers ou copropriétaires ne veulent pas consentir à la licitation volontaire, ou lorsque parmi eux il y a des mineurs, absents ou interdits, et que l'un des cohéritiers ou copropriétaires demande à sortir de l'indivision (815 et 839 C. C., Troplong n° 860, Duvergier n° 142). La demande en licitation est alors formée devant le juge, mais à la suite de la demande en partage, qui doit précéder, puisque, ainsi qu'on l'a vu n° 10797, la licitation ne peut être ordonnée qu'autant qu'il est constaté ou reconnu que les biens ne peuvent être partagés commodément.

A la différence de la licitation volontaire, quand l'adjudication se fait devant un juge, elle est parfaite dès qu'elle est prononcée, et cela indépendamment de la signature des parties; car le juge a agi dans l'exercice de ses fonctions, et le procès-verbal qu'il signe avec le greffier fait foi jusqu'à inscription de faux. C'est ce que porte un arrêt de cass. du 3 octobre 1808 (S. 1808-1-538).

Il en est de même si le notaire a été commis par le tribunal, aux termes des art. 965 et 970 du C. proc. Il est alors délégué de la justice et il la représente.

10802. Effets de la licitation. — D'après l'art. 883 C. C., « chaque cohéritier est censé avoir succédé seul et immédiatement à tous les effets compris dans son lot, ou à lui échus sur licitation, et n'avoir jamais eu la propriété des autres effets de la succession. » Il résulte de cet article que chaque héritier, ainsi chaque copropriétaire d'après le principe posé n° 10793, est censé, après que l'indivision des choses a cessé, avoir été *ab initio* le propriétaire unique de tous les biens qu'il se trouve avoir par l'effet du partage, et qu'il est réputé n'avoir jamais eu aucun droit sur les choses échues à ses copartageants.

Ce principe n'est en réalité qu'une fiction; car, ainsi que nous l'avons dit au n° 10792, chacun des copropriétaires était, avant la cessation de l'indivision, propriétaire pour une fraction de tous les biens indivis et de chaque partie de ces biens, et avait *totum in toto*, et *totum in qualibet parts*.

Or, la licitation n'étant qu'un mode de partage, les effets de l'art. 883 ci-dessus lui sont applicables, c'est-à-dire que chaque copropriétaire se trouve, après que l'indivision a cessé par l'effet de la licitation, avoir été *ab initio* le propriétaire

unique de tous les biens par lui acquis. Il est censé ne tenir aucune part de ses copropriétaires, auxquels il est seulement chargé de payer, dans le prix de la licitation, une somme proportionnée à la part pour laquelle ils se sont trouvés indivis avec lui.

Ces principes ont été puisés dans notre ancienne jurisprudence : « Lorsque plusieurs légataires ou plusieurs acquéreurs, dit Pothier *de la Vente* n° 639, licitent entre eux un héritage qui leur a été légué en commun, celui d'entre eux qui s'est rendu adjudicataire est censé avoir été directement légataire ou acquéreur du total de l'héritage, à la charge seulement de faire raison à ses colégataires ou coacquéreurs dans le prix auquel l'héritage serait porté par la licitation qui en serait faite entre eux. »

D'ailleurs, et ainsi que Demolombe en fait la remarque, c'est de suite après l'adjudication que la licitation produit l'effet déclaratif de l'art. 883, car cet article ne subordonne en aucune manière cet effet à la condition que la liquidation générale soit faite et que les autres biens héréditaires soient partagés en même temps (t. 17 n° 271).

10803. Nullité et rescision de la licitation. — La licitation peut être rescindée, comme le partage, pour cause de violence ou de dol. Elle peut l'être aussi pour lésion de plus d'un quart, et c'est par cela même que la licitation a les effets d'un partage, et non ceux d'une vente. Il suit que la résolution ne peut être demandée pour défaut de payement du prix (Cass. 24 mai 1823).

CHAPITRE II. — DROITS DE MUTATION

[10804-10849]

SECTION PREMIÈRE. — CONSIDÉRATIONS PRÉLIMINAIRES

[10804-10809]

10804. Jurisprudence et législation antérieures à l'an 7. — La fiction créée par l'art. 883 C. C. n'existait pas à Rome. Pour les Romains, le partage était en droit, comme il l'est en fait, *translatif* de la propriété, c'est-à-dire que la théorie juridique le reconnaissait comme *transportant*, comme *donnant* à chacun des copartageants, les objets à lui échus, la part de propriété appartenant jusque-là à ses copartageants. Ce principe avait également prévalu chez nous jusque vers le milieu du seizième siècle. Aussi l'art. 55 de l'ancienne *Coutume de Paris* assujettissant les ventes au droit des lods pour la totalité du prix, on en concluait que le colicitant adjudicataire devait payer les lods même pour sa portion, puisque cette portion était acquise comme toutes celles qui faisaient l'objet de l'adjudication. Ce fut le 2 avril 1538 qu'un arrêt, rendu sous l'influence des doctrines de Dumoulin, reconnut pour la première fois que le colicitant acquéreur ne devait pas le droit des lods sur sa part.

Puis, passant de cette idée à celle plus absolue que la licitation n'est pas une vente, mais un partage, on en conclut, par application du principe transporté de l'ancienne jurisprudence (V. 10802) dans l'art. 883 de notre C.C., à savoir que chaque copropriétaire est censé propriétaire *ab initio* des choses comprises dans son lot, on en conclut, par une déduction tout à fait logique, que le copropriétaire acquéreur ne devait les lods et ventes ni pour sa part, ni pour celles de ses cohéritiers. « Cette matière ayant été éclairée et développée, dit Poquet de Livonières (liv. 3 chap. 6 sect. 5), on poussa la jurisprudence plus loin et on jugea que le cohéritier adjudicataire ne devait les lods et ventes ni pour sa part, ni pour celle de ses cohéritiers, parce que ces droits féodaux ne sont dus que pour les contrats de vente et non pour les actes de partage ; que, dans la licitation, l'intention des parties n'est pas de vendre, mais de partager. C'est ce qui fut arrêté dans la réformation de la *Coutume de Paris*, en 1580, par l'art. 80. »

Aussi Bosquet enseigne-t-il (V. *Licitation*) « que la licitation n'est sujette à aucuns droits seigneuriaux, pourvu néanmoins que les biens restent à l'un de ceux qui en étaient propriétaires dans le principe, encore qu'il ait été admis des étrangers à enchérir. »

Mais lorsque, en 1708, parut l'édit du centième denier, on repoussa le principe que la licitation est purement *attributive* dans son entier, pour l'assujettir au droit. « L'art. 6 de la déclaration du roi du 20 mars 1708 comprend, dit Bosquet *loc. cit.*, la licitation entre héritiers, copropriétaires, coassociés, au nombre des actes sujets au droit du centième denier ; et, en conséquence, il a été jugé par la décision du conseil du 3 août 1715, art. 12, que le droit est dû pour la licitation entre héritiers en ligne directe, comme en ligne collatérale. »

L'étendue des expressions de l'édit de 1708, qui tarifait tout simplement *les licitations entre héritiers*, fit revivre les prétentions de l'ancienne doctrine, qui faisait porter le droit sur la totalité du bien licité. Mais cette interprétation fut repoussée, et la règle sur cette matière a été posée en ces termes par Bosquet *loc. cit*, « Si la licitation est au profit d'un étranger, le droit de centième denier est dû de la totalité des biens dont il devient propriétaire par cette licitation. — Si les biens sont adjugés à un copropriétaire, il faut distraire sa portion, parce qu'il ne se fait de mutation à son égard que du surplus, encore bien qu'il ait été admis des étrangers à enchérir ; cela ne change rien à l'essence de l'acte, qui ne produit de mutation effective que des portions dont l'adjudicataire n'était pas précédemment propriétaire. »

10805. Dispositions de la loi du 22 frimaire an 7.

— Le législateur de l'an 7 a suivi les errements de cette jurisprudence ; mais, afin d'enlever tout prétexte aux controverses auxquelles avait donné naissance l'édit de 1708, il n'a pas tarifé *la licitation*, mais *les parts acquises* par le colicitant, c'est-à-dire tout ce qui excède les droits qu'il avait dans l'indivision. En effet, la loi du 22 frimaire an 7 s'exprime ainsi :

« Deux francs pour cent francs, *les parts et portions acquises* par licitation de biens meubles indivis » (art. 69 § 5 n° 6).

« Quatre francs pour cent francs, *les parts et portions indivises* de biens immeubles *acquises* par licitation » (art. 69 § 7 n° 4). — V, 10849.

10806. L'indivision doit être justifiée.

— La licitation n'étant autre chose qu'un mode de partage (10796),

et l'indivision étant la condition préalable de tout partage, il en résulte que, pour que la licitation puisse exister, il faut qu'il y ait indivision. La nécessité d'une indivision ou copropriété antérieure au partage est consacrée par le texte même de la loi du 28 avril 1816, dont l'art. 45 n° 3 tarife au droit de 5 francs « les partages de biens meubles et immeubles entre copropriétaires, à quelque titre que ce soit, *pourvu qu'il en soit justifié*. »

Cette règle *de la justification* est essentielle au point de vue de l'application des droits, car il peut arriver deux choses :

Ou qu'on fasse entrer dans les immeubles licités des biens qui n'appartiennent pas à l'indivision, et alors la perception du droit proportionnel est exigible, à 5 fr. 50 cent. pour 100, sur la totalité du prix ;

Ou que, soit frauduleusement, soit de bonne foi, on appelle à la licitation des personnes qui y sont étrangères. Dans ce cas, ce ne serait plus le droit de 4 pour 100 déterminé par l'art. 49 § 5 n° 4 L. 22 frimaire an 7, qu'il faudrait percevoir sur l'adjudication passée aux étrangers ; mais, ainsi qu'on le verra au numéro suivant, le droit de 5 fr. 50 cent. pour 100.

10807. Étranger acquéreur.

— On a vu, au n° 10796, que la licitation entre cohéritiers ou entre copropriétaires n'est pas, dans notre droit, un contrat de vente que les colicitants passent de leur part à celui d'entre eux qui s'en rend adjudicataire, puisque, suivant ce que nous avons dit au n° 10802, l'adjudicataire n'acquiert proprement rien de ses cohéritiers ou copropriétaires. Mais si c'est un étranger qui se rend adjudicataire, l'adjudication faite à son profit a tous les caractères d'une vente. Il est évident, en effet, que le principe essentiel de l'art. 883, c'est-à-dire le principe de la succession directe, ne peut recevoir d'application à l'égard d'un cohéritier à l'égard d'un étranger, d'un tiers qui, n'étant pas héritier, ne peut être censé avoir succédé en quelque manière que ce soit au défunt. La licitation faite à son profit devient donc une vente ordinaire donnant lieu non pas au privilége de copartageant (2103 § 3, 2109 C. C.), mais au privilége du vendeur (2103 § 1er, 2108 C. C.), et qui serait comme toute autre soumise à l'action résolutoire (1654 C.C.) ; —(Paris 2 mars 1812, S. 12-1-432 ; — Caen 25 fév. 1837, S. 38-2-154 ; — Nîmes 2 août 1838, S. 39-2-102 ; — Grenoble 27 janv. 1859, S. 60-2-11, Chabot art. 883 § 5, Poujol art. 883 § 3, Troplong *Vente* t. 1er n° 22 et 876, et *Hyp.* t. 1er n° 292, Duvergier *de la Vente* t. 2 n° 147, Duranton t. 7 n° 520, Aubry et Rau t. 5 n° 266, Champ. et Rig. t. 6 n° 607, Demolombe t. 17 n° 272).

Sous l'ancienne jurisprudence, un tel contrat était sujet aux droits des lods et à celui du centième denier : « Les différents vendeurs ne sont qu'un à l'égard de l'acheteur, dit Fonmaur n° 306, et il est égal d'être acquéreur d'un ou de plusieurs vendeurs ; en sorte que cette adjudication est sujette à tous les droits d'une vente, comme s'il n'y avait qu'un vendeur » (V. aussi le passage de Bosquet cité n° 10804).

Aussi il faut reconnaître qu'en exprimant que le droit sera perçu sur les parts et portions acquises, la loi du 22 frimaire an 7 a eu évidemment en vue les acquisitions faites par un copropriétaire. C'est donc le droit de 5 fr. 50 cent. pour 100 déterminé par l'art. 52 L. 28 avril 1816 que, dans l'espèce, on doit percevoir sur la totalité du prix. En vain dirait-on que la licitation même au profit de l'étranger fixe le prix de l'immeuble et que les créanciers hypothécaires des héritiers ne peuvent pas exercer de surenchère, qu'il est donc inutile de transcrire pour purger (Cass. 1ᵉʳ oct. 1810, S.13-1-238 ; — 2 mai 1812, S. 12-2-432 ; — Paris 26 mai 1845, S. 46-2-78.— V. aussi cass. 26 juill. 1848, S. 49-1-561, Demolombe 17-274) ; car, dès l'instant qu'il s'agit d'une vente, c'est le tarif complexe et indivisible de 5 fr. 50 cent, qui est seul applicable.

10808. — Étranger admis à enchérir. — On a vu, au n° 10804, que sous la législation du centième denier il fallait distraire la portion du colicitant-acquéreur dans les biens licités, encore bien qu'il eût été admis des étrangers à enchérir.

Cependant cette doctrine n'avait pas toujours prévalu, et Dumoulin lui-même, dont l'opinion, ainsi que nous l'avons dit plus haut, avait préparé l'arrêt du 2 avril 1538, qui avait reconnu, pour la première fois, que le colicitant-acquéreur ne devait pas le droit de lods sur sa part, Dumoulin, dans son *Traité des fiefs* § 33 gl. 1ᵉʳ n° 73, avait d'abord admis que la présence d'un étranger était de nature à faire regarder le colicitant comme acquéreur même de sa portion. Cependant il revint complétement sur cette idée et enseigna plus tard, dans son *Traité des censives* § 78 gl. 1ᵉʳ, n° 157, que, même dans le cas où des étrangers avaient été admis à enchérir, l'acte ne constituait qu'un partage à l'égard de l'héritier adjudicataire. La loi du 22 frimaire an 7, en ne s'expliquant pas à cet égard, a implicitement consacré cette doctrine, et la jurisprudence l'a pleinement sanctionnée depuis.

Ainsi donc, si dans une licitation un étranger se rendait acquéreur d'un seul lot et un colicitant d'un autre lot, le droit devrait être perçu à 5 fr. 50 cent. pour 100 sur l'acquisition de l'étranger, et à 4 pour 100 seulement sur ce qui excéderait la part du colicitant.

Au surplus, on ne serait pas fondé à percevoir le droit de transcription sur l'adjudication passée au colicitant sous le prétexte que la transcription, étant indivisible, la présence de l'étranger qui doit subir ce droit le rend exigible sur l'immeuble de l'adjudication. En effet, ce n'est pas un droit de licitation à 4 pour 100, augmenté du droit de transcription, que l'on perçoit sur le lot de l'étranger, mais bien, ainsi que nous l'avons dit au numéro précédent, un droit de vente fixé à 5 fr. 50 cent. pour 100 et indivisible de sa nature. L'art. 52 L. 28 avril 1816 régit l'acquisition de l'étranger, tandis que c'est l'art. 54 de cette même loi qui seul pourrait gouverner l'adjudication faite au colicitant au cas où cette adjudication serait de nature à être transcrite.

Aussi le tribunal de Rennes a-t-il décidé avec beaucoup de raison, le 8 février 1847 (D. 48-3-86), qu'un jugement qui prononce l'adjudication conjointement au profit d'un père *étranger à la succession* et des enfants cohéritiers donne ouverture au droit proportionnel de 5 fr. 50 cent. pour 100, non sur la valeur intégrale de l'immeuble adjugé, *mais sur la valeur représentative de l'adjudication du père.*

10809. Command. — Dumoulin enseignait, sous l'ancienne législation, que lorsque l'étranger adjudicataire déclarait un colicitant pour command, il y avait un droit acquis pour le seigneur par la forme du contrat, dont les effets ne pouvaient être effacés par la déclaration ; que dès lors le coli-

citant ne pouvait être admis à ne payer le droit que sur ce qui excédait sa part. Mais cette opinion avait été repoussée même du temps de Dumoulin, et, avant la loi de l'an 7, un arrêt de la C. cass. du 7 brumaire an 7 (Teste-Lebeau **v°** *Licitation* n° 1ᵉʳ) avait décidé « que lorsqu'un mari poursuit la licitation d'un immeuble dont sa femme est copropriétaire pour une moitié indivise, qu'il est adjugé et que celui à qui il échoit en fait la déclaration de command à l'époux poursuivant au nom qu'il agit, c'est-à-dire dans l'intérêt de sa femme, le droit de mutation n'est pas dû pour la totalité de l'immeuble, mais seulement pour la moitié que la femme ajoute à la moitié qu'elle possédait déjà. » On a vu, v° *Command*, que la doctrine de l'Administration est fixée dans ce sens. C'est également ce qu'a reconnu le tribunal de la Seine, par un jugement du 26 mars 1851 (14329 J.N.).

SECTION 2. — PARTS ET PORTIONS INDIVISES ACQUISES

[10810-10849]

ARTICLE PREMIER. — LICITATION DE BIENS IMMEUBLES

[10810-10848]

10810. Transition. — D'après les dispositions de la loi, qui n'assujettit au droit de mutation que les *parts acquises* (10803), le droit proportionnel de licitation ne doit être liquidé que *distraction faite de la part* du cohéritier ou copropriétaire acquéreur. Si donc l'immeuble licité compose à lui seul toute l'indivision et qu'un des colicitants s'en rende acquéreur, aucun doute ne peut planer sur la perception. Le droit devra être perçu sur tout ce qui excédera la part de l'acquéreur dans cet immeuble. Mais si en dehors de la licitation se trouvent d'autres immeubles laissés dans l'indivision ou précédemment licités, que faudra-t-il entendre par *la part* du colicitant acquéreur ?

Cette part devra-t-elle représenter les droits du cohéritier ou copropriétaire dans la masse des biens indivis, ou dans tous les objets licités par le même acte, ou seulement enfin dans l'objet adjugé au copropriétaire ? C'est sur ce point que se sont élevées les discussions les plus vives qui ont fait passer la question par toutes les phases sous lesquelles elle pouvait être envisagée. Sans nous arrêter à tracer l'historique de la controverse, nous allons prendre la question au moment où elle est entrée dans la voie où elle se trouve maintenant[1].

---

1. Nous avons omis, dans l'ensemble des questions qui ont fait l'objet de ce chapitre, de faire connaître un grand nombre de décisions administratives et de jugements secondaires, soit en faveur, soit contre l'ensemble du système que nous allons développer. Les nombreux arrêts de Cass. rendus sur ces matières, et qui paraissent devoir fixer la jurisprudence d'une manière irrévocable, nous ont fait négliger, comme tout à fait secondaires, des citations qui auraient eu l'inconvénient d'entraver la marche de notre exposé. Cependant, comme nous ne voulons pas faillir à notre système, qui est de faire passer sous les yeux de nos lecteurs *toutes* les décisions inter-

10811. Restitution par suite de partage ultérieur. — Sous l'ancienne législation, la perception du droit de mutation sur les licitations d'immeubles n'était que provisoire ; ce droit était susceptible de restitution lorsque, par un partage ultérieur, le prix de la licitation était attribué au cohéritier acquéreur pour sa portion virile dans la masse. Une D. m. f. 21 décembre 1829 (7061 J.N., 9534 J.E., 1307 § 8 I.G.), ayant adopté ce principe, portait que les droits d'enregistrement perçus sur une adjudication, sur une licitation faite au profit de l'un des copropriétaires ou cohéritiers, étaient susceptibles de restitution jusqu'à due concurrence, si, dans le délai de deux ans, il était justifié que, par un partage définitif, le prix de l'adjudication avait été attribué au lot du cohéritier ou acquéreur, soit en totalité, soit pour une portion supérieure à celle qui représentait sa part dans l'immeuble licité.

Cependant l'art. 60 L. 22 frimaire an 7 interdit la restitution des droits régulièrement perçus, quels que soient les événements ultérieurs. D'un autre côté, suivant l'art. 826 C. C.,

---

venues sur les matières que nous traitons, nous allons indiquer ici les décisions secondaires que l'on pourrait consulter si l'on voulait fouiller ce sujet tout à fait à fond.

Ont pleinement consacré la nouvelle jurisprudence les décisions ci-après : Dél. 9 décembre 1834, 11082 J.E., Dél. 9 janvier 1836, 11395 J.E.; — Château-Gontier 25 juin 1836, 11778 J.E.; — Épinal 1ᵉʳ août 1837, 11846 J. E.; — Metz 29 décembre 1837 et 2 janvier 1838, 11971-1 J. E.; — Valenciennes 30 août 1838, 12134 J.E.; 20 décembre 1842, 13163-2 J.E.; — Évreux 21 janvier 1843, 13158 J. E.; — Seine 26 avril 1843, 13268-3 J. E., 11665 J.N.; — Versailles 20 juillet 1843, 13335 J. E.; — Châteauneuf 15 décembre 1843, 13503-5 J. E.; — Seine 22 mai 1844, 13526-4 J. E.; — Pontoise 9 juillet 1844, 13590-5 J. E.; — Châtellerault 11 novembre 1844, 13634-5 J. E.; — Dijon 23 février 1845, 13948-4 J. E.; — Pont-Audemer, Clermont, Lille 20, 31 mai et 6 juin 1845, 13773-4 J. E.; — Chartres 5 juillet 1844, et Briey 24 juillet 1845, 13818 J. E., — Nantua 26 février 1846, 13948-4 J.E.; — Rouen 16 juin 1846, 14062-4 J. E.; — Castres 15 avril 1847, 11778 J.E.

Elle a été, au contraire, improuvée par les décisions suivantes : Dél. 14 septembre 1836, 11604-7 J. E.; — Colmar 22 août 1836, 9375 J.N.; — Laval 5 décembre 1836, 9484 J. N.; — Château-dun 21 décembre 1836, 11789-3 J. E., 9564 J.N.; — Amiens 26 janvier 1837, 9610 J.N.; — V. contraire Sol. 28 septembre 1838, 9924 J.E.; — Caen 30 mars 1838, 10168 J.N.; — Loches 29 juin 1838, 10202 J.N.; — Angers 26 février 1841, 12695 J. E.; — Lyon 16 août 1842, 11591 J. N., Dél. 25 novembre 1842, 11510 J.N.; — Reims 28 décembre 1842, 11693 J.N.; — Le Havre 23 janvier 1843, 13166 J. E.; — Rambouillet 26 janvier 1844, 11899 J. N.; — Amiens 21 mars 1844, 12117 J.N. ; — Dél. 9 avril 1844, 13581 J. E.; — Niort 13 novembre 1844, 12229 J. N.

A côté de ces décisions viennent se grouper les auteurs qui combattent l'ensemble de la doctrine de la Cour suprême : MM. Championnière, Rigaud et Pont, Dalloz, Rolland de Villargues et les rédacteurs du *Journal des Notaires*, l'ont attaquée avec vivacité et souvent non sans beaucoup d'apparence de raison. Ne pouvant reproduire les nombreuses pages qu'ils ont employées à discuter le système de la Cour suprême, et craignant d'affaiblir leurs moyens en les analysant, nous nous contentons de renvoyer à leurs ouvrages, en appelant particulièrement l'attention de nos lecteurs sur la savante dissertation de M. Pont p. 366, à 389 du *Supplément au Traité de Champ. et Rig.* — V. également Dalloz nᵒˢ 2741 à 2746, Rolland de Villargues, vᵒ *Licitation* nᵒˢ 132 et suiv., et les rédacteurs du *Journal des Notaires*, dans leurs observations sur les nombreuses décisions pour lesquelles nous avons cité les articles de leur journal.

chacun des cohéritiers étant saisi d'une quote-part en nature de chaque bien meuble et immeuble, il en résulte que s'il se rend adjudicataire, sur licitation, d'un immeuble, les *parts et portions* dont parle l'art. 69 § 7 nᵒ 7 L. 22 frimaire, qu'il acquiert, se composent de ce qui excède la part qui lui appartient personnellement dans ce même immeuble. La perception du droit de 4 pour 100 sur cet excédant est donc régulière. Or, le partage qui, plus tard, attribue au cohéritier acquéreur, dans le prix de la licitation, une portion supérieure à celle afférente à sa part en nature dans l'immeuble licité, est un événement ultérieur qui, aux termes de l'art. 60, ne peut rétroagir sur la perception à laquelle la licitation a été soumise.

La règle contraire suivie sous l'ancienne législation s'explique naturellement par cette circonstance que la rectification ultérieure de la perception n'était pas dominée par une disposition analogue à l'art. 60 de la loi de l'an 7, qui prohibe d'une manière absolue cette rectification toutes les fois qu'elle doit aboutir à la restitution d'un droit régulièrement perçu.

Aussi le ministre des finances, après un nouvel examen de la question, a-t-il abrogé sa décision du 21 mai 1829, et le principe que nous venons de développer, à savoir qu'un partage ultérieur ne peut rétroagir sur la perception faite, a été définitivement consacré par une Déc. 23 mai 1835 (9060 J.N., 11201 J.E., 1498 § 5 I.G.).

La Cour de cassation, amenée à se prononcer, n'a pas hésité à admettre cette doctrine.

Un grand nombre d'arrêts, en date des 14 novembre 1837 (1562-25 I.G., S. 37-1-950, 11905 J.E.); — 17 avril 1839 (1601-10 I.G., S. 39-1-405, 12295 J.E.); — 10 juin 1839 (S. 39-1-594, 1601-10 I.G., 12317 J E.); — 11 juin 1839 (S. 39-1-594, 1601-10 I.G., 12321 J.E.) , — 26 juin 1839 (S. 39-1-594, 1601-10 I. G.); — 24 mars 1840 (S. 40-1-324, 1630-6 I.G., 12543 J.E.); — 22 février 1841 (S. 41-1-346, 1643-3 I.G., 12714 J. E.), ont statué, conformément à la D. m. f. 23 mai 1835, que les droits d'enregistrement perçus sur les adjudications d'immeubles au profit des cohéritiers ou copropriétaires ne sont point restituables par suite du partage ultérieur qui attribue aux adjudicataires, pour leur part dans la masse, la totalité du prix ou une portion supérieure à celle qui a été distraite pour la perception des droits sur les adjudications. — Enfin, un arrêt de la même cour, chambres réunies, en date du 19 mai 1843 (S. 43-1-501, 1697 § 7 I.G., 13256 J.E.), est venu mettre cette jurisprudence à l'abri de toute controverse.

« Attendu, porte cet arrêt, qu'avant le partage, le droit de chaque héritier frappe chacun des immeubles de la succession dans la proportion de la part qui lui revient dans la succession totale ; que l'héritier qui, en cet état, se rend adjudicataire sur licitation de l'un de ces immeubles devient acquéreur des parts indivises qui appartenaient à ses cohéritiers dans le même immeuble ; qu'aux termes de l'art. 69 § 7 nᵒ 4 L. 22 frimaire an 7, cette acquisition est soumise au droit proportionnel de 4 pour 100 ; qu'elle ne peut, en effet, être considérée comme subordonnée au partage qui pourra avoir lieu ; qu'elle a, au contraire, un caractère définitif, puisque l'adjudication, faisant cesser immédiatement l'indivision à l'égard du bien licité, opère véritablement mutation ; que si, d'après l'art. 883 C. C., chaque cohéritier est censé avoir succédé seul et immédiatement à tous les effets à lui échus sur licitation, les effets de ce principe sont limités aux héritiers et aux créanciers, et ne peuvent s'étendre au droit fiscal qui est régi par des dispositions spéciales ; que, si le partage fait depuis la licitation place dans le lot de l'héritier adjudicataire le prix entier dont il est resté débiteur, c'est là un fait postérieur qui ne peut autoriser la restitution du droit proportionnel auquel cette licitation a été soumise, conformément audit art. 69 et aux principes ci-dessus, puisque l'art. 60 L. 22 frimaire an 7 dispose formellement qu'aucun droit perçu régulièrement ne peut être restitué, sauf les cas déterminés par cette loi, parmi lesquels ne se trouve pas celui dont il s'agit. »

10812. Part dans les immeubles vendus par actes antérieurs. — Par une série d'arrêts, en date des 18 novembre 1839 (10544 J.N., 12418 J.E., 1615 § 3 I.G., S. 40-1-38) ; — 28 janvier 1840 (10638 J.N., 12549 J.E., 1618 § 3 I.G., P. 43-2-770) ; — 29 juin 1840 (12561 J.E., 1630 § 3 I.G., S. 40-1-652) ; — 1er décembre 1840 (12642 J.E., 10480 J.N., 1634 § 3 I.G., S. 40-1-958) ; — 22 février 1841 (12714 J.E., 1643 § 3 I.G., S. 41-1-346), la C. cass. a décidé que, pour la perception des droits d'enregistrement sur une adjudication faite sur licitation à l'un des héritiers, on ne doit pas déduire sa part dans des immeubles de la même succession adjugés par des actes antérieurs, alors même qu'on pourrait ne considérer ces divers actes que comme des parties ou des séances d'une même opération n'ayant qu'un seul principe, qui serait le jugement qui aurait pu originairement l'ordonner.

Arrêt du 29 juin 1840 : « Attendu que les parts et portions indivises des biens immeubles, acquises par licitation, sont assujetties, par le n° 4 § 7 de l'art. 69 L. 22 frimaire an 7, à un droit de mutation de 4 pour 100 ; que la perception de ce droit doit être faite sur chaque adjudication présentée à l'enregistrement, sans égard à celles antérieures ou postérieures ; qu'en effet tout ce qui excède, sur chaque licitation, la part dans l'immeuble licité du copropriétaire qui s'est rendu adjudicataire, constitue, à son égard, une véritable vente, et qu'ainsi il y a autant de ventes susceptibles du droit de mutation que d'adjudications distinctes et séparées ; que le droit de mutation est acquis à l'instant même où une vente est consommée, et que l'importance de ce droit ne peut être subordonnée à la réalisation éventuelle et plus ou moins éloignée de l'adjudication d'autres immeubles ; que l'art. 883 C. C., relatif à l'effet des partages et licitations entre cohéritiers, n'a, en aucune manière, modifié la loi fiscale, et que la fiction qu'il établit ne peut recevoir aucune application lorsqu'il est question du droit énoncé dans la disposition ci-dessus visée de la loi du 22 frimaire an 7. »

Arrêt du 1er décembre 1840 : « Attendu que, jusqu'au partage définitif d'une succession, les divers héritiers sont copropriétaires, proportionnellement à leurs droits, des immeubles qui la composent ; que le cohéritier qui se rend adjudicataire de l'un des immeubles vendu par licitation conserve, à moins qu'il n'en ait été stipulé autrement, tous ses droits sur les autres objets de la succession, de même qu'il devient débiteur vis-à-vis de ses colicitants de la portion du prix de son adjudication correspondant à leurs droits dans l'immeuble vendu ; qu'ainsi, il acquiert, de fait, les parts et

portions de ses cohéritiers dans cet immeuble, et que c'est le cas d'appliquer l'art. 69 § 7 n° 4 de la loi de frimaire ; attendu qu'il importe peu que le prix de l'adjudication soit inférieur au montant des droits de l'adjudicataire dans la masse commune, puisque la loi fiscale établit la perception des droits sur les actes considérés en eux-mêmes et abstraction faite des événements ultérieurs ; que, dès lors, le droit proportionnel doit être perçu sur chaque acte de licitation en particulier, sans égard au résultat que pourra produire le partage à intervenir entre les différents cohéritiers. »

10813. Part dans les immeubles vendus par le même acte. — Cependant, en présence de cette jurisprudence, restait un principe posé par trois solutions des 14 avril 1824 (4774 J.N., 1146 § 8 I.G.) ;— 26 février 1833 (7999 J.N., 1425 § 7 I.G.) ; — et 8 septembre 1835 (1498 § 5 I.G.), à savoir que lorsqu'une licitation comprend plusieurs lots dont une partie seulement est adjugée à l'un des cohéritiers, le droit de licitation est exigible sur ce qui, dans le prix de cette adjudication, excède sa part, non pas dans l'immeuble par lui acquis, mais dans la totalité des immeubles licités par le même acte ou le même jugement.

10814. Part dans l'immeuble acquis. — Mais une décision du ministre des finances, en date du 24 novembre 1841 (1655 I.G.), a reconnu que pour la perception du droit de 4 pour 100 sur les adjudications d'immeubles faites par licitation à un cohéritier ou copropriétaire, on doit déduire de son prix la part seulement de l'adjudicataire dans ce même prix.

Cette règle de perception, puisée d'ailleurs dans l'esprit des arrêts précédemment indiqués, est conforme au caractère et aux effets de la licitation. Dans l'état d'indivision, avons-nous dit précédemment, chaque communiste est propriétaire d'une quote-part de chacun des biens communs. En se rendant adjudicataire d'un immeuble, il prend sa part de cet immeuble et acquiert celle des autres communistes : il n'a point le droit de retenir sur le prix de son adjudication sa part dans le prix des adjudications faites soit à d'autres cohéritiers ou copropriétaires, soit à des étrangers. Par l'effet de la licitation, l'indivision est transportée des immeubles licités au prix de ces immeubles. Après la licitation, et jusqu'à partage définitif, le cohéritier ou copropriétaire adjudicataire est débiteur de la part des autres communistes dans le prix de son adjudication, et en même temps créancier de sa propre part dans le prix des biens adjugés à d'autres qu'à lui. Lors donc que, pour la perception du droit d'enregistrement, on déduit du prix d'adjudication la part du cohéritier adjudicataire dans le prix total des biens adjugés par le même acte, on fait arbitrairement une opération de partage qui n'est nullement la conséquence nécessaire de la licitation. Les parts et portions indivises acquises par licitation et soumises au droit proportionnel par l'art. 69 L. 22 frimaire an 7 sont, d'après le sens littéral de la disposition, les parts et portions acquises *dans l'immeuble adjugé au colicitant.*

Cette nouvelle doctrine a été consacrée par de nombreux arrêts de la C. cass. (22 avr. 1845, 1743 § 5 I.G., S. 45-1-335; — 18 août 1845, 12484 J.N., 13884-4, 13841 J.E., 1755 § 10 I.G., S. 45-1-761; — 22 avr. 1846, 12679 J.N., 13395 J.E.,

1767 § 5 I. G., S. 46-1-392 ; — 5 août 1846, 12743 J. N., 14073 J. E., 1786 § 6 I. G., S. 46-1-874 ; — 31 mai 1847, 13155 J. N., 14279 J. E.,1796 § 14 I. G., S.47-1-624; — 8 nov. 1847, 23 fév. 1848, 13232, 13310 J.N., 14371, 14380, 14450 J. E., 1814 § 12 I. G., S. 48-1-60 et 190 ; — 6 nov. 1851 ch. réun., 14515 J. N., 1912 § 3 I. G., S. 51-1-778 ; — 20 avr. et 6 juill. 1853, 1982 § 3 I. G., S. 53-1-335-542 ; — 5 mars 1855, 334 R. P. 2042 § 5 I. G., 15504 J.N., S. 55-1-376 ; — 8 août 1855, 465 R. P., 2054 § 6 I. G., S. 56-1-76 ; — Montpellier 14 janv. 1861, 1517 R.P., 11932 C. ; — Cass. 31 janv. 1860, 2174 § 6 I. G., 1281 R.P., 16780 J.N., 11682 C., S. 60-1-811 ; — Seine 4 août 1860, 16937 J.N., 17197 J.E., 11876 C. ; — Orléans 29 juill. 1863, 17412 J.E. ; — Gray 25 fév. 1863, 1955 R.P. ; — Cass. 30 mai 1866, 2331 R. P.; — Versailles 25 juill. 1867, 2528 R.P. ; — Cass. ch. réun., 12 mai 1870, 3110 R.P., 2403 I.G., B.C. 106, S. 70-1-210, D. 70-1-225, P. 70-538 ; — Cass. 20 déc. 1869, 3045 R.P., 2398-7 I. G., B.C. 228, S. 70-1-175, D. 70-1-183 ; — Cass. 22 juill. 1872, 4189 Rev., 20457 J.N., 3509 R.P., 2456-4 I. G., S. 72-1-248, D. 72-1-420).

« Attendu, porte l'arrêt du 6 novembre 1851, que le cohéritier qui, avant partage, se rend adjudicataire de biens immeubles dépendant de la succession et vendus par licitation, est donc passible du droit ci-dessus déterminé pour ce qui excède sa part dans le prix d'adjudication ; qu'en effet, d'une part, il acquiert les parts appartenant à chacun de ses cohéritiers dans les immeubles qui lui ont été adjugés ; que de l'autre la mutation opérée par l'adjudicataire qui fait cesser l'indivision donne naissance au droit de mutation, et que le règlement du droit ne peut rester subordonné au partage qui pourra avoir lieu ; qu'ainsi, le montant de la perception ne peut être modifié par les droits qui appartiennent au cohéritier adjudicataire, soit dans le prix d'autres immeubles adjugés à des tiers, soit dans la masse totale de la succession non liquidée ; que le principe posé dans l'art. 883 C. C. sur les effets du partage entre cohéritiers et leurs créanciers n'est nullement applicable au droit du fisc, qui est réglé par des lois spéciales ; qu'en définitive, le cohéritier adjudicataire ne peut être affranchi du payement du droit proportionnel sur les parts acquises de ses cohéritiers qu'en justifiant, lors de l'enregistrement du procès-verbal d'adjudication, qu'un partage a fait entrer dans son lot ce qui excède sa part dans le prix des immeubles à lui adjugés. »

1. LIQUIDATION DU DROIT. — Parmi ces arrêts, celui du 5 août 1846 formule la manière dont le droit dans le cas où un cohéritier se rend adjudicataire d'une partie seulement des biens adjugés en même temps. Le droit doit être liquidé sur chaque lot séparément, et en déduisant la part de l'adjudicataire dans le lot seulement.

10815. Mise aux enchères en un seul lot. — Division ultérieure. — Par son arrêt du 22 avril 1846 indiqué dans le numéro précédent, la Cour de cassation a d'ailleurs considéré qu'il importait peu que les lots aient fait partie d'un immeuble indivis, précédemment mis en adjudication, et, faute d'enchérisseurs, remis en adjudication par lots. Il a en conséquence reconnu que le droit doit être liquidé, dans ce cas, sur chaque lot, en déduisant seulement la part de l'adjudicataire dans le lot à lui adjugé.

« Attendu, po rte l'arrêt du 22 avril 1846, en fait, que par l'acte d'adjudication du 28 août 1842 le comte d'Hodicq, copropriétaire pour neuf seizièmes, et en outre en usufruit de sept trente-deuxièmes des immeubles de la communauté qui avait existé entre lui et la dame de Romberg, son épouse, décédée en 1840, a acquis à titre de licitation plusieurs lots faisant partie de ces biens ; que les dames Lagrenée et de Valmet, copropriétaires des quatre seizièmes des mêmes immeubles, ont également acquis plusieurs lots ; que, lors de l'enregistrement de cet acte, il n'a été excipé de partage entre les parties intéressées ; qu'en cet état le droit proportionnel de 4 pour 100 était dû par le comte d'Hodicq et par les dames de Lagrenée et de Valmet, et a été perçu sur la portion du prix excédant leurs droits dans les lots à eux adjugés ; qu'il importe peu que les lots aient fait partie d'un immeuble indivis précédemment mis en adjudication, et, faute d'enchérisseurs, remis en adjudication par lots ; que, cependant, le tribunal d'Abbeville, se fondant sur cette circonstance qu'à l'égard du comte d'Hodicq le prix des lots à lui adjugés était inférieur à la valeur de sa part dans l'immeuble licité par lots, et qu'à l'égard des dames de Lagrenée et de Valmet, le droit devait être liquidé sur une différence réduite d'après la valeur de leur part dans le même immeuble, a ordonné la restitution totale ou partielle du droit proportionnel perçu, en quoi il a formellement violé l'art. 69 § 7 n° 4 L. 22 frimaire an 7 » (S. 46-1-392, 1767-5 I. G., 13395 J.E.).

1. FRAIS. — Il est bien entendu que la part du colicitant qui s'est rendu acquéreur doit être déduite non-seulement sur le prix, mais encore sur les frais et autres charges qui viennent en augmentation de ce prix.

10816. Adjudication à plusieurs colicitants indivis. — Comment liquider le droit quand l'immeuble exposé en bloc aux enchères est acquis collectivement par un colicitant ou par un étranger, ou par deux colicitants? On a voulu soutenir que si les deux colicitants se réunissent pour acheter, ils n'en deviennent pas moins distinctement propriétaires, chacun d'une fraction, dans le bien, en sorte qu'il faut traiter leurs acquisitions respectives comme s'il s'agissait de lots séparés dans un même procès-verbal, et qu'on ne doit pas déduire leur portion dans la totalité de l'immeuble, mais seulement dans la quotité dont ils font l'achat (Saint-Marcellin 31 mars 1860).

Mais cette prétention était inadmissible. Si le cohéritier achetait seul la totalité de l'immeuble, il n'est pas contestable qu'on lui tiendrait compte de ses droits dans l'objet entier de son acquisition. Pourquoi sa position serait-elle pire quand il s'adjoint un tiers afin d'acheter ensemble la même propriété et se la diviser ensuite également? Sa qualité est la même dans les deux cas, ses droits sont identiques. La seule différence est qu'au lieu de devenir possesseur de l'intégralité du bien, et de payer pour l'excédant de sa portion héréditaire un droit de mutation, il laisse à l'étranger l'acquisition de l'autre moitié de l'immeuble, et par conséquent la charge exclusive de l'impôt. La clause équivaut tout au moins à un règlement dans lequel le cohéritier, sur la portion qu'il conserve, ses droits indivis dans la totalité de l'immeuble, et il suffit que ce règlement soit enregistré avec le contrat pour servir de base à la perception (V. Cass. 10 juin 1845, Dalloz V. Succ. 2128).

Il a donc été décidé, avec raison, par le tribunal de Grenoble, le 27 août 1863, que si un immeuble est adjugé à un colicitant et à un tiers indivisément propriétaires par moitié, le droit dû par le colicitant doit se calculer déduction faite de sa part dans la totalité de l'immeuble, parce que le droit ne se perçoit que sur la portion qui change de mains et que le colicitant restant propriétaire de sa moitié n'a rien à acquitter (12709 C., 17983 J. N., 1852 R. P., 634 Rev.).

Par la même raison, si une adjudication est faite à deux époux, par moitié indivisément, d'un immeuble dans lequel ils avaient tous deux des droits, il faut déduire du prix total les droits de chaque époux et ne percevoir l'impôt que sur l'excédant.

Il n'en serait pas ainsi néanmoins si les copropriétaires n'achetaient pas conjointement, et que chacun d'eux devînt acquéreur distinct d'une fraction de l'immeuble. Du moment que l'acte renferme deux adjudications séparées, on ne saurait plus les réunir pour calculer les droits des colicitants. On a donc pu décider que si, dans un même acte, deux colicitants ayant droit chacun au huitième de la propriété, acquièrent distinctement l'un l'usufruit, et l'autre la nue-propriété pour des prix égaux, il faut isoler les deux opérations l'une de l'autre et déduire seulement la part de chaque colicitant du prix de l'achat qui le concerne (16572 § 2 J. E.). — Mais on remarquera que ce résultat ne saurait être admis que quand les deux acquisitions sont totalement indépendantes l'une de l'autre. Si les colicitants déclarés d'abord acquéreurs indivis se partagent ensuite l'immeuble, il n'en résulte pas que l'adjudication n'ait été prononcée d'abord à leur profit commun et cela suffit pour autoriser la déduction sur le prix total (Sol. 6 juin 1863).

10817. Plusieurs lots à un seul colicitant. — Il va sans dire que, lorsque plusieurs lots ont été adjugés au même colicitant, on ne doit établir qu'une seule liquidation sur l'ensemble de ces lots. La déduction doit être de la part du copropriétaire dans les lots à lui adjugés réunis (Cass. 8 nov. 1847) :

« Attendu, porte cet arrêt, qu'il résulte du jugement attaqué que, le 22 septembre 1842, le sieur Pierre-Antoine Sirot s'était rendu adjudicataire sur licitation, moyennant le prix de 39,053 fr. 80 cent., de plusieurs lots d'immeubles dépendant des successions des époux Joseph Sirot, dont il était héritier pour moitié; que le sieur Jean-Baptiste-Toussaint Sirot, héritier pour 109/320ᵐᵉˢ, s'était également rendu adjudicataire d'un autre lot, moyennant le prix de 4,108 francs; que le surplus des immeubles avait été adjugé à des étrangers moyennant 28,921 francs, ce qui élevait le prix total de la licitation à 72,082 fr. 80 cent.; que, lors de la présentation du procès-verbal d'adjudication à l'enregistrement, il n'existait point d'acte de partage qui fît entrer dans le lot des défendeurs les immeubles par eux acquis; qu'en conséquence le droit de transmission, fixé à 4 pour 100 par les art. 15, nᵒ 6 et 69 § 7 nᵒ 4 L. 22 frimaire an 7, pour les parts et portions indivises de biens immeubles acquises par licitation, a été perçu à l'égard de Pierre-Antoine Sirot sur la moitié du prix des immeubles à lui adjugés, et à l'égard de Jean-Baptiste-Toussaint Sirot, sur les 211/320ᵐᵉˢ du prix de son lot » (1814 § 12 I. G., 24 fév. 1848, 8131 C., S. 48-1-60, 14380-1-14371 J. E.).

10818. Partage de communauté. — Les arrêts des 18 novembre 1839, 28 janvier 1840, 18 août 1845 et 22 avril 1846, rappelés dans le nᵒ 10812 ci-dessus, ont déclaré applicables aux partages de communauté les règles qui ont fait l'objet des numéros précédents.

Il a été décidé, dans ce sens, que le droit de 4 pour 100 est seul exigible sur l'acte par lequel un père se rend adjudicataire d'une maison dépendant de la communauté ayant existé entre lui et sa femme décédée laissant des enfants mineurs (Sol. 1ᵉʳ sept. 1842 ; — Joigny 2 fév. 1843, 13210-5 J. E.); — et que l'adjudication faite au mari des immeubles d'une communauté ne donne ouverture à aucun droit, lorsque, le jour même de cette adjudication, les héritiers de la femme ont, par acte au greffe, renoncé à la communauté, car cette renonciation, qui ne peut être considérée comme un événement ultérieur, est antérieure à l'enregistrement de l'adjudication et à la déclaration de l'avoué dernier enchérisseur (Dél. 27 juin 1843, 13357-1 J. E., 11673 J. N.).

1. FEMME SÉPARÉE DE BIENS. — Le tribunal de la Seine a jugé le 27 février 1840 (12474 J. E.), que la licitation par laquelle la femme, séparée de biens, acquiert un immeuble de la communauté est passible du droit de 4 pour 100 sur la moitié de la valeur de l'immeuble dont elle compense le prix avec ses reprises.

10819. Usufruitier. — Si les droits de l'adjudicataire sur l'immeuble à lui adjugé ne consistaient qu'en usufruit, la C. cass. a décidé, par un arrêt du 30 mars 1841 (5990 C.), qu'il ne faudrait déduire que son droit d'usufruit, sans avoir égard à ce même droit qui pouvait lui appartenir, soit sur les autres biens héréditaires, soit même sur les autres lots de l'immeuble à lui adjugé.

On verra d'ailleurs au mot *Usufruit* que, quand le démembrement de l'usufruit a donné lieu à la perception du droit sur la valeur entière de la propriété, l'acte ultérieur par lequel le nu-propriétaire achète les droits de l'usufruitier ne donne plus lieu qu'à la perception d'un droit fixe de 3 francs (avec ou sans droit de transcription selon les cas). Cette règle s'applique à la licitation comme à la vente ordinaire.

Par conséquent, si l'un des cohéritiers de la nue-propriété achète de l'usufruitier et de ses cohéritiers la totalité de l'immeuble à titre de licitation, il ne faut percevoir qu'un droit fixe pour l'usufruit (sauf le cas échéant le droit de 1 fr. 50 cent. pour 100) et le droit de 4 pour 100 sur les parts acquises en nue-propriété (Sol. 30 mars 1852, 10 nov. 1853, 13 nov. 1855).

On a fait l'application de ce principe dans l'espèce suivante : Un père étant décédé laissant trois enfants et sa veuve, la communauté fut liquidée entre eux et on attribua à la veuve pour sa part l'usufruit de tous les biens. Ce partage fut pris pour base de la déclaration de succession. Plus tard les deux enfants et la mère ayant vendu leurs droits au troisième, on reconnut qu'il y avait réunion d'usufruit à la propriété pour la totalité de l'immeuble et il fut décidé, contrairement à une opinion (13806-6 J. E.), que le droit de 4 pour 100 était seulement exigible sur le prix des deux tiers de la nue-propriété (Sol. 15 sept. 1857).

10820. Adjudication volontaire. — Cette règle s'applique aux adjudications volontaires comme à celles ordonnées en justice. C'est ce qui résulte formellement de l'arrêt du 22 avril 1845 (1743 § 5 I. G., — S. 45-1-335), ci-dessus rapporté, dans lequel on lit « que l'art. 69 § 7 n° 4 L. 22 frimaire an 7, soumet au droit proportionnel de 4 pour 100 les parts et portions indivises des biens immeubles acquises par licitation, et que cet article ne distingue point entre les licitations volontaires et celles ordonnées en justice. »

« Aujourd'hui, dit M. Demante, l'intervention de la justice n'est plus requise que dans l'intérêt de copropriétaires incapables. Si, au contraire, les copropriétaires sont tous majeurs et maîtres de leurs droits, il suffit, pour qu'il y ait licitation, qu'aucun d'entre eux « ne puisse *ou ne veuille* prendre » les objets indivis en nature (art. 1686 C.C.). Peu importe que la licitation soit volontaire ou forcée » (n° 711). — Nous avons fait la même remarque au n° 10801-1 qui précède. Mais, il y a quelques différences à signaler entre la licitation amiable et la licitation judiciaire à propos des héritiers bénéficiaires : c'est un point que nous traiterons ci-après. »

10821. Partage enregistré simultanément. — Il avait paru que la règle précédente était applicable lors même que le prix total de l'adjudication était attribué à l'adjudicataire au moyen d'un partage ultérieur présenté à l'enregistrement avec l'acte de licitation (Dél. 30 janv. 1838, 10002 J.E., 9917 J.N.; — Nantes 9 janv. 1844, 13448 J.E.; — Seine 6 déc. 1838, 12208 J.E., Champ. et Rig. *Revue de droit français et étranger* t. 7 p. 18).

Mais cette doctrine n'a pas été admise par la Cour. De nombreux arrêts ont reconnu que si le partage qui règle l'attribution du prix est présenté à l'enregistrement avec la licitation, il doit servir à la liquidation du droit exigible sur cette licitation[1] (Cass. 30 janv. 1839, S. 39-1-104, 12326 J.E.; — 1er déc. 1840, 1634-4 I.G., S. 41-170; —5 mars 1855, 2042 § 5 I.G., 334 R.P., S. 55-1-376 ; — 31 janv. 1860, 2174-6 I.G., 1281 R.P., S. 60-1-811 ; —30 mai 1866, 2331 R.P., 2349-4 I.G., S. 66-1-305, D. 66-1-210 ; — 20 déc. 1869, 3045 R.P., 2398-71 I.G., B.C. 228, S. 70-1-175, D. 70-1-183; —12 mai 1870, ch.réun. 3110 R.P., 2403 I.G., B.C. 100, S. 70-1-210, D. 70-1-225; — 22 juill. 1872, 3509 R.P., 2456-4, S. 72-1-218, D. 72-1-420).

« Attendu, porte l'arrêt solennel du 12 mai 1870, que l'art. 883 C.C., d'après lequel chaque cohéritier est censé avoir succédé seul et immédiatement à tous les effets à lui échus sur licitation, ne s'applique pas, dans ce cas, à la perception du droit fiscal, qui est régi par des règles spéciales ; que, néanmoins, lorsque le jugement d'adjudication est présenté à la formalité de l'enregistrement, simultanément avec le partage qui attribue à l'héritier adjudicataire, pour le remplir de ses droits, l'excédant de sa part, dans le prix, il n'y a lieu qu'à la perception du droit fixe auquel sont soumis les partages entre copropriétaires, parce que la licitation est alors considérée comme un acte d'exécution du partage et se confond dans une seule et même opération. »

10822. Licitation enregistrée tardivement. — Il faut d'ailleurs que la licitation soit enregistrée dans le délai légal. Les parties ne peuvent pas se procurer le bénéfice de la jurisprudence en retardant contre le vœu de la loi l'enregistrement de leur licitation jusqu'au moment où il leur plaira de procéder au partage du prix. Cette contravention ne saurait rendre leur position meilleure et les exonérer d'un droit qui, s'il eût été perçu comme il devait l'être, n'eût pas été restituable (Bordeaux 1er fév. 1859 ; — Périgueux 3 août 1861). — C'est une observation que fait l'Administration à la fin de son I.G. n° 1634 § 4, et qui résulte de la jurisprudence indiquée au numéro qui précède.

10823. Acte en conséquence. — En droit rigoureux et d'après la règle de l'art. 41 L. 22 frimaire an 7, le partage authentique ne pourrait être rédigé qu'après l'enregistrement de la licitation notariée. Mais il s'agit ici d'un de ces actes urgents auxquels la loi cesse de s'appliquer ; et dans ses arrêts du 30 mai 1866 et 12 mai 1870 (10821), la C. cass. le reconnaît implicitement, puisqu'elle déclare que l'on peut obtenir l'homologation du partage dans le délai accordé pour l'enregistrement de l'adjudication, ce qui suppose évidemment la possibilité de recevoir le partage avant que la licitation soit enregistrée. — V. *Acte en conséquence.*

10824. Partage fait par un autre notaire. — On a même décidé que si le partage est reçu par un autre

---

1. Voici en quels termes M. le Procureur général Paul Fabre justifiait cette solution devant les chambres réunies de la C. cass. : « La licitation, avez-vous dit, ne doit pas être envisagée isolément du partage. Du moment, en effet, que l'art. 68 admet que l'attribution amiable à chacun des quatre cohéritiers de divers objets de la succession pour composer son lot ne le rend pas acquéreur des trois quarts de chaque objet et n'opère pas mutation, il n'y a aucune raison de supposer que l'attribution, parce qu'elle aura été le résultat d'un jugement au lieu d'être l'effet d'un accord, et parce qu'elle aura été faite moyennant un prix fixé par les enchères au lieu de l'être à un prix amiablement convenu entre les copartageants, doive être régie par un principe différent et entraîner le droit proportionnel. Mais, avez-vous ajouté, il n'est pas vrai non plus que l'époque du partage soit indifférente, et qu'à quelque distance de la licitation qu'il intervienne, il rétroagisse également sur elle et l'affranchisse du droit proportionnel. Non, pour produire cet effet, il faut que le partage qui attribue au cohéritier adjudicataire le prix de son adjudication soit produit avant ou avec le jugement d'adju-

dication présenté à l'enregistrement. Pourquoi ? parce qu'en principe, c'est le droit proportionnel qui est dû par le jugement d'adjudication, que ce droit proportionnel doit avoir été acquitté dans les vingt jours du jugement (art. 20), et que, comme droit légitimement payé (art. 60), il n'est plus restituable. Voilà le principe. A la vérité, l'art. 68 le fait fléchir pour celles des licitations qui pourront être réputées faire partie intégrante d'un partage ultérieurement fait. Mais c'est là une exception, une exception tout à la fois à la règle du droit proportionnel sur les acquisitions de parts (art. 69) et à la règle de la nonrétroactivité des événements postérieurs (art. 60).

A cette exception l'art. 68 met une condition, à savoir, que, pour que le droit proportionnel soit ramené au droit fixe, il faut qu'il soit justifié du partage. A quel moment ? Évidemment, au moment où le droit proportionnel est dû et va être irrévocablement payé, c'est-à-dire dans les vingt jours du jugement d'adjudication et au moment où ce jugement sera soumis à la formalité (3110 R.P.).

notaire que celui devant lequel la licitation a eu lieu, et que le premier ait 15 jours pour faire enregistrer ses actes, on doit l'accepter pour base de la liquidation des droits avant son enregistrement, quand il est présenté au bureau avec la licitation à laquelle il se rapporte (Sol. 13 mai 1857).

10825. Partage enregistré dans un autre bureau. — A plus forte raison, doit-on accepter le partage qui a été enregistré le même jour que la licitation, mais dans un autre bureau. La perception faite sur cette licitation n'a pas été régulière dans le sens de la loi, puisque les parties s'étaient conformées à la jurisprudence en présentant à la formalité, le même jour, le partage du prix ; et comme l'Administration est également représentée dans tous les bureaux de recette, on doit traiter les redevables de la même façon que si les deux actes avaient été formalisés en un bureau unique,

10826. Partage fait, mais non enregistré, dans le délai de la licitation. — Mais, par une conséquence naturelle de ce principe, on doit décider, *à contrario sensu*, que si le partage, quoique fait *dans le délai* pour l'enregistrement de l'adjudication judiciaire, n'est présenté à la formalité que *postérieurement* à la licitation, il doit être considéré comme un événement ultérieur dorénavant sans influence sur une perception qui a été régulièrement faite. C'est ce qu'a jugé le tribunal de la Seine, le 11 mars 1852 (13573 J. E., 14934 J. N.),

10827. Partage fait après l'enregistrement de la licitation, mais dans le délai accordé pour cet enregistrement. — A plus forte raison doit-on considérer comme un événement ultérieur sans influence sur la restitution des droits perçus, le partage qui est fait après l'enregistrement de la licitation mais avant l'expiration du délai légal accordé pour l'accomplissement de cette formalité (Sol. 15 sept. 1851).

10828. Surenchère. — Lorsque le prix dû par un surenchérisseur a été attribué à un colicitant par un partage et que ce colicitant se rend ensuite adjudicataire de l'immeuble, on doit, pour la liquidation des droits, avoir égard à l'attribution contenue dans le partage (Sol. 24 oct. 1854).

10829. Partage non définitif. — Mais pour que le partage puisse servir de base à la perception des droits exigibles sur la licitation, il faut qu'il soit définitif. « La condition expresse de cette perception, porte l'arrêt des chambres réunies du 12 mai 1870, c'est qu'aux termes de la loi il soit justifié du partage ; que par conséquent, il soit produit un acte définitif et obligatoire pour toutes les parties ; qu'en effet, s'il n'a pas ce caractère, l'exemption du droit proportionnel, qui n'est attachée qu'aux partages réels, ne saurait être étendue à un acte qui serait susceptible de modifications. »

Cette condition résulte de tous les arrêts (V. Cass. 22 avr. 1845, S. 45-1-335, 1743-5 I. G., 12382 J. N., 13740 J. N. ; — 20 déc. 1869, 3045 R. P., 2398-7 I. G., B. C. 228, S. 70-1-175, D. 70-1-183 ; — 22 juill. 1872, 3509 R. P., 2456-4 I. G., S. 72-1-248, D. 72-1-420).

Nous allons en voir de nombreuses applications.

10830. Stipulation d'imputation sur la masse des biens. — Le partage n'est pas définitif lorsqu'il existe dans le procès-verbal de licitation ou le cahier des charges, une clause portant que si les colicitants se rendaient acquéreurs, les immeubles par eux acquis seraient comptés sur leurs droits dans la masse de la succession ou de la communauté, si cette clause n'a pas pour effet immédiat d'opérer un partage définitif (Dél. 6 oct. 1835, 9042 J. N.) ; — Cass. 27 avr. 1839, 12295 J. E., 10374 J. N., 1601 § 10 I. G., S. 39-1-401 ; — Seine 3 fév. 1841, 12668 J. E. ; — Cass. 22 fév. 1841, 10933 J. N., 12714 J. E., 1643 § 3 I. G., S. 41-1-346 ; — Chartres 13202 J. E. ; — Cass. 29 déc. 1841, 11179 J. N., S. 42-1-131, 1635 et 1675 I. G., 12909 J. E. ; — Péronne 1ᵉʳ avr. 1842, 12985 J. E. ; — Vitry-le-François 10 mars 1843, 13599-4 J. E. ; — Seine 8 mai 1844, 13511 J. E. ; — Béthune 30 juill. 1844, 13556 J. E. ; — La Flèche 24 mars 1846, 14062-4 J. E.).

Arrêt du 27 avril 1839 : « Attendu que vainement les défendeurs invoquent les clauses des actes d'adjudication des 23 et 27 janvier 1834, qui indiquaient que le prix des immeubles adjugés serait imputé sur la part héréditaire de chacun des cohéritiers acquéreurs, puisqu'il résulte de ces actes mêmes que les acquéreurs n'y figuraient comme héritiers vendeurs que pour leur sixième, et puisqu'ils se trouvaient par l'adjudication, et quel que pût être l'événement ultérieur du partage, sauf par eux à faire compte du prix à la succession, investis définitivement de la propriété qui passait, au moment même, sur leur tête, et cessait d'appartenir à leurs cohéritiers : mutation qui suffisait, elle seule, pour justifier la régularité de la perception du droit proportionnel. »

Arrêt du 29 décembre 1841 : « Attendu qu'en vain ils excipent d'une clause insérée dans le cahier des charges et de laquelle il résulte que, si l'un des colicitants se rend adjudicataire, l'immeuble acquis sera imputé sur sa part, parce que cette clause n'opère pas un partage définitif et qu'il n'y a que le partage définitif, sans aucun recours ou règlement postérieur possible, qui affranchisse du payement du droit proportionnel. »

10831. Attribution du prix à valoir sur les autres valeurs. — C'est ainsi encore que la perception ne pourrait être modifiée par cette circonstance qu'à la suite de l'adjudication la presque totalité du prix est abandonnée à l'adjudicataire, *à valoir sur sa part héréditaire dans les autres valeurs* non partagées de la succession (Abbeville 6 août 1850, 15094-2 J. E. ; — Mamers 31 août 1847, 14351 J. E.).

Par application de cette règle, il a été jugé qu'on ne peut pas considérer comme un partage sérieux et définitif devant servit de base à la perception du droit sur la licitation, l'acte par lequel le cohéritier adjudicataire reçoit pour sa part une portion de son prix, et qui attribue le surplus de ce prix indivisément aux autres héritiers : « Attendu que l'expression *indivisément* employée dans ce prétendu partage est exclusive de toute idée de division ; qu'elle semble indiquer qu'il existe encore des objets à partager ; que cet acte, malgré sa qualification, n'est donc pas un partage définitif et sérieux fixant la part de chacun et obligatoire pour tous ; que, dès lors, il n'aurait pas dû servir de base à la perception du receveur » (Fontainebleau 27 août 1867, 3739 R. P.).

10832. Partage non approuvé. —

Il est clair que si un partage ordinaire n'est pas approuvé par tous les cohéritiers, il ne constitue qu'un projet de partage et ne saurait être accueilli pour la liquidation du droit : Ce point n'a jamais fait de difficultés. Mais on a contesté l'application du principe aux partages rédigés par les notaires en vertu de commission de justice. De ce que le notaire agit alors en qualité de délégué du tribunal et doit procéder seul aux opérations (977 C. proc.), on en a conclu que le partage est valable par lui-même sans le secours de l'approbation des parties, et même malgré leur refus formel d'y acquiescer ; que le consentement des défaillants est présumé de droit, et que l'acte doit être admis, dès lors, comme un partage définitif pour la liquidation de l'impôt sur les licitations qui les complètent. On ajoute que le défaut possible d'homologation constitue un vice ultérieur dont le Trésor ne saurait se faire juge au moment de la présentation de l'acte, mais que les résultats de cette homologation, en rétroagissant jusqu'au jour du contrat, peuvent motiver des suppléments ou des restitutions de droits, si les attributions du prix des biens licités y sont changées (Amiens 19 janv. 1850, 14112-14403 J. N. ; — Seine 25 fév. 1859 ; 27 avr. 1861 et 14 fév. 1862, 1245, 1525 et 1614 R. P., 16546, 17149 et 17354 J. N., 11611, 11986 et 12237 C.).

Une pareille appréciation des effets du partage dressé par le notaire commis nous a toujours paru inexacte. L'officier public a reçu mission de préparer seul et sur les renseignements des parties les diverses opérations du partage ; mais son travail ainsi conçu est un simple projet qui demeure sans force jusqu'au moment où il est sanctionné par l'approbation de tous les intéressés ou par l'homologation qui en tient lieu. C'est pourquoi les parties doivent être sommées d'assister à la clôture du procès-verbal, afin d'y acquiescer ou de proposer leurs contredits (980 C. proc.) ; et c'est pourquoi aussi l'homologation du tribunal doit être requise pour remplacer le consentement des défaillants ou des incapables, quand toutes les parties n'ont pas accepté la liquidation du notaire (981 C. proc.). — L'approbation ou l'homologation qui en tient lieu, voilà donc ce qui constitue le partage, ce qui produit la convention et transforme en un véritable contrat l'acte resté auparavant en projet. Le notaire n'a évidemment pas reçu de la justice le pouvoir d'imposer aux intéressés les résultats de son travail, puisqu'il faut précisément obtenir leur acquiescement ou la sanction du tribunal. Son opération est valable sans doute, mais seulement dans les limites de la mission qui lui a été confiée, c'est-à-dire comme simple projet de liquidation. Dès lors, il est impossible de l'accepter en cet état pour régler la perception du droit d'enregistre-

ment. C'est donc avec raison que le jugement du tribunal de la Seine, du 25 février 1859, déféré à la C. cass., a été réformé, le 31 janvier 1860, par un arrêt portant : « qu'on ne saurait reconnaître le caractère du partage définitif à un simple projet de liquidation émané du notaire commis, lorsque, au lieu d'approuver le travail, les cohéritiers se sont réservé de l'approuver ou de le contester plus tard, et que l'acte n'a pas été homologué » (1281 R. P., 2174 § 6 I. G., 16780 J. N., 11682 C., 17074 J. E.). — Le tribunal de la Seine s'était lui-même conformé à cette jurisprudence, le 4 août 1860 (17197 J. E., 11876 C.) ; et il l'a appliquée récemment par deux jugements des 28 juillet et 8 décembre 1865 (2210 R. P., 12988 C., 18403 J. N.).

C'est ce qui a été également décidé par les tribunaux d'Orléans le 23 juillet 1861 (17412 J. E.) et de Melun, du 19 janvier 1865 (2058 R. P., 18298 J. N.), et des arrêts de cass. du 30 mai 1860 (2331 R. P., 2349 § 4 I. G., D. 66-1-210, S. 66-1-305) ; — et du 12 mai 1870, ch. réun. (3110 R. P., 2403 I. G., B. C. 100, S. 70-1-210, D. 70-1-225).

L'arrêt solennel du 12 mai 1870 porte : « Attendu que la condition expresse de cette perception est qu'aux termes de la loi il soit justifié du partage ; que, par conséquent, il soit produit un acte définitif et obligatoire pour toutes les parties ; qu'en effet, s'il n'a pas ce caractère, l'exemption du droit proportionnel, qui n'est attachée qu'aux partages réels, ne saurait être étendue à un acte qui serait susceptible de modifications ; que, dans l'espèce, l'état de compte, liquidation et partage du 27 mars 1861 et l'état complémentaire du 13 mai suivant, qui ont été produits en même temps que les jugements des 9 mars et 25 avril, par lesquels la dame Durand a été déclarée adjudicataire de divers immeubles de la communauté qui avait existé entre elle et son mari, ne peuvent être considérés comme constituant un partage définitif ; que, d'une part, en effet, des réserves avaient été faites et des difficultés, dont procès-verbal avait été tenu, s'étaient élevées entre les parties, et que les états liquidatifs qui les constataient ne présentaient dès lors qu'un projet de liquidation ; que, d'un autre côté, si l'un et l'autre de ces états attribuaient à la dame Durand le prix entier des deux adjudications pour la remplir de ses droits, et si ces abandonnements, acceptés par elle, avaient été subordonnés par le subrogé-tuteur de ses enfants mineurs, lequel avait même formellement renoncé à les attaquer, ces acceptation, approbation et renonciation étaient nécessairement soumises, aux termes de l'art. 984 C. proc. civ., à l'homologation du tribunal de la Seine, qui pouvait contrôler et modifier les actes soumis à son examen ; qu'à défaut de cette homologation, ces actes, auxquels des mineurs étaient intéressés, n'avaient qu'un caractère provisoire, et que la volonté exprimée par les parties de faire un partage définitif ne pouvait changer ce caractère ; que le jugement d'homologation, qui n'est intervenu que le 26 novembre 1861, est un événement ultérieur qui, d'après l'art. 60 L. 22 frimaire an 7, ne peut amener une restitution. » — V. au sujet des réserves le n° 10834-3.

10833. Partage homologué. —

L'approbation se trouve d'ailleurs régulièrement remplacée par l'homologation judiciaire, et le consentement de la justice tient lieu alors en tous points de ceux des intéressés. Mais on s'est demandé si cette homologation était encore nécessaire quand le partage rédigé par le notaire commis était approuvé par tous les ayants droit. La négative nous paraît certaine, au moins quand il s'agit d'un partage concernant des personnes majeures et maîtresses de leurs droits. L'homologation, en effet, n'est qu'une formalité destinée à suppléer au défaut d'acceptation des cohéritiers : elle devient donc inutile dès que cette acceptation s'est produite ; et c'est pourquoi on a reconnu que les droits exigibles sur le partage doivent être perçus au moment de l'approbation, sans attendre le jugement homologatif (Seine 7 fév. 1844, 26 déc. 1849 ; — Sol. 4 avr. 1864 nº 1902 R. P.). — Par la même raison, il faut décider qu'un tel partage peut servir de base à la liquidation des droits exigibles sur les adjudications faites aux cohéritiers ou copropriétaires, encore qu'il ne soit point homologué. Deux délibérations des 14 novembre 1843 et 27 janvier 1844 l'ont décidé avec raison en ce sens (11830, 12321 J.N.).

Il est à remarquer, d'ailleurs, que dans l'espèce jugée par la C. cass. le 1ᵉʳ décembre 1840 (V. 10821), se rencontrait également cette circonstance, que le partage n'était pas encore homologué lors de l'enregistrement de la licitation, et que néanmoins la Cour a déclaré, comme l'avait fait le tribunal de première instance, que les deux actes ne formaient qu'un même tout, pour la perception des droits d'enregistrement.

Mais il ne faudrait pas considérer comme une approbation implicite la présence des parties à la clôture du procès-verbal et leur simple signature sur cet acte (Carré Quest. 3208, Bioche vº Partage nº 172, Dutruc nº 459 ; — Paris 12 avr. 1834, Dalloz vº Succ. 1820).

Ajoutons que quand le tribunal a ordonné des modifications à un état liquidatif dressé par un notaire commis, tout ce qui n'est pas réformé est tenu pour approuvé et homologué, il ne reste plus qu'à exécuter les rectifications prescrites par la justice. Dans ce cas, le travail rectificatif du notaire, conforme aux changements ordonnés, n'a pas besoin d'être homologué de nouveau pour devenir définitif (C. Paris 10 janv. 1865, 17962 J.E.).

10834. Mineurs et incapables. — La question est plus complexe et beaucoup plus délicate à l'égard des mineurs ou autres incapables. Il faut, sur ce point, distinguer entre les partages provisionnels et les partages ordinaires.

Le partage provisionnel, c'est-à-dire celui qui porte exclusivement sur la jouissance (840 C. C.), produit les effets suivants : 1º chaque partie peut demander un partage définitif ; — 2º elle peut former cette action à toute époque sans demander d'abord la nullité ou la révision du partage provisionnel (Delvincourt t. 2 p. 48 note 4, Toullier t. 2 nº 533, Chabot art. 840-7, Aubry et Rau t. 5 p. 253-255, Demolombe t. 15 nº 694). Il est évident, dès lors, qu'un tel acte, ne réglant pas les droits des colicitants d'une manière invariable, ne saurait être pris pour base de la perception des droits.

Mais si le partage portait sur la propriété même, est-ce que la présence d'un incapable suffirait, quand cet incapable est représenté par son tuteur qui accepte les lotissements, pour faire assimiler le partage au partage provisionnel ? En droit, il est bien certain, d'un côté, que le partage est définitif à l'égard des parties majeures et maîtresses de leurs droits (Lyon 4 avr. 1840, S. 13-2-290 ; — Cass. 30 août 1845, S. 15-1-

404 ; — Colmar 28 nov. 1816, S. 17-2-145 ; — Agen 12 nov. 1823, S. 25-2-71 ; — Bordeaux 16 mai 1834, S. 35-2-292 ; — Cass. 24 juill. 1835, D. 36-1-188 ; — Montpellier 16 août 1842, S. 43-2-148 ; — Cass. 13 fév. 1860, S. 60-1-785 ; — Merlin Rép. vº Part. § 7, Aubry et Rau t. 5 p. 251, Taulier t. 3 p. 295, Malpel nº 318, Poujol art. 840-3, Chabot art. 840-7, Demolombe t. 15 nº 692) ; — et, d'autre part, que le mineur devenu capable peut renoncer au droit de demander un nouveau partage (Cass. 18 déc. 1837, S. 38-1-345 ; — 4 mai 1858, S. 58-1-673, Belost-Jolimont art. 840 nº 3, Poujol art. 840-6, Demolombe t. 15 nº 692, Aubry et Rau t. 5 p. 254). — Dès lors, il a paru possible de soutenir que le défaut d'homologation d'un partage entre des majeurs et des mineurs, représentés par leurs tuteurs, n'empêche pas d'exister et de produire tous ses effets ; qu'à la vérité le mineur reste le maître d'en provoquer un nouveau lors de sa majorité, mais que cette cause de réformation rentre dans la clause des nullités dont l'Administration ne saurait se prévaloir contre les parties (Seine 27 avr. 1861, 1525 R.P., 17149 J.N., 11986 C. ; — Seine 8 mai 1863, 17730 J.N., 12552 C., 2331 R.P. ; — 30 mars 1867, 2500 R.P. ; — Dissert. Rev. crit., col. nouv. t. 1 p. 6.).

Cette opinion n'a pas été accueillie par la Cour suprême.

Plusieurs arrêts ont décidé que le partage dans lequel figure un mineur ou un incapable, et qui est soumis pour ce fait à l'homologation du tribunal n'a pas un caractère définitif suffisant pour servir de base à la perception du droit exigible sur la licitation (Cass. 30 mai 1866, 2331 R. P., 2349-4 I. G., S. 66-1-305, D. 66-1-210 ; — 20 déc. 1869, 3045 R. P., 2398-7 I. G., B. C. 228, S. 70-1-175, D. 70-1-183 ; — 12 mai 1870, ch. réun., 3110 R. P., 2403 I. G, B. C. 100, S. 70-1-210, D. 70-1-225 ; — 22 juill. 1872, 3509 R.P., 2456-4 I.G., S. 72-1-248, D. 72-1-120).

« Attendu, porte ce dernier arrêt, que si l'un et l'autre de ces états attribuaient à la dame Durand le prix entier des deux adjudications pour la remplir de ses droits, et si ces abandonnements, acceptés par elle, avaient été approuvés par le subrogé-tuteur de ses enfants mineurs, lequel avait même formellement renoncé à les attaquer, ces acceptation, approbation et renonciation étaient nécessairement soumises, aux termes de l'art. 984 C. proc., à l'homologation du tribunal de la Seine, qui pouvait contrôler et modifier les actes soumis à son examen ; qu'à défaut de cette homologation, ces actes, auxquels des mineurs étaient intéressés, n'avaient qu'un caractère provisoire, et que la volonté exprimée par les parties de faire un partage définitif ne pouvait changer ce caractère. »

Nous avons, en parlant, vº Jugement, des droits à percevoir sur les jugements d'homologation, donné à la question des partages provisionnels et à la nécessité de l'intervention judiciaire des développements auxquels nous renvoyons le lecteur.

1. MINEUR ÉMANCIPÉ. — La même règle s'applique au mineur émancipé qui est un incapable et pour lequel il est indispensable d'obtenir l'homologation judiciaire comme pour le mineur ordinaire : « Attendu que l'acte de partage sujet à l'homologation de justice à raison de la minorité de l'un des copartageants est réputé simplement provisionnel ; que la loi ne fait pas de distinction à l'égard du mineur émancipé, qui figure au partage avec l'assistance de son curateur » (Cass. 22 juill. 1872, 3509 R. P., 2456-4 I. G., S. 72-1-248, D. 72-1-420).

2. CHOSE JUGÉE. — Mais, une fois l'homologation intervenue, la condition est remplie. L'Administration n'a pas à examiner si le jugement qui la prononce est régulier, s'il est devenu définitif et passé en force de chose jugée. Ainsi que le font remarquer tous les auteurs, la raison, d'accord avec l'ordonnance de 1667, dit que, du moment que la chose est jugée et conserve actuellement son caractère de chose jugée, elle est nécessairement une vérité légale. Agir autrement serait aller contre ce principe général du droit fiscal que la Régie n'a pas, pour établir ses perceptions, le droit de critiquer la validité des contrats sur lesquels elle l'établit.

3. PARTAGE. — RÉSERVES. — Nul doute que le partage ne serait pas recevable, si quelques-uns des héritiers, en l'acceptant, formulaient des réserves au sujet de certains points, même accessoires, de l'opération (Cass. 30 mai 1866, 2331 R. P., 2349-4 I. G., S. 66-1-303, D. 66-1-210; — 12 mai 1870, ch. réun., 3110 R. P., 2403 I. G., B. C. 100, S. 70-1-210, D. 70-1-225; — La Flèche 5 juill. 1876, 4524 R. P.).

Ou stipulaient que l'acte devra être homologué (Valenciennes, 8 août 1875, 4131 R. P.). — V. 10368.

10835. Partage partiel. — On a souvent prétendu que, pour remplir le vœu de la jurisprudence, le partage intervenu entre les colicitants devait comprendre non-seulement le prix de la licitation, mais tous les biens de la succession indivise. Jusqu'à ce moment-là, dit-on, les droits des cohéritiers ne sont pas définitivement réglés, puisque les attributions du partage partiel sont exposées à être modifiées par l'effet des rapports. D'ailleurs, dans ses arrêts du 5 mars 1855 (2042 § 5 I. G., 334 R. P., S. 55-1-376); — 31 janvier 1860, (2174 § 6 I. G., S. 60-1-811); — et 30 mai 1866 (2331 R. P.), la Cour de cassation parle d'un partage « contenant une évaluation des droits des héritiers dans la masse de *la succession paternelle*, sans attribution de biens *de cette succession*, » ou « réglant d'une manière définitive et obligatoire les droits des cohéritiers *dans la succession* et faisant à chacun sa part, » ou « devant être définitif et non provisoire. » Or, en une matière toute d'exception, il est impossible d'étendre la jurisprudence au delà des limites qu'elle a elle-même posées. Cette doctrine, dans une Sol. 20 décembre 1866 (1820 Rev.), et à l'appui de laquelle on peut invoquer les jugements de Gray du 25 février 1863 (1955 R. P.); — de la Seine du 21 juin 1862 (12355 C.); — de Dunkerque du 27 août 1868 (2789 R. P.); — d'Argentan du 5 décembre 1871 (3444 R. P.); — d'Avesnes du 15 février 1873 (3756 R. P.), et d'Orléans du 26 mai 1875 (4335 R. P.), ne paraît pas exacte.

D'abord, lorsque la cour a rendu les arrêts précédents, elle n'avait pas à juger la question de savoir si le partage définitif produisait les mêmes résultats que le partage général. Les termes dont elle s'est alors servie ont donc un simple caractère énonciatif et ne préjugent pas la solution de la difficulté. En second lieu, la spécialité de la matière doit être mise hors de cause. Si la jurisprudence a admis le partage postérieur comme base d'exception, c'est uniquement parce qu'il lui a paru que ce partage déterminait sans éventualité possible la portion du colicitant dans le prix indivis et s'identifiait à l'adjudication. Toute la difficulté revient donc à savoir si le partage partiel présente ces garanties. Or, l'affirmative n'est

pas douteuse dans les principes du droit civil. Rien ne s'oppose à ce que les cohéritiers fassent entre eux un partage partiel de certaines valeurs. « L'effet déclaratif de ce partage, enseigne Demolombe, se produit quant aux biens qui y sont compris aussi complétement que pour le partage total. La preuve en est dans l'exemple de la licitation qui, d'après le texte même de l'art. 883, produit le même effet déclaratif que le partage général (t. 17 nᵒ 276; — *Conf.* : Champ. et Rig. t. 3 nᵒ 2737, L. 44 Dig. *fam. erciscundæ*). Aussi, la jurisprudence n'a-t-elle pas hésité à reconnaître au partage partiel le même caractère définitif qu'au partage général des biens communs. C'est un point que nous avons établi vᵒ *Partage*, en démontrant qu'un partage partiel ne donne pas, comme on l'avait cru à tort, ouverture à la perception du droit de soulte sur l'excédant de la part du cohéritier dans les biens attribués.

On commet donc une erreur en disant que les lotissements sont provisoires et peuvent être changés par le règlement ultérieur. Il est certain que, si les héritiers modifiaient plus tard les attributions de leur premier partage, il s'opérerait, en droit fiscal, une transmission sujette à l'impôt, absolument comme à l'occasion d'un partage définitif. C'est avec raison dès lors que l'Administration a reconnu, en diverses circonstances, l'impossibilité de restreindre l'application des arrêts au cas du partage général de toutes les valeurs de la succession. « Il paraîtrait difficile, dit-elle, de faire triompher cette opinion dans l'espèce : ou les attributions ont été faites d'une manière définitive à tous les colicitants dans l'acte même de licitation, ou il existe par conséquent un partage partiel définitif » (Sol. 26 juin 1858, 26 nov. 1861, 25 nov. 1862, 1955 R. P.). — Telle est d'ailleurs la doctrine qui a triomphé devant les tribunaux d'Hazebrouck le 14 mai 1853, de Vienne (Isère) le 6 juin 1856; de Saint-Lô le 18 déc. 1874 (3998 R. P.), et de la Seine le 27 juill. 1877 (4820 R. P.).

L'Administration continue à soutenir cette thèse, sauf à exécuter les jugements contraires (Sol. 15 juin et 5 juill. 1878).

1. FRAUDE. — Mais il faut, bien entendu, qu'il s'agisse d'un partage partiel sérieux et non pas d'un partage imaginé pour les besoins de la cause. Ainsi, il a été jugé que le partage de communauté dans lequel n'ont pas été compris les prélèvements de chaque époux, et qui réserve les droits des parties à cet égard, ne saurait servir de base à la liquidation de l'impôt exigible sur la licitation des biens communs : « Attendu que les parties elles-mêmes, en réservant un compte ultérieur, reconnaissent implicitement que le partage n'est pas conforme à leurs droits respectifs, qu'un pareil acte ne constitue pas un partage définitif et sérieux et n'a pu être concerté que dans un but de fraude à la loi fiscale » (Seine 20 janv. 1866, 2343 R. P.).

2. SURENCHÈRE. — Il en est de même d'un partage partiel dont les résultats sont subordonnés à la surenchère des biens et qui ne comprend pas le passif (Bourgoin 21 mai 1878, 4953 R. P.).

10836. Partage régularisé après l'enregistrement. — Si le partage a été écarté lors de l'enregistrement de la licitation, parce qu'il était encore à ce moment-là incomplet, l'approbation ou l'homologation ultérieure ne sauraient influer, malgré leur effet rétroactif, sur la perception. Le droit ayant été liquidé conformément à la situation des choses à l'époque de la présentation de l'acte, sa perception est régulière dans le sens de l'art. 60 L. de l'an 7; et toute restitution se trouve prohibée. Mais la solution ne serait plus la même si le droit n'avait pas encore été acquitté quand l'homologation intervient; et bien qu'il ait dû être perçu antérieurement. Nous croyons, en effet, que l'art. 60, en prohibant le remboursement des droits perçus, s'applique restrictivement aux sommes déjà versées dans les caisses de l'État, et ne saurait être étendu à ce que l'on appelle ordinairement les *droits acquis*. Nous ne pouvons que formuler ici cette proposition qui touche à la législation fiscale par son côté le plus sensible; nous la développerons ultérieurement en parlant des *résolutions*.

10837. Supplément de droit. — Ainsi qu'on vient de le voir, la part du colicitant adjudicataire se détermine, d'après l'état des choses existant au moment de la licitation et résultant des faits alors connus. Mais il peut arriver que des événements ultérieurs, tels qu'un partage, la découverte de certains rapports, etc., modifient cette portion. En ce qui concerne les droits perçus, l'art. 60 L. du 22 frimaire an 7 s'oppose à ce que ces événements ultérieurs autorisent la restitution des droits qui auraient été acquittés en trop. Mais rien ne s'oppose à ce que le Trésor réclame un supplément de droit, s'il est justifié que la portion du colicitant adjudicataire est moindre que celle déduite. Il en est de ce cas comme de celui dans lequel une femme à laquelle il a été fait remploi en biens de la société d'acquêts renonce ensuite à la communauté. On verra au mot *Remploi* que la renonciation donne ouverture à un droit supplémentaire. Or, les motifs sur lesquels se fonde l'exigibilité de ce supplément de perception sont de tous points applicables à l'hypothèse actuelle. — *V.* cependant *Contrà* J, du not. n° 1988.

10838. Rapport. — Lorsque l'héritier auquel l'immeuble avait été donné en avancement d'hoirie par acte enregistré se rend, après le décès du disposant, acquéreur sur licitation du même bien, et qu'un partage ultérieur présenté à la formalité avec la vente lui attribue la totalité du prix, il n'est dû aucun droit de mutation. Malgré le changement du titre de possession du donataire, il n'y a cependant aucune mutation effective de propriété et la situation du colicitant est la même que s'il opérait le rapport de la valeur de l'immeuble au lieu de l'immeuble lui-même, comme la loi le lui permet. Or, il n'y a dans ces faits aucune cause à l'exigibilité du droit.

Quand un héritier doté d'un immeuble en avancement d'hoirie s'est rendu adjudicataire, après le décès du donateur, d'un autre immeuble, que lors du partage de la succession il est rempli de ses droits par attribution jusqu'à due concurrence sur le prix de l'adjudication consentie à son profit, et qu'au lieu de rapporter l'immeuble donné et non encore aliéné, il rapporte une somme d'argent qui en représente la valeur et qui est attribuée aux lots de ses copartageants, le droit de 4 pour 100 n'est exigible que sur la portion du prix excédant les droits de l'héritier dans la masse (Seine 20 août 1858, 16832 J.E., 1070 R.P.).

10839. Réduction. — Mais les règles précédentes ne sauraient être étendues à la réduction, c'est-à-dire à l'action appartenant au réservataire pour faire rentrer dans la masse les biens qui en sont sortis au détriment de sa légitime. Il n'y a qu'un cas dans lequel la loi autorise la restitution par

équipollent, c'est quand les immeubles donnés ont été aliénés par le donataire. Le réservataire est alors obligé de discuter d'abord les biens personnels de ce dernier avant de revendiquer l'immeuble (art. 930 C. C.). Mais, en dehors de cette exception, il faut que la réduction s'opère en nature.

La réserve, en effet, constitue une partie de la succession *ab intestat*. Elle doit donc être fournie en biens héréditaires, et si la succession se compose d'un seul immeuble impartageable, le réservataire qui a fait prononcer la réduction se trouve à l'instant même copropriétaire de cet immeuble. Il se produit une véritable indivision entre lui et les autres cohéritiers. Ce principe, que nous avons exposé au n° 8370 de nos éditions antérieures, est enseigné par tous les auteurs (Pothier *Donat. entre-vifs* sect. 3 art. 5 § 6, Delvincourt t. 2 p. 64, Duranton t. 8 n° 366, Levasseur n° 105, Demolombe t. 19 n° 569, Saintespès-Lescot t. 2 n° 542). Il a été appliqué par l'Administration dans une Dél. 14 février 1824 (n° 9370 R. P.). — Ce droit de copropriété est tellement dans la nature des choses qu'il échappe même à la disposition du défunt. Et, tandis que le donateur peut affranchir le donataire du rapport en nature, il lui est impossible de le dispenser de la réduction en biens héréditaires. « Il ne pourrait pas, par exemple, dit M. Demolombe, en instituant un légataire universel, le charger d'acquitter la réserve avec un capital ou d'autres meubles que le légataire prendrait dans son patrimoine » (T. 19 n° 426).

Quelle est la conséquence de cette situation? Évidemment que le réservataire reçoit de plein droit par l'effet de la réduction la copropriété indivise de l'immeuble impartageable et que, s'il sort d'indivision au moyen d'une licitation, l'impôt de transmission est exigible sur les parts acquises. Il s'en faut donc bien que cette licitation fasse l'office d'une expertise destinée à régler l'indemnité ou le retour dont le réservataire a été saisi par l'effet de la donation ou du legs sujet à réduction.

C'est donc à tort, selon nous, que le tribunal de Bourges a jugé, le 6 mars 1868, que, quand il est reconnu qu'un immeuble donné entre-vifs à un tiers dépasse le disponible, et qu'après la réduction ordonnée ou consentie le donataire reste acquéreur sur licitation de l'immeuble exposé en vente comme impartageable, le droit de licitation ne saurait être perçu sur la portion revenant au réservataire, lequel n'a jamais été créancier que d'un retour en argent (2676 R. P.).

1. IMPUTATION. — Mais le premier droit nous paraît alors devoir être imputé sur le second. On refuse cette imputation quand le premier titre a été judiciairement annulé et se trouve remplacé *ab initio* par le second contrat. Il est alors vrai de dire que les deux actes sont indépendants l'un de l'autre, puisque le premier cesse totalement d'exister. En matière de réduction, la situation est sensiblement différente. La réduction est souvent consentie sans l'intervention du tribunal, et même quand il intervient un jugement, on ne peut pas dire que la donation de l'héritier soit absolument annulée : elle est, au contraire, maintenue dans le passé. La vérité est qu'il s'opère une simple substitution de titre et que la licitation ou le partage confirme la possession du donataire. Or, en cette hypothèse, ce ne serait pas, semble-t-il, violer l'art. 60 L. de l'an 7 que de précompter le droit de la donation antérieure sur celui de la licitation. Comme la licitation est le dernier titre de la mutation, celui qui produira désormais

ses effets, il faut qu'il acquitte le droit qui lui est propre, mais le colicitant ne cesse pas d'avoir été donataire, et il ne s'est produit, en réalité, qu'une mutation successivement constatée en deux formes différentes.

10840. Frais. — La licitation est, comme le partage, un acte qui intéresse tous les cohéritiers. Les frais qu'elle occasionne, à l'exception cependant du droit d'enregistrement, sont par portions égales à la charge de toutes les parties. Ces frais sont mis intégralement à la charge du colicitant adjudicataire, ce dernier acquitte la dette d'un tiers, et tout ce qui excède sa portion virile constitue une charge ordinaire susceptible d'être ajouté au prix passible de l'impôt (Seine 19 mars 1870, 3169 R. P.).

Par contre, s'il est dit que ces frais seront également répartis, il ne faut pas, comme en matière de vente ordinaire, déduire la portion du prix laissée à la charge des cédants (Louhans 9 déc. 1859).

Il en serait autrement des droits de mutation exigibles sur la part acquise par le colicitant adjudicataire ; car, d'après l'art. 31 L. 22 frimaire an 7, ces droits aussi bien que les droits d'une soulte de partage sont une dette personnelle de l'acheteur.

Ces principes s'appliquent à l'hypothèse de la licitation suivie de partage. L'adjudicataire, en sa qualité de cohéritier, est débiteur personnel d'une portion des frais de la licitation. Si le partage en vertu duquel il reçoit la totalité de l'immeuble pour sa portion virile garde le silence sur ces frais, ou ne l'oblige pas à en payer une quotité supérieure à ses droits, on ne saurait considérer cette stipulation comme une charge de son prix et exiger sur ces frais le droit proportionnel de mutation.

10841. Disposition indépendante. — 1, CUMUL DU DROIT FIXE ET DU DROIT PROPORTIONNEL. — *Attribution de la totalité à un seul.* — Par un jugement du 6 décembre 1833 (8422 J. N.), auquel l'Administration a acquiescé le 25 février 1834 et qui a été rendu contrairement à deux Dél. précédentes des 8 mars 1831 et 24 octobre 1833 (8422 J. N., D. N. t. 7 p. 545 n° 210), le tribunal d'Épernay a reconnu que, lorsque la licitation aura pour effet d'attribuer la totalité à l'un des copropriétaires par indivis, le seul droit exigible est le droit de 4 pour 100 sur les parts acquises, sans qu'on soit fondé à réclamer celui de partage, sous prétexte que la convention contiendrait distinctement un partage et une licitation.

C'est dans cet ordre d'idées qu'une Sol. de l'Administration du 11 novembre 1836 (11653-1 J. E.) porte que, quoique le droit proportionnel exigible du colicitant soit inférieur au droit fixe de 5 francs, c'est ce droit proportionnel et non celui de partage qui doit être perçu.

Attribution non excédant les parts. — *Parts acquises.* — Mais l'Administration pense qu'il en serait autrement si un ou plusieurs des colicitants se rendaient adjudicataires de lots qui n'excéderaient pas leurs parts dans les biens licités. En conséquence, elle décide que dans ce cas le droit de partage est exigible, indépendamment du droit proportionnel dû par les autres adjudicataires (Dél. 17 mai 1836, 9405 J. N.). Telle est également l'opinion de Demante n° 162.

Nous ne partageons pas cet avis. Il est vrai qu'en matière de partage et la licitation le droit se cumule avec le droit proportionnel dû sur les soultes, Mais c'est en vertu d'une disposition expresse édictée par l'art. 68 § 3 n° 2 L. 22 frimaire an 7, pour les actes de partage. Or, cette disposition ne concerne nullement les licitations, dont la loi n'a tarifé que les parts acquises. Dès lors, un droit particulier ne peut être perçu, car la licitation ne présente qu'une opération unique dont les diverses parties doivent être considérées comme liées entre elles de telle manière que, du moment qu'un droit proportionnel est perçu soit à raison de l'adjudication passée à un étranger, soit à raison d'une acquisition de part excédant les droits d'un colicitant, il ne reste plus de place pour la perception d'un droit fixe quelconque. L'opération se présente dans le même ordre d'idées que l'opération de partage, que la loi a tarifée à un seul droit, quel que soit le nombre d'opérations partielles qu'il renferme. Toutes les adjudications, concernant soit les étrangers, soit les colicitants acquérant au delà de leur part ou restant dans les limites de cette part, se confondent en une seule opération que le seul droit proportionnel doit atteindre, du moment que, comme elle l'a fait en matière de partage, la loi n'a pas prescrit la perception d'un droit fixe se cumulant avec le droit proportionnel (*Conf.* : D. N. t. 7 p. 545 n° 220).

2. QUOTITÉ DU DROIT FIXE A PERCEVOIR. — Dans tous les cas, ce droit fixe, en le supposant exigible, ne pourrait jamais être un droit de partage, comme le voudrait l'Administration. Supposons qu'une licitation se présente dans des circonstances telles que tous les biens aient été adjugés à des colicitants sans qu'aucun d'eux ait rien acquis au delà de sa part, un droit fixe sera incontestablement exigible comme salaire de la formalité. Mais ce droit ne pourra être, à notre avis, que le droit fixé à 1 franc par le n° 51 § 1er art. 68 L. 22 frimaire an 7, pour les actes innomés, et élevé à 3 francs par l'art. 8 L. 18 mai 1850 et l'art. 4 L. 28 février 1872. — En effet, la loi, en décidant que, par une fiction, chaque cohéritier est censé avoir succédé seul aux objets à lui adjugés par licitation, établit aussi que le prix de ces objets n'en reste pas moins indivis *jusqu'au moment du partage.* C'est l'idée que nous avons exprimée lorsque nous avons dit, au n° 10814-1, que la licitation est le remplacement, dans la masse partageable, d'un immeuble indivis, par une somme d'argent également indivise. Dès lors il n'y a pas lotissement en faveur du colicitant adjudicataire, puisque ce colicitant n'en reste pas moins comptable de son prix à la masse des biens à partager.

Or, le droit fixe de partage n'étant dû que lorsqu'il y a partage et la licitation ne pouvant être considérée comme produisant à elle seule l'effet du partage, il s'ensuit qu'elle ne peut donner ouverture au droit de partage ; ce droit ne doit être exigible que lorsqu'intervient l'acte de partage du prix, C'est donc le droit de 3 francs qui seul doit être perçu. Notre opinion a été adoptée depuis par le J. E. (17083).

10842. Conquêt reçu pour emploi. — **Renonciation à communauté.** — Une liquidation de succession constate qu'une veuve avait pris pendant le mariage, à titre de remploi de propres vendus 30,450 francs, un immeuble conquêt acheté 40,000 francs ; qu'elle a renoncé à la communauté ; et qu'elle garde l'immeuble. — Au point de vue de l'impôt, la portion de l'immeuble conservé qui excède la part représentant le prix des propres aliénés est une part acquise par licitation entre la dame et la succession du mari, et le droit de 4 pour 100 est exigible (Châteaudun 11 avr. 1855, Fess. 8362).

Le principe sur lequel se fonde ce jugement trouvera plusieurs applications dans la matière du *Partage* et du *Remploi*. On en trouvera là le développement.

10843. Expropriation forcée. — Dissolution de société. — Lorsque la durée d'une société formée pour la revente d'immeubles a été limitée à l'époque où cette opération sera terminée, l'expropriation forcée des immeubles formant le fonds social a pour effet de dissoudre la société. En conséquence, l'adjudication faite au profit de plusieurs des associés a le caractère d'une licitation sujette au droit de mutation seulement sur la partie du prix applicable aux portions indivises des associés non adjudicataires (Cass. 17 août 1836, 9372 J. N., 11619 J. E., 1528 § 13 I. G., S. 36-1-834). — *V*. 10879.

« Attendu, porte cet arrêt, en droit, que, s'il est contestable que les immeubles appartenant aux sociétés sont réputés meubles à l'égard de chaque associé seulement tant que dure la société (art. 529 C. C.), il est aussi constant que cet ordre de choses cesse d'avoir son effet au moment où cesse la société ; que les sociétés finissent par l'extinction de la chose ou la consommation de la négociation (art. 1865 C. C.) ; qu'il en résulte que l'expropriation d'un fonds social formé en immeubles, pour en faire la revente par divisions, anéantit pour la société la chose qui en a été l'objet et consomme la négociation ; qu'après la fin de la société les immeubles qui lui appartenaient deviennent, sauf toutes stipulations contraires, la propriété indivise et commune des anciens sociétaires ; attendu, en fait : 1° que la société dite des terrains de Passy, établie par acte des 24 avril 1825 et jours suivants, passé devant Mame-de-Glatigny, notaire de Paris, avait pour objet la revente par divisions des terrains mis en société par les associés ; 2° que la durée de cette société était limitée au moment où l'opération serait terminée par la revente effectuée de tous les objets dont elle serait devenue propriétaire (art. 2 et 3 de l'acte susdaté) ; — 3° que les biens composant le fonds de ladite société ont été saisis et vendus par expropriation forcée, suivant adjudication du 27 juin 1833, au profit de quarante et un des signataires de l'acte susdaté, ou de capitalistes y ayant adhéré ; attendu qu'en cet état l'expropriation du fonds social faisait disparaître l'objet de la société, et qu'on considérait les sieurs Leroux et consorts, adjudicataires, comme copropriétaires en leur qualité de communistes, qui avait immédiatement succédé à celle de sociétaires, le jugement attaqué a fait une juste application des art. 883, 888, 1865 et 1872 C. C., et qu'il n'a point violé les art. 15 et 69 L. 22 frimaire an 7, invoqués à l'appui du pourvoi. »

10844. Cession de droits successifs. — Vente. — Dans quels cas une cession de droits successifs faite par un cohéritier sous la seule garantie de sa qualité à un autre cohéritier qui achète à ses risques et périls constitue une vente ordinaire ? — *V. Partage.*

10845. Command. — Déclaration d'adjudicataire. — L'avoué dernier enchérisseur qui déclare le nom de l'adjudicataire est censé n'avoir agi que commemandataire. Ce qui fait que la propriété adjugée passe immédiatement des vendeurs aux acquéreurs acceptants, sans reposer un seul instant sur la tête de l'avoué dernier enchérisseur. Il suit de là que, lorsqu'un immeuble indivis entre plusieurs copropriétaires et mis aux enchères en un seul lot a été divisé par la déclaration de l'avoué adjudicataire entre plusieurs personnes dont l'une est un des colicitants, le droit d'enregistrement est dû par ce dernier sur ce qui excède sa part dans la partie de l'immeuble dont il est acquéreur, et non sur ce qui excède sa part dans la totalité de l'immeuble (Cass. 6 juill. 1853, 15030 J.N., 1982 § 3 I.G., S. 53-1-542 ; —Seine 2 janv. 1869, 2886 R. P.) — *V.* au surplus *Command* n°ˢ 3883 et 3884.

10846. Substitution. — Comment doit se régler la perception sur la licitation des biens grevés de substitution tranchée au profit du grevé ? — *V. Substitution.*

10847. Meubles et immeubles. — La question de savoir si, lorsque la licitation comprend des meubles et des immeubles, sans prix distinct pour chaque nature de bien, le droit doit être perçu au taux fixé pour les immeubles, se résout naturellement par l'application de l'art. 9 L. 22 frimaire an 7, qui concerne tous les actes emportant mutation à titre onéreux. Aussi le tribunal de La Rochelle, ayant eu à examiner cette question, n'a-t-il pas hésité à reconnaître l'exigibilité du droit immobilier dans une espèce où, à la vérité, le cahier des charges et le procès-verbal d'experts qui l'avait précédé portaient des estimations séparées pour les meubles et les immeubles, mais ne contenaient qu'une estimation en bloc pour chaque nature de bien, et non article par article ; avec cette circonstance aggravante, d'ailleurs, que le procès-verbal d'adjudication ne portait pas de prix distinct (La Rochelle 19 mai 1836, 11581 J. E. ; — *Conf.* : M. Demante n° 265).

1. IMPUTATION. — Les règles d'imputation applicables au partage avec soulte (I. G. 342) ne peuvent pas être étendues aux licitations (Sol. 30 oct. 1877 ; 26 oct. 1874 ; 15 nov. 1877).

Cette question est cependant controversée (*V.* Seine 8 fév. 1878, et Compiègne 30 janv. 1878, 4914 R. P.). Nous l'avons examinée avec soin au n° 4914 R. P. — *V.* 7015-1, 12401 et 15244.

10848. Greffe. — Quand la licitation a lieu en justice, le droit de greffe se perçoit, comme celui d'enregistrement, sur les parts acquises (Sol. 10 juin 1853, 30 juin 1853, 1855 § 10 n° 2 I. G. ; — Cass. 30 juin 1866, 2321 R. P., 2349-4 I. G., S. 66-1-305., D. 66-1-210 ; — 12 mai 1870, 3110 R. P., 2403 I. G., B. C. 100, S. 70-1-210, D. 70-1-225). — *V. Greffe.*

ARTICLE 2. — LICITATION DE BIENS MEUBLES

[10849]

10849. Parts acquises. — On a vu au n° 10805

que la loi de l'an 7 assujettit au droit de 2 pour 100 *les parts et portions acquises* de meubles indivis.

Il semblerait, d'après cela, que la règle pour la licitation de biens meubles devrait être la même que pour celle de biens immeubles, mais il faut combiner les dispositions précédentes avec les règles spéciales établies par la loi du 22 pluviôse an 7, sur les ventes publiques de meubles.

Quand il s'agit d'une vente aux enchères, l'art. 6 L. de pluviôse exige que le droit soit perçu sur le total des sommes que contient cumulativement le procès-verbal des séances à enregistrer et il exclut ainsi l'application de la loi du 22 frimaire an 7 sur la déduction des parts acquises. Mais le droit commun reprend son empire à l'égard des licitations amiables, et il y a lieu de distraire du prix selon le principe ordinaire la part du colicitant adjudicataire. Nous avons exposé l'état de la jurisprudence sur cette question au n° 1712.

CHAPITRE III. — DROITS DE TRANSCRIPTION

[10850-10910]

SECTION PREMIÈRE. — CONSIDÉRATIONS PRÉLIMINAIRES

[10850-10855]

10850. Droit de vente et droit de licitation. — L'art. 52 L. 28 avril 1816, qui a élevé à 5 fr. 50 cent. pour 100 le droit sur les ventes d'immeubles, en décidant que la transcription ne donnerait plus lieu à aucun droit proportionnel, ne peut pas être appliquée. Il s'ensuit qu'elles restent soumises au droit de 4 pour 100 établi par la loi du 22 frimaire an 7, toutes les fois que l'acte n'est pas de nature à être transcrit (Cass, 27 juill. 1819, S. 20-1-105, 903 et 1150-8 I. G., *arrêt rapporté* 10851 ;— 27 nov. 1821, S. 22-1-211, 7113 J. E.).

Arrêt du 27 novembre 1821 : « Attendu que, si l'art. 69 § 7 n°s 1er et 4 L. 22 frimaire an 7 assujettit également à un droit proportionnel de mutation de 4 pour 100 et les ventes d'immeubles proprement dites, et les acquisitions de parts indivises d'immeubles par voie de licitation, la loi du 28 avril 1816, en imposant, par son art. 52, sur les ventes d'immeubles, un droit additionnel de 1 1/2 pour 100, ne contient pas une semblable disposition à l'égard des licitations entre copropriétaires, et qu'ainsi on ne peut pas induire de cet art. 52 que ce droit additionnel soit applicable à ce dernier genre d'acquisition, parce qu'en matière d'impôt surtout on ne peut pas, par voie d'induction ou d'analogie, étendre d'un cas à un autre la disposition de la loi ; attendu qu'à la vérité l'art. 54 de ladite loi du 28 avril 1816 applique en général la perception du droit additionnel à tous les actes sujets à transcription, mais que cette disposition ne pourrait être appliquée, dans l'espèce, à l'acte du 23 février 1818, par lequel la dame d'Argence a acquis la part du sieur d'Anjou, son frère, dans l'immeuble dont, par ce même acte, la dame d'Anjou, leur mère, leur a fait donation en commun, parce que cette donation n'étant, pour les donataires, qu'un avancement d'hoirie, ainsi que la donatrice le déclare expressément, la licitation que ces dona-

taires en ont faite entre eux au même instant et par le même acte rentre évidemment dans la disposition de l'art. 883 C. C., qui répute les partages entre cohéritiers purement déclaratifs en non attributifs de propriété ; d'où il suit que cet acte n'est pas du nombre de ceux sujets à la transcription dans le sens de la loi du 28 avril 1816, et passibles, par suite, du droit additionnel imposé par cette loi. »

10851. Acte de nature à être transcrit. — Mais si l'acte est sujet à la transcription, on doit appliquer l'art. 54 L. 28 avril 1816, ainsi conçu : « Dans tous les cas où les actes seront de nature à être transcrits au bureau des hypothèques, le droit sera augmenté de 1 et 1/2 pour 100, et la transcription ne donnera plus lieu à aucun droit proportionnel. »

La vente et la licitation, assujetties également au droit de mutation par la loi du 22 frimaire an 7, ont néanmoins des effets civils qui diffèrent essentiellement. La vente est un contrat *translatif*, c'est-à-dire qui transfère la propriété du vendeur à l'acquéreur. La licitation est seulement, comme nous avons déjà eu occasion de le dire, *déclarative* de propriété. D'après la fiction résultant de l'art. 883 C.C., celui qui acquiert à ce titre est censé avoir recueilli seul et immédiatement tous les biens qui lui sont échus par licitation, et, par conséquent, ses colicitants sont réputés n'avoir jamais été propriétaires personnellement d'aucune partie des biens licités.

Cette différence entre les effets civils de la vente et ceux de la licitation influe principalement sur le sort des hypothèques. Dans le cas des ventes ordinaires, l'acquéreur, étant *substitué à son vendeur*, est nécessairement tenu des hypothèques que celui-ci a consenties sur l'immeuble, sauf la faculté de les purger après transcription, tandis que, dans le cas de licitation, l'acquéreur étant substitué directement à celui qui a transmis la propriété entière, et les colicitants étant réputés n'avoir jamais été propriétaires, les hypothèques du chef de ces derniers tombent de plein droit, et il devient inutile de faire transcrire le contrat, au moins en ce qui touche les choses du chef de ces colicitants. Dès lors, l'art. 54 L. 28 avril 1816 reste sans application.

Aussi, conformément au principe général posé dans l'arrêt du 27 juillet 1819 qui a fait l'objet de l'I. G. 903 (S. 20-1-105), il a été décidé, par trois arrêts de cass. des 14 juillet et 10 août 1824 (1150 § 8 I. G., S. 24-1-342 et 344) que ne sont point passibles du droit de transcription les licitations d'immeubles entre copropriétaires ayant un titre commun d'acquéreurs ; et par une D. m. f. 30 septembre 1833 (1446 § 1er I. G.), qu'il en est de même à l'égard des adjudications à titre de licitation faites à des héritiers purs et simples.

Arrêt du 27 juillet 1819 : « Attendu que les retours du partage d'immeubles ne sont pas compris dans la disposition littérale de l'art. 52 L. 28 avril 1816, qui ne parle que des ventes d'immeubles et ne fait aucune mention des retours de partages non plus que des parts et portions d'immeubles indivis acquises par licitation, à la différence de l'art. 69 L. 22 frimaire an 7, qui, après avoir assujetti (n° 1er § 7 dudit article) à un droit de 4 pour 100 les ventes d'immeubles, a ensuite, et par des dispositions expresses (celles des n°s 4 et 5 du même paragraphe), assujetti au même droit les parts et

portions indivises de biens immeubles acquises par licitation, ainsi que les retours de partage de ces mêmes biens; d'où il faut conclure que la loi de 1816 n'a pas considéré ces derniers actes sous le même point de vue que les ventes proprement dites, quoique celle du 22 frimaire an 7, tout en les distinguant de même dans sa disposition, les eût assujetties au même droit; attendu, sur le moyen tiré de la violation de l'art. 54 de ladite loi du 28 avril 1816, que les actes de partage et de licitation n'étant par eux-mêmes, et dans les principes du droit civil, que déclaratifs de propriété, et le cohéritier qui acquiert, par voie de partage ou de licitation, une part quelconque dans l'immeuble indivis, étant, aux termes formels de l'art. 883 C.C., censé avoir succédé immédiatement à cette part, les actes de ce genre ne sont pas du nombre de ceux sujets par leur nature à la transcription. »

Arrêt du 10 août 1824 : « Attendu que l'acquisition d'un immeuble faite en commun par plusieurs acquéreurs forme entre eux une société particulière, de la nature de celle dont parle l'art. 1841 C. C., et auxquelles l'art. 1872 du même code déclare applicables les règles posées dans l'art. 883 relatif aux partages et licitations entre cohéritiers; attendu, que du rapprochement des trois articles ci-dessus, il résulte qu'à l'instar de ce qui a lieu entre cohéritiers, l'effet du partage ou de la licitation entre coacquéreurs d'un immeuble commun, est que chaque copartageant ou colicitant est censé avoir seul acquis et possédé la portion à lui échue par cette voie, tandis que les autres copartageants ou colicitants sont censés n'y avoir eu aucun droit; attendu que la conséquence nécessaire des principes susénoncés est que, pendant toute la durée de l'indivision, chaque coacquéreur n'a qu'un droit conditionnel et subordonné à l'événement du partage ou de la licitation; qu'ainsi chacun d'eux ne peut, aux termes de l'art. 2125 C.C., établir sur cet immeuble que des hypothèques également conditionnelles, subordonnées au même événement et qui se résolvent par l'effet de l'acte qui fixe et consolide la propriété sur la tête d'un autre colicitant; qu'il suit de là que cet acte n'est pas du nombre de ceux dont la transcription peut être nécessaire pour la sûreté d'une acquisition et qui sont l'objet de l'art. 54 L. 28 avril 1816. »

Mais la distinction entre le contrat de vente et la licitation est quelquefois difficile à saisir, plusieurs actes ayant toutes les apparences d'une licitation sont, au fond, de véritables ventes; d'un autre côté, des licitations particulières produisent, en droit, les effets civils de la vente. De là des difficultés sérieuses. Cependant, comme, parmi ces difficultés, les plus graves se trouvent aujourd'hui tranchées par une série de décisions identiques émanées de la cour suprême et qu'il n'est pas à croire que la jurisprudence vienne maintenant à changer, notre rôle se trouve considérablement simplifié. Il ne consistera le plus souvent qu'à rendre compte de la jurisprudence sans avoir à faire connaître tous les éléments de la discussion.

10852. Liquidation du droit de transcription. — Avant d'aborder le sujet, il convient de faire connaître comment doit se liquider le droit de transcription suivant le cas auquel il est applicable.

1. VENTE. — Toutes les fois que la licitation n'est, à proprement parler, qu'une vente, c'est-à-dire lorsqu'on ne peut lui attribuer les effets de l'art. 883 C. C., il n'y a plus de droit additionnel de transcription, c'est le droit de 5 fr. 50 cent. pour 100 comme vente qu'il faut percevoir sur le prix en vertu de l'art. 52 L. 28 avril 1816.

2. PARTS ACQUISES. — Dans le cas où la licitation est parfaitement caractérisée et où, par conséquent, le droit d'enregistrement ne doit être liquidé que sur les parts acquises, le droit de transcription, en vertu du principe d'*indivisibilité* que nous développerons au mot *Transcription*, se liquide sur la totalité du prix de l'adjudication. La transcription, en effet, est une formalité indivisible comme les hypothèques même dont elle est destinée à préparer la purge. Si l'art. 25 L. 21 ventôse an 7, sur les hypothèques, déclare que le droit de 1 fr. 50 cent. pour 100 sera perçu, suivant qu'il aura été réglé à l'enregistrement, il résulte seulement que la loi a voulu fixer la base sur laquelle le droit de transcription serait perçu; et cette base est le prix intégral de mutation, tel qu'il devrait être évalué et composé à l'enregistrement, s'il se fût agi de la perception des droits de mutation pour le tout; mais il n'en résulte nullement qu'on ne puisse exiger le droit de transcription qu'autant que celui d'enregistrement serait perçu et dans les mêmes proportions.

Cette règle est établie par une jurisprudence constante (Cass. 9 mai 1837, S. 37-1-486, 1562-31 I. G., 11794 J. E.; — 15 juin 1840, S. 40-1-616, 1030-9 I. G., 12538 J. E.; — 3 mai 1841, S. 41-1-434, 1661-13 I. G., 12747 J. E.; — 15 nov. 1841, S. 42-1-36, 1668-8-1 I. G., 12876 J. E.; — 17 janv. 1842, S. 42-1-239, 1675-12 I. G., 12929 J. E.; — 13 avr. 1847, S. 47-1-454, 1796-30 I. G., 14245 J. E.; — 17 nov. 1847, S. 48-1-550, 1814-1 I. G., 14388 J. E.; — 21 juin 1848, S. 48-1-638, 1827-7 I. G., 14328 J. E.; — 12 juill. 1848, S. 48-1-642, 1837-5 I. G., 14533 J. E.; — 29 nov. 1848, S. 49-1-642; — 7 nov. 1849, S. 49-1-270, 1857-3 I. G., 14837 J. E.; — 16 avr. 1850, S. 50-1-62, 1875-8 I. G., 14942 J. E.; — 10 juin 1850, S. 50-1-36, 1875-5 I. G., 14984 J. E.; — 26 août 1850, S. 50-1-681, 1875-5 I. G., 15010 J. E.; — 2 déc. 1850, 1883-5 I. G., 15074 J. E.; — 2 déc. 1851, S. 52-1-430, 1912-2 I. G., 15364 J. E.; — 7 juill. 1852, S. 52-1-710, 1946-1 I. G., 15487 J. E.; — 23 nov. 1853, S. 53-1-746, 1999-6 I. G., 15802 J. E.; — 2 mars 1858, 2137 § 15 I. G., 980 R. P., 16266 J. N., 11252 C., 16725 J. E.; — 18 mai 1858, 2137-7 I. G., S. 59-1-656, 1015 R. P., 16320 J. N., 11308 C., 16756 J. E.; — 13 avr. 1862, 2239 § 4 I. G., 1750 R. P., 17508 J. N., 12325 C., S. 63-1-99, 17529 J. E., 416 Rev.; — 3 janv. 1865, 2033 R. P., 12802 C., 18205 J. N., 1186 Rev., S. 65-1-139; — 17 janv. 1865, 2036 R. P., 12806 C., 18200 J. N., S. 65-1-39; — 15 mars 1870, 3089 R. P., S. 70-1-270, D. 70-1-230, 2402-4 I. G.; — 6 déc. 1871, 3377 R. P., 2634-4 I. G., S. 71-1-247, D. 72-1-84).

Arrêt du 6 décembre 1871 : « Attendu que l'art. 25 L. 21 ventôse an 7, en disposant que le droit de transcription des actes de mutation des propriétés immobilières sera perçu sur le prix intégral desdites mutations, suivant qu'il aura été réglé à l'enregistrement, n'a point entendu subordonner le droit de transcription au droit d'enregistrement; qu'en effet il n'existe point de corrélation nécessaire entre ces deux droits, lesquels diffèrent par leur nature comme par leur objet et sont indépendants l'un de l'autre; qu'aussi ne saurait-on induire de la disposition des lois susvisées qu'on ne peut exiger le droit de transcription qu'autant que celui d'enregistrement serait perçu; et dans les mêmes proportions; que la loi, rattachant la nécessité de la transcription et la perception du droit auquel elle donne lieu à la nature même de l'acte à transcrire, la seule induction à tirer des dispositions précitées, c'est que le législateur a entendu donner pour base au droit de transcription le prix intégral de mutation tel qu'il devrait être évalué et composé à l'enregistrement s'il s'agissait de la perception du droit d'enregistrement pour le tout; que, d'après cela, si le propriétaire qui se rend adjudicataire de la chose commune ne doit le droit d'enregistrement que sur la portion qu'il acquiert au delà de sa part afférente, il n'en est pas de même du droit de transcription dont la formalité est indivisible et s'applique à l'immeuble tout entier. »

Autour de cette doctrine sont venus se grouper un grand nombre de tribunaux secondaires (Seine 4 août 1837, 11855 J. E.; — Falaise 19 mars 1838, 12610 J. E.; — Limoges 19 nov. 1844; 13034-4 J. E.; — Le Mans 7 fév. 1846, 13943 J. E.; — Saint-Omer 16 juill. 1847; 14320 J. E.; — Versailles 3 mai 1849, 13760 J. N., 14747 J. E.; — Moulins 21 déc. 1850, 15309 J. E. — Belfort, Sisteron, Montmorillon 31 déc. 1849, 4 et 19 fév. 1850, 14912-2 J. E.; — Dieppe et Orléans 13 mars et 2 juill. 1851, 15295-1 J. E.; — Seine 27 juin 1851, 15281-1 J. E.; — Marseille et Angers 30 août 1850, 15089-3 J. E.; — Évreux 19 nov. 1853, 13771 J. E.; — Seine 7 juill. 1853, 15691 J. E.; — Loudéac 22 avr. 1856, 732 R. P.; — Saint-Étienne 2 avr. 1857, 931 R. P., 16639 J. E., 11262 C.; — Seine 25 juill. 1857, 11174 C., 16619 J. E.; — Seine 11 déc. 1857, 16300 J. N.; — Lesparre 26 nov. 1858, 1122 R. P.; — Briey 15 déc. 1858, 1264 R. P., 16518 J. N., 16879 J. E., 11568 C.; — Montmorillon 5 avr. 1859, 1231 R. P., 16944 J. E.; — Hazebrouck 10 déc. 1859, 1282 R. P., 17085 J. E., 11747 C.; — Seine 3 mars 1865, 2095 R. P.; — Saint Pons 18 fév. 1868, 2944 R. P.; — Marmande 11 janv. 1871, 3474 R. P.; — Pontarlier 26 fév. 1875

10853. Non-exigibilité du droit de mutation. — Il peut arriver que les parts acquises ne soient pas supérieures aux droits des colicitants adjudicataires dans l'immeuble et qu'il ne soit, pour ce fait, perçu aucun droit de mutation. Le droit de transcription n'en est pas moins exigible dès que pour une cause ou pour une autre le contrat est sujet à cette formalité. Ainsi que l'a reconnu l'arrêt du 18 avril 1853, « la perception du droit de transcription n'est pas subordonnée à la perception du droit de mutation; de telle sorte que, alors même qu'il n'y a pas ouverture au droit de mutation; mais à celle d'un simple droit fixe; le droit de transcription peut et doit être exigé sur *tout acte de nature à être transcrit* » (1982-2 I. G.).

« On ne saurait, ajoute l'arrêt du 6 décembre 1871, induire des dispositions de la loi qu'on ne peut exiger le droit de transcription qu'autant que celui d'enregistrement serait perçu » (3377 R. P.).

Ainsi, lorsque l'un des colicitants est mineur, le procès verbal devient à raison de sa quotité de bénéficiaire sujet à la transcription, et, comme cette formalité est indivisible,

il y a lieu de liquider le droit de 1 fr. 50 cent. pour 100 sur la totalité du prix, bien que dans ce cas on ne perçoive aucun droit de mutation (Sol. 3 oct. 1863).

Il en est de même à plus forte raison si le contrat renferme en outre une adjudication au profit d'un étranger. En ce sens, il a été délibéré par l'Administration, le 21 juin 1844 (13325-3 J. E.), que si deux associés possèdent indivisément par moitié des biens immeubles licités et adjugés à un des associés pour moitié et à un étranger pour l'autre moitié, l'associé n'acquérant rien, puisqu'il se trouve après l'adjudication dans la même position qu'avant, aucun droit de mutation n'est à percevoir et que le seul droit exigible sur la moitié de l'associé est celui de transcription.

Le tribunal de Saint-Sever a cependant décidé, le 12 mars 1869, que, quand une licitation est prononcée au profit de deux cohéritiers indivisément, le droit de transcription n'est pas dû sur la portion du prix afférente à la part du communiste auquel l'adjudication n'attribue pas des droits supérieurs à ceux qu'il possédait auparavant (2936 R. P.), mais sur le pourvoi de l'Administration les parties se sont désistées du bénéfice de ce jugement (3230 R. P.).

L'Administration a quelquefois néanmoins tempéré la rigueur de ces principes. Une espèce toute particulière s'est présentée: Une maison appartenant par moitié à deux héritiers est licitée; ces deux héritiers en ont été déclarés adjudicataires dans les mêmes proportions. L'Administration a délibéré, le 8 mai 1849 (13771; 13871 J. N.), que le droit de transcription ni celui de rédaction n'était exigible; attendu qu'il n'y a eu ni licitation ni vente et que l'adjudication n'a opéré aucun changement dans la position des parties, dans la nature de leurs droits et dans leurs obligations envers les créanciers.

Ce principe avait été appliqué déjà dans un cas où l'adjudication était prononcée au profit de l'un des deux vendeurs indivis qui passa ensuite pour la moitié des biens; dans le délai légal, une déclaration de command au profit de son covendeur. Le procès-verbal d'adjudication et la déclaration de command furent reconnus passibles chacun d'un droit fixe (Dél. 12 sept. 1818; 2749 J. N., ; D. N. t. 4 p. 358 nº 149) ; mais ce sont là des solutions d'espèce.

10854. Licitation amiable. — Il est bien entendu que le droit de transcription n'est dû sur l'intégralité de l'immeuble que quand la licitation est faite pour un prix unique représentant la totalité de cet immeuble. Si la licitation s'applique seulement à une portion du bien et que le contrat se borne à indiquer le prix de cette portion, comme quand, par exemple, l'un des trois cohéritiers cède sa part aux deux autres, moyennant 1,000 francs, le droit de transcription exigible à cause de l'indivision qui subsiste ne saurait être perçu que sur 1,000 francs. En effet, quoique l'hypothèque frappe chaque partie de l'immeuble entier, les acquéreurs n'ont à purger qu'à l'égard des créanciers du cédant et pour les portions acquises (Sol. 23 nov. 1866).

10855. Folle enchère. — Si la folle enchère a été prononcée au profit d'un colicitant, puis que l'immeuble soit ensuite adjugé à un étranger, ce dernier payera 5 fr.

50 cent. pour 100 sur l'intégralité du prix, déduction faite des droits payés par le colicitant.

Il en est de même quand le fol enchérisseur était un héritier bénéficiaire. — *V.* 1765-1.

SECTION 2. — DE L'INDIVISION

[10856-10910]

10856. Règle générale. — La licitation, étant assimilée au partage, ne peut évidemment intervenir qu'entre des copropriétaires en état d'indivision. Mais il semblerait que cette condition doive être la seule et qu'il n'y a pas à se préoccuper de l'origine de la communauté. En matière civile, la fiction déclarative de l'art. 883 C. C. s'applique, sans hésitation possible, aux indivisions qui ne résultent pas du même titre (Cass. 27 janv. 1857, S. 57-1-663. — *V.* Bourges 31 août 1814, S. *Coll. nom.* 4-2-119 ; — Bordeaux 12 juill. 1858, P. 59 p. 712). « Or, nous ne voyons pas, dit Demolombe, pourquoi il n'en serait pas de même en matière fiscale. L'art. 883 y reçoit son application directe, excepté dans les cas où il y a été dérogé, comme pour les retours de lot ou les licitations. Nous n'apercevons, entre les matières civiles et les matières fiscales, aucune raison de principe sur laquelle on puisse fonder une différence, et, tant que cette doctrine existera dans la législation fiscale, nous croyons que la doctrine contraire ne sera pas bien affermie dans la législation civile » (t. 17 n° 290).

Il n'y a, en effet, aucune raison de principe qui justifie, en droit fiscal, la nécessité du titre commun d'indivision ; mais elle s'explique, par des considérations particulières sur la fraude et par les précédents historiques de la législation.

La fiction déclarative du partage ne s'est introduite dans la législation féodale qu'après des luttes successives et on résista longtemps à l'étendre aux licitations qui, plus que le partage proprement dit, présentaient le caractère d'une mutation de valeurs. Ce fut seulement lors de la réformation de la coutume de Paris, en 1580, que l'on consentit à appliquer l'immunité du partage à la licitation entre cohéritiers, pourvu qu'elle fût faite *sans fraude* (*V.* 10802). « Or, dit l'un des commentateurs, les plus autorisés de cette coutume, pour jouir de la faveur de l'art. 80 étendu par la jurisprudence aux *copropriétaires*, que les lois appellent communs, *cum societate*, il faut que le copropriétaire adjudicataire soit acquéreur, *primario*, *ab initio*, et non copropriétaire *acquéreur intermédiaire*, c'est-à-dire qu'il faut que l'adjudicataire soit celui qui par lui-même a commencé la société. Si c'est un homme qui ait acquis d'un des cohéritiers, colégataires, codonataires (ou de copropriétaires, c'est-à-dire, *qui pariter eamdem rem emerant*, qui ont par leur acquisition formé la société), voilà l'acquéreur intermédiaire ; et s'il est adjudicataire, il doit les droits des portions qu'il acquiert par licitation; *on présume la fraude. Un homme acquerrait un dixième d'une copropriété où il n'aurait rien et ensuite liciterait, et par là ne payerait les droits que du dixième* » (Guyot *des Fiefs* ch. 3 § 8).

Selon la jurisprudence actuelle, l'art. 68 § 3 n° 2 L. 22 frimaire an 7 qui tarife au droit fixe les partages entre copropriétaires, à quelque titre que ce soit, pourvu qu'il

en soit justifié, a été rédigé dans le même esprit. Il faut que les débiteurs justifient d'un titre sérieux de communauté, c'est-à-dire d'un titre réellement commun. Si, au contraire, ainsi que le remarque M. Demante, « l'acquisition d'une fraction indivise n'a été faite qu'en vue de liciter et d'acquérir le tout, l'adjudicataire, malgré sa part de copropriété, doit, en fin de compte, payer sur la valeur intégrale des objets acquis tous les droits d'enregistrement et de transcription que payerait un adjudicataire étranger » (n° 734).

La C. cass. a constamment interprété en ce sens les textes de la loi moderne : nous en verrons plus loin de nombreux exemples. Mais, tout en rendant hommage aux principes de l'ancien droit, il est toutefois permis de regretter leur introduction dans la législation nouvelle. L'avantage financier qu'on en retire ne justifie pas les complications sans nombre que la règle du titre commun produit journellement dans la perception de l'impôt, et il n'y a pas de plus grand inconvénient pour une loi bursale que de placer le recouvrem n aux prises avec toutes les subtilités du droit.

Prenant la législation telle qu'elle est aujourd'hui, nous avons donc à examiner successivement ces deux points : Quand y a-t-il indivision? Quand cette indivision procède-t-elle d'un titre commun ?

ARTICLE PREMIER. — INDIVISION N'EXISTANT PAS OU EXISTANT INCOMPLÈTEMENT

[10857-10883]

10857. Principes du droit civil. — C'est dans le droit commun qu'il faut exclusivement aller chercher les règles pour reconnaître les cas où il y a réellement indivision. Le droit fiscal ne contient à cet égard aucun principe spécial qui modifie les déductions de la législation civile

10858. L'indivision entre héritiers ab intestat s'étend à toute la succession. — L'indivision entre héritiers *ab intestat* s'étend à tout ce qui compose la masse à partager; elle comprend non-seulement les biens de la succession, c'est-à-dire ceux que le défunt possédait au jour de son décès, mais encore tous ceux qui font l'objet d'un rapport ou d'une réduction; elle s'étend aux créances et aux dettes et à toutes les obligations qui leur sont transmissibles (745 C. C.).

Ainsi l'on pourrait attribuer à l'un toutes les créances, tout l'argent, tous les meubles, et à l'autre tous les immeubles, sans qu'il fût dû autre chose que le droit fixe, si, toutefois, la valeur de chacun des lots était égale.

10859. Héritiers réservataires et héritiers non réservataires. — Libéralités réduites. — Il peut arriver que, dans une succession, il y ait concours entre des héritiers réservataires et d'autres héritiers qui n'ont aucun droit à une réserve (748 C. C.). — Dans ce cas, s'il y a indivision entre tous par rapport aux biens qui existent dans la succession, il est certain, du moins, que l'indivision n'existe pas relativement aux biens qui proviendraient de la réduction des libéralités entre-vifs que l'auteur aurait faites, car ces biens doivent être recueillis par les héritiers réservataires exclusivement (915 C. C.).

Si donc des biens provenant de la réduction des donations et legs étaient attribués aux héritiers non réservataires, cette attribution supposerait nécessairement une mutation et donnerait ouverture au droit proportionnel déterminé par la nature de cette mutation.

10860. Héritiers à réserve et légataires réduits. — Toutes les fois que les legs sont sujets à réduction, l'indivision s'établit entre les légataires atteints par la réduction et les héritiers à réserve. Que si, en effet, Pierre m'a légué un tableau valant 100,000 francs et que la réserve se trouve entamée de 30,000 francs par ce legs, il est évident que le tableau tombe dans l'indivision entre l'héritier réservataire et moi. Je ne suis plus, en effet, légataire du tableau, mais d'une part de ce tableau : ainsi de légataire à titre particulier du tableau, je deviens légataire d'une part dans le tableau, l'autre part appartient à la réserve, et il faudra nécessairement recourir à la licitation. — V. 13447.

— En effet, l'héritier a le droit de demander sa réserve en nature, et, de son côté, chaque légataire a le droit aussi de demander, dans les limites du disponible, la délivrance en nature des objets mêmes qui lui ont été légués (art. 1014 C. C.). — V. 13544. — La conséquence en est qu'il y a lieu à un partage de chacun des objets légués entre le réservataire et le légataire (Delvincourt t. 2 p. 64, Duranton t. 8 nº 366, Levasseur nº 105, Demolombe t. 19 nº 569, Pothier *Donation entre-vifs* sect. 3 art. 5 et 6, Saintespès-Lescot t. 2 nº 542).

L'Administration, par une Dél. 14 février 1824 (661 C.), a pleinement consacré ce principe dans l'espèce suivante :

Le sieur Hardy avait légué à Cyr-Charles Hardy, son fils, par préciput, le quart de ses biens, en indiquant quels biens composeraient ce legs. Il s'est trouvé que les biens désignés excédaient le quart. Alors, par l'acte de partage fait entre les enfants, une pièce de terre, dite des Buissonnets, a été distraite de ces biens, et on l'a remplacée par deux autres immeubles et par une rente dépendante de la succession, dont la valeur complétait la portion léguée. Le légataire a été chargé d'acquitter une autre rente que le testateur n'avait pas mise à sa charge. — Le receveur a perçu le droit d'échange par rapport aux deux immeubles qui remplaçaient la pièce de terre léguée, celui de cession par rapport à cette même pièce jusqu'à concurrence de la rente abandonnée par les héritiers, enfin celui de soulte à raison de la rente que le légataire était chargé d'acquitter. — Ce système de perception était basé sur l'art. 1014 C. C., qui porte : « Tout legs pur et simple donnera au légataire, du jour du décès du testateur, un droit à la chose léguée, droit transmissible à ses héritiers ou ayants cause. » Mais la saisine d'un légataire porte plutôt sur le fond du droit que sur la chose même, qui est toujours susceptible de vérification et d'estimation pour le calcul de la portion disponible. Et puisque, dans l'espèce, il était reconnu que le legs excédait cette portion, il devenait nécessaire de procéder à une nouvelle composition du legs : c'est ce qui a été fait, et il n'était dû aucun droits qui avaient été perçus.

1. FRUITS. — D'après l'art. 928 C. C., le donataire ou le légataire d'un objet soumis à la réduction doit restituer, à compter du jour de la demande, les fruits qu'il a perçus après l'année du décès. On a soutenu que le réservataire pourrait, en ce cas, exiger du donataire l'abandon d'une portion de l'objet en payement des fruits, et on se fondait pour cela sur ce que, en matière de partage, les fruits perçus par un cohéritier donnent lieu au prélèvement en nature d'une portion égale de biens héréditaires au profit des autres copartageants. — V. *Partage.*

C'était une erreur.

L'héritier à réserve et le donataire ne peuvent être assimilés à des cohéritiers en ce qui concerne la restitution des fruits de la chose sujette à réduction, car le donataire n'a pas perçu les fruits dans l'intérêt d'une masse commune que les fruits auraient grossie, mais pour lui seul, et l'unique objet partageable entre lui et le réservataire est toujours le même après comme auparavant. Donc, il ne peut y avoir, quant à ces fruits, qu'une dette personnelle de sa part envers le réservataire (C. Poitiers 27 janv. 1839, S. 39-2-288, Bayle-Mouillard t. 2 nº 633, Demolombe t. 19 nº 614, Troplong t. 2 nº 1022).

10861. Légataire universel et réservataire. — Toullier avait enseigné que l'héritier légitime, en concours avec un légataire universel ou à titre universel, peut, avant avoir procédé à la formation des lots, lui délivrer le lot qu'il veut, sans tirage au sort. Mais cette doctrine ne pouvait être admise. La nécessité de la demande en délivrance n'empêche pas le légataire universel ou à titre universel d'acquérir, dès le jour du décès, la propriété de sa part indivise dans la succession. Or, s'il a une part indivise, il a le droit de réclamer le partage (Toulouse 27 juin 1835, D. 1835-2-186, Merlin *Rép.* vº *Droits success.* 9, Bayle-Mouillard sur Grenier t. 2 nº 296 note A, Aubry et Rau t. 6 p. 165, Demolombe t. 21 nº 549).

10862. Légataires universels et légataires particuliers frappés de réduction. — Cette proposition, disent Champ. et Rig. nº 2653, ne saurait être douteuse à l'égard des légataires universels, ou à titre universel, d'une quote-part des biens, qui déjà, par la nature même de leur legs, sont indivis à l'égard des legs à titre universel qui s'appliquent à un objet distinct et déterminé, et des legs particuliers. — V. 10863.

10863. Héritier à réserve et donataire frappé de réduction. — Du moment que la succession s'ouvre, l'indivision s'établit entre l'héritier à réserve et le donataire dont le bien donné entame la réserve. Ce n'est pas, en effet, à une somme d'argent qu'a droit le réservataire, mais à l'objet donné lui-même, s'il excède en entier la quotité disponible, et à une part in natura de cet objet, s'il ne l'excède qu'en partie.

Le raisonnement que nous avons fait, sous le nº 10860, nous conduit, pour le cas qui nous occupe, à la conclusion que nous avons déjà tirée, c'est-à-dire que le donataire frappé de réduction peut être loti indistinctement avec tout bien de la succession, sans que le principe de la perception du droit fixe soit altéré.

10864. Légataires particuliers entre eux.

— Mais, si la réduction rend les légataires particuliers indivis avec les légataires à titre universel de quotité, les légataires universels et les héritiers, elle ne saurait établir l'indivision entre eux. Voici l'exemple que posent Champ. et Rig. :

Un testateur décède laissant un enfant, un légataire universel, un légataire à titre universel de la moitié de ses biens et deux légataires particuliers. La succession se compose :

1°	Un immeuble de	20,000 fr.
2°	Id.	40,000
3°	Id.	50,000
4°	Id.	5,000
5°	Id.	5,000
	Total.	120,000 fr.

Les deux derniers immeubles font l'objet des legs particuliers. Par l'effet de la réserve, tous les legs se trouvent réduits de moitié; ainsi les deux legs particuliers ne consistent plus chacun que dans la moitié de l'immeuble légué; chaque légataire se trouve donc indivis avec quelqu'un pour l'autre moitié; et, en effet, il pourra partager, soit avec l'héritier, soit avec le légataire universel, soit avec le légataire à titre universel; mais il ne partagera point avec l'autre légataire particulier; à l'égard de l'un et de l'autre, l'objet du legs, quoique réduit, reste distinct et déterminé.

Supposons donc Paul et Pierre légataires particuliers chacun d'un des immeubles évalués 5,000 francs, qui se trouvent réductibles de moitié. Chacun d'eux pourra recevoir des valeurs de la succession, autres que son immeuble, jusqu'à concurrence de 2,500 francs, sans payer aucun droit de mutation. Mais, si Paul reçoit la moitié de l'immeuble qui a été légué à Pierre, et réciproquement, cette attribution ne pourra s'effectuer sans donner ouverture au droit d'échange.

10865. Légataires d'un objet distinct non réduit.

— Il résulte, par une conséquence directe de ce que nous avons dit dans les numéros précédents, que, toutes les fois que l'objet légué à titre particulier doit venir entier entre les mains du légataire, celui-ci ne se trouve dans l'indivision avec qui que ce soit. Ce ne serait donc qu'au moyen d'une mutation qu'il recevrait un objet de la succession autre que celui qui lui aurait été légué.

Il est souvent difficile de savoir si un legs particulier de sommes ou de valeurs à prendre sur les biens du testateur confère au légataire un droit de copropriété dans la succession ou un simple droit de créance. Cette question a été examinée spécialement à propos des *Délivrances de legs*.

10866. Légataires ou donataires à titre universel entre eux.

— Les légataires ou donataires universels sont entre eux dans l'indivision, de la même manière que les héritiers; il en est de même des donataires ou légataires à titre universel, soit entre eux, soit avec les héritiers, toutes les fois que les legs ou la donation sont

d'une quote-part de la totalité des biens (Champ. et Rig. n° 2630). — V. 10867.

Les attributions peuvent donc être faites, dans ces divers cas, au moyen de tels objets ou de tels autres de la succession, sans que l'on soit en droit de percevoir autre chose que le droit fixe.

10867. Légataires des meubles et légataires des immeubles.

— Mais, dans tous les cas, le légataire des meubles n'est pas dans l'indivision avec le légataire des immeubles. En effet, si l'indivision existe, ainsi que nous l'avons dit dans le numéro précédent, en ce qui concerne les légataires ou donataires d'une quote-part, c'est parce qu'ayant une portion dans la *totalité* des biens, on peut leur appliquer la règle *hæres habet totum in toto et in qualibet parte*, qui est, par excellence, constitutive de l'indivision; or cela n'existe pas si l'un est investi des meubles et l'autre des immeubles; car, comme c'est un objet déterminé que chacun doit recevoir, la force même des choses indique qu'ils ne peuvent pas être en état d'indivision avec les héritiers et les autres donataires ou légataires.

Il y aurait donc mutation si le légataire des meubles était rempli en immeubles et réciproquement.

10868. Donataire ou légataire d'une somme d'argent.

— L'art. 1017 C. C. accordant au légataire ou au donataire d'une somme d'argent une action personnelle contre l'héritier ou légataire chargé du legs, et une action hypothécaire sur les biens, il en résulte que ce donataire ou légataire n'est pas dans l'indivision.

Si donc il reçoit autre chose que de l'argent, il y a mutation. — V. *Délivrance de legs.*

10869. Le retour légal est exclusif de l'indivision.

— Aux termes de l'art. 747 C. C., « les ascendants succèdent, à l'exclusion de tous autres, aux choses par eux données à leurs enfants ou descendants décédés sans postérité, lorsque les objets donnés se trouvent en nature dans la succession. Si les objets ont été aliénés, les ascendants recueillent le prix qui peut en être dû, ils succèdent aussi à l'action en reprise que pouvait avoir le donataire. »

Il résulte de là que les biens soumis au retour légal ne peuvent jamais tomber dans l'indivision (Demolombe t. 13 n° 487). Si donc ces biens étaient attribués à un autre qu'à l'ascendant donateur, il y aurait mutation. De même encore, l'attribution qui serait faite à l'ascendant d'un objet quelconque de la succession, en compensation de l'action en reprise ou du prix qui se trouverait en nature dans la succession, donnerait ouverture au droit de mutation.

10870. Il en est de même du retour conventionnel.

— La même solution s'applique au retour conventionnel prévu par les art. 951 et 952 C. C. Le donateur a sur le bien donné, lorsqu'il se retrouve dans la succession, un droit exclusif de toute indivision. Ce ne pourrait donc être qu'au moyen d'une mutation qu'un héritier recevrait un pareil bien dans son lot.

10871. Enfant naturel et ses père et mère. — C'est dans l'art. 757 C. C. que l'enfant naturel puise ses droits dans la succession des père et mère qui l'ont reconnu. La part des biens à laquelle il a droit, quand il concourt avec des héritiers légitimes, est toujours une fraction de ce qu'il aurait eu s'il avait été légitime lui-même ; dès lors, il est appelé à partager toutes les fois qu'il existe des parents au degré successible.

Les père et mère qui l'ont reconnu sont également, par une juste réciprocité, appelés à sa succession ; l'indivision existe donc à leur égard.

Peu importe, dès lors, la nature des biens qui entrent dans le lot de l'enfant naturel ou de ses père et mère. Du moment que ces biens appartiennent à la succession, il y a simple lotissement ne pouvant donner ouverture à un autre droit qu'au droit fixe exigible sur le partage (9047 J. N., D. N. t. 7 p. 552 n° 251).

Il en serait autrement à l'égard d'un enfant naturel non reconnu, puisqu'il n'a aucun droit à la succession de ses père et mère. L'attribution qui lui serait gratuitement consentie d'une part héréditaire justifierait donc la perception du droit de donation (Dél. 10 fév. 1863).

10872. Frères et sœurs légitimes de l'enfant naturel. — Mais, en cas de prédécès des père et mère de l'enfant naturel, l'art. 766 C. C. divise la succession en deux parts, celle des biens ordinaires et celle des biens venus de ses auteurs ; l'une passe aux frères naturels du défunt, l'autre à ses frères légitimes. Les droits de chacune de ces deux classes d'héritiers sont exclusifs, aucune indivision ne peut exister entre les parents naturels et les parents légitimes.

Donc, les biens acquis par l'enfant naturel ne pourraient, sans mutation, aller à ses frères et sœurs légitimes, comme la part qu'il tiendrait de ses père et mère ne pourrait passer entre les mains de ses frères et sœurs naturels.

10873. Usufruit et nue-propriété sur diverses têtes. — 1. PAS D'INDIVISION ENTRE L'USUFRUIT ET LA NUE-PROPRIÉTÉ. — La nue-propriété et l'usufruit sont des choses essentiellement distinctes et indépendantes l'une de l'autre ; et il ne résulte aucune indivision de ce qu'elles sont placées dans de différentes mains, car le maître de la nue-propriété ne peut pas plus forcer le maître de l'usufruit à vendre son droit que ce dernier ne peut contraindre le premier à l'aliénation du sien. Il suit de là que le principe posé par l'art. 883 C. C. et les conséquences de ce principe sont sans application à l'aliénation que peut faire l'usufruitier en faveur du nu-propriétaire, et réciproquement à la cession de la nue-propriété à l'usufruitier. « L'usufruitier, dit Proud'hon, n'ayant rien dans la nue-propriété, et le propriétaire de son côté n'ayant rien dans la jouissance actuelle, on ne trouve pas entre eux le fondement d'une communion proprement dite dans le matériel de la chose. C'est pourquoi l'un ne pourrait intenter l'action en licitation contre l'autre pour mettre fin à leur conflit d'intérêts, car cette action, n'ayant été introduite que pour faire cesser les embarras et prévenir les querelles qui naissent de jouissance commune ou de la copropriété, ne peut recevoir d'application entre l'usufruitier et le nu-propriétaire qui ne sont ni cojouissants ni copropriétaires » (de l'Usuf. t. 1er n° 7). — Cette opinion est professée par tous les auteurs (Vazeille Succ. sur l'art. 815 n° 7, Duvergier Vente t. 2 n° 148, Roll. de Vill. Rép. du not. v° Licit. n° 54, Demolombe Usuf. t. 2 n° 216 et Succ. t. 3 n° 490, Dutruc. du Partage n° 246, Hennequin p. 71 ; — C. Douai 16 fév. 1828 ; — et Cass. 3 août 1829, 9425 J. E. ; — Cass. 8 déc. 1846, S. 47-1-15 ; — Metz 3 juill. 1855, D. 56-2-204).

2. VENTE OU ÉCHANGE. — De ce défaut d'indivision entre l'usufruitier et le nu-propriétaire, il résulte nécessairement que la cession faite par l'un d'eux à l'autre ne saurait être le résultat d'une licitation ou d'un partage, mais qu'elle constitue, selon les cas, un échange ou une vente ordinaire. Aussi la Cour suprême a-t-elle jugé : 1° le 30 mars 1841 (12722 J. E., 1643 § 7 I. G., S. 41-1-350), que, lorsqu'une veuve, donataire en usufruit de la moitié des biens de la succession de son mari, se rend adjudicataire sur licitation d'une partie des immeubles de cette succession, le droit est de 5 fr. 50 cent. pour 100, malgré l'indivision de l'usufruit dont une partie appartenait aux héritiers du mari ;

2° Que l'acte par lequel un usufruitier vend conjointement avec le nu-propriétaire la pleine propriété de l'immeuble grevé constitue en ce qui concerne l'usufruitier une cession sujette au droit de 1 fr. 50 cent. pour 100, soit comme vente, soit comme licitation (Cass. 8 juin 1847, 1796-22 I. G., S. 47-1-688). « Attendu, porte cet arrêt, que la veuve Dufau possédait l'usufruit de l'immeuble dont il s'agit comme donataire contractuelle de son mari ; attendu qu'elle a consenti à ce que son usufruit, qu'elle pouvait conserver, fût joint à la nue-propriété de l'immeuble, pour être vendu avec cette nue-propriété, et que cette vente a eu lieu par l'acte du 18 juillet 1843, dans lequel la veuve Dufau est intervenue comme venderesse ; qu'ainsi cet acte contient, en ce qui la concerne, une véritable cession de son usufruit, moyennant le prix stipulé dans le contrat ; attendu que la veuve Dufau a pu, pendant qu'elle jouissait de son usufruit, le grever d'hypothèques et que l'effet de ces hypothèques n'a pas cessé par la vente qu'elle a faite dudit usufruit ; qu'ainsi le contrat du 18 juillet 1843 était de nature à être transcrit. »

Ainsi encore, lorsqu'une veuve, usufruitière des biens de son mari, a été remplie de son usufruit, après renonciation à la communauté, par l'abandon d'immeubles de la succession et à charge par les héritiers de payer sa part contributive aux dettes, les droits d'échange et de retour d'échange sont été reconnus exigibles (Cass. 14 août 1838, 12138 J. E., 10111 J. N., S. 38-1-709).

Le contraire résultait cependant, au moins d'une façon implicite, d'un autre arrêt du 8 août 1838. La veuve Loizelet, usufruitière de la moitié des biens de son mari, avait procédé, avec les héritiers de celui-ci, au partage de la communauté dissoute et de la succession du défunt. Elle avait cédé aux héritiers sa part d'usufruit pour les valeurs propres ou de communauté, et avait reçu, entre autres biens, la toute propriété de deux immeubles dépendant de la succession. Les règlements opérés sur les biens communs avaient incontestablement le caractère du partage, puisque l'indivision existait entre les contractants. Mais l'attribution de l'immeuble personnel au défunt en échange de l'usufruit de la veuve ne pouvait plus avoir le même caractère, et l'Administration soutint qu'il était dû un droit de mutation à titre onéreux. La Cour suprême repoussa néanmoins cette demande : « Attendu que l'acte n'a eu pour objet que de faire cesser l'indivision de propriété et de jouissance qui existait entre les enfants et la mère, soit comme commune, soit comme donataire » (11655 J. E., D. N. t. 9 p. 304 n° 733, S. 36-1-798). — Mais cet arrêt ne pouvait être considéré que comme un accident de jurisprudence et s'expliquait surtout par cette considération que la Cour avait attribué au contrat dans son ensemble le caractère d'un pacte de famille destiné à régler les intérêts indivis, sans se préoccuper spécialement de la question d'usufruit.

Sa doctrine sur ce dernier point, déjà condamnée par les arrêts postérieurs des 14 août 1838 et 30 mars 1841, a été répudiée de nouveau par deux arrêts des 15 janvier 1867 et 4 août 1869 qui ne laissent plus aucun doute sur la question : « Attendu, porte le premier, que le domaine de P... était un propre du mari sur lequel la veuve avait un droit d'usufruit de moitié ; que, si les héritiers pour la remplir de ses reprises lui ont abandonné la pleine propriété de l'immeuble, cet abandon ne peut être considéré comme un partage entre copropriétaires, mais comme une dation en payement passible du droit proportionnel » (2412 R. P., 2357-1 I. G., B. 12, S. 67-1-181, D. 67-1-158, P. 67-414). — « Attendu, porte le second arrêt, qu'il n'y a pas d'indivision entre le nu-propriétaire et l'usufruitier d'un même objet, chacun d'eux possédant une chose distincte dont il peut user et disposer complètement sans le concours de l'autre ; que l'acte par lequel ils conviennent de transformer, sur un même objet, chacun sa nue-propriété, l'autre son usufruit, en une portion de la pleine propriété, n'est point un partage ayant les effets rétroactifs de l'art. 883 C. C.; qu'un tel acte constitue un échange » (2973 R. P., 2393-7 I. G., 19709 J. N., S. 69-1-476, P. 69-1228).

C'est également ce qui a été décidé, en matière civile, par un autre arrêt du 27 juillet 1869, d'après lequel, lorsque l'usufruit des acquêts appartient exclusivement au survivant des époux, la licitation ne peut porter que sur la nue-propriété de ces biens, parce que cette nue-propriété est seule indivise entre le survivant et les héritiers du défunt (3161 R. P.; — Conf. : Seine 4 avr. 1868; — et C. Paris 20 nov. 1868, 2946 R. P.).

Dans cet ordre d'idées, le tribunal de Cambrai a jugé, le 6 février 1847 (13213 J. N.), que l'acte par lequel une veuve cède aux héritiers de son mari l'usufruit d'immeubles auquel elle a droit comme donataire de ce dernier et reçoit la nue-propriété d'autres immeubles également grevés de son usufruit, est sujet, quoique qualifié au partage, au droit d'enregistrement d'échange.— Il a été jugé également par le tribunal de Versailles, le 6 février 1851, que l'acte par lequel le légataire universel en usufruit et le légataire universel en nue-propriété convertissent leurs droits de manière à devenir chacun abandonnataire d'une pleine propriété est un échange, non un partage, et donne ouverture au droit de 2 fr. 50 cent. pour 100, si les biens qui forment l'objet de la convention sont des immeubles (14474 J. N.).

Le même principe a été reconnu dans les espèces analogues par Dél. des 22 décembre 1826 (5978 J. N.) et 15 avril 1833 (11297-3 J. E.) et par plusieurs tribunaux, (Seine 12 juin 1833, 27 juin 1851, 7 juill. 1853, 15281, 15691 J. N.; — Condom 10 et 25 janv. 1845, 12281 J. N., 13687-1 et

13697-3 J. E.; — Arras 11 juill. 1843, 13542-6 J. E.; — Dijon 13 janv. 1864, 1990 R. P.).

On peut le considérer aujourd'hui comme à l'abri de toute controverse. — V. Échange.

10874. Licitation de la nue-propriété. — Mais de ce que la nue-propriété n'est pas en état d'indivision avec l'usufruit, il en résulte que les nus-propriétaires peuvent demander l'un contre l'autre la licitation ou le partage de la nue-propriété indivise. La circonstance que les biens seraient grevés de son en partie d'un droit d'usufruit au profit de quelque personne que ce fût, de la veuve du défunt ou de toute autre, ne serait pas un obstacle à l'action. Chacun des copropriétaires indivis peut avoir effectivement intérêt à faire déterminer de suite sa part en nue-propriété, et ses créanciers ont le même droit (C. Paris 31 août 1813, P. 39 p. 30; — Bordeaux 20 avr. 1831, D. 31-2-144; — Cass. 8 déc. 1846, S. 47-1-15, Chabot art. 815-3, Vazeille art. 815 n° 6, Duranton t. 7 n° 87, Dutruc n° 214, Demolombe t. 15 n° 488).

1. MAINTIEN DE L'USUFRUIT. — Ce partage ou cette licitation ne saurait porter atteinte au droit de l'usufruitier, qui conserve comme auparavant et dans les mêmes limites la jouissance de l'objet.

Ainsi il a été décidé : 1° Qu'en principe l'usufruitier ne peut être contraint de souffrir la licitation des immeubles grevés de son droit d'usufruit, lorsque cette licitation, qui aurait pour effet de convertir sa jouissance réelle sur les immeubles en revenus d'une somme d'argent, n'a lieu que dans l'intérêt des nus-propriétaires. Il en est autrement lorsqu'il y a nécessité de vendre pour payer les dettes (Metz 14 déc. 1864, S. 1865-2-16); — ou lorsque telle a été l'intention formelle du testateur en constituant l'usufruit (Cass. 9 avr. 1877, 4808 R. P.).

2° Que les héritiers du mari ne peuvent, en demandant la licitation des immeubles indivis, demander en outre que l'usufruit de la femme légataire universelle en usufruit des biens laissés par le mari soit compris dans la licitation, sauf à lui accorder la jouissance d'après la partie du prix. « Considérant qu'il n'y a pas indivision entre l'usufruit de la totalité des immeubles concédés à la veuve et la nue-propriété répartie entre elle et les héritiers de son mari ; que l'indivision porte seulement sur la nue-propriété et que, par conséquent, en l'absence, de la part des héritiers, d'une demande de partage en nature ou de la manifestation du désir de rester en l'état jusqu'à la fin de l'usufruit, ainsi que le propose la veuve Guriec, il est nécessaire d'opérer la licitation sur la nue-propriété ; considérant qu'il ne résulte pas des conclusions de la veuve Guriec qu'elle ait consenti à joindre son usufruit à la nue-propriété pour rendre la vente plus profitable ; que, faute d'acceptation des conclusions et de décerné acte, on ne peut davantage établir l'existence d'un contrat judiciaire pouvant porter atteinte à la liberté de la veuve Guriec » (C. Rennes 10 janv. 1868).

2. CONSENTEMENT DE L'USUFRUITIER. — Quand la licitation a eu lieu sans le consentement de l'usufruitier et qu'il en accepte les résultats, il a le droit d'exercer son usufruit sur le prix intégral (Douai 23 déc. 1861, S. 62-2-170). Mais, si cet usufruitier a consenti à la vente faite pour un prix unique, l'usufruitier a droit seulement à une part du prix

total correspondant à la valeur de la jouissance, et non pas à l'usufruit de ce prix total (Cass. 24 nov. 1858, S. 59-1-129).

3. USUFRUIT CRÉÉ DEPUIS L'INDIVISION.—Du reste, s'il s'agissait d'un usufruit créé depuis l'existence de l'indivision, par exemple d'une réserve de jouissance faite par un des copropriétaires en cédant sa part aux autres, cet usufruit ne mettrait pas obstacle à la licitation de l'immeuble reconnu impartageable, sauf au cédant à faire valoir ses droits sur la part du prix afférent à son cessionnaire (Colmar 22 juin 1864, S. 1864-2-106). — V. *Usufruit.*

10875. Licitation de l'usufruit. — En sens inverse, chacun des usufruitiers pourrait également demander le partage ou la licitation de son usufruit, sans que cette opération affecte en aucune manière la nue-propriété dont il est tout à fait séparé (Duranton t. 7 n° 86, Dutruc n° 215, Demolombe t. 15 n° 489). — Par exemple, la veuve légataire en usufruit de la moitié des biens de la succession de son mari est en état d'indivision quant à la jouissance avec les héritiers du défunt. Dès lors, si on lui attribue, dans le partage, pour la remplir de son usufruit partiel, la jouissance entière d'une valeur désignée faisant partie de l'actif héréditaire, elle est censée avoir reçu cet usufruit *ab initio*, et il n'est dû qu'un droit de partage.

En matière civile, il a été décidé dans le même sens que les héritiers pouvaient provoquer contre l'usufruitier partiel la licitation d'un immeuble de la succession, puisqu'il y a indivision entre eux quant à la jouissance (Cass. 24 juin 1863, S. 63-1-340, 1990 R. P., 17734 J. E.). — C'est ce qui résulte aussi, en matière d'enregistrement, d'un jugement de la Seine du 24 février 1864, portant qu'il y a indivision entre le mari donateur en usufruit d'une moitié des biens de sa femme et les héritiers de celle-ci, en sorte que ces héritiers ont pu acquérir à titre de licitation un immeuble dépendant de l'hoirie commune (18045 J. E.).

10876. Usufruit et nue-propriété réunis. — 1. CHAQUE COMMUNISTE A UNE PORTION D'USUFRUIT ET DE NUE-PROPRIÉTÉ. — Les principes qui précèdent changent dès que l'usufruitier a, en même temps, une portion quelconque de la nue-propriété. L'indivision existe au moins sur un point et le partage devient possible. Seulement, il importe de préciser où s'arrêtent les effets de cette communauté.

D'abord, s'il s'agit d'un usufruitier partiel ayant une fraction de la nue-propriété, la solution n'est pas douteuse. L'immeuble se trouve appartenir, tant en propriété qu'en jouissance, à deux personnes dont les droits demeurent confondus. Elles sont, selon l'expression de Proudhon *cojouissantes* et *copropriétaires* du même objet; l'indivision est donc complète, et le partage peut embrasser toutes les parties de l'immeuble, aussi bien l'usufruit que la nue-propriété. Les cessions réciproques renfermées dans le partage ne sont évidemment que des lotissements passibles d'un droit fixe. Tel a été, en effet, le caractère attribué par la jurisprudence à l'acte par lequel un mari, légataire du quart en propriété et du quart en usufruit des biens de sa femme, abandonnait aux héritiers son droit d'usufruit sur un immeuble pour recevoir en échange leur nue-propriété. « Le père, d'une part, porte un arrêt du 16 juin 1824, et les enfants, d'une autre, sont copropriétaires, tant dans les biens composant la succession de la femme que dans ceux de la communauté ; en cet état de choses, en envisageant les abandons respectifs que se font les parties sur ces biens, soit en propriété, soit en usufruit comme en un simple partage ayant pour objet de faire cesser l'indivision entre elles, l'on ne fait qu'interpréter l'acte d'après son véritable caractère et appliquer le principe posé par les art. 882 et 1476 C. C., relatif au partage de succession et de communauté » (4782 J. N., 1146 § 11 I. G.).

La même interprétation a été confirmée dans un cas identique par un arrêt de la chambre civile du 4 janvier 1865 portant : « Attendu que Prudent de Chasseloup-Laubat avait droit dans la succession de sa femme à un quart en propriété et un quart en usufruit ; que, par acte du 19 octobre 1860, le quart en propriété lui revenant a été fixé à 685,000 francs et le quart en usufruit a été converti au taux de 58 pour 100 en pleine propriété valant 397,000 francs, en tout 1,082,000 francs ; attendu que cet acte a eu pour but de faire cesser l'indivision de propriété et de jouissance entre Prudent de Chasseloup-Laubat et les héritiers de sa femme ; que l'amendement du mari dans la totalité de la succession n'a été ni augmenté ni diminué et qu'il a été simplement fourni en biens héréditaires ; attendu qu'un tel acte est un acte de partage ; attendu qu'en vertu d'une fiction de la loi le partage est déclaratif et non pas attributif de propriété ; qu'aux termes de l'art. 883 chaque cohéritier est censé avoir succédé seul et immédiatement à tous les effets compris dans son lot, et n'avoir jamais eu la propriété des autres effets de la succession » (2002 R. P., B. 4, S. 65-1-96, D. 65-1-135).

2. LA NUE-PROPRIÉTÉ APPARTIENT A L'UN DES USUFRUITIERS. — En est-il encore ainsi quand la nue-propriété appartient exclusivement à l'un des usufruitiers, et que l'indivision n'existe par conséquent que sur la jouissance ?

Les uns soutiennent qu'aucun partage n'est possible, parce que la jouissance appartient au plein propriétaire sur sa chose (*usufruit causal, qui competit ex causâ proprietatis*) n'a pas la même nature que l'usufruit conféré à un tiers sur la chose d'autrui (*usufruit formel, formalis quia per se consistit et propriam formam habet*), et que des droits dissemblables ne justifient pas l'emploi d'une mesure qui suppose au contraire des intérêts identiques (V. Sirey année 1847-1-15 et les considérants d'un arrêt de cass. du 3 août 1829, D. P. 29-1-329, 2141 R. P.). — Les autres répondent que la différence signalée entre l'usufruit formel et l'usufruit causal tient plus à la forme qu'aux effets ; que la jouissance produit, dans les deux cas, les mêmes conséquences et qu'elle mélange absolument les droits de ceux qui en sont investis. Ils ajoutent que l'indivision de jouissance atteint également la propriété par suite de la liaison intime qui unit cette propriété à l'usufruit causal, entre les mains du plein propriétaire, et ils en concluent que l'usufruitier partiel, ayant le droit de provoquer le partage ou la licitation de l'immeuble entier, peut recevoir pour ses droits, à titre de lotissement, une portion de toute propriété (V. Sol. 11 janv. 1866, 18271 J. E.). — D'autres, enfin, prenant le milieu entre les théories précédentes, soutiennent que la seule chose indivise est la jouissance de l'immeuble et qu'on ne peut liciter que ce qui est commun. Ils reconnaissent donc à l'usufruitier le droit de provoquer le partage ou la licitation de la jouissance, mais lui refusant toute action sur la nue-propriété. Cette opinion paraît devoir être adoptée.

Comment admettre, d'abord, avec le premier système, que l'usufruitier ne soit pas en état d'indivision pour la jouissance du bien ? On essaye de dire que l'usufruit constitue alors une simple servitude dont le nu-propriétaire ne saurait s'affranchir ; mais une pareille idée est absolument contraire à la nature même du droit d'usufruit, puisqu'il consiste, de l'aveu de tous, dans un démembrement de la propriété. La Cour suprême a d'ailleurs condamné ce principe, en décidant, le 24 juin 1863, qu'il y a indivision entre l'usufruit partiel d'un immeuble et la pleine propriété, et que les possesseurs de cette dernière peuvent contraindre l'usufruitier à une licitation (S. 1863-1-340, 1990 R. P.). Si l'usufruit eût été considéré comme une charge à l'égard de la pleine propriété, il est clair qu'il n'y aurait eu ni licitation ni partage. M. Demolombe, qui a prévu l'hypothèse, la résout en ces termes : « Que décider dans le cas où les biens sont indivis entre l'usufruitier, pour une partie de la jouissance, et le propriétaire, pour l'autre partie ? Il n'y a que ce qui est commun qui puisse faire l'objet d'un partage ou d'une licitation. Or, la jouissance seule, ou plutôt le droit de jouir de l'immeuble, est seul commun entre Primus et Secundus ; la propriété appartient exclusivement à l'un d'eux. Donc, il n'y a que le droit de jouissance qui doive être licité. Cette argumentation nous paraît fondée ; et, si étrange que puisse paraître cette licitation entre l'usufruit causal et l'usufruit formel, nous croyons que ce parti est le plus conforme aux principes et au droit de la propriété » (de l'Usuf. art. 2 nº 337 ; — Conf. : Dalloz vº Usuf. nº 787).

En ce sens, la cour de Paris a décidé, le 7 mars 1843, que l'usufruitier partiel n'a pas le droit de demander contre les propriétaires la licitation des immeubles eux-mêmes, il peut seulement poursuivre la vente de l'usufruit, parce qu'il n'y a communauté que sur ce point entre lui et les propriétaires (S. 1843-2-131). Et elle a persisté dans cette jurisprudence par un arrêt du 7 mars 1865, ainsi conçu : « Considérant que la femme Feuillet est seule propriétaire de la maison sur laquelle la veuve Jullien n'a qu'un droit d'usufruit pour moitié ; que l'on ne peut liciter que ce qui est commun ; que, dans l'espèce, l'indivision portant exclusivement sur le droit de jouissance, la veuve Jullien ne peut demander la licitation de l'immeuble qui y est soumis » (S. 1865-2-98 ; — V, aussi Angers 4 déc. 1862, S. 1863-2-145).

Dans ce dernier système, auquel il nous paraît qu'on doit se rattacher, l'usufruitier d'une universalité de biens qui reçoit en échange de son droit la toute propriété d'un objet déterminé est donc censé avoir reçu la jouissance de cet objet à titre de partage, jusqu'à concurrence, du moins, de la valeur de son droit primitif. L'excédant seul provient d'une transmission de propriété sujette au droit proportionnel.

Le tribunal de Brignole a cependant jugé que si un cohéritier cède à un autre cohéritier ses droits dans les immeubles leur appartenant indivisément et sur lesquels un légataire a un droit d'usufruit de moitié, la communion de jouissance qui continue à subsister après la cession entre le cessionnaire et le légataire de l'usufruit n'est pas un état d'indivision proprement dit, et le droit de transcription n'est par conséquent pas exigible (4842 R. P.). Mais ce jugement que nous avons vivement combattu (4842 R. P.) est déféré à la Cour de cass.

3. L'USUFRUIT APPARTIENT A L'UN DES NUS-PROPRIÉTAIRES. — Dans le cas inverse, c'est-à-dire quand l'usufruitier de la totalité de l'immeuble possède une fraction de la nue-propriété, la cour de Douai a également reconnu que les nus-propriétaires ne pouvaient provoquer le partage ou la licitation de la jouissance : « Qu'en effet, la qualité de copropriétaire en toute propriété pour moitié des immeubles ne peut nuire à B... et le placer dans une position moins favorable que s'il était seulement usufruitier du tout ; que, relativement à ces biens, la nue-propriété est seule indivise entre B... et les héritiers de son épouse » (Arr. 23 nov. 1847, S. 1848-2-526).

Le tribunal de la Seine a cependant décidé, le 9 février 1867, « qu'il y a indivision complète entre le mari, commun en biens avec sa femme et en même temps son légataire en usufruit, et ses héritiers auxquels n'était dévolue que la nue-propriété de ses biens ; qu'en conséquence le partage intervenu entre eux au sujet de la nue-propriété et de la jouissance a le caractère simplement déclaratif et doit servir de base à la déclaration de succession. » (2501 R. P., 18997 J. N., 13261 C.). Mais ce jugement a été annulé par un arrêt du 4 août 1869 portant : « Attendu qu'il n'y a pas d'indivision entre le nu-propriétaire et l'usufruitier d'un même objet, chacun d'eux possédant une chose distincte dont il peut user et disposer complètement sans le concours de l'autre ; que l'acte par lequel ils conviennent de transformer, l'un sa nue-propriété, l'autre son usufruit, en une portion de la pleine propriété, n'est point un partage ayant les effets rétroactifs de l'art. 883 C. C. ; qu'un tel acte constitue un échange ; que, dès lors, si une succession est échue à un légataire pour l'usufruit, et à des héritiers du sang pour la nue-propriété, l'acte au moyen duquel ils opèrent la transformation dont il vient d'être parlé ne peut servir de base à la déclaration de succession pour la perception des droits d'enregistrement, mais qu'il y a lieu d'établir ces droits sur la dévolution testamentaire et légale des biens héréditaires » (2973 R. P., 2393-7 I. G., S. 69-1-476, D. 69-1228). — M. l'avocat général Blanche justifiait ainsi cette annulation dans le réquisitoire qui a précédé l'arrêt : « Le partage suppose l'indivision antérieure des biens qui en sont l'objet. Or, si l'usufruit appartient exclusivement à l'une des parties, il n'y a sur ce point aucune indivision entre elle et les nus-propriétaires, puisque la jouissance et la nue-propriété constituent chacune un démembrement particulier du dominium de la chose. Il importe peu, selon moi, que l'usufruitier soit en outre saisi d'une portion de la nue-propriété. Cette circonstance peut réunir le constituer en état d'indivision avec les autres détenteurs de la nue-propriété ; mais elle reste étrangère à la jouissance qui en est légalement séparée et ne peut pas plus l'entraîner dans la communauté que l'indivision d'un immeuble possédé par deux propriétaires ne peut réagir sur un autre immeuble exclusivement possédé par l'un d'eux » (2973 R. P.).

10877. Servitude. — A la différence de l'usufruit, la servitude ne constitue pas un démembrement réel de la propriété ; c'est une charge de l'immeuble et elle ne saurait jamais, à ce titre, créer un droit d'indivision entre le fonds dominant et le fonds servant. Le propriétaire de ce dernier ne pourrait donc demander ni le partage ni la licitation de la servitude. C'est ce qui arrive lorsqu'un immeuble appartenant à plusieurs copropriétaires est affecté d'une servitude réciproque pour l'utilité d'autres immeubles appartenant séparément à chacun des copropriétaires, comme, par exemple, une cour, un puits, etc. (Cass. 10 déc. 1823, D. 23-1-490; — 21 août 1832, D. 32-1-270; — 10 janv. 1842, D. 42-1-99; — Paris 13 mars 1856, D. 57-2-11; — *Addé* Montpellier 18 mai 1858, S. 59-2-533; — Pothier *du Quasi-Cont. de com.* 196; Démolombe *des Servit.* t. 2 nᵒˢ 425 et 444, et t. 15 nᵒ 493).

10878. Maison divisée en étages. — Ceux à qui appartiennent distinctement les divers étages d'une maison sont copropriétaires du sol sur lequel elle repose (Cass. 22 août 1860, S. 61-1-84); ainsi que du toit et d'une cour commune (Grenoble 10 nov. 1862, S. 63-2-207; — Bordeaux 7 mars 1868, S. 68-2-216, Démolombe *Servit.* t. 1ᵉʳ nᵒ 437); — bien que cependant, par suite de sa destination, le sol ne puisse être l'objet d'un partage ou d'une licitation (Cass. 31 juill. 1872). Mais chacun n'est propriétaire que de la partie du mur contre laquelle est établi son étage (C. Pau 7 fév. 1862, S. 62-2-499).

Le propriétaire du rez-de-chaussée est indivis avec le propriétaire du premier étage (C. Rouen, 21 mars 1877, 4995 R. P.).

10879. Société. — On sait que la société, tant qu'elle dure, est représentée par un être moral qui ne se confond pas avec la personne des associés. Il n'y a aucune indivision entre cet être et les associés pour les biens de la société. Ainsi, tant que la société n'est pas dissoute, toute cession qui pourrait être faite à un associé d'immeubles de la société constitue une vente, et non une licitation, passible du droit de 5 fr. 50 cent. pour 100 sur la totalité du prix (Cass. 17 août 1836, 11619 J. E., 1528 § 13 I. G.; — Seine 1ᵉʳ déc. 1848, 14650 J. E.). — *V.* 10843.

Mais, après la dissolution, chaque associé devient copropriétaire de valeurs dépendant du fonds social et la licitation ou le partage de ces biens est soumis aux règles de la licitation et du partage ordinaire (1727 C.).

Seulement il importe que la dissolution soit complète; car, si la société était en liquidation, comme l'être moral continue de subsister, il faudrait appliquer les mêmes principes que pendant l'existence même de l'entreprise.

D'un autre côté, si les valeurs indivises sont adjugées à une société nouvelle dans laquelle figurent les anciens associés sans lui avoir fait apport de leur copropriété, ils disparaissent également derrière l'être moral et le contrat doit être traité comme s'il s'agissait d'une cession faite à un étranger.

Tous ces points trouveront leur développement plus naturel dans le chapitre des sociétés auxquelles ils se rattachent par des règles spéciales que nous ne pourrions exposer ici.

10880. Sol et superficie. — Le sol et la superficie d'une forêt sont des droits parfaitement distincts par leur objet et par leur nature; ils n'impliquent aucune indivision entre leurs possesseurs. Par conséquent, l'acquisition du sol faite par le propriétaire de la superficie ou réciproquement ne saurait constituer une licitation sujette au droit de 4 pour 100, mais une vente ordinaire passible du droit de 5 fr. 50 cent. (Cass. 17 nov. 1857, 973 R. P., 2118-3 I. G., 16245 J. N., 16646 J. E., 11200 C., 58-139 J. P.).

1. DROIT RÉEL DE SUPERFICIE. — Il a été jugé éga-

lement que la propriété et le droit de superficie ne sont pas en état d'indivision : « Attendu, porte un arrêt de cass. du 16 décembre 1873, que le droit de superficie forme un droit de propriété distinct et séparé de celle du fonds; qu'il porte exclusivement sur les constructions, bois ou autres produits du sol qui font l'objet du contrat par lequel il a été stipulé; que le concours d'un droit de superficie avec la propriété du tréfonds ne crée pas un état d'indivision ni quant à la propriété du sol, ni quant à la jouissance; qu'en effet il n'y a pas indivision de propriété là où le fonds tout entier est dans le domaine du propriétaire du sol; qu'il n'y a pas davantage communion de jouissance entre deux parties dont l'une perçoit par ce moyen du pâturage ou de toute autre manière le produit immédiat du sol, tandis que l'autre a le droit de couper des arbres d'une certaine espèce seulement et d'en recueillir les fruits, puisqu'il n'existe entre eux aucun partage de fruits ou de revenus indivis; attendu que l'art. 815 C. C. ne s'applique qu'au cas où deux ou plusieurs personnes sont copropriétaires pour des parts *aliquotes* déterminées de biens meubles ou immeubles ou lorsqu'il existe entre elles communion dans la jouissance de ces biens. »

2. CONSTRUCTIONS. — Il n'y a pas indivision entre deux copropriétaires qui ont bâti une maison sur un terrain dont la moitié a été acquise séparément par chacun (Nantes 21 août 1875 et Seine 28 août 1875, 4391 R. P.). — *V.* nos observ. au nᵒ 4391 R. P.

10881. Théâtre. — Il n'y a pas indivision, dans le sens de l'art. 815 C. C., entre la propriété exclusive d'une loge de théâtre avec entrées gratuites et la propriété de la salle. Ce sont là deux propriétés distinctes, bien qu'inséparables, dont l'une (la salle) est grevée au profit de l'autre (la loge) d'une servitude conventionnelle de vue et d'aspect, avec tous les avantages dérivant de la destination de la chose asservie. Dès lors, le propriétaire de la salle ne peut demander la licitation contre le propriétaire de la loge (C. Montpellier 15 déc. 1858, 61-5-335 D. P.).

10882. Usage. — Mais l'usage forestier soumis au cantonnement n'est pas une simple servitude. La C. cass., dans un arrêt du 1ᵉʳ décembre 1835 (S. 36-1-726), qualifie d'état d'indivision la situation respective du propriétaire et de l'usager (*V.* aussi Meaume *C. for.* t. 1ᵉʳ nᵒ 427 et D. *d'usage* t. 1ᵉʳ nᵒ 159). Aussi l'acte par lequel il lui est attribué une partie du sol constitue-t-il un partage sujet au droit fixe. C'est un point dont le développement est présenté au mot *Cantonnement.*

10883. Marais. — Dans les étangs de la Dombe et de la Bresse, l'évolage et l'assec constituant pour ceux qui en jouissent distinctement des propriétés indivises sujettes à l'application de l'art. 815 C. C. (Cass. 5 juill. 1848, 48-1-137 D. P.).

ARTICLE 2. — INDIVISION NE RÉSULTANT PAS D'UN TITRE COMMUN.

[10884-10900]

10884. Que faut-il entendre par copropriétaires au même titre ? — Sous l'ancienne législation, les seigneurs, dans leur résistance contre l'affranchissement des partages de tout droit de mutation, avaient fait triompher la doctrine qui leur attribuait les lods et ventes lorsque le titre des copartageants n'était pas commun. On ne s'entendait pas parfaitement sur la signification du *titre commun* ou *non commun*, cependant il était généralement admis que les lods et ventes étaient exigibles, lorsque le partage ou la licitation s'opérait, non entre les deux acquéreurs primitifs, mais entre l'un d'eux et le cessionnaire de l'autre (Fonmaur n° 307, Guyot *de la Licitation*, ch. 3 sect. 3 § 5, Sudre *des Lods* § 9 n° 14, Pothier *des Fiefs* part. 1ʳᵉ ch. 5 § 13). — L'effet déclaratif du partage, disait-on, n'est autre chose que l'exercice et la consolidation du titre primitif de chacun des copartageants. Or, le titre primitif du tiers cessionnaire des droits d'un cohéritier, c'est une vente; donc ce n'est qu'à titre de vente qu'il peut acquérir les portions de ses copartageants. Ce raisonnement n'était pas bien concluant, car on pouvait répondre que le cessionnaire est mis par la cession à la place du cédant et que c'est en vertu du titre primitif de celui-ci qu'il se présente à la licitation. La vérité est, comme nous l'avons fait remarquer précédemment (10856), que la nécessité du titre commun ne saurait se justifier par aucune déduction juridique. Elle était restée dans la législation féodale comme un dernier moyen d'arrêter les licitations ou les partages, ces actes si préjudiciables aux droits seigneuriaux; on la justifiait plus exactement en invoquant le danger de la fraude. L'art. 80 de la *Coutume de Paris*, qui avait admis les licitations à l'immunité du partage, exigeait formellement que la licitation fût faite *sans fraude*. Or, on présumait la fraude quand une personne, après avoir acquis d'abord partie d'un immeuble, achetait ensuite le surplus. Sans cela, disait Guyot (*des Fiefs* chap. 3 § 8), un homme acquerrait un dixième d'une copropriété où il n'aurait rien, ensuite liciterait et par là ne payerait les droits que du dixième !

La distinction entre le titre commun et celui qui ne l'était pas souleva nécessairement les plus fréquentes difficultés. Il semble que ce soit pour faire disparaître que la loi du 19 décembre 1790 assujettit au droit de 20 sous par livre les actes, contrats et transactions qui contiendront *entre copropriétaires* partage, licitation, cession et transfert de biens immeubles. Les dispositions générales du texte s'appliquaient directement à tous les copropriétaires à quelque titre que ce fût, et c'était bien, paraît-il, dans ce sens que devait être entendue la loi de 1790, puisque, pour restreindre sa portée, le législateur crut utile d'édicter l'art. 4 L. 4 thermidor an 4, qui soumet au demi-droit des ventes « les licitations et les retours de partage d'immeubles réels entre copropriétaires *au même titre*. »

Alors se représentaient les anciennes difficultés sur la détermination exacte des mots : copropriétaires au même titre. Une D. m. f. 29 thermidor an 4 (Circ. 1101) définit les copropriétaires *au même titre* ceux qui possédaient en commun le même immeuble et qui ont le même titre de propriété. Ainsi deux frères sont copropriétaires au même titre des biens qui leur sont échus de la succession de leurs père et mère. Deux ou plusieurs acquéreurs d'une même maison, par le même acte de vente, sont copropriétaires *au même titre*. Il en est de même de deux ou plusieurs donataires, légataires du même bien, lorsque la transmission a été faite en leur faveur par un seul acte et une même personne. Mais ne sont pas copro-

priétaires *au même titre* ceux qui ont acquis une portion indivise de maison de l'un des copropriétaires primitifs.

La loi du 22 frimaire an 7 fut rendue sur ces entrefaites, et son art. 68 § 3 n° 2 déclarait : « Sont sujets au droit fixe de 3 francs les partages entre copropriétaires, à quelque titre que ce soit, pourvu qu'il en soit justifié. » — Les expressions *à quelque titre que ce soit*, insérées dans les circonstances qui précèdent, semblaient bien démontrer que, dans l'esprit du législateur, il importe peu que les copropriétaires aient le même titre de propriété, comme les héritiers, les acquéreurs par un même acte de vente, les colégataires, ou qu'ils aient un titre différent des copropriétaires originaires, en ce que l'un ou plusieurs d'entre eux se seraient rendus acquéreurs de l'un ou de plusieurs de ces copropriétaires.

Aussi, dans les premiers temps de l'application de la loi de l'an 7, la Cour de cassation décida-t-elle que le taux des licitations devrait être étendu à tous les cas où un copropriétaire achetait la part de ses communistes, bien que leurs droits ne fussent pas de la même origine (Arr. 14 juill. et 10 août 1824, 1150-8, 1173-11 et 1205-9 I. G., S. 24-1-342 et 344 ; — 22 fév. 1827, S. 27-1-147, — et 6 sept. 1827, S. 28-1-145, 1236-5 I. G., 6070, 6407 J. N., 8693 et 8904 J. G.). Et l'Administration prit cette jurisprudence pour règle dans son I. G. 1286-5, en prescrivant de renoncer, lors de l'enregistrement, à la perception du droit de 1 fr. 50 cent. pour 100 sur les parts et portions d'immeubles acquises par des copropriétaires, toutes les fois que l'acte réunit la propriété entière dans les mêmes mains.

Cependant, par un acte notarié du 3 septembre 1835, le sieur Rouffort ayant vendu au sieur Bourdon, moyennant 12,500 francs, le quart indivis d'un domaine, et le 30 du même mois le sieur Bourdon ayant acquis, par un autre acte notarié, du sieur Rouffort, les trois autres quarts du même domaine pour le prix de 37,500 francs, une Sol. de l'Administration du 13 novembre 1835 (11351 J. E., 1513 § 6 I. G.) a reconnu le droit de 5 fr. 50 cent. pour 100 exigible sur ces deux actes, en se fondant sur ce que, dans l'espèce, l'indivision qui existait entre les sieurs Rouffort et Bourdon ne dérivait point de la transmission originairement opérée par un tiers, mais de la vente consentie par Rouffort, propriétaire *unique*, d'une portion indivise de l'immeuble au profit de Bourdon, et qu'en admettant que la seconde vente eût affranchi la portion indivise d'immeuble qu'elle avait pour objet des hypothèques dont elle aurait pu être grevée durant l'indivision, elle ne pouvait évidemment la décharger des hypothèques provenant également du chef du vendeur et antérieures à la première vente.

10885. Le tiers acquéreur d'une part indivise doit le droit de transcription lorsqu'il acquiert le surplus. — Cette solution a été le point de départ d'une jurisprudence qu'une succession non interrompue d'arrêts de la Cour de cassation a consacrée d'une manière définitive. Le besoin de réprimer la fraude, bien plus, à coup sûr, qu'une exacte interprétation de la loi, a motivé la nouvelle doctrine de la cour suprême ; car, sous l'empire de la jurisprudence des arrêts de 1827, rien n'était plus facile que de se soustraire au payement du droit de transcription, qui, dans des circonstances données, pouvait s'élever à une somme considérable. Ainsi, il suffisait à un individu d'acheter, moyennant 100 francs, une minime parcelle d'un immeuble valant 1,000,000 de francs pour n'avoir à payer que le droit de 4 pour 100 lorsque, par un acte postérieur, il venait à faire l'acquisition du surplus de l'immeuble.

Quoi qu'il en soit, il faut considérer comme certain, aujourd'hui, que l'acquisition que le tiers acquéreur d'une portion d'immeuble indivis fait ultérieurement des parts et portions des autres cohéritiers ne constitue pas, *lors même qu'elle fait cesser complétement l'indivision*, la licitation entre les cohéritiers ou copropriétaires *à titre commun*, régie par l'art. 883 C. C.; elle a le caractère d'une vente pure et simple, sujette au droit de 5 fr. 50 cent. pour 100 (Cass. 21 janv. 1840, 10622 J. N., 12460 J. E., 1618§10 I. G., S. 40-1-309; —19 déc. 1845, 12569 J. N., 13885 J. E., 1755 § 15 I. G., S. 46-1-113; — 11 fév. 1846, 12625 J. N., 13929 J. E., 1767 § 12 I. G., S. 46-1-113; — 9 nov. 1847, S. 48-1-160, 1814-19 I. G.; — 26 janv. 1848, 14381, 14421 J. E., 13223 et 13275 J. N., 1814 § 19 I. G., S. 48-1-60 et 246; — 28 déc. 1848 et 14 fév. 1849, 13576 J. N., 14634 et 14761 J. E., 1837 § 15 I. G., S. 49-1-304; — 9 janv. 1854, 15142 J. N., 15802 J. E., 2010 § 6 I. G., S. 54-1-124; — 2 mars 1858, 980 R. P., 2137 § 15 I. G., 16266 J. N., 11252 C., 16725 J. E.; — 21 juill. 1858, 1075 R. P., 2137-6 I. G., 16359 J. N., 11379 C., 16794 J. E., S. 58-1-767; — 17 janv. 1865, 2036 R. P., 12806 C., 18200 J. N., S. 65-1-139; — 15 mars 1870, 3089 R. P., 2402-4 I. G., B. C. 60, S. 70-1-270, D. 70-1-230; — 6 déc. 1871, 3377 R. P., 2434-4 I. G., B. C. 50, S. 71-1-247, D. 72-1-84).

Arrêt du 19 décembre 1845 : « Attendu que le domaine de Soisy, provenant du marquis d'Urigny, et ensuite de la succession de la dame Damphernet, veuve Dubois, et de la demoiselle Damphernet, sa sœur, était possédé indivisément, savoir : pour une moitié par les héritiers de la veuve Dubois, et pour l'autre moitié par Pierre Damphernet, héritier de la demoiselle Damphernet; qu'après avoir acquis la moitié indivise appartenant aux héritiers de la veuve Dubois, Mauger, Auguy et le comte Ogier, acquirent aussi la moitié indivise de Pierre Damphernet; — Attendu que, soit les auteurs de ce dernier, soit lui-même pendant qu'il avait conservé la propriété de la moitié du domaine de Soisy, avaient pu valablement l'affecter à leurs créanciers hypothécaires; — Attendu que la vente consentie par Pierre Damphernet à Mauger et consorts n'a opéré à leur égard qu'une substitution dans les droits de leur vendeur; qu'ainsi l'acte du 14 juillet 1836, loin de constituer une licitation ou un partage, réunit toutes les conditions d'une vente pure et simple. »

Arrêt du 15 mars 1870 : « Attendu que si, par suite de l'effet déclaratif du partage et conformément à l'art. 1er n° 4 L. 23 mars 1855, l'adjudication intervenue sur licitation au profit d'un cohéritier ou copartageant est dispensée de la transcription, cette exemption n'existe pas à l'égard du tiers étranger qui fonde ses droits à la copropriété non sur un titre commun à tous, mais, comme dans l'espèce, sur la cession que l'un des copropriétaires lui a faite de tout ou partie de la part indivise. »

Autour de ces arrêts sont venus se grouper un très-grand nombre de décisions des tribunaux secondaires (Dél. 4 oct. 1826, 8569 J. E.; — Rouen 13 août 1835, 23 mars 1836, 11492-1 J. E.; — Senlis 4 déc. 1838, 13192 J. E.; — Laon 17 janv. 1839, 12221 J. E.; — Soissons 20 janv. 1841, 12670

J. E.; — Châlons-sur-Marne 21 mai 1841, 12766-3 J. E.; — Limoges 6 déc. 1842, 13163-3 J. E.; — Réthel 13 janv. 1843, 13210-4 J. E.; — Strasbourg 18 janv. 1843, 13159 J. E.; — Oloron 20 mai 1843, 13331 J. E.; — Saint-Amand 14 juin 1843, 13278 J. E.; — Orléans 19 juin 1843, 13312 J. E.; — Bellac 24 août 1843, 13342 J. E.; — Nantes 29 août 1843, 13318 J. E.; — Altkirch 30 août 1843, 13333 J. E.; — Seine 14 fév. 1844, 13440 J. E.; — 3 juill. 1844, 13560 J. E.; — Montmorillon 3 juill. 1844, 13552-11 J. E.; — Saint-Étienne 26 août 1844, 13603 J. E.; — Seine 4 déc. 1844, 13661-3 J. E.; — Bagnères 27 nov. 1845, 13877 J. E.; — Mayenne 30 déc. 1845, 14019-7 J. E.; — Beaupréau 20 janv. 1846, 13911-3 J. E.; — Blois 22 janv. 1846, 13937 J. E.; — Charolles 31 janv. 1846, 13922 J. E.; — Cosne 18 mai 1847, 14316-4 J. E.; — Corbeil 7 juill. 1847, 14321 J. E.; — Nevers 18 déc. 1848, 14785-4 J. E. ; — Muret 20 avr. 1850, 14937-7 J. E.; — Lunéville 3 mai 1850, 14964-4 J. E.; — Seine 5 déc. 1850, 15088 J. E.; — Saint-Étienne 2 avr. 1857, 931 R. P., 16639 J. E., 11262 C.; — Lesparre 26 nov. 1858, 1122 R. P.; — Aubusson 30 déc. 1858, 1190 R. P., 16884 J. E.; — Montmorillon 5 avr. 1859, 1231 R. P., 16944 J. E.; — Le Havre 28 déc. 1860, 11931 C.; — Colmar 28 déc. 1863, R. P. table de 1864 [1].

La jurisprudence cherche à justifier ce résultat par cette considération reproduite de l'ancien droit que quand l'héritier acquiert, il continue d'être *propriétaire* à titre d'héritier, tandis que l'acquéreur d'une portion de l'immeuble en vertu d'un titre particulier ne cesse pas d'être *acquéreur* en se rendant adjudicataire du surplus, et devient, par conséquent, soumis comme tout acquéreur aux formalités de la purge (n° 10884). On ajoute que l'art. 1er L. 23 mars 1855 n'a pas modifié ces principes puisqu'il ne dispense de la transcription que les jugements d'adjudication prononcés au profit de cohéritier ou de copartageant, qualités qui font également défaut au tiers acquéreur (V. not. Cass. 21 juill. 1858 précité).

Ce principe a été consacré, en matière civile, par un arrêt du 29 mai 1876 (R. P. 4665).

10886. Transcription. — De ce que la licitation intervenue entre des copropriétaires n'ayant pas le même titre a, pour l'application du droit fiscal, le caractère d'une vente sujette au tarif de 5 fr. 50 cent. pour 100 créé par l'art. 52 L. 28 avril 1816, on a tenté d'en conclure que ce

1. Cette jurisprudence est vivement controversée en ce qu'elle a d'absolu. Champ. et Rig. et Pont établissent, au *Traité* n°s 2795 et 2797 et *Supplément au traité* n°s 572 à 575, des distinctions qu'il peut être utile de consulter, bien que la jurisprudence ait généralisé sa doctrine. « Si les parties ne font autre chose, lit-on au n° 2795, qu'une vente du tout en deux actes successifs, soit de bonne foi, soit pour éluder les droits, il y a vente pour le tout, et le second acte, comme le premier, donne ouverture au droit de transcription. Mais si, pour le premier acte, les parties constituent réellement une association entre eux, le droit n'est pas exigible sur le second : il y a partage et non vente. » On peut encore consulter comme contraires à la jurisprudence en vigueur les décisions ci-après (Dél. 19 avr. 1832, 10382 J. E.; — Nevers 22 juin 1841, 12184 J. N.; — Mirecourt 17 janv. 1842, 11411 J. N.; — Seine 6 et 27 avr. 1842, 11347 J. N.; — Thionville 17 août 1843, 11478 J. N.; — Charolles 27 août 1842, 11567 J. N.; — Marmande 27 août 1842, 11567 J. N.; — Montauban 20 juin 1843, 11794 J. N.; — Nantes 30 janv. 1844, 14344 J. E.).

n'était pas le lieu d'invoquer la disposition de l'art. 54 de cette loi relative à la liquidation du droit de transcription et qu'il fallait se borner à percevoir le droit de vente à 5 fr, 50 cent. pour 100 sur les parts acquises, en dispensant le surplus du prix de la taxe de 1 fr. 50 cent. spéciale aux contrats qui ne sont pas des ventes.—On peut voir un récent développement de cette thèse aux n°s 18200 J. N. et 12806 C.

Mais elle repose sur une intelligence incomplète des principes du droit de transcription,

D'abord, il est hors de doute que la perception de cet impôt ne suit pas les règles de la liquidation du droit d'enregistrement. Quand l'art. 25 L. 21 ventôse an 7, sur les hypothèques, dispose que : « le droit de transcription des actes emportant mutation de propriété immobilière sera de 1 fr. 50 cent. pour 100 du *prix intégral* desdites mutations, suivant qu'il aura été réglé à l'enregistrement, » cela ne veut pas dire que le droit de 1 fr. 50 cent. doive être perçu sur la même somme que celui d'enregistrement, en sorte que, si l'impôt de mutation est exigible sur la moitié ou le quart seulement du prix, le droit de transcription ne puisse être également perçu que sur la moitié ou le quart de ce prix. La loi signifie, au contraire, que le prix intégral stipulé au contrat sera la base invariable du droit de 1 fr. 50 cent. pour 100, mais que la liquidation de cet impôt aura lieu d'après les règles déterminées par les lois sur l'enregistrement. La jurisprudence a été depuis longtemps fixée dans ce sens par de nombreux arrêts (Cass. 9 mai 1837, 15 juin 1840, 3 mai 1841, 15 nov. 1841, 17 janv. 1842, 13 avr. et 17 nov. 1847, 21 juin 1848, 12 juill. 1848, 20 nov. 1848, 7 nov. 1849, 16 avr. 1850, 10 juin 1850, 26 août 1850, 2 déc. 1850, 2 déc. 1851, 7 juill. 1852, 23 nov. 1853, 18 mai 1858).

D'un autre côté, l'art. 54 L. 28 avril 1816 porte, en thèse générale : « Dans *tous les cas* où les actes seront de nature à être transcrits au bureau des hypothèques, le droit sera augmenté de 1 fr. 50 cent. pour 100 à l'enregistrement, et la transcription ultérieure du contrat ne donnera plus lieu au droit proportionnel. » Cette disposition ne se restreint pas, comme on a semblé le croire, à la perception du droit de 1 fr. 50 cent. exigible sur les licitations accessoirement au droit de mutation à 4 pour 100. Elle s'applique à *tous les cas*, sans distinction, où le contrat est de nature à être transcrit, et elle veut que le receveur de l'enregistrement fasse acquitter alors la taxe dont l'art. 25 de la loi de 21 ventôse réservait la liquidation au conservateur des hypothèques. Voilà donc deux textes décidant, l'un, que le droit de transcription est dû sur le prix intégral stipulé dans un contrat, quand même le droit d'enregistrement serait acquitté sur une somme moindre ; et l'autre, que si pour une cause quelconque ce contrat est sujet à la transcription, le droit de 1 fr. 50 cent. ainsi liquidé est exigible au moment de cet enregistrement. Qu'en résulte-t-il ? C'est que, quand on présentera au receveur une vente de portion d'immeubles dont le prix, au lieu de se restreindre spécialement à la part acquise, s'appliquera à la totalité du bien, il devra faire deux opérations. Il basera d'abord la perception du droit de transcription sur le prix total, conformément à l'art. 25 L. 21 ventôse an 7, puisque l'acte, renfermant une vente, est de nature à être transcrit et qu'il contient un prix unique. Mais pour le droit d'enregistrement qui se limite à la portion réellement acquise, il fera sa liquidation sur la partie correspondante du prix.

Sans doute, il peut arriver que le droit de transcription soit perçu deux fois pour une même mutation ; mais c'est là une conséquence nécessaire de la nature même de l'impôt qui est établi pour une formalité et doit être, par conséquent, acquitté aussi souvent que la formalité est requise. La jurisprudence ne s'est point arrêtée, du reste, devant cette considération. Elle a, en plusieurs arrêts, reconnu l'exigibilité du droit de 1 fr. 50 cent. pour 100 dans des espèces où les adjudications par licitation avaient été prononcées au profit de tiers acquéreurs dont les acquisitions antérieures avaient subi le droit de transcription (not. Arr. 22 nov. 1853, S. 53-1-746, 1999-6 I. G.; — 18 mai 1858, S. 58-1-636, 2137-7 I. G., 1015 R. P.; — et 13 août 1862, 2239 § 4 I. G., S. 63-1-99, 1749 R. P.; — 17 janv. 1865, 2036 R. P., 12806 C., 18200 J.N., 2325-3 I. G., S. 63-1-140, D. 65-1-36. — V. aussi Saint-Étienne 2 avr. 1857, 931 R. P., 16639 J.E., 11262 C.; — Lesparre 26 nov. 1858, 1122 R. P.).

L'arrêt du 17 janvier 1865 porte : « Attendu qu'il résulte des dispositions combinées de la loi que dans tous les cas où les actes sont de nature à être transcrits, il y a lieu à la perception d'un droit proportionnel de 1 fr. 50 cent. pour 100, que ces actes doivent être transcrits en entier par le conservateur des hypothèques ; — Attendu que ce droit est indépendant de celui dû pour mutation de la propriété et peut être exigé séparément ; que si, lors d'une adjudication sur licitation, les propriétaires qui se rendent adjudicataires d'un immeuble indivis entre eux et d'autres copropriétaires n'ont pas à payer le droit de mutation sur les parts qui leur appartenaient antérieurement, ils n'en doivent pas moins le droit de transcription sur l'intégralité du prix ; que la transcription, étant destinée, en effet, à opérer la purge des hypothèques, le droit à percevoir sur cette transcription doit être indivisible comme les hypothèques dont elle a pour objet de préparer la purge, et qui reposent indivisément sur toutes les parties de l'immeuble. »

10887. Biens de diverses origines. — Quand la licitation comprend des biens de diverses origines, dont les uns seulement proviennent d'un titre commun, il est clair que si chaque nature de valeurs fait l'objet d'une adjudication distincte, le droit de transcription sur le prix des immeubles provenant d'un titre distinct. Mais si la licitation a lieu en un lot moyennant un prix unique, ce droit étant indivisible doit être perçu sur la totalité de ce prix (Colmar 28 déc. 1863, R. P. table de 1864, 17774 J. E.).

10888. Usufruit et nue-propriété. — La circonstance qu'il s'agit d'un usufruit et d'une nue-propriété ne modifierait pas la règle relative au tiers acquéreur. Ainsi, lorsque l'usufruitier d'un immeuble achète d'abord une portion de la propriété, puisque sur une licitation il achète le surplus, il doit être à l'égard de cette seconde opération considéré comme un tiers acquéreur : le contrat est passible du droit de vente et du droit de transcription (Sol. 9 août 1856).

10889. Acquisition par le cohéritier du tiers acquéreur. — Dans l'ancienne jurisprudence, on appliquait le principe admis pour le tiers acquéreur à la licitation intervenue au profit d'un cohéritier entre les communistes originaires et le cessionnaire de l'un d'eux. Un arrêt du Parlement de Paris du 22 août 1749, confirmatif d'une sentence de la chambre des Domaines, avait décidé que les droits seigneuriaux étaient dûs dans ce cas. « On opposait au Parlement, dit Bosquet, que le cohéritier adjudicataire ne devait pas souffrir de la cession faite par son cohéritier, mais cette considération n'a pas prévalu (t. 3 p. 226).

Une interprétation aussi rigoureuse ne pouvait être maintenue sous l'empire de la loi moderne. On a considéré que le cédant ou son cessionnaire ne pouvaient créer sur les immeubles des hypothèques qui ne fussent résolubles, d'après l'art. 2125 C. C., si le partage, mettant fin à l'indivision, plaçait le bien hypothéqué dans le lot d'un copropriétaire autre que celui dont provenait l'hypothèque. Cette affectation s'effaçait alors comme émanant d'une personne sans droit et n'avait nul besoin d'être purgée. Les créanciers ont sans doute la faculté, selon l'art. 882 C. C., de s'opposer à ce que le partage ait lieu hors de leur présence. Ils ont droit aussi de faire opposition au payement du prix, afin que ce payement ne s'effectue pas à leur préjudice. Mais les hypothèques ont disparu et sont anéanties par l'adjudication des immeubles à un copropriétaire différent de celui qui les leur avait hypothéqués. Et les créanciers ne sont pas fondés à se plaindre de ces conséquences, parce qu'ils ont dû connaître le titre et la position de leur débiteur, lequel avait un droit résoluble. Le colicitant adjudicataire est sans capacité pour purger les hypothèques créées par lui, car il est obligé d'exécuter ses engagements ; et il n'a point à purger les hypothèques provenant de ses copartageants puisqu'elles étaient résolubles. Dès lors, l'acte a tous les caractères d'une licitation. — C'est ce qu'on peut induire, en matière civile, de l'arrêt du 27 janvier 1857 (D. 57-1-5), et en matière d'enregistrement de celui du 6 novembre 1827 (1236 § 5 n° 2 I. G., S. 28-1-143). D'ailleurs, et cette observation paraît déterminante, il n'y a pas de fraude à craindre dans l'espèce, puisque c'est un colicitant qui demeure adjudicataire. Or, la jurisprudence sur le tiers acquéreur ne se fonde, en réalité, que sur le désir d'éviter des collusions.

Plusieurs solutions ont décidé par ces motifs, que le tarif ordinaire des licitations était applicable (Sol. 28 déc. 1858, 18 déc. 1862, 6 janv. 1865 ; — V. Conf. : 15409-2 J. E., J. du not. 12 août 1868, n° 2271).

Par application du même principe, il faudrait décider que lorsqu'une personne, après avoir cédé une portion indivise d'un immeuble qui lui appartenait en entier, s'en rend adjudicataire sur la licitation poursuivie ensuite entre elle et son cessionnaire, l'Administration n'est pas fondée à percevoir, lors de l'enregistrement de l'acte d'adjudication, le droit de transcription hypothécaire à 1 fr. 50 cent. pour 100, en outre du droit de 4 pour 100 dû sur la valeur de la part acquise (Conf. : J. du not. 7 oct. 1868, n° 2285).

10890. Légataire universel et héritiers. —

Le légataire universel est un continuateur de la personne du défunt, c'est-à-dire un véritable héritier tenu comme lui du payement de dettes et ne pouvant pas plus que lui se décharger du passif au moyen de la purge : *hi qui in universum jus succedunt hæredi loco habentur* (L. 128 Dig. de reg. juris). Ils ont donc un titre commun de propriété soit avec le réservataire, soit avec les copropriétaires du défunt, tels que sa veuve ou ses associés.—Il en résulte que le légataire universel d'un héritier, qui acquiert les parts des autres héritiers, n'est pas tiers détenteur, même des portions indivises qui lui sont échues per licitation ; dès lors, il ne doit supporter que 4 pour 100 sur les parts acquises (Conf. : J. du not. 15 mars 1862, n° 1680).

1. UNE DÉCLARATION DE SUCCESSION NE PEUT MODIFIER LES DROITS DU LÉGATAIRE. — L'adjudication passée à un légataire universel d'un immeuble dépendant de la communauté ayant existé entre le testateur et sa veuve, ne donne ouverture qu'au droit de 4 pour 100 sur la moitié du prix, encore bien qu'il résulte de la déclaration de succession que les reprises de la veuve ont absorbé toutes les valeurs de la communauté, si, d'ailleurs, la licitation n'a modifié les droits du légataire ; attendu que la déclaration de succession n'a pu changer les droits que celui-ci tenait du testament (Seine 11 juin 1845 ; 12446 J. N.).

10891. Légataire à titre universel. — Héritiers. — Le donataire ou légataire à titre universel étant appelé par le testament ou la donation à cause de mort à une universalité des biens du défunt, continue aussi sa personne dans les limites du legs. Pas plus que l'héritier légitime ou le légataire universel, il ne peut purger les hypothèques inscrites du chef du défunt sur les biens compris dans son lot. Quant à celles qui proviendraient de ses colégataires ou des héritiers, elles se trouvent résolues de plein droit, par l'effet du partage ou de la licitation, selon la règle de l'art. 883 C. C. — Dès lors, la licitation qui lui est consentie par ses héritiers ou ses colégataires soit universels, soit à titre universel, ne saurait être passible du droit de transcription (Sol. 11 mars 1853, 18563 J. E.).

On a donc pu décider : 1° que l'acte par lequel le donataire, par contrat de mariage d'une portion de la succession, cède ses droits au légataire universel du défunt, est passible du droit de 4 pour 100, car il y a, en effet, copropriété au même titre, puisque le donataire et le légataire recueillent les biens à titre successif (17649 J. N.);

2° Et qu'il en est de même de la licitation au profit de la veuve légataire à titre universel du quart des biens de son mari. Comme légataire à titre universel elle était, en effet, tenue des dettes *ultra vires*; elle ne pouvait, par conséquent, pas faire transcrire, et l'acte n'était pas passible du droit de 1 fr. 50 cent. pour 100 (16492 J. E.).

Cette doctrine a été plusieurs fois appliquée aux licitations prononcées au profit d'une veuve donataire d'une part d'enfant (Conf. : J. du not. n° 2132).

10892. Légataire particulier. — Un tel légataire ne peut être assimilé à un héritier. Dès lors, il ne peut s'appliquer le principe de l'art. 883 C. C., et s'il acquiert des héritiers la portion d'immeuble dont il n'est pas légataire, le droit de transcription est exigible, bien que toute indivision cesse par suite de cette acquisition (Seine 4 déc. 1844, 13638 J. E. ; — Le Mans 8 déc. 1876, 4616 R. P.).

En ce sens, on a décidé, avec raison, que le droit de transcription était exigible sur la licitation d'un immeuble héréditaire prononcée au profit d'un donateur ou d'un légataire d'une quotité en usufruit, parce qu'il n'y avait pas de titre commun entre les parties (Sol. 20 juill. 1853).

1. DOUBLE QUALITÉ. — Mais le principe de l'exemption du droit reprend son empire quand le légataire particulier est en même temps copropriétaire de l'immeuble en vertu d'un titre commun. Cette dernière qualité, lui permettant de provoquer la licitation et le partage, on considère que cela suffit pour faire évanouir totalement les hypothèques intentées sur les immeubles du chef de ses colicitants et lui interdire à elle-même la faculté de la purge à l'égard du créancier du défunt. Les effets du legs partiel se trouvent donc neutralisés par les effets contraires du legs universel.

2. VEUVE COMMUNE ET LÉGATAIRE EN USUFRUIT. — Par application de ces principes, il a été reconnu que l'adjudication sur licitation prononcée au profit d'une veuve commune en biens et légataire en usufruit de la moitié des biens de son mari d'un immeuble dépendant de la communauté, ne donne pas lieu, lors de l'enregistrement, à la perception du droit de 1 fr. 50 cent. pour 100 (Sol. 19 nov. 1853, 30 mars 1852, 23 mars 1855). — V. Conf. : 17181 J.E.

3. DONATAIRE HÉRITIER. — De même, si le donataire à titre particulier d'un héritier était lui-même héritier, sa qualité de donataire ne pourrait exercer aucune influence sur la licitation. Si donc ce donataire se rendait acquéreur de tous les biens de la succession dans laquelle il aurait une quotepart comme héritier, et une autre comme donataire précipitaire, le droit de transcription ne pourrait être perçu sur son acquisition. — V. Gray 19 février 1863, 1955 R.P.

4. LÉGATAIRE D'UN QUART EN PROPRIÉTÉ ET D'UN QUART EN USUFRUIT. — Telle est également la situation du légataire d'un quart en propriété et d'un quart en usufruit de tous les biens de la succession. Si le legs se bornait à l'usufruit, comme il constituerait un legs particulier, on ne pourrait lui reconnaître le caractère du titre commun. Mais, le légataire, ayant en outre une universalité de biens au moyen de son legs du quart en propriété, devient ainsi un véritable copropriétaire dans le sens de la loi. La licitation qui lui est consentie est donc affranchie du droit de transcription (Sol. 13 juin 1856, 11 mai 1864).

10893. Donateur et donataire. — Le donataire entre-vifs d'une fraction de l'immeuble n'a pas un titre commun de propriété avec le donataire lui-même; il est à son égard un véritable tiers acquéreur. Dès lors, il y aurait lieu de considérer comme une vente ordinaire l'acte par lequel le donateur rachèterait la portion du donataire ou bien celui par lequel le donataire se rendrait adjudicataire du surplus (Seine 21 fév. 1839; — Belfort 21 déc. 1840; — Nontron 7 déc. 1843; — Toulouse 30 nov. 1839, 12355 § 3, 12671, 13413 et 14880 J.E., Sol. 4 août 1869, 3102 R. P.

Ces solutions peuvent être contestées.

En effet, on a vu précédemment que le droit de transcription n'est pas dû pour la licitation intervenue entre des acheteurs et la cessionnaire de l'un d'eux (Supra n° 10889). Or,

nous n'apercevons pas pour quel motif on déciderait autrement à l'égard d'une licitation intervenant entre le donateur et ses donataires tiers acquéreurs. La situation est identique. Du moment que l'immeuble est repris totalement par le donateur, copropriétaire primitif, l'acte n'est pas de nature à être transcrit par les raisons précédentes. Pas plus ici que dans l'autre hypothèse, on n'a de fraude à craindre. Par conséquent, le droit proportionnel de 1 fr. 50 cent. pour 100 ne nous paraît pas plus justifié.

Mais l'exigibilité du droit est incontestable si c'est le donataire qui se rend adjudicataire (Brive 8 juill. 1876, 4446 R. P.).

10894. Deux donataires. — Il en serait de même de deux donataires à titre particulier qui auraient reçu indivisément une même propriété. Au point de vue fiscal, ils sont l'un pour l'autre des tiers acquéreurs, et les motifs qui justifient la perception du droit de transcription quand l'un de ces acquéreurs achète la part de l'autre, s'applique à la licitation intervenue entre les deux donataires à titre particulier.

Il en serait de même, à plus forte raison, si chacun de ces donataires avait reçu sa part indivise par un acte distinct. — V. cependant contrà 18394 J.E.

1. DONATAIRE ET HÉRITIER. — C'est ce qu'il faudrait décider encore au sujet de la licitation intervenue entre le donataire entre-vif d'une portion de l'immeuble et les héritiers du donateur. Ce donataire n'est, en définitive, qu'un tiers acquéreur.

10895. Donataire d'un héritier. — De même encore, le donataire d'un héritier est, à l'égard de ses cohéritiers, un tiers acquéreur devant être traité comme si la cession avait eu lieu à titre onéreux.

L'acquisition que ce donataire fait postérieurement du surplus, soit par donation, soit par vente, dans un partage : le premier acte n'a pas constitué l'indivision (Bar-sur-Aube 24 août 1837; — Seine 21 fév. 1839, 5162, 5593 C., 12355-3 J.E.; — Belfort 21 déc. 1840, 12671 J.E.; — Nontron 7 déc. 1843, 13413 J.E.; — Toulouse 30 nov. 1849, 14880 J.E.; — Aubusson 30 déc. 1858, 1190 R.P., 16884 J.E.; — Contrà J. du not. n° 1745).

Ainsi, un père donne successivement à ses deux fils, par leur contrat de mariage, un quart de la propriété de ses biens présents; par acte ultérieur, et passé entre le père et ses deux fils, l'un d'eux s'est rendu adjudicataire de la totalité du domaine appartenant au père donateur et compris dans la donation. Le droit de vente a été perçu sur la part acquise, « attendu que le fils, en vertu de l'acte d'adjudication, ne peut être considéré comme ayant succédé seul et immédiatement à cette propriété, et qu'on ne peut pas dire que le père donateur n'a jamais eu cette propriété » (Moissac 10 août 1846, 7663 C.).

10896. Héritier d'un héritier. — Mais il y a titre commun entre des héritiers et l'héritier d'un héritier; car l'héritier succédant à la personne, l'héritier médiat, tout comme l'héritier immédiat, représente l'auteur qui possédait l'immeuble. Si donc le cousin de Paul, qui vient à sa succession ab intestat, acquiert les droits de Pierre et de Joseph, frères de Paul, dans la succession de leur père commun, l'acte d'acquisition ne sera passible que de 4 pour 100 (Sol. 5 fév. 1852).

10897. Héritier d'un tiers acquéreur. — Mais l'héritier d'un tiers acquéreur ne saurait avoir plus de droit que son auteur, et puisque celui-ci, étant tenu de purger, devait le droit de transcription sur la licitation qui lui attribuait le surplus du bien, il en doit être de même de son héritier (Le Havre 28 déc. 1860, 11931 C.).

10898. Société. — Lorsque le propriétaire d'un immeuble en a fait apport dans une société, et qu'il est reconnu que cet apport constitue en réalité une vente faite aux autres associés personnellement, l'acte par lequel, après la dissolution de la société, l'un de ces derniers achète la portion des autres constitue une cession au profit d'un tiers acquéreur donnant lieu au droit de vente (Cass. 2 mars 1858) : « Attendu, porte cet arrêt, que l'acte du 17 décembre 1855, par lequel le sieur de Montburon a transmis à la demanderesse la propriété du tiers qu'il avait conservé dans le bazar Montesquieu, constitue une vente, et non une licitation ; qu'en effet, d'une part, le sieur Bernard et la demanderesse n'ont pas figuré dans l'adjudication de cet immeuble acquis par de Montburon en son seul nom ; que, d'une autre part, il est souverainement jugé, par l'arrêt de cassation du 5 janvier 1853, que cet immeuble n'a pas été transmis à la société en participation constituée par l'acte du 23 octobre 1834, mais personnellement et distinctement aux deux associés que s'est donnés de Montburon, chacun pour un tiers ; que chacun d'eux, simple participant, est demeuré propriétaire de son tiers jusqu'au jour où Bernard, par l'acte du 14 juin 1848, et de Montburon, par l'acte du 17 décembre 1855, ont transmis chacun son tiers à la demanderesse ; que, jusqu'à ce moment chacun des propriétaires a eu le droit de grever son tiers de charges hypothécaires dont la demanderesse ne pourrait s'affranchir que par l'accomplissement des formalités de la purge ; que l'acte du 17 décembre 1855 rentrait donc sous l'application des art. 52 et 54 L. 28 avril 1816 » (980 R. P., 2137 § 15 I. G., 16266 J. N., 11252 C., 16566 et 16725 J. E.).

1. HÉRITIER. — Mais l'héritier d'un associé ne saurait être assimilé à un tiers acquéreur et il n'est pas douteux que l'adjudication faite à son profit par les coassociés de son auteur aurait le caractère d'une licitation sujette au droit de 4 pour 100.

2. TIERS ACQUÉREUR. — Il est fréquemment convenu dans les contrats de société qu'au décès d'un associé ses droits passeront, moyennant une somme d'argent, aux survivants ou à un tiers. C'est là une vente conditionnelle se réalisant au décès, que les survivants ne sont jamais que des copropriétaires ayant un titre commun ; et quand, d'après les termes du pacte, la cession a pour objet les biens en nature de la société dissoute, le droit de licitation est seul exigible lors de l'acquisition ultérieure des biens par un des coassociés.

Il en est différemment à l'égard du tiers. Dans l'hypothèse précédente, le tiers devient un acquéreur ordinaire de la portion du défunt et si, plus tard, il achète le surplus des immeubles, il devra payer le droit de transcription (Sol. 2 août 1863).

Cependant, si la stipulation avait pour résultat de faire entrer le tiers dans l'association même, en lui conférant le titre d'associé, comme il arrive souvent à l'égard de la veuve, ce tiers se trouverait à la dissolution de l'entreprise copropriétaire des valeurs au même titre que les membres primitifs, et l'adjudication prononcée à son profit aurait le caractère d'une licitation sujette au droit de 4 pour 100 (Douai 4 déc. 1862).

Mise en société intermédiaire. — Il est certain, d'ailleurs, que le tiers acquéreur d'une portion indivise de l'immeuble ne saurait changer son titre en mettant sa portion en société avec celle des autres copropriétaires. Malgré cette société, le tiers acquéreur n'en demeure pas moins, en droit fiscal, personnellement possesseur de sa part. Par conséquent, à la dissolution de la société, les coacquéreurs primitifs se trouvent, comme auparavant, l'un vis-à-vis de l'autre, des tiers acquéreurs n'ayant pas de titre commun et ne pouvant pas échapper au droit de transcription sur la licitation tranchée à leur profit (Cass. 15 mars 1870) : « Attendu, porte cet arrêt, qu'il est constaté, en fait, par le jugement attaqué que Champy père, copropriétaire par indivis et pour un quart des forêts du Mont et de Climont, a fait, le 21 mars 1839, donation à ses quatre enfants de la moitié de sa part, et, le 2 avril 1862, consenti la vente de l'autre moitié à Pierre-Hubert et Paul-Eugène Houel ; que le 13 octobre 1865, en exécution d'un jugement qui avait ordonné le partage, les divers propriétaires ont procédé entre eux au tirage des sorts des lots, et que, par un dernier acte du 4 juillet 1866, les enfants Champy et Pierre-Hubert Houel qui étaient restés en indivision, ont cédé, à titre de licitation amiable, à Paul-Eugène Houel, les lots qui leur étaient échus dans les forêts du Mont et de Climont ; que ce dernier, avant d'en devenir adjudicataire, est ainsi entré en indivision avec les autres copartageants, non à un titre qui leur fût commun, mais en une qualité différente et en vertu de la vente du 2 avril 1862, qui a opéré en sa faveur une véritable translation de propriété, à laquelle se rattachent le partage du 13 octobre 1865 et la licitation du 4 juillet 1866 » (3089 R. P., 2402-4 I. G., B. C. 60, S. 70-1-270, D. 70-1-230 ; — *Contra* Saint-Dié 23 mai 1868, 2928 R. P.).

3. CONSTRUCTION. — Le droit de transcription est dû sur la licitation d'un hôtel construit à frais communs sur un terrain acquis par deux personnes en vertu de deux titres distincts chacun pour moitié (Nantes, 24 août 1875). — V. *Construction.*

10899. Titre de propriété non énoncé. — On a vu, au n° 10806, que l'art. 68 § 3 n° 2 L. 22 frimaire an 7 exige qu'il soit *justifié* de la copropriété. Dès lors, c'est avec raison que le tribunal de Beaupréau a jugé, le 12 janvier 1842 (12931 J. E.), que l'acte de vente de la moitié d'un immeuble au copropriétaire de l'autre moitié, ne fait pas connaître le titre de la propriété, en sorte que cet acquéreur puisse être considéré comme *tiers détenteur* de la moitié indivise, le droit de 5 fr. 50 cent. pour 100 est exigible.

Mais il a été jugé qu'après justification de la copropriété, le droit perçu devient restituable (Seine 12 juill. 1838, Dél. 4 sept. suiv.). — V. *Restitution.*

1. DATE CERTAINE. — Un acte sous seing privé, n'ayant acquis date certaine qu'après une licitation, ne peut donner à l'acquéreur la qualité de copropriétaire (Vitré 14 août 1839, 12353 J. E. — V. 15018);

10900. Bénéfice d'inventaire. — Nous avons traité, sous les n° 3053 et suiv., des questions auxquelles donnent lieu les licitations faites au profit d'héritiers bénéficiaires majeurs ou mineurs : nous ne pouvons qu'y renvoyer le lecteur.

ARTICLE 3. — INDIVISION NE CESSANT PAS COMPLÉTEMENT ENTRE LES COPROPRIÉTAIRES

[10901-10910]

10901. Principe. — La licitation doit-elle nécessairement avoir lieu entre tous les copropriétaires, et faire cesser l'indivision d'une manière absolue; ou bien conserve-t-elle son caractère lorsqu'elle est faite seulement entre quelques-uns des copropriétaires, laissant subsister l'indivision à l'égard des autres? En d'autres termes, le droit de transcription est-il exigible lorsque l'indivision ne cesse pas entre tous les copropriétaires?

Une Dél. 7 mai 1822 (539 Q.) s'était prononcée pour la négative en ces termes : « Il en est du traité sur les droits successifs fait entre quelques-uns des héritiers, comme celui fait entre tous. Dans l'un et dans l'autre, l'objet est de faire cesser l'indivision pour ceux qui cèdent leurs droits. Dans l'un et dans l'autre, il n'y a pas vente des effets de la succession; car, d'après la combinaison des art. 883 et 888 C. com., les cessionnaires sont propriétaires à compter du décès de l'auteur commun, et les cédants ne l'ont jamais été. Les premiers possèdent comme représentant immédiatement la personne du défunt, et la transcription n'est pas nécessaire. « La circonstance que la cession d'une part héréditaire entre quelques-uns des héritiers seulement n'a rien de définitif pour les cessionnaires, fortifie cette solution, loin de la contrarier; car le droit de 5 1/2 pour 100 ne se perçoit qu'en raison de la vente et de la transcription. Or, par l'effet du principe que le partage est déclaratif et non attributif de propriété, ne peut-il pas arriver que la propriété entière des biens soit abandonnée à d'autres cohéritiers que ceux qui auraient accepté la cession? Ces derniers, dans ce cas, n'auraient jamais eu la propriété d'aucun des objets dépendant de la succession; comment les assujettir au droit de vente, et surtout au droit de transcription? »

Cette doctrine est celle qui, en droit civil, comme en droit fiscal, après avoir tenu longtemps les esprits en suspens dans l'ancienne jurisprudence, avait fini par prévaloir. « Il n'y a point de règle, dit Guyot (*Traité des fiefs, des licitations*, chap. 3 sect. 3 § 4 n° 3), qui oblige les coassociés à ne sortir de la communauté en la rompant toute entière. L'un peut liciter sa portion, soit avec un, soit avec tous : cela ne fait que diminuer le nombre des propriétaires, mais il n'y a point de changement de propriétaires; ils ont tous *totum in toto*, et *totum in qualibet parte*. Dès que ce sont les mêmes propriétaires qui ont payé les droits de l'acquisition première, que cela se fasse par un abandon de ces droits à tous, ou par un autre acte qui remette à tous ceux qui restent, ou à quelques-uns d'entre eux, le droit d'un des copropriétaires, cela est indifférent; c'est toujours un acte qui n'a trait qu'à la disso-

lution de la communauté, et dans lequel l'esprit des contractants est de partager et non de vendre. »

Voici également comment s'explique Pothier (*de la Vente* n° 144) : « Celui des cohéritiers ou des copropriétaires à qui il est dit, par l'acte, que l'autre cohéritier a vendu sa part, n'est pas censé l'avoir véritablement achetée et acquise de son cohéritier; mais le total est censé lui demeurer par forme de partage, à la charge du retour de la somme convenue. C'est pourquoi, de même que dans la licitation, l'adjudicataire n'est pas tenu des hypothèques des créanciers particuliers de son cohéritier, il n'en doit pas non plus être tenu par cet acte, qui n'est pas différent d'une licitation. Enfin, cet acte ne doit pas donner lieu à la garantie dont est tenu le vendeur, mais à celle dont sont tenus entre eux tous les copartageants. »

Tels sont également les principes que les auteurs enseignent encore de nos jours (*V.* Champ. et Rig. n° 2734 et *Revue de droit français et étranger* 1844 t. 1er p. 260, Dalloz n° 2653, Vazeille sur l'art. 883 n° 1er, Duranton t. 20 n° 223, Zachariæ t. 4 n° 625 not. 8, Sirey t. 41 part. 1re p. 375, Pont *Revue du droit français* 1844 p. 260, Duvergier *de la Vente* n° 147, Demante n° 713, Roll. de Vill. *Rép.* v° *Licit.* n° 10, Mourlon *Rev. prat.* 1859 t. 8 p. 211. — *V.* aussi Montpellier 19 juin 1828, S. 29-2-53 et 21 déc. 1844, S. 45-2-587).

La conséquence exacte de ce principe devrait donc être que les cessions, alors même qu'elles ne font pas cesser l'indivision, participent de la nature du partage et ne donnent ouverture, comme la licitation, qu'au droit de 4 pour 100. Mais la C. cass. n'a pas sanctionné cette doctrine. Par une série d'arrêts non interrompue depuis 1827, elle a attribué le caractère de vente à la cession de parties indivises qui ne fait pas cesser l'indivision. « Cette théorie, dit M. Demante, est diamétralement opposée à toutes les traditions historiques; elle ne s'explique que par l'idée de restreindre le plus possible, en matière civile, l'effet rétroactif, et en matière fiscale, l'immunité des partages et des licitations » (n° 713). Quoi qu'il en soit, il y aurait témérité aujourd'hui à tenter d'amener la Cour vers une autre voie.

Cette doctrine a été confirmée récemment, en matière civile, par un arrêt de cassation du 8 mars 1875 (4362 R. P.).

10902. Cession par un copropriétaire à un de ses copropriétaires sans le concours de tous. — C'est ainsi que par une première série d'arrêts, la Cour a décidé que lorsque la cession faite par le cohéritier ou copropriétaire d'un immeuble, à un ou plusieurs des autres copropriétaires, n'a pas lieu avec le concours de tous, et que, par conséquent, l'ancienne indivision continue de subsister avec quelques-uns des copropriétaires, qui ne concourent pas au contrat, un tel acte constitue une licitation. « Un tel acte, dit M. Demolombe, n'a fait cesser l'indivision pour personne; ni pour les cohéritiers, qui n'y ont pas concouru, ni pour les cohéritiers cessionnaires qui y ont concouru, ni même pour le cédant, en ce sens que sa part, effectivement, n'est pas faite et qu'elle est toujours à faire, puisqu'elle sera réclamée en son nom par le cessionnaire » (t. 17 n° 285). C'est une véritable vente passible de 5 fr. 50 cent. pour 100 (Cass. 16 janv. 1827, 8687 J.E., 1229 § 12 I. G., S. 27-1-242; — 24 août 1829, 9419 J.E., 1303 § 12 I. G.; — 27 déc. 1830, 9891 J. E., 1303 § 12 I. G., S. 31-1-27; — 31 janv. 1832, 10260 J. E., 1354 § 10 I. G., S. 32-1-160; — 6 nov. 1832, 10532 J. E., 1422 § 12 I. G.; — 2 janv. 1844,

13447 J. E., 1713 § 8 I. G., S. 44-1-19;— 16 mai 1832, 10363 J. E., 1410 § 11 I. G., S. 32-1-802).

Arrêt du 16 janvier 1827 :

« Attendu que la fiction de droit, établie par l'art. 883 C. C., d'après laquelle chaque communiste est censé avoir été propriétaire *ab initio* des objets à lui échus par le partage ou licitation, ne s'applique, d'après les termes mêmes de cet article, qu'aux actes qui y sont énoncés, et qui, passés entre tous les cohéritiers ou autres copropriétaires d'une même chose, ont pour effet de faire cesser l'indivision de cette chose; — Attendu, dans l'espèce, que l'acte du 20 mai 1822, par lequel le défendeur, propriétaire d'un tiers seulement de l'immeuble dit Marché d'Aguesseau, a acquis des demoiselles Coste de Champeron un autre tiers de cet immeuble, ne peut être considéré comme un partage ni comme une licitation, puisque cet acte n'est passé qu'entre des copropriétaires d'une partie seulement dudit immeuble, sans le concours des propriétaires du surplus, et qu'il n'a pas eu pour effet d'en faire cesser l'indivision, laquelle a continué, après cet acte, de subsister entre le défendeur et les propriétaires du tiers restant de ce même immeuble. »

Arrêt du 16 mai 1832 ;

« Attendu que l'art. 883 C, C, contient une exception à la règle générale; qu'il résulte de son texte et de son esprit que les hypothèques créées par l'un des cohéritiers sur des immeubles possédés par indivis, ne sont regardées comme nulles que dans le cas où l'un des autres cohéritiers devenu, par l'effet d'un partage ou licitation, seul propriétaire desdits immeubles, est censé avoir succédé seul et immédiatement à ces immeubles. »

10903. Cession à plusieurs copropriétaires conjoints. — Mais on admettait encore que, bien que l'indivision ne cessât pas entièrement par l'effet de la licitation, si elle continuait seulement pour une partie des biens entre quelques-uns des colicitants qui se rendaient adjudicataires, ou admettait alors, disons-nous, que l'ancienne indivision ne subsistait plus et qu'elle se trouvait remplacée par une nouvelle communauté d'intérêts. Dans ce cas, l'acte passé entre tous les cohéritiers ou copropriétaires, contenant cession par quelques-uns à tous les autres de leur part dans les biens et droits indivis, conservait le caractère d'une licitation, et n'était pas sujette au droit de 4 pour 100, sans addition du droit de transcription (Seine 16 août 1834 ; — Le Mans 20 juin 1833, 11390 J. E.; — Blois 23 déc. 1835; — Réthel 22 mai 1835, 11368 J. E.; — Châteaudun 27 mai 1835, 11687-1 J. E.; — Dél. 24 nov. 1828, 4 oct. 1833, 10745 J. E.; — Dél. 28 juill. 1837, 9980 J. E., 1562 § 15 I. G.).

10904. Exigibilité du droit de transcription du moment que l'indivision ne cesse pas. — Ces solutions ne peuvent plus être suivies aujourd'hui. De la jurisprudence de la C. cass., dont nous faisons connaître ci-après les nombreux monuments, il résulte d'une manière certaine que, sous quelque forme que se présente la licitation, le droit de transcription est exigible du moment que l'indivision ne cesse pas d'une manière absolue, ou, en d'autres termes, du moment que les immeubles indivis ne se réunissent pas sur la même tête. — Cette jurisprudence n'est que la consécration de la règle posée dans notre n° 10902. En effet, dès que l'on repousse le principe qui tend à faire considérer comme licitation toute cession entre copropriétaires qui met fin à l'indivision sur quelques points, il ne reste plus de place pour aucune exception. Peu importe la transfiguration que la cession fasse subir à l'indivision. Il suffit d'une chose pour donner ouverture au droit de transcription, c'est que cette indivision existe encore entre quelques-uns des copropriétaires, soit que ces copropriétaires représentent chacun une individualité dans l'indivision, soit qu'ils se trouvent réunis en un groupe auquel se trouve départi une fraction de la copropriété (Cass. 24 janv. 1844, 11911, 12112 J. N., 13454 J. E., 1713 § 5 I. G., S, 44-1-116 ; — 19 nov. 1845, 13880 J. E., 1755 § 11 I. G., S, 46-1-113 ; — 24 juin, 12 juill. 1848, 13423, 13453 J. N., 14528, 14633 J. E., 1825 § 7 I. G., S. 48-1-638 et 662; — 20 nov. 1848, 13579 J. N., 14627 J. E., 1837 § 5 I. G., S, 49-1-270; — 7 nov. 1849, 13876 J. N., 14837 J. E., 1857 § 3 n° 2 I. G., S. 50-1-62; — 16 avr. 10 juin, 26 août 1850, 14046, 14078, 14165 J.N., 14942, 14984, 15010 J.E., 1875 § 5 I.G., S. 50-1-361, 681, 682 ; — 26 fév. 1850, 14240 J.N., 15074 J.E., 1883 §§ 5 et 6 I. G.; — 2 déc. 1851, 14570 J.N., 1912 § 2 I.G.; — 7 août 1855, 550 R. P., 2054 § 1er I.G., S. 56-1-76; — 18 mai 1858, 1015 R. P., 2137 § 7 I. G., 16320 J. N., 11308 C., 16756 J. E., S.58-1-656; — 13 août 1862, deux arrêts, 1749 R. P., 2239 § 4 I. G., 17508 J.N., 13325 C., 17529 J.E., 416 Rev., S. 63-1-99 ; — 3 janv. 1863, 2035 R. P., 12802 C., 18205 J. N., 1186 Rev., S. 63-1-139, D. 65-1-31).

Arrêt du 24 janvier 1844 :

« Attendu que la fiction de droit établie par l'art. 883 C. C., d'après laquelle chaque communiste est censé avoir été propriétaire *ab initio* des objets à lui échus par le partage, n'a d'application qu'aux actes qui font cesser d'une manière absolue l'indivision préexistante ; que, dans l'espèce, cette indivision n'a pas cessé, puisque l'immeuble est possédé en commun par les trois demandeurs, quoique à un autre titre que celui qui établissait l'indivision entre leurs vendeurs. »

Arrêt du 13 août 1862 :

« Attendu que si les copropriétaires qui, dans l'hypothèse d'une licitation, se rendent adjudicataires d'un immeuble indivi entre eux et d'autres copropriétaires, n'ont pas à payer le droit de mutation sur les parts qui leur appartenaient avant l'adjudication, ils n'en doivent pas moins le droit proportionnel de transcription sur la totalité du prix; que la transcription, en effet, est indivisible comme les hypothèques mêmes dont elle est destinée à préparer la purge; que l'immeuble indivis ayant été, dans l'espèce, sur la demande de quelques-uns des copropriétaires, mis en licitation sans intégralité, et adjugé, moyennant un prix total de 54,000 francs, aux défendeurs, c'est ce prix qui, pour la purge des hypothèques, devait être l'objet soit des notifications ou déclarations prescrites par les art 2183 et 2184 C. C., soit de la base du droit de surenchère, attribué aux créanciers hypothécaires par l'art. 2185 du même code; qu'ainsi, au point de vue de la transcription et de ses effets légaux, il n'y aurait point à distinguer, dans ce même prix, entre la fraction représentative des parts afférentes aux colicitants adjudicataires et la fraction représentative de la part afférente aux autres copropriétaires. »

Arrêt du 3 janvier 1865 :
« Attendu qu'il résulte des dispositions combinées de l'art. 54 L. 28 avril 1816 et de l'art. 2181 C. C., que dans tous les cas où les actes sont de nature à être transcrits, il y a lieu à la perception d'un droit proportionnel de 1 fr. 50 cent. pour 100; que ces actes doivent être transcrits en entier par le conservateur des hypothèques; que ce droit est indépendant de celui dû pour mutation de la propriété et peut être exigé séparément; que si, lors d'une adjudication sur licitation, les propriétaires qui se rendent adjudicataires d'un immeuble indivis entre eux et d'autres copropriétaires n'ont pas à payer le droit de mutation sur les parts qui leur appartenaient avant l'adjudication, ils n'en doivent pas moins le droit de transcription sur l'intégralité du prix; que la transcription étant destinée, en effet, à opérer la purge des hypothèques, le droit à percevoir sur cette transcription doit être indivisible comme les hypothèques qu'elle a pour objet de purger et qui reposent indivisément sur toutes les parties de l'immeuble. »

Au surplus, ce n'est pas seulement au point de vue de la perception de l'impôt que la Cour suprême a formulé sa doctrine. De nombreux arrêts intervenus en matière civile établissent que l'acte par lequel un héritier sort d'indivision, soit en cédant ses droits indivis à l'un ou à l'autre de ses cohéritiers, soit même au moyen d'une attribution en nature, n'est pas un partage dans le sens de l'art. 883 C. C.; que cette opération n'est point déclarative, mais translative de propriété. D'où la conséquence, qu'en cas de cession, les héritiers qui ont acquis indivisément la part de leur cohéritier demeurent exposés aux poursuites des créanciers auxquels cette part se trouvait hypothéquée; en cas d'attribution en nature, le lot de l'héritier qui a reçu sa portion n'échappe pas davantage aux poursuites des créanciers hypothécaires des autres héritiers (Cass. 18 mars 1829, 13 août 1838, 3 déc. 1839, 28 déc. 1840, 19 janv. 1841, 6 mai 1844, 2 avr. 1851, 29 nov. 1852, D. 29-1-188, 38-1-354, 40-1-32, 41-1-75, 44-1-267, 51-1-97, 53-1-129; — Limoges 14 fév. 1845, S. 45-2-641; — Toulouse 16 mai 1846, S. 46-2-297; — Montpellier 9 juin 1853, S. 53-2-406; — Cass. 29 mai 1854, S. 56-1-49, Belost-Jolimont art. 883 § 1er, Aubry et Rau t. 5 p. 266, Massé et Vergé t. 2 p. 372, Marcadé art. 883-4, Duranton t. 7 n° 522 bis, Demante t. 3 n° 225, Demolombe t 17. n° 287).

10905. Partage du prix. — Bien plus, la Cour a jugé, par son arrêt du 26 février 1851, que la présentation simultanée à l'enregistrement d'un acte de licitation d'immeubles et d'un acte de partage du prix de la licitation n'autorise pas à considérer cette opération complexe comme un partage pur et simple. Il en résulte bien que, dans ce cas, le partage sert à déterminer la part revenant aux colicitants acquéreurs dans le prix de l'adjudication et la portion du prix sujette à la perception du droit de mutation; mais la licitation, lorsqu'elle n'a pas fait cesser l'indivision des immeubles entre les acquéreurs colicitants, n'en reste pas moins sujette à la perception du droit de transcription sur la totalité du prix de l'adjudication, puisque l'immeuble acquis demeure lui-même indivis (V. Hazebrouck 10 déc. 1859, 1283 R. P., 17065 J. E. 11147 C., D. N. t. 7 p. 550 n° 235).

10906. Partage de l'immeuble. — Mais il n'en serait plus ainsi s'il s'agissait du partage même de l'immeuble opéré entre les coacquéreurs. Lorsque, par exemple, les adjudicataires conjoints se divisent séance tenante l'objet de leur acquisition en portions parfaitement déterminées, il est impossible de ne pas admettre que l'indivision cesse complétement : le droit de transcription ne serait donc pas exigible.

C'est ce qu'on a décidé à l'égard de la stipulation du contrat portant que l'un des colicitants achète la moitié au levant d'un terrain et le second l'autre moitié au couchant (Sol. 28 janvier 1864).

La Cour de cassation avait reconnu, dans le même ordre d'idées, sous l'empire de la loi du 16 juin 1824, relative aux échanges d'immeubles contigus, que celui qui acquiert une quote-part d'immeubles avec détermination du côté sur lequel devra être prise cette part, par exemple un cinquième à prendre de tel ou tel côté, ne devient pas propriétaire par indivis de l'immeuble, car il n'y a pas lieu à partage mais à simple plantation de bornes (Cass. 18 août 1829, S. 29-1-422).

Mais on n'a pas considéré comme un partage la déclaration des colicitants qu'ils entendaient acquérir chacun la moitié divise de l'immeuble, lors même que, par un partage présenté en même temps à la formalité, le prix de la licitation aurait été réparti entre les ayants droit (Hazebrouck 10 déc. 1859, 1283 R. P., 17065 J. E., 11147 C.).

La situation précédente se rencontre assez fréquemment dans les partages anticipés. Quand le donateur a fait sa libéralité avec une simple attribution de quotité, l'un des donataires cède tous ses droits à ses frères qui se partagent ensuite les biens. Or, à moins que l'intention contraire des parties ne soit caractérisée, on doit examiner l'acte dans son ensemble et dans ses résultats définitifs et considérer que le donataire a cédé réellement à chacun de ses frères les biens ultérieurement tombés dans leurs lots. Par conséquent, la licitation est sujette au droit de 4 pour 100 (V. Partage anticipé).

1. ACTES SÉPARÉS. — La question est plus délicate, on le conçoit, quand le partage a eu lieu après la licitation, dans un second acte intervenu entre l'acquéreur et les autres copropriétaires. Il a été décidé plusieurs fois que la licitation et le partage n'étant point passés entre les mêmes parties ne pouvaient être considérés comme connexes et formant un seul tout. Le partage n'a pas changé, semble-t-il, au point de vue hypothécaire, la position que la cession avait faite aux tiers, notamment aux créanciers du cédant. Le droit de transcription est donc exigible, lors même que les deux actes seraient présentés ensemble à l'enregistrement (Sol. 20 août 1859; — Castres 29 mai 1860; — Bayonne 15 juill. 1863; — Contra Aubusson, 6 juill. 1863, 18319 § 2 J. E.; — Hazebrouck, 4 août 1877, 4898 R. P.).

10907. Héritiers de deux ordres. — Licitation par souche. — L'Administration avait décidé, par une Sol. 4 janvier 1830 (10016 J. E., 8332 et 8992 J. N.), que le droit de 4 pour 100 est le seul applicable à la cession faite par les héritiers d'une souche dans une succession qui se divise en deux souches, aux héritiers de l'autre, de tous leurs droits indivis.

Dans le même ordre d'idées, un arrêt de cassation du 2 janvier 1844 avait également reconnu que si les héritiers du mari acquièrent, par différents actes successifs, des héritiers de la femme, les droits de ceux-ci dans des biens indivis, le dernier de ces actes qui fait cesser l'indivision entre les héritiers de deux ordres, est passible du droit de 4 pour 100, bien que l'indivision ne cesse pas entre les héritiers acquéreurs (13447 J. E., 1713 § 8 I. G., S. 44-1-19).

Mais, ces solutions ne sauraient être maintenues aujourd'hui. Bien que les représentants prennent la place du représenté, ils ont cependant chacun une vocation héréditaire individuelle et des droits particuliers. L'immeuble qu'ils achètent collectivement demeure réellement indivis puisqu'il faudra pour fixer la part de chacun deux une nouvelle licitation ou un nouveau partage. Or, l'exigibilité du droit de transcription ne dépend, d'après la jurisprudence, que de cette circonstance seule : l'indivision de l'immeuble. On peut, invoquer à l'appui de cette doctrine l'arrêt du 29 juillet 1857 (2114 § 5 I. G.).

Par la même raison, lorsqu'une succession immobilière est dévolue indivisément à deux enfants du défunt et à trois petits enfants représentant leur père prédécédé, la cession de droits successifs faite par ces derniers à l'un d'entre eux est passible du droit de transcription, lorsque l'indivision subsiste encore entre les deux enfants du *de cujus* et le cessionnaire (18009 J. E.).

Jugé, de même, que la licitation d'un immeuble de communauté prononcée au profit des héritiers du mari, en bloc, est passible du droit de 1 fr. 50 cent. (La Flèche 5 juill. 1876, 4524 R. P.).

10908. Portion de l'immeuble indivis. — Il faut donc tenir pour constant que le droit de transcription est exigible toutes les fois que le contrat ne fait pas cesser entièrement l'indivision de l'immeuble. On avait essayé de soutenir que cette condition s'appliquait seulement à la portion licitée et non pas à l'immeuble entier. Mais cette prétention évidemment contraire à l'ensemble de la jurisprudence qui précède, a été expressément repoussée par un jugement de Quimper du 29 déc. 1846 (14168-3 J. E.), et par un arrêt de cassation du 31 janvier 1832 portant :

« Attendu que la fiction de droit établie par l'art. 883 C. C., d'après laquelle chaque communiste est censé avoir été propriétaire *ab initio* des objets à lui échus par le partage ou la licitation, ne s'applique, d'après les termes mêmes de cet article, qu'aux actes qui y sont énoncés, et qui, passés entre les cohéritiers ou autres copropriétaires d'une même chose, ont pour effet d'en faire cesser l'indivision ; attendu que, dans l'espèce, la vente d'un sixième dans la manufacture de faïence de Choisy, faite par N... Paillard à Valentin, son frère, n'a pas fait cesser l'indivision de cette manufacture qui est restée commune entre ledit Valentin, devenu propriétaire de trois sixièmes, et les sieur et dame Hautin, propriétaires des trois autres sixièmes; d'où il suit qu'en appliquant à l'acte sous seing privé du 27 octobre 1828, la disposition de l'art. 883 C. C., et en déboutant la Régie de sa demande en payement des droits établis sur les actes contenant vente d'immeubles, le tribunal civil de la Seine a fait une fausse application de l'art. 883 C. C. et expressément violé l'art. 52 L. 28 avril 1816 » (10160 J. E., 1401-7 I. G., S. 32-1-159).

Le tribunal de Vitry-le-François a également décidé, le 26 novembre 1844 (13682 J. E.), que lorsque de deux acquéreurs de moitié d'un domaine, indivis entre deux frères, l'un

des acquéreurs cède à l'autre sa part d'acquisition, c'est-à-dire le quart du domaine total, le droit de 5 fr. 50 cent. pour 100 est exigible, car, bien que l'indivision cesse entre les deux acquéreurs, elle subsiste avec le propriétaire de l'autre moitié du domaine.

Jugé encore par le tribunal de Bar-le-Duc, le 11 mai 1842 (12997 J. E.), que la vente de moitié indivise d'un immeuble aux deux propriétaires, par indivis, par égale portion, de l'autre moitié, donne ouverture au droit de 5 fr. 50 cent. pour 100, attendu que l'indivision continue de subsister entre les deux acquéreurs.

Même règle si l'un des copropriétaires ne cède à l'autre qu'une fraction de sa portion indivise, de manière à ce que l'indivision continue à subsister (Seine 29 nov. 1838, 12200 J. E.).

On ne doit pas néanmoins appliquer le principe sans précautions, car en le poussant à l'extrême on arriverait à des conséquences tout à fait inacceptables. Quand on dit, en effet, que l'indivision doit cesser, cela s'entend de cette communauté réelle qui mélange les intérêts et ne permet à aucun des copropriétaires de se dire possesseur exclusif d'une partie du bien. Or, ce résultat est atteint quand les colicitants laissent seulement en commun une partie insignifiante de l'immeuble, portion telle qu'une cour, un hangar ou autres dépendances semblables également utiles à l'exploitation des deux portions d'héritages. On peut dire alors de ces objets ce que nous avons dit à l'égard des droits de passage et de servitudes. La jouissance commune de ces droits réels ne constitue pas à proprement parler un état d'indivision entre les parties, et aucune d'elles ne pourrait en demander la licitation. Par conséquent cette circonstance ne motiverait pas la perception du droit de 1 fr. 50 p. 100 (V. Cass. 5 janv. 1874, 4080 R. P.).

On l'a décidé ainsi spécialement à l'égard d'un droit d'habitation réservé par l'un des colicitants (Sol. 30 août 1869, 3073 R. P.).

Mais on a refusé d'étendre cette faveur à une espèce où la licitation portait sur un moulin duquel dépendait un magasin indivis avec un étranger (Marmande 11 janv. 1871, 3474 R. P.).

1. RÉSERVES. — Si l'acte maintient l'indivision quant aux pertes futures et quant aux bénéfices à venir, le partage n'est ni complet, ni définitif, puisqu'il ne fait pas cesser complétement l'indivision, laquelle n'est autre chose que la communauté de chances dans laquelle plusieurs personnes se trouvent unies relativement aux mêmes biens (V. C. Caen 24 janv. 1857, D. 57-2-90 ; — Nancy 12 mars 1846, P. t. 2 1846 p. 209, Demolombe t. 15 n° 614).

10909. Biens indivis et biens non indivis. — Mais l'exigibilité de ce droit de transcription ne fait plus aucun doute quand la licitation comprend pour un seul prix des immeubles entièrement divisés et d'autres à l'égard desquels l'indivision subsiste. A la vérité, le contrat produit, en droit civil, tous les effets d'une licitation pour les immeubles désormais sortis d'indivision ; mais le contrat est de nature à être transcrit au sujet des autres, et, comme d'une part, cette formalité est indivisible, que, de l'autre, il n'y a qu'un seul prix, le droit est dû intégralement sur ce prix (Cass. 7 juill. 1852): « Attendu, porte cet arrêt, que l'acte sous signature privée du 27 septembre

1847 par lequel Henri-Joseph-Clovis Rigault avait vendu au défendeur, son frère, les droits, parts et portions qui lui revenaient dans la succession de leur père, tant dans les immeubles que dans les meubles et valeurs mobilières, moyennant la somme de 45,000 francs, était essentiellement de nature à être transcrit; qu'ainsi, lors de l'enregistrement de cet acte, le droit à percevoir en vertu de l'art. 54 précité devait, d'après les principes ci-dessus, porter sur ladite somme totale de 45,000 francs, sans qu'aucune réduction pût être admise à raison des déclarations de l'acte qui divisaient cette somme en plusieurs affectations spéciales » (S. 54-1-719, 1946-1 I.G., 15487 J. E.). — Il importerait même peu, d'après cet arrêt, que le prix ait été ventilé par une déclaration faite en conformité de l'art. 16 L. 22 frimaire an 7. Une telle déclaration est évidemment sans objet, puisque la perception peut être régulièrement établie sans elle, et que, d'ailleurs, elle est sans influence sur les effets civils du contrat.

Il faudrait étendre cette jurisprudence à tous les cas où la licitation, faite pour un seul prix, comprend des biens indivis et des biens étrangers à l'indivision (Briey 15 déc. 1858, 1264 R. P., 16518 J. N., 16879 J. E., 11568 C.; — Conf.: 18333 § 1er J. E.; — Saint-Pons 18 fév. 1868, 2944 R. P.). — Mais si, dans cette hypothèse, il avait été stipulé un prix distinct par chaque nature de biens, et que le contexte de l'adjudication permît de la présenter à la transcription par extrait littéral *in parte quâ*, le droit de 1 fr. 50 cent. pour 100 ne serait pas dû sur le prix des immeubles licités. Nous retrouverons l'application de cette règle au mot *Transcription*.

Ainsi, par exemple, A... a vendu à B...: 1° à titre de licitation, la moitié lui appartenant indivisément avec l'acquéreur, propriétaire de l'autre moitié, du domaine de...; — 2° et à titre de vente ordinaire, une pièce de terre, moyennant 45,000 francs, applicable pour 44,100 francs aux biens licités et 900 francs à l'immeuble vendu à titre ordinaire. Les immeubles licités ayant été soigneusement distingués de ceux vendus, non-seulement par la stipulation d'un prix distinct, mais encore dans la désignation des biens, la transcription a pu être divisée sans aucune difficulté, et le droit de 1 fr. 50 cent. pour 100 est uniquement exigible sur la vente (J. du not. n° 2194; — Comp.: Saint-Pons 18 fév. 1868, 2944 R. P.).

10910. Usufruit. — Il n'y a pas évidemment à considérer, pour régler la perception, la nature des biens licités. Qu'il s'agisse d'un usufruit ou d'une nue-propriété, le principe est toujours le même.

Ainsi le tribunal de Dieppe a jugé avec raison, le 24 décembre 1863, que le droit de transcription est exigible sur le contrat par lequel l'usufruitier partiel d'un immeuble abandonne aux nus-propriétaires, ses co-usufruitiers, une fraction de sa jouissance (1990 R. P.).

C'est non moins exactement qu'on a reconnu l'exigibilité de ce même droit sur la licitation d'immeubles appartenant aux héritiers et à un usufruitier partiel, quand cette licitation est tranchée au profit des héritiers conjointement (Sol. 10 juill. 1863 et Seine 27 fév. 1864, 18045 J. E.; — Conf.: 18370 § 2 J. E.).

Le même tribunal a cependant décidé, les 29 juillet 1864 et 18 mai 1867, que si l'usufruitier d'un immeuble et les nus-propriétaires provoquent la licitation, et si l'immeuble est

adjugé moyennant un prix unique aux propriétaires conjointement, le droit de transcription exigible à cause de la cession de l'usufruit, n'est pas dû sur le prix total de la licitation, mais seulement sur la portion de ce prix qui représente la valeur de la jouissance acquise, et que le receveur doit déterminer d'office d'après les règles de la loi : « Attendu, porte le premier jugement, qu'il était inutile de purger, et, par suite, de faire transcrire la valeur de la nue-propriété, laquelle n'a jamais pu être grevée du chef de l'usufruitière; qu'il y a lieu, par conséquent, de distinguer, dans le prix de l'adjudication dont il s'agit, la somme représentant la valeur de l'usufruit, de la somme représentant celle de la nue-propriété; que la valeur de cet usufruit se trouve tout naturellement fixée, au point de vue de l'enregistrement, par les articles de la loi de frimaire an 7, qui portent à la moitié de la valeur totale de toute la propriété la valeur de l'usufruit » (2531 R. P., 18045 J. E.).

Mais ces solutions nous ont paru tout à fait contraires au principe de l'exigibilité du droit de transcription. Les colicitants sont ici dans la même position que les communistes ordinaires qui restent acquéreurs d'un immeuble dont ils possédaient une fraction. Du moment que le contrat est soumis à la transcription dans l'une de ses parties, l'unité du prix détermine la perception intégrale du droit. Et il importe peu que l'usufruit et la nue-propriété puissent être considérés isolément, car il suffit à l'exigibilité de l'impôt que ces valeurs distinctes aient été exposées aux enchères et vendues collectivement (Conf. : Sol. 18 août 1877).

Dira-t-on que, dans l'espèce, le prix unique de la licitation n'est point indivisible aux yeux de la loi fiscale, parce que l'usufruit est évalué à la moitié de la valeur entière de la propriété (art. 14 n° 11, et 15 n° 7 L. 22 frim. an 7)? Cette objection ne paraîtrait pas sérieuse. Le principe de la loi de frimaire, au sujet de l'évaluation de l'usufruit, est spécial au droit d'enregistrement. On l'admet pour la liquidation du droit de mutation, comme on admet dans le même but la déduction des parts viriles des adjudicataires.

Mais il n'en est plus de même pour le droit de transcription, et la raison en est simple, c'est que le conservateur auquel on remettrait, pour le faire copier sur son registre, un extrait de l'acte de licitation, en ce qui concerne l'usufruit, ne pourrait décomposer d'office le prix total stipulé au contrat, afin de borner sa transcription à la portion du prix correspondant à la valeur de la jouissance. Or, la perception du droit de 1 fr. 50 cent. pour 100, établie lors de l'enregistrement de l'acte, n'est pas autre chose que le payement anticipé du droit dû au conservateur.

Le receveur n'est donc pas plus autorisé que ce dernier à faire dans le prix total les ventilations permises pour le calcul du droit d'enregistrement. L'arrêt du 7 juillet 1852 l'a ainsi préjugé, d'ailleurs, en refusant de s'arrêter aux déclarations par lesquelles les contractants avaient divisé le prix de la vente selon la nature des immeubles qui en faisaient l'objet.

Si la matière du droit de transcription ne comporte pas les estimations autorisées par l'art. 16 L. 22 frimaire an 7, elle doit repousser également les évaluations légales destinées à régler le calcul du droit de mutation (Comp. Cass. 30 mars 1841, 1643 § 7 I.G., S. 41-1-349, — et 8 juin 1847, S. 47-1-688, 1796-22 I.G., 14284 J. E. — *Infrà* v° *Usufruit*).

CHAPITRE IV. — DU RETRAIT D'INDIVISION

[10911-10942]

10911. Transition. — Les effets produits par l'art. 1408 C. C. sont de la plus haute importance pour nos lecteurs, et il est essentiel qu'ils puissent se guider d'une manière sûre au milieu des sérieuses difficultés qu'offre cette disposition de la loi.

L'intérêt naît pour eux, en premier lieu, de la différence qui existe entre le droit dû pour les ventes ordinaires, fixé à 5 fr. 50 cent. pour 100, et le droit auquel donnent ouverture les licitations, qui est resté au taux de 4 pour 100 déterminé par la loi du 22 frimaire an 7. Et cet intérêt provient de ce qu'ils doivent percevoir tantôt l'un, tantôt l'autre de ces droits dans l'explication qu'ils ont à faire des effets de l'art. 1408.

En second lieu, l'influence exercée sur la propriété par cet article doit être exactement appréciée pour la liquidation des droits des époux lors de la dissolution de l'association conjugale, soit que cette association ait été contractée sous le régime de la communauté, soit qu'elle se trouve gouvernée par le régime dotal. Le payement des droits de mutation par décès se rattache donc d'une manière tout à fait intime à l'interprétation de notre article.

Ce qui augmente les difficultés en cette matière, c'est que le tarif à établir, soit comme vente, soit comme licitation, ne suit pas toujours une marche parallèle à l'application de l'art. 1408. Ainsi, s'il est vrai qu'en général le droit de 4 pour 100 est le seul exigible lorsque l'acquisition faite par les époux doit être gouvernée par l'art. 1408 et produire tous ses effets civils, nous montrerons cependant des cas où, dans cette hypothèse, c'est le droit de 5 fr. 50 cent. pour 100 qu'il faut percevoir, alors que le droit de 4 pour 100 sera le seul exigible dans d'autres circonstances où l'art. 1408 restera sans application.

Nous croyons donc nécessaire de nous livrer à un examen attentif de cette disposition de la loi. Nous n'avons pas la prétention de faire ici une étude complète de l'art. 1408; nous voulons seulement passer en revue tous les détails d'application qu'il peut présenter, afin de fournir une solution aussi certaine que possible, ou tout au moins un principe de solution pour toutes les questions qu'ils pourraient être appelés à résoudre. Parmi ces questions, qui sont fort nombreuses, quelques-unes ont reçu de la doctrine et de la jurisprudence une solution qui nous a paru n'être pas toujours exacte. D'autres, en plus grand nombre, n'ont jamais été abordées, que nous sachions. Nous n'entendons parler, on le comprend, que de l'application de l'art. 1408 au droit d'enregistrement. Nous abandonnons la discussion de ses dispositions, au point de vue civil, aux savants commentateurs du Code; notre rôle devant se borner à cet égard à mettre en relief celles de leurs opinions qui nous ont paru le plus conforme à l'esprit de la loi.

10912. L'art. 1408 a pour but la fin de l'indivision. — L'art. 1408 est ainsi conçu : « L'acquisition faite pendant le mariage, à titre de licitation ou autrement, de portion d'un immeuble dont l'un des époux était propriétaire par indivis, ne forme point un conquêt, sauf à indemniser la communauté de la somme qu'elle a fournie pour cette acquisition. »

« Dans le cas où le mari deviendrait seul, et en son nom personnel, acquéreur ou adjudicataire de portion ou de la totalité d'un immeuble appartenant par indivis à la femme, celle-ci, lors de la dissolution de la communauté, a le choix ou d'abandonner l'effet à la communauté, laquelle devient alors débitrice envers la femme de la portion appartenant à celle-ci dans le prix, ou de retirer l'immeuble, en remboursant à la communauté le prix de l'acquisition. »

Siméon, dans son discours au Corps législatif sur le titre *du Contrat de mariage*, a expliqué ainsi la première disposition : « La règle que les immeubles achetés pendant le mariage font partie de la communauté, avait donné lieu à une question. L'un des époux avait en propre la moitié dans un immeuble qu'il possédait par indivis avec un tiers. Cet immeuble était licité; l'époux copropriétaire en devenait acquéreur. La moitié par lui acquise entrait-elle en communauté? Elle semblait devoir y entrer, puisque l'acquisition faite pendant le mariage avait le caractère d'un conquêt de communauté. Mais alors l'indivision que la licitation devait faire cesser aurait continué; l'époux copropriétaire de la moitié et acquéreur de l'autre aurait eu en commun avec son conjoint l'autre moitié acquise. On décidait que l'époux acquéreur se rendait propre la portion qu'il achetait, à la charge d'indemniser la communauté de la somme qu'il y avait prise pour son acquisition. Cette décision, que la jurisprudence avait bornée au seul cas de la licitation sur une succession, a été justement étendue à tous ceux où l'un des époux réunit une part d'immeuble à celle qui lui était déjà propre. »

Cette citation fait connaître d'une manière exacte la pensée qui a inspiré le législateur. L'art. 1408 tend au même but que le partage, la fin de l'indivision. Dès lors, il se rattache au principe de droit selon lequel chacun des communistes est censé avoir recueilli seul et immédiatement ce qui compose son lot ou ce qui lui est échu par licitation (883 C. C.). Nous verrons au n° 10920 qu'il ne faut cependant pas exagérer ce principe; mais, dans tous les cas, on ne doit jamais le perdre de vue, car toutes les fois qu'il est applicable, il est la raison déterminante de la perception.

10913. Femme commune en biens et femme dotale. — Empruntée à la législation romaine (L. 78 § 4 au D. *de Jure dotium*) et aux principes du droit écrit, la disposition de l'art. 1408 est passée dans le C. C., après avoir été fécondée et rendue plus systématique et plus complète par le droit coutumier. Elle peut donc être invoquée par la femme mariée sous le régime dotal aussi bien que par la femme mariée en communauté. Il est vrai que l'art. 1408 appartient au chapitre de la communauté; mais le régime de la communauté formant la règle générale, ses dispositions sont applicables à tous les régimes avec lesquels elle n'ont rien d'incompatible. Or, comme c'est l'intérêt des femmes en général que le législateur a eu en vue et non pas seulement l'intérêt de la femme commune, et comme d'ailleurs aucune incompatibilité n'existe entre le régime dotal et une faculté que, dans toutes les situations, l'état de dépendance de la femme rend éminemment équitable, la raison doit conduire à généraliser la disposition, bien qu'elle soit placée au chapitre de la communauté légale. C'est d'ailleurs dans ce sens que la question est résolue par tous les auteurs, moins M. Bellot t. 4 p. 143, et la jurisprudence est conforme (Toullier t. 14 n° 218-219, Duranton t. 15 n° 363, Tessier *de la Dot* t. 1er n° 472, Glandaz *Encyclop.* v° *Com. conjug.* n° 132, Zachariæ t. 3 p. 590, Seriziat n° 170, Taulier t. 5 p. 237, Rodière et Pont t. 1er n° 487, Troplong n° 690, Dalloz t. 13 n° 832; — Toulouse 11 mars 1813, 27 janv. 1814, 24 janv. 1835; — Limoges 12 mars 1828, 23 déc. 1840, 25 févr. 1841; — Riom 11 févr. 1836, 20 mai 1839, 29 mai 1843; — Nîmes 5 avr. 1843; — Lyon 20 juill. 1843, V. Dalloz *loc. cit.*; — Grenoble 18 août 1854, S. 55-2-91. — V. aussi cass. 1er mars 1860, S. 61-1-785).

Nous devons dire ici, pour éviter les répétitions, que, dans l'examen des questions que nous allons passer en revue, nous supposerons le régime de la communauté, pour deux motifs : le premier, parce que l'art. 1408 ne suppose que ce régime; le second, parce que la communauté est le régime dominant des associations conjugales en France. Le régime dotal pur, c'est-à-dire sans mélange de la société d'acquêts, qui est à la communauté ce que l'espèce est au genre, doit être compté aujourd'hui comme la rare exception. Au surplus rien ne sera plus facile pour le lecteur que d'appliquer à ce régime les déductions que nous lui présenterons au point de vue de la communauté.

10914. L'art. 1408 contient deux dispositions distinctes, la première générale, la seconde créant une exception à la première.

— Notre article présente deux règles :

La première est commune aux deux époux. Elle veut que lorsque l'un d'eux, peu importe lequel, se trouve propriétaire d'une part encore indivise d'un immeuble, et que l'autre part est acquise pendant le mariage, sur licitation ou autrement, la part nouvellement acquise devienne propre à cet époux, comme et avec celle qui lui appartenait déjà, sauf, bien entendu la récompense qui sera due par cet époux à la communauté pour le prix d'acquisition. C'est là la règle générale de l'art. 1408. On comprend combien il est important de bien s'en pénétrer. En effet, en faisant entrer dans le patrimoine privé de l'époux copropriétaire des parts indivises acquises, elle déroge, d'une part, lorsque les époux sont mariés en communauté, au principe général d'après lequel les immeubles acquis à titre onéreux pendant le mariage entrent dans la communauté; d'autre part, lorsque c'est le régime dotal qui gouverne l'association conjugale, à la règle qui veut que tous les immeubles acquis pendant le mariage soient, sauf néanmoins les cas d'emploi et de remploi, la propriété exclusive du mari.

La seconde règle, qui est toute de protection pour la femme, permet de modifier la première dans un cas spécial. Elle veut que, lorsque c'est la femme qui possédait une portion indivise de l'immeuble acquis pendant le mariage, celle-ci ait la faculté, si elle n'a pas comparu à l'acte d'achat ou si son consentement n'a pas été libre, de repousser une acquisition qui pourrait lui être désavantageuse. Telle est la règle

d'exception à laquelle il faut également prêter une sérieuse attention, car son application est de nature à imprimer à la propriété des mouvements que ne comporte pas la règle générale dont nous venons de parler. Ainsi, dans les termes de cette seconde disposition, l'immeuble peut être *propre à la femme* si elle opte pour son acquisition, ou *propre au mari* si elle repousse et que les époux soient mariés sous le régime dotal, ou *conquêt* de communauté si les époux sont en communauté et que la femme répudie l'immeuble, situations qui ne peuvent se rencontrer dans l'application de la règle générale, qui fait toujours *propre à* l'époux copropriétaire l'immeuble acquis pendant le mariage.

10915. La première disposition de l'art. 1408 est absolue.

— On a vu, au n° 10912, par le texte de l'art. 1408, que dans le système de la règle générale que nous venons d'indiquer, la portion acquise pendant le mariage *ne forme point un conquêt* : ce principe est absolu. Il est indépendant de la manifestation de la volonté des époux dans l'acte d'acquisition. C'est donc à tort que Toullier veut (t. 12 n° 165) que lorsqu'il s'agit d'un immeuble indivis avec la femme et que l'achat est fait par le mari et la femme en concours, cet immeuble devienne un conquêt de communauté, à moins d'une acceptation expresse de la femme, comme dans le cas de remploi. Cette opinion est repoussée par tous les auteurs (Marcadé sur l'art. 1408 n° 1er, Troplong n° 664, etc.).

Ajoutons que, dans l'esprit de la loi, il importe peu que l'acquisition soit faite au nom de l'un ou de l'autre des époux. Dans ces deux hypothèses, la chose acquise devient la propriété exclusive de celui qui seul était propriétaire par partie. Quelle serait en effet la raison de distinguer? Qu'une partie de l'immeuble indivis appartienne au mari, qu'elle soit la propriété de la femme, le même mobile ha a poussés tous deux. Il est certain que soit l'un, soit l'autre, ne s'est rendu acquéreur des portions qu'il n'avait pas que pour avoir la chose entière.

Pour l'un comme pour l'autre, la partie propre s'augmente de la portion acquise par un accroissement naturel faisant cesser l'indivision pour former un tout homogène. Ainsi, l'acte d'acquisition est un acte équivalant à partage qui, ayant un effet rétroactif, comme tout acte de partage, exclut l'idée de conquêt. Le droit exigible sur cet acte est donc le droit de 4 pour 100 déterminé pour les actes qui, par une fiction de la loi, font que le propriétaire d'une partie qui se rend acquéreur du tout est censé avoir été propriétaire de ce tout *ab initio*, ce qui fait tomber les hypothèques créées par les copropriétaires et rend inutile la transcription en ce qui concerne les charges du chef de ceux-ci. Dès lors, se trouve sans application l'art. 54 L. 28 avril 1816.

L'Administration, qui avait longtemps suivi la doctrine de Toullier (1446-4 I. G.), s'est enfin décidée récemment à l'abandonner, comme on le verra ci-après.

10916. Pour l'application de l'art. 1408, il faut qu'il y ait indivision.

— L'art. 1408 est fondé sur une circonstance essentielle : c'est l'indivision. Il faut, dans la pensée du législateur, que l'indivision existe réellement; c'est une condition indispensable à laquelle se trouve subordonnée l'application de notre disposition. C'est ce qui devient évident lorsqu'on se reporte à l'origine de l'art. 1408. En effet, la loi n'a eu d'autre but que de faire cesser l'indivision, c'est-à-dire de réunir, pour en reconstituer un ensemble homogène, les parties disjointes d'un même tout qui, par une fiction de la loi, ont conservé tous leurs éléments de cohésion tant que le partage n'a pas passé sur elles. Dès lors, la loi reste sans application possible, du moment que le partage a fait évanouir, par la division, toutes les forces d'attraction qui pouvaient rendre au tout son homogénéité première.

Si donc la part appartenant à l'époux était une fraction divise d'un immeuble déjà partagé entre lui et ses copropriétaires, la règle ne s'appliquerait plus. Les parts nouvellement acquises formeraient des conquêts sous le régime de la communauté, ou un propre du mari sous le régime dotal, quand même la part dont l'époux était propriétaire serait elle-même un propre entre ses mains. C'est ce qu'a reconnu la cour de Douai 10 mars 1828 (S. 9, 2, 5, 2), dans une espèce où quatre cinquièmes d'un immeuble n'avaient été réunis au dernier cinquième, appartenant à l'un des époux, qu'à une époque où un partage déjà consommé entre les divers intéressés avait désormais fixé les parts et distingué celles de chacun d'eux. C'est également ce qu'enseignent tous les auteurs (Toullier t. 12 n° 159, Pont et Rodière t. 1er n° 478, Troplong n° 637, Marcadé art. 1408 n° 1er, Dalloz t. 13 n° 817).

Jugé de même, que l'art. 1408 C.C. n'est pas applicable au cas où une maison, acquise pendant le mariage, est réunie à une autre maison propre à l'un des époux par la suppression d'une porte et d'un escalier (C. Paris 24 janv. 1866, S. 66-2-282).

Dans cette hypothèse, donc, l'acquisition par l'époux déjà possesseur d'une part serait passible du droit de 5 fr. 50 cent. pour 100, car les parts acquises, au lieu de venir dans ses mains, passeraient à la communauté.

1. USAGE. — Mais il a été jugé que quand le mari s'est rendu acquéreur d'un bien sur lequel sa femme a, non un droit de propriété indivise, mais un simple droit d'usage, cet usage, fût-il susceptible d'être cantonné, ne donne pas à la femme le droit de retenir l'immeuble (C. Montpellier 9 janv. 1854, S. 54-2-662, P. 56-1-70).

10917. Étendue du droit indivis. — Lorsque la circonstance d'indivision existe, peu importe l'étendue du droit indivis. Les anciens auteurs et la discussion de l'art. 1408 au Cons. d'Ét. ont supposé que l'époux copropriétaire avait la moitié de l'immeuble (Locré Législ. civ., t. 13 p. 456, 457). Mais ce n'était évidemment qu'une hypothèse faite dans un pur intérêt de discussion ; ce n'était pas le résultat d'une règle. « Peu importe, dit Troplong, loc. cit., que la partie appartenant originairement au conjoint soit moins considérable que la partie acquise : l'art. 1408 ne s'inquiète que du fait de l'indivision ; c'est là le point capital. »

Ainsi, l'époux copropriétaire ne possédât-il qu'un centième de l'immeuble indivis, l'acquisition qu'il ferait du surplus serait un acte équivalent à partage, passible du droit de 4 pour 100 seulement, et aucune partie de cet immeuble ne passerait à la communauté.

10918. Il en est de même de l'origine de l'indivision. — Il n'y a pas non plus à rechercher l'origine de l'indivision. La première rédaction de l'art. 1408 limitait son application « à l'immeuble acquis par licitation sur une succession échue à l'un des époux. » Le Tribunat fit remarquer que cette rédaction était trop restreinte, et qu'il fallait l'étendre « à tous les cas où il serait question d'un immeuble indivis, à quelque titre que l'un des époux en eût une portion » (Fenet t. 13 p. 607). C'est ce qu'a fait l'art. 1408. Il suffit dès lors que l'indivision procède d'un fait ou d'un acte susceptible de faire un propre, comme une donation.

Il est donc indifférent maintenant que l'un des époux soit devenu copropriétaire par succession, par donation entre-vifs, par testament, par achat ou à tout autre titre : la seule chose nécessaire étant l'indivision, quant à la propriété de l'immeuble, entre l'époux et un ou plusieurs autres copropriétaires (Rodière et Pont t. 1er n° 480). — Dans ces diverses hypothèses donc, la communauté n'aura rien à réclamer sur l'immeuble, et l'acquisition des parts indivises, produisant l'effet d'un partage pour l'époux copropriétaire, ne sera passible que du droit de 4 pour 100.

10919. On ne doit considérer que l'époque à laquelle a commencé l'indivision. — Toullier (t. 12 n° 158 et 159) et Odier (t. 1er n° 133, 136) enseignent qu'une condition essentielle est que l'indivision soit née avant le mariage. C'est là une erreur que repoussent tous les auteurs (Rodière et Pont t. 1er 481, Troplong n° 659, Marcadé art. 1408 n° 1er, Dalloz t. 13 n° 820). — Supposons, en effet, qu'un époux devienne, par le décès d'un parent, copropriétaire pour une portion d'un immeuble qui appartenait à celui-ci et dont le surplus passe à des cohéritiers, il est bien clair que la portion qui lui échoit est un propre et que s'il acquiert le surplus, l'immeuble entier sera son propre, quoique l'indivision soit née pendant le mariage. Dans ce cas encore l'acquisition par l'époux ne devra être assujettie qu'au droit de 4 pour 100.

Certainement, si une acquisition était faite à titre onéreux pendant le mariage par un des époux en concours avec d'autres personnes, et que, plus tard, ce même époux fît l'acquisition des parts de ses coacquéreurs, cet acte d'acquisition ne pourrait lui donner un propre. Mais pourquoi en serait-il ainsi ? Ce serait uniquement parce que cette première acquisition, faite pendant le mariage, n'aurait pu produire un propre, aux termes de l'art. 1401 C. C. qui déclare bien de communauté tout immeuble acquis (à titre onéreux) pendant le mariage. La première acquisition ayant fait un conquêt, la seconde ne pourrait faire qu'un conquêt. — Mais, remarquez-le, ici encore le seul droit exigible serait celui de 4 pour 100 ; car, pour la perception des droits, il importe peu que l'indivision ait existé avec l'époux ou avec la communauté, il suffit qu'elle repose sur un titre commun, pour que, du moment qu'elle cesse d'exister, le seul droit exigible soit celui de licitation, et elle cesse d'exister lorsque la communauté réunit toutes les parts dans ses mains, comme lorsque c'est l'époux, car la communauté constitue à ce point de vue un être moral.

Cependant, il pourrait se faire que la seconde acquisition constituât un propre, alors que la première n'eût donné qu'un conquêt: tel serait le cas où l'immeuble acquis ne l'aurait été que pour remplacer un propre aliéné auquel il se trouverait subrogé, comme, par exemple, dans l'hypothèse prévue par les art. 1434 et 1435 C. C., en matière de remploi. Mais ici le second acte d'acquisition, bien qu'il donnât un propre, ne pouvant faire que le premier n'eût produit qu'un conquêt, ne produirait pas le même effet que dans les deux cas précédents pour l'application du droit. Il serait passible du droit de 5 fr. 50 cent. pour 100, à cause de l'indivision qui subsisterait entre l'époux et la communauté. — Aussi, l'Administration a-t-elle décidé, par une Sol. 30 décembre 1844 (13642-6 J. E.), que si, après que des époux ont acquis par indivis la moitié d'une maison, l'un des deux (la femme) recueille, à titre successif, un quart de cette maison, le droit de 5 fr. 50 cent. pour 100 est exigible sur l'acquisition du quart restant, bien qu'il soit propre à la femme, attendu que l'art. 1408 C. C. n'a pu faire que, rétroactivement, la moitié indivise précédemment acquise devînt également propre à la femme.

10920. L'art. 1408 produit ses effets quoique l'indivision ne cesse pas. — Pont et Rodière (t. 1er n° 485 et 2e édit. t. 1er n° 483), Toullier (t. 12 n° 159), Troplong (Cont. de mar. t. 1er n° 661 et 4-799), Mourlon (Rép. écrites art. 1408), Paul Pont (Rev. critique t. 1er p. 203 et t. 2 p. 513) et Dalloz (t. 13 n° 825), enseignent que, pour avoir l'effet d'un partage et d'une licitation, l'acquisition doit faire tout a ait cesser l'indivision, et que si la vente à l'époux propriétaire n'était consentie que par quelques-uns des copropriétaires et non par tous, elle ne procurait pas un propre, mais un conquêt de communauté. On trouve dans ce sens un arrêt de la Cour de Paris du 3 décembre 1836 (12015-1 J. E.), et un arrêt de Douai du 13 janvier 1852 (S. 52-2-213).

Mais cette doctrine n'a pas prévalu.

L'art. 1408 parle de toute acquisition *de portion* d'un immeuble dont un des époux est propriétaire par indivis, sans distinguer si cette portion acquise forme ou non la totalité de ce qui n'appartenait pas à l'époux. « Et, comme le dit fort bien Marcadé, il est conforme au but de la loi que, quand j'ai en propre un tiers d'un immeuble, le second tiers que je trouve l'occasion d'acheter me devienne propre aussi, pour que j'aie plus tard la propriété du bien entier quand j'en pourrai acquérir le dernier tiers. » Qu'arriverait-il, en effet, dans le système contraire? c'est qu'en faisant conquêt la seconde part, que je trouve l'occasion d'acquérir aujourd'hui, *et cela parce que je ne puis avoir la troisième*, la loi paralyserait tous les efforts que je fais pour sortir de l'indivision qu'il est dans son esprit de faire cesser, puisqu'il me serait impossible dorénavant de faire propre la troisième part lorsque je pourrais trouver à l'acquérir, *et cela parce que je n'aurais plus la seconde que j'avais acquise alors que je ne pouvais avoir la troisième.*

L'opinion précédente, que nous présentions en ces termes dans nos dernières éditions, a été également soutenue par Aubry et Rau, sur Zachariæ, note 87, et par Massé et Vergé, eod. t. 4 § 640 p. 77 note 49. — Elle a été confirmée par la plupart des arrêts des cours d'appel (Amiens 22 juin 1848, S. vol. 1848, 2-673 ; — Bourges 20 août 1855, S. 57-2-2.5 ; — Orléans 13 août 1856, S. 56 2-646, 16444 J. E., — et Pau 6 juin 1860, S. 61-2-430).

La Cour suprême elle-même s'était déjà prononcée en ce sens, en maintenant, le 30 janvier 1850, un arrêt par lequel

la cour de Rouen avait décidé que « l'art. 1408 n'est point dominé par l'art. 883, mais forme un droit spécial tenant à des considérations exceptionnelles, étrangères aux motifs de l'art. 883, et s'applique, par conséquent, au cas où l'acquisition a eu lieu par plusieurs actes distincts et successifs. » — L'arrêt de la Cour de cassation, rendu à la Chambre des requêtes, est conçu en termes très-précis : « Attendu que la loi n'a point établi de distinction entre le cas où l'acquisition par l'époux des portions indivises des biens dont il était copropriétaire aurait eu lieu par un seul et même acte, et celui où elle aurait eu lieu par plusieurs actes distincts et successifs..., que l'arrêt attaqué a donc fait une juste application de l'art. 1408, et n'a point violé l'art. 883 qui s'applique à un autre ordre d'idées » (S. 1850-1-279). — La même Chambre des requêtes a confirmé cette règle le 30 janvier 1865, en décidant qu'on doit considérer comme un propre du mari passible du droit de mutation par décès, la portion achetée par lui durant la communauté dans un immeuble dont il était copropriétaire, lors même que cet achat aurait laissé subsister l'indivision : « Attendu qu'on allèguerait en vain que l'art. 1408 n'est qu'un corollaire de l'art. 883 C. c., et qu'il ne peut s'appliquer dans tous les cas où cet article s'appliquerait lui-même; qu'en effet, l'art. 1408 édicté dans l'intérêt de l'unification de la propriété est indépendant de l'art. 883 qui, relatif aux effets du partage et à la garantie des lots en matière de succession, repose sur un tout autre ordre d'idées. » (2020 R. P., 12804 C., 18209 J.N., 1311 Rev., 2325-4 I. G., B. C. 27, S. 65-1-140, D. 65-1-190; — Conf. : Cass. 2 déc. 1867, 2697 R. P. ; — Bordeaux 18 janv. 1866, S. 68-1-361).

Mais on remarquera que la solution de la Cour ne touche pas au principe d'après lequel le maintien de l'indivision prive le contrat d'acquisition du caractère déclaratif de partage, et justifie dès lors l'exigibilité du droit de transcription.

10921. L'acquisition sur expropriation forcée tombe sous l'art. 1408. — La question de savoir si l'art. 1408 est applicable lorsque l'immeuble indivis ayant été saisi, l'époux copropriétaire du débiteur s'en rend adjudicataire sur la licitation provoquée par le créancier saisissant, a également soulevé quelques difficultés.

Un arrêt de la cour de Paris du 2 juin 1817 (S. 5-2-285) a décidé que l'art. 1408 est applicable en pareille circonstance, et cette opinion est défendue par Bellot des Minières (t. 1er p. 219) et Zachariæ (t. 3 p. 426 note 52). Elle se fortifie de quelques arrêts rendus sous l'ancienne jurisprudence et cités par Merlin Quest. v° Propres § 2 n° 5. La raison de ce système est tirée de ce que l'effet de l'adjudication sur expropriation forcée faite au propriétaire saisi comme un nouveau titre pour lui, d'où l'on a conclu que puisque la part primitive a cessé d'être propre par cette novation, il s'ensuit qu'elle n'a plus d'efficacité pour donner au restant de l'immeuble la qualité de propre. L'époux ayant acheté sa part comme celle de ses copropriétaires, l'immeuble est acquêt pour le tout.

Mais, dit Troplong (n° 662), « il n'est pas vrai que l'adjudication faite sur expropriation forcée au débiteur saisi soit une mutation de propriété et une interversion de titre. En effet, la saisie n'a pas suffi pour dépouiller le débiteur ; il n'y a que l'adjudication faite à un étranger qui aurait pu lui enlever sa propriété. Mais l'adjudication faite à lui-même n'a pas cette vertu : elle ne lui donne pas la propriété, puisqu'il l'a; elle ne la lui ôte pas, car elle est faite à lui-même. » Ainsi l'adjudication consacrant le droit exclusif de l'époux adjudicataire à la totalité de l'immeuble rentre par cela même dans l'expression générale de l'art. 1408 qui régit les acquisitions faites par licitation ou *autrement*. Aussi, sauf les deux exceptions que nous avons signalées, les interprètes du Code sont-ils unanimes pour cette dernière solution (Toullier t. 12 n° 157 et suiv., Battur t. 1er n° 259, Duranton t. 14 n° 200, Glandaz *Encyclop.* v° *Com. conjug.* n° 120, Pont et Rodière t. 1er n° 484, Odier t. 1er n° 135, Troplong n° 662).

Dans cette hypothèse donc, l'acquisition faite par le conjoint des parts indivises, équivalant à partage, ne donne ouverture qu'au droit de 4 pour 100.

10922. L'art. 1408 est applicable à toute acquisition par acte commutatif. — L'art. 1408 régissant, comme nous venons de le dire, toute acquisition faite par licitation ou *autrement*, il faut en conclure qu'il est applicable à toute accession d'une part indivise à la part possédée par l'époux, que cette accession ait lieu par l'effet d'une vente amiable, d'une cession, d'une transaction ou de tout autre acte équivalent, que les parties, maîtresses de leurs droits, auraient cru devoir faire. Dans ce cas, cet acte d'accession, s'il faisait cesser l'indivision, serait passible de 4 pour 100.

C'est ainsi que le tribunal de Nantes a jugé, le 6 août 1849, que si le mari, copropriétaire par indivis de la moitié d'un immeuble, donne en échange de l'autre moitié un immeuble de la communauté, l'immeuble précédemment indivis lui devient propre en entier, sauf récompense à la communauté. D'où la conséquence que si cet immeuble est abandonné à la veuve à la dissolution de la communauté, en payement de ses reprises, le droit de 5 fr. 50 cent. pour 100 est exigible.

Dans tous les cas, il faut, pour que l'art. 1408 soit applicable, que l'acte en vertu duquel l'époux originairement copropriétaire devient propriétaire exclusif soit un acte commutatif. Si donc la moitié d'un immeuble indivis, dont l'autre moitié appartient au mari, vient à échoir par donation ou succession à la femme, cette moitié sera propre à la femme et n'ira point se réunir à la moitié qu'avait déjà le mari. Cette idée, qui indique suffisamment la nature des choses, ressort d'ailleurs du texte même de l'art. 1408, puisqu'il parle *de la somme fournie pour l'acquisition* (Rodière et Pont t. 1er n° 485).

10923. La règle ne s'applique qu'aux acquisitions faites pendant le mariage. — Quel serait le sort de l'acquisition d'un immeuble indivis par contrat de mariage antérieur à la célébration? En d'autres termes, un futur époux est propriétaire du quart d'un immeuble indivisément avec ses frères et sœurs, propriétaires des trois autres quarts; ces trois quarts sont acquis par le futur et la future, *chacun pour moitié*, par leur contrat de mariage. Cette acquisition forme-t-elle pour le tout un propre au futur époux? La négative ne saurait être douteuse. Le texte de l'art. 1408 est formel. Il ne peut s'appliquer qu'aux acquisitions faites *pendant* le mariage. Aux termes de l'art. 1399, l'association conjugale, c'est-à-dire *le mariage*, ne prend date que du jour de la célébration devant l'officier public (Toullier t. 5 p. 37, Troplong 322); dès lors, dans notre espèce, l'acquisition des parts indivises constituerait une acquisition par vente pure et simple passible de 5 fr. 50 cent. pour 100, et chaque moitié de l'immeuble acquis formerait un propre au futur époux acquéreur.

10924. Après la célébration du mariage, les époux ne peuvent plus déroger aux dispositions de l'art. 1408. — Nous avons dit au n° 10915 que la loi dispose d'une manière absolue; elle dit formellement que dans les circonstances par elles prévues, *l'acquisition ne forme pas un conquêt*; d'où la conséquence qu'une déclaration contraire ne saurait détruire cette disposition formellement prohibitive. Est-ce à dire pour cela que la convention des parties ne pourrait faire qu'un immeuble qui est exclu de la communauté ne pût entrer dans cette communauté? Non assurément, mais il faut que cette convention soit faite dans les circonstances prévues. Ainsi, la convention qui dérogerait à l'art. 1408 ne pourrait intervenir que dans le contrat de mariage des parties, puisque, le mariage célébré, l'art. 1395 s'oppose formellement à ce que les statuts matrimoniaux reçoivent aucun changement.

Si donc la convention dérogatoire n'a pas précédé cette célébration, les époux se trouvant désormais sous l'empire de l'art. 1408, qui, avec autant de force que les autres articles relatifs à l'association conjugale, régit les époux à défaut de stipulation contraire, les acquisitions dont nous venons de parler ne peuvent faire que des propres à l'époux copropriétaire, et cela malgré toute clause qui viendrait contrarier cette idée, parce que cette clause serait nulle comme contraire à la prescription formelle de l'art. 1408.

10925. Transition. — Nous venons de faire connaître les considérations générales qui dominent l'art. 1408 et qui sont communes aux deux époux. Il faut maintenant, pour épuiser ce que nous avons à dire sur notre première règle, que nous examinions les effets que la loi attribue aux formules que l'on peut employer dans l'acte d'acquisition.

10926. Propre de la femme. — Acquisition par la femme seule. — Lorsqu'il s'agit d'un propre de la femme, et que, stipulant seule, elle fait l'acquisition avec l'autorisation de son mari, aucun doute ne peut s'élever; l'immeuble acquis forme irrévocablement un propre en sa faveur, l'acquisition est une licitation et le droit de 4 pour 100 est le seul exigible.

10927. Propre de la femme. — Acquisition avec le concours des deux époux. — Le mode le plus commun de faire l'acquisition, c'est lorsque le mari et la femme comparaissent à l'acte pour acheter la part qui doit mettre la chose en totalité dans les mains de la femme. La présence de la femme révèle d'une manière certaine son intention personnelle d'acquérir, et l'on n'a pas besoin d'invoquer l'intention d'acquérir personnellement pour justifier la présence du mari; son intervention est suffisammen motivée par son droit de jouissance de l'immeuble acquis, comme chef de l'association conjugale, et par son besoin de conseiller et autoriser sa femme, comme administrateur de ses biens. Dès lors la portion acquise ne peut être réputée conquêt de communauté, elle a au plus haut degré le caractère de propre de la femme. (Rodière et Pont t. 1ᵉʳ n° 477, Troplong n° 664, Marcadé sur l'art. 1408 n° 1ᵉʳ).

Aussi l'Administration a-t-elle décidé, par une Sol. 27 juin 1838 (12104-2 J. E., 10307 J. N.), en acquiesçant à la doctrine d'un jugement de Nantes du 16 janvier 1837 (10038 J. N.), qu'un acte par lequel deux époux avaient acquis en commun des parts d'immeubles, dont la femme se trouvait copropriétaire indivise, ne devait pas donner ouverture au droit de transcription.

Le contraire a été cependant décidé par le tribunal de Mirecourt, le 24 mai 1861, dans un cas où le mari et la femme déclaraient acheter à titre de remploi au mari une portion dans un immeuble appartenant par indivis à la femme, « attendu que l'intention du mari d'acheter pour lui-même était manifeste » (17351 J. E. 12109 G.). — Mais ce jugement est erroné. Du moment que l'acquisition avait été faite par le mari et la femme dans le § 1ᵉʳ de l'art. 1408, la portion achetée ne pouvait par aucun moyen devenir propre au mari.

Jugé également que si le mari achète tant pour lui que pour la femme qui comparaît en l'acte, bien qu'elle ne prenne pas qualité de colicitante, l'immeuble est un propre de la femme et il doit figurer dans sa déclaration de succession (Gand, 4 avril 1877, 13372 J. E. belge).

1. DROIT D'ACCEPTATION. — Par la même raison faudrait-il décider que si dans pareil acte le mari déclarait que l'acquisition est pour tenir nature de propre à sa femme et que la femme acceptât cette déclaration, aucun droit particulier ne serait exigible sur cette déclaration et acceptation, qui peuvent être considérées comme dérivant de l'art. 1408.

2. MUTATION SECRÈTE. — L'immeuble est donc propre à la femme. Par suite, si, après le décès de celle-ci, le mari se joignait aux représentants de la défunte pour vendre la propriété considérée comme un acquêt, on serait autorisé à y voir la preuve d'une mutation secrète de la moitié de l'immeuble opérée au profit du mari (Dél. belge 1ᵉʳ août 1857, 903 R. P.).

10928. Propre de la femme. — Acquisition par les deux époux conjointement.

— De même il serait sans importance que l'acquision eût été faite conjointement ; cette circonstance ne pourrait faire que la portion nouvellement acquise ne soit un propre pour la femme. C'est ce qu'a jugé la cour d'Amiens par deux arrêts des 3 juin 1847 et 22 juin 1848 (14708-4 J. E., 13583 J. N.), et ce qu'enseignent les auteurs (Marcadé 1408 n° 1ᵉʳ, Troplong n° 665). C'est donc avec raison que le tribunal de Nantes a jugé, le 16 février 1837 (10038 J. N., 12006 J. E.), que, dans ce cas, le seul droit exigible est le droit de 4 pour 100.

Cependant, dans une espèce où il s'agissait de l'établissement des forces d'une succession, l'Administration en s'appuyant de l'autorité de Toullier, dont nous avons repoussé l'opinion au n° 10915, avait décidé, le 27 septembre 1833 (1440 § 4 I. G.), que, dans notre hypothèse, les héritiers de la femme qui n'avait pas accepté l'acquisition avaient pu considérer la portion acquise comme conquêt de communauté. Cette opinion ne pouvait pas être suivie et l'Administration n'y a pas en effet persisté. Elle reconnut que l'art. 1408, absolu dans ses termes, s'appliquait sans distinction à l'acquisition faite par l'un des époux ou par la femme conjointement et en nom commun, avec son mari : « Attendu que, d'après la jurisprudence et la doctrine générale des auteurs, l'intervention de l'époux non propriétaire, lequel est le plus ordinairement le mari, est considérée comme ayant lieu à raison de la jouissance de l'immeuble acquis ; et sur ce que cette intervention ne peut pas faire que la portion nouvellement acquise ne soit pas un propre pour la femme qui est déjà propriétaire *pro parte* » (Dél. 14 janv. 1859, 2235 § 5 I. G., 2299 § 10 R. P.).

Il avait été jugé en ce sens : 1° par le tribunal de Tulle, le 12 janvier 1855, que l'acquisition faite pendant le mariage à titre de licitation ou autrement par les deux époux de portion d'un immeuble dont la femme était propriétaire indivis forme un propre de celle-ci, d'où le tribunal avait conclu que cet immeuble devait être compris dans la déclaration de succession de la femme et que si on le cédait au mari en payement de ses reprises, le droit de dation en payement était exigible ;

2° Par le tribunal des Sables-d'Olonne, le 17 août 1852, qu'un domaine dont une moitié indivise appartenait à la femme et dont l'autre moitié a été acquise par les deux époux durant la communauté, doit être considéré en totalité comme un propre de la femme pour le payement des droits de mutation par décès (14816 J. N., D. N. t. 12 p. 273 n° 458).

10929. Propre de la femme. — Acquisition par les deux époux par moitié.

— Bien plus, quand même l'acquisition serait faite par les deux époux, avec déclaration expresse qu'ils la font chacun pour moitié, cette acquisition ne ferait pas moins un propre de la femme; car ce n'est pas la volonté des époux qui fait les propres et les conquêts, c'est la loi. La loi dispose d'une manière absolue ; elle dit expressément que, dans les circonstances par elle prévues, l'acquisition ne forme pas un conquêt ; une déclaration contraire ne saurait détruire cette disposition formellement prohibitive. On ne peut donner effet à une convention dont la conséquence est de faire entrer dans la communauté un bien que la loi en exclut formellement, sans porter par cela même atteinte au principe de l'immutabilité des conventions matrimoniales (1395 C. C.) « On devrait voir dans cette clause, dit Troplong n° 667, un de ces formulaires dépourvus de valeur et employés sans intelligence par un notaire malhabile. On ne supposera pas que les parties ont entendu aller contre le vœu de la loi. Qu'a-t-on voulu en réalité ? Faire un partage. Ce n'est donc pas pour créer une communauté nouvelle qu'on est sorti de l'indivision. »

Dans cette hypothèse donc, comme dans les précédentes, le droit de 4 pour 100 doit être perçu sans addition du droit de transcription.

10930. Propres du mari. — Mêmes règles que lorsqu'il s'agit des propres de la femme.

— Lorsque c'est le mari seul qui fait l'acquisition d'immeubles dans lesquels il avait des droits indivis, aucun doute ne peut s'élever. Comme il a été pleinement maître de son consentement, les portions acquises viennent irrévocablement se joindre aux portions déjà possédées pour faire un tout ayant nature de propre.

Dans l'hypothèse où l'achat est fait en concours avec la femme, soit que ce concours se borne à la seule présence de celle-ci, soit que l'acquisition soit déclarée conjointe, toutes les règles que nous avons posées précédemment sont applicables, car, nous l'avons déjà dit, la première partie de l'art. 1408 concerne les deux époux, et les motifs que nous avons développés à l'appui de ces règles s'appliquent au mari avec non moins de force qu'à la femme.

La cour de Nancy a eu à statuer sur la question dans une espèce où le mari, copropriétaire d'une part indivise dans une maison, avait acheté le surplus de ses cohéritiers, en déclarant qu'il achetait tant pour lui que pour sa femme, *chacun pour moitié.*

La Cour a jugé, le 18 mai 1838 (D. 39-2-18, 12408 J.E.), que, malgré les termes formels de la clause, elle devait rester sans force devant l'art. 1408, qui est impératif pour le mari, et qu'en supposant même que ce ne fût pas là tout simplement une de ces clauses de style qui sont si souvent employées mal à propos, la volonté du mari d'associer sa femme à son acquisition serait sans effet devant l'immutabilité des conventions matrimoniales. « Cette décision nous semble bonne, juridique, équitable, dit Troplong, n° 668 ; nous l'acceptons sans restriction. »

Ainsi, dans toutes les hypothèses que nous venons d'énumérer où peut se trouver le mari, le droit de 4 pour 100 est le seul exigible sur l'acquisition qu'il fait ; c'est ce que l'Administration a pleinement reconnu d'ailleurs par une Dél. des 15-27 septembre 1837 (11882 J.E.).

Si donc, par l'effet du mari, le mari abandonne à la femme le sixième d'un immeuble acquis alors qu'il était déjà propriétaire du tiers, la cession de ce sixième forme une vente d'immeuble passible du droit de 5 fr. 50 cent. pour 100 (Seine 7 fév. 1863, 17553 J.N.).

10931. Bien indivis entre les deux époux.

— Lorsque partie de l'immeuble appartient indivisément en propre à chacun des conjoints, il n'y a aucune raison de faire prédominer la part de l'un sur celle de l'autre ; l'art. 1408 cesse donc de s'appliquer à l'acquisition du surplus du bien. Cet achat produit donc un conquêt de communauté selon les règles ordinaires, ou accroît au propre de celui des époux au profit duquel l'acquisition est faite à titre de remploi (C. Douai 31 mai 1852, S. 53-2-47).

Par conséquent, lorsque deux époux achètent sur licitation un immeuble dont la moitié dépendait de leur communauté et dont le quart appartenait personnellement à la femme, l'indivision subsiste entre eux et le droit de transcription est exigible sur le prix intégral de l'adjudication (Seine 17 fév. 1866, 2264 R. P.).

Il a été reconnu, dans le même sens, que le copropriétaire indivis du tiers d'un immeuble qui acquiert un autre tiers à titre d'échange contre un immeuble propre de sa femme et l'autre tiers à titre de vente, doit payer le droit de 5 fr. 50 cent. pour 100 sur ce dernier acte, attendu que l'indivision continue de subsister entre lui et sa femme, qui, en vertu de l'art. 1407

du C. C. et malgré les termes de l'art. 1408, a la propriété exclusive du tiers acquis en échange de son propre (Laon 13 sept. 1844, 13610 J.E.).

Il en est de même pour des constructions élevées sur un terrain appartenant divisément aux époux (Seine 28 août 1875, 4391 R. P.).

10932. Droit d'option. — Acquisition par le mari en son nom personnel.

—Ceci est la deuxième des règles dont nous avons parlé dans notre n° 10914. Après avoir dit dans son premier paragraphe que, s'il y a acquisition, pendant le mariage, de la portion d'un immeuble indivis dont une autre portion appartient déjà à un des époux, la portion acquise sera propre à cet époux, l'art. 1408 ajoute que, quand un mari se fait acquéreur d'une portion ou de la totalité de l'immeuble indivis dont une part appartenait à sa femme, l'objet acquis sera un conquêt ou propre, selon qu'il plaira à cette femme de le laisser à la communauté ou de se l'approprier.

Cela posé, la question à résoudre est celle de savoir sur qui doit reposer la propriété de l'immeuble ainsi acquis par le mari en son nom personnel, jusqu'au moment où la femme aura à faire son option, c'est-à-dire jusqu'au moment de la dissolution de la communauté. Cette question qui offre le commentaire de l'art. 1408, et c'est la rédaction même de ce texte qui fait naître l'embarras. D'une part, l'article consacre au profit de la femme le droit d'*abandonner* l'objet de l'acquisition. L'expression *abandonner* ne fait-elle pas naître l'idée d'une propriété reposant antérieurement sur la tête de la femme ? Mais cette pensée est à l'instant ébranlée par le dernier membre de l'article, qui autorise la femme à *retirer* l'immeuble en remboursant à la communauté le prix d'acquisition, ce qui implique naturellement une propriété en faveur de la communauté.

Beaucoup d'auteurs parmi les plus autorisés (Duranton t. 14 n° 209, Zachariæ t. 3 n° 428, Pont et Rodière t. 1er n° 496, Glandaz v° Comm. n° 430, Marcadé art. 1408, etc.) ont soutenu que l'immeuble acquis par le mari personnellement s'adjoignait au propre de la femme par une sorte d'accession légale dont il lui était impossible de répudier les effets avant la dissolution de la communauté. Troplong va jusqu'à dire que l'opinion contraire est une erreur fort grave (*Contr. de mar.* n° 653). —On invoque à l'appui de cette doctrine des arrêts de la C. cass. des 30 juillet 1816 (S. 1816-1-221), 13 juillet 1826 (D. 26-1-414), et un arrêt de la cour de Grenoble du 18 août 1854 (S. 55-2-91).

En matière d'enregistrement, elle a souvent triomphé devant les tribunaux. Plusieurs jugements ont reconnu qu'en achetant seul et en son nom personnel des immeubles appartenant par indivis à la femme, le mari était légalement présumé agir *uxoris nomine*, en sorte que l'acquisition constituait immédiatement un propre de celle-ci, devant être compris totalement dans sa succession ou être traité comme tel dans la licitation ultérieure intervenue avec les autres copropriétaires (Aurillac 20 avr. 1855 ; — Reims 31 oct. 1855, 524 R.P., 15673 J.N. ; — Altkirch 10 déc. 1857, 965 R.P., 16287 J.N., 11251 C. ; — Nérac 10 mars 1869, 2925 R. P.) : « Attendu, porte le jugement de Reims, que l'exception apportée par l'art. 1408 C. C. au principe fondamental du régime de la communauté est fondée sur la présomption que l'acquisition nouvelle n'a été faite qu'en vue de conserver et d'améliorer le propre de la femme ; qu'elle est une conséquence nécessaire de l'effet rétroactif de la licitation ou du partage; qu'enfin elle est formulée en termes généraux; que, dès lors elle doit recevoir son application dans tous les cas sans distinguer si l'acquisition a été faite par les époux conjointement ou par le mari seul. » Celui d'Altkirch ajoute : « Le mot *retirer* employé dans l'article n'explique pas que la femme n'est pas propriétaire ; *retirer* signifie *prélever*, puisque la femme doit prendre l'immeuble dont elle ne fait pas l'abandon, et que ce mot est le corollaire d'*abandonner*, qui le précède dans le même paragraphe et ne peut conséquemment avoir une autre portée, un autre sens que le principe dont il découle. »

Longtemps nous avons nous-même adopté ce sentiment et nous l'avions défendu soit dans les éditions précédentes de cet ouvrage, soit dans notre *Répertoire périodique* (art. 445). Mais après y avoir de nouveau réfléchi notre conviction s'est déterminée en sens contraire. Cette difficulté touche à la perception par des côtés divers, mais également essentiels :

1° Si le mari acquéreur de portion de l'immeuble indivis avec sa femme est censé agir dans l'intérêt de celle-ci, le contrat présente tous les caractères d'une licitation, et si l'indivision cesse, le droit de 4 pour 100 seul exigible. — Que si, au contraire, c'est pour la communauté que le mari acquiert, le droit de vente à 5 fr. 50 cent. pour 100 est exigible ;

2° Dans la première hypothèse, à la mort de la femme, l'immeuble doit être compris dans son intégrité parmi les biens sujets au droit de mutation par décès. — Dans le second cas, au contraire, il ne faut comprendre dans la déclaration de succession que la moitié de la portion acquise ;

3° Lorsque, dans le partage de la masse, le mari reçevra en lotissement la portion acquise, il devra être perçu un droit de mutation si la femme s'est trouvée saisie de plein droit au moment de l'acquisition. — Cette attribution sera, au contraire, exempte de tout droit, comme disposition dépendante, si c'est pour le compte de la communauté que l'acquisition a eu lieu.

Nous avons, dans un travail particulier et très-développé, discuté ces questions diverses (1839 Rev.). Nous ne pensons pas reproduire ici notre argumentation, à raison de son étendue, et nous nous bornerons à en résumer les traits principaux.

Il n'est pas douteux que sous l'empire de la législation romaine, le mari devenait personnellement propriétaire pendant le mariage de la portion qu'il avait acquise en son nom dans l'immeuble possédé indivisément avec sa femme. C'est la solution expresse de la loi 78, au Digeste, *de Fund. dot.* — Le système du Digeste passa naturellement dans les provinces du droit écrit qui se soumettaient à la législation romaine. Les pays de coutumes l'adoptèrent également. On en adoucit seulement la rigueur en réservant à la femme le droit de s'approprier l'achat à la dissolution de la communauté ; mais toutes les difficultés sur le retrait d'indivision se jugeaient par l'interprétation de la loi 78 du Digeste. Nous l'avons prouvé au n° 1839 § 6 du *Répertoire périodique*.

Cette doctrine a passé toute entière dans le Code civil. Le projet de l'art. 1408 portait formellement que : « l'immeuble acquis par licitation et dans lequel la femme a un droit indivis tombe en communauté si le mari s'est rendu adjudicataire en son nom personnel. » Tronchet fit observer

qu'il serait bon de consacrer au profit de la femme le droit d'option des pays de coutume (Locré t. 13 p. 192) ; et c'est pour compléter l'article en ce sens que la rédaction fut modifiée. Malleville, l'un des rédacteurs du Code, ne laisse aucun doute à cet égard (analyse du C. C. sur l'art. 1408). Il est donc établi que le retrait d'indivision, organisé d'après les principes empruntés pour partie au droit romain et pour partie au droit coutumier, attribue à la communauté jusqu'à sa dissolution la propriété de l'immeuble acquis par le mari.

On objecte que le second paragraphe de l'art. 1408, relatif à l'acquisition faite par le mari seul en son nom personnel, est une application pure et simple de cet article, qui refuse absolument la qualité de conquêt à l'achat de l'immeuble indivis. Mais c'est là une interprétation divinatoire que rien ne justifie. Les deux paragraphes de l'art. 1408 correspondent à des situations très-différentes qui ne pouvaient être soumises à la même règle : *l'achat fait par les deux époux*, puis *l'achat fait par le mari seul sans l'assistance de sa femme*. Quand les deux époux concourent au contrat, le consentement de la femme est certain, et rien ne s'opposait à ce qu'on la déclarât d'ores et déjà propriétaire de l'immeuble licité. C'est l'effet habituel des partages ou des actes équipollents (art. 883 C. C.). Mais la chose est impossible lorsque la femme n'intervient pas à l'acte de vente et que le mari n'agit pas en son nom. On ne saurait, en effet, la rendre propriétaire malgré elle, ou, ce qui revient au même, sans son consentement. Tout ce que le législateur a pu faire pour demeurer dans les principes, c'est de lui réserver, comme dans l'ancien droit, la faculté de prendre pour elle l'acquisition à la dissolution du mariage. Mais jusqu'à l'exercice de cette option, l'immeuble demeure la propriété du mari qui l'a acquis personnellement ou de la communauté qu'il représente.

On insiste et on dit que s'il en était ainsi, le droit d'option serait limité à la portion acquise par le mari, de telle sorte que la femme, tout en conservant sa portion indivise, pourrait laisser le surplus à la communauté, contrairement au texte précis de l'art. 1408, qui étend le retrait de l'indivision à l'immeuble entier.

Cet argument est aussi sans force.

Il ne s'agit pas, en effet, de savoir s'il eût été plus logique de limiter le droit d'option de la femme à la portion achetée par le mari, au lieu de l'appliquer à l'immeuble entier, c'est-à-dire à la partie dont la femme était antérieurement propriétaire. Le législateur a voulu que le retrait frappât l'immeuble tout entier, quelle que fût d'ailleurs l'importance de la copropriété de la femme, et il n'y a pas à discuter sur cette prescription. Elle est au surplus facile à justifier. Le retrait d'indivision n'est pas seulement un moyen accordé à la femme pour se garantir contre les conséquences intéressées de l'acquisition faite par son mari, c'est aussi et surtout un mode particulier de terminer les indivisions entre époux. Or, le but de la loi aurait été en partie manqué, si la femme avait pu répudier la portion acquise pendant le mariage tout en conservant celle dont elle était investie auparavant. Le législateur devait combiner l'exercice de cette faculté d'option avec la cessation de l'indivision, et voilà pourquoi il a imposé à la femme qui ne veut pas prendre la portion acquise l'obligation d'abandonner sa copropriété antérieure à la communauté. Une telle condition explique suffisamment les effets généraux du retrait d'indivision. Il n'est pas besoin pour cela d'admettre que la femme est devenue d'abord propriétaire de la totalité de l'immeuble ; cette supposition est inutile, et l'on doit d'autant moins l'accueillir qu'elle repose sur la violation du principe d'après lequel personne ne devient propriétaire d'une chose sans son consentement.

Vainement invoque-t-on les solutions qui attribuent immédiatement à la femme la propriété de l'immeuble indivis acquis *pour elle* par le mari. Si on le décide ainsi, c'est précisément parce que l'acquisition paraît rentrer alors sous l'empire du premier paragraphe de l'art. 1408 relatif à l'achat émané des deux époux. Il n'y a aucune induction à en tirer pour le cas où cette acquisition a été faite par le mari seul en son nom personnel, dans l'hypothèse prévue au second paragraphe de l'art. 1408.

1. JURISPRUDENCE. — La jurisprudence des cours d'appel présente peu d'uniformité. Un arrêt de Riom, du 20 mai 1839, décide « qu'on ne doit considérer l'acquisition par le mari de droits successifs appartenant indivisément à sa femme que comme faite *uxoris nomine* ; qu'elle doit profiter seule à la femme pour accroître ses biens dotaux, à charge de rembourser le prix de la cession » (S. 39-2-513, Dalloz v° *Contr. de mar.* 859).

La cour de Grenoble a statué dans le même sens le 18 août 1854, parce que l'art. 1408 pose pour tous les cas le principe d'exclusion de la communauté, que ce soit l'un ou l'autre des époux, ou tous deux ensemble, qui aient fait l'acquisition ; en sorte que la propriété repose sur la tête de la femme jusqu'au moment où elle fait acte de répudiation (S. 54-2-93).

Au contraire, la cour de Nancy a jugé que l'immeuble dont la femme avait la propriété par indivis, et dont le mari s'était rendu seul adjudicataire, constituait un conquêt de communauté, et ne devenait propre à la femme que par le retrait qu'elle en faisait (9 juin 1854, S. 54-2-783).

La cour de Caen s'est ralliée à cette doctrine dans un arrêt du 31 juillet 1858, motivé avec une abondance de développements tout à fait caractéristique (S. 59-2-102).

Quant à la C. cass., un arrêt du 30 juillet 1826 a décidé qu'un mari n'avait pu hypothéquer sans le gré de sa femme une maison acquise par indivis à celle-ci et acquise par le mari pendant la communauté (Dalloz v° *Contr. de mar.* 858-2). Mais d'autres arrêts ont consacré un principe contraire (Cass. 13 juill. 1826, D. 26-1-114 ; — 31 mars 1833, 1490-7 I. G., S. 35-1-516 ; — 25 juill. 1844. D. 44-1-428, S. 44-1-614 ; — 9 janv. 1854, 2010-6 I. G., 15142 J. N., 15802 J. E., S. 54-1-124).

« Attendu, porte ce dernier arrêt, que le jugement attaqué constate qu'au décès de Jean-Joseph Laurent, le moulin de Damvillers s'est trouvé appartenir pour trois sixièmes à sa veuve, en sa qualité de communiste en rogne et pour un sixième à chacun des deux fils nés de leur union, et aussi pour un sixième à la fille issue d'un premier mariage de Laurent, laquelle est devenue l'épouse de Limousin, défendeur en cassation ; que plus tard, en 1832, les deux fils ont vendu leurs deux sixièmes et les trois sixièmes provenant de leur mère, décédée, à Limousin et à sa femme, qui avait encore le sixième à elle propre ; qu'ainsi ces derniers, qui se sont trouvés en définitive posséder ensemble l'immeuble entier, étaient devenus propriétaires indivis non à titre successif seulement, mais en des qualités diverses et à des droits différents ; d'où suit que l'adjudication de novembre 1849, passée, après la mort de la femme Limousin, entre son mari et leurs enfants mineurs, héritiers de leur mère, laquelle licitation a investi le mari de la totalité de la propriété du moulin, n'est aucunement entre eux et leur père un partage dans le sens de l'art. 883 C. C., produisant un simple effet déclaratif, celui de reporter, en faveur de Limousin, le droit de propriété entière jusqu'au jour où l'indivision avait commencé entre lui et ses enfants ; que ce même article, inapplicable à la licitation de l'espèce, ne saurait donc être invoqué pour affranchir de la formalité de la transcription l'acte d'adjudication, qui est une véritable vente. »

2. DOCTRINE DE L'ADMINISTRATION. — Quant à la doctrine de l'Administration, elle ne paraît pas avoir sensiblement varié. Toujours elle a soutenu que la portion acquise ne constituait pas un propre de la femme (*V.* la consultation des avocats du contentieux n° 832 R. P.).

C'est la solution qu'elle a fait prévaloir devant le tribunal de Largentière le 6 février 1872 (3431 R. P.) ; — puis devant le tribunal de Saint-Étienne, le 27 décembre 1865 (2227 R. P.), dans un jugement qui résume fidèlement les principaux moyens de notre argumentation ; — et qu'elle a affirmé dans une Sol. 28 juin 1867 (3294 R. P.).

Tel est aussi l'avis de M. le professeur Demante : « Malgré les graves raisons, dit-il, qu'on a fait valoir pour le premier système, je m'en tiens au second. Jusqu'à preuve du contraire les contrats sont régis par la teneur des actes. Ici la teneur de l'acte fait le mari propriétaire. La présomption de la loi n'est pas formelle en sens contraire. Dans le doute, provision est due au titre » (n° 634).

10933. Quand le mari agit-il au nom de sa femme? — En dehors du point de droit que nous venons d'examiner, il y a souvent aussi une question de fait qui ne laisse pas que de présenter des obscurités : c'est celle de savoir quand le mari a agi *en son nom personnel*, sans l'assistance de sa femme. Plusieurs hypothèses peuvent se présenter :

Une première s'offre lorsque le mari prend directement qualité, comme par exemple quand il déclare acquérir *en son nom personnel*. C'est le cas prévu par l'art. 1408 qui fournit alors la solution : la femme conserve son droit d'option tout entier.

Une autre hypothèse se présente lorsque le mari fait consigner au contrat qu'il agit en sa qualité d'époux. Une pareille déclaration peut bien établir qu'il a voulu acheter pour sa femme, mais elle ne prouve pas que celle-ci ait consenti à faire sienne l'acquisition du mari.

La déclaration du mari qu'il agit comme chef de la communauté ne peut non plus engager la femme. On sait, en effet, que dans tous les actes qu'il fait à ce titre il est censé intervenir en son nom personnel (Dalloz *Contr. de mar.* 843). « Bien plus, dit Marcadé (art. 1408), si le mari avait agi avec le concours de sa femme, mais avec déclaration que l'acquisition est faite pour la communauté, ce concours, qui paraît bien plus le résultat de la soumission de la femme au mari que l'expression de la volonté particulière de celle-ci, serait insuffisant pour priver la femme de son droit d'option, de même que si la femme avait acquis seule, mais pour son mari, en exécution d'un mandat de celui-ci. »

Que faut-il enfin décider quand le mari déclare agir *pour sa femme?* Cette question, la plus pratique de toutes, est très-diversement résolue. L'Administration a enseigné dans une Dél. du 20-23 mai 1864 que la part acquise devient alors immédiatement propre à la femme, en sorte que l'achat a le caractère d'une licitation passible du droit de 4 pour 100 (1964 R. P.). « D'après le texte de l'art. 1408, dit-elle, pour que la femme puisse exercer son droit d'option, ou, en d'autres termes, pour qu'il puisse arriver que l'immeuble n'appartienne pas à la femme, il faut que le mari ait acquis *seul et en son nom personnel;* le deuxième alinéa de l'article le déclare formellement. Par conséquent, toutes les fois que le mari n'a pas acquis *en son nom personnel*, l'immeuble doit appartenir nécessairement à la femme, en vertu du premier alinéa, d'après lequel l'acquisition ne forme point un conquêt. » Et on invoque l'opinion de Pothier *(de la Comm.* n° 151.) Troplong déclare même que ce serait le plus insoutenable des paradoxes de lui donner la qualité d'acquêts *(Contr. de mar.* n° 635). Ce paradoxe a été cependant défendu par la plupart des auteurs (*V.* Duranton 14 n° 204, Odier 1-138, Zachariæ 3 p. 427, *Rép. gén. du Journ. du Pal.* v° *Comm.* 270 et suiv.). Marcadé le présente comme un axiome presque indiscutable. « Quand même, écrit-il sous l'art. 1408 n° 3, le mari aurait déclaré qu'il fait l'acquisition pour sa femme et pour que le bien soit propre à celle-ci, cette déclaration, si elle n'était la *conséquence prouvée* d'un *mandat* donné par la femme au mari, serait insignifiante et n'écarterait pas l'application de notre disposition. C'est évident. » — Dalloz est aussi formel quand il enseigne, au n° 844 du *Contrat de mariage:* « Il n'y aurait pas lieu à l'option si le mari avait acheté au nom de sa femme et en vertu de sa procuration ; mais, à défaut d'un mandat exprès, il n'obligerait pas sa femme en se bornant à déclarer qu'il achète pour elle : la femme conserverait son droit d'option. »

Nous préférons de beaucoup ce dernier sentiment et nous croyons pouvoir le justifier. — En effet, si l'acquisition n'offrait que des avantages à la femme, on ne serait certes point reçu à prétendre que le mari était sans qualité pour agir en son nom. Son titre d'époux lui confère, en effet, le pouvoir d'administrer les biens de sa femme, et la reconstitution d'une propriété divisée a toute l'apparence d'un acte de sage gestion. Mais les conséquences de l'achat ont une gravité à laquelle il faut bien réfléchir. Quand la femme a consenti à la licitation, la part acquise lui devient irrévocablement propre. Elle ne peut répudier plus tard les suites de son opération, encore que le prix soit exagéré ou que la possession de l'immeuble lui soit onéreuse. Et cela est très-naturel, car la femme ne saurait être restituée contre les dommages auxquels elle s'est librement exposée en acquiesçant à la vente : *volenti non fit injuria*. Il en serait pas juste qu'il en fût de même lorsqu'elle est demeurée étrangère au contrat. Voilà pourquoi le législateur moderne, suivant les traditions de notre ancienne jurisprudence, a concédé à la femme le droit de s'approprier alors. l'acquisition faite par le mari personnellement, ou de la laisser au compte de la communauté. Or, si le mari, agissant *pour sa femme*, a le pouvoir de lui attribuer l'immeuble à son insu et à titre d'accroissement de propre, elle perdra ce privilége d'option, n'aura plus le droit de répudier un achat inopportun ou trop chère-

ment payé, et se trouvera ainsi livrée aux collusions ou à l'inexpérience de son conjoint. En d'autres termes, elle deviendra propriétaire contre son gré d'un bien qui peut causer sa ruine. Un tel résultat est-il donc si clairement énoncé dans les textes?

Le second alinéa de l'art. 1408 parle sans doute de l'acquisition faite par le mari *seul et en son nom personnel*. Mais il ne faut pas entendre ces expressions dans un sens exclusif et en induire par *a contrario* que tout autre achat du mari ne donne pas lieu au droit d'option. On trouve l'explication historique de ces mots dans les modifications successives apportées à la rédaction de l'article. Le premier projet prévoyait seulement le cas d'une licitation à laquelle la femme assiste comme venderesse de sa part, et où comparaît aussi le mari comme acquéreur de la totalité du bien[1]. Pour régler alors le sort d'une acquisition faite dans l'intérêt du mari, il fallait bien supposer que ce dernier aurait expressément déclaré dans l'acte son intention d'acquérir pour lui-même, car autrement la présence de sa femme au contrat aurait fait naturellement présumer que l'opération la concernait. Tel était le sens des mots *en son nom personnel* du projet d'article. Ils avaient pour but de bien caractériser que, malgré son assistance au contrat, la femme ne consentait pas d'ores et déjà à l'acquisition. Comme le législateur ne prévoyait point alors l'hypothèse d'un achat fait par le mari en l'absence de sa femme, mais pour le compte de celle-ci, il est évident que les expressions du texte n'avaient point pour objet de l'exclure de sa disposition. — Sur les observations du Tribunat, on a étendu l'article à tous les cas d'aliénation, et on y a inséré la faculté d'option (Locré t. 5 n° 8, Malleville *Analyse du C. C.*, art. 1408); mais on a pris le reste de l'article avec sa première rédaction, et on a reproduit dans le projet définitif les expressions *en son nom personnel* sans s'apercevoir peut-être qu'elles n'avaient plus la même importance.

L'Administration invoque la doctrine de Pothier et cite un passage dans lequel ce grand jurisconsulte incline à penser que le mari est toujours censé agir au nom de la femme lorsqu'il achète, sans prendre qualité, un immeuble dont une partie appartient à son épouse. Pothier contient même sur le point qui nous occupe, un passage bien autrement catégorique que celui de la délibération : « Lorsqu'un cohéritier de ma femme, dit-il, me vend la portion indivise d'un héritage qui lui est commun avec ma femme, s'il est dit par cet acte que j'y parais *pour ma femme* en qualité de son mari, il n'est pas douteux que, tant qu'elle ne désavoue pas cet acte, il est censé n'être pas autre chose qu'un acte, tenant lieu du partage qui était à faire entre elle et ce cohéritier. » *(Traité de la comm.* n° 150.) — Mais a-t-on bien médité sur la doctrine de ce savant maître et sur la possibilité de son application à la législation moderne? En admettant avec une aussi grande facilité que le mari est présumé agir au nom de sa femme, Pothier ne compromettait en rien la position de celle-ci, puisqu'elle conservait en toute hypothèse le droit de répudier ultérieurement l'acquisition. « Le bien sera propre, dit-il, TANT QU'ELLE NE DÉSAVOUERA PAS L'ACTE DU

---

1. *Texte du projet d'article :* « Néanmoins l'immeuble acquis par licitation, et dans lequel la femme avait un droit indivis, tombe en communauté si la femme a procédé seule ou à la licitation comme autorisée en justice au refus du mari, et si, en ce cas, le mari s'est rendu adjudicataire en son nom personnel. »

MARI.» Et il n'y avait aucun danger, par conséquent, à voir toujours dans le mari, jusqu'à preuve contraire, un mandataire tacite de sa femme. Aujourd'hui que les rigueurs de l'art. 1408 ne permettent plus à la femme de rejeter un achat auquel elle s'est trouvée représentée, il est certain que si le mari qui agit pour sa femme est réputé de plein droit le mandataire de celle-ci, elle n'aura aucune action pour démontrer l'inexistence de ce mandat et se soustraire aux conséquences de l'affirmation du mari. « Il serait messéant à la femme, enseigne en effet Troplong, de venir nier l'existence d'un mandat attesté par son mari : de telles controverses auraient un caractère irrespectueux; la loi ne permet pas de les soulever » (loc. cit. 672). Or, devant cette impossibilité de désaveu, n'est-il pas naturel qu'on ne présume plus aujourd'hui avec la même facilité qu'au temps de Pothier la réalité d'un pouvoir donné par la femme? Et peut-on sérieusement penser que la preuve en est faite quand le mari dit simplement qu'il agit pour sa femme? La loi, qui veille avec tant de sollicitude aux intérêts de l'épouse, les aurait singulièrement livrés ici au despotisme marital. — En résumé, il faut choisir entre ces deux positions : ou croire le mari sur parole, en admettant qu'il avait réellement qualité pour agir au nom de sa femme, et alors décider que la femme est devenue à son insu irrévocablement propriétaire, — ou bien reconnaître, malgré ses affirmations contraires dénuées de preuve, que le mari a agi sous sa seule responsabilité et sous celle de la communauté qu'il représente.

Nous n'avons pas hésité à adopter ce dernier parti aux nᵒˢ 1839 nᵒ 3 et 1964 R. P. La délibération du 20 mai 1864 n'est pas de nature à changer nos convictions. On peut invoquer dans le sens de notre opinion un arrêt du 9 janvier 1854, qui a reconnu que l'acquisition faite par un mari, pour lui et sa femme, de portion d'un immeuble appartenant indivisément à celle-ci, attribuait aux deux époux jusqu'à l'option de la femme des droits indivis sur l'immeuble (2010-6 I. G., 15142 J. N., 15802 J. E., S. 54-1-124).

Cependant, il a été décidé, en matière civile, par un arrêté du 2 décembre 1867, que, dans la même hypothèse, l'immeuble doit être réputé propre à la femme durant le mariage; mais cet arrêt, rendu à l'encontre des créanciers du mari et pour écarter leurs poursuites, ne nous paraît pas résoudre la difficulté in terminis. Nous en avons discuté la doctrine au nᵒ 2697 R. P. — V. aussi 19318 J. N.

10934. Objet déterminé. — Meubles. — On a prétendu que la loi, prévoyant seulement le cas où le mari s'est rendu acquéreur de portions ou de la totalité d'un immeuble, la disposition n'en doit pas être étendue à l'acquisition de droits éventuels et indéterminés, comme sont les droits dans une succession mobilière et immobilière (Cass. 25 juill. 1844, S. 44-1-614 ; — Riom 9 mars 1846, S. 46-2-557; — 15 nov. 1869, S. 70-2-39, Odier nᵒ 136, Pont et Rodière 2ᵉ édit. nᵒ 625). — Mais on répond avec raison, selon nous, qu'il n'y a aucun motif de refuser au mari, lorsqu'il traite sur les propres mobiliers de la femme, la qualité de mandataire qu'on lui reconnaît au sujet des immeubles. C'est ainsi, d'ailleurs, que le retrait d'indivision s'appliquait dans l'ancien droit (Amiens 3 juin 1847, S. 48-2-673; — Bourges 20 août 1855, S. 57-2-266; — Pau 6 juin 1860, S. 61-2-131; — 28 juin 1869, S. 70-2-331; — Montpellier 5 avr. 1870, S. 70-2-238,

Troplong nᵒ 676, Aubry et Rau t. 4 p. 208, J. du not. 88, Dalloz vᵒ Contr. de mar. nᵒ 838).

En matière d'enregistrement, il a été décidé, en ce dernier sens, que le retrait d'indivision s'applique à tous les biens qui peuvent constituer des propres des époux, que ces biens soient mobiliers ou immobiliers ; que, par conséquent, si deux époux, mariés sous un régime exclusif de communauté, achètent des droits successifs mobiliers et immobiliers dans lesquels la femme avait une part indivise, la totalité de ces droits appartiendra à la femme et devra être comprise dans les biens de sa succession (Bourganeuf 21 déc. 1865, 2244 R. P.).

Cette doctrine a même été étendue, par un jugement de Bordeaux du 16 juin 1856, à un fonds de commerce dans lequel l'un des époux avait une part indivise.

10935. Limites du droit d'option de la femme. — Du texte de la loi, il résulte clairement qu'elle limite l'option de la femme au cas où le mari a acheté seul, et en son nom personnel, les portions de l'immeuble dans lequel sa femme a une part indivise, ou qu'il a déclaré acheter pour le compte de sa femme, mais sans mandat de celle-ci (Taulier t. 5 p. 65). Mais lorsque la femme a été partie à l'acte, elle ne peut aller contre son propre fait; elle n'est pas maîtresse de répudier un achat qui émane de sa volonté. Supposons, par exemple, que l'acquisition soit déclarée faite au mari et à la femme, présents et acceptant, comme dans les cas spécifiés nᵒˢ 10926-10929, la femme, par sa présence à l'acte, se l'est rendu personnel; il ne lui est plus permis de revenir sur une détermination émanant d'une personne capable. Il en serait de même si la femme donnait pouvoir à son mari d'acheter pour elle et en son nom (Rodière et Pont t. 1ᵉʳ nᵒ 493). Dans ces diverses hypothèses, la qualité de propre est irrévocablement attribuée à l'immeuble acquis.

Mais cette conclusion ne doit pas cependant sortir de ses véritables limites, car, bien que la femme eût concouru à l'acte, si le mari avait déclaré faire l'acquisition pour la communauté et non pour la femme, elle ne serait pas privée de son droit d'option; il serait alors permis de supposer qu'elle n'a pas agi librement, mais sous l'influence de son mari (Taulier t. 5 p. 5). En un mot, toutes les fois que l'acquisition, de quelque façon et en quelques termes qu'elle ait été faite, est, en définitive, non l'œuvre de la femme, mais l'œuvre du mari (sans d'ailleurs lui constituer un propre), il y a lieu à l'option de la femme.

Dans tous les cas, le droit d'option n'appartient jamais au mari. Chef de la communauté, il a toujours dépendu de lui d'acquérir ou de ne pas acquérir : il ne peut donc, lorsqu'il s'est déterminé à se rendre acquéreur ou adjudicataire, revenir sur la détermination qu'il a prise; son droit est désormais consommé.

Mais si le droit d'option n'appartient qu'à la femme, il ne lui est pas exclusivement personnel, ses héritiers peuvent également l'exercer (Rodière et Pont nᵒ 494). — Quant à la question de savoir si ce droit peut être exercé par les créanciers de la femme, les auteurs sont divisés. Se prononcent pour l'affirmative : Duranton t. 14 nᵒ 203, Zachariæ t. 2 p. 339, Pont et Rodière t. 1ᵉʳ n. 494, Taulier p. 65-66, Marcadé 1408 nᵒ 6. — Mais la négative est adoptée par Glandaz nᵒ 129, Odier t. 1ᵉʳ nᵒ 143, Troplong nᵒ 678, et la jurisprudence a consacré cette seconde opinion (Cass. 14 juill. 1834 ; — Riom 11 fév. 1836 ; — Cass. 8 mars 1837, S. 34-1-533, 36-2-186, 37-1-331).

10936. Point de départ de l'option. — L'art.

1408 fixe à la dissolution de la communauté le point de départ de l'exercice, par la femme, de son droit d'option. Nonobstant les termes formels de la loi, un arrêt (Lyon 20 juin 1843, S. 44-2-319) a décidé, et Troplong (n° 670) enseigne que la femme peut faire son choix, soit à la dissolution de la communauté, soit pendant le cours de cette communauté. C'est une idée qu'a condamnée un arrêt postérieur de la Cour suprême (25 juill. 1844, S. 44-1-614), ainsi qu'un arrêt de Nancy du 9 juin 1854 (S. 54-2-785, P. 56-1-268). Elle est repoussée par Rodière et Pont t. 1er n° 495, et Marcadé 1408 n° 4.

Lorsque la femme est mariée sous le régime dotal, l'ouverture du droit d'option ne peut évidemment se placer à la dissolution d'une communauté qui n'existe pas. Aussi la cour de Limoges a-t-elle décidé, le 12 mars 1828 (D. 29-2-127), que sous le régime dotal l'option doit être faite par la femme lorsqu'elle règle ses droits, et que quand il s'agit de biens paraphernaux, elle doit être faite immédiatement après l'acquisition.

10937. Délai accordé pour faire l'option.

— Quant au délai de l'option, il subsiste comme partout pendant le temps voulu pour prescrire, c'est-à-dire pendant trente ans à partir du jour de la dissolution de la communauté (Cass. 31 juill. 1858, S. 59-2-97). — Cependant, lors de sa liquidation, la femme ou ses héritiers peuvent être formellement mis en demeure de s'expliquer. Et alors elle doit le faire de suite, sans pouvoir prétendre qu'un délai, même d'un an, lui appartient pour se décider (Delvincourt t. 3, Duranton t. 14 n° 210, Zachariæ t. 3 p. 428, Pont et Rodière t. 1er n° 495, Troplong n° 684, 681, Taulier t. 5 p. 66, Marcadé 1408 n° 4).

10938. Retrait exercé. — Lorsque la femme garde

l'immeuble, elle exerce ce que l'on est convenu d'appeler le *retrait d'indivision*. Elle reprend alors l'immeuble affranchi de toute hypothèque ou autre charge réelle créée par le mari sans son consentement : elle peut également faire révoquer les aliénations auxquelles elle n'a pas consenti, deux choses qu'elle ne pourrait faire évidemment si l'immeuble eût appartenu à la communauté jusqu'au moment de son option. En reprenant l'immeuble, la femme doit rembourser à la communauté, non pas la valeur actuelle des parts qui ont été réunies à la sienne, mais la somme même que la communauté a fournie pour leur acquisition. Elle doit aussi tenir compte, selon les principes généraux du droit, des frais et loyaux coûts que la communauté a payés, ainsi que des dépenses nécessaires ou utiles qu'elle a faites sur l'immeuble (Pont et Rodière t. 1er n° 496).

Ce remboursement donne nécessairement lieu au droit de quittance, car la communauté se trouve créancière de la femme de tout ce qu'elle a payé pour l'immeuble de celle-ci.

10939. Abandon de l'immeuble à la communauté.

— Lorsque la femme repousse l'acquisition faite par le mari, deux hypothèses peuvent se présenter :

Si l'immeuble a été acquis par le mari sur licitation, la part que la femme avait dans l'immeuble licité s'est trouvée englobée dans l'acquisition du mari ; dès lors, la communauté doit à la femme la part du prix de licitation correspondant à la part d'immeuble qu'elle avait. Le payement de ce prix donne ouverture au droit de mutation de 5 fr. 50 cent. pour 100, car les droits sur la licitation passée au mari, qui était censé acquérir pour le compte de sa femme, n'ont dû être liquidés que sur les parts acquises, ce qui fait que la communauté n'a encore payé aucun droit de mutation à raison de la part que la femme avait dans l'immeuble.

Que si, au contraire, le mari a acheté de gré à gré la part des copropriétaires de la femme, la communauté doit, ainsi que l'enseigne Troplong n° 685, conformément à l'opinion de Duranton t. 14 n° 206, et en repoussant l'opinion contraire de Pont et Rodière t. 1er n° 496, et Toullier t. 12 n° 167, prendre la part de la femme pour la réunir aux autres parts, sauf à lui tenir compte de la valeur de cette part dans la proportion du prix payé par le mari. — Dans ce cas, le droit de vente à 5 fr. 50 cent. pour 100 est également exigible sur le prix que la communauté paye à la femme pour l'acquisition qu'elle fait de sa part.

Au surplus, dans les deux cas, il y a lieu de percevoir le droit de 1 fr. 50 cent. pour 100 sur les parts qui n'appartenaient pas à la femme, car, ainsi que nous l'avons dit au n° 10932, le droit de mutation n'ayant été perçu au taux de 4 pour 100, fixé pour les licitations sur les parts que le mari était censé n'avoir acquises que pour le compte de la femme, copropriétaire indivise, ce droit doit être liquidé au taux de 5 fr. 50 cent. pour 100, comme vente, du moment que ce n'est plus la femme, mais la communauté qui se trouve définitivement avoir acquis. Or, comme sur ce droit de 5 fr. 50 cent. pour 100 il convient d'imputer le droit de 4 pour 100 précédemment perçu, il ne reste exigible que la différence de 1 fr. 50 cent. pour 100.

10940. Adjudication après la dissolution de la communauté. — Lorsqu'un mari acquéreur durant

la communauté de parts indivises dont une autre partie appartenait à sa femme s'est rendu, après le décès de celle-ci, adjudicataire de l'immeuble, cette adjudication ou vente ne véritable vente passible du droit de transcription, en quelque sens que s'opère l'option des héritiers. En effet, si ceux-ci laissent l'immeuble à la communauté, le mari se trouve propriétaire comme communiste en vertu de l'achat antérieur et du second acte, auquel cas la transcription est indispensable pour la purge. Si les héritiers font le retrait, le mari, à qui la première vente n'aura pas profité, n'est devenu propriétaire de chacune des portions de l'immeuble que du chef des héritiers par l'effet d'une vente ordinaire (Cass. 9 janv. 1854, 2010-6 I. G., 15142 J. N., 15802 J. E., S. 54-1-124). — *Suprà* n° 10932.

10941. Contrat de mariage antérieur au Code civil. — Les anciennes coutumes ne mentionnent

rien qui soit contraire à l'art. 1408, et cet article est applicable, quoique les époux se soient mariés avant le C. C. (Dél. 2 fév. 1827, 8637 J. E.).

10942. Acte de retrait. — Transcription. —
D'après Flandrin n° 214, Mourlon *Revue pratique* t. 3 p. 186 n° 65 et Gauthier n° 81, l'acte constatant le retrait d'indivision n'est pas sujet à la transcription.

LIGNE.

10943. Définition. — La ligne est, en terme de généalogie, la suite des descendants d'une race, d'une famille. Aux termes de l'art. 735 C. C., elle se forme de degrés dont chacun correspond à une génération (*V.* le tableau au n° suiv.).

1. DEUX SORTES DE LIGNES. — Il y a deux sortes de lignes : la *ligne directe* et la *ligne collatérale.*

10944. Ligne directe. — La ligne directe se dit de celle qui comprend les parents ou alliés joints ensemble en droite ligne et qui descendent les uns des autres. La même ligne de parents est *descendante* ou *ascendante*, selon la manière dont on l'envisage : *descendante* quand on va d'une personne à ses fils, petits-fils, arrière-petits-fils, etc.; *ascendante* quand on remonte d'une personne à ses père, aïeul, bisaïeul, etc.

Ainsi supposons *Paul* : la ligne *descendante* sera pour lui celle qui le lie avec ceux qui descendent de lui, tandis que la ligne ascendante sera celle qui le lie avec ceux dont il est descendant (736 C. C.), comme cela devient sensible dans le tableau ci-après :

LIGNE ASCENDANTE

JEAN, aïeul au cinquième degré (quadrisaïeul), séparé de *Paul* par quatre générations.

JOSEPH, aïeul au quatrième degré (trisaïeul), séparé de *Paul* par trois générations.

PIERRE, aïeul au troisième degré (bisaïeul), séparé de *Paul* par deux générations.

JACQUES, aïeul au deuxième degré (grand-père), séparé de *Paul* par une génération.

LOUIS, père, appartenant à la génération qui précède *Paul* (ascendant au premier degré).

PAUL.

LIGNE DESCENDANTE

HENRI, fils, première génération après *Paul* (descendant au premier degré).

AUGUSTE, petit-fils, deuxième génération après *Paul* (descendant au deuxième degré).

ÉMILE, arrière-petit-fils, troisième génération après *Paul* (descendant au troisième degré).

VICTOR, arrière-petit-fils, quatrième génération après *Paul* (descendant au quatrième degré).

Etc.

Rien n'est plus simple, on le voit, que la manière de compter pour la ligne directe. On compte autant de degrés qu'il y a de générations entre les personnes qui composent la ligne

(737 C. C.); ainsi *Jean* est l'aïeul au cinquième degré de *Paul*, parce qu'il représente la cinquième génération en remontant de *Paul*, puisque quatre générations se trouvent entre eux deux. — De même, *Victor* est l'arrière-petit-fils au quatrième degré de *Paul*, puisque trois générations les séparent; il représente la quatrième.

10945. Ligne collatérale. —
L'art. 736 C. C. définit la *ligne collatérale* : la suite des degrés entre personnes qui ne descendent pas les unes des autres, mais qui descendent d'un auteur commun. Cette dénomination s'explique de la manière suivante :

Quand une personne a plusieurs enfants, il part d'elle plusieurs lignes qui toutes sont des lignes directes. Ainsi mon frère et moi nous sommes en ligne directe avec mon père ; il en est de même de nos descendants. Mais je suis aussi parent, et tous mes descendants, qui forment avec moi une *ligne directe*, nous sommes parents de mon frère et de ses descendants, qui forment une ligne parallèle à la mienne : c'est cette ligne parallèle que l'on nomme *collatérale*, parce qu'en effet elle est de côté par rapport à la mienne.

Dans la ligne *collatérale*, les degrés se comptent par les générations, depuis l'un des parents jusque et non compris l'auteur commun, et depuis celui-ci jusqu'à l'autre parent (738 C. C.). Ici, plus que pour la ligne directe, un exemple que l'œil puisse saisir est nécessaire pour rendre sensible ce que nous venons de dire.

Supposons que *Paul* ait deux fils, lesquels en aient eux-mêmes chacun un, et que chacun de ceux-ci en ait également un ; cette famille sera représentée par le tableau suivant :

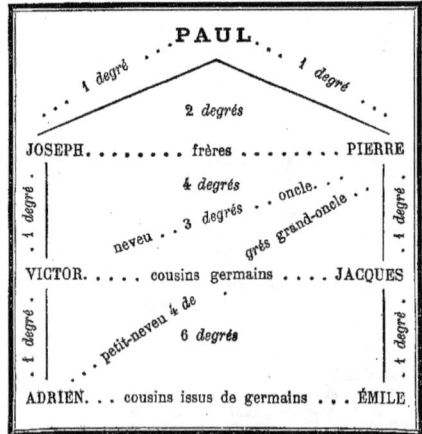

Pour calculer les degrés il faut faire le raisonnement suivant :

Joseph, pour établir sa parenté avec *Pierre*, est nécessairement obligé de remonter à *Paul*, l'auteur commun, pour descendre ensuite sur *Pierre*. Or, comme il y a un degré de *Joseph* à *Paul* et un degré de *Paul* à *Pierre*, il s'ensuit que de *Joseph* à *Pierre* il y a deux degrés.

De même pour la parenté de *Victor* à *Jacques*, il faut, en passant par l'auteur commun, faire le calcul suivant :

De Victor à Joseph. . . . . 1 degré.
De Joseph à Paul 1
De Paul à Pierre. 1
De Pierre à Jacques 1

TOTAL. . . . . 4 degrés.

Ce qui donne, de *Victor* à *Jacques*, quatre degrés.
Enfin, pour aller d'*Adrien* à *Émile*, il faut compter :

D'Adrien à Victor . . . . 1 degré.
De Victor à Joseph. 1
De Joseph à Paul 1
De Paul à Pierre 1
De Pierre à Jacques. 1
De Jacques à Émile 1

TOTAL. . . . . 6 degrés.

Ce qui donne, d'*Adrien* à *Émile*, six degrés.

Joseph et Pierre, qui sont parents au deuxième degré, sont *frères*. Victor et Jacques, qui sont parents au quatrième degré, sont *cousins germains*. Adrien et Émile, qui sont parents au sixième degré, sont *cousins issus de germains*, et ainsi de suite.

En dehors de ces ordres de parenté, il en existe d'autres qui sont marqués en diagonale dans notre tableau. Ce sont les liens de parenté qui existent entre le frère et le fils du frère ou entre le frère et le petit-fils du frère. On voit, par notre tableau et en suivant la marche que nous avons indiquée, que *Victor* se trouve à l'égard de *Pierre* au troisième degré, c'est ce qu'on appelle *neveu* et *oncle* ; et qu'*Adrien* se trouve à l'égard de *Pierre* au quatrième degré, c'est ce qu'on appelle *petit-neveu* et *grand-oncle*, et ainsi de suite.

Dans l'exemple sur lequel nous avons opéré, il n'avons supposé que deux frères et un descendant seulement à chaque degré pour chaque frère, mais on pourrait imaginer un plus grand nombre de parents, ce qui ne dérangerait pas l'ordre des degrés, en sorte qu'au lieu de ne compter que deux frères, il pourrait y en avoir huit, qui tous seraient au même degré ; de même dix neveux, vingt cousins, etc.; cet ensemble formerait une chaîne plus ou moins complexe à chaque degré, mais l'ordre que nous avons établi ne serait en rien changé.

10946. Femmes. — Nous n'avons considéré dans les exemples que nous avons donnés qu'une lignée masculine ; mais il faut remarquer que s'il s'y trouvait des femmes, il n'en résulterait aucune différence. En effet, la ligne est l'assemblage de personnes du même sang, le lien qui réunit les ascendants et les descendants, une continuité non-interrompue de personnes issues successivement les unes des autres et ayant une source commune ; cette définition ne reçoit, dans les idées ordinaires, aucune distinction de sexe ; les mâles et les filles forment également la ligne, et on ne dit pas moins d'une fille que d'un mâle, qu'elle descend en ligne directe d'une telle personne : la ligne est le cours et la continuation du même sang, qui ne coule pas moins dans les veines des filles que dans celles des mâles.

Ainsi, le frère et la sœur, l'oncle et la tante, le neveu et la nièce, le cousin et la cousine, sont respectivement égaux dans leurs degrés. — V. *Succession*.

LINGES ET HARDES.

10947. — « La femme qui renonce à la communauté, porte l'art. 1492 C. C., a le droit de retirer les linges et hardes à son usage. »

10948. Garde-robe. — D'après l'ancienne jurisprudence (*V.* Pothier *de la Comm.* n° 569), on devait laisser à la femme qui renonçait *une robe et le reste de ce qui forme un habillement complet*, parce que *mulier non debet abire nuda*. Le C. C. s'est montré plus libéral : il accorde à la femme *ses linges et hardes*, et par ces expressions il faut entendre ce qu'on appelle son trousseau, sa garde robe, aussi bien ses robes de parure que ses vêtements de tous les jours, en un mot tout ce qui, en fait de linges ou de hardes, est à l'usage de la femme, quelle qu'en soit la valeur et quelques nombreux que soient les objets (Toullier t. 13 n° 283, Duranton t. 14 n° 509, Bellot *du Contr. de mar.* t. 2 p. 560, Taulier t. 5 p. 567, Troplong *du Contr. de mar.* n° 1822, Marcadé sur l'art. 1492).

10949. Bagues et joyaux. — Dentelles. — Tous les auteurs s'accordent d'ailleurs à reconnaître que les bijoux ne font pas partie des linges et hardes — (V. les auteurs cités *suprà*). Quant aux dentelles, elles doivent être comprises parmi les linges et hardes, parce que si elles servent à orner la femme, elles servent aussi à la vêtir (Toullier t. 14 n° 269, Duranton *loc. cit.*). — V. *Communauté*.

LIQUIDATION DE COMMUNAUTÉ ET DE PARTAGE.

10950. — C'est la détermination du montant de l'actif et du passif et aussi de la nature et de la quotité des droits des intéressés dans une communauté en succession. — V. *Partage*.

LIVRE D'ACQUIT.

10951. — C'est un livre dont la tenue est prescrite par la loi du 18 mars 1806 pour chaque chef d'atelier.

10952. Timbre. — Une Déc. min. 20 juin 1809 (437 I. G.) l'avait déclaré sujet au timbre, mais il en a été formellement exempté par une seconde Déc. 6 juillet 1813 (4692 J. E.).

LIVRE DE COMMERCE.

10953. — D'après les art. 8, 9 et 10 C. com., les commerçants sont tenus d'avoir des livres sur lesquels ils inscrivent leurs opérations.

10954. Timbre. — Autrefois, les livres des commerçants étaient assujettis à un timbre dont la quotité avait varié (LL. 13 brum. an 7, art. 12, 28 avr. 1816, art. 73).

Mais la perception de cet impôt étant d'autant plus difficile que les employés de l'Administration ne pouvaient exiger des commerçants la communication de leurs livres, on a changé le mode de perception, en prescrivant d'ajouter 3 centimes au principal de la contribution des patentes pour tenir lieu de timbre des livres de commerce (L. 20 juill. 1837, art. 4, 1544 I.G.). Ce droit a été augmenté de 3 centimes 8 10mes par la loi du 23 juillet 1872.

1. RENVOI. — On trouvera le développement de cette matière au mot *Registre*.

LODS ET VENTES.

10955. — C'était la redevance que percevait le seigneur sur le prix des héritages de sa mouvance, lorsqu'ils changeaient de mains par vente ou par acte équipollent à vente.

Ce droit a été aboli, avec tous les droits féodaux, par la loi du 17 juillet 1790. — V. *Enregistrement*.

LOI.

10956. Définition. — La *loi*, telle qu'on l'entend aujourd'hui, est une déclaration solennelle donnée par le pouvoir législatif sur un objet d'intérêt général ou particulier.

10957. Époque antérieure à 1789. — L'histoire de notre ancienne législation se divise en trois époques principales : le temps qui a précédé le triomphe de la puissance féodale, le règne des seigneurs féodaux, leur déclin successif jusqu'à la convocation des États généraux de 1789.

10958. Époque antérieure à la féodalité. — Dès le temps de Clovis, les grands du royaume s'assemblaient chaque année dans un champ qu'on appelait *Champ de Mars*, parce que ces diètes se tenaient au commencement du mois de mars ; c'est là que, sous la présidence du roi, furent délibérées les premières lois de la monarchie. C'est dans cette forme que fut acceptée la loi salique et on l'appela non pas édit, ni ordonnance, ni charte, mais pacte ou contrat national, *pactum legis salica*.

Sous la seconde race, les assemblées générales, qui avaient été interrompues par la tyrannie de quelques maires du palais, furent rétablies. Elles commencèrent sous Pépin le Bref à se tenir au mois de mai, et elles furent, pour cette raison, nommées les *assemblées du mois de mai*. Charlemagne les continua, malgré sa toute-puissance. Il agrandit même le cercle de la représentation nationale, en admettant dans les diètes des personnes non privilégiées. C'est dans ces assemblées que le grand monarque fit ses ordonnances si célèbres que l'on appela les *capitulaires*, parce qu'elles avaient été faites dans les assemblées générales ou *chapitres* généraux des grands du royaume.

10959. Époque du règne souverain de la féodalité. — L'usage de faire les lois en assemblée générale durait encore sous Charles le Chauve. Mais la suite des rois de la seconde race n'offrit plus que confusion, anarchie et violences. Le système féodal s'affermit plus que jamais, les grands vassaux usurpèrent toute l'autorité, et la majesté royale ne fut plus qu'un vain titre. La volonté du roi fit des lois dans les provinces dont il était souverain avant d'arriver au trône ; mais là seulement ses ordonnances étaient obligatoires sans opposition ou contrôle. « Quand les rois faisaient des lois qui regardaient aussi le pays de leurs barons, elles étaient faites de concert avec eux ou scellées ou souscrites d'eux ; sans cela les barons les recevaient ou ne les recevaient pas, suivant qu'elles leur paraissaient convenir ou non au bien de leurs seigneuries ; les arrières-vassaux étaient dans les mêmes termes avec les grands vassaux » (Montesquieu *Esprit des lois* liv. 2 ch. 10, 11 et 15).

Aussi, à cette époque, bien que les assemblées générales fussent encore tenues sous la présidence du roi, ce n'étaient plus que de vrais simulacres de législature. On ne s'y occupait que des prétentions rivales des seigneurs, et pas une loi n'en sortait qui eût autorité universelle dans le royaume. La force brutale était le droit qui gouvernait la France.

10960. Déclin de la puissance féodale. — Mais Hugues Capet et ses premiers successeurs ressaisirent peu à peu la puissance attachée au sceptre, et les établissements de saint Louis portèrent le premier coup à la suprématie féodale. A partir de ce moment, tous les éléments de souveraineté épars entre tous les seigneurs féodaux vinrent successivement se rattacher à la couronne. « Cette révolution, dit Henrion, principalement due à la sagesse de saint Louis, à son courage, à sa législation, avait été commencée par Philippe-Auguste ; Philippe le Bel la consomma, et, sur la fin de son règne, il n'y avait plus en France qu'un roi et des sujets. »

Ce fut en 1302, après quatre cents ans d'interruption, que fut de nouveau convoquée une assemblée générale, sous le nom d'*États généraux*. A partir de ce moment, le peuple, par l'intermédiaire des États généraux et surtout par l'organe des parlements, participa à la confection de la loi. Mais, il faut le dire, cette coopération de la nation fut encore long-temps précaire, plus apparente que réelle ; la puissance législative du monarque étant rendue à peu près absolue par la mise en mouvement, à son gré, des rouages législatifs qui étaient tous dans ses mains. Ce fut en 1789 seulement que le peuple intervint réellement dans la confection de la loi à la suite de la convocation des États généraux.

10961. Intervention directe de la nation dans la confection de la loi. — Cette assemblée se ressaisit, de prime abord, de l'autorité que *les Champs de mars* et de *mai* avaient exercée sous les deux premières races de nos rois. — Par l'art. 6 de la déclaration des droits de l'homme et du citoyen, elle établit en principe que *la loi est l'expression de la volonté générale, et que tous les citoyens ont droit de concourir personnellement, ou par leurs représentants, à sa formation.*

Nous ne ferons pas ici l'historique des formes diverses que la puissance législative a affectées à partir de 1789, tout le monde les connaît. Nous arrivons directement à la manière dont la loi se forme actuellement.

10962. Formation de la loi. — D'après la constitution du 14-22 janvier 1852, la puissance législative s'exerçait en France collectivement par l'empereur, le sénat, le Corps législatif (art. 4). Le Corps législatif votait et discutait les projets de loi, dont l'empereur avait seul l'initiative, et les lois ainsi votées étaient soumises à l'approbation du sénat (art. 8, 25, 39).

Aujourd'hui, l'initiative de la loi appartient aux députés, aux sénateurs et au Gouvernement. Cette loi est votée par les deux chambres.

1. DÉCRETS. — Les décrets ont force de loi quand ils sont rendus en forme de règlement d'administration publique sur des points qui leur ont été formellement réservés par une loi.

Les décrets rendus en vertu de l'art. 58 de la constitution de 1852 jusqu'au moment de la constitution des grands corps de l'État ont la force obligatoire des lois.

Mais on ne saurait considérer comme ayant force de loi les décrets rendus par les fonctionnaires envoyés en qualité d'administrateurs dans les départements après la révolution du 4 septembre 1870. Le tribunal de Marseille a cependant jugé, le 9 février 1874, que l'administrateur des Bouches-du-Rhône avait pu accorder à une société la dispense des droits de timbre et d'enregistrement applicable à un titre (3841 R. P.). Mais c'est une erreur évidente. Ce jugement du 9 février 1874 a été annulé par un arrêt du 7 février 1876 (4312 R. P.).

2. AVIS DU CONSEIL D'ÉTAT. — Sous la constitution de l'an 8 et jusqu'à la charte de 1814, le conseil d'État avait, pour l'interprétation des lois, un pouvoir absolu. Un arrêté des consuls du 5 nivôse an 8, rendu en exécution de la constitution du 22 frimaire même année, porte, art. 11 : « Le conseil d'État développe le sens des lois sur le renvoi qui lui en est fait par les consuls. » Pendant le premier empire, le Gouvernement a souvent usé de cette prérogative attribuée au conseil d'État, et les avis rendus à cette époque ont force de loi interprétative.

10963. Sanction. — La *sanction* est le consentement donné par le souverain au vote des corps législatifs. C'est le complément de la loi et un acte véritable du pouvoir législatif. La constitution de 1848 avait supprimé la sanction. Cela devait être, puisque le gouvernement sorti de la révolution de 1848, reposant sur le principe de la souveraineté du peuple, déclarait que le pouvoir législatif était tout entier dans l'assemblée des représentants élus par la nation. Sous l'empire, la *sanction* était le vote définitif par l'empereur de la loi votée par le Corps législatif, approuvée par le sénat.

La *sanction* a été supprimée de nouveau depuis que le pouvoir législatif a été dévolu à l'Assemblée nationale.

10964. Promulgation. — Avant la révolution de 1789, les mots *promulgation* et *publication* étaient synonymes par rapport aux lois. Le décret de l'Assemblée constituante du 9 novembre 1789 assigna à ces deux mots des significations différentes : il appela *promulgation* l'acte par lequel le chef de l'État attestait au corps social l'existence de l'acte législatif qui constituait la loi ; et *publication*, le mode qui devait être adopté pour faire parvenir la loi à la connaissance de tous les citoyens.

Ainsi aujourd'hui la *promulgation* est l'attestation donnée par le chef de l'État au corps social de l'existence de la loi, et l'ordre intimé par lui aux citoyens et aux diverses autorités de l'observer et de la faire observer. C'est un acte de pouvoir exécutif.

La forme de la *promulgation* est actuellement fixée par un décret du 11 avril 1873 dans les termes suivants :

« L'Assemblée nationale a adopté la loi dont la teneur suit : (*Texte de la loi*).

« Le président de la République promulgue la présente loi. »

1. INSERTION AU BULLETIN DES LOIS. — Autrefois, la promulgation résultait invariablement de l'insertion de la loi au *Bulletin des lois*, et elle était réputée connue un jour après que la réception du *Bulletin* avait été constatée sur un registre tenu au ministère de la justice (Ord. 27 nov. 1816, art. 1er et 2).

D'après l'art. 1er du décret du gouvernement de la Défense nationale du 5 novembre 1870, la promulgation des lois résulte aujourd'hui de leur insertion au *Journal officiel*, ou, si cette insertion n'a pas lieu, de l'insertion au *Bulletin des lois*.

10965. Publication. — C'est la promulgation qui rend la loi exécutoire ; mais elle ne la rend pas *obligatoire*. Par l'effet de la promulgation, la loi se trouve en elle-même la puissance d'être exécutée, et réunit les conditions *exigées* d'elle pour cet effet. Mais comme l'apposition de la formule d'exécution n'a rien de public et que les citoyens ne peuvent être raisonnablement soumis qu'aux lois qu'ils connaissent, ou du moins *qu'ils sont légalement réputés connaître*, la promulgation ne peut s'accomplir que par un mode extérieur et saisissable, qui est la condition extrinsèque de la connaissance de la loi : ce mode est la *publication* légale, après laquelle nul n'est censé ignorer la loi.

« La promulgation, disait Portalis au conseil d'État, complète le caractère de la loi ; la publication est la conséquence de la promulgation et a pour objet de faire connaître la loi » (Fenet t. 6 p. 12]. Ainsi, la publication fait que la loi, déjà *exécutoire*, puisse être *exécutée*.

La publication, qui se fit d'abord à l'aide des moyens matériels et directs, à *son de trompe, de tambour, par proclamation, par affiches* (L. 14 frim. an 2, art. 9), a ensuite résulté d'un délai successif et gradué, suivant les distances.

D'après l'art. 1er C. C., « la promulgation est réputée connue dans le département de la résidence du Gouvernement un jour après celui de la promulgation, et dans chacun des autres départements après l'expiration du même délai, augmenté d'autant de jours qu'il y a de fois dix myriamètres (environ vingt lieues) de la ville où la promulgation en aura été faite et le chef-lieu de chaque département. »

Comme c'est par la distance entre les différents chefs-lieux de département et la ville où se fait la promulgation que se mesure le délai produisant la publication légale, et qu'ordinairement c'est à Paris que cette promulgation se fait, la distance de cette ville à chaque chef-lieu a été fixée officiellement par un arrêté du 25 thermidor an 11 [1].

---

1. 25 thermidor an 11 (13 août 1803). — Arrêté contenant le tableau des distances de Paris aux chefs-lieux des départements.

Art. 1er. Le tableau ci-joint des distances de Paris à tous les chefs-lieux des départements, évaluées en kilomètres et lieues anciennes, sera inséré au *Bulletin des lois*, pour servir de régulateur et d'indicateur du jour où, conformément à l'art. 1er C. C., la promulgation de chaque loi est réputée connue dans chacun des départements de la République :

DÉPARTEMENTS	CHEFS-LIEUX	KILOMÈTRES	MYRIAMÈTRES KILOMÈTRES	LIEUES ANCIENNES	DÉPARTEMENTS	CHEFS-LIEUX	KILOMÈTRES	MYRIAMÈTRES KILOMÈTRES	LIEUES ANCIENNES
Ain	Bourg	432	43 2	86 2/5	Loiret	Orléans	123	12 3	24 3/5
Aisne	Laon	127	12 7	25 2/5	Lot	Cahors	558	55 8	111 3/5
Allier	Moulins	289	28 9	57 4/5	Lot-et-Garonne	Agen	714	71 4	142 4/5
Alpes (Basses-)	Digne	755	75 5	151 »	Lozère	Mende	300	30 »	60 »
Alpes (Hautes-)	Gap	665	66 5	133 »	Maine-et-Loire	Angers	566	56 6	113 1/5
Alpes Maritimes	Nice	960	96 »	192 »	Manche	Saint-Lô	326	32 6	65 1/5
Ardèche	Privas	606	60 6	121 1/5	Marne	Châlons	164	16 4	32 4/5
Ardennes	Mézières	234	23 4	46 4/5	Marne (Haute-)	Chaumont	247	24 7	49 2/5
Ariège	Foix	752	75 2	150 2/5	Mayenne	Laval	281	28 1	56 1/5
Aube	Troyes	159	15 9	31 4/5	Meurthe	Nancy	334	33 4	66 4/5
Aude	Carcassonne	765	76 5	153 »	Meuse	Bar-le-Duc	251	25 1	50 1/5
Aveyron	Rodez	692	69 2	138 2/5	Morbihan	Vannes	500	50 »	100 »
Bouches-du-Rhône	Marseille	813	81 3	162 3/5	Moselle	Metz	308	30 8	61 3/5
Calvados	Caen	263	26 3	52 3/5	Nièvre	Nevers	236	23 6	47 1/5
Cantal	Aurillac	539	53 9	107 4/5	Nord	Lille	236	23 6	47 1/5
Charente	Angoulême	454	45 4	90 4/5	Oise	Beauvais	88	8 8	17 3/5
Charente-Infre	Saintes	484	48 4	96 4/5	Orne	Alençon	191	19 1	38 1/5
Cher	Bourges	233	23 3	46 3/5	Pas-de-Calais	Arras	193	19 3	38 3/5
Corrèze	Tulle	461	46 1	92 1/5	Puy-de-Dôme	Clermont	384	38 4	76 4/5
Corse	Ajaccio	873	87 3	174 3/5	Pyrénées (Basses-)	Pau	781	78 1	156 1/5
Côte-d'Or	Dijon	305	30 5	61 »	Pyrénées (Hautes-)	Tarbes	815	81 5	163 »
Côtes-du-Nord	Saint-Brieuc	446	44 6	89 1/5	Pyrénées-Orientales	Perpignan	888	88 8	177 3/5
Creuse	Guéret	428	42 8	85 3/5	Rhin (Bas-)	Strasbourg	464	46 4	92 4/5
Dordogne	Périgueux	472	47 2	94 2/5	Rhin (Haut-)	Colmar	481	48 1	96 1/5
Doubs	Besançon	396	39 6	79 1/5	Rhône	Lyon	466	46 6	93 1/5
Drôme	Valence	560	56 »	112 »	Saône (Haute-)	Vesoul	354	35 4	70 4/5
Eure	Evreux	104	10 4	20 4/5	Saône-et-Loire	Mâcon	399	39 9	79 3/5
Eure-et-Loir	Chartres	92	9 2	18 2/5	Sarthe	Le Mans	211	21 1	42 1/5
Finistère	Quimper	623	62 3	124 3/5	Savoie (Haute-)[1]	Annecy	613	61 3	122 3/5
Gard	Nîmes	702	70 2	140 1/5	Savoie	Chambéry	565	56 5	113 »
Garonne (Haute-)	Toulouse	669	66 9	133 4/5	Seine	Paris	»	»	»
Gers	Auch	743	74 3	148 3/5	Seine-Inférieure	Rouen	137	13 7	27 2/5
Gironde	Bordeaux	573	57 3	114 1/5	Seine-et-Marne	Melun	46	4 6	9 1/5
Hérault	Montpellier	752	75 2	150 2/5	Seine-et-Oise	Versailles	21	2 1	4 2/5
Ille-et-Vilaine	Rennes	346	34 6	68 4/5	Sèvres (Deux-)	Niort	416	41 6	83 1/5
Indre	Châteauroux	259	25 9	51 4/5	Somme	Amiens	128	12 8	25 1/5
Indre-et-Loire	Tours	242	24 2	48 1/5	Tarn	Alby	657	65 7	131 1/5
Isère	Grenoble	568	56 8	113 2/5	Var	Draguignan	890	89 »	178 »
Jura	Lons-le-Saulnier	411	41 1	82 1/5	Vaucluse	Avignon	707	70 7	141 1/5
Landes	Mont-de-Marsan	702	70 2	140 2/5	Vendée	Fontenay	447	44 7	89 1/5
Loir-et-Cher	Blois	181	18 1	36 1/5	Vienne	Poitiers	343	34 3	68 3/5
Loire	Montbrison	443	44 3	88 1/5	Vienne (Haute-)	Limoges	380	38 »	76 »
Loire (Haute-)	Le Puy	505	50 5	101 »	Vosges	Épinal	381	38 1	76 1/5
Loire-Inférieure	Nantes	389	38 9	77 4/5	Yonne	Auxerre	168	16 8	33 3/5

1. Décret du 4 août 1860. *Bull. des lois* n° 8037.

1. JOUR FRANC. — La promulgation de la loi était donc réputée connue dans le département de la résidence du Gouvernement un jour après celui de la promulgation, mais c'est d'un jour franc qu'il s'agissait. Si donc nous supposons une loi, créant un tarif, du 1er janvier qui ait été sanctionnée et promulguée à Paris le 20 du même mois, cette loi ne devenait véritablement loi pour le département de la Seine que le 22 janvier, c'est-à-dire que tous les actes, de la nature de ceux qu'elle prévoit, qui étaient enregistrés le 21 n'avaient à subir que l'ancien tarif ; de même encore, en raisonnant toujours dans notre hypothèse, la loi du 1er janvier, qui devait être exécutée à Paris le 22 du même mois, n'était la loi nouvelle pour le département des Bouches-du-Rhône, par exemple, que neuf jours (en supposant qu'il y ait 90 myriamètres de Paris à Marseille) après le 21 janvier, qui est le jour franc pour le département de la Seine.

2. FRACTION DE MYRIAMÈTRE. — Comment comptait-on, pour continuer notre raisonnement sur l'exemple que nous avons pris de Paris à Marseille, d'après le tableau des distances qui figure à la note du n° 10965, et duquel il résulte qu'au lieu de 90 myriamètres, il n'y en a que 81 de Paris à Marseille? On avait d'abord pensé qu'il fallait tenir compte des fractions, quelque minime qu'elles soient. Ainsi, 81 myriamètres devaient compter comme pour 90. Cette doctrine, défendue par Demolombe t. 1er n° 27, avait pour elle l'autorité de deux arrêts de cass. 21 mars et 23 avril 1831 (10230 J. E., D. 1831-1-213). Et on pouvait dire, en effet, que l'art. 1er C. C. présume que 10 myriamètres sont le maximum de la distance que la loi peut parcourir en un jour, et que, par suite, au delà de cette distance, elle n'est pas réputée connue. — Mais cette opinion a été repoussée définitivement par la jurisprudence. Elle a décidé que si, en sus des 10 myriamètres, il y a une fraction de distance, cette fraction ne doit pas être comptée (Cass. 27 juin 1854, S. 55-1-497, P. 55-1-328, D. 55-1-261 ; — Metz 13 fév. 1855, S. 55-1-500; — Cass. 9 avr. 1856, S. 56-1-808, D. 56-1-187).

3. PUBLICATION D'URGENCE. — A côté du mode de publication déterminé par l'art. 1er C. C., et qui est basé sur le calcul des distances, il en existait un autre employé pour les cas où le Gouvernement voulait hâter l'exécution d'une loi d'urgence. Ce mode était réglé par deux ordonnances royales des 27 novembre 1816 et 18 avril 1817.

L'art. 4 de la première de ces ordonnances porte : « Dans les cas et les lieux où nous jugerons convenable de hâter l'exécution, les lois et ordonnances seront censées publiées et seront exécutoires du jour qu'elles seront parvenues au préfet, qui en constatera la réception sur un registre. »

Quant à l'ordonnance du 18 janvier 1817, elle est conçue en ces termes :

« Dans les cas prévus par l'art. 4 de notre ordonnance du 27 novembre 1816, où nous jugerons convenable de hâter l'exécution des lois et de nos ordonnances en les faisant parvenir extraordinairement sur les lieux, les préfets prendront incontinent un arrêté pour faire exécuter une telle lois et ordonnances seront imprimées et affichées partout où besoin sera » (art. 1er).

« Lesdites lois et ordonnances seront exécutées à compter du jour de la publication faite dans la forme prescrite par l'article ci-dessus. »

Ainsi, pour les lois exécutoires d'urgence, il ne fallait plus (lorsque le Gouvernement avait fait connaître sa pensée à cet égard) avoir égard aux délais prescrits par l'art. 1er C. C., elles devenaient exécutoires par la publication qui en était faite dans la forme indiquée par les ordonnances ci-dessus. C'est dans cette forme qu'ont été publiées la plupart des lois sur l'addition des seconds décimes.

4. JOUR D'EXÉCUTION DANS CHAQUE DÉPARTEMENT. — Mais il s'est élevé la question de savoir si les lois promulguées d'urgence étaient exécutoires le jour même de la publication au chef-lieu, ou seulement le lendemain. Nous avons examiné cette difficulté, avec tous les développements qu'elle comporte, au n° 5841, et nous avons conclu avec la jurisprudence que cette exécution avait lieu seulement le lendemain.

10966. Publication actuelle. — Aujourd'hui la publication s'opère d'une façon différente. D'après l'art. 2 Déc. 5 novembre 1870, les lois et décrets sont obligatoires à Paris un jour franc après la promulgation, et partout ailleurs, un jour franc après que le Journal officiel qui les contient sera parvenu au chef-lieu de chaque arrondissement. Ainsi, la loi du 23 août 1871 ayant été insérée au Journal officiel du 25 août, la promulgation en a été faite le 25, bien que le décret de promulgation porte la date du 26 août.

La date de la réception du Journal officiel dans chaque arrondissement est constatée par un registre tenu au secrétariat de la préfecture ou de la sous-préfecture (Circ. m. i. 2 oct. 1871).

1. PUBLICATION D'URGENCE. — Aux termes de l'art. 2 Déc. 5 novembre 1870, le Gouvernement peut, par une disposition générale, ordonner l'exécution immédiate d'un décret.

Ce droit appartient aujourd'hui à l'Assemblée qui a succédé au Gouvernement provisoire et qui a ainsi la faculté de publier d'urgence la loi avant même l'expiration des courts délais indiqués ci-dessus.

La loi qui ordonnerait la publication d'urgence ne manquerait pas d'indiquer par quels moyens matériels la loi serait portée à la connaissance des populations. Elle se référerait sans doute aux anciennes ordonnances de 1816 et 1817.

2. BULLETIN DES LOIS. — Il faut remarquer que la publication par voie d'insertion au Journal officiel demeure étrangère aux lois qui sont simplement énoncées au Bulletin des lois. Ainsi que le porte l'art. 1er Déc. 5 novembre 1870, le « Bulletin des lois continue à être publié et l'insertion qui y est faite des actes non insérés au Journal officiel en opère promulgation. » « Ces dispositions n'ont pas été abrogées et elles continuent à recevoir leur application » (Circ. m. i. 2 oct. 1871). — La publication est alors soumise à toutes les conditions qui réglaient autrefois la mise à exécution des lois ordinaires. Elle s'opère par délais successifs à raison des distances. Ces explications que nous avons données au n° 10965 conservent toute leur actualité sur ce point.

Publication pendant la guerre. — Un décret législatif rendu à Tours, le 11 novembre 1870, par la Délégation, avait décidé que « le *Moniteur universel* remplacerait le *Journal officiel de la République française* pour la publication et la promulgation des lois et décrets rendus par la délégation du Gouvernement »; et ce décret n'avait pas reproduit la disposition additionnelle par laquelle le gouvernement de la Défense nationale, après avoir d'abord décidé, par son décret en date à Paris du 5 novembre 1870, « que dorénavant la promulgation des lois et décrets résulterait de leur insertion au *Journal officiel*, lequel remplacerait à cet égard le *Bulletin des lois*, » avait déclaré, dans le *Journal officiel* du surlendemain 7 novembre, que « le *Bulletin des lois* continuerait à être publié » et que « l'insertion qui y serait faite des actes non insérés au *Journal officiel* en opérerait la promulgation. »

Mais, de ce que cette disposition additionnelle n'a pas été reproduite par le décret de la Délégation du 11 novembre 1870, il ne résulte pas que l'insertion au *Bulletin des lois* publié dans les départements n'ait pu suffire pour opérer la promulgation, sinon des actes ayant le caractère des lois, au moins des actes d'administration publique; il est conforme, au contraire, à l'esprit des décrets précités d'admettre que la promulgation des actes de cette dernière catégorie a pu être valablement faite par l'insertion au *Bulletin des lois* publié dans les départements, comme elle l'aurait été dans le *Bulletin des lois* publié à Paris (Cass. 8 avr. 1874).

3. EXCEPTION D'IGNORANCE. — Les tribunaux et les autorités administratives et militaires pourront, selon les circonstances, accueillir l'exception d'ignorance alléguée par les contrevenants, si la contravention a lieu dans le délai de trois jours francs à partir de la promulgation (Déc. 4 sept. 1870, art. 4).

Cette disposition est toujours en vigueur (Circ. m. i. 2 oct. 1871).

4. COLONIES. — La promulgation des lois d'impôt aux colonies est soumise à des règles particulières.

Ces règles diffèrent selon qu'il s'agit des grandes colonies, c'est-à-dire de la Guadeloupe, de la Martinique et de la Réunion, et des petites colonies, qui comprennent toutes nos autres possessions.

D'après un sénatus-consulte du 3 mai 1854, encore en vigueur, le Gouvernement ne peut promulguer aux trois grandes colonies que les lois du continent en matière civile ou criminelle, sur l'organisation judiciaire, etc. La nomenclature contenue dans l'art. 6 de ce sénatus-consulte exclut les lois en matière d'impôt.

Aux termes de l'art. 1er d'un autre sénatus-consulte du 4 juillet 1866 (11e série, *Bull.* 1402 n° 14360) : 1° le conseil général de la colonie vote : ... « 15° les taxes et contributions *de toute nature* nécessaires pour l'acquittement des dépenses de la colonie. » Ce vote est définitif si, dans les six mois de la clôture de la session, le gouverneur n'en a pas demandé l'annulation, qui est prononcée, s'il y a lieu, par décret rendu dans la forme des règlements d'administration publique.

Le conseil général délibère « sur le mode d'assiette et les règles de perception des contributions et taxes » (art. 3 4° du même sénatus-consulte). La délibération est approuvée par décret rendu sur le rapport du ministre de la marine et des colonies (même article *in fine* et règlement d'administration publique du 11 août 1866, 11e série, *Bull.* 1418 n° 14537).

Enfin, le budget colonial qui, dans le système du sénatus-consulte du 3 mai 1854, faisait partie intégrante du budget général de l'État, est fixé, depuis le sénatus-consulte de 1866, par chaque colonie. Il comprend, d'après l'art. 5 du même sénatus-consulte, les recettes de toute nature autres que celles provenant de l'aliénation d'objets payés sur les fonds généraux du Trésor.

Pour les autres colonies, l'art. 1er Déc. 30 janvier 1867 (11e série, *Bull.* 1469 n° 14969) porte : « Dans les colonies autres que la Guadeloupe, la Martinique et la Réunion, les gouverneurs et les commandants sont autorisés à déterminer, par des arrêtés pris en conseil d'administration, l'assiette, le tarif, les règles de perception et le mode de poursuite des taxes et contributions publiques. »

Les droits de douane sont seuls exceptés.

Il résulte des dispositions précédentes qu'une loi d'impôt ne peut pas être promulguée aux colonies en vertu de la seule délibération du pouvoir métropolitain.

Quand ce pouvoir juge utile que les dispositions d'une loi de cette nature pénètrent aux colonies, le ministre de la marine doit se borner à prescrire aux gouverneurs d'examiner, dans les colonies où la détermination des ressources leur appartient, ou de faire examiner par le conseil général, dans les colonies de la Guadeloupe, de la Martinique et de la Réunion, s'il y a lieu de recevoir et de faire appliquer la loi d'impôt.

5. ALGÉRIE. — En ce qui concerne la promulgation des lois en Algérie, V. 2038.

10967. Date de la loi. — Quand la loi était soumise à la sanction du chef de l'État, elle devait porter la date de cette sanction, puisqu'elle ne recevait sa perfection qu'au moyen de ce vote du souverain. Aujourd'hui, que le pouvoir législatif appartient exclusivement aux Chambres et que le seul droit réservé au chef de l'État est de retarder pendant six mois la promulgation (Constitution de 1848), la date officielle de la loi est celle de son adoption par celle des deux Chambres qui la vote la dernière (Circ. m. i. 2 oct. 1871).

10968. Effets de la loi. — L'effet de la loi n'a lieu que pour l'avenir, c'est le vœu formel de l'art. 2 C. C. On ne doit pas l'appliquer aux faits antérieurs, à moins qu'elle ne les comprenne expressément. C'est un point qui a été suffisamment développé au mot *Effet rétroactif*, nous n'avons pas à y revenir ici.

1. RÈGLEMENT D'ADMINISTRATION PUBLIQUE. — Assez fréquemment, les lois de finances renvoient pour leur exécution à un décret rendu en forme de règlement d'administration publique qui arrête les dispositions utiles pour en assurer l'exacte application.

Dans ce cas, la loi n'en devient pas moins exécutoire à partir de sa promulgation, et non pas seulement à partir de la promulgation du décret réglementaire. La question a été résolue en ce sens, et dans les termes suivants, par un arrêt de cass. 8 décembre 1873, au sujet de la loi du 23 août 1871 : « Attendu, porte cet arrêt, que la loi du 23 août 1871, *qui*, par ses art. 6 et 7, déclare les contrats d'assurance *contre* l'incendie soumis à une taxe de 8 pour 100 sur le montant des primes, et qui charge les compagnies d'en opérer la perception pour le compte du Trésor, ne contient aucune disposition dérogatoire au principe général posé dans l'art. 1er C. C., aux termes duquel les lois doivent être exécutées du moment où la promulgation en peut être connue ; que s'il est dit dans l'art. 10 de cette loi qu'un règlement d'administration publique déterminera le mode de perception, les époques de payement, ainsi que les mesures nécessaires pour assurer son exécution, cette disposition avait pour objet de garantir par la tenue de certaines écritures imposées aux compagnies l'exacte perception par elles, pour le compte du Trésor, de la taxe nouvelle et de leur accorder un certain délai pour en opérer le versement dans les caisses de l'État, n'a pas suspendu l'obligation de la payer, obligation qui est même formellement rappelée dans l'art. 9 du décret réglementaire du 25 novembre 1871, comme ayant existé à partir de la promulgation de ladite loi » (3780 R. P.).

10969. Interprétation de la loi. — C'est une maxime consacrée par la jurisprudence qu'une loi doit être interprétée non d'après les opinions exprimées lors de la discussion dans les chambres, mais suivant le sens général et particulier des termes et des dispositions de cette loi. Ce n'est pas, en effet, tel ou tel discours, tel ou tel rapport, qui est l'expression de la volonté du législateur, mais la loi elle-même. Ainsi, il faut tenir pour certain qu'on ne doit pas interpréter la loi lorsque la pensée du législateur s'est *nettement* formulée par les termes employés, lorsque ces termes clairs et précis ne permettent pas l'équivoque.

Mais comme il arrive quelquefois que la loi est obscure et incomplète, la discussion qui l'a précédée, l'histoire de son origine, les points de rapport qu'elle offre avec les anciennes lois peuvent être utilement consultés.

10970. Abrogation. — L'abrogation des lois est expresse ou tacite. — Elle est totale ou partielle.

Le principe d'abrogation n'a pas été appliqué uniformément par les lois sur l'enregistrement — **V.** *Abrogation.*

LOI SALIQUE.

10971. — C'est le nom que l'on a donné à un code de lois rédigé lorsque les Francs sortirent de la Germanie. Ce code était la loi des *Francs saliens*, d'où, selon l'opinion la plus générale, le nom de *loi salique.*

L'une des dispositions de cette loi prononçait l'exclusion des femmes, en faveur des mâles, dans la succession des terres saliques ou terres patrimoniales. C'est de cette loi qu'est venue la succession personnelle des mâles à la couronne de France, à l'exclusion des femmes (Montesquieu *Esprit des lois* liv. 18 ch. 22).

LYCÉE.

10972. — Établissement d'instruction dirigé par l'État. — *V.* les mots *Acte administratif, Établissements publics, Collège.*

FIN DU TOME TROISIÈME

PARIS. — IMPRIMERIE TOLMER ET Cie, 43, RUE DU FOUR-SAINT-GERMAIN.

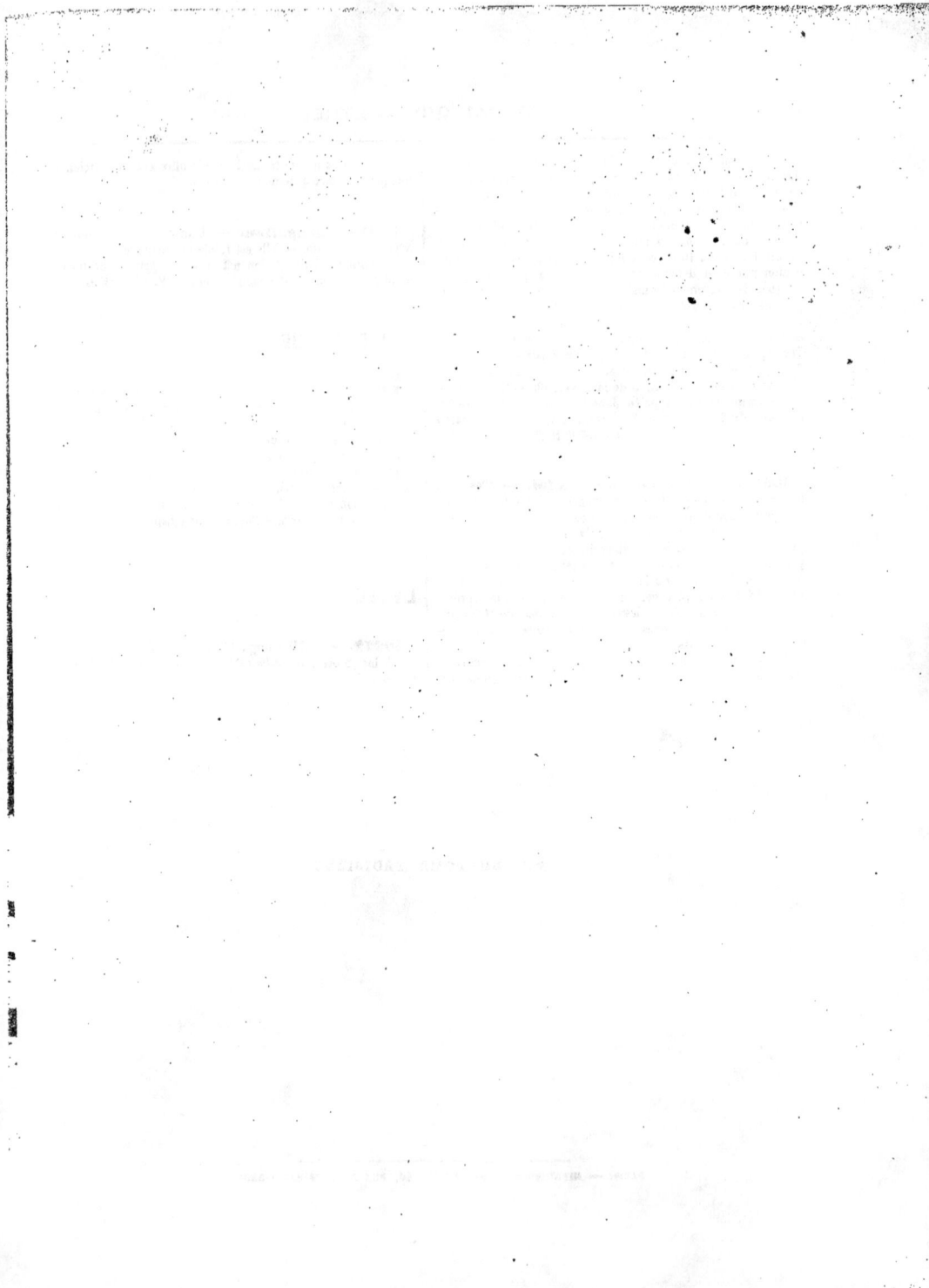